REMERCIEMENTS

Nous tenons à exprimer notre plus vive reconnaissance aux personnes, organismes, sociétés et entreprises qui nous ont transmis la documentation technique la plus récente pour la préparation du *Nouveau Dictionnaire visuel*.

Arcand, Denis (réalisateur); Association Internationale de Signalisation Maritime; Association canadienne des paiements (Charlie Clarke); Association des banquiers canadiens (Lise Provost); Automobiles Citroën; Automobiles Peugeot; Banque du Canada (Lyse Brousseau); Banque Royale du Canada (Raymond Chouinard, Francine Morel, Carole Trottier); Barrett Xplore inc.; Bazarin, Christine; Bibliothèque du Parlement canadien (Service de renseignements); Bibliothèque nationale du Québec (Jean-François Palomino); Bluechip Kennels (Olga Gagne); Bombardier Aéronautique; Bridgestone-Firestone; Brother (Canada); Canadien National; Casavant Frères ltée; C.O.J.O. ATHENES 2004 (Bureau des Médias Internationaux); Centre Eaton de Montréal; Centre national du Costume (Recherche et Diffusion); Cetacean Society International (William R. Rossiter); Chagnon, Daniel (architecte D.E.S. – M.E.Q.); Cohen et Rubin Architectes (Maggy Cohen); Commission Scolaire de Montréal (École St-Henri); Compagnie de la Baie d'Hudson (Nunzia Iavarone, Ron Oyama); Corporation d'hébergement du Québec (Céline Drolet); École nationale de théâtre du Canada (bibliothèque); Élevage Le Grand Saphir (Stéphane Ayotte); Énergie atomique du Canada ltée; Eurocopter; Famous Players; Fédération bancaire française (Védi Hékiman); Fontaine, PierreHenry (biologiste); Future Shop; Garaga; Groupe Jean Coutu; Hôpital du Sacré-Cœur de Montréal; Hôtel Inter-Continental; Hydro-Québec; I.P.I.Q. (Serge Bouchard); IGA Barcelo; International Entomological Society (Dr. Michael Geisthardt); Irisbus; Jérôme, Danielle (O.D.); La Poste (Colette Gouts); Le Groupe Canam Manac inc.; Lévesque, Georges (urgentologue); Lévesque, Robert (chef machiniste); Manutan; Marriot Spring Hill suites; MATRA S.A.; Métro inc.; ministère canadien de la Défense nationale (Affaires publiques); ministère de la Défense, République Française; ministère de la Justice du Québec (Service de la gestion immobilière – Carol Sirois); ministère de l'Éducation du Québec (Direction de l'équipement scolaire-Daniel Chagnon); Muse Productions (Annick Barbery); National Aeronautics and Space Administration; National Oceanic and Atmospheric Administration; Nikon Canada inc.; Normand, Denis (consultant en télécommunications); Office de la langue française du Québec (Chantal Robinson); Paul Demers & Fils inc.; Phillips (France); Pratt & Whitney Canada inc.; Prévost Car inc.; Radio Shack Canada ltée; Réno-Dépôt inc.; Robitaille, Jean-François (Département de biologie, Université Laurentienne); Rocking T Ranch and Poultry Farm (Pete and Justine Theer); RONA inc.; Sears Canada inc.; Secrétariat d'État du Canada, Bureau de la traduction ; Service correctionnel du Canada; Société d'Entomologie Africaine (Alain Drumont); Société des musées québécois (Michel Perron); Société Radio-Canada; Sony du Canada ltée; Sûreté du Québec; Théâtre du Nouveau Monde; Transports Canada (Julie Poirier); Urgences-Santé (Éric Berry); Ville de Longueuil (Direction de la Police); Ville de Montréal (Service de la prévention des incendies); Vimont Lexus Toyota; Volvo Bus Corporation; Yamaha Motor Canada Ltd.

Le Nouveau Dictionnaire visuel a été conçu par
QA International, une division de
Les Éditions Québec Amérique inc.
329, rue de la Commune Ouest, 3e étage
Montréal (Québec) H2Y 2E1 Canada
T 514.499.3000 F 514.499.3010

Nous reconnaissons l'aide financière du gouvernement du Canada par l'entremise du Programme d'aide au développement de l'industrie de l'édition (PADIÉ) pour nos activités d'édition.
Les Éditions Québec Amérique tiennent également à remercier les organismes suivants pour leur appui financier :

Le Conseil des Arts du Canada | The Canada Council for the Arts

SODEC
Québec

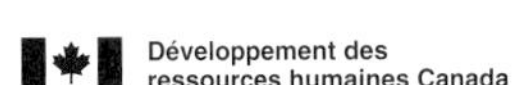
Développement des ressources humaines Canada

Imprimé et relié en Slovaquie.
10 9 8 7 6 5 4 3 2 1 06 05 04 03 02
www.quebec-amerique.com

Données de catalogage avant publication (Canada)
Corbeil, Jean-Claude, 1932-
Le nouveau dictionnaire visuel français-anglais
Comprend un index.
Texte en français et en anglais.
ISBN 2-7644-0805-6
1. Français (Langue) – Dictionnaire anglais. 2. Anglais (Langue) – Dictionnaire français.
3. Dictionnaires illustrés français. 4. Dictionnaires illustrés anglais. I. Archambault, Ariane, 1936- . II. Titre.

AG250.C66 2002 443'.21 C2002-940331-6

DIRECTION

Éditeur : Jacques Fortin
Auteurs : Jean-Claude Corbeil et Ariane Archambault
Directeur éditorial : François Fortin
Rédacteur en chef : Serge D'Amico
Designer graphique : Anne Tremblay

PRODUCTION

Mac Thien Nguyen Hoang
Guylaine Houle

RECHERCHES TERMINOLOGIQUES

Jean Beaumont
Catherine Briand
Nathalie Guillo

ILLUSTRATION

Direction artistique : Jocelyn Gardner
Jean-Yves Ahern
Rielle Lévesque
Alain Lemire
Mélanie Boivin
Yan Bohler
Claude Thivierge
Pascal Bilodeau
Michel Rouleau
Anouk Noël
Carl Pelletier

MISE EN PAGE

Pascal Goyette
Janou-Ève LeGuerrier
Véronique Boisvert
Josée Gagnon
Karine Raymond
Geneviève Théroux Béliveau

DOCUMENTATION

Gilles Vézina
Kathleen Wynd
Stéphane Batigne
Sylvain Robichaud
Jessie Daigle

GESTION DES DONNÉES

Programmeur : Daniel Beaulieu
Nathalie Fréchette

RÉVISION

Marie-Nicole Cimon

PRÉIMPRESSION

Sophie Pellerin
Tony O'Riley

CONTRIBUTIONS

Québec Amérique remercie les personnes suivantes pour leur contribution au présent ouvrage :

Jean-Louis Martin, Marc Lalumière, Jacques Perrault, Stéphane Roy, Alice Comtois, Michel Blais, Christiane Beauregard, Mamadou Togola, Annie Maurice, Charles Campeau, Mivil Deschênes, Jonathan Jacques, Martin Lortie, Raymond Martin, Frédérick Simard, Yan Tremblay, Mathieu Blouin, Sébastien Dallaire, Hoang Khanh Le, Martin Desrosiers, Nicolas Oroc, François Escalmel, Danièle Lemay, Pierre Savoie, Benoît Bourdeau, Marie-Andrée Lemieux, Caroline Soucy, Yves Chabot, Anne-Marie Ouellette, Anne-Marie Villeneuve, Anne-Marie Brault, Nancy Lepage, Daniel Provost, François Vézina.

Présentation du *Nouveau Dictionnaire visuel*

POLITIQUE ÉDITORIALE

Le *Nouveau Dictionnaire visuel* fait l'inventaire de l'environnement matériel d'une personne qui participe au monde industrialisé contemporain et qui doit connaître et utiliser un grand nombre de termes spécialisés dans des domaines très variés.

Il est conçu pour le grand public. Il répond aux besoins de toute personne à la recherche des termes précis et sûrs, pour des raisons personnelles ou professionnelles fort différentes : recherche d'un terme inconnu, vérification du sens d'un mot, traduction, publicité, enseignement des langues (maternelles, secondes ou étrangères), matériel pédagogique d'appoint, etc.

Ce public cible a guidé le choix du contenu du *Nouveau Dictionnaire visuel* : réunir en un seul ouvrage les termes techniques nécessaires à l'expression du monde contemporain, dans les domaines de spécialités qui façonnent notre univers quotidien.

STRUCTURE DU NOUVEAU DICTIONNAIRE VISUEL

L'ouvrage comprend trois sections : les pages préliminaires, dont la liste des thèmes et la table des matières; le corps de l'ouvrage, soit le traitement détaillé de chaque thème; l'index des langues de l'édition : français et anglais.

L'information est présentée du plus abstrait au plus concret : thème, sous-thème, titre, sous-titre, illustration, terminologie.

Le contenu du *Nouveau Dictionnaire visuel* se partage en 17 THÈMES, d'Astronomie à Sports et Jeux. Les thèmes les plus complexes se divisent en SOUS-THÈMES, 94 au total. Ainsi, par exemple, le thème Terre se divise en Géographie, Géologie, Météorologie et Environnement.

Le TITRE (658 au total) remplit diverses fonctions : nommer l'illustration d'un objet unique, dont les principales parties sont identifiées (par exemple, *glacier, fenêtre*); regrouper sous une même appellation des illustrations qui appartiennent au même univers conceptuel, mais qui représentent des éléments différents les uns des autres, avec chacun leurs propres désignations et terminologies (exemple : *configuration des continents, appareils électroménagers*).

Parfois, les principaux membres d'une même classe d'objets sont réunis sous un même SOUS-TITRE, avec chacun leurs noms, mais sans analyse terminologique détaillée (exemple : sous *fauteuil*, les *exemples de fauteuils*).

L'ILLUSTRATION montre avec réalisme et précision un objet, un processus ou un phénomène et les détails les plus importants qui les constituent. Elle sert de définition visuelle à chacun des termes qu'elle présente.

LA TERMINOLOGIE

Chaque mot du *Nouveau Dictionnaire visuel* a été soigneusement sélectionné à partir de l'examen d'une documentation de haute qualité, au niveau de spécialisation requis.

Il arrive parfois qu'au vu de la documentation, différents mots soient employés pour nommer la même réalité. Dans ces cas, le mot le plus fréquemment utilisé par les auteurs les plus réputés a été retenu.

Il arrive parfois qu'au Québec, le mot diffère de celui de France et qu'il soit nécessaire de connaître l'un et l'autre, légitime chacun dans leur usage respectif de la langue française. Le terme utilisé au Québec est alors imprimé en caractères italiques en regard du mot de France, écrit en caractères romains.

Le *Nouveau Dictionnaire visuel* contient 20 800 entrées d'index, soit plus de 39 000 mots en français, et 35 000 en anglais, langues dont les termes techniques sont très souvent composés de plusieurs mots, par exemple *fond de l'océan/ocean floor.*

L'INDEX cite tous les mots du dictionnaire en ordre alphabétique, pour chacune des langues.

MODES DE CONSULTATION

On peut accéder au contenu du *Nouveau Dictionnaire visuel* de plusieurs façons :

• À partir de la liste des THÈMES, au dos de l'ouvrage et à la fin des pages préliminaires.

• À partir de la page de présentation de chaque thème, qui en expose, en un seul coup d'œil, le contenu, soit la liste complète des titres de cette section, regroupés en sous-thèmes si le thème se subdivise, avec renvoi à la page.

• Avec l'INDEX, on peut consulter le *Nouveau Dictionnaire visuel* à partir du mot, pour mieux voir à quoi il correspond ou pour en vérifier l'exactitude, en examinant l'illustration où il figure.

• Originalité fondamentale du *Nouveau Dictionnaire visuel* : l'illustration permet de trouver un mot à partir de l'idée, même floue, qu'on en a. Le *Nouveau Dictionnaire visuel* est le seul dictionnaire qui le permette. La consultation de tous les autres dictionnaires exige d'abord qu'on connaisse le mot.

UNE ÉDITION REVUE ET AUGMENTÉE

À la suite du succès mondial du *Visuel* depuis 1992, une nouvelle édition a été conçue et mise en chantier, résultat de plusieurs années d'observation et de travail.

Tous les sujets ont été examinés un à un pour en évaluer la pertinence et les modifier au besoin, s'ils avaient évolué substantiellement depuis la dernière édition. Par exemple, la section informatique est entièrement refondue, en fonction de l'évolution rapide des technologies et pour tenir compte de la généralisation d'Internet. Tous ont été, d'une manière ou de l'autre, enrichis, souvent en ajoutant les principaux représentants d'une classe d'objets, par exemple les oiseaux, les poissons, les animaux familiers, etc. Le thème Sports et Jeux est notablement plus étoffé, avec l'ajout de nombreuses disciplines choisies dans le programme des Jeux olympiques d'été et d'hiver.

Deux nouveaux thèmes s'ajoutent. Le thème Société présente les illustrations et le vocabulaire des lieux publics de la vie en société, comme l'école, l'hôpital, le restaurant ou le centre commercial. Le thème Alimentation et Cuisine fait l'inventaire des éléments qui composent notre nutrition, les fruits et les légumes, la viande et les poissons, les pâtes, les légumineuses, les épices et les fines herbes, etc.

En conséquence, de nouvelles illustrations s'ajoutent, plus de 6 000 en comparaison de 3 500 dans l'édition précédente. Toutes maintiennent la tradition qui a fait le succès du *Visuel* : souci de réalisme et de clarté.

Autre indice de l'enrichissement du dictionnaire : le nombre de termes a augmenté de plus de 5 000 nouvelles entrées.

LE REPÈRE DE COULEUR

Sur la tranche et au dos du livre, il identifie et accompagne chaque thème pour faciliter l'accès rapide à la section correspondante du livre.

LE TITRE

Il est mis en évidence dans la langue principale de l'édition, alors que les autres langues, s'il y a lieu, figurent en dessous, en caractères plus discrets. Si le titre court sur plusieurs pages, il se présente en grisé sur les pages subséquentes à la première où il est mentionné.

LE SOUS-THÈME

La majorité des thèmes se subdivisent en sous-thèmes. Il est unilingue, bilingue ou plurilingue, selon les éditions.

L'ILLUSTRATION

Elle sert de définition visuelle à chacun des termes qui y sont associés.

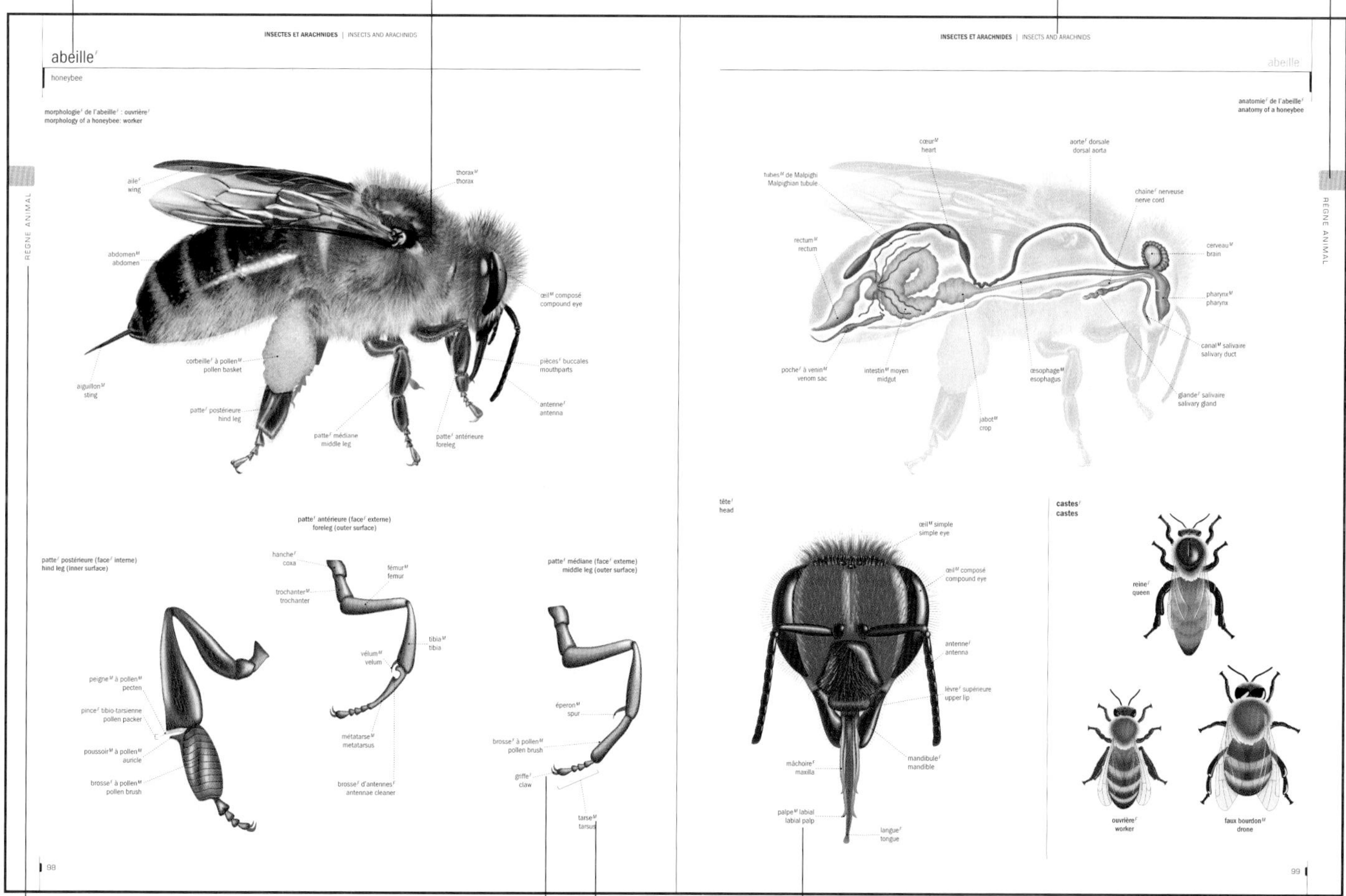

INSECTES ET ARACHNIDES | INSECTS AND ARACHNIDS
abeille
honeybee
RÈGNE ANIMAL

LE THÈME

Il est toujours unilingue, dans la langue principale de l'édition. L'équivalent anglais se trouve dans la page de présentation du thème, première double page de chacun d'entre eux.

LE TERME

Chaque terme figure dans l'index avec renvoi aux pages où il apparaît. Il se présente dans toutes les langues, avec, en tête, la langue principale de l'édition.

LE FILET

Il relie le mot à ce qu'il désigne. Là où les filets étaient trop nombreux et rendaient la lisibilité difficile, ils ont été remplacés par des codes de couleurs avec légendes ou, dans de rares cas, par des numéros.

L'INDICATION DU GENRE

F : féminin
M : masculin

Le genre de chaque mot d'un terme est indiqué. Lorsque le terme est composé de plusieurs mots, le genre de l'ensemble est celui du premier nom. Ainsi, *station*^{F}*-service*^{M} est féminin à cause du genre de *station*.

Les personnages représentés dans le dictionnaire sont tantôt des hommes, tantôt des femmes lorsque la fonction illustrée peut être remplie par les uns ou les autres. Le genre alors attribué au mot dépend de l'illustration. En fait, dans la réalité, ce mot est masculin ou féminin selon le sexe de la personne.

Table des matières

ASTRONOMIE 2

Corps célestes 4
système solaire, planètes et satellites, Soleil, Lune, météorite, comète, étoile, galaxie

Observation astronomique 10
planétarium, constellations de l'hémisphère austral, constellations de l'hémisphère boréal, coordonnées célestes, lunette astronomique, télescope, radiotélescope, télescope spatial Hubble, observatoire astronomique

Astronautique 18
sonde spatiale, scaphandre spatial, station spatiale internationale, navette spatiale, lanceur spatial

TERRE 26

Géographie 28
configuration des continents, cartographie, télédétection

Géologie 42
structure de la Terre, coupe de la croûte terrestre, plaques tectoniques, séisme, volcan, montagne, glacier, grotte, mouvements de terrain, cours d'eau, lacs, vague, fond de l'océan, fosses et dorsales océaniques, configuration du littoral, désert

Météorologie 53
coupe de l'atmosphère terrestre, cycle des saisons, prévision météorologique, carte météorologique, disposition des informations d'une station, symboles météorologiques internationaux, station météorologique, instruments de mesure météorologique, satellites météorologiques, climats du monde, nuages, tornade et trombe marine, cyclone tropical, précipitations

Environnement 66
végétation et biosphère, chaine alimentaire, cycle de l'eau, effet de serre, pollution de l'air, pollution du sol, pollution de l'eau, pluies acides, tri sélectif des déchets

RÈGNE VÉGÉTAL 72

cellule végétale, lichen, mousse, algue, champignon, fougère, plante, feuille, fleur, fruits, céréales, vigne, arbre, conifère

RÈGNE ANIMAL 90

Évolution de la vie 92
origine et évolution des espèces

Organismes simples et échinodermes 94
cellule animale, unicellulaires, éponge, échinodermes

Insectes et arachnides 96
papillon, abeille, exemples d'insectes, exemples d'arachnides, araignée

Mollusques 104
escargot, coquille univalve, coquille bivalve, pieuvre

Crustacés 107
homard

Poissons 108
poisson cartilagineux, poisson osseux

Amphibiens 110
grenouille, exemples d'amphibiens

Reptiles 112
serpent, tortue, exemples de reptiles

Oiseaux 115
oiseau, exemples d'oiseaux

Mammifères insectivores 121
taupe, exemples de mammifères insectivores

Mammifères rongeurs et lagomorphes 122
rongeur, exemples de mammifères rongeurs, mâchoires de rongeur et de lagomorphe, exemples de mammifères lagomorphes

Mammifères ongulés 124
cheval, exemples de sabots, exemples de mammifères ongulés

Mammifères carnivores 130
chien, races de chiens, chat, races de chats, exemples de mammifères carnivores

Mammifères marins 136
dauphin, exemples de mammifères marins

Mammifères primates 138
gorille, exemples de mammifères primates

Mammifère volant 140
chauve-souris, exemples de chauves-souris

Mammifères marsupiaux 142
kangourou, exemples de marsupiaux

ÊTRE HUMAIN 144

Corps humain 146
homme, femme

Anatomie 150
muscles, squelette, dents, circulation sanguine, appareil respiratoire, appareil digestif, appareil urinaire, système nerveux, organes génitaux masculins, organes génitaux féminins, sein

Organes des sens 172
toucher, ouïe, odorat et goût, vue

ALIMENTATION ET CUISINE 178

Alimentation 180
supermarché, ferme, champignons, algues, légumes, légumineuses, fruits, épices, condiments, fines herbes, céréales, produits céréaliers, café et infusions, chocolat, sucre, huiles et matières grasses, produits laitiers, abats, gibier, volaille, œufs, viande, charcuterie, mollusques, crustacés, poissons cartilagineux, poissons osseux

Cuisine 222
emballage, cuisine, verres, vaisselle, couvert, ustensiles de cuisine, batterie de cuisine, appareils électroménagers, appareils électroménagers divers, cafetières

MAISON 242

Emplacement 244
extérieur d'une maison, piscine

Éléments de la maison 247
porte extérieure, serrure, fenêtre

Structure d'une maison 250
principales pièces d'une maison, charpente, ferme de toit, fondations, parquet, revêtements de sol textiles, escalier, marche

Chauffage 256
chauffage au bois, installation à air chaud pulsé, installation à eau chaude, pompe à chaleur, chauffage d'appoint

Conditionnement de l'air 261
appareils de conditionnement de l'air

Plomberie 262
circuit de plomberie, pompe de puisard, fosse septique, salle de bains, toilette, chauffe-eau, robinet et mitigeurs, adapteurs et raccords, exemples de branchement

Électricité 272
panneau de distribution, branchement au réseau, compteur d'électricité, dispositifs de contact, éclairage

Ameublement de la maison 276
fauteuil, chaise, sièges, table, meubles de rangement, lit, meubles d'enfants, parures de fenêtre, luminaires, appareils électroménagers, articles ménagers

BRICOLAGE ET JARDINAGE 296

Bricolage 298
matériaux de base, matériaux de revêtement, isolants, bois, menuiserie : outils pour clouer, menuiserie : outils pour visser, menuiserie : outils pour scier, menuiserie : outils pour percer, menuiserie : outils pour façonner, menuiserie : outils pour serrer, menuiserie : instruments de traçage et de mesure, menuiserie : matériel divers, plomberie : outils, maçonnerie : outils, électricité : outils, soudage : outils, peinture d'entretien, échelles et escabeaux

Jardinage 322
jardin d'agrément, équipement divers, outils pour semer et planter, jeu de petits outils, outils pour remuer la terre, outils pour arroser, outils pour couper, soins de la pelouse

VÊTEMENTS 334
éléments du costume ancien, vêtements traditionnels, coiffure, chaussures, gants, symboles d'entretien des tissus, vêtements d'homme, tricots, vêtements de femme, vêtements de nouveau-né, vêtements d'enfant, tenue d'exercice

PARURE ET OBJETS PERSONNELS 372

Parure 374
bijouterie, manucure, maquillage, soins du corps, coiffure

Objets personnels 383
rasage, hygiène dentaire, lentilles de contact, lunettes, articles de maroquinerie, sacs à main, bagages, articles de fumeur, parapluie et canne

ARTS ET ARCHITECTURE 392

Beaux-arts 394
musée, peinture et dessin, sculpture sur bois

Architecture 402
pyramide, théâtre grec, temple grec, styles d'architecture, maison romaine, amphithéâtre romain, château fort, fortification à la Vauban, cathédrale, pagode, temple aztèque, éléments d'architecture, escalier mécanique, ascenseur, maisons traditionnelles, maisons de ville

Arts graphiques 420
impression, gravure en relief, gravure en creux, lithographie, reliure d'art

Arts de la scène 427
cinéma, plateau de tournage, salle de spectacle

Musique 432
instruments traditionnels, notation musicale, accessoires, orchestre symphonique, exemples de groupes instrumentaux, instruments à cordes, instruments à clavier, instruments à vent, instruments à percussion, instruments électroniques

Artisanat 452
couture, machine à tricoter, tricot, dentelle aux fuseaux, broderie, tissage, poterie

COMMUNICATIONS ET BUREAUTIQUE 466

Communications 468
langues du monde, instruments d'écriture, journal, typographie, signes diacritiques, symboles divers, signes de ponctuation, réseau public postal, photographie, télédiffusion par satellite, satellites de télécommunications, télécommunications par satellite, microphone dynamique, radio : studio et régie, télévision, chaine stéréo, minichaine stéréo, appareils de son portatifs, communication sans fil, communication par téléphone

Bureautique 509
bureau, mobilier de bureau, micro-ordinateur, périphériques d'entrée, périphériques de sortie, onduleur, périphériques de stockage, périphériques de communication, exemples de réseaux, réseau informatique, Internet, utilisations d'Internet, ordinateur portable, livre électronique, ordinateur de poche, articles de bureau

TRANSPORT ET MACHINERIE 536

Transport routier 538
système routier, ponts fixes, ponts mobiles, tunnel routier, signalisation routière, station-service, automobile, freins, pneu, radiateur, bougie d'allumage, batterie d'accumulateurs, automobile électrique, automobile hybride, types de moteurs, caravane, autobus, camionnage, moto, quad, bicyclette

Transport ferroviaire 582
gare de voyageurs, gare, types de voitures, train à grande vitesse (T.G.V.), locomotive diesel-électrique, wagon, gare de triage, voie ferrée, passage à niveau, chemin de fer métropolitain, tramway

Transport maritime 596
port maritime, écluse, embarcations anciennes, embarcations traditionnelles, exemples de voiles, exemples de gréements, quatre-mâts barque, exemples de bateaux et d'embarcations, ancre, équipement de sauvetage, appareils de navigation, signalisation maritime, système de balisage maritime

Transport aérien 618
aéroport, avion long-courrier, poste de pilotage, turboréacteur à double flux, exemples d'avions, exemples d'empennages, exemples de voilures, forces agissant sur un avion, mouvements de l'avion, hélicoptère, exemples d'hélicoptères

Manutention 632
manutention, grues et portique, conteneur

Machinerie lourde 636
bouteur, chargeuse-pelleteuse, décapeuse, pelle hydraulique, niveleuse, camion-benne, tracteur agricole, machinerie agricole

ÉNERGIES 644

Géothermie et énergie fossile 646
production d'électricité par énergie géothermique, énergie thermique, mine de charbon, pétrole

Hydroélectricité 657
complexe hydroélectrique, groupe turbo-alternateur, exemples de barrages, étapes de production de l'électricité, transport de l'électricité, usine marémotrice

Énergie nucléaire 665
production d'électricité par énergie nucléaire, séquence de manipulation du combustible, grappe de combustible, réacteur nucléaire, centrale nucléaire, réacteur au gaz carbonique, réacteur à eau lourde, réacteur à eau sous pression, réacteur à eau bouillante

Énergie solaire 672
photopile, capteur solaire plan, circuit de photopiles, four solaire, production d'électricité par énergie solaire, maison solaire

Énergie éolienne 676
moulin à vent, éoliennes et production d'électricité

SCIENCE 678

Chimie 680
matière, éléments chimiques, symboles de chimie, matériel de laboratoire

Physique : mécanique 686
engrenages, système à deux poulies, levier

Physique : électricité et magnétisme 687
magnétisme, circuit électrique en parallèle, générateurs, piles sèches, électronique

Physique : optique 690
spectre électromagnétique, onde, synthèse des couleurs, vision, lentilles, laser à rubis pulsé, jumelles à prismes, lunette de visée, loupe et microscopes

Appareils de mesure 695
mesure de la température, mesure du temps, mesure de la masse, mesure de la longueur, mesure de la distance, mesure de l'épaisseur, mesure des angles

Symboles scientifiques usuels 702
système international d'unités, biologie, mathématiques, géométrie, formes géométriques

SOCIÉTÉ 706

Ville 708
agglomération, centre-ville, coupe d'une rue, édifice à bureaux, centre commercial, magasin à rayons, palais des congrès, restaurant, restaurant libre-service, hôtel, symboles d'usage courant

Justice 726
prison, tribunal

Économie et finance 728
exemples d'unités monétaires, monnaie et modes de paiement, banque

Éducation 732
bibliothèque, école

Religion 736
chronologie des religions, église, synagogue, mosquée

Politique 739
héraldique, drapeaux

Armes 748
armes de l'âge de pierre, armes de l'époque romaine, armure, arcs et arbalète, armes blanches, arquebuse, canon et mortier du XVIIe siècle, pistolet mitrailleur, pistolet, revolver, fusil automatique, fusil mitrailleur, obusier moderne, mortier moderne, grenade à main, bazooka, canon sans recul, mine antipersonnel, char d'assaut, missiles, avion de combat, porte-avions, frégate, sous-marin nucléaire

Sécurité 764
prévention des incendies, prévention de la criminalité, protection de l'ouïe, protection des yeux, protection de la tête, protection des voies respiratoires, protection des pieds, symboles de sécurité

Santé 775
ambulance, matériel de secours, trousse de secours, thermomètres médicaux, tensiomètre, hôpital, aides à la marche, fauteuil roulant, formes pharmaceutiques des médicaments

Famille 784
liens de parenté

SPORTS ET JEUX 786

Installations sportives 788
complexe sportif, tableau indicateur, compétition

Athlétisme 790
stade, sauts, lancers

Sports de balle et de ballon 794
baseball, softball, cricket, hockey sur gazon, football, rugby, football américain, football canadien, netball, basketball, volleyball, handball

Sports de raquette 815
tennis de table, badminton, racquetball, squash, tennis

Sports gymniques 823
gymnastique rythmique, trampoline, gymnastique

Sports aquatiques et nautiques 827
water-polo, plongeon, natation, voile, planche à voile, canoë-kayak : eaux vives, aviron, canoë-kayak : course en ligne, ski nautique, surf, plongée sous-marine

Sports de combat 842
boxe, lutte, judo, karaté, kung-fu, ju-jitsu, aïkido, kendo, sumo, escrime

Sports de force 850
haltérophilie, appareils de conditionnement physique

Sports équestres 852
saut d'obstacle, équitation, dressage, course de chevaux : turf, course de chevaux : course attelée, polo

Sports de précision 859
tir à l'arc, tir au fusil, tir à la carabine, tir au pistolet, billard, boulingrin, pétanque, jeu de quilles, golf

Cyclisme 870
cyclisme sur route, vélo de montagne, cyclisme sur piste, bicross

Sports motorisés 872
course automobile, motocyclisme, motomarine, motoneige

Sports d'hiver 877
curling, hockey sur glace, patinage artistique, patinage de vitesse, bobsleigh, luge, skeleton, piste, station de ski, surf des neiges, ski alpin, ski acrobatique, saut à ski, ski de vitesse, ski de fond, biathlon, raquettes

Sports à roulettes 894
planche à roulettes, patin à roues alignées

Sports aériens 896
chute libre, parapente, vol libre, planeur, montgolfière

Sports de montagne 900
escalade

Loisirs de plein air 902
camping, nœuds, pêche, chasse

Jeux 914
dés et dominos, cartes, jeux de plateau, casse-tête, mah-jong, système de jeux vidéo, jeu de fléchettes, table de roulette, machine à sous, baby-foot

Liste des thèmes

2 ASTRONOMIE

26 TERRE

72 RÈGNE VÉGÉTAL

90 RÈGNE ANIMAL

144 ÊTRE HUMAIN

178 ALIMENTATION ET CUISINE

242 MAISON

296 BRICOLAGE ET JARDINAGE

334 VÊTEMENTS

372 PARURE ET OBJETS PERSONNELS

392 ARTS ET ARCHITECTURE

466 COMMUNICATIONS ET BUREAUTIQUE

536 TRANSPORT ET MACHINERIE

644 ÉNERGIES

678 SCIENCE

706 SOCIÉTÉ

786 SPORTS ET JEUX

921 INDEX

ASTRONOMIE

ASTRONOMY

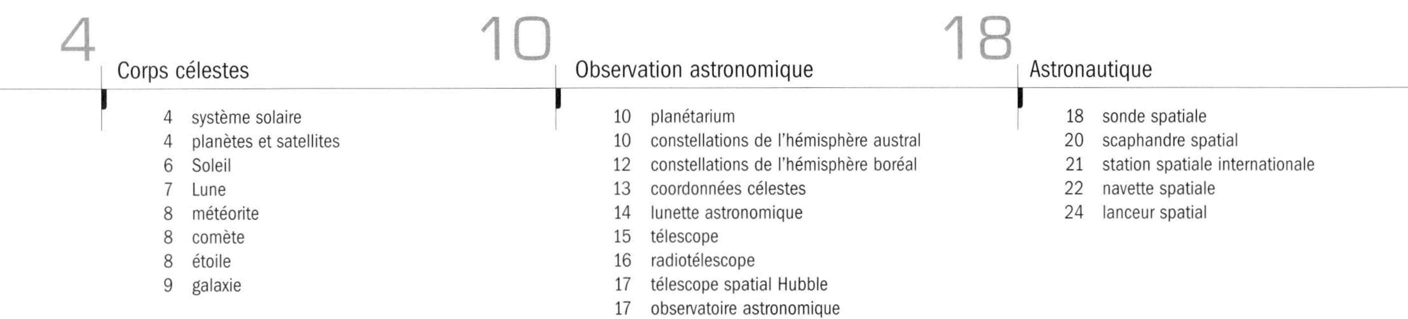

4 Corps célestes

4 système solaire
4 planètes et satellites
6 Soleil
7 Lune
8 météorite
8 comète
8 étoile
9 galaxie

10 Observation astronomique

10 planétarium
10 constellations de l'hémisphère austral
12 constellations de l'hémisphère boréal
13 coordonnées célestes
14 lunette astronomique
15 télescope
16 radiotélescope
17 télescope spatial Hubble
17 observatoire astronomique

18 Astronautique

18 sonde spatiale
20 scaphandre spatial
21 station spatiale internationale
22 navette spatiale
24 lanceur spatial

système^{M} solaire

solar system

planètes^{F} externes
outer planets

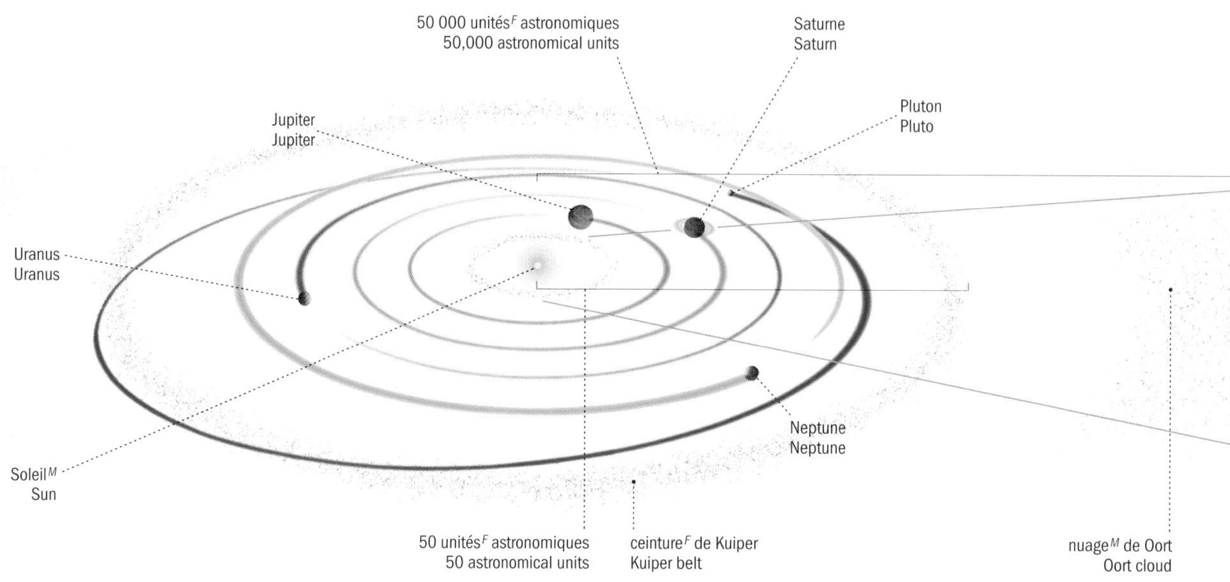
50 000 unités^{F} astronomiques
50,000 astronomical units
Saturne
Saturn
Pluton
Pluto
Jupiter
Jupiter
Uranus
Uranus
Neptune
Neptune
Soleil^{M}
Sun
50 unités^{F} astronomiques
50 astronomical units
ceinture^{F} de Kuiper
Kuiper belt
nuage^{M} de Oort
Oort cloud

planètes^{F} et satellites^{M}

planets and moons

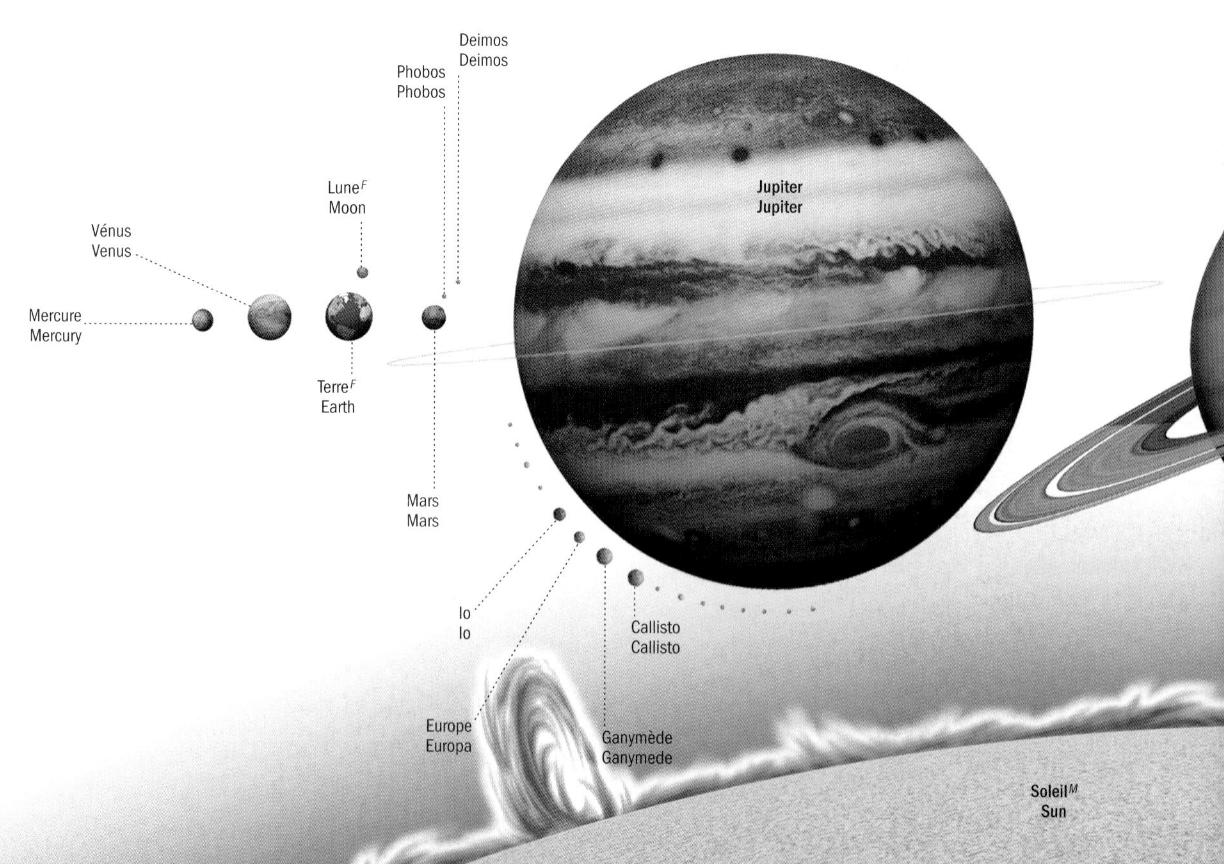
Deimos
Deimos
Phobos
Phobos
Lune^{F}
Moon
Vénus
Venus
Mercure
Mercury
Terre^{F}
Earth
Jupiter
Jupiter
Mars
Mars
Io
Io
Callisto
Callisto
Europe
Europa
Ganymède
Ganymede
Soleil^{M}
Sun

système[M] solaire

planètes[F] internes
inner planets

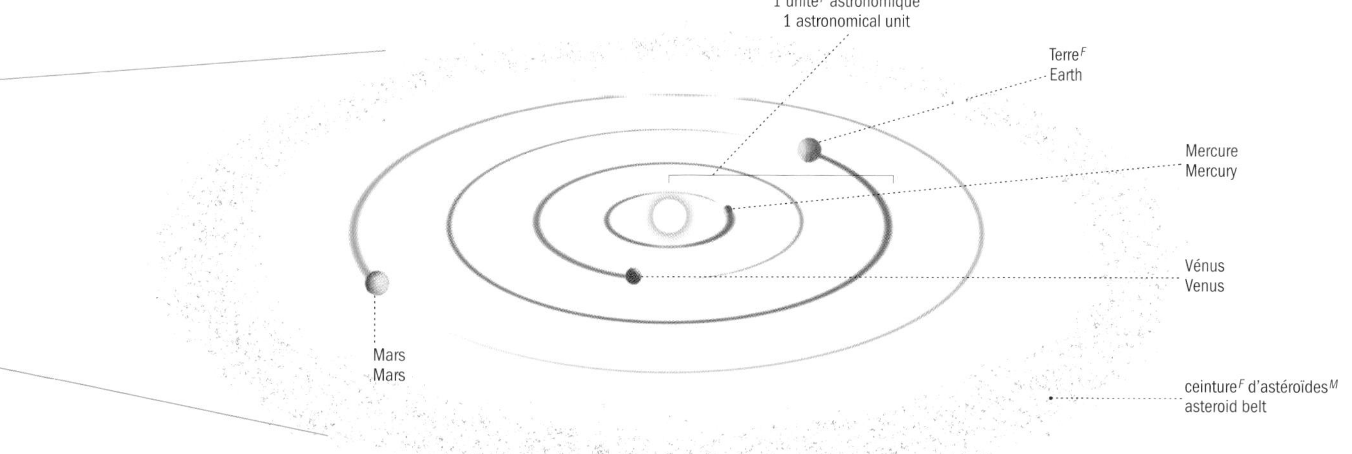
1 unité[F] astronomique
1 astronomical unit
Terre[F]
Earth
Mercure
Mercury
Vénus
Venus
Mars
Mars
ceinture[F] d'astéroïdes[M]
asteroid belt

planètes[F] et satellites[M]

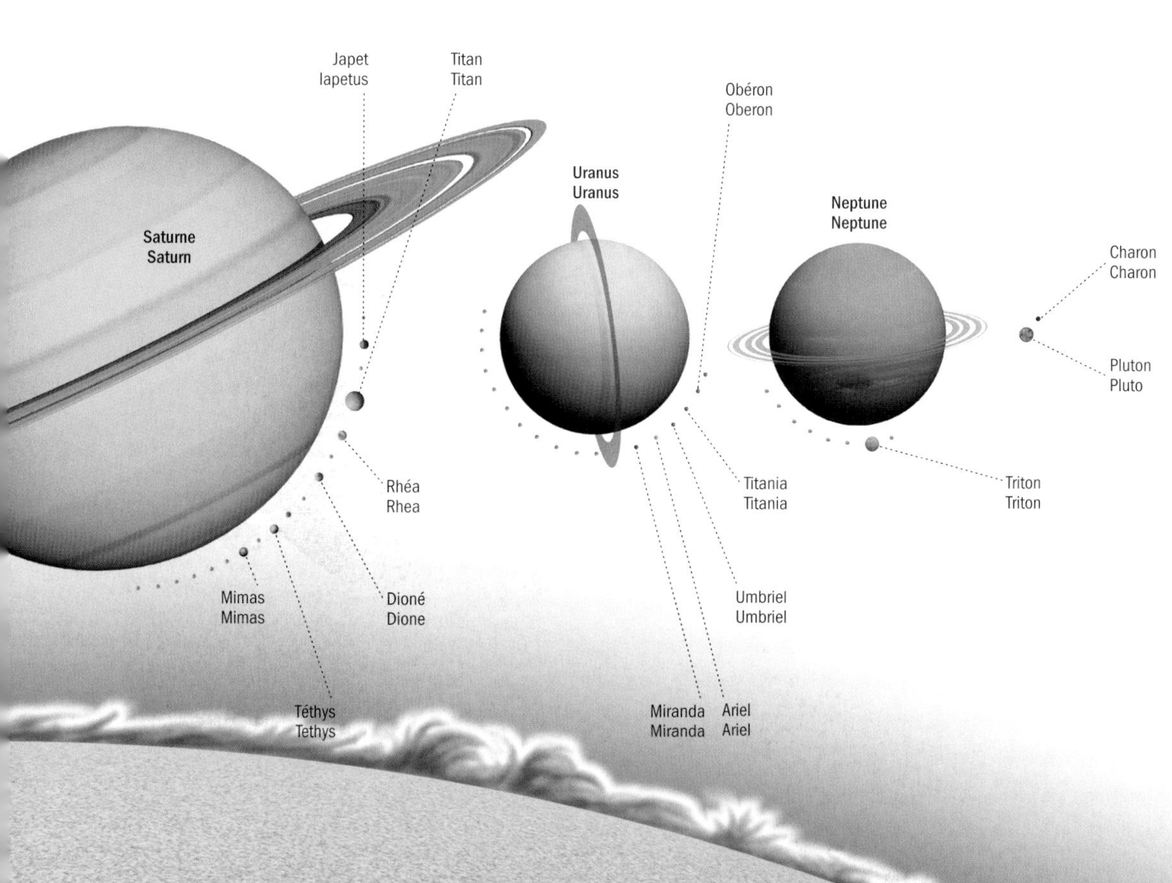
Japet
Iapetus
Titan
Titan
Obéron
Oberon
Uranus
Uranus
Neptune
Neptune
Saturne
Saturn
Charon
Charon
Pluton
Pluto
Rhéa
Rhea
Titania
Titania
Triton
Triton
Mimas
Mimas
Dioné
Dione
Umbriel
Umbriel
Téthys
Tethys
Miranda
Miranda
Ariel
Ariel

Soleil[M]

Sun

structure[F] du Soleil[M]
structure of the Sun

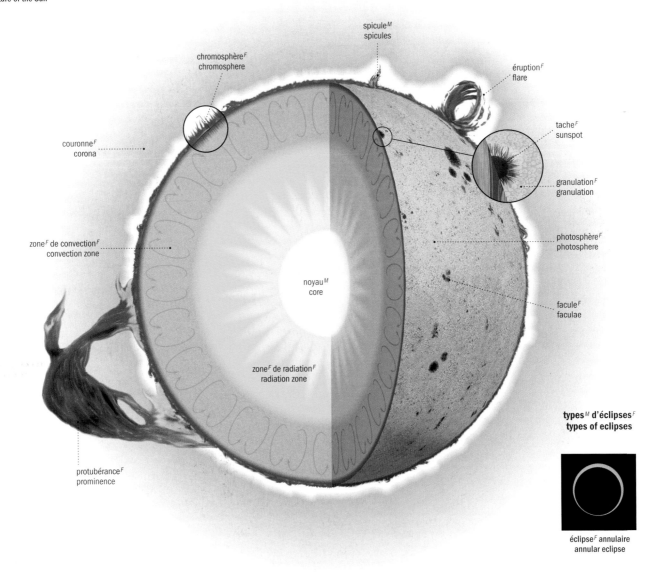

spicule[M]
spicules

chromosphère[F]
chromosphere

éruption[F]
flare

tache[F]
sunspot

couronne[F]
corona

granulation[F]
granulation

zone[F] de convection[F]
convection zone

photosphère[F]
photosphere

noyau[M]
core

facule[F]
faculae

zone[F] de radiation[F]
radiation zone

protubérance[F]
prominence

types[M] d'éclipses[F]
types of eclipses

éclipse[F] annulaire
annular eclipse

éclipse[F] de Soleil[M]
solar eclipse

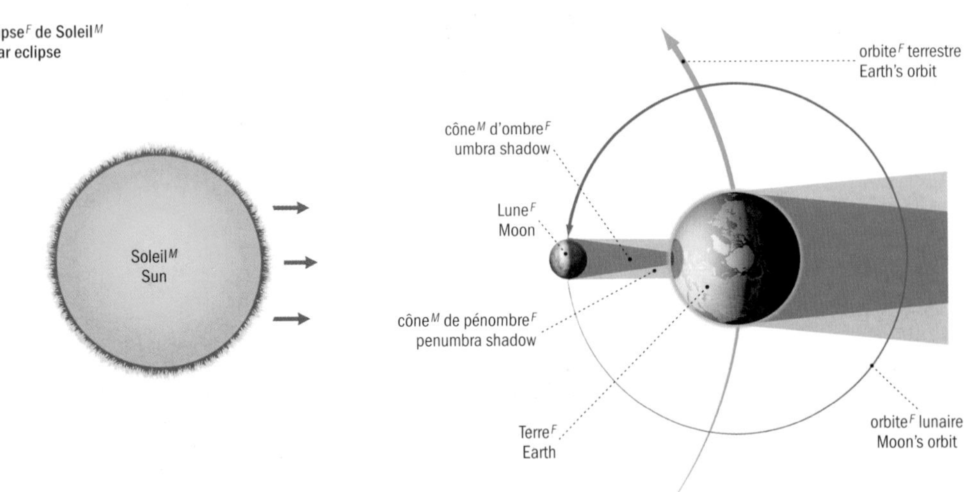

orbite[F] terrestre
Earth's orbit
cône[M] d'ombre[F]
umbra shadow
Lune[F]
Moon
Soleil[M]
Sun
cône[M] de pénombre[F]
penumbra shadow
Terre[F]
Earth
orbite[F] lunaire
Moon's orbit

éclipse[F] partielle
partial eclipse

éclipse[F] totale
total eclipse

Lune[F]

Moon

types[M] d'éclipses[F]
types of eclipses

éclipse[F] partielle
partial eclipse

éclipse[F] totale
total eclipse

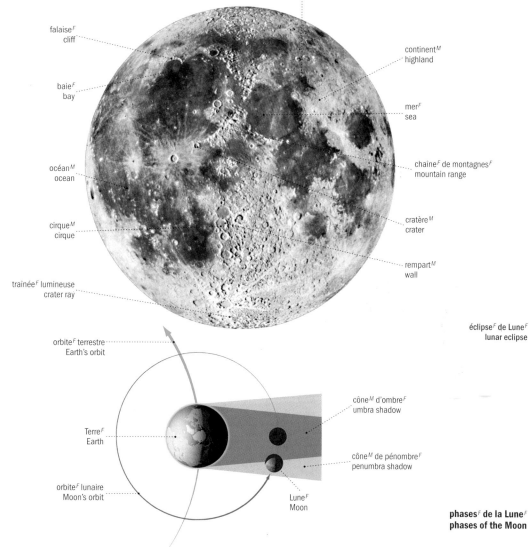

relief[M] lunaire
lunar features

lac[M]
lake

falaise[F]
cliff

continent[M]
highland

baie[F]
bay

mer[F]
sea

chaine[F] de montagnes[F]
mountain range

océan[M]
ocean

cratère[M]
crater

cirque[M]
cirque

rempart[M]
wall

trainée[F] lumineuse
crater ray

éclipse[F] de Lune[F]
lunar eclipse

orbite[F] terrestre
Earth's orbit

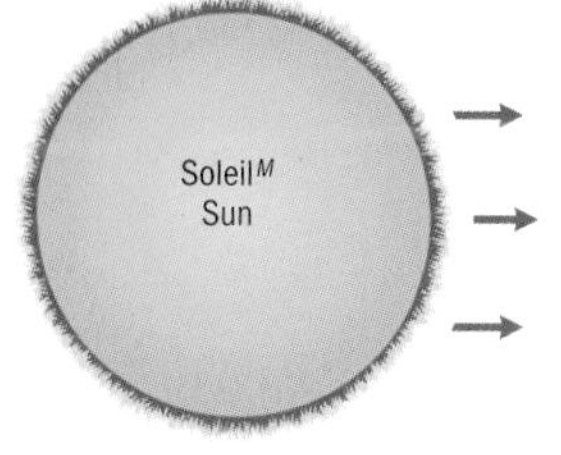
Soleil[M]
Sun

cône[M] d'ombre[F]
umbra shadow

Terre[F]
Earth

cône[M] de pénombre[F]
penumbra shadow

orbite[F] lunaire
Moon's orbit

Lune[F]
Moon

phases[F] de la Lune[F]
phases of the Moon

nouvelle Lune[F]
new moon

premier croissant[M]
new crescent

premier quartier[M]
first quarter

gibbeuse[F] croissante
waxing gibbous

pleine Lune[F]
full moon

gibbeuse[F] décroissante
waning gibbous

dernier quartier[M]
last quarter

dernier croissant[M]
old crescent

météorite^F

meteorite

météorite^F ferreuse
iron meteorite

météorite^F métallo-rocheuse
stony-iron meteorite

météorites^F rocheuses
stony meteorites

chondrite^F
chondrite

achondrite^F
achondrite

comète^F

comet

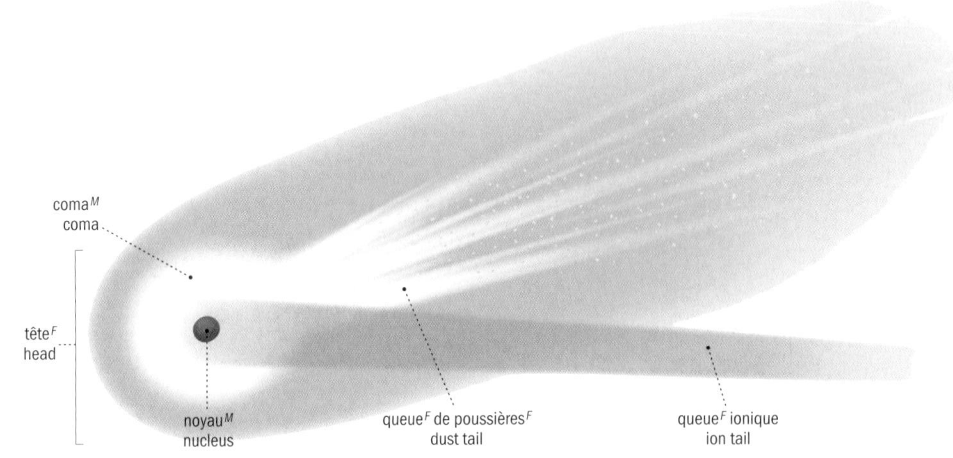
coma^M
coma
tête^F
head
noyau^M
nucleus
queue^F de poussières^F
dust tail
queue^F ionique
ion tail

étoile^F

star

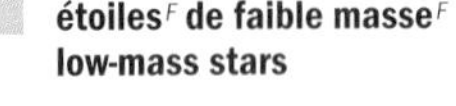

étoiles^F de faible masse^F
low-mass stars

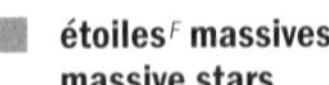

étoiles^F massives
massive stars

naine^F noire
black dwarf

supernova^F
supernova

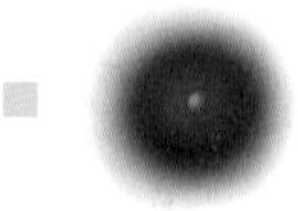

naine^F brune
brown dwarf

nova^F
nova

géante^F rouge
red giant

pulsar^M
pulsar

supergéante^F
supergiant

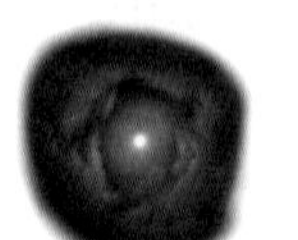

nébuleuse^F planétaire
planetary nebula

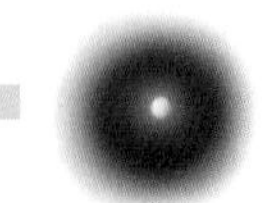

naine^F blanche
white dwarf

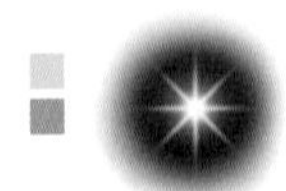

étoile^F de la séquence^F principale
main-sequence star

trou^M noir
black hole

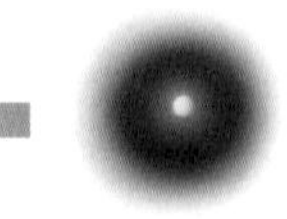

étoile^F à neutrons^M
neutron star

galaxie[F]

galaxy

classification[F] de Hubble
Hubble's classification

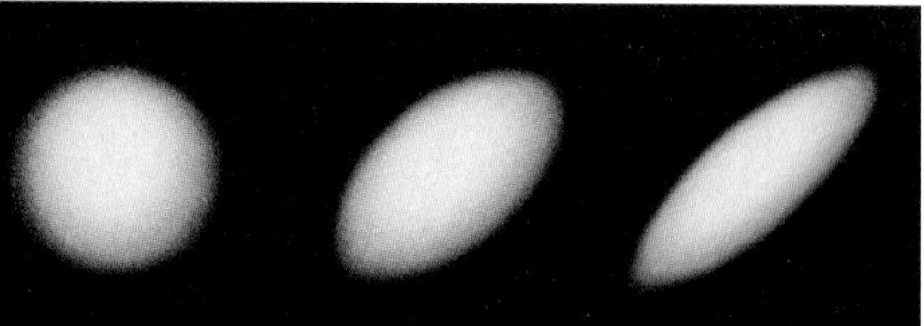

galaxie[F] elliptique
elliptical galaxy

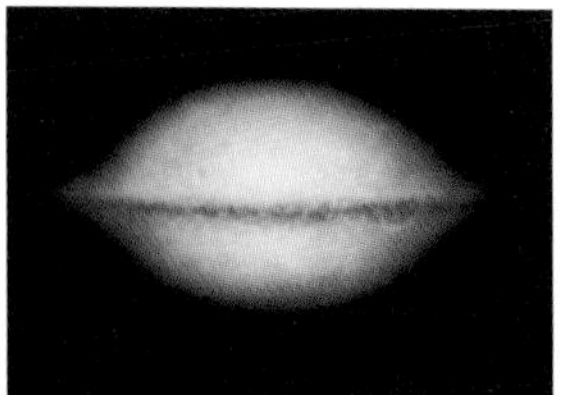

galaxie[F] lenticulaire
lenticular galaxy

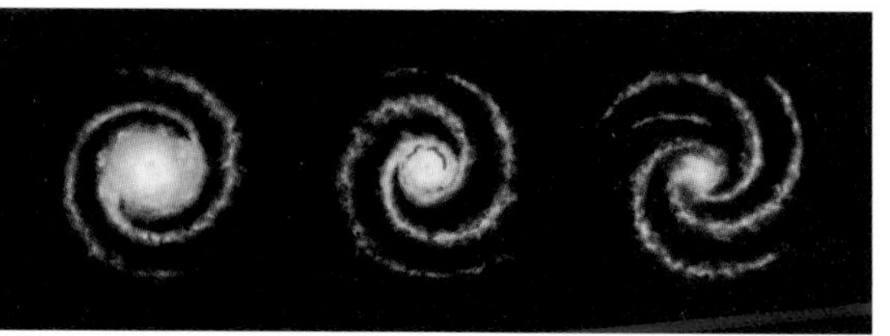

galaxie[F] spirale normale
normal spiral galaxy

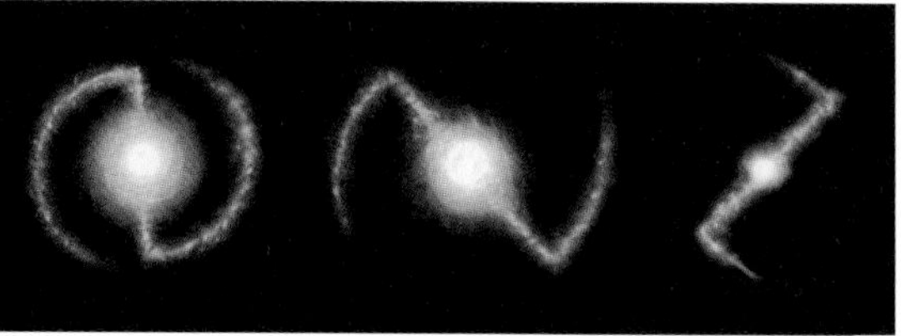

galaxie[F] spirale barrée
barred spiral galaxy

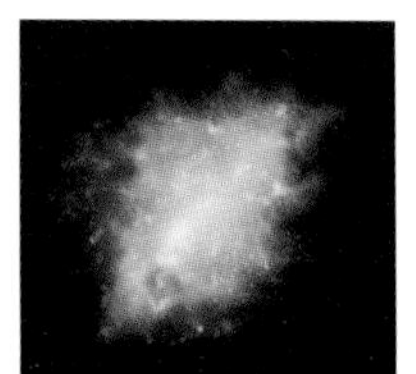

galaxie[F] irrégulière de type[M] I
type I irregular galaxy

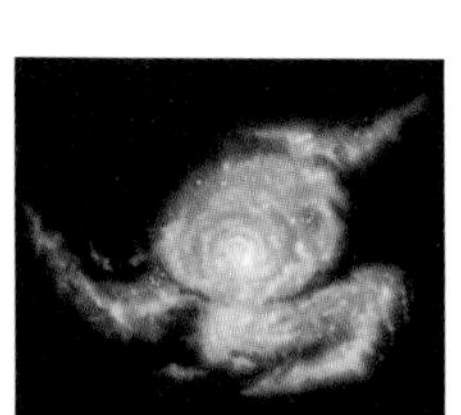

galaxie[F] irrégulière de type[M] II
type II irregular galaxy

Voie[F] Lactée
Milky Way

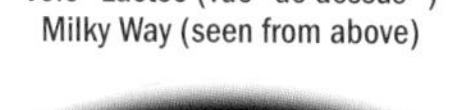

Voie[F] Lactée (vue[F] de dessus[M])
Milky Way (seen from above)

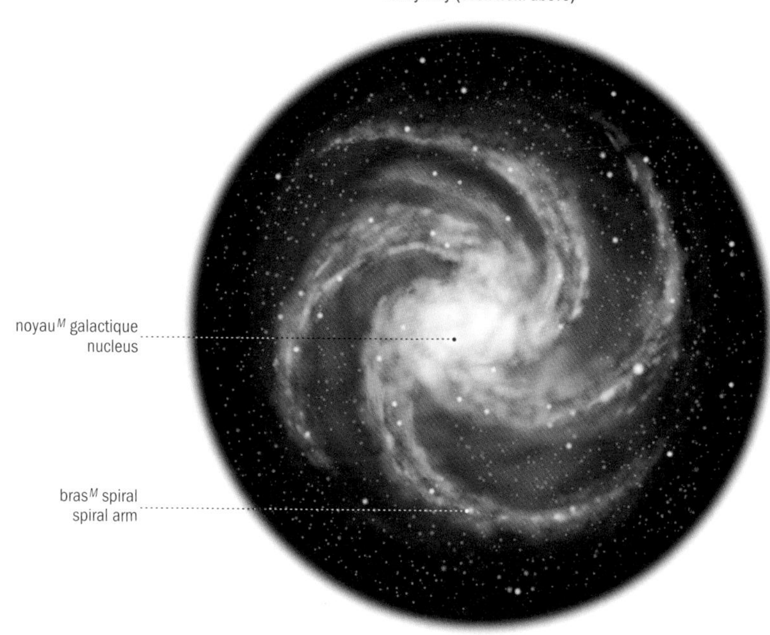
noyau[M] galactique
nucleus
bras[M] spiral
spiral arm

Voie[F] Lactée (vue[F] de profil[M])
Milky Way (side view)

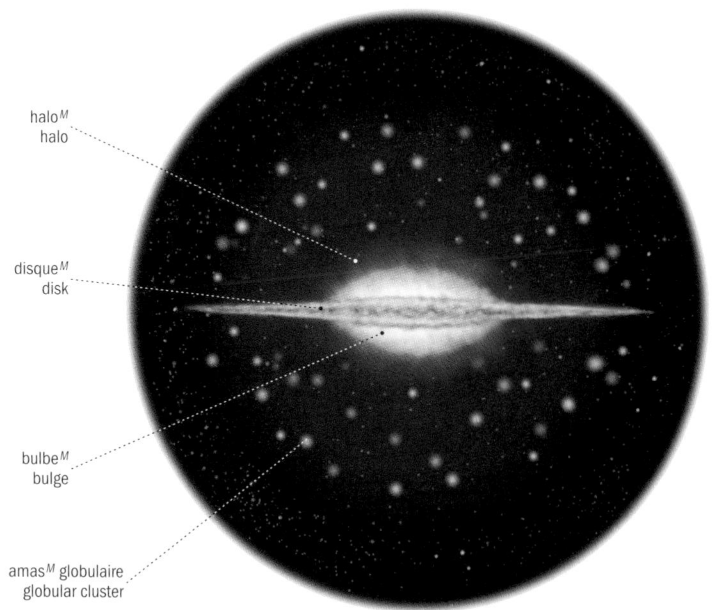
halo[M]
halo
disque[M]
disk
bulbe[M]
bulge
amas[M] globulaire
globular cluster

planétarium[M]

planetarium

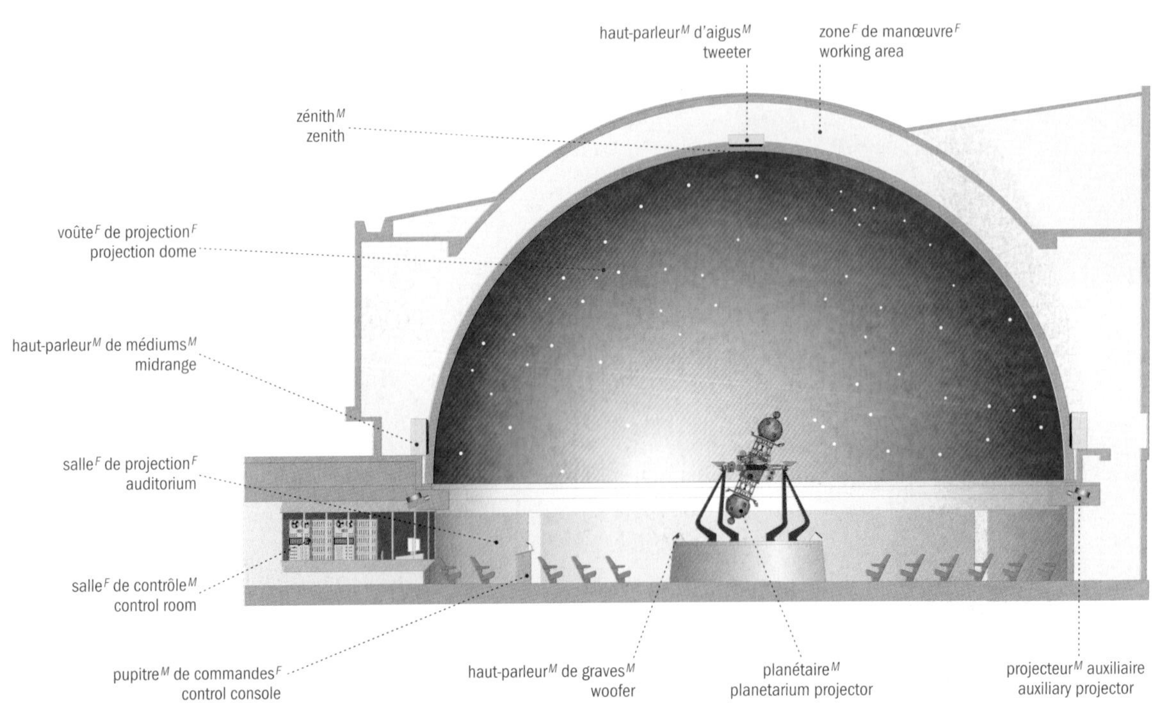

haut-parleur[M] d'aigus[M]
tweeter
zone[F] de manœuvre[F]
working area
zénith[M]
zenith
voûte[F] de projection[F]
projection dome
haut-parleur[M] de médiums[M]
midrange
salle[F] de projection[F]
auditorium
salle[F] de contrôle[M]
control room
pupitre[M] de commandes[F]
control console
haut-parleur[M] de graves[M]
woofer
planétaire[M]
planetarium projector
projecteur[M] auxiliaire
auxiliary projector

constellations[F] de l'hémisphère[M] austral

constellations of the southern hemisphere

1 Baleine[F] Whale
2 Verseau[M] Water Bearer
3 Aigle[M] Eagle
4 Capricorne[M] Sea Goat
5 Microscope[M] Microscope
6 Poisson[M] austral Southern Fish
7 Grue[F] Crane
8 Atelier[M] du Sculpteur[M] Sculptor's Tools
9 Éridan River
10 Fourneau[M] Furnace
11 Horloge[F] Clock
12 Phénix[M] Phoenix
13 Toucan[M] Toucan
14 Paon[M] Peacock
15 Indien[M] Indian
16 Télescope[M] Telescope
17 Couronne[F] australe Southern Crown
18 Sagittaire[M] Archer
19 Écu[M] Shield
20 Scorpion[M] Scorpion
21 Règle[F] Carpenter's Square
22 Autel[M] Altar
23 Triangle[M] austral Southern Triangle
24 Oiseau[M] de Paradis[M] Bird of Paradise
25 Octant[M] Octant
26 Hydre[F] mâle Sea Serpent
27 Table[F] Table Mountain
28 Réticule[M] Net

29 Dorade[F] Swordfish

49 Serpent[M] Serpent

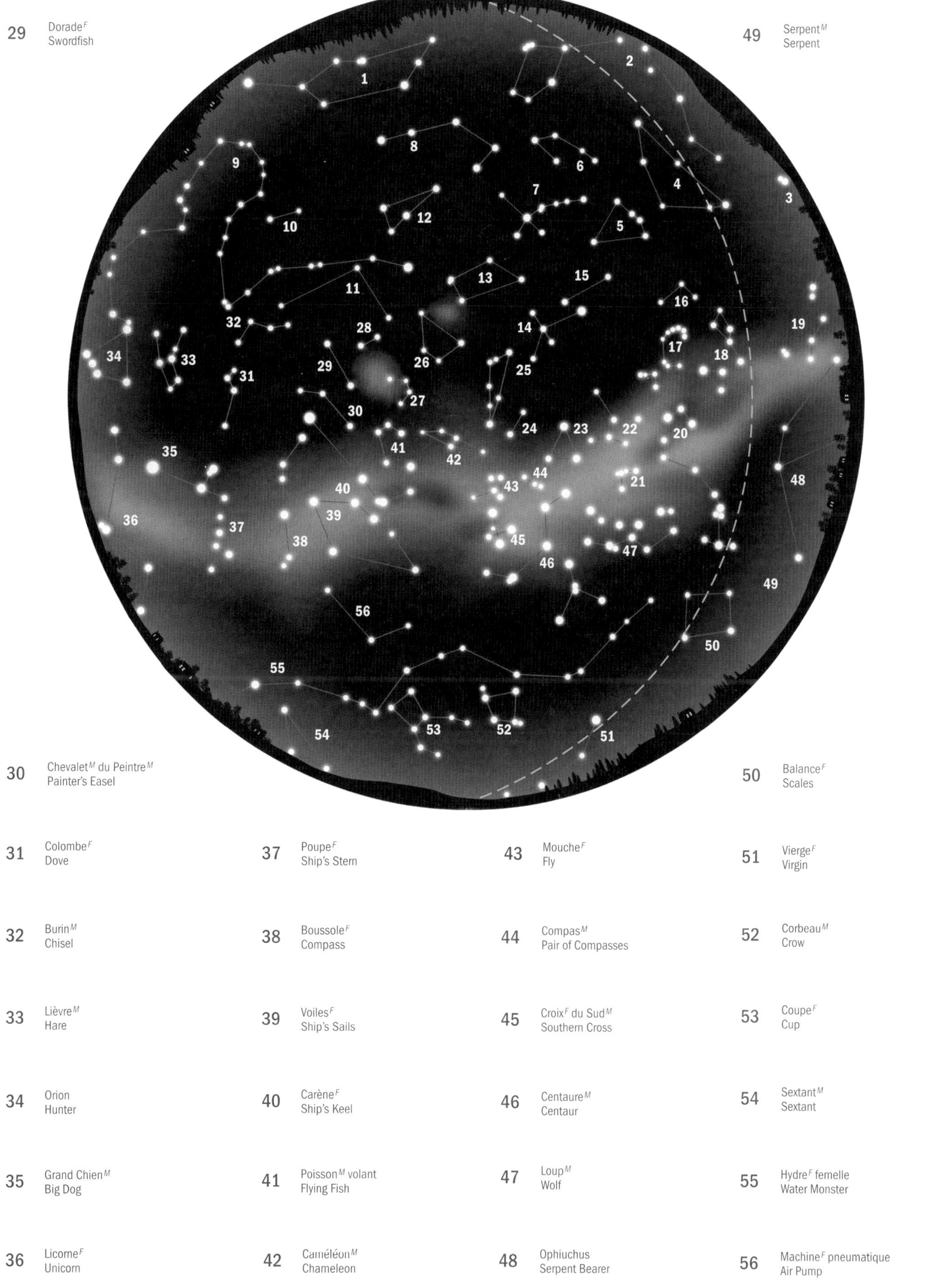
1
2
3
4
5
6
7
8
9
10
11
12
13
14
15
16
17
18
19
20
21
22
23
24
25
26
27
28
29
30
31
32
33
34
35
36
37
38
39
40
41
42
43
44
45
46
47
48
49
50
51
52
53
54
55
56

30 Chevalet[M] du Peintre[M] Painter's Easel

50 Balance[F] Scales

31 Colombe[F] Dove

37 Poupe[F] Ship's Stern

43 Mouche[F] Fly

51 Vierge[F] Virgin

32 Burin[M] Chisel

38 Boussole[F] Compass

44 Compas[M] Pair of Compasses

52 Corbeau[M] Crow

33 Lièvre[M] Hare

39 Voiles[F] Ship's Sails

45 Croix[F] du Sud[M] Southern Cross

53 Coupe[F] Cup

34 Orion Hunter

40 Carène[F] Ship's Keel

46 Centaure[M] Centaur

54 Sextant[M] Sextant

35 Grand Chien[M] Big Dog

41 Poisson[M] volant Flying Fish

47 Loup[M] Wolf

55 Hydre[F] femelle Water Monster

36 Licorne[F] Unicorn

42 Caméléon[M] Chameleon

48 Ophiuchus Serpent Bearer

56 Machine[F] pneumatique Air Pump

constellations[F] de l'hémisphère[M] boréal

constellations of the northern hemisphere

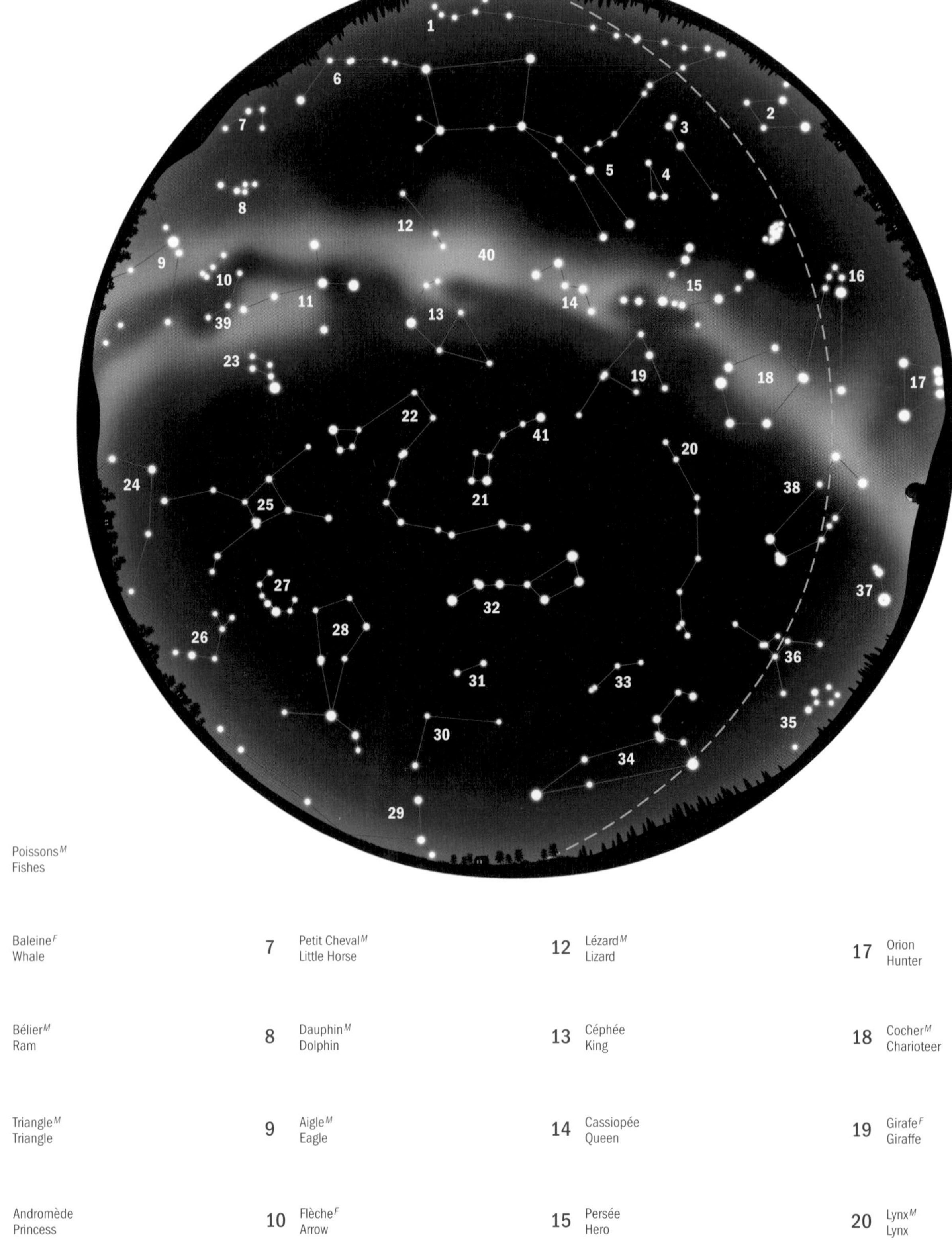
1
2
3
4
5
6
7
8
9
10
11
12
13
14
15
16
17
18
19
20
21
22
23
24
25
26
27
28
29
30
31
32
33
34
35
36
37
38
39
40
41

1 Poissons[M] Fishes

2 Baleine[F] Whale

3 Bélier[M] Ram

4 Triangle[M] Triangle

5 Andromède Princess

6 Pégase[M] Flying Horse

7 Petit Cheval[M] Little Horse

8 Dauphin[M] Dolphin

9 Aigle[M] Eagle

10 Flèche[F] Arrow

11 Cygne[M] Swan

12 Lézard[M] Lizard

13 Céphée King

14 Cassiopée Queen

15 Persée Hero

16 Taureau[M] Bull

17 Orion Hunter

18 Cocher[M] Charioteer

19 Girafe[F] Giraffe

20 Lynx[M] Lynx

21 Petite Ourse[F] Little Bear

22 Dragon^M
Dragon

23 Lyre^F
Lyre

24 Ophiuchus
Serpent Bearer

25 Hercule
Strong Man

26 Serpent^M
Serpent

27 Couronne^F boréale
Northern Crown

28 Bouvier^M
Herdsman

29 Vierge^F
Virgin

30 Chevelure^F de Bérénice
Berenice's Hair

31 Chiens^M de Chasse^F
Hunting Dogs

32 Grande Ourse^F
Great Bear

33 Petit Lion^M
Little Lion

34 Lion^M
Lion

35 Hydre^F femelle
Water Monster

36 Cancer^M
Crab

37 Petit Chien^M
Little Dog

38 Gémeaux^M
Twins

39 Petit Renard^M
Fox

40 Voie^F Lactée
Milky Way

41 Étoile^F polaire
North Star

coordonnées^F célestes

celestial coordinate system

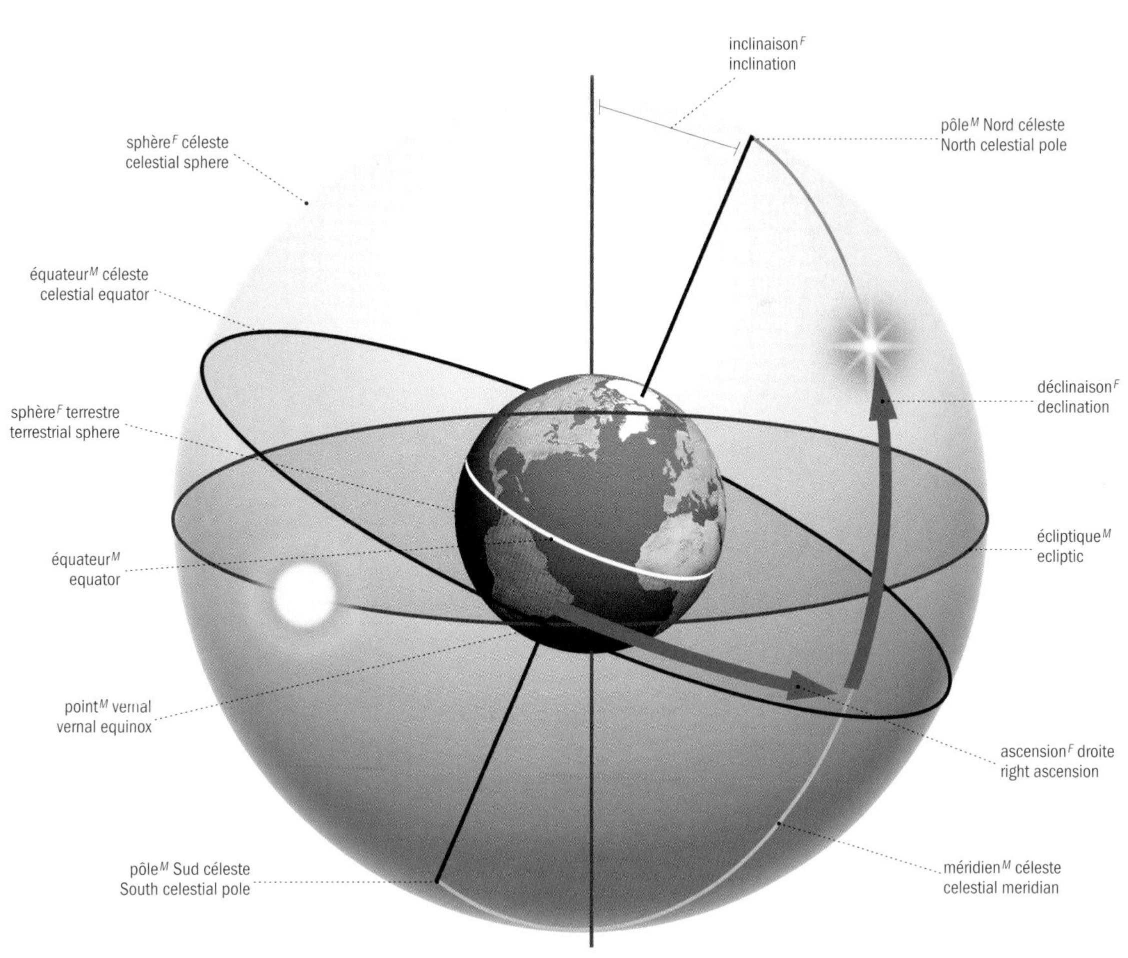
inclinaison^F
inclination
sphère^F céleste
celestial sphere
pôle^M Nord céleste
North celestial pole
équateur^M céleste
celestial equator
déclinaison^F
declination
sphère^F terrestre
terrestrial sphere
écliptique^M
ecliptic
équateur^M
equator
point^M vernal
vernal equinox
ascension^F droite
right ascension
pôle^M Sud céleste
South celestial pole
méridien^M céleste
celestial meridian

lunette[F] astronomique

refracting telescope

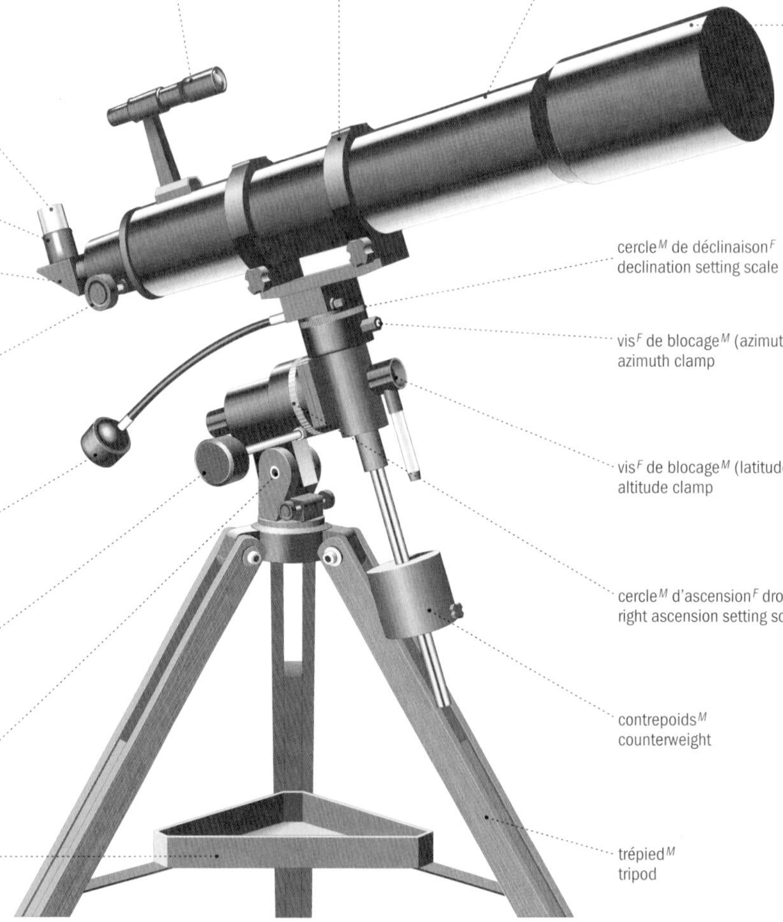

chercheur[M]
finderscope

bride[F] de fixation[F]
cradle

tube[M]
main tube

pare-soleil[M]
dew shield

oculaire[M]
eyepiece

tube[M] porte-oculaire[M]
eyepiece holder

oculaire[M] coudé
star diagonal

cercle[M] de déclinaison[F]
declination setting scale

vis[F] de blocage[M] (azimut[M])
azimuth clamp

bouton[M] de mise[F] au point[M]
focusing knob

vis[F] de blocage[M] (latitude[F])
altitude clamp

réglage[M] micrométrique (azimut[M])
azimuth fine adjustment

cercle[M] d'ascension[F] droite
right ascension setting scale

réglage[M] micrométrique (latitude[F])
altitude fine adjustment

contrepoids[M]
counterweight

fourche[F]
fork

plateau[M] pour accessoires[M]
tripod accessories shelf

trépied[M]
tripod

coupe[F] d'une lunette[F] astronomique
cross section of a refracting telescope

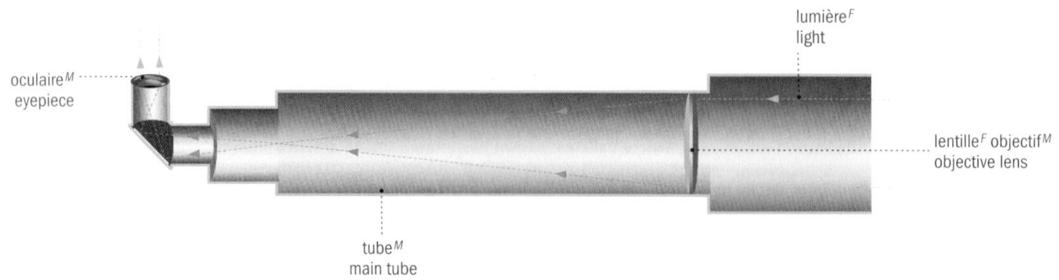
lumière[F]
light
oculaire[M]
eyepiece
lentille[F] objectif[M]
objective lens
tube[M]
main tube

télescope^{M}

reflecting telescope

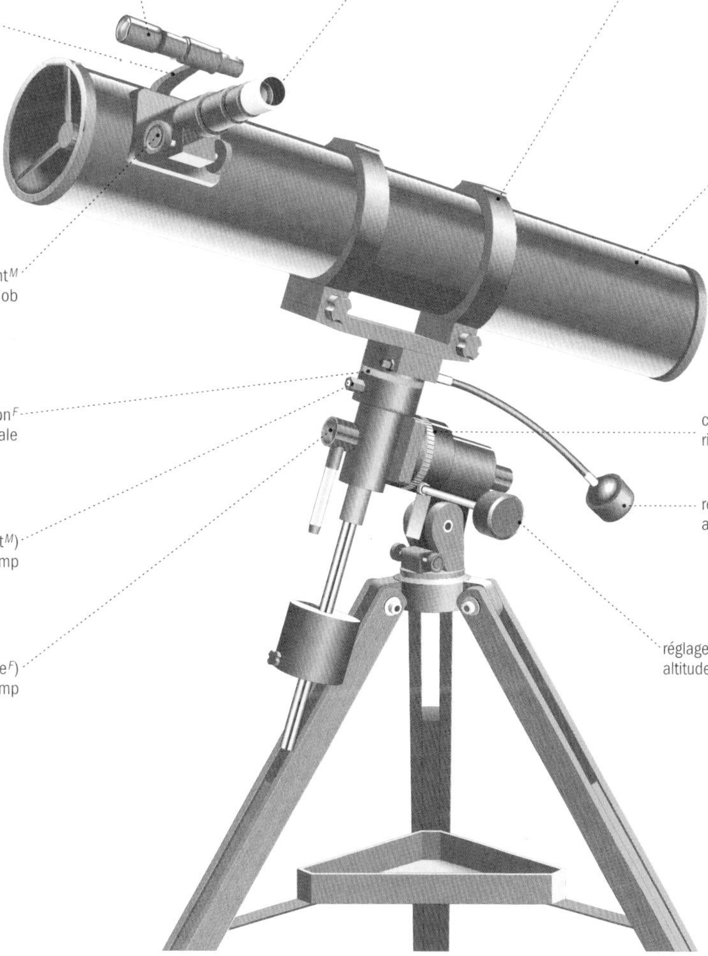

chercheur^{M}
finderscope

oculaire^{M}
eyepiece

bride^{F} de fixation^{F}
cradle

support^{M} de fixation^{F}
support

tube^{M}
main tube

bouton^{M} de mise^{F} au point^{M}
focusing knob

cercle^{M} de déclinaison^{F}
declination setting scale

cercle^{M} d'ascension^{F} droite
right ascension setting scale

réglage^{M} micrométrique (azimut^{M})
azimuth fine adjustment

vis^{F} de blocage^{M} (azimut^{M})
azimuth clamp

réglage^{M} micrométrique (latitude^{F})
altitude fine adjustment

vis^{F} de blocage^{M} (latitude^{F})
altitude clamp

coupe^{F} d'un télescope^{M}
cross section of a reflecting telescope

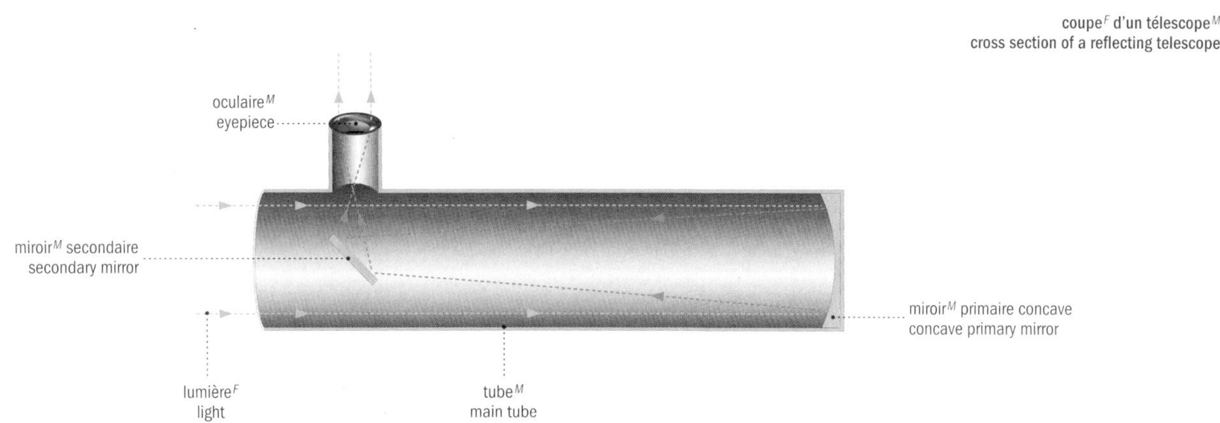
oculaire^{M}
eyepiece
miroir^{M} secondaire
secondary mirror
miroir^{M} primaire concave
concave primary mirror
lumière^{F}
light
tube^{M}
main tube

radiotélescope[M]

radio telescope

réflecteur[M] parabolique orientable
steerable parabolic reflector

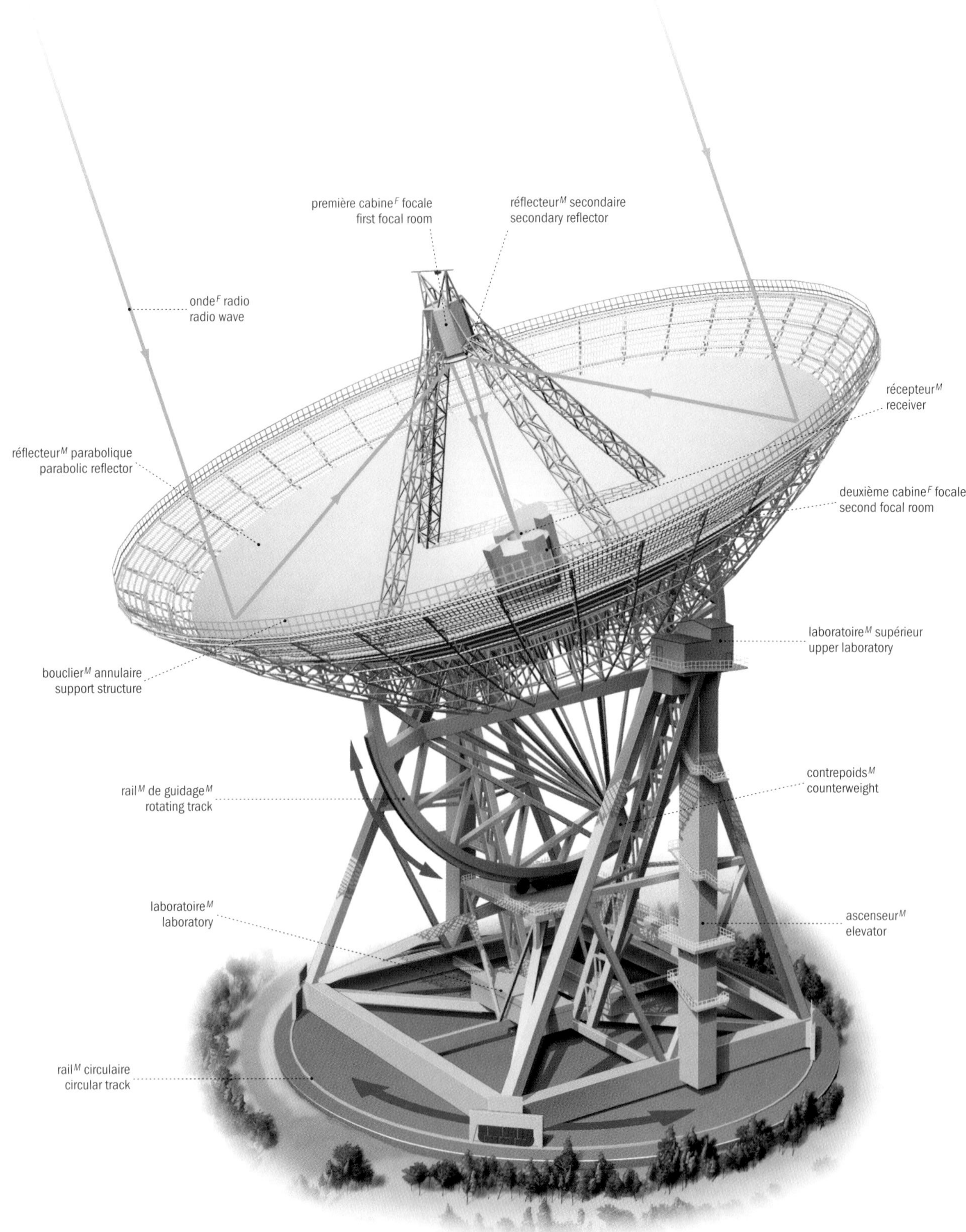
première cabine[F] focale
first focal room
réflecteur[M] secondaire
secondary reflector
onde[F] radio
radio wave
récepteur[M]
receiver
réflecteur[M] parabolique
parabolic reflector
deuxième cabine[F] focale
second focal room
laboratoire[M] supérieur
upper laboratory
bouclier[M] annulaire
support structure
contrepoids[M]
counterweight
rail[M] de guidage[M]
rotating track
laboratoire[M]
laboratory
ascenseur[M]
elevator
rail[M] circulaire
circular track

télescope^M spatial Hubble

Hubble space telescope

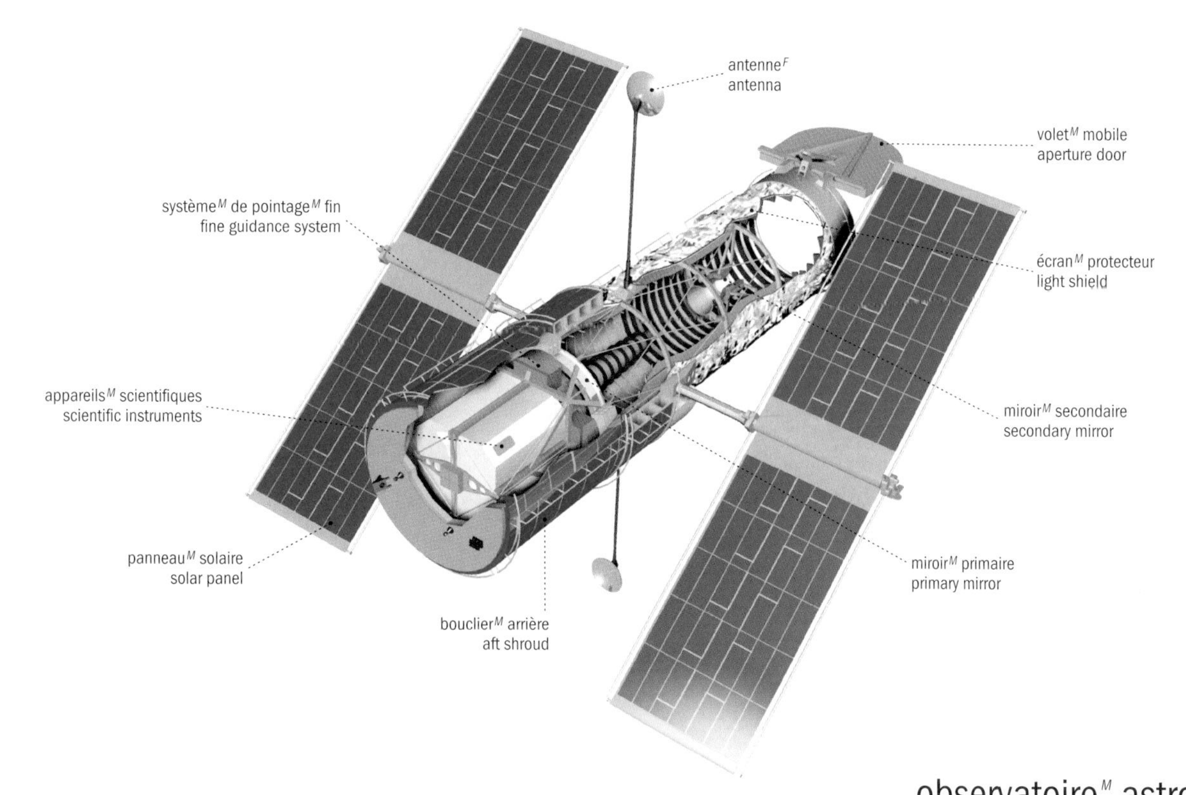

antenne^F
antenna
volet^M mobile
aperture door
système^M de pointage^M fin
fine guidance system
écran^M protecteur
light shield
appareils^M scientifiques
scientific instruments
miroir^M secondaire
secondary mirror
panneau^M solaire
solar panel
miroir^M primaire
primary mirror
bouclier^M arrière
aft shroud

observatoire^M astronomique

astronomical observatory

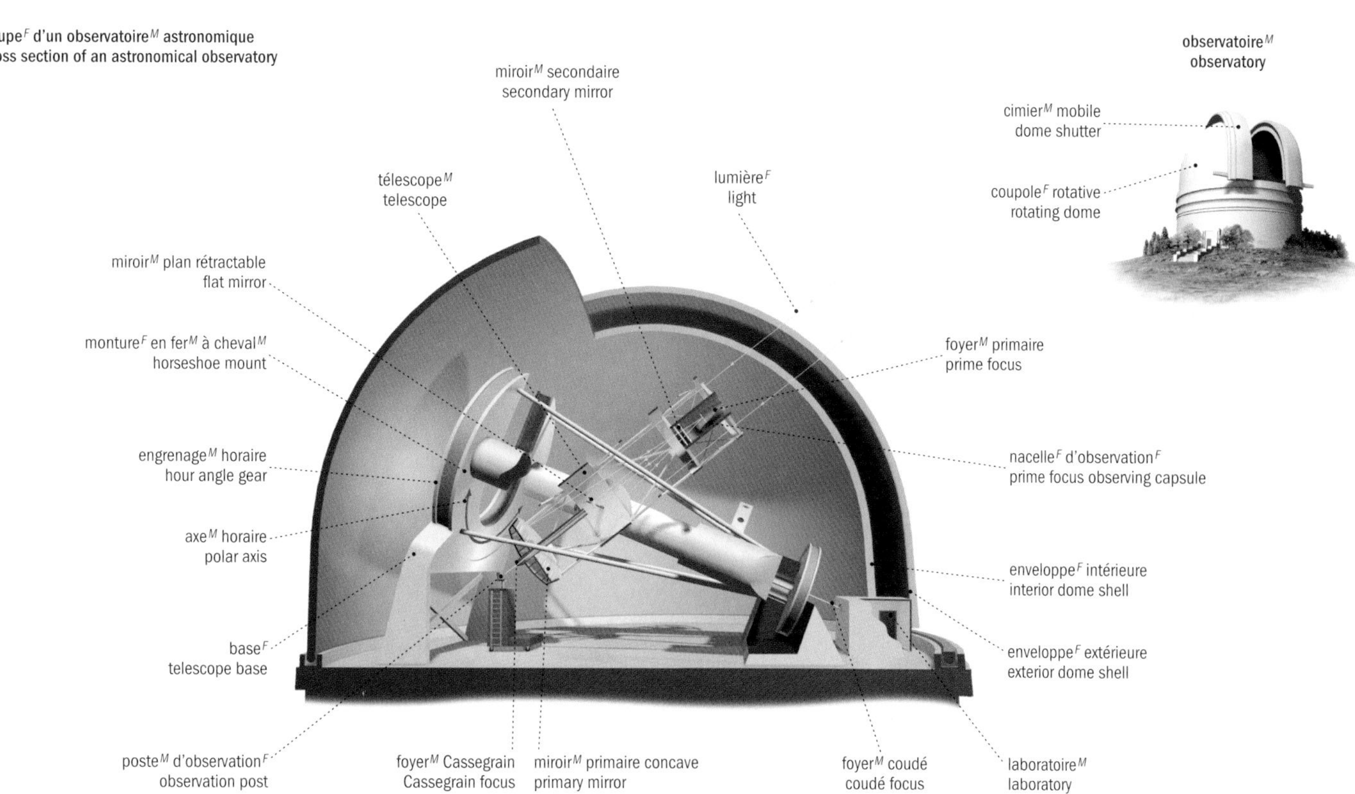

coupe^F d'un observatoire^M astronomique
cross section of an astronomical observatory
miroir^M secondaire
secondary mirror
télescope^M
telescope
lumière^F
light
miroir^M plan rétractable
flat mirror
monture^F en fer^M à cheval^M
horseshoe mount
foyer^M primaire
prime focus
engrenage^M horaire
hour angle gear
nacelle^F d'observation^F
prime focus observing capsule
axe^M horaire
polar axis
enveloppe^F intérieure
interior dome shell
base^F
telescope base
enveloppe^F extérieure
exterior dome shell
poste^M d'observation^F
observation post
foyer^M Cassegrain
Cassegrain focus
miroir^M primaire concave
primary mirror
foyer^M coudé
coudé focus
laboratoire^M
laboratory
observatoire^M
observatory
cimier^M mobile
dome shutter
coupole^F rotative
rotating dome

sonde^F spatiale

space probe

orbiteur^M (Viking)
orbiter (Viking)

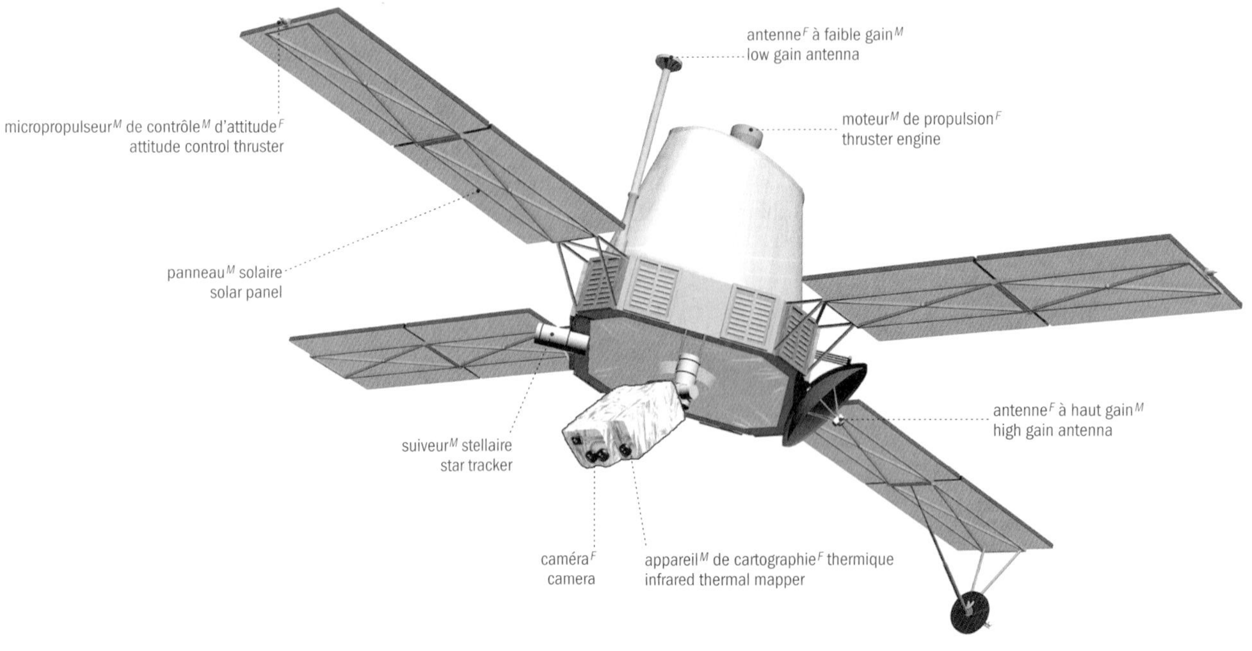

antenne^F à faible gain^M
low gain antenna
micropropulseur^M de contrôle^M d'attitude^F
attitude control thruster
moteur^M de propulsion^F
thruster engine
panneau^M solaire
solar panel
antenne^F à haut gain^M
high gain antenna
suiveur^M stellaire
star tracker
caméra^F
camera
appareil^M de cartographie^F thermique
infrared thermal mapper

atterrisseur^M (Viking)
lander (Viking)

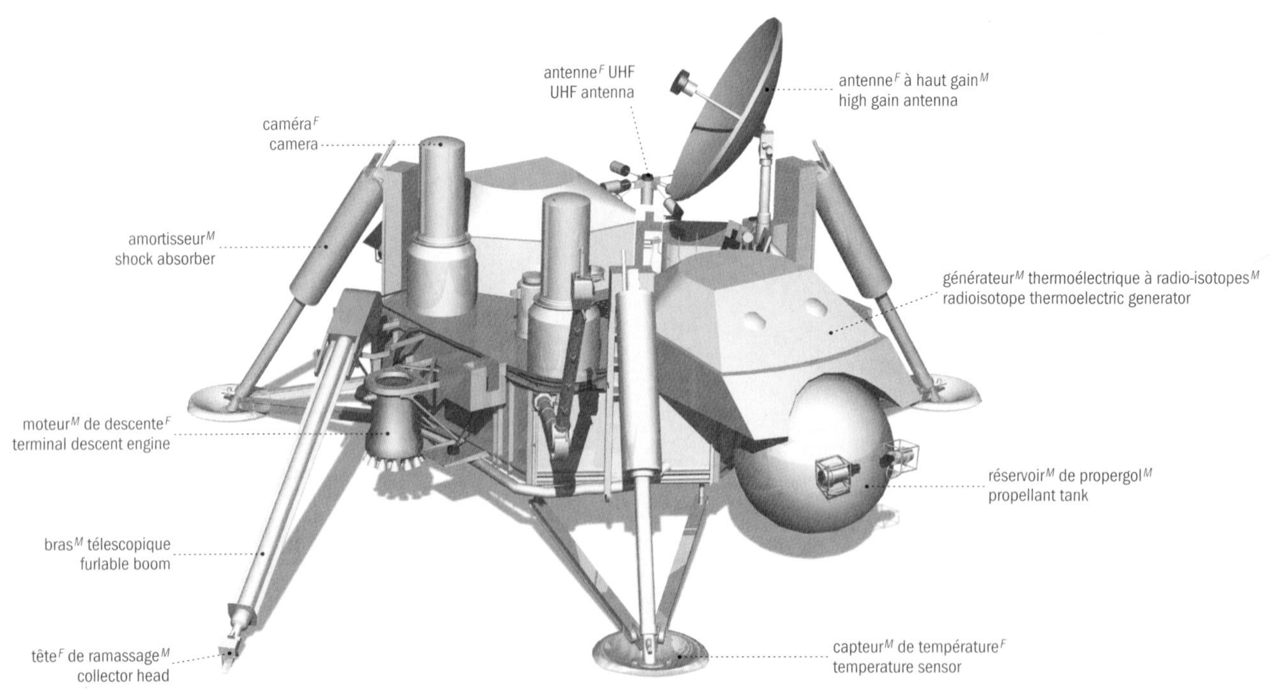

antenne^F UHF
UHF antenna
antenne^F à haut gain^M
high gain antenna
caméra^F
camera
amortisseur^M
shock absorber
générateur^M thermoélectrique à radio-isotopes^M
radioisotope thermoelectric generator
moteur^M de descente^F
terminal descent engine
réservoir^M de propergol^M
propellant tank
bras^M télescopique
furlable boom
tête^F de ramassage^M
collector head
capteur^M de température^F
temperature sensor

exemples de sondes spatiales
examples of space probes

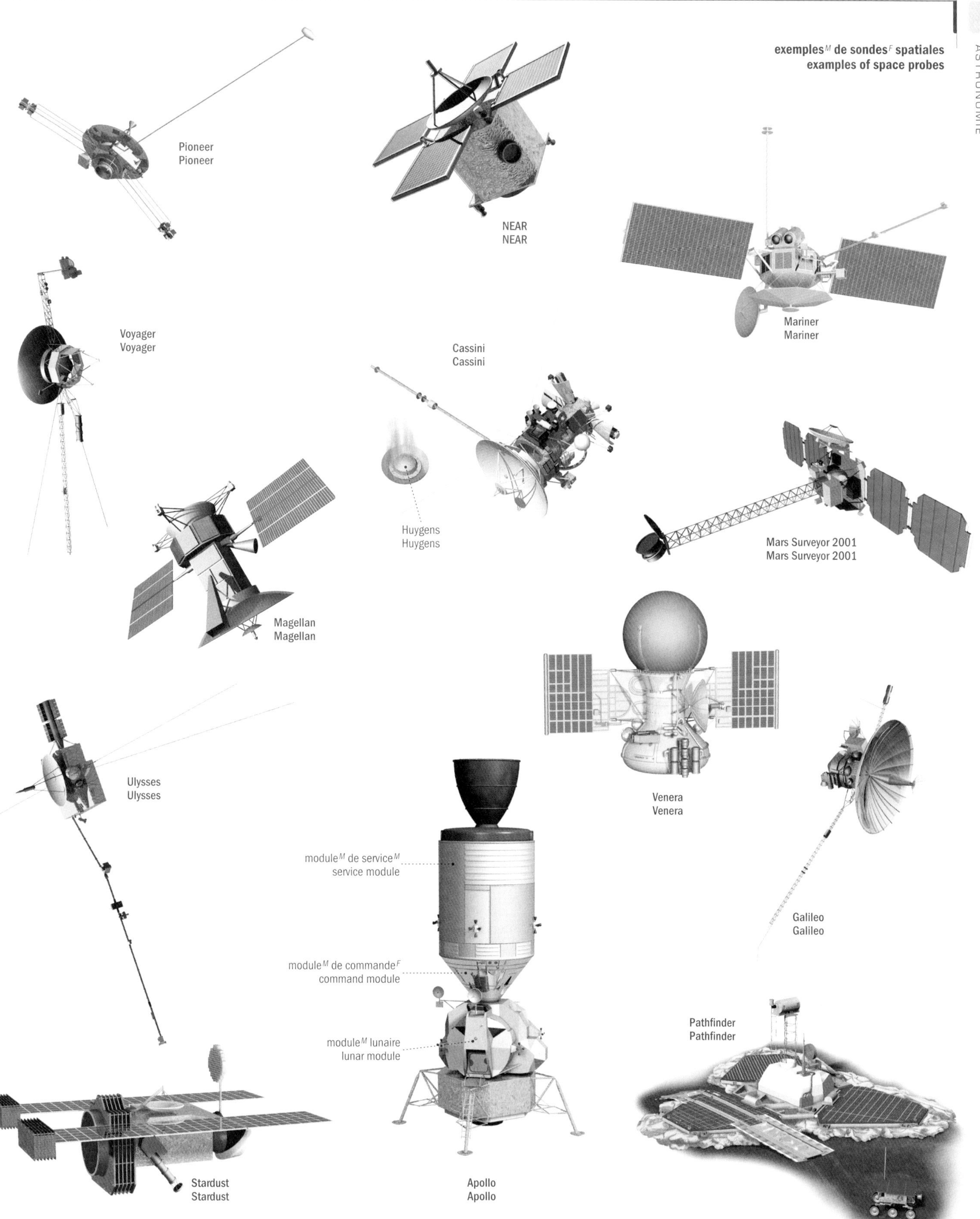
Pioneer
Pioneer
NEAR
NEAR
Mariner
Mariner
Voyager
Voyager
Cassini
Cassini
Huygens
Huygens
Mars Surveyor 2001
Mars Surveyor 2001
Magellan
Magellan
Venera
Venera
Ulysses
Ulysses
module de service
service module
module de commande
command module
module lunaire
lunar module
Galileo
Galileo
Pathfinder
Pathfinder
Stardust
Stardust
Apollo
Apollo

scaphandre^M spatial

spacesuit

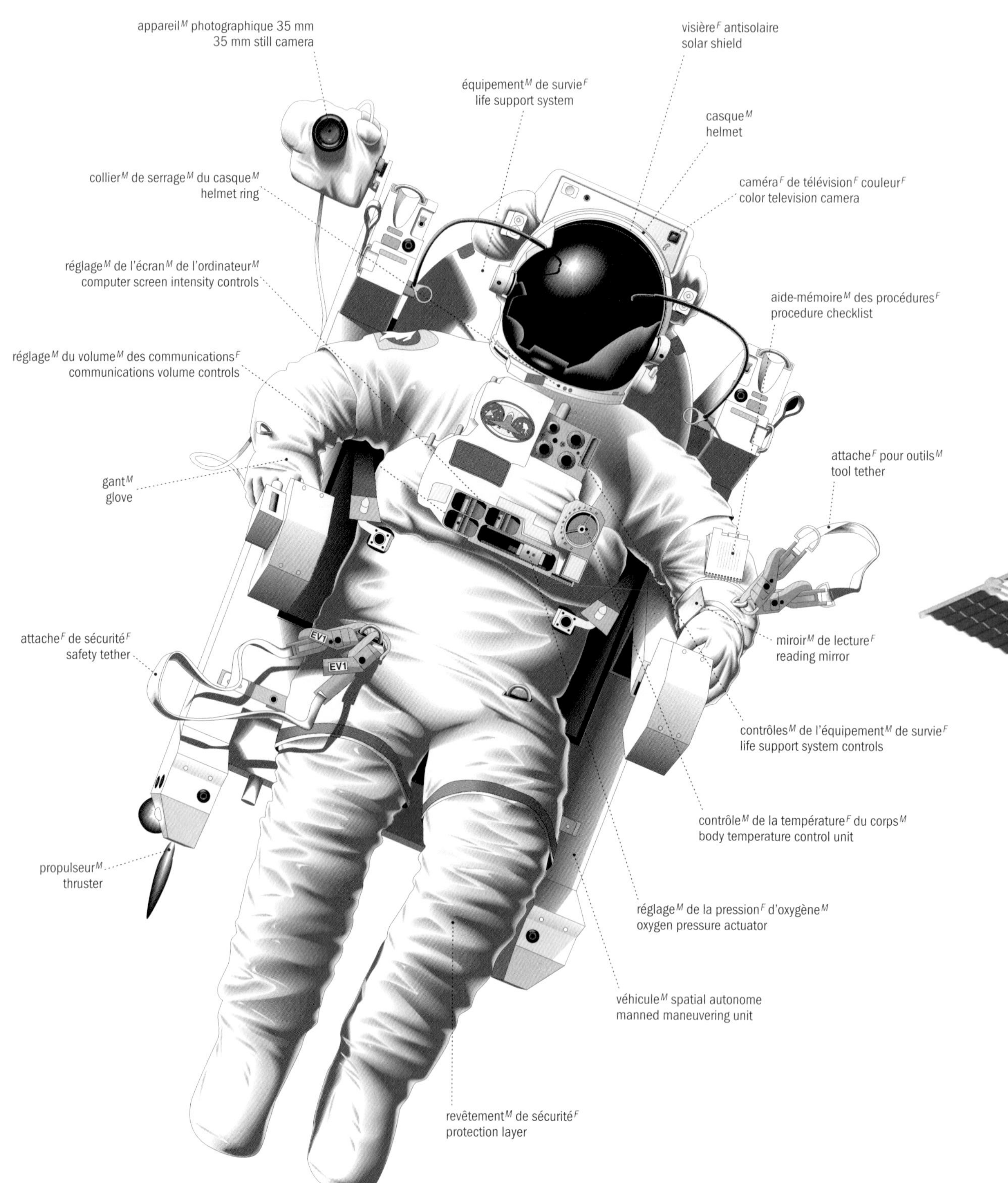
appareil^M photographique 35 mm
35 mm still camera
visière^F antisolaire
solar shield
équipement^M de survie^F
life support system
casque^M
helmet
collier^M de serrage^M du casque^M
helmet ring
caméra^F de télévision^F couleur^F
color television camera
réglage^M de l'écran^M de l'ordinateur^M
computer screen intensity controls
aide-mémoire^M des procédures^F
procedure checklist
réglage^M du volume^M des communications^F
communications volume controls
attache^F pour outils^M
tool tether
gant^M
glove
attache^F de sécurité^F
safety tether
EV1
EV1
miroir^M de lecture^F
reading mirror
contrôles^M de l'équipement^M de survie^F
life support system controls
contrôle^M de la température^F du corps^M
body temperature control unit
propulseur^M
thruster
réglage^M de la pression^F d'oxygène^M
oxygen pressure actuator
véhicule^M spatial autonome
manned maneuvering unit
revêtement^M de sécurité^F
protection layer

station^F spatiale internationale

international space station

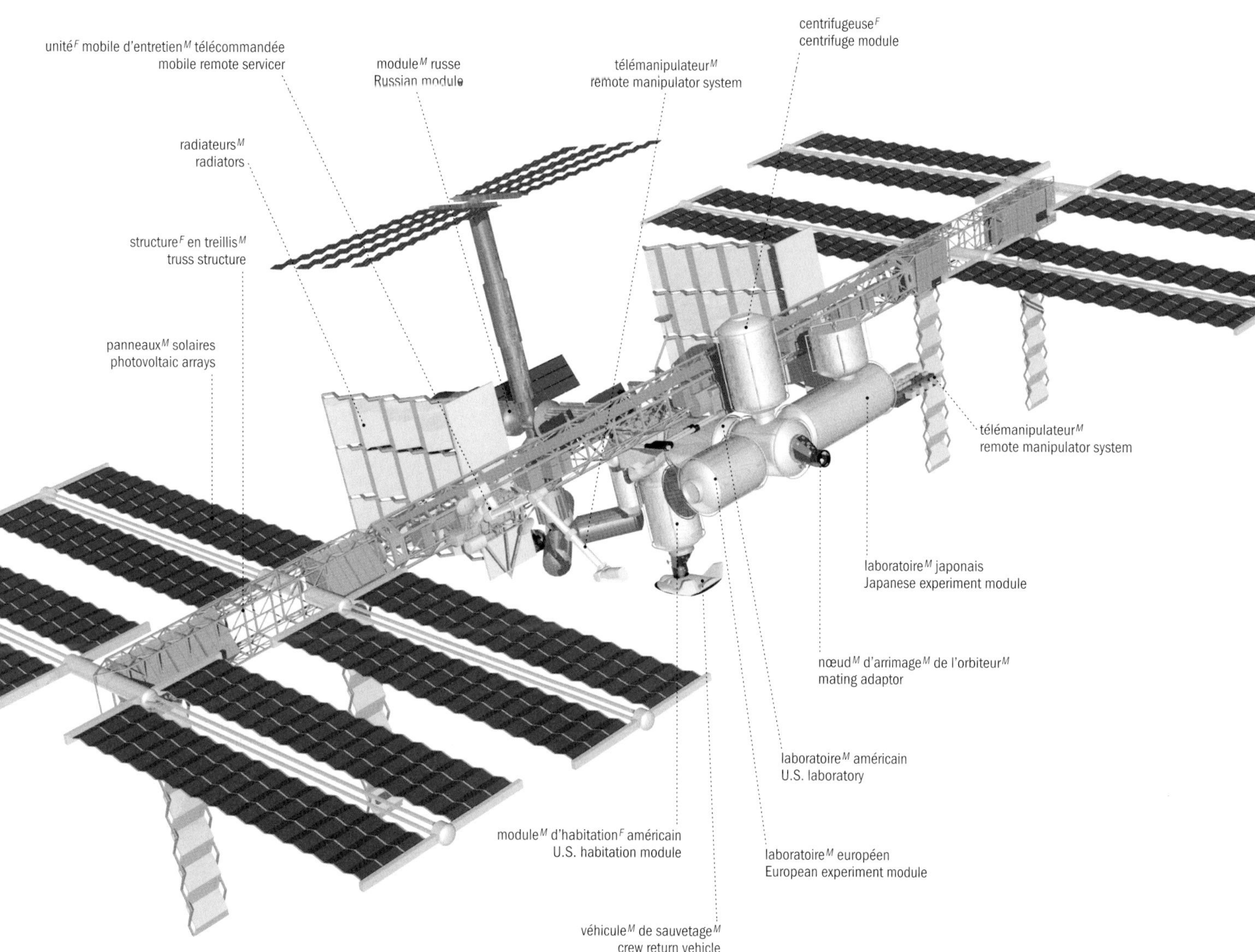
unité^F mobile d'entretien^M télécommandée
mobile remote servicer
module^M russe
Russian module
télémanipulateur^M
remote manipulator system
centrifugeuse^F
centrifuge module
radiateurs^M
radiators
structure^F en treillis^M
truss structure
panneaux^M solaires
photovoltaic arrays
télémanipulateur^M
remote manipulator system
laboratoire^M japonais
Japanese experiment module
nœud^M d'arrimage^M de l'orbiteur^M
mating adaptor
laboratoire^M américain
U.S. laboratory
module^M d'habitation^F américain
U.S. habitation module
laboratoire^M européen
European experiment module
véhicule^M de sauvetage^M
crew return vehicle

navette^F spatiale

space shuttle

navette^F spatiale au décollage^M
space shuttle at takeoff

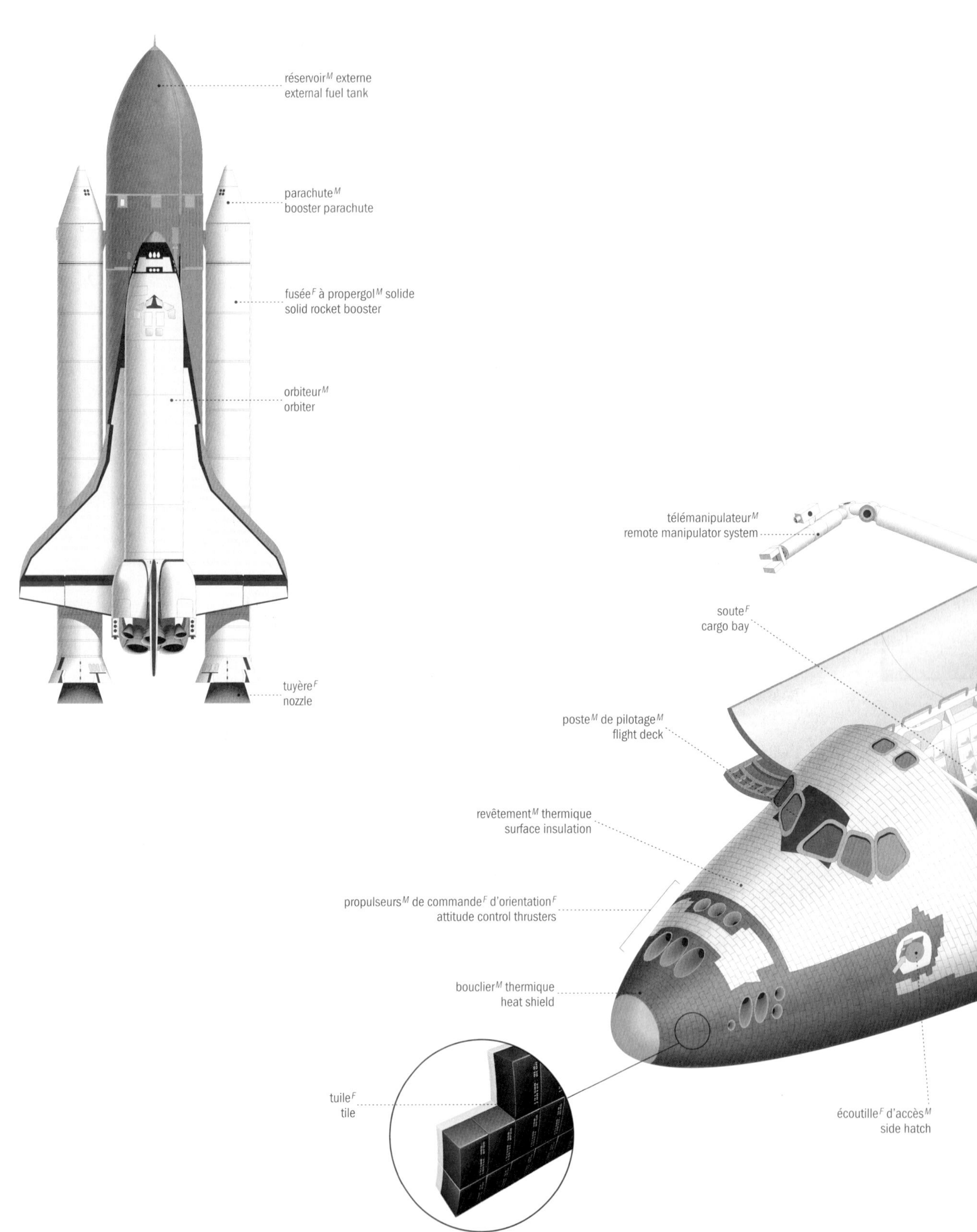

réservoir^M externe
external fuel tank
parachute^M
booster parachute
fusée^F à propergol^M solide
solid rocket booster
orbiteur^M
orbiter
tuyère^F
nozzle
télémanipulateur^M
remote manipulator system
soute^F
cargo bay
poste^M de pilotage^M
flight deck
revêtement^M thermique
surface insulation
propulseurs^M de commande^F d'orientation^F
attitude control thrusters
bouclier^M thermique
heat shield
tuile^F
tile
écoutille^F d'accès^M
side hatch

navette[F] spatiale

orbiteur[M]
orbiter

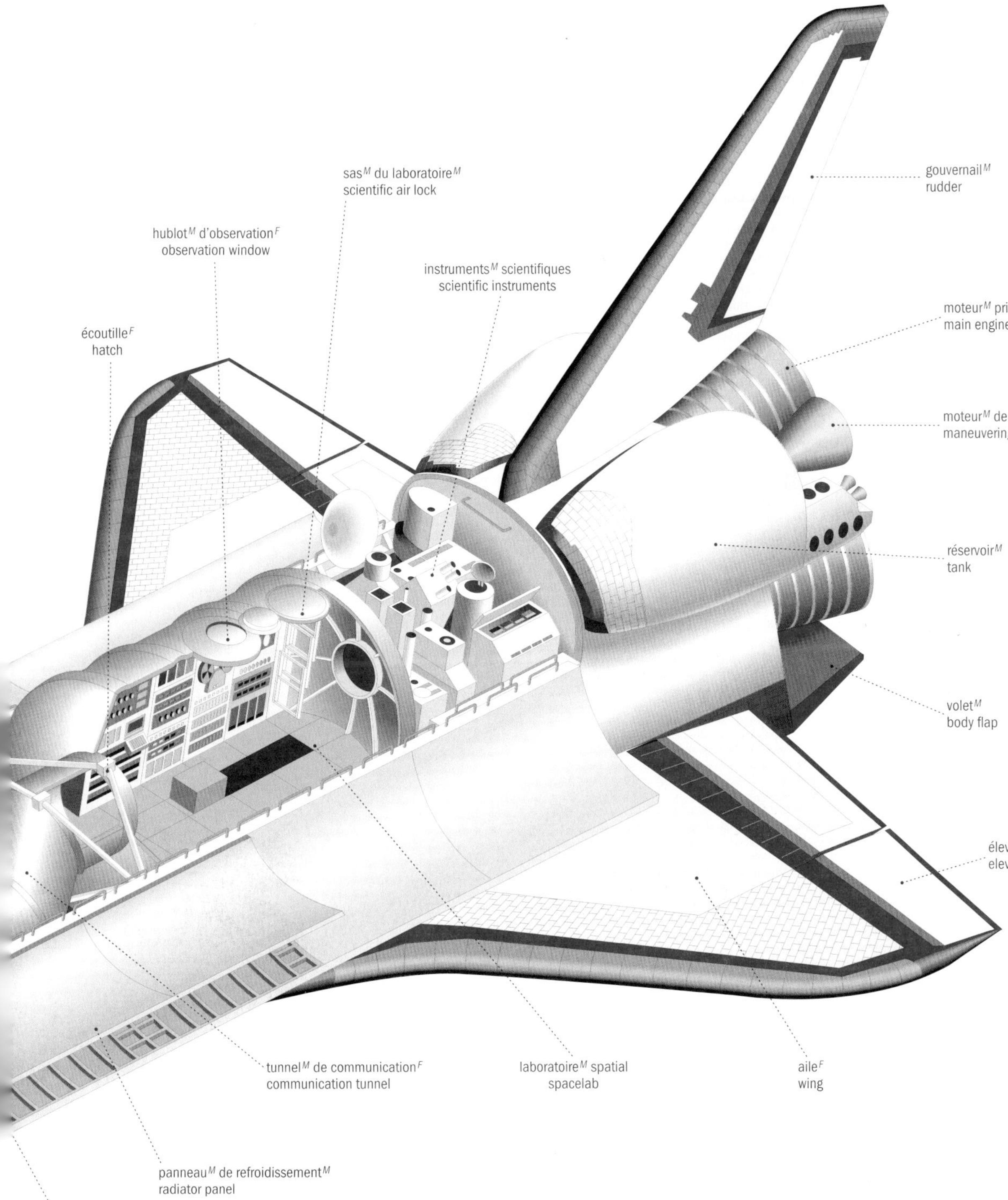

gouvernail[M]
rudder

sas[M] du laboratoire[M]
scientific air lock

hublot[M] d'observation[F]
observation window

instruments[M] scientifiques
scientific instruments

moteur[M] principal
main engine

écoutille[F]
hatch

moteur[M] de manœuvre[F]
maneuvering engine

réservoir[M]
tank

volet[M]
body flap

élevon[M]
elevon

tunnel[M] de communication[F]
communication tunnel

laboratoire[M] spatial
spacelab

aile[F]
wing

panneau[M] de refroidissement[M]
radiator panel

porte[F] de la soute[F]
cargo bay door

lanceur^{M} spatial

space launcher

coupe^{F} d'un lanceur^{M} spatial (Ariane V)
cross section of a space launcher (Ariane V)

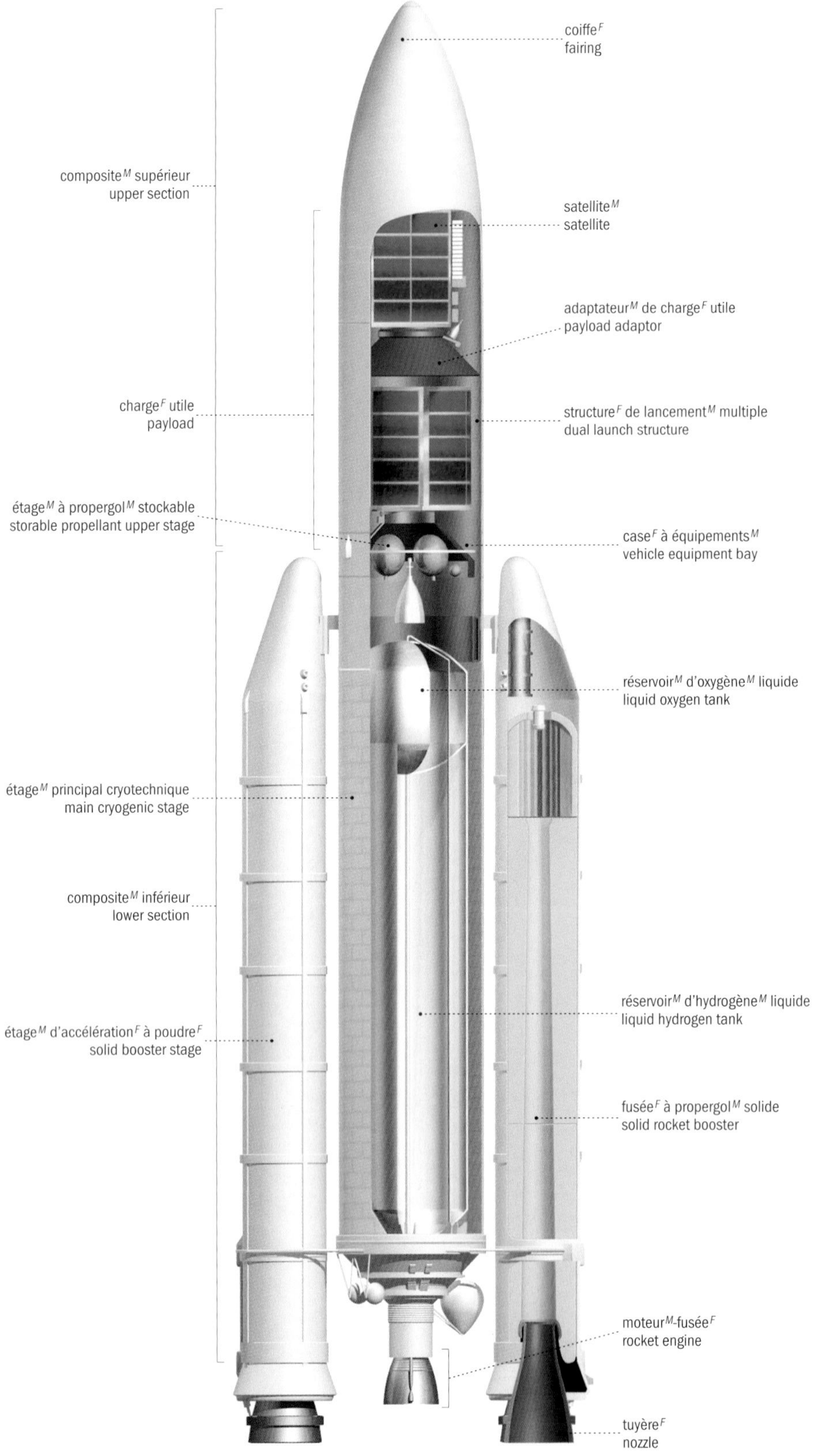

coiffe^{F}
fairing

composite^{M} supérieur
upper section

satellite^{M}
satellite

adaptateur^{M} de charge^{F} utile
payload adaptor

charge^{F} utile
payload

structure^{F} de lancement^{M} multiple
dual launch structure

étage^{M} à propergol^{M} stockable
storable propellant upper stage

case^{F} à équipements^{M}
vehicle equipment bay

réservoir^{M} d'oxygène^{M} liquide
liquid oxygen tank

étage^{M} principal cryotechnique
main cryogenic stage

composite^{M} inférieur
lower section

réservoir^{M} d'hydrogène^{M} liquide
liquid hydrogen tank

étage^{M} d'accélération^{F} à poudre^{F}
solid booster stage

fusée^{F} à propergol^{M} solide
solid rocket booster

moteur^{M}-fusée^{F}
rocket engine

tuyère^{F}
nozzle

exemples^{M} de lanceurs^{M} spatiaux
examples of space launchers

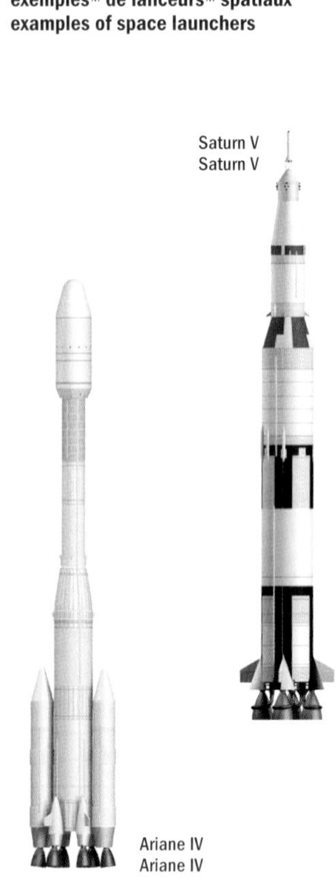
Saturn V
Saturn V
Ariane IV
Ariane IV

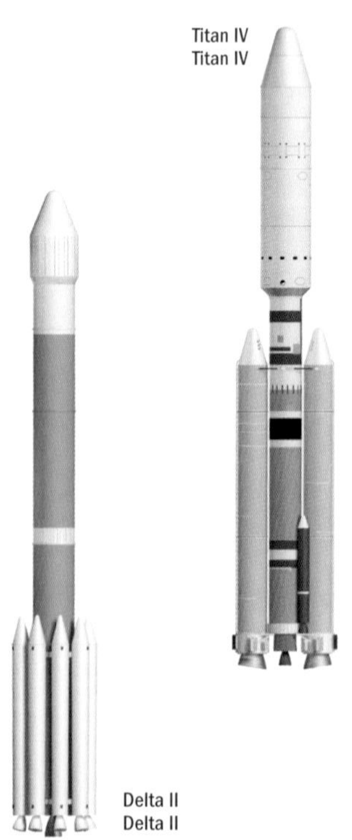
Titan IV
Titan IV
Delta II
Delta II

coupe[F] d'un lanceur[M] spatial (Saturn V)
cross section of a space launcher (Saturn V)

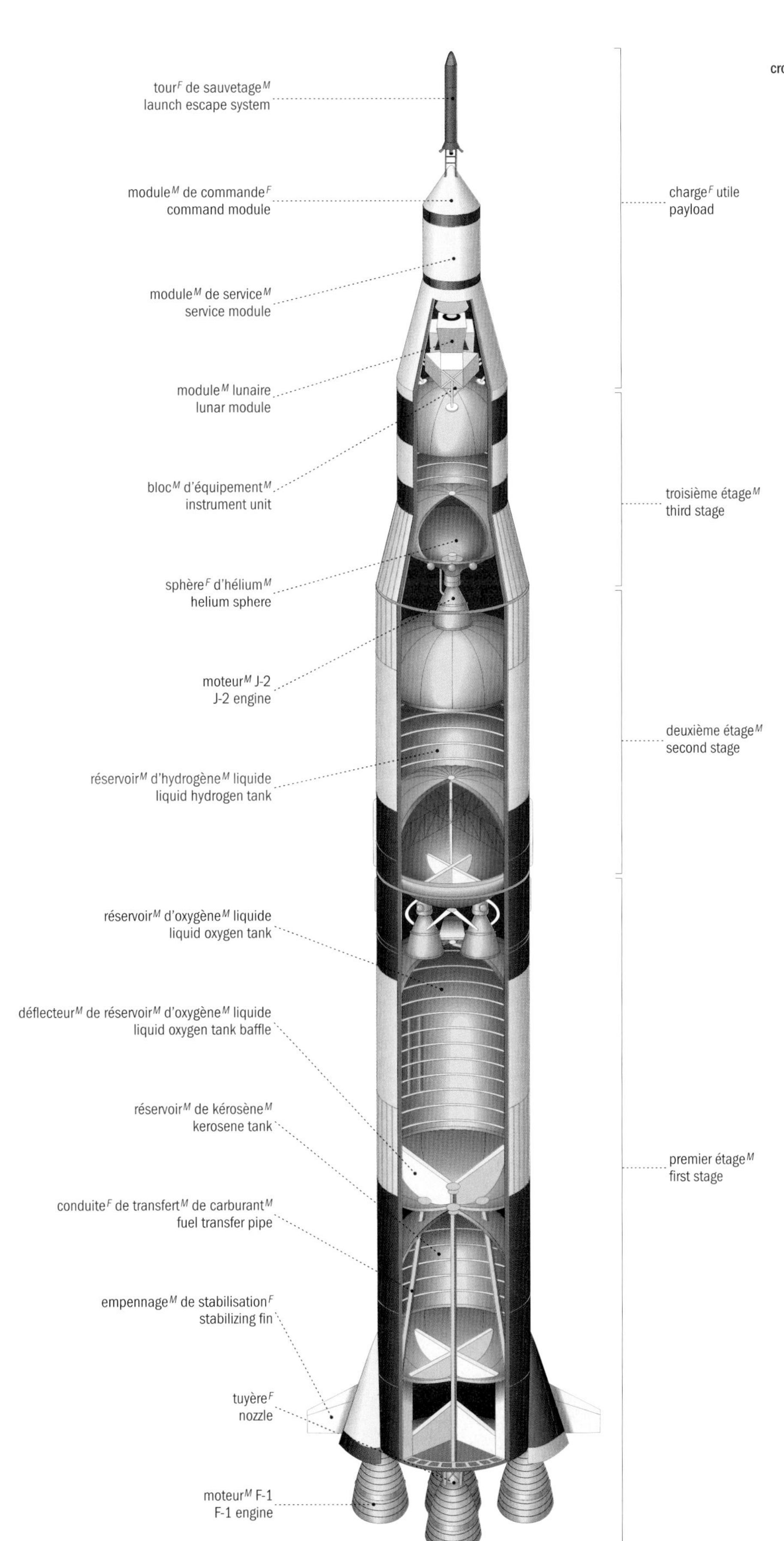
tour[F] de sauvetage[M]
launch escape system
module[M] de commande[F]
command module
module[M] de service[M]
service module
module[M] lunaire
lunar module
bloc[M] d'équipement[M]
instrument unit
sphère[F] d'hélium[M]
helium sphere
moteur[M] J-2
J-2 engine
réservoir[M] d'hydrogène[M] liquide
liquid hydrogen tank
réservoir[M] d'oxygène[M] liquide
liquid oxygen tank
déflecteur[M] de réservoir[M] d'oxygène[M] liquide
liquid oxygen tank baffle
réservoir[M] de kérosène[M]
kerosene tank
conduite[F] de transfert[M] de carburant[M]
fuel transfer pipe
empennage[M] de stabilisation[F]
stabilizing fin
tuyère[F]
nozzle
moteur[M] F-1
F-1 engine
charge[F] utile
payload
troisième étage[M]
third stage
deuxième étage[M]
second stage
premier étage[M]
first stage

28 Géographie

28 configuration des continents
35 cartographie
40 télédétection

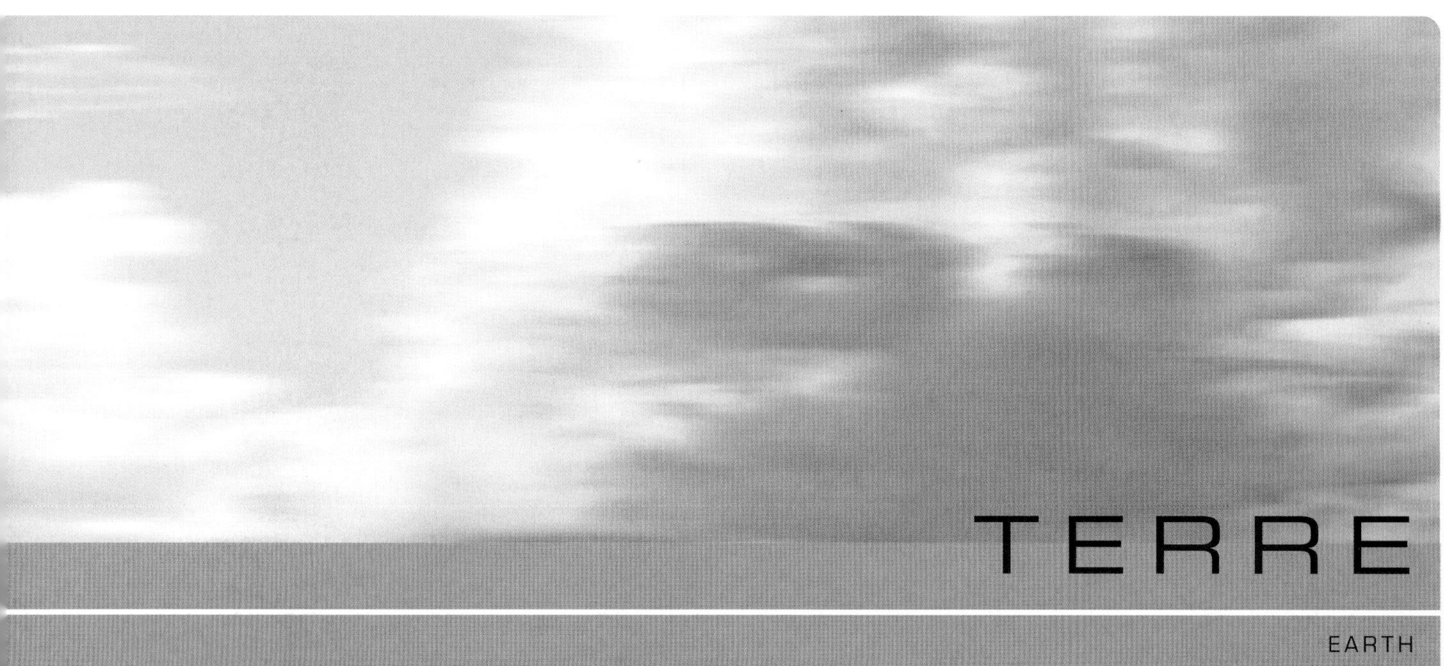
TERRE

EARTH

TERRE

EARTH

42 Géologie

42 structure de la Terre
42 coupe de la croûte terrestre
43 plaques tectoniques
43 séisme
44 volcan
45 montagne
46 glacier
47 grotte
47 mouvements de terrain
48 cours d'eau
48 lacs
49 vague
49 fond de l'océan
50 fosses et dorsales océaniques
51 configuration du littoral
52 désert

53 Météorologie

53 coupe de l'atmosphère terrestre
54 cycle des saisons
54 prévision météorologique
55 carte météorologique
55 disposition des informations d'une station
56 symboles météorologiques internationaux
58 station météorologique
58 instruments de mesure météorologique
60 satellites météorologiques
61 climats du monde
62 nuages
63 tornade et trombe marine
63 cyclone tropical
64 précipitations

66 Environnement

66 végétation et biosphère
67 chaîne alimentaire
67 cycle de l'eau
68 effet de serre
69 pollution de l'air
69 pollution du sol
70 pollution de l'eau
70 pluies acides
71 tri sélectif des déchets

configuration[F] des continents[M]

configuration of the continents

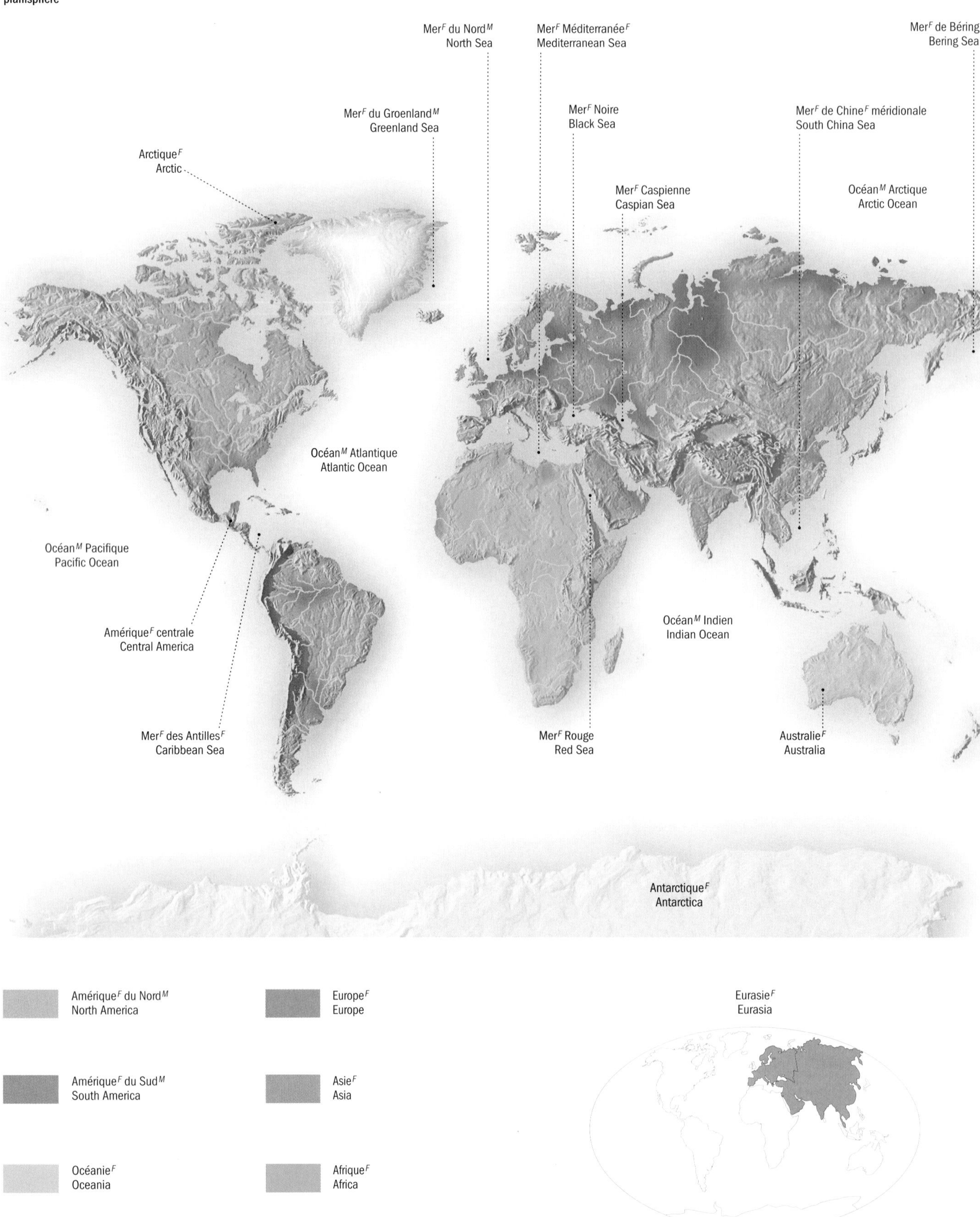
planisphère[M]
planisphere
Mer[F] du Nord[M]
North Sea
Mer[F] Méditerranée[F]
Mediterranean Sea
Mer[F] de Béring
Bering Sea
Mer[F] du Groenland[M]
Greenland Sea
Mer[F] Noire
Black Sea
Mer[F] de Chine[F] méridionale
South China Sea
Arctique[F]
Arctic
Mer[F] Caspienne
Caspian Sea
Océan[M] Arctique
Arctic Ocean
Océan[M] Atlantique
Atlantic Ocean
Océan[M] Pacifique
Pacific Ocean
Océan[M] Indien
Indian Ocean
Amérique[F] centrale
Central America
Mer[F] des Antilles[F]
Caribbean Sea
Mer[F] Rouge
Red Sea
Australie[F]
Australia
Antarctique[F]
Antarctica
Amérique[F] du Nord[M]
North America
Europe[F]
Europe
Eurasie[F]
Eurasia
Amérique[F] du Sud[M]
South America
Asie[F]
Asia
Océanie[F]
Oceania
Afrique[F]
Africa

Antarctique[F]
Antarctica

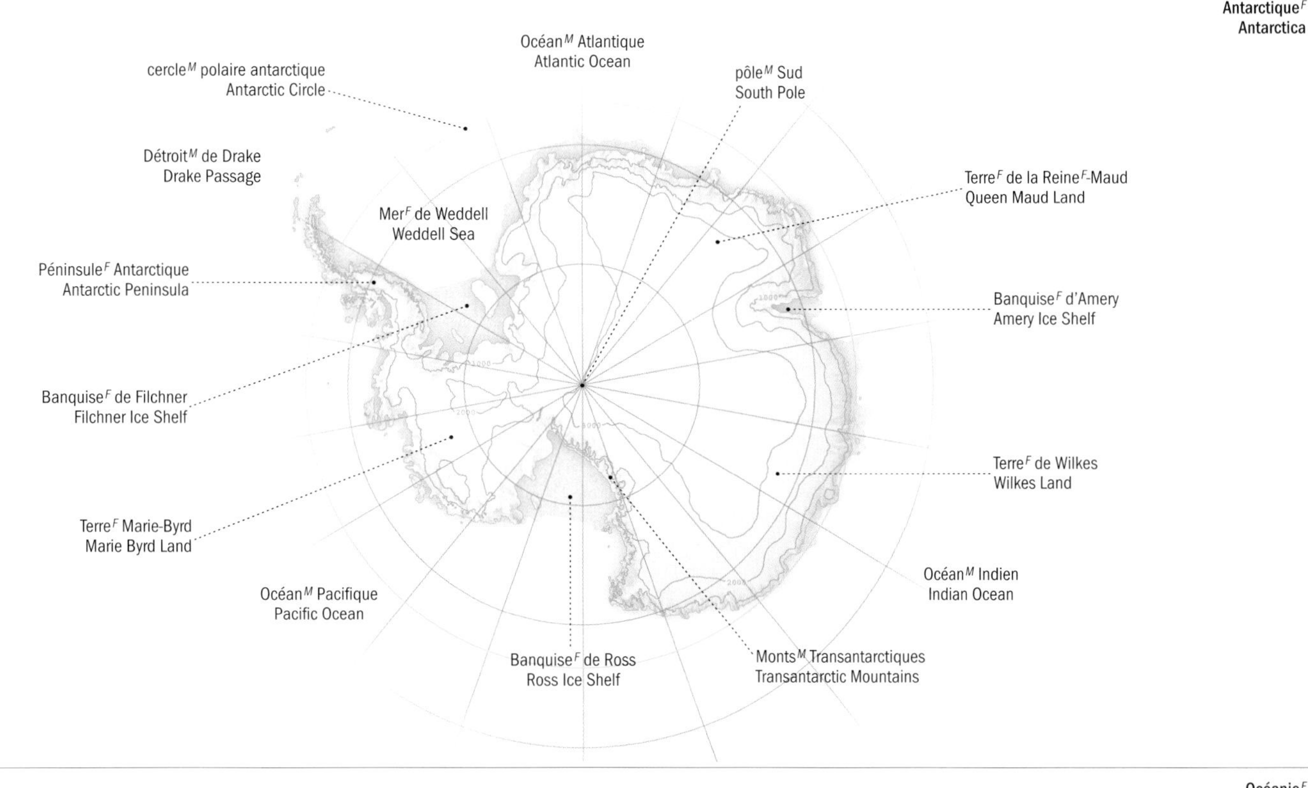
cercle[M] polaire antarctique
Antarctic Circle
Océan[M] Atlantique
Atlantic Ocean
pôle[M] Sud
South Pole
Détroit[M] de Drake
Drake Passage
Mer[F] de Weddell
Weddell Sea
Terre[F] de la Reine[F]-Maud
Queen Maud Land
Péninsule[F] Antarctique
Antarctic Peninsula
Banquise[F] d'Amery
Amery Ice Shelf
Banquise[F] de Filchner
Filchner Ice Shelf
Terre[F] de Wilkes
Wilkes Land
Terre[F] Marie-Byrd
Marie Byrd Land
Océan[M] Indien
Indian Ocean
Océan[M] Pacifique
Pacific Ocean
Banquise[F] de Ross
Ross Ice Shelf
Monts[M] Transantarctiques
Transantarctic Mountains

Océanie[F]
Oceania

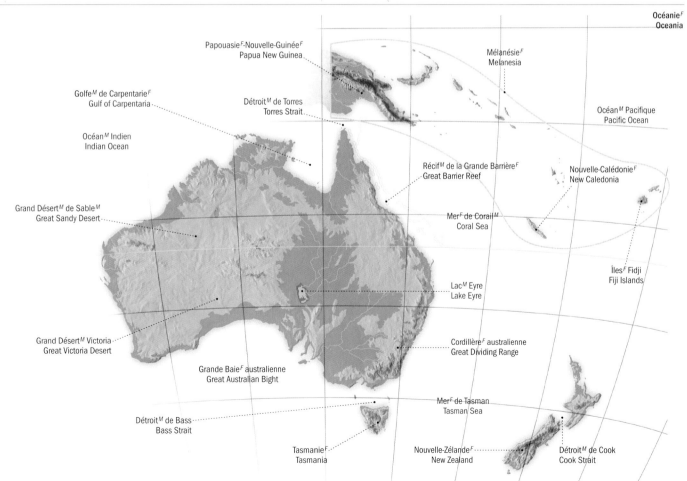

Papouasie[F]-Nouvelle-Guinée[F]
Papua New Guinea

Mélanésie[F]
Melanesia

Golfe[M] de Carpentarie[F]
Gulf of Carpentaria

Détroit[M] de Torres
Torres Strait

Océan[M] Pacifique
Pacific Ocean

Océan[M] Indien
Indian Ocean

Récif[M] de la Grande Barrière[F]
Great Barrier Reef

Nouvelle-Calédonie[F]
New Caledonia

Grand Désert[M] de Sable[M]
Great Sandy Desert

Mer[F] de Corail[M]
Coral Sea

Îles[F] Fidji
Fiji Islands

Lac[M] Eyre
Lake Eyre

Grand Désert[M] Victoria
Great Victoria Desert

Cordillère[F] australienne
Great Dividing Range

Grande Baie[F] australienne
Great Australian Bight

Mer[F] de Tasman
Tasman Sea

Détroit[M] de Bass
Bass Strait

Tasmanie[F]
Tasmania

Nouvelle-Zélande[F]
New Zealand

Détroit[M] de Cook
Cook Strait

configuration^F des continents^M

Amérique^F du Nord^M
North America

Mer^F de Beaufort
Beaufort Sea
Baie^F d'Hudson
Hudson Bay
Mackenzie^M
Mackenzie River
Terre^F de Baffin
Baffin Island
Détroit^M de Béring
Bering Strait
Groenland^M
Greenland
Grands Lacs^M
Great Lakes
Golfe^M d'Alaska
Gulf of Alaska
Île^F de Terre-Neuve
Newfoundland Island
Îles^F Aléoutiennes
Aleutian Islands
Montagnes^F Rocheuses
Rocky Mountains
Saint-Laurent^M
Saint Lawrence River
Grand Canyon^M
Grand Canyon
Appalaches^F
Appalachian Mountains
Mississippi^M
Mississippi River
Golfe^M de Californie^F
Gulf of California
Golfe^M du Mexique^M
Gulf of Mexico
Antilles^F
West Indies
Péninsule^F du Yucatan^M
Yucatan Peninsula
Mer^F des Antilles^F
Caribbean Sea
Amérique^F centrale
Central America
Isthme^M de Panama^M
Isthmus of Panama

Amérique^F du Sud^M
South America

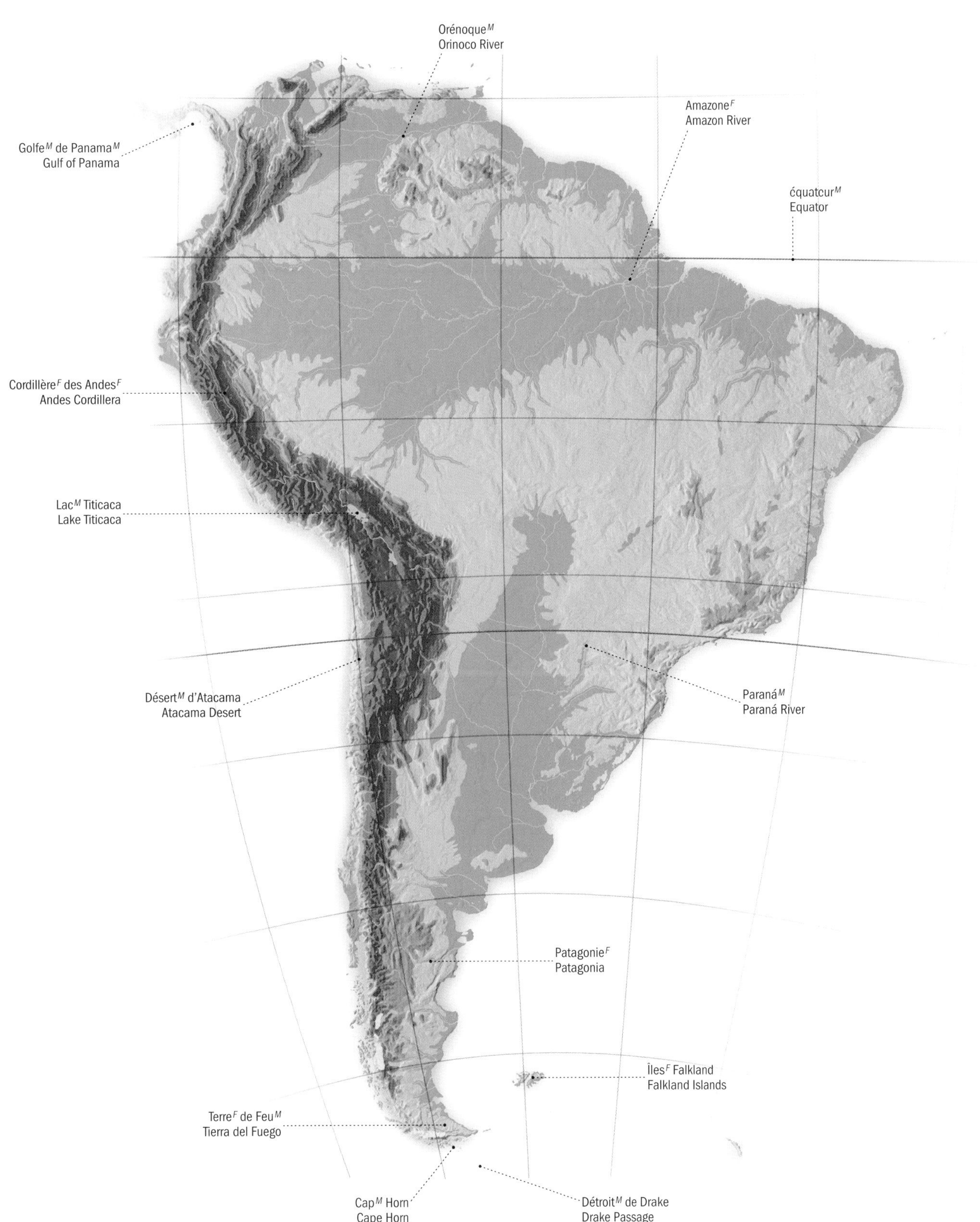
Orénoque^M
Orinoco River
Amazone^F
Amazon River
Golfe^M de Panama^M
Gulf of Panama
équateur^M
Equator
Cordillère^F des Andes^F
Andes Cordillera
Lac^M Titicaca
Lake Titicaca
Désert^M d'Atacama
Atacama Desert
Paraná^M
Paraná River
Patagonie^F
Patagonia
Îles^F Falkland
Falkland Islands
Terre^F de Feu^M
Tierra del Fuego
Cap^M Horn
Cape Horn
Détroit^M de Drake
Drake Passage

configuration^F des continents^M

Europe^F
Europe

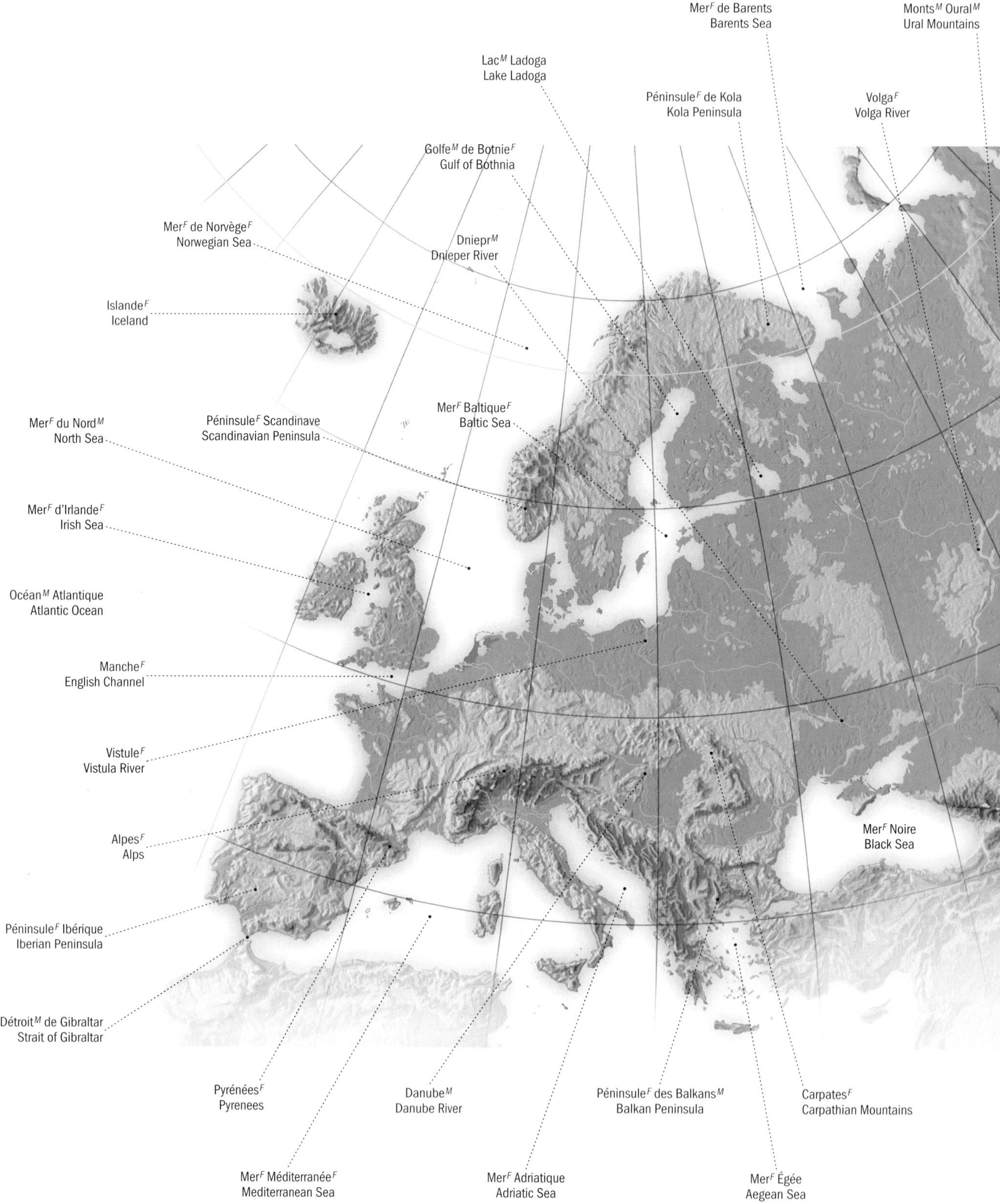
Mer^F de Barents
Barents Sea
Monts^M Oural^M
Ural Mountains
Lac^M Ladoga
Lake Ladoga
Péninsule^F de Kola
Kola Peninsula
Volga^F
Volga River
Golfe^M de Botnie^F
Gulf of Bothnia
Mer^F de Norvège^F
Norwegian Sea
Dniepr^M
Dnieper River
Islande^F
Iceland
Mer^F Baltique^F
Baltic Sea
Mer^F du Nord^M
North Sea
Péninsule^F Scandinave
Scandinavian Peninsula
Mer^F d'Irlande^F
Irish Sea
Océan^M Atlantique
Atlantic Ocean
Manche^F
English Channel
Vistule^F
Vistula River
Alpes^F
Alps
Mer^F Noire
Black Sea
Péninsule^F Ibérique
Iberian Peninsula
Détroit^M de Gibraltar
Strait of Gibraltar
Pyrénées^F
Pyrenees
Danube^M
Danube River
Péninsule^F des Balkans^M
Balkan Peninsula
Carpates^F
Carpathian Mountains
Mer^F Méditerranée^F
Mediterranean Sea
Mer^F Adriatique
Adriatic Sea
Mer^F Égée
Aegean Sea

Asie^F
Asia

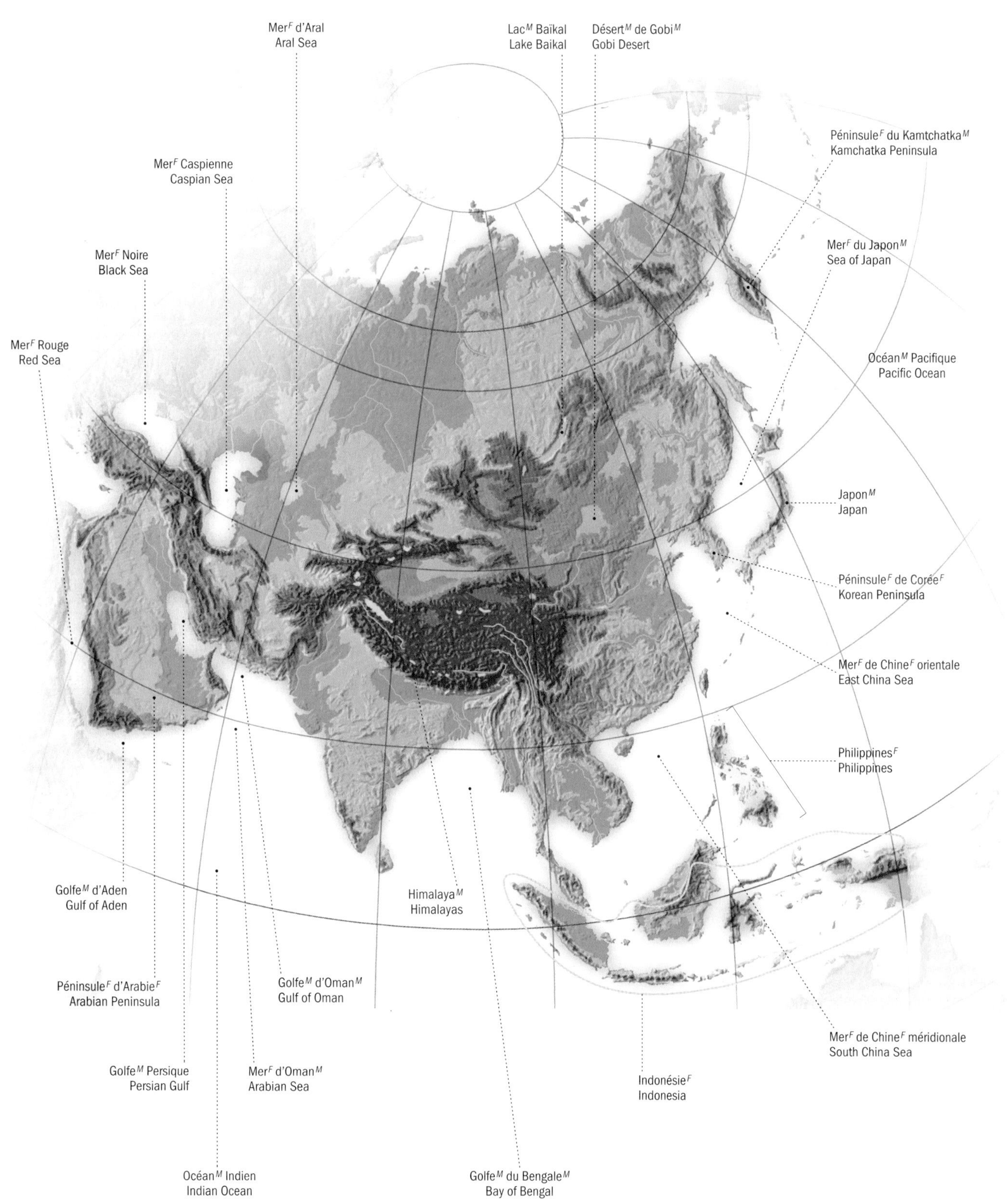
Mer^F d'Aral
Aral Sea
Lac^M Baïkal
Lake Baikal
Désert^M de Gobi^M
Gobi Desert
Péninsule^F du Kamtchatka^M
Kamchatka Peninsula
Mer^F Caspienne
Caspian Sea
Mer^F Noire
Black Sea
Mer^F du Japon^M
Sea of Japan
Mer^F Rouge
Red Sea
Océan^M Pacifique
Pacific Ocean
Japon^M
Japan
Péninsule^F de Corée^F
Korean Peninsula
Mer^F de Chine^F orientale
East China Sea
Philippines^F
Philippines
Golfe^M d'Aden
Gulf of Aden
Himalaya^M
Himalayas
Péninsule^F d'Arabie^F
Arabian Peninsula
Golfe^M d'Oman^M
Gulf of Oman
Mer^F de Chine^F méridionale
South China Sea
Golfe^M Persique
Persian Gulf
Mer^F d'Oman^M
Arabian Sea
Indonésie^F
Indonesia
Océan^M Indien
Indian Ocean
Golfe^M du Bengale^M
Bay of Bengal

configuration^F des continents^M

Afrique^F
Africa

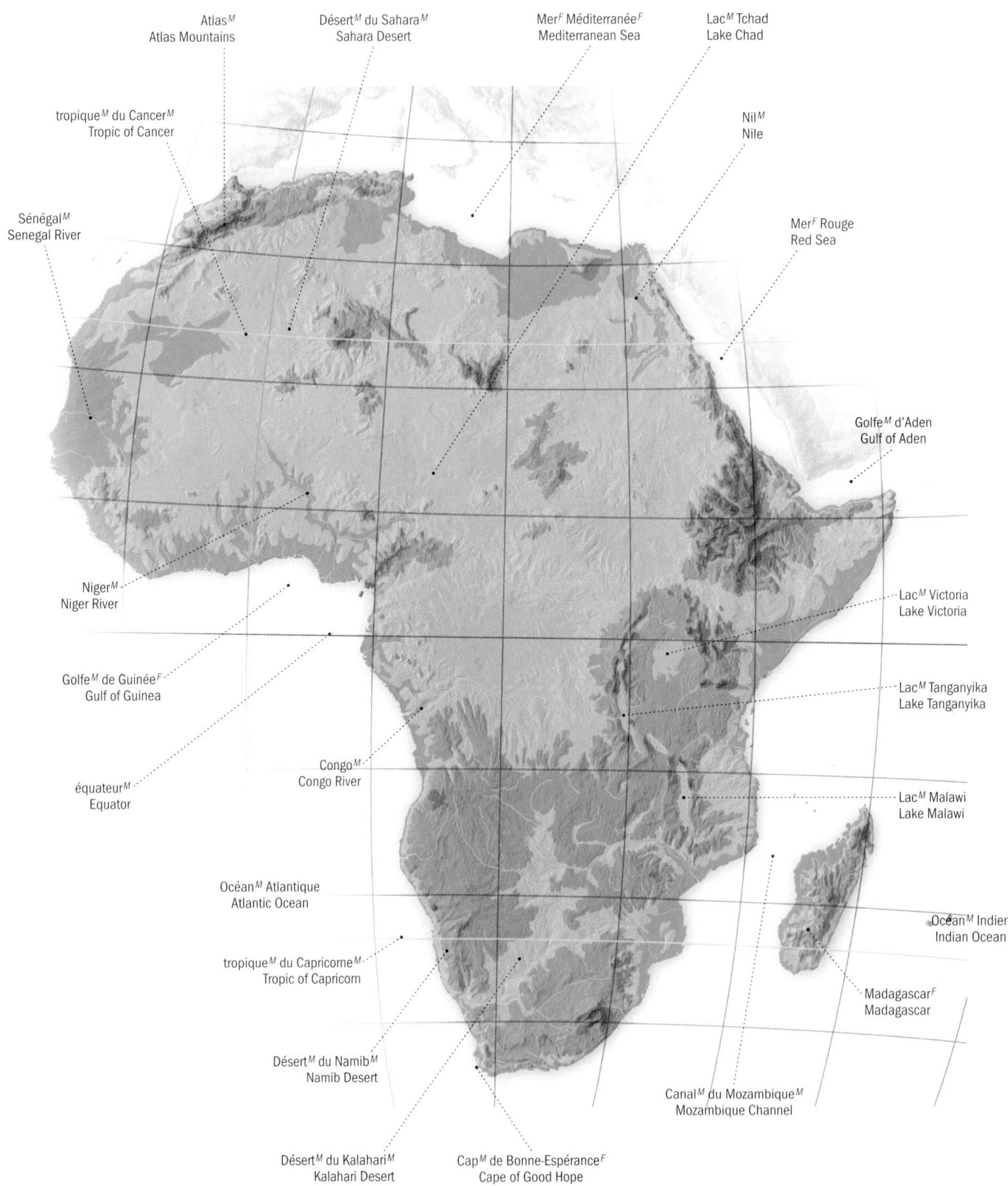
Atlas^M
Atlas Mountains
Désert^M du Sahara^M
Sahara Desert
Mer^F Méditerranée^F
Mediterranean Sea
Lac^M Tchad
Lake Chad
tropique^M du Cancer^M
Tropic of Cancer
Nil^M
Nile
Sénégal^M
Senegal River
Mer^F Rouge
Red Sea
Golfe^M d'Aden
Gulf of Aden
Niger^M
Niger River
Lac^M Victoria
Lake Victoria
Golfe^M de Guinée^F
Gulf of Guinea
Lac^M Tanganyika
Lake Tanganyika
Congo^M
Congo River
équateur^M
Equator
Lac^M Malawi
Lake Malawi
Océan^M Atlantique
Atlantic Ocean
Océan^M Indien
Indian Ocean
tropique^M du Capricorne^M
Tropic of Capricorn
Madagascar^F
Madagascar
Désert^M du Namib^M
Namib Desert
Canal^M du Mozambique^M
Mozambique Channel
Désert^M du Kalahari^M
Kalahari Desert
Cap^M de Bonne-Espérance^F
Cape of Good Hope

cartographie^{F}

cartography

coordonnées^{F} terrestres
Earth coordinate system

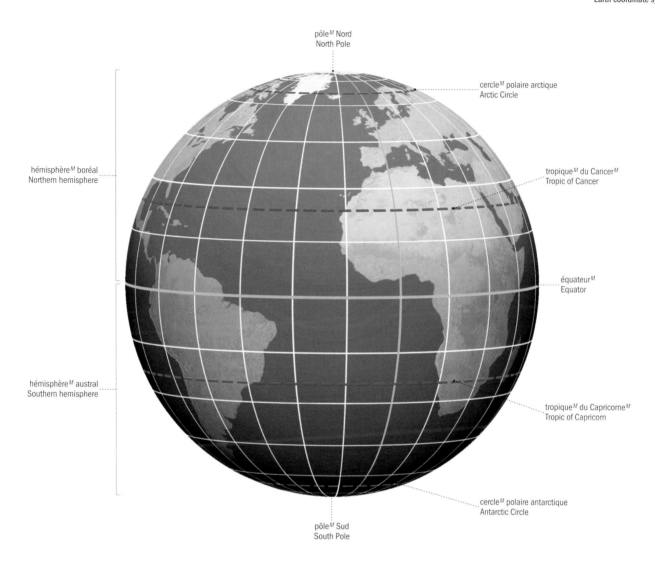

pôle^{M} Nord
North Pole

cercle^{M} polaire arctique
Arctic Circle

hémisphère^{M} boréal
Northern hemisphere

tropique^{M} du Cancer^{M}
Tropic of Cancer

équateur^{M}
Equator

hémisphère^{M} austral
Southern hemisphere

tropique^{M} du Capricorne^{M}
Tropic of Capricorn

cercle^{M} polaire antarctique
Antarctic Circle

pôle^{M} Sud
South Pole

hémisphères^{M}
hemispheres

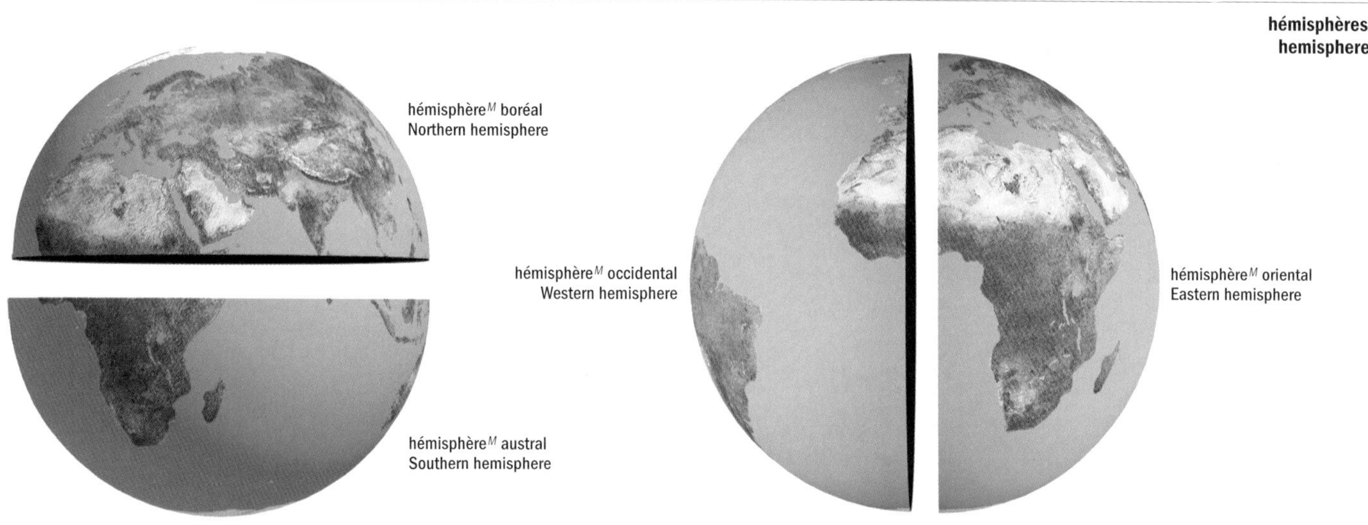
hémisphère^{M} boréal
Northern hemisphere
hémisphère^{M} austral
Southern hemisphere
hémisphère^{M} occidental
Western hemisphere
hémisphère^{M} oriental
Eastern hemisphere

cartographie[F]

divisions[F] cartographiques
grid system

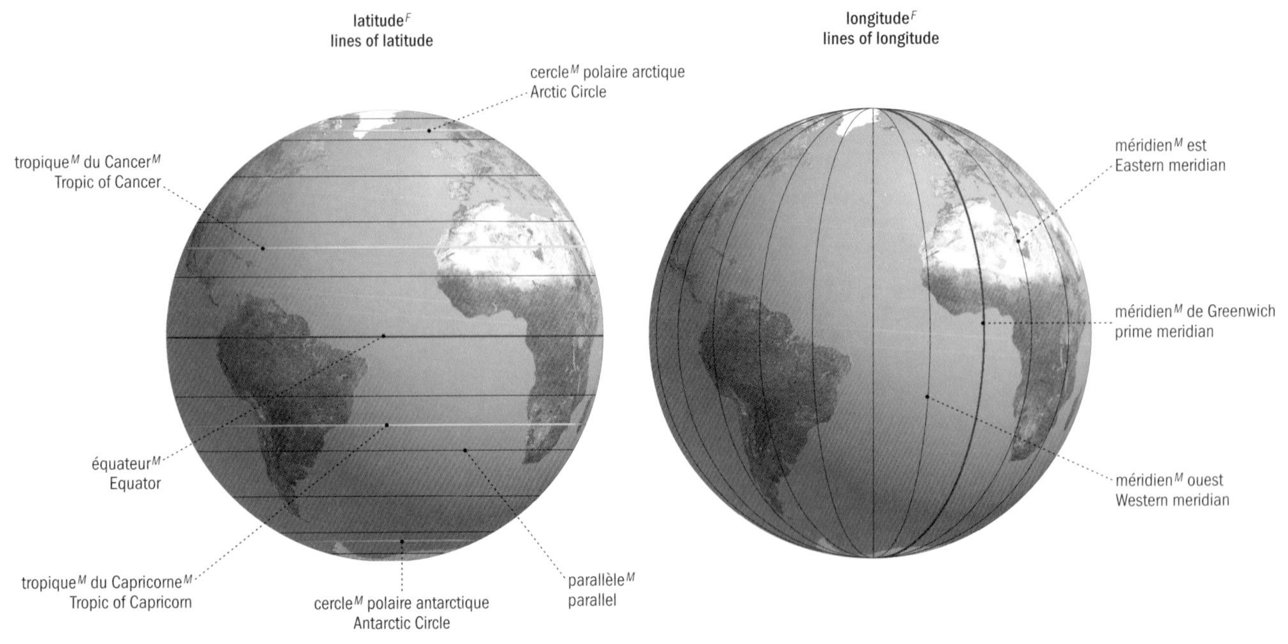

latitude[F]
lines of latitude
longitude[F]
lines of longitude
cercle[M] polaire arctique
Arctic Circle
tropique[M] du Cancer[M]
Tropic of Cancer
équateur[M]
Equator
tropique[M] du Capricorne[M]
Tropic of Capricorn
cercle[M] polaire antarctique
Antarctic Circle
parallèle[M]
parallel
méridien[M] est
Eastern meridian
méridien[M] de Greenwich
prime meridian
méridien[M] ouest
Western meridian

projections[F] cartographiques
map projections

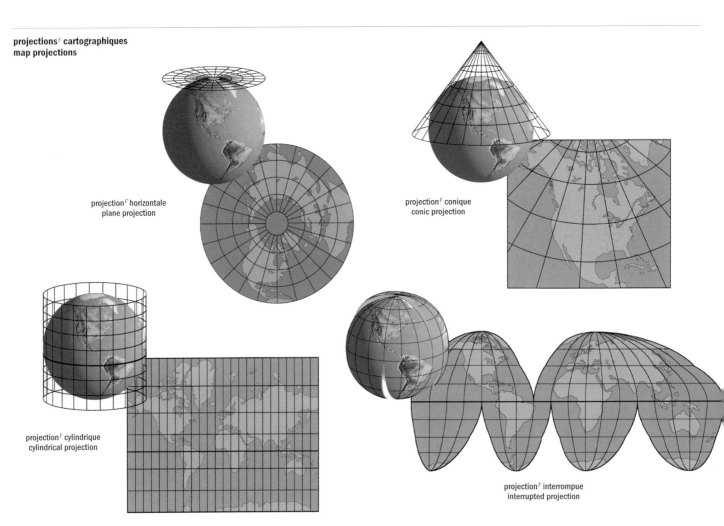

projection[F] horizontale
plane projection

projection[F] conique
conic projection

projection[F] cylindrique
cylindrical projection

projection[F] interrompue
interrupted projection

rose^F des vents^M
compass card

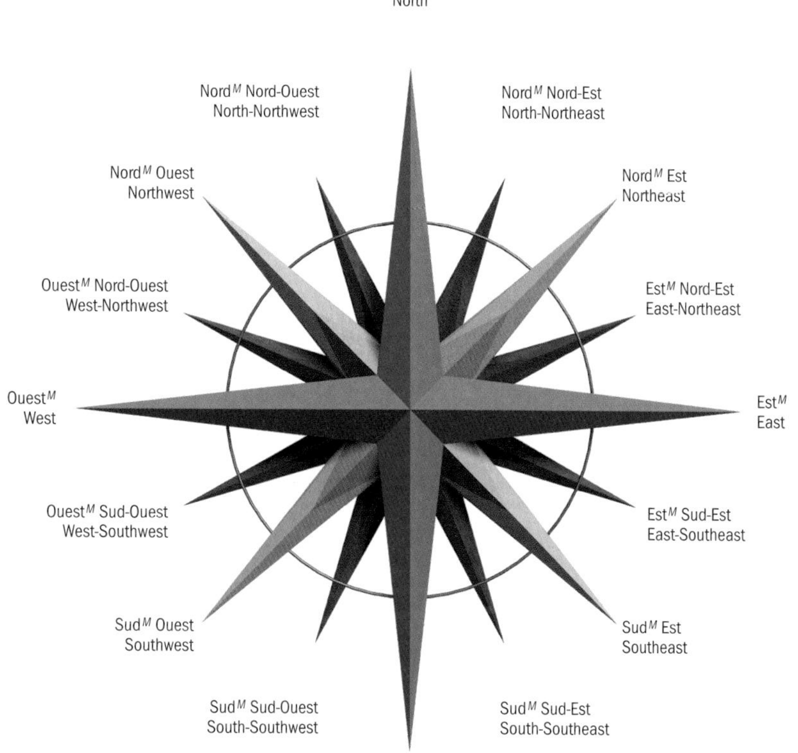
Nord^M
North
Nord^M Nord-Ouest
North-Northwest
Nord^M Nord-Est
North-Northeast
Nord^M Ouest
Northwest
Nord^M Est
Northeast
Ouest^M Nord-Ouest
West-Northwest
Est^M Nord-Est
East-Northeast
Ouest^M
West
Est^M
East
Ouest^M Sud-Ouest
West-Southwest
Est^M Sud-Est
East-Southeast
Sud^M Ouest
Southwest
Sud^M Est
Southeast
Sud^M Sud-Ouest
South-Southwest
Sud^M Sud-Est
South-Southeast
Sud^M
South

carte^F politique
political map

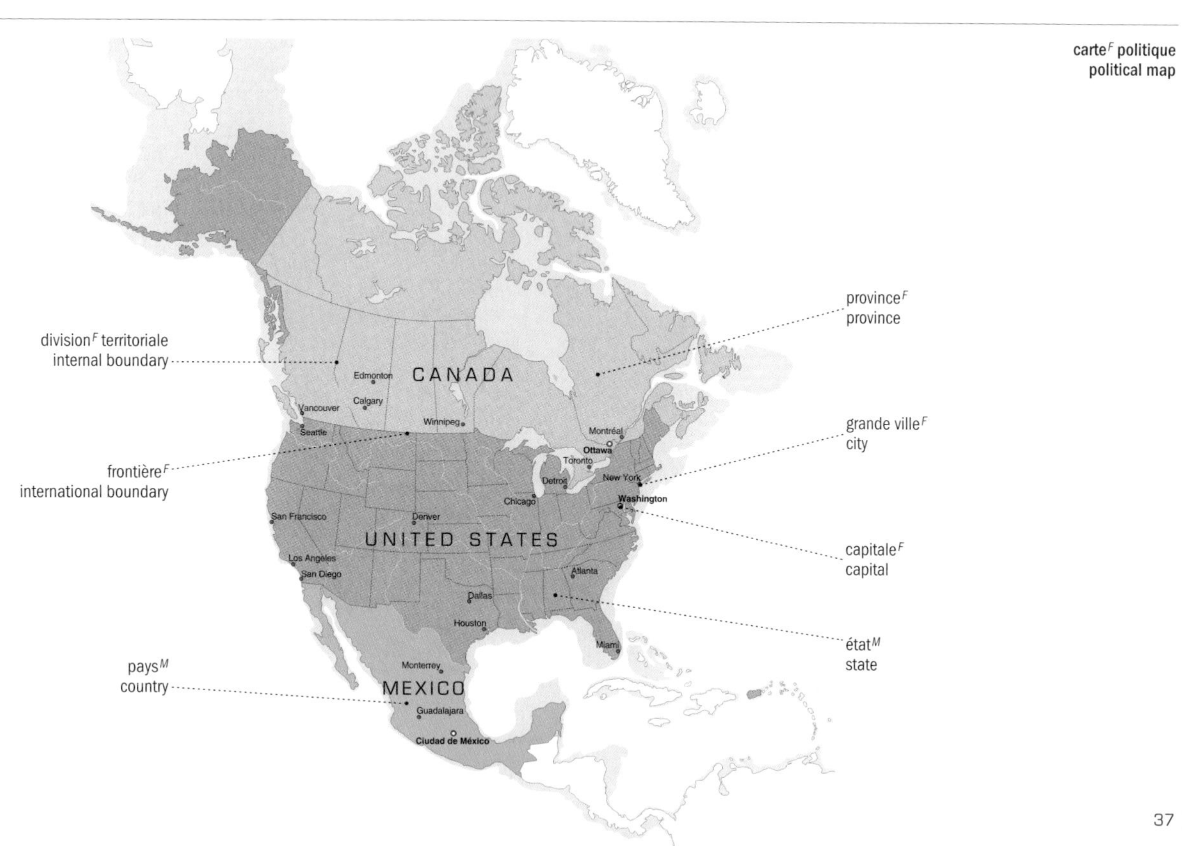
province^F
province
division^F territoriale
internal boundary
CANADA
Edmonton
Calgary
Vancouver
Winnipeg
Seattle
Montréal
Ottawa
Toronto
grande ville^F
city
frontière^F
international boundary
Detroit
New York
Washington
Chicago
San Francisco
Denver
UNITED STATES
capitale^F
capital
Los Angeles
San Diego
Atlanta
Dallas
Houston
état^M
state
Miami
pays^M
country
Monterrey
MEXICO
Guadalajara
Ciudad de México

cartographie[F]

carte[F] physique
physical map

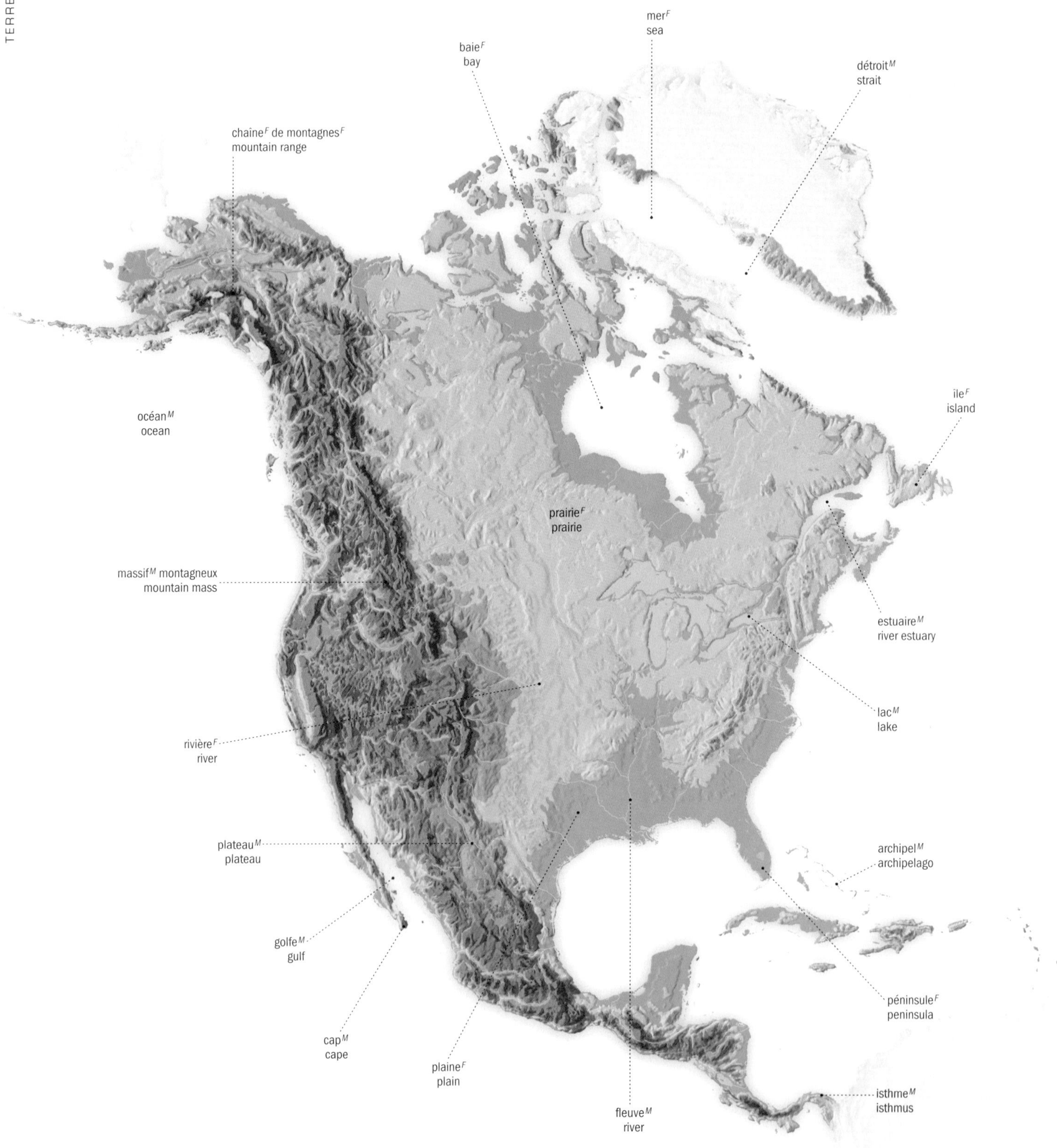

mer[F]
sea
baie[F]
bay
détroit[M]
strait
chaine[F] de montagnes[F]
mountain range
océan[M]
ocean
ile[F]
island
prairie[F]
prairie
massif[M] montagneux
mountain mass
estuaire[M]
river estuary
lac[M]
lake
rivière[F]
river
plateau[M]
plateau
archipel[M]
archipelago
golfe[M]
gulf
péninsule[F]
peninsula
cap[M]
cape
plaine[F]
plain
fleuve[M]
river
isthme[M]
isthmus

plan[M] urbain
urban map

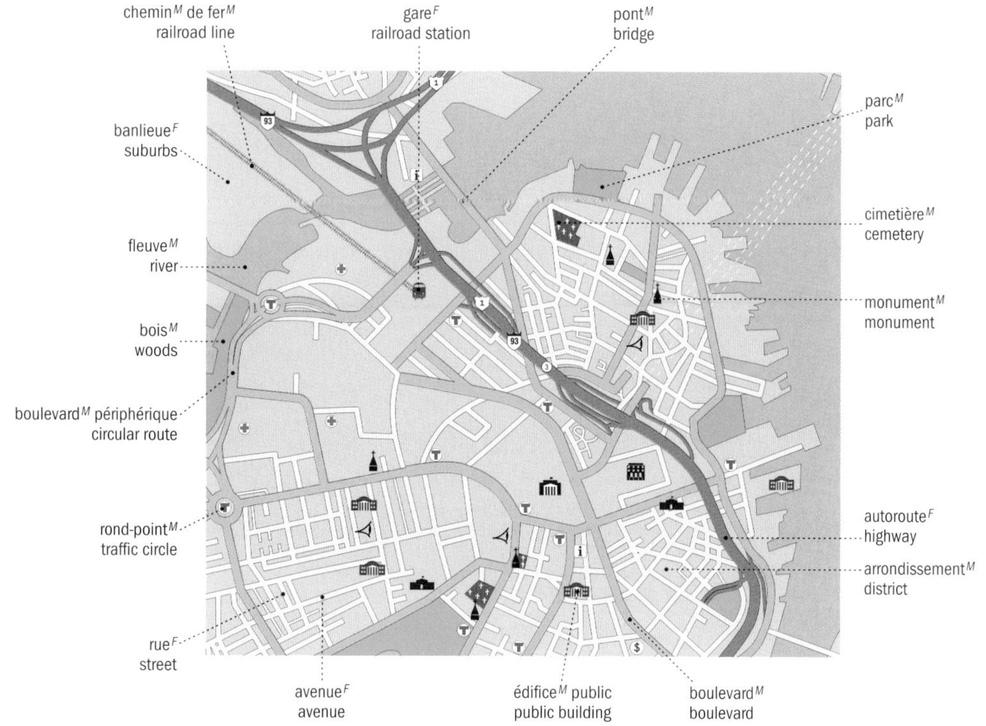
chemin[M] de fer[M]
railroad line
gare[F]
railroad station
pont[M]
bridge
banlieue[F]
suburbs
parc[M]
park
fleuve[M]
river
cimetière[M]
cemetery
monument[M]
monument
bois[M]
woods
boulevard[M] périphérique
circular route
rond-point[M]
traffic circle
autoroute[F]
highway
arrondissement[M]
district
rue[F]
street
avenue[F]
avenue
édifice[M] public
public building
boulevard[M]
boulevard

carte[F] routière
road map

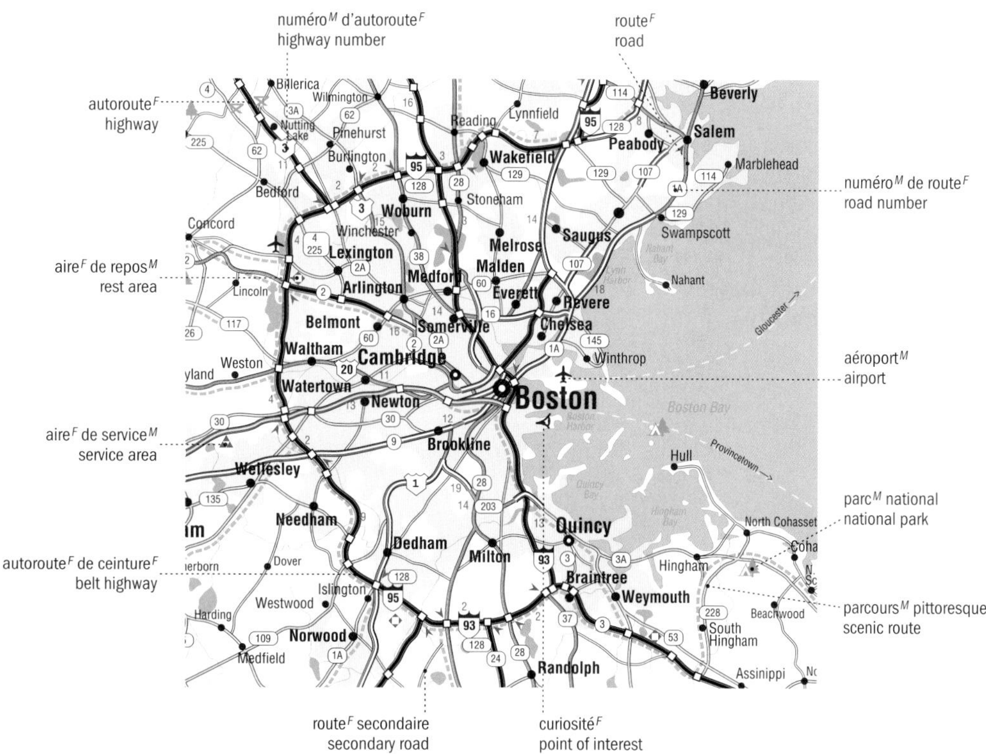
numéro[M] d'autoroute[F]
highway number
route[F]
road
autoroute[F]
highway
numéro[M] de route[F]
road number
aire[F] de repos[M]
rest area
aéroport[M]
airport
aire[F] de service[M]
service area
parc[M] national
national park
autoroute[F] de ceinture[F]
belt highway
parcours[M] pittoresque
scenic route
route[F] secondaire
secondary road
curiosité[F]
point of interest
Boston
Cambridge
Quincy
Salem
Beverly
Lexington

télédétection[F]

remote sensing

radar[M]
radar

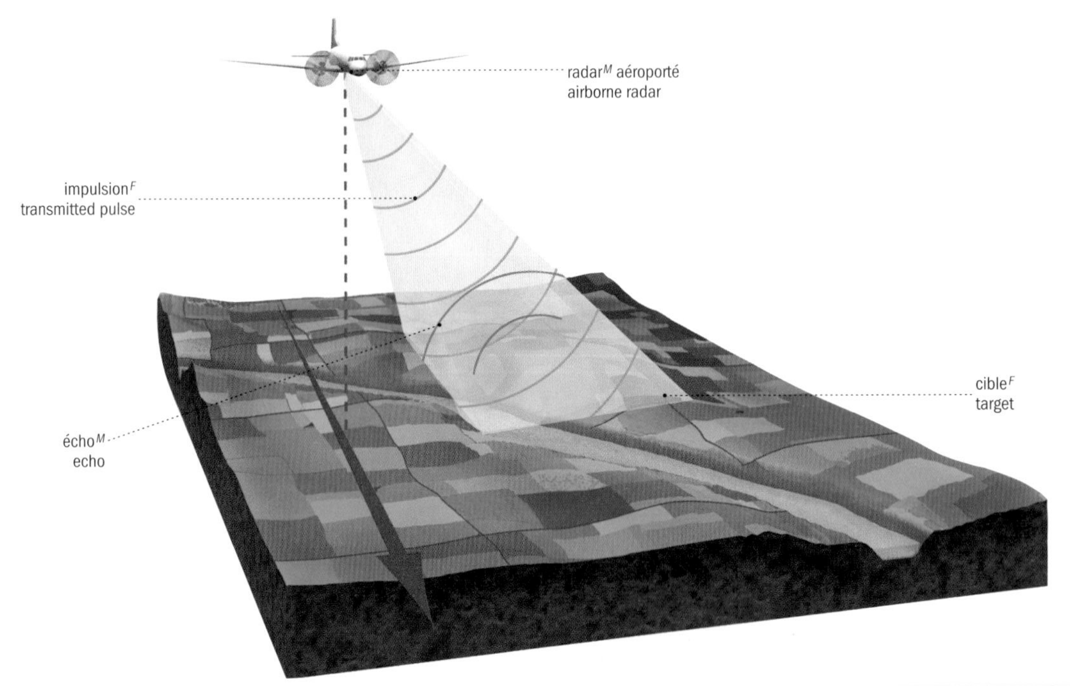
radar[M] aéroporté
airborne radar
impulsion[F]
transmitted pulse
cible[F]
target
écho[M]
echo

---

satellite[M] Radarsat
Radarsat satellite

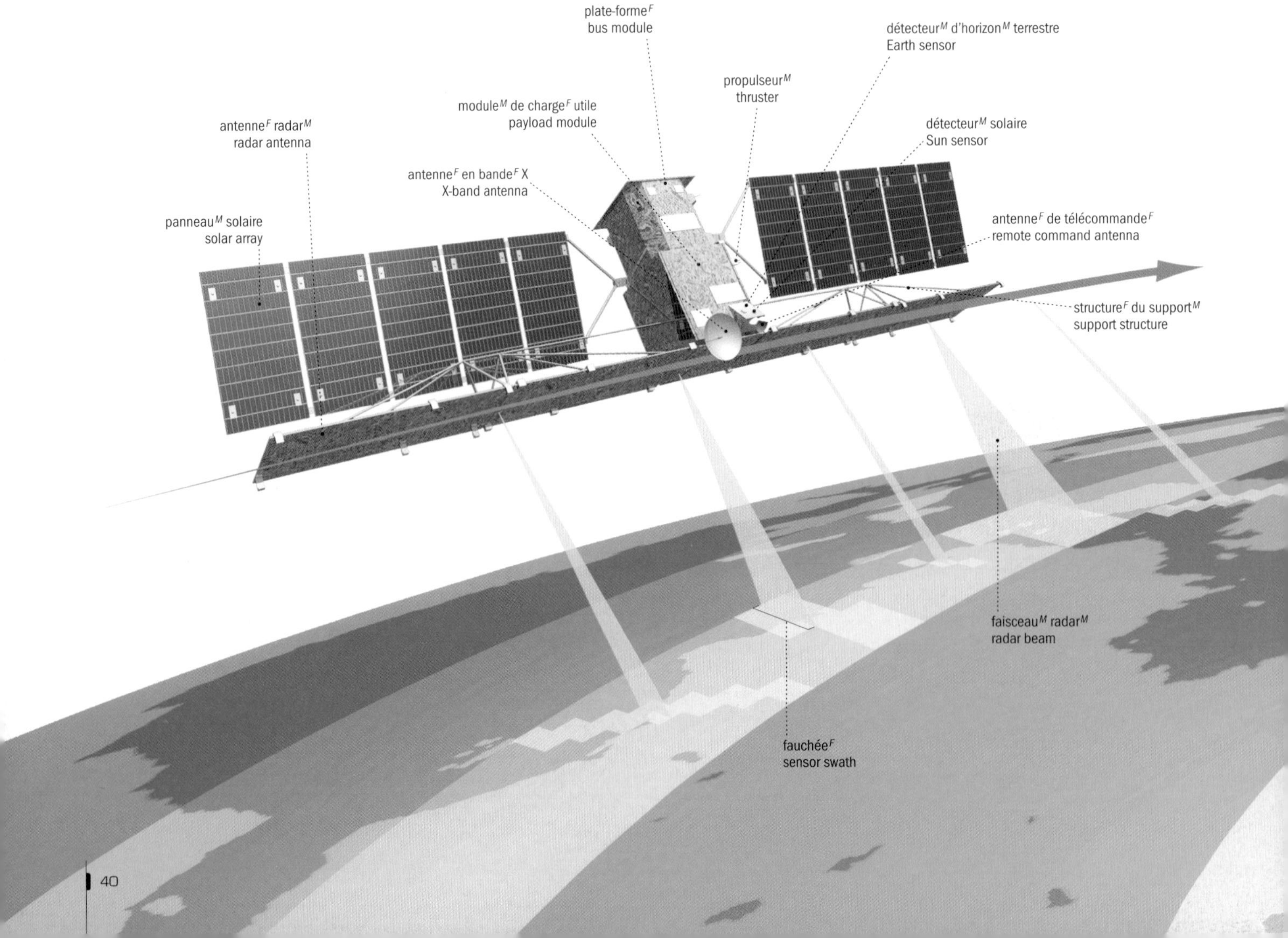

plate-forme[F]
bus module

détecteur[M] d'horizon[M] terrestre
Earth sensor

propulseur[M]
thruster

module[M] de charge[F] utile
payload module

antenne[F] radar[M]
radar antenna

détecteur[M] solaire
Sun sensor

antenne[F] en bande[F] X
X-band antenna

panneau[M] solaire
solar array

antenne[F] de télécommande[F]
remote command antenna

structure[F] du support[M]
support structure

faisceau[M] radar[M]
radar beam

fauchée[F]
sensor swath

sonar[M]
sonar

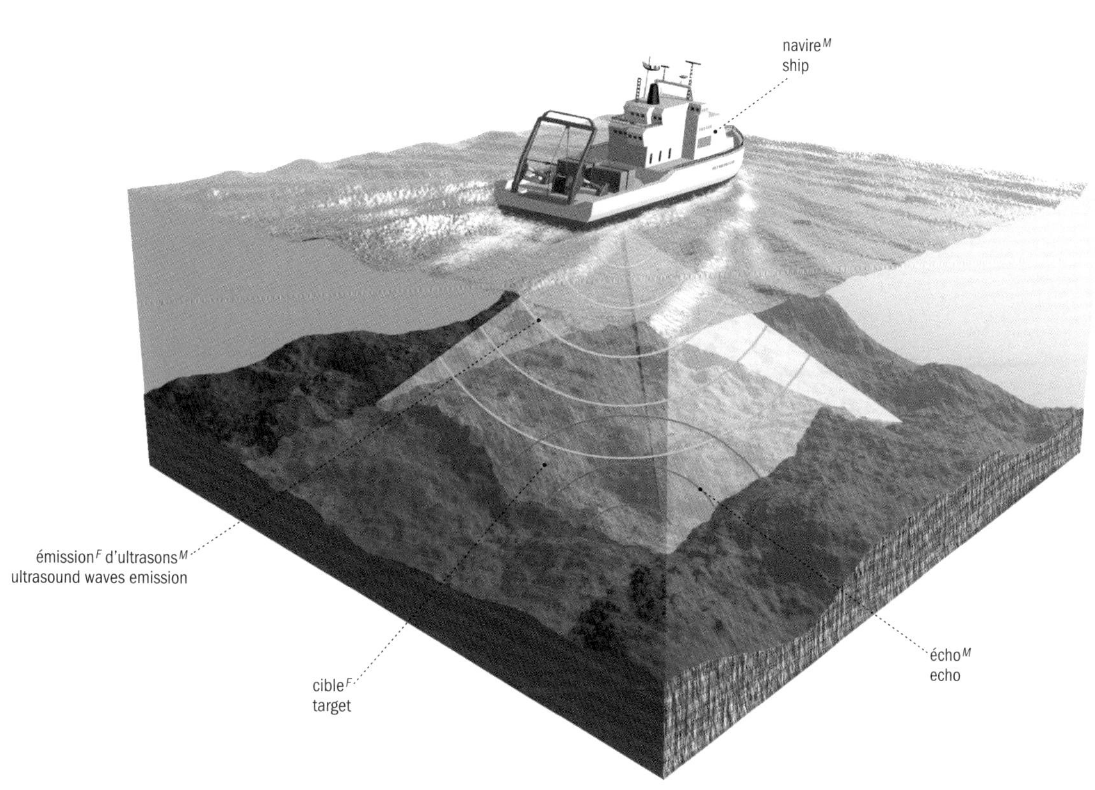
navire[M]
ship
émission[F] d'ultrasons[M]
ultrasound waves emission
cible[F]
target
écho[M]
echo

télédétection[F] par satellite[M]
satellite remote sensing

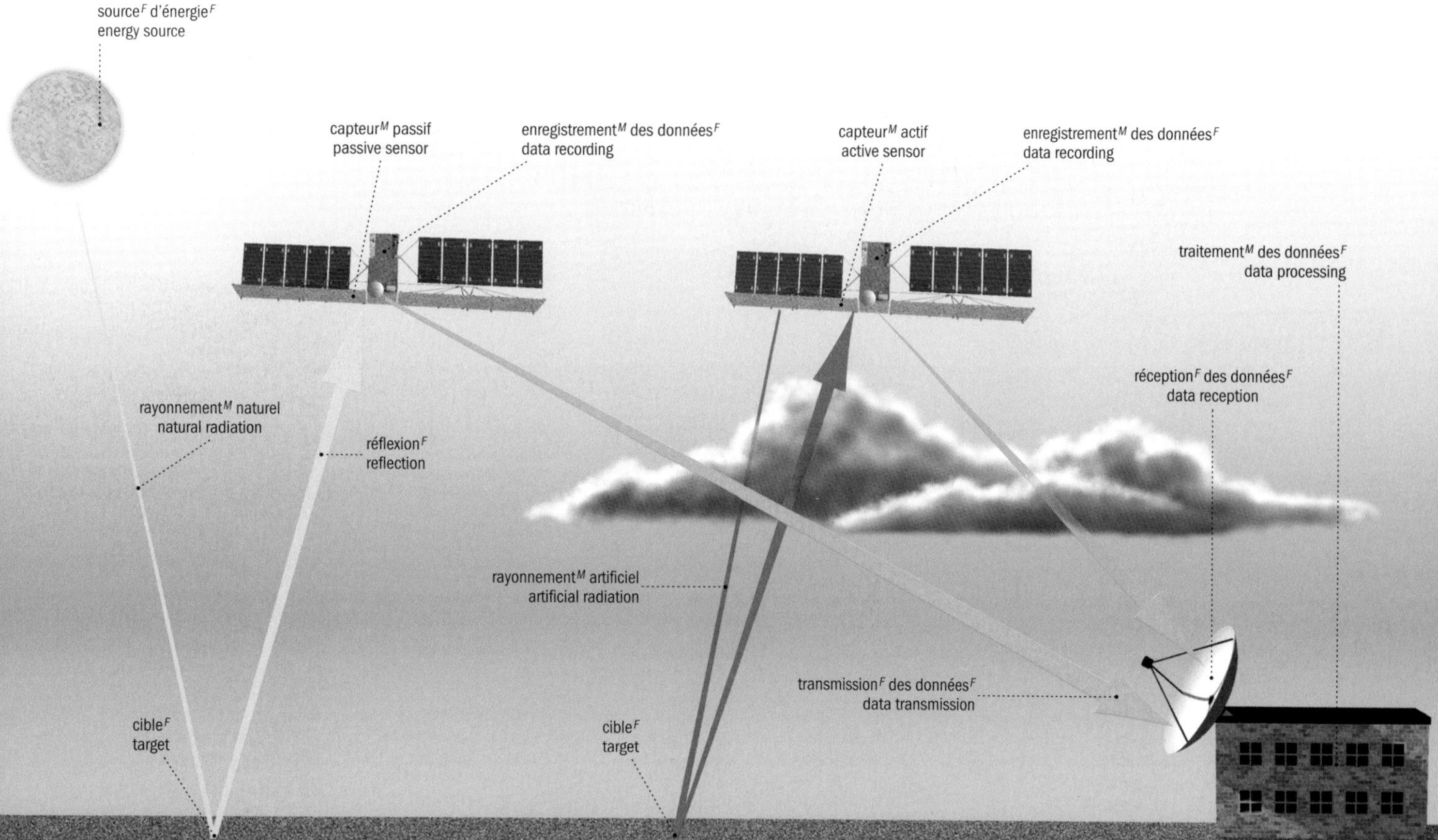

source[F] d'énergie[F]
energy source

capteur[M] passif
passive sensor

enregistrement[M] des données[F]
data recording

capteur[M] actif
active sensor

enregistrement[M] des données[F]
data recording

traitement[M] des données[F]
data processing

réception[F] des données[F]
data reception

rayonnement[M] naturel
natural radiation

réflexion[F]
reflection

rayonnement[M] artificiel
artificial radiation

transmission[F] des données[F]
data transmission

cible[F]
target

cible[F]
target

structure^F de la Terre^F

structure of the Earth

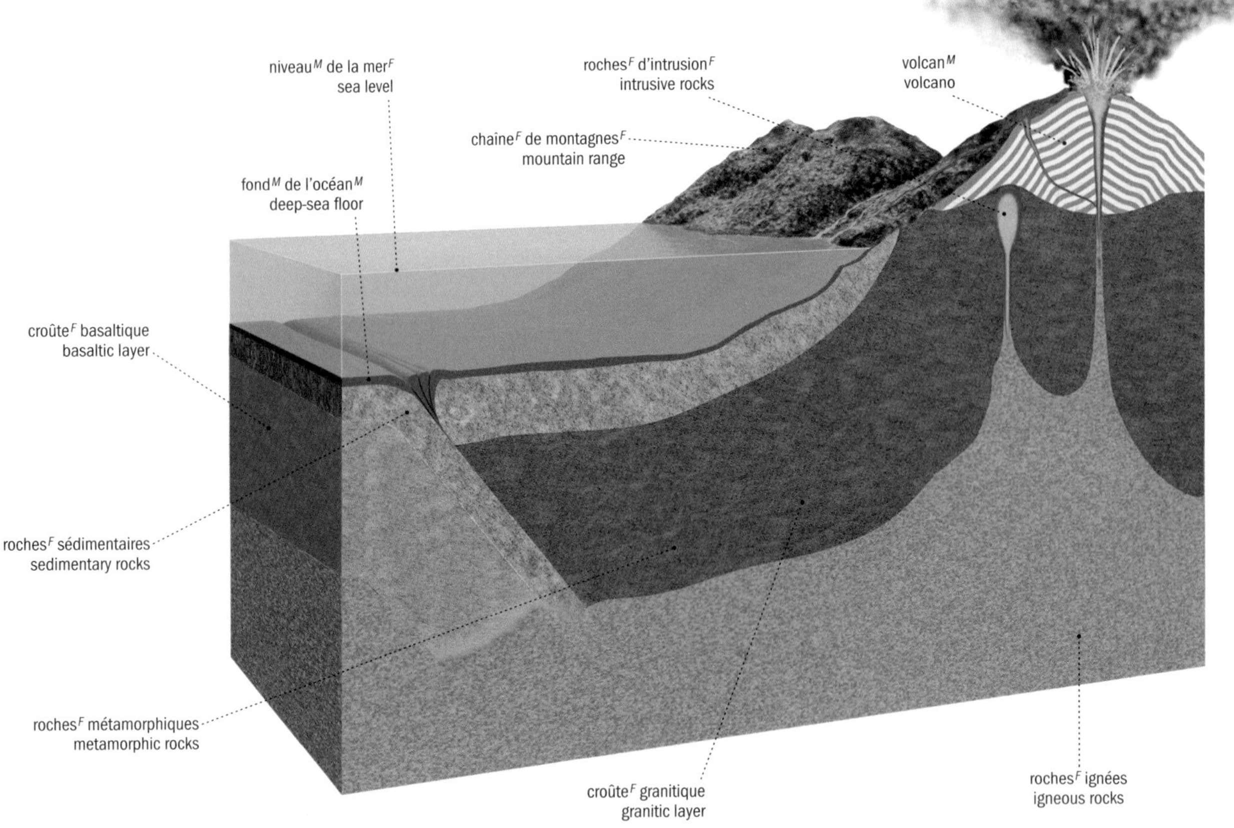
niveau^M de la mer^F
sea level
roches^F d'intrusion^F
intrusive rocks
volcan^M
volcano
chaîne^F de montagnes^F
mountain range
fond^M de l'océan^M
deep-sea floor
croûte^F basaltique
basaltic layer
roches^F sédimentaires
sedimentary rocks
roches^F métamorphiques
metamorphic rocks
croûte^F granitique
granitic layer
roches^F ignées
igneous rocks

coupe^F de la croûte^F terrestre

section of the Earth's crust

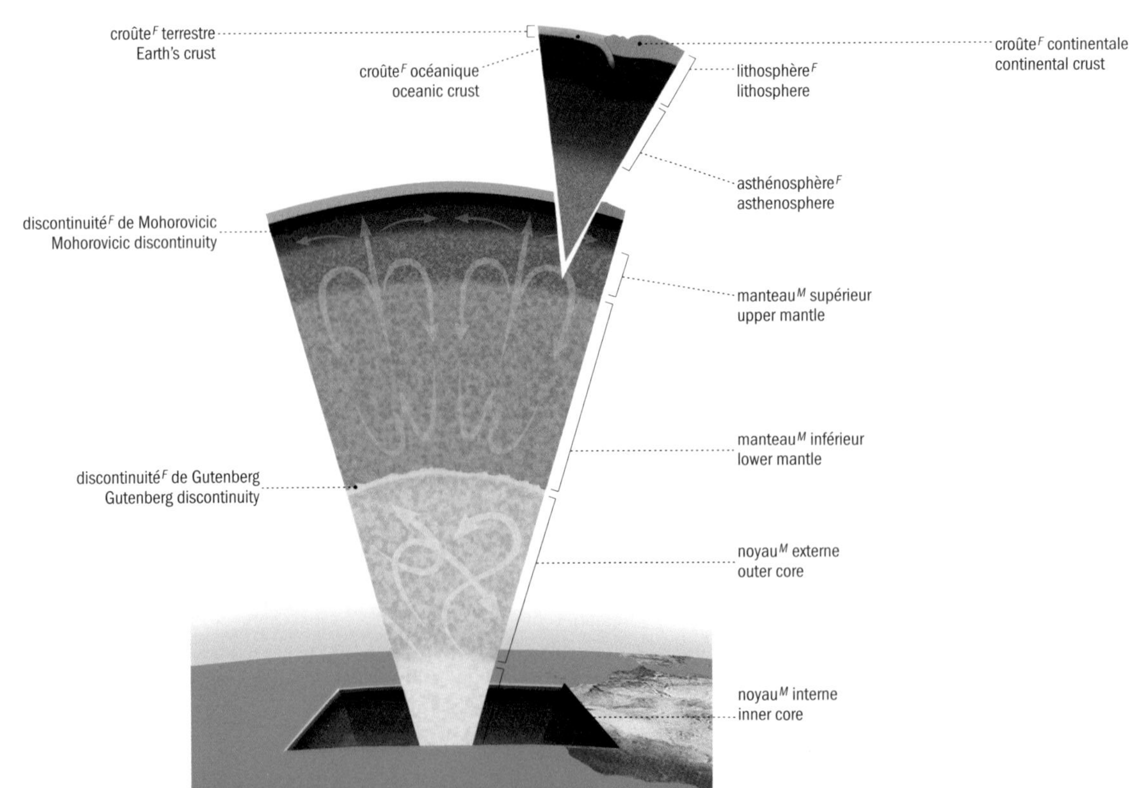
croûte^F terrestre
Earth's crust
croûte^F océanique
oceanic crust
croûte^F continentale
continental crust
lithosphère^F
lithosphere
asthénosphère^F
asthenosphere
discontinuité^F de Mohorovicic
Mohorovicic discontinuity
manteau^M supérieur
upper mantle
manteau^M inférieur
lower mantle
discontinuité^F de Gutenberg
Gutenberg discontinuity
noyau^M externe
outer core
noyau^M interne
inner core

plaques^F tectoniques

tectonic plates

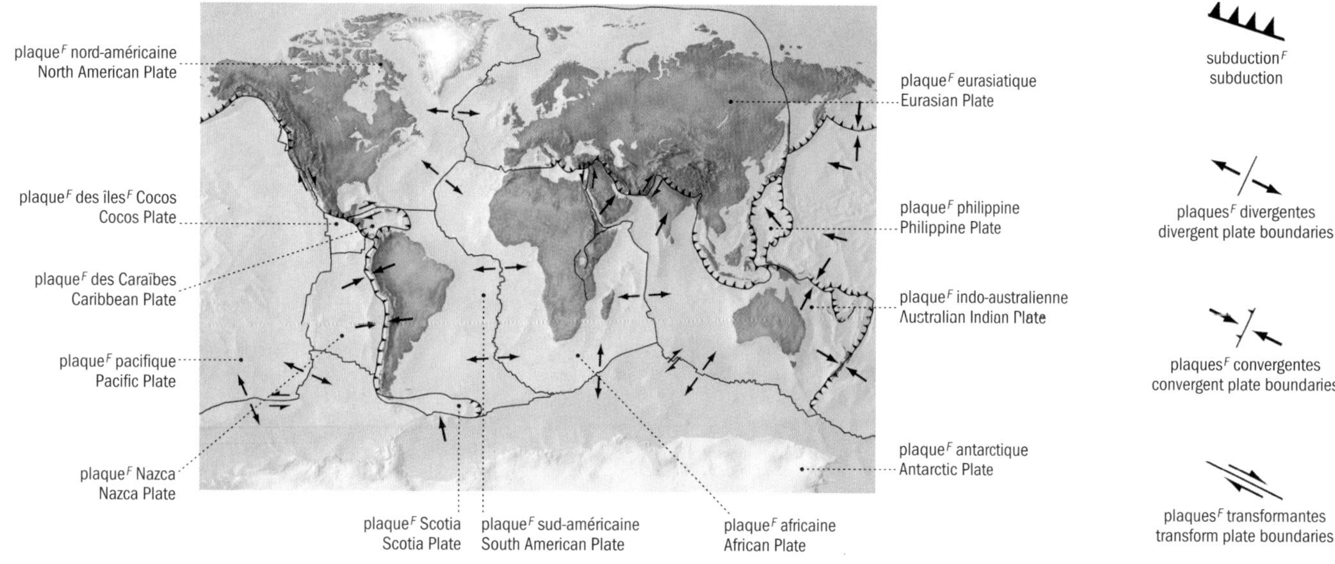
plaque^F nord-américaine
North American Plate
plaque^F des îles^F Cocos
Cocos Plate
plaque^F des Caraïbes
Caribbean Plate
plaque^F pacifique
Pacific Plate
plaque^F Nazca
Nazca Plate
plaque^F Scotia
Scotia Plate
plaque^F sud-américaine
South American Plate
plaque^F africaine
African Plate
plaque^F eurasiatique
Eurasian Plate
plaque^F philippine
Philippine Plate
plaque^F indo-australienne
Australian Indian Plate
plaque^F antarctique
Antarctic Plate
subduction^F
subduction
plaques^F divergentes
divergent plate boundaries
plaques^F convergentes
convergent plate boundaries
plaques^F transformantes
transform plate boundaries

séisme^M

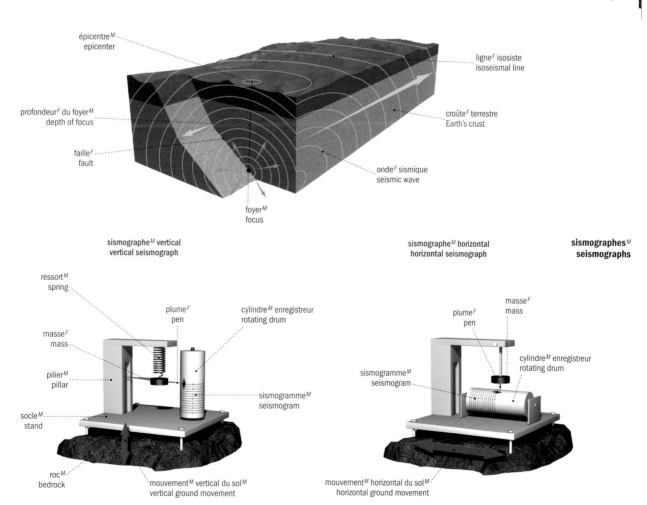

earthquake

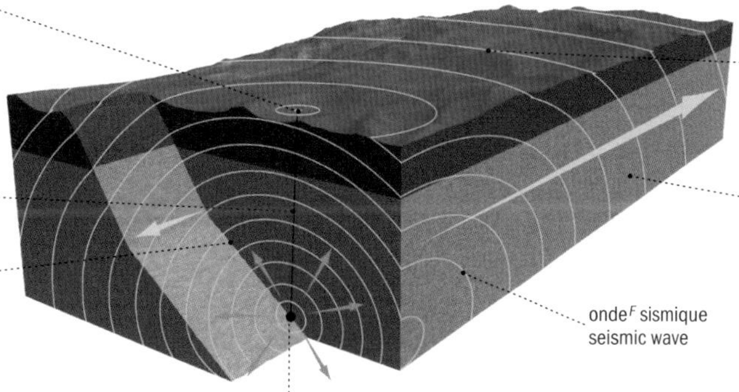

épicentre^M
epicenter

ligne^F isosiste
isoseismal line

profondeur^F du foyer^M
depth of focus

croûte^F terrestre
Earth's crust

faille^F
fault

onde^F sismique
seismic wave

foyer^M
focus

sismographes^M
seismographs

sismographe^M vertical
vertical seismograph

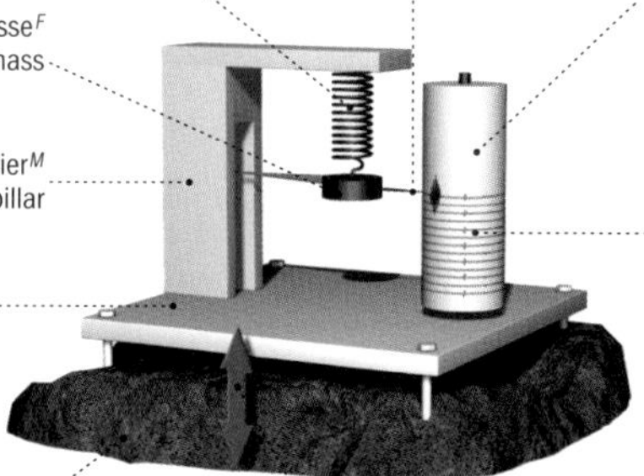

ressort^M
spring

plume^F
pen

cylindre^M enregistreur
rotating drum

masse^F
mass

pilier^M
pillar

sismogramme^M
seismogram

socle^M
stand

roc^M
bedrock

mouvement^M vertical du sol^M
vertical ground movement

sismographe^M horizontal
horizontal seismograph

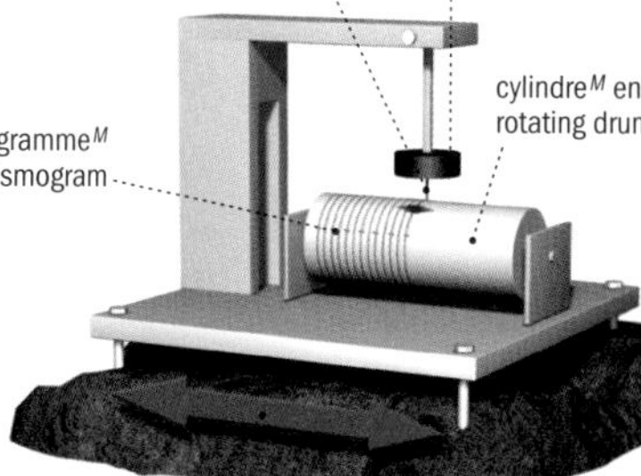

masse^F
mass

plume^F
pen

cylindre^M enregistreur
rotating drum

sismogramme^M
seismogram

mouvement^M horizontal du sol^M
horizontal ground movement

TERRE

volcan[M]

volcano

volcan[M] en éruption[F]
volcano during eruption

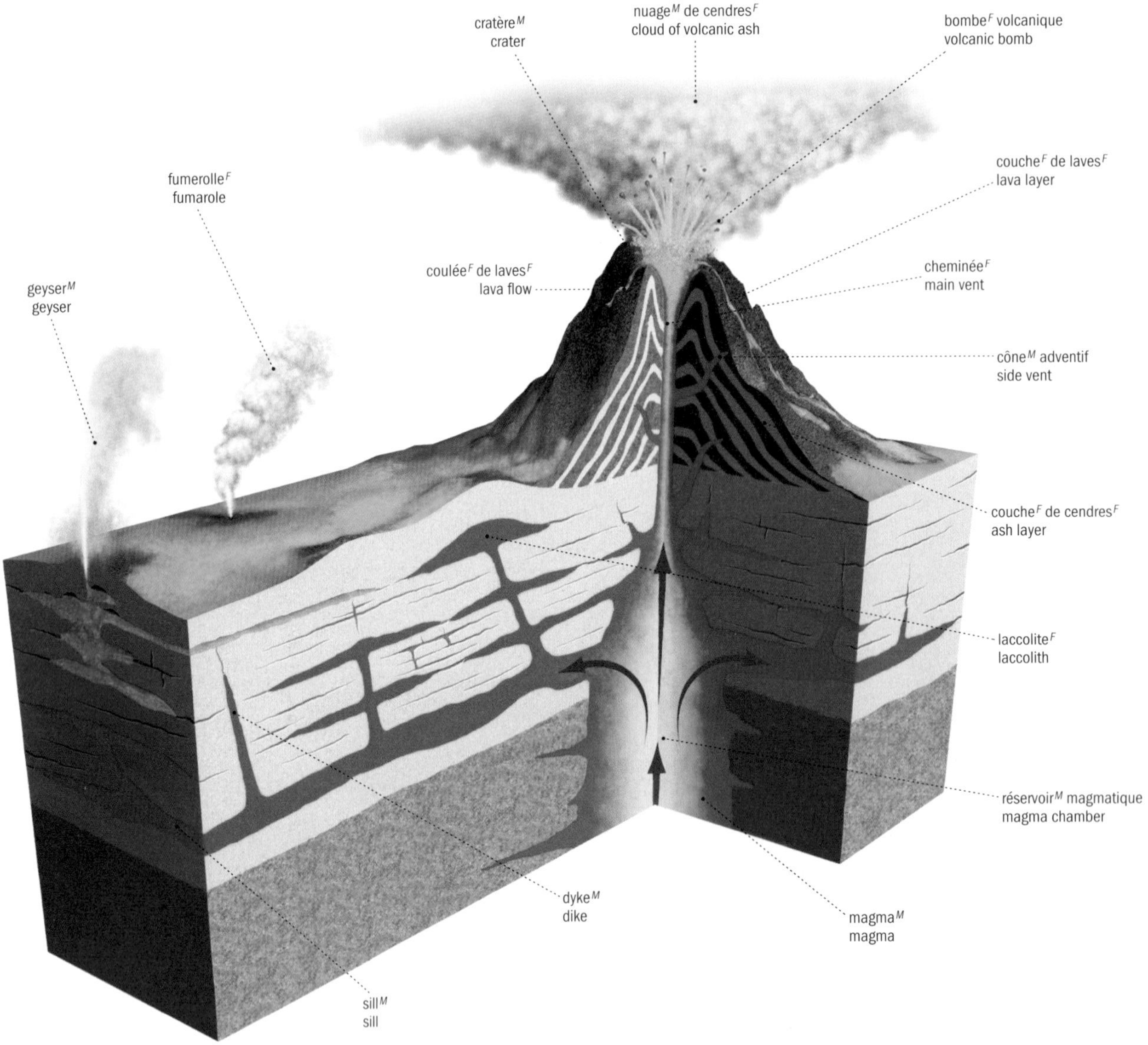

cratère[M]
crater

nuage[M] de cendres[F]
cloud of volcanic ash

bombe[F] volcanique
volcanic bomb

couche[F] de laves[F]
lava layer

fumerolle[F]
fumarole

coulée[F] de laves[F]
lava flow

cheminée[F]
main vent

geyser[M]
geyser

cône[M] adventif
side vent

couche[F] de cendres[F]
ash layer

laccolite[F]
laccolith

réservoir[M] magmatique
magma chamber

dyke[M]
dike

magma[M]
magma

sill[M]
sill

exemples[M] de volcans[M]
examples of volcanoes

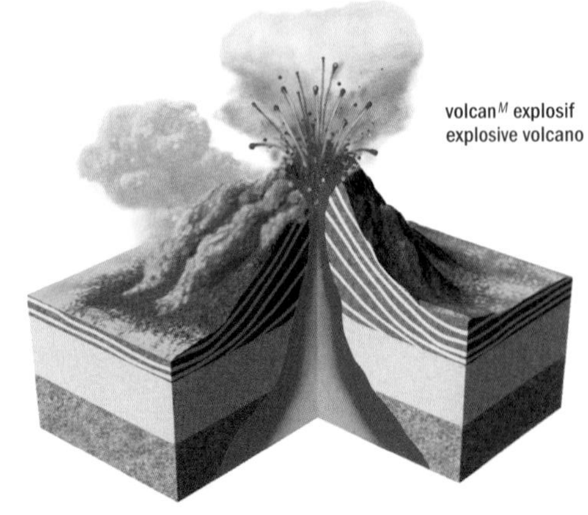

volcan[M] explosif
explosive volcano

volcan[M] effusif
effusive volcano

montagne[F]

mountain

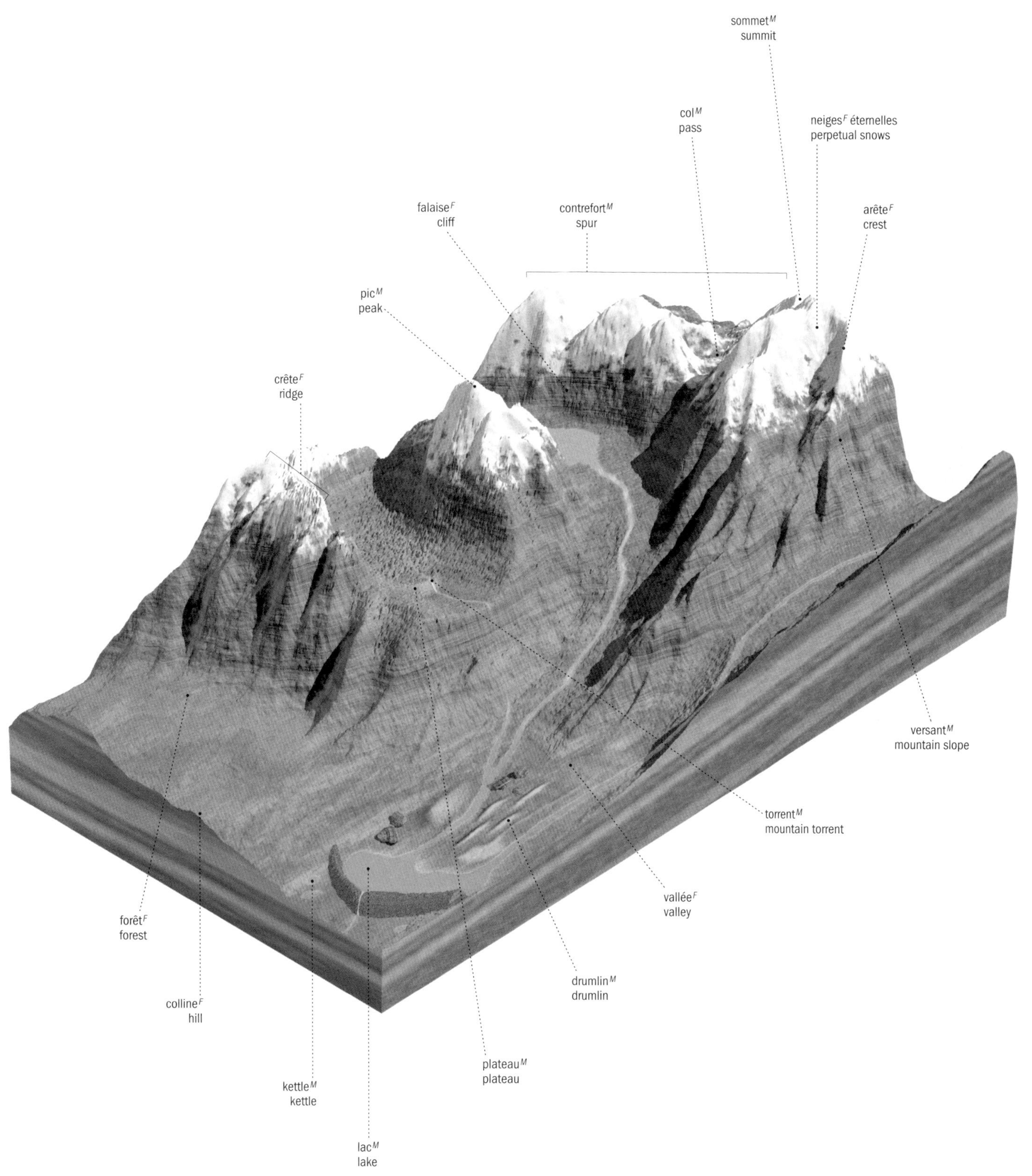

sommet[M]
summit
col[M]
pass
neiges[F] éternelles
perpetual snows
falaise[F]
cliff
contrefort[M]
spur
arête[F]
crest
pic[M]
peak
crête[F]
ridge
versant[M]
mountain slope
torrent[M]
mountain torrent
vallée[F]
valley
forêt[F]
forest
drumlin[M]
drumlin
colline[F]
hill
plateau[M]
plateau
kettle[M]
kettle
lac[M]
lake

glacier^M

glacier

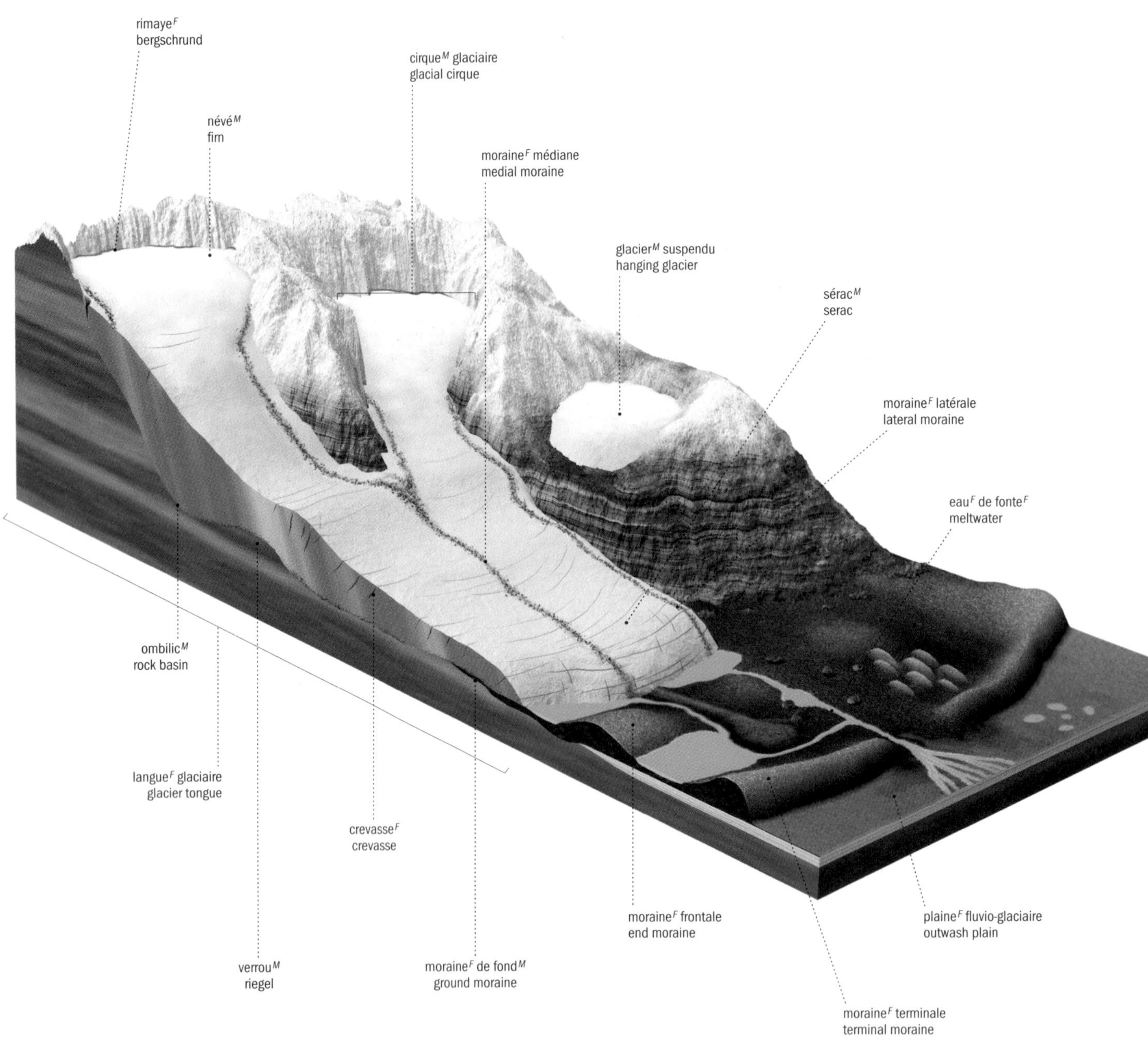
rimaye^F
bergschrund
névé^M
firn
cirque^M glaciaire
glacial cirque
moraine^F médiane
medial moraine
glacier^M suspendu
hanging glacier
sérac^M
serac
moraine^F latérale
lateral moraine
eau^F de fonte^F
meltwater
ombilic^M
rock basin
langue^F glaciaire
glacier tongue
crevasse^F
crevasse
moraine^F frontale
end moraine
plaine^F fluvio-glaciaire
outwash plain
verrou^M
riegel
moraine^F de fond^M
ground moraine
moraine^F terminale
terminal moraine

grotte[F]

cave

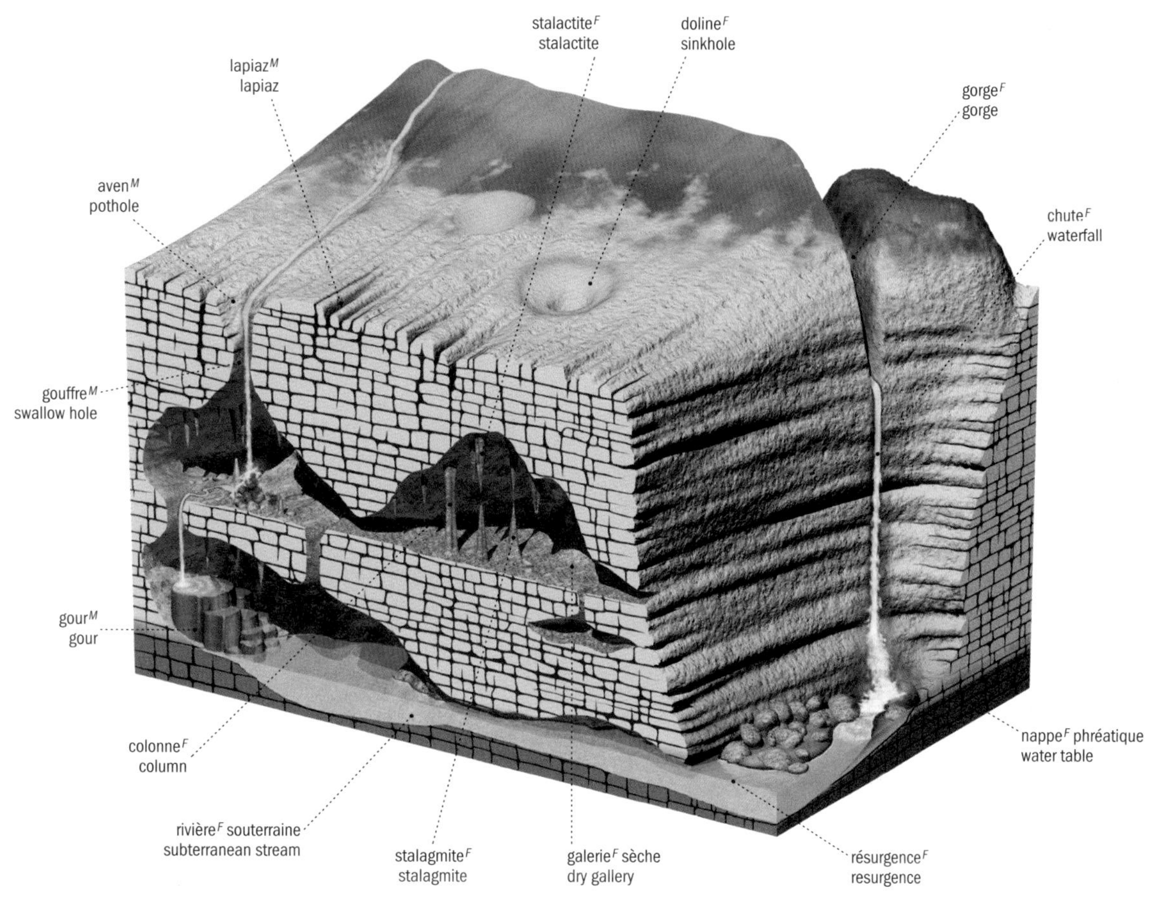
stalactite[F]
stalactite
doline[F]
sinkhole
lapiaz[M]
lapiaz
gorge[F]
gorge
aven[M]
pothole
chute[F]
waterfall
gouffre[M]
swallow hole
gour[M]
gour
nappe[F] phréatique
water table
colonne[F]
column
rivière[F] souterraine
subterranean stream
stalagmite[F]
stalagmite
galerie[F] sèche
dry gallery
résurgence[F]
resurgence

mouvements[M] de terrain[M]

landslides

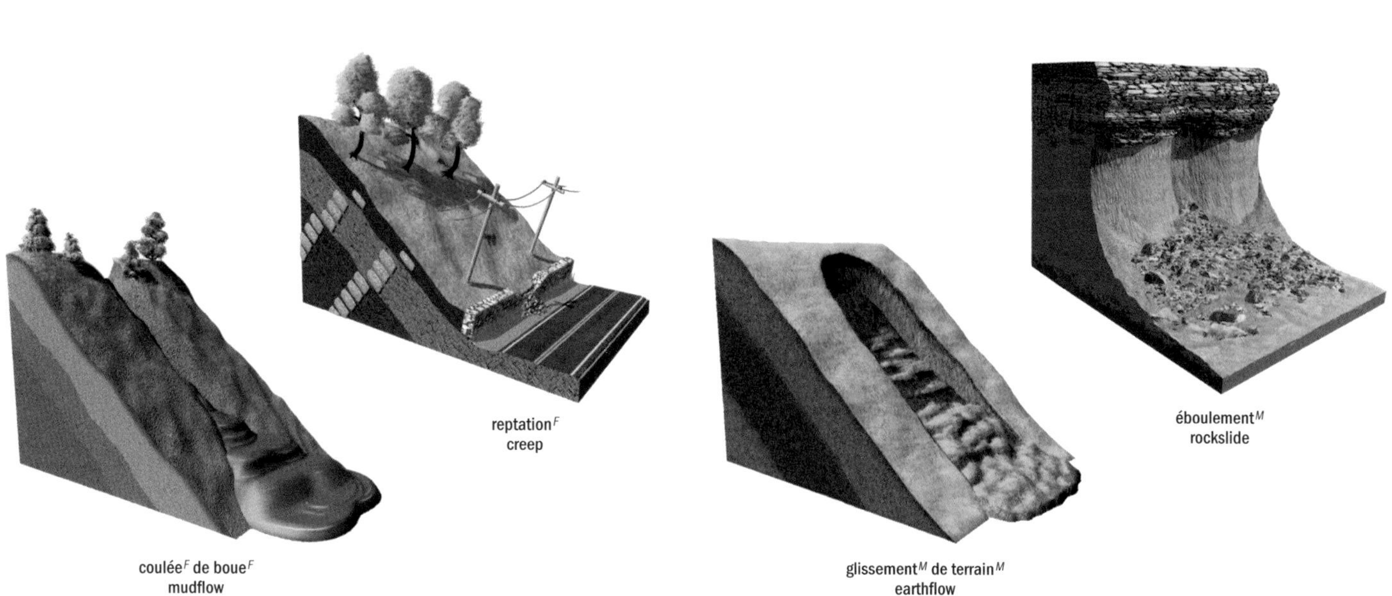
reptation[F]
creep
éboulement[M]
rockslide
coulée[F] de boue[F]
mudflow
glissement[M] de terrain[M]
earthflow

cours[M] d'eau[F]

watercourse

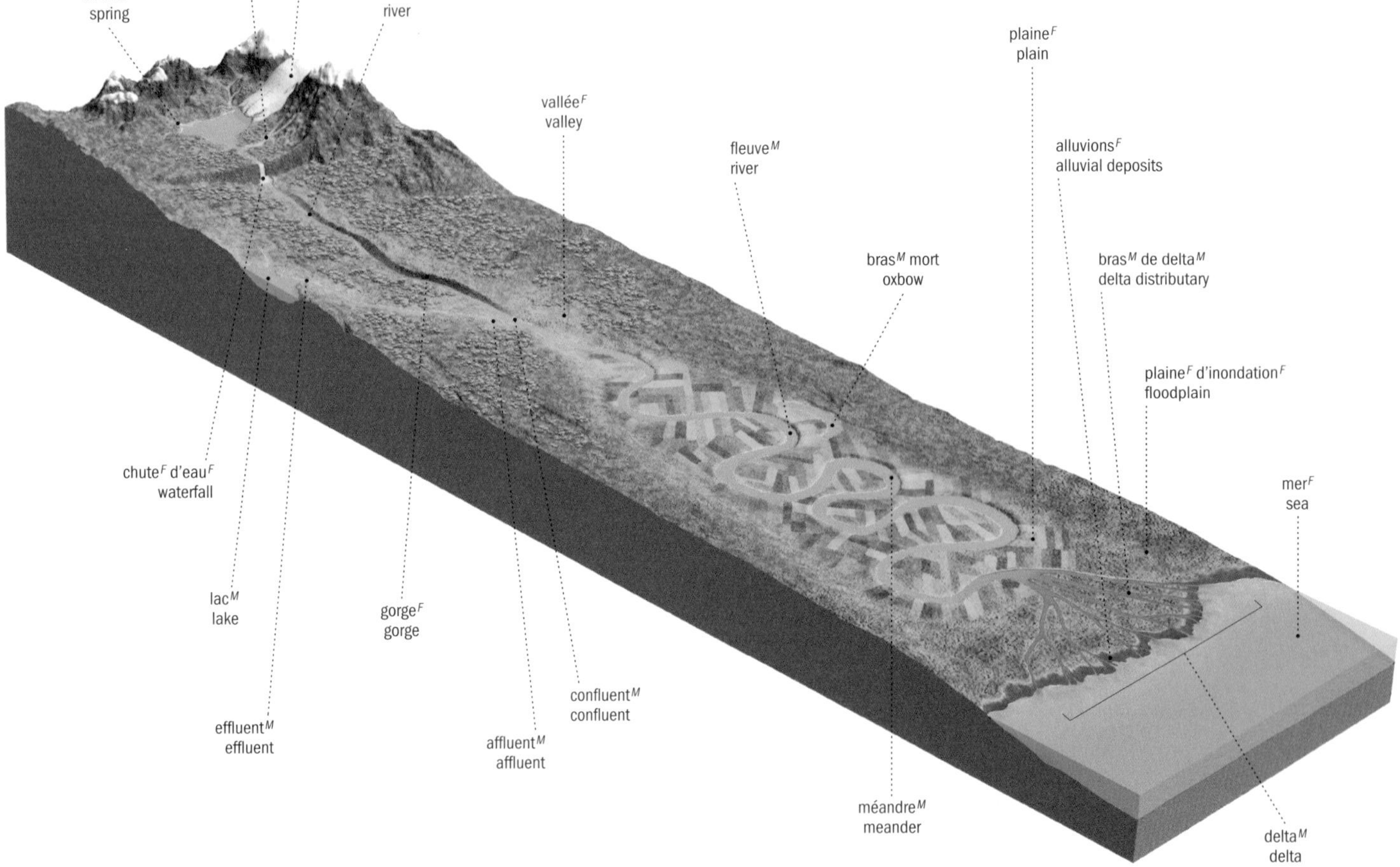

ruisseau[M] brook
glacier[M] glacier
source[F] spring
rivière[F] river
plaine[F] plain
vallée[F] valley
fleuve[M] river
alluvions[F] alluvial deposits
bras[M] mort oxbow
bras[M] de delta[M] delta distributary
plaine[F] d'inondation[F] floodplain
chute[F] d'eau[F] waterfall
mer[F] sea
lac[M] lake
gorge[F] gorge
confluent[M] confluent
effluent[M] effluent
affluent[M] affluent
méandre[M] meander
delta[M] delta

lacs[M]

lakes

lac[M] d'origine[F] glaciaire
glacial lake

lac[M] d'origine[F] volcanique
volcanic lake

lac[M] d'origine[F] tectonique
tectonic lake

lac[M] en croissant[M]
oxbow lake

oasis[F]
oasis

lac[M] artificiel
artificial lake

vague[F]

wave

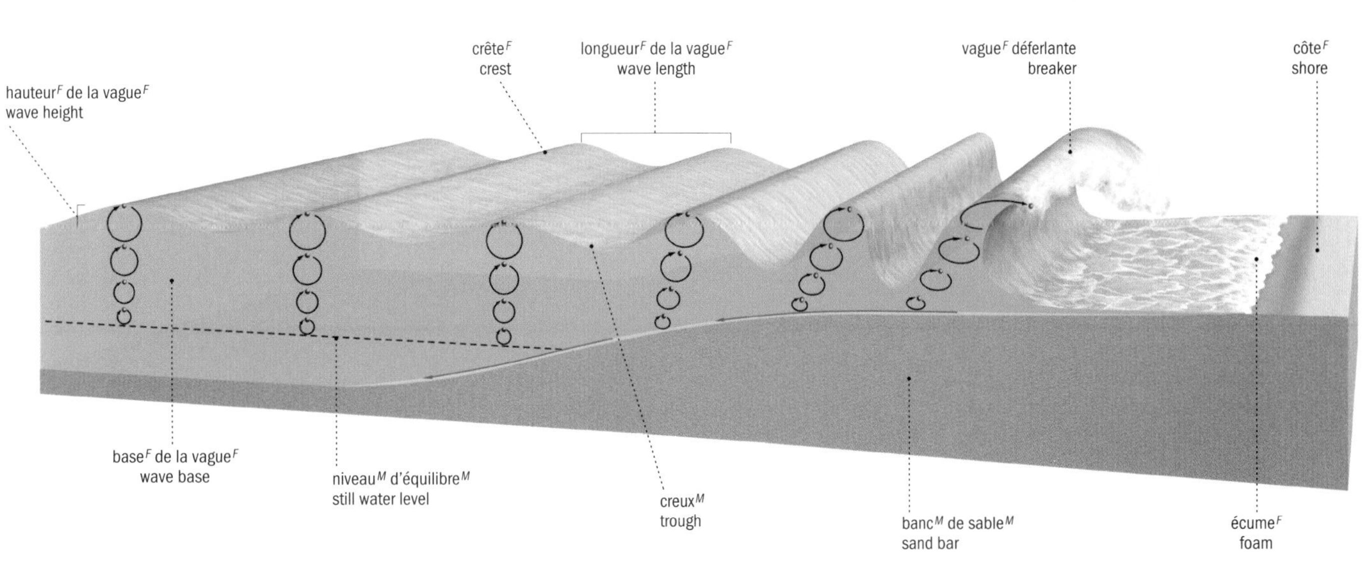
crête[F]
crest
longueur[F] de la vague[F]
wave length
vague[F] déferlante
breaker
côte[F]
shore
hauteur[F] de la vague[F]
wave height
base[F] de la vague[F]
wave base
niveau[M] d'équilibre[M]
still water level
creux[M]
trough
banc[M] de sable[M]
sand bar
écume[F]
foam

fond[M] de l'océan[M]

ocean floor

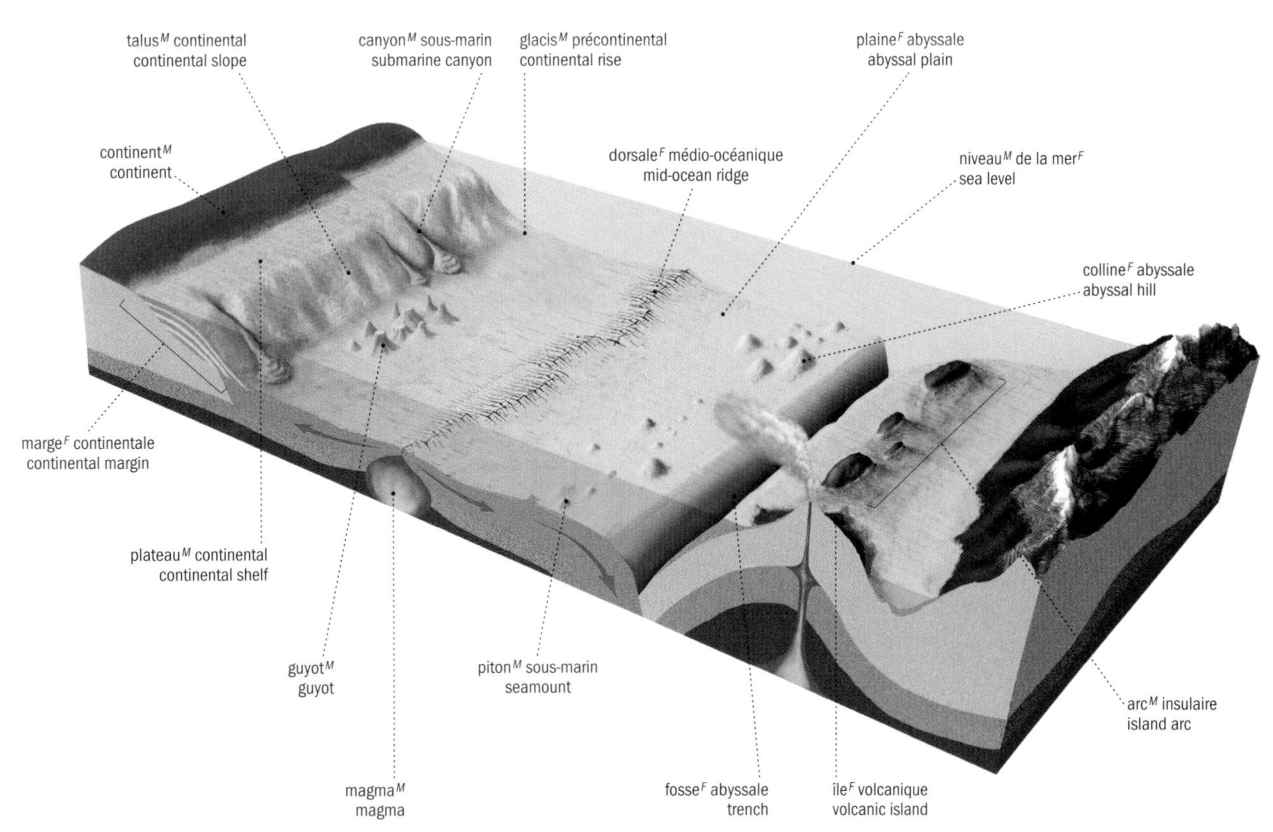
talus[M] continental
continental slope
canyon[M] sous-marin
submarine canyon
glacis[M] précontinental
continental rise
plaine[F] abyssale
abyssal plain
continent[M]
continent
dorsale[F] médio-océanique
mid-ocean ridge
niveau[M] de la mer[F]
sea level
colline[F] abyssale
abyssal hill
marge[F] continentale
continental margin
plateau[M] continental
continental shelf
guyot[M]
guyot
piton[M] sous-marin
seamount
arc[M] insulaire
island arc
magma[M]
magma
fosse[F] abyssale
trench
île[F] volcanique
volcanic island

fosses^F et dorsales^F océaniques

ocean trenches and ridges

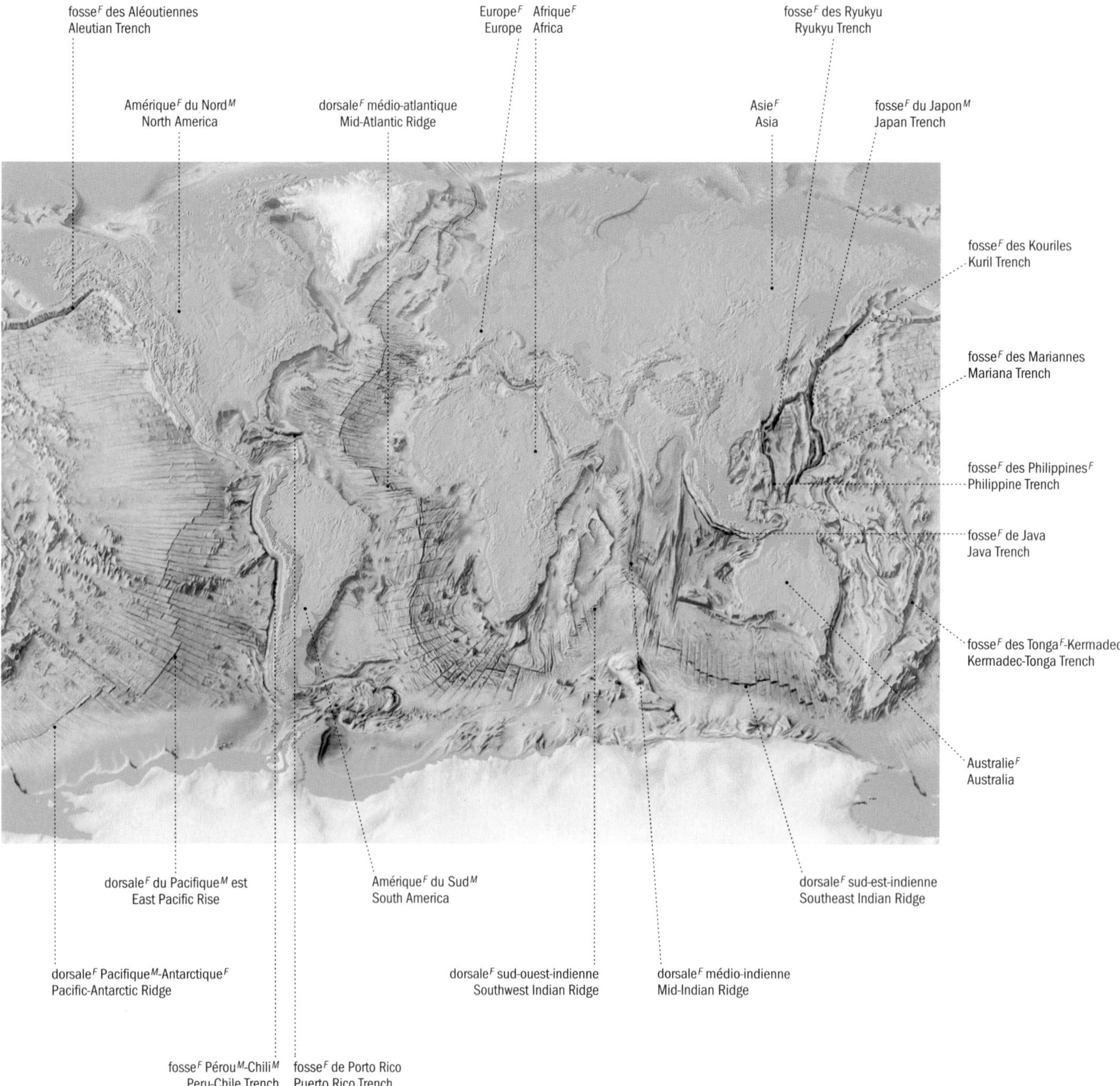
fosse^F des Aléoutiennes
Aleutian Trench
Europe^F
Europe
Afrique^F
Africa
fosse^F des Ryukyu
Ryukyu Trench
Amérique^F du Nord^M
North America
dorsale^F médio-atlantique
Mid-Atlantic Ridge
Asie^F
Asia
fosse^F du Japon^M
Japan Trench
fosse^F des Kouriles
Kuril Trench
fosse^F des Mariannes
Mariana Trench
fosse^F des Philippines^F
Philippine Trench
fosse^F de Java
Java Trench
fosse^F des Tonga^F-Kermadec
Kermadec-Tonga Trench
Australie^F
Australia
dorsale^F du Pacifique^M est
East Pacific Rise
Amérique^F du Sud^M
South America
dorsale^F sud-est-indienne
Southeast Indian Ridge
dorsale^F Pacifique^M-Antarctique^F
Pacific-Antarctic Ridge
dorsale^F sud-ouest-indienne
Southwest Indian Ridge
dorsale^F médio-indienne
Mid-Indian Ridge
fosse^F Pérou^M-Chili^M
Peru-Chile Trench
fosse^F de Porto Rico
Puerto Rico Trench

configuration^F du littoral^M

common coastal features

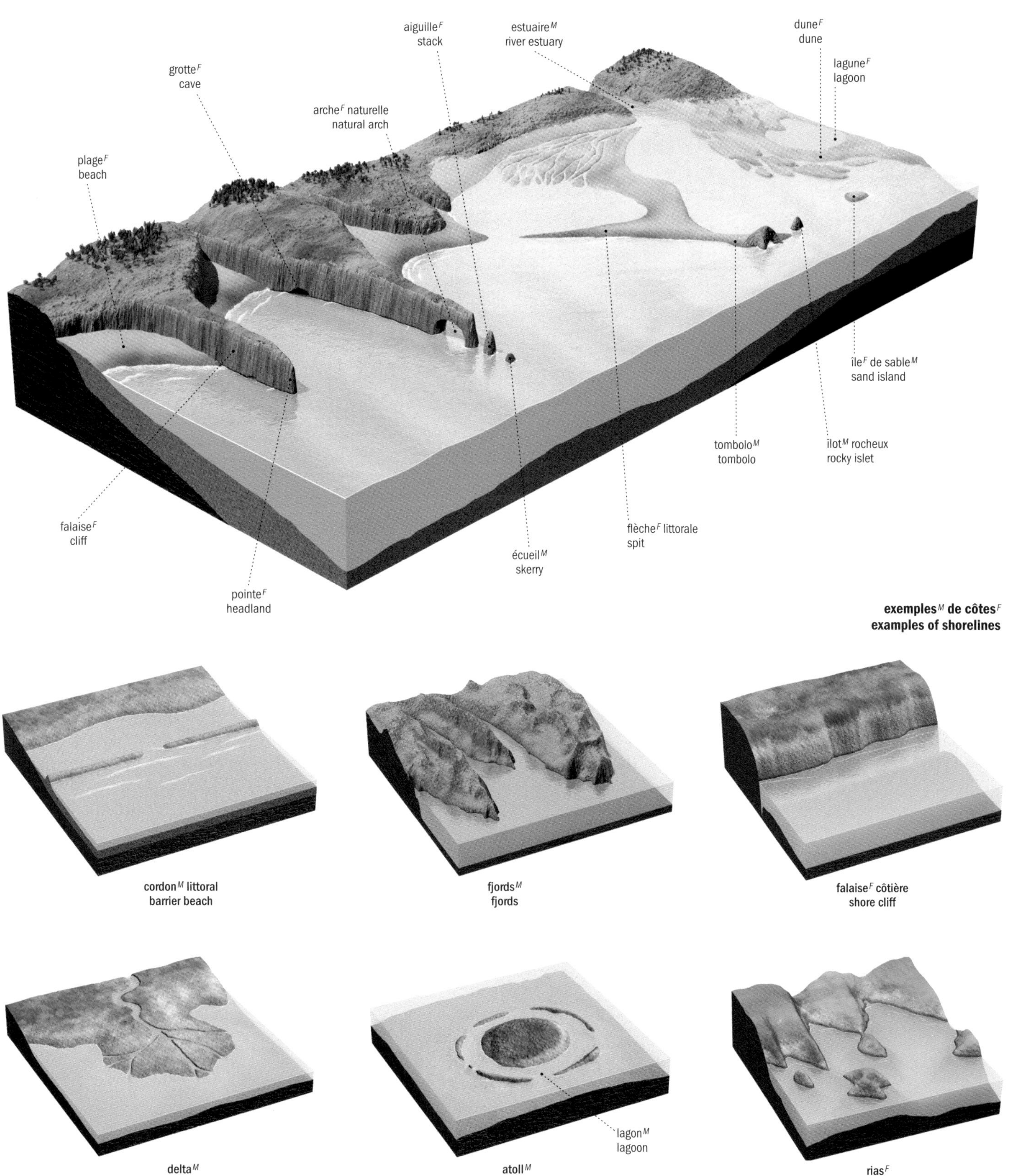

aiguille^F
stack
estuaire^M
river estuary
dune^F
dune
lagune^F
lagoon
grotte^F
cave
arche^F naturelle
natural arch
plage^F
beach
île^F de sable^M
sand island
tombolo^M
tombolo
îlot^M rocheux
rocky islet
falaise^F
cliff
flèche^F littorale
spit
écueil^M
skerry
pointe^F
headland
exemples^M de côtes^F
examples of shorelines
cordon^M littoral
barrier beach
fjords^M
fjords
falaise^F côtière
shore cliff
lagon^M
lagoon
delta^M
delta
atoll^M
atoll
rias^F
rias

désert[M]

desert

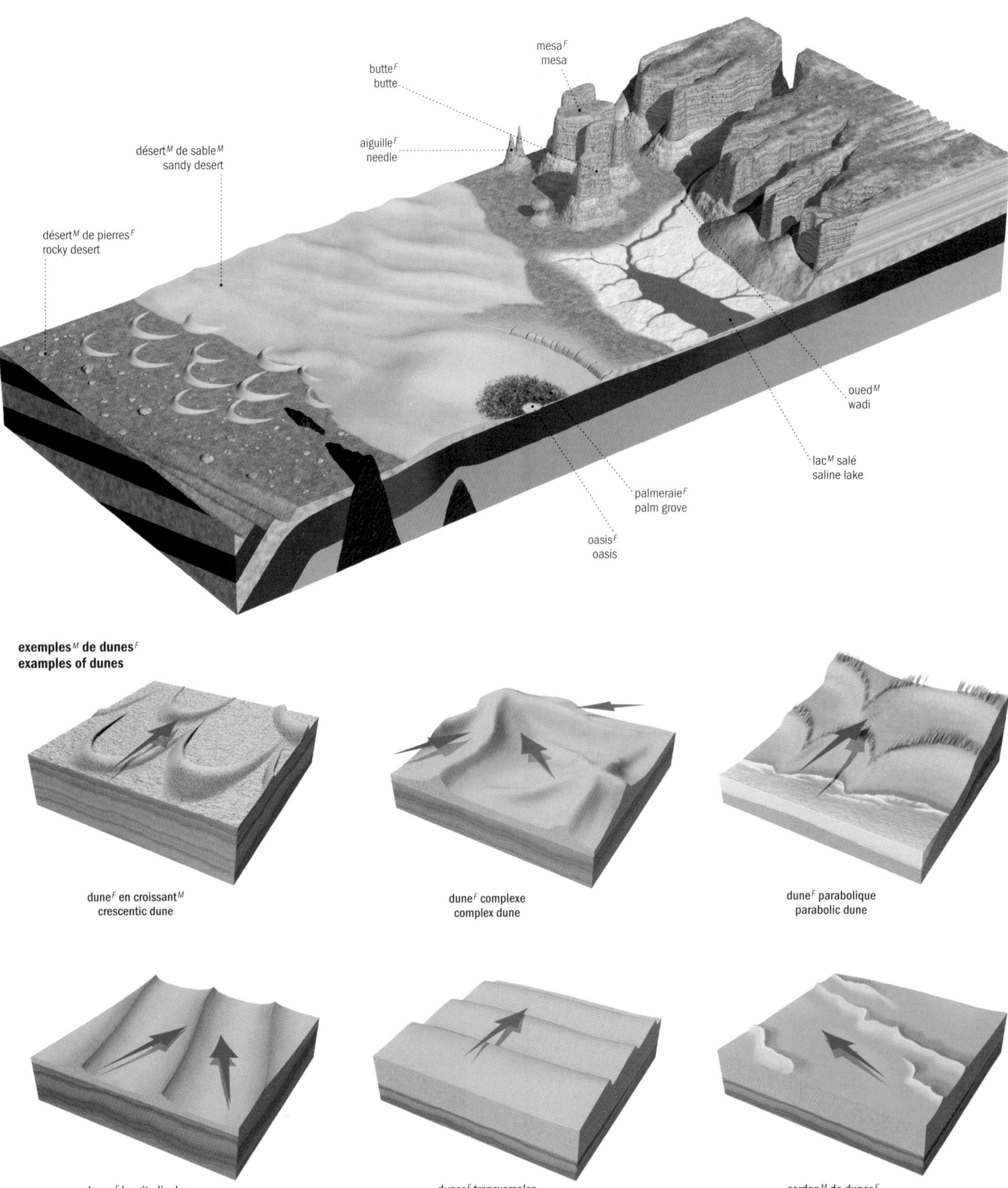
mesa[F]
mesa
butte[F]
butte
aiguille[F]
needle
désert[M] de sable[M]
sandy desert
désert[M] de pierres[F]
rocky desert
oued[M]
wadi
lac[M] salé
saline lake
palmeraie[F]
palm grove
oasis[F]
oasis
exemples[M] de dunes[F]
examples of dunes
dune[F] en croissant[M]
crescentic dune
dune[F] complexe
complex dune
dune[F] parabolique
parabolic dune
dunes[F] longitudinales
longitudinal dunes
dunes[F] transversales
transverse dunes
cordon[M] de dunes[F]
chain of dunes

coupe^F de l'atmosphère^F terrestre

profile of the Earth's atmosphere

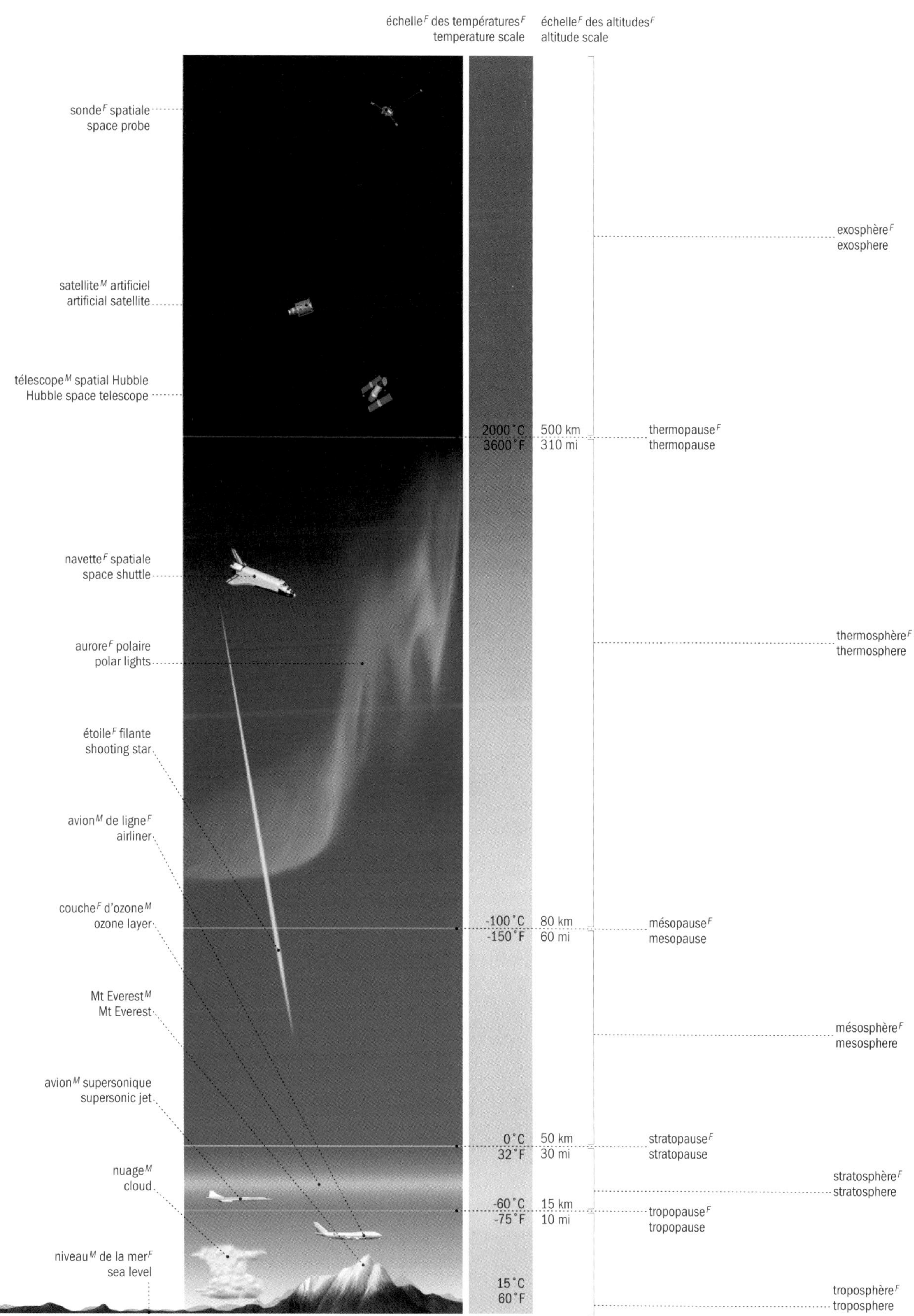

échelle^F des températures^F
temperature scale
échelle^F des altitudes^F
altitude scale
sonde^F spatiale
space probe
exosphère^F
exosphere
satellite^M artificiel
artificial satellite
télescope^M spatial Hubble
Hubble space telescope
2000°C
3600°F
500 km
310 mi
thermopause^F
thermopause
navette^F spatiale
space shuttle
aurore^F polaire
polar lights
thermosphère^F
thermosphere
étoile^F filante
shooting star
avion^M de ligne^F
airliner
couche^F d'ozone^M
ozone layer
-100°C
-150°F
80 km
60 mi
mésopause^F
mesopause
Mt Everest^M
Mt Everest
mésosphère^F
mesosphere
avion^M supersonique
supersonic jet
0°C
32°F
50 km
30 mi
stratopause^F
stratopause
nuage^M
cloud
stratosphère^F
stratosphere
-60°C
-75°F
15 km
10 mi
tropopause^F
tropopause
niveau^M de la mer^F
sea level
15°C
60°F
troposphère^F
troposphere

cycle[M] des saisons[F]

seasons of the year

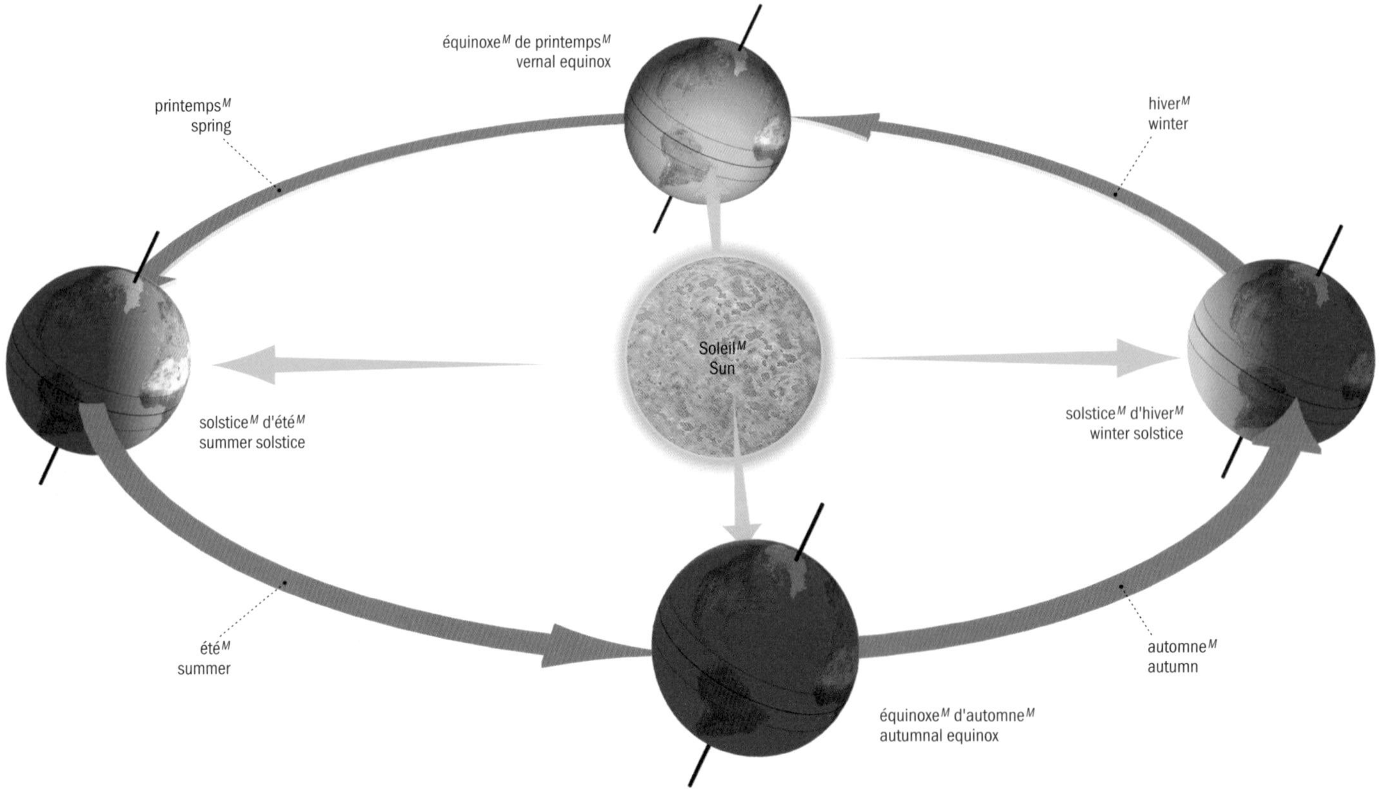

équinoxe[M] de printemps[M]
vernal equinox

printemps[M]
spring

hiver[M]
winter

Soleil[M]
Sun

solstice[M] d'été[M]
summer solstice

solstice[M] d'hiver[M]
winter solstice

été[M]
summer

automne[M]
autumn

équinoxe[M] d'automne[M]
autumnal equinox

prévision[F] météorologique

meteorological forecast

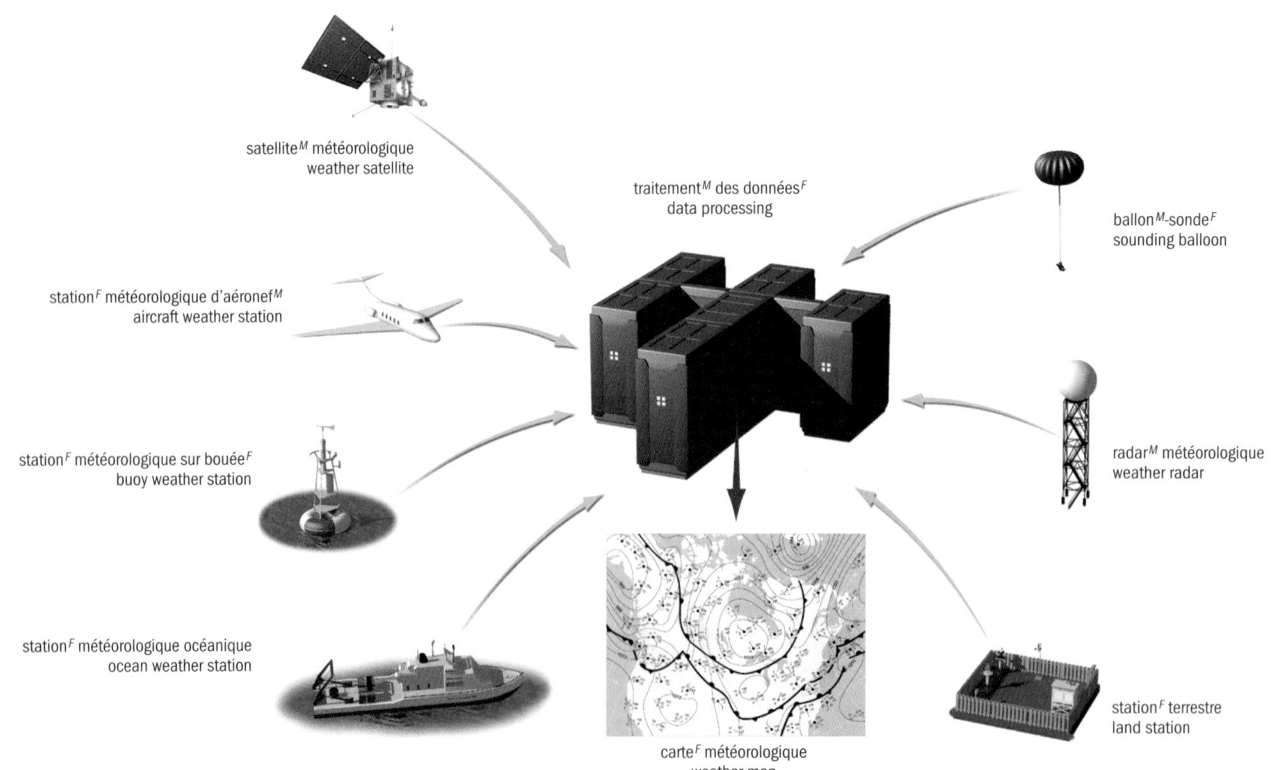
satellite[M] météorologique
weather satellite
traitement[M] des données[F]
data processing
ballon[M]-sonde[F]
sounding balloon
station[F] météorologique d'aéronef[M]
aircraft weather station
station[F] météorologique sur bouée[F]
buoy weather station
radar[M] météorologique
weather radar
station[F] météorologique océanique
ocean weather station
station[F] terrestre
land station
carte[F] météorologique
weather map

carte[F] météorologique

weather map

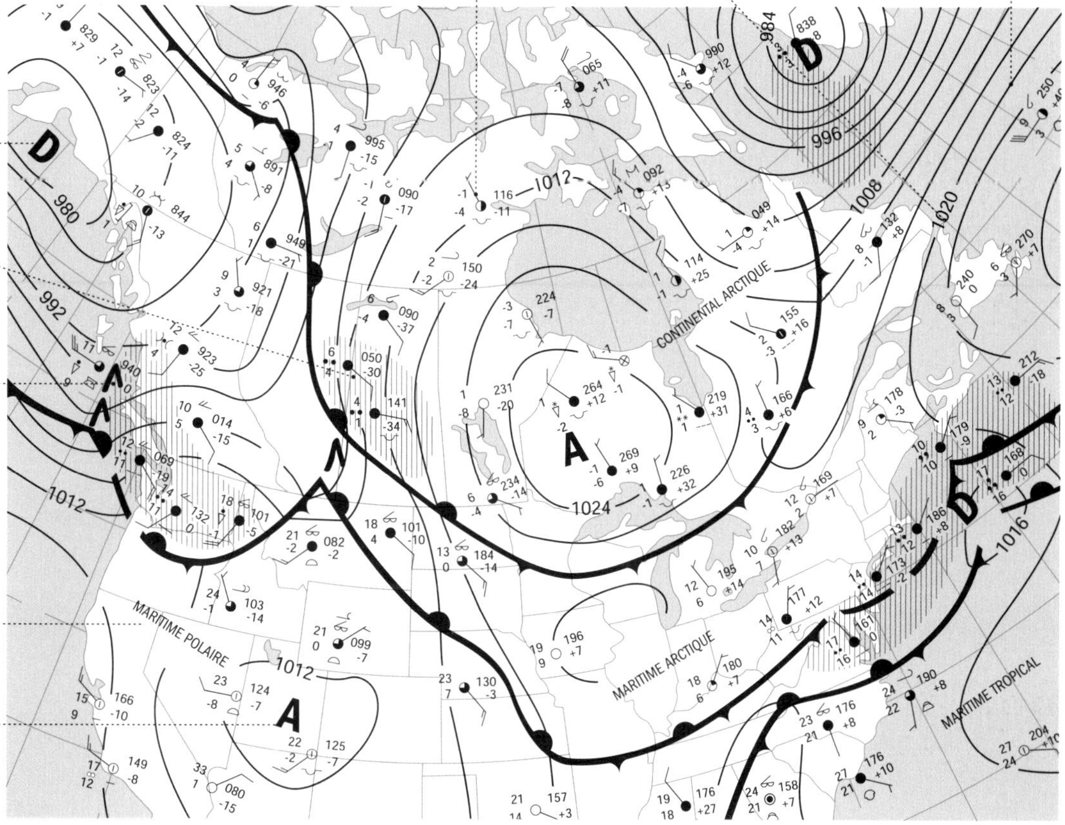

direction[F] et force[F] du vent[M]
wind direction and speed

pression[F] barométrique
barometric pressure

isobare[F]
isobar

dépression[F]
low pressure center

zone[F] de précipitation[F]
precipitation area

creux[M] barométrique
trough

type[M] de la masse[F] d'air[M]
type of the air mass

anticyclone[M]
high pressure center

disposition[F] des informations[F] d'une station[F]

station model

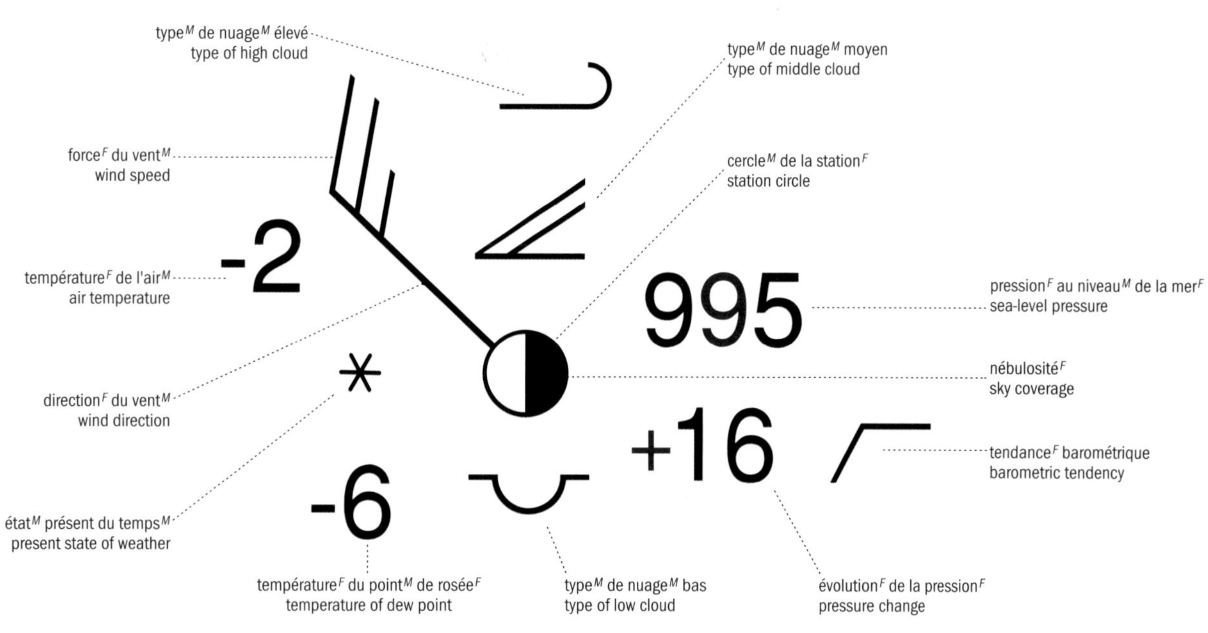

type[M] de nuage[M] élevé
type of high cloud
type[M] de nuage[M] moyen
type of middle cloud
force[F] du vent[M]
wind speed
cercle[M] de la station[F]
station circle
température[F] de l'air[M]
air temperature
-2
995
pression[F] au niveau[M] de la mer[F]
sea-level pressure
direction[F] du vent[M]
wind direction
nébulosité[F]
sky coverage
+16
tendance[F] barométrique
barometric tendency
état[M] présent du temps[M]
present state of weather
-6
température[F] du point[M] de rosée[F]
temperature of dew point
type[M] de nuage[M] bas
type of low cloud
évolution[F] de la pression[F]
pressure change

symboles[M] météorologiques internationaux

international weather symbols

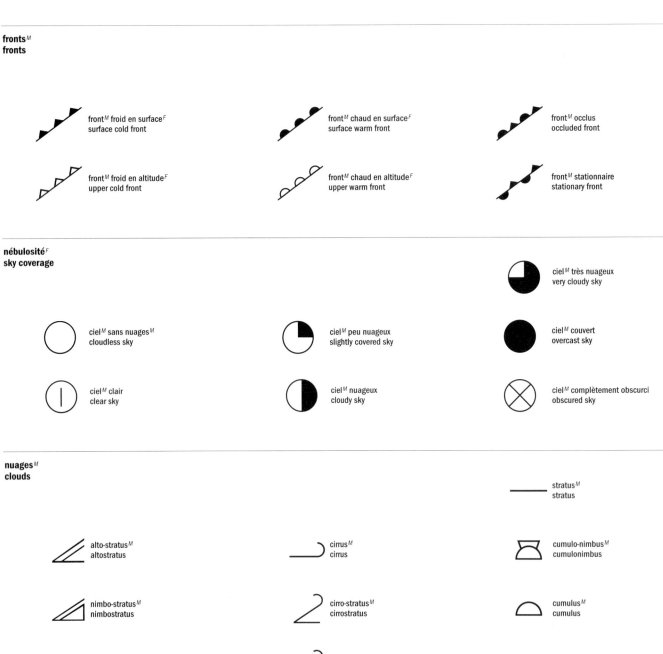

vent[M]
wind

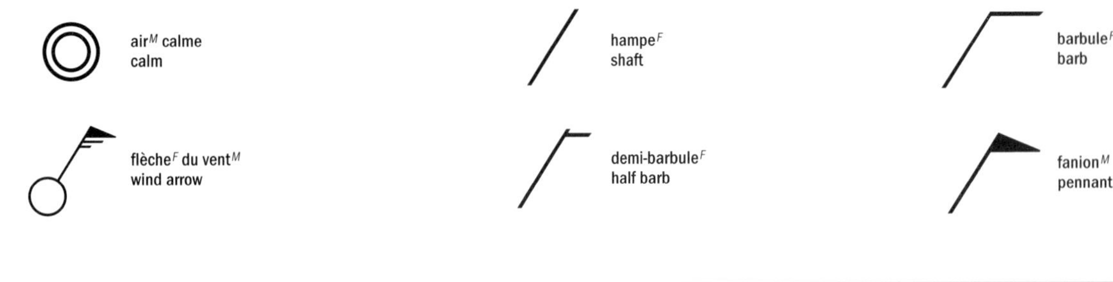

air[M] calme
calm

hampe[F]
shaft

barbule[F]
barb

flèche[F] du vent[M]
wind arrow

demi-barbule[F]
half barb

fanion[M]
pennant

fronts[M]
fronts

front[M] froid en surface[F]
surface cold front

front[M] chaud en surface[F]
surface warm front

front[M] occlus
occluded front

front[M] froid en altitude[F]
upper cold front

front[M] chaud en altitude[F]
upper warm front

front[M] stationnaire
stationary front

nébulosité[F]
sky coverage

ciel[M] très nuageux
very cloudy sky

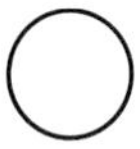

ciel[M] sans nuages[M]
cloudless sky

ciel[M] peu nuageux
slightly covered sky

ciel[M] couvert
overcast sky

ciel[M] clair
clear sky

ciel[M] nuageux
cloudy sky

ciel[M] complètement obscurci
obscured sky

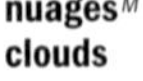

nuages[M]
clouds

stratus[M]
stratus

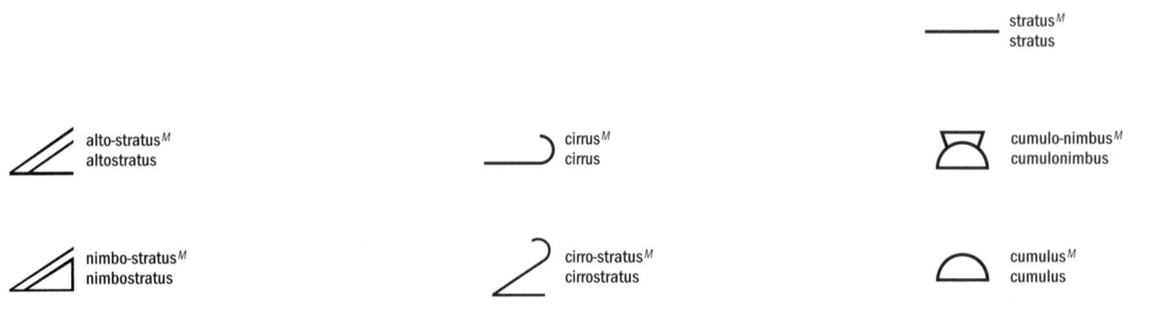

alto-stratus[M]
altostratus

cirrus[M]
cirrus

cumulo-nimbus[M]
cumulonimbus

nimbo-stratus[M]
nimbostratus

cirro-stratus[M]
cirrostratus

cumulus[M]
cumulus

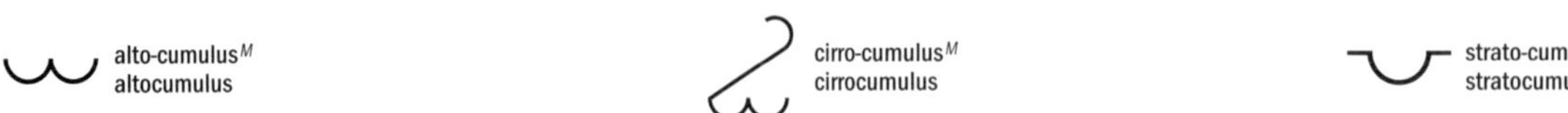

alto-cumulus[M]
altocumulus

cirro-cumulus[M]
cirrocumulus

strato-cumulus[M]
stratocumulus

météores[M]
present weather

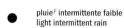

tempête[F] de sable[M] ou de poussière[F]
sandstorm or dust storm

orage[M]
thunderstorm

orage[M] fort
heavy thunderstorm

éclair[M]
lightning

tempête[F] tropicale
tropical storm

ouragan[M]
hurricane

tornade[F]
tornado

pluie[F] intermittente faible
light intermittent rain

bruine[F] intermittente faible
light intermittent drizzle

neige[F] intermittente faible
light intermittent snow

pluie[F] intermittente modérée
moderate intermittent rain

bruine[F] intermittente modérée
moderate intermittent drizzle

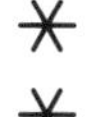
neige[F] intermittente modérée
moderate intermittent snow

pluie[F] intermittente forte
heavy intermittent rain

bruine[F] intermittente forte
thick intermittent drizzle

neige[F] intermittente forte
heavy intermittent snow

pluie[F] continue faible
light continuous rain

bruine[F] continue faible
light continuous drizzle

neige[F] continue faible
light continuous snow

pluie[F] continue modérée
moderate continuous rain

bruine[F] continue modérée
moderate continuous drizzle

neige[F] continue modérée
moderate continuous snow

pluie[F] continue forte
heavy continuous rain

bruine[F] continue forte
thick continuous drizzle

neige[F] continue forte
heavy continuous snow

grésil[M]
sleet

brume[F]
mist

averse[F] de neige[F]
snow shower

chasse-neige[F] basse; *poudrerie*[F] *basse*
drifting snow low

brouillard[M]
fog

averse[F] de pluie[F]
rain shower

chasse-neige[F] haute; *poudrerie*[F] *haute*
drifting snow high

brume[F] sèche
haze

averse[F] de grêle[F]
hail shower

pluie[F] verglaçante
freezing rain

fumée[F]
smoke

grain[M]
squall

station^F météorologique

meteorological station

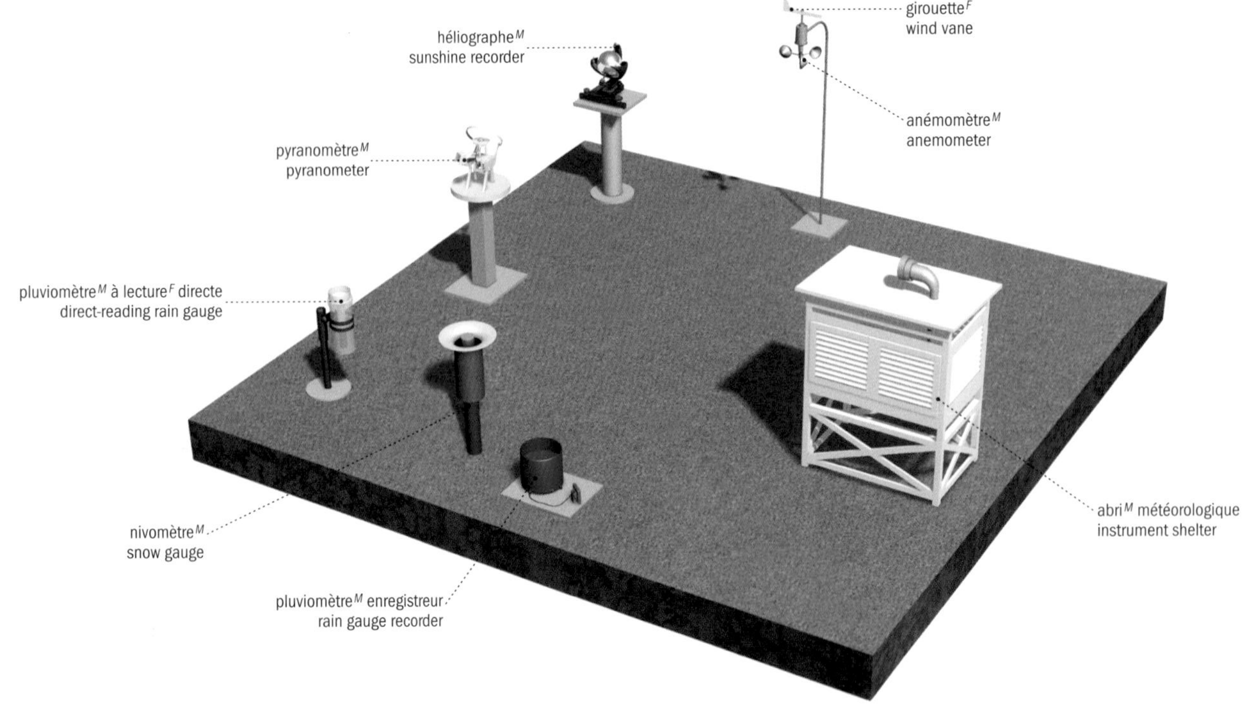
girouette^F
wind vane
héliographe^M
sunshine recorder
anémomètre^M
anemometer
pyranomètre^M
pyranometer
pluviomètre^M à lecture^F directe
direct-reading rain gauge
abri^M météorologique
instrument shelter
nivomètre^M
snow gauge
pluviomètre^M enregistreur
rain gauge recorder

instruments^M de mesure^F météorologique

meteorological measuring instruments

mesure^F de l'ensoleillement^M
measure of sunshine

héliographe^M
sunshine recorder

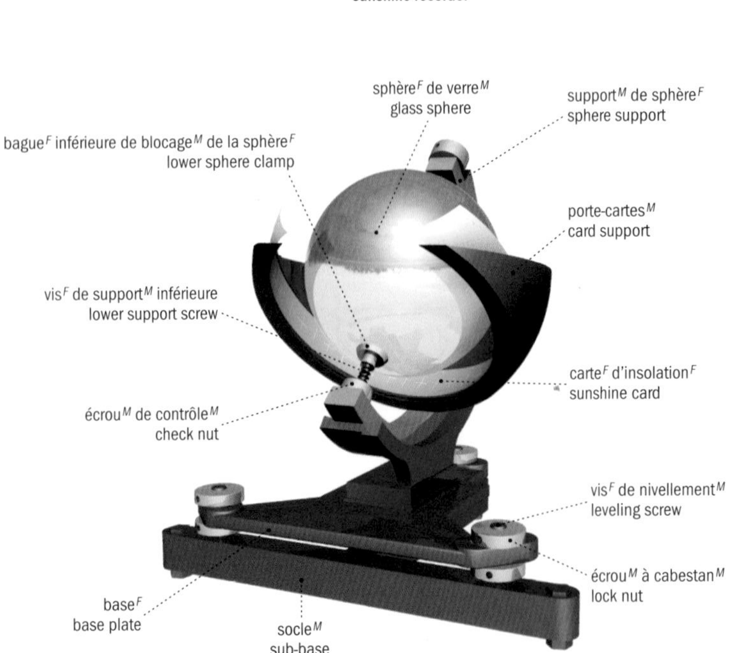
sphère^F de verre^M
glass sphere
support^M de sphère^F
sphere support
bague^F inférieure de blocage^M de la sphère^F
lower sphere clamp
porte-cartes^M
card support
vis^F de support^M inférieure
lower support screw
carte^F d'insolation^F
sunshine card
écrou^M de contrôle^M
check nut
vis^F de nivellement^M
leveling screw
écrou^M à cabestan^M
lock nut
base^F
base plate
socle^M
sub-base

mesure^F du rayonnement^M du ciel^M
measure of sky radiation

pyranomètre^M
pyranometer

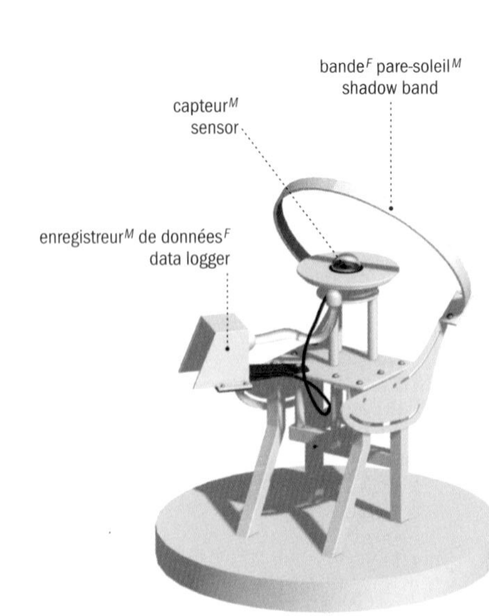
bande^F pare-soleil^M
shadow band
capteur^M
sensor
enregistreur^M de données^F
data logger

instruments[M] de mesure[F] météorologique

mesure[F] de la pluviosité[F]
measure of rainfall

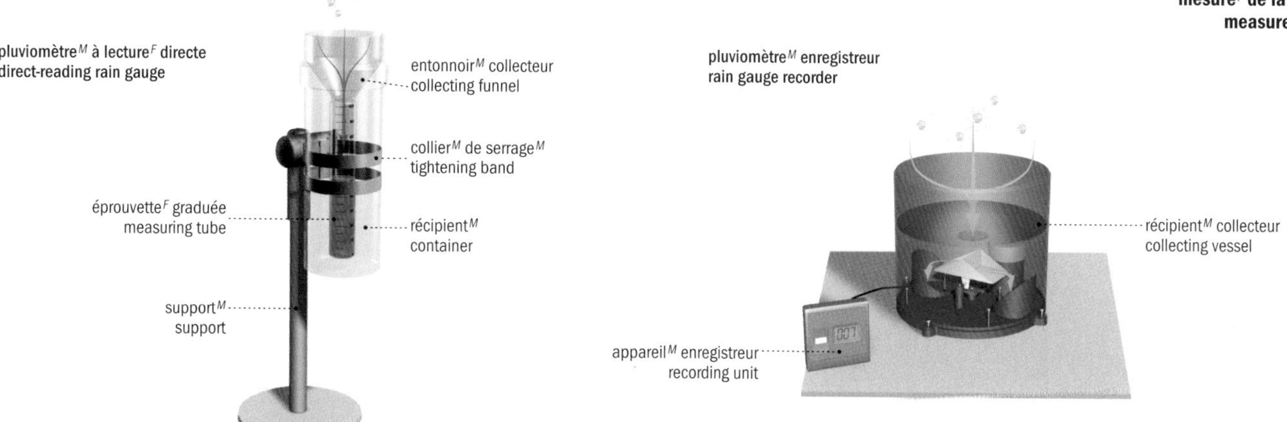

pluviomètre[M] à lecture[F] directe
direct-reading rain gauge
entonnoir[M] collecteur
collecting funnel
collier[M] de serrage[M]
tightening band
éprouvette[F] graduée
measuring tube
récipient[M]
container
support[M]
support
pluviomètre[M] enregistreur
rain gauge recorder
récipient[M] collecteur
collecting vessel
appareil[M] enregistreur
recording unit

sondage[M] en altitude[F]
upper-air sounding

ballon[M]-sonde[F]
sounding balloon
radiosonde[F]
radiosonde

mesure[F] de la direction[F] du vent[M]
measure of wind direction

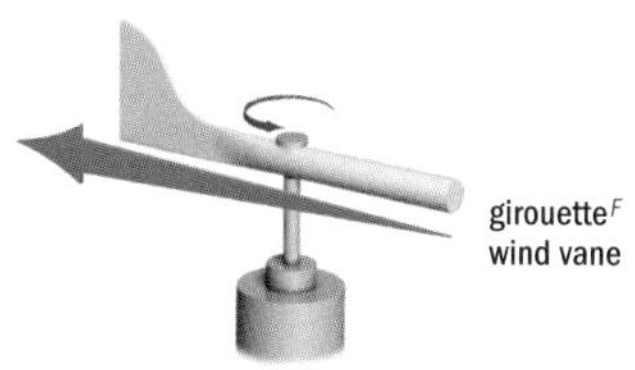

girouette[F]
wind vane

mesure[F] de la vitesse[F] du vent[M]
measure of wind strength

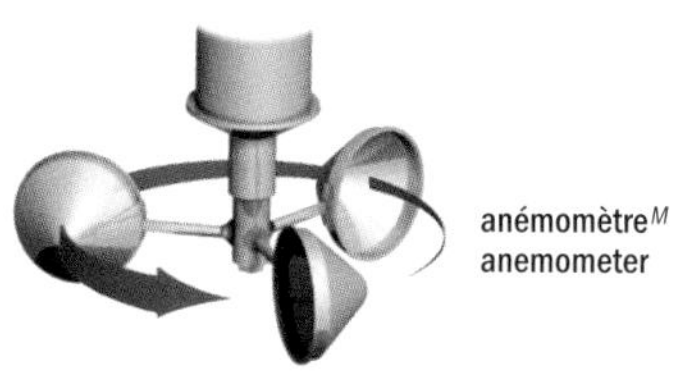

anémomètre[M]
anemometer

mesure[F] de la pression[F]
measure of air pressure

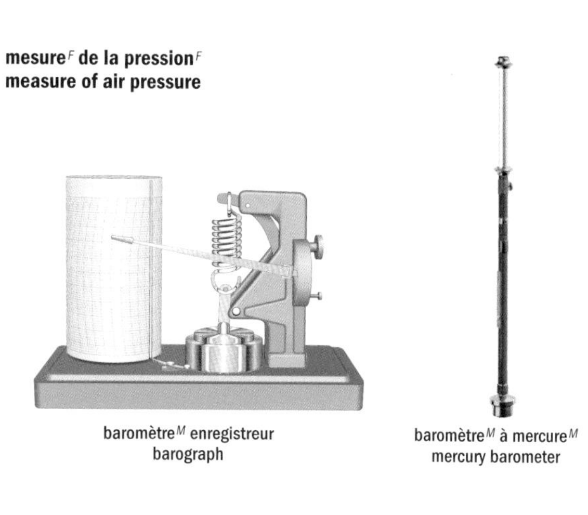

baromètre[M] enregistreur
barograph

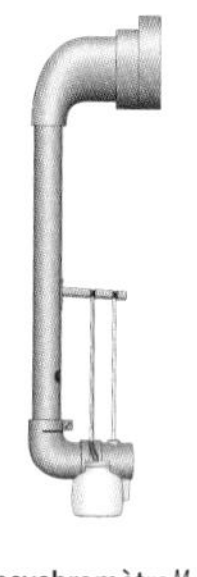

baromètre[M] à mercure[M]
mercury barometer

mesure[F] de la chute[F] de neige[F]
measure of snowfall

nivomètre[M]
snow gauge

mesure[F] de l'humidité[F]
measure of humidity

hygromètre[M] enregistreur
hygrograph

psychromètre[M]
psychrometer

mesure[F] de la température[F]
measure of temperature

thermomètre[M] à minima[M]
minimum thermometer

thermomètre[M] à maxima[M]
maximum thermometer

mesure[F] de la hauteur[F] des nuages[M]
measure of cloud ceiling

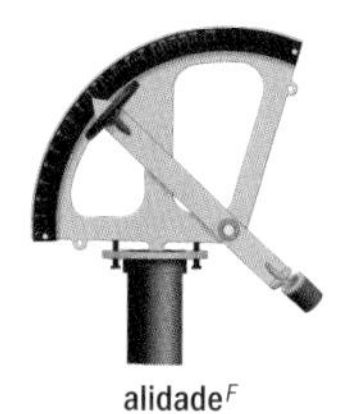

alidade[F]
alidade

théodolite[M]
theodolite

projecteur[M] de plafond[M]
ceiling projector

satellites[M] météorologiques

weather satellites

satellite[M] à défilement[M]
polar-orbiting satellite

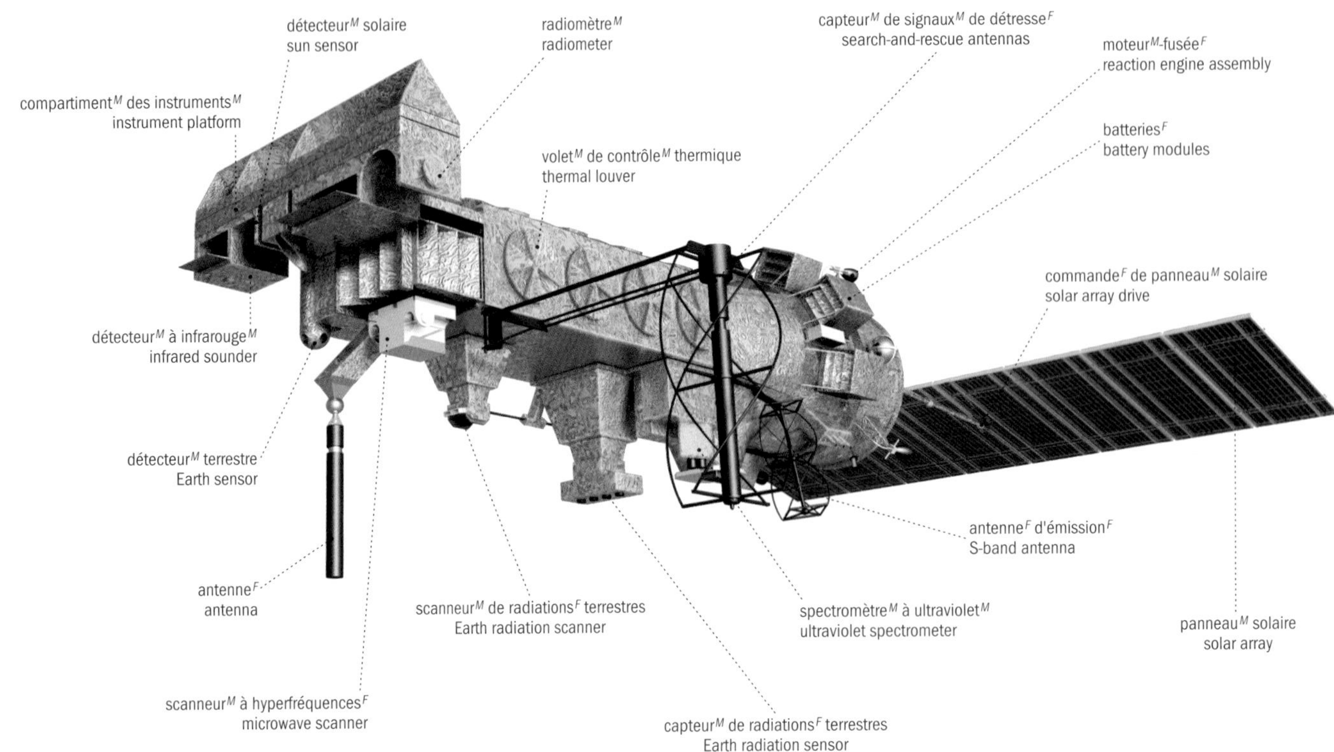

détecteur[M] solaire
sun sensor
radiomètre[M]
radiometer
capteur[M] de signaux[M] de détresse[F]
search-and-rescue antennas
moteur[M]-fusée[F]
reaction engine assembly
compartiment[M] des instruments[M]
instrument platform
batteries[F]
battery modules
volet[M] de contrôle[M] thermique
thermal louver
commande[F] de panneau[M] solaire
solar array drive
détecteur[M] à infrarouge[M]
infrared sounder
détecteur[M] terrestre
Earth sensor
antenne[F] d'émission[F]
S-band antenna
antenne[F]
antenna
scanneur[M] de radiations[F] terrestres
Earth radiation scanner
spectromètre[M] à ultraviolet[M]
ultraviolet spectrometer
panneau[M] solaire
solar array
scanneur[M] à hyperfréquences[F]
microwave scanner
capteur[M] de radiations[F] terrestres
Earth radiation sensor

satellite[M] géostationnaire
geostationary satellite

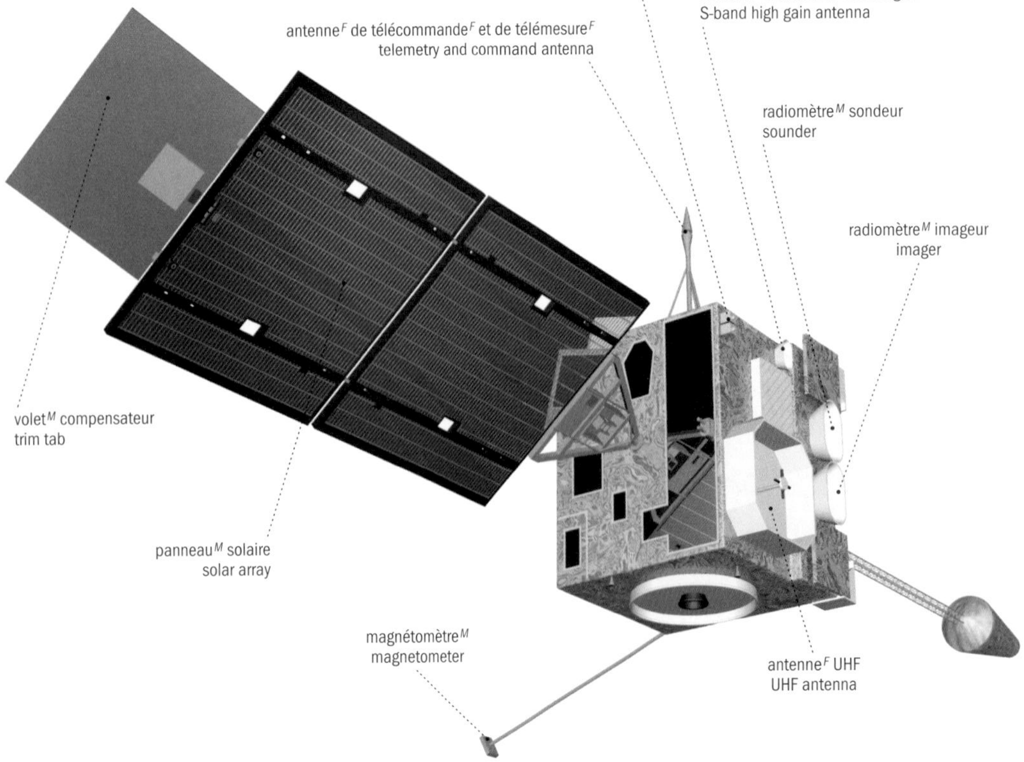

détecteur[M] terrestre
Earth sensor

antenne[F] d'émission[F] à haut gain[M]
S-band high gain antenna

antenne[F] de télécommande[F] et de télémesure[F]
telemetry and command antenna

radiomètre[M] sondeur
sounder

radiomètre[M] imageur
imager

volet[M] compensateur
trim tab

panneau[M] solaire
solar array

magnétomètre[M]
magnetometer

antenne[F] UHF
UHF antenna

orbite[F] des satellites[M]
orbit of the satellites

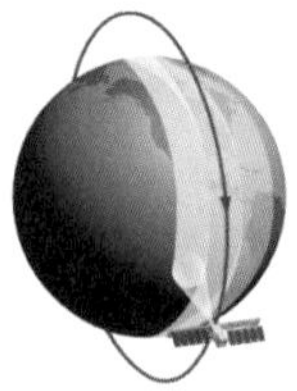

orbite[F] polaire
polar orbit

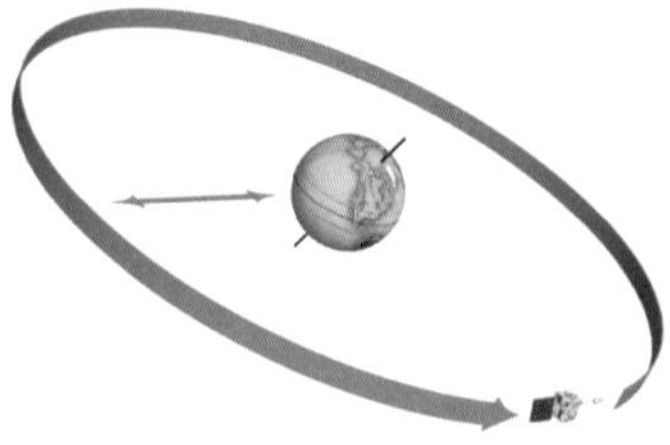

orbite[F] géostationnaire
geostationary orbit

climats^M du monde^M

climates of the world

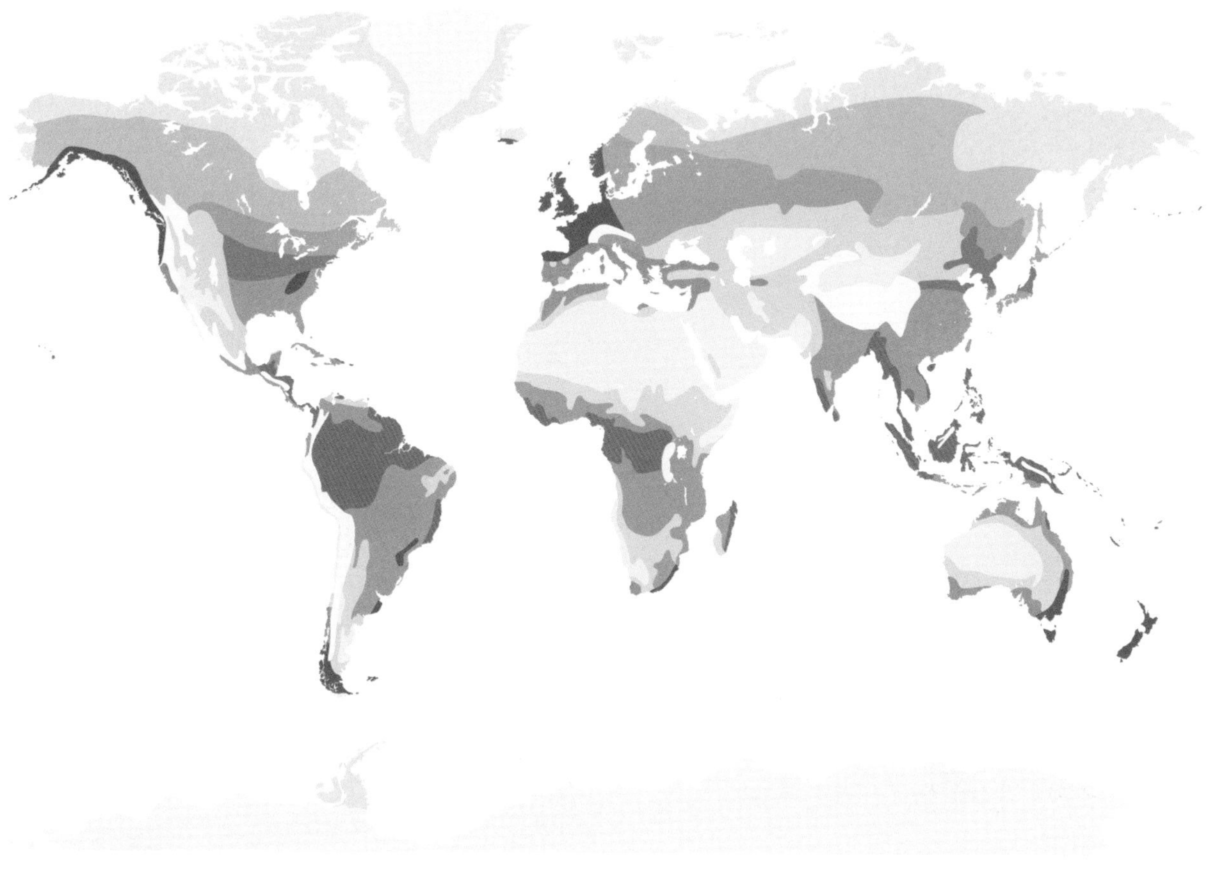

climats^M tropicaux
tropical climates

tropical humide
tropical rain forest

tropical humide et sec (savane^F)
tropical wet-and-dry (savanna)

climats^M arides
dry climates

steppe^F
steppe

désert^M
desert

climats^M tempérés froids
cold temperate climates

continental humide, à été^M chaud
humid continental - hot summer

continental humide, à été^M frais
humid continental - warm summer

subarctique
subarctic

climats^M tempérés chauds
warm temperate climates

subtropical humide
humid subtropical

méditerranéen
Mediterranean subtropical

océanique
marine

climats^M polaires
polar climates

toundra^F
polar tundra

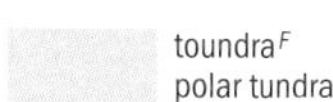

calotte^F glaciaire
polar ice cap

climats^M de montagne^F
highland climates

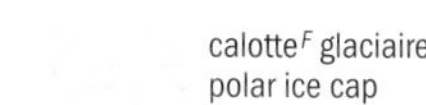

climats^M de montagne^F
highland

nuages^M

clouds

nuages^M de haute altitude^F
high clouds
cirro-stratus^M
cirrostratus
cirro-cumulus^M
cirrocumulus
cirrus^M
cirrus
nuages^M de moyenne altitude^F
middle clouds
alto-stratus^M
altostratus
alto-cumulus^M
altocumulus
nuages^M de basse altitude^F
low clouds
strato-cumulus^M
stratocumulus
nimbo-stratus^M
nimbostratus
cumulus^M
cumulus
stratus^M
stratus
nuages^M à développement^M vertical
clouds of vertical development
cumulo-nimbus^M
cumulonimbus

tornade[F] et trombe[F] marine

tornado and waterspout

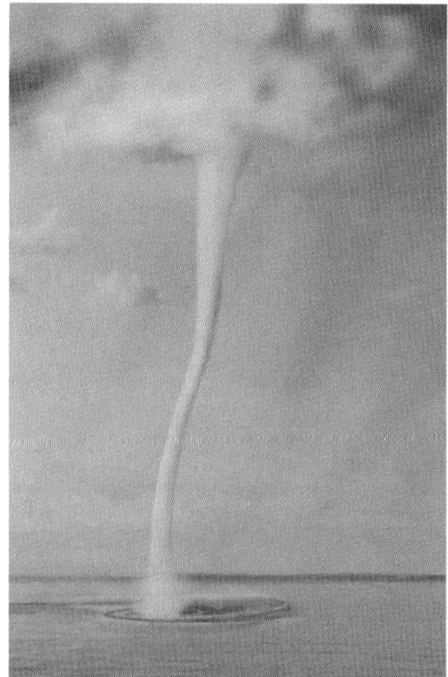

trombe[F] marine
waterspout

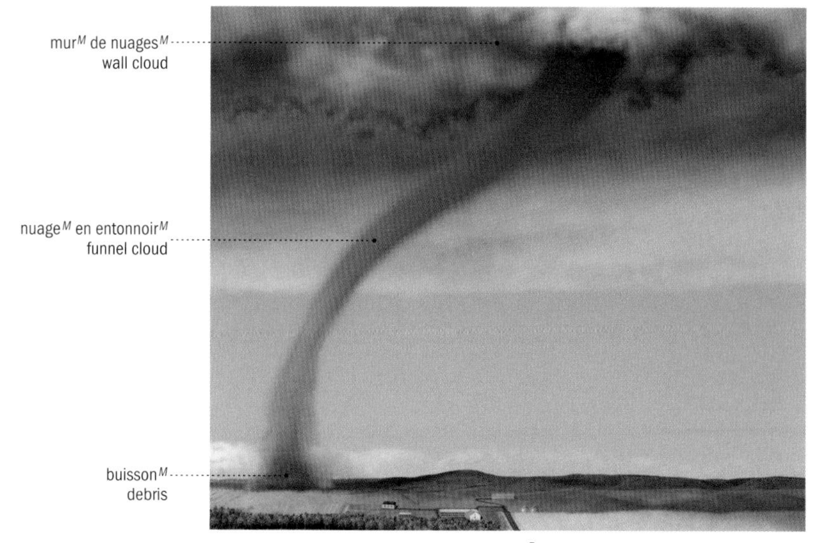
mur[M] de nuages[M]
wall cloud
nuage[M] en entonnoir[M]
funnel cloud
buisson[M]
debris

tornade[F]
tornado

cyclone[M] tropical

tropical cyclone

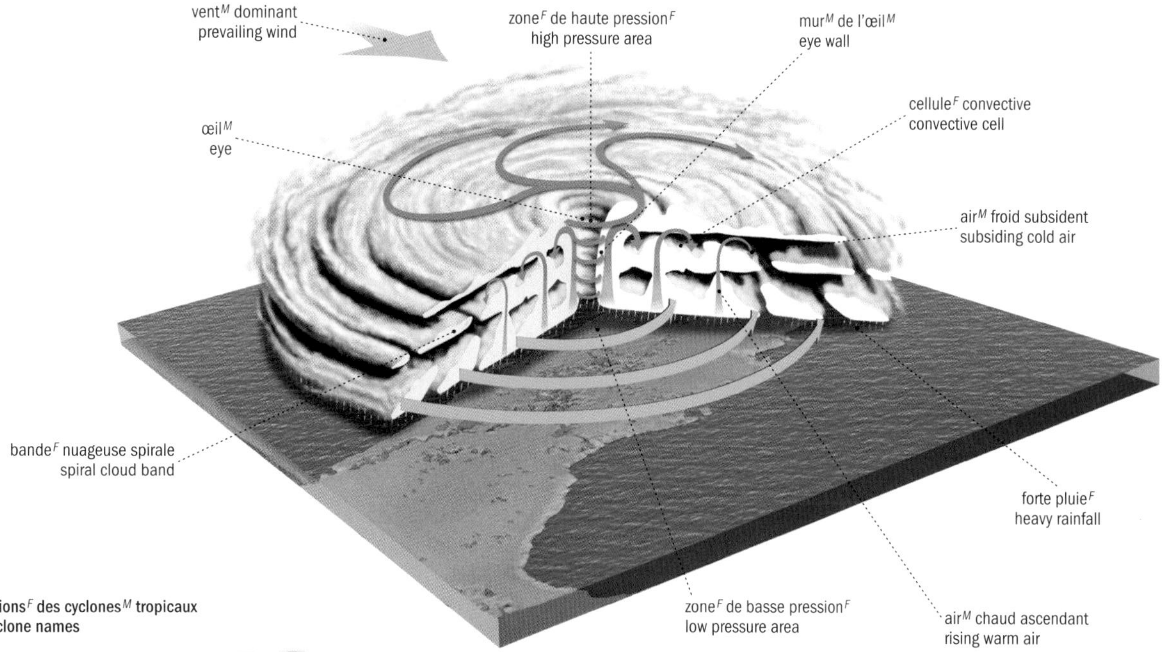

vent[M] dominant
prevailing wind

zone[F] de haute pression[F]
high pressure area

mur[M] de l'œil[M]
eye wall

cellule[F] convective
convective cell

œil[M]
eye

air[M] froid subsident
subsiding cold air

bande[F] nuageuse spirale
spiral cloud band

forte pluie[F]
heavy rainfall

zone[F] de basse pression[F]
low pressure area

air[M] chaud ascendant
rising warm air

dénominations[F] des cyclones[M] tropicaux
tropical cyclone names

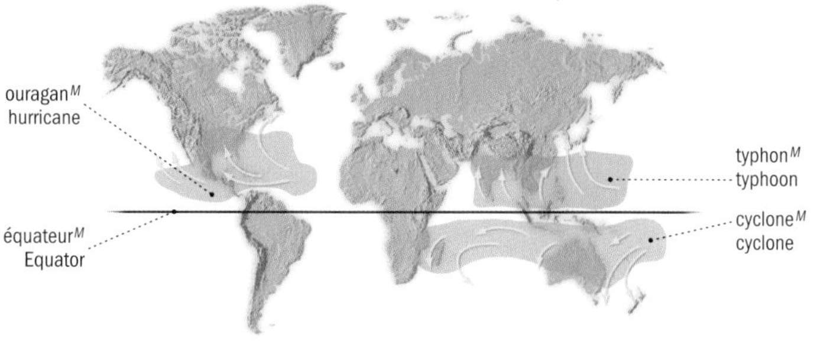

ouragan[M]
hurricane

typhon[M]
typhoon

équateur[M]
Equator

cyclone[M]
cyclone

précipitations^F

precipitations

formes^F de pluie^F
rain forms

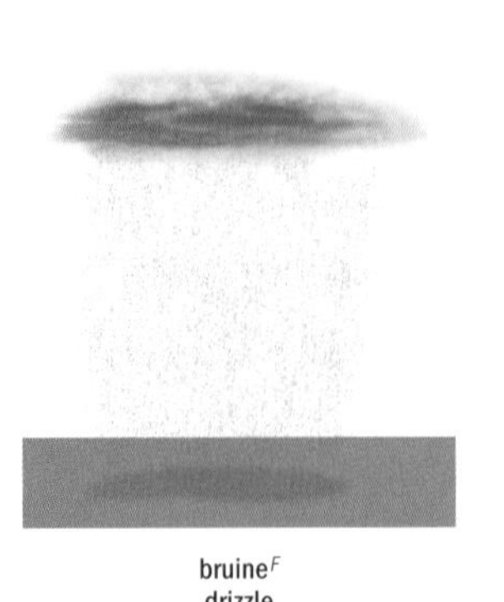
bruine^F
drizzle

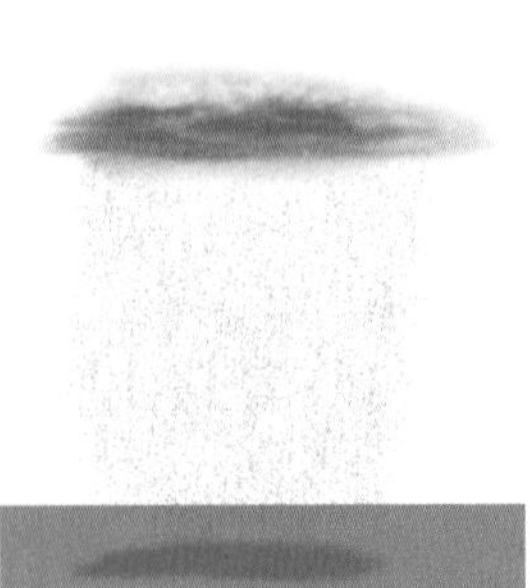
pluie^F faible
light rain

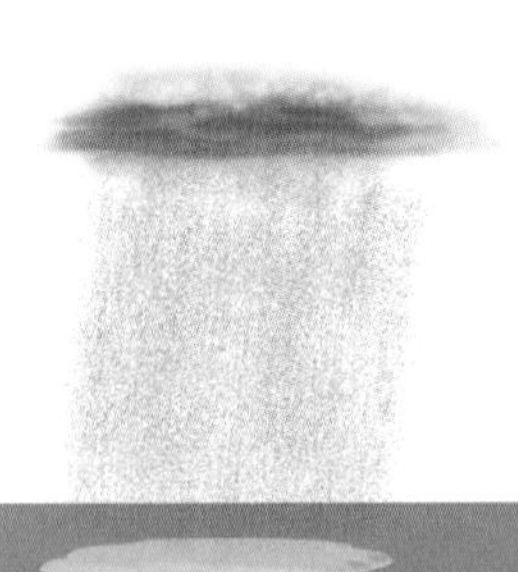
pluie^F modérée
moderate rain

pluie^F forte
heavy rain

précipitations^F hivernales
winter precipitations

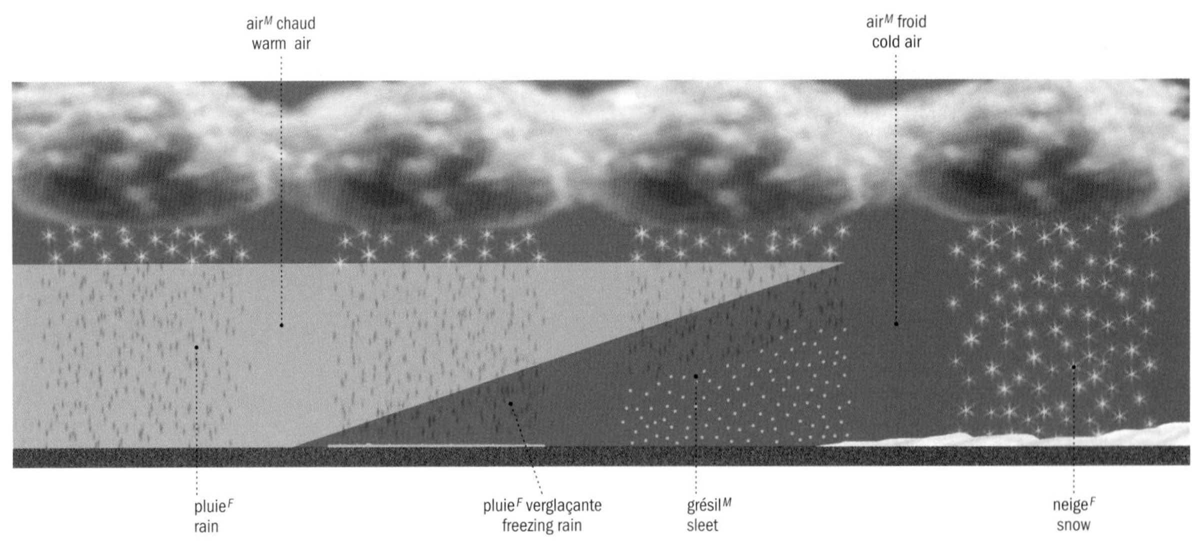
air^M chaud
warm air
air^M froid
cold air
pluie^F
rain
pluie^F verglaçante
freezing rain
grésil^M
sleet
neige^F
snow

cristaux^M de neige^F
snow crystals

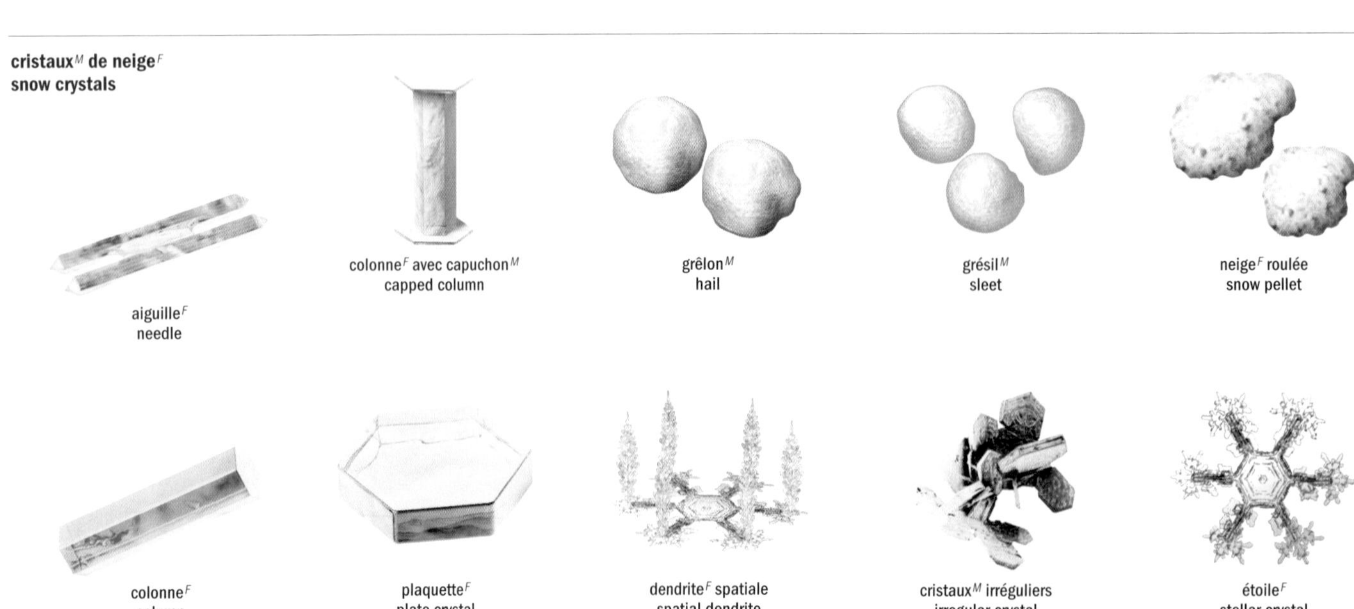
aiguille^F
needle
colonne^F avec capuchon^M
capped column
grêlon^M
hail
grésil^M
sleet
neige^F roulée
snow pellet
colonne^F
column
plaquette^F
plate crystal
dendrite^F spatiale
spatial dendrite
cristaux^M irréguliers
irregular crystal
étoile^F
stellar crystal

ciel[M] d'orage[M]
stormy sky

nuage[M]
cloud
éclair[M]
lightning
arc-en-ciel[M]
rainbow
pluie[F]
rain

rosée[F]
dew

givre[M]
rime

brume[F]
mist

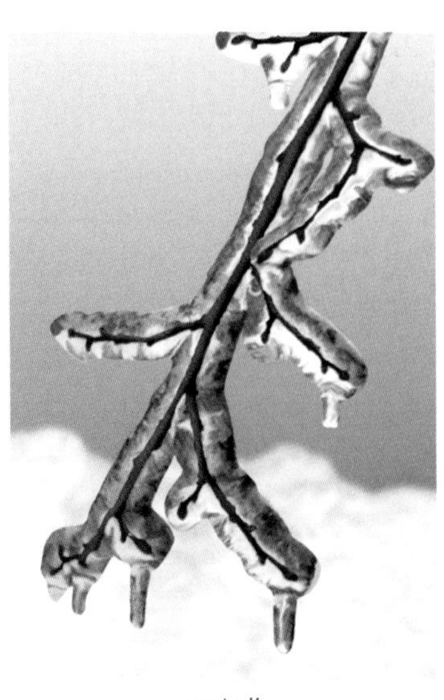

verglas[M]
frost

brouillard[M]
fog

végétation[F] et biosphère[F]

vegetation and biosphere

distribution[F] de la végétation[F]
vegetation regions

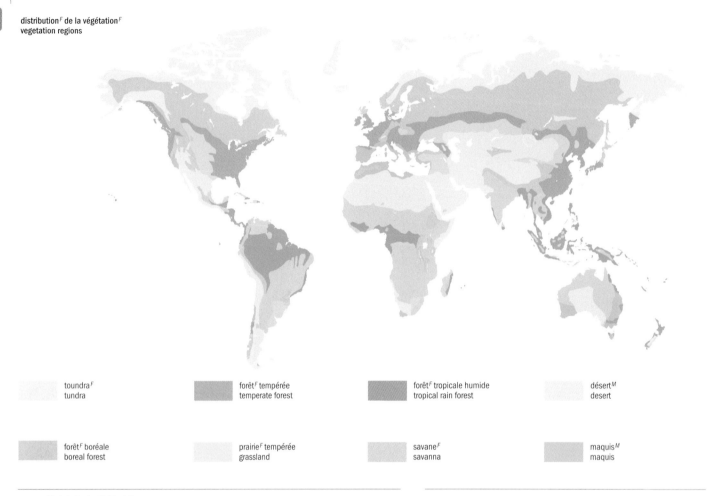

toundra[F]
tundra

forêt[F] tempérée
temperate forest

forêt[F] tropicale humide
tropical rain forest

désert[M]
desert

forêt[F] boréale
boreal forest

prairie[F] tempérée
grassland

savane[F]
savanna

maquis[M]
maquis

paysage[M] végétal selon l'altitude[F]
elevation zones and vegetation

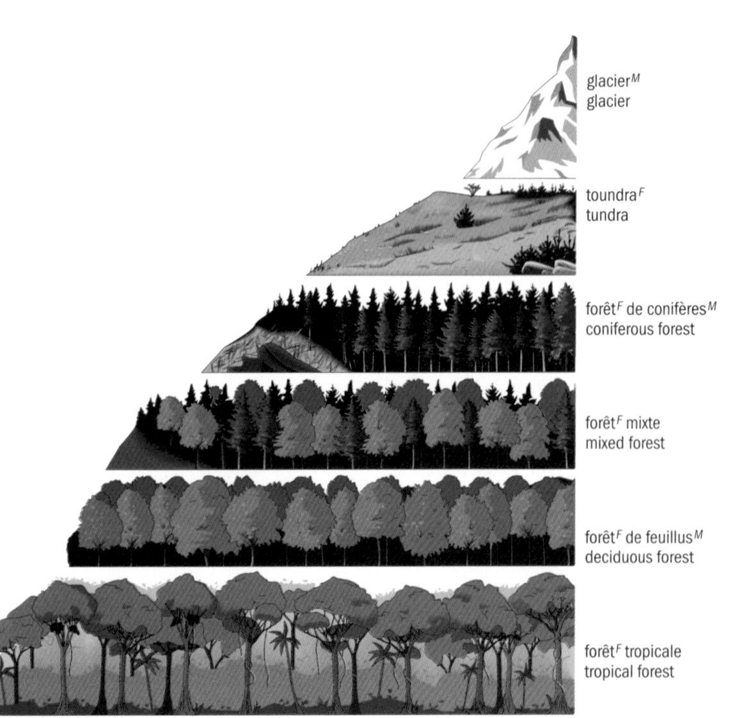
glacier[M]
glacier
toundra[F]
tundra
forêt[F] de conifères[M]
coniferous forest
forêt[F] mixte
mixed forest
forêt[F] de feuillus[M]
deciduous forest
forêt[F] tropicale
tropical forest

structure[F] de la biosphère[F]
structure of the biosphere

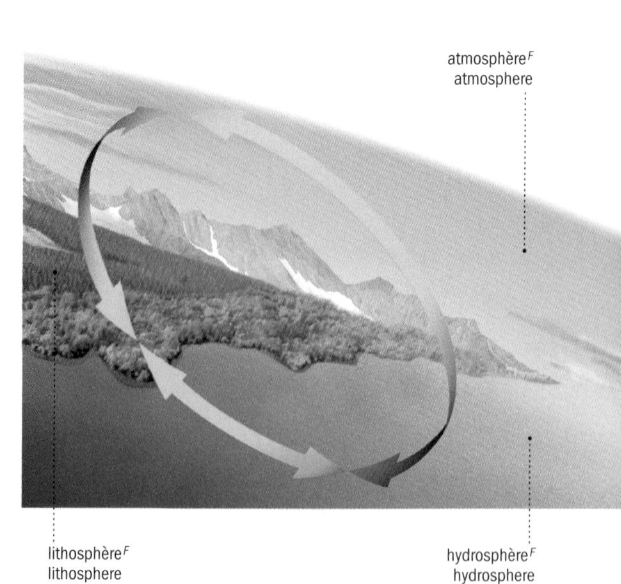
atmosphère[F]
atmosphere
lithosphère[F]
lithosphere
hydrosphère[F]
hydrosphere

chaîne^F alimentaire

food chain

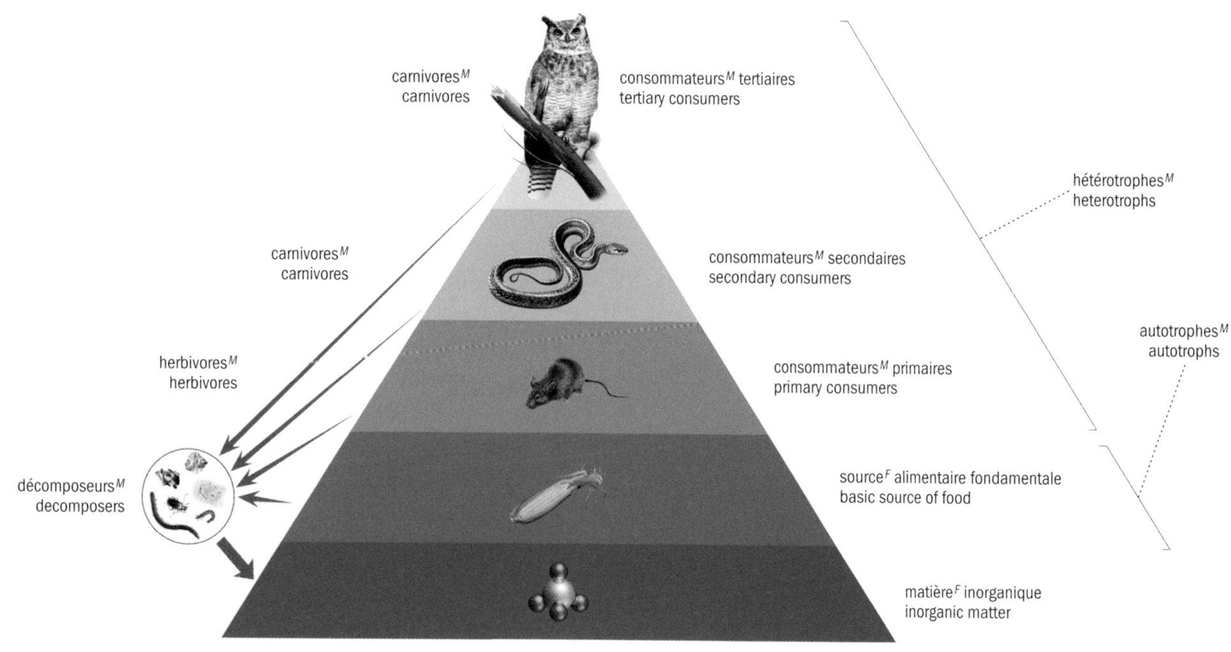
carnivores^M
carnivores
consommateurs^M tertiaires
tertiary consumers
hétérotrophes^M
heterotrophs
carnivores^M
carnivores
consommateurs^M secondaires
secondary consumers
autotrophes^M
autotrophs
herbivores^M
herbivores
consommateurs^M primaires
primary consumers
décomposeurs^M
decomposers
source^F alimentaire fondamentale
basic source of food
matière^F inorganique
inorganic matter

cycle^M de l'eau^F

hydrologic cycle

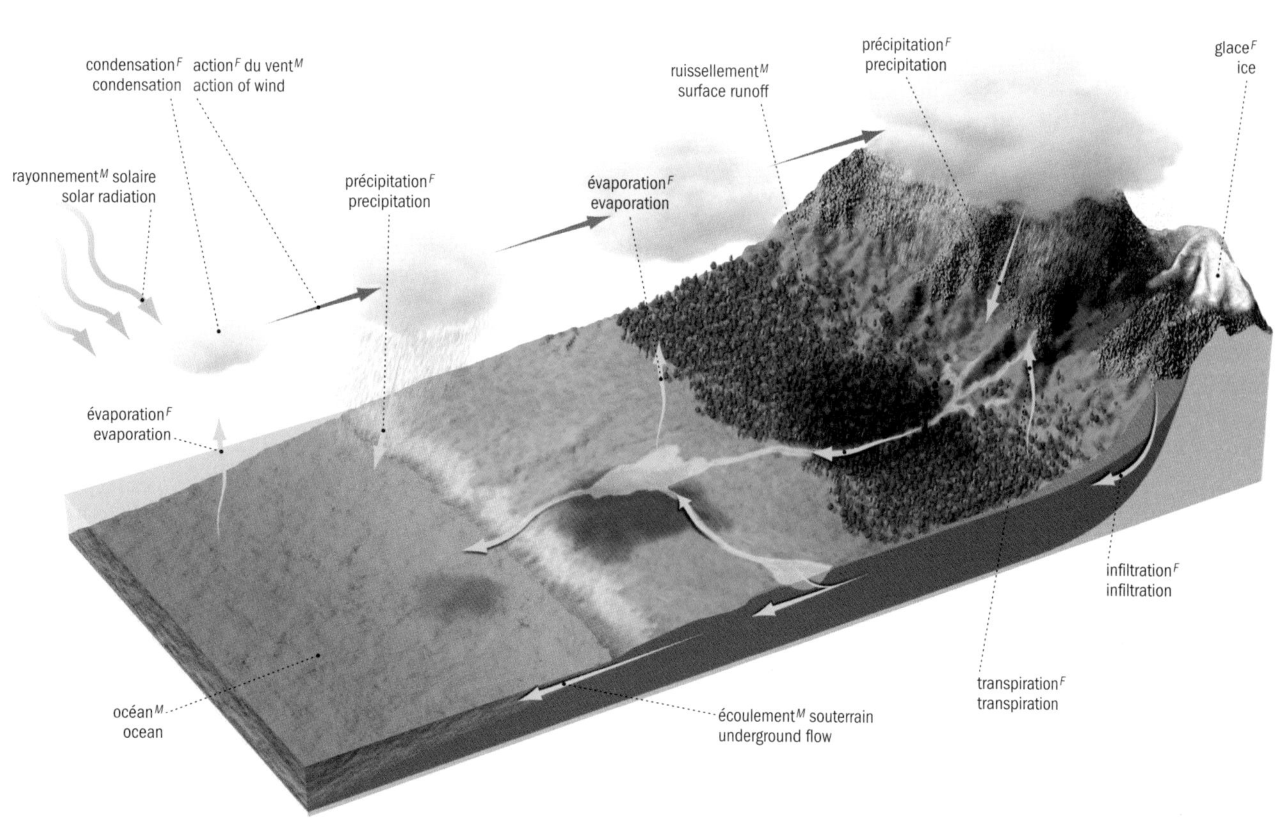
condensation^F
condensation
action^F du vent^M
action of wind
ruissellement^M
surface runoff
précipitation^F
precipitation
glace^F
ice
rayonnement^M solaire
solar radiation
précipitation^F
precipitation
évaporation^F
evaporation
évaporation^F
evaporation
infiltration^F
infiltration
transpiration^F
transpiration
océan^M
ocean
écoulement^M souterrain
underground flow

effet[M] de serre[F]

greenhouse effect

effet[M] de serre[F] naturel
natural greenhouse effect

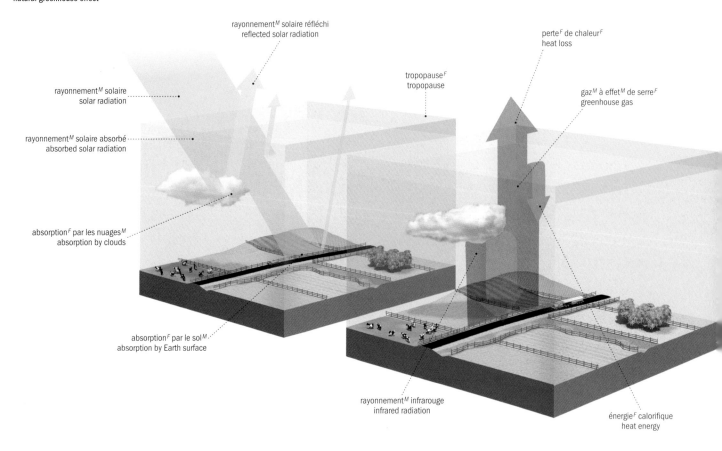

rayonnement[M] solaire réfléchi
reflected solar radiation

perte[F] de chaleur[F]
heat loss

tropopause[F]
tropopause

rayonnement[M] solaire
solar radiation

gaz[M] à effet[M] de serre[F]
greenhouse gas

rayonnement[M] solaire absorbé
absorbed solar radiation

absorption[F] par les nuages[M]
absorption by clouds

absorption[F] par le sol[M]
absorption by Earth surface

rayonnement[M] infrarouge
infrared radiation

énergie[F] calorifique
heat energy

augmentation[F] de l'effet[M] de serre[F]
enhanced greenhouse effect

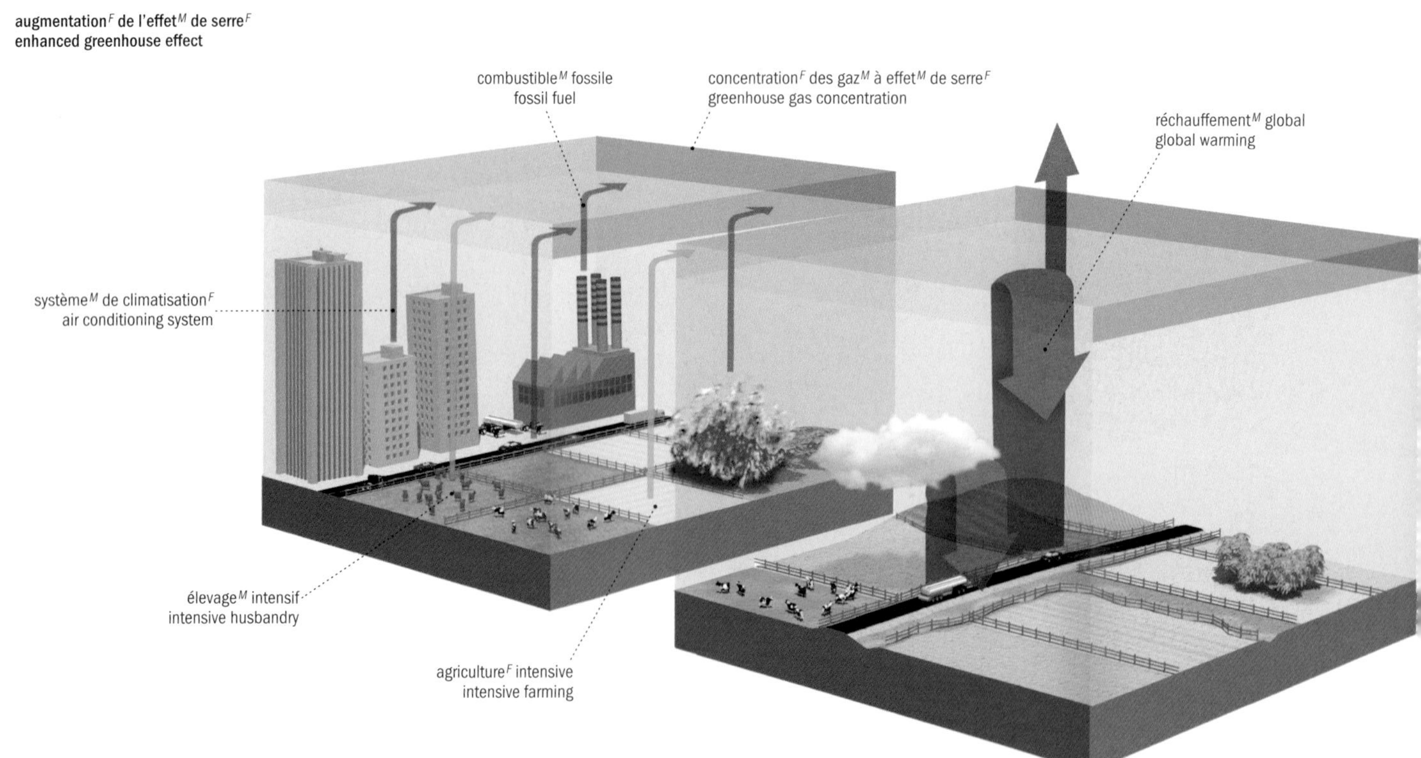
combustible[M] fossile
fossil fuel
concentration[F] des gaz[M] à effet[M] de serre[F]
greenhouse gas concentration
réchauffement[M] global
global warming
système[M] de climatisation[F]
air conditioning system
élevage[M] intensif
intensive husbandry
agriculture[F] intensive
intensive farming

pollution^F de l'air^M

air pollution

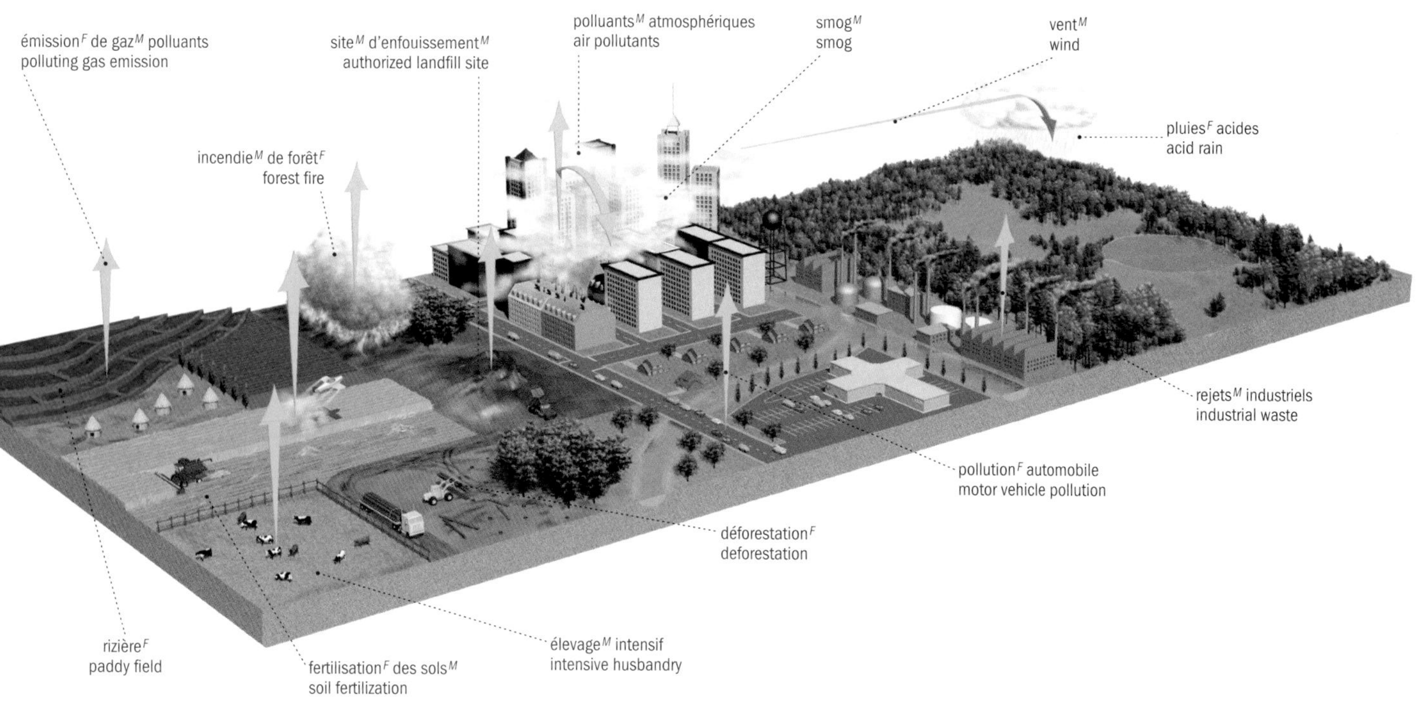
émission^F de gaz^M polluants
polluting gas emission
site^M d'enfouissement^M
authorized landfill site
polluants^M atmosphériques
air pollutants
smog^M
smog
vent^M
wind
incendie^M de forêt^F
forest fire
pluies^F acides
acid rain
rejets^M industriels
industrial waste
pollution^F automobile
motor vehicle pollution
déforestation^F
deforestation
rizière^F
paddy field
fertilisation^F des sols^M
soil fertilization
élevage^M intensif
intensive husbandry

pollution^F du sol^M

land pollution

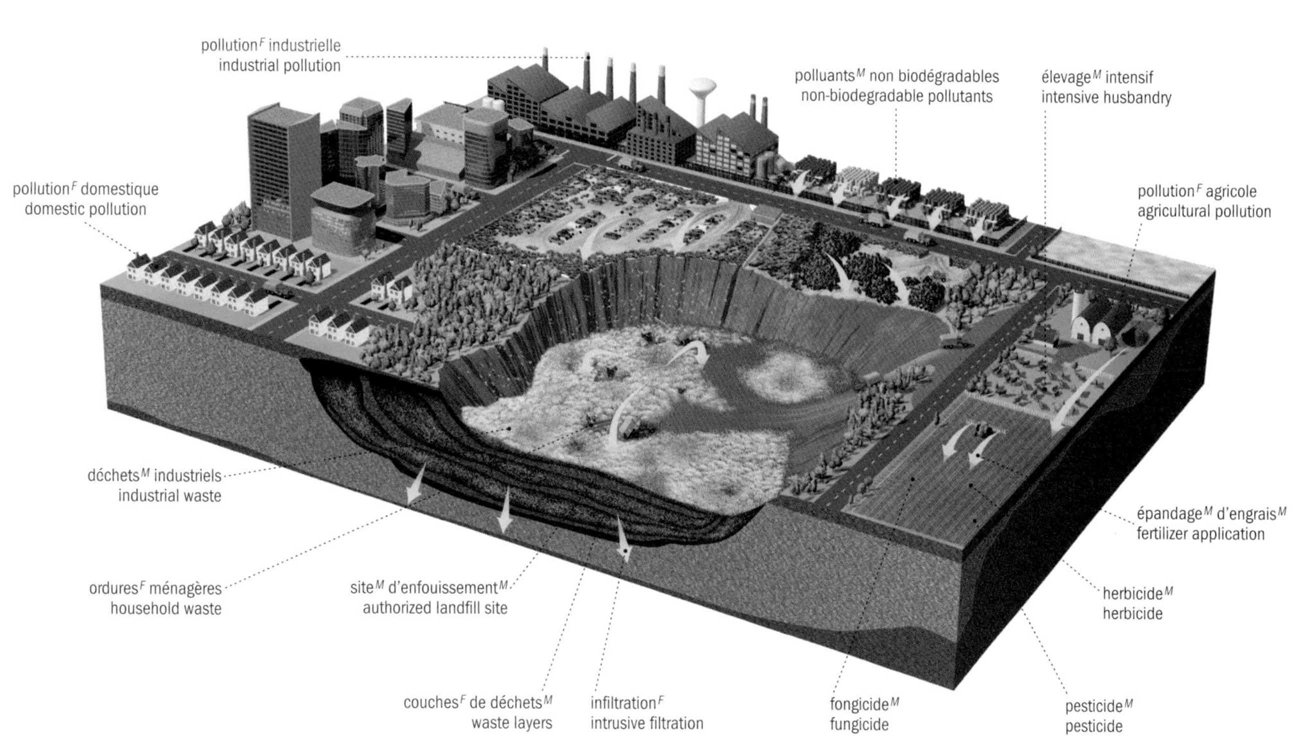
pollution^F industrielle
industrial pollution
polluants^M non biodégradables
non-biodegradable pollutants
élevage^M intensif
intensive husbandry
pollution^F domestique
domestic pollution
pollution^F agricole
agricultural pollution
déchets^M industriels
industrial waste
épandage^M d'engrais^M
fertilizer application
ordures^F ménagères
household waste
site^M d'enfouissement^M
authorized landfill site
herbicide^M
herbicide
couches^F de déchets^M
waste layers
infiltration^F
intrusive filtration
fongicide^M
fungicide
pesticide^M
pesticide

pollution^F de l'eau^F

water pollution

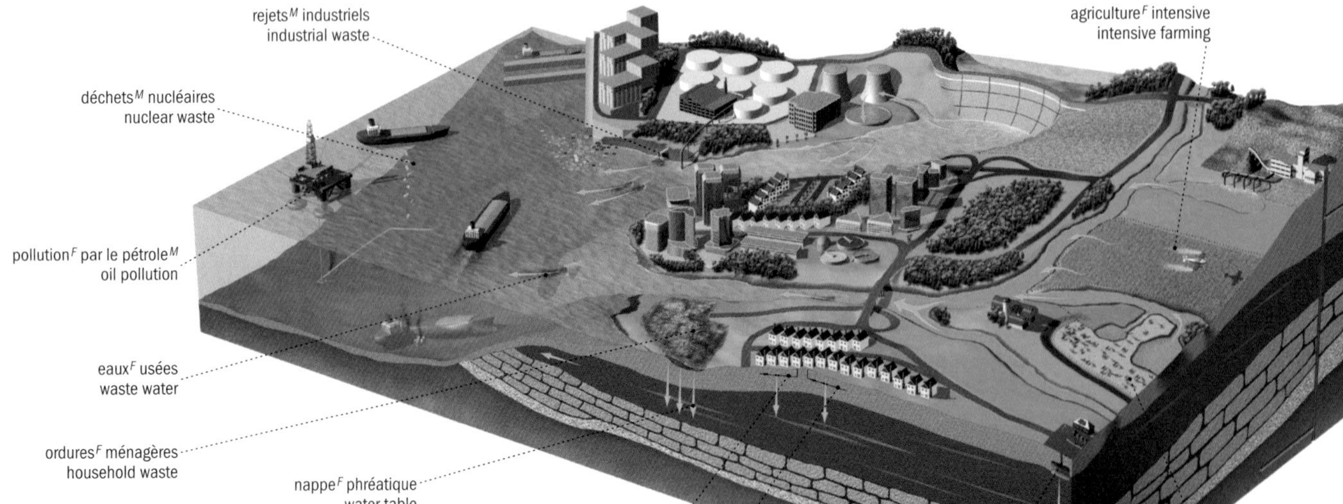

rejets^M industriels
industrial waste
agriculture^F intensive
intensive farming
déchets^M nucléaires
nuclear waste
pollution^F par le pétrole^M
oil pollution
eaux^F usées
waste water
ordures^F ménagères
household waste
nappe^F phréatique
water table
fosse^F septique
septic tank
pesticide^M
pesticide
déversement^M d'hydrocarbures^M
oil spill
déjections^F animales
animal dung

pluies^F acides

acid rain

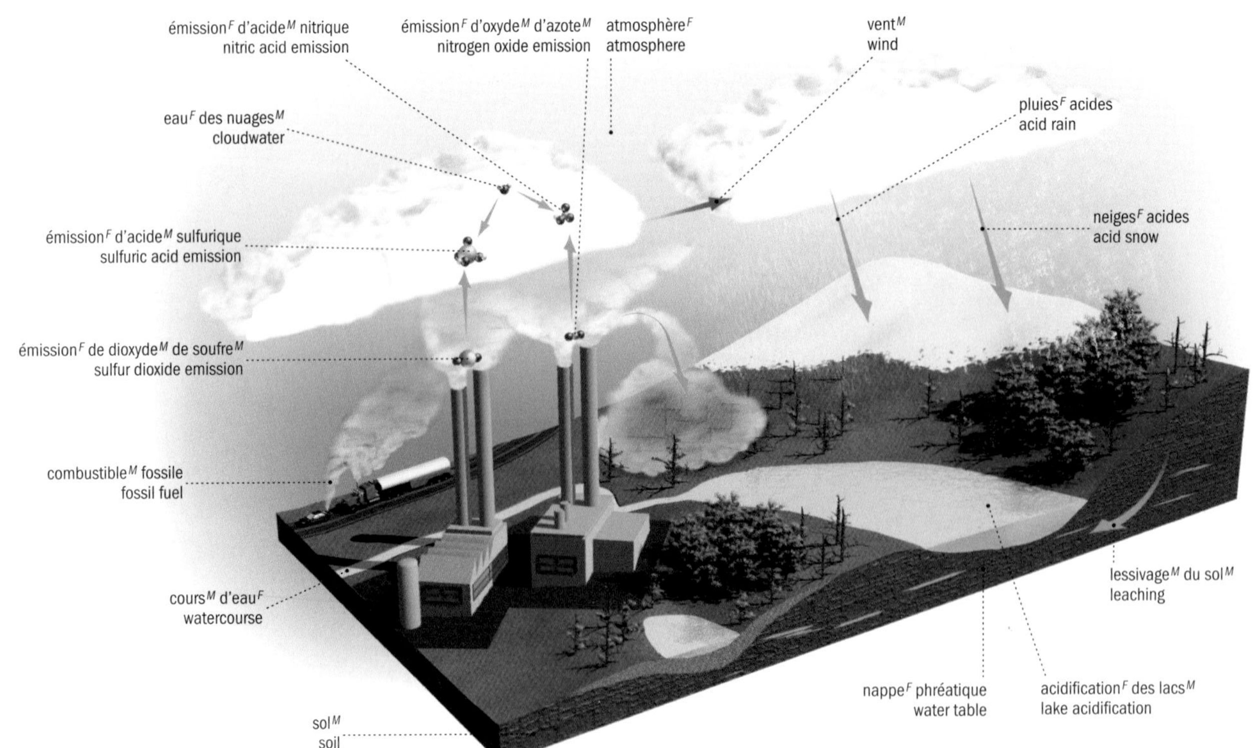

émission^F d'acide^M nitrique
nitric acid emission
émission^F d'oxyde^M d'azote^M
nitrogen oxide emission
atmosphère^F
atmosphere
vent^M
wind
eau^F des nuages^M
cloudwater
pluies^F acides
acid rain
émission^F d'acide^M sulfurique
sulfuric acid emission
neiges^F acides
acid snow
émission^F de dioxyde^M de soufre^M
sulfur dioxide emission
combustible^M fossile
fossil fuel
lessivage^M du sol^M
leaching
cours^M d'eau^F
watercourse
nappe^F phréatique
water table
acidification^F des lacs^M
lake acidification
sol^M
soil

tri[M] sélectif des déchets[M]

selective sorting of waste

centre[M] de tri[M]
sorting plant

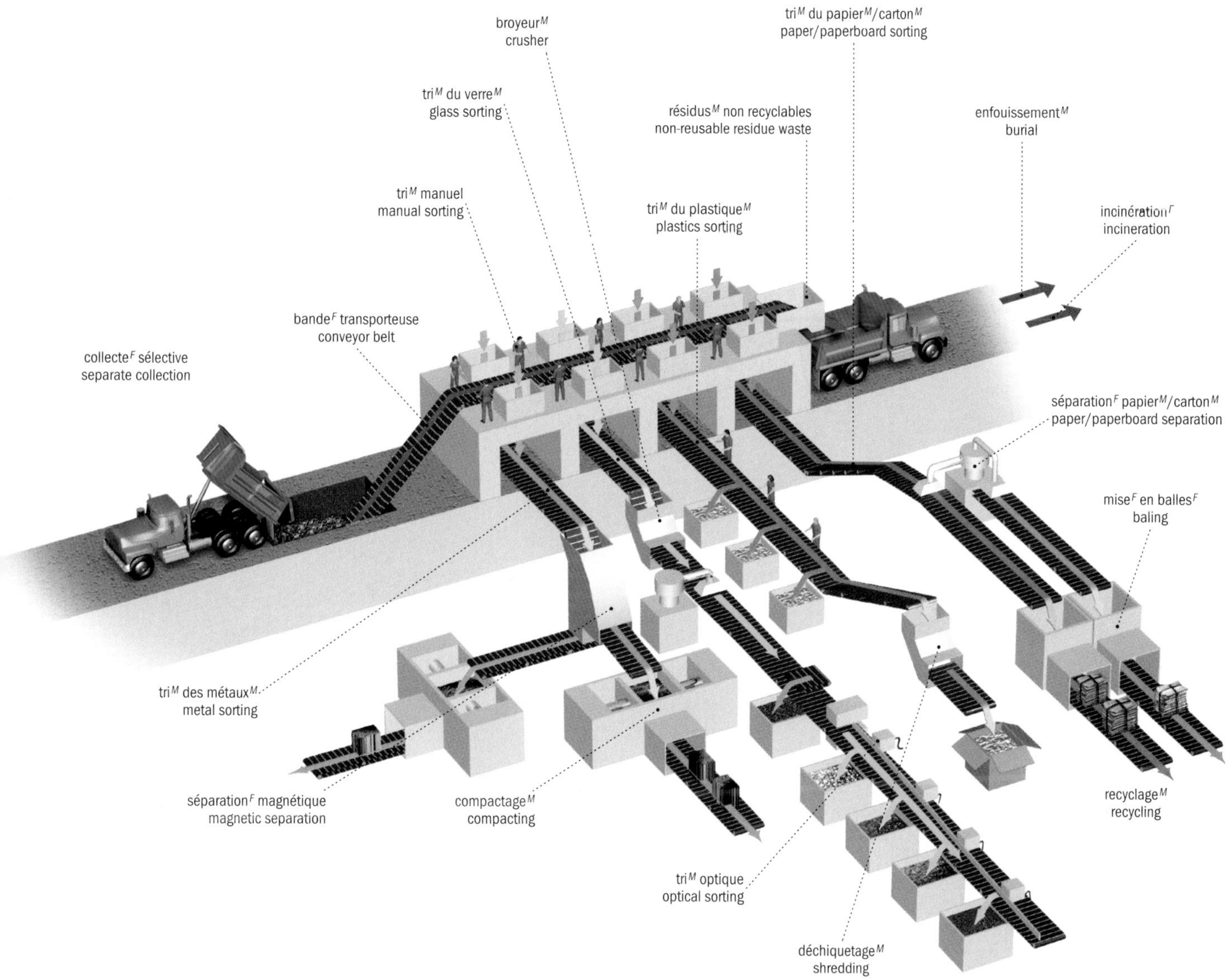

broyeur[M]
crusher

tri[M] du papier[M]/carton[M]
paper/paperboard sorting

tri[M] du verre[M]
glass sorting

résidus[M] non recyclables
non-reusable residue waste

enfouissement[M]
burial

tri[M] manuel
manual sorting

tri[M] du plastique[M]
plastics sorting

incinération[F]
incineration

bande[F] transporteuse
conveyor belt

collecte[F] sélective
separate collection

séparation[F] papier[M]/carton[M]
paper/paperboard separation

mise[F] en balles[F]
baling

tri[M] des métaux[M]
metal sorting

séparation[F] magnétique
magnetic separation

compactage[M]
compacting

recyclage[M]
recycling

tri[M] optique
optical sorting

déchiquetage[M]
shredding

conteneurs[M] de collecte[F] sélective
recycling containers

conteneur[M] à papier[M]
paper recycling container

conteneur[M] à verre[M]
glass recycling container

conteneur[M] à boîtes[F] métalliques
aluminum recycling container

colonne[F] de collecte[F] du papier[M]
paper collection unit

colonne[F] de collecte[F] du verre[M]
glass collection unit

bac[M] de recyclage[M]
recycling bin

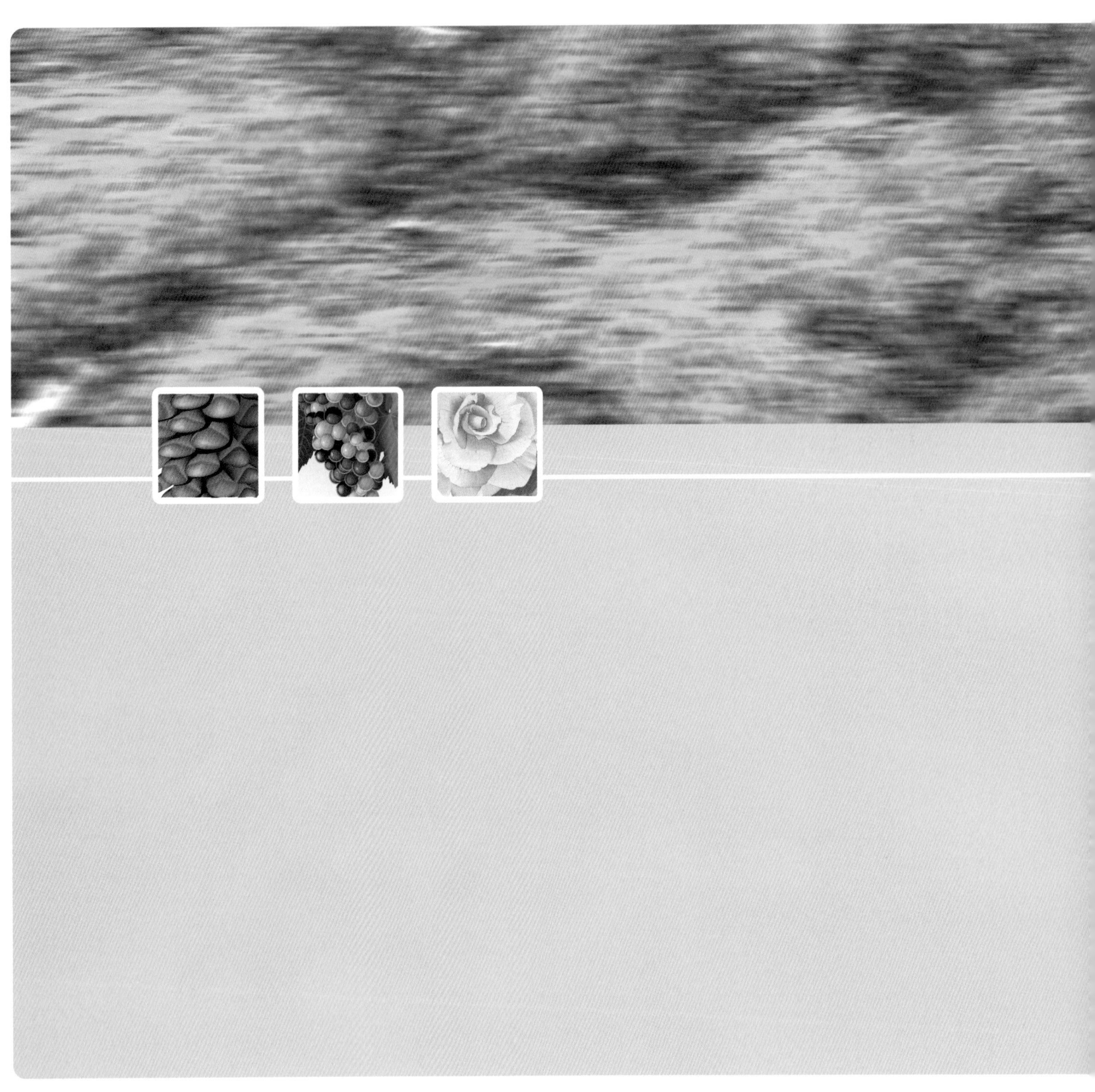

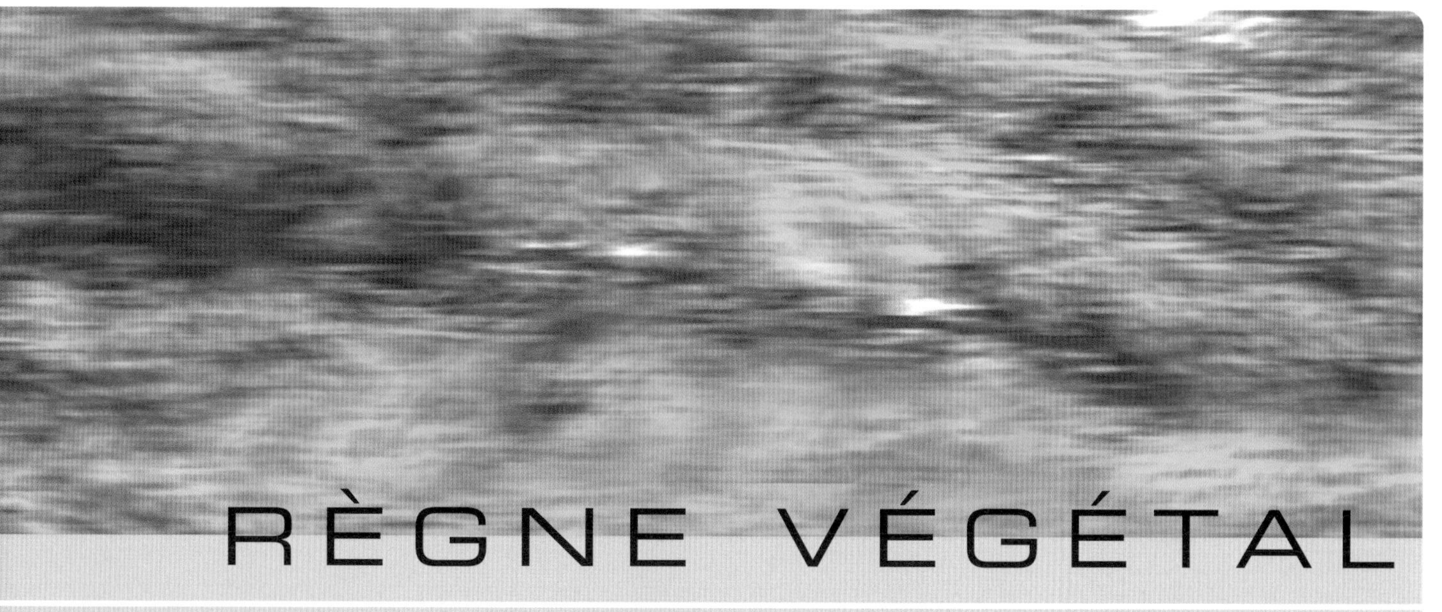

RÈGNE VÉGÉTAL

VEGETABLE KINGDOM

74

74 cellule végétale
74 lichen
75 mousse
75 algue
76 champignon
76 fougère
77 plante
79 feuille
80 fleur
81 fruits
85 céréales
86 vigne
87 arbre
89 conifère

cellule[F] végétale

plant cell

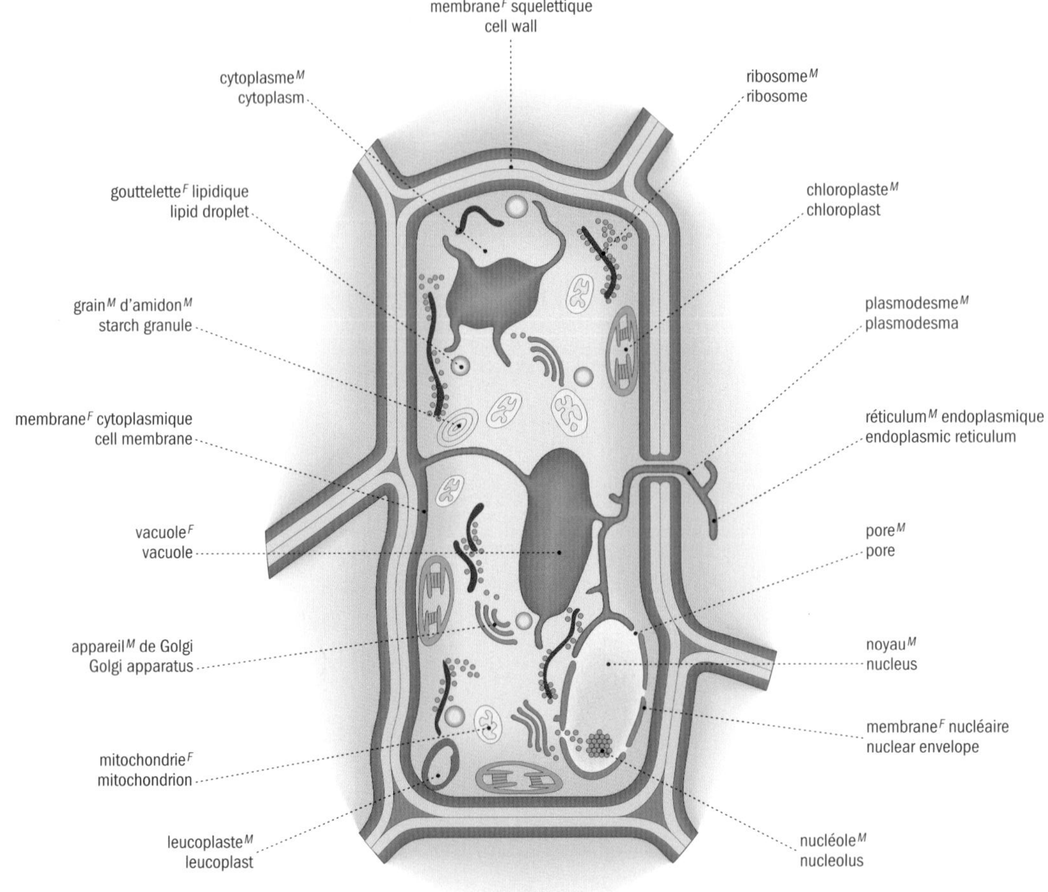

membrane[F] squelettique
cell wall
cytoplasme[M]
cytoplasm
ribosome[M]
ribosome
gouttelette[F] lipidique
lipid droplet
chloroplaste[M]
chloroplast
grain[M] d'amidon[M]
starch granule
plasmodesme[M]
plasmodesma
membrane[F] cytoplasmique
cell membrane
réticulum[M] endoplasmique
endoplasmic reticulum
vacuole[F]
vacuole
pore[M]
pore
appareil[M] de Golgi
Golgi apparatus
noyau[M]
nucleus
membrane[F] nucléaire
nuclear envelope
mitochondrie[F]
mitochondrion
leucoplaste[M]
leucoplast
nucléole[M]
nucleolus

lichen[M]

lichen

structure[F] d'un lichen[M]
structure of a lichen

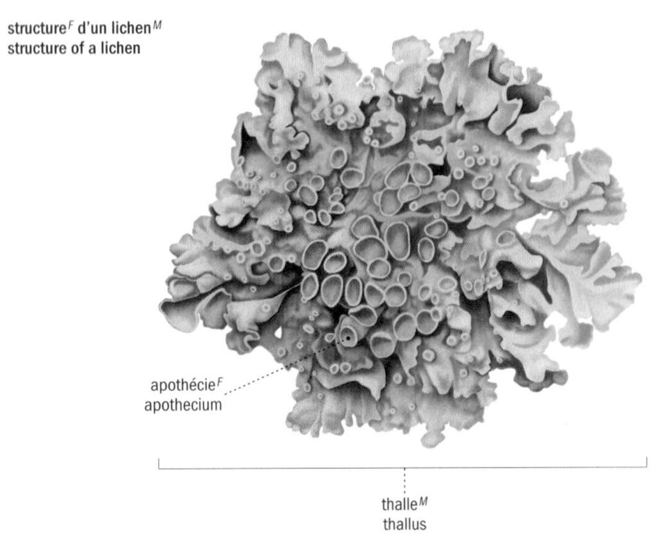

apothécie[F]
apothecium
thalle[M]
thallus

exemples[M] de lichens[M]
examples of lichens

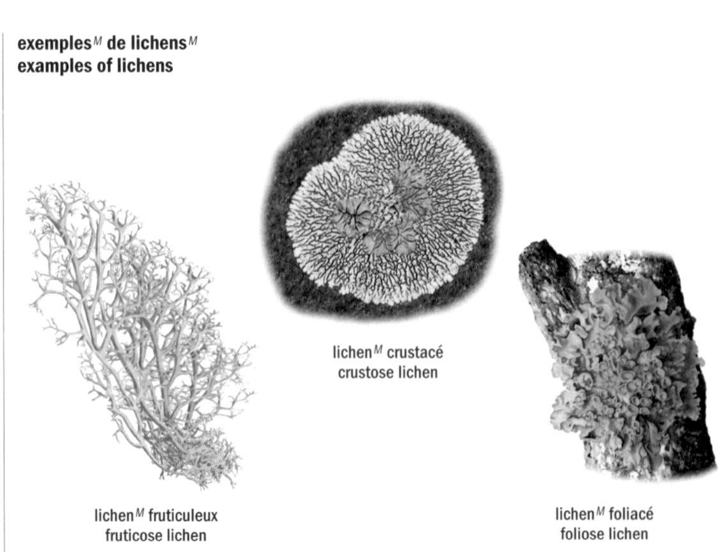

lichen[M] crustacé
crustose lichen
lichen[M] fruticuleux
fruticose lichen
lichen[M] foliacé
foliose lichen

mousse[F]

moss

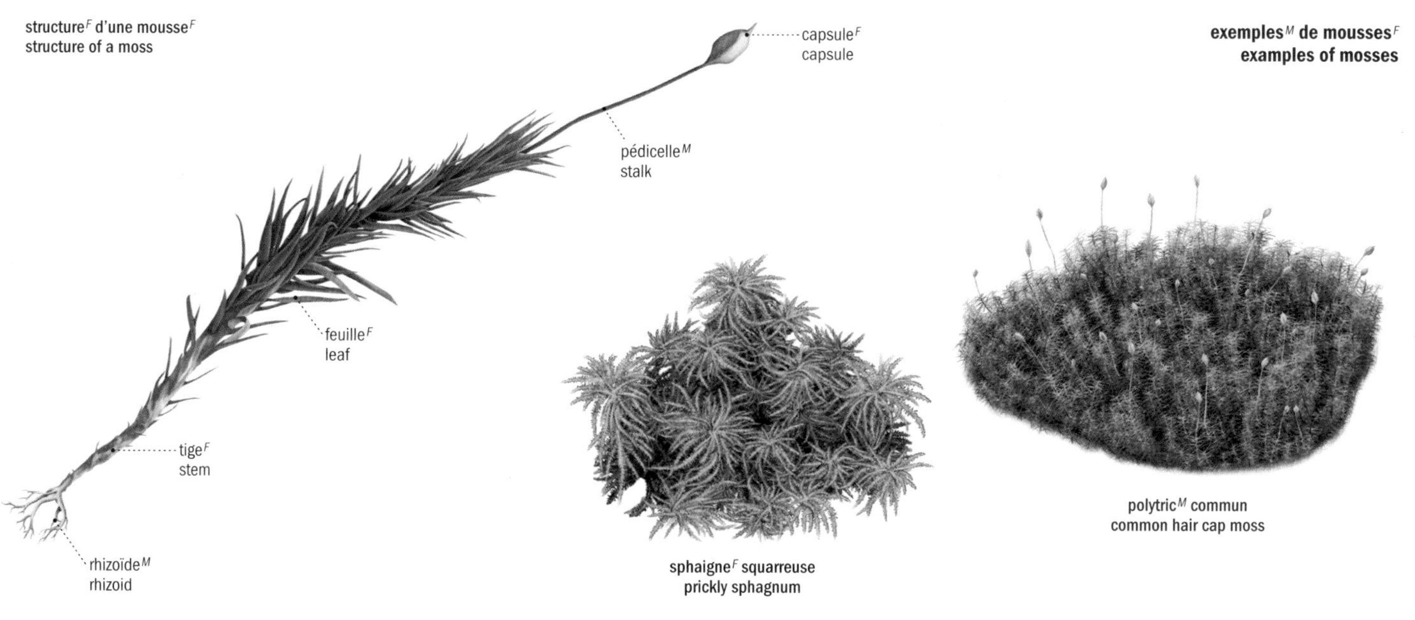
structure[F] d'une mousse[F]
structure of a moss
capsule[F]
capsule
pédicelle[M]
stalk
feuille[F]
leaf
tige[F]
stem
rhizoïde[M]
rhizoid
exemples[M] de mousses[F]
examples of mosses
sphaigne[F] squarreuse
prickly sphagnum
polytric[M] commun
common hair cap moss

algue[F]

alga

structure[F] d'une algue[F]
structure of an alga

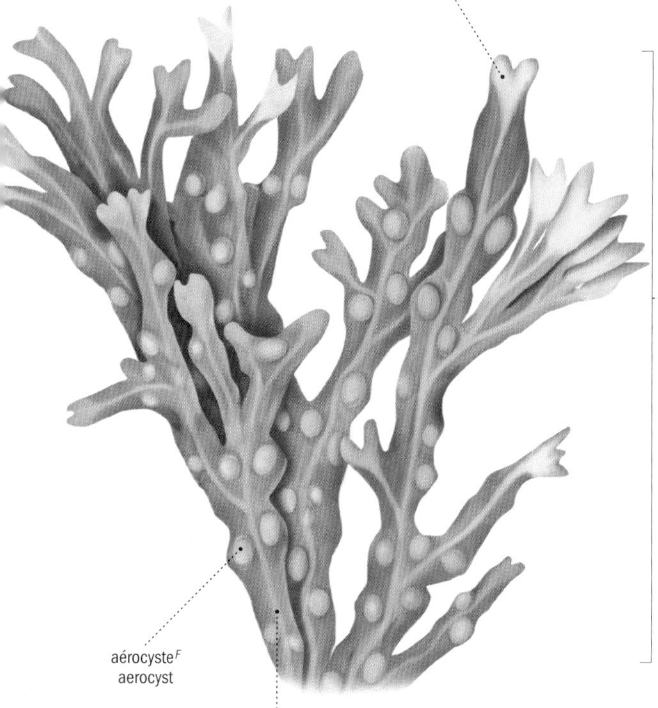

réceptacle[M]
receptacle

thalle[M]
thallus

aérocyste[F]
aerocyst

nervure[F] médiane
midrib

exemples[M] d'algues[F]
examples of algae

fronde[F]
lamina

haptère[F]
hapteron

algue[F] rouge
red alga

algue[F] verte
green alga

algue[F] brune
brown alga

champignon[M]

mushroom

structure[F] d'un champignon[M]
structure of a mushroom

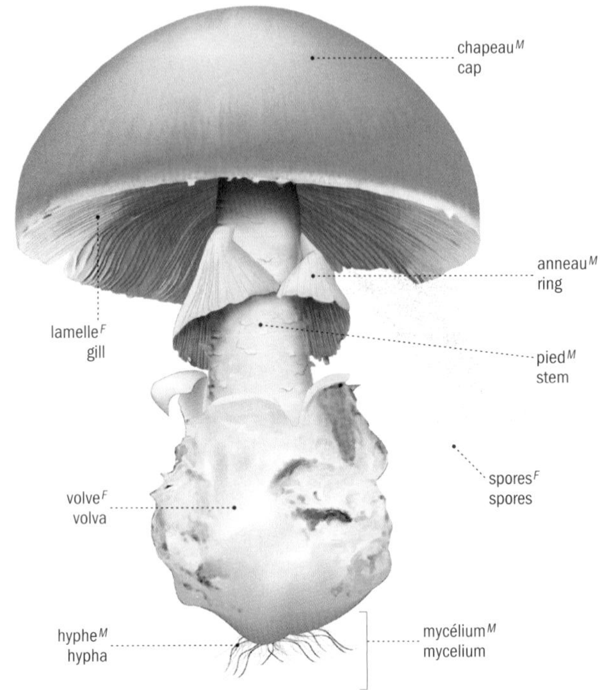
chapeau[M]
cap
anneau[M]
ring
lamelle[F]
gill
pied[M]
stem
spores[F]
spores
volve[F]
volva
hyphe[M]
hypha
mycélium[M]
mycelium

champignon[M] mortel
deadly poisonous mushroom

champignon[M] vénéneux
poisonous mushroom

amanite[F] vireuse
destroying angel

fausse oronge[F]
fly agaric

fougère[F]

fern

structure[F] d'une fougère[F]
structure of a fern

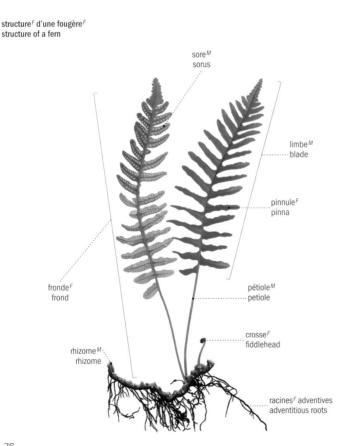

sore[M]
sorus

limbe[M]
blade

pinnule[F]
pinna

fronde[F]
frond

pétiole[M]
petiole

crosse[F]
fiddlehead

rhizome[M]
rhizome

racines[F] adventives
adventitious roots

exemples[M] de fougères[F]
examples of ferns

tronc[M]
trunk

fougère[F] arborescente
tree fern

polypode[M] commun
common polypody

fougère[F] nid[M] d'oiseau[M]
bird's nest fern

structure[F] d'une plante[F]
structure of a plant

germination[F]
germination

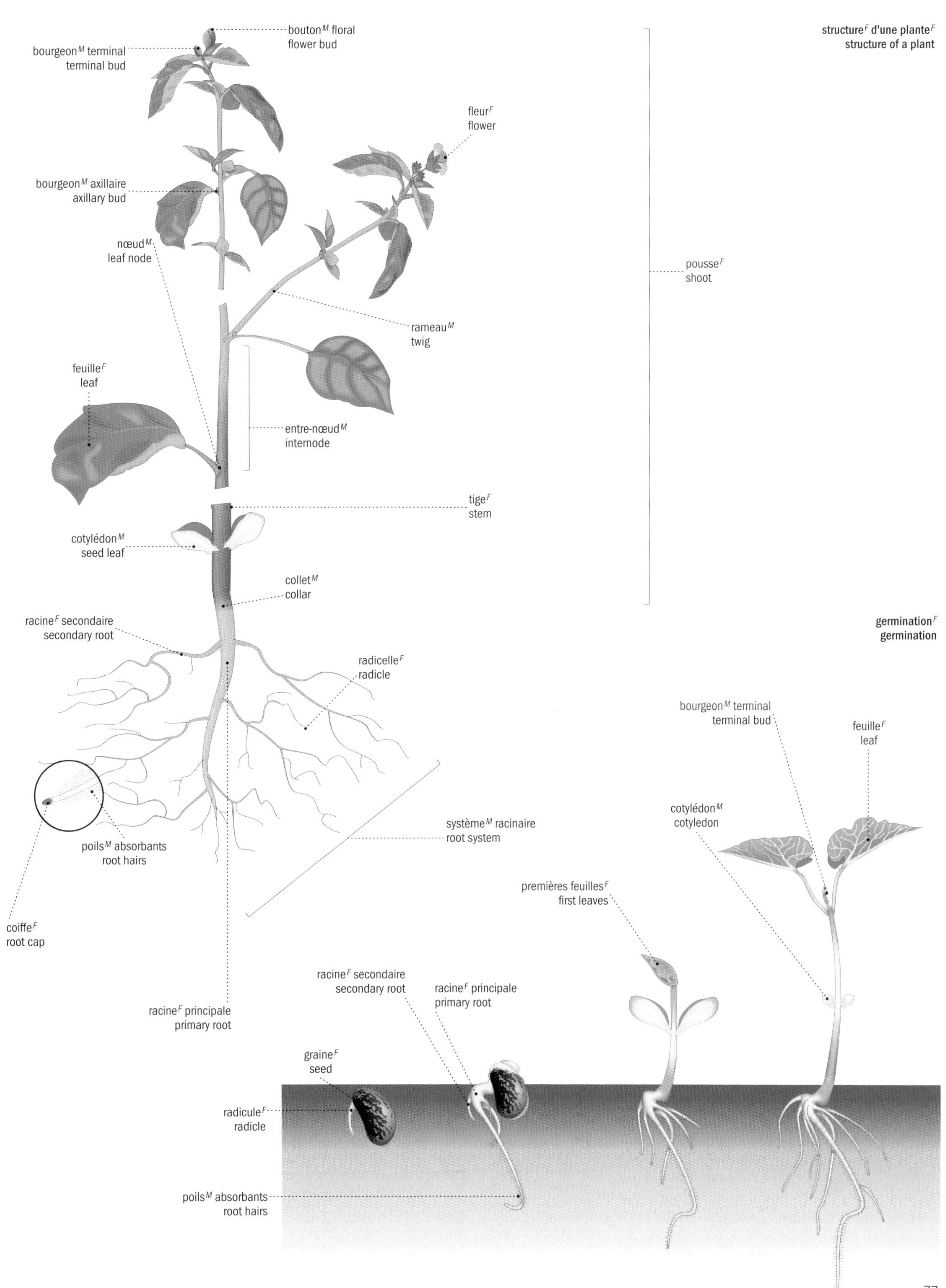
bouton[M] floral
flower bud
bourgeon[M] terminal
terminal bud
fleur[F]
flower
bourgeon[M] axillaire
axillary bud
nœud[M]
leaf node
pousse[F]
shoot
rameau[M]
twig
feuille[F]
leaf
entre-nœud[M]
internode
tige[F]
stem
cotylédon[M]
seed leaf
collet[M]
collar
racine[F] secondaire
secondary root
radicelle[F]
radicle
système[M] racinaire
root system
poils[M] absorbants
root hairs
coiffe[F]
root cap
racine[F] principale
primary root
bourgeon[M] terminal
terminal bud
feuille[F]
leaf
cotylédon[M]
cotyledon
premières feuilles[F]
first leaves
racine[F] secondaire
secondary root
racine[F] principale
primary root
graine[F]
seed
radicule[F]
radicle
poils[M] absorbants
root hairs

photosynthèseF
photosynthesis

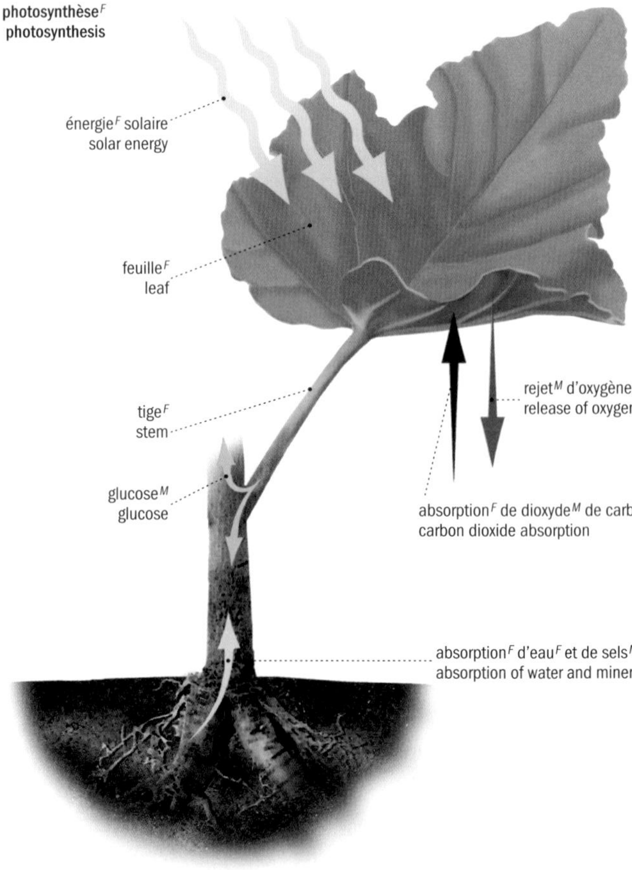

énergieF solaire
solar energy

feuilleF
leaf

tigeF
stem

glucoseM
glucose

rejetM d'oxygèneM
release of oxygen

absorptionF de dioxydeM de carboneM
carbon dioxide absorption

absorptionF d'eauF et de selsM minéraux
absorption of water and mineral salts

profilM du solM
soil profile

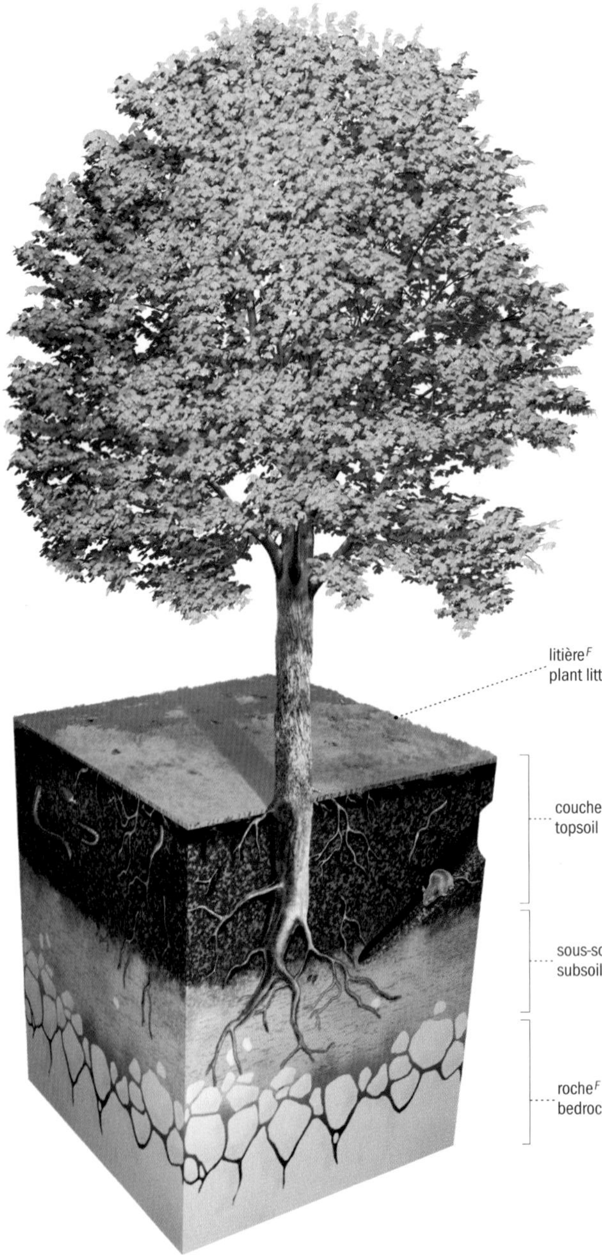

litièreF
plant litter

coucheF arable
topsoil

sous-solM
subsoil

rocheF mèreF
bedrock

coupeF d'un bulbeM
section of a bulb

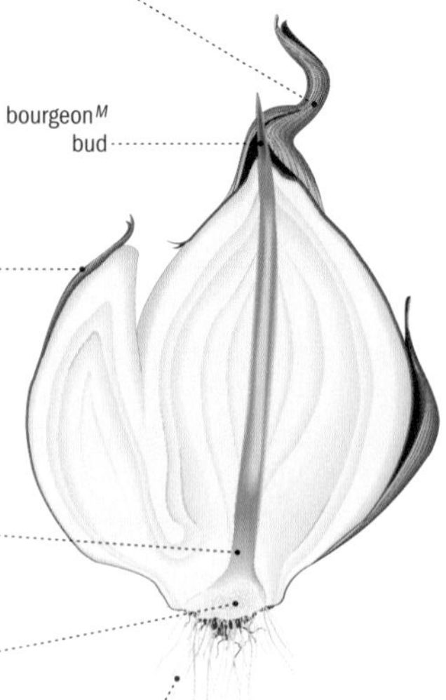

tuniqueF
scale leaf

bourgeonM
bud

écailleF
fleshy leaf

caïeuM
bulbil

tigeF
underground stem

plateauM
base

racineF
root

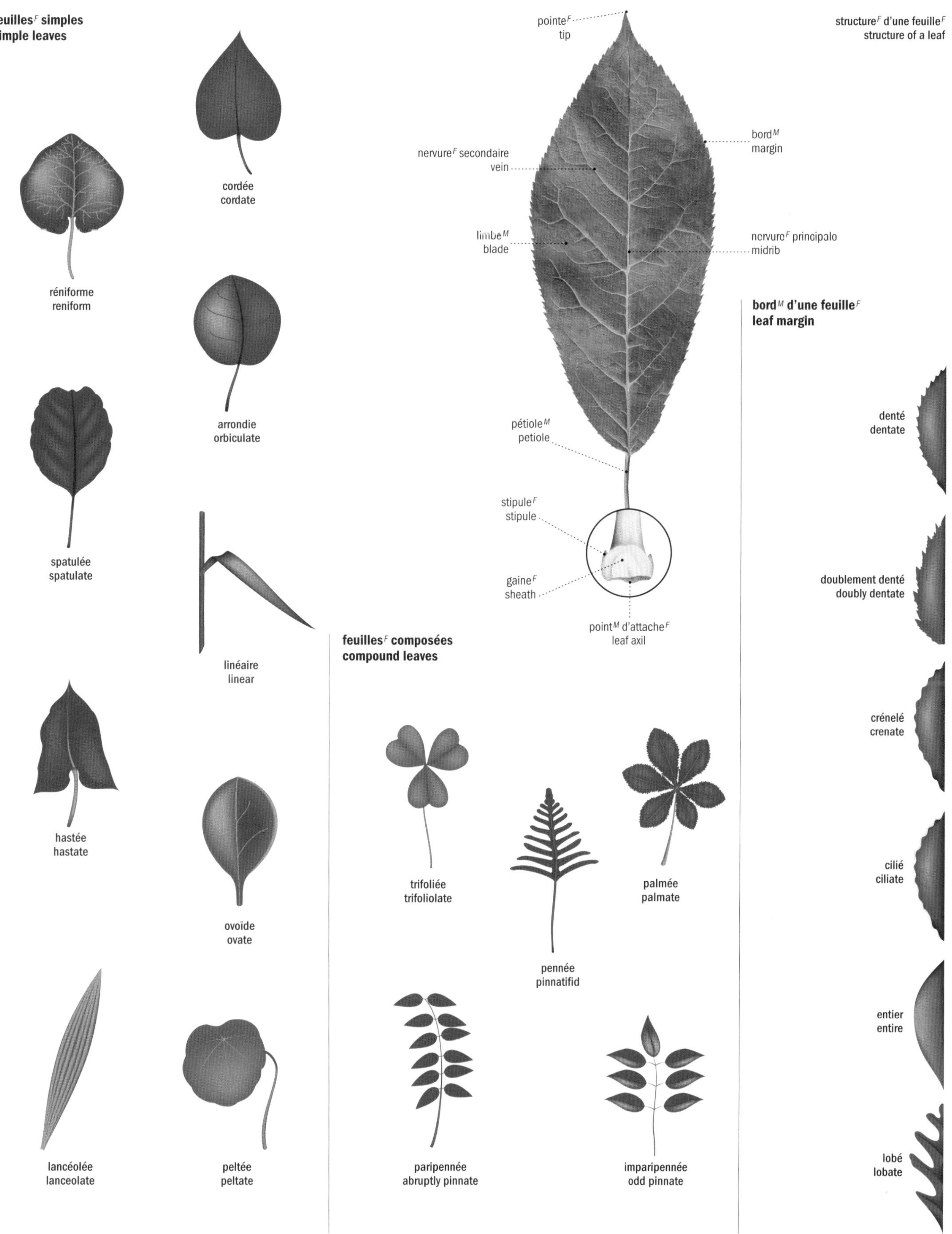
feuilles^F simples
simple leaves
cordée
cordate
réniforme
reniform
arrondie
orbiculate
spatulée
spatulate
linéaire
linear
hastée
hastate
ovoïde
ovate
lancéolée
lanceolate
peltée
peltate
pointe^F
tip
nervure^F secondaire
vein
limbe^M
blade
bord^M
margin
nervure^F principale
midrib
pétiole^M
petiole
stipule^F
stipule
gaine^F
sheath
point^M d'attache^F
leaf axil
structure^F d'une feuille^F
structure of a leaf
feuilles^F composées
compound leaves
trifoliée
trifoliolate
pennée
pinnatifid
palmée
palmate
paripennée
abruptly pinnate
imparipennée
odd pinnate
bord^M d'une feuille^F
leaf margin
denté
dentate
doublement denté
doubly dentate
crénelé
crenate
cilié
ciliate
entier
entire
lobé
lobate

fleur[F]

flower

structure[F] d'une fleur[F]
structure of a flower

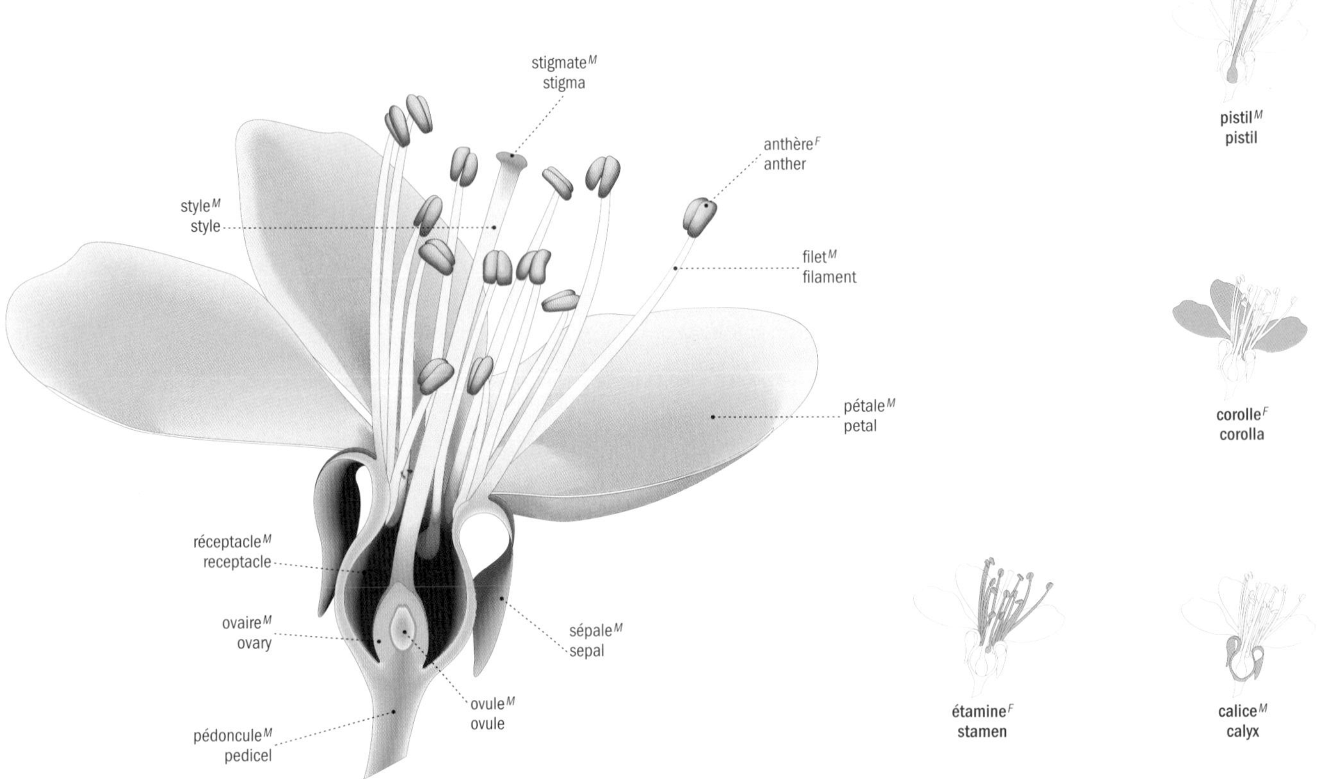

stigmate[M]
stigma
anthère[F]
anther
style[M]
style
filet[M]
filament
pétale[M]
petal
réceptacle[M]
receptacle
ovaire[M]
ovary
sépale[M]
sepal
ovule[M]
ovule
pédoncule[M]
pedicel
pistil[M]
pistil
corolle[F]
corolla
étamine[F]
stamen
calice[M]
calyx

exemples[M] de fleurs[F]
examples of flowers

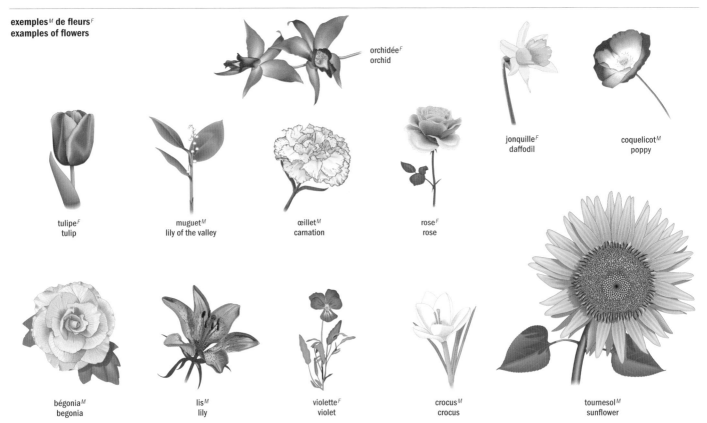

orchidée[F]
orchid

jonquille[F]
daffodil

coquelicot[M]
poppy

tulipe[F]
tulip

muguet[M]
lily of the valley

œillet[M]
carnation

rose[F]
rose

bégonia[M]
begonia

lis[M]
lily

violette[F]
violet

crocus[M]
crocus

tournesol[M]
sunflower

modes[M] d'inflorescence[F]
types of inflorescences

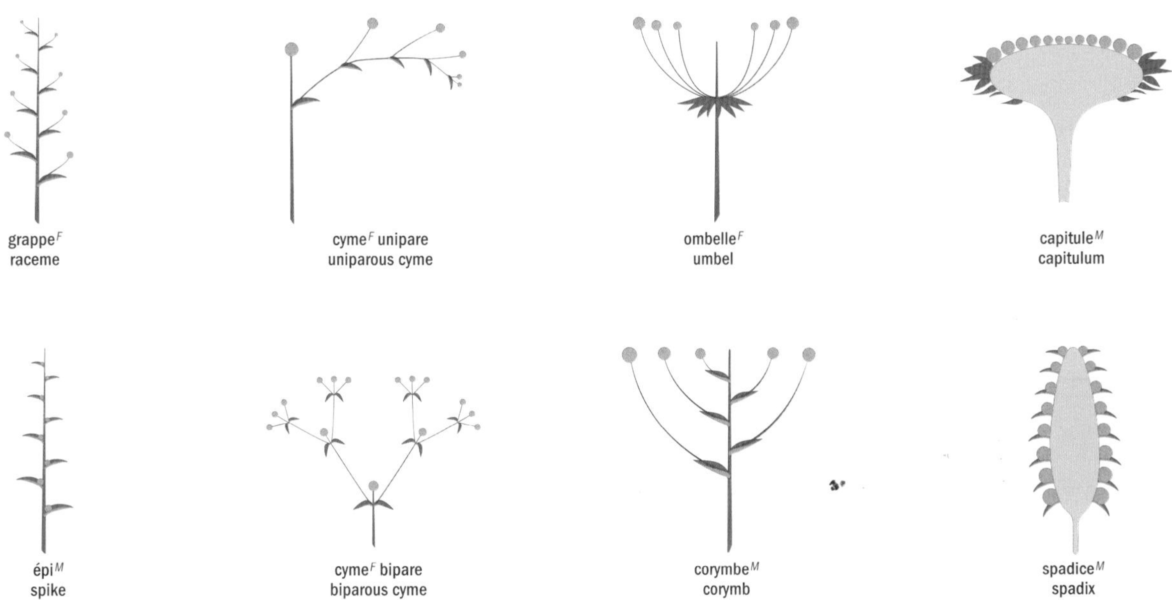
grappe[F]
raceme
cyme[F] unipare
uniparous cyme
ombelle[F]
umbel
capitule[M]
capitulum
épi[M]
spike
cyme[F] bipare
biparous cyme
corymbe[M]
corymb
spadice[M]
spadix

fruits[M]

fruits

fruit[M] charnu à noyau[M]
stone fleshy fruit

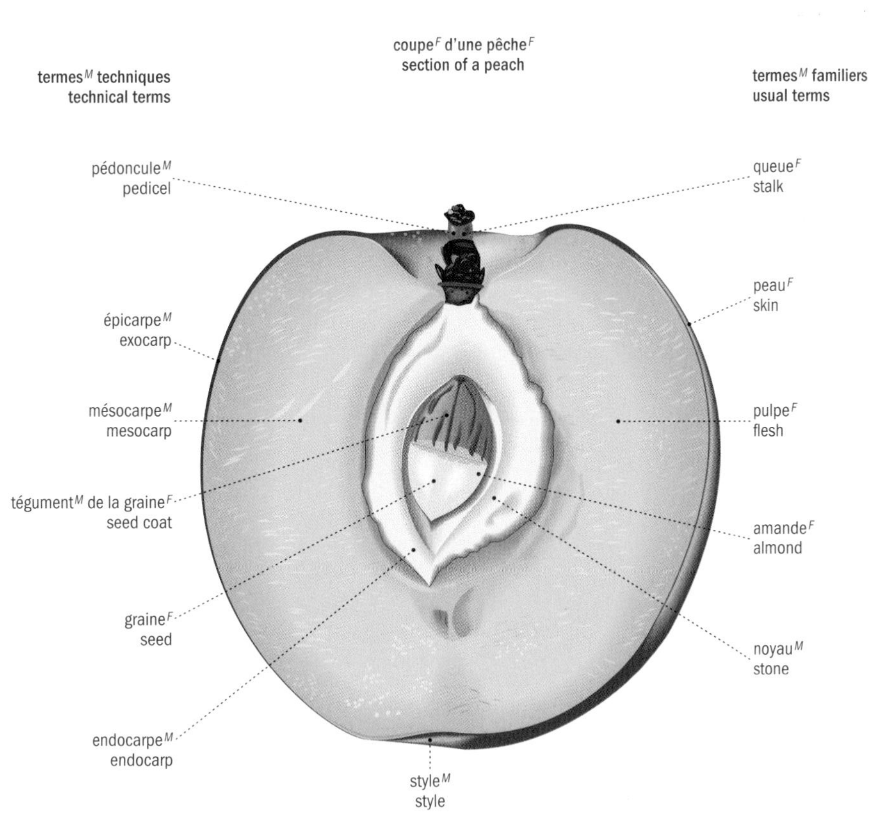
coupe[F] d'une pêche[F]
section of a peach
termes[M] techniques
technical terms
termes[M] familiers
usual terms
pédoncule[M]
pedicel
queue[F]
stalk
épicarpe[M]
exocarp
peau[F]
skin
mésocarpe[M]
mesocarp
pulpe[F]
flesh
tégument[M] de la graine[F]
seed coat
amande[F]
almond
graine[F]
seed
noyau[M]
stone
endocarpe[M]
endocarp
style[M]
style

fruit M charnu à pépins M
pome fleshy fruit

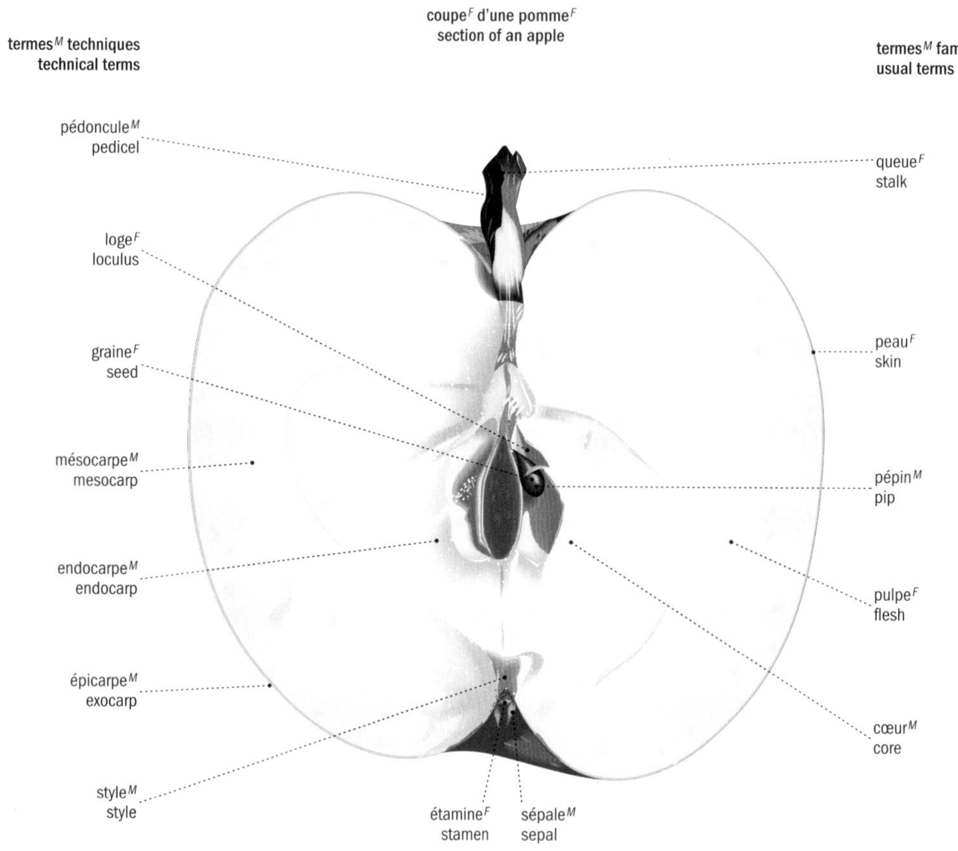
coupe F d'une pomme F
section of an apple
termes M techniques
technical terms
termes M familiers
usual terms
pédoncule M
pedicel
loge F
loculus
graine F
seed
mésocarpe M
mesocarp
endocarpe M
endocarp
épicarpe M
exocarp
style M
style
étamine F
stamen
sépale M
sepal
queue F
stalk
peau F
skin
pépin M
pip
pulpe F
flesh
cœur M
core

fruit M charnu : agrume M
fleshy fruit: citrus fruit

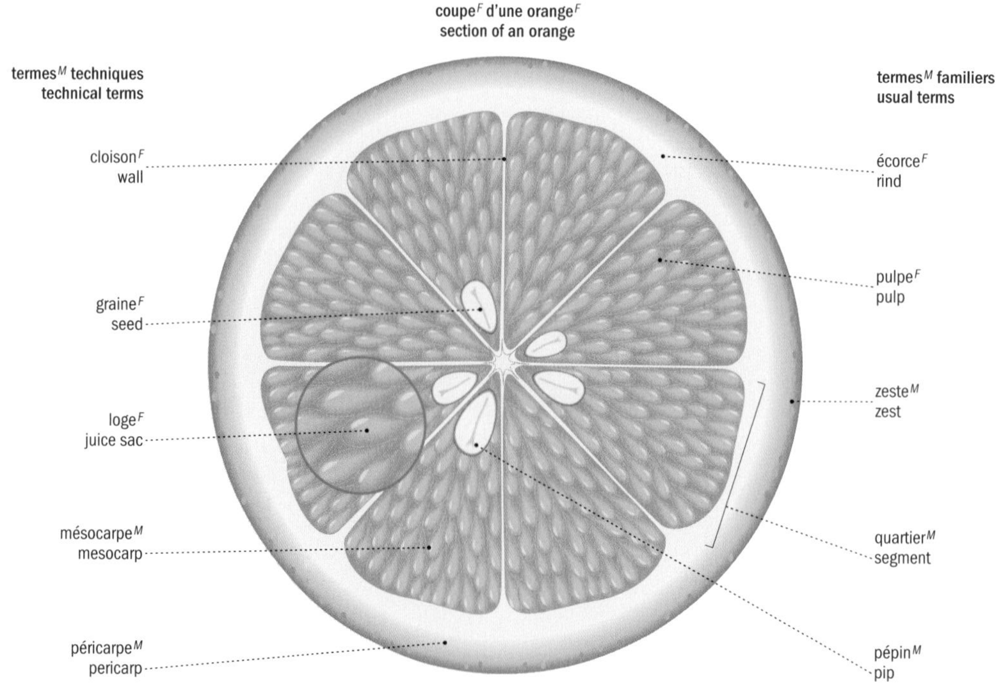
coupe F d'une orange F
section of an orange
termes M techniques
technical terms
termes M familiers
usual terms
cloison F
wall
graine F
seed
loge F
juice sac
mésocarpe M
mesocarp
péricarpe M
pericarp
écorce F
rind
pulpe F
pulp
zeste M
zest
quartier M
segment
pépin M
pip

fruit^M charnu : baie^F
fleshy fruit: berry fruit

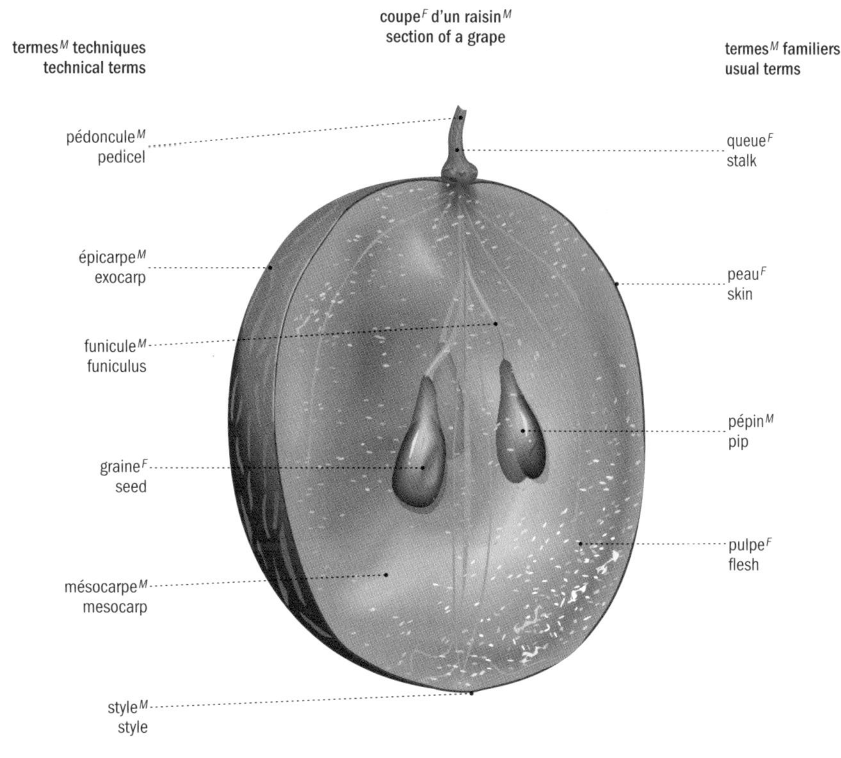
coupe^F d'un raisin^M
section of a grape
termes^M techniques
technical terms
termes^M familiers
usual terms
pédoncule^M
pedicel
queue^F
stalk
épicarpe^M
exocarp
peau^F
skin
funicule^M
funiculus
pépin^M
pip
graine^F
seed
pulpe^F
flesh
mésocarpe^M
mesocarp
style^M
style

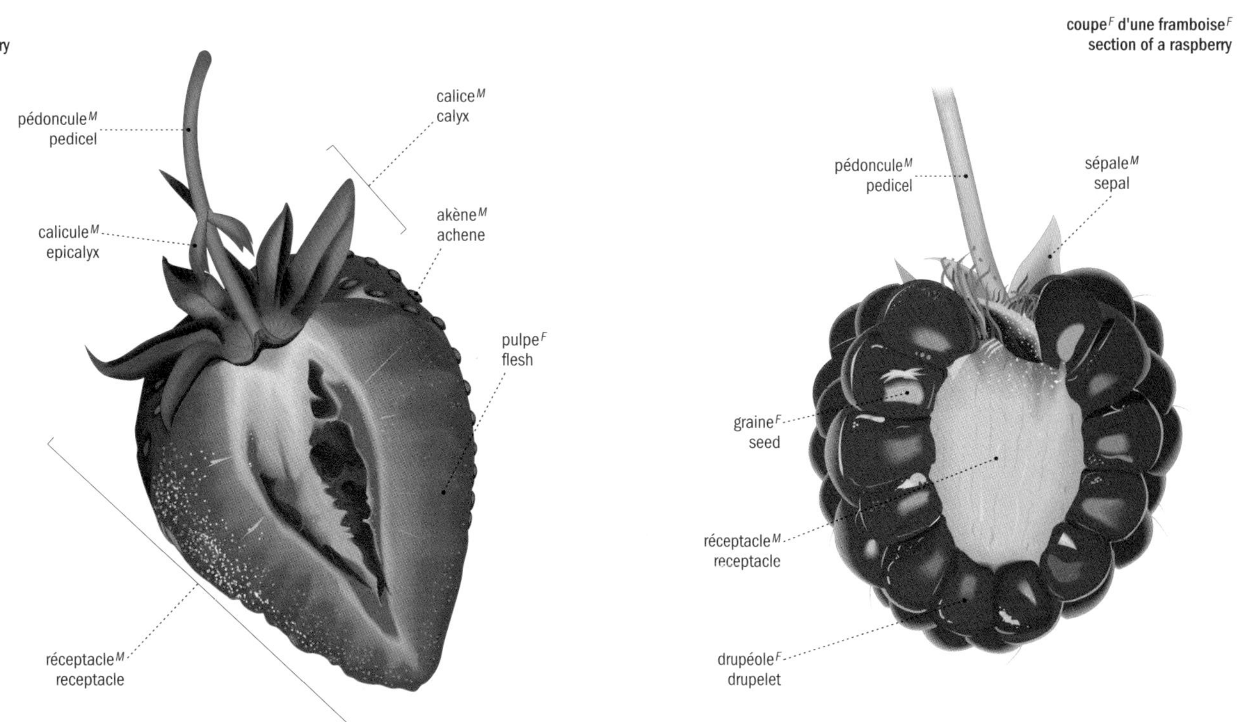
coupe^F d'une fraise^F
section of a strawberry
pédoncule^M
pedicel
calice^M
calyx
calicule^M
epicalyx
akène^M
achene
pulpe^F
flesh
réceptacle^M
receptacle
coupe^F d'une framboise^F
section of a raspberry
pédoncule^M
pedicel
sépale^M
sepal
graine^F
seed
réceptacle^M
receptacle
drupéole^F
drupelet

fruits[M] secs
dry fruits

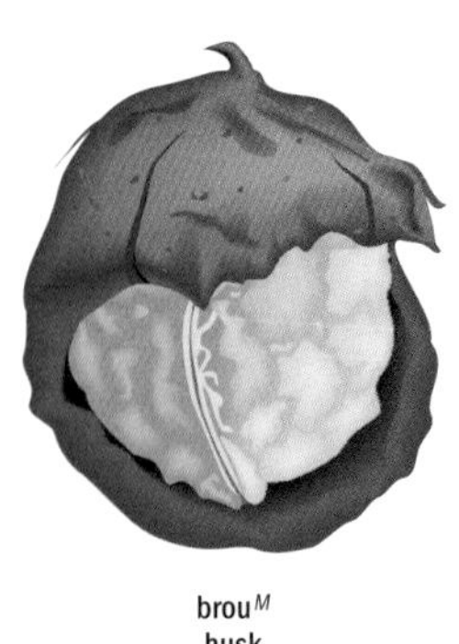

brou[M]
husk

coupe[F] d'un follicule[M] : anis[M] étoilé
section of a follicle: star anise

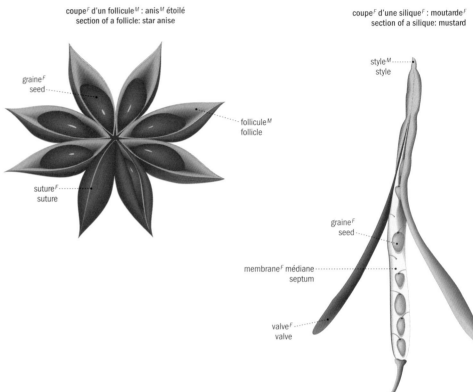

graine[F]
seed
follicule[M]
follicle
suture[F]
suture

coupe[F] d'une silique[F] : moutarde[F]
section of a silique: mustard

style[M]
style
graine[F]
seed
membrane[F] médiane
septum
valve[F]
valve

coupe[F] d'une noisette[F]
section of a hazelnut

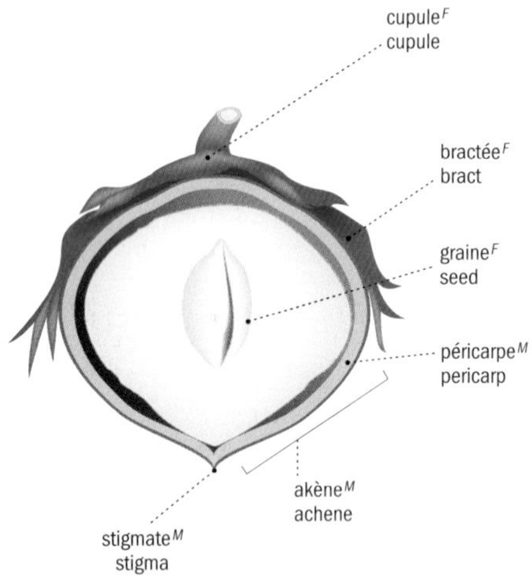
cupule[F]
cupule
bractée[F]
bract
graine[F]
seed
péricarpe[M]
pericarp
akène[M]
achene
stigmate[M]
stigma

coupe[F] d'une noix[F]
section of a walnut

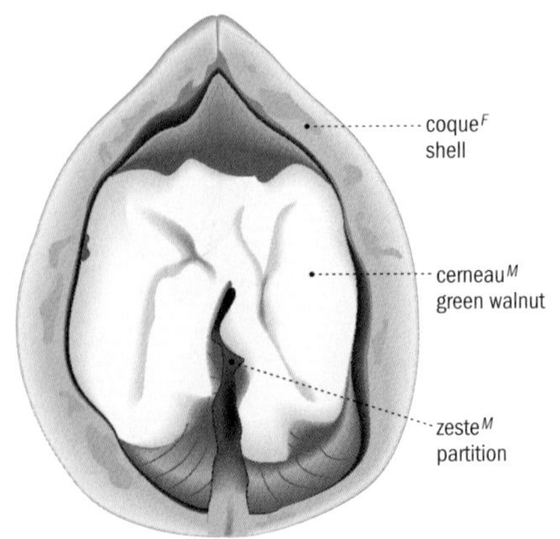
coque[F]
shell
cerneau[M]
green walnut
zeste[M]
partition

coupe[F] d'une gousse[F] : pois[M]
section of a legume: pea

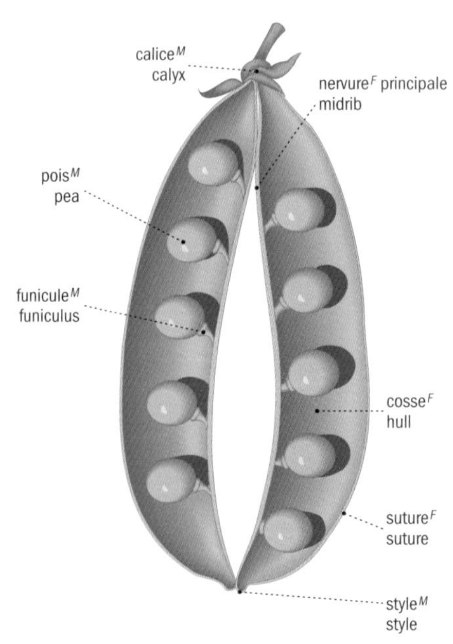
calice[M]
calyx
nervure[F] principale
midrib
pois[M]
pea
funicule[M]
funiculus
cosse[F]
hull
suture[F]
suture
style[M]
style

coupe[F] d'une capsule[F] : pavot[M]
section of a capsule: poppy

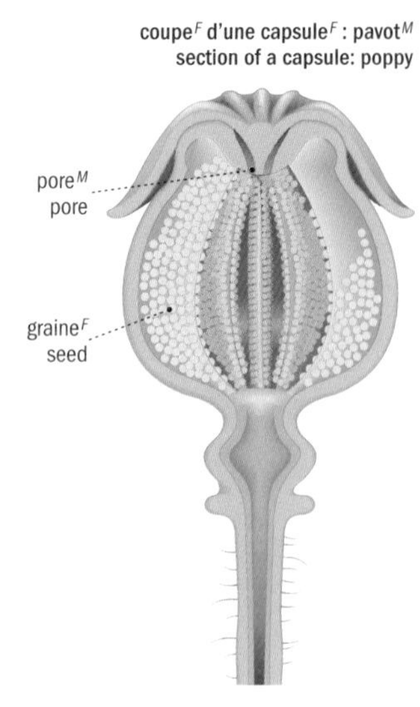
pore[M]
pore
graine[F]
seed

sarrasin[M]
buckwheat

sarrasin[M] : grappe[F]
buckwheat: raceme

blé[M]
wheat

blé[M] : épi[M]
wheat: spike

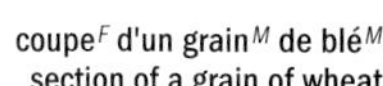

coupe[F] d'un grain[M] de blé[M]
section of a grain of wheat

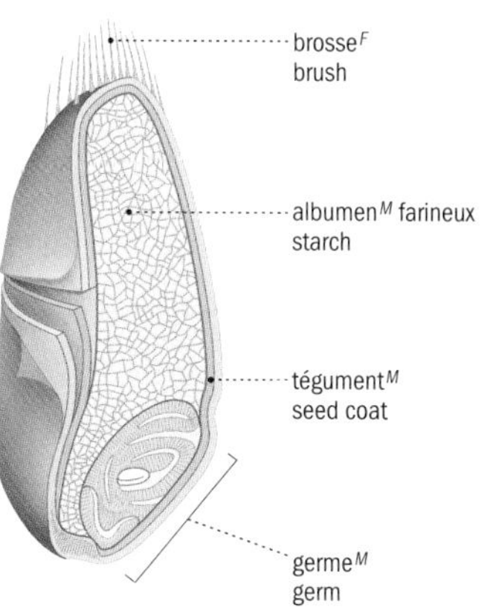

brosse[F]
brush
albumen[M] farineux
starch
tégument[M]
seed coat
germe[M]
germ

riz[M]
rice

riz[M] : épi[M]
rice: spike

orge[F]
barley

orge[F] : épi[M]
barley: spike

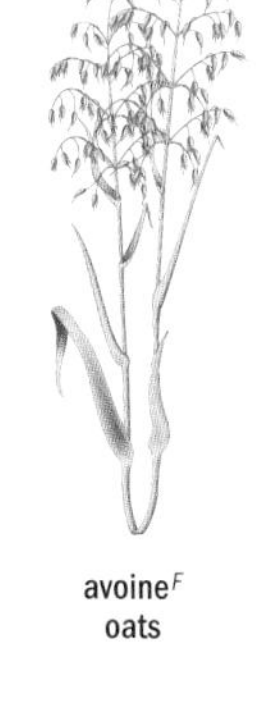
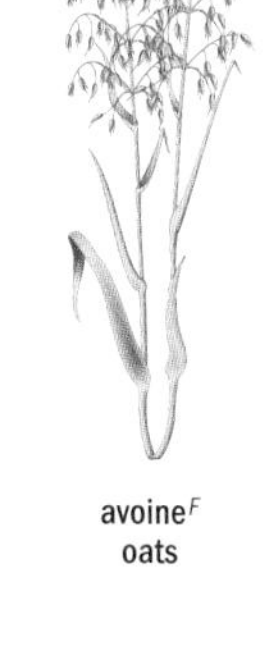
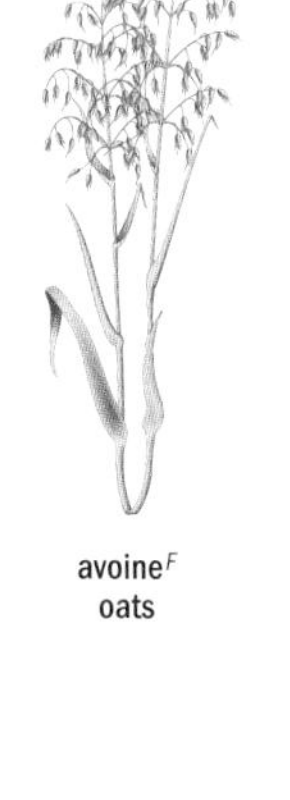
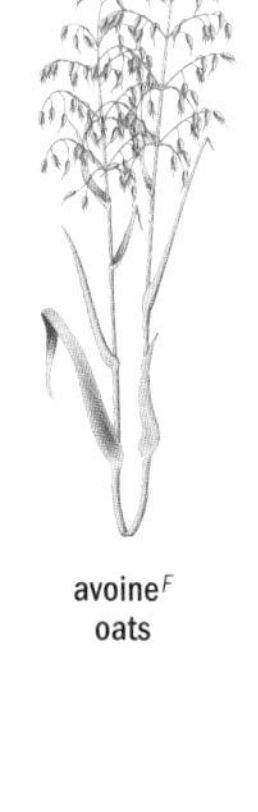
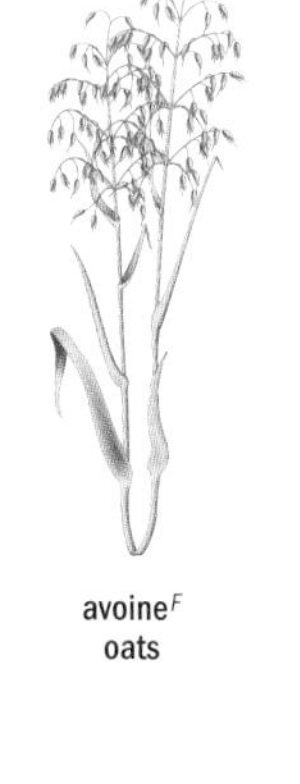

avoine[F]
oats

avoine[F] : panicule[F]
oats: panicle

seigle[M]
rye

seigle[M] : épi[M]
rye: spike

sorgho[M]
sorghum

sorgho[M] : panicule[F]
sorghum: panicle

millet[M]
millet

millet[M] : épi[M]
millet: spike

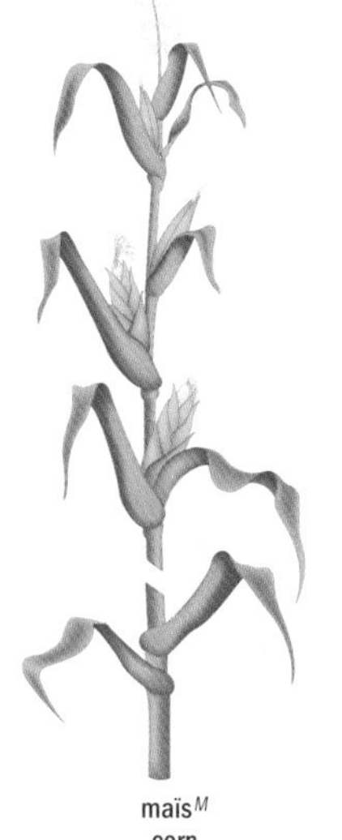

maïs[M]
corn

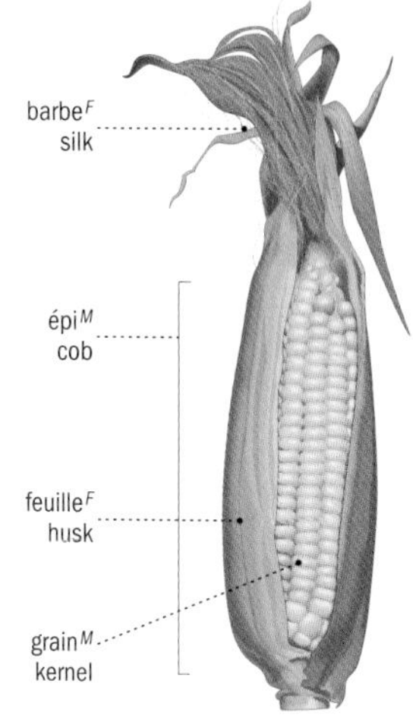

barbe[F]
silk
épi[M]
cob
feuille[F]
husk
grain[M]
kernel

maïs[M] : épi[M]
corn: cob

vigne[F]

grape

grappe[F] de raisins[M]
bunch of grapes

rameau[M]
branch

pédoncule[M]
pedicel

vrille[F]
tendril

axe[M] principal
main stalk

raisin[M]
grape

cep[M] de vigne[F]
vine stock

branche[F] à fruits[M]
fruit branch

sarment[M]
vine shoot

gourmand[M]
sucker

tronc[M]
trunk

système[M] racinaire
root system

feuille[F] de vigne[F]
grape leaf

lobe[M] latéral supérieur
upper lateral lobe

lobe[M] terminal
terminal lobe

sinus[M] latéral supérieur
upper lateral sinus

lobe[M] latéral inférieur
lower lateral lobe

sinus[M] latéral inférieur
lower lateral sinus

sinus[M] pétiolaire
petiolar sinus

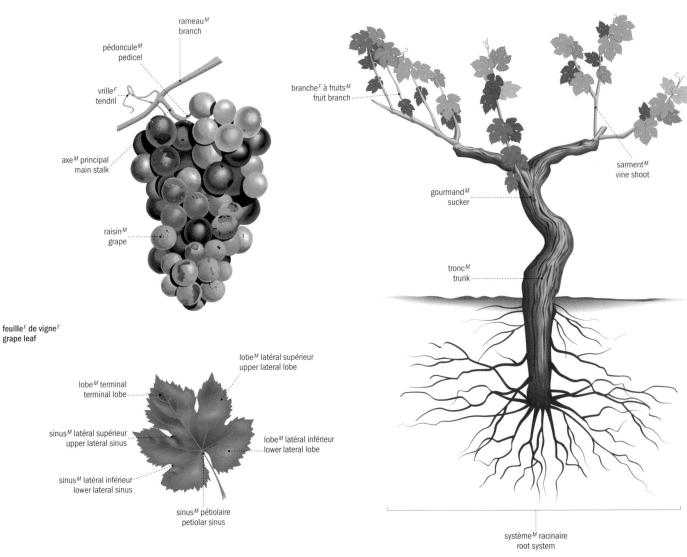

étapes[F] de maturation[F]
maturing steps

floraison[F]
flowering

nouaison[F]
fruition

véraison[F]
ripening

maturité[F]
ripeness

structure^{F} d'un arbre^{M}
structure of a tree

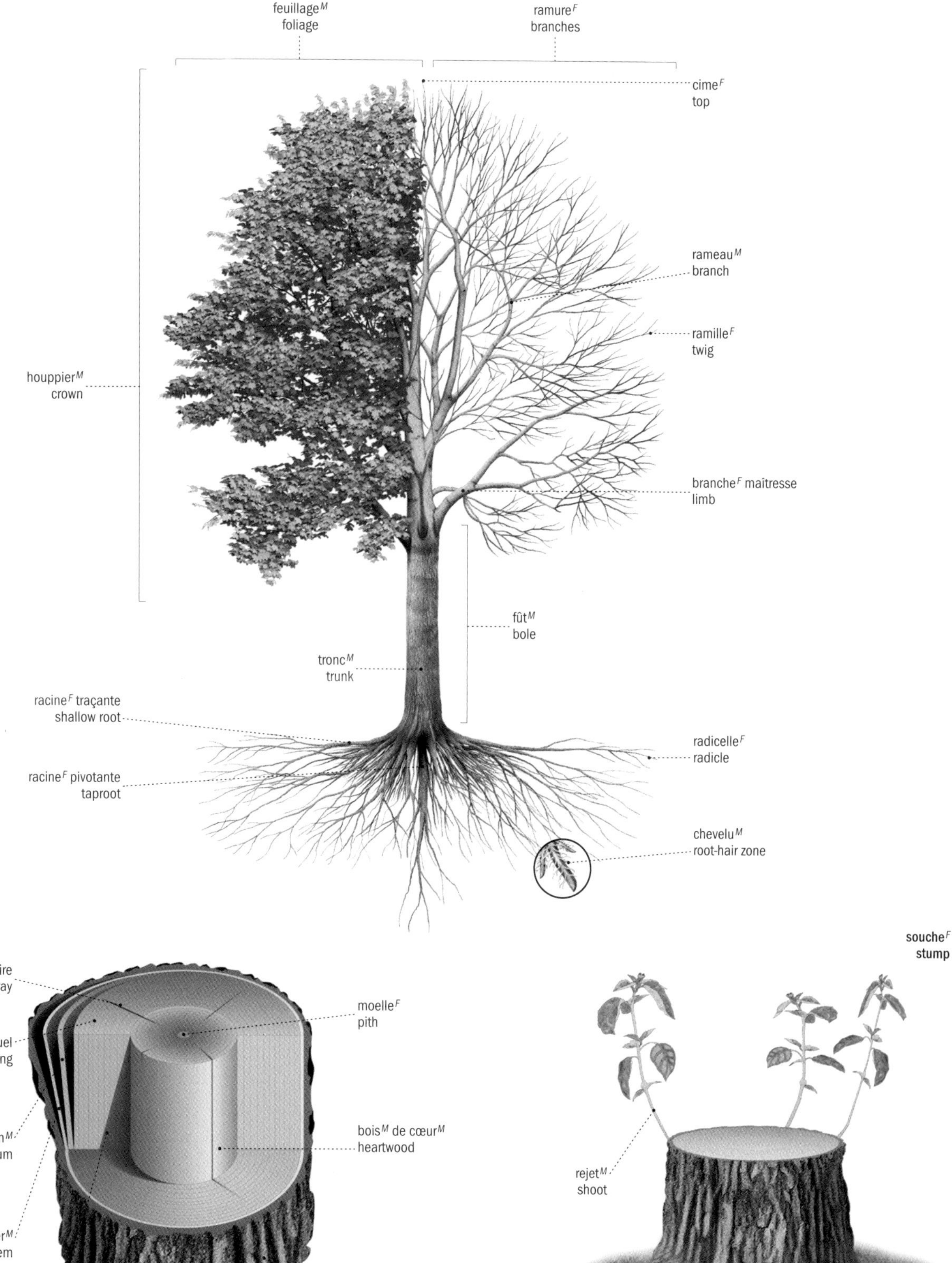

feuillage^{M}
foliage
ramure^{F}
branches
cime^{F}
top
rameau^{M}
branch
ramille^{F}
twig
houppier^{M}
crown
branche^{F} maîtresse
limb
fût^{M}
bole
tronc^{M}
trunk
racine^{F} traçante
shallow root
radicelle^{F}
radicle
racine^{F} pivotante
taproot
chevelu^{M}
root-hair zone
coupe^{F} transversale du tronc^{M}
cross section of a trunk
rayon^{M} médullaire
wood ray
moelle^{F}
pith
cerne^{M} annuel
annual ring
cambium^{M}
cambium
bois^{M} de cœur^{M}
heartwood
liber^{M}
phloem
écorce^{F}
bark
aubier^{M}
sapwood
souche^{F}
stump
rejet^{M}
shoot

exemples^M d'arbres^M feuillus
examples of broadleaved trees

chêne^M
oak
bouleau^M
birch
saule^M pleureur
weeping willow
peuplier^M
poplar
palmier^M
palm tree
érable^M
maple
hêtre^M
beech
noyer^M
walnut

cône[M]
cone

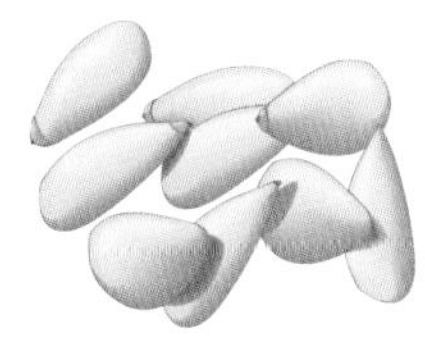

pignon[M]
pine seed

rameau[M]
branch

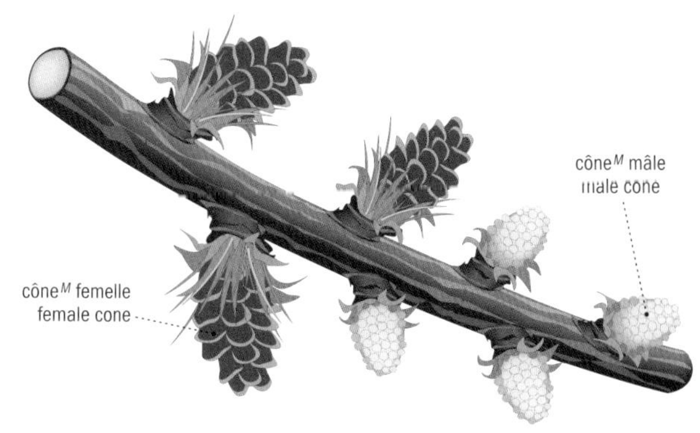

cône[M] mâle
male cone
cône[M] femelle
female cone

exemples[M] de feuilles[F]
examples of leaves

aiguilles[F] de sapin[M]
fir needles

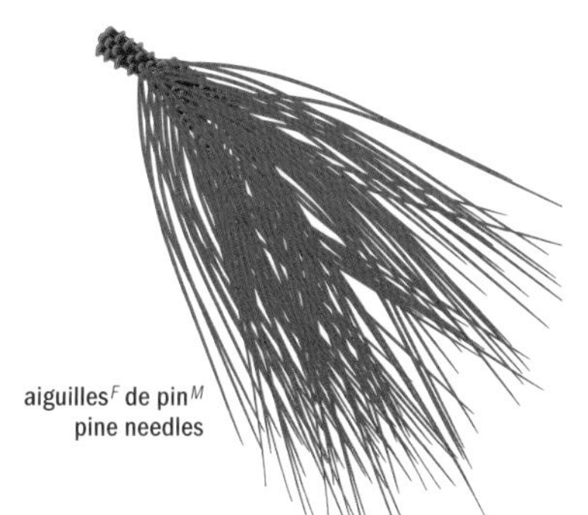

aiguilles[F] de pin[M]
pine needles

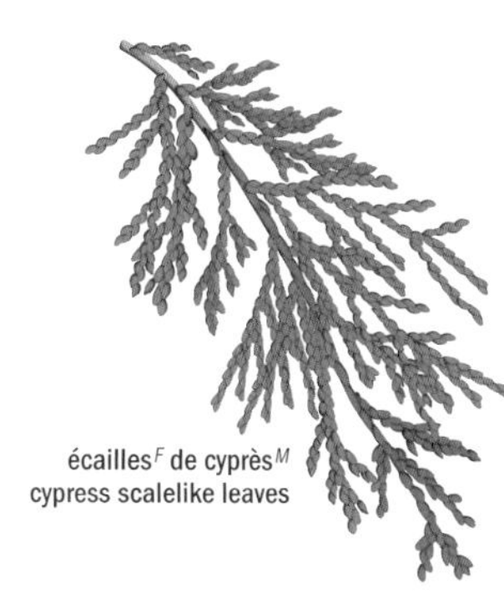

écailles[F] de cyprès[M]
cypress scalelike leaves

exemples[M] de conifères[M]
examples of conifers

pin[M] parasol[M]
umbrella pine

cèdre[M] du Liban[M]
cedar of Lebanon

sapin[M]
fir

épicéa[M]; *épinette*[F]
spruce

mélèze[M]
larch

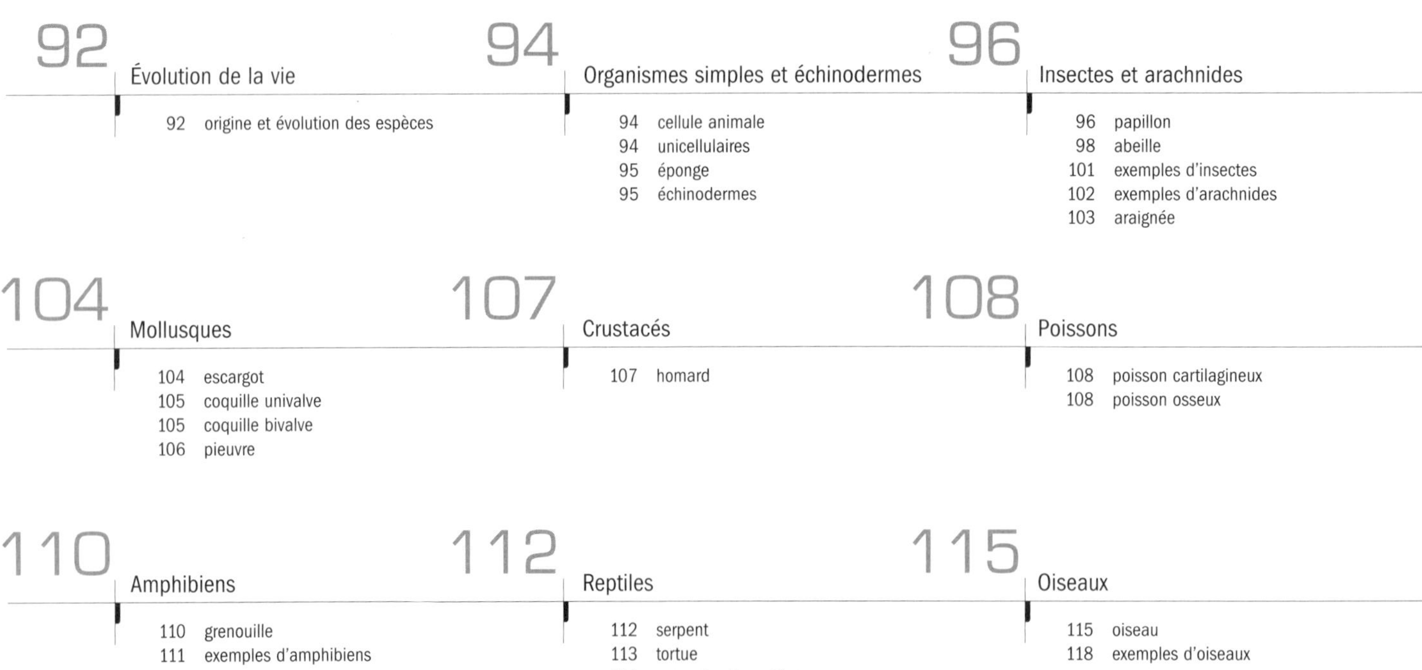

92 Évolution de la vie

92 origine et évolution des espèces

94 Organismes simples et échinodermes

94 cellule animale
94 unicellulaires
95 éponge
95 échinodermes

96 Insectes et arachnides

96 papillon
98 abeille
101 exemples d'insectes
102 exemples d'arachnides
103 araignée

104 Mollusques

104 escargot
105 coquille univalve
105 coquille bivalve
106 pieuvre

107 Crustacés

107 homard

108 Poissons

108 poisson cartilagineux
108 poisson osseux

110 Amphibiens

110 grenouille
111 exemples d'amphibiens

112 Reptiles

112 serpent
113 tortue
114 exemples de reptiles

115 Oiseaux

115 oiseau
118 exemples d'oiseaux

RÈGNE ANIMAL

ANIMAL KINGDOM

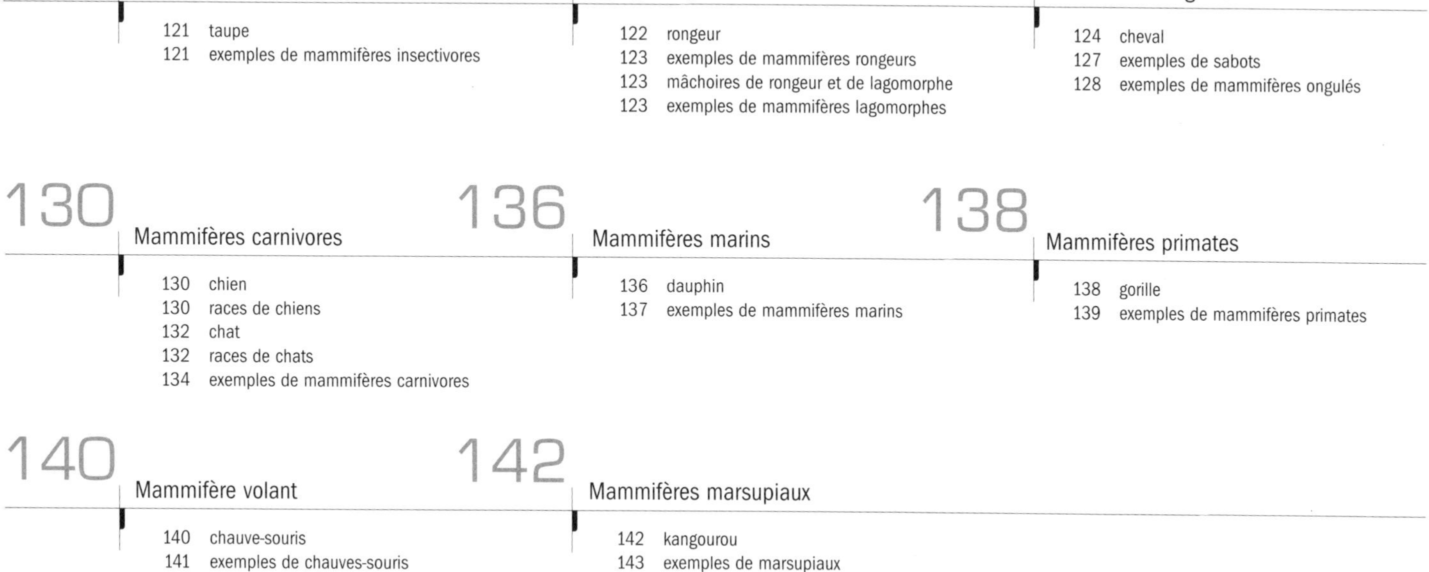

121 Mammifères insectivores

121 taupe
121 exemples de mammifères insectivores

122 Mammifères rongeurs et lagomorphes

122 rongeur
123 exemples de mammifères rongeurs
123 mâchoires de rongeur et de lagomorphe
123 exemples de mammifères lagomorphes

124 Mammifères ongulés

124 cheval
127 exemples de sabots
128 exemples de mammifères ongulés

130 Mammifères carnivores

130 chien
130 races de chiens
132 chat
132 races de chats
134 exemples de mammifères carnivores

136 Mammifères marins

136 dauphin
137 exemples de mammifères marins

138 Mammifères primates

138 gorille
139 exemples de mammifères primates

140 Mammifère volant

140 chauve-souris
141 exemples de chauves-souris

142 Mammifères marsupiaux

142 kangourou
143 exemples de marsupiaux

origine^F et évolution^F des espèces^F

origin and evolution of species

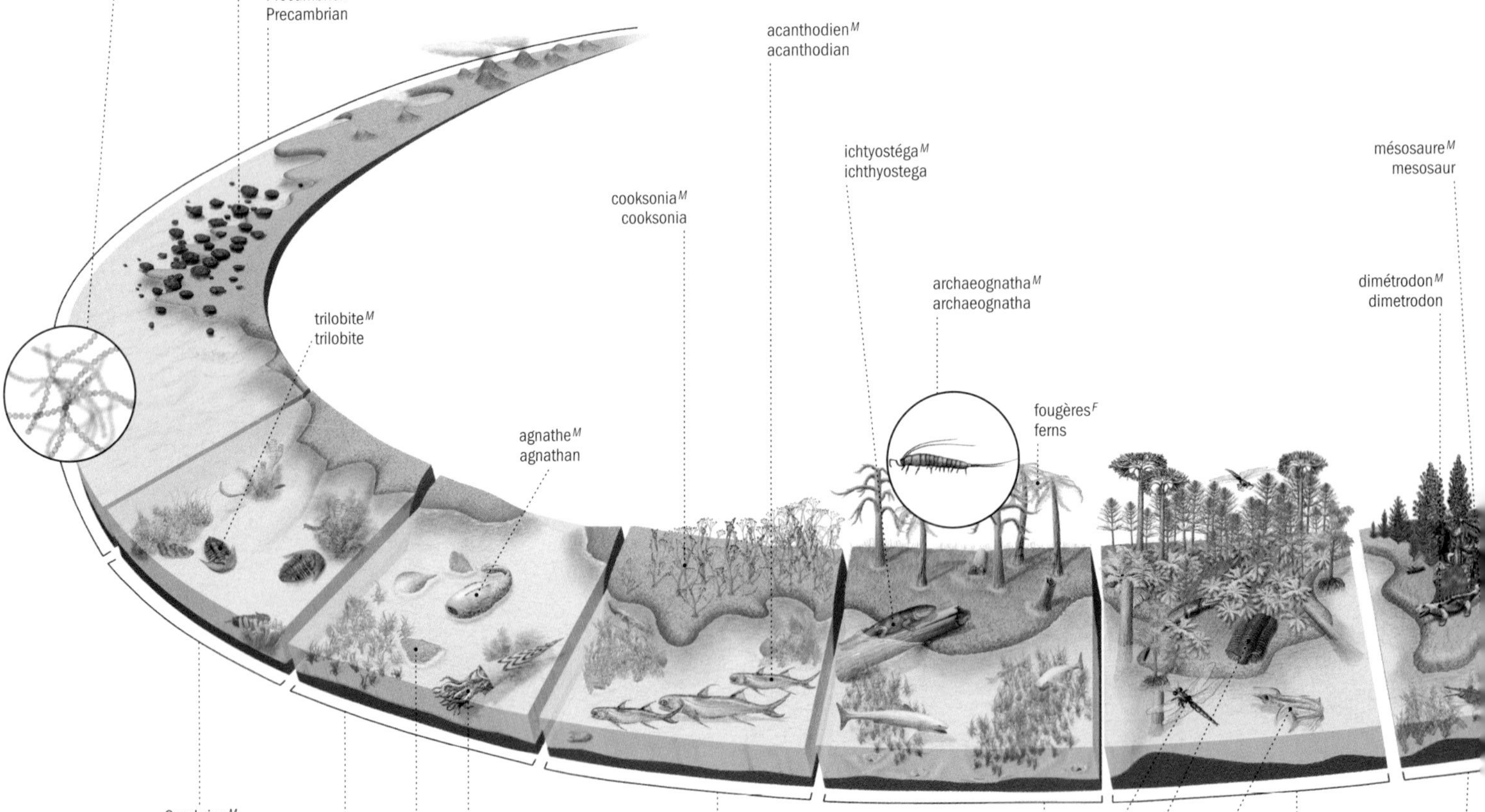

cyanobactéries^F
cyanobacteria

stromatolite^M
stromatolite

Précambrien^M
Precambrian

acanthodien^M
acanthodian

ichtyostéga^M
ichthyostega

mésosaure^M
mesosaur

cooksonia^M
cooksonia

archaeognatha^M
archaeognatha

dimétrodon^M
dimetrodon

trilobite^M
trilobite

fougères^F
ferns

agnathe^M
agnathan

Cambrien^M
Cambrian

Silurien^M
Silurian

Dévonien^M
Devonian

Ordovicien^M
Ordovician

orthocère^M
orthoceras

meganeura^M
meganeura

Carbonifère^M
Carboniferous

brachiopode^M
brachiopod

arthropleura^M
arthropleura

falcatus^M
falcatus

Permien^M
Permian

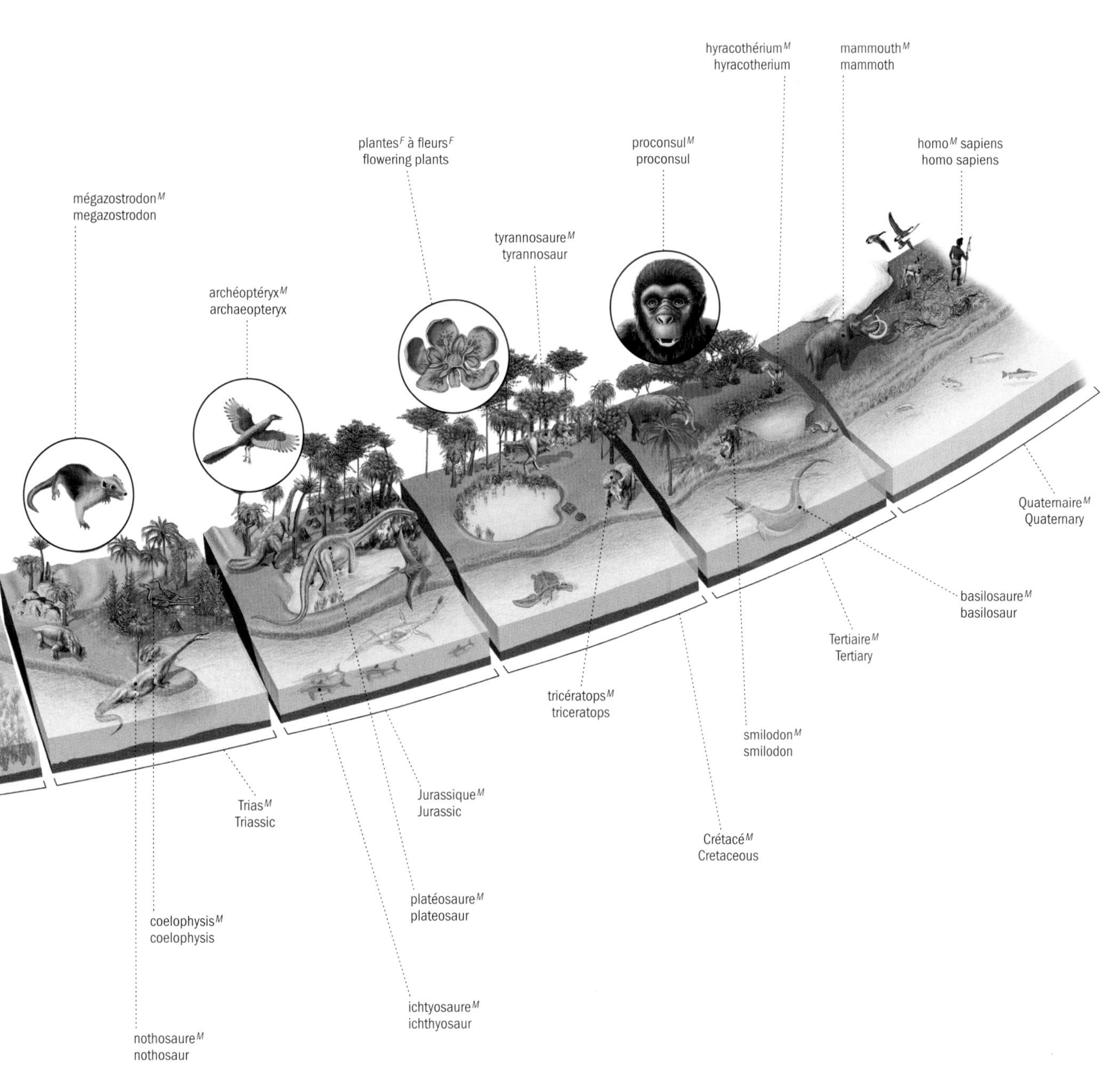
hyracothérium^M
hyracotherium
mammouth^M
mammoth
plantes^F à fleurs^F
flowering plants
proconsul^M
proconsul
homo^M sapiens
homo sapiens
mégazostrodon^M
megazostrodon
tyrannosaure^M
tyrannosaur
archéoptéryx^M
archaeopteryx
Quaternaire^M
Quaternary
basilosaure^M
basilosaur
Tertiaire^M
Tertiary
tricératops^M
triceratops
smilodon^M
smilodon
Trias^M
Triassic
Jurassique^M
Jurassic
Crétacé^M
Cretaceous
platéosaure^M
plateosaur
coelophysis^M
coelophysis
ichtyosaure^M
ichthyosaur
nothosaure^M
nothosaur

cellule^F animale

animal cell

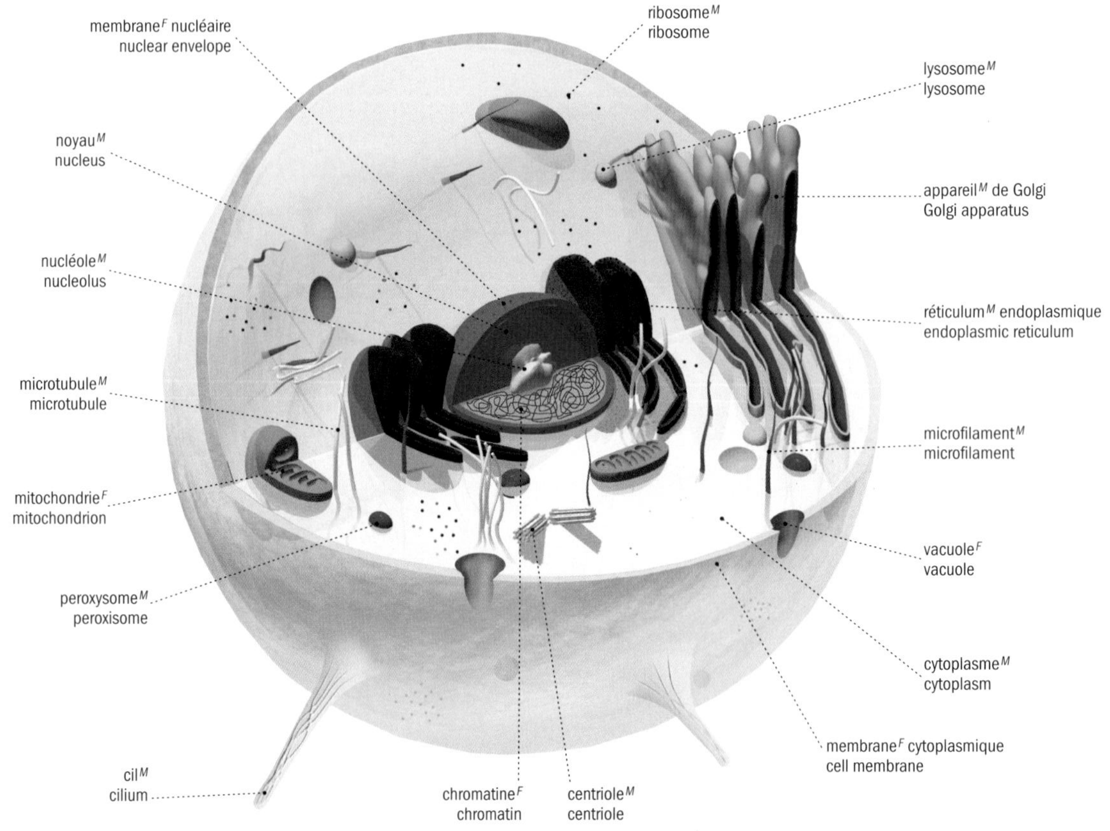

membrane^F nucléaire
nuclear envelope
ribosome^M
ribosome
lysosome^M
lysosome
noyau^M
nucleus
appareil^M de Golgi
Golgi apparatus
nucléole^M
nucleolus
réticulum^M endoplasmique
endoplasmic reticulum
microtubule^M
microtubule
microfilament^M
microfilament
mitochondrie^F
mitochondrion
vacuole^F
vacuole
peroxysome^M
peroxisome
cytoplasme^M
cytoplasm
membrane^F cytoplasmique
cell membrane
cil^M
cilium
chromatine^F
chromatin
centriole^M
centriole

unicellulaires^M

unicellulars

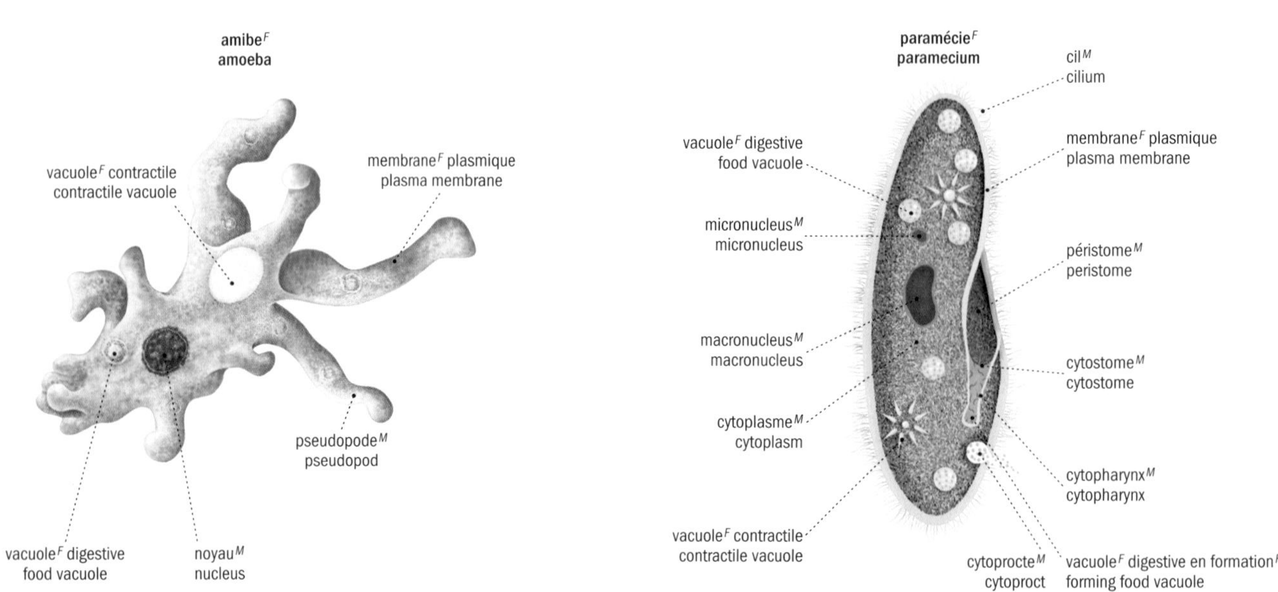

amibe^F
amoeba
vacuole^F contractile
contractile vacuole
membrane^F plasmique
plasma membrane
pseudopode^M
pseudopod
vacuole^F digestive
food vacuole
noyau^M
nucleus
paramécie^F
paramecium
cil^M
cilium
vacuole^F digestive
food vacuole
membrane^F plasmique
plasma membrane
micronucleus^M
micronucleus
péristome^M
peristome
macronucleus^M
macronucleus
cytostome^M
cytostome
cytoplasme^M
cytoplasm
cytopharynx^M
cytopharynx
vacuole^F contractile
contractile vacuole
cytoprocte^M
cytoproct
vacuole^F digestive en formation^F
forming food vacuole

éponge[F]

sponge

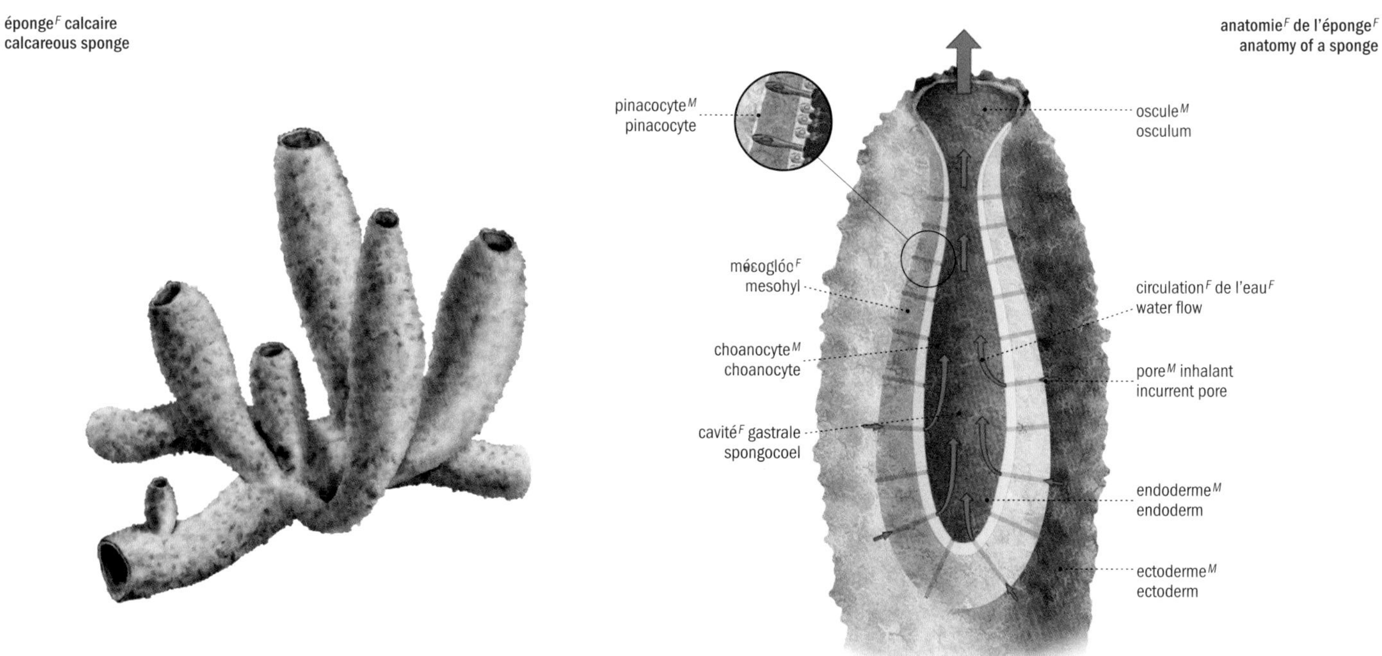
éponge[F] calcaire
calcareous sponge
anatomie[F] de l'éponge[F]
anatomy of a sponge
pinacocyte[M]
pinacocyte
oscule[M]
osculum
mésoglée[F]
mesohyl
circulation[F] de l'eau[F]
water flow
choanocyte[M]
choanocyte
pore[M] inhalant
incurrent pore
cavité[F] gastrale
spongocoel
endoderme[M]
endoderm
ectoderme[M]
ectoderm

échinodermes[M]

echinoderms

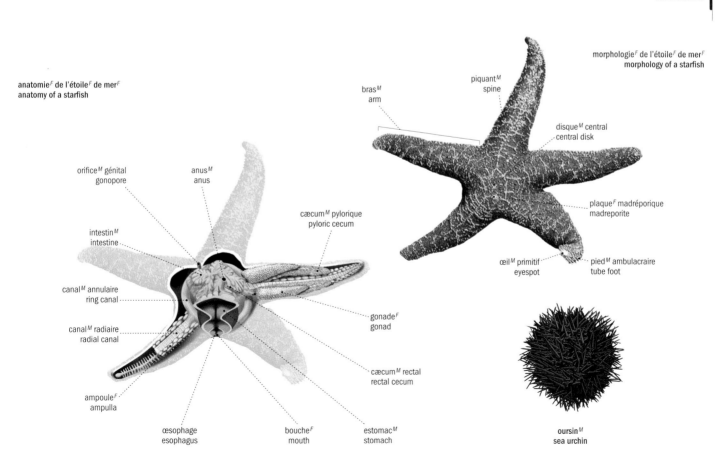

anatomie[F] de l'étoile[F] de mer[F]
anatomy of a starfish

orifice[M] génital
gonopore

anus[M]
anus

cæcum[M] pylorique
pyloric cecum

intestin[M]
intestine

canal[M] annulaire
ring canal

gonade[F]
gonad

canal[M] radiaire
radial canal

cæcum[M] rectal
rectal cecum

ampoule[F]
ampulla

œsophage
esophagus

bouche[F]
mouth

estomac[M]
stomach

morphologie[F] de l'étoile[F] de mer[F]
morphology of a starfish

piquant[M]
spine

bras[M]
arm

disque[M] central
central disk

plaque[F] madréporique
madreporite

œil[M] primitif
eyespot

pied[M] ambulacraire
tube foot

oursin[M]
sea urchin

RÈGNE ANIMAL

papillon^M

butterfly

morphologie^F du papillon^M
morphology of a butterfly

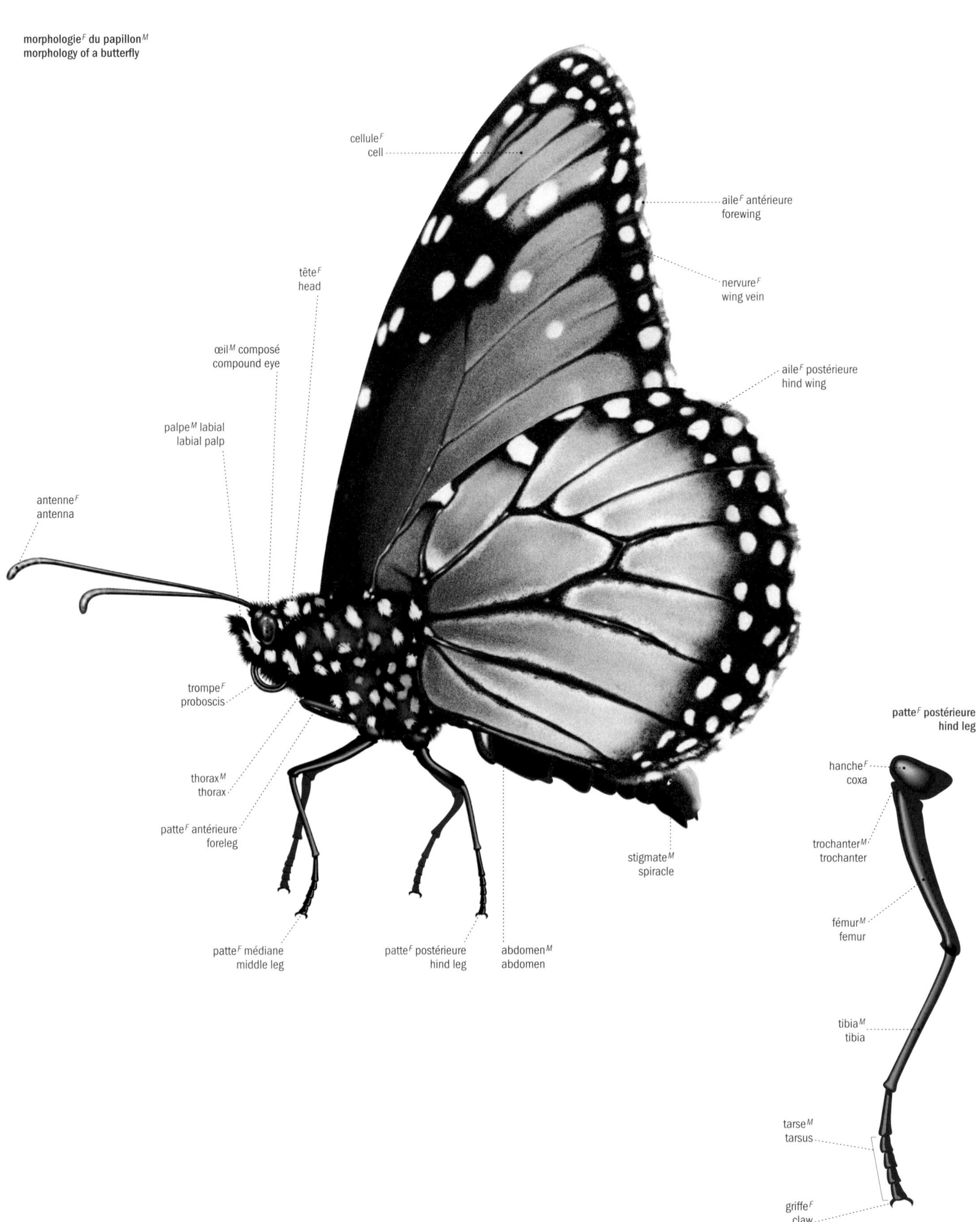
cellule^F
cell
aile^F antérieure
forewing
tête^F
head
nervure^F
wing vein
œil^M composé
compound eye
aile^F postérieure
hind wing
palpe^M labial
labial palp
antenne^F
antenna
trompe^F
proboscis
patte^F postérieure
hind leg
hanche^F
coxa
thorax^M
thorax
patte^F antérieure
foreleg
trochanter^M
trochanter
stigmate^M
spiracle
fémur^M
femur
patte^F médiane
middle leg
patte^F postérieure
hind leg
abdomen^M
abdomen
tibia^M
tibia
tarse^M
tarsus
griffe^F
claw

papillon[M]

anatomie[F] du papillon[M] femelle
anatomy of a female butterfly

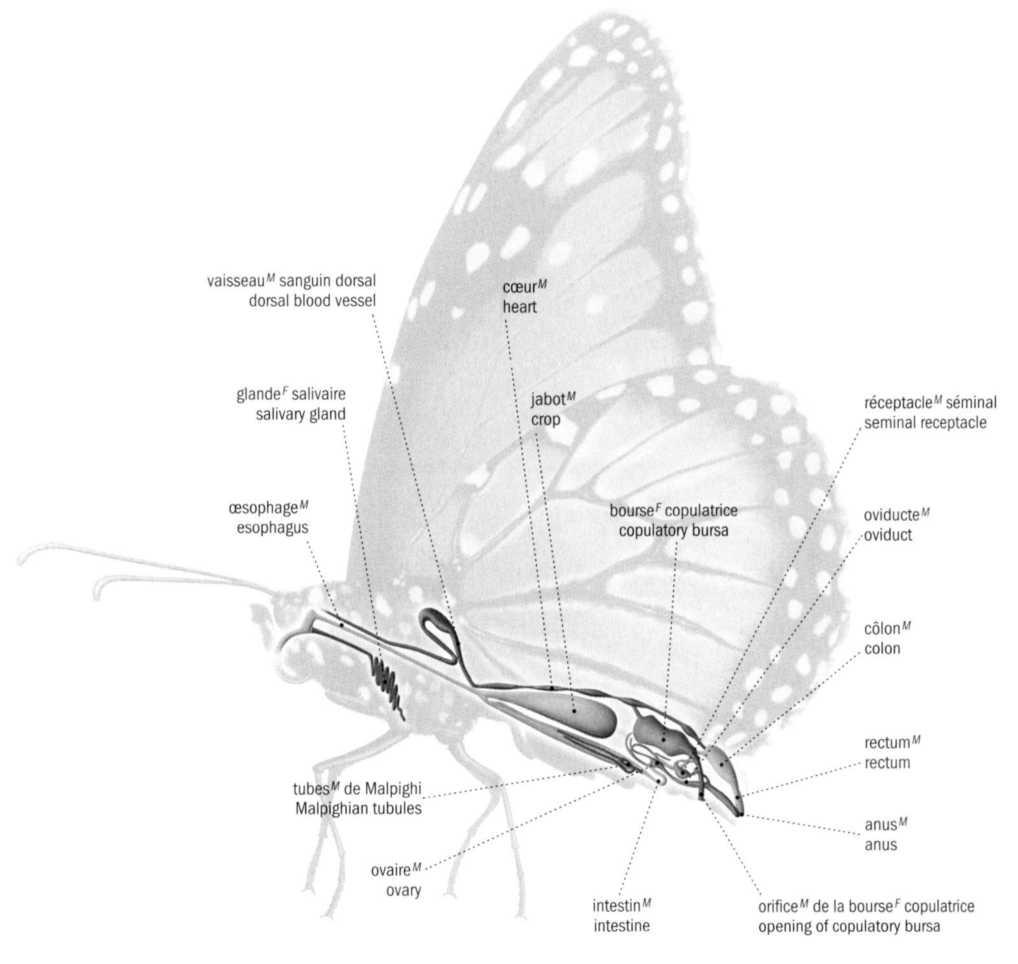
vaisseau[M] sanguin dorsal
dorsal blood vessel
cœur[M]
heart
glande[F] salivaire
salivary gland
jabot[M]
crop
réceptacle[M] séminal
seminal receptacle
œsophage[M]
esophagus
bourse[F] copulatrice
copulatory bursa
oviducte[M]
oviduct
côlon[M]
colon
rectum[M]
rectum
tubes[M] de Malpighi
Malpighian tubules
anus[M]
anus
ovaire[M]
ovary
intestin[M]
intestine
orifice[M] de la bourse[F] copulatrice
opening of copulatory bursa

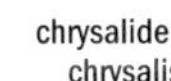

chrysalide[F]
chrysalis

chenille[F]
caterpillar

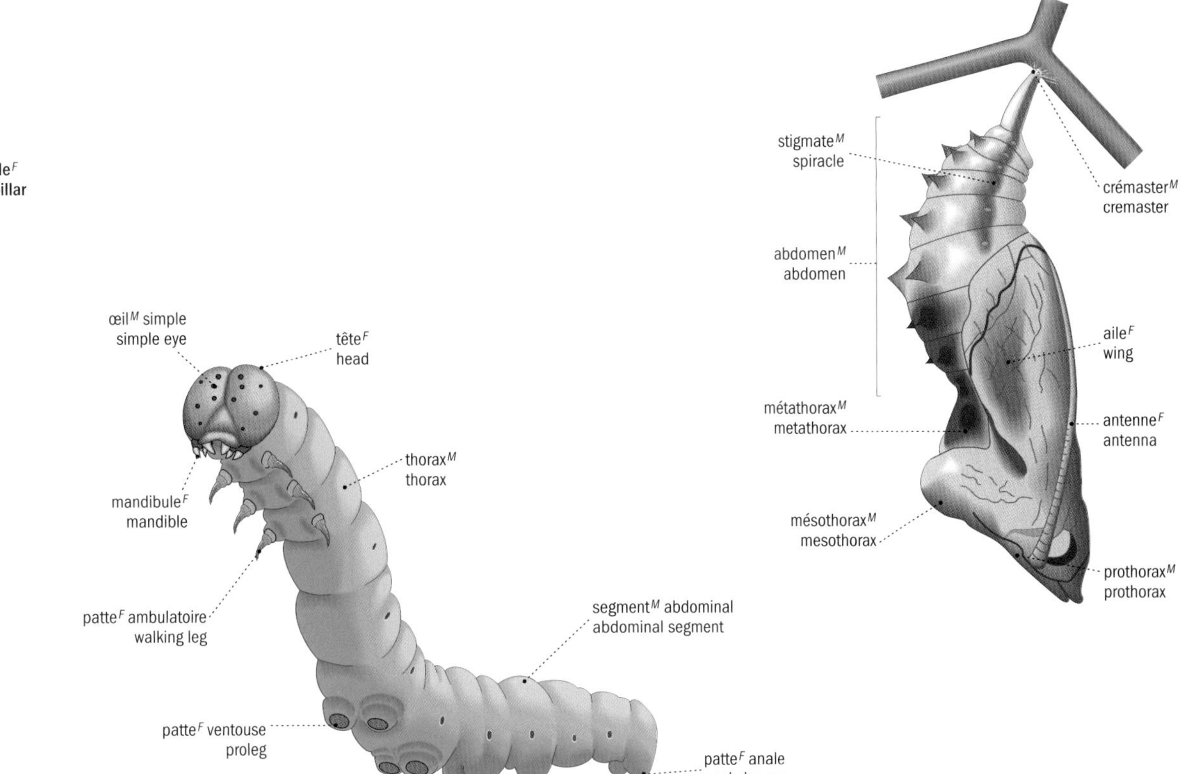
stigmate[M]
spiracle
crémaster[M]
cremaster
abdomen[M]
abdomen
aile[F]
wing
métathorax[M]
metathorax
antenne[F]
antenna
mésothorax[M]
mesothorax
prothorax[M]
prothorax
œil[M] simple
simple eye
tête[F]
head
thorax[M]
thorax
mandibule[F]
mandible
patte[F] ambulatoire
walking leg
segment[M] abdominal
abdominal segment
patte[F] ventouse
proleg
patte[F] anale
anal clasper

abeille^F

honeybee

morphologie^F de l'abeille^F : ouvrière^F
morphology of a honeybee: worker

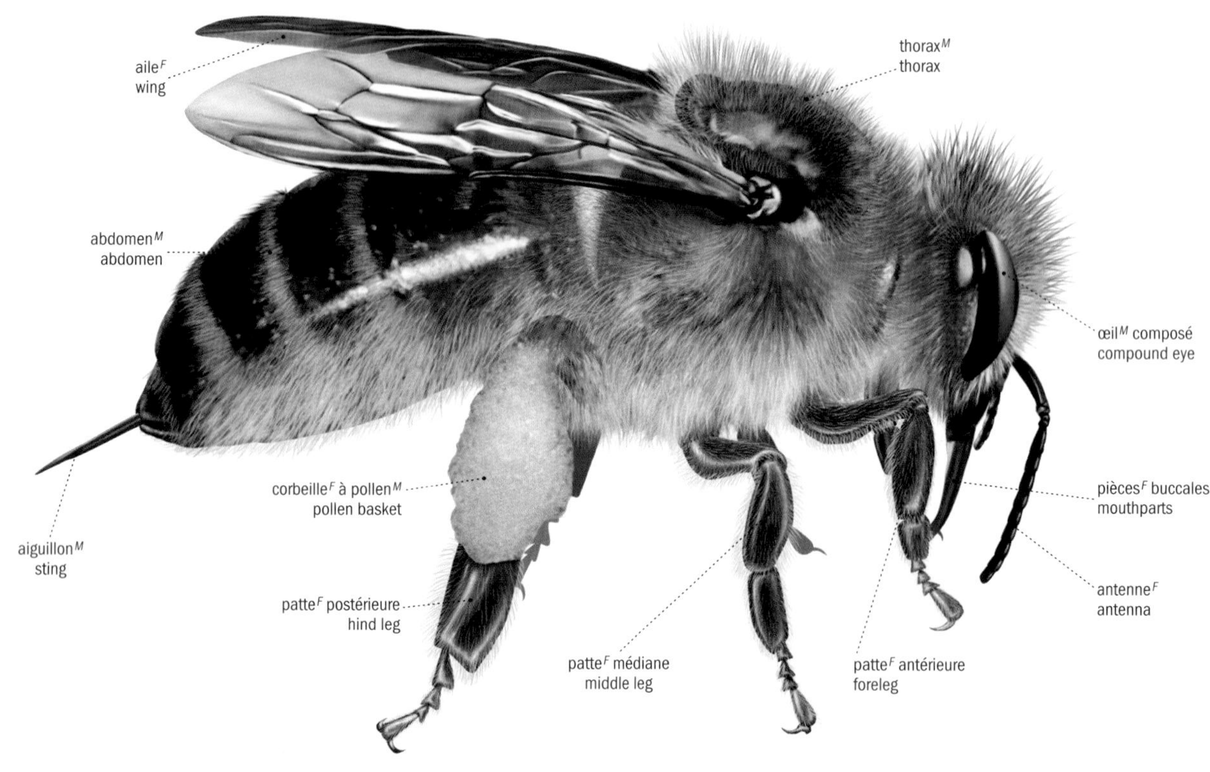
aile^F
wing
thorax^M
thorax
abdomen^M
abdomen
œil^M composé
compound eye
corbeille^F à pollen^M
pollen basket
pièces^F buccales
mouthparts
aiguillon^M
sting
antenne^F
antenna
patte^F postérieure
hind leg
patte^F médiane
middle leg
patte^F antérieure
foreleg

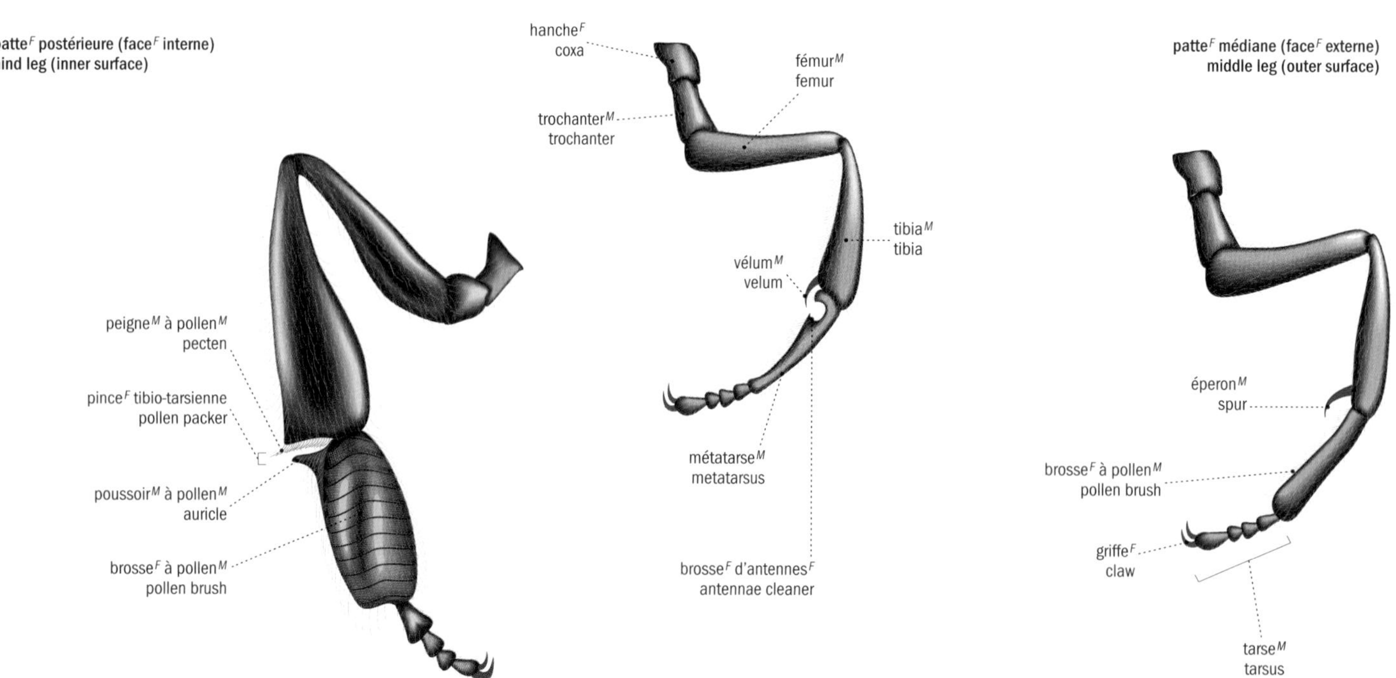
patte^F antérieure (face^F externe)
foreleg (outer surface)
patte^F postérieure (face^F interne)
hind leg (inner surface)
hanche^F
coxa
fémur^M
femur
trochanter^M
trochanter
patte^F médiane (face^F externe)
middle leg (outer surface)
tibia^M
tibia
vélum^M
velum
peigne^M à pollen^M
pecten
pince^F tibio-tarsienne
pollen packer
éperon^M
spur
métatarse^M
metatarsus
brosse^F à pollen^M
pollen brush
poussoir^M à pollen^M
auricle
griffe^F
claw
brosse^F à pollen^M
pollen brush
brosse^F d'antennes^F
antennae cleaner
tarse^M
tarsus

abeille[F]

anatomie[F] de l'abeille[F]
anatomy of a honeybee

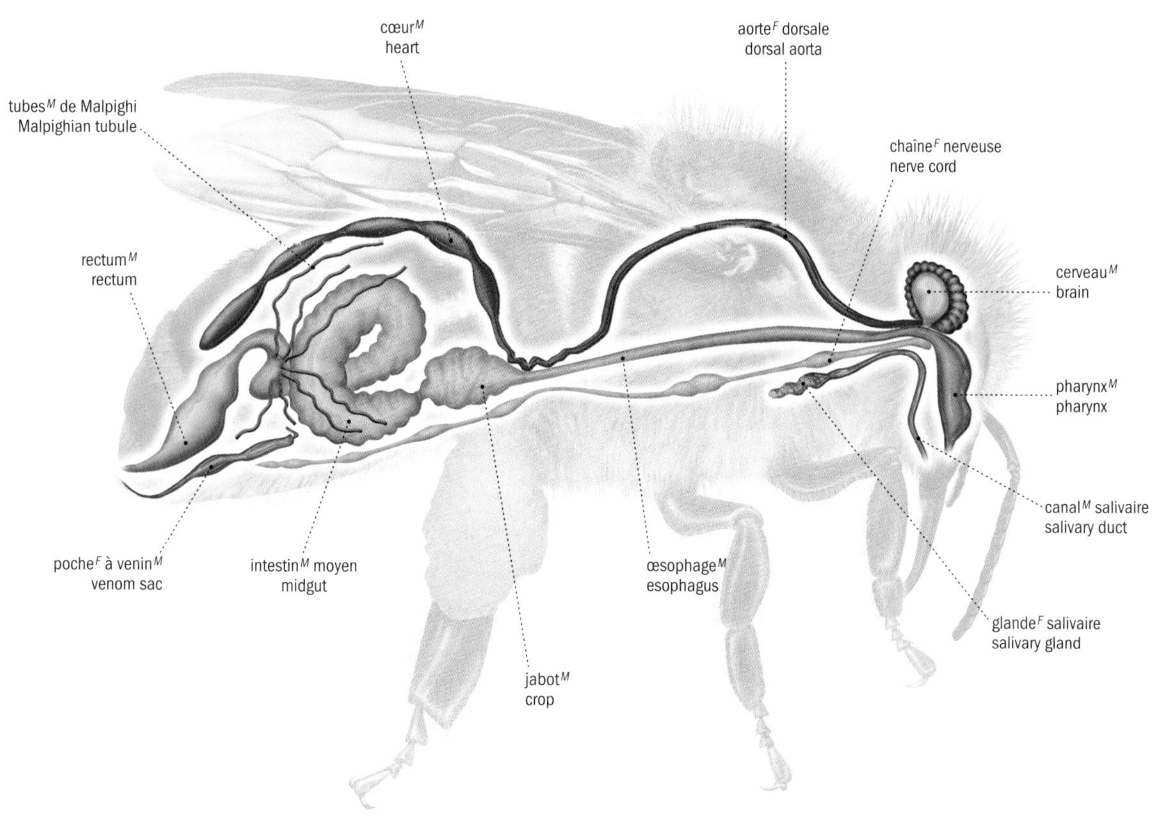
cœur[M]
heart
aorte[F] dorsale
dorsal aorta
tubes[M] de Malpighi
Malpighian tubule
chaîne[F] nerveuse
nerve cord
rectum[M]
rectum
cerveau[M]
brain
pharynx[M]
pharynx
canal[M] salivaire
salivary duct
poche[F] à venin[M]
venom sac
intestin[M] moyen
midgut
œsophage[M]
esophagus
glande[F] salivaire
salivary gland
jabot[M]
crop

tête[F]
head

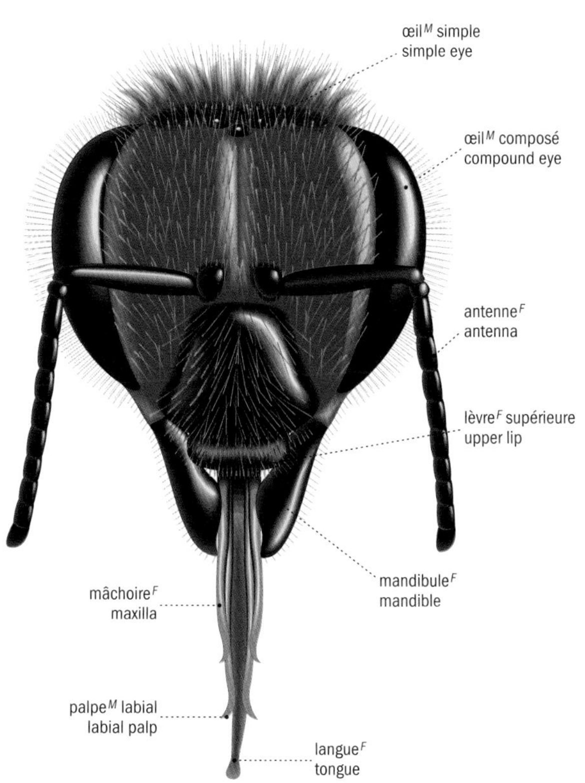
œil[M] simple
simple eye
œil[M] composé
compound eye
antenne[F]
antenna
lèvre[F] supérieure
upper lip
mandibule[F]
mandible
mâchoire[F]
maxilla
palpe[M] labial
labial palp
langue[F]
tongue

castes[F]
castes

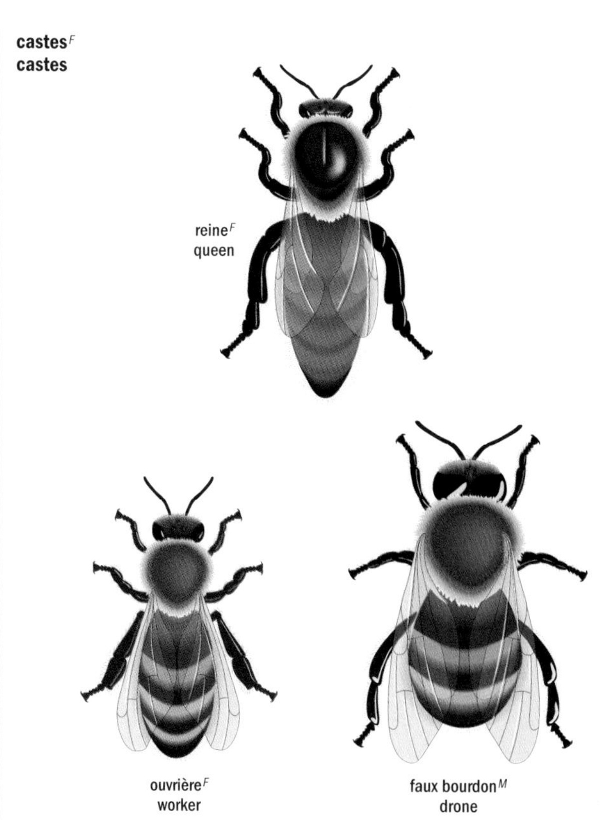
reine[F]
queen
ouvrière[F]
worker
faux bourdon[M]
drone

abeille^F

ruche^F
hive

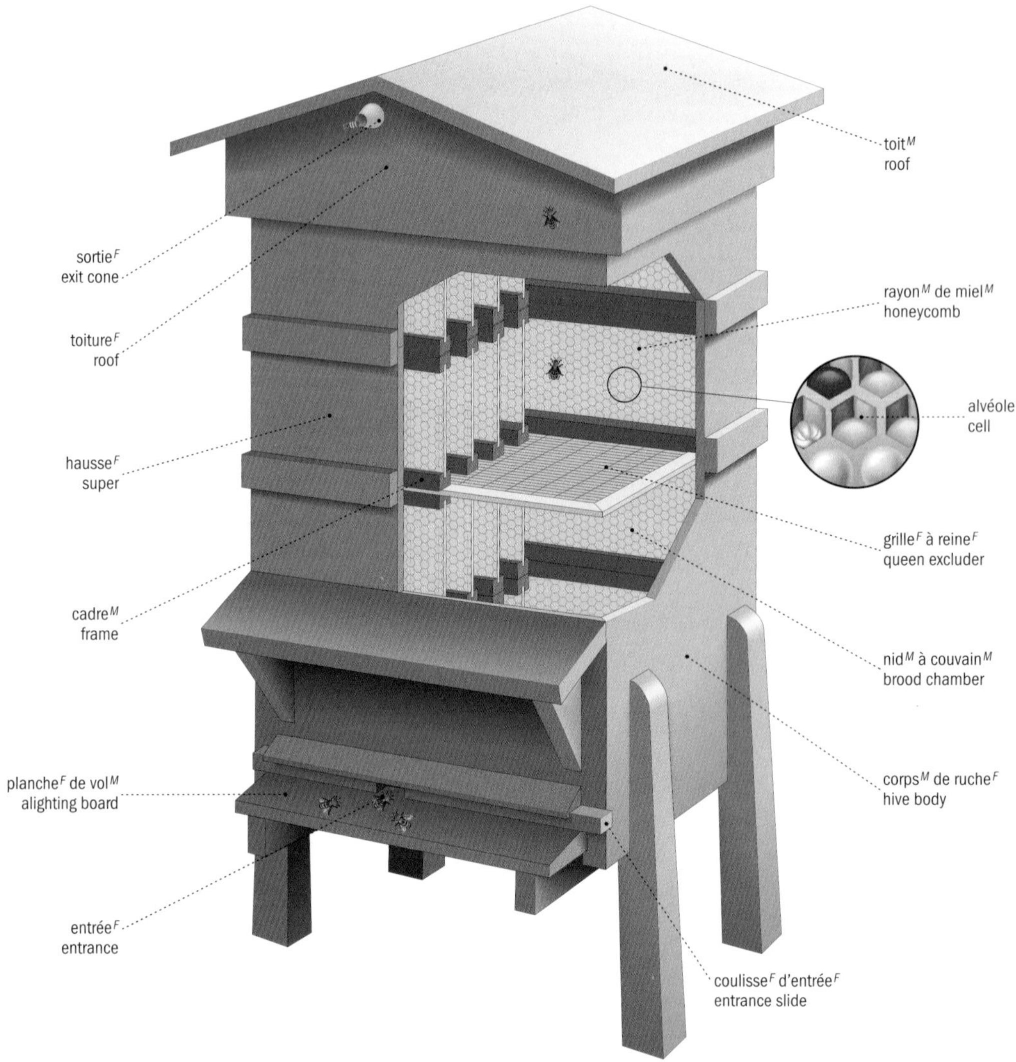
toit^M
roof
sortie^F
exit cone
toiture^F
roof
rayon^M de miel^M
honeycomb
alvéole^F
cell
hausse^F
super
grille^F à reine^F
queen excluder
cadre^M
frame
nid^M à couvain^M
brood chamber
corps^M de ruche^F
hive body
planche^F de vol^M
alighting board
entrée^F
entrance
coulisse^F d'entrée^F
entrance slide

coupe^F d'un rayon^M de miel^M
honeycomb section

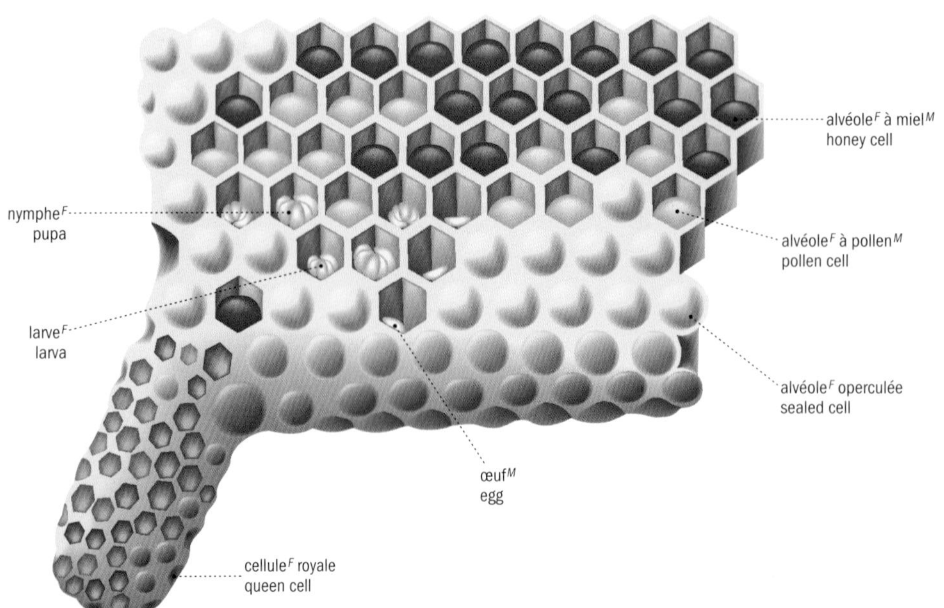
alvéole^F à miel^M
honey cell
nymphe^F
pupa
alvéole^F à pollen^M
pollen cell
larve^F
larva
alvéole^F operculée
sealed cell
œuf^M
egg
cellule^F royale
queen cell

exemples[M] d'insectes[M]

examples of insects

puce[F]
flea

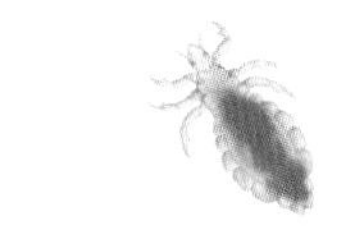
pou[M]
louse

moustique[M]
mosquito

mouche[F] tsé-tsé
tsetse fly

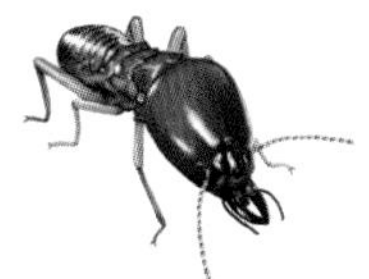
termite[M]
termite

petite vrillette[F]
furniture beetle

fourmi[F]
ant

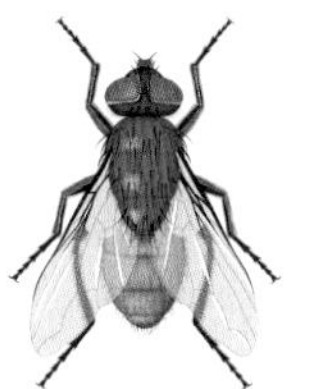
mouche[F]
fly

coccinelle[F]
ladybird beetle

punaise[F] rayée
shield bug

nécrophore[M]
sexton beetle

guêpe[F]
yellowjacket

frelon[M]
hornet

taon[M]
horsefly

bourdon[M]
bumblebee

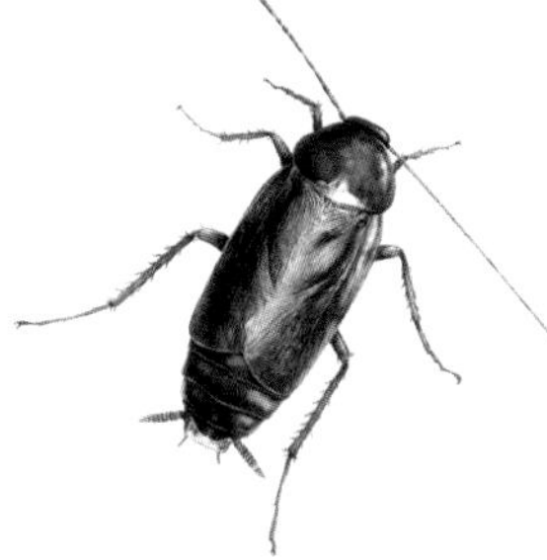
blatte[F] orientale
oriental cockroach

phalène[F] du bouleau[M]
peppered moth

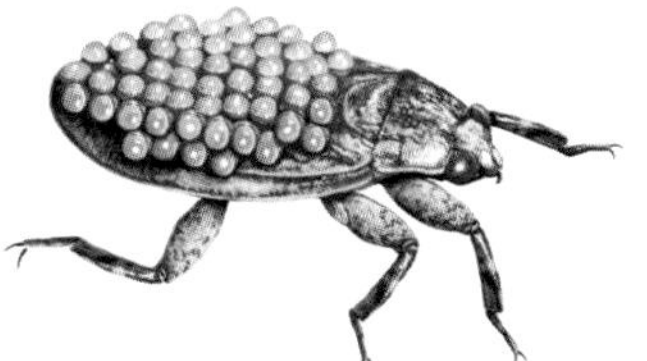
punaise[F] d'eau[F] géante
giant water bug

hanneton[M]
cockchafer

monarque[M]
monarch butterfly

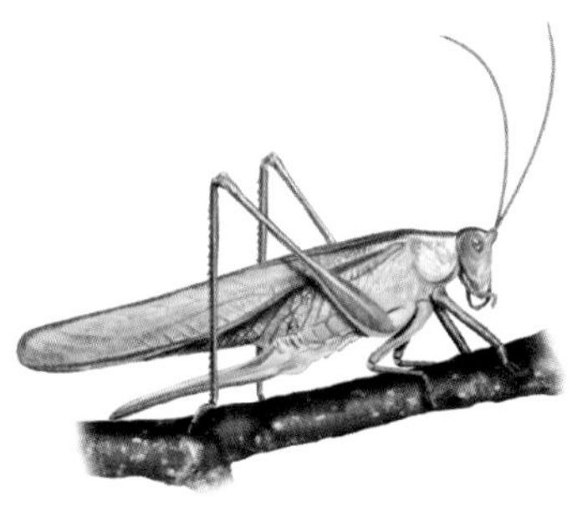
grande sauterelle[F] verte
great green bush-cricket

cigale[F]
cicada

exemples^{M} d'insectes^{M}

patineur^{M} d'eau^{F}
water strider

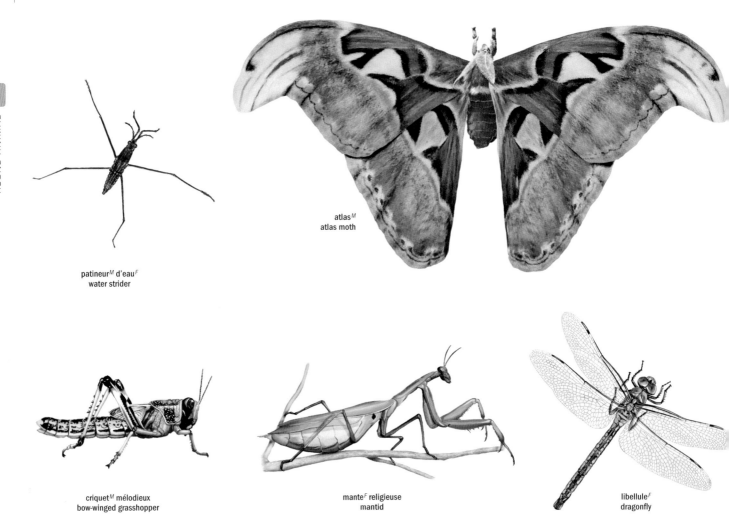

atlas^{M}
atlas moth

criquet^{M} mélodieux
bow-winged grasshopper

mante^{F} religieuse
mantid

libellule^{F}
dragonfly

exemples^{M} d'arachnides^{M}

examples of arachnids

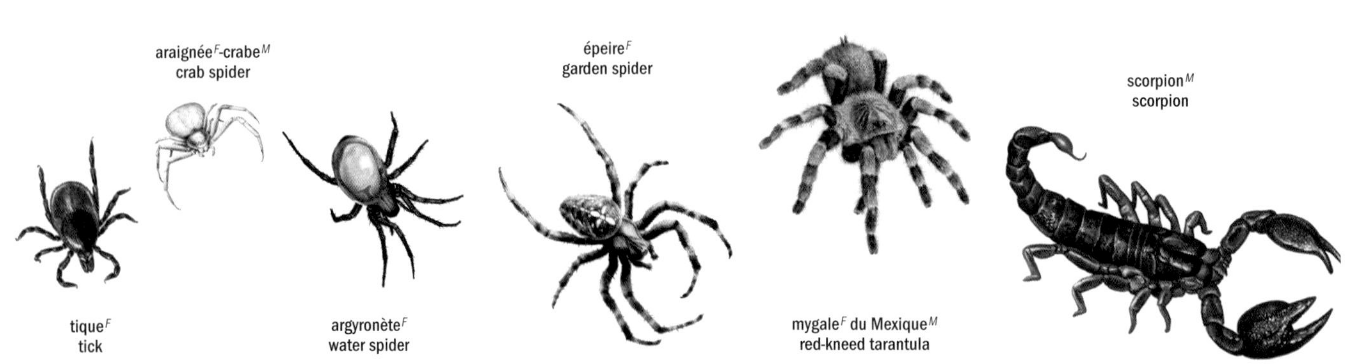

araignée^{F}-crabe^{M}
crab spider

épeire^{F}
garden spider

scorpion^{M}
scorpion

tique^{F}
tick

argyronète^{F}
water spider

mygale^{F} du Mexique^{M}
red-kneed tarantula

araignée[F]

spider

toile[F] d'araignée[F]
spider web

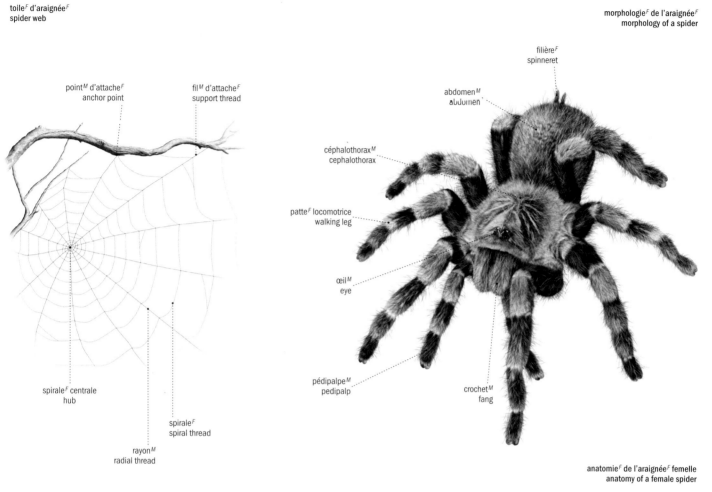

point[M] d'attache[F]
anchor point

fil[M] d'attache[F]
support thread

spirale[F] centrale
hub

spirale[F]
spiral thread

rayon[M]
radial thread

morphologie[F] de l'araignée[F]
morphology of a spider

filière[F]
spinneret

abdomen[M]
abdomen

céphalothorax[M]
cephalothorax

patte[F] locomotrice
walking leg

œil[M]
eye

pédipalpe[M]
pedipalp

crochet[M]
fang

anatomie[F] de l'araignée[F] femelle
anatomy of a female spider

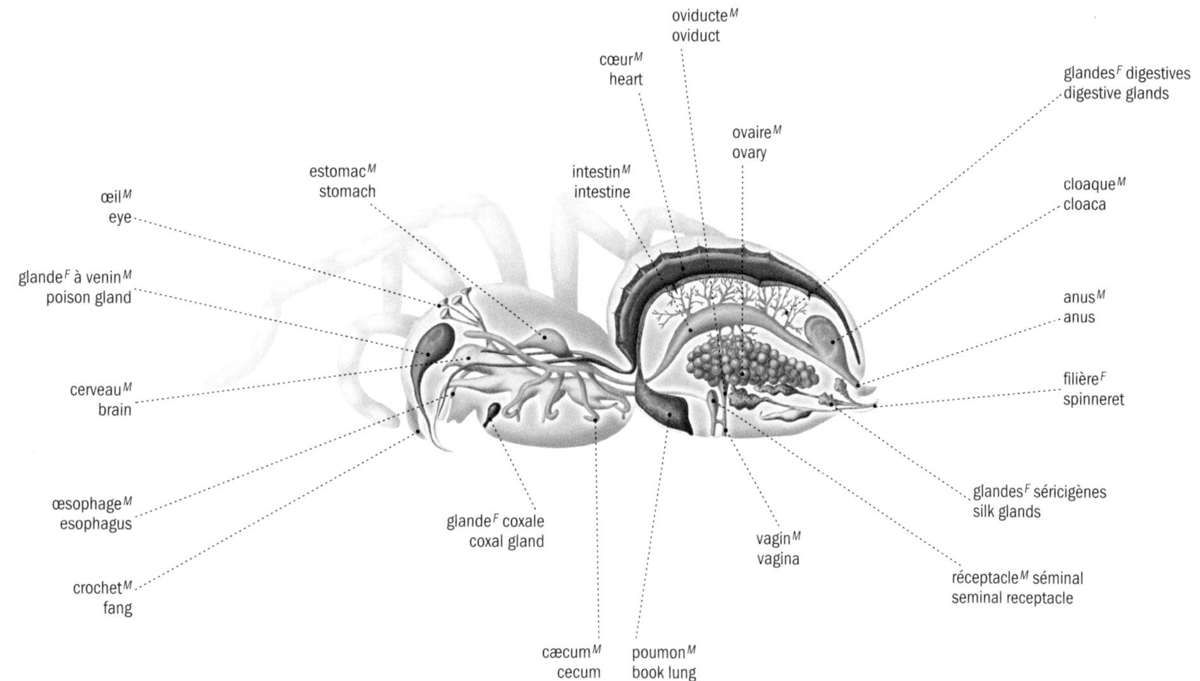
oviducte[M]
oviduct
cœur[M]
heart
glandes[F] digestives
digestive glands
ovaire[M]
ovary
estomac[M]
stomach
intestin[M]
intestine
œil[M]
eye
cloaque[M]
cloaca
glande[F] à venin[M]
poison gland
anus[M]
anus
cerveau[M]
brain
filière[F]
spinneret
œsophage[M]
esophagus
glandes[F] séricigènes
silk glands
glande[F] coxale
coxal gland
vagin[M]
vagina
crochet[M]
fang
réceptacle[M] séminal
seminal receptacle
cæcum[M]
cecum
poumon[M]
book lung

escargot[M]

snail

morphologie[F] de l'escargot[M]
morphology of a snail

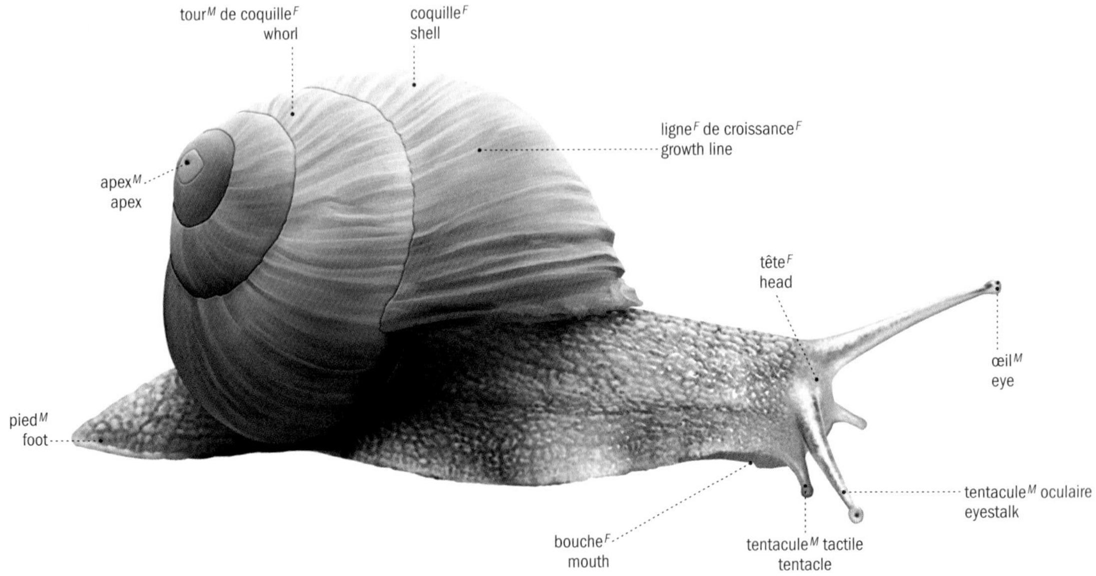
tour[M] de coquille[F]
whorl
coquille[F]
shell
ligne[F] de croissance[F]
growth line
apex[M]
apex
tête[F]
head
œil[M]
eye
pied[M]
foot
tentacule[M] oculaire
eyestalk
bouche[F]
mouth
tentacule[M] tactile
tentacle

anatomie[F] de l'escargot[M]
anatomy of a snail

rein[M]
kidney

cœur[M]
heart

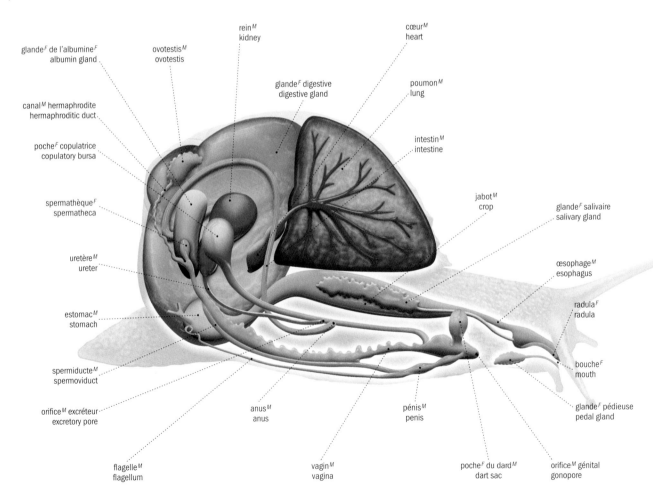

glande[F] de l'albumine[F]
albumin gland

ovotestis[M]
ovotestis

glande[F] digestive
digestive gland

poumon[M]
lung

canal[M] hermaphrodite
hermaphroditic duct

intestin[M]
intestine

poche[F] copulatrice
copulatory bursa

jabot[M]
crop

spermathèque[F]
spermatheca

glande[F] salivaire
salivary gland

uretère[M]
ureter

œsophage[M]
esophagus

radula[F]
radula

estomac[M]
stomach

bouche[F]
mouth

spermiducte[M]
spermoviduct

orifice[M] excréteur
excretory pore

anus[M]
anus

pénis[M]
penis

glande[F] pédieuse
pedal gland

flagelle[M]
flagellum

vagin[M]
vagina

poche[F] du dard[M]
dart sac

orifice[M] génital
gonopore

coquille[F] univalve

univalve shell

morphologie[F] de la coquille[F] univalve
morphology of a univalve shell

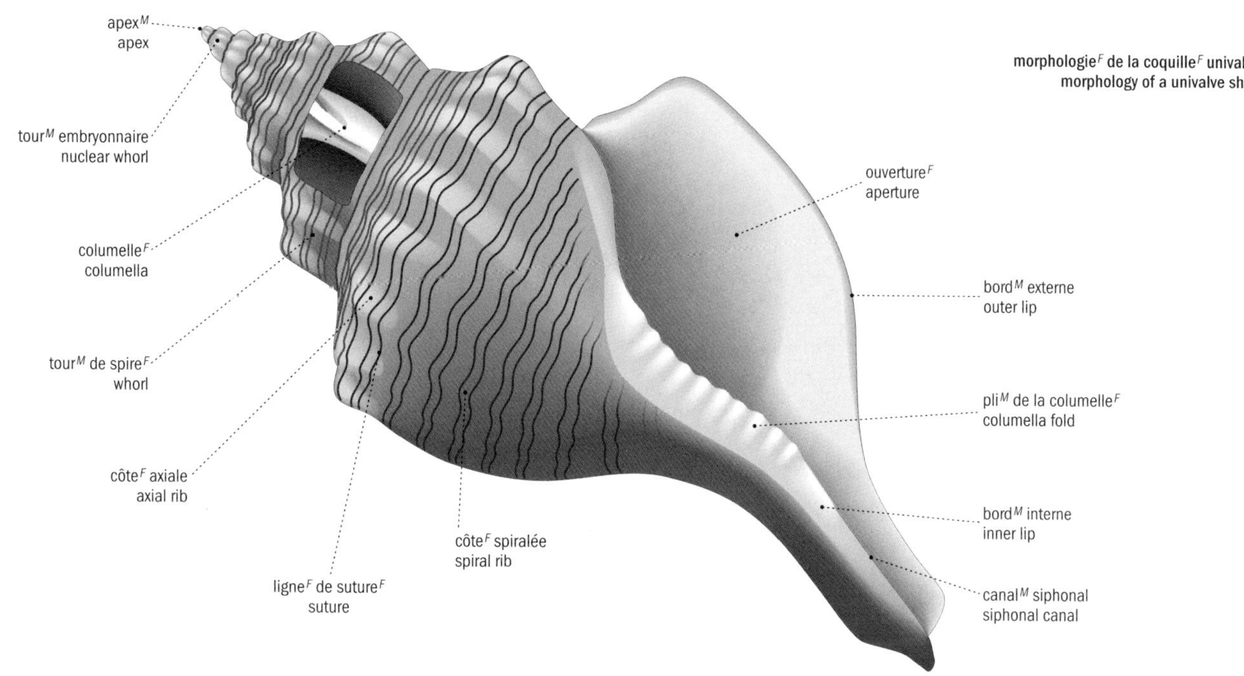
apex[M]
apex
tour[M] embryonnaire
nuclear whorl
columelle[F]
columella
tour[M] de spire[F]
whorl
côte[F] axiale
axial rib
ligne[F] de suture[F]
suture
côte[F] spiralée
spiral rib
ouverture[F]
aperture
bord[M] externe
outer lip
pli[M] de la columelle[F]
columella fold
bord[M] interne
inner lip
canal[M] siphonal
siphonal canal

coquille[F] bivalve

bivalve shell

anatomie[F] de la coquille[F] bivalve
anatomy of a bivalve shell

rein[M]
kidney

coquille[F]
shell

cœur[M]
heart

crochet[M]
umbo

ligament[M]
ligament

muscle[M] adducteur postérieur
posterior adductor muscle

glande[F] digestive
digestive gland

anus[M]
anus

estomac[M]
stomach

muscle[M] adducteur antérieur
anterior adductor muscle

ganglion[M] viscéral
visceral ganglion

palpe[M]
labial palp

branchies[F]
gills

manteau[M]
mantle

gonade[F]
gonad

bouche[F]
mouth

intestin[M]
intestine

pied[M]
foot

ganglion[M] cérébropleural
cerebropleural ganglion

morphologie[F] de la coquille[F] bivalve
morphology of a bivalve shell

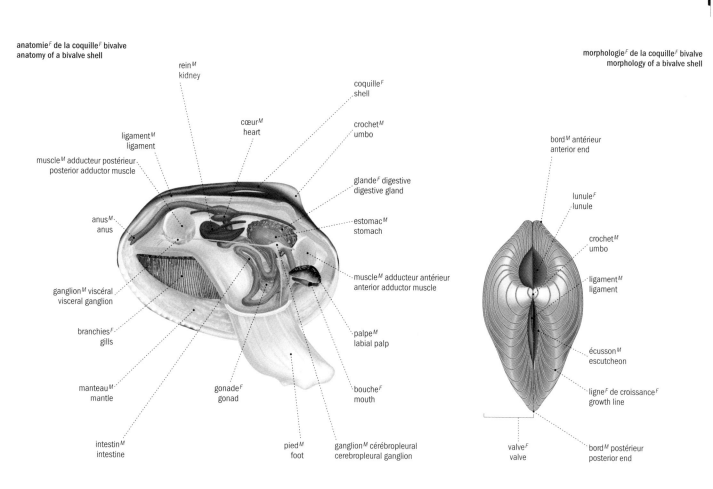

bord[M] antérieur
anterior end

lunule[F]
lunule

crochet[M]
umbo

ligament[M]
ligament

écusson[M]
escutcheon

ligne[F] de croissance[F]
growth line

valve[F]
valve

bord[M] postérieur
posterior end

pieuvre^F

octopus

morphologie^F de la pieuvre^F
morphology of an octopus

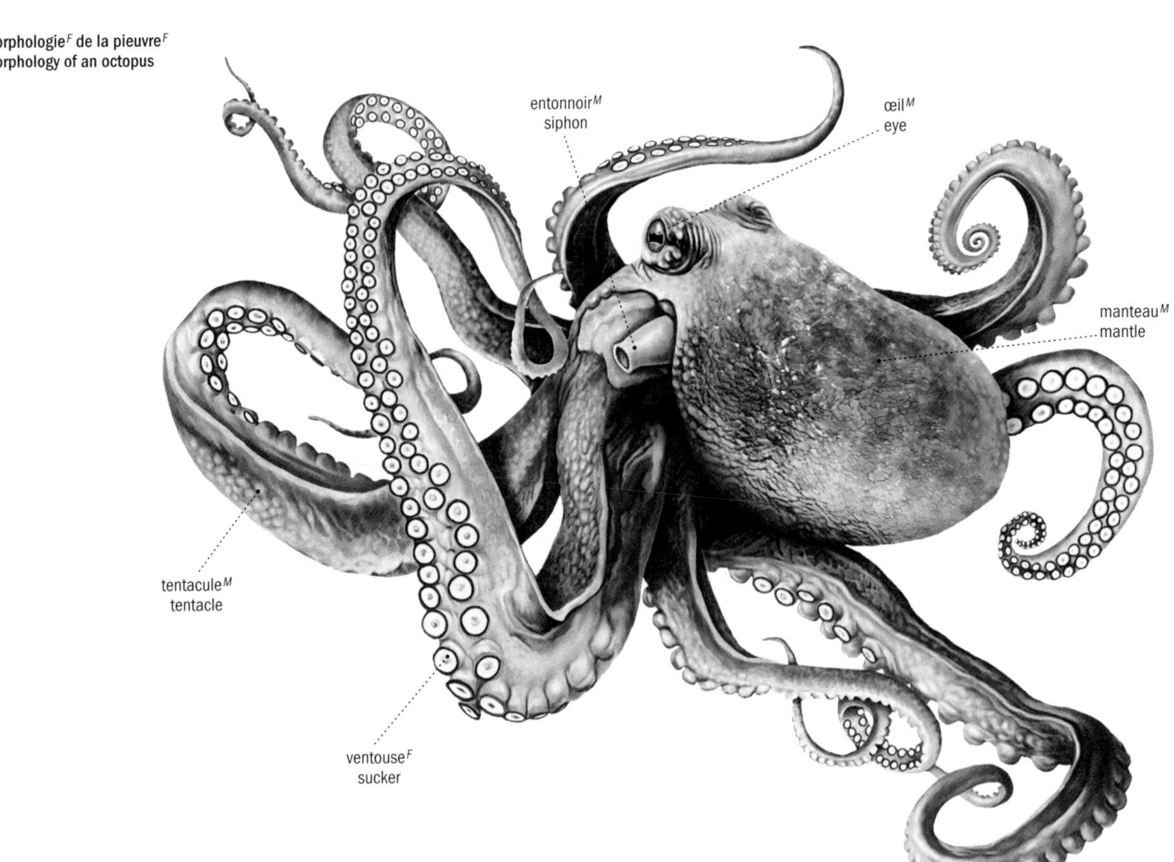
entonnoir^M
siphon
œil^M
eye
manteau^M
mantle
tentacule^M
tentacle
ventouse^F
sucker

anatomie^F de la pieuvre^F
anatomy of an octopus

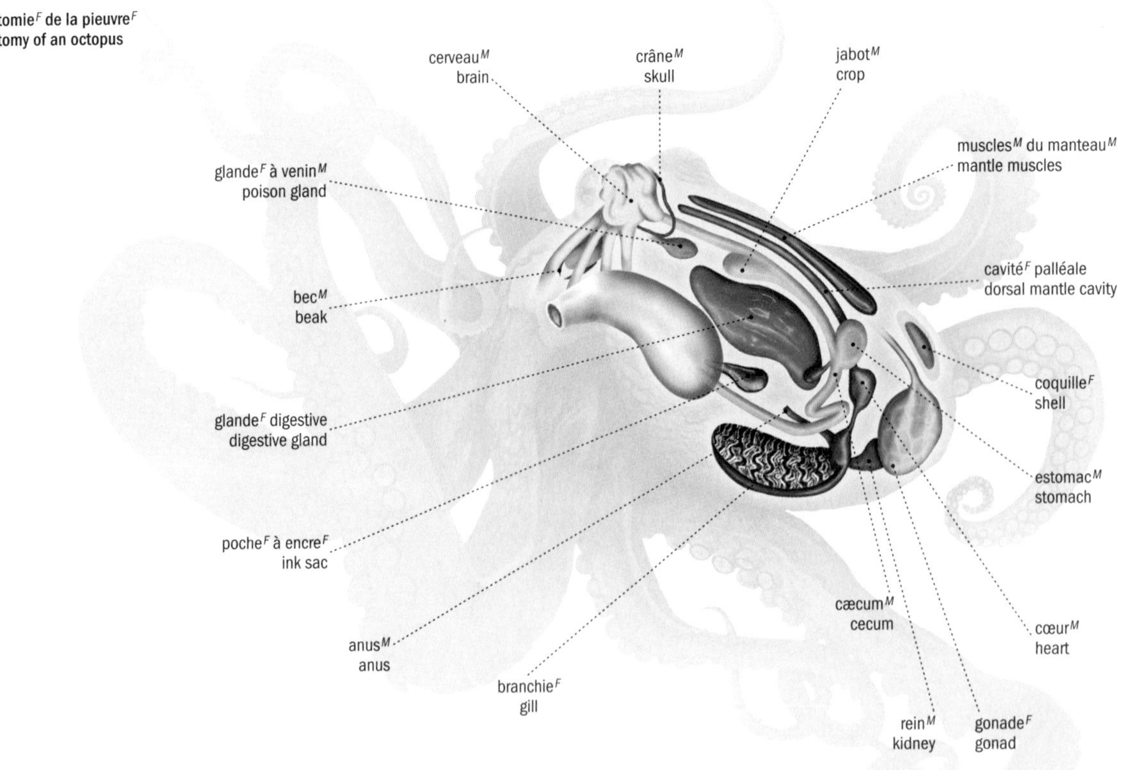
cerveau^M
brain
crâne^M
skull
jabot^M
crop
muscles^M du manteau^M
mantle muscles
glande^F à venin^M
poison gland
cavité^F palléale
dorsal mantle cavity
bec^M
beak
coquille^F
shell
glande^F digestive
digestive gland
estomac^M
stomach
poche^F à encre^F
ink sac
cæcum^M
cecum
cœur^M
heart
anus^M
anus
branchie^F
gill
rein^M
kidney
gonade^F
gonad

homard^M

lobster

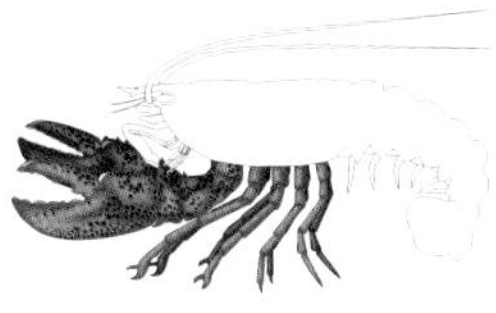

pattes^F thoraciques
thoracic legs

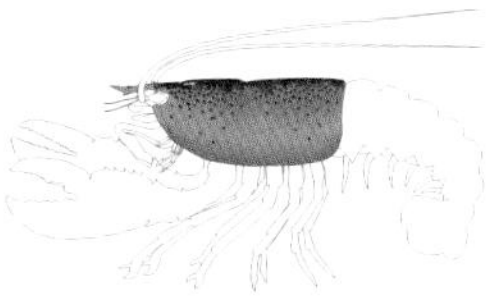

céphalothorax^M
cephalothorax

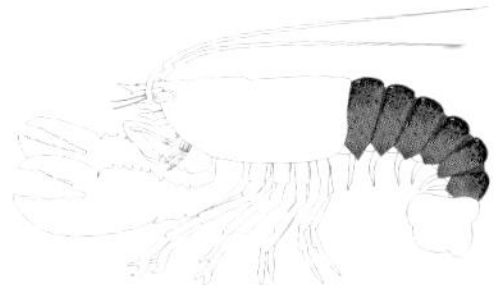

abdomen^M
abdomen

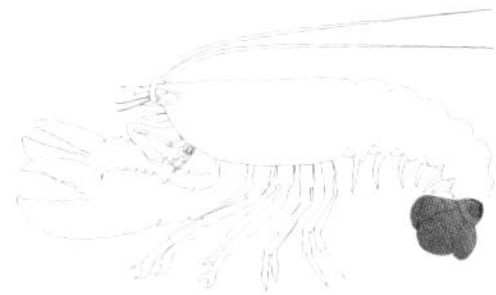

nageoire^F caudale
tail

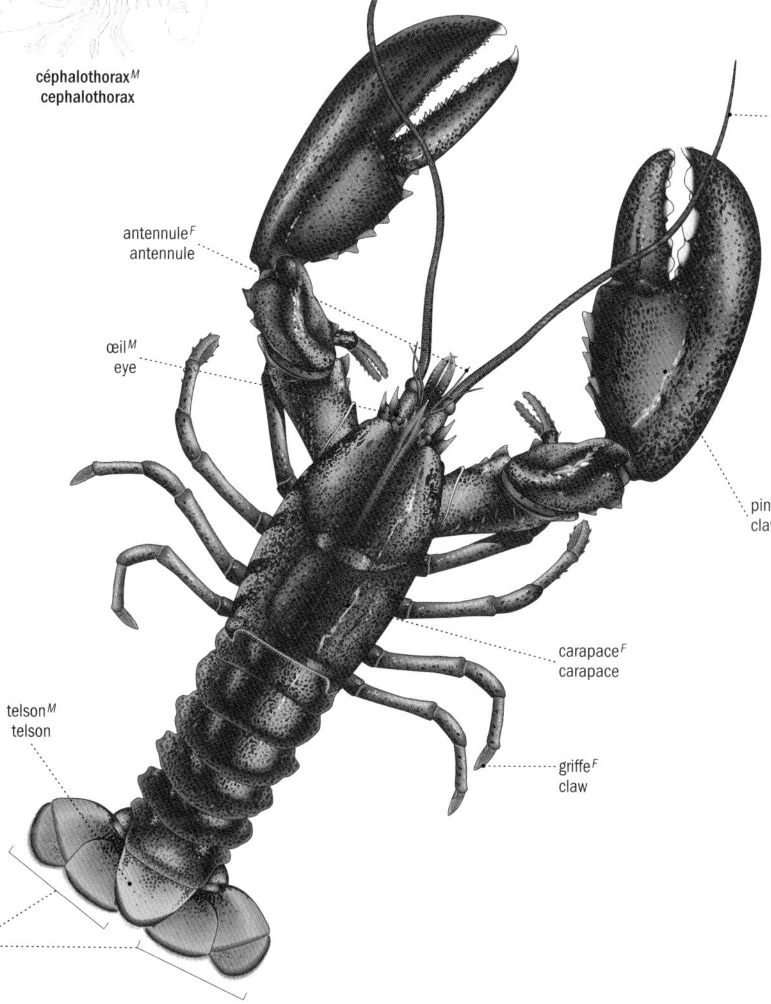

morphologie^F du homard^M
morphology of a lobster

antenne^F
antenna

antennule^F
antennule

œil^M
eye

pince^F
claw

carapace^F
carapace

telson^M
telson

griffe^F
claw

uropode^M
uropod

anatomie^F du homard^M
anatomy of a lobster

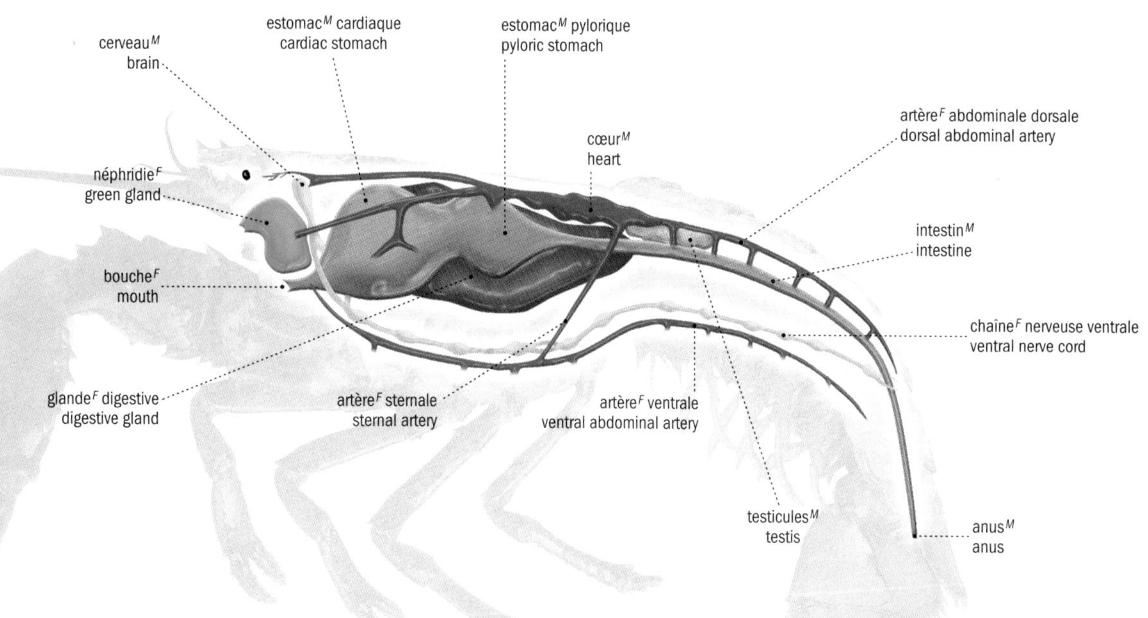
estomac^M cardiaque
cardiac stomach
estomac^M pylorique
pyloric stomach
cerveau^M
brain
artère^F abdominale dorsale
dorsal abdominal artery
cœur^M
heart
néphridie^F
green gland
intestin^M
intestine
bouche^F
mouth
chaîne^F nerveuse ventrale
ventral nerve cord
glande^F digestive
digestive gland
artère^F sternale
sternal artery
artère^F ventrale
ventral abdominal artery
testicules^M
testis
anus^M
anus

poisson[M] cartilagineux

cartilaginous fish

morphologie[F] du requin[M]
morphology of a shark

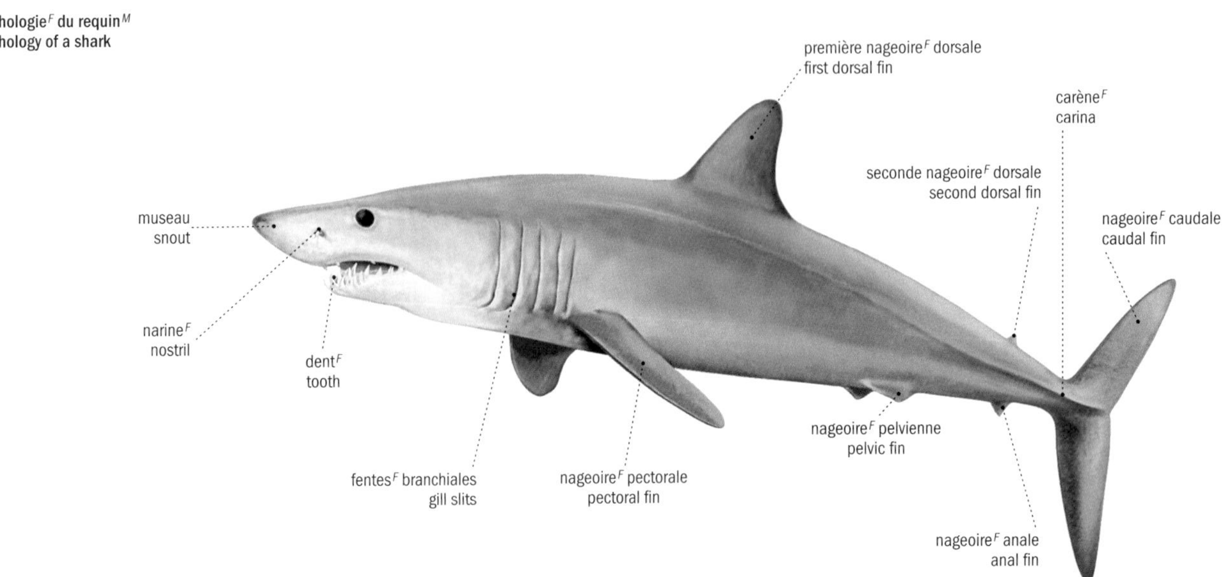
première nageoire[F] dorsale
first dorsal fin
carène[F]
carina
seconde nageoire[F] dorsale
second dorsal fin
nageoire[F] caudale
caudal fin
museau
snout
narine[F]
nostril
dent[F]
tooth
fentes[F] branchiales
gill slits
nageoire[F] pectorale
pectoral fin
nageoire[F] pelvienne
pelvic fin
nageoire[F] anale
anal fin

poisson[M] osseux

bony fish

morphologie[F] de la perche[F]; *morphologie[F] de la perchaude[F]*
morphology of a perch

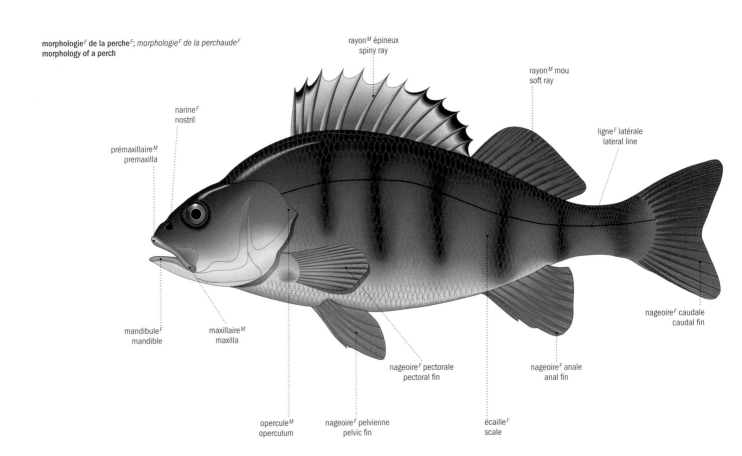

rayon[M] épineux
spiny ray

rayon[M] mou
soft ray

narine[F]
nostril

ligne[F] latérale
lateral line

prémaxillaire[M]
premaxilla

nageoire[F] caudale
caudal fin

mandibule[F]
mandible

maxillaire[M]
maxilla

nageoire[F] pectorale
pectoral fin

nageoire[F] anale
anal fin

opercule[M]
operculum

nageoire[F] pelvienne
pelvic fin

écaille[F]
scale

poisson[M] osseux

anatomie[F] de la perche[F]; *anatomie[F] de la perchaude[F]*
anatomy of a perch

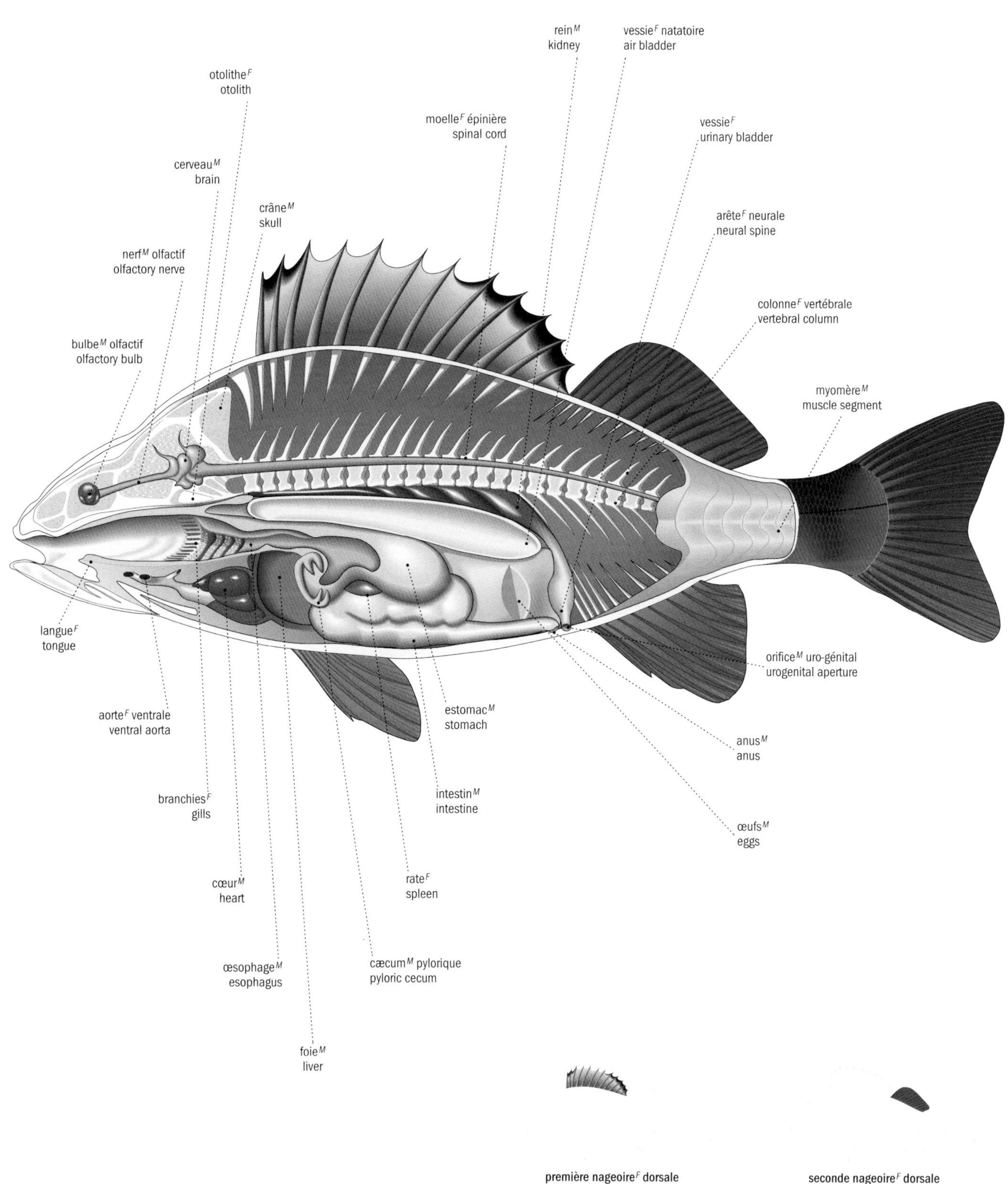
rein[M]
kidney
vessie[F] natatoire
air bladder
otolithe[F]
otolith
moelle[F] épinière
spinal cord
vessie[F]
urinary bladder
cerveau[M]
brain
crâne[M]
skull
arête[F] neurale
neural spine
nerf[M] olfactif
olfactory nerve
colonne[F] vertébrale
vertebral column
bulbe[M] olfactif
olfactory bulb
myomère[M]
muscle segment
langue[F]
tongue
orifice[M] uro-génital
urogenital aperture
aorte[F] ventrale
ventral aorta
estomac[M]
stomach
anus[M]
anus
branchies[F]
gills
intestin[M]
intestine
œufs[M]
eggs
cœur[M]
heart
rate[F]
spleen
œsophage[M]
esophagus
cæcum[M] pylorique
pyloric cecum
foie[M]
liver

première nageoire[F] dorsale
first dorsal fin

seconde nageoire[F] dorsale
second dorsal fin

grenouille^F

frog

morphologie^F de la grenouille^F
morphology of a frog

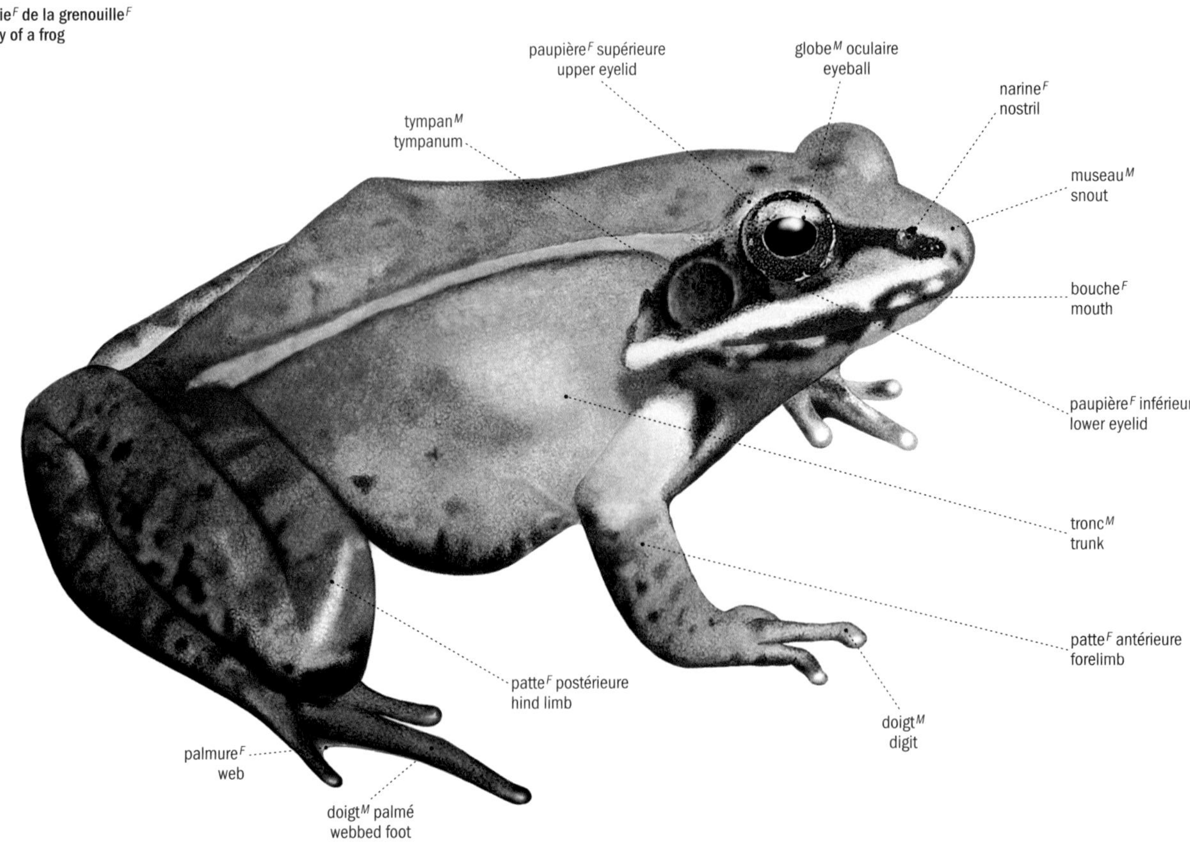
paupière^F supérieure
upper eyelid
globe^M oculaire
eyeball
narine^F
nostril
tympan^M
tympanum
museau^M
snout
bouche^F
mouth
paupière^F inférieure
lower eyelid
tronc^M
trunk
patte^F antérieure
forelimb
patte^F postérieure
hind limb
doigt^M
digit
palmure^F
web
doigt^M palmé
webbed foot

anatomie^F de la grenouille^F mâle
anatomy of a male frog

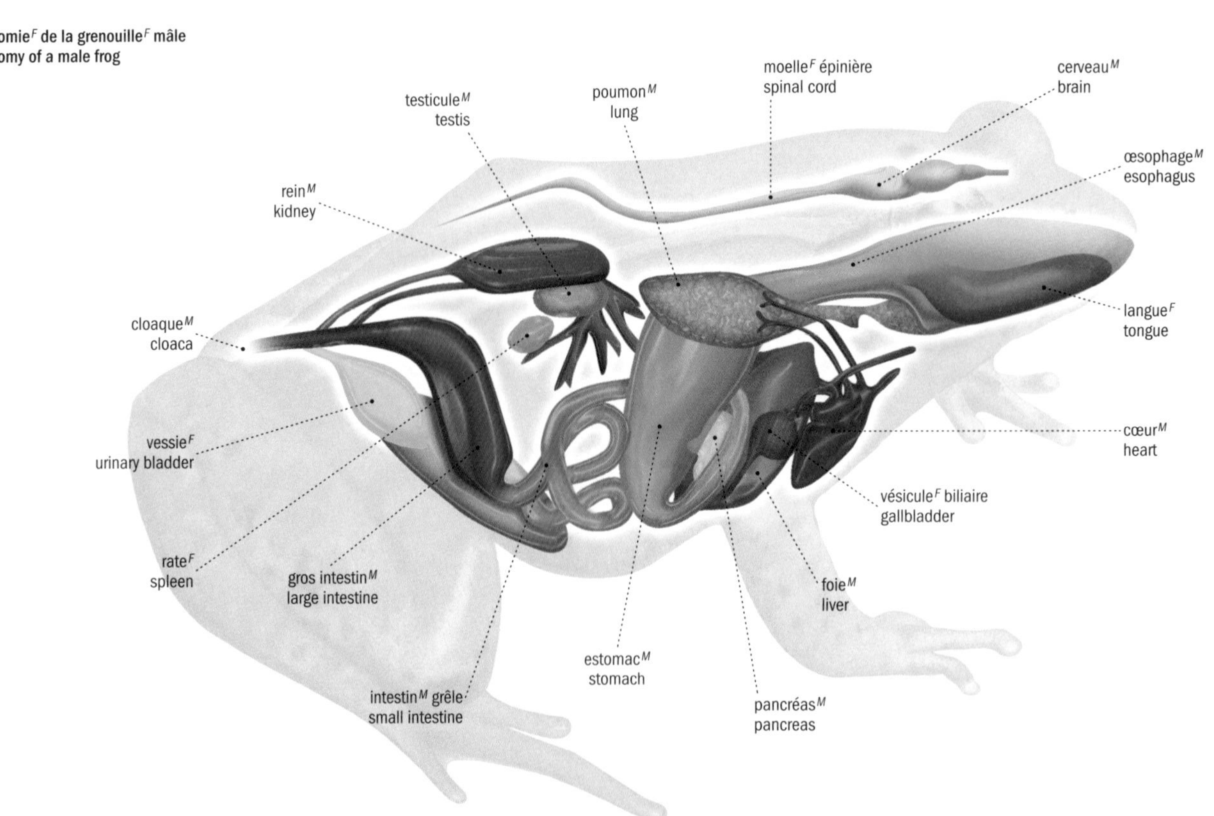
moelle^F épinière
spinal cord
cerveau^M
brain
testicule^M
testis
poumon^M
lung
œsophage^M
esophagus
rein^M
kidney
langue^F
tongue
cloaque^M
cloaca
cœur^M
heart
vessie^F
urinary bladder
vésicule^F biliaire
gallbladder
rate^F
spleen
gros intestin^M
large intestine
foie^M
liver
estomac^M
stomach
intestin^M grêle
small intestine
pancréas^M
pancreas

grenouille^F

squelette^M de la grenouille^F
skeleton of a frog

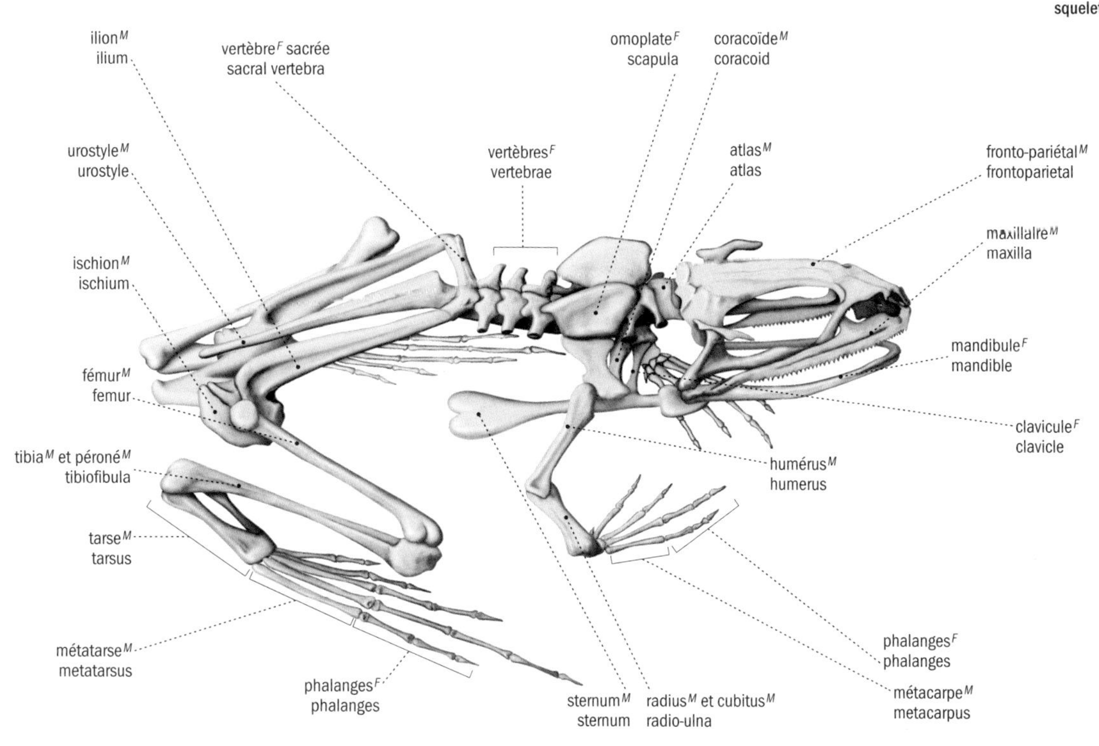
ilion^M
ilium
vertèbre^F sacrée
sacral vertebra
omoplate^F
scapula
coracoïde^M
coracoid
urostyle^M
urostyle
vertèbres^F
vertebrae
atlas^M
atlas
fronto-pariétal^M
frontoparietal
maxillaire^M
maxilla
ischion^M
ischium
mandibule^F
mandible
fémur^M
femur
clavicule^F
clavicle
tibia^M et péroné^M
tibiofibula
humérus^M
humerus
tarse^M
tarsus
métatarse^M
metatarsus
phalanges^F
phalanges
sternum^M
sternum
radius^M et cubitus^M
radio-ulna
phalanges^F
phalanges
métacarpe^M
metacarpus

métamorphose^F de la grenouille^F
life cycle of the frog

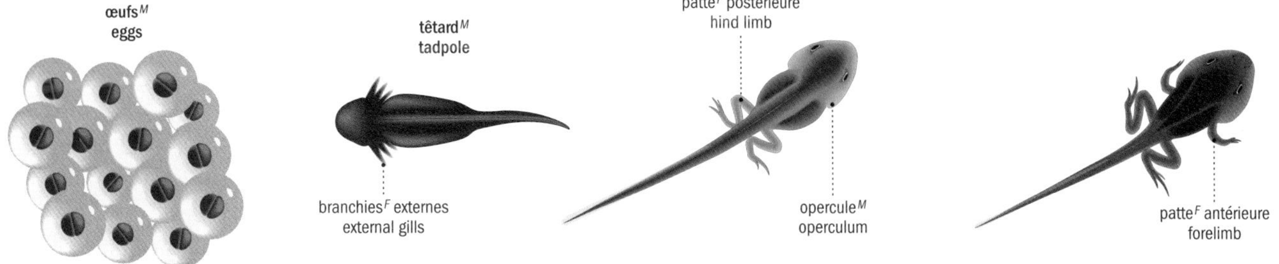
œufs^M
eggs
têtard^M
tadpole
patte^F postérieure
hind limb
branchies^F externes
external gills
opercule^M
operculum
patte^F antérieure
forelimb

exemples^M d'amphibiens^M

examples of amphibians

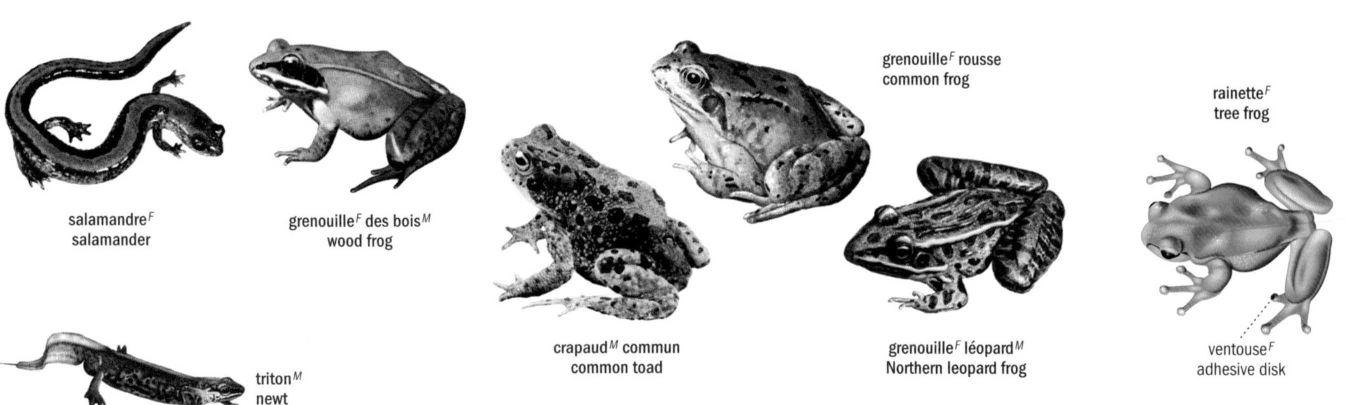
salamandre^F
salamander
grenouille^F des bois^M
wood frog
grenouille^F rousse
common frog
rainette^F
tree frog
crapaud^M commun
common toad
grenouille^F léopard^M
Northern leopard frog
ventouse^F
adhesive disk
triton^M
newt

serpent^{M}

snake

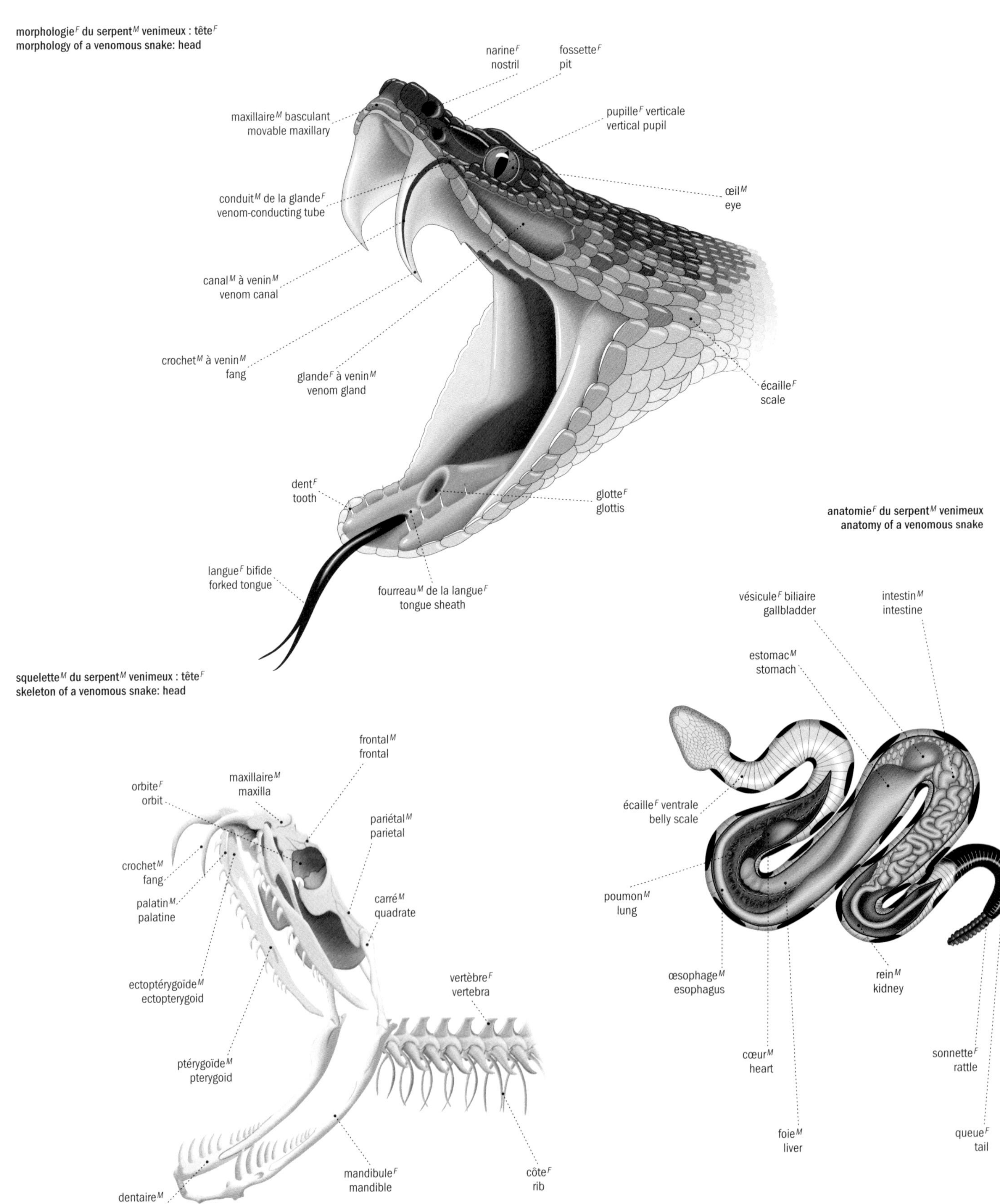
morphologie^{F} du serpent^{M} venimeux : tête^{F}
morphology of a venomous snake: head
narine^{F}
nostril
fossette^{F}
pit
maxillaire^{M} basculant
movable maxillary
pupille^{F} verticale
vertical pupil
conduit^{M} de la glande^{F}
venom-conducting tube
œil^{M}
eye
canal^{M} à venin^{M}
venom canal
crochet^{M} à venin^{M}
fang
glande^{F} à venin^{M}
venom gland
écaille^{F}
scale
dent^{F}
tooth
glotte^{F}
glottis
langue^{F} bifide
forked tongue
fourreau^{M} de la langue^{F}
tongue sheath
anatomie^{F} du serpent^{M} venimeux
anatomy of a venomous snake
vésicule^{F} biliaire
gallbladder
intestin^{M}
intestine
estomac^{M}
stomach
écaille^{F} ventrale
belly scale
poumon^{M}
lung
œsophage^{M}
esophagus
rein^{M}
kidney
cœur^{M}
heart
sonnette^{F}
rattle
foie^{M}
liver
queue^{F}
tail
squelette^{M} du serpent^{M} venimeux : tête^{F}
skeleton of a venomous snake: head
frontal^{M}
frontal
orbite^{F}
orbit
maxillaire^{M}
maxilla
pariétal^{M}
parietal
crochet^{M}
fang
palatin^{M}
palatine
carré^{M}
quadrate
ectoptérygoïde^{M}
ectopterygoid
vertèbre^{F}
vertebra
ptérygoïde^{M}
pterygoid
mandibule^{F}
mandible
côte^{F}
rib
dentaire^{M}
dentary

tortue[F]

turtle

morphologie[F] de la tortue[F]
morphology of a turtle

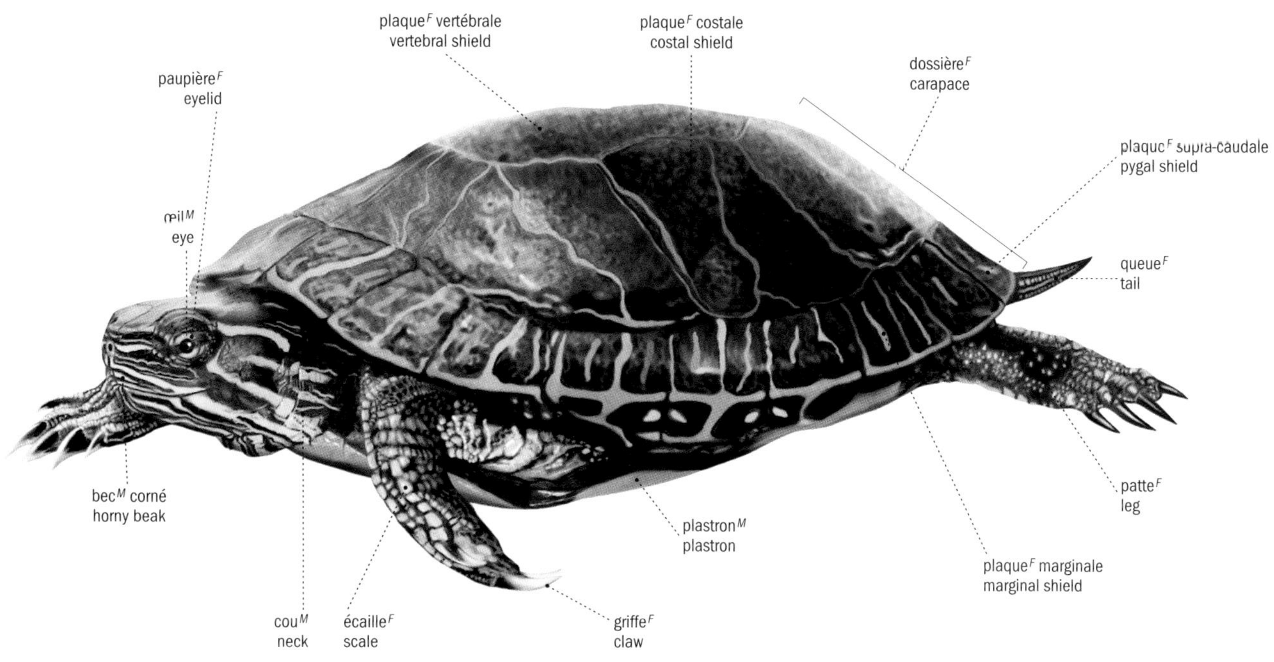
plaque[F] vertébrale
vertebral shield
plaque[F] costale
costal shield
dossière[F]
carapace
paupière[F]
eyelid
plaque[F] supra-caudale
pygal shield
œil[M]
eye
queue[F]
tail
bec[M] corné
horny beak
patte[F]
leg
plastron[M]
plastron
plaque[F] marginale
marginal shield
cou[M]
neck
écaille[F]
scale
griffe[F]
claw

anatomie[F] de la tortue[F]
anatomy of a turtle

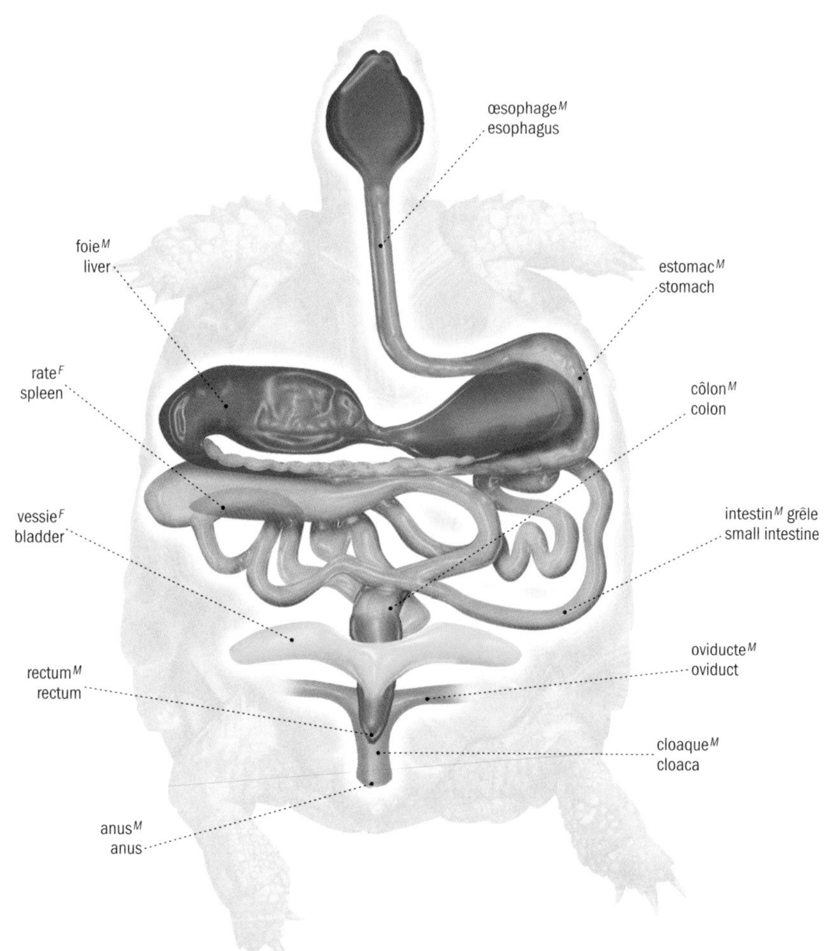
œsophage[M]
esophagus
foie[M]
liver
estomac[M]
stomach
rate[F]
spleen
côlon[M]
colon
vessie[F]
bladder
intestin[M] grêle
small intestine
oviducte[M]
oviduct
rectum[M]
rectum
cloaque[M]
cloaca
anus[M]
anus

exemples[M] de reptiles[M]

examples of reptiles

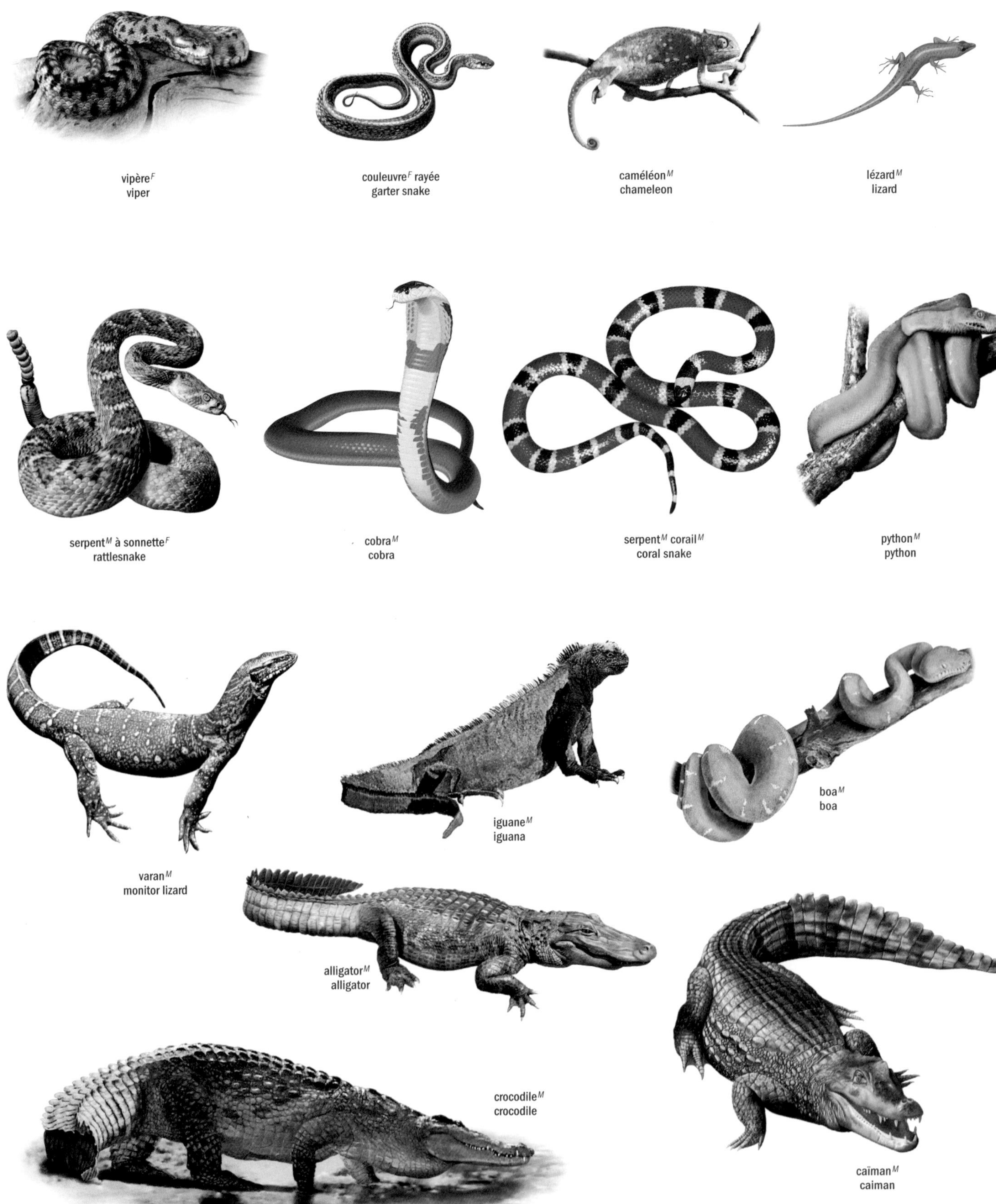
vipère[F]
viper
couleuvre[F] rayée
garter snake
caméléon[M]
chameleon
lézard[M]
lizard
serpent[M] à sonnette[F]
rattlesnake
cobra[M]
cobra
serpent[M] corail[M]
coral snake
python[M]
python
varan[M]
monitor lizard
iguane[M]
iguana
boa[M]
boa
alligator[M]
alligator
crocodile[M]
crocodile
caïman[M]
caiman

oiseau^M

bird

morphologie^F de l'oiseau^M
morphology of a bird

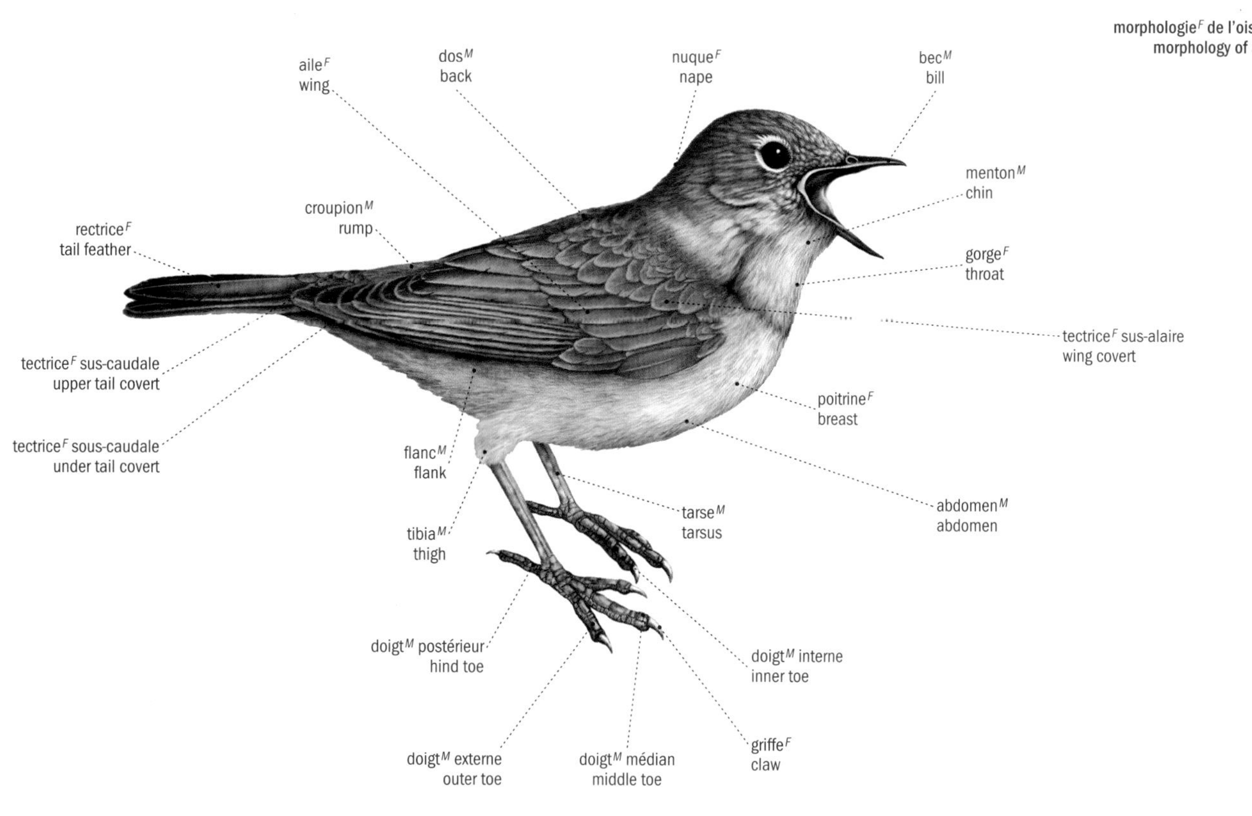

aile^F wing
dos^M back
nuque^F nape
bec^M bill
menton^M chin
croupion^M rump
rectrice^F tail feather
gorge^F throat
tectrice^F sus-alaire wing covert
tectrice^F sus-caudale upper tail covert
poitrine^F breast
tectrice^F sous-caudale under tail covert
flanc^M flank
tarse^M tarsus
abdomen^M abdomen
tibia^M thigh
doigt^M postérieur hind toe
doigt^M interne inner toe
doigt^M externe outer toe
doigt^M médian middle toe
griffe^F claw

penne^F
contour feather

tête^F
head

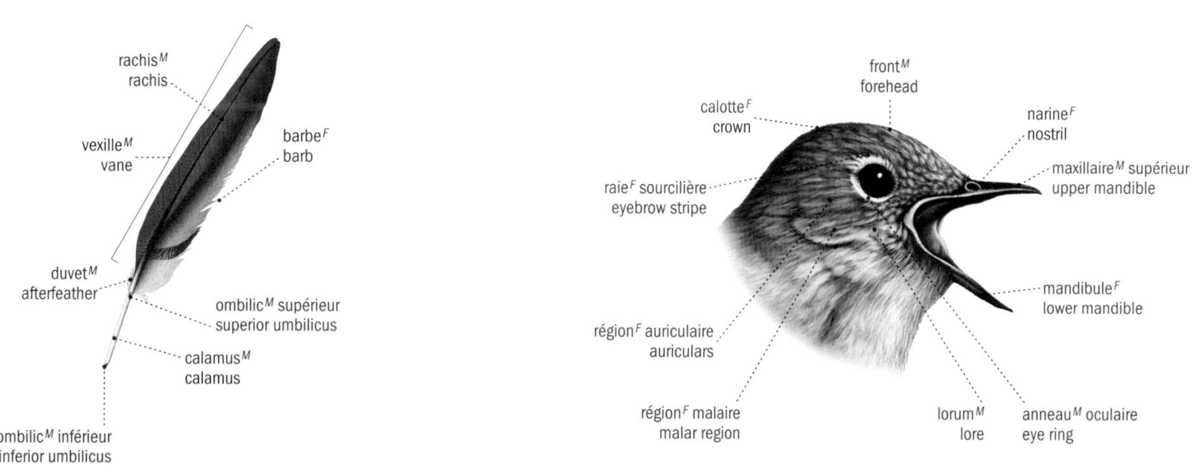

rachis^M rachis
vexille^M vane
barbe^F barb
duvet^M afterfeather
ombilic^M supérieur superior umbilicus
calamus^M calamus
ombilic^M inférieur inferior umbilicus
front^M forehead
calotte^F crown
narine^F nostril
maxillaire^M supérieur upper mandible
raie^F sourcilière eyebrow stripe
mandibule^F lower mandible
région^F auriculaire auriculars
région^F malaire malar region
lorum^M lore
anneau^M oculaire eye ring

aile^F
wing

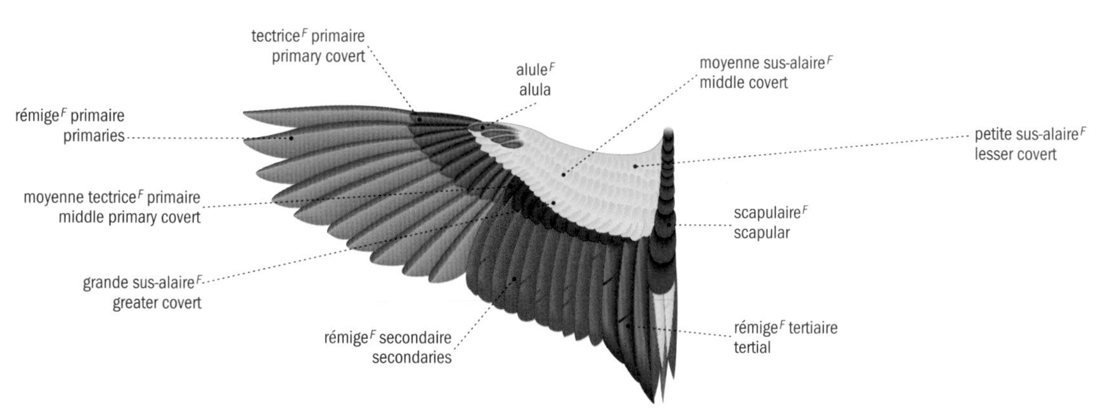

tectrice^F primaire primary covert
alule^F alula
moyenne sus-alaire^F middle covert
rémige^F primaire primaries
petite sus-alaire^F lesser covert
moyenne tectrice^F primaire middle primary covert
scapulaire^F scapular
grande sus-alaire^F greater covert
rémige^F secondaire secondaries
rémige^F tertiaire tertial

oiseau M

squelette M de l'oiseau M
skeleton of a bird

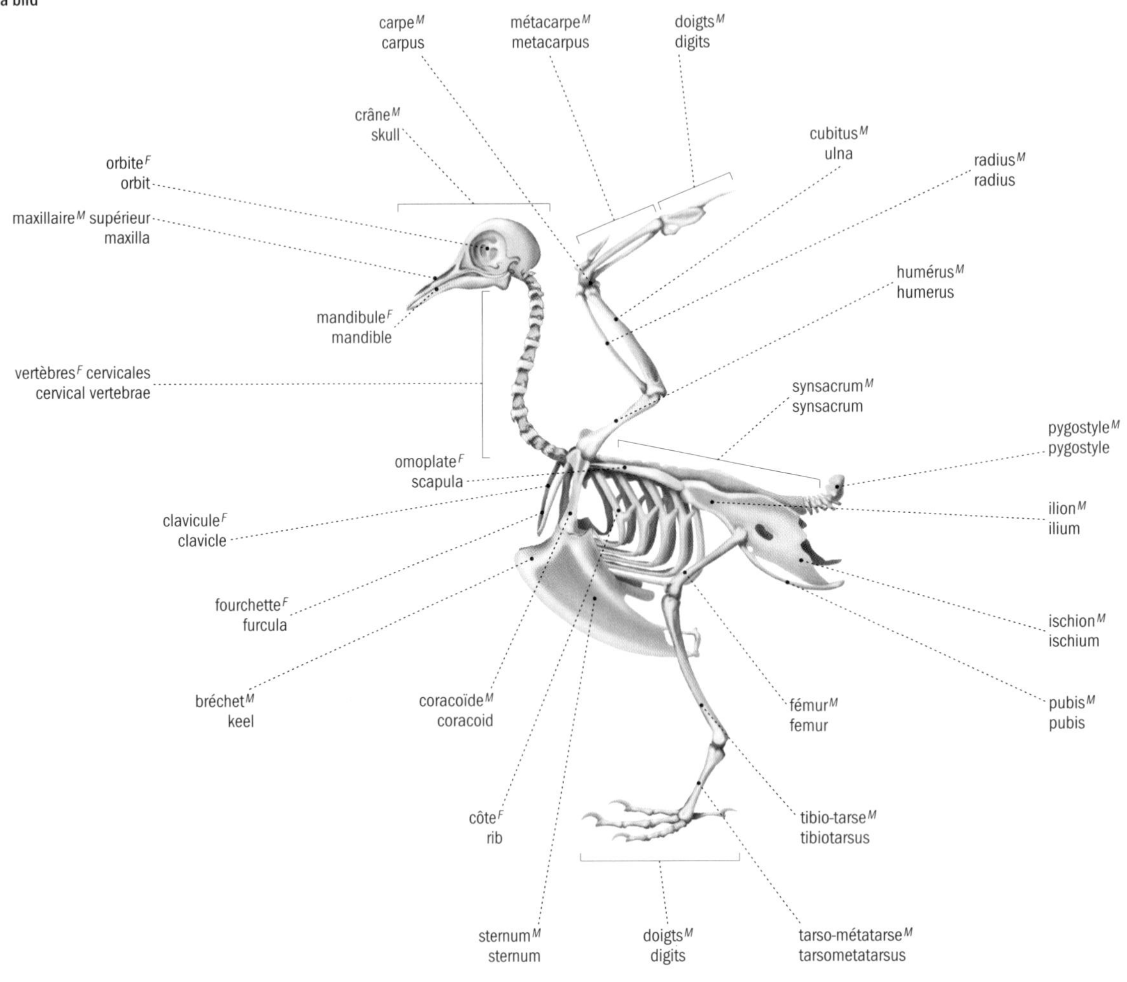

carpe M
carpus
métacarpe M
metacarpus
doigts M
digits
crâne M
skull
cubitus M
ulna
radius M
radius
orbite F
orbit
maxillaire M supérieur
maxilla
humérus M
humerus
mandibule F
mandible
vertèbres F cervicales
cervical vertebrae
synsacrum M
synsacrum
pygostyle M
pygostyle
omoplate F
scapula
clavicule F
clavicle
ilion M
ilium
fourchette F
furcula
ischion M
ischium
bréchet M
keel
coracoïde M
coracoid
fémur M
femur
pubis M
pubis
côte F
rib
tibio-tarse M
tibiotarsus
sternum M
sternum
doigts M
digits
tarso-métatarse M
tarsometatarsus

anatomie F de l'oiseau M
anatomy of a bird

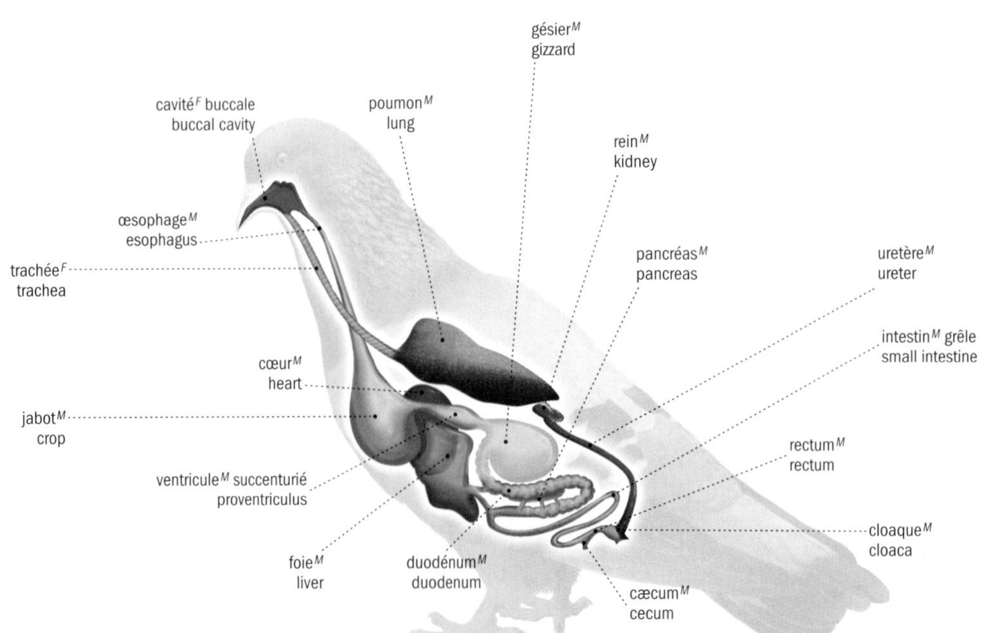

gésier M
gizzard
cavité F buccale
buccal cavity
poumon M
lung
rein M
kidney
œsophage M
esophagus
trachée F
trachea
pancréas M
pancreas
uretère M
ureter
intestin M grêle
small intestine
cœur M
heart
jabot M
crop
rectum M
rectum
ventricule M succenturié
proventriculus
cloaque M
cloaca
foie M
liver
duodénum M
duodenum
cæcum M
cecum

oiseau M

œuf M
egg

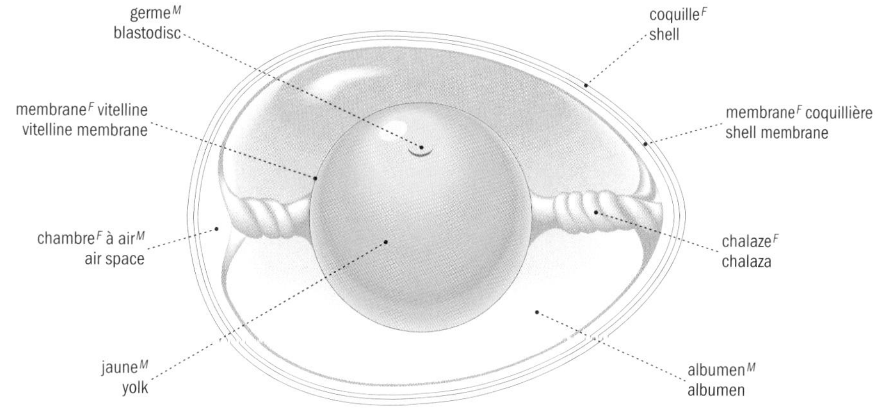
germe M
blastodisc
coquille F
shell
membrane F vitelline
vitelline membrane
membrane F coquillière
shell membrane
chambre F à air M
air space
chalaze F
chalaza
jaune M
yolk
albumen M
albumen

exemples M de becs M
examples of bills

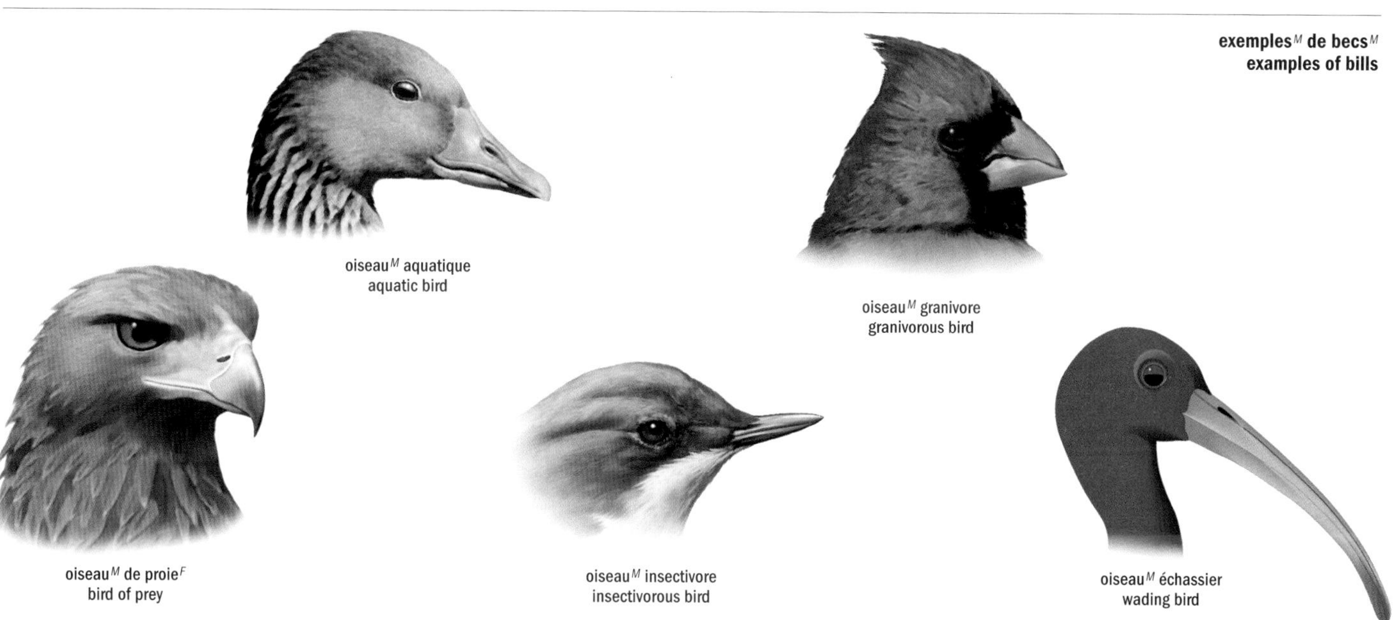
oiseau M aquatique
aquatic bird
oiseau M granivore
granivorous bird
oiseau M de proie F
bird of prey
oiseau M insectivore
insectivorous bird
oiseau M échassier
wading bird

exemples M de pattes F
examples of feet

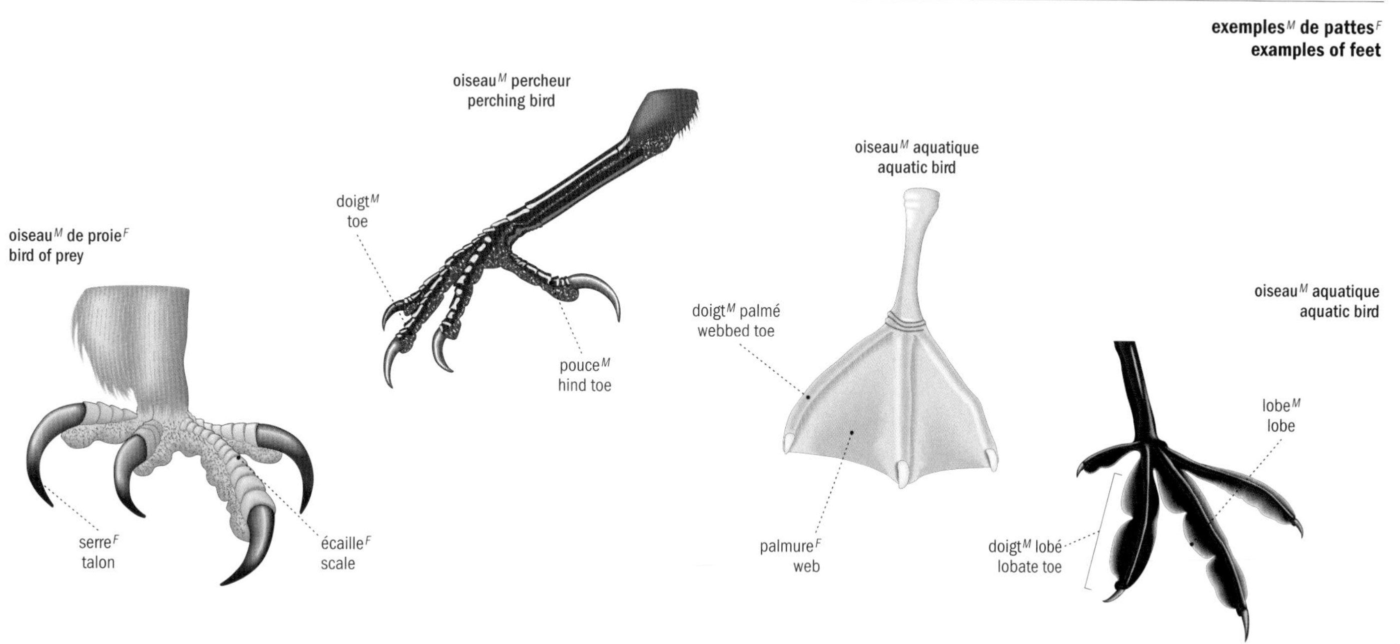
oiseau M percheur
perching bird
oiseau M aquatique
aquatic bird
doigt M
toe
oiseau M de proie F
bird of prey
oiseau M aquatique
aquatic bird
doigt M palmé
webbed toe
pouce M
hind toe
lobe M
lobe
serre F
talon
écaille F
scale
palmure F
web
doigt M lobé
lobate toe

exemples[M] d'oiseaux[M]

examples of birds

colibri[M]
hummingbird
rouge-gorge[M]
European robin
pinson[M]
finch
chardonneret[M]
goldfinch
bouvreuil[M]
bullfinch
moineau[M]
sparrow
rossignol[M]
nightingale
hirondelle[F]
swallow
martin-pêcheur[M]
kingfisher
pie[F]
magpie
cardinal[M]
cardinal
geai[M]
jay
étourneau[M]
starling
martinet[M]
swift
petite nyctale[F]
northern saw-whet owl
perdrix[F]
partridge
vanneau[M]
lapwing
huîtrier[M] pie[F]
oystercatcher
pic[M]
woodpecker
corbeau[M]
raven
ara[M]
macaw
cacatoès[M]
cockatoo
sterne[F]
tern

albatros[M]
albatross

toucan[M]
toucan

faucon[M]
falcon

grand duc[M] d'Amérique[F]
great horned owl

héron[M]
heron

condor[M]
condor

aigle[M]
eagle

manchot[M]
penguin

pélican[M]
pelican

cigogne[F]
stork

vautour[M]
vulture

autruche[F]
ostrich

paon[M]
peacock

flamant[M]
flamingo

exemples^M d'oiseaux^M

poussin^M
chick
caille^F
quail
pigeon^M
pigeon
canard^M
duck
poule^F
hen
coq^M
rooster
faisan^M
pheasant
pintade^F
guinea fowl
oie^F
goose
dindon^M
turkey

taupe^F

mole

morphologie^F de la taupe^F
morphology of a mole

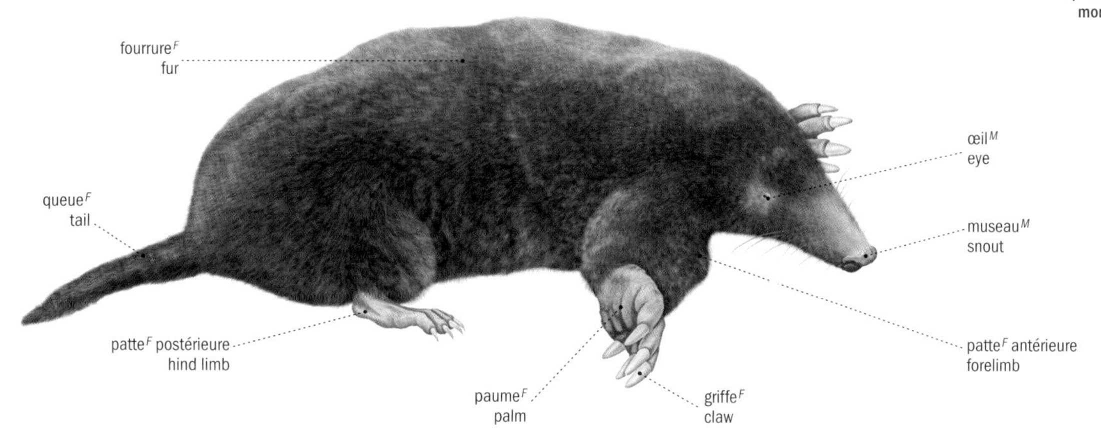
fourrure^F
fur
queue^F
tail
patte^F postérieure
hind limb
paume^F
palm
griffe^F
claw
œil^M
eye
museau^M
snout
patte^F antérieure
forelimb

squelette^M de la taupe^F
skeleton of a mole

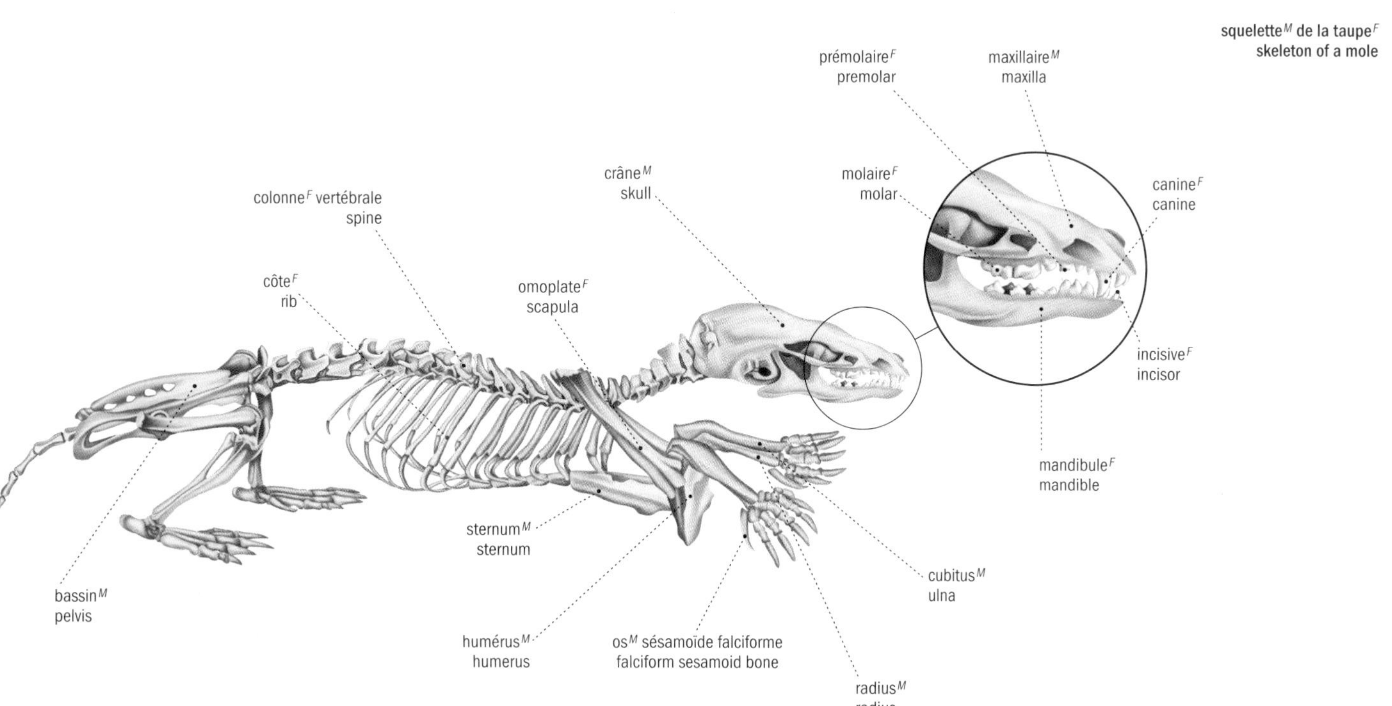
prémolaire^F
premolar
maxillaire^M
maxilla
crâne^M
skull
molaire^F
molar
canine^F
canine
colonne^F vertébrale
spine
côte^F
rib
omoplate^F
scapula
incisive^F
incisor
mandibule^F
mandible
sternum^M
sternum
bassin^M
pelvis
cubitus^M
ulna
humérus^M
humerus
os^M sésamoïde falciforme
falciform sesamoid bone
radius^M
radius

exemples^M de mammifères^M insectivores

examples of insectivorous mammals

taupe^F
mole
hérisson^M
hedgehog
musaraigne^F
shrew

rongeur^M

rodent

morphologie^F du rat^M
morphology of a rat

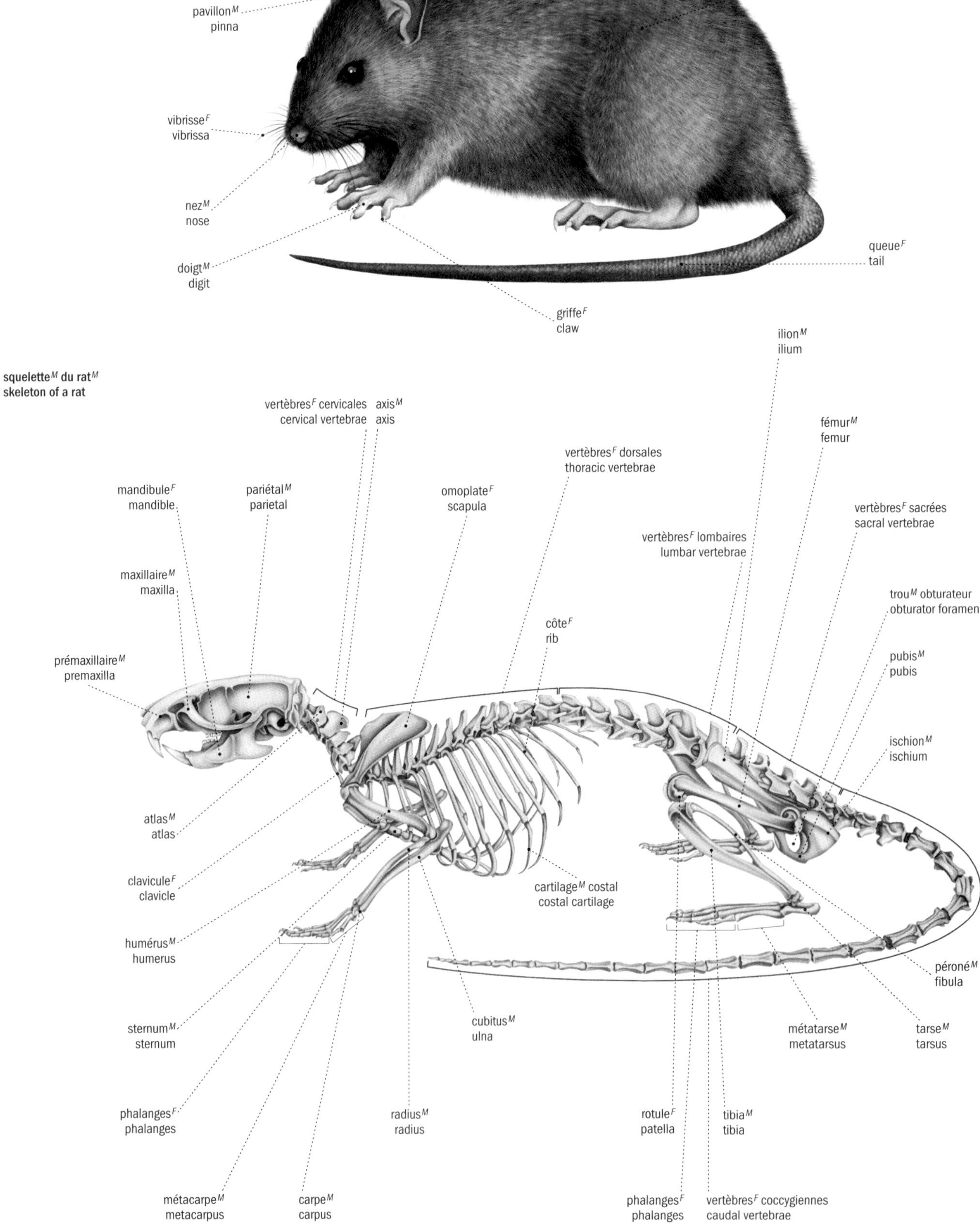

pelage^M
fur
pavillon^M
pinna
vibrisse^F
vibrissa
nez^M
nose
doigt^M
digit
queue^F
tail
griffe^F
claw

squelette^M du rat^M
skeleton of a rat

ilion^M
ilium
vertèbres^F cervicales
cervical vertebrae
axis^M
axis
fémur^M
femur
vertèbres^F dorsales
thoracic vertebrae
mandibule^F
mandible
pariétal^M
parietal
omoplate^F
scapula
vertèbres^F sacrées
sacral vertebrae
vertèbres^F lombaires
lumbar vertebrae
maxillaire^M
maxilla
trou^M obturateur
obturator foramen
côte^F
rib
prémaxillaire^M
premaxilla
pubis^M
pubis
ischion^M
ischium
atlas^M
atlas
clavicule^F
clavicle
cartilage^M costal
costal cartilage
humérus^M
humerus
péroné^M
fibula
sternum^M
sternum
cubitus^M
ulna
métatarse^M
metatarsus
tarse^M
tarsus
phalanges^F
phalanges
radius^M
radius
rotule^F
patella
tibia^M
tibia
métacarpe^M
metacarpus
carpe^M
carpus
phalanges^F
phalanges
vertèbres^F coccygiennes
caudal vertebrae

exemples^M de mammifères^M rongeurs^M

examples of rodents

mulot^M
field mouse
tamia^M
chipmunk
gerboise^F
jerboa
hamster^M
hamster
écureuil^M
squirrel
rat^M
rat
cobaye^M
guinea pig
marmotte^F
groundhog
porc-épic^M
porcupine
castor^M
beaver

mâchoires^F de rongeur^M et de lagomorphe^M

rodent's and lagomorph's jaws

mâchoire^F de rongeur^M : rat^M
rodent's jaw: rat

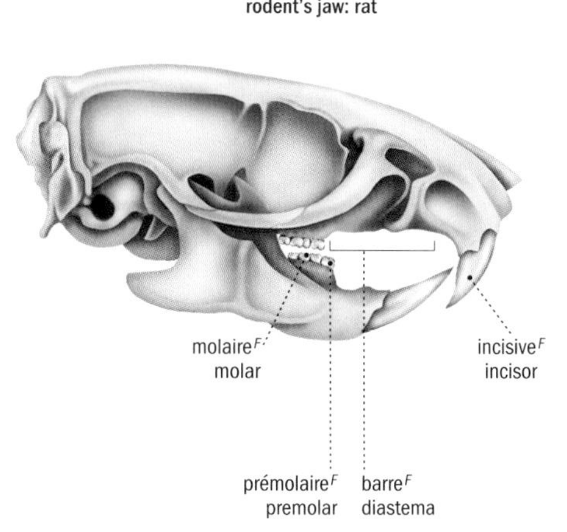
molaire^F
molar
incisive^F
incisor
prémolaire^F
premolar
barre^F
diastema

mâchoire^F de lagomorphe^M : lapin^M
lagomorph's jaw: rabbit

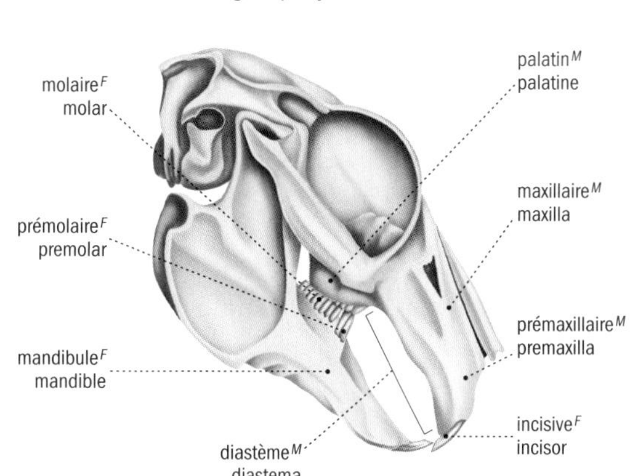
molaire^F
molar
palatin^M
palatine
prémolaire^F
premolar
maxillaire^M
maxilla
prémaxillaire^M
premaxilla
mandibule^F
mandible
incisive^F
incisor
diastème^M
diastema

exemples^M de mammifères^M lagomorphes^M

examples of lagomorphs

pika^M
pika

lapin^M
rabbit

lièvre^M
hare

cheval[M]

horse

morphologie[F] du cheval[M]
morphology of a horse

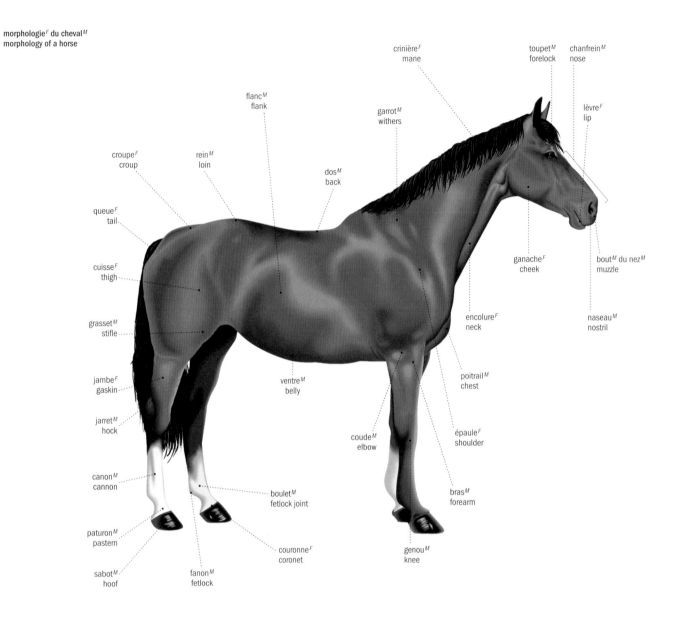

crinière[F]
mane

toupet[M]
forelock

chanfrein[M]
nose

flanc[M]
flank

garrot[M]
withers

lèvre[F]
lip

croupe[F]
croup

rein[M]
loin

dos[M]
back

queue[F]
tail

cuisse[F]
thigh

ganache[F]
cheek

bout[M] du nez[M]
muzzle

grasset[M]
stifle

encolure[F]
neck

naseau[M]
nostril

jambe[F]
gaskin

ventre[M]
belly

poitrail[M]
chest

jarret[M]
hock

coude[M]
elbow

épaule[F]
shoulder

canon[M]
cannon

boulet[M]
fetlock joint

bras[M]
forearm

paturon[M]
pastern

couronne[F]
coronet

genou[M]
knee

sabot[M]
hoof

fanon[M]
fetlock

allures[F]
gaits

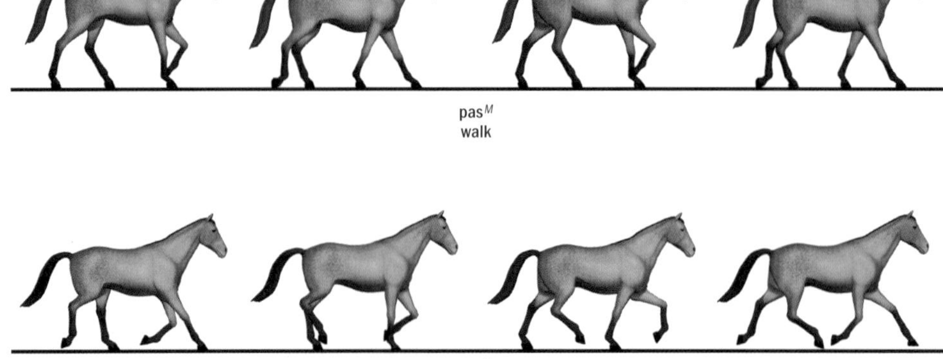

pas[M]
walk

trot[M]
trot

anatomie^{F} du cheval^{M}
anatomy of a horse

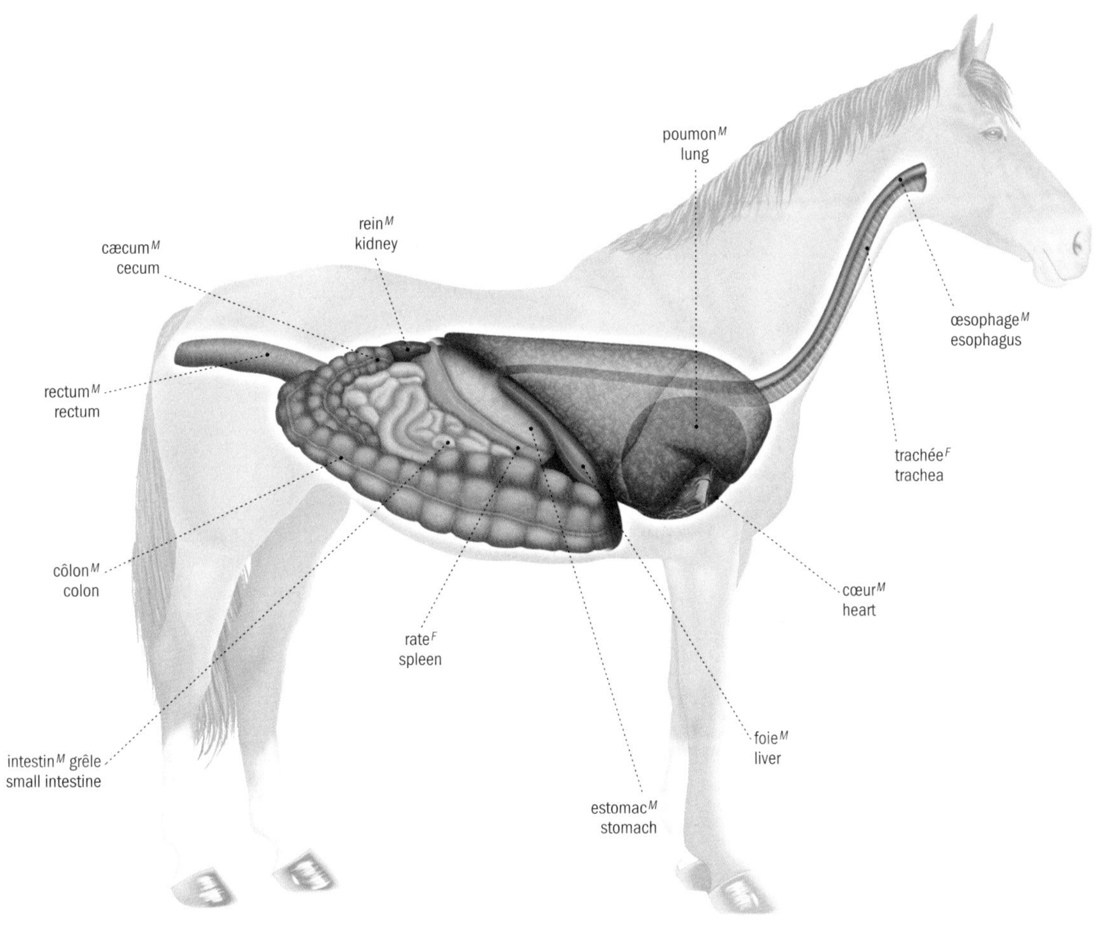
poumon^{M}
lung
rein^{M}
kidney
cæcum^{M}
cecum
œsophage^{M}
esophagus
rectum^{M}
rectum
trachée^{F}
trachea
côlon^{M}
colon
cœur^{M}
heart
rate^{F}
spleen
foie^{M}
liver
intestin^{M} grêle
small intestine
estomac^{M}
stomach

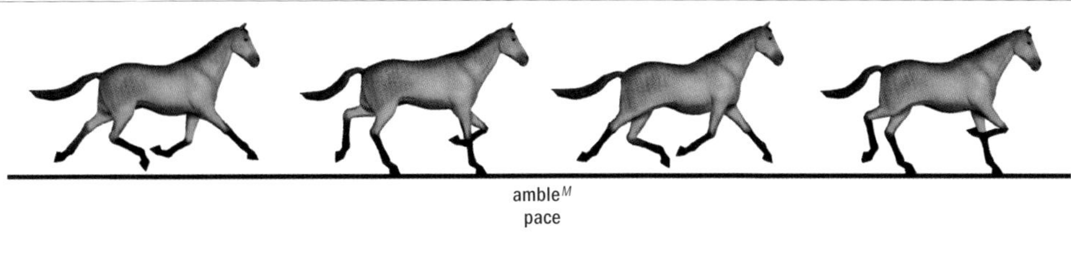

amble^{M}
pace

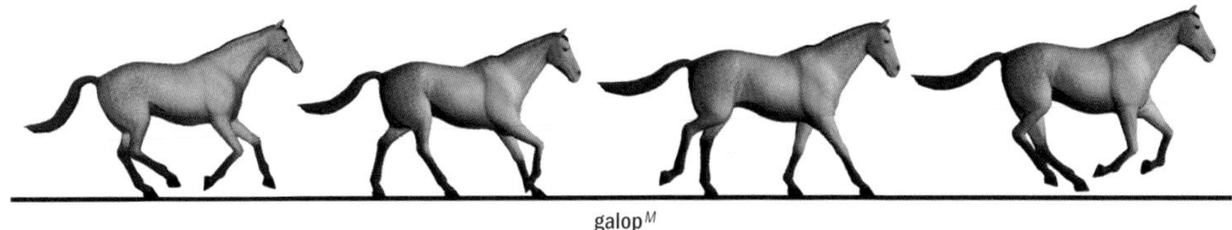

galop^{M}
gallop

cheval[M]

squelette[M] du cheval[M]
skeleton of a horse

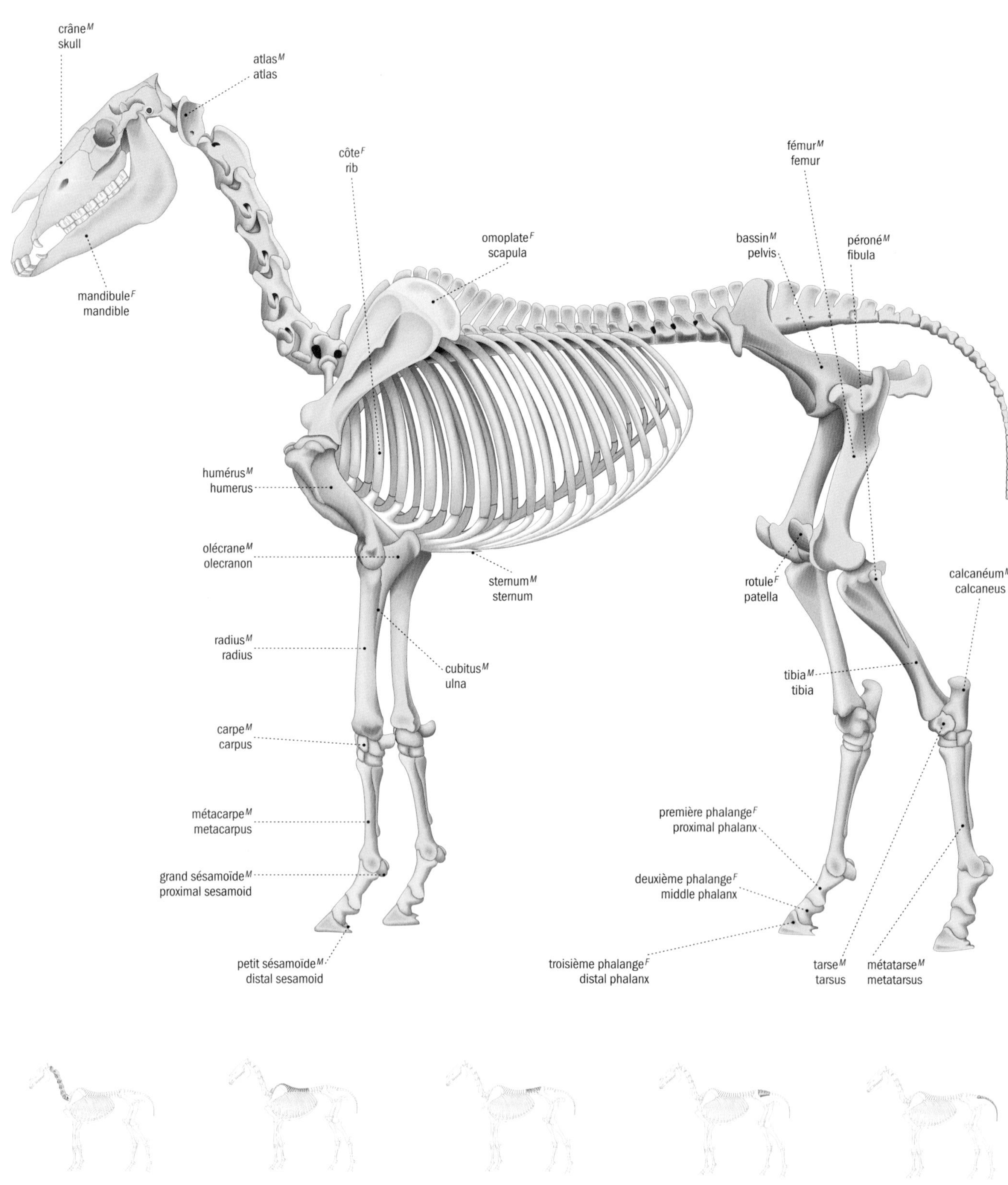
crâne[M]
skull
atlas[M]
atlas
côte[F]
rib
fémur[M]
femur
omoplate[F]
scapula
bassin[M]
pelvis
péroné[M]
fibula
mandibule[F]
mandible
humérus[M]
humerus
olécrane[M]
olecranon
sternum[M]
sternum
rotule[F]
patella
calcanéum[M]
calcaneus
radius[M]
radius
cubitus[M]
ulna
tibia[M]
tibia
carpe[M]
carpus
métacarpe[M]
metacarpus
première phalange[F]
proximal phalanx
grand sésamoïde[M]
proximal sesamoid
deuxième phalange[F]
middle phalanx
petit sésamoïde[M]
distal sesamoid
troisième phalange[F]
distal phalanx
tarse[M]
tarsus
métatarse[M]
metatarsus

vertèbres[F] cervicales
cervical vertebrae

vertèbres[F] dorsales
thoracic vertebrae

vertèbres[F] lombaires
lumbar vertebrae

vertèbres[F] sacrées
sacral vertebrae

vertèbres[F] coccygiennes
caudal vertebrae

face^F plantaire du sabot^M
plantar surface of the hoof

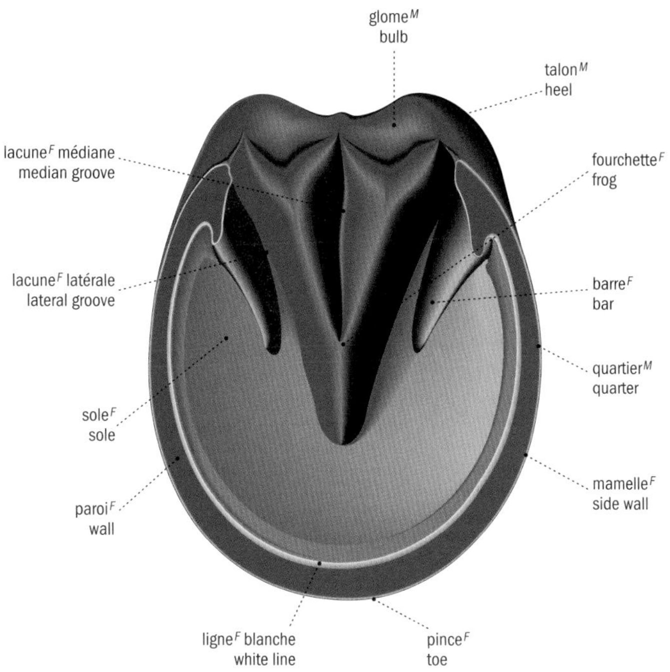
glome^M
bulb
talon^M
heel
lacune^F médiane
median groove
fourchette^F
frog
lacune^F latérale
lateral groove
barre^F
bar
quartier^M
quarter
sole^F
sole
mamelle^F
side wall
paroi^F
wall
ligne^F blanche
white line
pince^F
toe

fer^M à cheval^M
horseshoe

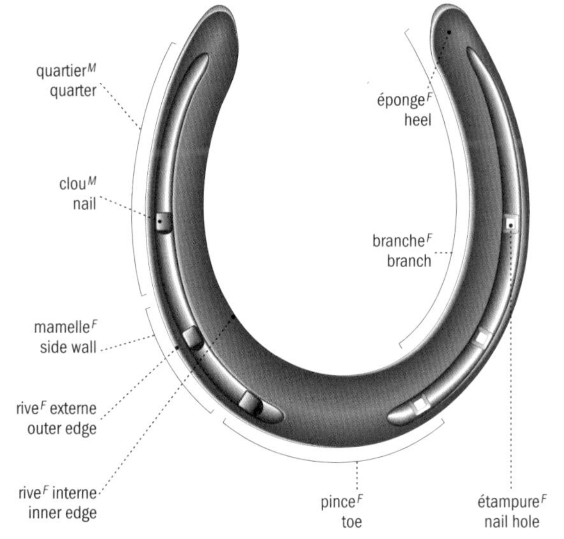
quartier^M
quarter
éponge^F
heel
clou^M
nail
branche^F
branch
mamelle^F
side wall
rive^F externe
outer edge
rive^F interne
inner edge
pince^F
toe
étampure^F
nail hole

sabot^M
hoof

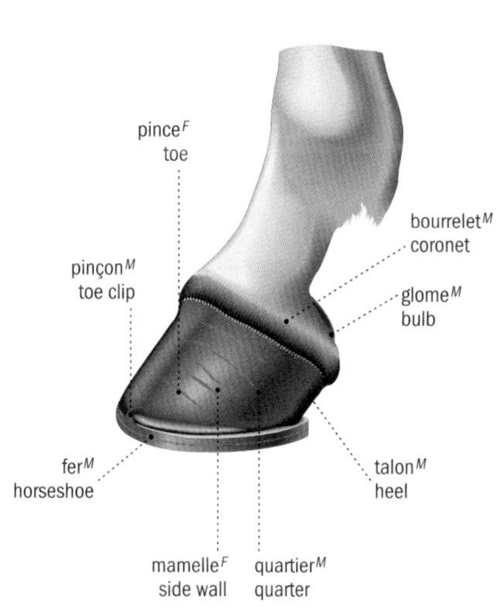
pince^F
toe
bourrelet^M
coronet
pinçon^M
toe clip
glome^M
bulb
fer^M
horseshoe
talon^M
heel
mamelle^F
side wall
quartier^M
quarter

exemples^M de sabots^M

examples of hoofs

sabot^M à 1 doigt^M
one-toe hoof

sabot^M à 2 doigts^M
two-toed hoof

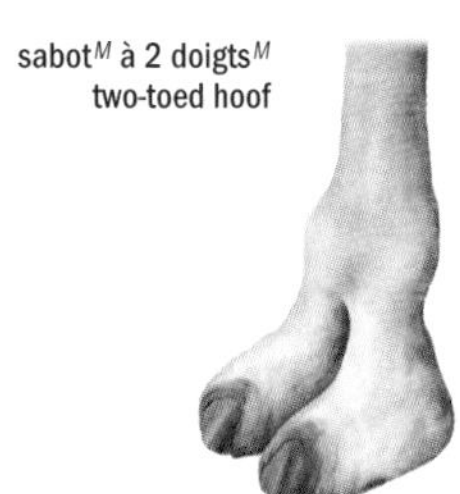

sabot^M à 3 doigts^M
three-toed hoof

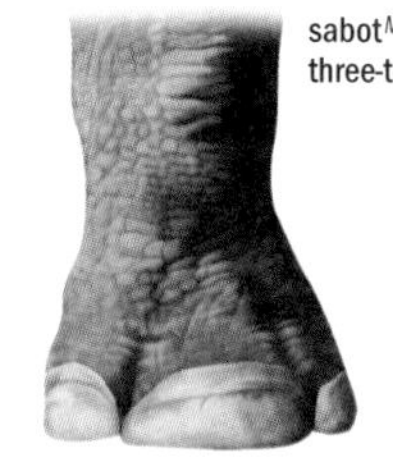

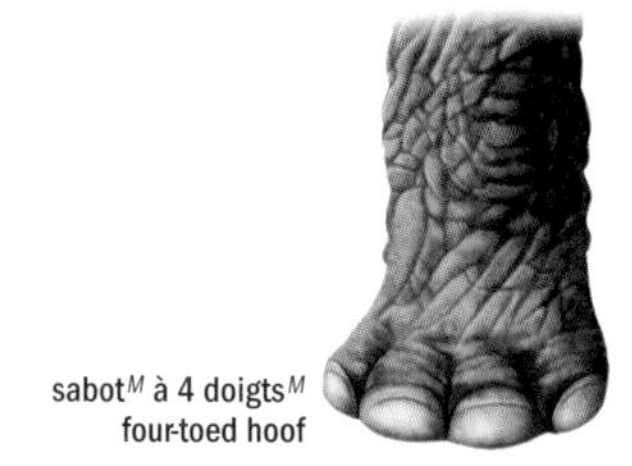

sabot^M à 4 doigts^M
four-toed hoof

exemples^M de mammifères^M ongulés

examples of ungulate mammals

pécari^M
peccary
sanglier^M
wild boar
porc^M
pig
chèvre^F
goat
antilope^F
antelope
mouton^M
sheep
veau^M
calf
cerf^M de Virginie; *chevreuil*^{M}
white-tailed deer
mouflon^M
mouflon
renne^M; *caribou*^{M}
caribou
cerf^M du Canada; *wapiti*^{M}
wapiti
okapi^M
okapi
âne^M
ass
mulet^M
mule
vache^F
cow
zèbre^M
zebra
lama^M
llama
bison^M
bison
buffle^M
buffalo

exemples[M] de mammifères[M] ongulés

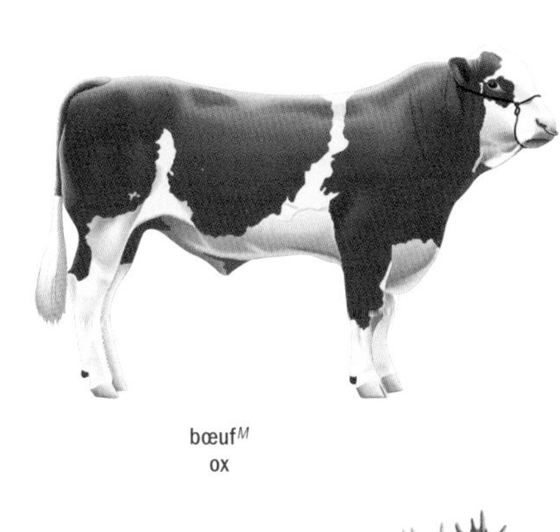
bœuf[M]
ox

yack[M]
yak

cheval[M]
horse

élan[M]; *orignal*[M]
moose

chameau[M]
bactrian camel

dromadaire[M]
dromedary camel

rhinocéros[M]
rhinoceros

hippopotame[M]
hippopotamus

girafe[F]
giraffe

éléphant[M]
elephant

RÈGNE ANIMAL

chien^M

dog

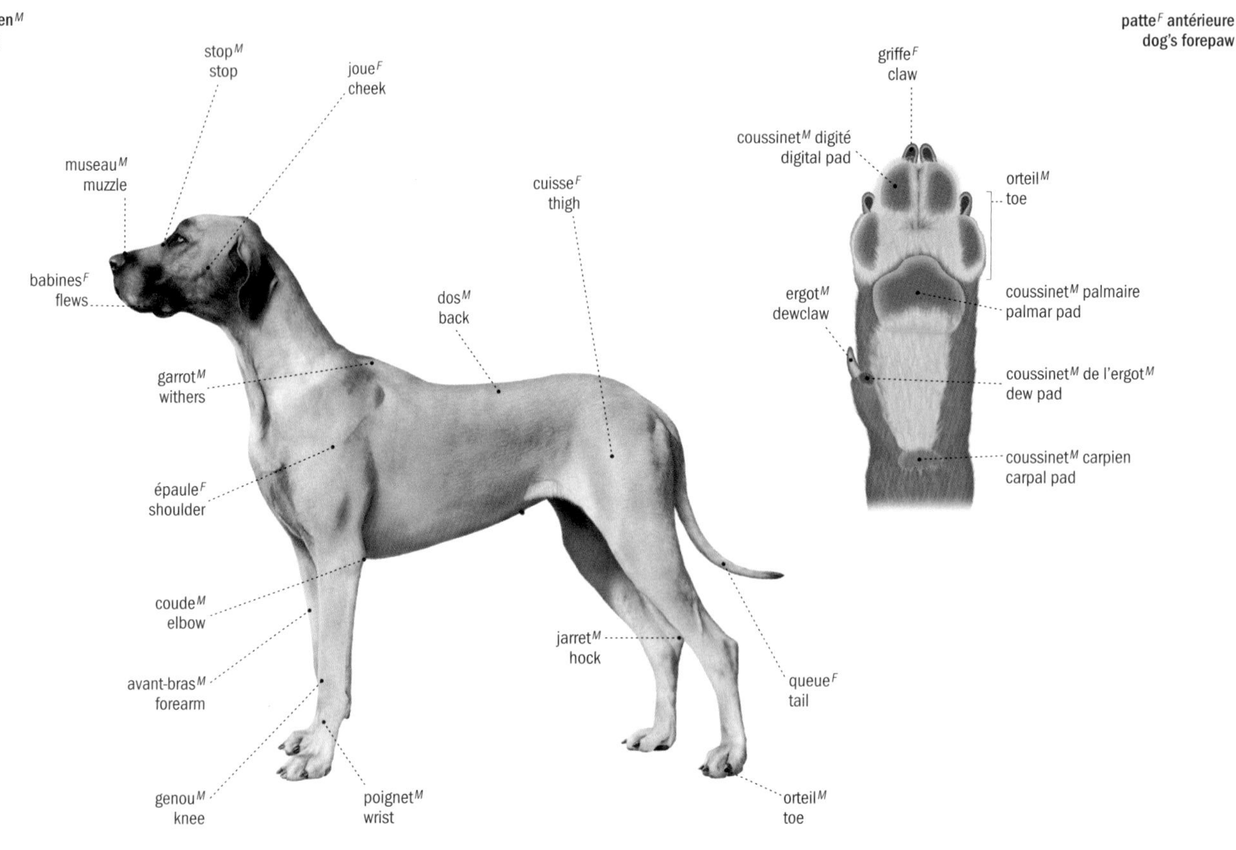
morphologie^F du chien^M
morphology of a dog
stop^M
stop
joue^F
cheek
museau^M
muzzle
babines^F
flews
cuisse^F
thigh
dos^M
back
garrot^M
withers
épaule^F
shoulder
coude^M
elbow
avant-bras^M
forearm
jarret^M
hock
queue^F
tail
genou^M
knee
poignet^M
wrist
orteil^M
toe
patte^F antérieure
dog's forepaw
griffe^F
claw
coussinet^M digité
digital pad
orteil^M
toe
ergot^M
dewclaw
coussinet^M palmaire
palmar pad
coussinet^M de l'ergot^M
dew pad
coussinet^M carpien
carpal pad

races^F de chiens^M

dog breeds

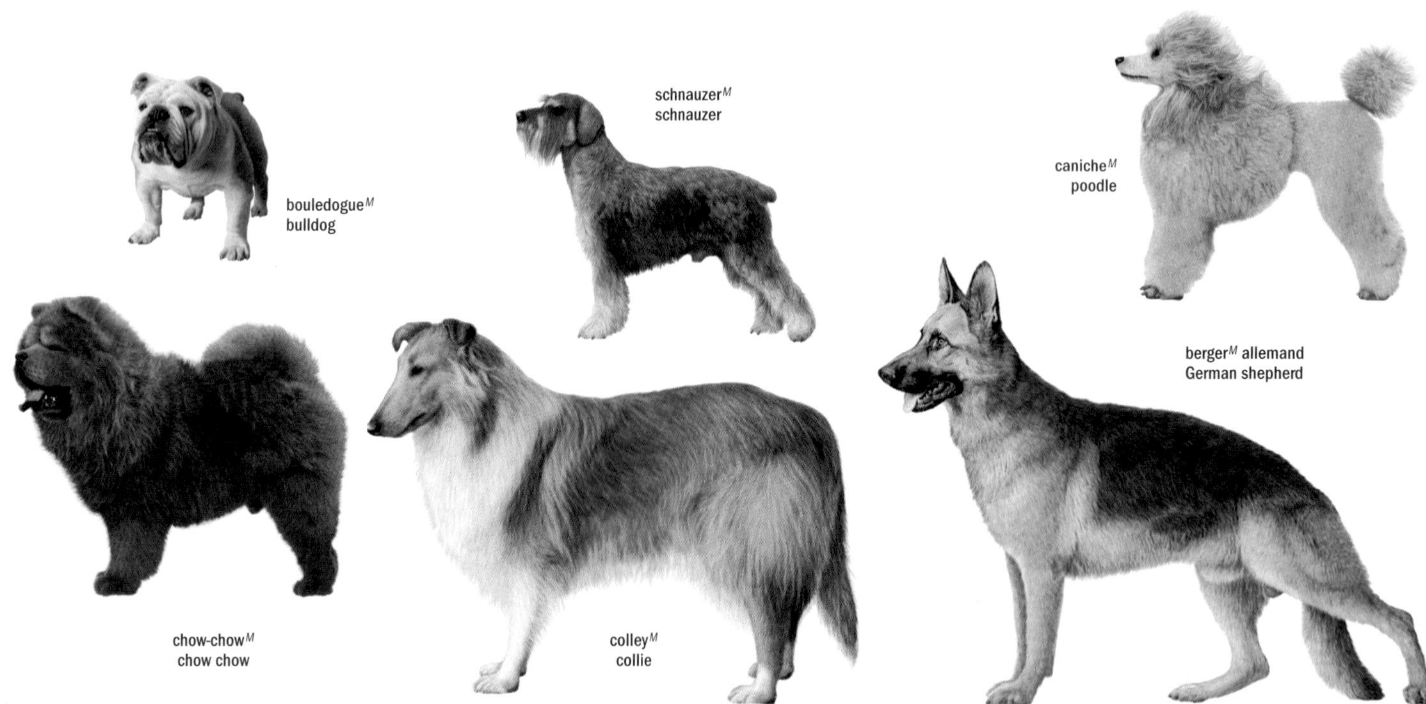
bouledogue^M
bulldog
schnauzer^M
schnauzer
caniche^M
poodle
berger^M allemand
German shepherd
chow-chow^M
chow chow
colley^M
collie

chien[M]

squelette[M] du chien[M]
skeleton of a dog

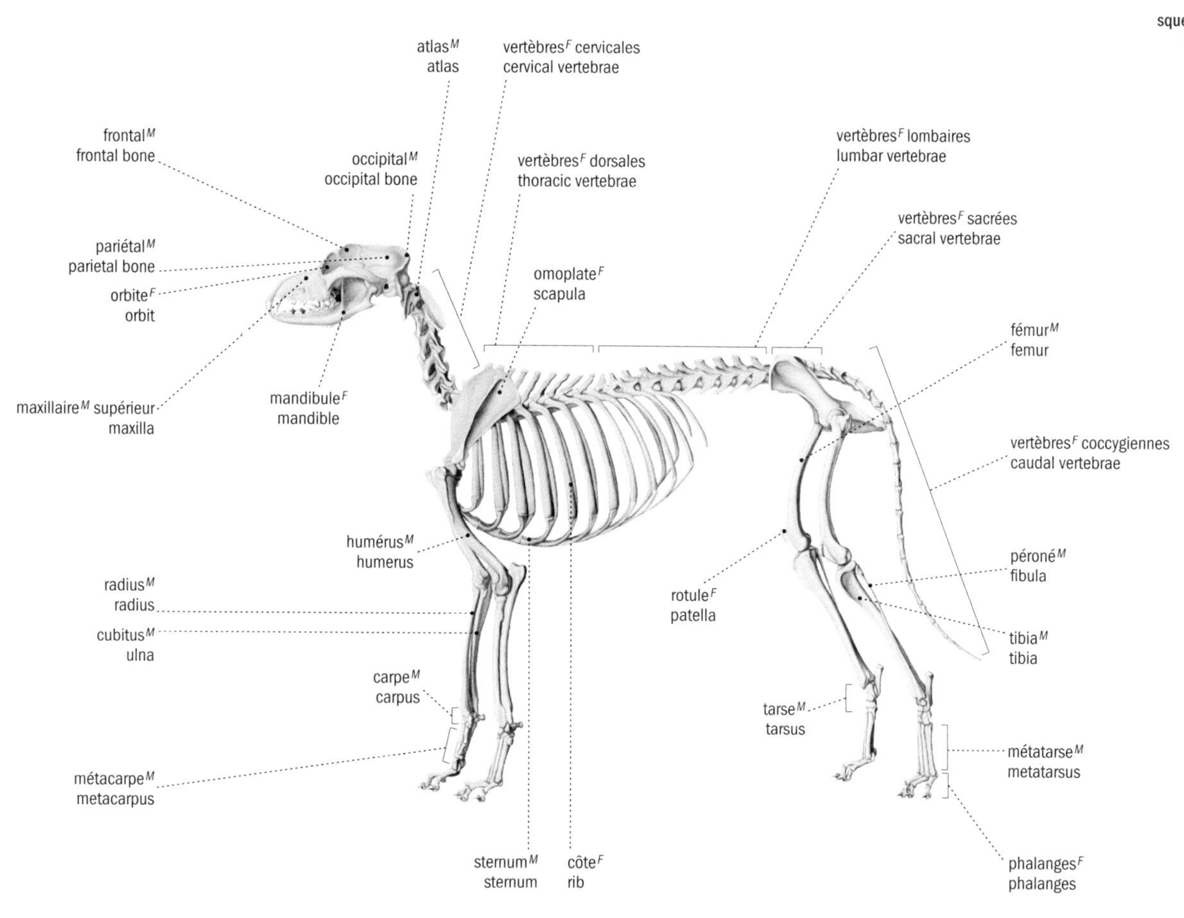
atlas[M]
atlas
vertèbres[F] cervicales
cervical vertebrae
frontal[M]
frontal bone
occipital[M]
occipital bone
vertèbres[F] dorsales
thoracic vertebrae
vertèbres[F] lombaires
lumbar vertebrae
vertèbres[F] sacrées
sacral vertebrae
pariétal[M]
parietal bone
orbite[F]
orbit
omoplate[F]
scapula
fémur[M]
femur
maxillaire[M] supérieur
maxilla
mandibule[F]
mandible
vertèbres[F] coccygiennes
caudal vertebrae
humérus[M]
humerus
péroné[M]
fibula
radius[M]
radius
rotule[F]
patella
cubitus[M]
ulna
tibia[M]
tibia
carpe[M]
carpus
tarse[M]
tarsus
métatarse[M]
metatarsus
métacarpe[M]
metacarpus
sternum[M]
sternum
côte[F]
rib
phalanges[F]
phalanges

races[F] de chiens[M]

dalmatien[M]
dalmatian

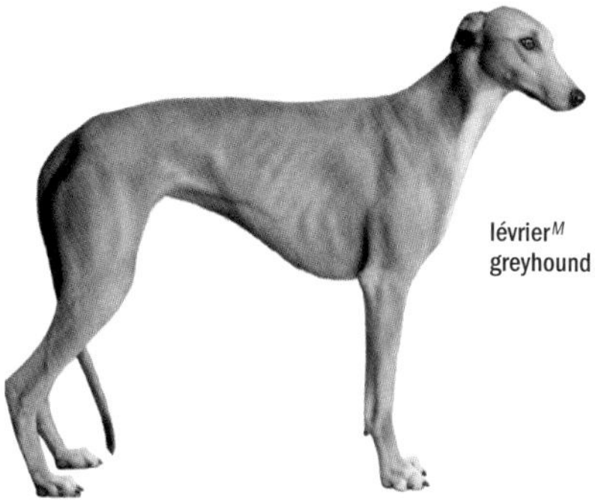

lévrier[M]
greyhound

saint-bernard[M]
Saint Bernard

danois[M]
Great Dane

chat^M

cat

tête^F
cat's head

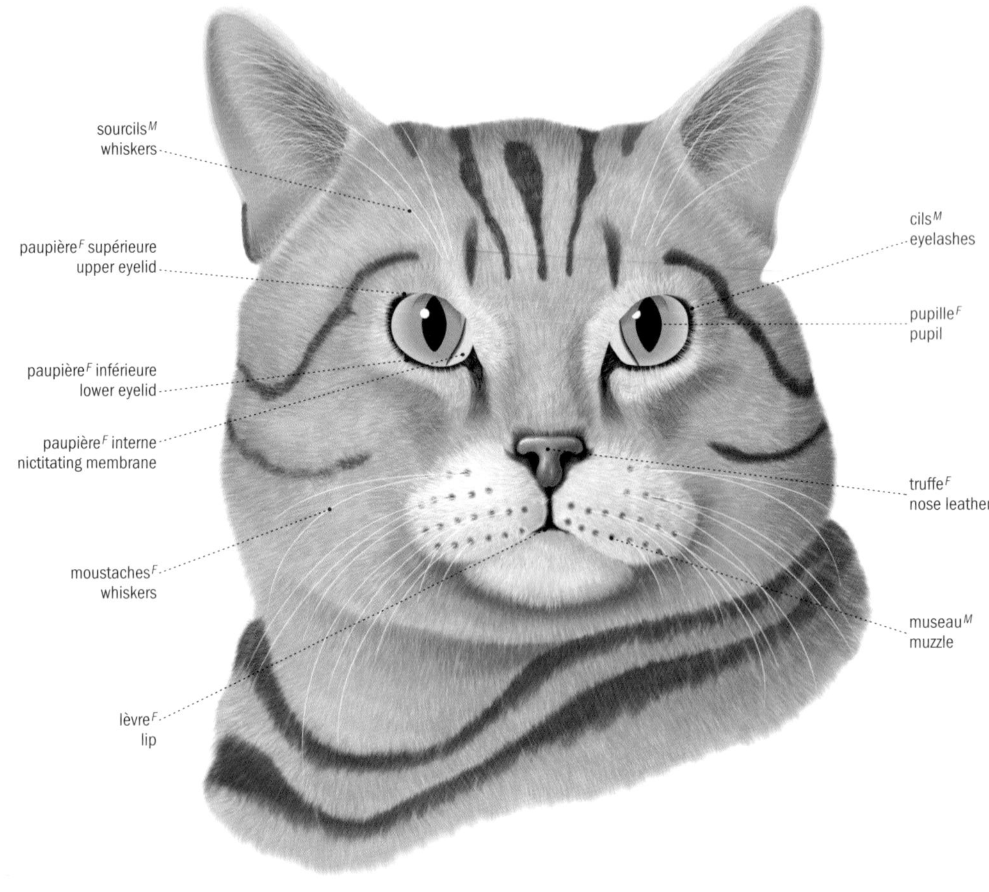
sourcils^M
whiskers
paupière^F supérieure
upper eyelid
paupière^F inférieure
lower eyelid
paupière^F interne
nictitating membrane
moustaches^F
whiskers
lèvre^F
lip
cils^M
eyelashes
pupille^F
pupil
truffe^F
nose leather
museau^M
muzzle

races^F de chats^M

cat breeds

américain^M à poil^M court
American shorthair

persan^M
Persian

Maine coon^M
Maine coon

chat[M]

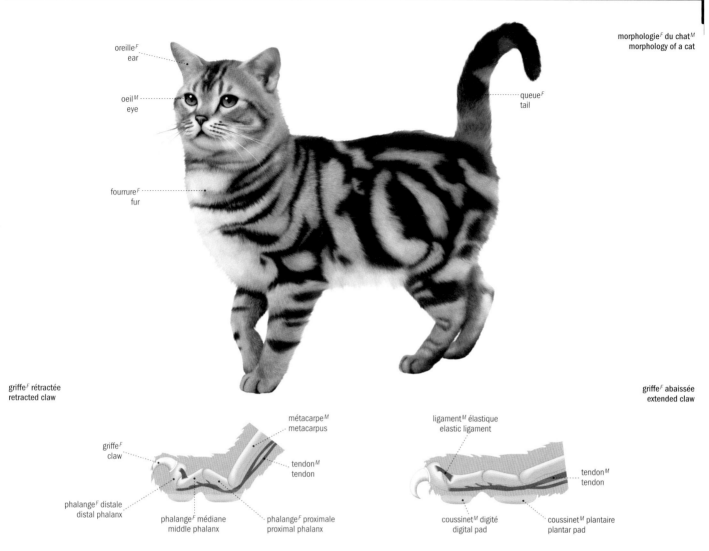

morphologie[F] du chat[M]
morphology of a cat

oreille[F]
ear

oeil[M]
eye

fourrure[F]
fur

queue[F]
tail

griffe[F] rétractée
retracted claw

griffe[F]
claw

métacarpe[M]
metacarpus

tendon[M]
tendon

phalange[F] distale
distal phalanx

phalange[F] médiane
middle phalanx

phalange[F] proximale
proximal phalanx

griffe[F] abaissée
extended claw

ligament[M] élastique
elastic ligament

tendon[M]
tendon

coussinet[M] digité
digital pad

coussinet[M] plantaire
plantar pad

races[F] de chats[M]

siamois[M]
Siamese

abyssin[M]
Abyssinian

chat[M] de l'île[F] de Man
Manx

exemples[M] de mammifères[M] carnivores

examples of carnivorous mammals

vison[M]
mink
fouine[F]
stone marten
martre[F]
marten
belette[F]
weasel
renard[M]
fox
raton[M] laveur
raccoon
fennec[M]
fennec
loutre[F] de rivière[F]
river otter
mangouste[F]
mongoose
blaireau[M]
badger
moufette[F]
skunk
hyène[F]
hyena
lynx[M]
lynx
loup[M]
wolf
puma[M]
cougar

exemples^M de mammifères^M carnivores

guépard^M
cheetah
léopard^M
leopard
lion^M
lion
jaguar^M
jaguar
tigre^M
tiger
ours^M polaire
polar bear
ours^M noir
black bear

dauphin[M]

dolphin

morphologie[F] du dauphin[M]
morphology of a dolphin

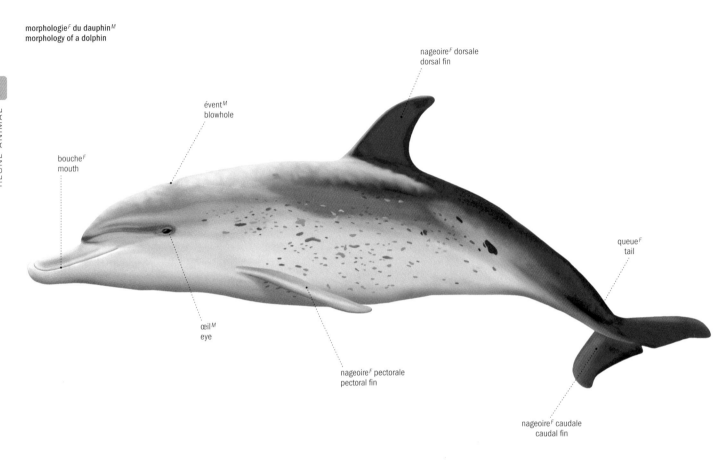

nageoire[F] dorsale
dorsal fin

évent[M]
blowhole

bouche[F]
mouth

queue[F]
tail

œil[M]
eye

nageoire[F] pectorale
pectoral fin

nageoire[F] caudale
caudal fin

squelette[M] du dauphin[M]
skeleton of a dolphin

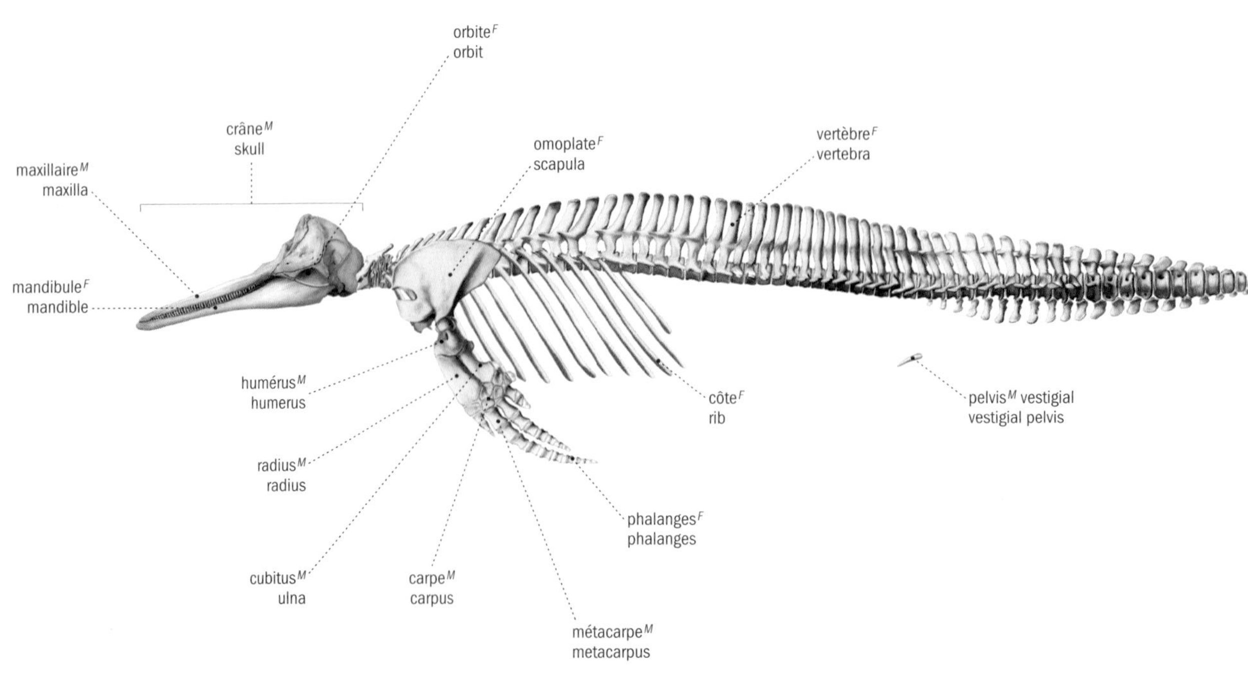
orbite[F]
orbit
crâne[M]
skull
maxillaire[M]
maxilla
omoplate[F]
scapula
vertèbre[F]
vertebra
mandibule[F]
mandible
humérus[M]
humerus
côte[F]
rib
pelvis[M] vestigial
vestigial pelvis
radius[M]
radius
phalanges[F]
phalanges
cubitus[M]
ulna
carpe[M]
carpus
métacarpe[M]
metacarpus

exemples[M] de mammifères[M] marins

examples of marine mammals

phoque[M]
seal
otarie[F]
sea lion
dauphin[M]
dolphin
marsouin[M]
porpoise
narval[M]
narwhal
béluga[M]
beluga whale
orque[F]
killer whale
morse[M]
walrus
rorqual[M]
humpback whale
baleine[F]
northern right whale
cachalot[M]
sperm whale

gorille^M

gorilla

squelette^M du gorille^M
skeleton of a gorilla

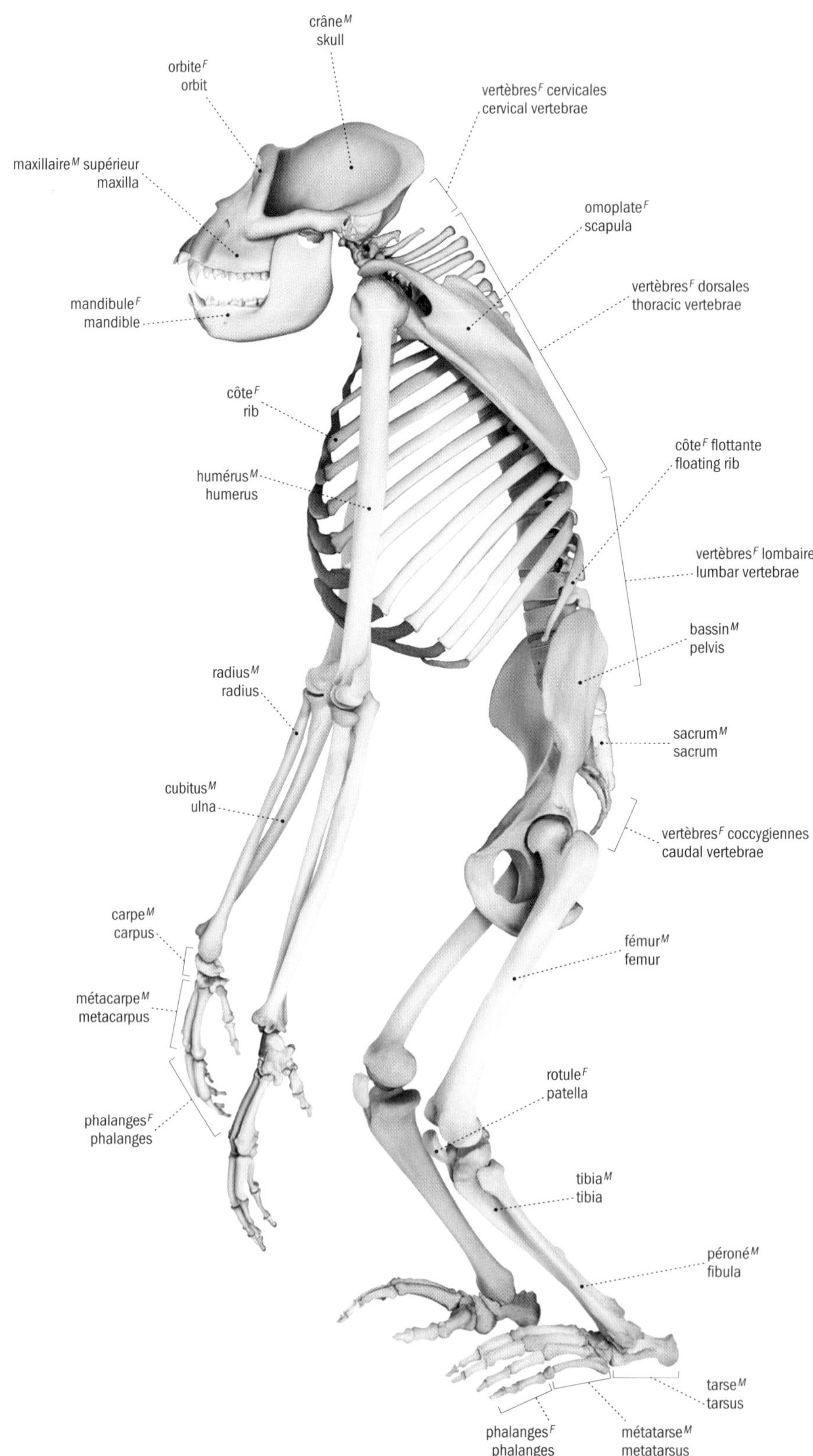
crâne^M
skull
orbite^F
orbit
vertèbres^F cervicales
cervical vertebrae
maxillaire^M supérieur
maxilla
omoplate^F
scapula
mandibule^F
mandible
vertèbres^F dorsales
thoracic vertebrae
côte^F
rib
côte^F flottante
floating rib
humérus^M
humerus
vertèbres^F lombaires
lumbar vertebrae
bassin^M
pelvis
radius^M
radius
sacrum^M
sacrum
cubitus^M
ulna
vertèbres^F coccygiennes
caudal vertebrae
carpe^M
carpus
fémur^M
femur
métacarpe^M
metacarpus
rotule^F
patella
phalanges^F
phalanges
tibia^M
tibia
péroné^M
fibula
tarse^M
tarsus
phalanges^F
phalanges
métatarse^M
metatarsus

gorille[M]

morphologie[F] du gorille[M]
morphology of a gorilla

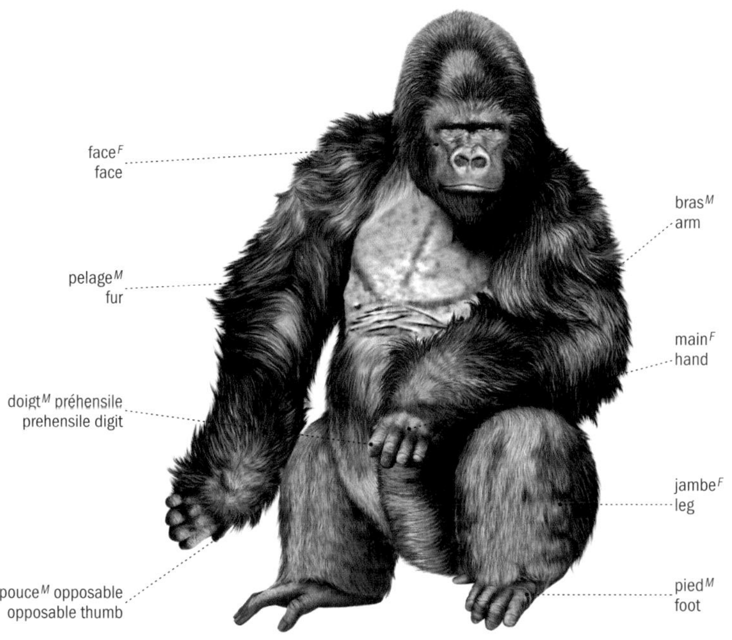
face[F]
face
pelage[M]
fur
doigt[M] préhensile
prehensile digit
pouce[M] opposable
opposable thumb
bras[M]
arm
main[F]
hand
jambe[F]
leg
pied[M]
foot

exemples[M] de mammifères[M] primates

examples of primates

tamarin[M]
tamarin

babouin[M]
baboon

macaque[M]
macaque

ouistiti[M]
marmoset

orang-outan[M]
orangutan

chimpanzé[M]
chimpanzee

lémurien[M]
lemur

gibbon[M]
gibbon

chauve-souris^F

bat

morphologie^F de la chauve-souris^F
morphology of a bat

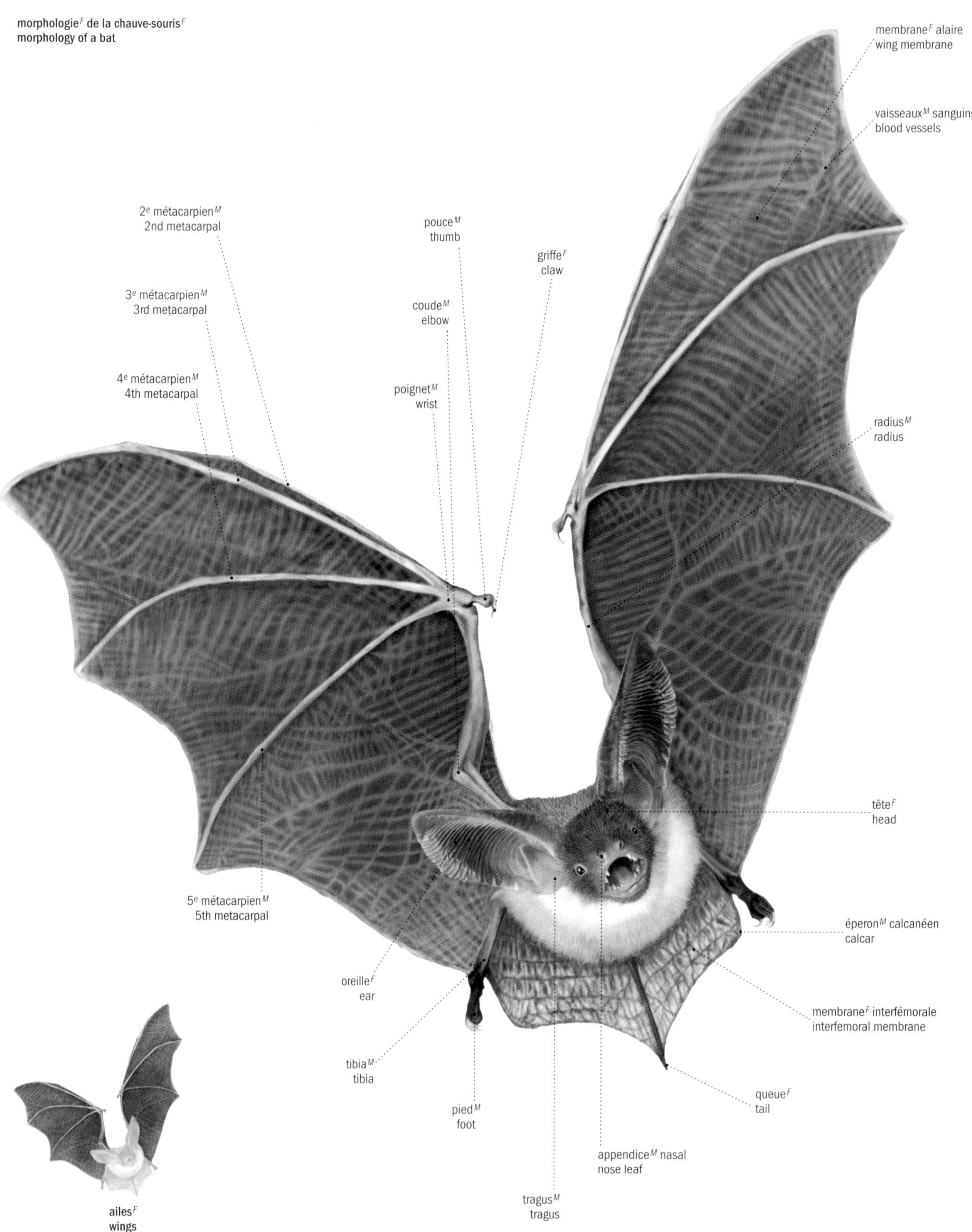
membrane^F alaire
wing membrane
vaisseaux^M sanguins
blood vessels
2e métacarpien^M
2nd metacarpal
pouce^M
thumb
griffe^F
claw
3e métacarpien^M
3rd metacarpal
coude^M
elbow
4e métacarpien^M
4th metacarpal
poignet^M
wrist
radius^M
radius
tête^F
head
5e métacarpien^M
5th metacarpal
éperon^M calcanéen
calcar
oreille^F
ear
membrane^F interfémorale
interfemoral membrane
tibia^M
tibia
queue^F
tail
pied^M
foot
appendice^M nasal
nose leaf
tragus^M
tragus

ailes^F
wings

chauve-souris[F]

squelette[M] de la chauve-souris[F]
skeleton of a bat

vertèbres[F] cervicales
cervical vertebrae

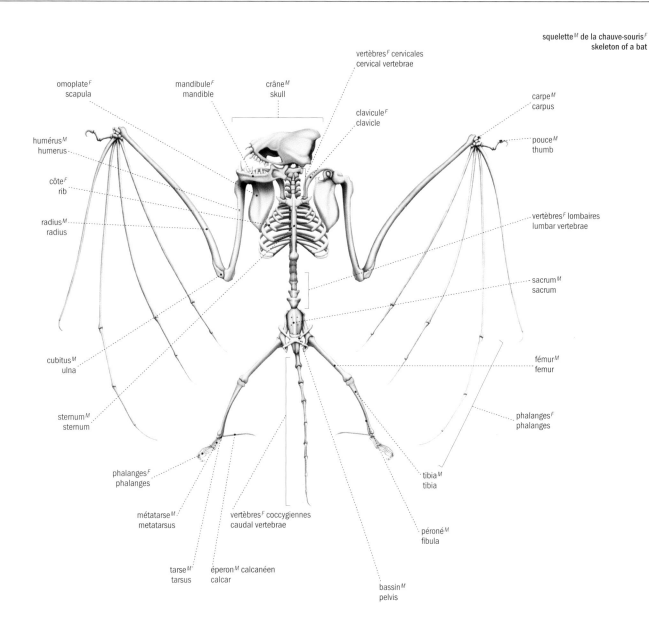

omoplate[F]
scapula

mandibule[F]
mandible

crâne[M]
skull

clavicule[F]
clavicle

carpe[M]
carpus

humérus[M]
humerus

pouce[M]
thumb

côte[F]
rib

radius[M]
radius

vertèbres[F] lombaires
lumbar vertebrae

sacrum[M]
sacrum

cubitus[M]
ulna

fémur[M]
femur

sternum[M]
sternum

phalanges[F]
phalanges

phalanges[F]
phalanges

tibia[M]
tibia

métatarse[M]
metatarsus

vertèbres[F] coccygiennes
caudal vertebrae

péroné[M]
fibula

tarse[M]
tarsus

éperon[M] calcanéen
calcar

bassin[M]
pelvis

exemples[M] de chauves-souris[F]
examples of bats

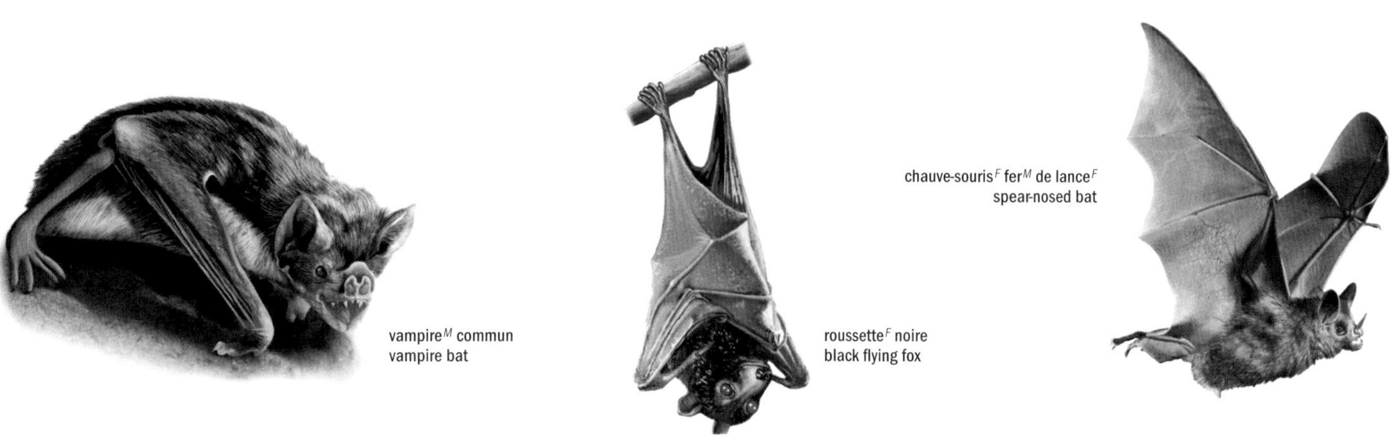

vampire[M] commun
vampire bat

roussette[F] noire
black flying fox

chauve-souris[F] fer[M] de lance[F]
spear-nosed bat

kangourou[M]

kangaroo

squelette[M] du kangourou[M]
skeleton of a kangaroo

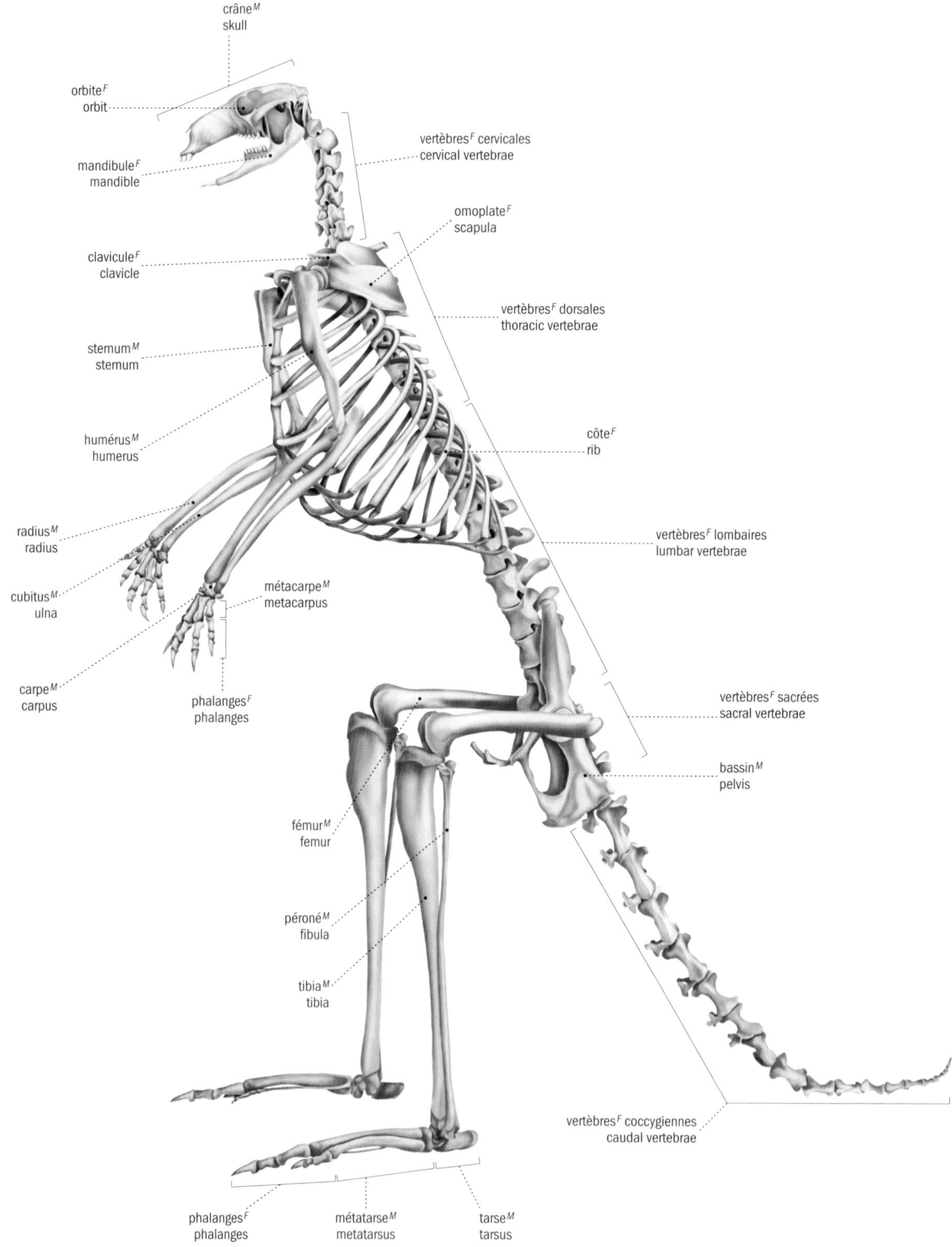
crâne[M]
skull
orbite[F]
orbit
mandibule[F]
mandible
vertèbres[F] cervicales
cervical vertebrae
omoplate[F]
scapula
clavicule[F]
clavicle
vertèbres[F] dorsales
thoracic vertebrae
sternum[M]
sternum
humérus[M]
humerus
côte[F]
rib
vertèbres[F] lombaires
lumbar vertebrae
radius[M]
radius
cubitus[M]
ulna
métacarpe[M]
metacarpus
carpe[M]
carpus
phalanges[F]
phalanges
vertèbres[F] sacrées
sacral vertebrae
bassin[M]
pelvis
fémur[M]
femur
péroné[M]
fibula
tibia[M]
tibia
vertèbres[F] coccygiennes
caudal vertebrae
phalanges[F]
phalanges
métatarse[M]
metatarsus
tarse[M]
tarsus

kangourou^{M}

morphologie^{F} du kangourou^{M}
morphology of a kangaroo

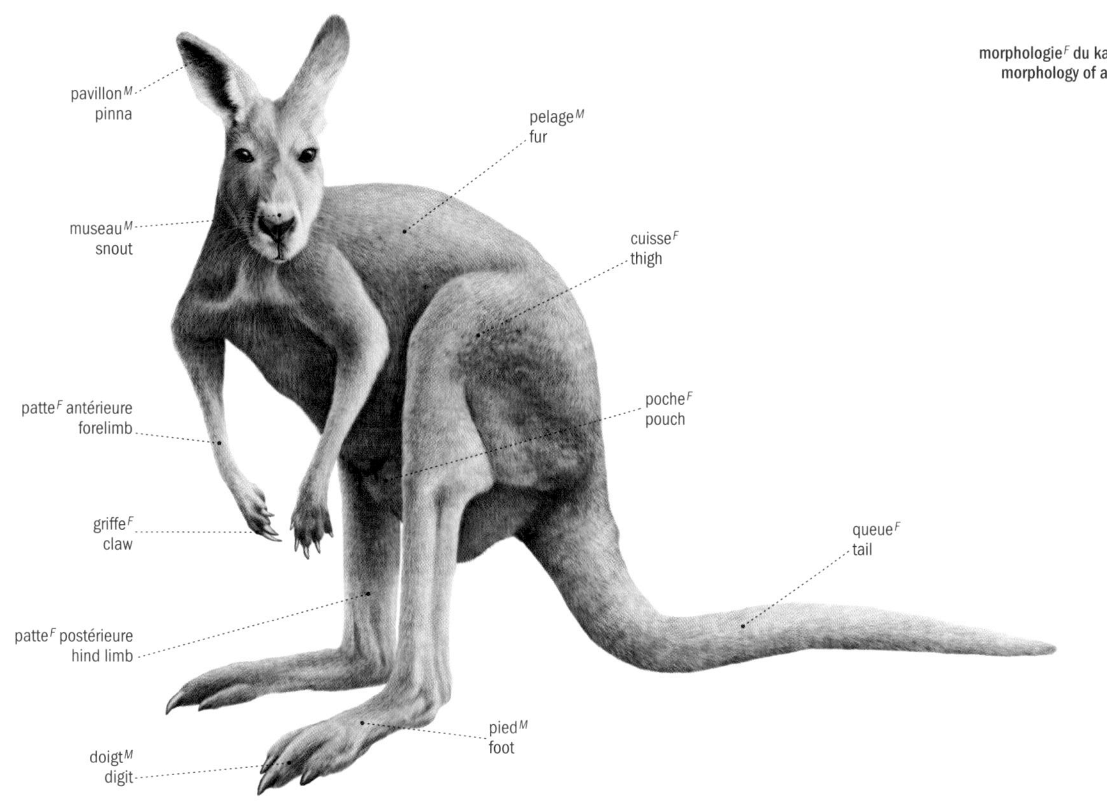
pavillon^{M}
pinna
pelage^{M}
fur
museau^{M}
snout
cuisse^{F}
thigh
patte^{F} antérieure
forelimb
poche^{F}
pouch
griffe^{F}
claw
queue^{F}
tail
patte^{F} postérieure
hind limb
pied^{M}
foot
doigt^{M}
digit

exemples^{M} de marsupiaux^{M}

examples of marsupials

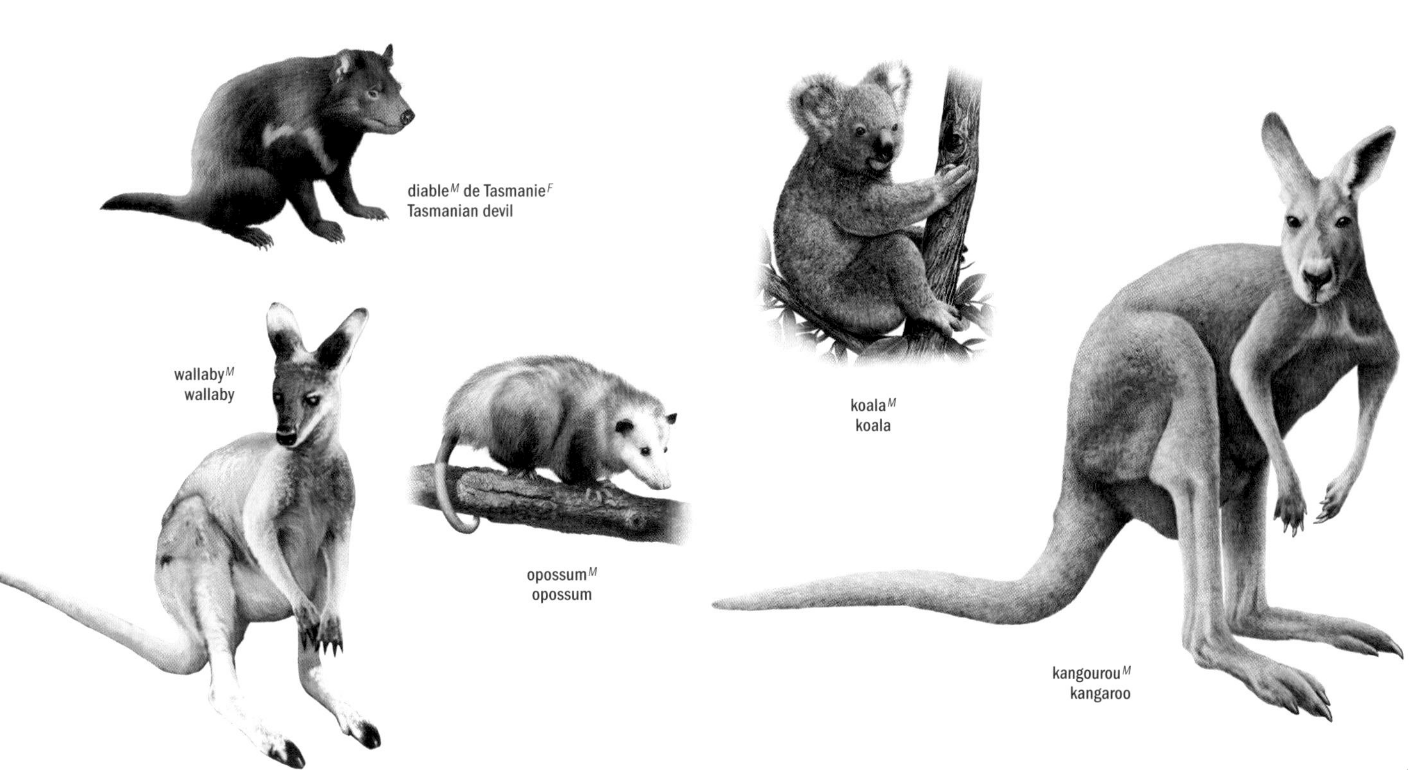
diable^{M} de Tasmanie^{F}
Tasmanian devil
wallaby^{M}
wallaby
opossum^{M}
opossum
koala^{M}
koala
kangourou^{M}
kangaroo

ÊTRE HUMAIN

HUMAN BEING

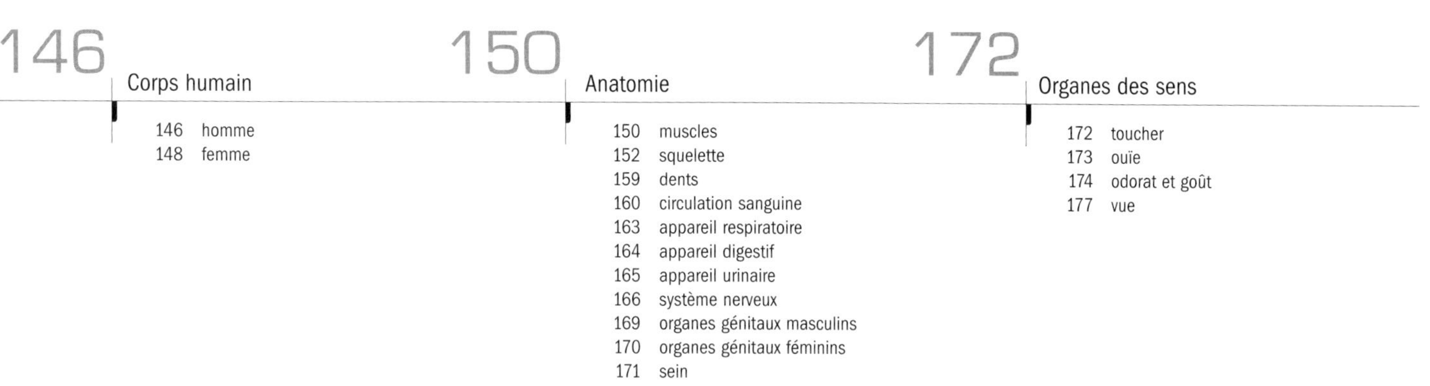

146 Corps humain

146 homme
148 femme

150 Anatomie

150 muscles
152 squelette
159 dents
160 circulation sanguine
163 appareil respiratoire
164 appareil digestif
165 appareil urinaire
166 système nerveux
169 organes génitaux masculins
170 organes génitaux féminins
171 sein

172 Organes des sens

172 toucher
173 ouïe
174 odorat et goût
177 vue

homme^M

man

face^F antérieure
anterior view

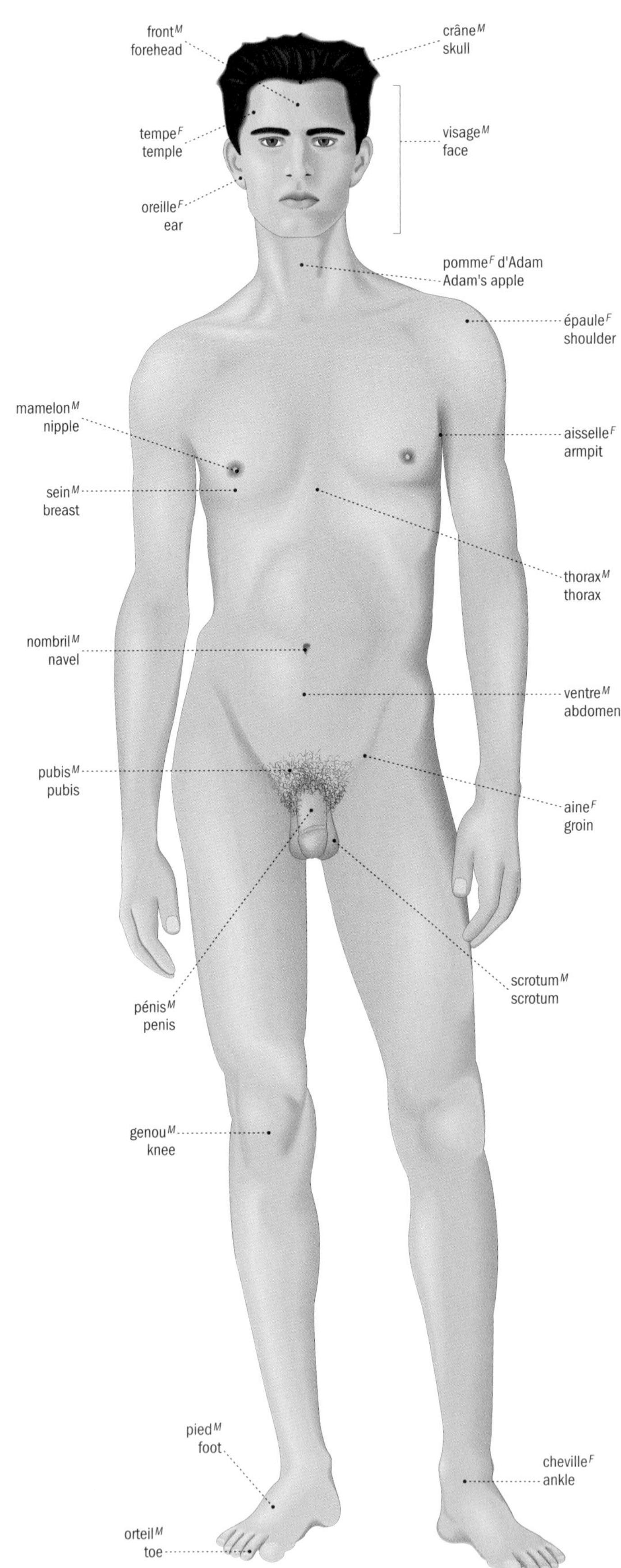

front^M
forehead
crâne^M
skull
tempe^F
temple
visage^M
face
oreille^F
ear
pomme^F d'Adam
Adam's apple
épaule^F
shoulder
mamelon^M
nipple
aisselle^F
armpit
sein^M
breast
thorax^M
thorax
nombril^M
navel
ventre^M
abdomen
pubis^M
pubis
aine^F
groin
scrotum^M
scrotum
pénis^M
penis
genou^M
knee
pied^M
foot
cheville^F
ankle
orteil^M
toe

homme^M

face^F postérieure
posterior view

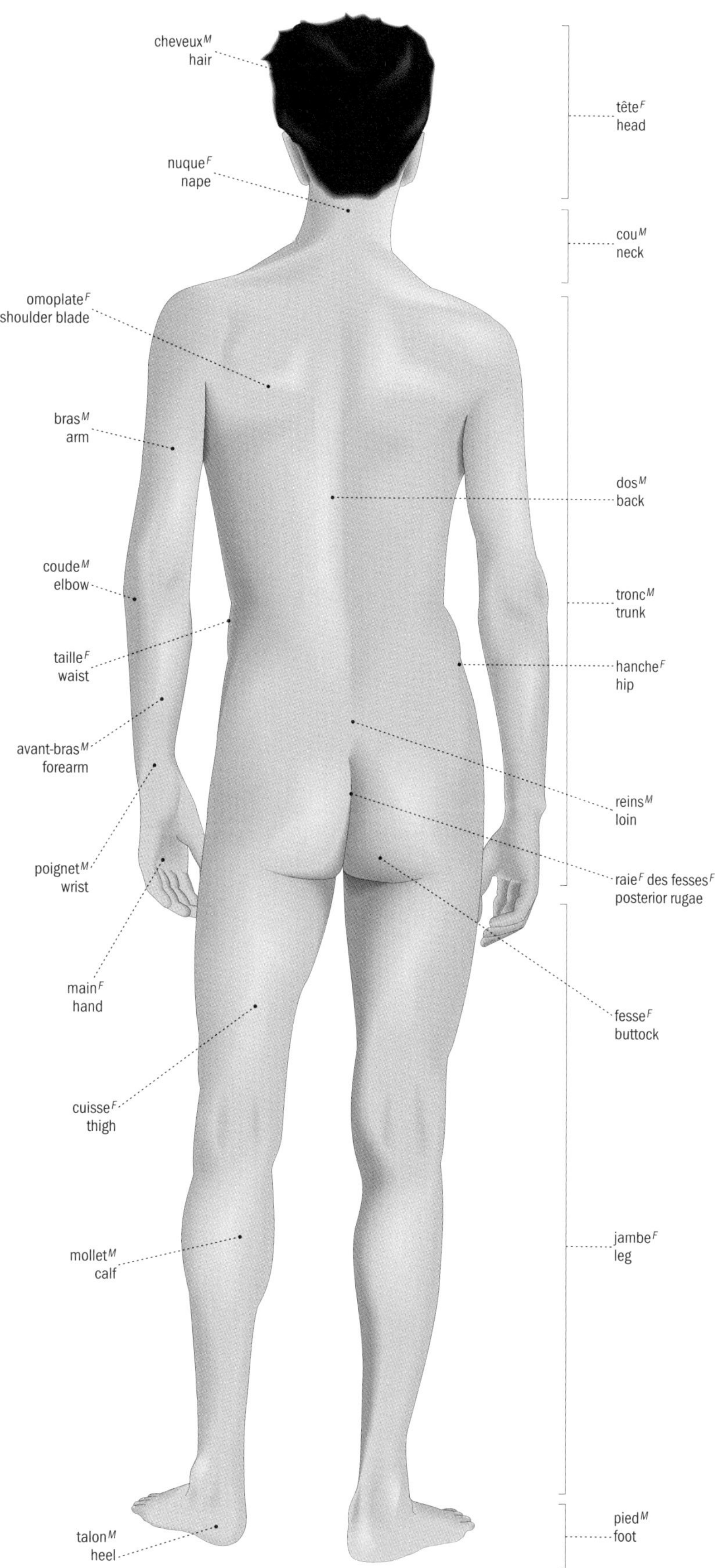
cheveux^M
hair
nuque^F
nape
omoplate^F
shoulder blade
bras^M
arm
coude^M
elbow
taille^F
waist
avant-bras^M
forearm
poignet^M
wrist
main^F
hand
cuisse^F
thigh
mollet^M
calf
talon^M
heel
tête^F
head
cou^M
neck
dos^M
back
tronc^M
trunk
hanche^F
hip
reins^M
loin
raie^F des fesses^F
posterior rugae
fesse^F
buttock
jambe^F
leg
pied^M
foot

femme[F]

woman

face[F] antérieure
anterior view

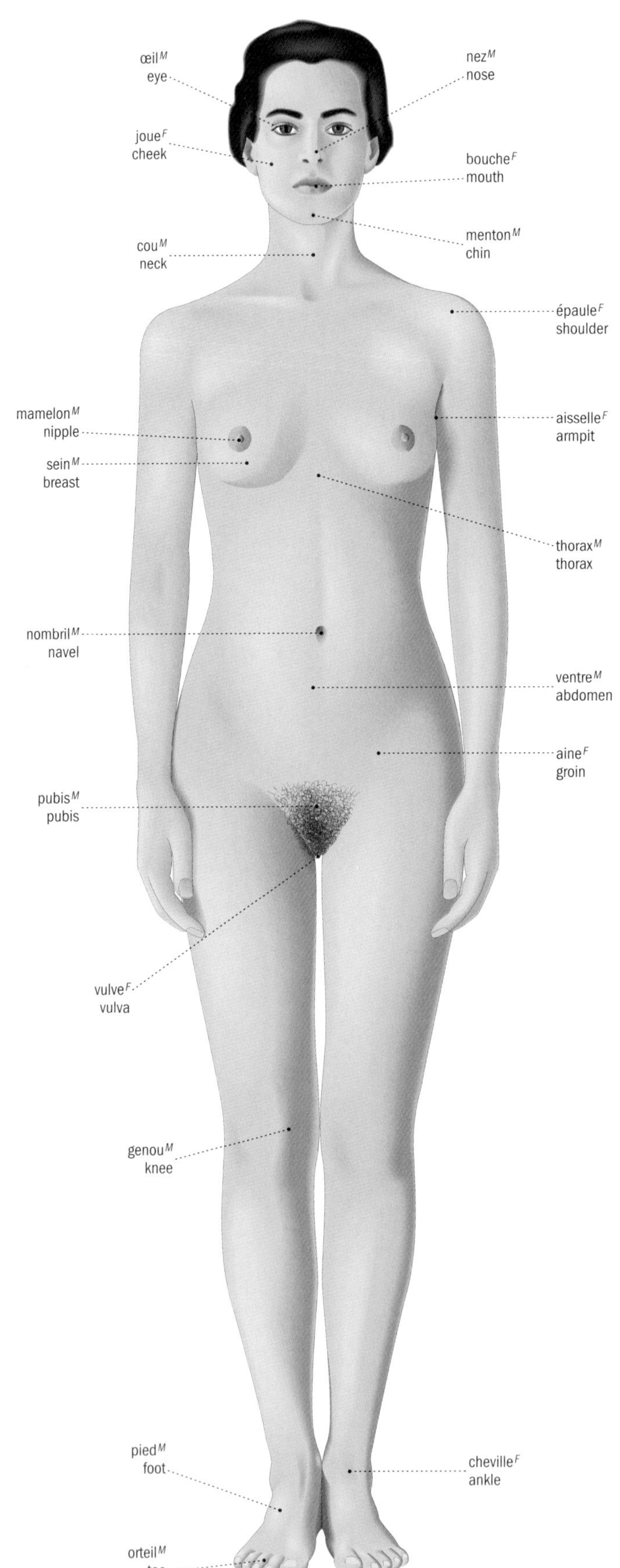

œil[M]
eye
nez[M]
nose
joue[F]
cheek
bouche[F]
mouth
menton[M]
chin
cou[M]
neck
épaule[F]
shoulder
mamelon[M]
nipple
aisselle[F]
armpit
sein[M]
breast
thorax[M]
thorax
nombril[M]
navel
ventre[M]
abdomen
aine[F]
groin
pubis[M]
pubis
vulve[F]
vulva
genou[M]
knee
pied[M]
foot
cheville[F]
ankle
orteil[M]
toe

femme^F

faceF postérieure
posterior view

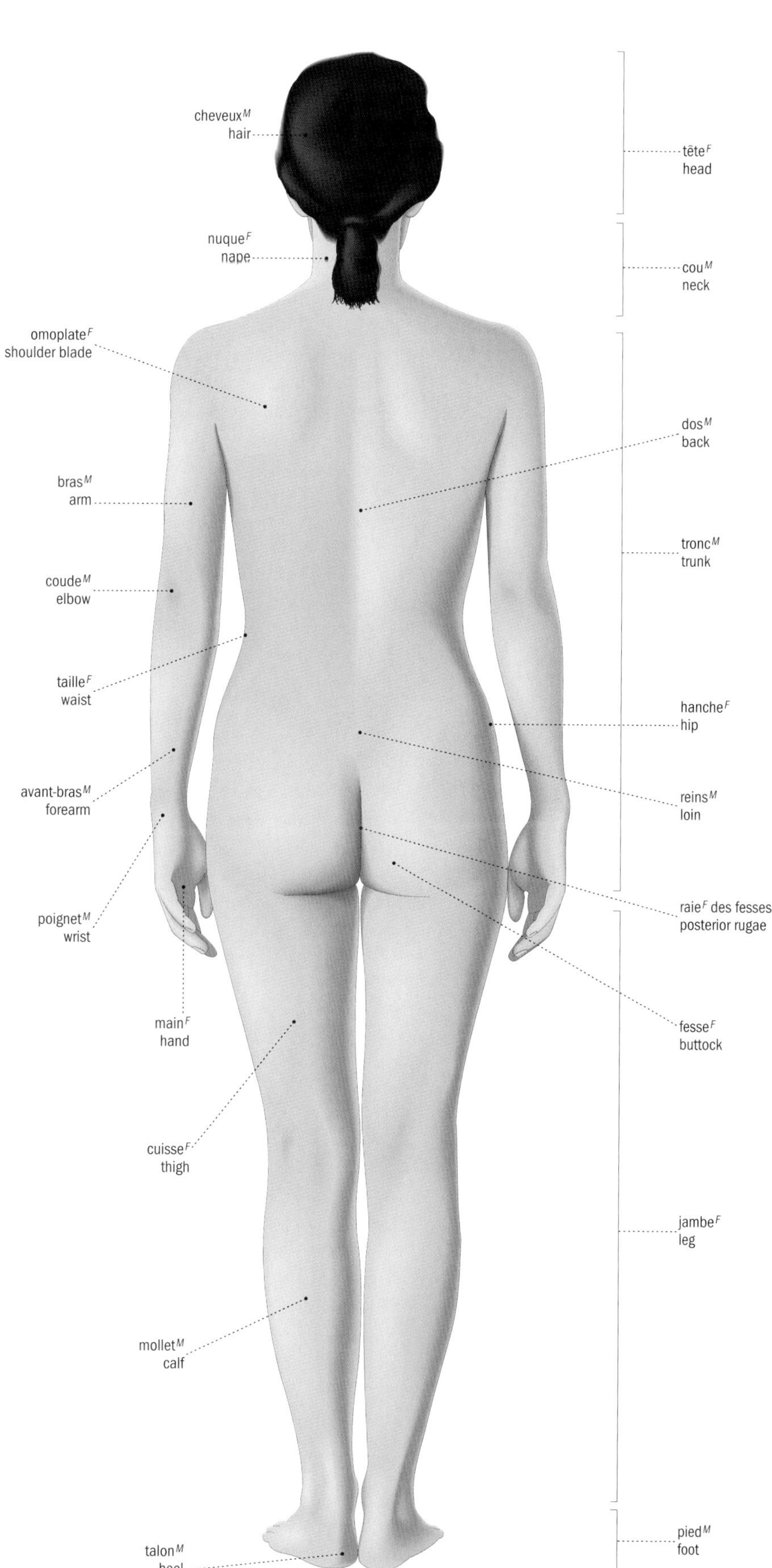
cheveuxM
hair
nuqueF
nape
omoplateF
shoulder blade
brasM
arm
coudeM
elbow
tailleF
waist
avant-brasM
forearm
poignetM
wrist
mainF
hand
cuisseF
thigh
molletM
calf
talonM
heel
têteF
head
couM
neck
dosM
back
troncM
trunk
hancheF
hip
reinsM
loin
raieF des fessesF
posterior rugae
fesseF
buttock
jambeF
leg
piedM
foot

muscles^M

muscles

face^F antérieure
anterior view

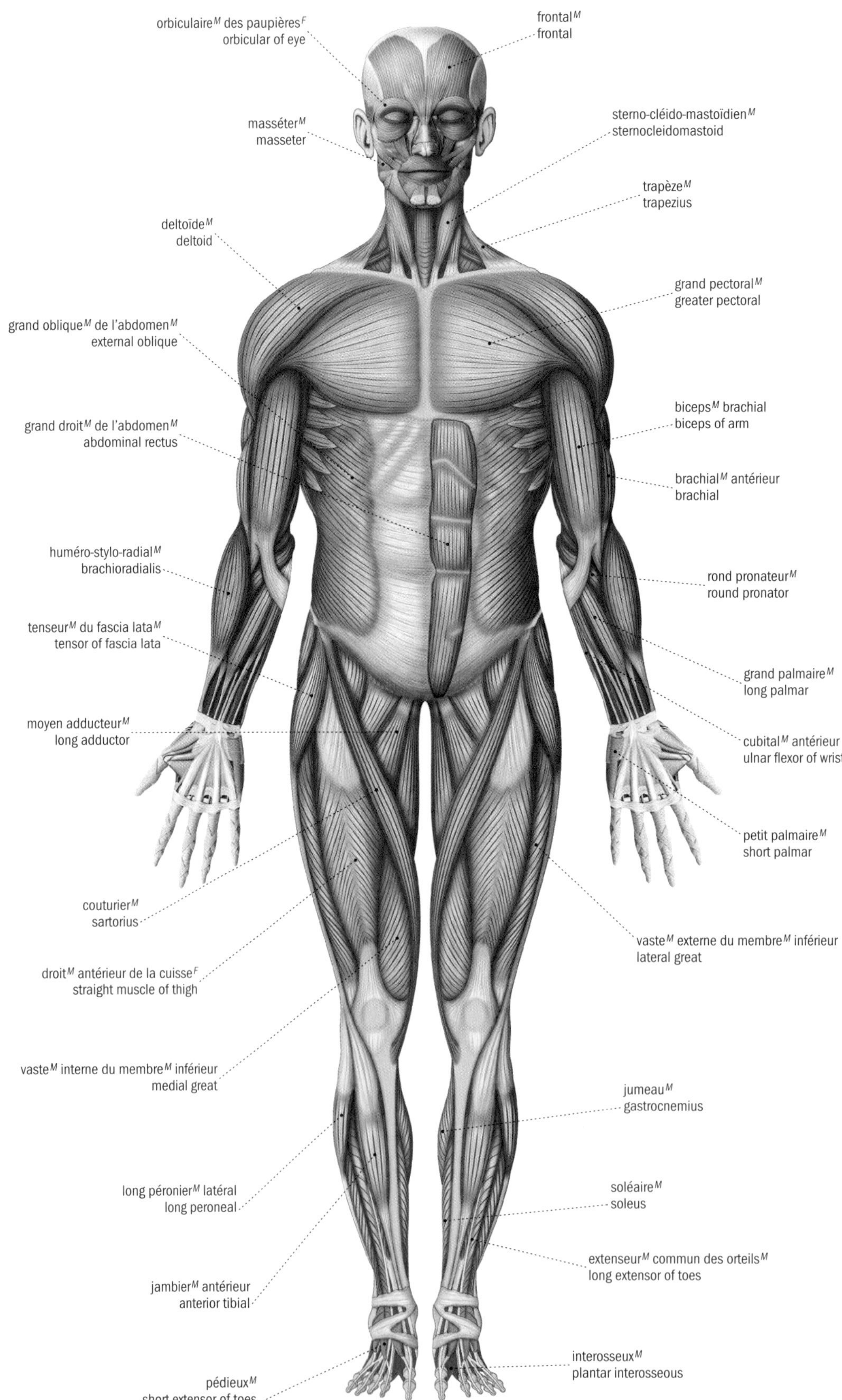
orbiculaire^M des paupières^F
orbicular of eye
frontal^M
frontal
masséter^M
masseter
sterno-cléido-mastoïdien^M
sternocleidomastoid
trapèze^M
trapezius
deltoïde^M
deltoid
grand pectoral^M
greater pectoral
grand oblique^M de l'abdomen^M
external oblique
biceps^M brachial
biceps of arm
grand droit^M de l'abdomen^M
abdominal rectus
brachial^M antérieur
brachial
huméro-stylo-radial^M
brachioradialis
rond pronateur^M
round pronator
tenseur^M du fascia lata^M
tensor of fascia lata
grand palmaire^M
long palmar
moyen adducteur^M
long adductor
cubital^M antérieur
ulnar flexor of wrist
petit palmaire^M
short palmar
couturier^M
sartorius
vaste^M externe du membre^M inférieur
lateral great
droit^M antérieur de la cuisse^F
straight muscle of thigh
vaste^M interne du membre^M inférieur
medial great
jumeau^M
gastrocnemius
long péronier^M latéral
long peroneal
soléaire^M
soleus
extenseur^M commun des orteils^M
long extensor of toes
jambier^M antérieur
anterior tibial
interosseux^M
plantar interosseous
pédieux^M
short extensor of toes

muscles^{M}

face^{F} postérieure
posterior view

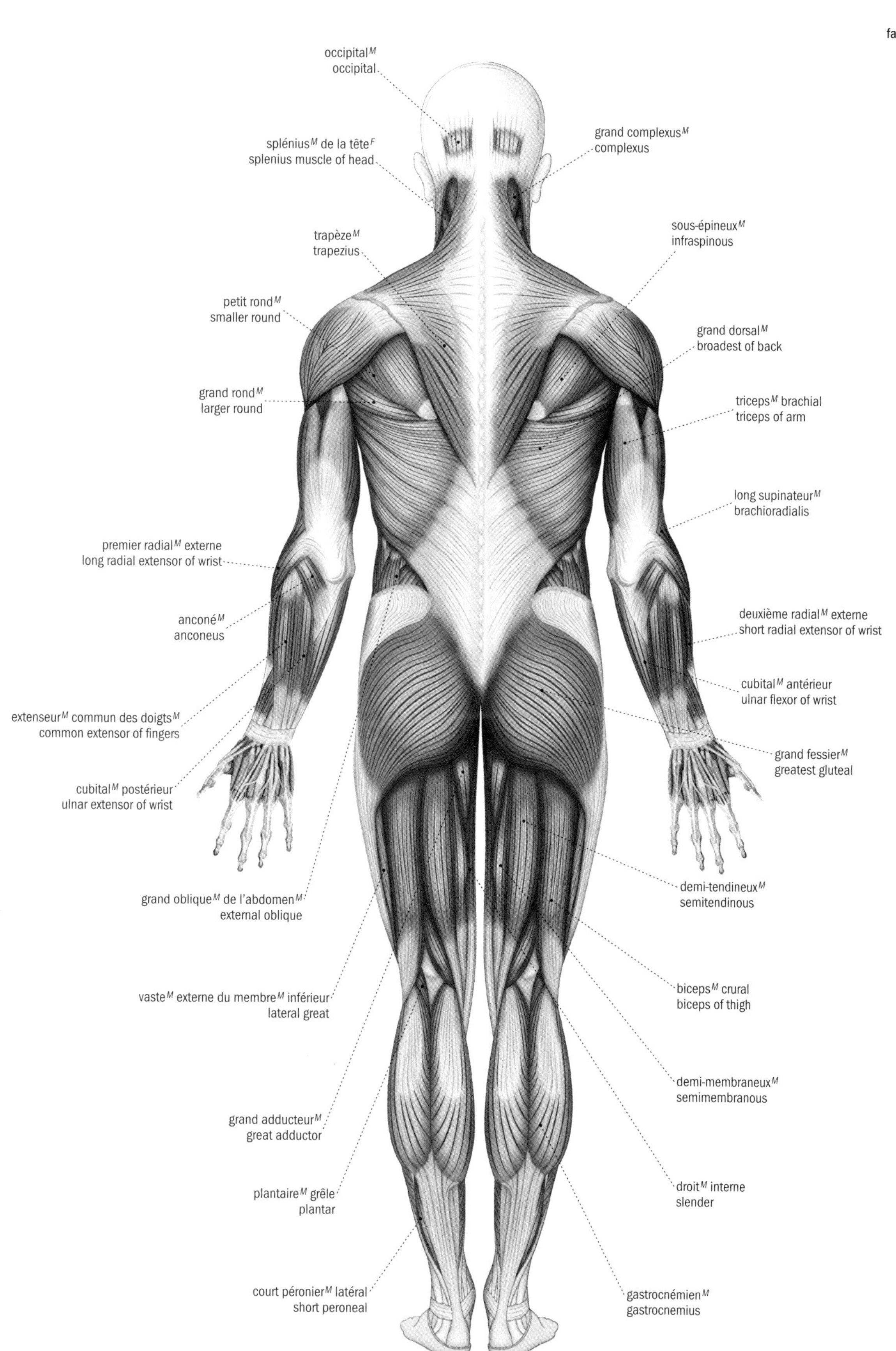
occipital^{M}
occipital
splénius^{M} de la tête^{F}
splenius muscle of head
trapèze^{M}
trapezius
petit rond^{M}
smaller round
grand rond^{M}
larger round
premier radial^{M} externe
long radial extensor of wrist
anconé^{M}
anconeus
extenseur^{M} commun des doigts^{M}
common extensor of fingers
cubital^{M} postérieur
ulnar extensor of wrist
grand oblique^{M} de l'abdomen^{M}
external oblique
vaste^{M} externe du membre^{M} inférieur
lateral great
grand adducteur^{M}
great adductor
plantaire^{M} grêle
plantar
court péronier^{M} latéral
short peroneal
grand complexus^{M}
complexus
sous-épineux^{M}
infraspinous
grand dorsal^{M}
broadest of back
triceps^{M} brachial
triceps of arm
long supinateur^{M}
brachioradialis
deuxième radial^{M} externe
short radial extensor of wrist
cubital^{M} antérieur
ulnar flexor of wrist
grand fessier^{M}
greatest gluteal
demi-tendineux^{M}
semitendinous
biceps^{M} crural
biceps of thigh
demi-membraneux^{M}
semimembranous
droit^{M} interne
slender
gastrocnémien^{M}
gastrocnemius

squelette[M]

skeleton

vue[F] antérieure
anterior view

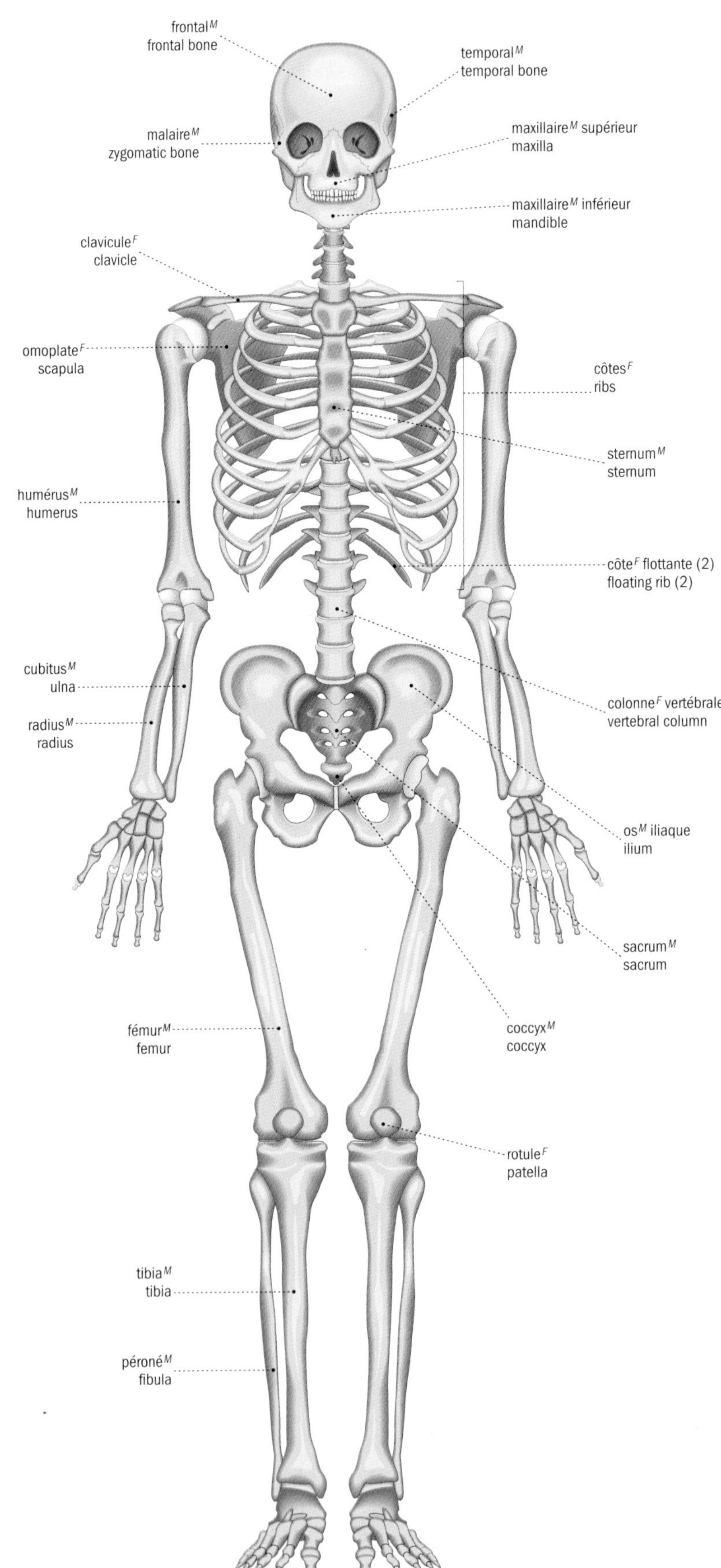
frontal[M]
frontal bone
temporal[M]
temporal bone
malaire[M]
zygomatic bone
maxillaire[M] supérieur
maxilla
maxillaire[M] inférieur
mandible
clavicule[F]
clavicle
omoplate[F]
scapula
côtes[F]
ribs
sternum[M]
sternum
humérus[M]
humerus
côte[F] flottante (2)
floating rib (2)
colonne[F] vertébrale
vertebral column
cubitus[M]
ulna
radius[M]
radius
os[M] iliaque
ilium
sacrum[M]
sacrum
fémur[M]
femur
coccyx[M]
coccyx
rotule[F]
patella
tibia[M]
tibia
péroné[M]
fibula

squelette[M]

vue[F] postérieure
posterior view

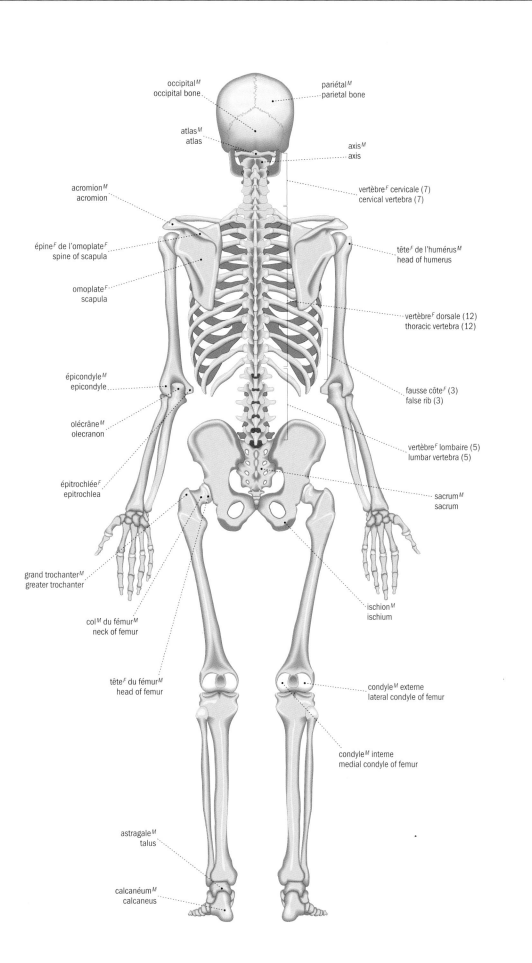

occipital[M]
occipital bone

pariétal[M]
parietal bone

atlas[M]
atlas

axis[M]
axis

vertèbre[F] cervicale (7)
cervical vertebra (7)

acromion[M]
acromion

épine[F] de l'omoplate[F]
spine of scapula

tête[F] de l'humérus[M]
head of humerus

omoplate[F]
scapula

vertèbre[F] dorsale (12)
thoracic vertebra (12)

épicondyle[M]
epicondyle

fausse côte[F] (3)
false rib (3)

olécrâne[M]
olecranon

vertèbre[F] lombaire (5)
lumbar vertebra (5)

épitrochlée[F]
epitrochlea

sacrum[M]
sacrum

grand trochanter[M]
greater trochanter

ischion[M]
ischium

col[M] du fémur[M]
neck of femur

tête[F] du fémur[M]
head of femur

condyle[M] externe
lateral condyle of femur

condyle[M] interne
medial condyle of femur

astragale[M]
talus

calcanéum[M]
calcaneus

squelette[M]

main[F]
hand

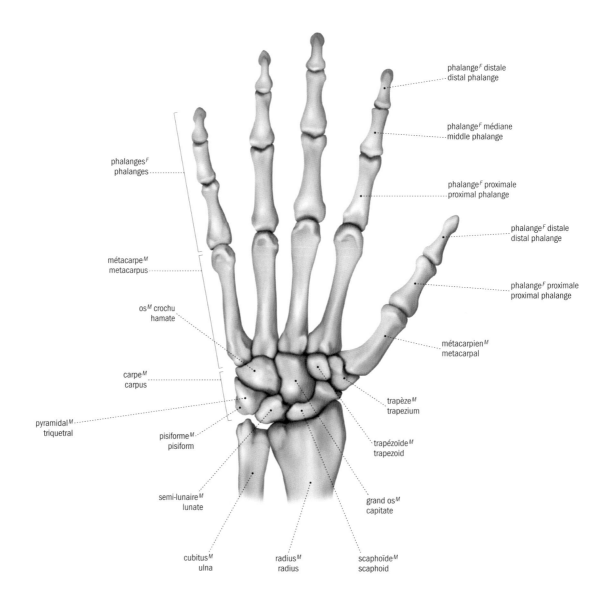

phalange[F] distale
distal phalange

phalange[F] médiane
middle phalange

phalange[F] proximale
proximal phalange

phalange[F] distale
distal phalange

phalange[F] proximale
proximal phalange

métacarpien[M]
metacarpal

trapèze[M]
trapezium

trapézoïde[M]
trapezoid

grand os[M]
capitate

scaphoïde[M]
scaphoid

radius[M]
radius

cubitus[M]
ulna

semi-lunaire[M]
lunate

pisiforme[M]
pisiform

pyramidal[M]
triquetral

carpe[M]
carpus

os[M] crochu
hamate

métacarpe[M]
metacarpus

phalanges[F]
phalanges

structure[F] d'un os[M] long
structure of a long bone

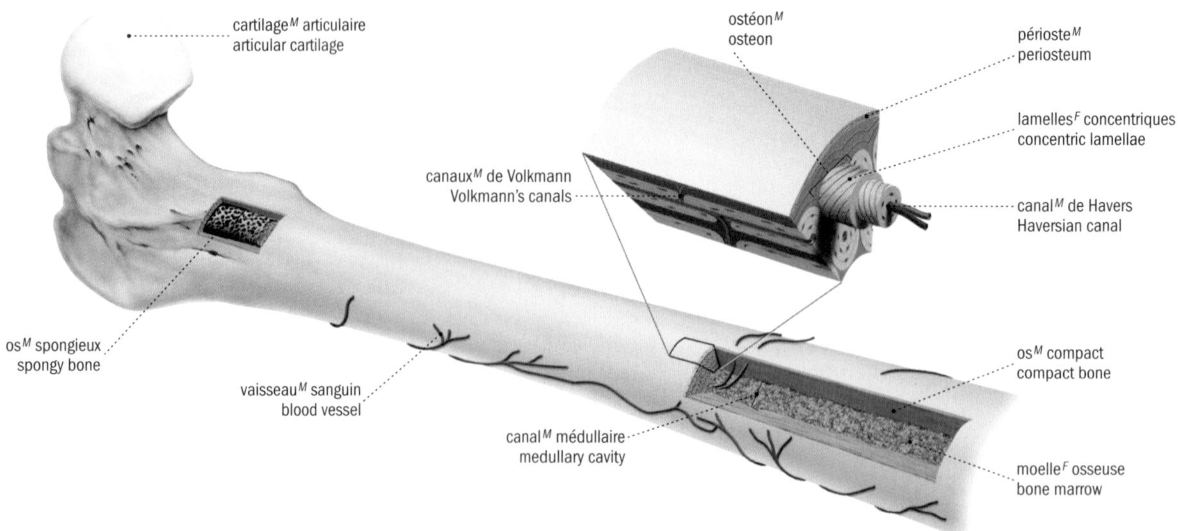
cartilage[M] articulaire
articular cartilage
ostéon[M]
osteon
périoste[M]
periosteum
lamelles[F] concentriques
concentric lamellae
canal[M] de Havers
Haversian canal
canaux[M] de Volkmann
Volkmann's canals
os[M] spongieux
spongy bone
vaisseau[M] sanguin
blood vessel
canal[M] médullaire
medullary cavity
os[M] compact
compact bone
moelle[F] osseuse
bone marrow

piedᴹ
foot

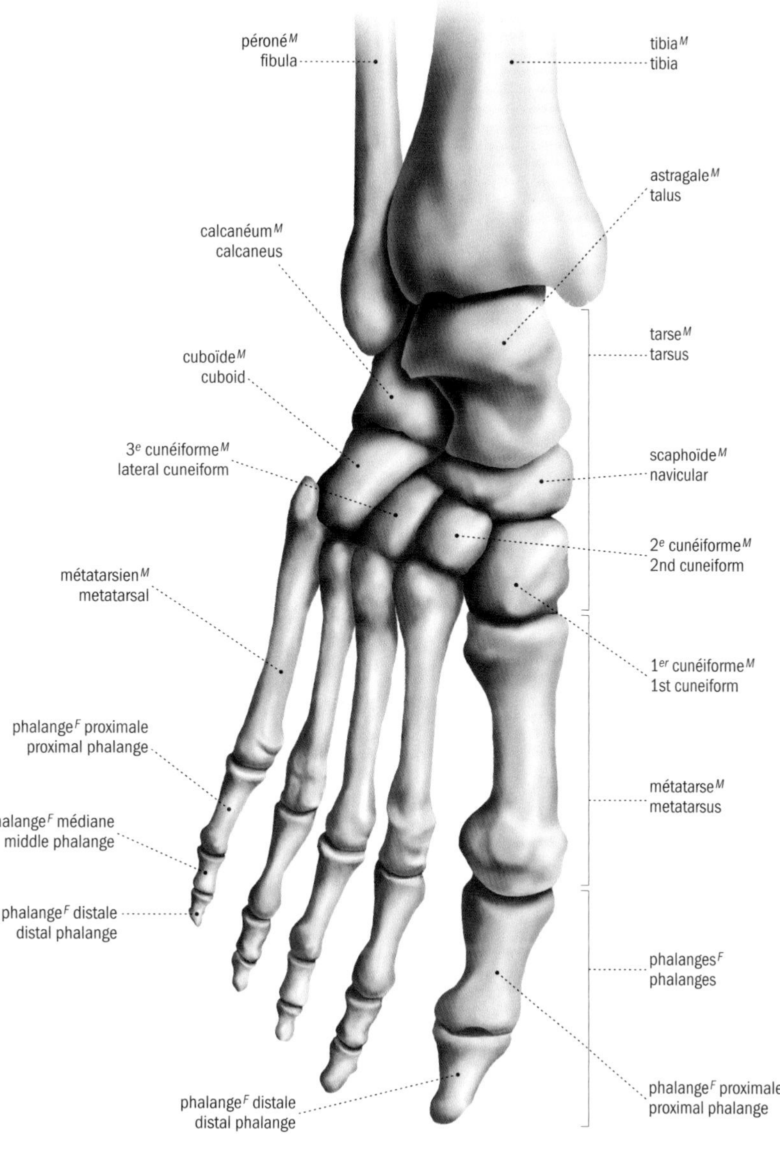
péronéᴹ
fibula
tibiaᴹ
tibia
astragaleᴹ
talus
calcanéumᴹ
calcaneus
tarseᴹ
tarsus
cuboïdeᴹ
cuboid
3ᵉ cunéiformeᴹ
lateral cuneiform
scaphoïdeᴹ
navicular
2ᵉ cunéiformeᴹ
2nd cuneiform
métatarsienᴹ
metatarsal
1ᵉʳ cunéiformeᴹ
1st cuneiform
phalangeᶠ proximale
proximal phalange
métatarseᴹ
metatarsus
phalangeᶠ médiane
middle phalange
phalangeᶠ distale
distal phalange
phalangesᶠ
phalanges
phalangeᶠ distale
distal phalange
phalangeᶠ proximale
proximal phalange

partiesᶠ d'un osᴹ long
parts of a long bone

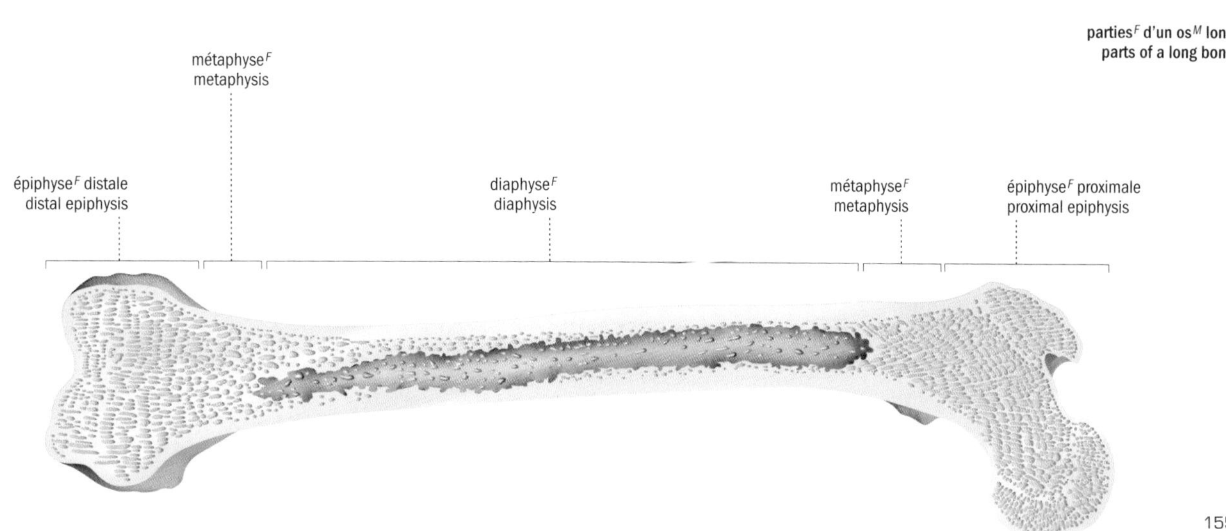
métaphyseᶠ
metaphysis
épiphyseᶠ distale
distal epiphysis
diaphyseᶠ
diaphysis
métaphyseᶠ
metaphysis
épiphyseᶠ proximale
proximal epiphysis

types M d'articulations F synoviales
types of synovial joints

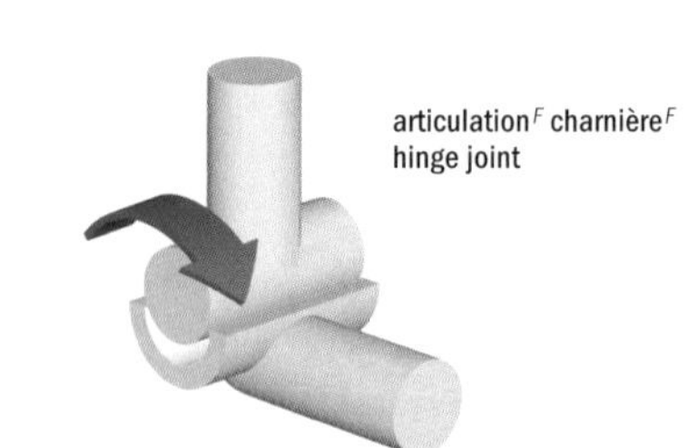
articulation F charnière F
hinge joint

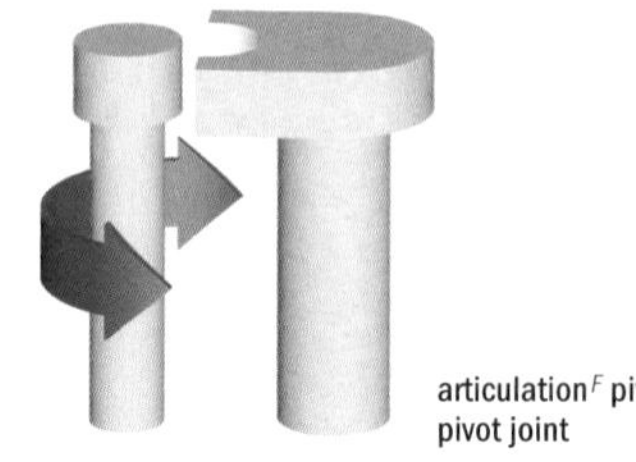
articulation F pivot M
pivot joint

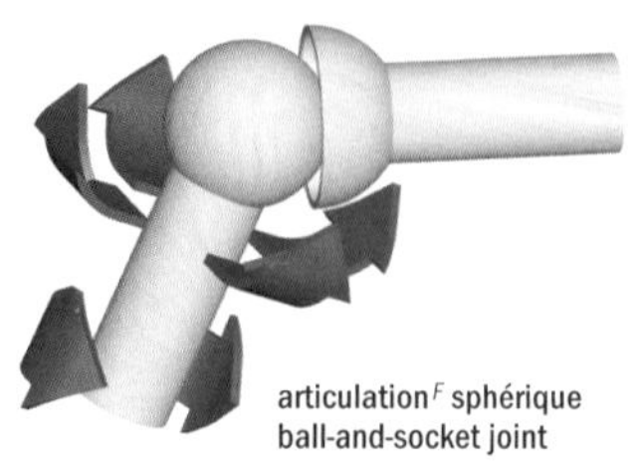
articulation F sphérique
ball-and-socket joint

coude M
elbow

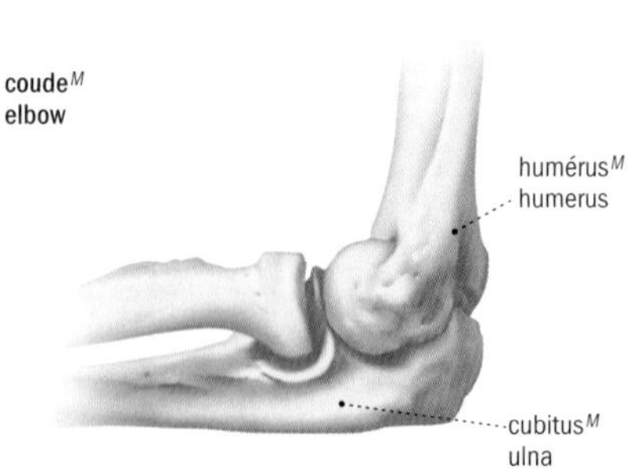
humérus M
humerus
cubitus M
ulna

jambe F
leg

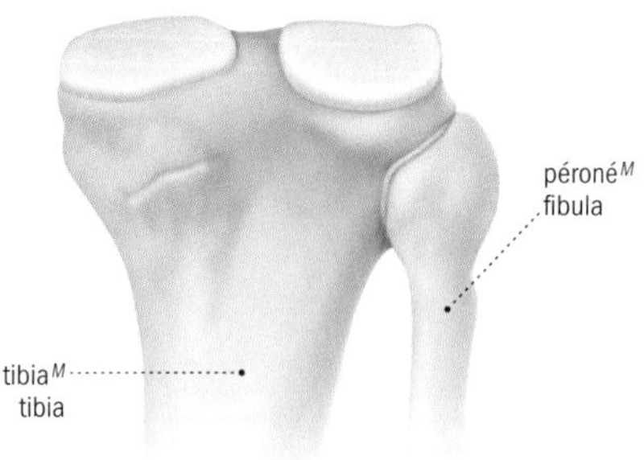
péroné M
fibula
tibia M
tibia

épaule F
shoulder

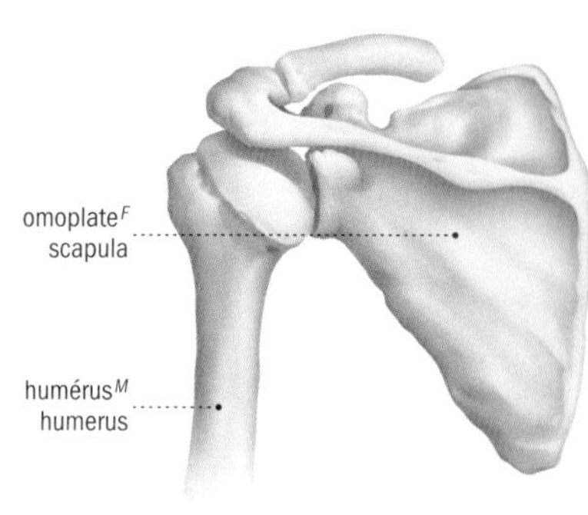
omoplate F
scapula
humérus M
humerus

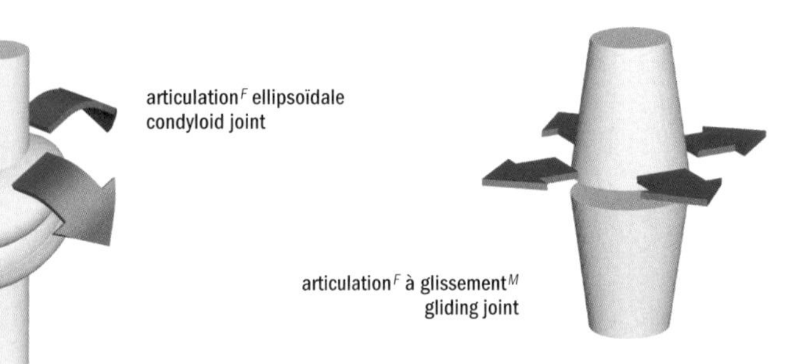
articulation F ellipsoïdale
condyloid joint
articulation F à glissement M
gliding joint

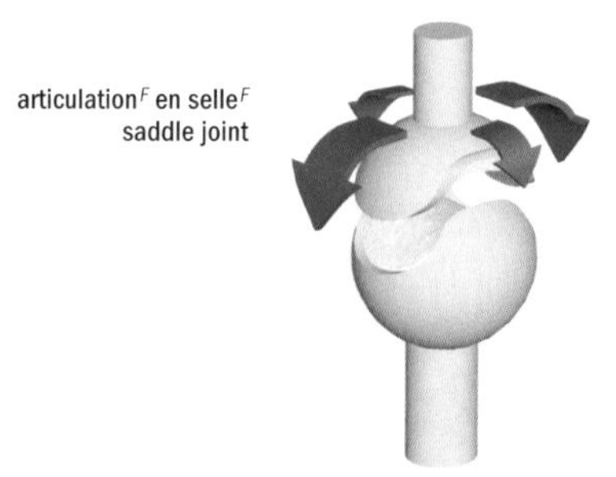
articulation F en selle F
saddle joint

poignet M
wrist

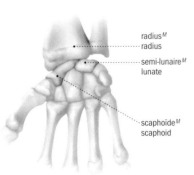

radius M
radius
semi-lunaire M
lunate
scaphoïde M
scaphoid

tarse M
tarsus

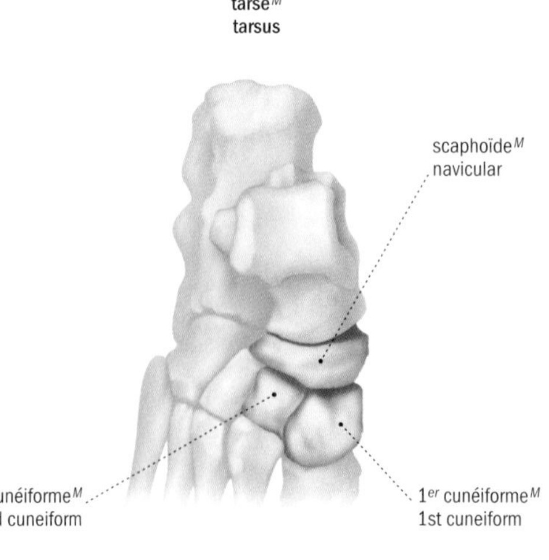
scaphoïde M
navicular
2e cunéiforme M
2nd cuneiform
1er cunéiforme M
1st cuneiform

pouce M
thumb

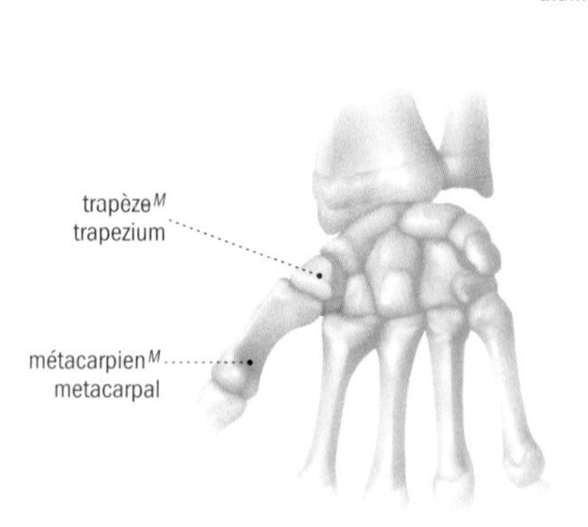
trapèze M
trapezium
métacarpien M
metacarpal

os[M] de la colonne[F] vertébrale
vertebral column

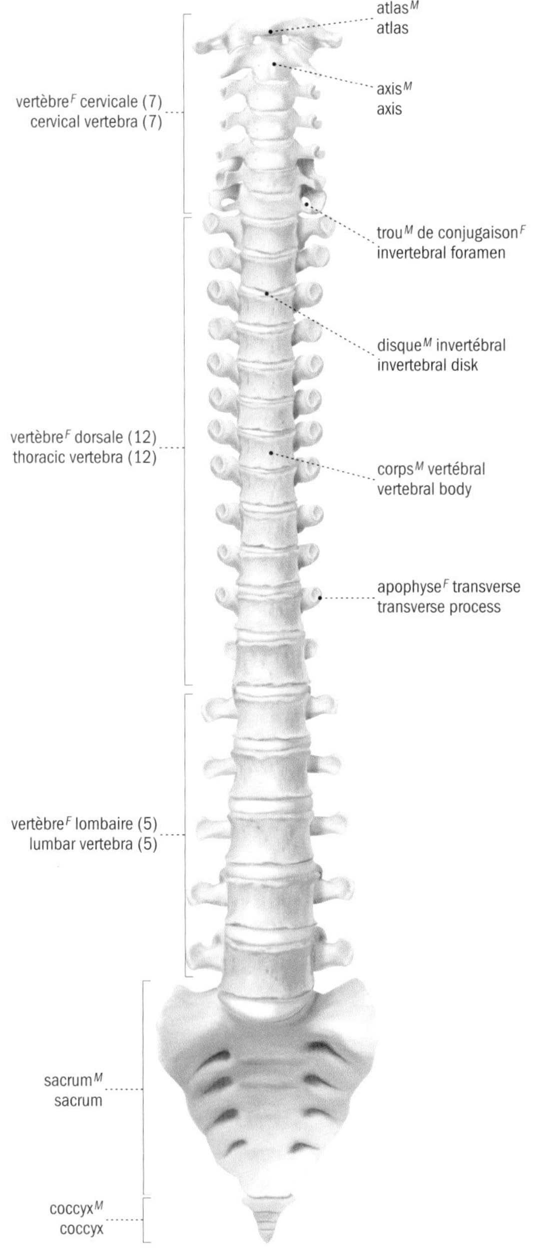
atlas[M]
atlas
axis[M]
axis
vertèbre[F] cervicale (7)
cervical vertebra (7)
trou[M] de conjugaison[F]
invertebral foramen
disque[M] invertébral
invertebral disk
vertèbre[F] dorsale (12)
thoracic vertebra (12)
corps[M] vertébral
vertebral body
apophyse[F] transverse
transverse process
vertèbre[F] lombaire (5)
lumbar vertebra (5)
sacrum[M]
sacrum
coccyx[M]
coccyx

types[M] d'os[M]
types of bones

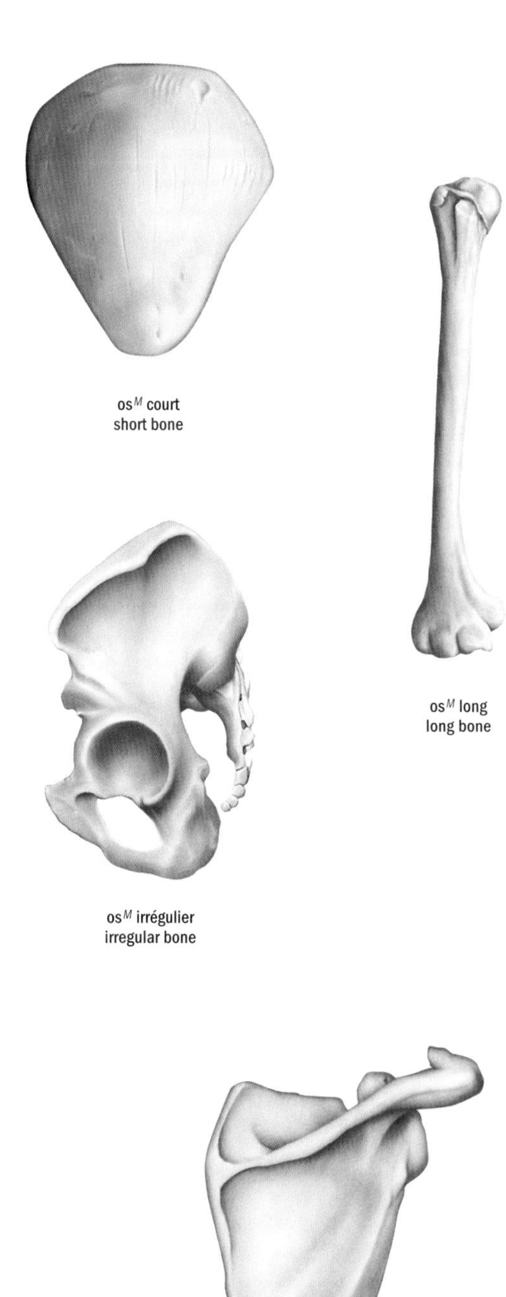
os[M] court
short bone
os[M] long
long bone
os[M] irrégulier
irregular bone
os[M] plat
flat bone

vue[F] latérale du crâne[M]
lateral view of skull

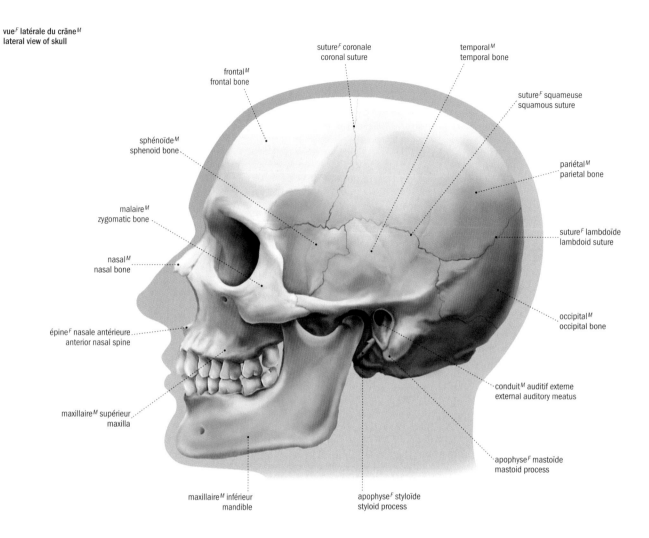

suture[F] coronale
coronal suture

temporal[M]
temporal bone

frontal[M]
frontal bone

suture[F] squameuse
squamous suture

sphénoïde[M]
sphenoid bone

pariétal[M]
parietal bone

malaire[M]
zygomatic bone

suture[F] lambdoïde
lambdoid suture

nasal[M]
nasal bone

occipital[M]
occipital bone

épine[F] nasale antérieure
anterior nasal spine

conduit[M] auditif externe
external auditory meatus

maxillaire[M] supérieur
maxilla

apophyse[F] mastoïde
mastoid process

maxillaire[M] inférieur
mandible

apophyse[F] styloïde
styloid process

crâne[M] d'enfant[M]
child's skull

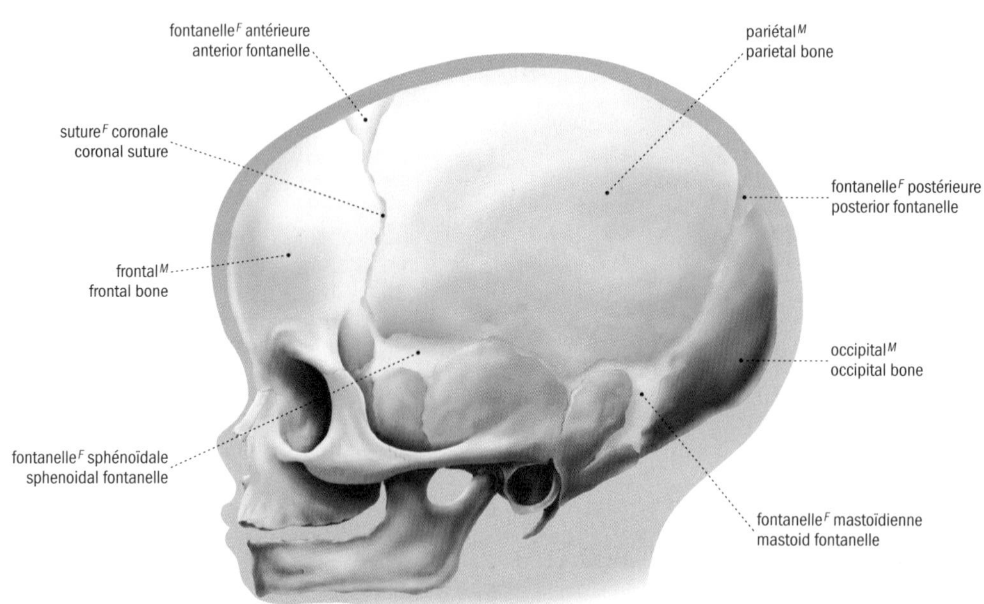
fontanelle[F] antérieure
anterior fontanelle
pariétal[M]
parietal bone
suture[F] coronale
coronal suture
fontanelle[F] postérieure
posterior fontanelle
frontal[M]
frontal bone
occipital[M]
occipital bone
fontanelle[F] sphénoïdale
sphenoidal fontanelle
fontanelle[F] mastoïdienne
mastoid fontanelle

dents^F

teeth

denture^F humaine
human denture

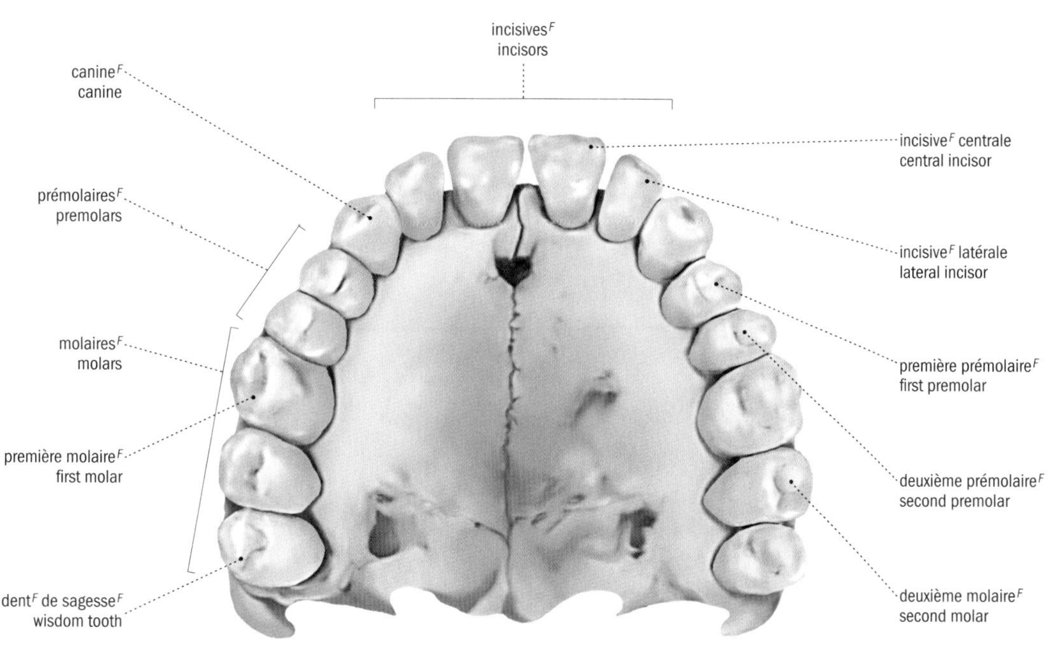
incisives^F
incisors
canine^F
canine
incisive^F centrale
central incisor
prémolaires^F
premolars
incisive^F latérale
lateral incisor
molaires^F
molars
première prémolaire^F
first premolar
première molaire^F
first molar
deuxième prémolaire^F
second premolar
dent^F de sagesse^F
wisdom tooth
deuxième molaire^F
second molar

coupe^F d'une molaire^F
cross section of a molar

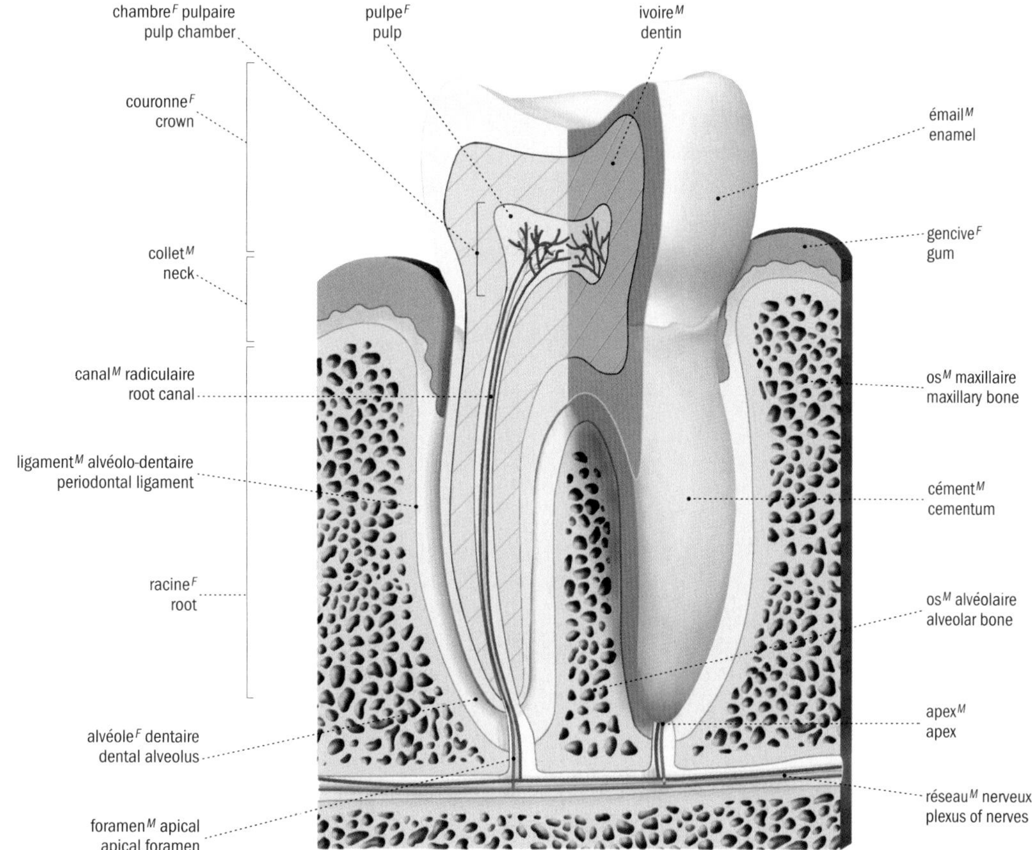
chambre^F pulpaire
pulp chamber
pulpe^F
pulp
ivoire^M
dentin
couronne^F
crown
émail^M
enamel
collet^M
neck
gencive^F
gum
canal^M radiculaire
root canal
os^M maxillaire
maxillary bone
ligament^M alvéolo-dentaire
periodontal ligament
cément^M
cementum
racine^F
root
os^M alvéolaire
alveolar bone
apex^M
apex
alvéole^F dentaire
dental alveolus
réseau^M nerveux
plexus of nerves
foramen^M apical
apical foramen

circulation^F sanguine

blood circulation

principales veines^F et artères^F
principal veins and arteries

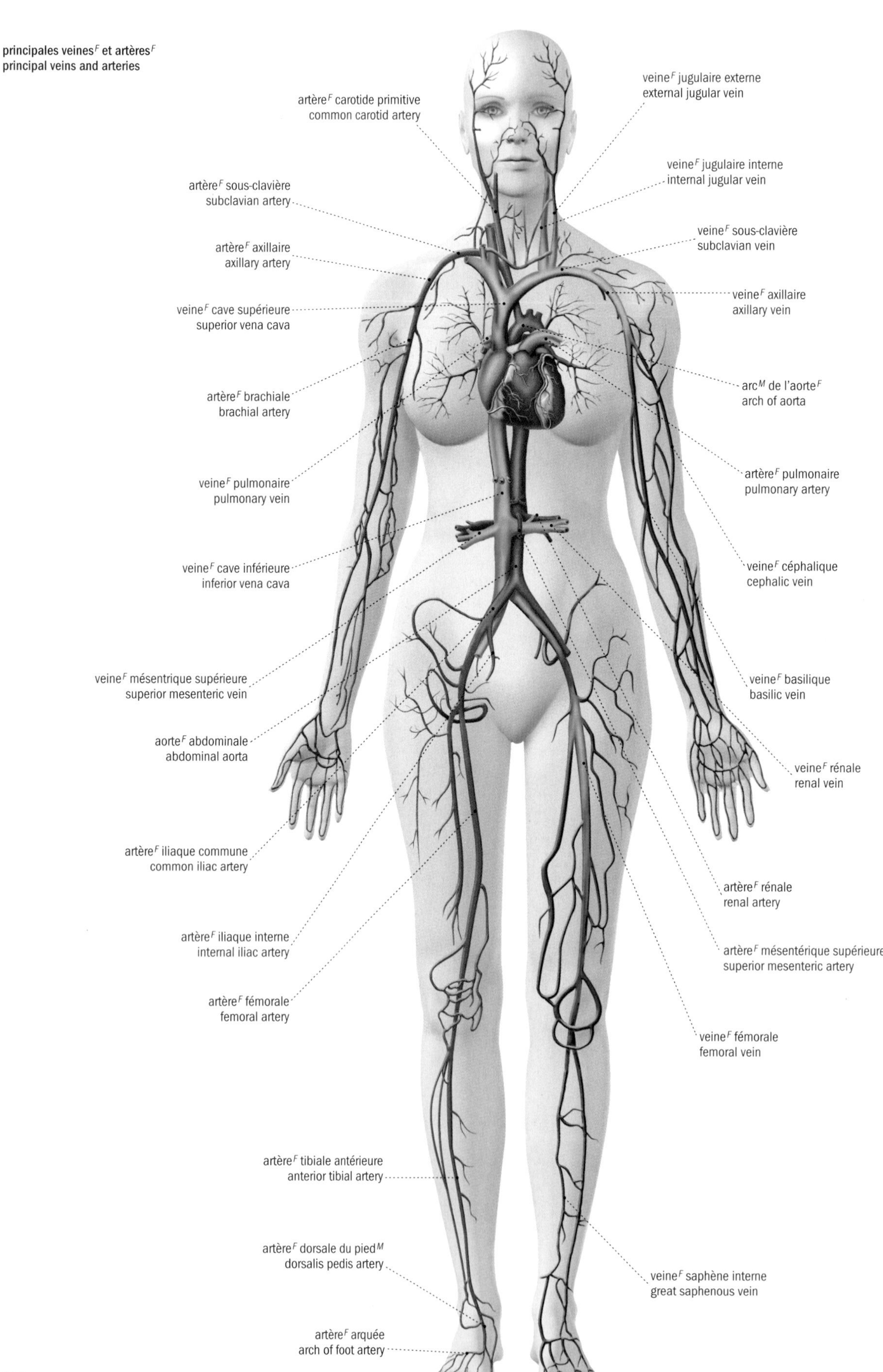

artère^F carotide primitive
common carotid artery
veine^F jugulaire externe
external jugular vein
veine^F jugulaire interne
internal jugular vein
artère^F sous-clavière
subclavian artery
veine^F sous-clavière
subclavian vein
artère^F axillaire
axillary artery
veine^F axillaire
axillary vein
veine^F cave supérieure
superior vena cava
arc^M de l'aorte^F
arch of aorta
artère^F brachiale
brachial artery
artère^F pulmonaire
pulmonary artery
veine^F pulmonaire
pulmonary vein
veine^F céphalique
cephalic vein
veine^F cave inférieure
inferior vena cava
veine^F basilique
basilic vein
veine^F mésentrique supérieure
superior mesenteric vein
aorte^F abdominale
abdominal aorta
veine^F rénale
renal vein
artère^F iliaque commune
common iliac artery
artère^F rénale
renal artery
artère^F iliaque interne
internal iliac artery
artère^F mésentérique supérieure
superior mesenteric artery
artère^F fémorale
femoral artery
veine^F fémorale
femoral vein
artère^F tibiale antérieure
anterior tibial artery
artère^F dorsale du pied^M
dorsalis pedis artery
veine^F saphène interne
great saphenous vein
artère^F arquée
arch of foot artery

circulation^F sanguine

schéma^M de la circulation^F
schema of circulation

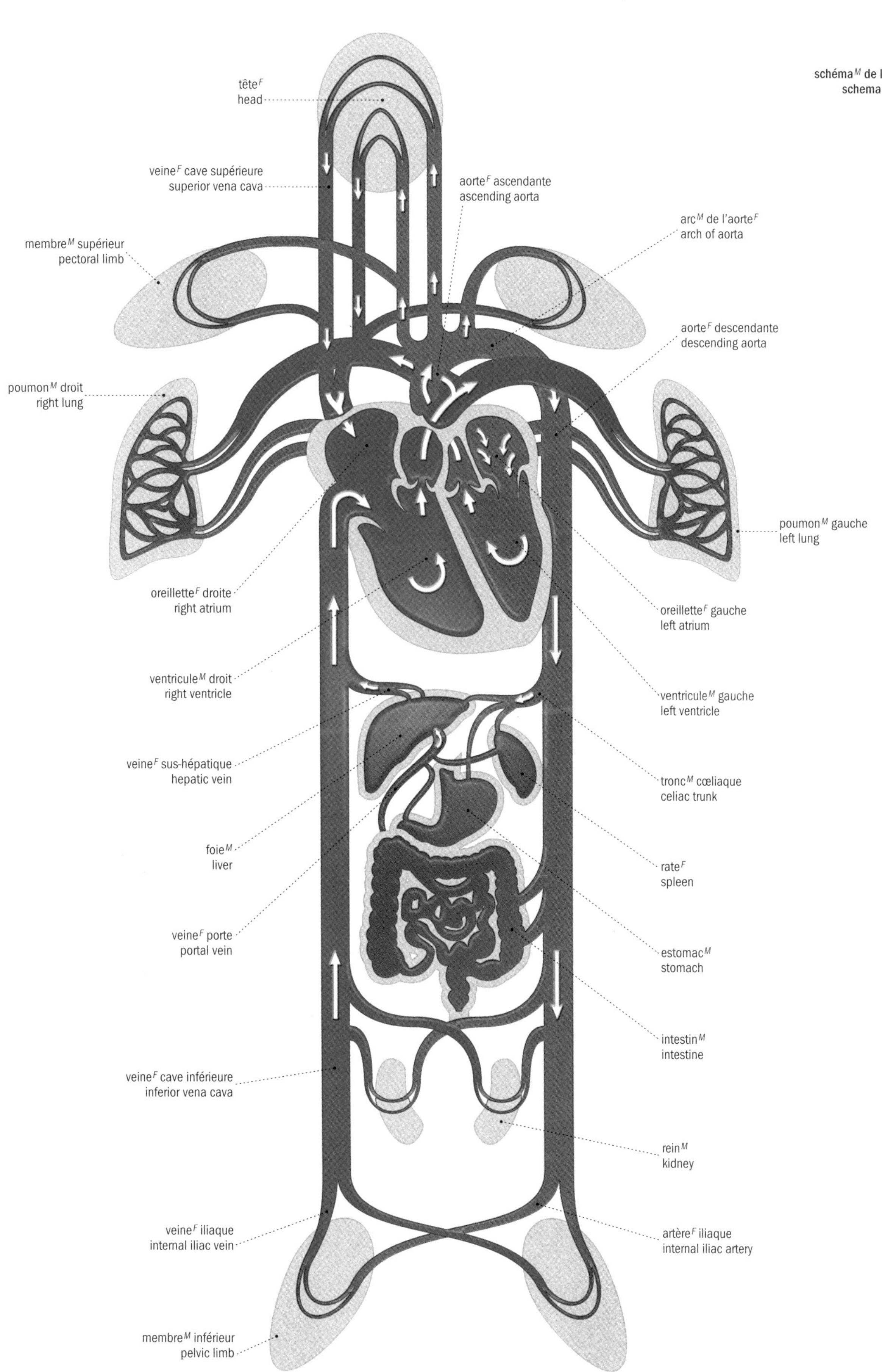
têteF
head
veineF cave supérieure
superior vena cava
aorteF ascendante
ascending aorta
arcM de l'aorteF
arch of aorta
membreM supérieur
pectoral limb
aorteF descendante
descending aorta
poumonM droit
right lung
poumonM gauche
left lung
oreilletteF droite
right atrium
oreilletteF gauche
left atrium
ventriculeM droit
right ventricle
ventriculeM gauche
left ventricle
veineF sus-hépatique
hepatic vein
troncM cœliaque
celiac trunk
foieM
liver
rateF
spleen
veineF porte
portal vein
estomacM
stomach
intestinM
intestine
veineF cave inférieure
inferior vena cava
reinM
kidney
veineF iliaque
internal iliac vein
artèreF iliaque
internal iliac artery
membreM inférieur
pelvic limb

circulation[F] sanguine

composition[F] du sang[M]
composition of the blood

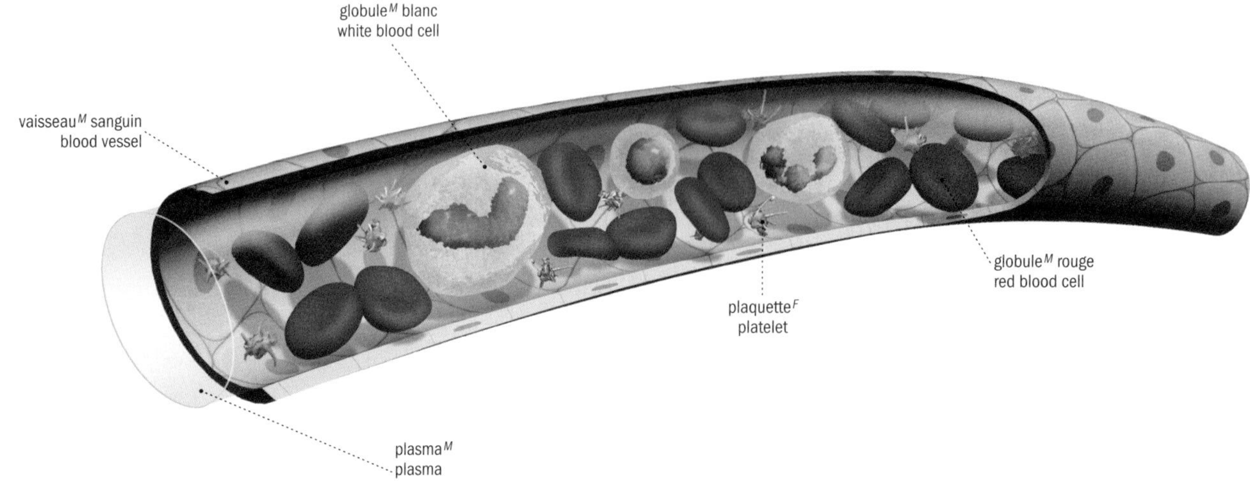
globule[M] blanc
white blood cell
vaisseau[M] sanguin
blood vessel
globule[M] rouge
red blood cell
plaquette[F]
platelet
plasma[M]
plasma

cœur[M]
heart

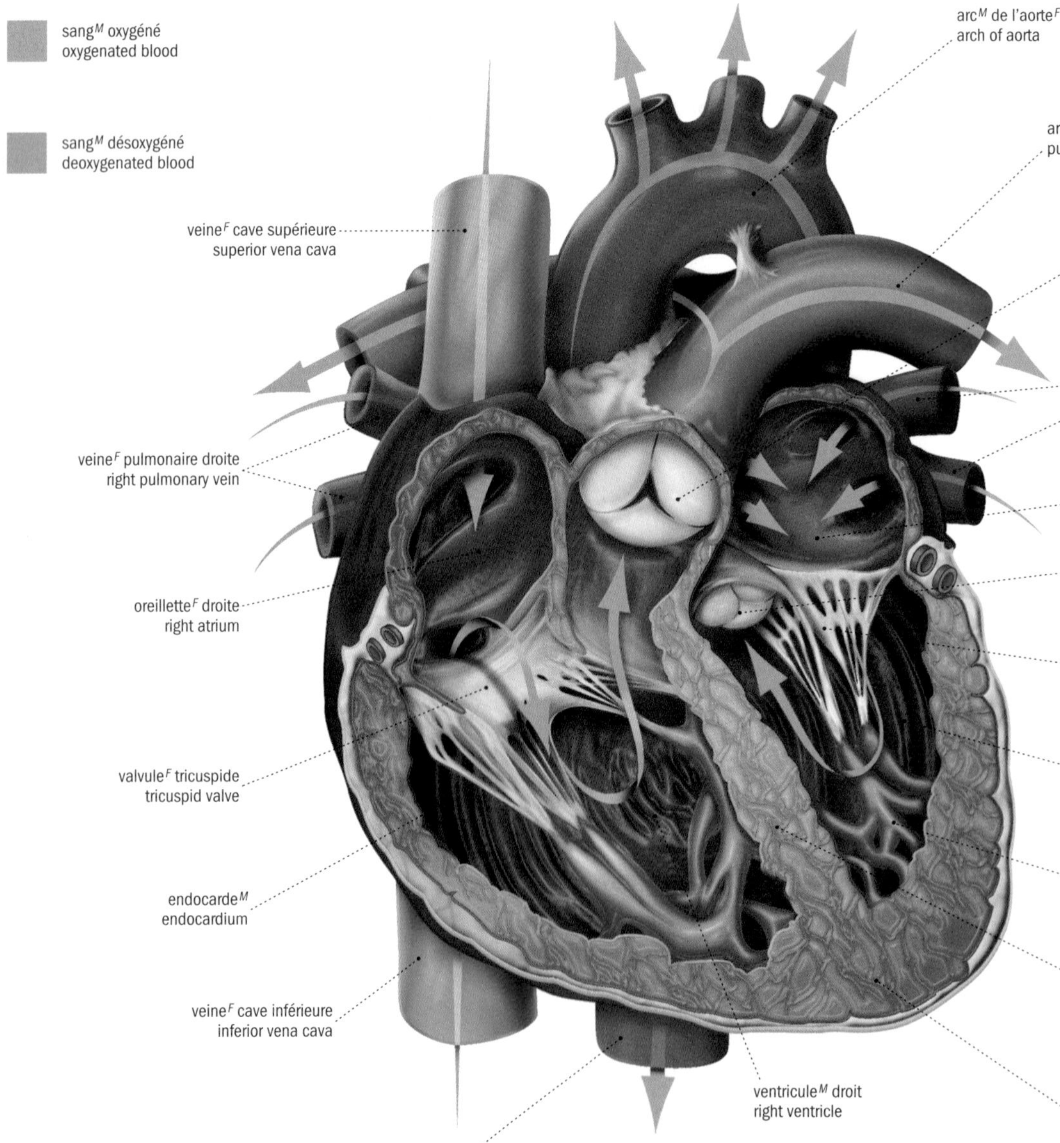

sang[M] oxygéné
oxygenated blood

sang[M] désoxygéné
deoxygenated blood

arc[M] de l'aorte[F]
arch of aorta

artère[F] pulmonaire
pulmonary trunk

veine[F] cave supérieure
superior vena cava

valvule[F] pulmonaire
pulmonary valve

veine[F] pulmonaire gauche
left pulmonary vein

veine[F] pulmonaire droite
right pulmonary vein

oreillette[F] gauche
left atrium

valvule[F] aortique
aortic valve

oreillette[F] droite
right atrium

valvule[F] mitrale
mitral valve

valvule[F] tricuspide
tricuspid valve

ventricule[M] gauche
left ventricle

muscle[M] papillaire
papillary muscle

endocarde[M]
endocardium

septum[M] interventriculaire
interventricular septum

veine[F] cave inférieure
inferior vena cava

ventricule[M] droit
right ventricle

myocarde[M]
myocardium

aorte[F]
aorta

ÊTRE HUMAIN

appareil^M respiratoire

respiratory system

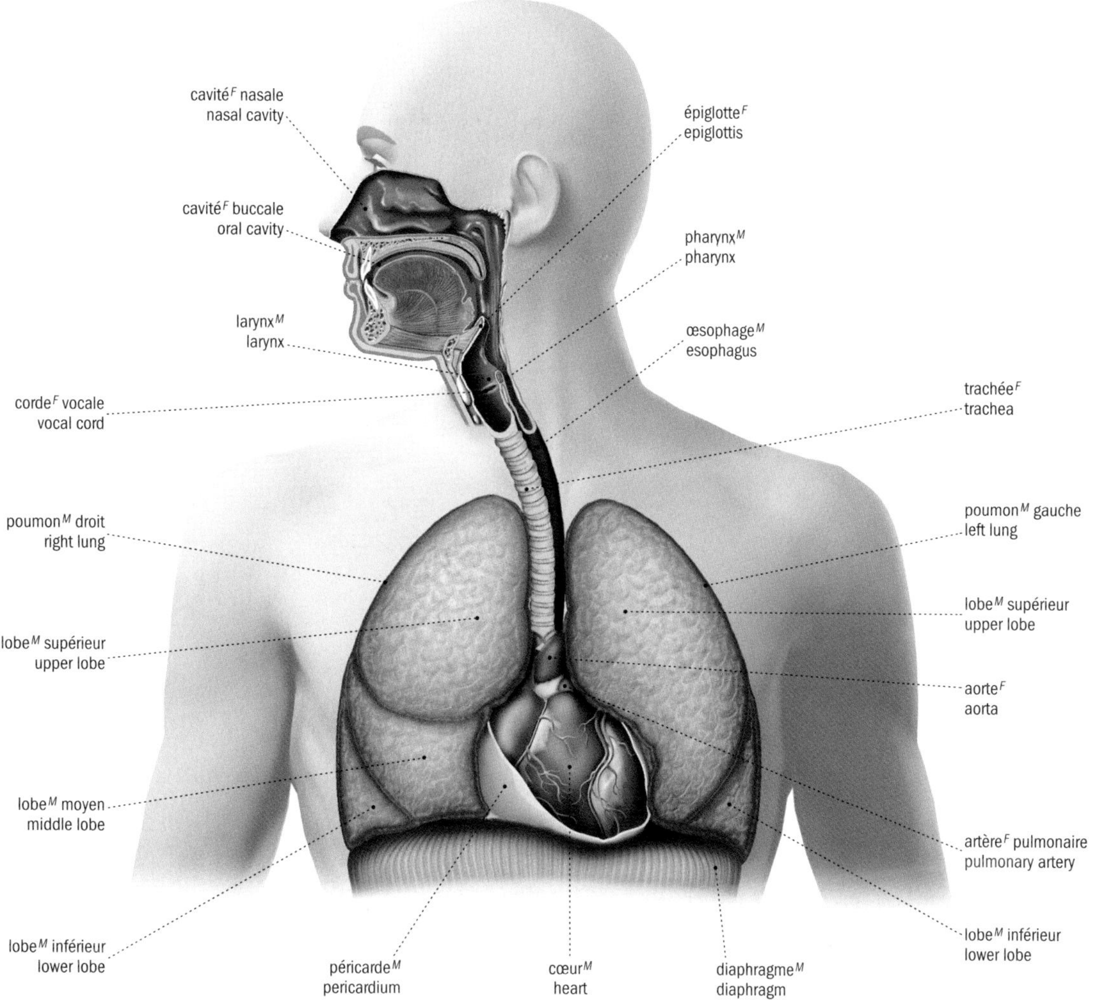
cavité^F nasale
nasal cavity
épiglotte^F
epiglottis
cavité^F buccale
oral cavity
pharynx^M
pharynx
larynx^M
larynx
œsophage^M
esophagus
corde^F vocale
vocal cord
trachée^F
trachea
poumon^M droit
right lung
poumon^M gauche
left lung
lobe^M supérieur
upper lobe
lobe^M supérieur
upper lobe
aorte^F
aorta
lobe^M moyen
middle lobe
artère^F pulmonaire
pulmonary artery
lobe^M inférieur
lower lobe
péricarde^M
pericardium
cœur^M
heart
diaphragme^M
diaphragm
lobe^M inférieur
lower lobe

poumons^M
lungs

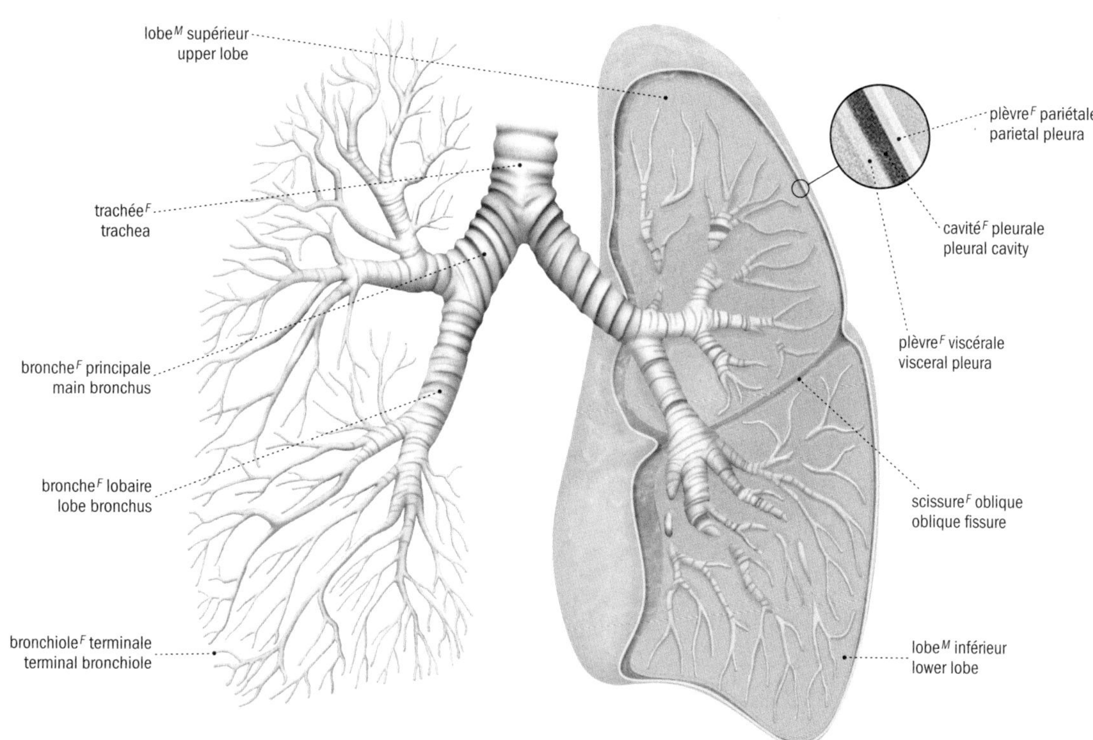
lobe^M supérieur
upper lobe
plèvre^F pariétale
parietal pleura
trachée^F
trachea
cavité^F pleurale
pleural cavity
bronche^F principale
main bronchus
plèvre^F viscérale
visceral pleura
bronche^F lobaire
lobe bronchus
scissure^F oblique
oblique fissure
bronchiole^F terminale
terminal bronchiole
lobe^M inférieur
lower lobe

appareil[M] digestif

digestive system

gros intestin[M]
large intestine

intestin[M] grêle
small intestine

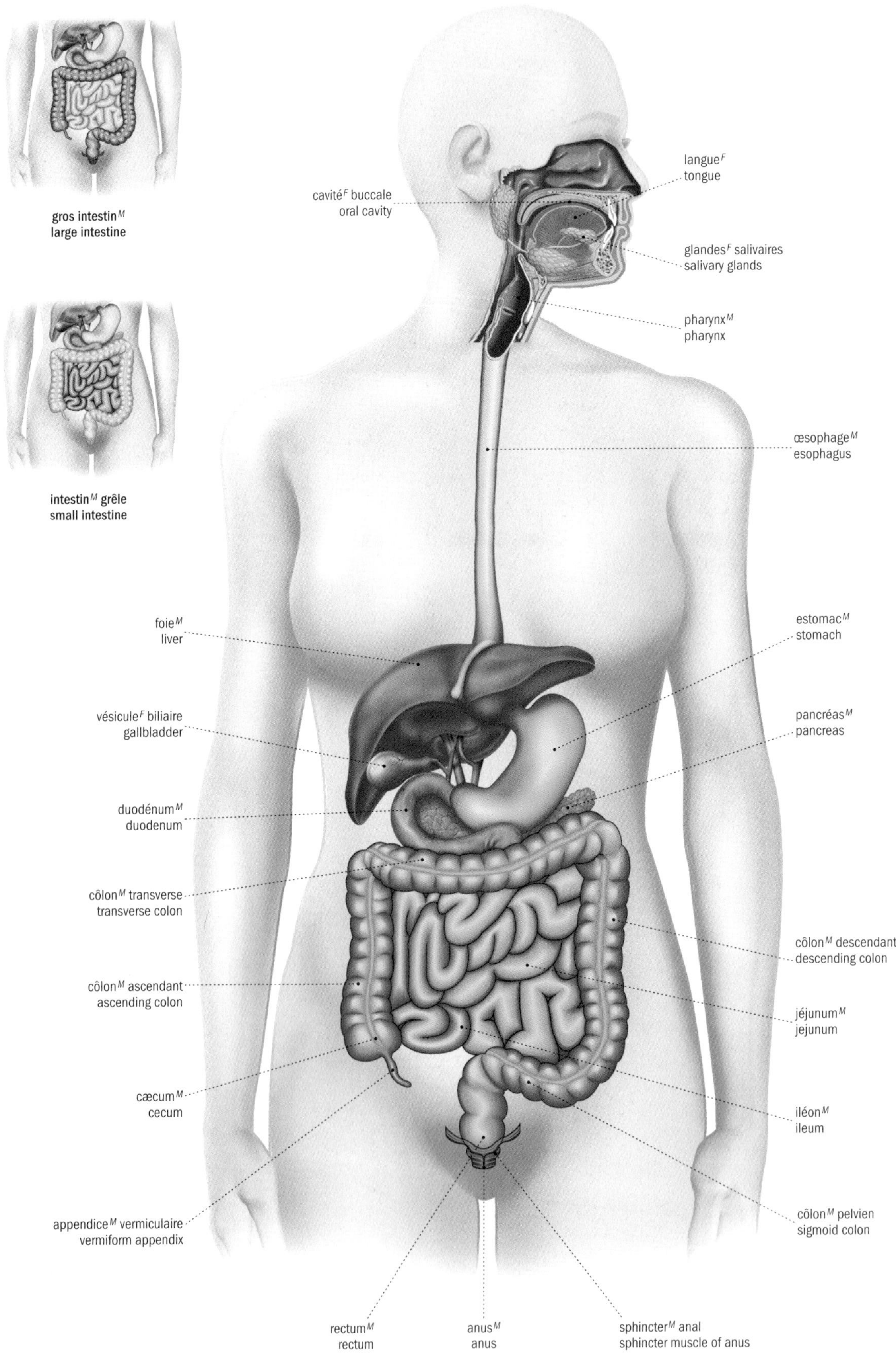
langue[F]
tongue
cavité[F] buccale
oral cavity
glandes[F] salivaires
salivary glands
pharynx[M]
pharynx
œsophage[M]
esophagus
foie[M]
liver
estomac[M]
stomach
vésicule[F] biliaire
gallbladder
pancréas[M]
pancreas
duodénum[M]
duodenum
côlon[M] transverse
transverse colon
côlon[M] descendant
descending colon
côlon[M] ascendant
ascending colon
jéjunum[M]
jejunum
cæcum[M]
cecum
iléon[M]
ileum
côlon[M] pelvien
sigmoid colon
appendice[M] vermiculaire
vermiform appendix
rectum[M]
rectum
anus[M]
anus
sphincter[M] anal
sphincter muscle of anus

appareil[M] urinaire

urinary system

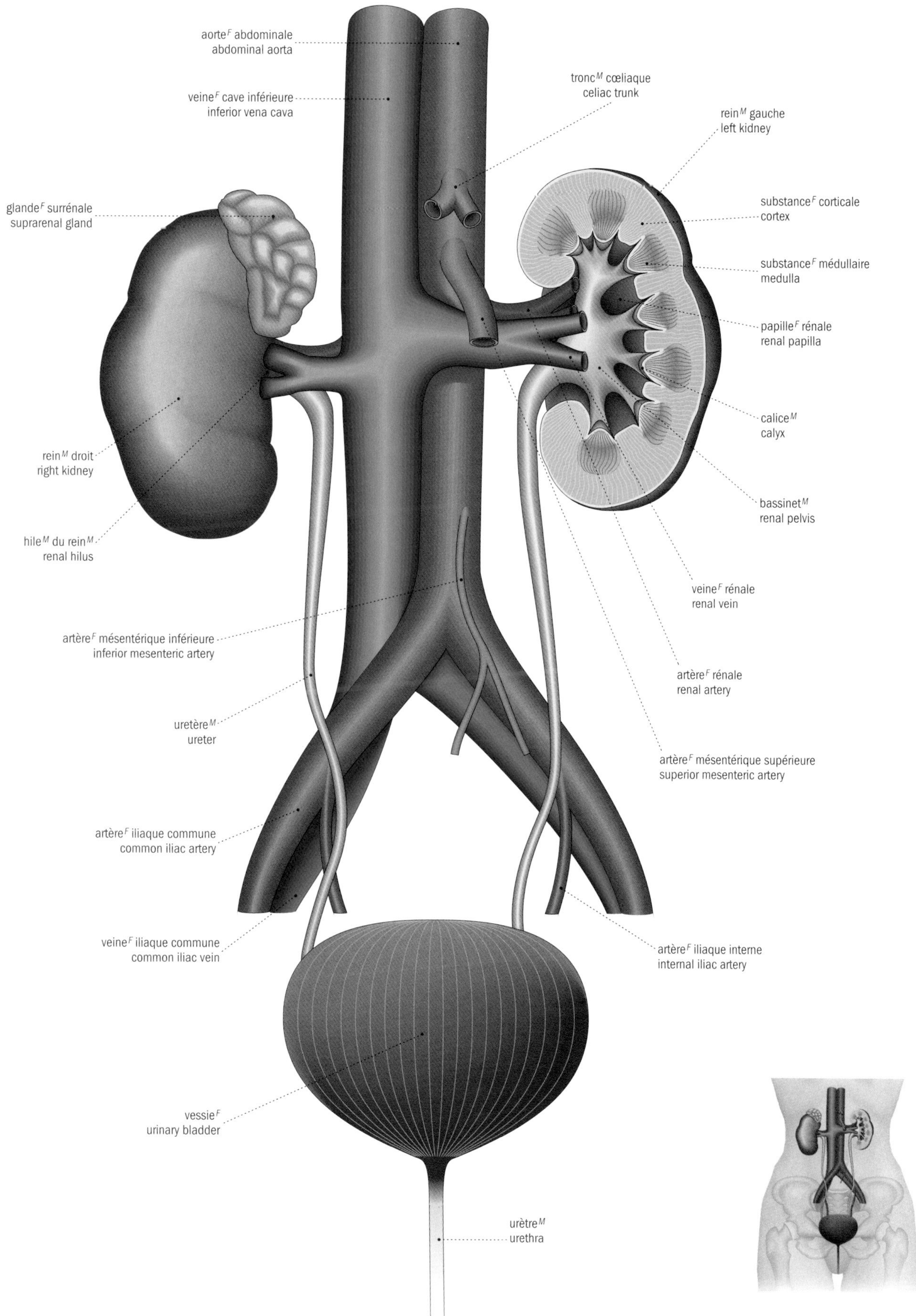
aorte[F] abdominale
abdominal aorta
veine[F] cave inférieure
inferior vena cava
tronc[M] cœliaque
celiac trunk
rein[M] gauche
left kidney
glande[F] surrénale
suprarenal gland
substance[F] corticale
cortex
substance[F] médullaire
medulla
papille[F] rénale
renal papilla
calice[M]
calyx
rein[M] droit
right kidney
bassinet[M]
renal pelvis
hile[M] du rein[M]
renal hilus
veine[F] rénale
renal vein
artère[F] mésentérique inférieure
inferior mesenteric artery
artère[F] rénale
renal artery
uretère[M]
ureter
artère[F] mésentérique supérieure
superior mesenteric artery
artère[F] iliaque commune
common iliac artery
veine[F] iliaque commune
common iliac vein
artère[F] iliaque interne
internal iliac artery
vessie[F]
urinary bladder
urètre[M]
urethra

système^M nerveux

nervous system

système^M nerveux périphérique
peripheral nervous system

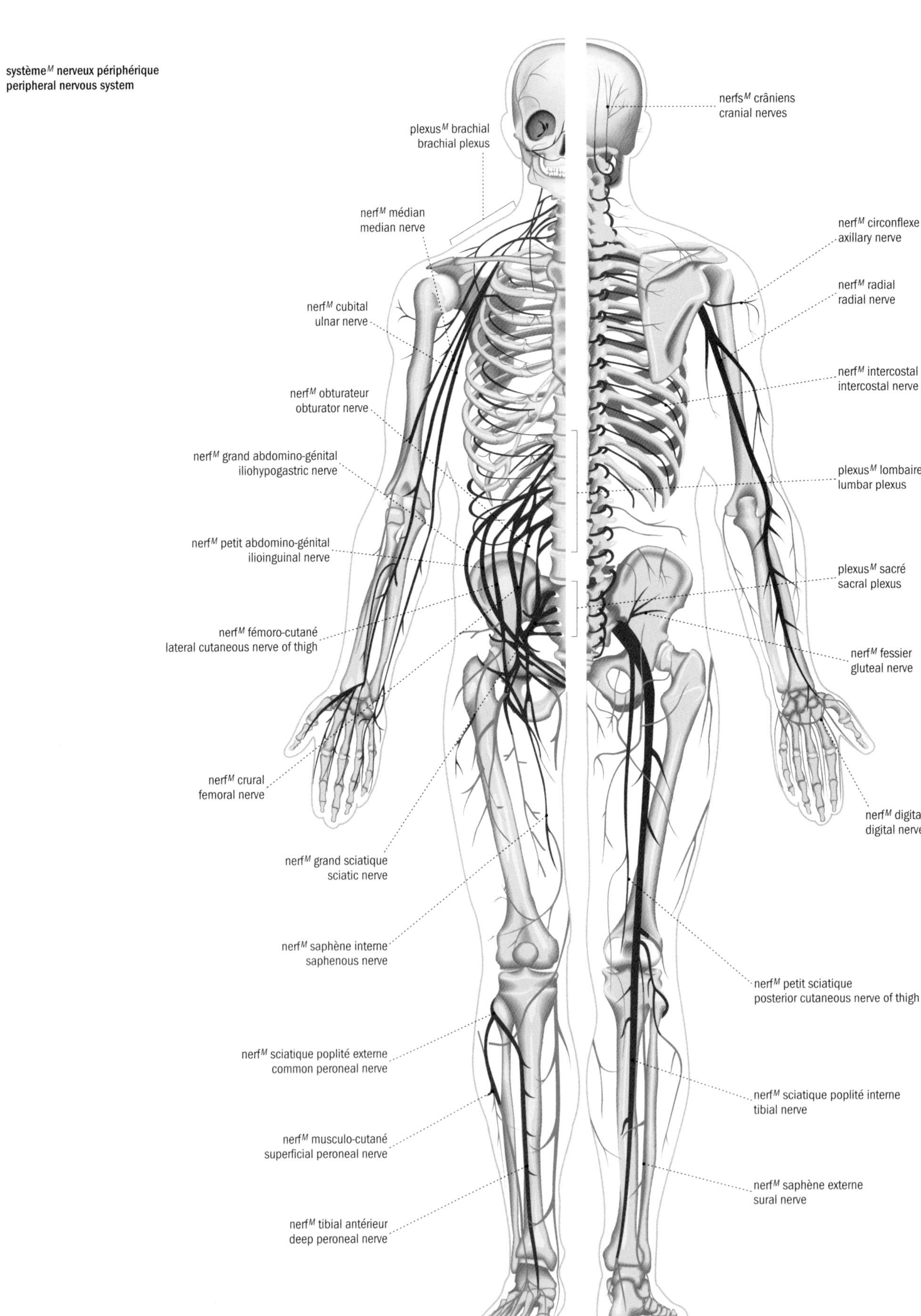

plexus^M brachial
brachial plexus
nerfs^M crâniens
cranial nerves
nerf^M médian
median nerve
nerf^M circonflexe
axillary nerve
nerf^M radial
radial nerve
nerf^M cubital
ulnar nerve
nerf^M intercostal
intercostal nerve
nerf^M obturateur
obturator nerve
nerf^M grand abdomino-génital
iliohypogastric nerve
plexus^M lombaire
lumbar plexus
nerf^M petit abdomino-génital
ilioinguinal nerve
plexus^M sacré
sacral plexus
nerf^M fémoro-cutané
lateral cutaneous nerve of thigh
nerf^M fessier
gluteal nerve
nerf^M crural
femoral nerve
nerf^M digital
digital nerve
nerf^M grand sciatique
sciatic nerve
nerf^M saphène interne
saphenous nerve
nerf^M petit sciatique
posterior cutaneous nerve of thigh
nerf^M sciatique poplité externe
common peroneal nerve
nerf^M sciatique poplité interne
tibial nerve
nerf^M musculo-cutané
superficial peroneal nerve
nerf^M saphène externe
sural nerve
nerf^M tibial antérieur
deep peroneal nerve

ÊTRE HUMAIN

système^M nerveux central
central nervous system

structure^F de la moelle^F épinière
structure of the spinal cord

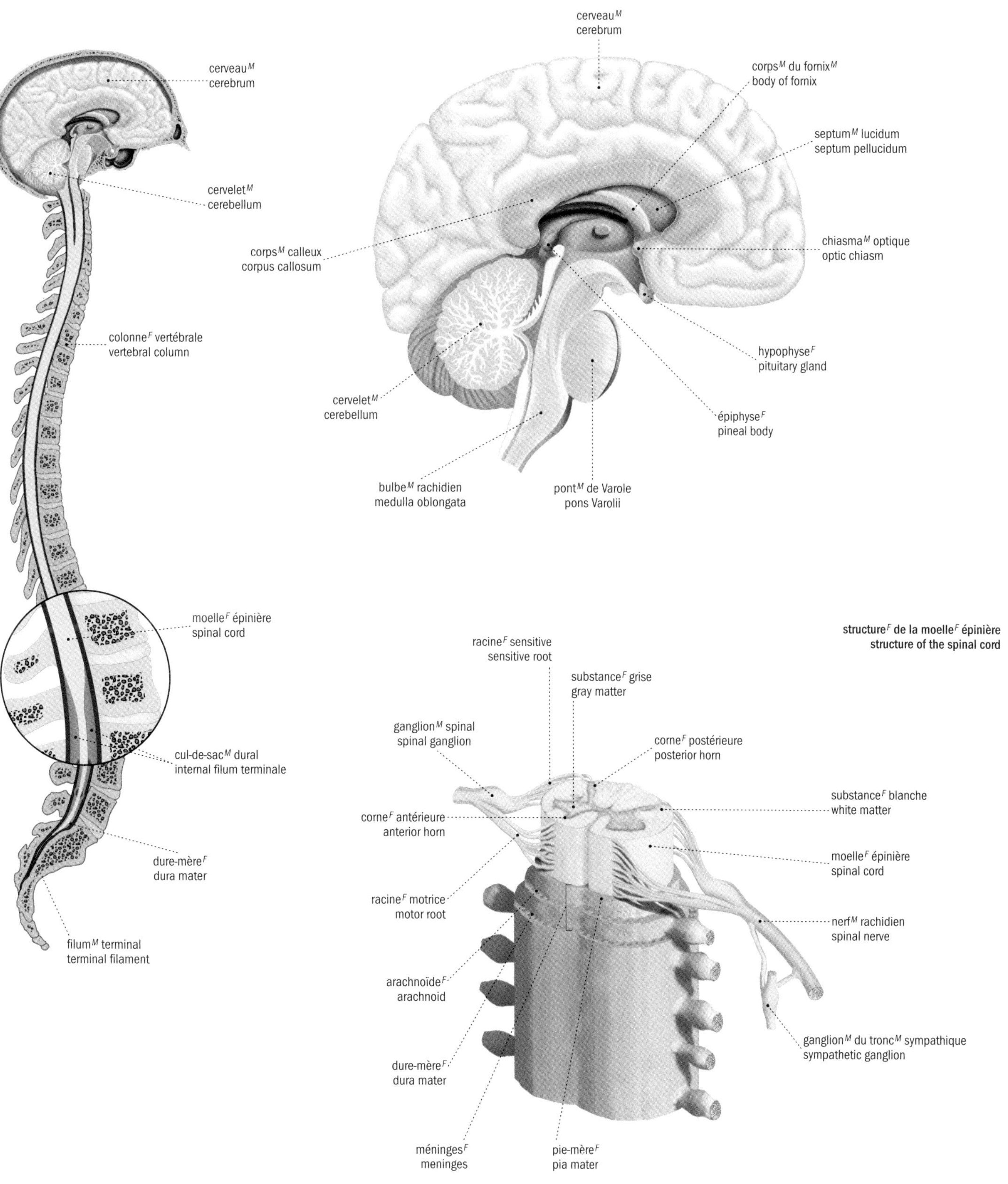
cerveau^M
cerebrum
cervelet^M
cerebellum
colonne^F vertébrale
vertebral column
moelle^F épinière
spinal cord
cul-de-sac^M dural
internal filum terminale
dure-mère^F
dura mater
filum^M terminal
terminal filament
cerveau^M
cerebrum
corps^M du fornix^M
body of fornix
septum^M lucidum
septum pellucidum
corps^M calleux
corpus callosum
chiasma^M optique
optic chiasm
hypophyse^F
pituitary gland
cervelet^M
cerebellum
épiphyse^F
pineal body
bulbe^M rachidien
medulla oblongata
pont^M de Varole
pons Varolii
racine^F sensitive
sensitive root
substance^F grise
gray matter
ganglion^M spinal
spinal ganglion
corne^F postérieure
posterior horn
substance^F blanche
white matter
corne^F antérieure
anterior horn
moelle^F épinière
spinal cord
racine^F motrice
motor root
nerf^M rachidien
spinal nerve
arachnoïde^F
arachnoid
ganglion^M du tronc^M sympathique
sympathetic ganglion
dure-mère^F
dura mater
méninges^F
meninges
pie-mère^F
pia mater

système^M nerveux

chaîne^F de neurones^M
chain of neurons

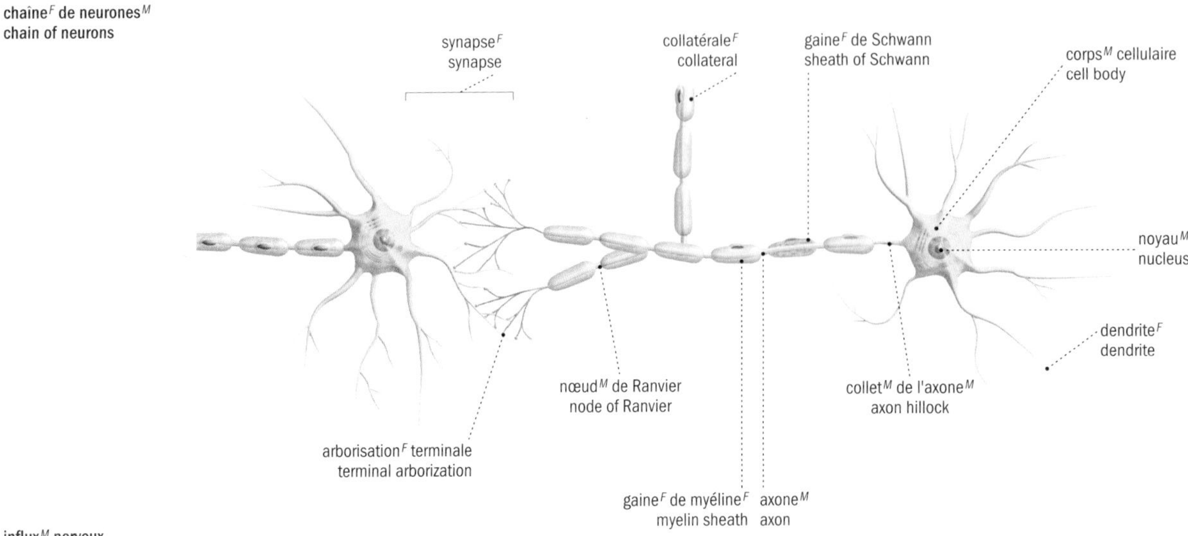
synapse^F
synapse
collatérale^F
collateral
gaine^F de Schwann
sheath of Schwann
corps^M cellulaire
cell body
noyau^M
nucleus
dendrite^F
dendrite
nœud^M de Ranvier
node of Ranvier
collet^M de l'axone^M
axon hillock
arborisation^F terminale
terminal arborization
gaine^F de myéline^F
myelin sheath
axone^M
axon

influx^M nerveux
sensory impulse

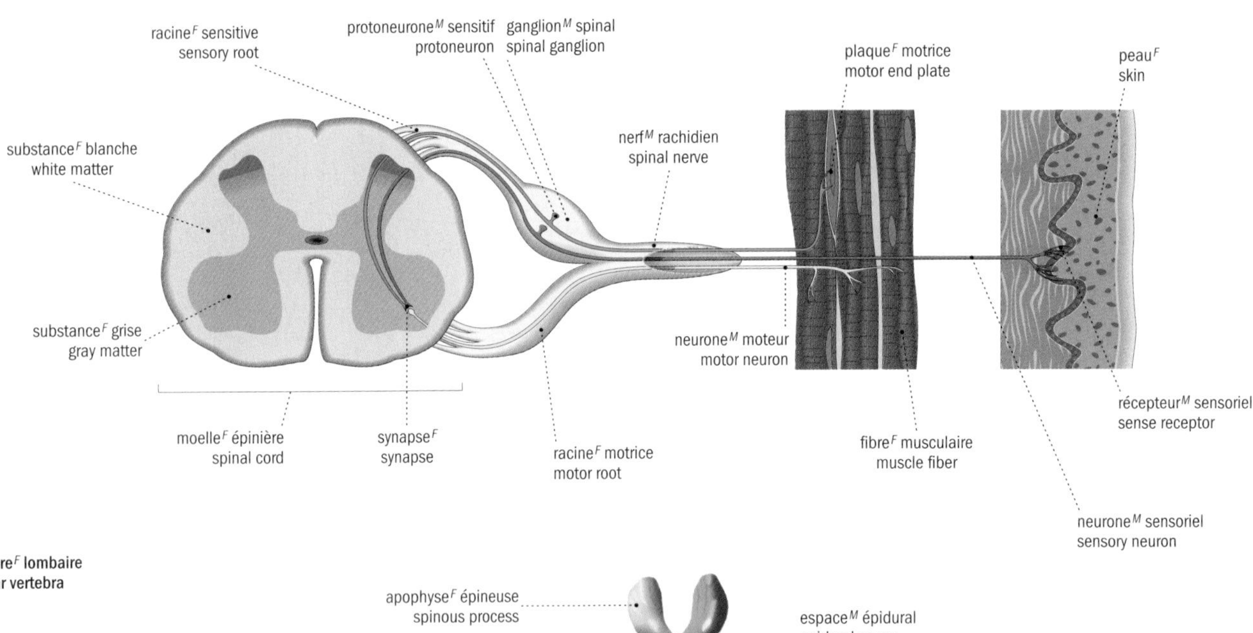
racine^F sensitive
sensory root
protoneurone^M sensitif
protoneuron
ganglion^M spinal
spinal ganglion
plaque^F motrice
motor end plate
peau^F
skin
substance^F blanche
white matter
nerf^M rachidien
spinal nerve
substance^F grise
gray matter
neurone^M moteur
motor neuron
récepteur^M sensoriel
sense receptor
moelle^F épinière
spinal cord
synapse^F
synapse
racine^F motrice
motor root
fibre^F musculaire
muscle fiber
neurone^M sensoriel
sensory neuron

vertèbre^F lombaire
lumbar vertebra

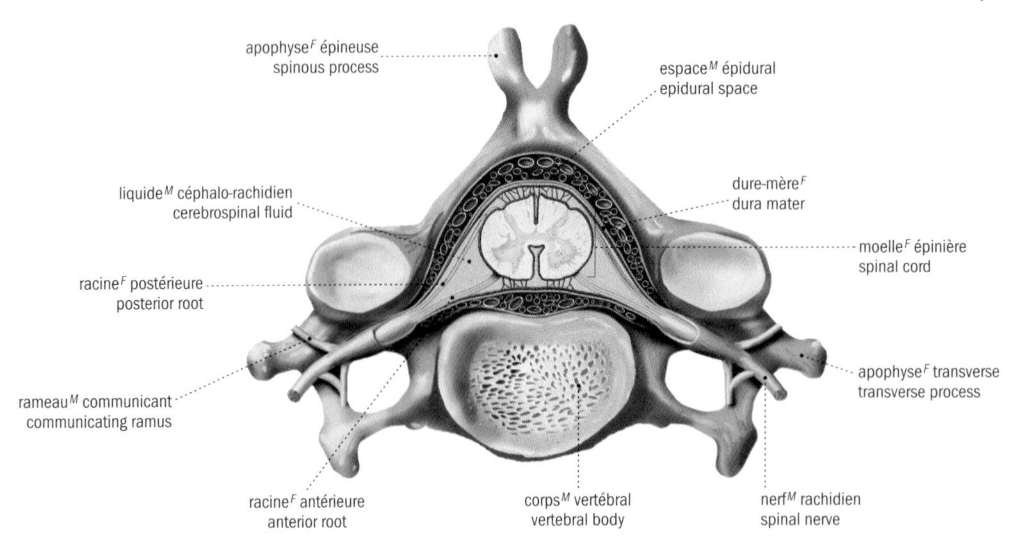
apophyse^F épineuse
spinous process
espace^M épidural
epidural space
liquide^M céphalo-rachidien
cerebrospinal fluid
dure-mère^F
dura mater
moelle^F épinière
spinal cord
racine^F postérieure
posterior root
apophyse^F transverse
transverse process
rameau^M communicant
communicating ramus
racine^F antérieure
anterior root
corps^M vertébral
vertebral body
nerf^M rachidien
spinal nerve

organes[M] génitaux masculins

male reproductive organs

coupe[F] sagittale
sagittal section

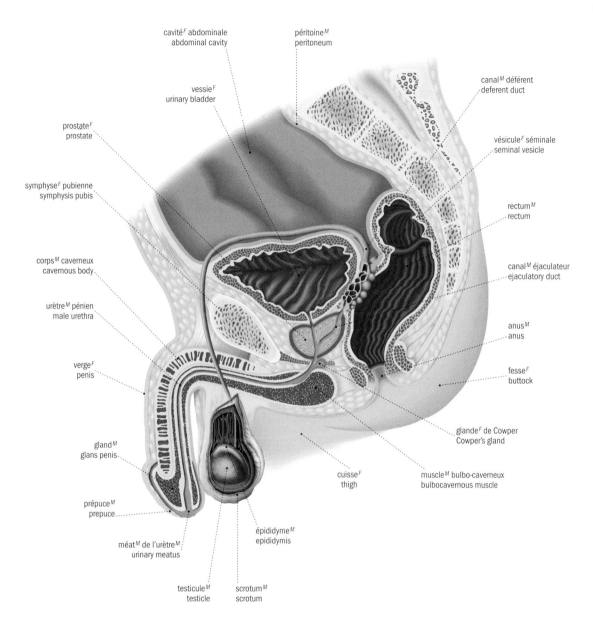

cavité[F] abdominale
abdominal cavity

péritoine[M]
peritoneum

vessie[F]
urinary bladder

canal[M] déférent
deferent duct

prostate[F]
prostate

vésicule[F] séminale
seminal vesicle

symphyse[F] pubienne
symphysis pubis

rectum[M]
rectum

corps[M] caverneux
cavernous body

canal[M] éjaculateur
ejaculatory duct

urètre[M] pénien
male urethra

anus[M]
anus

verge[F]
penis

fesse[F]
buttock

glande[F] de Cowper
Cowper's gland

gland[M]
glans penis

cuisse[F]
thigh

muscle[M] bulbo-caverneux
bulbocavernous muscle

prépuce[M]
prepuce

épididyme[M]
epididymis

méat[M] de l'urètre[M]
urinary meatus

testicule[M]
testicle

scrotum[M]
scrotum

spermatozoïde[M]
spermatozoon

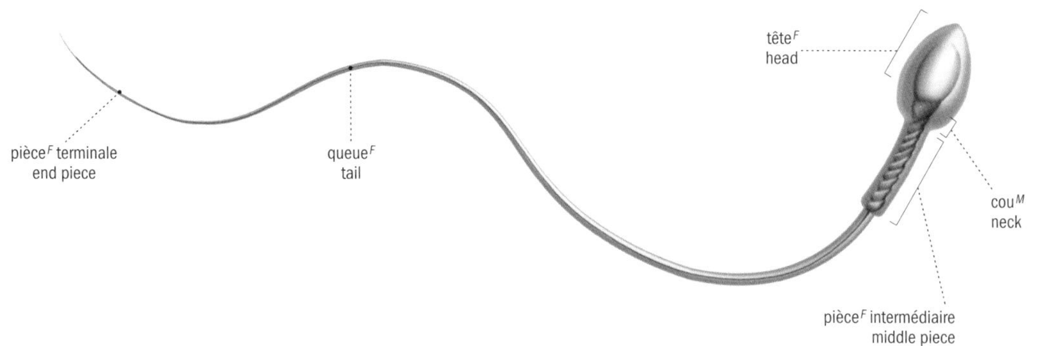
tête[F]
head
pièce[F] terminale
end piece
queue[F]
tail
cou[M]
neck
pièce[F] intermédiaire
middle piece

organes^M génitaux féminins

female reproductive organs

coupe^F sagittale
sagittal section

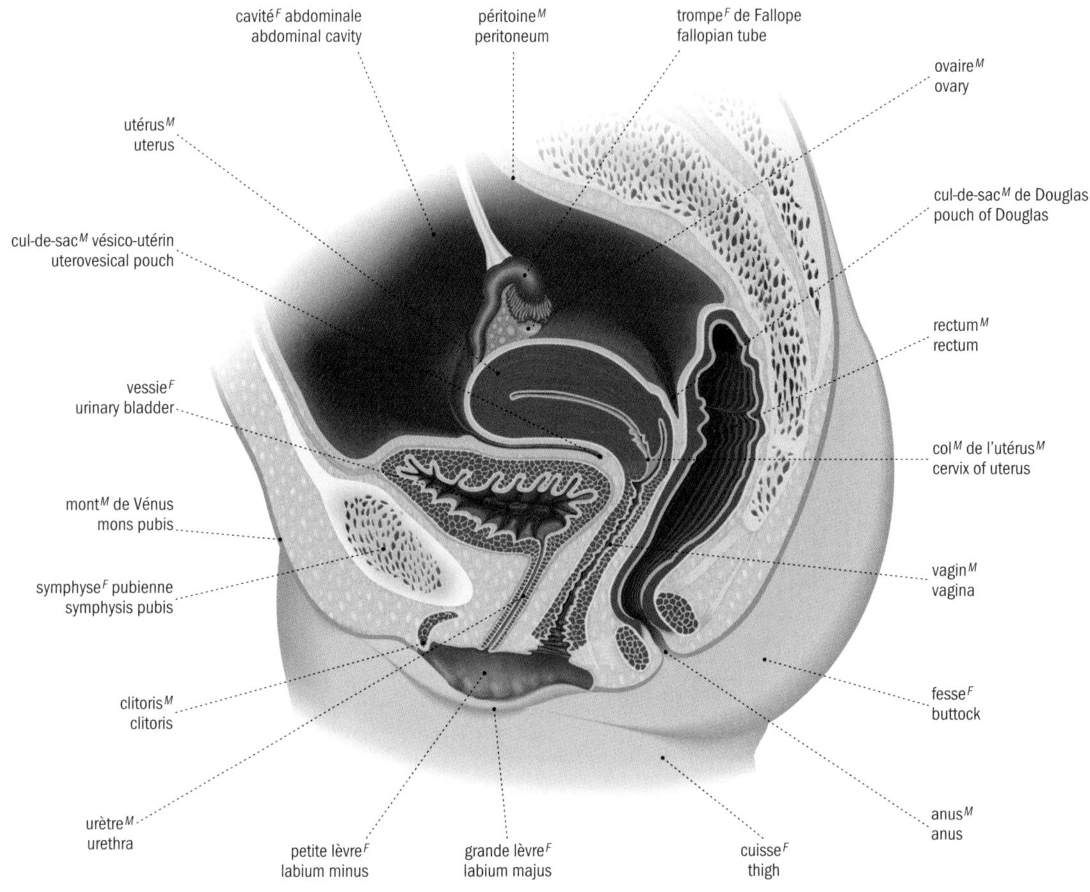
cavité^F abdominale
abdominal cavity
péritoine^M
peritoneum
trompe^F de Fallope
fallopian tube
ovaire^M
ovary
utérus^M
uterus
cul-de-sac^M de Douglas
pouch of Douglas
cul-de-sac^M vésico-utérin
uterovesical pouch
rectum^M
rectum
vessie^F
urinary bladder
col^M de l'utérus^M
cervix of uterus
mont^M de Vénus
mons pubis
vagin^M
vagina
symphyse^F pubienne
symphysis pubis
fesse^F
buttock
clitoris^M
clitoris
urètre^M
urethra
anus^M
anus
petite lèvre^F
labium minus
grande lèvre^F
labium majus
cuisse^F
thigh

ovule^M
egg

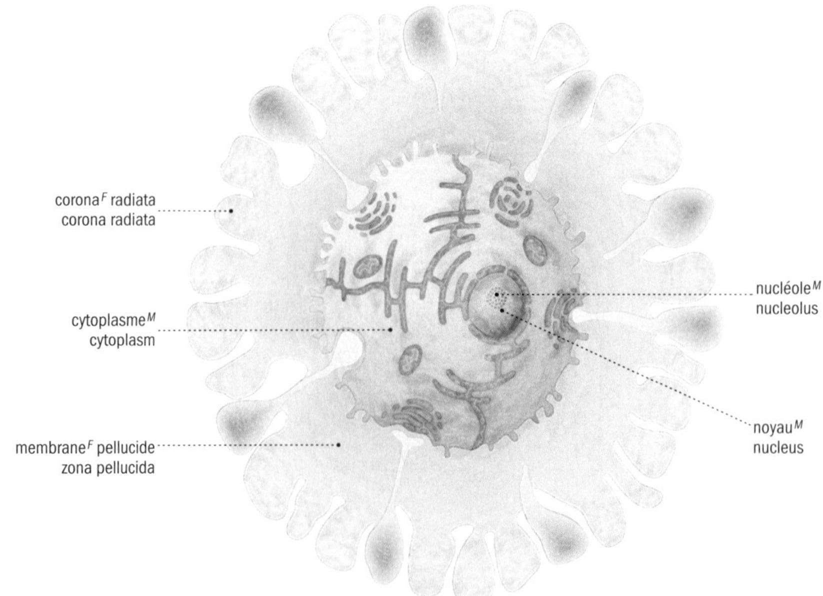
corona^F radiata
corona radiata
nucléole^M
nucleolus
cytoplasme^M
cytoplasm
noyau^M
nucleus
membrane^F pellucide
zona pellucida

organes^M génitaux féminins

vue^F postérieure
posterior view

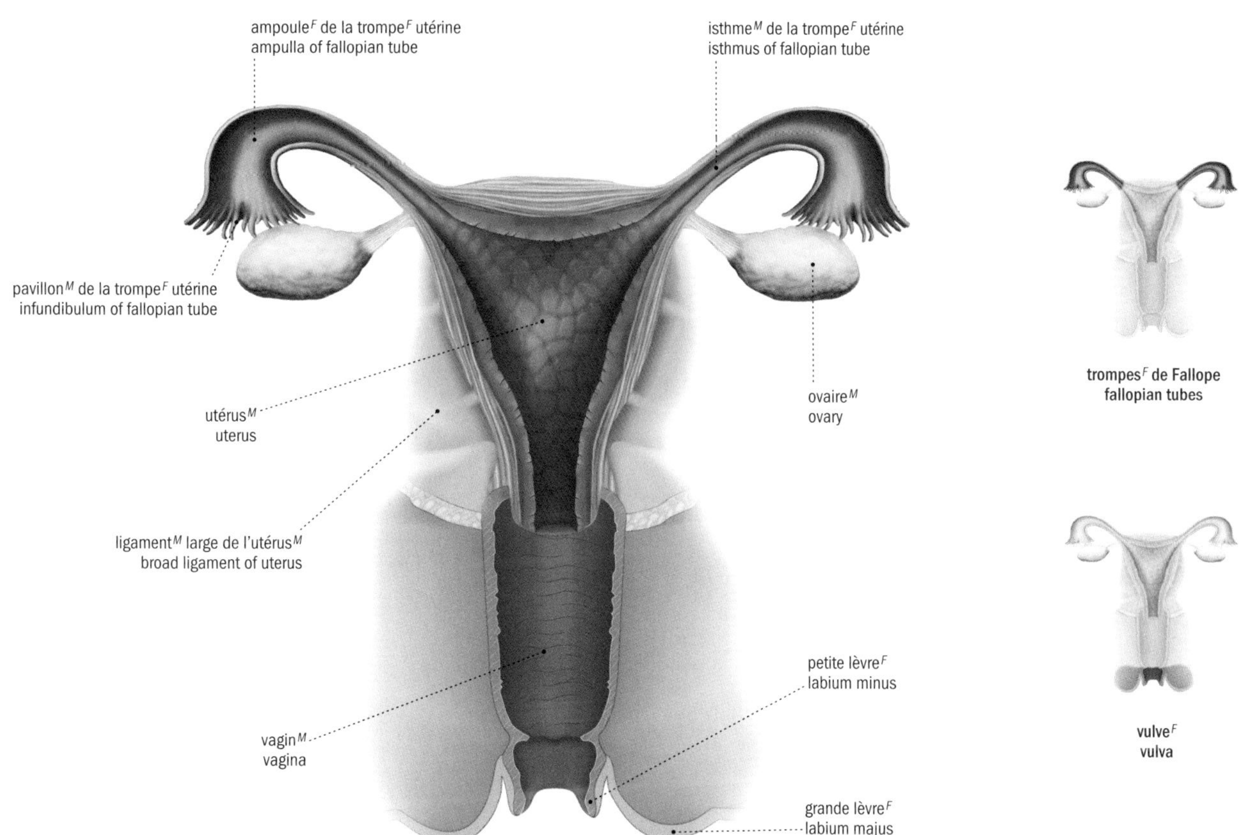
ampoule^F de la trompe^F utérine
ampulla of fallopian tube
isthme^M de la trompe^F utérine
isthmus of fallopian tube
pavillon^M de la trompe^F utérine
infundibulum of fallopian tube
utérus^M
uterus
ovaire^M
ovary
ligament^M large de l'utérus^M
broad ligament of uterus
petite lèvre^F
labium minus
vagin^M
vagina
grande lèvre^F
labium majus

trompes^F de Fallope
fallopian tubes

vulve^F
vulva

sein^M

breast

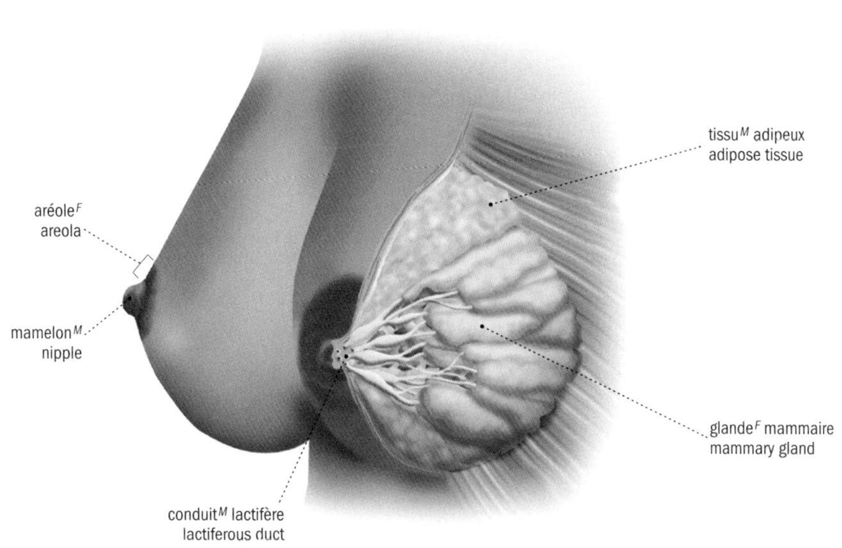
tissu^M adipeux
adipose tissue
aréole^F
areola
mamelon^M
nipple
glande^F mammaire
mammary gland
conduit^M lactifère
lactiferous duct

toucher[M]

touch

peau[F]
skin

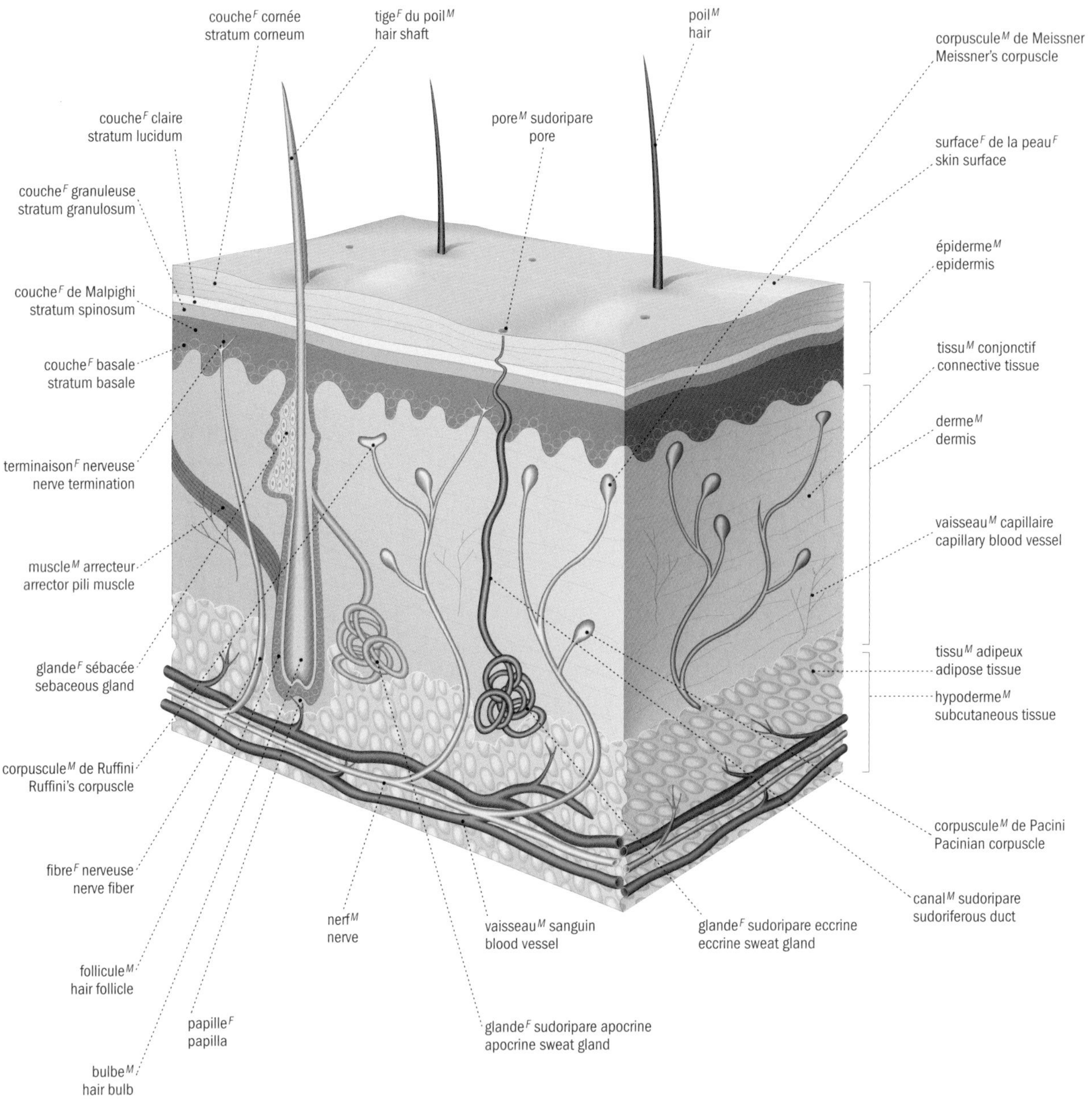

couche[F] cornée
stratum corneum

tige[F] du poil[M]
hair shaft

poil[M]
hair

corpuscule[M] de Meissner
Meissner's corpuscle

couche[F] claire
stratum lucidum

pore[M] sudoripare
pore

surface[F] de la peau[F]
skin surface

couche[F] granuleuse
stratum granulosum

épiderme[M]
epidermis

couche[F] de Malpighi
stratum spinosum

tissu[M] conjonctif
connective tissue

couche[F] basale
stratum basale

derme[M]
dermis

terminaison[F] nerveuse
nerve termination

vaisseau[M] capillaire
capillary blood vessel

muscle[M] arrecteur
arrector pili muscle

tissu[M] adipeux
adipose tissue

glande[F] sébacée
sebaceous gland

hypoderme[M]
subcutaneous tissue

corpuscule[M] de Ruffini
Ruffini's corpuscle

corpuscule[M] de Pacini
Pacinian corpuscle

fibre[F] nerveuse
nerve fiber

canal[M] sudoripare
sudoriferous duct

nerf[M]
nerve

vaisseau[M] sanguin
blood vessel

glande[F] sudoripare eccrine
eccrine sweat gland

follicule[M]
hair follicle

papille[F]
papilla

glande[F] sudoripare apocrine
apocrine sweat gland

bulbe[M]
hair bulb

doigt[M]
finger

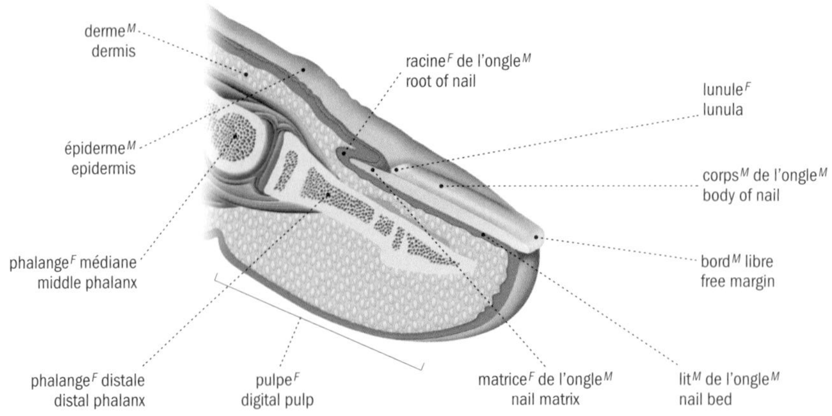

derme[M]
dermis

racine[F] de l'ongle[M]
root of nail

lunule[F]
lunula

épiderme[M]
epidermis

corps[M] de l'ongle[M]
body of nail

phalange[F] médiane
middle phalanx

bord[M] libre
free margin

phalange[F] distale
distal phalanx

pulpe[F]
digital pulp

matrice[F] de l'ongle[M]
nail matrix

lit[M] de l'ongle[M]
nail bed

toucher^{M}

main^{F}
hand

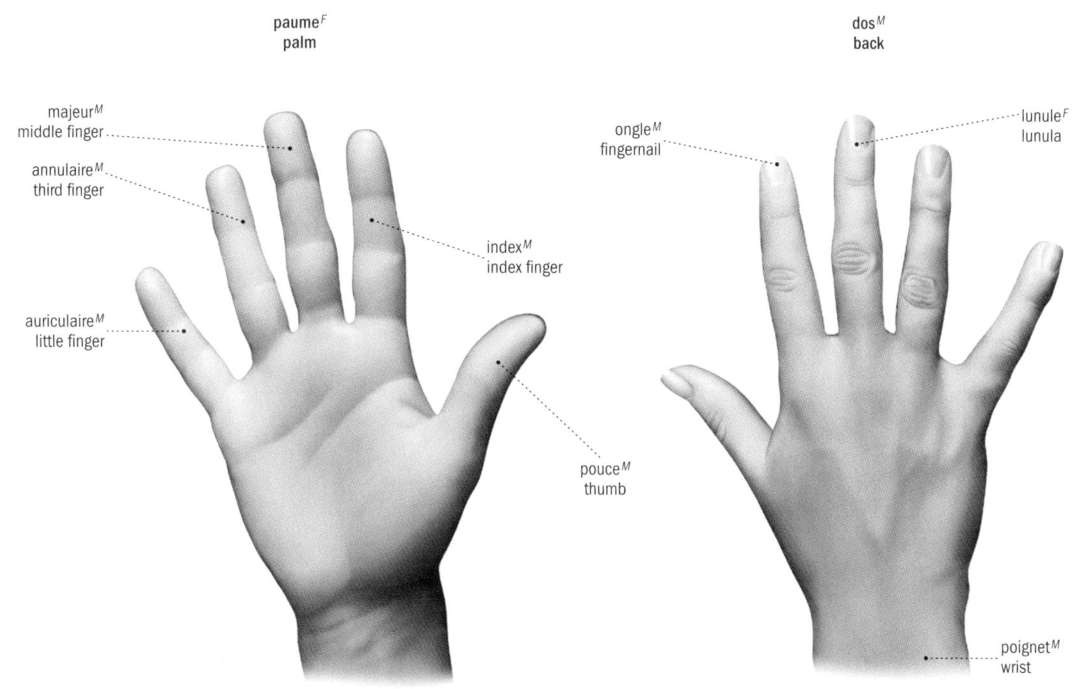
paume^{F}
palm
dos^{M}
back
majeur^{M}
middle finger
annulaire^{M}
third finger
index^{M}
index finger
auriculaire^{M}
little finger
pouce^{M}
thumb
ongle^{M}
fingernail
lunule^{F}
lunula
poignet^{M}
wrist

ouïe^{F}
hearing

pavillon^{M}
auricle

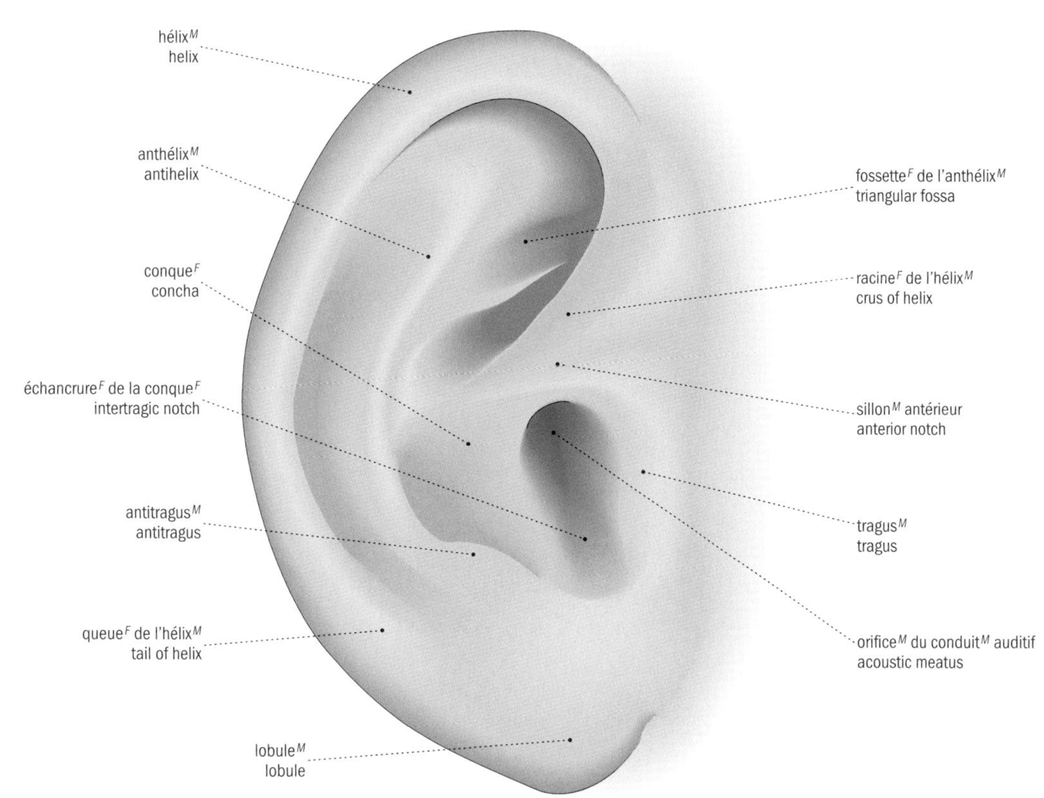
hélix^{M}
helix
anthélix^{M}
antihelix
conque^{F}
concha
échancrure^{F} de la conque^{F}
intertragic notch
antitragus^{M}
antitragus
queue^{F} de l'hélix^{M}
tail of helix
lobule^{M}
lobule
fossette^{F} de l'anthélix^{M}
triangular fossa
racine^{F} de l'hélix^{M}
crus of helix
sillon^{M} antérieur
anterior notch
tragus^{M}
tragus
orifice^{M} du conduit^{M} auditif
acoustic meatus

ouïe[F]

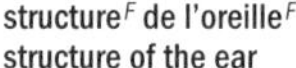

structure[F] de l'oreille[F]
structure of the ear

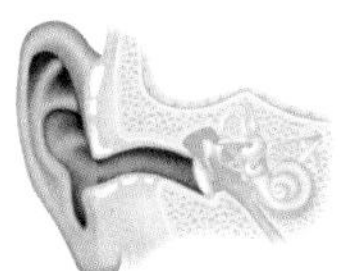

oreille[F] externe
external ear

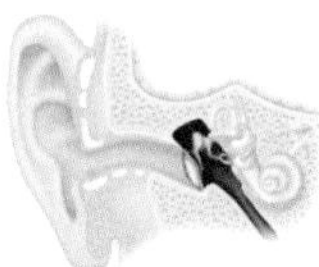

oreille[F] moyenne
middle ear

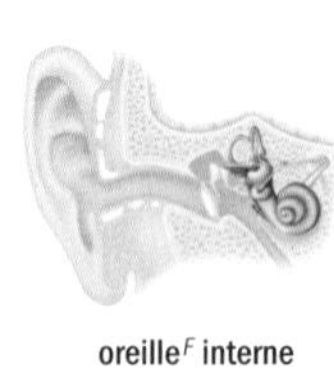

oreille[F] interne
internal ear

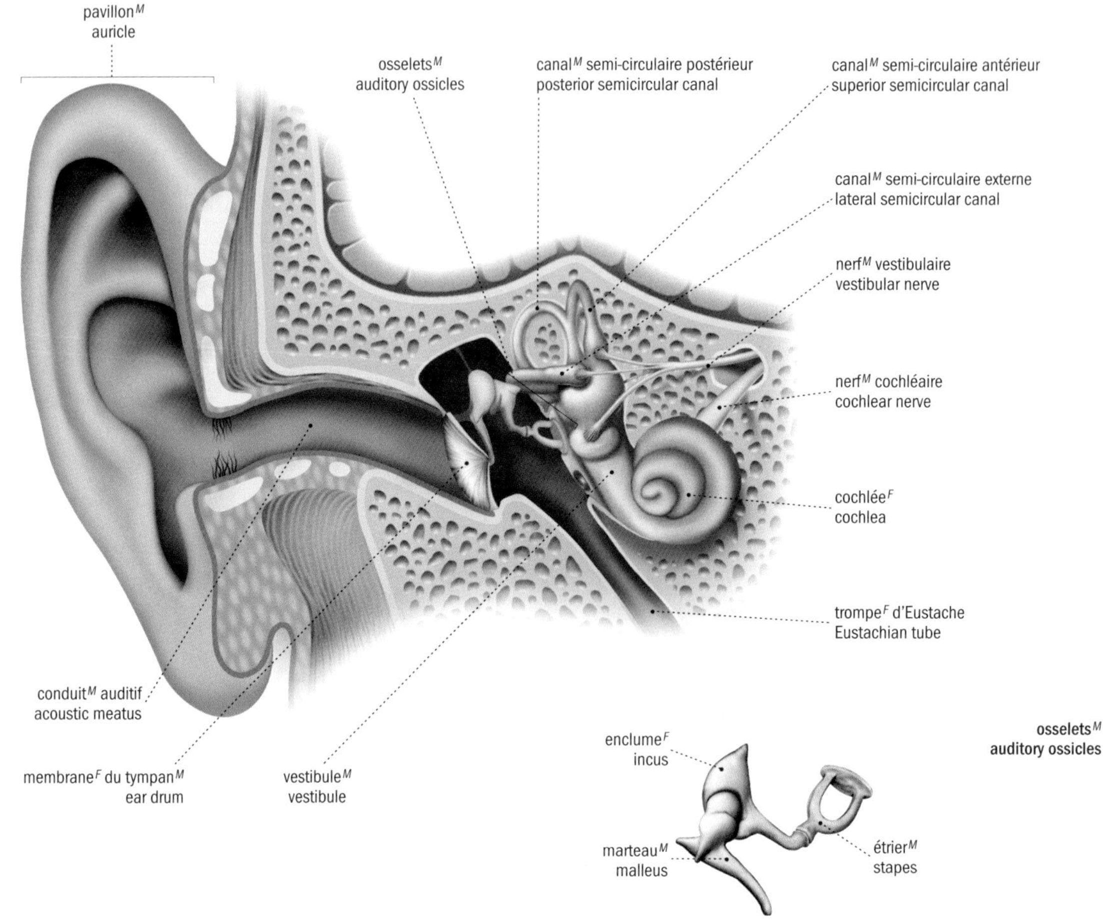
pavillon[M]
auricle
osselets[M]
auditory ossicles
canal[M] semi-circulaire postérieur
posterior semicircular canal
canal[M] semi-circulaire antérieur
superior semicircular canal
canal[M] semi-circulaire externe
lateral semicircular canal
nerf[M] vestibulaire
vestibular nerve
nerf[M] cochléaire
cochlear nerve
cochlée[F]
cochlea
trompe[F] d'Eustache
Eustachian tube
conduit[M] auditif
acoustic meatus
membrane[F] du tympan[M]
ear drum
vestibule[M]
vestibule
osselets[M]
auditory ossicles
enclume[F]
incus
marteau[M]
malleus
étrier[M]
stapes

odorat[M] et goût[M]

smell and taste

bouche[F]
mouth

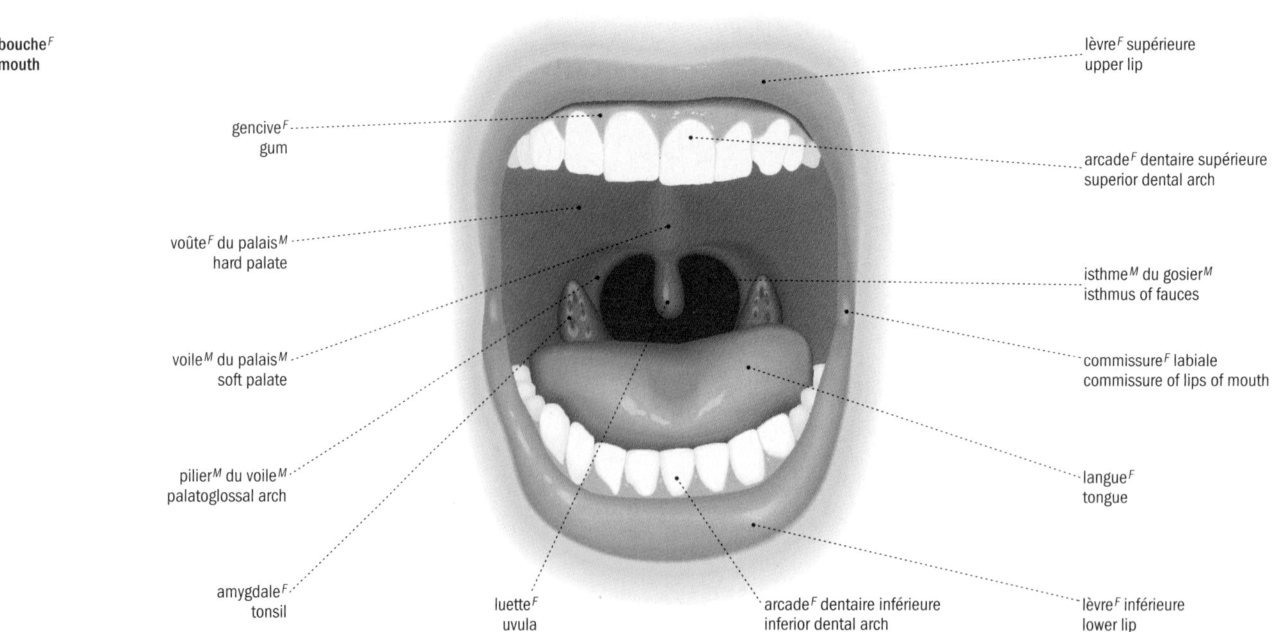
gencive[F]
gum
voûte[F] du palais[M]
hard palate
voile[M] du palais[M]
soft palate
pilier[M] du voile[M]
palatoglossal arch
amygdale[F]
tonsil
luette[F]
uvula
arcade[F] dentaire inférieure
inferior dental arch
lèvre[F] supérieure
upper lip
arcade[F] dentaire supérieure
superior dental arch
isthme[M] du gosier[M]
isthmus of fauces
commissure[F] labiale
commissure of lips of mouth
langue[F]
tongue
lèvre[F] inférieure
lower lip

parties[F] externes du nez[M]
external nose

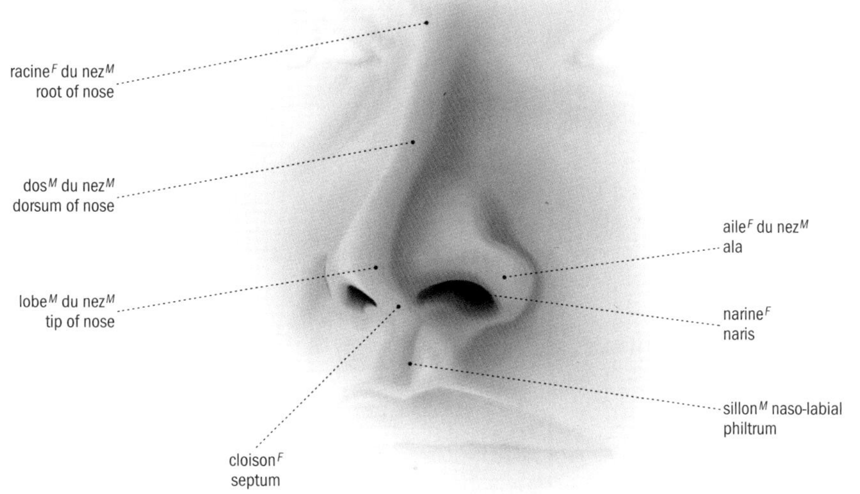
racine[F] du nez[M]
root of nose
dos[M] du nez[M]
dorsum of nose
lobe[M] du nez[M]
tip of nose
cloison[F]
septum
aile[F] du nez[M]
ala
narine[F]
naris
sillon[M] naso-labial
philtrum

fosses[F] nasales
nasal fossae

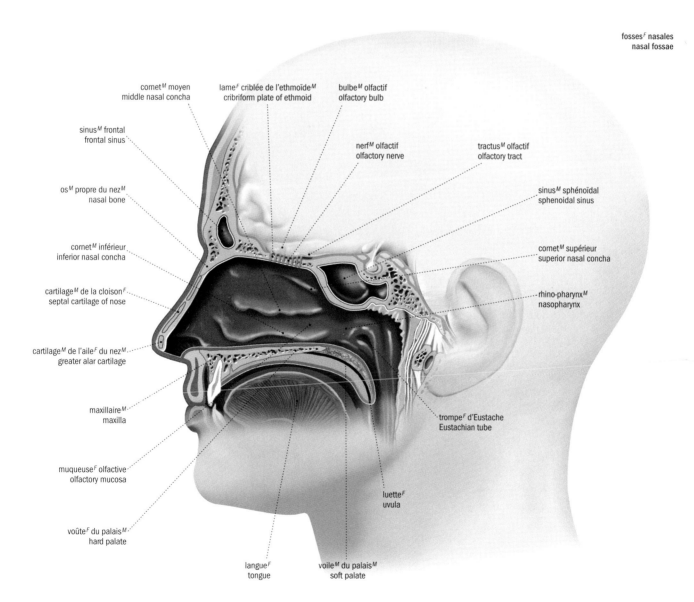

cornet[M] moyen
middle nasal concha

lame[F] criblée de l'ethmoïde[M]
cribriform plate of ethmoid

bulbe[M] olfactif
olfactory bulb

sinus[M] frontal
frontal sinus

nerf[M] olfactif
olfactory nerve

tractus[M] olfactif
olfactory tract

os[M] propre du nez[M]
nasal bone

sinus[M] sphénoïdal
sphenoidal sinus

cornet[M] inférieur
inferior nasal concha

cornet[M] supérieur
superior nasal concha

cartilage[M] de la cloison[F]
septal cartilage of nose

rhino-pharynx[M]
nasopharynx

cartilage[M] de l'aile[F] du nez[M]
greater alar cartilage

maxillaire[M]
maxilla

trompe[F] d'Eustache
Eustachian tube

muqueuse[F] olfactive
olfactory mucosa

luette[F]
uvula

voûte[F] du palais[M]
hard palate

langue[F]
tongue

voile[M] du palais[M]
soft palate

odorat^M et goût^M

dos^M de la langue^F
dorsum of tongue

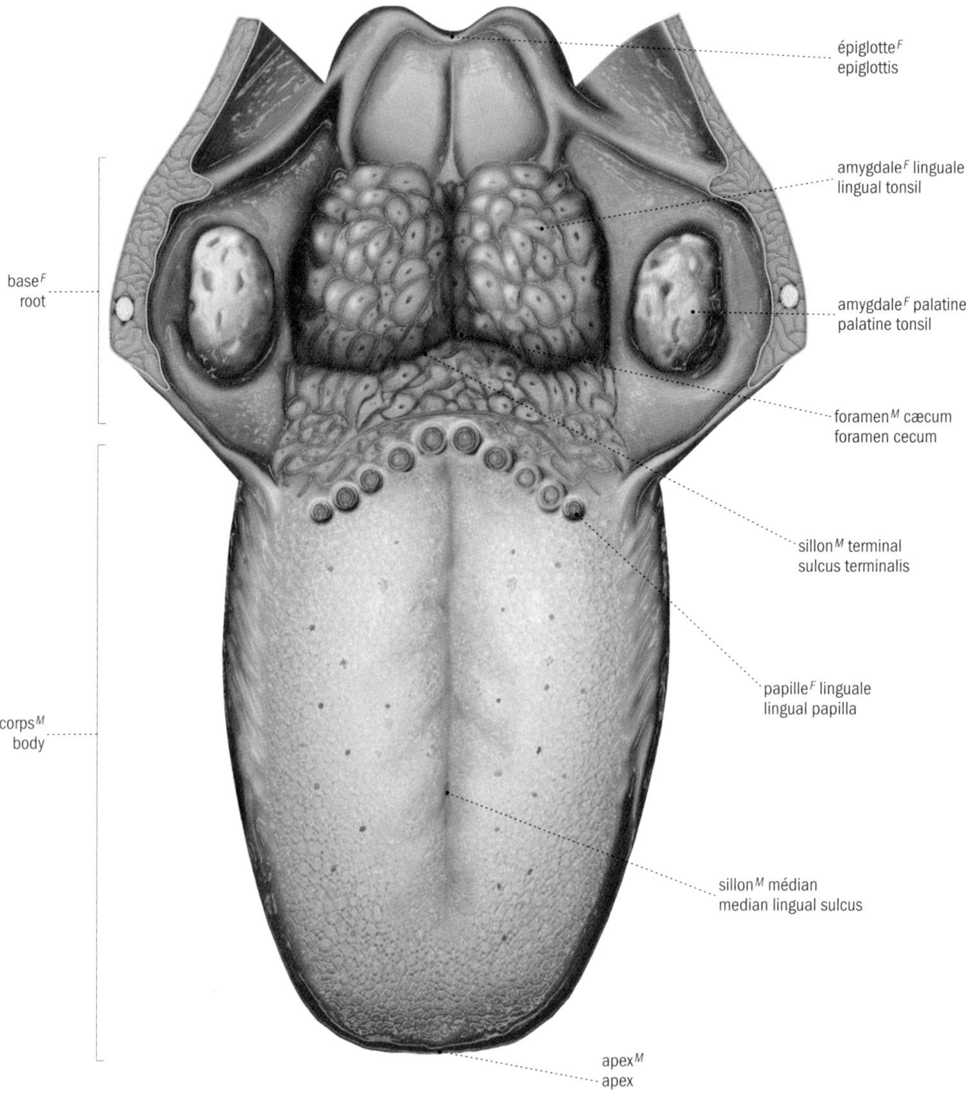

épiglotte^F
epiglottis
amygdale^F linguale
lingual tonsil
base^F
root
amygdale^F palatine
palatine tonsil
foramen^M cæcum
foramen cecum
sillon^M terminal
sulcus terminalis
papille^F linguale
lingual papilla
corps^M
body
sillon^M médian
median lingual sulcus
apex^M
apex

récepteurs^M du goût^M
taste receptors

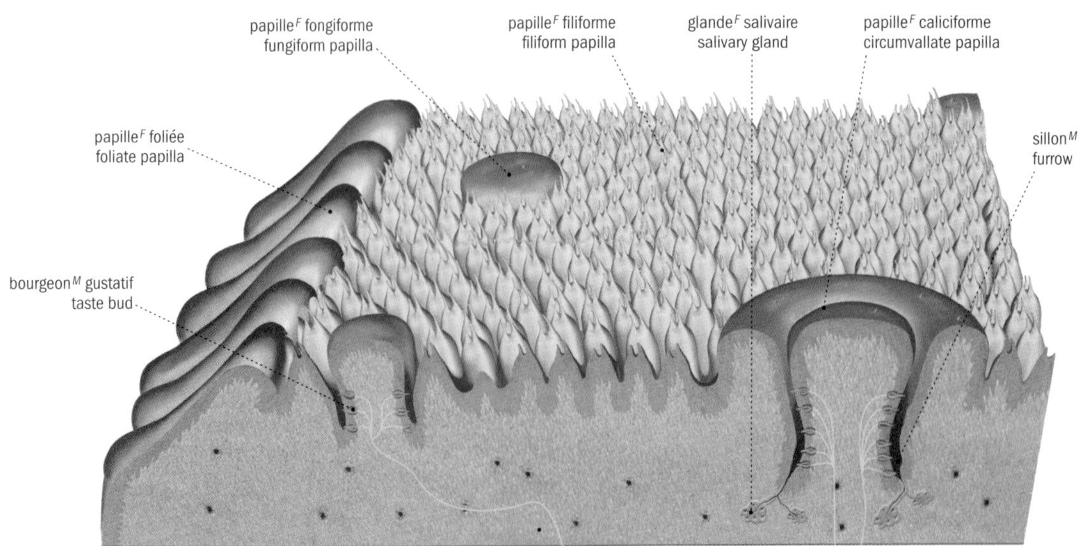

papille^F fongiforme
fungiform papilla
papille^F filiforme
filiform papilla
glande^F salivaire
salivary gland
papille^F caliciforme
circumvallate papilla
papille^F foliée
foliate papilla
sillon^M
furrow
bourgeon^M gustatif
taste bud

vue F

sight

œil M
eye

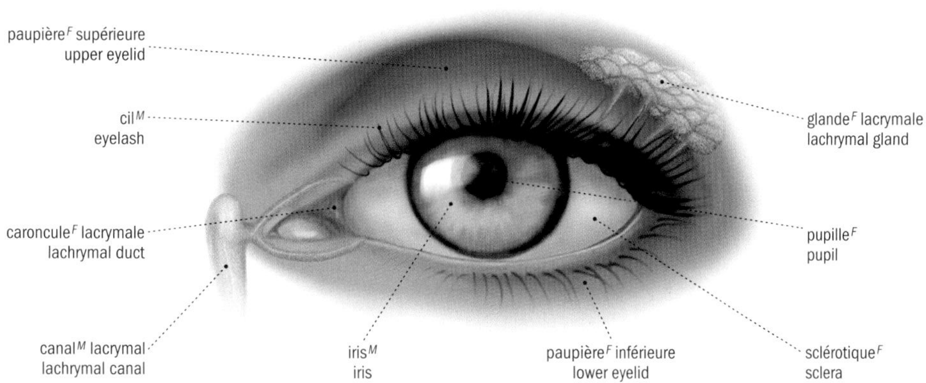
paupière F supérieure
upper eyelid
cil M
eyelash
caroncule F lacrymale
lachrymal duct
canal M lacrymal
lachrymal canal
iris M
iris
paupière F inférieure
lower eyelid
glande F lacrymale
lachrymal gland
pupille F
pupil
sclérotique F
sclera

globe M oculaire
eyeball

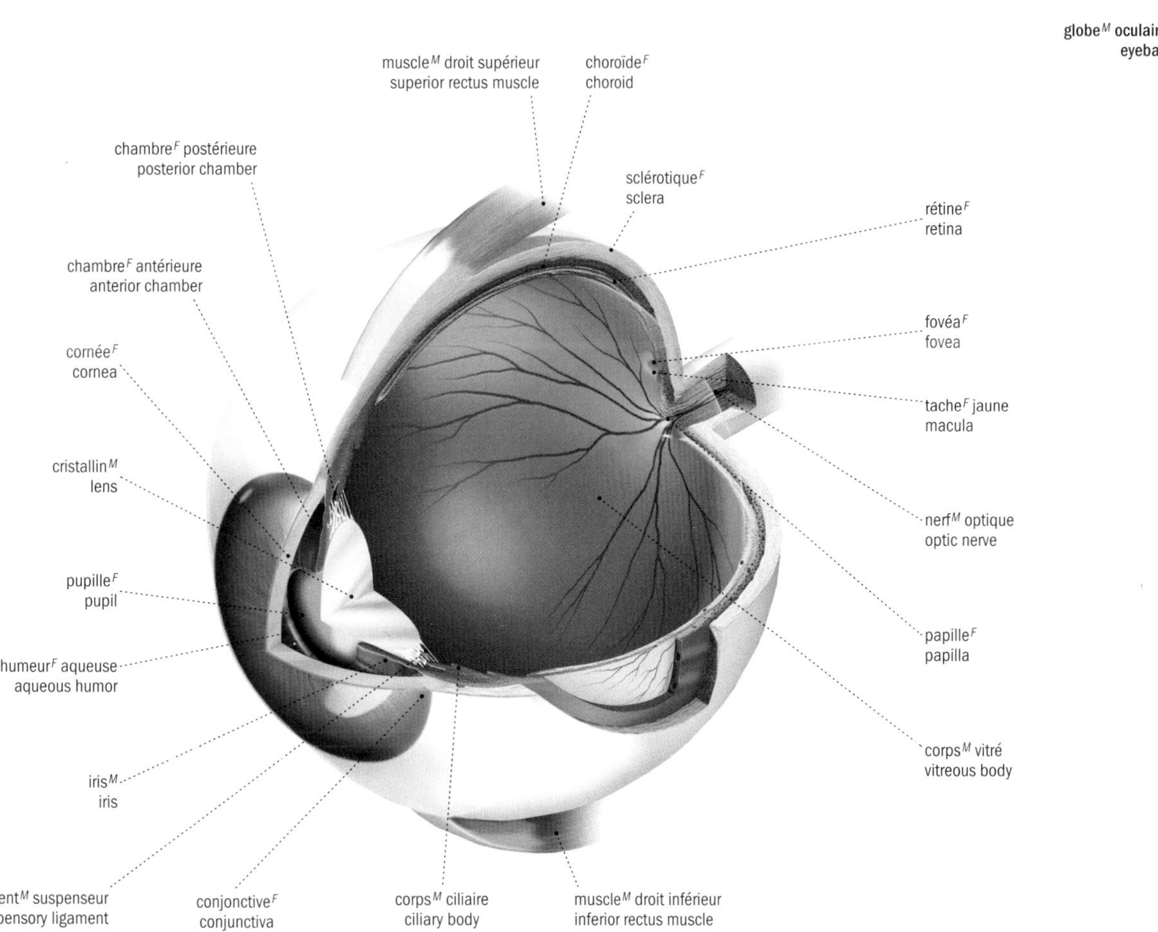
muscle M droit supérieur
superior rectus muscle
choroïde F
choroid
chambre F postérieure
posterior chamber
sclérotique F
sclera
rétine F
retina
chambre F antérieure
anterior chamber
fovéa F
fovea
cornée F
cornea
tache F jaune
macula
cristallin M
lens
nerf M optique
optic nerve
pupille F
pupil
papille F
papilla
humeur F aqueuse
aqueous humor
corps M vitré
vitreous body
iris M
iris
ligament M suspenseur
suspensory ligament
conjonctive F
conjunctiva
corps M ciliaire
ciliary body
muscle M droit inférieur
inferior rectus muscle

photorécepteurs M
photoreceptors

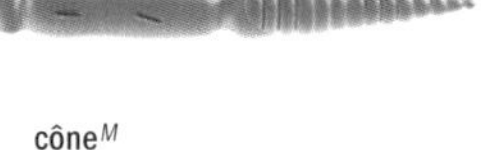

cône M
cone

bâtonnet M
rod

ÊTRE HUMAIN

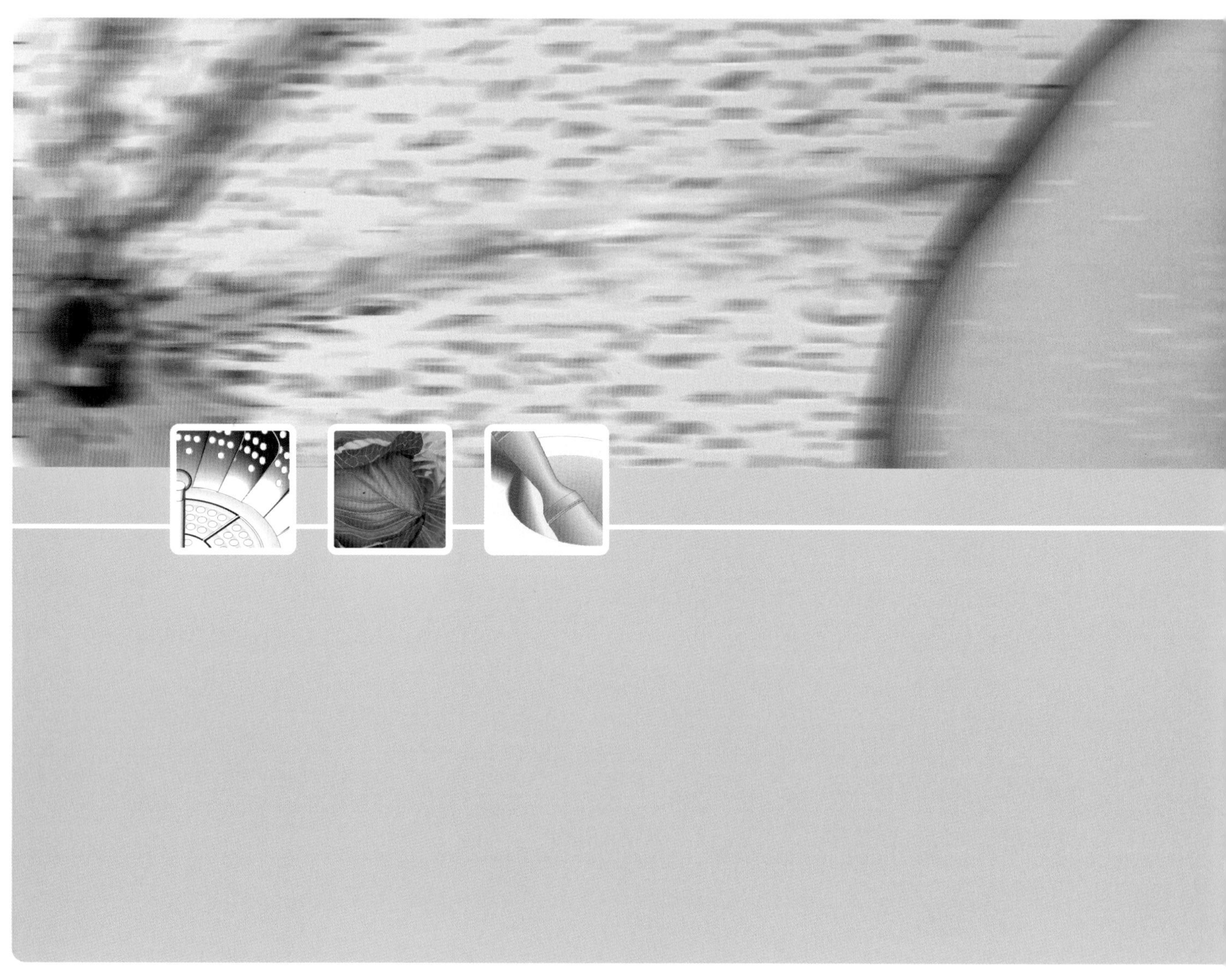

ALIMENTATION ET CUISINE

FOOD AND KITCHEN

180 Alimentation

180 supermarché
182 ferme
183 champignons
183 algues
184 légumes
190 légumineuses
192 fruits
198 épices
200 condiments
202 fines herbes
203 céréales
204 produits céréaliers
208 café et infusions
208 chocolat
209 sucre
209 huiles et matières grasses
210 produits laitiers
212 abats
212 gibier
213 volaille
213 œufs
214 viande
216 charcuterie
217 mollusques
218 crustacés
218 poissons cartilagineux
219 poissons osseux

222 Cuisine

222 emballage
224 cuisine
225 verres
226 vaisselle
227 couvert
229 ustensiles de cuisine
234 batterie de cuisine
236 appareils électroménagers
240 appareils électroménagers divers
241 cafetières

supermarché[M]

supermarket

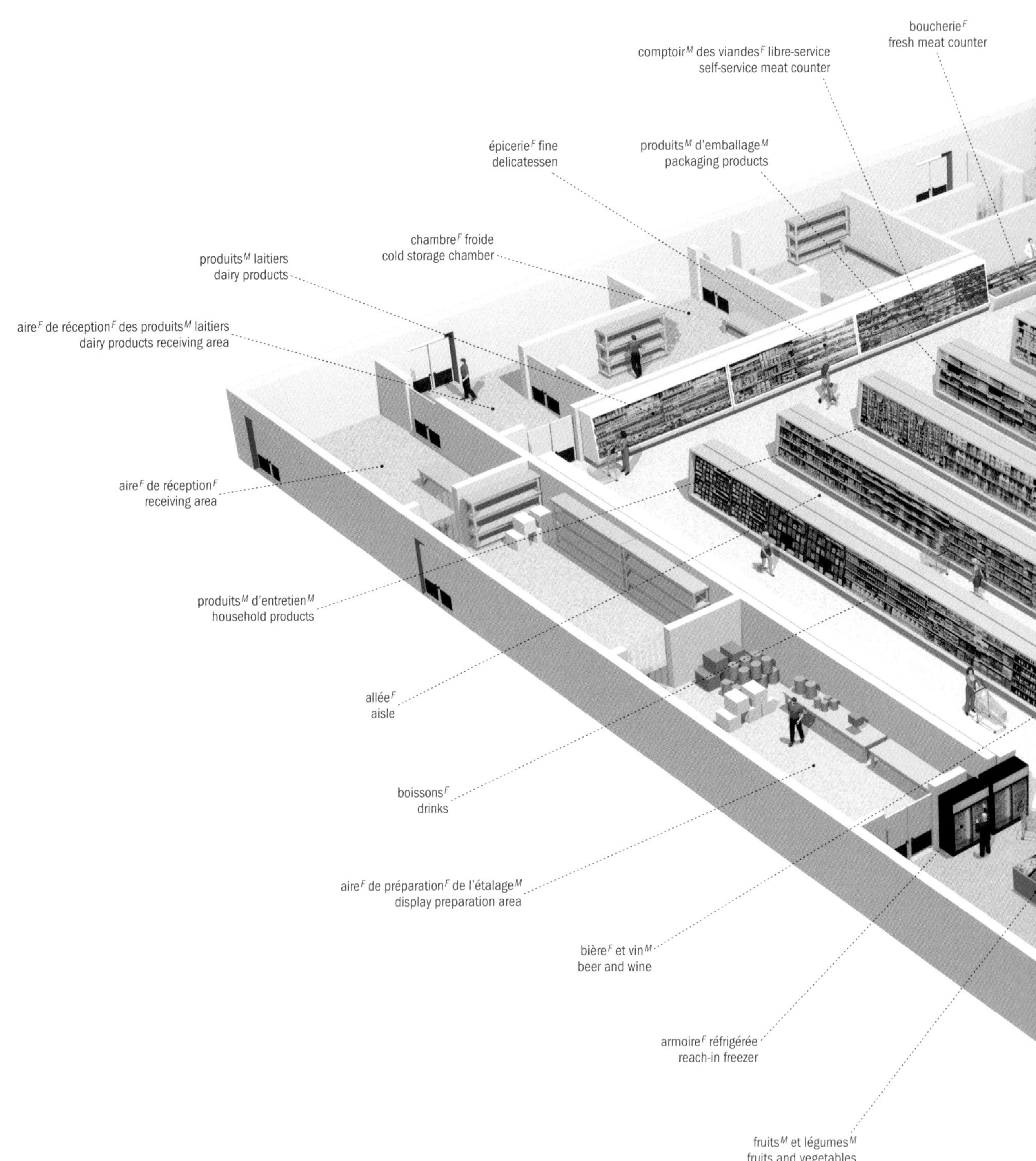
boucherie[F]
fresh meat counter
comptoir[M] des viandes[F] libre-service
self-service meat counter
épicerie[F] fine
delicatessen
produits[M] d'emballage[M]
packaging products
chambre[F] froide
cold storage chamber
produits[M] laitiers
dairy products
aire[F] de réception[F] des produits[M] laitiers
dairy products receiving area
aire[F] de réception[F]
receiving area
produits[M] d'entretien[M]
household products
allée[F]
aisle
boissons[F]
drinks
aire[F] de préparation[F] de l'étalage[M]
display preparation area
bière[F] et vin[M]
beer and wine
armoire[F] réfrigérée
reach-in freezer
fruits[M] et légumes[M]
fruits and vegetables

supermarché[M]

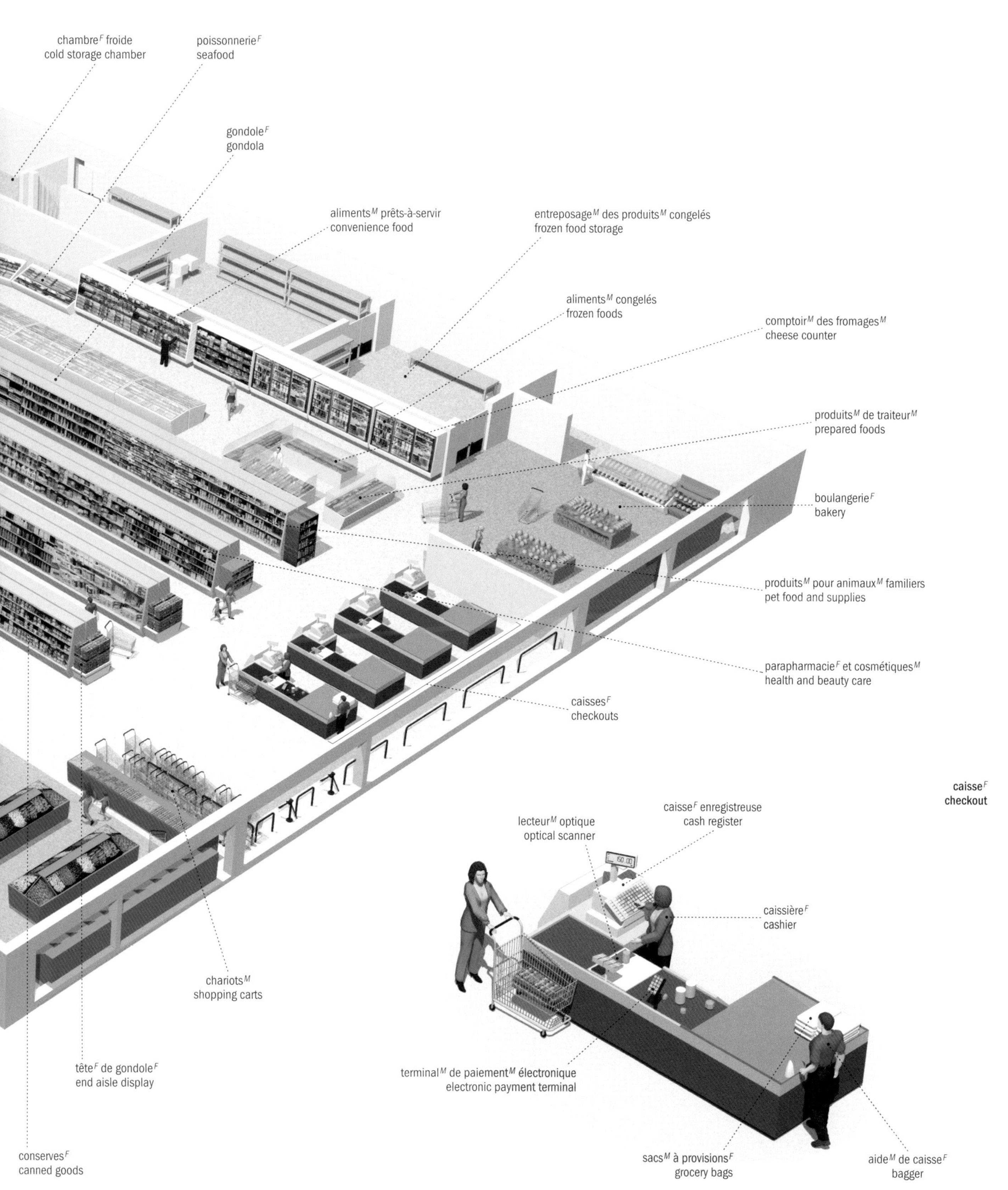
chambre[F] froide
cold storage chamber
poissonnerie[F]
seafood
gondole[F]
gondola
aliments[M] prêts-à-servir
convenience food
entreposage[M] des produits[M] congelés
frozen food storage
aliments[M] congelés
frozen foods
comptoir[M] des fromages[M]
cheese counter
produits[M] de traiteur[M]
prepared foods
boulangerie[F]
bakery
produits[M] pour animaux[M] familiers
pet food and supplies
parapharmacie[F] et cosmétiques[M]
health and beauty care
caisses[F]
checkouts
caisse[F]
checkout
caisse[F] enregistreuse
cash register
lecteur[M] optique
optical scanner
caissière[F]
cashier
chariots[M]
shopping carts
tête[F] de gondole[F]
end aisle display
terminal[M] de paiement[M] électronique
electronic payment terminal
conserves[F]
canned goods
sacs[M] à provisions[F]
grocery bags
aide[M] de caisse[F]
bagger

ferme^F

farmstead

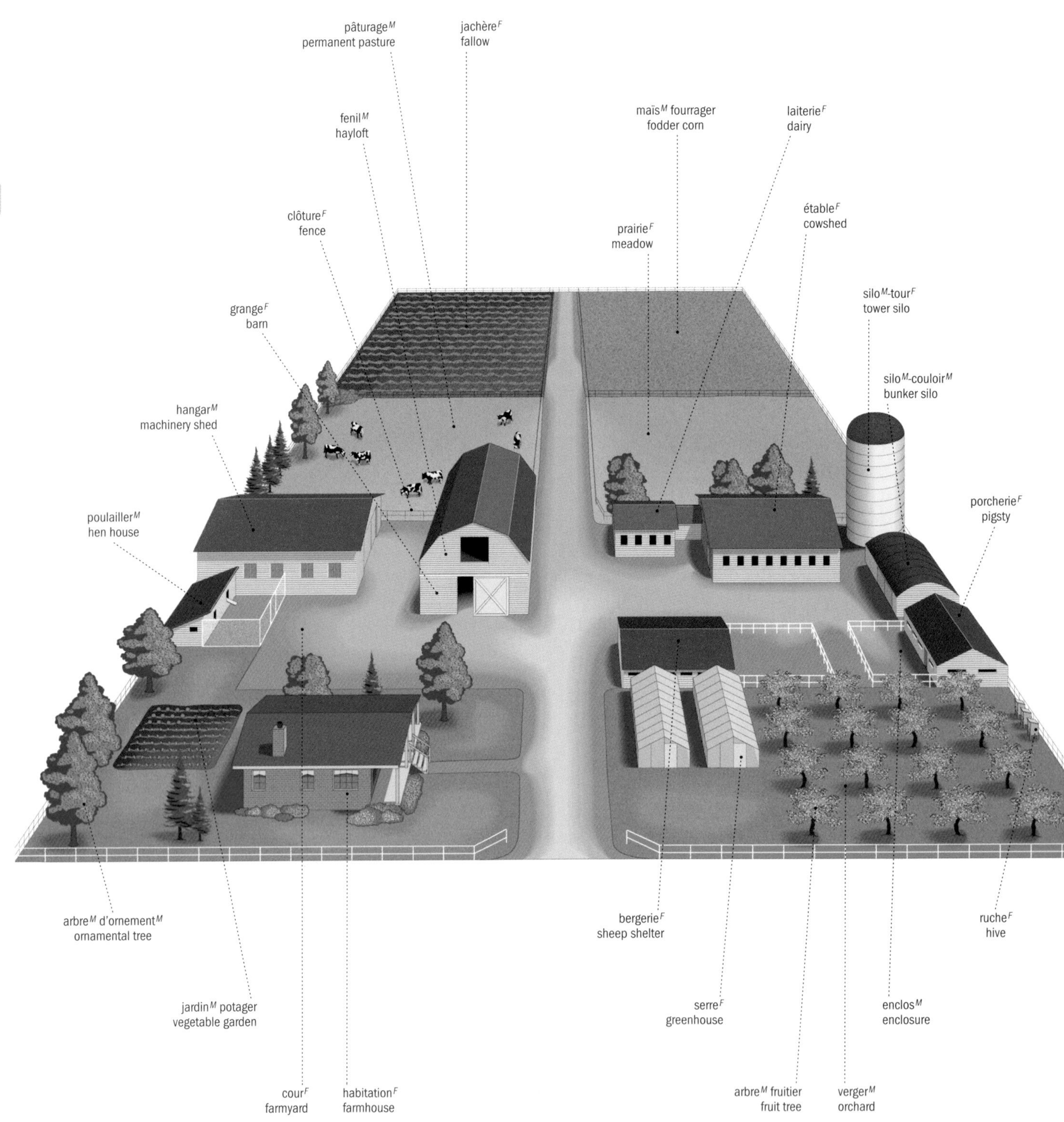
pâturage^M
permanent pasture
jachère^F
fallow
fenil^M
hayloft
maïs^M fourrager
fodder corn
laiterie^F
dairy
clôture^F
fence
prairie^F
meadow
étable^F
cowshed
grange^F
barn
silo^M-tour^F
tower silo
hangar^M
machinery shed
silo^M-couloir^M
bunker silo
poulailler^M
hen house
porcherie^F
pigsty
arbre^M d'ornement^M
ornamental tree
bergerie^F
sheep shelter
ruche^F
hive
jardin^M potager
vegetable garden
serre^F
greenhouse
enclos^M
enclosure
cour^F
farmyard
habitation^F
farmhouse
arbre^M fruitier
fruit tree
verger^M
orchard

champignons[M]

mushrooms

truffe[F]
truffle

oreille-de-Judas[F]
wood ear

orange[F] vraie
royal agaric

lactaire[M] délicieux
delicious lactarius

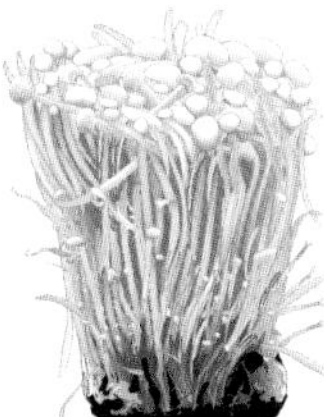
collybie[F] à pied[M] velouté
enoki mushroom

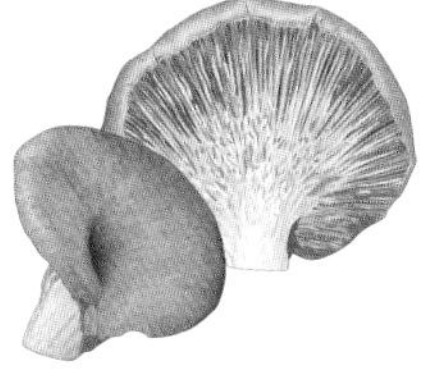
pleurote[M] en forme[F] d'huître[F]
oyster mushroom

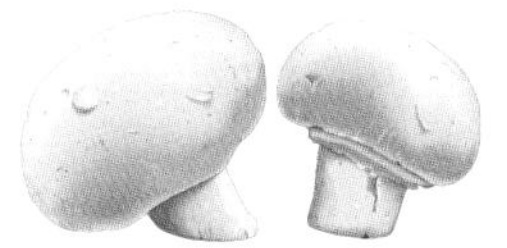
champignon[M] de couche[F]
cultivated mushroom

russule[F] verdoyante
green russula

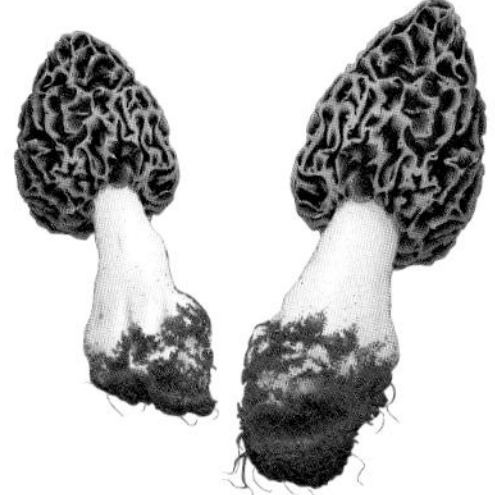
morille[F]
morel

cèpe[M]
edible boletus

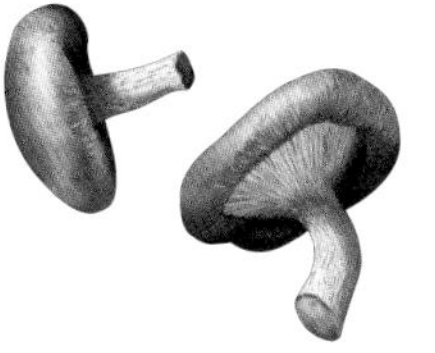
shiitake[M]
shiitake mushroom

chanterelle[F] commune
chanterelle

algues[F]

seaweed

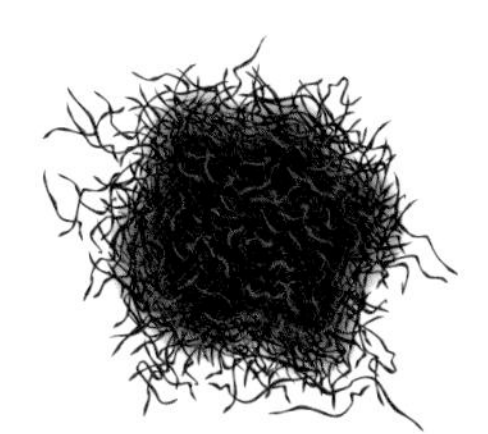
aramé[M]
arame

wakamé[M]
wakame

kombu[M]
kombu

spiruline[F]
spirulina

mousse[F] d'Irlande[F]
Irish moss

hijiki[M]
hijiki

laitue[F] de mer[F]
sea lettuce

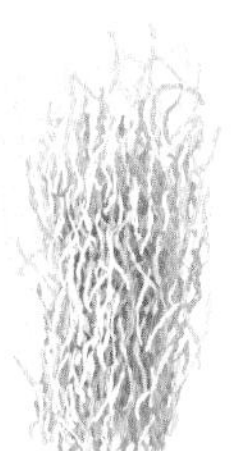
agar-agar[M]
agar-agar

nori[M]
nori

rhodyménie[M] palmé
dulse

légumes[M]

vegetables

légumes[M] bulbes[M]
bulb vegetables

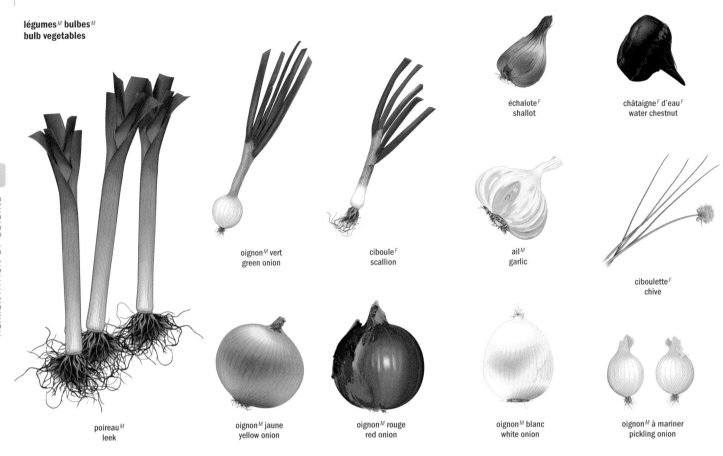

échalote[F]
shallot

châtaigne[F] d'eau[F]
water chestnut

oignon[M] vert
green onion

ciboule[F]
scallion

ail[M]
garlic

ciboulette[F]
chive

poireau[M]
leek

oignon[M] jaune
yellow onion

oignon[M] rouge
red onion

oignon[M] blanc
white onion

oignon[M] à mariner
pickling onion

légumes[M] tubercules[M]
tuber vegetables

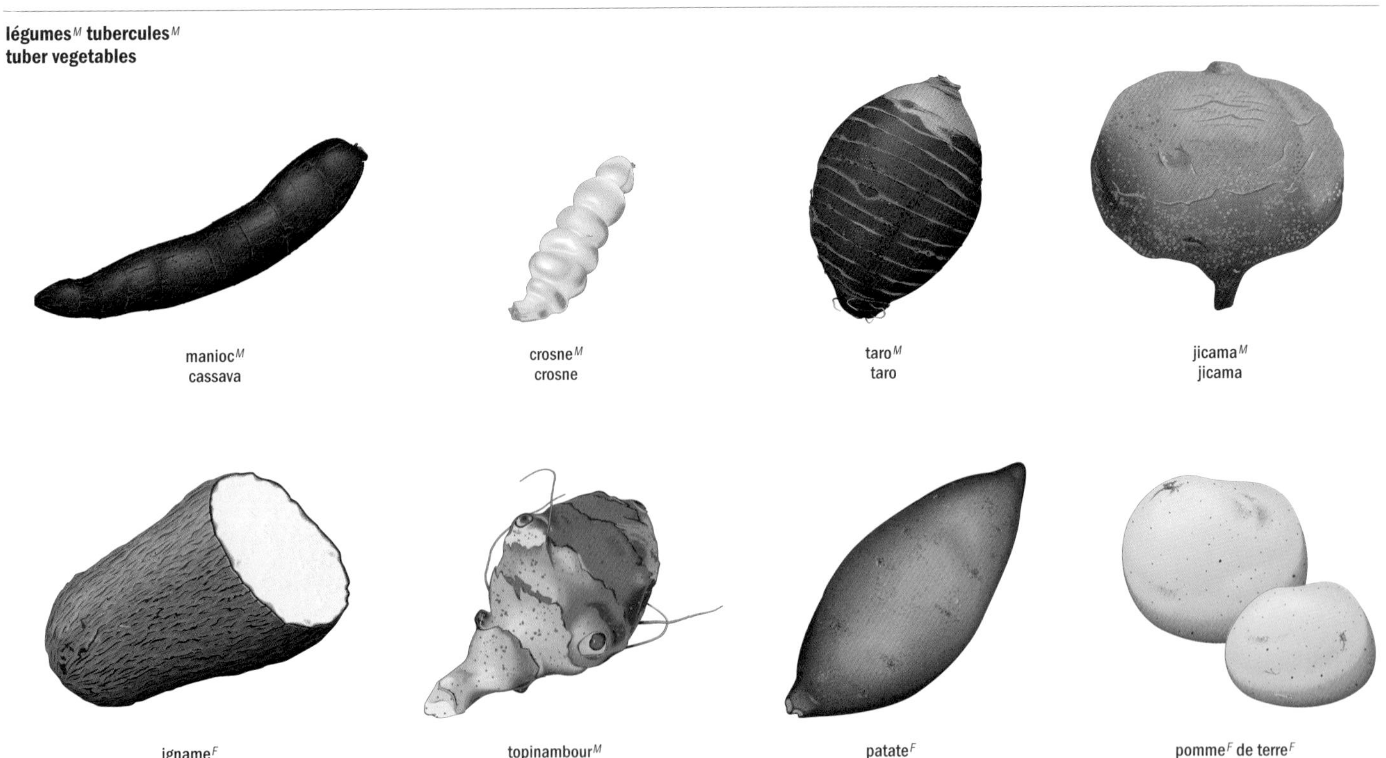

manioc[M]
cassava

crosne[M]
crosne

taro[M]
taro

jicama[M]
jicama

igname[F]
yam

topinambour[M]
Jerusalem artichoke

patate[F]
sweet potato

pomme[F] de terre[F]
potato

légumes[M] tiges[F]
stalk vegetables

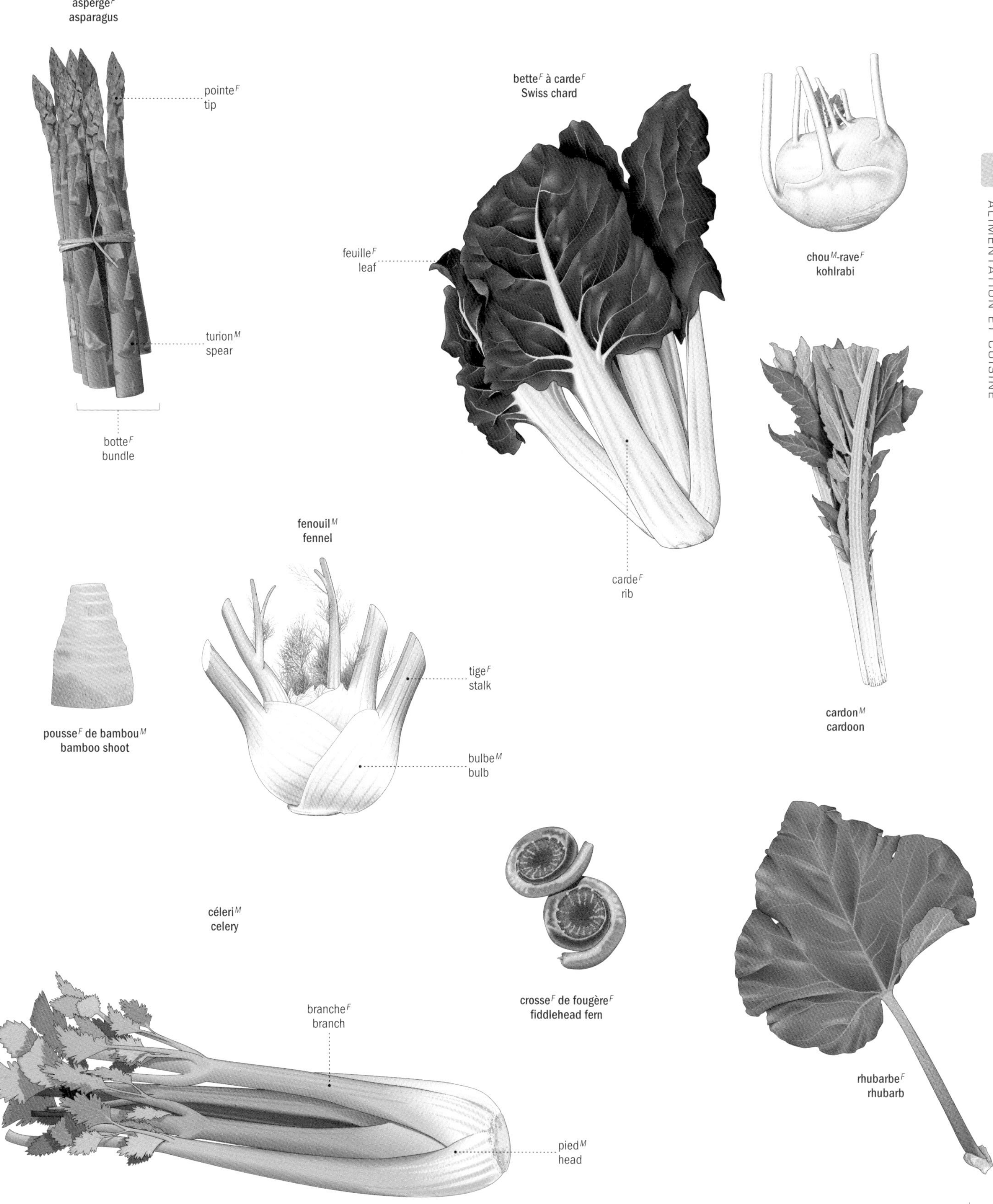
asperge[F]
asparagus
pointe[F]
tip
turion[M]
spear
botte[F]
bundle
bette[F] à carde[F]
Swiss chard
feuille[F]
leaf
carde[F]
rib
chou[M]-rave[F]
kohlrabi
cardon[M]
cardoon
fenouil[M]
fennel
tige[F]
stalk
bulbe[M]
bulb
pousse[F] de bambou[M]
bamboo shoot
crosse[F] de fougère[F]
fiddlehead fern
rhubarbe[F]
rhubarb
céleri[M]
celery
branche[F]
branch
pied[M]
head

légumes^{M}

légumes^{M} feuilles^{F}
leaf vegetables

laitue^{F} frisée
leaf lettuce

romaine^{F}
romaine lettuce

laitue^{F} asperge^{F}
celtuce

chou^{M} marin
sea kale

chou^{M} cavalier^{M}
collards

scarole^{F}
escarole

laitue^{F} pommée
butterhead lettuce

laitue^{F} iceberg^{M}
iceberg lettuce

chicorée^{F} de Trévise
radicchio

chou^{M} laitue^{F}
ornamental kale

chou^{M} frisé
curled kale

feuille^{F} de vigne^{F}
grape leaf

choux^{M} de Bruxelles
Brussels sprouts

chou^{M} pommé rouge
red cabbage

chou^{M} pommé blanc
white cabbage

chou^{M} de Milan
savoy cabbage

chou^{M} pommé vert
green cabbage

pe-tsaï^{M}
pe-tsai

pak-choï^{M}
pak-choi

pourpier^M
purslane

ortie^F
nettle

cresson^M de fontaine^F
watercress

pissenlit^M
dandelion

mâche^F
corn salad

roquette^F
arugula

épinard^M
spinach

cresson^M alénois
garden cress

oseille^F
garden sorrel

chicorée^F frisée
curled endive

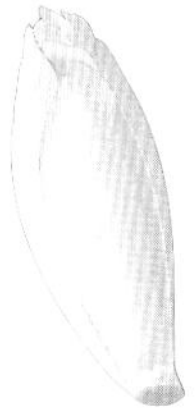

endive^F
Belgian endive

légumes^M fleurs^F
inflorescent vegetables

chou^M-fleur^F
cauliflower

brocoli^M
broccoli

Gai lon^M
Gai-lohn

brocoli^M italien
broccoli rabe

artichaut^M
artichoke

légumes[M]

légumes[M] fruits[M]
fruit vegetables

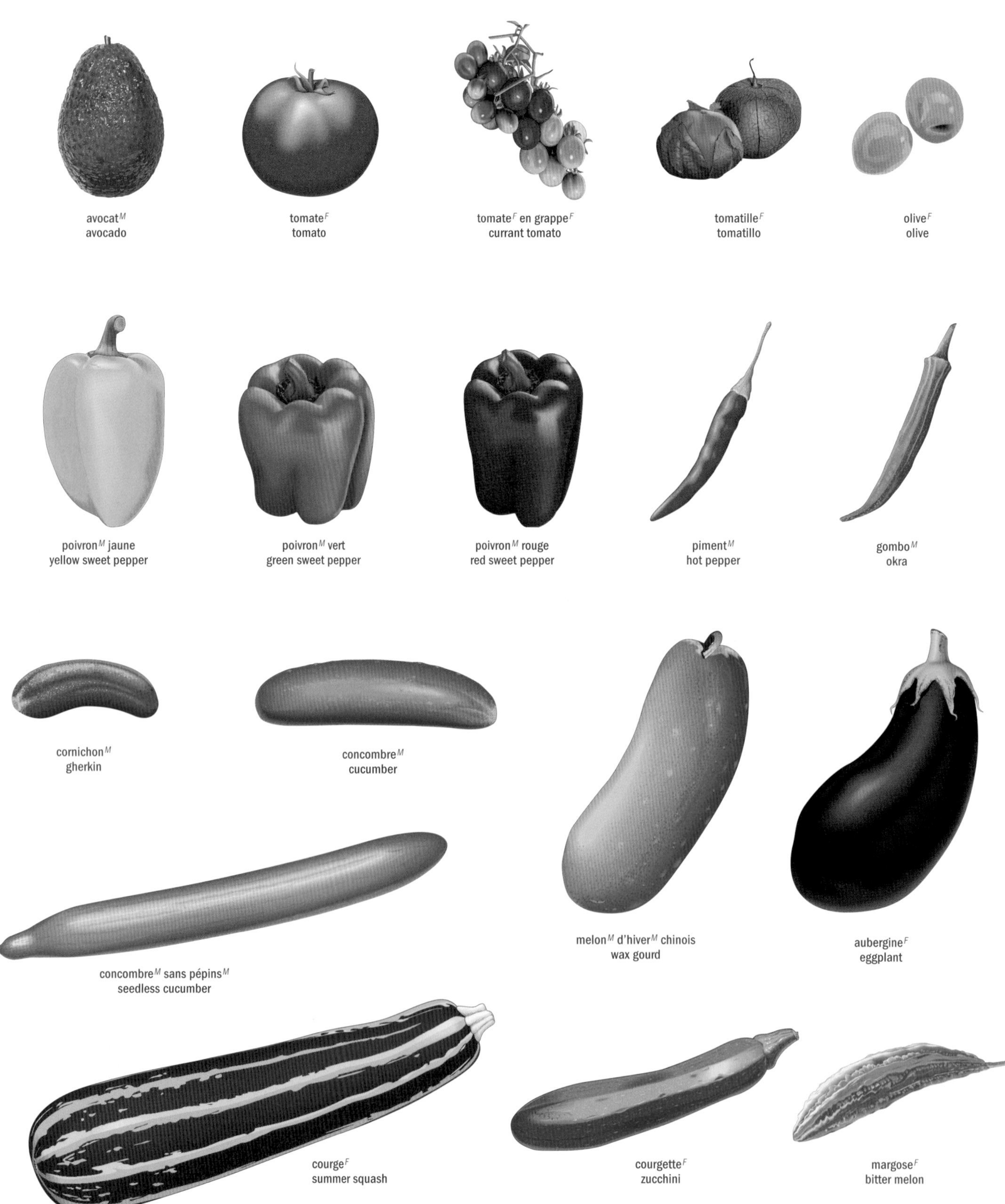
avocat[M]
avocado
tomate[F]
tomato
tomate[F] en grappe[F]
currant tomato
tomatille[F]
tomatillo
olive[F]
olive
poivron[M] jaune
yellow sweet pepper
poivron[M] vert
green sweet pepper
poivron[M] rouge
red sweet pepper
piment[M]
hot pepper
gombo[M]
okra
cornichon[M]
gherkin
concombre[M]
cucumber
melon[M] d'hiver[M] chinois
wax gourd
aubergine[F]
eggplant
concombre[M] sans pépins[M]
seedless cucumber
courge[F]
summer squash
courgette[F]
zucchini
margose[F]
bitter melon

fruits[M] secs
dry fruits

noix[F] de macadamia[M]
macadamia nut

noix[F] de ginkgo[M]
ginkgo nut

pistache[F]
pistachio nut

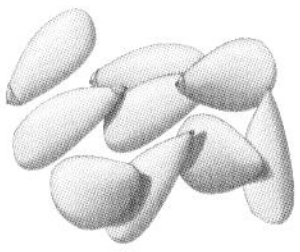

pignon[M]
pine nut

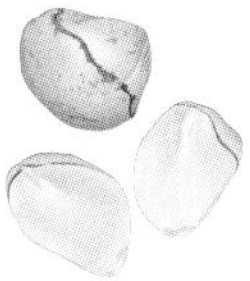

noix[F] de cola[M]
cola nut

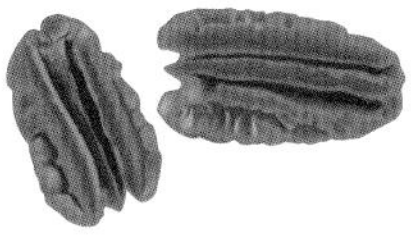

noix[F] de pacane[F]
pecan nut

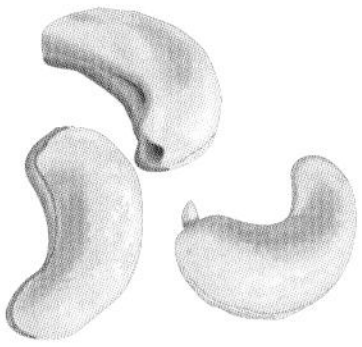

noix[F] de cajou[M]
cashew

amande[F]
almond

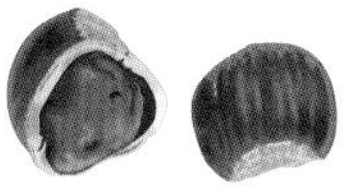

noisette[F]
hazelnut

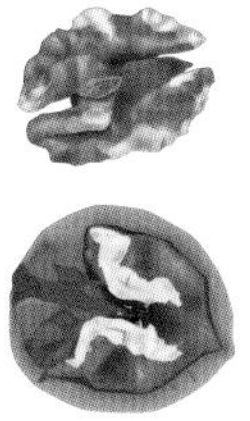

noix[F]
walnut

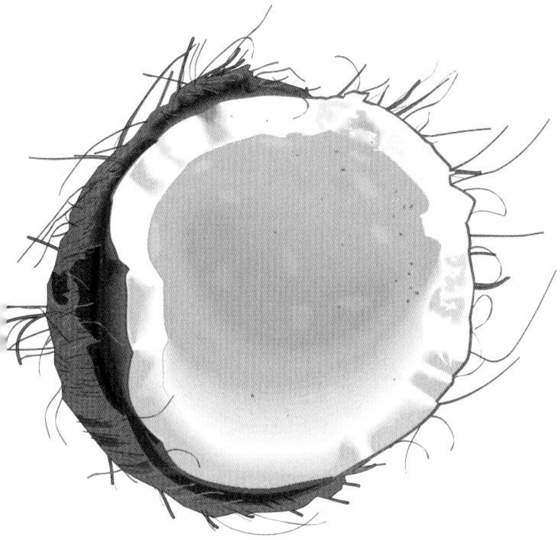

marron[M]
chestnut

faîne[F]
beechnut

noix[F] du Brésil[M]
Brazil nut

noix[F] de coco[M]
coconut

fruits[M] à pépins[M]
pome fruits

poire[F]
pear

coing[M]
quince

pomme[F]
apple

nèfle[F] du Japon[M]
Japanese plum

fruits[M]

agrumes[M]
citrus fruits

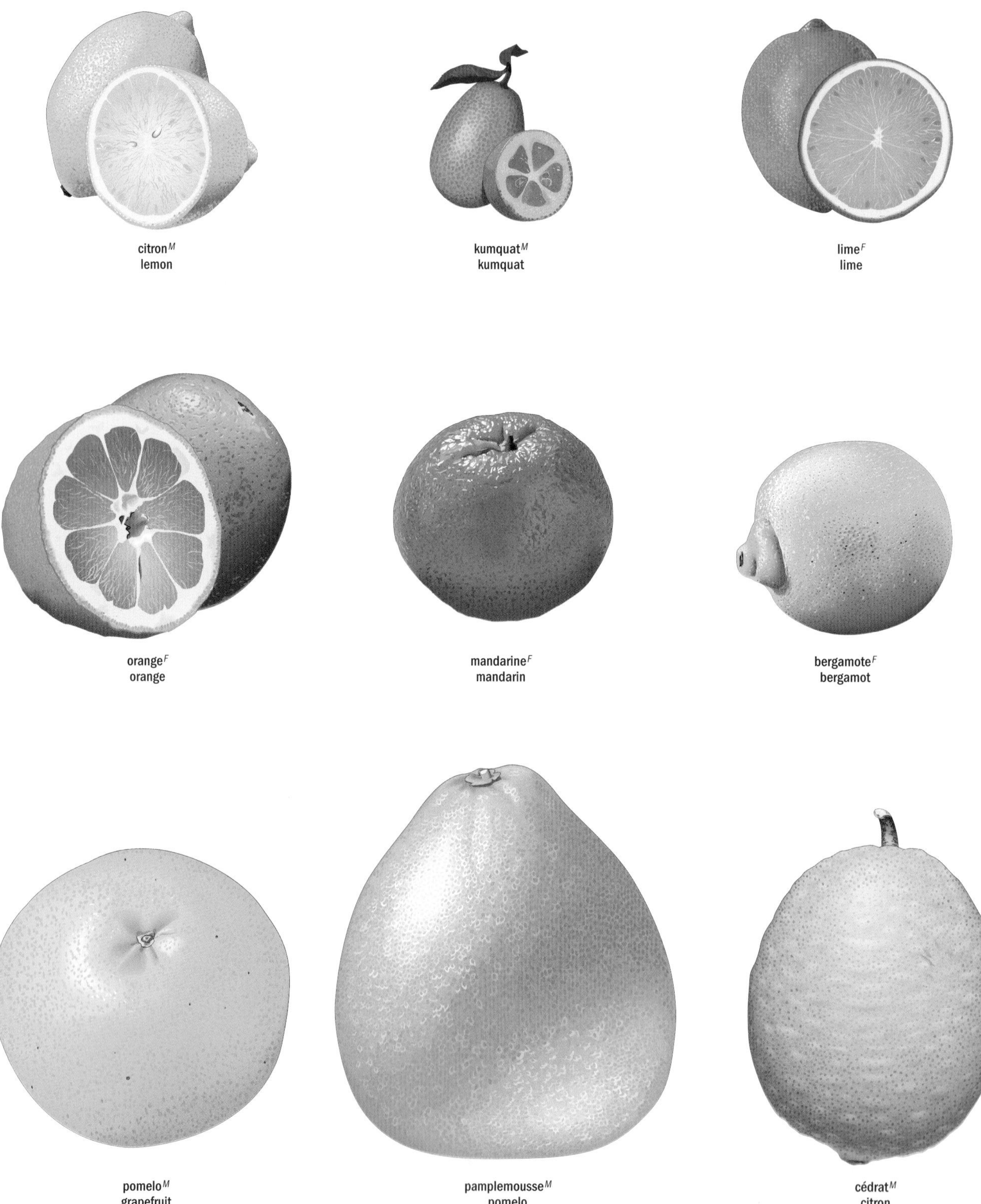

citron[M]
lemon
kumquat[M]
kumquat
lime[F]
lime
orange[F]
orange
mandarine[F]
mandarin
bergamote[F]
bergamot
pomelo[M]
grapefruit
pamplemousse[M]
pomelo
cédrat[M]
citron

cantaloup[M]
cantaloupe

melon[M] Casaba
casaba melon

melon[M] miel[M]
honeydew melon

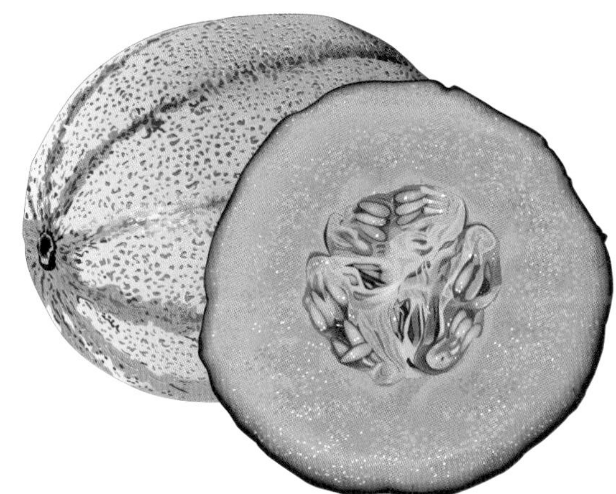

melon[M] brodé
muskmelon

melon[M] brésilien
canary melon

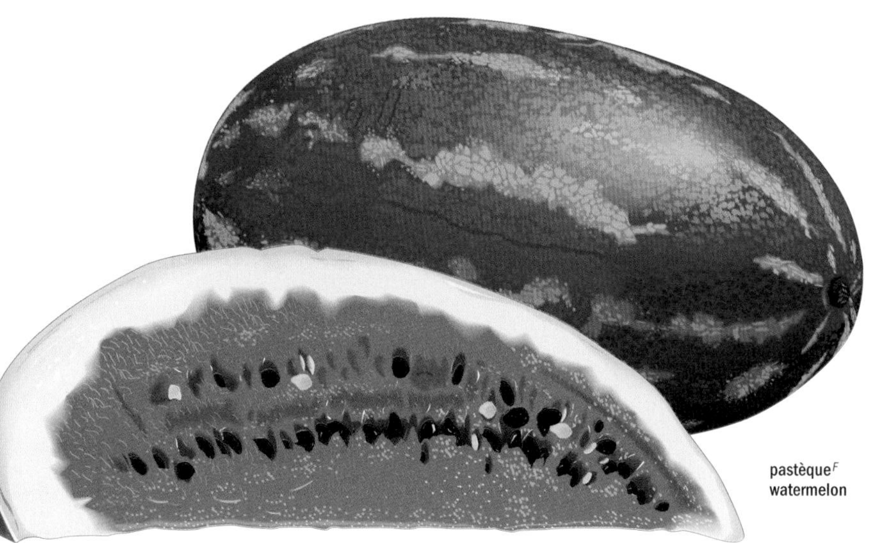

pastèque[F]
watermelon

melon[M] d'Ogen
Ogen melon

fruits^M

fruits^M tropicaux
tropical fruits

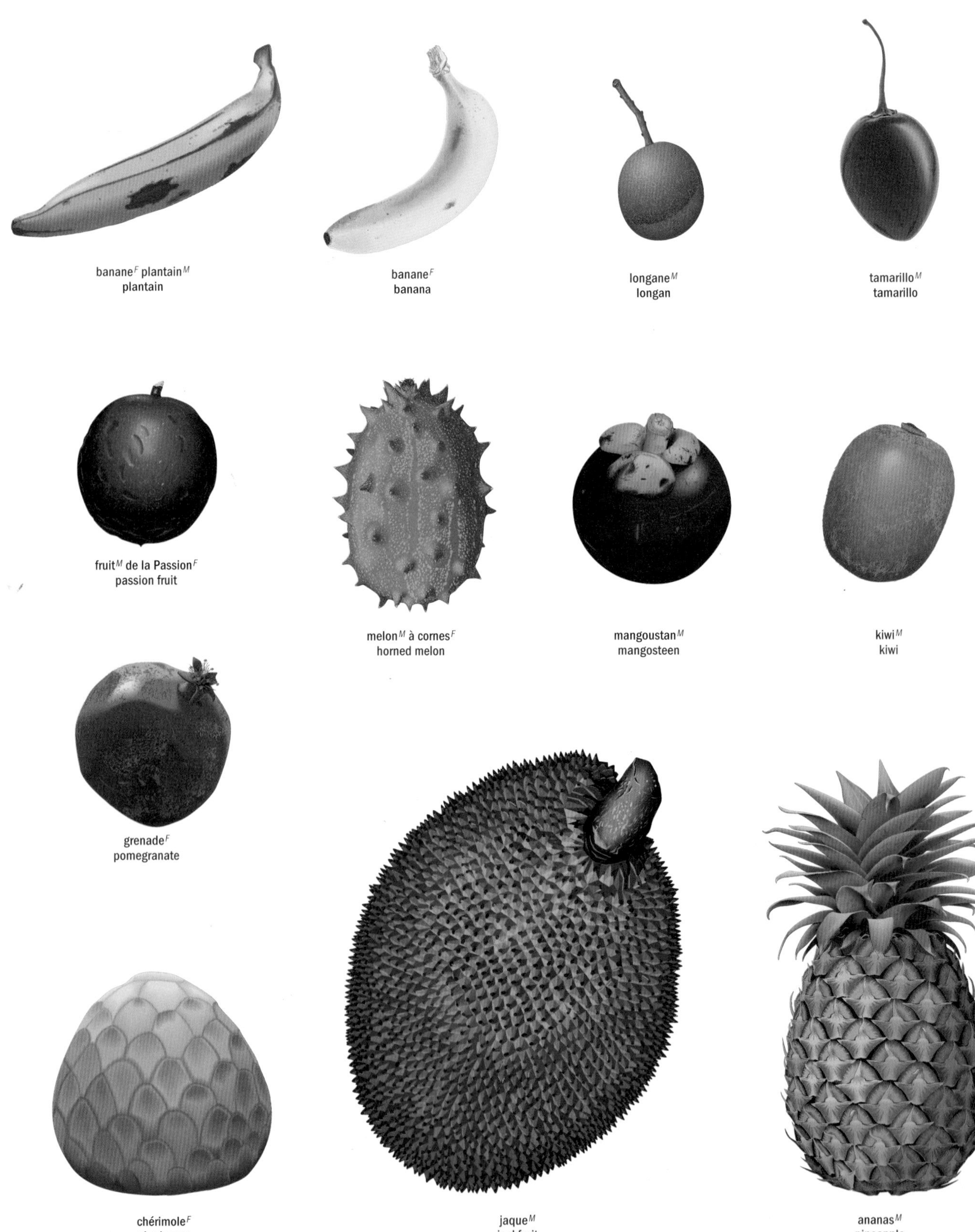
banane^F plantain^M
plantain
banane^F
banana
longane^M
longan
tamarillo^M
tamarillo
fruit^M de la Passion^F
passion fruit
melon^M à cornes^F
horned melon
mangoustan^M
mangosteen
kiwi^M
kiwi
grenade^F
pomegranate
chérimole^F
cherimoya
jaque^M
jackfruit
ananas^M
pineapple

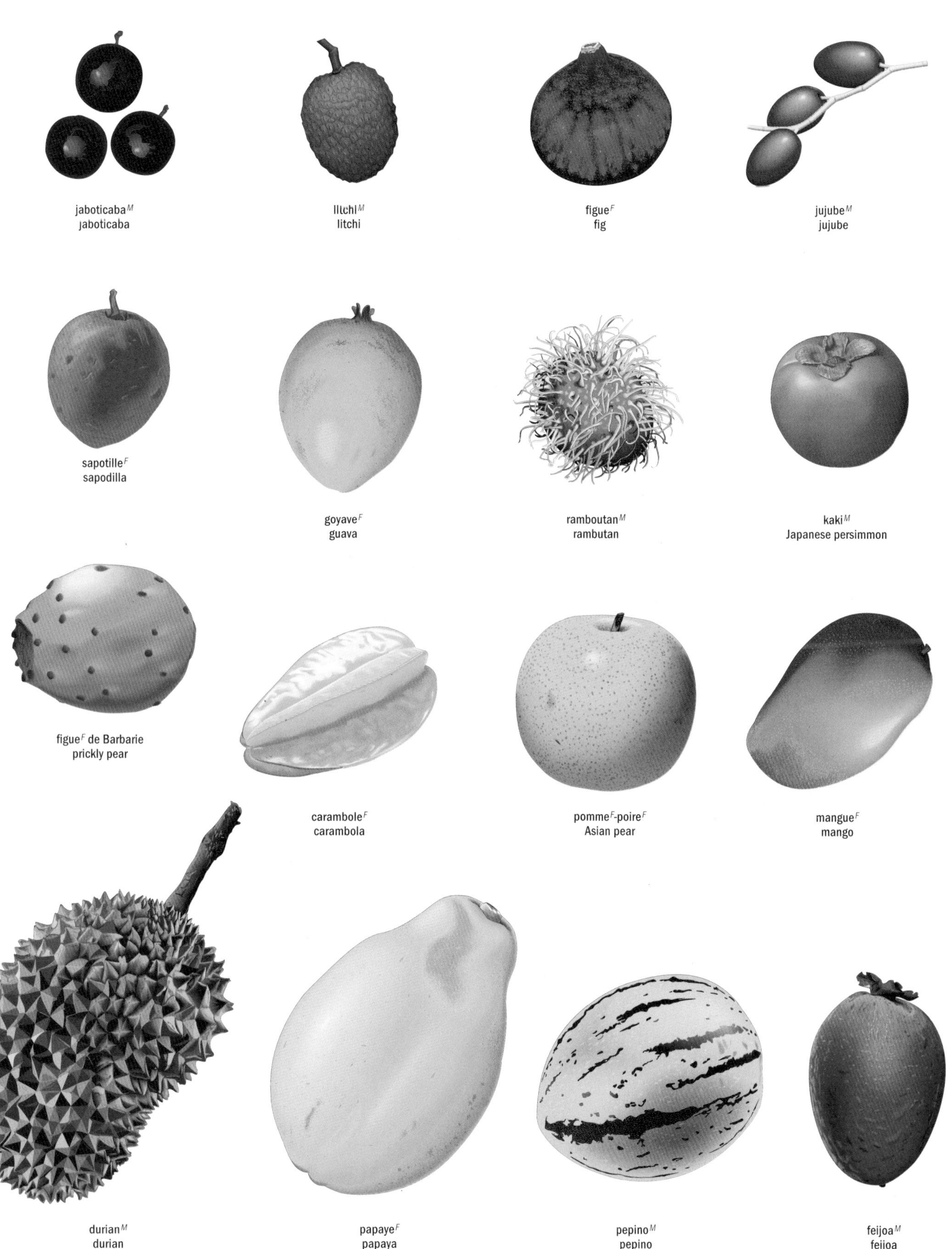
jaboticaba[M]
jaboticaba
litchi[M]
litchi
figue[F]
fig
jujube[M]
jujube
sapotille[F]
sapodilla
goyave[F]
guava
ramboutan[M]
rambutan
kaki[M]
Japanese persimmon
figue[F] de Barbarie
prickly pear
carambole[F]
carambola
pomme[F]-poire[F]
Asian pear
mangue[F]
mango
durian[M]
durian
papaye[F]
papaya
pepino[M]
pepino
feijoa[M]
feijoa

épices[F]

spices

baie[F] de genièvre[M]
juniper berry

clou[M] de girofle[M]
clove

piment[M] de la Jamaïque[F]
allspice

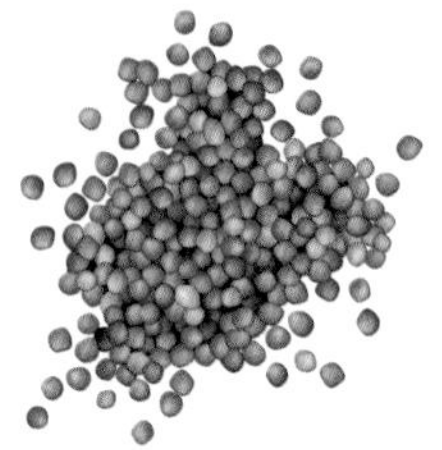

moutarde[F] blanche
white mustard

moutarde[F] noire
black mustard

poivre[M] noir
black pepper

poivre[M] blanc
white pepper

poivre[M] rose
pink pepper

poivre[M] vert
green pepper

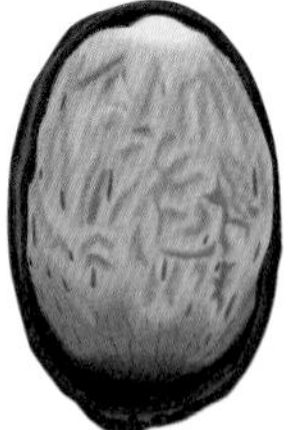

noix[F] de muscade[F]
nutmeg

carvi[M]
caraway

cardamome[F]
cardamom

cannelle[F]
cinnamon

safran[M]
saffron

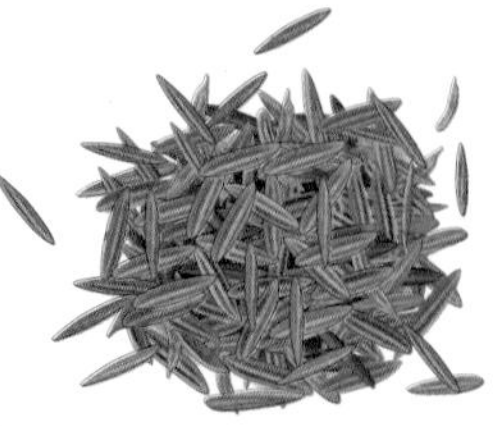

cumin[M]
cumin

curry[M]
curry

curcuma[M]
turmeric

fenugrec[M]
fenugreek

piment^M Jalapeño
jalapeño chile

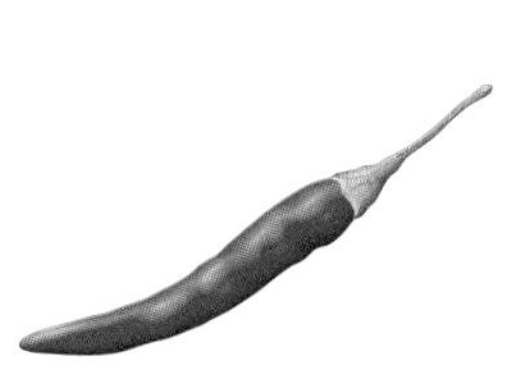
piment^M oiseau^M
bird's eye chile

piments^M broyés
crushed chiles

piments^M séchés
dried chiles

piment^M de Cayenne
cayenne chile

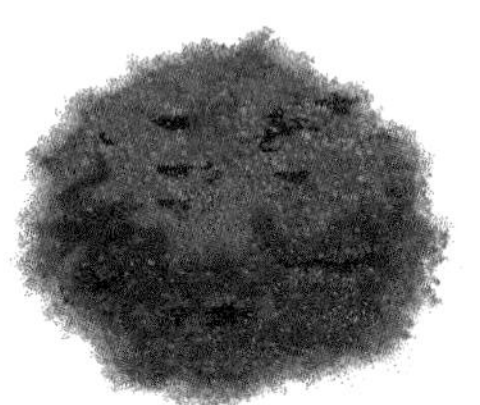
paprika^M
paprika

ajowan^M
ajowan

asa-fœtida^F
asafetida

garam masala^M
garam masala

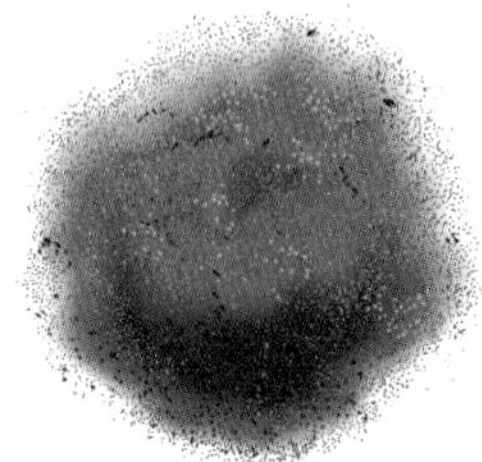
mélange^M d'épices^F cajun
cajun spice seasoning

épices^F à marinade^F
marinade spices

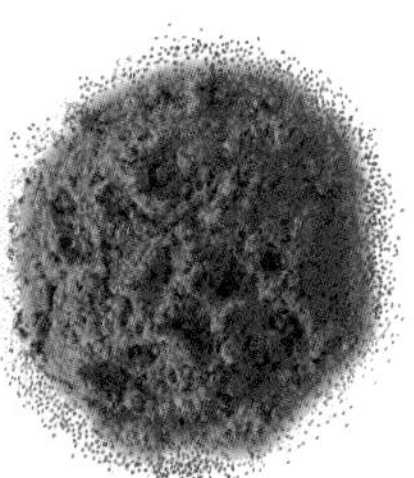
cinq-épices^M chinois
five spice powder

assaisonnement^M au chili^M
chili powder

poivre^M moulu
ground pepper

ras-el-hanout^M
ras el hanout

sumac^M
sumac

graines^F de pavot^M
poppy seeds

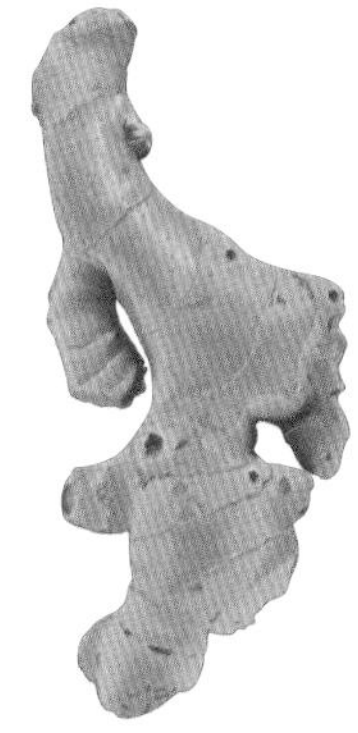
gingembre^M
ginger

condiments[M]

condiments

sauce[F] Tabasco®
Tabasco® sauce

sauce[F] Worcestershire
Worcestershire sauce

pâte[F] de tamarin[M]
tamarind paste

extrait[M] de vanille[F]
vanilla extract

concentré[M] de tomate[F]
tomato paste

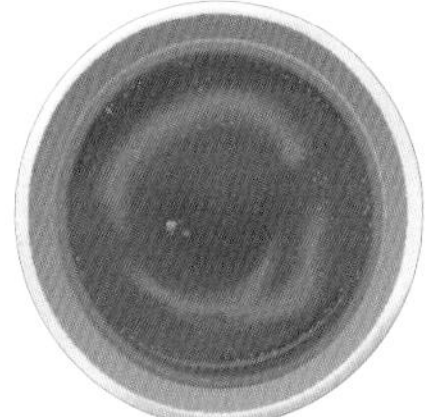
coulis[M] de tomate[F]
tomato coulis

hoummos[M]
hummus

tahini[M]
tahini

sauce[F] hoisin
hoisin sauce

sauce[F] soja[M]; *sauce[F] soya[M]*
soy sauce

moutarde[F] en poudre[F]
powdered mustard

moutarde[F] à l'ancienne[F]
wholegrain mustard

moutarde[F] de Dijon
Dijon mustard

moutarde[F] allemande
German mustard

moutarde[F] anglaise
English mustard

moutarde[F] américaine
American mustard

condiments[M]

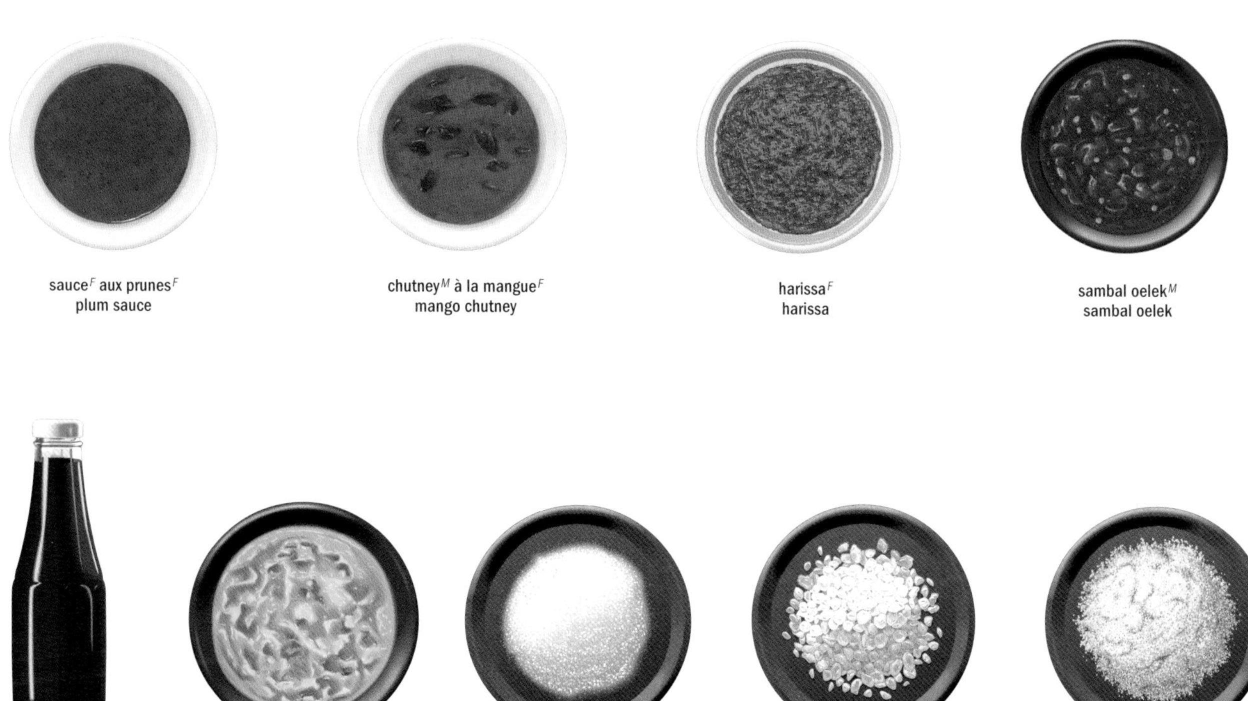

sauce[F] aux prunes[F]
plum sauce

chutney[M] à la mangue[F]
mango chutney

harissa[F]
harissa

sambal oelek[M]
sambal oelek

ketchup[M]
ketchup

wasabi[M]
wasabi

sel[M] fin
table salt

gros sel[M]
coarse salt

sel[M] marin
sea salt

vinaigre[M] balsamique
balsamic vinegar

vinaigre[M] de riz[M]
rice vinegar

vinaigre[M] de cidre[M]
apple cider vinegar

vinaigre[M] de malt[M]
malt vinegar

vinaigre[M] de vin[M]
wine vinegar

fines herbes[F]

herbs

aneth[M]
dill
anis[M]
anise
laurier[M]
sweet bay
origan[M]
oregano
estragon[M]
tarragon
basilic[M]
basil
sauge[F]
sage
thym[M]
thyme
menthe[F]
mint
persil[M]
parsley
cerfeuil[M]
chervil
coriandre[F]
coriander
romarin[M]
rosemary
hysope[F]
hyssop
bourrache[F]
borage
livèche[F]
lovage
sarriette[F]
savory
mélisse[F]
lemon balm

céréales^F

cereal

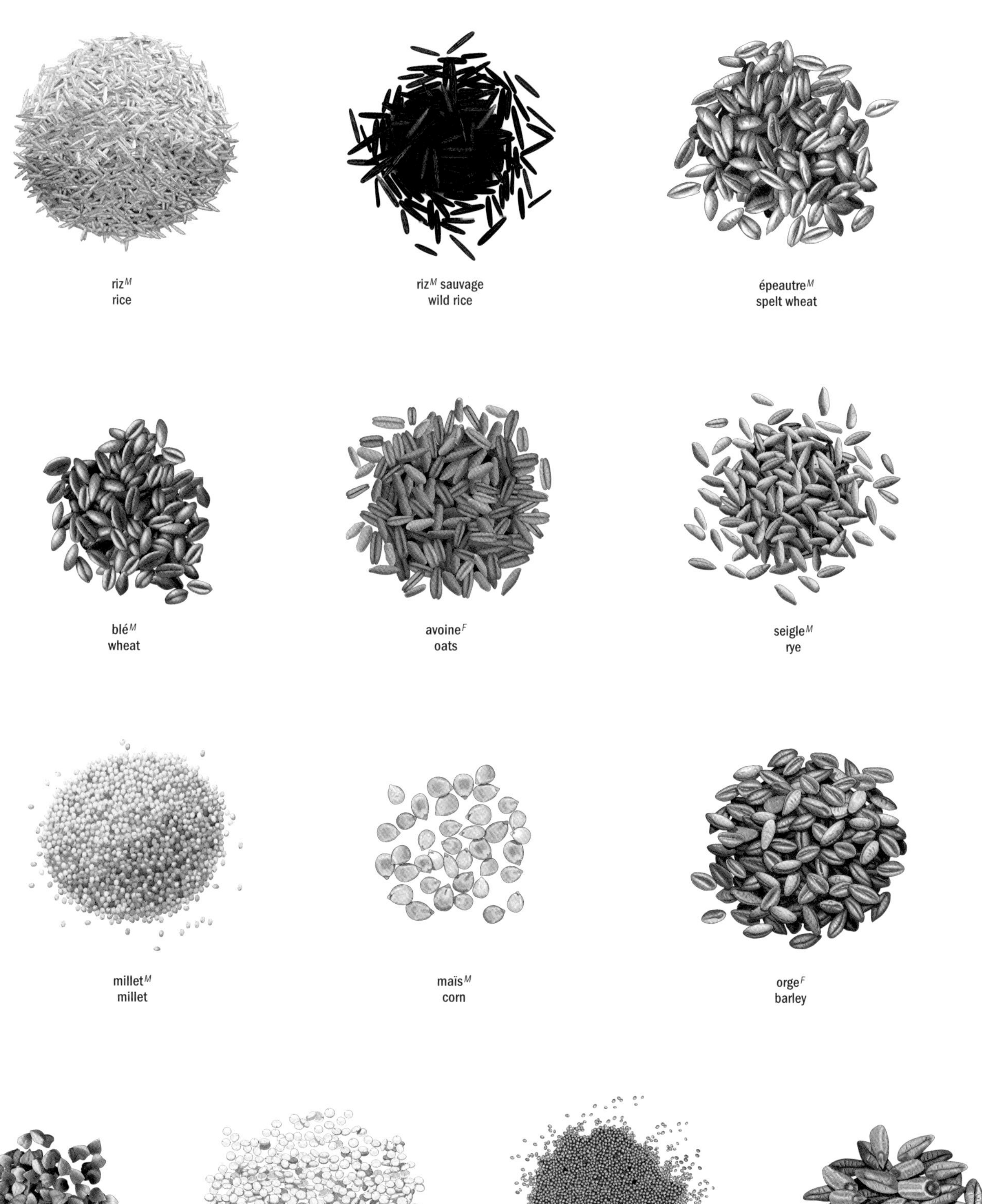
riz^M
rice
riz^M sauvage
wild rice
épeautre^M
spelt wheat
blé^M
wheat
avoine^F
oats
seigle^M
rye
millet^M
millet
maïs^M
corn
orge^F
barley
sarrasin^M
buckwheat
quinoa^M
quinoa
amarante^F
amaranth
triticale^M
triticale

produits^M céréaliers

cereal products

farine^F et semoule^F
flour and semolina

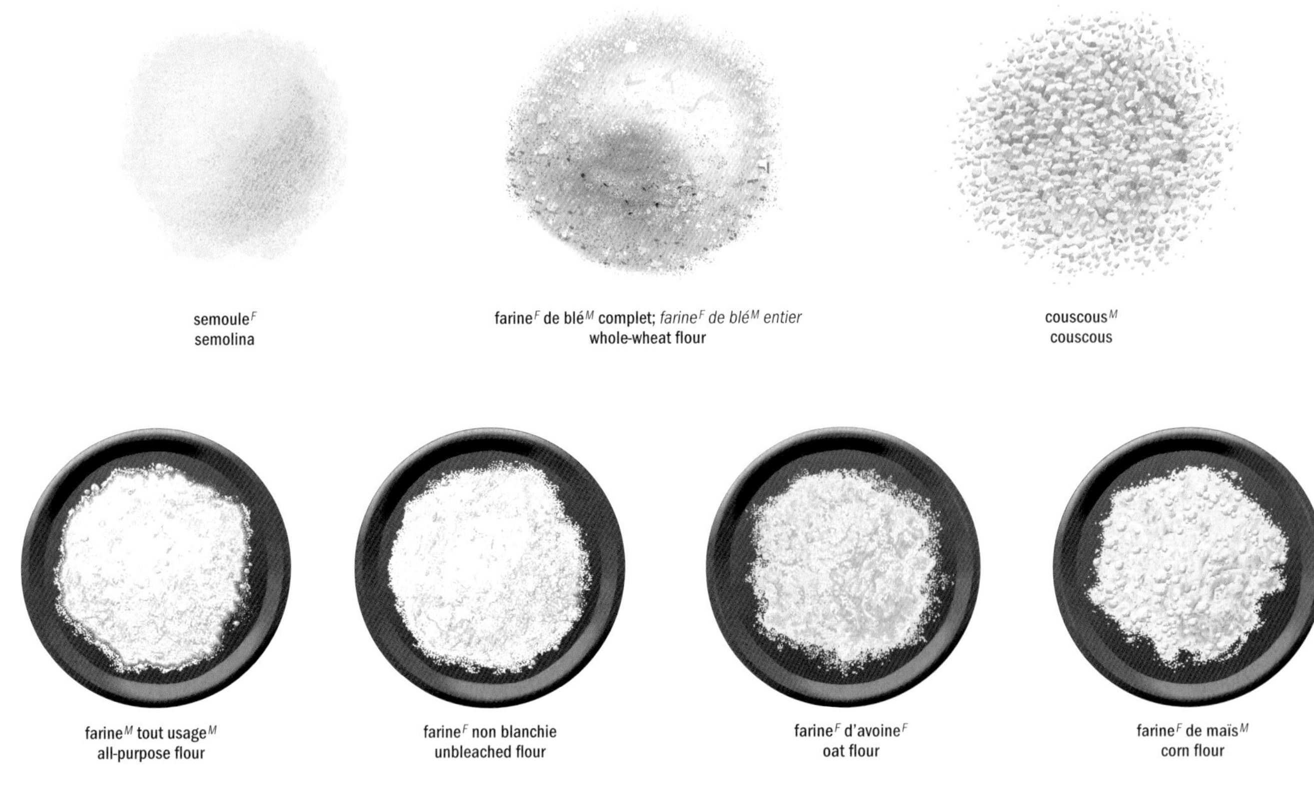

semoule^F
semolina

farine^F de blé^M complet; *farine^F de blé^M entier*
whole-wheat flour

couscous^M
couscous

farine^M tout usage^M
all-purpose flour

farine^F non blanchie
unbleached flour

farine^F d'avoine^F
oat flour

farine^F de maïs^M
corn flour

pain^M
bread

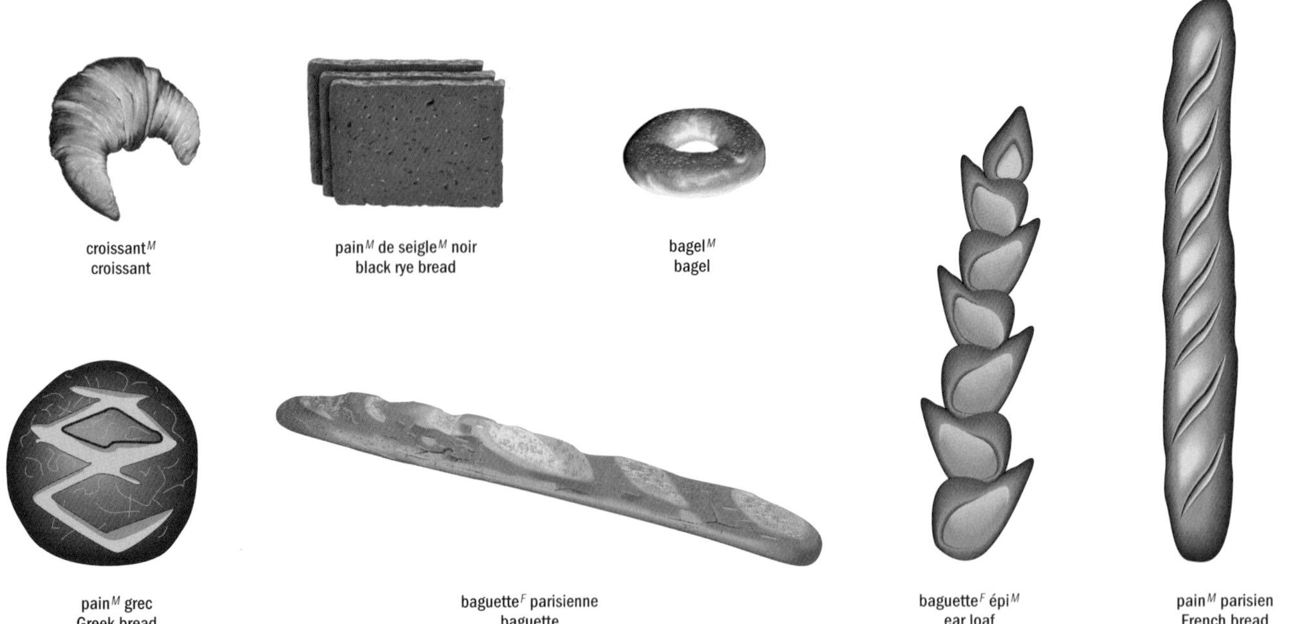

croissant^M
croissant

pain^M de seigle^M noir
black rye bread

bagel^M
bagel

pain^M grec
Greek bread

baguette^F parisienne
baguette

baguette^F épi^M
ear loaf

pain^M parisien
French bread

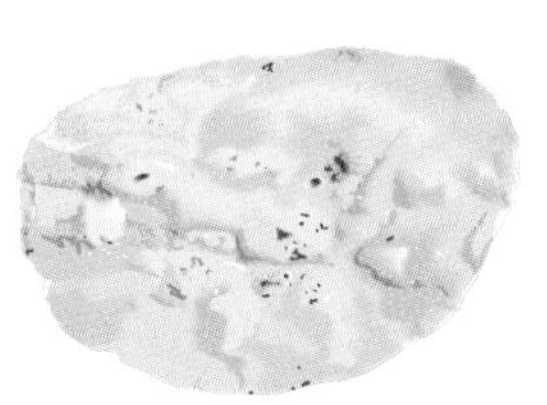
pain^M chapati indien
Indian chapati bread

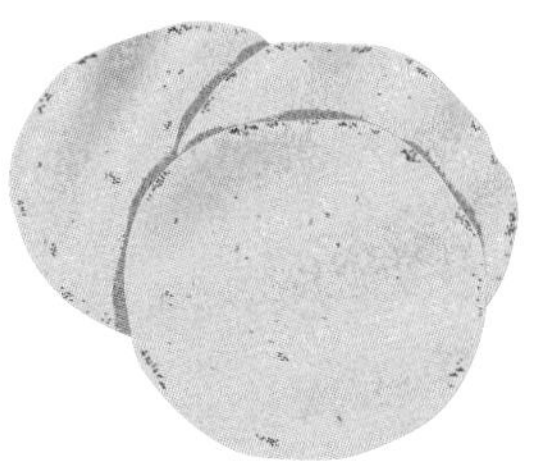
tortilla^F
tortilla

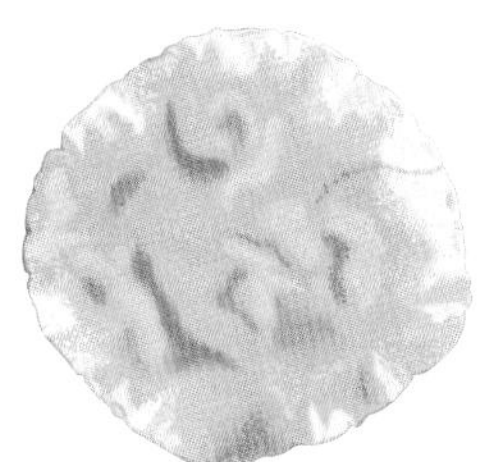
pain^M pita
pita bread

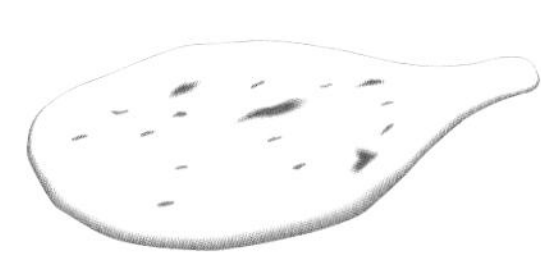
pain^M naan indien
Indian naan bread

cracker^M de seigle^M
cracked rye bread

pâte^F phyllo^F
phyllo dough

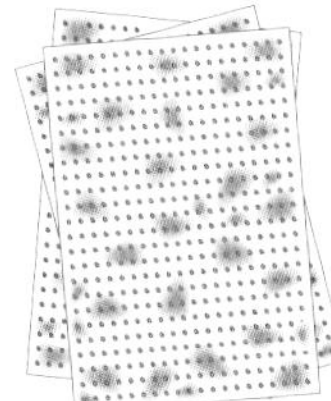
pain^M azyme
unleavened bread

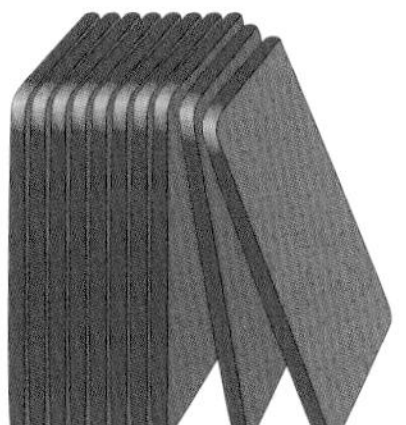
pain^M de seigle^M danois
Danish rye bread

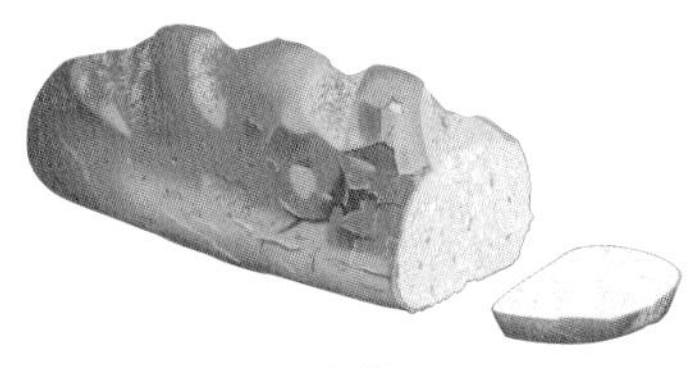
pain^M blanc
white bread

pain^M multicéréales
multigrain bread

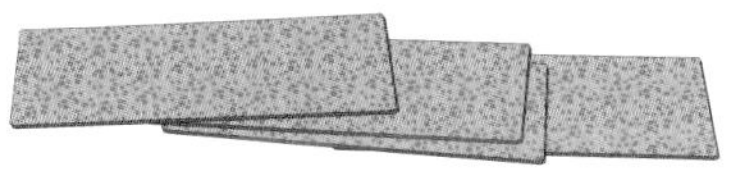
cracker^M scandinave
Scandinavian cracked bread

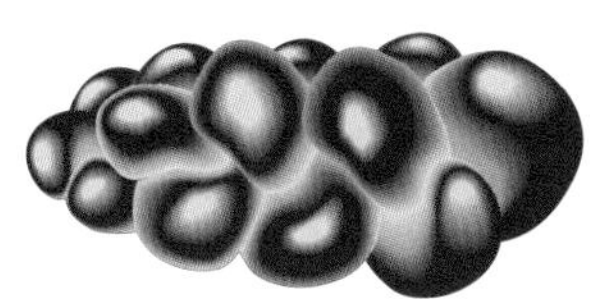
pain^M tchallah juif
Jewish hallah

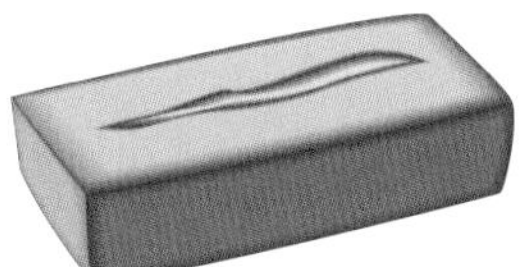
pain^M de maïs^M américain
American corn bread

pain^M de seigle^M allemand
German rye bread

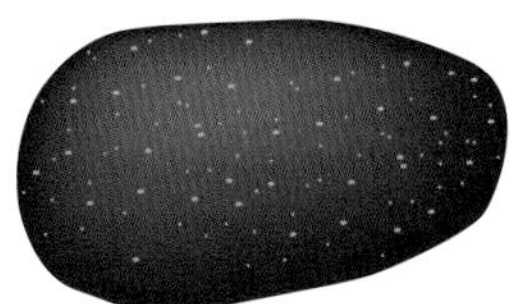
pain^M noir russe
Russian pumpernickel

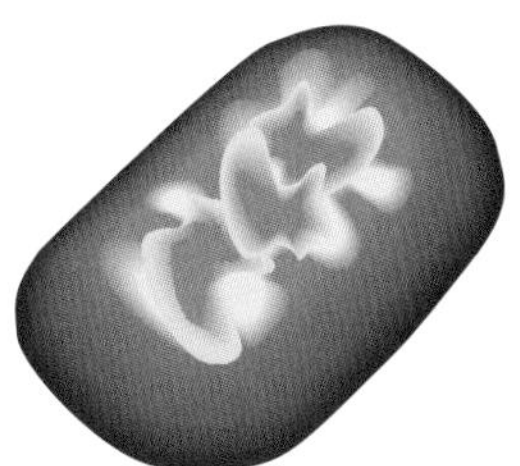
pain^M de campagne^F
farmhouse bread

pain^M complet
wholemeal bread

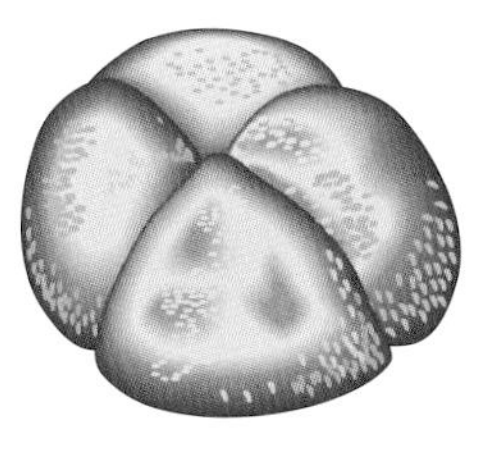
pain^M irlandais
Irish bread

pain^M de mie^F
English loaf

produits^M céréaliers

pâtes^F alimentaires
pasta

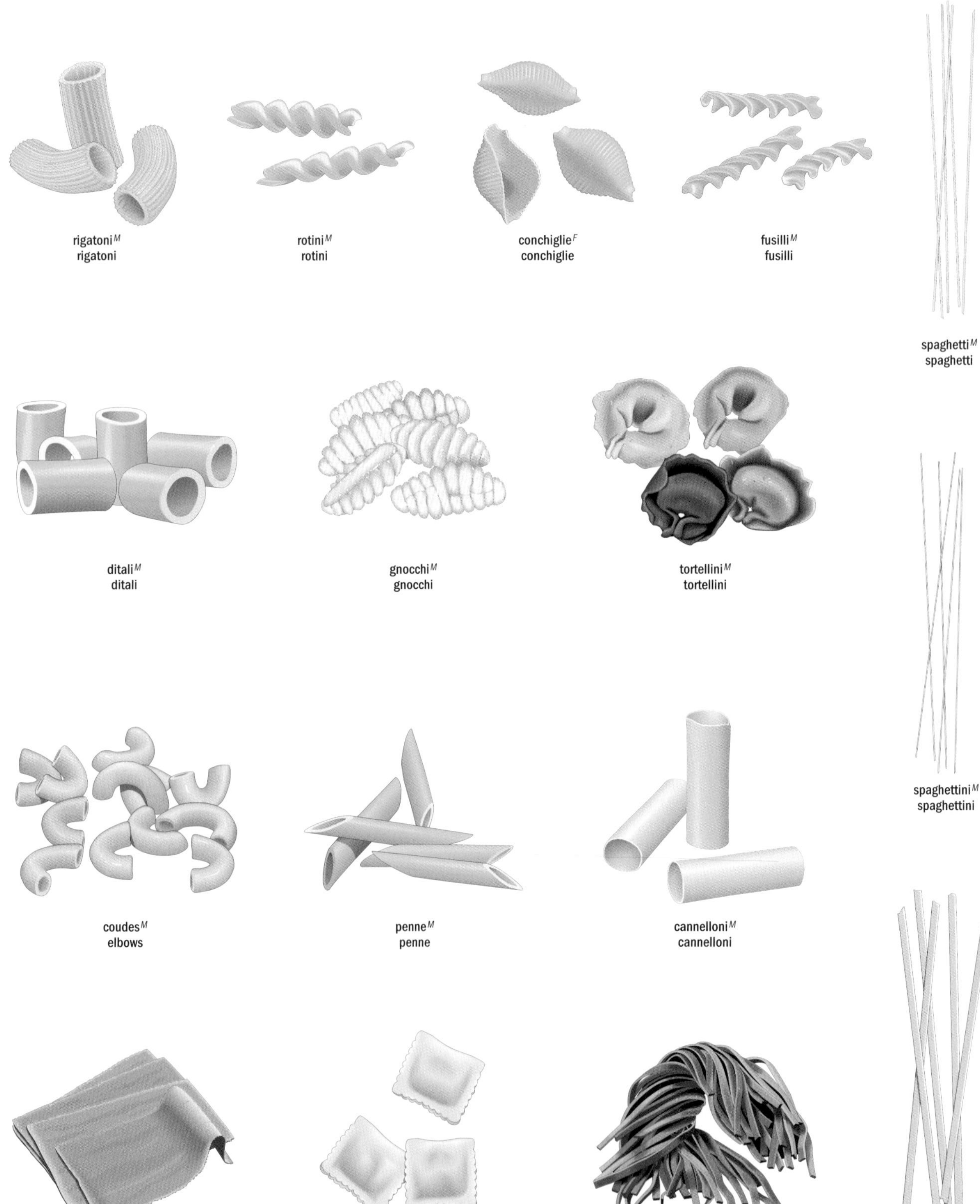
rigatoni^M
rigatoni
rotini^M
rotini
conchiglie^F
conchiglie
fusilli^M
fusilli
spaghetti^M
spaghetti
ditali^M
ditali
gnocchi^M
gnocchi
tortellini^M
tortellini
spaghettini^M
spaghettini
coudes^M
elbows
penne^M
penne
cannelloni^M
cannelloni
lasagne^F
lasagna
ravioli^M
ravioli
tagliatelle^M aux épinards^M
spinach tagliatelle
fettucine^M
fettucine

nouilles[F] asiatiques
Asian noodles

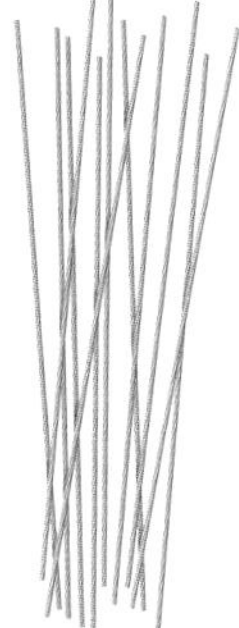
nouilles[F] soba
soba noodles

nouilles[F] somen
somen noodles

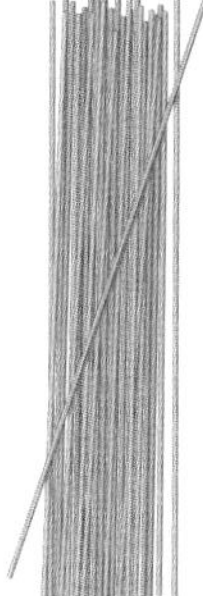
nouilles[F] udon
udon noodles

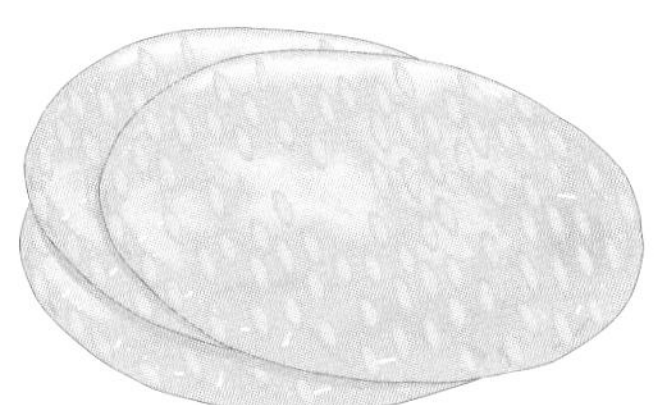
galettes[F] de riz[M]
rice papers

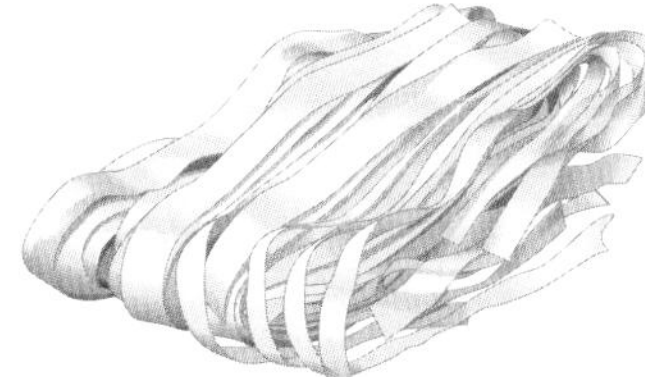
nouilles[F] de riz[M]
rice noodles

nouilles[F] de haricots[M] mungo
bean thread cellophane noodles

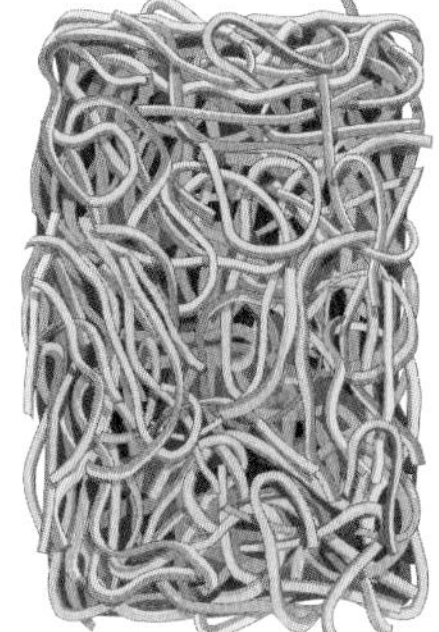
nouilles[F] aux œufs[M]
egg noodles

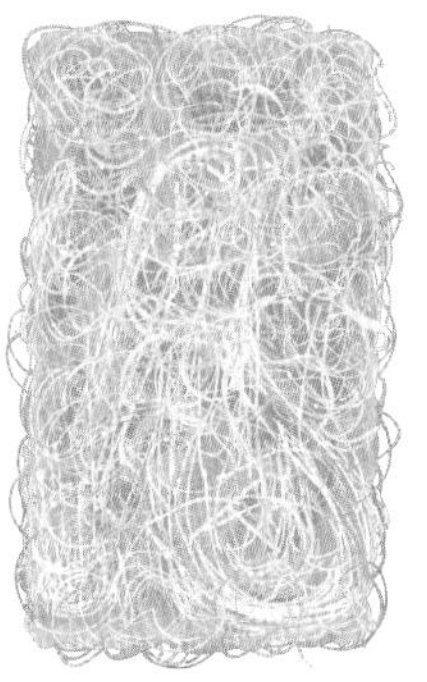
vermicelles[M] de riz[M]
rice vermicelli

pâtes[F] won-ton
won ton skins

riz[M]
rice

riz[M] blanc
white rice

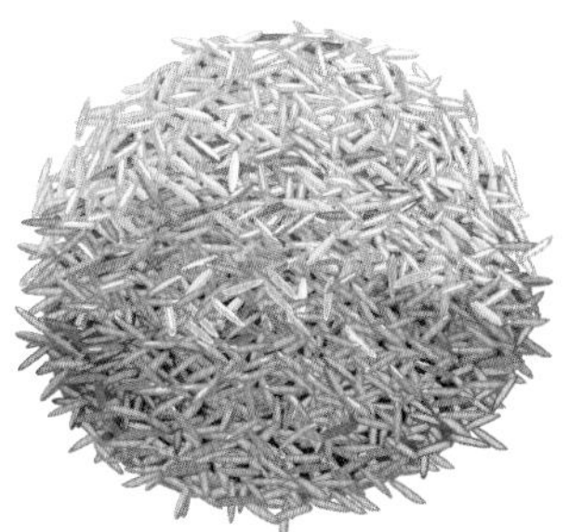
riz[M] complet
brown rice

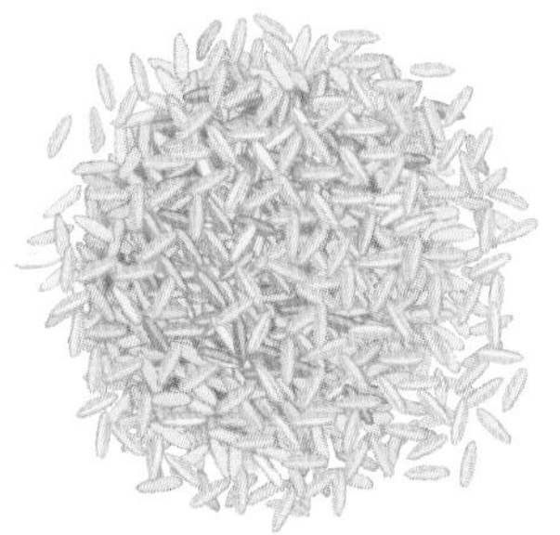
riz[M] étuvé
parboiled rice

riz[M] basmati
basmati rice

café[M] et infusions[F]

coffee and infusions

café[M]
coffee

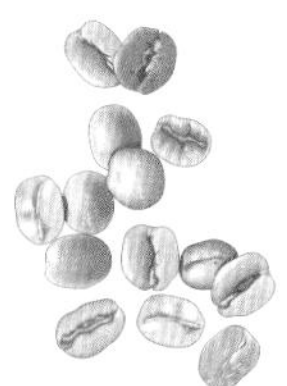
grains[M] de café[M] verts
green coffee beans

grains[M] de café[M] torréfiés
roasted coffee beans

tisanes[F]
herbal teas

tilleul[M]
linden

camomille[F]
chamomile

verveine[F]
verbena

thé[M]
tea

thé[M] vert
green tea

thé[M] noir
black tea

thé[M] oolong
oolong tea

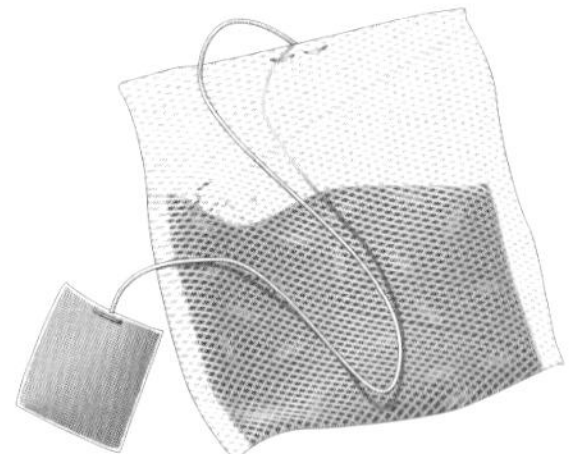
thé[M] en sachet[M]
tea bag

chocolat[M]

chocolate

chocolat[M] noir
dark chocolate

chocolat[M] au lait[M]
milk chocolate

cacao[M]
cocoa

chocolat[M] blanc
white chocolate

sucre[M]

sugar

sucre[M] granulé
granulated sugar

sucre[M] glace[F]
powdered sugar

cassonade[F]
brown sugar

sucre[M] candi
rock candy

mélasse[F]
molasses

sirop[M] de maïs[M]
corn syrup

sirop[M] d'érable[M]
maple syrup

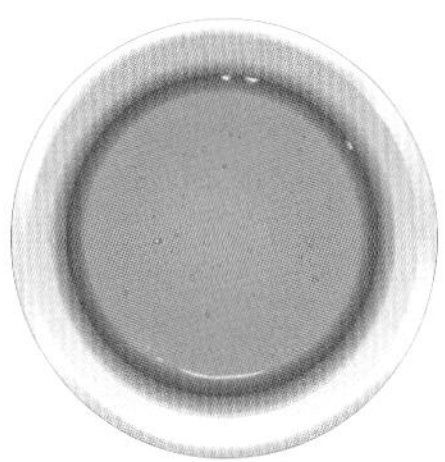
miel[M]
honey

huiles[F] et matières[F] grasses

fats and oils

huile[F] de maïs[M]
corn oil

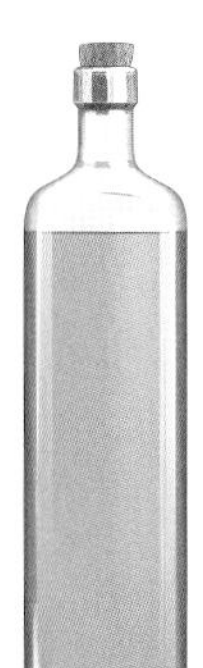
huile[F] d'olive[F]
olive oil

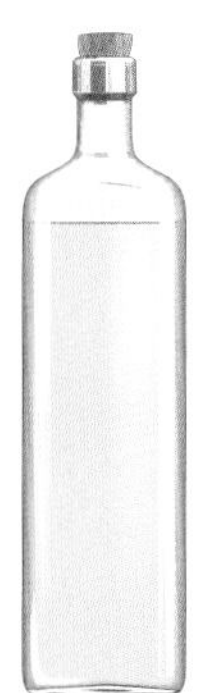
huile[F] de tournesol[M]
sunflower-seed oil

huile[F] d'arachide[F]
peanut oil

huile[F] de sésame[M]
sesame oil

saindoux[M]
shortening

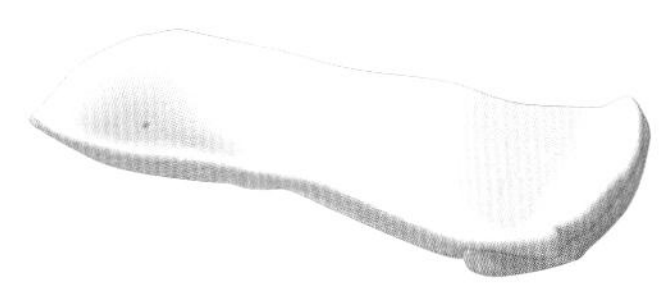
lard[M]
lard

margarine[F]
margarine

produits[M] laitiers

dairy products

yaourt[M]; *yogourt*[M]
yogurt

ghee[M]
ghee

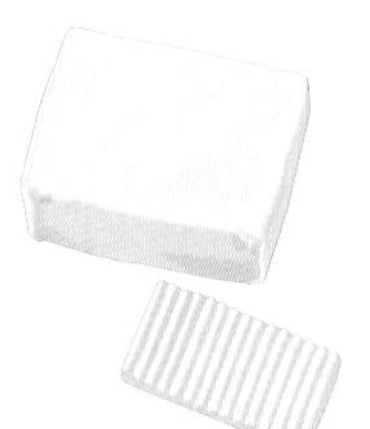
beurre[M]
butter

crème[F]
cream

crème[F] épaisse; *crème*[F] *à fouetter*
whipping cream

crème[F] aigre; *crème*[F] *sure*
sour cream

lait[M]
milk

lait[M] homogénéisé
homogenized milk

lait[M] de chèvre[F]
goat's milk

lait[M] concentré
evaporated milk

babeurre[M]
buttermilk

lait[M] en poudre[F]
powdered milk

fromages[M] frais
fresh cheeses

cottage[M]
cottage cheese

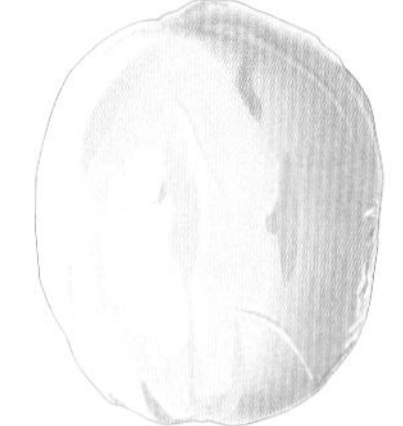
mozzarella[F]
mozzarella

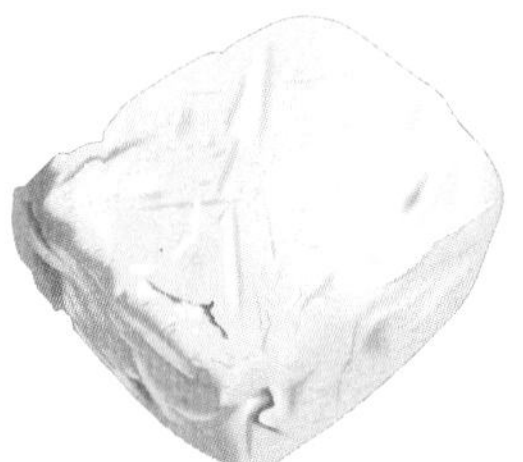
ricotta[F]
ricotta

fromage[M] à la crème[F]
cream cheese

fromages[M] de chèvre[F]
goat's-milk cheeses

chèvre[M] frais
Chèvre cheese

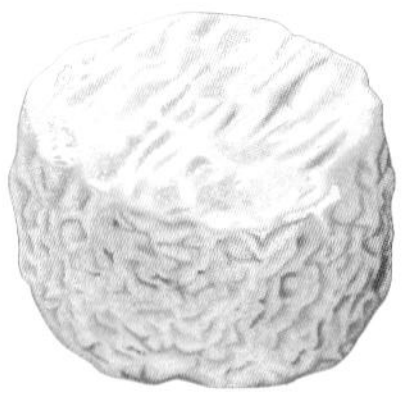
crottin[M] de Chavignol
Crottin de Chavignol

fromages^M à pâte^F pressée
pressed cheeses

jarlsberg^M
Jarlsberg

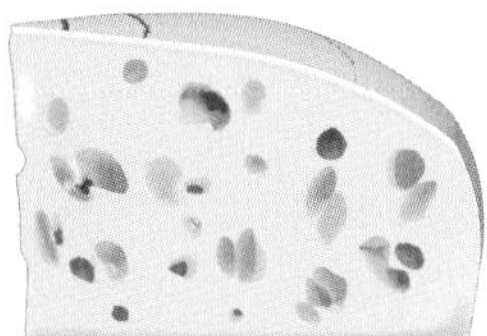
emmenthal^M
Emmenthal

raclette^F
Raclette

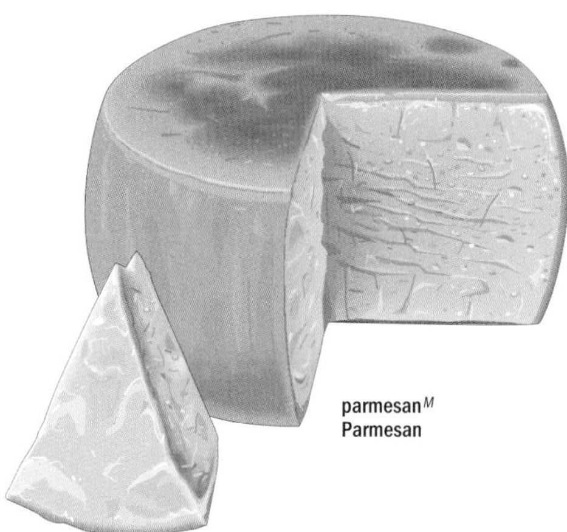
parmesan^M
Parmesan

gruyère^M
Gruyère

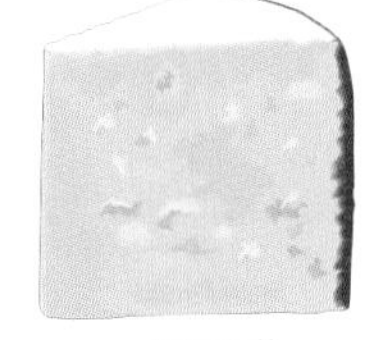
romano^M
Romano

fromages^M à pâte^F persillée
blue-veined cheeses

roquefort^M
Roquefort

stilton^M
Stilton

gorgonzola^M
Gorgonzola

bleu^M danois
Danish Blue

fromages^M à pâte^F molle
soft cheeses

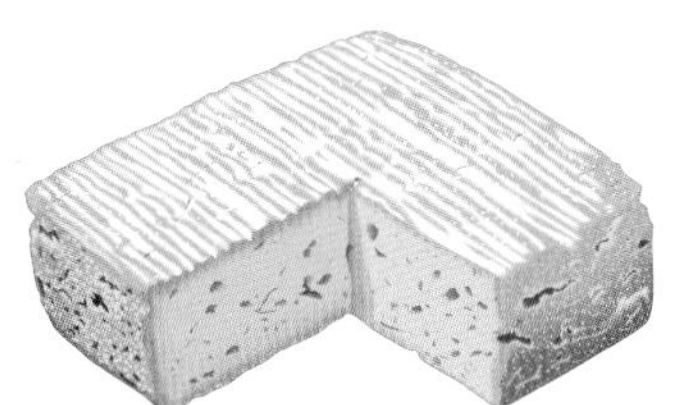
pont-l'évêque^M
Pont-l'Évêque

coulommiers^M
Coulommiers

camembert^M
Camembert

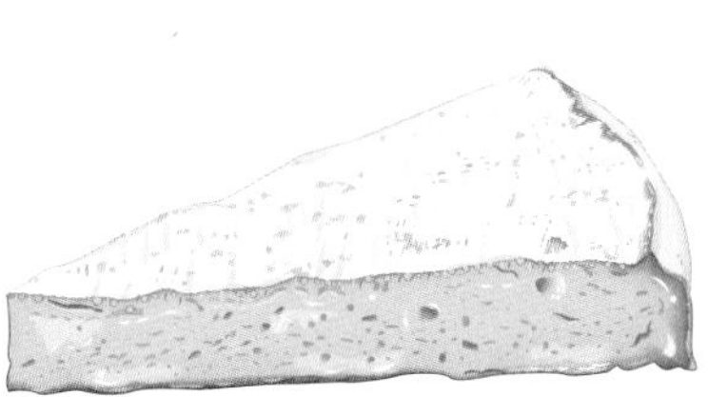
brie^M
Brie

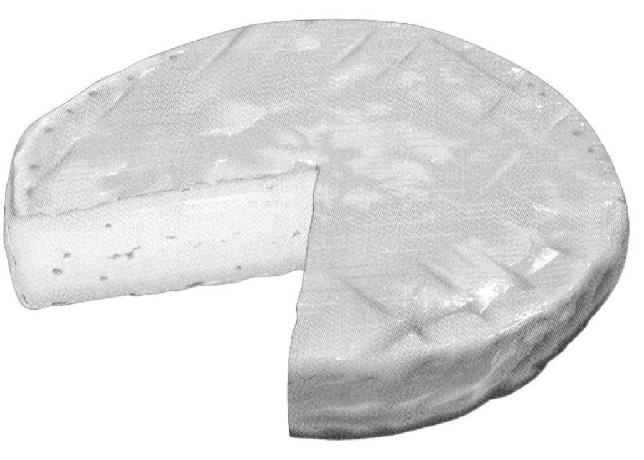
munster^M
Munster

abats^M^

variety meat

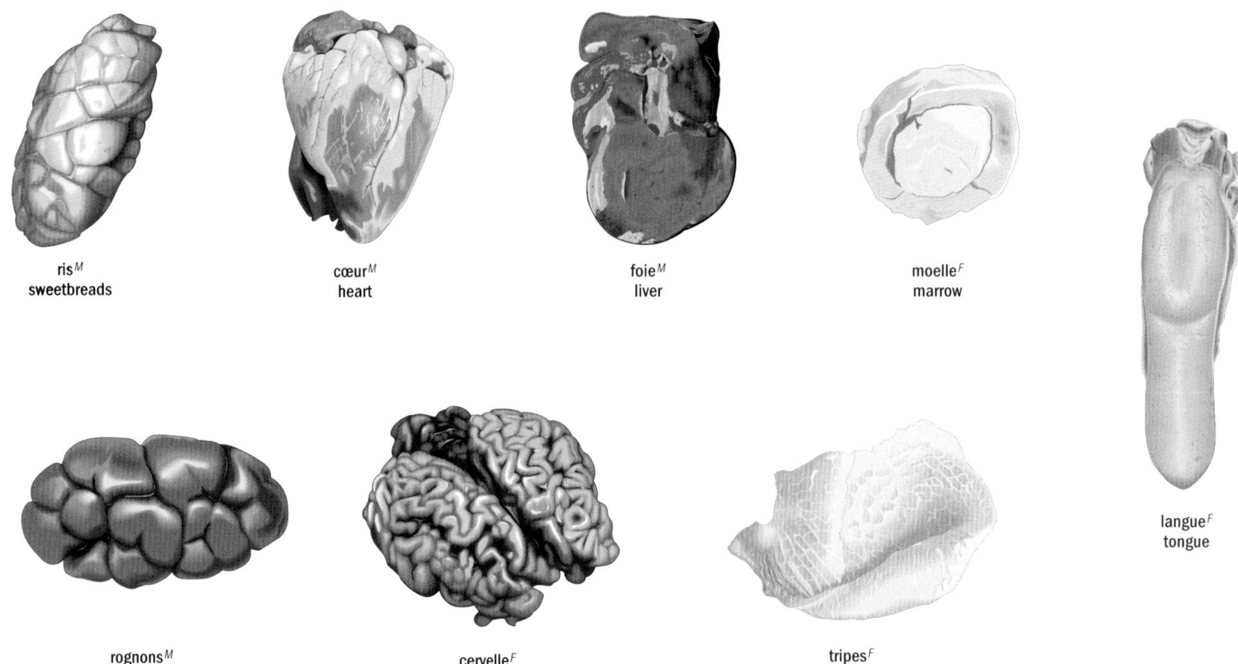

ris M
sweetbreads
cœur M
heart
foie M
liver
moelle F
marrow
langue F
tongue
rognons M
kidney
cervelle F
brains
tripes F
tripe

gibier M

game

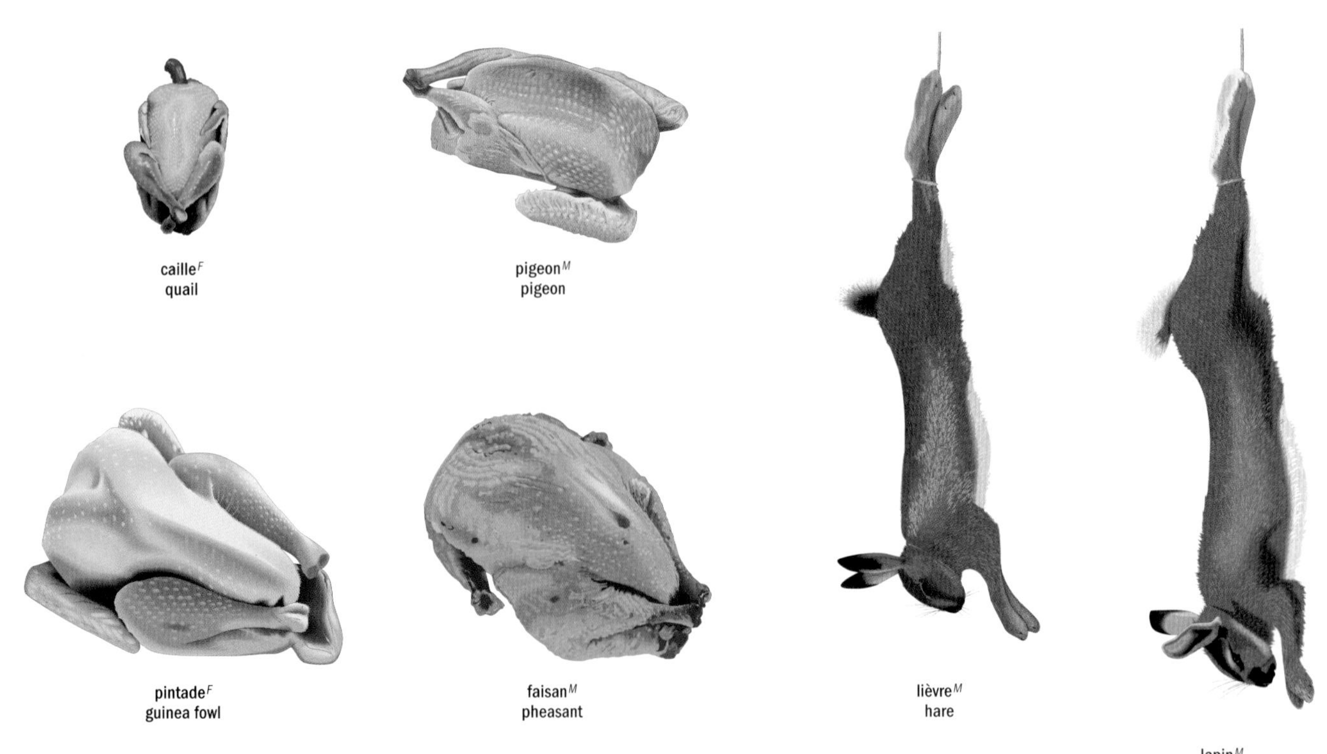

caille F
quail
pigeon M
pigeon
pintade F
guinea fowl
faisan M
pheasant
lièvre M
hare
lapin M
rabbit

volaille[F]

poultry

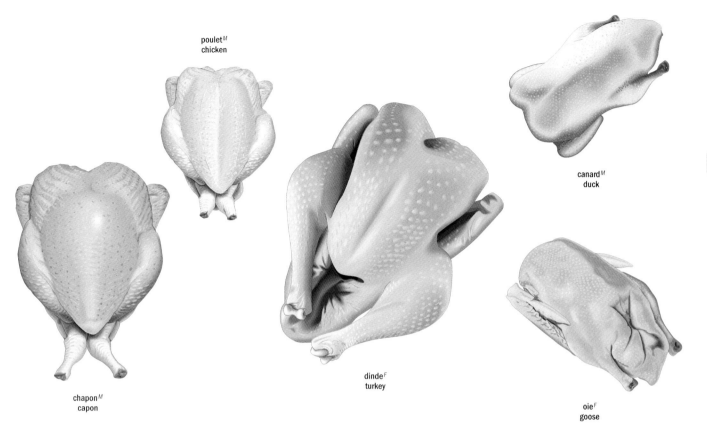

poulet[M]
chicken

canard[M]
duck

chapon[M]
capon

dinde[F]
turkey

oie[F]
goose

œufs[M]

eggs

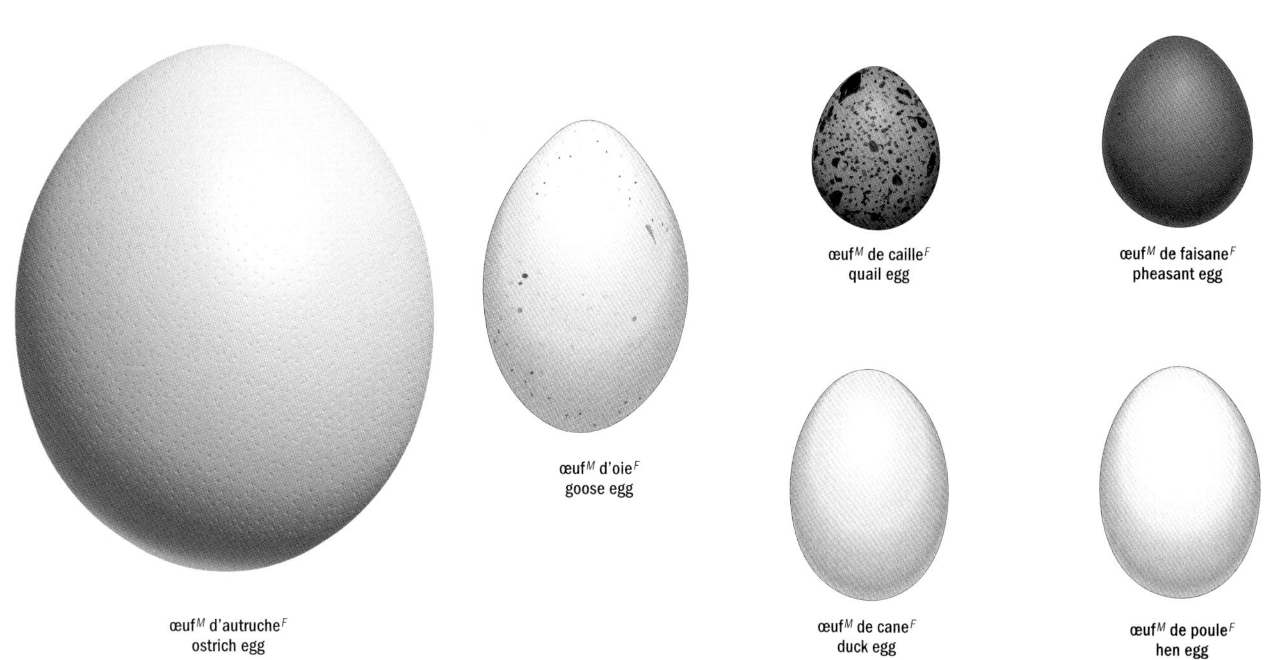

œuf[M] de caille[F]
quail egg

œuf[M] de faisane[F]
pheasant egg

œuf[M] d'oie[F]
goose egg

œuf[M] d'autruche[F]
ostrich egg

œuf[M] de cane[F]
duck egg

œuf[M] de poule[F]
hen egg

viande^{F}

meat

découpes^{F} de bœuf^{M}
cuts of beef

bifteck^{M}
steak

cubes^{M} de bœuf^{M}
beef cubes

bœuf^{M} haché
ground beef

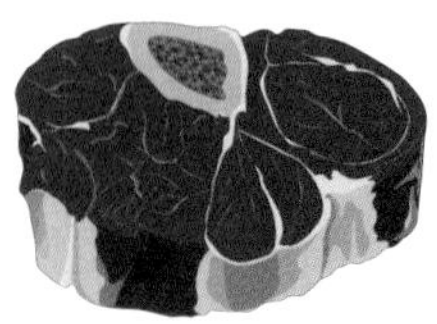

jarret^{M}
shank

filet^{M} de bœuf^{M}
tenderloin roast

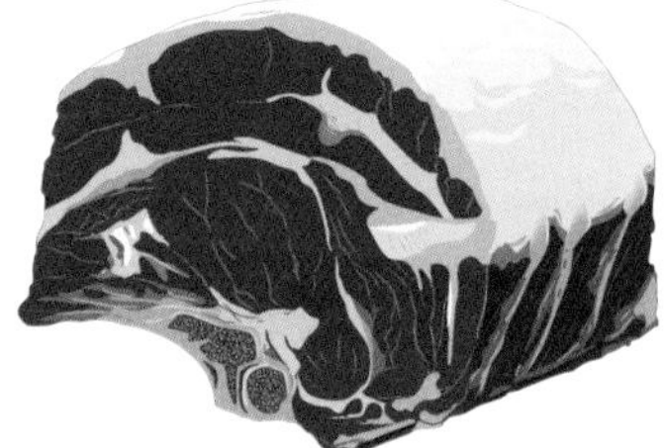

rôti^{M} de côtes^{F}
rib roast

côtes^{F} levées de dos^{M}
back ribs

découpes^{F} de veau^{M}
cuts of veal

cubes^{M} de veau^{M}
veal cubes

veau^{M} haché
ground veal

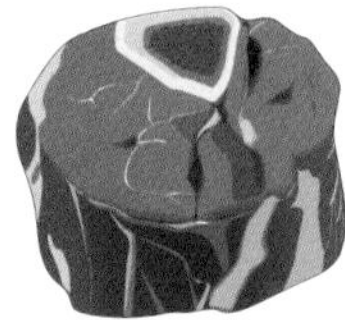

jarret^{M}
shank

rôti^{M}
roast

bifteck^{M}
steak

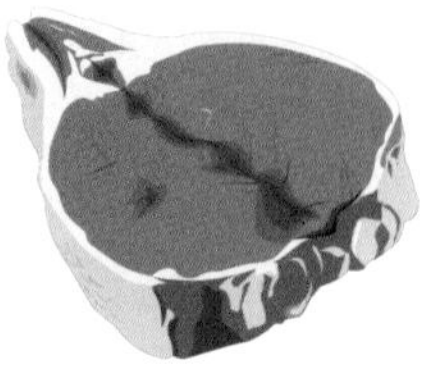

côte^{F}
chop

découpes^F d'agneau^M
cuts of lamb

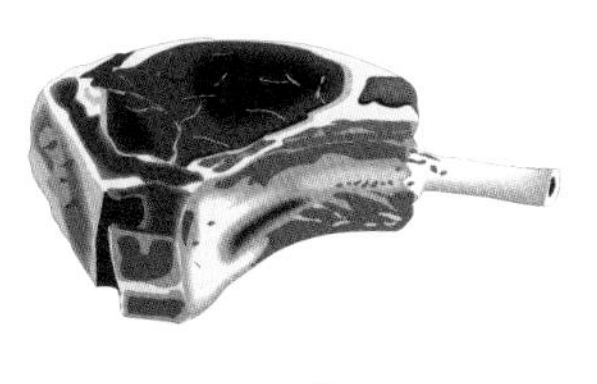
côte^F
chop

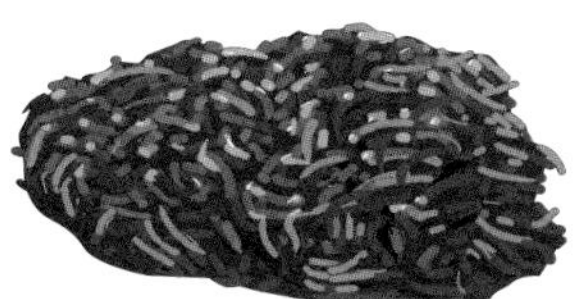
agneau^M haché
ground lamb

cubes^M d'agneau^M
lamb cubes

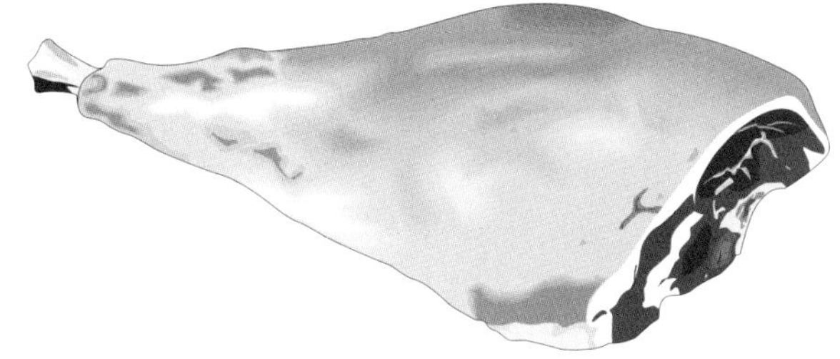
rôti^M
roast

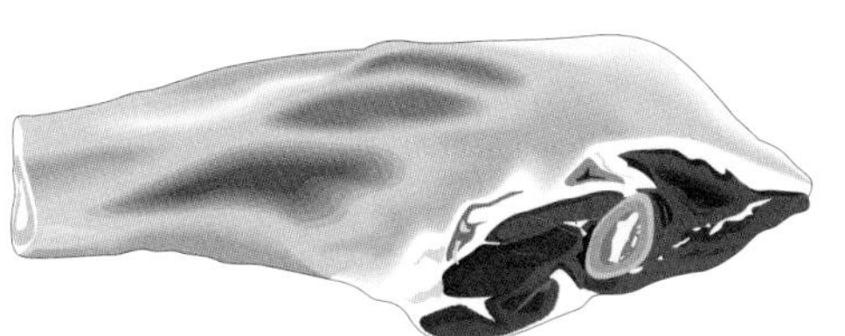
jarret^M
shank

découpes^F de porc^M
cuts of pork

travers^M; *côtes^F levées*
spareribs

porc^M haché
ground pork

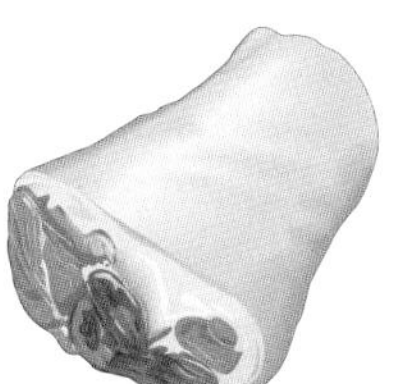
jarret^M
hock

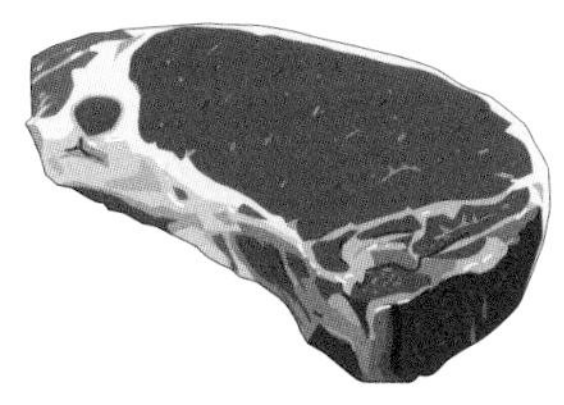
côtelette^F
loin chop

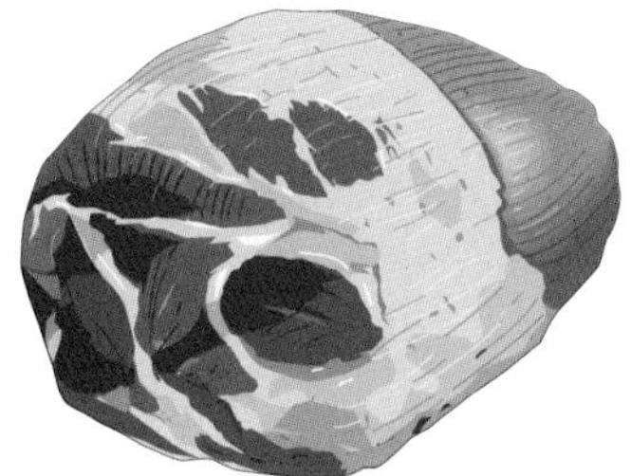
jambon^M fumé
smoked ham

rôti^M
roast

charcuterie[F]

delicatessen

rillettes[F]
rillettes

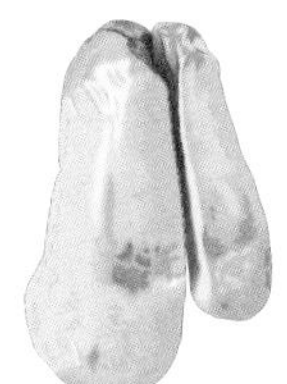
foie[M] gras
foie gras

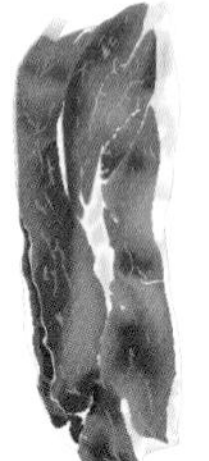
prosciutto[M]
prosciutto

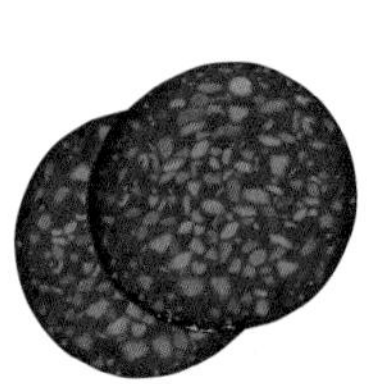
saucisson[M] kielbasa
kielbasa sausage

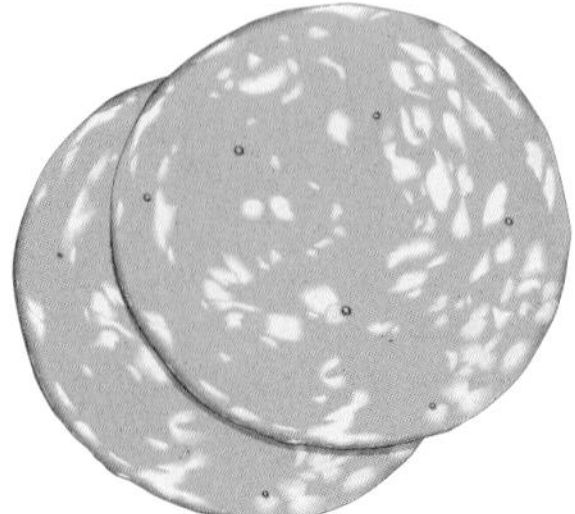
mortadelle[F]
mortadella

boudin[M]
blood sausage

chorizo[M]
chorizo

pepperoni[M]
pepperoni

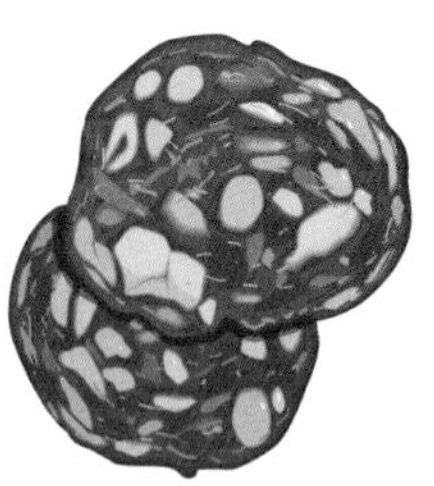
salami[M] de Gênes
Genoa salami

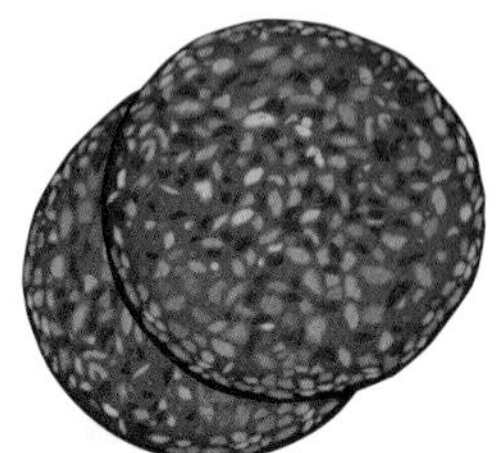
salami[M] allemand
German salami

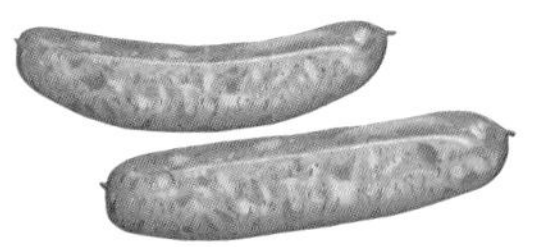
saucisse[F] de Toulouse
Toulouse sausage

merguez[F]
merguez sausage

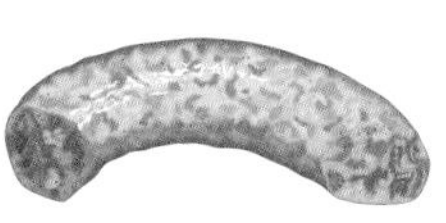
andouillette[F]
andouillette

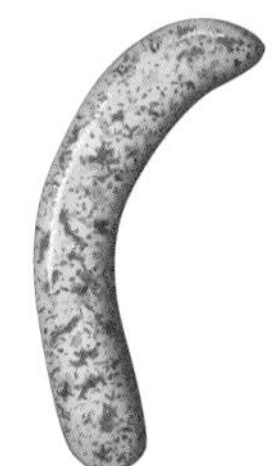
chipolata[F]
chipolata sausage

saucisse[F] de Francfort
frankfurter

pancetta[F]
pancetta

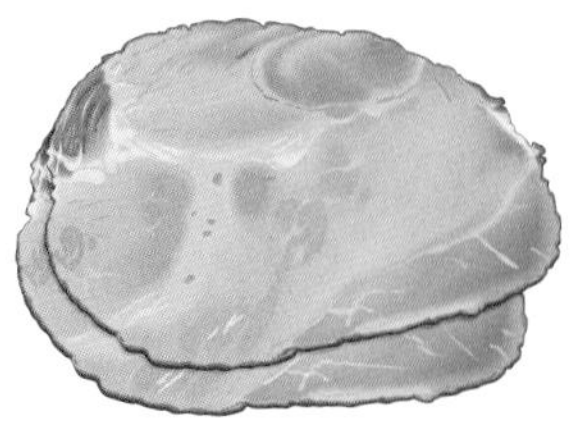
jambon[M] cuit
cooked ham

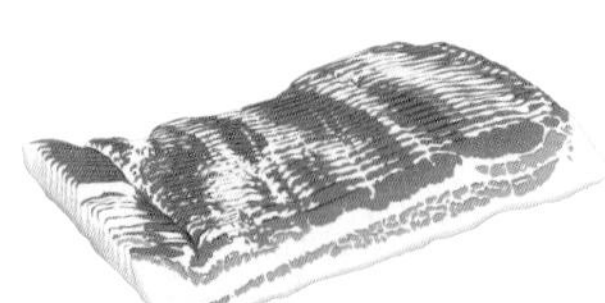
bacon[M] américain
American bacon

bacon[M] canadien
Canadian bacon

mollusques[M]

mollusks

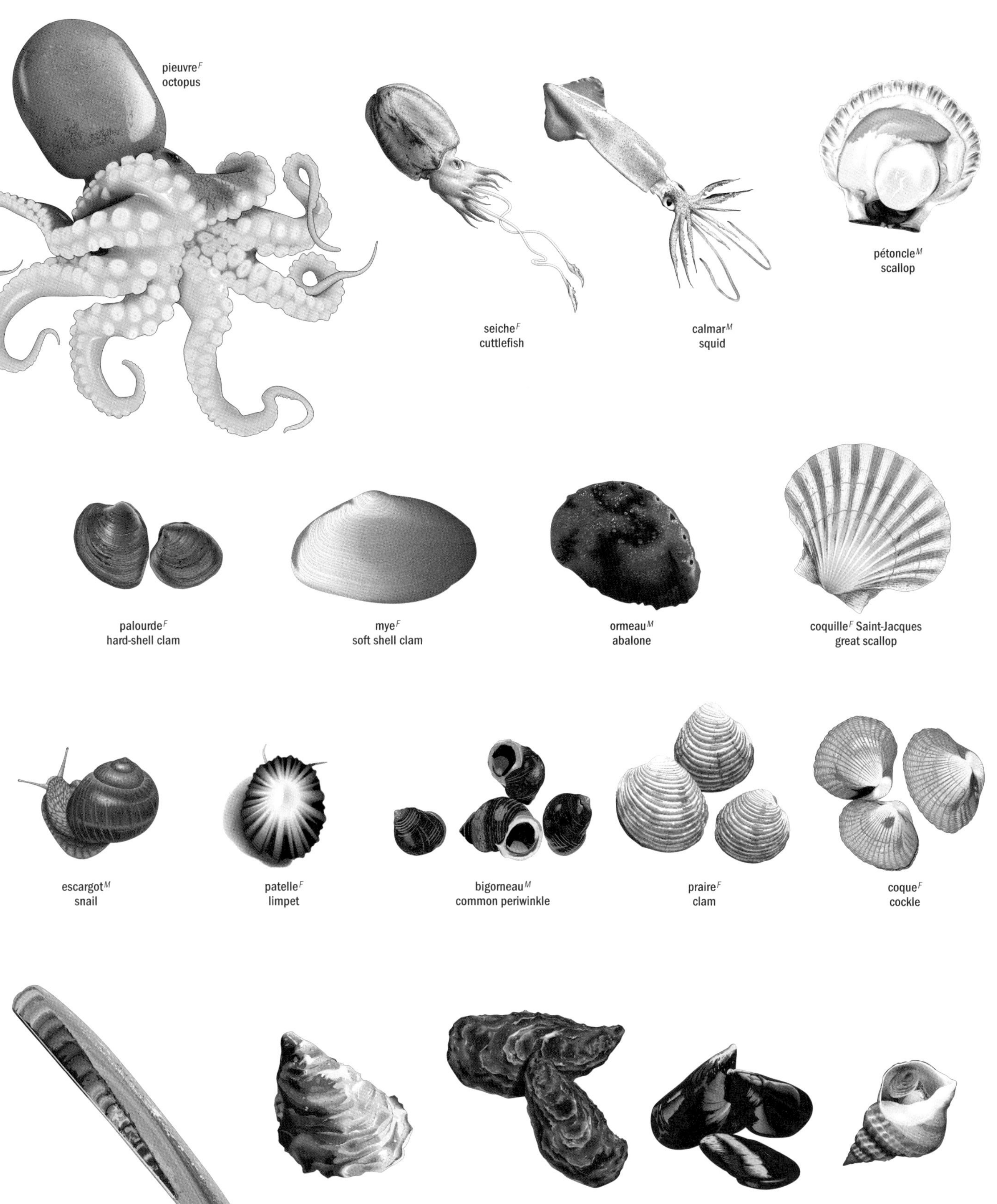
pieuvre[F]
octopus
seiche[F]
cuttlefish
calmar[M]
squid
pétoncle[M]
scallop
palourde[F]
hard-shell clam
mye[F]
soft shell clam
ormeau[M]
abalone
coquille[F] Saint-Jacques
great scallop
escargot[M]
snail
patelle[F]
limpet
bigorneau[M]
common periwinkle
praire[F]
clam
coque[F]
cockle
couteau[M]
razor clam
huître[F] plate
flat oyster
huître[F] creuse du Pacifique[M]
cupped Pacific oyster
moule[F]
blue mussel
buccin[M]
whelk

crustacés[M]

crustaceans

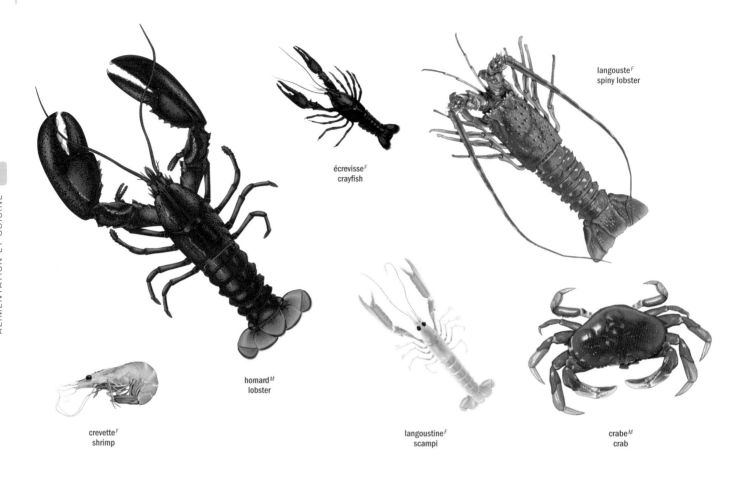

langouste[F]
spiny lobster

écrevisse[F]
crayfish

homard[M]
lobster

crevette[F]
shrimp

langoustine[F]
scampi

crabe[M]
crab

poissons[M] cartilagineux

cartilaginous fishes

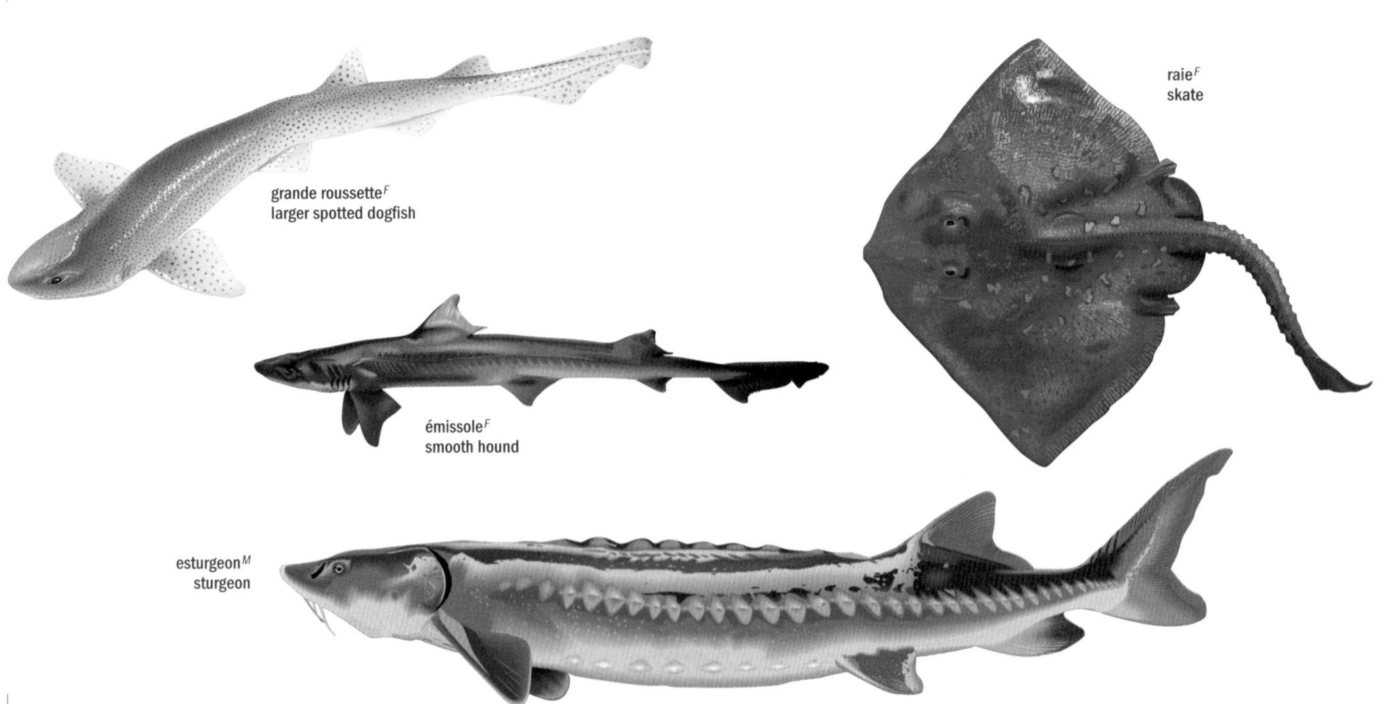
raie[F]
skate
grande roussette[F]
larger spotted dogfish
émissole[F]
smooth hound
esturgeon[M]
sturgeon

poissons^M osseux

bony fishes

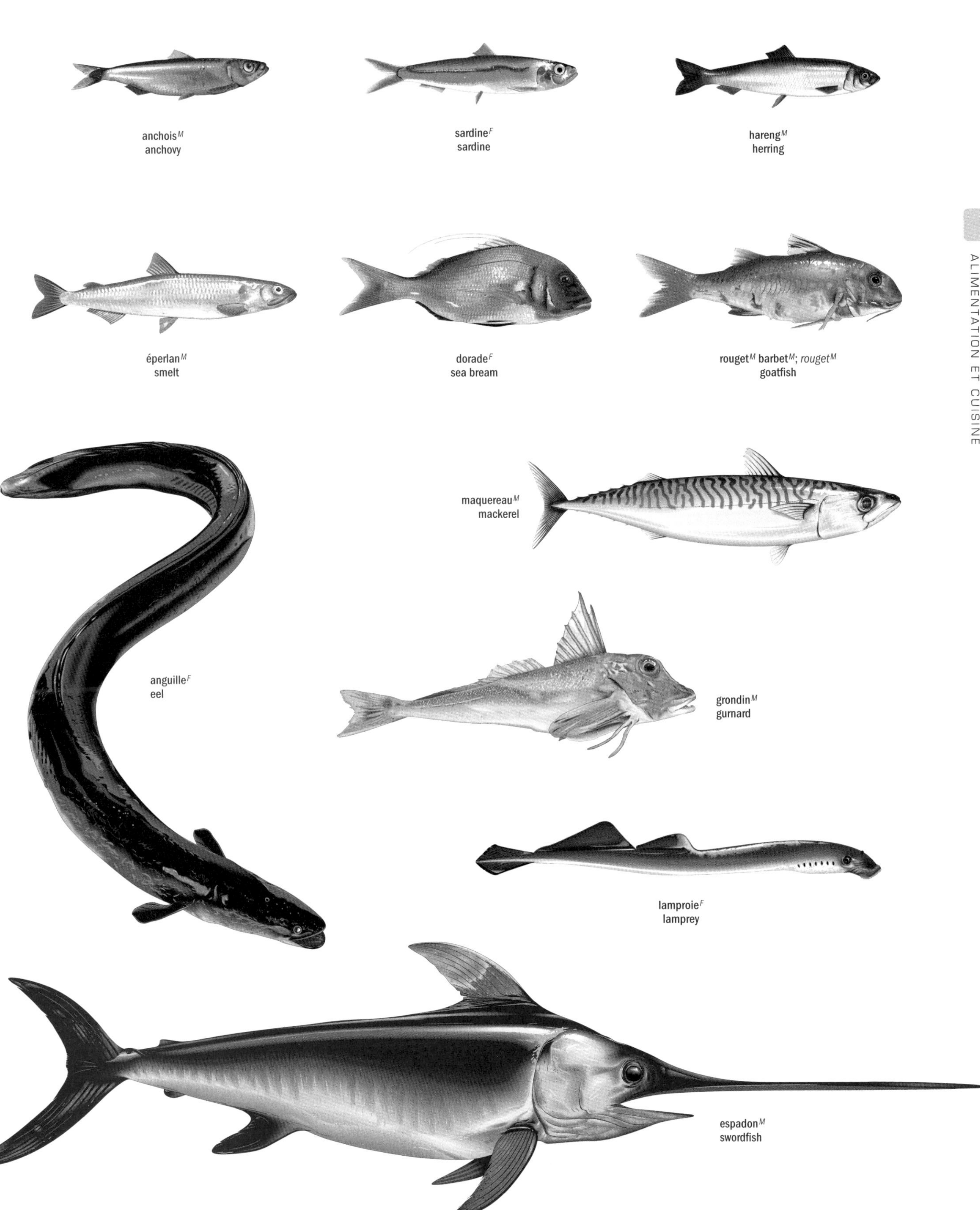
anchois^M
anchovy
sardine^F
sardine
hareng^M
herring
éperlan^M
smelt
dorade^F
sea bream
rouget^M barbet^M; *rouget^M*
goatfish
maquereau^M
mackerel
anguille^F
eel
grondin^M
gurnard
lamproie^F
lamprey
espadon^M
swordfish

poissons^M osseux

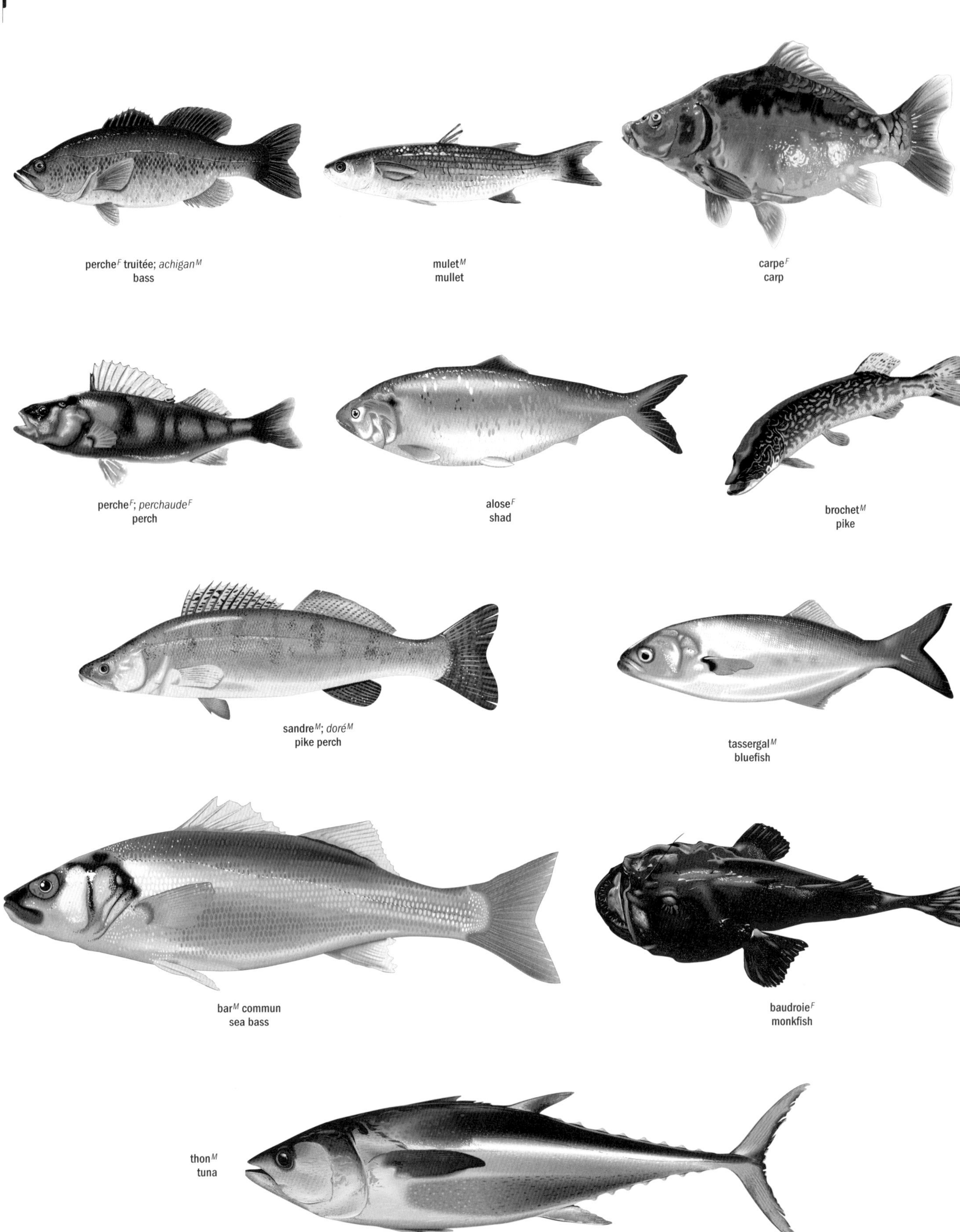

perche^F truitée; *achigan*^M
bass
mulet^M
mullet
carpe^F
carp
perche^F; *perchaude*^F
perch
alose^F
shad
brochet^M
pike
sandre^M; *doré*^M
pike perch
tassergal^M
bluefish
bar^M commun
sea bass
baudroie^F
monkfish
thon^M
tuna

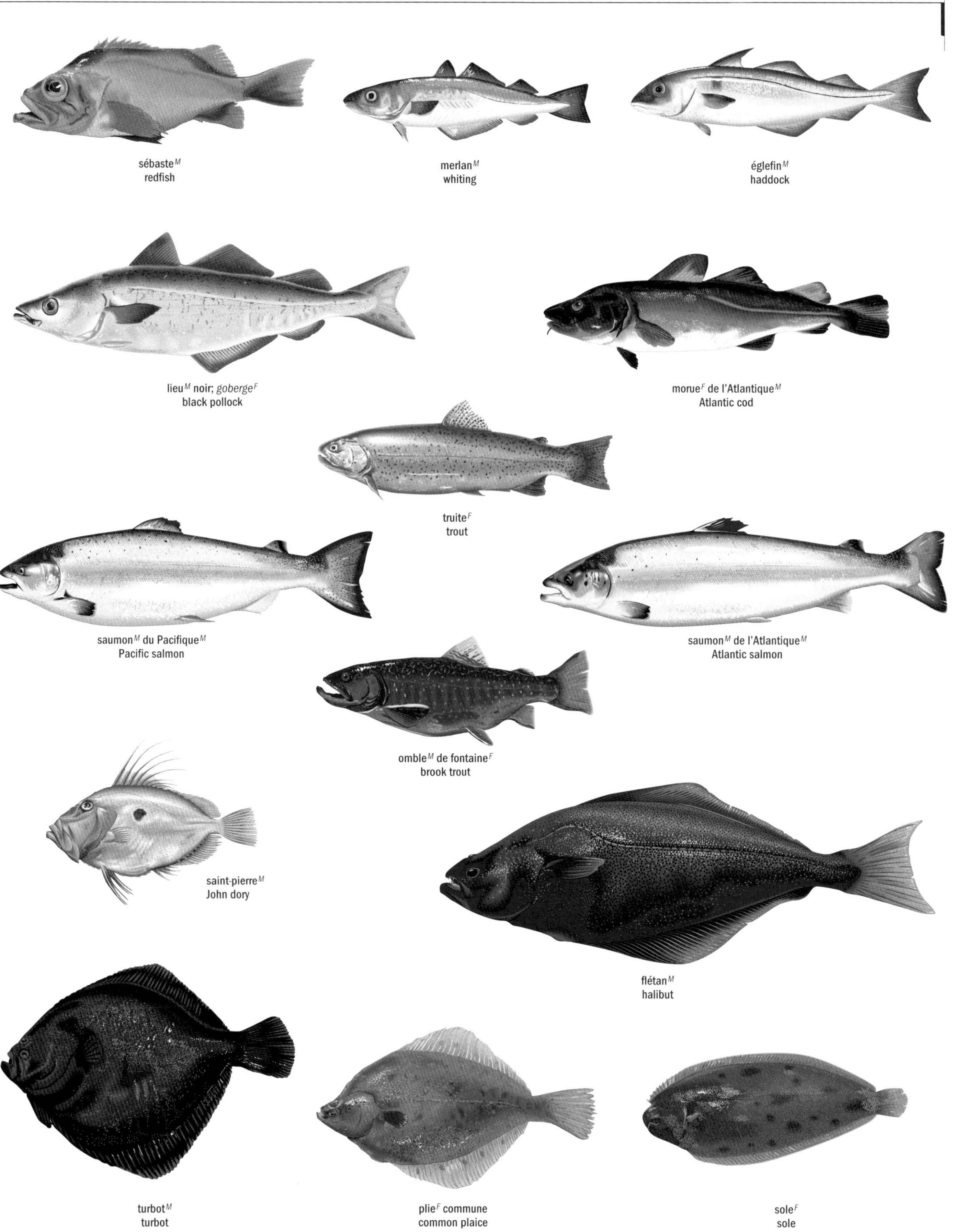
sébaste^{M}
redfish
merlan^{M}
whiting
églefin^{M}
haddock
lieu^{M} noir; *goberge*^{F}
black pollock
morue^{F} de l'Atlantique^{M}
Atlantic cod
truite^{F}
trout
saumon^{M} du Pacifique^{M}
Pacific salmon
saumon^{M} de l'Atlantique^{M}
Atlantic salmon
omble^{M} de fontaine^{F}
brook trout
saint-pierre^{M}
John dory
flétan^{M}
halibut
turbot^{M}
turbot
plie^{F} commune
common plaice
sole^{F}
sole

emballage^{M}

packaging

sachet^{M}
pouch

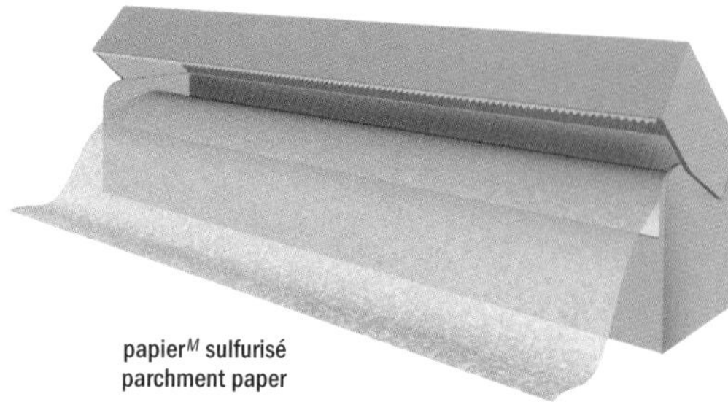
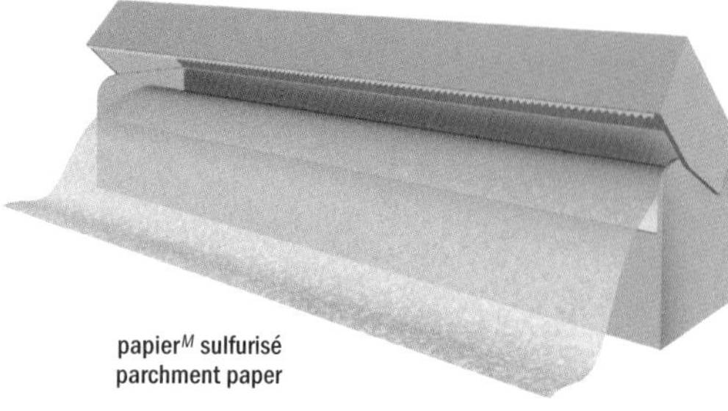

papier^{M} sulfurisé
parchment paper

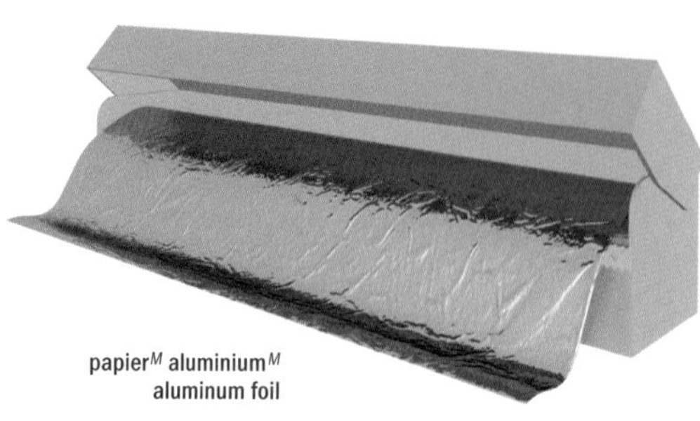

papier^{M} aluminium^{M}
aluminum foil

sac^{M} de congélation^{F}
freezer bag

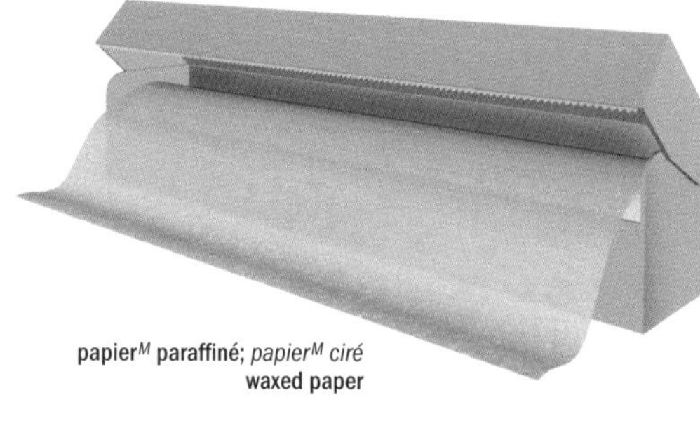

papier^{M} paraffiné; *papier^{M} ciré*
waxed paper

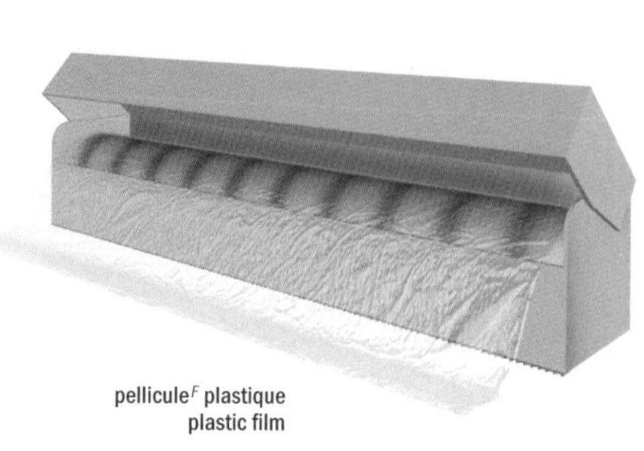

pellicule^{F} plastique
plastic film

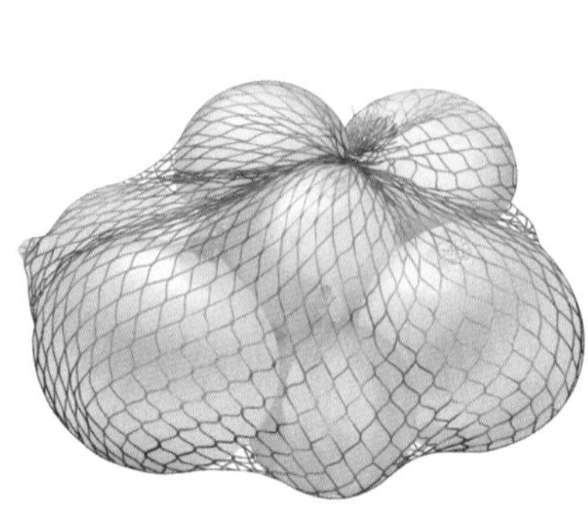

sac^{M}-filet^{M}
mesh bag

boîtes^{F} alimentaires
canisters

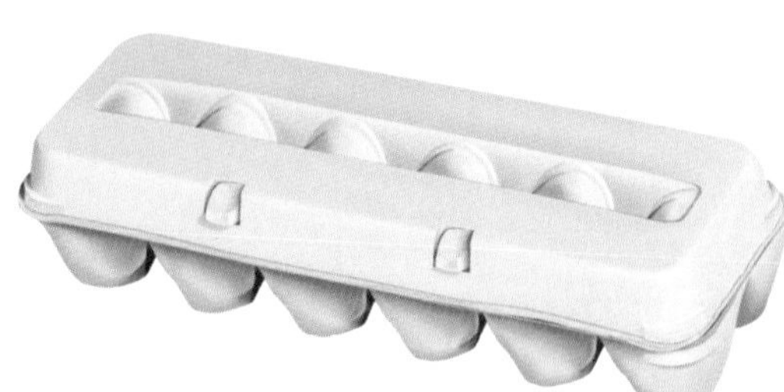

boîte^{F} à œufs^{M}
egg carton

barquette^{F}
food tray

caissette^{F}
small crate

cageot^{M}
small open crate

emballage^M

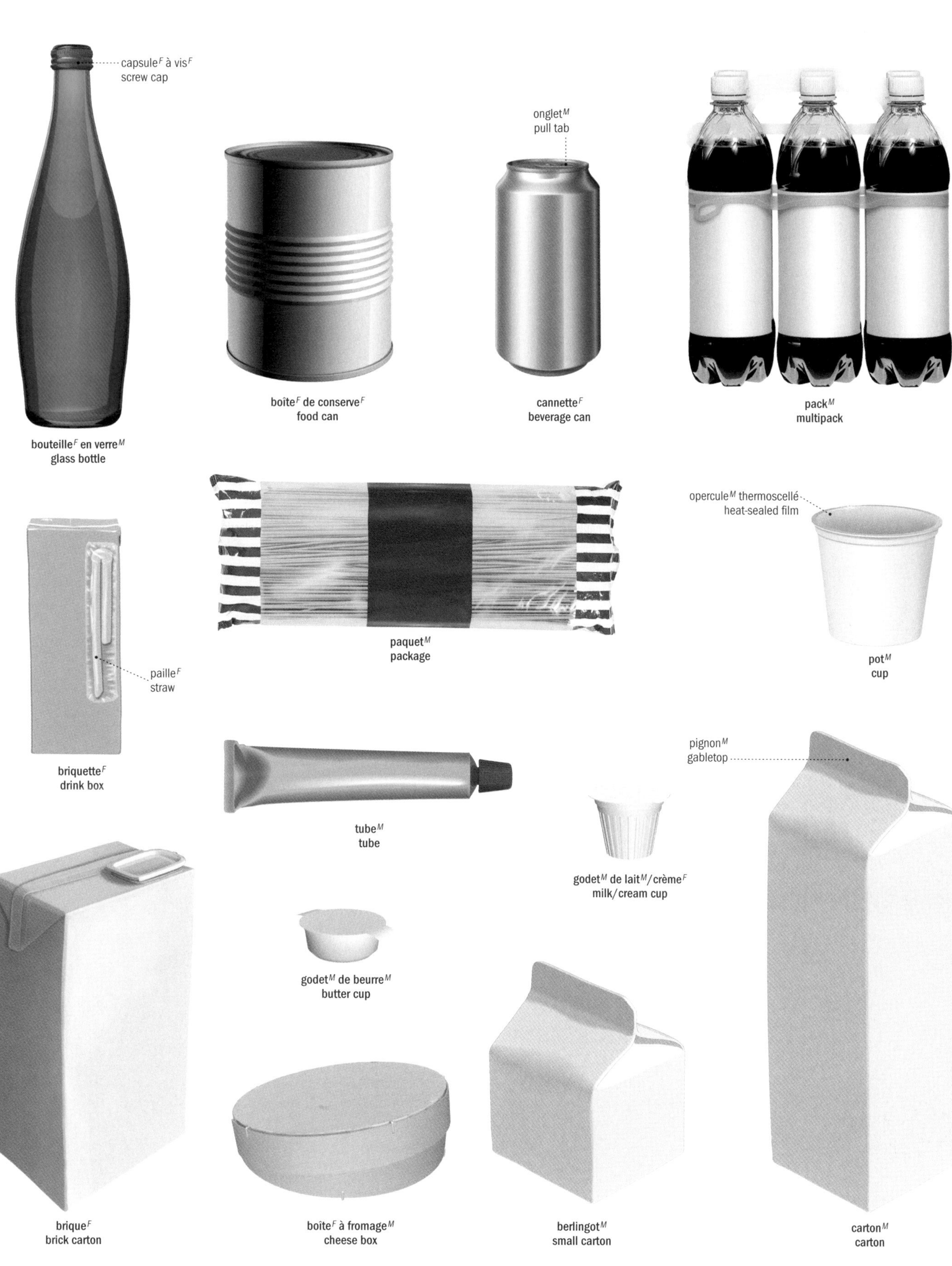
capsule^F à vis^F
screw cap
bouteille^F en verre^M
glass bottle
boîte^F de conserve^F
food can
onglet^M
pull tab
cannette^F
beverage can
pack^M
multipack
paquet^M
package
opercule^M thermoscellé
heat-sealed film
pot^M
cup
paille^F
straw
briquette^F
drink box
tube^M
tube
pignon^M
gabletop
godet^M de lait^M/crème^F
milk/cream cup
godet^M de beurre^M
butter cup
brique^F
brick carton
boîte^F à fromage^M
cheese box
berlingot^M
small carton
carton^M
carton

cuisine^F

kitchen

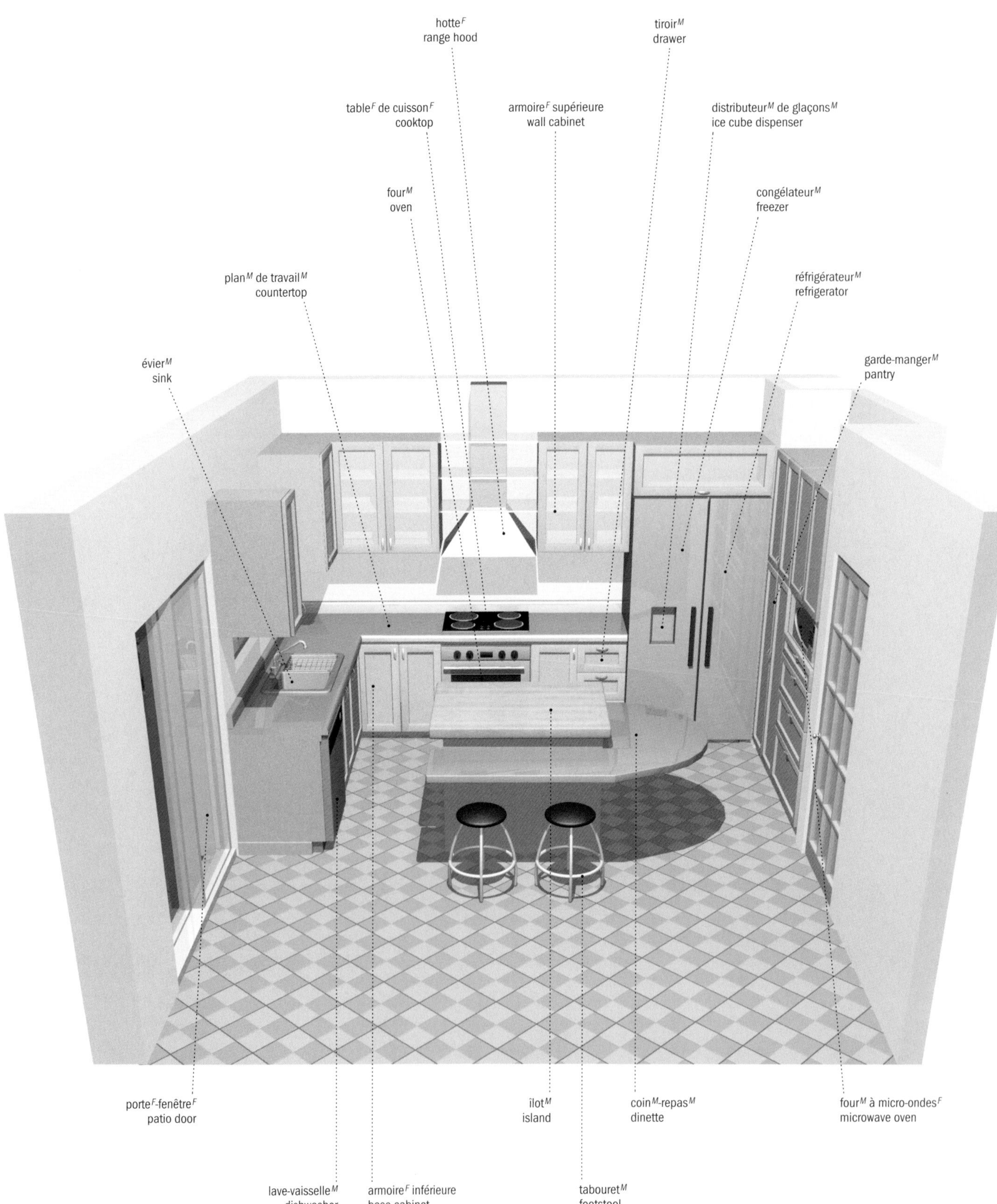
hotte^F
range hood
tiroir^M
drawer
table^F de cuisson^F
cooktop
armoire^F supérieure
wall cabinet
distributeur^M de glaçons^M
ice cube dispenser
four^M
oven
congélateur^M
freezer
plan^M de travail^M
countertop
réfrigérateur^M
refrigerator
évier^M
sink
garde-manger^M
pantry
porte^F-fenêtre^F
patio door
îlot^M
island
coin^M-repas^M
dinette
four^M à micro-ondes^F
microwave oven
lave-vaisselle^M
dishwasher
armoire^F inférieure
base cabinet
tabouret^M
footstool

verres^M

glassware

verre^M à liqueur^F
liqueur glass

verre^M à porto^M
port glass

coupe^F à mousseux^M
sparkling wine glass

verre^M à cognac^M
brandy snifter

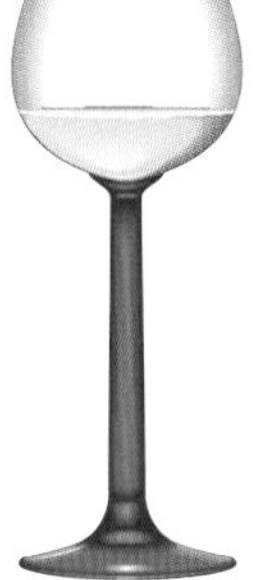
verre^M à vin^M d'Alsace^F
Alsace glass

verre^M à bourgogne^M
burgundy glass

verre^M à bordeaux^M
bordeaux glass

verre^M à vin^M blanc
white wine glass

verre^M à eau^F
water goblet

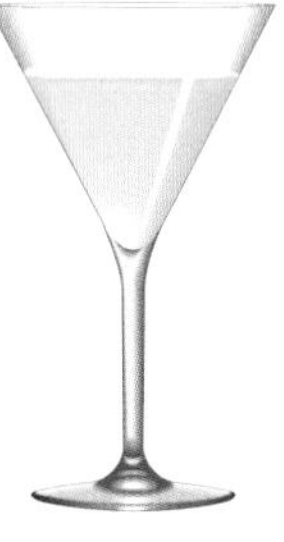
verre^M à cocktail^M
cocktail glass

verre^M à gin^M
highball glass

verre^M à whisky^M
old-fashioned glass

chope^F à bière^F
beer mug

flûte^F à champagne^M
champagne flute

carafon^M
small decanter

carafe^F
decanter

vaisselle[F]

dinnerware

tasse[F] à café[M]
demitasse
tasse[F] à thé[M]
cup
chope[F] à café[M]
coffee mug
crémier[M]
creamer
sucrier[M]
sugar bowl
salière[F]
salt shaker
poivrière[F]
pepper shaker
saucière[F]
gravy boat
beurrier[M]
butter dish
ramequin[M]
ramekin
bol[M]
soup bowl
assiette[F] creuse
rim soup bowl
assiette[F] plate
dinner plate
assiette[F] à salade[F]
salad plate
assiette[F] à dessert[M]
bread and butter plate
théière[F]
teapot
plat[M] ovale
platter
légumier[M]
vegetable bowl
plat[M] à poisson[M]
fish platter
ravier[M]
hors d'oeuvre dish
pichet[M]
water pitcher
saladier[M]
salad bowl
bol[M] à salade[F]
salad dish
soupière[F]
soup tureen

couvert^M

silverware

couteau^M
knife

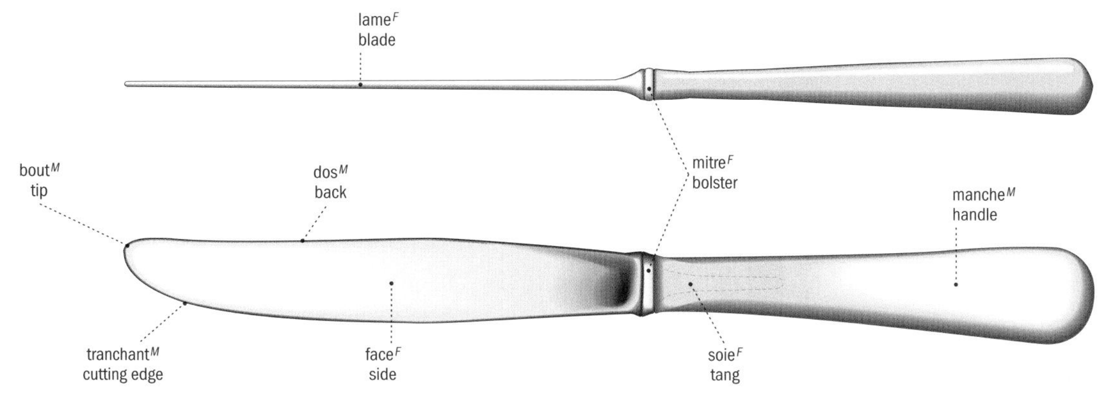
lame^F
blade
bout^M
tip
dos^M
back
mitre^F
bolster
manche^M
handle
tranchant^M
cutting edge
face^F
side
soie^F
tang

fourchette^F
fork

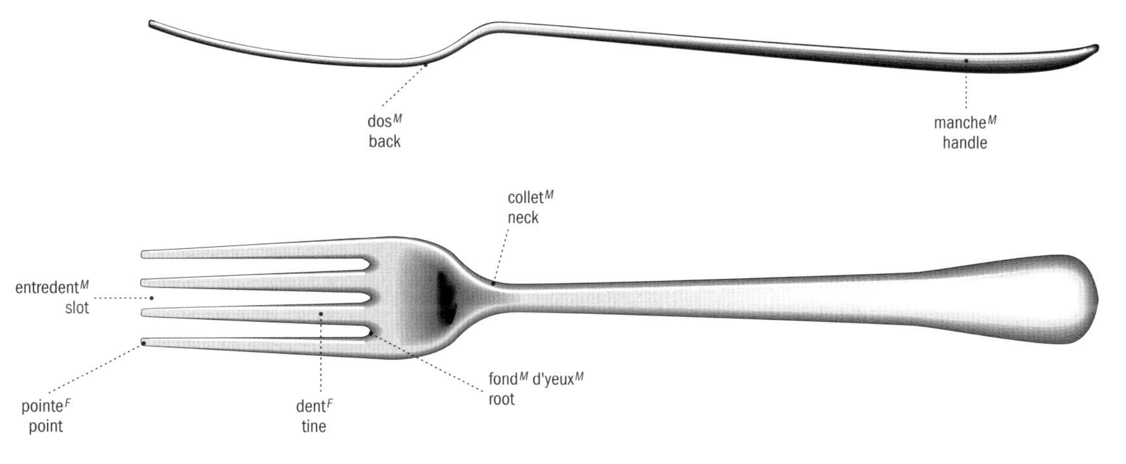
dos^M
back
manche^M
handle
collet^M
neck
entredent^M
slot
fond^M d'yeux^M
root
pointe^F
point
dent^F
tine

cuiller^F
spoon

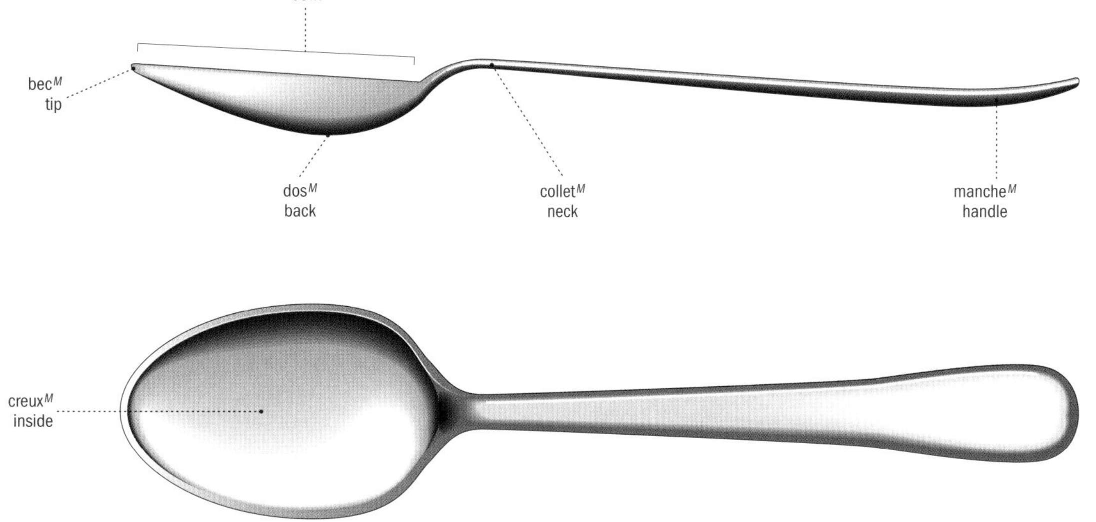
cuilleron^M
bowl
bec^M
tip
dos^M
back
collet^M
neck
manche^M
handle
creux^M
inside

couvert[M]

exemples[M] de fourchettes[F]
examples of forks

exemples[M] de couteaux[M]
examples of knives

exemples[M] de cuillers[F]
examples of spoons

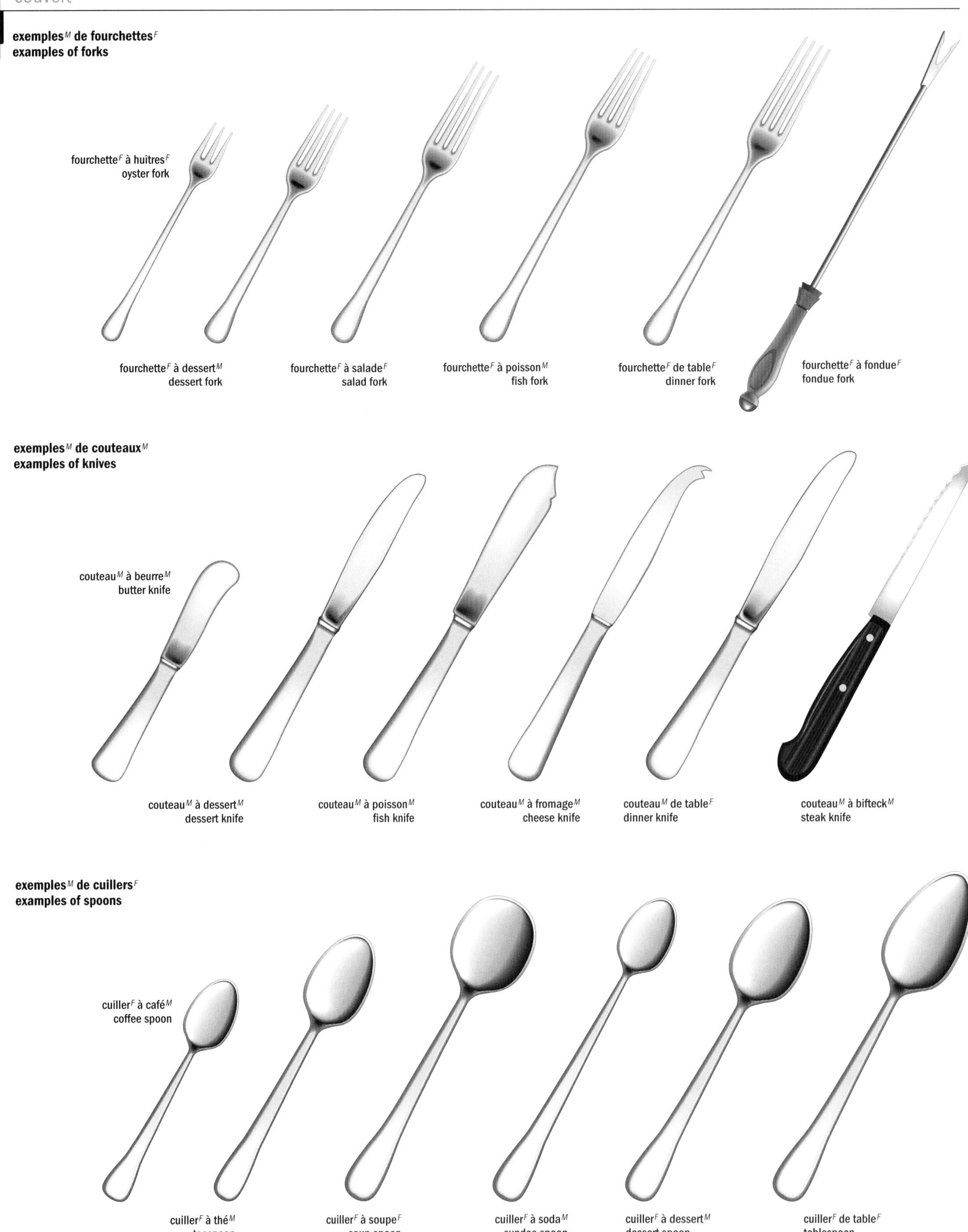
fourchette[F] à huîtres[F]
oyster fork
fourchette[F] à dessert[M]
dessert fork
fourchette[F] à salade[F]
salad fork
fourchette[F] à poisson[M]
fish fork
fourchette[F] de table[F]
dinner fork
fourchette[F] à fondue[F]
fondue fork
couteau[M] à beurre[M]
butter knife
couteau[M] à dessert[M]
dessert knife
couteau[M] à poisson[M]
fish knife
couteau[M] à fromage[M]
cheese knife
couteau[M] de table[F]
dinner knife
couteau[M] à bifteck[M]
steak knife
cuiller[F] à café[M]
coffee spoon
cuiller[F] à thé[M]
teaspoon
cuiller[F] à soupe[F]
soup spoon
cuiller[F] à soda[M]
sundae spoon
cuiller[F] à dessert[M]
dessert spoon
cuiller[F] de table[F]
tablespoon

ustensiles[M] de cuisine[F]

kitchen utensils

couteau[M] de cuisine[F]
kitchen knife

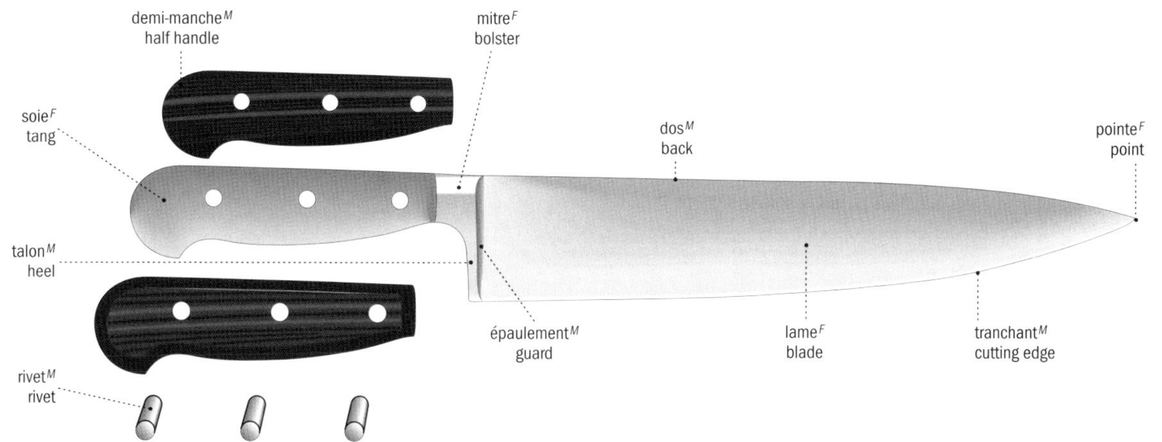
demi-manche[M]
half handle
mitre[F]
bolster
soie[F]
tang
dos[M]
back
pointe[F]
point
talon[M]
heel
épaulement[M]
guard
lame[F]
blade
tranchant[M]
cutting edge
rivet[M]
rivet

exemples[M] de couteaux[M] de cuisine[F]
examples of kitchen knives

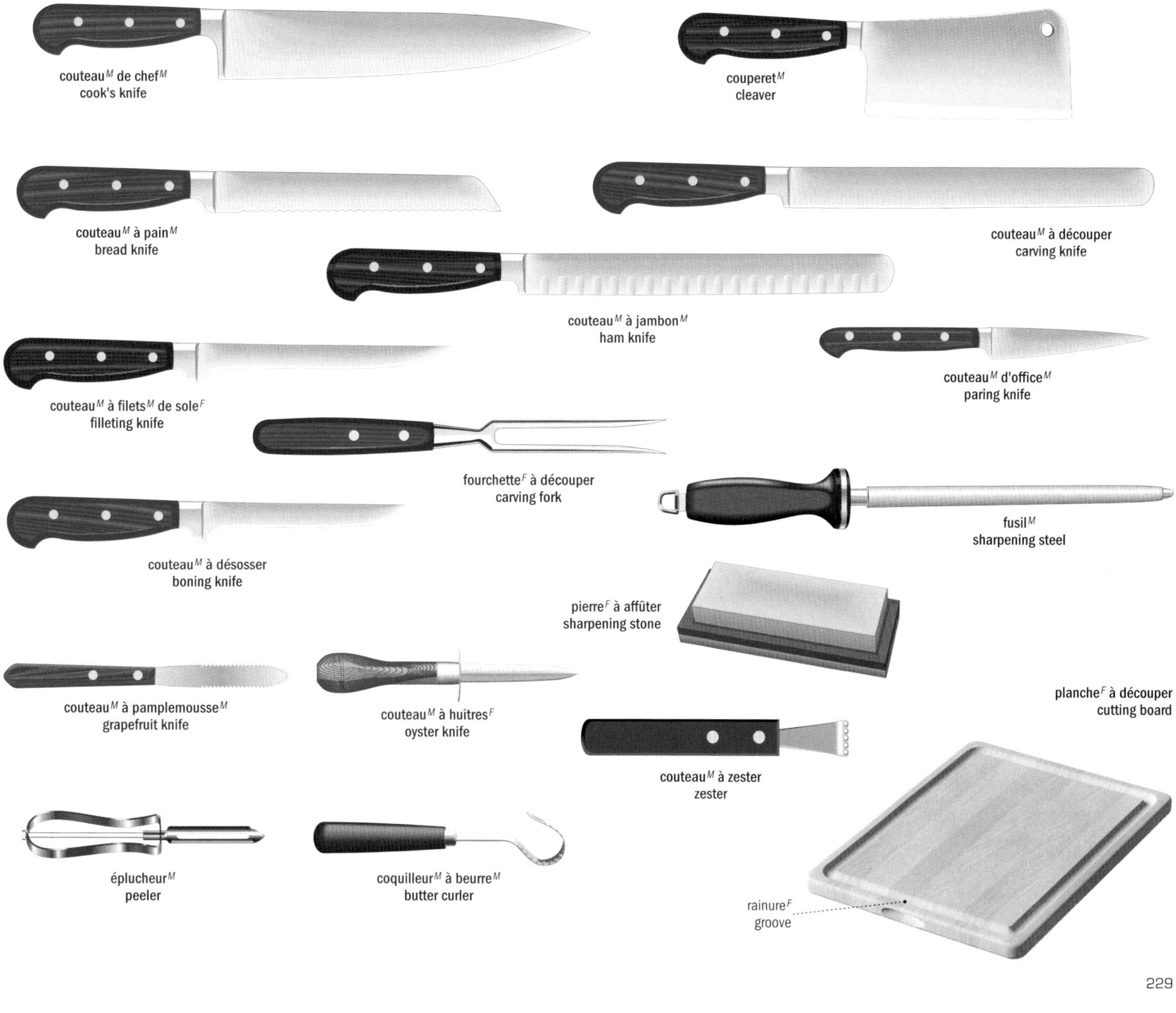

couteau[M] de chef[M]
cook's knife

couperet[M]
cleaver

couteau[M] à pain[M]
bread knife

couteau[M] à découper
carving knife

couteau[M] à jambon[M]
ham knife

couteau[M] d'office[M]
paring knife

couteau[M] à filets[M] de sole[F]
filleting knife

fourchette[F] à découper
carving fork

fusil[M]
sharpening steel

couteau[M] à désosser
boning knife

pierre[F] à affûter
sharpening stone

couteau[M] à pamplemousse[M]
grapefruit knife

couteau[M] à huîtres[F]
oyster knife

planche[F] à découper
cutting board

couteau[M] à zester
zester

éplucheur[M]
peeler

coquilleur[M] à beurre[M]
butter curler

rainure[F]
groove

ustensiles[M] de cuisine[F]

pour ouvrir
for opening

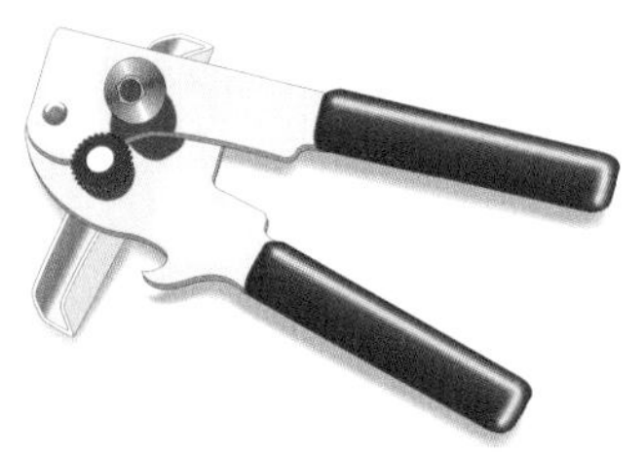

ouvre-boîtes[M]
can opener

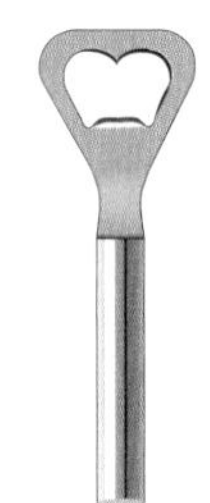

décapsuleur[M]
bottle opener

tire-bouchon[M] de sommelier[M]
wine waiter corkscrew

tire-bouchon[M] à levier[M]
lever corkscrew

pour broyer et râper
for grinding and grating

casse-noix[M]
nutcracker

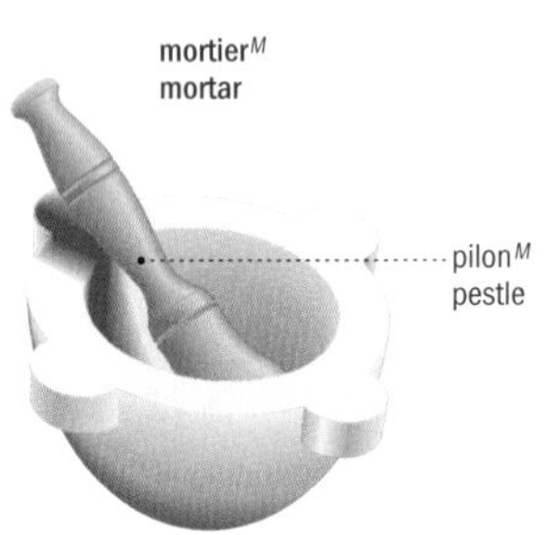
pilon[M]
pestle

mortier[M]
mortar

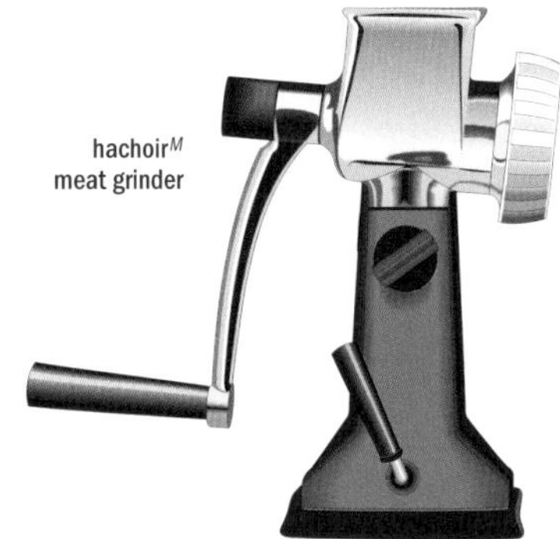

hachoir[M]
meat grinder

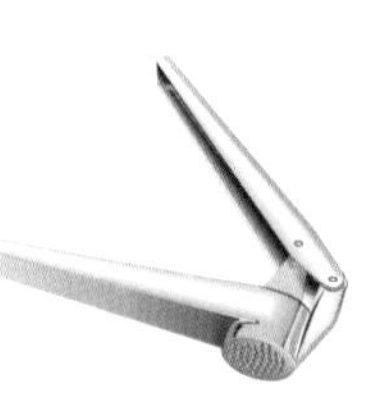

presse-ail[M]
garlic press

presse-agrumes[M]
citrus juicer

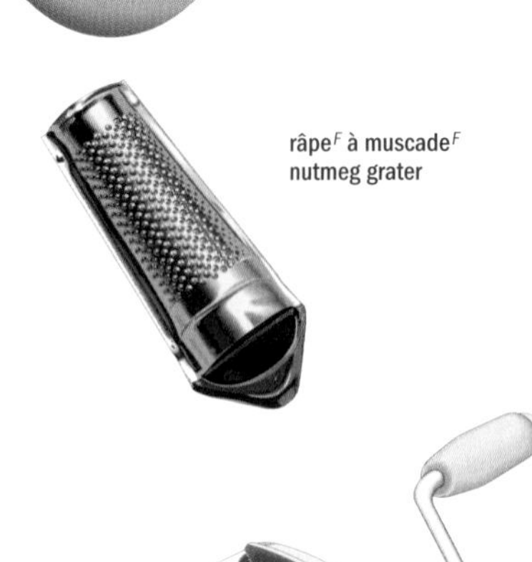

râpe[F] à muscade[F]
nutmeg grater

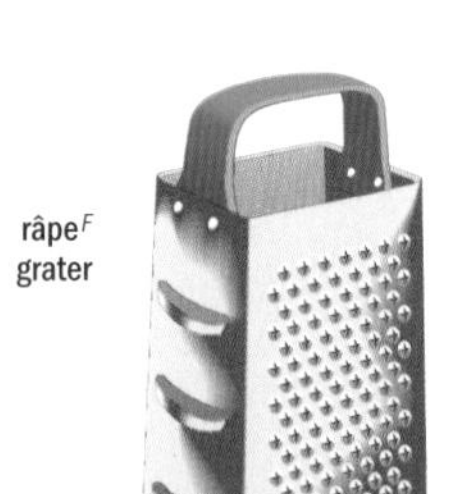

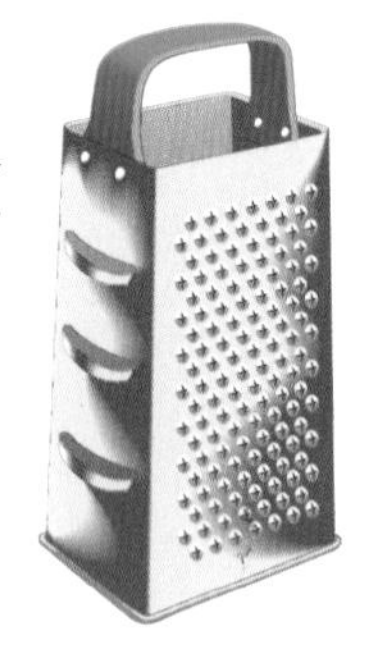

râpe[F]
grater

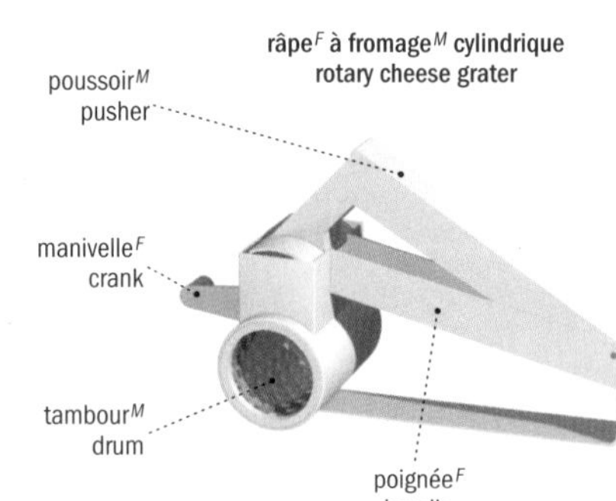
poussoir[M]
pusher
manivelle[F]
crank
tambour[M]
drum
poignée[F]
handle

râpe[F] à fromage[M] cylindrique
rotary cheese grater

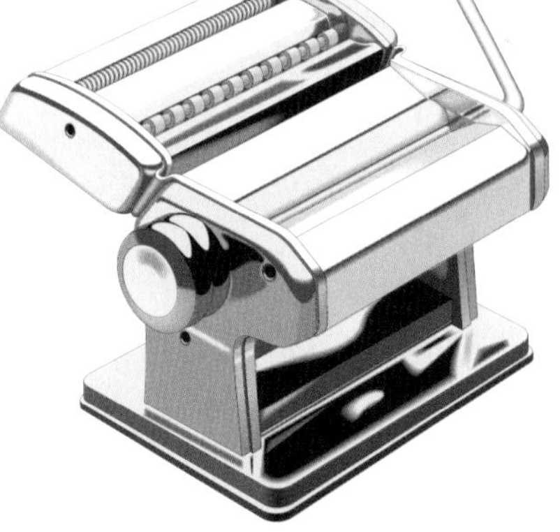

machine[F] à faire les pâtes[F]
pasta maker

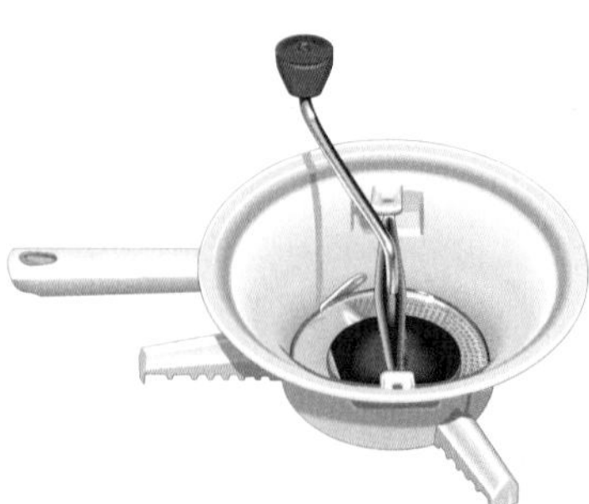

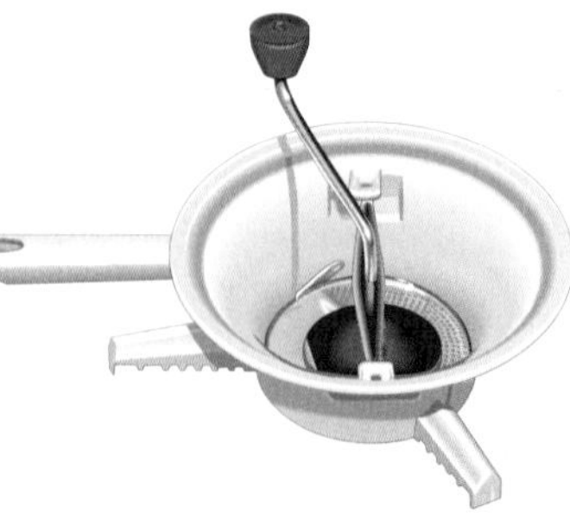

moulin[M] à légumes[M]
food mill

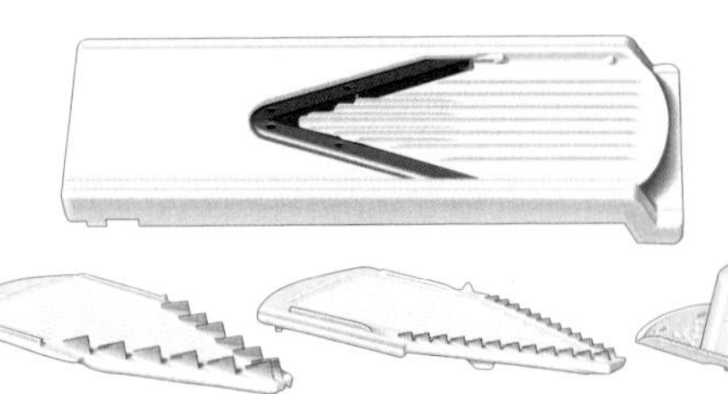

mandoline[F]
mandoline

ustensiles^{M} de cuisine^{F}

pour mesurer
for measuring

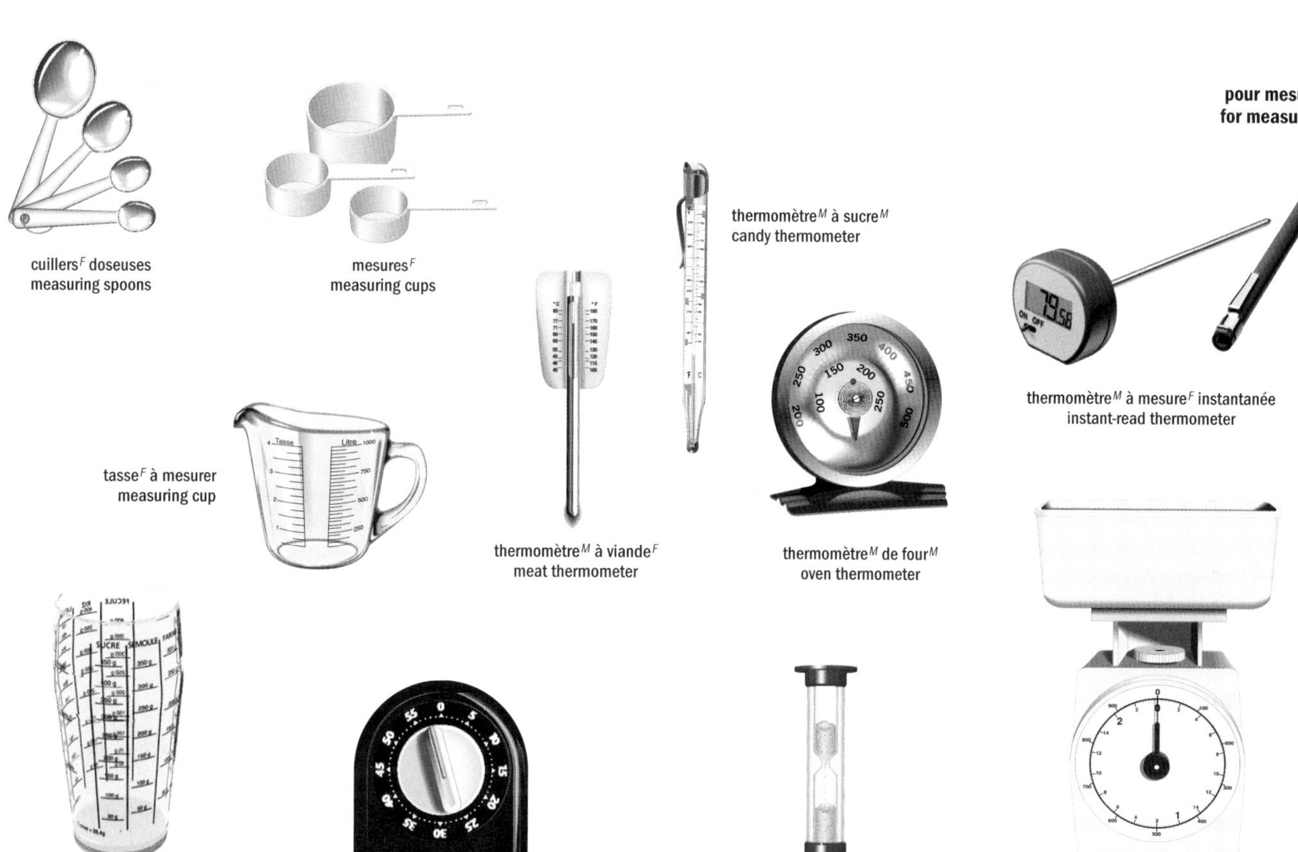

cuillers^{F} doseuses
measuring spoons

mesures^{F}
measuring cups

thermomètre^{M} à sucre^{M}
candy thermometer

thermomètre^{M} à mesure^{F} instantanée
instant-read thermometer

tasse^{F} à mesurer
measuring cup

thermomètre^{M} à viande^{F}
meat thermometer

thermomètre^{M} de four^{M}
oven thermometer

verre^{M} à mesurer
measuring beaker

minuteur^{M}
kitchen timer

sablier^{M}
egg timer

balance^{F} de cuisine^{F}
kitchen scale

pour passer et égoutter
for straining and draining

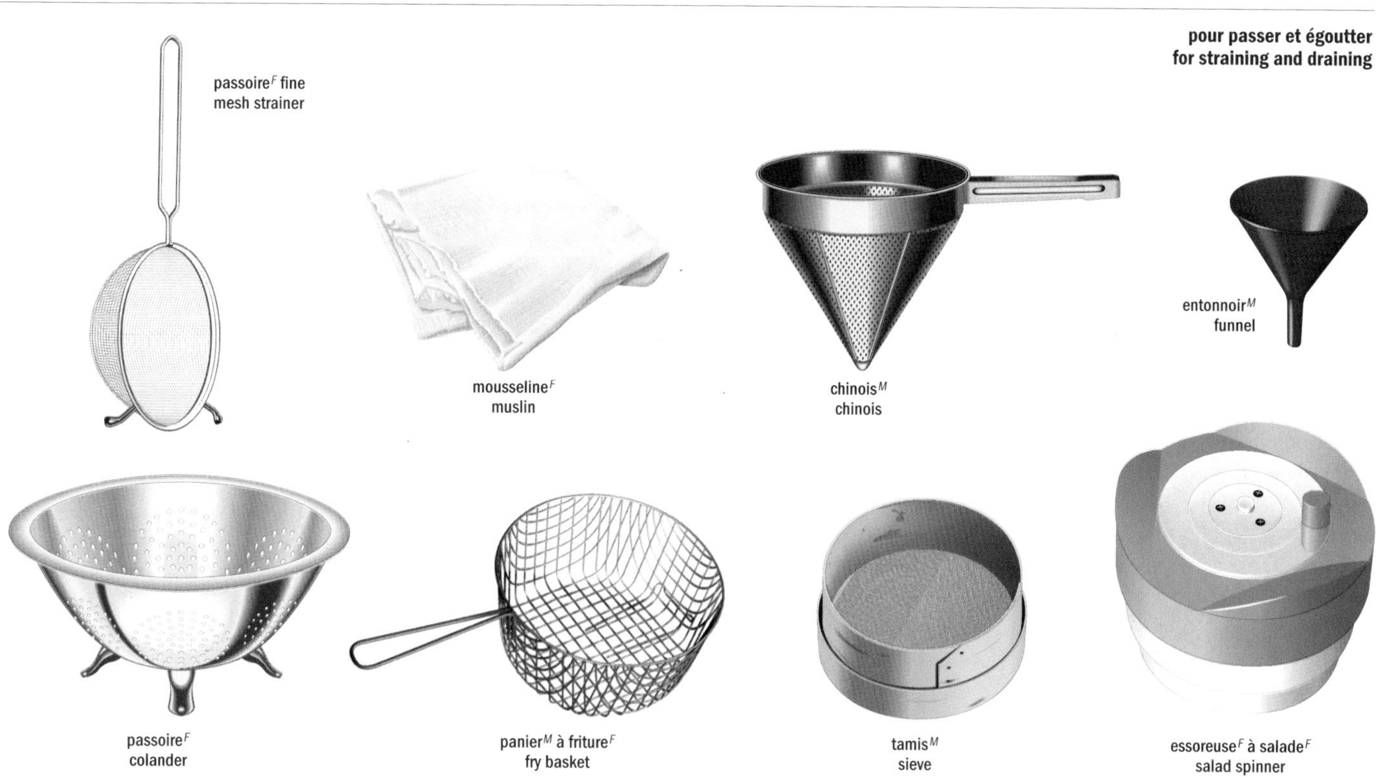

passoire^{F} fine
mesh strainer

mousseline^{F}
muslin

chinois^{M}
chinois

entonnoir^{M}
funnel

passoire^{F}
colander

panier^{M} à friture^{F}
fry basket

tamis^{M}
sieve

essoreuse^{F} à salade^{F}
salad spinner

ustensiles[M] de cuisine[F]

pour la pâtisserie[F]
baking utensils

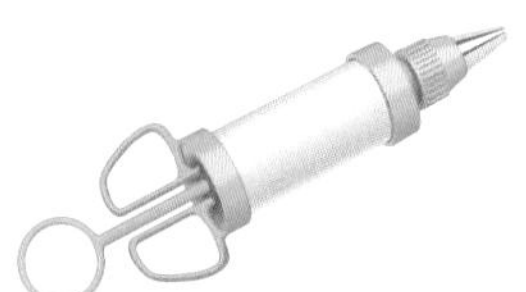
piston[M] à décorer
icing syringe

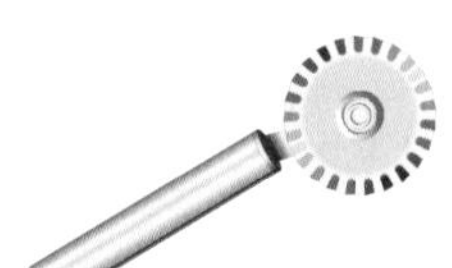
roulette[F] de pâtissier[M]
pastry cutting wheel

pinceau[M] à pâtisserie[F]
pastry brush

batteur[M] à œufs[M]
egg beater

fouet[M]
whisk

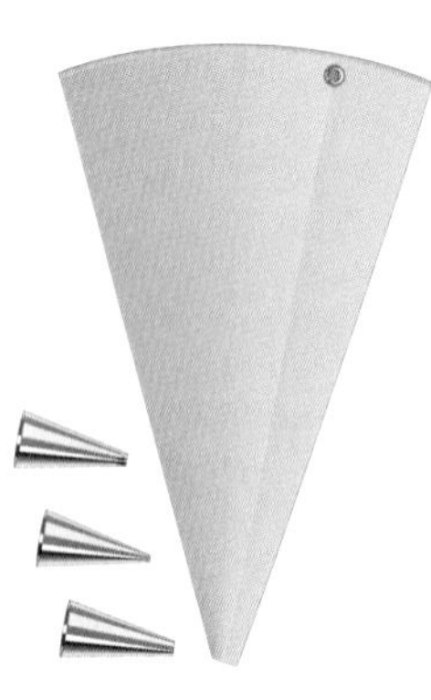
poche[F] à douilles[F]
pastry bag and nozzles

tamis[M] à farine[F]
sifter

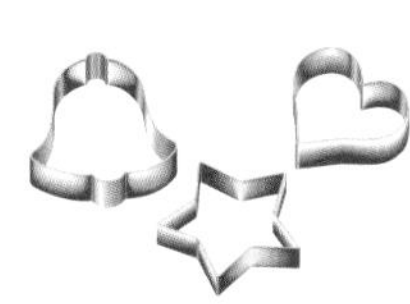
emporte-pièces[M]
cookie cutters

saupoudreuse[F]
dredger

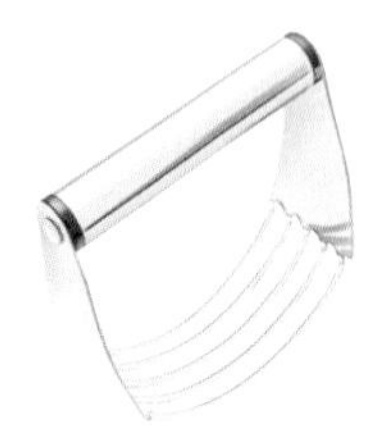
mélangeur[M] à pâtisserie[F]
pastry blender

bols[M] à mélanger
mixing bowls

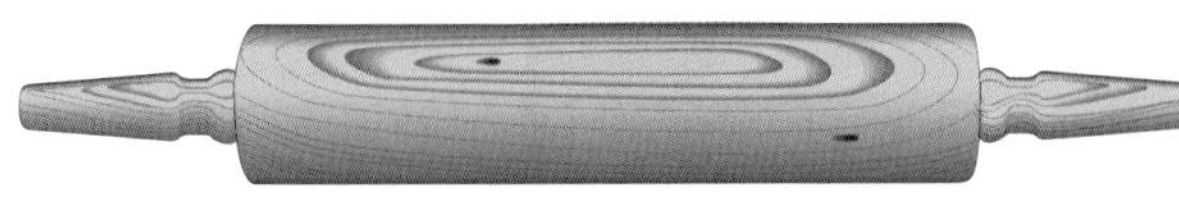
rouleau[M] à pâtisserie[F]
rolling pin

plaque[F] à pâtisserie[F]
baking sheet

moule[M] à muffins[M]
muffin pan

moule[M] à soufflé[M]
soufflé dish

moule[M] à charlotte[F]
charlotte mold

moule[M] à fond[M] amovible
removable-bottomed pan

moule[M] à tarte[F]
pie pan

moule[M] à quiche[F]
quiche plate

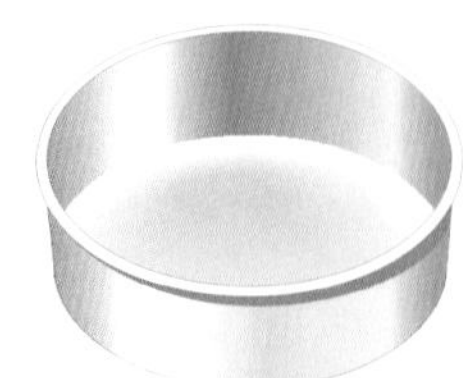
moule[M] à gâteau[M]
cake pan

jeu[M] d'ustensiles[M]
set of utensils

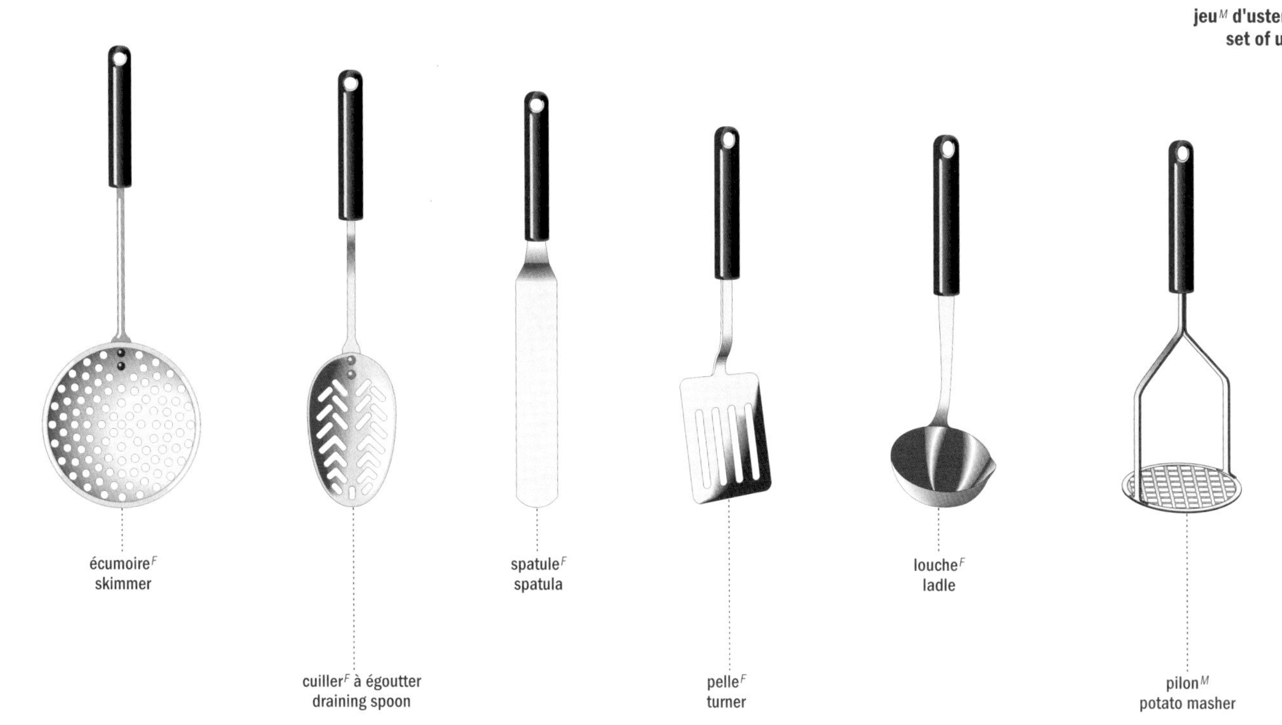
écumoire[F]
skimmer
cuiller[F] à égoutter
draining spoon
spatule[F]
spatula
pelle[F]
turner
louche[F]
ladle
pilon[M]
potato masher

ustensiles[M] divers
miscellaneous utensils

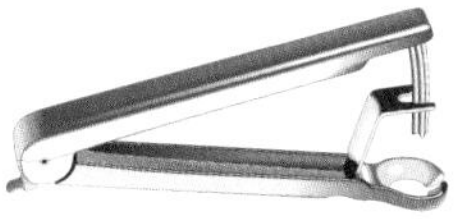

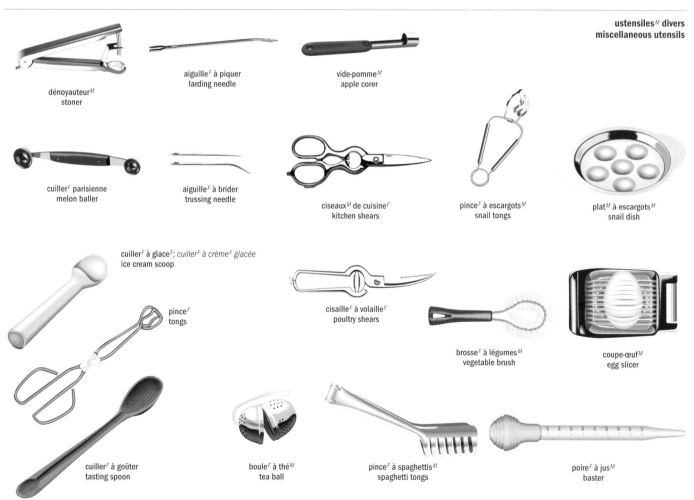

dénoyauteur[M]
stoner

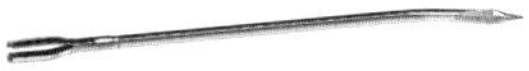

aiguille[F] à piquer
larding needle

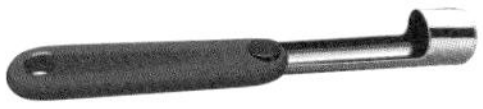

vide-pomme[M]
apple corer

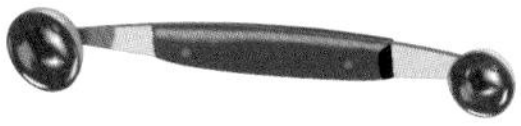

cuiller[F] parisienne
melon baller

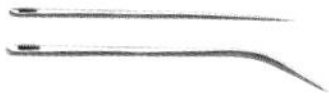

aiguille[F] à brider
trussing needle

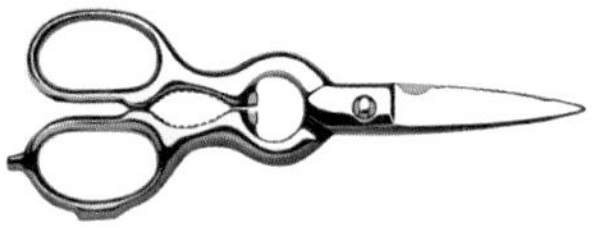

ciseaux[M] de cuisine[F]
kitchen shears

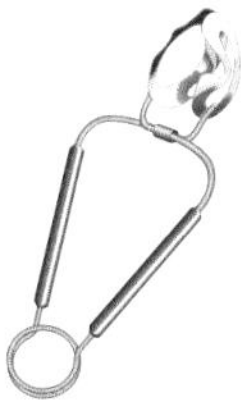

pince[F] à escargots[M]
snail tongs

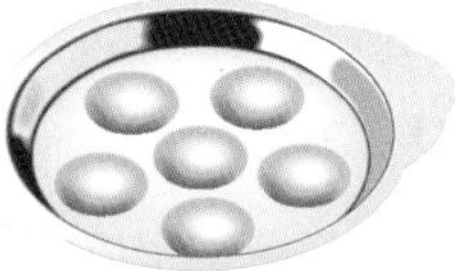

plat[M] à escargots[M]
snail dish

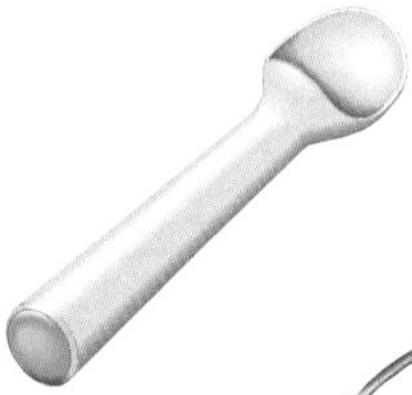

cuiller[F] à glace[F]; *cuiller[F] à crème[F] glacée*
ice cream scoop

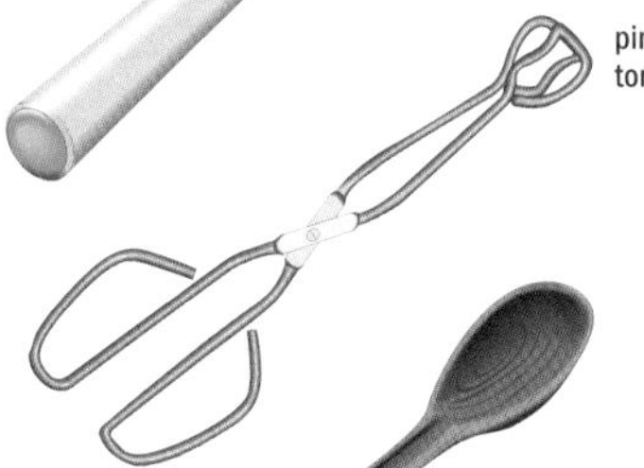

pince[F]
tongs

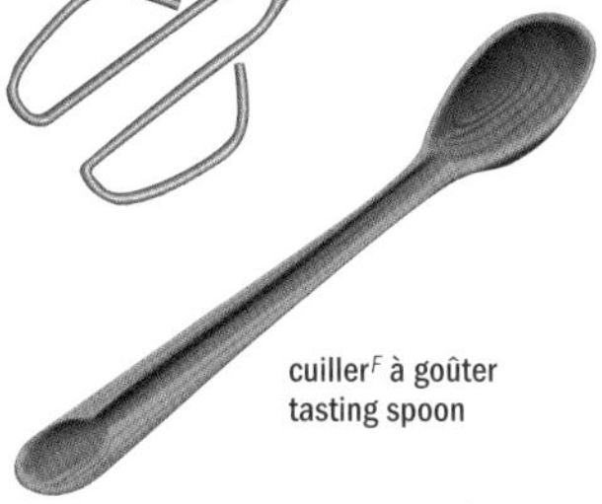

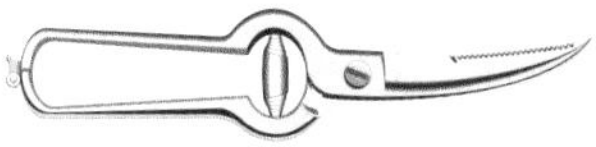

cisaille[F] à volaille[F]
poultry shears

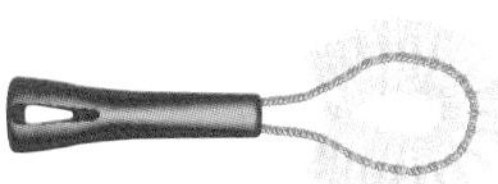

brosse[F] à légumes[M]
vegetable brush

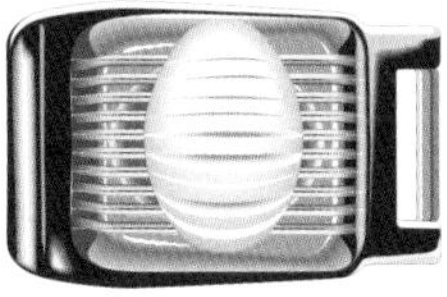

coupe-œuf[M]
egg slicer

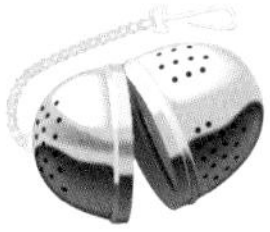

cuiller[F] à goûter
tasting spoon

boule[F] à thé[M]
tea ball

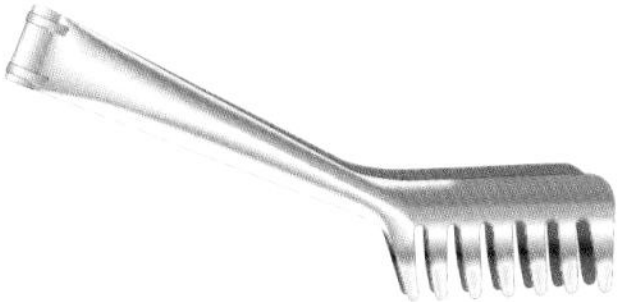

pince[F] à spaghettis[M]
spaghetti tongs

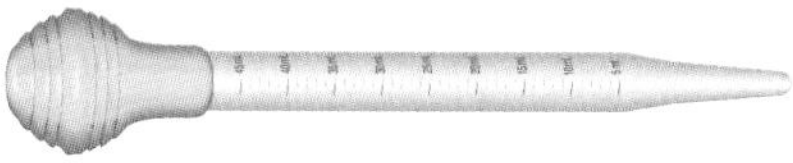

poire[F] à jus[M]
baster

batterie[F] de cuisine[F]

cooking utensils

wok[M]
wok set

couvercle[M]
lid
grille[F]
rack
wok[M]
wok
collier[M]
burner ring

tajine[M]
tajine

poissonnière[F]
fish poacher

grille[F]
rack
couvercle[M]
lid

service[M] à fondue[F]
fondue set

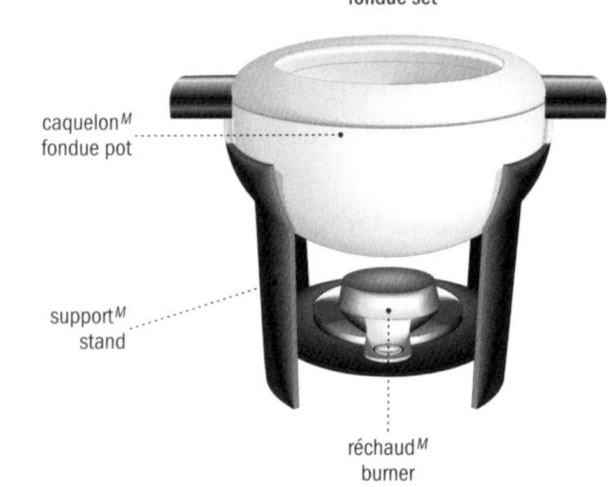
caquelon[M]
fondue pot
support[M]
stand
réchaud[M]
burner

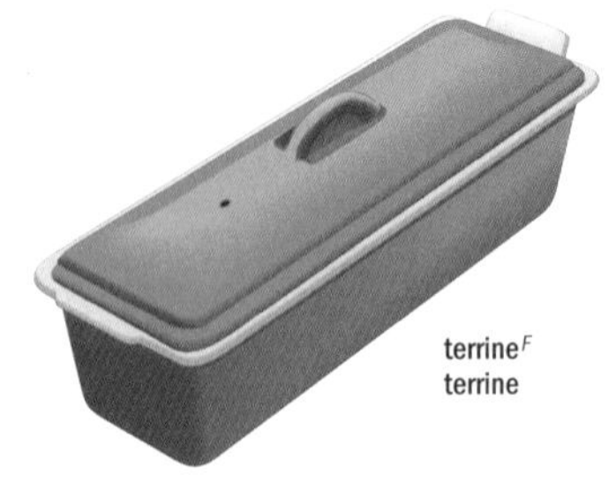

terrine[F]
terrine

lèchefrite[F]
dripping pan

autocuiseur[M]
pressure cooker

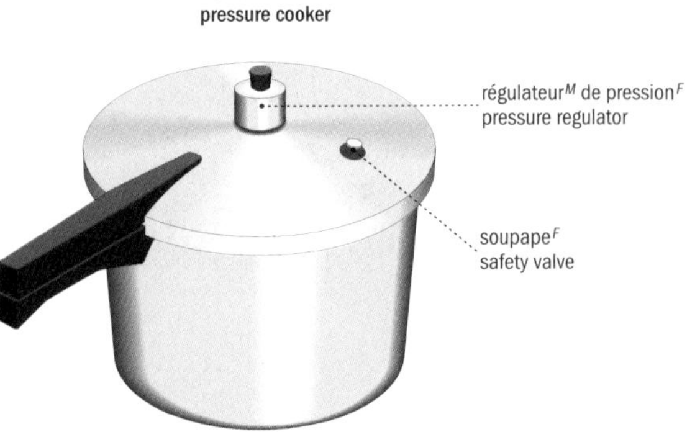
régulateur[M] de pression[F]
pressure regulator
soupape[F]
safety valve

plats[M] à rôtir
roasting pans

faitout^M
Dutch oven
marmite^F
stock pot
couscoussier^M
couscous kettle
poêle^F à frire
frying pan
cuit-vapeur^M
steamer
pocheuse^F
egg poacher
sauteuse^F
sauté pan
poêlon^M
small saucepan
diable^M
diable
poêle^F à crêpes^F
pancake pan
panier^M cuit-vapeur^M
steamer basket
bain-marie^M
double boiler
casserole^F
saucepan

appareils^M électroménagers

domestic appliances

pour mélanger et battre
for mixing and blending

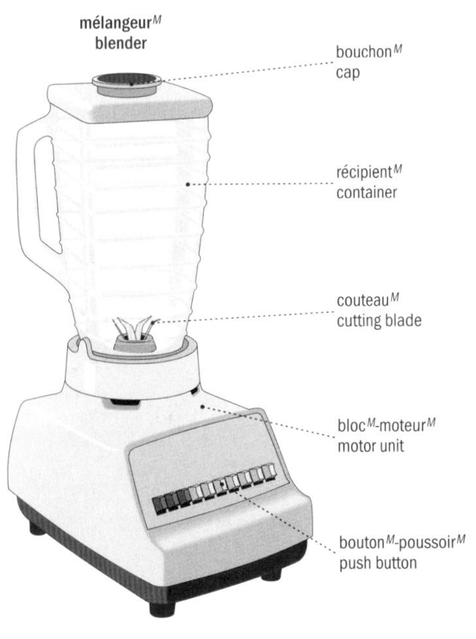
mélangeur^M
blender
bouchon^M
cap
récipient^M
container
couteau^M
cutting blade
bloc^M-moteur^M
motor unit
bouton^M-poussoir^M
push button

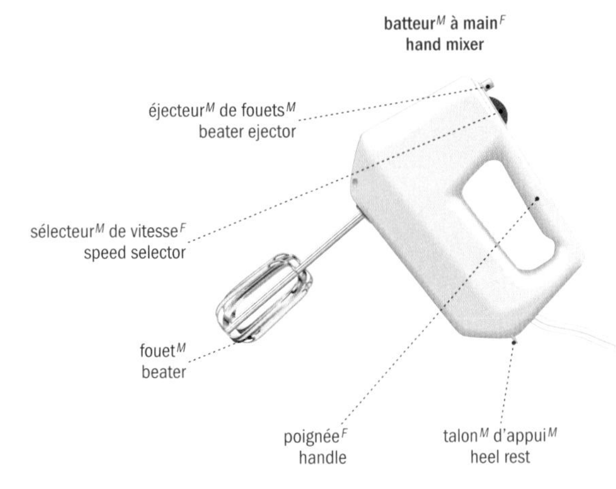
batteur^M à main^F
hand mixer
éjecteur^M de fouets^M
beater ejector
sélecteur^M de vitesse^F
speed selector
fouet^M
beater
poignée^F
handle
talon^M d'appui^M
heel rest

mélangeur^M à main^F
hand blender

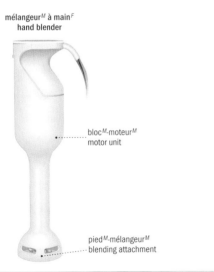

bloc^M-moteur^M
motor unit

pied^M-mélangeur^M
blending attachment

batteur^M sur socle^M
table mixer
éjecteur^M de fouets^M
beater ejector
commande^F de vitesse^F
speed control
fouet^M
beater
tête^F basculante
tilt-back head
bol^M
mixing bowl
plateau^M tournant
turntable
socle^M
stand

fouets^M
beaters

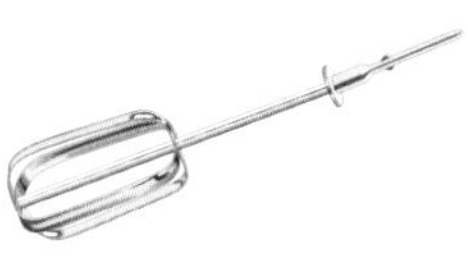

fouet^M quatre pales^F
four blade beater

fouet^M en spirale^F
spiral beater

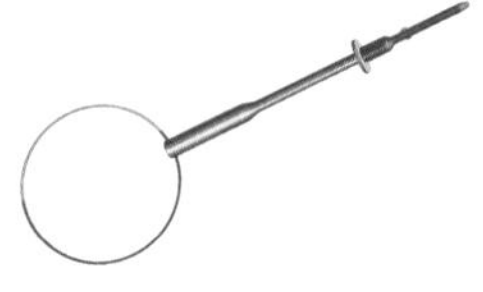

fouet^M à fil^M
wire beater

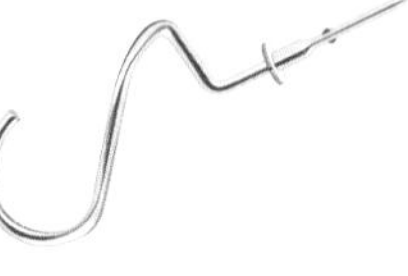

crochet^M pétrisseur
dough hook

robot[M] de cuisine[F]
food processor

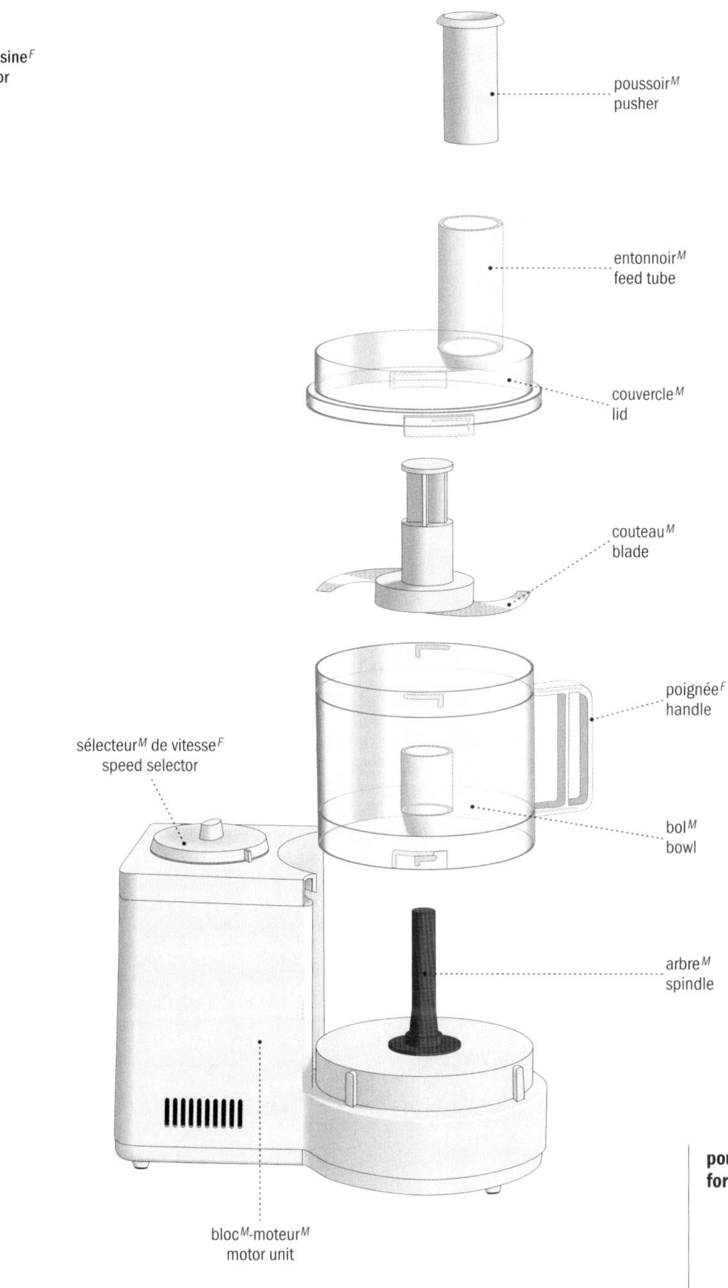
poussoir[M]
pusher
entonnoir[M]
feed tube
couvercle[M]
lid
couteau[M]
blade
poignée[F]
handle
sélecteur[M] de vitesse[F]
speed selector
bol[M]
bowl
arbre[M]
spindle
bloc[M]-moteur[M]
motor unit

pour couper
for cutting

disques[M]
disks

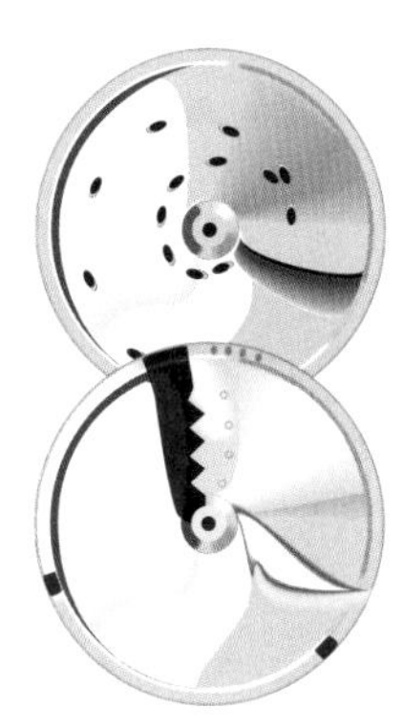

couteau[M] électrique
electric knife

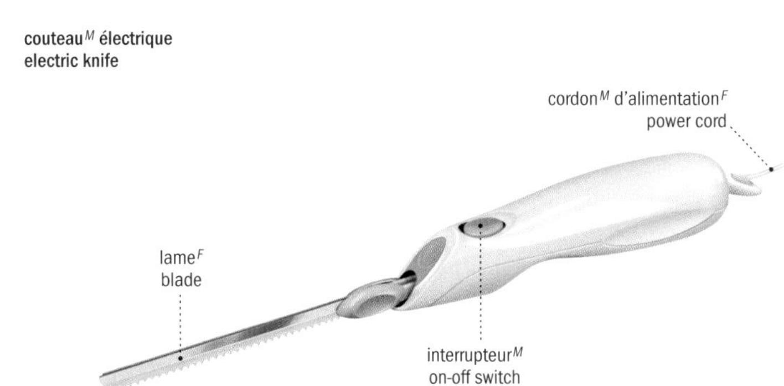
cordon[M] d'alimentation[F]
power cord
lame[F]
blade
interrupteur[M]
on-off switch

pour presser
for juicing

presse-agrumes[M]
citrus juicer

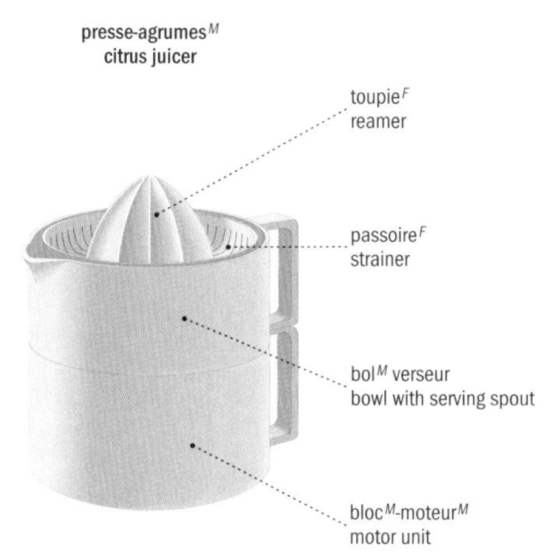
toupie[F]
reamer
passoire[F]
strainer
bol[M] verseur
bowl with serving spout
bloc[M]-moteur[M]
motor unit

appareils[M] électroménagers

pour cuire
for cooking

four[M] à micro-ondes[F]
microwave oven

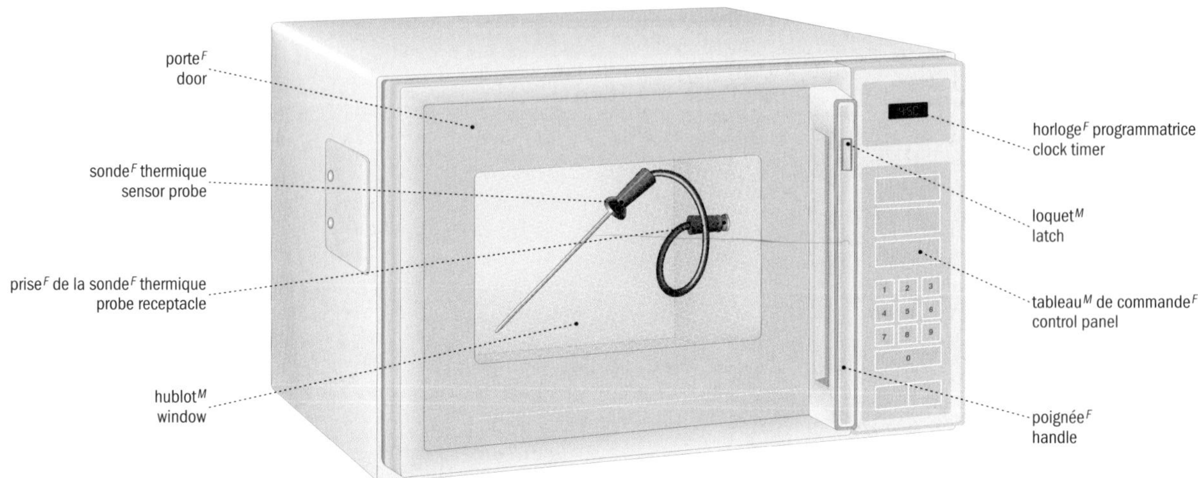
porte[F]
door
sonde[F] thermique
sensor probe
prise[F] de la sonde[F] thermique
probe receptacle
hublot[M]
window
horloge[F] programmatrice
clock timer
loquet[M]
latch
tableau[M] de commande[F]
control panel
poignée[F]
handle

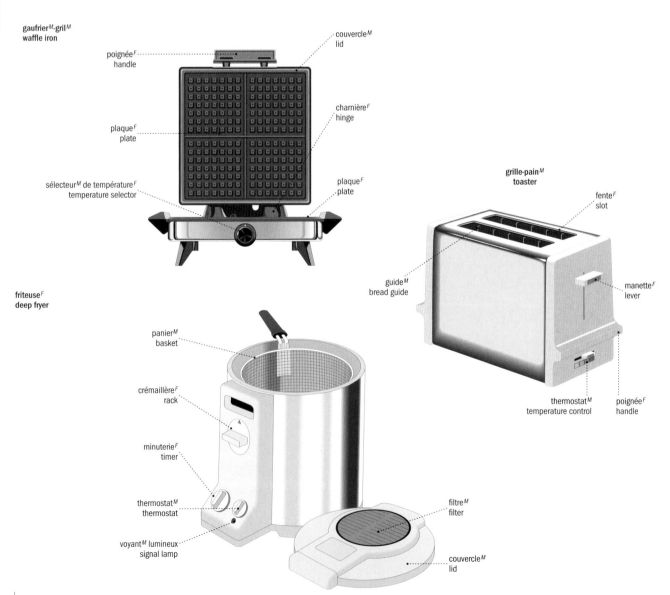

gaufrier[M]-gril[M]
waffle iron

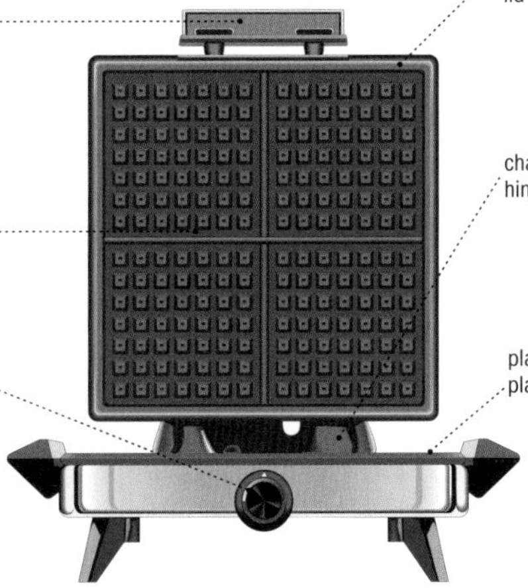

poignée[F]
handle
couvercle[M]
lid
charnière[F]
hinge
plaque[F]
plate
sélecteur[M] de température[F]
temperature selector
plaque[F]
plate

grille-pain[M]
toaster

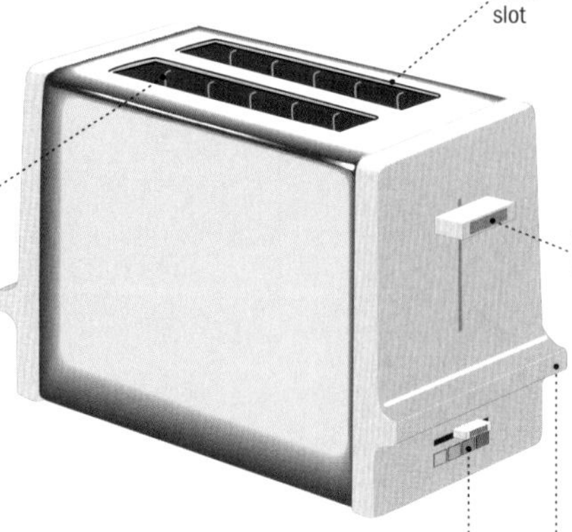

fente[F]
slot
guide[M]
bread guide
manette[F]
lever
thermostat[M]
temperature control
poignée[F]
handle

friteuse[F]
deep fryer

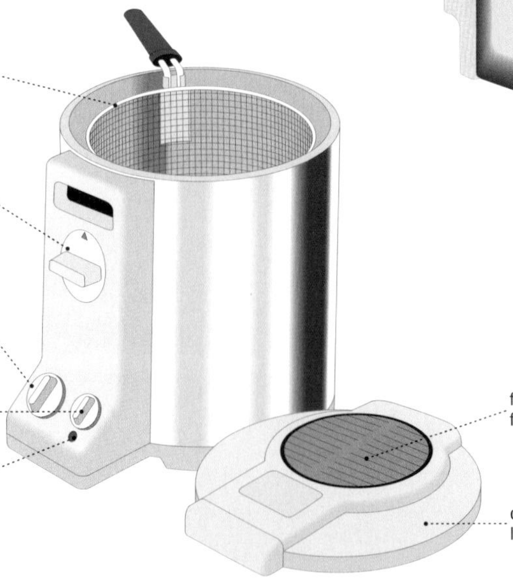

panier[M]
basket
crémaillère[F]
rack
minuterie[F]
timer
thermostat[M]
thermostat
voyant[M] lumineux
signal lamp
filtre[M]
filter
couvercle[M]
lid

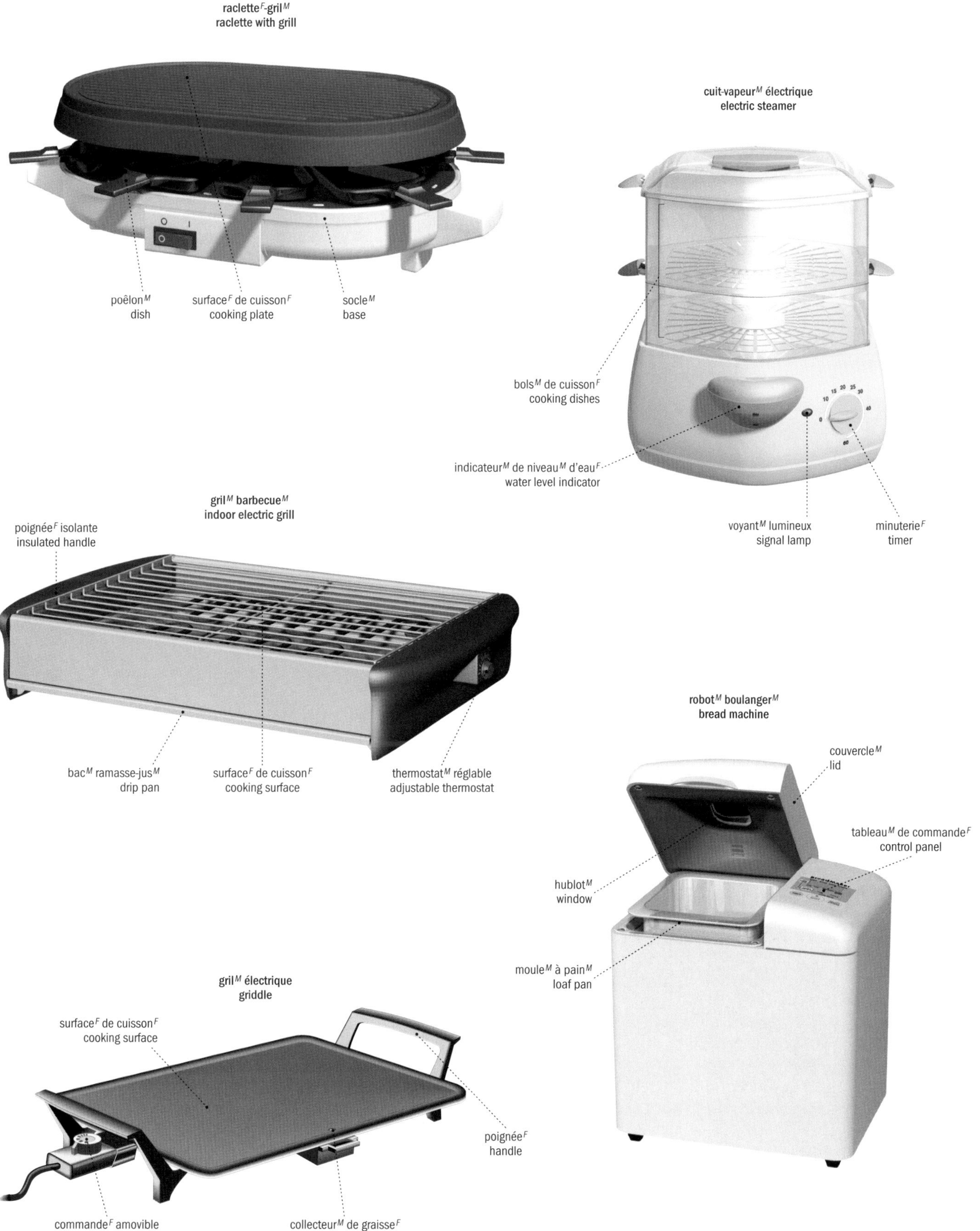
raclette[F]-gril[M]
raclette with grill
poêlon[M]
dish
surface[F] de cuisson[F]
cooking plate
socle[M]
base
cuit-vapeur[M] électrique
electric steamer
bols[M] de cuisson[F]
cooking dishes
indicateur[M] de niveau[M] d'eau[F]
water level indicator
voyant[M] lumineux
signal lamp
minuterie[F]
timer
gril[M] barbecue[M]
indoor electric grill
poignée[F] isolante
insulated handle
bac[M] ramasse-jus[M]
drip pan
surface[F] de cuisson[F]
cooking surface
thermostat[M] réglable
adjustable thermostat
robot[M] boulanger[M]
bread machine
couvercle[M]
lid
tableau[M] de commande[F]
control panel
hublot[M]
window
moule[M] à pain[M]
loaf pan
gril[M] électrique
griddle
surface[F] de cuisson[F]
cooking surface
poignée[F]
handle
commande[F] amovible
detachable control
collecteur[M] de graisse[F]
grease well

appareils[M] électroménagers divers

miscellaneous domestic appliances

ouvre-boîtes[M]
can opener

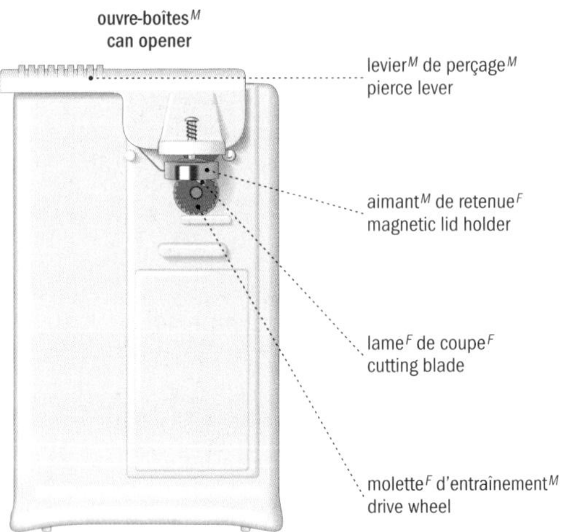
levier[M] de perçage[M]
pierce lever
aimant[M] de retenue[F]
magnetic lid holder
lame[F] de coupe[F]
cutting blade
molette[F] d'entraînement[M]
drive wheel

moulin[M] à café[M]
coffee mill

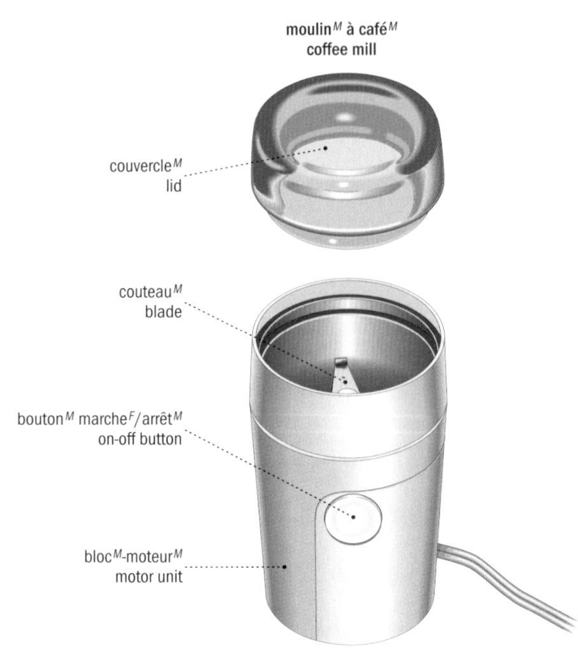
couvercle[M]
lid
couteau[M]
blade
bouton[M] marche[F]/arrêt[M]
on-off button
bloc[M]-moteur[M]
motor unit

bouilloire[F]
kettle

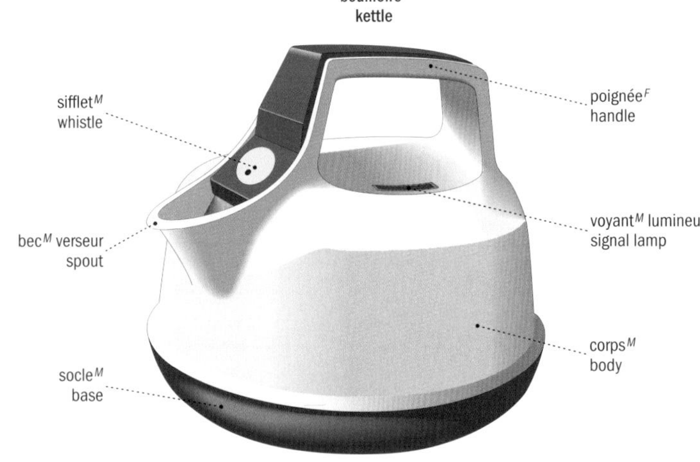
sifflet[M]
whistle
poignée[F]
handle
voyant[M] lumineux
signal lamp
bec[M] verseur
spout
corps[M]
body
socle[M]
base

sorbetière[F]
ice cream freezer

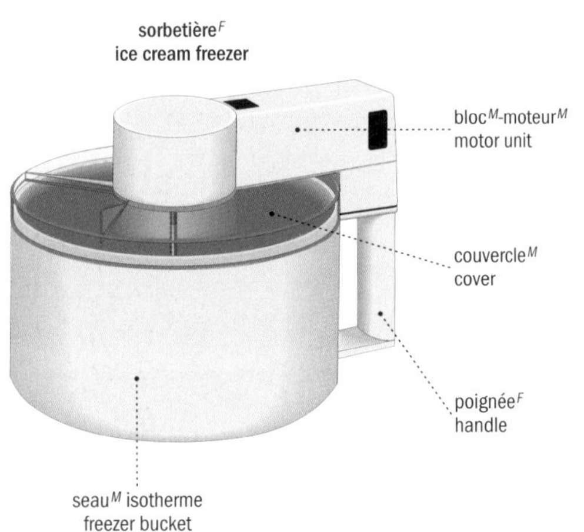
bloc[M]-moteur[M]
motor unit
couvercle[M]
cover
poignée[F]
handle
seau[M] isotherme
freezer bucket

centrifugeuse[F]
juicer

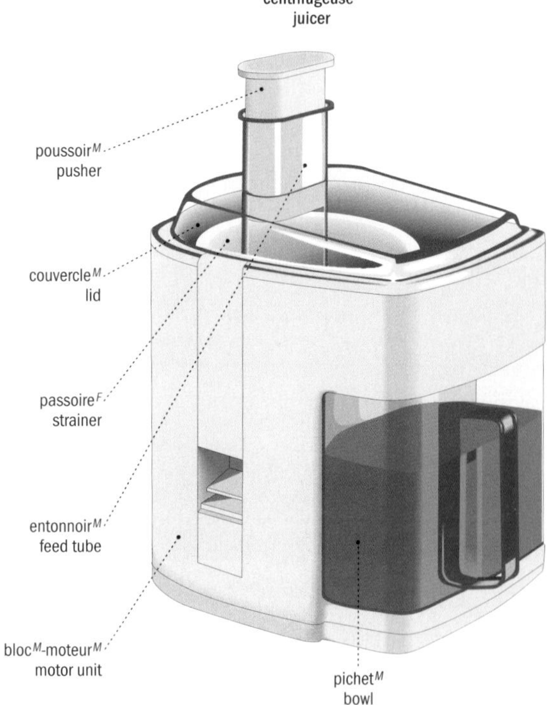
poussoir[M]
pusher
couvercle[M]
lid
passoire[F]
strainer
entonnoir[M]
feed tube
bloc[M]-moteur[M]
motor unit
pichet[M]
bowl

cafetières^F

coffee makers

cafetière^F filtre^M
automatic drip coffee maker

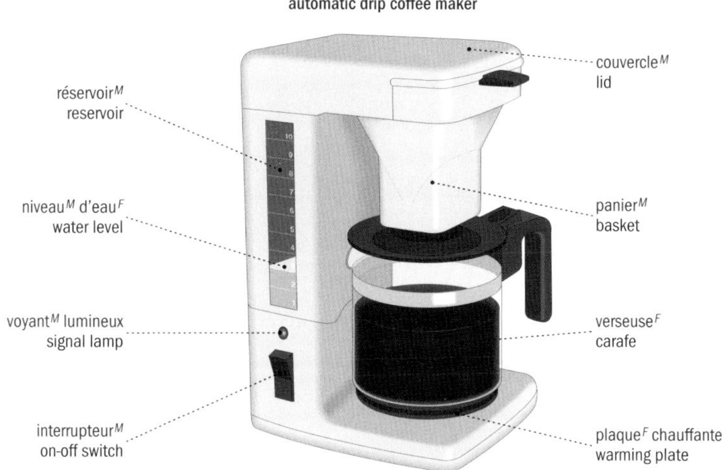
réservoir^M
reservoir
niveau^M d'eau^F
water level
voyant^M lumineux
signal lamp
interrupteur^M
on-off switch
couvercle^M
lid
panier^M
basket
verseuse^F
carafe
plaque^F chauffante
warming plate

cafetière^F napolitaine
Neapolitan coffee maker

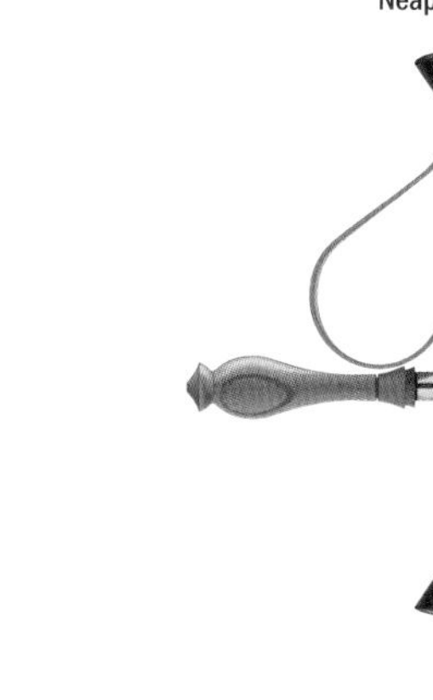

machine^F à espresso^M
espresso machine

interrupteur^M
on-off switch
presse-café^M
tamper
cuvette^F ramasse-gouttes^M
drip tray
buse^F vapeur^F
steam nozzle
manette^F vapeur^F
steam control knob
porte-filtre^M
filter holder
réservoir^M d'eau^F
water tank

cafetière^F à infusion^F
vacuum coffee maker

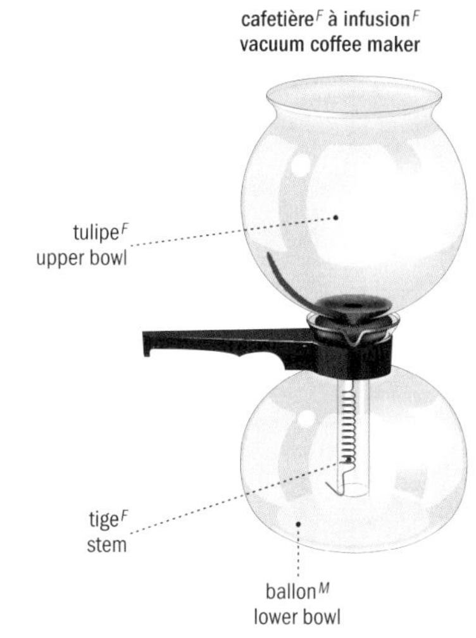
tulipe^F
upper bowl
tige^F
stem
ballon^M
lower bowl

cafetière^F à piston^M
plunger

cafetière^F espresso^M
espresso coffee maker

percolateur^M
percolator

bec^M verseur
spout
voyant^M lumineux
signal lamp

244 Emplacement

244 extérieur d'une maison
246 piscine

247 Éléments de la maison

247 porte extérieure
248 serrure
249 fenêtre

250 Structure d'une maison

250 principales pièces d'une maison
252 charpente
253 ferme de toit
253 fondations
254 parquet
254 revêtements de sol textiles
255 escalier
255 marche

256 Chauffage

256 chauffage au bois
258 installation à air chaud pulsé
259 installation à eau chaude
260 pompe à chaleur
260 chauffage d'appoint

261 Conditionnement de l'air

261 appareils de conditionnement de l'air

262 Plomberie

262 circuit de plomberie
263 pompe de puisard
263 fosse septique
264 salle de bains
265 w.-c.; *toilette*
266 chauffe-eau
268 robinet et mitigeurs
269 adapteurs et raccords
270 exemples de branchement

MAISON

HOUSE

272 Électricité

272 panneau de distribution
273 branchement au réseau
273 compteur d'électricité
274 dispositifs de contact
274 éclairage

276 Ameublement de la maison

276 fauteuil
277 chaise
277 sièges
278 table
278 meubles de rangement
280 lit
281 meubles d'enfants
282 parures de fenêtre
286 luminaires
288 appareils électroménagers
295 articles ménagers

extérieur^M d'une maison^F

exterior of a house

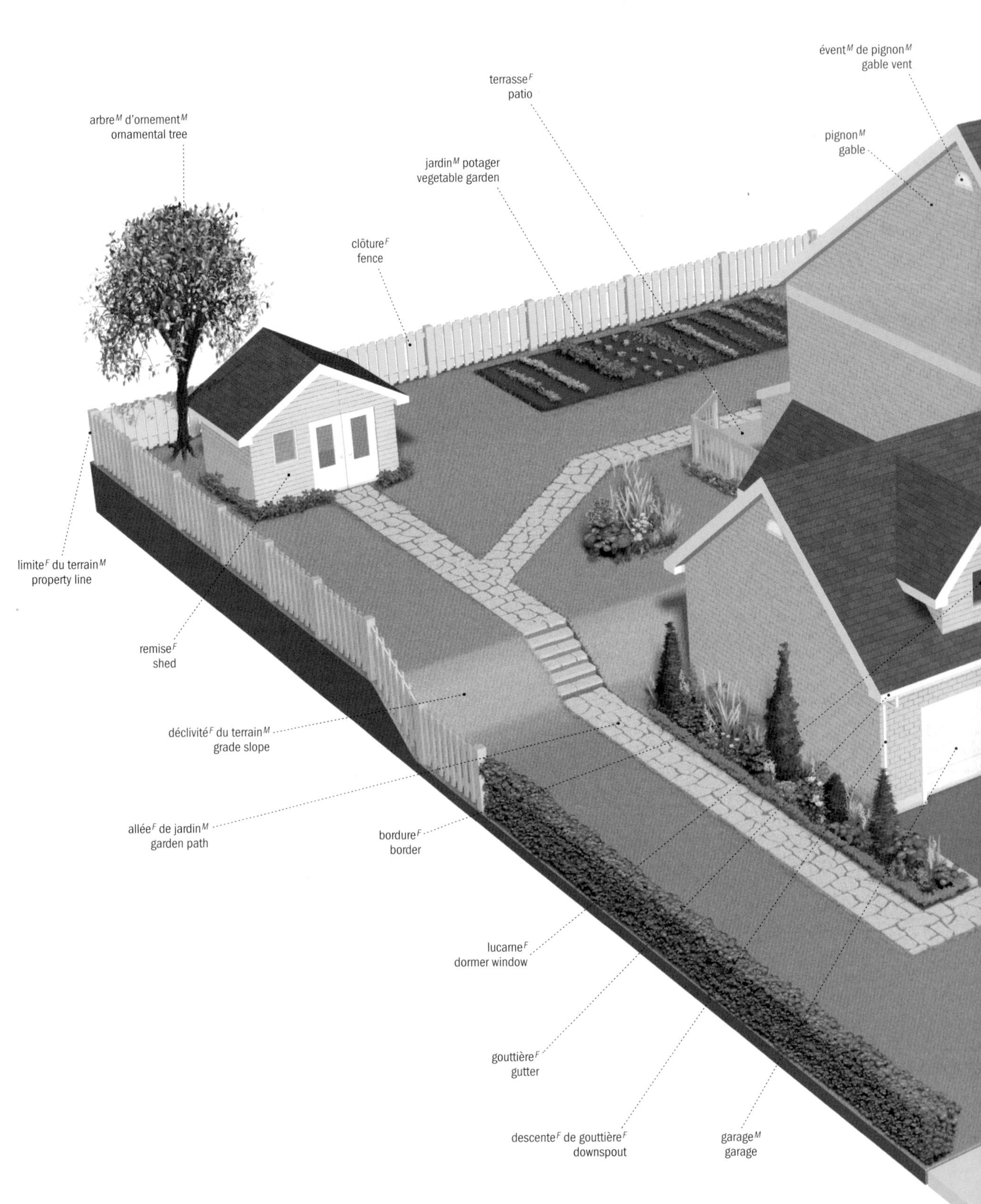

évent^M de pignon^M
gable vent
terrasse^F
patio
arbre^M d'ornement^M
ornamental tree
pignon^M
gable
jardin^M potager
vegetable garden
clôture^F
fence
limite^F du terrain^M
property line
remise^F
shed
déclivité^F du terrain^M
grade slope
allée^F de jardin^M
garden path
bordure^F
border
lucarne^F
dormer window
gouttière^F
gutter
descente^F de gouttière^F
downspout
garage^M
garage

lanterneau^M
skylight
paratonnerre^M
lightning rod
mitron^M
chimney pot
cheminée^F
chimney
toit^M
roof
corniche^F
cornice
perron^M
steps
fenêtre^F de sous-sol^M
basement window
haie^F
hedge
pelouse^F
lawn
massif^M
flower bed
trottoir^M
sidewalk
porche^M
porch
entrée^F de garage^M
driveway

plan^M du terrain^M
site plan

piscine[F]

pool

piscine[F] hors sol[M]
above ground swimming pool

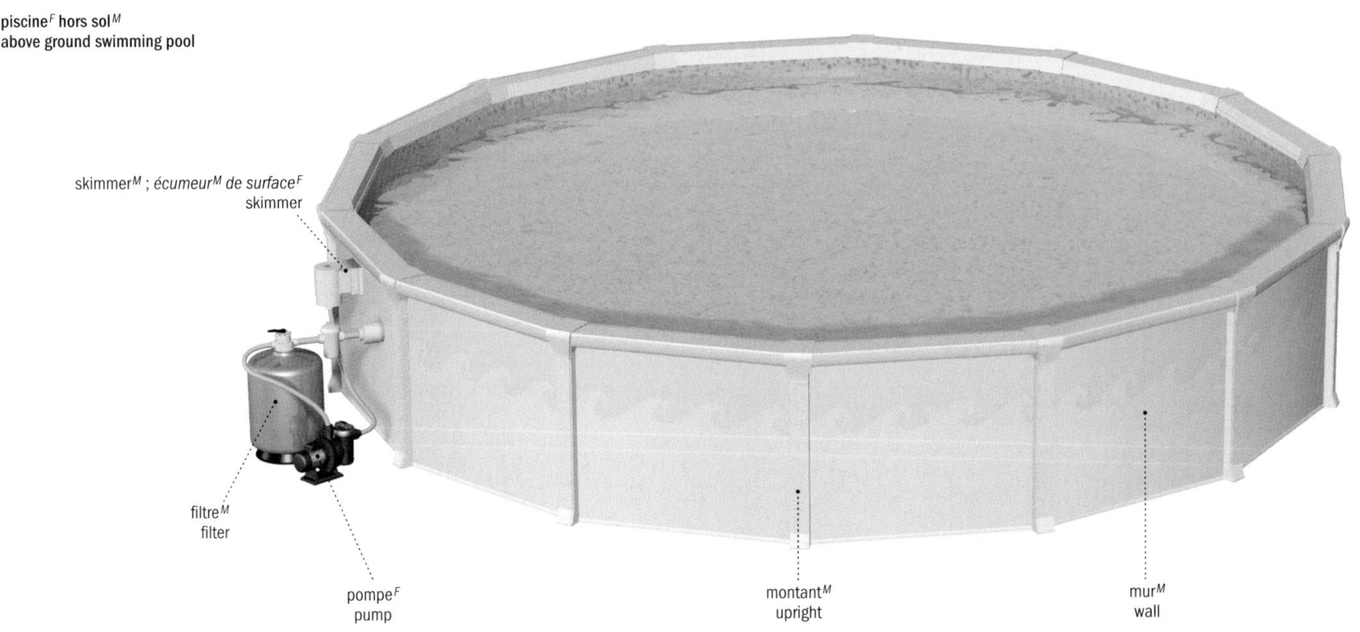
skimmer[M] ; *écumeur[M] de surface[F]*
skimmer
filtre[M]
filter
pompe[F]
pump
montant[M]
upright
mur[M]
wall

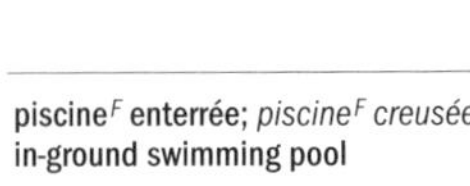

piscine[F] enterrée; *piscine[F] creusée*
in-ground swimming pool

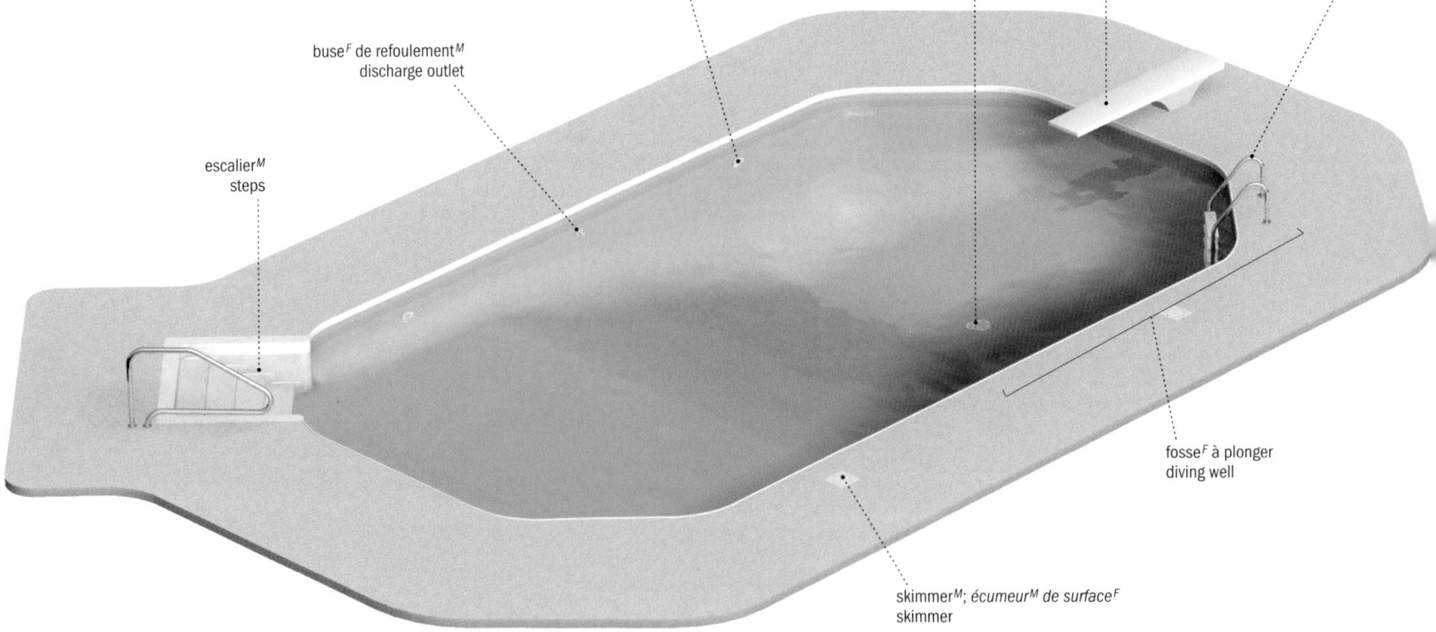

tremplin[M]
diving board
bonde[F] de fond[M]
main drain
projecteur[M] sous-marin
underwater light
échelle[F]
ladder
buse[F] de refoulement[M]
discharge outlet
escalier[M]
steps
fosse[F] à plonger
diving well
skimmer[M]; *écumeur[M] de surface[F]*
skimmer

porte^F extérieure

exterior door

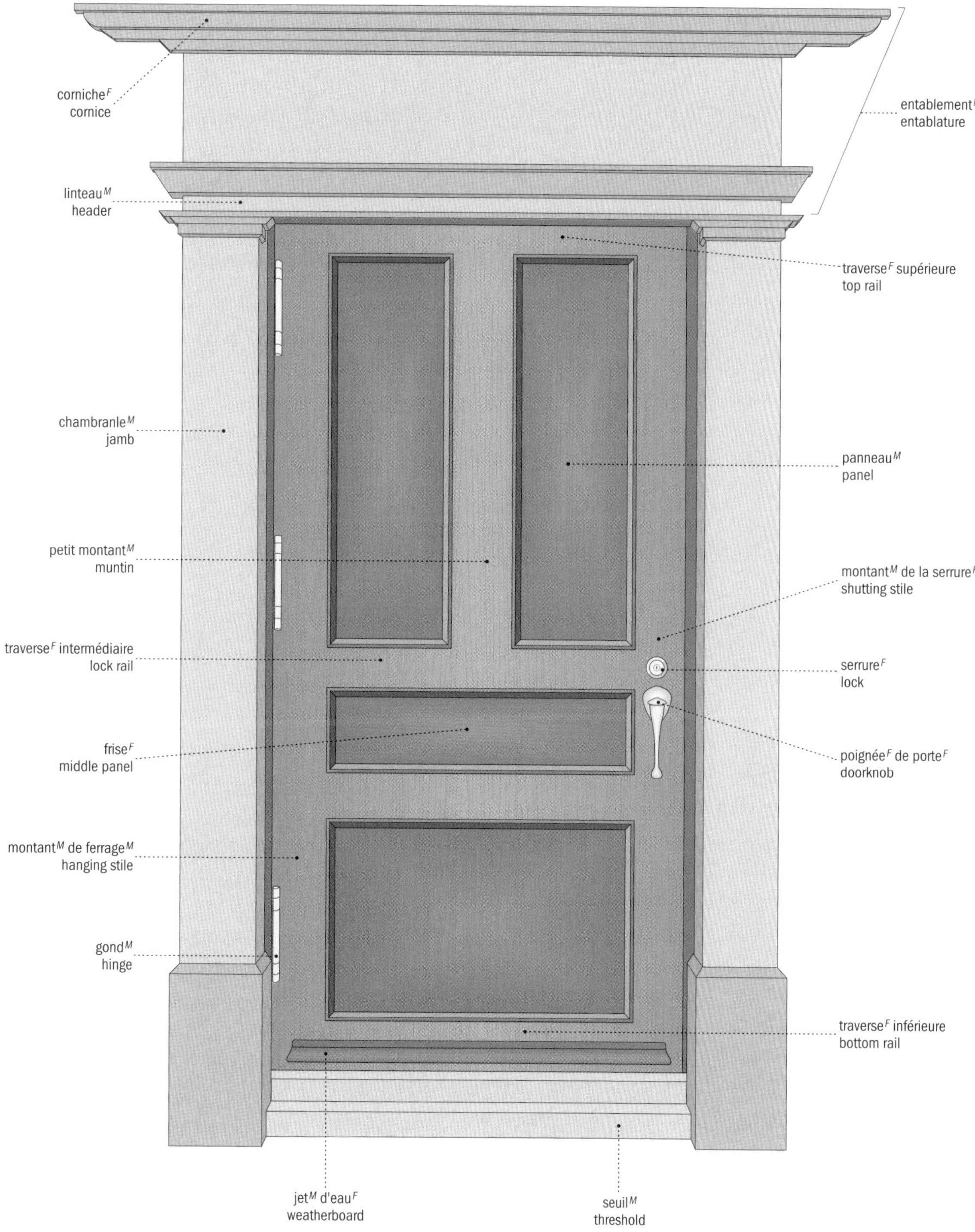
corniche^F
cornice
entablement^M
entablature
linteau^M
header
traverse^F supérieure
top rail
chambranle^M
jamb
panneau^M
panel
petit montant^M
muntin
montant^M de la serrure^F
shutting stile
traverse^F intermédiaire
lock rail
serrure^F
lock
frise^F
middle panel
poignée^F de porte^F
doorknob
montant^M de ferrage^M
hanging stile
gond^M
hinge
traverse^F inférieure
bottom rail
jet^M d'eau^F
weatherboard
seuil^M
threshold

serrure[F]

lock

vue[F] d'ensemble[M]
general view

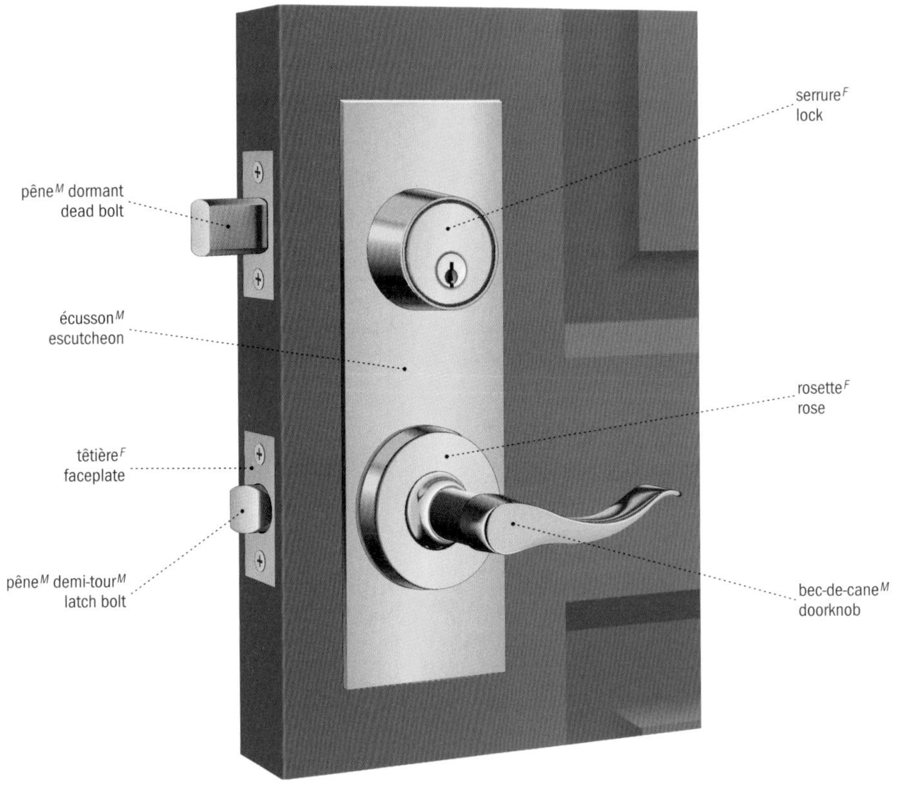
pêne[M] dormant
dead bolt
écusson[M]
escutcheon
têtière[F]
faceplate
pêne[M] demi-tour[M]
latch bolt
serrure[F]
lock
rosette[F]
rose
bec-de-cane[M]
doorknob

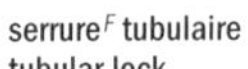

serrure[F] tubulaire
tubular lock

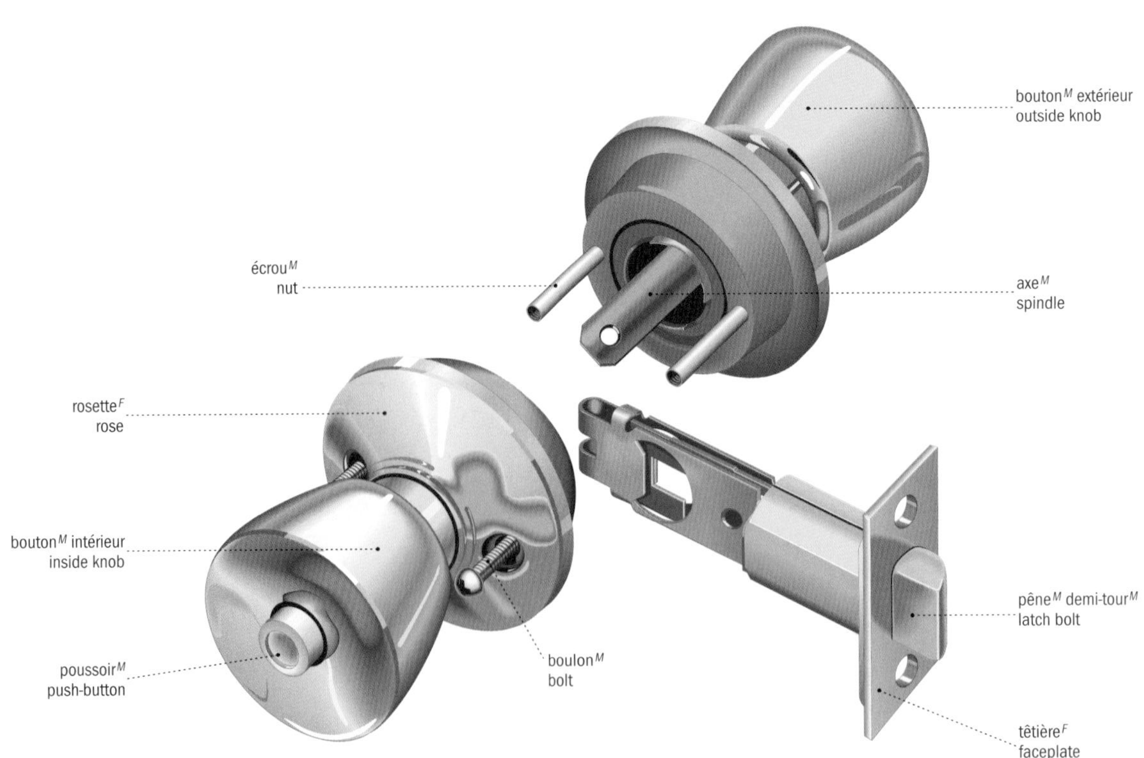
bouton[M] extérieur
outside knob
écrou[M]
nut
axe[M]
spindle
rosette[F]
rose
bouton[M] intérieur
inside knob
pêne[M] demi-tour[M]
latch bolt
boulon[M]
bolt
poussoir[M]
push-button
têtière[F]
faceplate

serrure^F

serrure^F à mortaiser
mortise lock

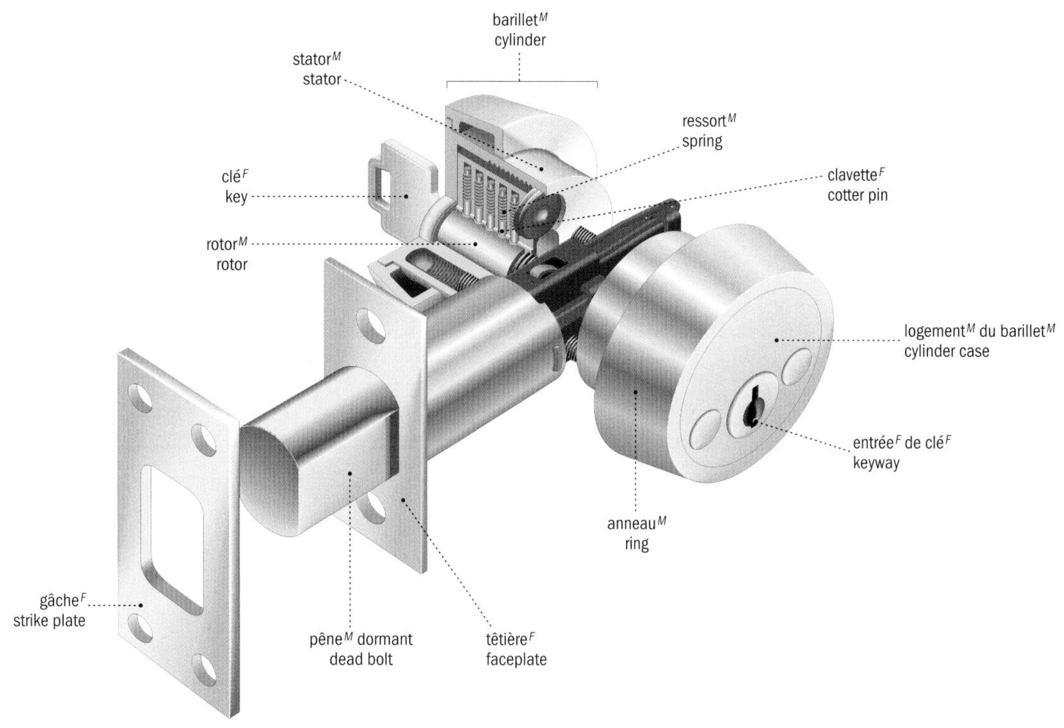
barillet^M
cylinder
stator^M
stator
ressort^M
spring
clé^F
key
clavette^F
cotter pin
rotor^M
rotor
logement^M du barillet^M
cylinder case
entrée^F de clé^F
keyway
anneau^M
ring
gâche^F
strike plate
pêne^M dormant
dead bolt
têtière^F
faceplate

fenêtre^F

window

structure^F
structure

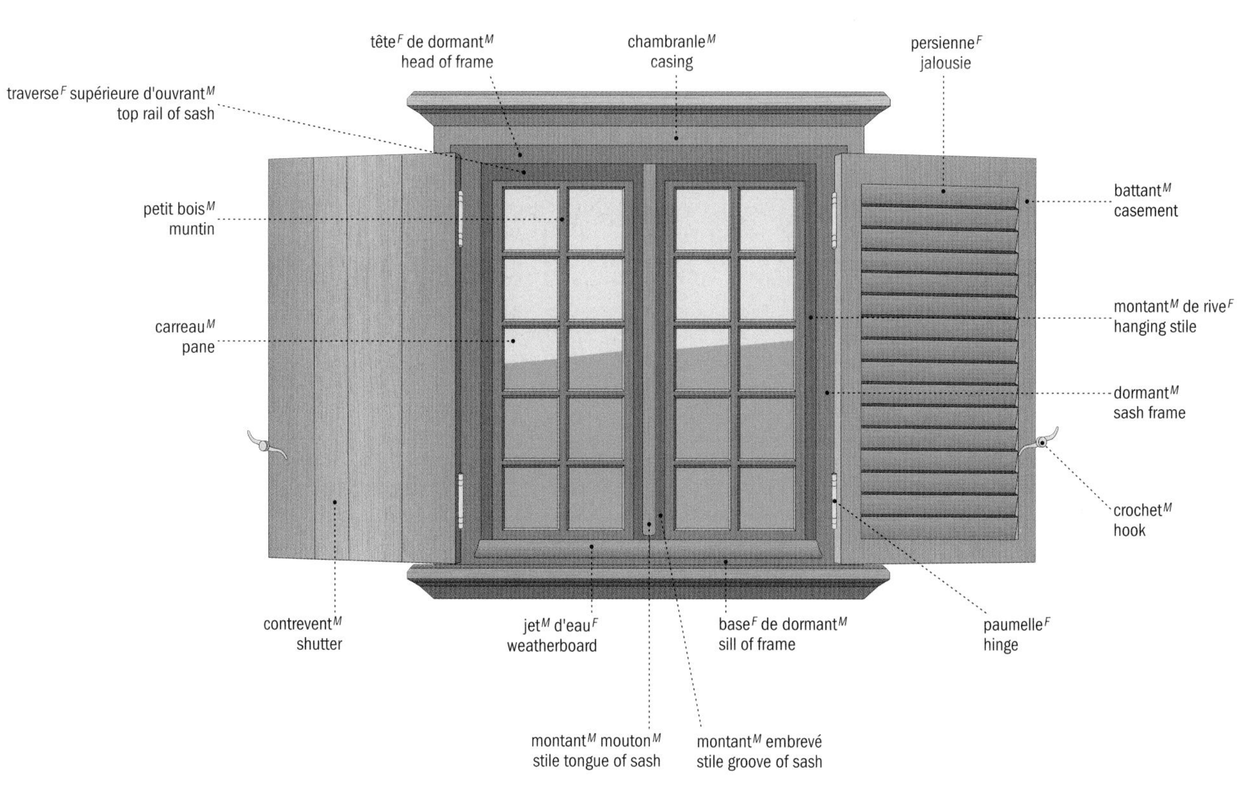
tête^F de dormant^M
head of frame
chambranle^M
casing
persienne^F
jalousie
traverse^F supérieure d'ouvrant^M
top rail of sash
battant^M
casement
petit bois^M
muntin
montant^M de rive^F
hanging stile
carreau^M
pane
dormant^M
sash frame
crochet^M
hook
contrevent^M
shutter
jet^M d'eau^F
weatherboard
base^F de dormant^M
sill of frame
paumelle^F
hinge
montant^M mouton^M
stile tongue of sash
montant^M embrevé
stile groove of sash

MAISON

principales pièces[F] d'une maison[F]

main rooms

élévation[F]
elevation

mezzanine[F]
mezzanine floor
étage[M]
second floor
rez-de-chaussée[M]
first floor
sous-sol[M]
basement

rez-de-chaussée[M]
first floor

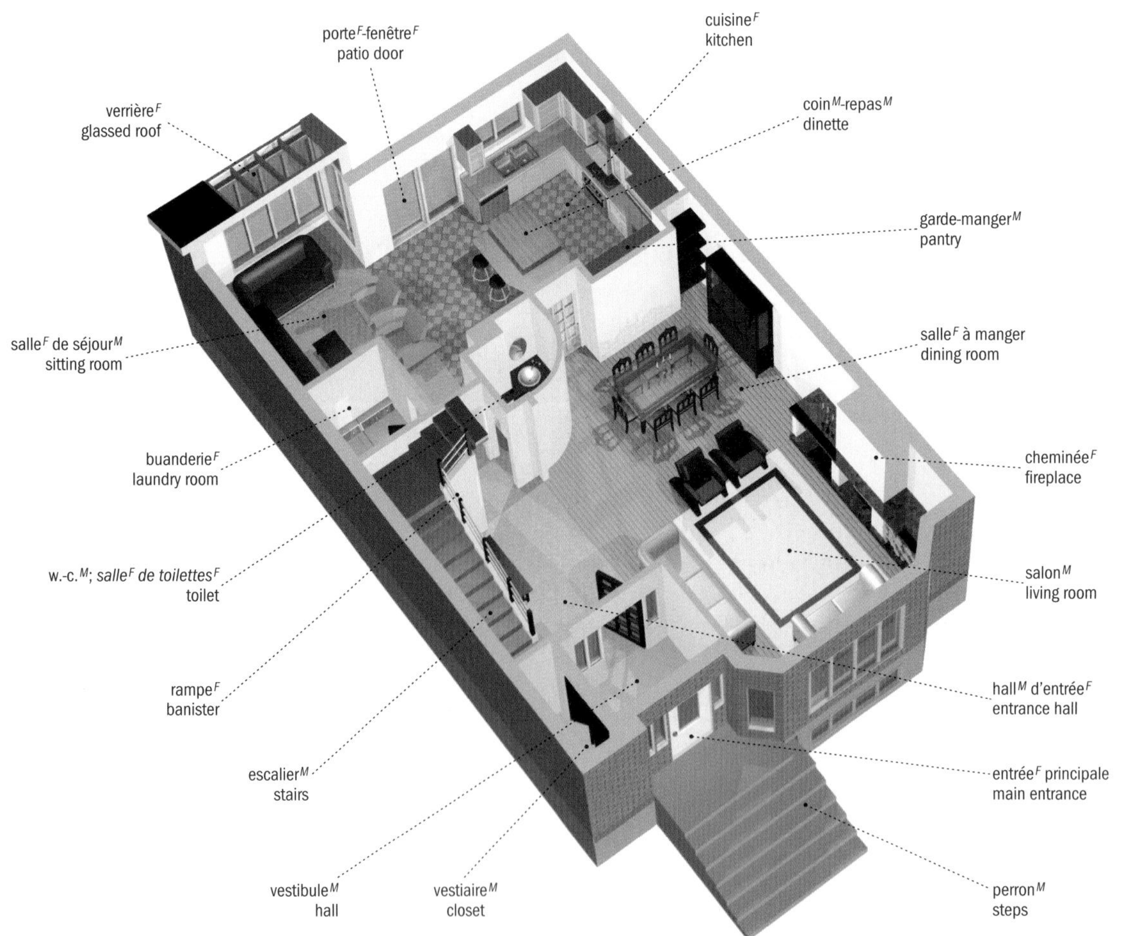

porte[F]-fenêtre[F]
patio door
cuisine[F]
kitchen
verrière[F]
glassed roof
coin[M]-repas[M]
dinette
garde-manger[M]
pantry
salle[F] de séjour[M]
sitting room
salle[F] à manger
dining room
buanderie[F]
laundry room
cheminée[F]
fireplace
w.-c.[M]; *salle[F] de toilettes[F]*
toilet
salon[M]
living room
rampe[F]
banister
hall[M] d'entrée[F]
entrance hall
escalier[M]
stairs
entrée[F] principale
main entrance
vestibule[M]
hall
vestiaire[M]
closet
perron[M]
steps

principales pièces^F d'une maison^F

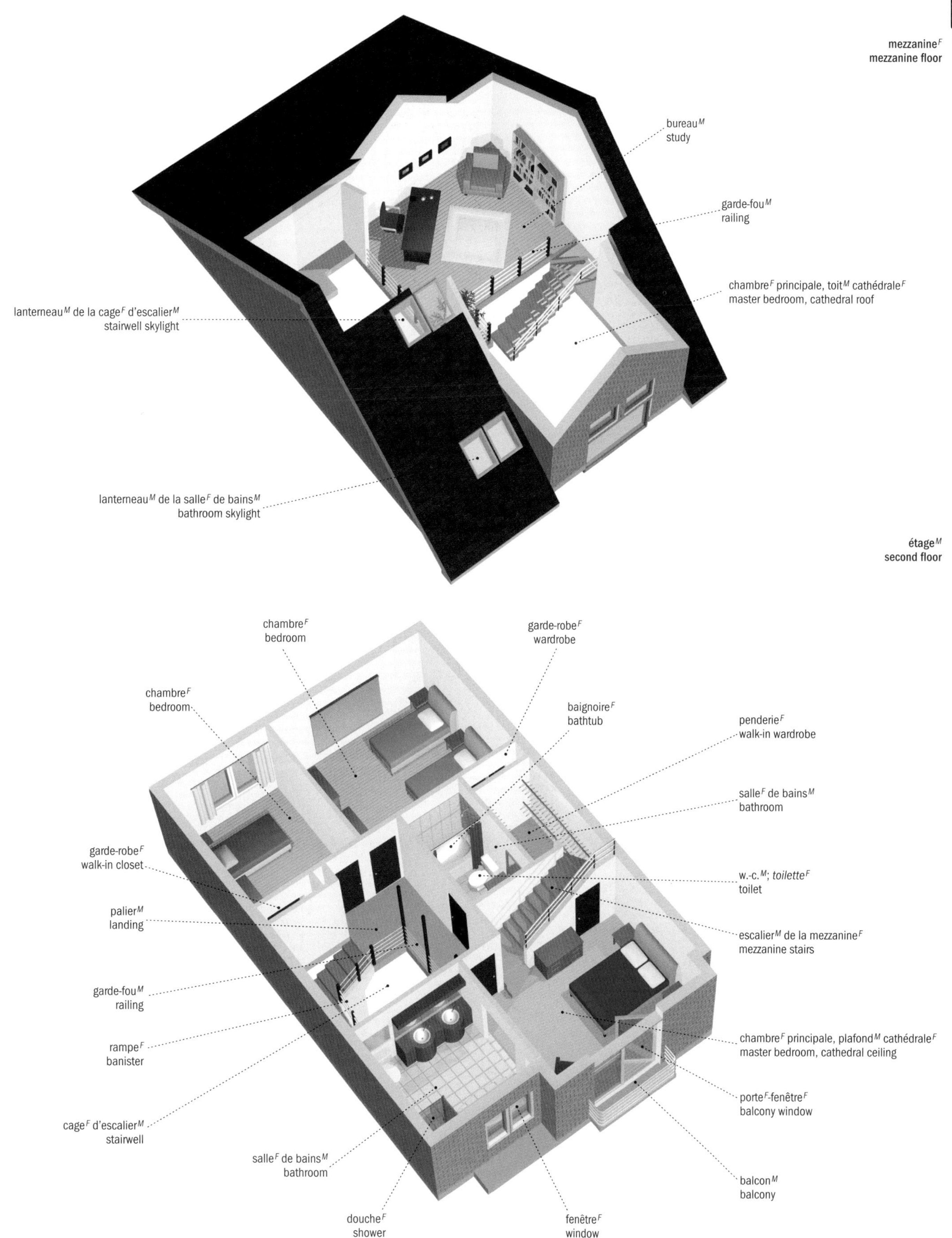
mezzanine^F
mezzanine floor
bureau^M
study
garde-fou^M
railing
chambre^F principale, toit^M cathédrale^F
master bedroom, cathedral roof
lanterneau^M de la cage^F d'escalier^M
stairwell skylight
lanterneau^M de la salle^F de bains^M
bathroom skylight
étage^M
second floor
chambre^F
bedroom
garde-robe^F
wardrobe
chambre^F
bedroom
baignoire^F
bathtub
penderie^F
walk-in wardrobe
salle^F de bains^M
bathroom
garde-robe^F
walk-in closet
w.-c.^M; *toilette*^F
toilet
palier^M
landing
escalier^M de la mezzanine^F
mezzanine stairs
garde-fou^M
railing
chambre^F principale, plafond^M cathédrale^F
master bedroom, cathedral ceiling
rampe^F
banister
porte^F-fenêtre^F
balcony window
cage^F d'escalier^M
stairwell
salle^F de bains^M
bathroom
balcon^M
balcony
douche^F
shower
fenêtre^F
window

charpente^F

frame

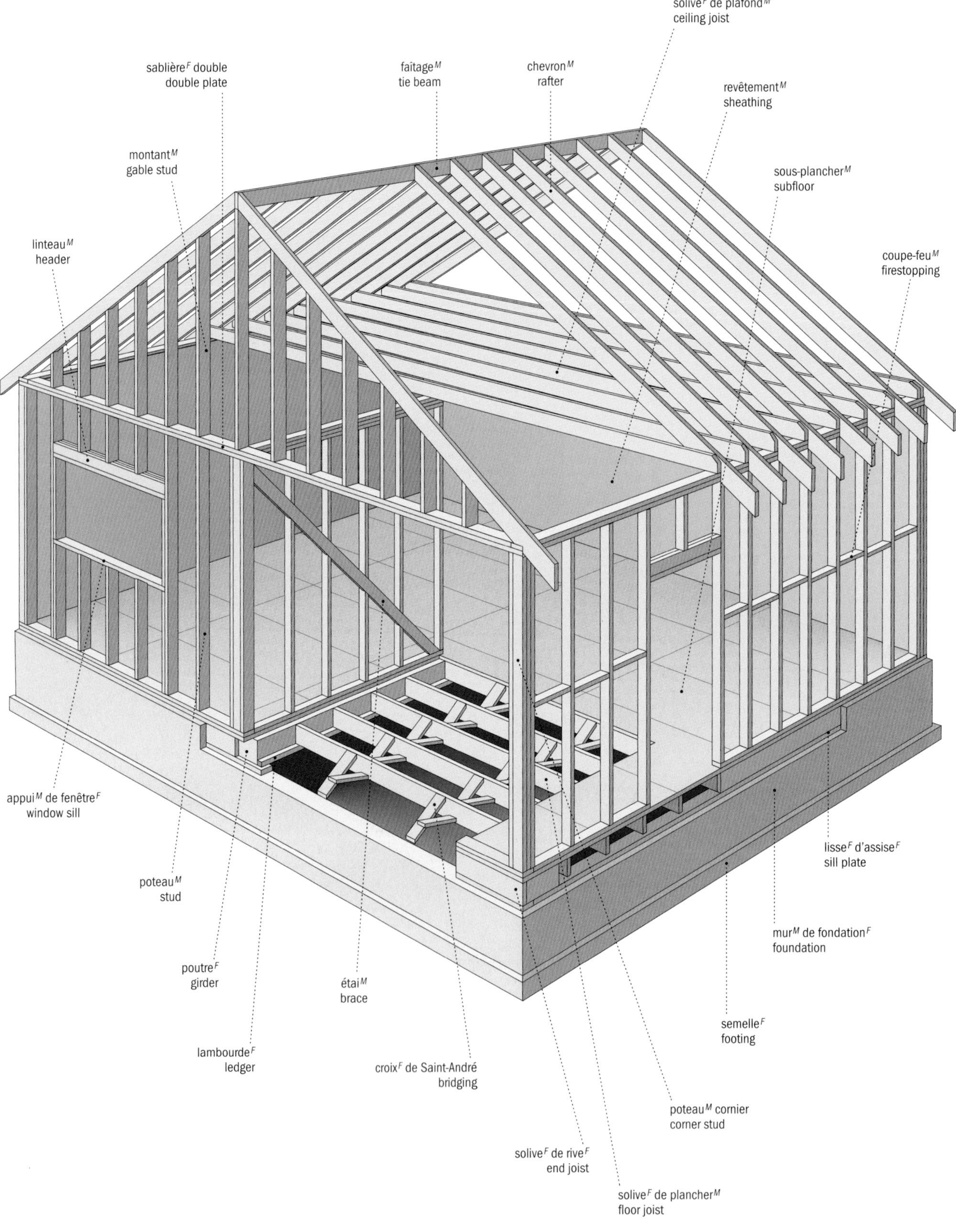
solive^F de plafond^M
ceiling joist
sablière^F double
double plate
faîtage^M
tie beam
chevron^M
rafter
revêtement^M
sheathing
montant^M
gable stud
sous-plancher^M
subfloor
linteau^M
header
coupe-feu^M
firestopping
appui^M de fenêtre^F
window sill
lisse^F d'assise^F
sill plate
poteau^M
stud
mur^M de fondation^F
foundation
poutre^F
girder
étai^M
brace
semelle^F
footing
lambourde^F
ledger
croix^F de Saint-André
bridging
poteau^M cornier
corner stud
solive^F de rive^F
end joist
solive^F de plancher^M
floor joist

ferme^F de toit^M

roof truss

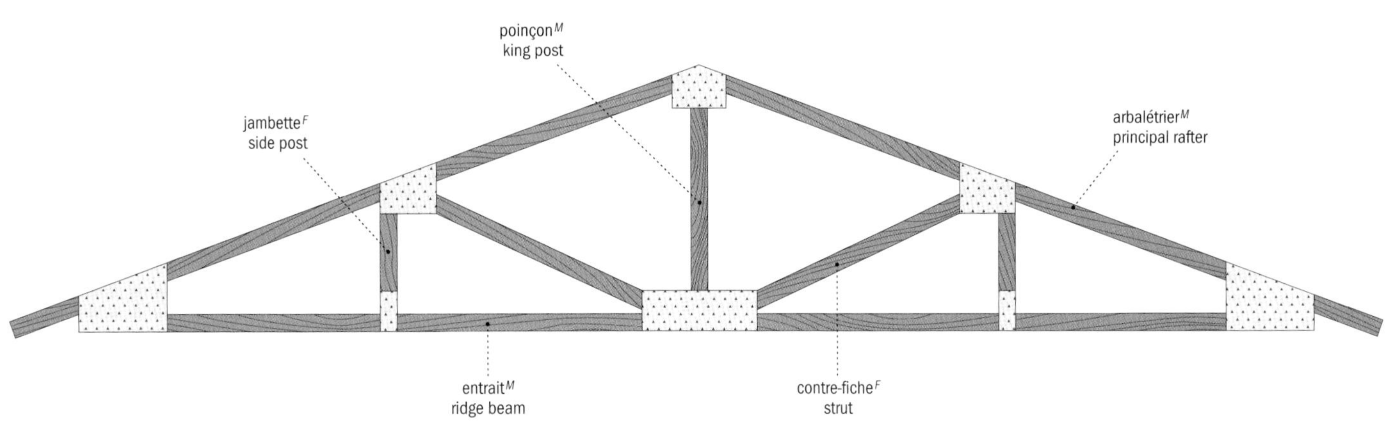
poinçon^M
king post
jambette^F
side post
arbalétrier^M
principal rafter
entrait^M
ridge beam
contre-fiche^F
strut

fondations^F

foundation

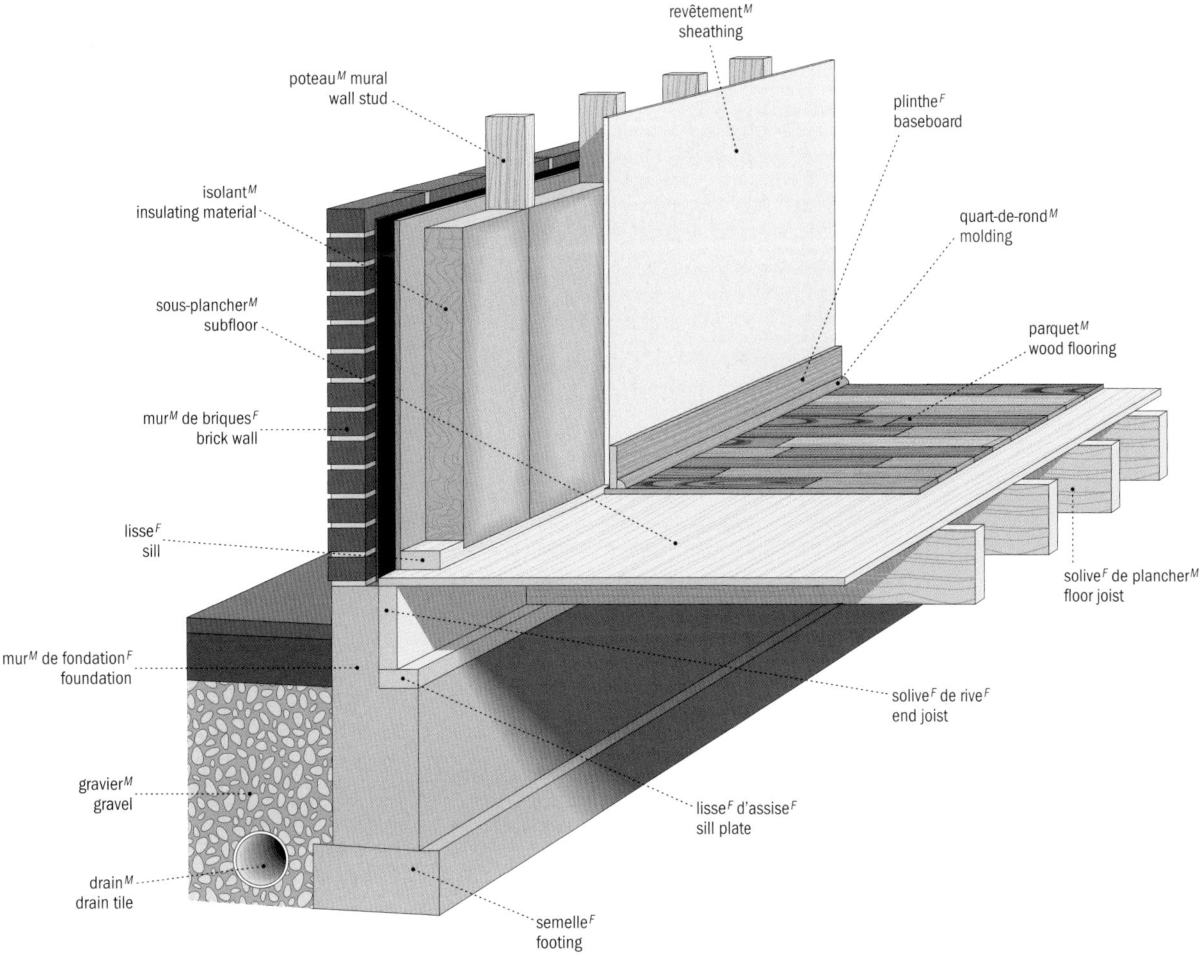

revêtement^M
sheathing
poteau^M mural
wall stud
plinthe^F
baseboard
isolant^M
insulating material
quart-de-rond^M
molding
sous-plancher^M
subfloor
parquet^M
wood flooring
mur^M de briques^F
brick wall
lisse^F
sill
solive^F de plancher^M
floor joist
mur^M de fondation^F
foundation
solive^F de rive^F
end joist
gravier^M
gravel
lisse^F d'assise^F
sill plate
drain^M
drain tile
semelle^F
footing

parquet^{M}

wood flooring

parquet^{M} sur chape^{F} de ciment^{M}
wood flooring on cement screed

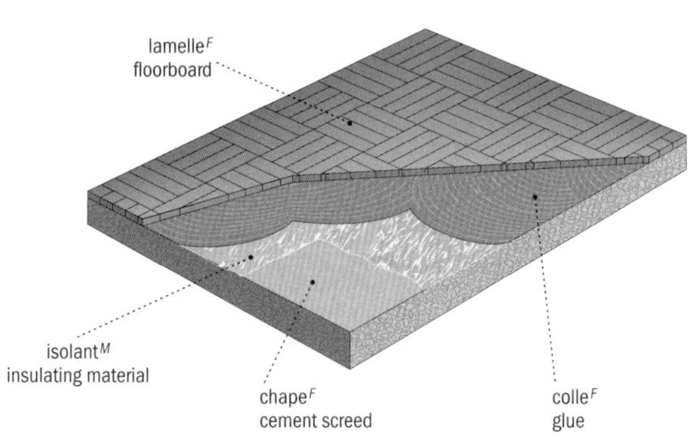
lamelle^{F}
floorboard
isolant^{M}
insulating material
chape^{F}
cement screed
colle^{F}
glue

parquet^{M} sur ossature^{F} de bois^{M}
wood flooring on wooden structure

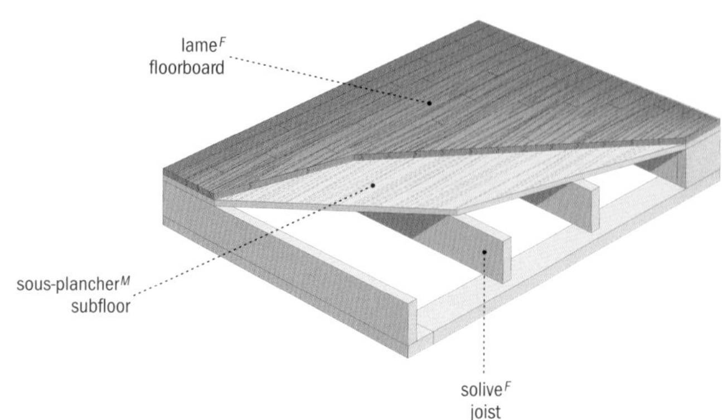
lame^{F}
floorboard
sous-plancher^{M}
subfloor
solive^{F}
joist

arrangements^{M} des parquets^{M}
wood flooring arrangements

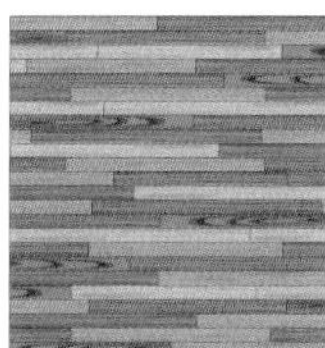
parquet^{M} à coupe^{F} perdue
overlay flooring

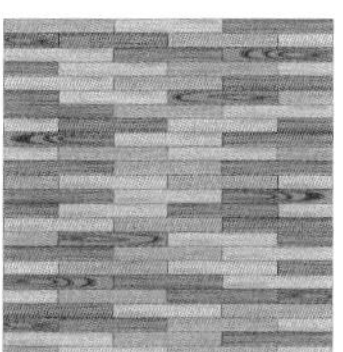
parquet^{M} à coupe^{F} de pierre^{F}
strip flooring with alternate joints

parquet^{M} à bâtons^{M} rompus
herringbone parquet

parquet^{M} en chevrons^{M}
herringbone pattern

parquet^{M} mosaïque^{F}
inlaid parquet

parquet^{M} en vannerie^{F}
basket weave pattern

parquet^{M} d'Arenberg
Arenberg parquet

parquet^{M} Chantilly
Chantilly parquet

parquet^{M} Versailles
Versailles parquet

revêtements^{M} de sol^{M} textiles

textile floor coverings

tapis^{M}
rug

moquette^{F}
pile carpet

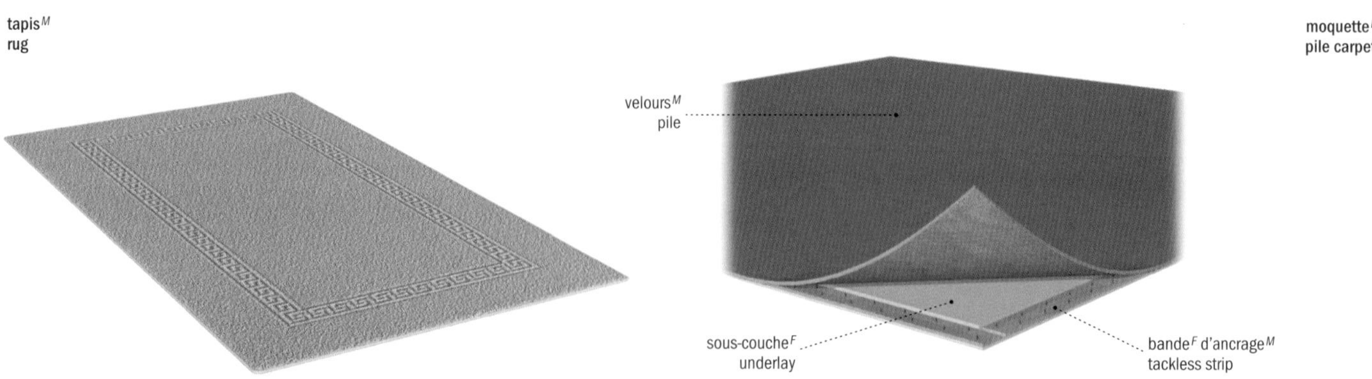
velours^{M}
pile
sous-couche^{F}
underlay
bande^{F} d'ancrage^{M}
tackless strip

escalier[M]

stairs

rampe[F]
guard

couronnement[M]
cap

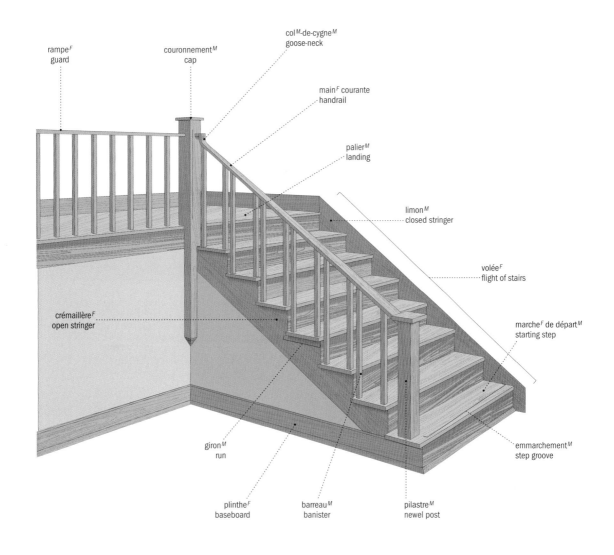

col[M]-de-cygne[M]
goose-neck

main[F] courante
handrail

palier[M]
landing

limon[M]
closed stringer

volée[F]
flight of stairs

marche[F] de départ[M]
starting step

crémaillère[F]
open stringer

emmarchement[M]
step groove

giron[M]
run

plinthe[F]
baseboard

barreau[M]
banister

pilastre[M]
newel post

MAISON

marche[F]

step

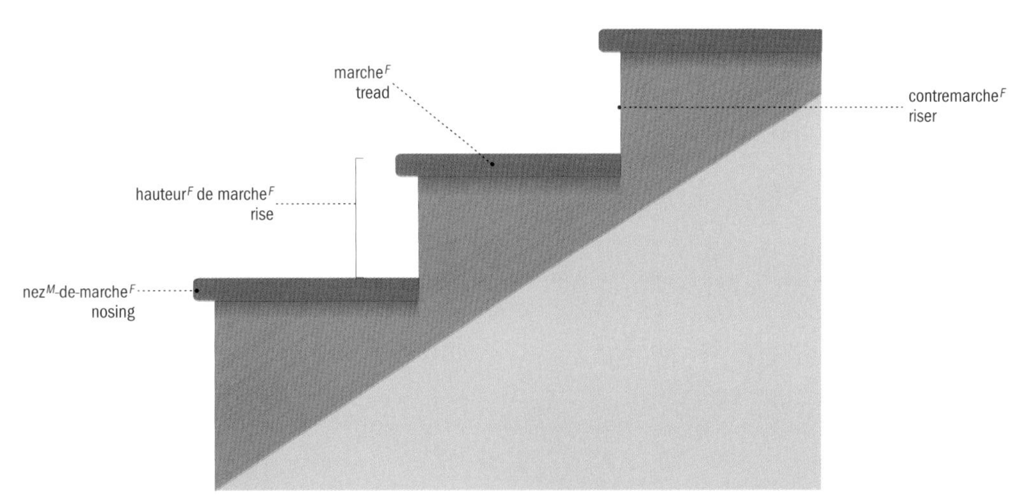
marche[F]
tread
contremarche[F]
riser
hauteur[F] de marche[F]
rise
nez[M]-de-marche[F]
nosing

chauffage^M au bois^M

wood firing

cheminée^F à foyer^M ouvert
fireplace

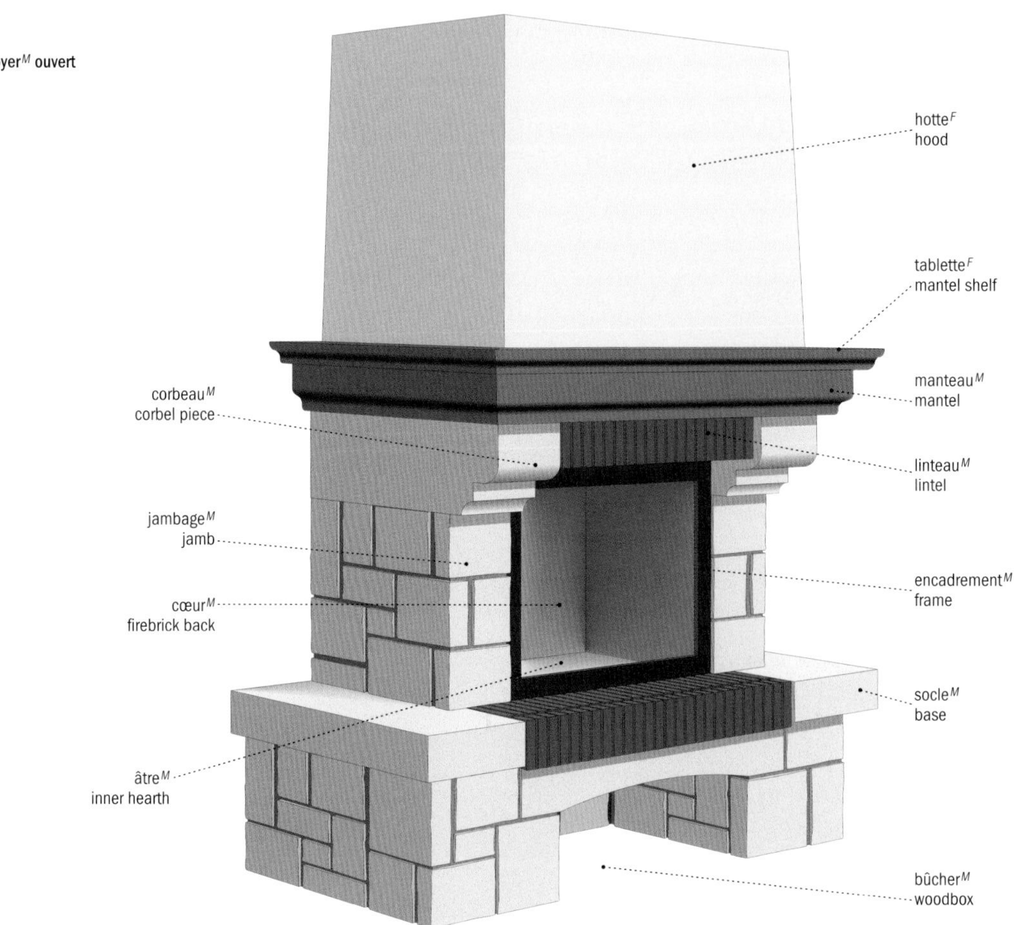
hotte^F
hood
tablette^F
mantel shelf
manteau^M
mantel
corbeau^M
corbel piece
linteau^M
lintel
jambage^M
jamb
encadrement^M
frame
cœur^M
firebrick back
socle^M
base
âtre^M
inner hearth
bûcher^M
woodbox

poêle^M à combustion^F lente
slow-burning stove

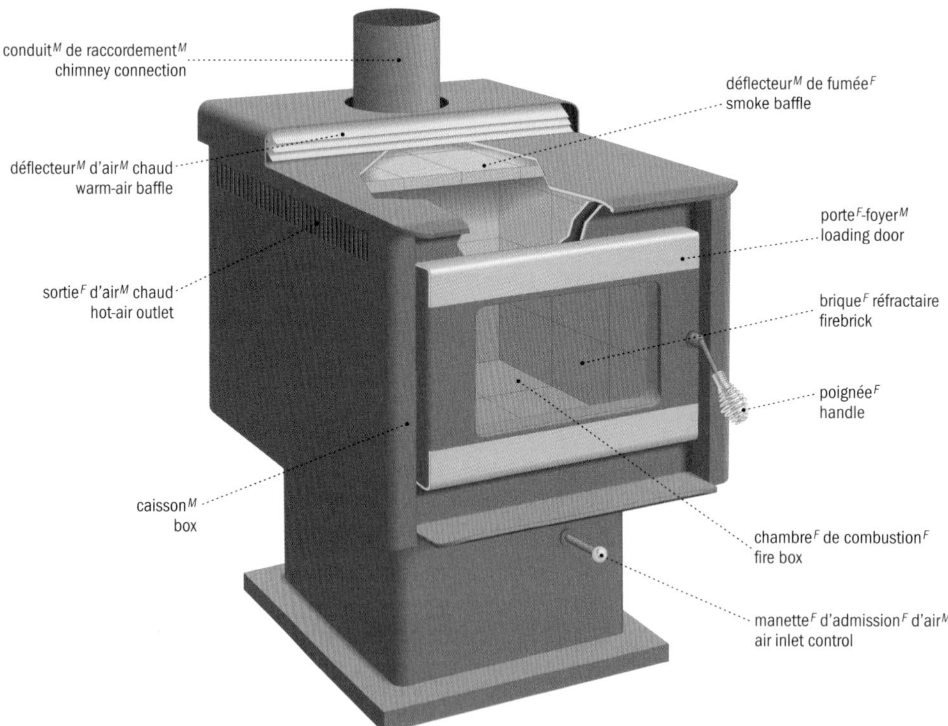
conduit^M de raccordement^M
chimney connection
déflecteur^M de fumée^F
smoke baffle
déflecteur^M d'air^M chaud
warm-air baffle
porte^F-foyer^M
loading door
sortie^F d'air^M chaud
hot-air outlet
brique^F réfractaire
firebrick
poignée^F
handle
caisson^M
box
chambre^F de combustion^F
fire box
manette^F d'admission^F d'air^M
air inlet control

cheminée^F
chimney

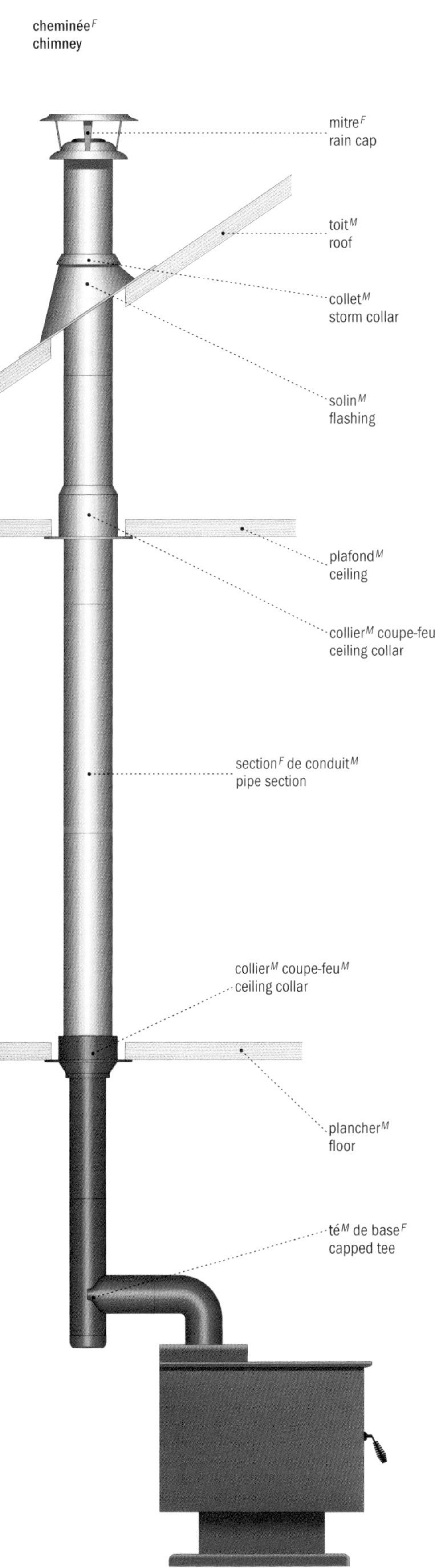
mitre^F
rain cap
toit^M
roof
collet^M
storm collar
solin^M
flashing
plafond^M
ceiling
collier^M coupe-feu^M
ceiling collar
section^F de conduit^M
pipe section
collier^M coupe-feu^M
ceiling collar
plancher^M
floor
té^M de base^F
capped tee

accessoires^M de foyer^M
fire irons

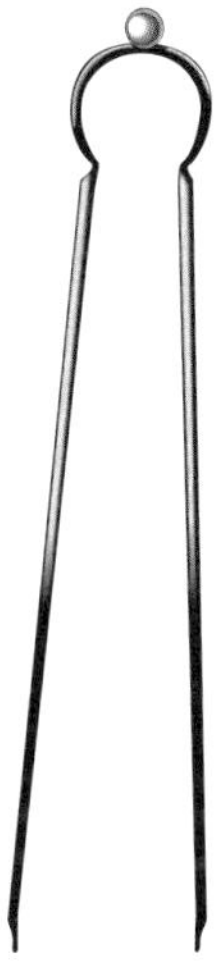

pince^F
log tongs

tisonnier^M
poker

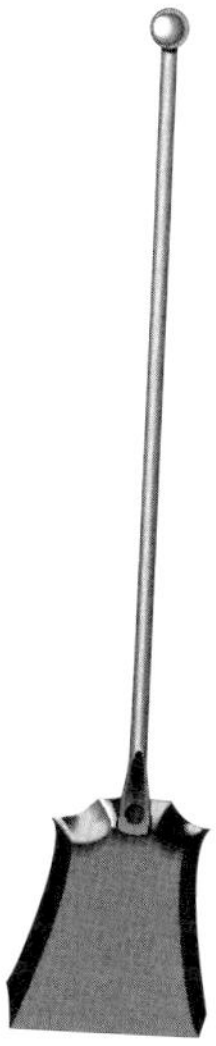

pelle^F
shovel

balai^M
broom

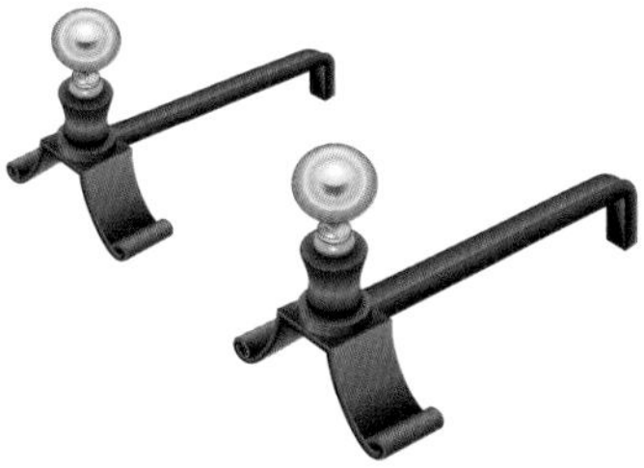

chenets^M
andirons

porte-bûches^M
log carrier

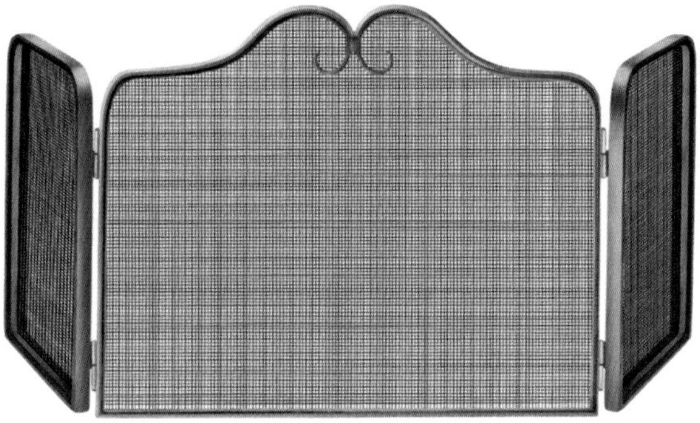

pare-feu^M
fireplace screen

installation^F à air^M chaud pulsé

forced warm-air system

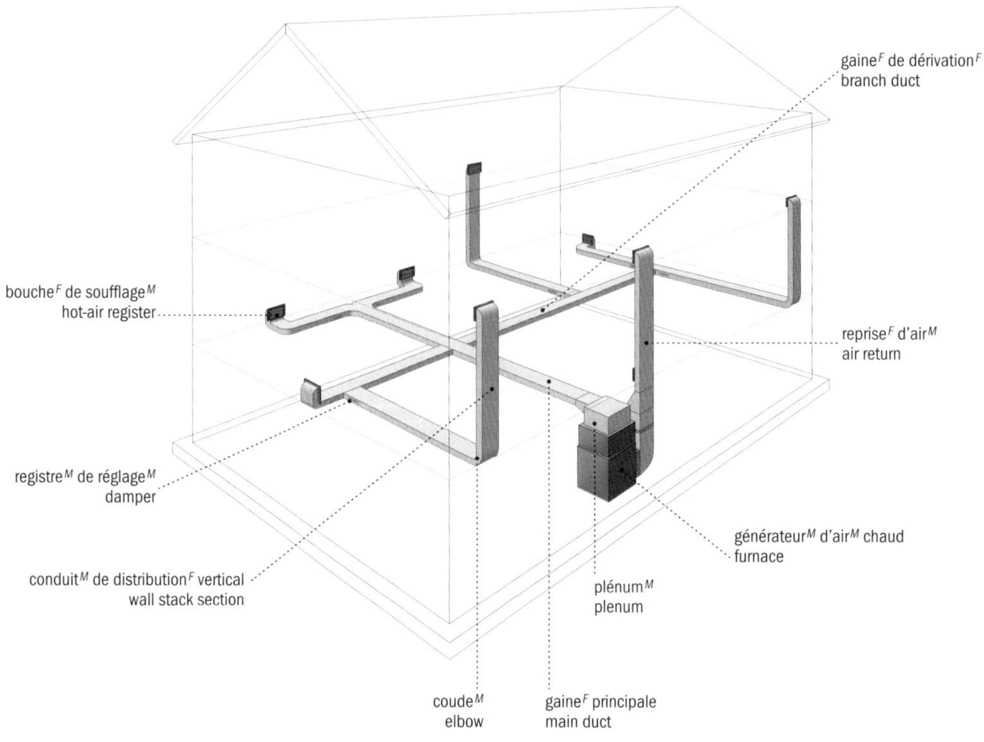
gaine^F de dérivation^F
branch duct
bouche^F de soufflage^M
hot-air register
reprise^F d'air^M
air return
registre^M de réglage^M
damper
générateur^M d'air^M chaud
furnace
conduit^M de distribution^F vertical
wall stack section
plénum^M
plenum
coude^M
elbow
gaine^F principale
main duct

générateur^M d'air^M chaud électrique
electric furnace

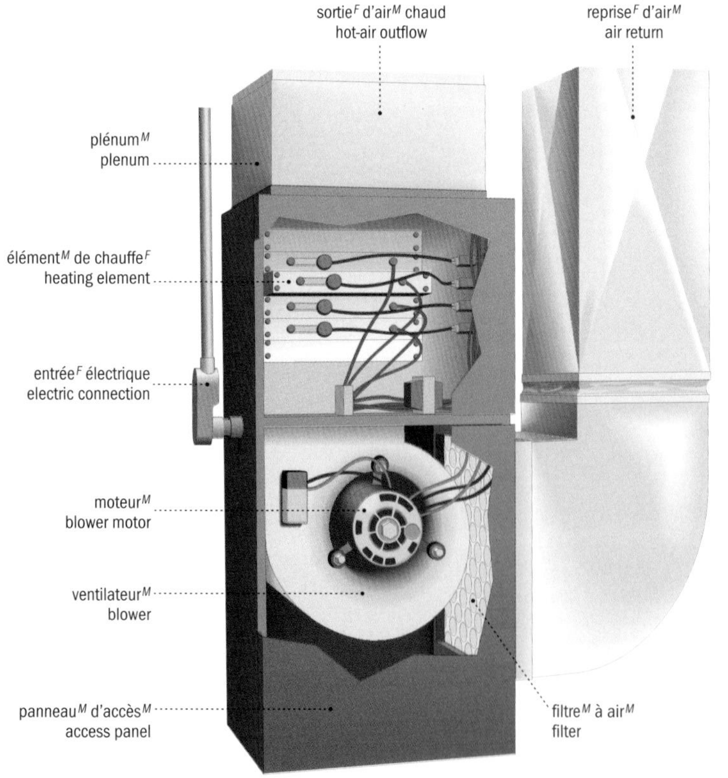
sortie^F d'air^M chaud
hot-air outflow
reprise^F d'air^M
air return
plénum^M
plenum
élément^M de chauffe^F
heating element
entrée^F électrique
electric connection
moteur^M
blower motor
ventilateur^M
blower
panneau^M d'accès^M
access panel
filtre^M à air^M
filter

types^M de bouches^F
types of registers

bouche^F de soufflage^M
baseboard register

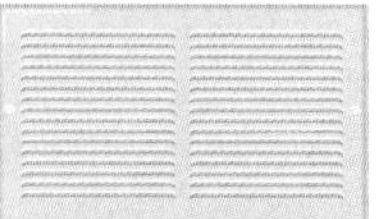

bouche^F d'extraction^F
wall register

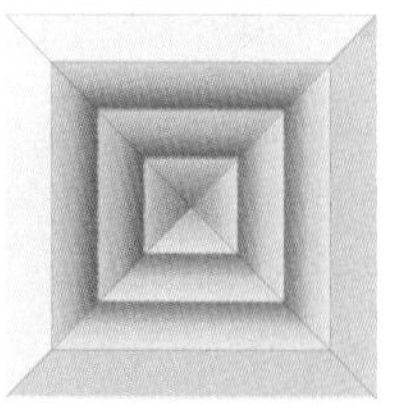

bouche^F à induction^F
ceiling register

installation^{F} à eau^{F} chaude

forced hot-water system

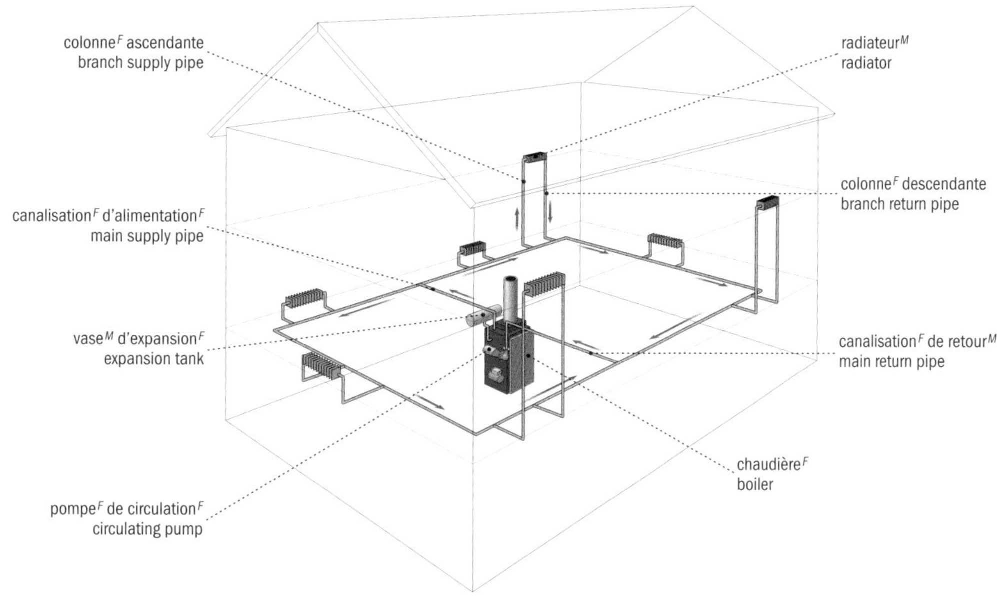
colonne^{F} ascendante
branch supply pipe
radiateur^{M}
radiator
colonne^{F} descendante
branch return pipe
canalisation^{F} d'alimentation^{F}
main supply pipe
vase^{M} d'expansion^{F}
expansion tank
canalisation^{F} de retour^{M}
main return pipe
chaudière^{F}
boiler
pompe^{F} de circulation^{F}
circulating pump

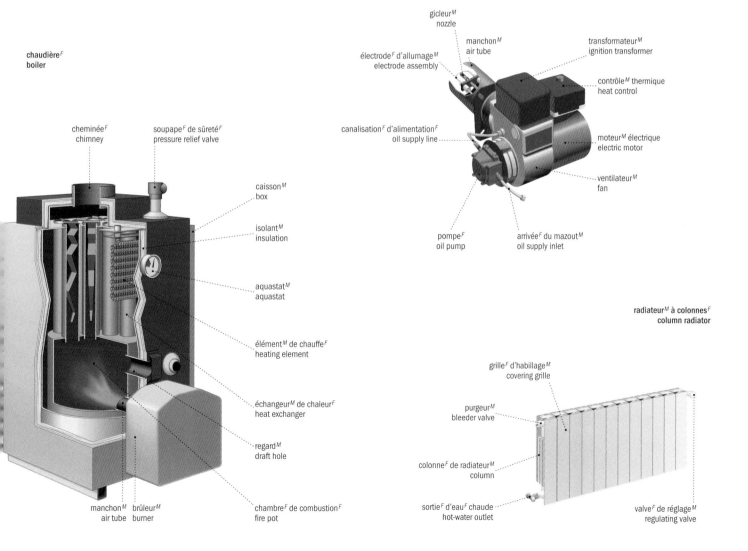

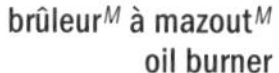

brûleur^{M} à mazout^{M}
oil burner

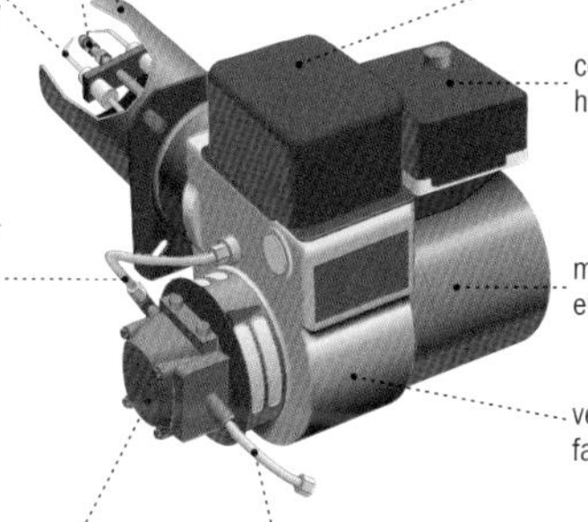

gicleur^{M}
nozzle

manchon^{M}
air tube

électrode^{F} d'allumage^{M}
electrode assembly

transformateur^{M}
ignition transformer

contrôle^{M} thermique
heat control

canalisation^{F} d'alimentation^{F}
oil supply line

moteur^{M} électrique
electric motor

ventilateur^{M}
fan

pompe^{F}
oil pump

arrivée^{F} du mazout^{M}
oil supply inlet

chaudière^{F}
boiler

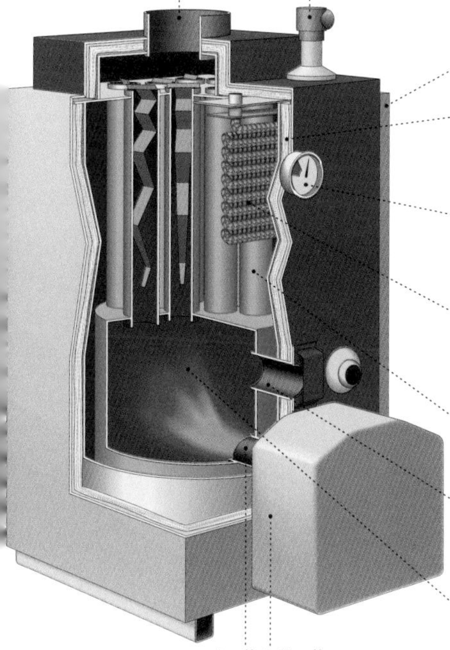

cheminée^{F}
chimney

soupape^{F} de sûreté^{F}
pressure relief valve

caisson^{M}
box

isolant^{M}
insulation

aquastat^{M}
aquastat

élément^{M} de chauffe^{F}
heating element

échangeur^{M} de chaleur^{F}
heat exchanger

regard^{M}
draft hole

manchon^{M}
air tube

brûleur^{M}
burner

chambre^{F} de combustion^{F}
fire pot

radiateur^{M} à colonnes^{F}
column radiator

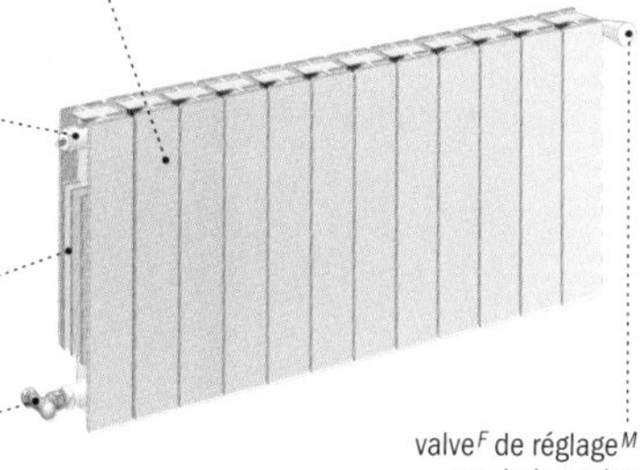

grille^{F} d'habillage^{M}
covering grille

purgeur^{M}
bleeder valve

colonne^{F} de radiateur^{M}
column

sortie^{F} d'eau^{F} chaude
hot-water outlet

valve^{F} de réglage^{M}
regulating valve

pompe[F] à chaleur[F]

heat pump

disjoncteur[M]
circuit breaker
ventilateur[M] hélicoïde
fan
module[M] extérieur
outdoor unit
compresseur[M]
compressor
gaine[F] de distribution[F]
supply duct
module[M] intérieur
indoor unit
liaison[F] frigorifique
refrigerant tubing
liaison[F] électrique
electric connection
liaison[F] frigorifique
refrigerant tubing

chauffage[M] d'appoint[M]

auxiliary heating

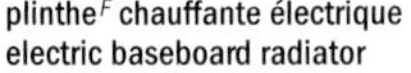

plinthe[F] chauffante électrique
electric baseboard radiator

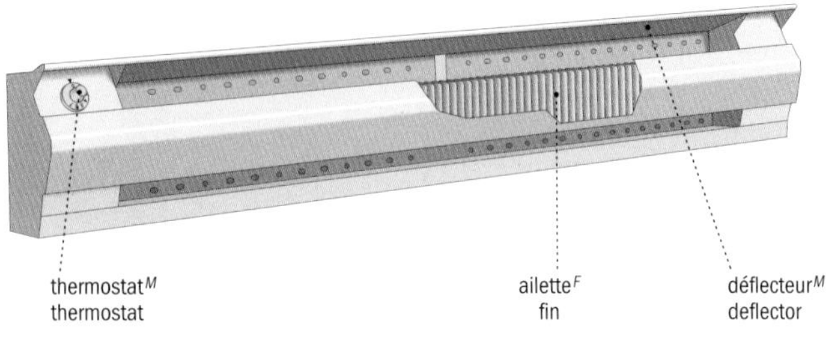
thermostat[M]
thermostat
ailette[F]
fin
déflecteur[M]
deflector

radiateur[M] soufflant
fan heater

radiateur[M] bain[M] d'huile[F]
oil-filled heater

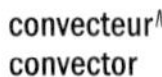

convecteur[M]
convector

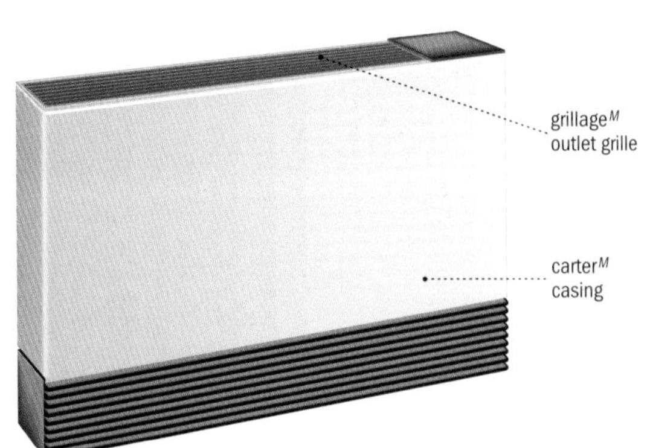
grillage[M]
outlet grille
carter[M]
casing

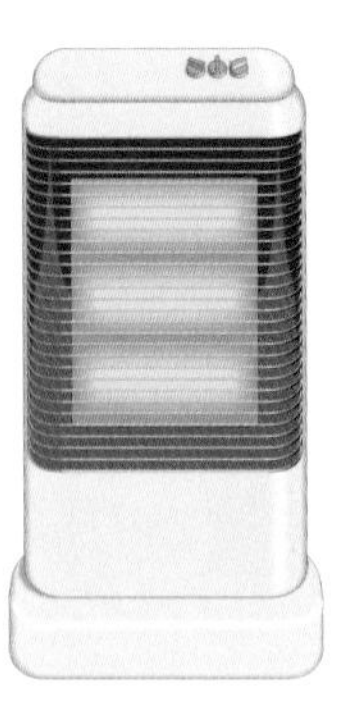

radiateur[M] rayonnant
radiant heater

appareils[M] de conditionnement[M] de l'air[M]

air conditioning appliances

déshumidificateur[M]
dehumidifier

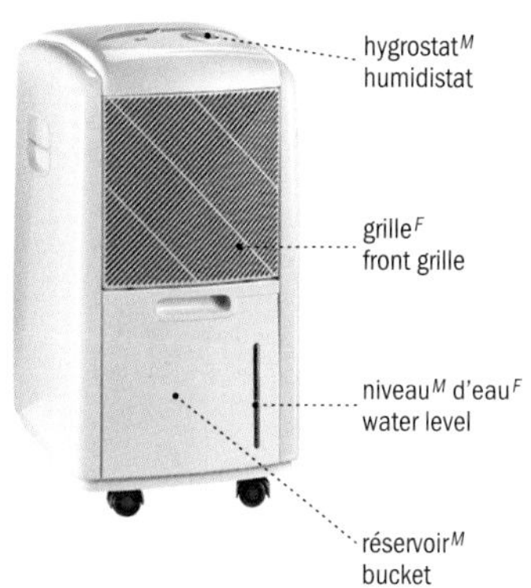
hygrostat[M]
humidistat
grille[F]
front grille
niveau[M] d'eau[F]
water level
réservoir[M]
bucket

thermostat[M] programmable
programmable thermostat

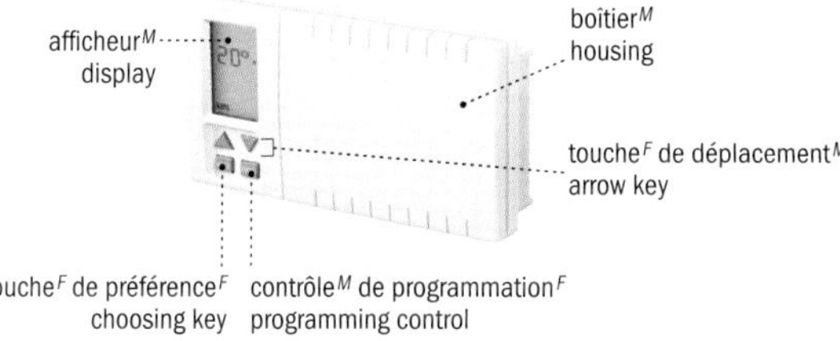
afficheur[M]
display
boîtier[M]
housing
touche[F] de déplacement[M]
arrow key
touche[F] de préférence[F]
choosing key
contrôle[M] de programmation[F]
programming control

ventilateur[M] de plafond[M]
ceiling fan

tige[F]
rod
moteur[M]
motor
pale[F]
blade

thermostat[M] d'ambiance[F]
room thermostat

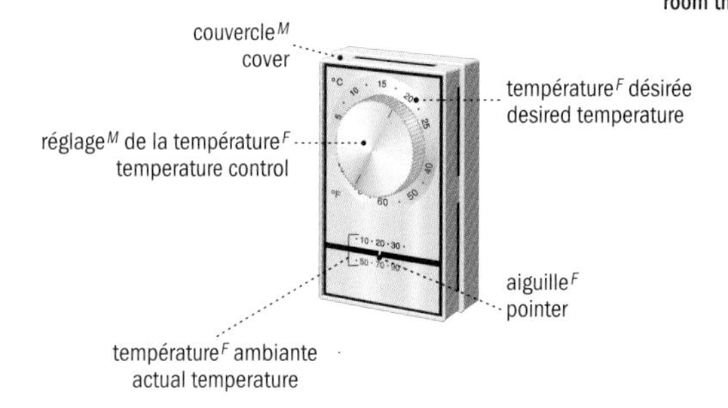
couvercle[M]
cover
température[F] désirée
desired temperature
réglage[M] de la température[F]
temperature control
aiguille[F]
pointer
température[F] ambiante
actual temperature

purificateur[M] d'air[M]
air purifier

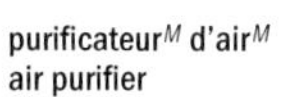

humidificateur[M]
humidifier

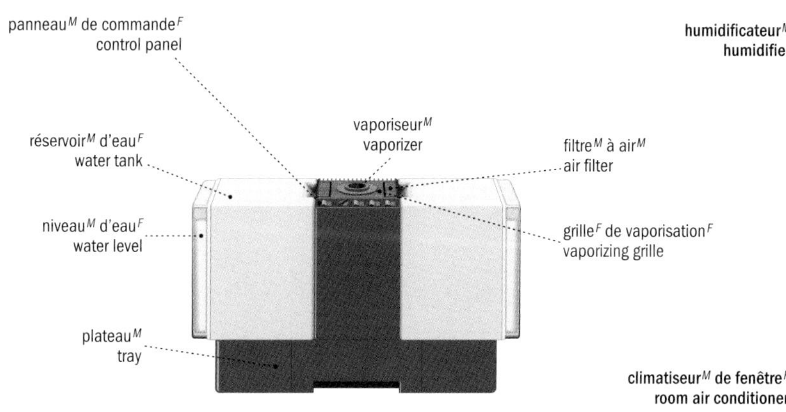
panneau[M] de commande[F]
control panel
réservoir[M] d'eau[F]
water tank
vaporiseur[M]
vaporizer
filtre[M] à air[M]
air filter
niveau[M] d'eau[F]
water level
grille[F] de vaporisation[F]
vaporizing grille
plateau[M]
tray

climatiseur[M] de fenêtre[F]
room air conditioner

hygromètre[M]
hygrometer

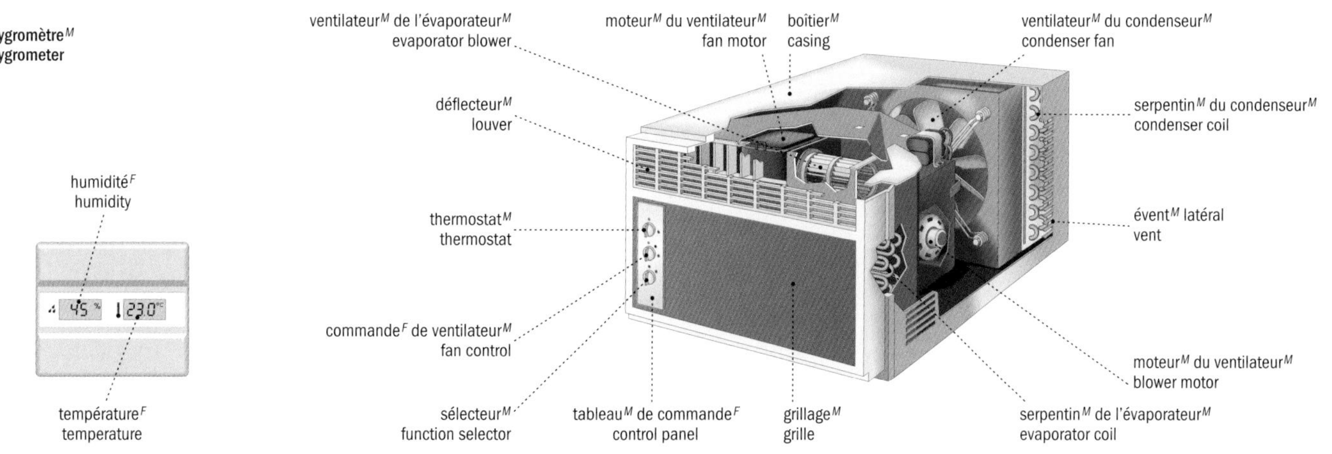
humidité[F]
humidity
45 %
23.0°
température[F]
temperature
ventilateur[M] de l'évaporateur[M]
evaporator blower
moteur[M] du ventilateur[M]
fan motor
boîtier[M]
casing
ventilateur[M] du condenseur[M]
condenser fan
déflecteur[M]
louver
serpentin[M] du condenseur[M]
condenser coil
thermostat[M]
thermostat
évent[M] latéral
vent
commande[F] de ventilateur[M]
fan control
moteur[M] du ventilateur[M]
blower motor
sélecteur[M]
function selector
tableau[M] de commande[F]
control panel
grillage[M]
grille
serpentin[M] de l'évaporateur[M]
evaporator coil

circuit^M de plomberie^F

plumbing system

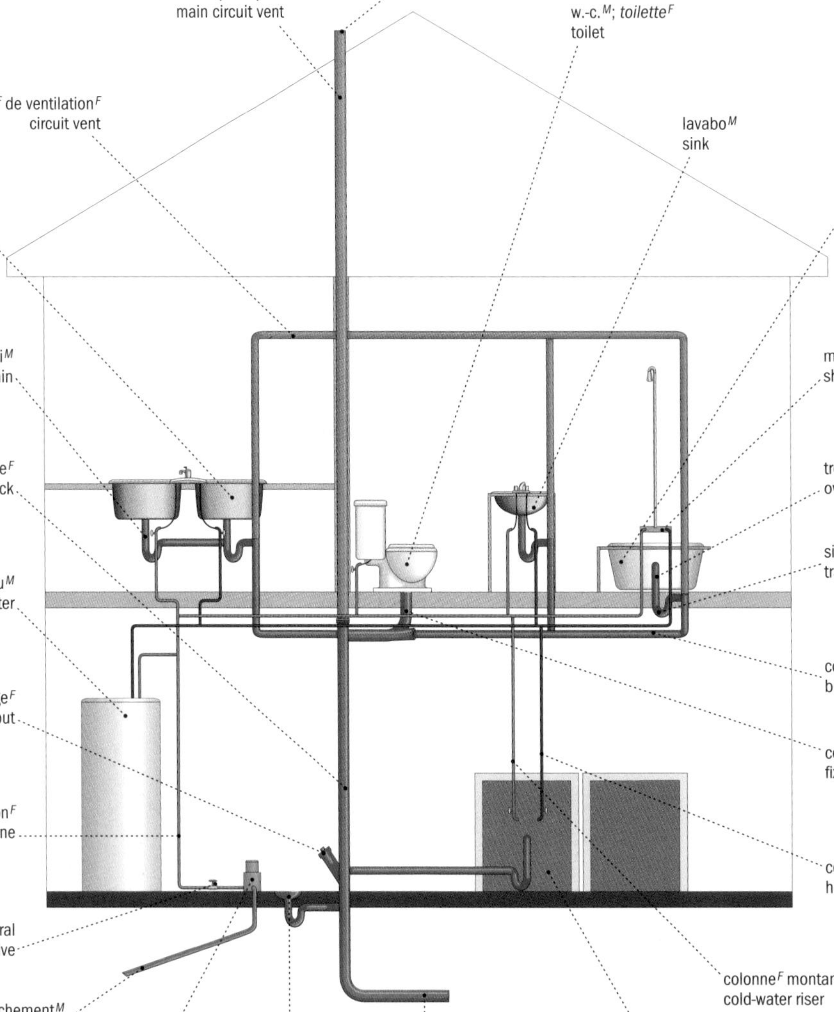

chapeau^M de ventilation^F
roof vent

colonne^F de ventilation^F principale
main circuit vent

w.-c.^M; *toilette*^F
toilet

colonne^F de ventilation^F
circuit vent

lavabo^M
sink

évier^M double
double kitchen sink

baignoire^F
bath

renvoi^M
drain

mélangeur^M bain^M-douche^F
shower and tub fixture

tuyau^M de chute^F
waste stack

trop-plein^M
overflow

chauffe-eau^M
hot-water heater

siphon^M
trap

collecteur^M d'évacuation^F
branch

bouchon^M de vidange^F
main cleanout

collecteur^M d'appareil^M
fixture drain

conduite^F d'alimentation^F
supply line

colonne^F montante d'eau^F chaude
hot-water riser

robinet^M d'arrêt^M général
shutoff valve

colonne^F montante d'eau^F froide
cold-water riser

canalisation^F de branchement^M
water service pipe

compteur^M
water meter

puisard^M
floor drain

collecteur^M principal
building sewer

lave-linge^M; *laveuse*^F
washer

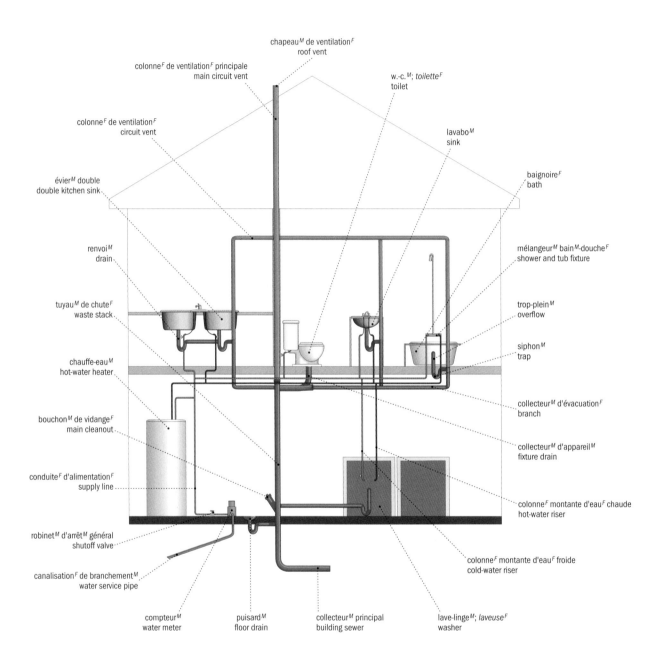

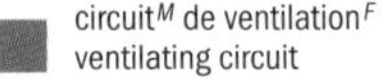
circuit^M de ventilation^F
ventilating circuit

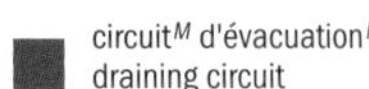
circuit^M d'évacuation^F
draining circuit

circuit^M d'eau^F froide
cold-water circuit

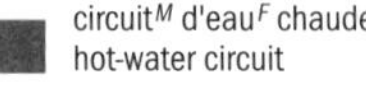
circuit^M d'eau^F chaude
hot-water circuit

pompe^{F} de puisard^{M}

pedestal-type sump pump

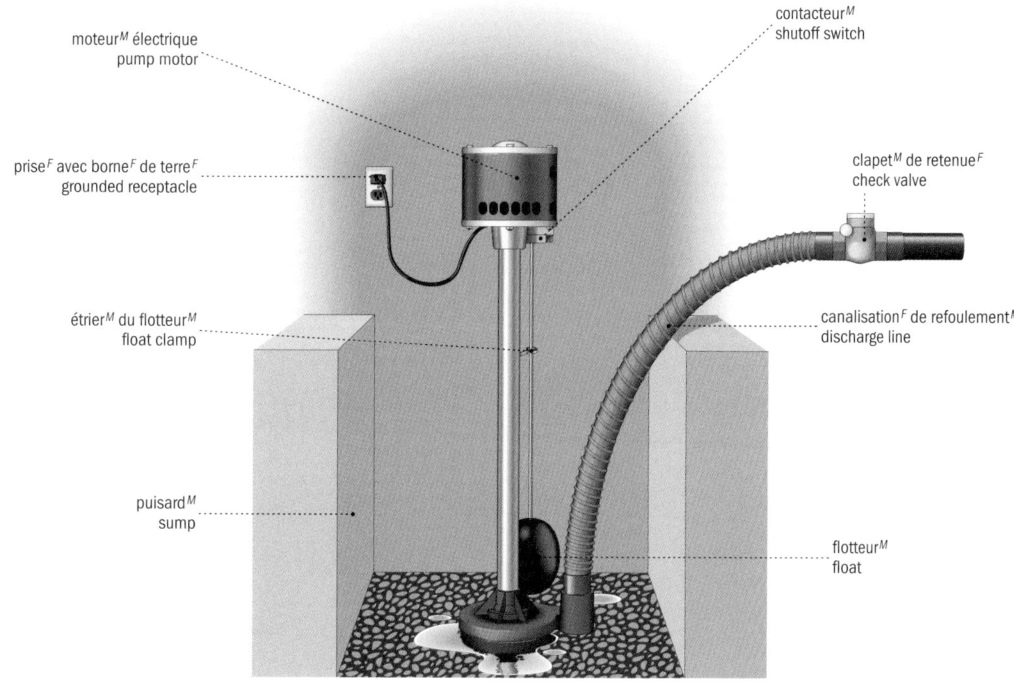
moteur^{M} électrique
pump motor
contacteur^{M}
shutoff switch
prise^{F} avec borne^{F} de terre^{F}
grounded receptacle
clapet^{M} de retenue^{F}
check valve
étrier^{M} du flotteur^{M}
float clamp
canalisation^{F} de refoulement^{M}
discharge line
puisard^{M}
sump
flotteur^{M}
float

fosse^{F} septique

septic tank

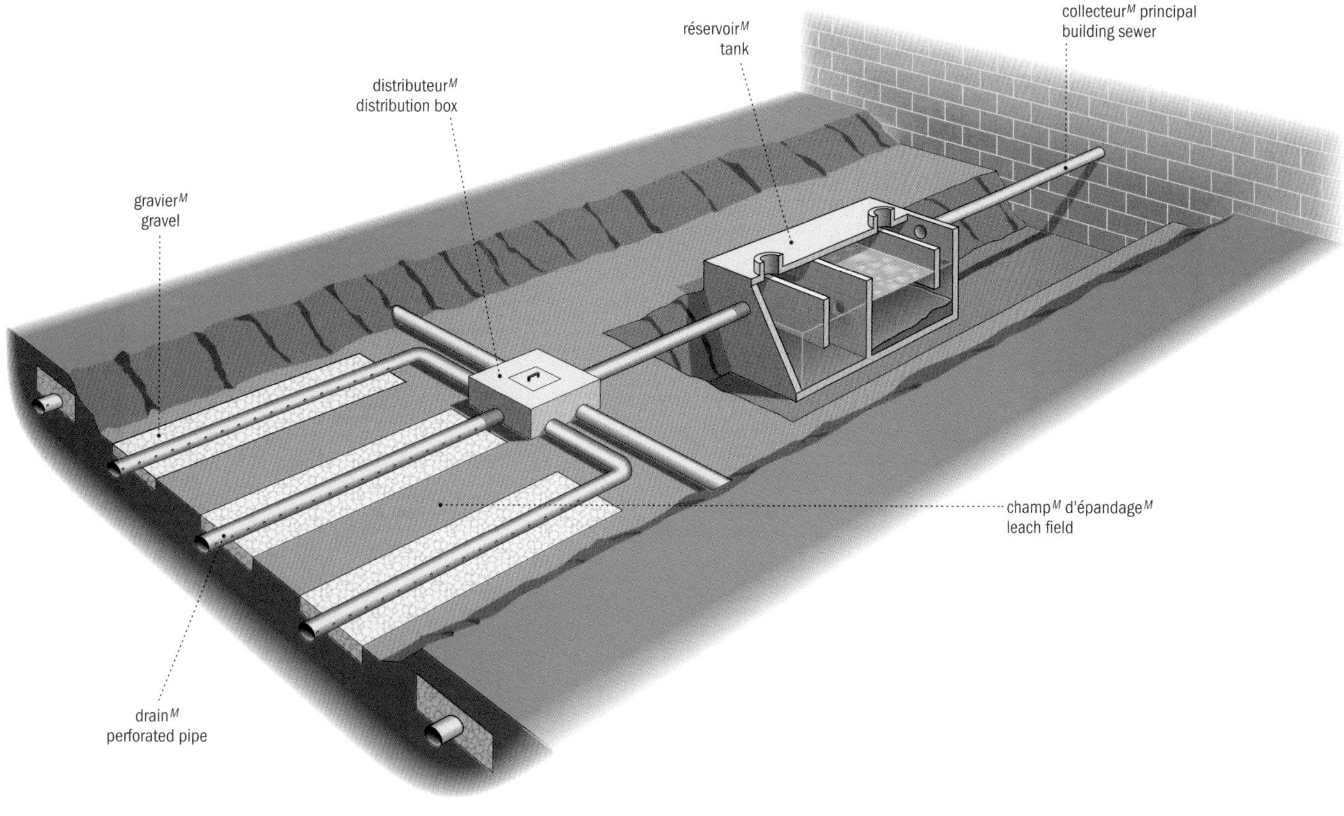

réservoir^{M}
tank

collecteur^{M} principal
building sewer

distributeur^{M}
distribution box

gravier^{M}
gravel

champ^{M} d'épandage^{M}
leach field

drain^{M}
perforated pipe

salle^{F} de bains^{M}

bathroom

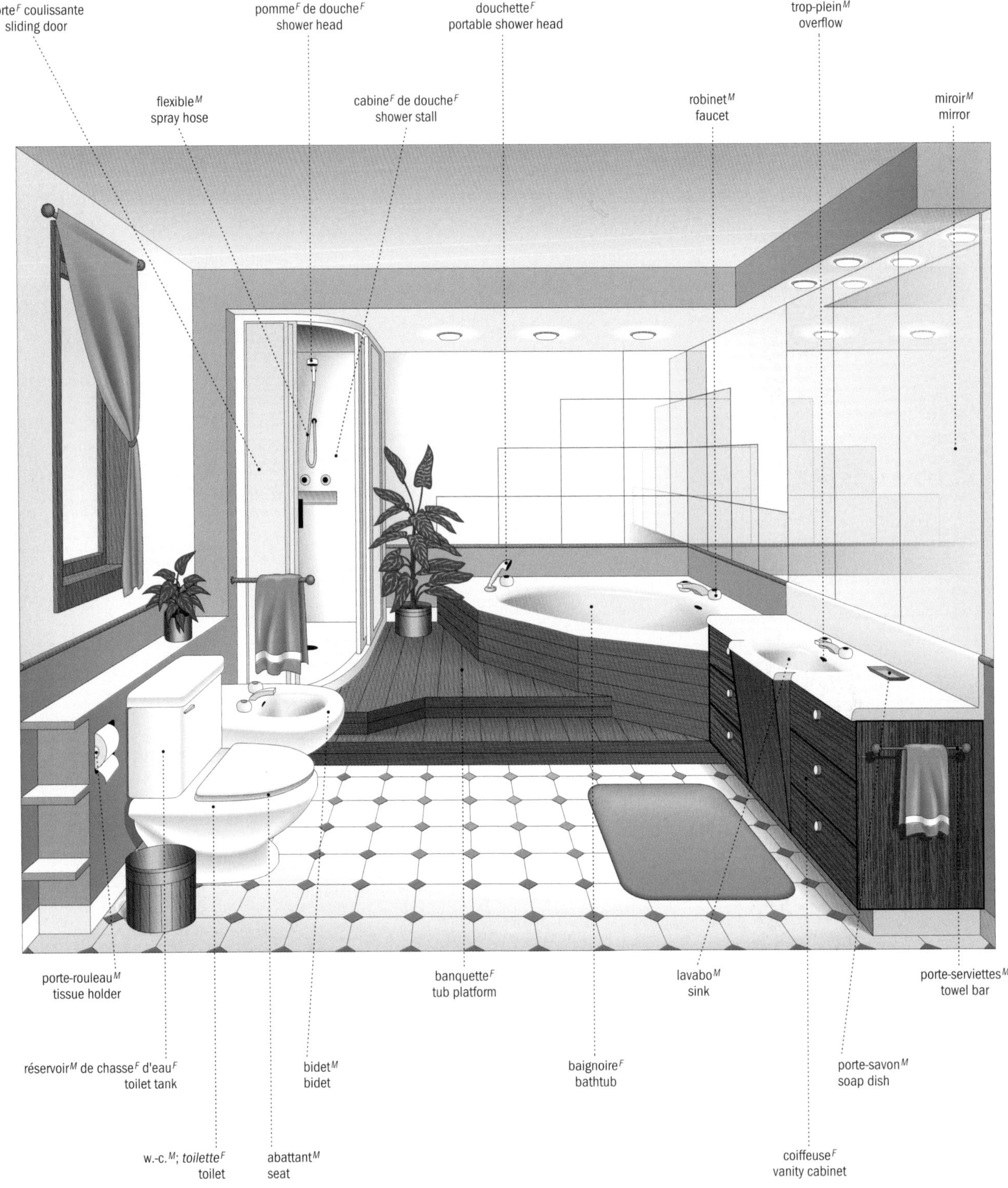
porte^{F} coulissante
sliding door
pomme^{F} de douche^{F}
shower head
douchette^{F}
portable shower head
trop-plein^{M}
overflow
flexible^{M}
spray hose
cabine^{F} de douche^{F}
shower stall
robinet^{M}
faucet
miroir^{M}
mirror
porte-rouleau^{M}
tissue holder
banquette^{F}
tub platform
lavabo^{M}
sink
porte-serviettes^{M}
towel bar
réservoir^{M} de chasse^{F} d'eau^{F}
toilet tank
bidet^{M}
bidet
baignoire^{F}
bathtub
porte-savon^{M}
soap dish
w.-c.^{M}; *toilette*^{F}
toilet
abattant^{M}
seat
coiffeuse^{F}
vanity cabinet

w.-c.[M]; *toilette*[F]

toilet

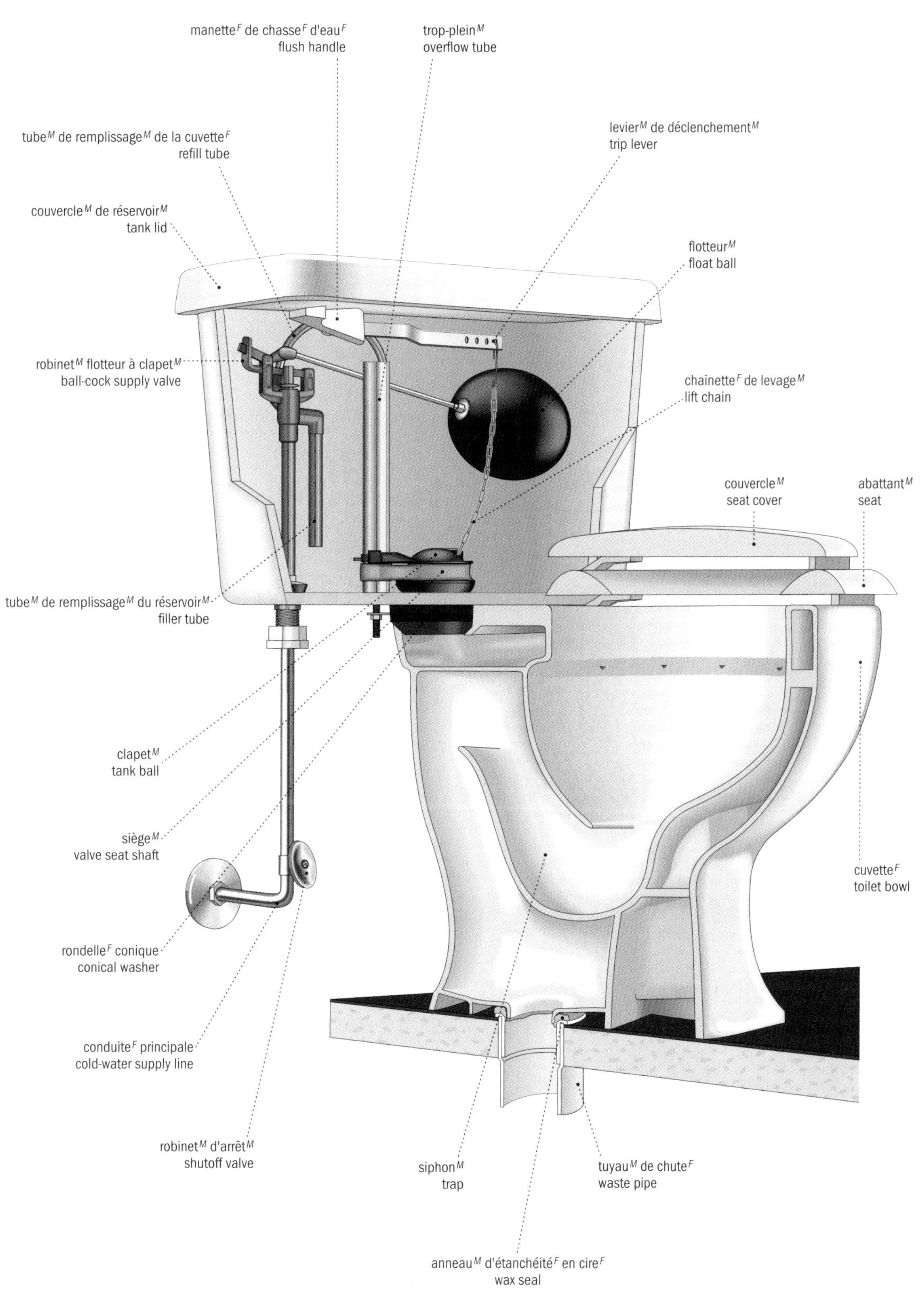
manette[F] de chasse[F] d'eau[F]
flush handle
trop-plein[M]
overflow tube
tube[M] de remplissage[M] de la cuvette[F]
refill tube
levier[M] de déclenchement[M]
trip lever
couvercle[M] de réservoir[M]
tank lid
flotteur[M]
float ball
robinet[M] flotteur à clapet[M]
ball-cock supply valve
chaînette[F] de levage[M]
lift chain
couvercle[M]
seat cover
abattant[M]
seat
tube[M] de remplissage[M] du réservoir[M]
filler tube
clapet[M]
tank ball
siège[M]
valve seat shaft
cuvette[F]
toilet bowl
rondelle[F] conique
conical washer
conduite[F] principale
cold-water supply line
robinet[M] d'arrêt[M]
shutoff valve
siphon[M]
trap
tuyau[M] de chute[F]
waste pipe
anneau[M] d'étanchéité[F] en cire[F]
wax seal

chauffe-eau M

water-heater tank

chauffe-eau M électrique
electric water-heater tank

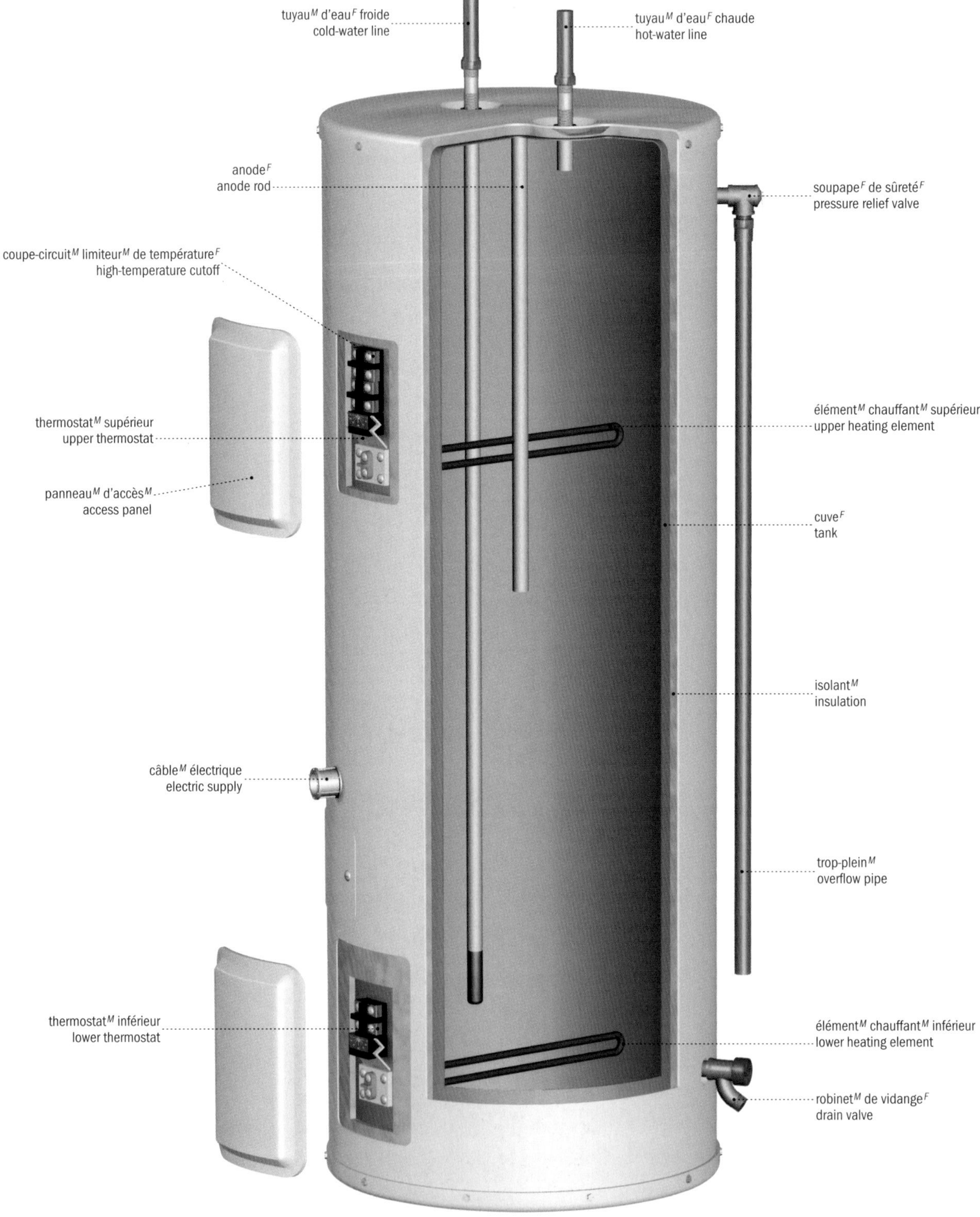

tuyau M d'eau F froide
cold-water line
tuyau M d'eau F chaude
hot-water line
anode F
anode rod
soupape F de sûreté F
pressure relief valve
coupe-circuit M limiteur M de température F
high-temperature cutoff
élément M chauffant M supérieur
upper heating element
thermostat M supérieur
upper thermostat
panneau M d'accès M
access panel
cuve F
tank
isolant M
insulation
câble M électrique
electric supply
trop-plein M
overflow pipe
thermostat M inférieur
lower thermostat
élément M chauffant M inférieur
lower heating element
robinet M de vidange F
drain valve

chauffe-eau^M au gaz^M
gas water-heater tank

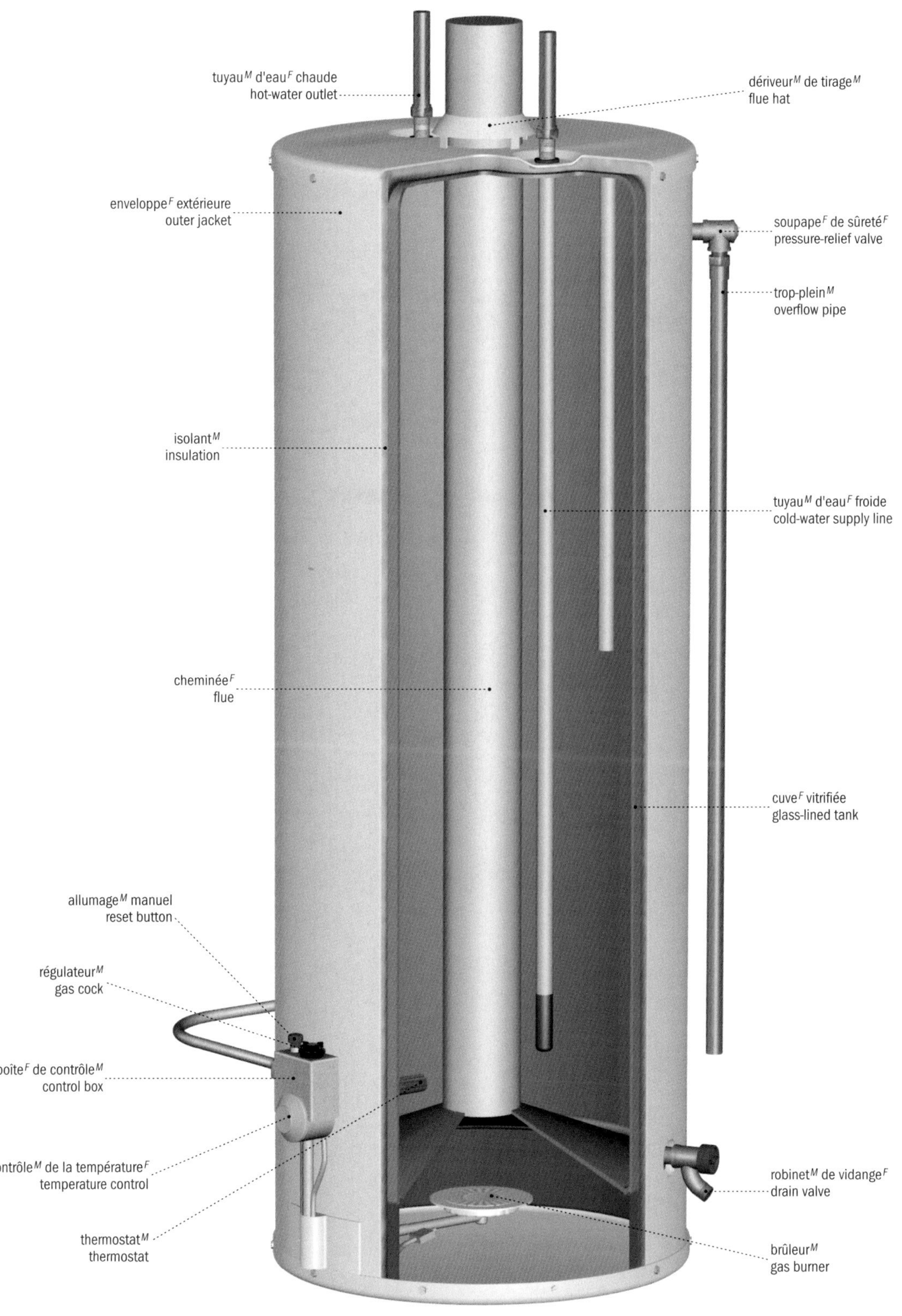
tuyau^M d'eau^F chaude
hot-water outlet
dériveur^M de tirage^M
flue hat
enveloppe^F extérieure
outer jacket
soupape^F de sûreté^F
pressure-relief valve
trop-plein^M
overflow pipe
isolant^M
insulation
tuyau^M d'eau^F froide
cold-water supply line
cheminée^F
flue
cuve^F vitrifiée
glass-lined tank
allumage^M manuel
reset button
régulateur^M
gas cock
boîte^F de contrôle^M
control box
contrôle^M de la température^F
temperature control
robinet^M de vidange^F
drain valve
thermostat^M
thermostat
brûleur^M
gas burner

robinet^M et mitigeurs^M

faucets

robinet^M
stem faucet

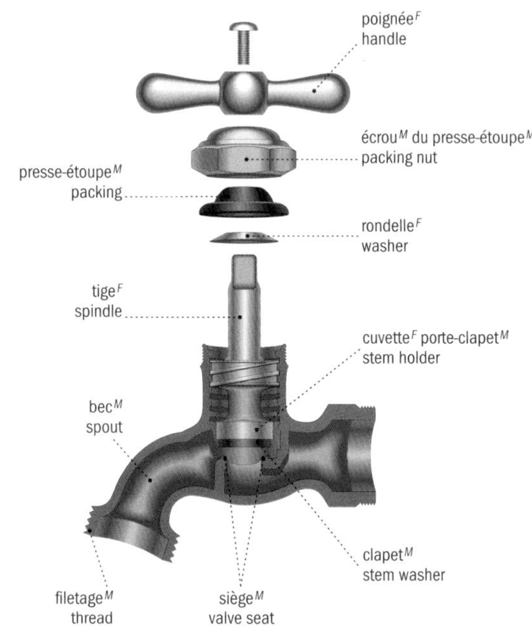
poignée^F
handle
écrou^M du presse-étoupe^M
packing nut
presse-étoupe^M
packing
rondelle^F
washer
tige^F
spindle
cuvette^F porte-clapet^M
stem holder
bec^M
spout
clapet^M
stem washer
filetage^M
thread
siège^M
valve seat

mitigeur^M à disque^M
disc faucet

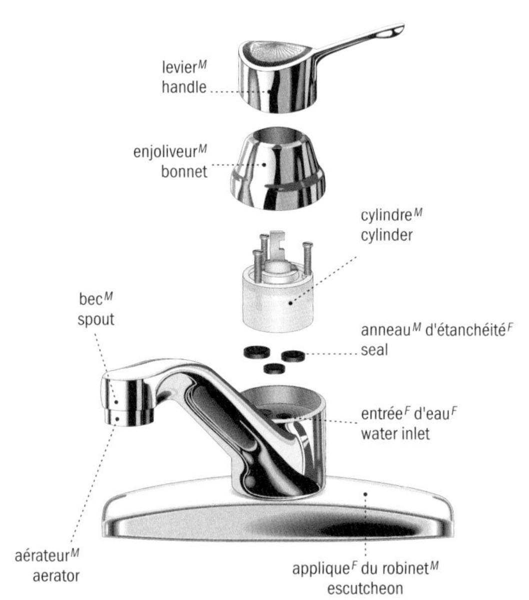
levier^M
handle
enjoliveur^M
bonnet
cylindre^M
cylinder
bec^M
spout
anneau^M d'étanchéité^F
seal
entrée^F d'eau^F
water inlet
aérateur^M
aerator
applique^F du robinet^M
escutcheon

mitigeur^M à bille^F creuse
ball-type faucet

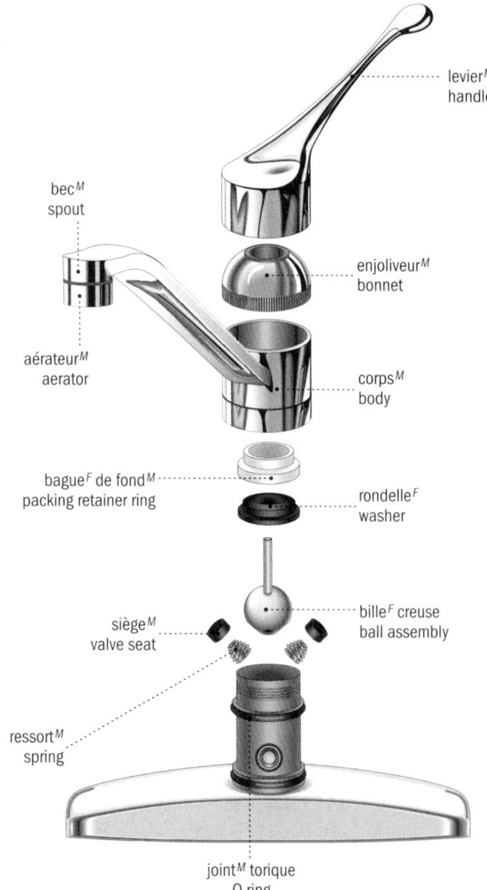
levier^M
handle
bec^M
spout
enjoliveur^M
bonnet
aérateur^M
aerator
corps^M
body
bague^F de fond^M
packing retainer ring
rondelle^F
washer
siège^M
valve seat
bille^F creuse
ball assembly
ressort^M
spring
joint^M torique
O-ring

mitigeur^M à cartouche^F
cartridge faucet

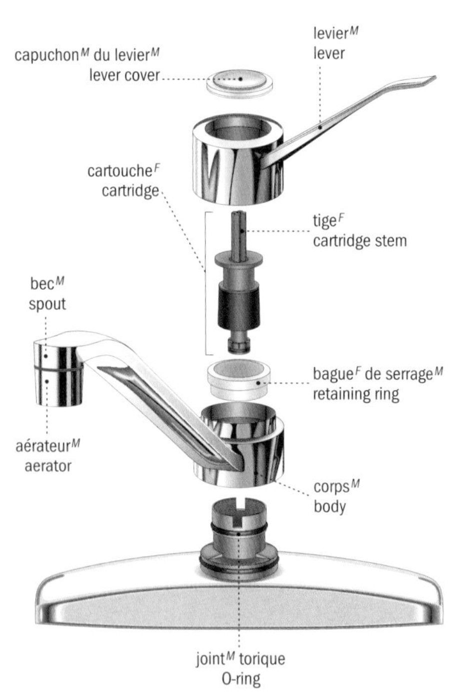
levier^M
lever
capuchon^M du levier^M
lever cover
cartouche^F
cartridge
tige^F
cartridge stem
bec^M
spout
bague^F de serrage^M
retaining ring
aérateur^M
aerator
corps^M
body
joint^M torique
O-ring

MAISON

adapteurs[M] et raccords[M]

fittings

exemples[M] d'adapteurs[M]
examples of transition fittings

plastique[M] et acier[M]
steel to plastic

plastique[M] et cuivre[M]
copper to plastic

cuivre[M] et acier[M]
copper to steel

exemples[M] de raccords[M]
examples of fittings

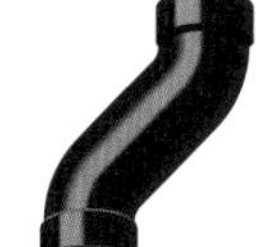
coude[M] de renvoi[M]
offset

té[M]
tee

culotte[F]
Y-branch

siphon[M]
trap

bouchon[M] femelle
cap

coude[M] à 180°
U-bend

bouchon[M] femelle à visser
threaded cap

coude[M]
elbow

coude[M] à 45°
45° elbow

manchon[M]
pipe coupling

réduction[F] mâle-femelle hexagonale
hexagon bushing

réduction[F] mâle-femelle
flush bushing

mamelon[M] double
nipple

raccord[M] de réduction[F]
reducing coupling

bouchon[M] mâle sans bourrelet[M]
square head plug

raccords[M] mécaniques
mechanical connectors

raccord[M] union[F]
union

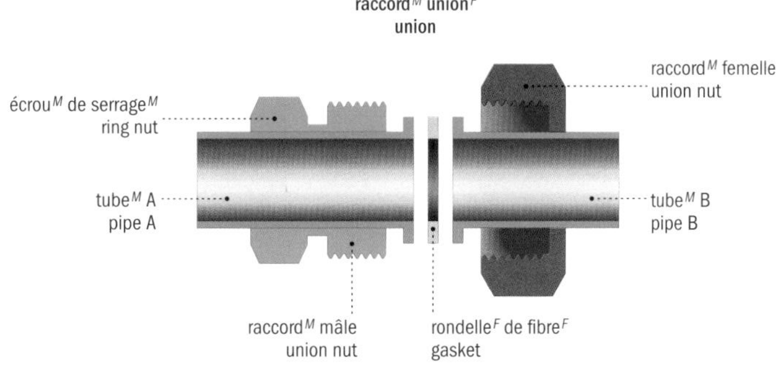
raccord[M] femelle
union nut
écrou[M] de serrage[M]
ring nut
tube[M] A
pipe A
tube[M] B
pipe B
raccord[M] mâle
union nut
rondelle[F] de fibre[F]
gasket

raccord[M] à compression[F]
compression fitting

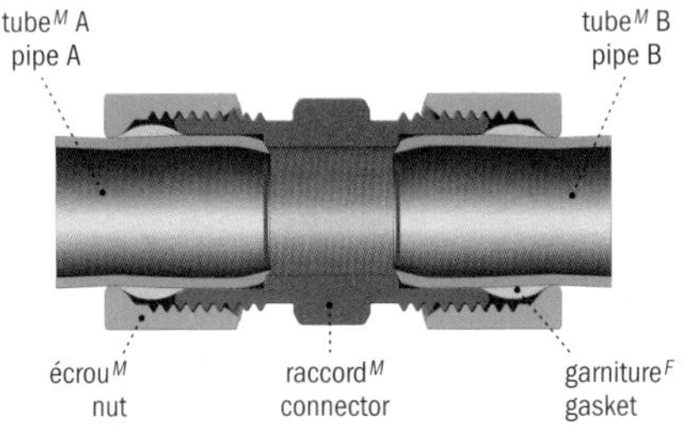
tube[M] A
pipe A
tube[M] B
pipe B
écrou[M]
nut
raccord[M]
connector
garniture[F]
gasket

raccord[M] à collet[M] repoussé
flare joint

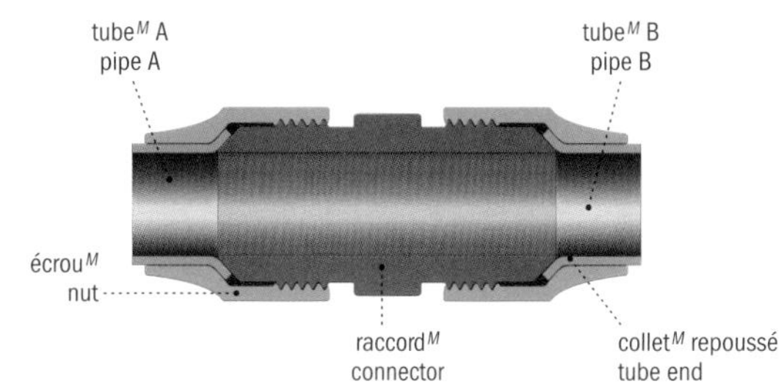
tube[M] A
pipe A
tube[M] B
pipe B
écrou[M]
nut
raccord[M]
connector
collet[M] repoussé
tube end

MAISON

exemples^M de branchement^M

examples of branching

évier^M-broyeur^M
garbage disposal sink

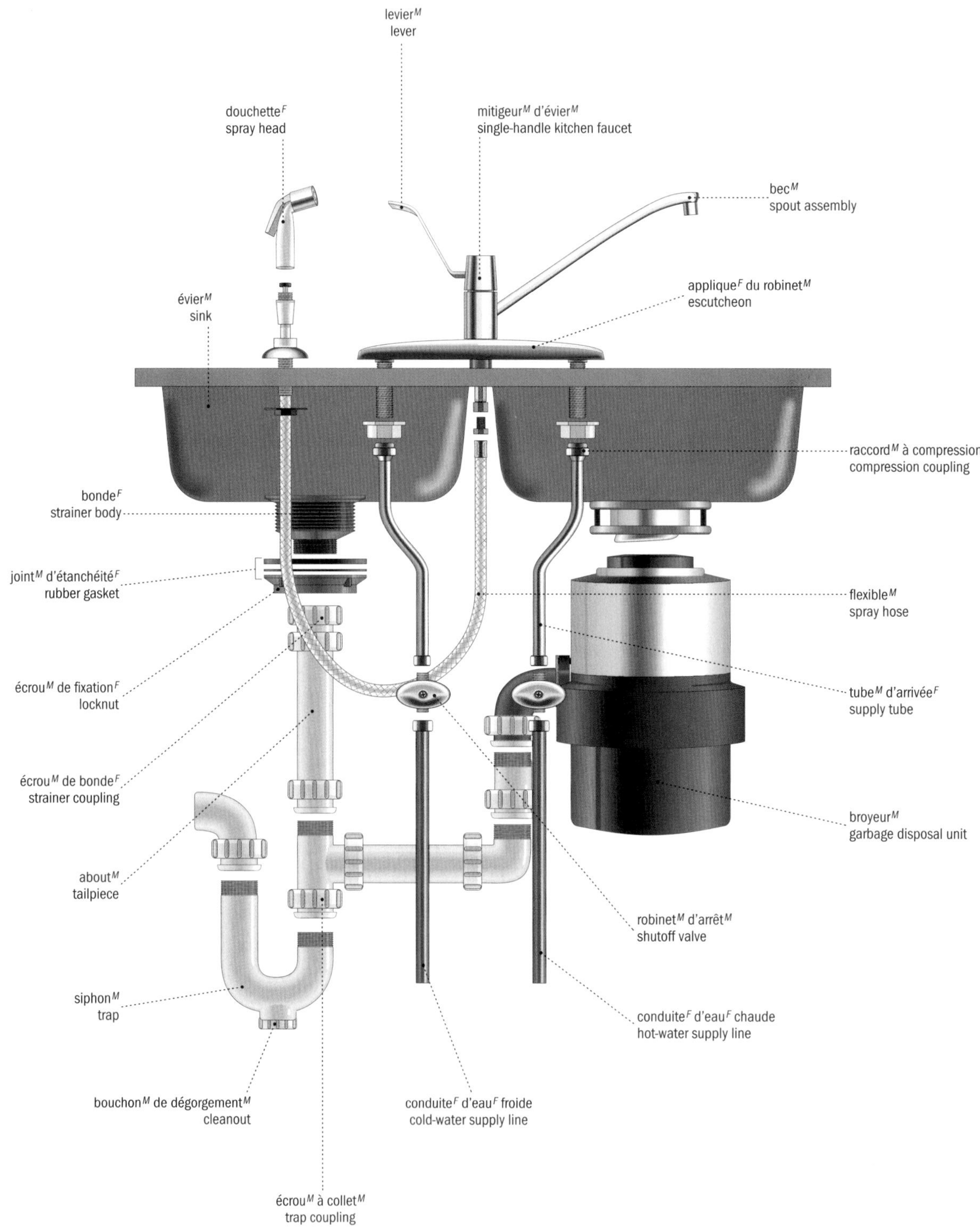
levier^M
lever
douchette^F
spray head
mitigeur^M d'évier^M
single-handle kitchen faucet
bec^M
spout assembly
applique^F du robinet^M
escutcheon
évier^M
sink
raccord^M à compression^F
compression coupling
bonde^F
strainer body
joint^M d'étanchéité^F
rubber gasket
flexible^M
spray hose
écrou^M de fixation^F
locknut
tube^M d'arrivée^F
supply tube
écrou^M de bonde^F
strainer coupling
broyeur^M
garbage disposal unit
about^M
tailpiece
robinet^M d'arrêt^M
shutoff valve
siphon^M
trap
conduite^F d'eau^F chaude
hot-water supply line
bouchon^M de dégorgement^M
cleanout
conduite^F d'eau^F froide
cold-water supply line
écrou^M à collet^M
trap coupling

exemples[M] de branchement[M]

lave-linge[M]; *laveuse*[F]
washer

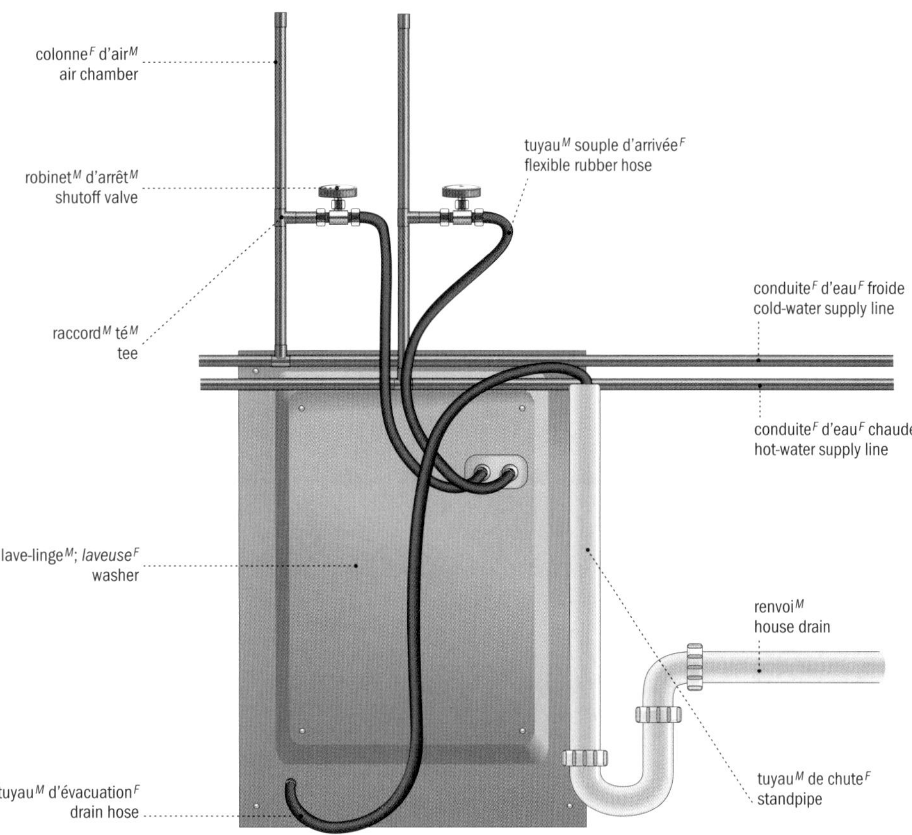
colonne[F] d'air[M]
air chamber
robinet[M] d'arrêt[M]
shutoff valve
raccord[M] té[M]
tee
lave-linge[M]; *laveuse*[F]
washer
tuyau[M] d'évacuation[F]
drain hose
tuyau[M] souple d'arrivée[F]
flexible rubber hose
conduite[F] d'eau[F] froide
cold-water supply line
conduite[F] d'eau[F] chaude
hot-water supply line
renvoi[M]
house drain
tuyau[M] de chute[F]
standpipe

lave-vaisselle[M]
dishwasher

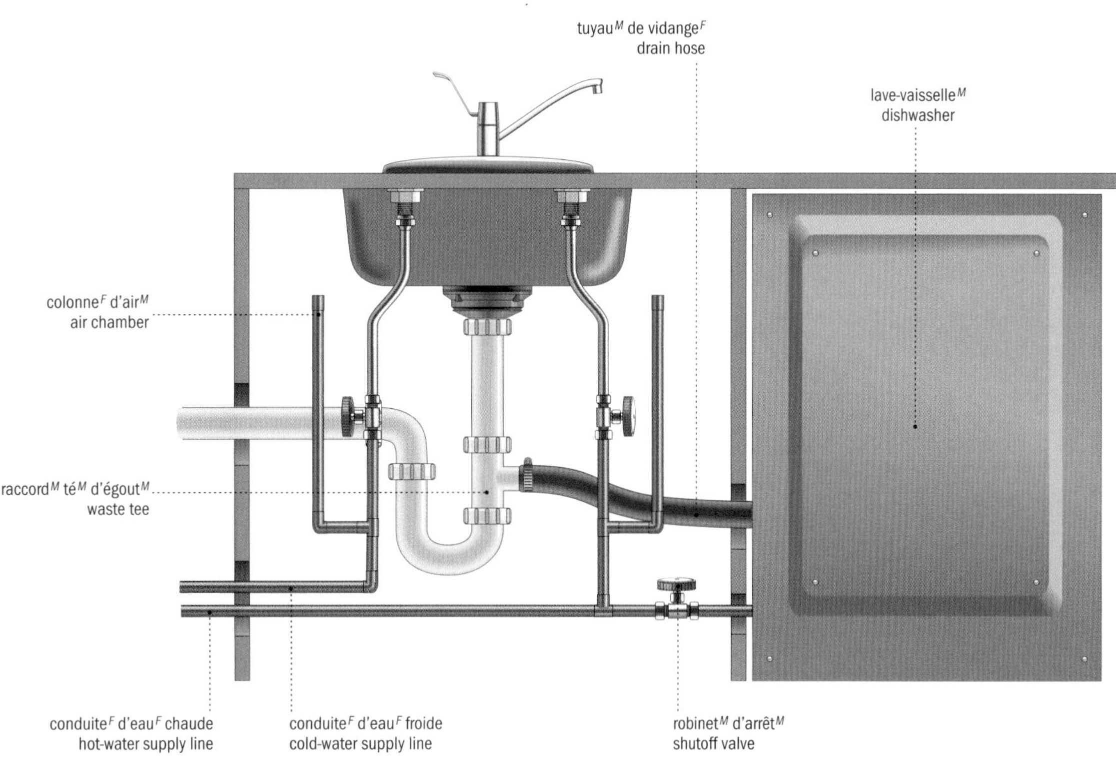
tuyau[M] de vidange[F]
drain hose
lave-vaisselle[M]
dishwasher
colonne[F] d'air[M]
air chamber
raccord[M] té[M] d'égout[M]
waste tee
conduite[F] d'eau[F] chaude
hot-water supply line
conduite[F] d'eau[F] froide
cold-water supply line
robinet[M] d'arrêt[M]
shutoff valve

panneau[M] de distribution[F]

distribution panel

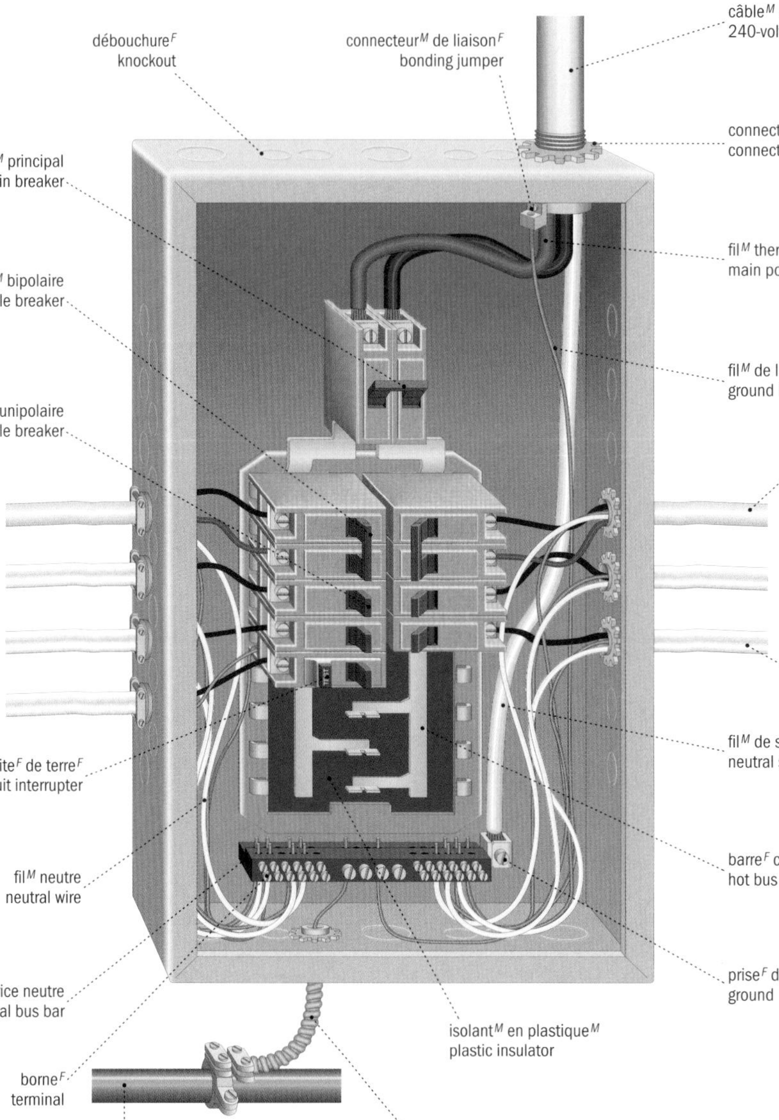

débouchure[F]
knockout

connecteur[M] de liaison[F]
bonding jumper

câble[M] d'alimentation[F] de 240 V
240-volt feeder cable

disjoncteur[M] principal
main breaker

connecteur[M]
connector

fil[M] thermique
main power cable

disjoncteur[M] bipolaire
double pole breaker

fil[M] de liaison[F]
ground bond

disjoncteur[M] unipolaire
single pole breaker

circuit[M] de 240 V
240-volt circuit

circuit[M] de 120 V
120-volt circuit

fil[M] de service[M] neutre
neutral service wire

disjoncteur[M] de fuite[F] de terre[F]
ground fault circuit interrupter

barre[F] collectrice thermique
hot bus bar

fil[M] neutre
neutral wire

prise[F] de terre[F]
ground

barre[F] collectrice neutre
ground/neutral bus bar

isolant[M] en plastique[M]
plastic insulator

borne[F]
terminal

prise[F] de terre[F]
ground connection

fil[M] de terre[F]
ground wire

exemples[M] de fusibles[M]
examples of fuses

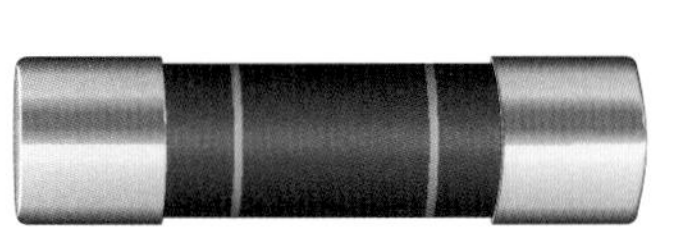

fusible[M]-cartouche[F]
cartridge fuse

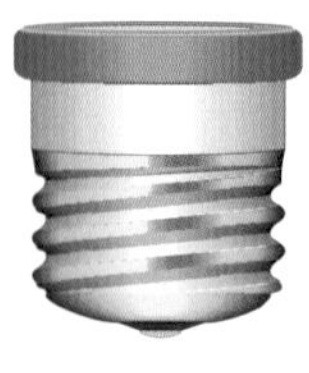

fusible[M] à culot[M]
plug fuse

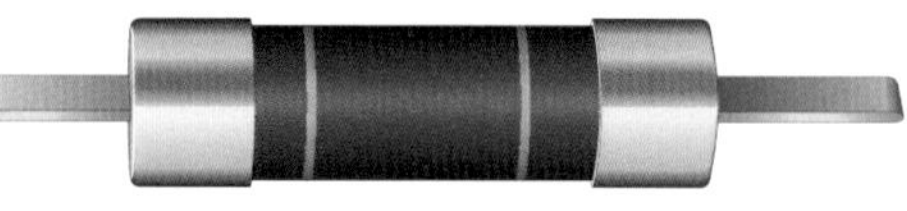

fusible[M]-cartouche[F] à lames[F]
knife-blade cartridge fuse

branchement[M] au réseau[M]

network connection

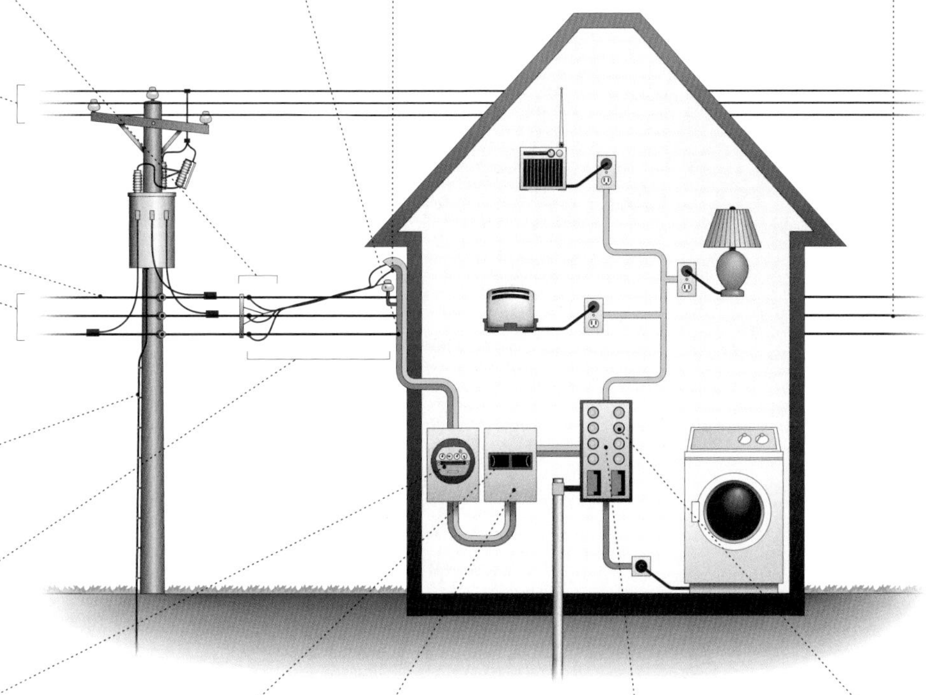

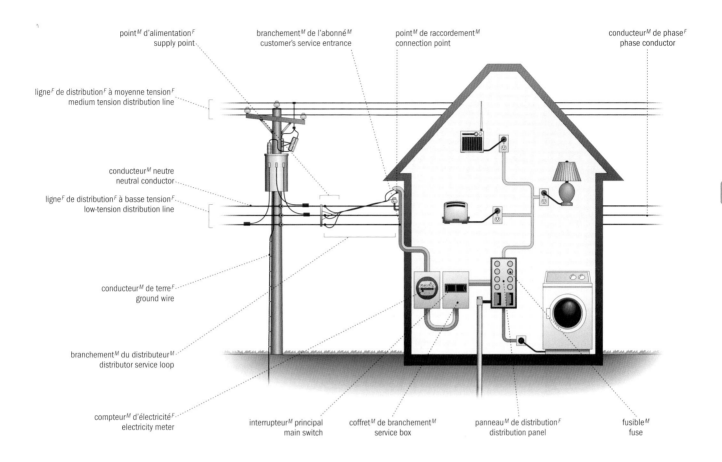

point[M] d'alimentation[F]
supply point

branchement[M] de l'abonné[M]
customer's service entrance

point[M] de raccordement[M]
connection point

conducteur[M] de phase[F]
phase conductor

ligne[F] de distribution[F] à moyenne tension[F]
medium tension distribution line

conducteur[M] neutre
neutral conductor

ligne[F] de distribution[F] à basse tension[F]
low-tension distribution line

conducteur[M] de terre[F]
ground wire

branchement[M] du distributeur[M]
distributor service loop

compteur[M] d'électricité[F]
electricity meter

interrupteur[M] principal
main switch

coffret[M] de branchement[M]
service box

panneau[M] de distribution[F]
distribution panel

fusible[M]
fuse

compteur[M] d'électricité[F]

electricity meter

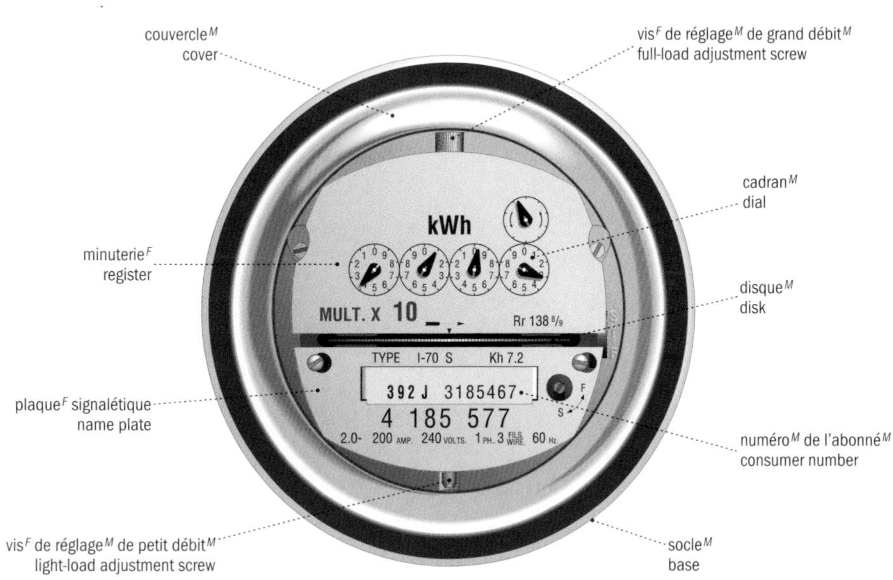
couvercle[M]
cover
vis[F] de réglage[M] de grand débit[M]
full-load adjustment screw
cadran[M]
dial
minuterie[F]
register
disque[M]
disk
plaque[F] signalétique
name plate
numéro[M] de l'abonné[M]
consumer number
vis[F] de réglage[M] de petit débit[M]
light-load adjustment screw
socle[M]
base
kWh
MULT. X 10
Rr 138 8/9
TYPE I-70 S Kh 7.2
392 J 3185467
4 185 577
2.0- 200 AMP. 240 VOLTS. 1 PH. 3 WIRE. 60 Hz

dispositifs[M] de contact[M]

contact devices

fiche[F] européenne
European plug

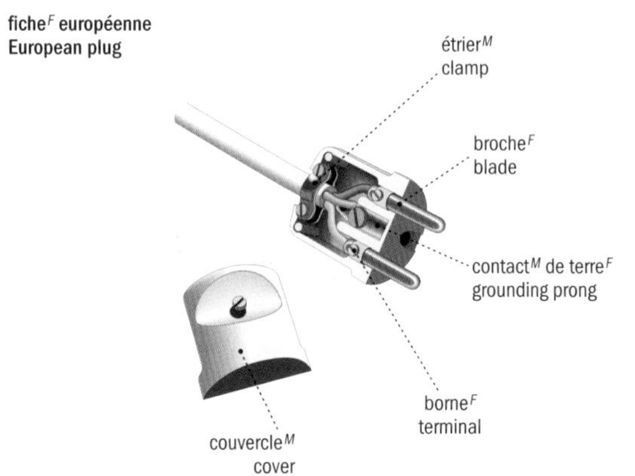
étrier[M]
clamp
broche[F]
blade
contact[M] de terre[F]
grounding prong
borne[F]
terminal
couvercle[M]
cover

fiche[F] américaine
American plug

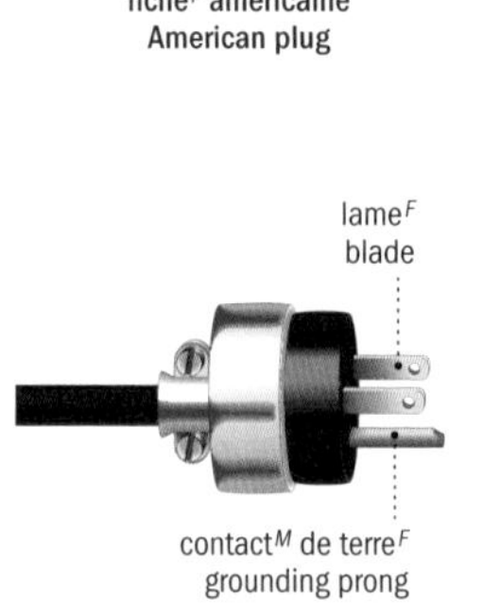
lame[F]
blade
contact[M] de terre[F]
grounding prong

interrupteur[M]
switch

plaque[F] de commutateur[M]
switch plate

prise[F] de courant[M] européenne
European outlet

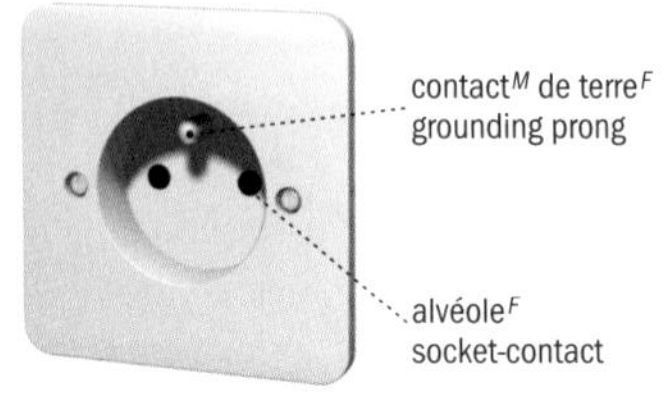
contact[M] de terre[F]
grounding prong
alvéole[F]
socket-contact

adaptateur[M] de fiche[F]
plug adapter

prise[F] de courant[M]
outlet

boite[F] d'encastrement[M]
electrical box

gradateur[M]
dimmer switch

éclairage[M]

lighting

lampe[F] à incandescence[F]
incandescent lamp

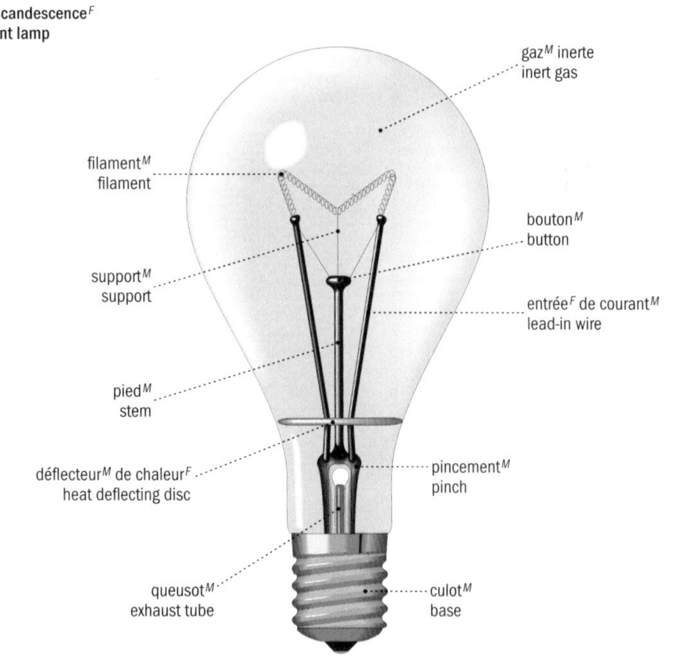
gaz[M] inerte
inert gas
filament[M]
filament
bouton[M]
button
support[M]
support
entrée[F] de courant[M]
lead-in wire
pied[M]
stem
déflecteur[M] de chaleur[F]
heat deflecting disc
pincement[M]
pinch
queusot[M]
exhaust tube
culot[M]
base

lampe[F] à halogène[M]
tungsten-halogen lamp

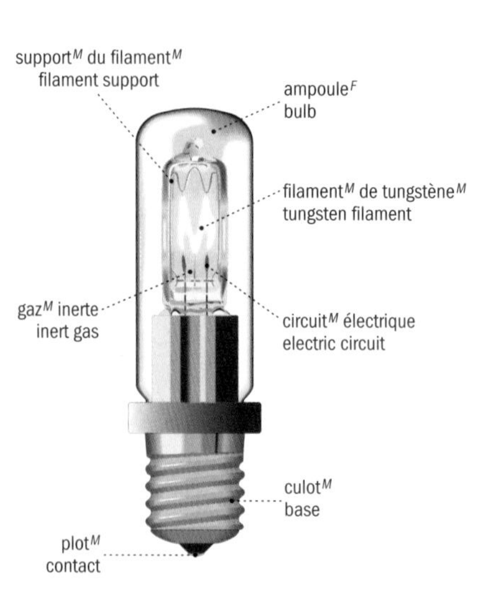
support[M] du filament[M]
filament support
ampoule[F]
bulb
filament[M] de tungstène[M]
tungsten filament
gaz[M] inerte
inert gas
circuit[M] électrique
electric circuit
culot[M]
base
plot[M]
contact

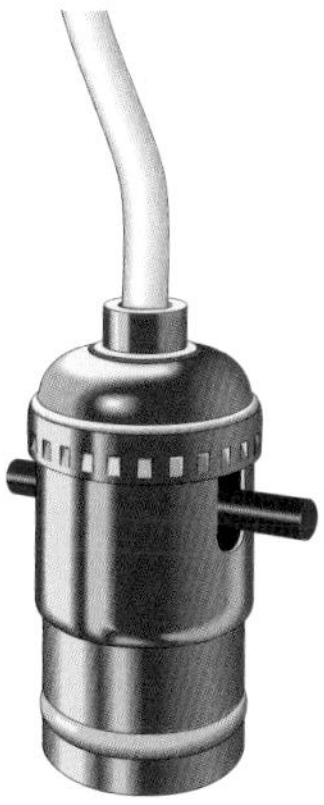

culot^M à baïonnette^F
bayonet base

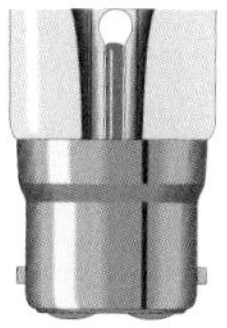

ampoule^F
bulb

éléments^M d'une douille^F de lampe^F
parts of a lamp socket

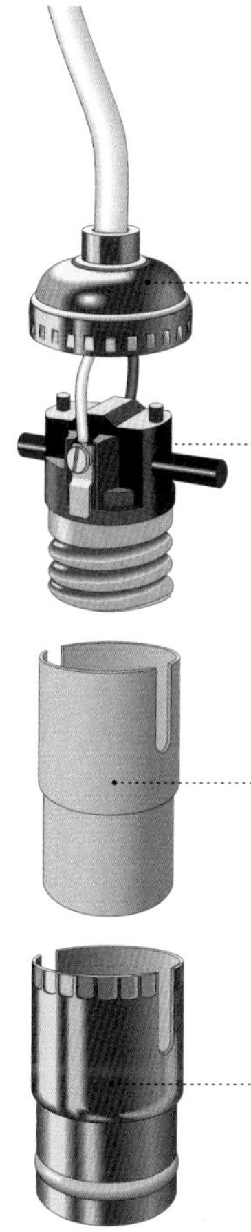

capuchon^M
cap

douille^F
socket

gaine^F isolante
insulating sleeve

enveloppe^F
outer shell

douille^F de lampe^F
lamp socket

culot^M à vis^F
screw base

lampe^F à économie^F d'énergie^F
energy saving bulb

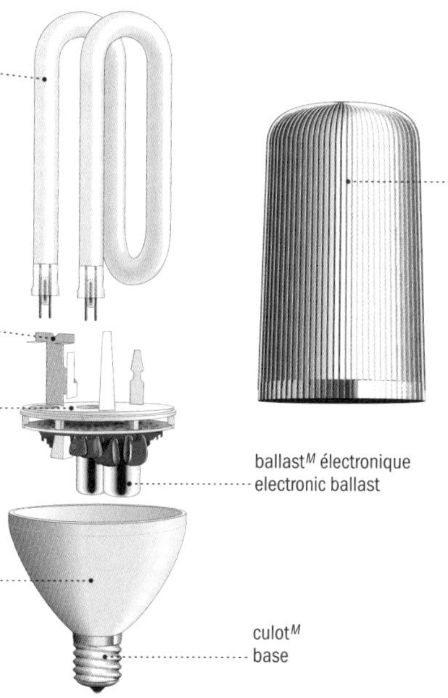

tube^M fluorescent
fluorescent tube

ampoule^F
bulb

attache^F du tube^M
tube retention clip

plaque^F de montage^M
mounting plate

ballast^M électronique
electronic ballast

boîtier^M
housing

culot^M
base

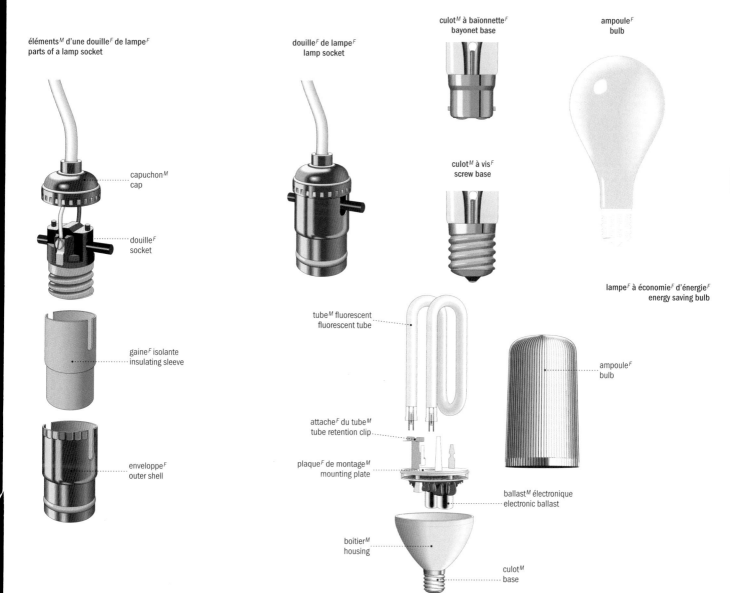

tube^M fluorescent
fluorescent tube

électrode^F
electrode

couche^F fluorescente
phosphorescent coating

culot^M à broches^F
pin base

entrée^F de courant^M
lead-in wire

tube^M
bulb

queusot^M
exhaust tube

broche^F
pin

pincement^M
pinch

mercure^M
mercury

gaz^M
gas

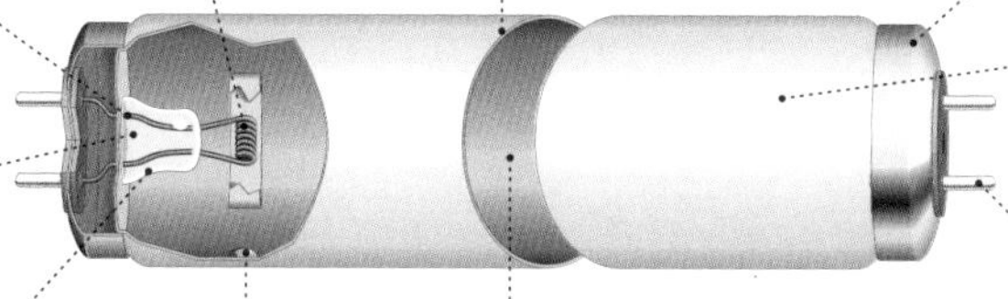

lampe^F à halogène^M
tungsten-halogen lamp

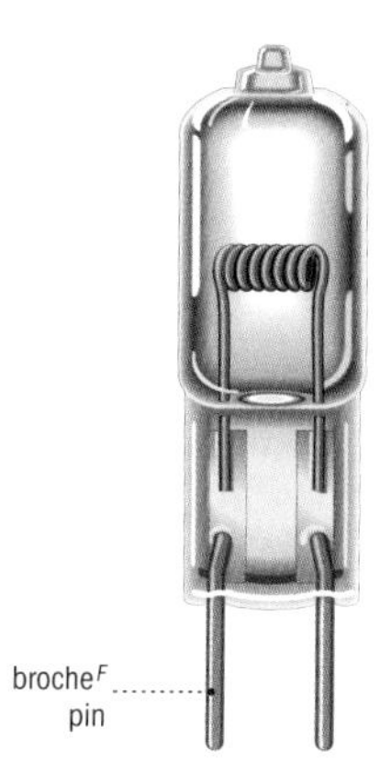
broche^F
pin

fauteuil^M

armchair

MAISON

parties^F
parts

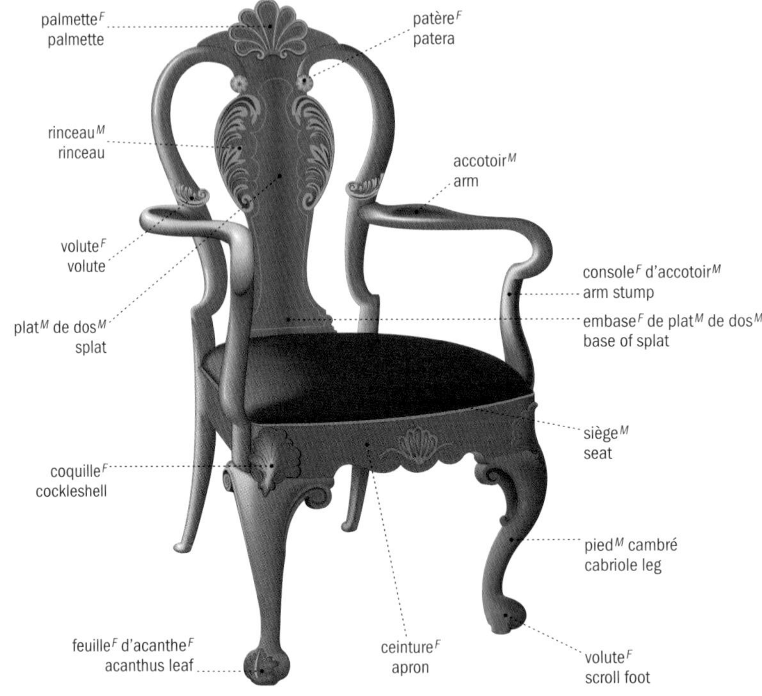
palmette^F
palmette
patère^F
patera
rinceau^M
rinceau
accotoir^M
arm
volute^F
volute
console^F d'accotoir^M
arm stump
plat^M de dos^M
splat
embase^F de plat^M de dos^M
base of splat
siège^M
seat
coquille^F
cockleshell
pied^M cambré
cabriole leg
feuille^F d'acanthe^F
acanthus leaf
ceinture^F
apron
volute^F
scroll foot

exemples^M de fauteuils^M
examples of armchairs

fauteuil^M Wassily
Wassily chair

fauteuil^M metteur^M en scène^F
director's chair

berceuse^F
rocking chair

cabriolet^M
cabriolet

méridienne^F
méridienne

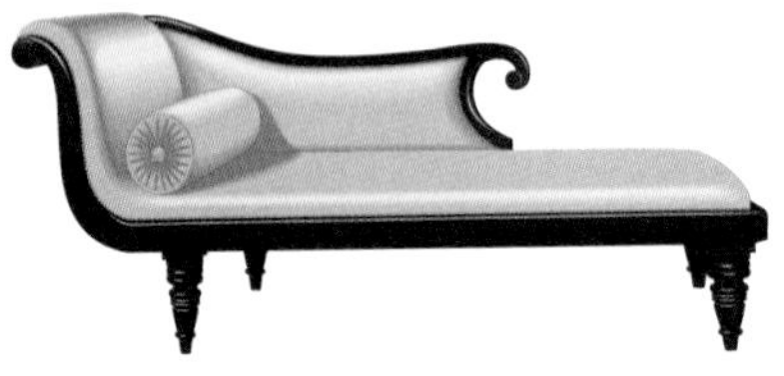

récamier^M
récamier

fauteuil^M club^M
club chair

bergère^F
bergère

canapé^M
sofa

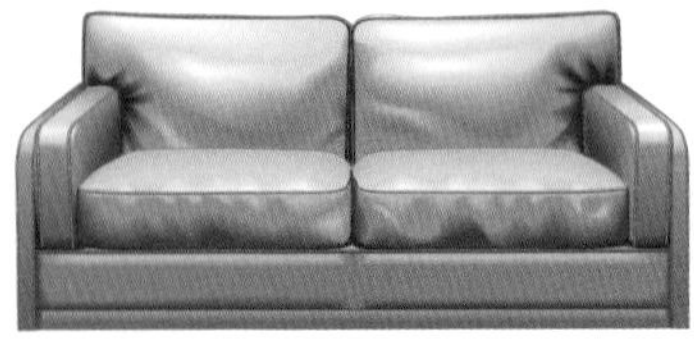

causeuse^F
love seat

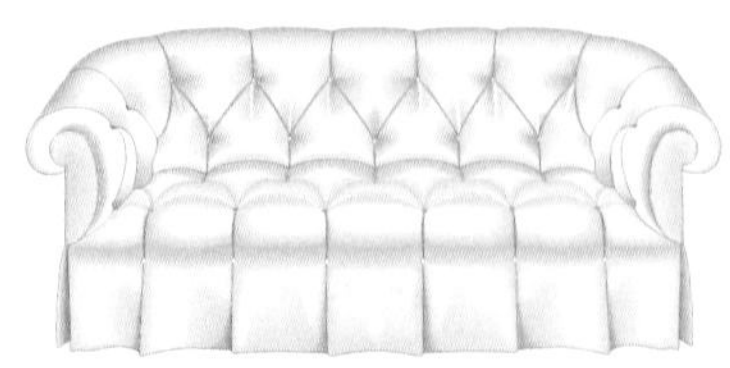

canapé^M capitonné
chesterfield

chaise[F]

side chair

parties[F]
parts

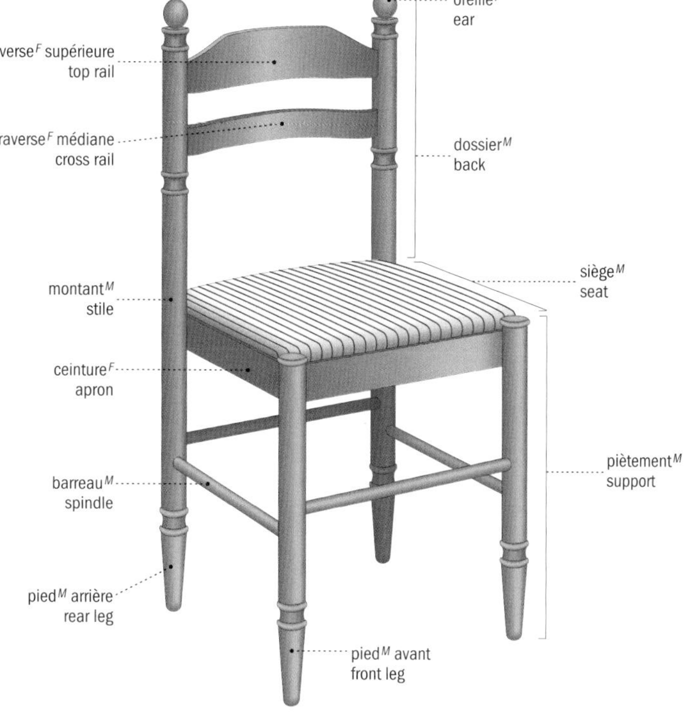
oreille[F]
ear
traverse[F] supérieure
top rail
traverse[F] médiane
cross rail
dossier[M]
back
siège[M]
seat
montant[M]
stile
ceinture[F]
apron
piètement[M]
support
barreau[M]
spindle
pied[M] arrière
rear leg
pied[M] avant
front leg

exemples[M] de chaises[F]
examples of chairs

chaise[F] berçante
rocking chair

chaises[F] empilables
stacking chairs

chaise[F] pliante
folding chair

chaise[F] longue
chaise longue

sièges[M]

seats

pouf[M]
ottoman

banc[M]
bench

banquette[F]
banquette

fauteuil[M]-sac[M]
bean bag chair

chaise[F]-escabeau[M]
step chair

tabouret[M]
footstool

tabouret[M]-bar[M]
bar stool

MAISON

table[F]

table

table[F] à abattants[M]
gate-leg table

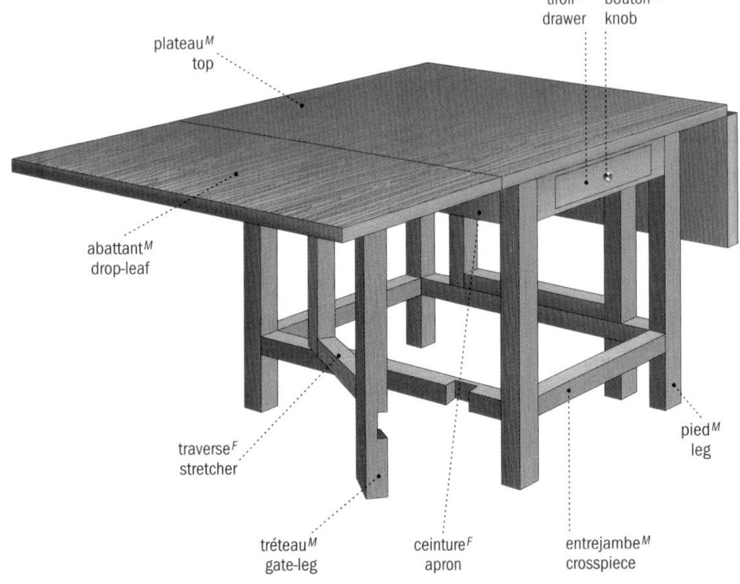
tiroir[M]
drawer
bouton[M]
knob
plateau[M]
top
abattant[M]
drop-leaf
traverse[F]
stretcher
pied[M]
leg
tréteau[M]
gate-leg
ceinture[F]
apron
entrejambe[M]
crosspiece

exemples[M] de tables[F]
examples of tables

table[F] à rallonges[F]
extension table

plateau[M]
top
rallonge[F]
extension

tables[F] gigognes
nest of tables

desserte[F]
serving cart

meubles[M] de rangement[M]

storage furniture

armoire[F]
armoire

bâti[M]
frame

vantail[M]
door

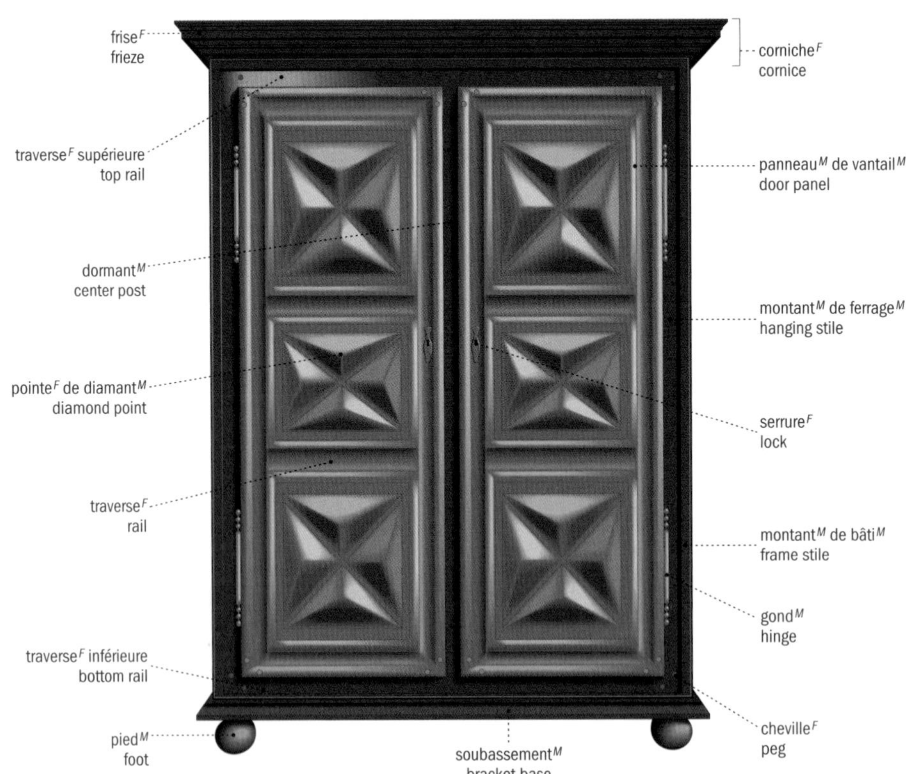
frise[F]
frieze
traverse[F] supérieure
top rail
dormant[M]
center post
pointe[F] de diamant[M]
diamond point
traverse[F]
rail
traverse[F] inférieure
bottom rail
pied[M]
foot
soubassement[M]
bracket base
corniche[F]
cornice
panneau[M] de vantail[M]
door panel
montant[M] de ferrage[M]
hanging stile
serrure[F]
lock
montant[M] de bâti[M]
frame stile
gond[M]
hinge
cheville[F]
peg

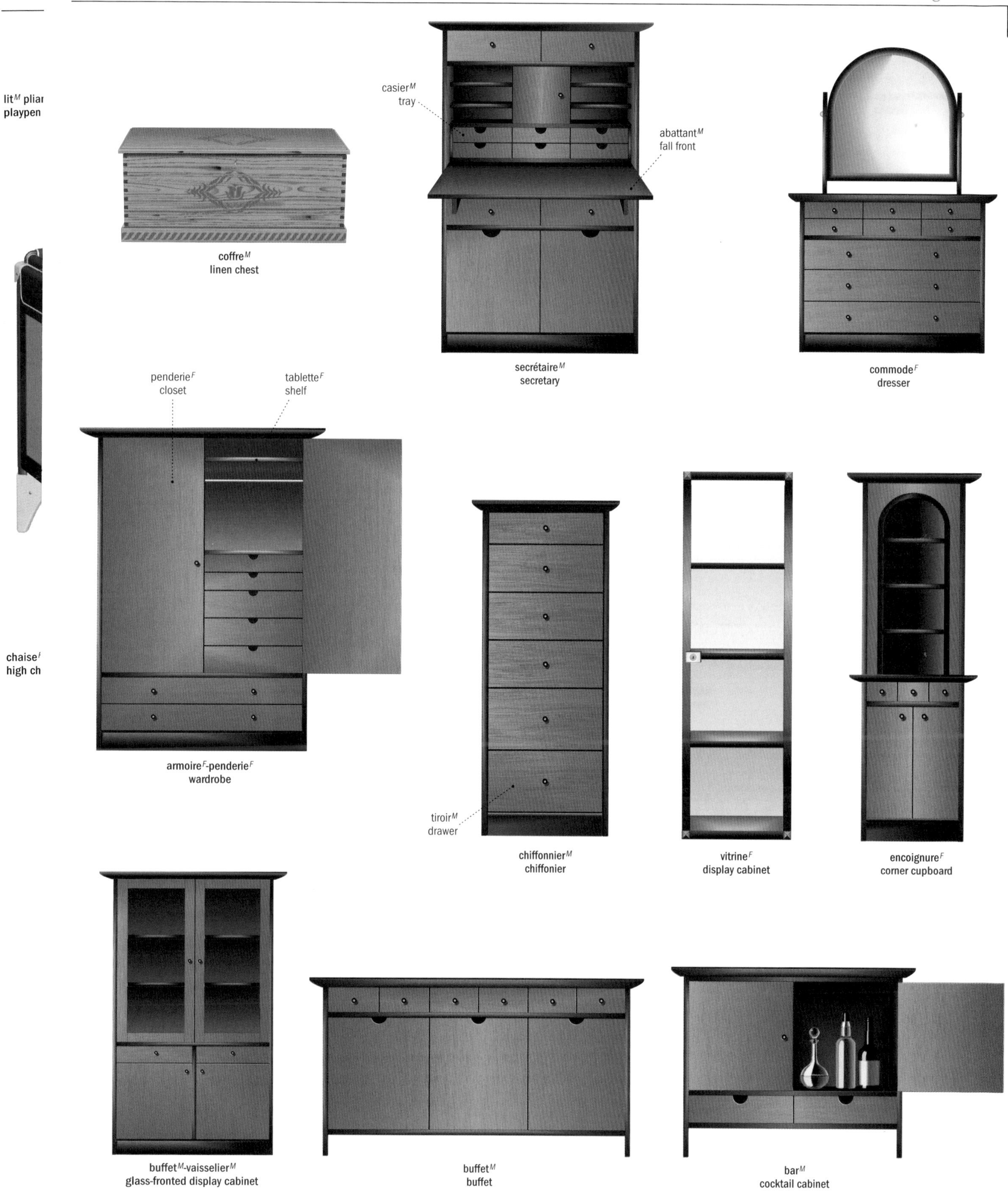
lit[M] pliant
playpen
casier[M]
tray
abattant[M]
fall front
penderie[F]
closet
tablette[F]
shelf
chaise[F]
high ch
tiroir[M]
drawer

coffre[M]
linen chest

secrétaire[M]
secretary

commode[F]
dresser

armoire[F]-penderie[F]
wardrobe

chiffonnier[M]
chiffonier

vitrine[F]
display cabinet

encoignure[F]
corner cupboard

buffet[M]-vaisselier[M]
glass-fronted display cabinet

buffet[M]
buffet

bar[M]
cocktail cabinet

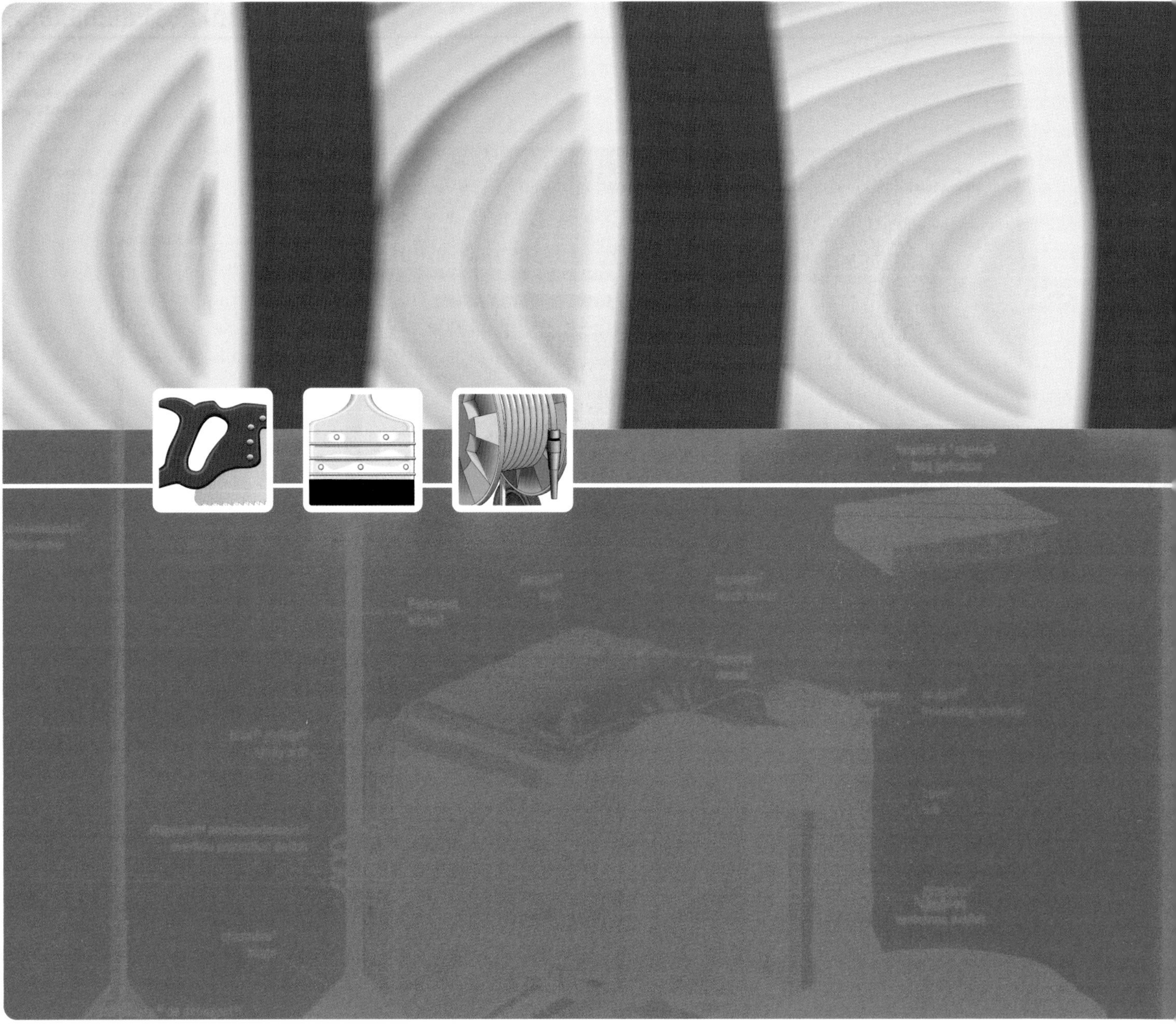

meubles[M] de rangement[M]

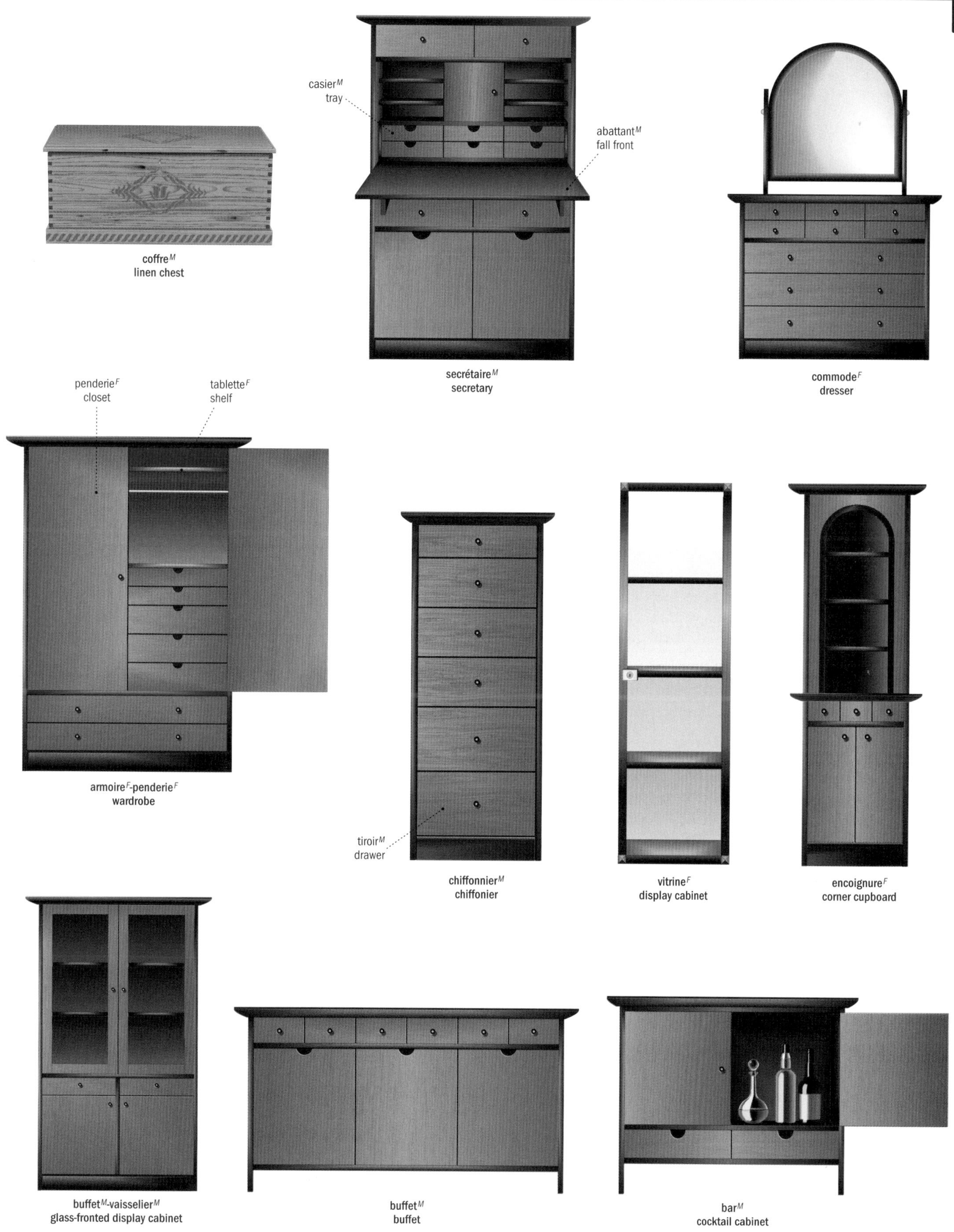

lit^M

bed

canapé^M convertible
sofa bed

futon^M
futon
cadre^M
frame

parties^F
parts

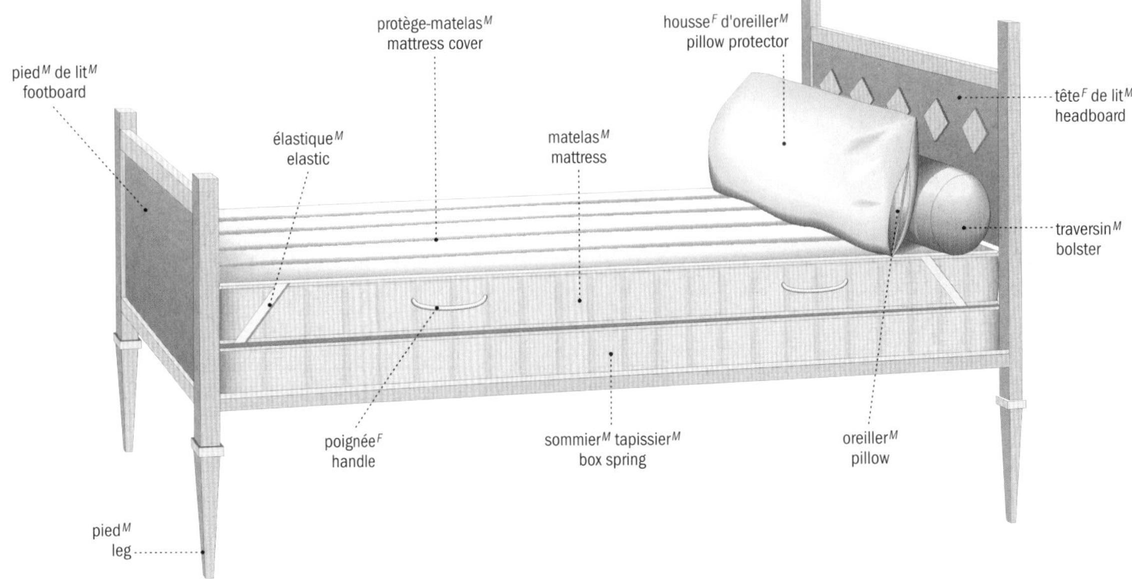
protège-matelas^M
mattress cover
housse^F d'oreiller^M
pillow protector
pied^M de lit^M
footboard
élastique^M
elastic
matelas^M
mattress
tête^F de lit^M
headboard
traversin^M
bolster
poignée^F
handle
sommier^M tapissier^M
box spring
oreiller^M
pillow
pied^M
leg

literie^F
linen

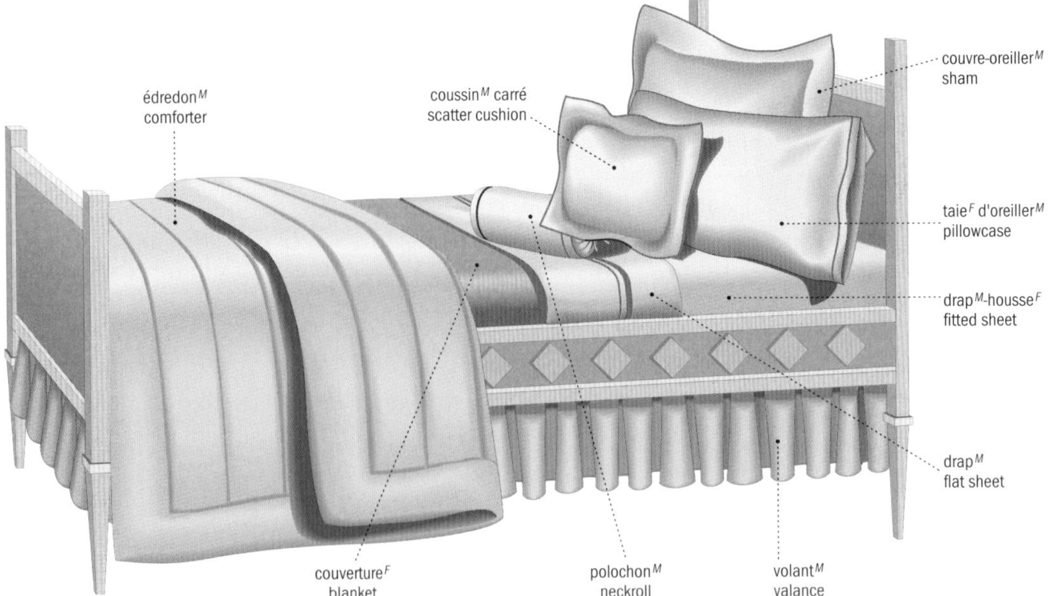
couvre-oreiller^M
sham
édredon^M
comforter
coussin^M carré
scatter cushion
taie^F d'oreiller^M
pillowcase
drap^M-housse^F
fitted sheet
drap^M
flat sheet
couverture^F
blanket
polochon^M
neckroll
volant^M
valance

meubles^M d'enfants^M

children's furniture

lit^M pliant
playpen

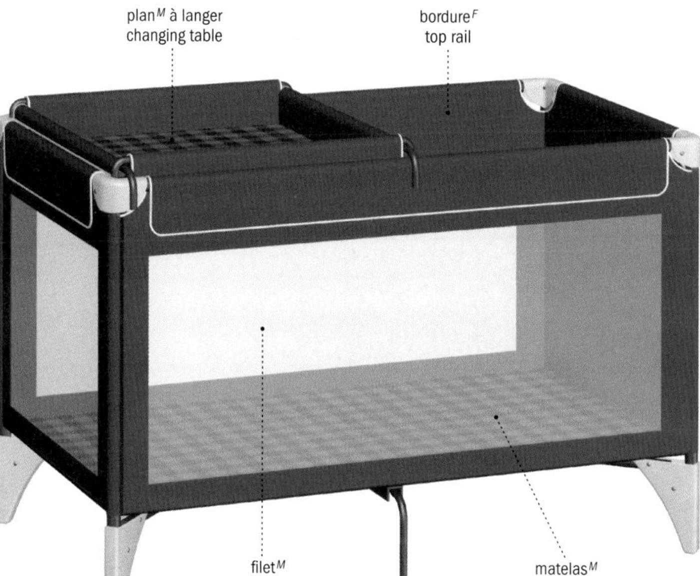
plan^M à langer
changing table
bordure^F
top rail
filet^M
mesh
matelas^M
mattress

rehausseur^M
booster seat

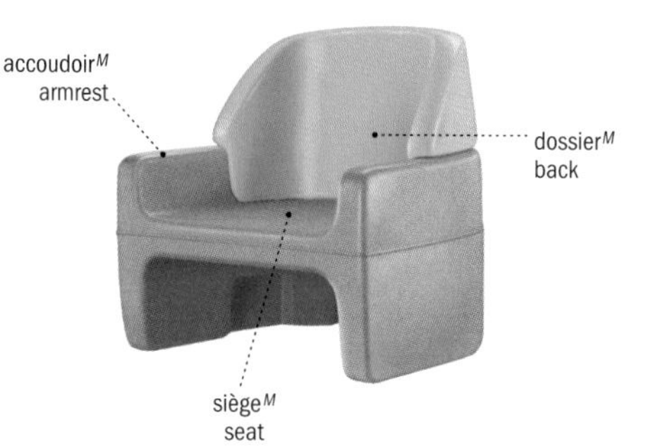
accoudoir^M
armrest
dossier^M
back
siège^M
seat

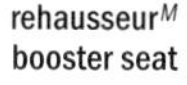

table^F à langer
changing table

chaise^F haute
high chair

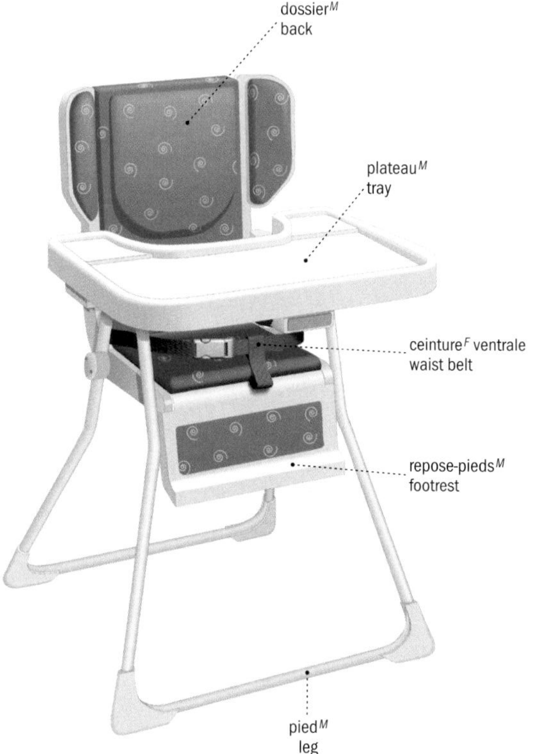
dossier^M
back
plateau^M
tray
ceinture^F ventrale
waist belt
repose-pieds^M
footrest
pied^M
leg

lit^M à barreaux^M
crib

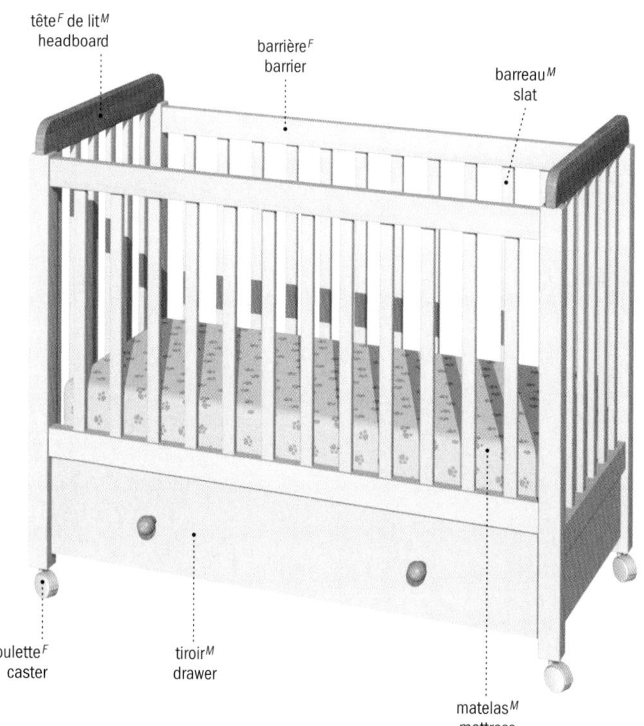
tête^F de lit^M
headboard
barrière^F
barrier
barreau^M
slat
roulette^F
caster
tiroir^M
drawer
matelas^M
mattress

parures^F de fenêtre^F

window accessories

volets^M d'intérieur^M
indoor shutters

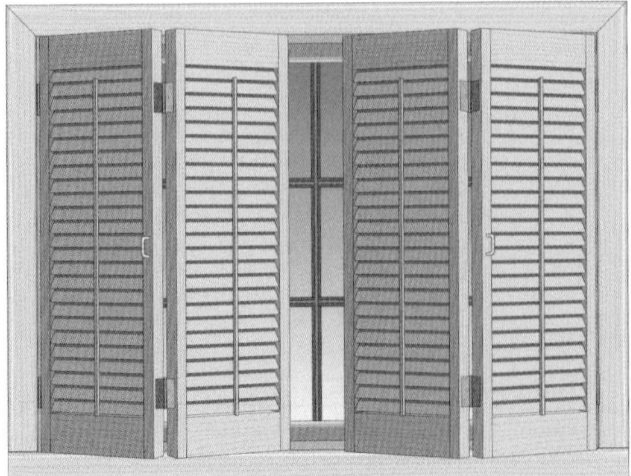

rideau^M de vitrage^M
glass curtain

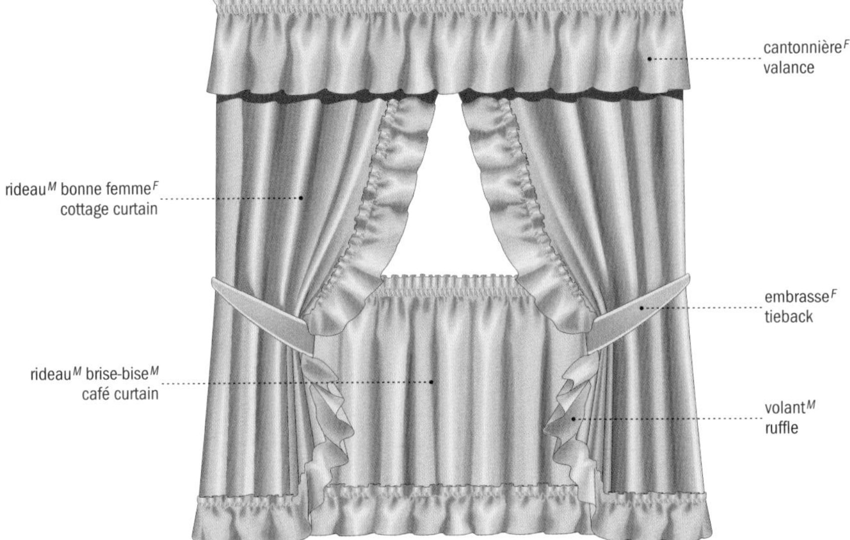
cantonnière^F
valance
rideau^M bonne femme^F
cottage curtain
embrasse^F
tieback
rideau^M brise-bise^M
café curtain
volant^M
ruffle

rideau^M
curtain

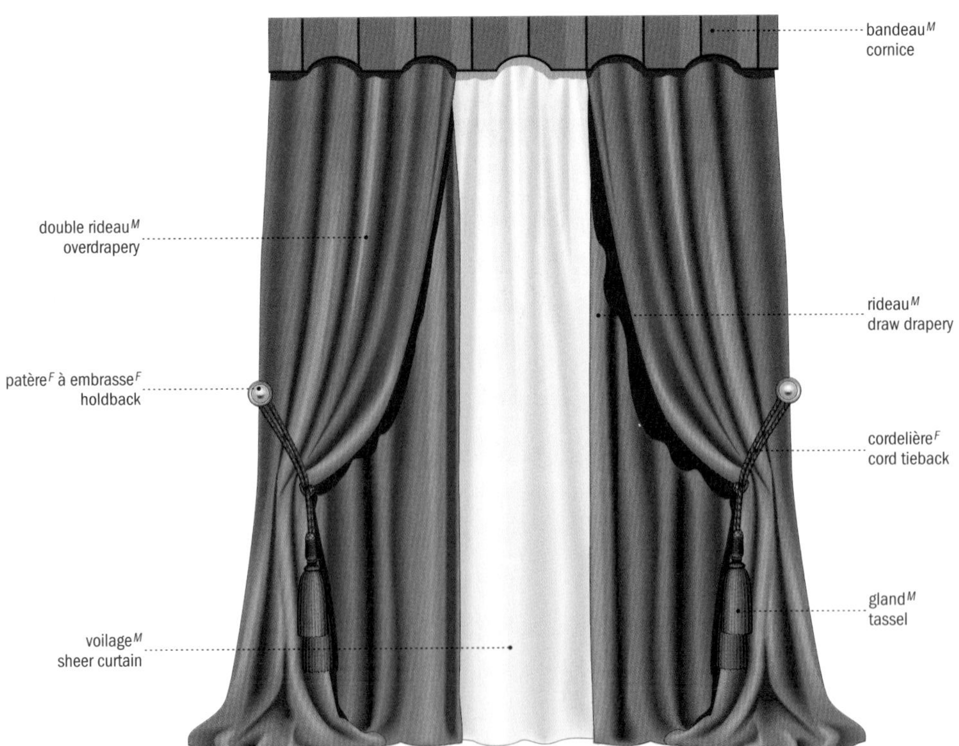
bandeau^M
cornice
double rideau^M
overdrapery
rideau^M
draw drapery
patère^F à embrasse^F
holdback
cordelière^F
cord tieback
gland^M
tassel
voilage^M
sheer curtain

parures[F] de fenêtre[F]

exemples[M] de plis[M]
examples of pleats

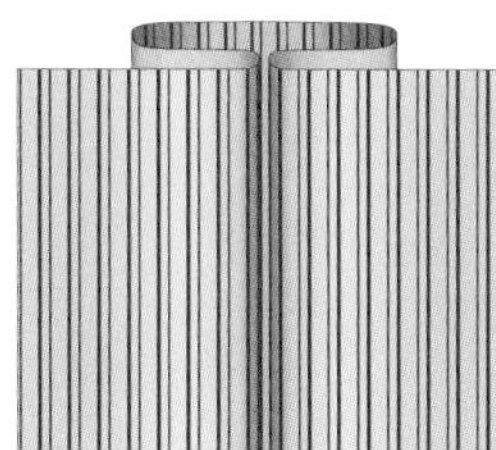

pli[M] creux
box pleat

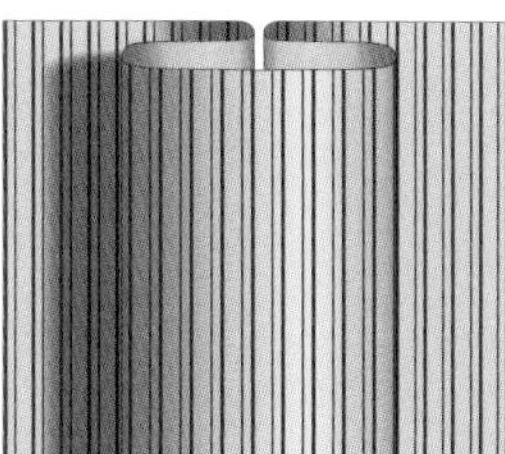

pli[M] rond
inverted pleat

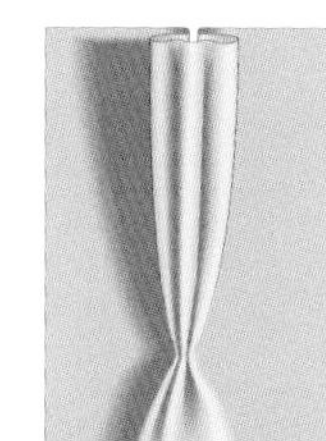

pli[M] pincé
pinch pleat

exemples[M] de têtes[F]
examples of headings

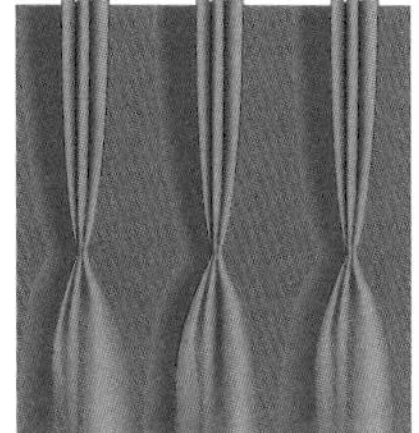

tête[F] plissée
pleated heading

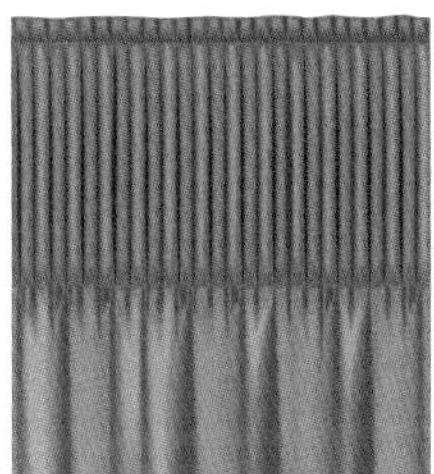

fronçage[M] tuyauté
pencil pleat heading

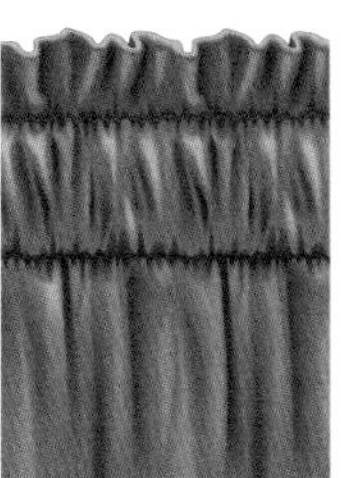

tête[F] froncée
shirred heading

cantonnière[F] drapée
draped swag

exemples[M] de rideaux[M]
examples of curtains

rideau[M] coulissé
attached curtain

rideaux[M] croisés
crisscross curtains

rideau[M] flottant
loose curtain

rideau[M] ballon[M]
balloon curtain

parures^F de fenêtre^F

tringles^F
poles

tringle^F-barre^F
curtain pole

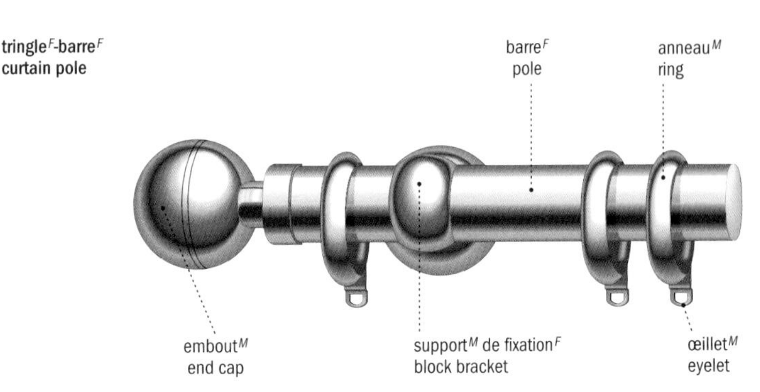
barre^F
pole
anneau^M
ring
embout^M
end cap
support^M de fixation^F
block bracket
œillet^M
eyelet

barre^F lisse
plain pole

barre^F cannelée
fluted pole

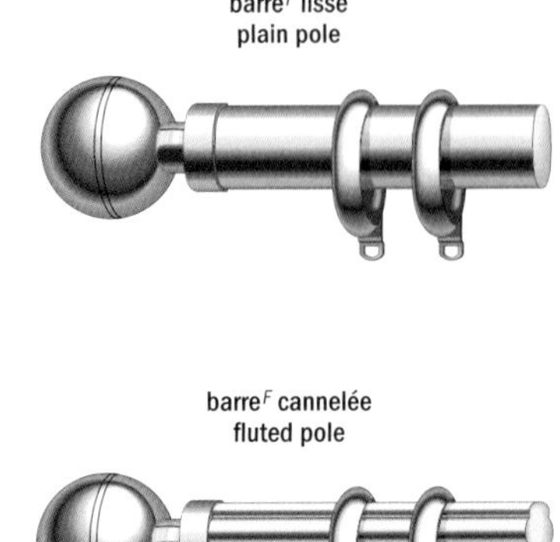

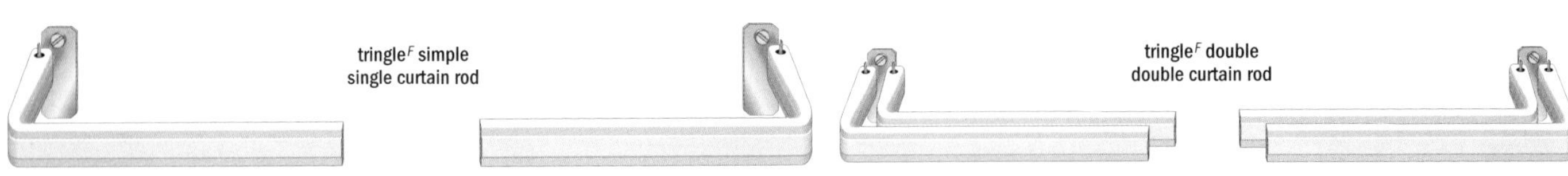

tringle^F simple
single curtain rod

tringle^F double
double curtain rod

tringle^F-rail^M
curtain track

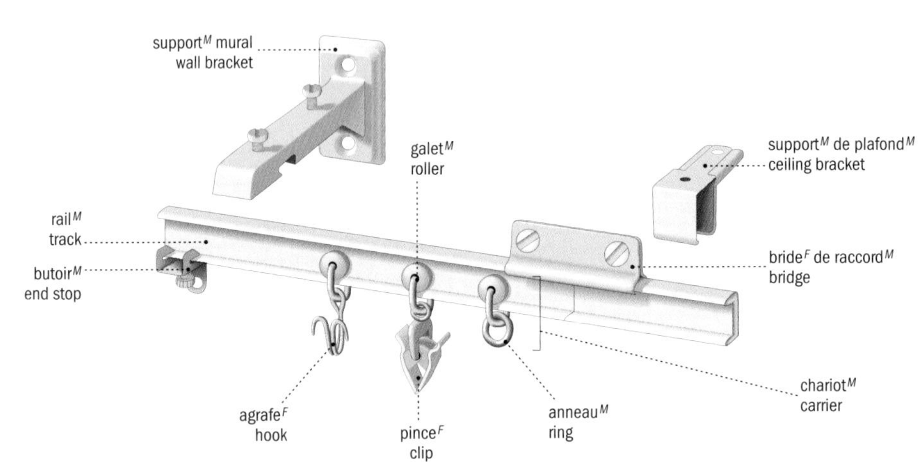
support^M mural
wall bracket
galet^M
roller
support^M de plafond^M
ceiling bracket
rail^M
track
butoir^M
end stop
bride^F de raccord^M
bridge
chariot^M
carrier
agrafe^F
hook
pince^F
clip
anneau^M
ring

tringle^F extensible
traverse rod

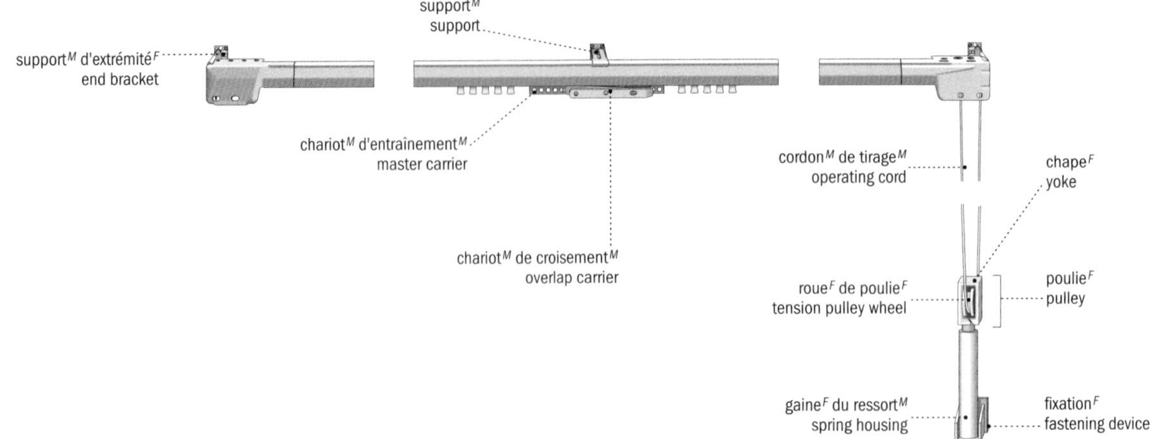
support^M
support
support^M d'extrémité^F
end bracket
chariot^M d'entraînement^M
master carrier
cordon^M de tirage^M
operating cord
chape^F
yoke
chariot^M de croisement^M
overlap carrier
roue^F de poulie^F
tension pulley wheel
poulie^F
pulley
gaine^F du ressort^M
spring housing
fixation^F
fastening device

stores^M
blinds

store^M à enroulement^M automatique
roller shade

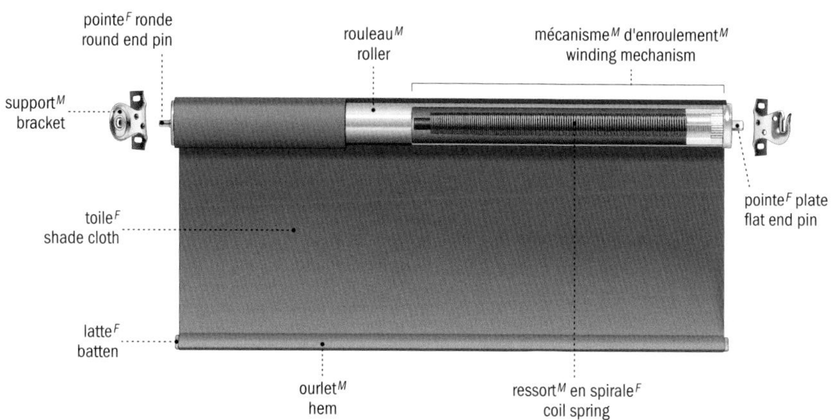
pointe^F ronde
round end pin
rouleau^M
roller
mécanisme^M d'enroulement^M
winding mechanism
support^M
bracket
pointe^F plate
flat end pin
toile^F
shade cloth
latte^F
batten
ourlet^M
hem
ressort^M en spirale^F
coil spring

store^M vénitien
Venetian blind

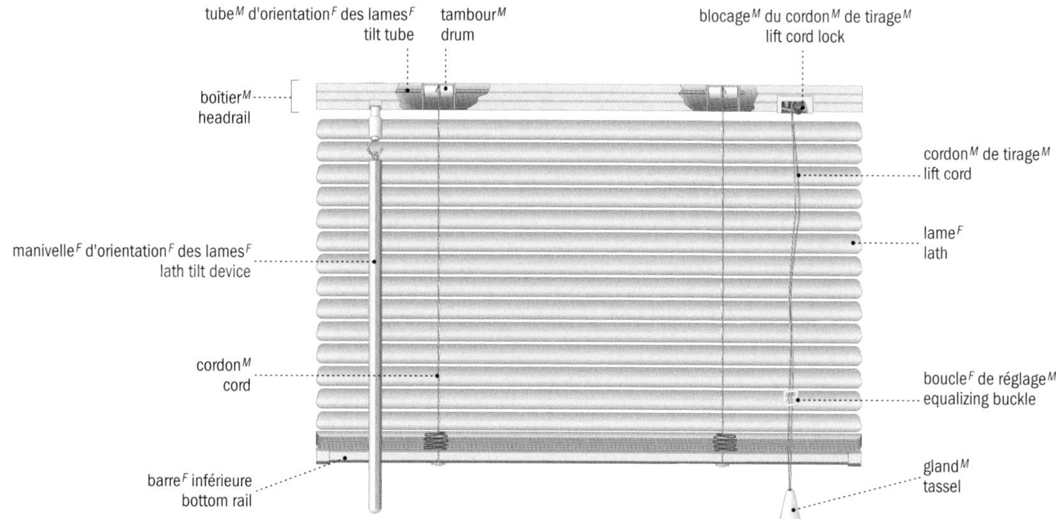
tube^M d'orientation^F des lames^F
tilt tube
tambour^M
drum
blocage^M du cordon^M de tirage^M
lift cord lock
boîtier^M
headrail
cordon^M de tirage^M
lift cord
lame^F
lath
manivelle^F d'orientation^F des lames^F
lath tilt device
cordon^M
cord
boucle^F de réglage^M
equalizing buckle
barre^F inférieure
bottom rail
gland^M
tassel

store^M bateau^M; *store^M romain*
roman shade

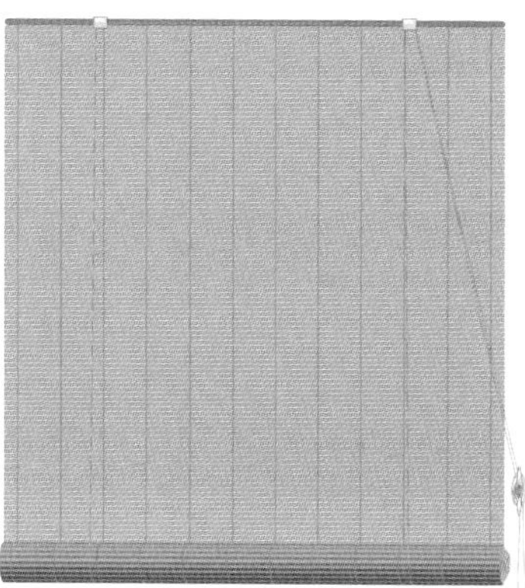

store^M à enroulement^M manuel
roll-up blind

luminaires[M]

lights

plafonnier[M]
ceiling fitting

suspension[F]
hanging pendant

spot[M] à pince[F]
clamp spotlight

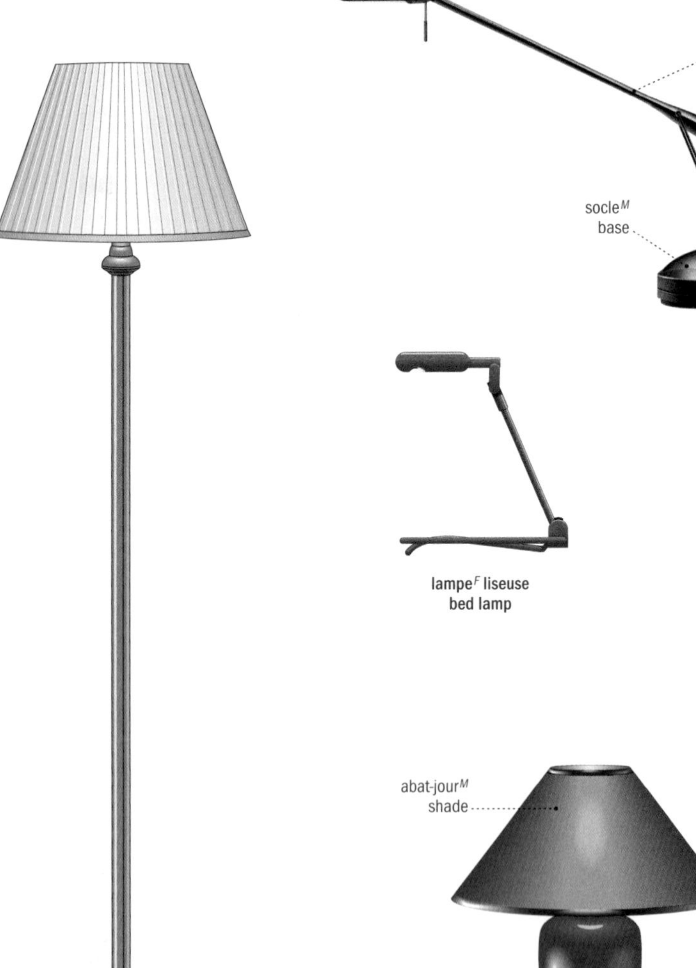
socle[M]
base

lampadaire[M]
floor lamp

lampe[F] de bureau[M] halogène
halogen desk lamp

bras[M]
arm
socle[M]
base

lampe[F] liseuse
bed lamp

lampe[F] d'architecte[M]
adjustable lamp

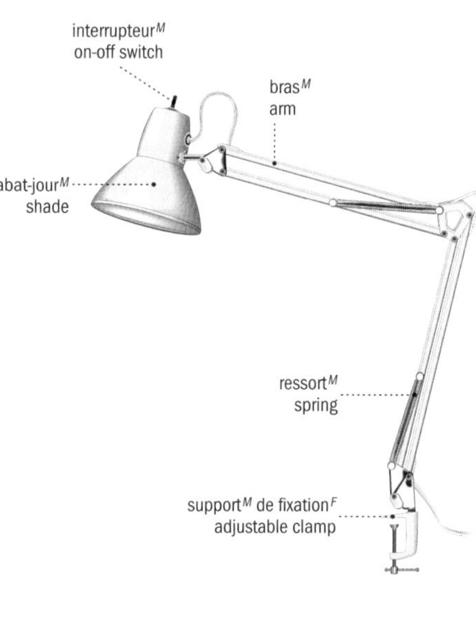
interrupteur[M]
on-off switch
bras[M]
arm
abat-jour[M]
shade
ressort[M]
spring
support[M] de fixation[F]
adjustable clamp

abat-jour[M]
shade

pied[M]
stand

lampe[F] de table[F]
table lamp

lampe[F] de bureau[M]
desk lamp

lustre^M
chandelier
coupelle^F
bobeche
pendeloque^F
crystal drop
pampille^F
crystal button
fût^M
column
rail^M d'éclairage^M
track lighting
gouttière^F
bar frame
transformateur^M
transformer
manette^F de contact^M
contact lever
spot^M
spot
lanterne^F murale
wall lantern
applique^F
wall fitting
applique^F orientable
swivel wall lamp
rampe^F d'éclairage^M
strip light
lanterne^F de pied^M
post lantern

appareils^{M} électroménagers

domestic appliances

MAISON

fer^{M} à vapeur^{F}
steam iron

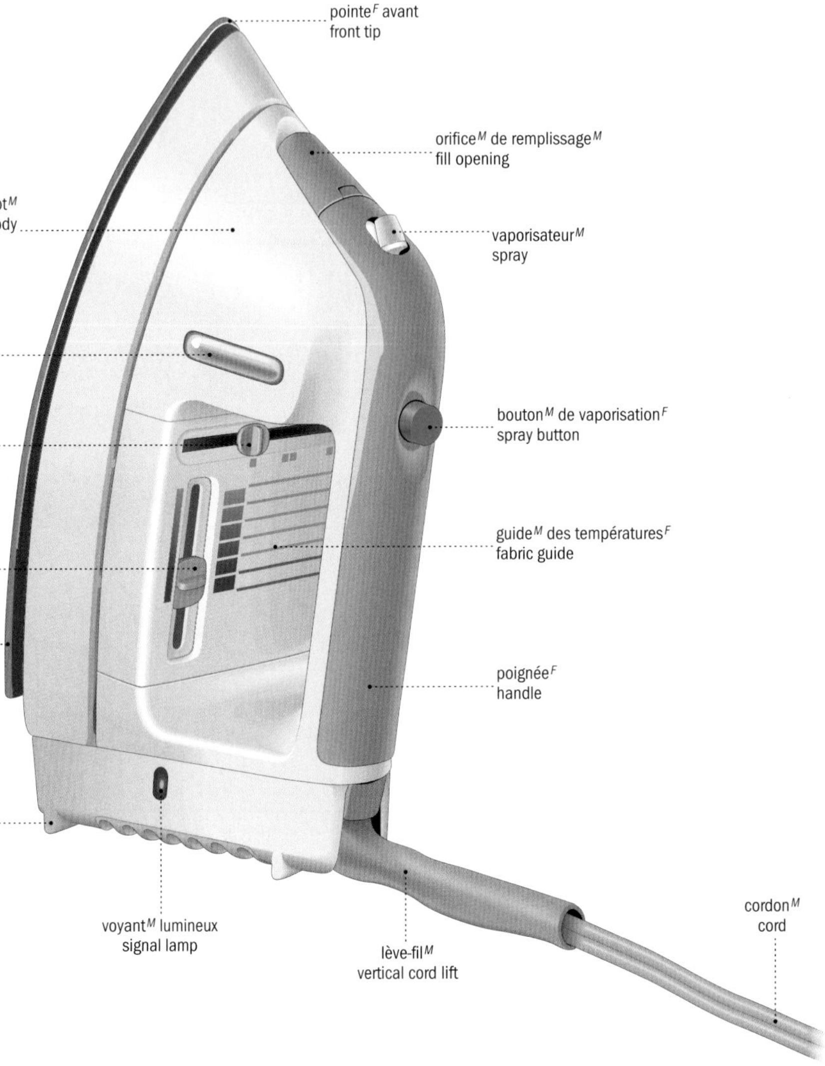

pointe^{F} avant
front tip

orifice^{M} de remplissage^{M}
fill opening

capot^{M}
body

vaporisateur^{M}
spray

repère^{M} de niveau^{M} d'eau^{F}
water-level tube

bouton^{M} de vaporisation^{F}
spray button

contrôle^{M} de la vapeur^{F}
spray control

guide^{M} des températures^{F}
fabric guide

réglage^{M} des températures^{F}
temperature control

semelle^{F}
soleplate

poignée^{F}
handle

talon^{M} d'appui^{M}
heel rest

voyant^{M} lumineux
signal lamp

lève-fil^{M}
vertical cord lift

cordon^{M}
cord

aspirateur^{M} à main^{F}
hand vacuum cleaner

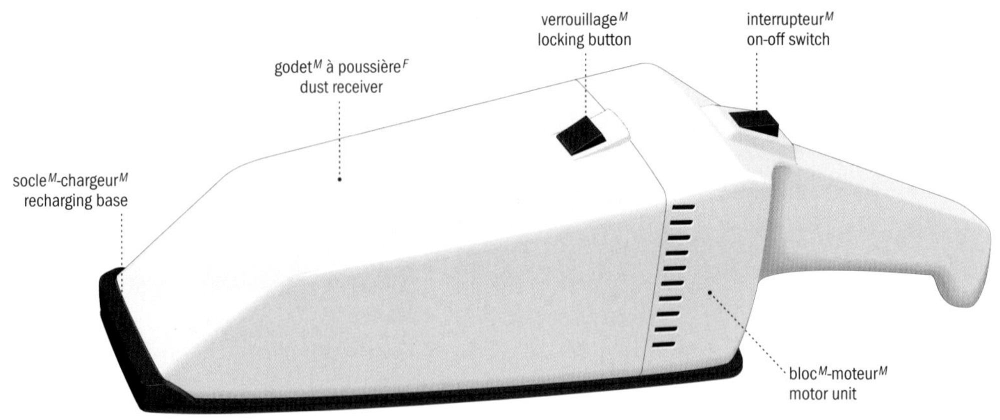
verrouillage^{M}
locking button
interrupteur^{M}
on-off switch
godet^{M} à poussière^{F}
dust receiver
socle^{M}-chargeur^{M}
recharging base
bloc^{M}-moteur^{M}
motor unit

aspirateur[M]-balai[M]
upright vacuum cleaner

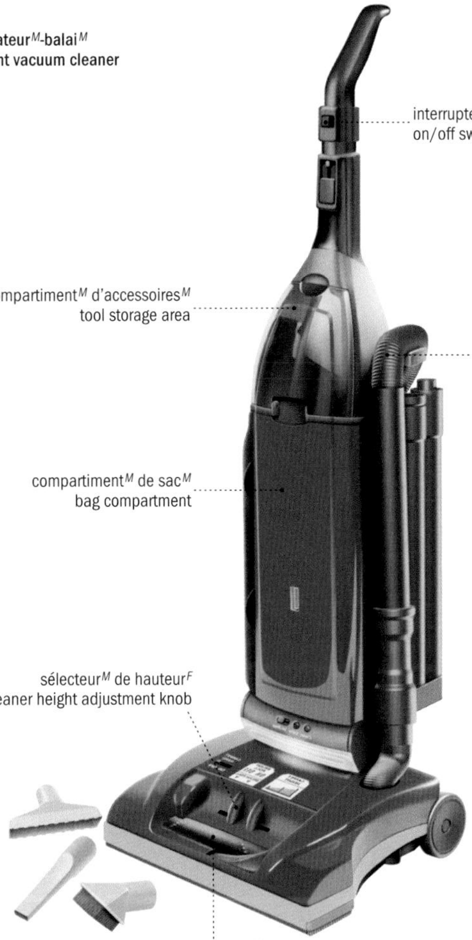

interrupteur[M]
on/off switch

compartiment[M] d'accessoires[M]
tool storage area

tuyau[M] flexible
hose

compartiment[M] de sac[M]
bag compartment

sélecteur[M] de hauteur[F]
cleaner height adjustment knob

accessoires[M]
tools

brosse[F]
brush

aspirateur[M]-traîneau[M]
cylinder vacuum cleaner

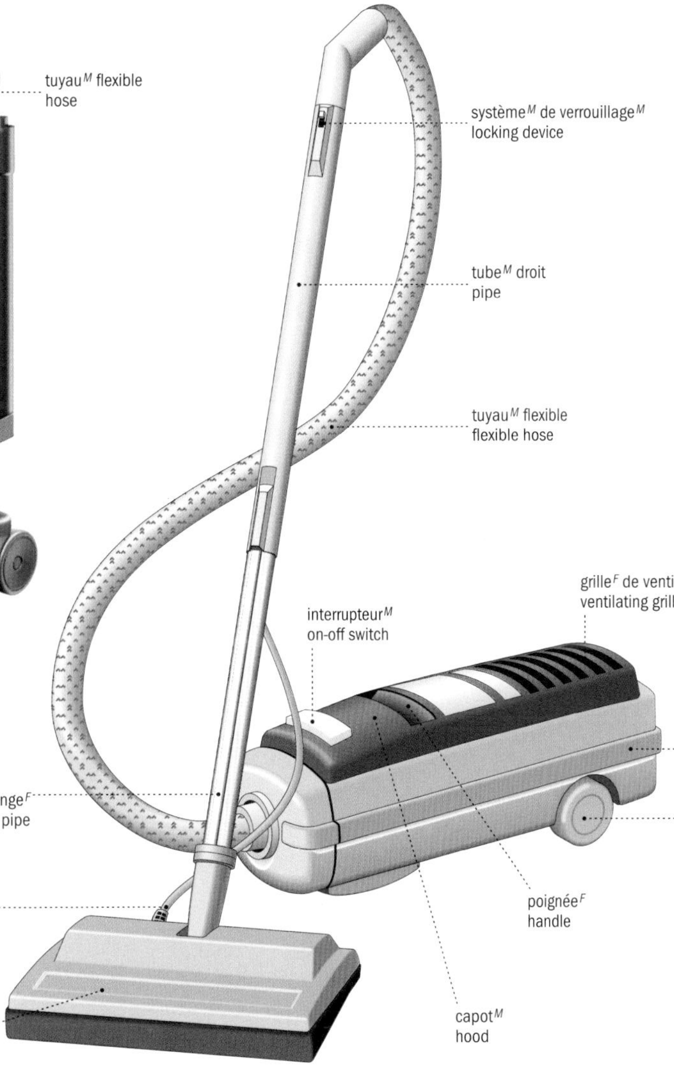

système[M] de verrouillage[M]
locking device

tube[M] droit
pipe

tuyau[M] flexible
flexible hose

grille[F] de ventilation[F]
ventilating grille

interrupteur[M]
on-off switch

pare-chocs[M]
bumper

roulette[F]
caster

rallonge[F]
extension pipe

poignée[F]
handle

cordon[M]
cord

capot[M]
hood

suceur[M] à tapis[M] et planchers[M]
rug and floor brush

accessoires[M]
cleaning tools

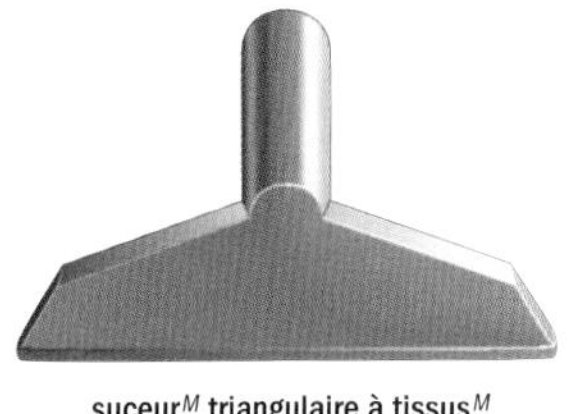

suceur[M] triangulaire à tissus[M]
upholstery nozzle

brosse[F] à épousseter
dusting brush

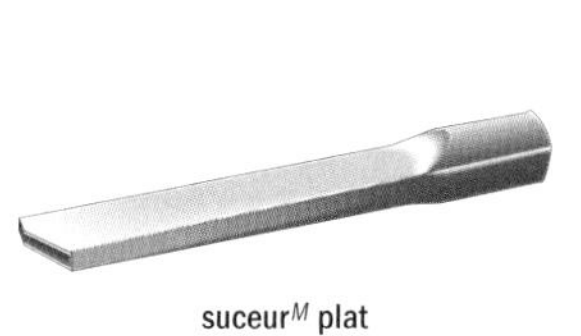

suceur[M] plat
crevice tool

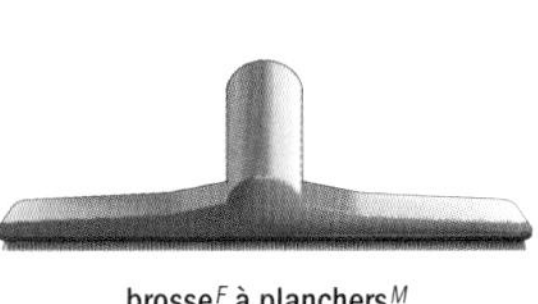

brosse[F] à planchers[M]
floor brush

appareils^M électroménagers

hotte^F
range hood

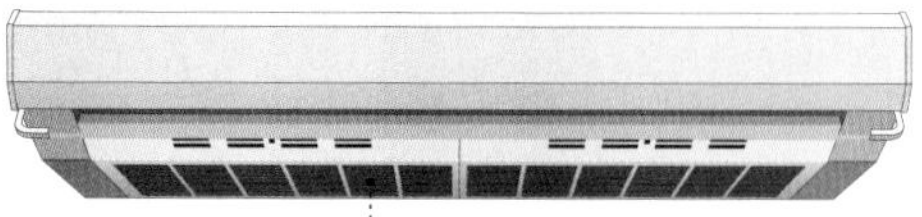

filtre^M
filter

cuisinière^F à gaz^M
gas range

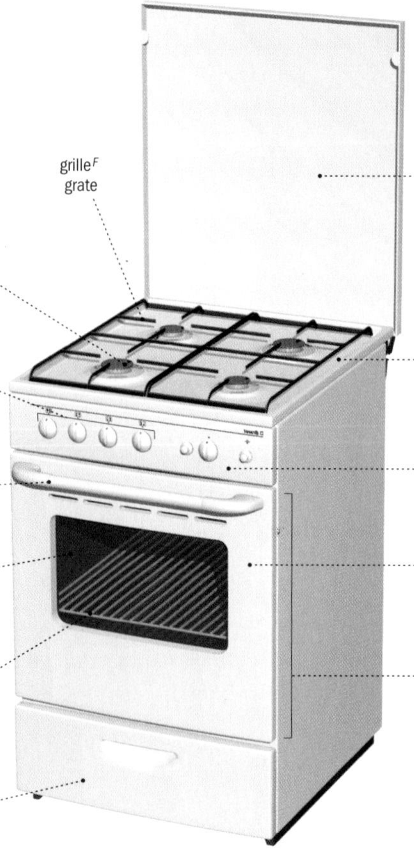

grille^F
grate

couvercle^M de propreté^F
lid

brûleur^M
burner

table^F de travail^M
cooktop

robinets^M
burner control knobs

tableau^M de commande^F
control panel

poignée^F
handle

porte^F
door

hublot^M
window

four^M
oven

grille^F
rack

tiroir^M
drawer

serpentin^M
surface element

élément^M tubulaire
tubular element

borne^F
terminal

cuvette^F
drip bowl

anneau^M
trim ring

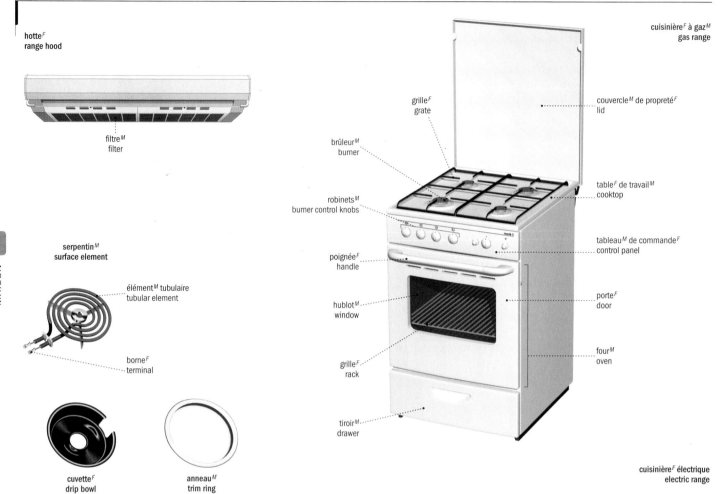

cuisinière^F électrique
electric range

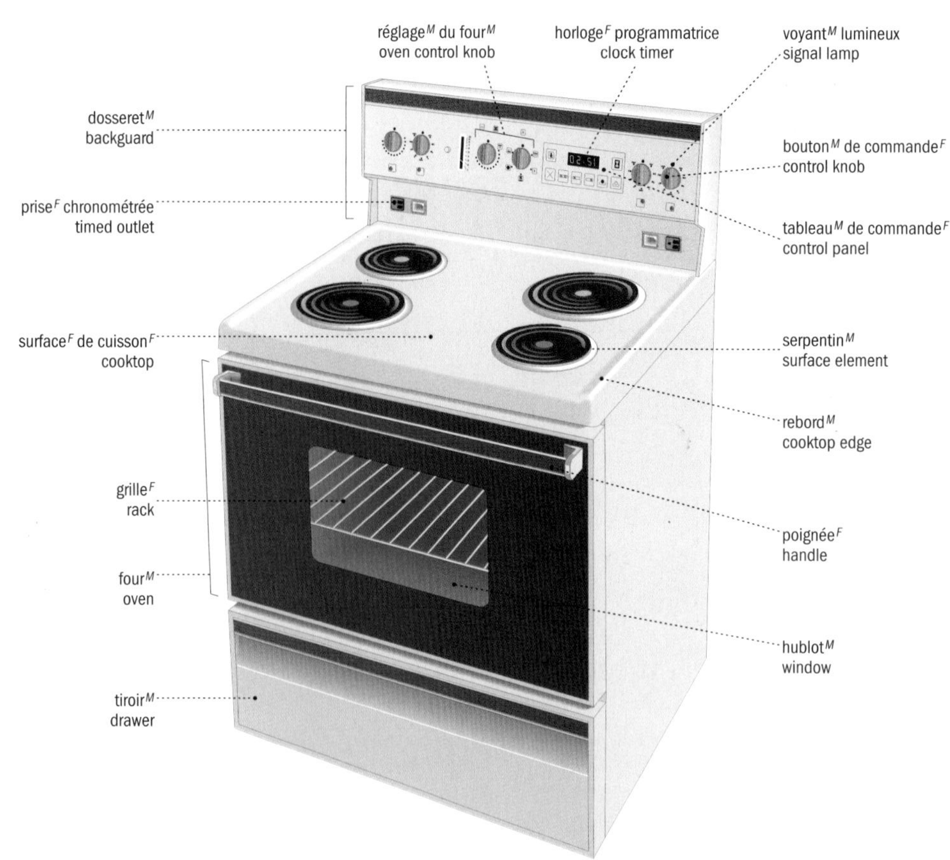
réglage^M du four^M
oven control knob
horloge^F programmatrice
clock timer
voyant^M lumineux
signal lamp
dosseret^M
backguard
bouton^M de commande^F
control knob
prise^F chronométrée
timed outlet
tableau^M de commande^F
control panel
surface^F de cuisson^F
cooktop
serpentin^M
surface element
rebord^M
cooktop edge
grille^F
rack
poignée^F
handle
four^M
oven
hublot^M
window
tiroir^M
drawer

congélateur[M] coffre[M]
chest freezer

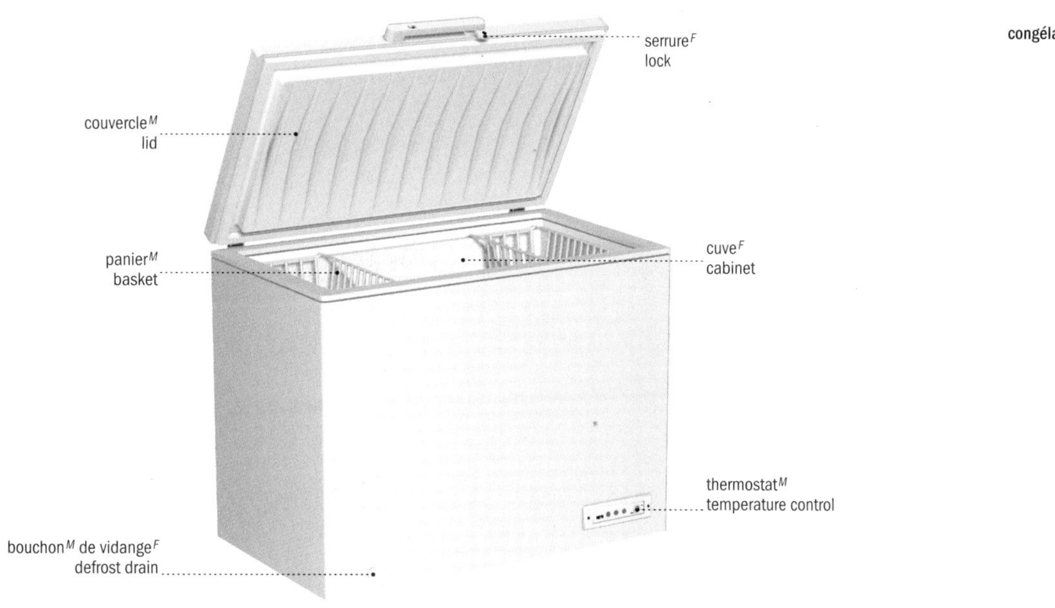
serrure[F]
lock
couvercle[M]
lid
panier[M]
basket
cuve[F]
cabinet
thermostat[M]
temperature control
bouchon[M] de vidange[F]
defrost drain

réfrigérateur[M]
refrigerator

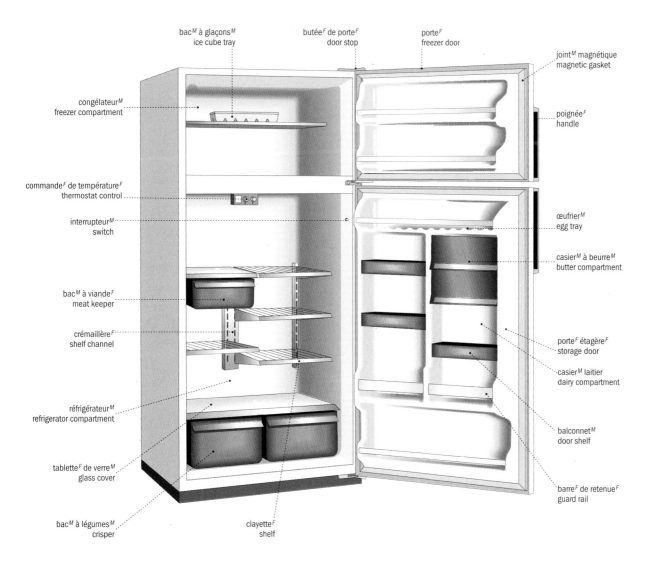

bac[M] à glaçons[M]
ice cube tray

butée[F] de porte[F]
door stop

porte[F]
freezer door

joint[M] magnétique
magnetic gasket

congélateur[M]
freezer compartment

poignée[F]
handle

commande[F] de température[F]
thermostat control

interrupteur[M]
switch

œufrier[M]
egg tray

casier[M] à beurre[M]
butter compartment

bac[M] à viande[F]
meat keeper

crémaillère[F]
shelf channel

porte[F] étagère[F]
storage door

casier[M] laitier
dairy compartment

réfrigérateur[M]
refrigerator compartment

balconnet[M]
door shelf

tablette[F] de verre[M]
glass cover

barre[F] de retenue[F]
guard rail

bac[M] à légumes[M]
crisper

clayette[F]
shelf

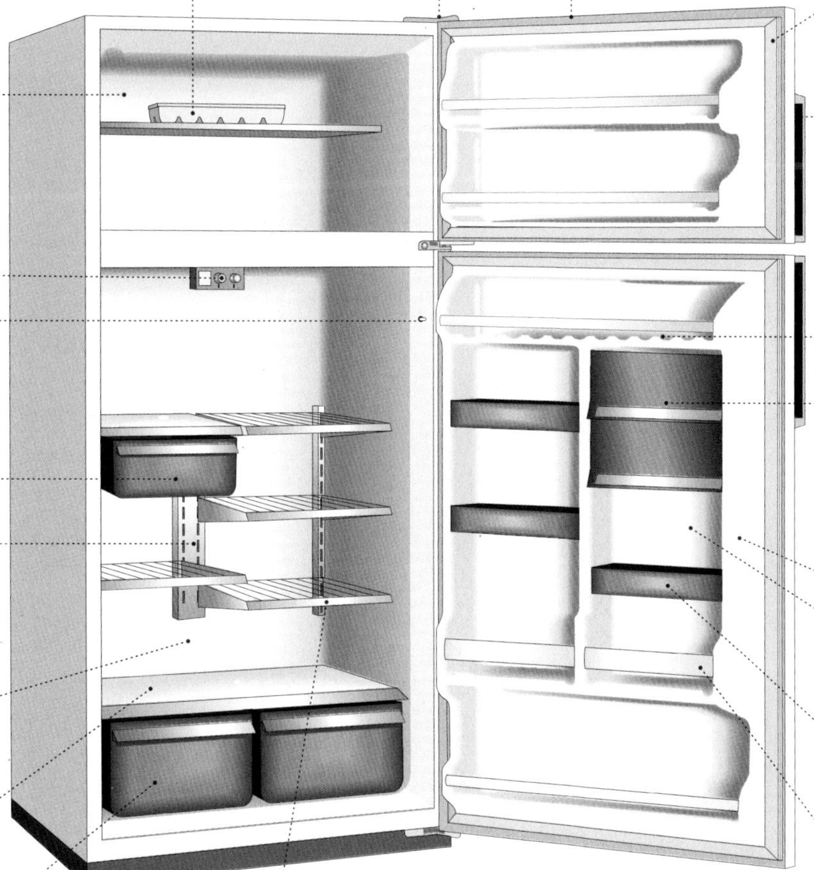

appareils^M électroménagers

lave-linge^M; *laveuse*^F
washer

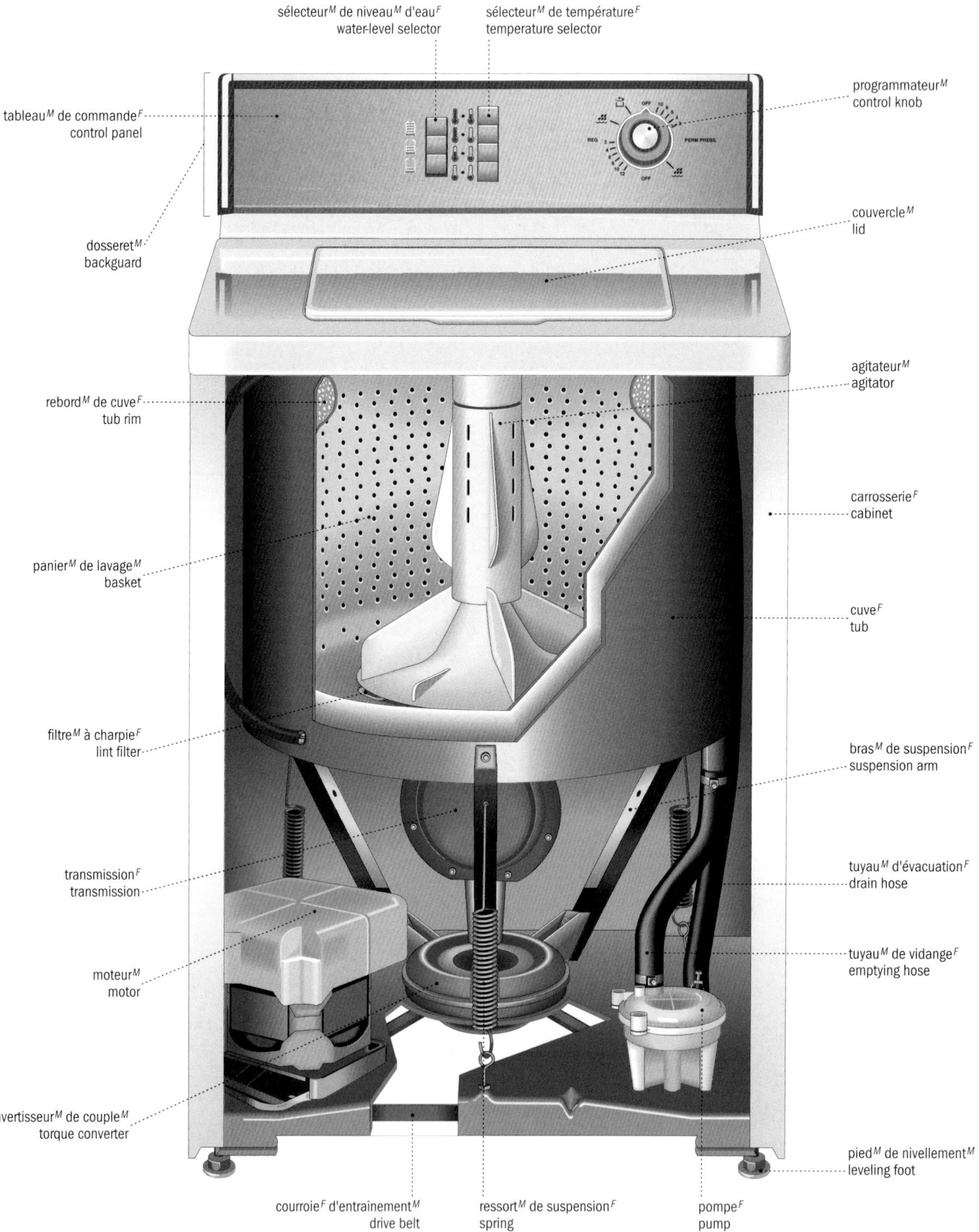
sélecteur^M de niveau^M d'eau^F
water-level selector
sélecteur^M de température^F
temperature selector
tableau^M de commande^F
control panel
programmateur^M
control knob
dosseret^M
backguard
couvercle^M
lid
rebord^M de cuve^F
tub rim
agitateur^M
agitator
carrosserie^F
cabinet
panier^M de lavage^M
basket
cuve^F
tub
filtre^M à charpie^F
lint filter
bras^M de suspension^F
suspension arm
transmission^F
transmission
tuyau^M d'évacuation^F
drain hose
moteur^M
motor
tuyau^M de vidange^F
emptying hose
convertisseur^M de couple^M
torque converter
pied^M de nivellement^M
leveling foot
courroie^F d'entraînement^M
drive belt
ressort^M de suspension^F
spring
pompe^F
pump

appareils^M électroménagers

sèche-linge^M électrique; ***sécheuse^F***
electric dryer

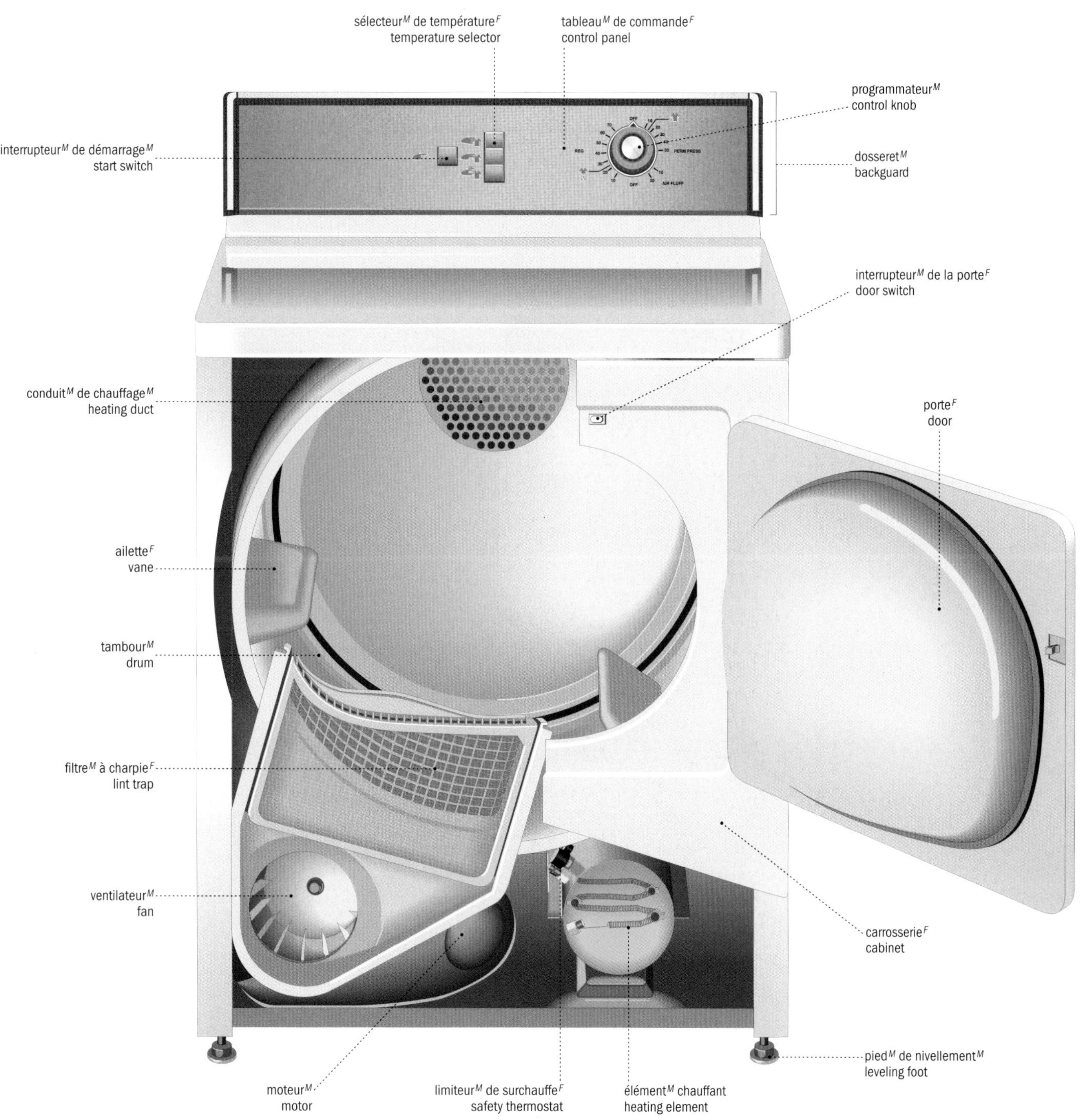
sélecteur^M de température^F
temperature selector
tableau^M de commande^F
control panel
programmateur^M
control knob
interrupteur^M de démarrage^M
start switch
dosseret^M
backguard
interrupteur^M de la porte^F
door switch
conduit^M de chauffage^M
heating duct
porte^F
door
ailette^F
vane
tambour^M
drum
filtre^M à charpie^F
lint trap
ventilateur^M
fan
carrosserie^F
cabinet
pied^M de nivellement^M
leveling foot
moteur^M
motor
limiteur^M de surchauffe^F
safety thermostat
élément^M chauffant
heating element

appareils[M] électroménagers

tableau[M] de commande[F]
control panel

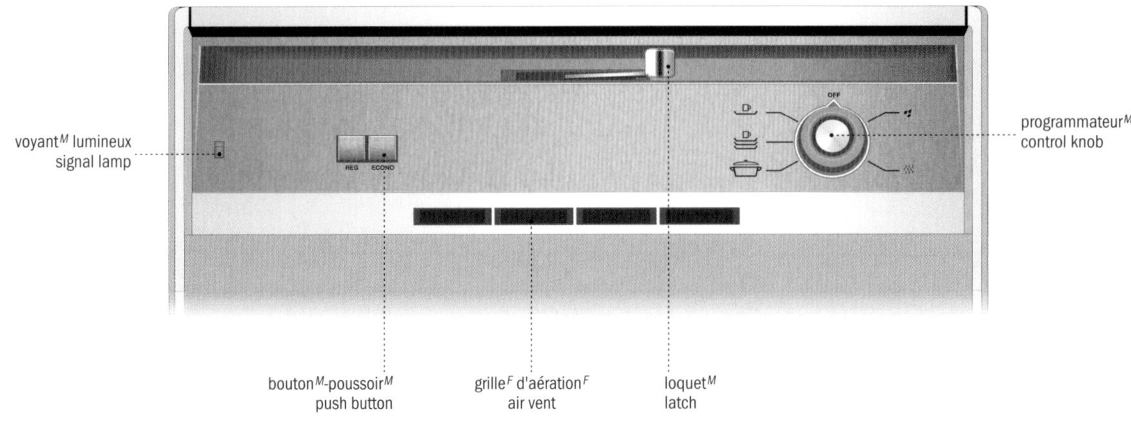
voyant[M] lumineux
signal lamp
programmateur[M]
control knob
bouton[M]-poussoir[M]
push button
grille[F] d'aération[F]
air vent
loquet[M]
latch
REG
ECONO
OFF

MAISON

lave-vaisselle[M]
dishwasher

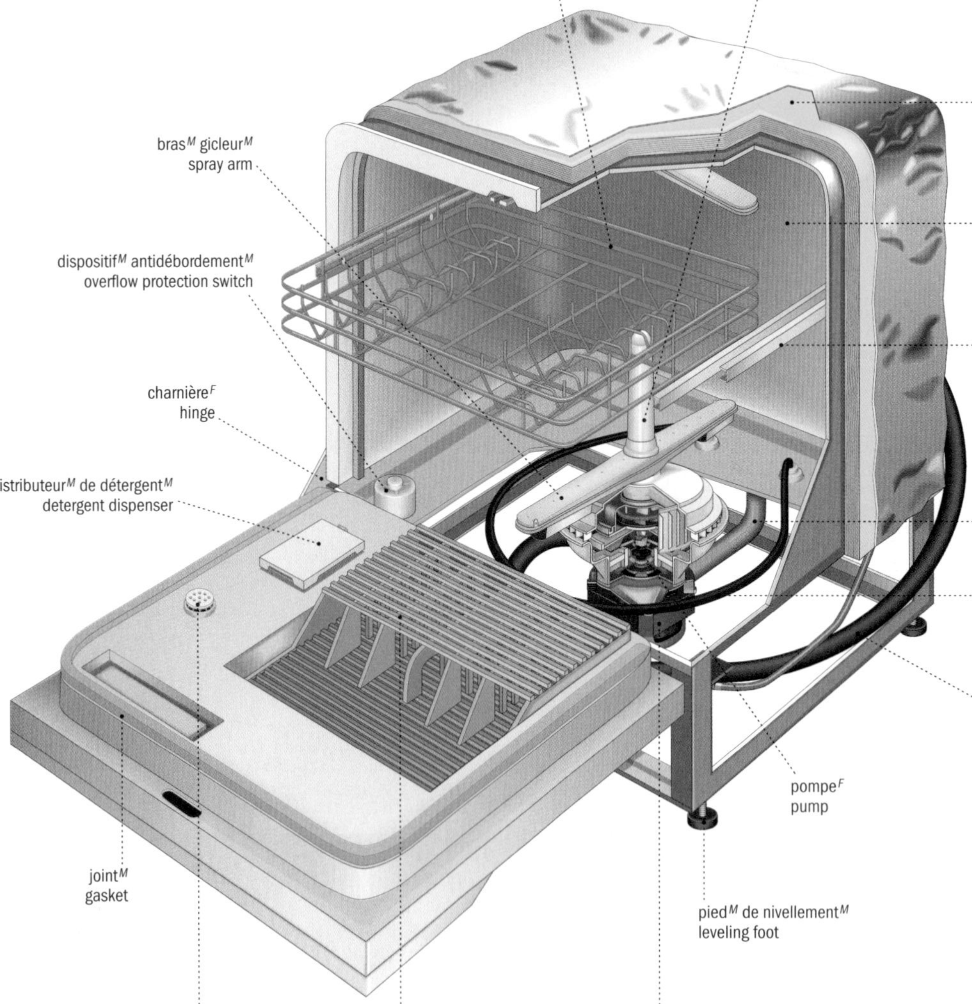

panier[M]
rack

tourelle[F]
wash tower

isolant[M]
insulating material

bras[M] gicleur[M]
spray arm

cuve[F]
tub

dispositif[M] antidébordement[M]
overflow protection switch

glissière[F]
slide

charnière[F]
hinge

distributeur[M] de détergent[M]
detergent dispenser

conduite[F] d'eau[F]
water hose

élément[M] chauffant
heating element

tuyau[M] de vidange[F]
drain hose

pompe[F]
pump

joint[M]
gasket

pied[M] de nivellement[M]
leveling foot

distributeur[M] de produit[M] de rinçage[M]
rinse-aid dispenser

panier[M] à couverts[M]
cutlery basket

moteur[M]
motor

articles^M ménagers

household equipment

torchon^M
kitchen towel
pelle^F à poussière^F; *porte-poussière^M*
dustpan
balai^M
broom
balai^M à franges^F; *vadrouille^F*
mop
éponge^F à récurer
scouring pad
manche^M
handle
brosse^F
brush
monture^F
block
fibres^F
fibers
poubelle^F
refuse container
couvercle^M
lid
poignée^F
handle
fibres^F
fibers
seau^M
pail
bec^M verseur
pouring spout
anse^F
handle

BRICOLAGE ET JARDINAGE

DO-IT-YOURSELF AND GARDENING

298 Bricolage

298 matériaux de base
299 matériaux de revêtement
299 isolants
300 bois
301 menuiserie : outils pour clouer
302 menuiserie : outils pour visser
303 menuiserie : outils pour scier
306 menuiserie : outils pour percer
308 menuiserie : outils pour façonner
310 menuiserie : outils pour serrer
313 menuiserie : instruments de traçage et de mesure
313 menuiserie : matériel divers
314 plomberie : outils
315 maçonnerie : outils
316 électricité : outils
318 soudage : outils
320 peinture d'entretien
321 échelles et escabeaux

322 Jardinage

322 jardin d'agrément
323 équipement divers
324 outils pour semer et planter
325 jeu de petits outils
326 outils pour remuer la terre
328 outils pour arroser
330 outils pour couper
332 soins de la pelouse

matériaux[M] de base[F]

basic building materials

brique[F]
brick

brique[F] pleine
solid brick

brique[F] perforée
perforated brick

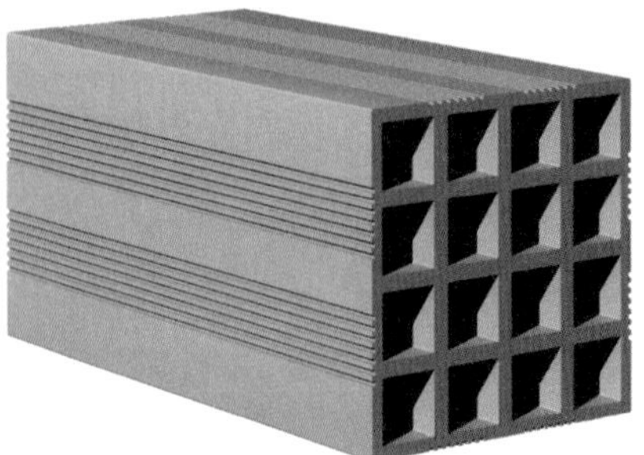

brique[F] creuse
hollow brick

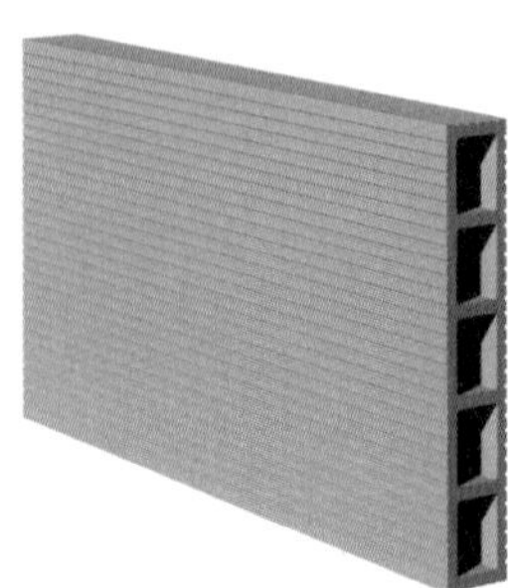

brique[F] plâtrière
partition tile

mur[M] de briques[F]
brick wall

brique[F] réfractaire
firebrick

mortier[M]
mortar

pierre[F]
stone

dalle[F] de pierre[F]
flagstone

moellon[M]
rubble

pierre[F] de taille[F]
cut stone

mur[M] de pierres[F]
stone wall

béton[M]
concrete

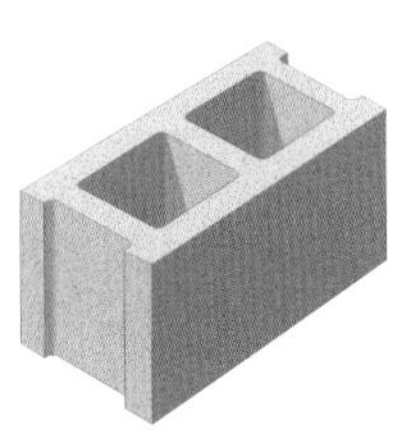

bloc[M] de béton[M]
concrete block

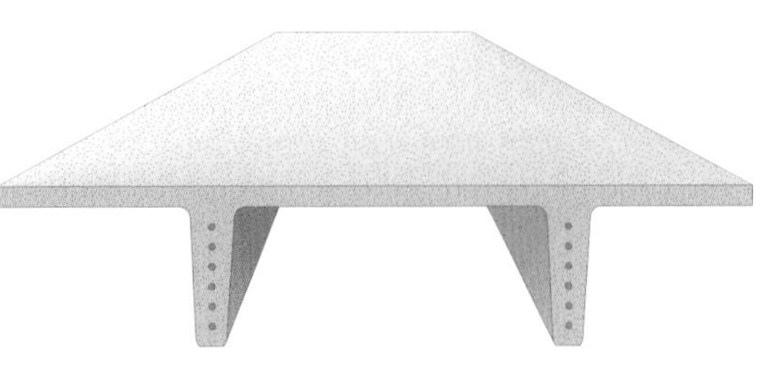

béton[M] précontraint
prestressed concrete

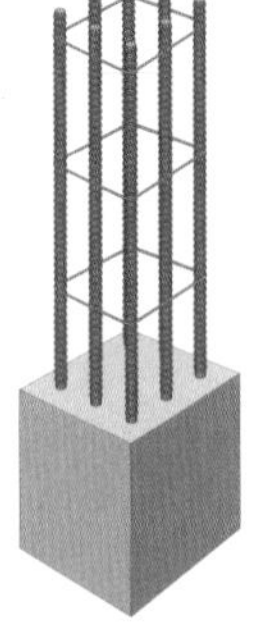

béton[M] armé
reinforced concrete

acier[M]
steel

matériaux^M de revêtement^M

covering materials

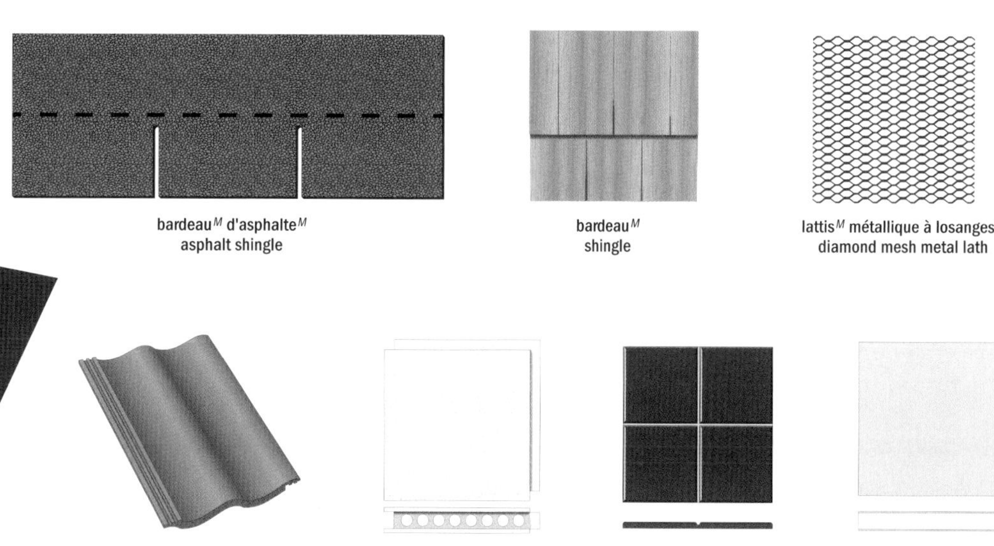

bardeau^M d'asphalte^M
asphalt shingle

bardeau^M
shingle

lattis^M métallique à losanges^M
diamond mesh metal lath

papier^M goudronné
tar paper

tuile^F
tile

carreau^M de plâtre^M
gypsum tile

carreau^M
floor tile

plaque^F de plâtre^M
gypsum board

isolants^M

insulating materials

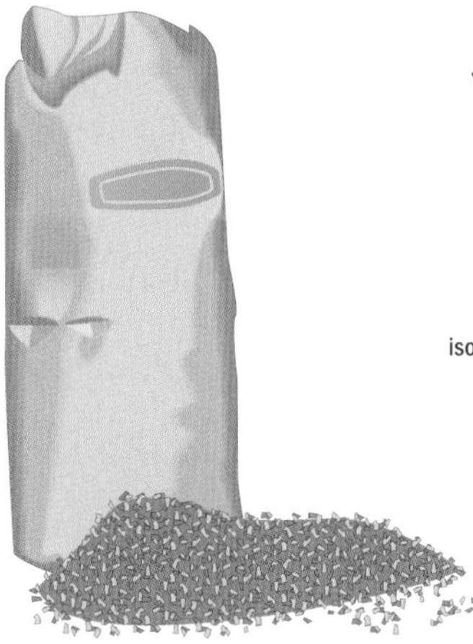

isolant^M en ruban^M métallique
spring-metal insulation

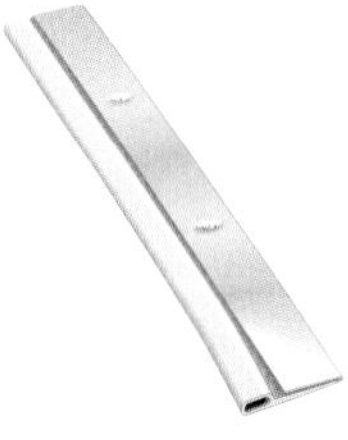

isolant^M en vinyle^M
vinyl insulation

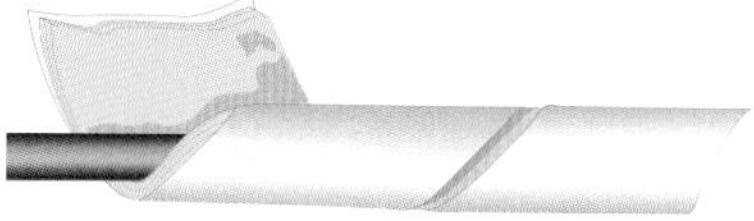

isolant^M en ruban^M
pipe-wrapping insulation

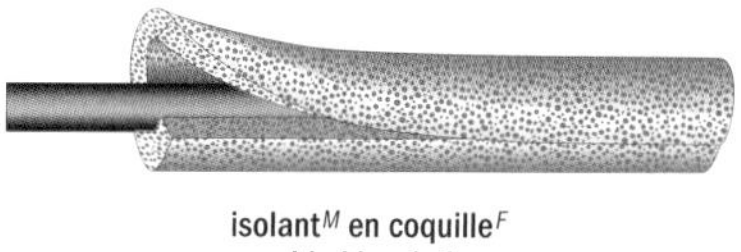

isolant^M en vrac^M
loose fill insulation

isolant^M en coquille^F
molded insulation

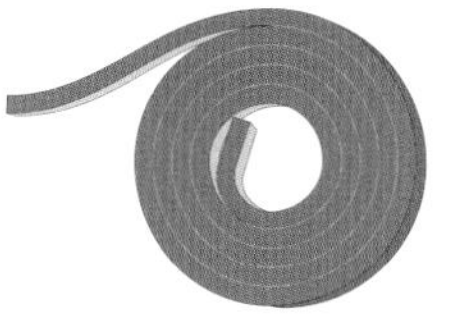

isolant^M en caoutchouc^M-mousse^F
foam-rubber insulation

isolant^M en rouleau^M
blanket insulation

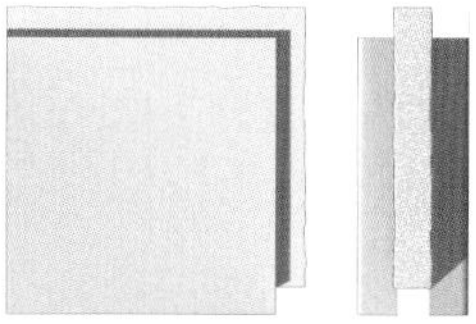

isolant^M en panneau^M
board insulation

isolant^M mousse
foam insulation

bois[M]

wood

coupe[F] d'une bille[F]
section of a log

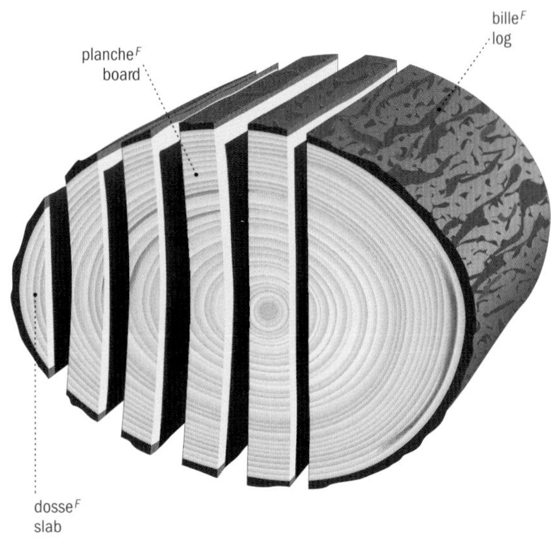
bille[F]
log
planche[F]
board
dosse[F]
slab

planche[F]
board

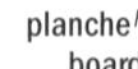

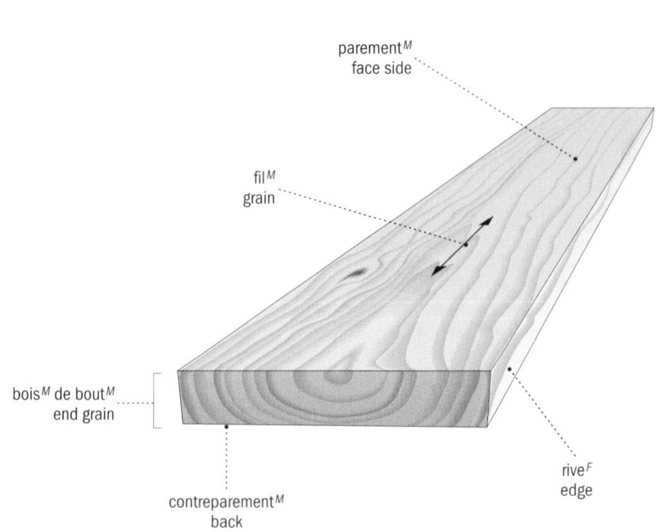
parement[M]
face side
fil[M]
grain
bois[M] de bout[M]
end grain
contreparement[M]
back
rive[F]
edge

dérivés[M] du bois[M]
wood-based materials

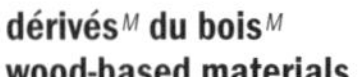

placage[M] déroulé
peeled veneer

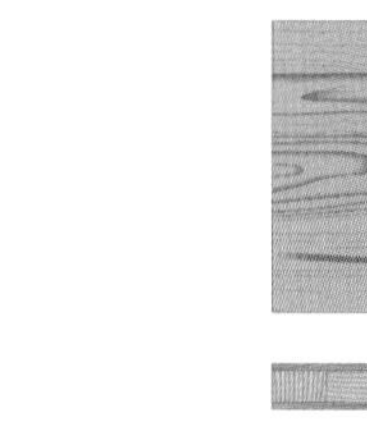
pli[M]
ply

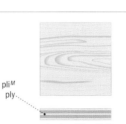

contreplaqué[M] multiplis
multi-ply plywood

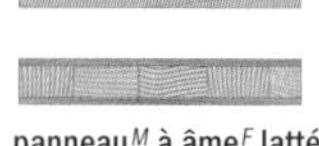

panneau[M] à âme[F] lattée
blockboard

panneau[M] à âme[F] lamellée
laminboard

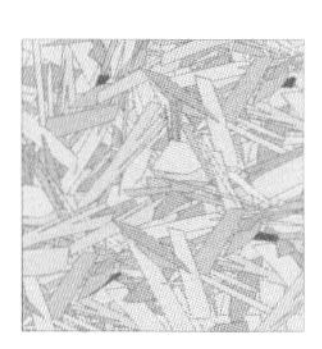

panneau[M] de copeaux[M]
waferboard

panneau[M] de fibres[F]
hardboard

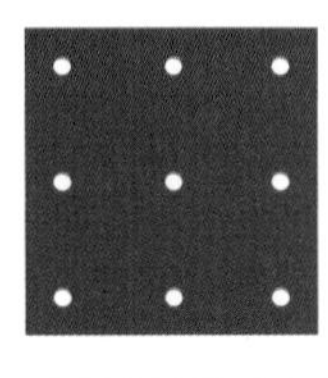

panneau[M] de fibres[F] perforé
perforated hardboard

panneau[M] de particules[F] lamifié
plastic-laminated particle board

panneau[M] de particules[F]
particle board

menuiserie^F : outils^M pour clouer

carpentry: nailing tools

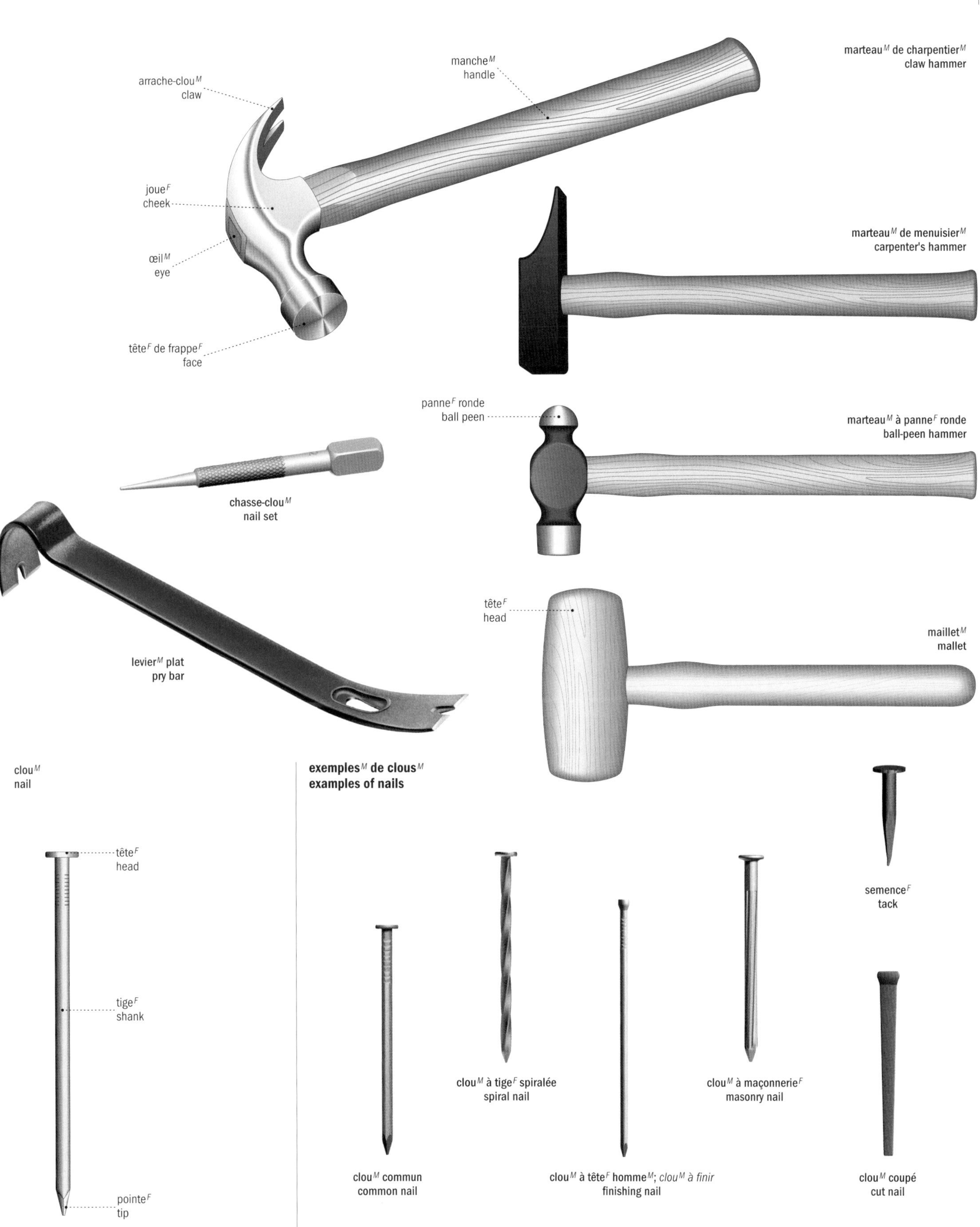
marteau^M de charpentier^M
claw hammer
manche^M
handle
arrache-clou^M
claw
joue^F
cheek
œil^M
eye
tête^F de frappe^F
face
marteau^M de menuisier^M
carpenter's hammer
panne^F ronde
ball peen
marteau^M à panne^F ronde
ball-peen hammer
chasse-clou^M
nail set
tête^F
head
maillet^M
mallet
levier^M plat
pry bar
clou^M
nail
tête^F
head
tige^F
shank
pointe^F
tip
exemples^M de clous^M
examples of nails
semence^F
tack
clou^M à tige^F spiralée
spiral nail
clou^M à maçonnerie^F
masonry nail
clou^M commun
common nail
clou^M à tête^F homme^M; clou^M à finir
finishing nail
clou^M coupé
cut nail

menuiserie^F : outils^M pour visser

carpentry: screwing tools

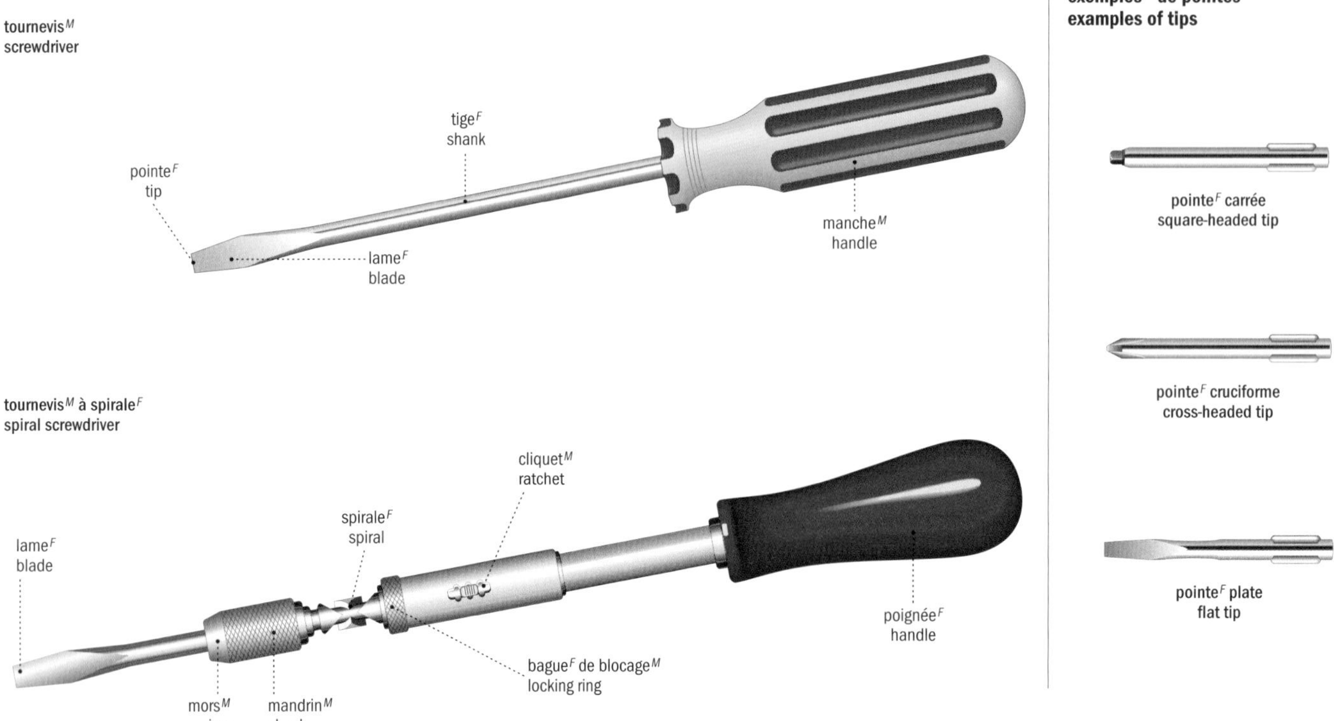
tournevis^M
screwdriver
pointe^F
tip
tige^F
shank
lame^F
blade
manche^M
handle
exemples^M de pointes^F
examples of tips
pointe^F carrée
square-headed tip
pointe^F cruciforme
cross-headed tip
pointe^F plate
flat tip
tournevis^M à spirale^F
spiral screwdriver
lame^F
blade
spirale^F
spiral
cliquet^M
ratchet
poignée^F
handle
bague^F de blocage^M
locking ring
mors^M
jaw
mandrin^M
chuck

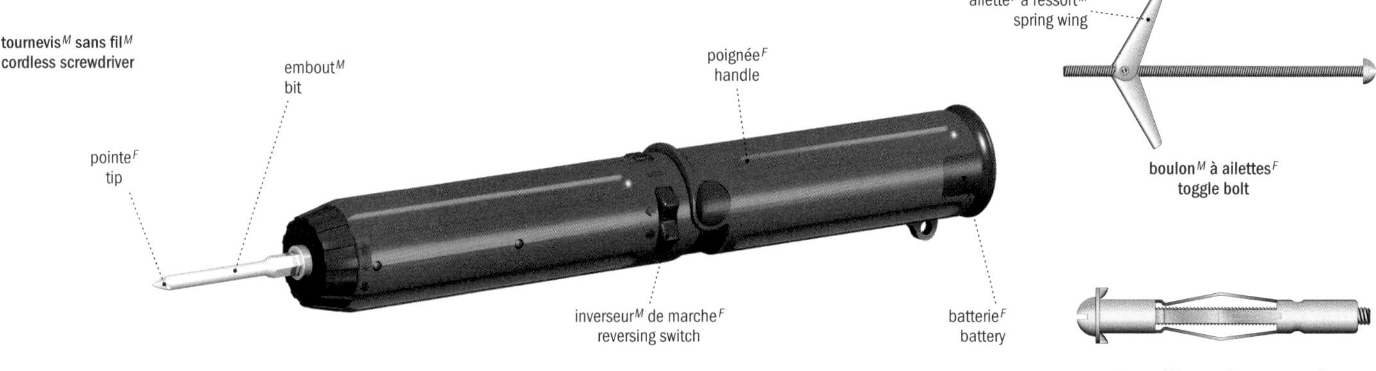
tournevis^M sans fil^M
cordless screwdriver
pointe^F
tip
embout^M
bit
poignée^F
handle
inverseur^M de marche^F
reversing switch
batterie^F
battery
ailette^F à ressort^M
spring wing
boulon^M à ailettes^F
toggle bolt
boulon^M à gaine^F d'expansion^F
expansion bolt

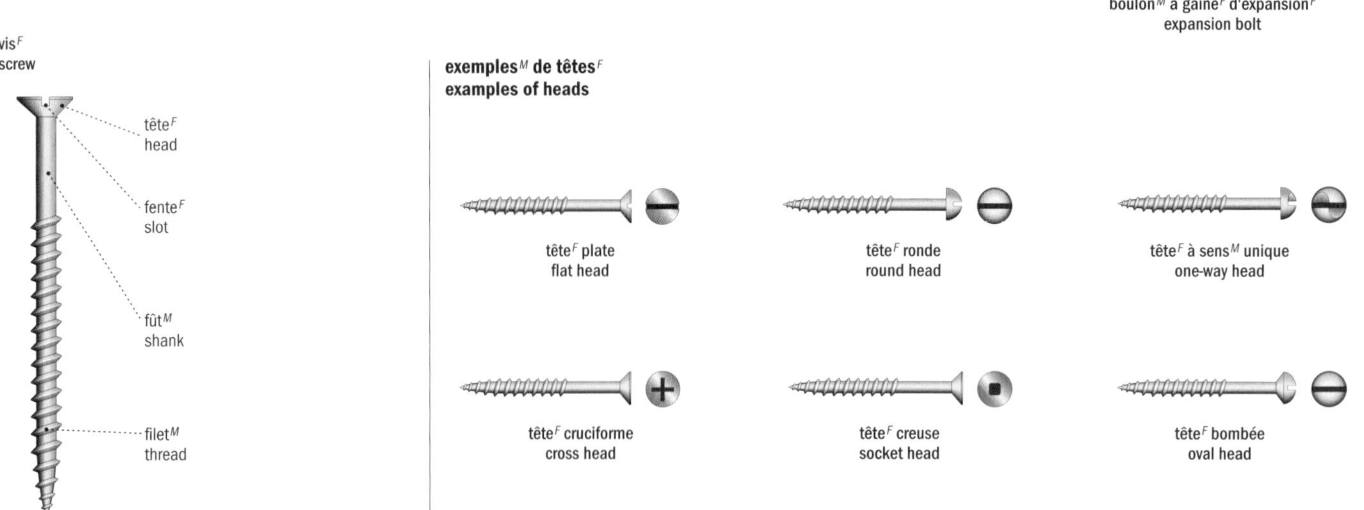
vis^F
screw
tête^F
head
fente^F
slot
fût^M
shank
filet^M
thread
exemples^M de têtes^F
examples of heads
tête^F plate
flat head
tête^F ronde
round head
tête^F à sens^M unique
one-way head
tête^F cruciforme
cross head
tête^F creuse
socket head
tête^F bombée
oval head

menuiserie[F] : outils[M] pour scier

carpentry: sawing tools

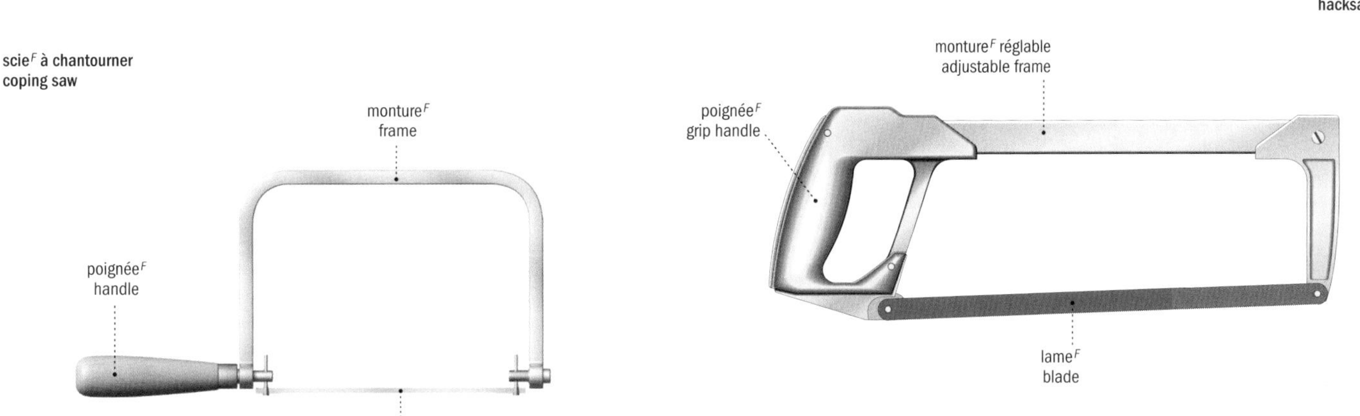
scie[F] à chantourner
coping saw
monture[F]
frame
poignée[F]
handle
lame[F]
blade
scie[F] à métaux[M]
hacksaw
monture[F] réglable
adjustable frame
poignée[F]
grip handle
lame[F]
blade

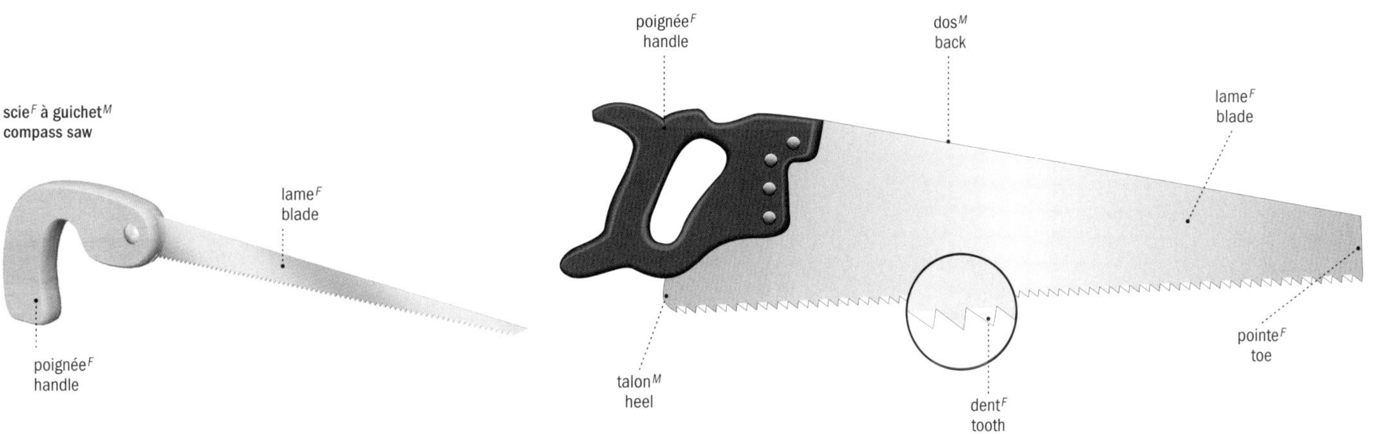
scie[F] à guichet[M]
compass saw
lame[F]
blade
poignée[F]
handle
scie[F] égoïne
handsaw
poignée[F]
handle
dos[M]
back
lame[F]
blade
talon[M]
heel
dent[F]
tooth
pointe[F]
toe

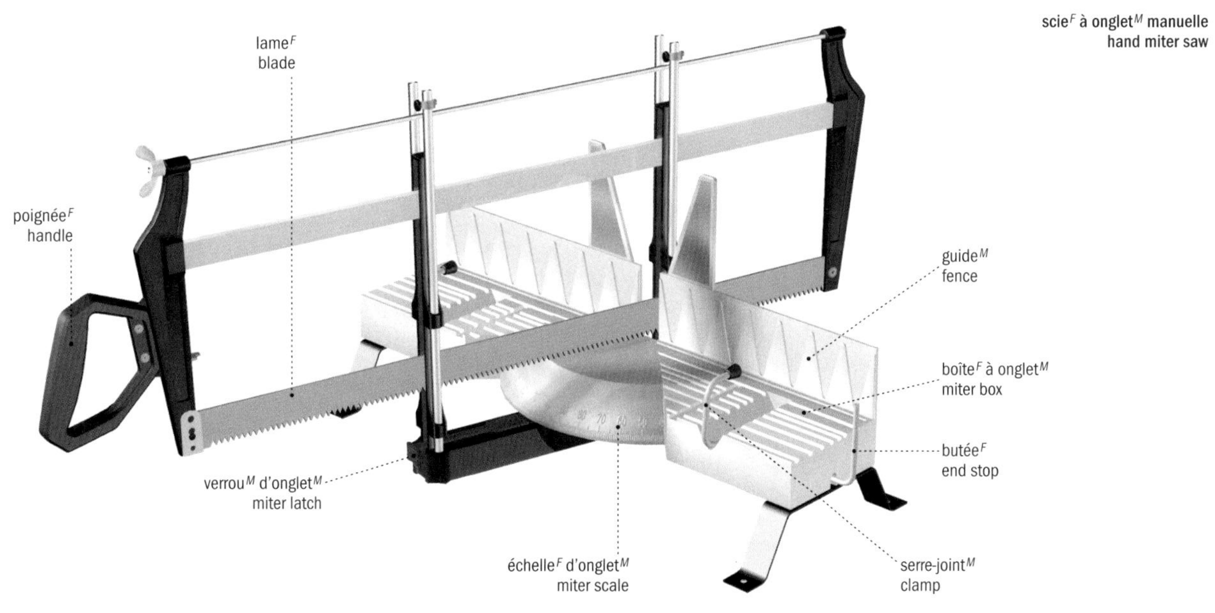
scie[F] à onglet[M] manuelle
hand miter saw
lame[F]
blade
poignée[F]
handle
guide[M]
fence
boîte[F] à onglet[M]
miter box
butée[F]
end stop
verrou[M] d'onglet[M]
miter latch
échelle[F] d'onglet[M]
miter scale
serre-joint[M]
clamp

menuiserie[F] : outils[M] pour scier

scie[F] à onglet[M] électrique
electric miter saw

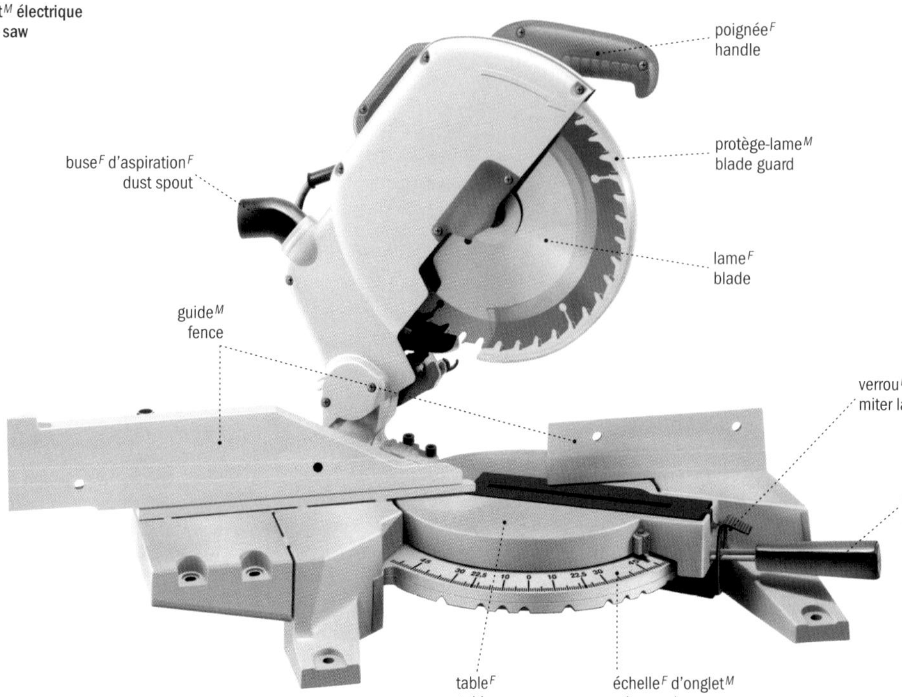

poignée[F]
handle

protège-lame[M]
blade guard

buse[F] d'aspiration[F]
dust spout

lame[F]
blade

guide[M]
fence

verrou[M] d'onglet[M]
miter latch

poignée[F] de blocage[M] d'onglet[M]
miter lock handle

table[F]
table

échelle[F] d'onglet[M]
miter scale

lame[F] de scie[F] circulaire
circular saw blade

dent[F]
tooth

pointe[F]
tip

scie[F] circulaire
circular saw

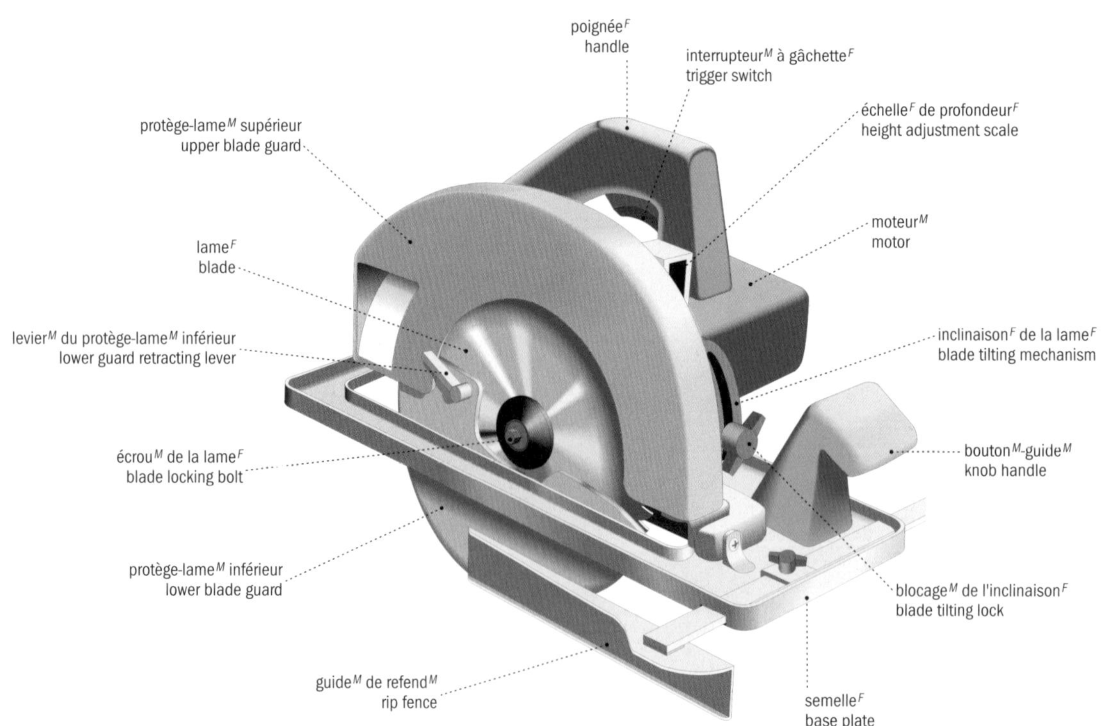
poignée[F]
handle
interrupteur[M] à gâchette[F]
trigger switch
échelle[F] de profondeur[F]
height adjustment scale
protège-lame[M] supérieur
upper blade guard
moteur[M]
motor
lame[F]
blade
inclinaison[F] de la lame[F]
blade tilting mechanism
levier[M] du protège-lame[M] inférieur
lower guard retracting lever
bouton[M]-guide[M]
knob handle
écrou[M] de la lame[F]
blade locking bolt
protège-lame[M] inférieur
lower blade guard
blocage[M] de l'inclinaison[F]
blade tilting lock
guide[M] de refend[M]
rip fence
semelle[F]
base plate

menuiserie^F : outils^M pour scier

scie^F sauteuse
jig saw

sélecteur^M de vitesse^F
speed selector switch
interrupteur^M à gâchette^F
trigger switch
sélecteur^M d'inclinaison^F de la lame^F
orbital-action selector
déflecteur^M de copeaux^M
chip cover
lame^F
blade
semelle^F
base
bouton^M de verrouillage^M de l'interrupteur^M
lock-on button
poignée^F
handle
cordon^M d'alimentation^F
power cord

plateau^M de sciage^M
table saw

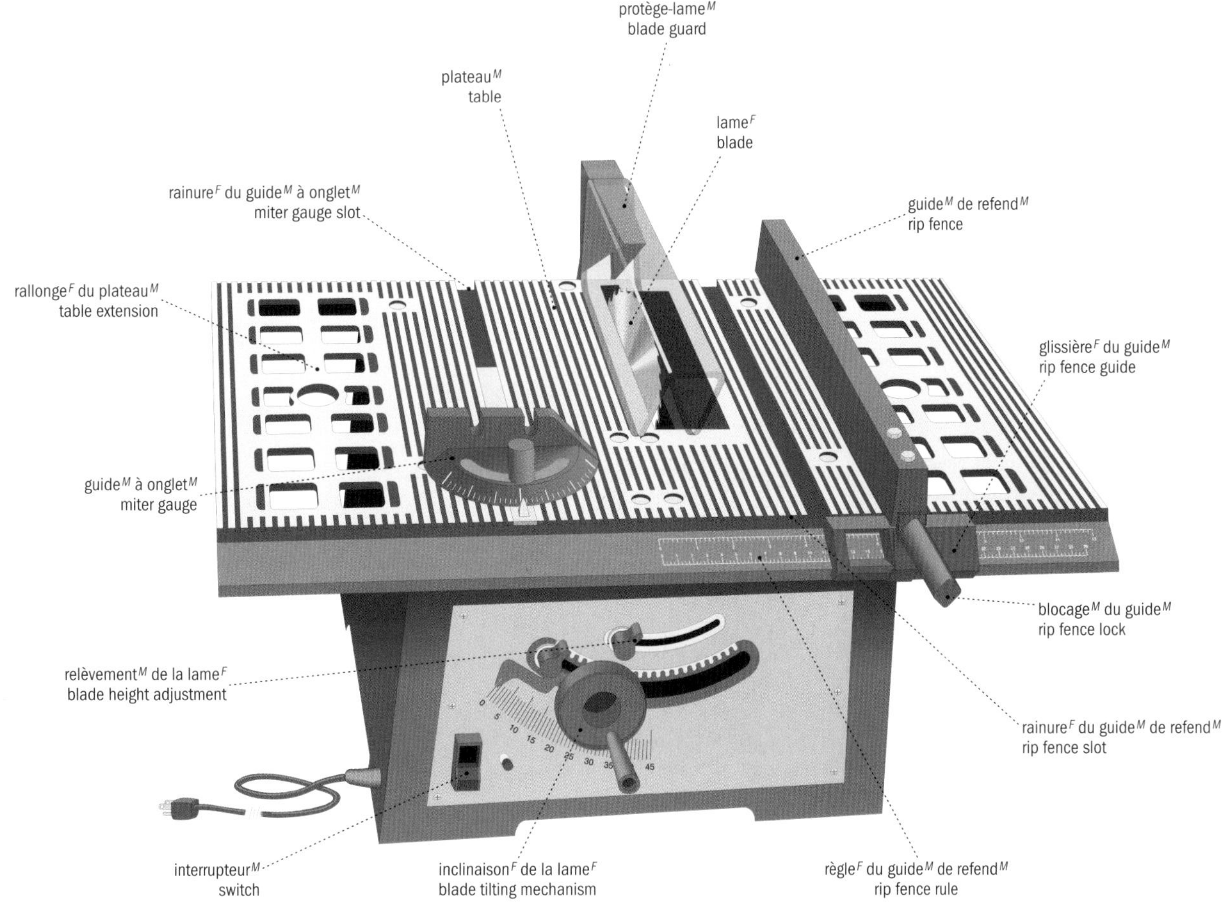
protège-lame^M
blade guard
plateau^M
table
lame^F
blade
rainure^F du guide^M à onglet^M
miter gauge slot
guide^M de refend^M
rip fence
rallonge^F du plateau^M
table extension
glissière^F du guide^M
rip fence guide
guide^M à onglet^M
miter gauge
blocage^M du guide^M
rip fence lock
relèvement^M de la lame^F
blade height adjustment
rainure^F du guide^M de refend^M
rip fence slot
interrupteur^M
switch
inclinaison^F de la lame^F
blade tilting mechanism
règle^F du guide^M de refend^M
rip fence rule

menuiserie^F : outils^M pour percer

carpentry: drilling tools

perceuse^F-visseuse^F sans fil^M
cordless drill-driver

sélecteur^M de vitesse^F de rotation^F
speed selector switch
embout^M de vissage^M
screwdriver bit
mandrin^M autoserrant
keyless chuck
bague^F de réglage^M du couple^M de serrage^M
torque adjustment collar
interrupteur^M à gâchette^F
trigger switch
inverseur^M de marche^F
reversing switch
batterie^F
battery pack
batterie^F
battery pack
chargeur^M
charger

clé^F de mandrin^M
chuck key

perceuse^F électrique
electric drill

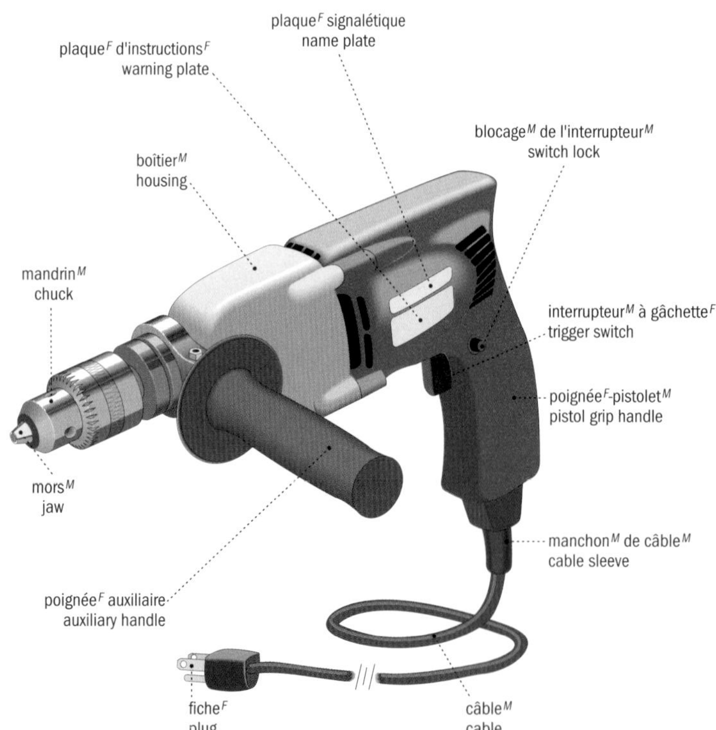
plaque^F d'instructions^F
warning plate
plaque^F signalétique
name plate
blocage^M de l'interrupteur^M
switch lock
boitier^M
housing
mandrin^M
chuck
interrupteur^M à gâchette^F
trigger switch
poignée^F-pistolet^M
pistol grip handle
mors^M
jaw
manchon^M de câble^M
cable sleeve
poignée^F auxiliaire
auxiliary handle
fiche^F
plug
câble^M
cable

exemples^M de mèches^F et de forets^M
examples of bits and drills

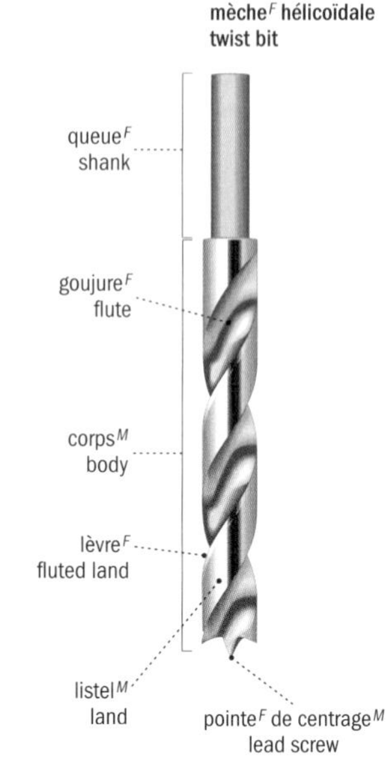
mèche^F hélicoïdale
twist bit
queue^F
shank
goujure^F
flute
corps^M
body
lèvre^F
fluted land
listel^M
land
pointe^F de centrage^M
lead screw

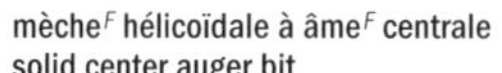

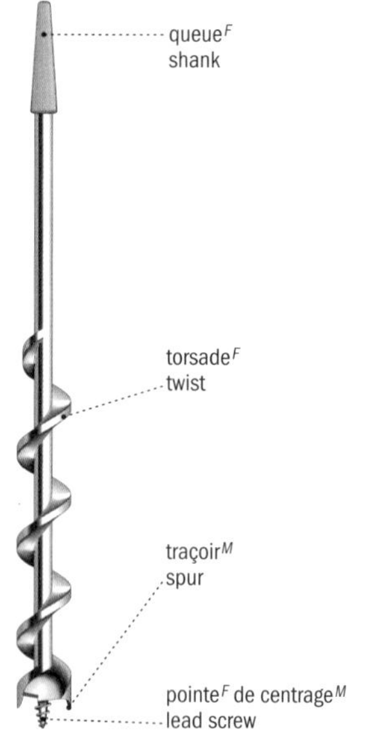
mèche^F hélicoïdale à âme^F centrale
solid center auger bit
queue^F
shank
torsade^F
twist
traçoir^M
spur
pointe^F de centrage^M
lead screw

foret^M de maçonnerie^F
masonry drill
foret^M hélicoïdal
twist drill

mèche^F à centre^M plat
spade bit
mèche^F hélicoïdale à double torsade^F
double-twist auger bit

menuiserie^F : outils^M pour percer

chignole^F; *perceuse^F à main^F*
hand drill

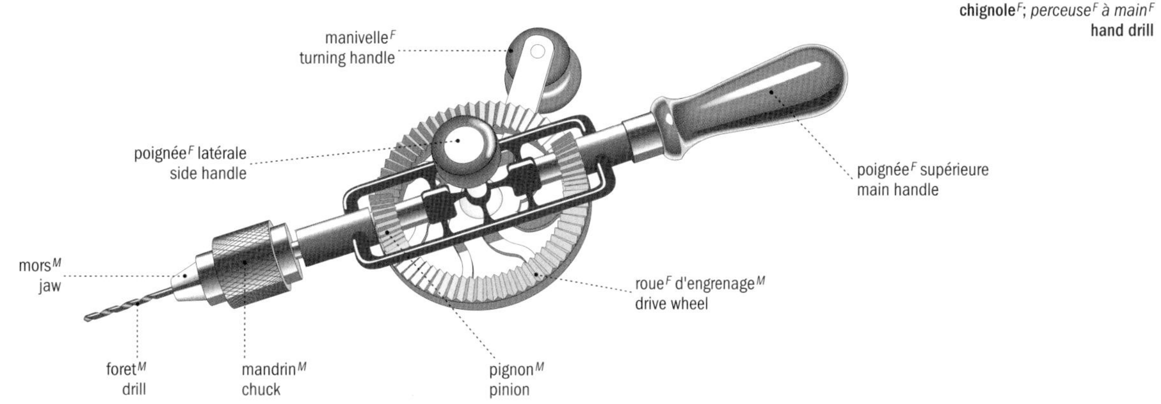
manivelle^F
turning handle
poignée^F latérale
side handle
poignée^F supérieure
main handle
mors^M
jaw
roue^F d'engrenage^M
drive wheel
foret^M
drill
mandrin^M
chuck
pignon^M
pinion

vilebrequin^M
brace

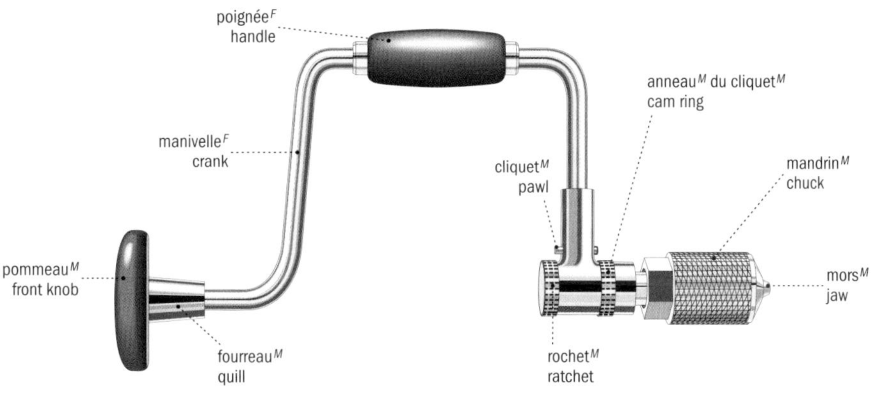
poignée^F
handle
anneau^M du cliquet^M
cam ring
manivelle^F
crank
cliquet^M
pawl
mandrin^M
chuck
pommeau^M
front knob
mors^M
jaw
fourreau^M
quill
rochet^M
ratchet

perceuse^F à colonne^F
drill press

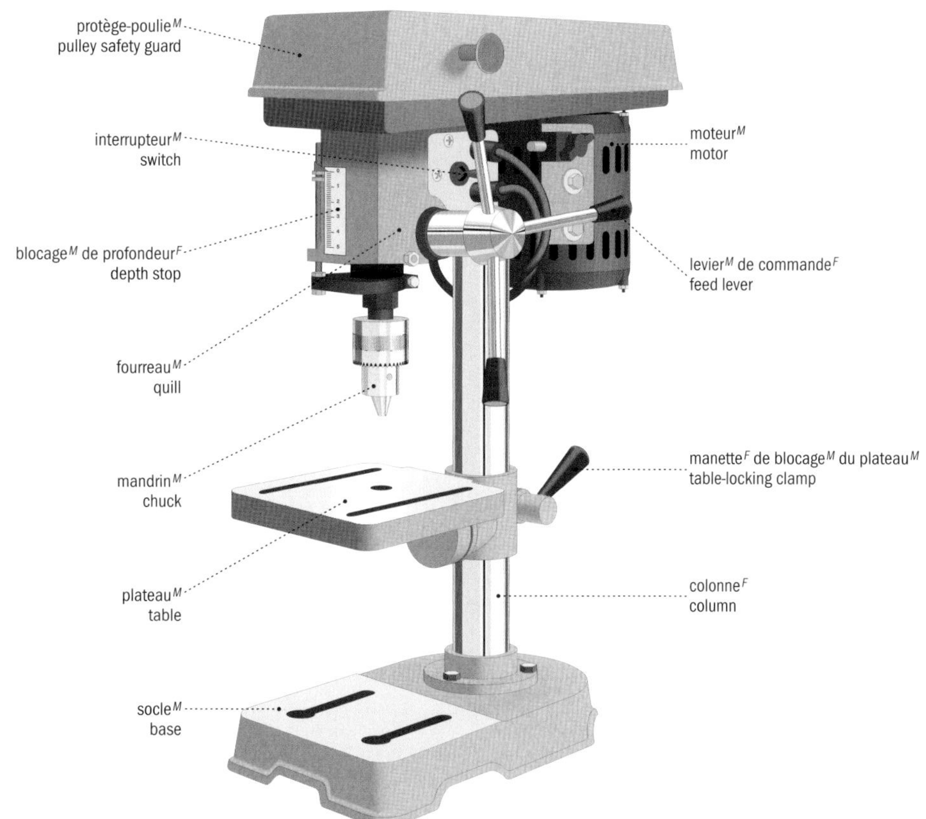
protège-poulie^M
pulley safety guard
interrupteur^M
switch
moteur^M
motor
blocage^M de profondeur^F
depth stop
levier^M de commande^F
feed lever
fourreau^M
quill
manette^F de blocage^M du plateau^M
table-locking clamp
mandrin^M
chuck
plateau^M
table
colonne^F
column
socle^M
base

menuiserie[F] : outils[M] pour façonner

carpentry: shaping tools

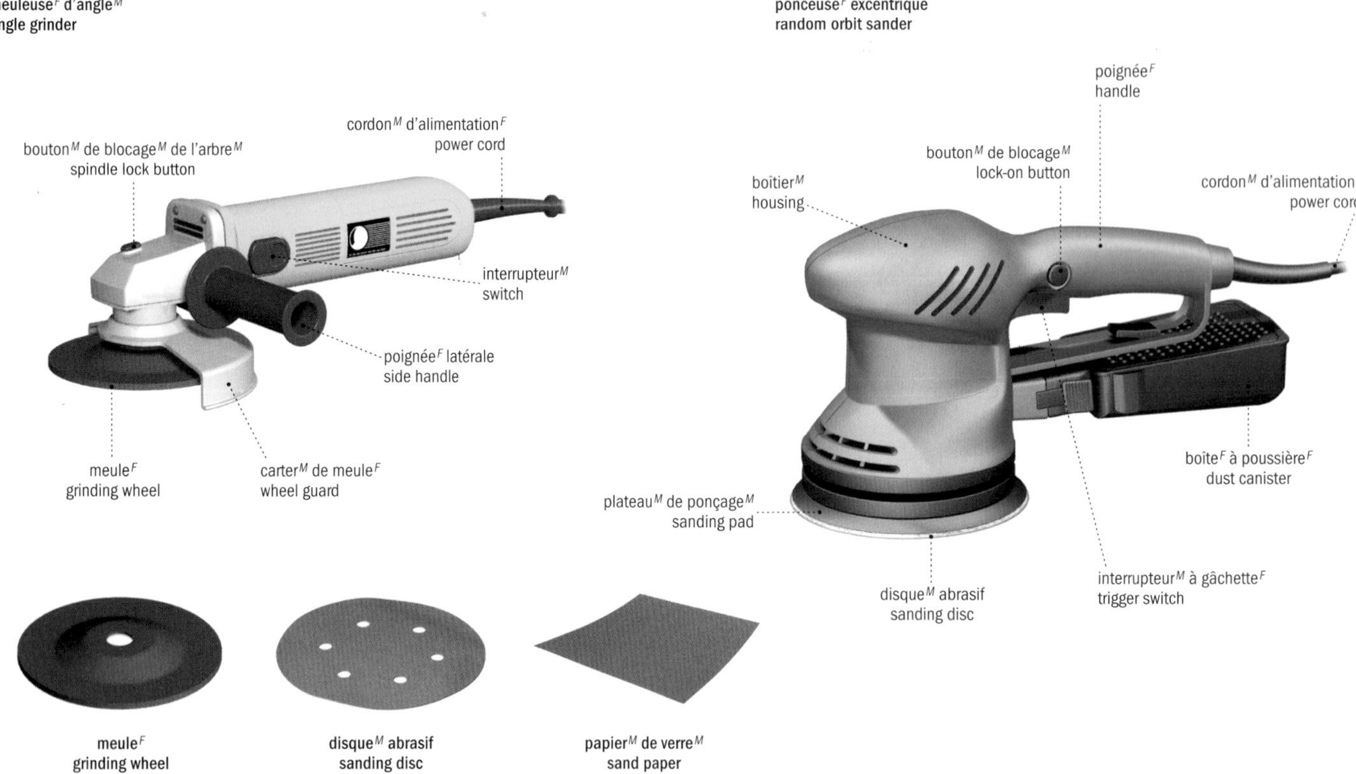
meuleuse[F] d'angle[M]
angle grinder
bouton[M] de blocage[M] de l'arbre[M]
spindle lock button
cordon[M] d'alimentation[F]
power cord
interrupteur[M]
switch
poignée[F] latérale
side handle
meule[F]
grinding wheel
carter[M] de meule[F]
wheel guard
ponceuse[F] excentrique
random orbit sander
poignée[F]
handle
bouton[M] de blocage[M]
lock-on button
boitier[M]
housing
cordon[M] d'alimentation[F]
power cord
boite[F] à poussière[F]
dust canister
plateau[M] de ponçage[M]
sanding pad
disque[M] abrasif
sanding disc
interrupteur[M] à gâchette[F]
trigger switch

meule[F]
grinding wheel

disque[M] abrasif
sanding disc

papier[M] de verre[M]
sand paper

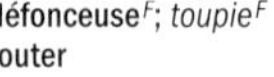

défonceuse[F]; *toupie[F]*
router

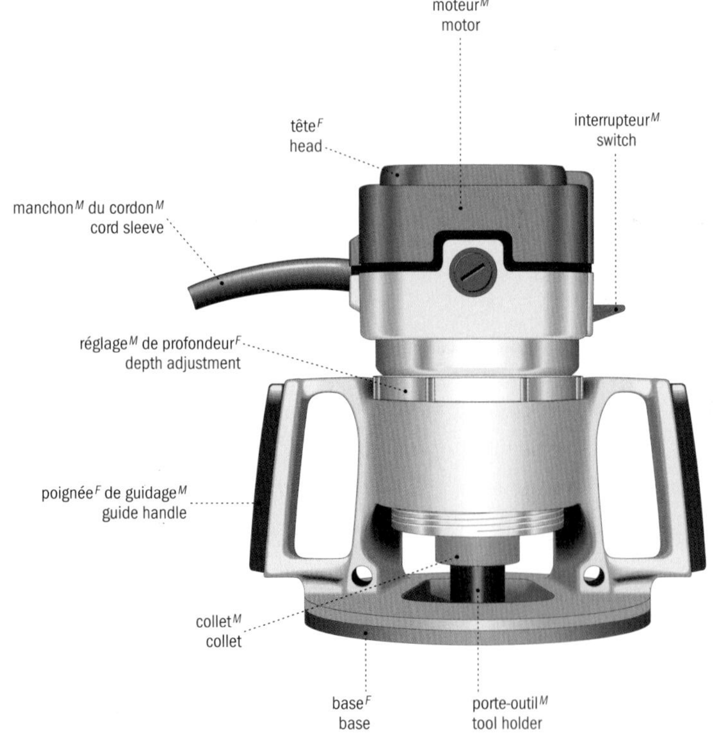
moteur[M]
motor
tête[F]
head
interrupteur[M]
switch
manchon[M] du cordon[M]
cord sleeve
réglage[M] de profondeur[F]
depth adjustment
poignée[F] de guidage[M]
guide handle
collet[M]
collet
base[F]
base
porte-outil[M]
tool holder

exemples[M] de fraises[F]
examples of bits

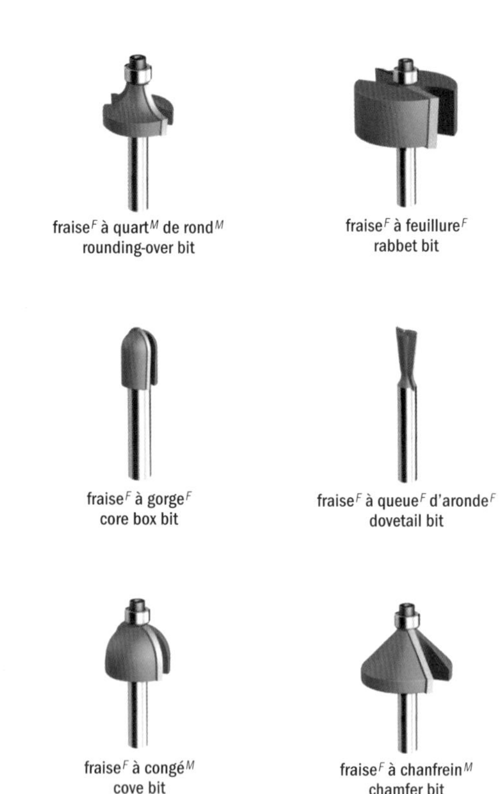
fraise[F] à quart[M] de rond[M]
rounding-over bit
fraise[F] à feuillure[F]
rabbet bit
fraise[F] à gorge[F]
core box bit
fraise[F] à queue[F] d'aronde[F]
dovetail bit
fraise[F] à congé[M]
cove bit
fraise[F] à chanfrein[M]
chamfer bit

menuiserie[F] : outils[M] pour façonner

rabot[M]
plane

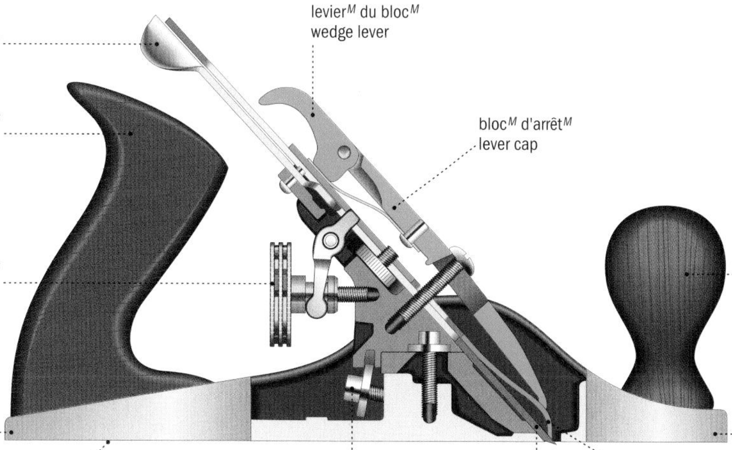

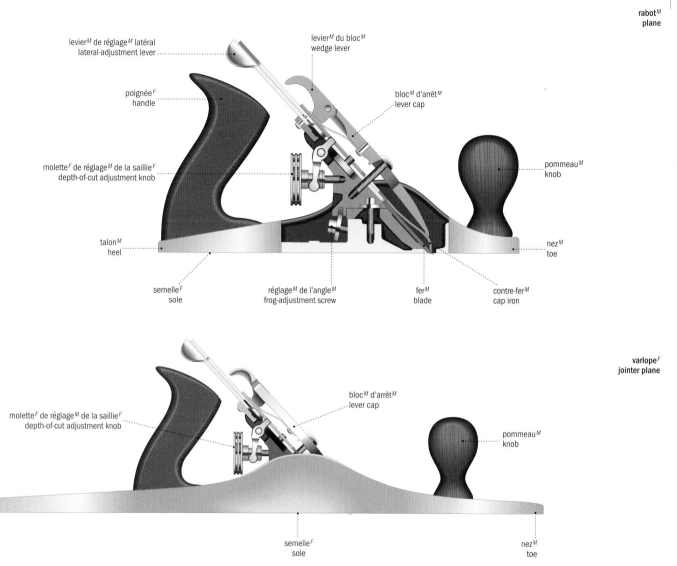

levier[M] de réglage[M] latéral
lateral-adjustment lever

levier[M] du bloc[M]
wedge lever

poignée[F]
handle

bloc[M] d'arrêt[M]
lever cap

molette[F] de réglage[M] de la saillie[F]
depth-of-cut adjustment knob

pommeau[M]
knob

talon[M]
heel

nez[M]
toe

semelle[F]
sole

réglage[M] de l'angle[M]
frog-adjustment screw

fer[M]
blade

contre-fer[M]
cap iron

varlope[F]
jointer plane

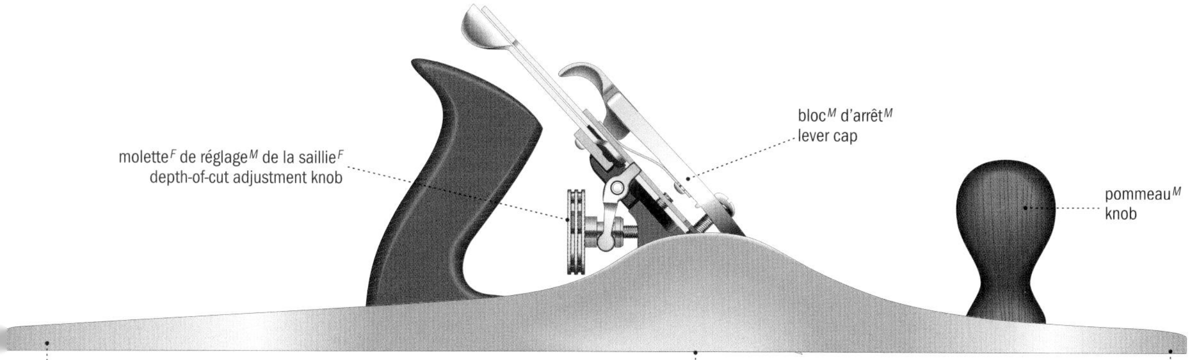

bloc[M] d'arrêt[M]
lever cap

molette[F] de réglage[M] de la saillie[F]
depth-of-cut adjustment knob

pommeau[M]
knob

talon[M]
heel

semelle[F]
sole

nez[M]
toe

râpe[F]
rasp

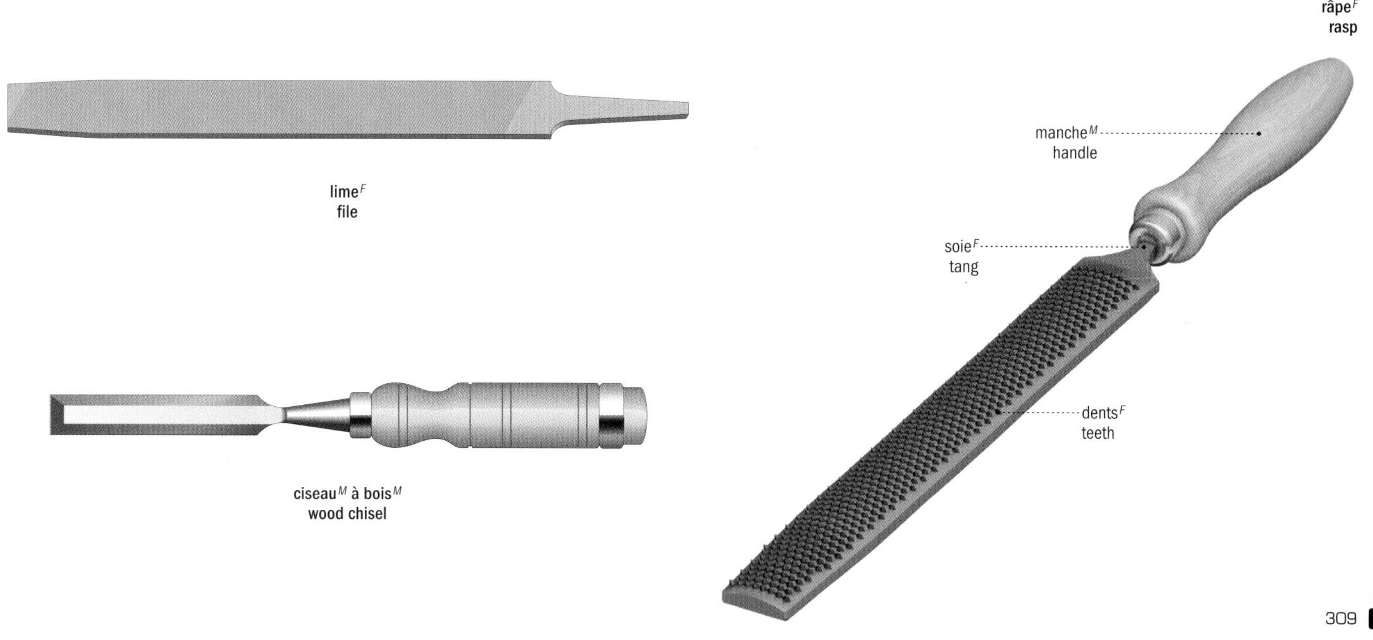
manche[M]
handle
soie[F]
tang
dents[F]
teeth

lime[F]
file

ciseau[M] à bois[M]
wood chisel

menuiserie[F] : outils[M] pour serrer

carpentry: gripping and tightening tools

pinces[F]
pliers

pince[F] motoriste
slip joint pliers

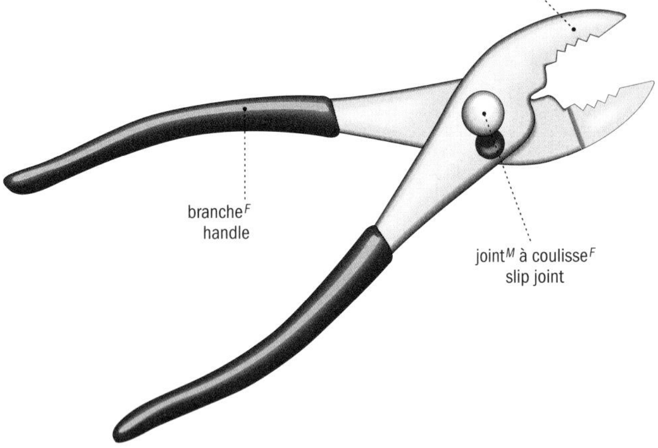

mâchoire[F] incurvée
curved jaw

branche[F]
handle

joint[M] à coulisse[F]
slip joint

pince[F] multiprise
rib joint pliers

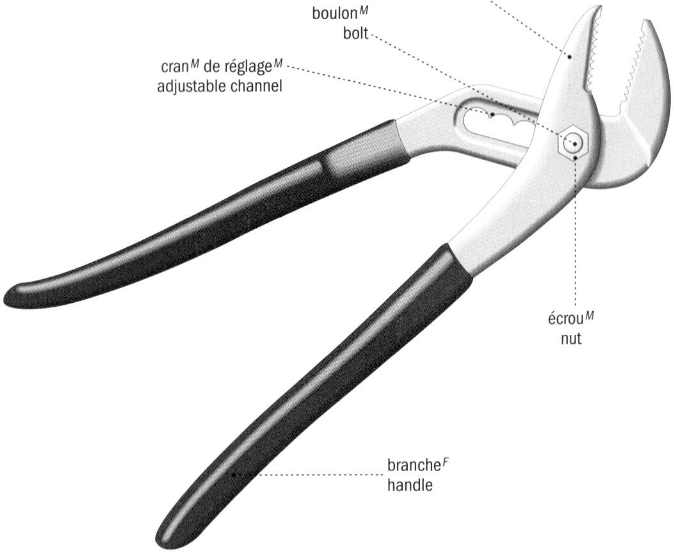

mâchoire[F] droite
straight jaw

boulon[M]
bolt

cran[M] de réglage[M]
adjustable channel

écrou[M]
nut

branche[F]
handle

pince[F]-étau[M]
locking pliers

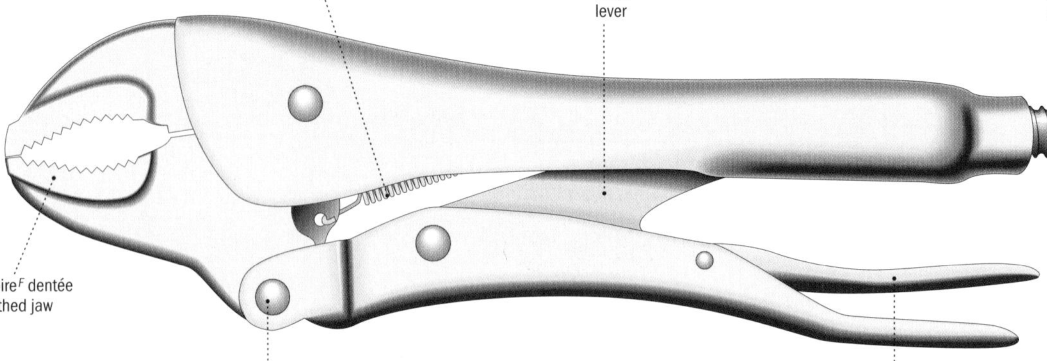

ressort[M]
spring

levier[M]
lever

vis[F] de réglage[M]
adjusting screw

mâchoire[F] dentée
toothed jaw

rivet[M]
rivet

levier[M] de dégagement[M]
release lever

rondelles[F]
washers

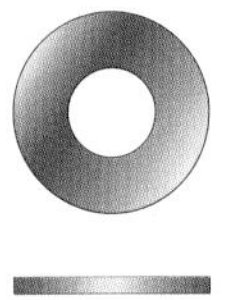

rondelle[F] plate
flat washer

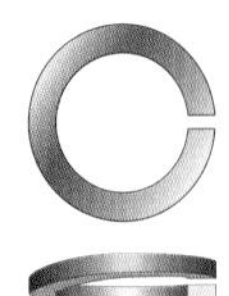

rondelle[F] à ressort[M]
lock washer

rondelle[F] à denture[F] extérieure
external tooth lock washer

rondelle[F] à denture[F] intérieure
internal tooth lock washer

clés[F]
wrenches

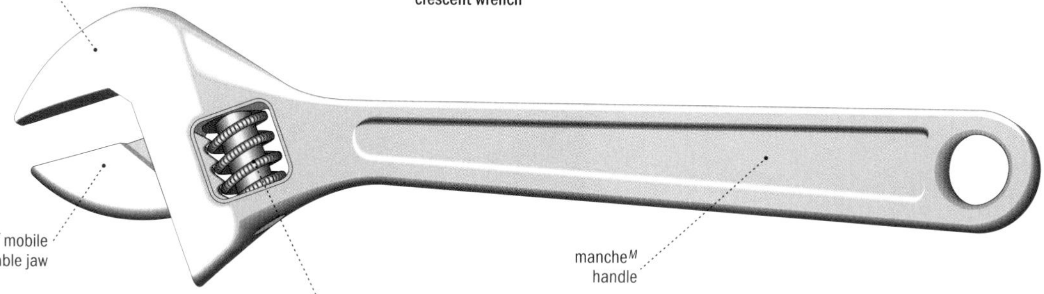

clé[F] à molette[F]
crescent wrench

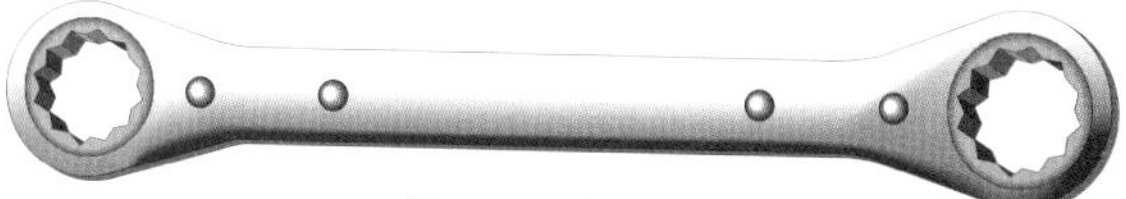

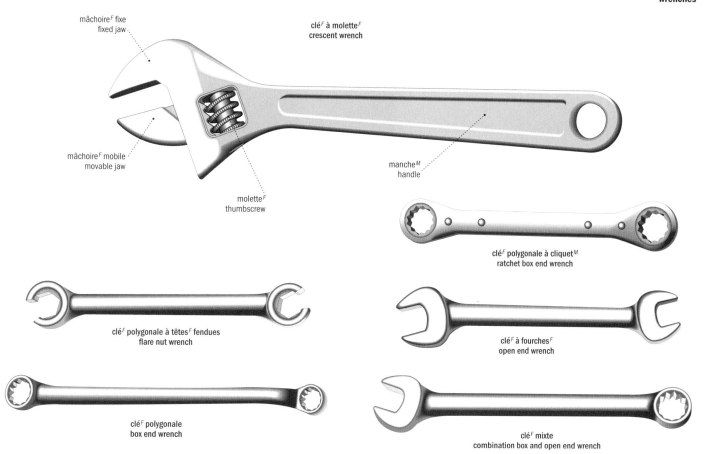

mâchoire[F] fixe
fixed jaw

mâchoire[F] mobile
movable jaw

molette[F]
thumbscrew

manche[M]
handle

clé[F] polygonale à cliquet[M]
ratchet box end wrench

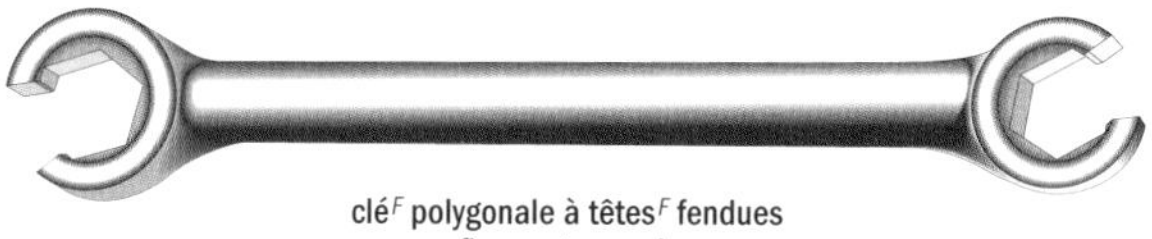

clé[F] polygonale à têtes[F] fendues
flare nut wrench

clé[F] à fourches[F]
open end wrench

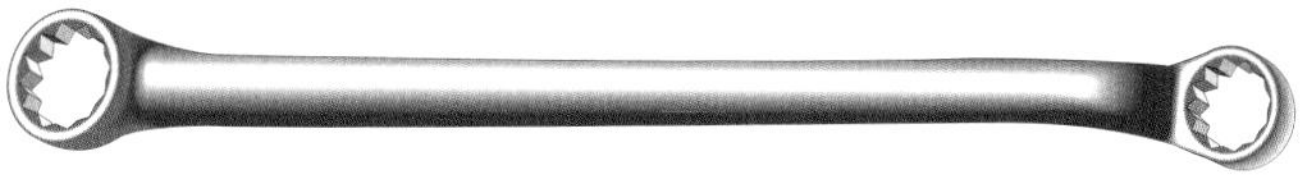

clé[F] polygonale
box end wrench

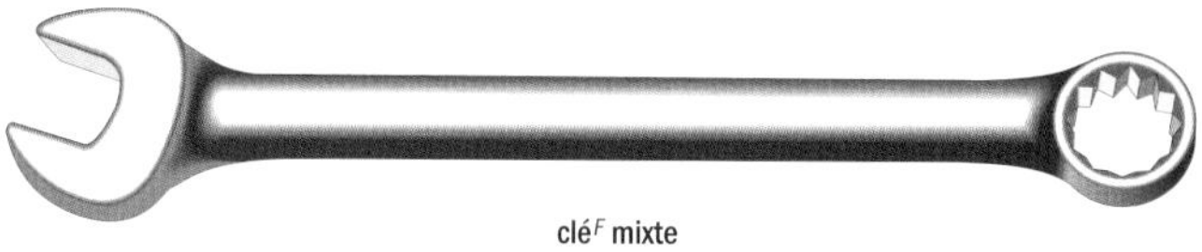

clé[F] mixte
combination box and open end wrench

clé[F] à douille[F] à cliquet[M]
ratchet socket wrench

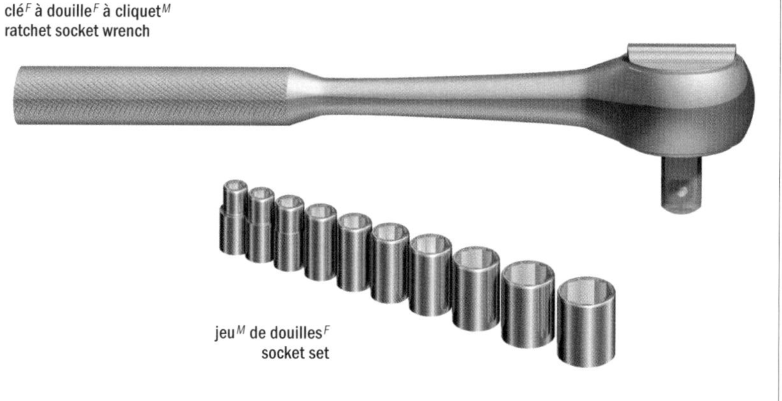

jeu[M] de douilles[F]
socket set

écrous[M]
nuts

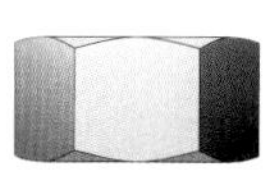

écrou[M] hexagonal
hexagon nut

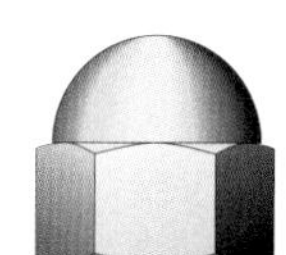

écrou[M] borgne
acorn nut

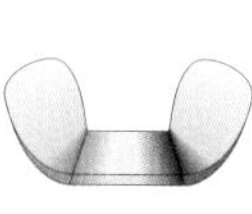

écrou[M] à oreilles[F]
wing nut

boulons[M]
bolts

boulon[M]
bolt

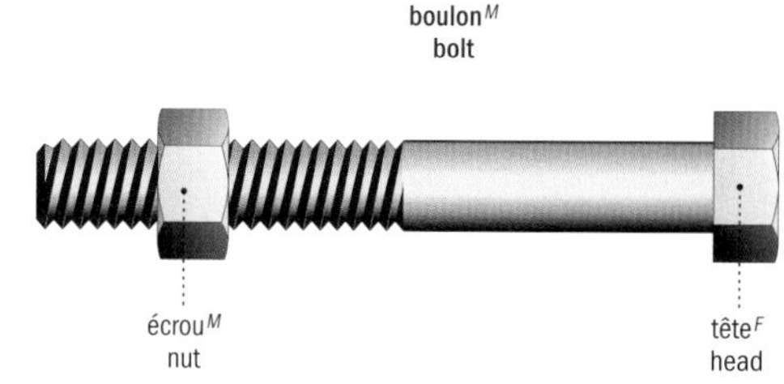

écrou[M]
nut

tête[F]
head

boulon[M] à épaulement[M]
shoulder bolt

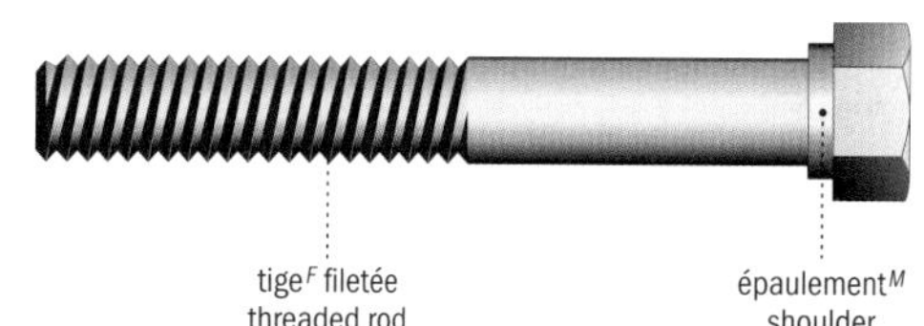

tige[F] filetée
threaded rod

épaulement[M]
shoulder

menuiserie^F : outils^M pour serrer

serre-joint^M
C-clamp

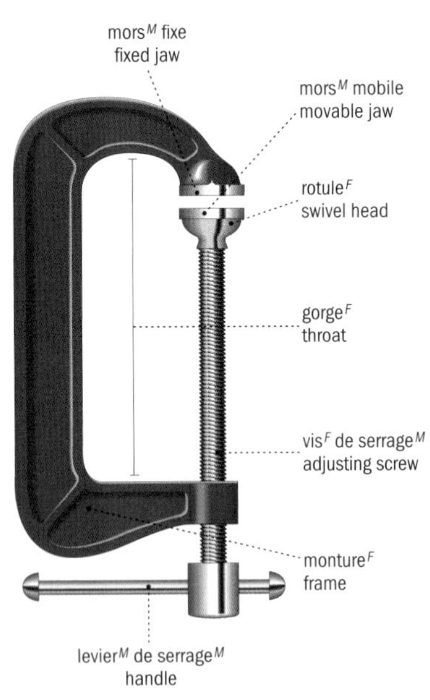
mors^M fixe
fixed jaw
mors^M mobile
movable jaw
rotule^F
swivel head
gorge^F
throat
vis^F de serrage^M
adjusting screw
monture^F
frame
levier^M de serrage^M
handle

étau^M
vise

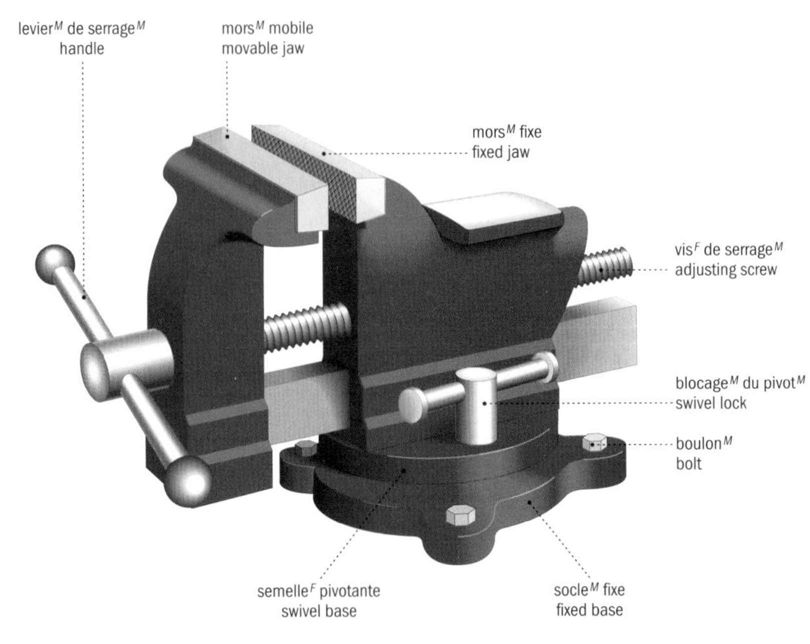
levier^M de serrage^M
handle
mors^M mobile
movable jaw
mors^M fixe
fixed jaw
vis^F de serrage^M
adjusting screw
blocage^M du pivot^M
swivel lock
boulon^M
bolt
semelle^F pivotante
swivel base
socle^M fixe
fixed base

serre-joint^M à tuyau^M
pipe clamp

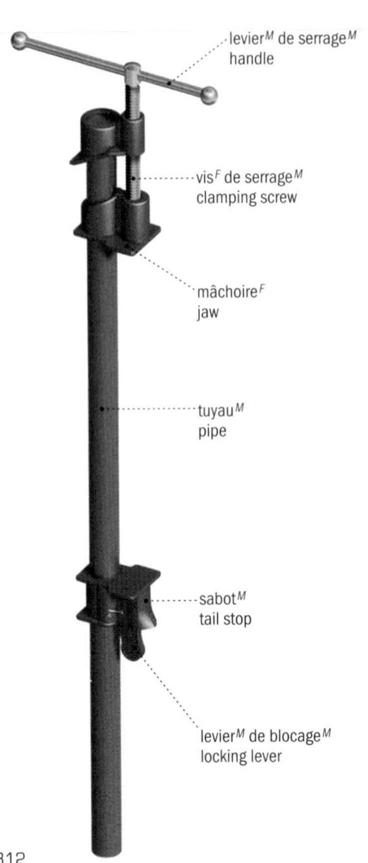
levier^M de serrage^M
handle
vis^F de serrage^M
clamping screw
mâchoire^F
jaw
tuyau^M
pipe
sabot^M
tail stop
levier^M de blocage^M
locking lever

établi^M étau^M
work bench and vise

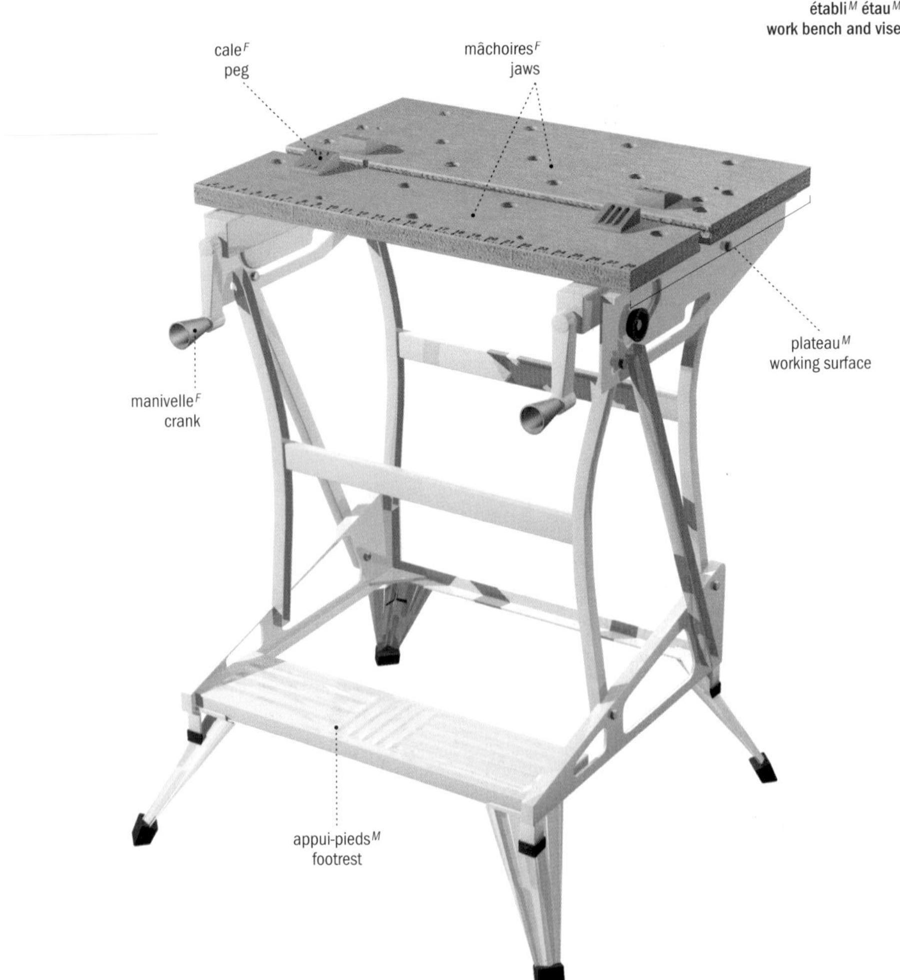
cale^F
peg
mâchoires^F
jaws
plateau^M
working surface
manivelle^F
crank
appui-pieds^M
footrest

menuiserie[F] : instruments[M] de traçage[M] et de mesure[F]

carpentry: measuring and marking tools

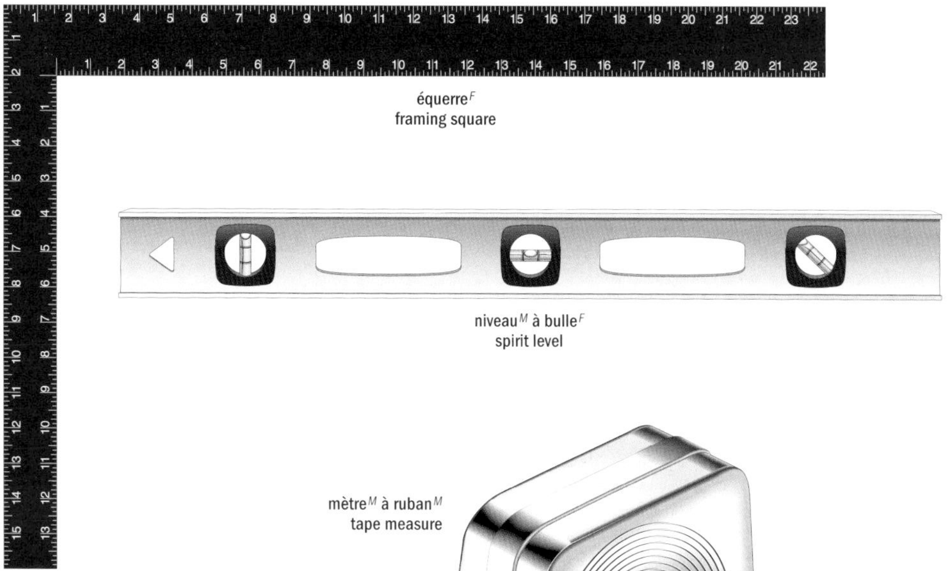

équerre[F]
framing square

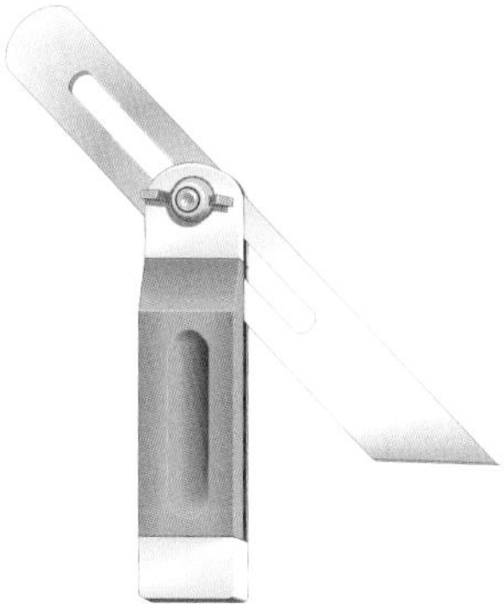

fausse-équerre[F]
bevel square

niveau[M] à bulle[F]
spirit level

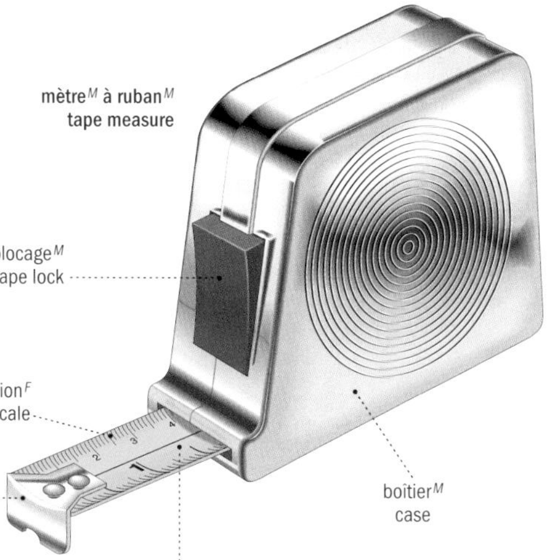

cordeau[M] à tracer
chalk line

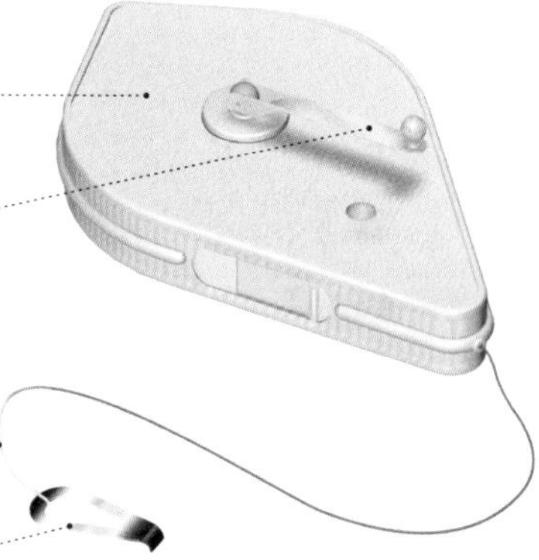

boitier[M]
case

manivelle[F] d'enroulement[M]
crank handle

cordeau[M]
line

crochet[M]
hook

mètre[M] à ruban[M]
tape measure

bouton[M] de blocage[M]
tape lock

graduation[F]
scale

crochet[M]
hook

ruban[M]
tape

boitier[M]
case

menuiserie[F] : matériel[M] divers

carpentry: miscellaneous material

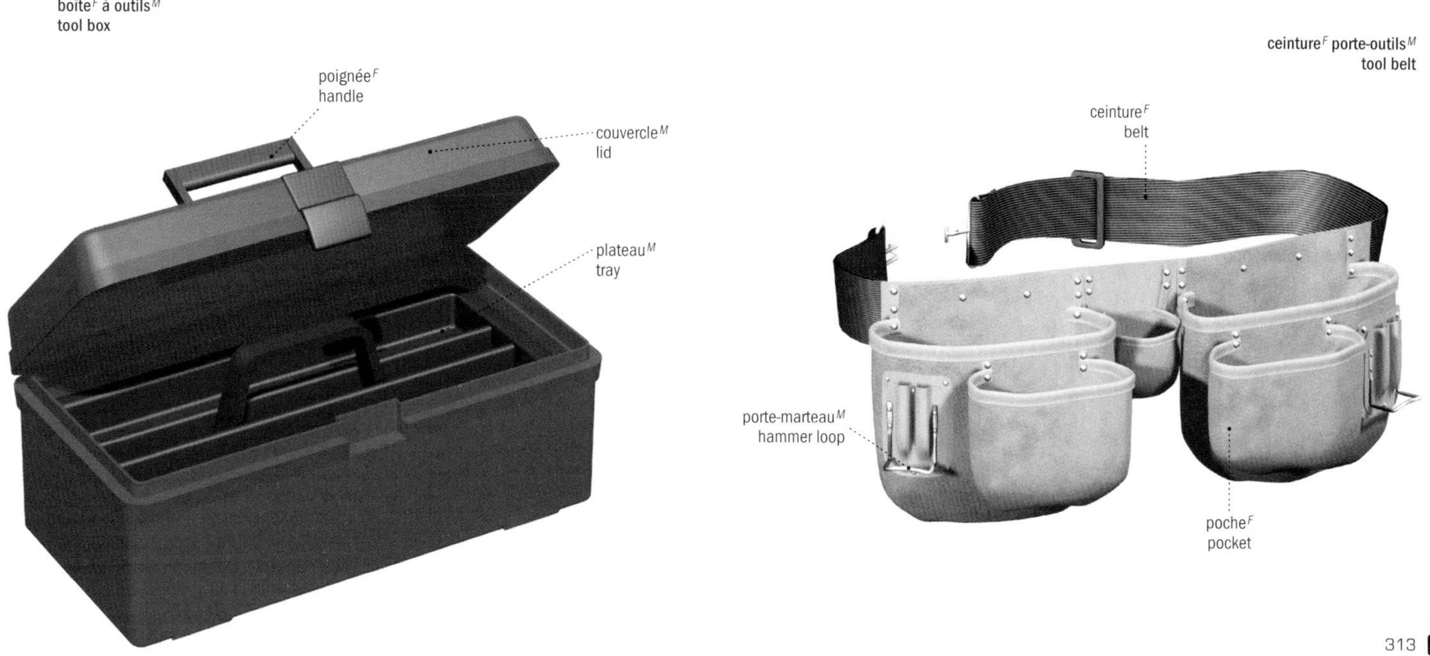
boite[F] à outils[M]
tool box
poignée[F]
handle
couvercle[M]
lid
plateau[M]
tray
ceinture[F] porte-outils[M]
tool belt
ceinture[F]
belt
porte-marteau[M]
hammer loop
poche[F]
pocket

plomberie^F : outils^M

plumbing tools

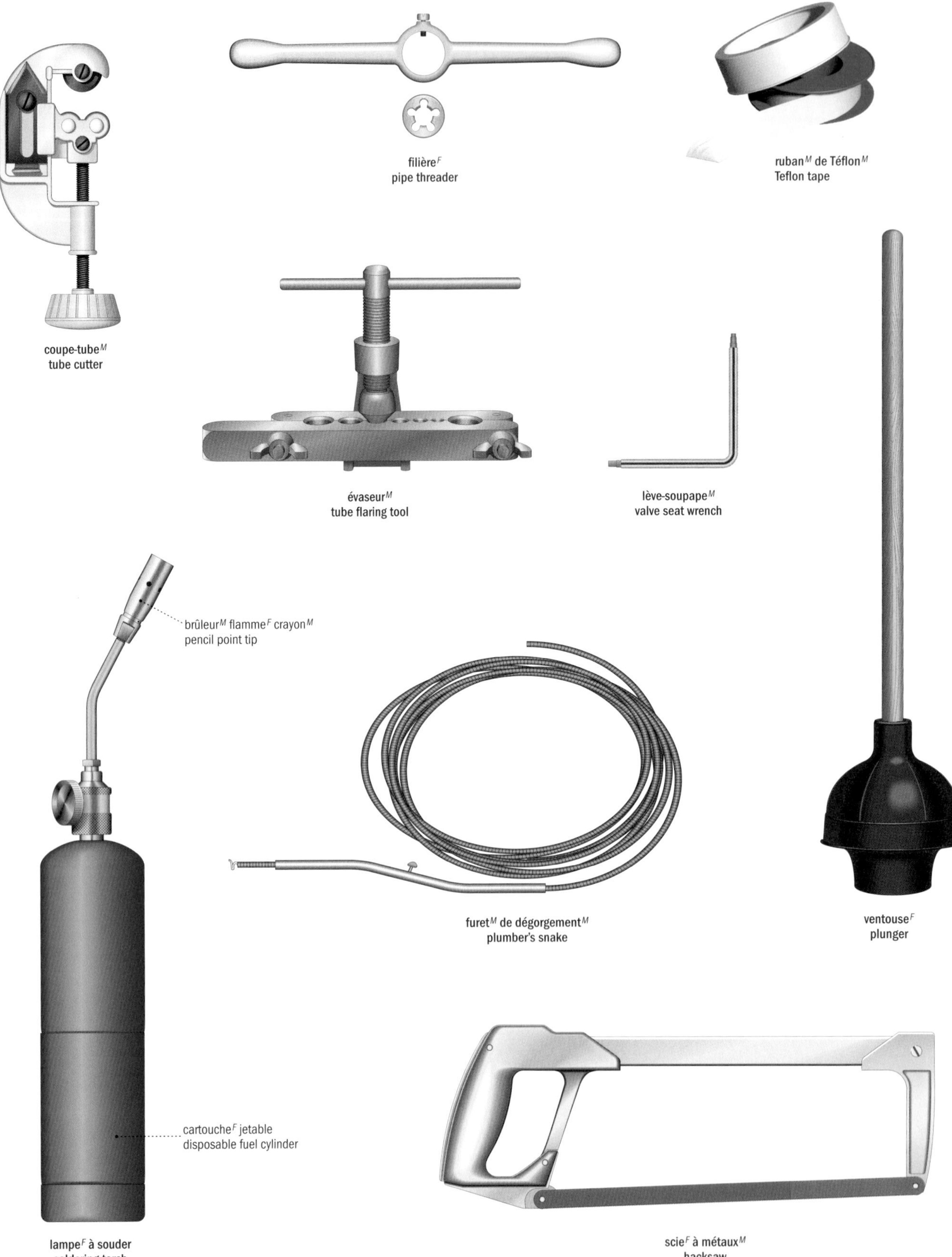
filière^F
pipe threader
ruban^M de Téflon^M
Teflon tape
coupe-tube^M
tube cutter
évaseur^M
tube flaring tool
lève-soupape^M
valve seat wrench
brûleur^M flamme^F crayon^M
pencil point tip
furet^M de dégorgement^M
plumber's snake
ventouse^F
plunger
cartouche^F jetable
disposable fuel cylinder
lampe^F à souder
soldering torch
scie^F à métaux^M
hacksaw

plomberie[F] : outils[M]

clés[F]
wrenches

clé[F] à crémaillère[F]
adjustable spud wrench
clé[F] coudée à tuyau[M]
basin wrench
clé[F] à tuyau[M]
pipe wrench
clé[F] à sangle[F]
strap wrench
clé[F] à chaîne[F]
chain pipe wrench

maçonnerie[F] : outils[M]

masonry tools

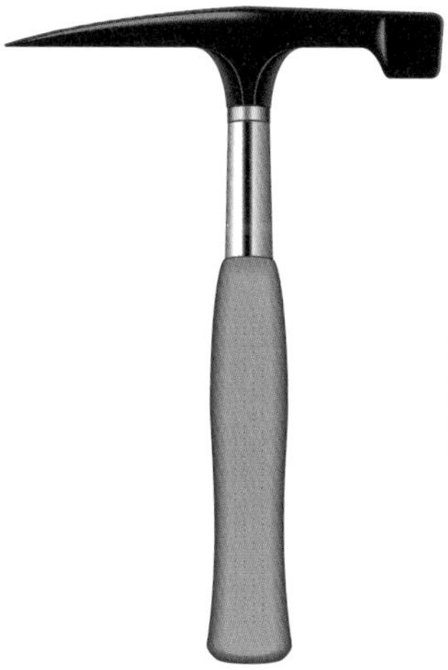

pistolet[M] à calfeutrer
caulking gun

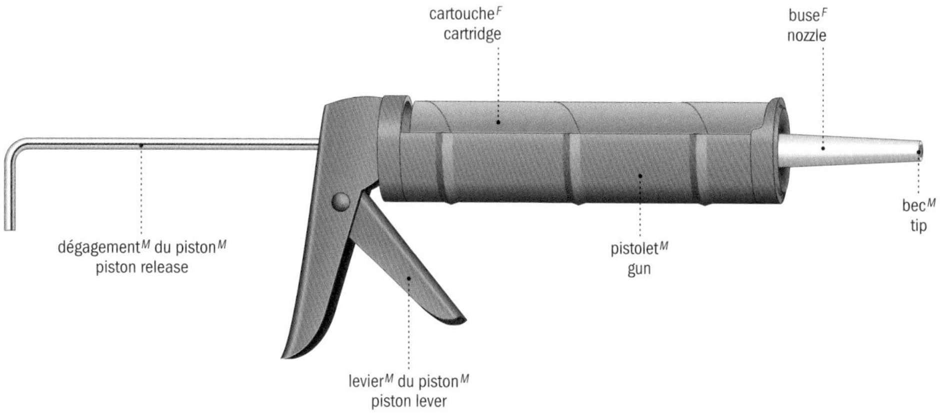

cartouche[F]
cartridge

buse[F]
nozzle

bec[M]
tip

dégagement[M] du piston[M]
piston release

pistolet[M]
gun

levier[M] du piston[M]
piston lever

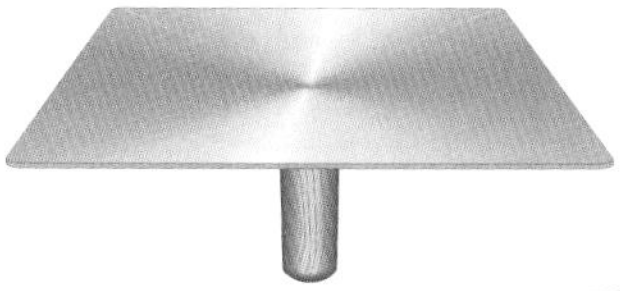

marteau[M] de maçon[M]
bricklayer's hammer

truelle[F] de maçon[M]
mason's trowel

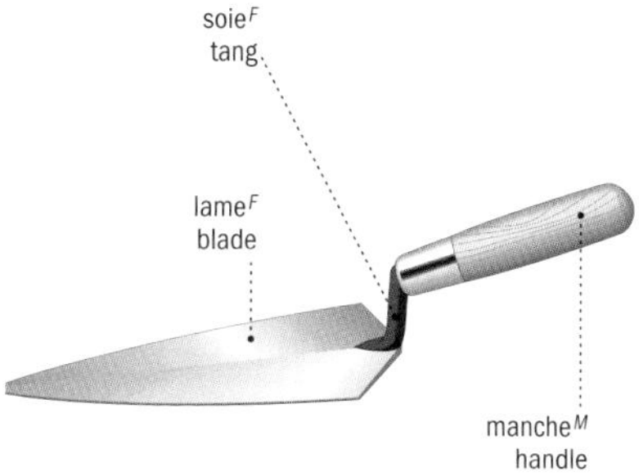

soie[F]
tang

lame[F]
blade

manche[M]
handle

taloche[F]
hawk

tire-joint[M]
joint filler

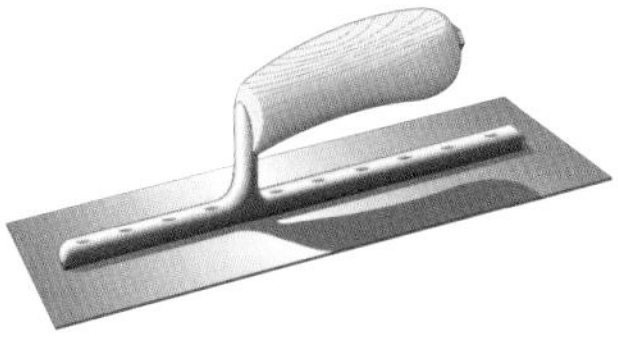

truelle[F] de plâtrier[M]
square trowel

électricité[F] : outils[M]

electricity tools

multimètre[M]
multimeter

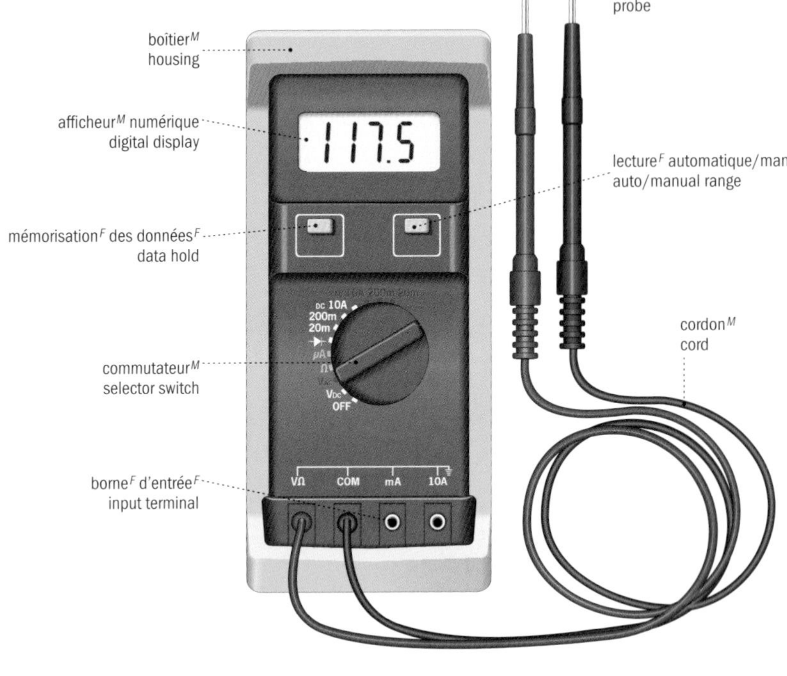
boitier[M]
housing
afficheur[M] numérique
digital display
mémorisation[F] des données[F]
data hold
commutateur[M]
selector switch
borne[F] d'entrée[F]
input terminal
fiche[F]
probe
lecture[F] automatique/manuelle
auto/manual range
cordon[M]
cord
117.5
DC 10A
200m
20m
OFF
VΩ
COM
mA
10A

vérificateur[M] de tension[F]
voltage tester

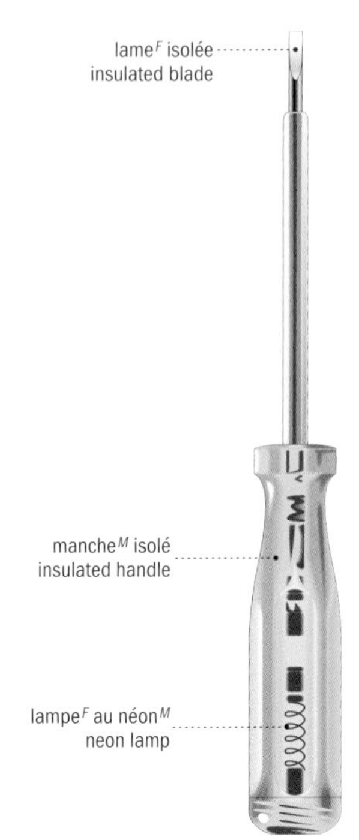
lame[F] isolée
insulated blade
manche[M] isolé
insulated handle
lampe[F] au néon[M]
neon lamp

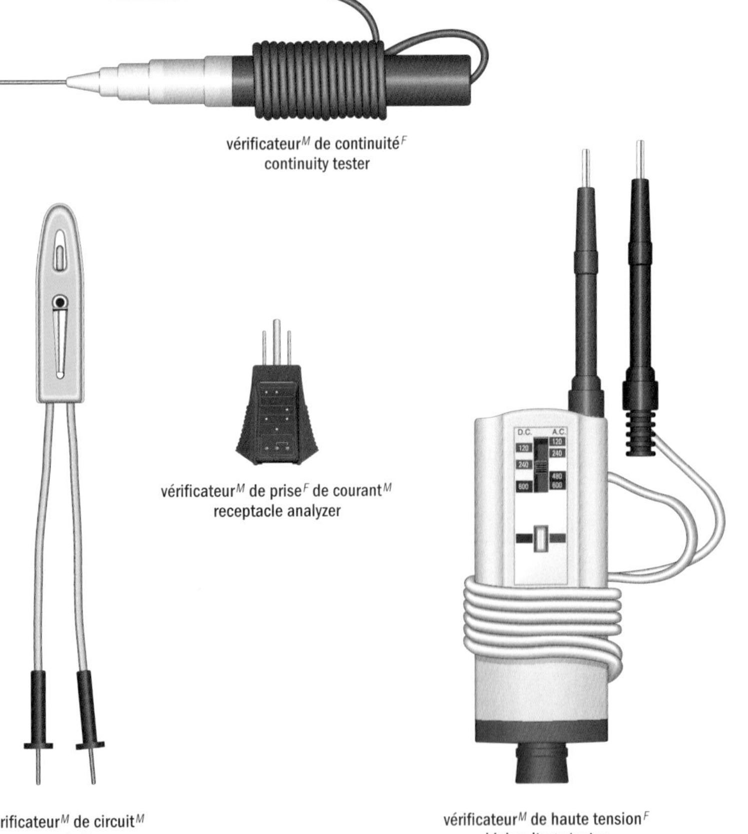
D.C.
A.C.
120
240
480
600

vérificateur[M] de continuité[F]
continuity tester

vérificateur[M] de prise[F] de courant[M]
receptacle analyzer

vérificateur[M] de circuit[M]
neon tester

vérificateur[M] de haute tension[F]
high-voltage tester

baladeuse[F]
drop light

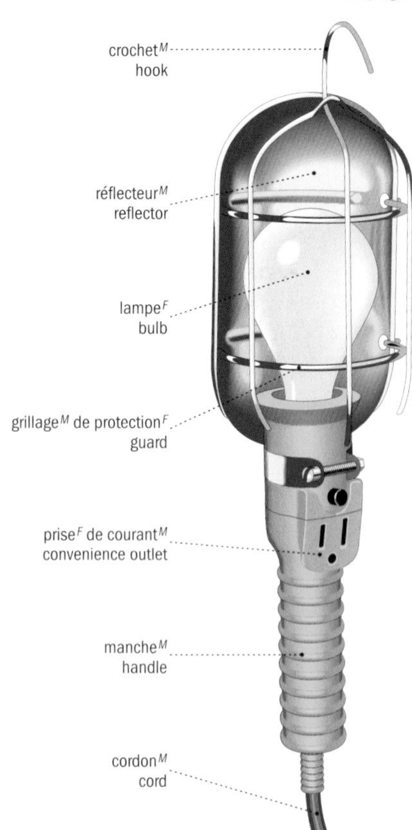
crochet[M]
hook
réflecteur[M]
reflector
lampe[F]
bulb
grillage[M] de protection[F]
guard
prise[F] de courant[M]
convenience outlet
manche[M]
handle
cordon[M]
cord

électricité^F : outils^M

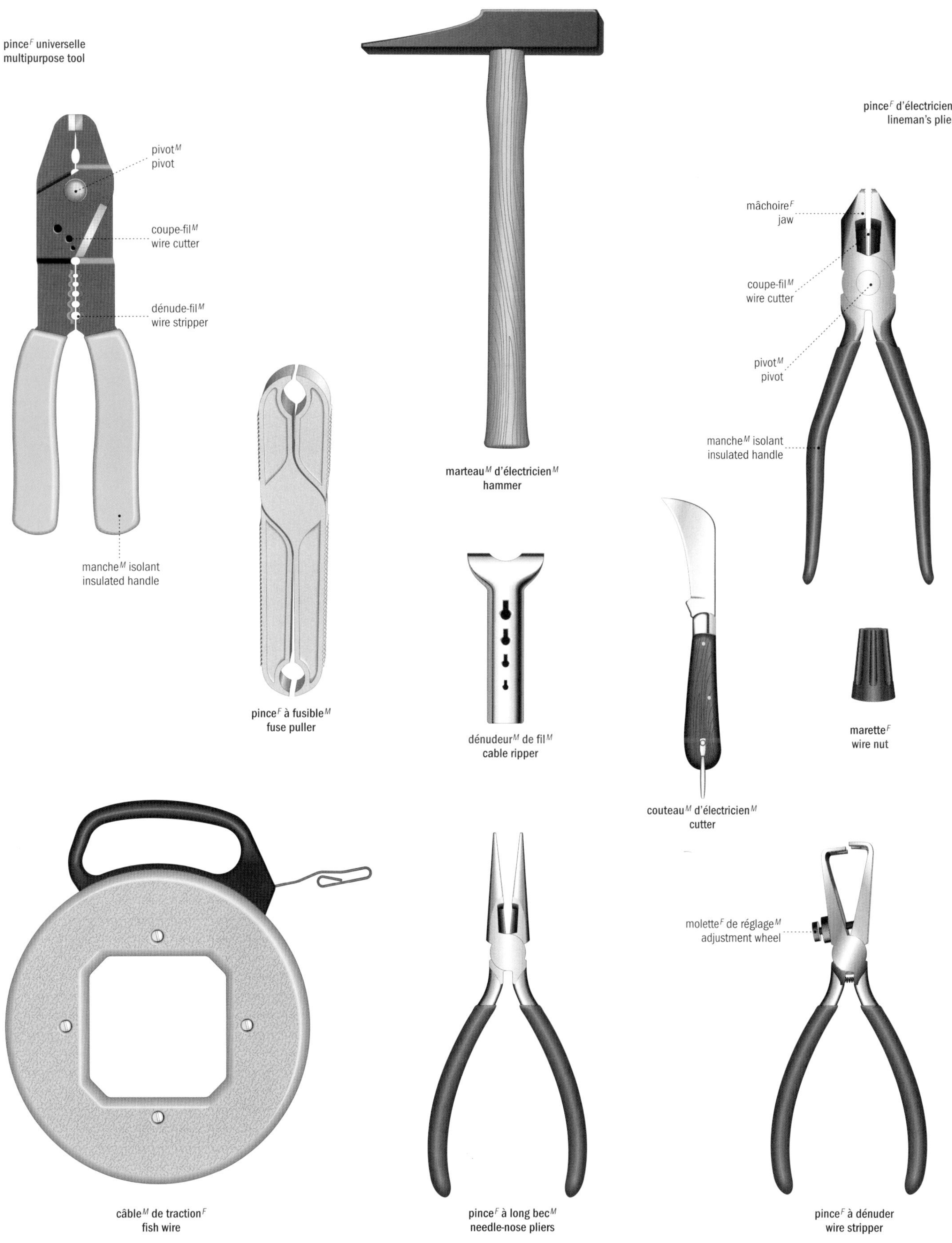
pince^F universelle
multipurpose tool
pivot^M
pivot
coupe-fil^M
wire cutter
dénude-fil^M
wire stripper
manche^M isolant
insulated handle
marteau^M d'électricien^M
hammer
pince^F d'électricien^M
lineman's pliers
mâchoire^F
jaw
coupe-fil^M
wire cutter
pivot^M
pivot
manche^M isolant
insulated handle
pince^F à fusible^M
fuse puller
dénudeur^M de fil^M
cable ripper
couteau^M d'électricien^M
cutter
marette^F
wire nut
molette^F de réglage^M
adjustment wheel
câble^M de traction^F
fish wire
pince^F à long bec^M
needle-nose pliers
pince^F à dénuder
wire stripper

soudage[M] : outils[M]

soldering and welding tools

pistolet[M] à souder
soldering gun

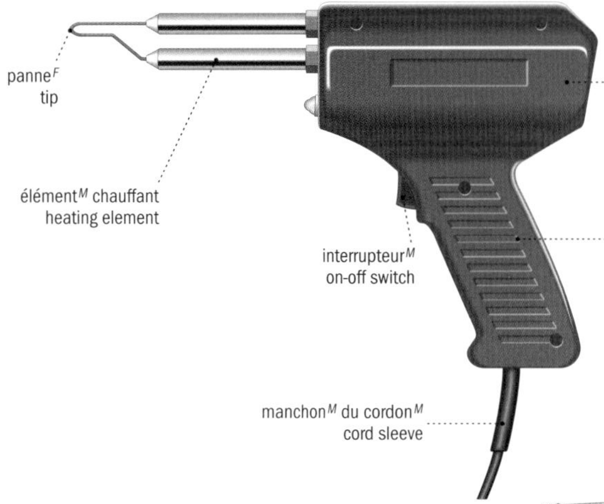

panne[F]
tip

élément[M] chauffant
heating element

boitier[M]
housing

poignée[F] pistolet[M]
pistol grip handle

interrupteur[M]
on-off switch

manchon[M] du cordon[M]
cord sleeve

fer[M] à souder
soldering iron

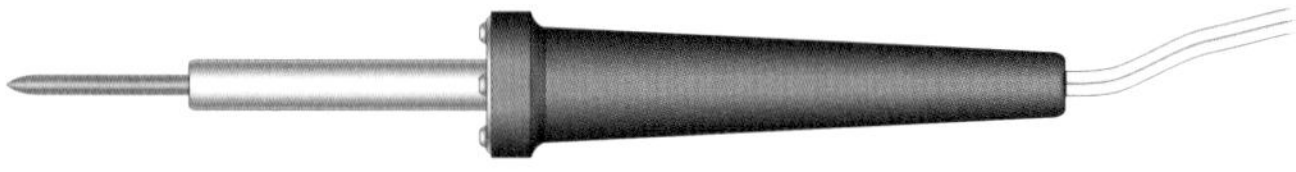

écran[M] de soudeur[M]
welding curtain

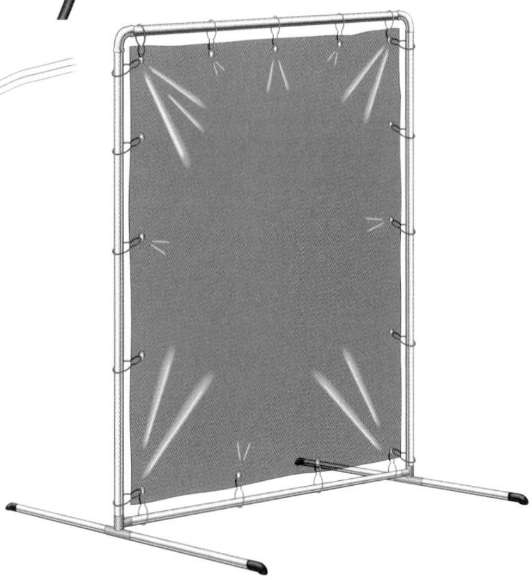

soudure[F]
solder

aiguilles[F] de nettoyage[M]
tip cleaners

briquet[M]
striker

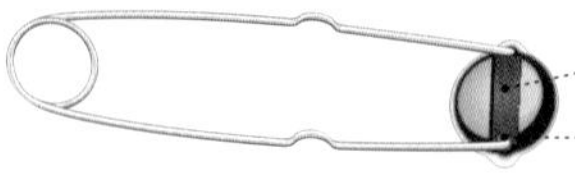

frottoir[M]
friction strip

pierre[F]
flint

soudage[M] à l'arc[M]
arc welding

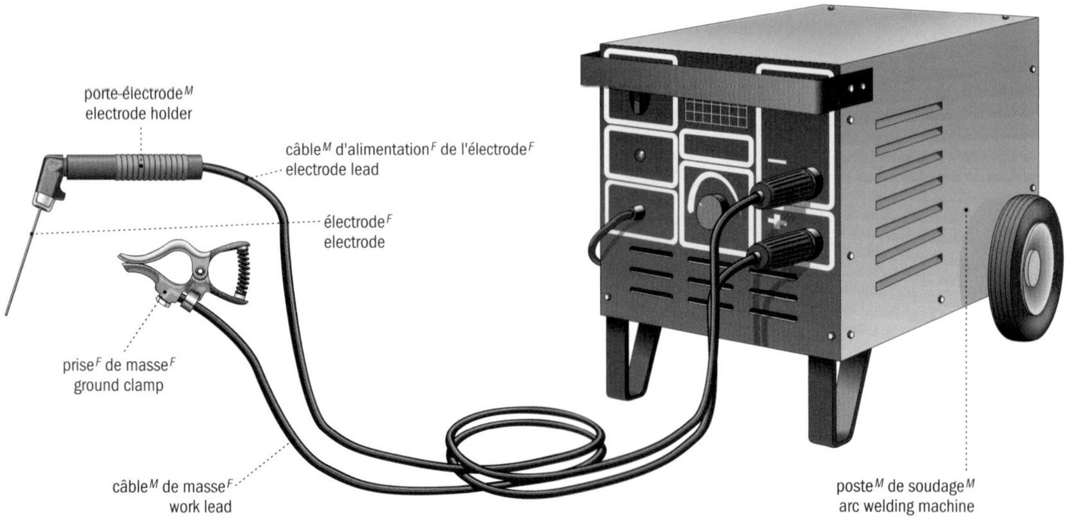

porte-électrode[M]
electrode holder

câble[M] d'alimentation[F] de l'électrode[F]
electrode lead

électrode[F]
electrode

prise[F] de masse[F]
ground clamp

câble[M] de masse[F]
work lead

poste[M] de soudage[M]
arc welding machine

équipement[M] de protection[F]
protective clothing

lunettes[F]
goggles

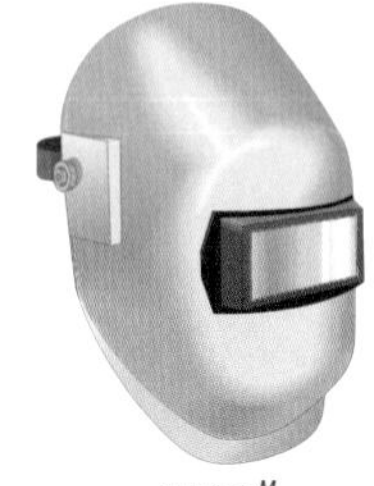

casque[M]
face shield

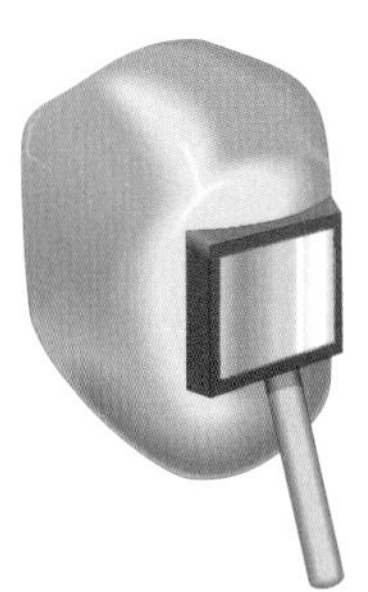

écran[M] à main[F]
hand shield

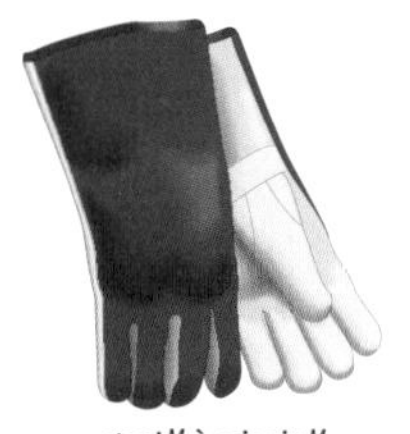

gant[M] à crispin[M]
gauntlet

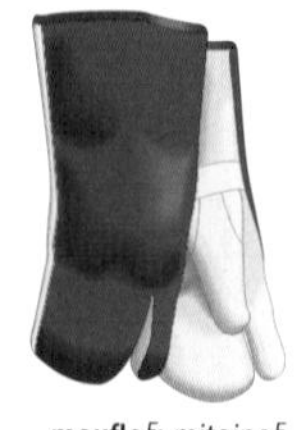

moufle[F]; *mitaine[F]*
mitten

soudage^M : outils^M

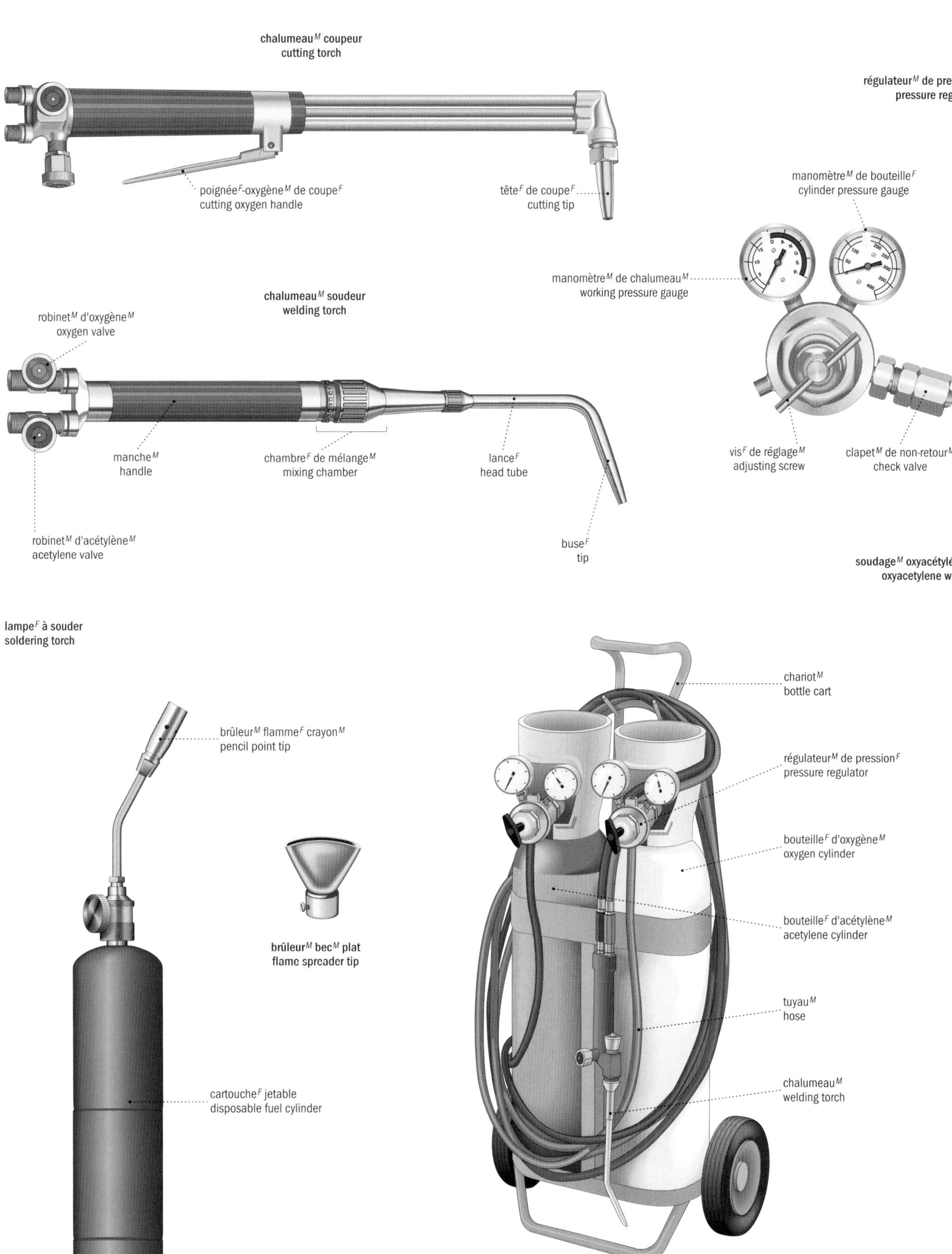
chalumeau^M coupeur
cutting torch
poignée^F-oxygène^M de coupe^F
cutting oxygen handle
tête^F de coupe^F
cutting tip
chalumeau^M soudeur
welding torch
robinet^M d'oxygène^M
oxygen valve
manche^M
handle
chambre^F de mélange^M
mixing chamber
lance^F
head tube
buse^F
tip
robinet^M d'acétylène^M
acetylene valve
régulateur^M de pression^F
pressure regulator
manomètre^M de bouteille^F
cylinder pressure gauge
manomètre^M de chalumeau^M
working pressure gauge
vis^F de réglage^M
adjusting screw
clapet^M de non-retour^M
check valve
soudage^M oxyacétylénique
oxyacetylene welding
lampe^F à souder
soldering torch
brûleur^M flamme^F crayon^M
pencil point tip
brûleur^M bec^M plat
flame spreader tip
cartouche^F jetable
disposable fuel cylinder
chariot^M
bottle cart
régulateur^M de pression^F
pressure regulator
bouteille^F d'oxygène^M
oxygen cylinder
bouteille^F d'acétylène^M
acetylene cylinder
tuyau^M
hose
chalumeau^M
welding torch

peinture^F d'entretien^M

painting upkeep

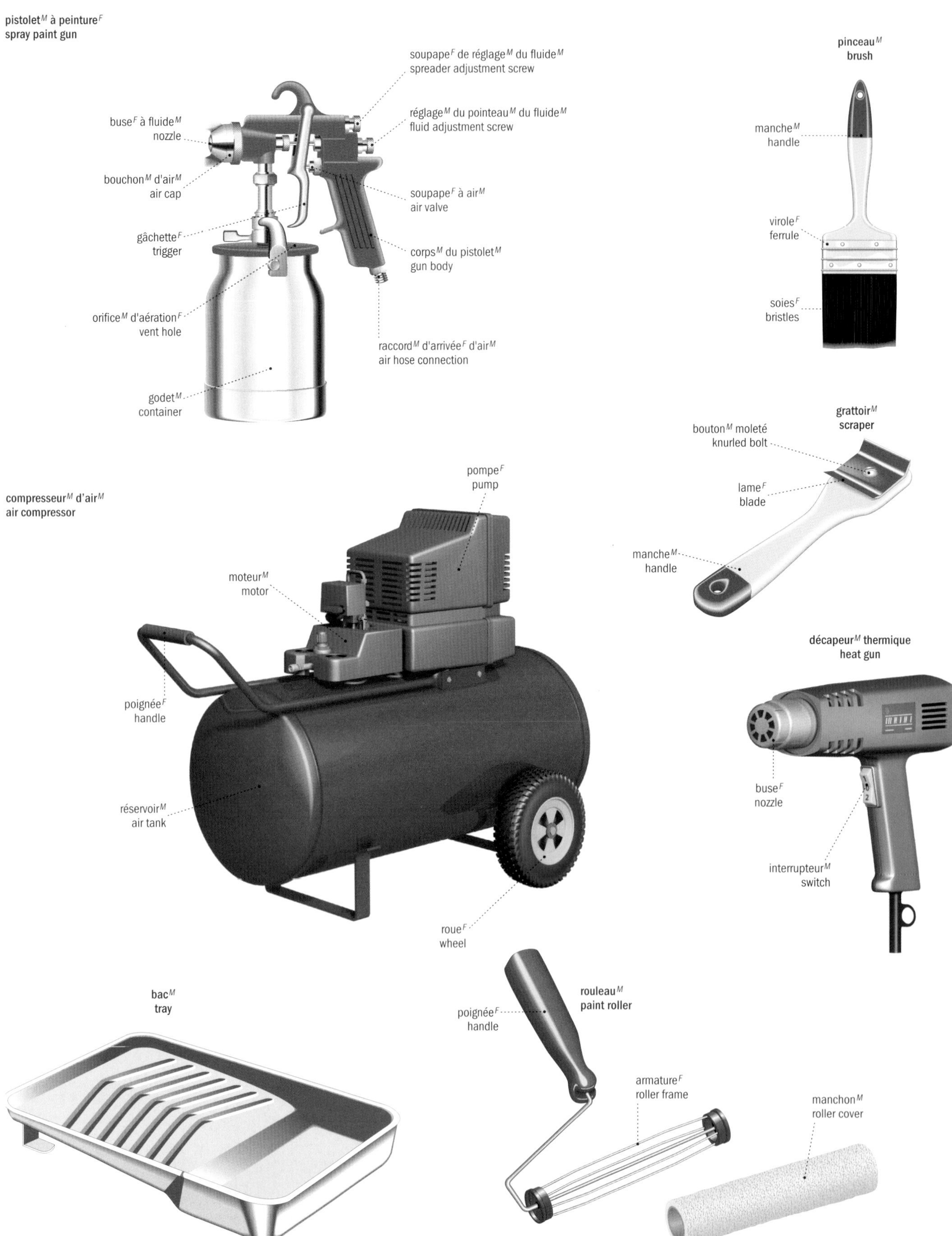

pistolet^M à peinture^F
spray paint gun
soupape^F de réglage^M du fluide^M
spreader adjustment screw
buse^F à fluide^M
nozzle
réglage^M du pointeau^M du fluide^M
fluid adjustment screw
bouchon^M d'air^M
air cap
soupape^F à air^M
air valve
gâchette^F
trigger
corps^M du pistolet^M
gun body
orifice^M d'aération^F
vent hole
raccord^M d'arrivée^F d'air^M
air hose connection
godet^M
container
pinceau^M
brush
manche^M
handle
virole^F
ferrule
soies^F
bristles
grattoir^M
scraper
bouton^M moleté
knurled bolt
lame^F
blade
manche^M
handle
compresseur^M d'air^M
air compressor
pompe^F
pump
moteur^M
motor
poignée^F
handle
réservoir^M
air tank
roue^F
wheel
décapeur^M thermique
heat gun
buse^F
nozzle
interrupteur^M
switch
bac^M
tray
rouleau^M
paint roller
poignée^F
handle
armature^F
roller frame
manchon^M
roller cover

échelles[F] et escabeaux[M]

ladders and stepladders

échelle[F] escamotable
foldaway ladder
échelle[F] droite
straight ladder
échelle[F] à crochets[M]
hook ladder
échelle[F] coulissante
extension ladder
échelon[M]
rung
montant[M]
side rail
poulie[F]
pulley
dispositif[M] de blocage[M]
locking device
corde[F] de tirage[M]
hoisting rope
patin[M] antidérapant
antislip shoe
échelle[F] d'échafaudage[M]
ladder scaffold
échelle[F] de corde[F]
rope ladder
échelle[F] fruitière
fruit-picking ladder
échelle[F] transformable
multipurpose ladder
échelle[F] roulante
rolling ladder
escabeau[M]
stepladder
plateau[M]
top
tablette[F] porte-outil[M]
tool shelf
entretoise[F]
brace
marche[F]
step
tabouret[M]-escabeau[M]
step stool
marchepied[M]
platform ladder
garde-corps[M]
safety rail
tablette[F]
shelf
plate-forme[F]
platform
piètement[M]
frame
marche[F]
step
embout[M]
rubber tip

jardin^M d'agrément^M

pleasure garden

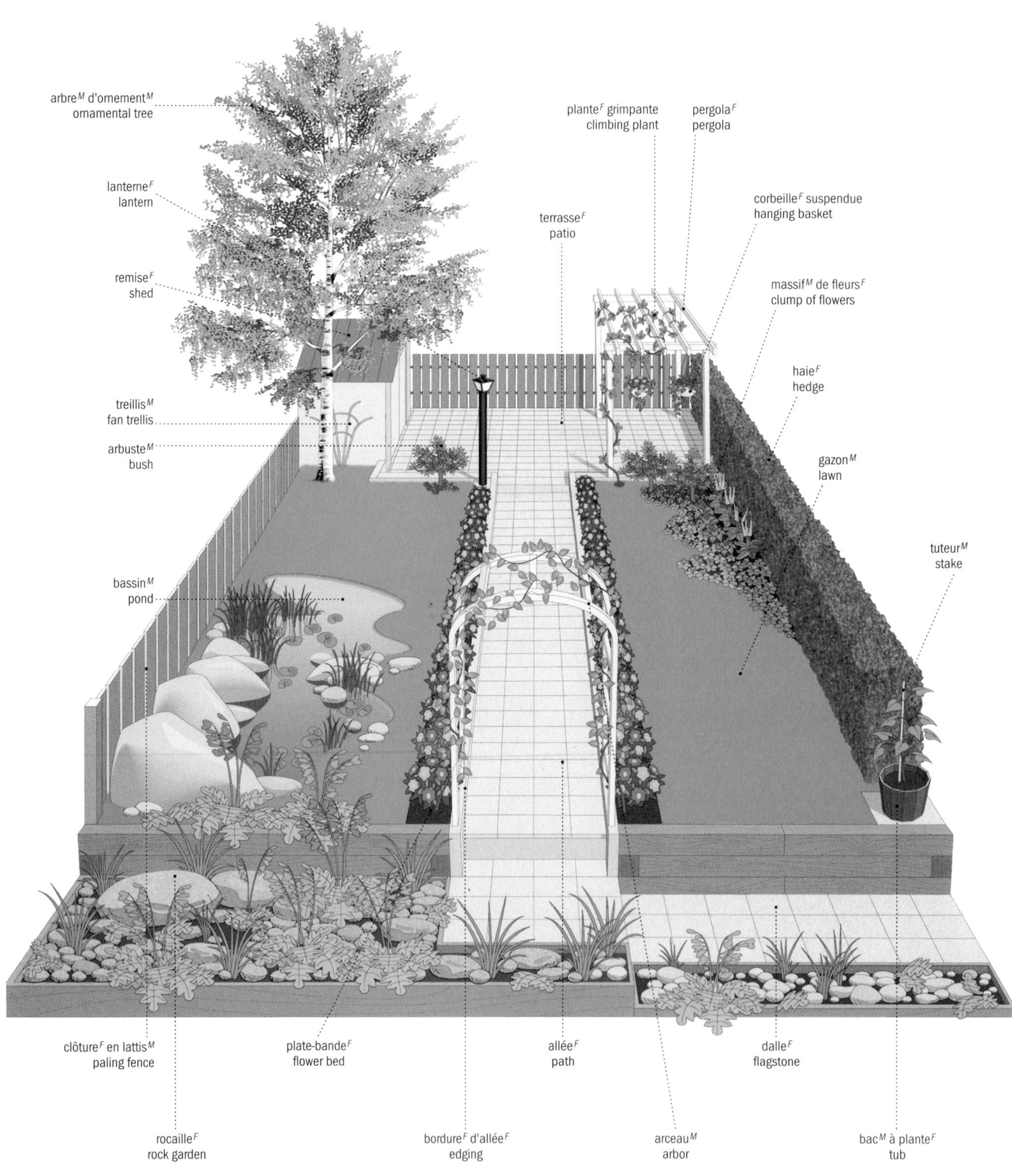
arbre^M d'ornement^M
ornamental tree
lanterne^F
lantern
remise^F
shed
treillis^M
fan trellis
arbuste^M
bush
bassin^M
pond
plante^F grimpante
climbing plant
pergola^F
pergola
terrasse^F
patio
corbeille^F suspendue
hanging basket
massif^M de fleurs^F
clump of flowers
haie^F
hedge
gazon^M
lawn
tuteur^M
stake
clôture^F en lattis^M
paling fence
plate-bande^F
flower bed
allée^F
path
dalle^F
flagstone
rocaille^F
rock garden
bordure^F d'allée^F
edging
arceau^M
arbor
bac^M à plante^F
tub

équipement[M] divers

miscellaneous equipment

tarière[F] motorisée
motorized earth auger

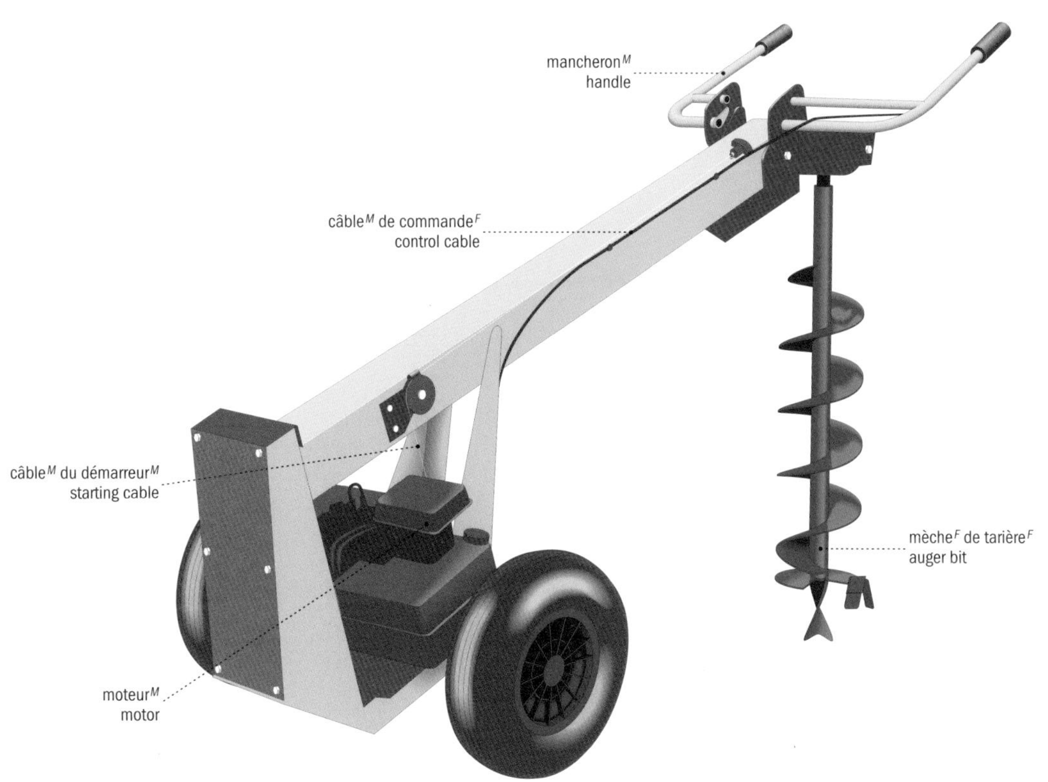
mancheron[M]
handle
câble[M] de commande[F]
control cable
câble[M] du démarreur[M]
starting cable
mèche[F] de tarière[F]
auger bit
moteur[M]
motor

brouette[F]
wheelbarrow

bac[M] à compost[M]
compost bin

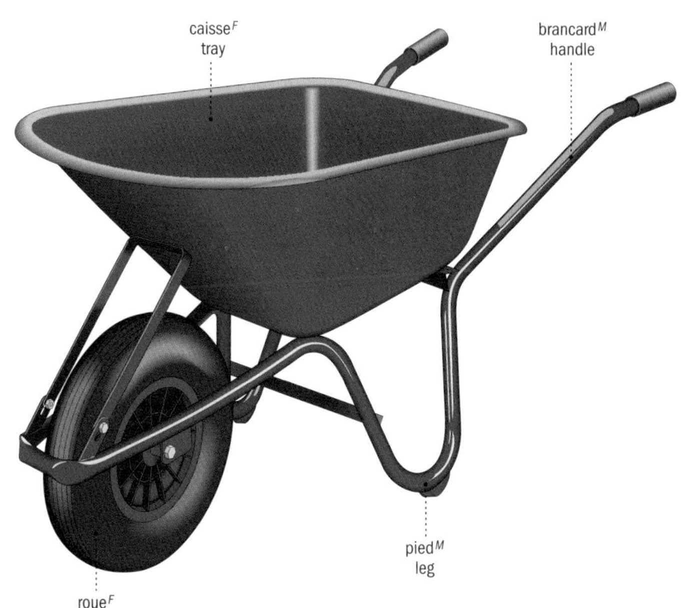
caisse[F]
tray
brancard[M]
handle
pied[M]
leg
roue[F]
wheel

outils^{M} pour semer et planter

seeding and planting tools

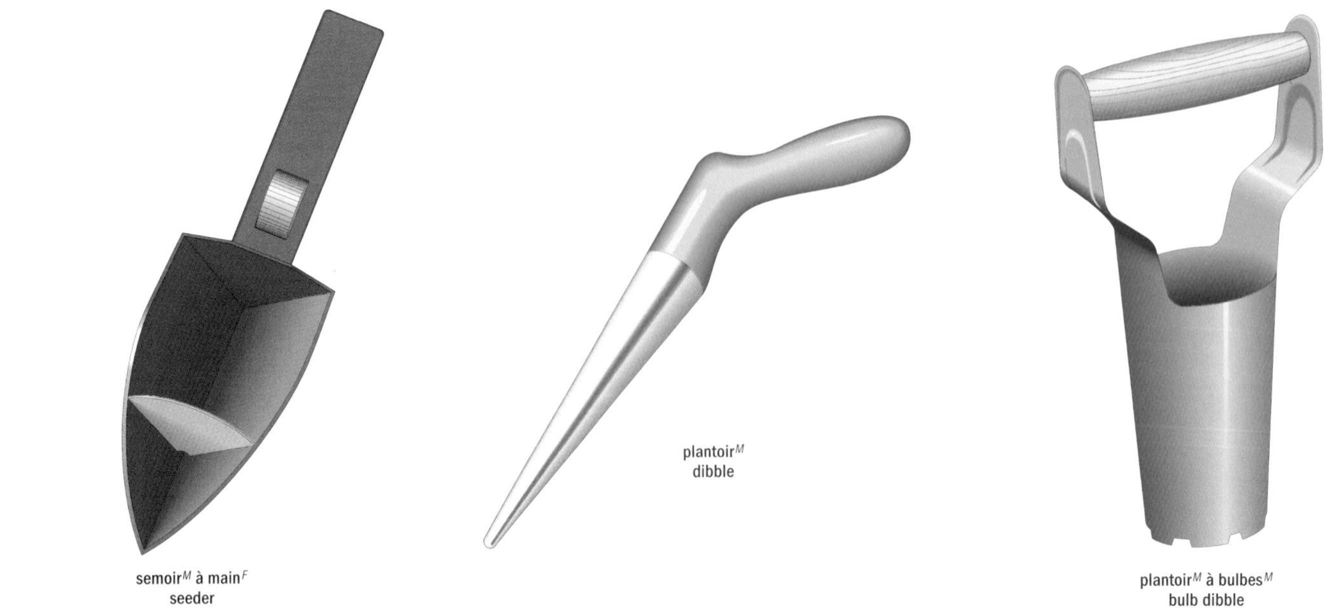
semoir^{M} à main^{F}
seeder
plantoir^{M}
dibble
plantoir^{M} à bulbes^{M}
bulb dibble

épandeur^{M}
spreader

cordeau^{M}
garden line

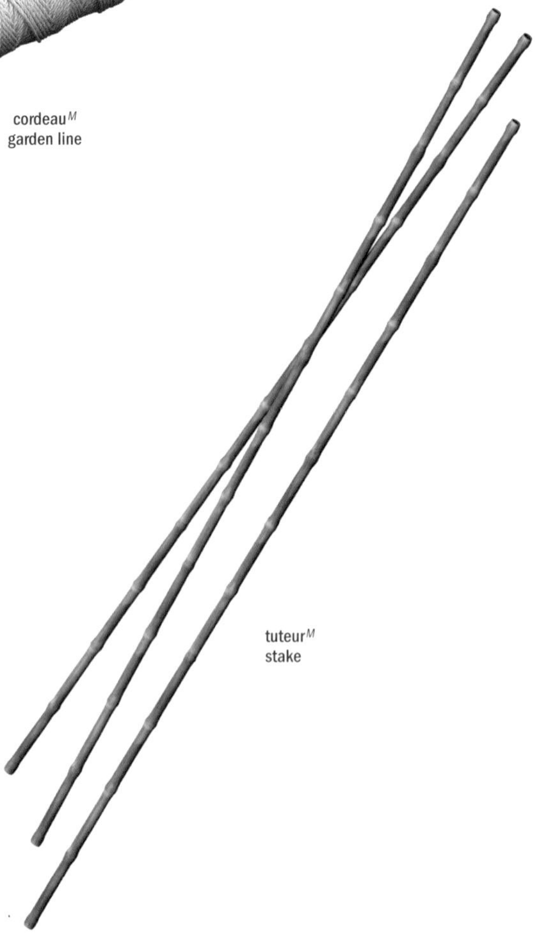

tuteur^{M}
stake

jeu^{M} de petits outils^{M}

hand tools

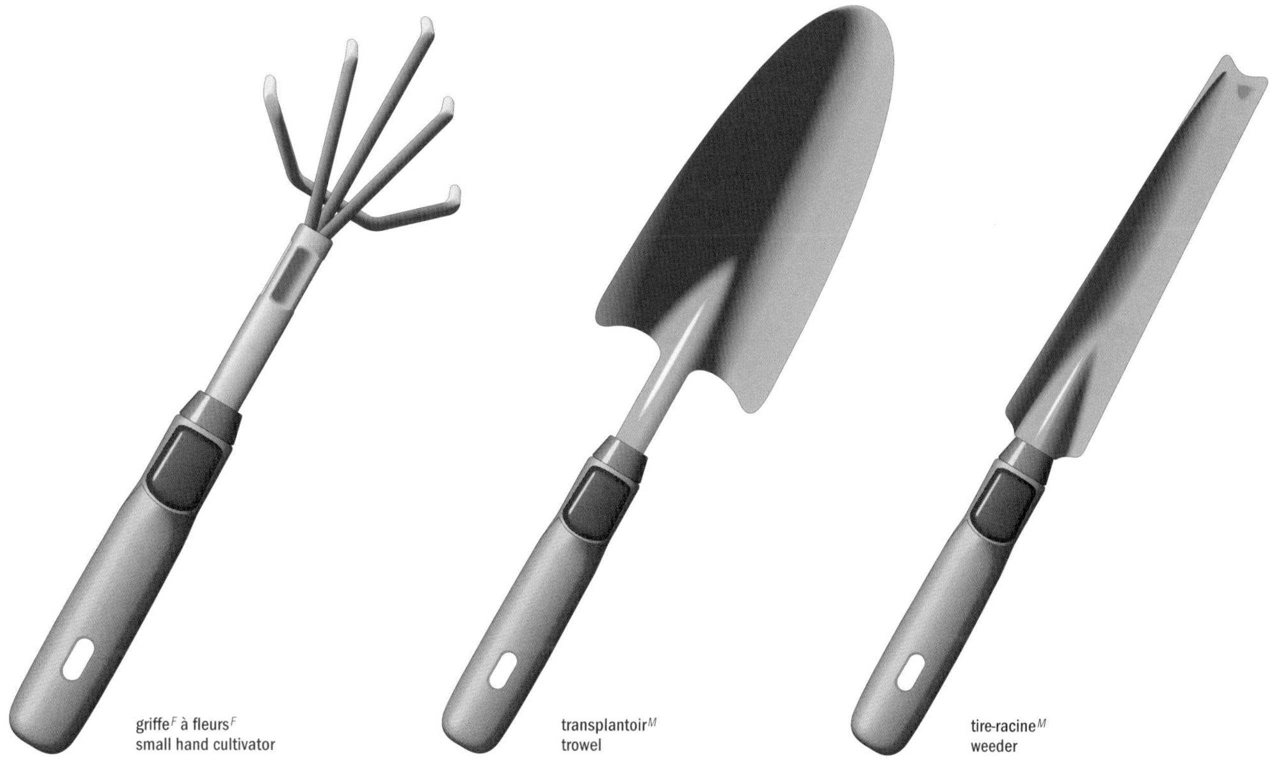

griffe^{F} à fleurs^{F}
small hand cultivator

transplantoir^{M}
trowel

tire-racine^{M}
weeder

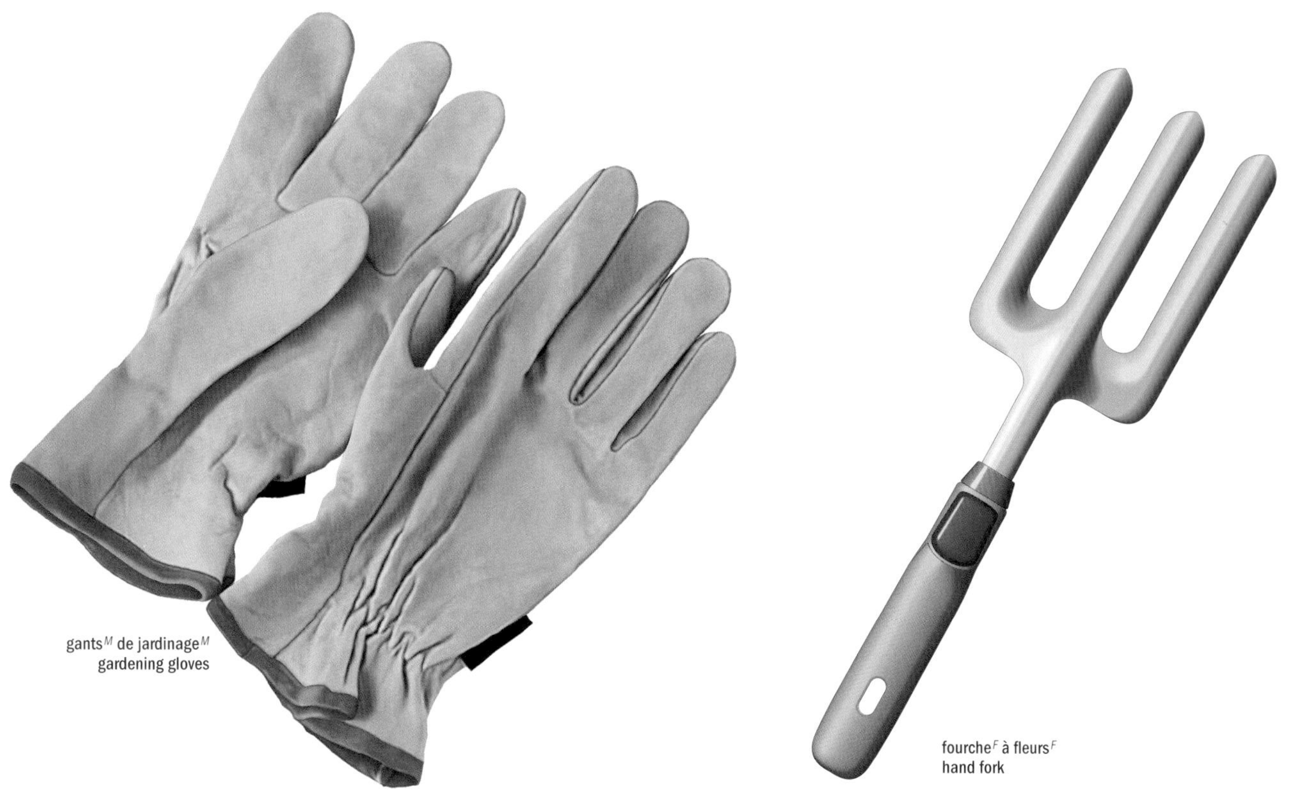

gants^{M} de jardinage^{M}
gardening gloves

fourche^{F} à fleurs^{F}
hand fork

outils[M] pour remuer la terre[F]

tools for loosening the earth

pelle[F]
shovel

bêche[F]
spade

fourche[F] à bêcher
spading fork

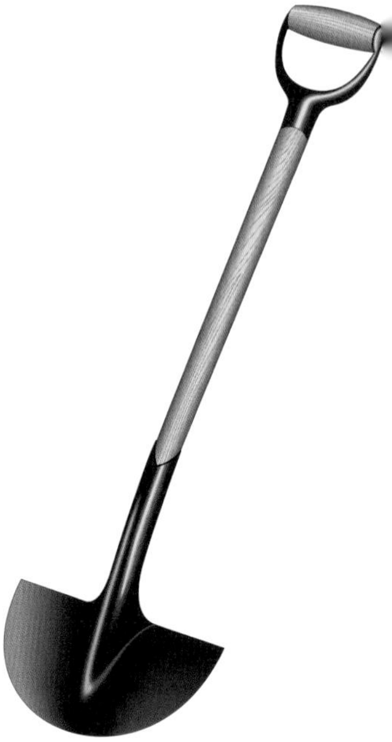

coupe-bordures[M]
lawn edger

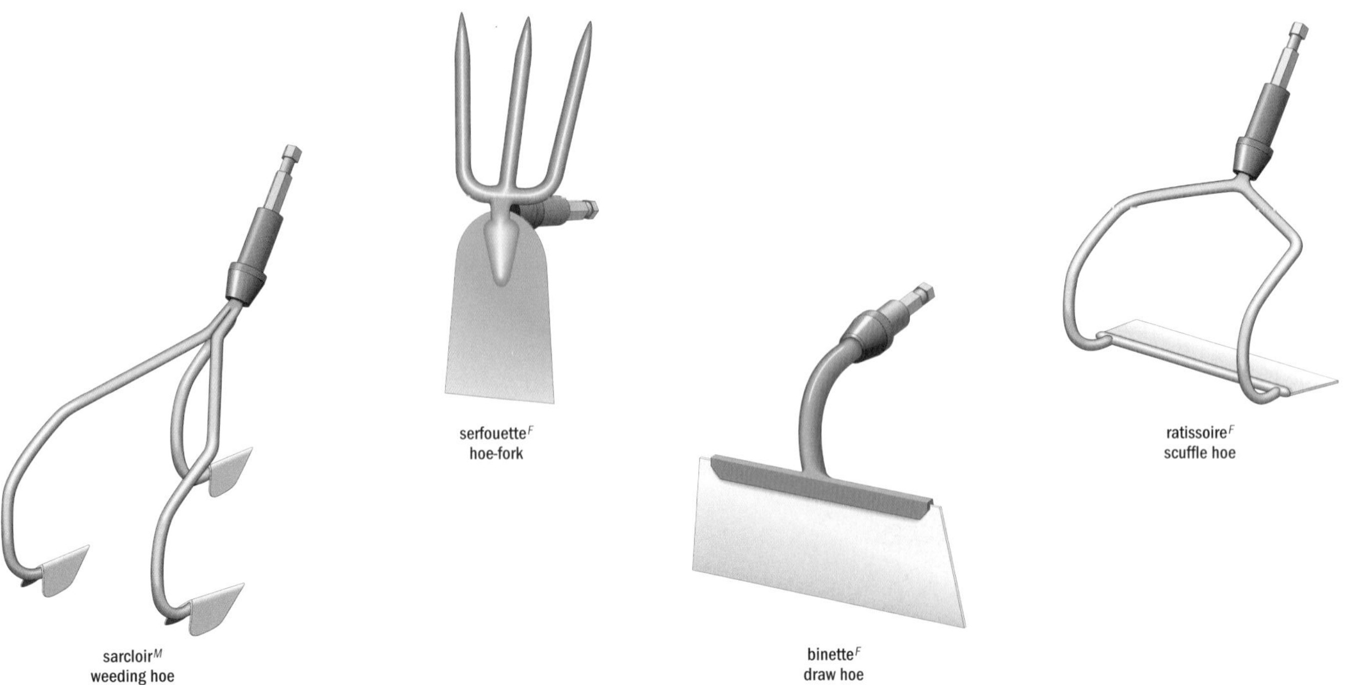
serfouette[F]
hoe-fork
ratissoire[F]
scuffle hoe
sarcloir[M]
weeding hoe
binette[F]
draw hoe

outils[M] pour remuer la terre[F]

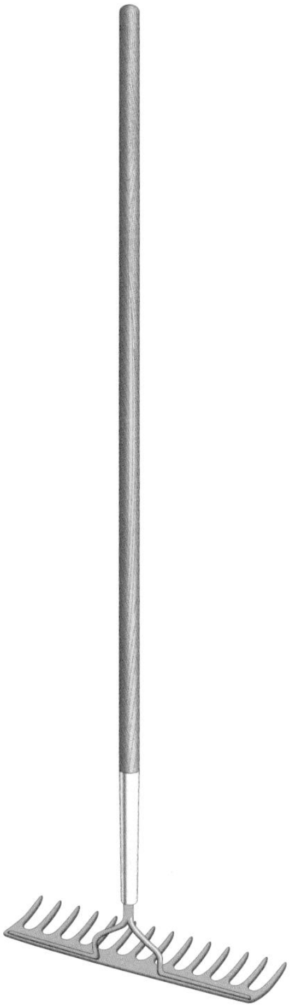

râteau[M]
rake

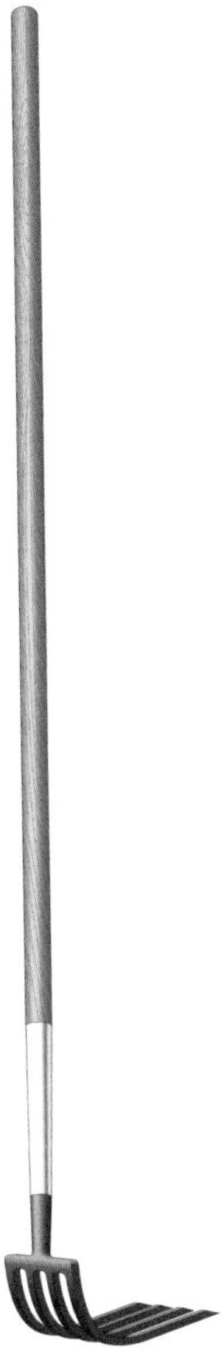

croc[M] à défricher
hook

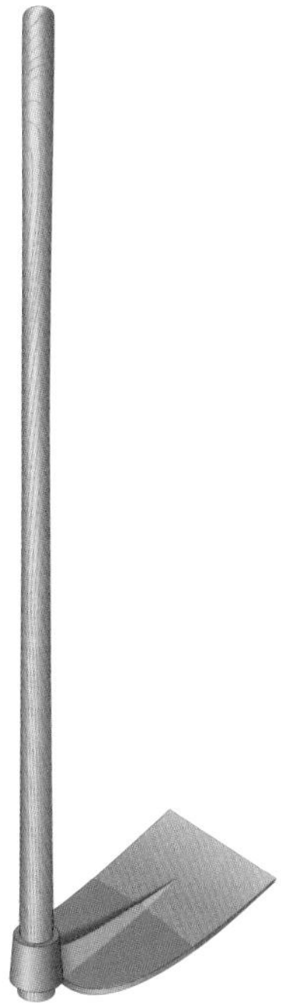

houe[F]
hoe

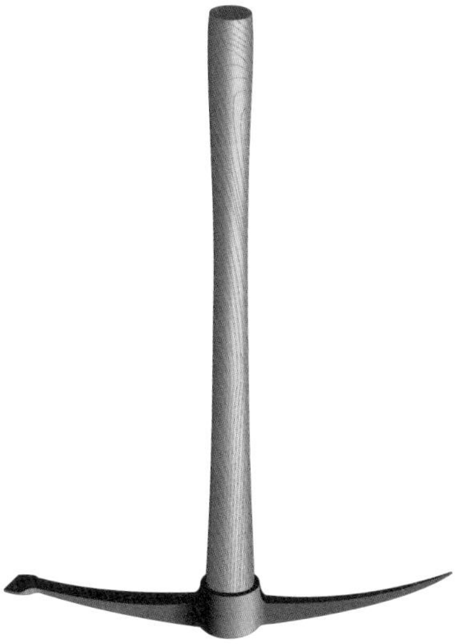

pioche[F]
pick

motoculteur[M]
tiller

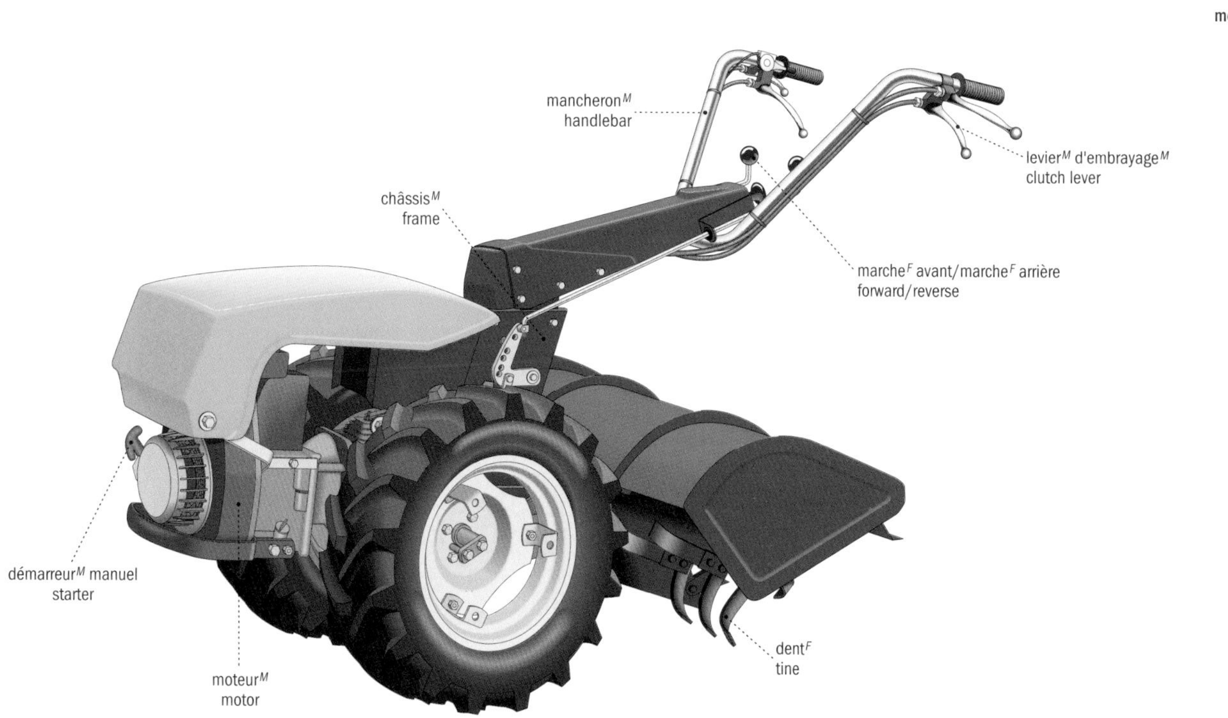
mancheron[M]
handlebar
levier[M] d'embrayage[M]
clutch lever
châssis[M]
frame
marche[F] avant/marche[F] arrière
forward/reverse
démarreur[M] manuel
starter
moteur[M]
motor
dent[F]
tine

outils^M pour arroser

watering tools

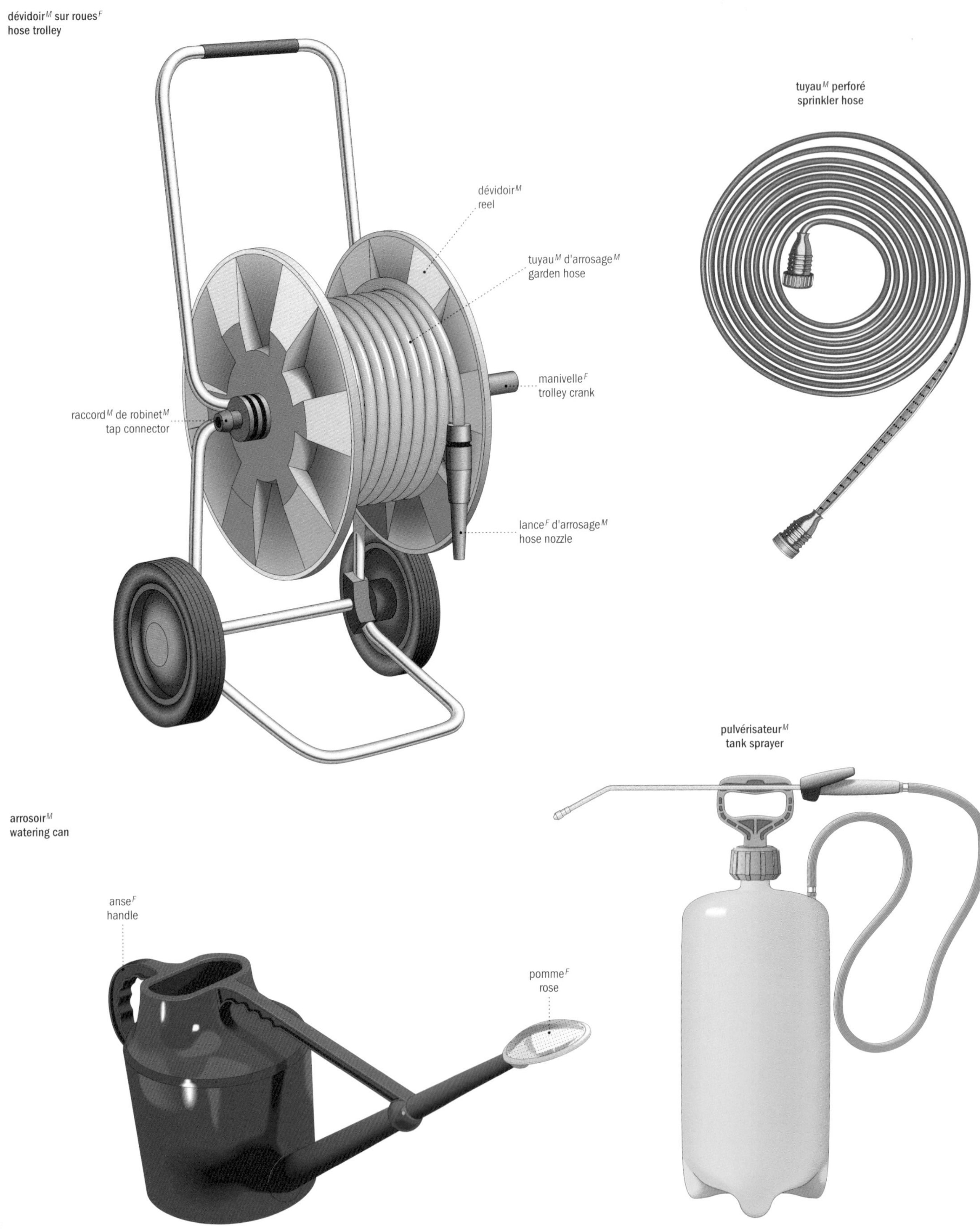
dévidoir^M sur roues^F
hose trolley
dévidoir^M
reel
tuyau^M d'arrosage^M
garden hose
manivelle^F
trolley crank
raccord^M de robinet^M
tap connector
lance^F d'arrosage^M
hose nozzle
tuyau^M perforé
sprinkler hose
pulvérisateur^M
tank sprayer
arrosoir^M
watering can
anse^F
handle
pomme^F
rose

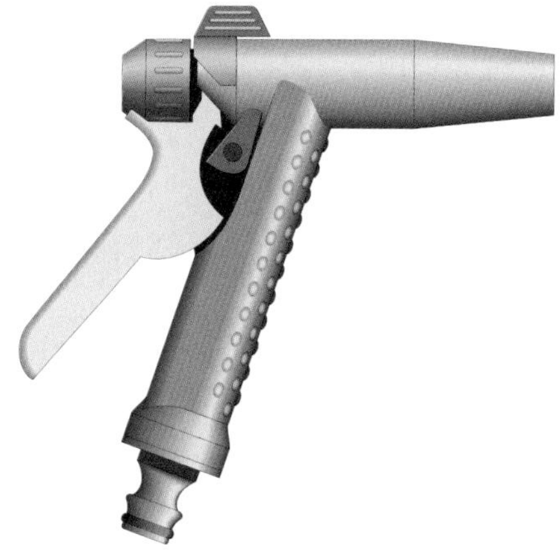

outils[M] pour arroser

pistolet[M] d'arrosage[M]
pistol nozzle

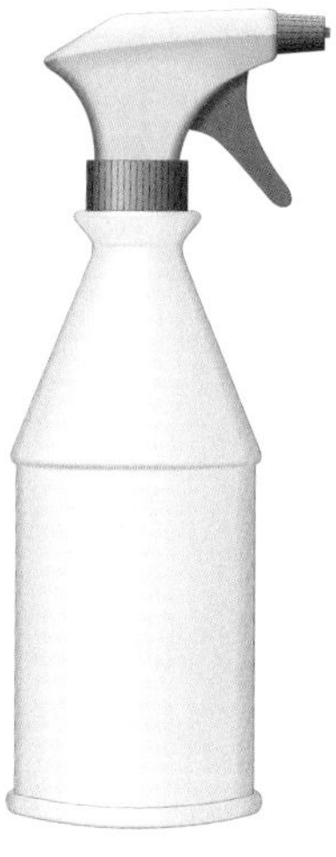

vaporisateur[M]
sprayer

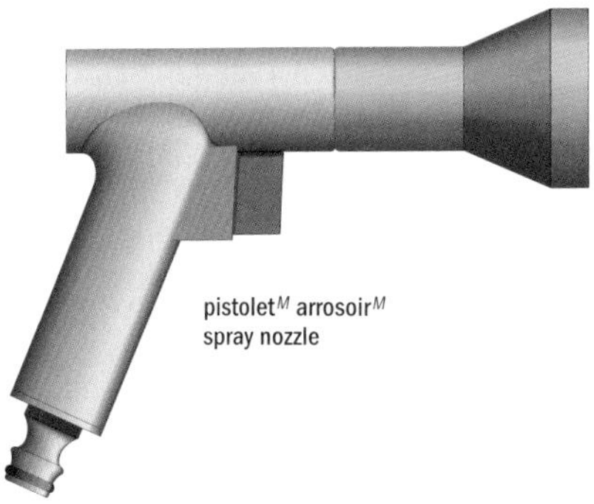

pistolet[M] arrosoir[M]
spray nozzle

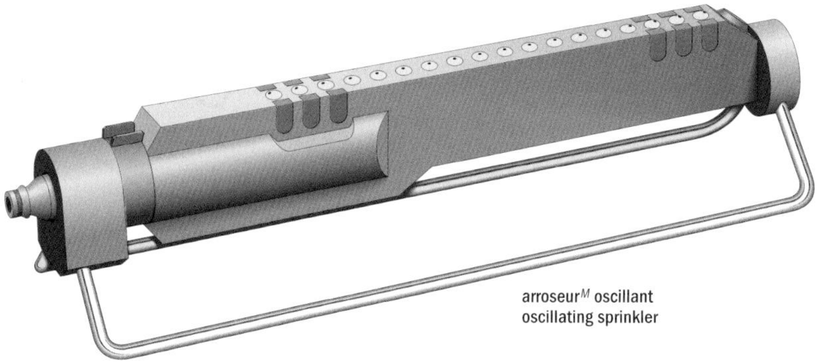

bras[M]
arm

arroseur[M] oscillant
oscillating sprinkler

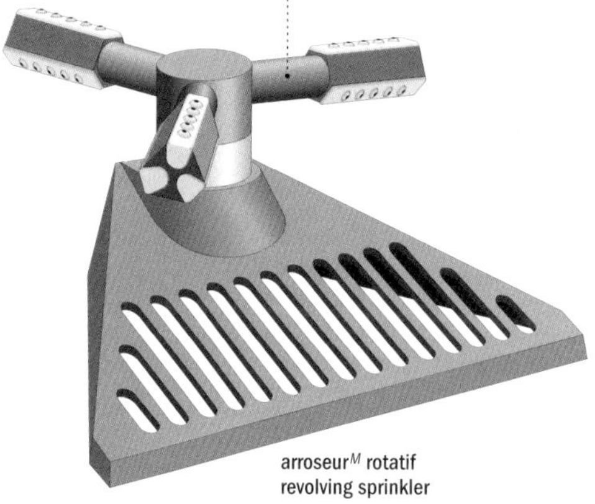

arroseur[M] rotatif
revolving sprinkler

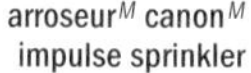

arroseur[M] canon[M]
impulse sprinkler

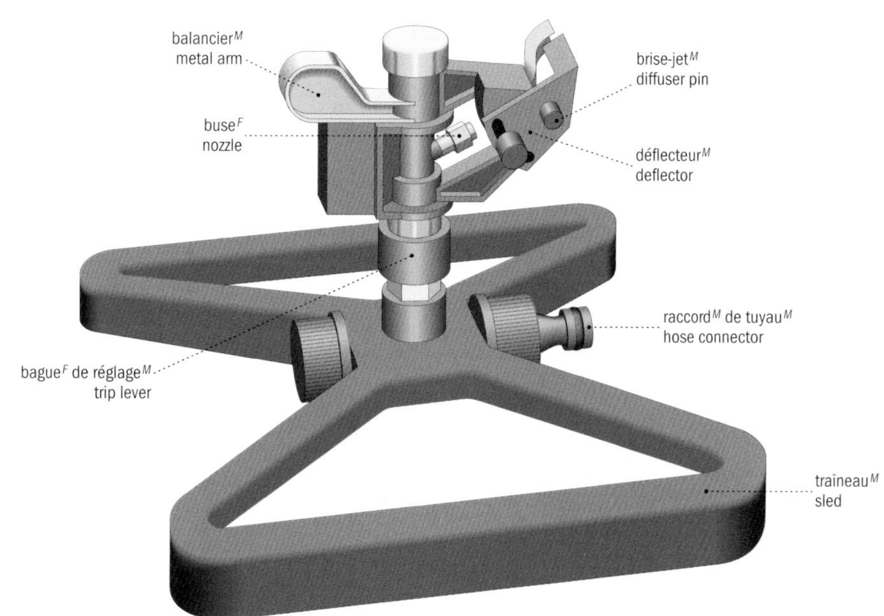
balancier[M]
metal arm
brise-jet[M]
diffuser pin
buse[F]
nozzle
déflecteur[M]
deflector
raccord[M] de tuyau[M]
hose connector
bague[F] de réglage[M]
trip lever
traîneau[M]
sled

outils^M pour couper

pruning and cutting tools

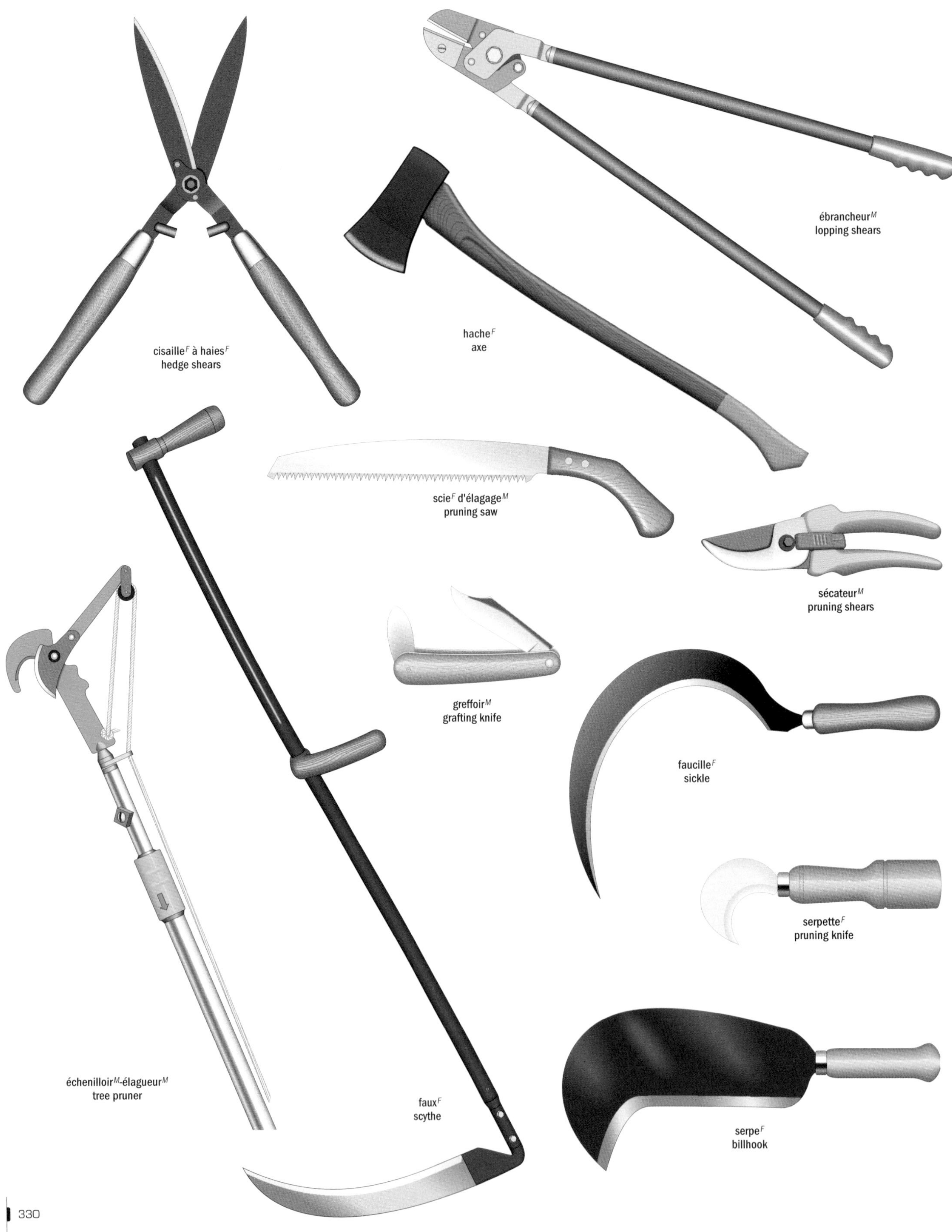
cisaille^F à haies^F
hedge shears
hache^F
axe
ébrancheur^M
lopping shears
scie^F d'élagage^M
pruning saw
sécateur^M
pruning shears
greffoir^M
grafting knife
faucille^F
sickle
serpette^F
pruning knife
échenilloir^M-élagueur^M
tree pruner
faux^F
scythe
serpe^F
billhook

outils^M pour couper

taille-haies^M
hedge trimmer

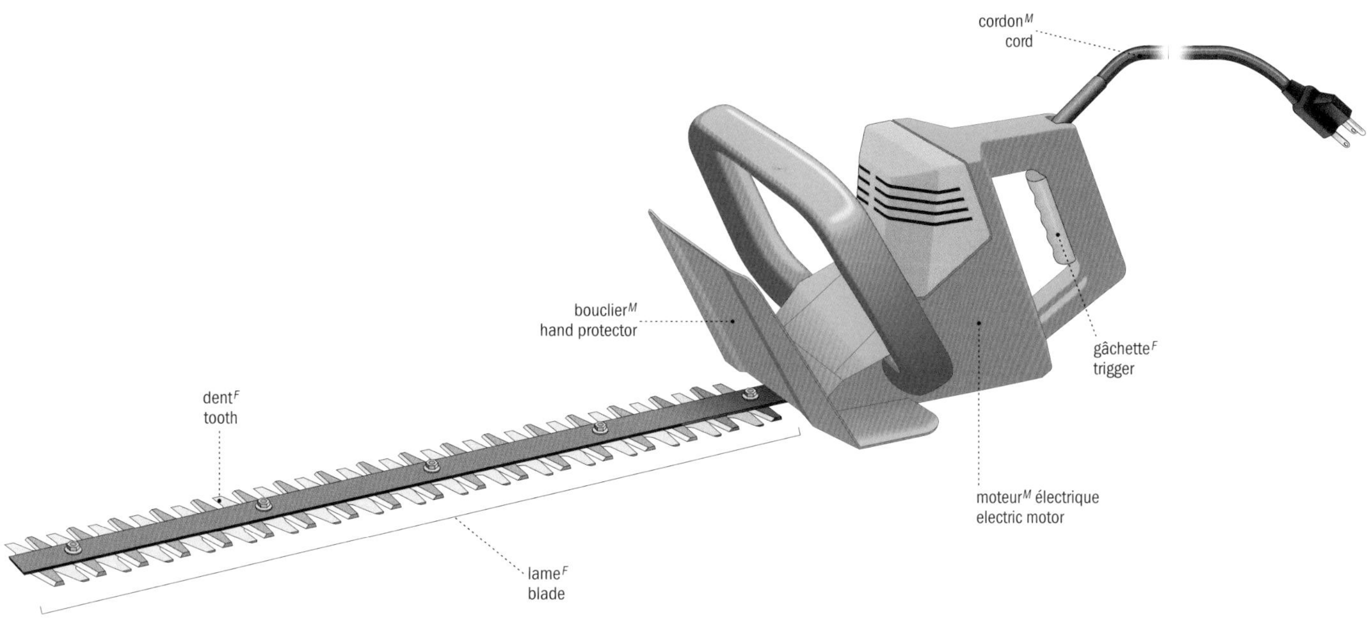
cordon^M
cord
bouclier^M
hand protector
gâchette^F
trigger
dent^F
tooth
moteur^M électrique
electric motor
lame^F
blade

tronçonneuse^F
chainsaw

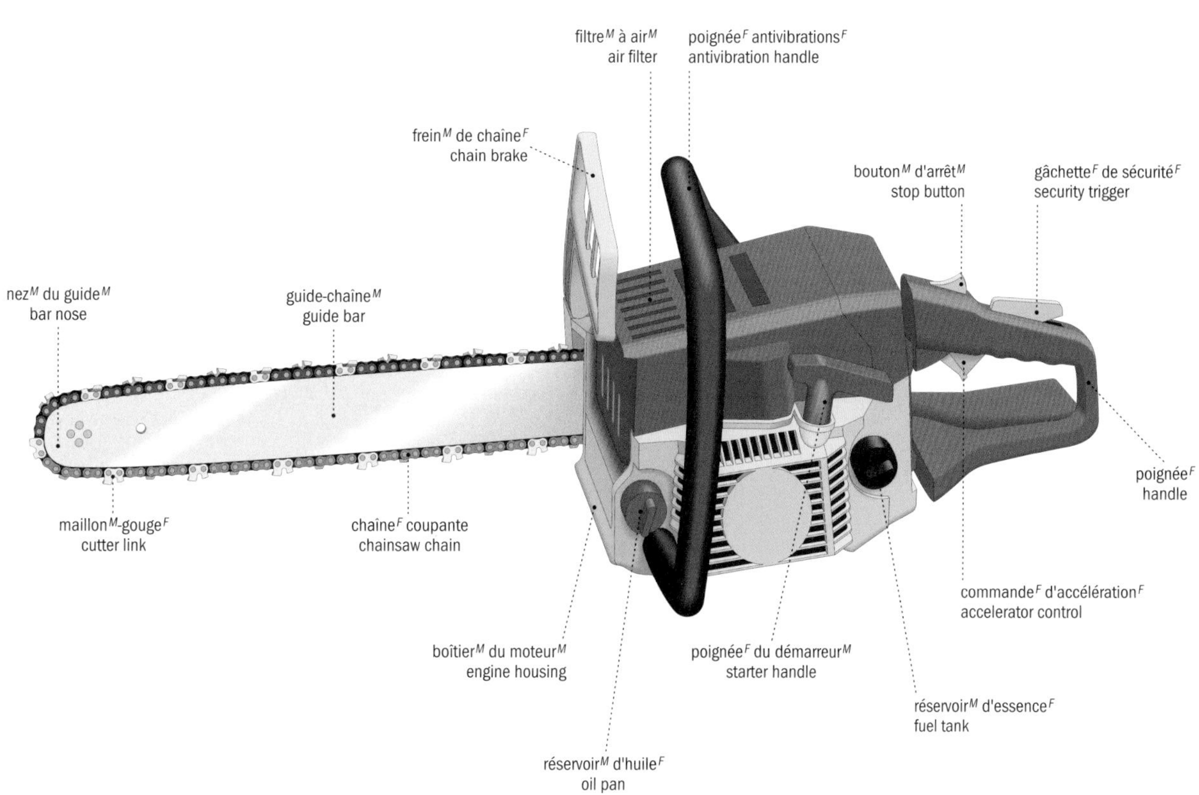
filtre^M à air^M
air filter
poignée^F antivibrations^F
antivibration handle
frein^M de chaîne^F
chain brake
bouton^M d'arrêt^M
stop button
gâchette^F de sécurité^F
security trigger
nez^M du guide^M
bar nose
guide-chaîne^M
guide bar
poignée^F
handle
maillon^M-gouge^F
cutter link
chaîne^F coupante
chainsaw chain
commande^F d'accélération^F
accelerator control
boîtier^M du moteur^M
engine housing
poignée^F du démarreur^M
starter handle
réservoir^M d'essence^F
fuel tank
réservoir^M d'huile^F
oil pan

soins^M de la pelouse^F

lawn care

taille-bordures^M
edger
cordon^M
cord
moteur^M électrique
electric motor
carter^M de sécurité^F
security casing
fil^M de nylon^M
nylon yarn
tondeuse^F mécanique
hand mower
lame^F
blade
cylindre^M de coupe^F
cutting cylinder

tondeuse^F à moteur^M
power mower
guidon^M
handle
clé^F de contact^M
ignition key
sélecteur^M de régime^M
speed control
poignée^F de sécurité^F
safety handle
bac^M de ramassage^M
grassbox
démarreur^M manuel
starter
moteur^M
motor
bouchon^M de remplissage^M
filler cap
câble^M d'accélération^F
accelerator cable
bougie^F
spark plug
déflecteur^M
deflector
carter^M
casing

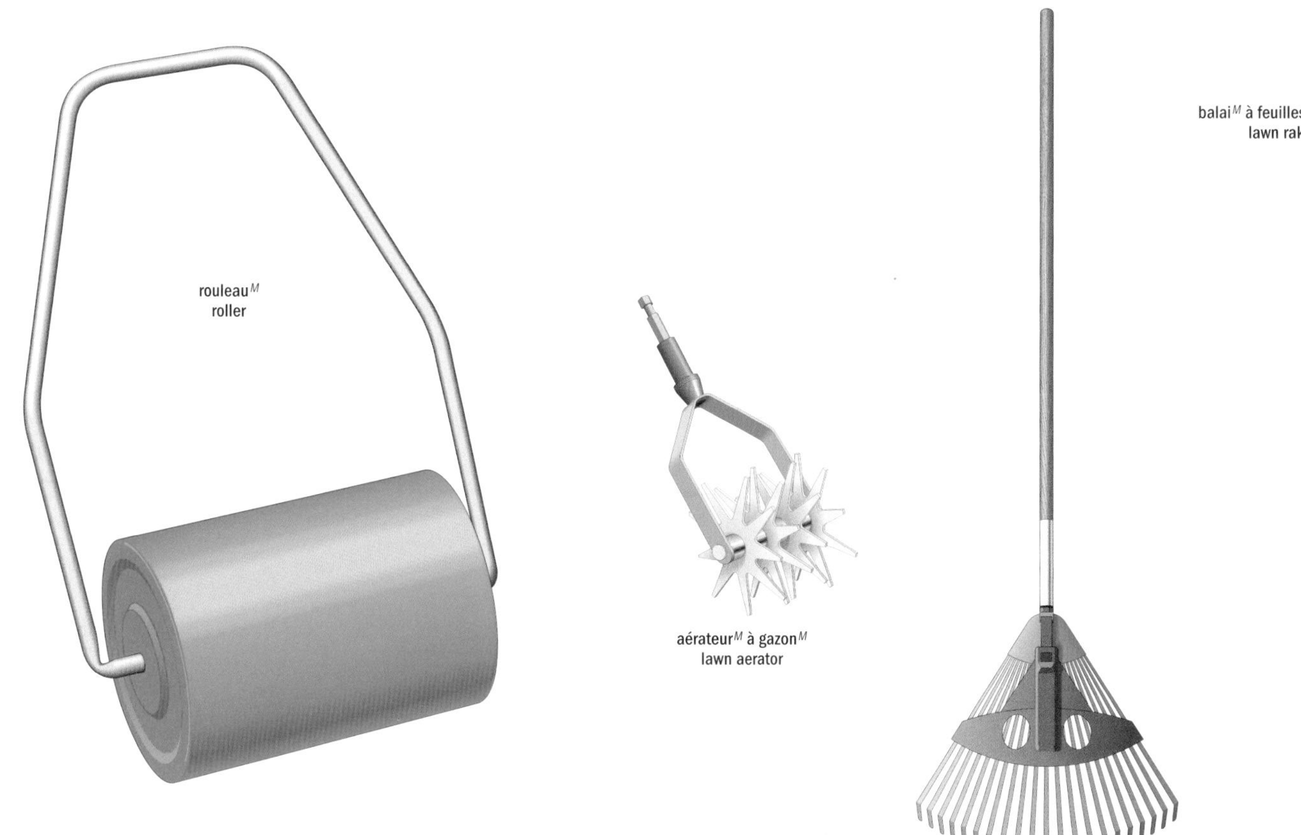
rouleau[M]
roller
aérateur[M] à gazon[M]
lawn aerator
balai[M] à feuilles[F]
lawn rake

tondeuse[F] autoportée
lawn tractor

siège[M]
seat

clé[F] de contact[M]
ignition key

volant[M]
steering wheel

levier[M] de relevage[M] du plateau[M] de coupe[F]
mower deck lift lever

régulateur[M] de vitesse[F]
cruise control lever

capot[M]
hood

pédale[F] de frein[M]
brake pedal

roue[F] arrière
rear wheel

phare[M]
headlight

pédale[F] de marche[F] avant
forward travel pedal

pédale[F] de marche[F] arrière
reverse travel pedal

déflecteur[M]
deflector

roue[F] avant
front wheel

plateau[M] de coupe[F]
mower deck

roue[F] de jauge[F]
gauge wheel

VÊTEMENTS

CLOTHING

336

336 éléments du costume ancien
339 vêtements traditionnels
340 coiffure
342 chaussures
346 gants
347 symboles d'entretien des tissus
348 vêtements d'homme
354 tricots
355 vêtements de femme
368 vêtements de nouveau-né
369 vêtements d'enfant
370 tenue d'exercice

éléments[M] du costume[M] ancien

elements of ancient costume

péplos[M]
peplos
fibule[F]
fibula
repli[M]
fold
toge[F]
toga
sinus[M]
sinus
bande[F] de pourpre[F]
purple border
stola[F]
stola
palla[F]
palla
chlamyde[F]
chlamys
chiton[M]
chiton

manche^F flottante
floating sleeve
poche^F verticale
vertical pocket
mancheron^M
short sleeve
manche^F
sleeve
frange^F
fringe
caraco^M
caraco jacket
engageante^F
ruffle
pièce^F d'estomac^M
stomacher
tournure^F
bustle

cotardie^F
cotehardie

robe^F à crinoline^F
dress with crinoline

corset^M
corset

jupon^M
underskirt

châle^M
shawl

surcot^M
surcoat

robe^F à paniers^M
dress with panniers

robe^F à tournure^F
dress with bustle

frac[M]
frock coat
gilet[M]
waistcoat
culotte[F]
breeches

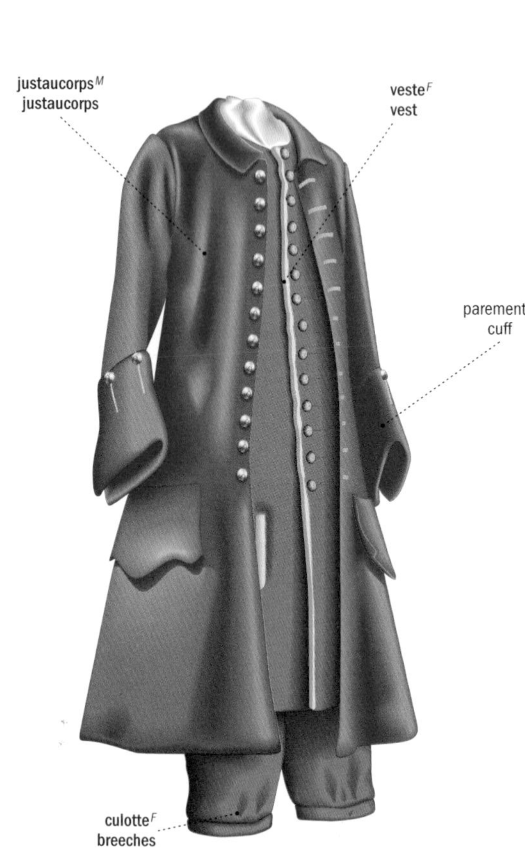
justaucorps[M]
justaucorps
veste[F]
vest
parement[M]
cuff
culotte[F]
breeches

cape[F]
cape

jaquette[F]
jacket

houppelande[F]
houppelande

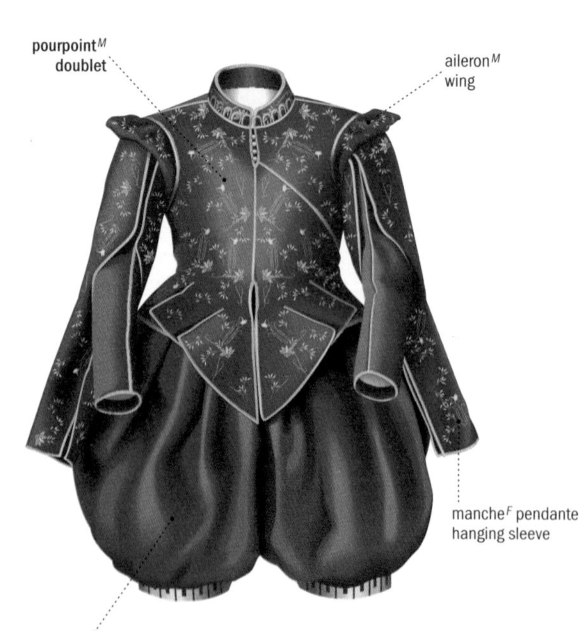
pourpoint[M]
doublet
aileron[M]
wing
manche[F] pendante
hanging sleeve
haut-de-chausse[M]
trunk hose

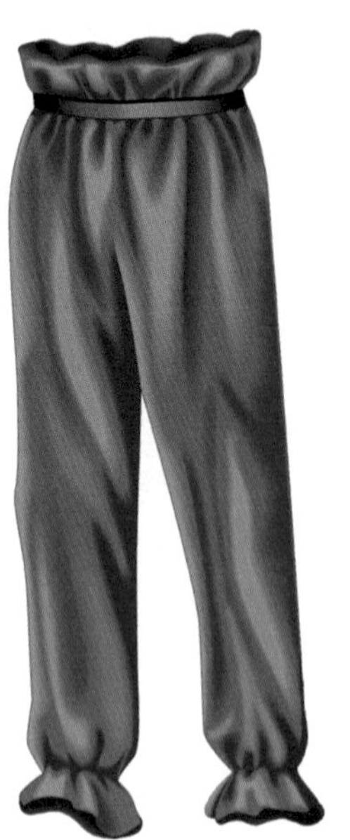
braies[F]
braies

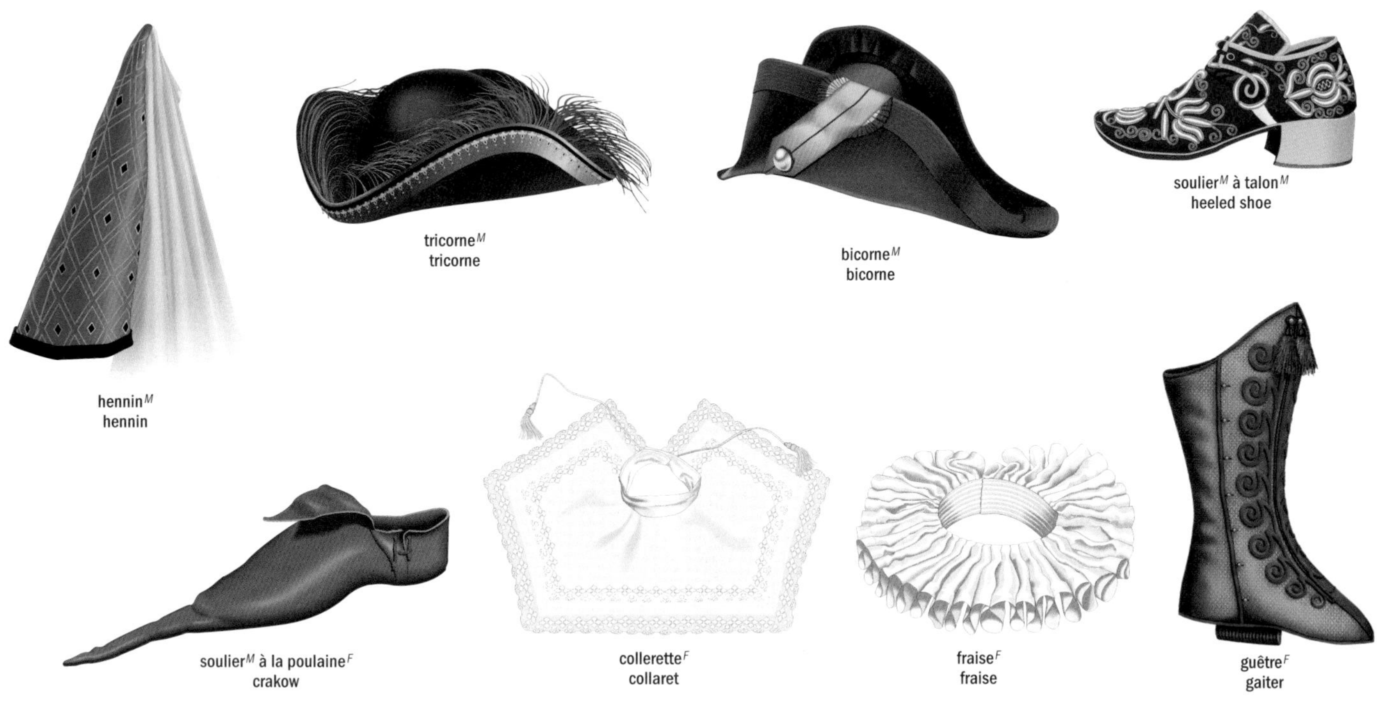

tricorne[M]
tricorne
bicorne[M]
bicorne
soulier[M] à talon[M]
heeled shoe
hennin[M]
hennin
soulier[M] à la poulaine[F]
crakow
collerette[F]
collaret
fraise[F]
fraise
guêtre[F]
gaiter

vêtements[M] traditionnels

traditional clothing

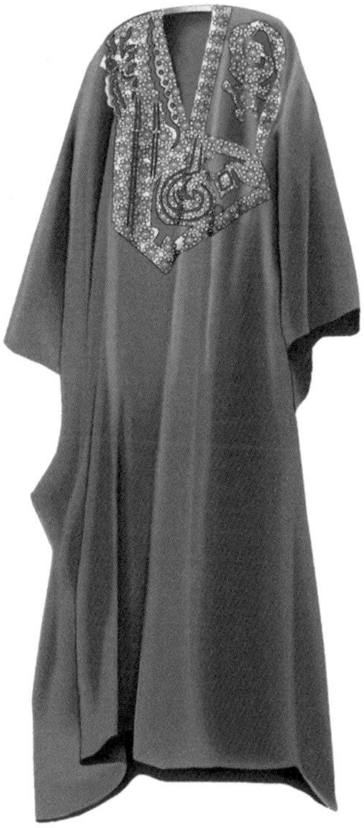

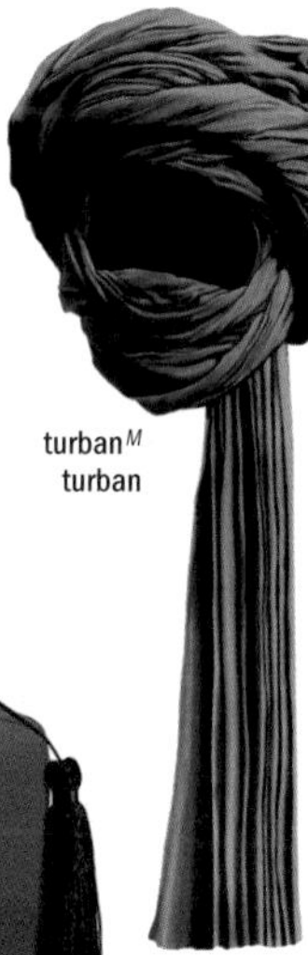

turban[M]
turban

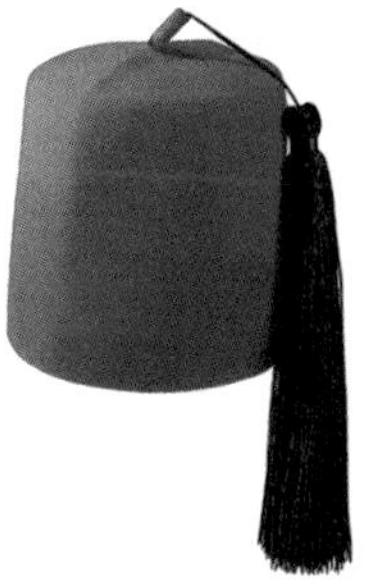

fez[M]
fez

boubou[M]
boubou

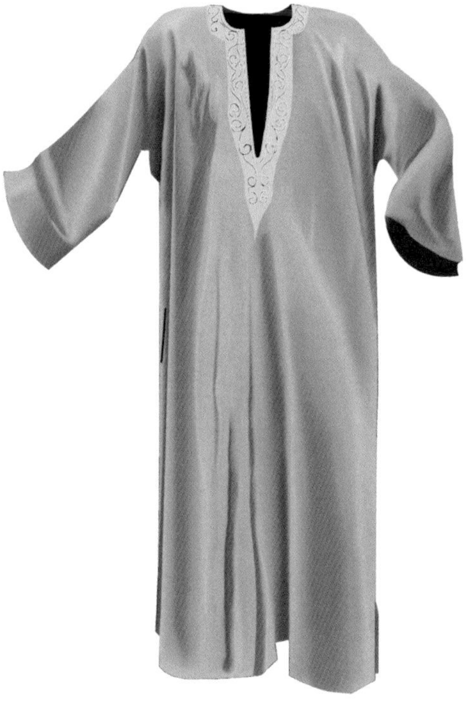

cafetan[M]
caftan

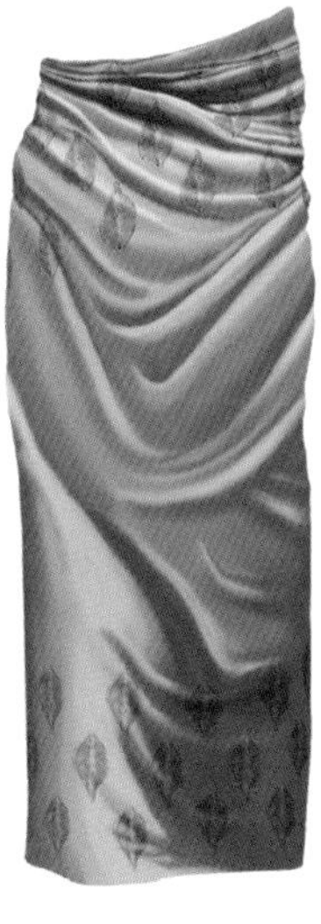

pagne[M]
loincloth

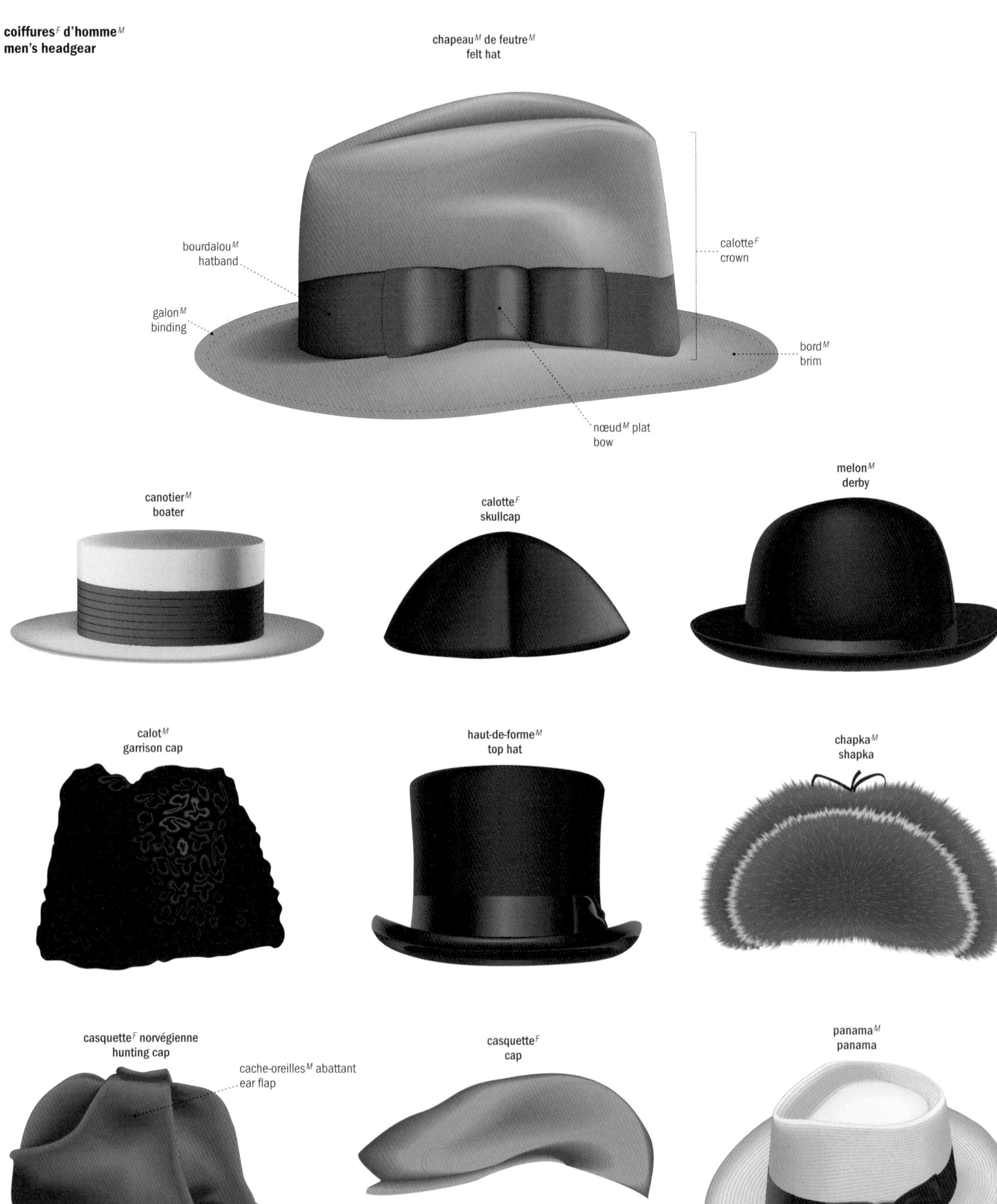

coiffures F d'homme M
men's headgear
chapeau M de feutre M
felt hat
bourdalou M
hatband
galon M
binding
calotte F
crown
bord M
brim
nœud M plat
bow
canotier M
boater
calotte F
skullcap
melon M
derby
calot M
garrison cap
haut-de-forme M
top hat
chapka M
shapka
casquette F norvégienne
hunting cap
cache-oreilles M abattant
ear flap
visière F
peak
casquette F
cap
panama M
panama

coiffures^F de femme^F
women's headgear

tambourin^M
pillbox hat

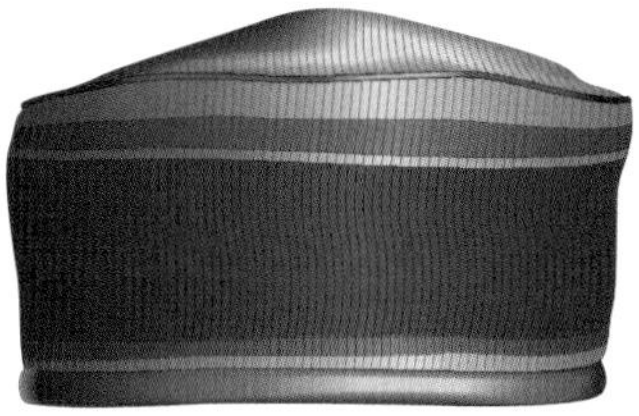

capeline^F
cartwheel hat

cloche^F
cloche

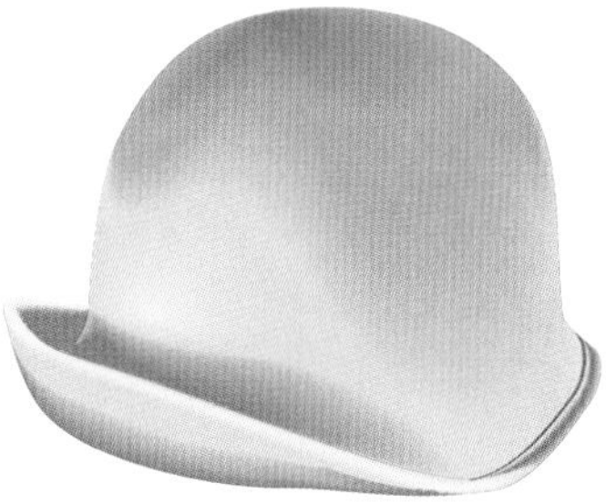

toque^F
toque

bob^M
gob hat

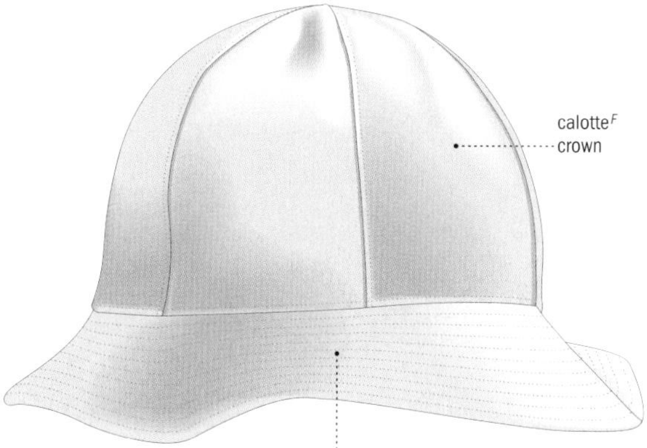

calotte^F
crown

bord^M
brim

turban^M
turban

suroît^M
southwester

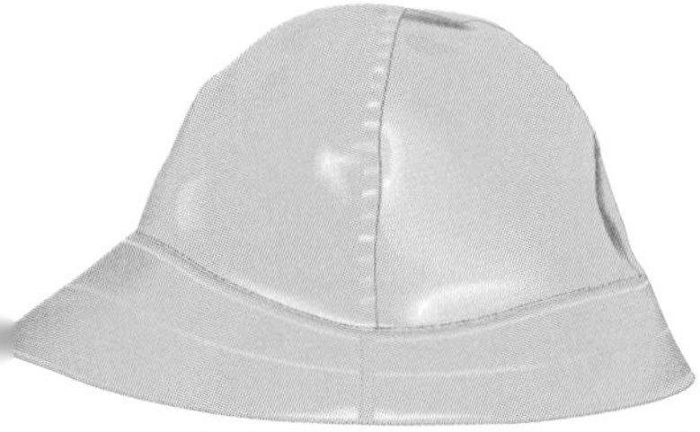

coiffures^F unisexes
unisex headgear

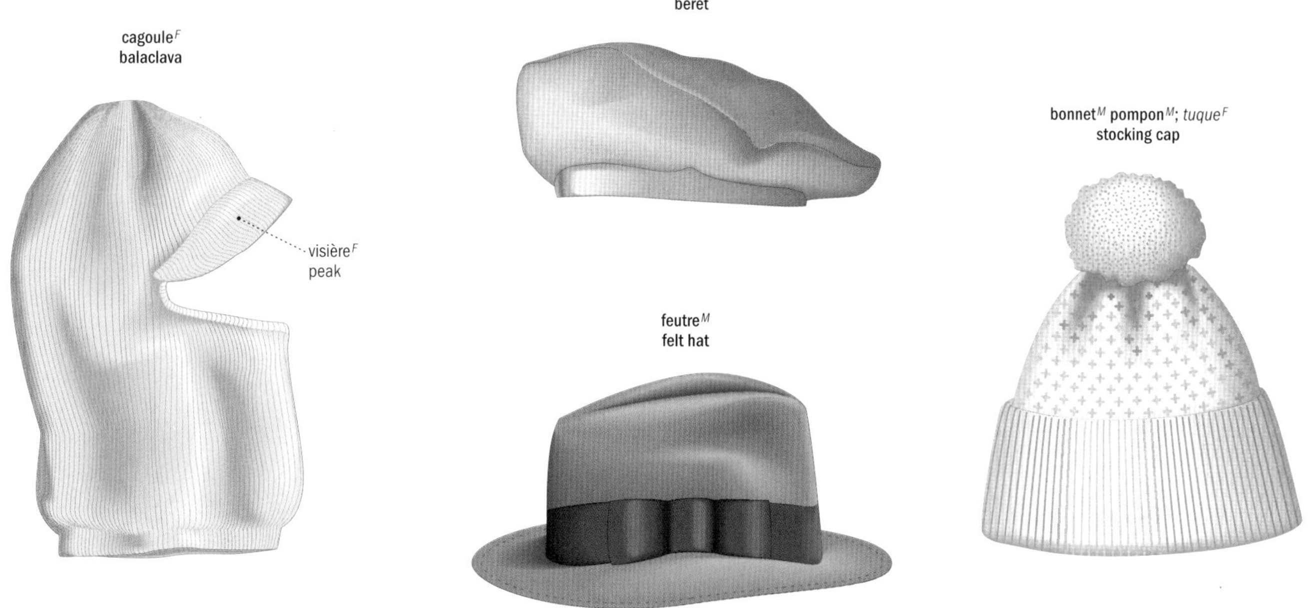

béret^M
beret
cagoule^F
balaclava
visière^F
peak
bonnet^M pompon^M; *tuque*^F
stocking cap
feutre^M
felt hat

chaussures[F] d'homme[M]
men's shoes

parties[F] d'une chaussure[F]
parts of a shoe
doublure[F]
lining
revers[M]
cuff
glissoir[M]
heel grip
quartier[M]
quarter
talonnette[F] de dessus[M]
outside counter
talon[M]
heel
bonbout[M]
top lift
cambrure[F]
waist
aile[F] de quartier[M]
nose of the quarter
ferret[M]
tag
garant[M]
eyelet tab
œillet[M]
eyelet
languette[F]
tongue
lacet[M]
shoelace
claque[F]
vamp
surpiqûre[F]
stitch
perforation[F]
punch hole
semelle[F] d'usure[F]
outsole
bout[M] fleuri
perforated toe cap
trépointe[F]
welt

brodequin[M] de travail[M]
heavy duty boot

chukka[M]
chukka

claque[F]
rubber

bottillon[M]
bootee

richelieu[M]
oxford shoe

derby[M]
blucher oxford

chaussures[F] de femme[F]
women's shoes

sandale[F]
sandal
ballerine[F]
ballerina
escarpin[M]-sandale[F]
sling back shoe
escarpin[M]
pump
salomé[M]
T-strap shoe
Charles IX[M]
one-bar shoe
trotteur[M]
casual shoe
cuissarde[F]
thigh-boot
botte[F]
boot
bottine[F]
ankle boot

chaussures^{F} unisexes
unisex shoes

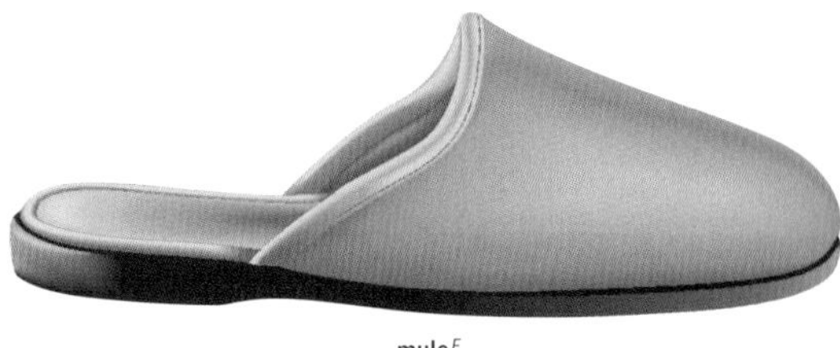

mule^{F}
mule

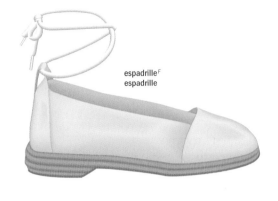

espadrille^{F}
espadrille

tennis^{M}
tennis shoe

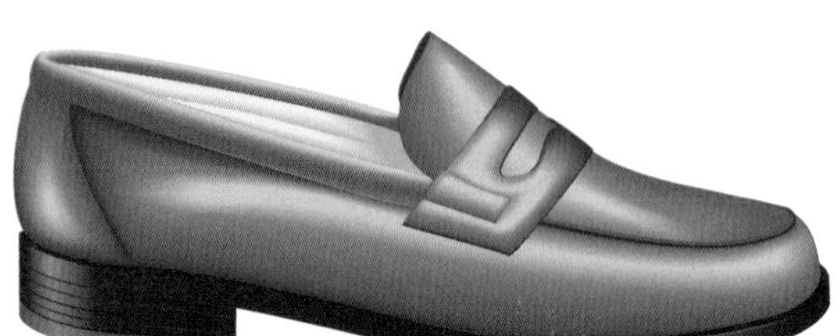

loafer^{M}; *flâneur*^{M}
loafer

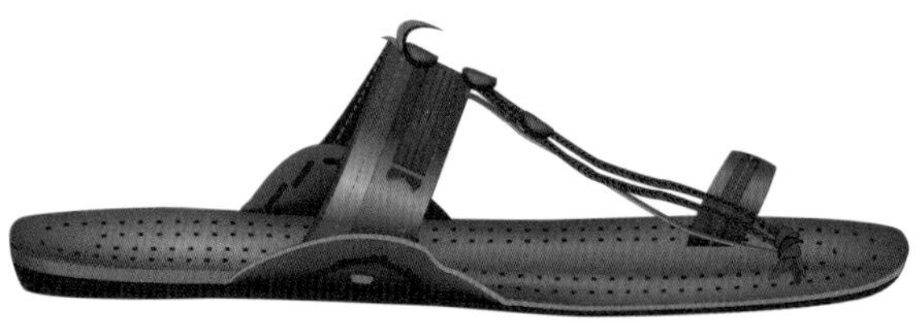

nu-pied^{M}
sandal

mocassin^{M}
moccasin

tong^{M}
thong

socque^{M}
clog

sandalette^{F}
sandal

brodequin^{M} de randonnée^{F}
hiking boot

accessoires^M
accessories

nécessaire^M à chaussures^F
shoeshine kit

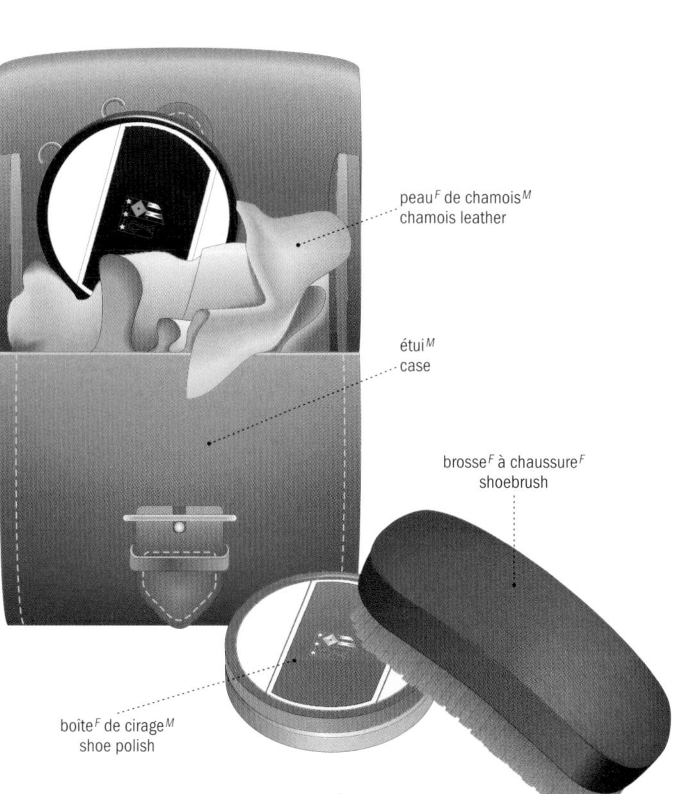
peau^F de chamois^M
chamois leather
étui^M
case
brosse^F à chaussure^F
shoebrush
boîte^F de cirage^M
shoe polish

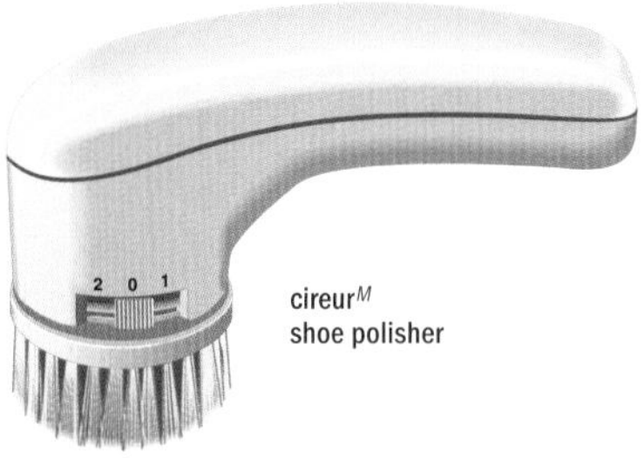

cireur^M
shoe polisher

chausse-pied^M
shoehorn

semelle^F
insole

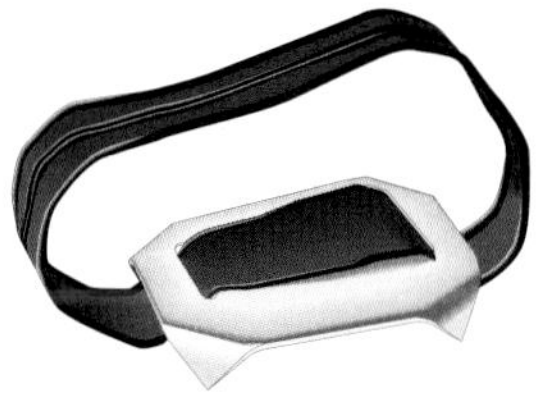

crampon^M
climbing iron

porte-chaussures^M
shoe rack

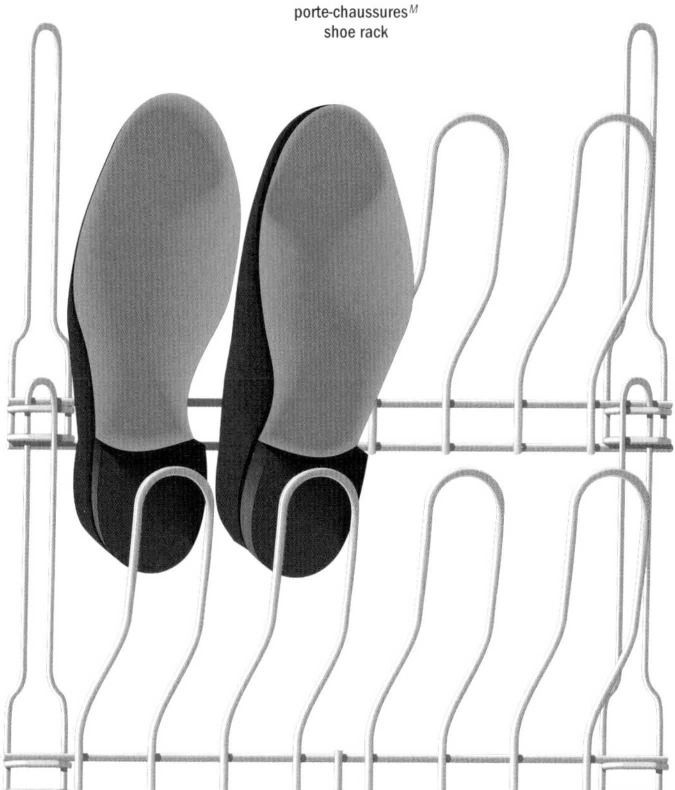

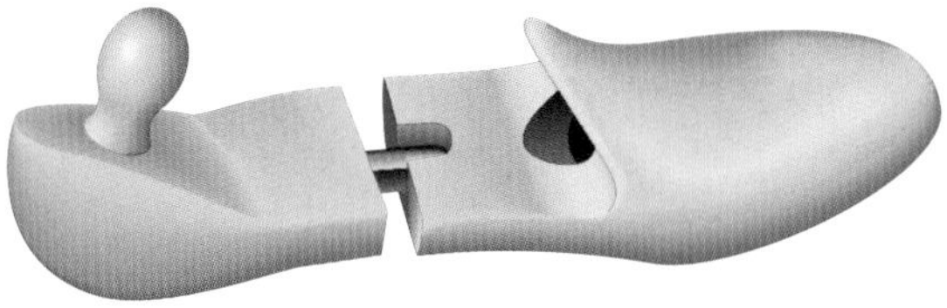

embauchoir^M
shoetree

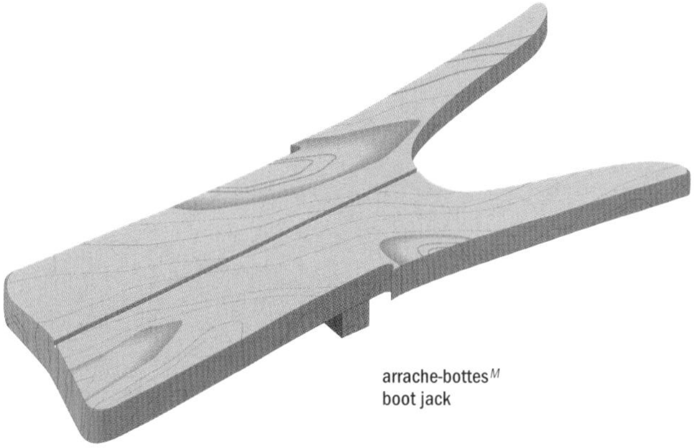

arrache-bottes^M
boot jack

gants[M]

gloves

gants[M] d'homme[M]
men's gloves

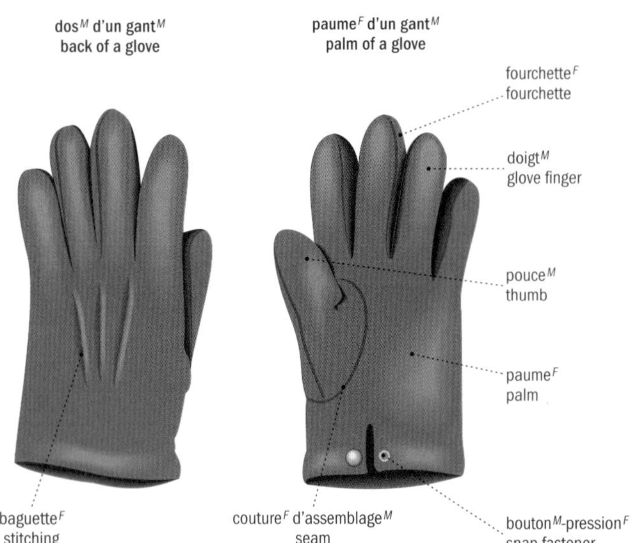
dos[M] d'un gant[M]
back of a glove
paume[F] d'un gant[M]
palm of a glove
fourchette[F]
fourchette
doigt[M]
glove finger
pouce[M]
thumb
paume[F]
palm
baguette[F]
stitching
couture[F] d'assemblage[M]
seam
bouton[M]-pression[F]
snap fastener

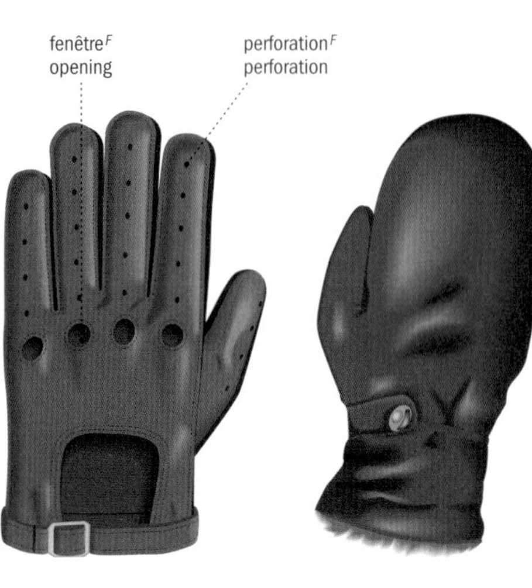
fenêtre[F]
opening
perforation[F]
perforation
gant[M] de conduite[F]
driving glove
moufle[F]; *mitaine*[F]
mitten

gants[M] de femme[F]
women's gloves

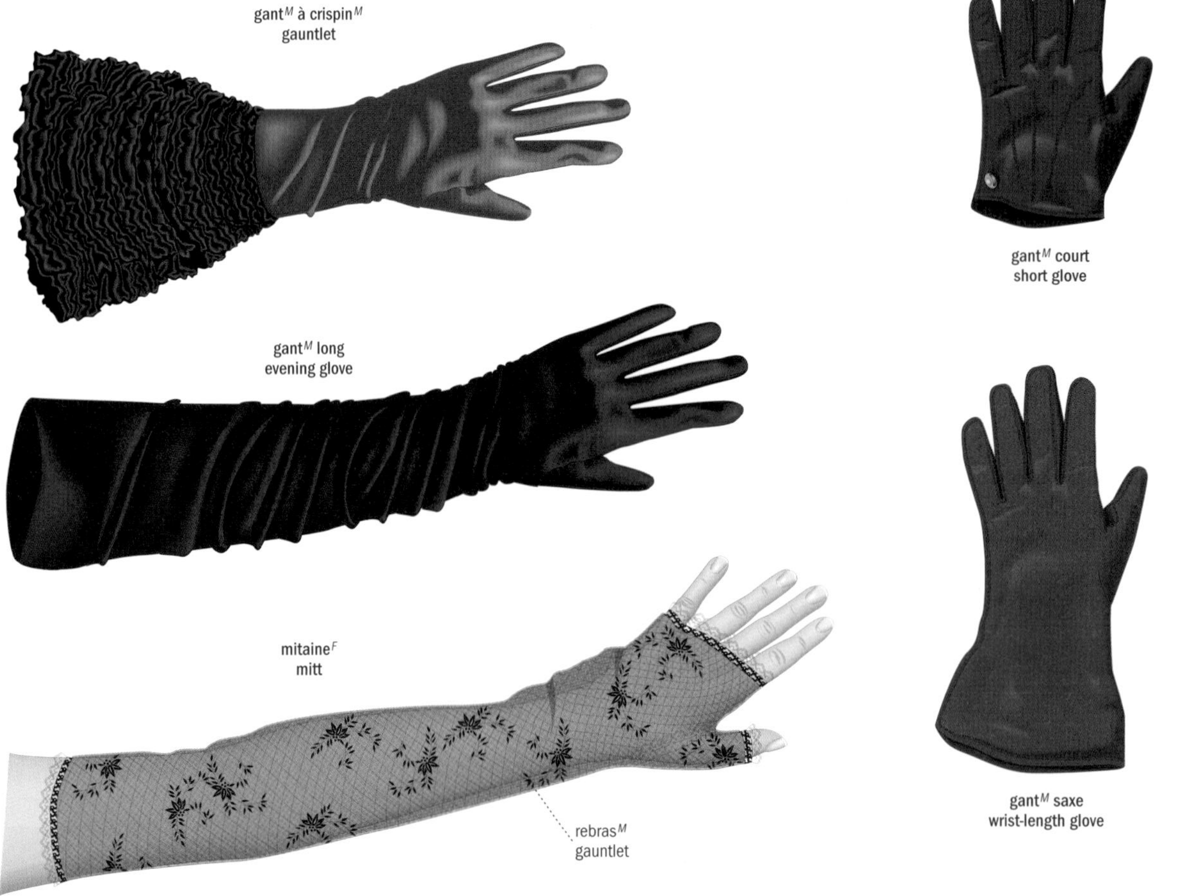
gant[M] à crispin[M]
gauntlet
gant[M] court
short glove
gant[M] long
evening glove
mitaine[F]
mitt
rebras[M]
gauntlet
gant[M] saxe
wrist-length glove

lavage[M]
washing

ne pas laver
do not wash

laver à la main[F] à l'eau[F] tiède
hand wash in lukewarm water

40

laver à la machine[F] à l'eau[F] tiède avec agitation[F] réduite
machine wash in lukewarm water at a gentle setting/reduced agitation

60

laver à la machine[F] à l'eau[F] chaude avec agitation[F] réduite
machine wash in warm water at a gentle setting/reduced agitation

60

laver à la machine[F] à l'eau[F] chaude avec agitation[F] normale
machine wash in warm water at a normal setting

95

laver à la machine[F] à l'eau[F] très chaude avec agitation[F] normale
machine wash in hot water at a normal setting

ne pas utiliser de chlorure[M] décolorant
do not use chlorine bleach

Cl

utiliser un chlorure[M] décolorant suivant les indications[F]
use chlorine bleach as directed

séchage[M]
drying

suspendre pour sécher
hang to dry

sécher à plat
dry flat

ne pas sécher par culbutage[M]
do not tumble dry

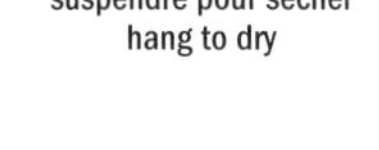

sécher par culbutage[M] à moyenne température[F]
tumble dry at medium temperature

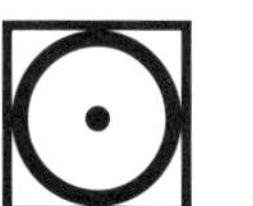

sécher par culbutage[M] à basse température[F]
tumble dry at low temperature

suspendre pour sécher sans essorer
drip dry

repassage[M]
ironing

ne pas repasser
do not iron

repasser à basse température[F]
iron at low setting

repasser à moyenne température[F]
iron at medium setting

repasser à haute température[F]
iron at high setting

gauche[F] : symboles[M] américains
left: American symbols

droite[F] : symboles[M] européens
right: European symbols

veston^M et veste^F
jackets

veston^M croisé
double-breasted jacket
col^M
collar
revers^M à cran^M aigu
peaked lapel
doublure^F
lining
pochette^F
breast welt pocket
manche^F
sleeve
rabat^M
flap
poche^F-ticket^M
outside ticket pocket
poche^F plaquée
patch pocket
fente^F latérale
side back vent
gilet^M
vest
encolure^F en V
V-neck
doublure^F
lining
patte^F
welt
devant^M
front
découpe^F
seam
poche^F gilet^M
welt pocket
tirant^M de réglage^M
adjustable waist tab
veste^F droite
single-breasted jacket
revers^M
lapel
cran^M
notch
devant^M
front
doublure^F
lining
pochette^F
pocket handkerchief
poche^F tiroir^M
flap pocket
dos^M
back
manche^F
sleeve
fente^F médiane
center back vent

chemise[F]
shirt

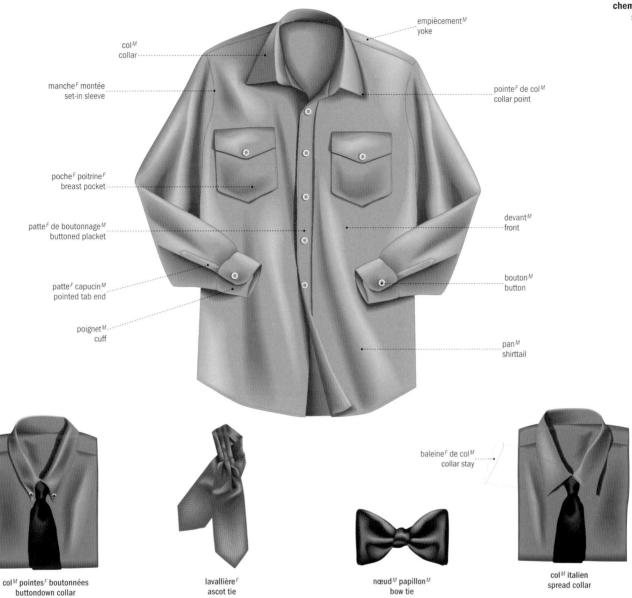

col[M]
collar

empiècement[M]
yoke

manche[F] montée
set-in sleeve

pointe[F] de col[M]
collar point

poche[F] poitrine[F]
breast pocket

patte[F] de boutonnage[M]
buttoned placket

devant[M]
front

patte[F] capucin[M]
pointed tab end

bouton[M]
button

poignet[M]
cuff

pan[M]
shirttail

col[M] pointes[F] boutonnées
buttondown collar

lavallière[F]
ascot tie

baleine[F] de col[M]
collar stay

nœud[M] papillon[M]
bow tie

col[M] italien
spread collar

cravate[F]
necktie

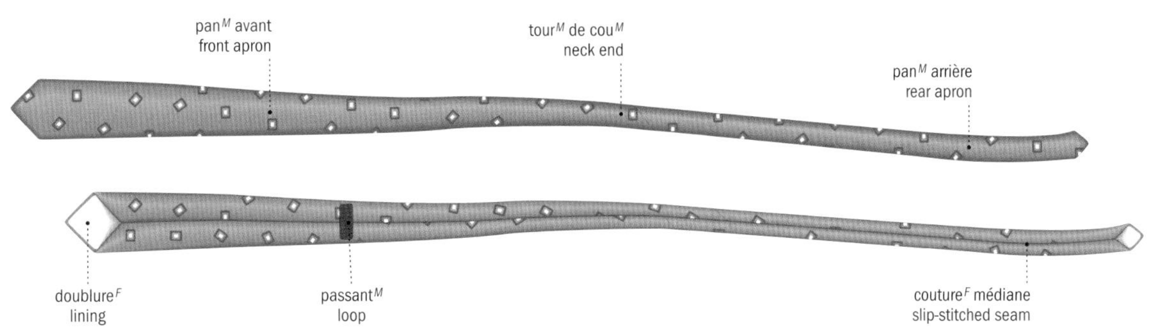
pan[M] avant
front apron
tour[M] de cou[M]
neck end
pan[M] arrière
rear apron
doublure[F]
lining
passant[M]
loop
couture[F] médiane
slip-stitched seam

pantalon[M]
pants

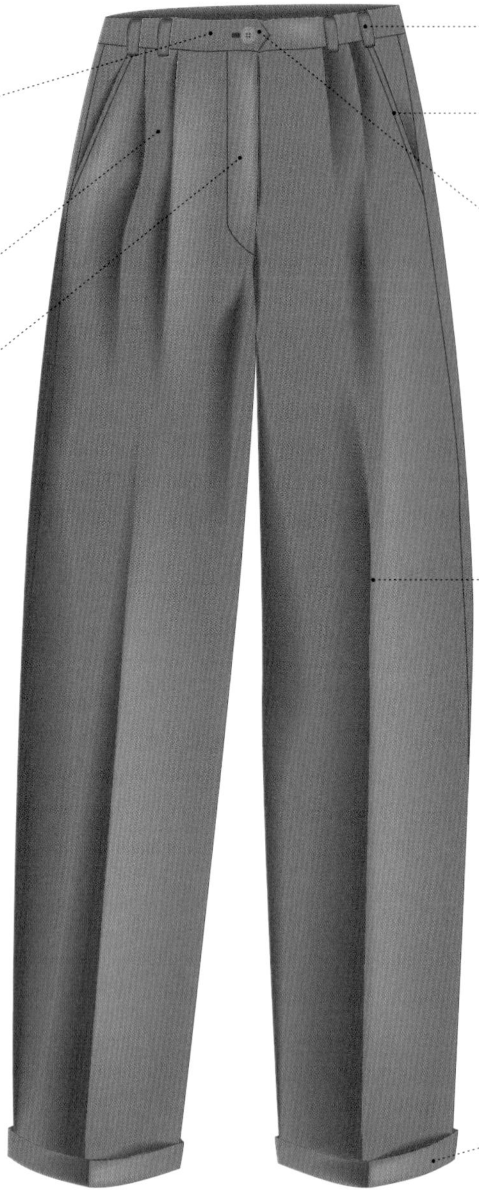

passant[M] tunnel[M]
belt loop

ceinture[F] montée
waistband

poche[F] cavalière
front top pocket

patte[F] boutonnée
waistband extension

pli[M] plat
knife pleat

braguette[F]
fly

pli[M]
crease

revers[M]
cuff

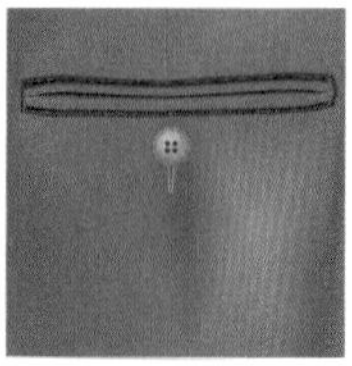

poche[F]-revolver[M]
back pocket

pince[F]
suspender clip

bretelles[F]
suspenders

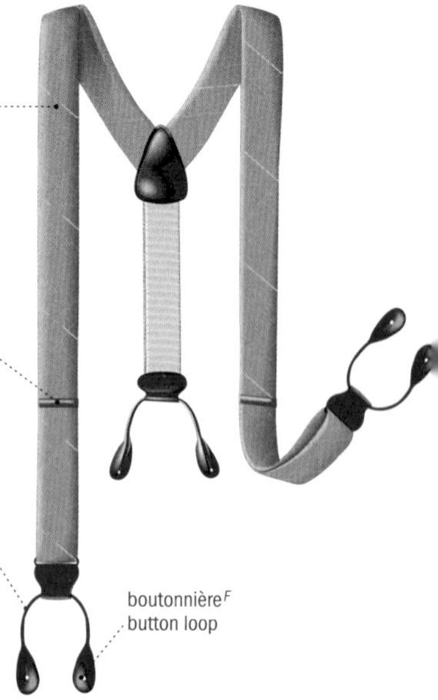

bande[F] élastique
elastic webbing

coulisse[F]
adjustment slide

patte[F]
leather end

boutonnière[F]
button loop

ceinture[F]
belt

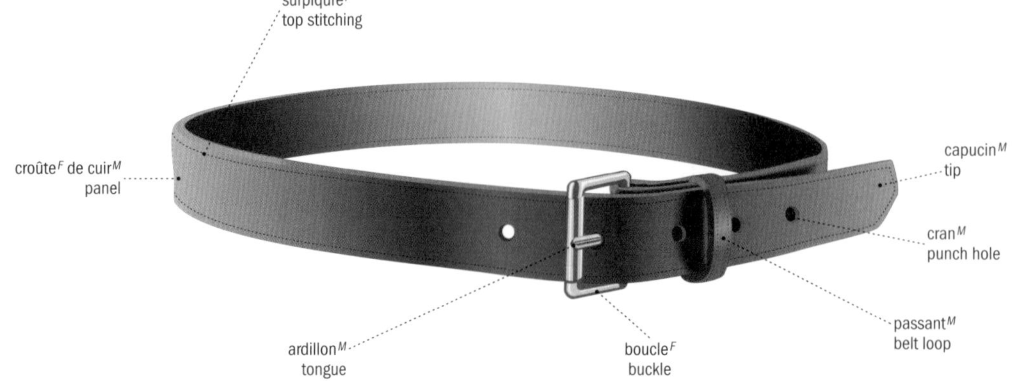
surpiqûre[F]
top stitching
croûte[F] de cuir[M]
panel
capucin[M]
tip
cran[M]
punch hole
passant[M]
belt loop
ardillon[M]
tongue
boucle[F]
buckle

sous-vêtements^M underwear

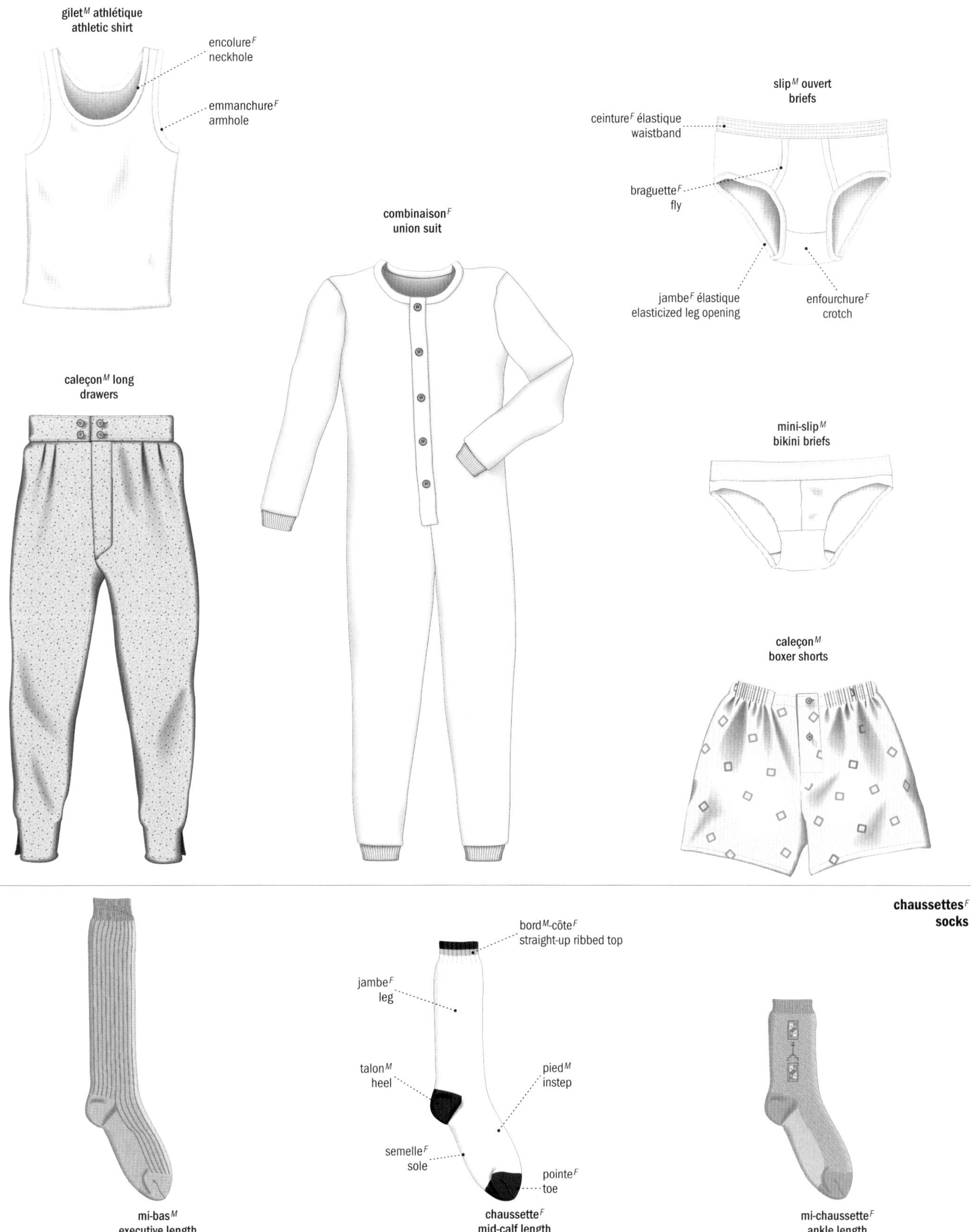

gilet^M athlétique
athletic shirt
encolure^F
neckhole
emmanchure^F
armhole
slip^M ouvert
briefs
ceinture^F élastique
waistband
braguette^F
fly
jambe^F élastique
elasticized leg opening
enfourchure^F
crotch
combinaison^F
union suit
caleçon^M long
drawers
mini-slip^M
bikini briefs
caleçon^M
boxer shorts
chaussettes^F
socks
bord^M-côte^F
straight-up ribbed top
jambe^F
leg
talon^M
heel
pied^M
instep
semelle^F
sole
pointe^F
toe
mi-bas^M
executive length
chaussette^F
mid-calf length
mi-chaussette^F
ankle length

manteaux^M et blousons^M
coats

imperméable^M
raincoat
col^M
collar
manche^F raglan
raglan sleeve
revers^M cranté
notched lapel
patte^F
tab
poche^F raglan
broad welt side pocket
boutonnière^F
buttonhole
pan^M
side panel
pardessus^M
overcoat
revers^M cranté
notched lapel
poche^F poitrine^F
breast pocket
pince^F de taille^F
breast dart
poche^F à rabat^M
flap pocket
trench^M
trench coat
col^M transformable
two-way collar
patte^F d'épaule^F
epaulet
manche^F raglan
raglan sleeve
bavolet^M
gun flap
passant^M
sleeve strap loop
double boutonnage^M
double-breasted buttoning
patte^F de serrage^M
sleeve strap
ceinture^F
belt
passant^M
belt loop
poche^F raglan
broad welt side pocket
boucle^F de ceinture^F
frame
paletot^M
three-quarter coat

parka[F]; *parka[M]*
parka

patte[F] à boutons[M]-pression[F]
snap-fastening tab

fermeture[F] à glissière[F]
zipper

canadienne[F]
sheepskin jacket

duffle-coat[M]; *corvette[F]*
duffle coat

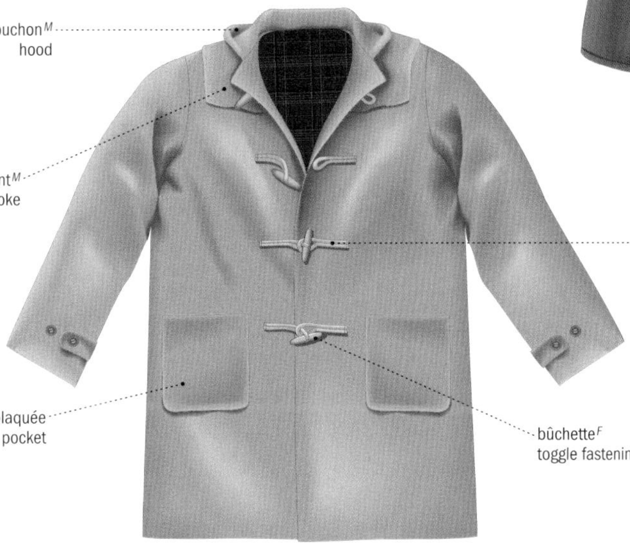

capuchon[M]
hood

empiècement[M]
yoke

brandebourg[M]
frog

poche[F] plaquée
patch pocket

bûchette[F]
toggle fastening

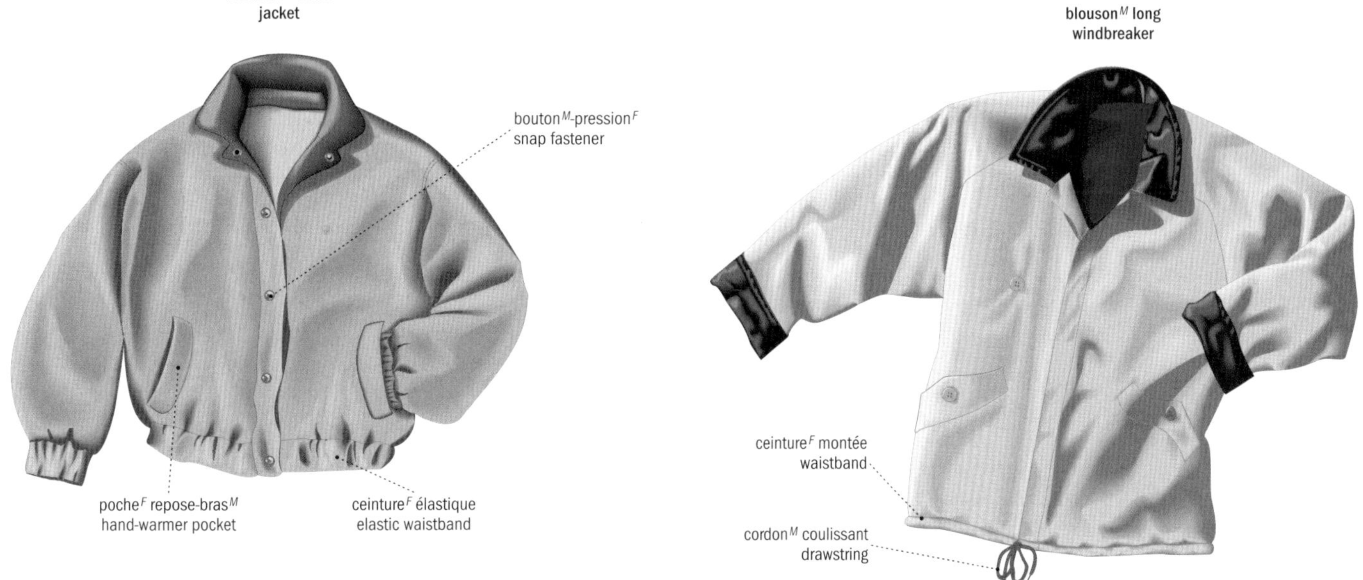
blouson[M] court
jacket
bouton[M]-pression[F]
snap fastener
poche[F] repose-bras[M]
hand-warmer pocket
ceinture[F] élastique
elastic waistband
blouson[M] long
windbreaker
ceinture[F] montée
waistband
cordon[M] coulissant
drawstring

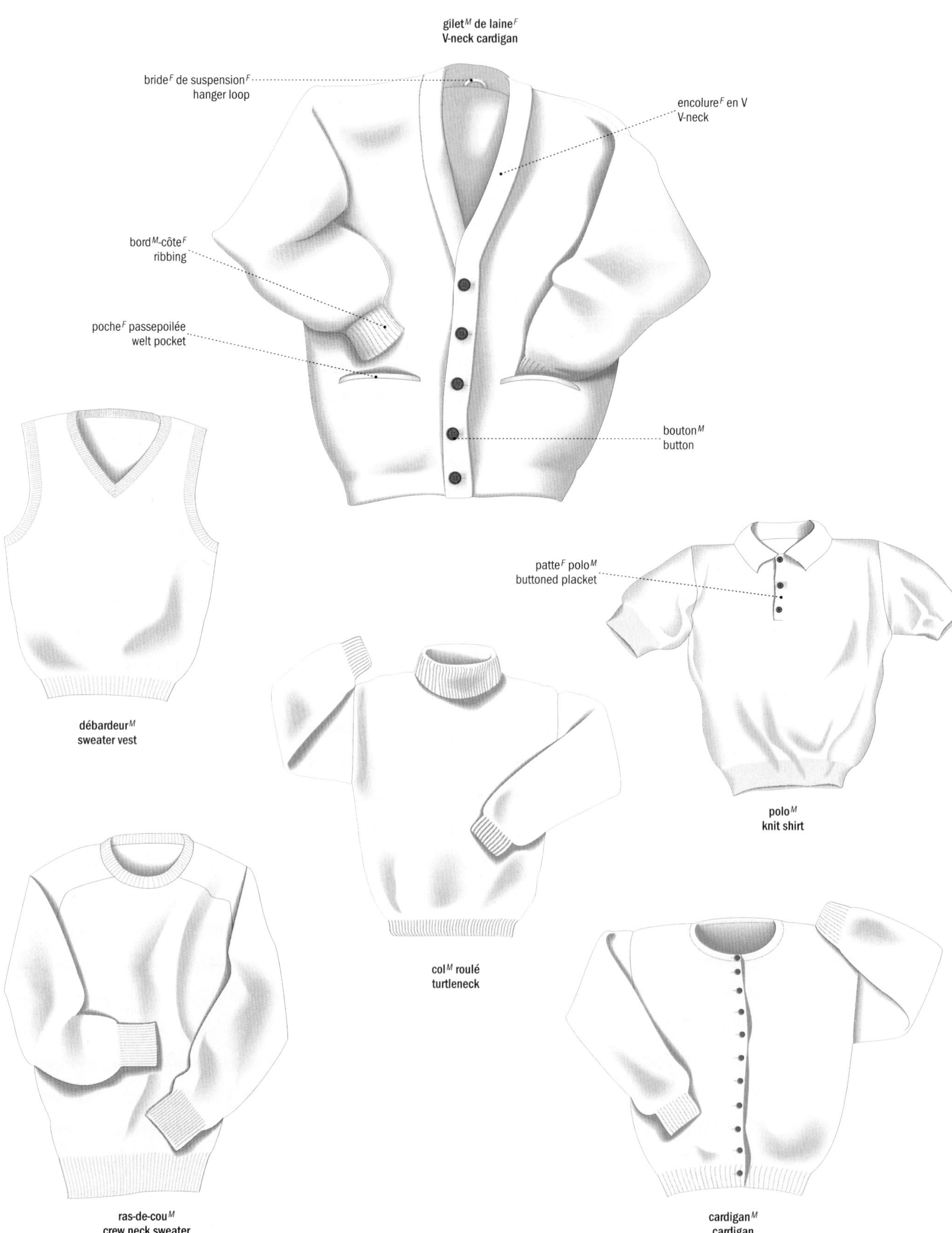

gilet^M de laine^F
V-neck cardigan
bride^F de suspension^F
hanger loop
encolure^F en V
V-neck
bord^M-côte^F
ribbing
poche^F passepoilée
welt pocket
bouton^M
button
patte^F polo^M
buttoned placket

débardeur^M
sweater vest

polo^M
knit shirt

col^M roulé
turtleneck

ras-de-cou^M
crew neck sweater

cardigan^M
cardigan

manteaux^M
coats

tailleur^M
suit

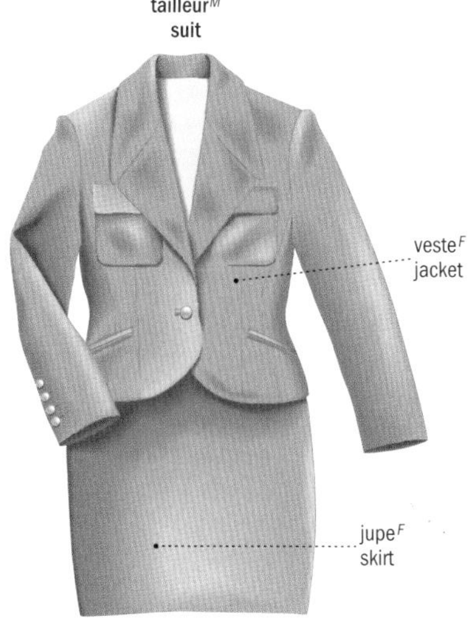

veste^F
jacket
jupe^F
skirt

raglan^M
raglan

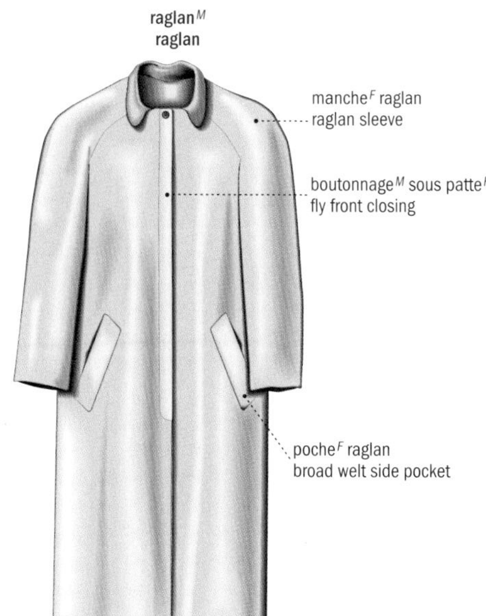

manche^F raglan
raglan sleeve
boutonnage^M sous patte^F
fly front closing
poche^F raglan
broad welt side pocket

redingote^F
top coat

pèlerine^F
pelerine

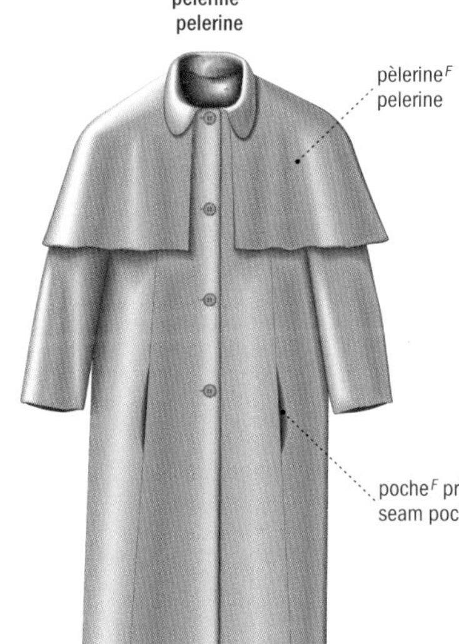

pèlerine^F
pelerine
poche^F prise dans une couture^F
seam pocket

cape^F
cape

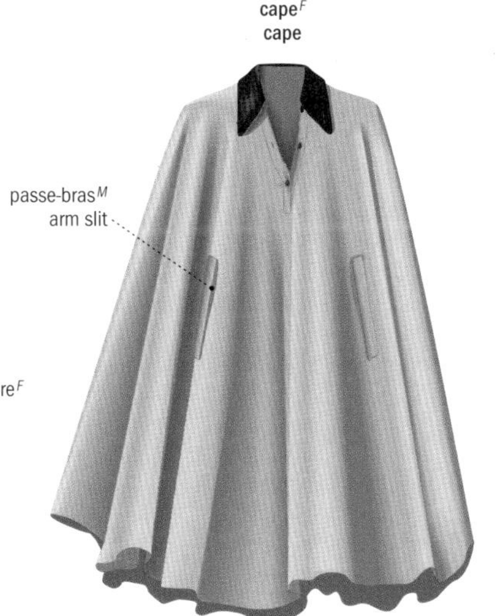

passe-bras^M
arm slit

caban^M
pea jacket

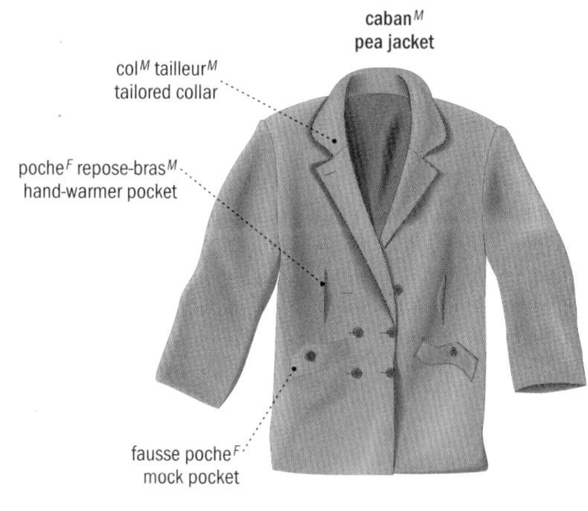

col^M tailleur^M
tailored collar
poche^F repose-bras^M
hand-warmer pocket
fausse poche^F
mock pocket

paletot^M
car coat

veste^F
jacket

poncho^M
poncho

manteau^M
overcoat

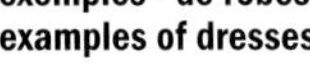

exemples[M] de robes[F]
examples of dresses

robe[F] fourreau[M]
sheath dress

robe[F] princesse[F]
princess dress

robe[F]-manteau[M]
coat dress

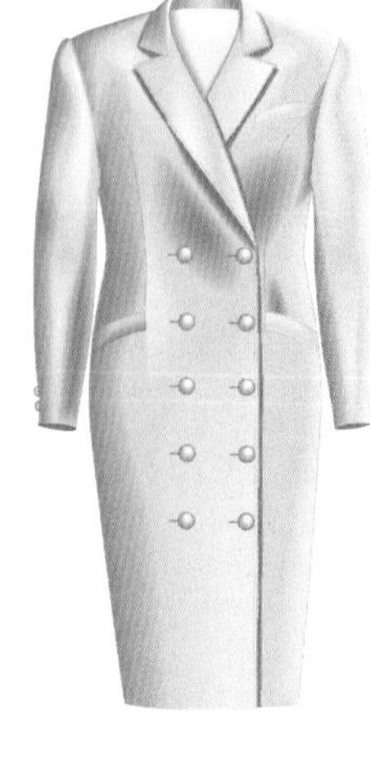

robe[F]-polo[M]
polo dress

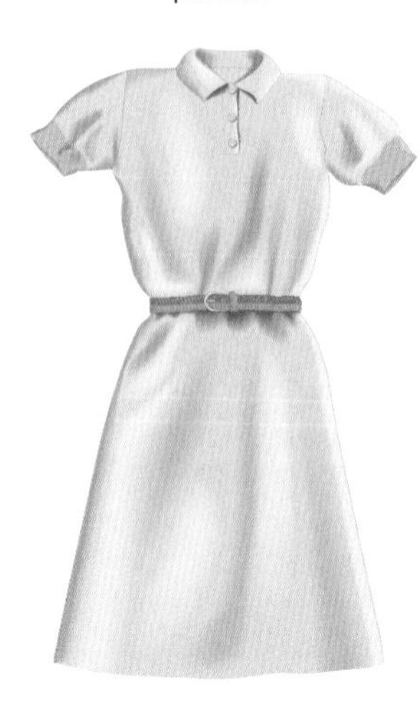

robe[F] de maison[F]
house dress

robe[F] chemisier[M]
shirtwaist dress

robe[F] taille[F] basse
drop waist dress

robe[F] trapèze[M]
trapeze dress

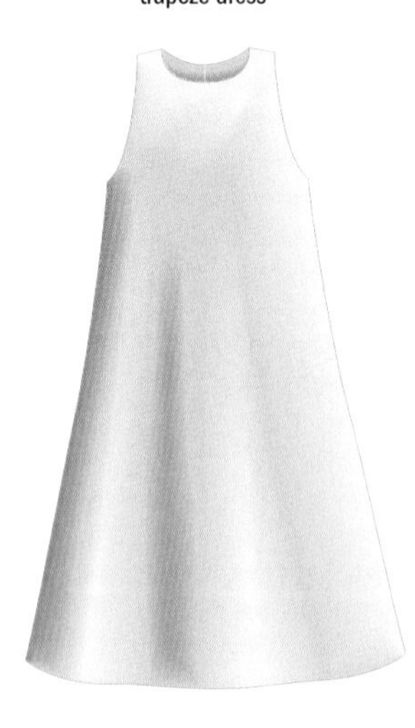

robe[F] bain[M]-de-soleil[M]
sundress

robe[F] enveloppe[F]
wraparound dress

robe[F] tunique[F]
tunic dress

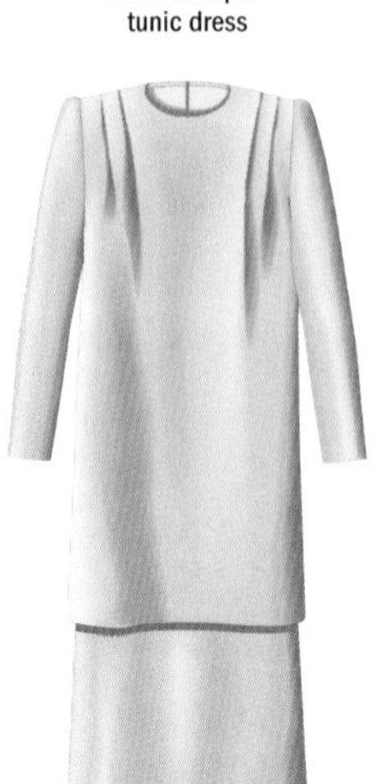

chasuble[F]
jumper

exemples[M] de jupes[F]
examples of skirts

jupe[F] à lés[M]
gored skirt

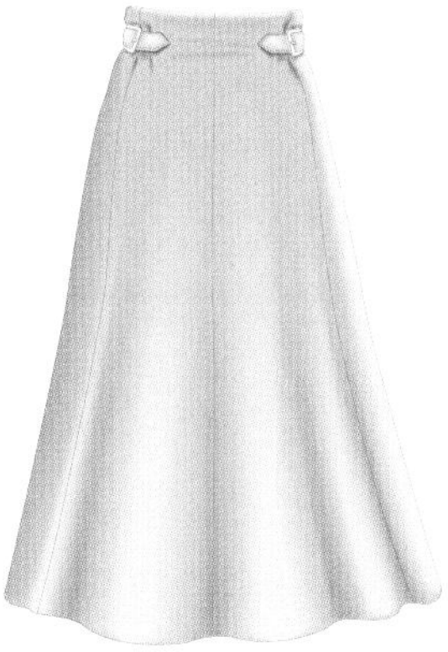

kilt[M]
kilt

paréo[M]
sarong

jupe[F] portefeuille[M]
wraparound skirt

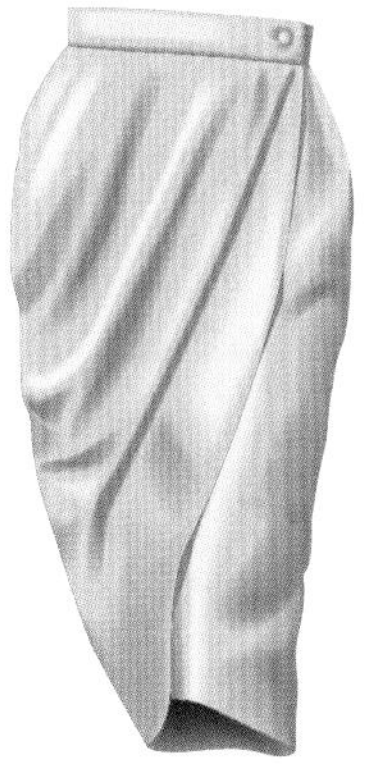

jupe[F] fourreau[M]
sheath skirt

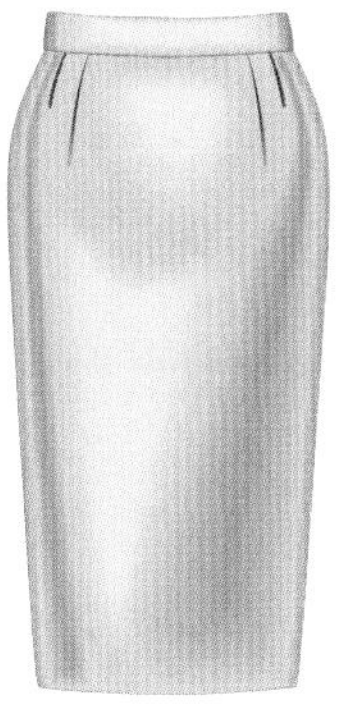

jupe[F] à volants[M] étagés
ruffled skirt

jupe[F] droite
straight skirt

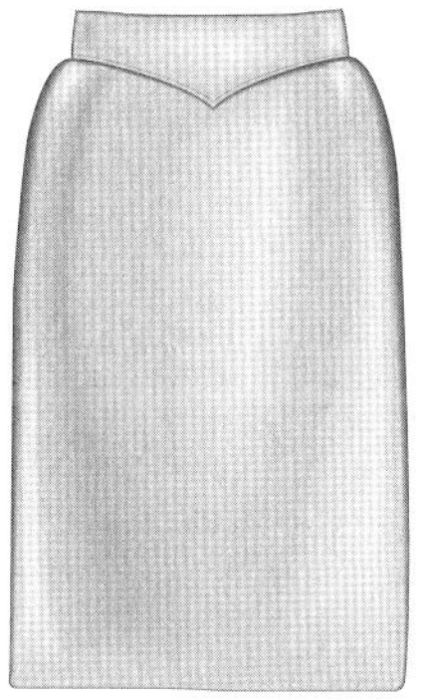

jupe[F] à empiècement[M]
yoke skirt

jupe[F] froncée
gather skirt

jupe[F]-culotte[F]
culottes

exemples[M] de plis[M]
examples of pleats

pli[M] creux
inverted pleat

pli[M] d'aisance[F]
kick pleat

plissé[M] accordéon[M]
accordion pleat

pli[M] surpiqué
top stitched pleat

pli[M] plat
knife pleat

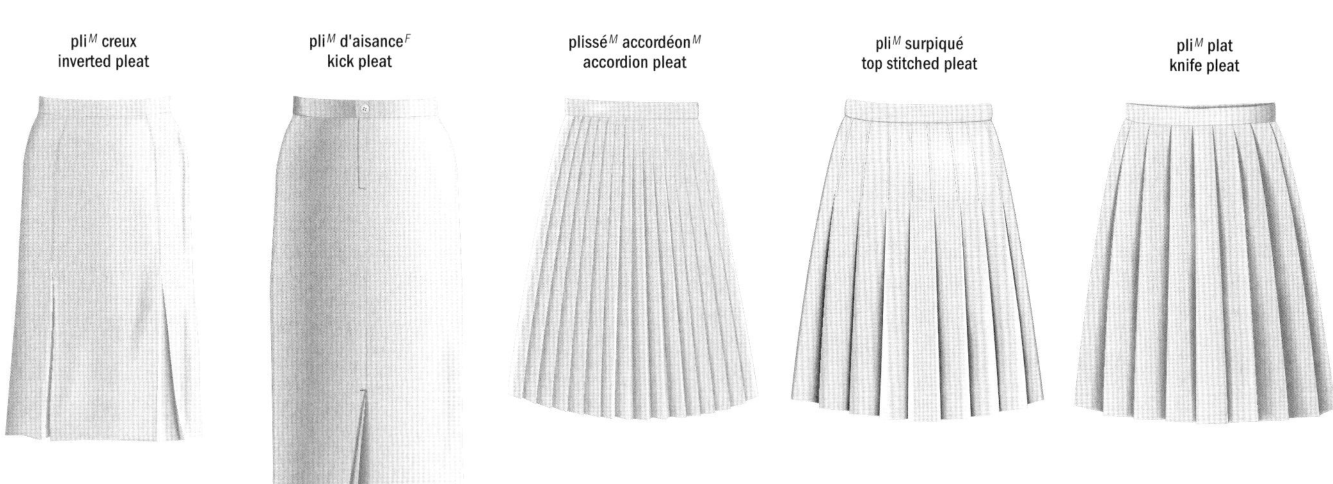

exemples[M] de pantalons[M]
examples of pants

short[M]
shorts

bermuda[M]
Bermuda shorts

knicker[M]
knickers

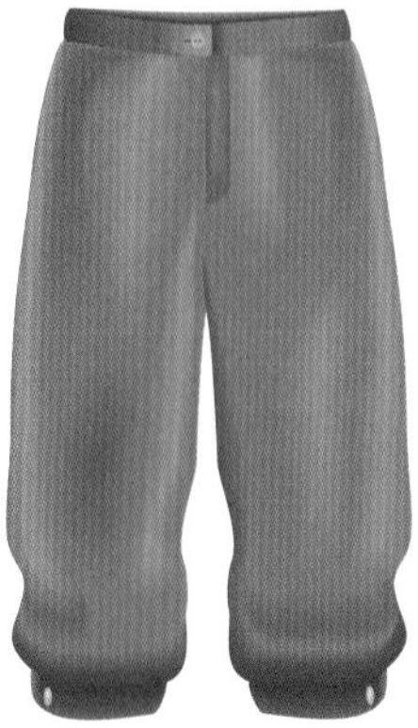

corsaire[M]
pedal pushers

jean[M]
jeans

fuseau[M]
ski pants

sous-pied[M]
footstrap

combinaison[F]-pantalon[M]
jumpsuit

salopette[F]
overalls

pantalon[M] pattes[F] d'éléphant[M]
bell bottoms

vestes[F] et pulls[M]
jackets, vest and sweaters

spencer[M]
spencer
boléro[M]
bolero
blazer[M]
blazer

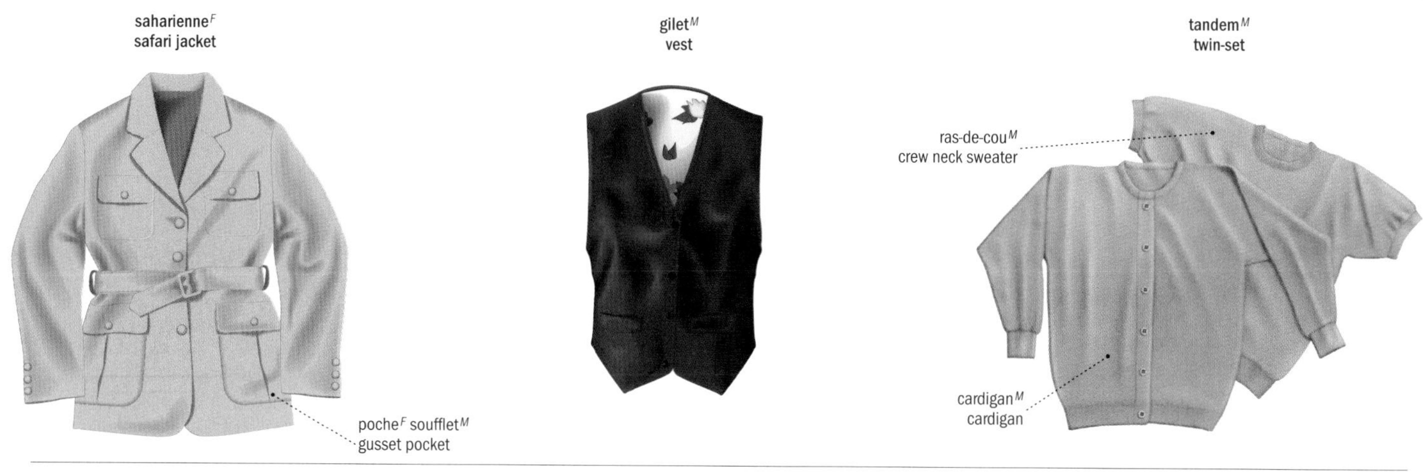
saharienne[F]
safari jacket
poche[F] soufflet[M]
gusset pocket
gilet[M]
vest
tandem[M]
twin-set
ras-de-cou[M]
crew neck sweater
cardigan[M]
cardigan

exemples[M] de chemisiers[M]
examples of blouses

corsage[M]-culotte[F]
body shirt

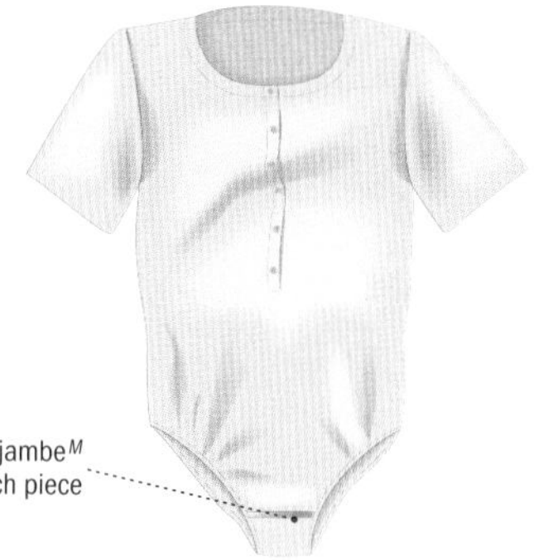

patte[F] d'entrejambe[M]
crotch piece

marinière[F]
middy

empiècement[M]
yoke

fronce[F]
gather

pan[M]
shirttail

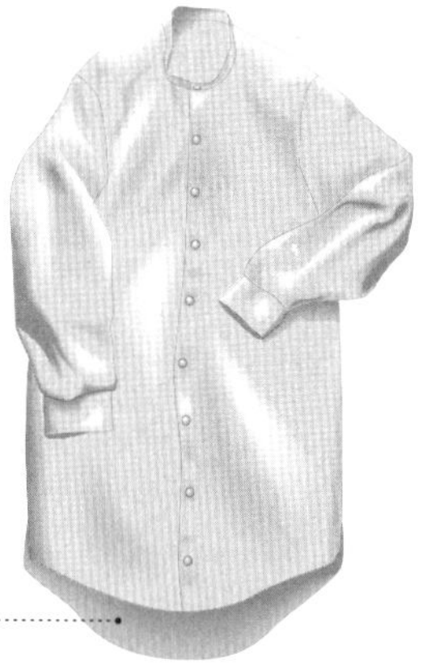

liquette[F]
mini shirtdress

chemisier[M] classique
classic blouse

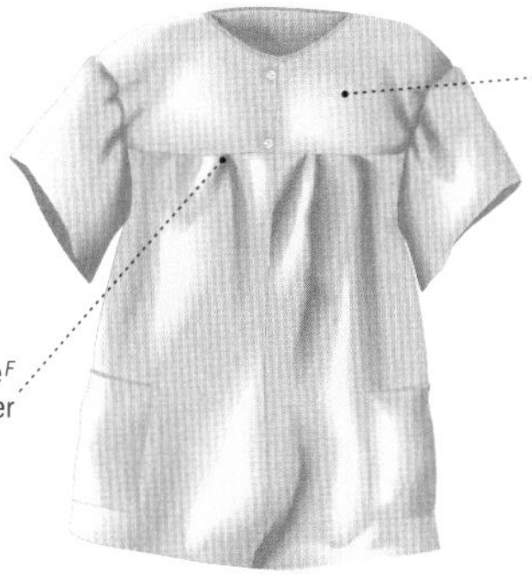

tablier[M]-blouse[F]
smock

tunique[F]
tunic

cache-cœur[M]
wrapover top

polo[M]
polo shirt

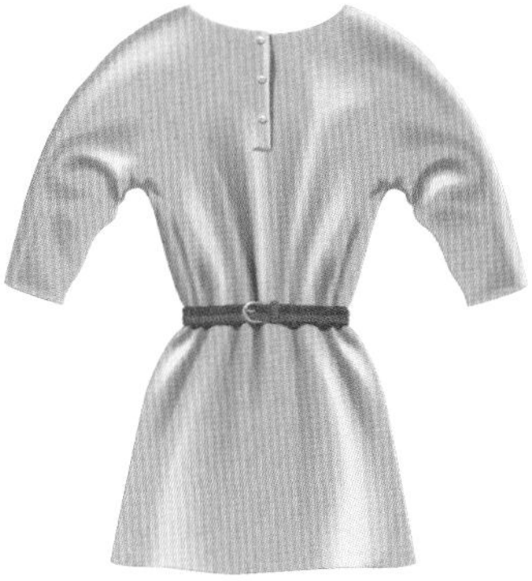

casaque[F]
over-blouse

exemplesM de pochesF
examples of pockets

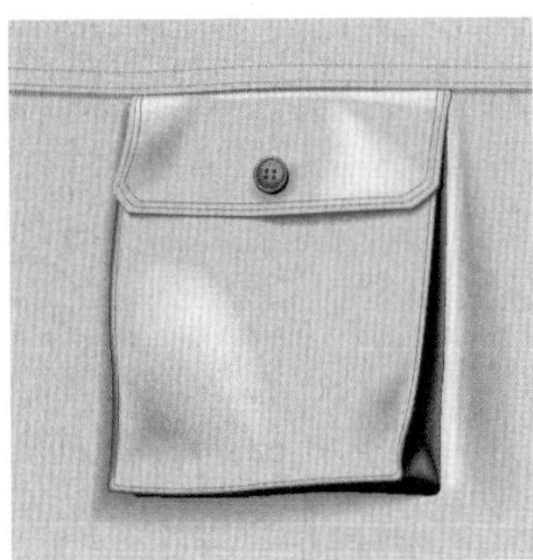
pocheF soufflet M
gusset pocket

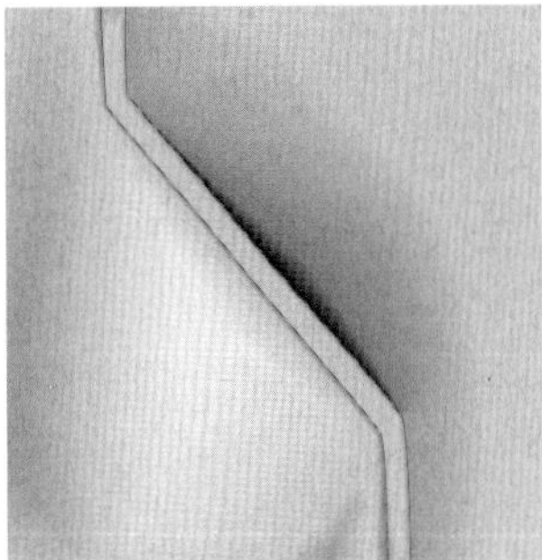
pocheF prise dans une découpeF
inset pocket

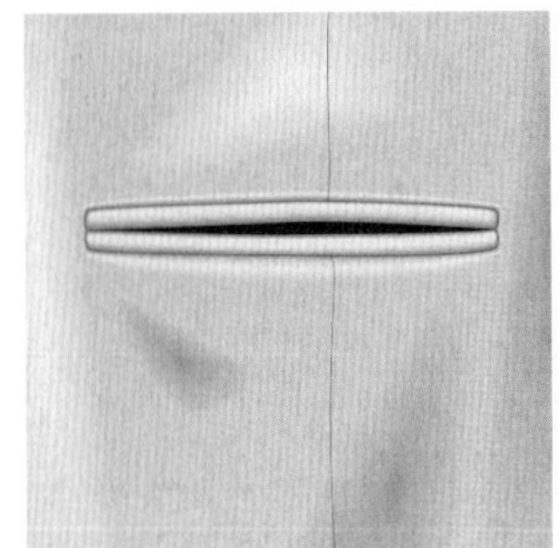
pocheF passepoilée
welt pocket

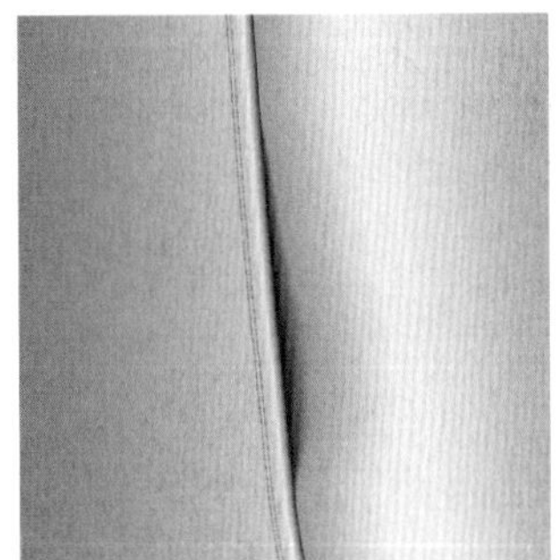
pocheF prise dans une coutureF
seam pocket

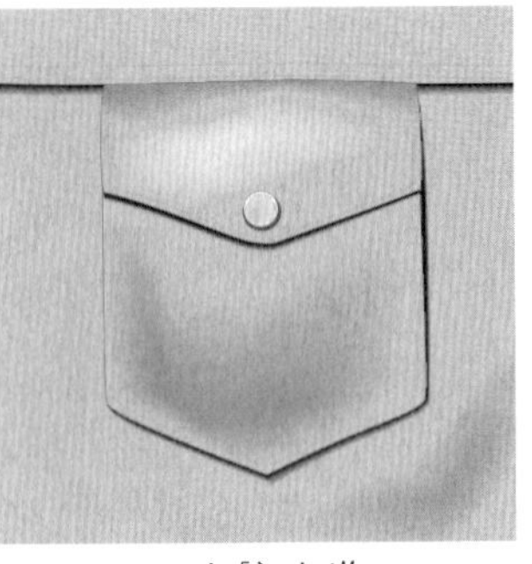
pocheF à rabatM
flap pocket

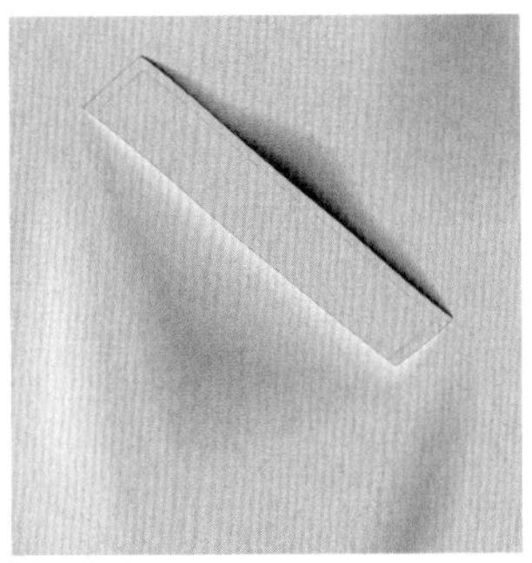
pocheF raglan
broad welt side pocket

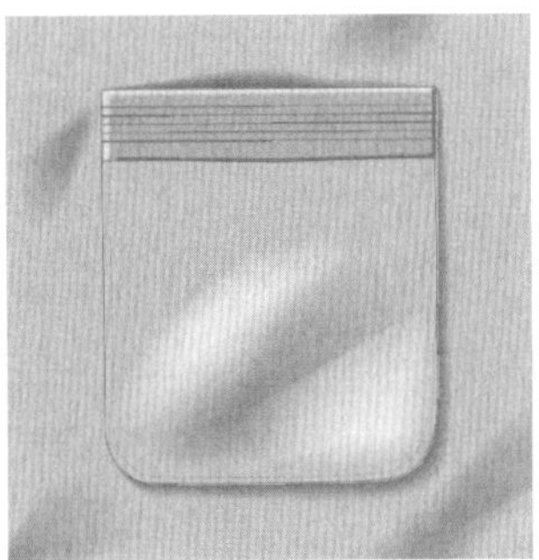
pocheF plaquée
patch pocket

pocheF manchonM
hand-warmer pouch

exemplesM de manchesF
examples of sleeves

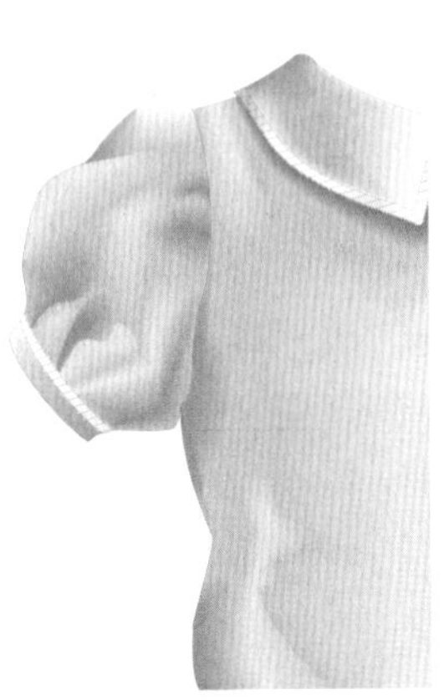
mancheF ballonM
puff sleeve

mancheronM
cap sleeve

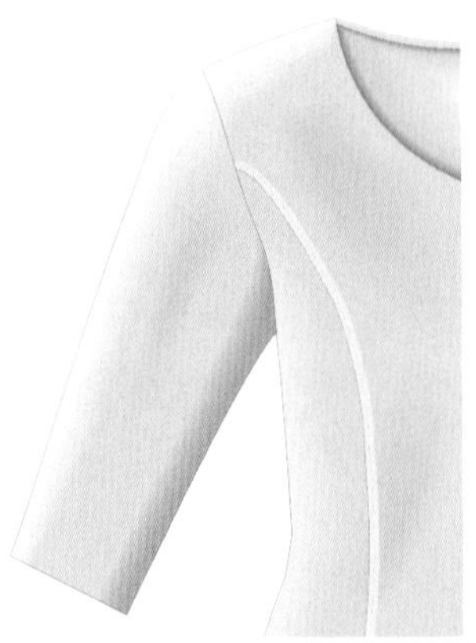
mancheF trois-quarts
three-quarter sleeve

mancheF marteauM
epaulet sleeve

poignet^M mousquetaire^M
French cuff

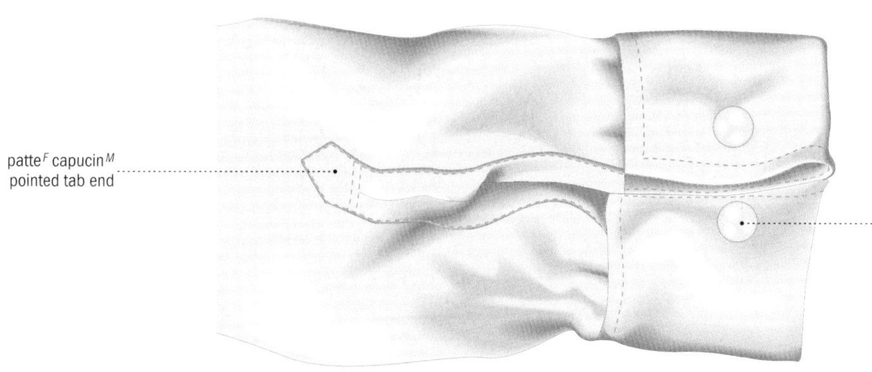
patte^F capucin^M
pointed tab end
bouton^M de manchette^F
cuff link

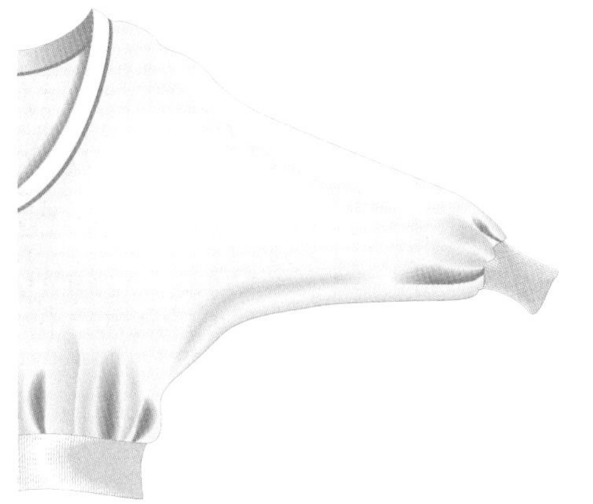

manche^F chauve-souris^F
batwing sleeve

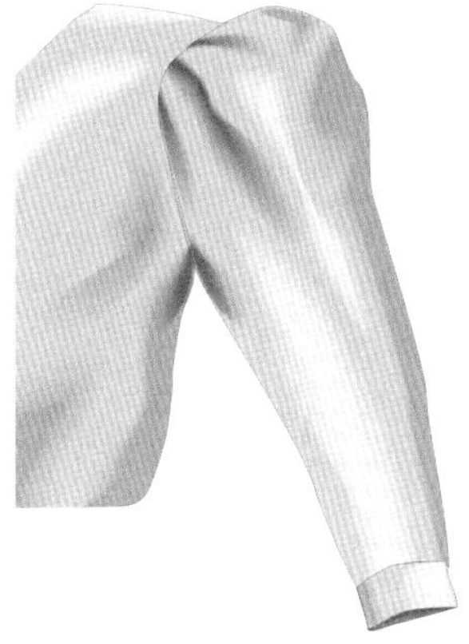

manche^F gigot^M
leg-of-mutton sleeve

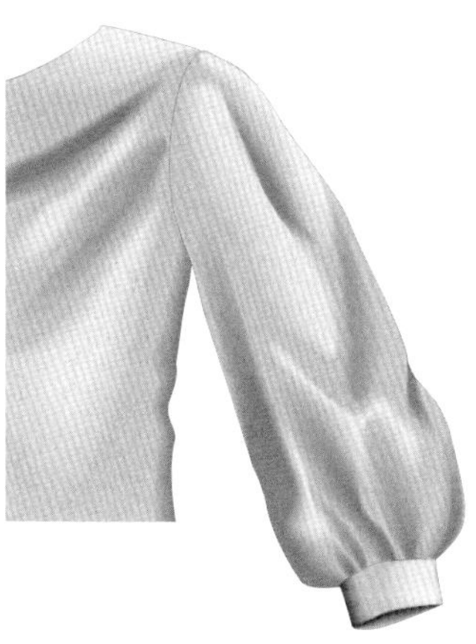

manche^F bouffante
bishop sleeve

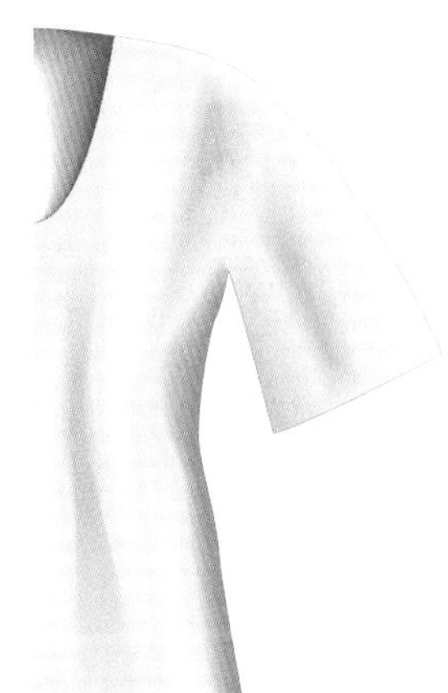

manche^F kimono^M
kimono sleeve

manche^F raglan
raglan sleeve

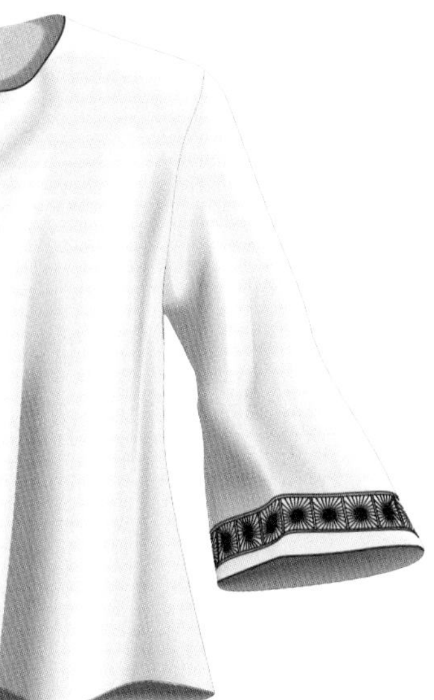

manche^F pagode^F
pagoda sleeve

manche^F chemisier^M
shirt sleeve

manche^F tailleur^M
tailored sleeve

exemples^M de cols^M
examples of collars

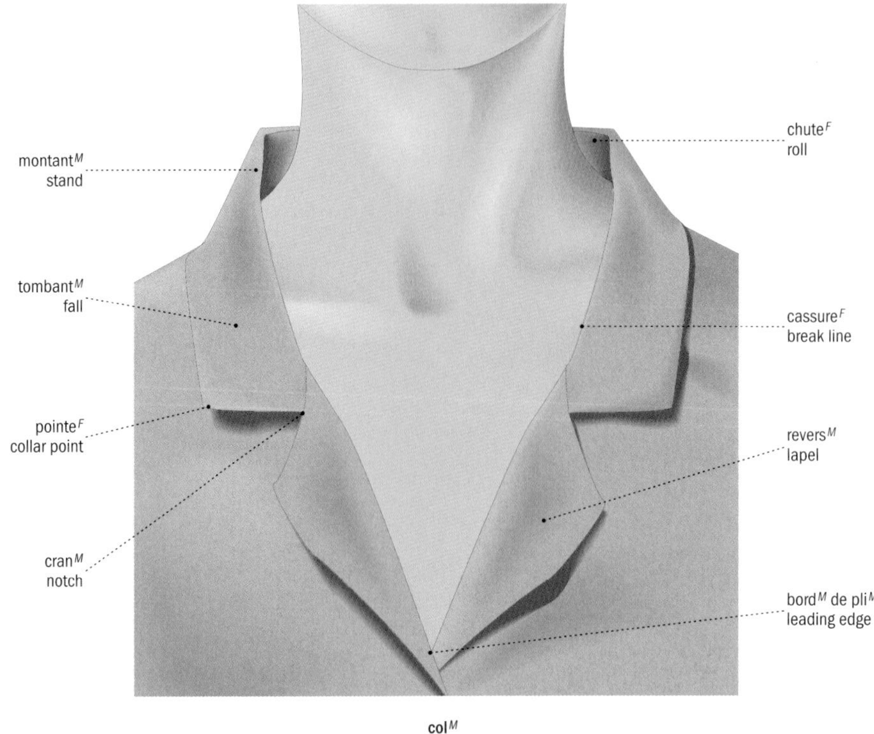
montant^M
stand
tombant^M
fall
pointe^F
collar point
cran^M
notch
chute^F
roll
cassure^F
break line
revers^M
lapel
bord^M de pli^M
leading edge

col^M
collar

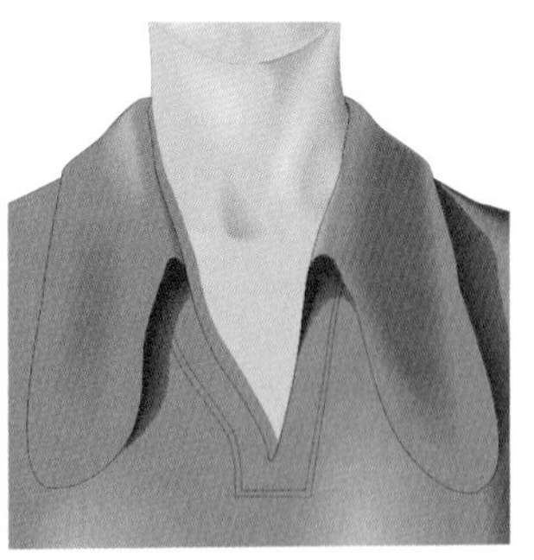

col^M banane^F
dog ear collar

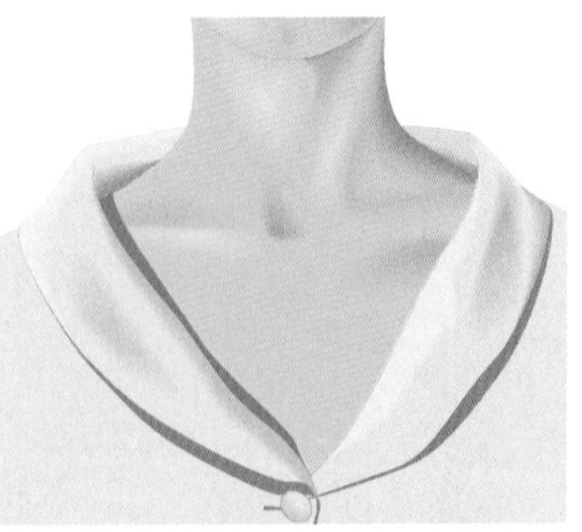

col^M châle^M
shawl collar

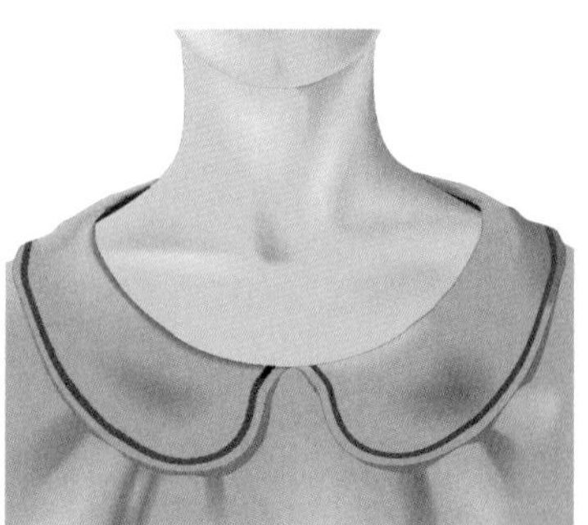

col^M Claudine
Peter Pan collar

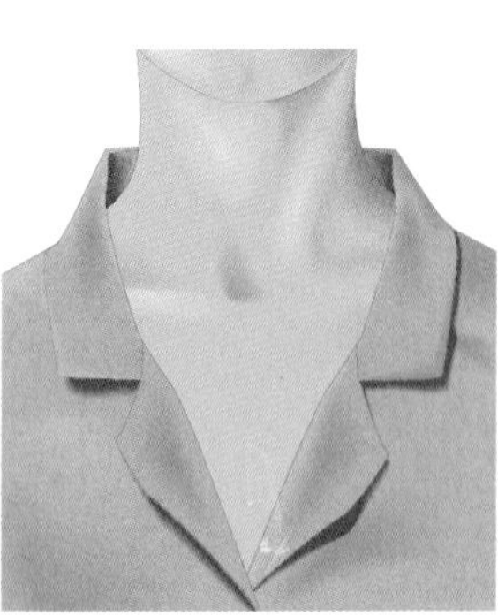

col^M chemisier^M
shirt collar

col^M tailleur^M
tailored collar

col^M cravate^F
bow collar

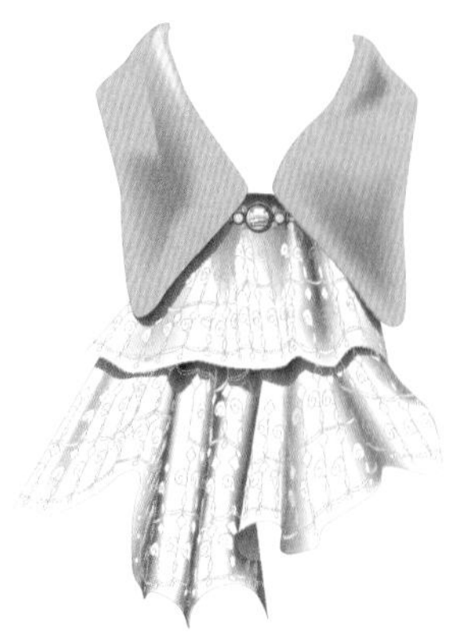

jabot^M
jabot

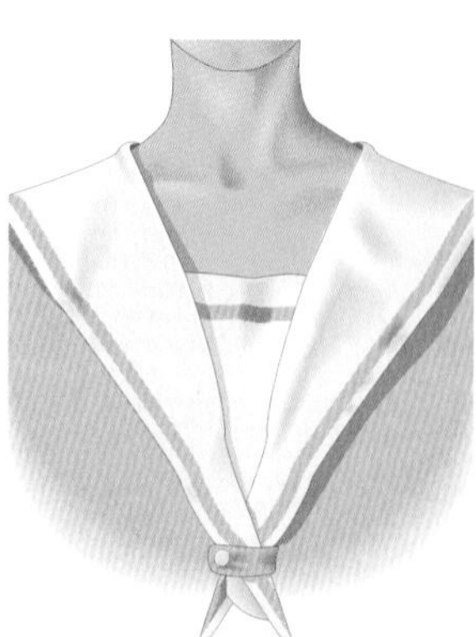

col^M marin^M
sailor collar

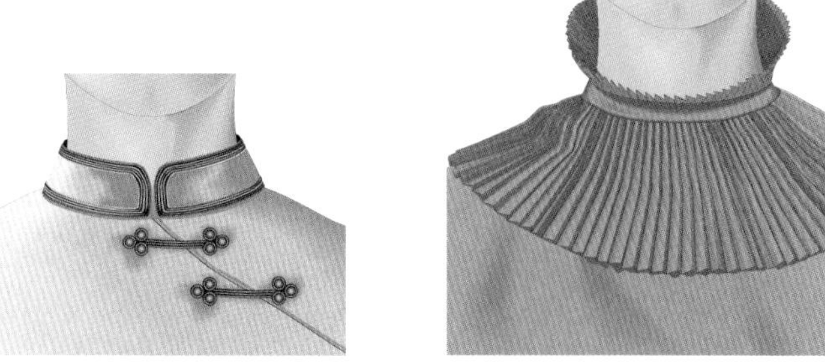

col^{M} chinois
mandarin collar

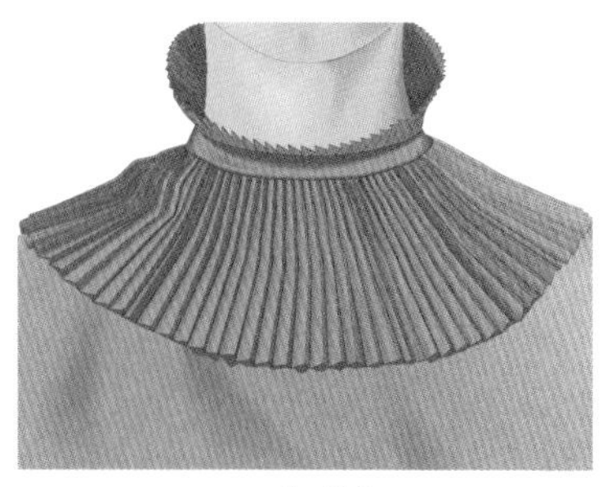

collerette^{F}
collaret

col^{M} berthe^{F}
bertha collar

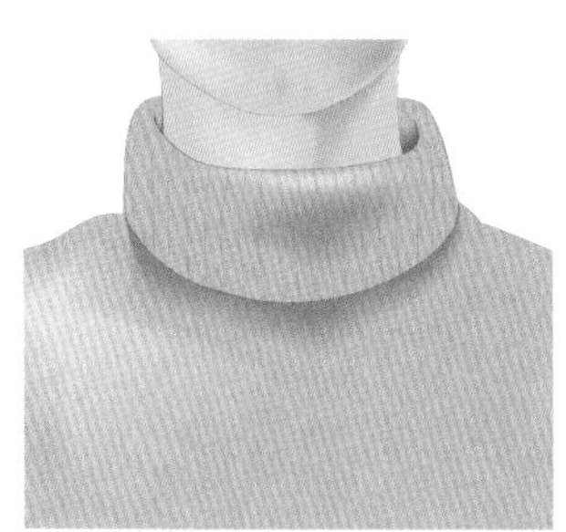

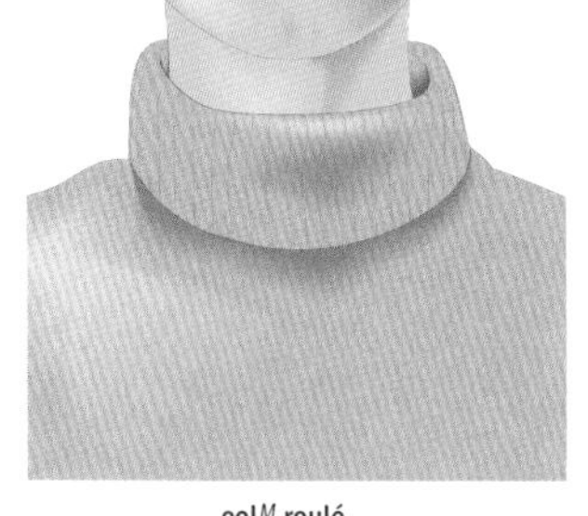

col^{M} roulé
turtleneck

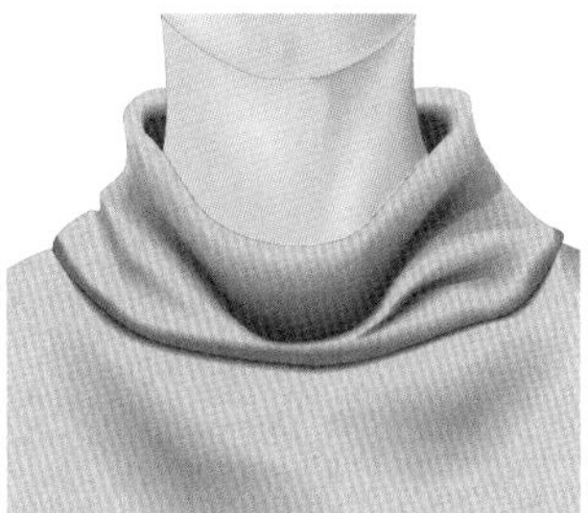

col^{M} cagoule^{F}
cowl neck

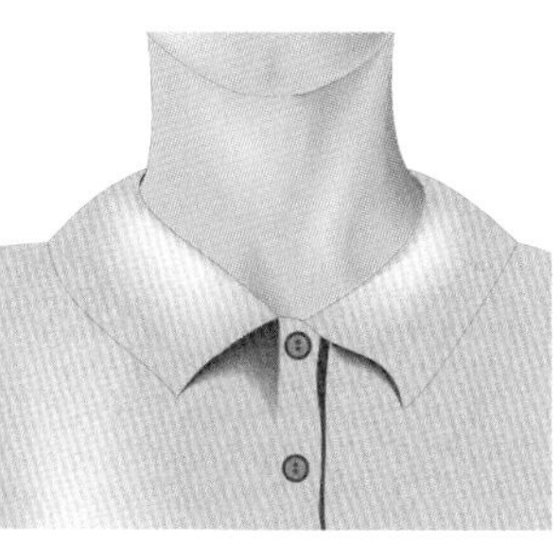

col^{M} polo^{M}
polo collar

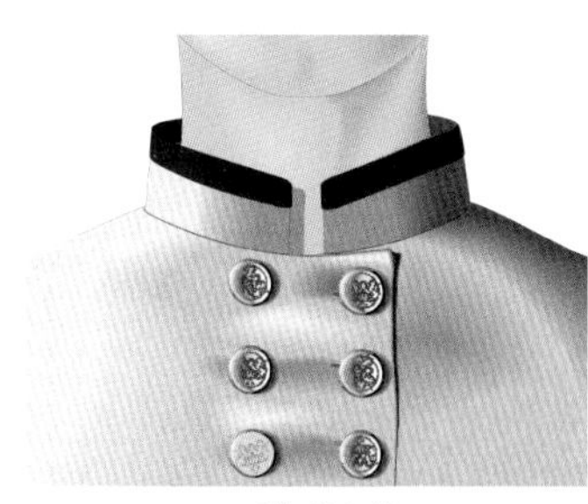

col^{M} officier^{M}
stand-up collar

décolletés^{M} et encolures^{F}
necklines and necks

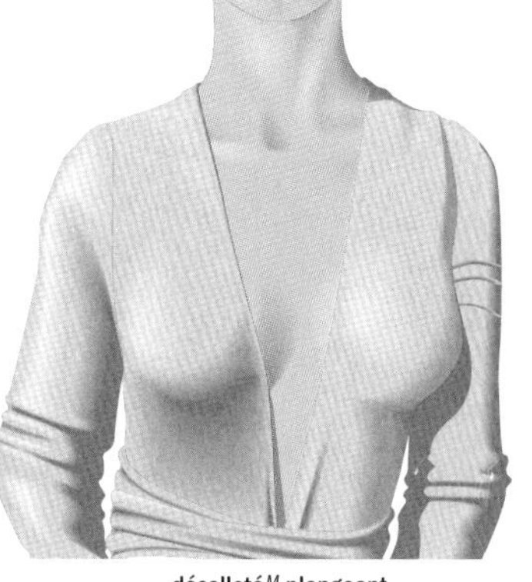

décolleté^{M} plongeant
plunging neckline

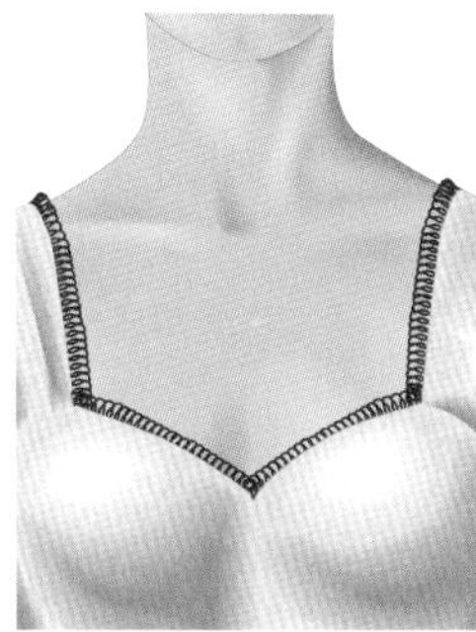

décolleté^{M} en cœur^{M}
sweetheart neckline

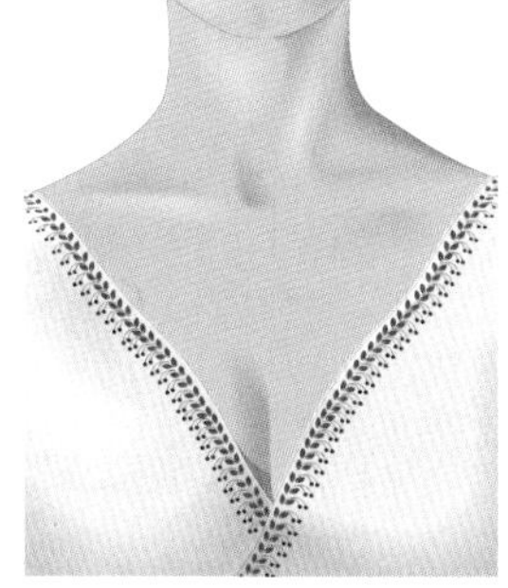

décolleté^{M} en V
V-shaped neck

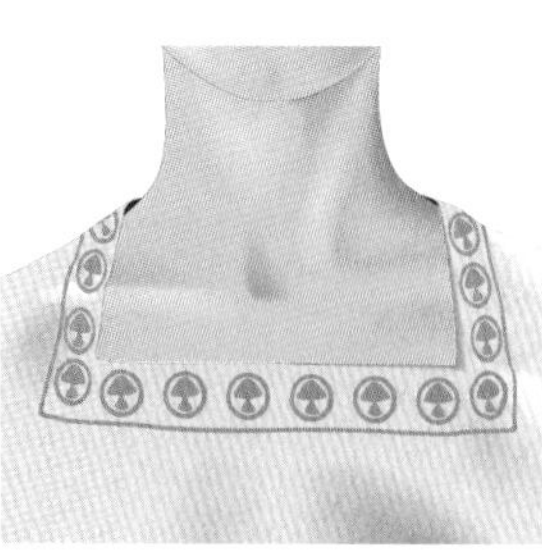

décolleté^{M} carré
square neck

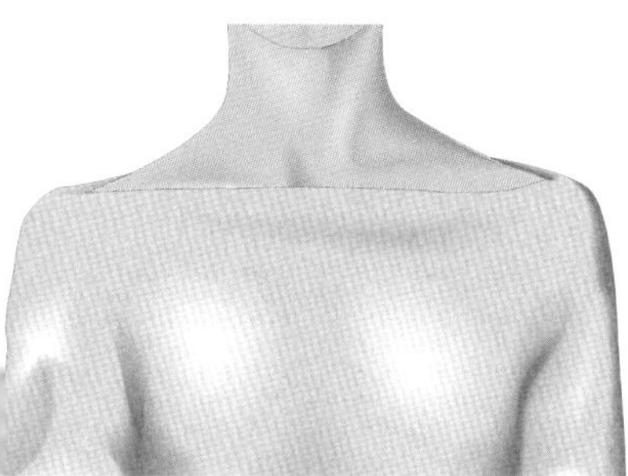

encolure^{F} bateau^{M}
bateau neck

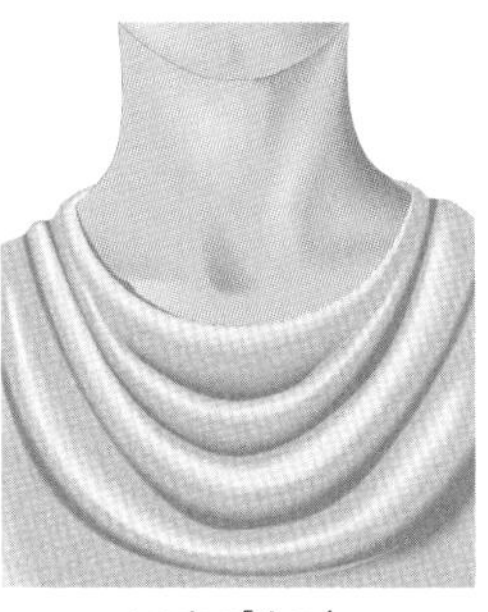

encolure^{F} drapée
draped neck

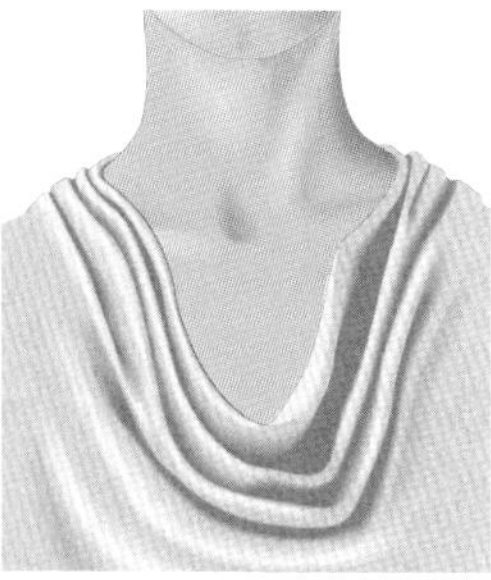

décolleté^{M} drapé
draped neckline

encolure^{F} ras-de-cou^{M}
round neck

vêtements[M] de nuit[F]
nightwear

kimono[M]
kimono
chemise[F] de nuit[F]
nightgown
nuisette[F]
baby doll
pyjama[M]
pajamas
déshabillé[M]
negligee
peignoir[M]
bathrobe

bas^M
hose

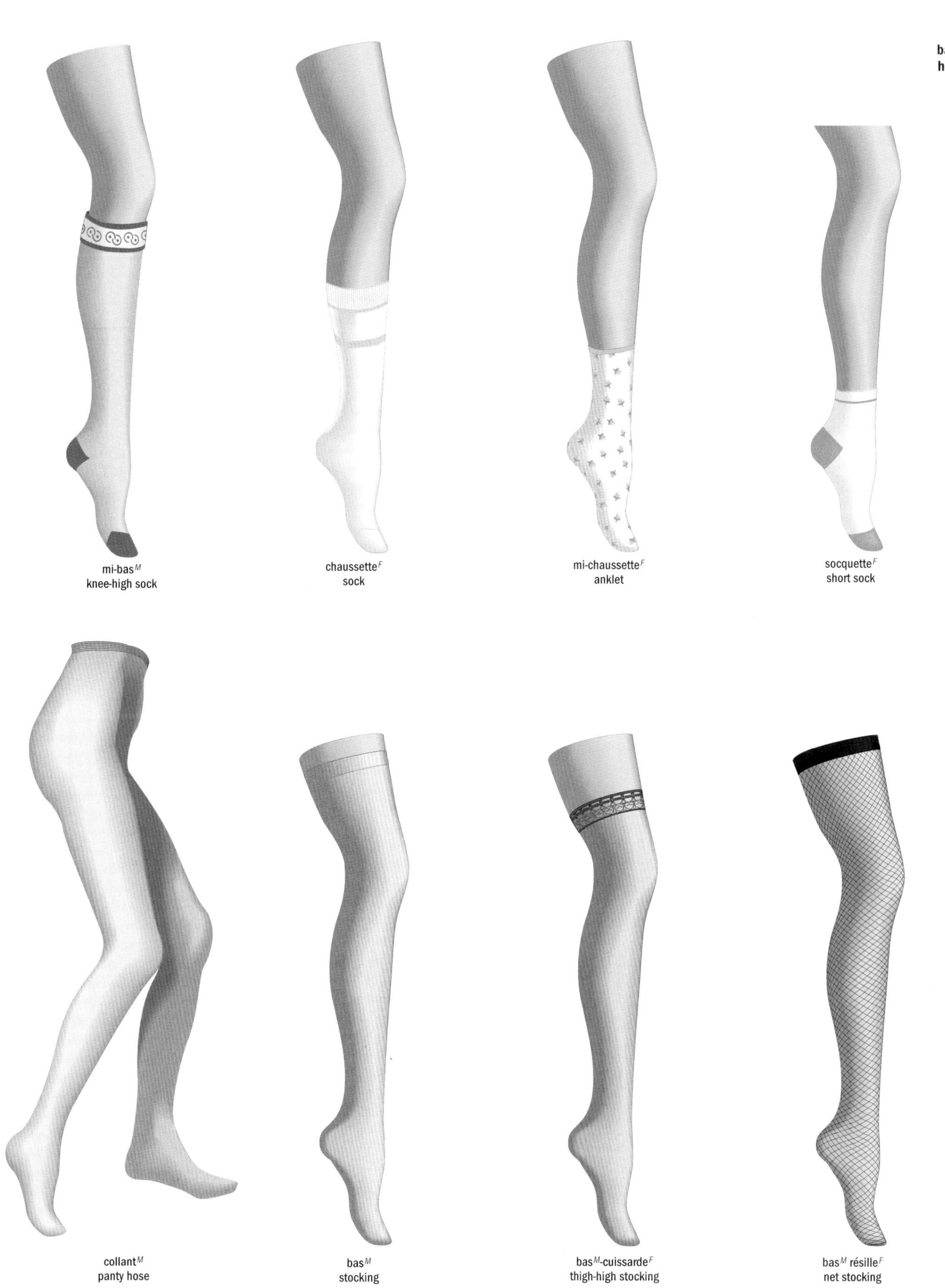
mi-bas^M
knee-high sock
chaussette^F
sock
mi-chaussette^F
anklet
socquette^F
short sock
collant^M
panty hose
bas^M
stocking
bas^M-cuissarde^F
thigh-high stocking
bas^M résille^F
net stocking

sous-vêtements[M]
underwear

combiné[M]
corselette

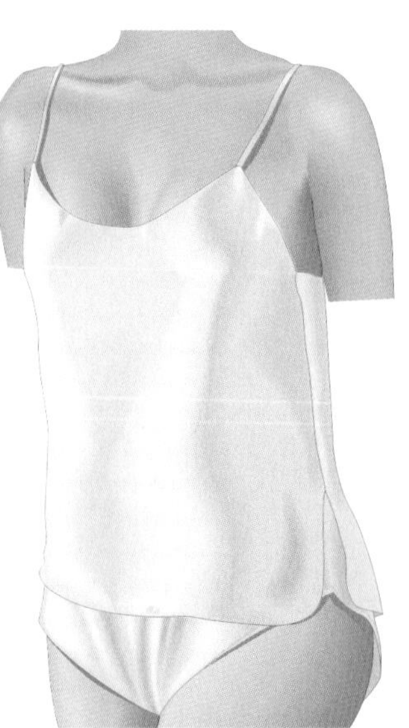

caraco[M]; *camisole*[F]
camisole

teddy[M]; *combinaison*[F]*-culotte*[F]
teddy

body[M]; *combiné-slip*[M]
body suit

combiné[M]**-culotte**[F]
panty corselette

jupon[M]
half-slip

découpe[F] princesse[F]
princess seaming

fond[M] **de robe**[F]
foundation slip

combinaison[F]**-jupon**[M]
slip

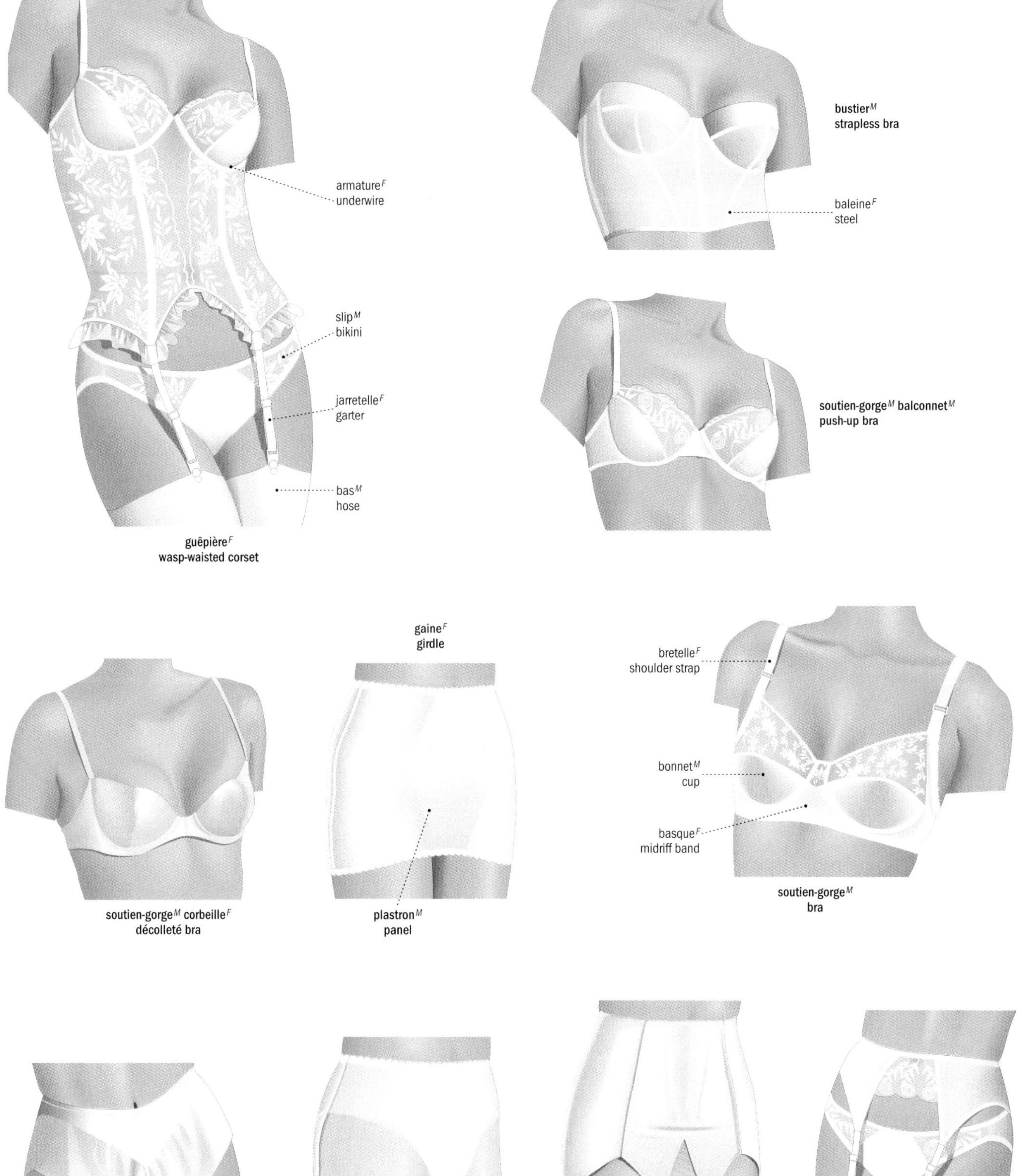
armature[F]
underwire
slip[M]
bikini
jarretelle[F]
garter
bas[M]
hose
guêpière[F]
wasp-waisted corset
bustier[M]
strapless bra
baleine[F]
steel
soutien-gorge[M] balconnet[M]
push-up bra
gaine[F]
girdle
bretelle[F]
shoulder strap
bonnet[M]
cup
basque[F]
midriff band
soutien-gorge[M] corbeille[F]
décolleté bra
plastron[M]
panel
soutien-gorge[M]
bra

culotte[F]
briefs

gaine[F]-culotte[F]
panty girdle

corset[M]
corset

porte-jarretelles[M]
garter belt

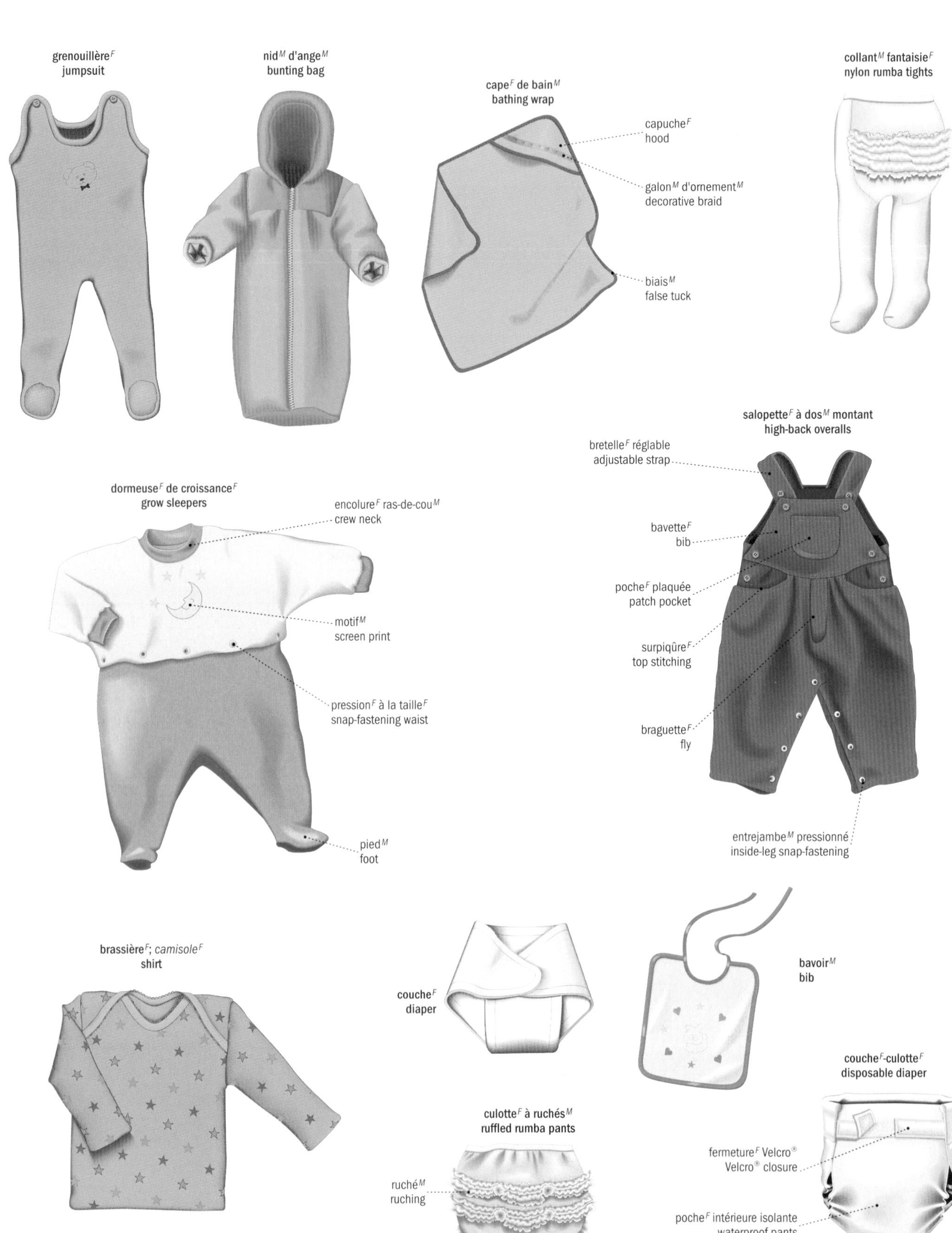

grenouillère^F
jumpsuit
nid^M d'ange^M
bunting bag
cape^F de bain^M
bathing wrap
capuche^F
hood
galon^M d'ornement^M
decorative braid
biais^M
false tuck
collant^M fantaisie^F
nylon rumba tights
salopette^F à dos^M montant
high-back overalls
bretelle^F réglable
adjustable strap
bavette^F
bib
poche^F plaquée
patch pocket
surpiqûre^F
top stitching
braguette^F
fly
entrejambe^M pressionné
inside-leg snap-fastening
dormeuse^F de croissance^F
grow sleepers
encolure^F ras-de-cou^M
crew neck
motif^M
screen print
pression^F à la taille^F
snap-fastening waist
pied^M
foot
brassière^F; camisole^F
shirt
couche^F
diaper
bavoir^M
bib
couche^F-culotte^F
disposable diaper
fermeture^F Velcro®
Velcro® closure
poche^F intérieure isolante
waterproof pants
culotte^F à ruchés^M
ruffled rumba pants
ruché^M
ruching

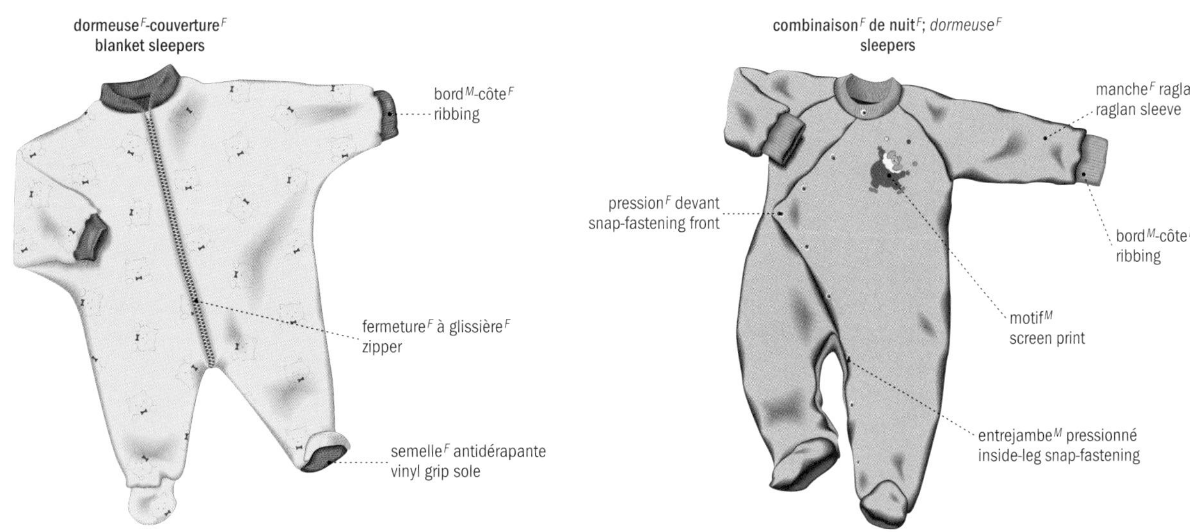
dormeuse^{F}-couverture^{F}
blanket sleepers
bord^{M}-côte^{F}
ribbing
fermeture^{F} à glissière^{F}
zipper
semelle^{F} antidérapante
vinyl grip sole
combinaison^{F} de nuit^{F}; *dormeuse^{F}*
sleepers
manche^{F} raglan
raglan sleeve
pression^{F} devant
snap-fastening front
bord^{M}-côte^{F}
ribbing
motif^{M}
screen print
entrejambe^{M} pressionné
inside-leg snap-fastening

vêtements^{M} d'enfant^{M}

children's clothing

salopette^{F} à bretelles^{F} croisées
crossover back straps overalls

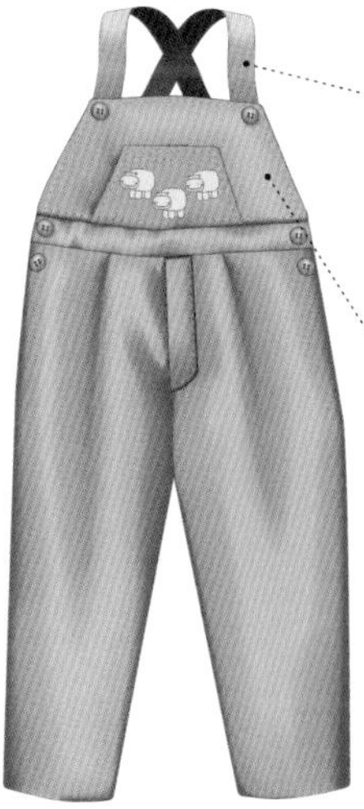

bretelle^{F} boutonnée
button strap

bavette^{F}
bib

esquimau^{M}
snowsuit

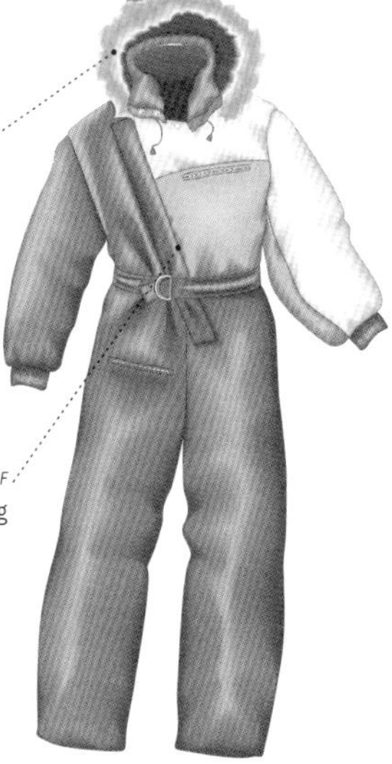

capuche^{F} coulissée
drawstring hood

fermeture^{F} sous patte^{F}
fly front closing

polojama^{M}
pajama

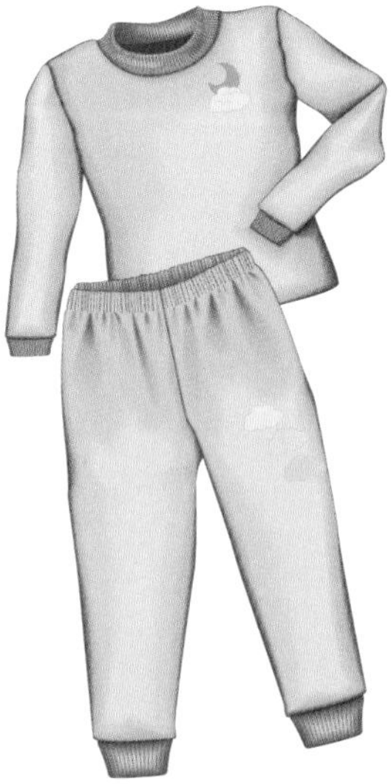

robe^{F} tee-shirt^{M}
T-shirt dress

barboteuse^{F}
rompers

tenue^{F} d'exercice^{M}
training set

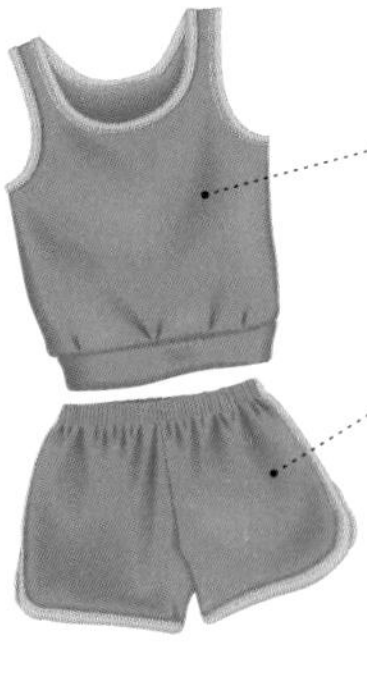

débardeur^{M}
tank top

short^{M}
shorts

combinaison^{F}
jumpsuit

tenue[F] d'exercice[M]

sportswear

chaussure[F] de sport[M]
running shoe

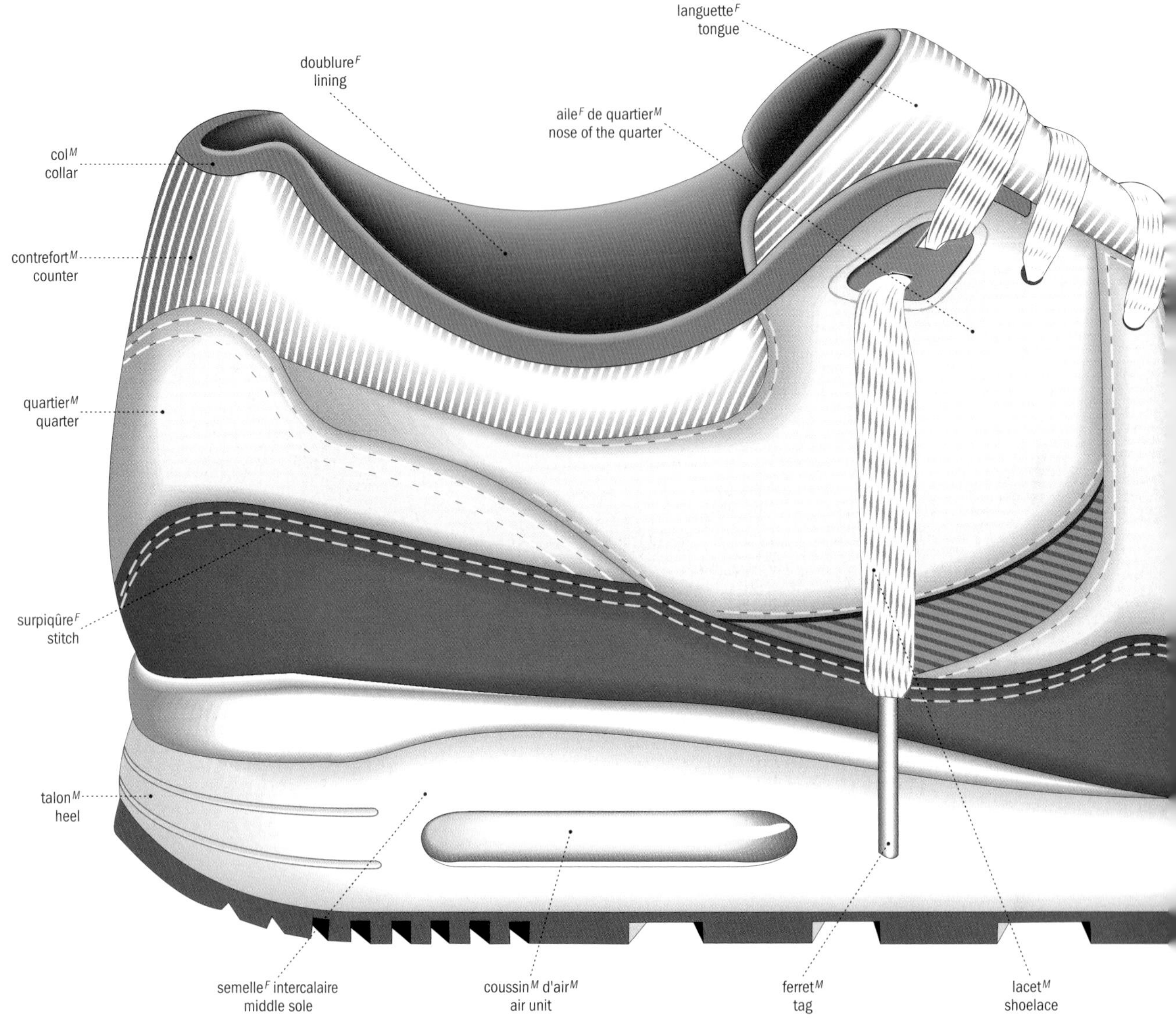

languette[F]
tongue

doublure[F]
lining

aile[F] de quartier[M]
nose of the quarter

col[M]
collar

contrefort[M]
counter

quartier[M]
quarter

surpiqûre[F]
stitch

talon[M]
heel

semelle[F] intercalaire
middle sole

coussin[M] d'air[M]
air unit

ferret[M]
tag

lacet[M]
shoelace

survêtement[M]
training suit

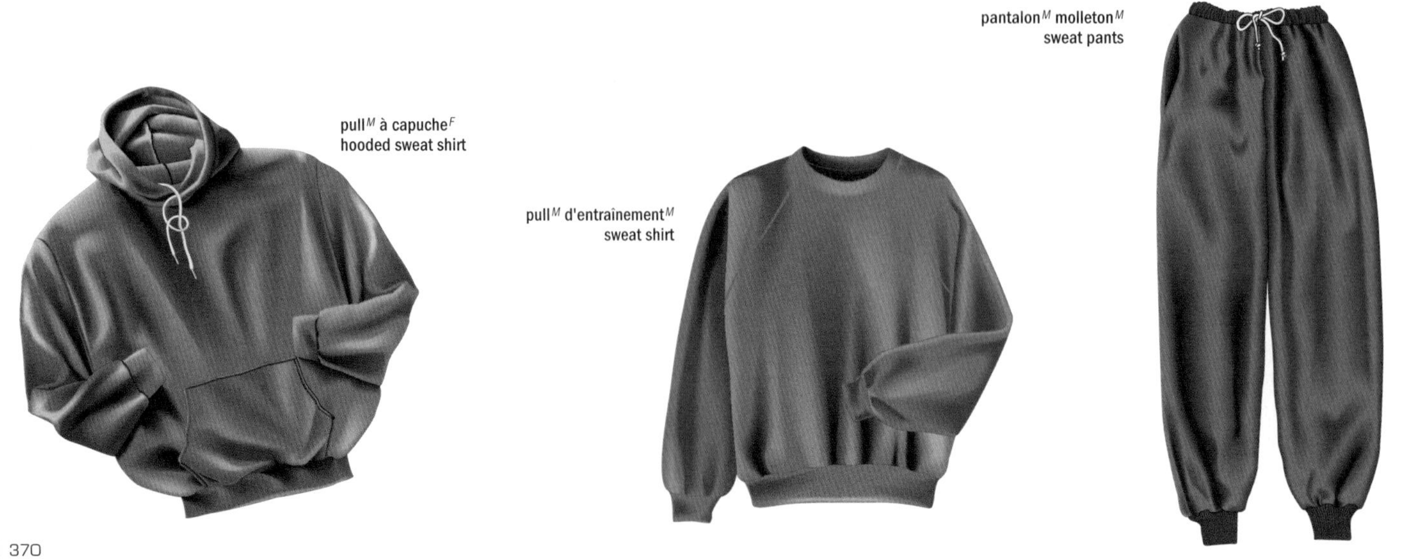
pantalon[M] molleton[M]
sweat pants
pull[M] à capuche[F]
hooded sweat shirt
pull[M] d'entrainement[M]
sweat shirt

vêtement[M] d'exercice[M]
exercise wear

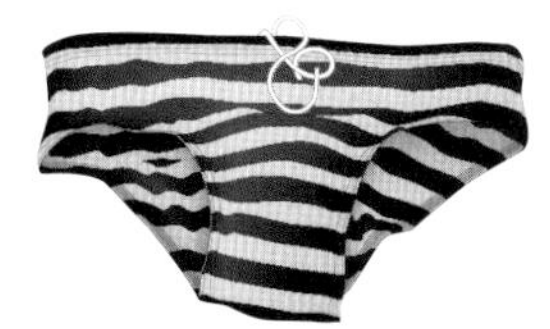
slip[M] de bain[M]
swimming trunks

maillot[M] de bain[M]
swimsuit

justaucorps[M]
leotard

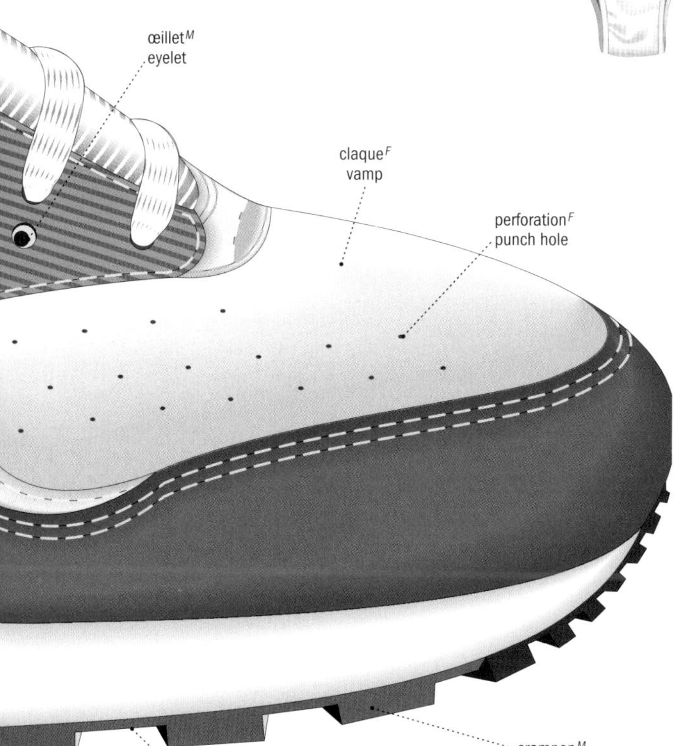
œillet[M]
eyelet
claque[F]
vamp
perforation[F]
punch hole
crampon[M]
stud
semelle[F] d'usure[F]
outsole

collant[M] sans pied[M]
footless tights

jambière[F]
leg-warmer

pantalon[M]
pants

anorak[M]
anorak

short[M] boxeur[M]
boxer shorts

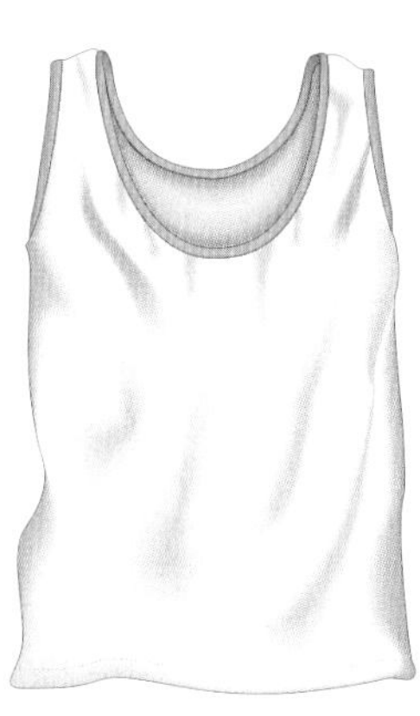
débardeur[M]
tank top

PARURE ET OBJETS PERSONNELS

PERSONAL ADORNMENT AND ARTICLES

374 Parure

374 bijouterie
377 manucure
378 maquillage
379 soins du corps
380 coiffure

383 Objets personnels

383 rasage
384 hygiène dentaire
384 lentilles de contact
385 lunettes
386 articles de maroquinerie
387 sacs à main
388 bagages
390 articles de fumeur
391 parapluie et canne

bijouterie^{F}

jewelry

boucles^{F} d'oreille^{F}
earrings

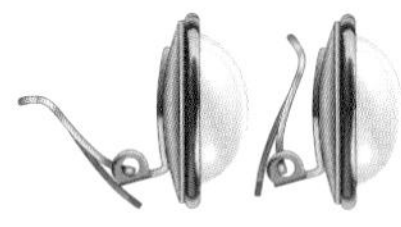

boucles^{F} d'oreille^{F} à pince^{F}
clip earrings

boucles^{F} d'oreille^{F} à vis^{F}
screw earrings

boucles^{F} d'oreille^{F} à tige^{F}
pierced earrings

pendants^{M} d'oreille^{F}
drop earrings

anneaux^{M}
hoop earrings

colliers^{M}
necklaces

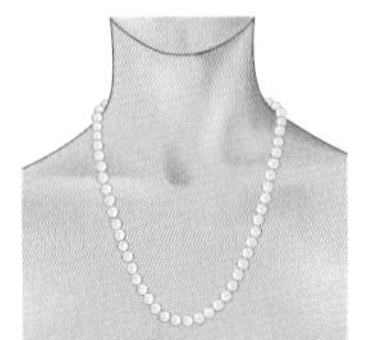

collier^{M} de perles^{F}, longueur^{F} matinée^{F}
matinee-length necklace

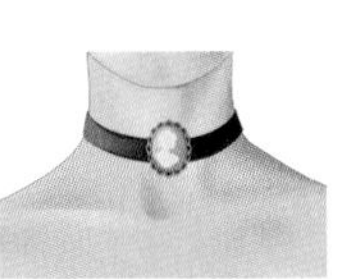

collier^{M}-de-chien^{M}
velvet-band choker

pendentif^{M}
pendant

sautoir^{M}
rope

sautoir^{M}, longueur^{F} opéra^{M}
opera-length necklace

collier^{M} de soirée^{F}
bib necklace

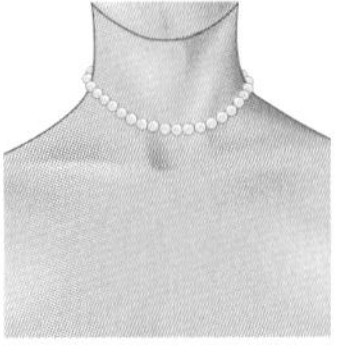

ras-de-cou^{M}
choker

médaillon^{M}
locket

taille^{F} d'un diamant^{M}
brilliant cut facets

profil^{M}
side face

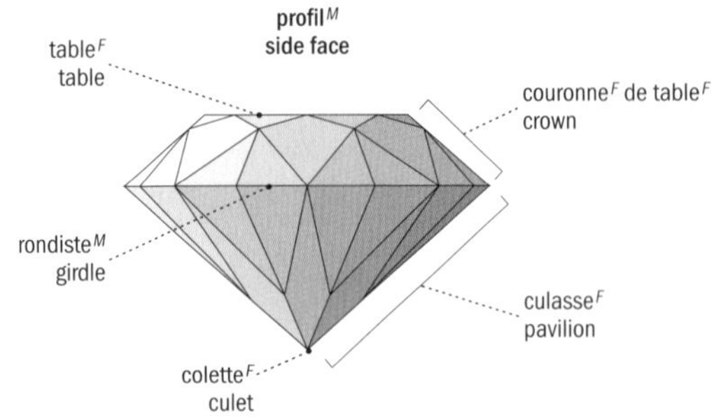

table^{F}
table
couronne^{F} de table^{F}
crown
rondiste^{M}
girdle
culasse^{F}
pavilion
colette^{F}
culet

face^{F} supérieure
top face

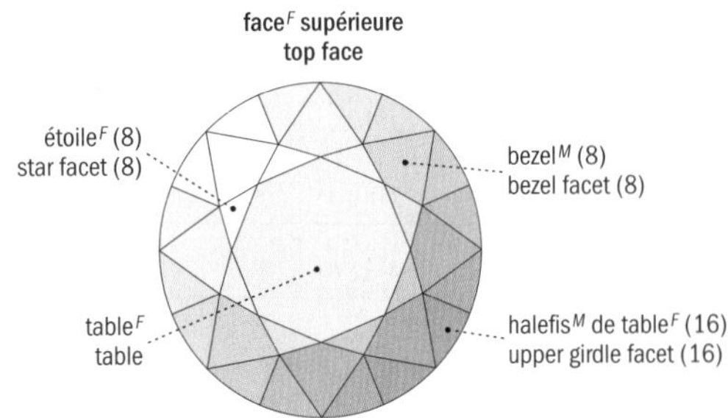

étoile^{F} (8)
star facet (8)
bezel^{M} (8)
bezel facet (8)
table^{F}
table
halefis^{M} de table^{F} (16)
upper girdle facet (16)

face^{F} inférieure
bottom face

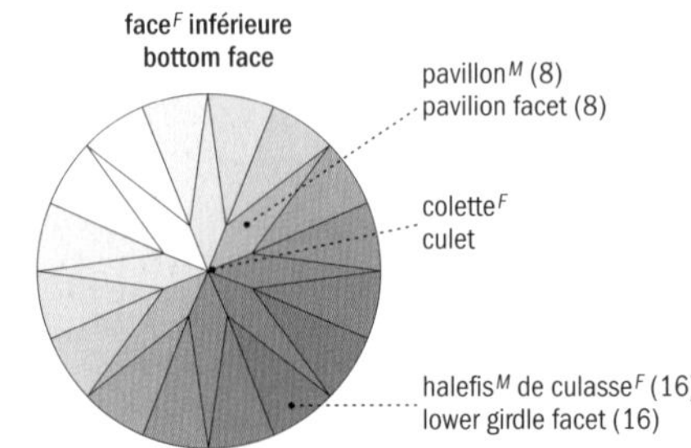

pavillon^{M} (8)
pavilion facet (8)
colette^{F}
culet
halefis^{M} de culasse^{F} (16)
lower girdle facet (16)

bijouterie^{F}

taille^{F} des pierres^{F} / cut for gemstones

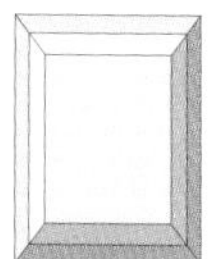

taille^{F} en escalier^{M}
step cut

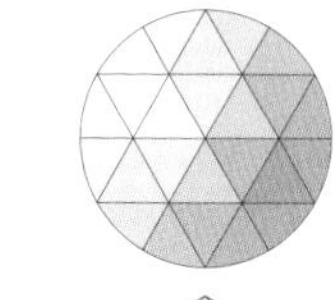
taille^{F} en rose^{F}
rose cut

taille^{F} en table^{F}
table cut

taille^{F} cabochon^{M}
cabochon cut

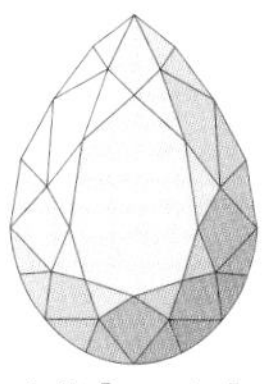
taille^{F} en poire^{F}
pear-shaped cut

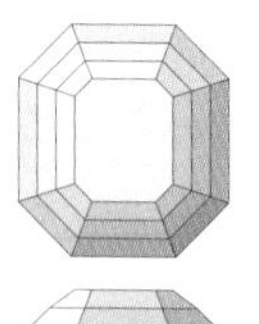
taille^{F} émeraude^{F}
emerald cut

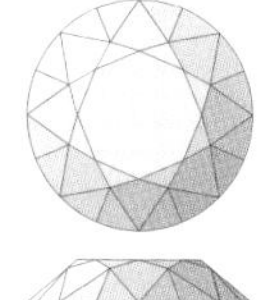
taille^{F} brillant^{M}
brilliant full cut

taille^{F} huit facettes^{F}
eight cut

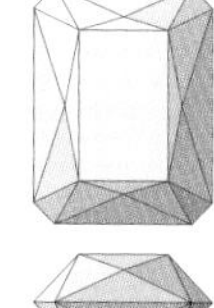
taille^{F} en ciseaux^{M}
scissors cut

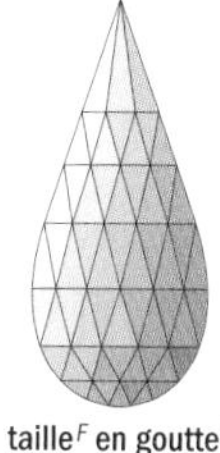
taille^{F} en goutte^{F}
briolette cut

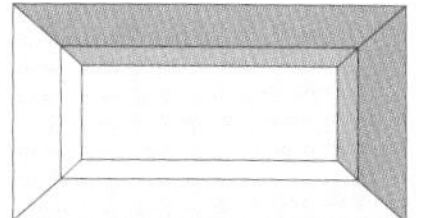
taille^{F} baguette^{F}
baguette cut

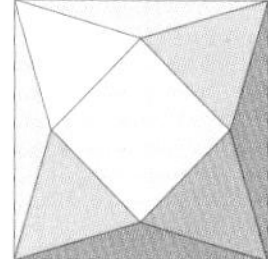
taille^{F} française
French cut

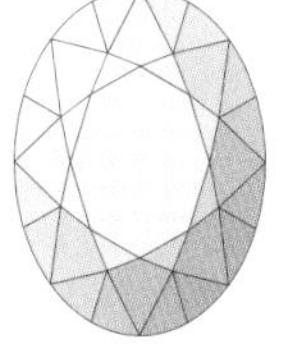
taille^{F} ovale
oval cut

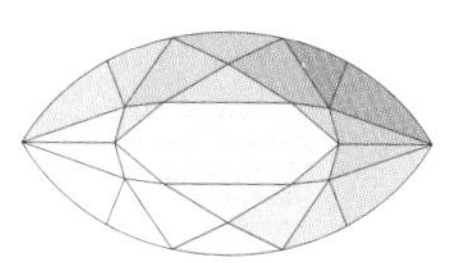
taille^{F} marquise^{F}
navette cut

pierres^{F} fines / semiprecious stones

améthyste^{F}
amethyst

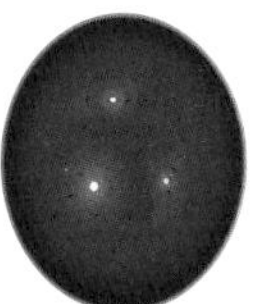
lapis-lazuli^{M}
lapis lazuli

aigue-marine^{F}
aquamarine

topaze^{F}
topaz

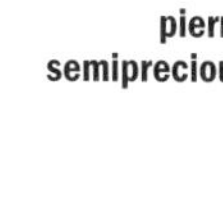

tourmaline^{F}
tourmaline

opale^{F}
opal

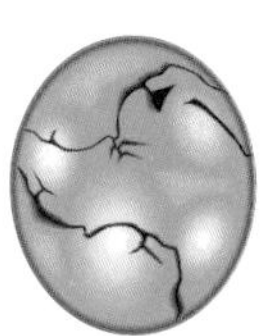
turquoise^{F}
turquoise

grenat^{M}
garnet

pierres^{F} précieuses / precious stones

émeraude^{F}
emerald

saphir^{M}
sapphire

diamant^{M}
diamond

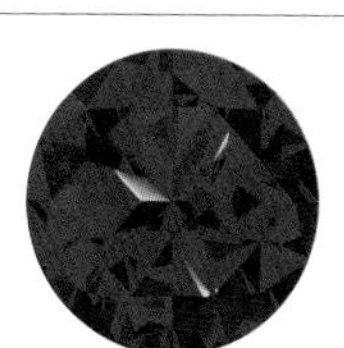
rubis^{M}
ruby

bijouterie[F]

bagues[F]
rings

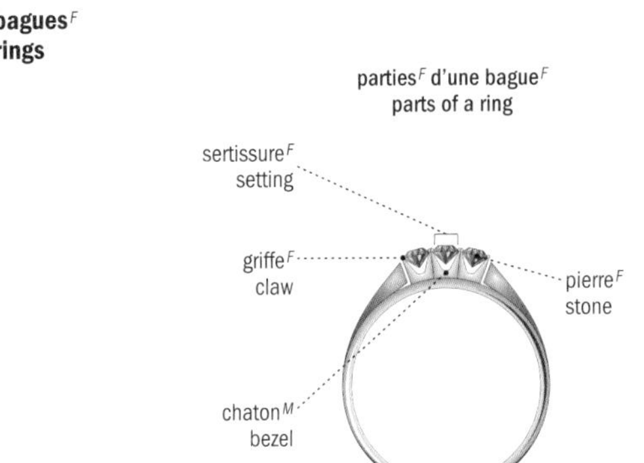
parties[F] d'une bague[F]
parts of a ring
sertissure[F]
setting
griffe[F]
claw
pierre[F]
stone
chaton[M]
bezel

chevalière[F]
signet ring

bague[F] de finissant[M]
class ring

jonc[M]
band ring

bague[F] de fiançailles[F]
engagement ring

alliance[F]
wedding ring

bague[F] solitaire[M]
solitaire ring

bracelets[M]
bracelets

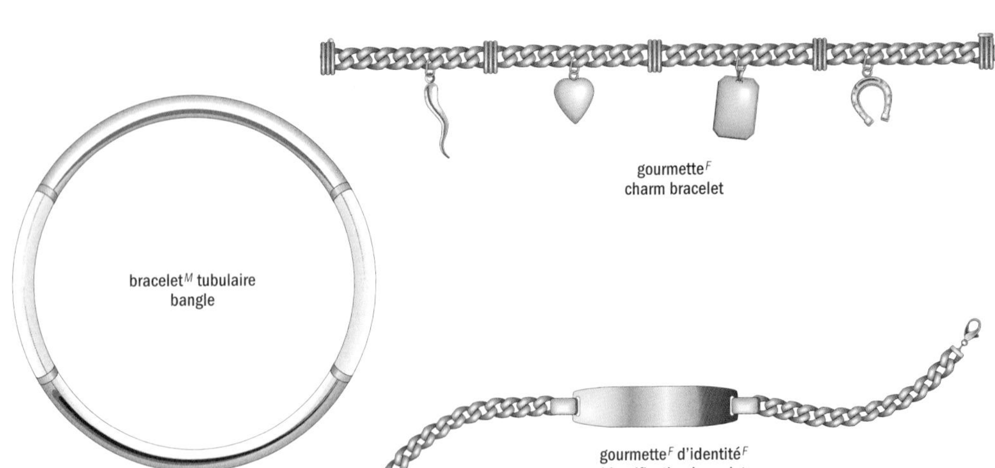
gourmette[F]
charm bracelet

bracelet[M] tubulaire
bangle

gourmette[F] d'identité[F]
identification bracelet

breloques[F]
charms

corne[F]
horn

fer[M] à cheval[M]
horseshoe

plaque[F] d'identité[F]
nameplate

épingles[F]
pins

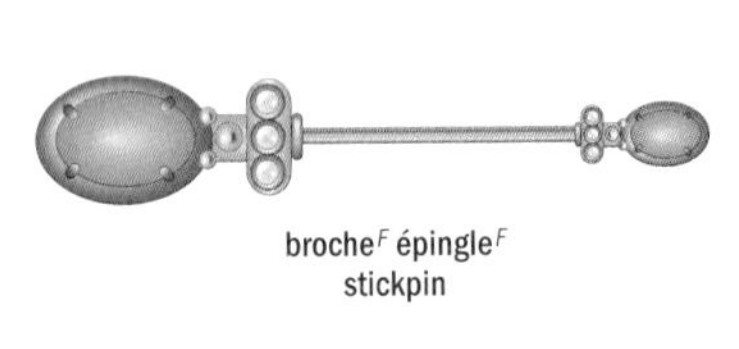
broche[F] épingle[F]
stickpin

broche[F]
brooch

pince[F] à cravate[F]
tie bar

épingle[F] à cravate[F]
tiepin

tige[F] pour col[M]
collar bar

manucure[F]

nail care

trousse[F] de manucure[F]
manicure set

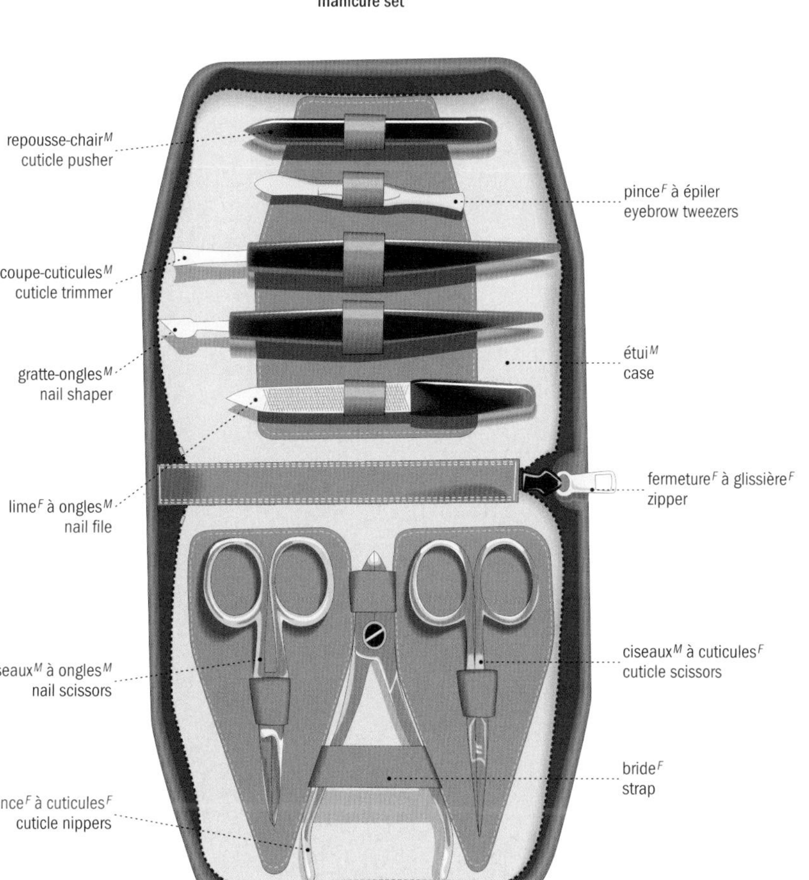
repousse-chair[M]
cuticle pusher
pince[F] à épiler
eyebrow tweezers
coupe-cuticules[M]
cuticle trimmer
gratte-ongles[M]
nail shaper
étui[M]
case
lime[F] à ongles[M]
nail file
fermeture[F] à glissière[F]
zipper
ciseaux[M] à ongles[M]
nail scissors
ciseaux[M] à cuticules[F]
cuticle scissors
bride[F]
strap
pince[F] à cuticules[F]
cuticle nippers

vernis[M] à ongles[M]
nail enamel

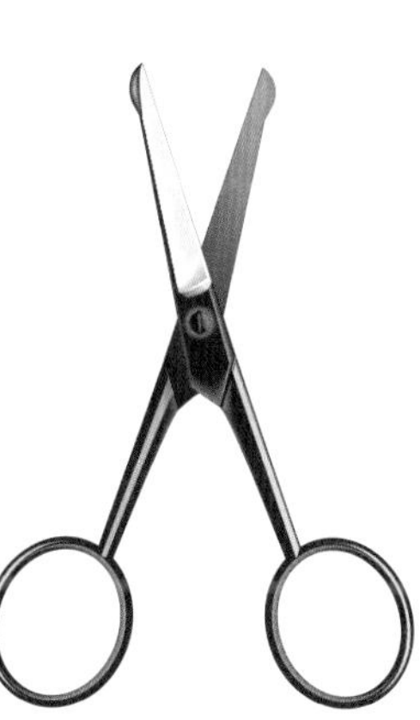

ciseaux[M] de sûreté[F]
safety scissors

polissoir[M] d'ongles[M]
nail buffer

peau[F] de chamois[M]
chamois leather

coupe-ongles[M]
nail clippers

levier[M]
lever

cure-ongles[M]
nail cleaner

mors[M]
jaw

lime[F]
folding nail file

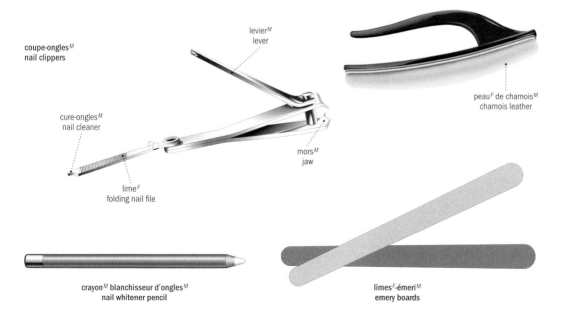

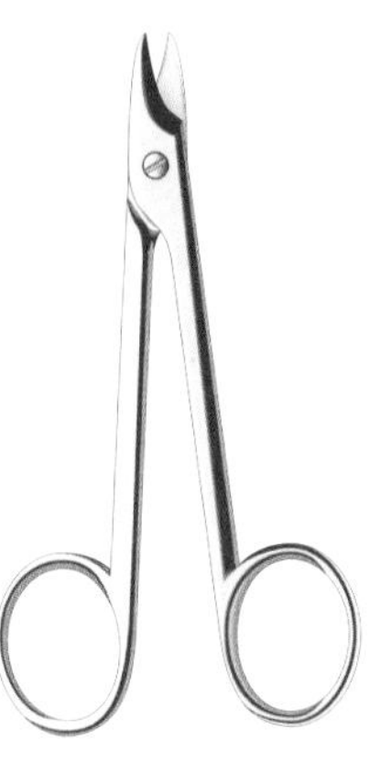

crayon[M] blanchisseur d'ongles[M]
nail whitener pencil

limes[F]-émeri[M]
emery boards

ciseaux[M] de pédicure[M]
toenail scissors

maquillage[M]

makeup

maquillage[M]
facial makeup

pinceau[M] éventail[M]
fan brush

houpette[F]
powder puff

pinceau[M] pour fard[M] à joues[F]
blusher brush
fard[M] à joues[F] en poudre[F]
powder blusher

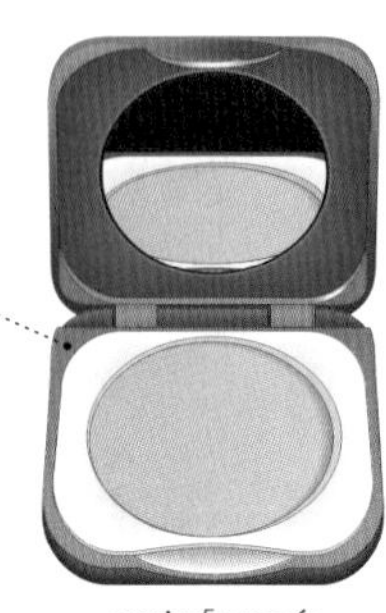
poudrier[M]
compact
poudre[F] pressée
pressed powder

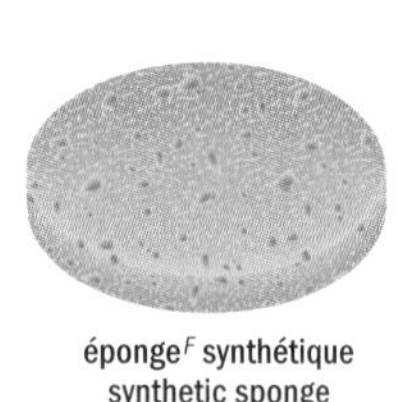
éponge[F] synthétique
synthetic sponge

poudre[F] libre
loose powder

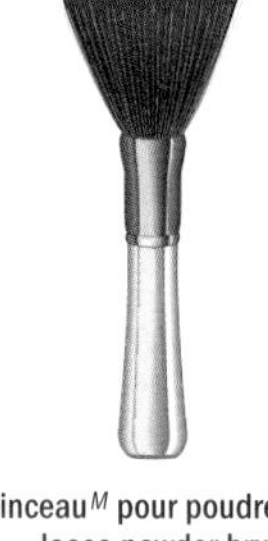
pinceau[M] pour poudre[F] libre
loose powder brush

fond[M] de teint[M] liquide
liquid foundation

maquillage[M] des yeux[M]
eye makeup

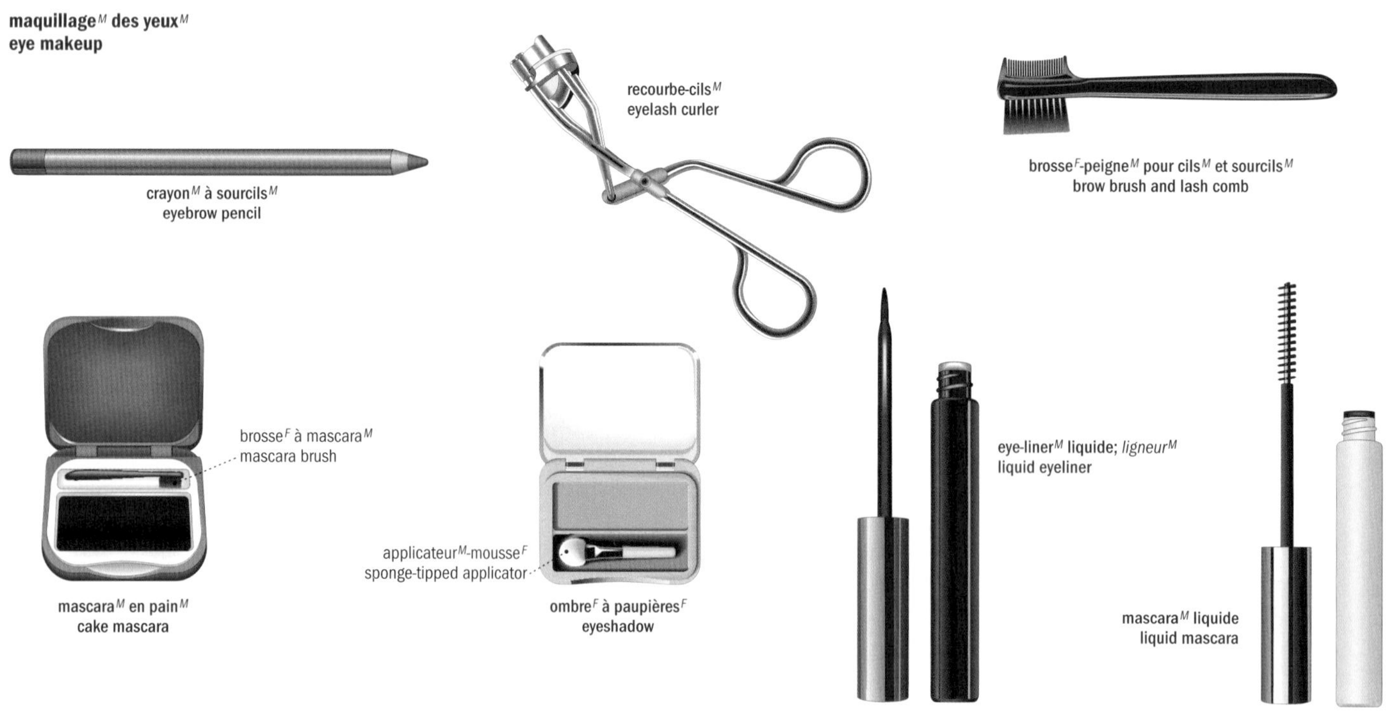
crayon[M] à sourcils[M]
eyebrow pencil

recourbe-cils[M]
eyelash curler

brosse[F]-peigne[M] pour cils[M] et sourcils[M]
brow brush and lash comb

brosse[F] à mascara[M]
mascara brush

mascara[M] en pain[M]
cake mascara

applicateur[M]-mousse[F]
sponge-tipped applicator

ombre[F] à paupières[F]
eyeshadow

eye-liner[M] liquide; *ligneur*[M]
liquid eyeliner

mascara[M] liquide
liquid mascara

maquillage[M] des lèvres[F]
lip makeup

pinceau[M] à lèvres[F]
lipbrush

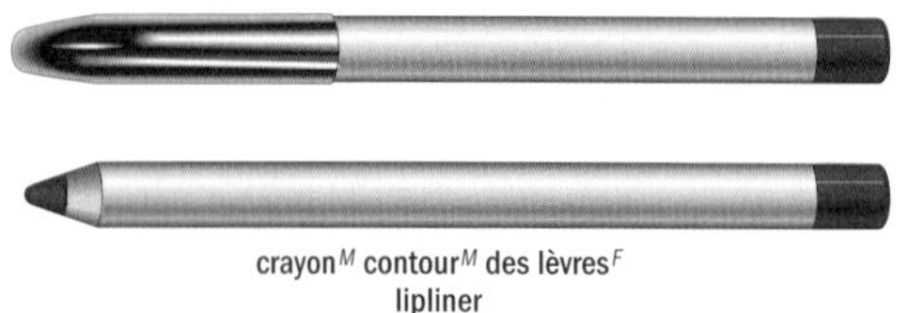
crayon[M] contour[M] des lèvres[F]
lipliner

rouge[M] à lèvres[F]
lipstick

soins[M] du corps[M]

body care

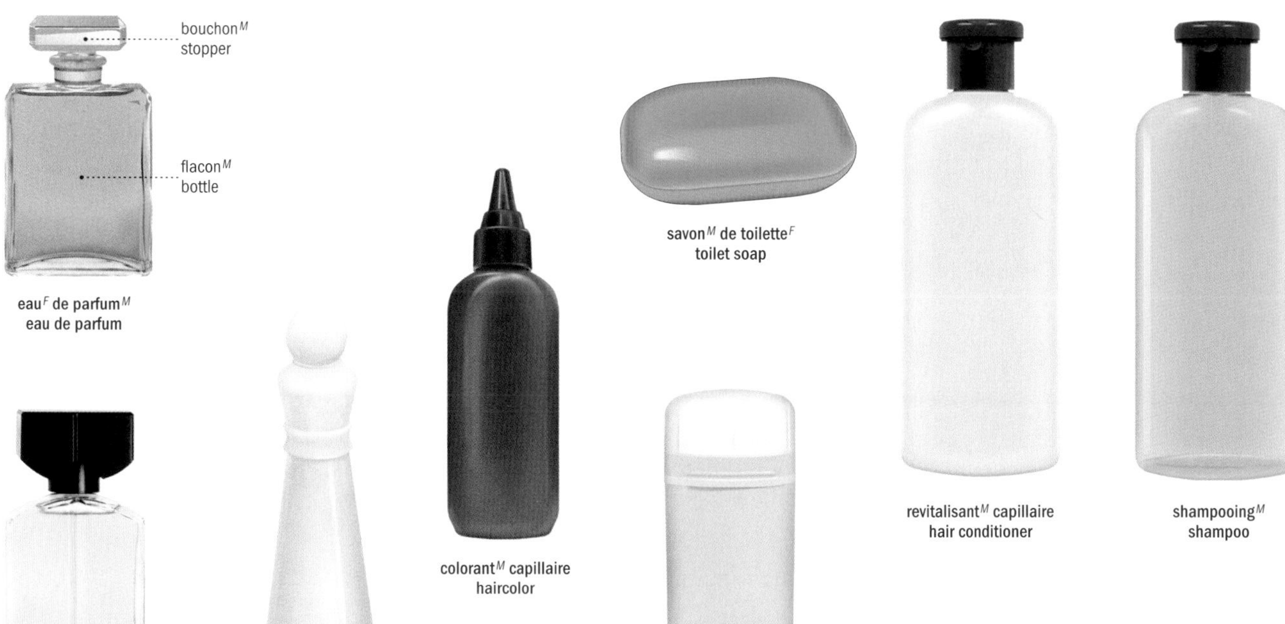
bouchon[M]
stopper
flacon[M]
bottle

eau[F] de parfum[M]
eau de parfum

savon[M] de toilette[F]
toilet soap

colorant[M] capillaire
haircolor

revitalisant[M] capillaire
hair conditioner

shampooing[M]
shampoo

eau[F] de toilette[F]
eau de toilette

bain[M] moussant
bubble bath

déodorant[M]
deodorant

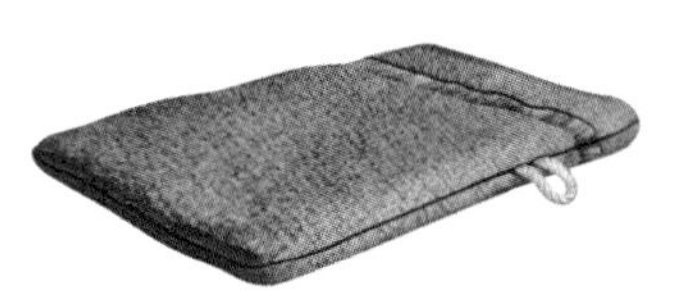

gant[M] de toilette[F]
washcloth

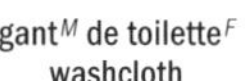

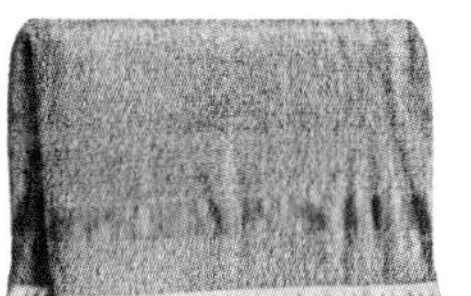

débarbouillette[F]
washcloth

gant[M] de crin[M]
massage glove

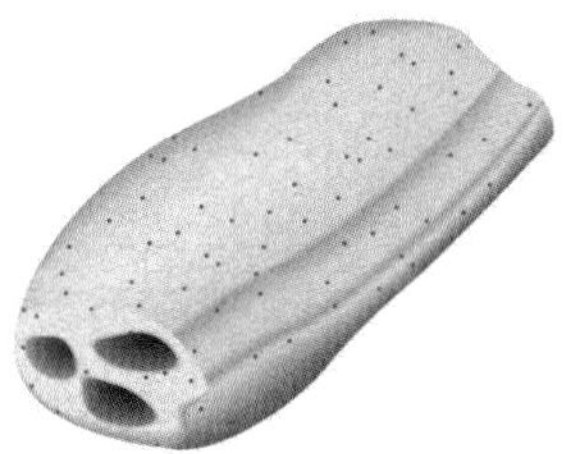

éponge[F] végétale
vegetable sponge

drap[M] de bain[M]
bath sheet

serviette[F] de toilette[F]
bath towel

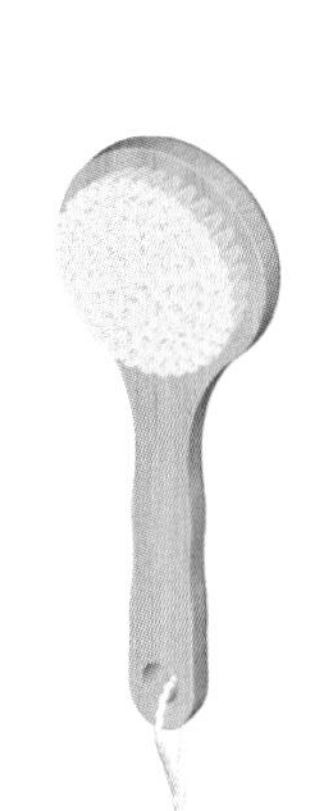

brosse[F] pour le bain[M]
bath brush

éponge[F] de mer[F]
natural sponge

brosse[F] pour le dos[M]
back brush

coiffure[F]

hairdressing

brosses[F] à cheveux[M]
hairbrushes

brosse[F] pneumatique
flat-back brush

brosse[F] ronde
round brush

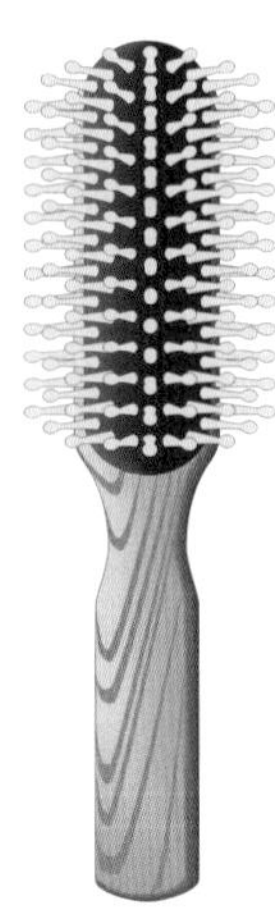

brosse[F] anglaise
quill brush

brosse[F]-araignée[F]
vent brush

peignes[M]
combs

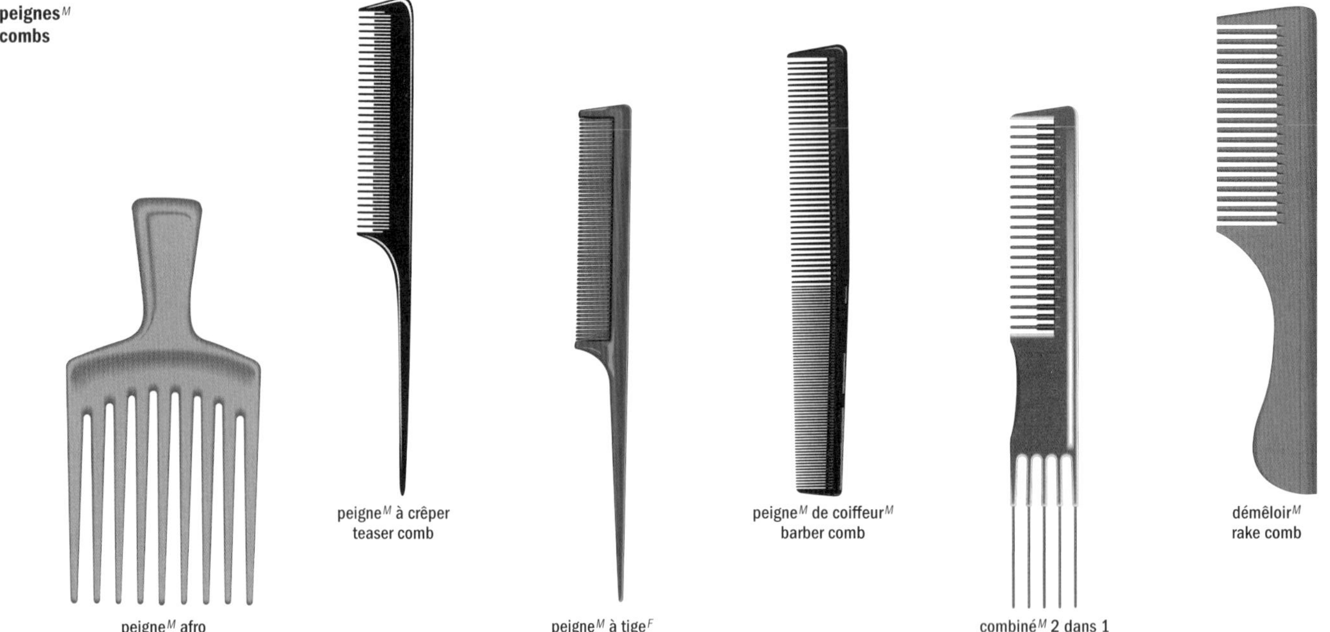

peigne[M] afro
Afro pick

peigne[M] à crêper
teaser comb

peigne[M] à tige[F]
tail comb

peigne[M] de coiffeur[M]
barber comb

combiné[M] 2 dans 1
pitchfork comb

démêloir[M]
rake comb

bigoudi[M]
hair roller

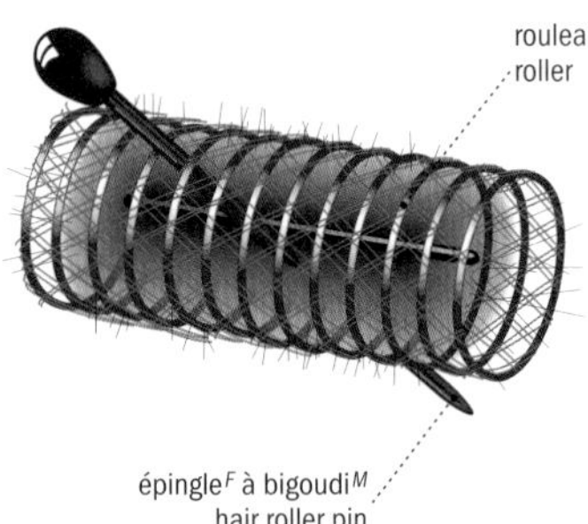

rouleau[M]
roller

épingle[F] à bigoudi[M]
hair roller pin

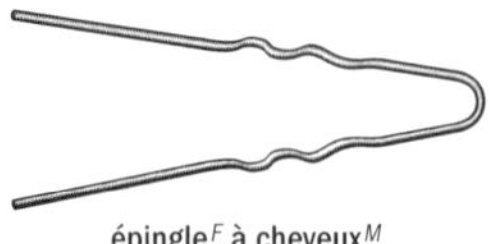

épingle[F] à cheveux[M]
hairpin

pince[F] à cheveux[M]
bobby pin

pince[F] à boucles[F] de cheveux[M]
wave clip

pince[F] de mise[F] en plis[M]
hair clip

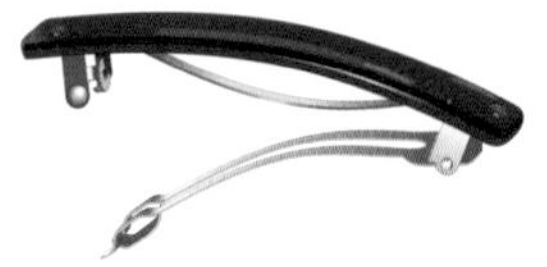

barrette[F]
barrette

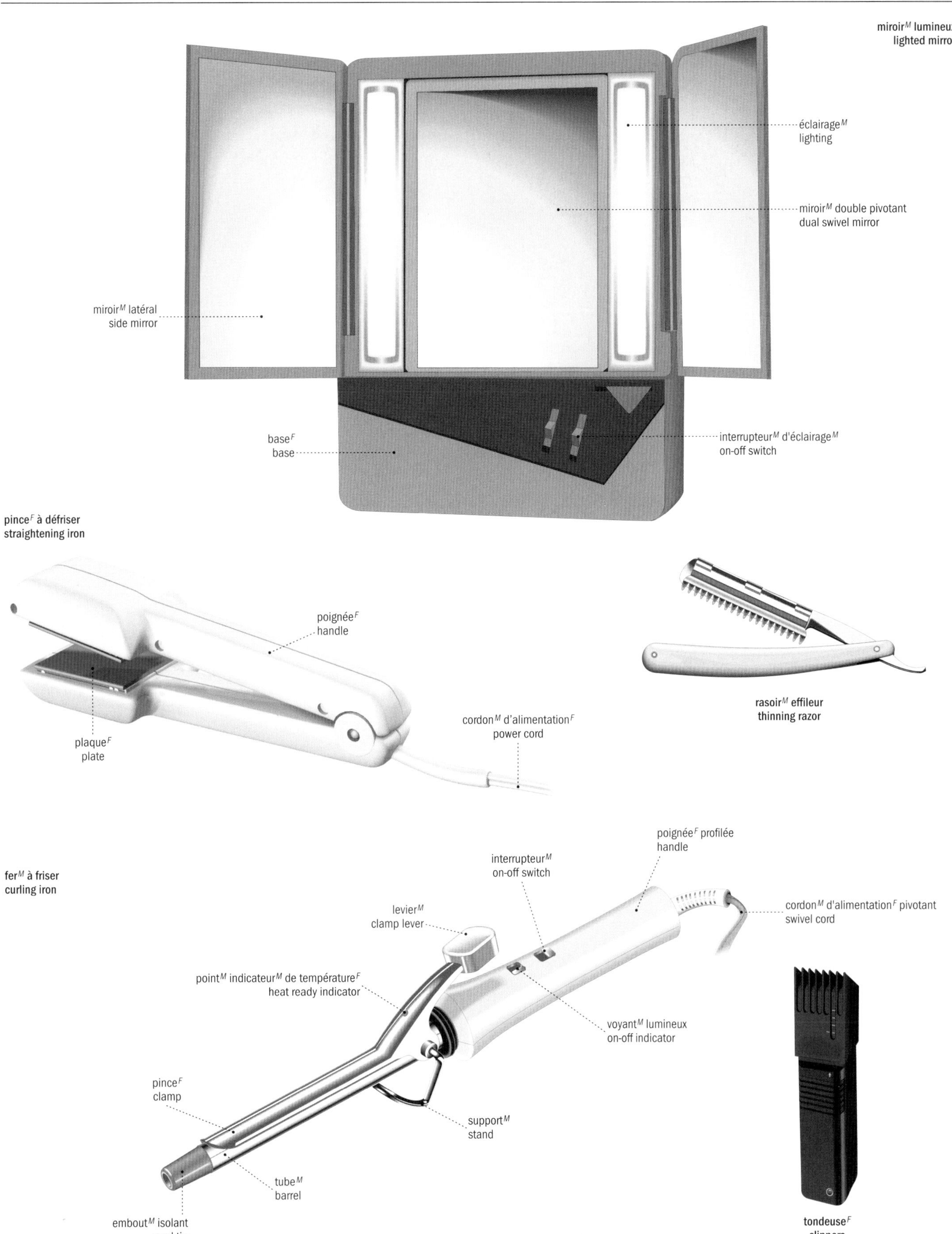
miroir^M lumineux
lighted mirror
éclairage^M
lighting
miroir^M double pivotant
dual swivel mirror
miroir^M latéral
side mirror
base^F
base
interrupteur^M d'éclairage^M
on-off switch
pince^F à défriser
straightening iron
poignée^F
handle
plaque^F
plate
cordon^M d'alimentation^F
power cord
rasoir^M effileur
thinning razor
fer^M à friser
curling iron
poignée^F profilée
handle
interrupteur^M
on-off switch
levier^M
clamp lever
cordon^M d'alimentation^F pivotant
swivel cord
point^M indicateur^M de température^F
heat ready indicator
voyant^M lumineux
on-off indicator
pince^F
clamp
support^M
stand
tube^M
barrel
embout^M isolant
cool tip
tondeuse^F
clippers

coiffure[F]

ciseaux[M] de coiffeur[M]
haircutting scissors

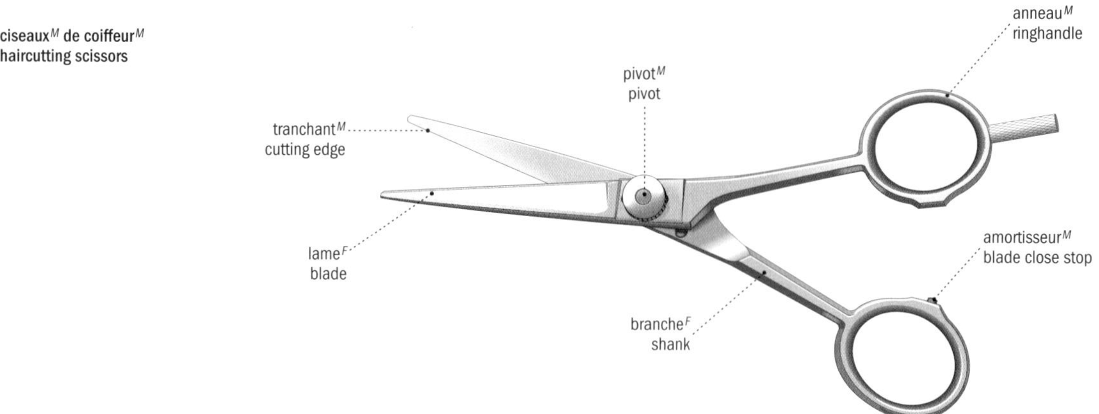
pivot[M]
pivot
anneau[M]
ringhandle
tranchant[M]
cutting edge
lame[F]
blade
amortisseur[M]
blade close stop
branche[F]
shank

ciseaux[M] sculpteurs
notched single-edged thinning scissors

lame[F] dentée
notched edge
lame[F] droite
blade

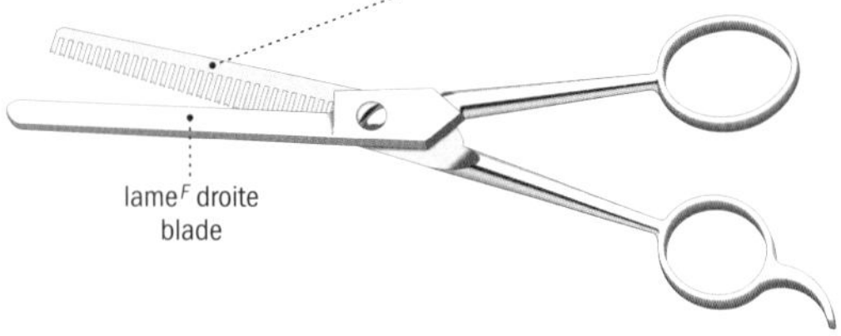

ciseaux[M] à effiler
notched double-edged thinning scissors

dent[F]
tooth

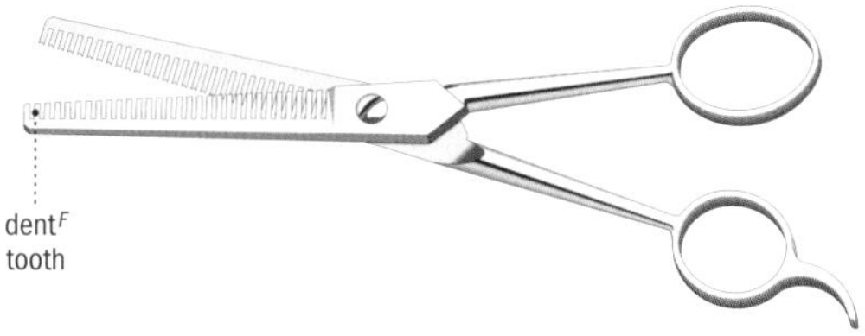

sèche-cheveux[M]
hair dryer

boitier[M] du ventilateur[M]
fan housing
grille[F] d'aspiration[F]
air-inlet grille
corps[M]
barrel
grille[F] de sortie[F] d'air[M]
air-outlet grille
sélecteur[M] de vitesse[F]
speed selector switch
heat air
0 1 2
1 2 3
chal. air
interrupteur[M]
on-off switch
sélecteur[M] de température[F]
heat selector switch
poignée[F]
handle
anneau[M] de suspension[F]
hang-up ring
buse[F]
air concentrator
cordon[M] d'alimentation[F]
power supply cord

rasage[M]

shaving

mousse[F] à raser
shaving foam

cordon[M] d'alimentation[F]
power cord

brosse[F] de nettoyage[M]
cleaning brush

rasoir[M] électrique
electric razor

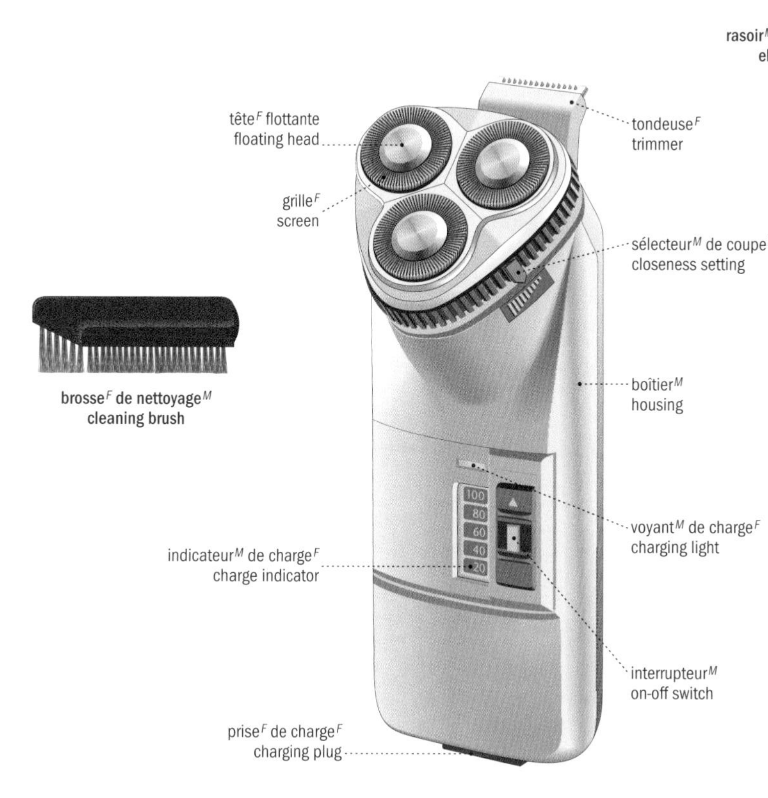
tête[F] flottante
floating head
grille[F]
screen
tondeuse[F]
trimmer
sélecteur[M] de coupe[F]
closeness setting
boîtier[M]
housing
voyant[M] de charge[F]
charging light
indicateur[M] de charge[F]
charge indicator
100
80
60
40
20
interrupteur[M]
on-off switch
prise[F] de charge[F]
charging plug

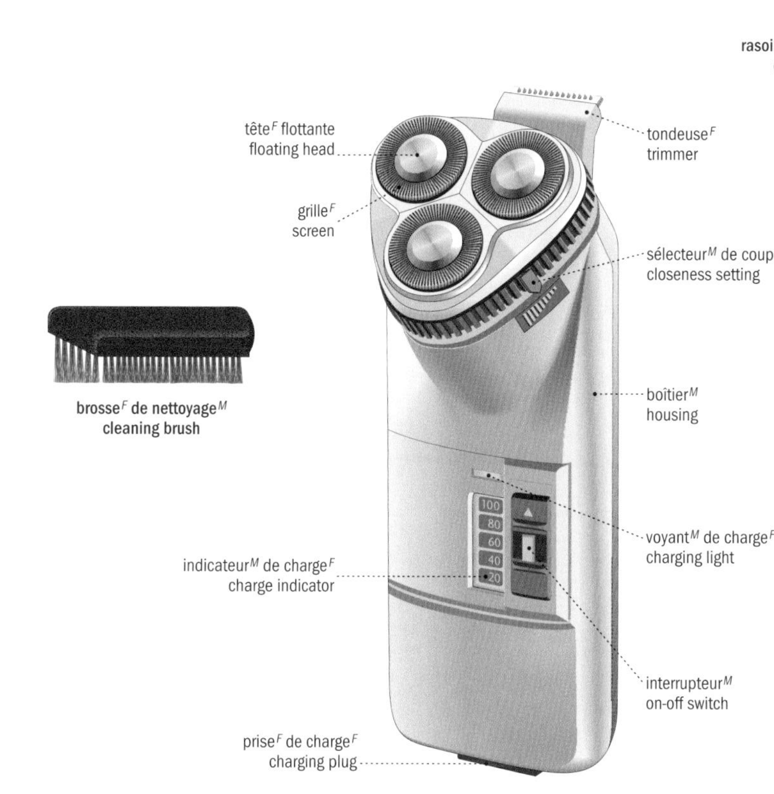

blaireau[M]
shaving brush

soie[F]
bristle

adaptateur[M] de fiche[F]
plug adapter

rasoir[M] à manche[M]
straight razor

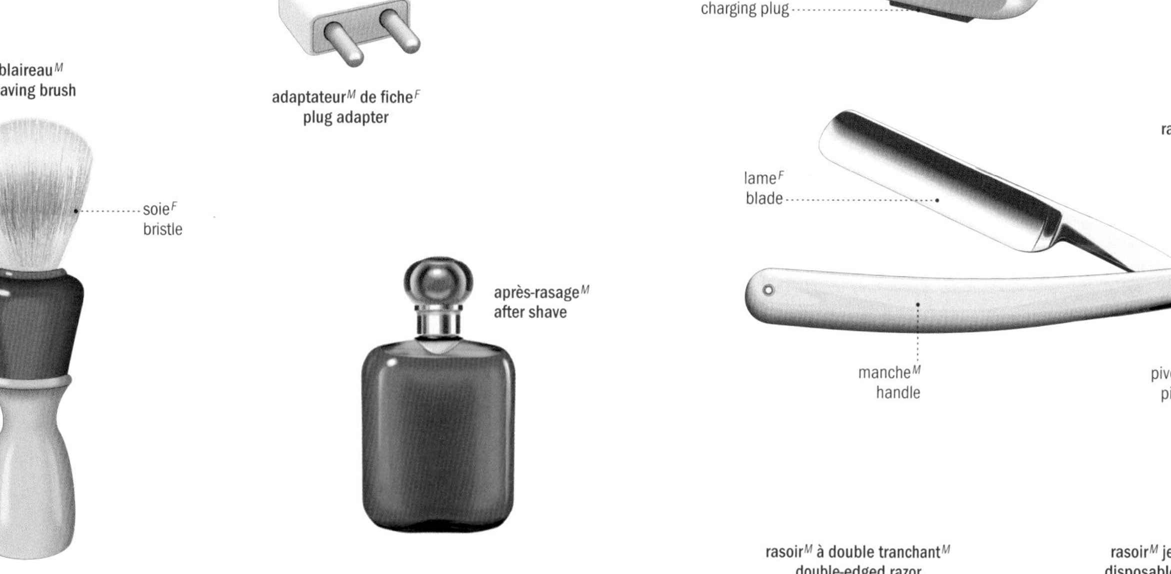
lame[F]
blade
manche[M]
handle
pivot[M]
pivot

après-rasage[M]
after shave

distributeur[M] de lames[F]
blade injector

rasoir[M] à double tranchant[M]
double-edged razor

rasoir[M] jetable
disposable razor

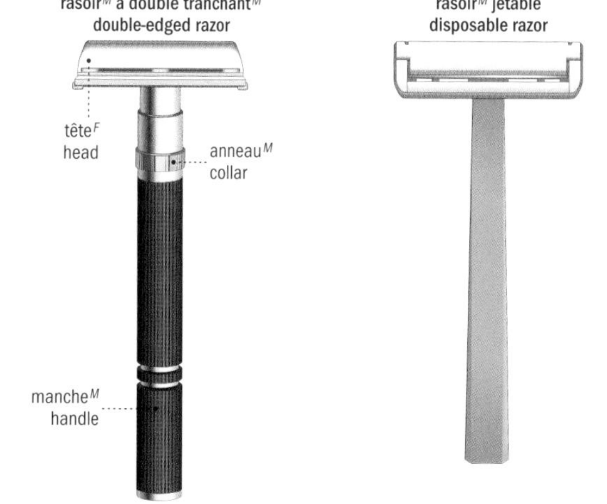
tête[F]
head
anneau[M]
collar
manche[M]
handle

bol[M] à raser
shaving mug

lame[F] à double tranchant[M]
double-edged blade

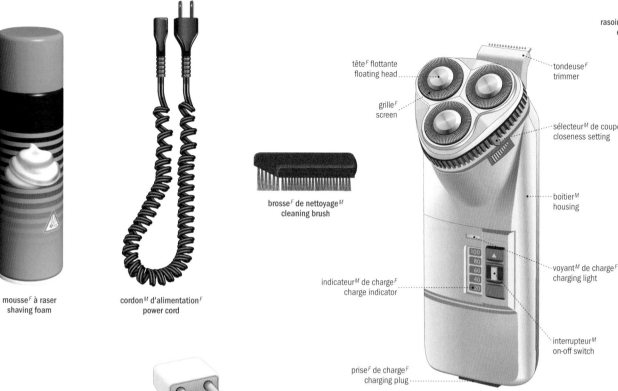

hygiène^{F} dentaire

dental care

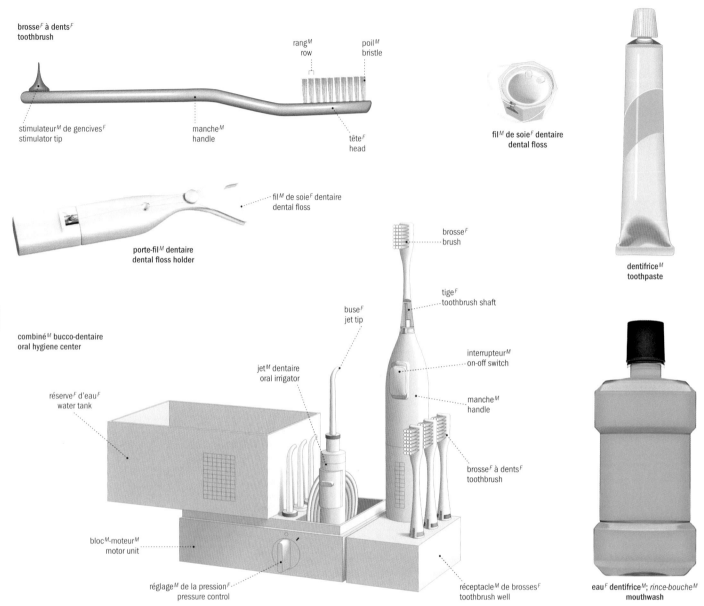

brosse^{F} à dents^{F}
toothbrush

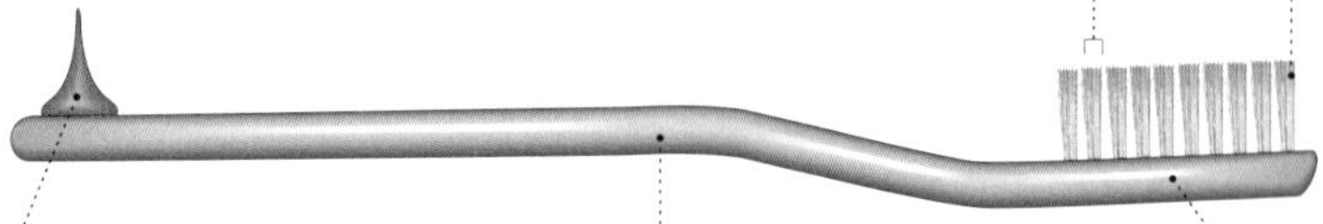

rang^{M}
row

poil^{M}
bristle

stimulateur^{M} de gencives^{F}
stimulator tip

manche^{M}
handle

tête^{F}
head

fil^{M} de soie^{F} dentaire
dental floss

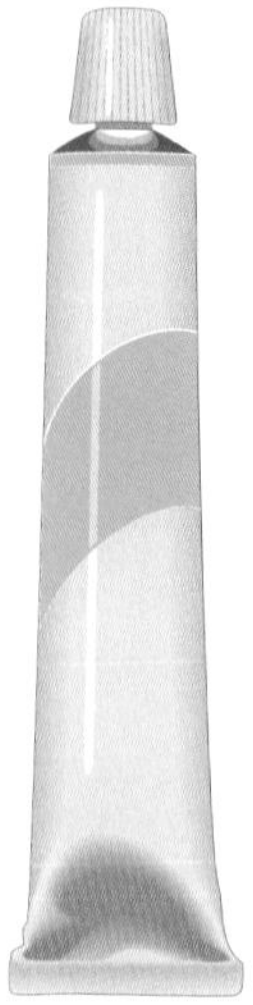

dentifrice^{M}
toothpaste

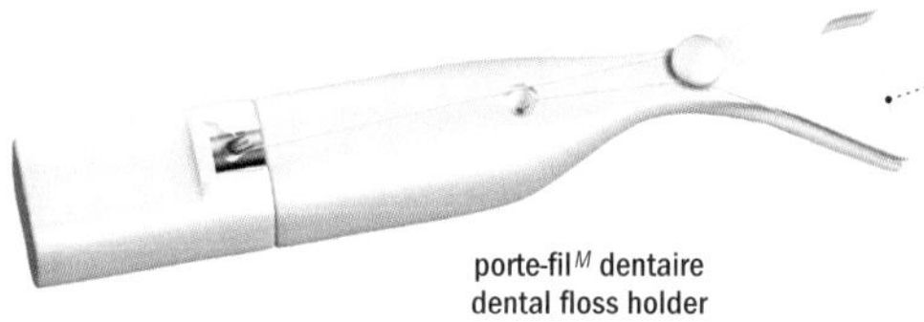

fil^{M} de soie^{F} dentaire
dental floss

porte-fil^{M} dentaire
dental floss holder

combiné^{M} bucco-dentaire
oral hygiene center

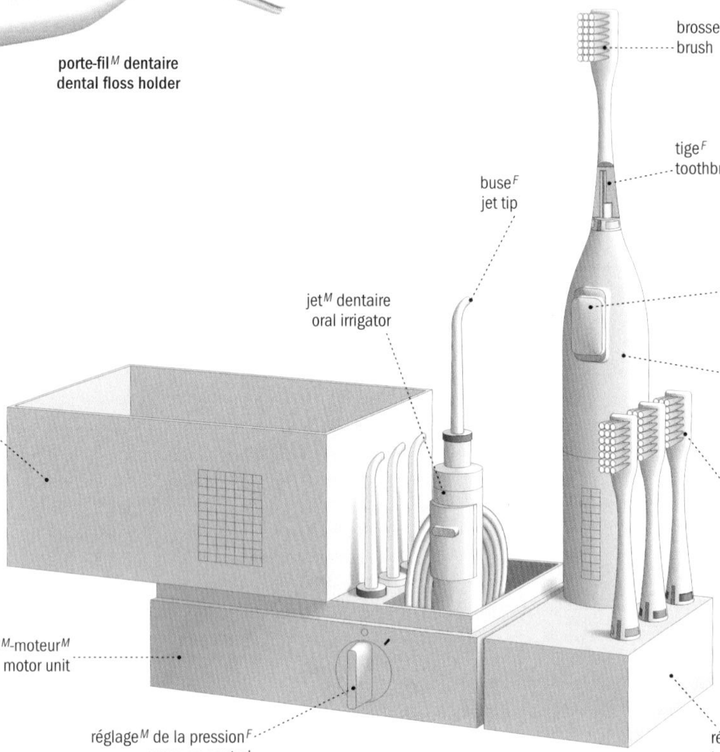

brosse^{F}
brush

tige^{F}
toothbrush shaft

buse^{F}
jet tip

interrupteur^{M}
on-off switch

jet^{M} dentaire
oral irrigator

réserve^{F} d'eau^{F}
water tank

manche^{M}
handle

brosse^{F} à dents^{F}
toothbrush

bloc^{M}-moteur^{M}
motor unit

réglage^{M} de la pression^{F}
pressure control

réceptacle^{M} de brosses^{F}
toothbrush well

eau^{F} dentifrice^{M}; *rince-bouche^{M}*
mouthwash

lentilles^{F} de contact^{M}

contact lenses

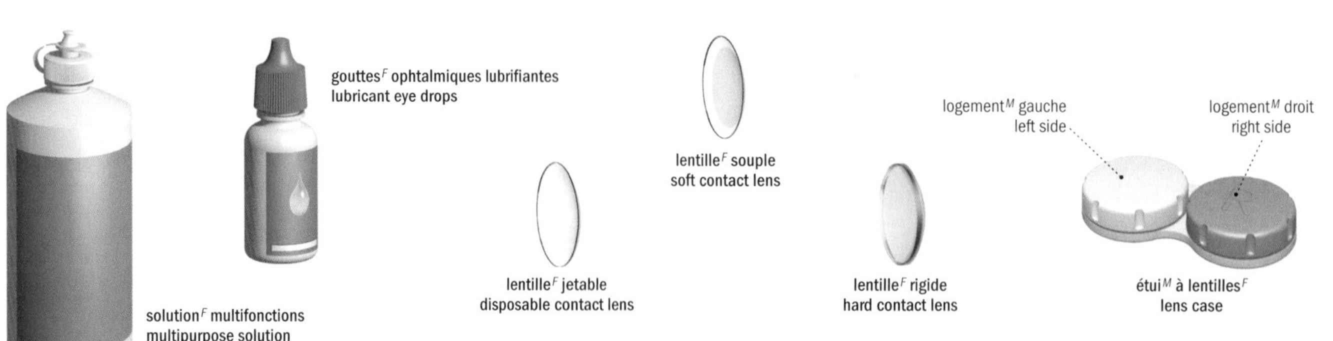
logement^{M} gauche
left side
logement^{M} droit
right side

gouttes^{F} ophtalmiques lubrifiantes
lubricant eye drops

lentille^{F} souple
soft contact lens

lentille^{F} jetable
disposable contact lens

lentille^{F} rigide
hard contact lens

étui^{M} à lentilles^{F}
lens case

solution^{F} multifonctions
multipurpose solution

lunettes^F

eyeglasses

parties^F des lunettes^F
eyeglasses parts

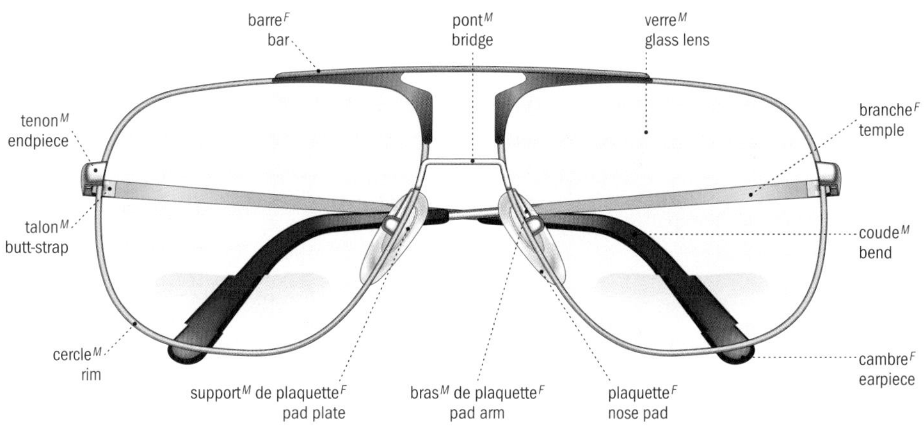
barre^F
bar
pont^M
bridge
verre^M
glass lens
tenon^M
endpiece
branche^F
temple
talon^M
butt-strap
coude^M
bend
cercle^M
rim
cambre^F
earpiece
support^M de plaquette^F
pad plate
bras^M de plaquette^F
pad arm
plaquette^F
nose pad

monture^F
frames

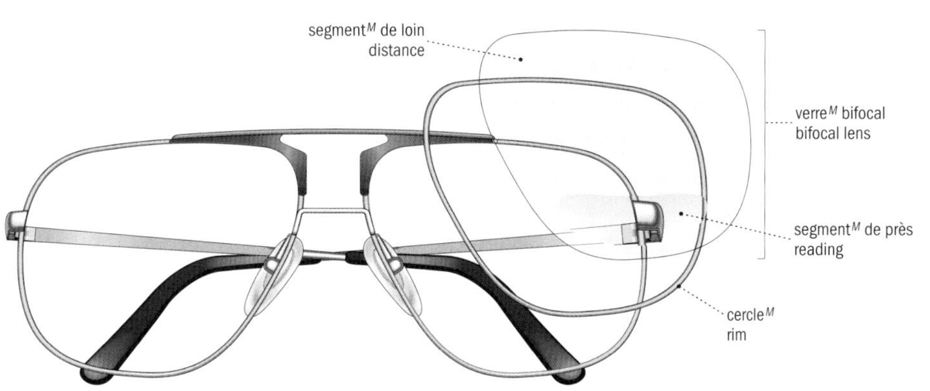
segment^M de loin
distance
verre^M bifocal
bifocal lens
segment^M de près
reading
cercle^M
rim

exemples^M de lunettes^F
examples of eyeglasses

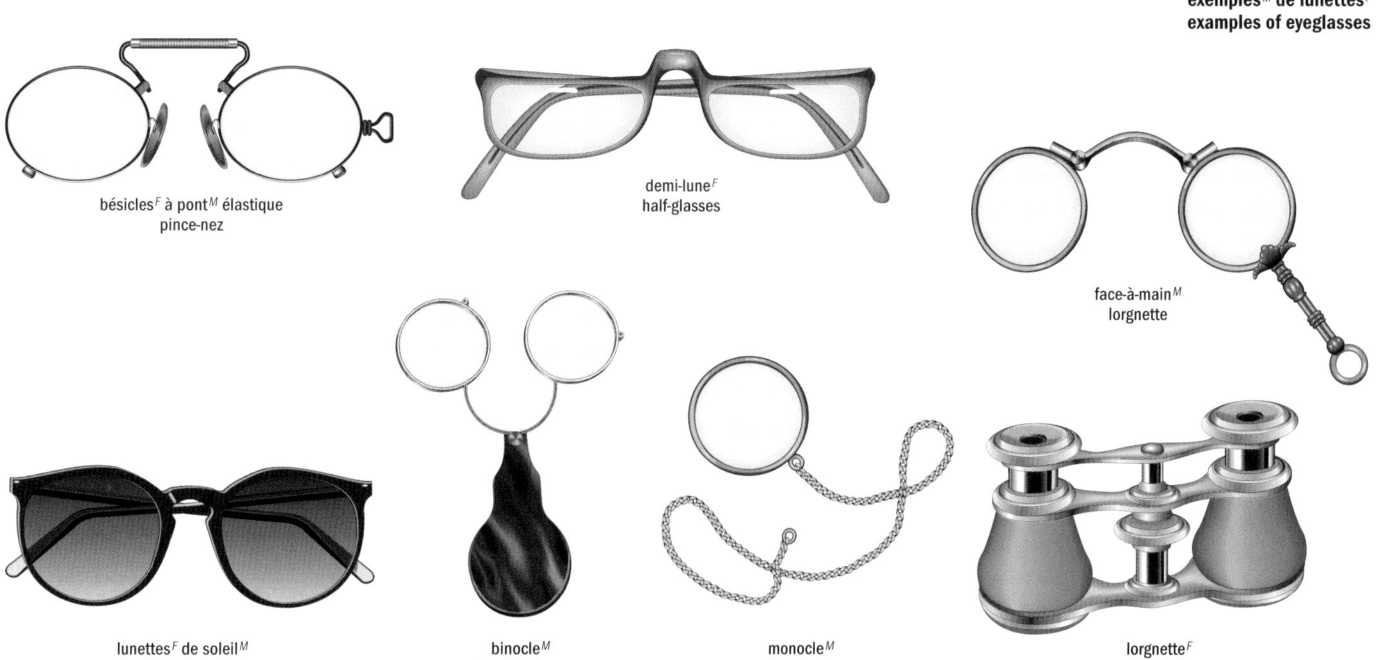
bésicles^F à pont^M élastique
pince-nez
demi-lune^F
half-glasses
face-à-main^M
lorgnette
lunettes^F de soleil^M
sunglasses
binocle^M
scissors-glasses
monocle^M
monocle
lorgnette^F
opera glasses

articles[M] de maroquinerie[F]

leather goods

mallette[F] porte-documents[M]
attaché case

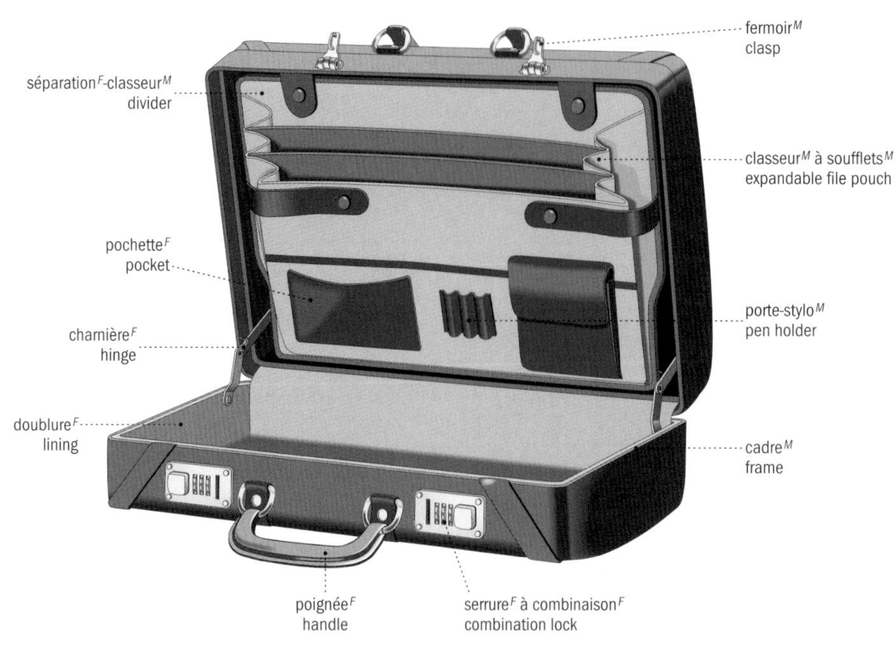
séparation[F]-classeur[M]
divider
fermoir[M]
clasp
classeur[M] à soufflets[M]
expandable file pouch
pochette[F]
pocket
charnière[F]
hinge
porte-stylo[M]
pen holder
doublure[F]
lining
cadre[M]
frame
poignée[F]
handle
serrure[F] à combinaison[F]
combination lock

porte-documents[M] à soufflet[M]
bottom-fold portfolio

poignée[F] rentrante
retractable handle
poche[F] extérieure
exterior pocket

serviette[F]
briefcase

patte[F]
tab
serrure[F] à clé[F]
key lock
soufflet[M]
gusset

portefeuille[M] chéquier[M]
checkbook/secretary clutch

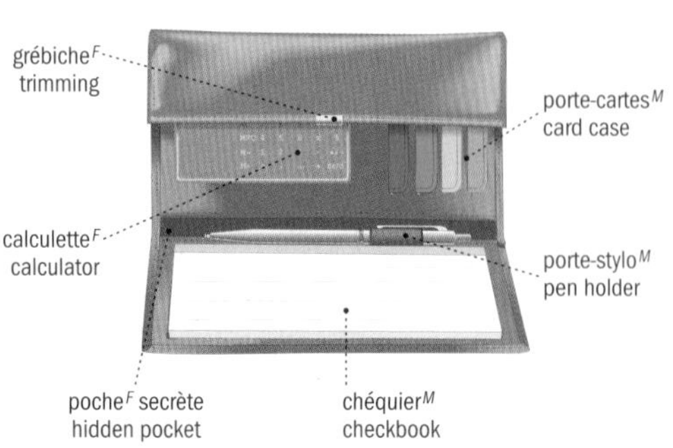
grébiche[F]
trimming
porte-cartes[M]
card case
calculette[F]
calculator
porte-stylo[M]
pen holder
poche[F] secrète
hidden pocket
chéquier[M]
checkbook

porte-cartes[M]
card case

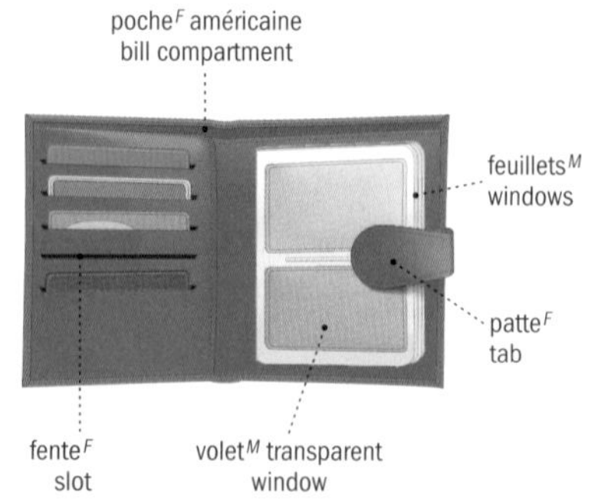
poche[F] américaine
bill compartment
feuillets[M]
windows
patte[F]
tab
fente[F]
slot
volet[M] transparent
window

articles[M] de maroquinerie[F]

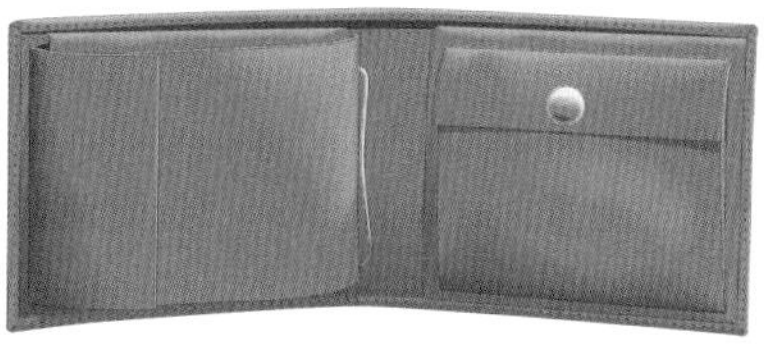

portefeuille[M]
wallet

porte-monnaie[M]
coin purse

porte-clés[M]
key case

bourse[F] à monnaie[F]
purse

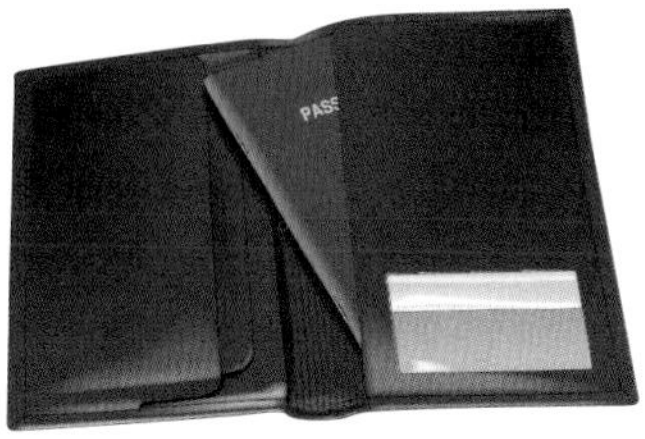

porte-passeport[M]
passport case

porte-coupures[M]
billfold

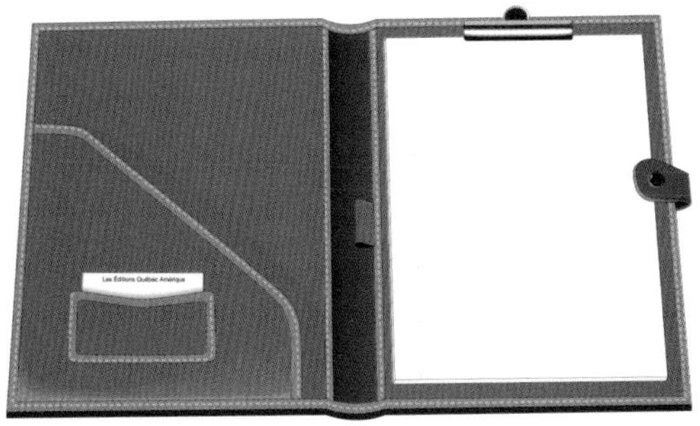

écritoire[F]
writing case

porte-chéquier[M]
checkbook

étui[M] à lunettes[F]
eyeglasses case

porte-documents[M] plat
underarm portfolio

sacs[M] à main[F]

handbags

sac[M] seau[M]
drawstring bag

sac[M] cartable[M]
satchel bag

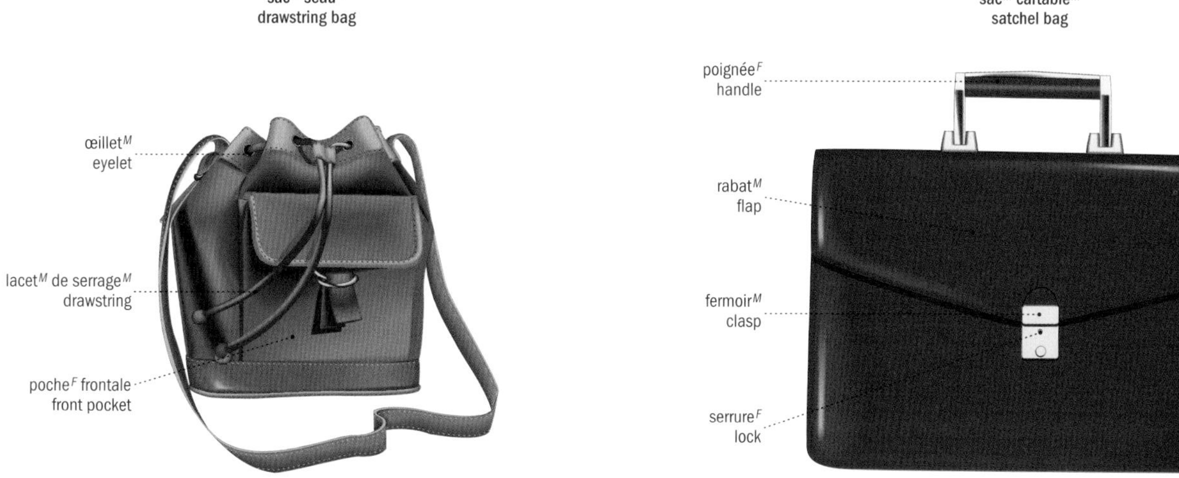
œillet[M]
eyelet
lacet[M] de serrage[M]
drawstring
poche[F] frontale
front pocket
poignée[F]
handle
rabat[M]
flap
fermoir[M]
clasp
serrure[F]
lock

sacs[M] à main[F]

sac[M] à bandoulière[F]
shoulder bag

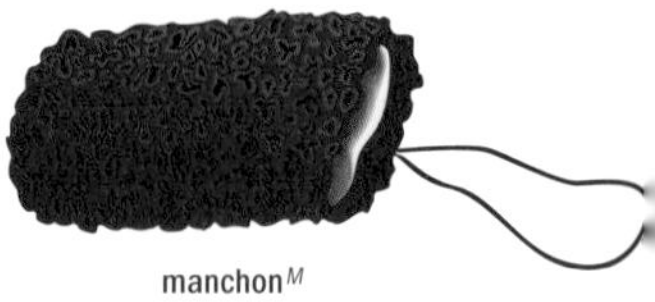

boucle[F]
buckle

bandoulière[F]
shoulder strap

manchon[M]
muff

sac[M] boîte[F]
box bag

balluchon[M]
drawstring bag

sac[M] accordéon[M]
accordion bag

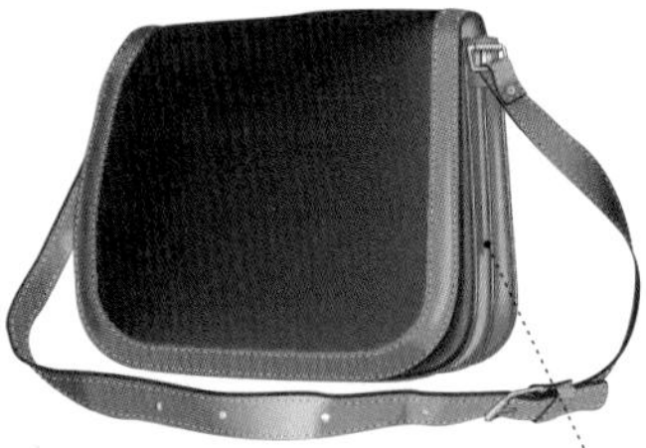

sac[M] besace[F]
hobo bag

pochette[F] d'homme[M]
men's bag

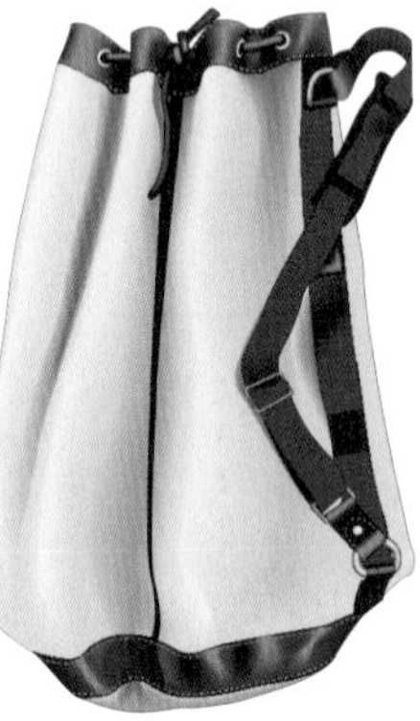

sac[M] fourre-tout[M]
tote bag

soufflet[M]
gusset

sac[M] marin[M]
sea bag

sac[M] polochon[M]
duffel bag

sac[M] à provisions[F]
carrier bag

cabas[M]
shopping bag

bagages[M]

luggage

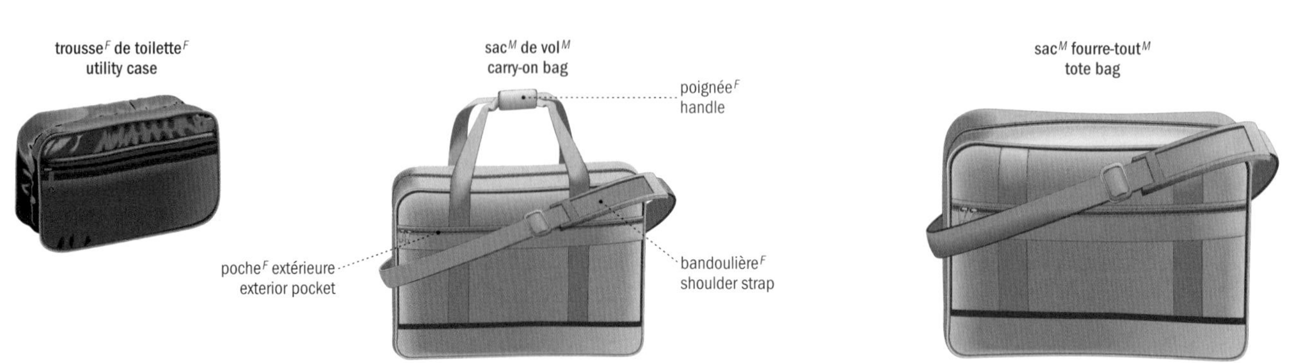
trousse[F] de toilette[F]
utility case
sac[M] de vol[M]
carry-on bag
poignée[F]
handle
poche[F] extérieure
exterior pocket
bandoulière[F]
shoulder strap
sac[M] fourre-tout[M]
tote bag

bagages^M

housse^F à vêtements^M
garment bag

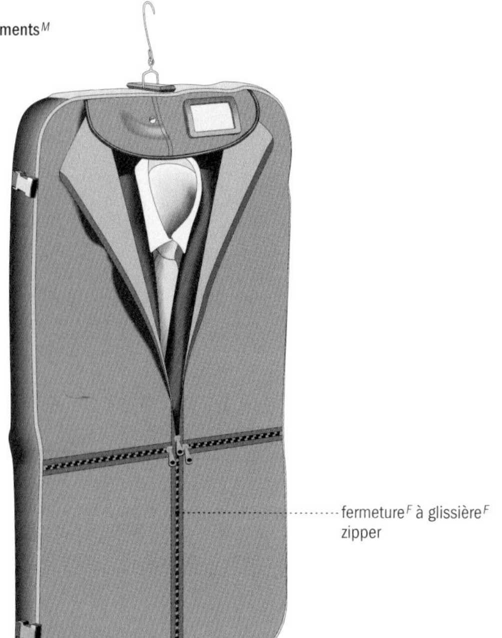
fermeture^F à glissière^F
zipper

valise^F pullman^M
Pullman case

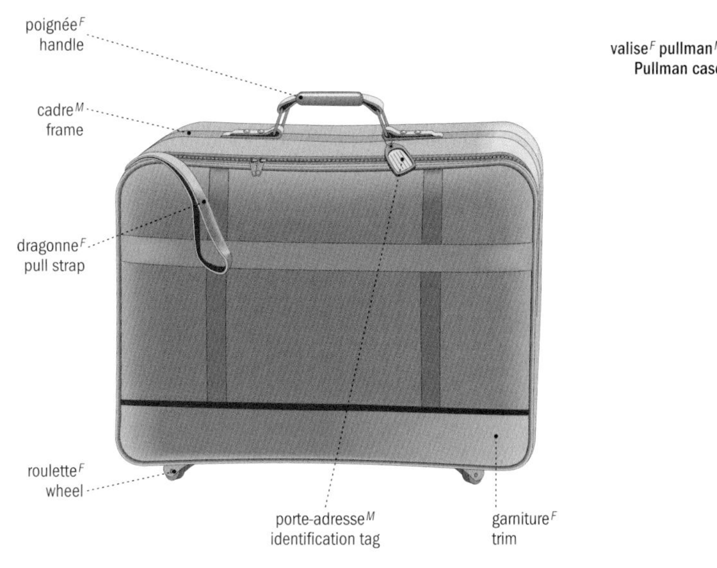
poignée^F
handle
cadre^M
frame
dragonne^F
pull strap
roulette^F
wheel
porte-adresse^M
identification tag
garniture^F
trim

valise^F fin^F de semaine^F
weekender

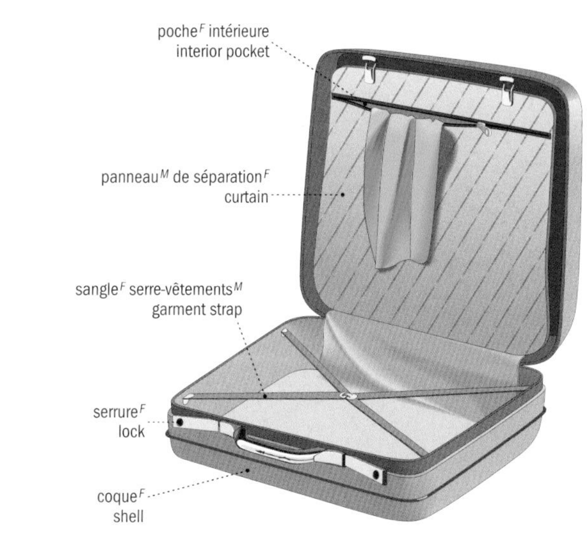
poche^F intérieure
interior pocket
panneau^M de séparation^F
curtain
sangle^F serre-vêtements^M
garment strap
serrure^F
lock
coque^F
shell

mallette^F de toilette^F
vanity case

miroir^M
mirror
charnière^F
hinge
plateau^M
cosmetic tray

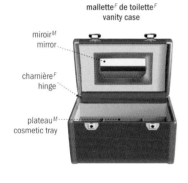

porte-bagages^M
luggage carrier

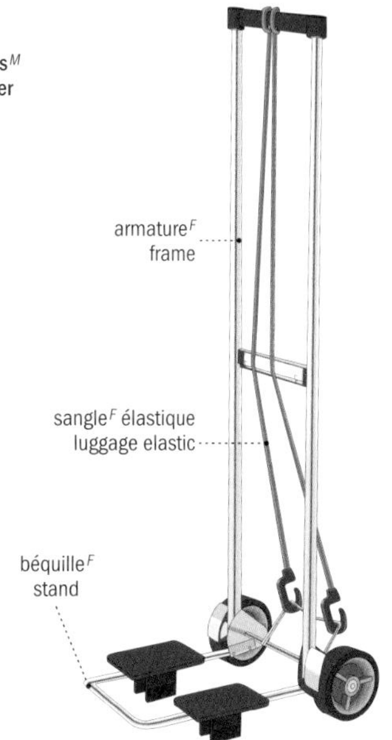
armature^F
frame
sangle^F élastique
luggage elastic
béquille^F
stand

malle^F
trunk

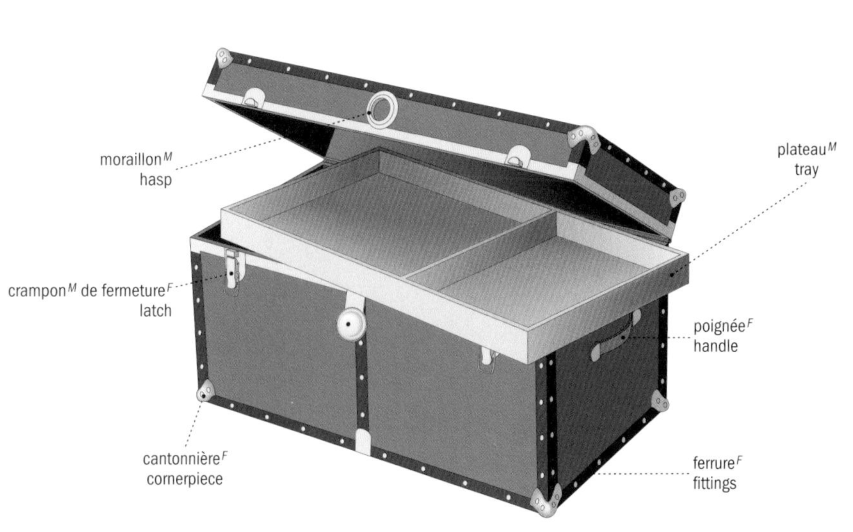
moraillon^M
hasp
crampon^M de fermeture^F
latch
cantonnière^F
cornerpiece
plateau^M
tray
poignée^F
handle
ferrure^F
fittings

articles[M] de fumeur[M]

smoking accessories

pipe[F]
pipe

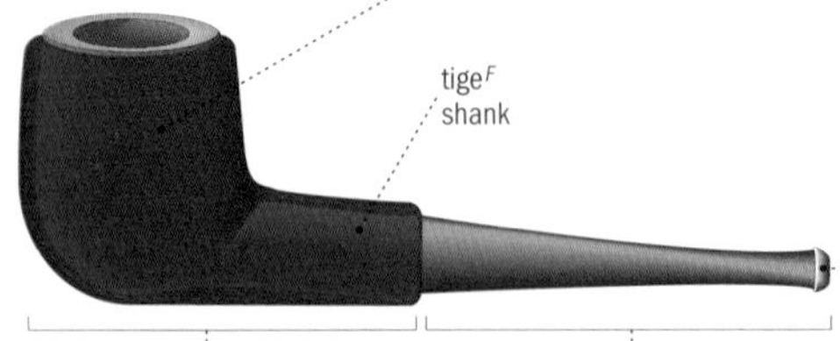

talon[M]
bowl

tige[F]
shank

lentille[F]
bit

tête[F]
stummel

tuyau[M]
stem

bourre-pipe[M]
pipe tools

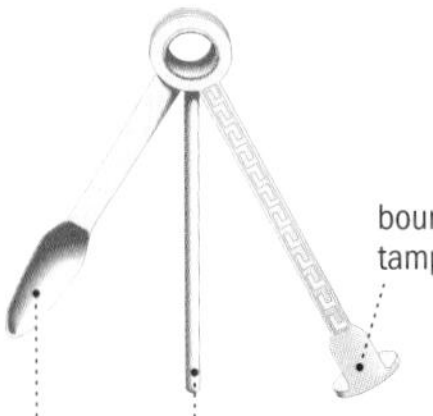

bourre-pipe[M]
tamper

curette[F]
scoop

pointe[F]
pick

nettoie-pipes[M]
pipe cleaners

coupe[F] d'une pipe[F]
cross section of a pipe

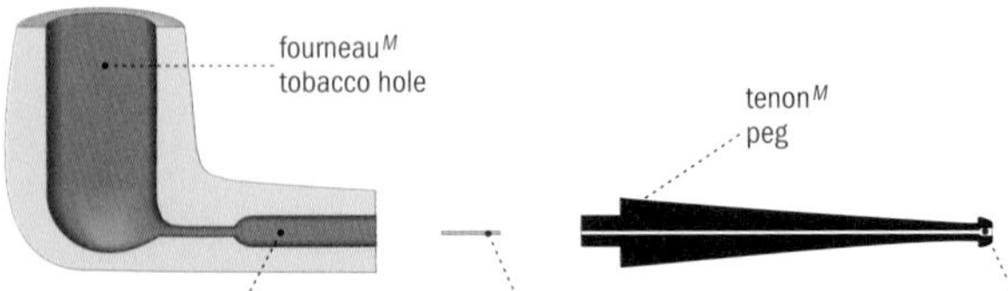

fourneau[M]
tobacco hole

tenon[M]
peg

mortaise[F]
mortise

système[M] filtre[M]
filter

trou[M] de l'embout[M]
air hole

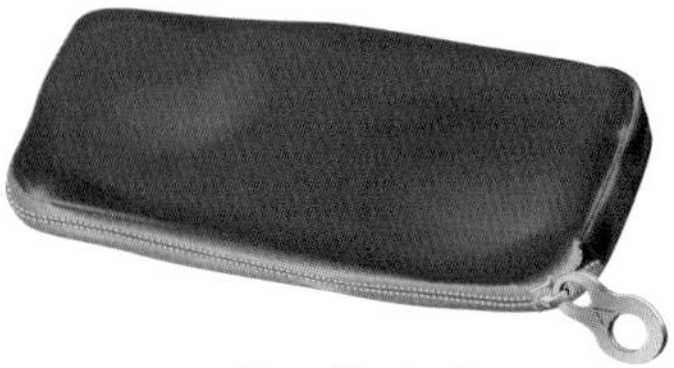

blague[F] à tabac[M]
tobacco pouch

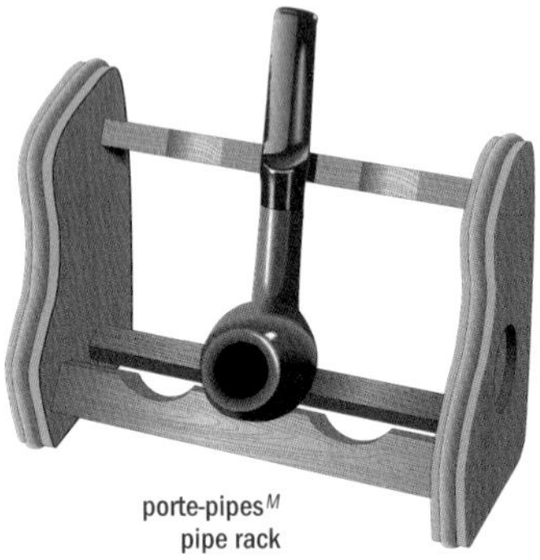

porte-pipes[M]
pipe rack

cigare[M]
cigar

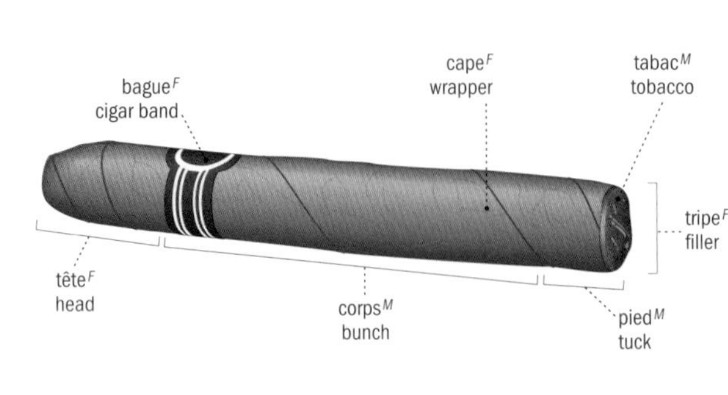
bague[F]
cigar band
cape[F]
wrapper
tabac[M]
tobacco
tripe[F]
filler
tête[F]
head
corps[M]
bunch
pied[M]
tuck

coupe-cigare[M]
cigar cutter

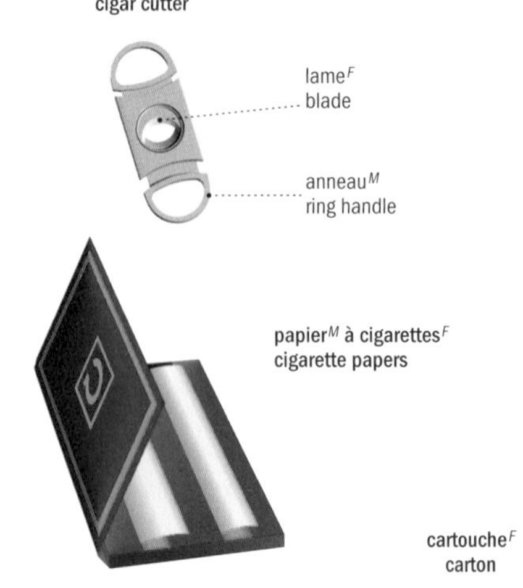
lame[F]
blade
anneau[M]
ring handle
papier[M] à cigarettes[F]
cigarette papers

cartouche[F]
carton

cigarette[F]
cigarette

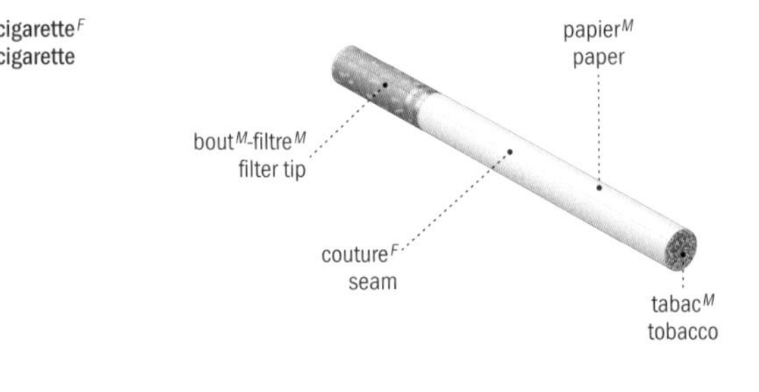
papier[M]
paper
bout[M]-filtre[M]
filter tip
couture[F]
seam
tabac[M]
tobacco

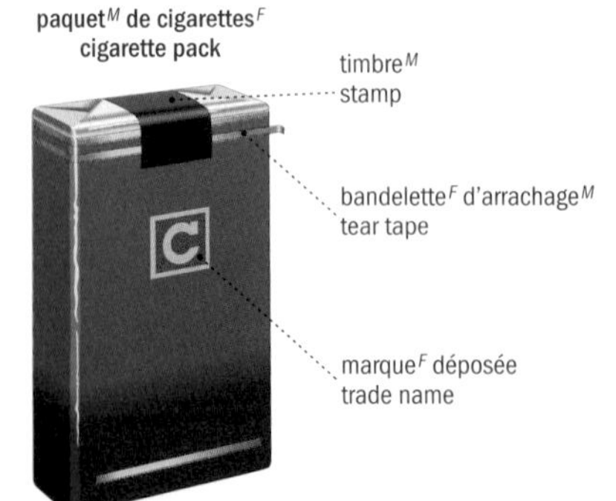
paquet[M] de cigarettes[F]
cigarette pack
timbre[M]
stamp
bandelette[F] d'arrachage[M]
tear tape
marque[F] déposée
trade name

articles[M] de fumeur[M]

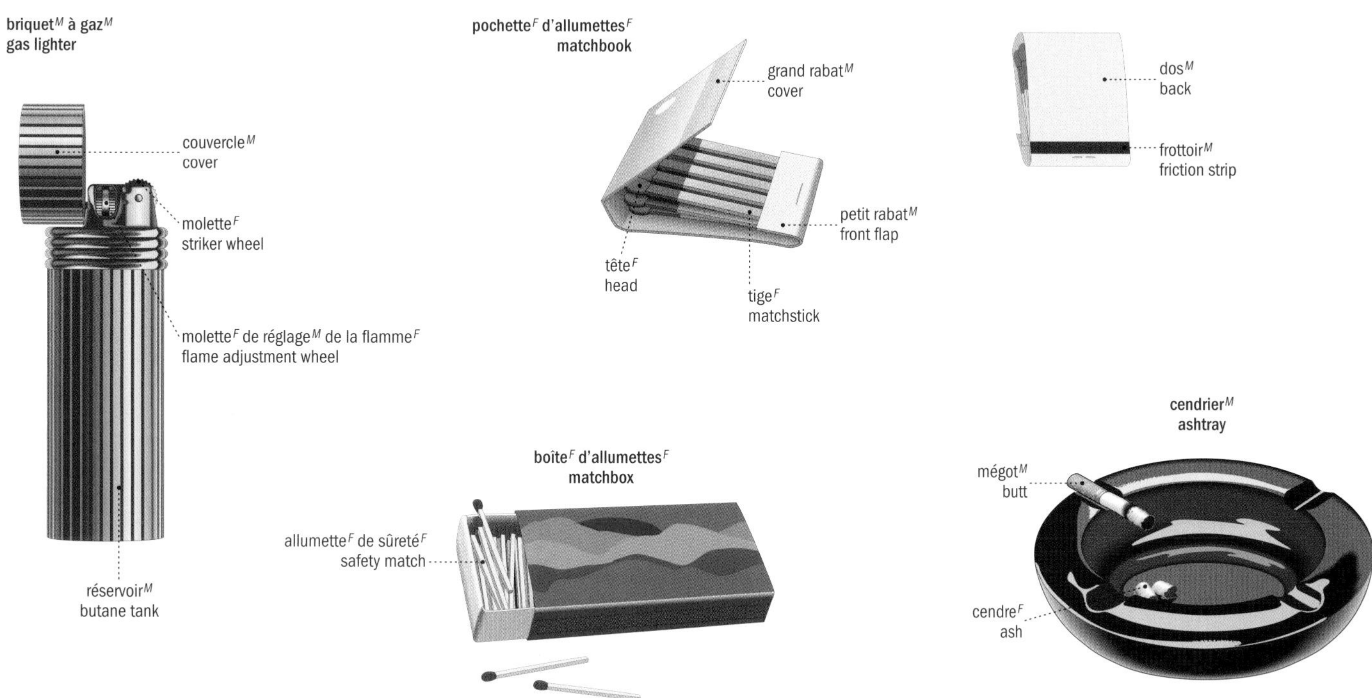
briquet[M] à gaz[M]
gas lighter
couvercle[M]
cover
molette[F]
striker wheel
molette[F] de réglage[M] de la flamme[F]
flame adjustment wheel
réservoir[M]
butane tank
pochette[F] d'allumettes[F]
matchbook
grand rabat[M]
cover
petit rabat[M]
front flap
tête[F]
head
tige[F]
matchstick
dos[M]
back
frottoir[M]
friction strip
boîte[F] d'allumettes[F]
matchbox
allumette[F] de sûreté[F]
safety match
cendrier[M]
ashtray
mégot[M]
butt
cendre[F]
ash

parapluie[M] et canne[F]

umbrella and stick

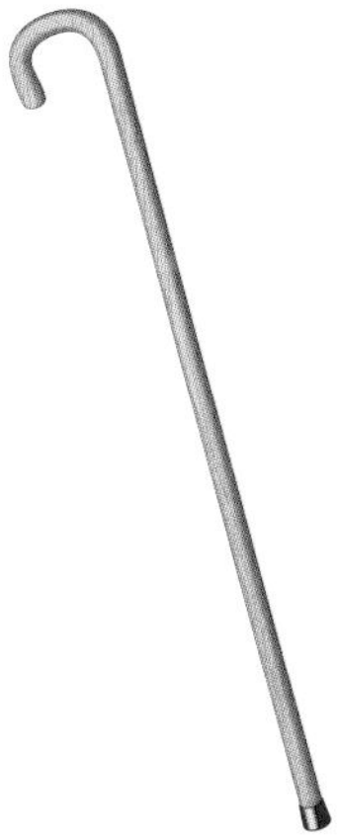

canne[F]
walking stick

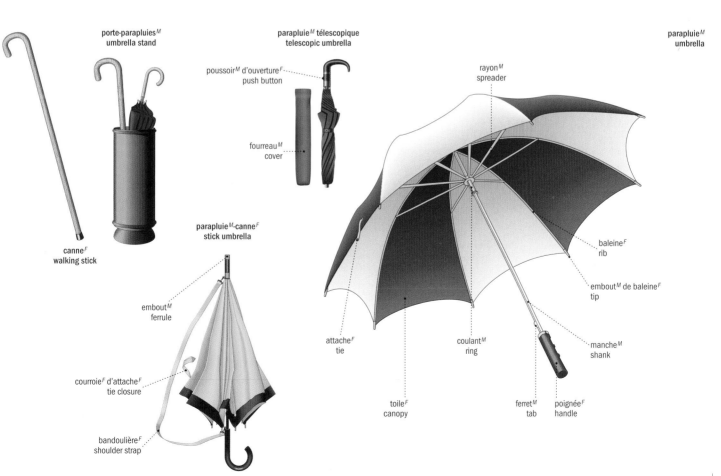

porte-parapluies[M]
umbrella stand

parapluie[M] télescopique
telescopic umbrella

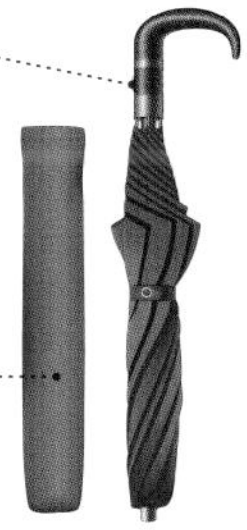

poussoir[M] d'ouverture[F]
push button

fourreau[M]
cover

parapluie[M]-canne[F]
stick umbrella

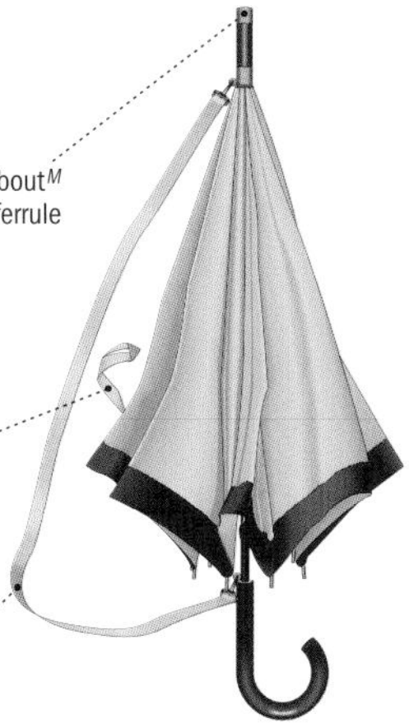

embout[M]
ferrule

courroie[F] d'attache[F]
tie closure

bandoulière[F]
shoulder strap

parapluie[M]
umbrella

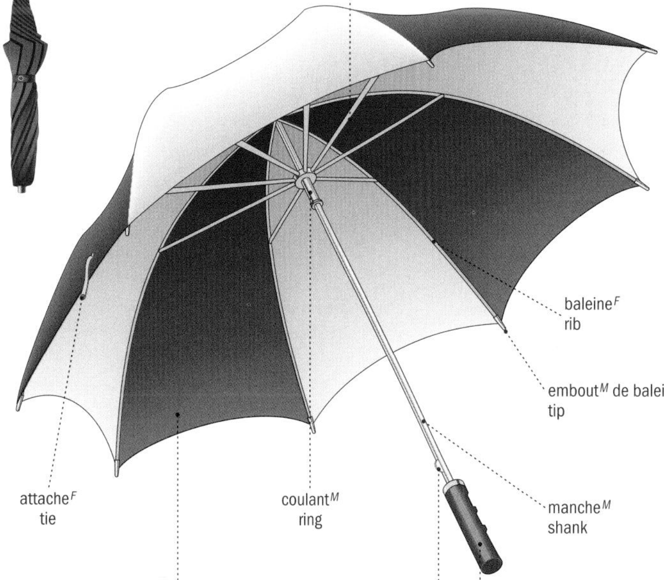

rayon[M]
spreader

baleine[F]
rib

embout[M] de baleine[F]
tip

manche[M]
shank

attache[F]
tie

coulant[M]
ring

toile[F]
canopy

ferret[M]
tab

poignée[F]
handle

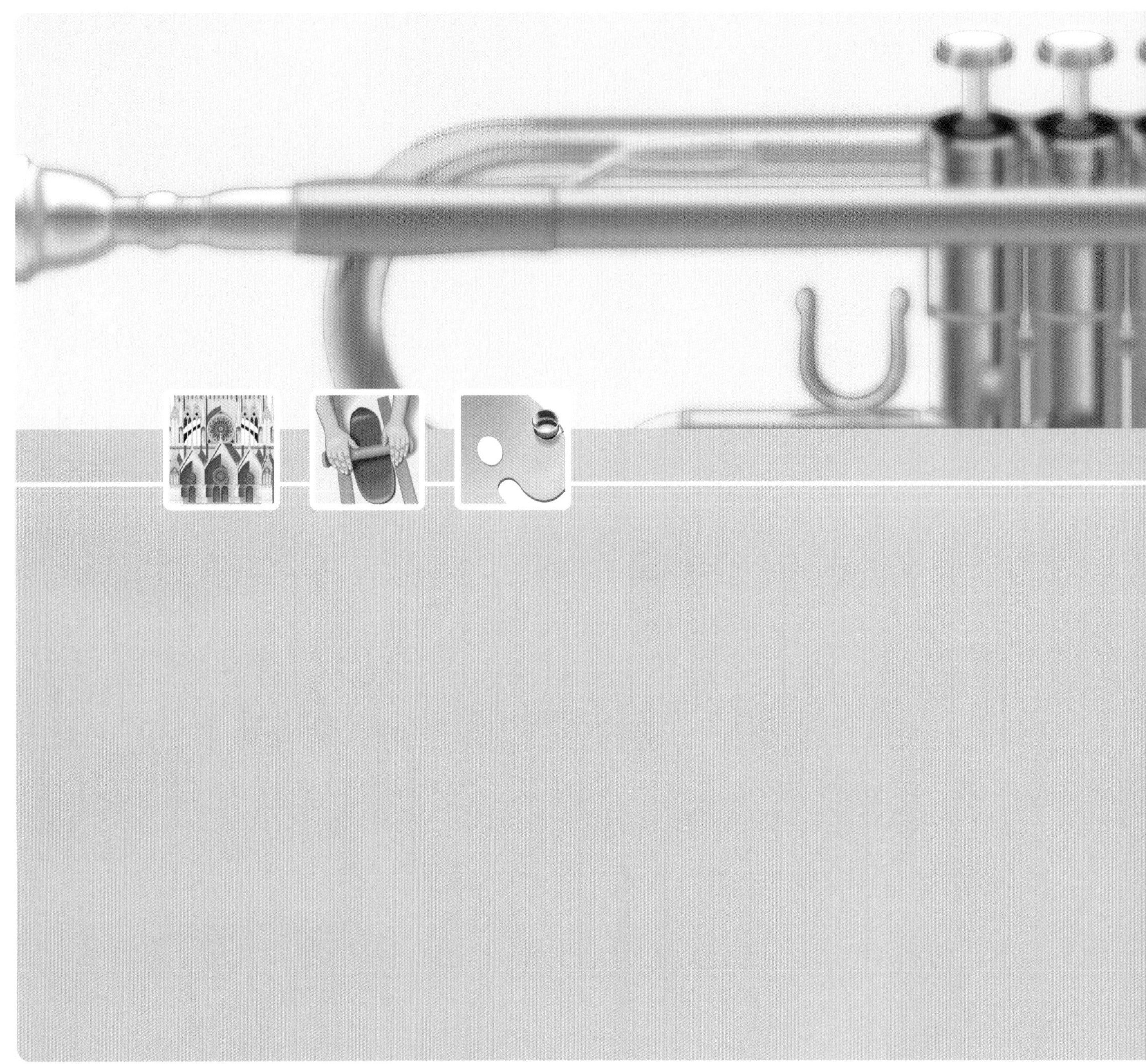

394 Beaux-arts

394 musée
396 peinture et dessin
401 sculpture sur bois

402 Architecture

402 pyramide
402 théâtre grec
403 temple grec
404 styles d'architecture
406 maison romaine
407 amphithéâtre romain
408 château fort
409 fortification à la Vauban
410 cathédrale
412 pagode
412 temple aztèque
413 éléments d'architecture
417 escalier mécanique
417 ascenseur
418 maisons traditionnelles
419 maisons de ville

420 Arts graphiques

420 impression
421 gravure en relief
422 gravure en creux
423 lithographie
424 reliure d'art

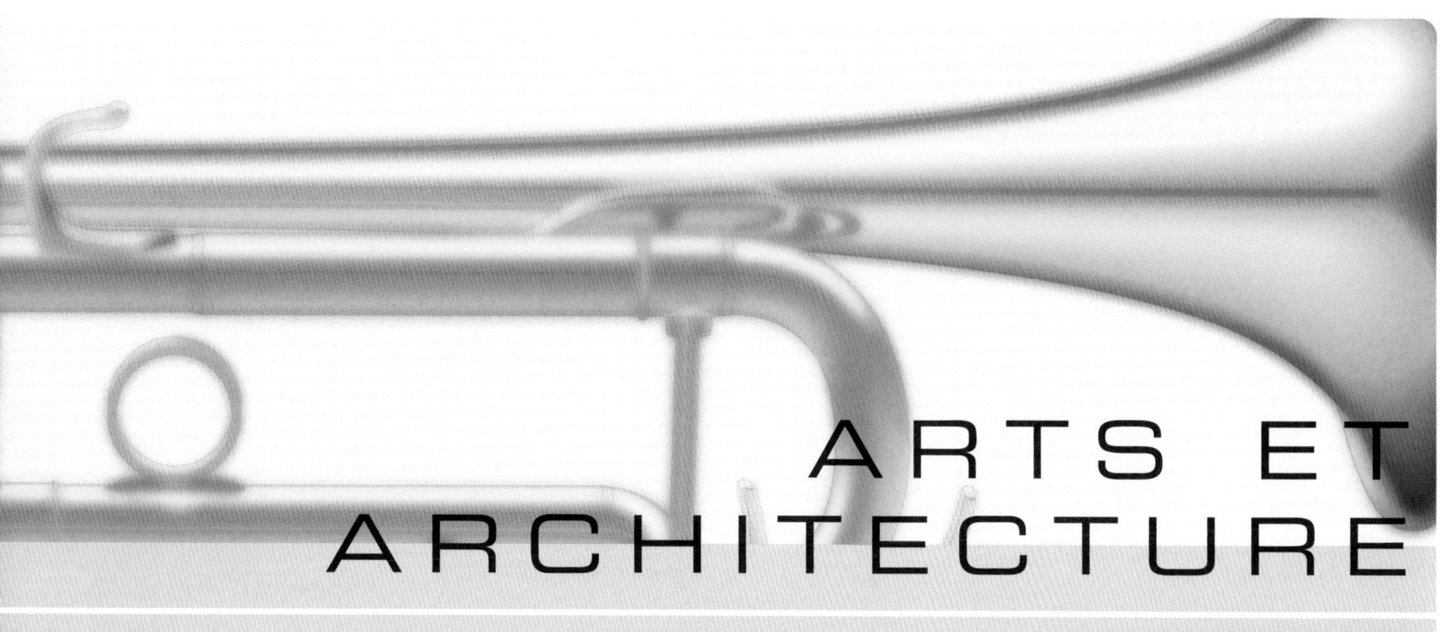

ARTS ET ARCHITECTURE

ARTS AND ARCHITECTURE

427 Arts de la scène

427 cinéma
428 plateau de tournage
430 salle de spectacle

432 Musique

432 instruments traditionnels
434 notation musicale
436 accessoires
437 orchestre symphonique
438 exemples de groupes instrumentaux
439 instruments à cordes
442 instruments à clavier
446 instruments à vent
448 instruments à percussion
450 instruments électroniques

452 Artisanat

452 couture
456 machine à tricoter
457 tricot
458 dentelle aux fuseaux
459 broderie
460 tissage
464 poterie

musée^{M}

museum

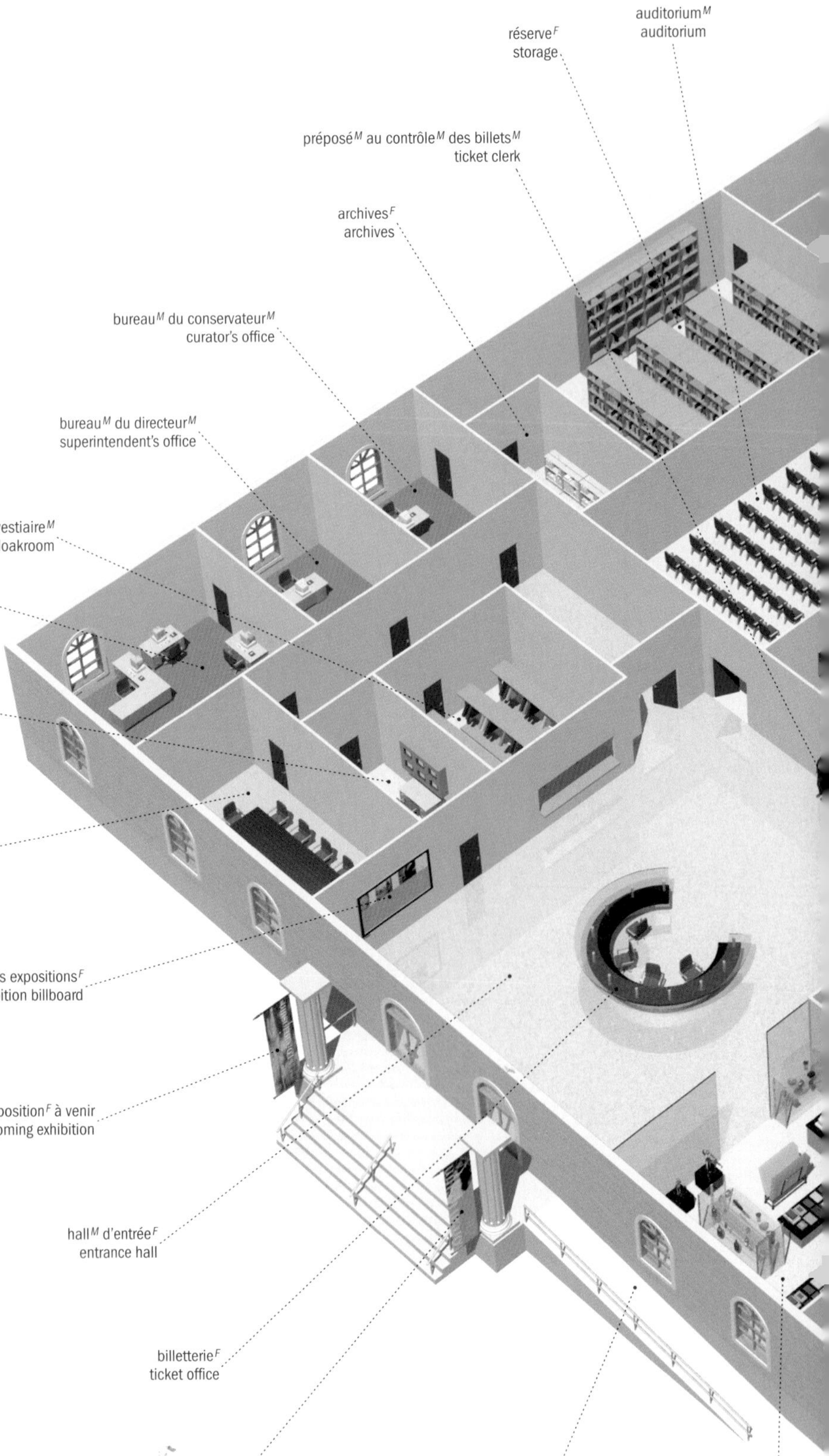

réserve^{F}
storage

auditorium^{M}
auditorium

préposé^{M} au contrôle^{M} des billets^{M}
ticket clerk

archives^{F}
archives

bureau^{M} du conservateur^{M}
curator's office

bureau^{M} du directeur^{M}
superintendent's office

vestiaire^{M}
cloakroom

administration^{F}
administration

poste^{M} de surveillance^{F}
control center

salle^{F} de réunion^{F}
meeting room

tableau^{M} d'affichage^{M} des expositions^{F}
exhibition billboard

banderole^{F} d'exposition^{F} à venir
banner for the coming exhibition

hall^{M} d'entrée^{F}
entrance hall

billetterie^{F}
ticket office

audioguide^{M}
audioguide

banderole^{F} d'exposition^{F} en cours^{M}
banner for the current exhibition

rampe^{F} d'accès^{M} pour fauteuils^{M} roulants
wheelchair ramp

boutique^{F} du musée^{M}
museum shop

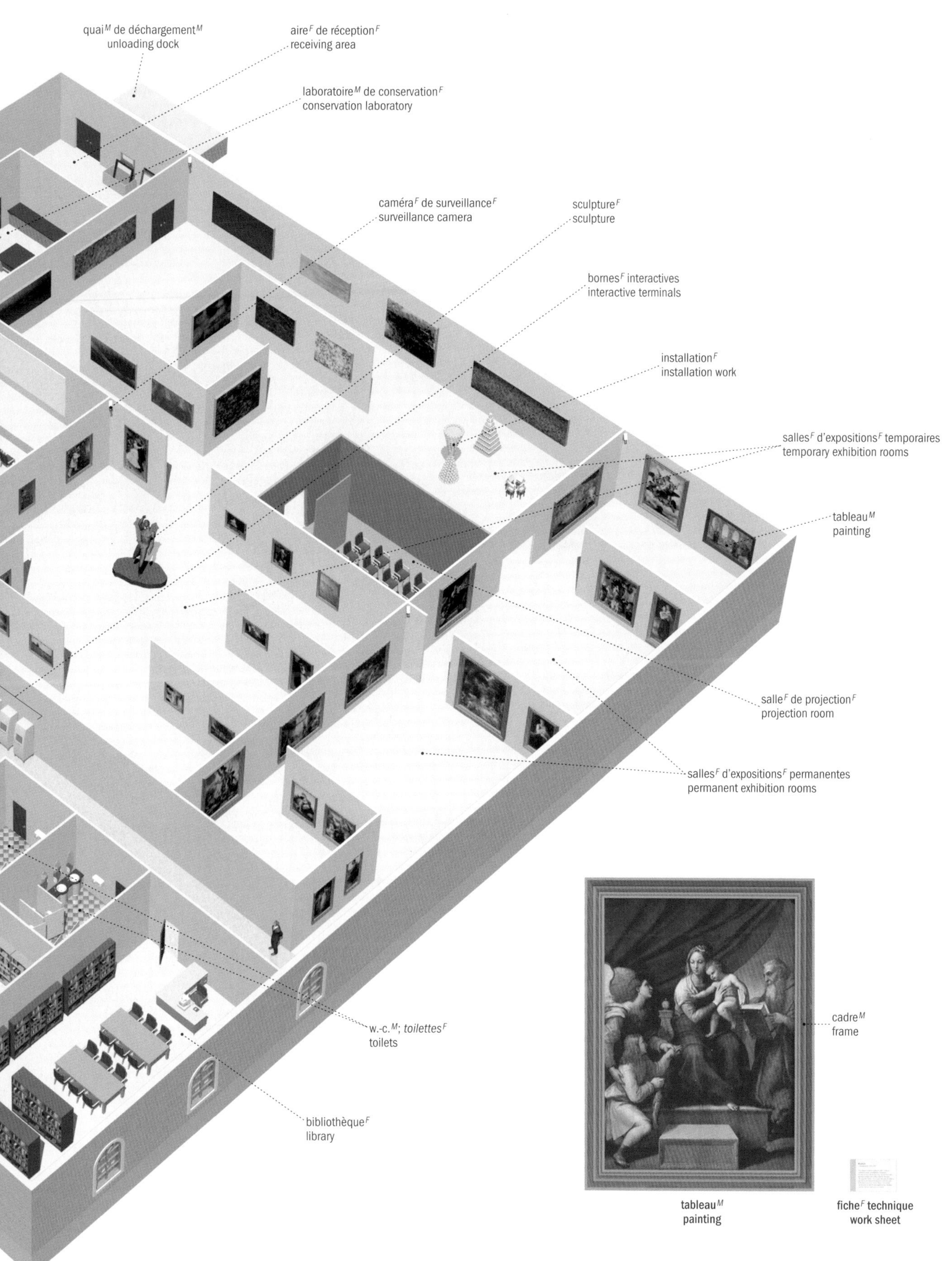
quai[M] de déchargement[M]
unloading dock
aire[F] de réception[F]
receiving area
laboratoire[M] de conservation[F]
conservation laboratory
caméra[F] de surveillance[F]
surveillance camera
sculpture[F]
sculpture
bornes[F] interactives
interactive terminals
installation[F]
installation work
salles[F] d'expositions[F] temporaires
temporary exhibition rooms
tableau[M]
painting
salle[F] de projection[F]
projection room
salles[F] d'expositions[F] permanentes
permanent exhibition rooms
w.-c.[M]; *toilettes*[F]
toilets
bibliothèque[F]
library
cadre[M]
frame

tableau[M]
painting

fiche[F] **technique**
work sheet

peinture^F et dessin^M

painting and drawing

principales techniques^F
major techniques

dessin^M à l'encre^F
ink drawing

dessin^M au fusain^M
charcoal drawing

peinture^F à l'huile^F
oil painting

aquarelle^F
watercolor

gouache^F
gouache

dessin^M au feutre^M
felt tip pen drawing

dessin^M au pastel^M sec
dry pastel drawing

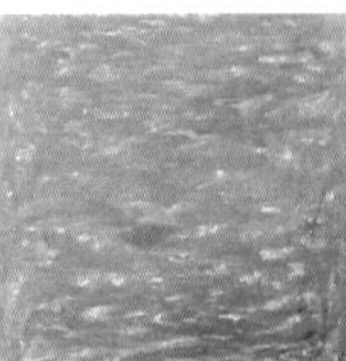
dessin^M au pastel^M gras
oil pastel drawing

dessin^M au crayon^M de couleur^F
colored pencil drawing

dessin^M au crayon^M de cire^F
wax crayon drawing

matériel^M
equipment

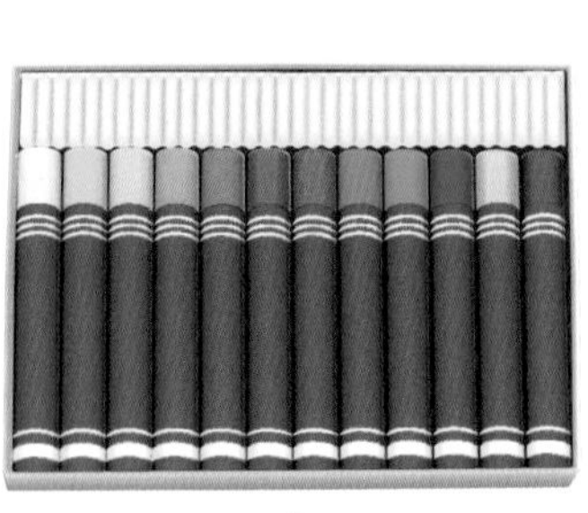
pastels^M gras
oil pastel

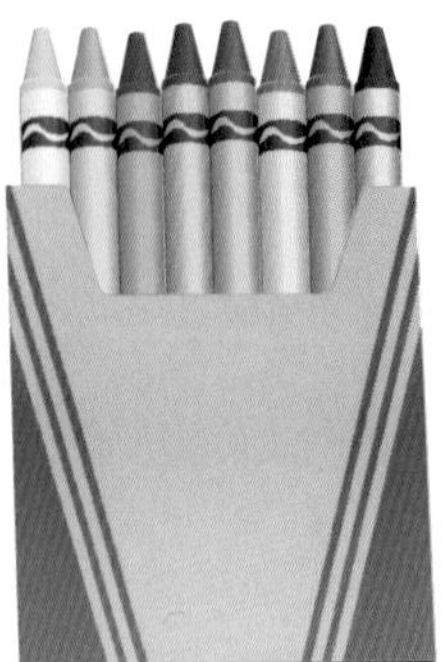
crayons^M de cire^F
wax crayons

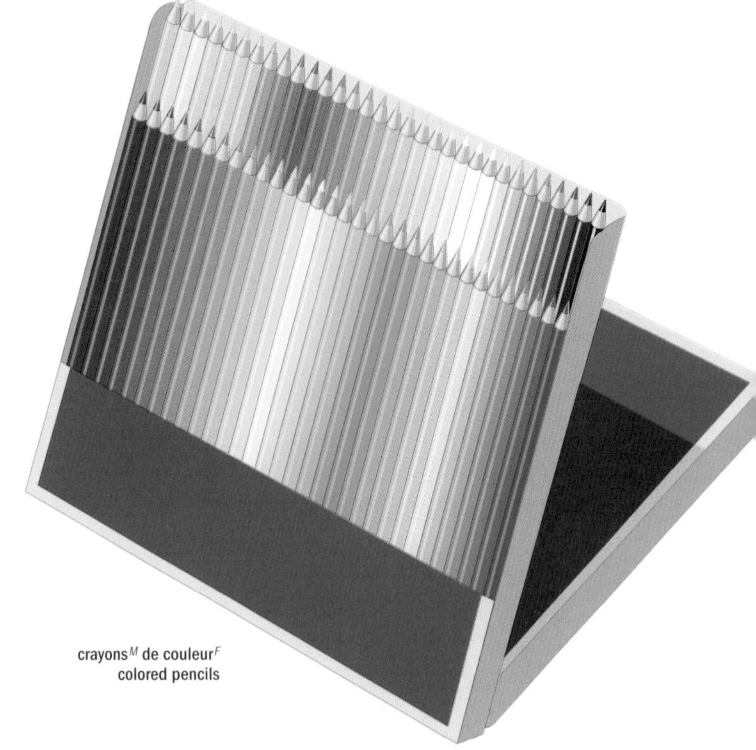
crayons^M de couleur^F
colored pencils

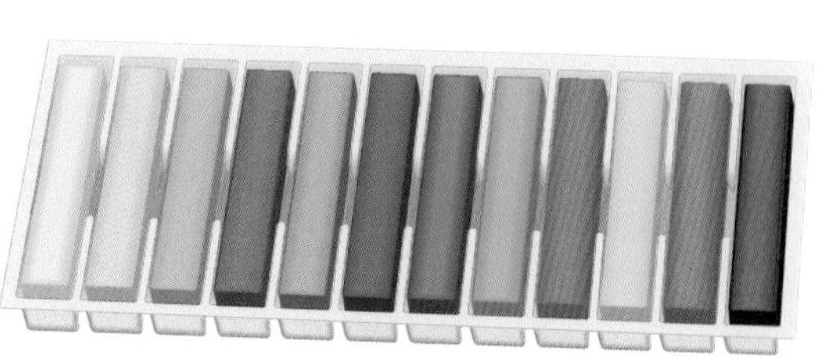
pastels^M secs
soft pastel

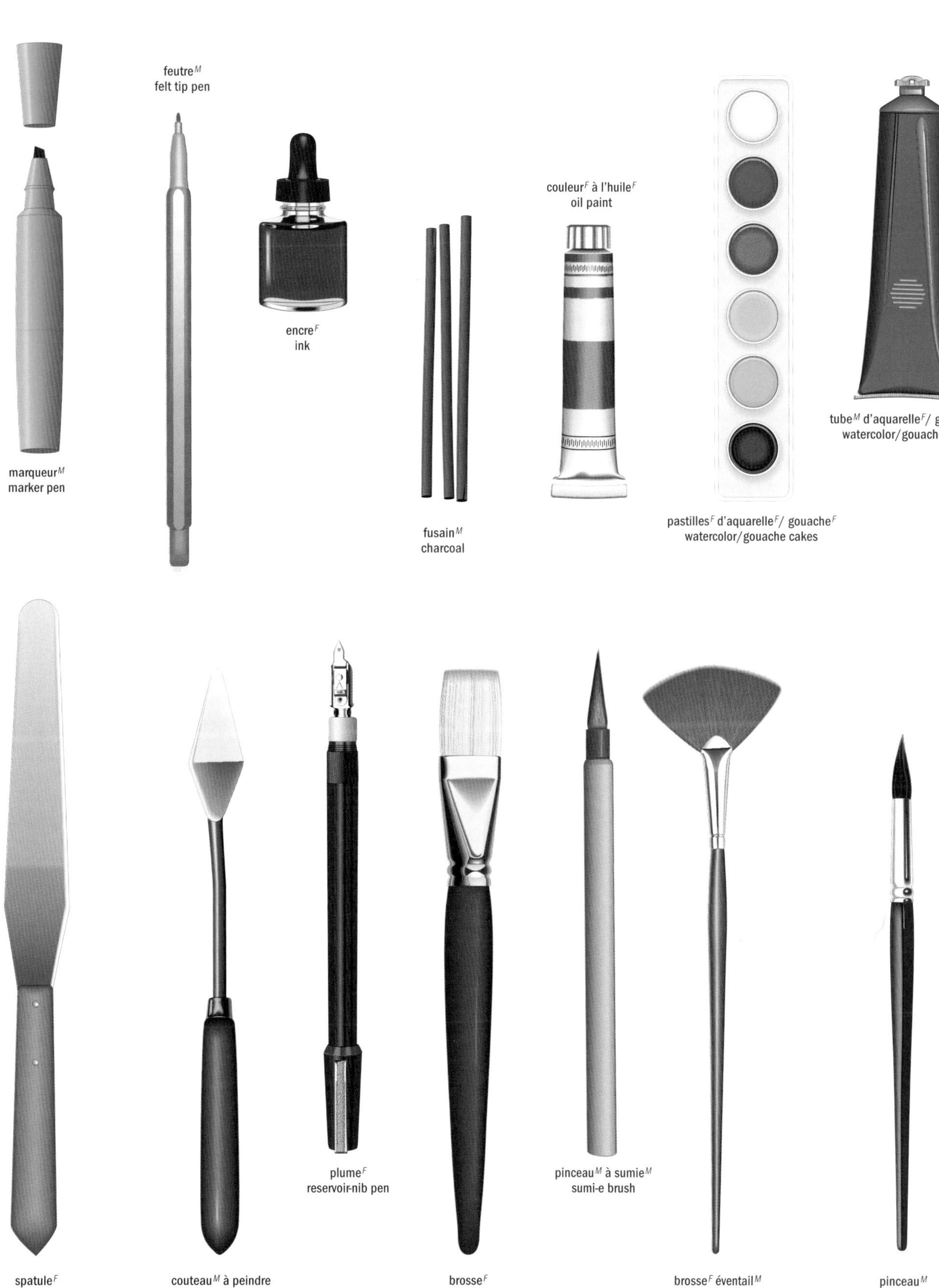
feutre[M]
felt tip pen
marqueur[M]
marker pen
encre[F]
ink
fusain[M]
charcoal
couleur[F] à l'huile[F]
oil paint
pastilles[F] d'aquarelle[F]/ gouache[F]
watercolor/gouache cakes
tube[M] d'aquarelle[F]/ gouache[F]
watercolor/gouache tube
plume[F]
reservoir-nib pen
pinceau[M] à sumie[M]
sumi-e brush
spatule[F]
spatula
couteau[M] à peindre
painting knife
brosse[F]
flat brush
brosse[F] éventail[M]
fan brush
pinceau[M]
brush

peinture^F et dessin^M

nuancier^M
color chart

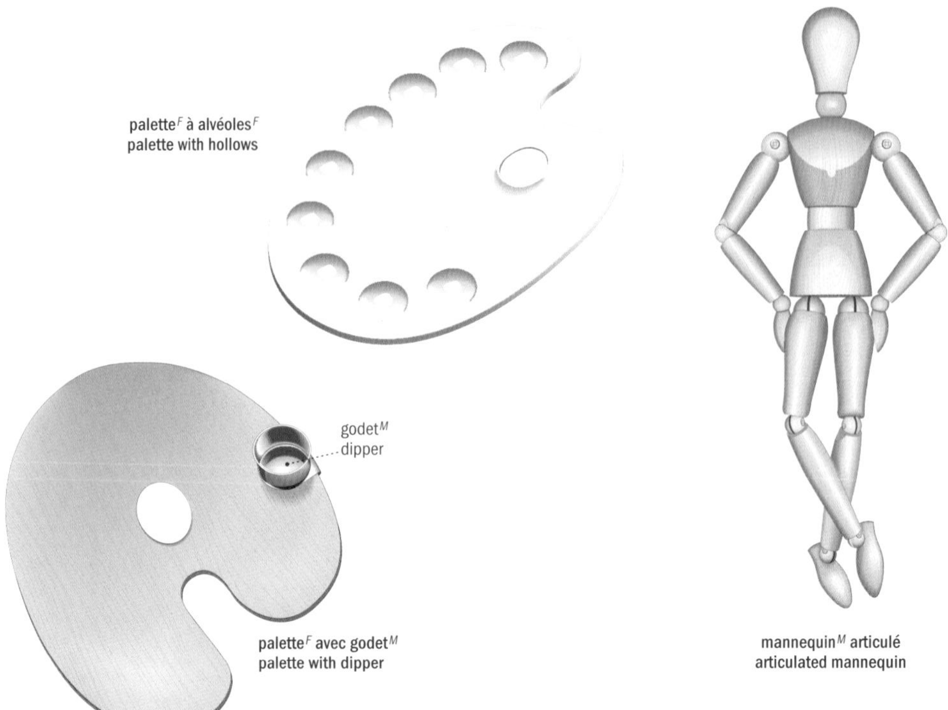
godet^M
dipper

palette^F à alvéoles^F
palette with hollows

palette^F avec godet^M
palette with dipper

mannequin^M articulé
articulated mannequin

aérographe^M
airbrush

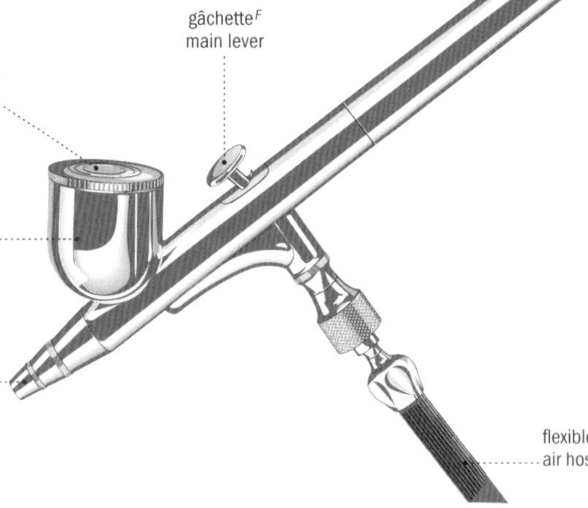

gâchette^F
main lever

couvercle^M
cap

godet^M à couleur^F
fluid cup

couronne^F
crown

flexible^M d'air^M
air hose

coupe^F d'un aérographe^M
cross section of an airbrush

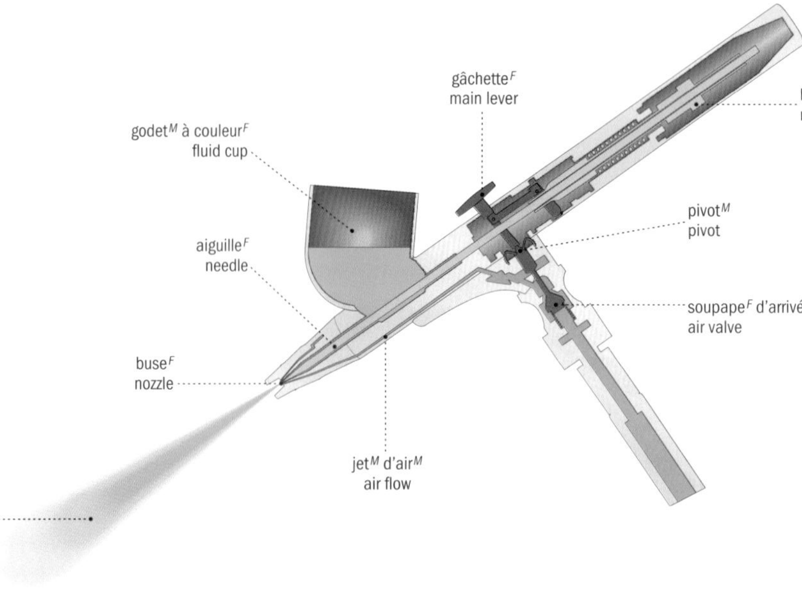

gâchette^F
main lever

bloc^M aiguille^F
needle assembly

godet^M à couleur^F
fluid cup

pivot^M
pivot

aiguille^F
needle

soupape^F d'arrivée^F d'air^M
air valve

buse^F
nozzle

jet^M d'air^M
air flow

jet^M de couleur^F
color spray

accessoires^M
accessories

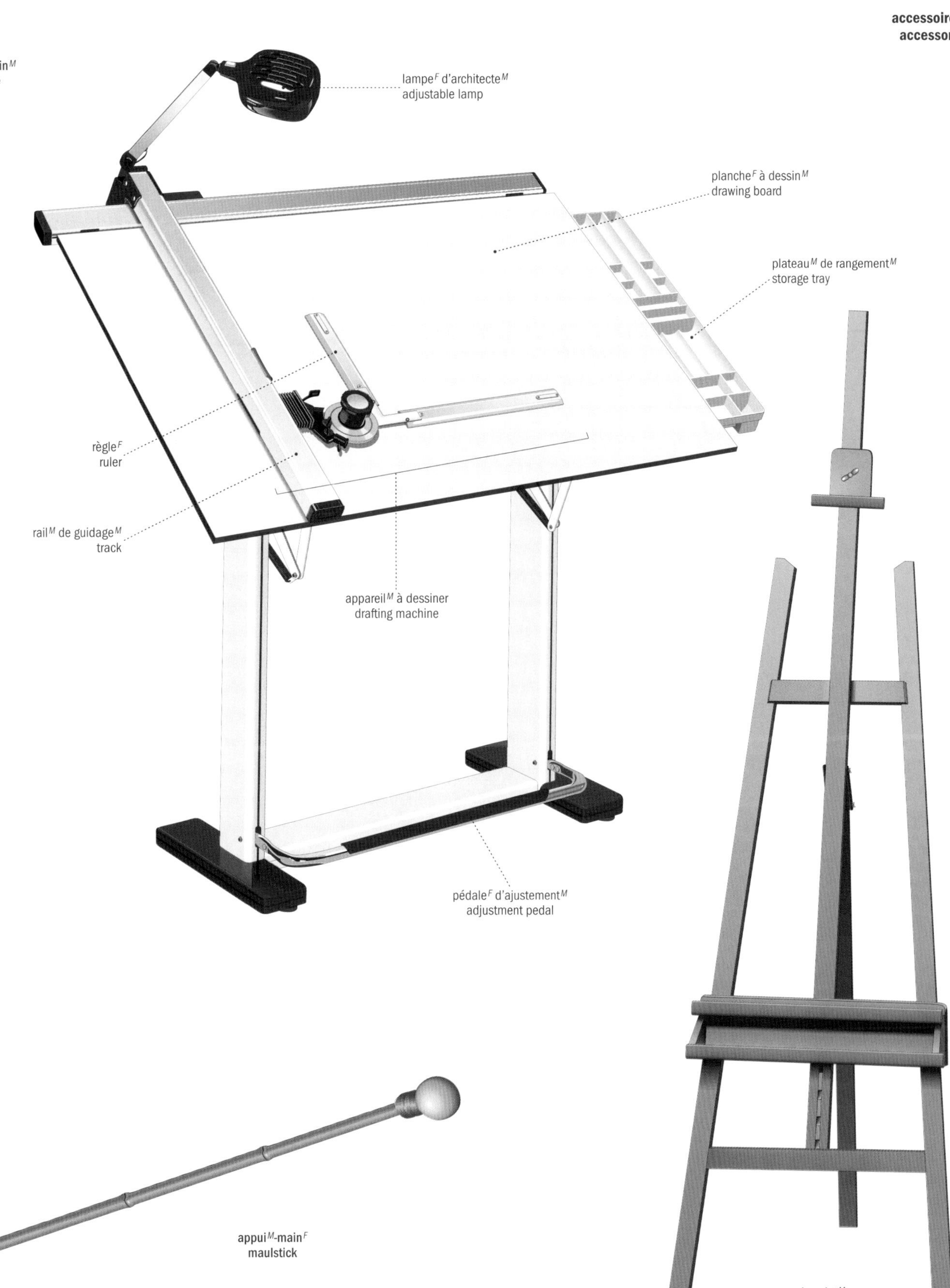
table^F à dessin^M
drafting table
lampe^F d'architecte^M
adjustable lamp
planche^F à dessin^M
drawing board
plateau^M de rangement^M
storage tray
règle^F
ruler
rail^M de guidage^M
track
appareil^M à dessiner
drafting machine
pédale^F d'ajustement^M
adjustment pedal
appui^M-main^F
maulstick
chevalet^M
easel

cercle^M des couleurs^F
color circle

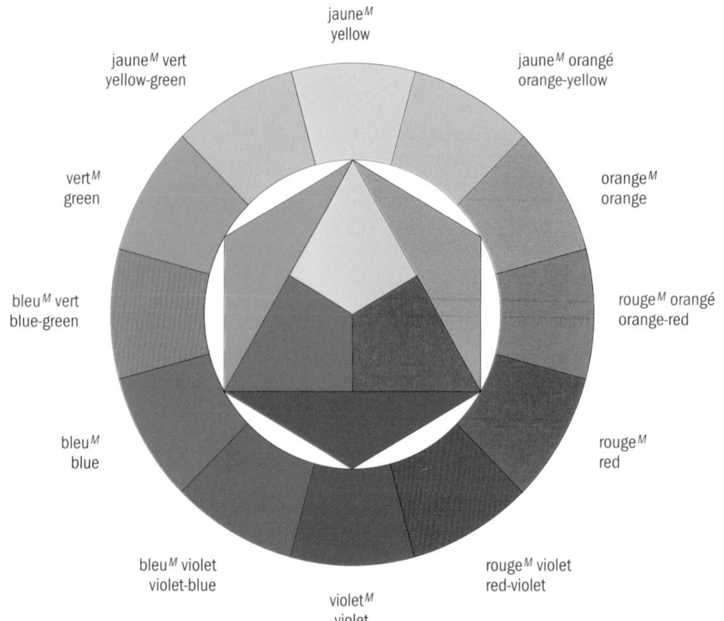
jaune^M
yellow
jaune^M orangé
orange-yellow
orange^M
orange
rouge^M orangé
orange-red
rouge^M
red
rouge^M violet
red-violet
violet^M
violet
bleu^M violet
violet-blue
bleu^M
blue
bleu^M vert
blue-green
vert^M
green
jaune^M vert
yellow-green

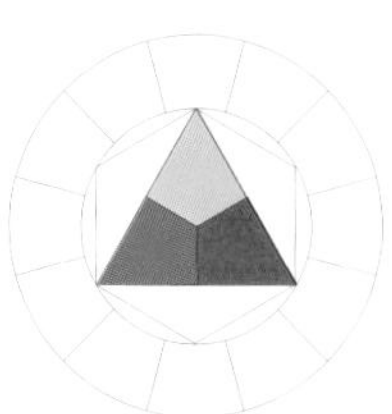

couleurs^F primaires
primary colors

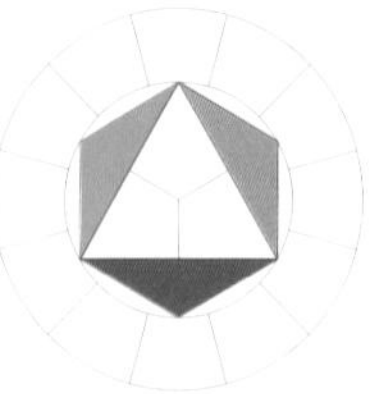

couleurs^F secondaires
secondary colors

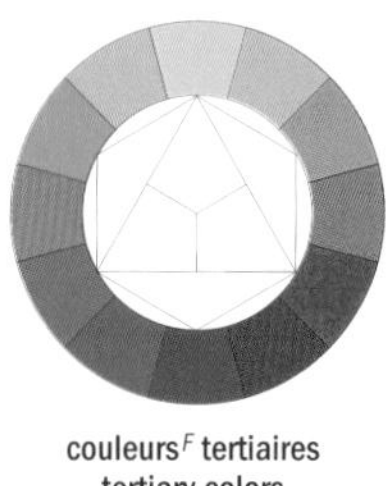

couleurs^F tertiaires
tertiary colors

liquides^M d'appoint^M
utility liquids

huile^F de lin^M
linseed oil

vernis^M
varnish

fixatif^M
fixative

térébenthine^F
turpentine

supports^M
supports

papier^M
paper

carton^M
cardboard

toile^F
canvas

panneau^M
panel

sculpture[F] sur bois[M]

wood carving

étapes[F]
steps

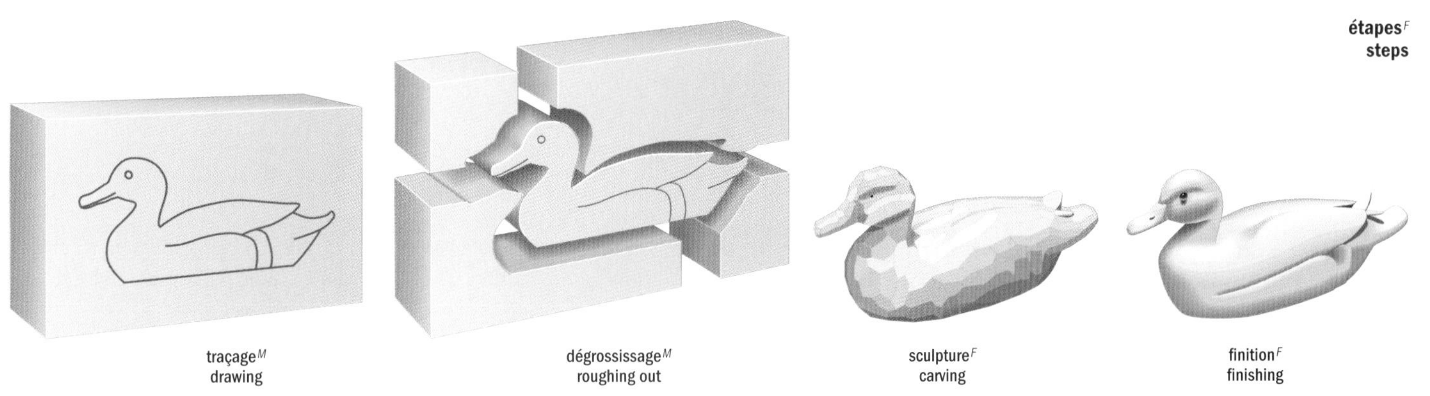
traçage[M]
drawing
dégrossissage[M]
roughing out
sculpture[F]
carving
finition[F]
finishing

exemples[M] d'outils[M]
examples of tools

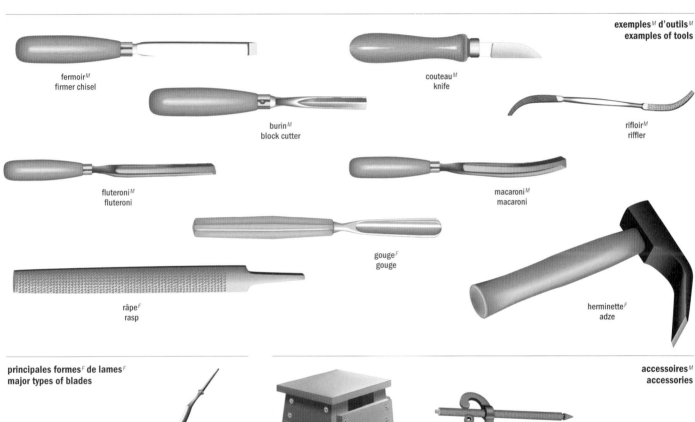

fermoir[M]
firmer chisel

couteau[M]
knife

burin[M]
block cutter

rifloir[M]
riffler

fluteroni[M]
fluteroni

macaroni[M]
macaroni

gouge[F]
gouge

râpe[F]
rasp

herminette[F]
adze

principales formes[F] de lames[F]
major types of blades

accessoires[M]
accessories

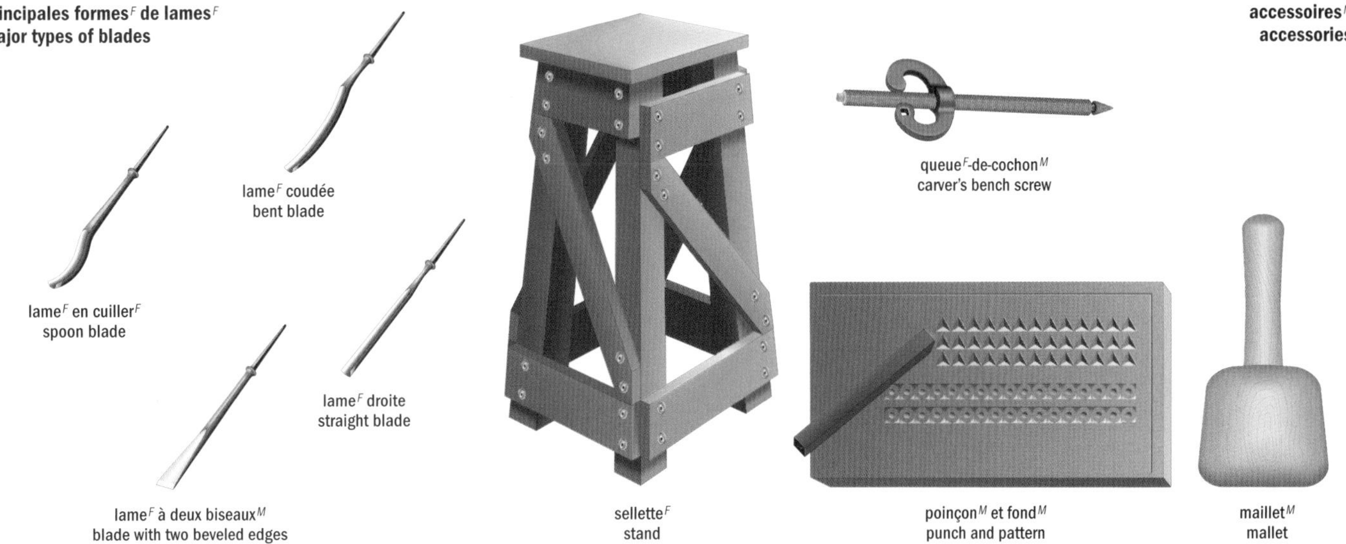
lame[F] coudée
bent blade
lame[F] en cuiller[F]
spoon blade
lame[F] droite
straight blade
lame[F] à deux biseaux[M]
blade with two beveled edges
sellette[F]
stand
queue[F]-de-cochon[M]
carver's bench screw
poinçon[M] et fond[M]
punch and pattern
maillet[M]
mallet

pyramide^F

pyramid

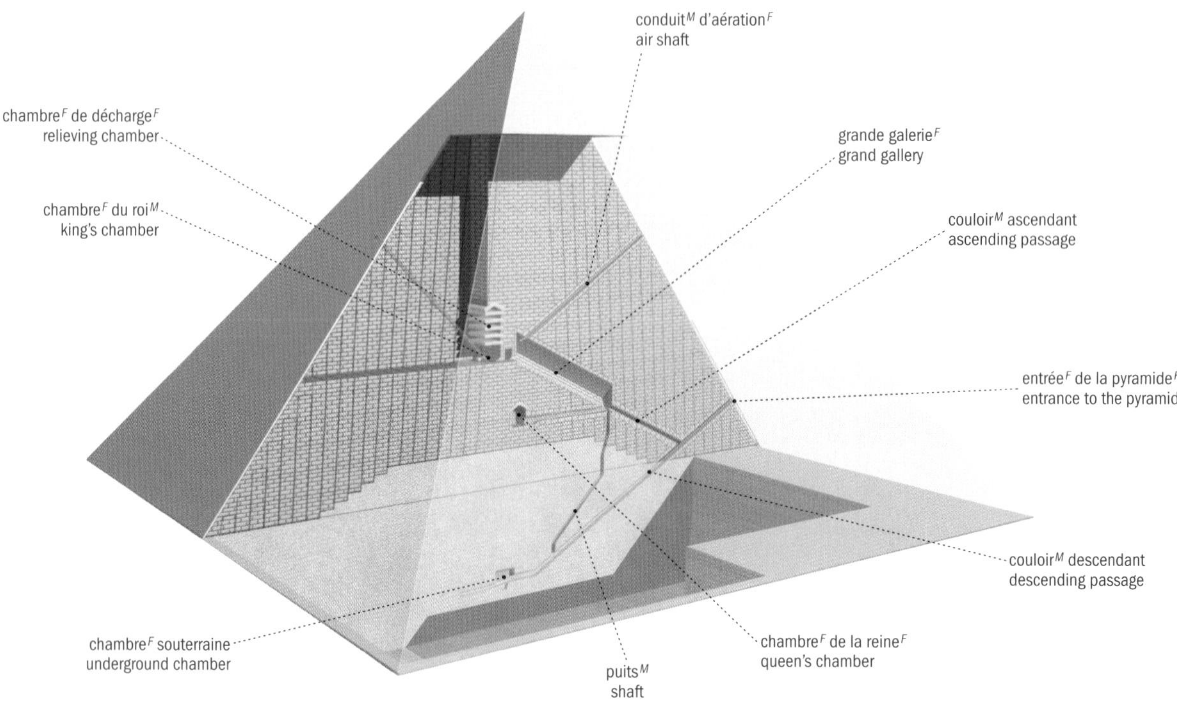
conduit^M d'aération^F
air shaft
chambre^F de décharge^F
relieving chamber
grande galerie^F
grand gallery
chambre^F du roi^M
king's chamber
couloir^M ascendant
ascending passage
entrée^F de la pyramide^F
entrance to the pyramid
couloir^M descendant
descending passage
chambre^F de la reine^F
queen's chamber
chambre^F souterraine
underground chamber
puits^M
shaft

théâtre^M grec

Greek theater

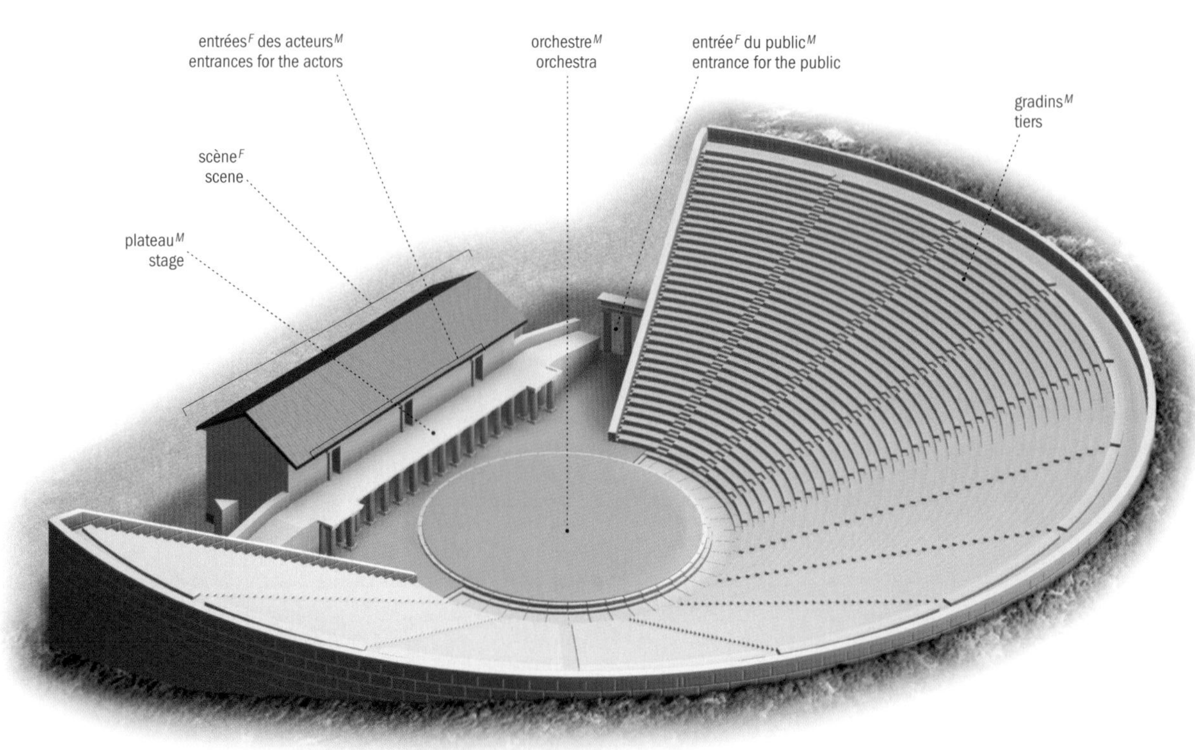
entrées^F des acteurs^M
entrances for the actors
orchestre^M
orchestra
entrée^F du public^M
entrance for the public
gradins^M
tiers
scène^F
scene
plateau^M
stage

temple^M grec

Greek temple

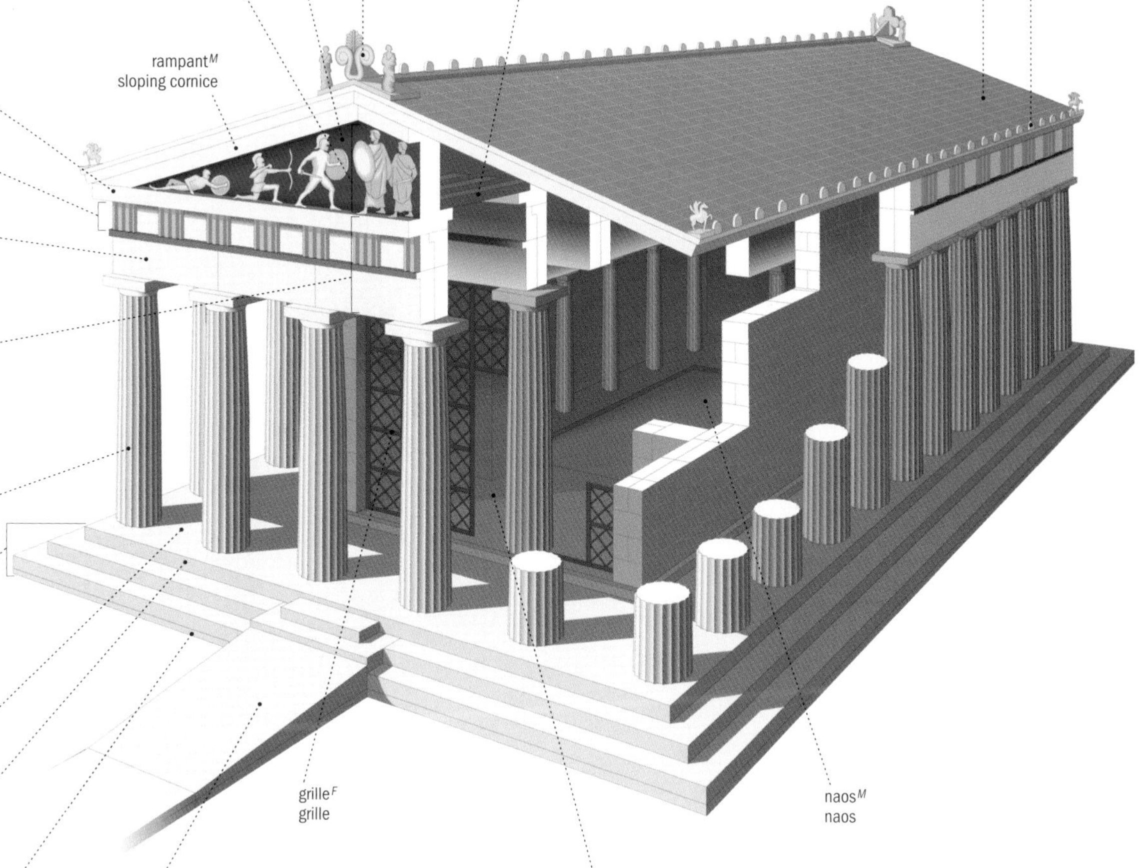

tympan^M
tympanum

acrotère^M
acroterion

antéfixe^F
antefix

fronton^M
pediment

charpente^F
timber

tuile^F
tile

corniche^F
cornice

rampant^M
sloping cornice

frise^F
frieze

architrave^F
architrave

entablement^M
entablature

colonne^F
column

crépis^F
crepidoma

péristyle^M
peristyle

stylobate^M
stylobate

euthynterie^F
euthynteria

rampe^F
ramp

grille^F
grille

naos^M
naos

pronaos^M
pronaos

plan^M
plan

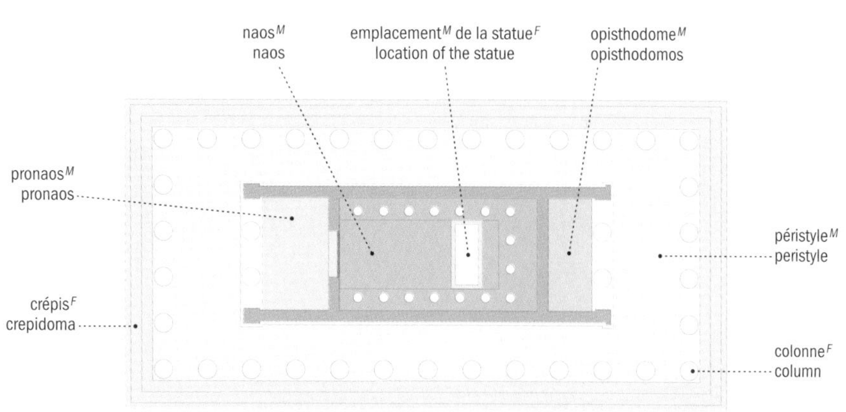

naos^M
naos
emplacement^M de la statue^F
location of the statue
opisthodome^M
opisthodomos
pronaos^M
pronaos
péristyle^M
peristyle
crépis^F
crepidoma
colonne^F
column

styles^M d'architecture^F

architectural styles

ordre^M dorique
Doric order

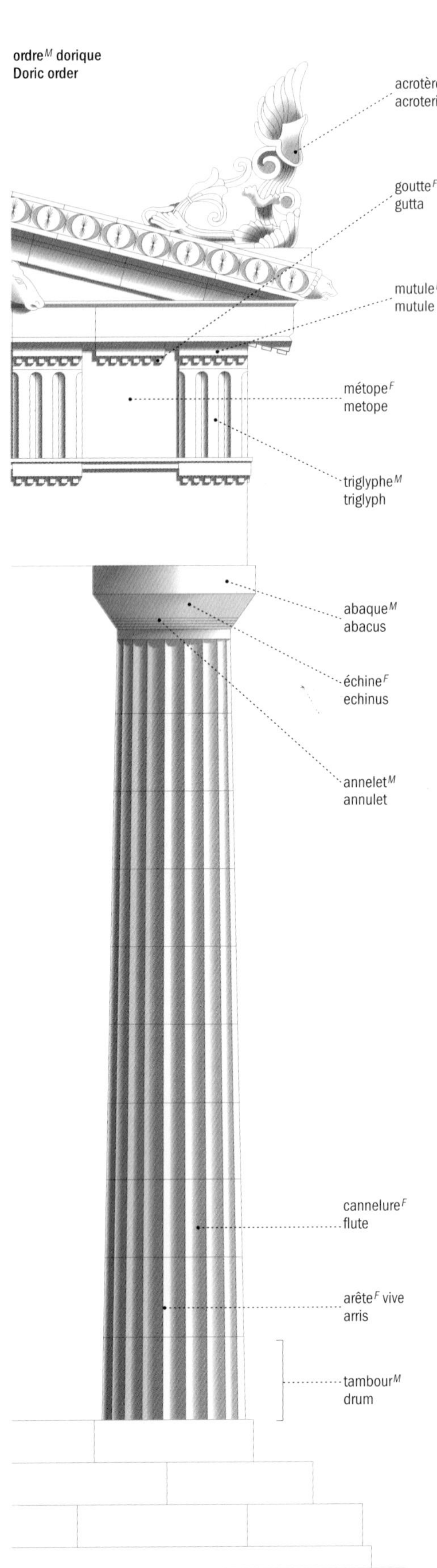
acrotère^M
acroterion
goutte^F
gutta
mutule^F
mutule
métope^F
metope
triglyphe^M
triglyph
abaque^M
abacus
échine^F
echinus
annelet^M
annulet
cannelure^F
flute
arête^F vive
arris
tambour^M
drum

ordre^M ionique
Ionic order

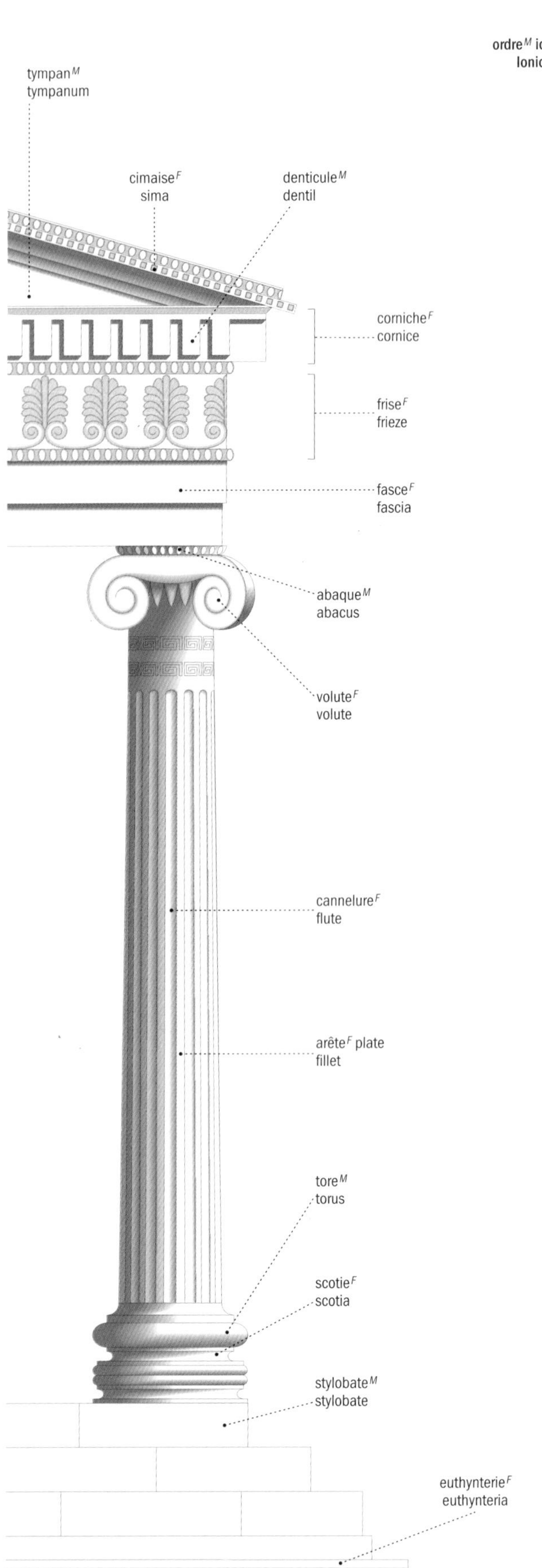
tympan^M
tympanum
cimaise^F
sima
denticule^M
dentil
corniche^F
cornice
frise^F
frieze
fasce^F
fascia
abaque^M
abacus
volute^F
volute
cannelure^F
flute
arête^F plate
fillet
tore^M
torus
scotie^F
scotia
stylobate^M
stylobate
euthynterie^F
euthynteria

ordre corinthien
Corinthian order

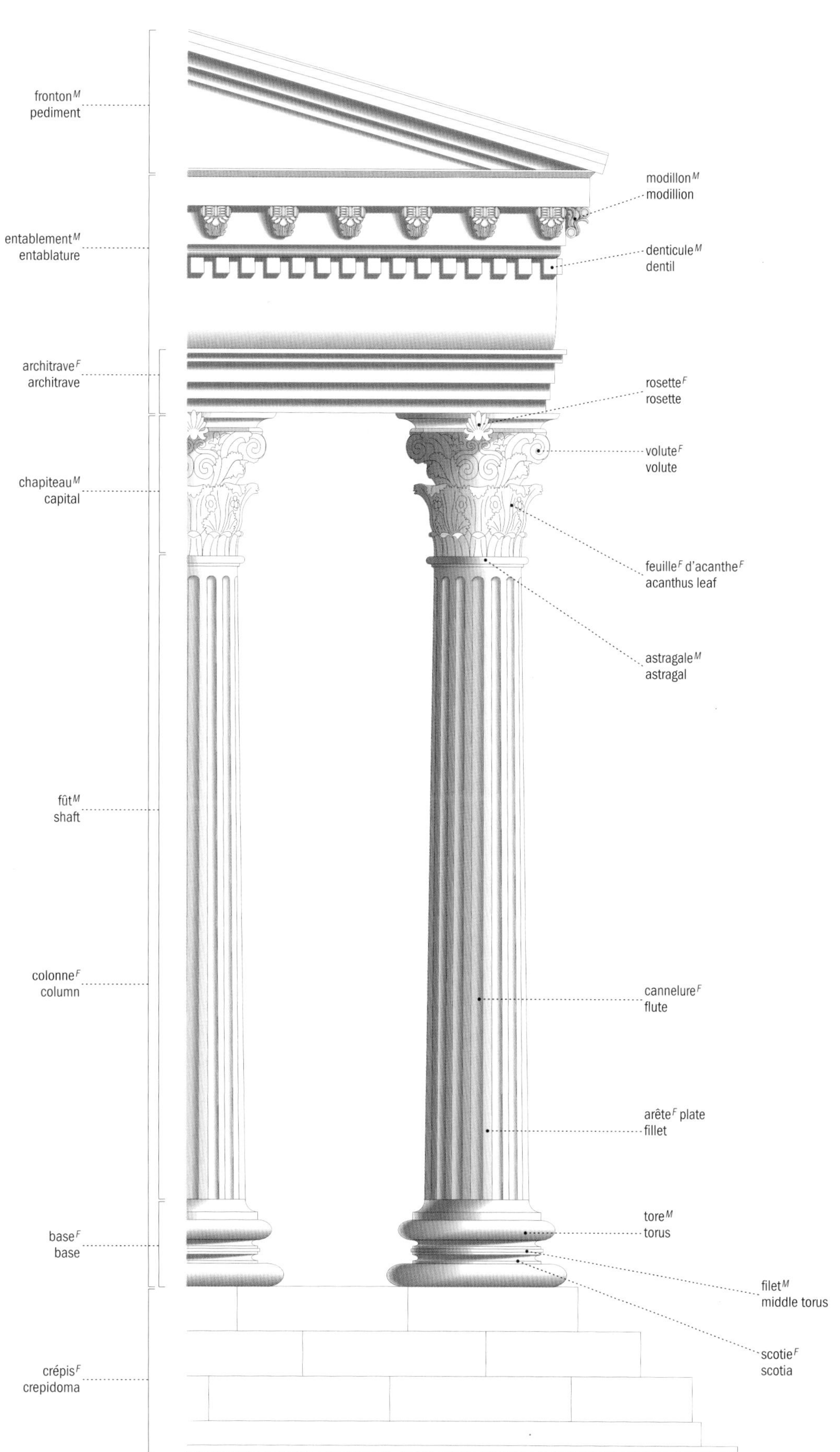
fronton
pediment
entablement
entablature
architrave
architrave
chapiteau
capital
fût
shaft
colonne
column
base
base
crépis
crepidoma
modillon
modillion
denticule
dentil
rosette
rosette
volute
volute
feuille d'acanthe
acanthus leaf
astragale
astragal
cannelure
flute
arête plate
fillet
tore
torus
filet
middle torus
scotie
scotia

maison^F romaine

Roman house

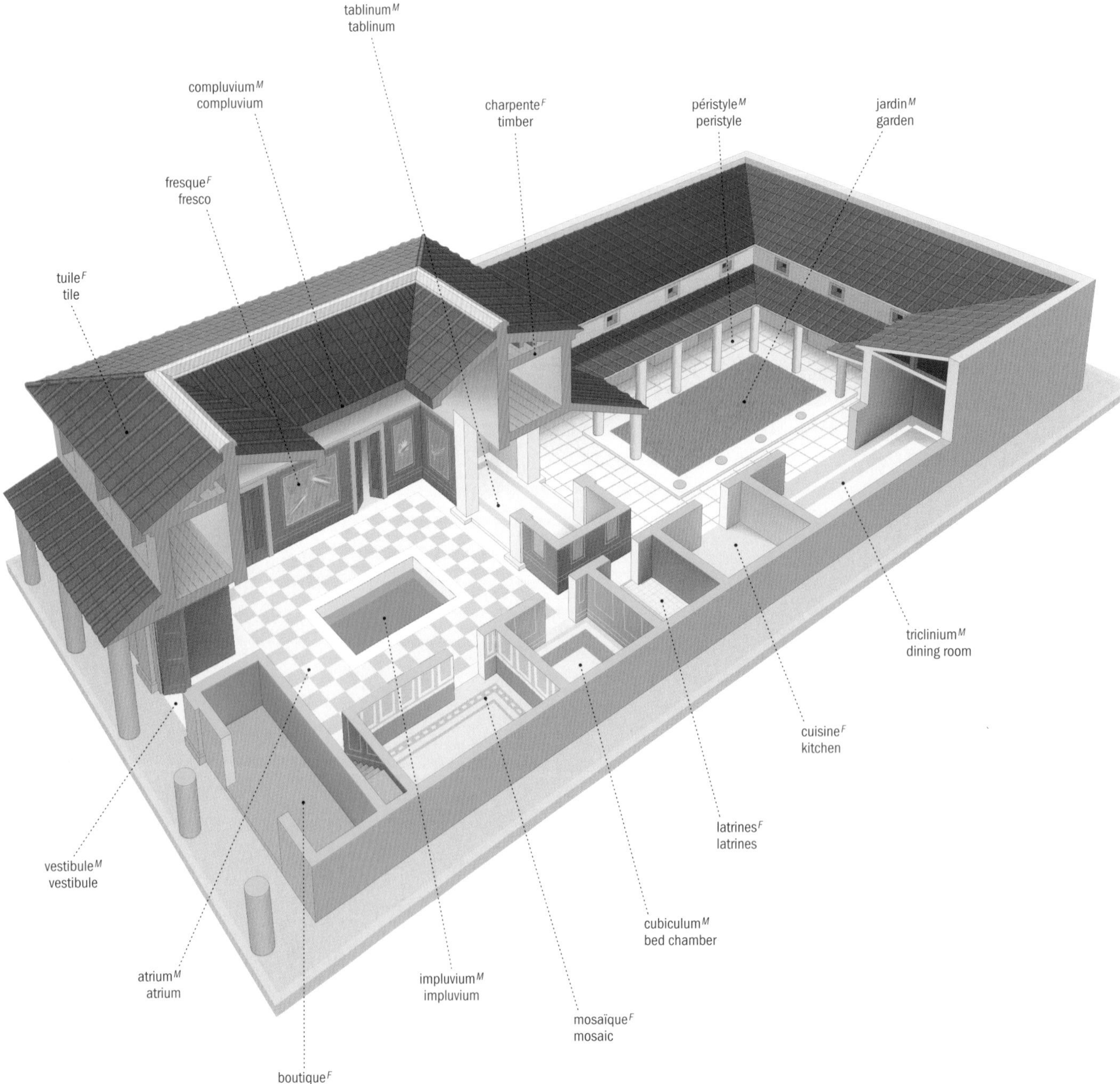
tablinum^M
tablinum
compluvium^M
compluvium
charpente^F
timber
péristyle^M
peristyle
jardin^M
garden
fresque^F
fresco
tuile^F
tile
triclinium^M
dining room
cuisine^F
kitchen
latrines^F
latrines
vestibule^M
vestibule
cubiculum^M
bed chamber
atrium^M
atrium
impluvium^M
impluvium
mosaïque^F
mosaic
boutique^F
shop

amphithéâtre^M romain

Roman amphitheater

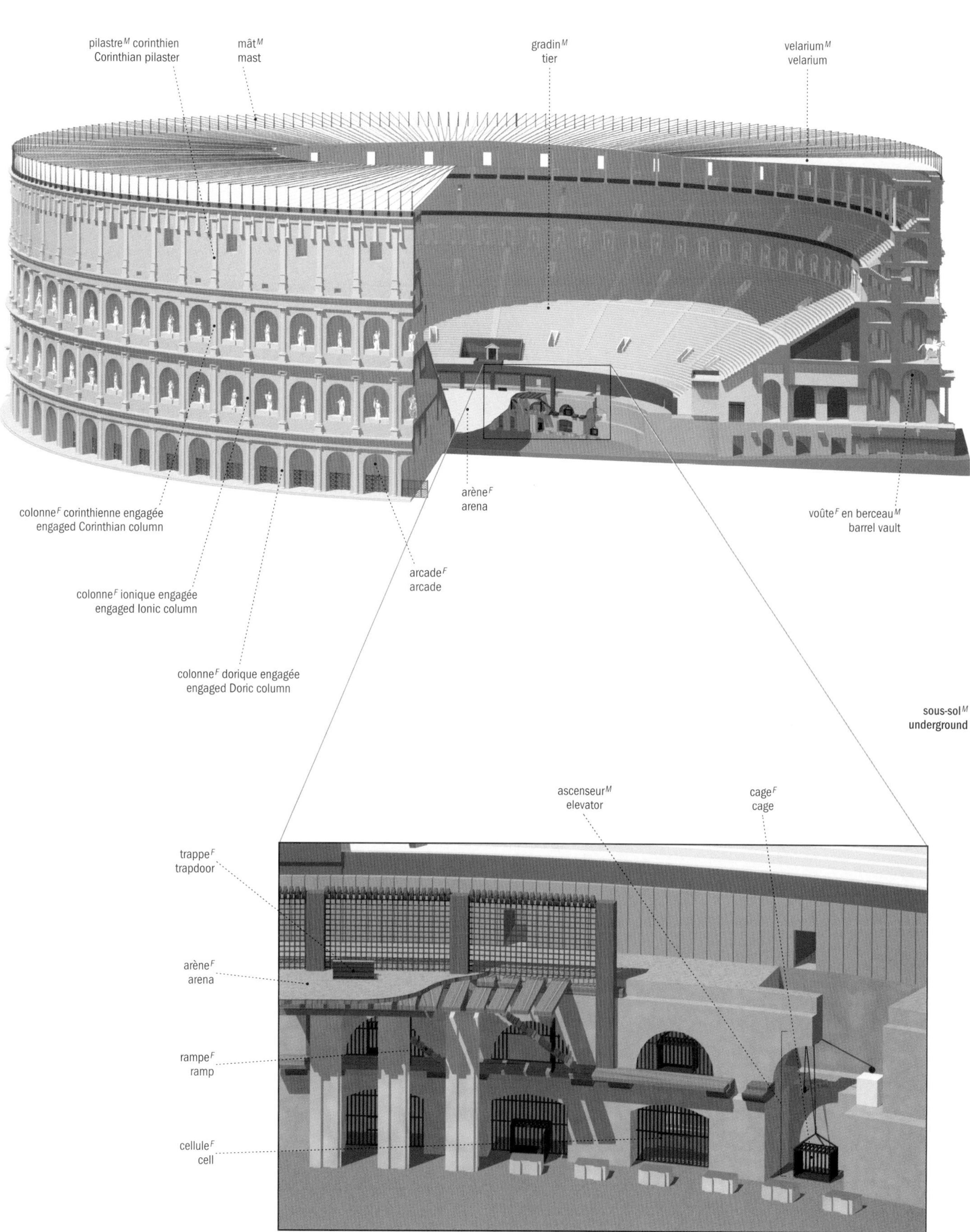
pilastre^M corinthien
Corinthian pilaster
mât^M
mast
gradin^M
tier
velarium^M
velarium
colonne^F corinthienne engagée
engaged Corinthian column
arène^F
arena
voûte^F en berceau^M
barrel vault
arcade^F
arcade
colonne^F ionique engagée
engaged Ionic column
colonne^F dorique engagée
engaged Doric column
sous-sol^M
underground
ascenseur^M
elevator
cage^F
cage
trappe^F
trapdoor
arène^F
arena
rampe^F
ramp
cellule^F
cell

château^{M} fort

castle

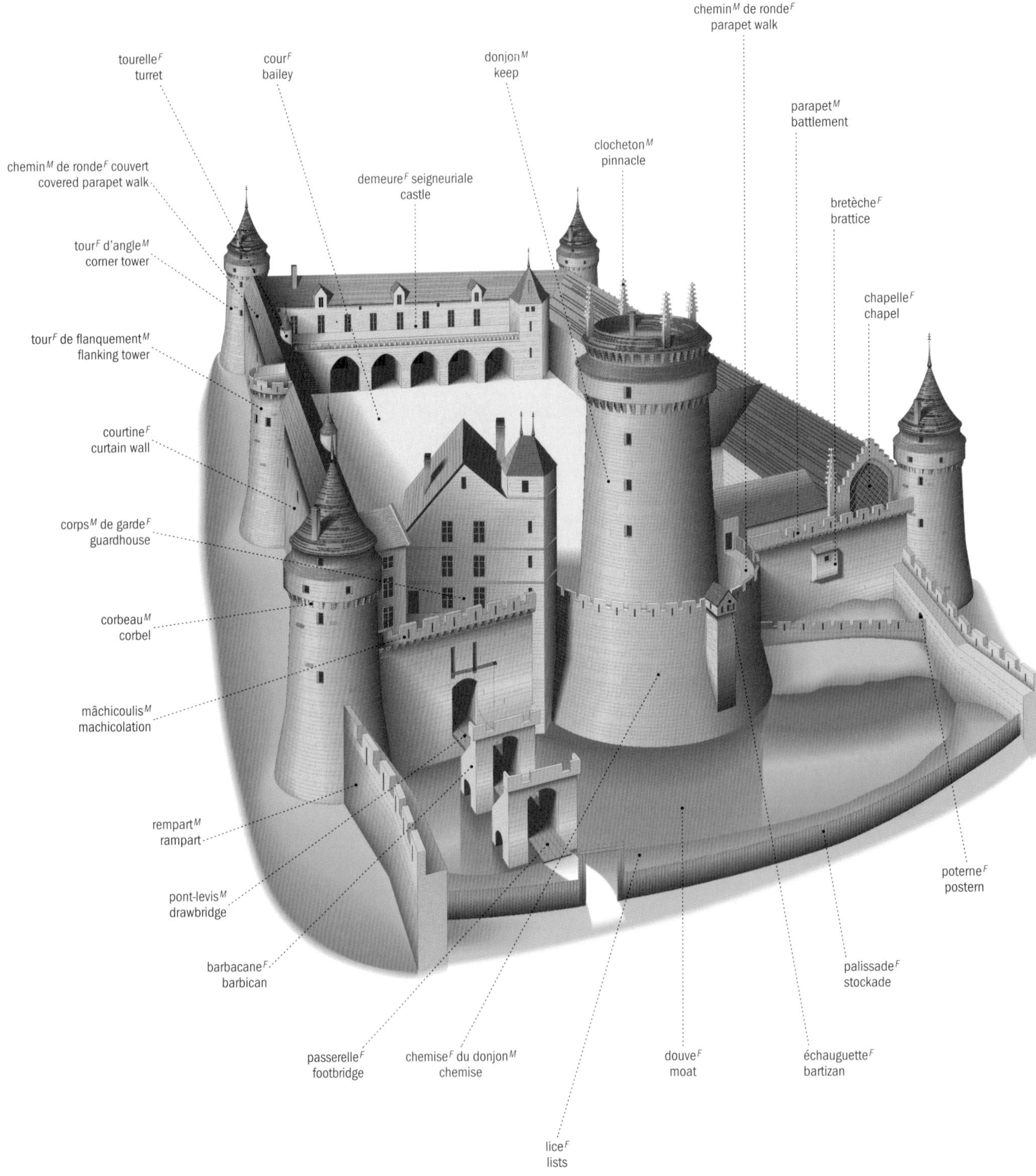
tourelle^{F}
turret
cour^{F}
bailey
donjon^{M}
keep
chemin^{M} de ronde^{F}
parapet walk
parapet^{M}
battlement
clocheton^{M}
pinnacle
chemin^{M} de ronde^{F} couvert
covered parapet walk
demeure^{F} seigneuriale
castle
bretèche^{F}
brattice
tour^{F} d'angle^{M}
corner tower
chapelle^{F}
chapel
tour^{F} de flanquement^{M}
flanking tower
courtine^{F}
curtain wall
corps^{M} de garde^{F}
guardhouse
corbeau^{M}
corbel
mâchicoulis^{M}
machicolation
rempart^{M}
rampart
pont-levis^{M}
drawbridge
poterne^{F}
postern
barbacane^{F}
barbican
palissade^{F}
stockade
passerelle^{F}
footbridge
chemise^{F} du donjon^{M}
chemise
douve^{F}
moat
échauguette^{F}
bartizan
lice^{F}
lists

fortification^F à la Vauban

Vauban fortification

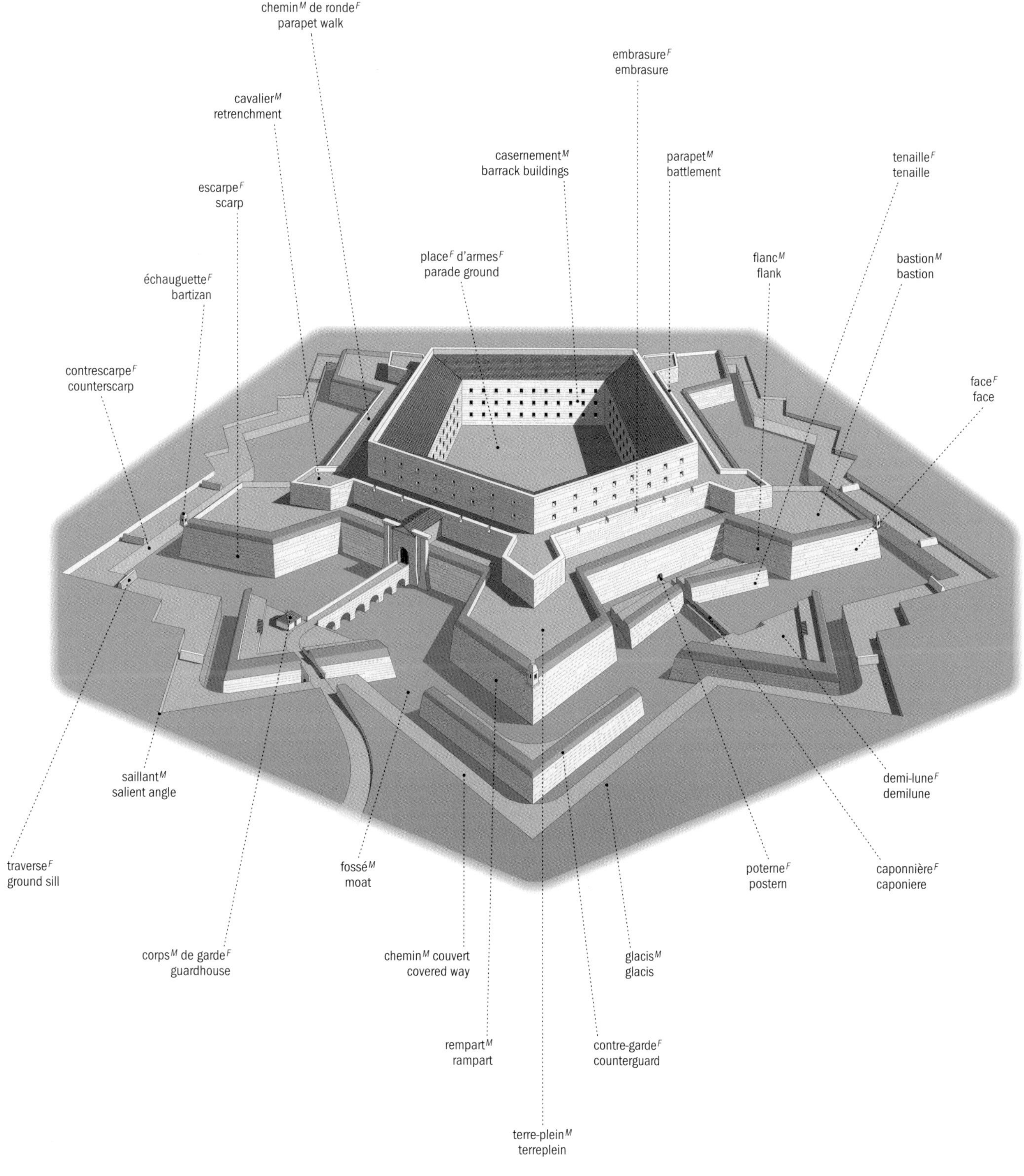
chemin^M de ronde^F
parapet walk
embrasure^F
embrasure
cavalier^M
retrenchment
casernement^M
barrack buildings
parapet^M
battlement
tenaille^F
tenaille
escarpe^F
scarp
place^F d'armes^F
parade ground
flanc^M
flank
bastion^M
bastion
échauguette^F
bartizan
contrescarpe^F
counterscarp
face^F
face
saillant^M
salient angle
demi-lune^F
demilune
traverse^F
ground sill
fossé^M
moat
poterne^F
postern
caponnière^F
caponiere
corps^M de garde^F
guardhouse
chemin^M couvert
covered way
glacis^M
glacis
rempart^M
rampart
contre-garde^F
counterguard
terre-plein^M
terreplein

cathédrale[F]

cathedral

cathédrale[F] gothique
Gothic cathedral

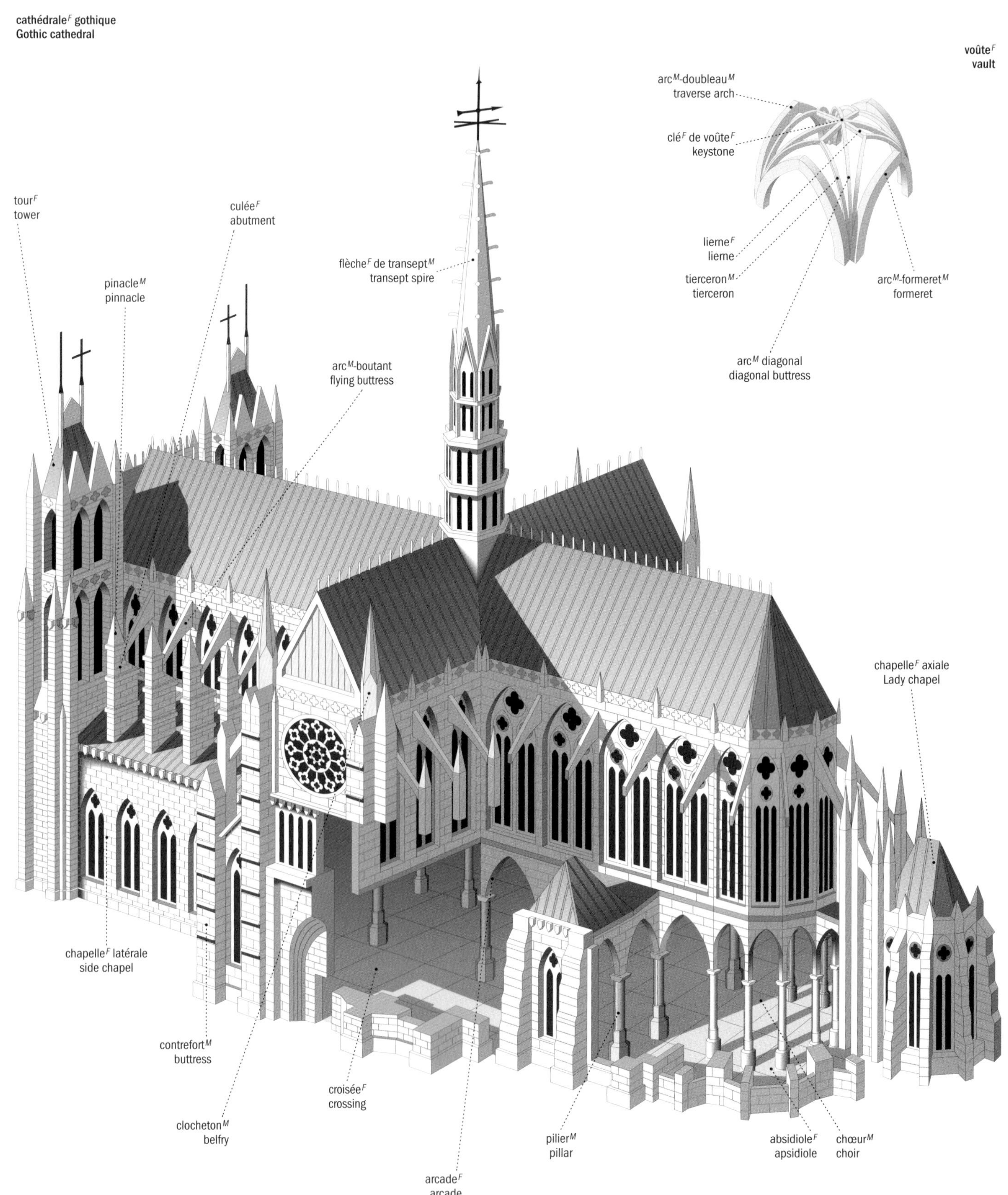
voûte[F]
vault
arc[M]-doubleau[M]
traverse arch
clé[F] de voûte[F]
keystone
lierne[F]
lierne
tierceron[M]
tierceron
arc[M]-formeret[M]
formeret
arc[M] diagonal
diagonal buttress
tour[F]
tower
culée[F]
abutment
flèche[F] de transept[M]
transept spire
pinacle[M]
pinnacle
arc[M]-boutant
flying buttress
chapelle[F] axiale
Lady chapel
chapelle[F] latérale
side chapel
contrefort[M]
buttress
croisée[F]
crossing
clocheton[M]
belfry
pilier[M]
pillar
absidiole[F]
apsidiole
chœur[M]
choir
arcade[F]
arcade

cathédrale^F

façade^F
façade

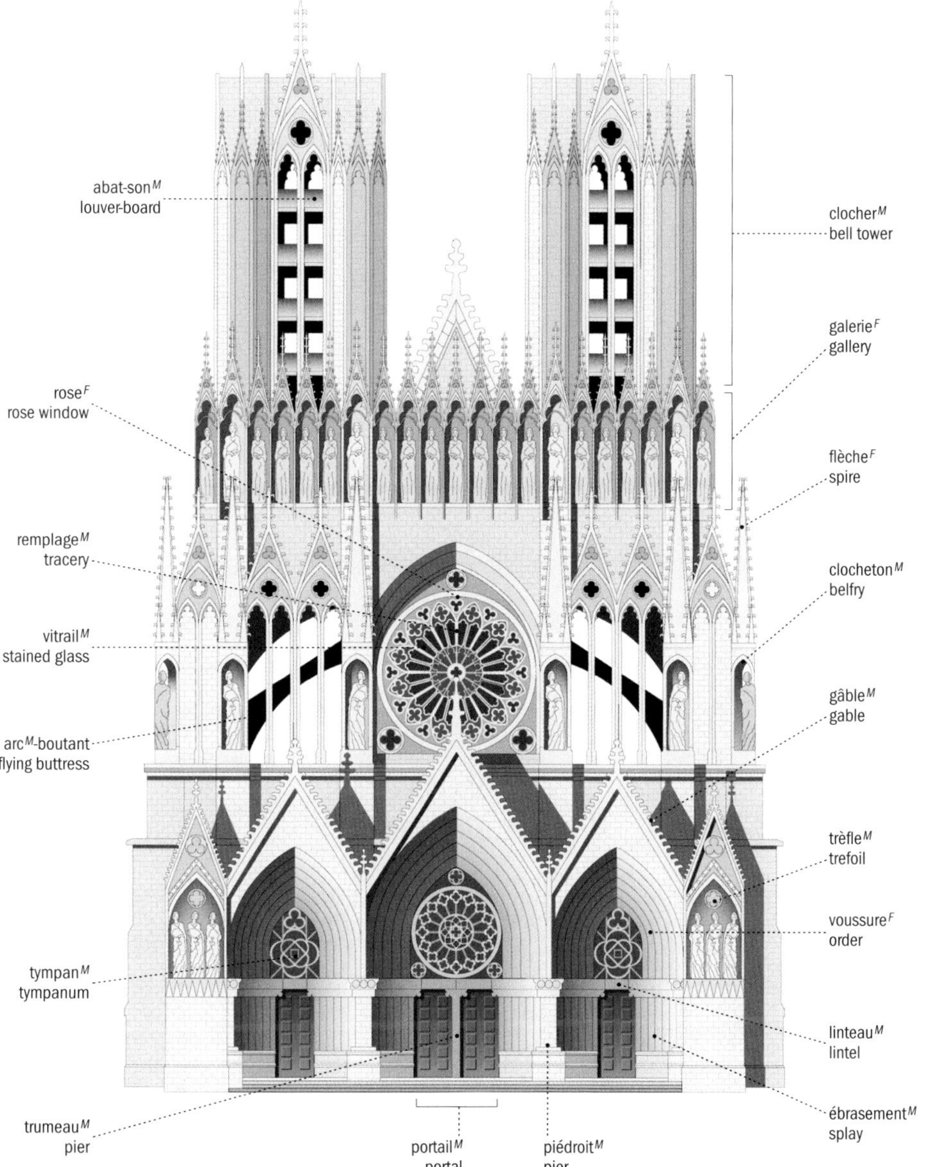
abat-son^M
louver-board
clocher^M
bell tower
galerie^F
gallery
rose^F
rose window
flèche^F
spire
remplage^M
tracery
clocheton^M
belfry
vitrail^M
stained glass
gâble^M
gable
arc^M-boutant
flying buttress
trèfle^M
trefoil
voussure^F
order
tympan^M
tympanum
linteau^M
lintel
ébrasement^M
splay
trumeau^M
pier
portail^M
portal
piédroit^M
pier

plan^M
plan

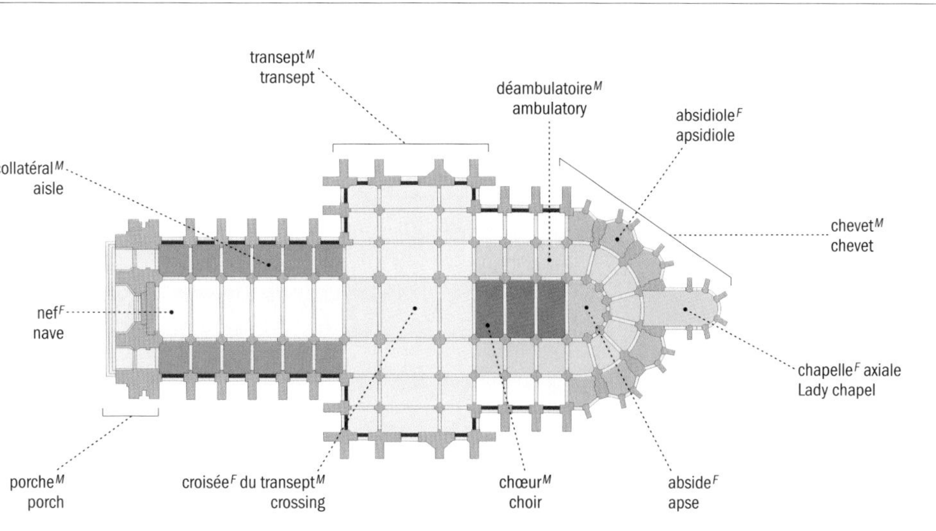
transept^M
transept
déambulatoire^M
ambulatory
absidiole^F
apsidiole
collatéral^M
aisle
chevet^M
chevet
nef^F
nave
chapelle^F axiale
Lady chapel
porche^M
porch
croisée^F du transept^M
crossing
chœur^M
choir
abside^F
apse

pagode^F

pagoda

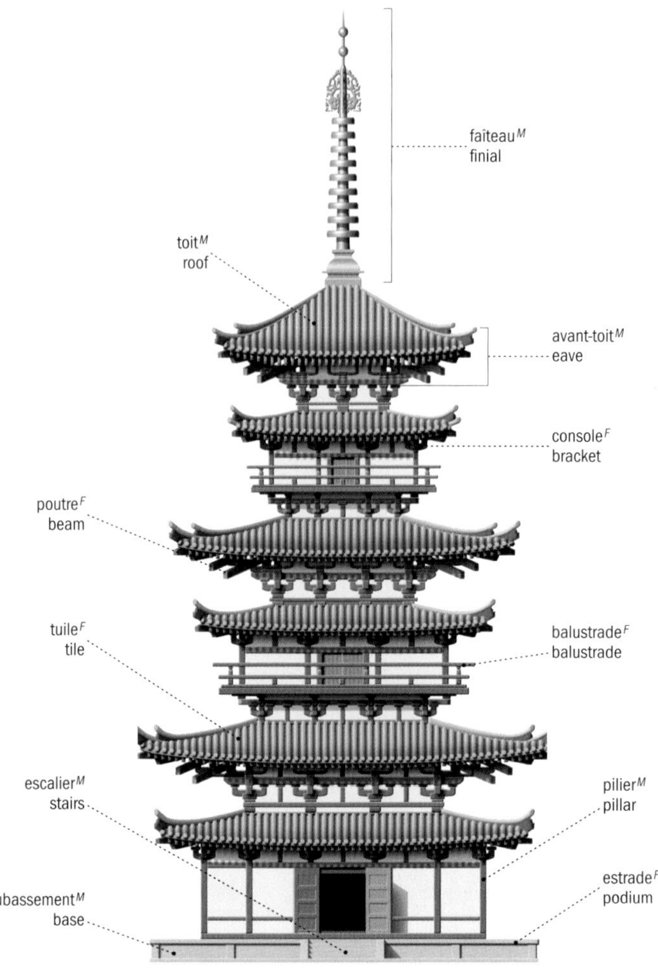
faîteau^M
finial
toit^M
roof
avant-toit^M
eave
console^F
bracket
poutre^F
beam
tuile^F
tile
balustrade^F
balustrade
escalier^M
stairs
pilier^M
pillar
estrade^F
podium
soubassement^M
base

temple^M aztèque

Aztec temple

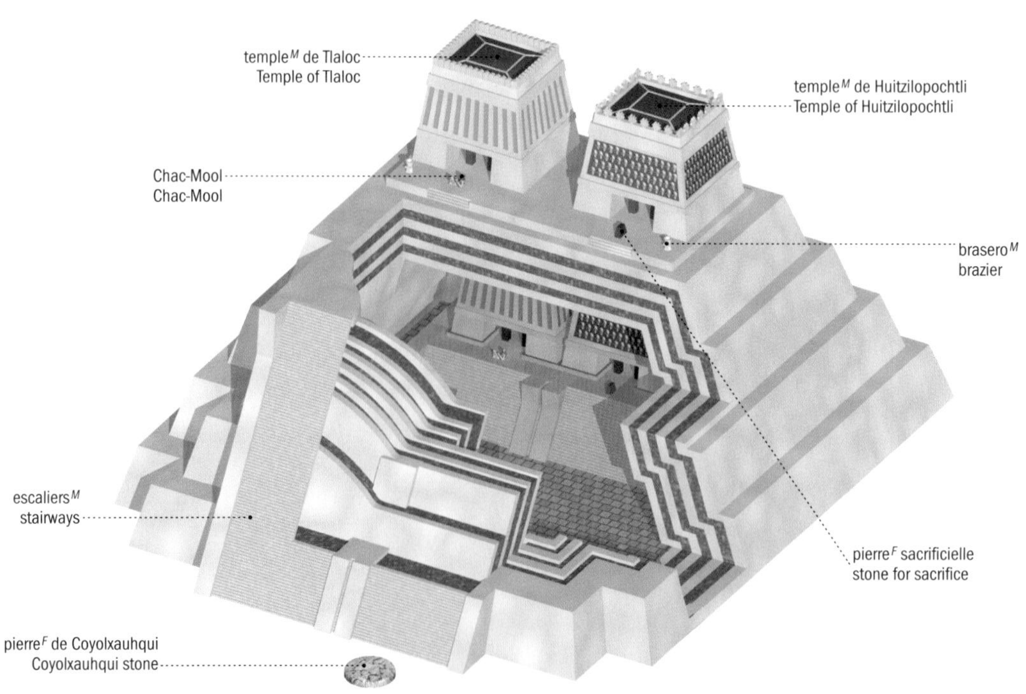
temple^M de Tlaloc
Temple of Tlaloc
temple^M de Huitzilopochtli
Temple of Huitzilopochtli
Chac-Mool
Chac-Mool
brasero^M
brazier
escaliers^M
stairways
pierre^F sacrificielle
stone for sacrifice
pierre^F de Coyolxauhqui
Coyolxauhqui stone

éléments^M d'architecture^F

elements of architecture

arc^M en plein cintre^M
semicircular arch

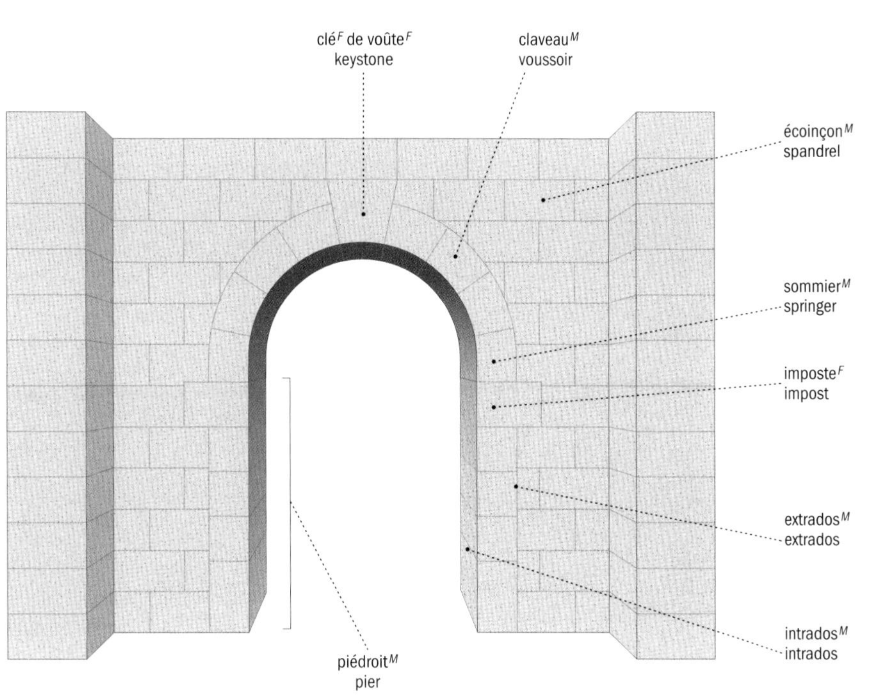

cléF de voûteF
keystone
claveauM
voussoir
écoinçonM
spandrel
sommierM
springer
imposteF
impost
extradosM
extrados
intradosM
intrados
piédroitM
pier

exemples^M d'arcs^M
examples of arches

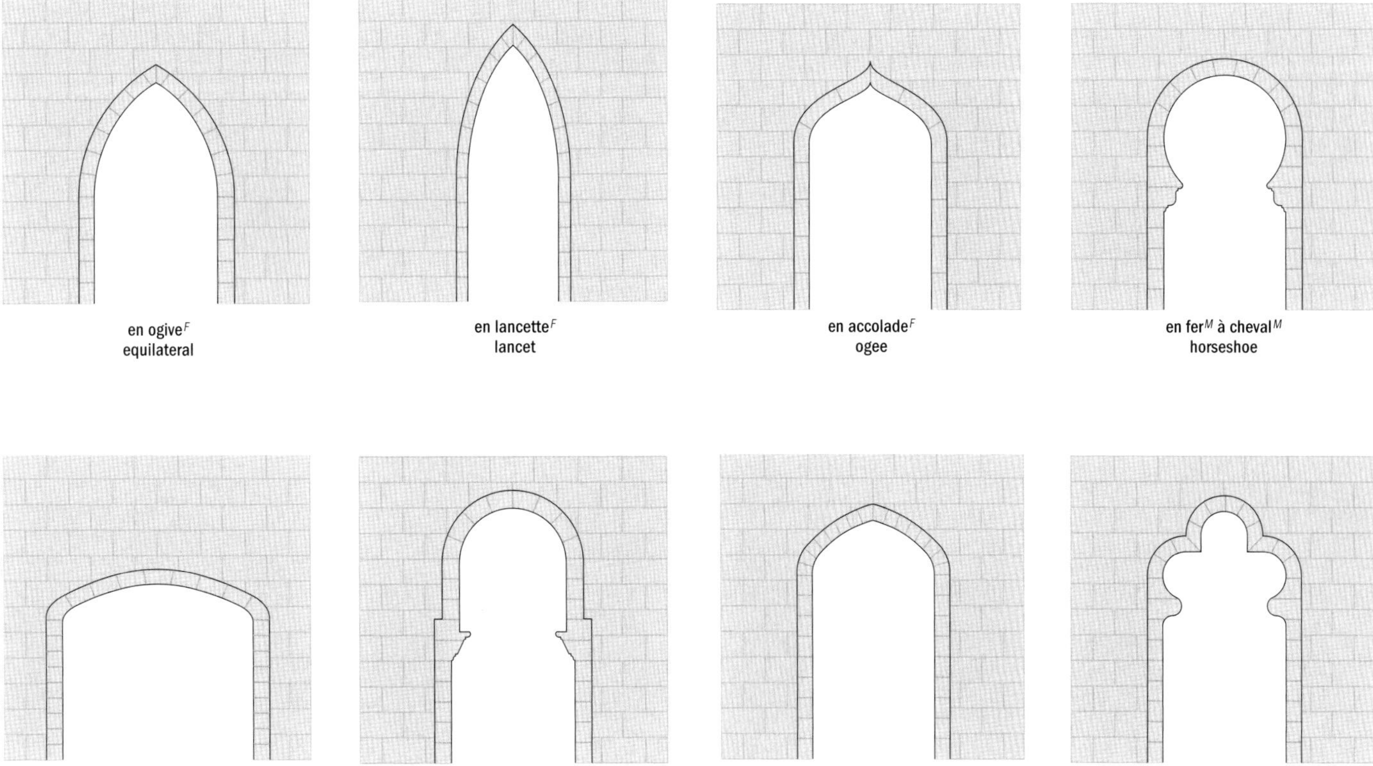

en ogiveF
equilateral
en lancetteF
lancet
en accoladeF
ogee
en ferM à chevalM
horseshoe
surbaissé
basket handle
surhaussé
stilted
Tudor
Tudor
trilobé
trefoil

éléments^M d'architecture^F

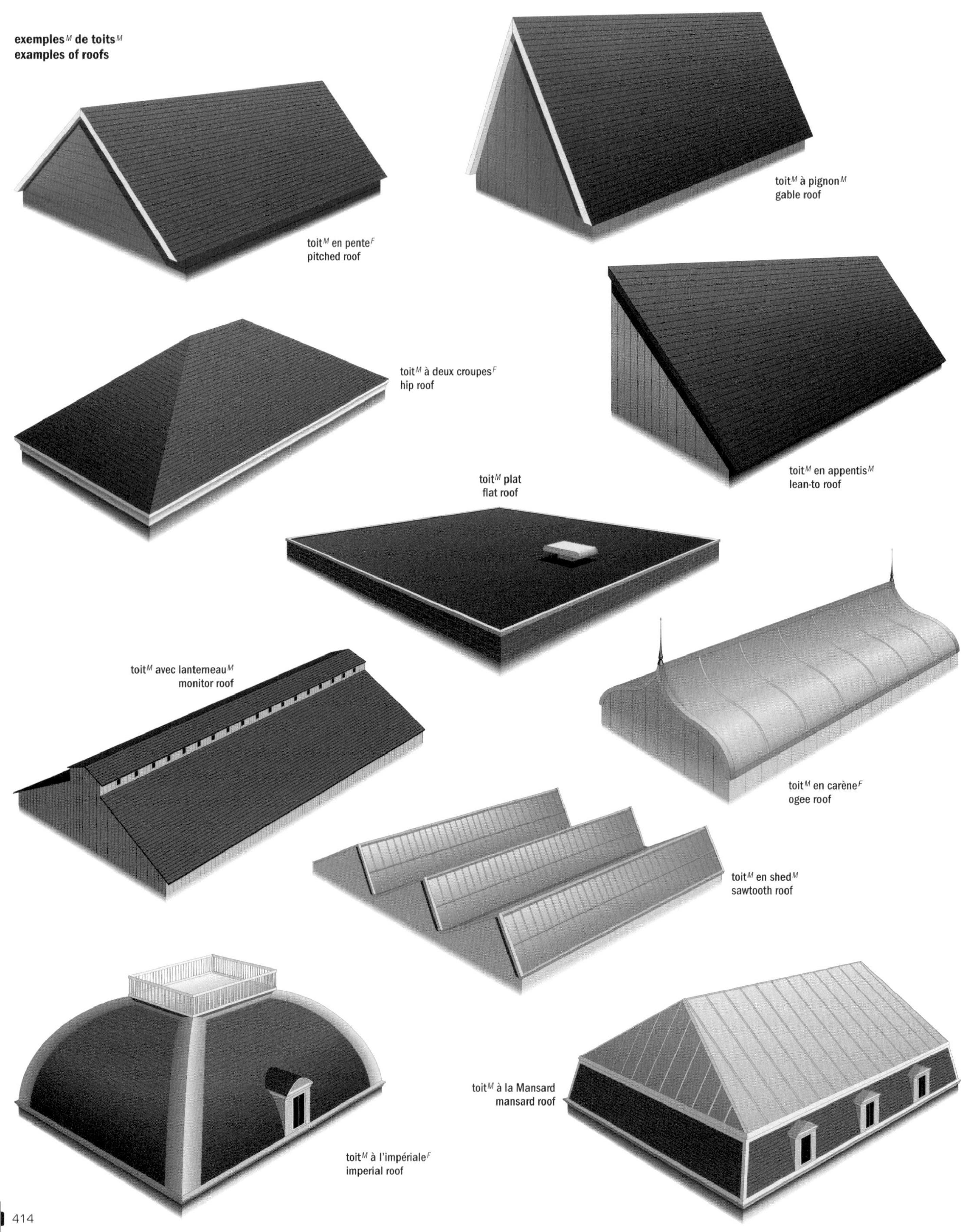
exemples^M de toits^M
examples of roofs
toit^M en pente^F
pitched roof
toit^M à pignon^M
gable roof
toit^M à deux croupes^F
hip roof
toit^M en appentis^M
lean-to roof
toit^M plat
flat roof
toit^M avec lanterneau^M
monitor roof
toit^M en carène^F
ogee roof
toit^M en shed^M
sawtooth roof
toit^M à la Mansard
mansard roof
toit^M à l'impériale^F
imperial roof

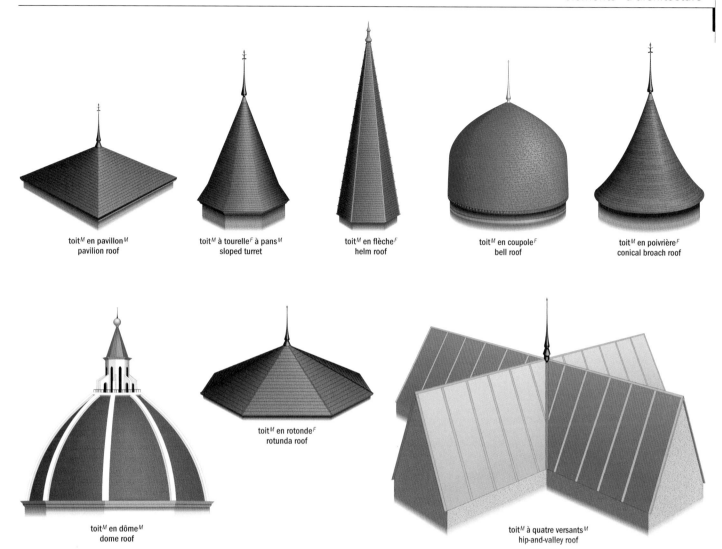

toit[M] en pavillon[M]
pavilion roof

toit[M] à tourelle[F] à pans[M]
sloped turret

toit[M] en flèche[F]
helm roof

toit[M] en coupole[F]
bell roof

toit[M] en poivrière[F]
conical broach roof

toit[M] en dôme[M]
dome roof

toit[M] en rotonde[F]
rotunda roof

toit[M] à quatre versants[M]
hip-and-valley roof

exemples[M] de fenêtres[F]
examples of windows

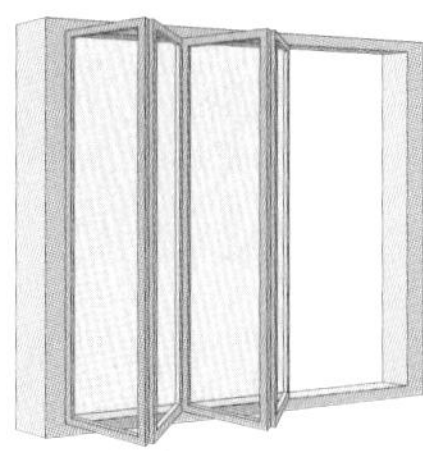

fenêtre[F] en accordéon[M]
sliding folding window

fenêtre[F] à la française[F]
French window

fenêtre[F] à l'anglaise[F]
casement window

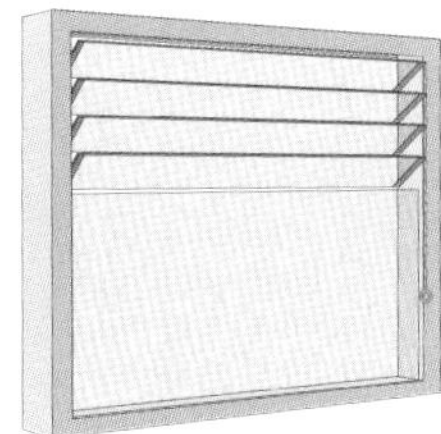

fenêtre[F] à jalousies[F]
louvered window

fenêtre[F] coulissante
sliding window

fenêtre[F] à guillotine[F]
sash window

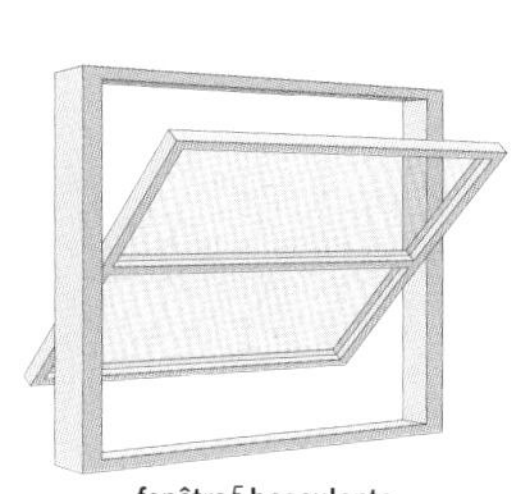

fenêtre[F] basculante
horizontal pivoting window

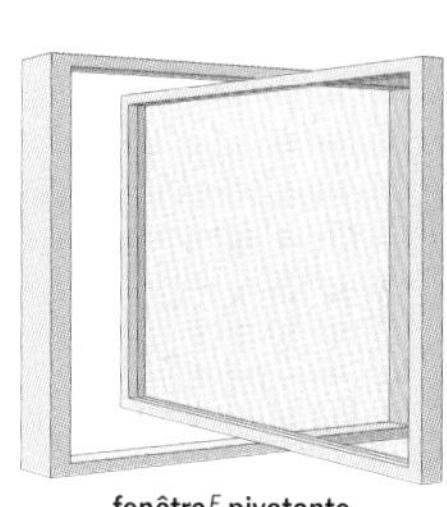

fenêtre[F] pivotante
vertical pivoting window

élémentsM d'architectureF

exemplesM de portesF
examples of doors

porteF à tambourM manuelle
manual revolving door

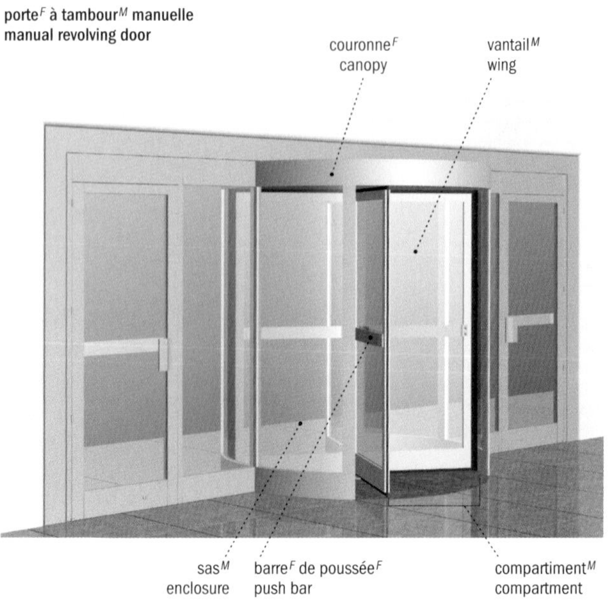
couronneF
canopy
vantailM
wing
sasM
enclosure
barreF de pousséeF
push bar
compartimentM
compartment

porteF coulissante automatique
automatic sliding door

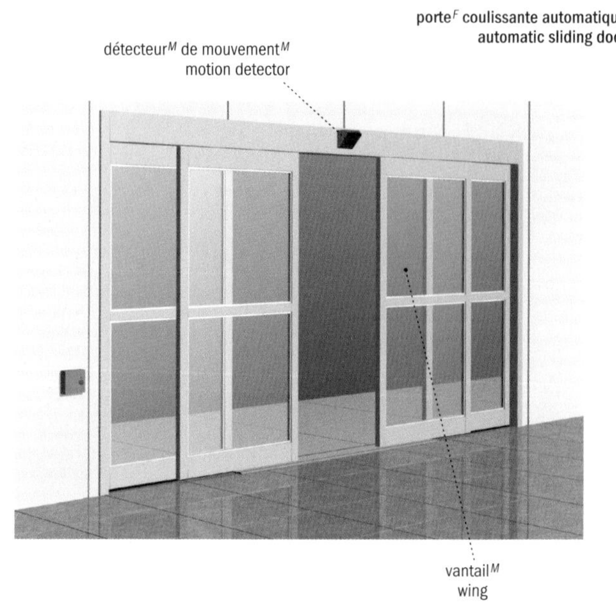
détecteurM de mouvementM
motion detector
vantailM
wing

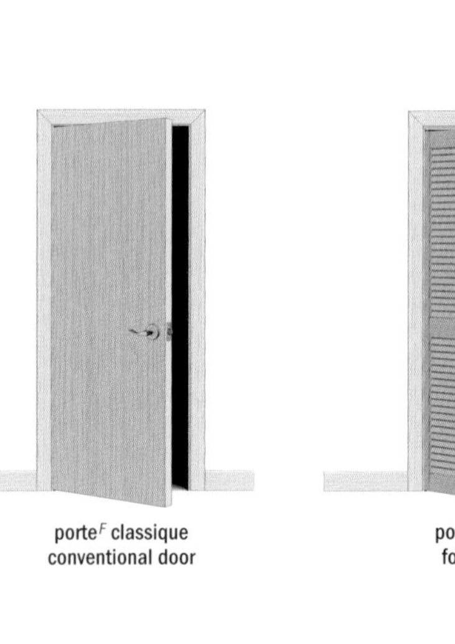

porteF classique
conventional door

porteF pliante
folding door

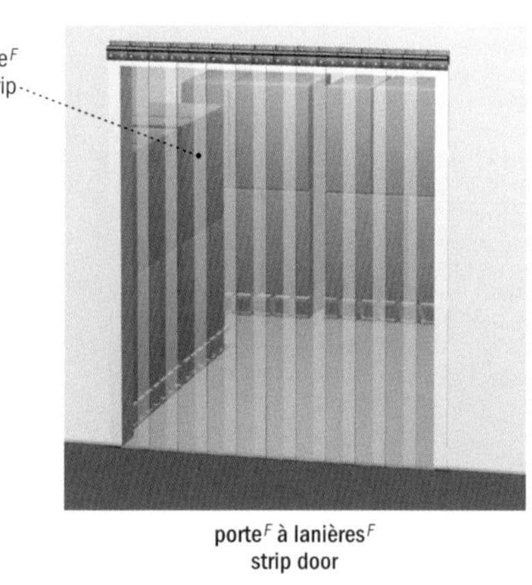
lanièreF
strip

porteF à lanièresF
strip door

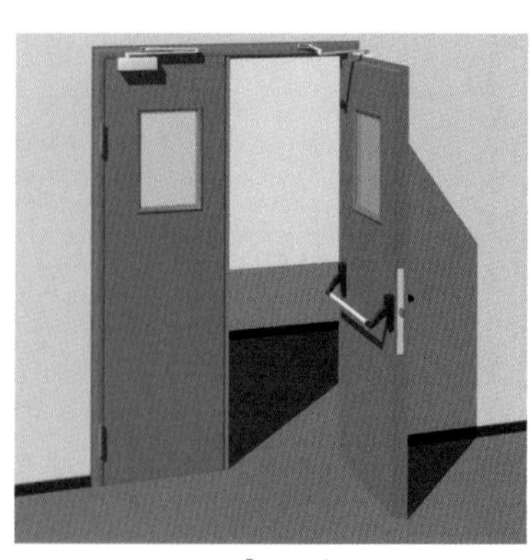

porteF coupe-feu
fire door

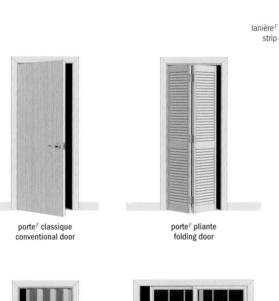

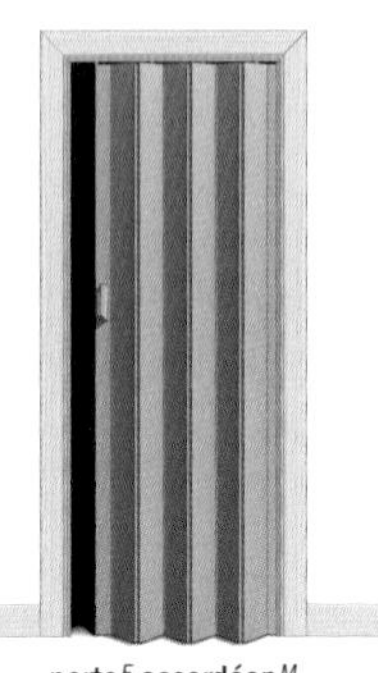

porteF accordéonM
sliding folding door

porteF coulissante
sliding door

porteF de garageM sectionnelle
sectional garage door

porteF de garageM basculante
up and over garage door

escalier^{M} mécanique

escalator

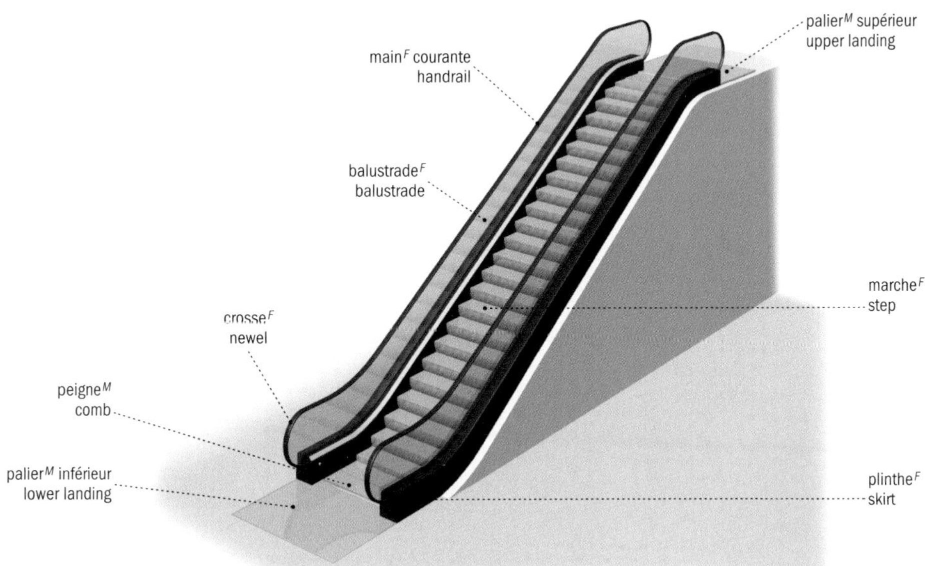
main^{F} courante
handrail
palier^{M} supérieur
upper landing
balustrade^{F}
balustrade
marche^{F}
step
crosse^{F}
newel
peigne^{M}
comb
palier^{M} inférieur
lower landing
plinthe^{F}
skirt

ascenseur^{M}

elevator

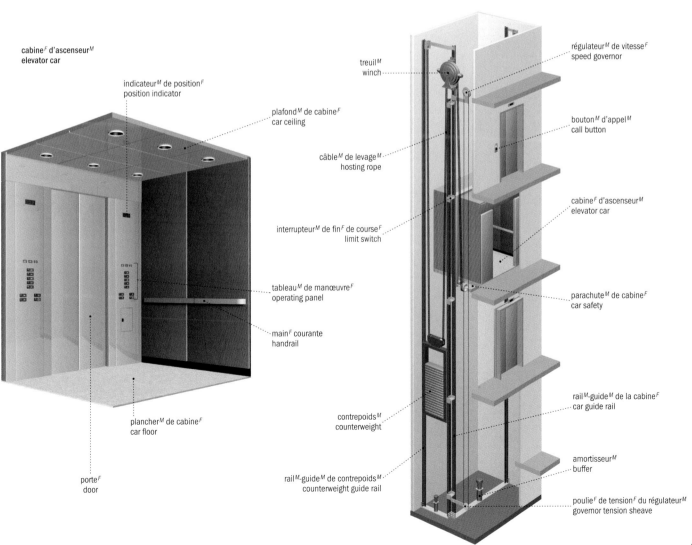

cabine^{F} d'ascenseur^{M}
elevator car

indicateur^{M} de position^{F}
position indicator

plafond^{M} de cabine^{F}
car ceiling

tableau^{M} de manœuvre^{F}
operating panel

main^{F} courante
handrail

plancher^{M} de cabine^{F}
car floor

porte^{F}
door

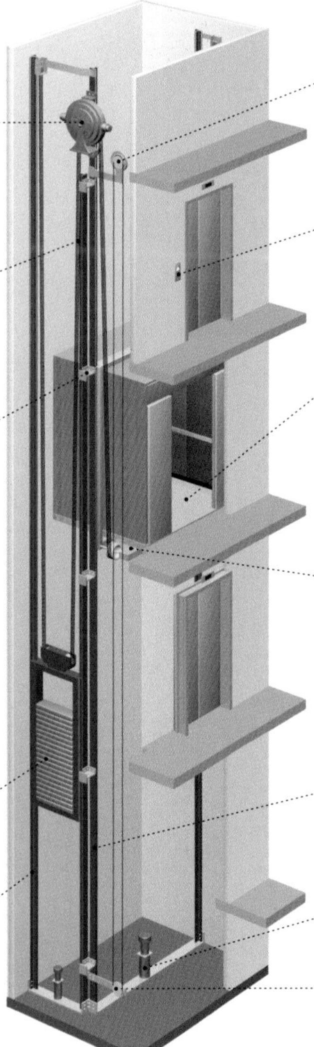

treuil^{M}
winch

régulateur^{M} de vitesse^{F}
speed governor

bouton^{M} d'appel^{M}
call button

câble^{M} de levage^{M}
hosting rope

cabine^{F} d'ascenseur^{M}
elevator car

interrupteur^{M} de fin^{F} de course^{F}
limit switch

parachute^{M} de cabine^{F}
car safety

rail^{M}-guide^{M} de la cabine^{F}
car guide rail

contrepoids^{M}
counterweight

amortisseur^{M}
buffer

rail^{M}-guide^{M} de contrepoids^{M}
counterweight guide rail

poulie^{F} de tension^{F} du régulateur^{M}
governor tension sheave

maisons^F traditionnelles

traditional houses

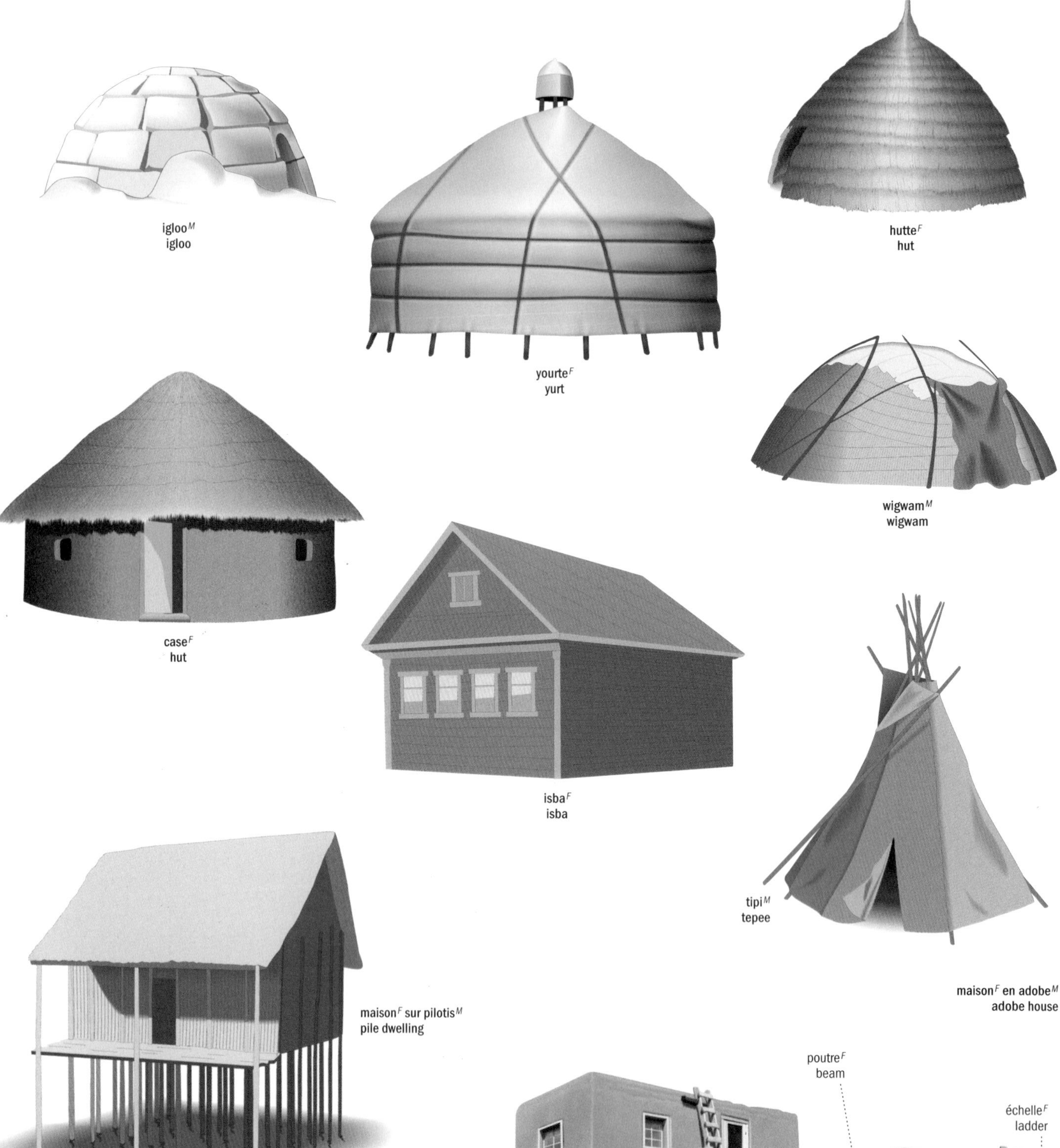
igloo^M
igloo
yourte^F
yurt
hutte^F
hut
wigwam^M
wigwam
case^F
hut
isba^F
isba
tipi^M
tepee
maison^F sur pilotis^M
pile dwelling
maison^F en adobe^M
adobe house
poutre^F
beam
échelle^F
ladder

maisons[F] de ville[F]

city houses

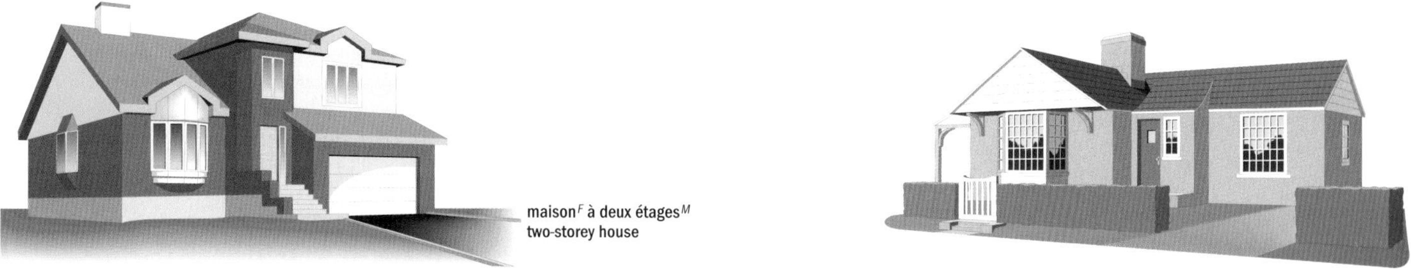

maison[F] à deux étages[M]
two-storey house

maison[F] de plain-pied[M]
one-storey house

maison[F] jumelée
semi-detached cottage

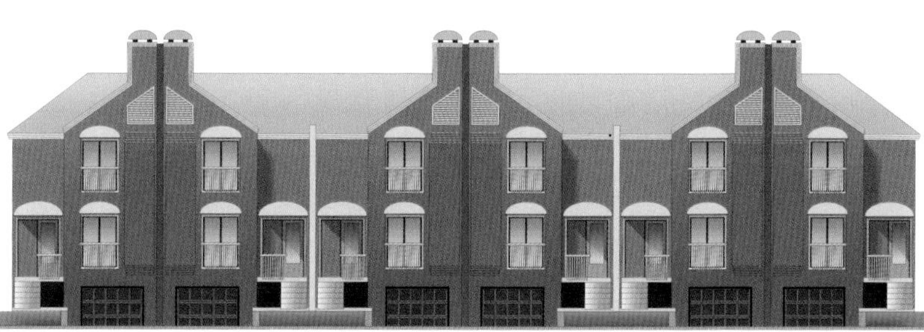

maisons[F] en rangée[F]
town houses

appartements[M] en copropriété[F]
condominiums

tour[F] d'habitation[F]
high-rise apartment

impression^F

printing

impression^F en relief^M
relief printing

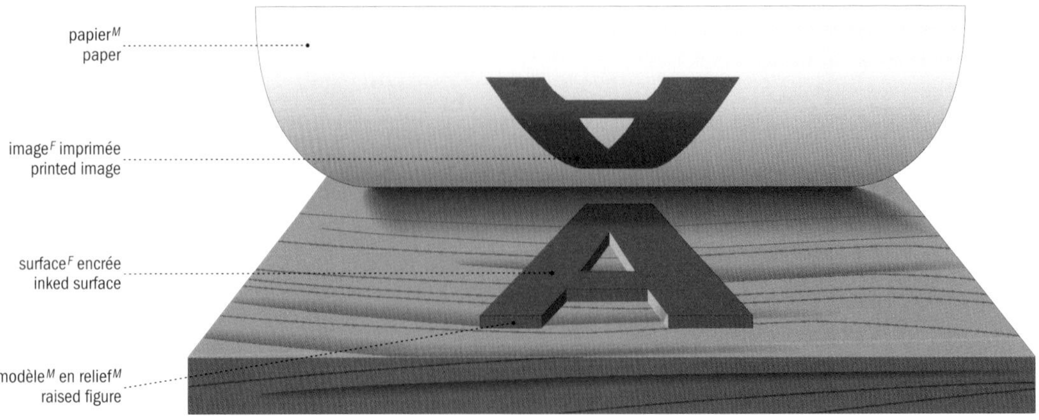
papier^M
paper
image^F imprimée
printed image
surface^F encrée
inked surface
modèle^M en relief^M
raised figure

impression^F en creux^M
intaglio printing

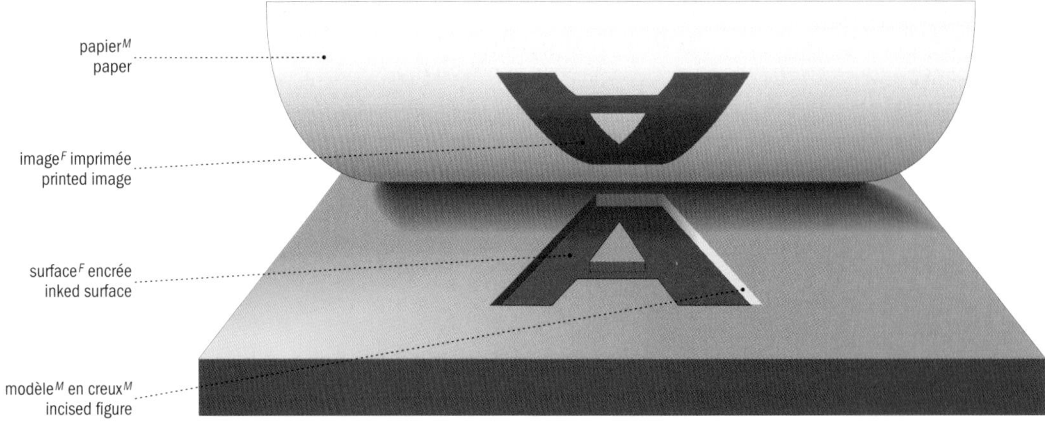
papier^M
paper
image^F imprimée
printed image
surface^F encrée
inked surface
modèle^M en creux^M
incised figure

impression^F à plat^M
lithographic printing

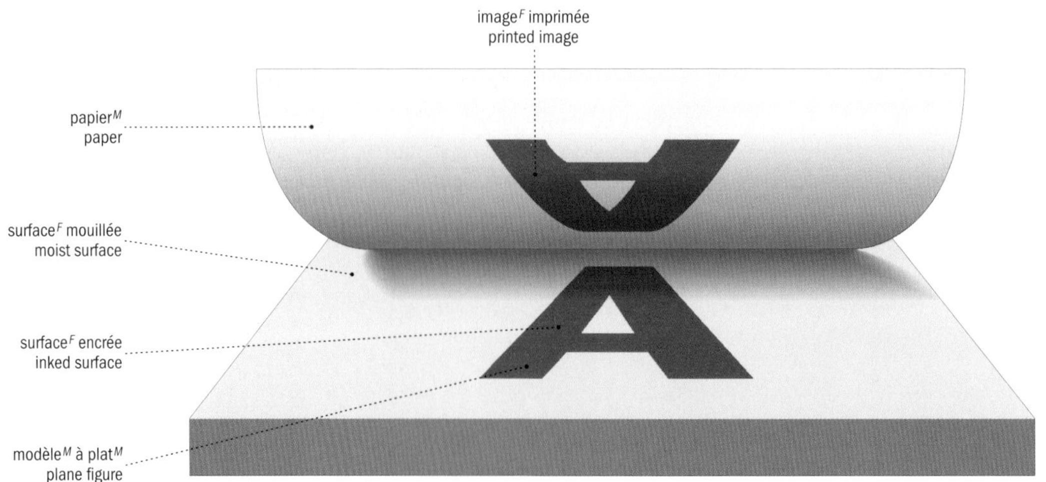
image^F imprimée
printed image
papier^M
paper
surface^F mouillée
moist surface
surface^F encrée
inked surface
modèle^M à plat^M
plane figure

gravure^F en relief^M

relief printing process

matériel^M
equipment

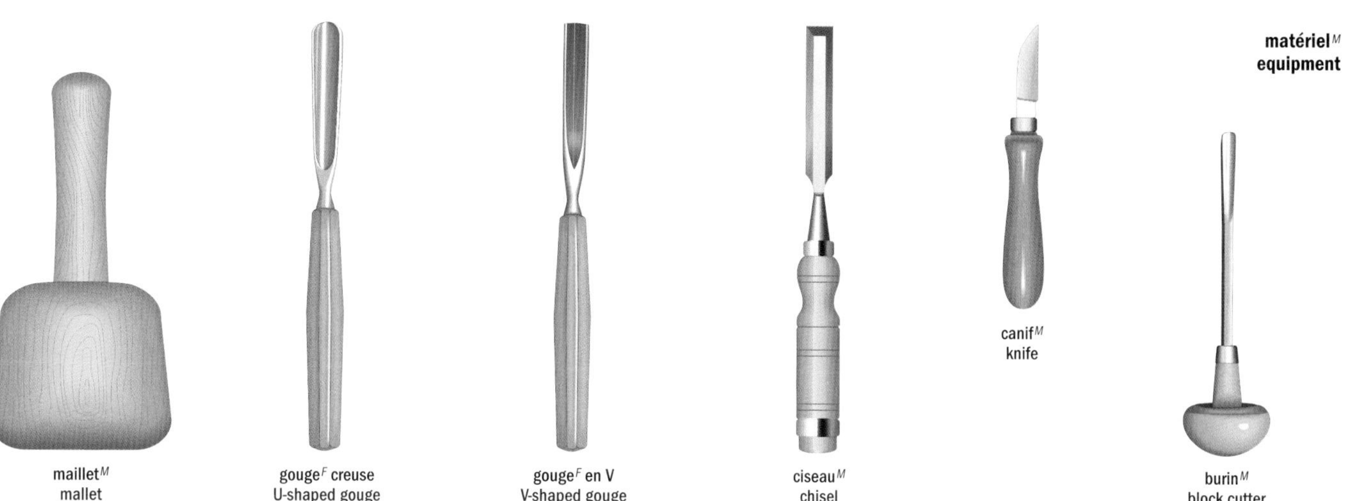

maillet^M
mallet
gouge^F creuse
U-shaped gouge
gouge^F en V
V-shaped gouge
ciseau^M
chisel
canif^M
knife
burin^M
block cutter

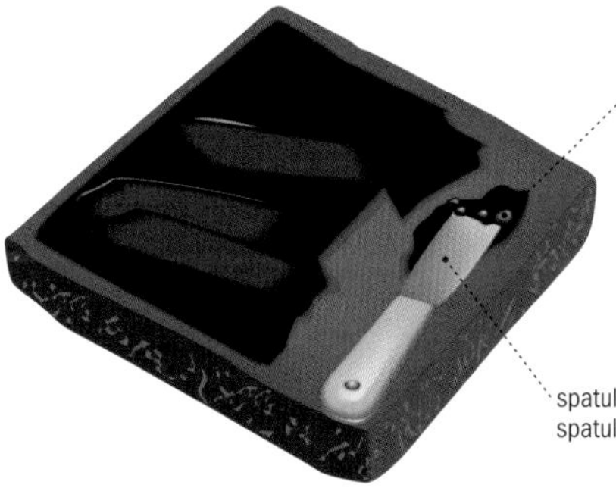

encre^F
ink

spatule^F
spatula

marbre^M
inking slab

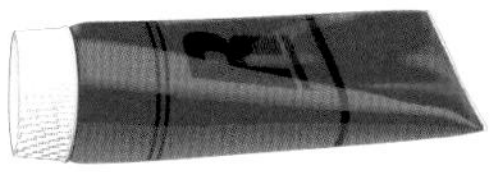

encre^F
ink

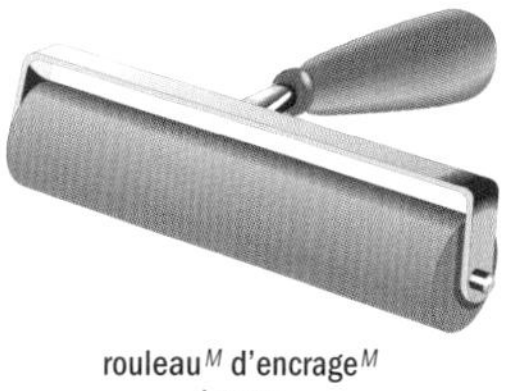

rouleau^M d'encrage^M
brayer

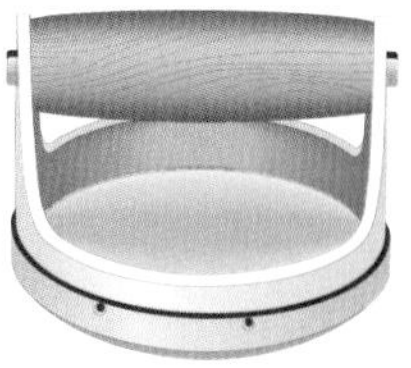

baren^M
baren

presse^F à taille-douce^F
etching press

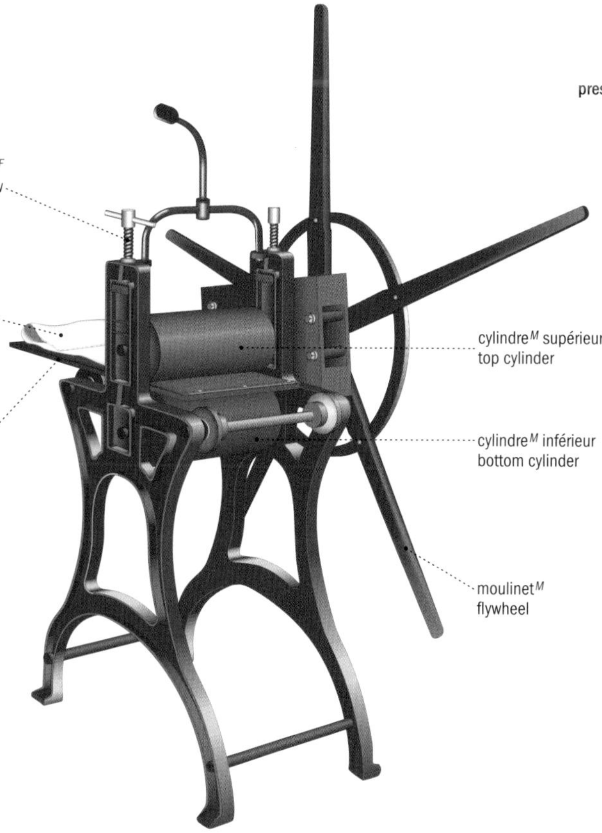

vis^F de pression^F
pressure screw

lange^M
felt

table^F
press bed

cylindre^M supérieur
top cylinder

cylindre^M inférieur
bottom cylinder

moulinet^M
flywheel

gravure^F sur bois^M de fil^M
woodcut

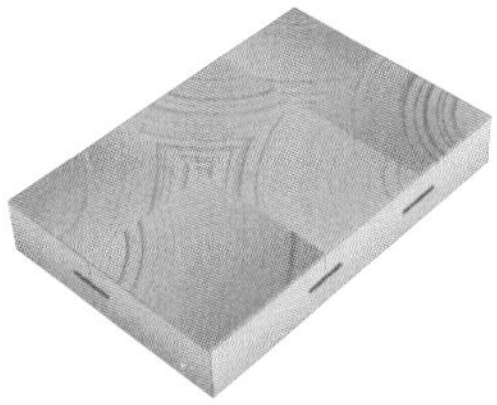

gravure^F sur bois^M debout
wood engraving

gravure^F en creux^M

intaglio printing process

matériel^M
equipment

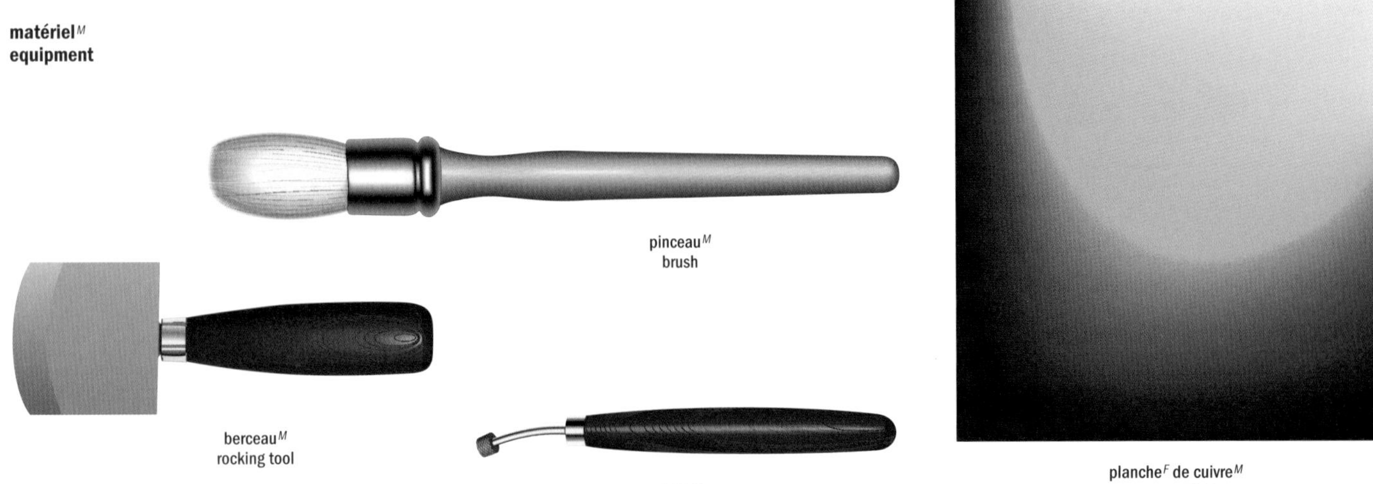

pinceau^M
brush

berceau^M
rocking tool

roulette^F
roulette

planche^F de cuivre^M
copper plate

pointe^F sèche
drypoint

brunissoir^M
burnisher

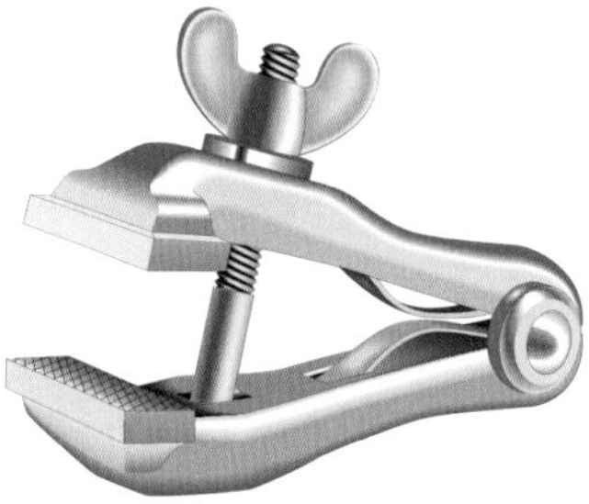

rat^M de cave^F
smoking candle

étau^M
hand vice

ébarboir^M
scraper

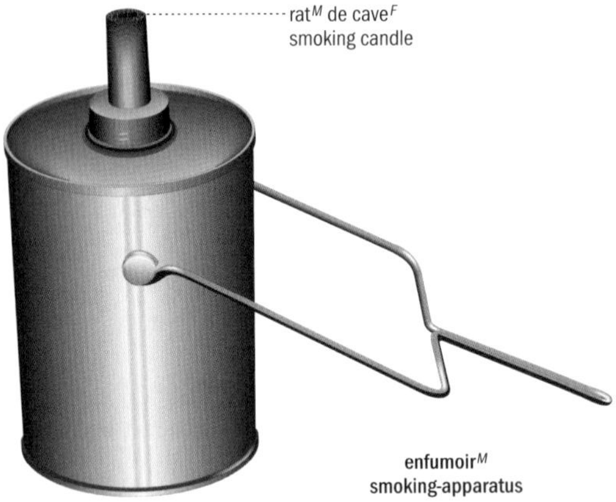

enfumoir^M
smoking-apparatus

tarlatane^F
tarlatan

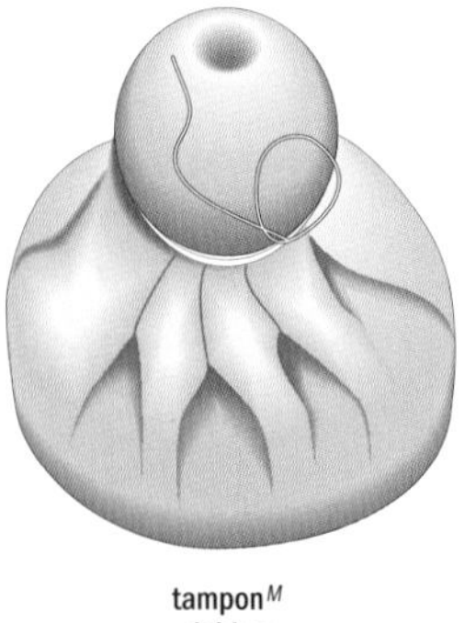

tampon^M
dabber

rouleau^M à vernir
varnish-roller

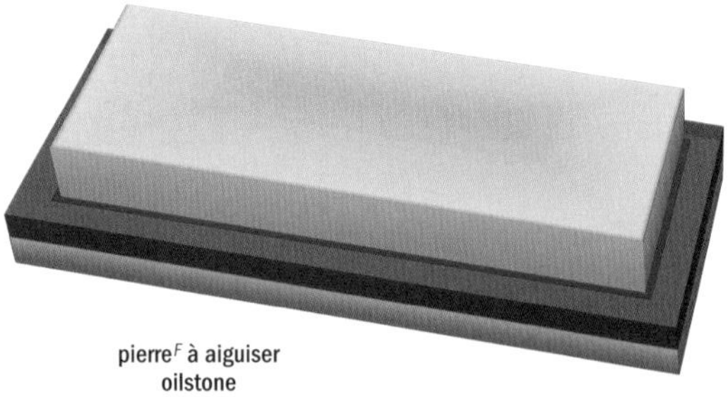

pierre^F à aiguiser
oilstone

lithographie^F

lithography

matériel^M
equipment

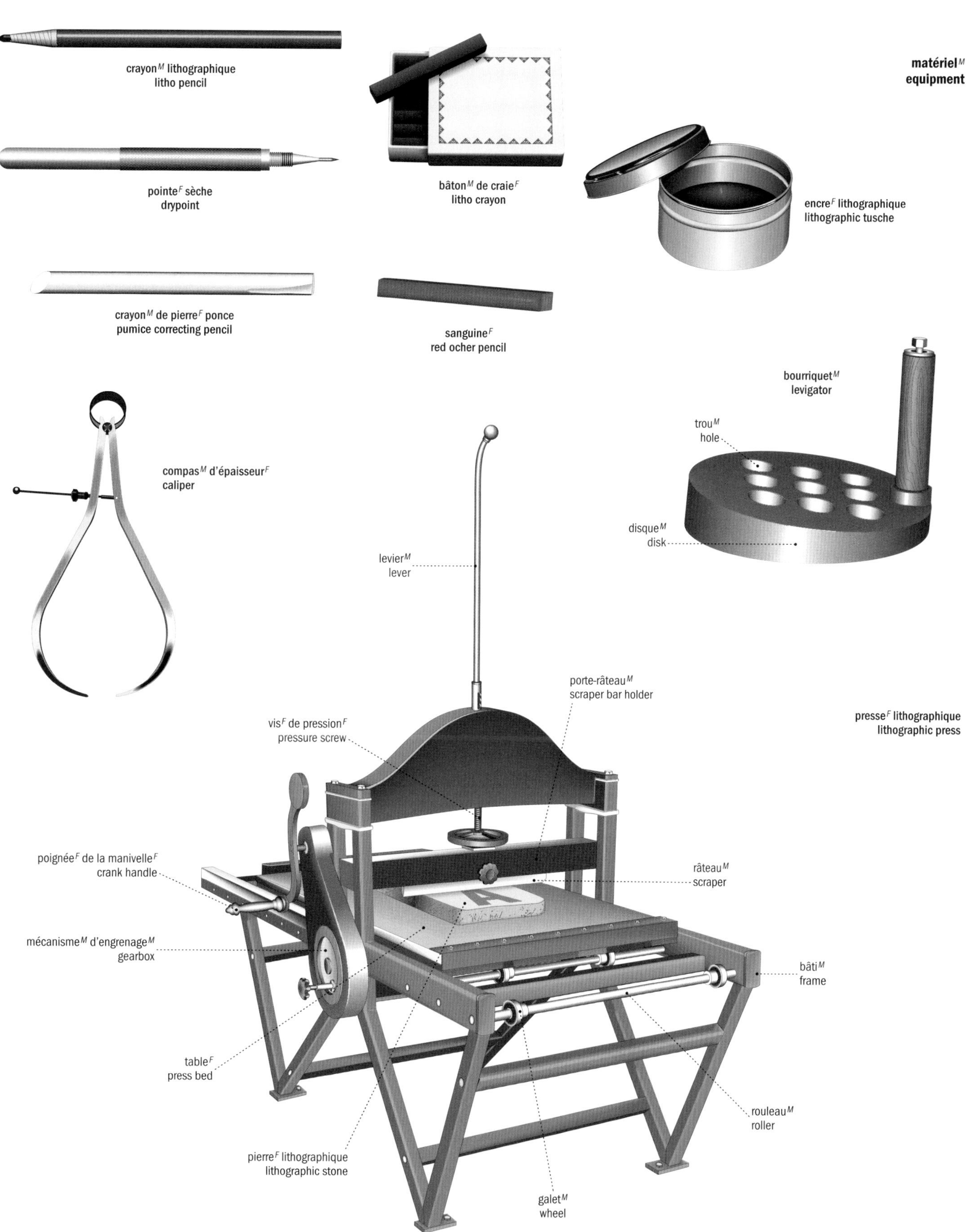

crayon^M lithographique
litho pencil
pointe^F sèche
drypoint
crayon^M de pierre^F ponce
pumice correcting pencil
bâton^M de craie^F
litho crayon
sanguine^F
red ocher pencil
encre^F lithographique
lithographic tusche
bourriquet^M
levigator
trou^M
hole
disque^M
disk
compas^M d'épaisseur^F
caliper
levier^M
lever
porte-râteau^M
scraper bar holder
vis^F de pression^F
pressure screw
presse^F lithographique
lithographic press
poignée^F de la manivelle^F
crank handle
râteau^M
scraper
mécanisme^M d'engrenage^M
gearbox
bâti^M
frame
table^F
press bed
rouleau^M
roller
pierre^F lithographique
lithographic stone
galet^M
wheel

reliure^F d'art^M

fine bookbinding

grecquage^M
sawing-in

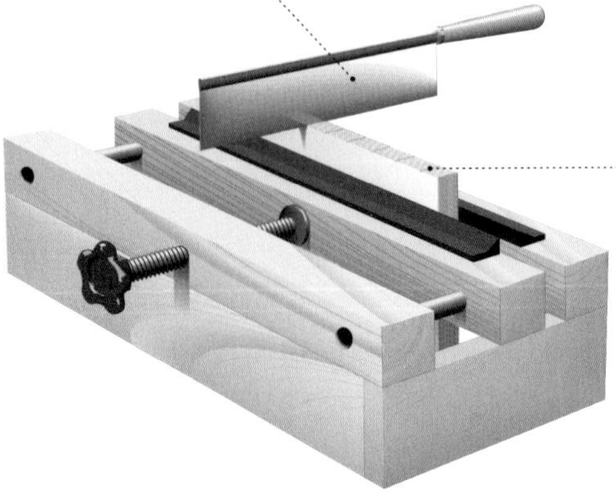

scie^F à grecquer
tenon saw

grecque^F
groove

couture^F
sewing

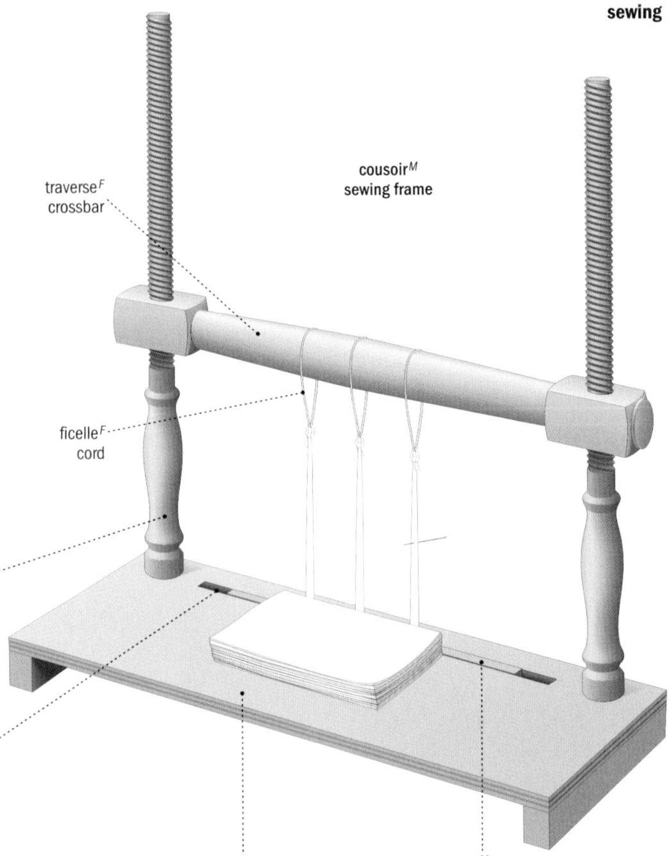

cousoir^M
sewing frame

traverse^F
crossbar

ficelle^F
cord

montant^M
upright

fente^F
slot

table^F
bed

templet^M
temple

ébarbage^M
trimming

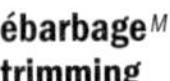

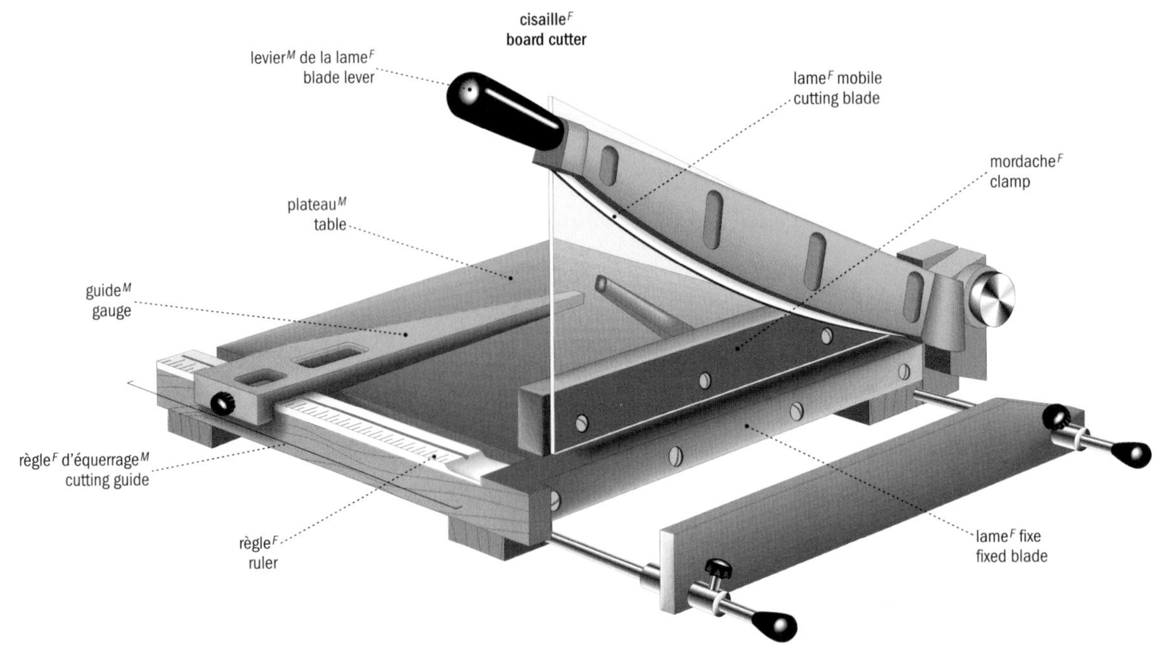

cisaille^F
board cutter
levier^M de la lame^F
blade lever
lame^F mobile
cutting blade
mordache^F
clamp
plateau^M
table
guide^M
gauge
règle^F d'équerrage^M
cutting guide
règle^F
ruler
lame^F fixe
fixed blade

endossure[F]
backing

mise[F] en presse[F]
pressing

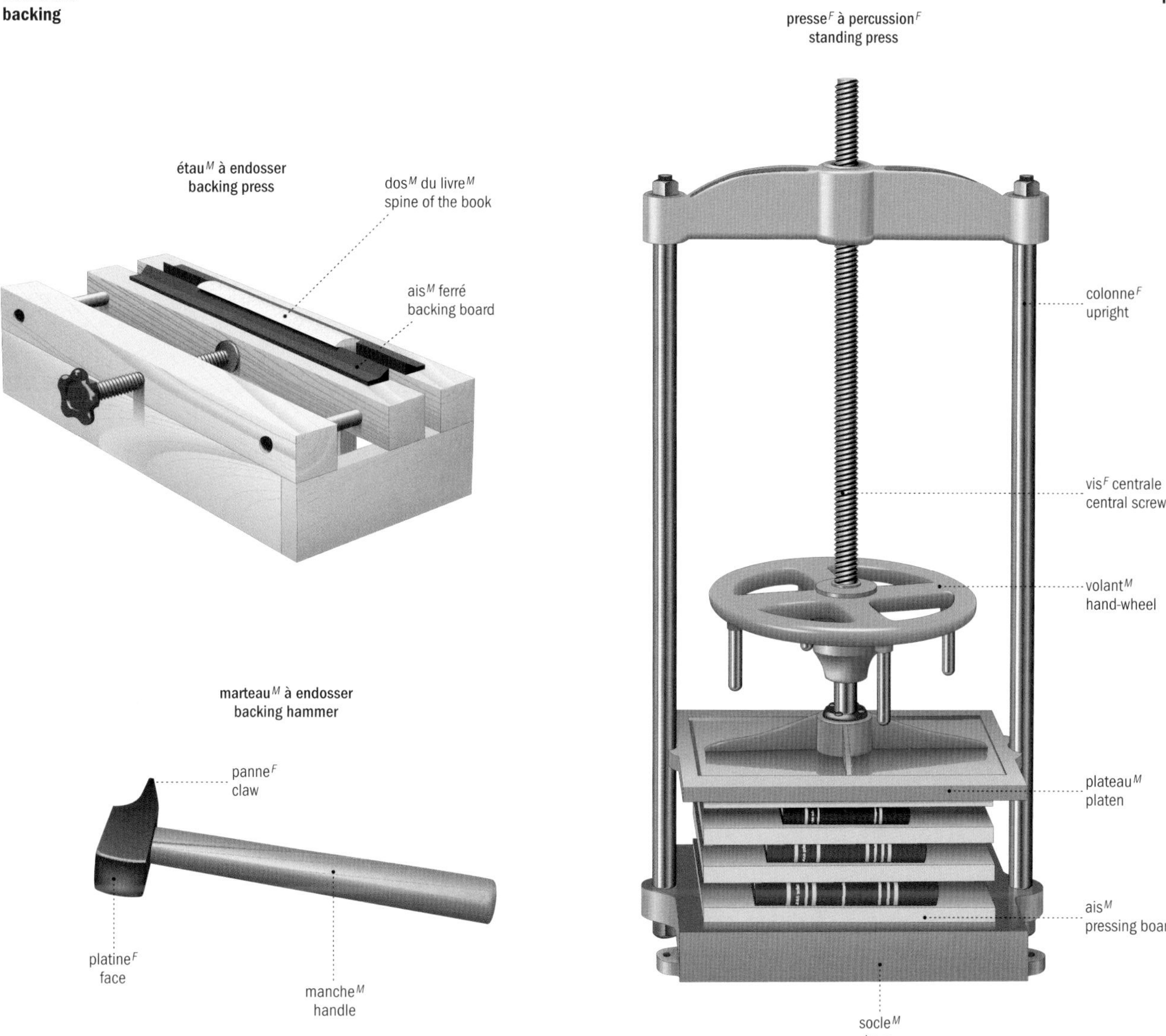
étau[M] à endosser
backing press
dos[M] du livre[M]
spine of the book
ais[M] ferré
backing board
marteau[M] à endosser
backing hammer
panne[F]
claw
platine[F]
face
manche[M]
handle
presse[F] à percussion[F]
standing press
colonne[F]
upright
vis[F] centrale
central screw
volant[M]
hand-wheel
plateau[M]
platen
ais[M]
pressing board
socle[M]
base

couvrure[F]
covering

peau[F]
bookbinding leather

tête[F]
head

collet[M]
neck

flanc[M]
flank

queue[F]
tail

croupon[M]
butt

patte[F]
foot

reliure^F d'art^M

livre^M relié
bound book

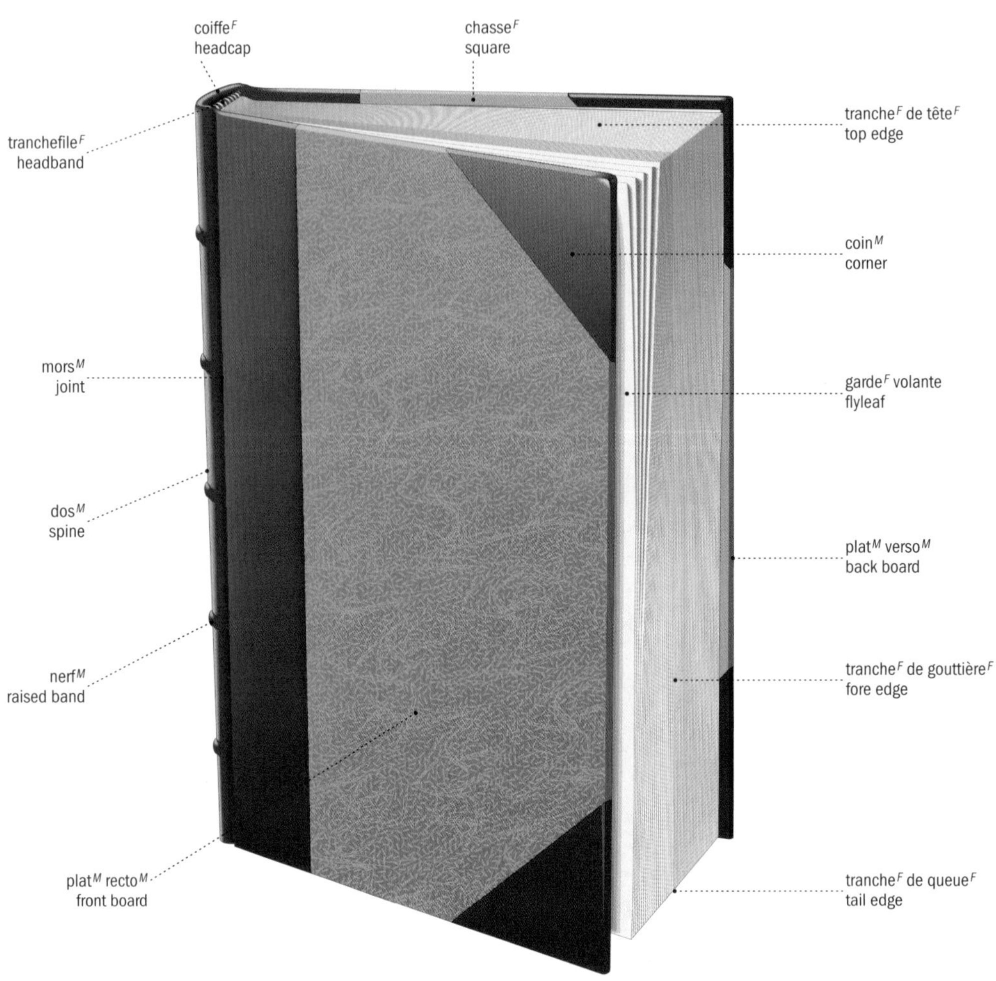
coiffe^F
headcap
chasse^F
square
tranchefile^F
headband
tranche^F de tête^F
top edge
coin^M
corner
mors^M
joint
garde^F volante
flyleaf
dos^M
spine
plat^M verso^M
back board
nerf^M
raised band
tranche^F de gouttière^F
fore edge
plat^M recto^M
front board
tranche^F de queue^F
tail edge

plaçure^F
gathering

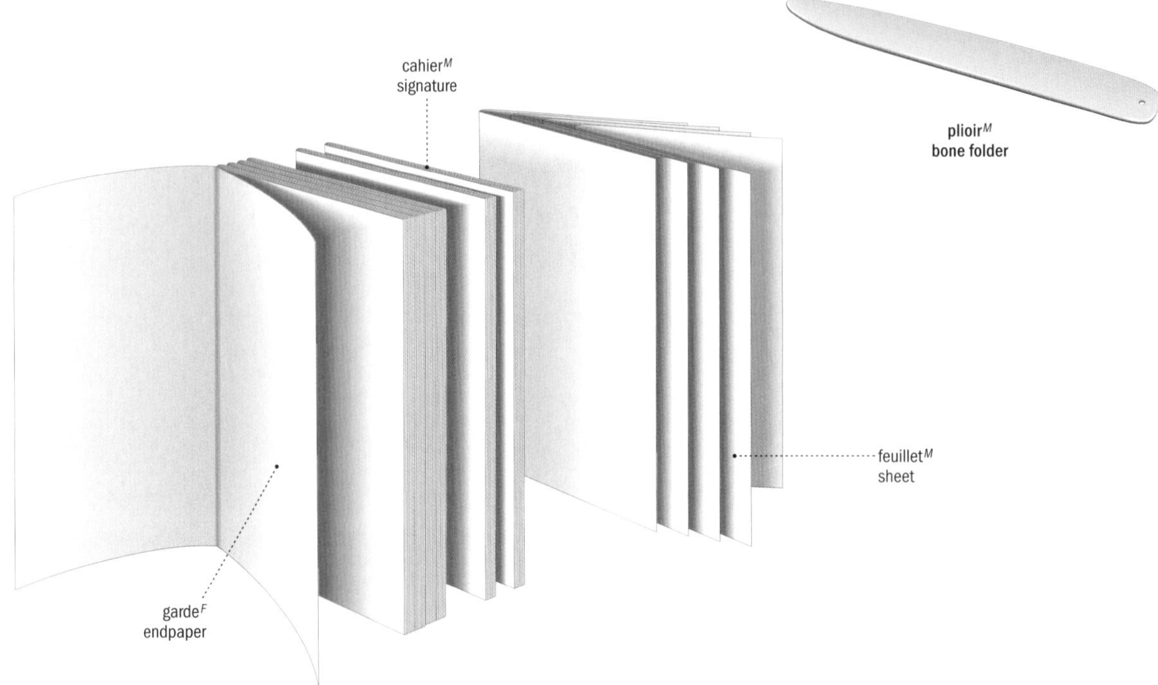
cahier^M
signature
feuillet^M
sheet
garde^F
endpaper

plioir^M
bone folder

cinéma^{M}

movie theater

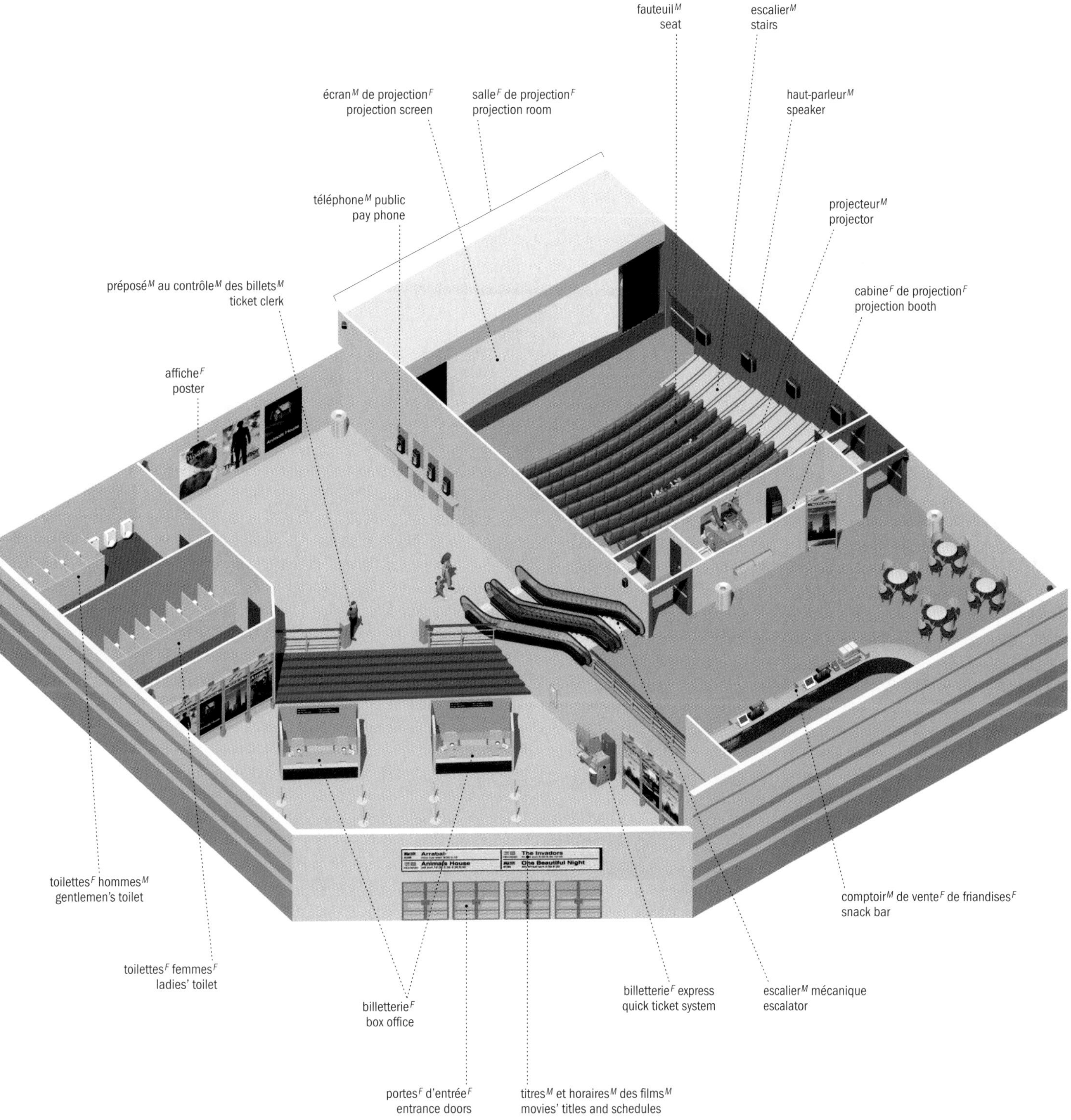

fauteuil M
seat
escalier M
stairs
écran M de projection F
projection screen
salle F de projection F
projection room
haut-parleur M
speaker
téléphone M public
pay phone
projecteur M
projector
préposé M au contrôle M des billets M
ticket clerk
cabine F de projection F
projection booth
affiche F
poster
toilettes F hommes M
gentlemen's toilet
comptoir M de vente F de friandises F
snack bar
toilettes F femmes F
ladies' toilet
billetterie F
box office
billetterie F express
quick ticket system
escalier M mécanique
escalator
portes F d'entrée F
entrance doors
titres M et horaires M des films M
movies' titles and schedules

plateau^M de tournage^M

movie set

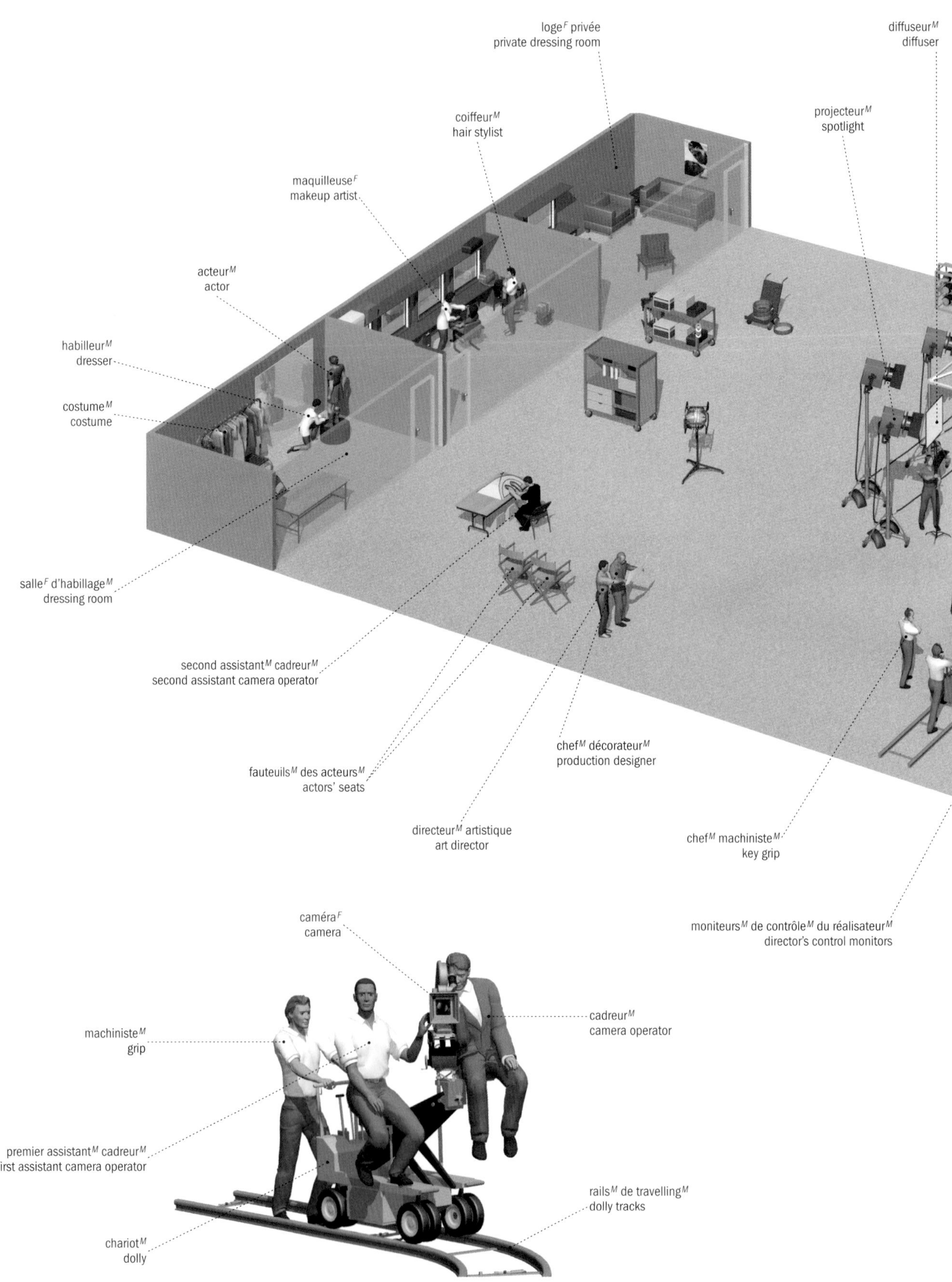
logeF privée
private dressing room
diffuseurM
diffuser
coiffeurM
hair stylist
projecteurM
spotlight
maquilleuseF
makeup artist
acteurM
actor
habilleurM
dresser
costumeM
costume
salleF d'habillageM
dressing room
second assistantM cadreurM
second assistant camera operator
chefM décorateurM
production designer
fauteuilsM des acteursM
actors' seats
directeurM artistique
art director
chefM machinisteM
key grip
moniteursM de contrôleM du réalisateurM
director's control monitors
caméraF
camera
cadreurM
camera operator
machinisteM
grip
premier assistantM cadreurM
first assistant camera operator
railsM de travellingM
dolly tracks
chariotM
dolly

plateau^M de tournage^M

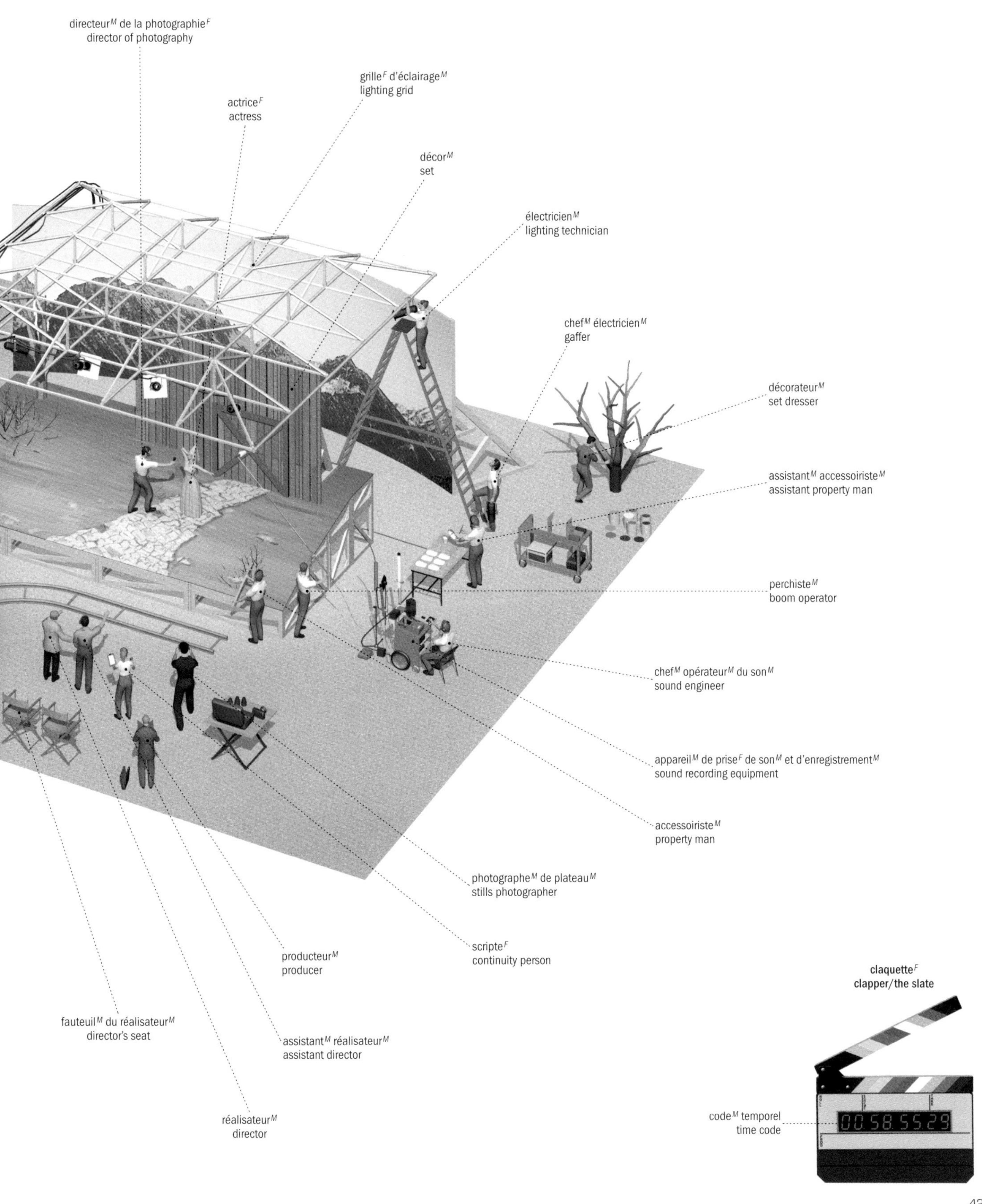
directeur^M de la photographie^F
director of photography
actrice^F
actress
grille^F d'éclairage^M
lighting grid
décor^M
set
électricien^M
lighting technician
chef^M électricien^M
gaffer
décorateur^M
set dresser
assistant^M accessoiriste^M
assistant property man
perchiste^M
boom operator
chef^M opérateur^M du son^M
sound engineer
appareil^M de prise^F de son^M et d'enregistrement^M
sound recording equipment
accessoiriste^M
property man
photographe^M de plateau^M
stills photographer
scripte^F
continuity person
producteur^M
producer
fauteuil^M du réalisateur^M
director's seat
assistant^M réalisateur^M
assistant director
réalisateur^M
director
claquette^F
clapper/the slate
code^M temporel
time code
00 58 55 29

salle^F de spectacle^M

theater

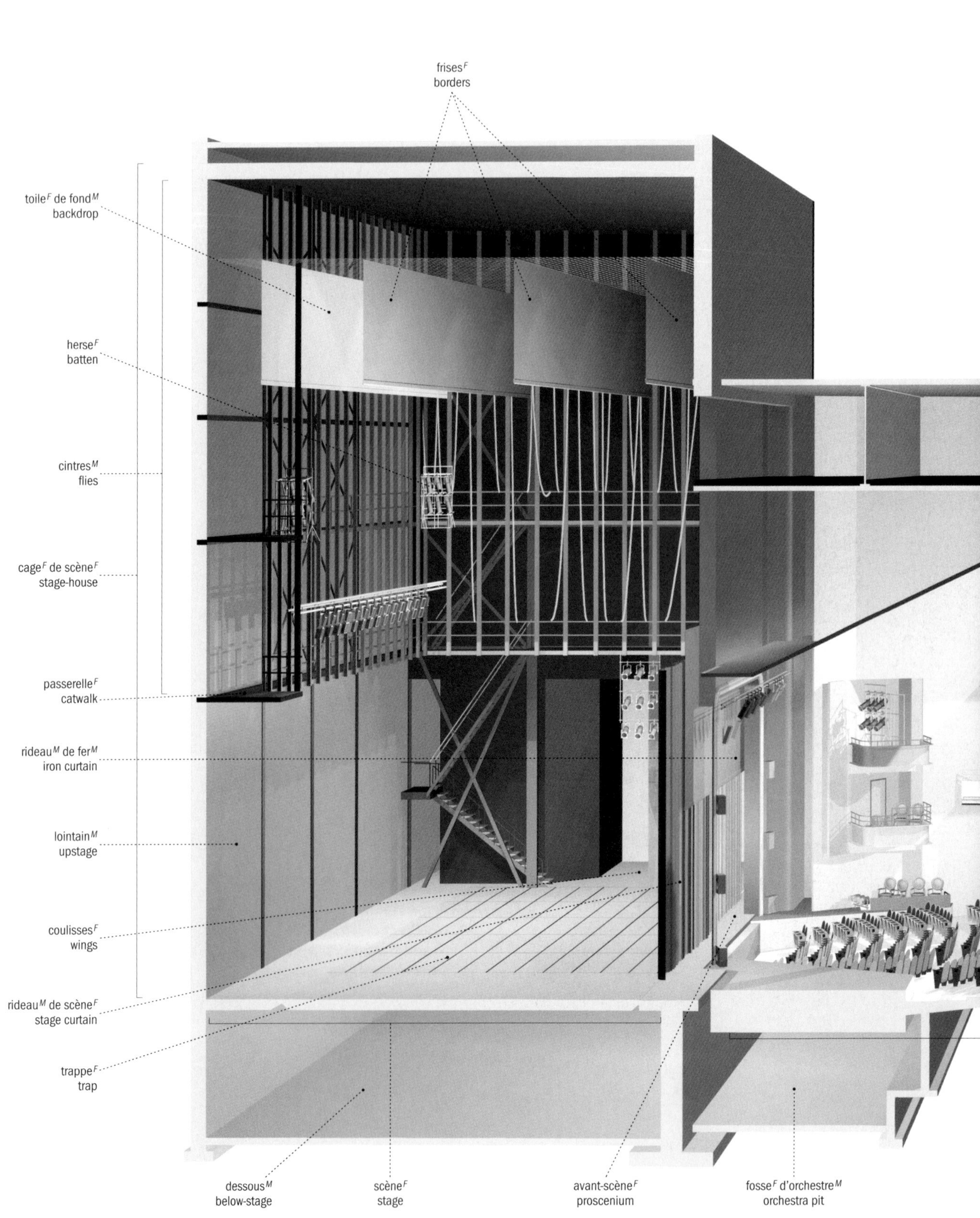
frises^F
borders
toile^F de fond^M
backdrop
herse^F
batten
cintres^M
flies
cage^F de scène^F
stage-house
passerelle^F
catwalk
rideau^M de fer^M
iron curtain
lointain^M
upstage
coulisses^F
wings
rideau^M de scène^F
stage curtain
trappe^F
trap
dessous^M
below-stage
scène^F
stage
avant-scène^F
proscenium
fosse^F d'orchestre^M
orchestra pit

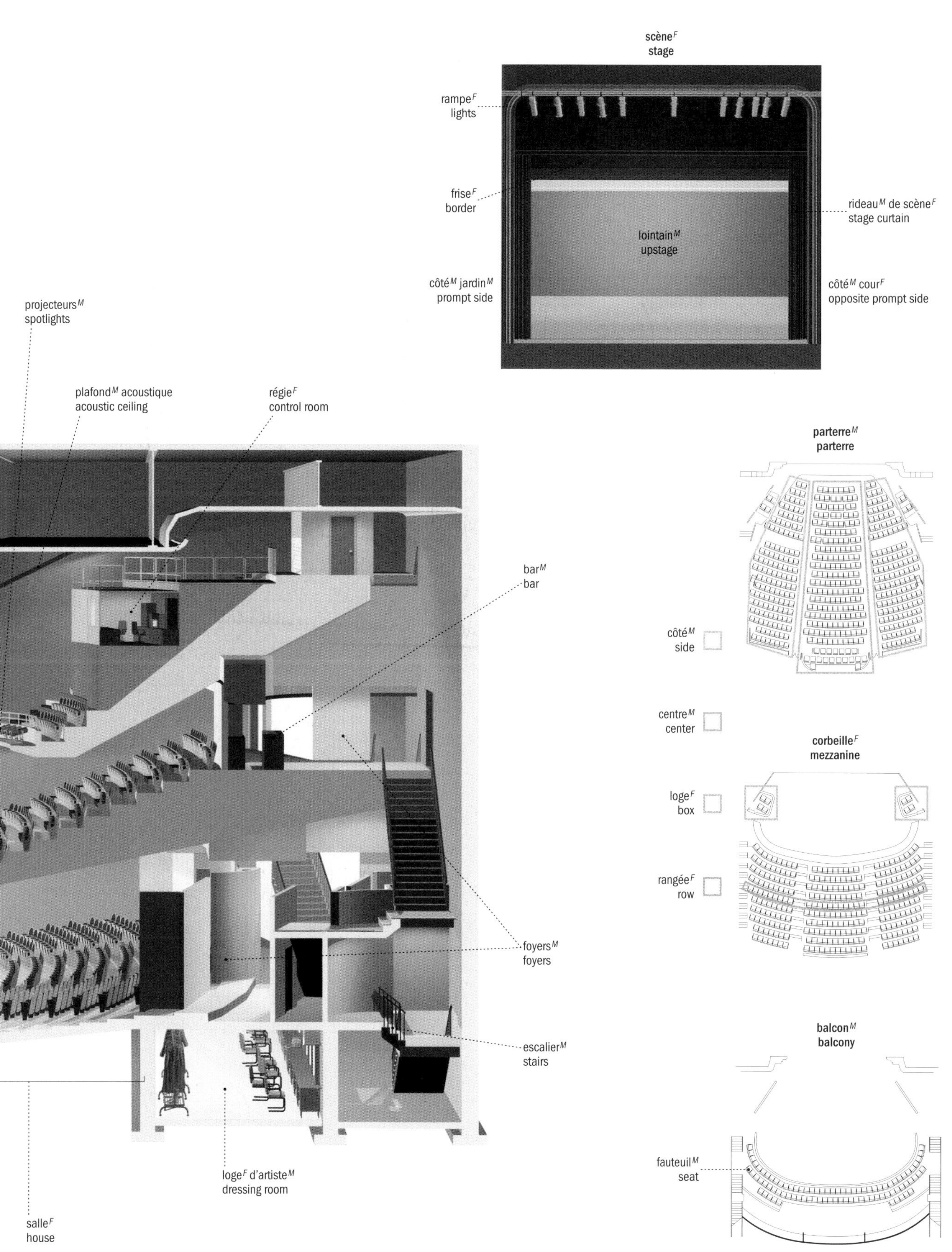
scène^F
stage
rampe^F
lights
frise^F
border
rideau^M de scène^F
stage curtain
lointain^M
upstage
côté^M jardin^M
prompt side
côté^M cour^F
opposite prompt side
projecteurs^M
spotlights
plafond^M acoustique
acoustic ceiling
régie^F
control room
parterre^M
parterre
bar^M
bar
côté^M
side
centre^M
center
corbeille^F
mezzanine
loge^F
box
rangée^F
row
foyers^M
foyers
escalier^M
stairs
balcon^M
balcony
fauteuil^M
seat
loge^F d'artiste^M
dressing room
salle^F
house

instruments^M traditionnels

traditional musical instruments

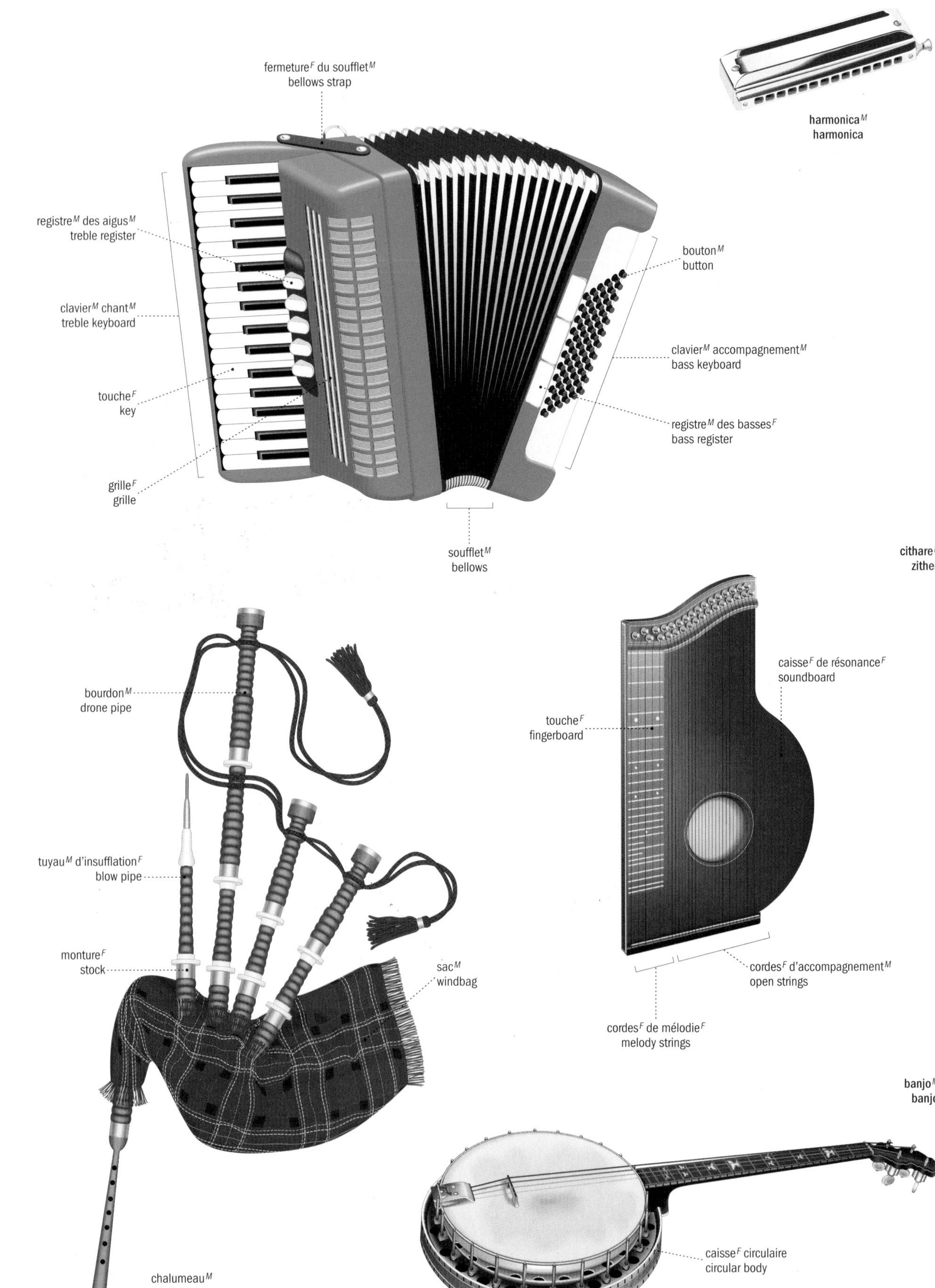
accordéon^M
accordion
fermeture^F du soufflet^M
bellows strap
registre^M des aigus^M
treble register
clavier^M chant^M
treble keyboard
touche^F
key
grille^F
grille
soufflet^M
bellows
bouton^M
button
clavier^M accompagnement^M
bass keyboard
registre^M des basses^F
bass register
harmonica^M
harmonica
cornemuse^F
bagpipes
bourdon^M
drone pipe
tuyau^M d'insufflation^F
blow pipe
monture^F
stock
sac^M
windbag
chalumeau^M
chanter
cithare^F
zither
caisse^F de résonance^F
soundboard
touche^F
fingerboard
cordes^F d'accompagnement^M
open strings
cordes^F de mélodie^F
melody strings
banjo^M
banjo
caisse^F circulaire
circular body

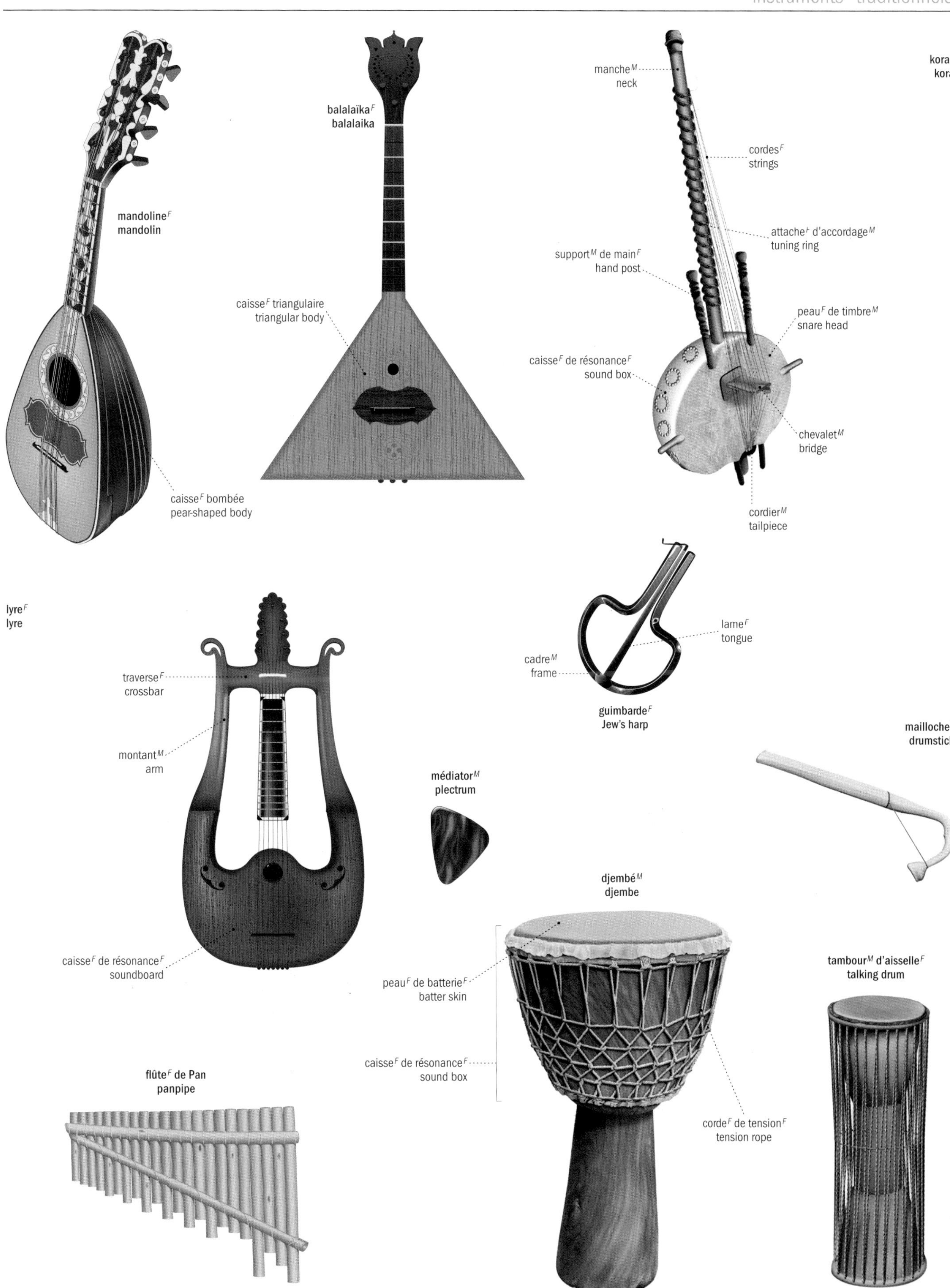
kora^{F}
kora
manche^{M}
neck
cordes^{F}
strings
attache^{F} d'accordage^{M}
tuning ring
support^{M} de main^{F}
hand post
peau^{F} de timbre^{M}
snare head
caisse^{F} de résonance^{F}
sound box
chevalet^{M}
bridge
cordier^{M}
tailpiece
balalaïka^{F}
balalaika
caisse^{F} triangulaire
triangular body
mandoline^{F}
mandolin
caisse^{F} bombée
pear-shaped body
lyre^{F}
lyre
traverse^{F}
crossbar
montant^{M}
arm
caisse^{F} de résonance^{F}
soundboard
lame^{F}
tongue
cadre^{M}
frame
guimbarde^{F}
Jew's harp
mailloche^{F}
drumstick
médiator^{M}
plectrum
djembé^{M}
djembe
peau^{F} de batterie^{F}
batter skin
caisse^{F} de résonance^{F}
sound box
corde^{F} de tension^{F}
tension rope
tambour^{M} d'aisselle^{F}
talking drum
flûte^{F} de Pan
panpipe

notation^F musicale

musical notation

portée^F
staff

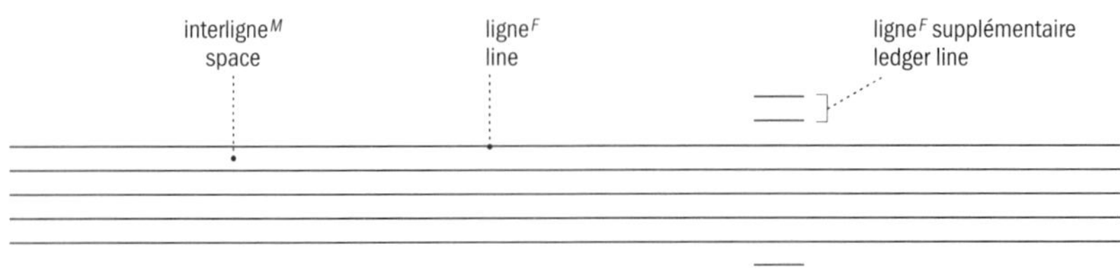
interligne^M
space
ligne^F
line
ligne^F supplémentaire
ledger line

clés^F
clefs

clé^F de sol^M
G clef
clé^F de fa^M
F clef
clé^F d'ut^M
C clef

mesures^F
time signatures

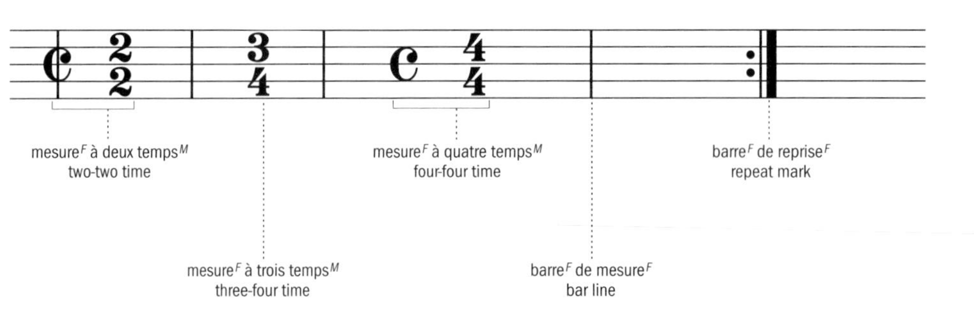
mesure^F à deux temps^M
two-two time
mesure^F à quatre temps^M
four-four time
barre^F de reprise^F
repeat mark
mesure^F à trois temps^M
three-four time
barre^F de mesure^F
bar line

intervalles^M
intervals

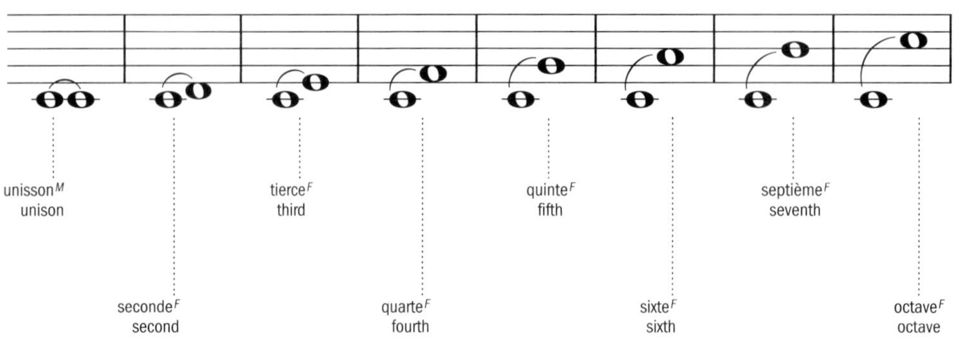
unisson^M
unison
tierce^F
third
quinte^F
fifth
septième^F
seventh
seconde^F
second
quarte^F
fourth
sixte^F
sixth
octave^F
octave

gamme^F
scale

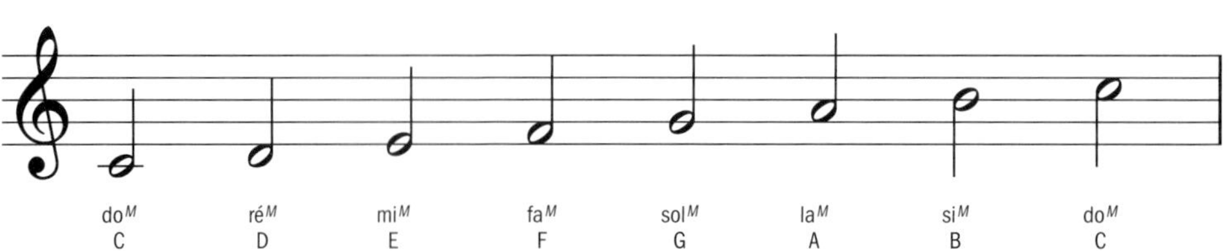
do^M
C
ré^M
D
mi^M
E
fa^M
F
sol^M
G
la^M
A
si^M
B
do^M
C

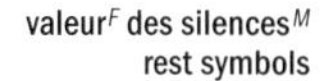
notation[F] musicale

valeur[F] des silences[M]
rest symbols

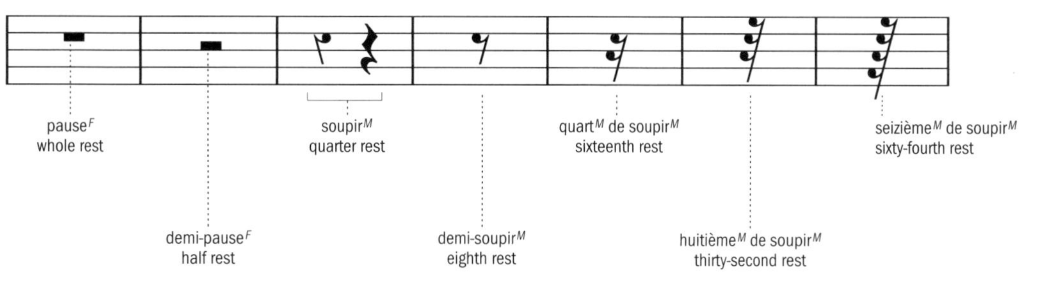
pause[F]
whole rest
demi-pause[F]
half rest
soupir[M]
quarter rest
demi-soupir[M]
eighth rest
quart[M] de soupir[M]
sixteenth rest
huitième[M] de soupir[M]
thirty-second rest
seizième[M] de soupir[M]
sixty-fourth rest

ornements[M]
ornaments

appoggiature[F]
appoggiatura
trille[M]
trill
tr
gruppetto[M]
turn
mordant[M]
mordent

valeur[F] des notes[F]
note symbols

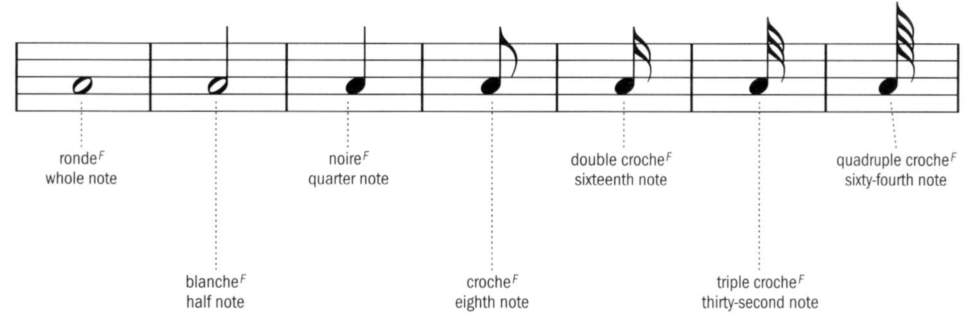
ronde[F]
whole note
blanche[F]
half note
noire[F]
quarter note
croche[F]
eighth note
double croche[F]
sixteenth note
triple croche[F]
thirty-second note
quadruple croche[F]
sixty-fourth note

altérations[F]
accidentals

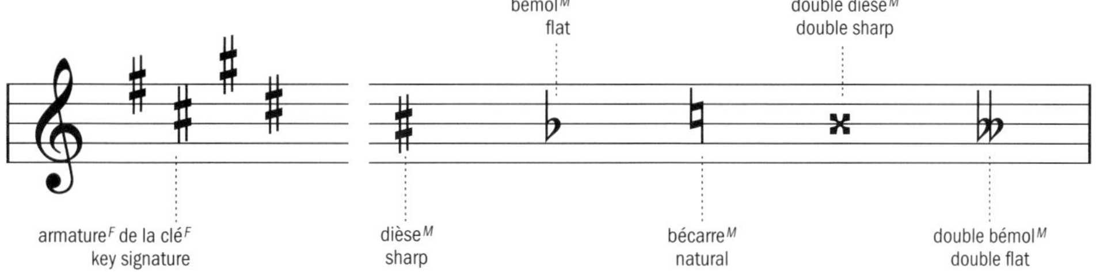
armature[F] de la clé[F]
key signature
dièse[M]
sharp
bémol[M]
flat
bécarre[M]
natural
double dièse[M]
double sharp
double bémol[M]
double flat

autres signes[M]
other signs

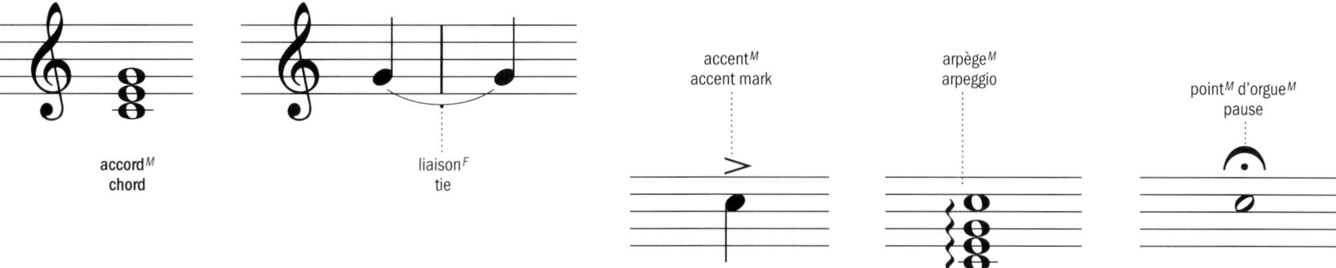
accord[M]
chord
liaison[F]
tie
accent[M]
accent mark
arpège[M]
arpeggio
point[M] d'orgue[M]
pause

ARTS ET ARCHITECTURE

accessoires[M]

musical accessories

métronome[M] mécanique
metronome

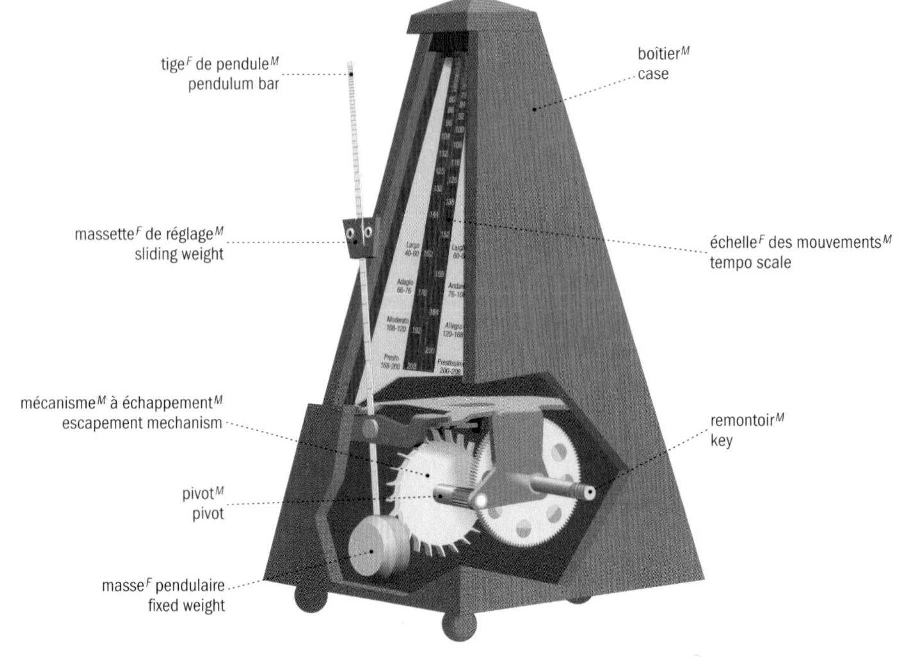
tige[F] de pendule[M]
pendulum bar
boîtier[M]
case
massette[F] de réglage[M]
sliding weight
échelle[F] des mouvements[M]
tempo scale
mécanisme[M] à échappement[M]
escapement mechanism
remontoir[M]
key
pivot[M]
pivot
masse[F] pendulaire
fixed weight

pupitre[M] à musique[F]
music stand

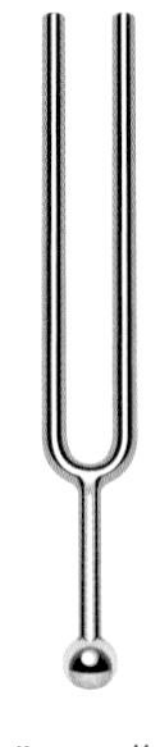

diapason[M]
tuning fork

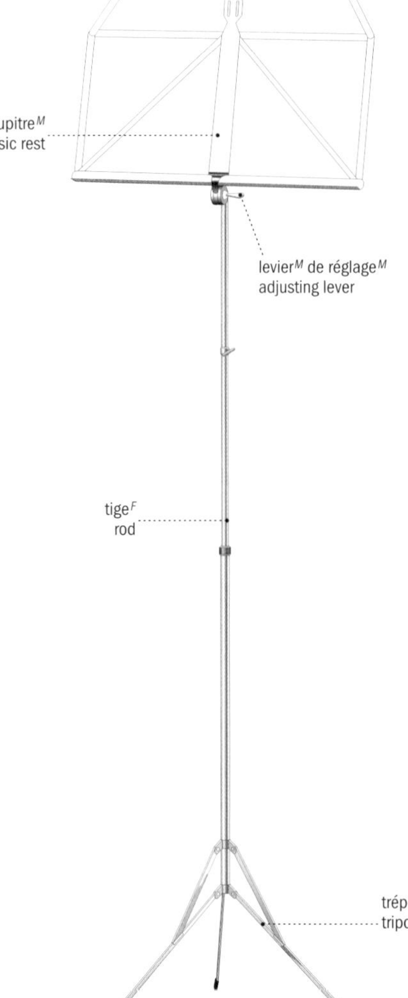
pupitre[M]
music rest
levier[M] de réglage[M]
adjusting lever
tige[F]
rod
trépied[M]
tripod

métronome[M] à quartz[M]
quartz metronome

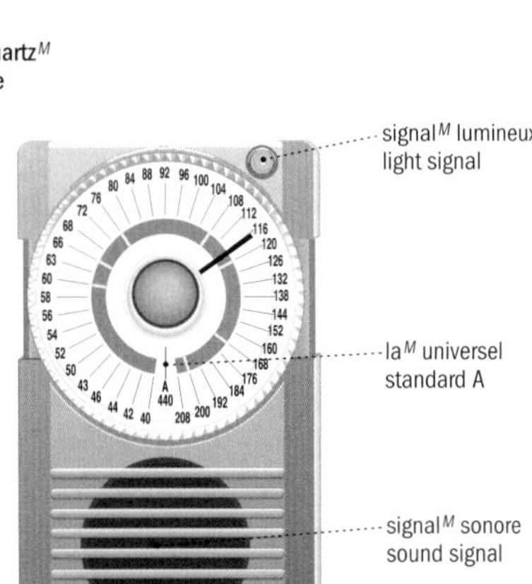
signal[M] lumineux
light signal
la[M] universel
standard A
signal[M] sonore
sound signal

orchestre[M] symphonique

symphony orchestra

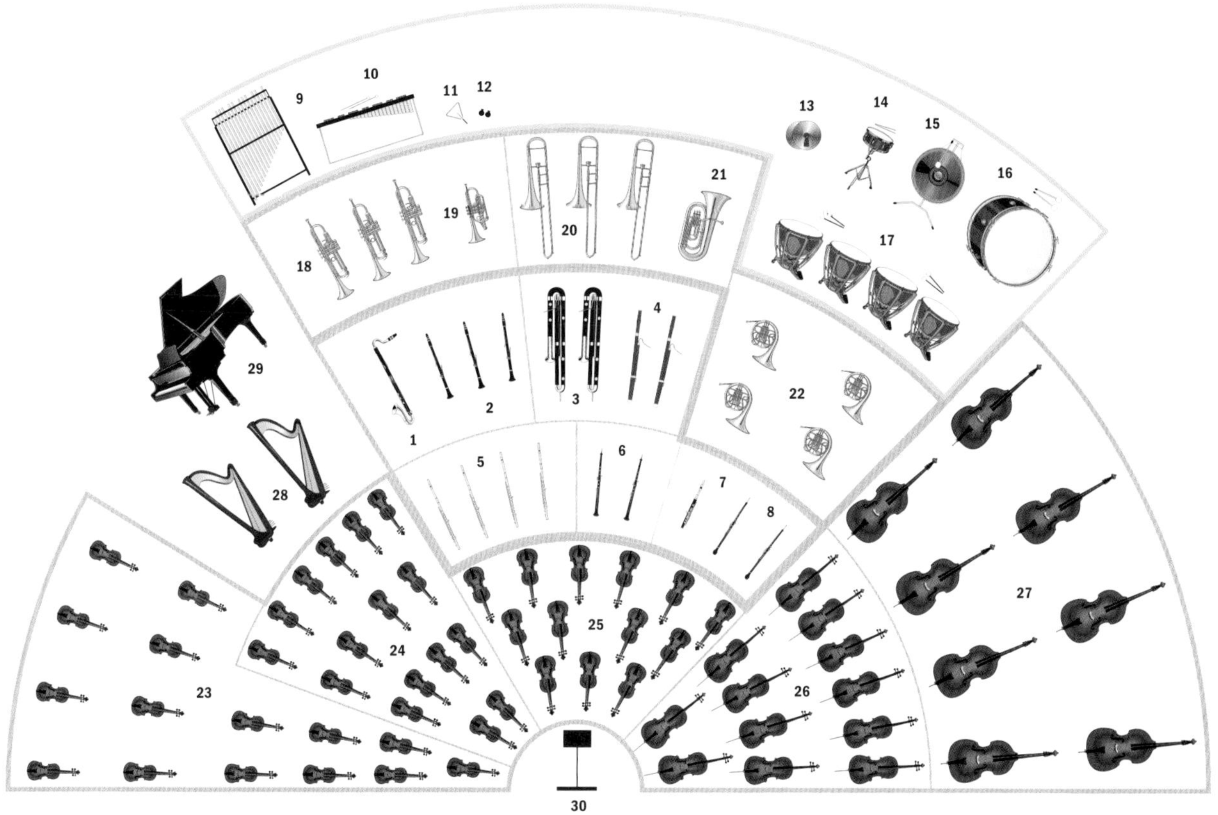

1
2
3
4
5
6
7
8
9
10
11
12
13
14
15
16
17
18
19
20
21
22
23
24
25
26
27
28
29
30

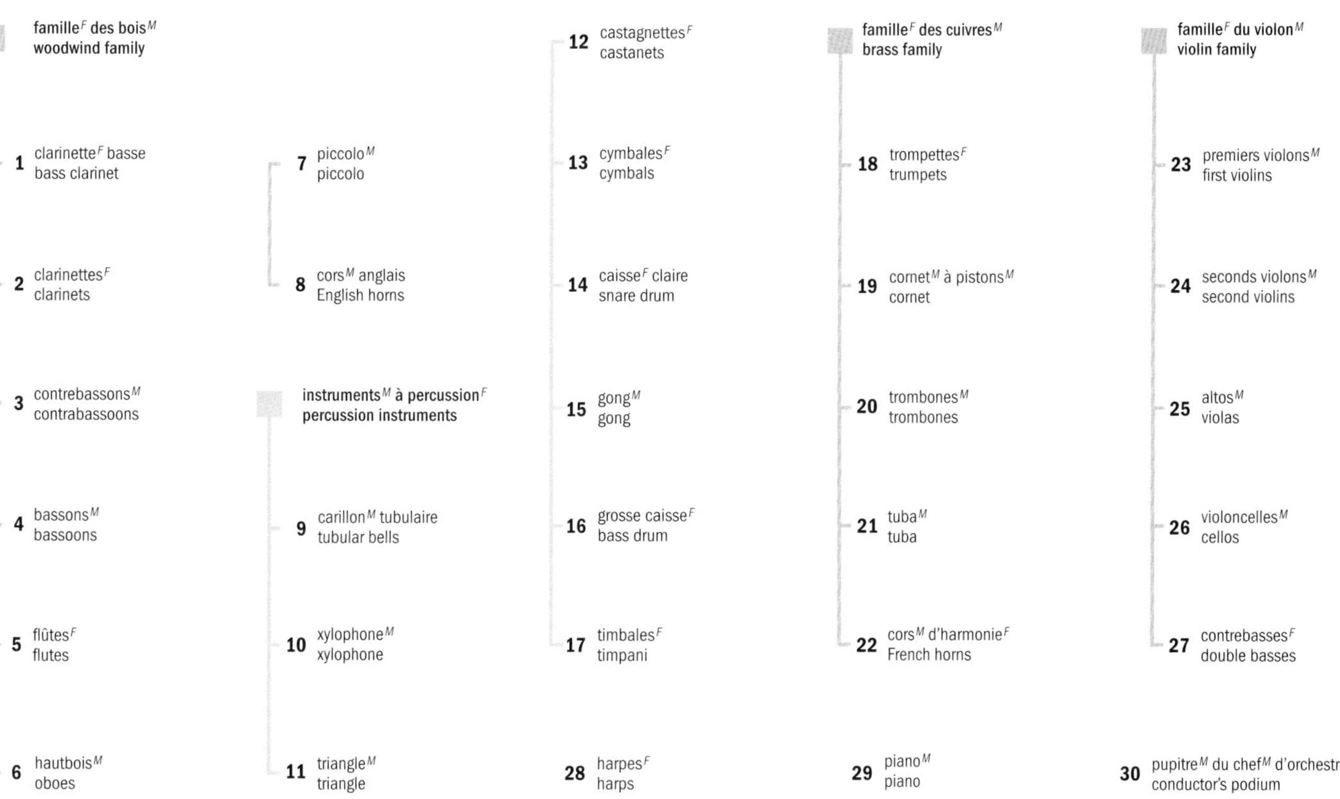

famille[F] des bois[M]
woodwind family

1 clarinette[F] basse
bass clarinet

2 clarinettes[F]
clarinets

3 contrebassons[M]
contrabassoons

4 bassons[M]
bassoons

5 flûtes[F]
flutes

6 hautbois[M]
oboes

7 piccolo[M]
piccolo

8 cors[M] anglais
English horns

instruments[M] à percussion[F]
percussion instruments

9 carillon[M] tubulaire
tubular bells

10 xylophone[M]
xylophone

11 triangle[M]
triangle

12 castagnettes[F]
castanets

13 cymbales[F]
cymbals

14 caisse[F] claire
snare drum

15 gong[M]
gong

16 grosse caisse[F]
bass drum

17 timbales[F]
timpani

28 harpes[F]
harps

famille[F] des cuivres[M]
brass family

18 trompettes[F]
trumpets

19 cornet[M] à pistons[M]
cornet

20 trombones[M]
trombones

21 tuba[M]
tuba

22 cors[M] d'harmonie[F]
French horns

29 piano[M]
piano

famille[F] du violon[M]
violin family

23 premiers violons[M]
first violins

24 seconds violons[M]
second violins

25 altos[M]
violas

26 violoncelles[M]
cellos

27 contrebasses[F]
double basses

30 pupitre[M] du chef[M] d'orchestre[M]
conductor's podium

exemples[M] de groupes[M] instrumentaux

examples of instrumental groups

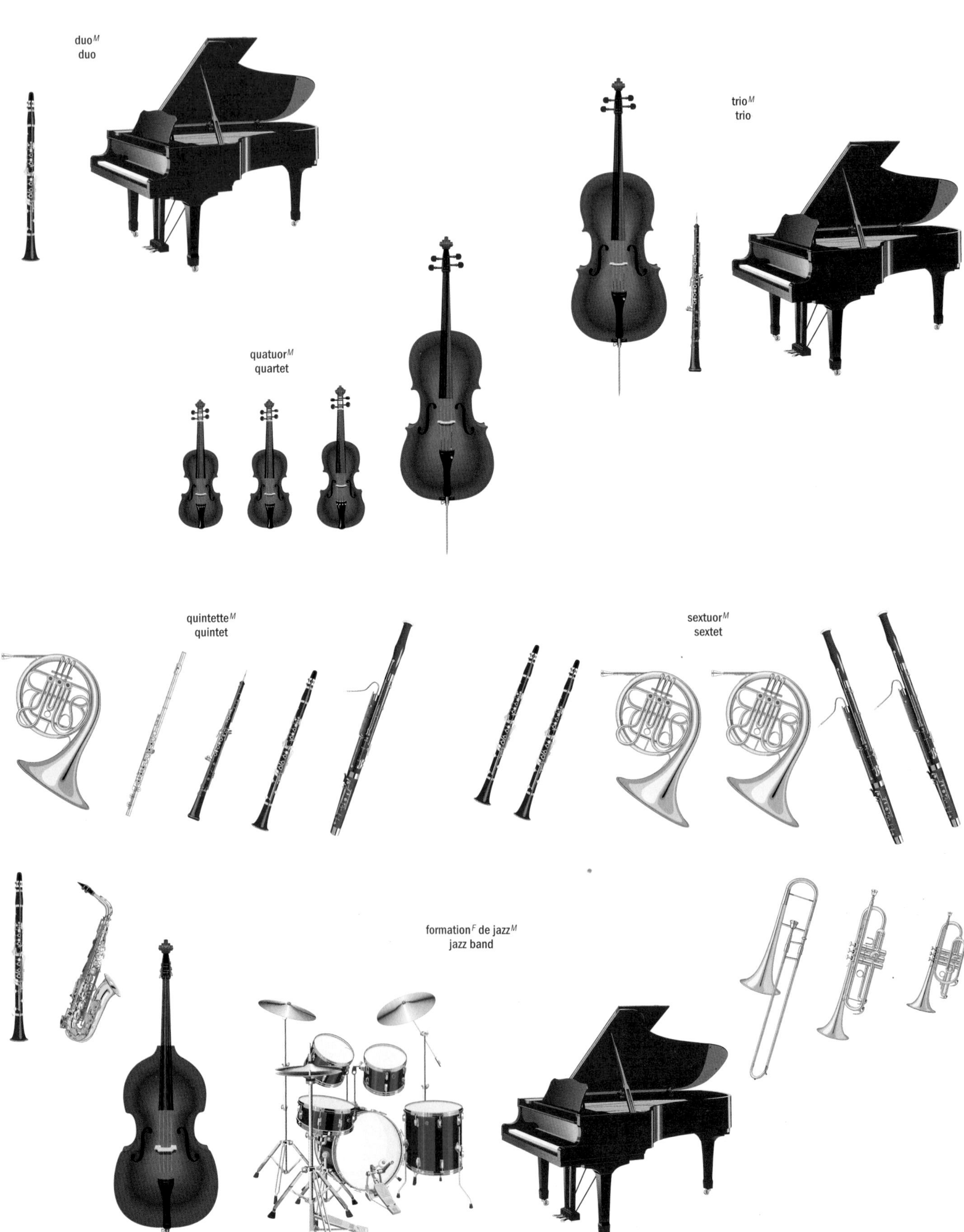
duo[M]
duo
trio[M]
trio
quatuor[M]
quartet
quintette[M]
quintet
sextuor[M]
sextet
formation[F] de jazz[M]
jazz band

instruments^M à cordes^F

stringed instruments

archet^M
bow

violon^M
violin

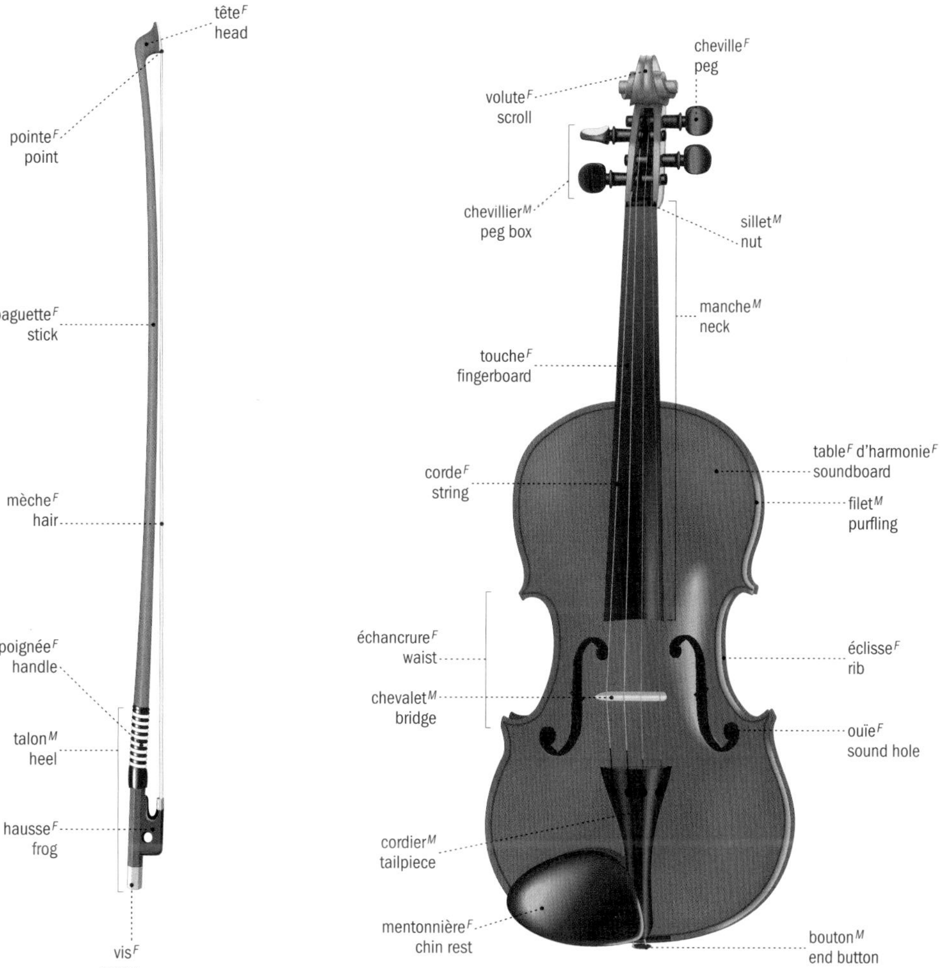

tête^F
head
pointe^F
point
baguette^F
stick
mèche^F
hair
poignée^F
handle
talon^M
heel
hausse^F
frog
vis^F
screw
cheville^F
peg
volute^F
scroll
chevillier^M
peg box
sillet^M
nut
manche^M
neck
touche^F
fingerboard
table^F d'harmonie^F
soundboard
corde^F
string
filet^M
purfling
échancrure^F
waist
éclisse^F
rib
chevalet^M
bridge
ouïe^F
sound hole
cordier^M
tailpiece
mentonnière^F
chin rest
bouton^M
end button

famille^F du violon^M
violin family

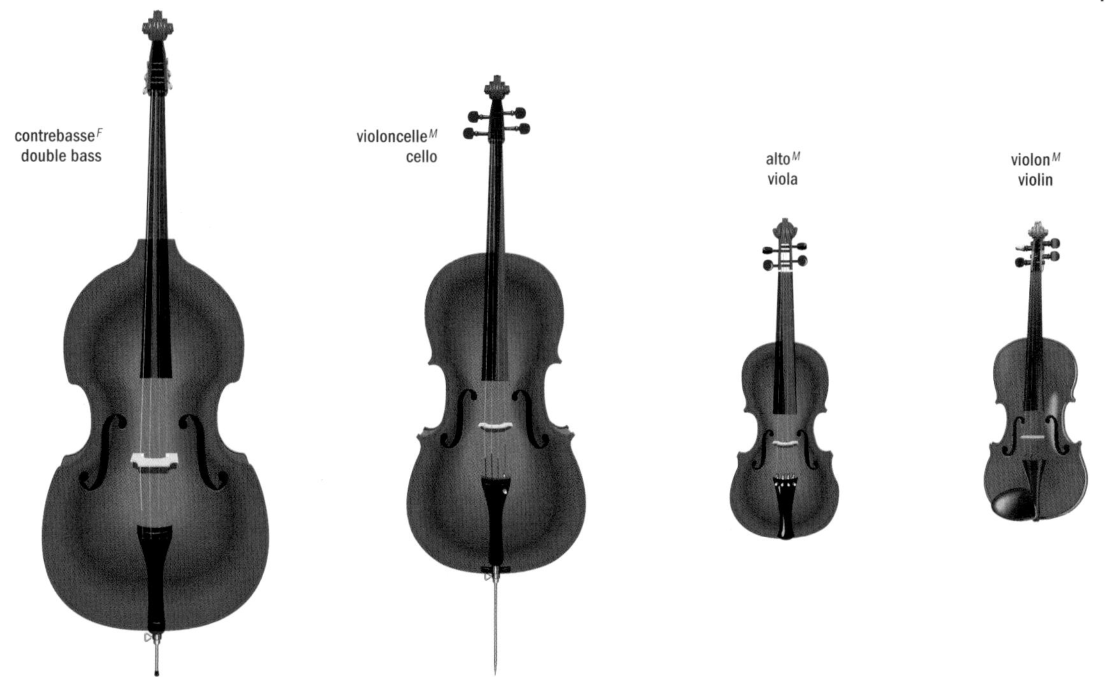

contrebasse^F
double bass
violoncelle^M
cello
alto^M
viola
violon^M
violin

instruments^M^ à cordes^F^

harpe^F^
harp

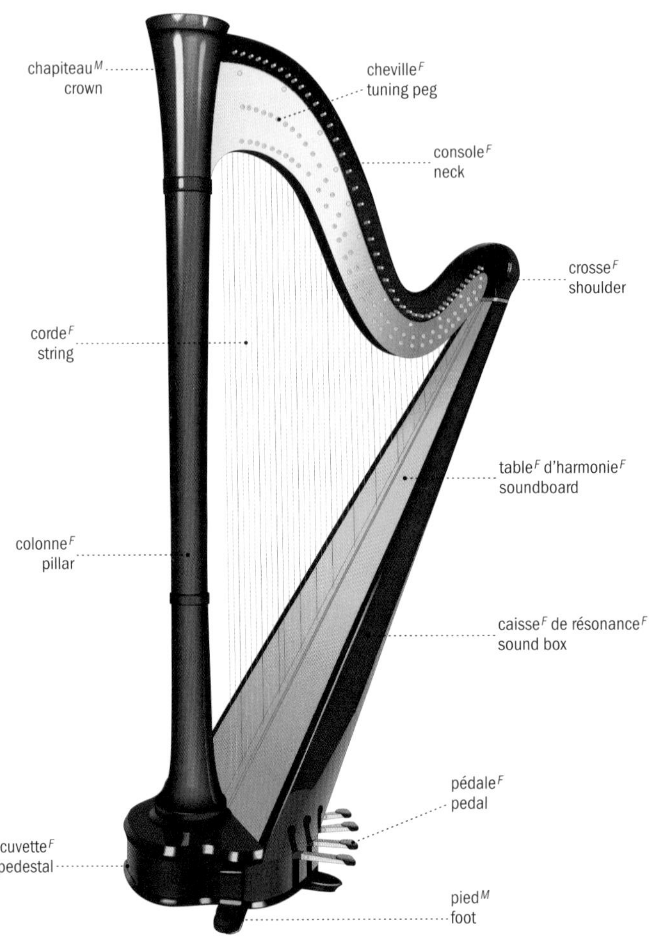
chapiteau M
crown
cheville F
tuning peg
console F
neck
crosse F
shoulder
corde F
string
table F d'harmonie F
soundboard
colonne F
pillar
caisse F de résonance F
sound box
pédale F
pedal
cuvette F
pedestal
pied M
foot

guitare^F^ acoustique
acoustic guitar

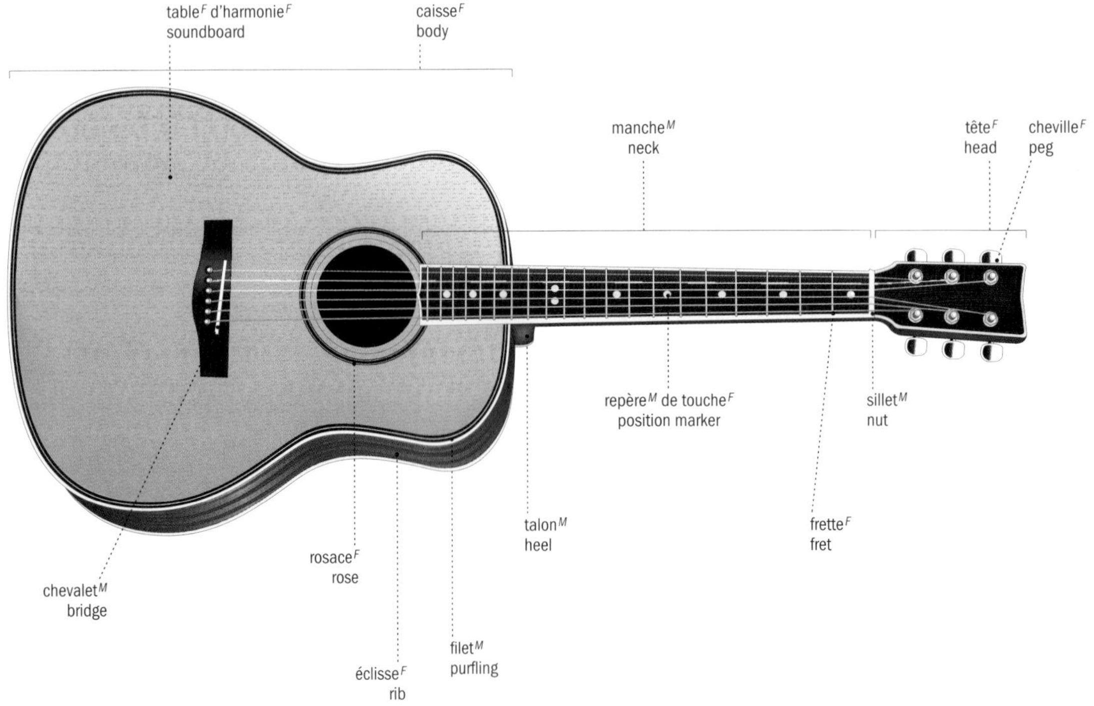
table F d'harmonie F
soundboard
caisse F
body
manche M
neck
tête F
head
cheville F
peg
repère M de touche F
position marker
sillet M
nut
talon M
heel
frette F
fret
rosace F
rose
chevalet M
bridge
filet M
purfling
éclisse F
rib

instruments[M] à cordes[F]

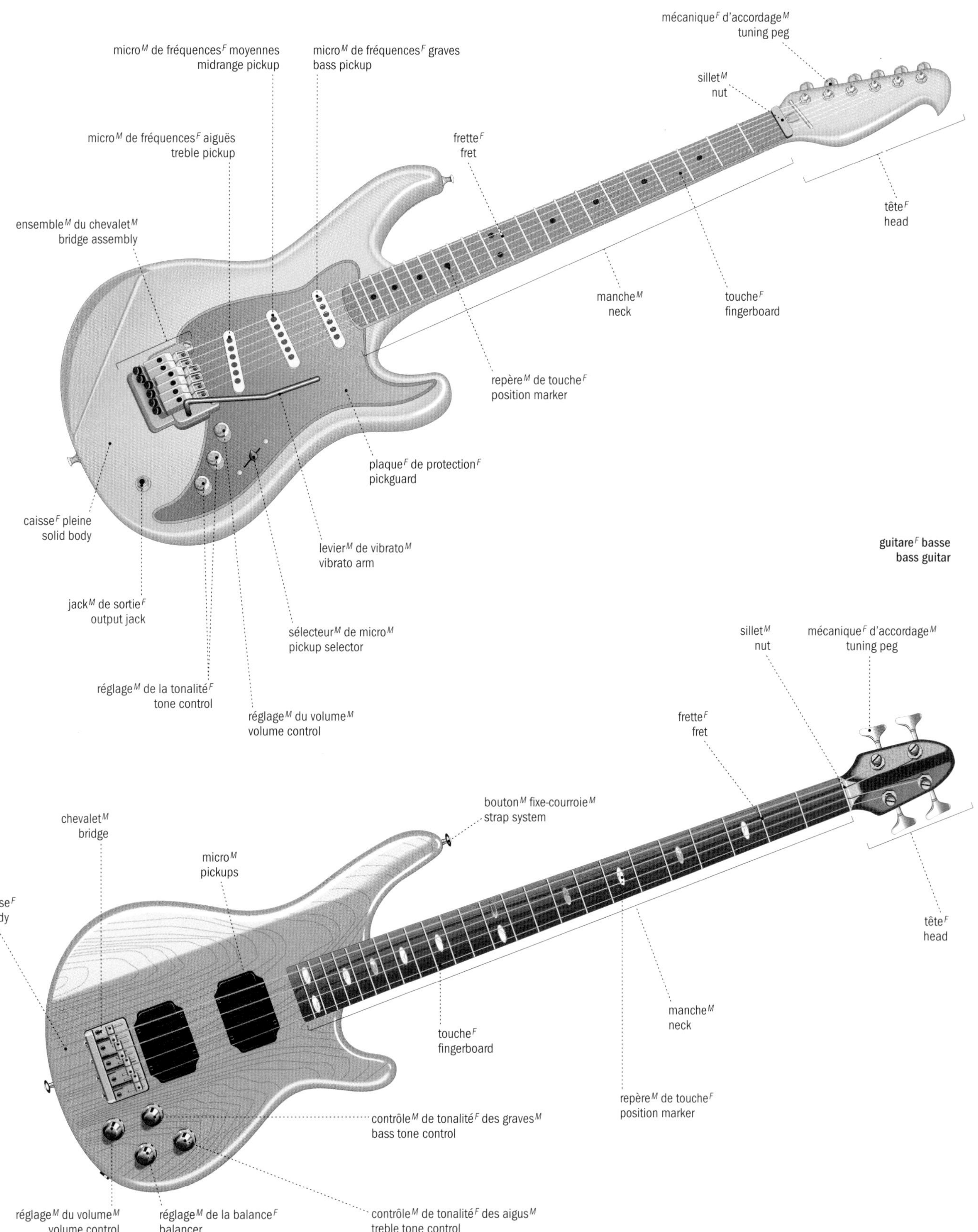
guitare[F] électrique
electric guitar
mécanique[F] d'accordage[M]
tuning peg
micro[M] de fréquences[F] moyennes
midrange pickup
micro[M] de fréquences[F] graves
bass pickup
sillet[M]
nut
micro[M] de fréquences[F] aiguës
treble pickup
frette[F]
fret
ensemble[M] du chevalet[M]
bridge assembly
tête[F]
head
manche[M]
neck
touche[F]
fingerboard
repère[M] de touche[F]
position marker
plaque[F] de protection[F]
pickguard
caisse[F] pleine
solid body
levier[M] de vibrato[M]
vibrato arm
jack[M] de sortie[F]
output jack
sélecteur[M] de micro[M]
pickup selector
réglage[M] de la tonalité[F]
tone control
réglage[M] du volume[M]
volume control
guitare[F] basse
bass guitar
sillet[M]
nut
mécanique[F] d'accordage[M]
tuning peg
frette[F]
fret
bouton[M] fixe-courroie[M]
strap system
chevalet[M]
bridge
micro[M]
pickups
caisse[F]
body
tête[F]
head
manche[M]
neck
touche[F]
fingerboard
repère[M] de touche[F]
position marker
contrôle[M] de tonalité[F] des graves[M]
bass tone control
réglage[M] du volume[M]
volume control
réglage[M] de la balance[F]
balancer
contrôle[M] de tonalité[F] des aigus[M]
treble tone control

instruments^{M} à clavier^{M}

keyboard instruments

piano^{M} droit
upright piano

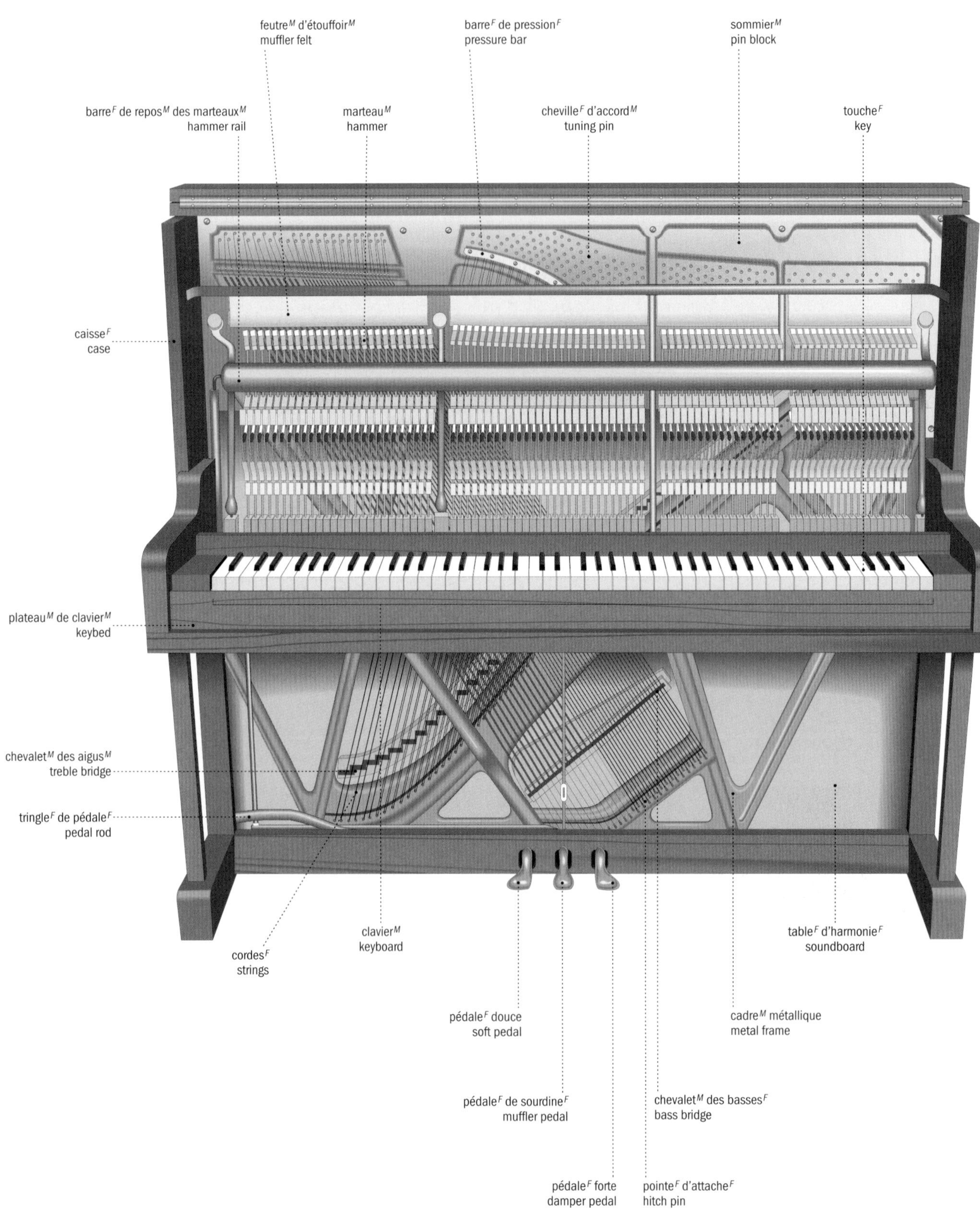
feutre^{M} d'étouffoir^{M}
muffler felt
barre^{F} de pression^{F}
pressure bar
sommier^{M}
pin block
barre^{F} de repos^{M} des marteaux^{M}
hammer rail
marteau^{M}
hammer
cheville^{F} d'accord^{M}
tuning pin
touche^{F}
key
caisse^{F}
case
plateau^{M} de clavier^{M}
keybed
chevalet^{M} des aigus^{M}
treble bridge
tringle^{F} de pédale^{F}
pedal rod
cordes^{F}
strings
clavier^{M}
keyboard
table^{F} d'harmonie^{F}
soundboard
pédale^{F} douce
soft pedal
cadre^{M} métallique
metal frame
pédale^{F} de sourdine^{F}
muffler pedal
chevalet^{M} des basses^{F}
bass bridge
pédale^{F} forte
damper pedal
pointe^{F} d'attache^{F}
hitch pin

instruments^M à clavier^M

mécanique^F du piano^M droit
upright piano action

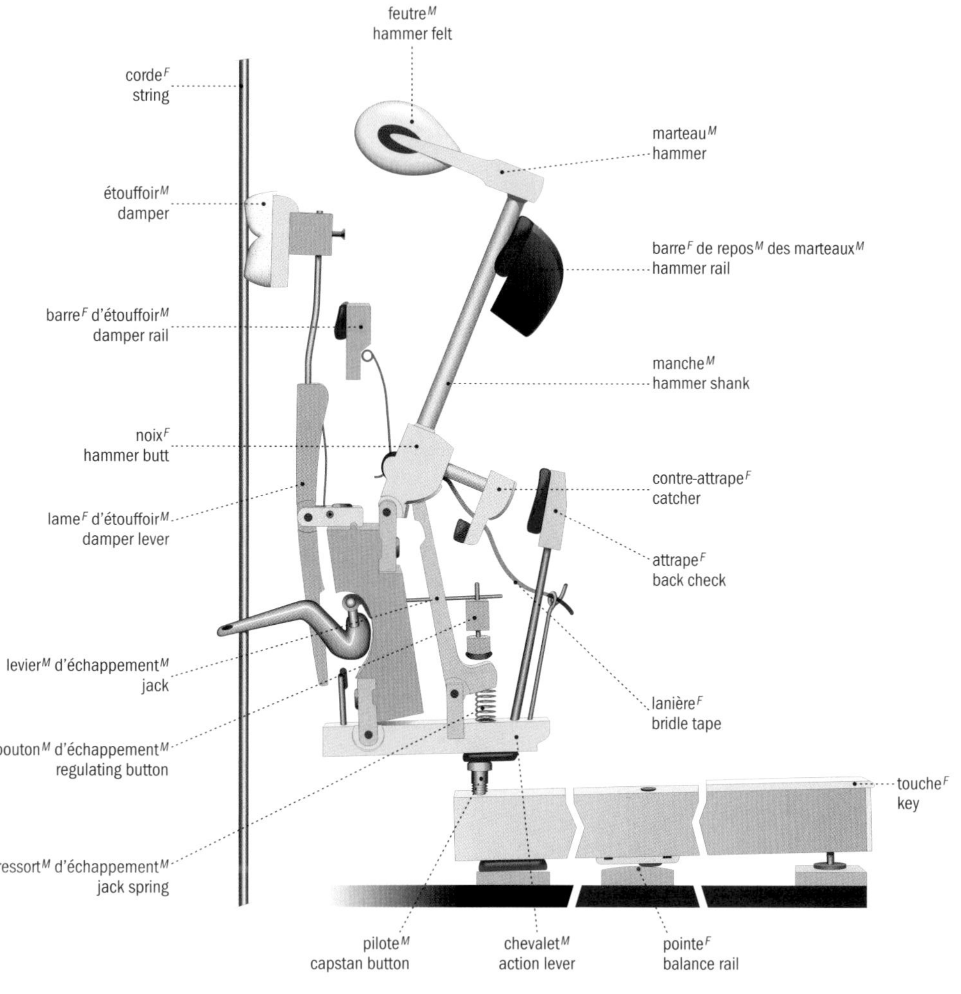
feutre^M
hammer felt
corde^F
string
marteau^M
hammer
étouffoir^M
damper
barre^F de repos^M des marteaux^M
hammer rail
barre^F d'étouffoir^M
damper rail
manche^M
hammer shank
noix^F
hammer butt
contre-attrape^F
catcher
lame^F d'étouffoir^M
damper lever
attrape^F
back check
levier^M d'échappement^M
jack
lanière^F
bridle tape
bouton^M d'échappement^M
regulating button
touche^F
key
ressort^M d'échappement^M
jack spring
pilote^M
capstan button
chevalet^M
action lever
pointe^F
balance rail

exemples^M d'instruments^M à clavier^M
examples of keyboard instruments

piano^M à queue^F de concert^M
concert grand
piano^M quart-de-queue^M
baby grand
piano^M demi-queue^M
boudoir grand
clavecin^M
harpsichord

instruments^{M} à clavier^{M}

orgue^{M}
organ

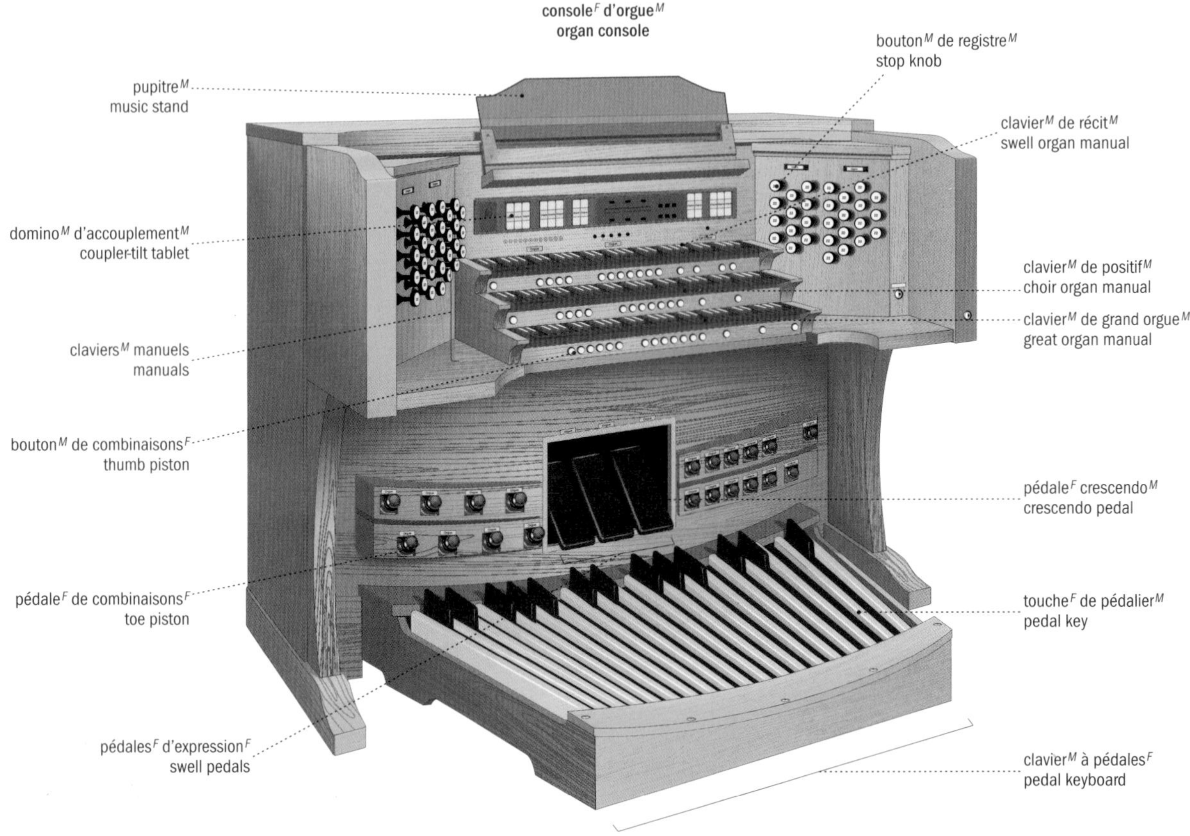
console^{F} d'orgue^{M}
organ console
pupitre^{M}
music stand
bouton^{M} de registre^{M}
stop knob
clavier^{M} de récit^{M}
swell organ manual
domino^{M} d'accouplement^{M}
coupler-tilt tablet
clavier^{M} de positif^{M}
choir organ manual
clavier^{M} de grand orgue^{M}
great organ manual
claviers^{M} manuels
manuals
bouton^{M} de combinaisons^{F}
thumb piston
pédale^{F} crescendo^{M}
crescendo pedal
pédale^{F} de combinaisons^{F}
toe piston
touche^{F} de pédalier^{M}
pedal key
pédales^{F} d'expression^{F}
swell pedals
clavier^{M} à pédales^{F}
pedal keyboard

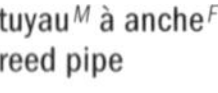

tuyau^{M} à anche^{F}
reed pipe

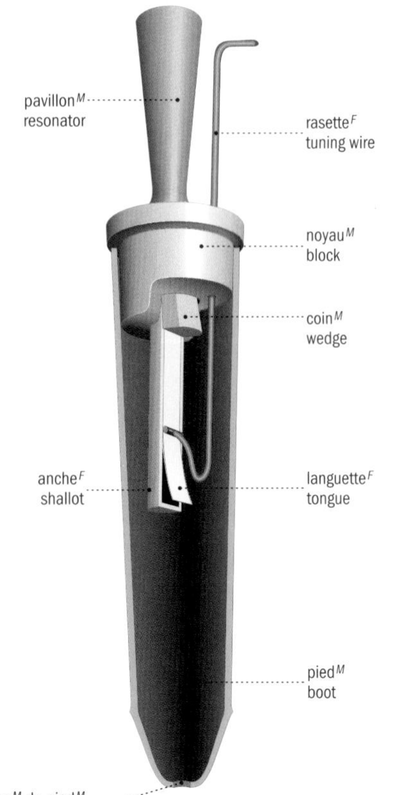
pavillon^{M}
resonator
rasette^{F}
tuning wire
noyau^{M}
block
coin^{M}
wedge
anche^{F}
shallot
languette^{F}
tongue
pied^{M}
boot
orifice^{M} du pied^{M}
foot hole

tuyau^{M} à bouche^{F}
flue pipe

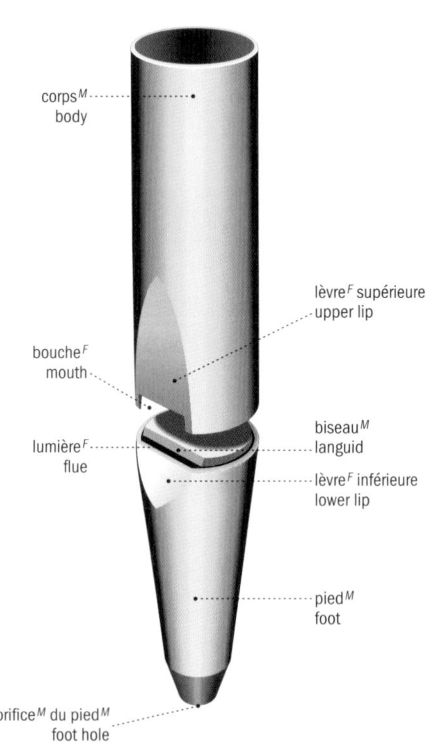
corps^{M}
body
lèvre^{F} supérieure
upper lip
bouche^{F}
mouth
biseau^{M}
languid
lumière^{F}
flue
lèvre^{F} inférieure
lower lip
pied^{M}
foot
orifice^{M} du pied^{M}
foot hole

mécanisme^M de l'orgue^M
mechanism of the organ

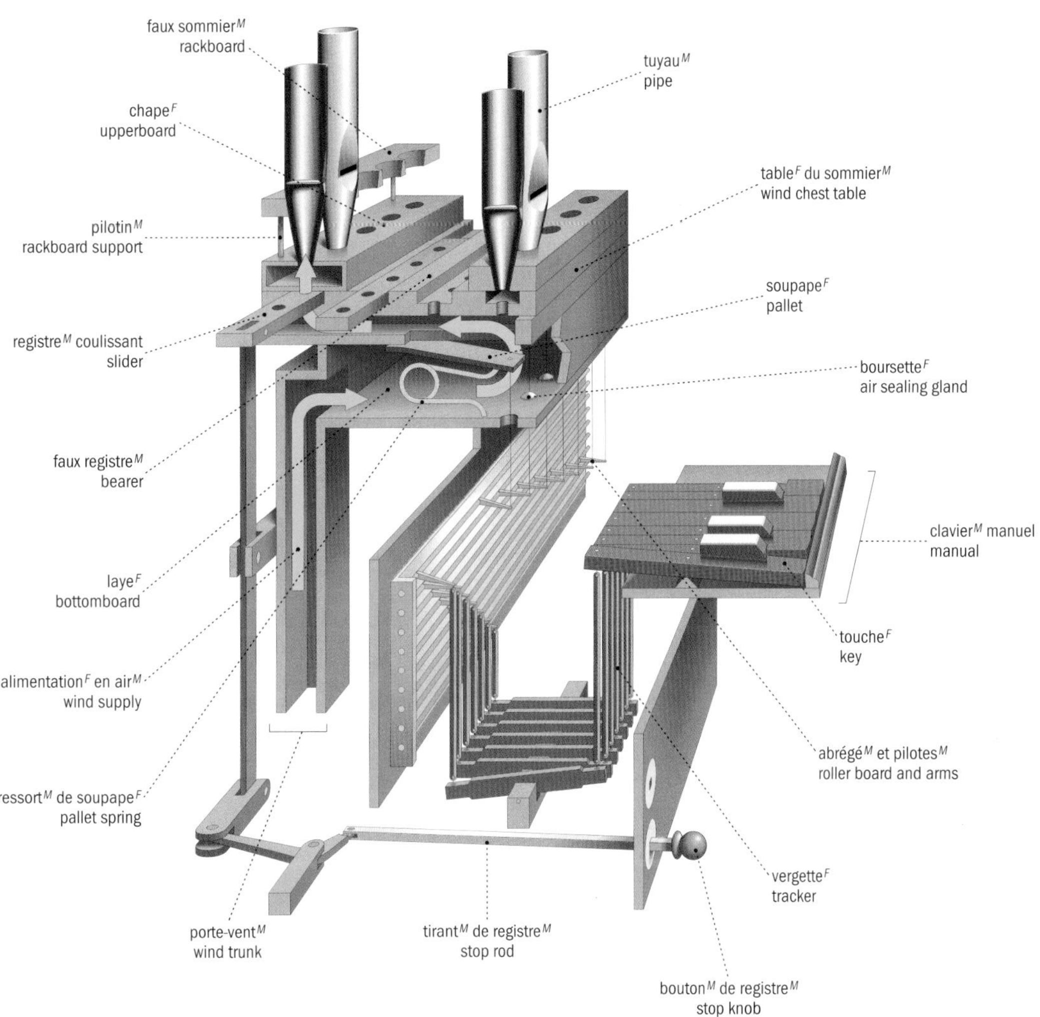
faux sommier^M
rackboard
chape^F
upperboard
pilotin^M
rackboard support
registre^M coulissant
slider
faux registre^M
bearer
laye^F
bottomboard
alimentation^F en air^M
wind supply
ressort^M de soupape^F
pallet spring
porte-vent^M
wind trunk
tirant^M de registre^M
stop rod
bouton^M de registre^M
stop knob
vergette^F
tracker
abrégé^M et pilotes^M
roller board and arms
touche^F
key
clavier^M manuel
manual
boursette^F
air sealing gland
soupape^F
pallet
table^F du sommier^M
wind chest table
tuyau^M
pipe

production^F du son^M
production of sound

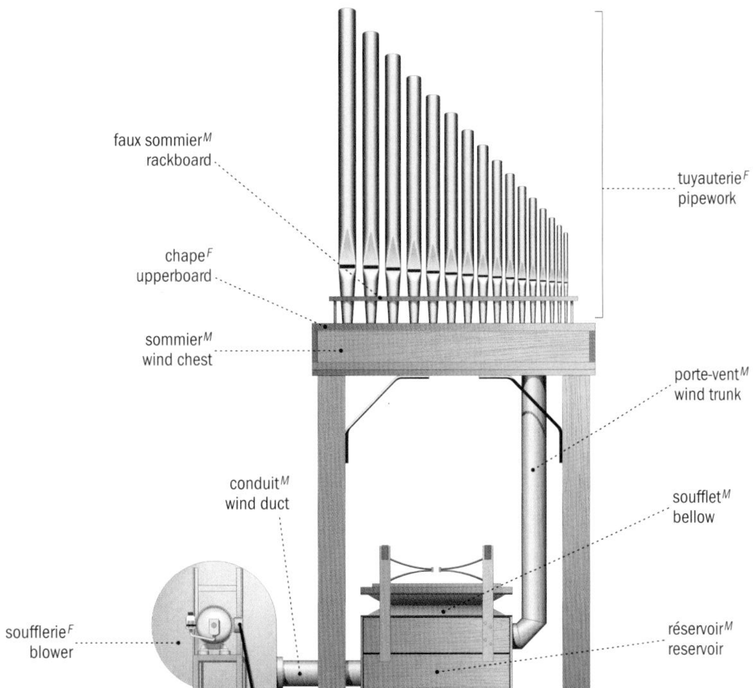
faux sommier^M
rackboard
chape^F
upperboard
sommier^M
wind chest
conduit^M
wind duct
soufflerie^F
blower
tuyauterie^F
pipework
porte-vent^M
wind trunk
soufflet^M
bellow
réservoir^M
reservoir

instruments^M à vent^M

wind instruments

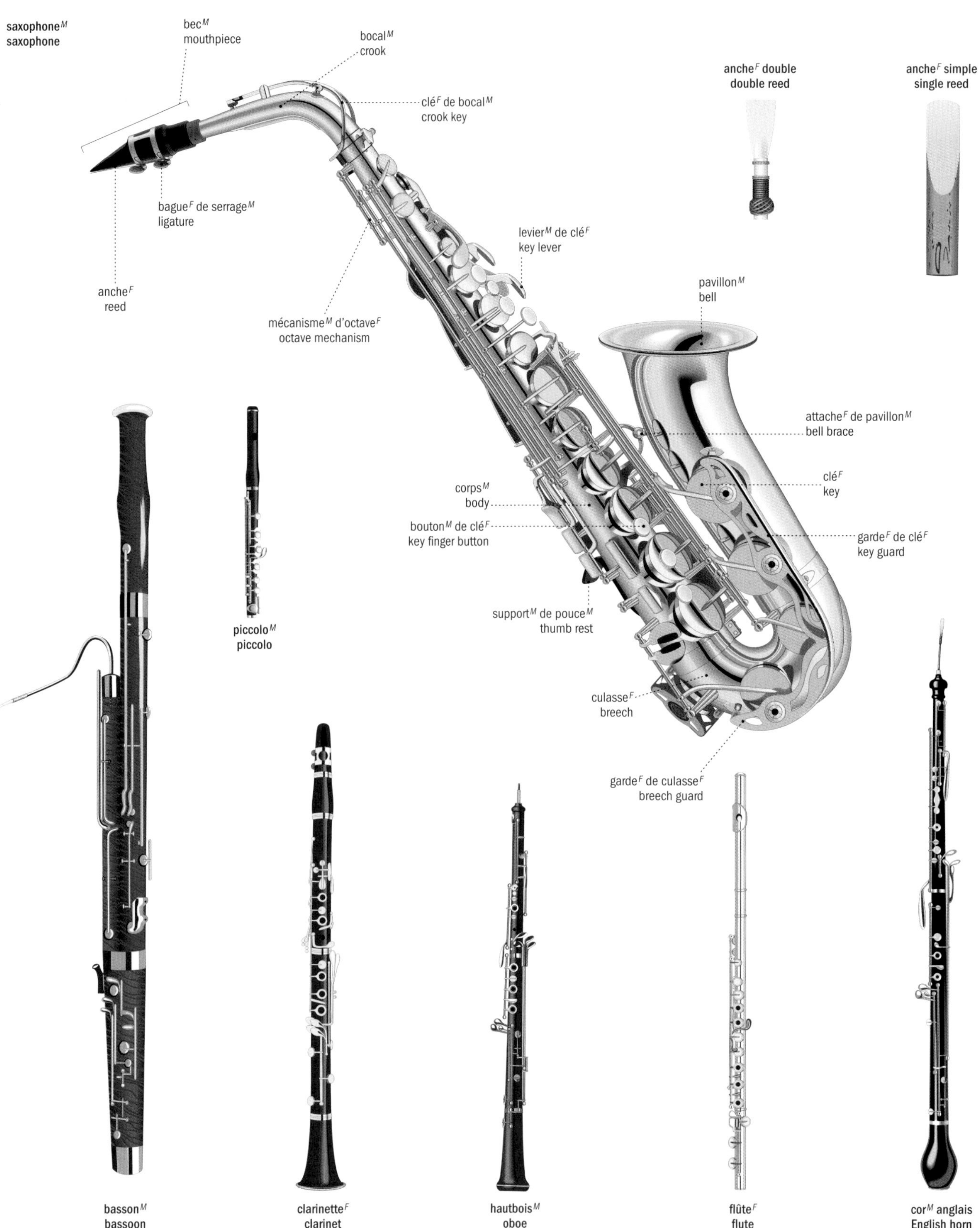
saxophone^M
saxophone
bec^M
mouthpiece
bocal^M
crook
clé^F de bocal^M
crook key
bague^F de serrage^M
ligature
anche^F
reed
mécanisme^M d'octave^F
octave mechanism
levier^M de clé^F
key lever
pavillon^M
bell
anche^F double
double reed
anche^F simple
single reed
attache^F de pavillon^M
bell brace
clé^F
key
corps^M
body
bouton^M de clé^F
key finger button
garde^F de clé^F
key guard
support^M de pouce^M
thumb rest
culasse^F
breech
garde^F de culasse^F
breech guard
piccolo^M
piccolo
basson^M
bassoon
clarinette^F
clarinet
hautbois^M
oboe
flûte^F
flute
cor^M anglais
English horn

instruments^M à vent^M

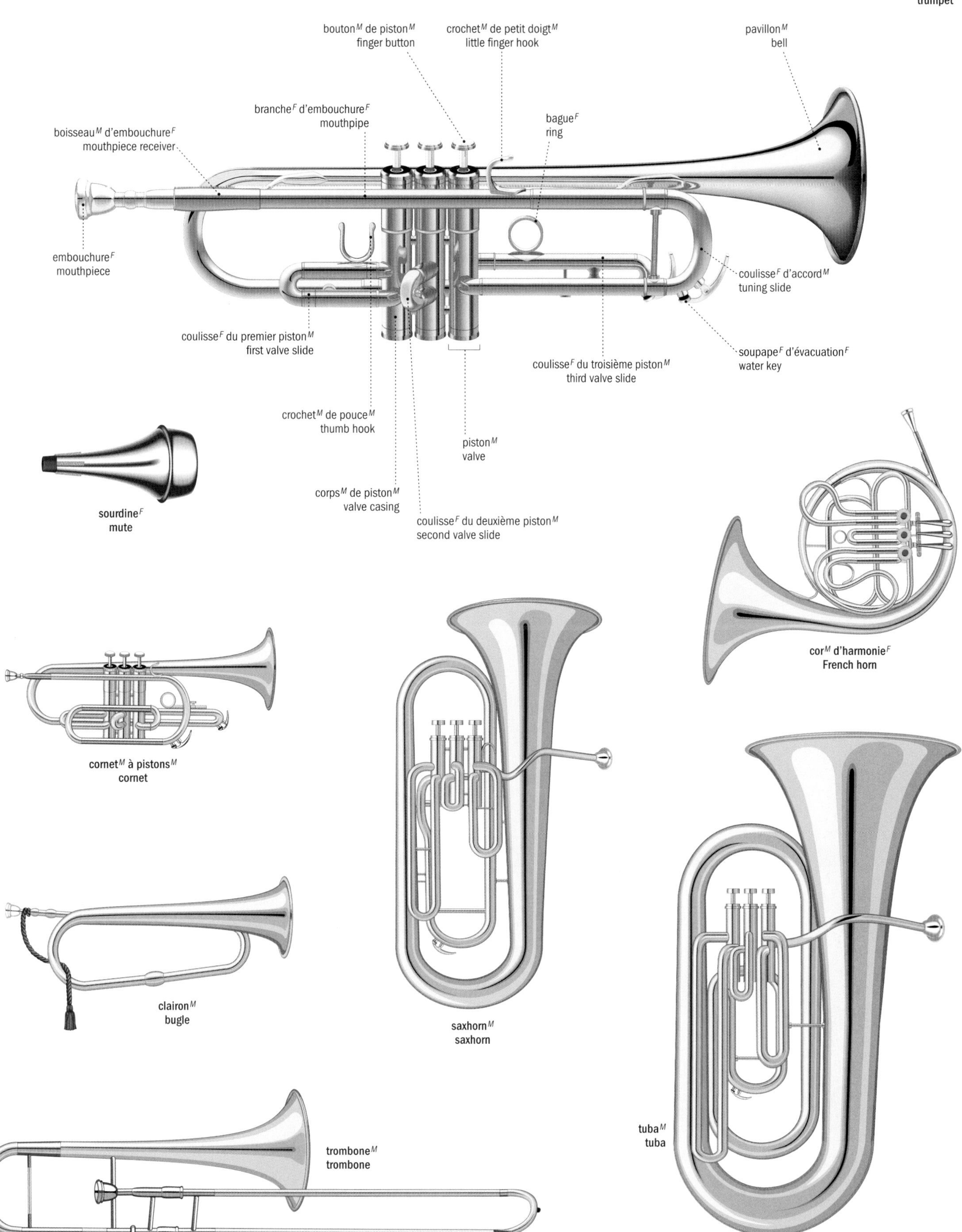
trompette^F
trumpet
bouton^M de piston^M
finger button
crochet^M de petit doigt^M
little finger hook
pavillon^M
bell
branche^F d'embouchure^F
mouthpipe
bague^F
ring
boisseau^M d'embouchure^F
mouthpiece receiver
embouchure^F
mouthpiece
coulisse^F d'accord^M
tuning slide
coulisse^F du premier piston^M
first valve slide
soupape^F d'évacuation^F
water key
coulisse^F du troisième piston^M
third valve slide
crochet^M de pouce^M
thumb hook
piston^M
valve
sourdine^F
mute
corps^M de piston^M
valve casing
coulisse^F du deuxième piston^M
second valve slide
cor^M d'harmonie^F
French horn
cornet^M à pistons^M
cornet
saxhorn^M
saxhorn
clairon^M
bugle
tuba^M
tuba
trombone^M
trombone

instruments[M] à percussion[F]

percussion instruments

batterie[F]
drums

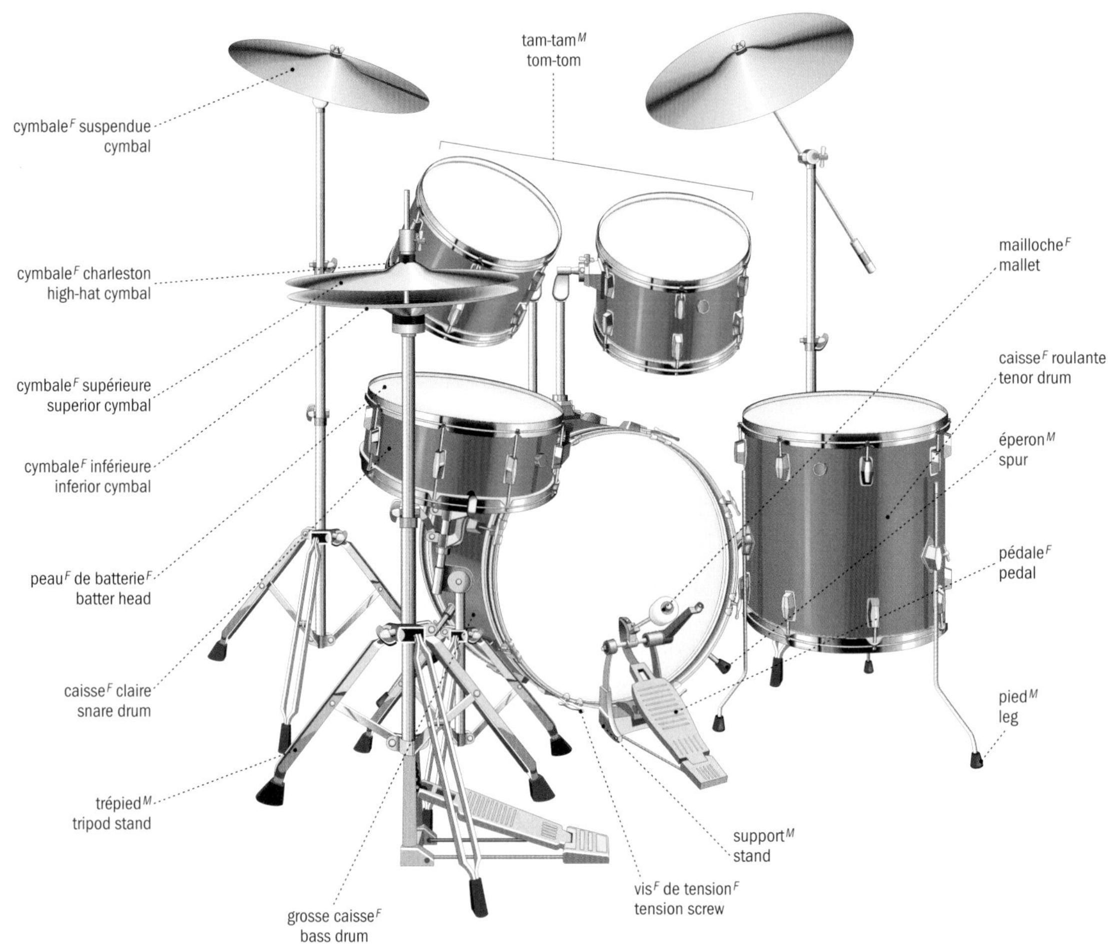
tam-tam[M]
tom-tom
cymbale[F] suspendue
cymbal
cymbale[F] charleston
high-hat cymbal
cymbale[F] supérieure
superior cymbal
cymbale[F] inférieure
inferior cymbal
peau[F] de batterie[F]
batter head
caisse[F] claire
snare drum
trépied[M]
tripod stand
grosse caisse[F]
bass drum
vis[F] de tension[F]
tension screw
support[M]
stand
mailloche[F]
mallet
caisse[F] roulante
tenor drum
éperon[M]
spur
pédale[F]
pedal
pied[M]
leg

timbale[F]
kettledrum

caisse[F] claire
snare drum

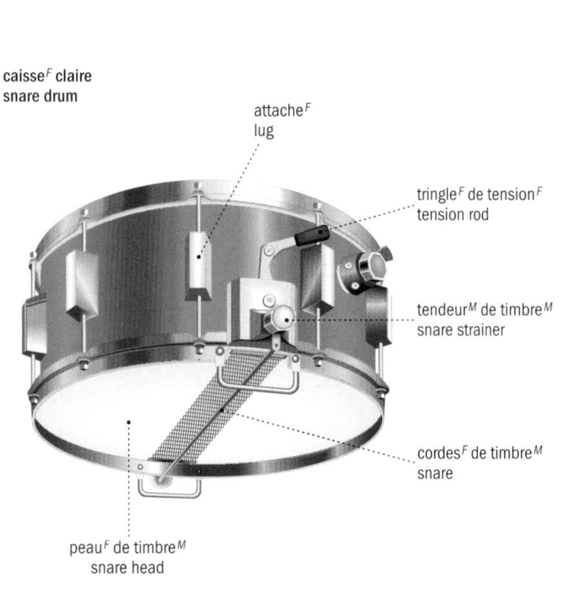
attache[F]
lug
tringle[F] de tension[F]
tension rod
tendeur[M] de timbre[M]
snare strainer
cordes[F] de timbre[M]
snare
peau[F] de timbre[M]
snare head

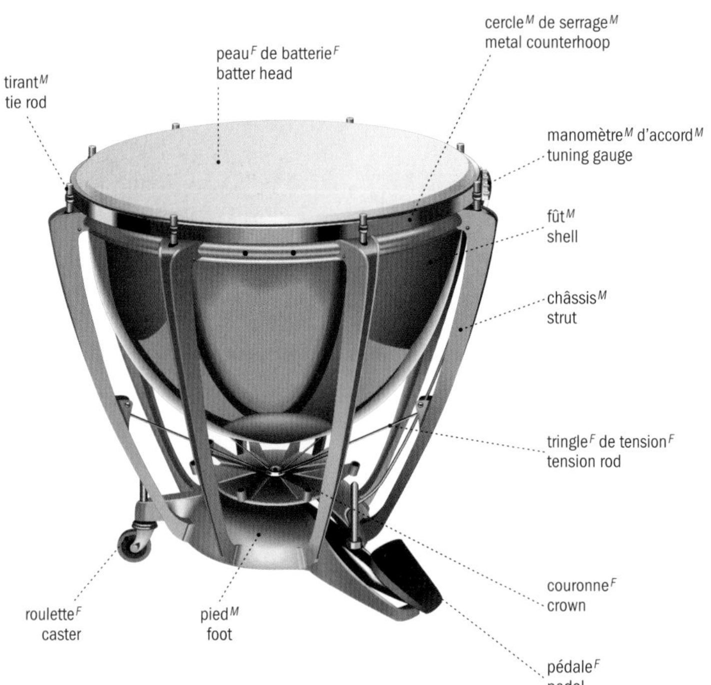
tirant[M]
tie rod
peau[F] de batterie[F]
batter head
cercle[M] de serrage[M]
metal counterhoop
manomètre[M] d'accord[M]
tuning gauge
fût[M]
shell
châssis[M]
strut
tringle[F] de tension[F]
tension rod
couronne[F]
crown
pédale[F]
pedal
roulette[F]
caster
pied[M]
foot

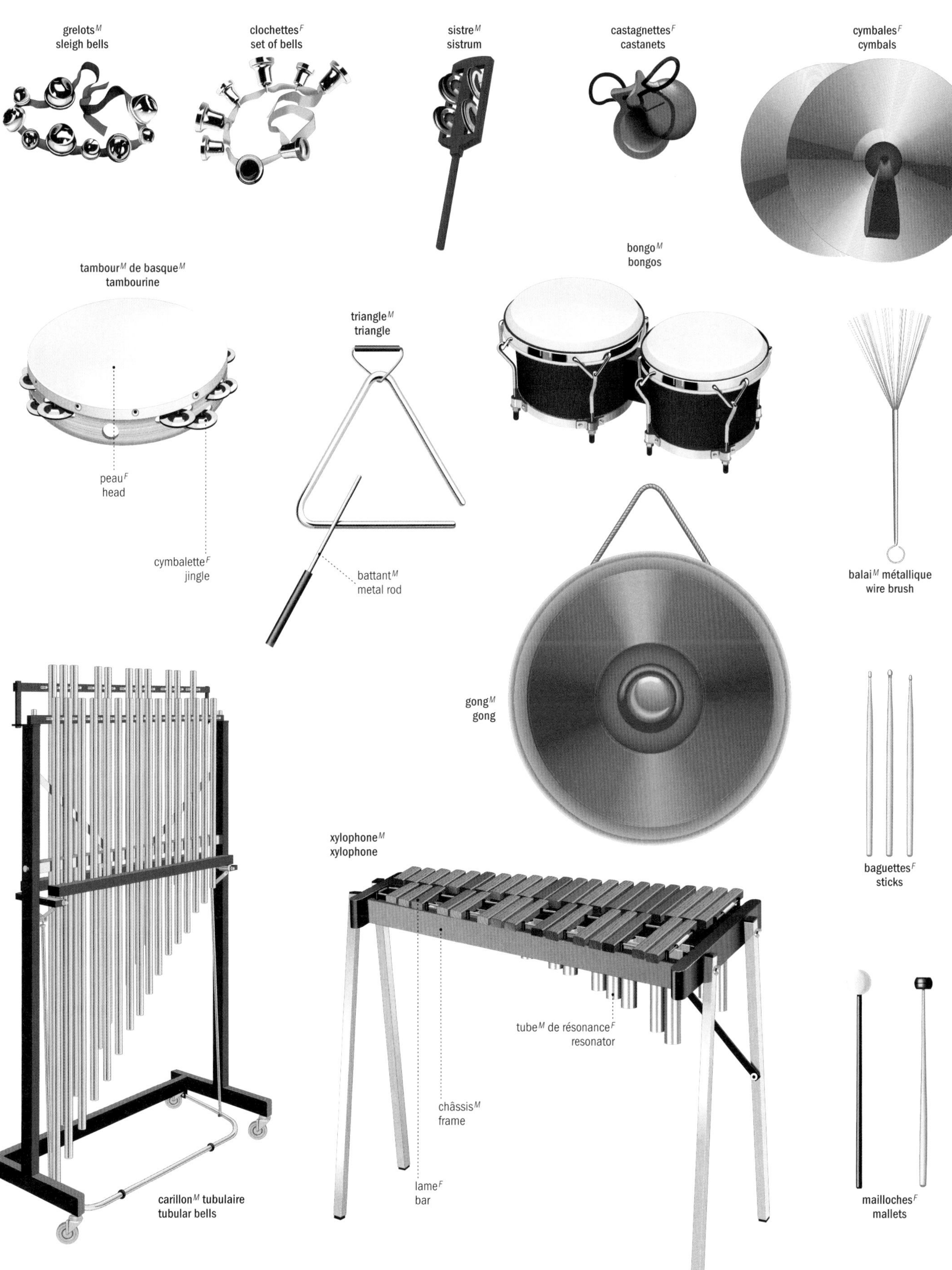
grelots[M]
sleigh bells
clochettes[F]
set of bells
sistre[M]
sistrum
castagnettes[F]
castanets
cymbales[F]
cymbals
tambour[M] de basque[M]
tambourine
peau[F]
head
cymbalette[F]
jingle
triangle[M]
triangle
battant[M]
metal rod
bongo[M]
bongos
balai[M] métallique
wire brush
gong[M]
gong
baguettes[F]
sticks
xylophone[M]
xylophone
tube[M] de résonance[F]
resonator
châssis[M]
frame
lame[F]
bar
carillon[M] tubulaire
tubular bells
mailloches[F]
mallets

instruments^{M} électroniques

electronic instruments

séquenceur^{M}
sequencer

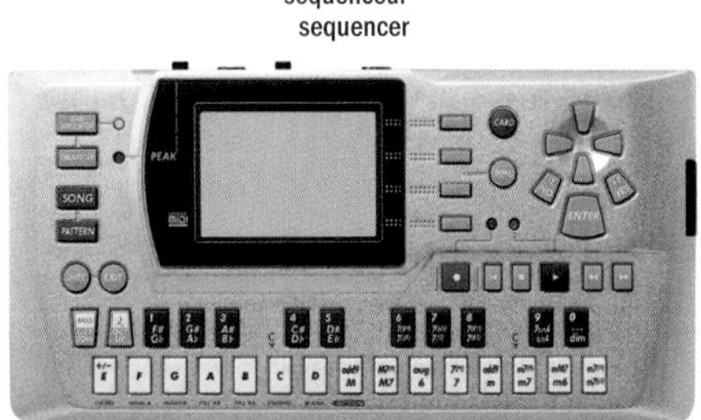
SONG
PATTERN
PEAK
CARD
ENTER

échantillonneur^{M}
sampler

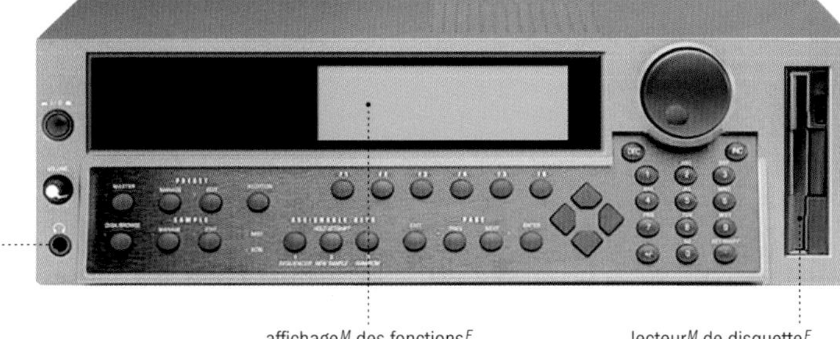

prise^{F} casque^{M}
headphone jack

affichage^{M} des fonctions^{F}
function display

lecteur^{M} de disquette^{F}
disk drive

expandeur^{M}
expander

WX IN
BREATH
PHONES
POWER/VOL
PUSH ON/OFF
PART MIDI BANK/PGM# VOL EXP PAN REV CHO VAR KEY
BC/WX
VELOCITY
TOUCH EG
VOICE
VL-XG
PLAY EDIT
UTIL EFFECT
MODE BREATH
MIDI/
WX
PART
ALL
ENTER
SELECT
EXIT
VALUE

synthétiseur^{M}
synthesizer

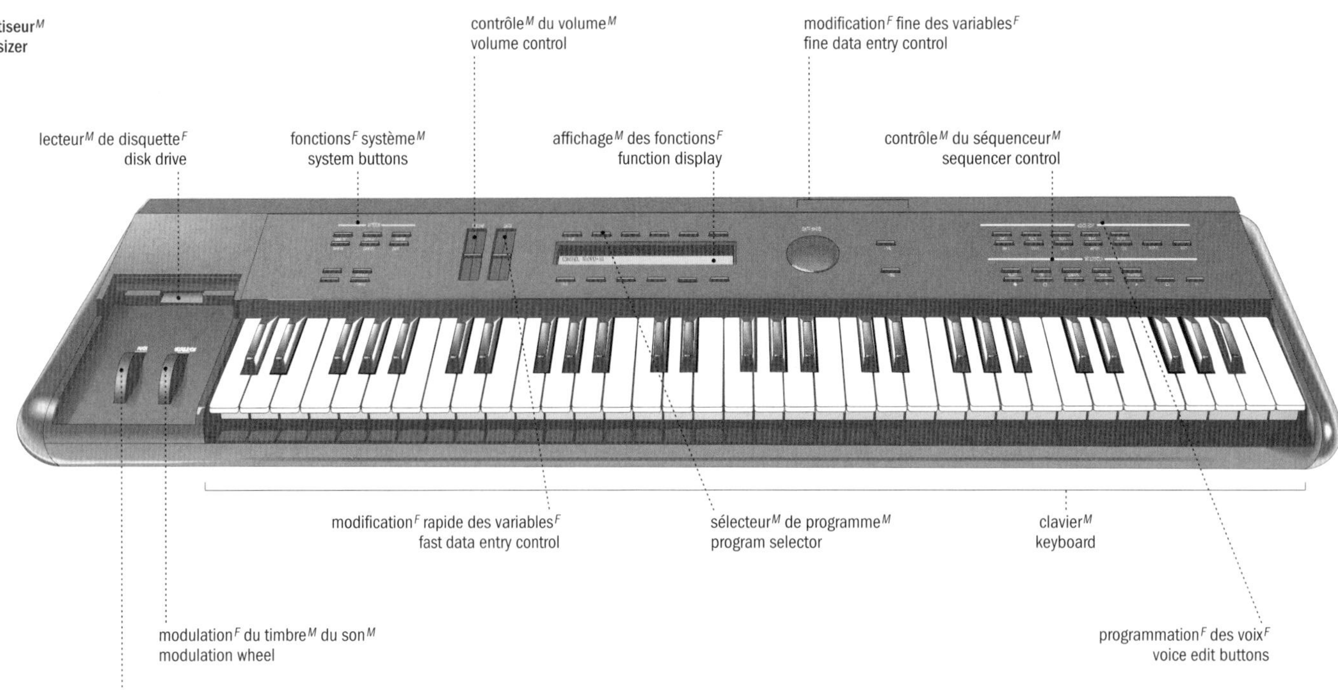

contrôle^{M} du volume^{M}
volume control

modification^{F} fine des variables^{F}
fine data entry control

lecteur^{M} de disquette^{F}
disk drive

fonctions^{F} système^{M}
system buttons

affichage^{M} des fonctions^{F}
function display

contrôle^{M} du séquenceur^{M}
sequencer control

modification^{F} rapide des variables^{F}
fast data entry control

sélecteur^{M} de programme^{M}
program selector

clavier^{M}
keyboard

modulation^{F} du timbre^{M} du son^{M}
modulation wheel

programmation^{F} des voix^{F}
voice edit buttons

modulation^{F} de la hauteur^{F} du son^{M}
pitch wheel

instruments[M] électroniques

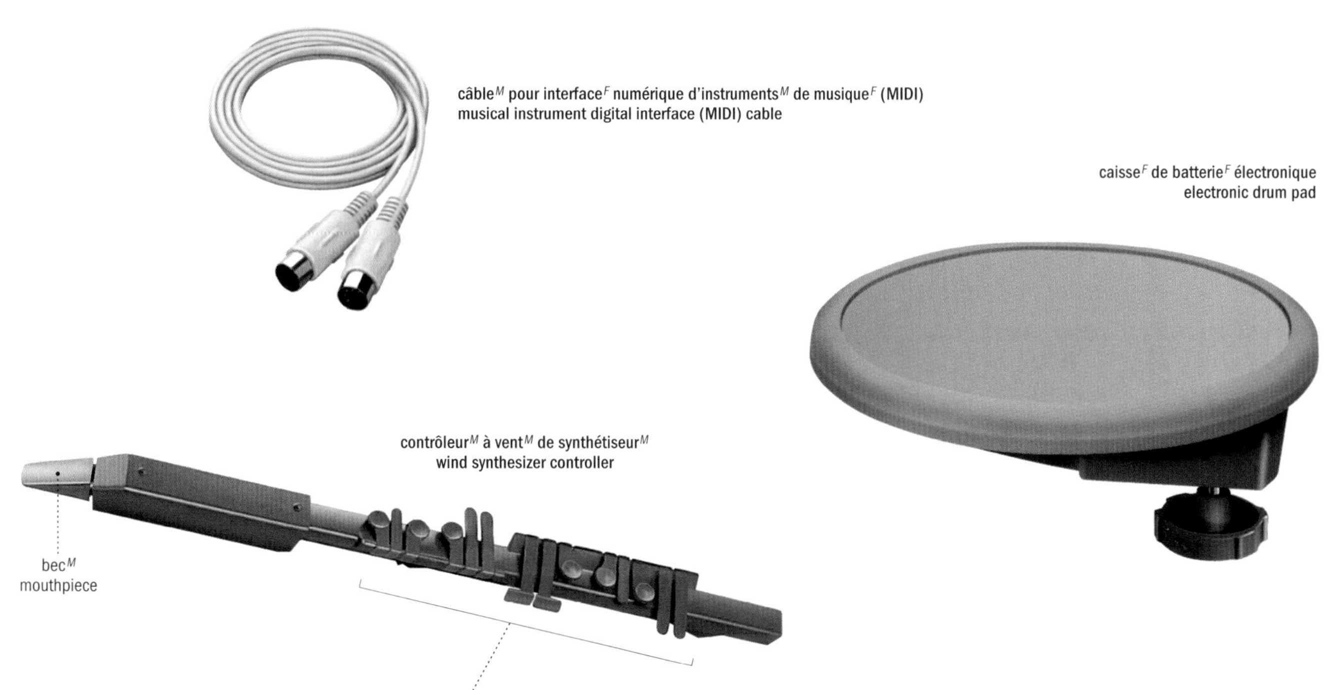
câble[M] pour interface[F] numérique d'instruments[M] de musique[F] (MIDI)
musical instrument digital interface (MIDI) cable
caisse[F] de batterie[F] électronique
electronic drum pad
contrôleur[M] à vent[M] de synthétiseur[M]
wind synthesizer controller
bec[M]
mouthpiece
clés[F]
keys

piano[M] électronique
electronic piano

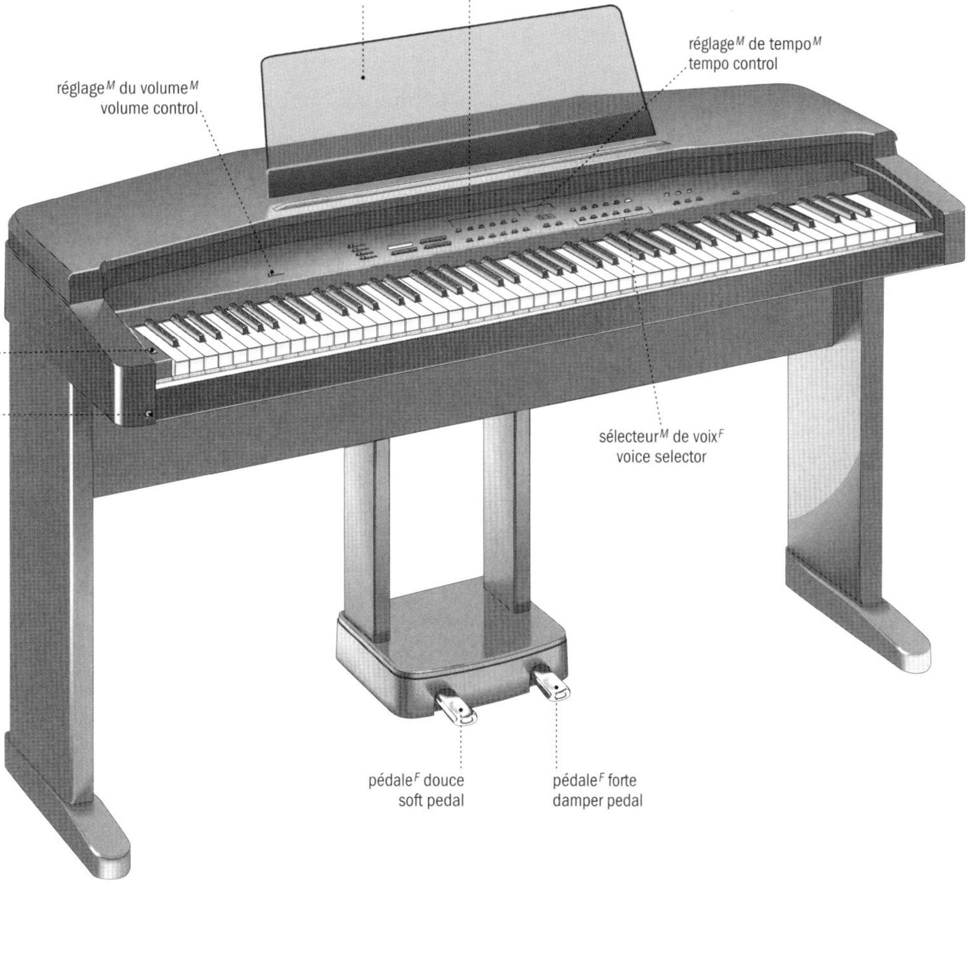

sélecteur[M] de rythme[M]
rhythm selector

pupitre[M]
music stand

réglage[M] de tempo[M]
tempo control

réglage[M] du volume[M]
volume control

interrupteur[M] d'alimentation[F]
power switch

prise[F] casque[M]
headphone jack

sélecteur[M] de voix[F]
voice selector

pédale[F] douce
soft pedal

pédale[F] forte
damper pedal

couture[F]

sewing

machine[F] à coudre
sewing machine

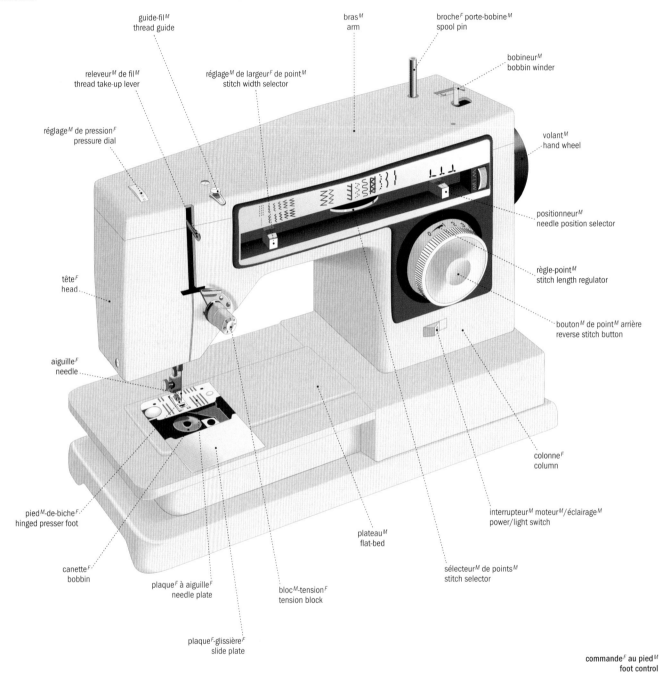

guide-fil[M]
thread guide

bras[M]
arm

broche[F] porte-bobine[M]
spool pin

bobineur[M]
bobbin winder

releveur[M] de fil[M]
thread take-up lever

réglage[M] de largeur[F] de point[M]
stitch width selector

réglage[M] de pression[F]
pressure dial

volant[M]
hand wheel

positionneur[M]
needle position selector

règle-point[M]
stitch length regulator

tête[F]
head

bouton[M] de point[M] arrière
reverse stitch button

aiguille[F]
needle

colonne[F]
column

interrupteur[M] moteur[M]/éclairage[M]
power/light switch

pied[M]-de-biche[F]
hinged presser foot

plateau[M]
flat-bed

canette[F]
bobbin

sélecteur[M] de points[M]
stitch selector

plaque[F] à aiguille[F]
needle plate

bloc[M]-tension[F]
tension block

plaque[F]-glissière[F]
slide plate

boîte[F] à canette[F]
bobbin case

canette[F]
bobbin

verrou[M]
latch lever

crochet[M]
hook

commande[F] au pied[M]
foot control

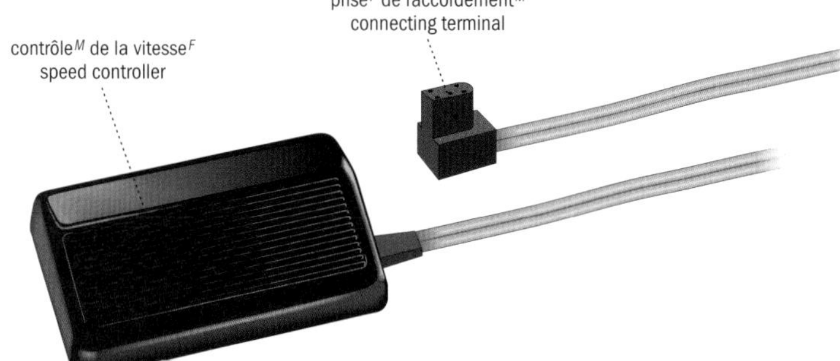
prise[F] de raccordement[M]
connecting terminal

contrôle[M] de la vitesse[F]
speed controller

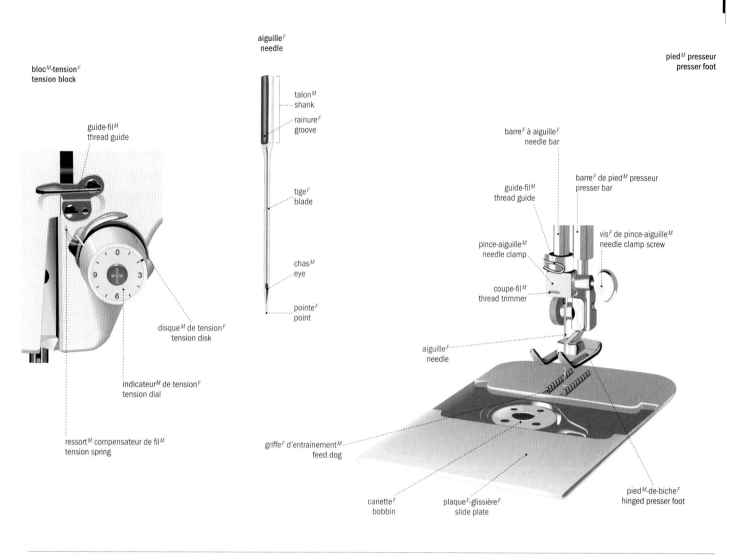

bloc[M]-tension[F]
tension block

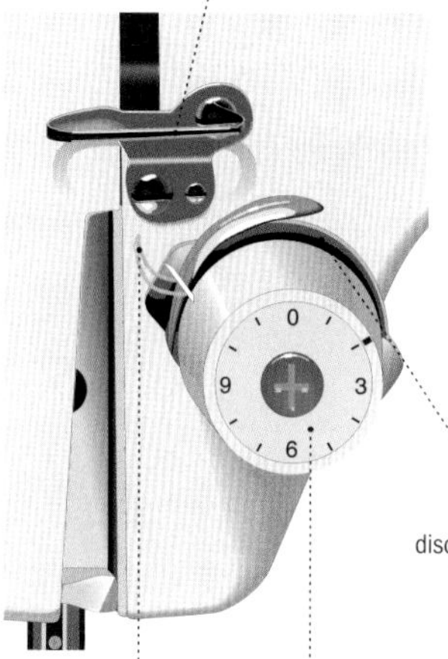

guide-fil[M]
thread guide

disque[M] de tension[F]
tension disk

indicateur[M] de tension[F]
tension dial

ressort[M] compensateur de fil[M]
tension spring

aiguille[F]
needle

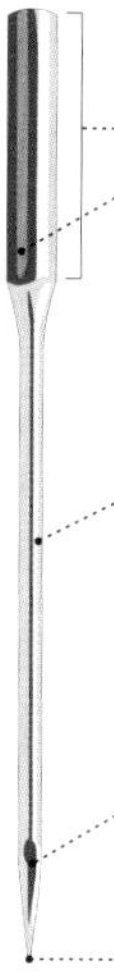

talon[M]
shank

rainure[F]
groove

tige[F]
blade

chas[M]
eye

pointe[F]
point

pied[M] presseur
presser foot

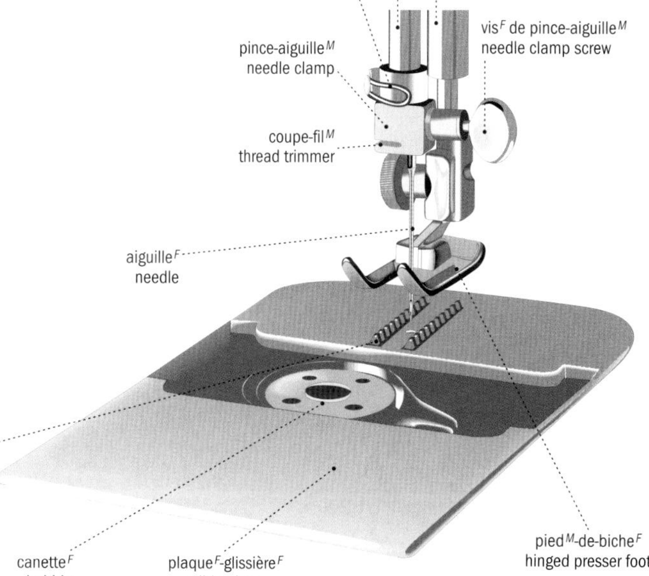

barre[F] à aiguille[F]
needle bar

barre[F] de pied[M] presseur
presser bar

guide-fil[M]
thread guide

vis[F] de pince-aiguille[M]
needle clamp screw

pince-aiguille[M]
needle clamp

coupe-fil[M]
thread trimmer

aiguille[F]
needle

griffe[F] d'entraînement[M]
feed dog

canette[F]
bobbin

plaque[F]-glissière[F]
slide plate

pied[M]-de-biche[F]
hinged presser foot

attaches[F]
fasteners

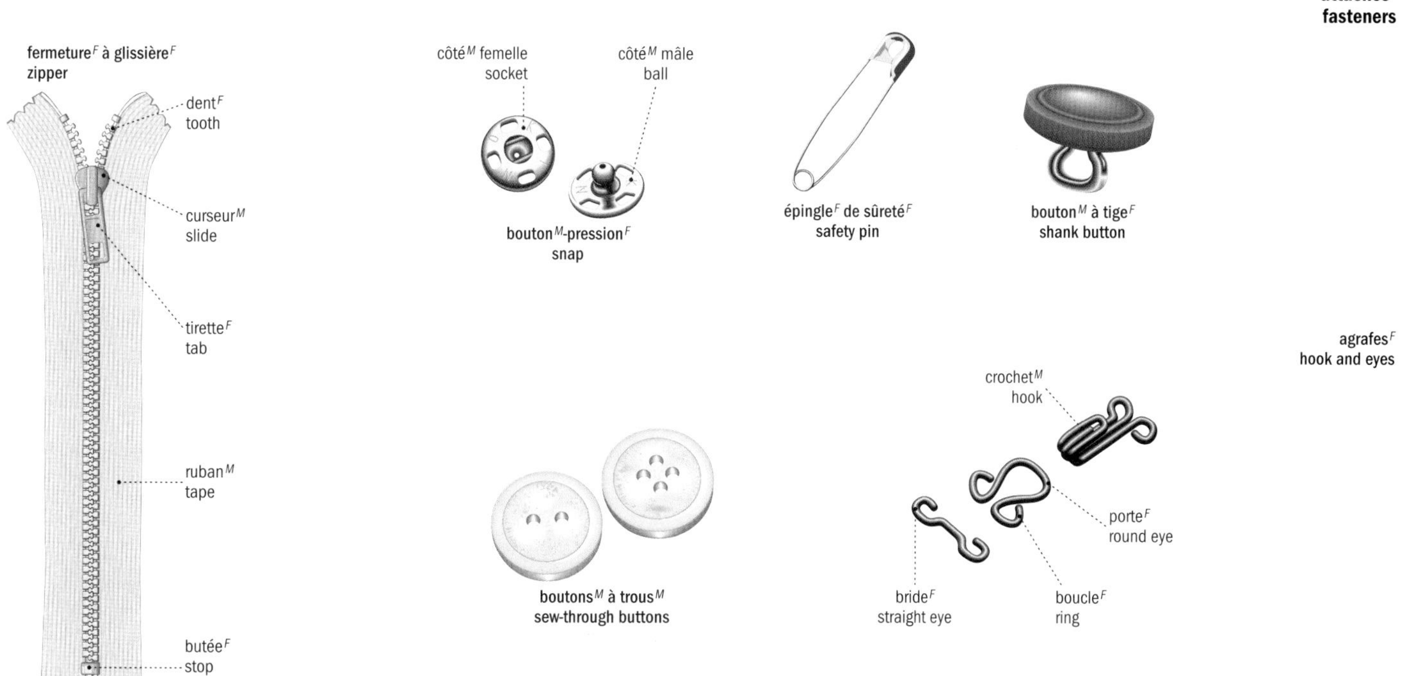
fermeture[F] à glissière[F]
zipper
dent[F]
tooth
curseur[M]
slide
tirette[F]
tab
ruban[M]
tape
butée[F]
stop
côté[M] femelle
socket
côté[M] mâle
ball
bouton[M]-pression[F]
snap
épingle[F] de sûreté[F]
safety pin
bouton[M] à tige[F]
shank button
agrafes[F]
hook and eyes
crochet[M]
hook
porte[F]
round eye
bride[F]
straight eye
boucle[F]
ring
boutons[M] à trous[M]
sew-through buttons

couture^F

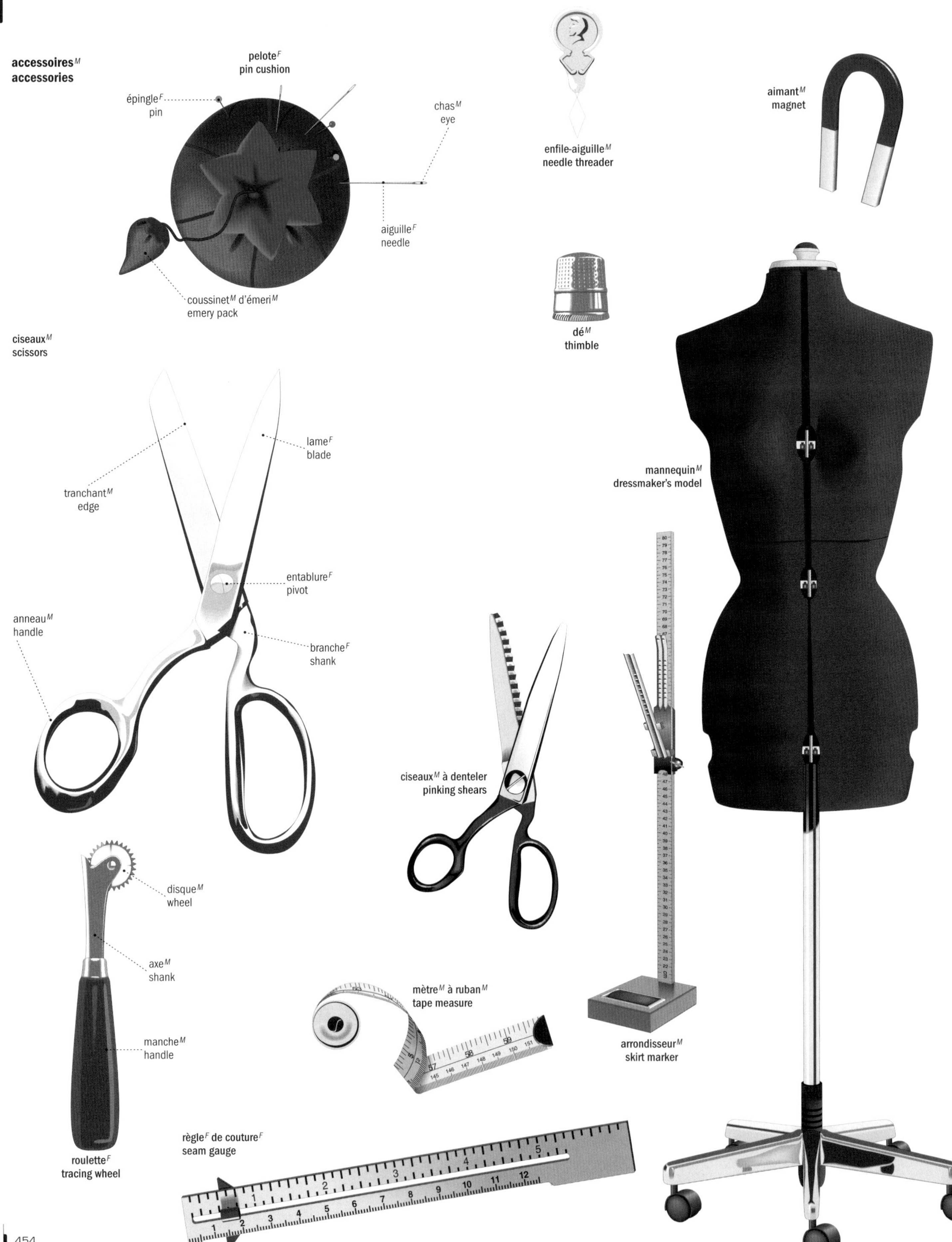
accessoires^M
accessories
pelote^F
pin cushion
épingle^F
pin
chas^M
eye
aiguille^F
needle
coussinet^M d'émeri^M
emery pack
enfile-aiguille^M
needle threader
aimant^M
magnet
dé^M
thimble
ciseaux^M
scissors
lame^F
blade
tranchant^M
edge
entablure^F
pivot
anneau^M
handle
branche^F
shank
mannequin^M
dressmaker's model
ciseaux^M à denteler
pinking shears
disque^M
wheel
axe^M
shank
manche^M
handle
roulette^F
tracing wheel
mètre^M à ruban^M
tape measure
arrondisseur^M
skirt marker
règle^F de couture^F
seam gauge

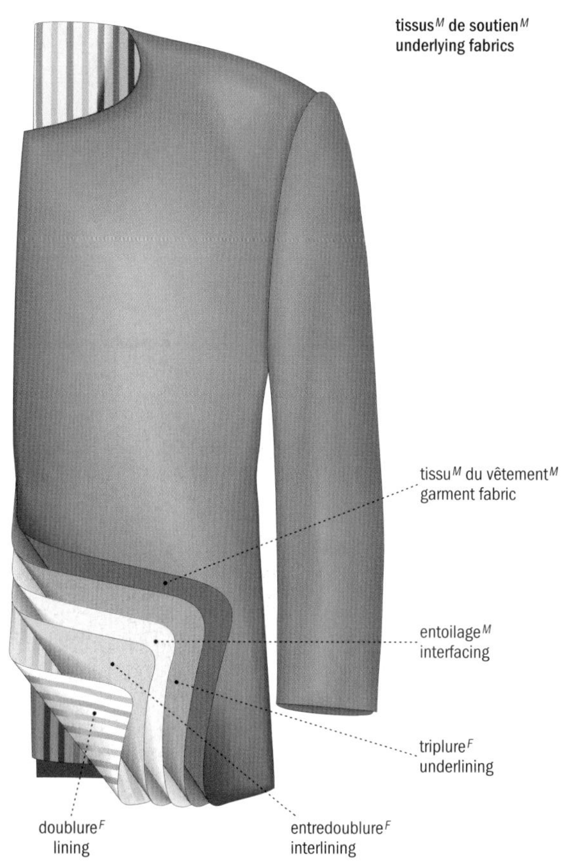
tissus^M de soutien^M
underlying fabrics
tissu^M du vêtement^M
garment fabric
entoilage^M
interfacing
triplure^F
underlining
doublure^F
lining
entredoublure^F
interlining

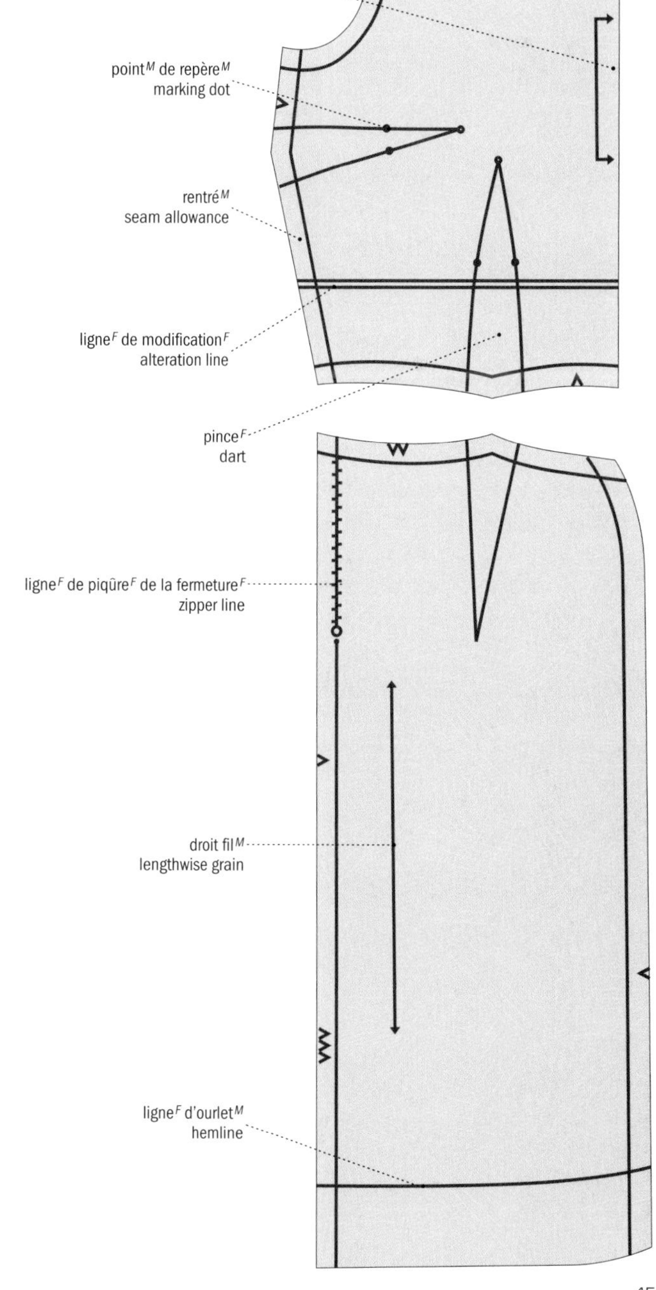
patron^M
pattern
ligne^F de coupe^F
cutting line
cran^M
notch
ligne^F de bâti^M
seam line
pliure^F
fold line
point^M de repère^M
marking dot
rentré^M
seam allowance
ligne^F de modification^F
alteration line
pince^F
dart
ligne^F de piqûre^F de la fermeture^F
zipper line
droit fil^M
lengthwise grain
ligne^F d'ourlet^M
hemline

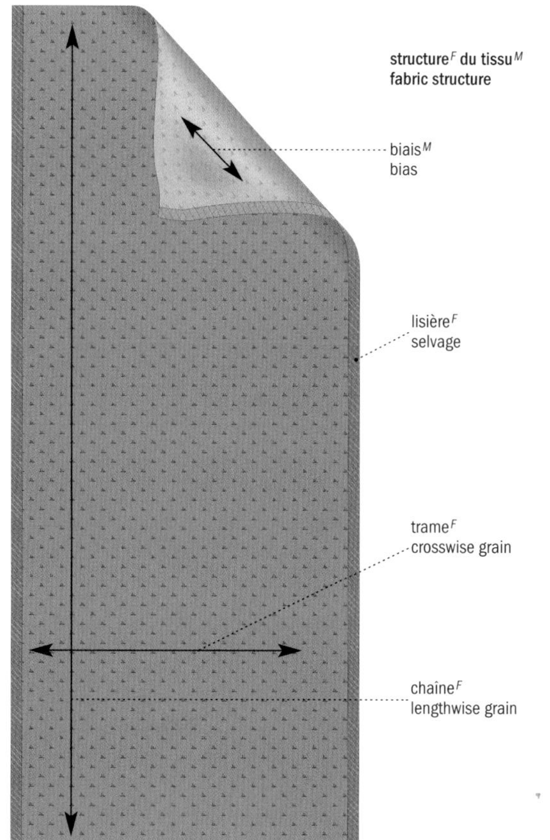
structure^F du tissu^M
fabric structure
biais^M
bias
lisière^F
selvage
trame^F
crosswise grain
chaîne^F
lengthwise grain

machine^F à tricoter

knitting machine

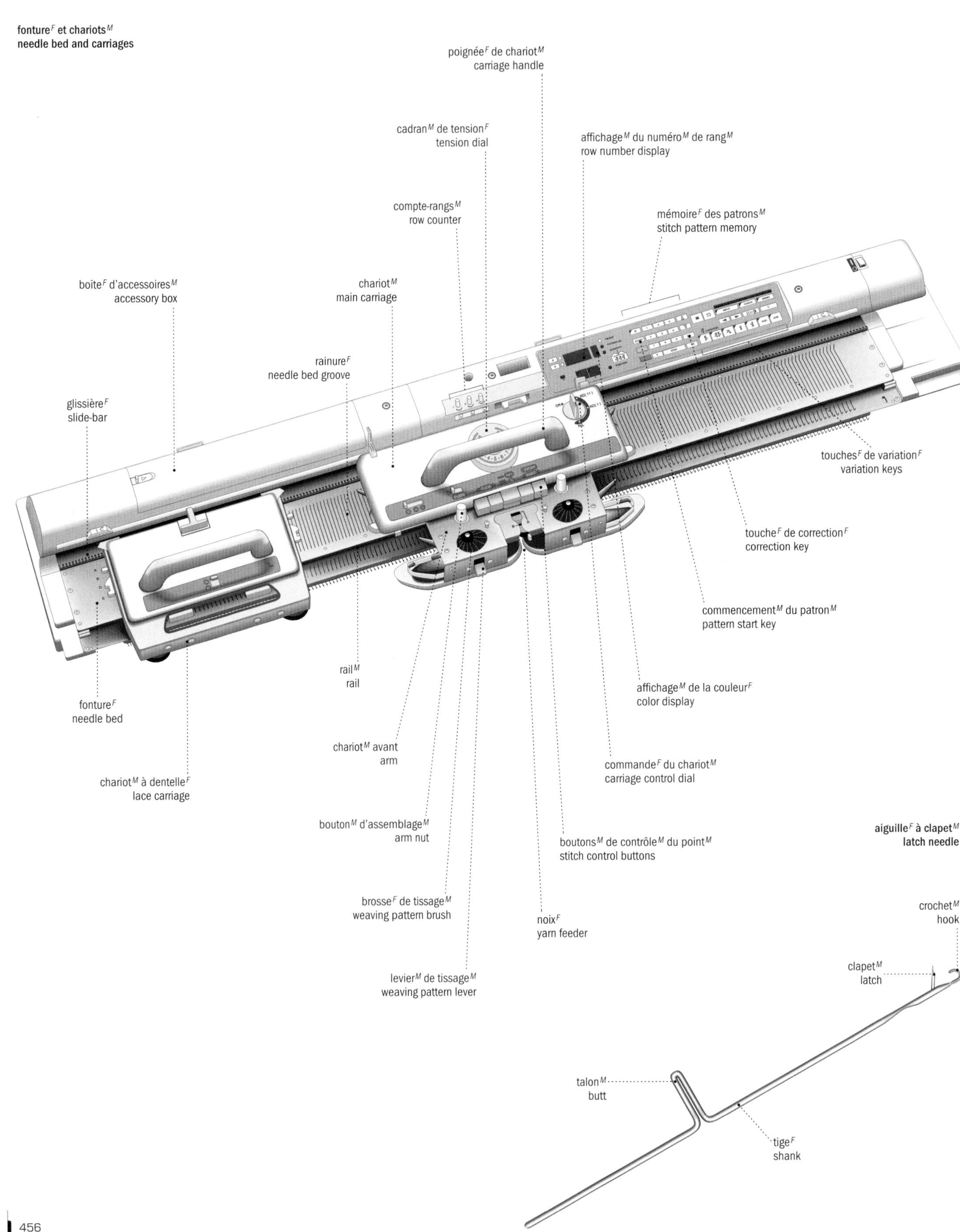
fonture^F et chariots^M
needle bed and carriages
poignée^F de chariot^M
carriage handle
cadran^M de tension^F
tension dial
affichage^M du numéro^M de rang^M
row number display
compte-rangs^M
row counter
mémoire^F des patrons^M
stitch pattern memory
boîte^F d'accessoires^M
accessory box
chariot^M
main carriage
rainure^F
needle bed groove
glissière^F
slide-bar
touches^F de variation^F
variation keys
touche^F de correction^F
correction key
commencement^M du patron^M
pattern start key
rail^M
rail
affichage^M de la couleur^F
color display
fonture^F
needle bed
chariot^M avant
arm
commande^F du chariot^M
carriage control dial
chariot^M à dentelle^F
lace carriage
bouton^M d'assemblage^M
arm nut
boutons^M de contrôle^M du point^M
stitch control buttons
aiguille^F à clapet^M
latch needle
brosse^F de tissage^M
weaving pattern brush
noix^F
yarn feeder
crochet^M
hook
clapet^M
latch
levier^M de tissage^M
weaving pattern lever
talon^M
butt
tige^F
shank

machine^F à tricoter

bloc^M-tension^F
tension block

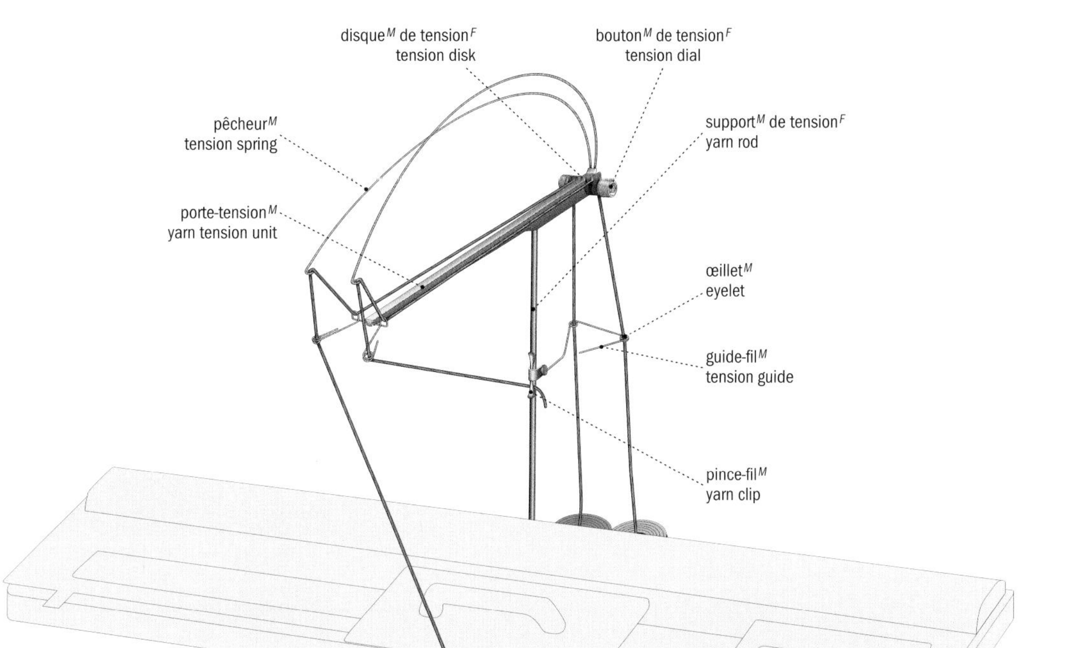
disque^M de tension^F
tension disk
bouton^M de tension^F
tension dial
pêcheur^M
tension spring
support^M de tension^F
yarn rod
porte-tension^M
yarn tension unit
œillet^M
eyelet
guide-fil^M
tension guide
pince-fil^M
yarn clip

tricot^M

knitting

aiguille^F à tricoter
knitting needle

tête^F
head
tige^F
shank
pointe^F
point

crochet^M
crochet hook

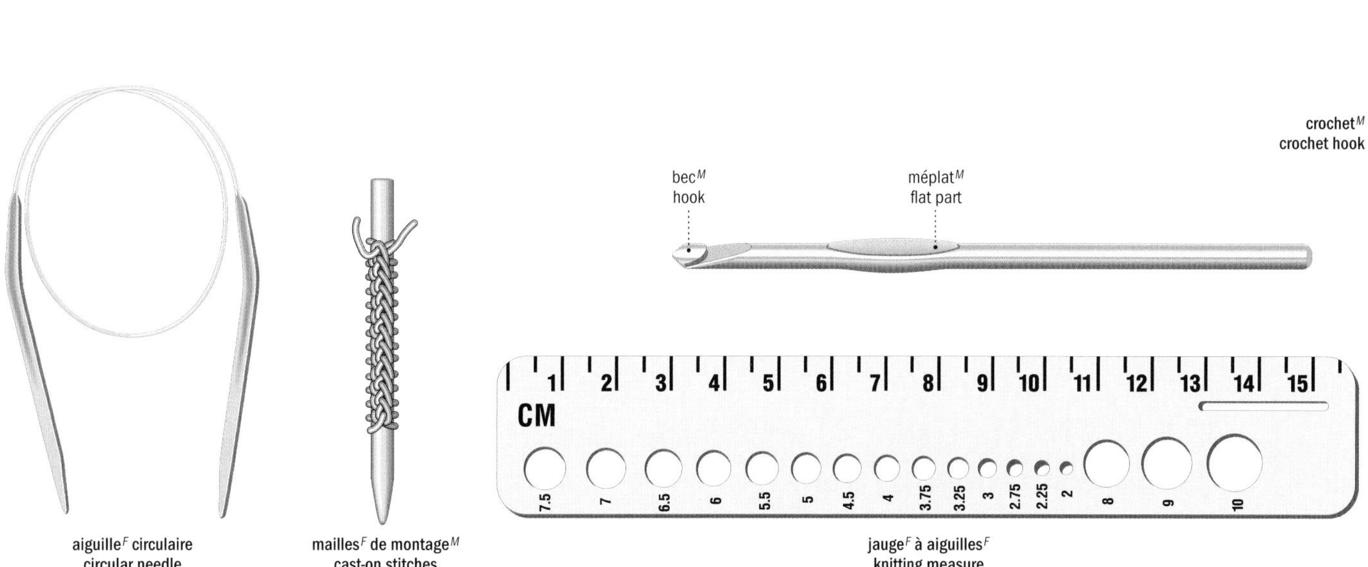
bec^M
hook
méplat^M
flat part
1
2
3
4
5
6
7
8
9
10
11
12
13
14
15
CM
7.5
7
6.5
6
5.5
5
4.5
4
3.75
3.25
3
2.75
2.25
2
8
9
10

aiguille^F circulaire
circular needle

mailles^F de montage^M
cast-on stitches

jauge^F à aiguilles^F
knitting measure

tricot[M]

points[M] de tricot[M]
stitch patterns

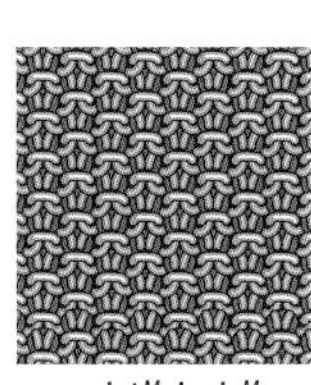
point[M] de riz[M]
moss stitch

échantillon[M]
sample

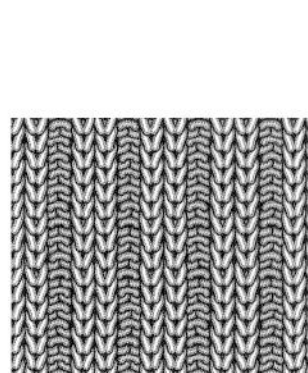
point[M] de côtes[F]
rib stitch

point[M] de jersey[M]
stocking stitch

point[M] de damier[M]
basket stitch

point[M] mousse[F]
garter stitch

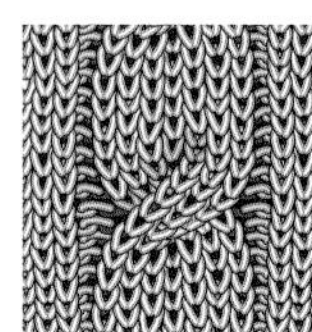
point[M] de torsades[F]
cable stitch

dentelle[F] aux fuseaux[M]

bobbin lace

carreau[M]
pillow

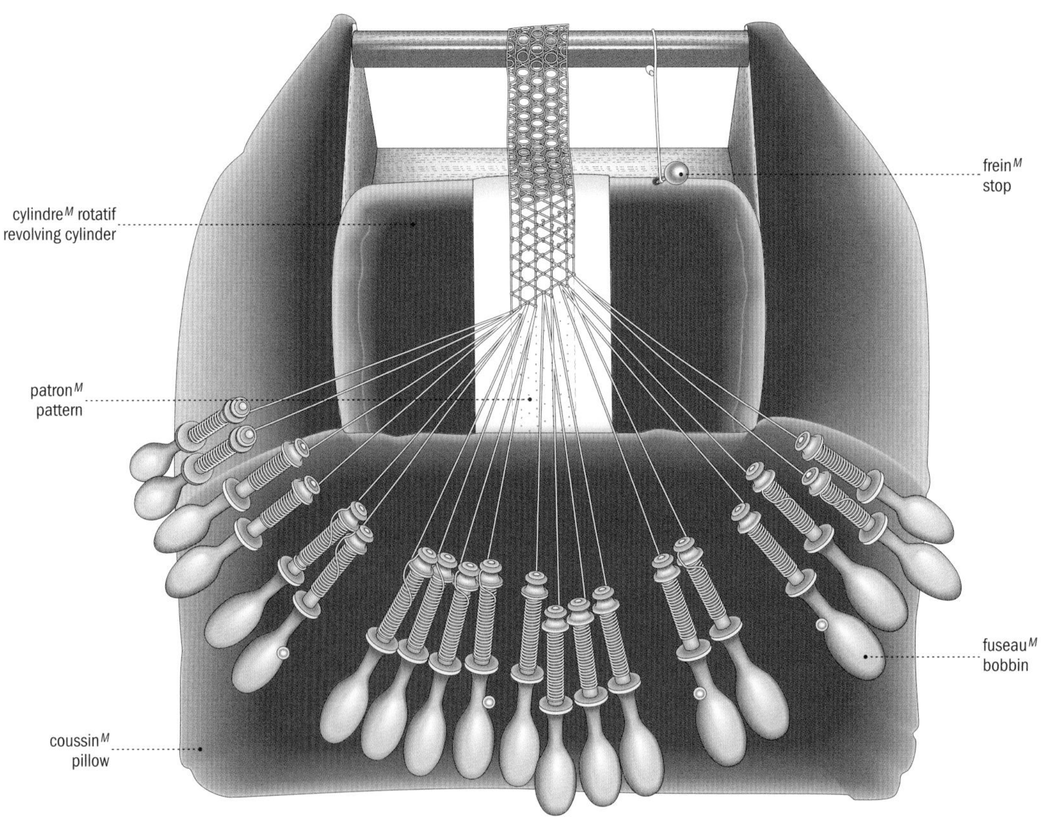
frein[M]
stop
cylindre[M] rotatif
revolving cylinder
patron[M]
pattern
fuseau[M]
bobbin
coussin[M]
pillow

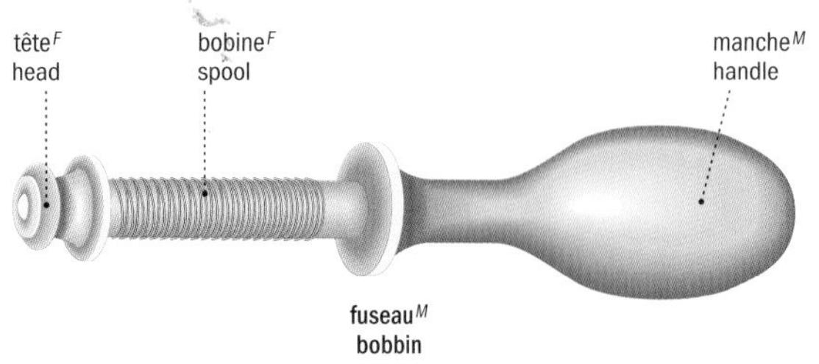
tête[F]
head
bobine[F]
spool
manche[M]
handle
fuseau[M]
bobbin

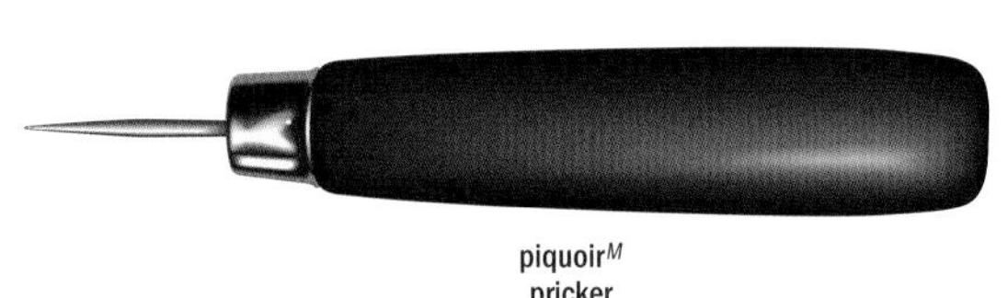
piquoir[M]
pricker

broderie[F]

embroidery

tambour[M]
hoop

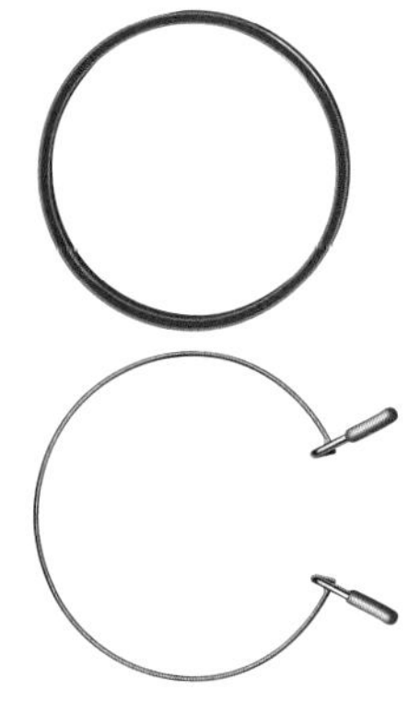

métier[M] **à broder**
frame

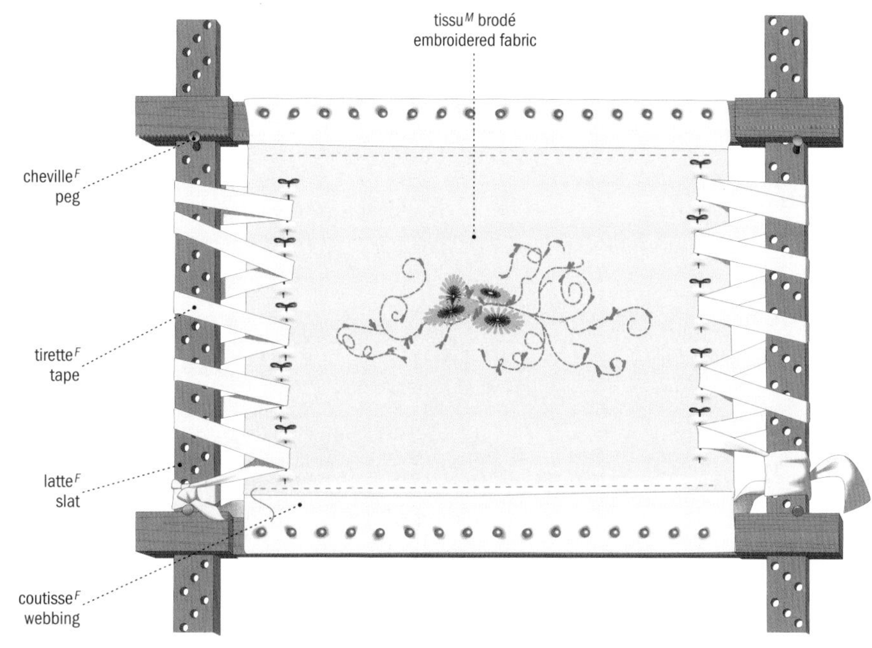
tissu[M] brodé
embroidered fabric
cheville[F]
peg
tirette[F]
tape
latte[F]
slat
coutisse[F]
webbing

catégories[F] **de points**[M]
stitches

points[M] **croisés**
cross stitches

point[M] de chausson[M]
herringbone stitch

point[M] de chevron[M]
chevron stitch

points[M] **bouclés**
loop stitches

point[M] de chainette[F]
chain stitch

point[M] d'épine[F]
feather stitch

points[M] **noués**
knot stitches

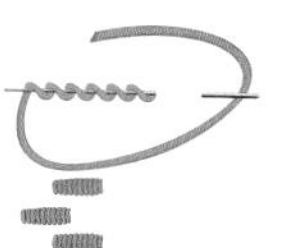

point[M] de poste[F]
bullion stitch

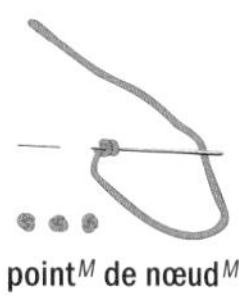

point[M] de nœud[M]
French knot stitch

points[M] **plats**
flat stitches

point[M] d'arête[F]
fishbone stitch

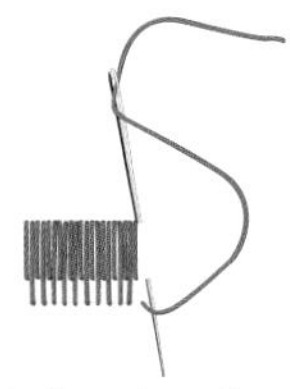

point[M] passé empiétant
long and short stitch

points[M] **couchés**
couched stitches

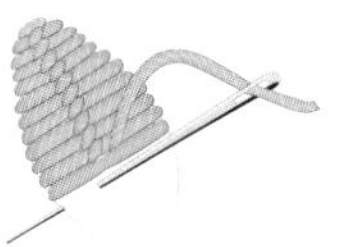

point[M] roumain
Romanian couching stitch

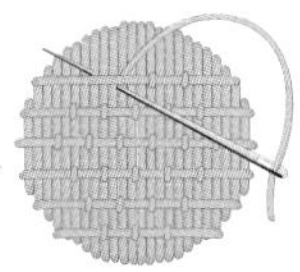

point[M] d'Orient[M]
Oriental couching stitch

tissage[M]

weaving

métier[M] de basse lisse[F]
low warp loom

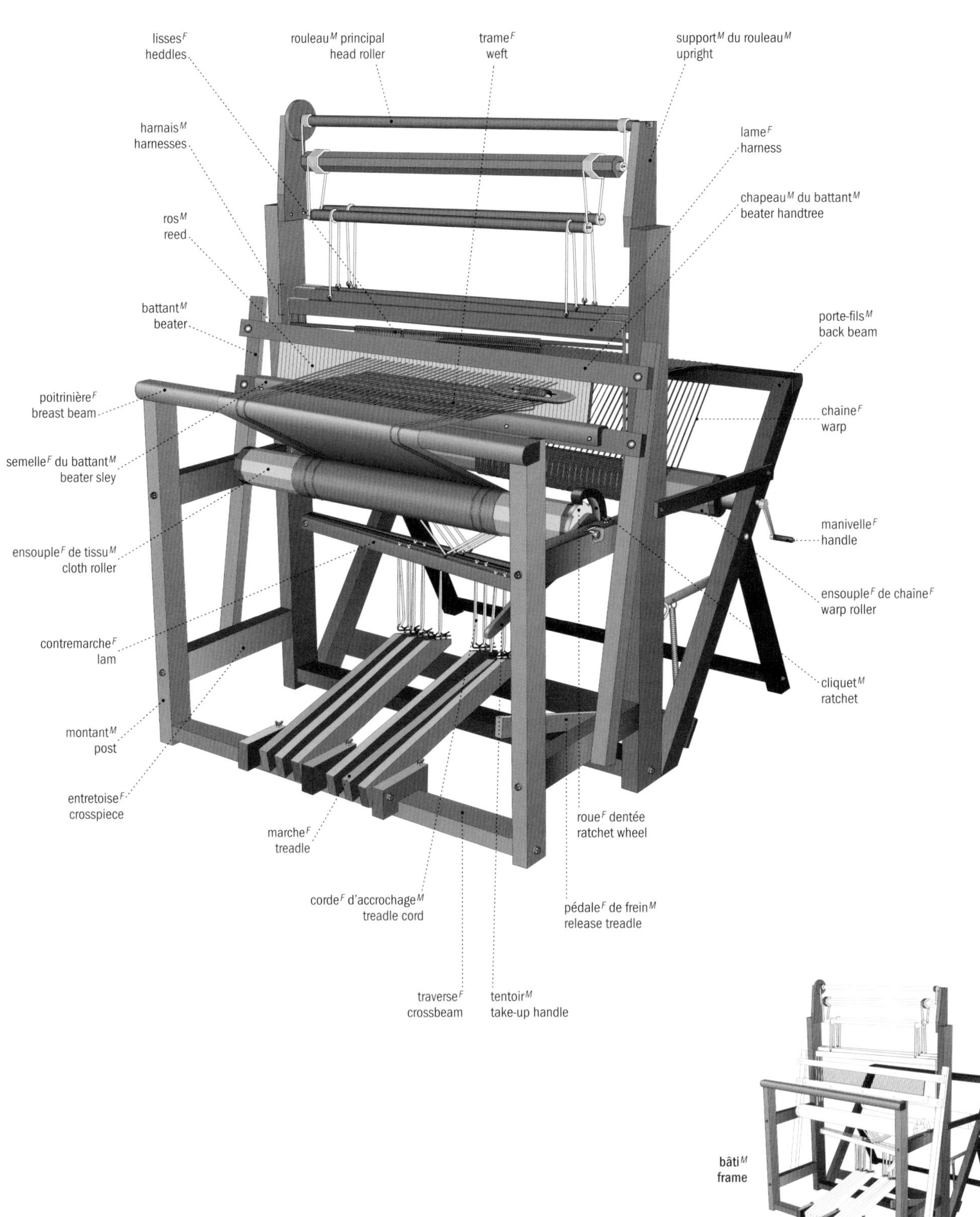
lisses[F]
heddles
rouleau[M] principal
head roller
trame[F]
weft
support[M] du rouleau[M]
upright
harnais[M]
harnesses
lame[F]
harness
ros[M]
reed
chapeau[M] du battant[M]
beater handtree
battant[M]
beater
porte-fils[M]
back beam
poitrinière[F]
breast beam
chaine[F]
warp
semelle[F] du battant[M]
beater sley
manivelle[F]
handle
ensouple[F] de tissu[M]
cloth roller
ensouple[F] de chaîne[F]
warp roller
contremarche[F]
lam
cliquet[M]
ratchet
montant[M]
post
entretoise[F]
crosspiece
marche[F]
treadle
roue[F] dentée
ratchet wheel
corde[F] d'accrochage[M]
treadle cord
pédale[F] de frein[M]
release treadle
traverse[F]
crossbeam
tentoir[M]
take-up handle
bâti[M]
frame

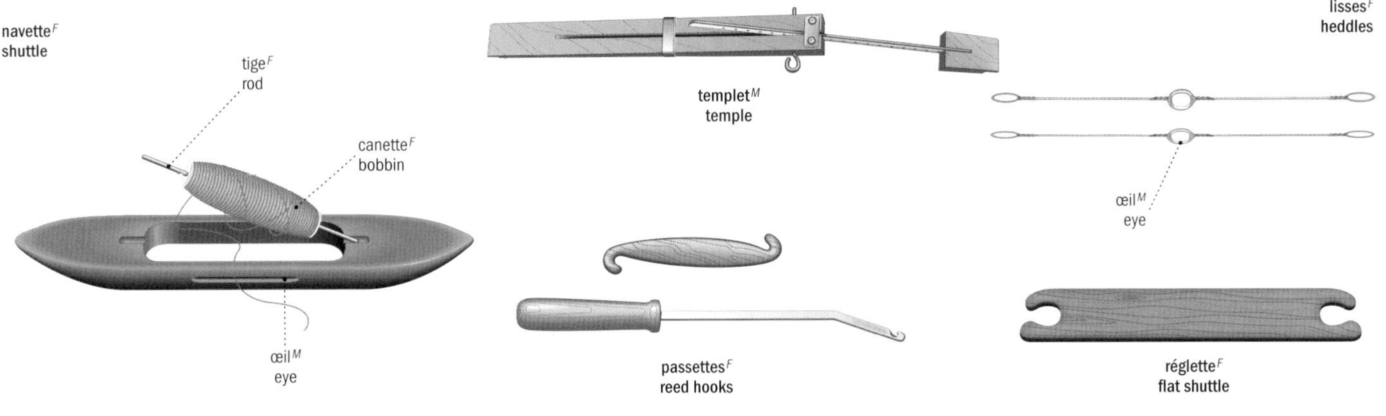
tige[F]
rod
canette[F]
bobbin
œil[M]
eye
œil[M]
eye

navette[F]
shuttle

templet[M]
temple

lisses[F]
heddles

passettes[F]
reed hooks

réglette[F]
flat shuttle

métier[M] de haute lisse[F]
high warp loom

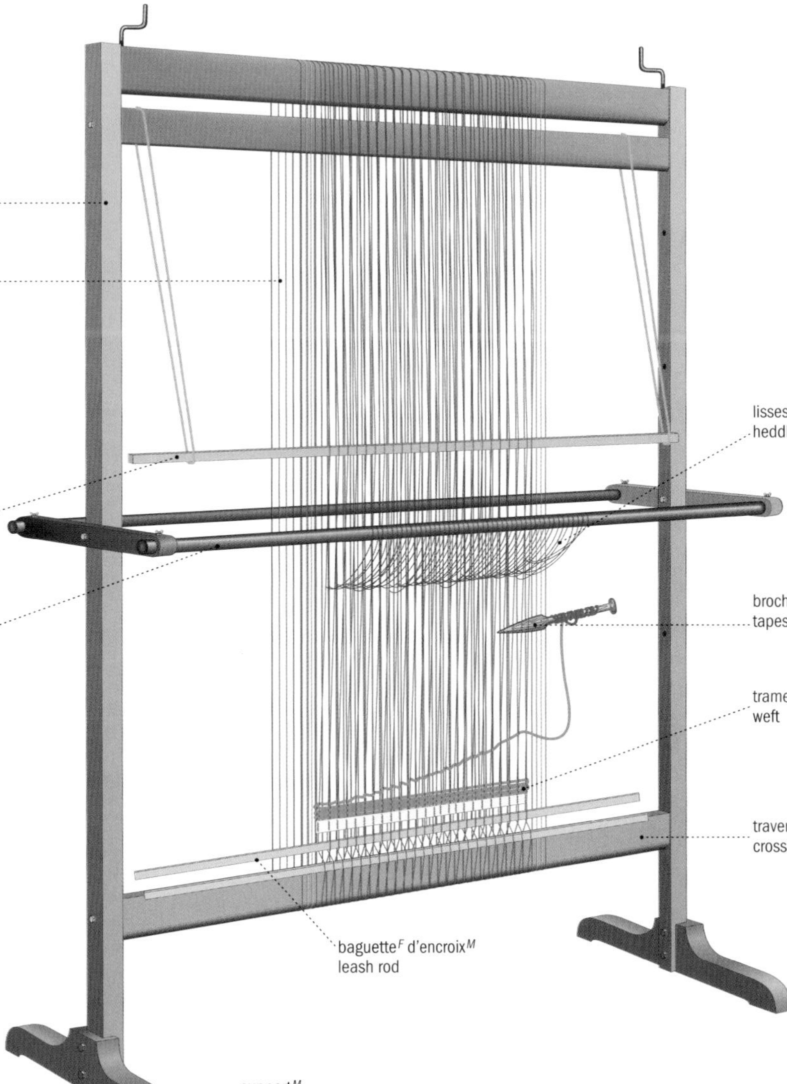

montant[M]
upright

chaîne[F]
warp

lisses[F]
heddles

baguette[F] d'écartement[M]
shed stick

barre[F] à lisses[F]
heddle rod

broche[F]
tapestry bobbin

trame[F]
weft

traverse[F]
crossbar

baguette[F] d'encroix[M]
leash rod

support[M]
support

charpente[F] verticale
vertical frame

broche[F]
tapestry bobbin

peigne[M]
comb

tissage^M

accessoires^M
accessories

canetière^F
bobbin winder

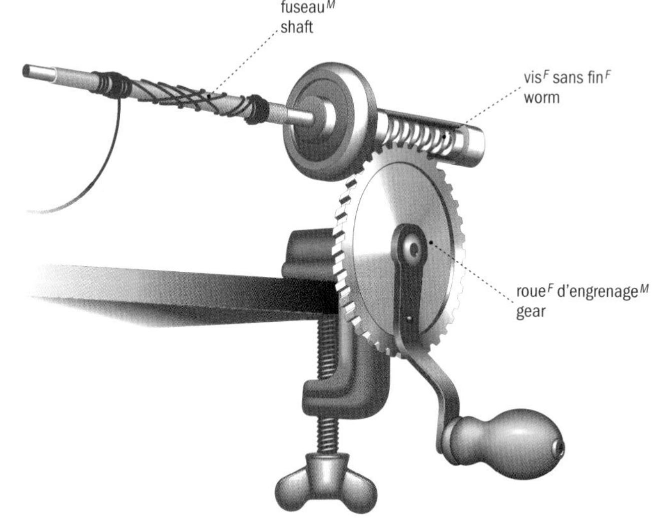
fuseau^M
shaft
vis^F sans fin^F
worm
roue^F d'engrenage^M
gear

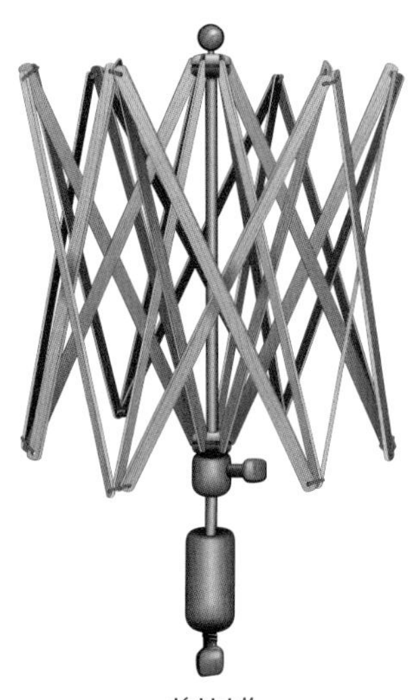

dévidoir^M
swift

bobinoir^M
ball winder

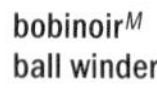

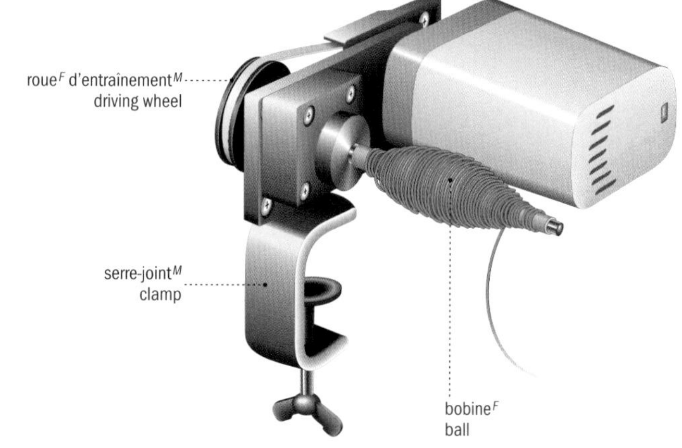
roue^F d'entrainement^M
driving wheel
serre-joint^M
clamp
bobine^F
ball

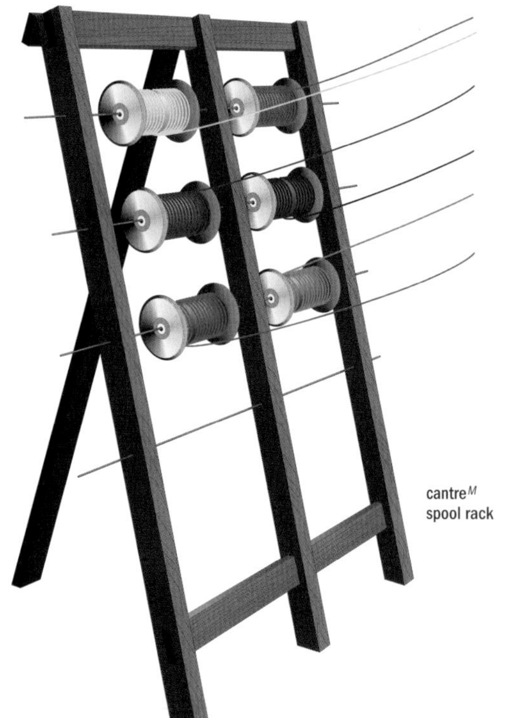

cantre^M
spool rack

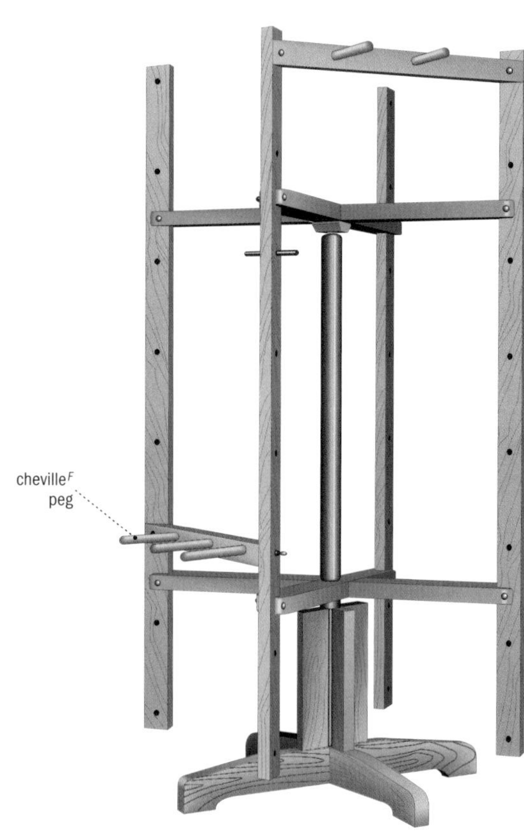
cheville^F
peg

ourdissoir^M
warping frame

tissage[M]

schéma[M] du principe[M] du tissage[M]
diagram of weaving principle

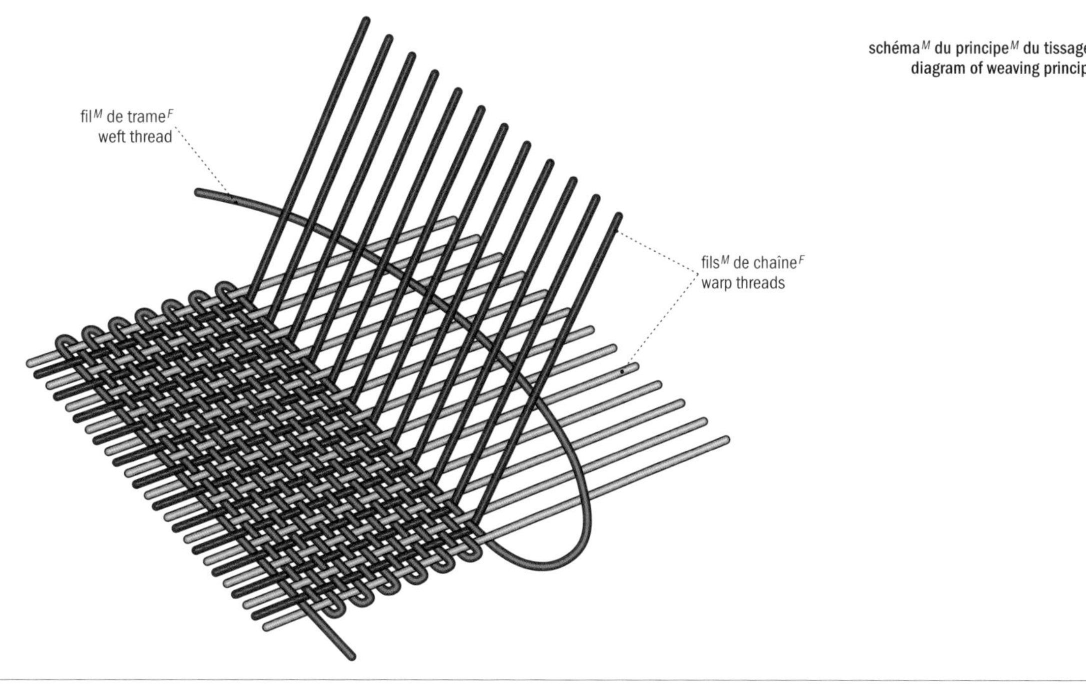
fil[M] de trame[F]
weft thread
fils[M] de chaîne[F]
warp threads

armures[F] de base[F]
basic weaves

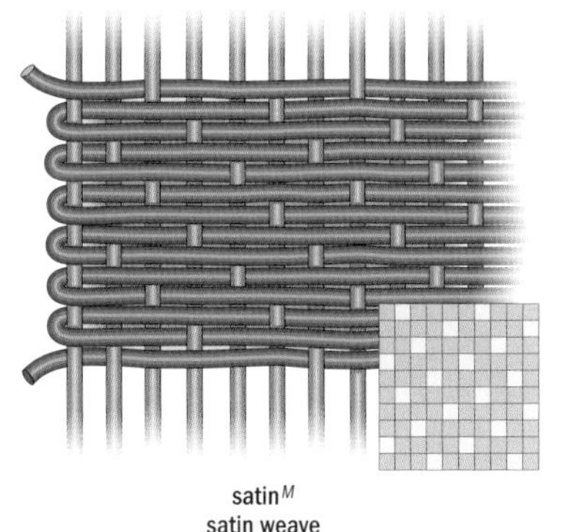

satin[M]
satin weave

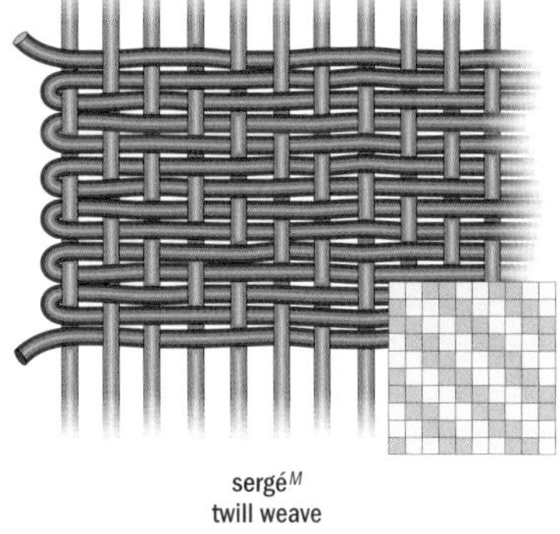

sergé[M]
twill weave

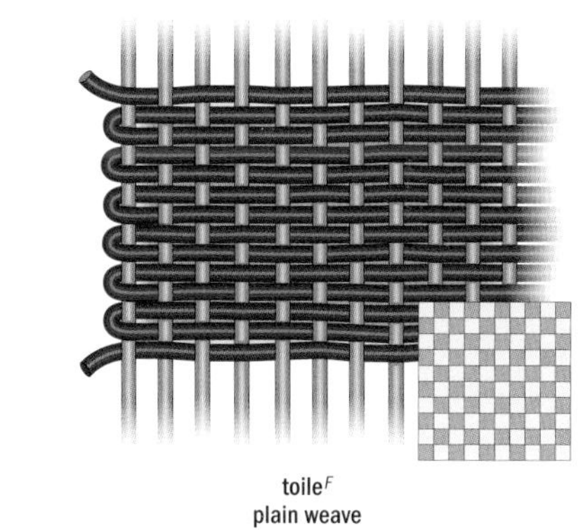

toile[F]
plain weave

autres techniques[F]
other techniques

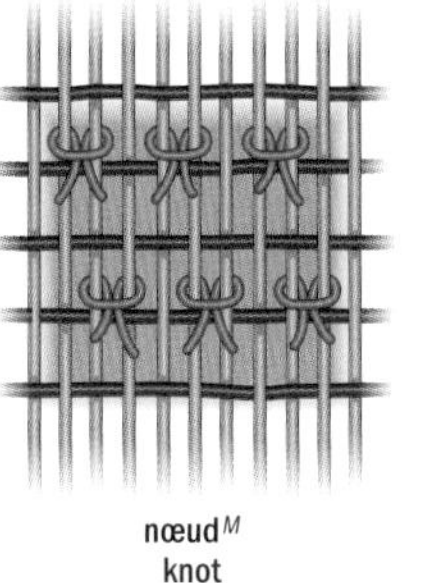

nœud[M]
knot

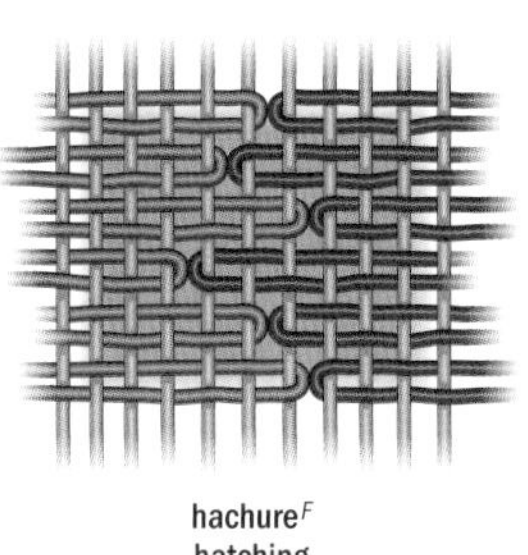

hachure[F]
hatching

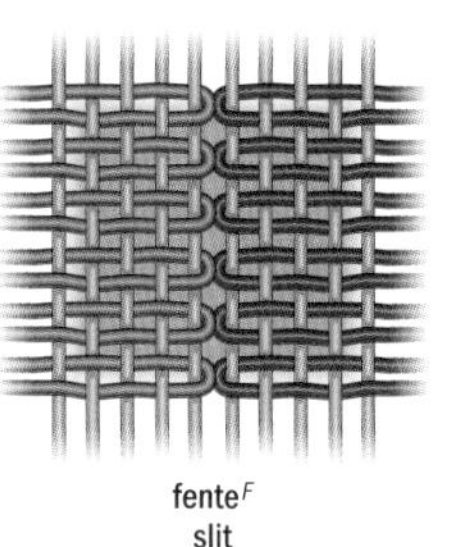

fente[F]
slit

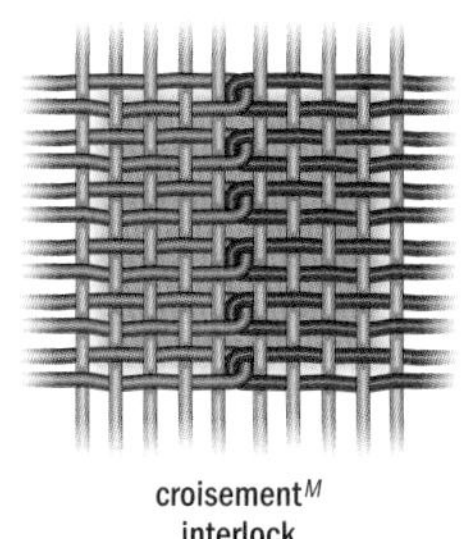

croisement[M]
interlock

poterie F

pottery

tournage M
turning

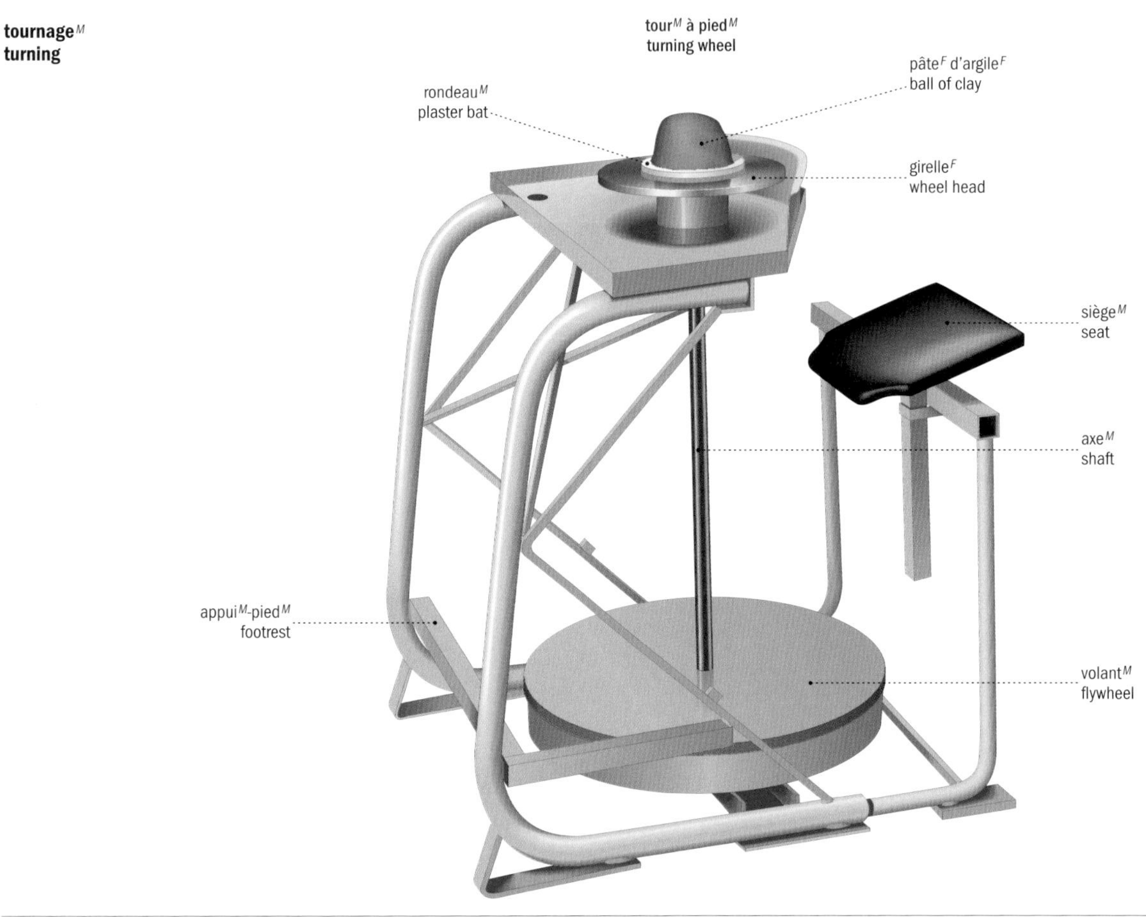
tourM à piedM
turning wheel
pâteF d'argileF
ball of clay
rondeauM
plaster bat
girelleF
wheel head
siègeM
seat
axeM
shaft
appuiM-piedM
footrest
volantM
flywheel

outils M
tools

pigeF
needle tool

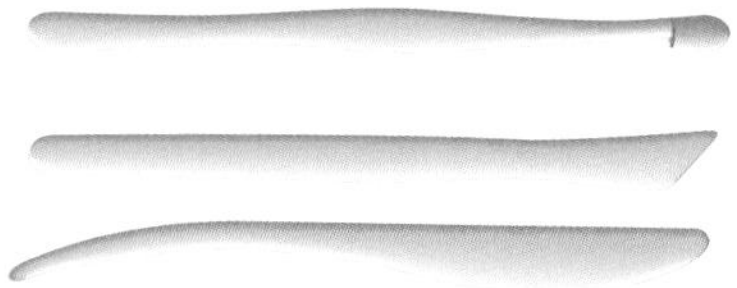

couteauM de potierM
fettling knife

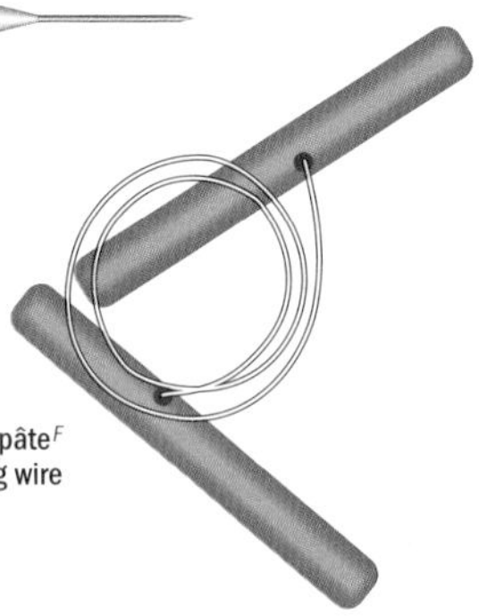

filM à couper la pâteF
cutting wire

ébauchoirsM
wooden modeling tools

miretteF
trimming tool

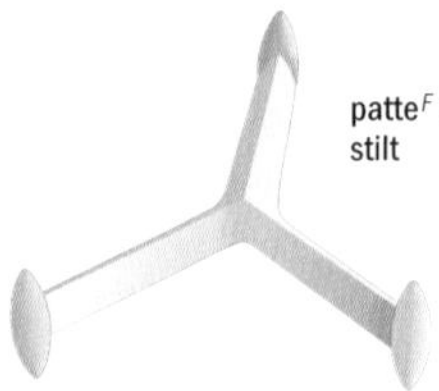

patteF de coqM
stilt

tournetteF
banding wheel

montreF
pyrometric cone

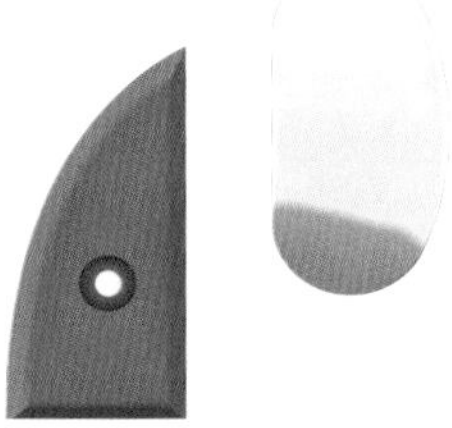

estèquesF
ribs

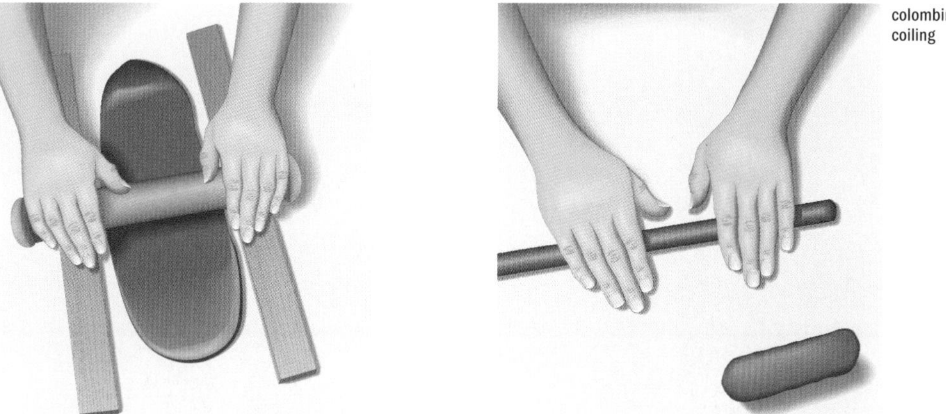

galettage[M]
slab building

colombin[M]
coiling

cuisson[F]
firing

four[M] électrique
electric kiln

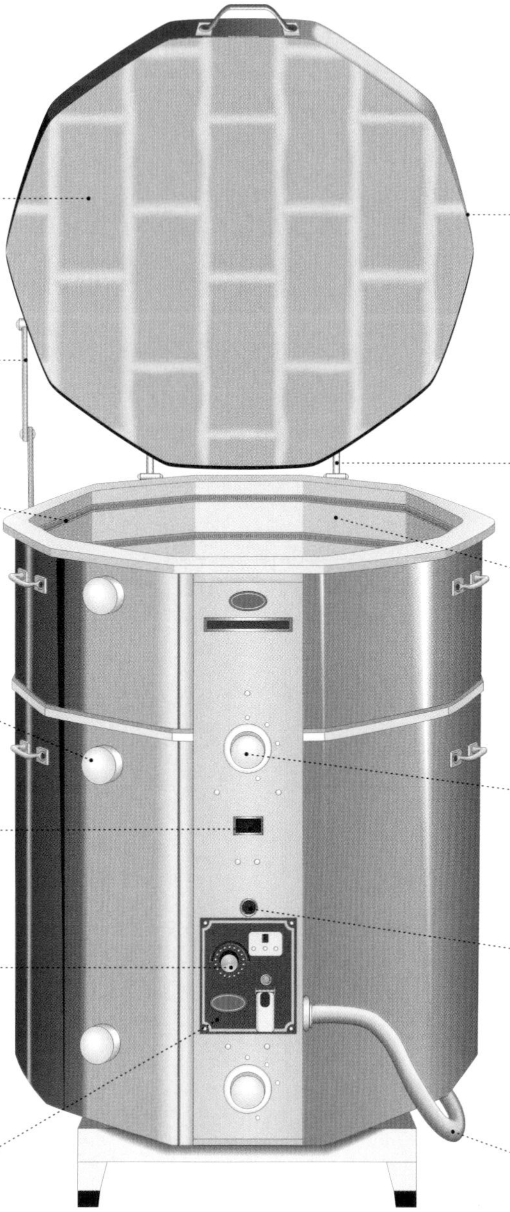

brique[F] réfractaire
refractory brick

couvercle[M]
lid

cale[F] de couvercle[M]
lid brace

charnière[F]
hinge

élément[M]
heating element

chambre[F] de cuisson[F]
firing chamber

évent[M]
damper

contrôle[M] de température[F]
temperature control knob

mode[M] manuel/automatique
manual/automatic mode

minuterie[F]
timer

voyant[M] lumineux
signal lamp

entrée[F] d'électricité[F]
electrical inlet

câble[M] de raccordement[M]
connecting cable

COMMUNICATIONS ET BUREAUTIQUE

COMMUNICATIONS AND OFFICE AUTOMATION

468 Communications

468 langues du monde
470 instruments d'écriture
471 journal
472 typographie
473 signes diacritiques
473 symboles divers
473 signes de ponctuation
474 réseau public postal
476 photographie
486 télédiffusion par satellite
486 satellites de télécommunications
487 télécommunications par satellite
488 microphone dynamique
488 radio : studio et régie
489 télévision
497 chaîne stéréo
503 minichaîne stéréo
503 appareils de son portatifs
505 communication sans fil
506 communication par téléphone

509 Bureautique

509 bureau
510 mobilier de bureau
513 micro-ordinateur
514 périphériques d'entrée
518 périphériques de sortie
520 onduleur
521 périphériques de stockage
522 périphériques de communication
522 exemples de réseaux
523 réseau informatique
524 Internet
525 utilisations d'Internet
526 ordinateur portable
527 livre électronique
527 ordinateur de poche
528 articles de bureau

langues^F du monde^M

languages of the world

grandes familles^F de langues^F
major language families

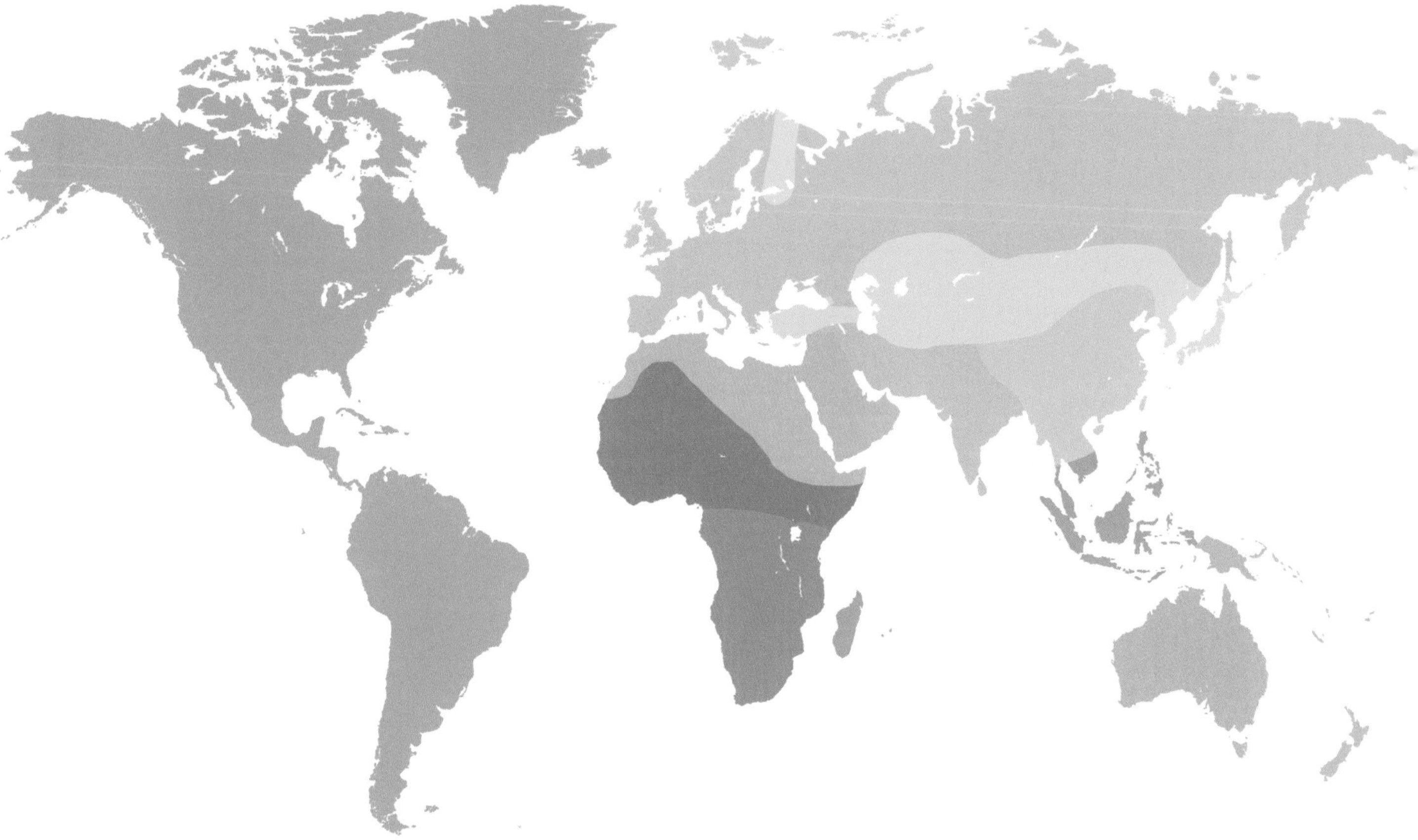

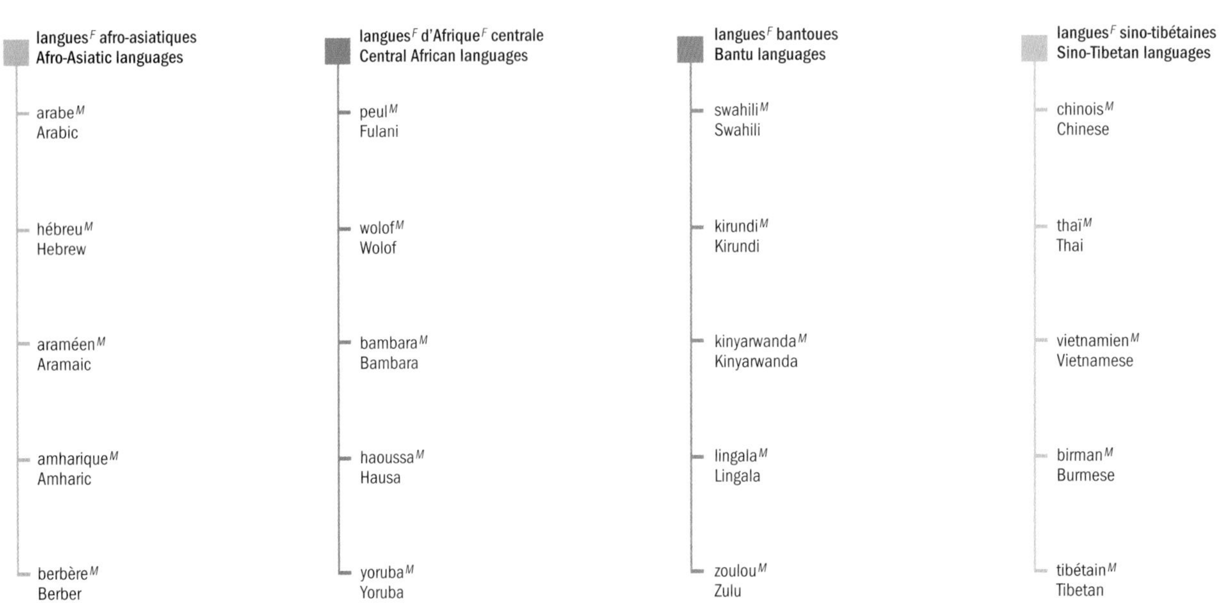
langues^F afro-asiatiques
Afro-Asiatic languages
arabe^M
Arabic
hébreu^M
Hebrew
araméen^M
Aramaic
amharique^M
Amharic
berbère^M
Berber
langues^F d'Afrique^F centrale
Central African languages
peul^M
Fulani
wolof^M
Wolof
bambara^M
Bambara
haoussa^M
Hausa
yoruba^M
Yoruba
langues^F bantoues
Bantu languages
swahili^M
Swahili
kirundi^M
Kirundi
kinyarwanda^M
Kinyarwanda
lingala^M
Lingala
zoulou^M
Zulu
langues^F sino-tibétaines
Sino-Tibetan languages
chinois^M
Chinese
thaï^M
Thai
vietnamien^M
Vietnamese
birman^M
Burmese
tibétain^M
Tibetan

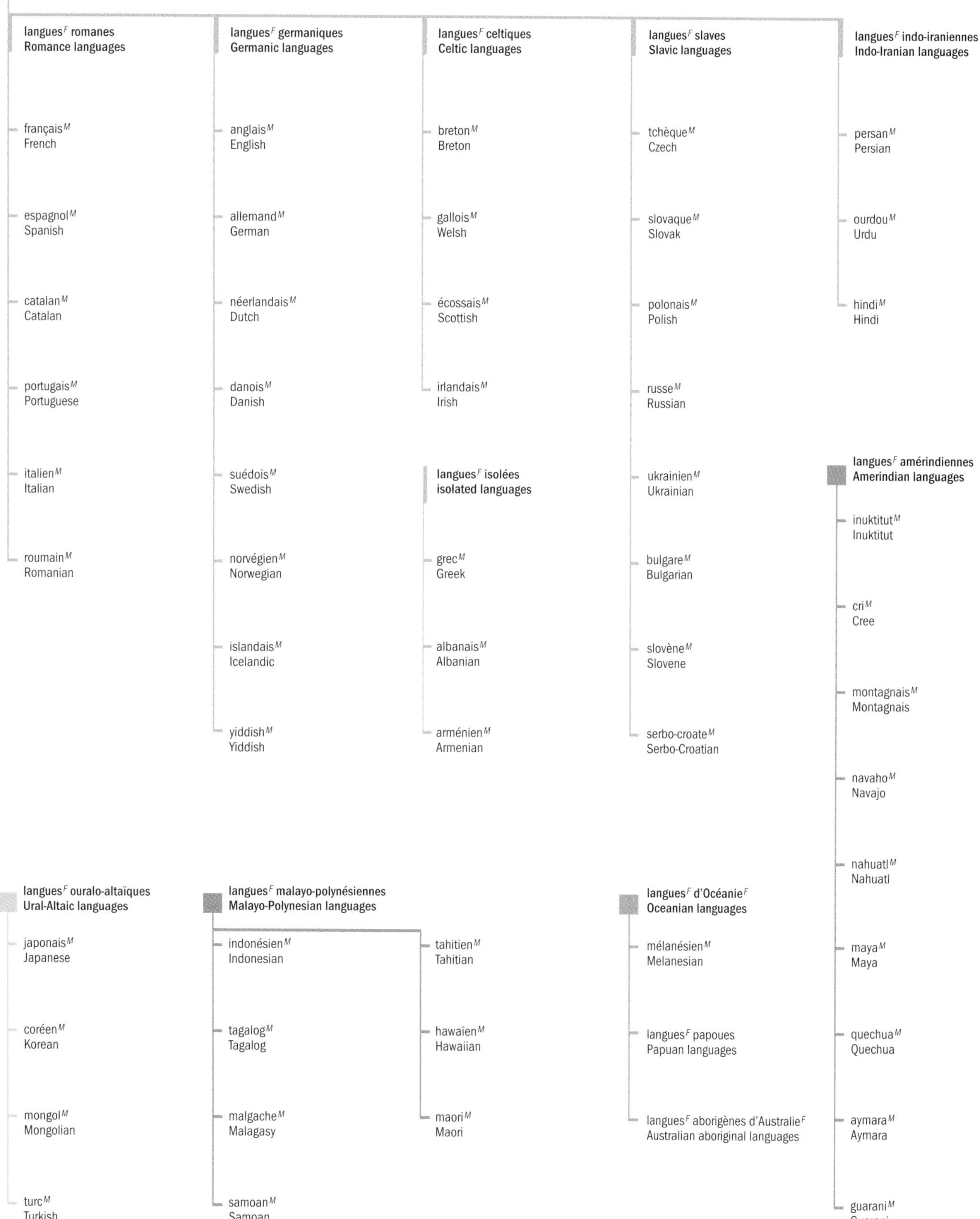
langues^F indo-européennes
Indo-European languages
langues^F romanes
Romance languages
français^M
French
espagnol^M
Spanish
catalan^M
Catalan
portugais^M
Portuguese
italien^M
Italian
roumain^M
Romanian
langues^F germaniques
Germanic languages
anglais^M
English
allemand^M
German
néerlandais^M
Dutch
danois^M
Danish
suédois^M
Swedish
norvégien^M
Norwegian
islandais^M
Icelandic
yiddish^M
Yiddish
langues^F celtiques
Celtic languages
breton^M
Breton
gallois^M
Welsh
écossais^M
Scottish
irlandais^M
Irish
langues^F isolées
isolated languages
grec^M
Greek
albanais^M
Albanian
arménien^M
Armenian
langues^F slaves
Slavic languages
tchèque^M
Czech
slovaque^M
Slovak
polonais^M
Polish
russe^M
Russian
ukrainien^M
Ukrainian
bulgare^M
Bulgarian
slovène^M
Slovene
serbo-croate^M
Serbo-Croatian
langues^F indo-iraniennes
Indo-Iranian languages
persan^M
Persian
ourdou^M
Urdu
hindi^M
Hindi
langues^F amérindiennes
Amerindian languages
inuktitut^M
Inuktitut
cri^M
Cree
montagnais^M
Montagnais
navaho^M
Navajo
nahuatl^M
Nahuatl
maya^M
Maya
quechua^M
Quechua
aymara^M
Aymara
guarani^M
Guarani
langues^F ouralo-altaïques
Ural-Altaic languages
japonais^M
Japanese
coréen^M
Korean
mongol^M
Mongolian
turc^M
Turkish
langues^F malayo-polynésiennes
Malayo-Polynesian languages
indonésien^M
Indonesian
tagalog^M
Tagalog
malgache^M
Malagasy
samoan^M
Samoan
tahitien^M
Tahitian
hawaïen^M
Hawaiian
maori^M
Maori
langues^F d'Océanie^F
Oceanian languages
mélanésien^M
Melanesian
langues^F papoues
Papuan languages
langues^F aborigènes d'Australie^F
Australian aboriginal languages

instruments^M d'écriture^F

writing instruments

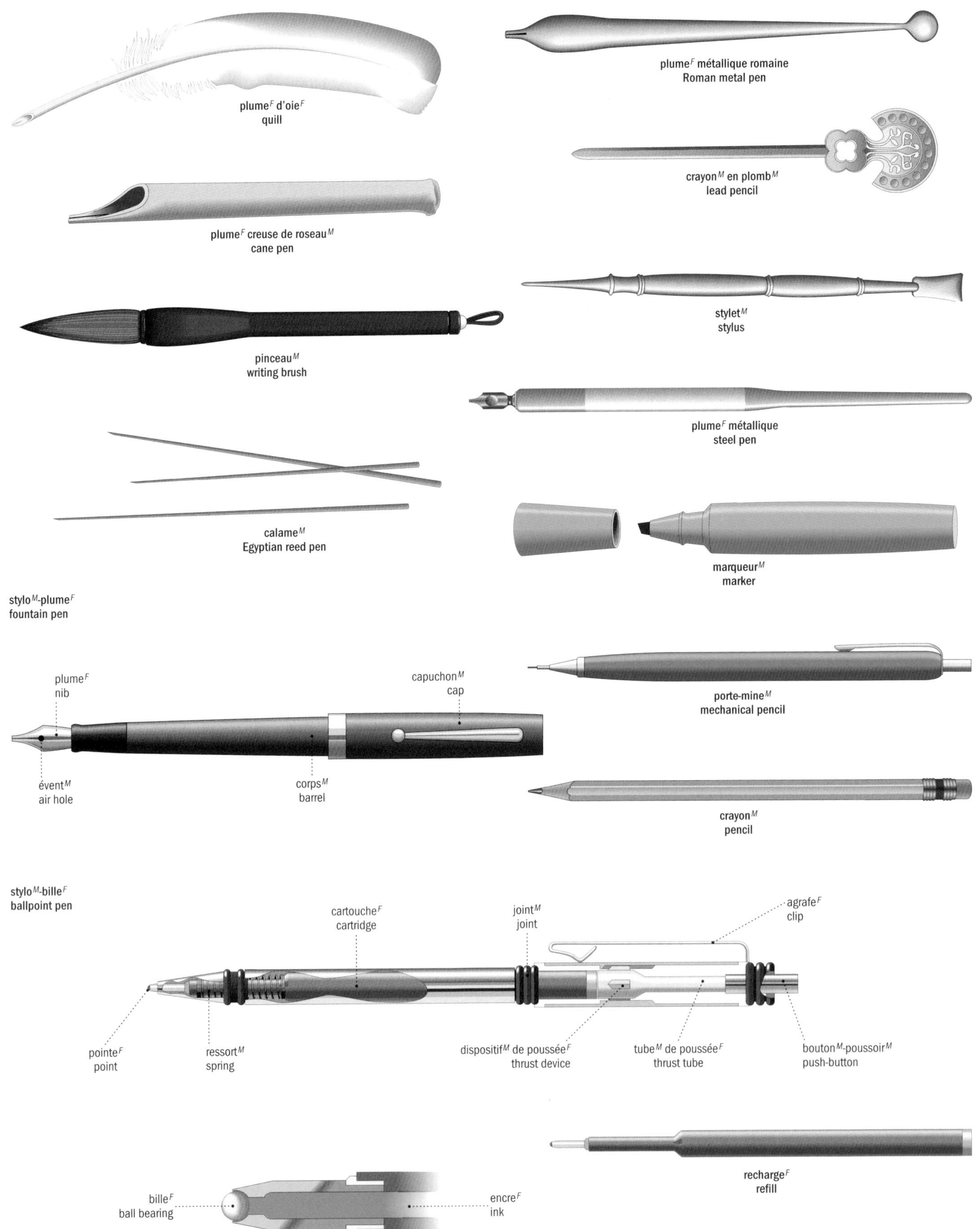
plume^F d'oie^F
quill
plume^F métallique romaine
Roman metal pen
crayon^M en plomb^M
lead pencil
plume^F creuse de roseau^M
cane pen
stylet^M
stylus
pinceau^M
writing brush
plume^F métallique
steel pen
calame^M
Egyptian reed pen
marqueur^M
marker
stylo^M-plume^F
fountain pen
plume^F
nib
capuchon^M
cap
évent^M
air hole
corps^M
barrel
porte-mine^M
mechanical pencil
crayon^M
pencil
stylo^M-bille^F
ballpoint pen
cartouche^F
cartridge
joint^M
joint
agrafe^F
clip
pointe^F
point
ressort^M
spring
dispositif^M de poussée^F
thrust device
tube^M de poussée^F
thrust tube
bouton^M-poussoir^M
push-button
recharge^F
refill
bille^F
ball bearing
encre^F
ink

journal[M]

newspaper

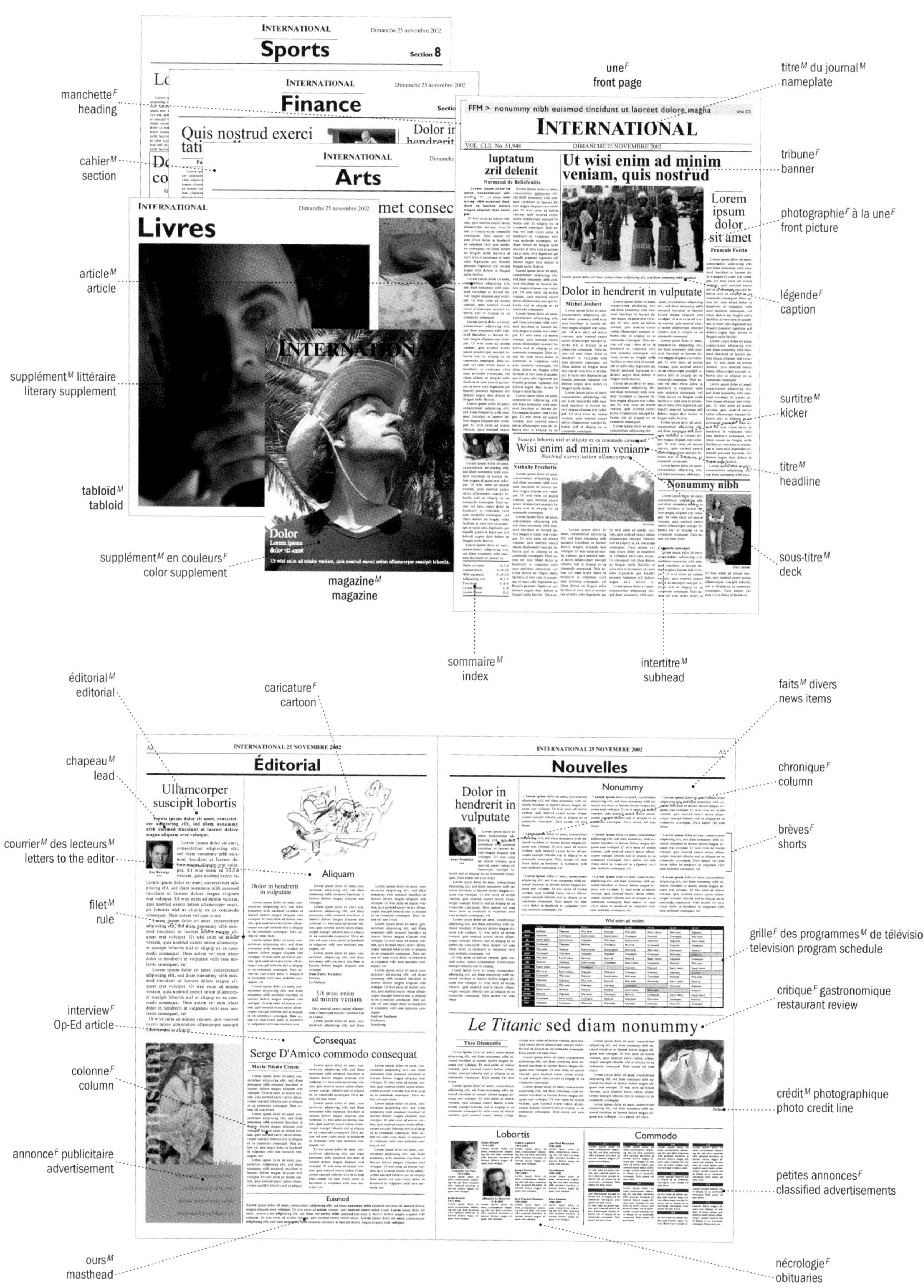

une[F]
front page
titre[M] du journal[M]
nameplate
manchette[F]
heading
cahier[M]
section
tribune[F]
banner
photographie[F] à la une[F]
front picture
article[M]
article
légende[F]
caption
supplément[M] littéraire
literary supplement
surtitre[M]
kicker
titre[M]
headline
tabloïd[M]
tabloid
supplément[M] en couleurs[F]
color supplement
magazine[M]
magazine
sous-titre[M]
deck
sommaire[M]
index
intertitre[M]
subhead
éditorial[M]
editorial
caricature[F]
cartoon
faits[M] divers
news items
chapeau[M]
lead
chronique[F]
column
courrier[M] des lecteurs[M]
letters to the editor
brèves[F]
shorts
filet[M]
rule
grille[F] des programmes[M] de télévision[F]
television program schedule
interview[F]
Op-Ed article
critique[F] gastronomique
restaurant review
colonne[F]
column
crédit[M] photographique
photo credit line
annonce[F] publicitaire
advertisement
petites annonces[F]
classified advertisements
ours[M]
masthead
nécrologie[F]
obituaries

typographie[F]

typography

caractères[M] d'une police[F]
characters of a font

caractère[M] sans empattement[M]
sans serif type

abcdefghijklmnopqrstuvwxyz 0123456789

lettres[F]
letters

chiffres[M]
figures

caractère[M] avec empattements[M]
serif type

abcdefghijklmnopqrstuvwxyz 0123456789

forme[F] des caractères[M]
shape of characters

ABCDEF
capitale[F]
uppercase

ABCDEF
petite capitale[F]
small capital

abcdef
bas[M] de casse[F]
lowercase

abcdef
italique[M]
italic

graisse[F]
weight

a
extra-maigre
extra-light

a
maigre
light

a
normal
medium

a
demi-gras
semi-bold

a
gras
bold

a
noir
black

a
extra-gras
extra-bold

chasse[F]
set width

a
serré
condensed

a
étroit
narrow

a
normal
normal

a
large
wide

a
étendu
extended

interlignage[M]
leading

Lorem ipsum dolor sit
amet, consectetuer
adipiscing elit, sed

interligne[M] simple
simple spacing

Lorem ipsum dolor sit
amet, consectetuer
adipiscing elit, sed

interligne[M] 1,5
1.5 spacing

Lorem ipsum dolor sit
amet, consectetuer
adipiscing elit, sed

interligne[M] double
double spacing

position[F] d'un caractère[M]
position of a character

H_2SO_4

indice[M]
inferior

exposant[M]
superior

signes^M diacritiques

diacritic symbols

accent^M grave
grave accent

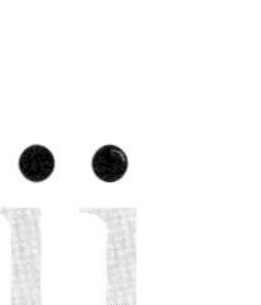

tréma^M
umlaut

accent^M aigu
acute accent

cédille^F
cedilla

tilde^M
tilde

accent^M circonflexe
circumflex accent

symboles^M divers

miscellaneous symbols

marque^F déposée
registered trademark

copyright^M
copyright

esperluette^F
ampersand

apostrophe^F
apostrophe

signes^M de ponctuation^F

punctuation marks

point^M
period

point^M-virgule^F
semicolon

virgule^F
comma

points^M de suspension^F
ellipses

deux-points^M
colon

astérisque^M
asterisk

tiret^M
dash

parenthèses^F
parentheses

crochets^M
square brackets

barre^F oblique
virgule

point^M d'exclamation^F
exclamation point

point^M d'interrogation^F
question mark

guillemets^M
single quotation marks

guillemets^M
quotation marks

guillemets^M
quotation marks (French)

réseau[M] public postal

public postal network

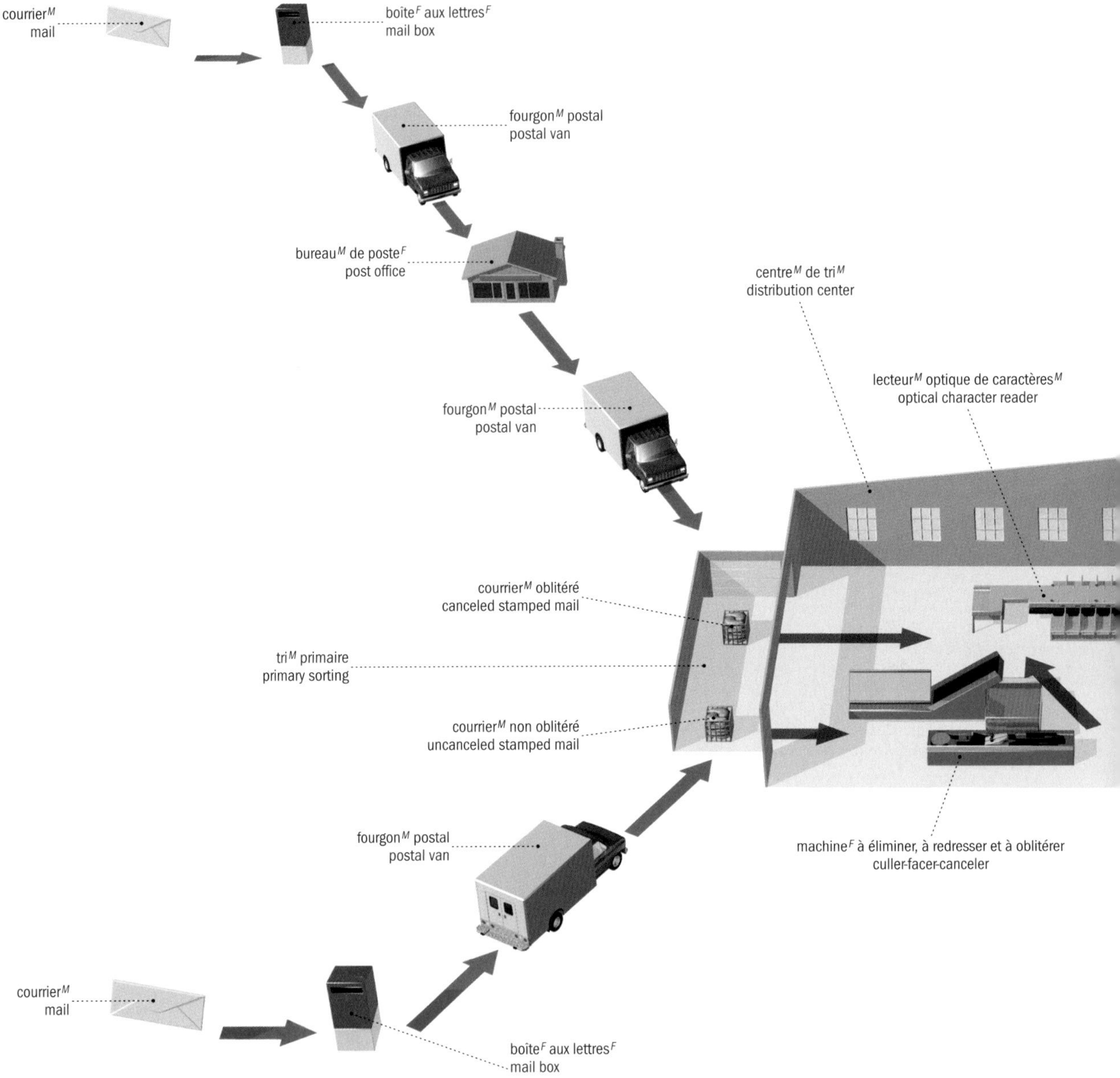

courrier[M]
mail

boîte[F] aux lettres[F]
mail box

fourgon[M] postal
postal van

bureau[M] de poste[F]
post office

centre[M] de tri[M]
distribution center

lecteur[M] optique de caractères[M]
optical character reader

fourgon[M] postal
postal van

courrier[M] oblitéré
canceled stamped mail

tri[M] primaire
primary sorting

courrier[M] non oblitéré
uncanceled stamped mail

machine[F] à éliminer, à redresser et à oblitérer
culler-facer-canceler

fourgon[M] postal
postal van

courrier[M]
mail

boîte[F] aux lettres[F]
mail box

courrier[M]
mail

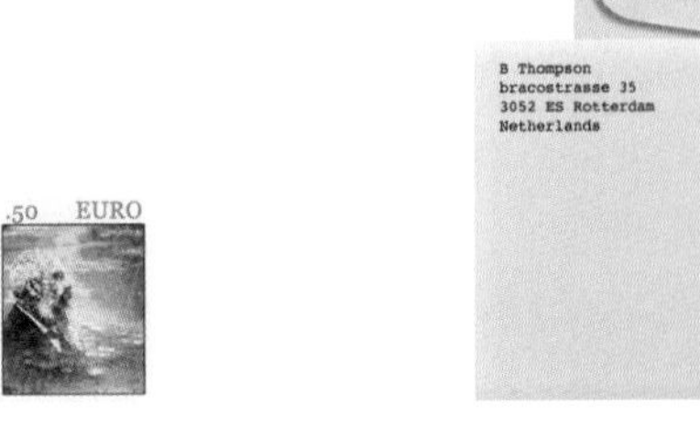
.50 EURO

timbre[M]-poste[F]
postage stamp

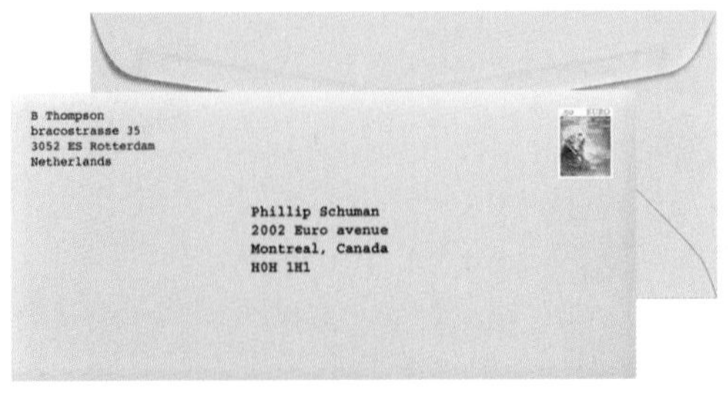
B Thompson
bracostrasse 35
3052 ES Rotterdam
Netherlands
Phillip Schuman
2002 Euro avenue
Montreal, Canada
H0H 1H1

lettre[F]
letter

carte[F] postale
postcard

réseau^{M} public postal

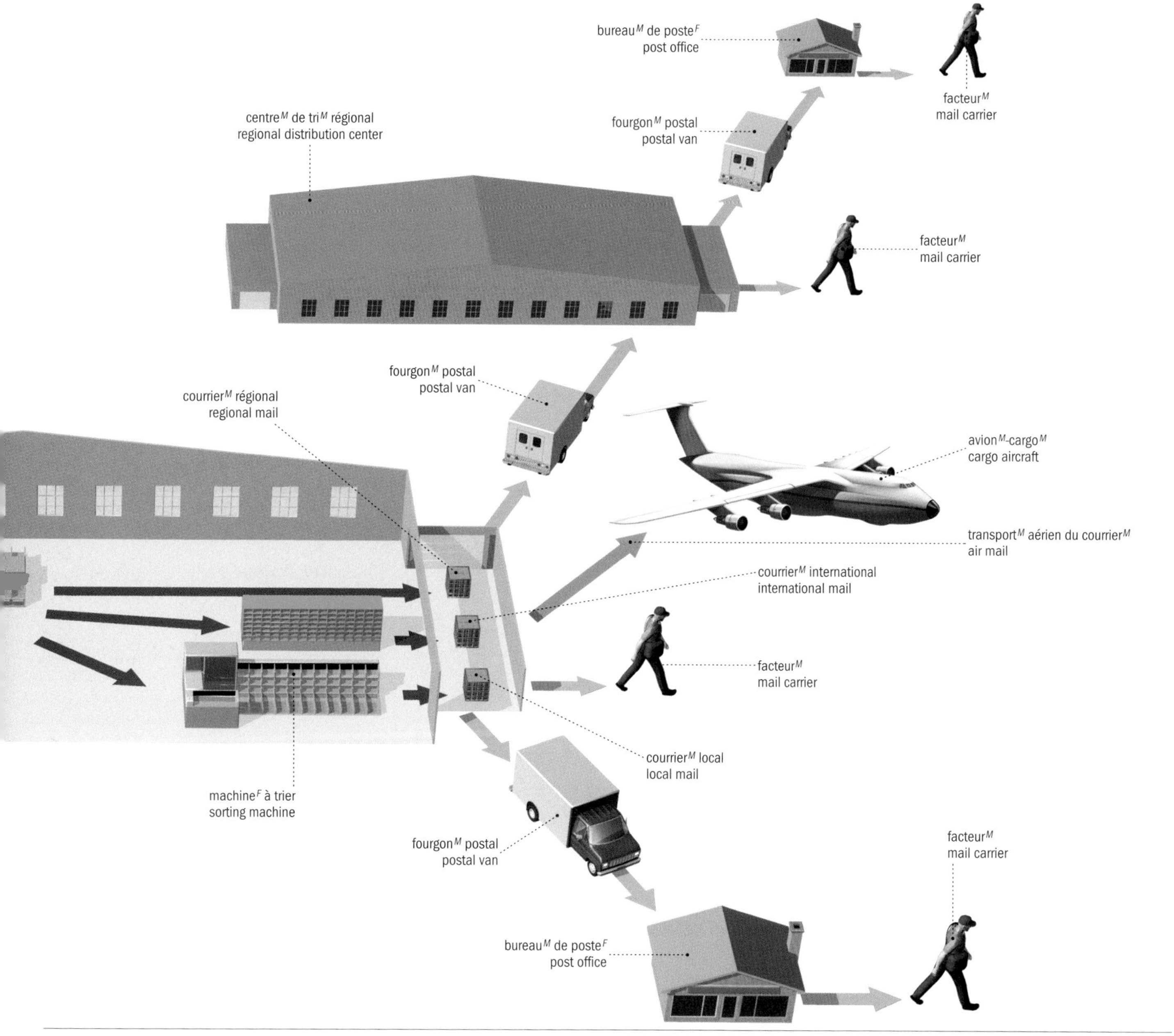

bureau^{M} de poste^{F}
post office

facteur^{M}
mail carrier

centre^{M} de tri^{M} régional
regional distribution center

fourgon^{M} postal
postal van

facteur^{M}
mail carrier

fourgon^{M} postal
postal van

courrier^{M} régional
regional mail

avion^{M}-cargo^{M}
cargo aircraft

transport^{M} aérien du courrier^{M}
air mail

courrier^{M} international
international mail

facteur^{M}
mail carrier

courrier^{M} local
local mail

machine^{F} à trier
sorting machine

fourgon^{M} postal
postal van

facteur^{M}
mail carrier

bureau^{M} de poste^{F}
post office

POSTES POST
1002002
(BULK)
Phillip Schuman
2002 Euro avenue
Montreal, Canada
H0H 1H1

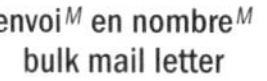

envoi^{M} en nombre^{M}
bulk mail letter

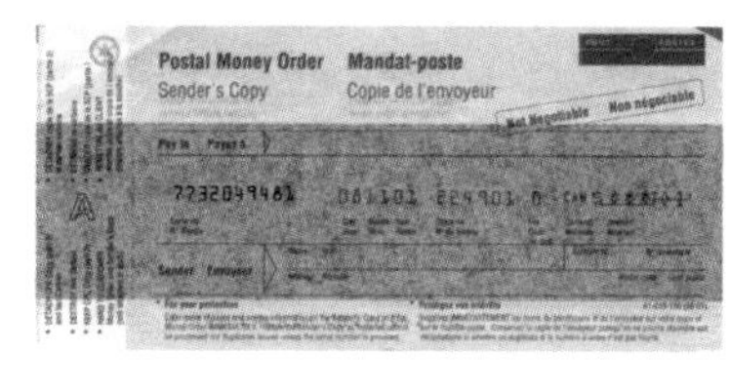
Postal Money Order
Mandat-poste
Sender's Copy
Copie de l'envoyeur

mandat^{M}-poste^{F}
postal order

colis^{M} postal
postal parcel

photographie^F

photography

appareil^M à visée^F reflex mono-objectif^M : vue^F avant
single-lens reflex (SLR) camera: front view

rebobinage^M
film rewind knob
griffe^F porte-accessoires^M
accessory shoe
correction^F d'exposition^F
exposure adjustment knob
contact^M électrique
hot-shoe contact
mode^M d'entraînement^M du film^M
film advance mode
écran^M de contrôle^M
control panel
mode^M d'exposition^F
exposure mode
sélecteur^M de fonctions^F
command control dial
surimpression^F
multiple exposure mode
commutateur^M marche^F/arrêt^M
on-off switch
sensibilité^F du film^M
film speed
déclencheur^M
shutter release button
prise^F de télécommande^F
remote control terminal
témoin^M du retardateur^M
self-timer indicator
mode^M de mise^F au point^M
focus mode selector
boitier^M
camera body
déverrouillage^M de l'objectif^M
lens release button
vérification^F de la profondeur^F de champ^M
depth-of-field preview button
objectif^M
objective lens

appareil^M à visée^F reflex mono-objectif^M : dos^M
single-lens reflex (SLR) camera: camera back

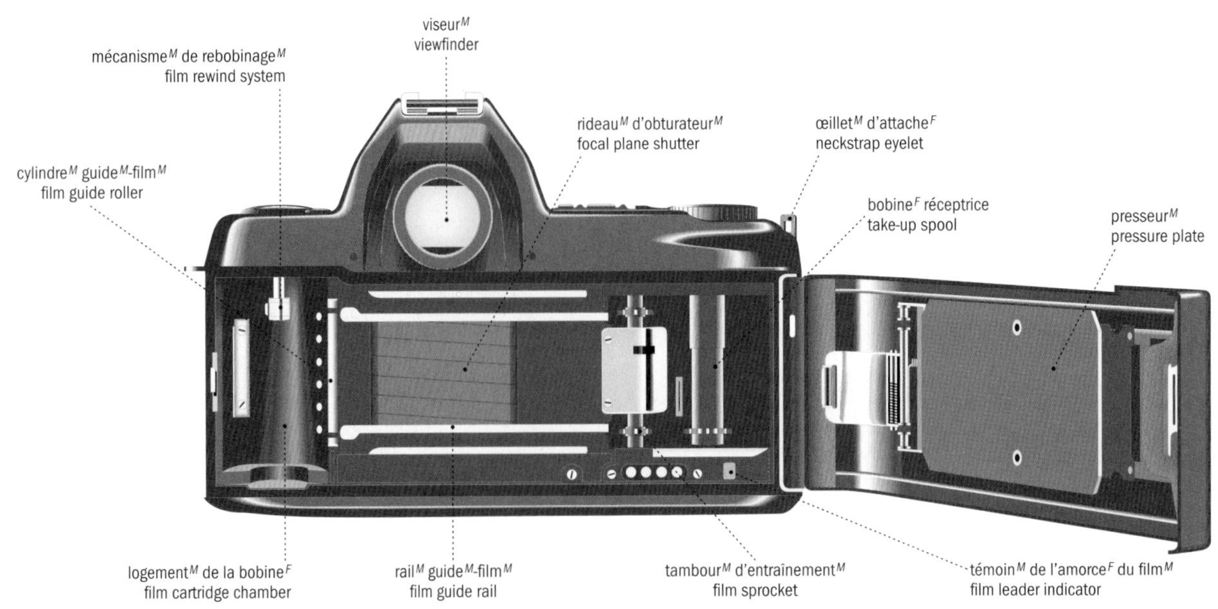
viseur^M
viewfinder
mécanisme^M de rebobinage^M
film rewind system
rideau^M d'obturateur^M
focal plane shutter
œillet^M d'attache^F
neckstrap eyelet
cylindre^M guide^M-film^M
film guide roller
bobine^F réceptrice
take-up spool
presseur^M
pressure plate
logement^M de la bobine^F
film cartridge chamber
rail^M guide^M-film^M
film guide rail
tambour^M d'entraînement^M
film sprocket
témoin^M de l'amorce^F du film^M
film leader indicator

COMMUNICATIONS ET BUREAUTIQUE

photographie[F]

coupe[F] d'un appareil[M] reflex
cross section of a reflex camera

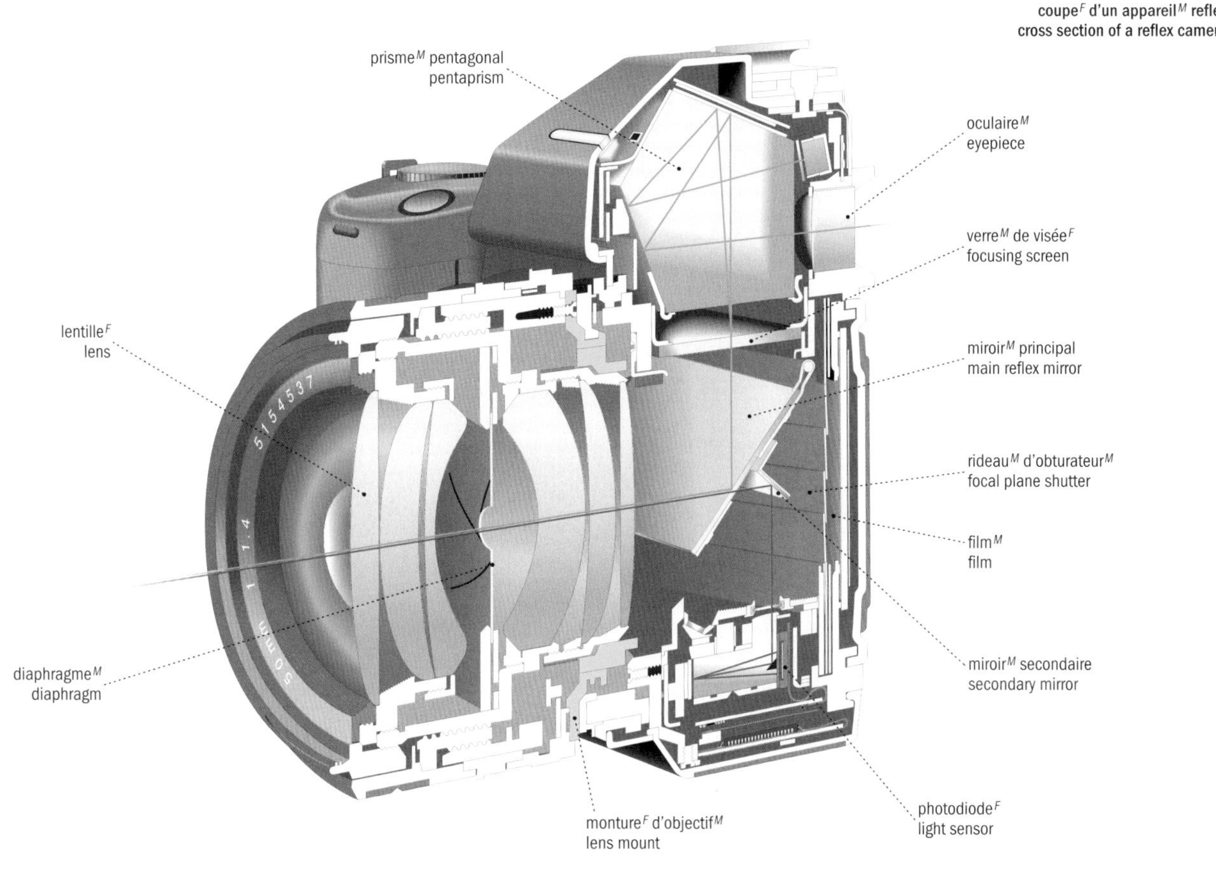
prisme[M] pentagonal
pentaprism
oculaire[M]
eyepiece
verre[M] de visée[F]
focusing screen
lentille[F]
lens
miroir[M] principal
main reflex mirror
rideau[M] d'obturateur[M]
focal plane shutter
film[M]
film
diaphragme[M]
diaphragm
miroir[M] secondaire
secondary mirror
photodiode[F]
light sensor
monture[F] d'objectif[M]
lens mount

appareil[M] à visée[F] reflex numérique : dos[M]
digital reflex camera: camera back

touche[F] de sélection[F] des menus[M]
menu button
commutateur[M] d'alimentation[F]
power switch
touche[F] d'affichage[M] des réglages[M]
settings display button
viseur[M]
viewfinder
œillet[M] d'attache[F]
strap eyelet
ON
OFF
couvercle[M]
cover
touche[F] de saut[M] d'images[F]
multi-image jump button
MENU
INFO.
JUMP
64 MB
prises[F] vidéo et numérique
video and digital terminals
touche[F] d'index[M]/agrandissement[M]
index/enlarge button
prise[F] de télécommande[F]
remote control terminal
carte[F] de mémoire[F]
compact memory card
touche[F] de visualisation[F] des images[F]
image review button
écran[M] à cristaux[M] liquides
liquid crystal display
touche[F] d'effacement[M]
erase button
sélecteur[M] quadridirectionnel
four-way selector
bouton[M] d'éjection[F]
eject button

photographie[F]

objectifs[M]
lenses

objectif[M] normal
standard lens
lentille[F]
lens
échelle[F] des distances[F]
distance scale
bague[F] de mise[F] au point[M]
focus setting ring
échelle[F] de profondeur[F] de champ[M]
depth-of-field scale
échelle[F] d'ouverture[F] de diaphragme[M]
lens aperture scale
monture[F] baïonnette[F]
bayonet mount
objectif[M] zoom[M]
zoom lens
accessoires[M] de l'objectif[M]
lens accessories
capuchon[M] d'objectif[M]
lens cap
parasoleil[M]
lens hood
filtre[M] de couleur[F]
color filter
lentille[F] de macrophotographie[F]
close-up lens
filtre[M] de polarisation[F]
polarizing filter
objectif[M]
objective lens
multiplicateur[M] de focale[F]
tele-converter
objectif[M] grand-angulaire
wide-angle lens
objectif[M] macro
macro lens
téléobjectif[M]
telephoto lens
hypergone[M]
fisheye lens
objectif[M] super-grand-angle[M]
semi-fisheye lens

posemètre^M photoélectrique
exposure meter

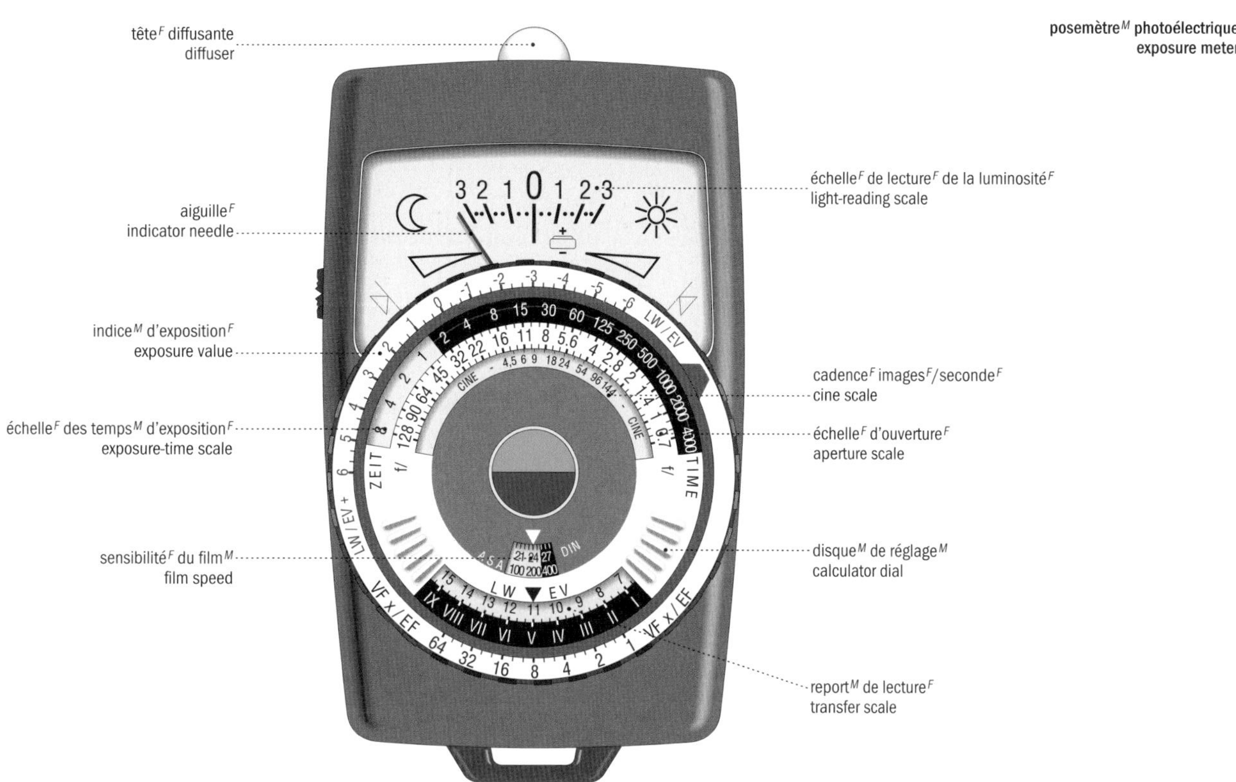
tête^F diffusante
diffuser
aiguille^F
indicator needle
indice^M d'exposition^F
exposure value
échelle^F des temps^M d'exposition^F
exposure-time scale
sensibilité^F du film^M
film speed
échelle^F de lecture^F de la luminosité^F
light-reading scale
cadence^F images^F/seconde^F
cine scale
échelle^F d'ouverture^F
aperture scale
disque^M de réglage^M
calculator dial
report^M de lecture^F
transfer scale

posemètre^M à visée^F reflex
spotmeter

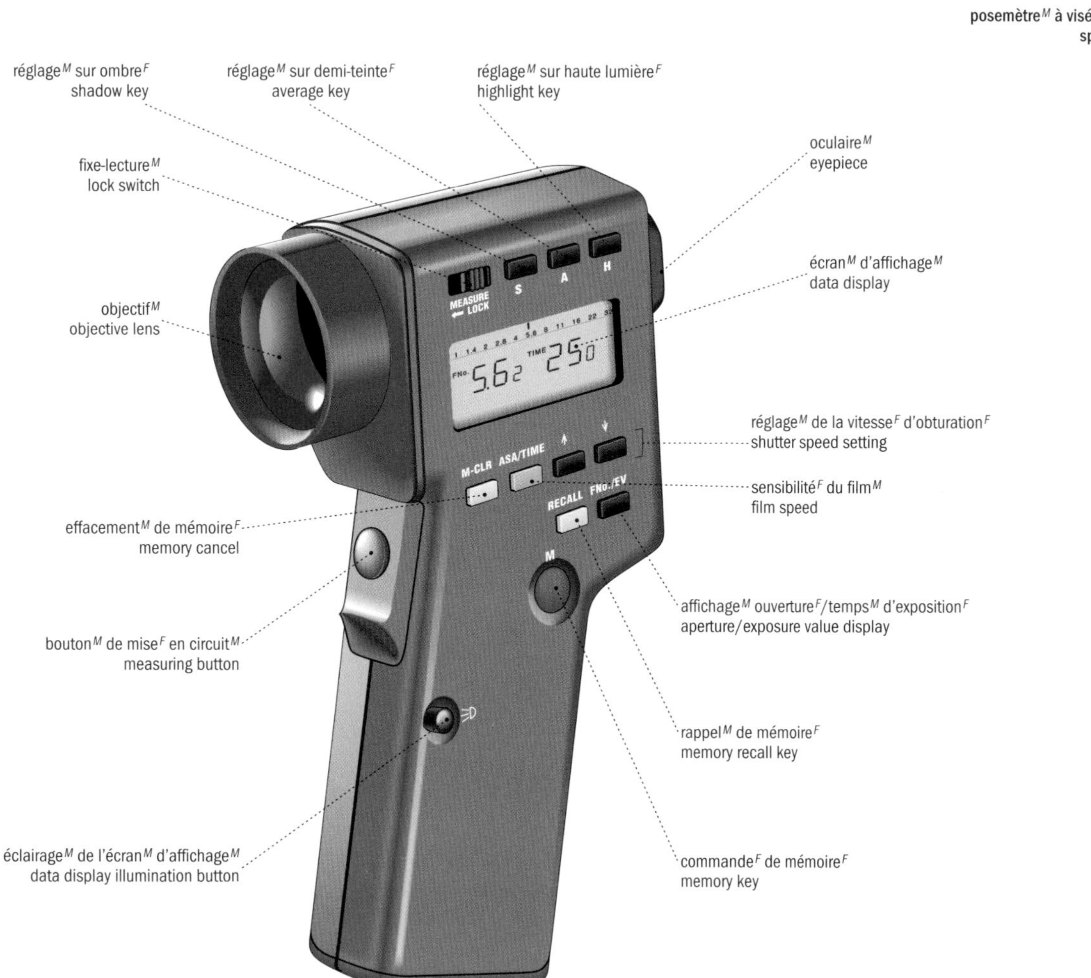
réglage^M sur ombre^F
shadow key
réglage^M sur demi-teinte^F
average key
réglage^M sur haute lumière^F
highlight key
fixe-lecture^M
lock switch
objectif^M
objective lens
oculaire^M
eyepiece
écran^M d'affichage^M
data display
réglage^M de la vitesse^F d'obturation^F
shutter speed setting
sensibilité^F du film^M
film speed
effacement^M de mémoire^F
memory cancel
bouton^M de mise^F en circuit^M
measuring button
affichage^M ouverture^F/temps^M d'exposition^F
aperture/exposure value display
rappel^M de mémoire^F
memory recall key
éclairage^M de l'écran^M d'affichage^M
data display illumination button
commande^F de mémoire^F
memory key

photographie^F

appareils^M photographiques
still cameras

appareil^M à télémètre^M couplé
rangefinder

Polaroid®^M
Polaroid® camera

appareil^M de plongée^F
underwater camera

appareil^M à visée^F reflex mono-objectif^M
single-lens reflex (SLR) camera

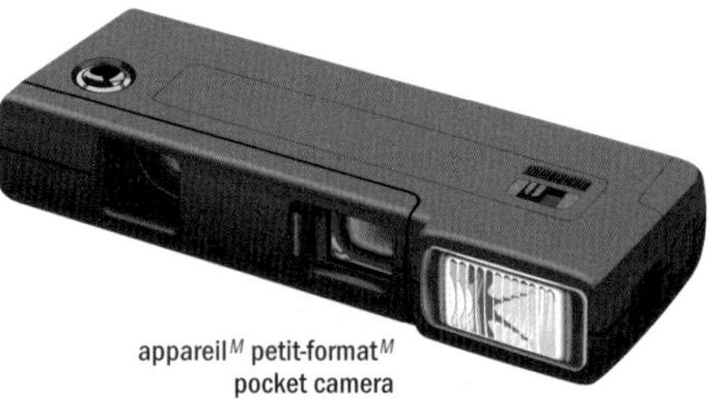

appareil^M petit-format^M
pocket camera

FLASH
BUTTON

appareil^M jetable
disposable camera

appareil^M reflex à deux objectifs^M
twin-lens reflex camera

chambre^F photographique
view camera

2.8/80

appareil[M] reflex 6 X 6 mono-objectif[M]
medium format SLR (6 x 6)

appareil[M] stéréoscopique
stereo camera

appareil[M] numérique
digital camera

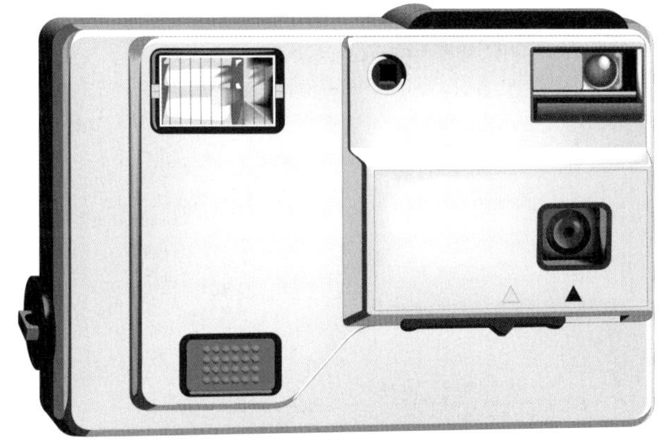

appareil[M] pour photodisque[M]
disk camera

pellicules[F] et stockage[M] numérique
film and digital storage

120

rouleau[M] de pellicule[F]
roll film

pellicule[F] en feuille[F]
sheet film

film[M]-pack[M]
film pack

64 ......MB

carte[F] de mémoire[F] flash compacte
compact flash memory card

film[M]-disque[M]
film disk

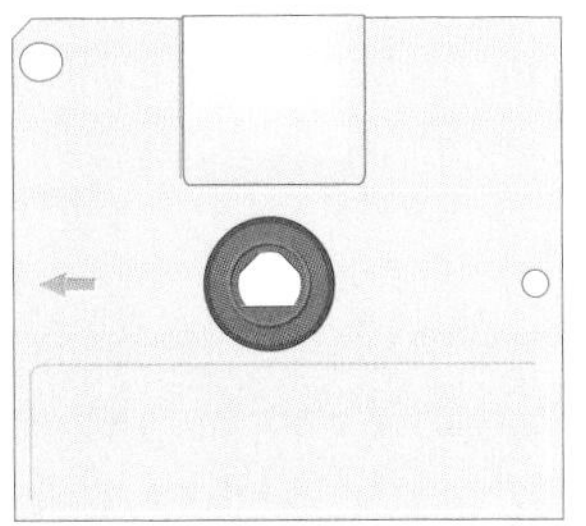

disque[M] vidéophoto[F]
still video film disk

cassette[F] de pellicule[F]
cartridge film

photographie^F

accessoires^M photographiques
photographic accessories

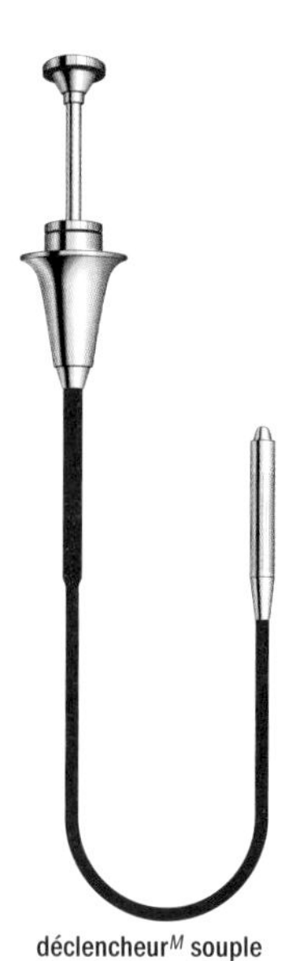

déclencheur^M souple
cable shutter release

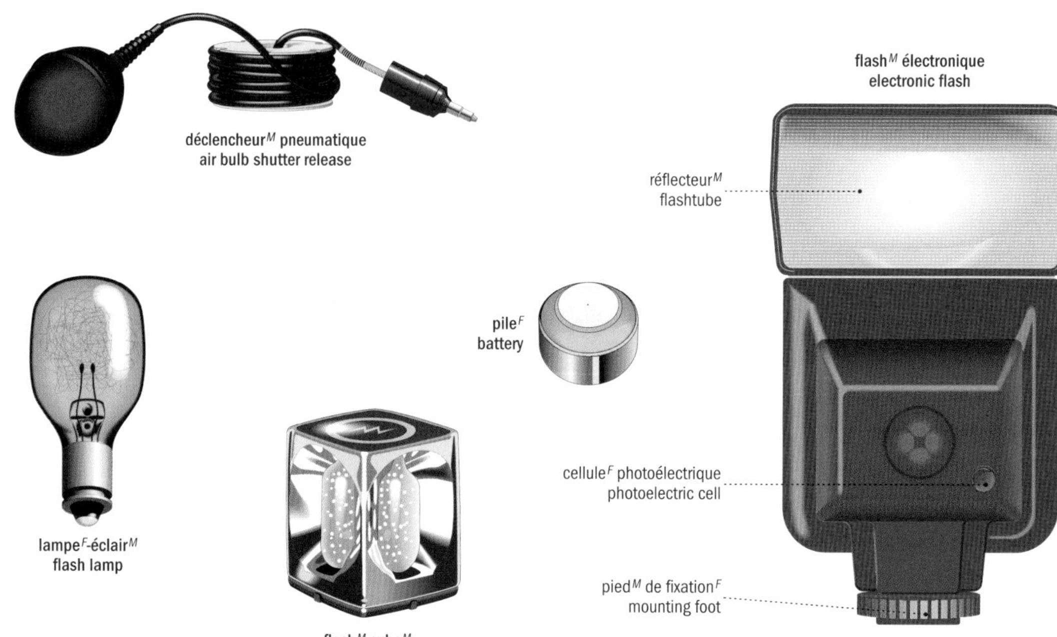
réflecteur^M
flashtube
pile^F
battery
cellule^F photoélectrique
photoelectric cell
pied^M de fixation^F
mounting foot

déclencheur^M pneumatique
air bulb shutter release

flash^M électronique
electronic flash

lampe^F-éclair^M
flash lamp

flash^M-cube^M
flashcube

trépied^M
tripod

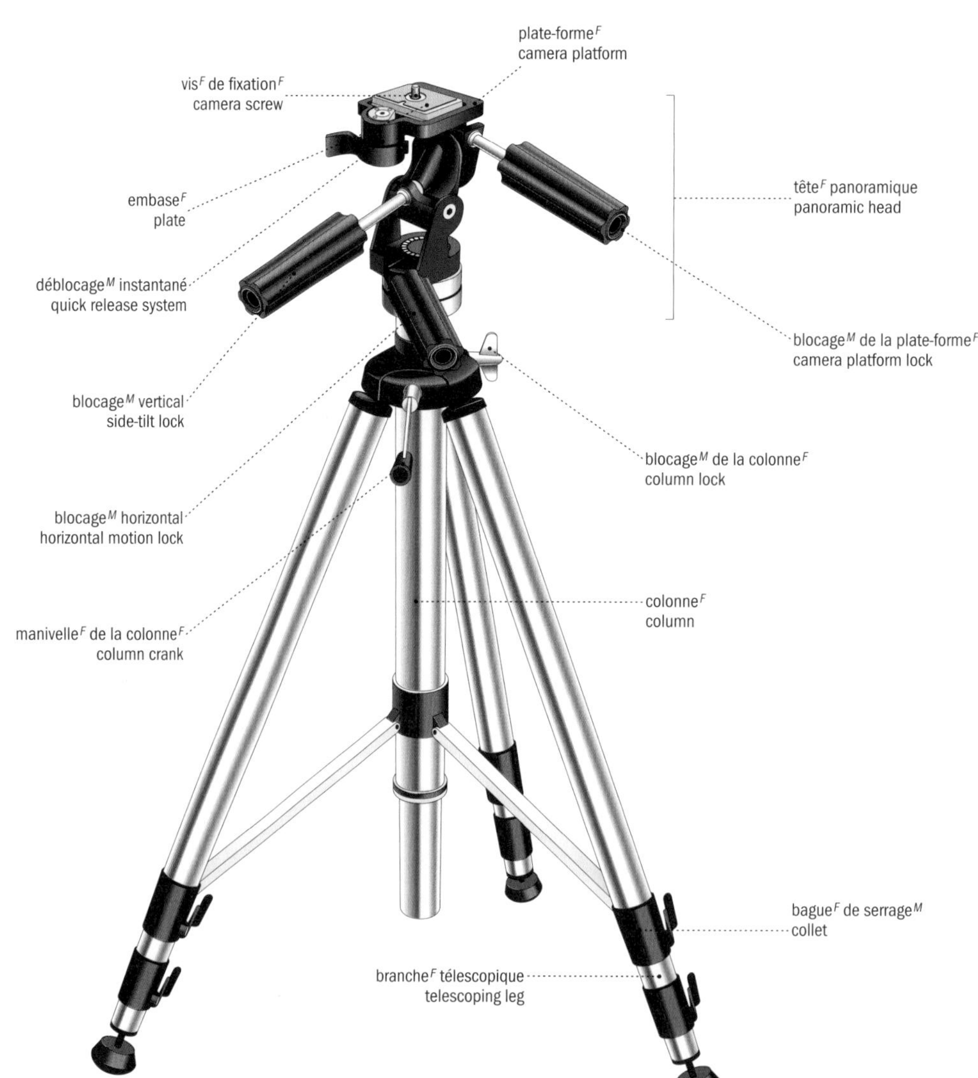
plate-forme^F
camera platform
vis^F de fixation^F
camera screw
tête^F panoramique
panoramic head
embase^F
plate
déblocage^M instantané
quick release system
blocage^M de la plate-forme^F
camera platform lock
blocage^M vertical
side-tilt lock
blocage^M de la colonne^F
column lock
blocage^M horizontal
horizontal motion lock
colonne^F
column
manivelle^F de la colonne^F
column crank
bague^F de serrage^M
collet
branche^F télescopique
telescoping leg

projecteur[M] de diapositives[F]
slide projector

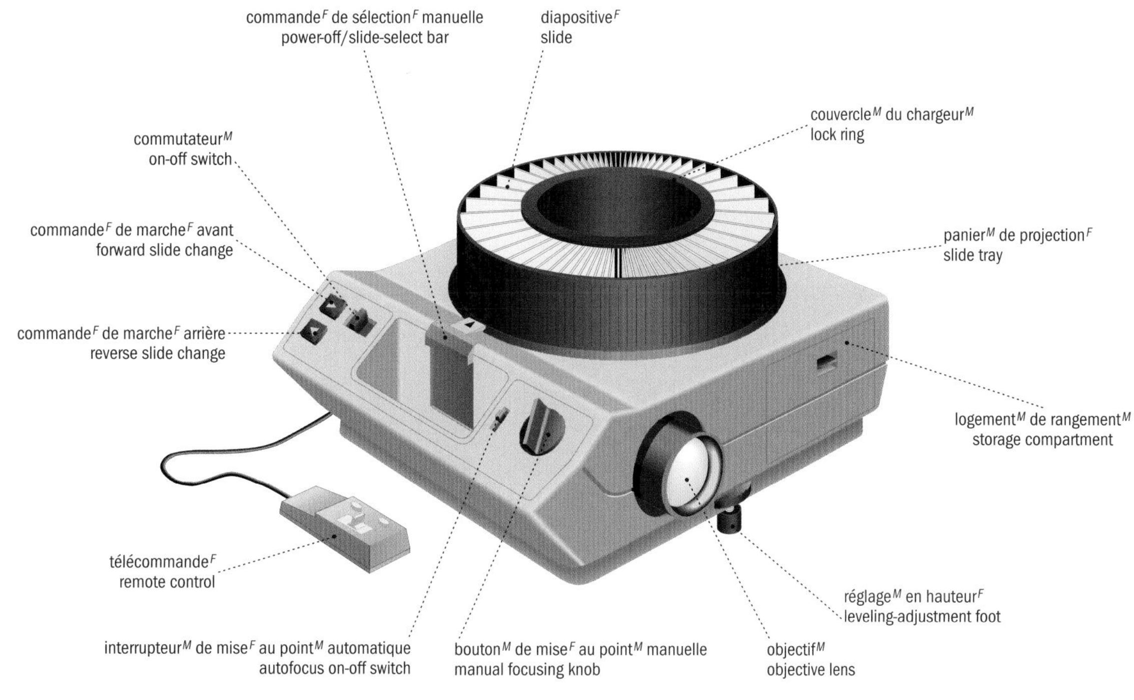
commande[F] de sélection[F] manuelle
power-off/slide-select bar
diapositive[F]
slide
couvercle[M] du chargeur[M]
lock ring
commutateur[M]
on-off switch
commande[F] de marche[F] avant
forward slide change
panier[M] de projection[F]
slide tray
commande[F] de marche[F] arrière
reverse slide change
logement[M] de rangement[M]
storage compartment
télécommande[F]
remote control
réglage[M] en hauteur[F]
leveling-adjustment foot
interrupteur[M] de mise[F] au point[M] automatique
autofocus on-off switch
bouton[M] de mise[F] au point[M] manuelle
manual focusing knob
objectif[M]
objective lens

diapositive[F]
transparency slide

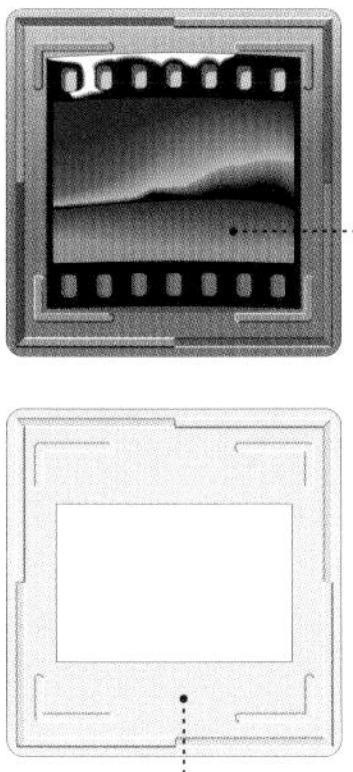

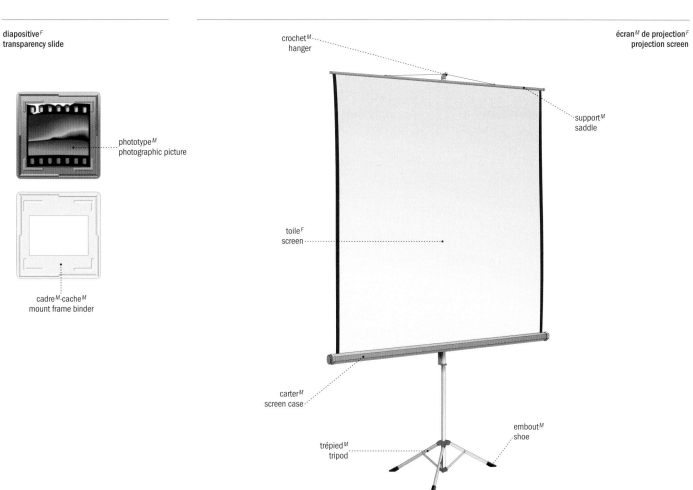

phototype[M]
photographic picture

cadre[M]-cache[M]
mount frame binder

écran[M] de projection[F]
projection screen

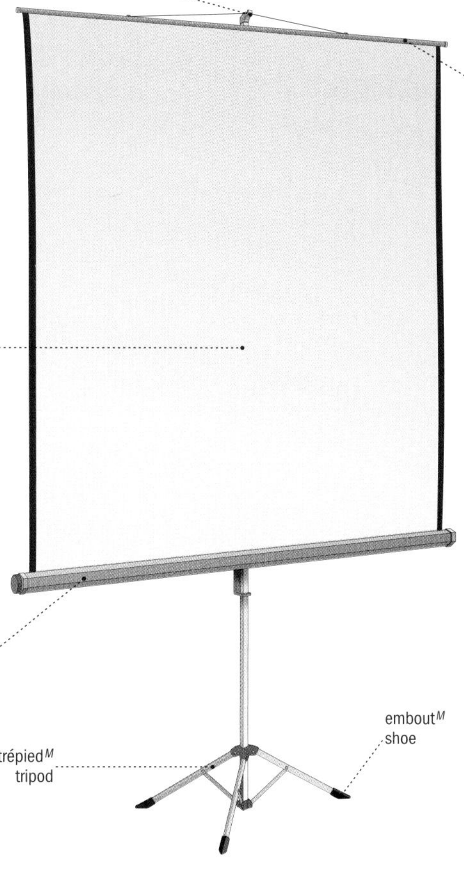

crochet[M]
hanger

support[M]
saddle

toile[F]
screen

carter[M]
screen case

embout[M]
shoe

trépied[M]
tripod

photographie[F]

chambre[F] noire
darkroom

cuve[F] de développement[M]
developing tank
capuchon[M]
cap
couvercle[M]
lid
spirale[F]
reel
cuve[F]
tank
négatoscope[M]
lightbox
minuterie[F]
timer
éclairage[M] inactinique
safelight
cisaille[F]
guillotine trimmer
armoire[F] de séchage[M]
film drying cabinet
margeur[M]
easel
châssis[M]-presse[F]
contact printer

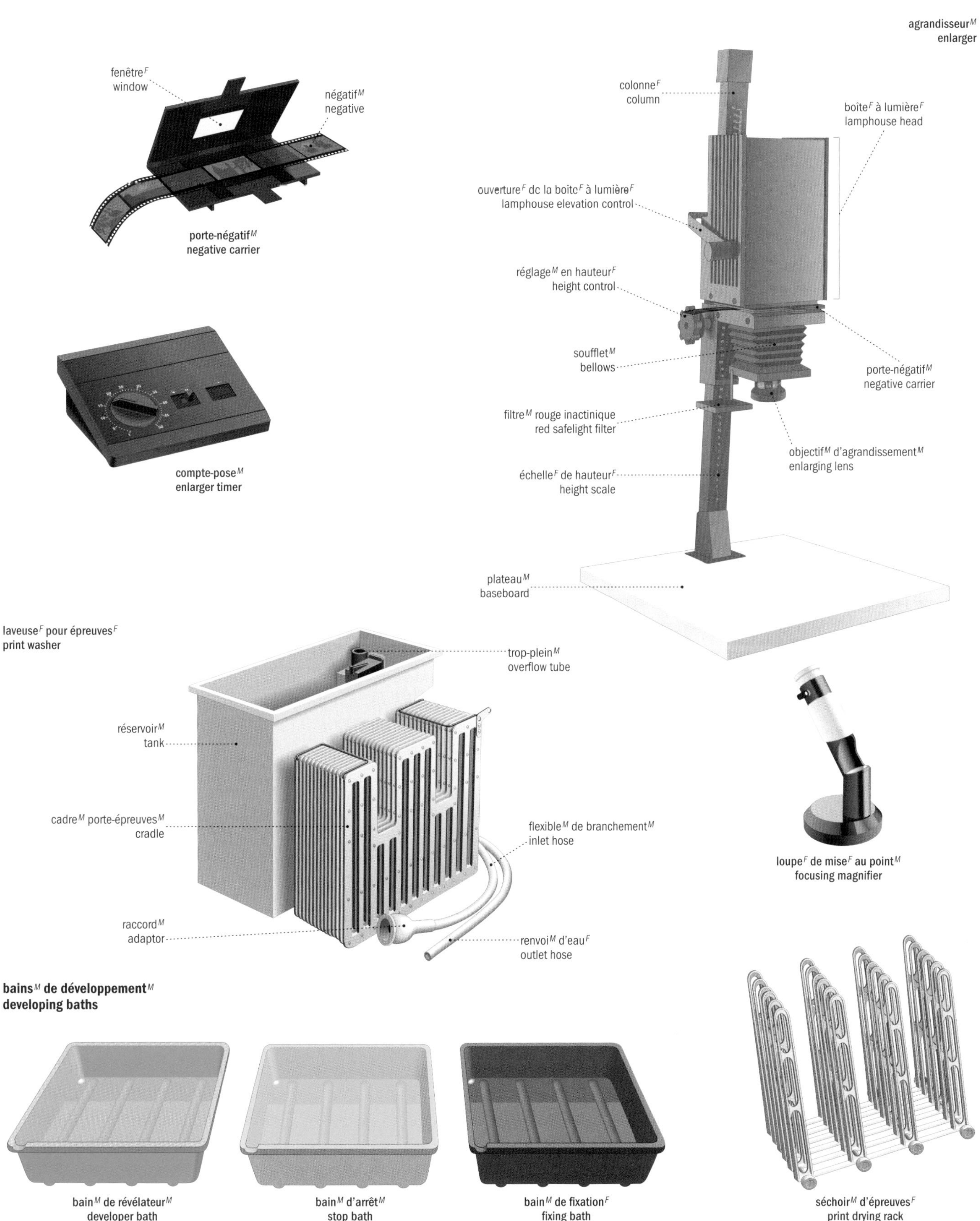
agrandisseur^M
enlarger
fenêtre^F
window
négatif^M
negative
porte-négatif^M
negative carrier
colonne^F
column
boîte^F à lumière^F
lamphouse head
ouverture^F de la boîte^F à lumière^F
lamphouse elevation control
réglage^M en hauteur^F
height control
soufflet^M
bellows
porte-négatif^M
negative carrier
filtre^M rouge inactinique
red safelight filter
objectif^M d'agrandissement^M
enlarging lens
échelle^F de hauteur^F
height scale
plateau^M
baseboard
compte-pose^M
enlarger timer
laveuse^F pour épreuves^F
print washer
trop-plein^M
overflow tube
réservoir^M
tank
cadre^M porte-épreuves^M
cradle
flexible^M de branchement^M
inlet hose
raccord^M
adaptor
renvoi^M d'eau^F
outlet hose
loupe^F de mise^F au point^M
focusing magnifier
bains^M de développement^M
developing baths
bain^M de révélateur^M
developer bath
bain^M d'arrêt^M
stop bath
bain^M de fixation^F
fixing bath
séchoir^M d'épreuves^F
print drying rack

télédiffusion[F] par satellite[M]

broadcast satellite communication

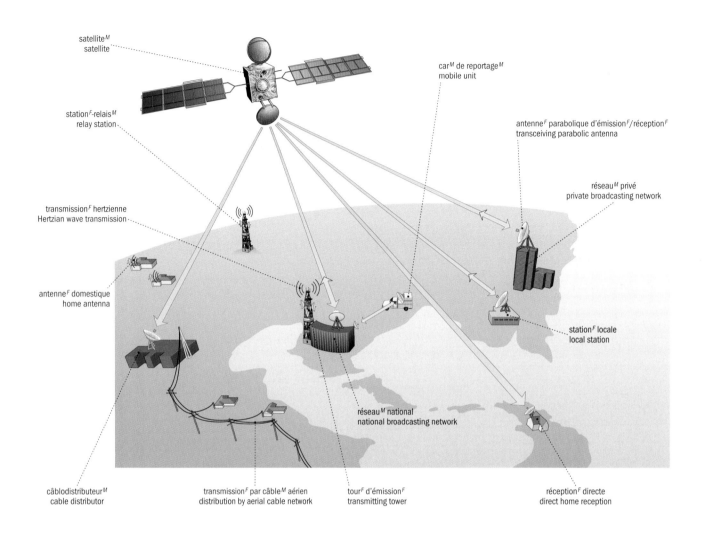

satellite[M]
satellite

station[F]-relais[M]
relay station

transmission[F] hertzienne
Hertzian wave transmission

antenne[F] domestique
home antenna

car[M] de reportage[M]
mobile unit

antenne[F] parabolique d'émission[F]/réception[F]
transceiving parabolic antenna

réseau[M] privé
private broadcasting network

station[F] locale
local station

réseau[M] national
national broadcasting network

câblodistributeur[M]
cable distributor

transmission[F] par câble[M] aérien
distribution by aerial cable network

tour[F] d'émission[F]
transmitting tower

réception[F] directe
direct home reception

satellites[M] de télécommunications[F]

telecommunication satellites

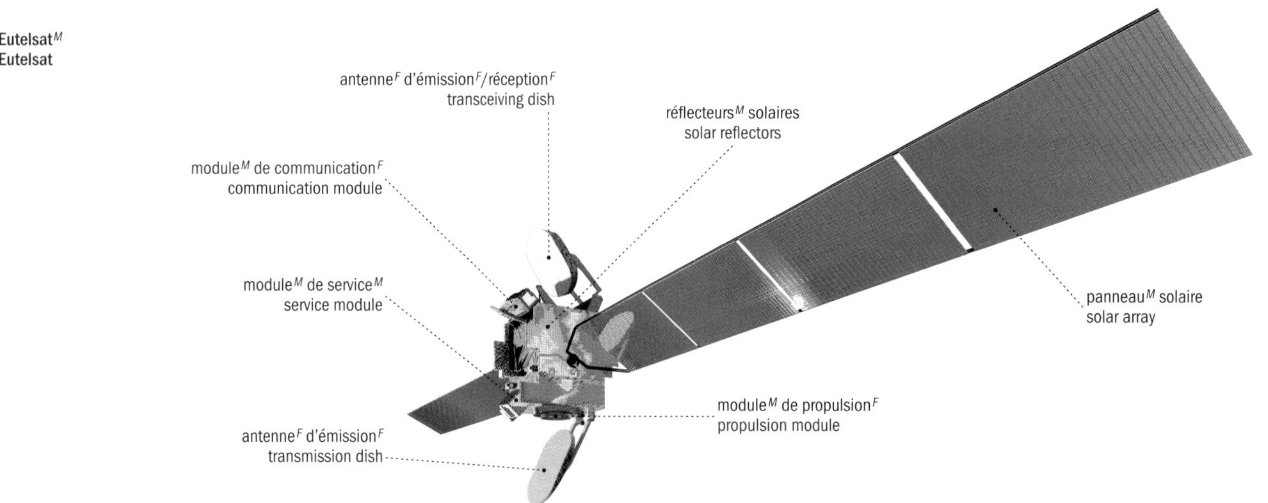
Eutelsat[M]
Eutelsat
antenne[F] d'émission[F]/réception[F]
transceiving dish
réflecteurs[M] solaires
solar reflectors
module[M] de communication[F]
communication module
module[M] de service[M]
service module
panneau[M] solaire
solar array
module[M] de propulsion[F]
propulsion module
antenne[F] d'émission[F]
transmission dish

télécommunications[F] par satellite[M]

telecommunications by satellite

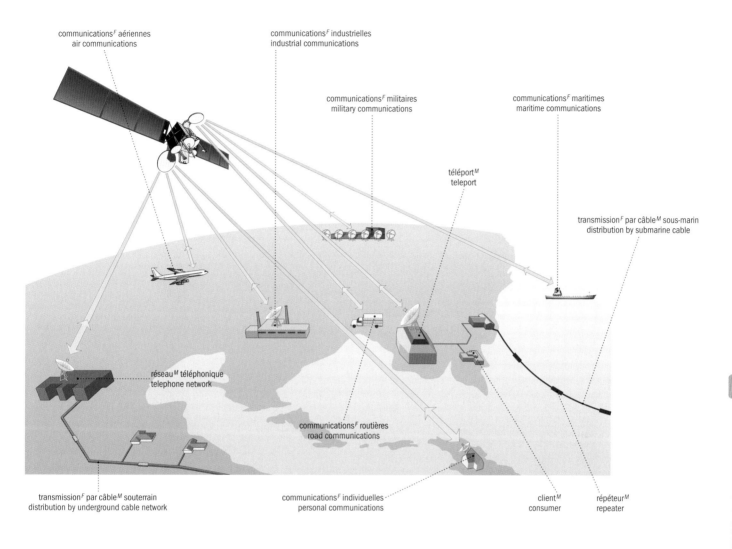

communications[F] aériennes
air communications

communications[F] industrielles
industrial communications

communications[F] militaires
military communications

communications[F] maritimes
maritime communications

téléport[M]
teleport

transmission[F] par câble[M] sous-marin
distribution by submarine cable

réseau[M] téléphonique
telephone network

communications[F] routières
road communications

transmission[F] par câble[M] souterrain
distribution by underground cable network

communications[F] individuelles
personal communications

client[M]
consumer

répéteur[M]
repeater

satellites[M] de télécommunications[F]

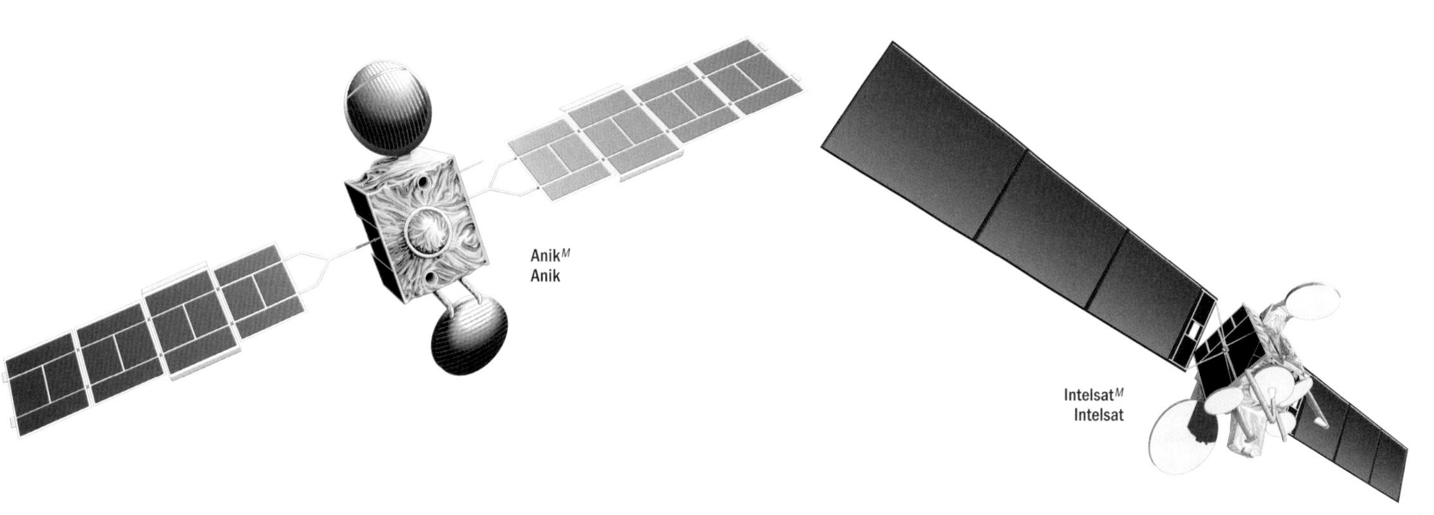
Anik[M]
Anik
Intelsat[M]
Intelsat

microphone[M] dynamique

dynamic microphone

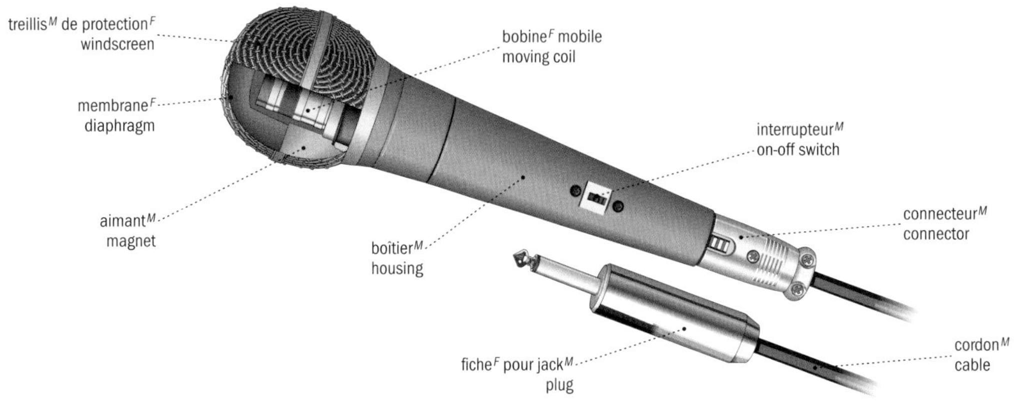
treillis[M] de protection[F]
windscreen
membrane[F]
diaphragm
aimant[M]
magnet
bobine[F] mobile
moving coil
boîtier[M]
housing
interrupteur[M]
on-off switch
connecteur[M]
connector
fiche[F] pour jack[M]
plug
cordon[M]
cable

radio[F] : studio[M] et régie[F]

radio: studio and control room

haut-parleur[M] de contrôle[M]
audio monitor

voyant[M] de mise[F] en ondes[F]
on-air warning light

vumètres[M]
volume unit meters

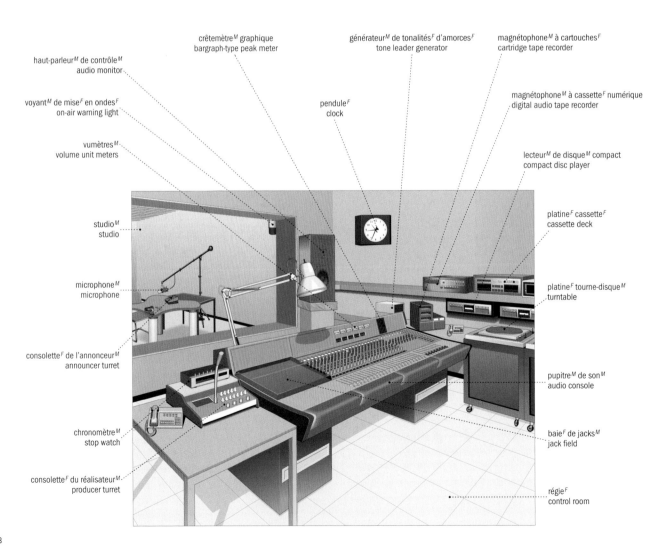

crêtemètre[M] graphique
bargraph-type peak meter

pendule[F]
clock

générateur[M] de tonalités[F] d'amorces[F]
tone leader generator

magnétophone[M] à cartouches[F]
cartridge tape recorder

magnétophone[M] à cassette[F] numérique
digital audio tape recorder

lecteur[M] de disque[M] compact
compact disc player

platine[F] cassette[F]
cassette deck

platine[F] tourne-disque[M]
turntable

studio[M]
studio

microphone[M]
microphone

consolette[F] de l'annonceur[M]
announcer turret

chronomètre[M]
stop watch

consolette[F] du réalisateur[M]
producer turret

pupitre[M] de son[M]
audio console

baie[F] de jacks[M]
jack field

régie[F]
control room

télévision[F]

television

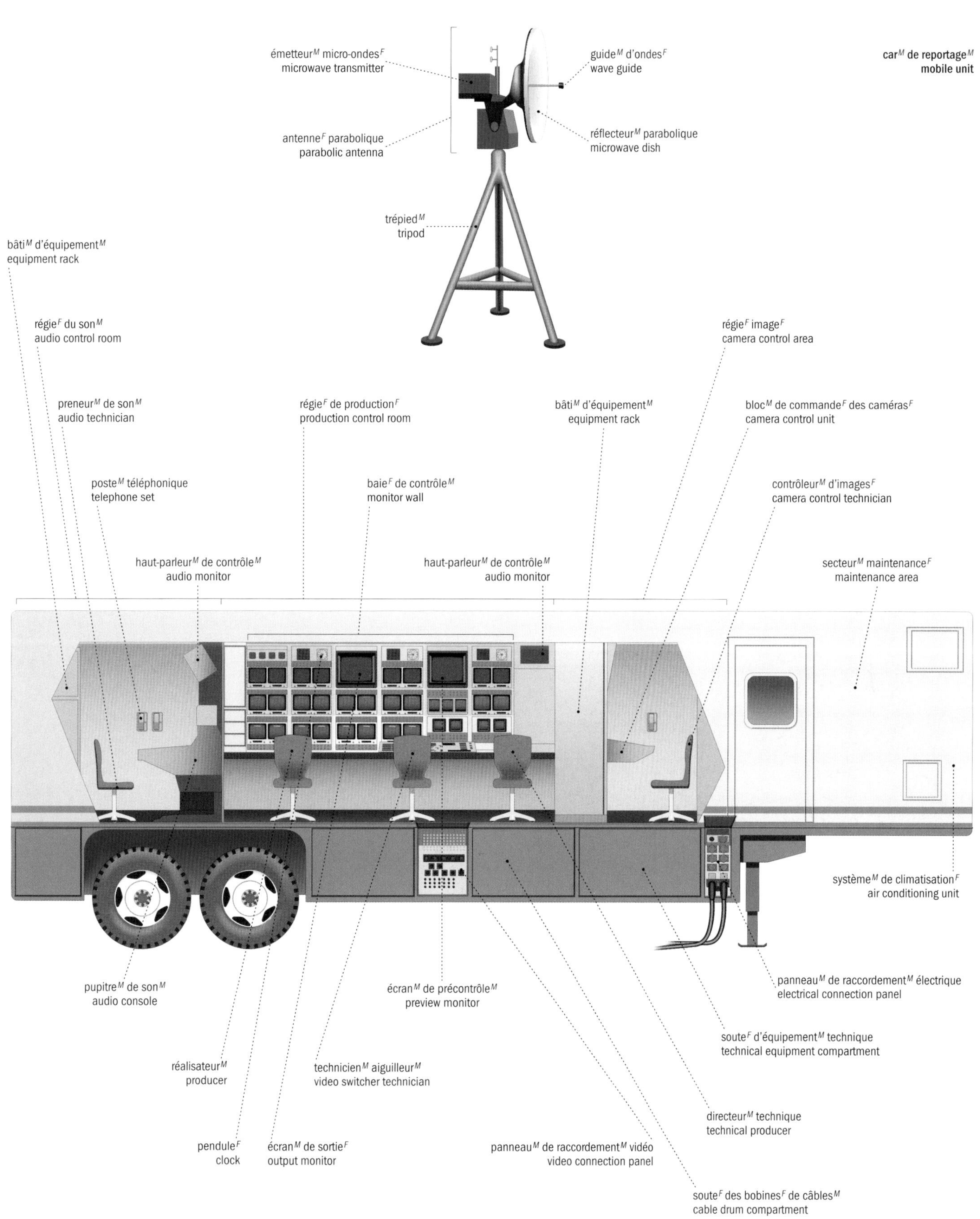
car[M] de reportage[M]
mobile unit
émetteur[M] micro-ondes[F]
microwave transmitter
guide[M] d'ondes[F]
wave guide
antenne[F] parabolique
parabolic antenna
réflecteur[M] parabolique
microwave dish
trépied[M]
tripod
bâti[M] d'équipement[M]
equipment rack
régie[F] du son[M]
audio control room
régie[F] image[F]
camera control area
preneur[M] de son[M]
audio technician
régie[F] de production[F]
production control room
bâti[M] d'équipement[M]
equipment rack
bloc[M] de commande[F] des caméras[F]
camera control unit
poste[M] téléphonique
telephone set
baie[F] de contrôle[M]
monitor wall
contrôleur[M] d'images[F]
camera control technician
haut-parleur[M] de contrôle[M]
audio monitor
haut-parleur[M] de contrôle[M]
audio monitor
secteur[M] maintenance[F]
maintenance area
système[M] de climatisation[F]
air conditioning unit
pupitre[M] de son[M]
audio console
écran[M] de précontrôle[M]
preview monitor
panneau[M] de raccordement[M] électrique
electrical connection panel
soute[F] d'équipement[M] technique
technical equipment compartment
réalisateur[M]
producer
technicien[M] aiguilleur[M]
video switcher technician
directeur[M] technique
technical producer
pendule[F]
clock
écran[M] de sortie[F]
output monitor
panneau[M] de raccordement[M] vidéo
video connection panel
soute[F] des bobines[F] de câbles[M]
cable drum compartment

COMMUNICATIONS ET BUREAUTIQUE

télévision^F

plateau^M et régies^F
studio and control rooms

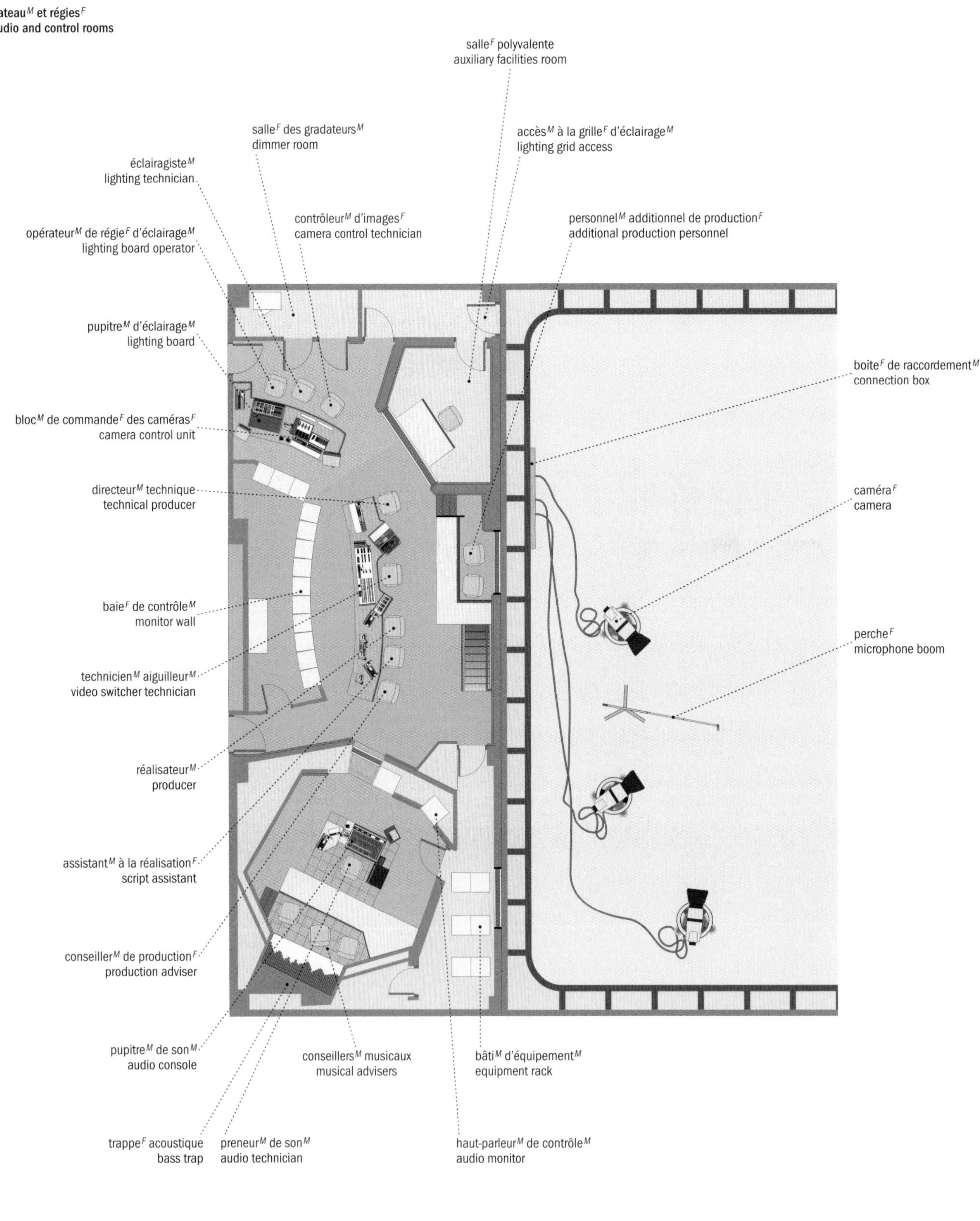

salle^F polyvalente
auxiliary facilities room
salle^F des gradateurs^M
dimmer room
accès^M à la grille^F d'éclairage^M
lighting grid access
éclairagiste^M
lighting technician
contrôleur^M d'images^F
camera control technician
personnel^M additionnel de production^F
additional production personnel
opérateur^M de régie^F d'éclairage^M
lighting board operator
pupitre^M d'éclairage^M
lighting board
boîte^F de raccordement^M
connection box
bloc^M de commande^F des caméras^F
camera control unit
directeur^M technique
technical producer
caméra^F
camera
baie^F de contrôle^M
monitor wall
perche^F
microphone boom
technicien^M aiguilleur^M
video switcher technician
réalisateur^M
producer
assistant^M à la réalisation^F
script assistant
conseiller^M de production^F
production adviser
pupitre^M de son^M
audio console
conseillers^M musicaux
musical advisers
bâti^M d'équipement^M
equipment rack
trappe^F acoustique
bass trap
preneur^M de son^M
audio technician
haut-parleur^M de contrôle^M
audio monitor
plateau^M
studio floor
régie^F image^F/éclairage^M
lighting/camera control area
régie^F du son^M
audio control room
régie^F de production^F
production control room

COMMUNICATIONS ET BUREAUTIQUE

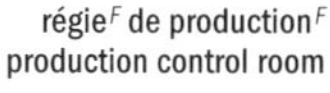

télévision^{F}

régie^{F} de production^{F}
production control room

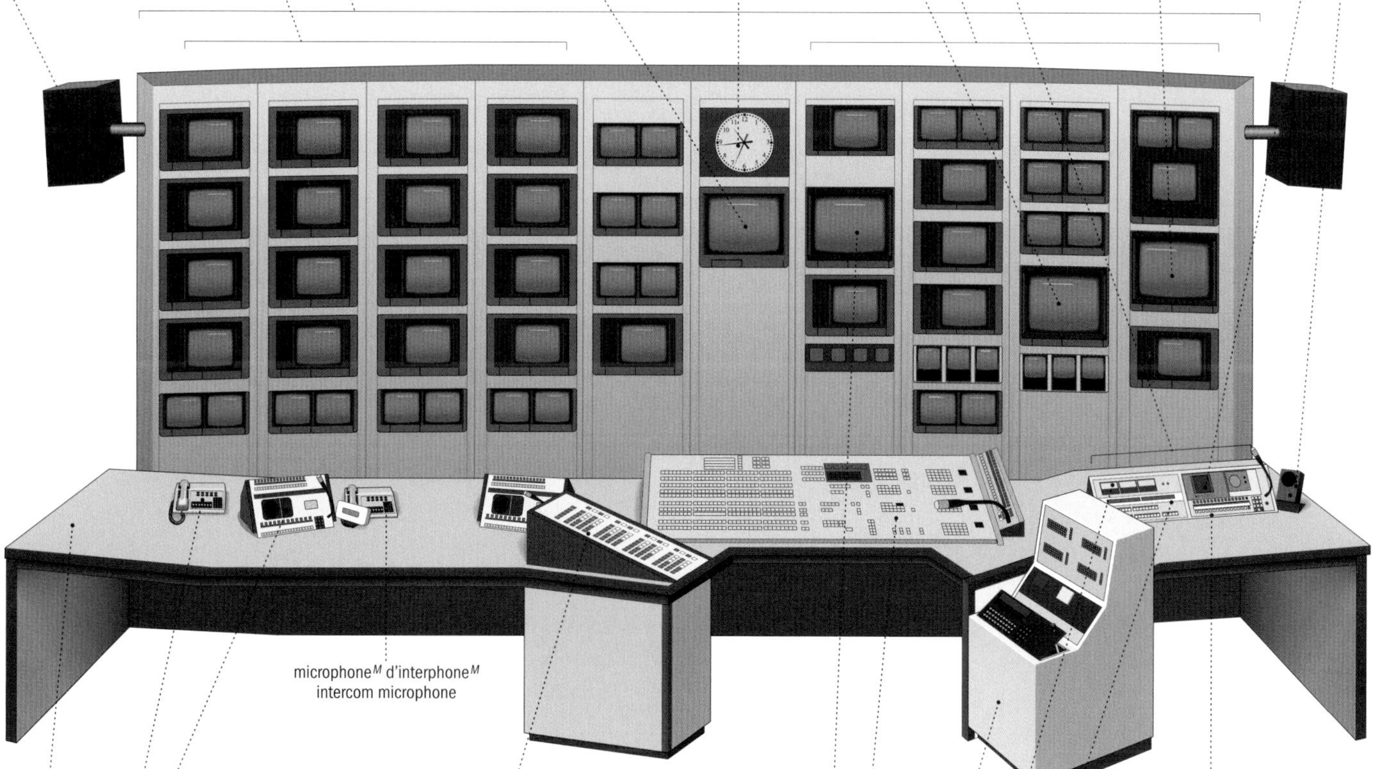

poste^{M} de contrôle^{M} audio/vidéo
audio/video preview unit

oscilloscope^{M} de phase^{F} audio
stereo phase monitor

écrans^{M} de précontrôle^{M}
preview monitors

oscilloscope^{M}/vectoscope^{M}
vector/waveform monitor

écrans^{M} d'entrée^{F}
input monitors

baie^{F} de contrôle^{M}
monitor wall

écran^{M} du truqueur^{M} numérique
digital video effects monitor

écran^{M} du directeur^{M} technique
technical producer monitor

haut-parleur^{M} de contrôle^{M}
audio monitor

écran^{M} de sortie^{F}
output monitor

pendule^{F}
clock

microphone^{M} d'interphone^{M}
intercom microphone

interphone^{M}
intercom station

sélecteur^{M} vidéo auxiliaire
auxiliary video switcher

poste^{M} téléphonique
telephone

écran^{M} principal de précontrôle^{M}
main preview monitor

sélecteur^{M} de contrôle^{M} vidéo
video monitoring selector

table^{F} de production^{F}
production desk

aiguilleur^{M} vidéo de production^{F}
production video switcher

sélecteur^{M} de contrôle^{M} audio
audio monitoring selector

truqueur^{M} numérique
digital video special effects

vumètres^{M} audio
audio volume unit meters

télévision^F

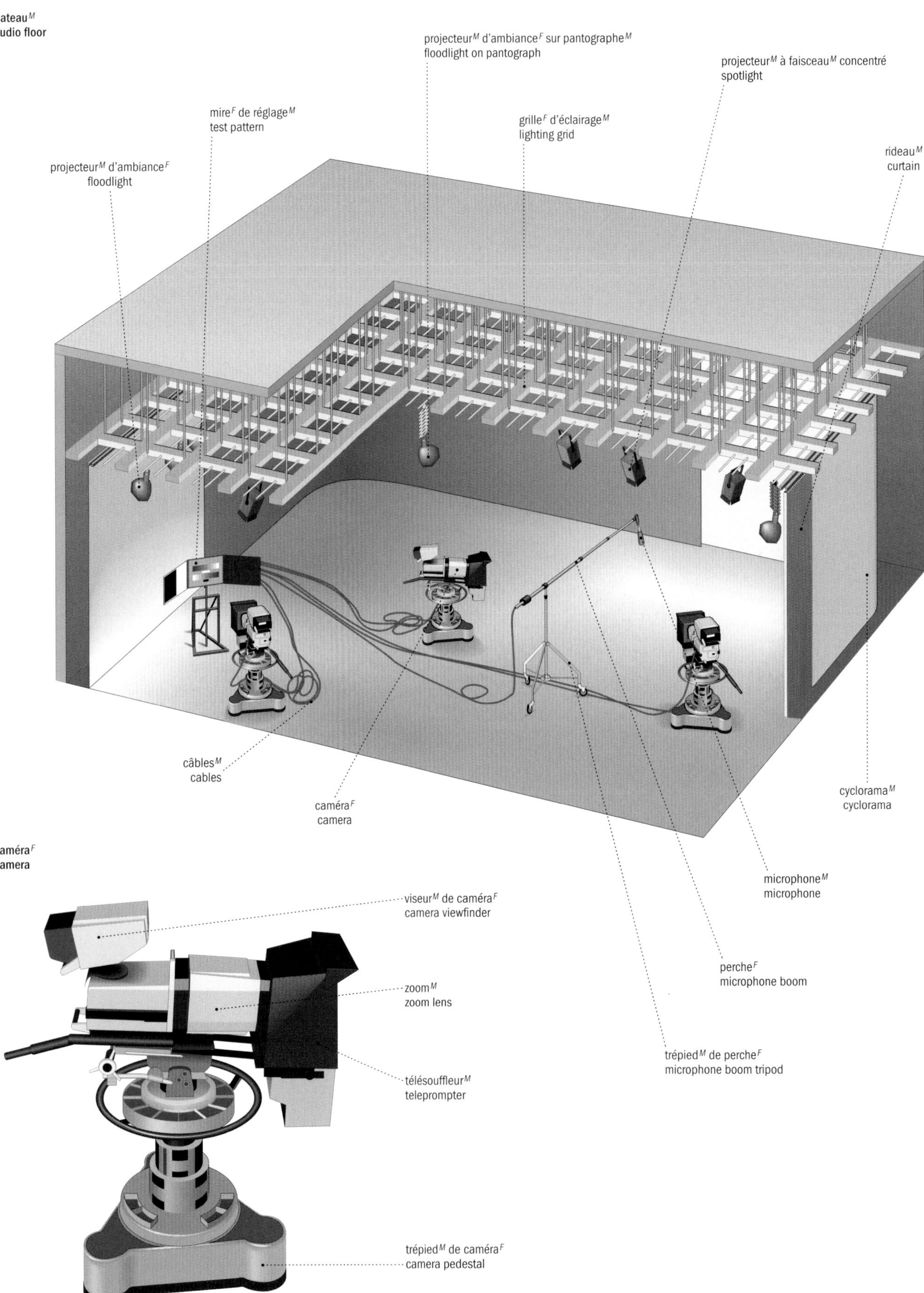
plateau^M
studio floor
projecteur^M d'ambiance^F sur pantographe^M
floodlight on pantograph
projecteur^M à faisceau^M concentré
spotlight
mire^F de réglage^M
test pattern
grille^F d'éclairage^M
lighting grid
rideau^M
curtain
projecteur^M d'ambiance^F
floodlight
câbles^M
cables
caméra^F
camera
cyclorama^M
cyclorama
caméra^F
camera
microphone^M
microphone
viseur^M de caméra^F
camera viewfinder
perche^F
microphone boom
zoom^M
zoom lens
trépied^M de perche^F
microphone boom tripod
télésouffleur^M
teleprompter
trépied^M de caméra^F
camera pedestal

antenne^F parabolique
dish antenna

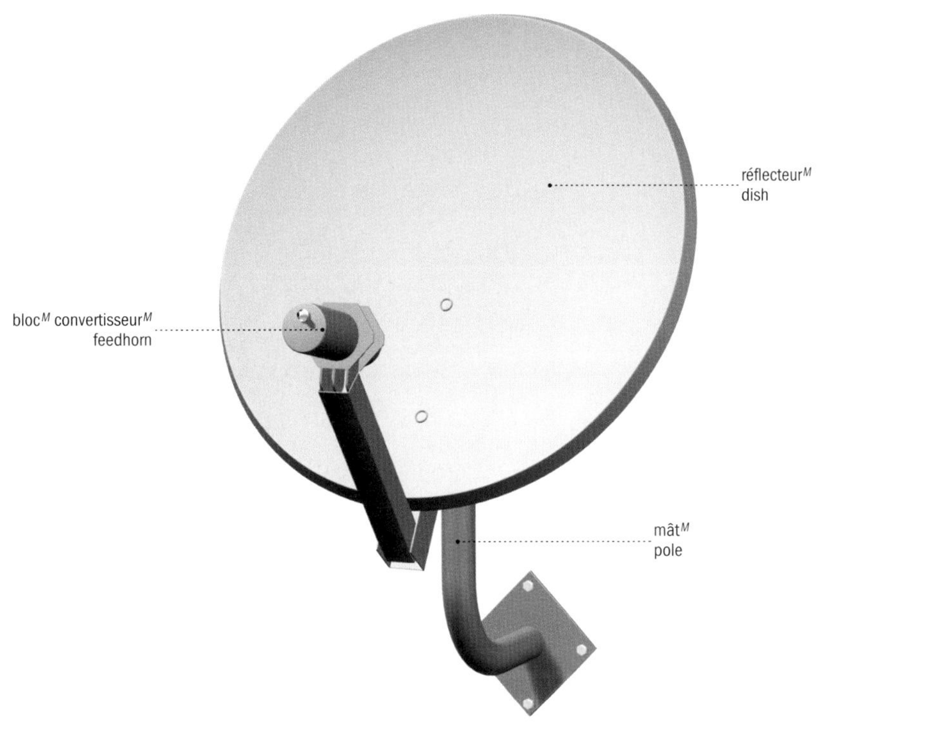
réflecteur^M
dish
bloc^M convertisseur^M
feedhorn
mât^M
pole

terminal^M numérique
receiver

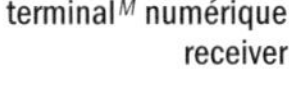

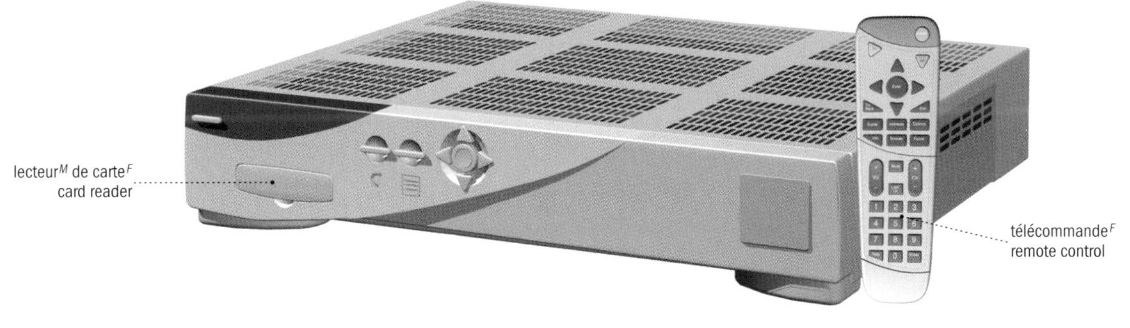
lecteur^M de carte^F
card reader
télécommande^F
remote control

cinéma^M maison^F
home theater

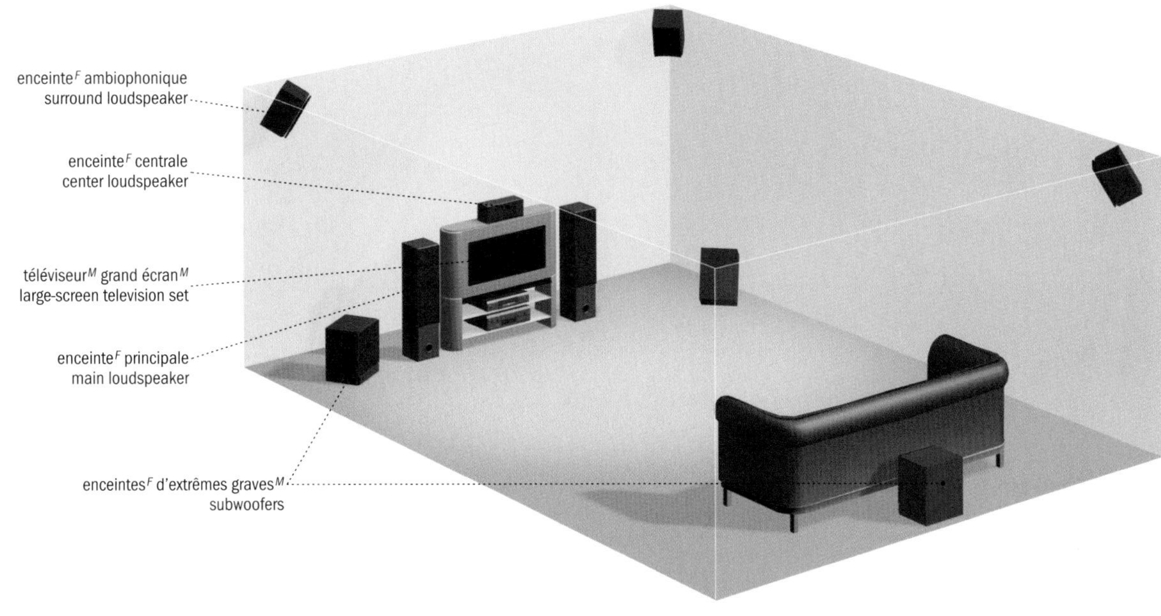
enceinte^F ambiophonique
surround loudspeaker
enceinte^F centrale
center loudspeaker
téléviseur^M grand écran^M
large-screen television set
enceinte^F principale
main loudspeaker
enceintes^F d'extrêmes graves^M
subwoofers

télévision F

téléviseur M
television set

coffret M
cabinet
écran M
screen
lampes F témoins M
indicators
capteur M de télécommande F
remote control sensor
boutons M de réglage M
tuning controls
interrupteur M d'alimentation F
power button

tube M-image F
picture tube

canon M à électrons M
electron gun

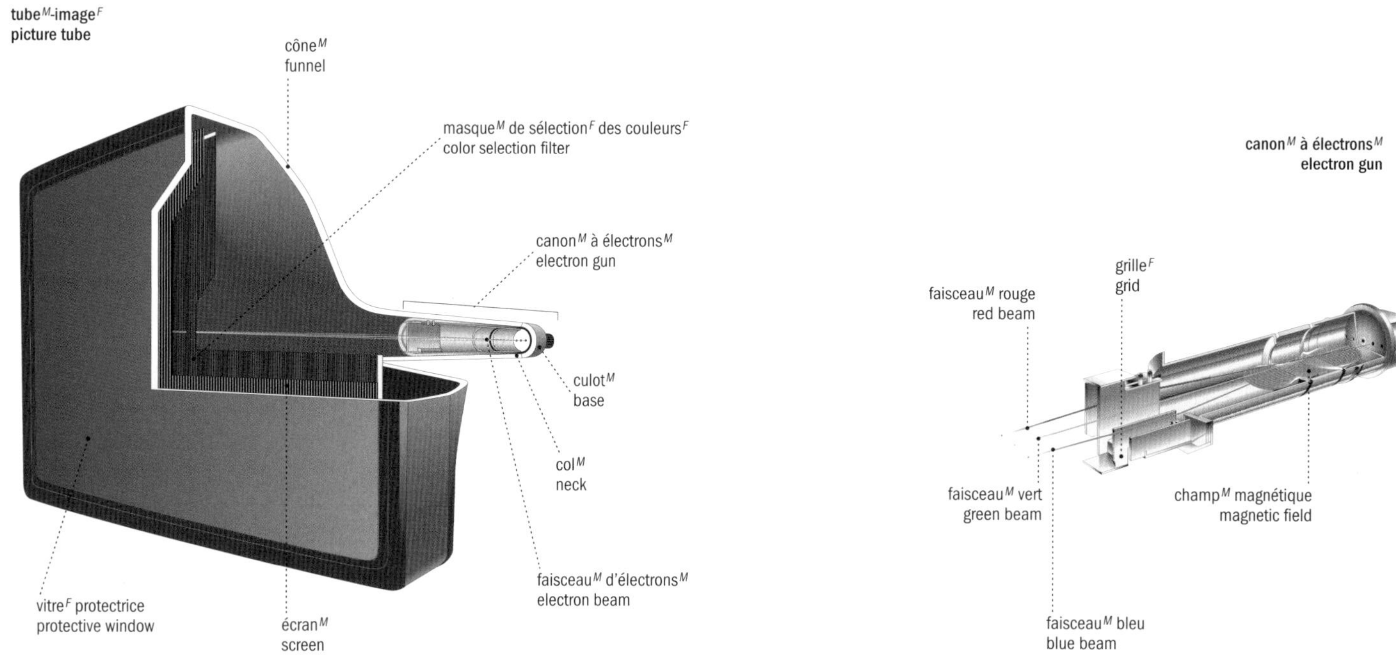
cône M
funnel
masque M de sélection F des couleurs F
color selection filter
canon M à électrons M
electron gun
culot M
base
col M
neck
faisceau M d'électrons M
electron beam
vitre F protectrice
protective window
écran M
screen
faisceau M rouge
red beam
grille F
grid
faisceau M vert
green beam
champ M magnétique
magnetic field
faisceau M bleu
blue beam

lecteur M de DVD M vidéo
DVD player

interrupteur M d'alimentation F
power button
plateau M de chargement M
disc tray
afficheur M
display
POWER
12
18:50
SOUND
PLAY
PREV
NEXT
OPEN/CLOSE
PAUSE
STOP
PHONE LEVEL
DVD

disque M numérique polyvalent (DVD)
digital versatile disc (DVD)

télécommande[F]
remote control

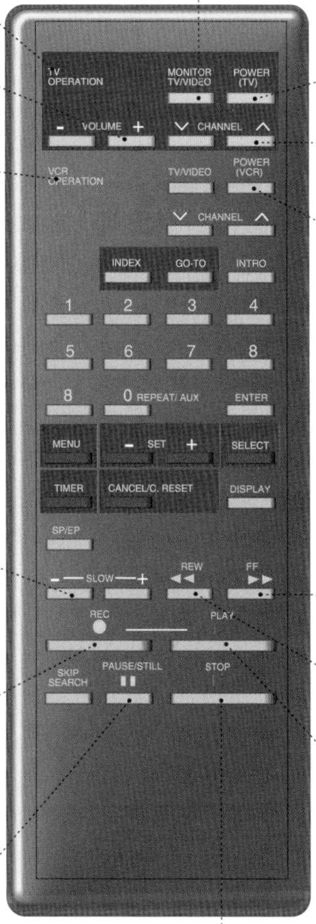

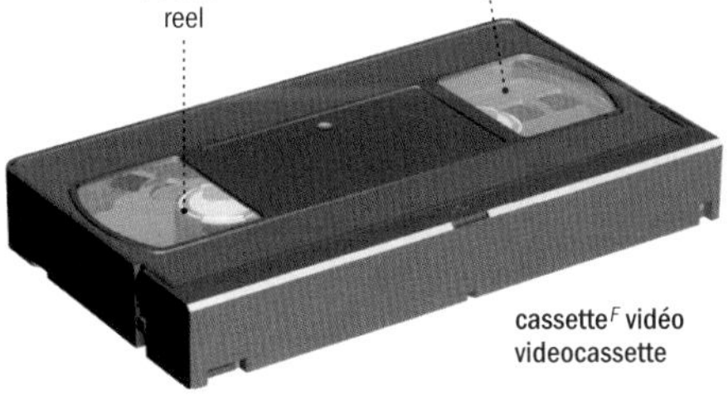

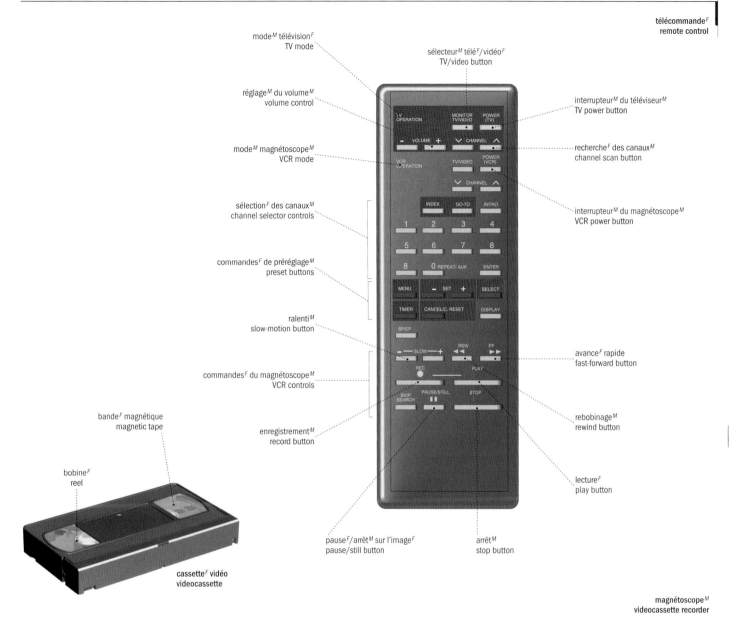

mode[M] télévision[F]
TV mode

sélecteur[M] télé[F]/vidéo[F]
TV/video button

réglage[M] du volume[M]
volume control

interrupteur[M] du téléviseur[M]
TV power button

mode[M] magnétoscope[M]
VCR mode

recherche[F] des canaux[M]
channel scan button

sélection[F] des canaux[M]
channel selector controls

interrupteur[M] du magnétoscope[M]
VCR power button

commandes[F] de préréglage[M]
preset buttons

ralenti[M]
slow-motion button

avance[F] rapide
fast-forward button

commandes[F] du magnétoscope[M]
VCR controls

bande[F] magnétique
magnetic tape

enregistrement[M]
record button

rebobinage[M]
rewind button

bobine[F]
reel

lecture[F]
play button

pause[F]/arrêt[M] sur l'image[F]
pause/still button

arrêt[M]
stop button

cassette[F] vidéo
videocassette

magnétoscope[M]
videocassette recorder

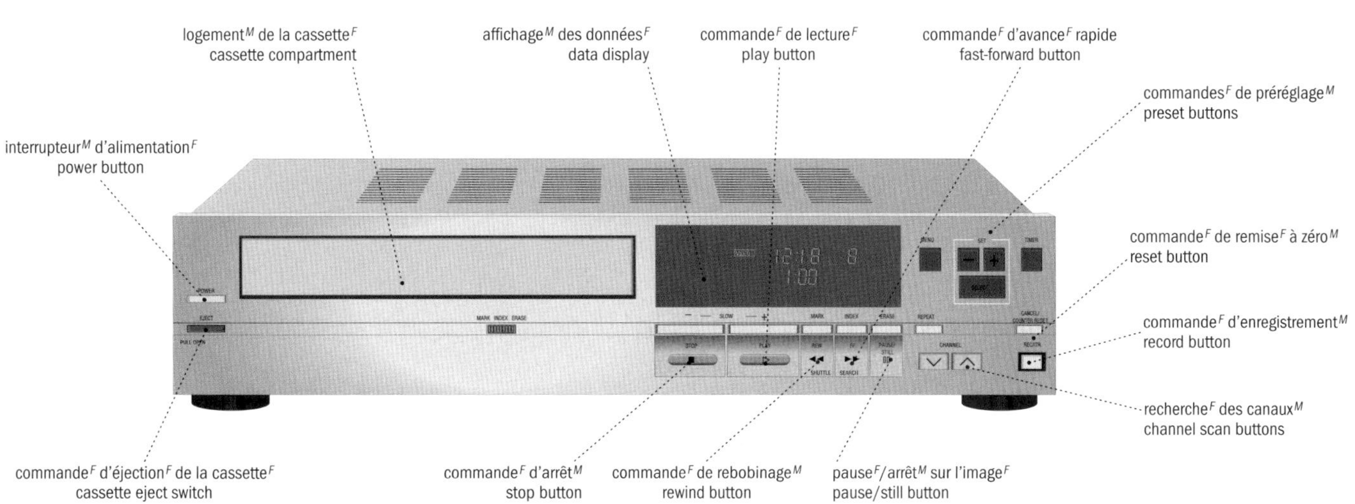
logement[M] de la cassette[F]
cassette compartment
affichage[M] des données[F]
data display
commande[F] de lecture[F]
play button
commande[F] d'avance[F] rapide
fast-forward button
commandes[F] de préréglage[M]
preset buttons
interrupteur[M] d'alimentation[F]
power button
commande[F] de remise[F] à zéro[M]
reset button
commande[F] d'enregistrement[M]
record button
recherche[F] des canaux[M]
channel scan buttons
commande[F] d'éjection[F] de la cassette[F]
cassette eject switch
commande[F] d'arrêt[M]
stop button
commande[F] de rebobinage[M]
rewind button
pause[F]/arrêt[M] sur l'image[F]
pause/still button

caméscope^M analogique : vue^F avant
analog camcorder: front view

viseur^M électronique
electronic viewfinder
œilleton^M
eyecup
touche^F de raccord^M d'enregistrement^M
edit search button
commandes^F de la bande^F vidéo
videotape operation controls
panneau^M de l'écran^M
display panel
objectif^M zoom^M
zoom lens
commutateur^M de prise^F de vues^F nocturne
nightshot switch
commutateur^M alimentation^F/fonctions^F
power/functions switch
logement^M de la cassette^F
cassette compartment
microphone^M
microphone
sélecteur^M de mise^F au point^M
focus selector
molette^F de réglage^M près/loin
near/far dial

adaptateur^M de cassette^F vidéo compacte
compact videocassette adapter

caméscope^M analogique : vue^F arrière
analog camcorder: back view

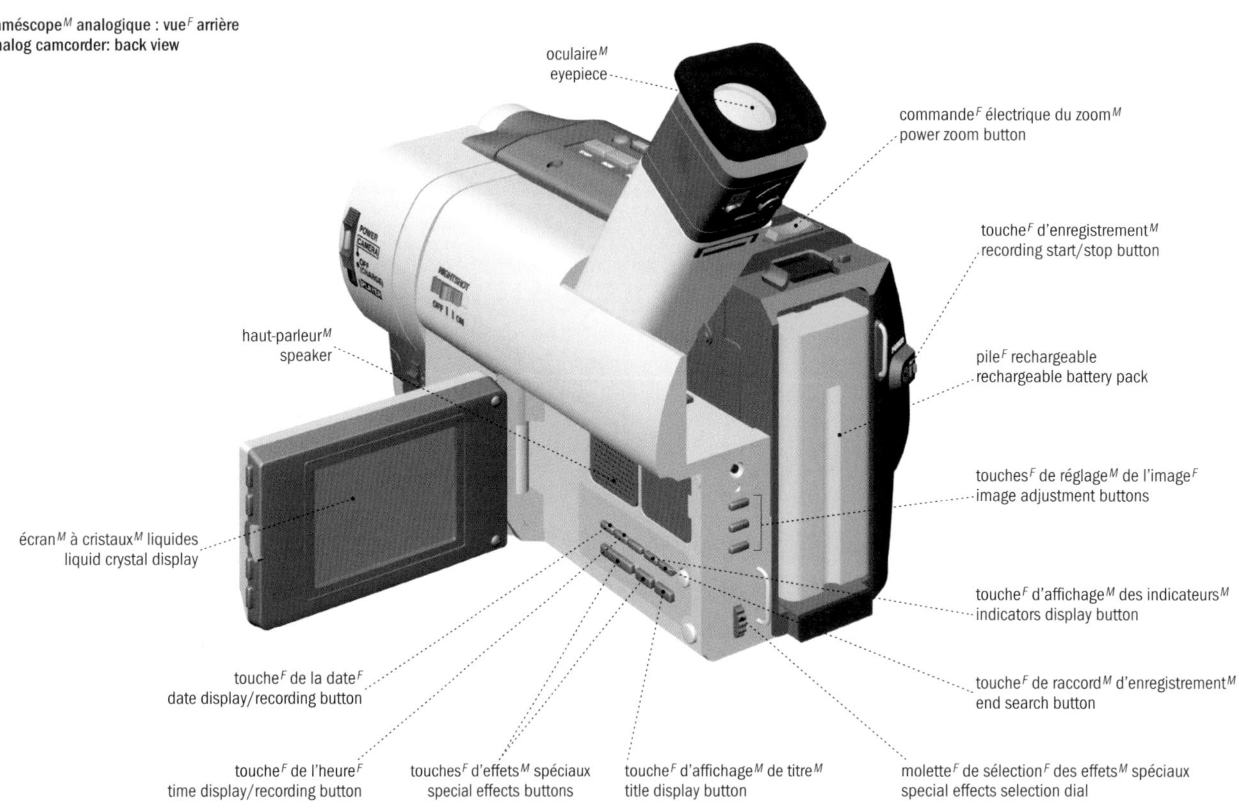
oculaire^M
eyepiece
commande^F électrique du zoom^M
power zoom button
touche^F d'enregistrement^M
recording start/stop button
pile^F rechargeable
rechargeable battery pack
haut-parleur^M
speaker
touches^F de réglage^M de l'image^F
image adjustment buttons
écran^M à cristaux^M liquides
liquid crystal display
touche^F d'affichage^M des indicateurs^M
indicators display button
touche^F de la date^F
date display/recording button
touche^F de raccord^M d'enregistrement^M
end search button
touche^F de l'heure^F
time display/recording button
touches^F d'effets^M spéciaux
special effects buttons
touche^F d'affichage^M de titre^M
title display button
molette^F de sélection^F des effets^M spéciaux
special effects selection dial

chaîne^{F} stéréo

sound reproducing system

ampli^{M}-syntoniseur^{M} : vue^{F} avant
ampli-tuner: front view

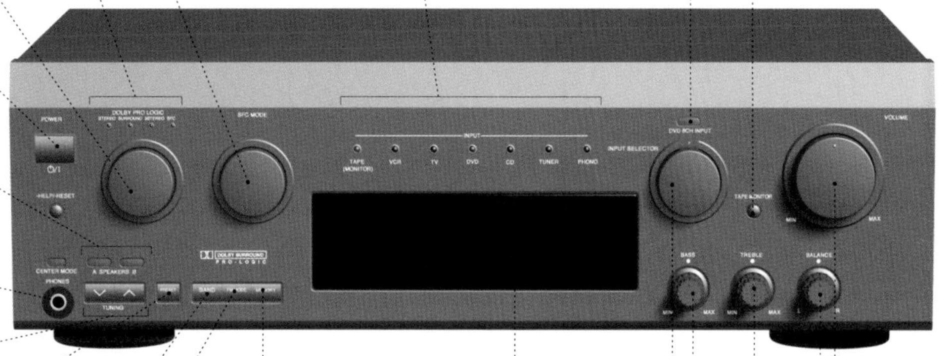

voyants^{M} d'indication^{F} du mode^{M} sonore
sound mode lights

contrôle^{M} du champ^{M} sonore
sound field control

touche^{F} de sélection^{F} du magnétophone^{M}
tape recorder select button

sélecteur^{M} de mode^{M} sonore
sound mode selector

voyants^{M} d'entrée^{F}
input lights

touche^{F} de sélection^{F} d'entrée^{F}
input select button

interrupteur^{M} d'alimentation^{F}
power button

touches^{F} de sélection^{F} des enceintes^{F}
loudspeaker system select buttons

prise^{F} casque^{M}
headphone jack

touches^{F} de sélection^{F} des stations^{F}
tuning buttons

afficheur^{M}
display

réglage^{M} du volume^{M}
volume control

touche^{F} de présélection^{F}
preset tuning button

touche^{F} mémoire^{F}
memory button

sélecteur^{M} d'entrée^{F}
input selector

équilibrage^{M} des haut-parleurs^{M}
balance control

touche^{F} de modulation^{F}
band select button

touche^{F} de sélection^{F} du mode^{M} FM
FM mode select button

contrôle^{M} de tonalité^{F} des graves^{M}
bass tone control

contrôle^{M} de tonalité^{F} des aigus^{M}
treble tone control

ampli^{M}-syntoniseur^{M} : vue^{F} arrière
ampli-tuner: back view

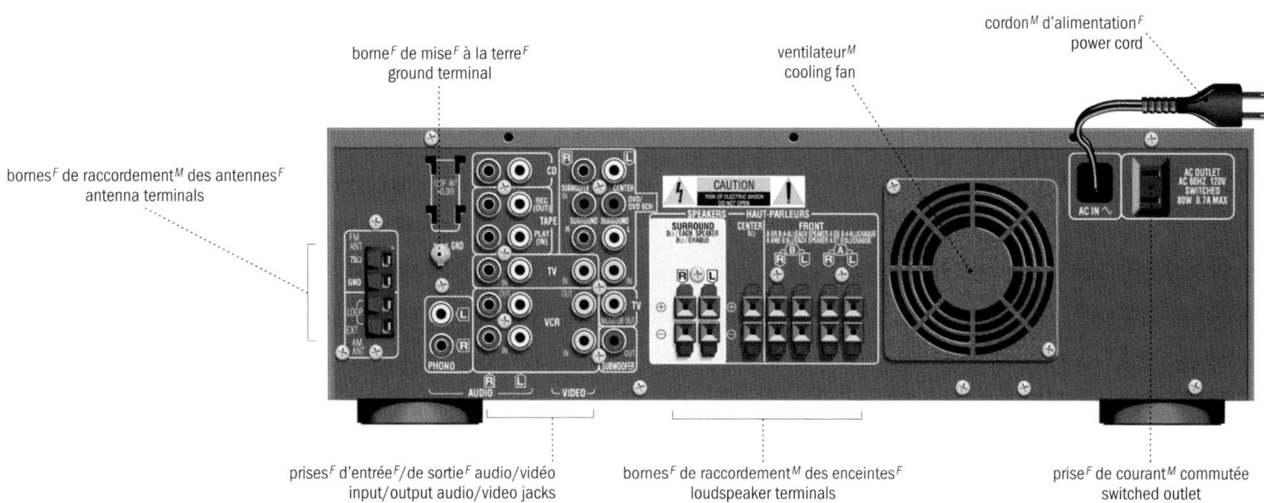

cordon^{M} d'alimentation^{F}
power cord

borne^{F} de mise^{F} à la terre^{F}
ground terminal

ventilateur^{M}
cooling fan

bornes^{F} de raccordement^{M} des antennes^{F}
antenna terminals

prises^{F} d'entrée^{F}/de sortie^{F} audio/vidéo
input/output audio/video jacks

bornes^{F} de raccordement^{M} des enceintes^{F}
loudspeaker terminals

prise^{F} de courant^{M} commutée
switched outlet

chaîne[F] stéréo

syntoniseur[M]
tuner

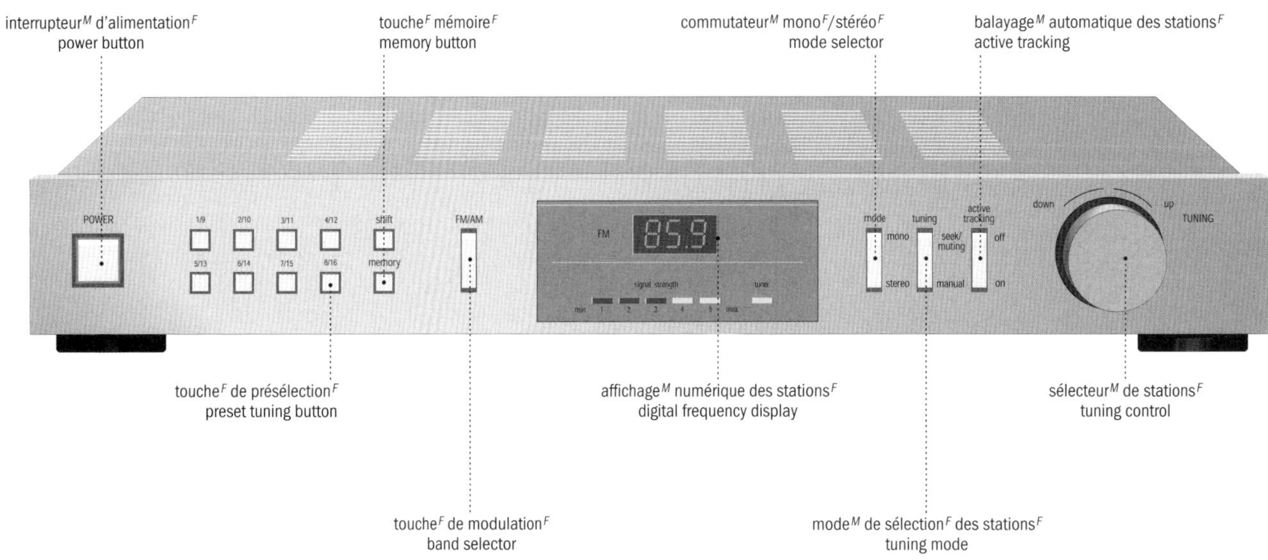
interrupteur[M] d'alimentation[F]
power button
touche[F] mémoire[F]
memory button
commutateur[M] mono[F]/stéréo[F]
mode selector
balayage[M] automatique des stations[F]
active tracking
touche[F] de présélection[F]
preset tuning button
affichage[M] numérique des stations[F]
digital frequency display
sélecteur[M] de stations[F]
tuning control
touche[F] de modulation[F]
band selector
mode[M] de sélection[F] des stations[F]
tuning mode
POWER
FM/AM
FM
85.9
mode
mono
stereo
tuning
seek/muting
manual
active tracking
off
on
down
up
TUNING

égalisateur[M] graphique
graphic equalizer

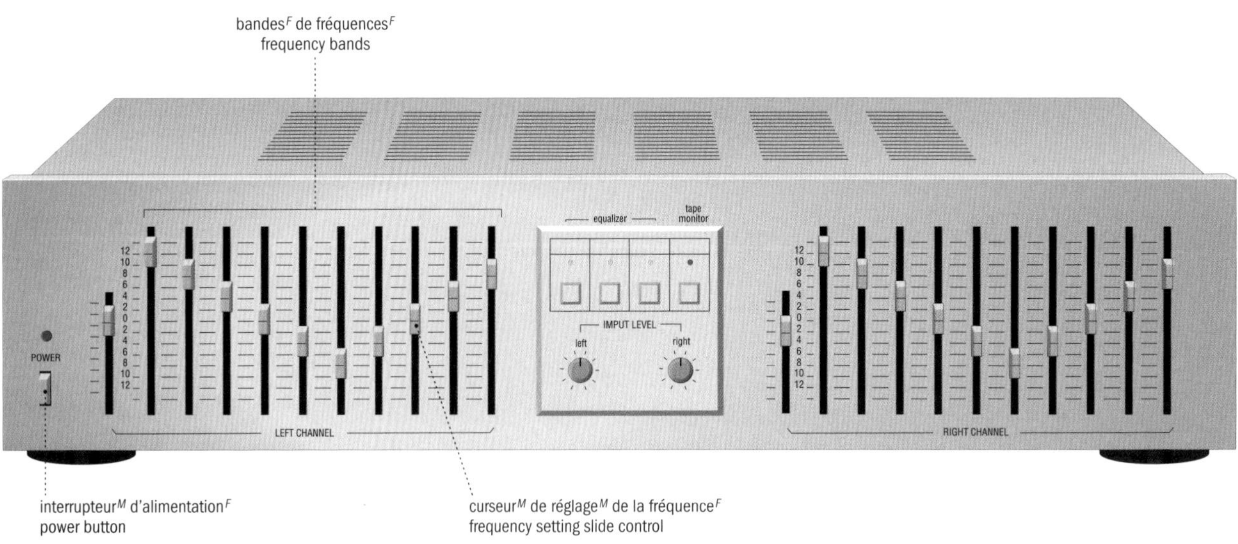
bandes[F] de fréquences[F]
frequency bands
interrupteur[M] d'alimentation[F]
power button
curseur[M] de réglage[M] de la fréquence[F]
frequency setting slide control
POWER
LEFT CHANNEL
RIGHT CHANNEL
equalizer
tape monitor
IMPUT LEVEL
left
right

cassette[F]
cassette

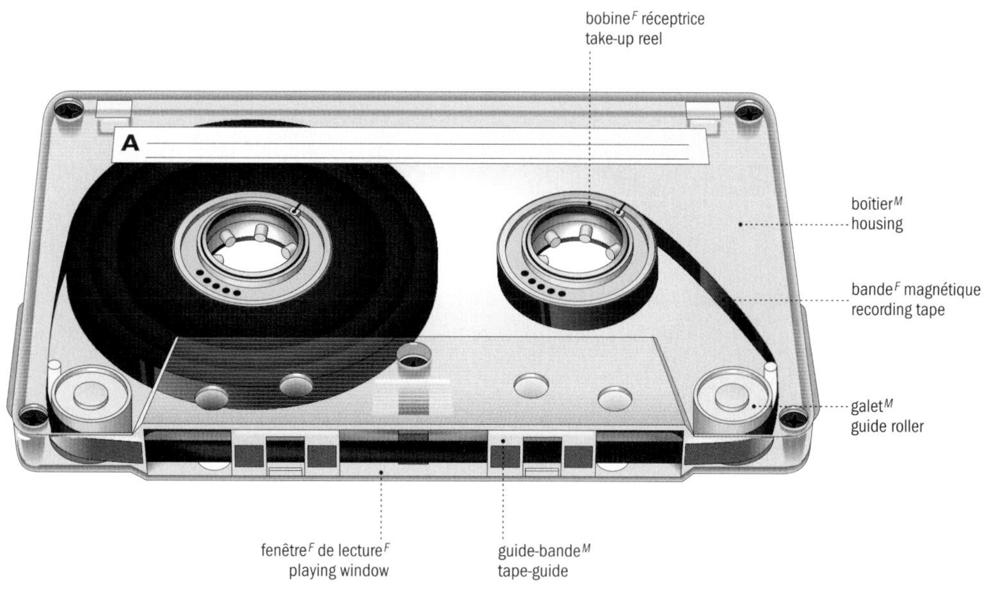
bobine[F] réceptrice
take-up reel
boîtier[M]
housing
bande[F] magnétique
recording tape
galet[M]
guide roller
fenêtre[F] de lecture[F]
playing window
guide-bande[M]
tape-guide

platine[F] cassette[F]
cassette tape deck

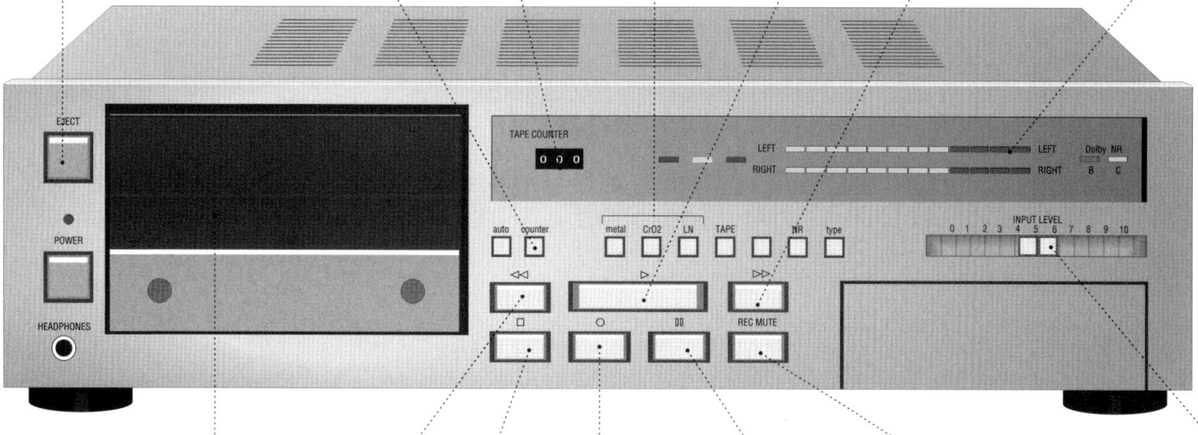

bouton[M] de remise[F] à zéro[M]
counter reset button

sélecteur[M] de bandes[F]
tape selector

avance[F] rapide
fast-forward button

bouton[M] d'éjection[F]
eject button

compteur[M]
tape counter

lecture[F]
play button

indicateur[M] de niveau[M]
peak level meter

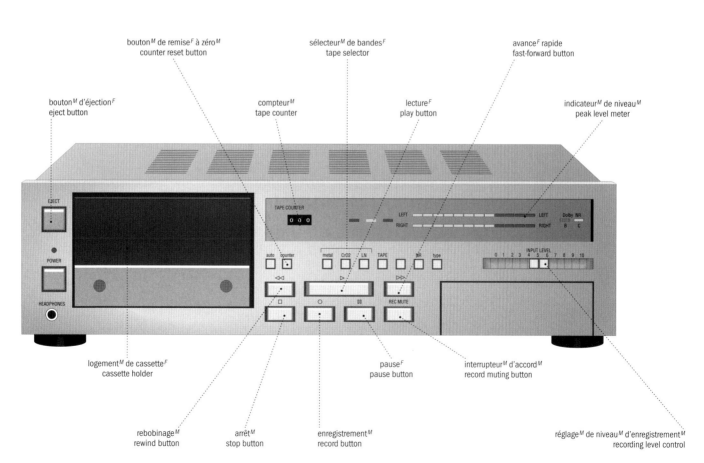

logement[M] de cassette[F]
cassette holder

pause[F]
pause button

interrupteur[M] d'accord[M]
record muting button

rebobinage[M]
rewind button

arrêt[M]
stop button

enregistrement[M]
record button

réglage[M] de niveau[M] d'enregistrement[M]
recording level control

chaîne[F] stéréo

disque[M]
record

plage[F] de séparation[F]
spiral
sillon[M] de départ[M]
spiral-in groove
sillon[M] concentrique
locked groove
surface[F] gravée
band
sillon[M] de sortie[F]
tail-out groove
trou[M] central
center hole
étiquette[F]
label

platine[F] tourne-disque[M]
record player

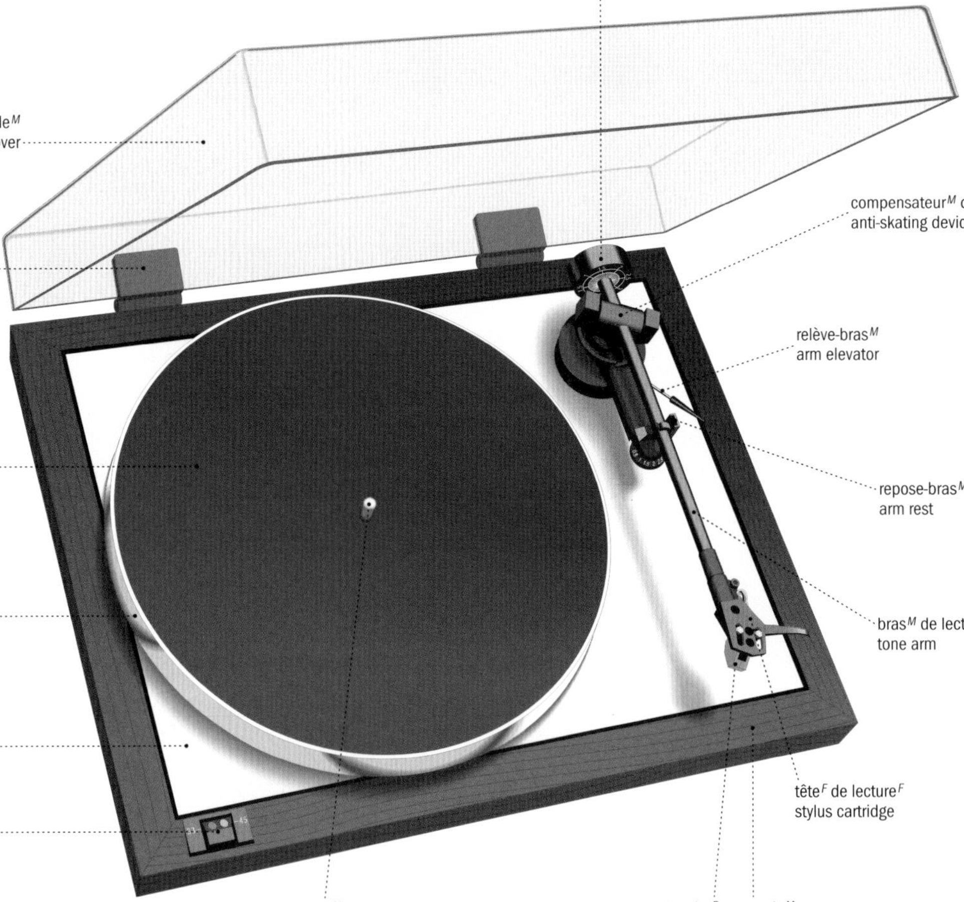

contrepoids[M]
counterweight

couvercle[M]
dust cover

compensateur[M] de poussée[F] latérale
anti-skating device

charnière[F]
hinge

relève-bras[M]
arm elevator

couvre-plateau[M]
rubber mat

repose-bras[M]
arm rest

plateau[M]
turntable

bras[M] de lecture[F]
tone arm

contre-platine[F]
base plate

tête[F] de lecture[F]
stylus cartridge

sélecteur[M] de vitesse[F]
speed selector

axe[M]
spindle

cartouche[F]
cartridge

socle[M]
base

disque^M compact
compact disc

lecture^F du disque^M compact
compact disc reading

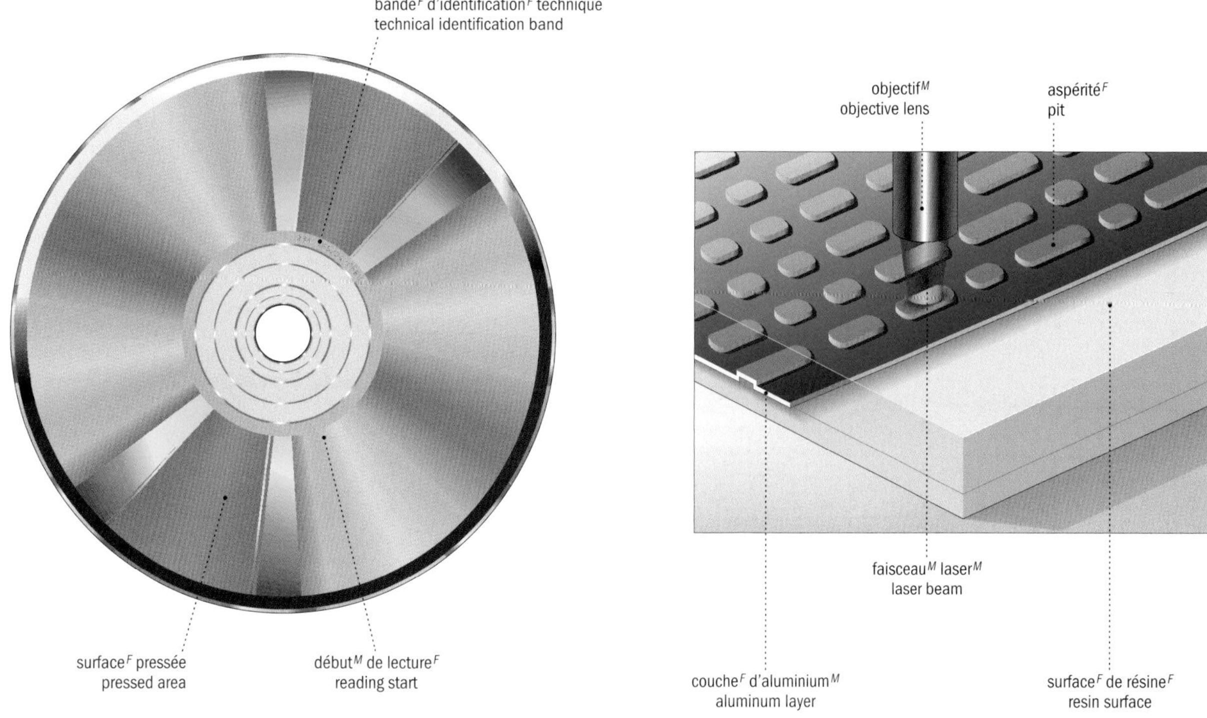
bande^F d'identification^F technique
technical identification band
surface^F pressée
pressed area
début^M de lecture^F
reading start
objectif^M
objective lens
aspérité^F
pit
faisceau^M laser^M
laser beam
couche^F d'aluminium^M
aluminum layer
surface^F de résine^F
resin surface

lecteur^M de disque^M compact
compact disc player

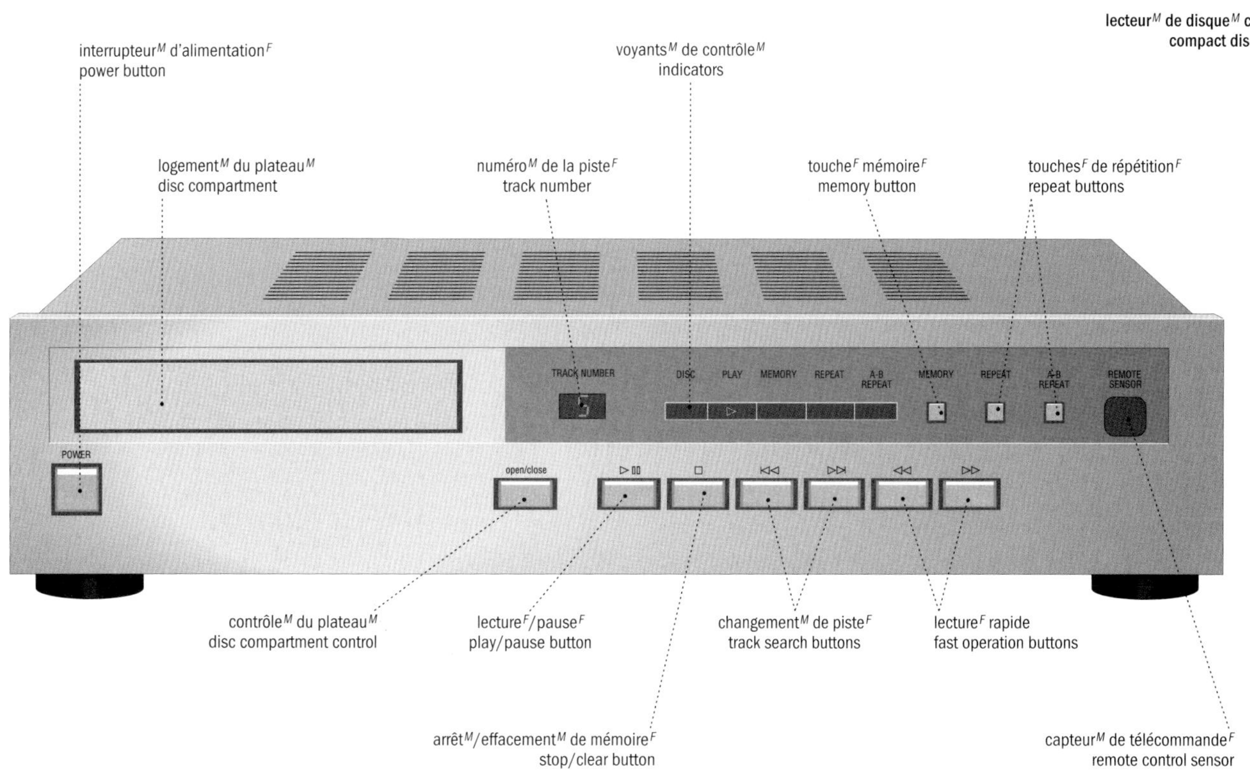
interrupteur^M d'alimentation^F
power button
voyants^M de contrôle^M
indicators
logement^M du plateau^M
disc compartment
numéro^M de la piste^F
track number
touche^F mémoire^F
memory button
touches^F de répétition^F
repeat buttons
TRACK NUMBER
DISC
PLAY
MEMORY
REPEAT
A-B REPEAT
MEMORY
REPEAT
A-B REPEAT
REMOTE SENSOR
POWER
open/close
contrôle^M du plateau^M
disc compartment control
lecture^F/pause^F
play/pause button
changement^M de piste^F
track search buttons
lecture^F rapide
fast operation buttons
arrêt^M/effacement^M de mémoire^F
stop/clear button
capteur^M de télécommande^F
remote control sensor

chaîne^F stéréo

casque^M d'écoute^F
headphones

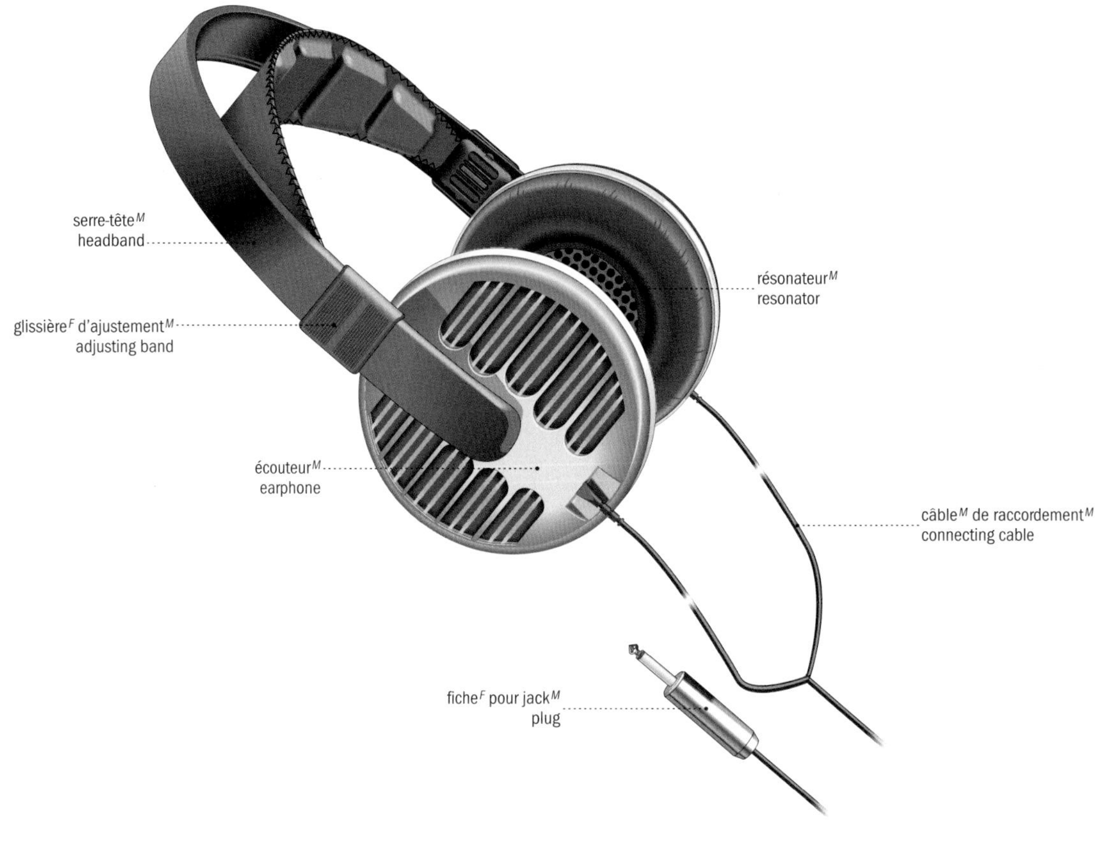
serre-tête^M
headband
glissière^F d'ajustement^M
adjusting band
résonateur^M
resonator
écouteur^M
earphone
câble^M de raccordement^M
connecting cable
fiche^F pour jack^M
plug

enceinte^F acoustique
loudspeakers

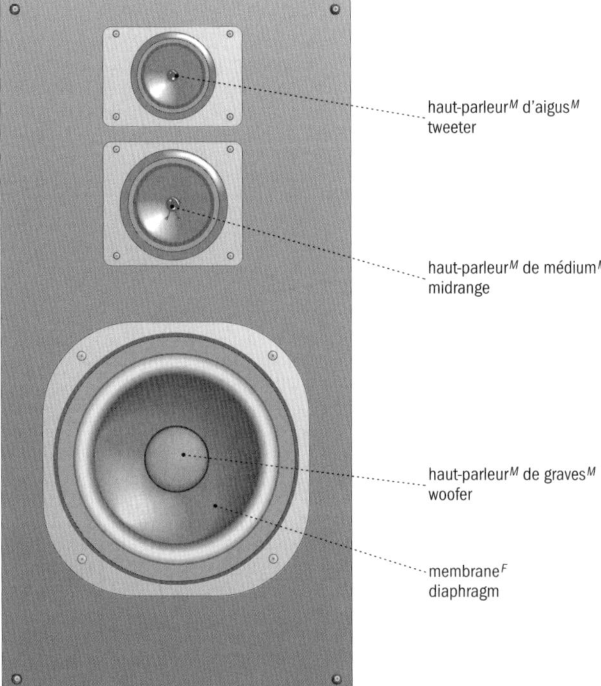
canal^M droit
right channel
canal^M gauche
left channel
haut-parleur^M d'aigus^M
tweeter
haut-parleur^M de médium^M
midrange
treillis^M
speaker cover
haut-parleur^M de graves^M
woofer
membrane^F
diaphragm

minichaîne[F] stéréo

mini stereo sound system

lecteur[M] de disque[M] compact
compact disc player
ampli[M]-syntoniseur[M]
ampli-tuner
enceinte[F] acoustique
loudspeaker
graveur[M] de disque[M] compact
compact disc recorder
double platine[F] cassette[F]
dual cassette deck

appareils[M] de son[M] portatifs

portable sound systems

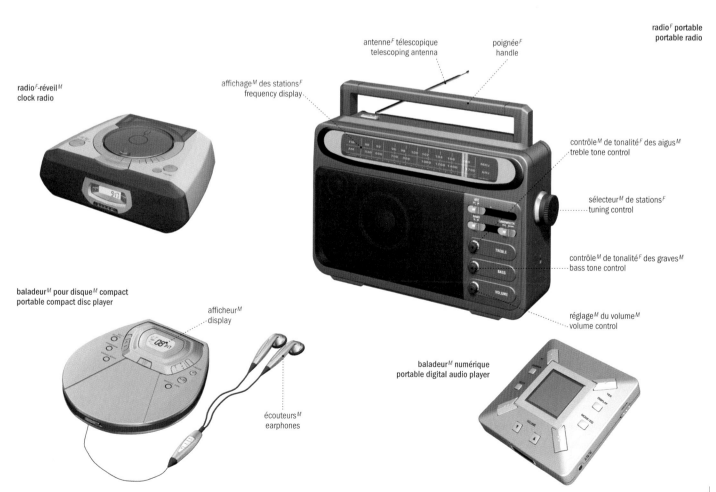

radio[F] portable
portable radio

antenne[F] télescopique
telescoping antenna

poignée[F]
handle

affichage[M] des stations[F]
frequency display

contrôle[M] de tonalité[F] des aigus[M]
treble tone control

sélecteur[M] de stations[F]
tuning control

contrôle[M] de tonalité[F] des graves[M]
bass tone control

réglage[M] du volume[M]
volume control

radio[F]-réveil[M]
clock radio

baladeur[M] pour disque[M] compact
portable compact disc player

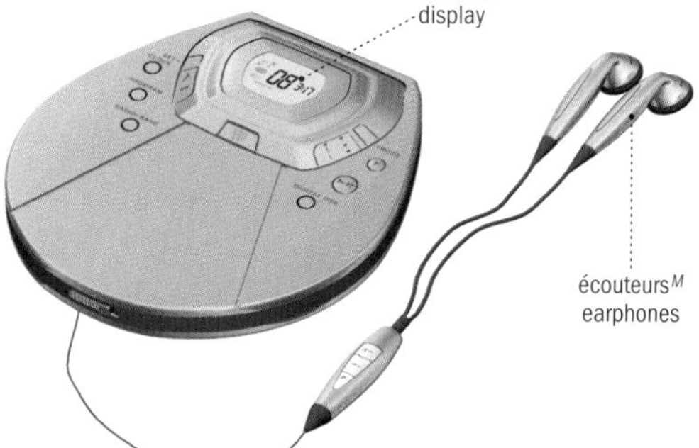

afficheur[M]
display

écouteurs[M]
earphones

baladeur[M] numérique
portable digital audio player

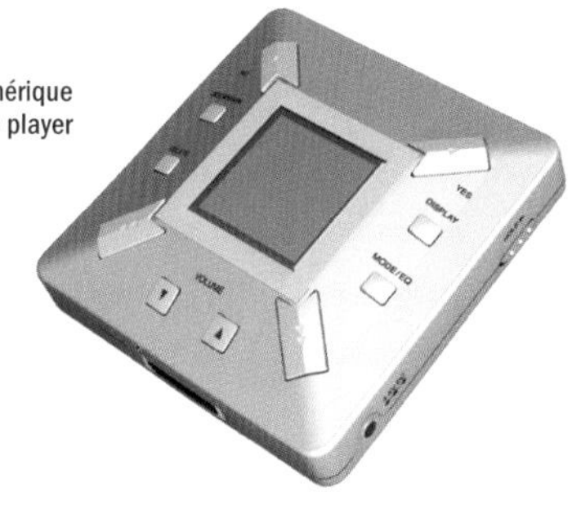

COMMUNICATIONS ET BUREAUTIQUE

appareils^M de son^M portatifs

baladeur^M
personal radio cassette player

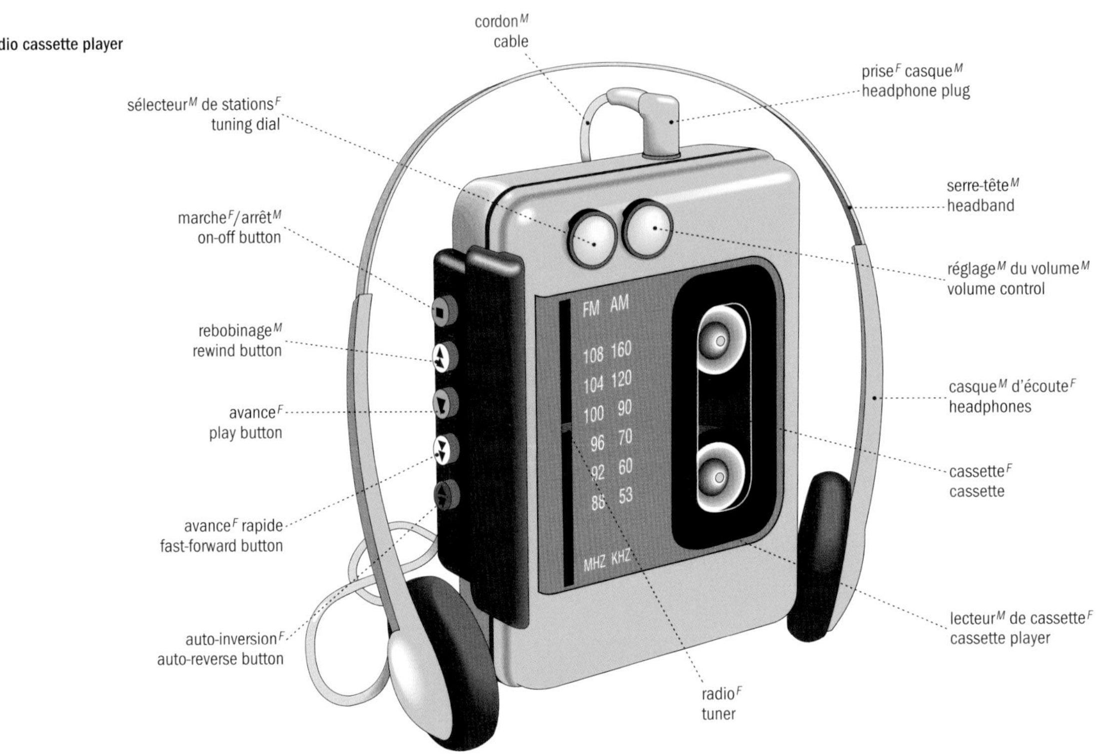
cordon^M
cable
prise^F casque^M
headphone plug
sélecteur^M de stations^F
tuning dial
serre-tête^M
headband
marche^F/arrêt^M
on-off button
réglage^M du volume^M
volume control
FM AM
108 160
104 120
100 90
96 70
92 60
88 53
MHZ KHZ
rebobinage^M
rewind button
casque^M d'écoute^F
headphones
avance^F
play button
cassette^F
cassette
avance^F rapide
fast-forward button
lecteur^M de cassette^F
cassette player
auto-inversion^F
auto-reverse button
radio^F
tuner

radiocassette^F laser^M
portable CD radio cassette recorder

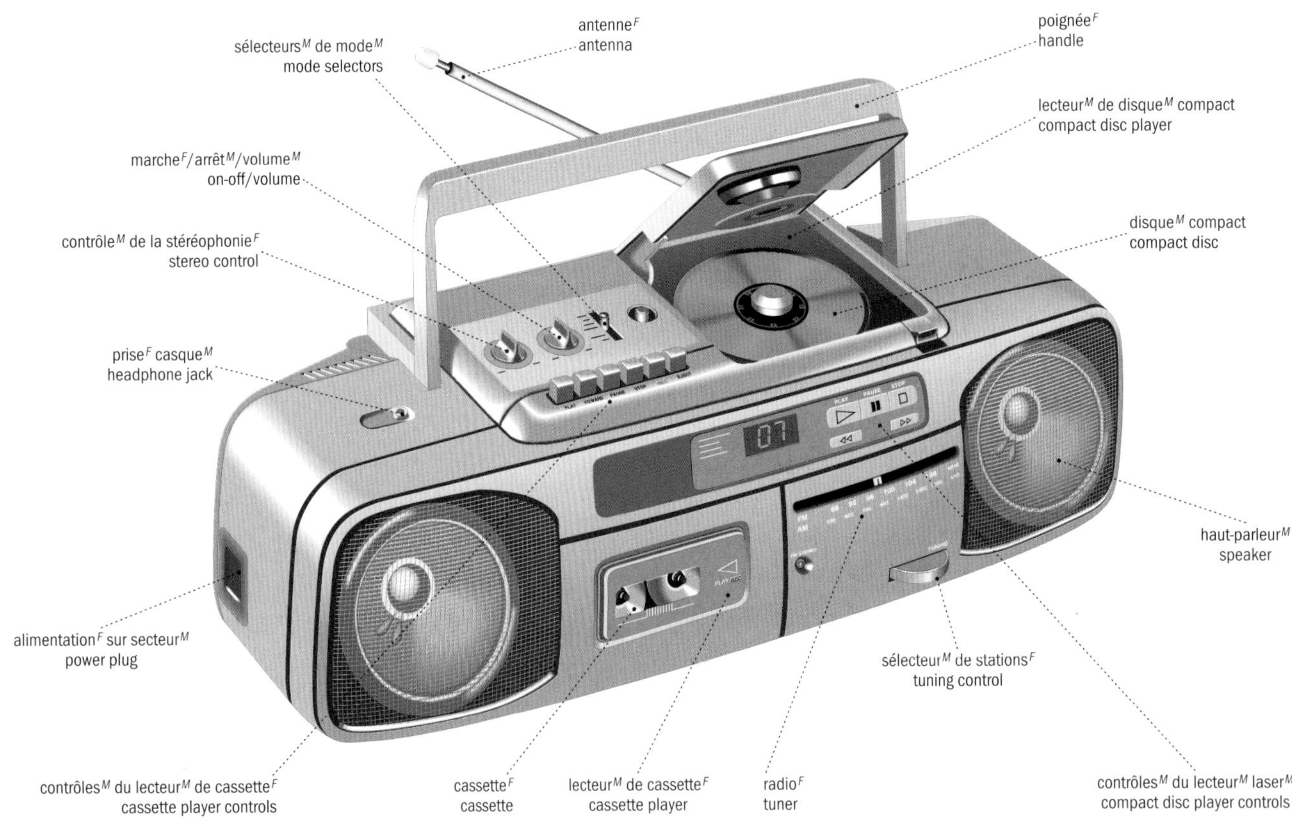
antenne^F
antenna
poignée^F
handle
sélecteurs^M de mode^M
mode selectors
lecteur^M de disque^M compact
compact disc player
marche^F/arrêt^M/volume^M
on-off/volume
disque^M compact
compact disc
contrôle^M de la stéréophonie^F
stereo control
prise^F casque^M
headphone jack
07
haut-parleur^M
speaker
alimentation^F sur secteur^M
power plug
sélecteur^M de stations^F
tuning control
contrôles^M du lecteur^M de cassette^F
cassette player controls
cassette^F
cassette
lecteur^M de cassette^F
cassette player
radio^F
tuner
contrôles^M du lecteur^M laser^M
compact disc player controls

communication[F] sans fil[M]

wireless communication

talkie-walkie[M]
walkie-talkie

réglage[M] du volume[M]
volume control
afficheur[M]
display
antenne[F]
antenna
touche[F] d'appel[M]
call button
interrupteur[M]
power button
touche[F] de défilement[M]
scroll button
touche[F] de luminosité[F]
light button
touche[F] de menu[M]
menu button
microphone[M]
microphone
touche[F] de verrouillage[M]
lock button
touche[F] de contrôle[M]
monitor button
interrupteur[M] d'émission[F]
push-to-talk switch
haut-parleur[M]
speaker
PUSH to TALK
fn
mon
mic

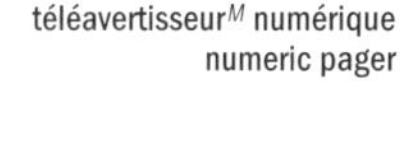

téléavertisseur[M] numérique
numeric pager

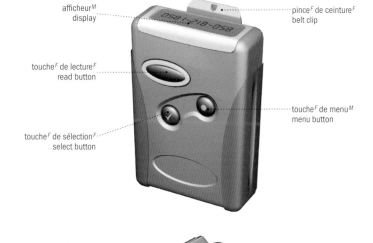

afficheur[M]
display

pince[F] de ceinture[F]
belt clip

touche[F] de lecture[F]
read button

touche[F] de menu[M]
menu button

touche[F] de sélection[F]
select button

poste[M] CB[F]
CB radio

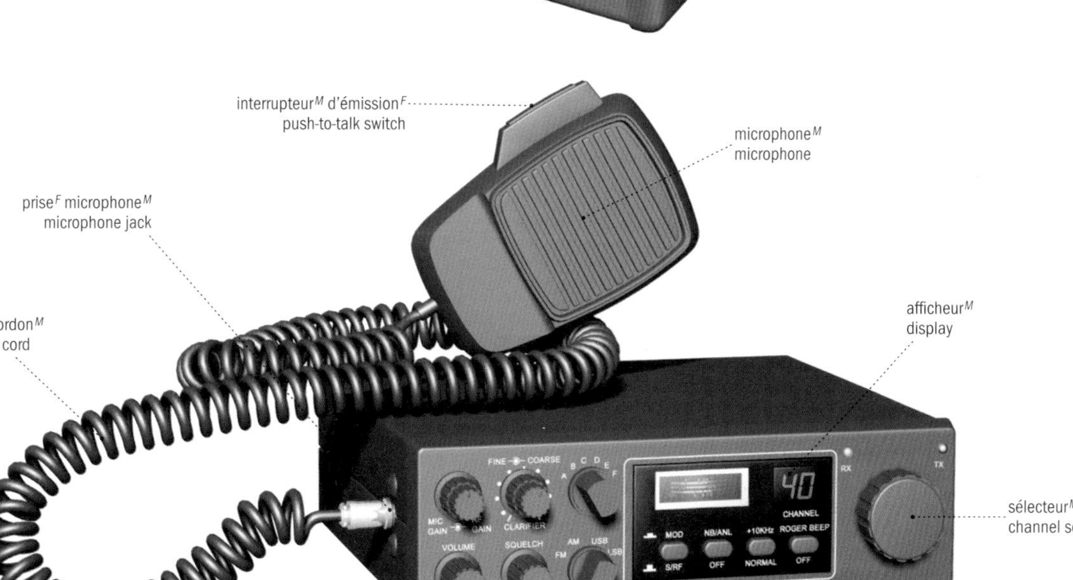
interrupteur[M] d'émission[F]
push-to-talk switch
microphone[M]
microphone
prise[F] microphone[M]
microphone jack
cordon[M]
cord
afficheur[M]
display
sélecteur[M] de canaux[M]
channel selector
FINE COARSE
MIC GAIN
CLARIFIER
VOLUME
SQUELCH
OFF
AM USB
FM LSB
40
CHANNEL
MOD
NB/ANL
+10KHz
ROGER BEEP
S/RF
OFF
NORMAL
OFF
RX
TX

communication[F] par téléphone[M]

communication by telephone

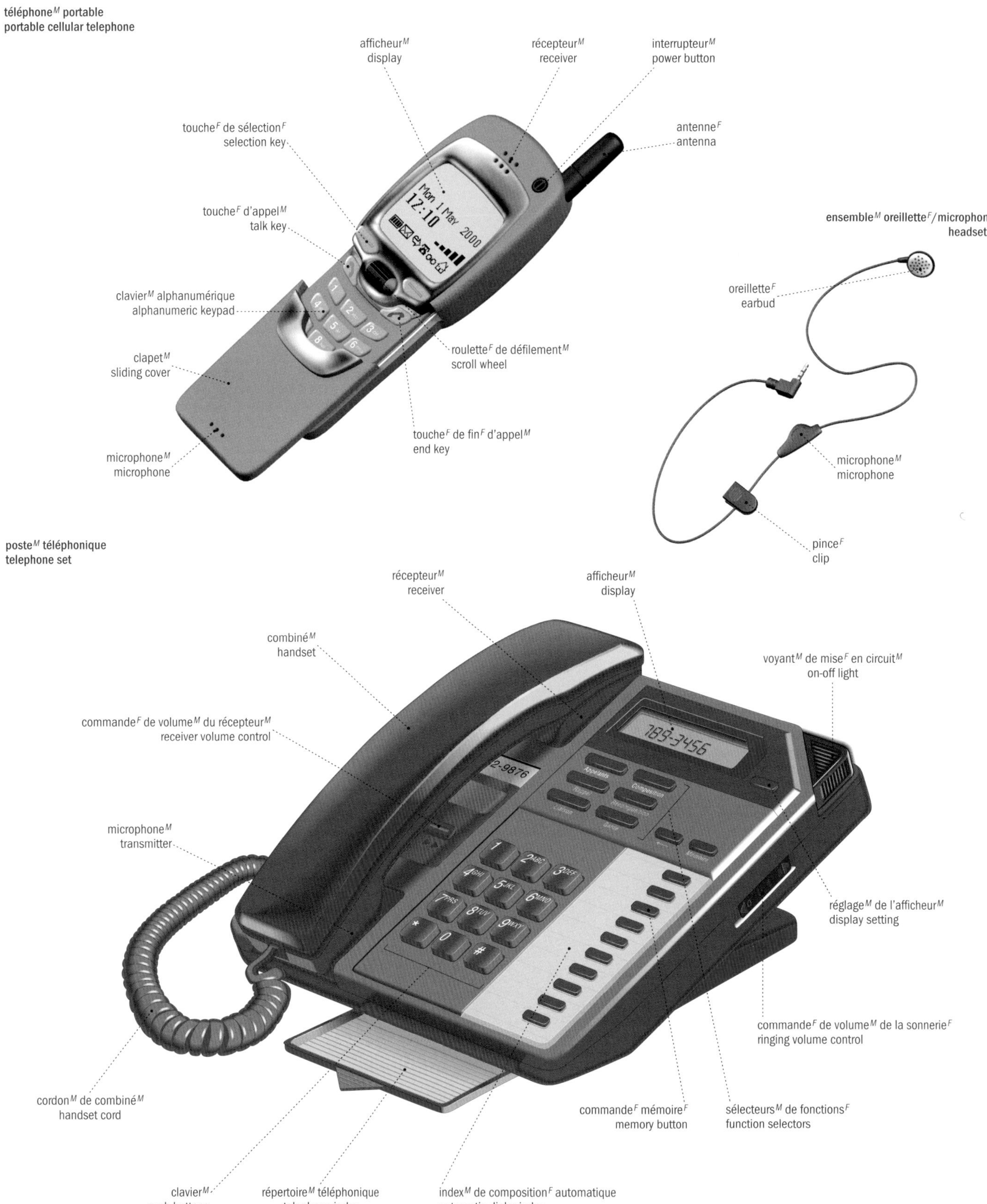
téléphone[M] portable
portable cellular telephone
afficheur[M]
display
récepteur[M]
receiver
interrupteur[M]
power button
touche[F] de sélection[F]
selection key
antenne[F]
antenna
Mon 1 May 2000
12:10
touche[F] d'appel[M]
talk key
ensemble[M] oreillette[F]/microphone[M]
headset kit
oreillette[F]
earbud
clavier[M] alphanumérique
alphanumeric keypad
roulette[F] de défilement[M]
scroll wheel
clapet[M]
sliding cover
touche[F] de fin[F] d'appel[M]
end key
microphone[M]
microphone
microphone[M]
microphone
pince[F]
clip
poste[M] téléphonique
telephone set
récepteur[M]
receiver
afficheur[M]
display
combiné[M]
handset
voyant[M] de mise[F] en circuit[M]
on-off light
commande[F] de volume[M] du récepteur[M]
receiver volume control
789-3456
2-9876
microphone[M]
transmitter
réglage[M] de l'afficheur[M]
display setting
commande[F] de volume[M] de la sonnerie[F]
ringing volume control
cordon[M] de combiné[M]
handset cord
commande[F] mémoire[F]
memory button
sélecteurs[M] de fonctions[F]
function selectors
clavier[M]
push buttons
répertoire[M] téléphonique
telephone index
index[M] de composition[F] automatique
automatic dialer index

exemples[M] de postes[M] téléphoniques
examples of telephones

téléphone[M] public
pay phone

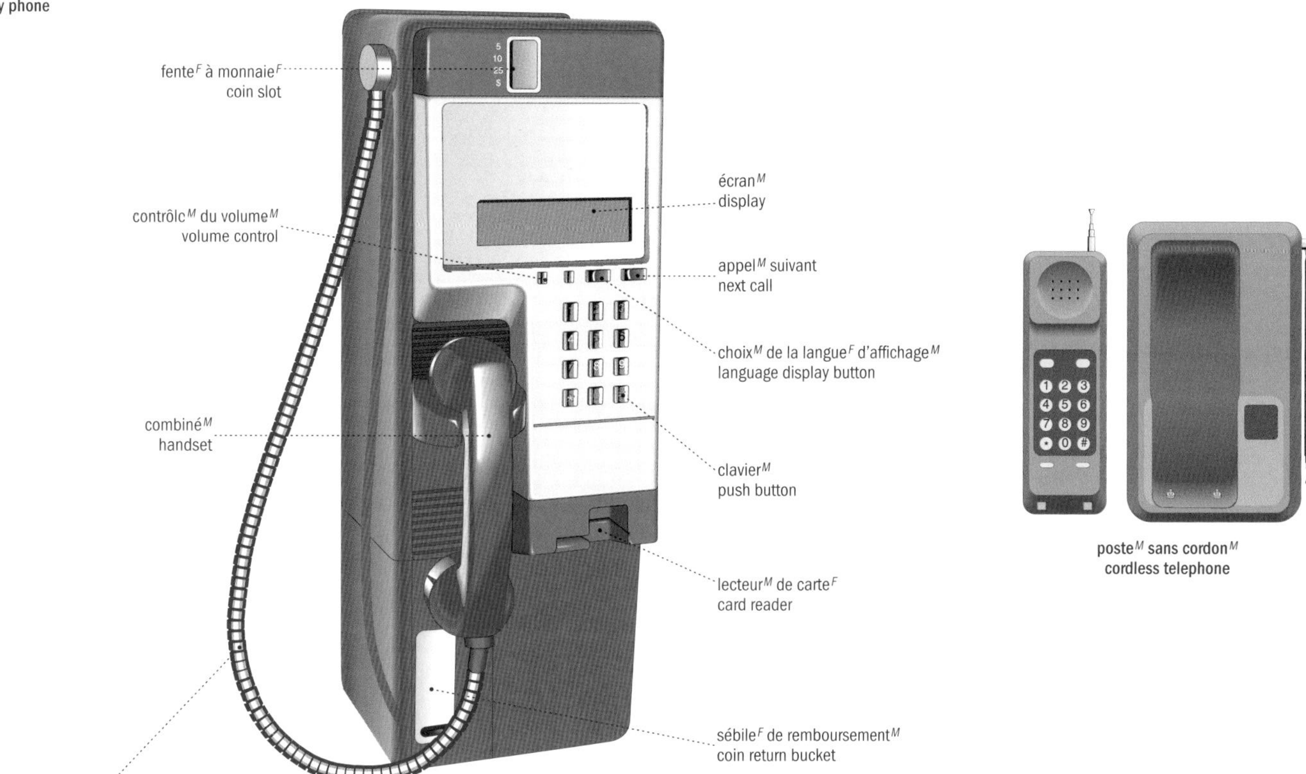
fente[F] à monnaie[F]
coin slot
contrôle[M] du volume[M]
volume control
combiné[M]
handset
cordon[M] à gaine[F] métallique
armored cord
écran[M]
display
appel[M] suivant
next call
choix[M] de la langue[F] d'affichage[M]
language display button
clavier[M]
push button
lecteur[M] de carte[F]
card reader
sébile[F] de remboursement[M]
coin return bucket

poste[M] sans cordon[M]
cordless telephone

terminal[M] de télécommunication[F]
telecommunication terminal

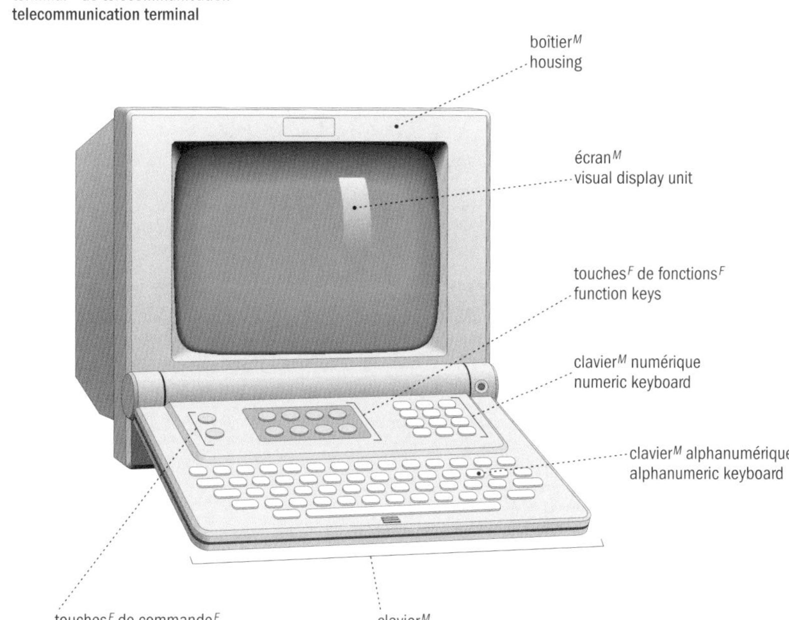
boîtier[M]
housing
écran[M]
visual display unit
touches[F] de fonctions[F]
function keys
clavier[M] numérique
numeric keyboard
clavier[M] alphanumérique
alphanumeric keyboard
touches[F] de commande[F]
operation keys
clavier[M]
keyboard

poste[M] à clavier[M]
push-button telephone

514-393-1452

pupitre[M] dirigeur
call director telephone

communication^{F} par téléphone^{M}

répondeur^{M} téléphonique
telephone answering machine

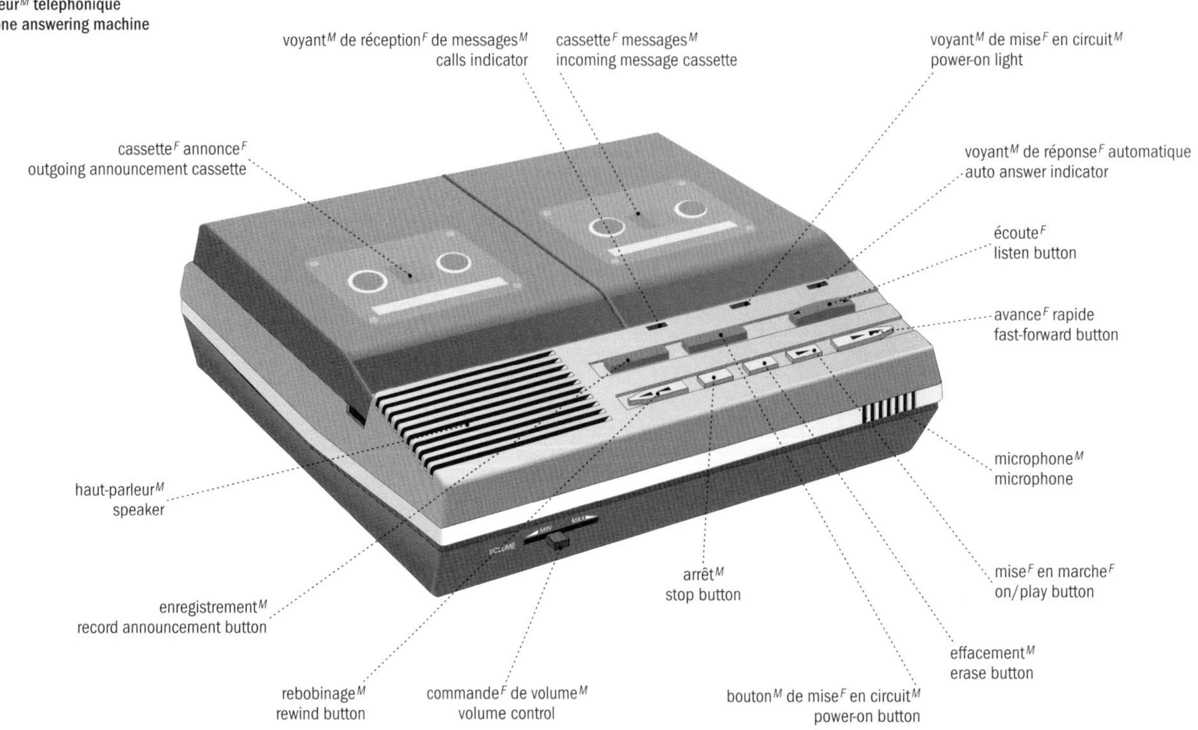

voyant^{M} de réception^{F} de messages^{M}
calls indicator
cassette^{F} messages^{M}
incoming message cassette
voyant^{M} de mise^{F} en circuit^{M}
power-on light
cassette^{F} annonce^{F}
outgoing announcement cassette
voyant^{M} de réponse^{F} automatique
auto answer indicator
écoute^{F}
listen button
avance^{F} rapide
fast-forward button
haut-parleur^{M}
speaker
microphone^{M}
microphone
arrêt^{M}
stop button
mise^{F} en marche^{F}
on/play button
enregistrement^{M}
record announcement button
effacement^{M}
erase button
rebobinage^{M}
rewind button
commande^{F} de volume^{M}
volume control
bouton^{M} de mise^{F} en circuit^{M}
power-on button

télécopieur^{M}
facsimile machine

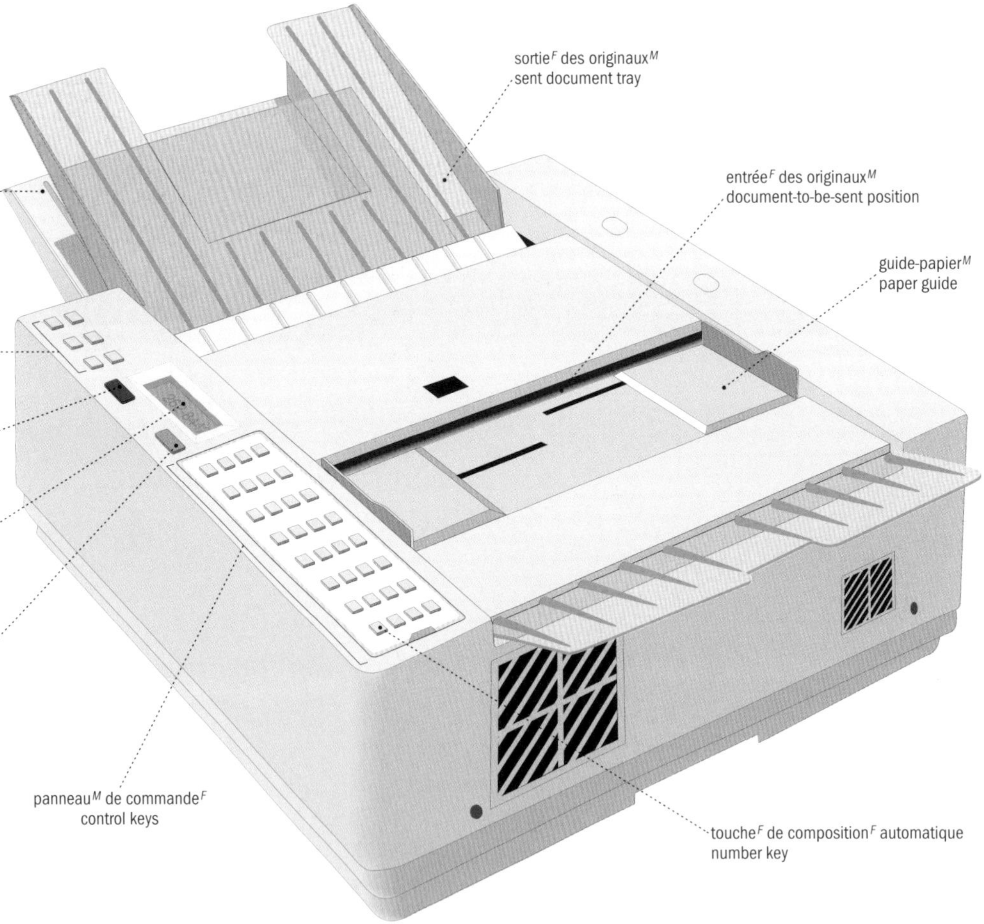

sortie^{F} des originaux^{M}
sent document tray

réception^{F} des messages^{M}
receiving tray

entrée^{F} des originaux^{M}
document-to-be-sent position

guide-papier^{M}
paper guide

panneau^{M} de fonctions^{F}
function keys

touche^{F} de correction^{F}
reset key

écran^{M} d'affichage^{M}
data display

mise^{F} en marche^{F}
start key

panneau^{M} de commande^{F}
control keys

touche^{F} de composition^{F} automatique
number key

bureau^M

office

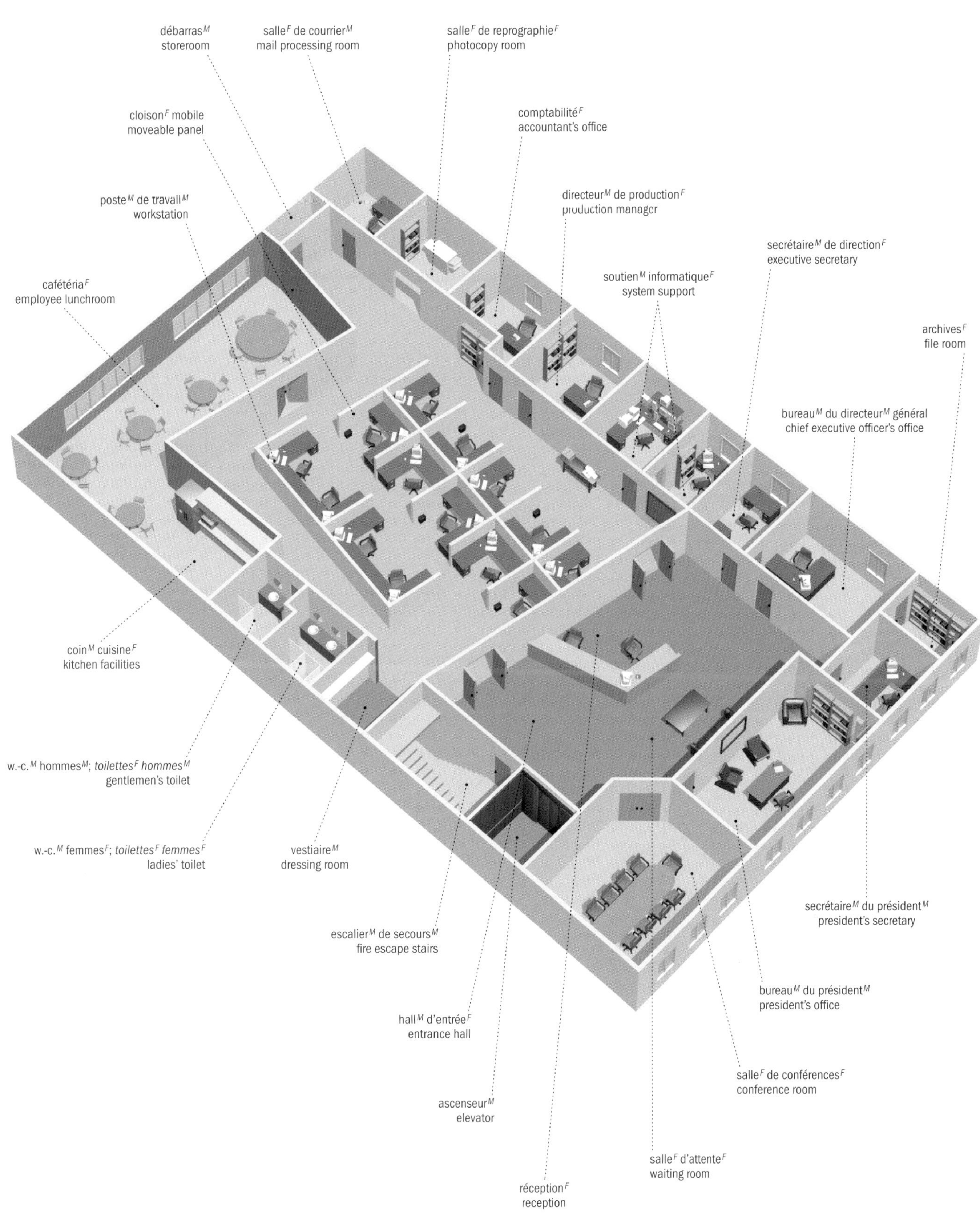
débarras^M
storeroom
salle^F de courrier^M
mail processing room
salle^F de reprographie^F
photocopy room
cloison^F mobile
moveable panel
comptabilité^F
accountant's office
poste^M de travail^M
workstation
directeur^M de production^F
production manager
secrétaire^M de direction^F
executive secretary
soutien^M informatique^F
system support
cafétéria^F
employee lunchroom
archives^F
file room
bureau^M du directeur^M général
chief executive officer's office
coin^M cuisine^F
kitchen facilities
w.-c.^M hommes^M; *toilettes^F hommes^M*
gentlemen's toilet
w.-c.^M femmes^F; *toilettes^F femmes^F*
ladies' toilet
vestiaire^M
dressing room
secrétaire^M du président^M
president's secretary
escalier^M de secours^M
fire escape stairs
bureau^M du président^M
president's office
hall^M d'entrée^F
entrance hall
salle^F de conférences^F
conference room
ascenseur^M
elevator
salle^F d'attente^F
waiting room
réception^F
reception

mobilier[M] de bureau[M]

office furniture

meubles[M] de classement[M]
filing furniture

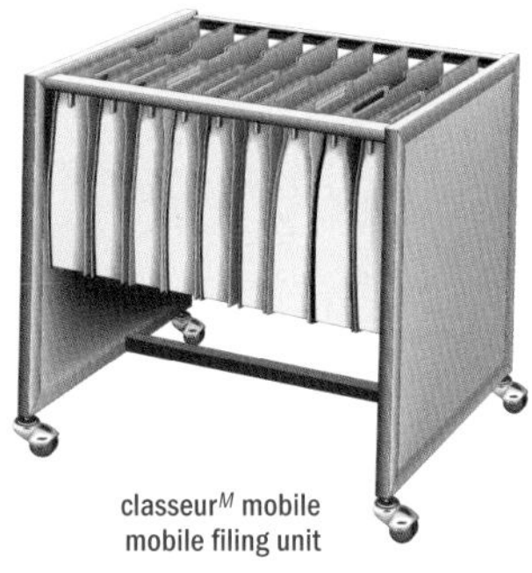

classeur[M] mobile
mobile filing unit

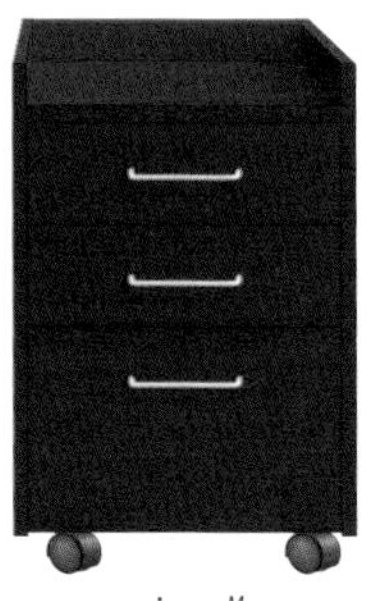

caisson[M]
mobile drawer unit

classeur[M] à clapets[M]
lateral filing cabinet

meubles[M] de rangement[M]
storage furniture

présentoir[M] à revues[F]
display cabinet

armoire[F] à papeterie[F]
stationery cabinet

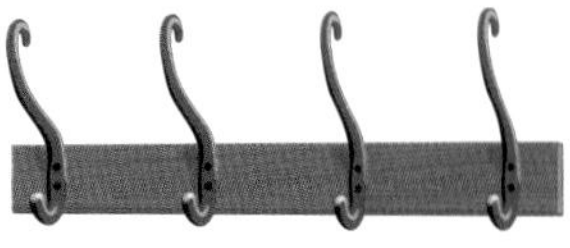

patère[F]
coat hook

cloison[F] mobile
movable panel

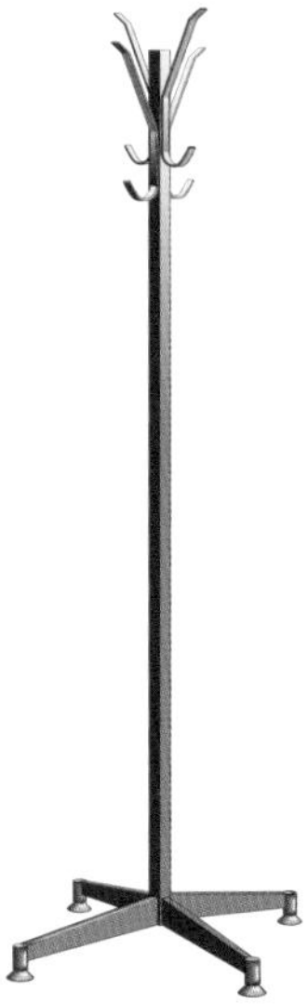

porte-manteau[M]
coat tree

armoire[F]-vestiaire[M]
locker

vestiaire[M] de bureau[M]
coat rack

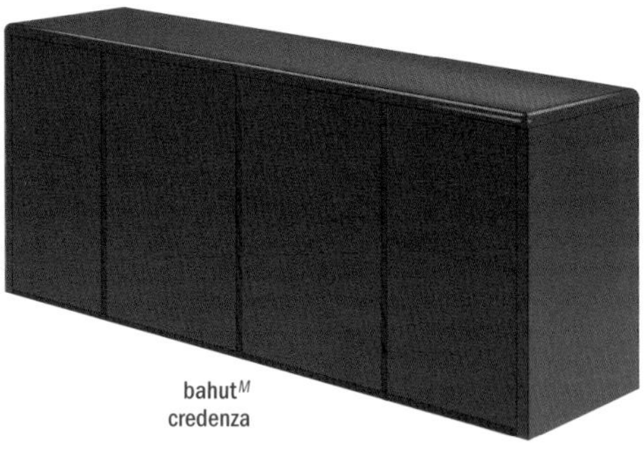

bahut[M]
credenza

mobilier^{M} de bureau^{M}

meubles^{M} de travail^{M}
work furniture

table^{F} d'ordinateur^{M}
computer table
support^{M} ajustable
adjustable platen
panneau^{M} de modestie^{F}
panel
fente^{F} d'alimentation^{F}
paper feed channel
table^{F} d'imprimante^{F}
printer table
panier^{M} de réception^{F}
paper catcher
panier^{M} d'alimentation^{F}
paper tray
chaise^{F} dactylo^{M}
typist's chair
bureau^{M} de direction^{F}
executive desk
sous-main^{M}
desk mat
retour^{M}
return
fauteuil^{M} pivotant à bascule^{F}
swivel-tilter armchair
bureau^{M} secrétaire^{M}
secretarial desk

photocopieur[M]
photocopier

chargeur[M] manuel
document handler

couvercle[M]
cover

plateau[M] récepteur
feeder output tray

tableau[M] de commande[F]
control panel

chargeur[M] automatique
bypass feeder

magasins[M]
paper trays

plateau[M] de tri[M] automatique
automatic sorting trays

réserve[F] de papier[M]
paper in reserve

tableau[M] de commande[F]
control panel

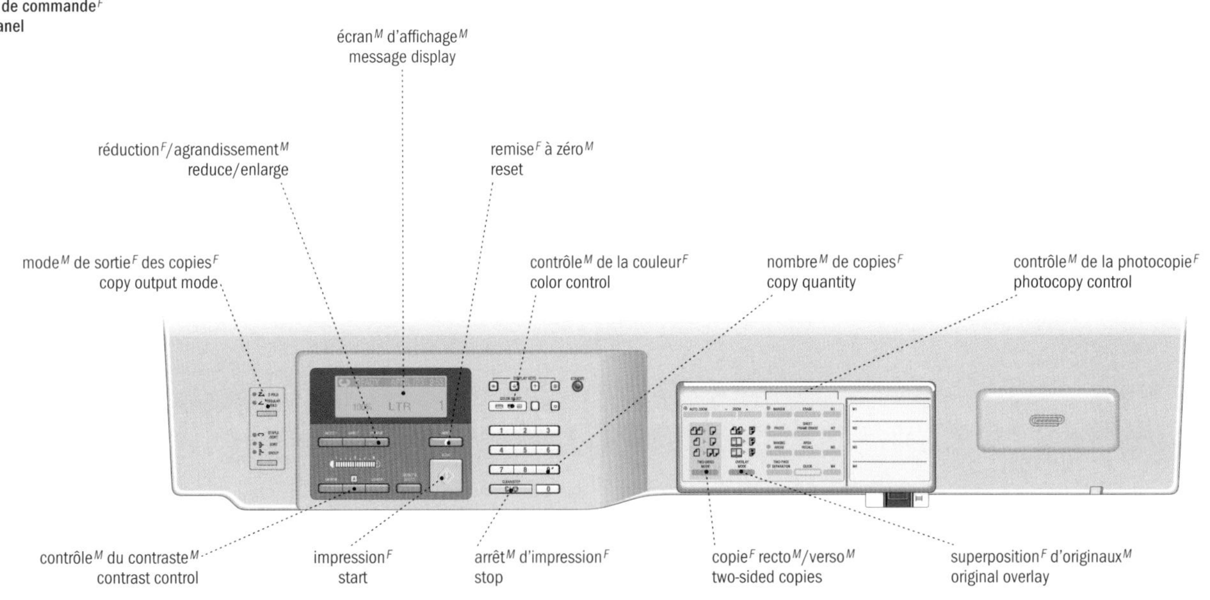
écran[M] d'affichage[M]
message display
réduction[F]/agrandissement[M]
reduce/enlarge
remise[F] à zéro[M]
reset
mode[M] de sortie[F] des copies[F]
copy output mode
contrôle[M] de la couleur[F]
color control
nombre[M] de copies[F]
copy quantity
contrôle[M] de la photocopie[F]
photocopy control
contrôle[M] du contraste[M]
contrast control
impression[F]
start
arrêt[M] d'impression[F]
stop
copie[F] recto[M]/verso[M]
two-sided copies
superposition[F] d'originaux[M]
original overlay

micro-ordinateur^M

personal computer

boîtier^M tour^F : vue^F arrière
tower case: back view

boîtier^M tour^F : vue^F avant
tower case: front view

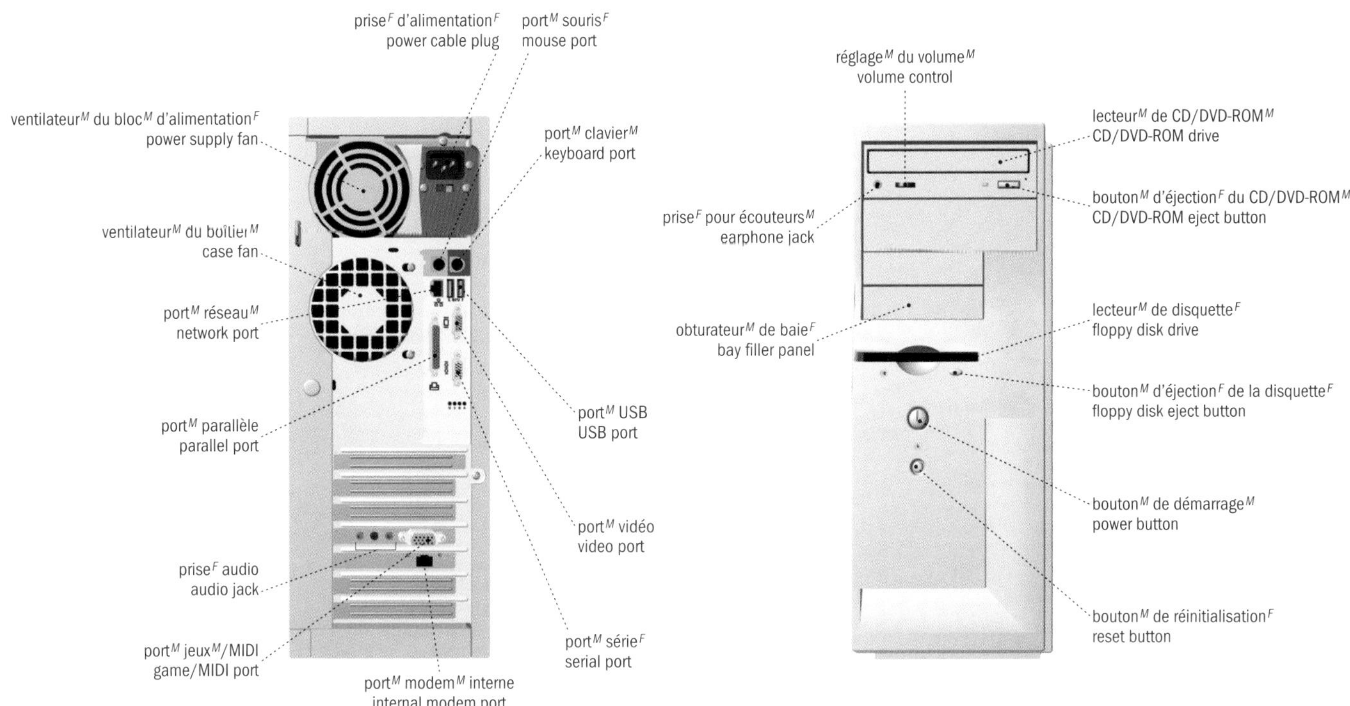

prise^F d'alimentation^F
power cable plug
port^M souris^F
mouse port
ventilateur^M du bloc^M d'alimentation^F
power supply fan
port^M clavier^M
keyboard port
ventilateur^M du boîtier^M
case fan
port^M réseau^M
network port
port^M parallèle
parallel port
port^M USB
USB port
port^M vidéo
video port
prise^F audio
audio jack
port^M jeux^M/MIDI
game/MIDI port
port^M série^F
serial port
port^M modem^M interne
internal modem port
réglage^M du volume^M
volume control
lecteur^M de CD/DVD-ROM^M
CD/DVD-ROM drive
bouton^M d'éjection^F du CD/DVD-ROM^M
CD/DVD-ROM eject button
prise^F pour écouteurs^M
earphone jack
obturateur^M de baie^F
bay filler panel
lecteur^M de disquette^F
floppy disk drive
bouton^M d'éjection^F de la disquette^F
floppy disk eject button
bouton^M de démarrage^M
power button
bouton^M de réinitialisation^F
reset button

boîtier^M tour^F : vue^F intérieure
tower case: interior view

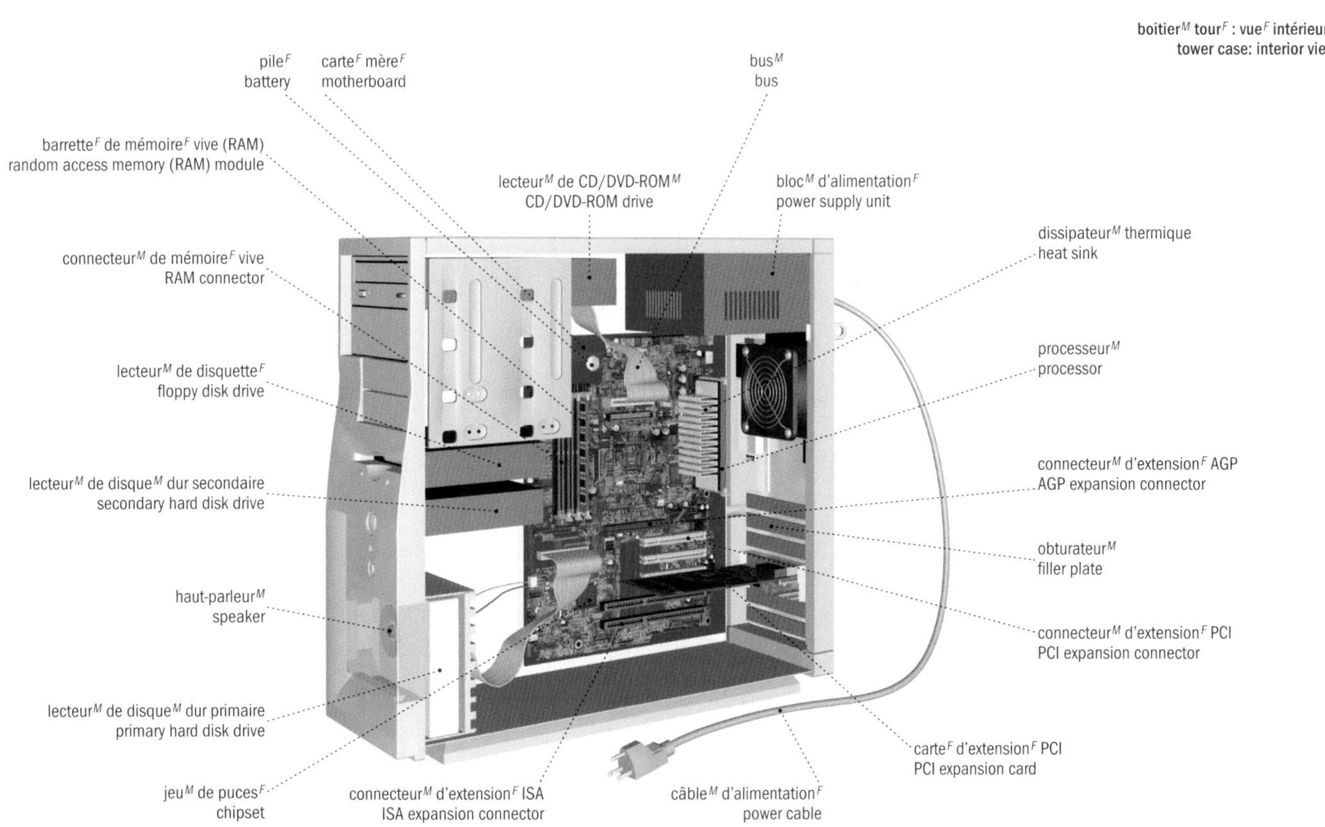

pile^F
battery
carte^F mère^F
motherboard
bus^M
bus
barrette^F de mémoire^F vive (RAM)
random access memory (RAM) module
lecteur^M de CD/DVD-ROM^M
CD/DVD-ROM drive
bloc^M d'alimentation^F
power supply unit
dissipateur^M thermique
heat sink
connecteur^M de mémoire^F vive
RAM connector
processeur^M
processor
lecteur^M de disquette^F
floppy disk drive
connecteur^M d'extension^F AGP
AGP expansion connector
lecteur^M de disque^M dur secondaire
secondary hard disk drive
obturateur^M
filler plate
haut-parleur^M
speaker
connecteur^M d'extension^F PCI
PCI expansion connector
lecteur^M de disque^M dur primaire
primary hard disk drive
carte^F d'extension^F PCI
PCI expansion card
jeu^M de puces^F
chipset
connecteur^M d'extension^F ISA
ISA expansion connector
câble^M d'alimentation^F
power cable

périphériques[M] d'entrée[F]

input devices

clavier[M] et pictogrammes[M]
keyboard and pictograms

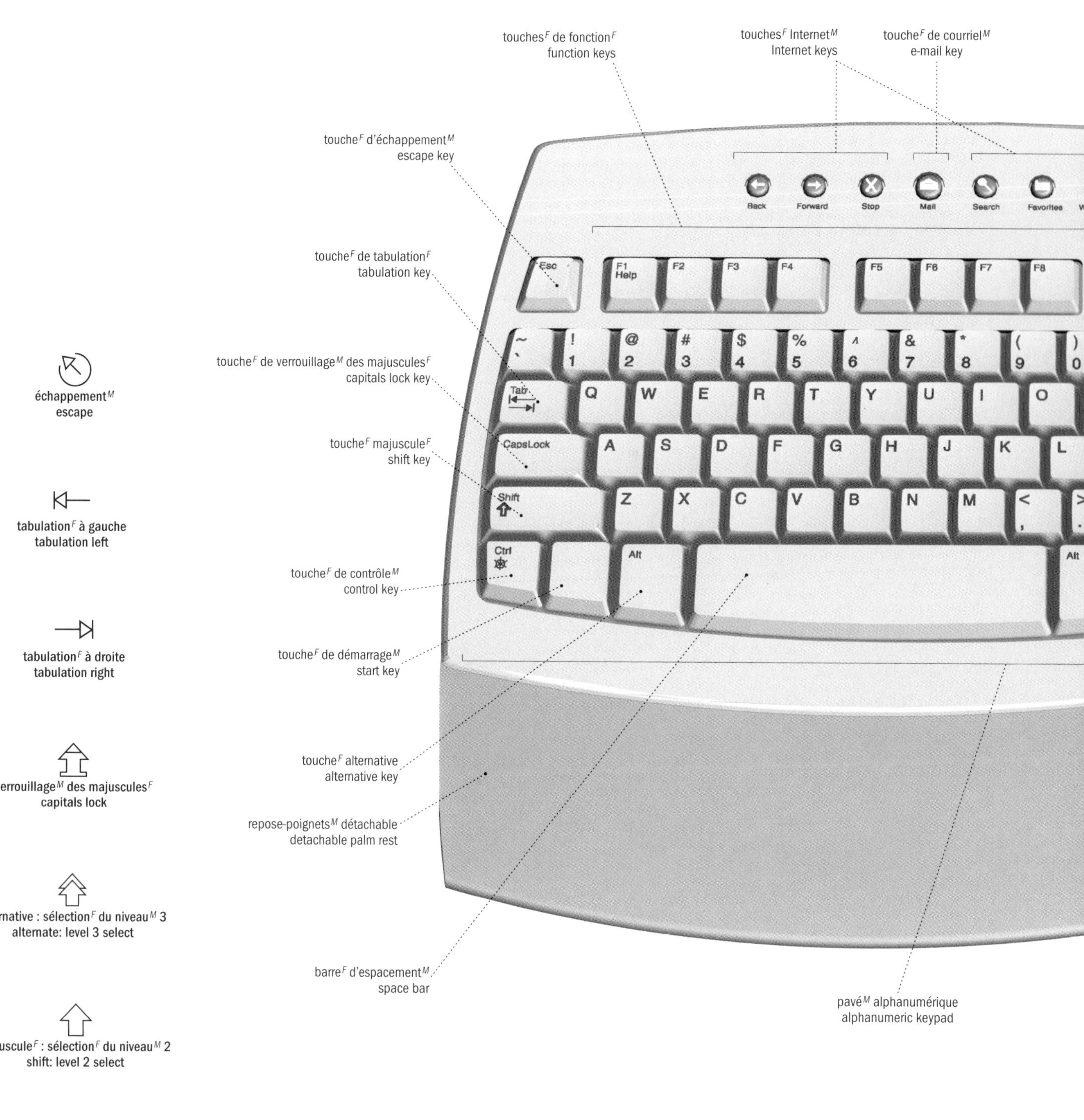

touches[F] de fonction[F]
function keys
touches[F] Internet[M]
Internet keys
touche[F] de courriel[M]
e-mail key
touche[F] d'échappement[M]
escape key
touche[F] de tabulation[F]
tabulation key
touche[F] de verrouillage[M] des majuscules[F]
capitals lock key
touche[F] majuscule[F]
shift key
touche[F] de contrôle[M]
control key
touche[F] de démarrage[M]
start key
touche[F] alternative
alternative key
repose-poignets[M] détachable
detachable palm rest
barre[F] d'espacement[M]
space bar
pavé[M] alphanumérique
alphanumeric keypad
échappement[M]
escape
tabulation[F] à gauche
tabulation left
tabulation[F] à droite
tabulation right
verrouillage[M] des majuscules[F]
capitals lock
alternative : sélection[F] du niveau[M] 3
alternate: level 3 select
majuscule[F] : sélection[F] du niveau[M] 2
shift: level 2 select

contrôle[M] : sélection[F] de groupe[M]
control: group select

contrôle[M]
control

alternative
alternate

espace[F]
space

espace[F] insécable
nonbreaking space

touche[F] d'impression[F] de l'écran[M]/d'appel[M] système[M]
print screen/system request key
voyants[M]
indicator lights
touche[F] d'insertion[F]
insert key
touche[F] d'arrêt[M] du défilement[M]
scrolling lock key
touche[F] d'effacement[M]
backspace key
touche[F] de pause[F]/d'interruption[F]
pause/break key
touche[F] début[M]
home key
touche[F] de verrouillage[M] numérique
numeric lock key
touche[F] page[F] précédente
page up key
touche[F] page[F] suivante
page down key
touche[F] de retour[M]
enter key
touche[F] fin[F]
end key
pavé[M] numérique
numeric keypad
touches[F] de déplacement[M] du curseur[M]
cursor movement keys
touche[F] de suppression[F]
delete key
touche[F] de retour[M]
enter key
F10
F11
F12
Print Scrn
SysRq
Scroll Lock
Pause
Break
My Computer
Calculator
Sleep
Backspace
Insert
Home
Page Up
Delete
End
Page Down
Num Lock
Home
PgUp
End
PgDn
Ins
Del
Enter
Enter
Shift
Ctrl
pause[F]
pause
interruption[F]
break
verrouillage[M] numérique
numeric lock
défilement[M]
scrolling
insertion[F]
insert
suppression[F]
delete
début[M]
home
fin[F]
end
page[F] précédente
page up
effacement[M] arrière : effacement[M]
backspace
impression[F] de l'écran[M]
print screen
page[F] suivante
page down
curseur[M] vers la gauche[F]
cursor left
curseur[M] vers la droite[F]
cursor right
curseur[M] vers le haut[M]
cursor up
curseur[M] vers le bas[M]
cursor down
retour[M]
return

périphériques^M d'entrée^F

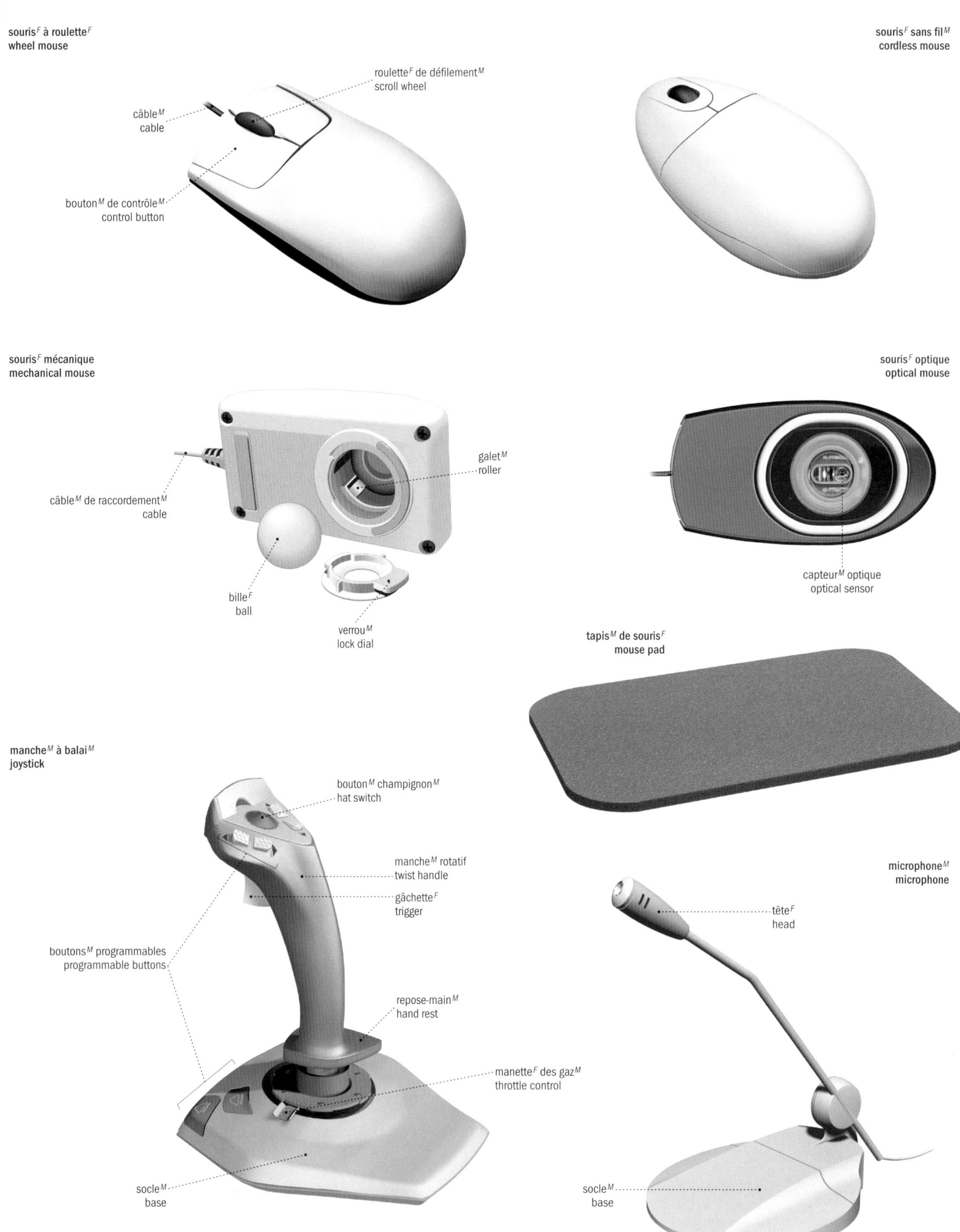
souris^F à roulette^F
wheel mouse
roulette^F de défilement^M
scroll wheel
câble^M
cable
bouton^M de contrôle^M
control button
souris^F sans fil^M
cordless mouse
souris^F mécanique
mechanical mouse
galet^M
roller
câble^M de raccordement^M
cable
bille^F
ball
verrou^M
lock dial
souris^F optique
optical mouse
capteur^M optique
optical sensor
tapis^M de souris^F
mouse pad
manche^M à balai^M
joystick
bouton^M champignon^M
hat switch
manche^M rotatif
twist handle
gâchette^F
trigger
boutons^M programmables
programmable buttons
repose-main^M
hand rest
manette^F des gaz^M
throttle control
socle^M
base
microphone^M
microphone
tête^F
head
socle^M
base

périphériques[M] d'entrée[F]

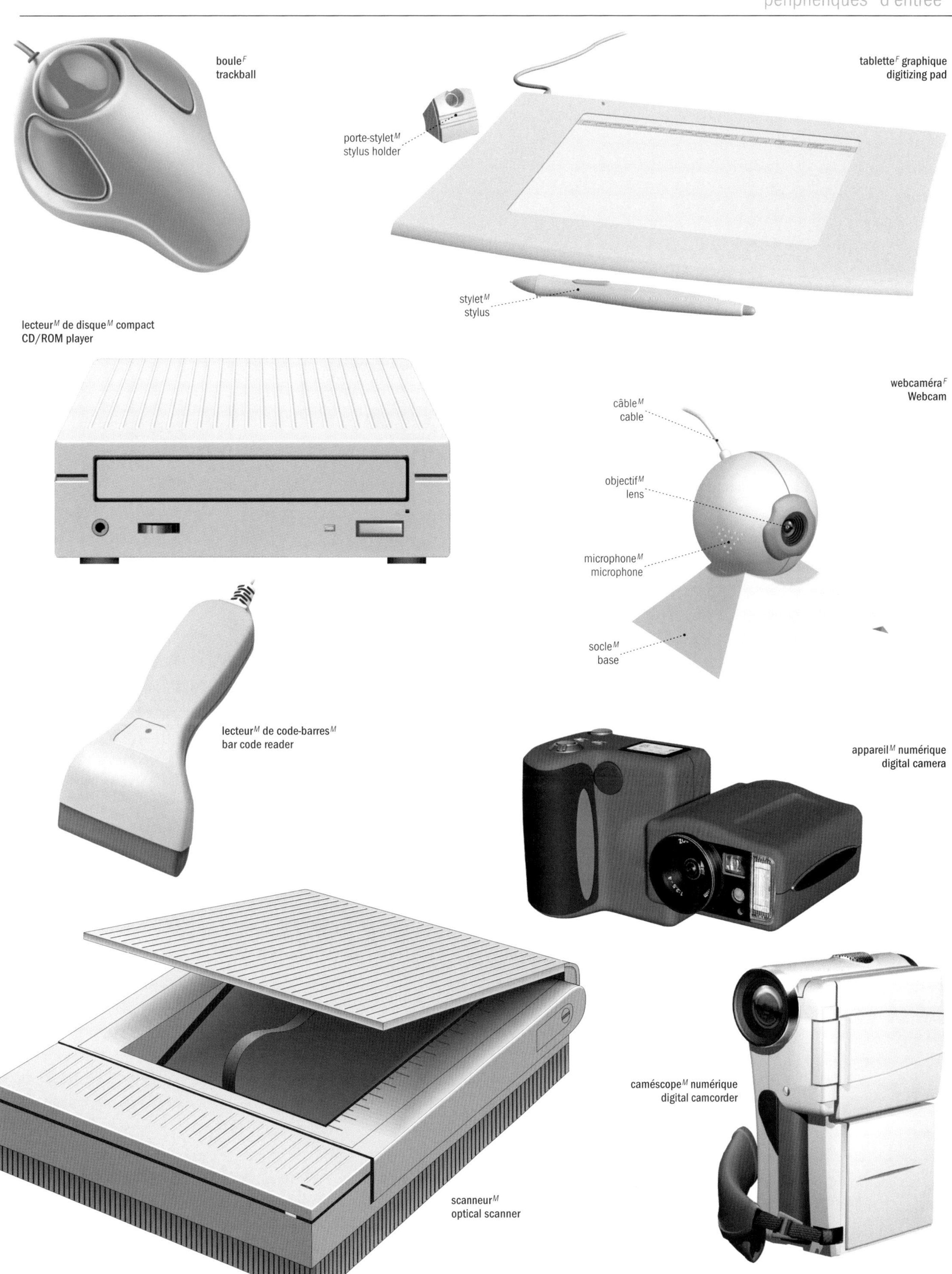
boule[F]
trackball
tablette[F] graphique
digitizing pad
porte-stylet[M]
stylus holder
stylet[M]
stylus
lecteur[M] de disque[M] compact
CD/ROM player
webcaméra[F]
Webcam
câble[M]
cable
objectif[M]
lens
microphone[M]
microphone
socle[M]
base
lecteur[M] de code-barres[M]
bar code reader
appareil[M] numérique
digital camera
caméscope[M] numérique
digital camcorder
scanneur[M]
optical scanner

périphériques^{M} de sortie^{F}

output devices

écran^{M} plat
flat screen monitor

MENU
SELECT

écran^{M}
video monitor

réglage^{M} vertical
vertical control
réglage^{M} horizontal
horizontal control
réglage^{M} de centrage^{M}
centering control
réglage^{M} du contraste^{M}
contrast control
témoin^{M} d'alimentation^{F}
power indicator
interrupteur^{M}
power switch
réglage^{M} de la luminosité^{F}
brightness control

vidéoprojecteur^{M}
projector

panneau^{M} de contrôle^{M}
control panel
objectif^{M}
lens
capteur^{M} infrarouge^{M}
remote sensor
interrupteur^{M} d'alimentation^{F}
power switch
panneau^{M} de connexions^{F}
connector panel
entrée^{F} informatique
computer connector
port^{M} souris^{F}
mouse port

périphériques^M de sortie^F

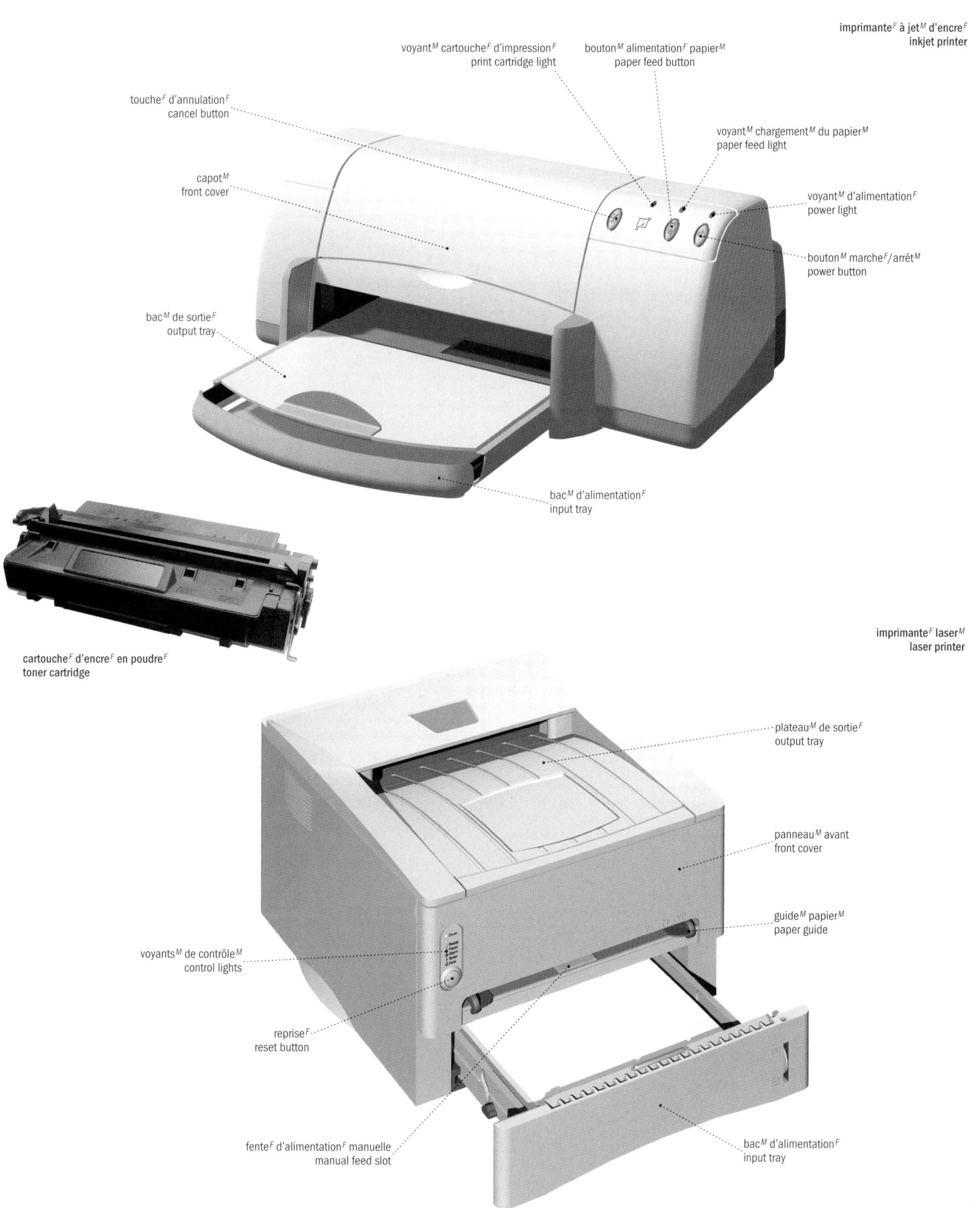
imprimante^F à jet^M d'encre^F
inkjet printer
voyant^M cartouche^F d'impression^F
print cartridge light
bouton^M alimentation^F papier^M
paper feed button
touche^F d'annulation^F
cancel button
voyant^M chargement^M du papier^M
paper feed light
capot^M
front cover
voyant^M d'alimentation^F
power light
bouton^M marche^F/arrêt^M
power button
bac^M de sortie^F
output tray
bac^M d'alimentation^F
input tray
cartouche^F d'encre^F en poudre^F
toner cartridge
imprimante^F laser^M
laser printer
plateau^M de sortie^F
output tray
panneau^M avant
front cover
guide^M papier^M
paper guide
voyants^M de contrôle^M
control lights
reprise^F
reset button
fente^F d'alimentation^F manuelle
manual feed slot
bac^M d'alimentation^F
input tray

périphériques[M] de sortie[F]

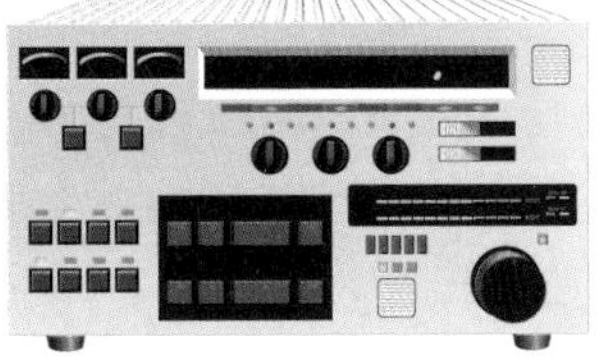

unité[F] vidéo
desktop video unit

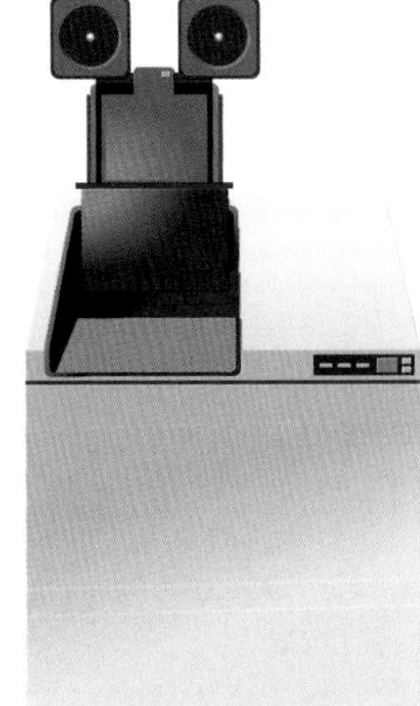

enregistreur[M] de film[M]
film recorder

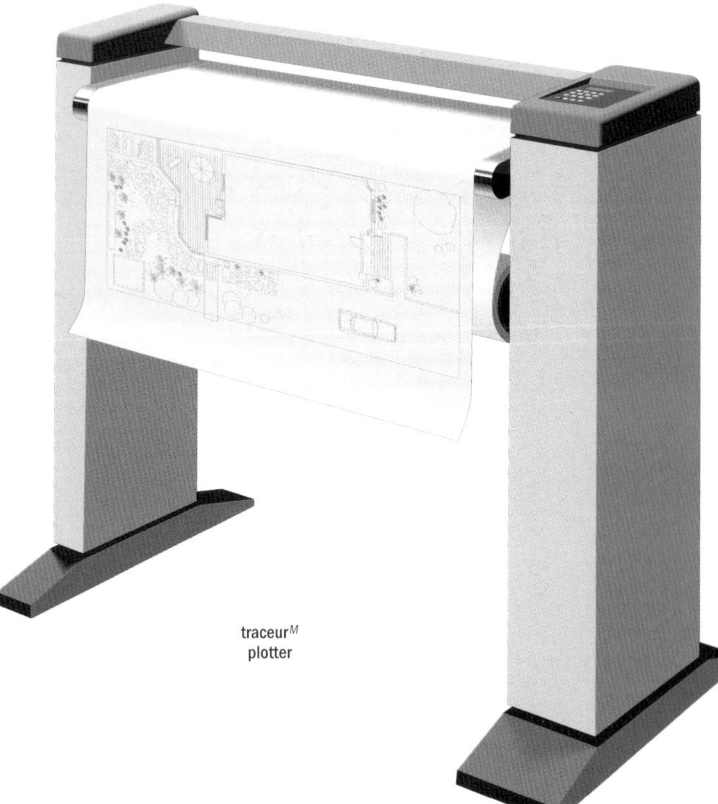

traceur[M]
plotter

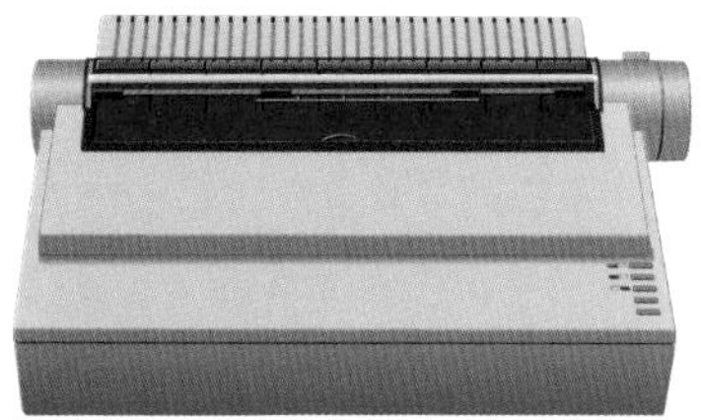

imprimante[F] matricielle
dot matrix printer

onduleur[M]

uninterruptible power supply (UPS)

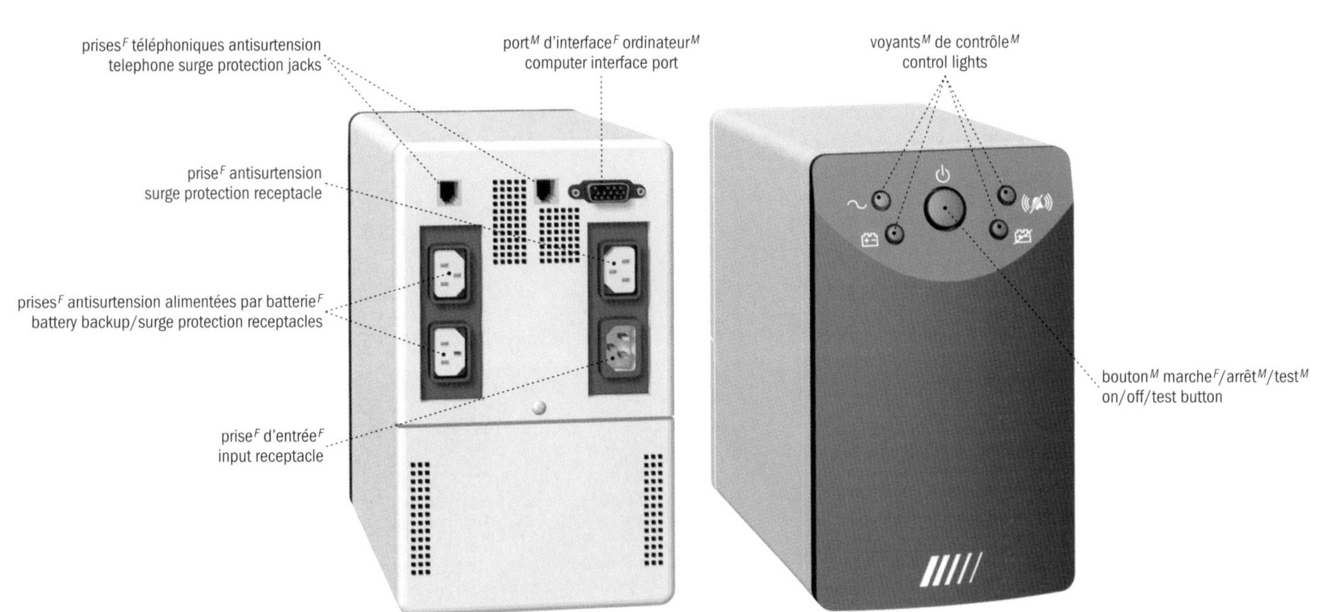
prises[F] téléphoniques antisurtension
telephone surge protection jacks
port[M] d'interface[F] ordinateur[M]
computer interface port
voyants[M] de contrôle[M]
control lights
prise[F] antisurtension
surge protection receptacle
prises[F] antisurtension alimentées par batterie[F]
battery backup/surge protection receptacles
bouton[M] marche[F]/arrêt[M]/test[M]
on/off/test button
prise[F] d'entrée[F]
input receptacle

périphériques[M] de stockage[M]

data storage devices

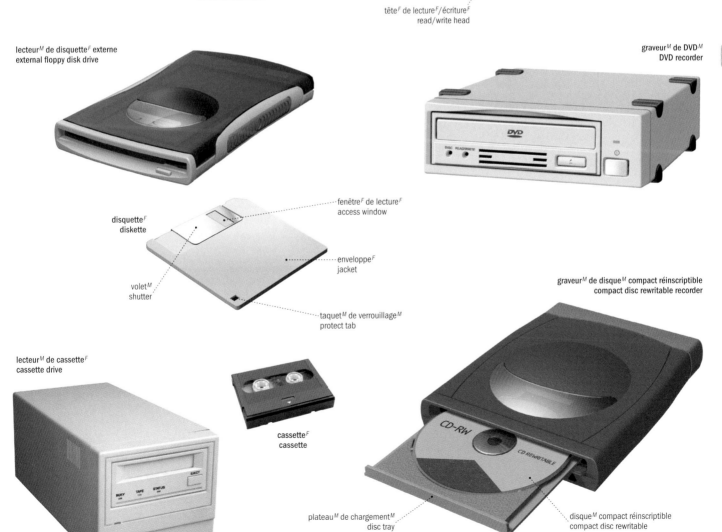

lecteur[M] de disque[M] dur amovible
removable hard disk drive

bouton[M] d'éjection[F] du disque[M]
disk eject button
disque[M] dur amovible
removable hard disk

lecteur[M] de disque[M] dur
hard disk drive

disque[M]
disk
moteur[M] de disques[M]
disk motor
guide[M]
actuator arm
moteur[M] de guides[M]
actuator arm motor
tête[F] de lecture[F]/écriture[F]
read/write head

lecteur[M] de disquette[F] externe
external floppy disk drive

graveur[M] de DVD[M]
DVD recorder

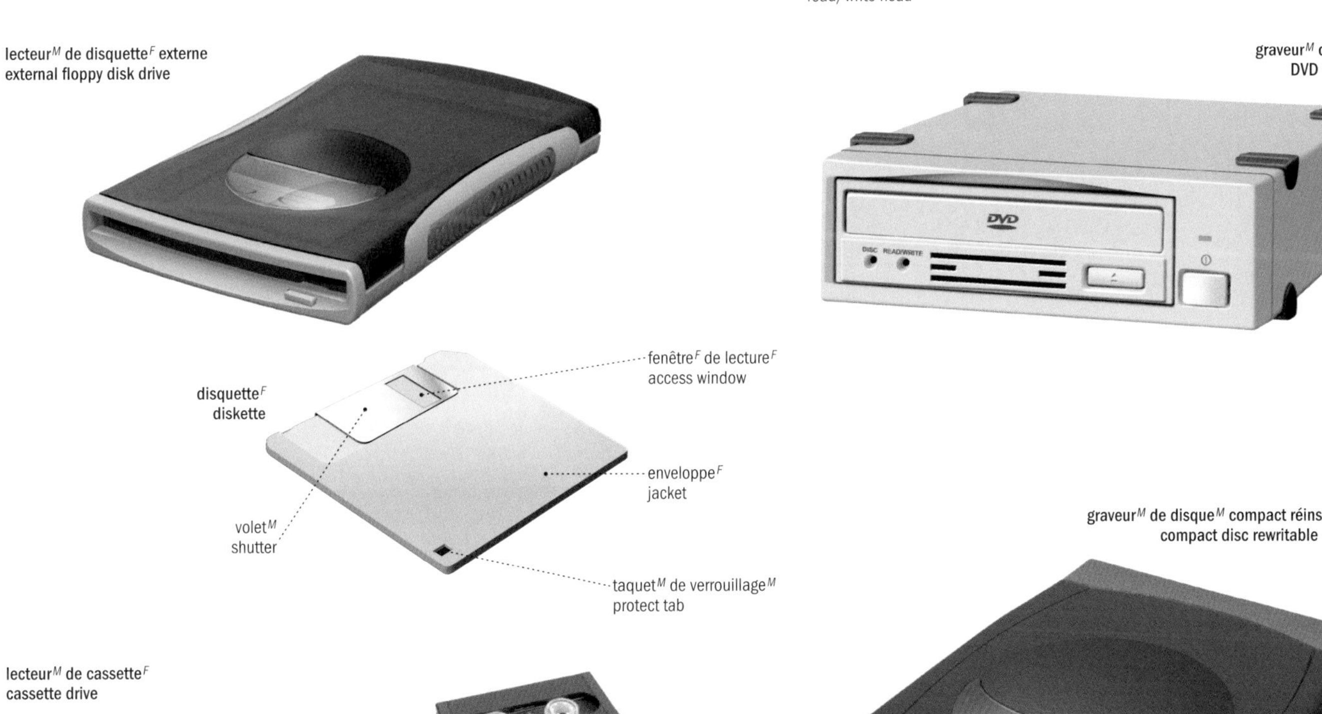
DVD
DISC
READ/WRITE
disquette[F]
diskette
fenêtre[F] de lecture[F]
access window
enveloppe[F]
jacket
volet[M]
shutter
taquet[M] de verrouillage[M]
protect tab

graveur[M] de disque[M] compact réinscriptible
compact disc rewritable recorder

CD-RW
CD REWRITABLE

plateau[M] de chargement[M]
disc tray

disque[M] compact réinscriptible
compact disc rewritable

lecteur[M] de cassette[F]
cassette drive

EJECT
BUSY
TAPE
STATUS

cassette[F]
cassette

COMMUNICATIONS ET BUREAUTIQUE

périphériques[M] de communication[F]

communication devices

carte[F] réseau[M]
network interface card

émetteur[M]-récepteur[M] d'accès[M] réseau[M]
network access point transceiver

carte[F] réseau[M] sans fil[M]
wireless network interface card

modem[M]
modem

exemples[M] de réseaux[M]

examples of networks

réseau[M] en anneau[M]
ring network

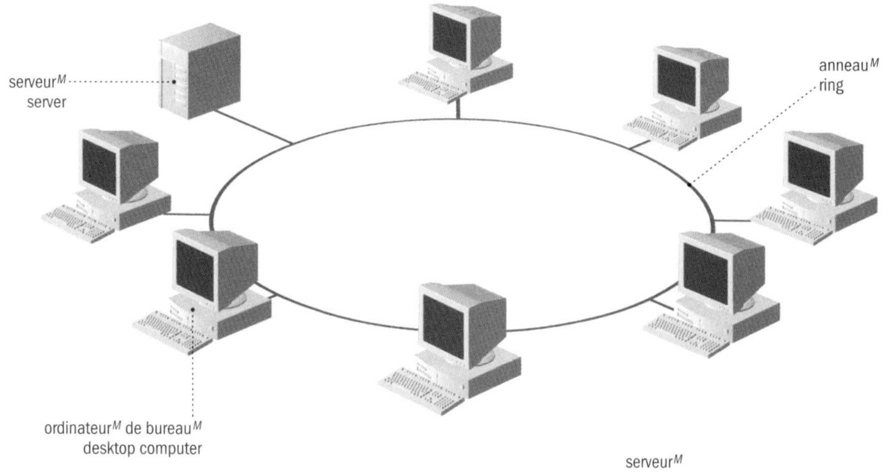

serveur[M]
server

anneau[M]
ring

ordinateur[M] de bureau[M]
desktop computer

réseau[M] en étoile[F]
star network

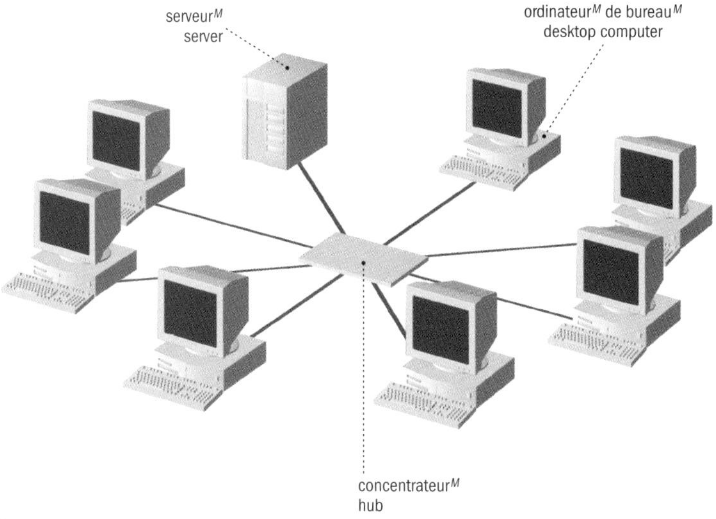

serveur[M]
server

ordinateur[M] de bureau[M]
desktop computer

concentrateur[M]
hub

réseau[M] en bus[M]
bus network

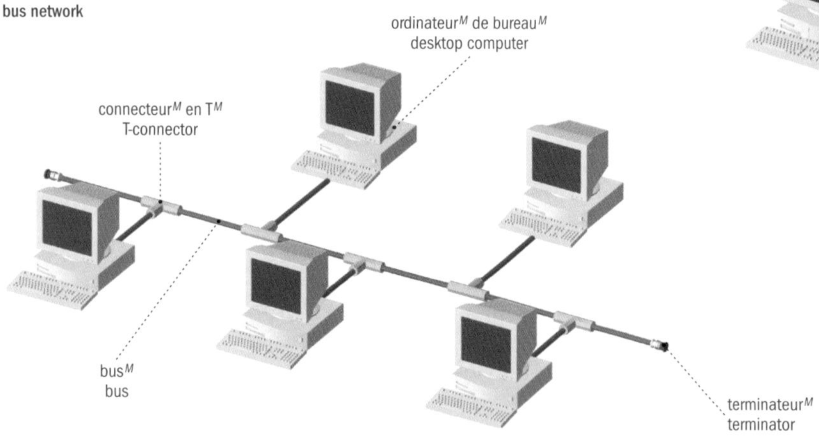

ordinateur[M] de bureau[M]
desktop computer

connecteur[M] en T[M]
T-connector

bus[M]
bus

terminateur[M]
terminator

réseau[M] informatique

computer network

réseau[M] étendu
wide area network

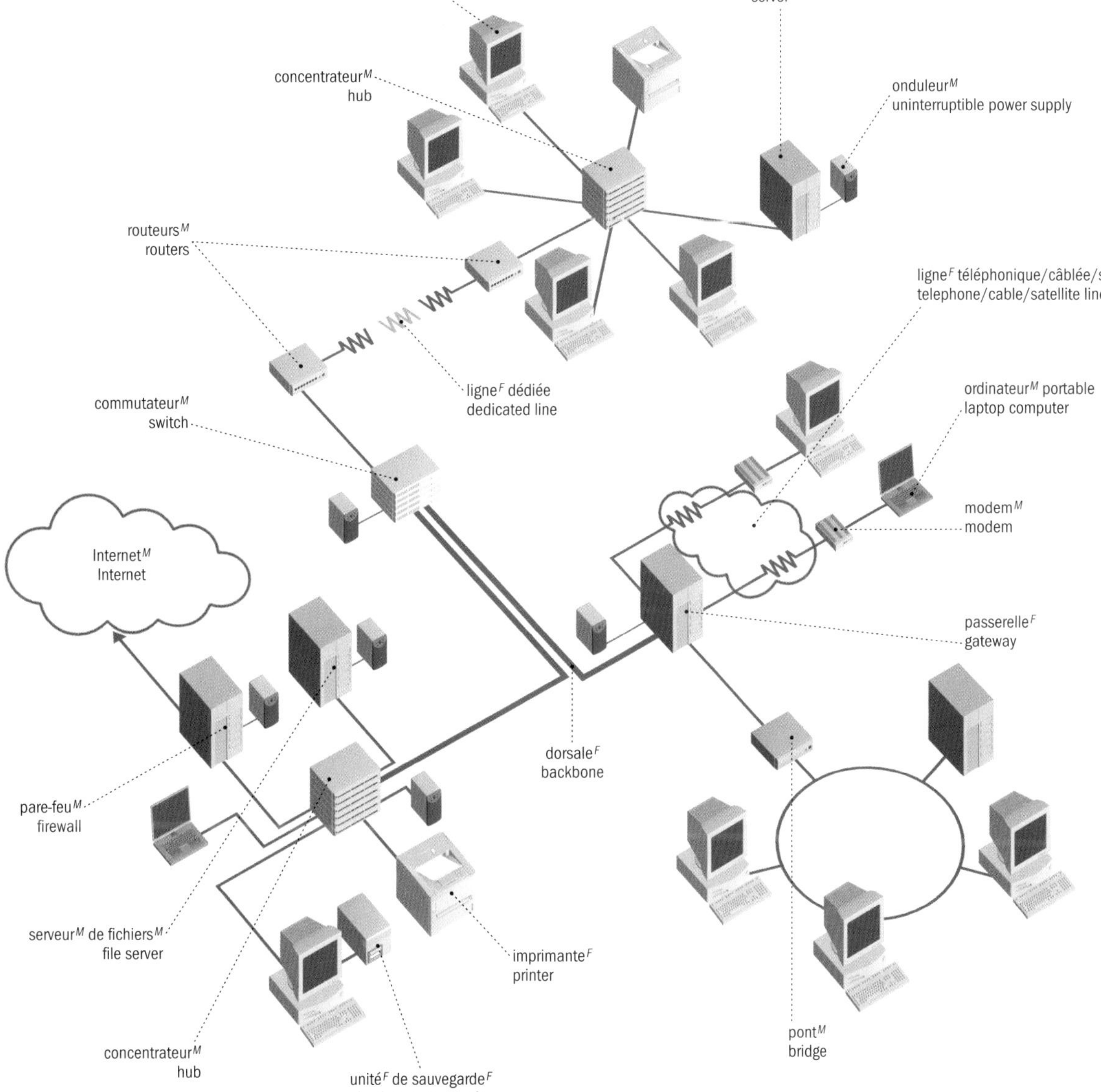

ordinateur[M] de bureau[M]
desktop computer

serveur[M]
server

concentrateur[M]
hub

onduleur[M]
uninterruptible power supply

routeurs[M]
routers

ligne[F] téléphonique/câblée/satellite[M]
telephone/cable/satellite line

ligne[F] dédiée
dedicated line

commutateur[M]
switch

ordinateur[M] portable
laptop computer

modem[M]
modem

Internet[M]
Internet

passerelle[F]
gateway

dorsale[F]
backbone

pare-feu[M]
firewall

serveur[M] de fichiers[M]
file server

imprimante[F]
printer

concentrateur[M]
hub

unité[F] de sauvegarde[F]
backup storage unit

pont[M]
bridge

câbles[M]
cables

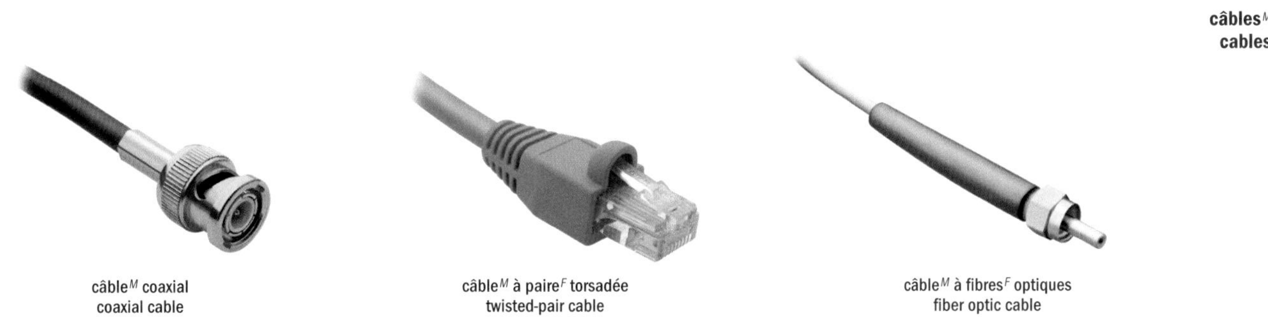

câble[M] coaxial
coaxial cable

câble[M] à paire[F] torsadée
twisted-pair cable

câble[M] à fibres[F] optiques
fiber optic cable

Internet^{M}

Internet

adresse^{F} URL^{F} (localisateur^{M} universel de ressources^{F})
URL (uniform resource locator)

http://www.un.org/aboutun/index.htm

protocole^{M} de communication^{F}
communication protocol

nom^{M} de domaine^{M}
domain name

format^{M} du fichier^{M}
file format

double barre^{F} oblique
double virgule

domaine^{M} de second niveau^{M}
second-level domain

fichier^{M}
file

serveur^{M}
server

domaine^{M} de premier niveau^{M}
top-level domain

répertoire^{M}
directory

navigateur^{M}
browser

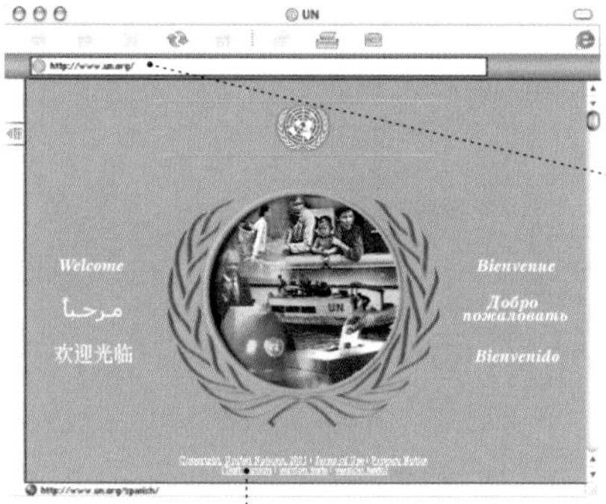

adresse^{F} URL^{F}
URL

hyperliens^{M}
hyperlinks

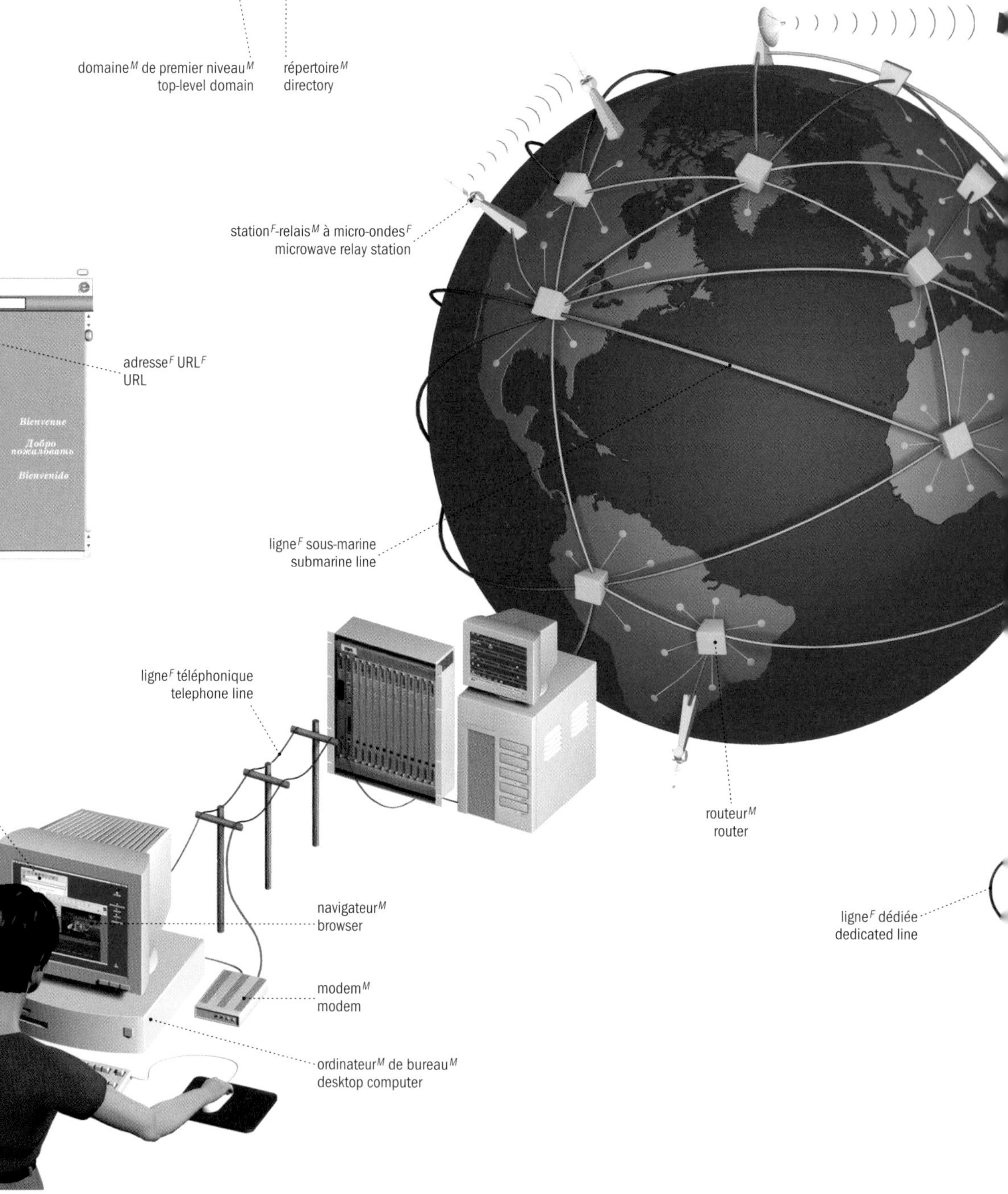

station^{F}-relais^{M} à micro-ondes^{F}
microwave relay station

ligne^{F} sous-marine
submarine line

ligne^{F} téléphonique
telephone line

logiciel^{M} de courrier^{M} électronique
e-mail software

routeur^{M}
router

internaute^{F}
Internet user

navigateur^{M}
browser

ligne^{F} dédiée
dedicated line

modem^{M}
modem

ordinateur^{M} de bureau^{M}
desktop computer

utilisations^F d'Internet^M

Internet uses

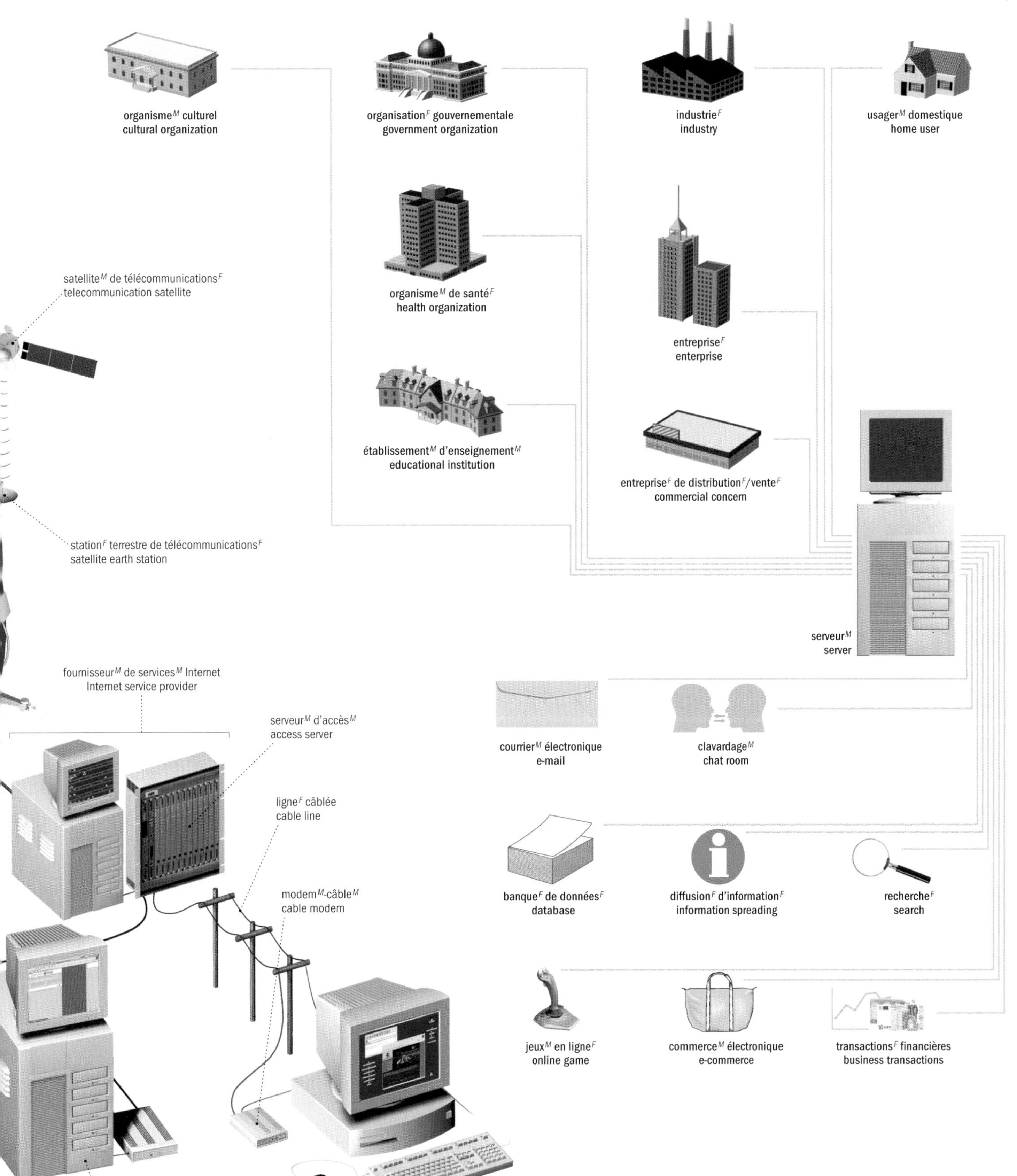
organisme^M culturel
cultural organization
organisation^F gouvernementale
government organization
industrie^F
industry
usager^M domestique
home user
organisme^M de santé^F
health organization
entreprise^F
enterprise
satellite^M de télécommunications^F
telecommunication satellite
établissement^M d'enseignement^M
educational institution
entreprise^F de distribution^F/vente^F
commercial concern
station^F terrestre de télécommunications^F
satellite earth station
serveur^M
server
fournisseur^M de services^M Internet
Internet service provider
serveur^M d'accès^M
access server
courrier^M électronique
e-mail
clavardage^M
chat room
ligne^F câblée
cable line
banque^F de données^F
database
diffusion^F d'information^F
information spreading
recherche^F
search
modem^M-câble^M
cable modem
jeux^M en ligne^F
online game
commerce^M électronique
e-commerce
transactions^F financières
business transactions
serveur^M
server

ordinateur[M] portable

laptop computer

ordinateur[M] portable : vue[F] avant
laptop computer: front view

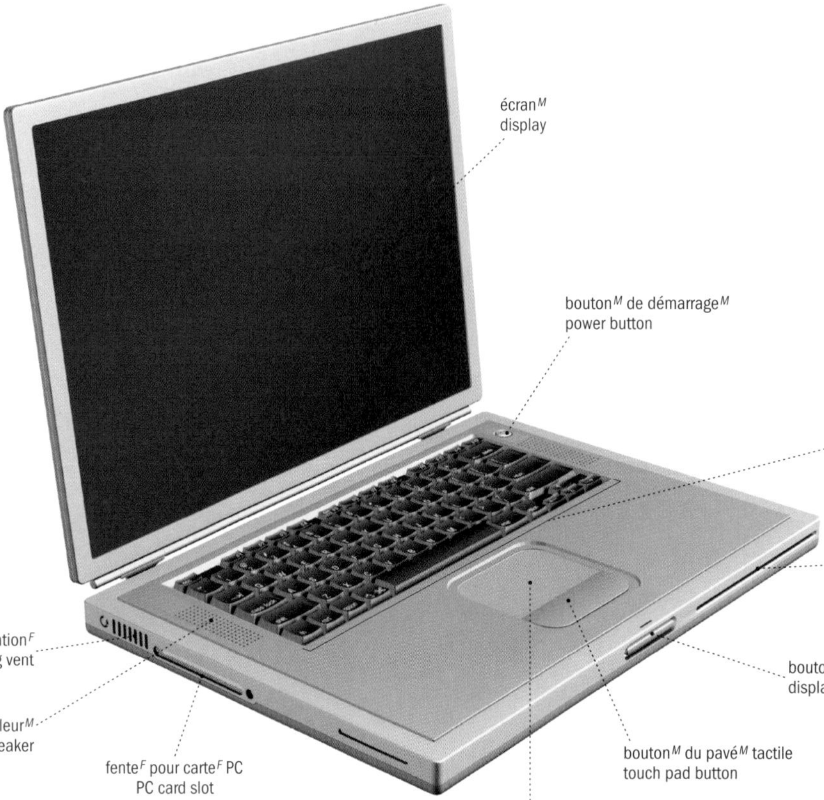

écran[M]
display

bouton[M] de démarrage[M]
power button

clavier[M]
keyboard

lecteur[M] de CD/DVD-ROM[M]
CD/DVD-ROM drive

fentes[F] d'aération[F]
cooling vent

bouton[M] de déverrouillage[M] de l'écran[M]
display release button

haut-parleur[M]
speaker

fente[F] pour carte[F] PC
PC card slot

bouton[M] du pavé[M] tactile
touch pad button

pavé[M] tactile
touch pad

ordinateur[M] portable : vue[F] arrière
laptop computer: rear view

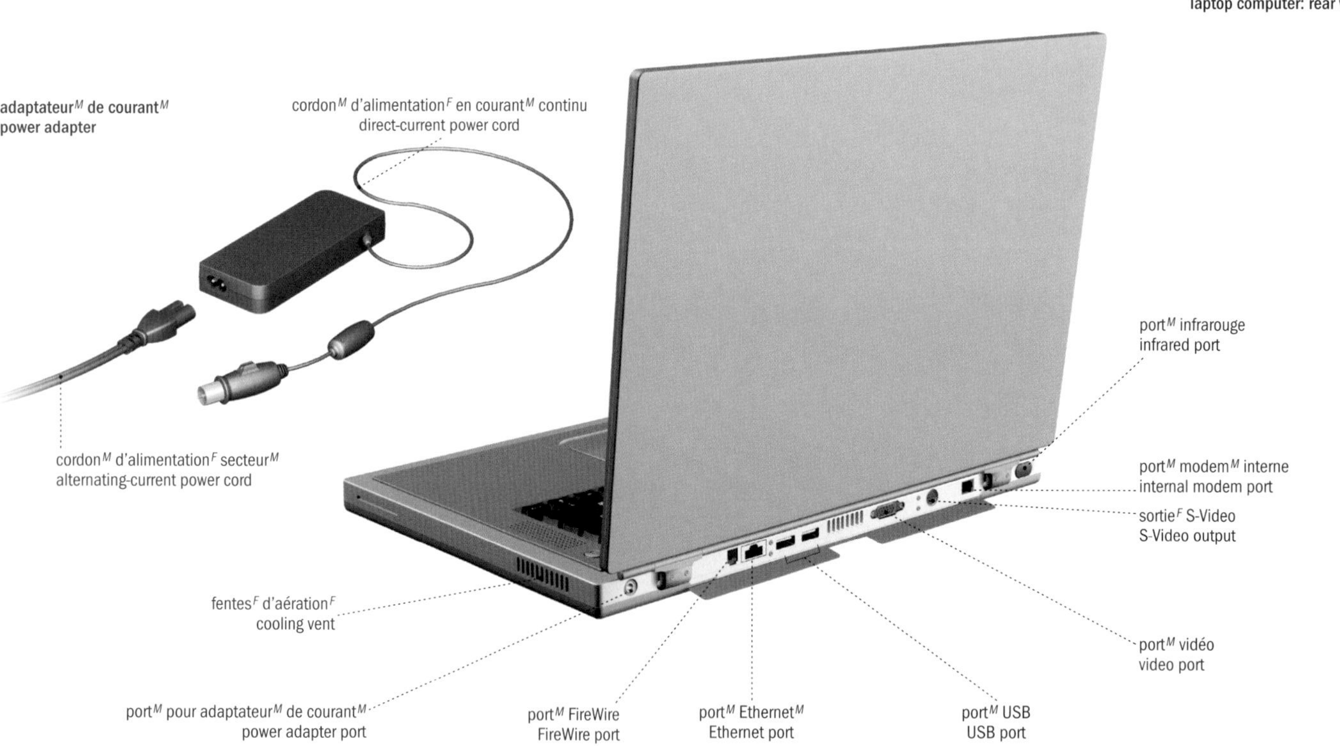
adaptateur[M] de courant[M]
power adapter
cordon[M] d'alimentation[F] en courant[M] continu
direct-current power cord
cordon[M] d'alimentation[F] secteur[M]
alternating-current power cord
port[M] infrarouge
infrared port
port[M] modem[M] interne
internal modem port
sortie[F] S-Video
S-Video output
fentes[F] d'aération[F]
cooling vent
port[M] vidéo
video port
port[M] pour adaptateur[M] de courant[M]
power adapter port
port[M] FireWire
FireWire port
port[M] Ethernet[M]
Ethernet port
port[M] USB
USB port

ordinateur^M portable

mallette^F d'ordinateur^M portable
laptop computer briefcase
compartiment^M pour ordinateur^M
computer compartment
compartiment^M pour documents^M
document compartment
bandoulière^F
shoulder strap

livre^M électronique

electronic book

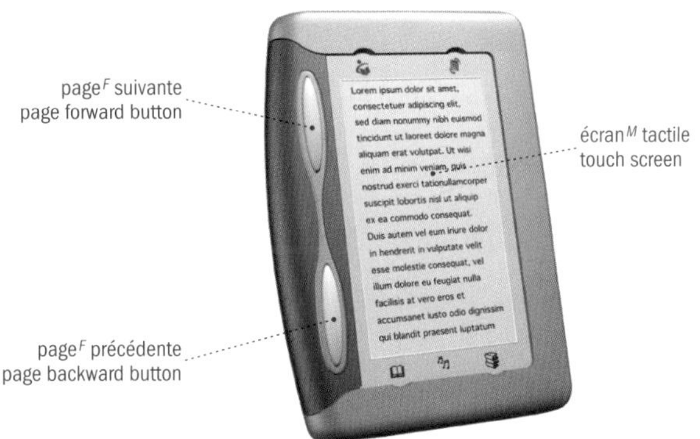
page^F suivante
page forward button
écran^M tactile
touch screen
page^F précédente
page backward button

ordinateur^M de poche^F

handheld computer

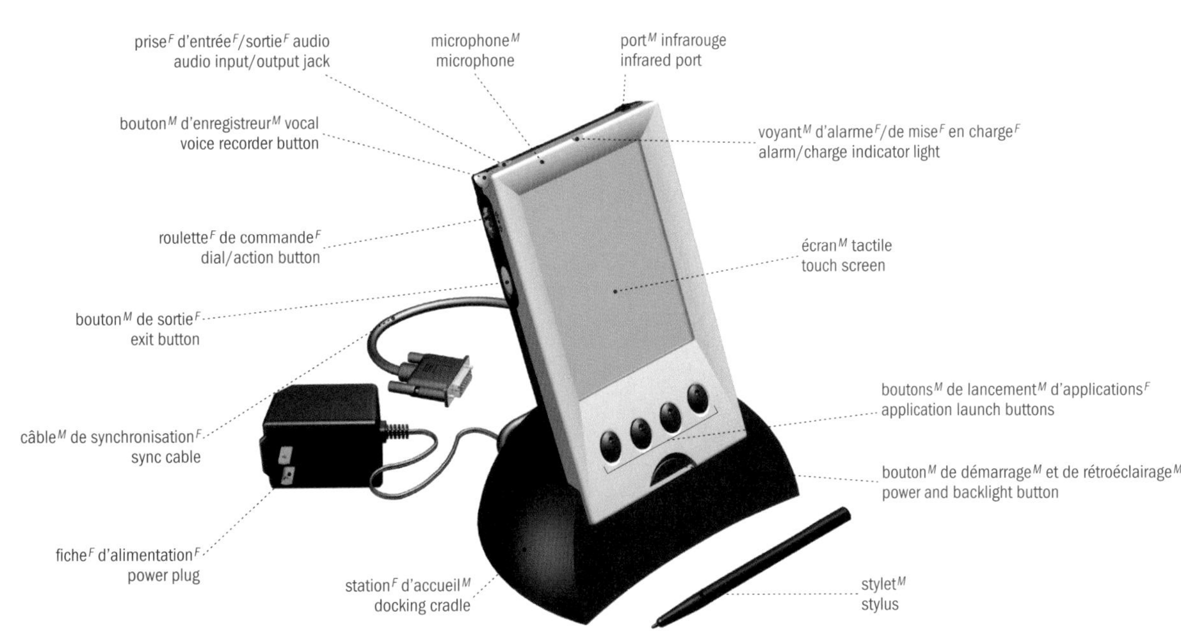
prise^F d'entrée^F/sortie^F audio
audio input/output jack
microphone^M
microphone
port^M infrarouge
infrared port
bouton^M d'enregistreur^M vocal
voice recorder button
voyant^M d'alarme^F/de mise^F en charge^F
alarm/charge indicator light
roulette^F de commande^F
dial/action button
écran^M tactile
touch screen
bouton^M de sortie^F
exit button
boutons^M de lancement^M d'applications^F
application launch buttons
câble^M de synchronisation^F
sync cable
bouton^M de démarrage^M et de rétroéclairage^M
power and backlight button
fiche^F d'alimentation^F
power plug
station^F d'accueil^M
docking cradle
stylet^M
stylus

articles^M de bureau^M

stationery

machine^F à écrire électronique
electronic typewriter

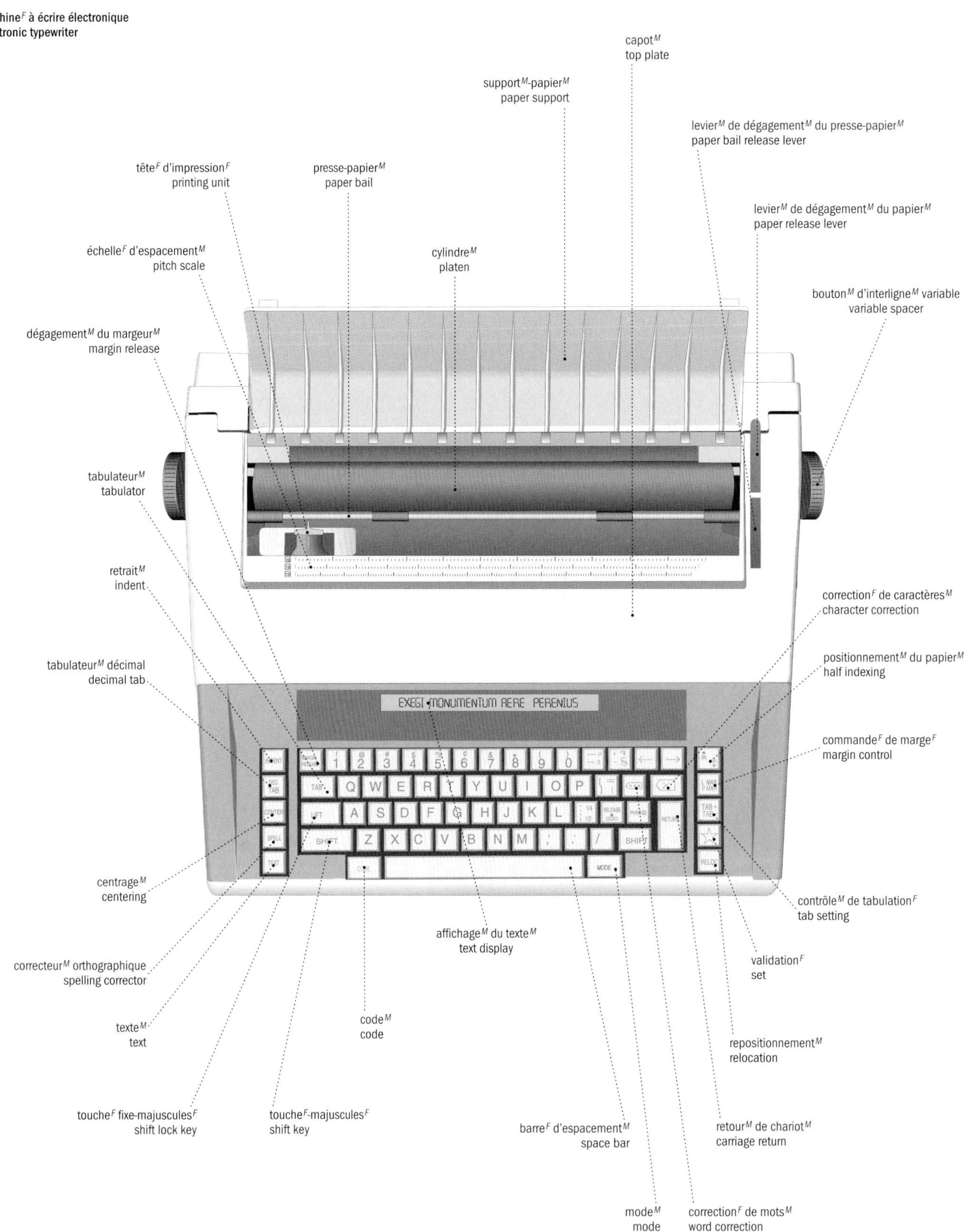
capot^M
top plate
support^M-papier^M
paper support
levier^M de dégagement^M du presse-papier^M
paper bail release lever
tête^F d'impression^F
printing unit
presse-papier^M
paper bail
levier^M de dégagement^M du papier^M
paper release lever
échelle^F d'espacement^M
pitch scale
cylindre^M
platen
bouton^M d'interligne^M variable
variable spacer
dégagement^M du margeur^M
margin release
tabulateur^M
tabulator
retrait^M
indent
correction^F de caractères^M
character correction
tabulateur^M décimal
decimal tab
positionnement^M du papier^M
half indexing
EXEGI MONUMENTUM AERE PERENIUS
commande^F de marge^F
margin control
centrage^M
centering
contrôle^M de tabulation^F
tab setting
affichage^M du texte^M
text display
correcteur^M orthographique
spelling corrector
validation^F
set
code^M
code
texte^M
text
repositionnement^M
relocation
touche^F fixe-majuscules^F
shift lock key
touche^F-majuscules^F
shift key
barre^F d'espacement^M
space bar
retour^M de chariot^M
carriage return
mode^M
mode
correction^F de mots^M
word correction

calculette^F
pocket calculator

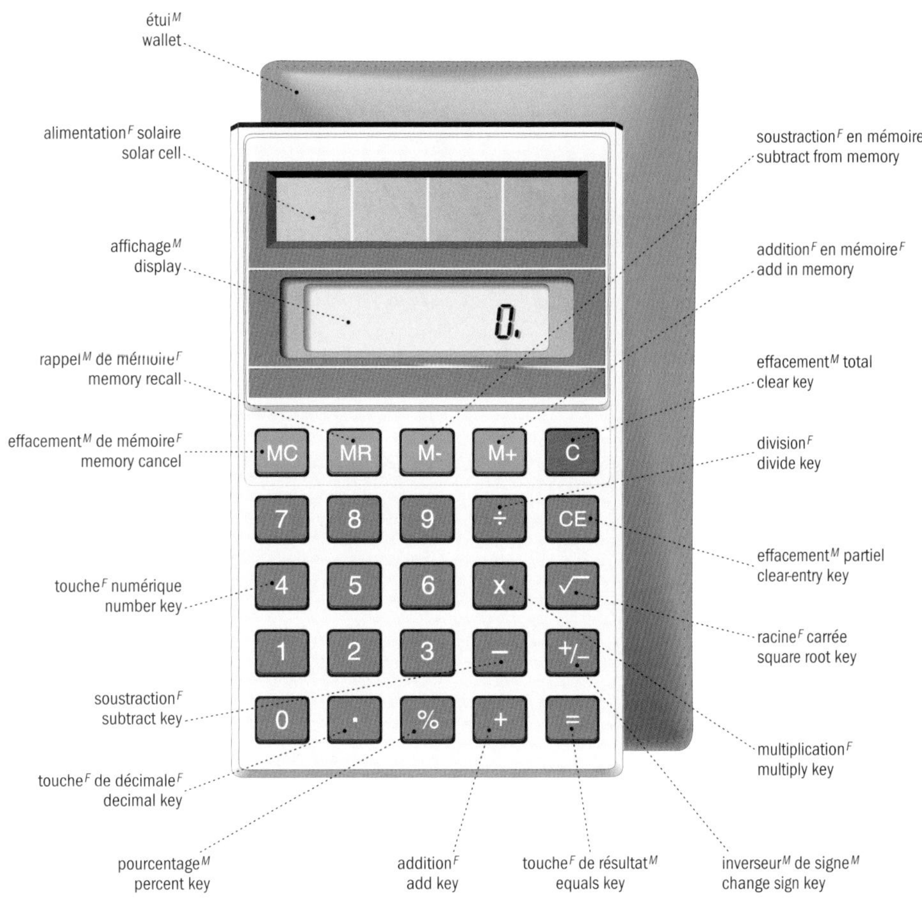

étui^M
wallet
alimentation^F solaire
solar cell
affichage^M
display
rappel^M de mémoire^F
memory recall
effacement^M de mémoire^F
memory cancel
touche^F numérique
number key
soustraction^F
subtract key
touche^F de décimale^F
decimal key
pourcentage^M
percent key
addition^F
add key
touche^F de résultat^M
equals key
inverseur^M de signe^M
change sign key
soustraction^F en mémoire^F
subtract from memory
addition^F en mémoire^F
add in memory
effacement^M total
clear key
division^F
divide key
effacement^M partiel
clear-entry key
racine^F carrée
square root key
multiplication^F
multiply key
MC
MR
M-
M+
C
CE
0.

calculatrice^F scientifique
scientific calculator

calculatrice^F à imprimante^F
printing calculator

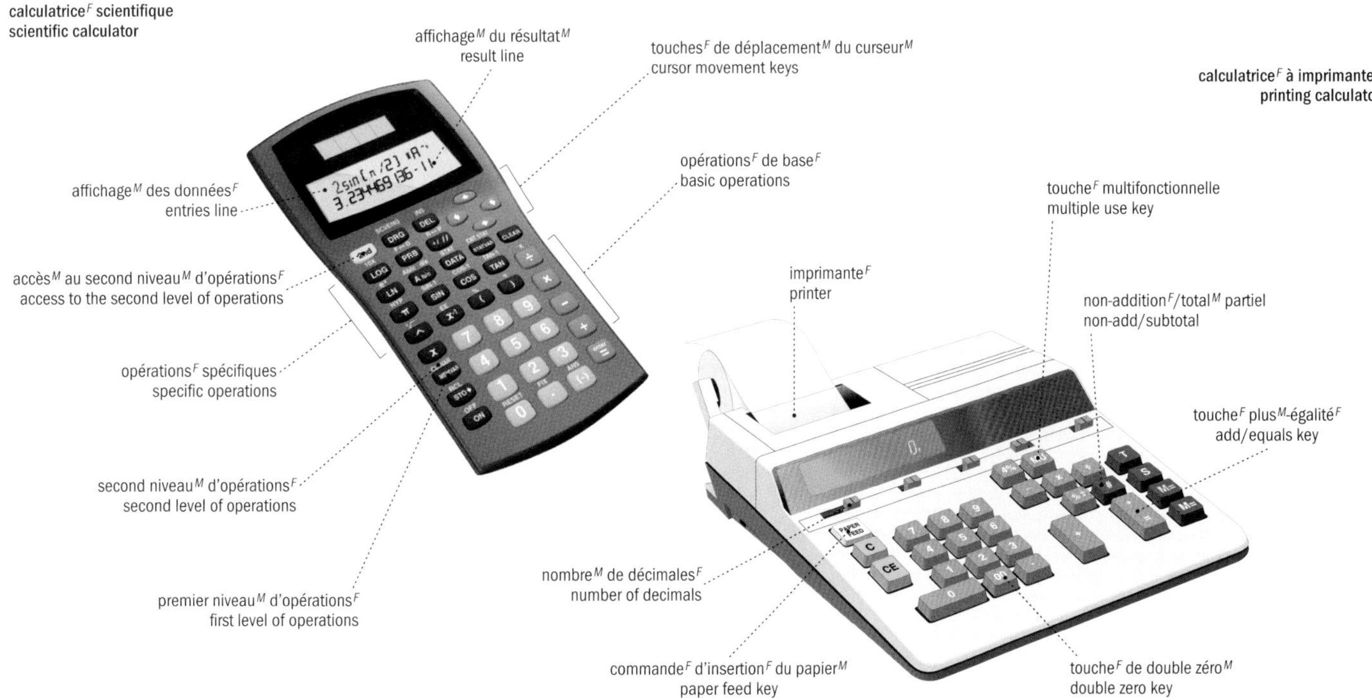

affichage^M du résultat^M
result line
touches^F de déplacement^M du curseur^M
cursor movement keys
opérations^F de base^F
basic operations
affichage^M des données^F
entries line
accès^M au second niveau^M d'opérations^F
access to the second level of operations
opérations^F spécifiques
specific operations
second niveau^M d'opérations^F
second level of operations
premier niveau^M d'opérations^F
first level of operations
imprimante^F
printer
touche^F multifonctionnelle
multiple use key
non-addition^F/total^M partiel
non-add/subtotal
touche^F plus^M-égalité^F
add/equals key
nombre^M de décimales^F
number of decimals
commande^F d'insertion^F du papier^M
paper feed key
touche^F de double zéro^M
double zero key

articles^{M} de bureau^{M}

pour l'emploi^{M} du temps^{M}
for time management

bloc^{M}-éphéméride^{F}
calendar pad

calendrier^{M}-mémorandum^{M}
tear-off calendar

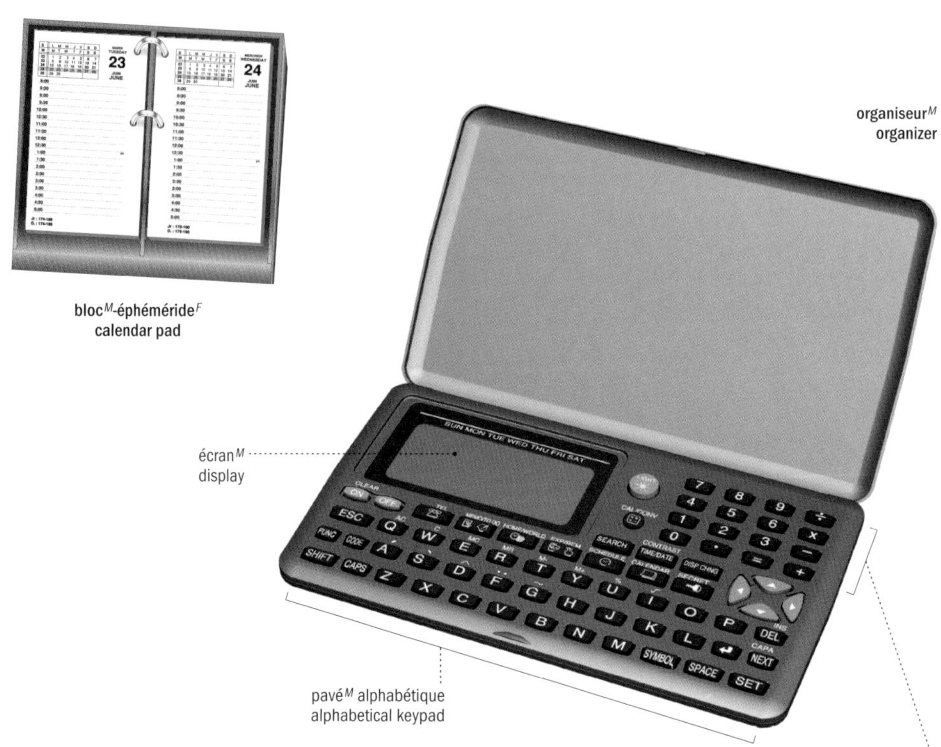
écran^{M}
display
pavé^{M} alphabétique
alphabetical keypad
pavé^{M} numérique
numeric keypad

organiseur^{M}
organizer

agenda^{M}
appointment book

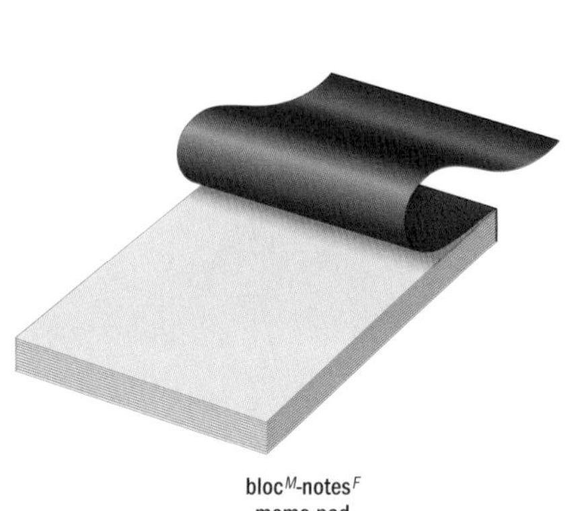

bloc^{M}-notes^{F}
memo pad

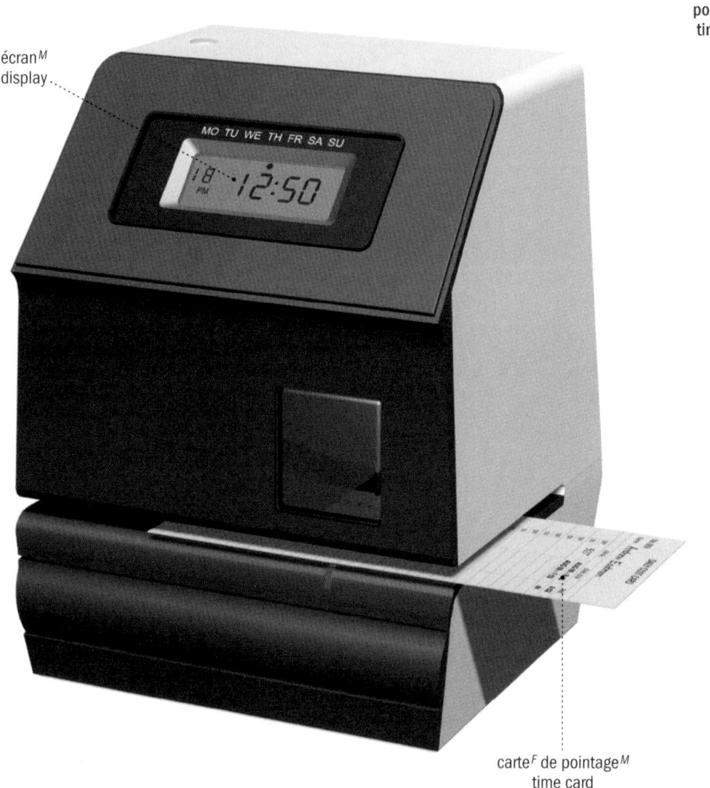
écran^{M}
display
MO TU WE TH FR SA SU
12:50
carte^{F} de pointage^{M}
time card

pointeuse^{F}
time clock

enveloppe[F] matelassée
padded envelope
patte[F] autocollante
self-sealing flap
bulles[F] d'air[M]
air bubbles
bloc[M]-sténo[F]
steno book
coupe-papier[M]
letter opener
numéroteur[M]
numbering machine
timbre[M] dateur
dater
pour la correspondance[F]
for correspondence
doigtier[M]
finger tip
pèse-lettres[M]
letter scale
mouilleur[M]
moistener
porte-timbres[M]
stamp rack
tampon[M] encreur
stamp pad
timbre[M] caoutchouc[M]
rubber stamp
parapheur[M]
signature book
papier[M] buvard[M]
blotting paper
répertoire[M] téléphonique
telephone index
ABCDEFGHIJKLMNOPQRSTUWY
VXZ
fichier[M] rotatif
rotary file
machine[F] à affranchir
postage meter
module[M] d'affranchissement[M]
postmarking module
plateau[M] d'alimentation[F]
feed deck
base[F]
base
boite[F] à courrier[M]
desk tray

articles[M] de bureau[M]

pour le classement[M]
for filing

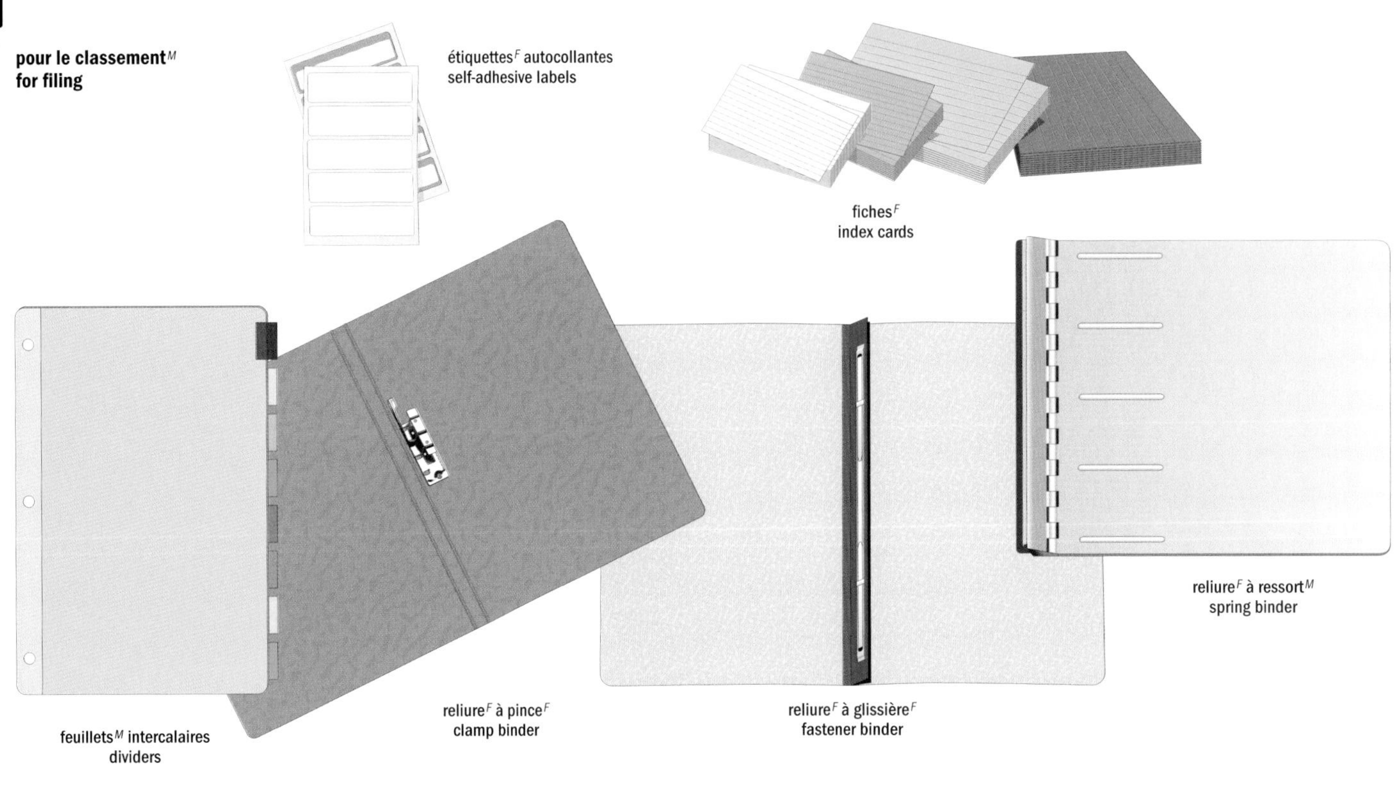

étiquettes[F] autocollantes
self-adhesive labels

fiches[F]
index cards

feuillets[M] intercalaires
dividers

reliure[F] à pince[F]
clamp binder

reliure[F] à glissière[F]
fastener binder

reliure[F] à ressort[M]
spring binder

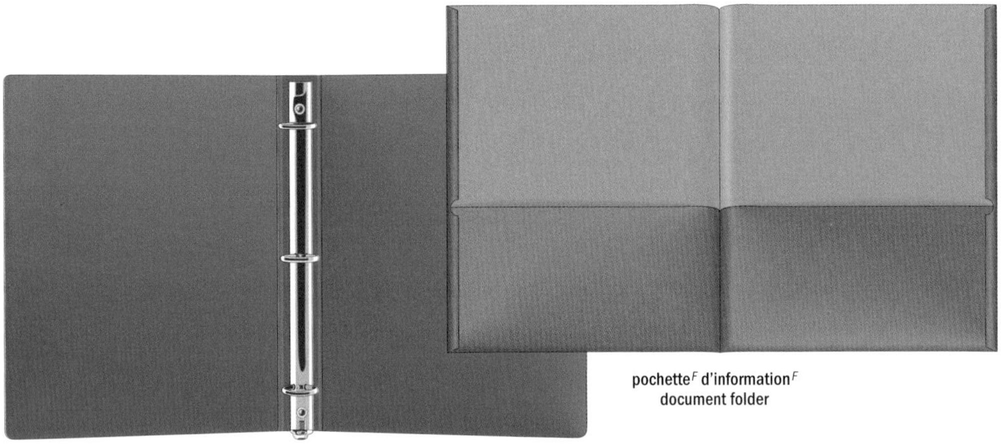

classeur[M]; *reliure[F] à anneaux[M]*
ring binder

pochette[F] d'information[F]
document folder

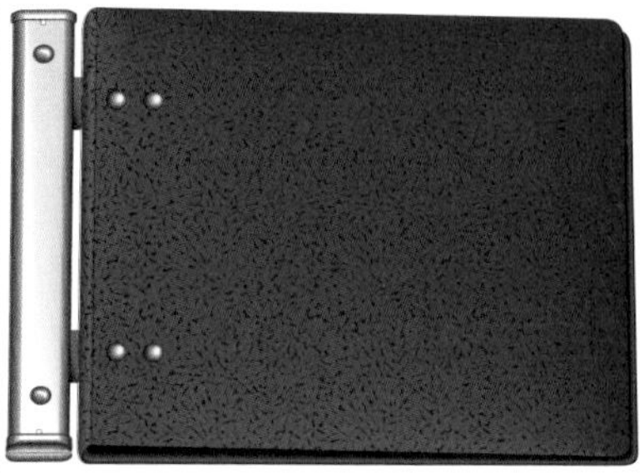

reliure[F] à vis[F]
post binder

onglet[M]
tab

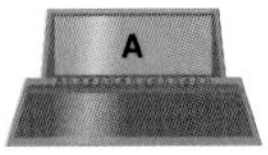

onglet[M] à fenêtre[F]
window tab

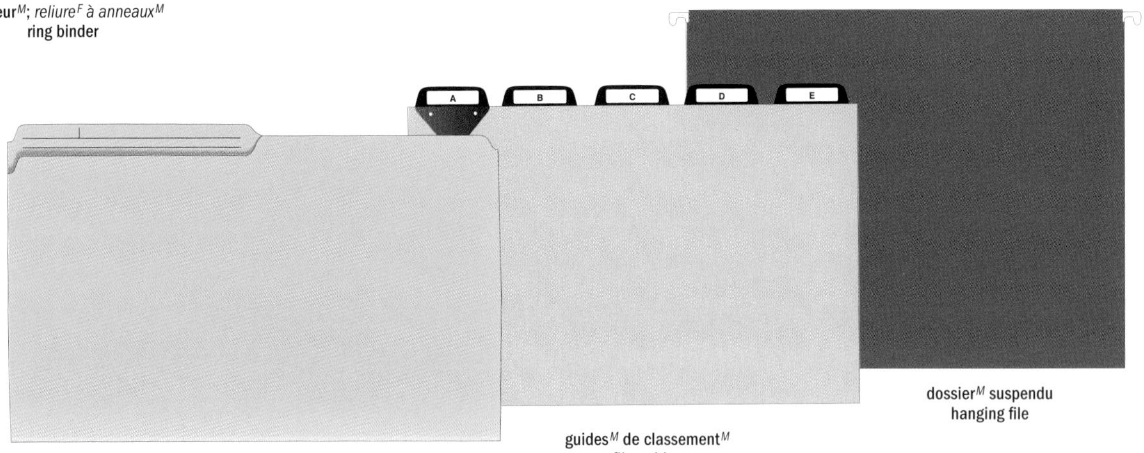

chemise[F]
folder

guides[M] de classement[M]
file guides

dossier[M] suspendu
hanging file

articles^{M} de bureau^{M}

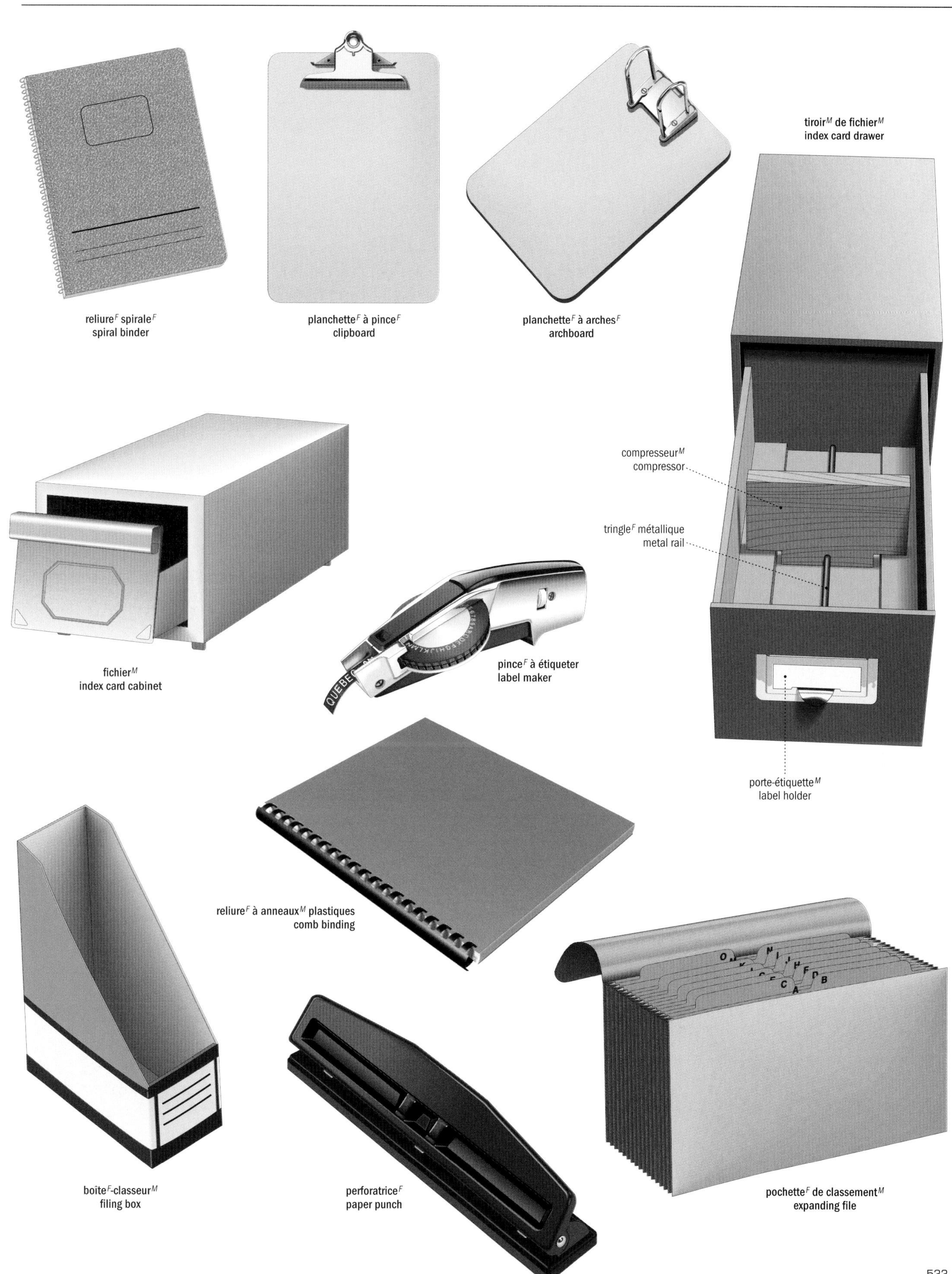
reliure^{F} spirale^{F}
spiral binder
planchette^{F} à pince^{F}
clipboard
planchette^{F} à arches^{F}
archboard
tiroir^{M} de fichier^{M}
index card drawer
compresseur^{M}
compressor
tringle^{F} métallique
metal rail
porte-étiquette^{M}
label holder
fichier^{M}
index card cabinet
pince^{F} à étiqueter
label maker
reliure^{F} à anneaux^{M} plastiques
comb binding
boîte^{F}-classeur^{M}
filing box
perforatrice^{F}
paper punch
pochette^{F} de classement^{M}
expanding file

articles^M de bureau^M

articles^M divers
miscellaneous articles

trombones^M
paper clips
punaises^F
thumb tacks
attaches^F parisiennes
paper fasteners
dévidoir^M pistolet^M
box sealing tape dispenser
guide-bande^M
tape guide
moyeu^M
hub
lame^F
cutting blade
vis^F de réglage^M de tension^F
tension adjusting screw
poignée^F
handle
taille-crayon^M
pencil sharpener
gomme^F
eraser
distributeur^M de trombones^M
paper clip holder
aimant^M
magnet
pince-notes^M
clip
correcteur^M liquide
correction fluid
REC
PLAY
STOP
ERASE
MENU/FOLDER
bâtonnet^M de colle^F
glue stick
dévidoir^M de ruban^M adhésif
tape dispenser
dégrafeuse^F
staple remover
enregistreur^M numérique
digital voice recorder
taille-crayon^M
pencil sharpener
pique-notes^M
bill-file
ruban^M correcteur
correction paper
agrafes^F
staples
agrafeuse^F
stapler

rétroprojecteur[M]
overhead projector

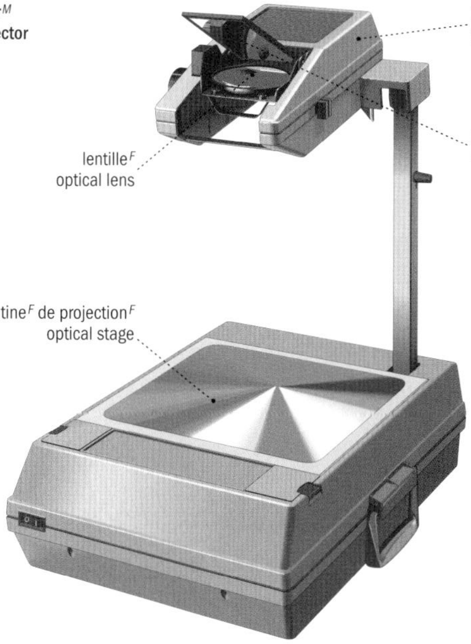

tête[F] de projection[F]
projection head

miroir[M]
mirror

lentille[F]
optical lens

platine[F] de projection[F]
optical stage

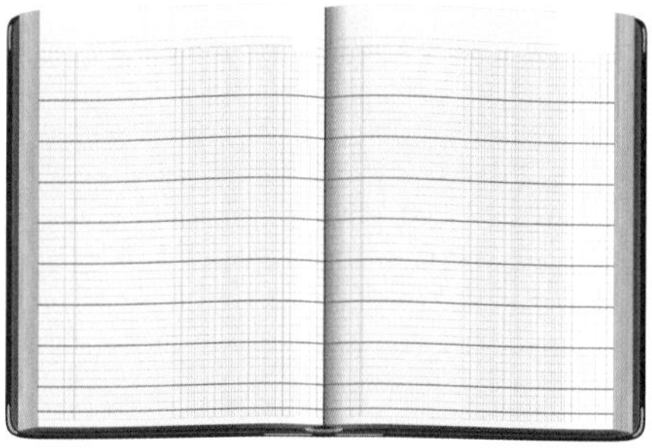

registre[M] de comptabilité[F]
account book

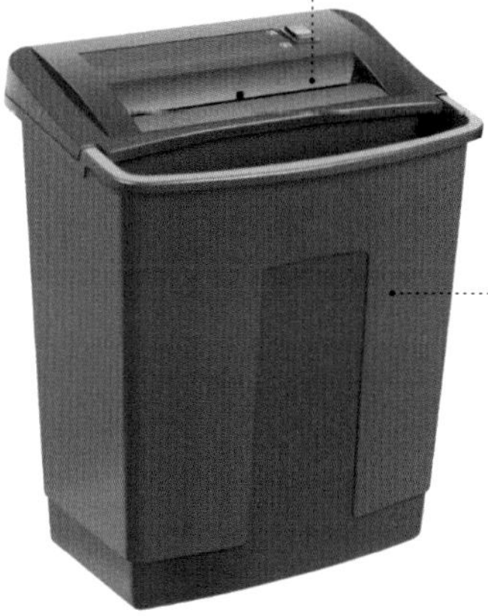

tête[F] de coupe[F]
cutting head

corbeille[F] à papier[M]
waste basket

destructeur[M] de documents[M]; *déchiqueteuse[F]*
paper shredder

corbeille[F] à papier[M]
waste basket

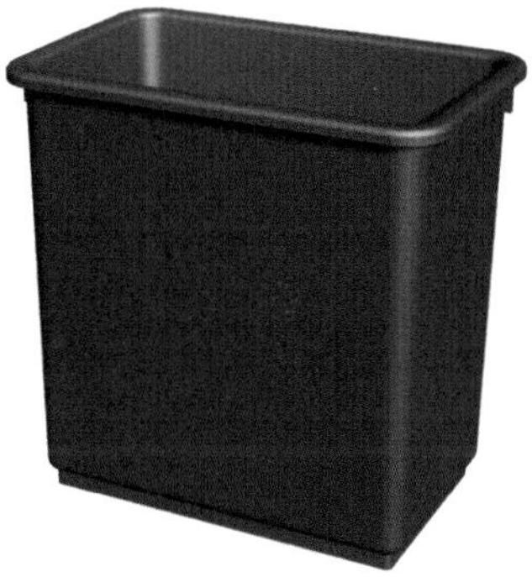

tableau[M] d'affichage[M]; *babillard[M]*
bulletin board

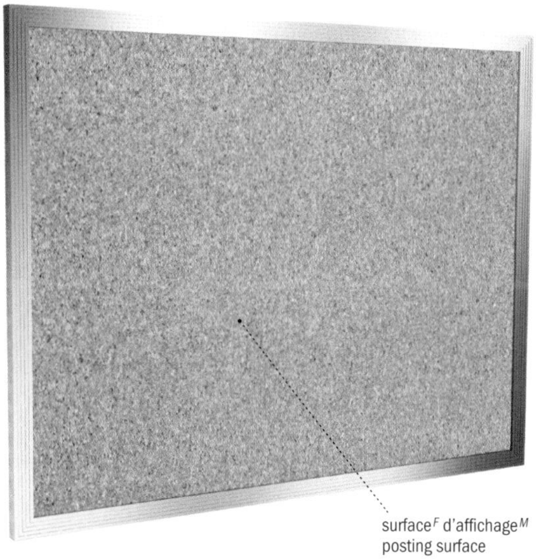

surface[F] d'affichage[M]
posting surface

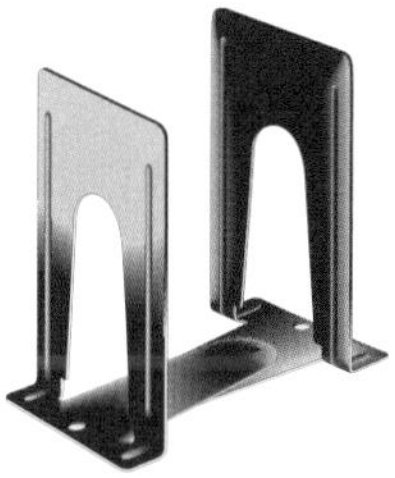

serre-livres[M]
book ends

négatoscope[M]
lightbox

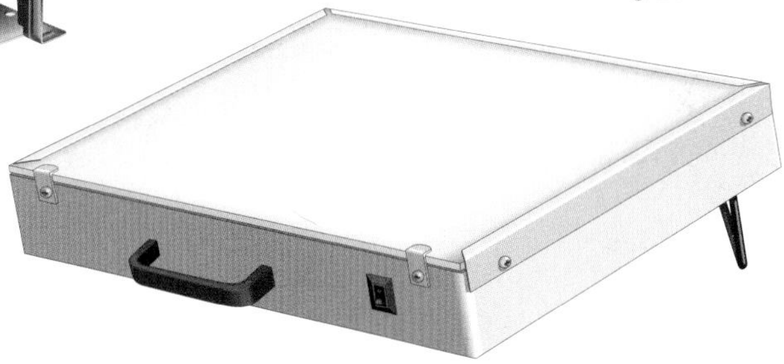

caisse[F] américaine
slotted box

cisaille[F]
paper cutter

rabat[M]
flap
poignée[F] découpée
hand hole

538 Transport routier

538 système routier
540 ponts fixes
542 ponts mobiles
543 tunnel routier
544 signalisation routière
548 station-service
549 automobile
559 freins
560 pneu
561 radiateur
562 bougie d'allumage
562 batterie d'accumulateurs
563 automobile électrique
563 automobile hybride
564 types de moteurs
567 caravane
568 autobus
570 camionnage
574 moto
577 quad
578 bicyclette

582 Transport ferroviaire

582 gare de voyageurs
583 gare
584 types de voitures
585 train à grande vitesse (T.G.V.)
586 locomotive diesel-électrique
587 wagon
589 gare de triage
590 voie ferrée
591 passage à niveau
592 chemin de fer métropolitain
595 tramway

596 Transport maritime

596 port maritime
597 écluse
598 embarcations anciennes
599 embarcations traditionnelles
601 exemples de voiles
601 exemples de gréements
602 quatre-mâts barque
604 exemples de bateaux et d'embarcations
610 ancre
611 équipement de sauvetage
612 appareils de navigation
614 signalisation maritime
616 système de balisage maritime

TRANSPORT ET MACHINERIE

TRANSPORT AND MACHINERY

618 Transport aérien

618 aéroport
624 avion long-courrier
626 poste de pilotage
627 turboréacteur à double flux
628 exemples d'avions
629 exemples d'empennages
630 exemples de voilures
630 forces agissant sur un avion
630 mouvements de l'avion
631 hélicoptère
631 exemples d'hélicoptères

632 Manutention

632 manutention
634 grues et portique
635 conteneur

636 Machinerie lourde

636 bouteur
637 chargeuse-pelleteuse
638 décapeuse
638 pelle hydraulique
639 niveleuse
639 camion-benne
640 tracteur agricole
641 machinerie agricole

système^M routier

road system

coupe^F d'une route^F
cross section of a road

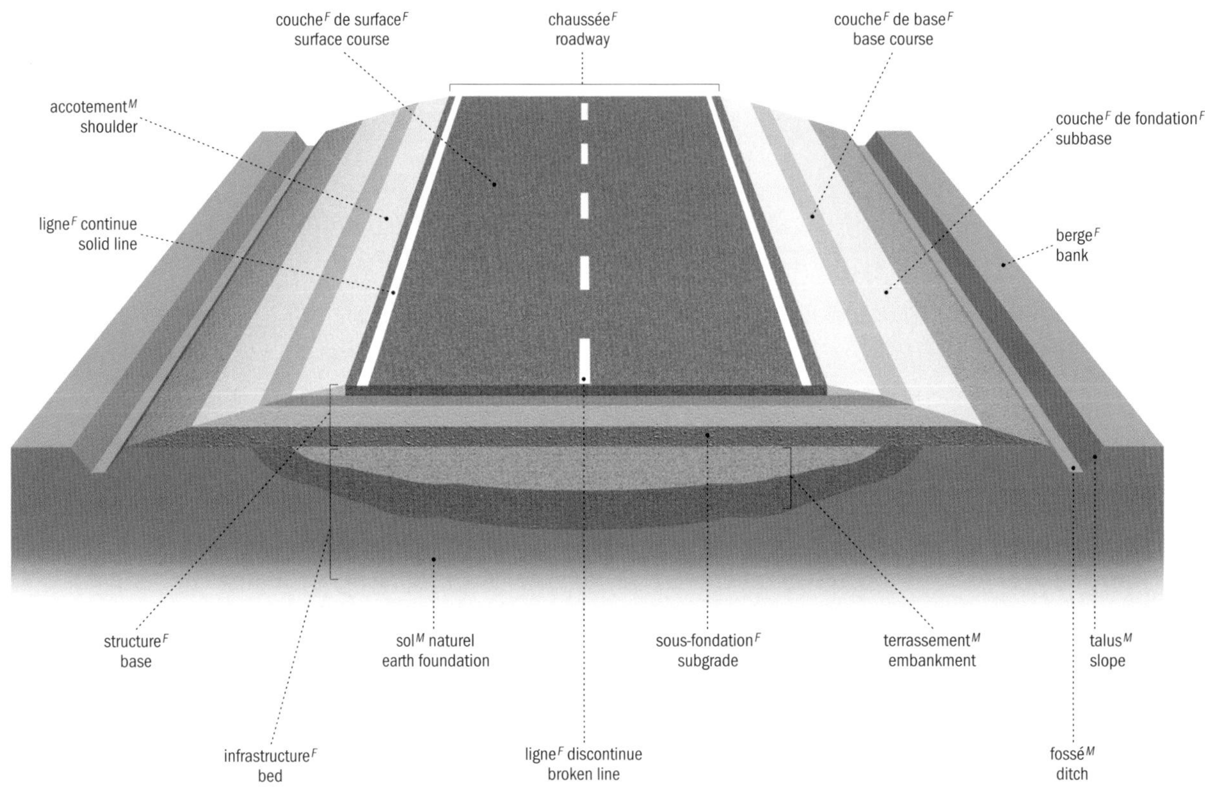
couche^F de surface^F
surface course
chaussée^F
roadway
couche^F de base^F
base course
accotement^M
shoulder
couche^F de fondation^F
subbase
ligne^F continue
solid line
berge^F
bank
structure^F
base
sol^M naturel
earth foundation
sous-fondation^F
subgrade
terrassement^M
embankment
talus^M
slope
infrastructure^F
bed
ligne^F discontinue
broken line
fossé^M
ditch

exemples^M d'échangeurs^M
examples of interchanges

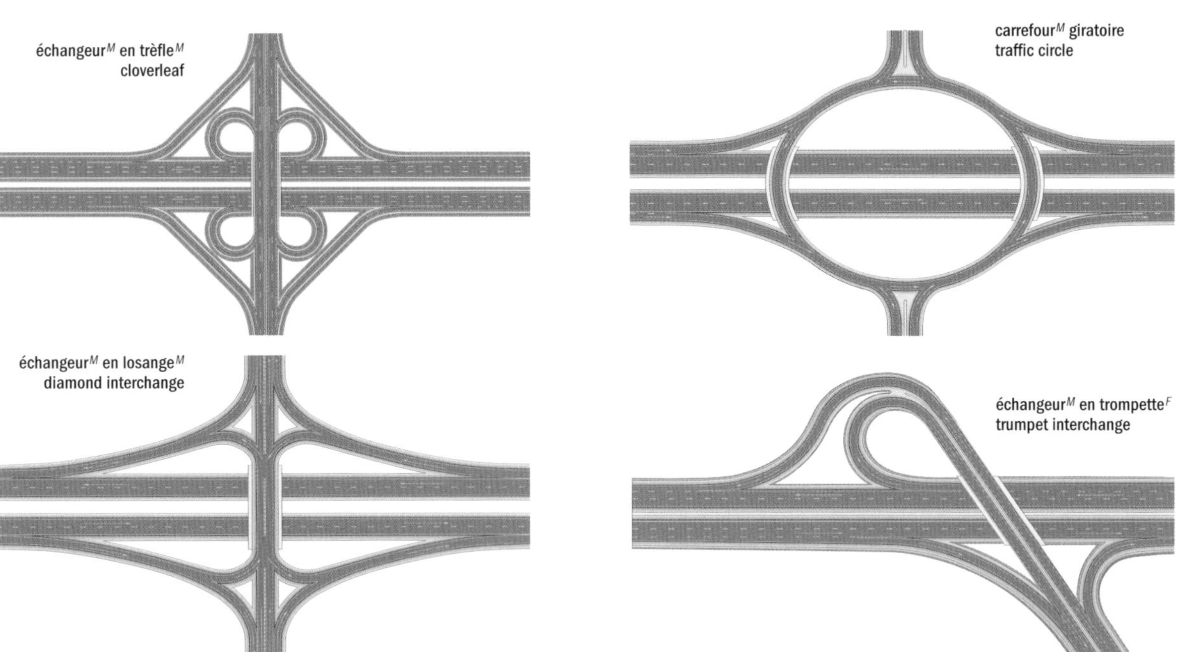
échangeur^M en trèfle^M
cloverleaf
carrefour^M giratoire
traffic circle
échangeur^M en losange^M
diamond interchange
échangeur^M en trompette^F
trumpet interchange

échangeur[M] en trèfle[M]
cloverleaf

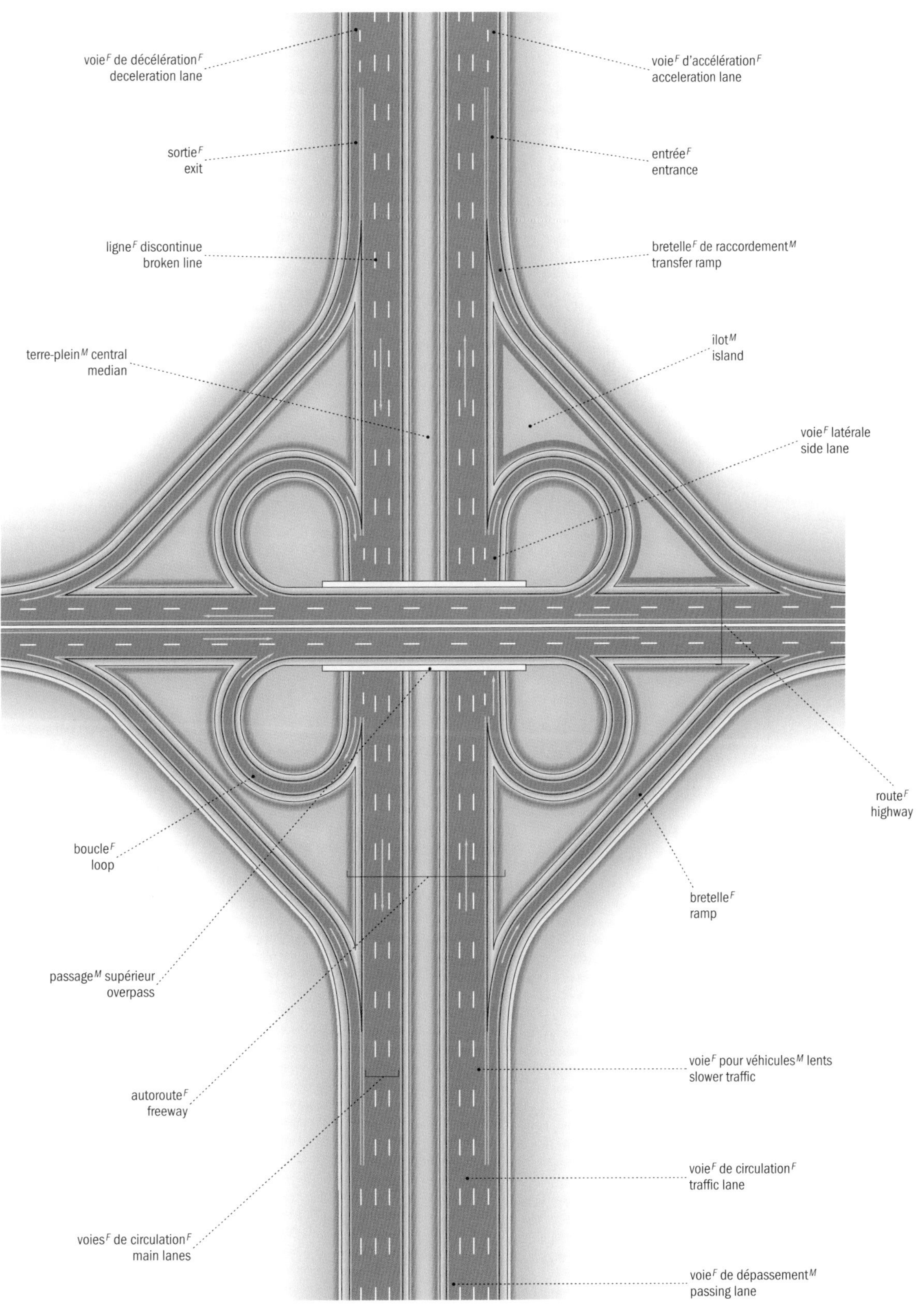
voie[F] de décélération[F]
deceleration lane
voie[F] d'accélération[F]
acceleration lane
sortie[F]
exit
entrée[F]
entrance
ligne[F] discontinue
broken line
bretelle[F] de raccordement[M]
transfer ramp
ilot[M]
island
terre-plein[M] central
median
voie[F] latérale
side lane
route[F]
highway
boucle[F]
loop
bretelle[F]
ramp
passage[M] supérieur
overpass
voie[F] pour véhicules[M] lents
slower traffic
autoroute[F]
freeway
voie[F] de circulation[F]
traffic lane
voies[F] de circulation[F]
main lanes
voie[F] de dépassement[M]
passing lane

ponts^M fixes

fixed bridges

pont^M à poutre^F
beam bridge

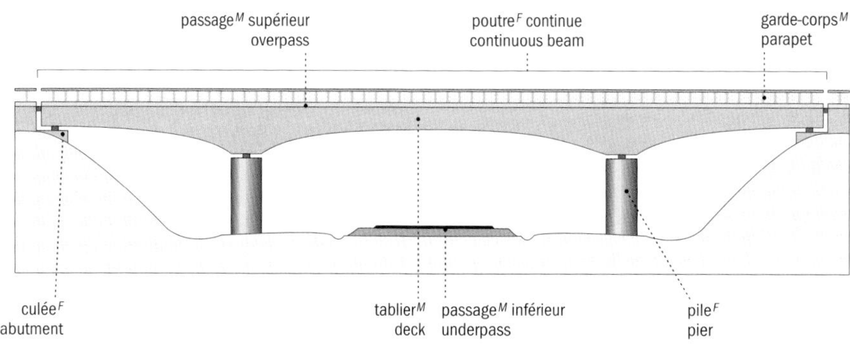

passage^M supérieur
overpass
poutre^F continue
continuous beam
garde-corps^M
parapet
culée^F
abutment
tablier^M
deck
passage^M inférieur
underpass
pile^F
pier

pont^M en arc^M
arch bridge

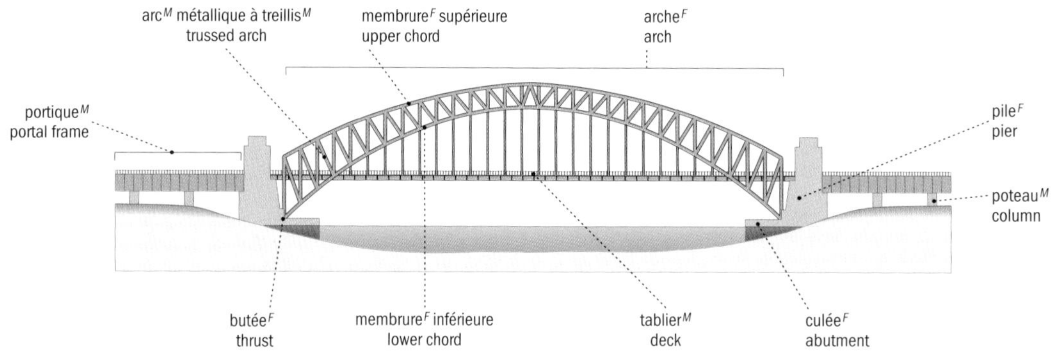

arc^M métallique à treillis^M
trussed arch
membrure^F supérieure
upper chord
arche^F
arch
portique^M
portal frame
pile^F
pier
poteau^M
column
butée^F
thrust
membrure^F inférieure
lower chord
tablier^M
deck
culée^F
abutment

pont^M suspendu à câble^M porteur
suspension bridge

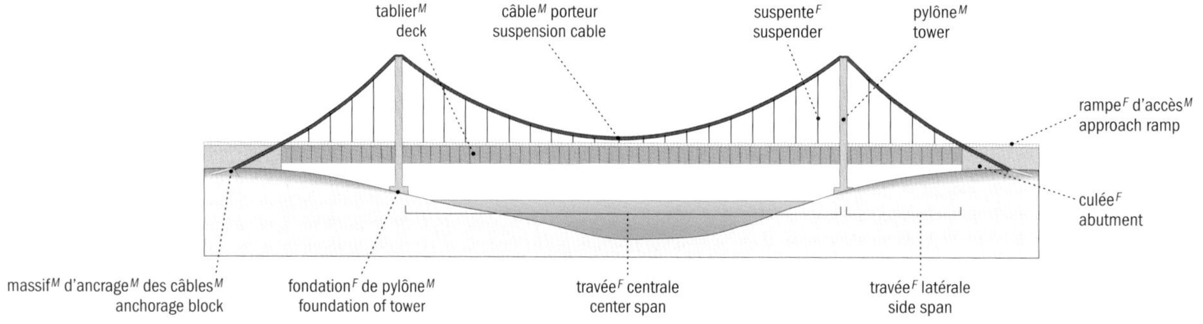

tablier^M
deck
câble^M porteur
suspension cable
suspente^F
suspender
pylône^M
tower
rampe^F d'accès^M
approach ramp
culée^F
abutment
massif^M d'ancrage^M des câbles^M
anchorage block
fondation^F de pylône^M
foundation of tower
travée^F centrale
center span
travée^F latérale
side span

pont^M cantilever
cantilever bridge

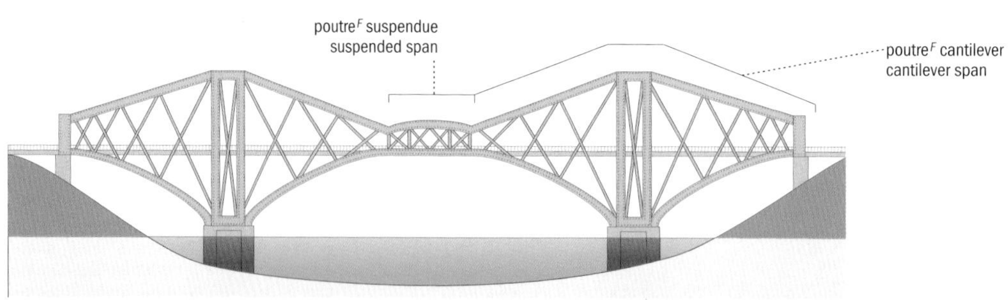

poutre^F suspendue
suspended span
poutre^F cantilever
cantilever span

ponts[M] suspendus à haubans[M]
cable-stayed bridges

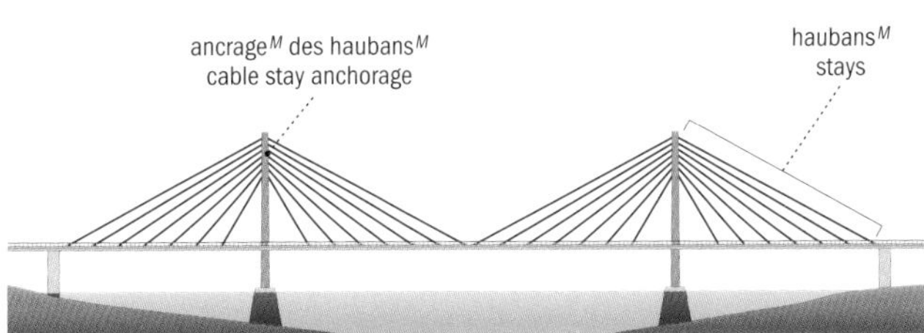
ancrage[M] des haubans[M]
cable stay anchorage
haubans[M]
stays

haubans[M] en éventail[M]
fan cable stays

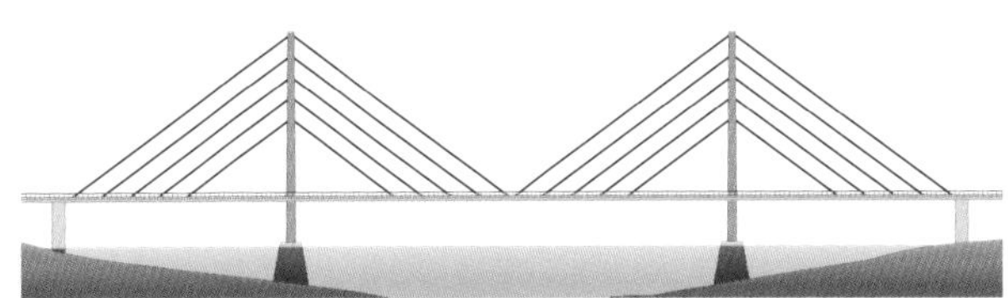

haubans[M] en harpe[F]
harp cable stays

exemples[M] de ponts[M] en arc[M]
examples of arch bridges

pont[M] à tablier[M] supérieur
deck arch bridge

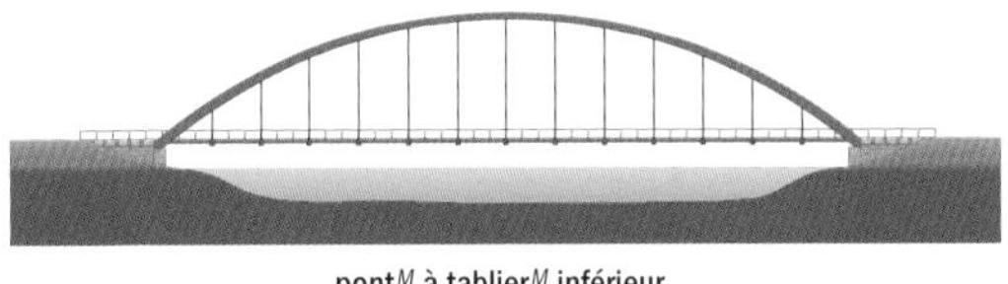

pont[M] à tablier[M] inférieur
through arch bridge

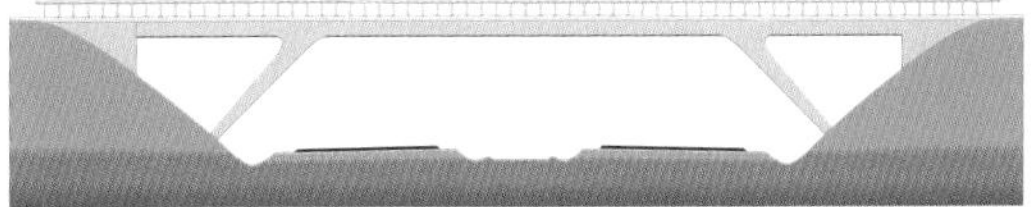

pont[M] à béquilles[F]
portal bridge

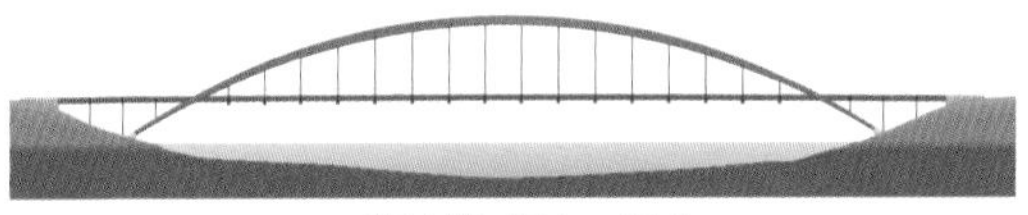

pont[M] à tablier[M] intermédiaire
half-through arch bridge

exemples[M] d'arcs[M]
examples of arches

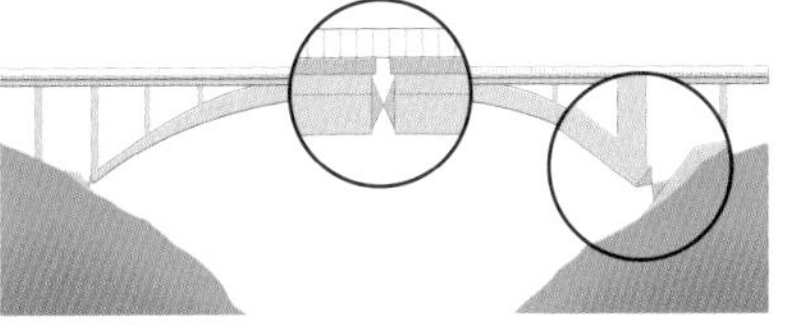

arc[M] à trois articulations[F]
three-hinged arch

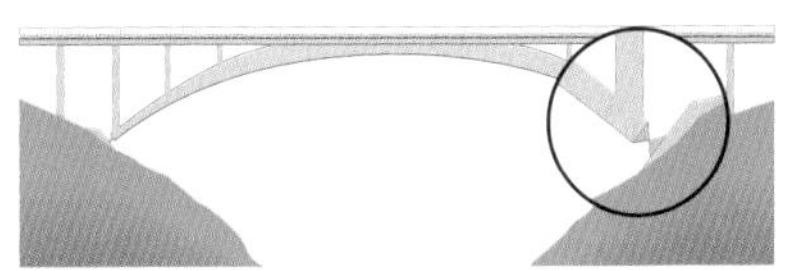

arc[M] à deux articulations[F]
two-hinged arch

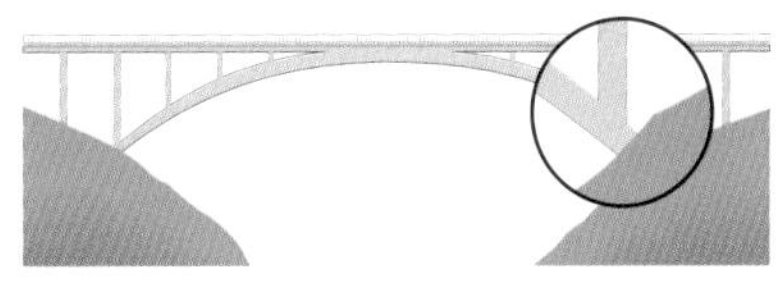

arc[M] encastré
fixed arch

exemples[M] de ponts[M] à poutre[F]
examples of beam bridges

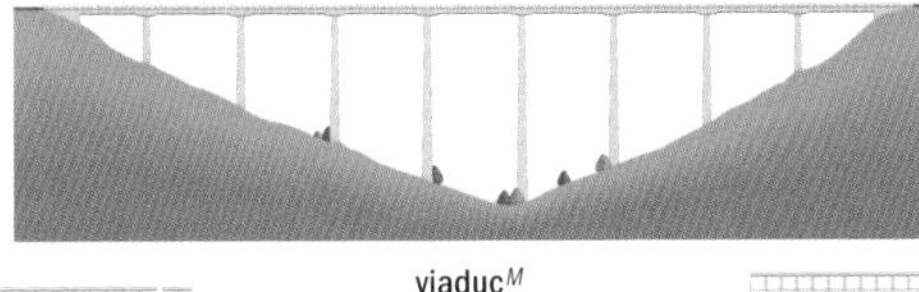

viaduc[M]
viaduct

pont[M] à poutres[F] indépendantes
multiple-span beam bridge

pont[M] à poutre[F] simple
simple-span beam bridge

ponts^{M} mobiles

movable bridges

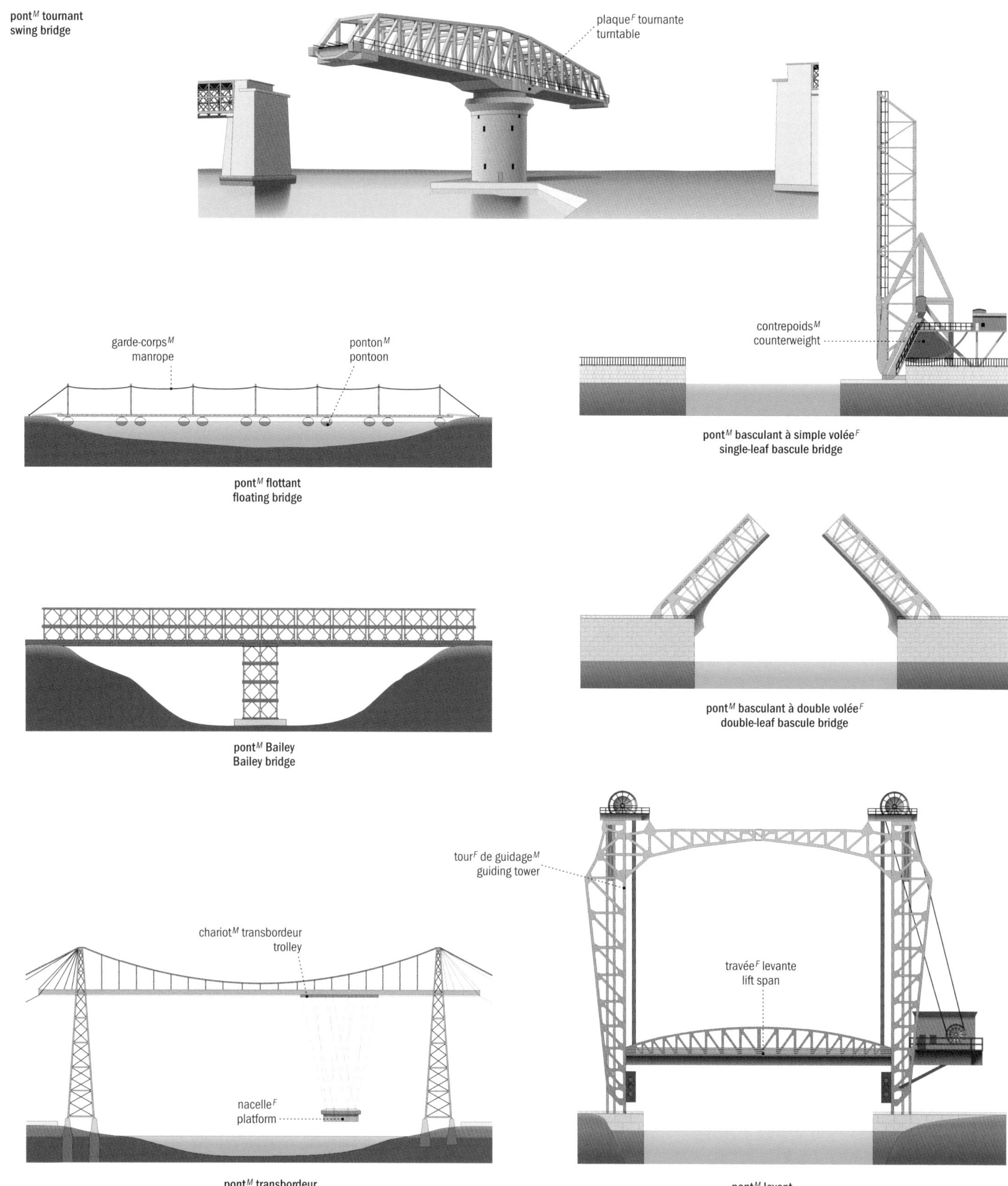

pont^{M} tournant
swing bridge
plaque^{F} tournante
turntable
garde-corps^{M}
manrope
ponton^{M}
pontoon
pont^{M} flottant
floating bridge
contrepoids^{M}
counterweight
pont^{M} basculant à simple volée^{F}
single-leaf bascule bridge
pont^{M} basculant à double volée^{F}
double-leaf bascule bridge
pont^{M} Bailey
Bailey bridge
tour^{F} de guidage^{M}
guiding tower
chariot^{M} transbordeur
trolley
travée^{F} levante
lift span
nacelle^{F}
platform
pont^{M} transbordeur
transporter bridge
pont^{M} levant
lift bridge

tunnel^{M} routier

road tunnel

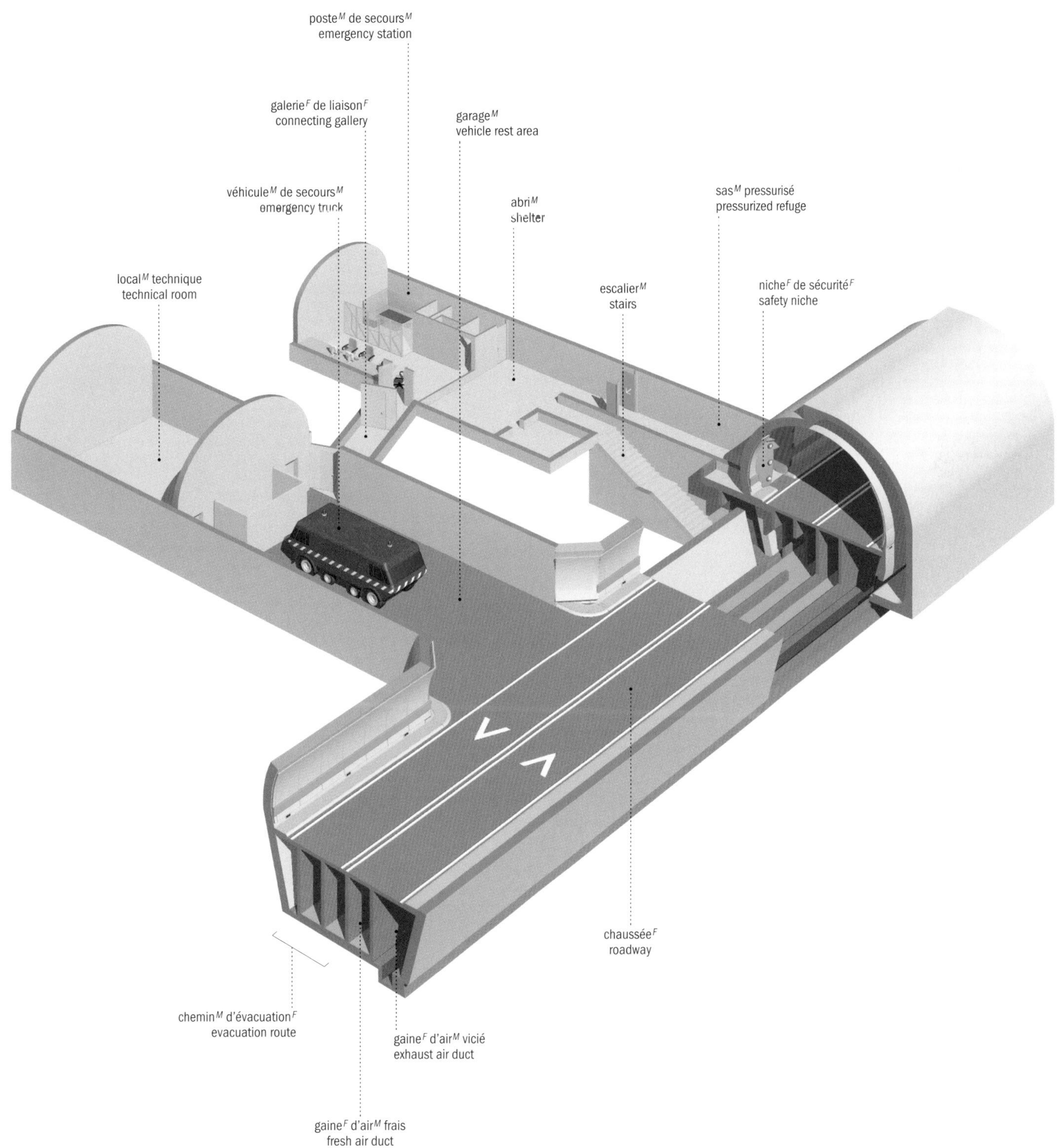
poste^{M} de secours^{M}
emergency station
galerie^{F} de liaison^{F}
connecting gallery
garage^{M}
vehicle rest area
véhicule^{M} de secours^{M}
emergency truck
abri^{M}
shelter
sas^{M} pressurisé
pressurized refuge
local^{M} technique
technical room
escalier^{M}
stairs
niche^{F} de sécurité^{F}
safety niche
chaussée^{F}
roadway
chemin^{M} d'évacuation^{F}
evacuation route
gaine^{F} d'air^{M} vicié
exhaust air duct
gaine^{F} d'air^{M} frais
fresh air duct

signalisation^F routière

road signs

principaux panneaux^M internationaux
major international road signs

virage^M à droite^F
right bend

double virage^M
double bend

chaussée^F rétrécie
roadway narrows

STOP
arrêt^M à l'intersection^F
stop at intersection

accès^M interdit
no entry

interdiction^F de faire demi-tour^M
no U-turn

interdiction^F de dépasser
passing prohibited

direction^F obligatoire
direction to be followed

direction^F obligatoire
direction to be followed

direction^F obligatoire
direction to be followed

direction^F obligatoire
direction to be followed

voie^F à sens^M unique
one-way traffic

circulation^F dans les deux sens^M
two-way traffic

cédez le passage^M
yield

intersection^F avec priorité^F
priority intersection

chutes[F] de pierres[F]
falling rocks

3.5 m

limitation[F] de hauteur[F]
overhead clearance

signalisation[F] lumineuse
signal ahead

zone[F] scolaire
school zone

passage[M] pour piétons[M]
pedestrian crossing

travaux[M]
road works ahead

chaussée[F] glissante
slippery road

passage[M] à niveau[M]
railroad crossing

passage[M] d'animaux[M] sauvages
deer crossing

8%

descente[F] dangereuse
steep hill

chaussée[F] cahoteuse
bumps

accès[M] interdit aux bicyclettes[F]
closed to bicycles

accès[M] interdit aux motocycles[M]
closed to motorcycles

accès[M] interdit aux camions[M]
closed to trucks

accès[M] interdit aux piétons[M]
closed to pedestrians

principaux panneaux^M nord-américains
major North American road signs

STOP

arrêt^M à l'intersection^F
stop at intersection

accès^M interdit
no entry

cédez le passage^M
yield

accès^M interdit aux motocycles^M
closed to motorcycles

accès^M interdit aux piétons^M
closed to pedestrians

accès^M interdit aux bicyclettes^F
closed to bicycles

accès^M interdit aux camions^M
closed to trucks

direction^F obligatoire
direction to be followed

direction^F obligatoire
direction to be followed

direction^F obligatoire
direction to be followed

direction^F obligatoire
direction to be followed

interdiction^F de faire demi-tour^M
no U-turn

interdiction^F de dépasser
passing prohibited

voie^F à sens^M unique
one-way traffic

circulation^F dans les deux sens^M
two-way traffic

8%
R
R
3 m

double virage[M]
double bend

intersection[F] avec priorité[F]
merging traffic

virage[M] à droite[F]
right bend

chaussée[F] rétrécie
roadway narrows

chaussée[F] glissante
slippery road

passage[M] d'animaux[M] sauvages
deer crossing

travaux[M]
road works ahead

chaussée[F] cahoteuse
bumps

descente[F] dangereuse
steep hill

chutes[F] de pierres[F]
falling rocks

passage[M] à niveau[M]
railroad crossing

limitation[F] de hauteur[F]
overhead clearance

signalisation[F] lumineuse
signal ahead

zone[F] scolaire
school zone

passage[M] pour piétons[M]
pedestrian crossing

station^F-service^M

service station

distributeur^M d'essence^F
gasoline pump

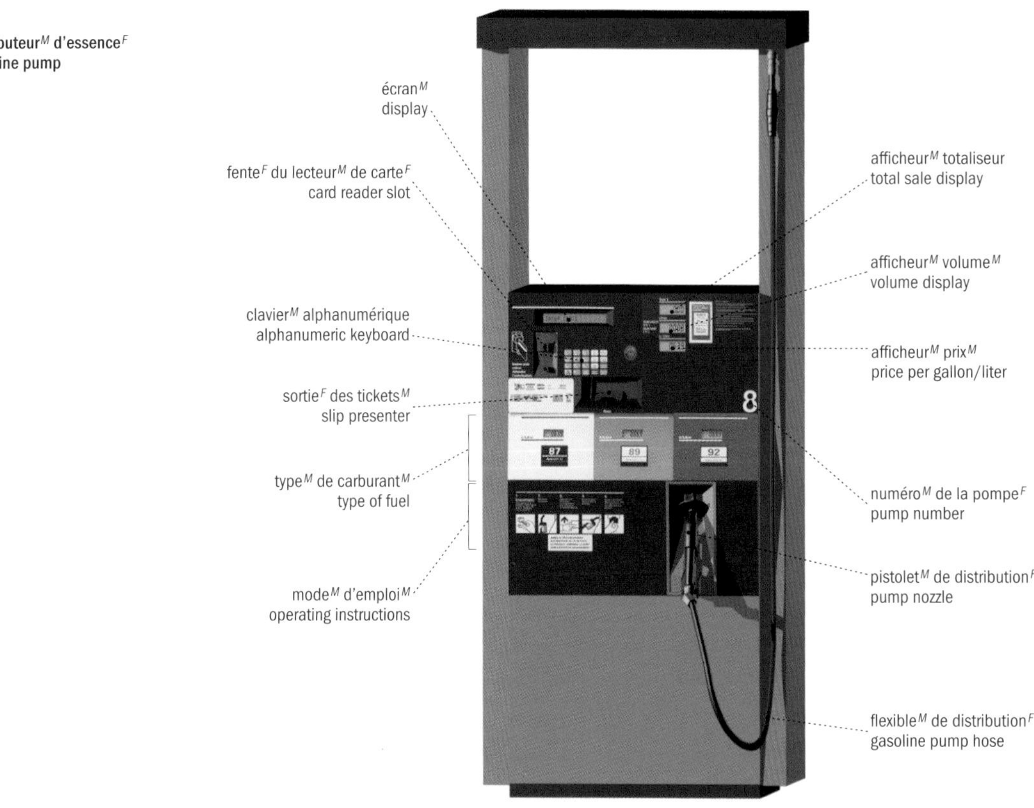
écran^M
display
fente^F du lecteur^M de carte^F
card reader slot
clavier^M alphanumérique
alphanumeric keyboard
sortie^F des tickets^M
slip presenter
type^M de carburant^M
type of fuel
mode^M d'emploi^M
operating instructions
afficheur^M totaliseur
total sale display
afficheur^M volume^M
volume display
afficheur^M prix^M
price per gallon/liter
numéro^M de la pompe^F
pump number
pistolet^M de distribution^F
pump nozzle
flexible^M de distribution^F
gasoline pump hose

station^F-service^M
service station

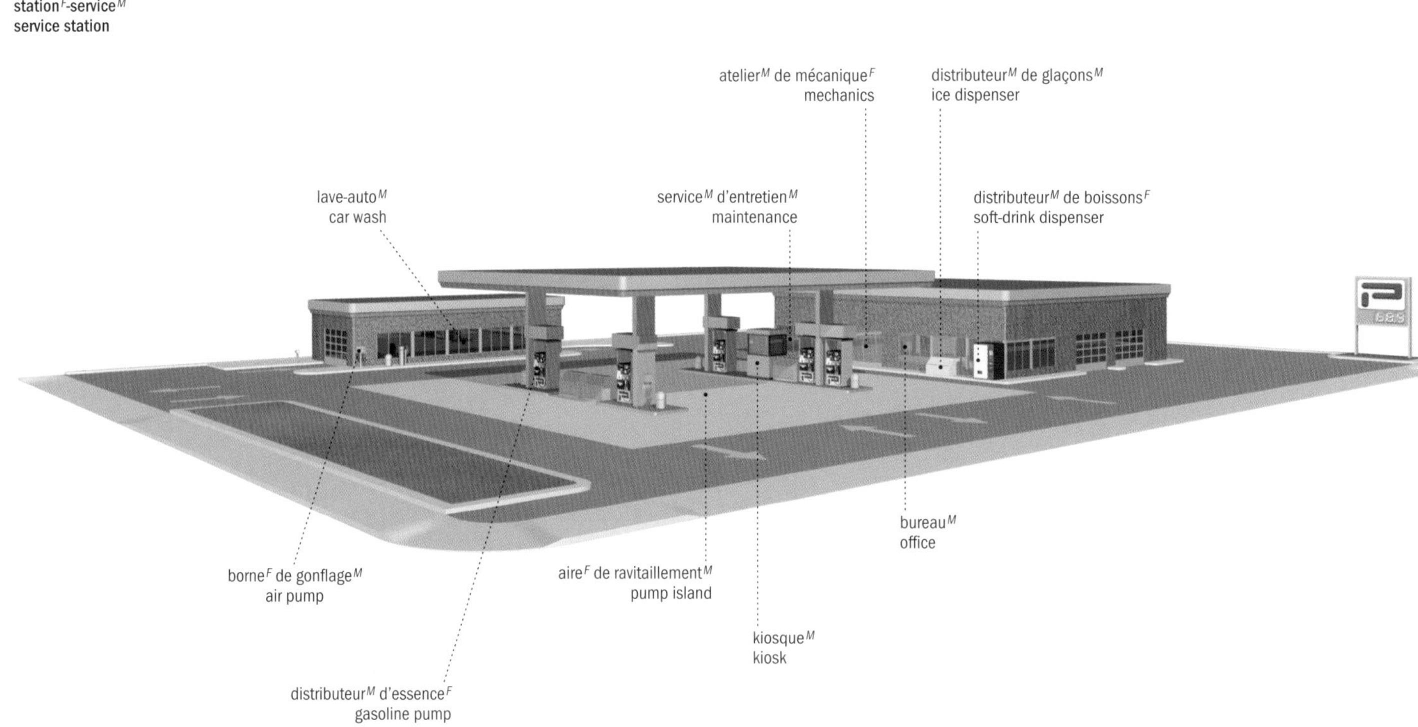
atelier^M de mécanique^F
mechanics
distributeur^M de glaçons^M
ice dispenser
lave-auto^M
car wash
service^M d'entretien^M
maintenance
distributeur^M de boissons^F
soft-drink dispenser
bureau^M
office
borne^F de gonflage^M
air pump
aire^F de ravitaillement^M
pump island
kiosque^M
kiosk
distributeur^M d'essence^F
gasoline pump

automobile[F]

automobile

exemples[M] de carrosseries[F]
examples of bodies

voiture[F] sport[M]
sports car

voiture[F] micro-compacte
micro compact car

trois-portes[F]
hatchback

coach[M]
two-door sedan

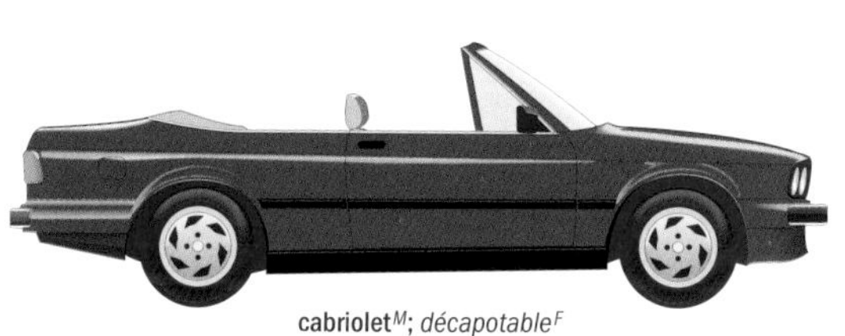

cabriolet[M]; *décapotable*[F]
convertible

berline[F]
four-door sedan

break[M]; *familiale*[F]
station wagon

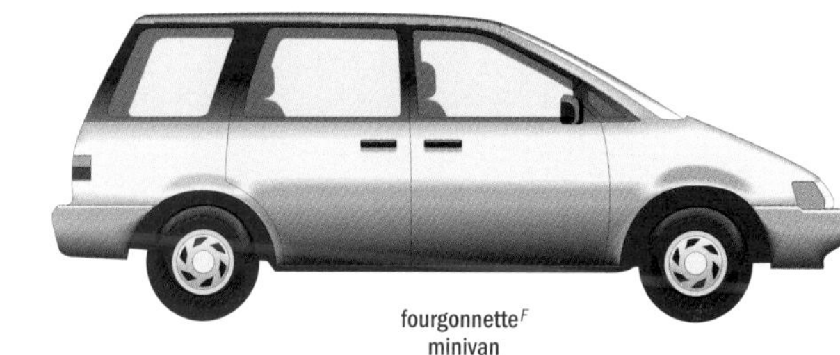

fourgonnette[F]
minivan

véhicule[M] tout-terrain[M]
sport-utility vehicle

camionnette[F]
pickup truck

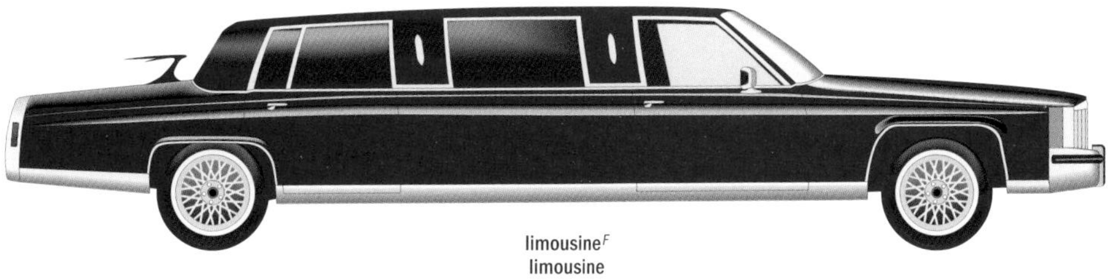

limousine[F]
limousine

automobile^F

carrosserie^F
body

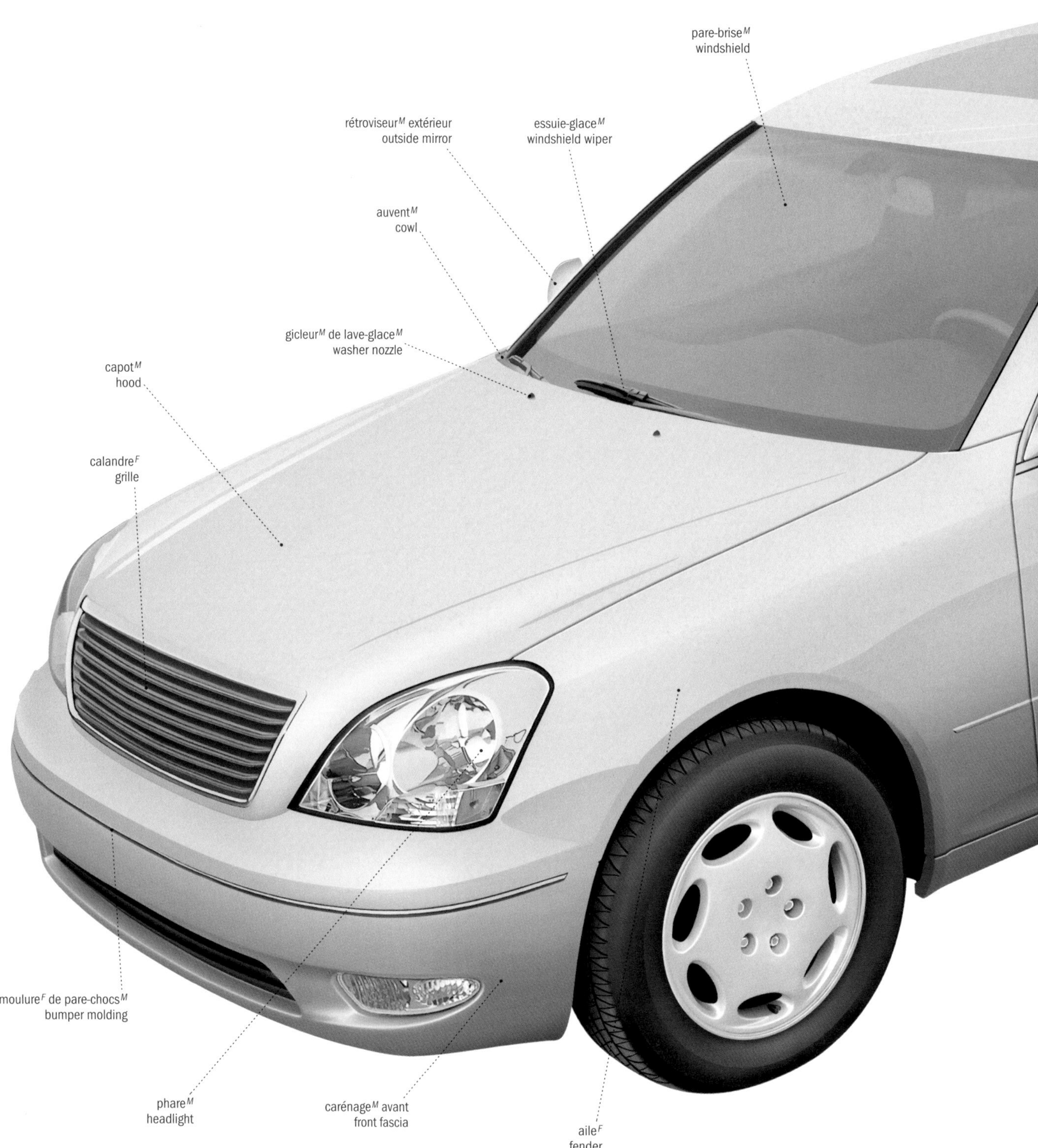
pare-brise^M
windshield
rétroviseur^M extérieur
outside mirror
essuie-glace^M
windshield wiper
auvent^M
cowl
gicleur^M de lave-glace^M
washer nozzle
capot^M
hood
calandre^F
grille
moulure^F de pare-chocs^M
bumper molding
phare^M
headlight
carénage^M avant
front fascia
aile^F
fender

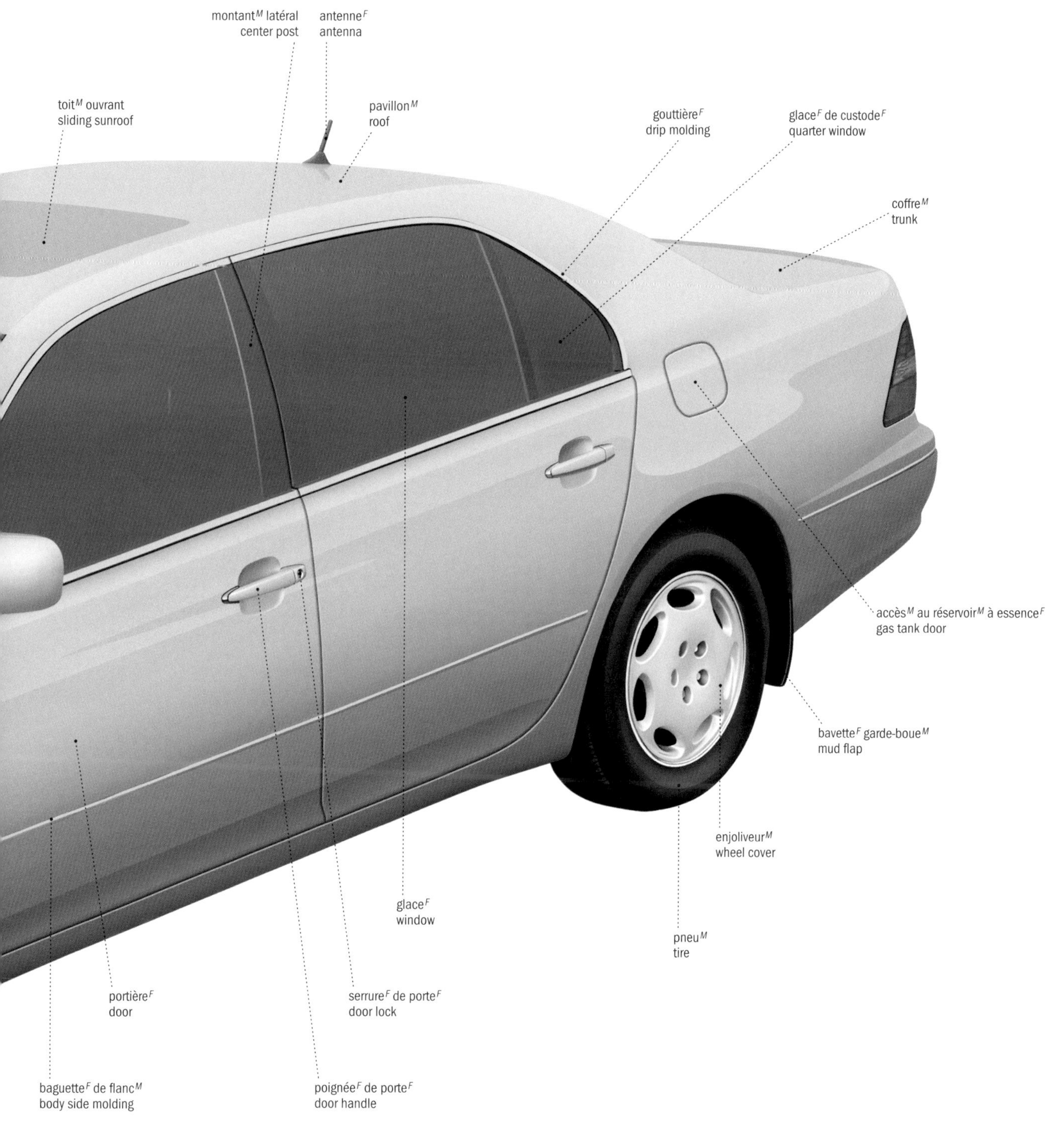
montant[M] latéral
center post
antenne[F]
antenna
toit[M] ouvrant
sliding sunroof
pavillon[M]
roof
gouttière[F]
drip molding
glace[F] de custode[F]
quarter window
coffre[M]
trunk
accès[M] au réservoir[M] à essence[F]
gas tank door
bavette[F] garde-boue[M]
mud flap
enjoliveur[M]
wheel cover
glace[F]
window
pneu[M]
tire
portière[F]
door
serrure[F] de porte[F]
door lock
baguette[F] de flanc[M]
body side molding
poignée[F] de porte[F]
door handle

automobile^F

principaux organes^M des systèmes^M automobiles
automobile systems main parts

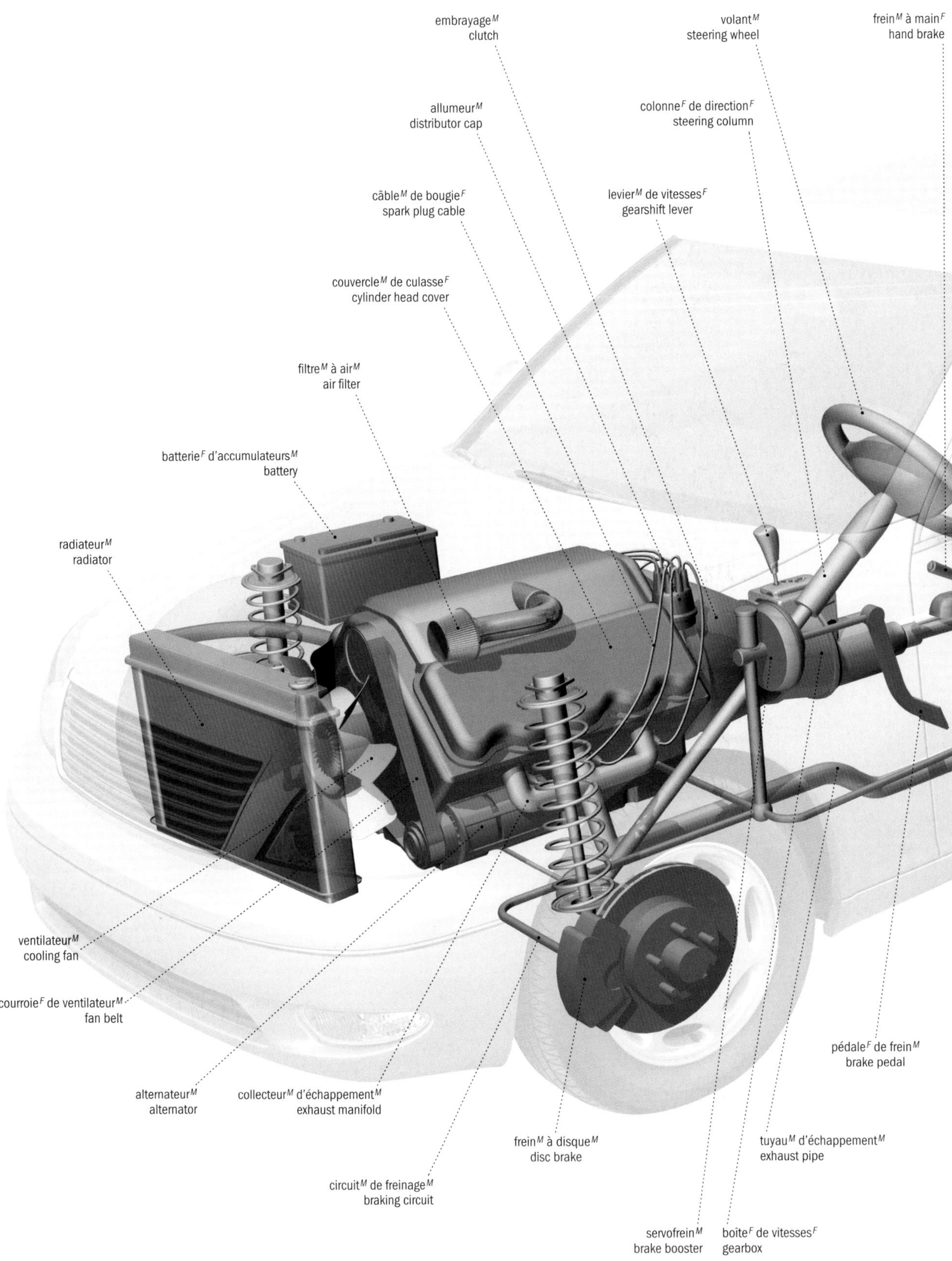
embrayage^M
clutch
volant^M
steering wheel
frein^M à main^F
hand brake
allumeur^M
distributor cap
colonne^F de direction^F
steering column
câble^M de bougie^F
spark plug cable
levier^M de vitesses^F
gearshift lever
couvercle^M de culasse^F
cylinder head cover
filtre^M à air^M
air filter
batterie^F d'accumulateurs^M
battery
radiateur^M
radiator
ventilateur^M
cooling fan
courroie^F de ventilateur^M
fan belt
pédale^F de frein^M
brake pedal
alternateur^M
alternator
collecteur^M d'échappement^M
exhaust manifold
frein^M à disque^M
disc brake
tuyau^M d'échappement^M
exhaust pipe
circuit^M de freinage^M
braking circuit
servofrein^M
brake booster
boîte^F de vitesses^F
gearbox

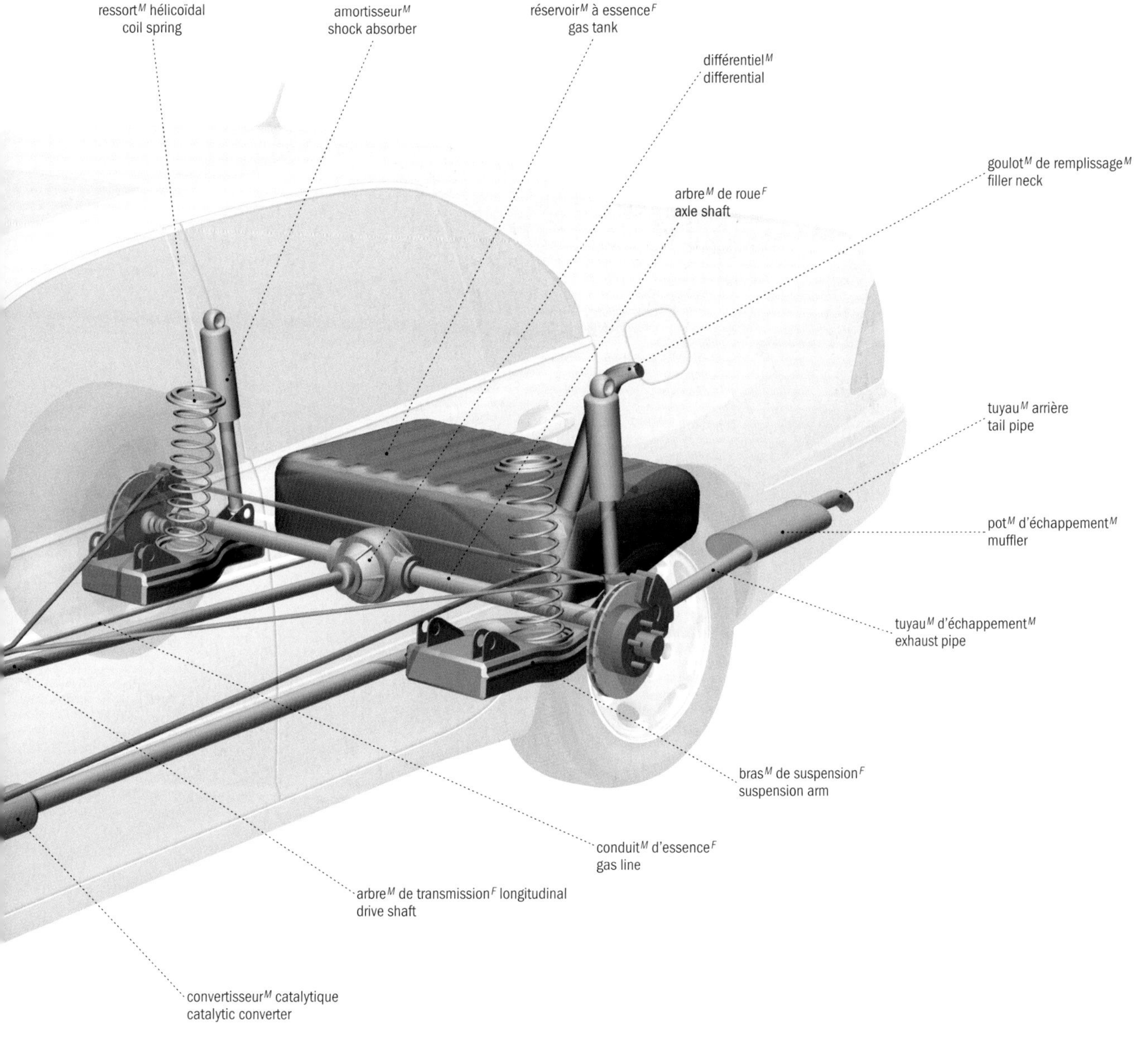

ressort[M] hélicoïdal
coil spring

amortisseur[M]
shock absorber

réservoir[M] à essence[F]
gas tank

différentiel[M]
differential

goulot[M] de remplissage[M]
filler neck

arbre[M] de roue[F]
axle shaft

tuyau[M] arrière
tail pipe

pot[M] d'échappement[M]
muffler

tuyau[M] d'échappement[M]
exhaust pipe

bras[M] de suspension[F]
suspension arm

conduit[M] d'essence[F]
gas line

arbre[M] de transmission[F] longitudinal
drive shaft

convertisseur[M] catalytique
catalytic converter

systèmes[M] automobiles
automobile systems

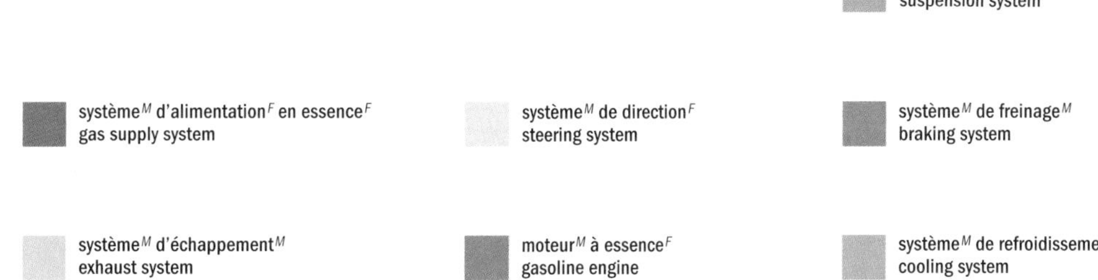

système[M] de suspension[F]
suspension system

système[M] de transmission[F]
transmission system

système[M] d'alimentation[F] en essence[F]
gas supply system

système[M] de direction[F]
steering system

système[M] de freinage[M]
braking system

système[M] électrique
electrical system

système[M] d'échappement[M]
exhaust system

moteur[M] à essence[F]
gasoline engine

système[M] de refroidissement[M]
cooling system

automobile^F

feux^M avant
headlights

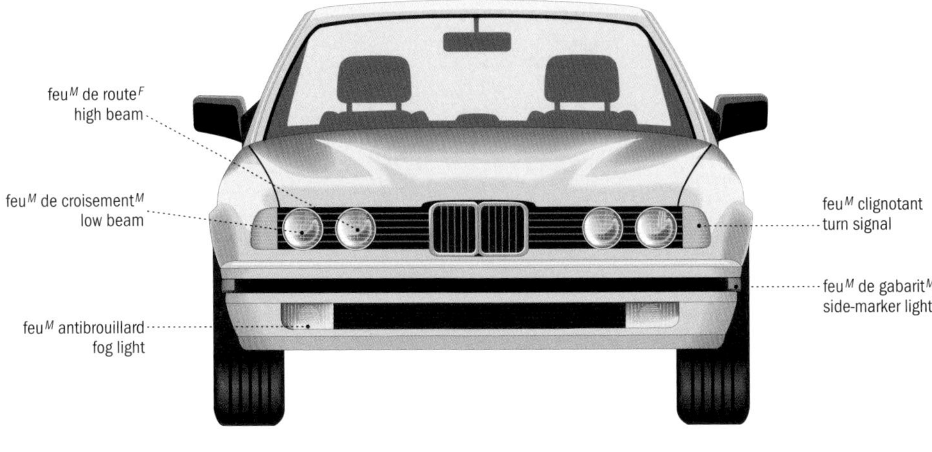
feu^M de route^F
high beam
feu^M de croisement^M
low beam
feu^M antibrouillard
fog light
feu^M clignotant
turn signal
feu^M de gabarit^M
side-marker light

feu^M arrière
taillights

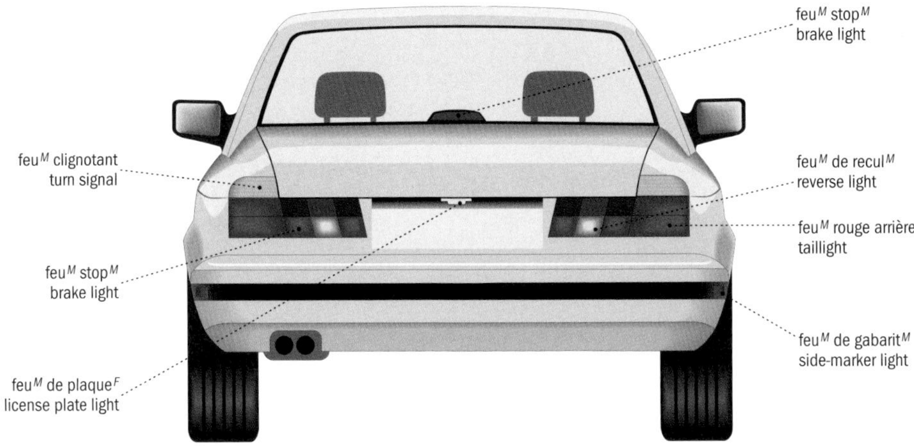
feu^M stop^M
brake light
feu^M clignotant
turn signal
feu^M de recul^M
reverse light
feu^M rouge arrière
taillight
feu^M stop^M
brake light
feu^M de gabarit^M
side-marker light
feu^M de plaque^F
license plate light

portière^F
door

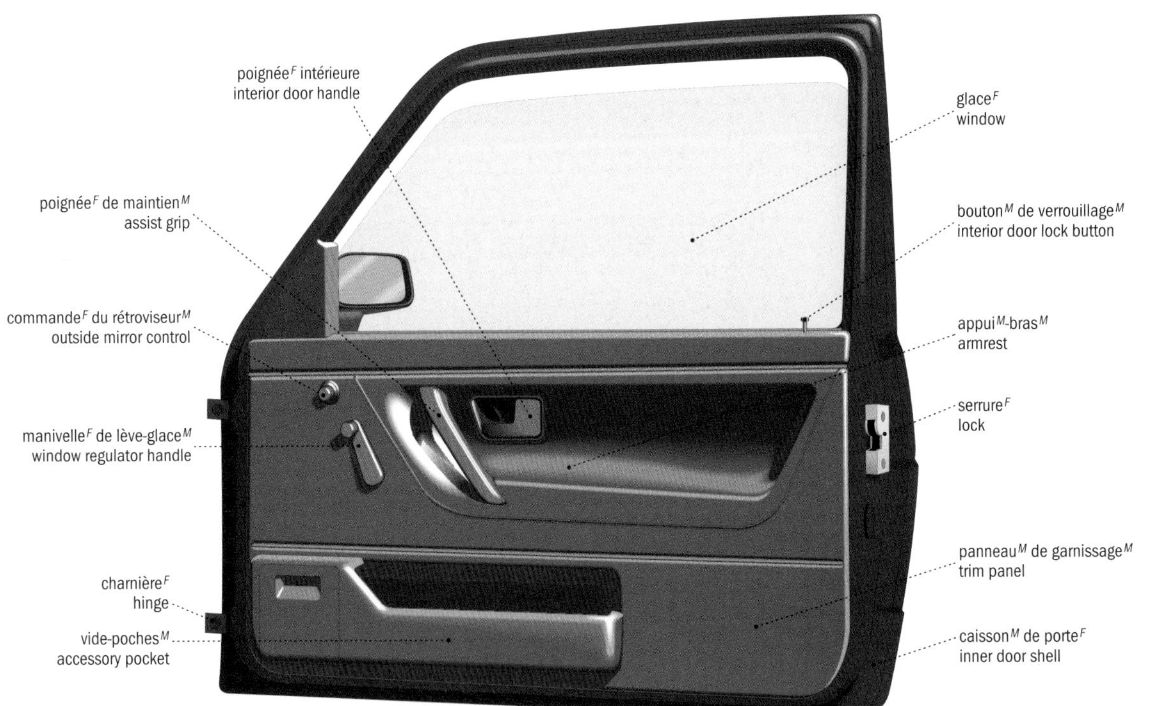
poignée^F intérieure
interior door handle
glace^F
window
poignée^F de maintien^M
assist grip
bouton^M de verrouillage^M
interior door lock button
commande^F du rétroviseur^M
outside mirror control
appui^M-bras^M
armrest
serrure^F
lock
manivelle^F de lève-glace^M
window regulator handle
panneau^M de garnissage^M
trim panel
charnière^F
hinge
vide-poches^M
accessory pocket
caisson^M de porte^F
inner door shell

siège^M-baquet^M : vue^F de face^F
bucket seat: front view

siège^M-baquet^M : vue^F de profil^M
bucket seat: side view

baudrier^M
shoulder belt
rail^M de glissement^M
sliding rail
manette^F de glissement^M
sliding lever
appui^M-tête^F
headrest
dossier^M
backrest
siège^M
seat
commande^F de dossier^M
adjustment knob
ceinture^F de sécurité^F
seat belt

banquette^F arrière
rear seat

appui^M-bras^M
armrest
sangle^F
webbing
boucle^F
buckle
banquette^F
bench seat

automobile[F]

tableau[M] de bord[M]
dashboard

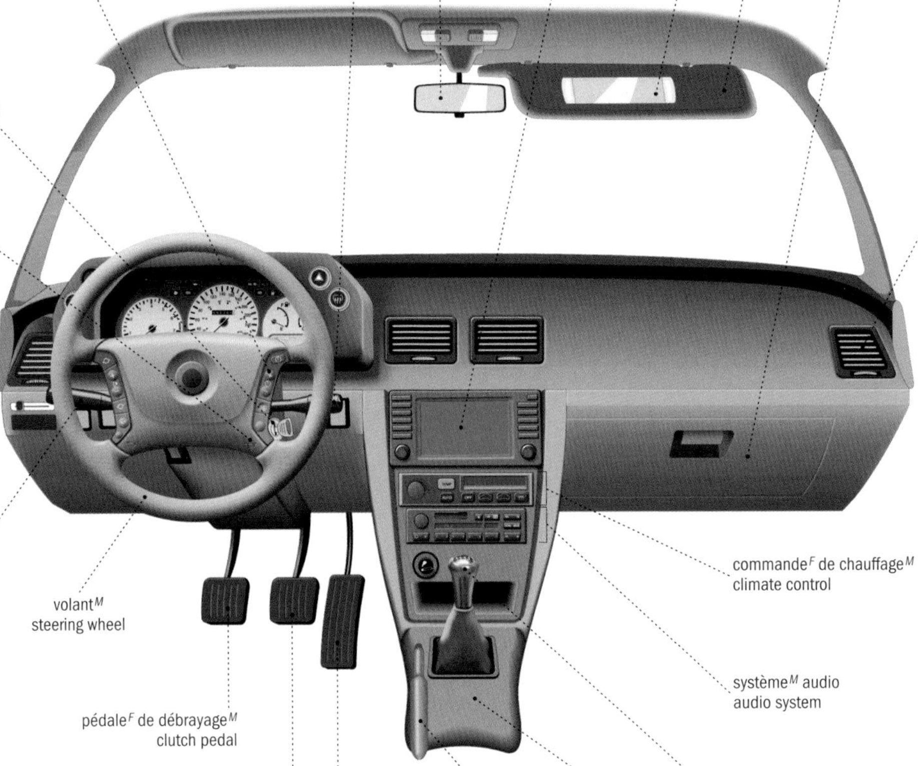

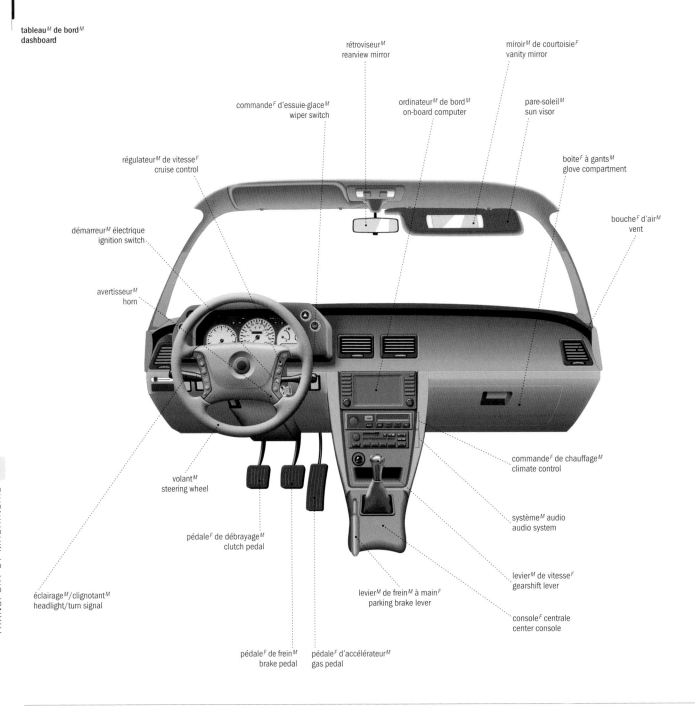

rétroviseur[M]
rearview mirror

miroir[M] de courtoisie[F]
vanity mirror

commande[F] d'essuie-glace[M]
wiper switch

ordinateur[M] de bord[M]
on-board computer

pare-soleil[M]
sun visor

régulateur[M] de vitesse[F]
cruise control

boite[F] à gants[M]
glove compartment

bouche[F] d'air[M]
vent

démarreur[M] électrique
ignition switch

avertisseur[M]
horn

commande[F] de chauffage[M]
climate control

volant[M]
steering wheel

système[M] audio
audio system

pédale[F] de débrayage[M]
clutch pedal

levier[M] de vitesse[F]
gearshift lever

éclairage[M]/clignotant[M]
headlight/turn signal

levier[M] de frein[M] à main[F]
parking brake lever

console[F] centrale
center console

pédale[F] de frein[M]
brake pedal

pédale[F] d'accélérateur[M]
gas pedal

système[M] de retenue[F] à sacs[M] gonflables
air bag restraint system

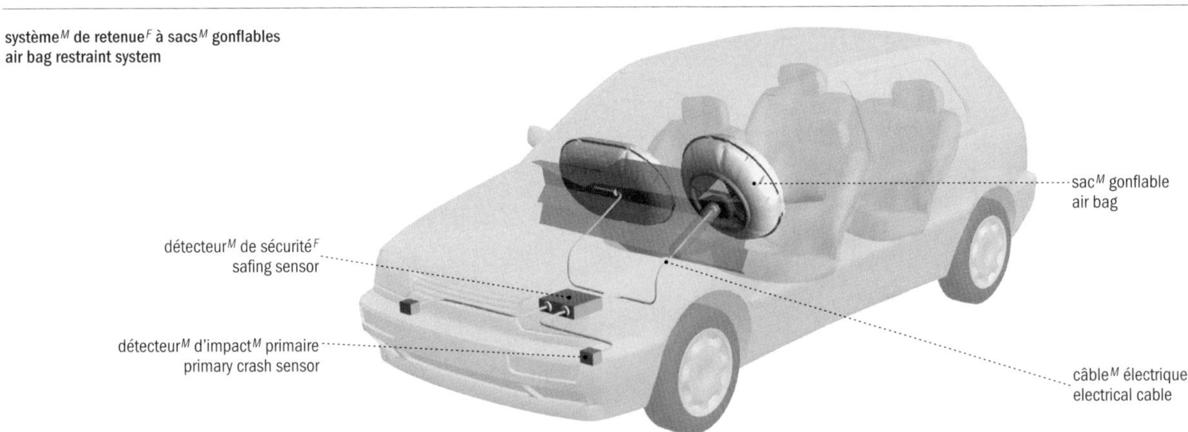
sac[M] gonflable
air bag
détecteur[M] de sécurité[F]
safing sensor
détecteur[M] d'impact[M] primaire
primary crash sensor
câble[M] électrique
electrical cable

instruments[M] de bord[M]
instrument panel

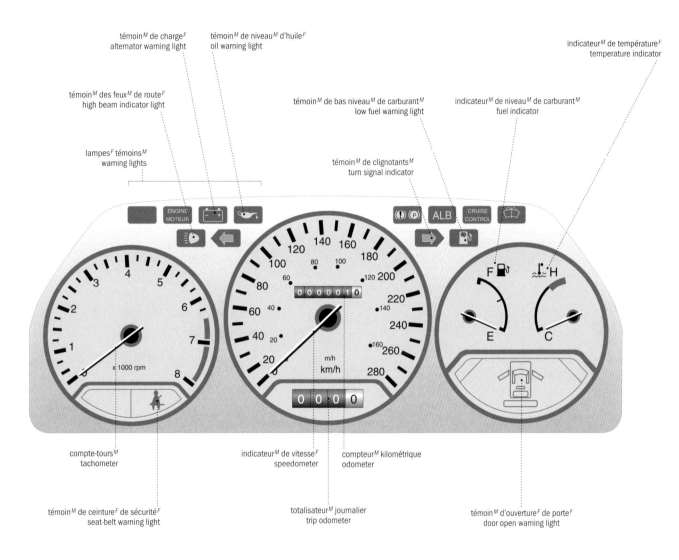

témoin[M] de charge[F]
alternator warning light

témoin[M] de niveau[M] d'huile[F]
oil warning light

indicateur[M] de température[F]
temperature indicator

témoin[M] des feux[M] de route[F]
high beam indicator light

témoin[M] de bas niveau[M] de carburant[M]
low fuel warning light

indicateur[M] de niveau[M] de carburant[M]
fuel indicator

lampes[F] témoins[M]
warning lights

témoin[M] de clignotants[M]
turn signal indicator

compte-tours[M]
tachometer

indicateur[M] de vitesse[F]
speedometer

compteur[M] kilométrique
odometer

témoin[M] de ceinture[F] de sécurité[F]
seat-belt warning light

totalisateur[M] journalier
trip odometer

témoin[M] d'ouverture[F] de porte[F]
door open warning light

essuie-glace[M]
windshield wiper

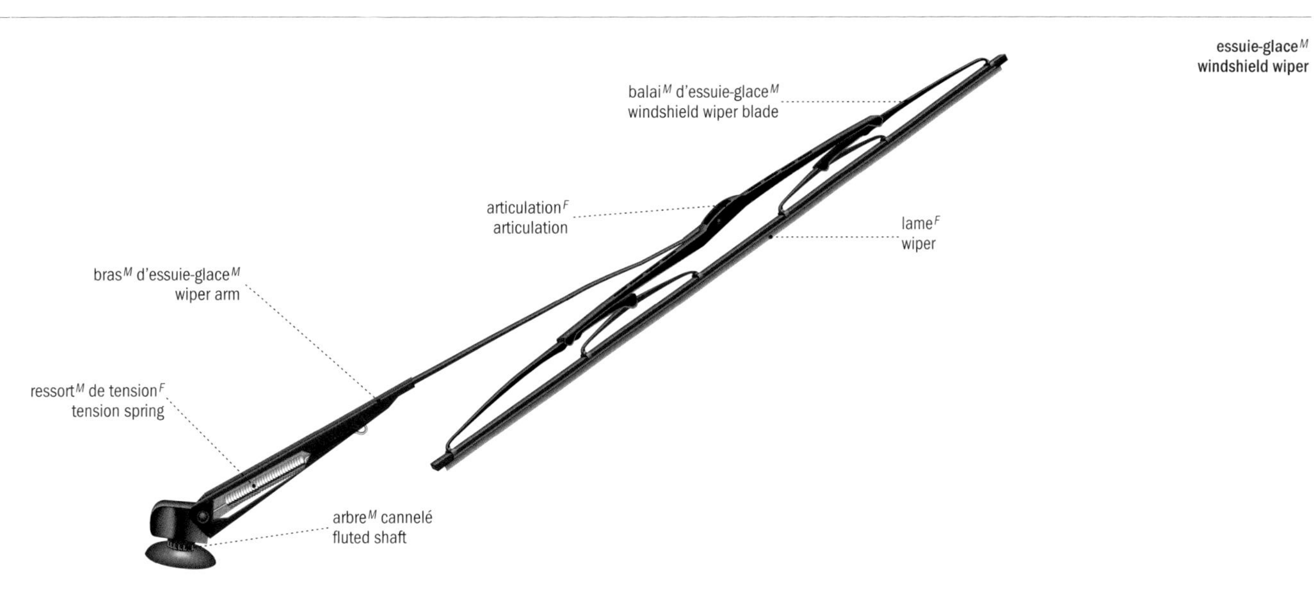
balai[M] d'essuie-glace[M]
windshield wiper blade
articulation[F]
articulation
lame[F]
wiper
bras[M] d'essuie-glace[M]
wiper arm
ressort[M] de tension[F]
tension spring
arbre[M] cannelé
fluted shaft

automobile^F

accessoires^M
accessories

câbles^M de démarrage^M
jumper cables
tapis^M de plancher^M
floor mat
pince^F noire
black clamp
store^M à enroulement^M automatique
roller shade
pince^F rouge
red clamp
câble^M
cable
balai^M à neige^F à grattoir^M
snow brush with scraper
ferrure^F d'attelage^M
ball mount
boule^F d'attelage^M
hitch ball
clé^F en croix^F
four-way lug wrench
porte-vélos^M
bike carrier
porte-skis^M
ski rack
cric^M
jack
pare-soleil^M
sun visor
manivelle^F
handle
housse^F pour automobile^F
car cover
siège^M de sécurité^F pour enfant^M
child safety seat

freins[M]

brakes

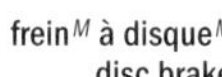

frein[M] à disque[M]
disc brake

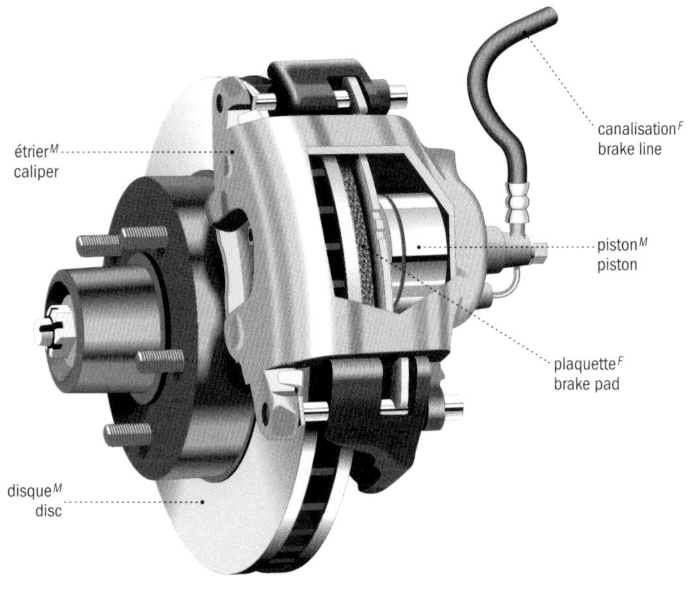
étrier[M]
caliper
canalisation[F]
brake line
piston[M]
piston
plaquette[F]
brake pad
disque[M]
disc

frein[M] à tambour[M]
drum brake

segment[M]
brake shoe
point[M] fixe
anchor pin
cylindre[M] de roue[F]
wheel cylinder
ressort[M] de rappel[M]
return spring
plateau[M] de frein[M]
backing plate
piston[M]
piston
garniture[F] de frein[M]
brake lining
goujon[M]
lug
tambour[M]
drum

système[M] de freinage[M] antiblocage
antilock braking system (ABS)

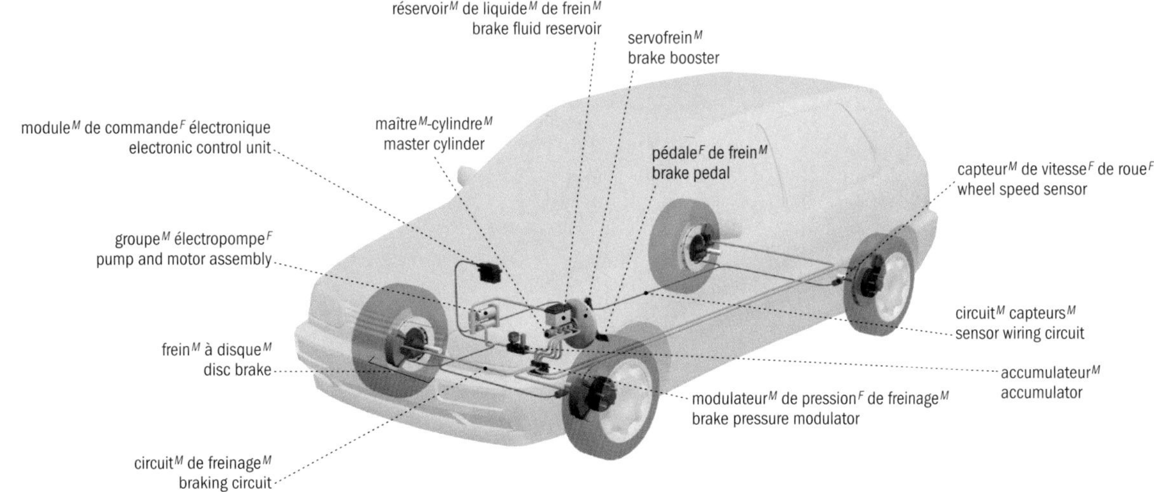
réservoir[M] de liquide[M] de frein[M]
brake fluid reservoir
servofrein[M]
brake booster
module[M] de commande[F] électronique
electronic control unit
maître[M]-cylindre[M]
master cylinder
pédale[F] de frein[M]
brake pedal
capteur[M] de vitesse[F] de roue[F]
wheel speed sensor
groupe[M] électropompe[F]
pump and motor assembly
circuit[M] capteurs[M]
sensor wiring circuit
frein[M] à disque[M]
disc brake
accumulateur[M]
accumulator
modulateur[M] de pression[F] de freinage[M]
brake pressure modulator
circuit[M] de freinage[M]
braking circuit

pneu^M

tire

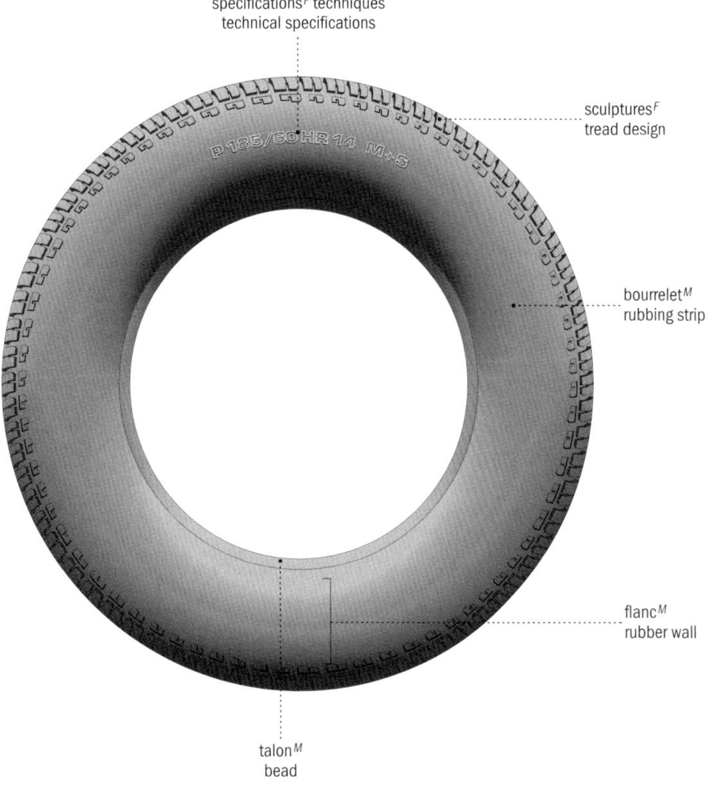
spécifications^F techniques
technical specifications
sculptures^F
tread design
bourrelet^M
rubbing strip
flanc^M
rubber wall
talon^M
bead
P185/60HR14 M+S

roue^F
wheel
voile^M
disk
jante^F
rim
joue^F de jante^F
rim flange

exemples^M de pneus^M
examples of tires

pneu^M de performance^F
performance tire

pneu^M toutes saisons^F
all-season tire

pneu^M d'hiver^M
winter tire

pneu^M autoroutier
touring tire

pneu^M à crampons^M
studded tire

pneu[M]

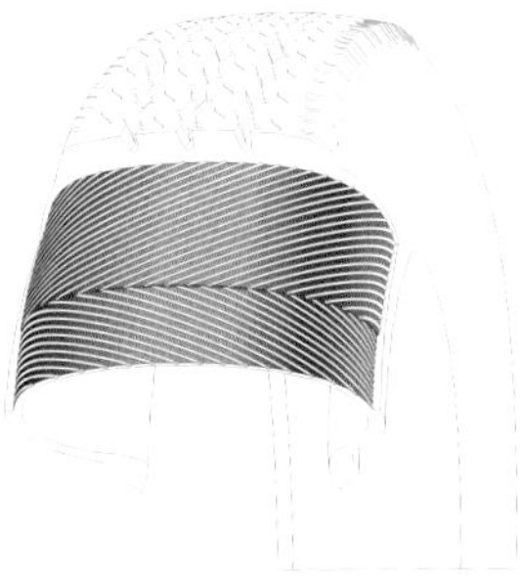

pneu[M] à carcasse[F] diagonale
bias-ply tire

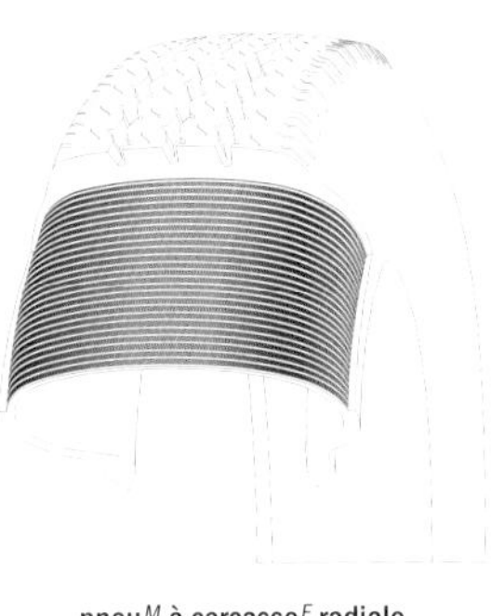

pneu[M] à carcasse[F] radiale
radial tire

pneu[M] à carcasse[F] radiale ceinturée
steel belted radial tire

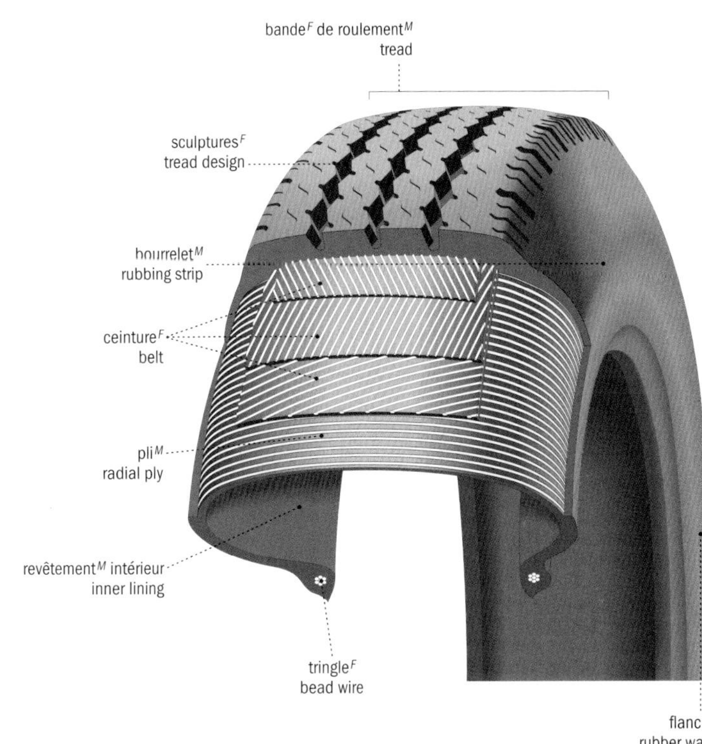
bande[F] de roulement[M]
tread
sculptures[F]
tread design
bourrelet[M]
rubbing strip
ceinture[F]
belt
pli[M]
radial ply
revêtement[M] intérieur
inner lining
tringle[F]
bead wire
flanc[M]
rubber wall

radiateur[M]

radiator

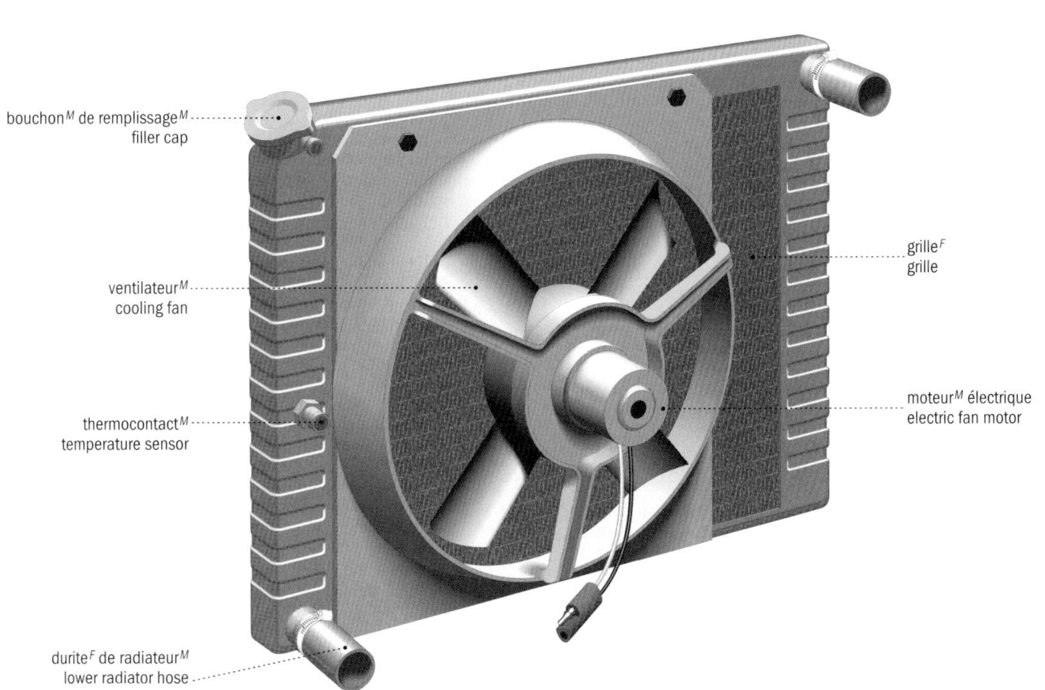
bouchon[M] de remplissage[M]
filler cap
ventilateur[M]
cooling fan
thermocontact[M]
temperature sensor
durite[F] de radiateur[M]
lower radiator hose
grille[F]
grille
moteur[M] électrique
electric fan motor

bougie^F d'allumage^M

spark plug

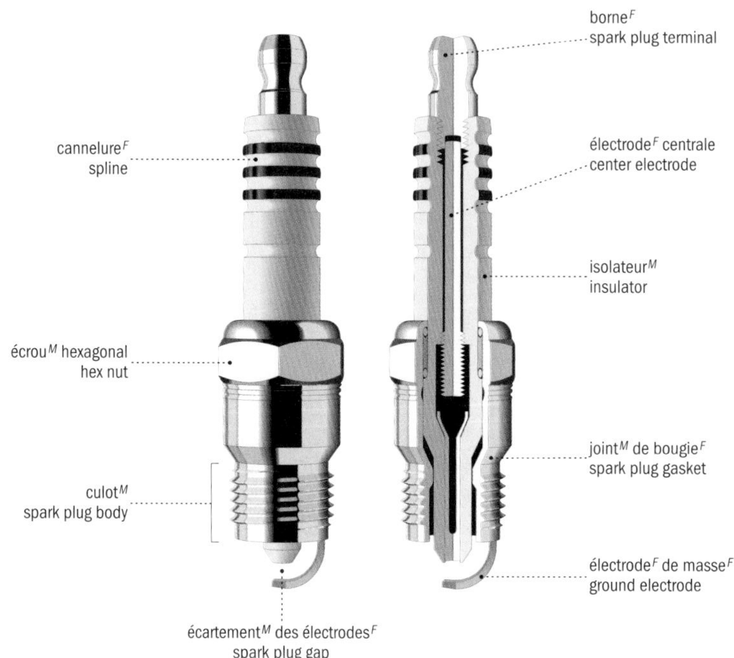
borne^F
spark plug terminal
cannelure^F
spline
électrode^F centrale
center electrode
isolateur^M
insulator
écrou^M hexagonal
hex nut
joint^M de bougie^F
spark plug gasket
culot^M
spark plug body
électrode^F de masse^F
ground electrode
écartement^M des électrodes^F
spark plug gap

batterie^F d'accumulateurs^M

battery

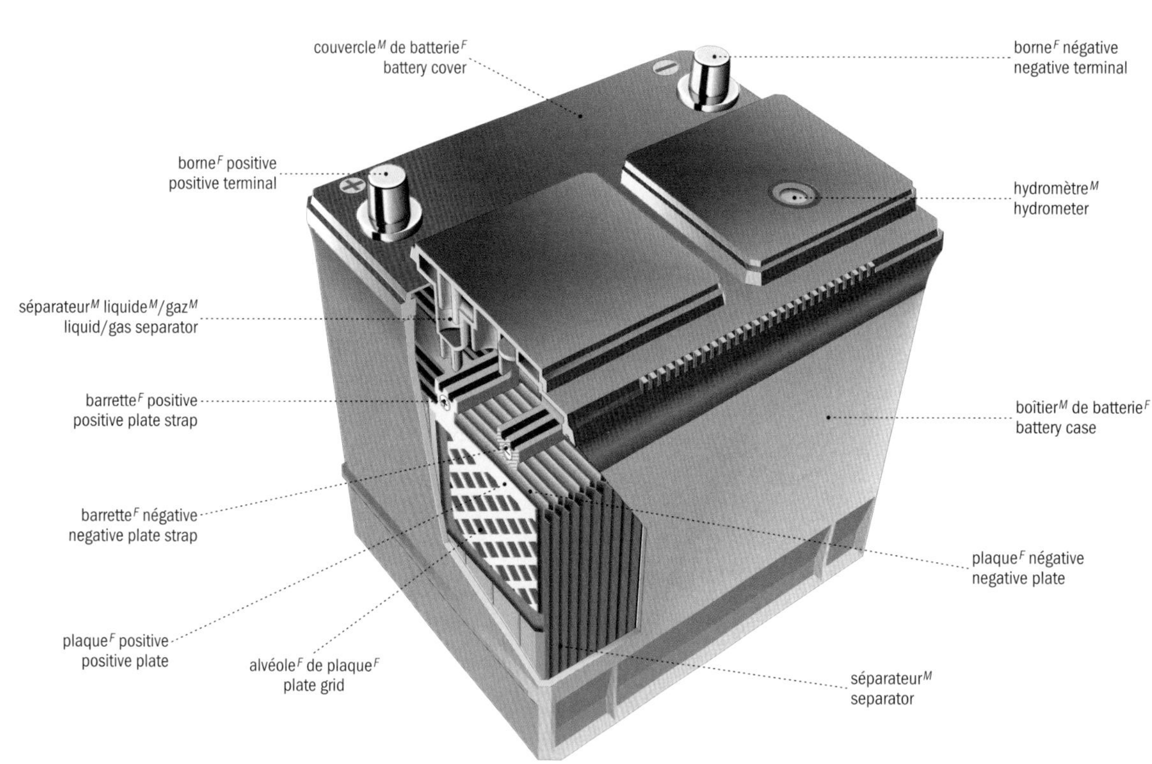
couvercle^M de batterie^F
battery cover
borne^F négative
negative terminal
borne^F positive
positive terminal
hydromètre^M
hydrometer
séparateur^M liquide^M/gaz^M
liquid/gas separator
barrette^F positive
positive plate strap
boîtier^M de batterie^F
battery case
barrette^F négative
negative plate strap
plaque^F négative
negative plate
plaque^F positive
positive plate
alvéole^F de plaque^F
plate grid
séparateur^M
separator

automobile^F électrique

electric automobile

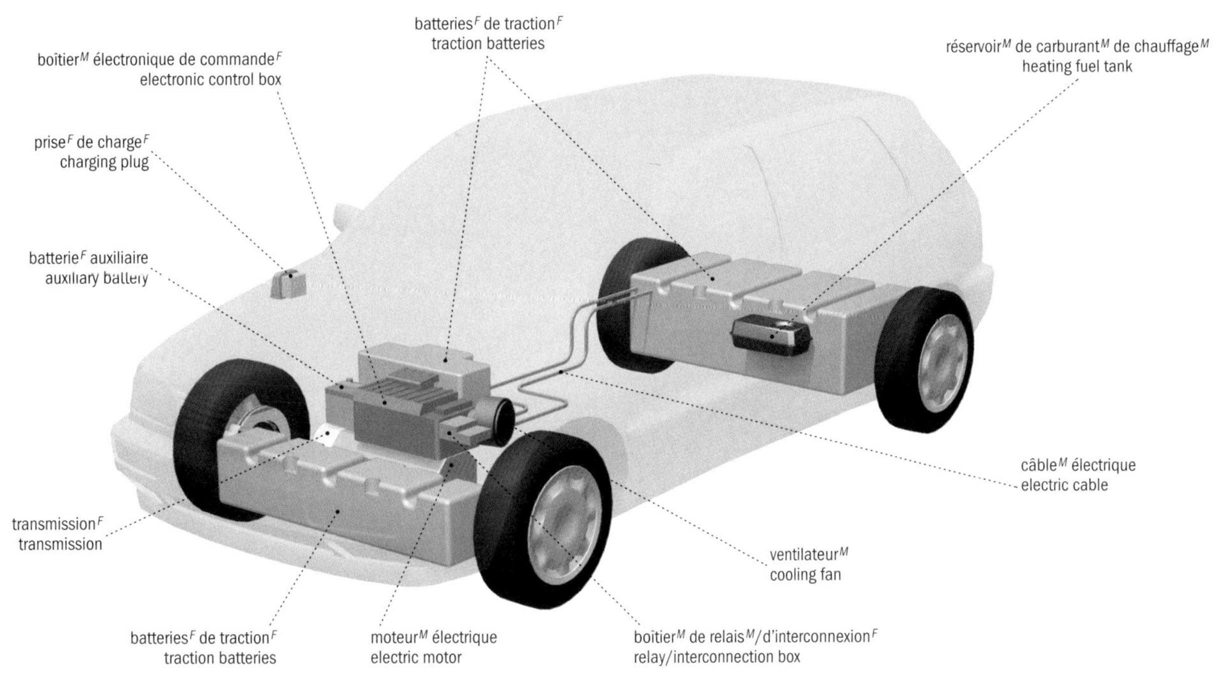
batteries^F de traction^F
traction batteries
boîtier^M électronique de commande^F
electronic control box
réservoir^M de carburant^M de chauffage^M
heating fuel tank
prise^F de charge^F
charging plug
batterie^F auxiliaire
auxiliary battery
câble^M électrique
electric cable
transmission^F
transmission
ventilateur^M
cooling fan
batteries^F de traction^F
traction batteries
moteur^M électrique
electric motor
boîtier^M de relais^M/d'interconnexion^F
relay/interconnection box

automobile^F hybride

hybrid automobile

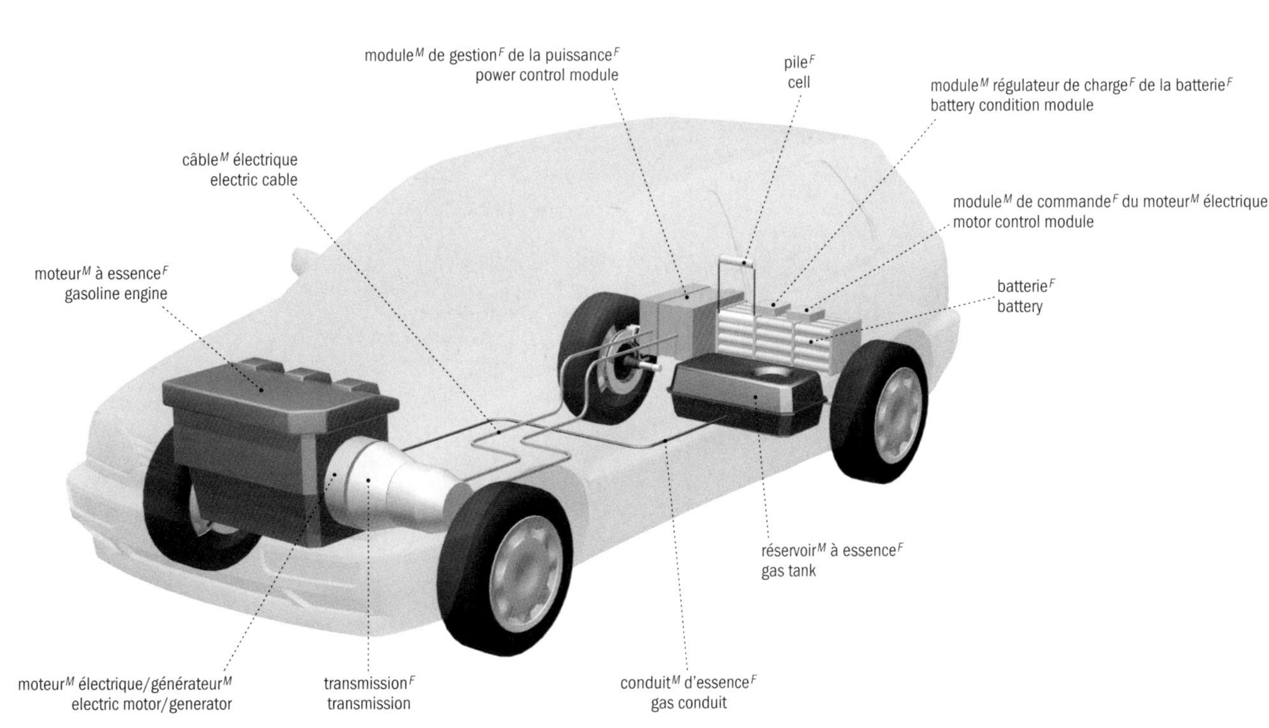
module^M de gestion^F de la puissance^F
power control module
pile^F
cell
module^M régulateur de charge^F de la batterie^F
battery condition module
câble^M électrique
electric cable
module^M de commande^F du moteur^M électrique
motor control module
moteur^M à essence^F
gasoline engine
batterie^F
battery
réservoir^M à essence^F
gas tank
moteur^M électrique/générateur^M
electric motor/generator
transmission^F
transmission
conduit^M d'essence^F
gas conduit

types[M] de moteurs[M]

types of engines

moteur[M] à turbocompression[F]
turbo-compressor engine

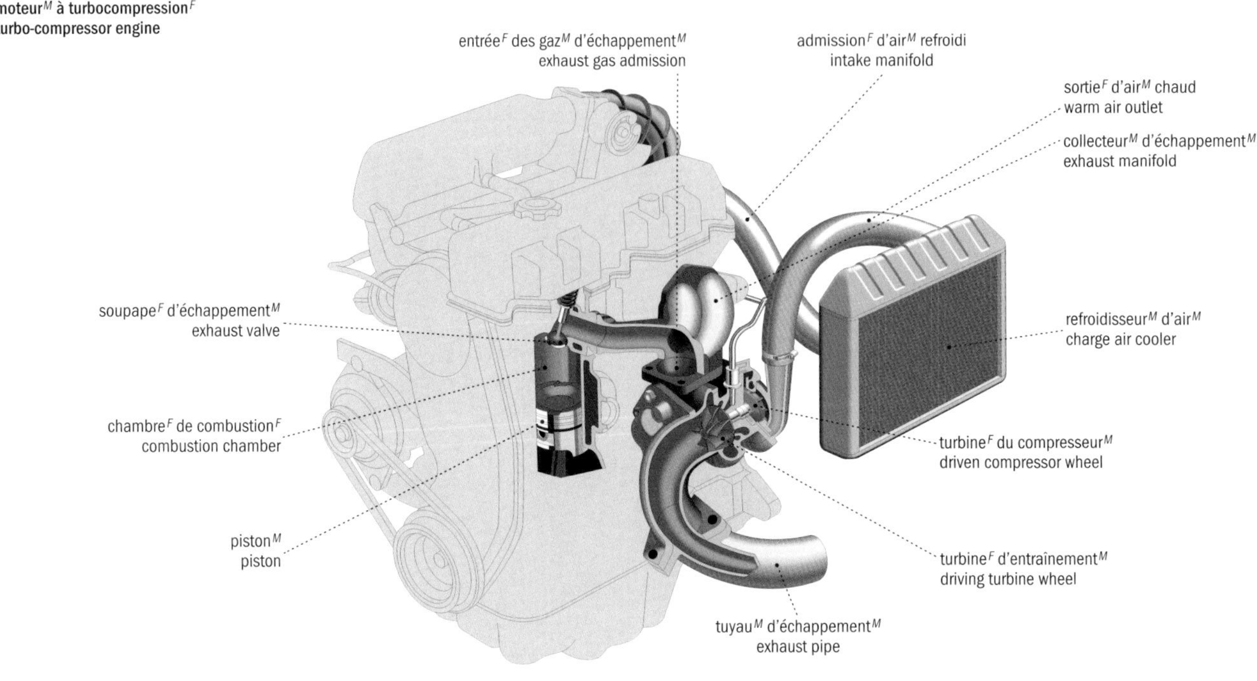
entrée[F] des gaz[M] d'échappement[M]
exhaust gas admission
admission[F] d'air[M] refroidi
intake manifold
sortie[F] d'air[M] chaud
warm air outlet
collecteur[M] d'échappement[M]
exhaust manifold
soupape[F] d'échappement[M]
exhaust valve
refroidisseur[M] d'air[M]
charge air cooler
chambre[F] de combustion[F]
combustion chamber
turbine[F] du compresseur[M]
driven compressor wheel
piston[M]
piston
turbine[F] d'entraînement[M]
driving turbine wheel
tuyau[M] d'échappement[M]
exhaust pipe

moteur[M] à quatre temps[M]
four-stroke-cycle engine

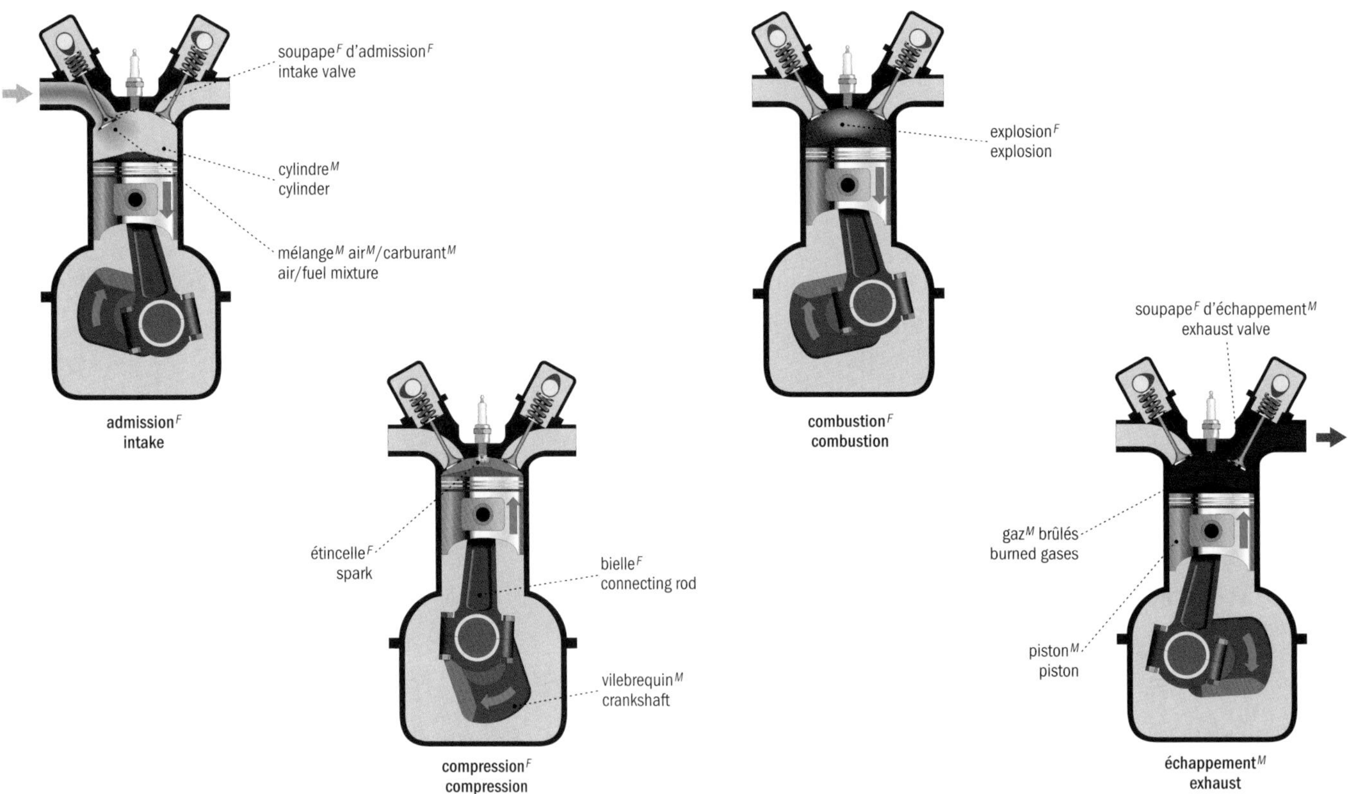
soupape[F] d'admission[F]
intake valve
cylindre[M]
cylinder
mélange[M] air[M]/carburant[M]
air/fuel mixture
admission[F]
intake
explosion[F]
explosion
combustion[F]
combustion
soupape[F] d'échappement[M]
exhaust valve
étincelle[F]
spark
bielle[F]
connecting rod
vilebrequin[M]
crankshaft
compression[F]
compression
gaz[M] brûlés
burned gases
piston[M]
piston
échappement[M]
exhaust

cycle^M d'un moteur^M à deux temps^M
two-stroke-cycle engine cycle

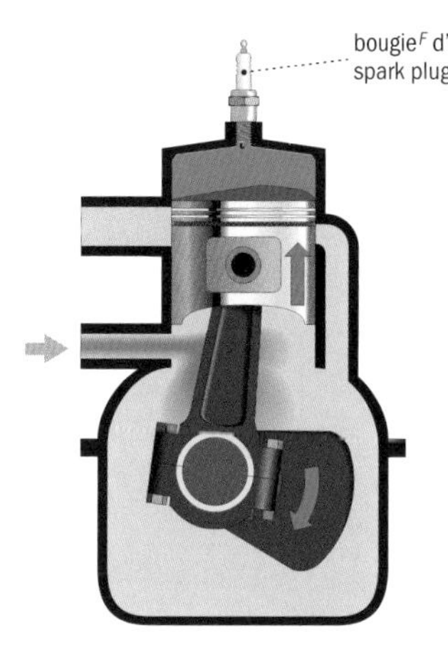
bougie^F d'allumage^M
spark plug

compression^F/admission^F
compression/intake

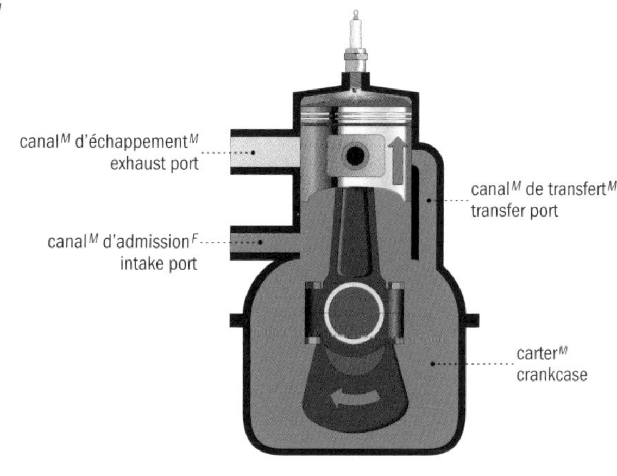
canal^M d'échappement^M
exhaust port
canal^M d'admission^F
intake port
canal^M de transfert^M
transfer port
carter^M
crankcase

combustion^F
combustion

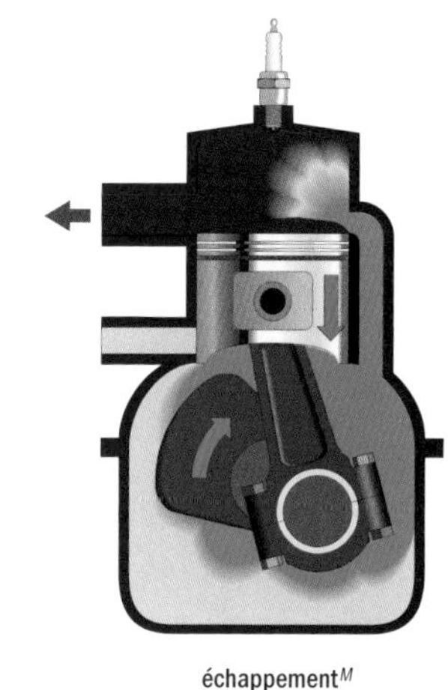

échappement^M
exhaust/scavaging

cycle^M d'un moteur^M rotatif
rotary engine cycle

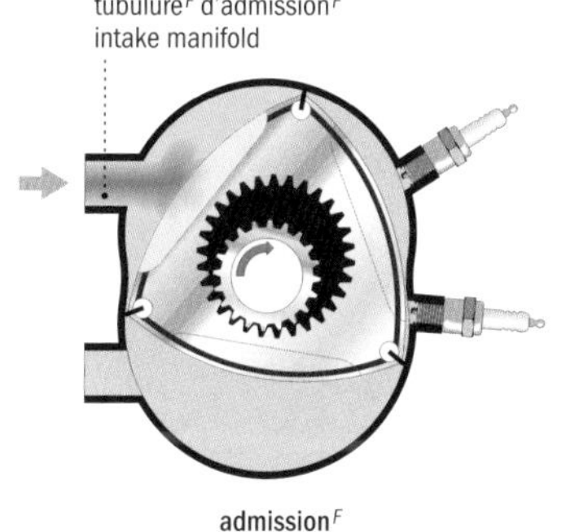
tubulure^F d'admission^F
intake manifold

admission^F
intake

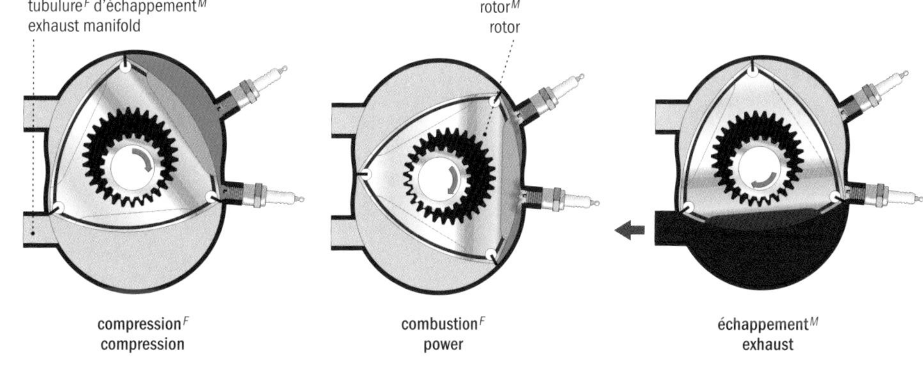
tubulure^F d'échappement^M
exhaust manifold
rotor^M
rotor

compression^F
compression

combustion^F
power

échappement^M
exhaust

cycle^M d'un moteur^M diesel
diesel engine cycle

air^M
air

admission^F
intake

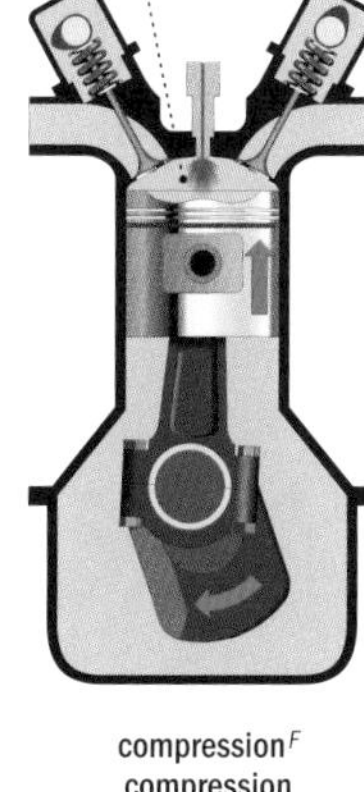
injection^F/explosion^F
injection/combustion

compression^F
compression

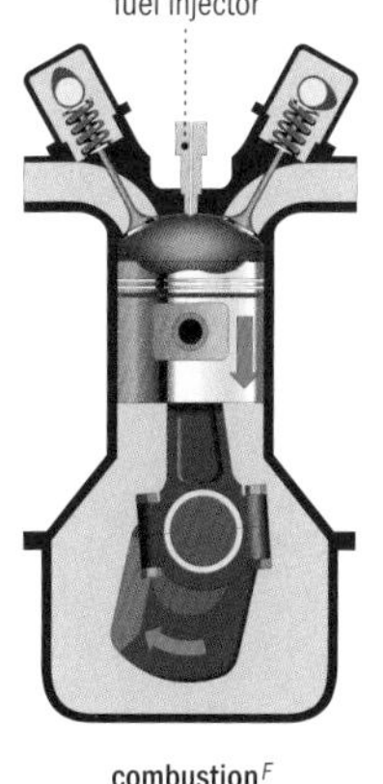
injecteur^M
fuel injector

combustion^F
power

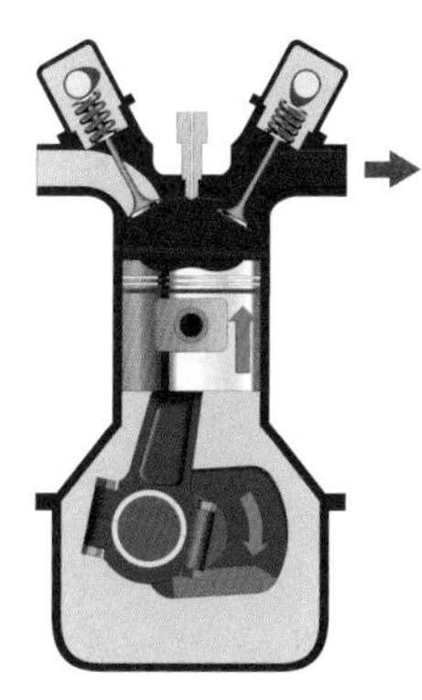

échappement^M
exhaust

types^M de moteurs^M

moteur^M à essence^F
gasoline engine

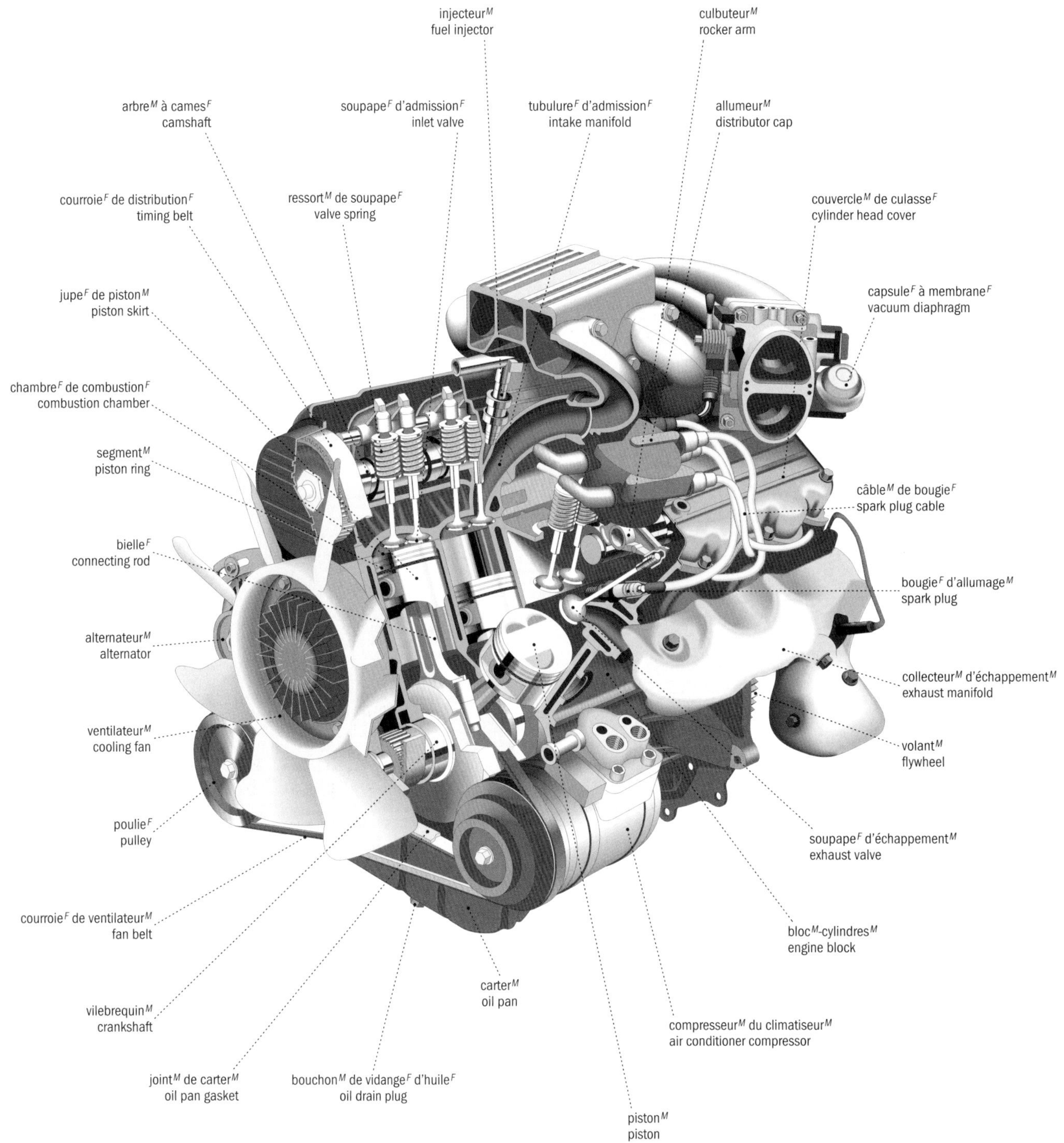
injecteur^M
fuel injector
culbuteur^M
rocker arm
arbre^M à cames^F
camshaft
soupape^F d'admission^F
inlet valve
tubulure^F d'admission^F
intake manifold
allumeur^M
distributor cap
courroie^F de distribution^F
timing belt
ressort^M de soupape^F
valve spring
couvercle^M de culasse^F
cylinder head cover
jupe^F de piston^M
piston skirt
capsule^F à membrane^F
vacuum diaphragm
chambre^F de combustion^F
combustion chamber
segment^M
piston ring
câble^M de bougie^F
spark plug cable
bielle^F
connecting rod
bougie^F d'allumage^M
spark plug
alternateur^M
alternator
collecteur^M d'échappement^M
exhaust manifold
ventilateur^M
cooling fan
volant^M
flywheel
poulie^F
pulley
soupape^F d'échappement^M
exhaust valve
courroie^F de ventilateur^M
fan belt
bloc^M-cylindres^M
engine block
carter^M
oil pan
vilebrequin^M
crankshaft
compresseur^M du climatiseur^M
air conditioner compressor
joint^M de carter^M
oil pan gasket
bouchon^M de vidange^F d'huile^F
oil drain plug
piston^M
piston

caravane[F]

caravan

caravane[F] tractée
trailer

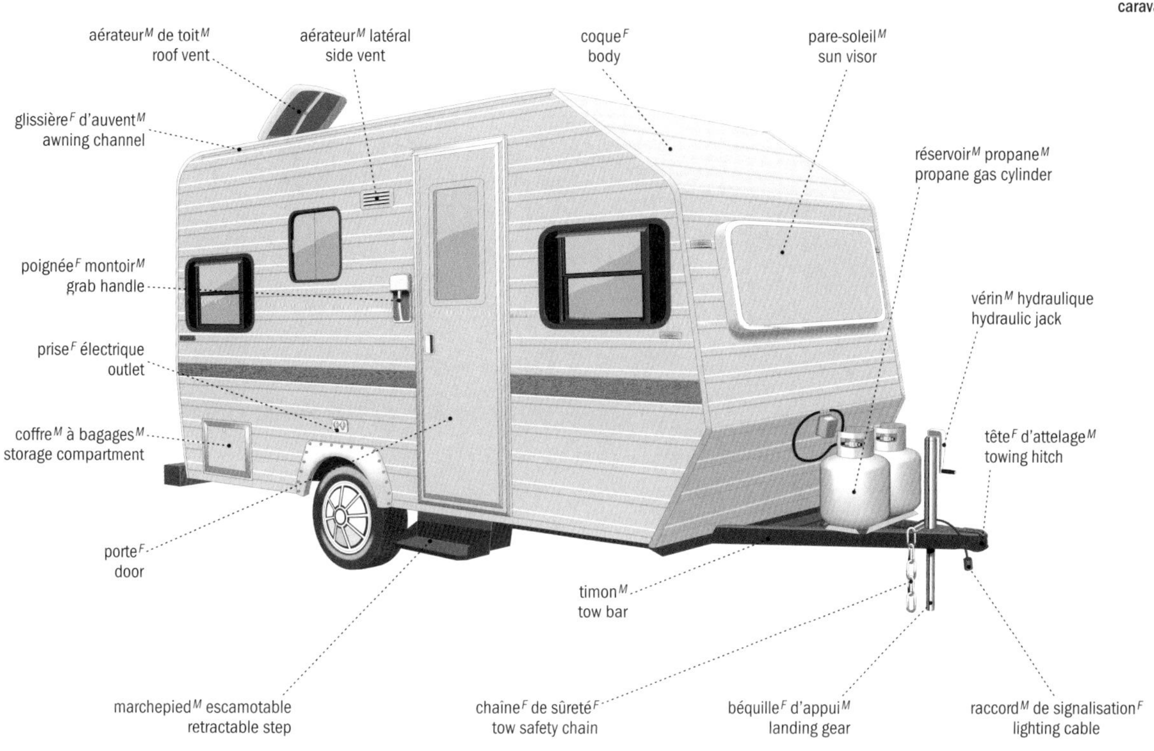
aérateur[M] de toit[M]
roof vent
aérateur[M] latéral
side vent
coque[F]
body
pare-soleil[M]
sun visor
glissière[F] d'auvent[M]
awning channel
réservoir[M] propane[M]
propane gas cylinder
poignée[F] montoir[M]
grab handle
vérin[M] hydraulique
hydraulic jack
prise[F] électrique
outlet
coffre[M] à bagages[M]
storage compartment
tête[F] d'attelage[M]
towing hitch
porte[F]
door
timon[M]
tow bar
marchepied[M] escamotable
retractable step
chaine[F] de sûreté[F]
tow safety chain
béquille[F] d'appui[M]
landing gear
raccord[M] de signalisation[F]
lighting cable

tente[F]-caravane[F]
tent trailer

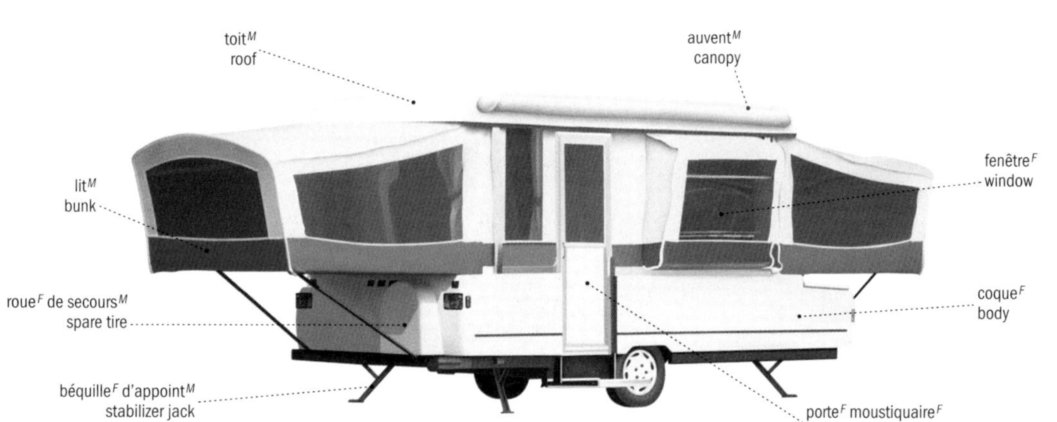
toit[M]
roof
auvent[M]
canopy
lit[M]
bunk
fenêtre[F]
window
roue[F] de secours[M]
spare tire
coque[F]
body
béquille[F] d'appoint[M]
stabilizer jack
porte[F] moustiquaire[F]
screen door

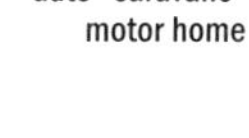

auto[F]-caravane[F]
motor home

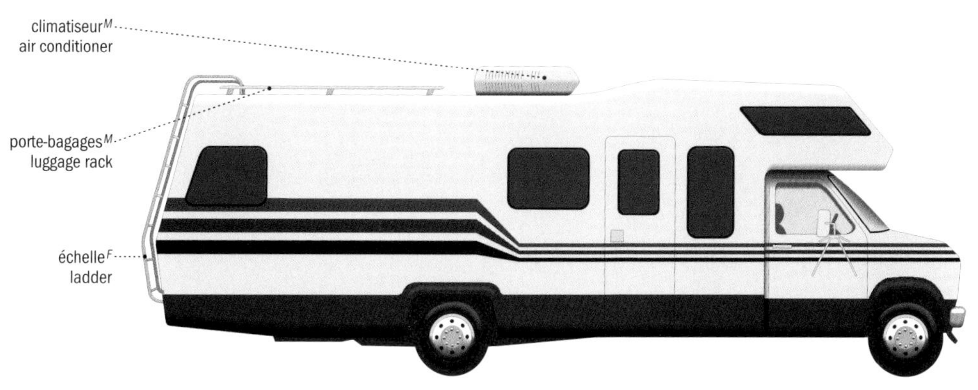
climatiseur[M]
air conditioner
porte-bagages[M]
luggage rack
échelle[F]
ladder

autobus[M]

bus

autobus[M] scolaire
school bus

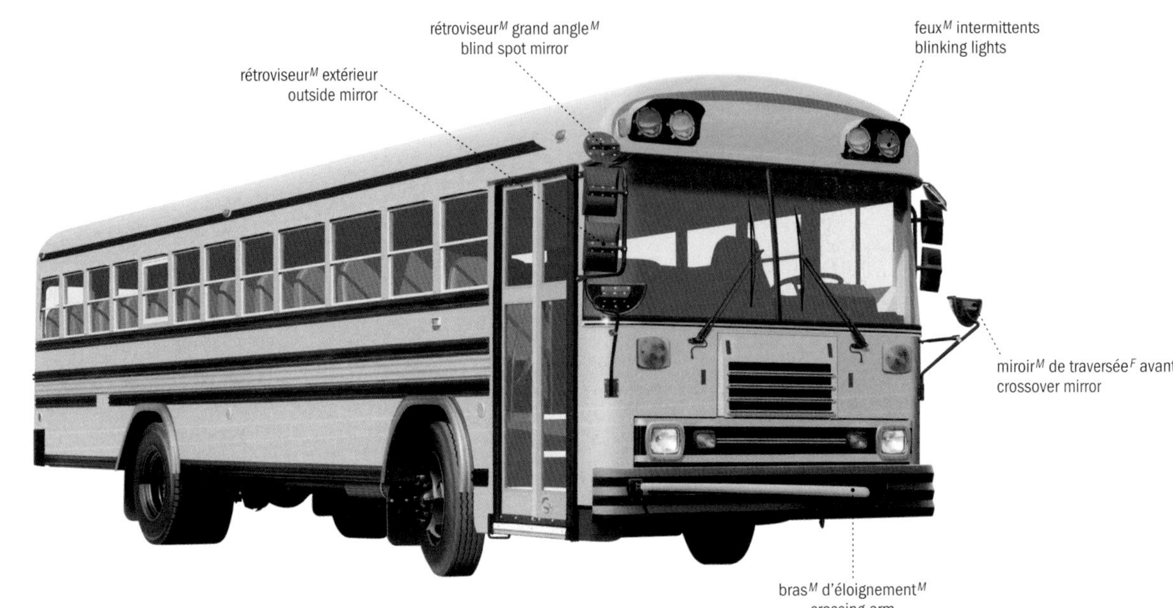
rétroviseur[M] grand angle[M]
blind spot mirror
feux[M] intermittents
blinking lights
rétroviseur[M] extérieur
outside mirror
miroir[M] de traversée[F] avant
crossover mirror
bras[M] d'éloignement[M]
crossing arm

autobus[M]
city bus

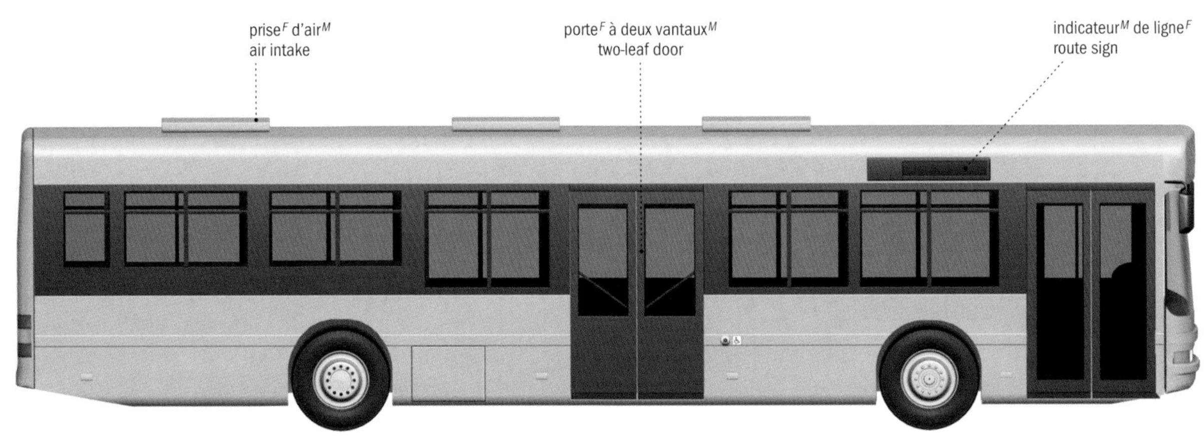
prise[F] d'air[M]
air intake
porte[F] à deux vantaux[M]
two-leaf door
indicateur[M] de ligne[F]
route sign

autocar[M]
coach

porte[F] d'entrée[F]
entrance door
prise[F] d'air[M] du moteur[M]
engine air intake
compartiment[M] moteur[M]
engine compartment
soute[F] à bagages[M]
baggage compartment

autobus^M

autobus^M à impériale^F
double-deck bus

impériale^F
upper deck
indicateur^M de ligne^F
route sign

minibus^M
minibus

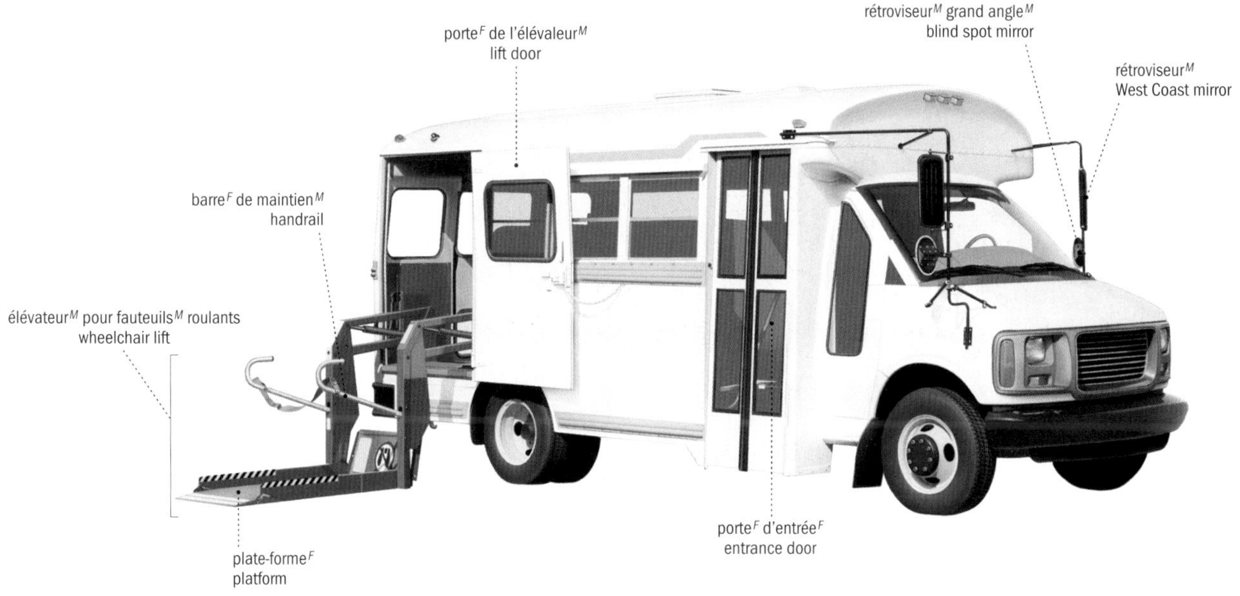
porte^F de l'élévateur^M
lift door
rétroviseur^M grand angle^M
blind spot mirror
rétroviseur^M
West Coast mirror
barre^F de maintien^M
handrail
élévateur^M pour fauteuils^M roulants
wheelchair lift
plate-forme^F
platform
porte^F d'entrée^F
entrance door

autobus^M articulé
articulated bus

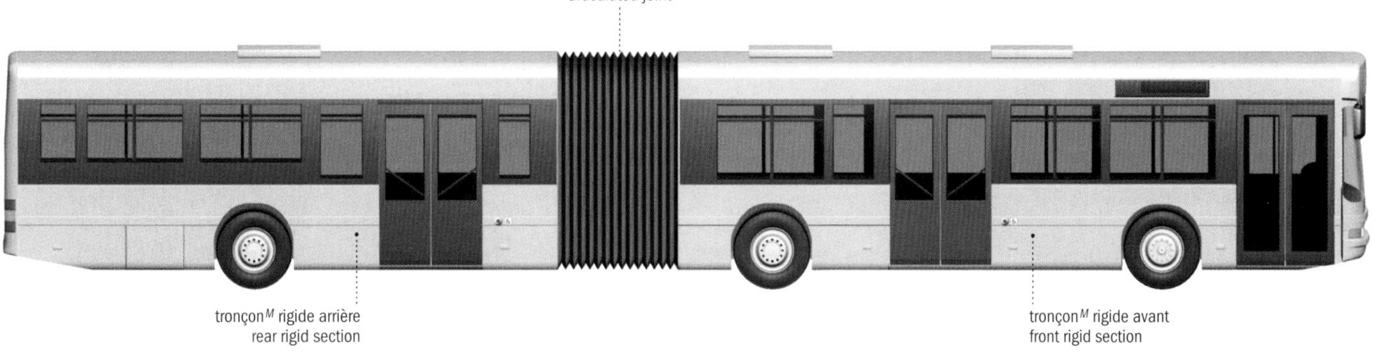
section^F articulée
articulated joint
tronçon^M rigide arrière
rear rigid section
tronçon^M rigide avant
front rigid section

camionnage[M]

trucking

tracteur[M] routier
truck tractor

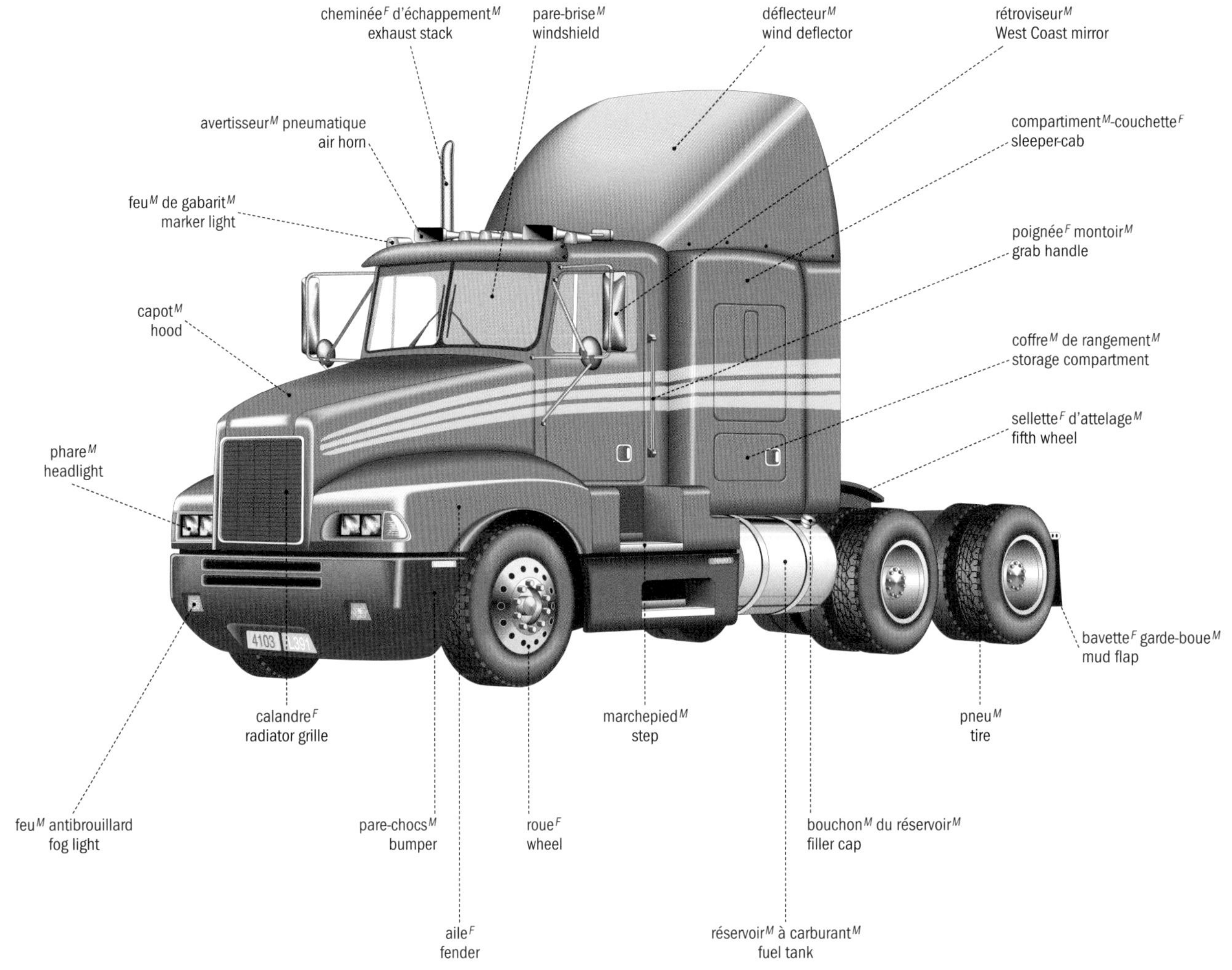

cheminée[F] d'échappement[M]
exhaust stack

pare-brise[M]
windshield

déflecteur[M]
wind deflector

rétroviseur[M]
West Coast mirror

avertisseur[M] pneumatique
air horn

compartiment[M]-couchette[F]
sleeper-cab

feu[M] de gabarit[M]
marker light

poignée[F] montoir[M]
grab handle

capot[M]
hood

coffre[M] de rangement[M]
storage compartment

sellette[F] d'attelage[M]
fifth wheel

phare[M]
headlight

bavette[F] garde-boue[M]
mud flap

calandre[F]
radiator grille

marchepied[M]
step

pneu[M]
tire

feu[M] antibrouillard
fog light

pare-chocs[M]
bumper

roue[F]
wheel

bouchon[M] du réservoir[M]
filler cap

aile[F]
fender

réservoir[M] à carburant[M]
fuel tank

train[M] routier
tandem tractor trailer

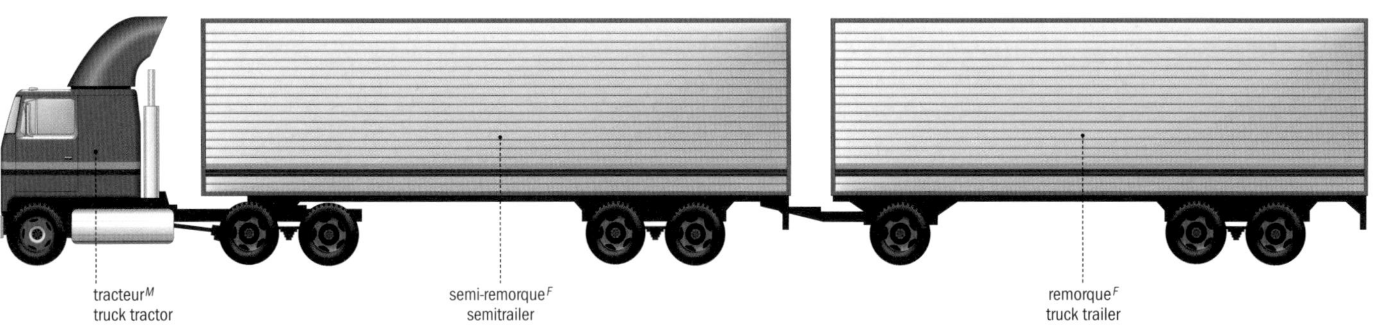
tracteur[M]
truck tractor
semi-remorque[F]
semitrailer
remorque[F]
truck trailer

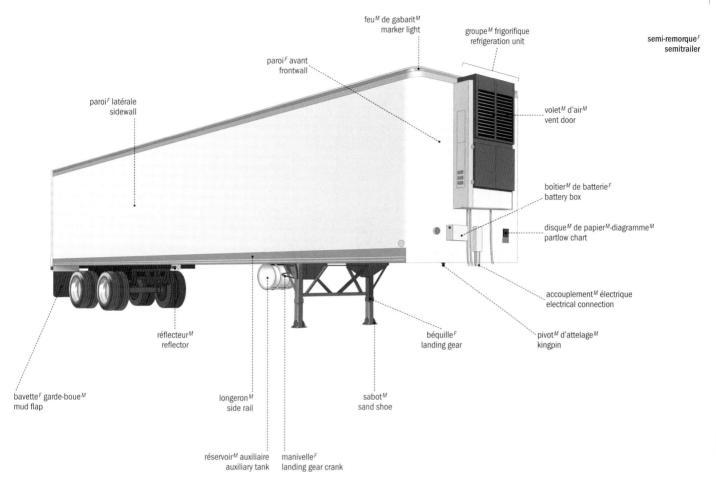

semi-remorque[F]
semitrailer

feu[M] de gabarit[M]
marker light

groupe[M] frigorifique
refrigeration unit

paroi[F] avant
frontwall

paroi[F] latérale
sidewall

volet[M] d'air[M]
vent door

boîtier[M] de batterie[F]
battery box

disque[M] de papier[M]-diagramme[M]
partlow chart

accouplement[M] électrique
electrical connection

réflecteur[M]
reflector

béquille[F]
landing gear

pivot[M] d'attelage[M]
kingpin

bavette[F] garde-boue[M]
mud flap

longeron[M]
side rail

sabot[M]
sand shoe

réservoir[M] auxiliaire
auxiliary tank

manivelle[F]
landing gear crank

semi-remorque[F] plateau[M]
flatbed semi-trailer

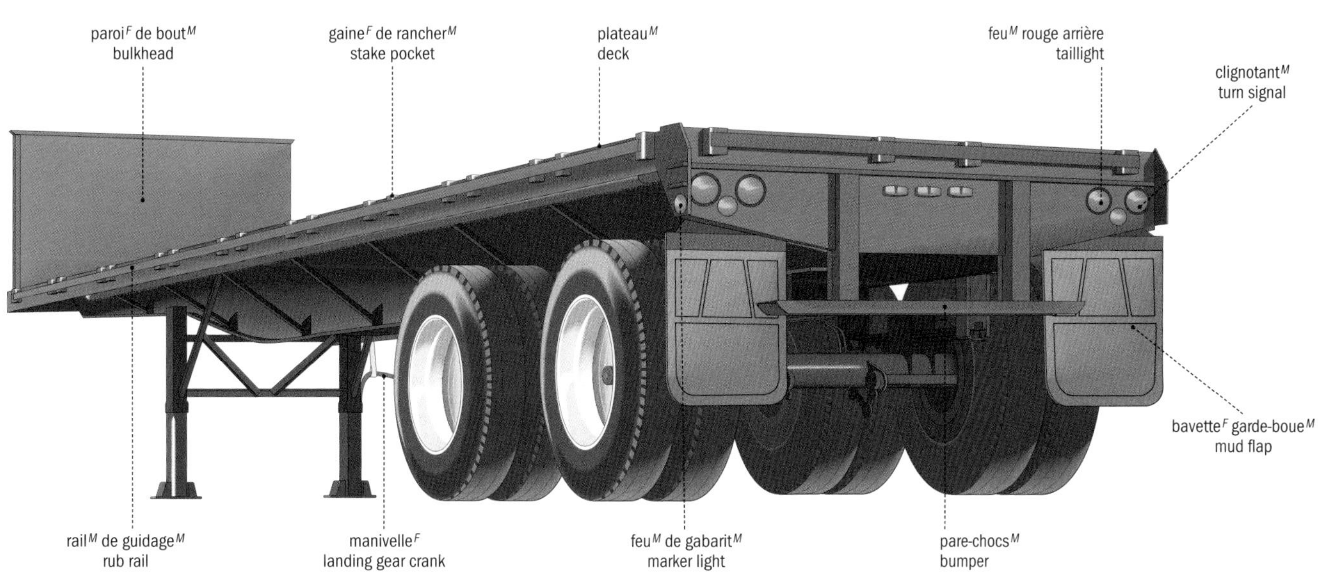
paroi[F] de bout[M]
bulkhead
gaine[F] de rancher[M]
stake pocket
plateau[M]
deck
feu[M] rouge arrière
taillight
clignotant[M]
turn signal
bavette[F] garde-boue[M]
mud flap
rail[M] de guidage[M]
rub rail
manivelle[F]
landing gear crank
feu[M] de gabarit[M]
marker light
pare-chocs[M]
bumper

camionnage[M]

exemples[M] de semi-remorques[F]
examples of semitrailers

semi-remorque[F] citerne[F]
tank trailer

citerne[F]
tank body

semi-remorque[F] porte-véhicules[M]
automobile transport semitrailer

benne[F] basculante
dump body

semi-remorque[F] benne[F]
dump semitrailer

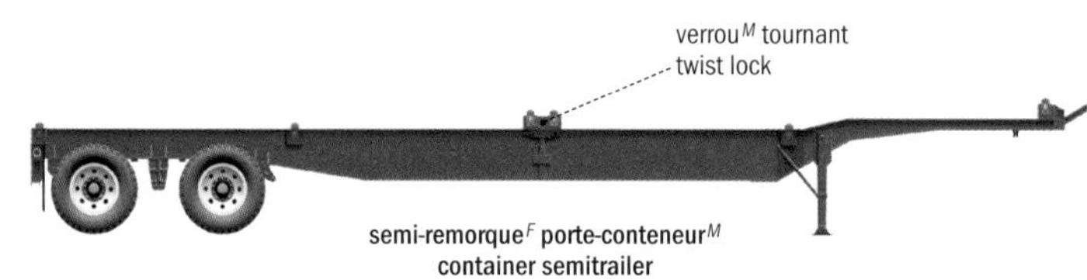
verrou[M] tournant
twist lock

semi-remorque[F] porte-conteneur[M]
container semitrailer

semi-remorque[F] à copeaux[M]
chip van

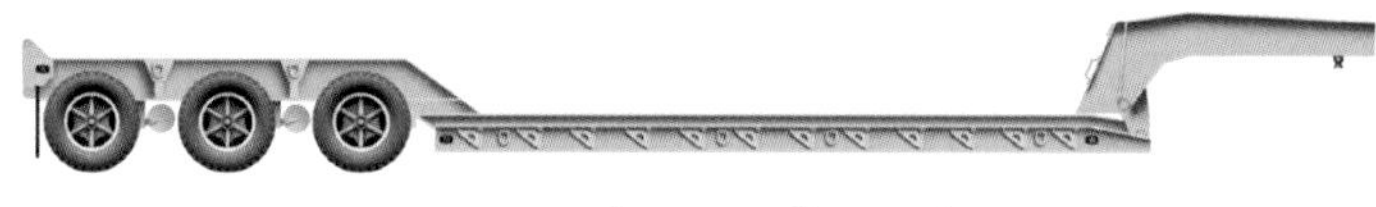

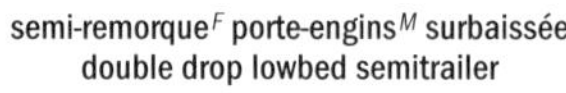

semi-remorque[F] porte-engins[M] surbaissée
double drop lowbed semitrailer

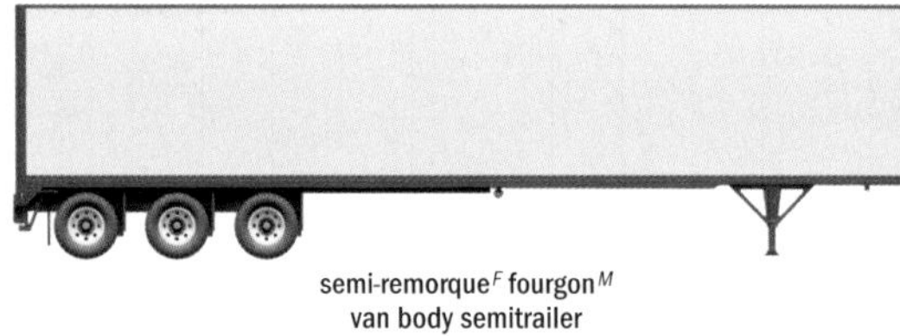

semi-remorque[F] fourgon[M]
van body semitrailer

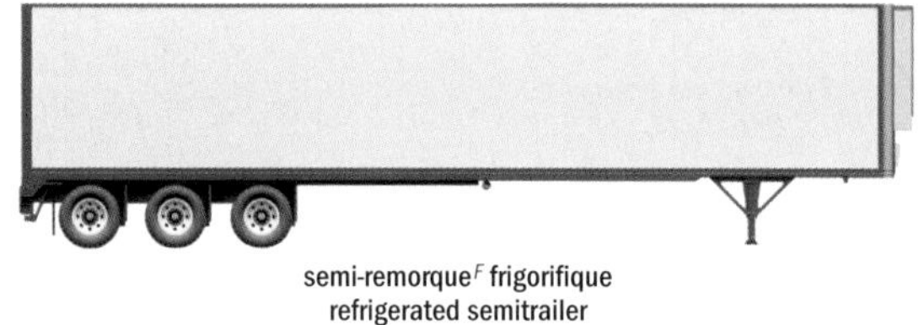

semi-remorque[F] frigorifique
refrigerated semitrailer

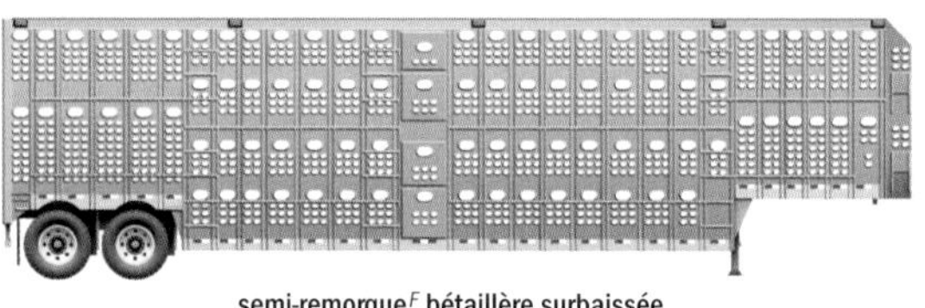

semi-remorque[F] bétaillère surbaissée
possum-belly body semitrailer

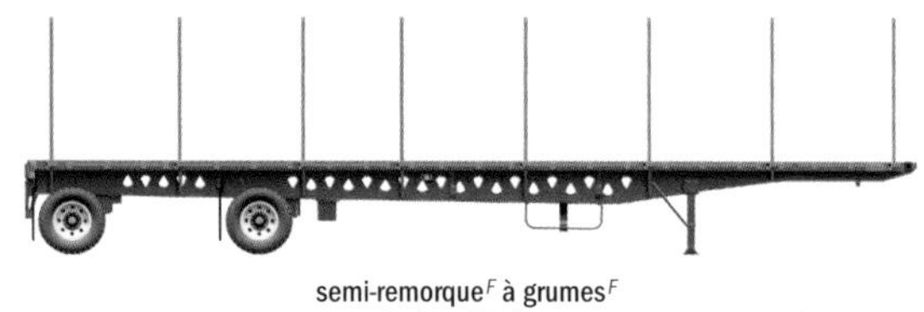

semi-remorque[F] à grumes[F]
log semitrailer

camionnage[M]

dépanneuse[F]
tow truck

poutre[F] de levage[M]
boom

vérin[M]
elevating cylinder

câble[M]
cable

crochet[M]
hook

dispositif[M] de remorquage[M]
towing device

commandes[F] du treuil[M]
winch controls

treuil[M]
winch

exemples[M] de camions[M]
examples of trucks

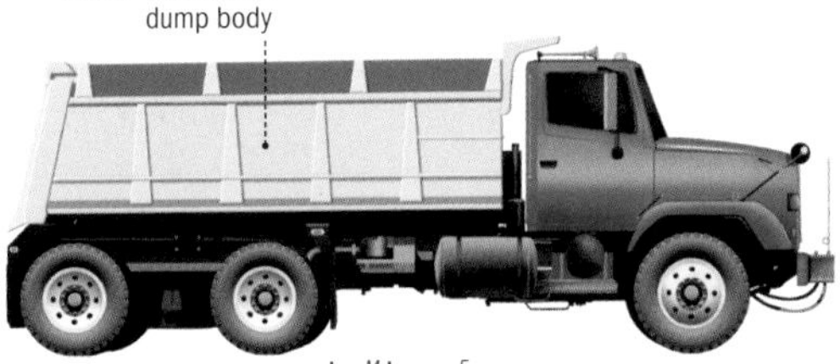

benne[F] basculante
dump body

camion[M]-benne[F]
dump truck

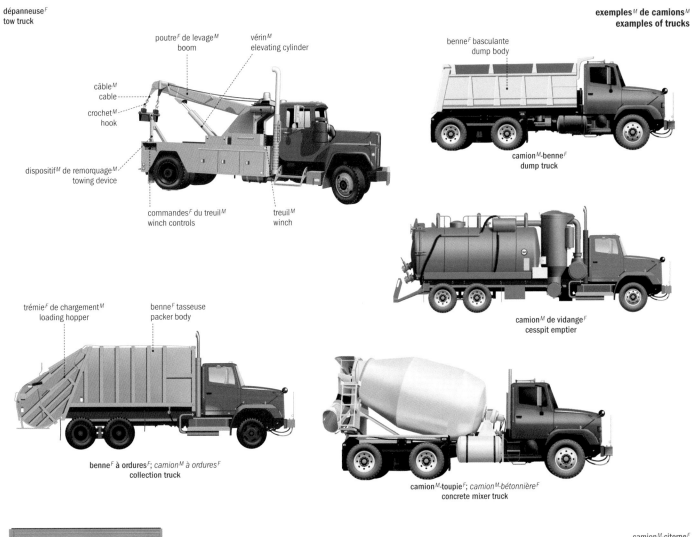

camion[M] de vidange[F]
cesspit emptier

trémie[F] de chargement[M]
loading hopper

benne[F] tasseuse
packer body

benne[F] à ordures[F]; *camion[M] à ordures[F]*
collection truck

camion[M]-toupie[F]; *camion[M]-bétonnière[F]*
concrete mixer truck

citerne[F]
tank body

camion[M] porteur[M] fourgon[M]
van straight truck

carrosserie[F] amovible
detachable body

camion[M]-citerne[F]
tank truck

balayeuse[F]
street sweeper

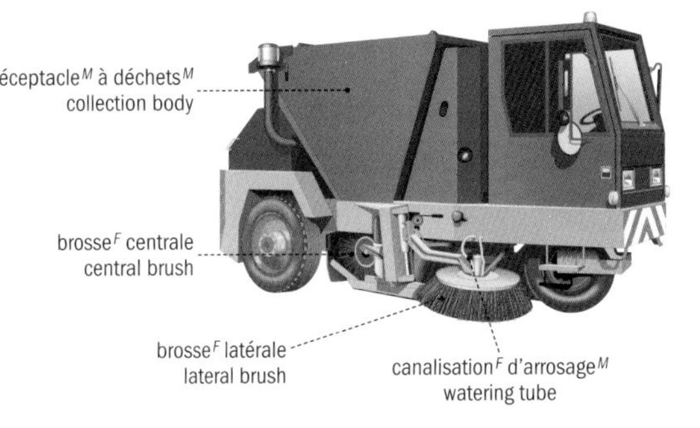
réceptacle[M] à déchets[M]
collection body
brosse[F] centrale
central brush
brosse[F] latérale
lateral brush
canalisation[F] d'arrosage[M]
watering tube

chasse-neige[M] à soufflerie[F]; *souffleuse[F] à neige[F]*
snowblower

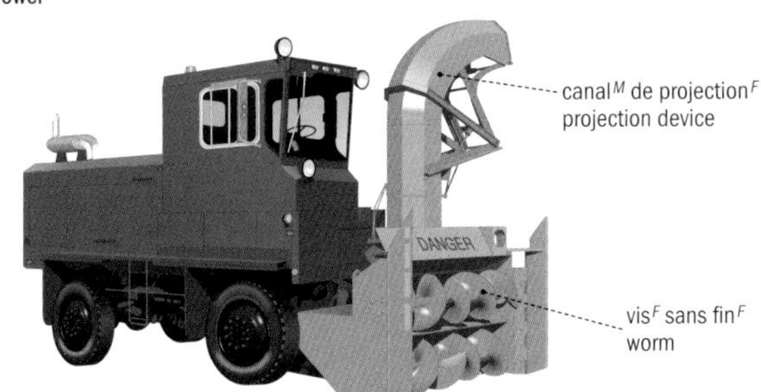
canal[M] de projection[F]
projection device
DANGER
vis[F] sans fin[F]
worm

TRANSPORT ET MACHINERIE

moto[F]

motorcycle

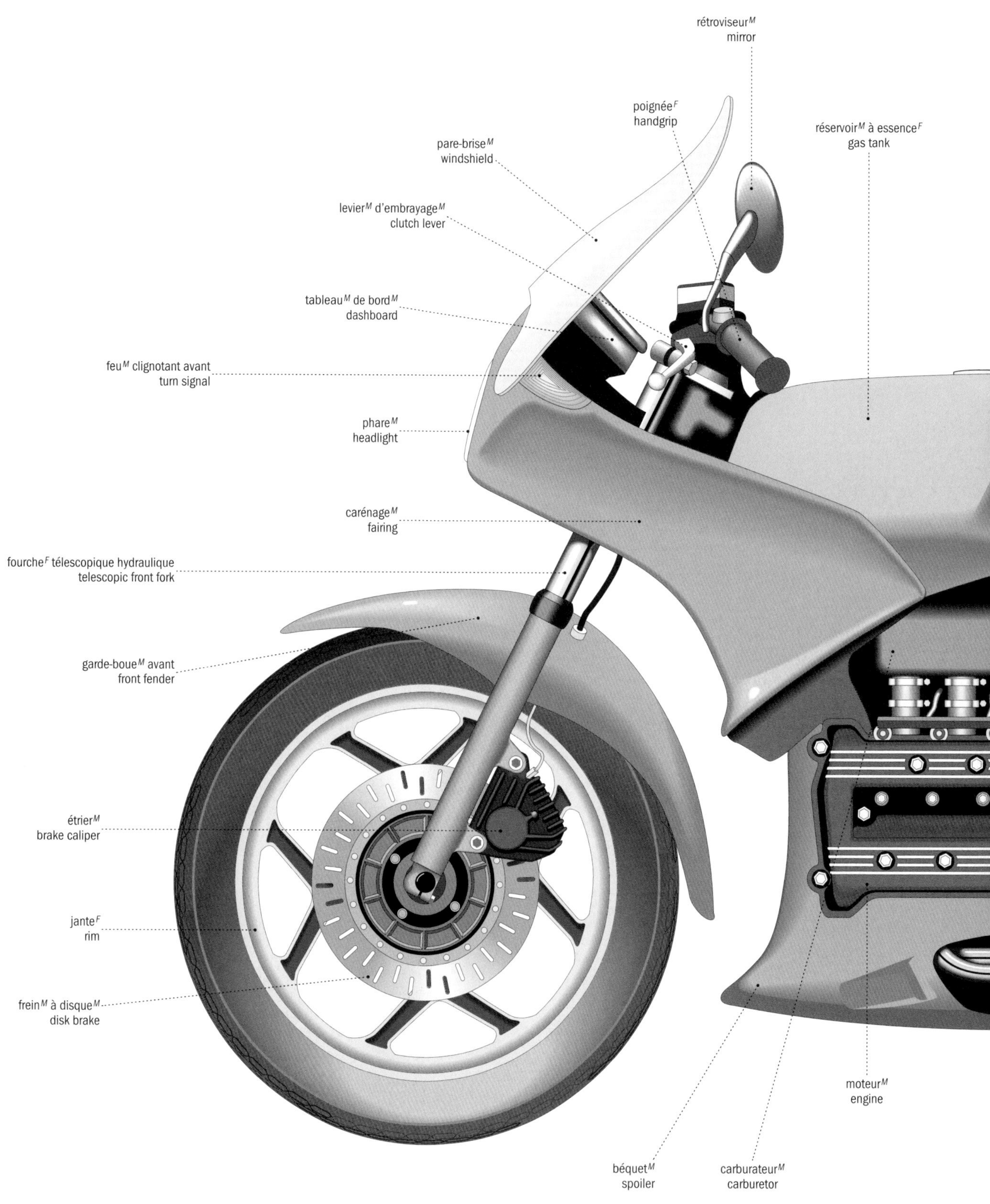
rétroviseur[M]
mirror
poignée[F]
handgrip
réservoir[M] à essence[F]
gas tank
pare-brise[M]
windshield
levier[M] d'embrayage[M]
clutch lever
tableau[M] de bord[M]
dashboard
feu[M] clignotant avant
turn signal
phare[M]
headlight
carénage[M]
fairing
fourche[F] télescopique hydraulique
telescopic front fork
garde-boue[M] avant
front fender
étrier[M]
brake caliper
jante[F]
rim
frein[M] à disque[M]
disk brake
moteur[M]
engine
béquet[M]
spoiler
carburateur[M]
carburetor

casque^{M} de protection^{F}
protective helmet

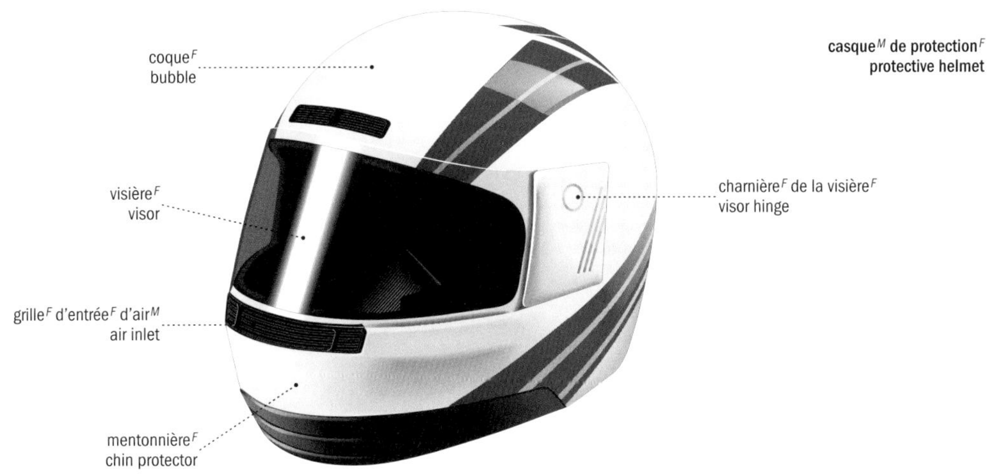
coque^{F}
bubble
visière^{F}
visor
grille^{F} d'entrée^{F} d'air^{M}
air inlet
mentonnière^{F}
chin protector
charnière^{F} de la visière^{F}
visor hinge

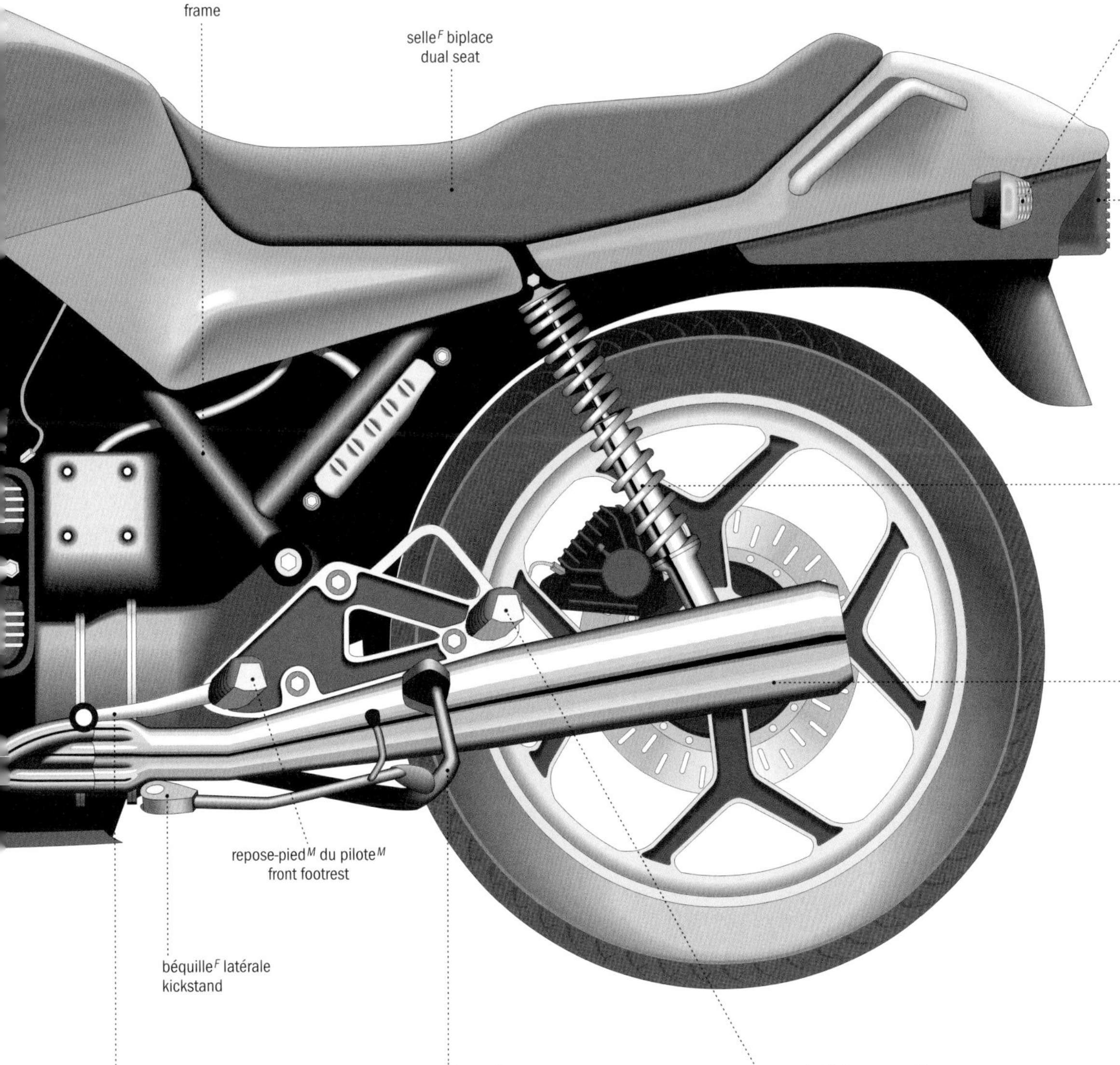

cadre^{M}
frame

selle^{F} biplace
dual seat

clignotant^{M} arrière
turn signal

feu^{M} arrière
taillight

amortisseur^{M} arrière
rear shock absorber

pot^{M} d'échappement^{M}
exhaust pipe

repose-pied^{M} du pilote^{M}
front footrest

béquille^{F} latérale
kickstand

sélecteur^{M} de vitesses^{F}
gearshift lever

béquille^{F} centrale
main stand

repose-pied^{M} du passager^{M}
pillion footrest

moto[F]

tableau[M] de bord[M]
motorcycle dashboard

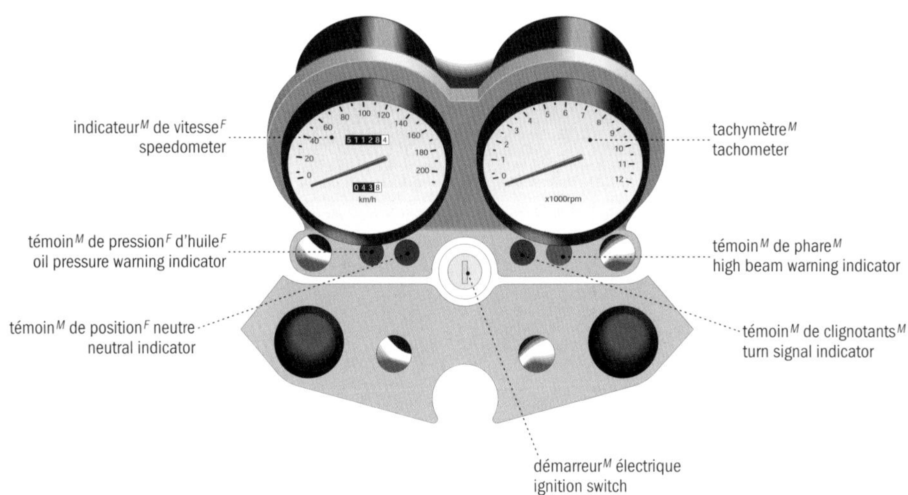
indicateur[M] de vitesse[F]
speedometer
tachymètre[M]
tachometer
témoin[M] de pression[F] d'huile[F]
oil pressure warning indicator
témoin[M] de phare[M]
high beam warning indicator
témoin[M] de position[F] neutre
neutral indicator
témoin[M] de clignotants[M]
turn signal indicator
démarreur[M] électrique
ignition switch

moto[F] : vue[F] en plongée[F]
motorcycle: view from above

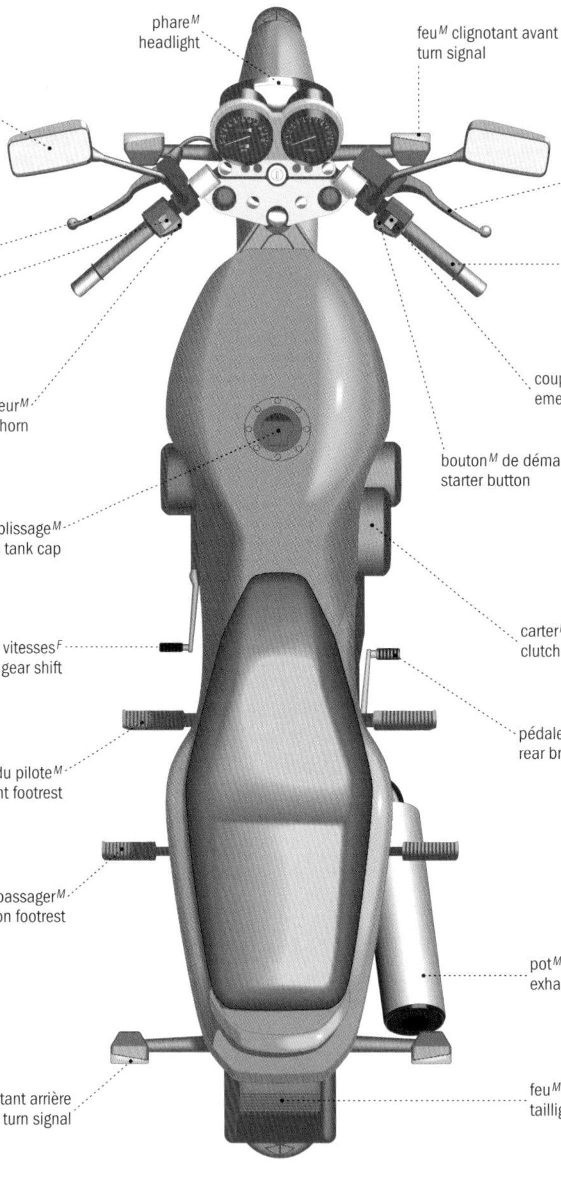

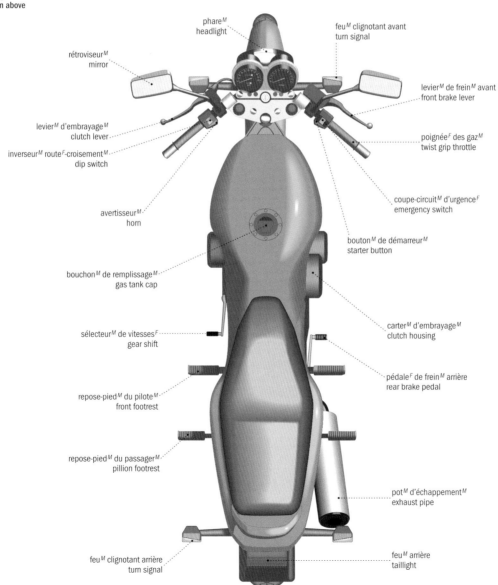

phare[M]
headlight

feu[M] clignotant avant
turn signal

rétroviseur[M]
mirror

levier[M] de frein[M] avant
front brake lever

levier[M] d'embrayage[M]
clutch lever

poignée[F] des gaz[M]
twist grip throttle

inverseur[M] route[F]-croisement[M]
dip switch

coupe-circuit[M] d'urgence[F]
emergency switch

avertisseur[M]
horn

bouton[M] de démarreur[M]
starter button

bouchon[M] de remplissage[M]
gas tank cap

carter[M] d'embrayage[M]
clutch housing

sélecteur[M] de vitesses[F]
gear shift

pédale[F] de frein[M] arrière
rear brake pedal

repose-pied[M] du pilote[M]
front footrest

repose-pied[M] du passager[M]
pillion footrest

pot[M] d'échappement[M]
exhaust pipe

feu[M] clignotant arrière
turn signal

feu[M] arrière
taillight

TRANSPORT ET MACHINERIE

moto^F

exemples^M de motos^F
examples of motorcycles

scooter^M
motor scooter
selle^F
seat
rétroviseur^M
mirror
porte-bagages^M
luggage rack
tablier^M
apron
plancher^M
floorboard
selle^F
seat
moto^F tout-terrain
off-road motorcycle
fourche^F télescopique
telescopic front fork
pneu^M à crampons^M
knobby tread tire

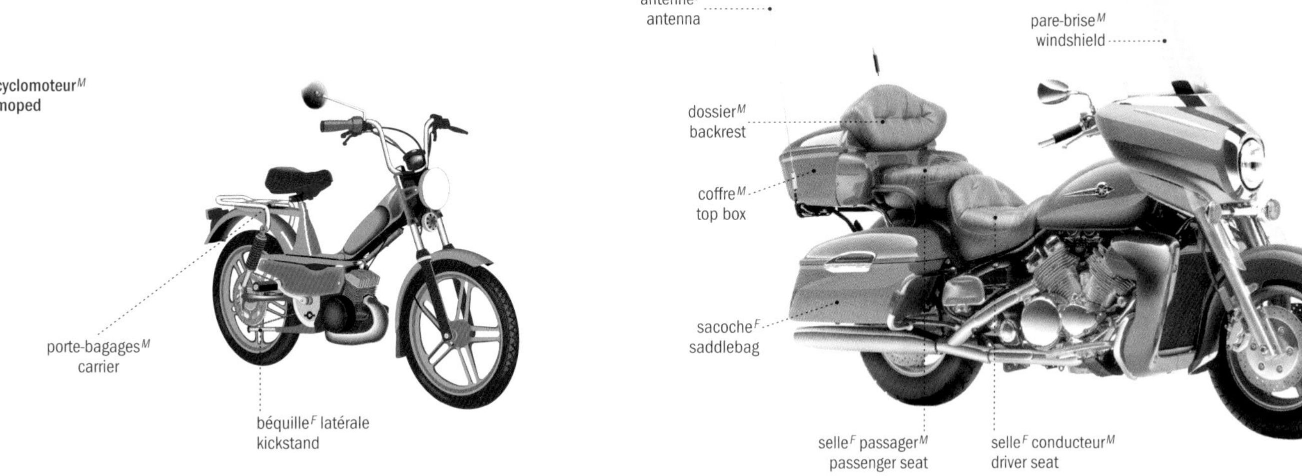
cyclomoteur^M
moped
porte-bagages^M
carrier
béquille^F latérale
kickstand

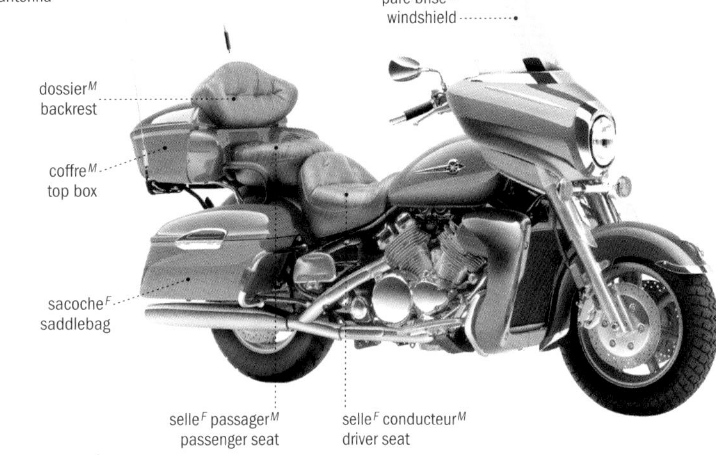
moto^F de tourisme^M
touring motorcycle
antenne^F
antenna
pare-brise^M
windshield
dossier^M
backrest
coffre^M
top box
sacoche^F
saddlebag
selle^F passager^M
passenger seat
selle^F conducteur^M
driver seat

quad^M

4 X 4 all-terrain vehicle

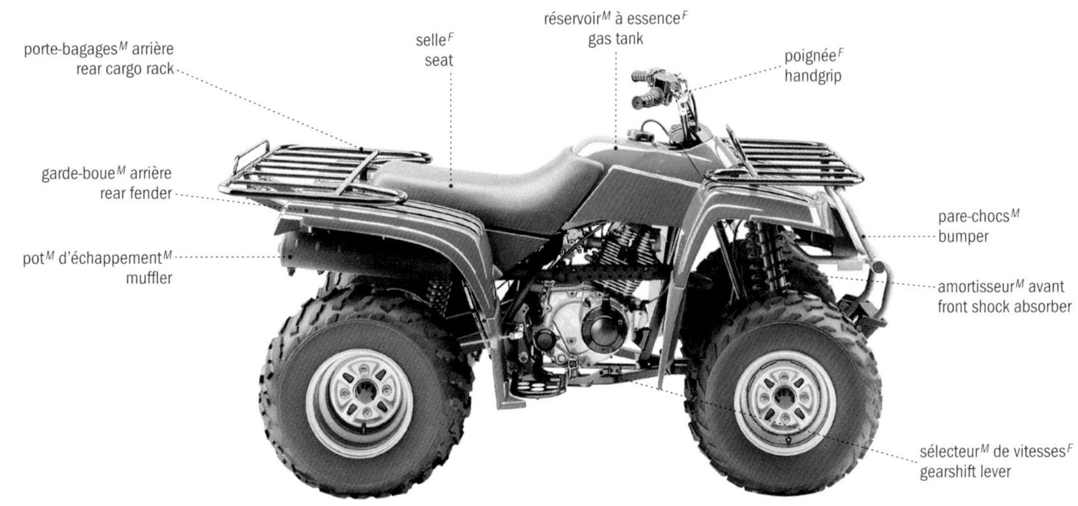
porte-bagages^M arrière
rear cargo rack
selle^F
seat
réservoir^M à essence^F
gas tank
poignée^F
handgrip
garde-boue^M arrière
rear fender
pare-chocs^M
bumper
pot^M d'échappement^M
muffler
amortisseur^M avant
front shock absorber
sélecteur^M de vitesses^F
gearshift lever

bicyclette^F

bicycle

parties^F d'une bicyclette^F
parts of a bicycle

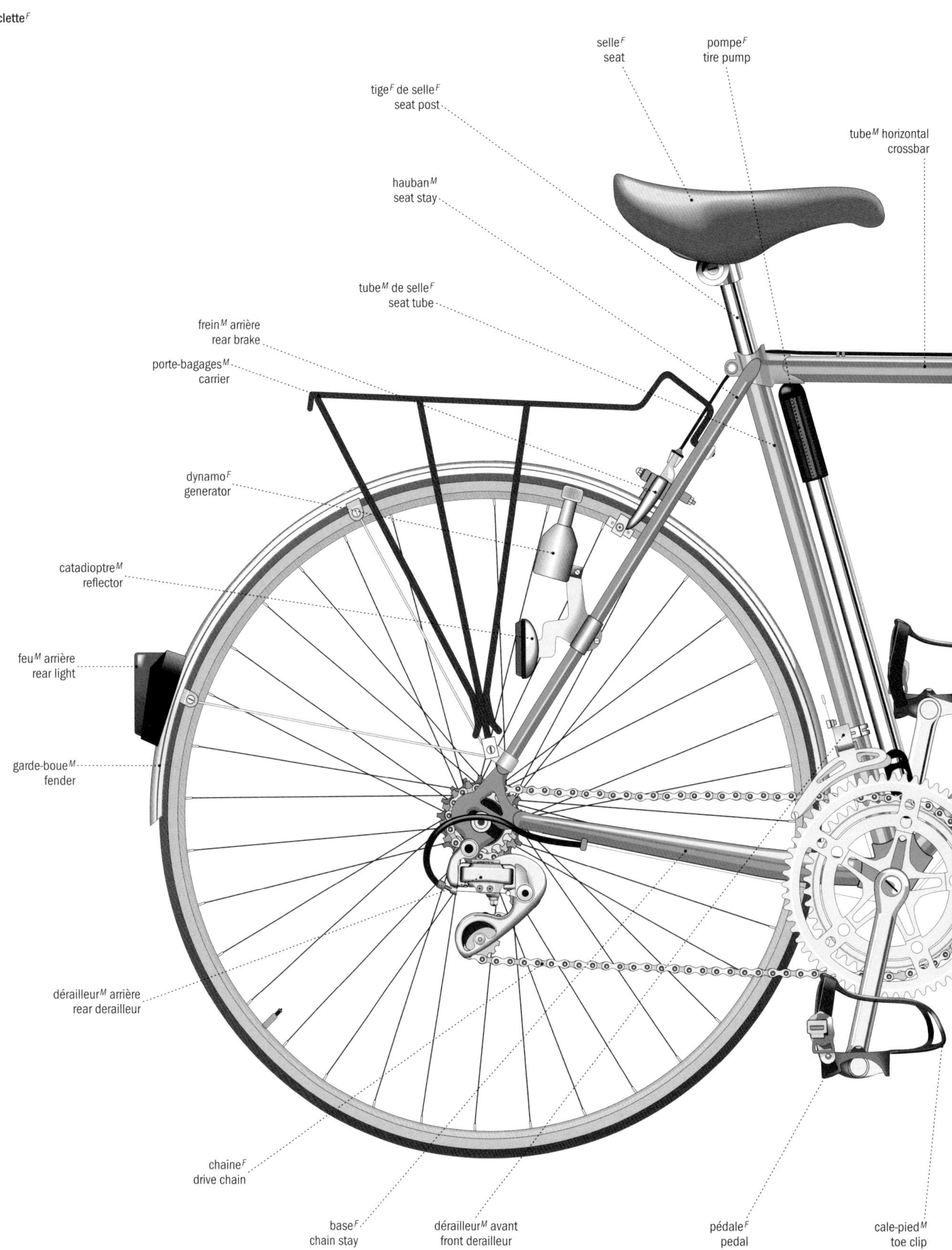
selle^F
seat
pompe^F
tire pump
tige^F de selle^F
seat post
tube^M horizontal
crossbar
hauban^M
seat stay
tube^M de selle^F
seat tube
frein^M arrière
rear brake
porte-bagages^M
carrier
dynamo^F
generator
catadioptre^M
reflector
feu^M arrière
rear light
garde-boue^M
fender
dérailleur^M arrière
rear derailleur
chaine^F
drive chain
base^F
chain stay
dérailleur^M avant
front derailleur
pédale^F
pedal
cale-pied^M
toe clip

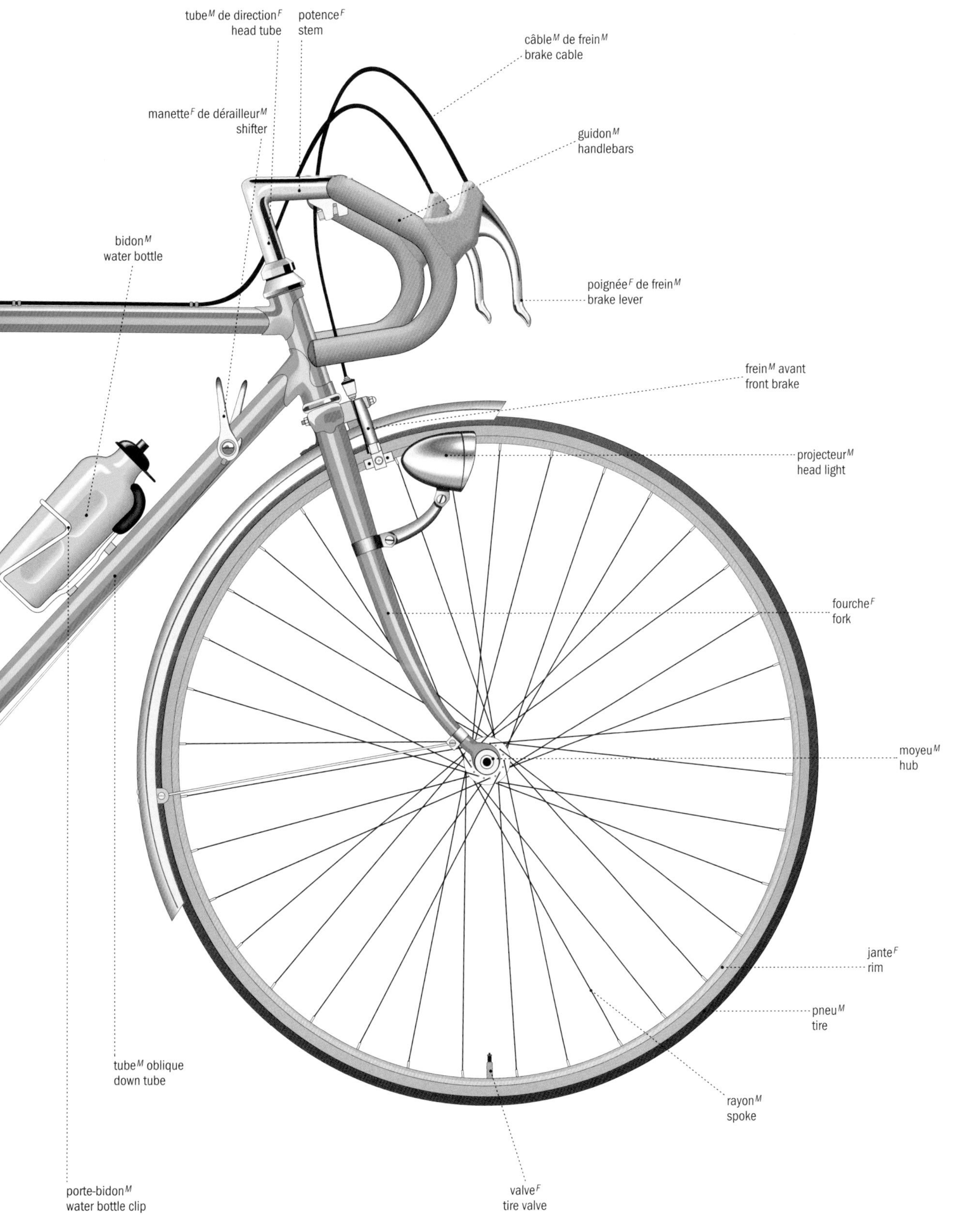
tube^M de direction^F
head tube
potence^F
stem
câble^M de frein^M
brake cable
manette^F de dérailleur^M
shifter
guidon^M
handlebars
bidon^M
water bottle
poignée^F de frein^M
brake lever
frein^M avant
front brake
projecteur^M
head light
fourche^F
fork
moyeu^M
hub
jante^F
rim
pneu^M
tire
tube^M oblique
down tube
rayon^M
spoke
porte-bidon^M
water bottle clip
valve^F
tire valve

bicyclette[F]

mécanisme[M] de propulsion[F]
power train

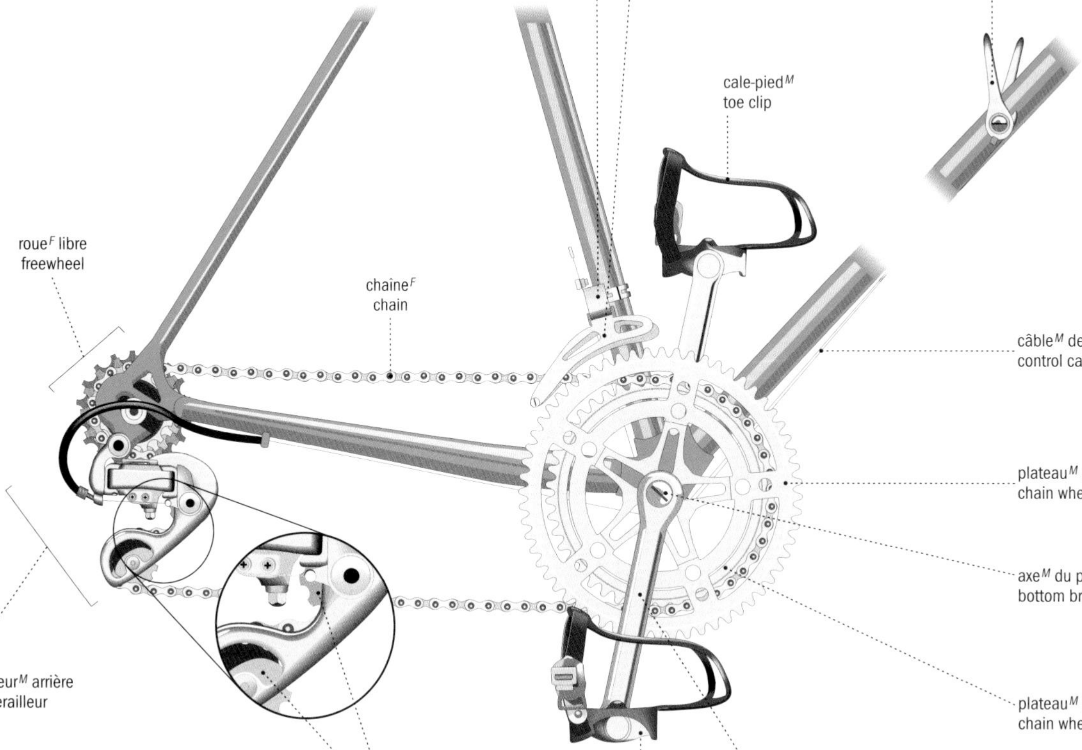

dérailleur[M] avant
front derailleur

guide-chaine[M]
chain guide

manette[F] de dérailleur[M]
shifter

cale-pied[M]
toe clip

roue[F] libre
freewheel

chaine[F]
chain

câble[M] de commande[F]
control cable

plateau[M] A
chain wheel A

axe[M] du pédalier[M]
bottom bracket axle

dérailleur[M] arrière
rear derailleur

plateau[M] B
chain wheel B

galets[M] tendeurs
jockey rollers

pédale[F]
pedal

manivelle[F]
crank

accessoires[M]
accessories

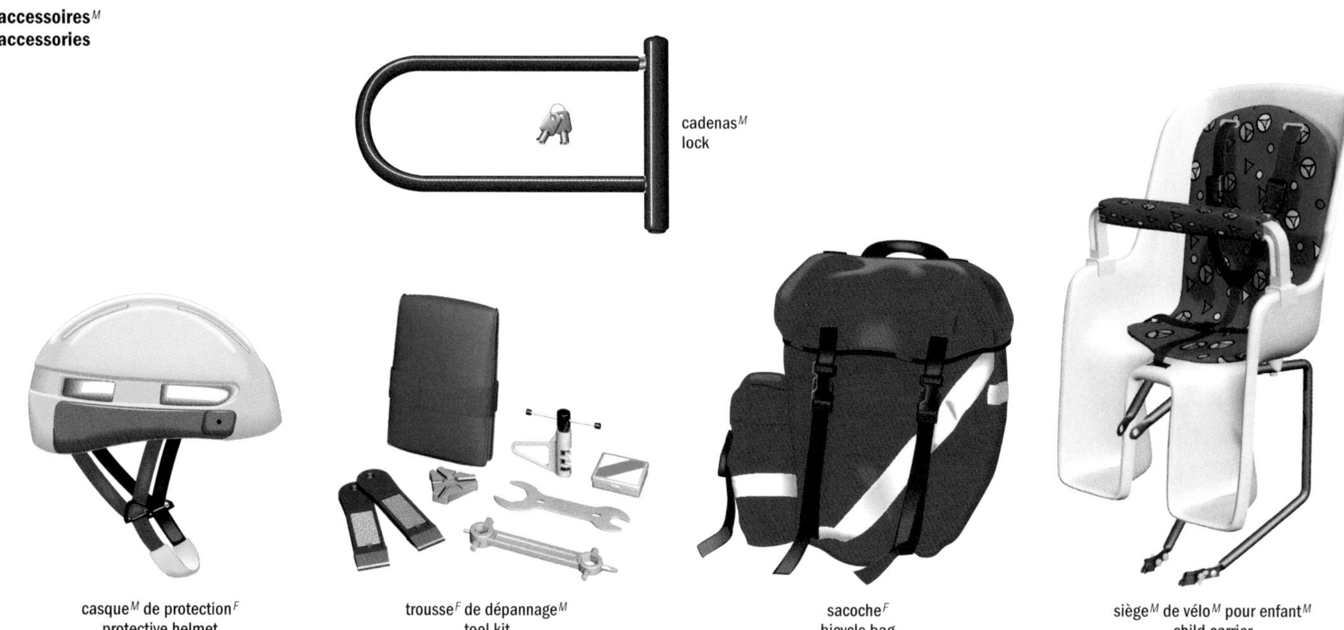

cadenas[M]
lock

casque[M] de protection[F]
protective helmet

trousse[F] de dépannage[M]
tool kit

sacoche[F]
bicycle bag

siège[M] de vélo[M] pour enfant[M]
child carrier

exemples[M] de bicyclettes[F]
examples of bicycles

tricycle[M] d'enfant[M]
child's tricycle
vélo[M] cross[M]
BMX bike
bicyclette[F] hollandaise
Dutch bicycle
bicyclette[F] tout-terrain
mountain bike
bicyclette[F] de ville[F]
city bicycle
bicyclette[F] de course[F]
road bicycle
bicyclette[F] de tourisme[M]
touring bicycle
tandem[M]
tandem bicycle

gare^F de voyageurs^M

passenger station

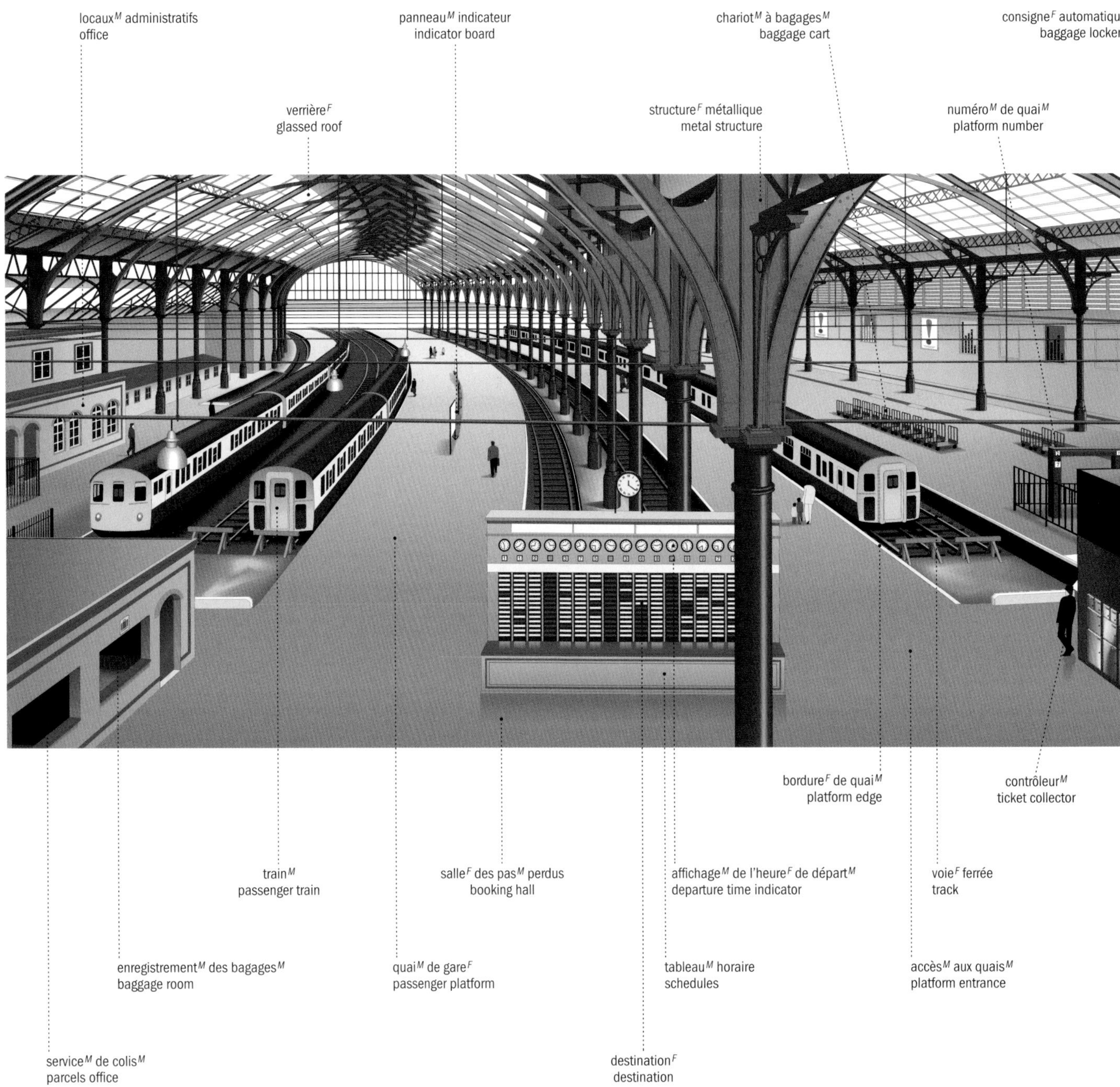
locaux^M administratifs
office
panneau^M indicateur
indicator board
chariot^M à bagages^M
baggage cart
consigne^F automatique
baggage lockers
verrière^F
glassed roof
structure^F métallique
metal structure
numéro^M de quai^M
platform number
bordure^F de quai^M
platform edge
contrôleur^M
ticket collector
train^M
passenger train
salle^F des pas^M perdus
booking hall
affichage^M de l'heure^F de départ^M
departure time indicator
voie^F ferrée
track
enregistrement^M des bagages^M
baggage room
quai^M de gare^F
passenger platform
tableau^M horaire
schedules
accès^M aux quais^M
platform entrance
service^M de colis^M
parcels office
destination^F
destination

gare[F]

railroad station

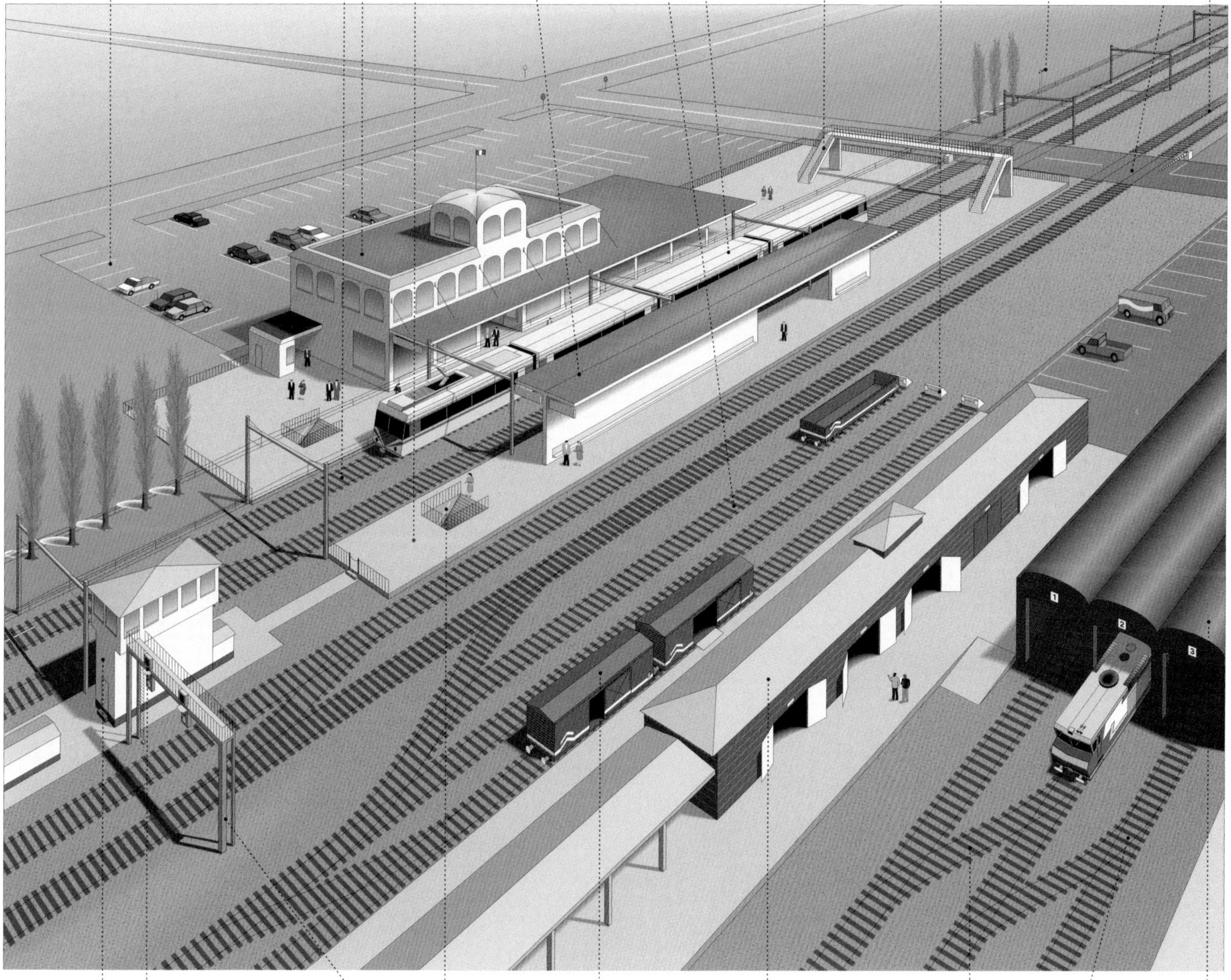

gare[F] de voyageurs[M]
passenger station

quai[M]
station platform

train[M] de banlieue[F]
commuter train

grandes lignes[F]
main line

voie[F] de banlieue[F]
suburban commuter railroad

voie[F] de service[M]
subsidiary track

butoir[M]
bumper

passage[M] à niveau[M]
level crossing

parking[M]; *stationnement*[M]
parking

abri[M]
platform shelter

passerelle[F]
footbridge

sémaphore[M]
semaphore

portique[M] de signalisation[F]
signal gantry

wagon[M]
freight car

bretelle[F]
scissors crossing

aiguillage[M]
switch

poste[M] d'aiguillage[M]
switch tower

pylône[M]
mast

passage[M] souterrain
underground passage

gare[F] de marchandises[F]
freight station

atelier[M] diesel[M]
diesel shop

types[M] de voitures[F]

types of passenger cars

voiture[F]-coach[M]
coach car

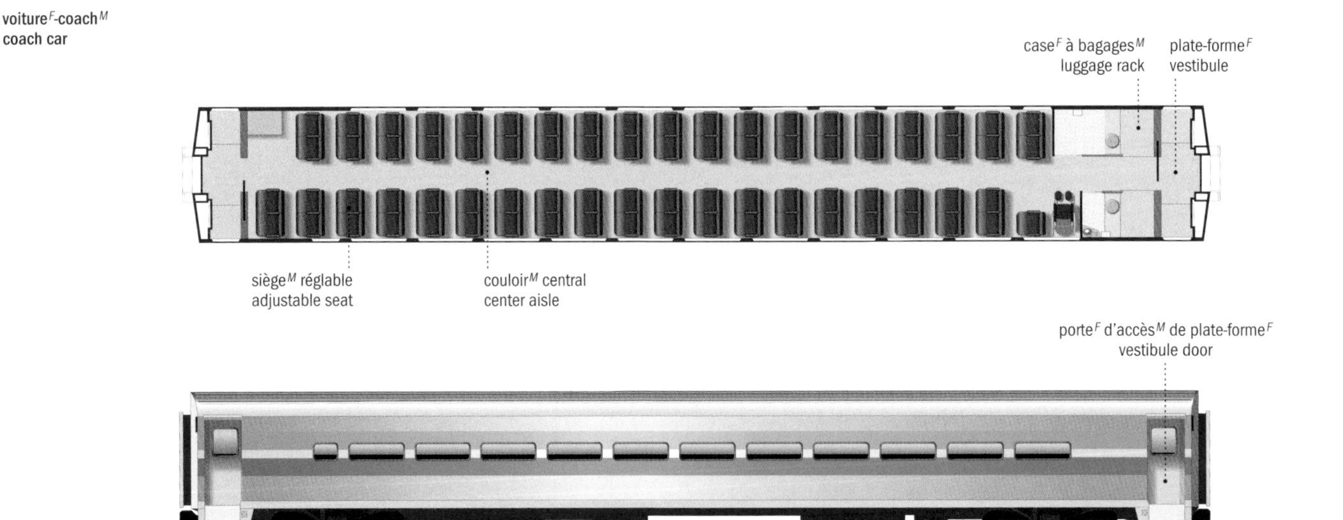
case[F] à bagages[M]
luggage rack
plate-forme[F]
vestibule
siège[M] réglable
adjustable seat
couloir[M] central
center aisle
porte[F] d'accès[M] de plate-forme[F]
vestibule door

voiture[F]-lit[M]
sleeping car

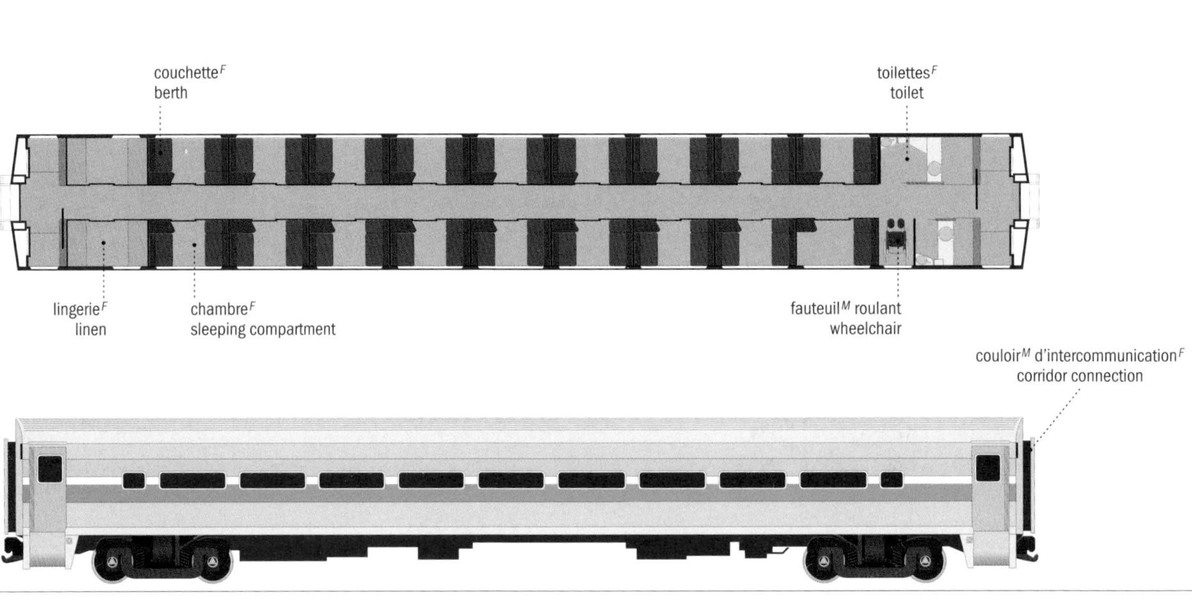
couchette[F]
berth
toilettes[F]
toilet
lingerie[F]
linen
chambre[F]
sleeping compartment
fauteuil[M] roulant
wheelchair
couloir[M] d'intercommunication[F]
corridor connection

voiture[F]-restaurant[M]
dining car

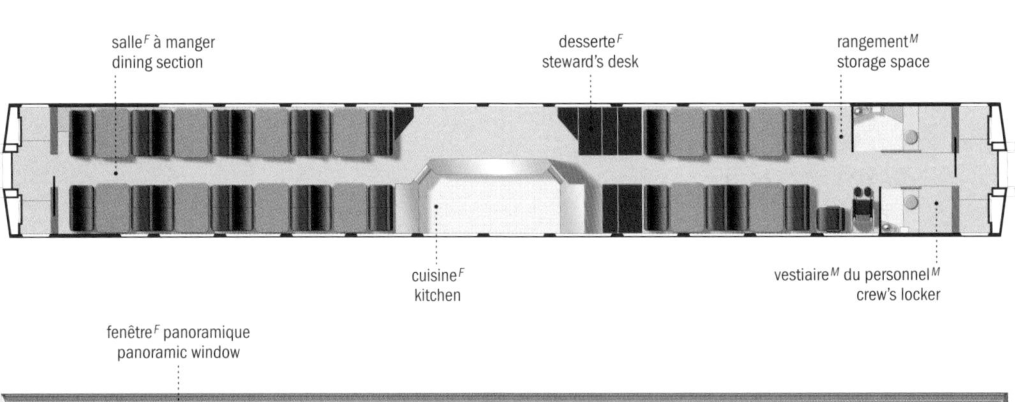
salle[F] à manger
dining section
desserte[F]
steward's desk
rangement[M]
storage space
cuisine[F]
kitchen
vestiaire[M] du personnel[M]
crew's locker
fenêtre[F] panoramique
panoramic window
poignée[F] montoir[M]
grab handle

train^{M} à grande vitesse^{F} (T.G.V.)

high-speed train

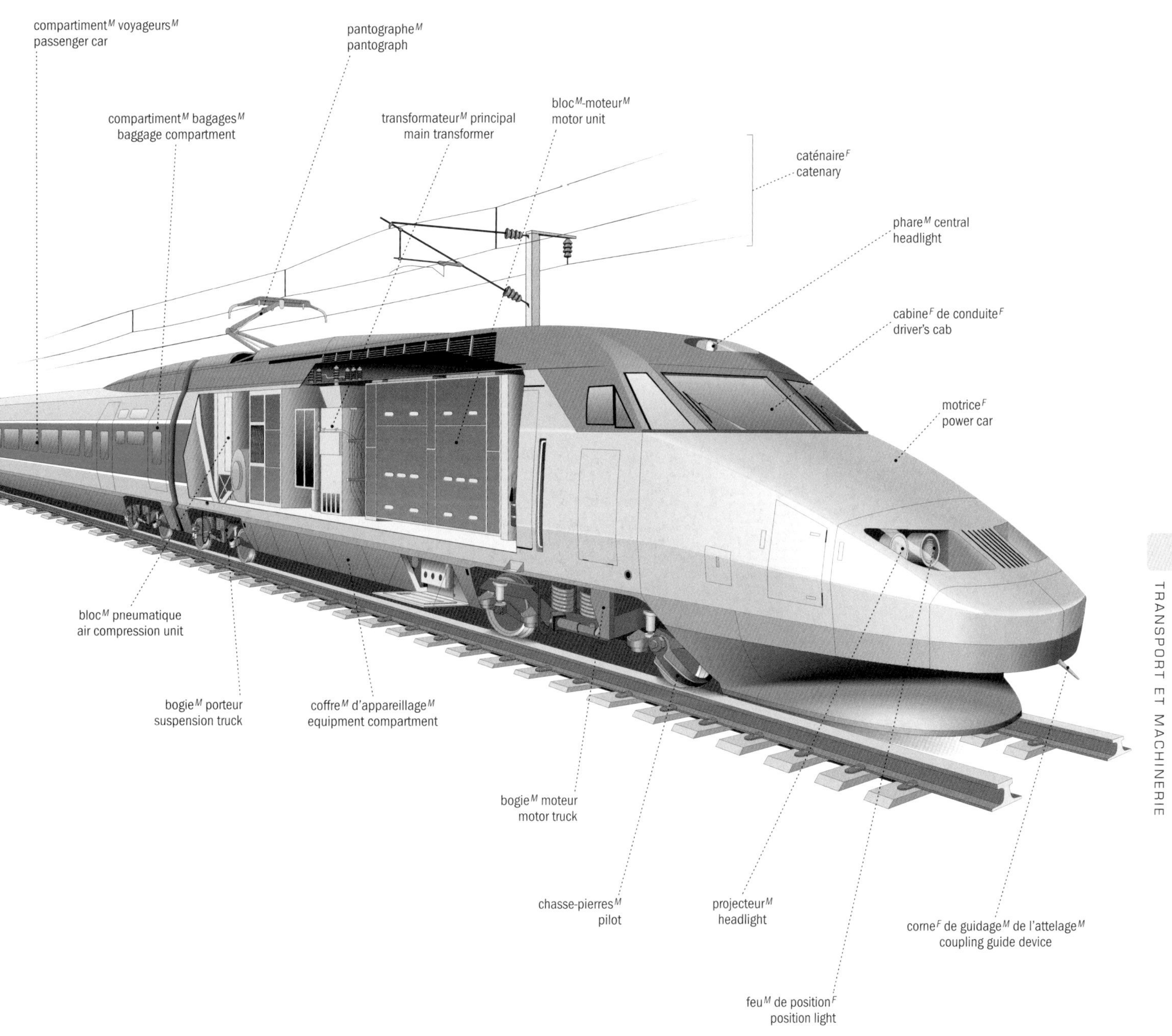
compartiment^{M} voyageurs^{M}
passenger car
pantographe^{M}
pantograph
compartiment^{M} bagages^{M}
baggage compartment
transformateur^{M} principal
main transformer
bloc^{M}-moteur^{M}
motor unit
caténaire^{F}
catenary
phare^{M} central
headlight
cabine^{F} de conduite^{F}
driver's cab
motrice^{F}
power car
bloc^{M} pneumatique
air compression unit
bogie^{M} porteur
suspension truck
coffre^{M} d'appareillage^{M}
equipment compartment
bogie^{M} moteur
motor truck
chasse-pierres^{M}
pilot
projecteur^{M}
headlight
corne^{F} de guidage^{M} de l'attelage^{M}
coupling guide device
feu^{M} de position^{F}
position light

locomotive^F diesel-électrique

diesel-electric locomotive

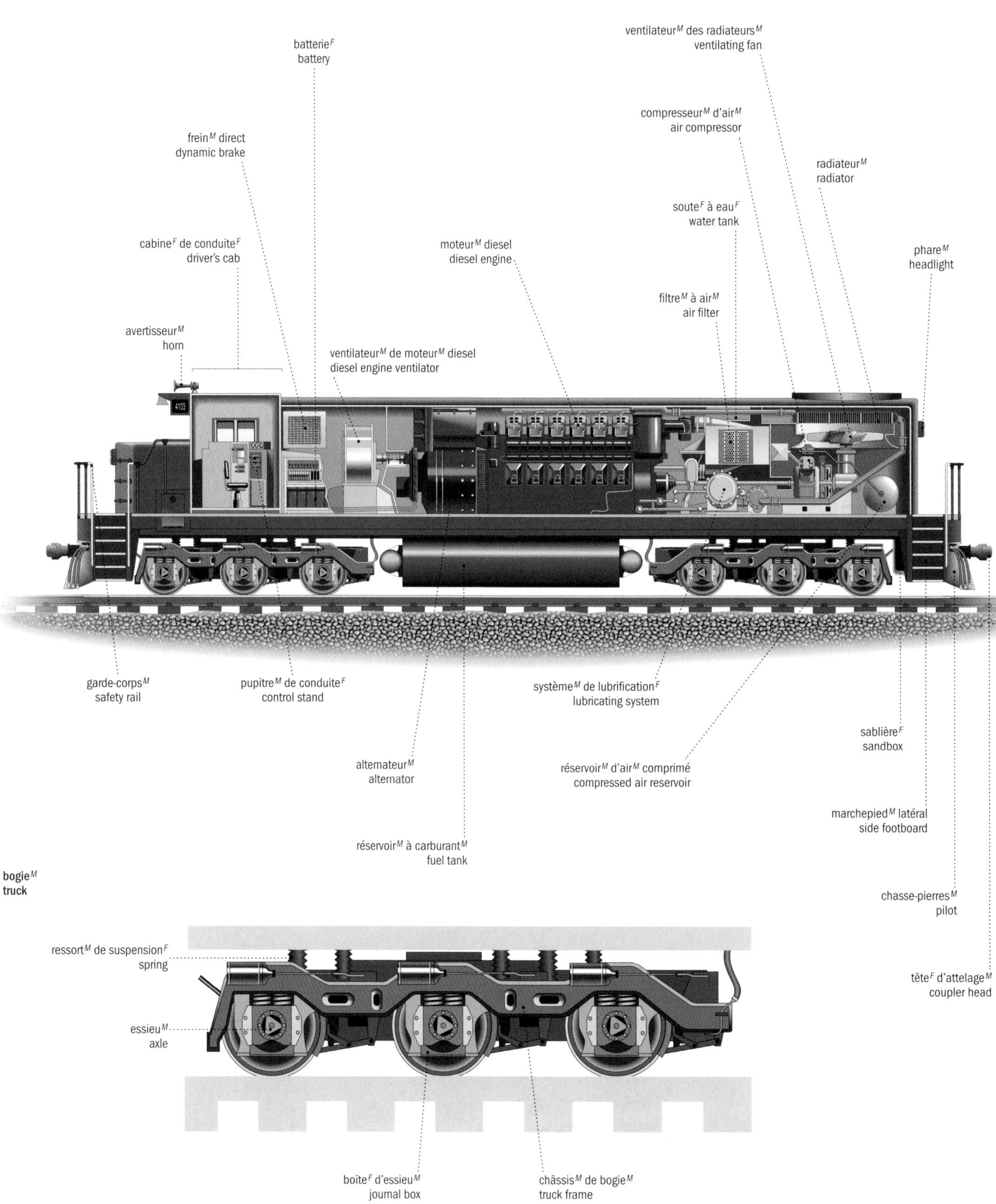
batterie^F
battery
ventilateur^M des radiateurs^M
ventilating fan
compresseur^M d'air^M
air compressor
frein^M direct
dynamic brake
radiateur^M
radiator
soute^F à eau^F
water tank
cabine^F de conduite^F
driver's cab
moteur^M diesel
diesel engine
phare^M
headlight
filtre^M à air^M
air filter
avertisseur^M
horn
ventilateur^M de moteur^M diesel
diesel engine ventilator
4103
garde-corps^M
safety rail
pupitre^M de conduite^F
control stand
système^M de lubrification^F
lubricating system
sablière^F
sandbox
alternateur^M
alternator
réservoir^M d'air^M comprimé
compressed air reservoir
marchepied^M latéral
side footboard
réservoir^M à carburant^M
fuel tank
bogie^M
truck
chasse-pierres^M
pilot
ressort^M de suspension^F
spring
tête^F d'attelage^M
coupler head
essieu^M
axle
boîte^F d'essieu^M
journal box
châssis^M de bogie^M
truck frame

wagon^M

car

wagon^M couvert
box car

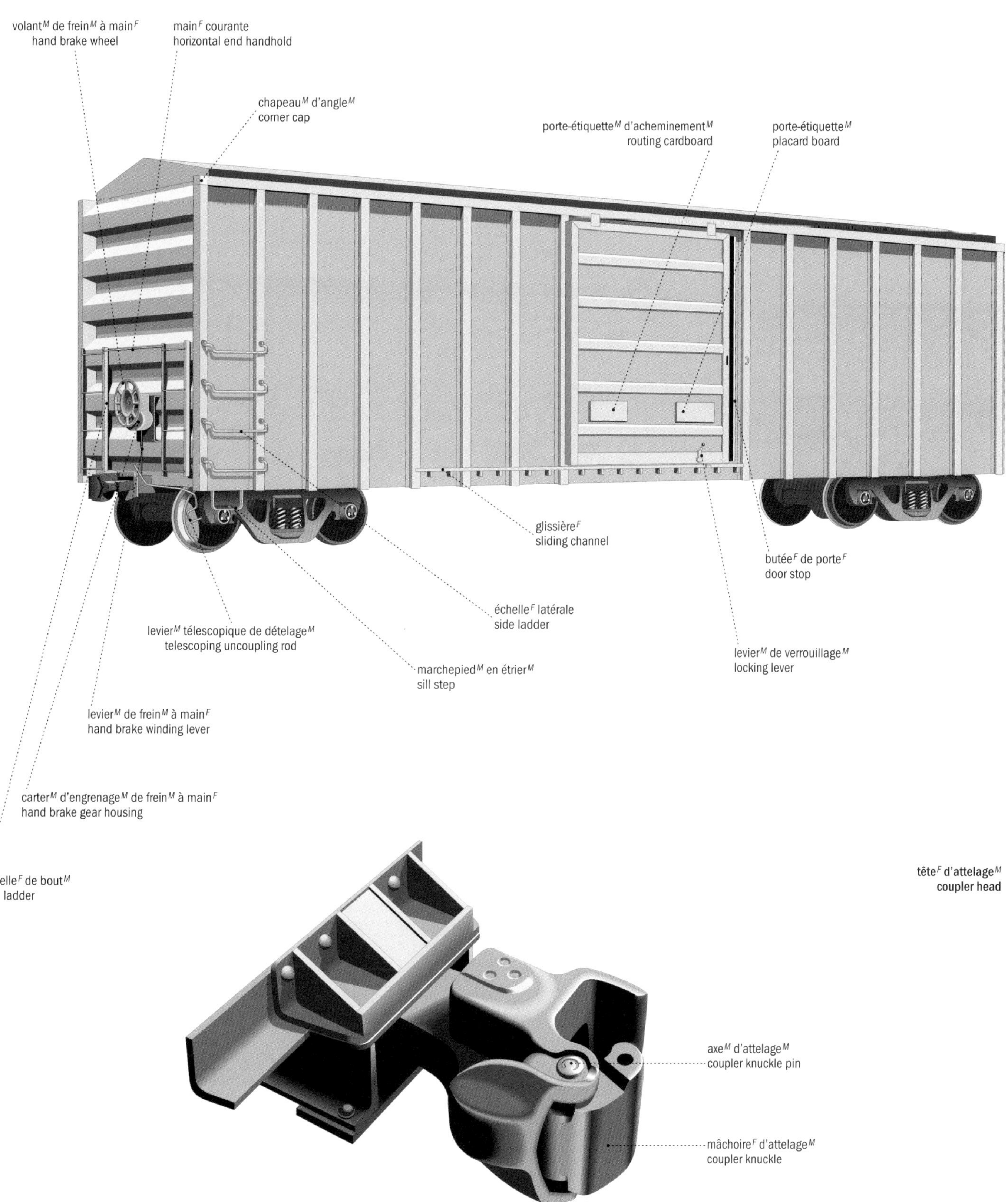
volant^M de frein^M à main^F
hand brake wheel
main^F courante
horizontal end handhold
chapeau^M d'angle^M
corner cap
porte-étiquette^M d'acheminement^M
routing cardboard
porte-étiquette^M
placard board
glissière^F
sliding channel
butée^F de porte^F
door stop
échelle^F latérale
side ladder
levier^M télescopique de dételage^M
telescoping uncoupling rod
levier^M de verrouillage^M
locking lever
marchepied^M en étrier^M
sill step
levier^M de frein^M à main^F
hand brake winding lever
carter^M d'engrenage^M de frein^M à main^F
hand brake gear housing
échelle^F de bout^M
end ladder

tête^F d'attelage^M
coupler head

axe^M d'attelage^M
coupler knuckle pin
mâchoire^F d'attelage^M
coupler knuckle

wagon[M]

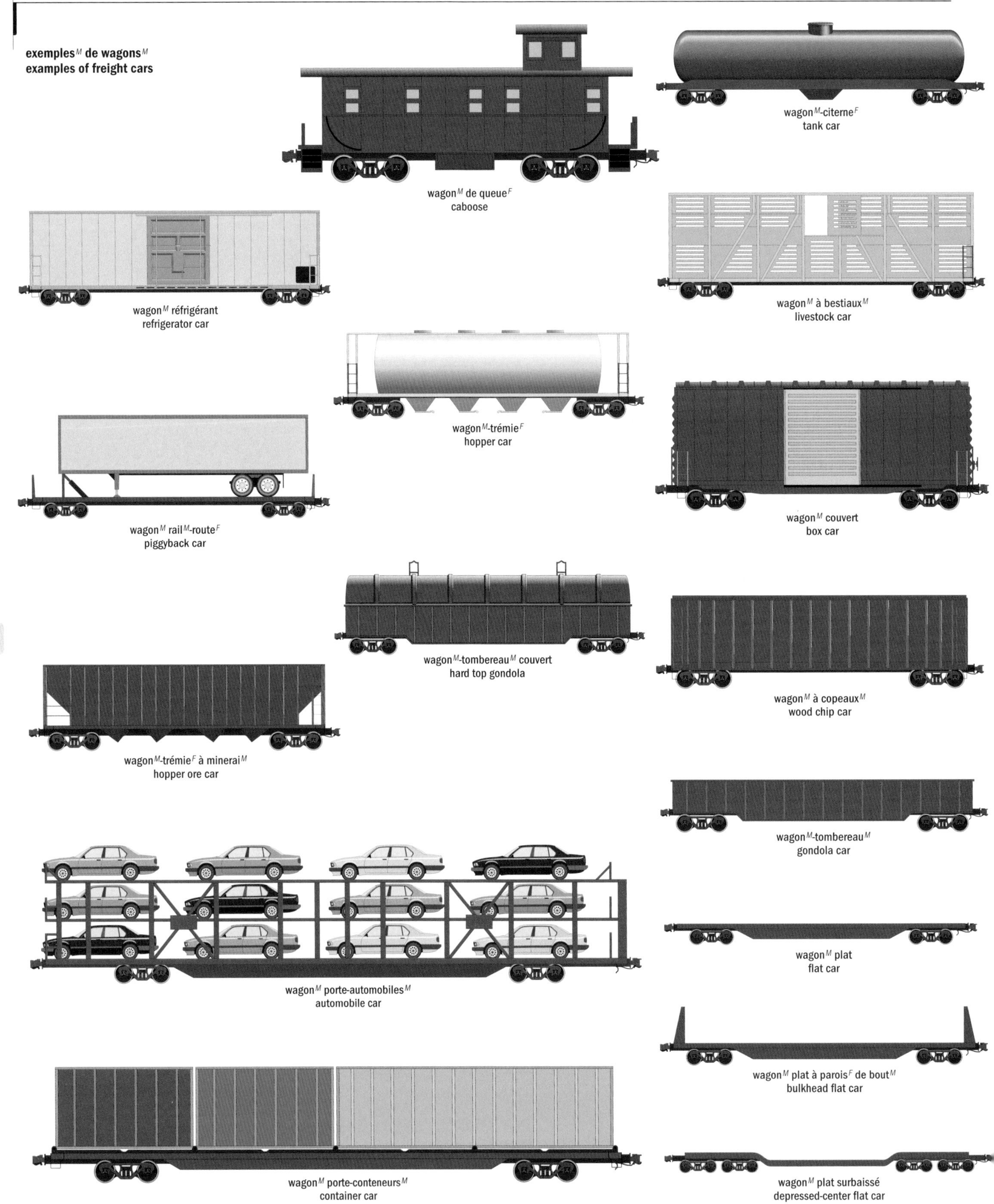
exemples[M] de wagons[M]
examples of freight cars
wagon[M] de queue[F]
caboose
wagon[M]-citerne[F]
tank car
wagon[M] réfrigérant
refrigerator car
wagon[M] à bestiaux[M]
livestock car
wagon[M]-trémie[F]
hopper car
wagon[M] rail[M]-route[F]
piggyback car
wagon[M] couvert
box car
wagon[M]-tombereau[M] couvert
hard top gondola
wagon[M] à copeaux[M]
wood chip car
wagon[M]-trémie[F] à minerai[M]
hopper ore car
wagon[M]-tombereau[M]
gondola car
wagon[M] plat
flat car
wagon[M] porte-automobiles[M]
automobile car
wagon[M] plat à parois[F] de bout[M]
bulkhead flat car
wagon[M] porte-conteneurs[M]
container car
wagon[M] plat surbaissé
depressed-center flat car

gare^{F} de triage^{M}

yard

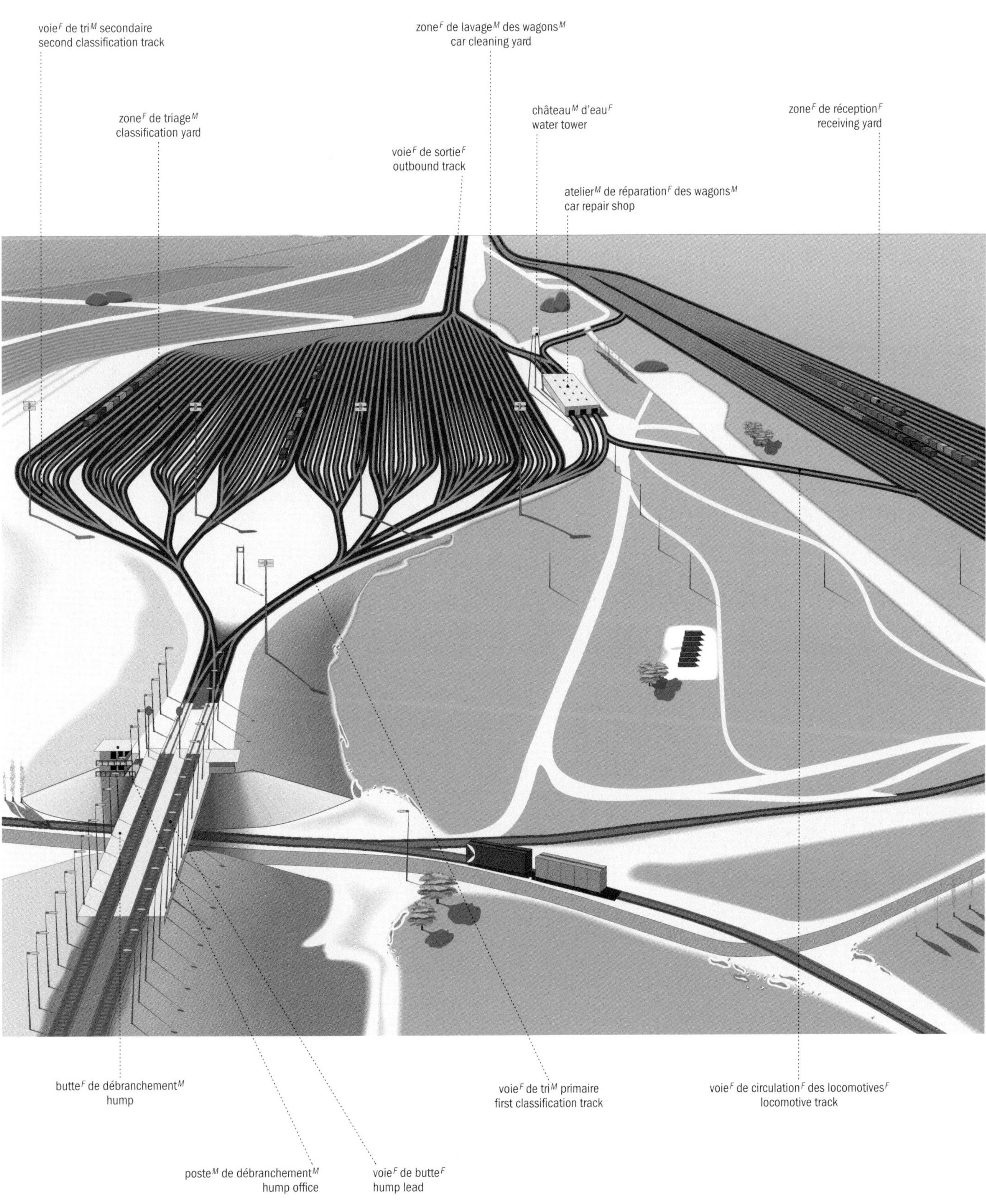
voie^{F} de tri^{M} secondaire
second classification track
zone^{F} de lavage^{M} des wagons^{M}
car cleaning yard
zone^{F} de triage^{M}
classification yard
château^{M} d'eau^{F}
water tower
zone^{F} de réception^{F}
receiving yard
voie^{F} de sortie^{F}
outbound track
atelier^{M} de réparation^{F} des wagons^{M}
car repair shop
butte^{F} de débranchement^{M}
hump
voie^{F} de tri^{M} primaire
first classification track
voie^{F} de circulation^{F} des locomotives^{F}
locomotive track
poste^{M} de débranchement^{M}
hump office
voie^{F} de butte^{F}
hump lead

voie^F ferrée

railroad track

joint^M de rail^M
rail joint

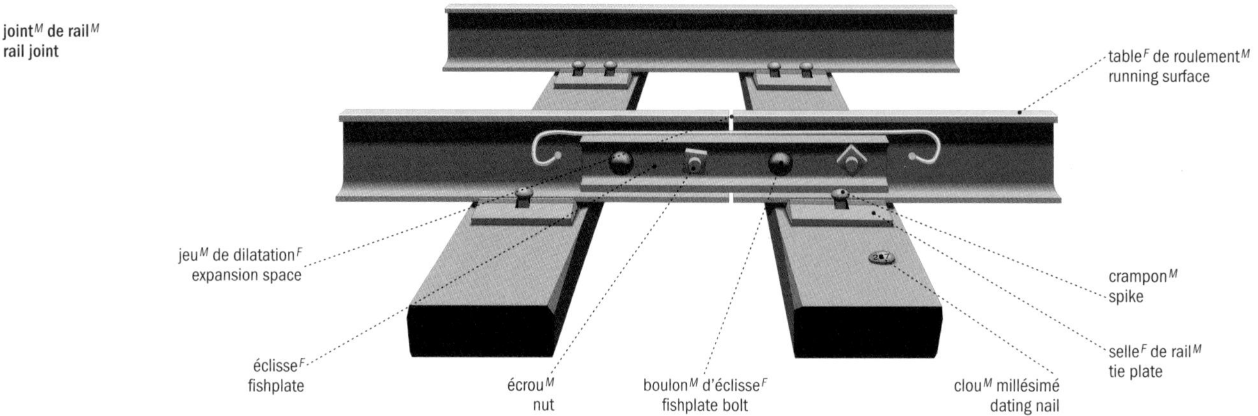
table^F de roulement^M
running surface
jeu^M de dilatation^F
expansion space
crampon^M
spike
selle^F de rail^M
tie plate
éclisse^F
fishplate
écrou^M
nut
boulon^M d'éclisse^F
fishplate bolt
clou^M millésimé
dating nail

aiguillage^M manœuvré à distance^F
remote-controlled switch

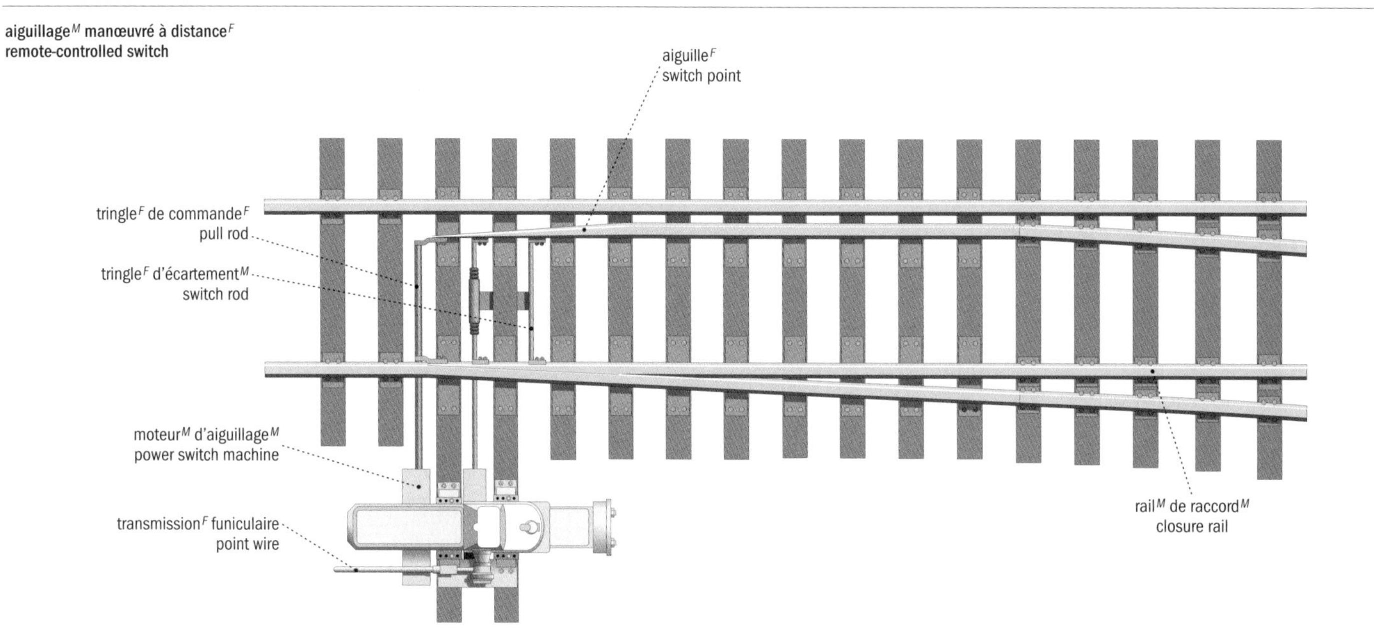
aiguille^F
switch point
tringle^F de commande^F
pull rod
tringle^F d'écartement^M
switch rod
moteur^M d'aiguillage^M
power switch machine
transmission^F funiculaire
point wire
rail^M de raccord^M
closure rail

aiguillage^M manœuvré à pied^M d'œuvre^F
manually-operated switch

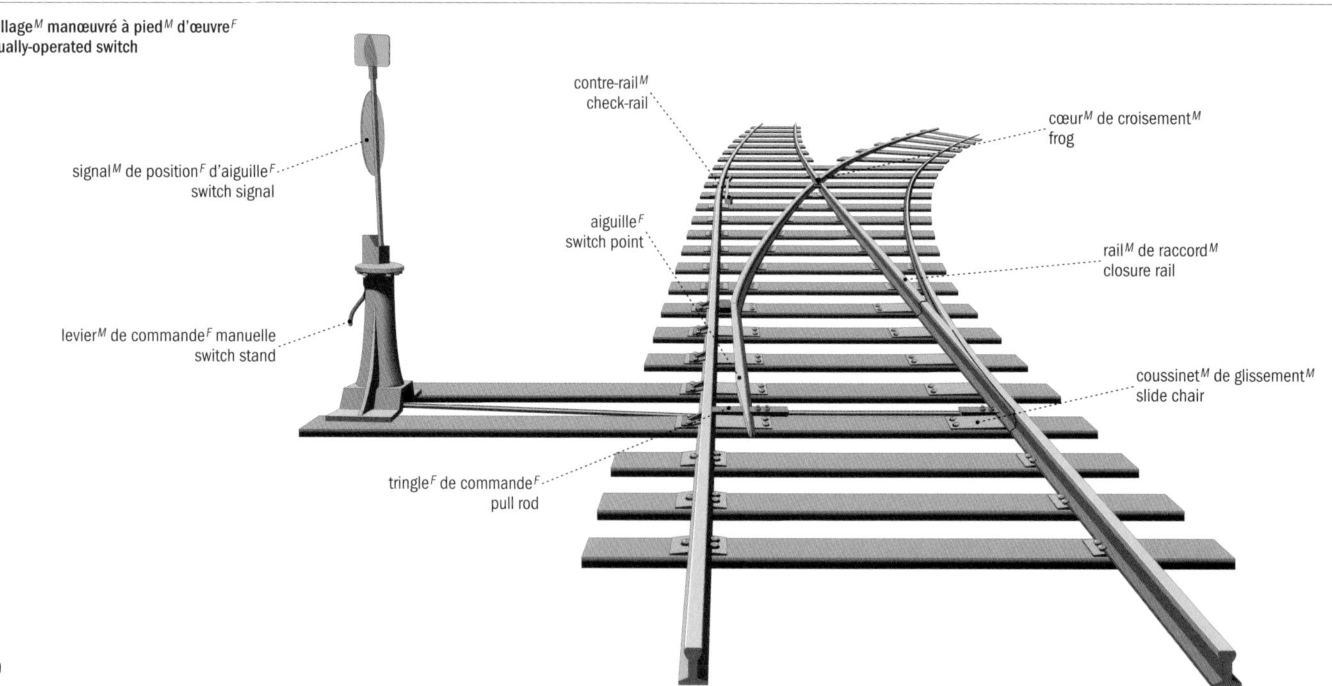
contre-rail^M
check-rail
cœur^M de croisement^M
frog
signal^M de position^F d'aiguille^F
switch signal
aiguille^F
switch point
rail^M de raccord^M
closure rail
levier^M de commande^F manuelle
switch stand
coussinet^M de glissement^M
slide chair
tringle^F de commande^F
pull rod

voie^{F} ferrée

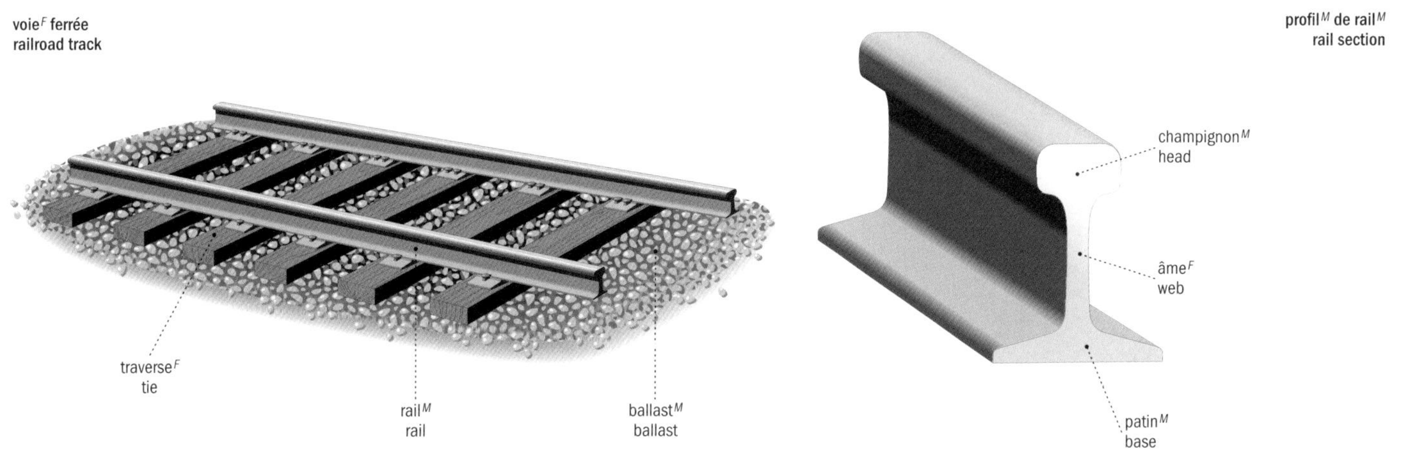

voie^{F} ferrée
railroad track
traverse^{F}
tie
rail^{M}
rail
ballast^{M}
ballast
profil^{M} de rail^{M}
rail section
champignon^{M}
head
âme^{F}
web
patin^{M}
base

passage^{M} à niveau^{M}

highway crossing

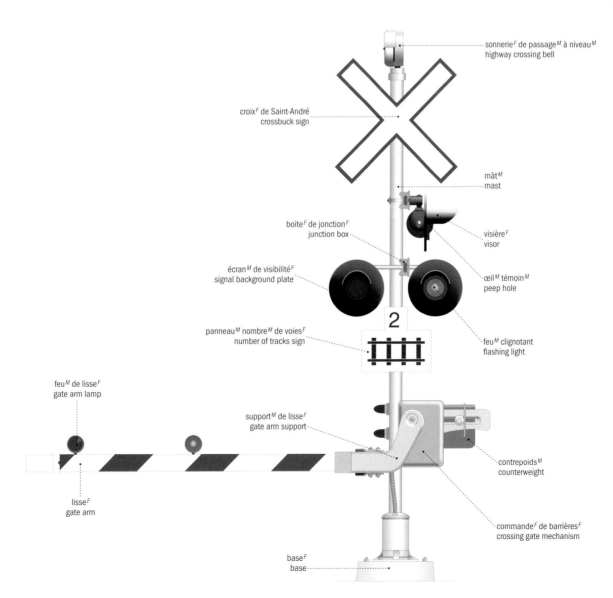

sonnerie^{F} de passage^{M} à niveau^{M}
highway crossing bell

croix^{F} de Saint-André
crossbuck sign

mât^{M}
mast

boîte^{F} de jonction^{F}
junction box

visière^{F}
visor

écran^{M} de visibilité^{F}
signal background plate

œil^{M} témoin^{M}
peep hole

2

panneau^{M} nombre^{M} de voies^{F}
number of tracks sign

feu^{M} clignotant
flashing light

feu^{M} de lisse^{F}
gate arm lamp

support^{M} de lisse^{F}
gate arm support

contrepoids^{M}
counterweight

lisse^{F}
gate arm

commande^{F} de barrières^{F}
crossing gate mechanism

base^{F}
base

chemin^M de fer^M métropolitain

subway

station^F de métro^M
subway station

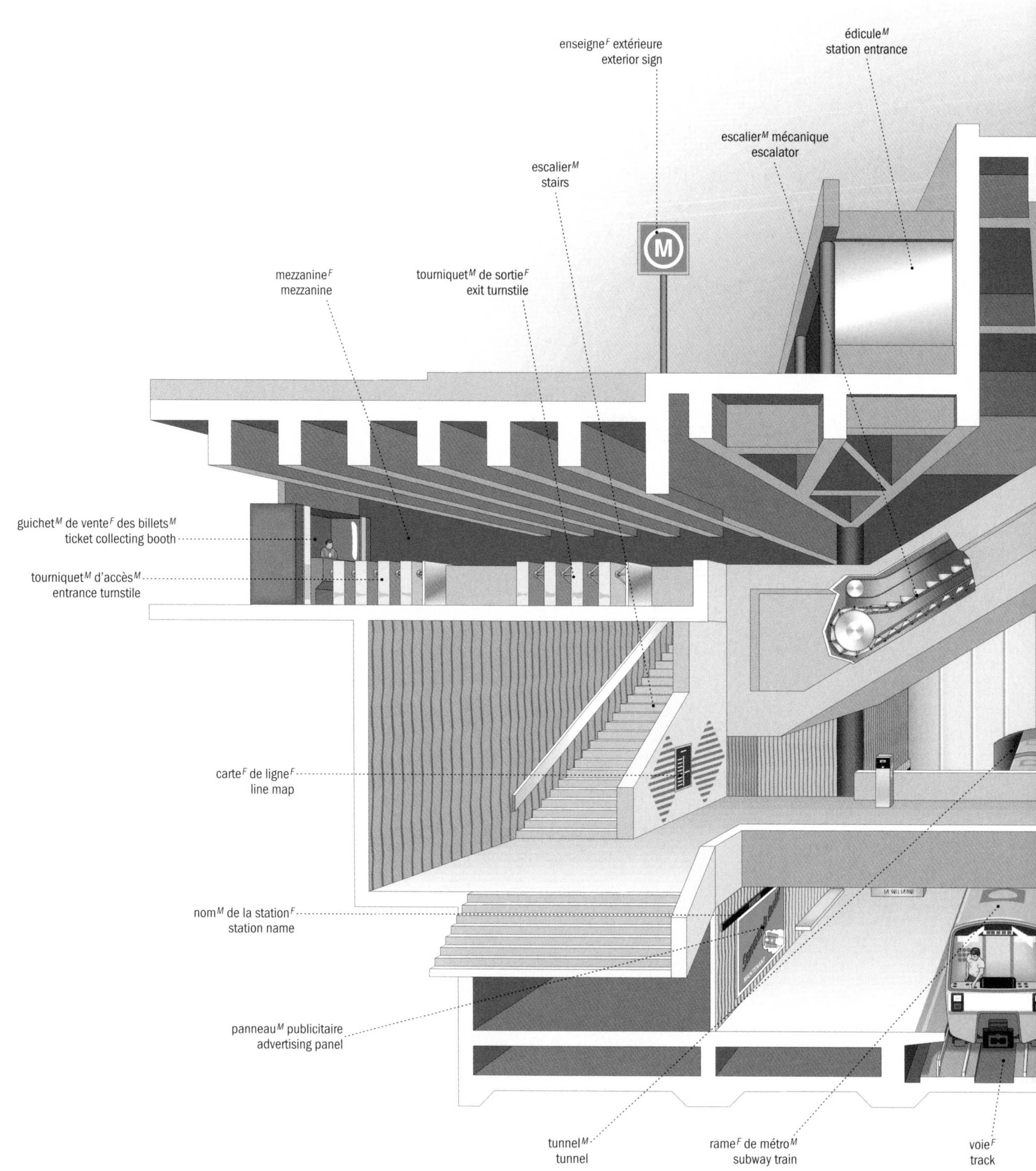

enseigne^F extérieure
exterior sign
édicule^M
station entrance
escalier^M mécanique
escalator
escalier^M
stairs
mezzanine^F
mezzanine
tourniquet^M de sortie^F
exit turnstile
guichet^M de vente^F des billets^M
ticket collecting booth
tourniquet^M d'accès^M
entrance turnstile
carte^F de ligne^F
line map
nom^M de la station^F
station name
panneau^M publicitaire
advertising panel
tunnel^M
tunnel
rame^F de métro^M
subway train
voie^F
track

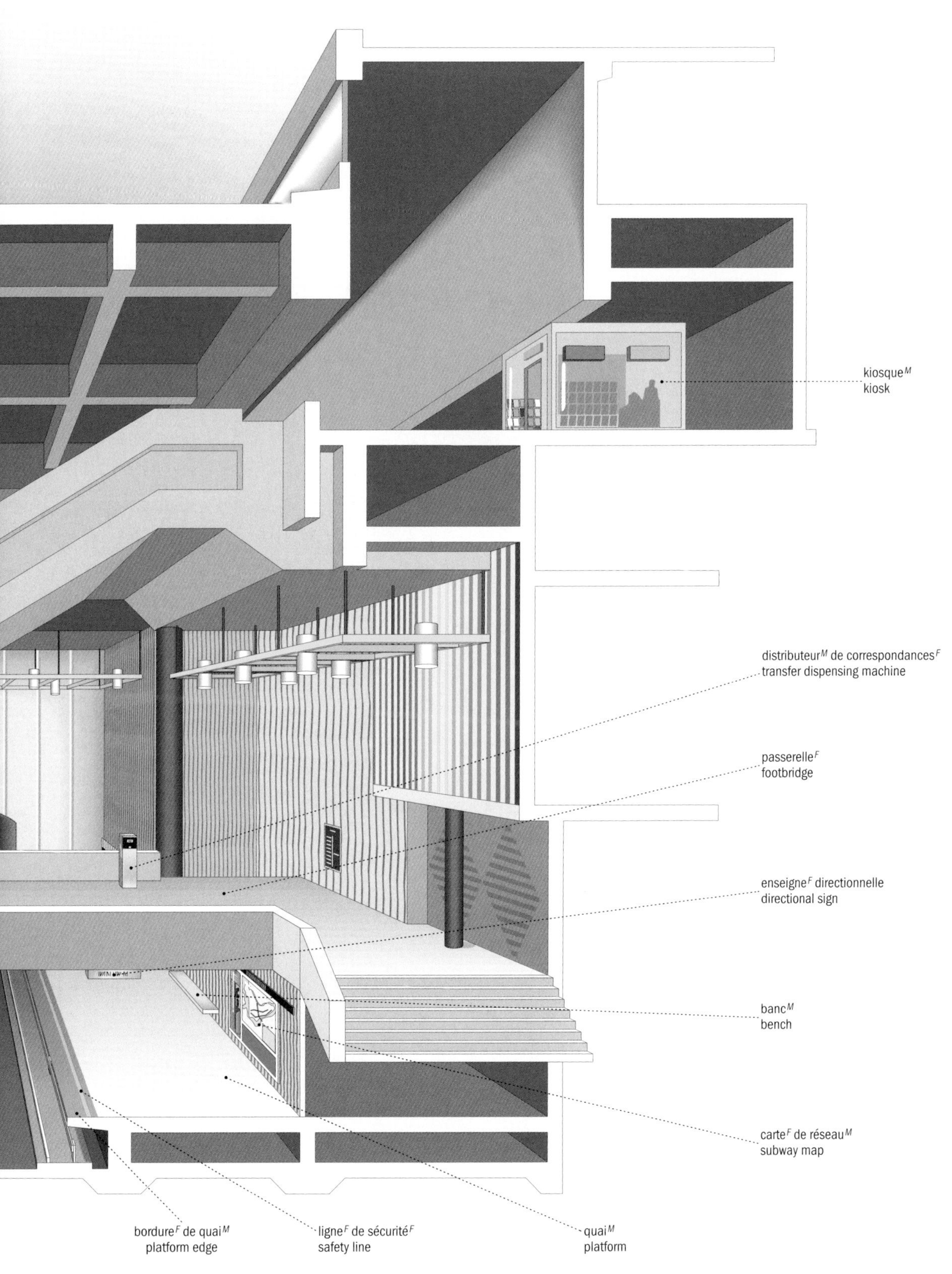
kiosque^{M}
kiosk
distributeur^{M} de correspondances^{F}
transfer dispensing machine
passerelle^{F}
footbridge
enseigne^{F} directionnelle
directional sign
banc^{M}
bench
carte^{F} de réseau^{M}
subway map
bordure^{F} de quai^{M}
platform edge
ligne^{F} de sécurité^{F}
safety line
quai^{M}
platform

chemin^M de fer^M métropolitain

voiture^F
passenger car

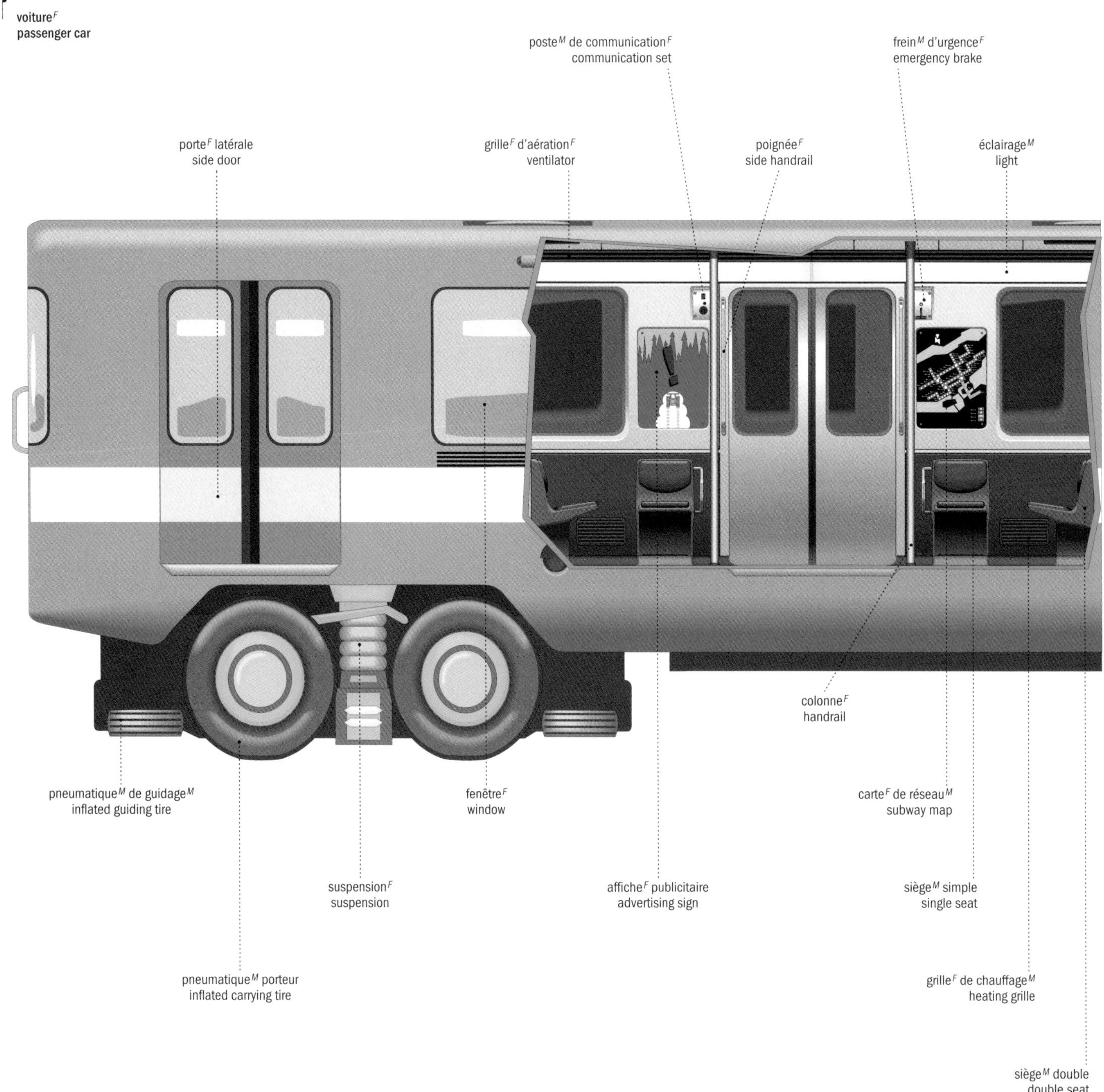

poste^M de communication^F
communication set
frein^M d'urgence^F
emergency brake
porte^F latérale
side door
grille^F d'aération^F
ventilator
poignée^F
side handrail
éclairage^M
light
colonne^F
handrail
pneumatique^M de guidage^M
inflated guiding tire
fenêtre^F
window
carte^F de réseau^M
subway map
suspension^F
suspension
affiche^F publicitaire
advertising sign
siège^M simple
single seat
pneumatique^M porteur
inflated carrying tire
grille^F de chauffage^M
heating grille
siège^M double
double seat

rame^F de métro^M
subway train

motrice^F
motor car

remorque^F
trailer car

motrice^F
motor car

chemin[M] de fer[M] métropolitain

bogie[M] et voie[F]
truck and track

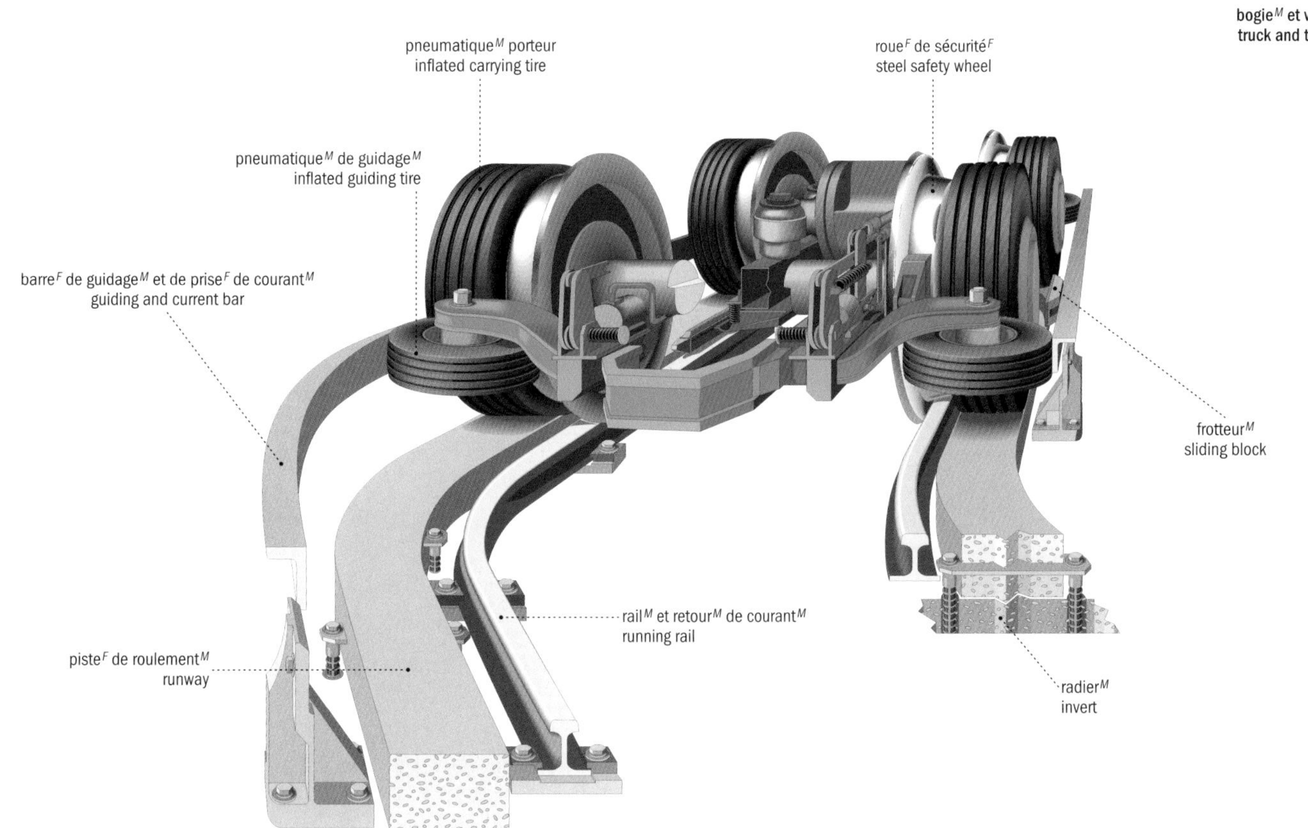
pneumatique[M] porteur
inflated carrying tire
roue[F] de sécurité[F]
steel safety wheel
pneumatique[M] de guidage[M]
inflated guiding tire
barre[F] de guidage[M] et de prise[F] de courant[M]
guiding and current bar
frotteur[M]
sliding block
rail[M] et retour[M] de courant[M]
running rail
piste[F] de roulement[M]
runway
radier[M]
invert

tramway[M]

streetcar

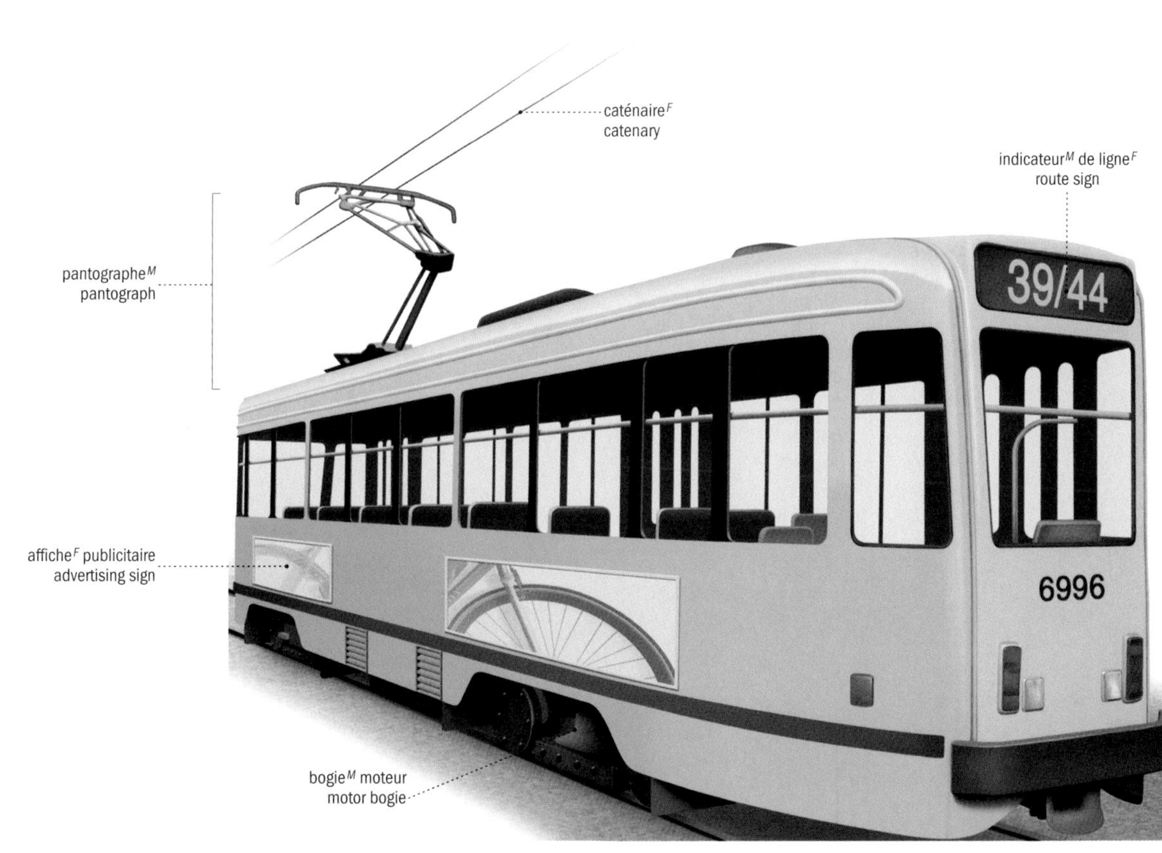
caténaire[F]
catenary
indicateur[M] de ligne[F]
route sign
39/44
pantographe[M]
pantograph
affiche[F] publicitaire
advertising sign
6996
bogie[M] moteur
motor bogie

port^{M} maritime

harbor

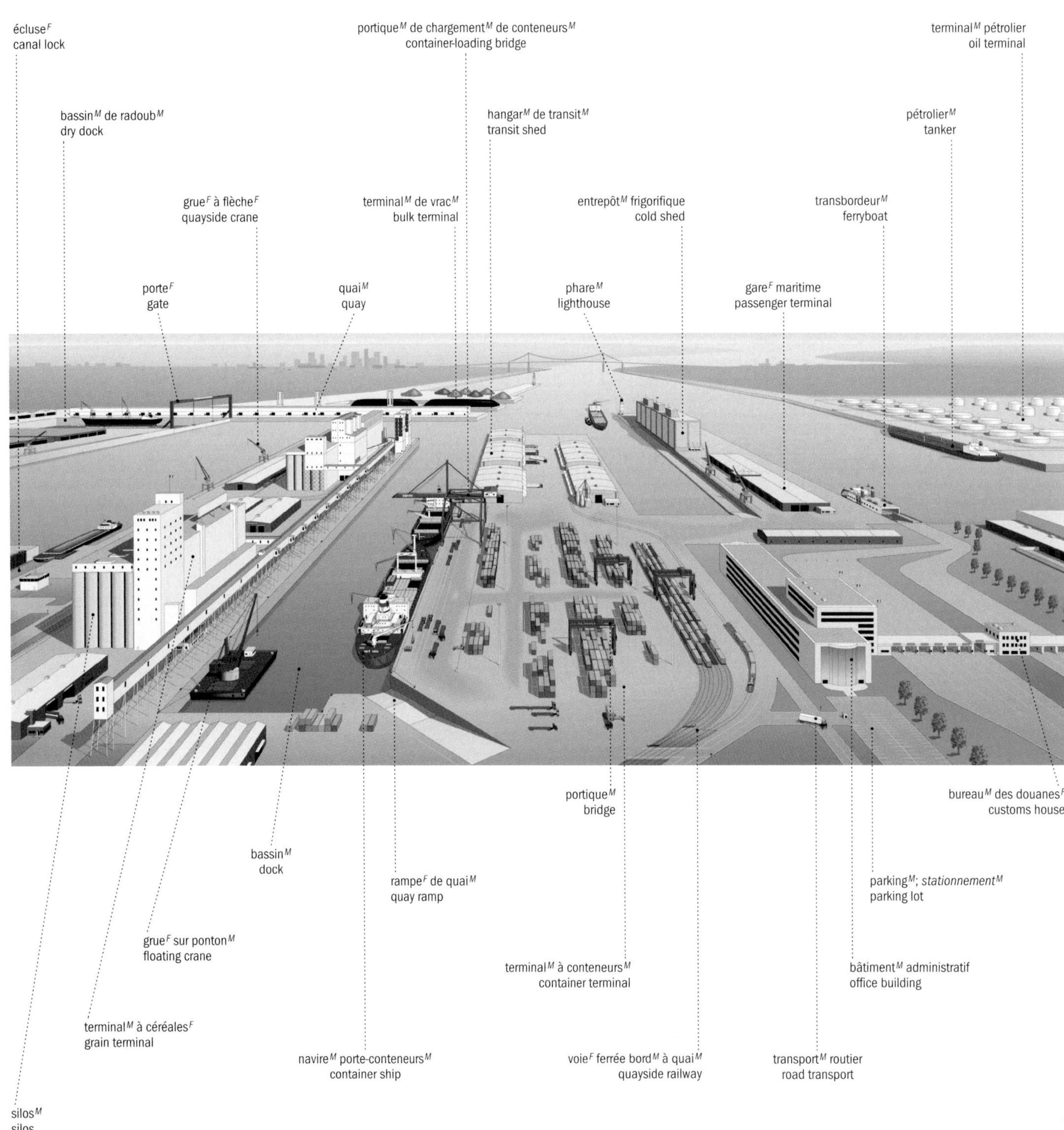
écluse^{F}
canal lock
portique^{M} de chargement^{M} de conteneurs^{M}
container-loading bridge
terminal^{M} pétrolier
oil terminal
bassin^{M} de radoub^{M}
dry dock
hangar^{M} de transit^{M}
transit shed
pétrolier^{M}
tanker
grue^{F} à flèche^{F}
quayside crane
terminal^{M} de vrac^{M}
bulk terminal
entrepôt^{M} frigorifique
cold shed
transbordeur^{M}
ferryboat
porte^{F}
gate
quai^{M}
quay
phare^{M}
lighthouse
gare^{F} maritime
passenger terminal
portique^{M}
bridge
bureau^{M} des douanes^{F}
customs house
bassin^{M}
dock
rampe^{F} de quai^{M}
quay ramp
parking^{M}; *stationnement*^{M}
parking lot
grue^{F} sur ponton^{M}
floating crane
terminal^{M} à conteneurs^{M}
container terminal
bâtiment^{M} administratif
office building
terminal^{M} à céréales^{F}
grain terminal
navire^{M} porte-conteneurs^{M}
container ship
voie^{F} ferrée bord^{M} à quai^{M}
quayside railway
transport^{M} routier
road transport
silos^{M}
silos

écluse[F]

canal lock

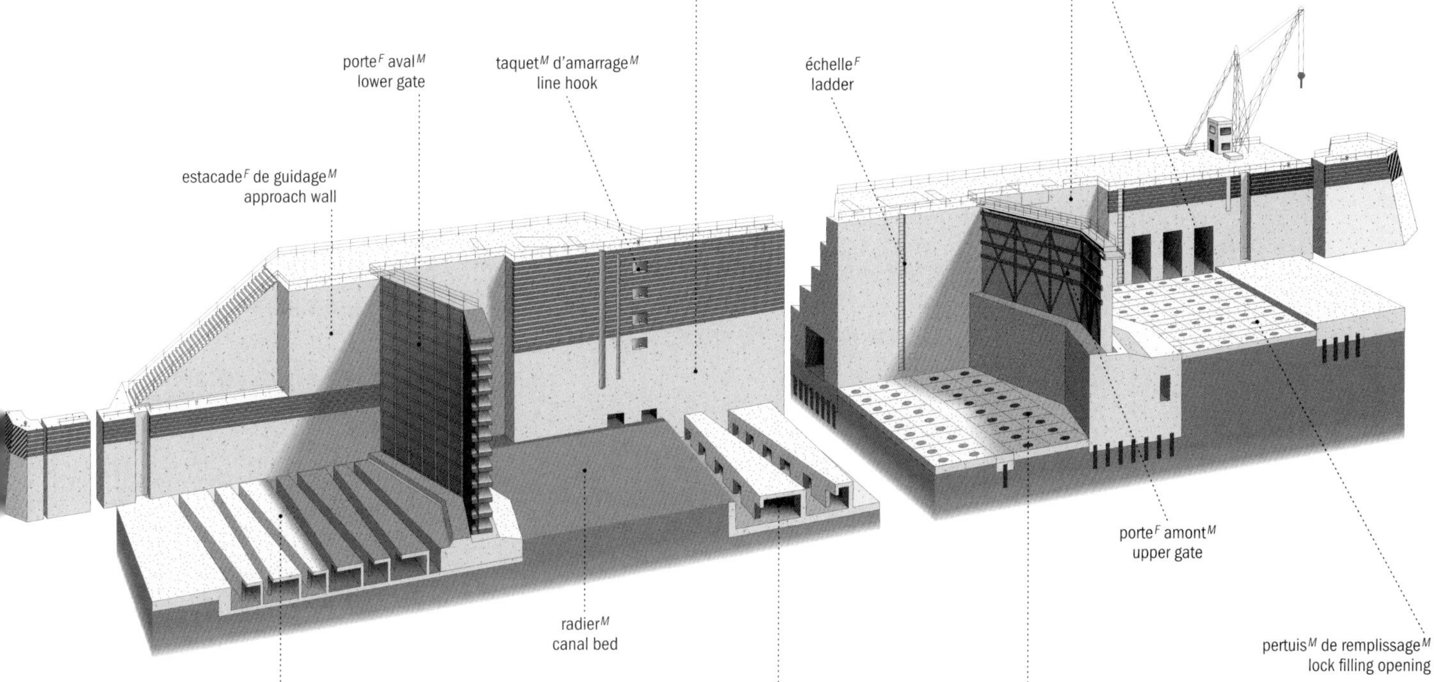

bajoyer[M]
side wall

chambre[F] de vantail[M]
miter gate recess

aqueduc[M] de remplissage[M]
lock filling intake

porte[F] aval[M]
lower gate

taquet[M] d'amarrage[M]
line hook

échelle[F]
ladder

estacade[F] de guidage[M]
approach wall

porte[F] amont[M]
upper gate

radier[M]
canal bed

pertuis[M] de remplissage[M]
lock filling opening

aqueduc[M] de vidange[F]
lock emptying system

système[M] de remplissage[M] et de vidange[F]
lock filling and emptying system

pertuis[M] de remplissage[M] et de vidange[F]
lock filling and emptying opening

écluse[F] : vue[F] latérale
canal lock: side view

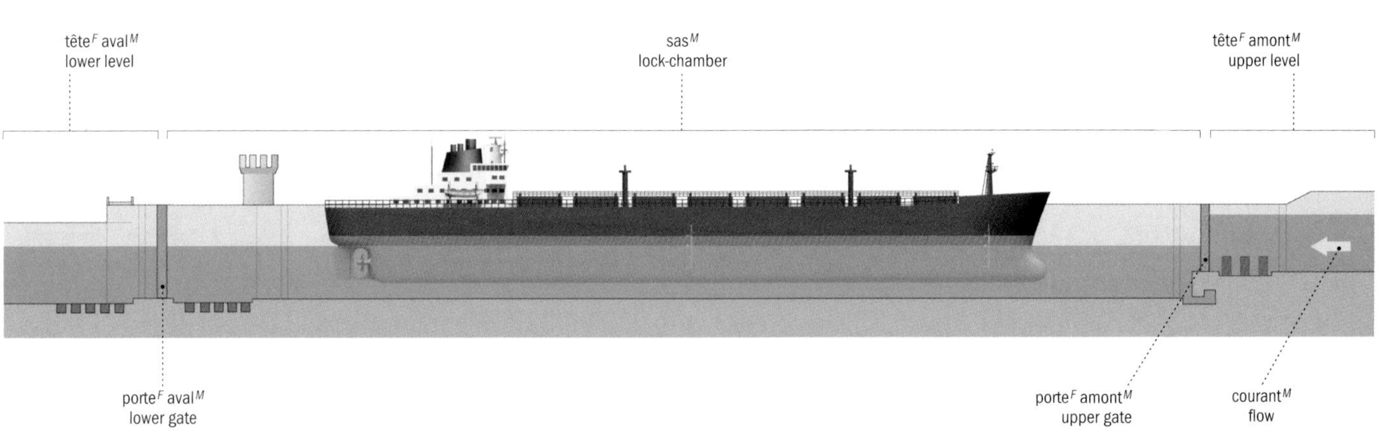
tête[F] aval[M]
lower level
sas[M]
lock-chamber
tête[F] amont[M]
upper level
porte[F] aval[M]
lower gate
porte[F] amont[M]
upper gate
courant[M]
flow

embarcations[F] anciennes

ancient ships

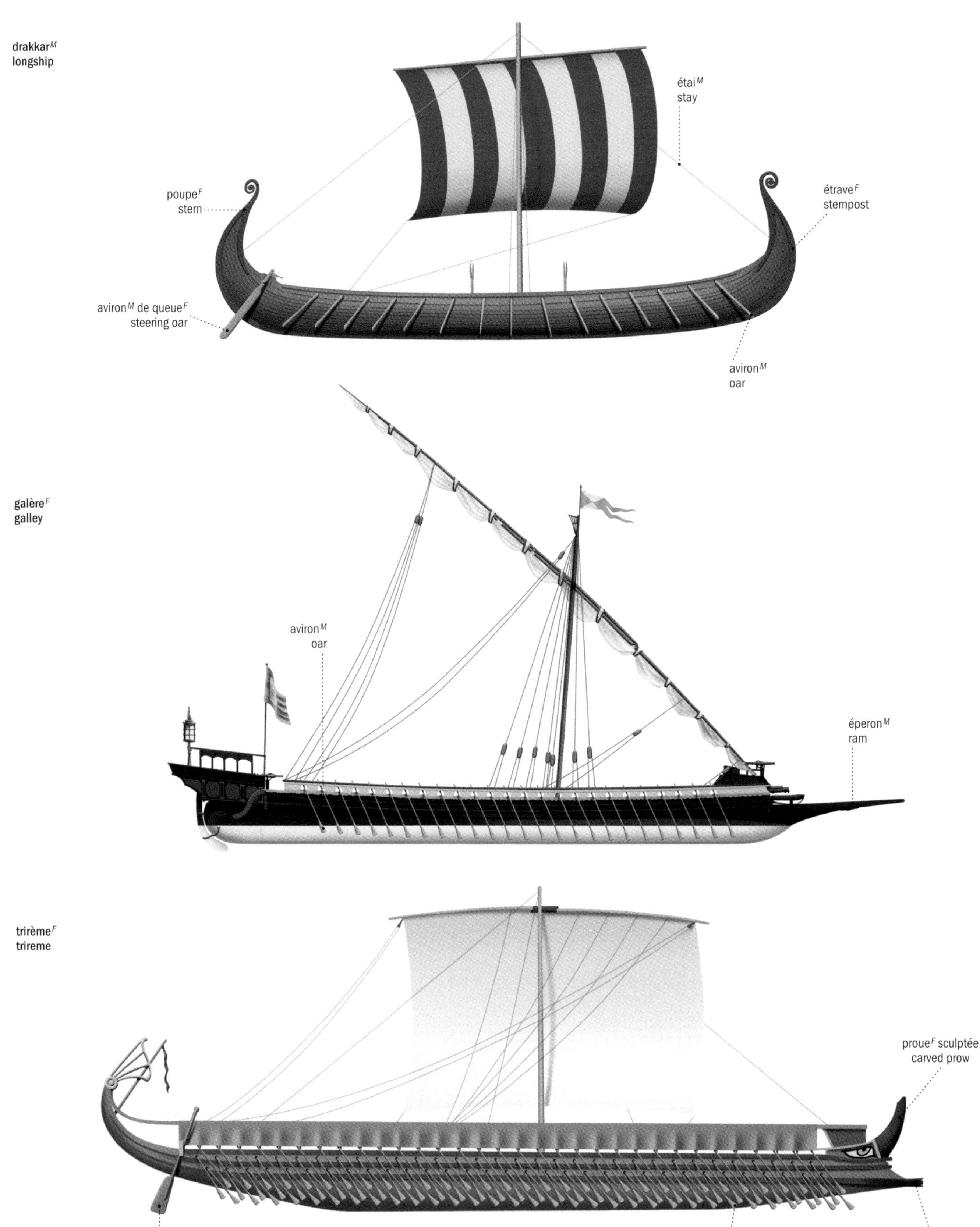
drakkar[M]
longship
étai[M]
stay
poupe[F]
stern
étrave[F]
stempost
aviron[M] de queue[F]
steering oar
aviron[M]
oar
galère[F]
galley
aviron[M]
oar
éperon[M]
ram
trirème[F]
trireme
proue[F] sculptée
carved prow
aviron[M] de queue[F]
steering oar
aviron[M]
oar
éperon[M]
ram

embarcations^{F} anciennes

bateau^{M} à vapeur^{F} à roues^{F} latérales
side-wheeler

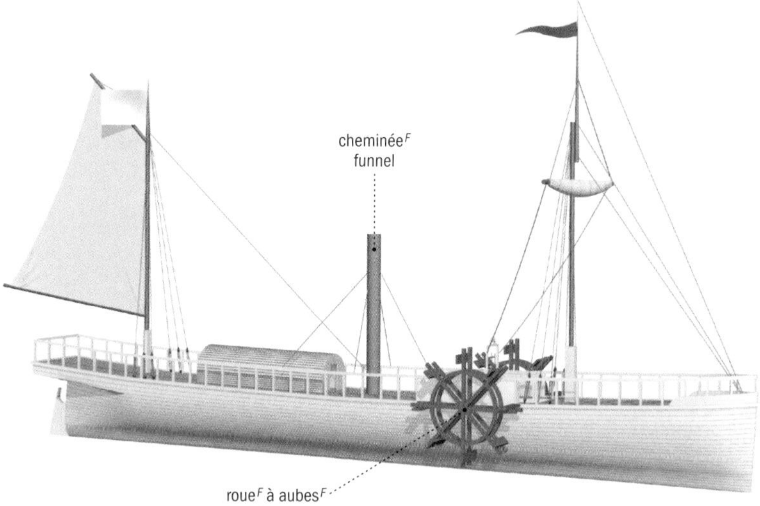

cheminée^{F}
funnel

roue^{F} à aubes^{F}
paddle wheel

galion^{M}
galleon

caravelle^{F}
caravel

embarcations^{F} traditionnelles

traditional ships

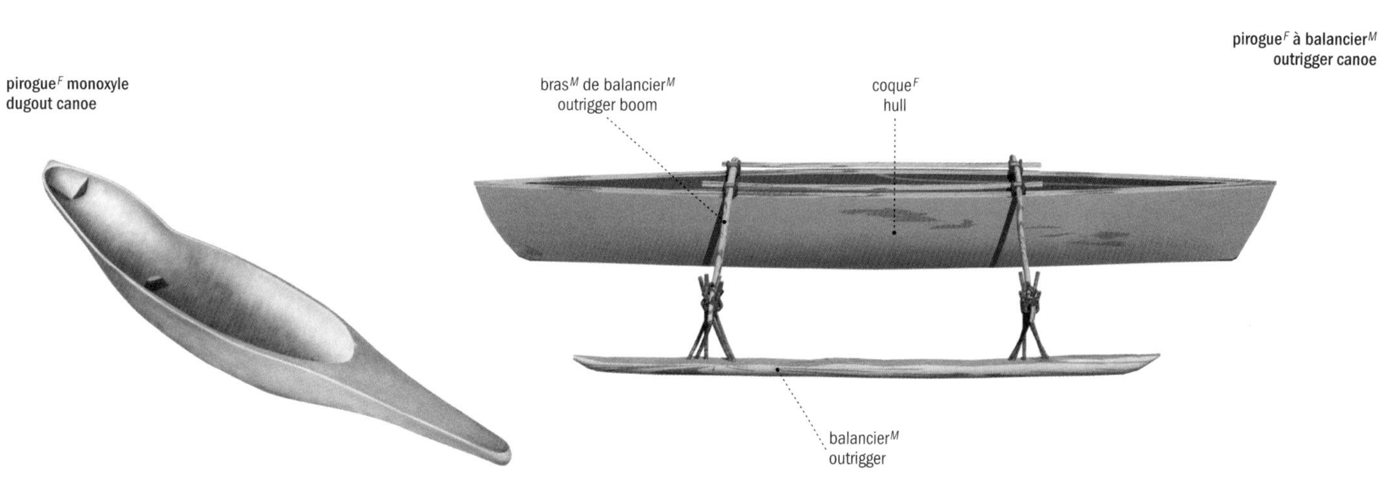
pirogue^{F} à balancier^{M}
outrigger canoe
pirogue^{F} monoxyle
dugout canoe
bras^{M} de balancier^{M}
outrigger boom
coque^{F}
hull
balancier^{M}
outrigger

embarcations^F traditionnelles

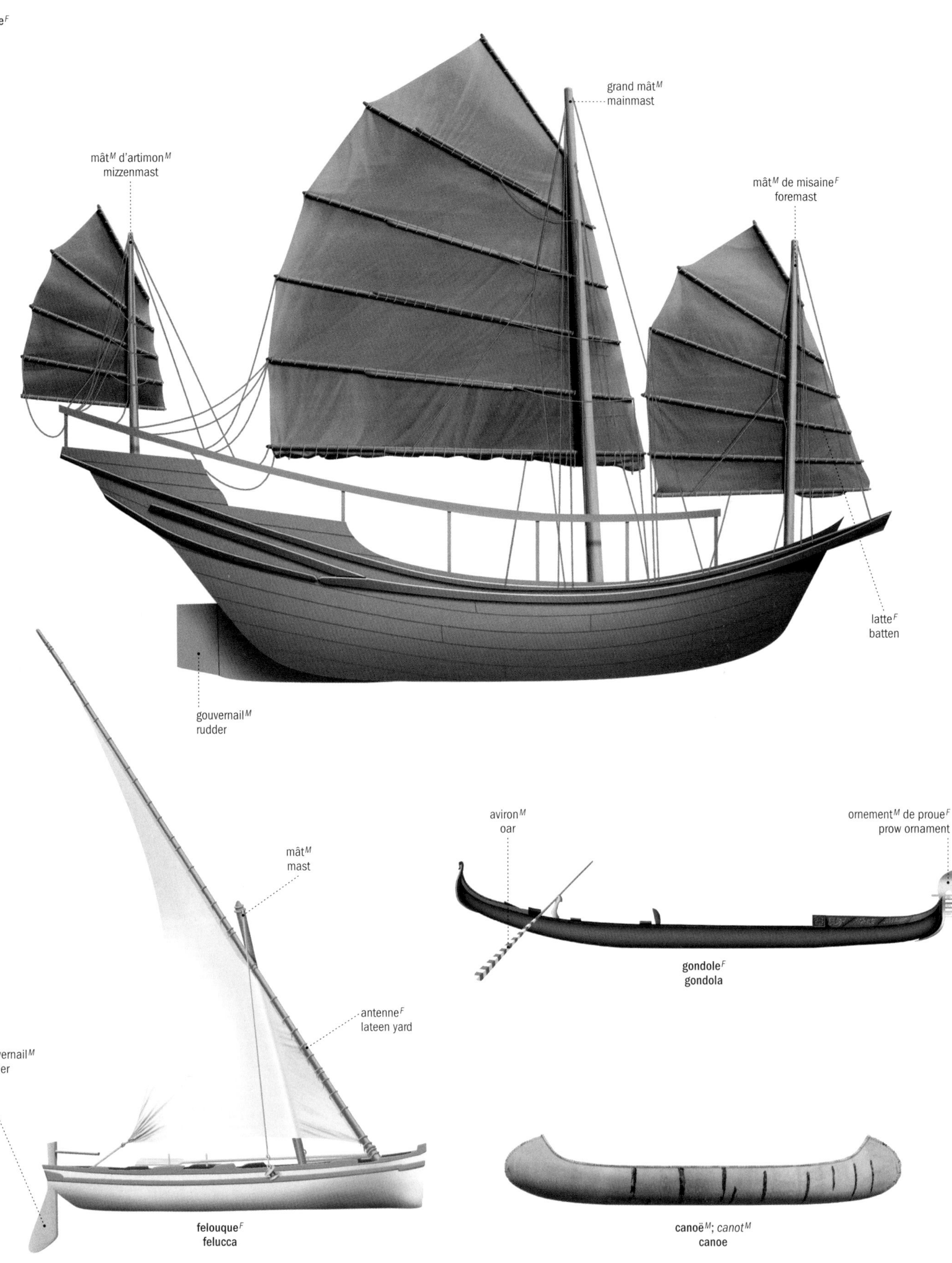
jonque^F
junk
grand mât^M
mainmast
mât^M d'artimon^M
mizzenmast
mât^M de misaine^F
foremast
latte^F
batten
gouvernail^M
rudder
aviron^M
oar
ornement^M de proue^F
prow ornament
mât^M
mast
antenne^F
lateen yard
gouvernail^M
rudder

gondole^F
gondola

felouque^F
felucca

canoë^M; *canot^M*
canoe

exemples^{M} de voiles^{F}

examples of sails

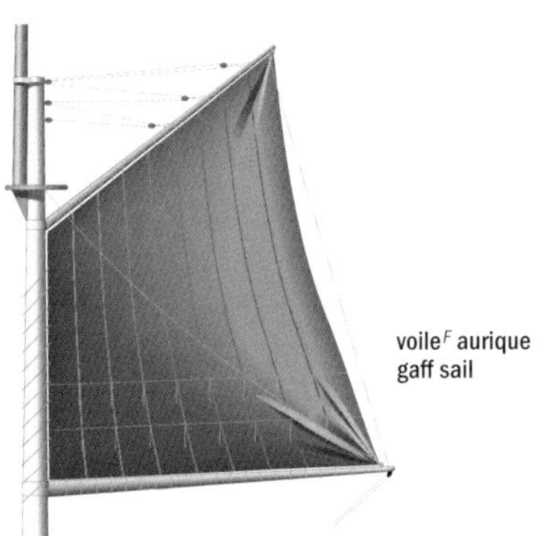

voile^{F} aurique
gaff sail

voile^{F} bermudienne
Bermuda sail

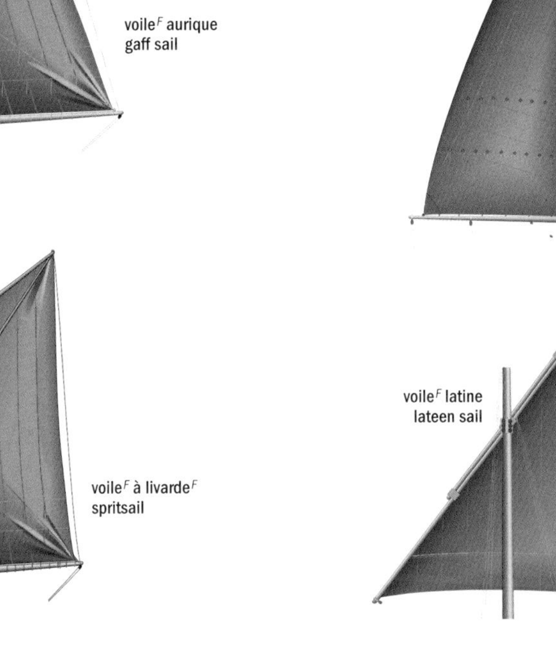

voile^{F} à livarde^{F}
spritsail

voile^{F} latine
lateen sail

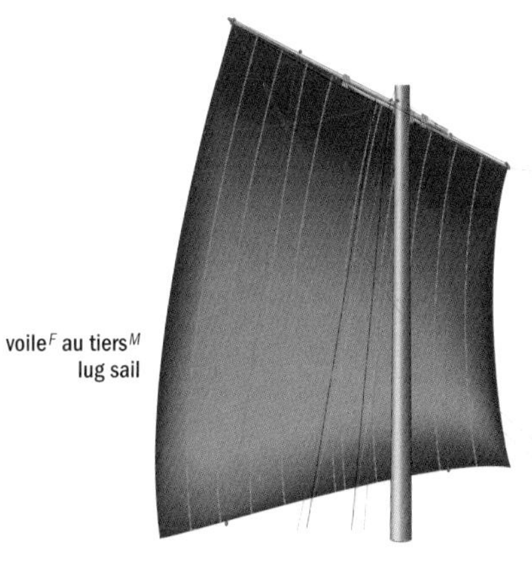

voile^{F} au tiers^{M}
lug sail

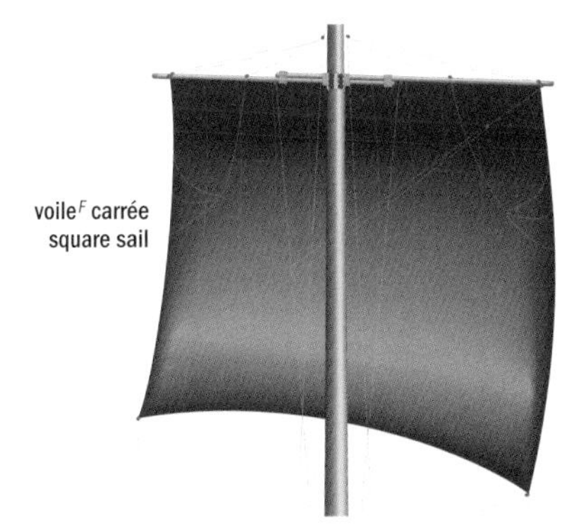

voile^{F} carrée
square sail

exemples^{M} de gréements^{M}

examples of rigs

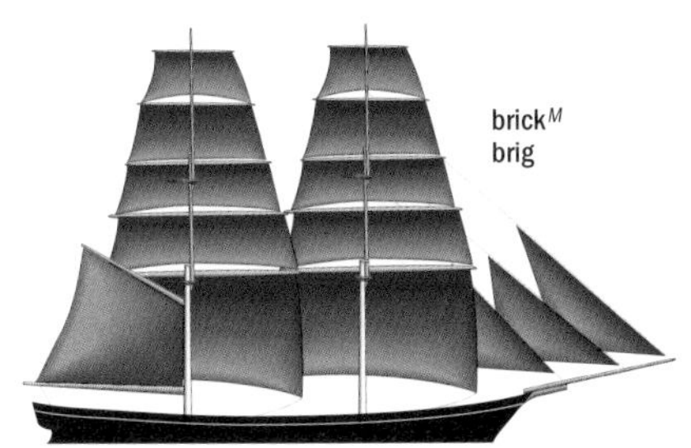

brick^{M}
brig

ketch^{M}
ketch

brigantin^{M}
brigantine

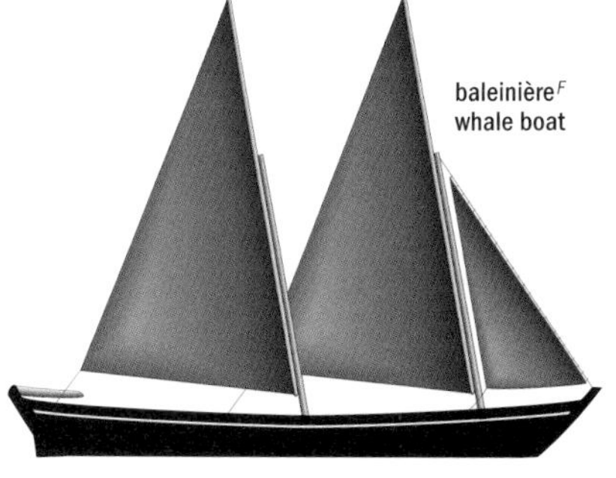

baleinière^{F}
whale boat

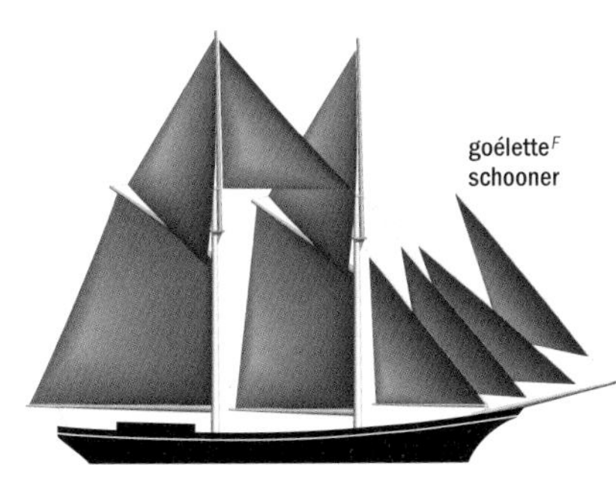

goélette^{F}
schooner

cotre^{M} Marconi
Marconi cutter

quatre-mâts[M] barque[F]

four-masted bark

mâture[F] et gréement[M]
masting and rigging

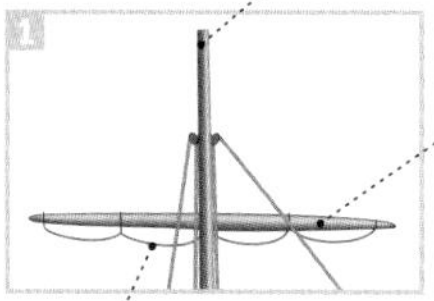

fusée[F]
pole

vergue[F]
yard

marchepied[M]
footrope

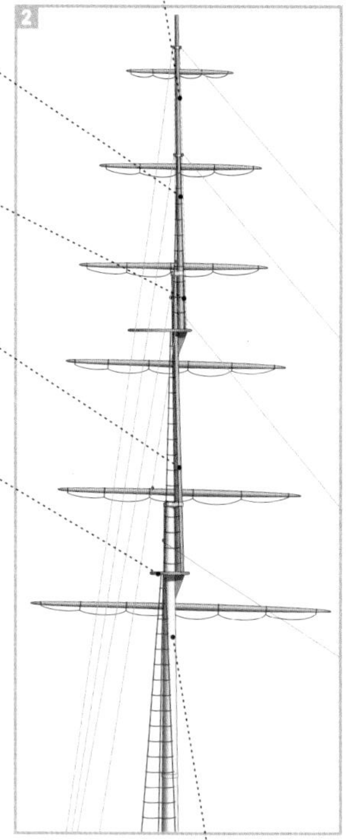

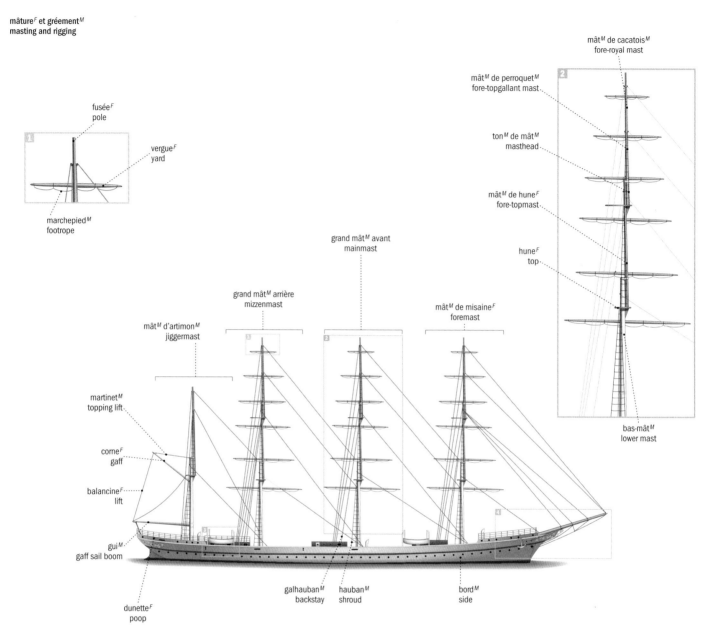

mât[M] de cacatois[M]
fore-royal mast

mât[M] de perroquet[M]
fore-topgallant mast

ton[M] de mât[M]
masthead

mât[M] de hune[F]
fore-topmast

hune[F]
top

bas-mât[M]
lower mast

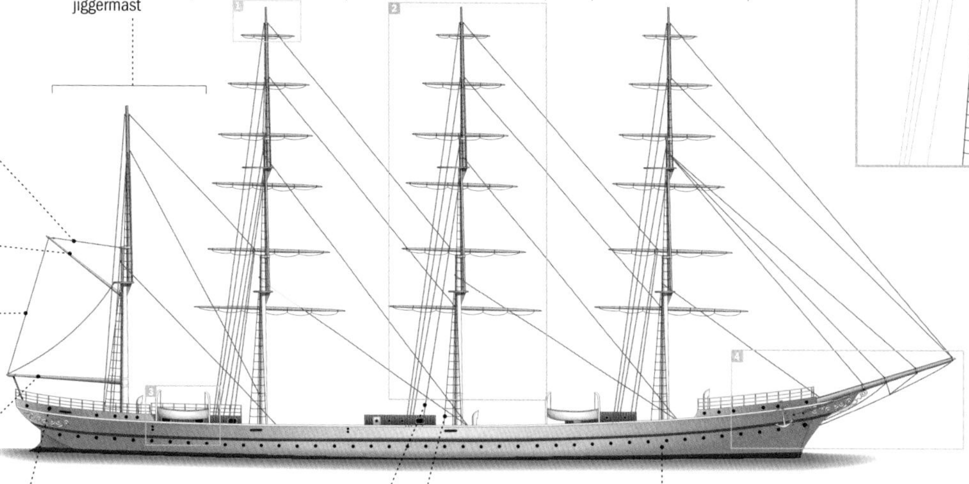

grand mât[M] avant
mainmast

grand mât[M] arrière
mizzenmast

mât[M] de misaine[F]
foremast

mât[M] d'artimon[M]
jiggermast

martinet[M]
topping lift

corne[F]
gaff

balancine[F]
lift

gui[M]
gaff sail boom

dunette[F]
poop

galhauban[M]
backstay

hauban[M]
shroud

bord[M]
side

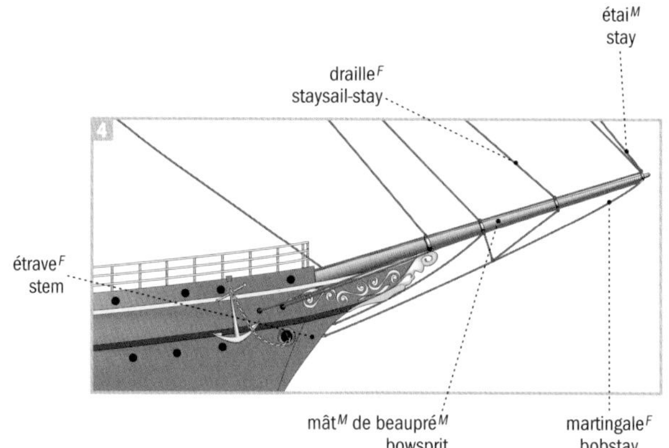
étai[M]
stay
draille[F]
staysail-stay
étrave[F]
stem
mât[M] de beaupré[M]
bowsprit
martingale[F]
bobstay

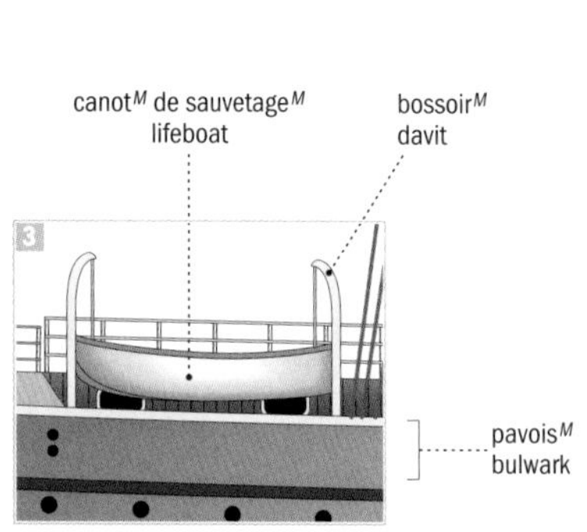
canot[M] de sauvetage[M]
lifeboat
bossoir[M]
davit
pavois[M]
bulwark

quatre-mâts^{M} barque^{F}

voilure^{F} sails

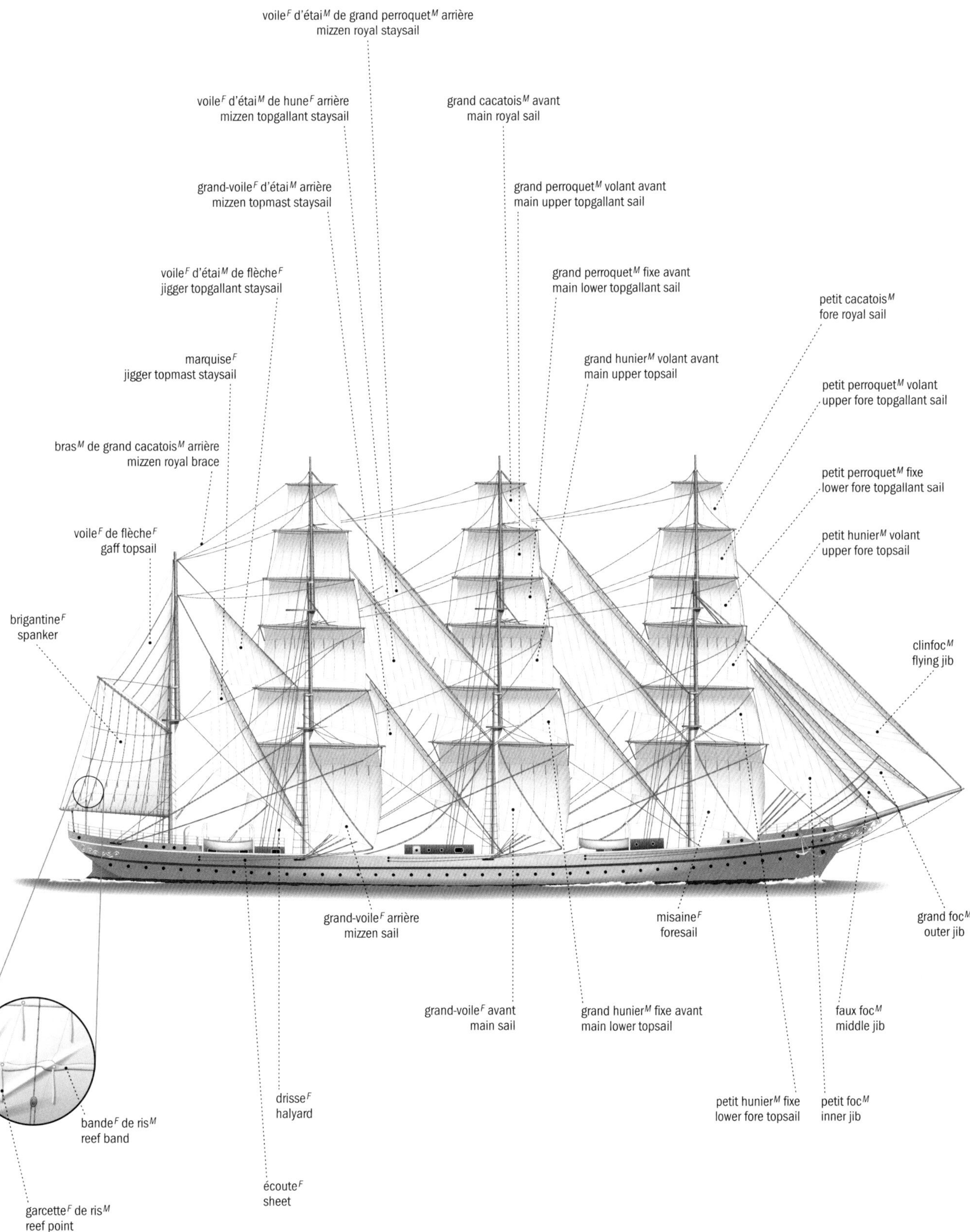
voile^{F} d'étai^{M} de grand perroquet^{M} arrière
mizzen royal staysail
voile^{F} d'étai^{M} de hune^{F} arrière
mizzen topgallant staysail
grand cacatois^{M} avant
main royal sail
grand-voile^{F} d'étai^{M} arrière
mizzen topmast staysail
grand perroquet^{M} volant avant
main upper topgallant sail
voile^{F} d'étai^{M} de flèche^{F}
jigger topgallant staysail
grand perroquet^{M} fixe avant
main lower topgallant sail
petit cacatois^{M}
fore royal sail
marquise^{F}
jigger topmast staysail
grand hunier^{M} volant avant
main upper topsail
petit perroquet^{M} volant
upper fore topgallant sail
bras^{M} de grand cacatois^{M} arrière
mizzen royal brace
petit perroquet^{M} fixe
lower fore topgallant sail
voile^{F} de flèche^{F}
gaff topsail
petit hunier^{M} volant
upper fore topsail
brigantine^{F}
spanker
clinfoc^{M}
flying jib
grand-voile^{F} arrière
mizzen sail
misaine^{F}
foresail
grand foc^{M}
outer jib
grand-voile^{F} avant
main sail
grand hunier^{M} fixe avant
main lower topsail
faux foc^{M}
middle jib
drisse^{F}
halyard
bande^{F} de ris^{M}
reef band
petit hunier^{M} fixe
lower fore topsail
petit foc^{M}
inner jib
écoute^{F}
sheet
garcette^{F} de ris^{M}
reef point

exemples[M] de bateaux[M] et d'embarcations[F]

examples of boats and ships

navire[M] de forage[M]
drill ship

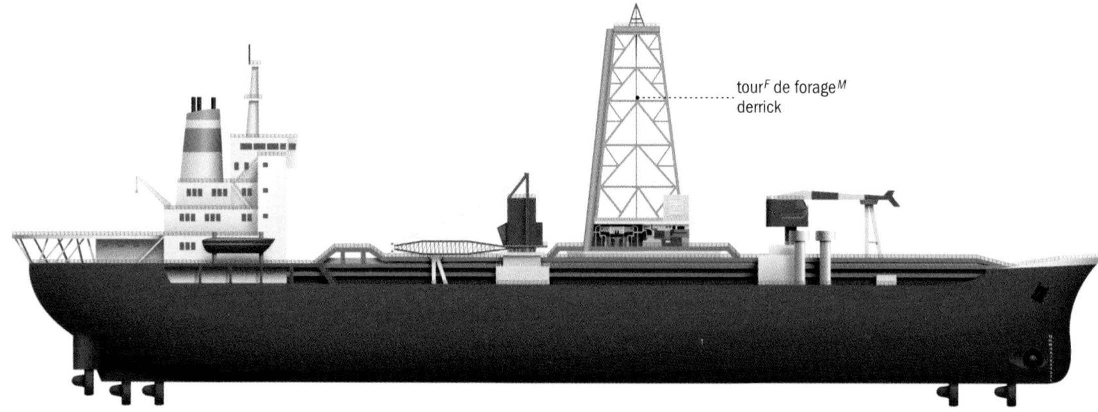
tour[F] de forage[M]
derrick

vraquier[M]
bulk carrier

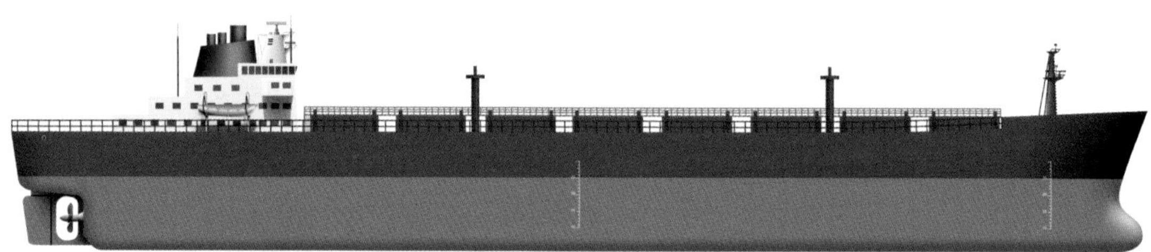

navire[M] porte-conteneurs[M]
container ship

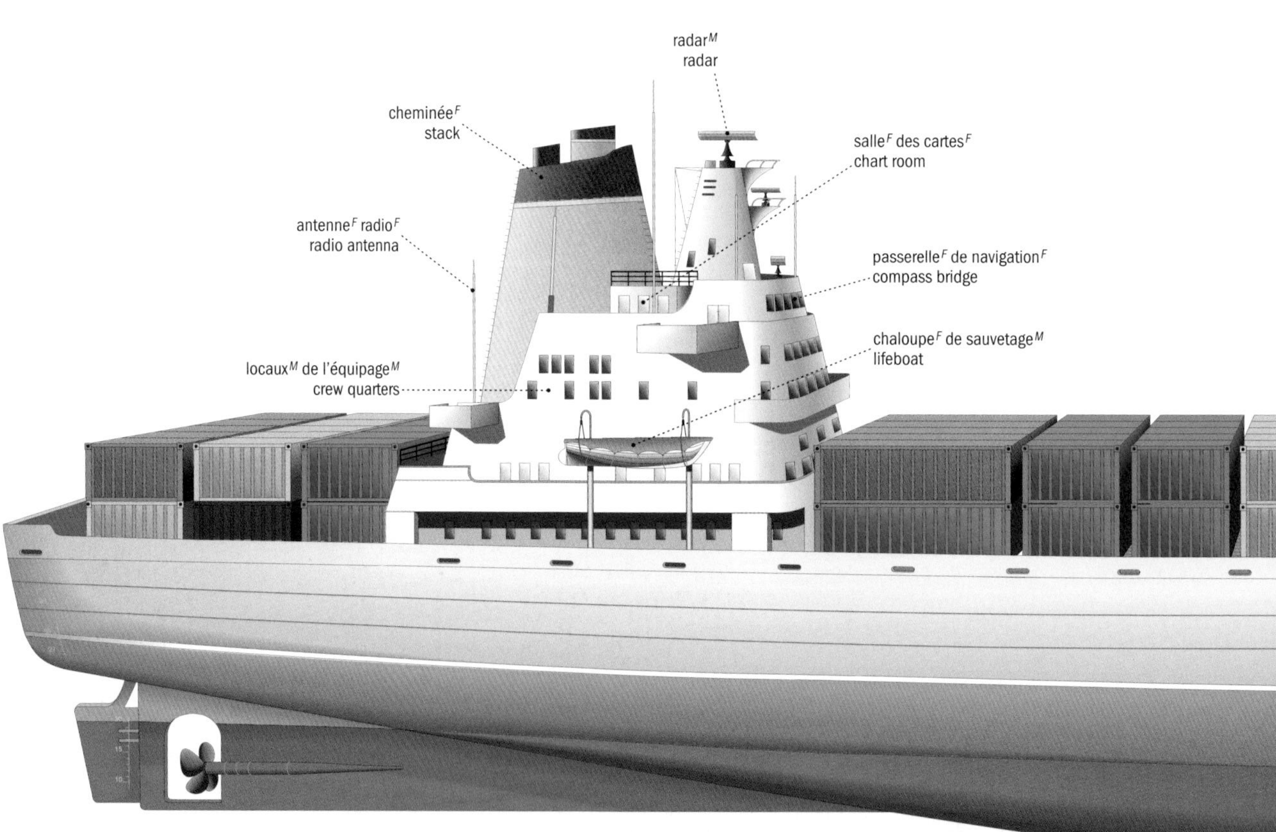
radar[M]
radar
cheminée[F]
stack
salle[F] des cartes[F]
chart room
antenne[F] radio[F]
radio antenna
passerelle[F] de navigation[F]
compass bridge
chaloupe[F] de sauvetage[M]
lifeboat
locaux[M] de l'équipage[M]
crew quarters

exemples[M] de bateaux[M] et d'embarcations[F]

aéroglisseur[M]
hovercraft

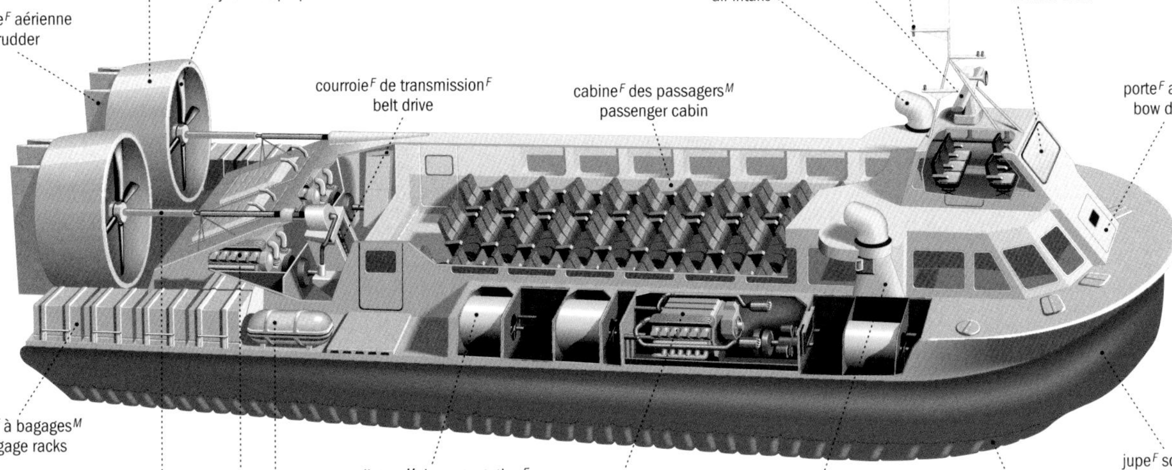

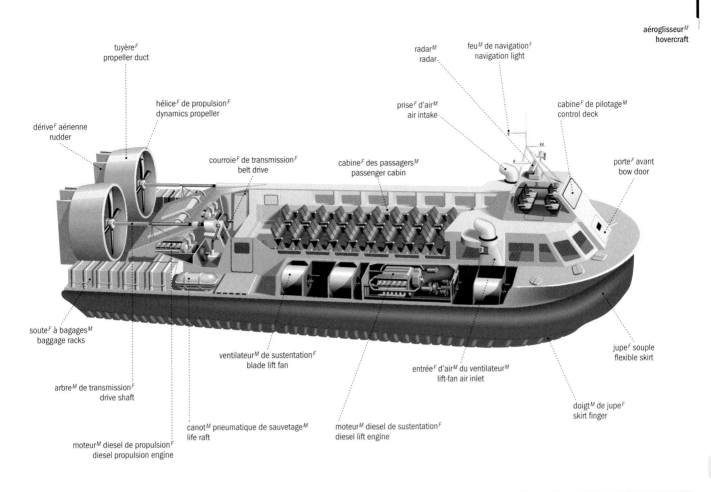

tuyère[F]
propeller duct

radar[M]
radar

feu[M] de navigation[F]
navigation light

hélice[F] de propulsion[F]
dynamics propeller

prise[F] d'air[M]
air intake

cabine[F] de pilotage[M]
control deck

dérive[F] aérienne
rudder

courroie[F] de transmission[F]
belt drive

cabine[F] des passagers[M]
passenger cabin

porte[F] avant
bow door

soute[F] à bagages[M]
baggage racks

ventilateur[M] de sustentation[F]
blade lift fan

entrée[F] d'air[M] du ventilateur[M]
lift-fan air inlet

jupe[F] souple
flexible skirt

arbre[M] de transmission[F]
drive shaft

doigt[M] de jupe[F]
skirt finger

canot[M] pneumatique de sauvetage[M]
life raft

moteur[M] diesel de sustentation[F]
diesel lift engine

moteur[M] diesel de propulsion[F]
diesel propulsion engine

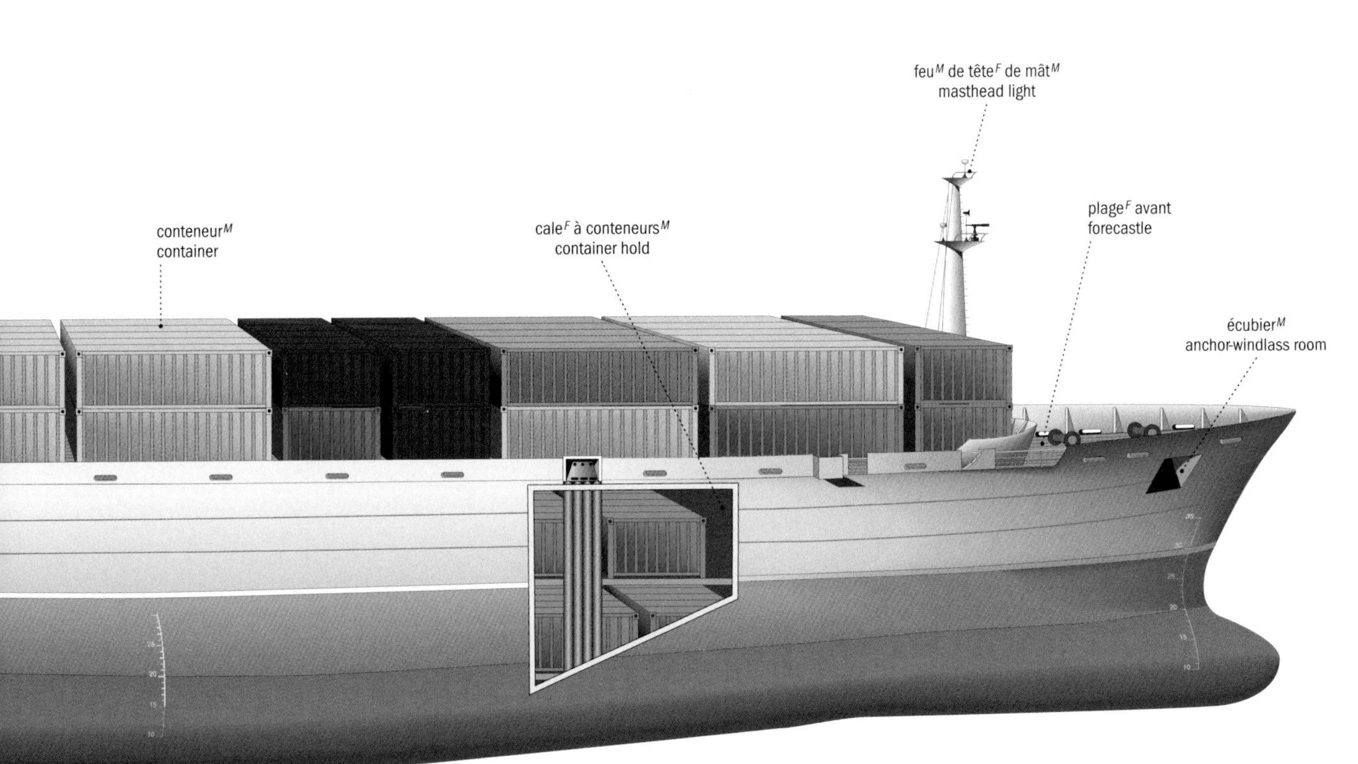
feu[M] de tête[F] de mât[M]
masthead light
plage[F] avant
forecastle
conteneur[M]
container
cale[F] à conteneurs[M]
container hold
écubier[M]
anchor-windlass room

exemples[M] de bateaux[M] et d'embarcations[F]

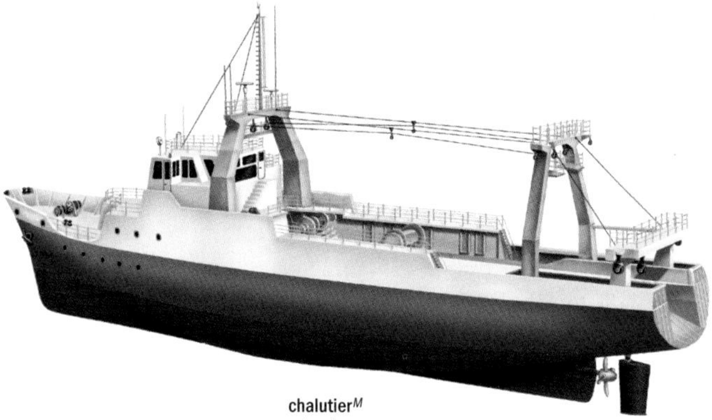

chalutier[M]
trawler

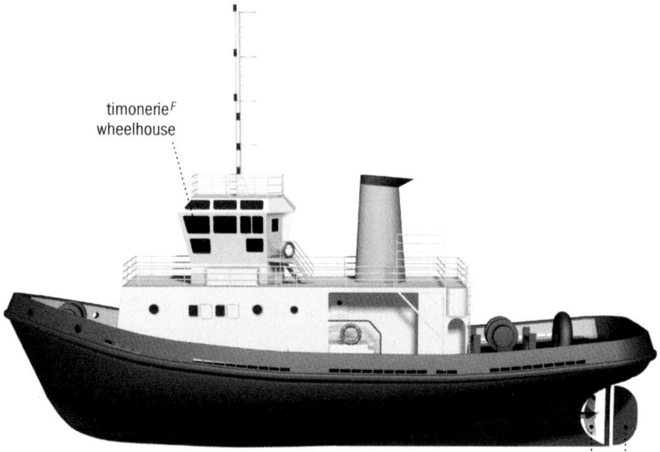

timonerie[F]
wheelhouse

remorqueur[M]
tug

hélice[F]
propeller

safran[M]
rudder blade

étrave[F]
stem

brise-glace[M]
ice breaker

hélice[F] d'étrave[F]
stem propeller

hélice[F] arrière
rear propeller

pétrolier[M]
tanker

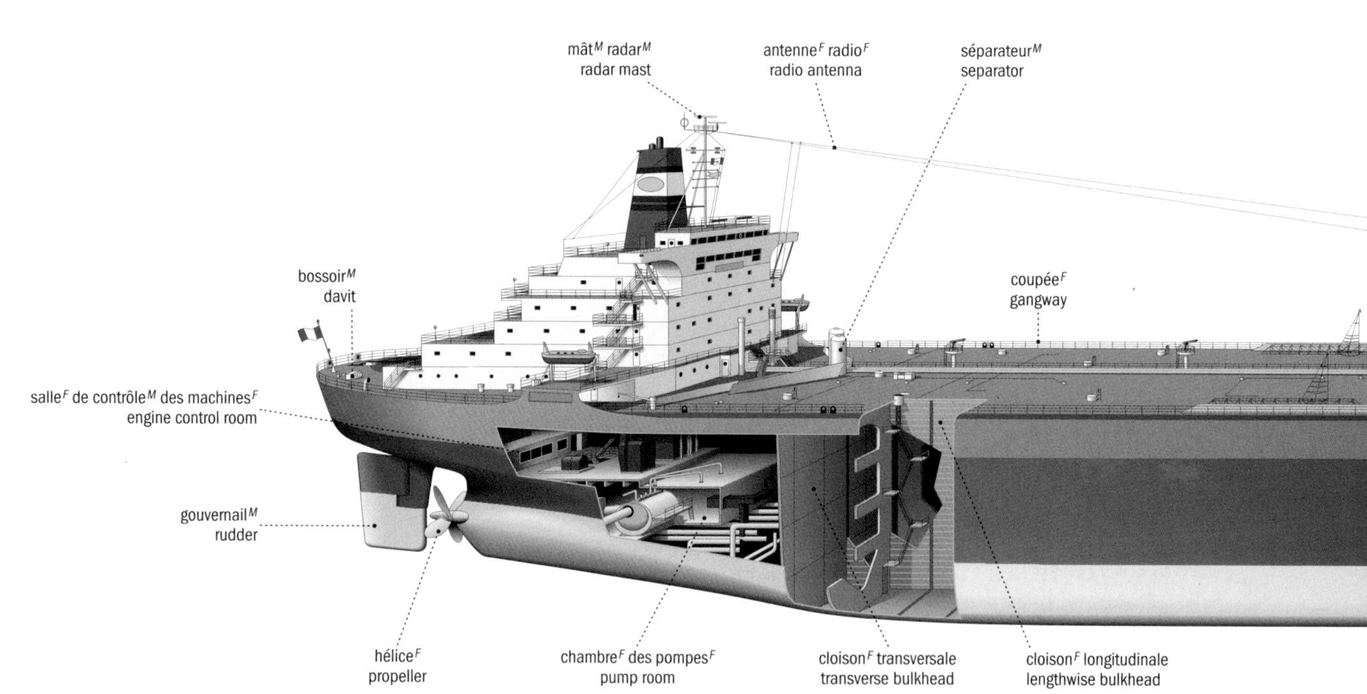
mât[M] radar[M]
radar mast
antenne[F] radio[F]
radio antenna
séparateur[M]
separator
bossoir[M]
davit
coupée[F]
gangway
salle[F] de contrôle[M] des machines[F]
engine control room
gouvernail[M]
rudder
hélice[F]
propeller
chambre[F] des pompes[F]
pump room
cloison[F] transversale
transverse bulkhead
cloison[F] longitudinale
lengthwise bulkhead

cabine[F] de pilotage[M]
pilot house

passavant[M]
fore and aft passage

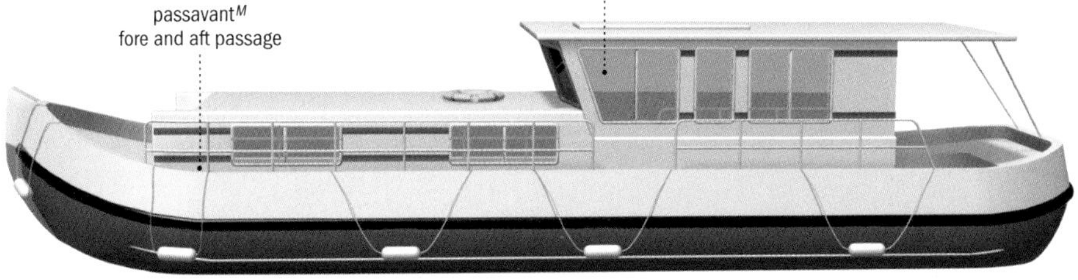

caravane[F] flottante
houseboat

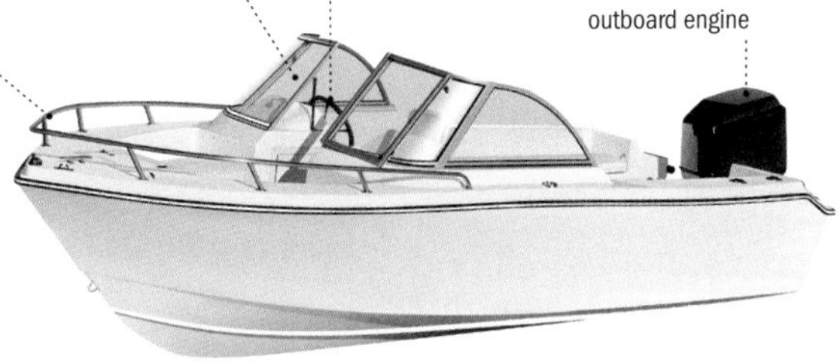

volant[M]
steering wheel

pare-brise[M]
windshield

moteur[M] hors-bord
outboard engine

main[F] courante
handrail

canot[M] automobile
runabout

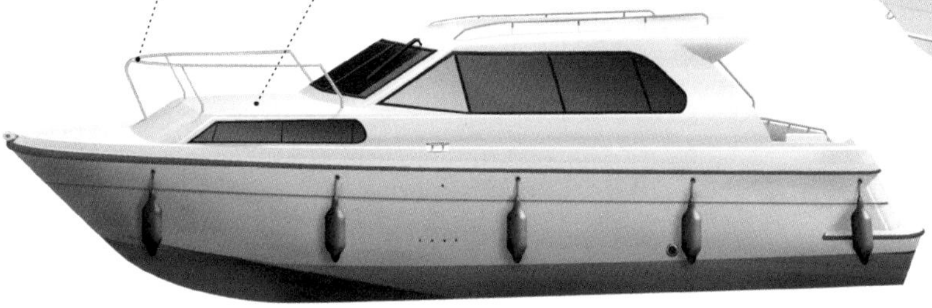

main[F] courante
handrail

solarium[M]
sun deck

yacht[M] à moteur[M]
motor yacht

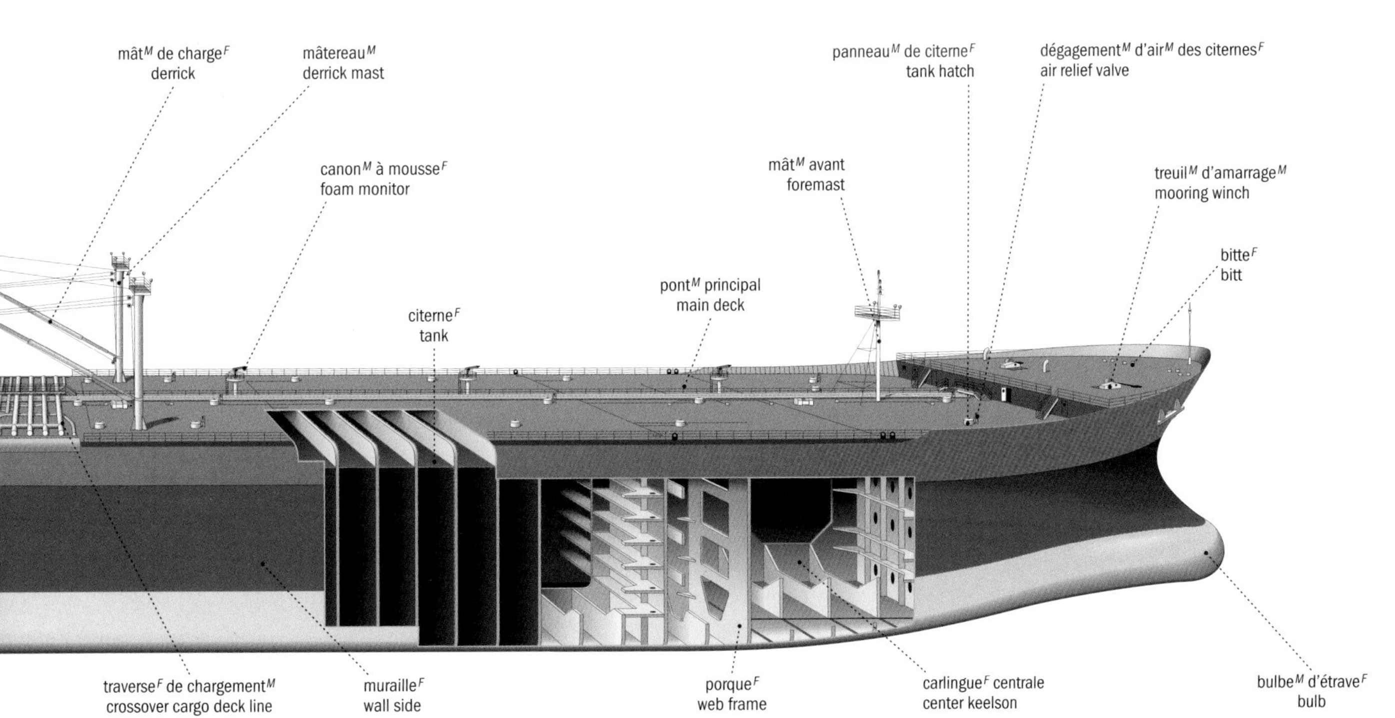
mât[M] de charge[F]
derrick
mâtereau[M]
derrick mast
canon[M] à mousse[F]
foam monitor
citerne[F]
tank
pont[M] principal
main deck
mât[M] avant
foremast
panneau[M] de citerne[F]
tank hatch
dégagement[M] d'air[M] des citernes[F]
air relief valve
treuil[M] d'amarrage[M]
mooring winch
bitte[F]
bitt
traverse[F] de chargement[M]
crossover cargo deck line
muraille[F]
wall side
porque[F]
web frame
carlingue[F] centrale
center keelson
bulbe[M] d'étrave[F]
bulb

exemples[M] de bateaux[M] et d'embarcations[F]

transbordeur[M]
ferry

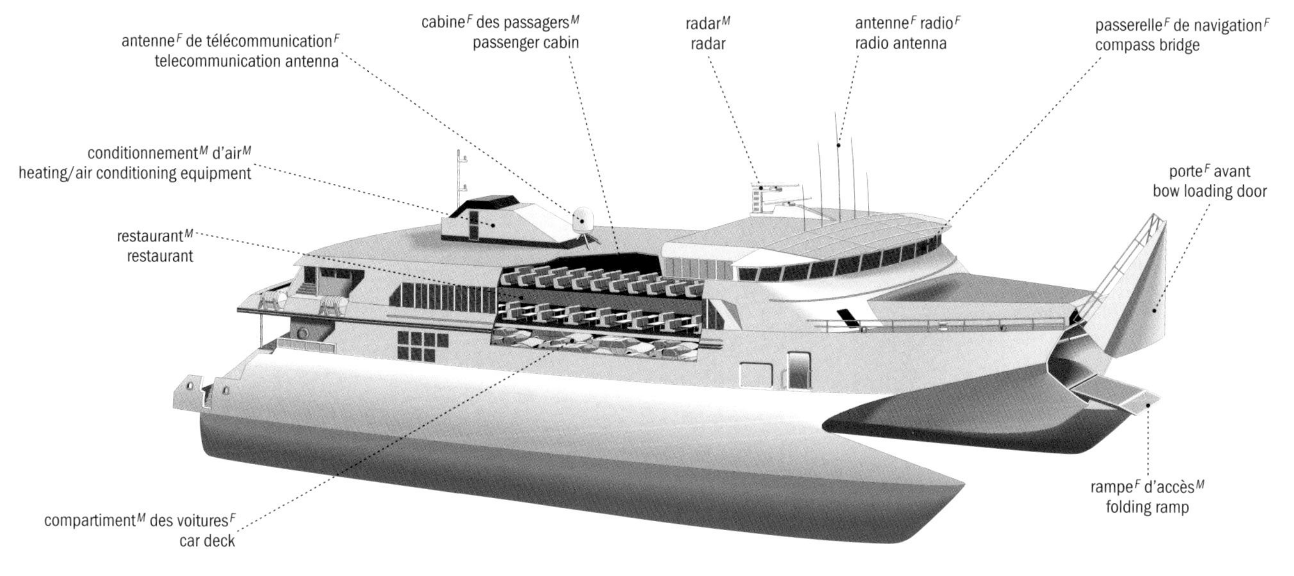
antenne[F] de télécommunication[F]
telecommunication antenna
cabine[F] des passagers[M]
passenger cabin
radar[M]
radar
antenne[F] radio[F]
radio antenna
passerelle[F] de navigation[F]
compass bridge
conditionnement[M] d'air[M]
heating/air conditioning equipment
porte[F] avant
bow loading door
restaurant[M]
restaurant
rampe[F] d'accès[M]
folding ramp
compartiment[M] des voitures[F]
car deck

paquebot[M]
passenger liner

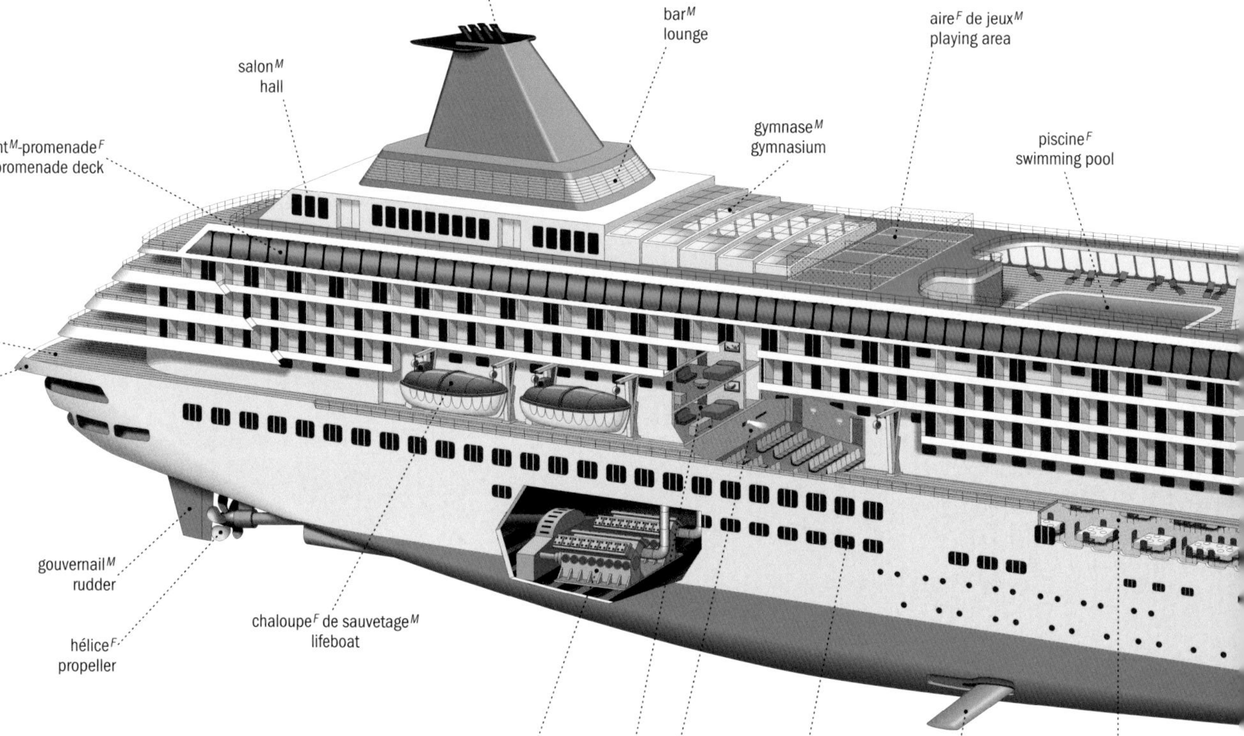

cheminée[F] antisuie
funnel

bar[M]
lounge

aire[F] de jeux[M]
playing area

salon[M]
hall

gymnase[M]
gymnasium

piscine[F]
swimming pool

pont[M]-promenade[F]
promenade deck

plage[F] arrière
quarter-deck

poupe[F]
stern

gouvernail[M]
rudder

hélice[F]
propeller

chaloupe[F] de sauvetage[M]
lifeboat

salle[F] des machines[F]
engine room

hublot[M]
porthole

salle[F] à manger
dining room

cabine[F]
cabin

cinéma[M]
movie theater

stabilisateur[M] de roulis[M]
stabilizer fin

exemples[M] de bateaux[M] et d'embarcations[F]

hydroptère[M]
hydrofoil boat

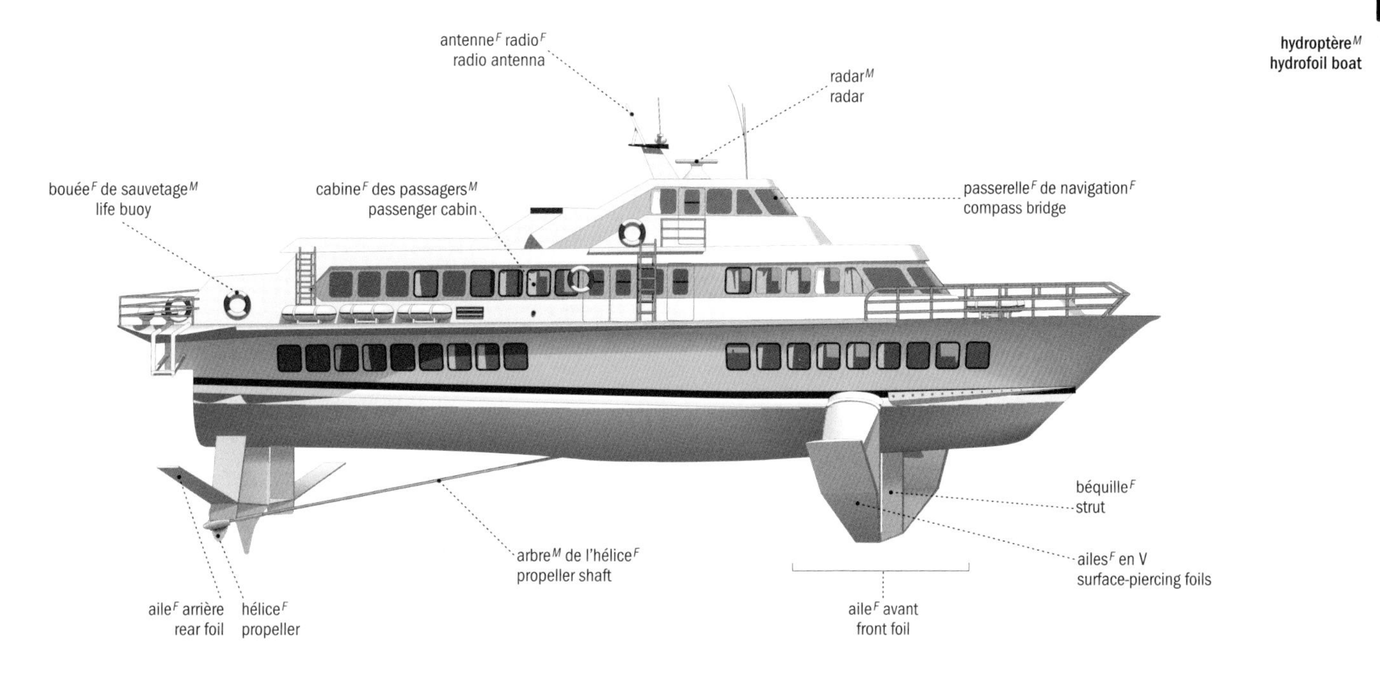
antenne[F] radio[F]
radio antenna
radar[M]
radar
bouée[F] de sauvetage[M]
life buoy
cabine[F] des passagers[M]
passenger cabin
passerelle[F] de navigation[F]
compass bridge
béquille[F]
strut
arbre[M] de l'hélice[F]
propeller shaft
ailes[F] en V
surface-piercing foils
aile[F] arrière
rear foil
hélice[F]
propeller
aile[F] avant
front foil

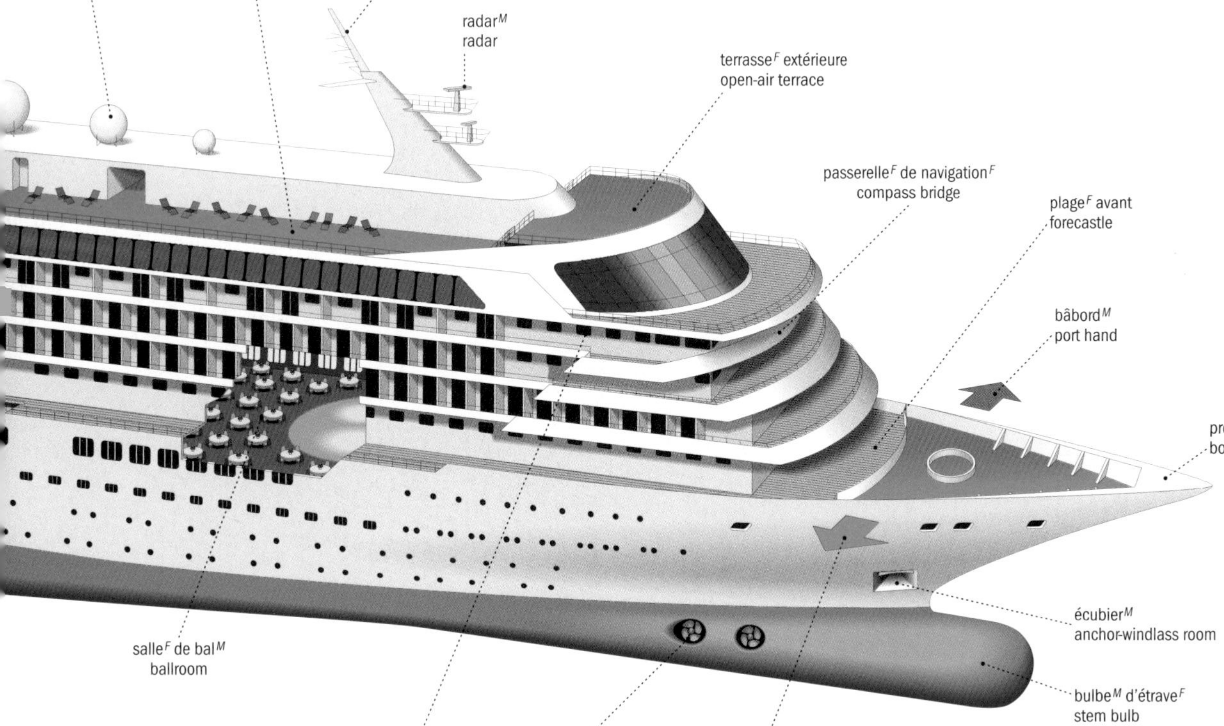

antenne[F] de télécommunication[F]
telecommunication antenna

antenne[F] radio[F]
radio antenna

pont[M] bain[M] de soleil[M]
sundeck

radar[M]
radar

terrasse[F] extérieure
open-air terrace

passerelle[F] de navigation[F]
compass bridge

plage[F] avant
forecastle

bâbord[M]
port hand

proue[F]
bow

écubier[M]
anchor-windlass room

salle[F] de bal[M]
ballroom

bulbe[M] d'étrave[F]
stem bulb

appartement[M] du commandant[M]
captain's quarters

propulseur[M] d'étrave[F]
bow thruster

tribord[M]
starboard hand

ancre[F]

anchor

ancre[F] de marine[F]
ship's anchor

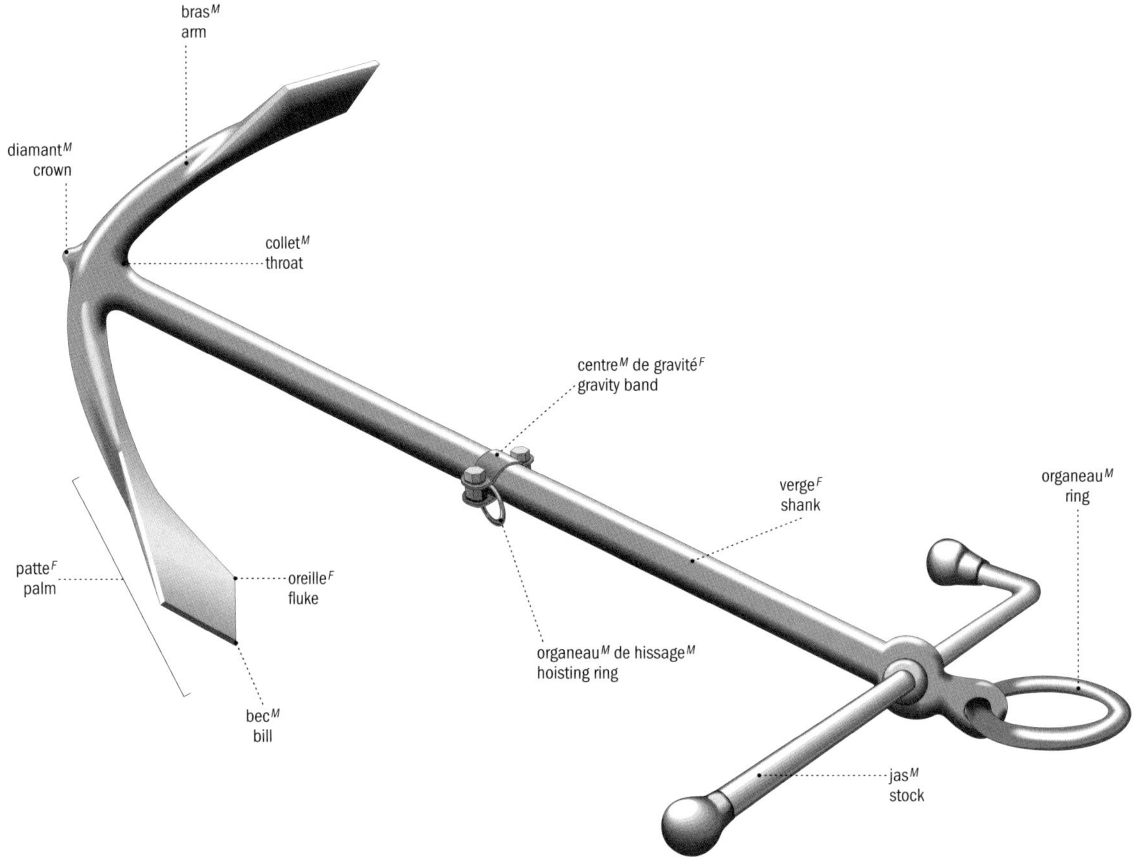

bras[M]
arm

diamant[M]
crown

collet[M]
throat

centre[M] de gravité[F]
gravity band

verge[F]
shank

organeau[M]
ring

patte[F]
palm

oreille[F]
fluke

organeau[M] de hissage[M]
hoisting ring

bec[M]
bill

jas[M]
stock

exemples[M] d'ancres[F]
examples of anchors

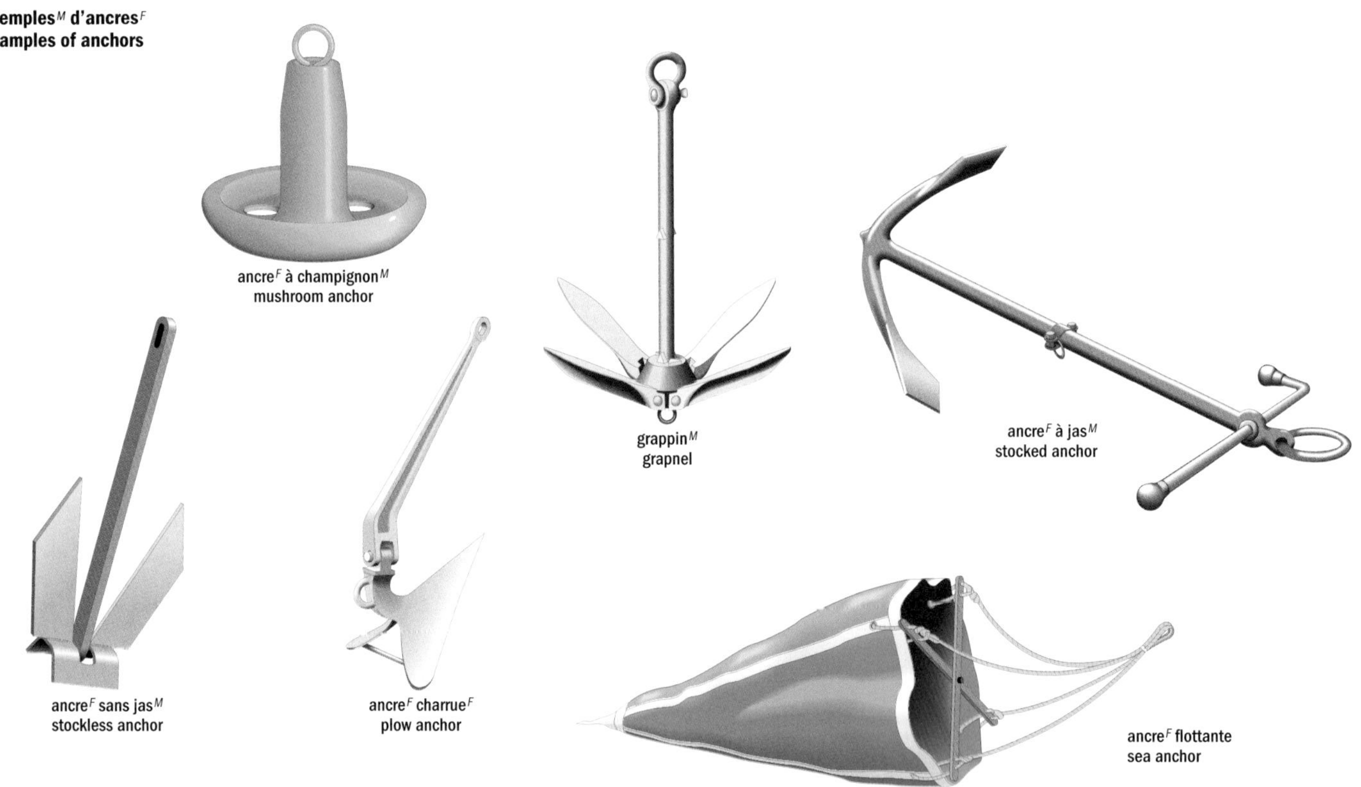

ancre[F] à champignon[M]
mushroom anchor

grappin[M]
grapnel

ancre[F] à jas[M]
stocked anchor

ancre[F] sans jas[M]
stockless anchor

ancre[F] charrue[F]
plow anchor

ancre[F] flottante
sea anchor

équipement^M de sauvetage^M

life-saving equipment

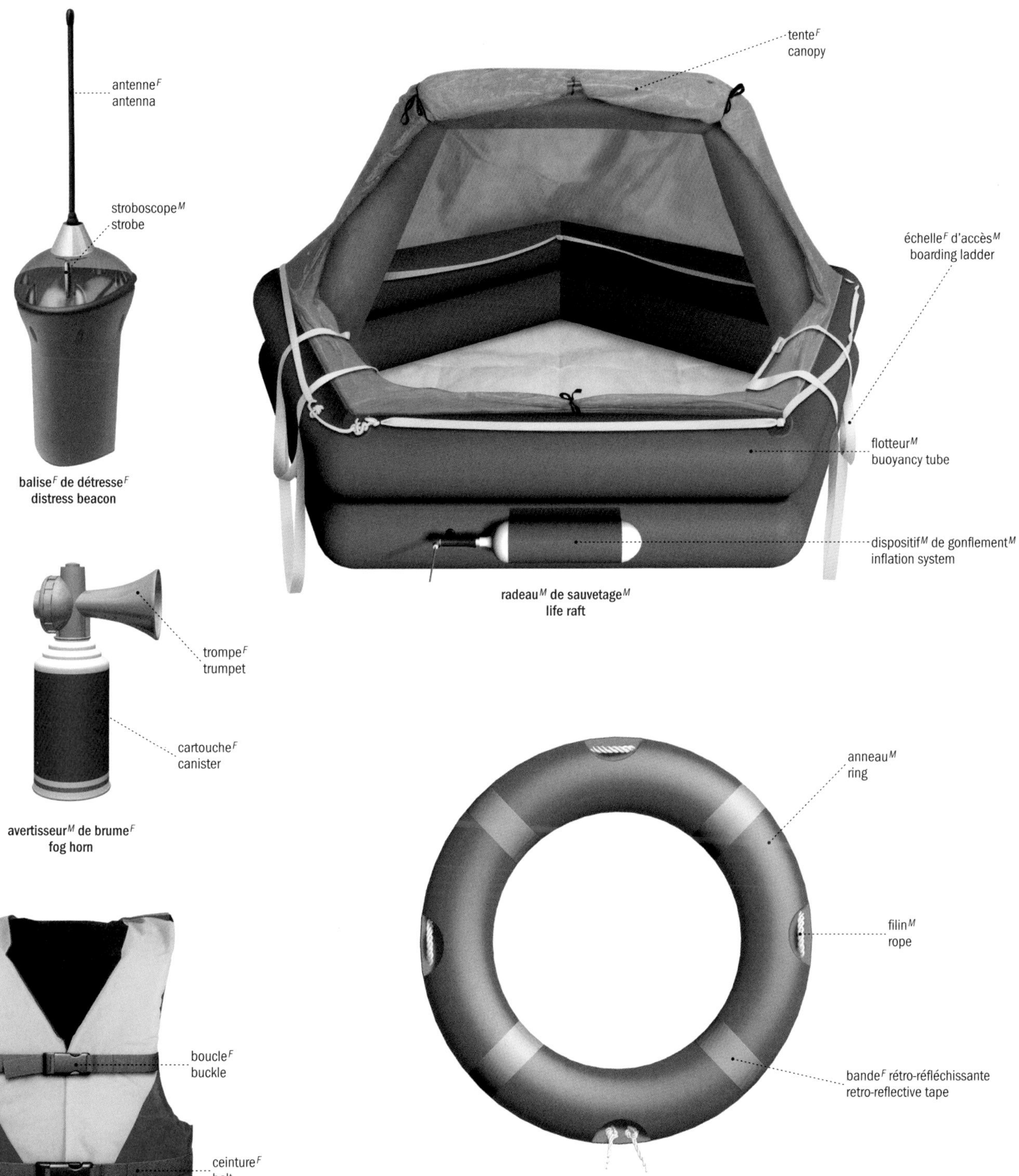

antenne^F
antenna
stroboscope^M
strobe
tente^F
canopy
échelle^F d'accès^M
boarding ladder
flotteur^M
buoyancy tube
dispositif^M de gonflement^M
inflation system
trompe^F
trumpet
cartouche^F
canister
anneau^M
ring
filin^M
rope
bande^F rétro-réfléchissante
retro-reflective tape
boucle^F
buckle
ceinture^F
belt
sangle^F sous-cutale
leg strap
manche^M
handle
crochet^M
hook

balise^F de détresse^F
distress beacon

radeau^M de sauvetage^M
life raft

avertisseur^M de brume^F
fog horn

bouée^F de sauvetage^M
life buoy

gilet^M de sauvetage^M
life jacket

gaffe^F
boat hook

appareils[M] de navigation[F]

navigation devices

sextant[M]
sextant

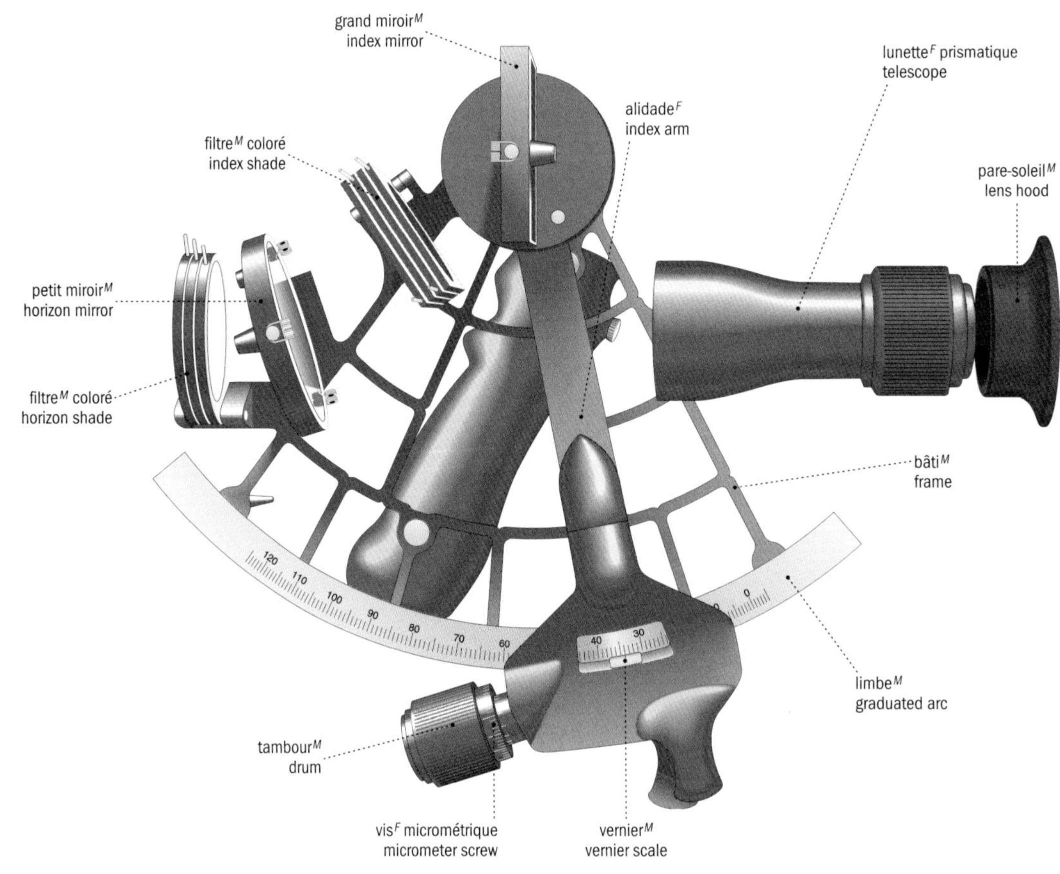
grand miroir[M]
index mirror
lunette[F] prismatique
telescope
alidade[F]
index arm
filtre[M] coloré
index shade
pare-soleil[M]
lens hood
petit miroir[M]
horizon mirror
filtre[M] coloré
horizon shade
bâti[M]
frame
limbe[M]
graduated arc
tambour[M]
drum
vis[F] micrométrique
micrometer screw
vernier[M]
vernier scale

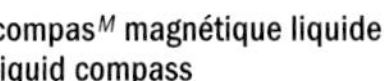

compas[M] magnétique liquide
liquid compass

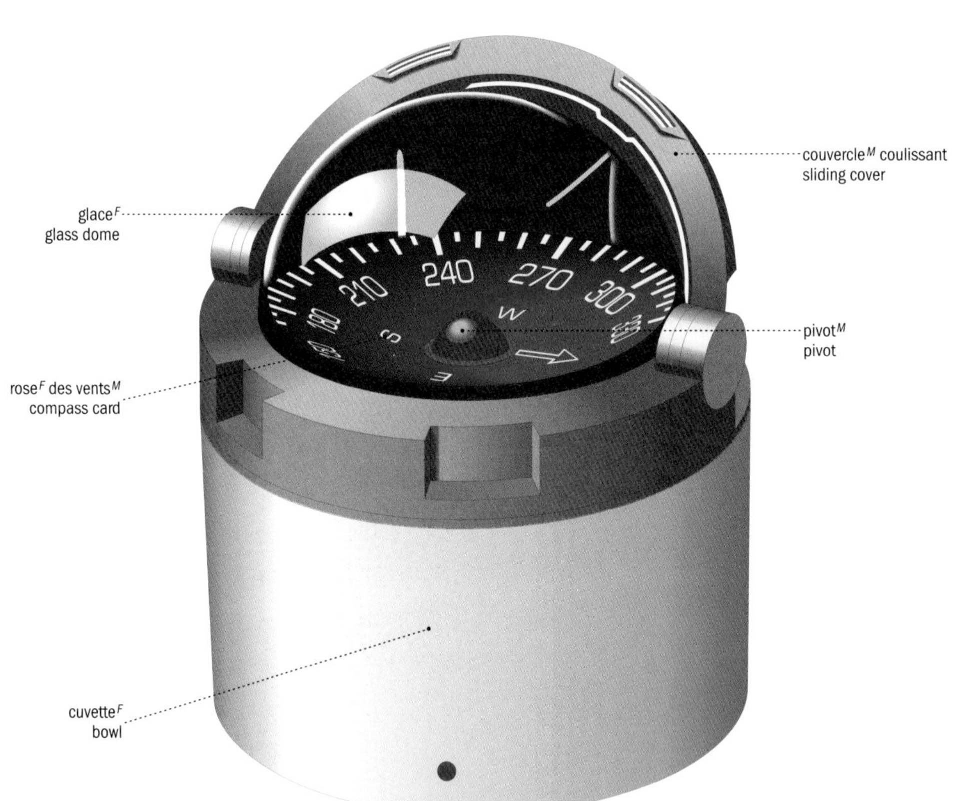
couvercle[M] coulissant
sliding cover
glace[F]
glass dome
pivot[M]
pivot
rose[F] des vents[M]
compass card
cuvette[F]
bowl

sondeur[M] à éclats[M]
echo sounder

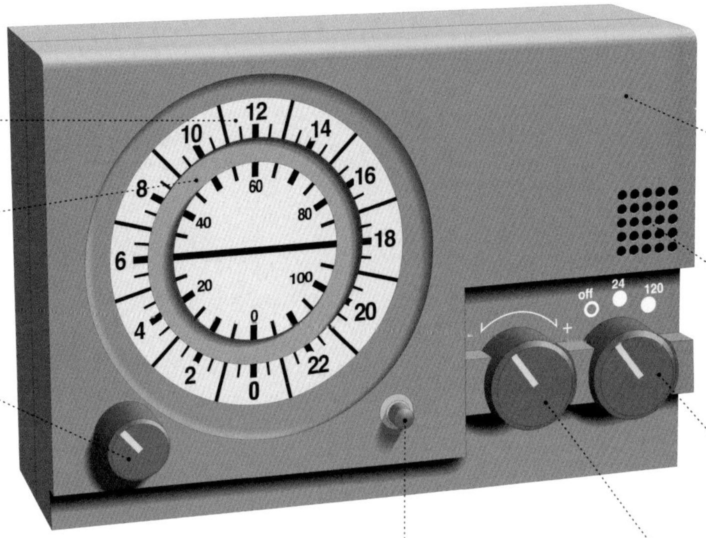

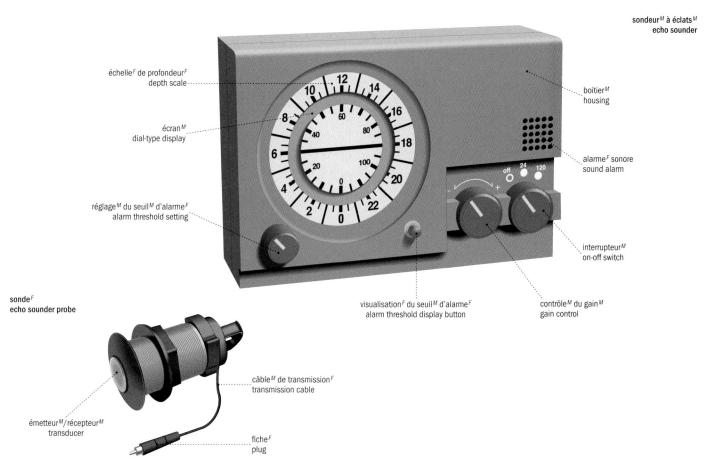

échelle[F] de profondeur[F]
depth scale

écran[M]
dial-type display

réglage[M] du seuil[M] d'alarme[F]
alarm threshold setting

boîtier[M]
housing

alarme[F] sonore
sound alarm

interrupteur[M]
on-off switch

visualisation[F] du seuil[M] d'alarme[F]
alarm threshold display button

contrôle[M] du gain[M]
gain control

sonde[F]
echo sounder probe

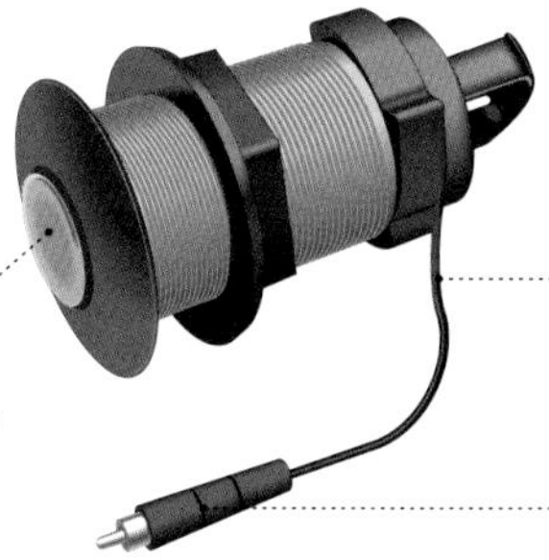

câble[M] de transmission[F]
transmission cable

émetteur[M]/récepteur[M]
transducer

fiche[F]
plug

traceur[M] de route[F]
satellite navigation system

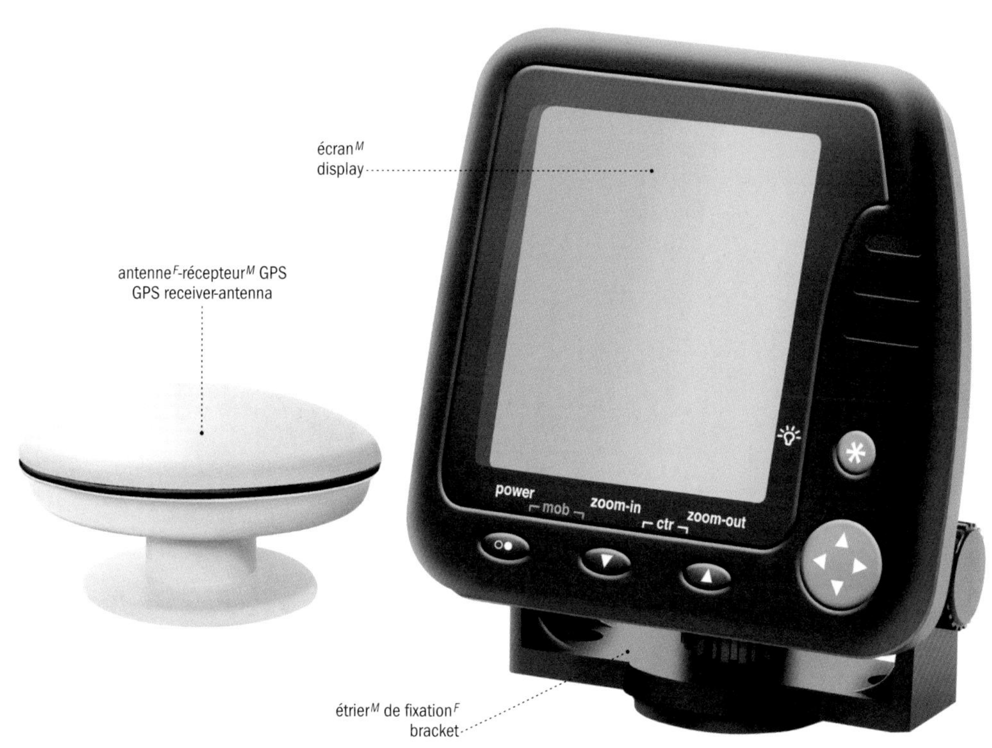
écran[M]
display
antenne[F]-récepteur[M] GPS
GPS receiver-antenna
power
mob
zoom-in
ctr
zoom-out
étrier[M] de fixation[F]
bracket

TRANSPORT ET MACHINERIE

signalisation^F maritime

maritime signals

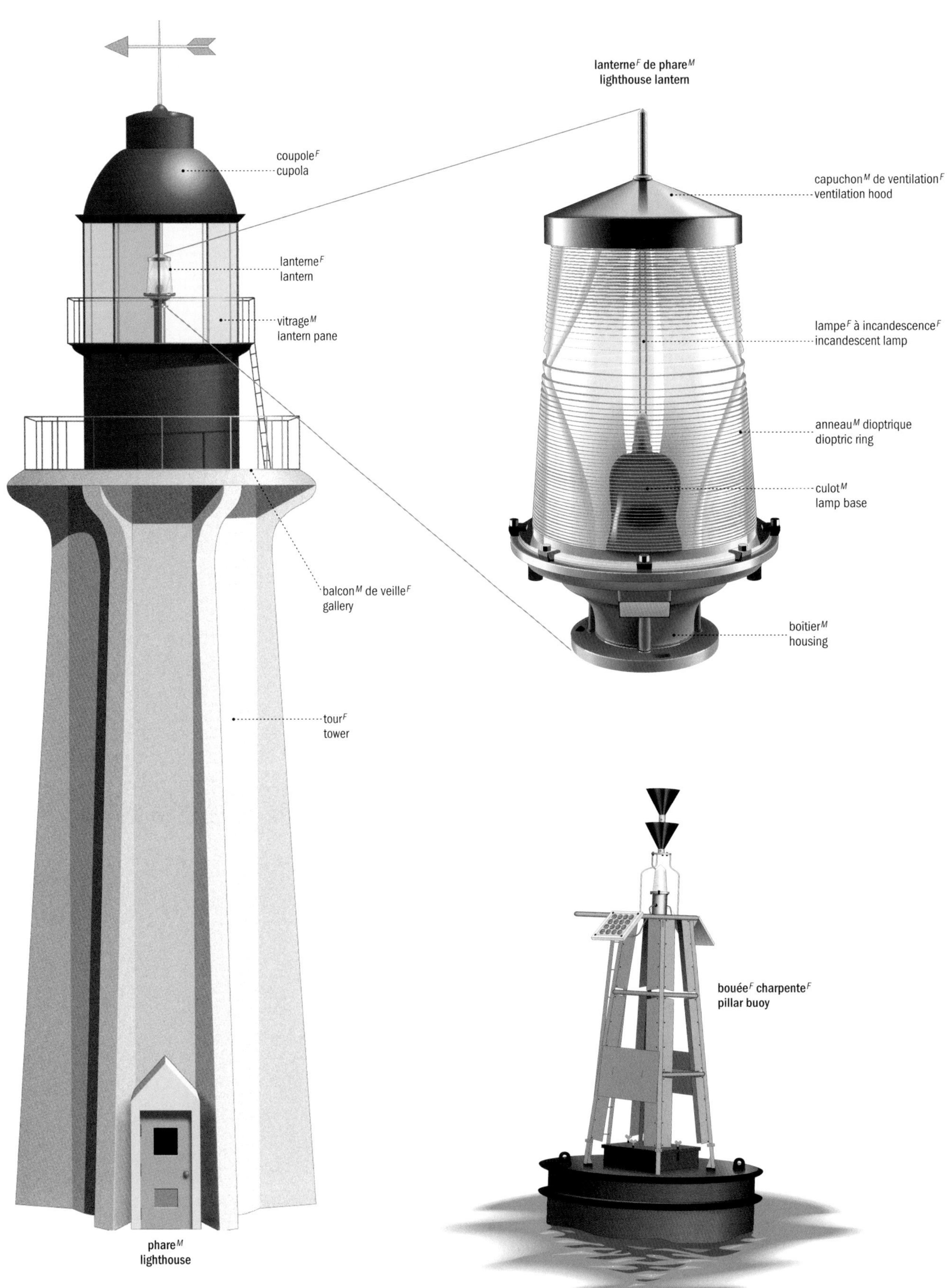
coupole^F
cupola
lanterne^F
lantern
vitrage^M
lantern pane
balcon^M de veille^F
gallery
tour^F
tower
phare^M
lighthouse
lanterne^F de phare^M
lighthouse lantern
capuchon^M de ventilation^F
ventilation hood
lampe^F à incandescence^F
incandescent lamp
anneau^M dioptrique
dioptric ring
culot^M
lamp base
boîtier^M
housing
bouée^F charpente^F
pillar buoy

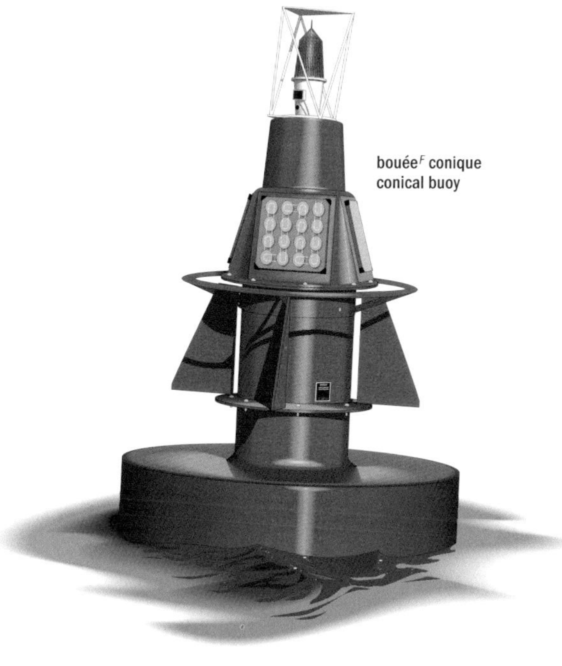
bouée^F conique
conical buoy

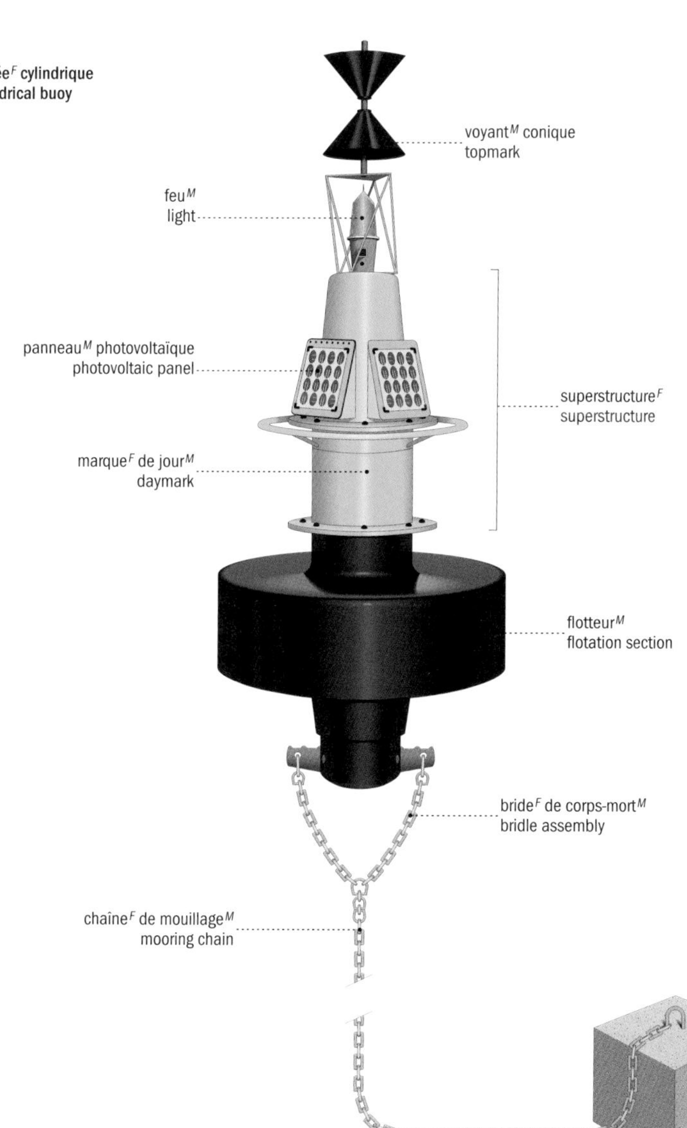
bouée^F cylindrique
cylindrical buoy
voyant^M conique
topmark
feu^M
light
panneau^M photovoltaïque
photovoltaic panel
superstructure^F
superstructure
marque^F de jour^M
daymark
flotteur^M
flotation section
bride^F de corps-mort^M
bridle assembly
chaîne^F de mouillage^M
mooring chain
corps-mort^M
sinker

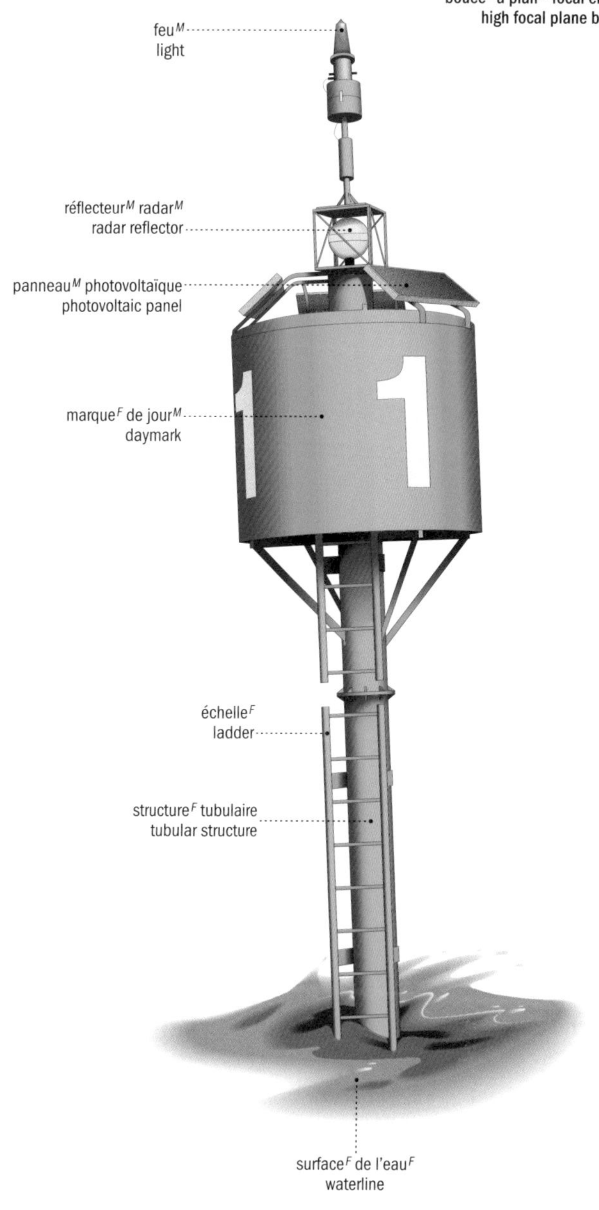
bouée^F à plan^M focal élevé
high focal plane buoy
feu^M
light
réflecteur^M radar^M
radar reflector
panneau^M photovoltaïque
photovoltaic panel
marque^F de jour^M
daymark
1
échelle^F
ladder
structure^F tubulaire
tubular structure
surface^F de l'eau^F
waterline

système^M de balisage^M maritime

maritime buoyage system

marques^F cardinales
cardinal marks

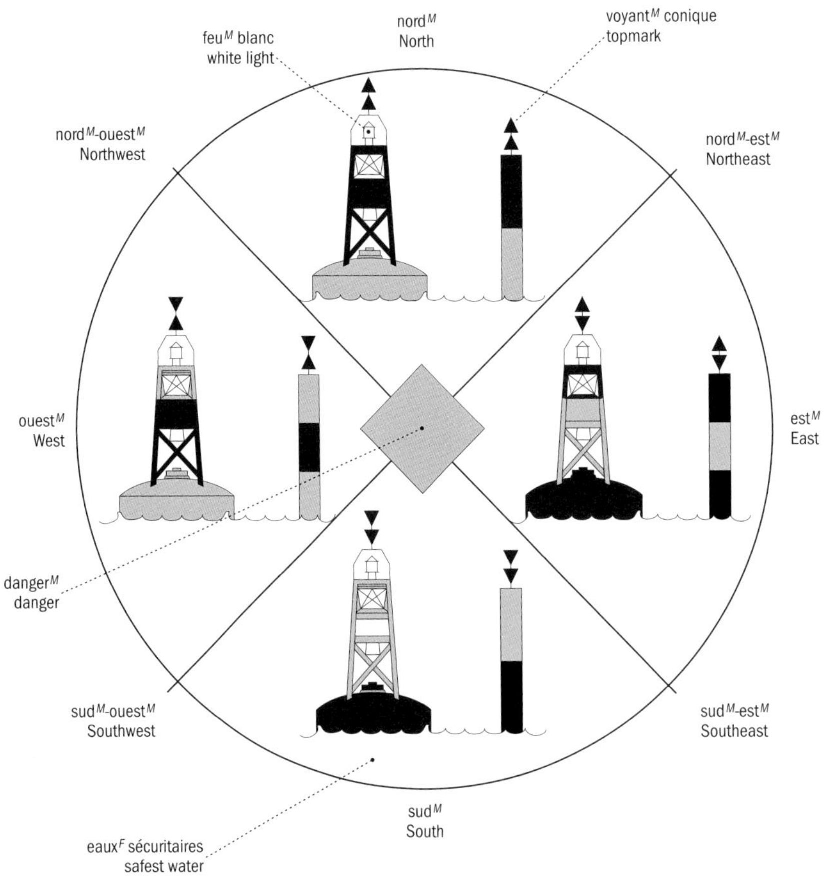
feu^M blanc
white light
nord^M
North
voyant^M conique
topmark
nord^M-ouest^M
Northwest
nord^M-est^M
Northeast
ouest^M
West
est^M
East
danger^M
danger
sud^M-ouest^M
Southwest
sud^M-est^M
Southeast
sud^M
South
eaux^F sécuritaires
safest water

régions^F de balisage^M
buoyage regions

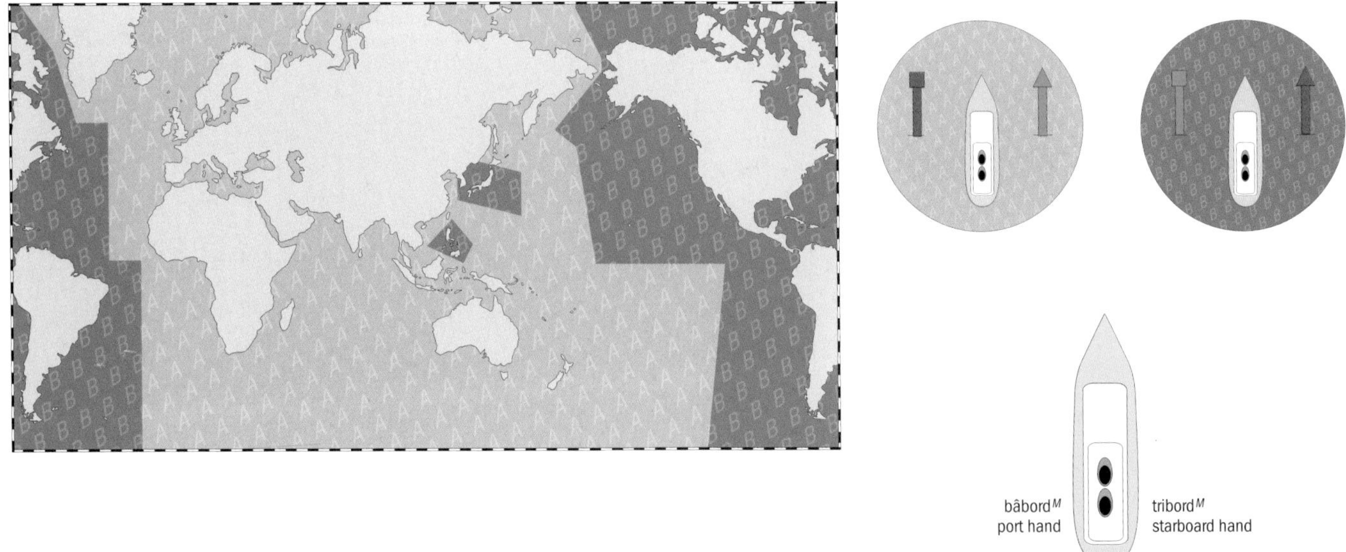
bâbord^M
port hand
tribord^M
starboard hand

systèmeᴹ de balisageᴹ maritime

rythmeᴹ des marquesᶠ de nuitᶠ
rhythm of marks by night

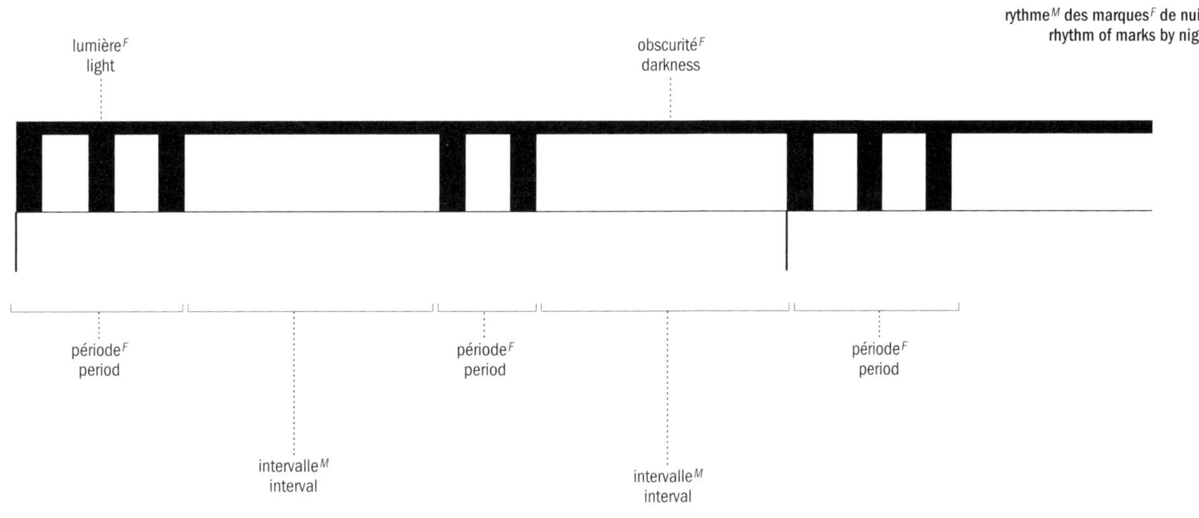
lumièreᶠ
light
obscuritéᶠ
darkness
périodeᶠ
period
intervalleᴹ
interval
périodeᶠ
period
intervalleᴹ
interval
périodeᶠ
period

marquesᶠ de jourᴹ (régionᶠ B)
daymarks (region B)

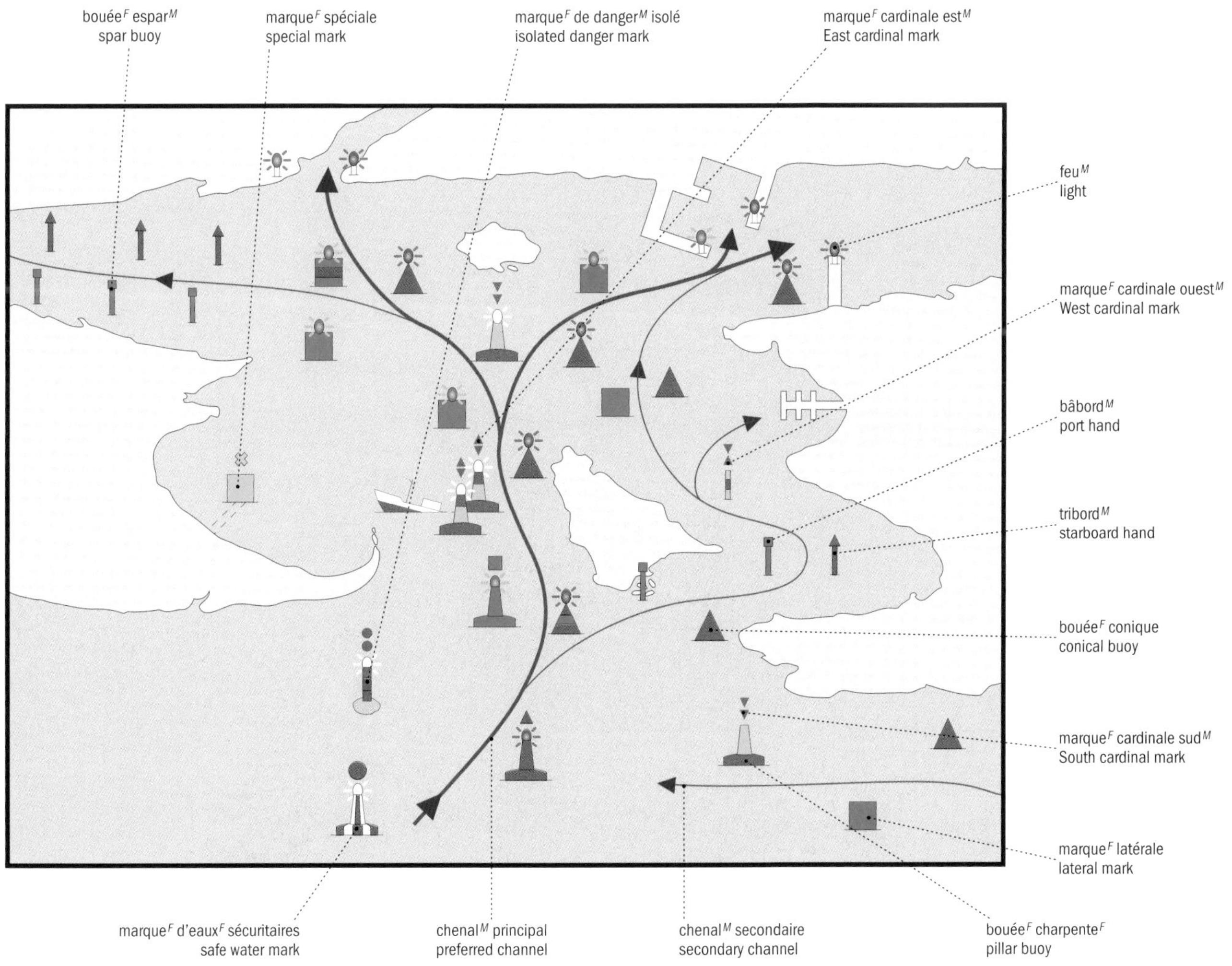

bouéeᶠ esparᴹ
spar buoy

marqueᶠ spéciale
special mark

marqueᶠ de dangerᴹ isolé
isolated danger mark

marqueᶠ cardinale estᴹ
East cardinal mark

feuᴹ
light

marqueᶠ cardinale ouestᴹ
West cardinal mark

bâbordᴹ
port hand

tribordᴹ
starboard hand

bouéeᶠ conique
conical buoy

marqueᶠ cardinale sudᴹ
South cardinal mark

marqueᶠ latérale
lateral mark

marqueᶠ d'eauxᶠ sécuritaires
safe water mark

chenalᴹ principal
preferred channel

chenalᴹ secondaire
secondary channel

bouéeᶠ charpenteᶠ
pillar buoy

aéroport[M]

airport

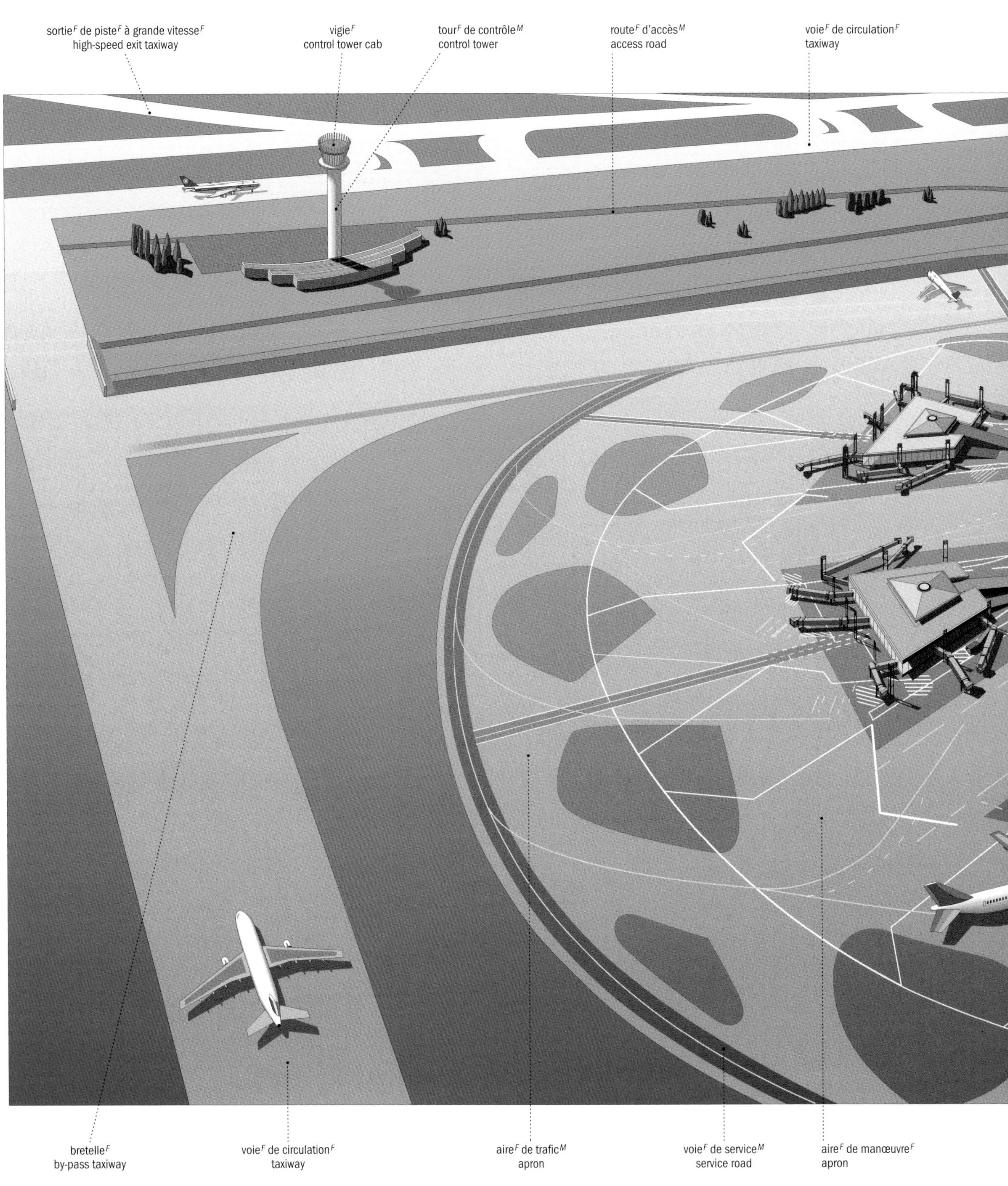
sortie[F] de piste[F] à grande vitesse[F]
high-speed exit taxiway
vigie[F]
control tower cab
tour[F] de contrôle[M]
control tower
route[F] d'accès[M]
access road
voie[F] de circulation[F]
taxiway
bretelle[F]
by-pass taxiway
voie[F] de circulation[F]
taxiway
aire[F] de trafic[M]
apron
voie[F] de service[M]
service road
aire[F] de manœuvre[F]
apron

aéroport[M]

aérogare[F] de passagers[M]
passenger terminal
hangar[M]
maintenance hangar
aire[F] de stationnement[M]
parking area
passerelle[F] télescopique
telescopic corridor
aire[F] de service[M]
service area
quai[M] d'embarquement[M]
boarding walkway
marques[F] de circulation[F]
taxiway line
aérogare[F] satellite[M]
radial passenger loading area

aéroport[M]

aérogare[F]
passenger terminal

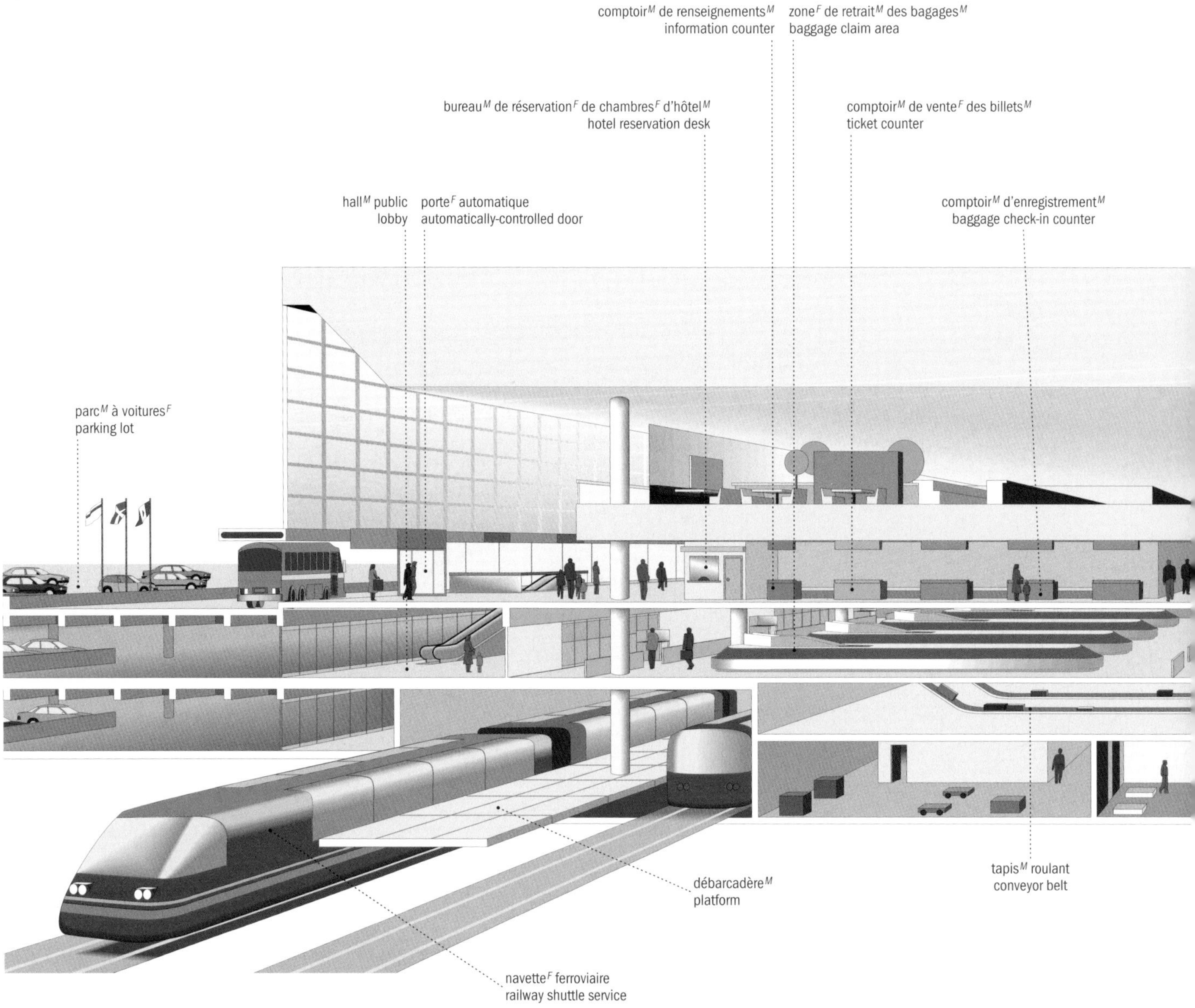

comptoir[M] de renseignements[M]
information counter

zone[F] de retrait[M] des bagages[M]
baggage claim area

bureau[M] de réservation[F] de chambres[F] d'hôtel[M]
hotel reservation desk

comptoir[M] de vente[F] des billets[M]
ticket counter

hall[M] public
lobby

porte[F] automatique
automatically-controlled door

comptoir[M] d'enregistrement[M]
baggage check-in counter

parc[M] à voitures[F]
parking lot

débarcadère[M]
platform

tapis[M] roulant
conveyor belt

navette[F] ferroviaire
railway shuttle service

piste[F]
runway

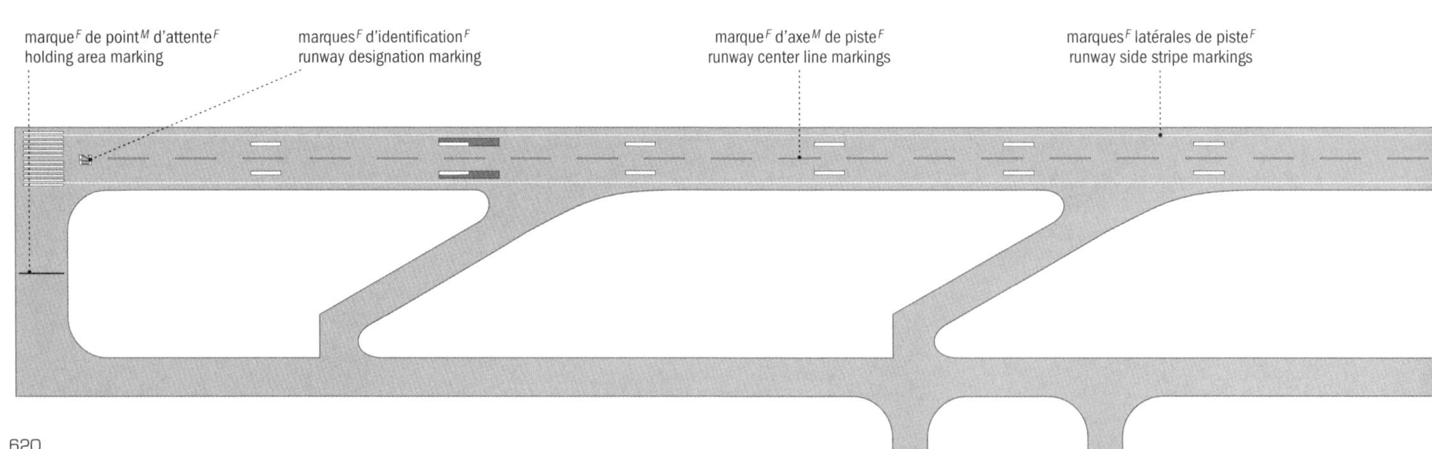
marque[F] de point[M] d'attente[F]
holding area marking
marques[F] d'identification[F]
runway designation marking
marque[F] d'axe[M] de piste[F]
runway center line markings
marques[F] latérales de piste[F]
runway side stripe markings

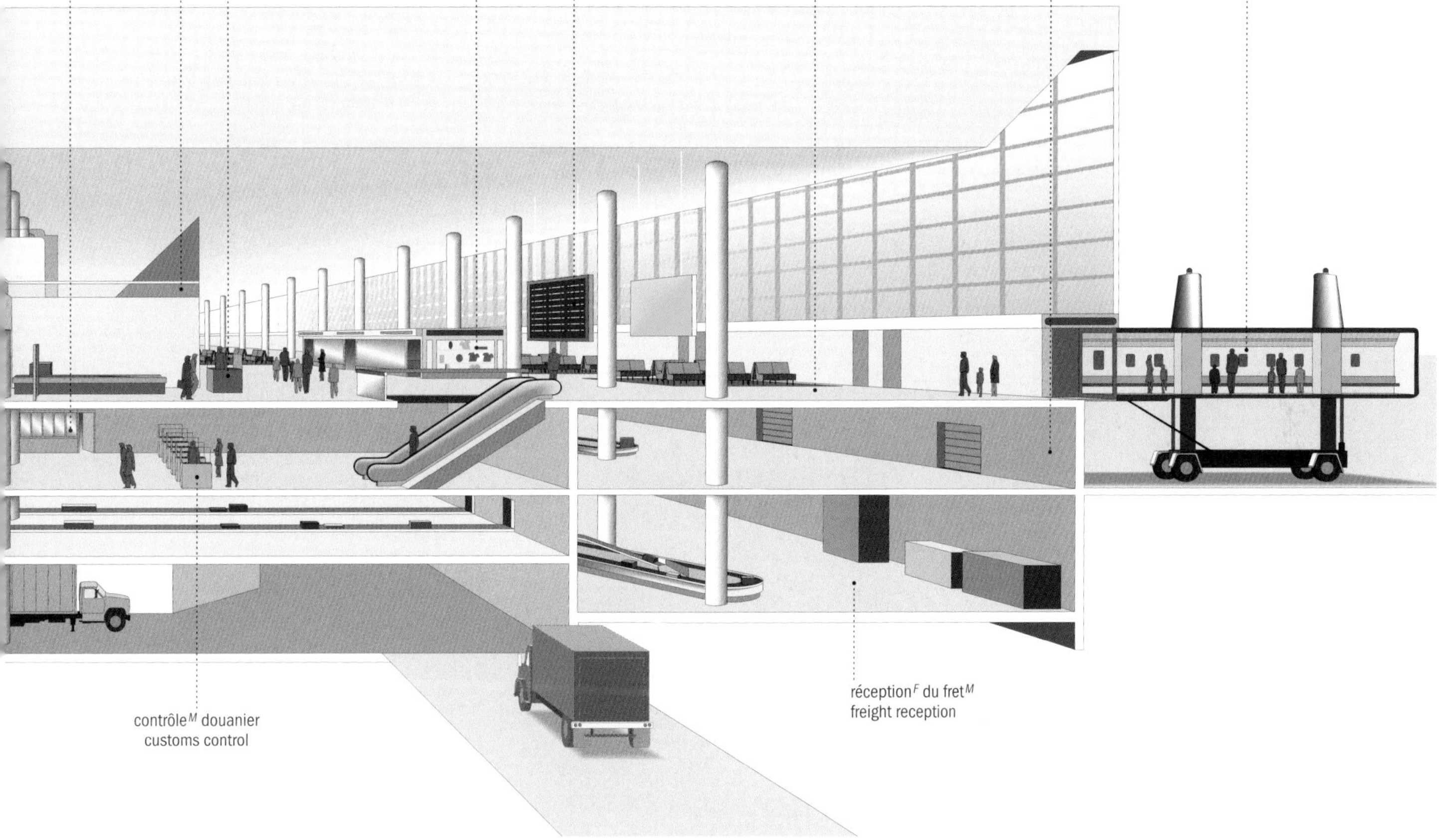

contrôle[M] de sécurité[F]
security check

boutique[F] hors taxe[F]
duty-free shop

terrasse[F]
observation deck

tableau[M] d'affichage[M] des vols[M]
flight information board

expédition[F] du fret[M]
freight expedition

contrôle[M] des passeports[M]
passport control

salle[F] d'embarquement[M]
boarding room

transbordeur[M]
passenger transfer vehicle

réception[F] du fret[M]
freight reception

contrôle[M] douanier
customs control

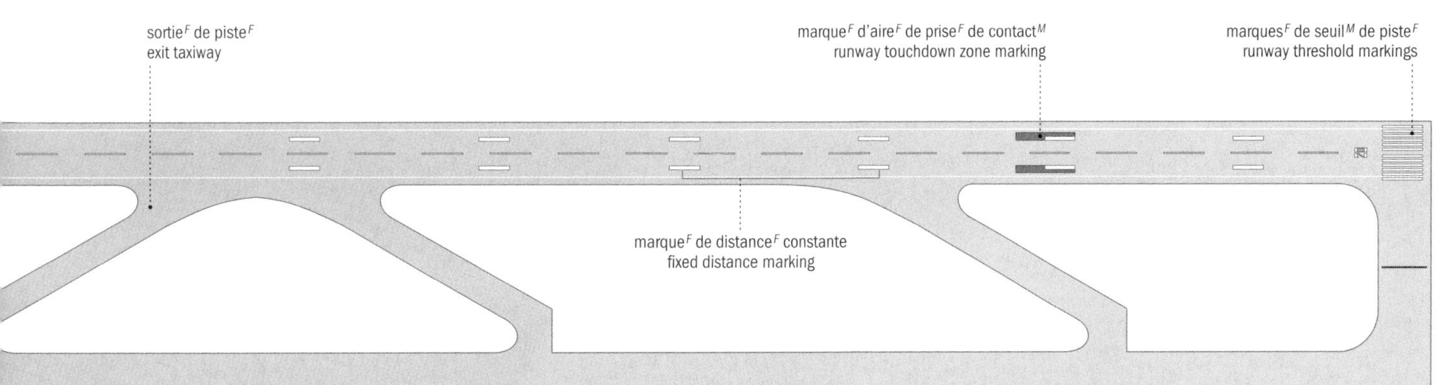
sortie[F] de piste[F]
exit taxiway
marque[F] d'aire[F] de prise[F] de contact[M]
runway touchdown zone marking
marques[F] de seuil[M] de piste[F]
runway threshold markings
marque[F] de distance[F] constante
fixed distance marking

aéroport[M]

équipements[M] aéroportuaires
ground airport equipment

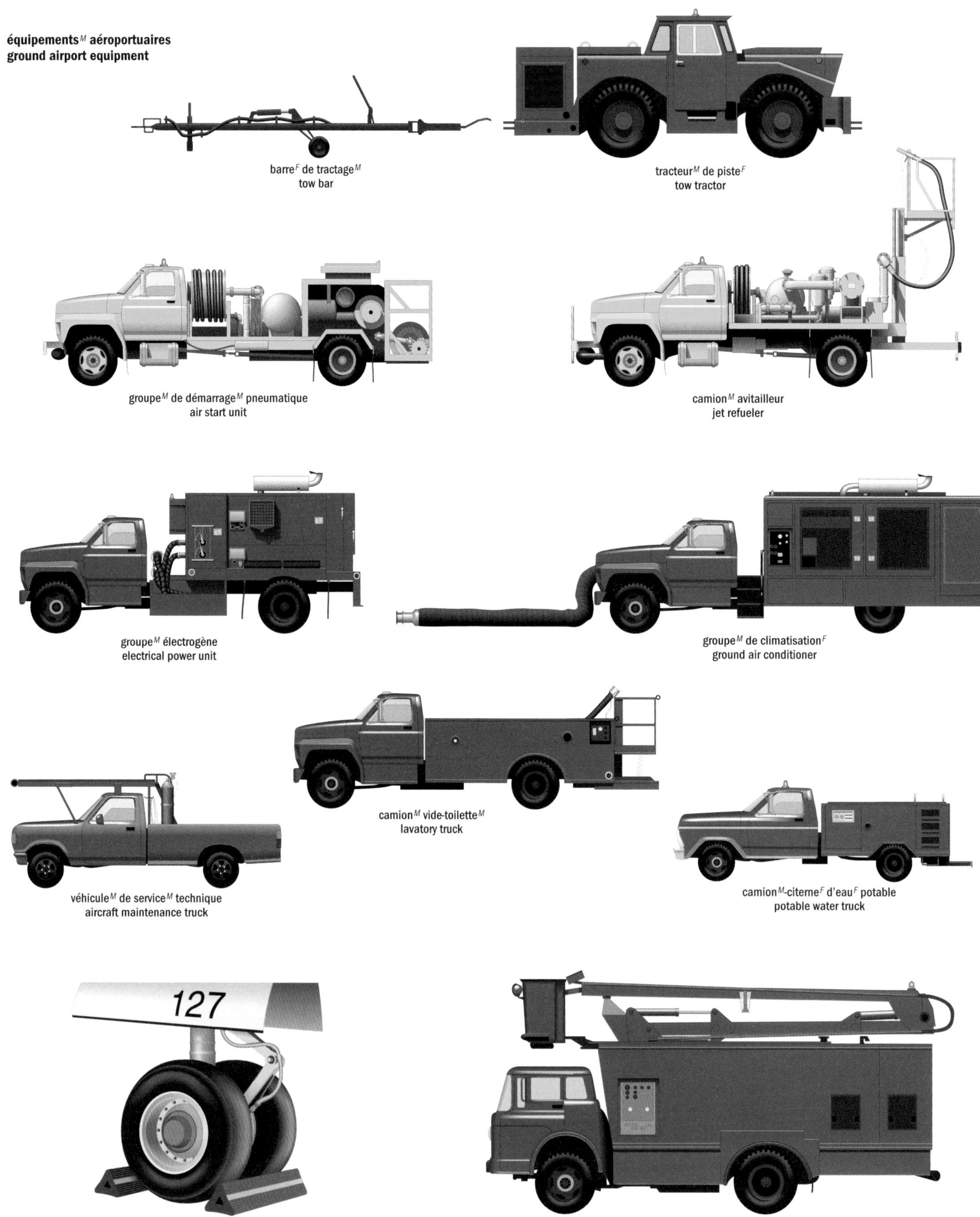
127

barre[F] de tractage[M]
tow bar

tracteur[M] de piste[F]
tow tractor

groupe[M] de démarrage[M] pneumatique
air start unit

camion[M] avitailleur
jet refueler

groupe[M] électrogène
electrical power unit

groupe[M] de climatisation[F]
ground air conditioner

camion[M] vide-toilette[M]
lavatory truck

véhicule[M] de service[M] technique
aircraft maintenance truck

camion[M]-citerne[F] d'eau[F] potable
potable water truck

cale[F]
wheel chock

nacelle[F] élévatrice
boom truck

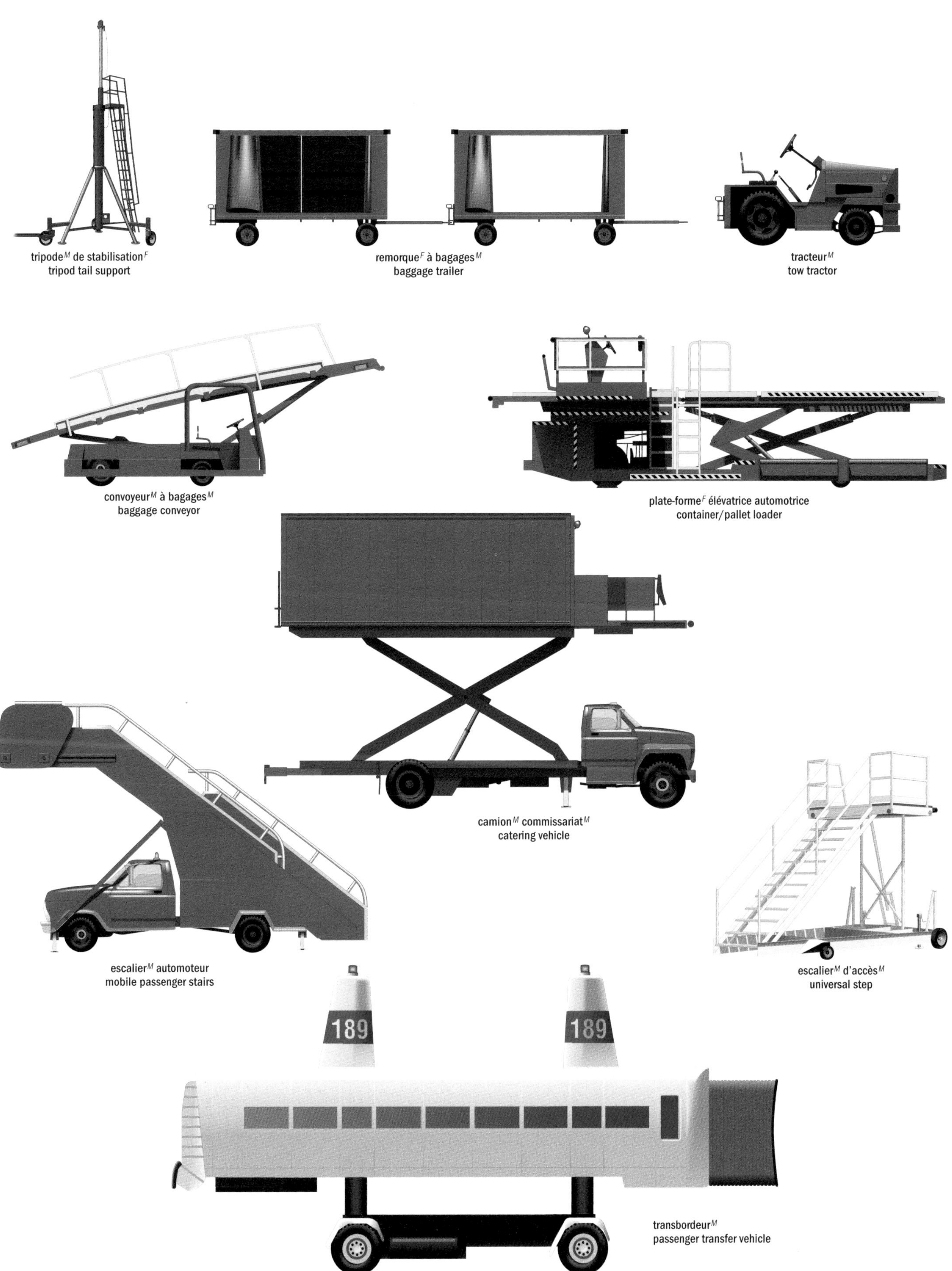
189
189

tripodeᴹ de stabilisationᶠ
tripod tail support

remorqueᶠ à bagagesᴹ
baggage trailer

tracteurᴹ
tow tractor

convoyeurᴹ à bagagesᴹ
baggage conveyor

plate-formeᶠ élévatrice automotrice
container/pallet loader

camionᴹ commissariatᴹ
catering vehicle

escalierᴹ automoteur
mobile passenger stairs

escalierᴹ d'accèsᴹ
universal step

transbordeurᴹ
passenger transfer vehicle

avion^M long-courrier^M

long-range jet

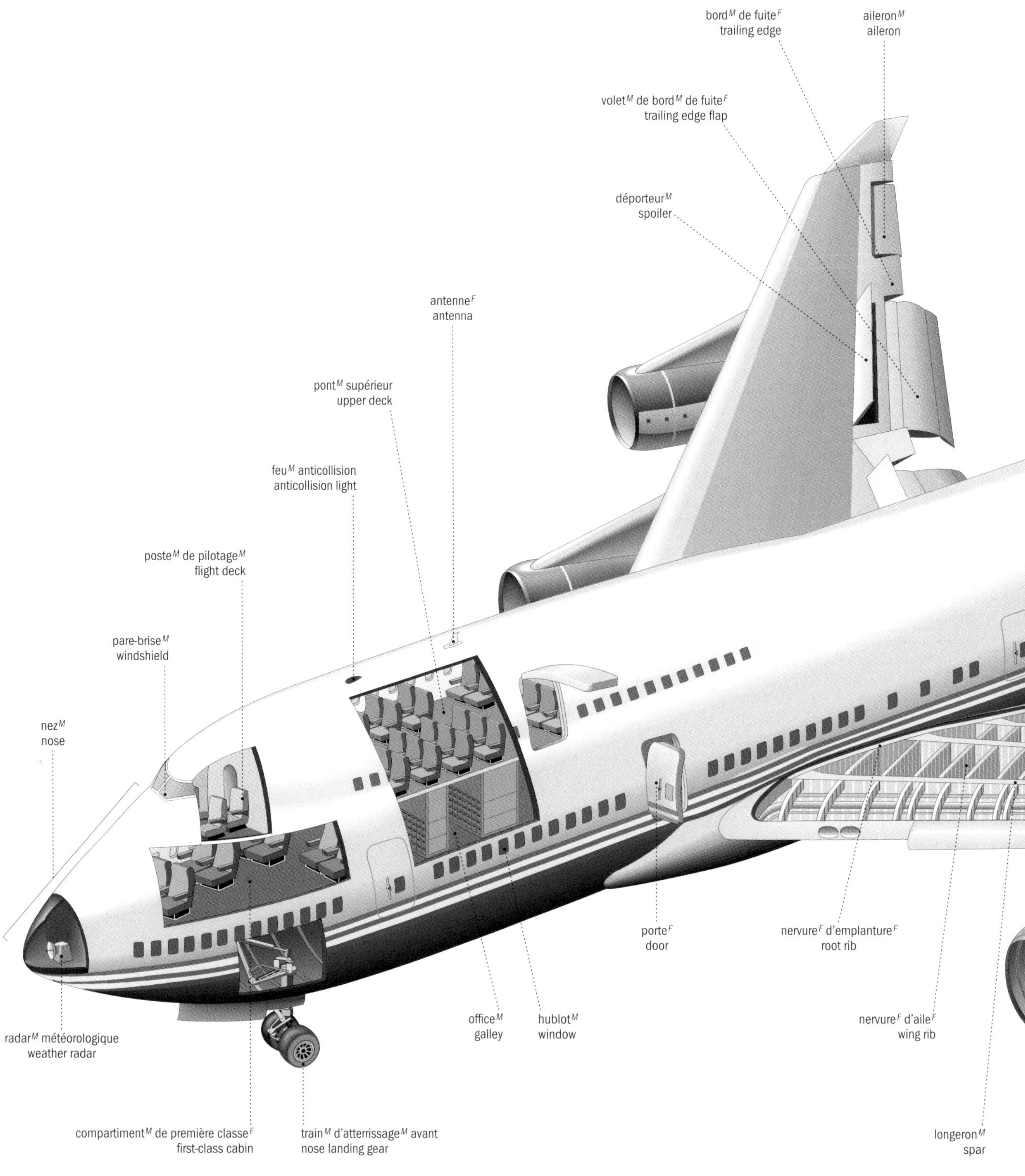
bord^M de fuite^F
trailing edge
aileron^M
aileron
volet^M de bord^M de fuite^F
trailing edge flap
déporteur^M
spoiler
antenne^F
antenna
pont^M supérieur
upper deck
feu^M anticollision
anticollision light
poste^M de pilotage^M
flight deck
pare-brise^M
windshield
nez^M
nose
radar^M météorologique
weather radar
compartiment^M de première classe^F
first-class cabin
train^M d'atterrissage^M avant
nose landing gear
office^M
galley
hublot^M
window
porte^F
door
nervure^F d'emplanture^F
root rib
nervure^F d'aile^F
wing rib
longeron^M
spar

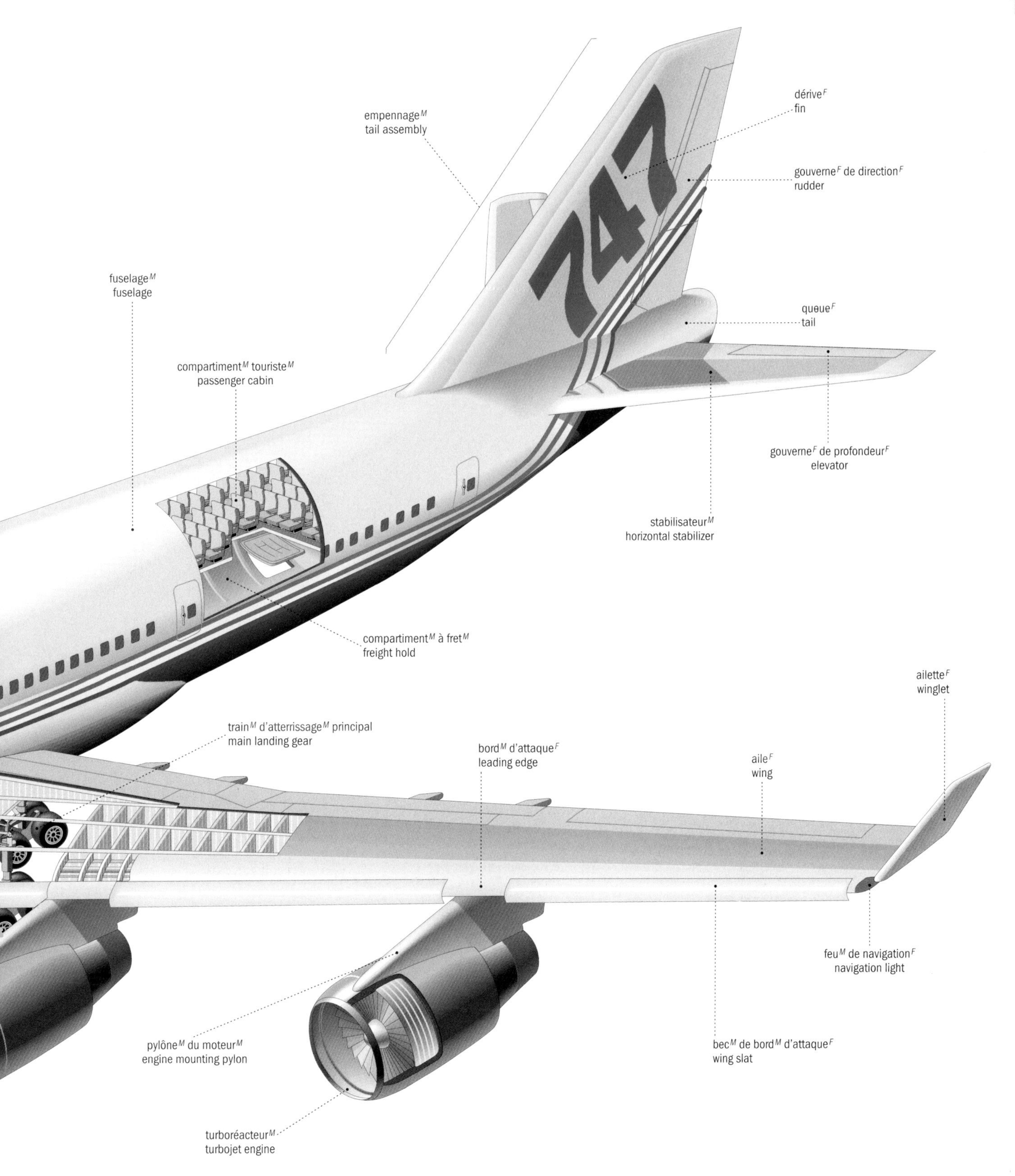
dérive[F]
fin
empennage[M]
tail assembly
gouverne[F] de direction[F]
rudder
fuselage[M]
fuselage
queue[F]
tail
compartiment[M] touriste[M]
passenger cabin
gouverne[F] de profondeur[F]
elevator
stabilisateur[M]
horizontal stabilizer
compartiment[M] à fret[M]
freight hold
ailette[F]
winglet
train[M] d'atterrissage[M] principal
main landing gear
bord[M] d'attaque[F]
leading edge
aile[F]
wing
feu[M] de navigation[F]
navigation light
pylône[M] du moteur[M]
engine mounting pylon
bec[M] de bord[M] d'attaque[F]
wing slat
turboréacteur[M]
turbojet engine

poste^M de pilotage^M

flight deck

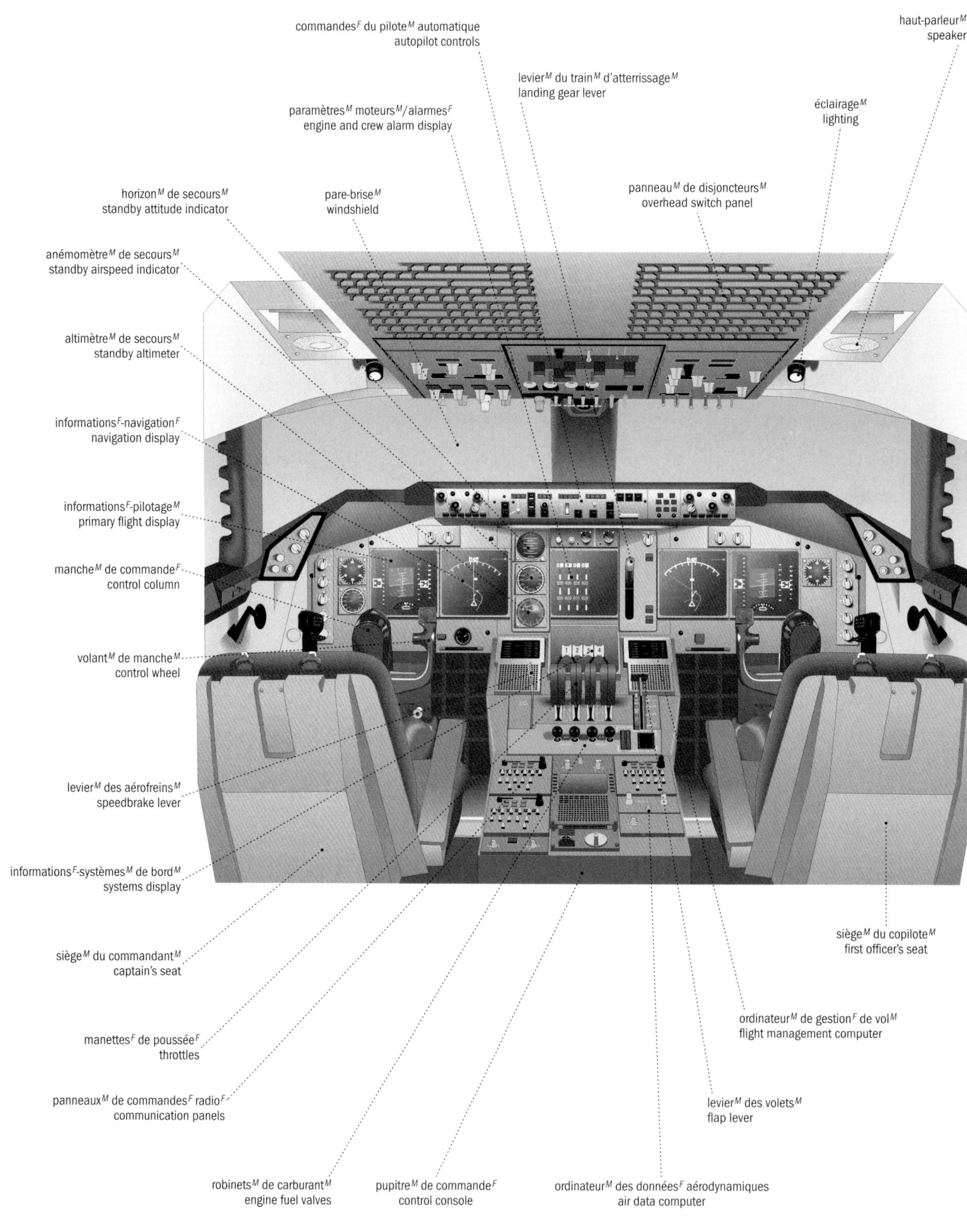
commandes^F du pilote^M automatique
autopilot controls
haut-parleur^M
speaker
levier^M du train^M d'atterrissage^M
landing gear lever
paramètres^M moteurs^M/alarmes^F
engine and crew alarm display
éclairage^M
lighting
horizon^M de secours^M
standby attitude indicator
pare-brise^M
windshield
panneau^M de disjoncteurs^M
overhead switch panel
anémomètre^M de secours^M
standby airspeed indicator
altimètre^M de secours^M
standby altimeter
informations^F-navigation^F
navigation display
informations^F-pilotage^M
primary flight display
manche^M de commande^F
control column
volant^M de manche^M
control wheel
levier^M des aérofreins^M
speedbrake lever
informations^F-systèmes^M de bord^M
systems display
siège^M du commandant^M
captain's seat
siège^M du copilote^M
first officer's seat
ordinateur^M de gestion^F de vol^M
flight management computer
manettes^F de poussée^F
throttles
panneaux^M de commandes^F radio^F
communication panels
levier^M des volets^M
flap lever
robinets^M de carburant^M
engine fuel valves
pupitre^M de commande^F
control console
ordinateur^M des données^F aérodynamiques
air data computer

TRANSPORT ET MACHINERIE

turboréacteur[M] à double flux[M]

turbofan engine

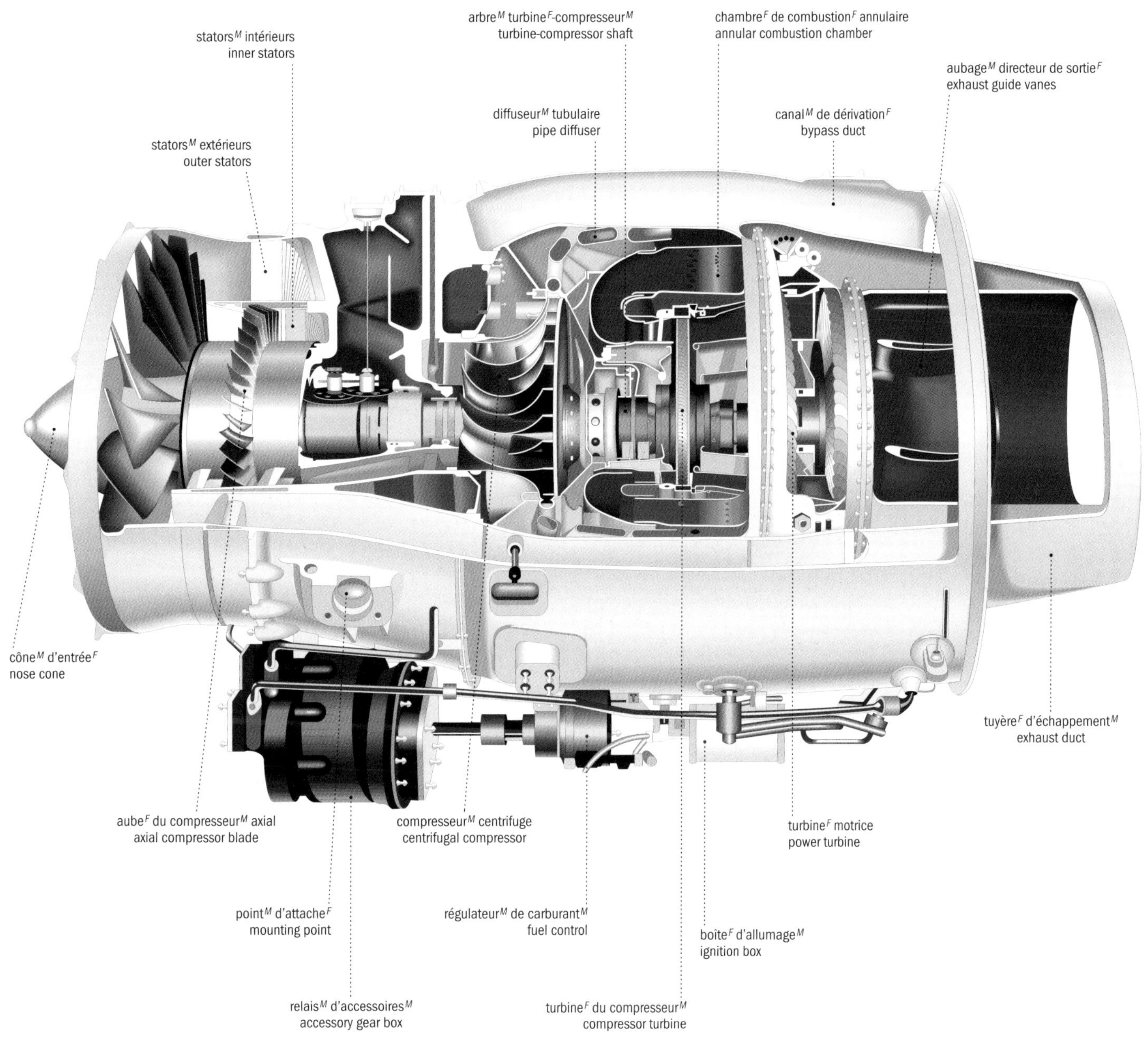
stators[M] intérieurs
inner stators
arbre[M] turbine[F]-compresseur[M]
turbine-compressor shaft
chambre[F] de combustion[F] annulaire
annular combustion chamber
aubage[M] directeur de sortie[F]
exhaust guide vanes
diffuseur[M] tubulaire
pipe diffuser
canal[M] de dérivation[F]
bypass duct
stators[M] extérieurs
outer stators
cône[M] d'entrée[F]
nose cone
tuyère[F] d'échappement[M]
exhaust duct
aube[F] du compresseur[M] axial
axial compressor blade
compresseur[M] centrifuge
centrifugal compressor
turbine[F] motrice
power turbine
point[M] d'attache[F]
mounting point
régulateur[M] de carburant[M]
fuel control
boîte[F] d'allumage[M]
ignition box
relais[M] d'accessoires[M]
accessory gear box
turbine[F] du compresseur[M]
compressor turbine

soufflante[F]
fan

compression[F]
compression

combustion[F]
combustion

échappement[M]
exhaust

exemples^M d'avions^M

examples of airplanes

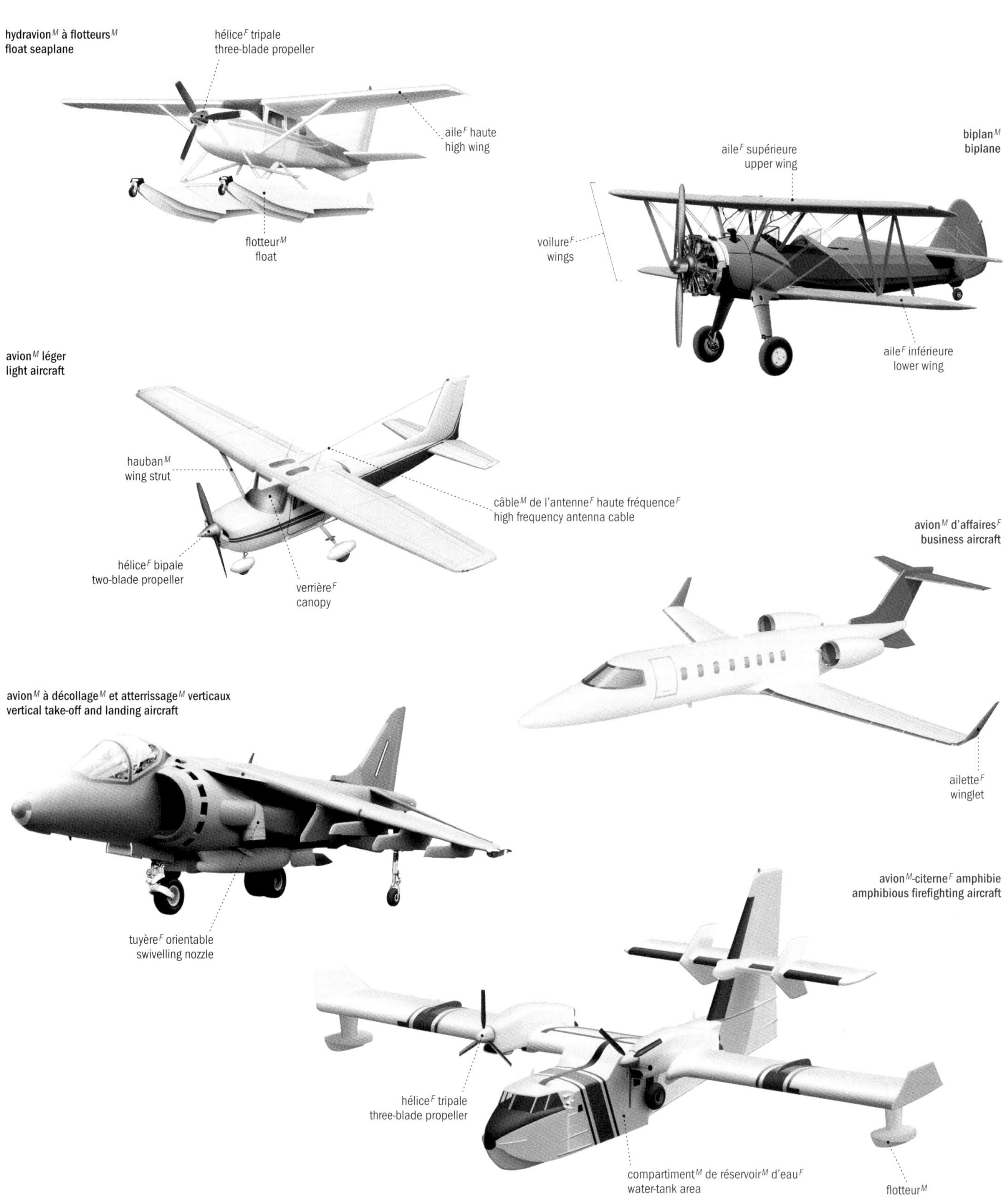
hydravion^M à flotteurs^M
float seaplane
hélice^F tripale
three-blade propeller
aile^F haute
high wing
flotteur^M
float
biplan^M
biplane
aile^F supérieure
upper wing
voilure^F
wings
aile^F inférieure
lower wing
avion^M léger
light aircraft
hauban^M
wing strut
câble^M de l'antenne^F haute fréquence^F
high frequency antenna cable
hélice^F bipale
two-blade propeller
verrière^F
canopy
avion^M d'affaires^F
business aircraft
ailette^F
winglet
avion^M à décollage^M et atterrissage^M verticaux
vertical take-off and landing aircraft
tuyère^F orientable
swivelling nozzle
avion^M-citerne^F amphibie
amphibious firefighting aircraft
hélice^F tripale
three-blade propeller
compartiment^M de réservoir^M d'eau^F
water-tank area
flotteur^M
float

exemples[M] d'avions[M]

avion[M] furtif
stealth aircraft

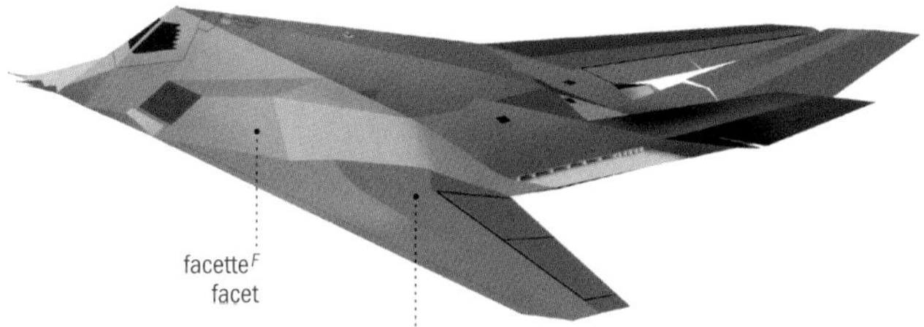

facette[F]
facet

matériau[M] absorbant les ondes[F] radars[M]
radar-absorbent material

avion[M] radar[M]
radar aircraft

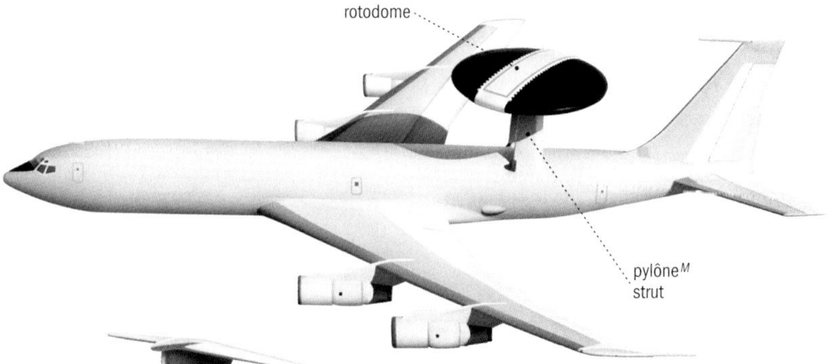

rotodôme[M]
rotodome

pylône[M]
strut

avion[M]-cargo[M]
cargo aircraft

avion[M] de ligne[F] supersonique
supersonic jetliner

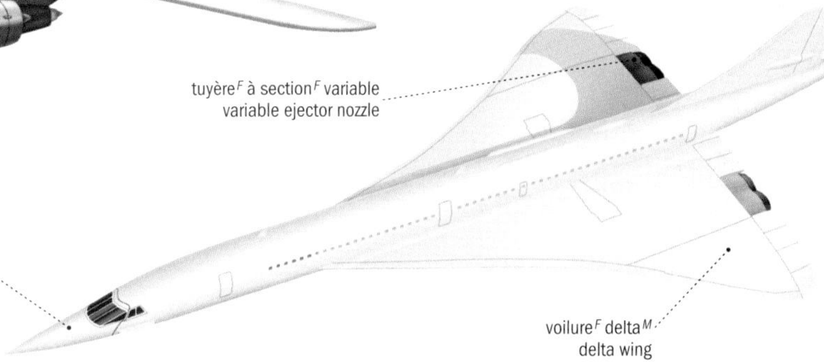

tuyère[F] à section[F] variable
variable ejector nozzle

nez[M] basculant
droop nose

voilure[F] delta[M]
delta wing

exemples[M] d'empennages[M]

examples of tail shapes

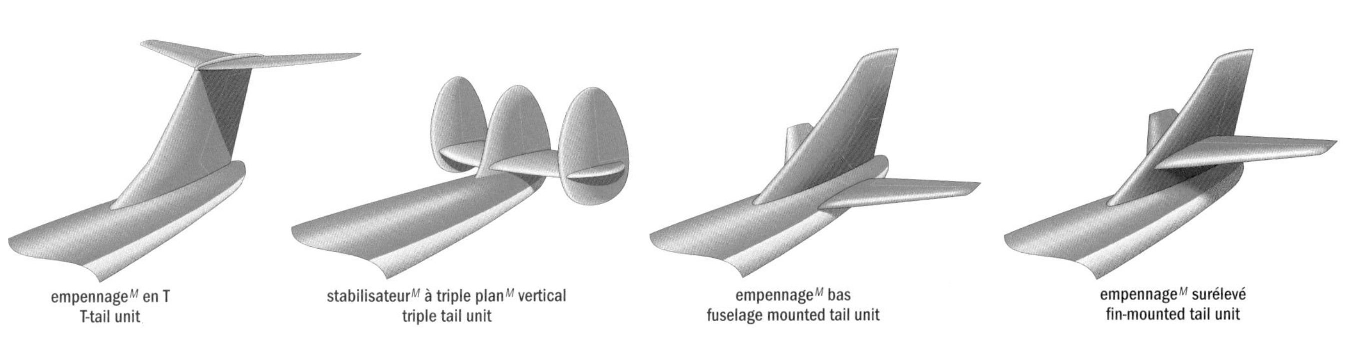

empennage[M] en T
T-tail unit

stabilisateur[M] à triple plan[M] vertical
triple tail unit

empennage[M] bas
fuselage mounted tail unit

empennage[M] surélevé
fin-mounted tail unit

exemples[M] de voilures[F]

examples of wing shapes

voilure[F] en flèche[F]
swept-back wing

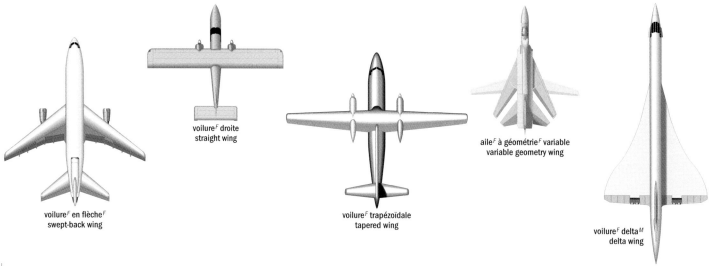

voilure[F] droite
straight wing

voilure[F] trapézoïdale
tapered wing

aile[F] à géométrie[F] variable
variable geometry wing

voilure[F] delta[M]
delta wing

forces[F] agissant sur un avion[M]

forces acting on an airplane

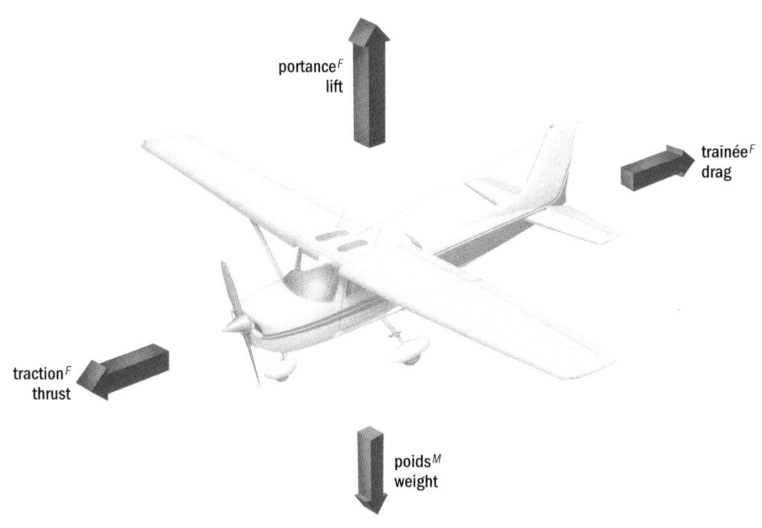
portance[F]
lift
trainée[F]
drag
traction[F]
thrust
poids[M]
weight

mouvements[M] de l'avion[M]

movements of an airplane

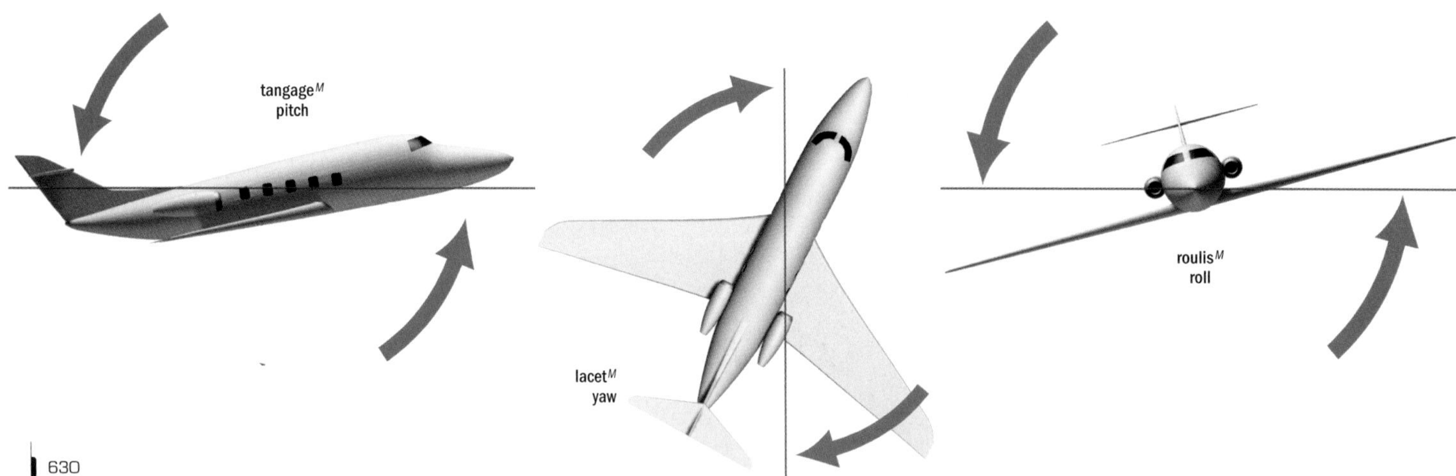
tangage[M]
pitch
lacet[M]
yaw
roulis[M]
roll

hélicoptère[M]

helicopter

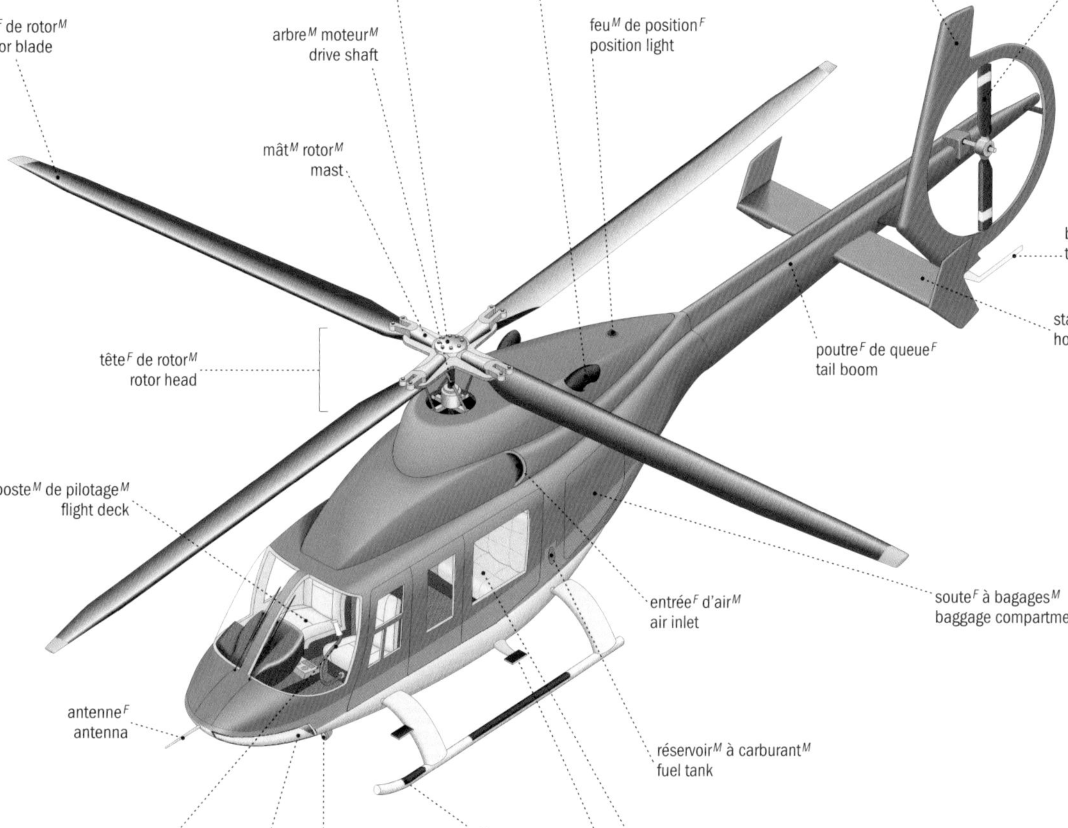

moyeu[M] rotor[M]
rotor hub

tuyère[F]
exhaust pipe

dérive[F]
fin

rotor[M] anticouple
anti-torque tail rotor

pale[F] de rotor[M]
rotor blade

arbre[M] moteur[M]
drive shaft

feu[M] de position[F]
position light

mât[M] rotor[M]
mast

béquille[F]
tail skid

stabilisateur[M]
horizontal stabilizer

tête[F] de rotor[M]
rotor head

poutre[F] de queue[F]
tail boom

poste[M] de pilotage[M]
flight deck

entrée[F] d'air[M]
air inlet

soute[F] à bagages[M]
baggage compartment

antenne[F]
antenna

réservoir[M] à carburant[M]
fuel tank

patin[M]
skid

manche[M] à balai[M]
control stick

cabine[F]
cabin

hublot[M] d'atterrissage[M]
landing window

phare[M] d'atterrissage[M]
landing light

marchepied[M]
boarding step

exemples[M] d'hélicoptères[M]

examples of helicopters

hélicoptère[M] de transport[M] tactique
tactical transport helicopter
hélicoptère[M] bombardier[M] d'eau[F]
water bomber helicopter
hélicoptère[M]-ambulance[F]
ambulance helicopter
réservoir[M] ventral
belly tank

manutention[F]

material handling

chariot[M] élévateur
forklift truck

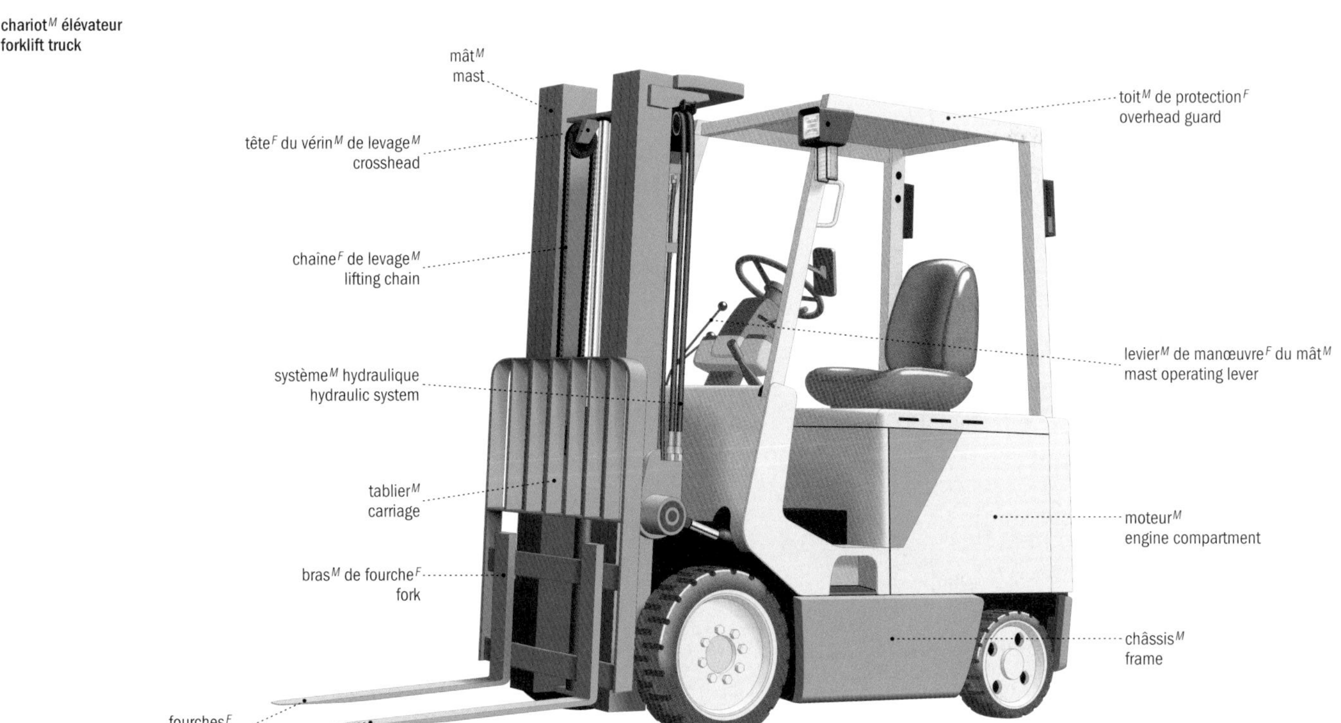
mât[M]
mast
tête[F] du vérin[M] de levage[M]
crosshead
chaîne[F] de levage[M]
lifting chain
système[M] hydraulique
hydraulic system
tablier[M]
carriage
bras[M] de fourche[F]
fork
fourches[F]
forks
toit[M] de protection[F]
overhead guard
levier[M] de manœuvre[F] du mât[M]
mast operating lever
moteur[M]
engine compartment
châssis[M]
frame

palettes[F]
pallets

palette[F] à ailes[F]
wing pallet

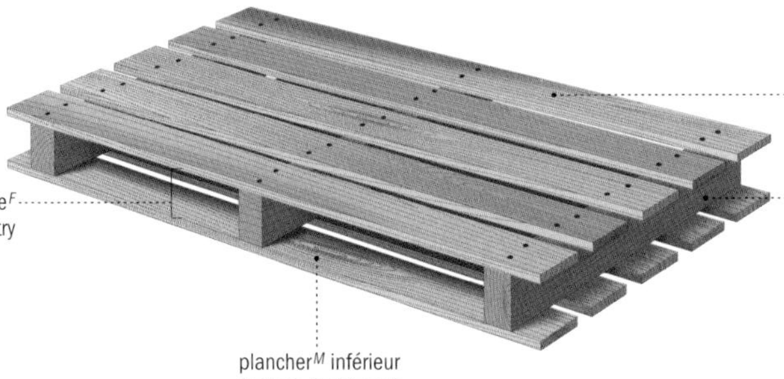

plancher[M] supérieur
top deckboard

entrée[F]
entry

entretoise[F]
stringer

plancher[M] inférieur
bottom deckboard

palette[F]-caisse[F]
box pallet

paroi[F]
side

palette[F]
pallet

support[M]
block

demi-panneau[M]
half-side

palette[F] à double face[F]
double-decked pallet

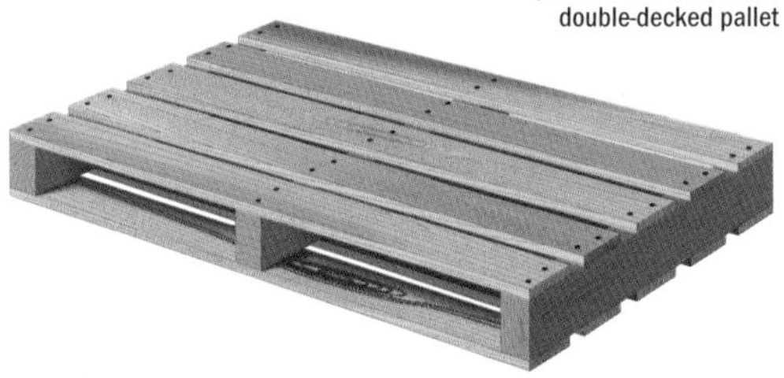

palette[F] à simple face[F]
single-decked pallet

TRANSPORT ET MACHINERIE

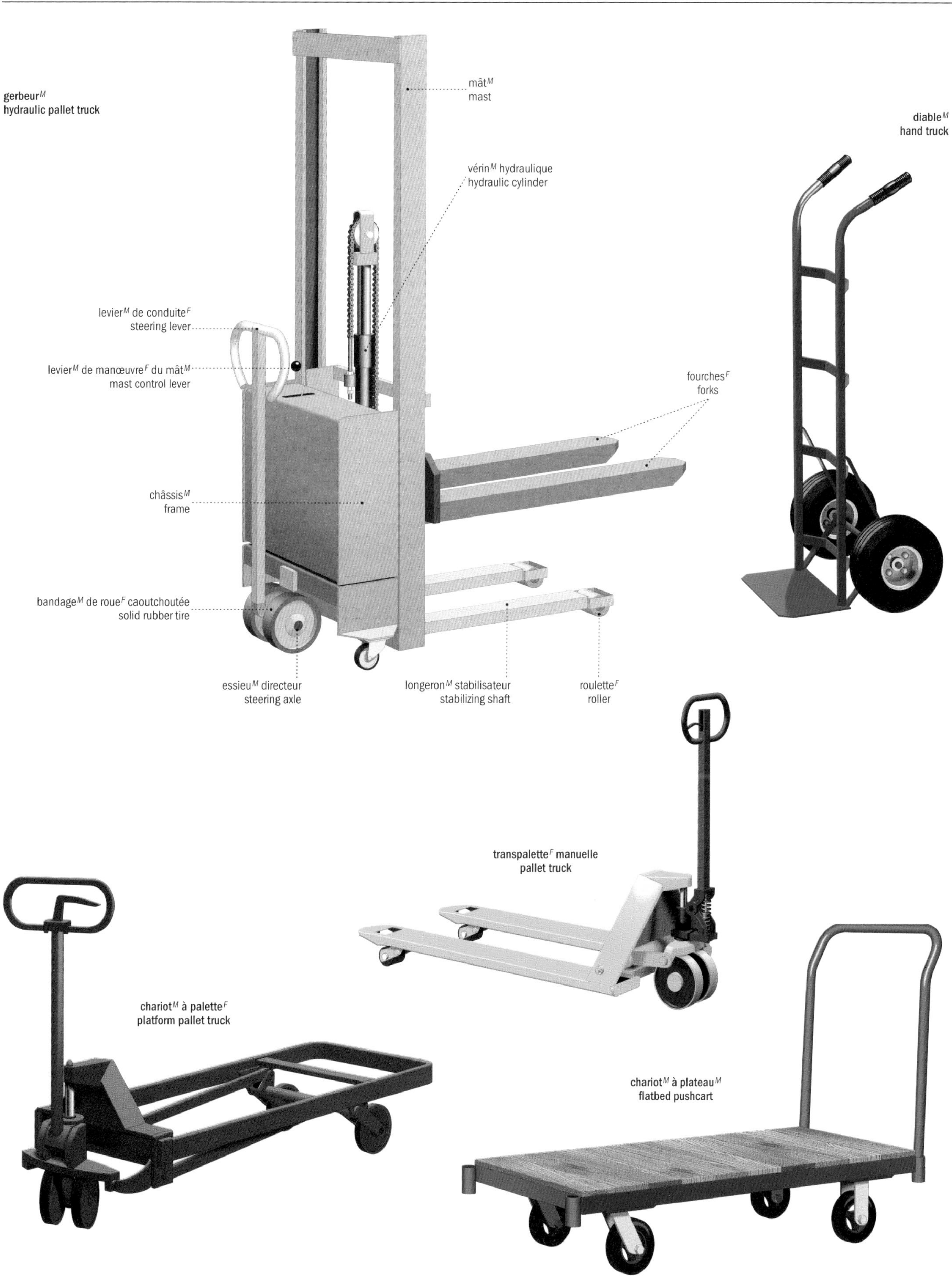
gerbeur^M
hydraulic pallet truck
mât^M
mast
vérin^M hydraulique
hydraulic cylinder
levier^M de conduite^F
steering lever
levier^M de manœuvre^F du mât^M
mast control lever
fourches^F
forks
châssis^M
frame
bandage^M de roue^F caoutchoutée
solid rubber tire
essieu^M directeur
steering axle
longeron^M stabilisateur
stabilizing shaft
roulette^F
roller
diable^M
hand truck
transpalette^F manuelle
pallet truck
chariot^M à palette^F
platform pallet truck
chariot^M à plateau^M
flatbed pushcart

grues[F] et portique[M]

cranes

grue[F] à tour[F]
tower crane

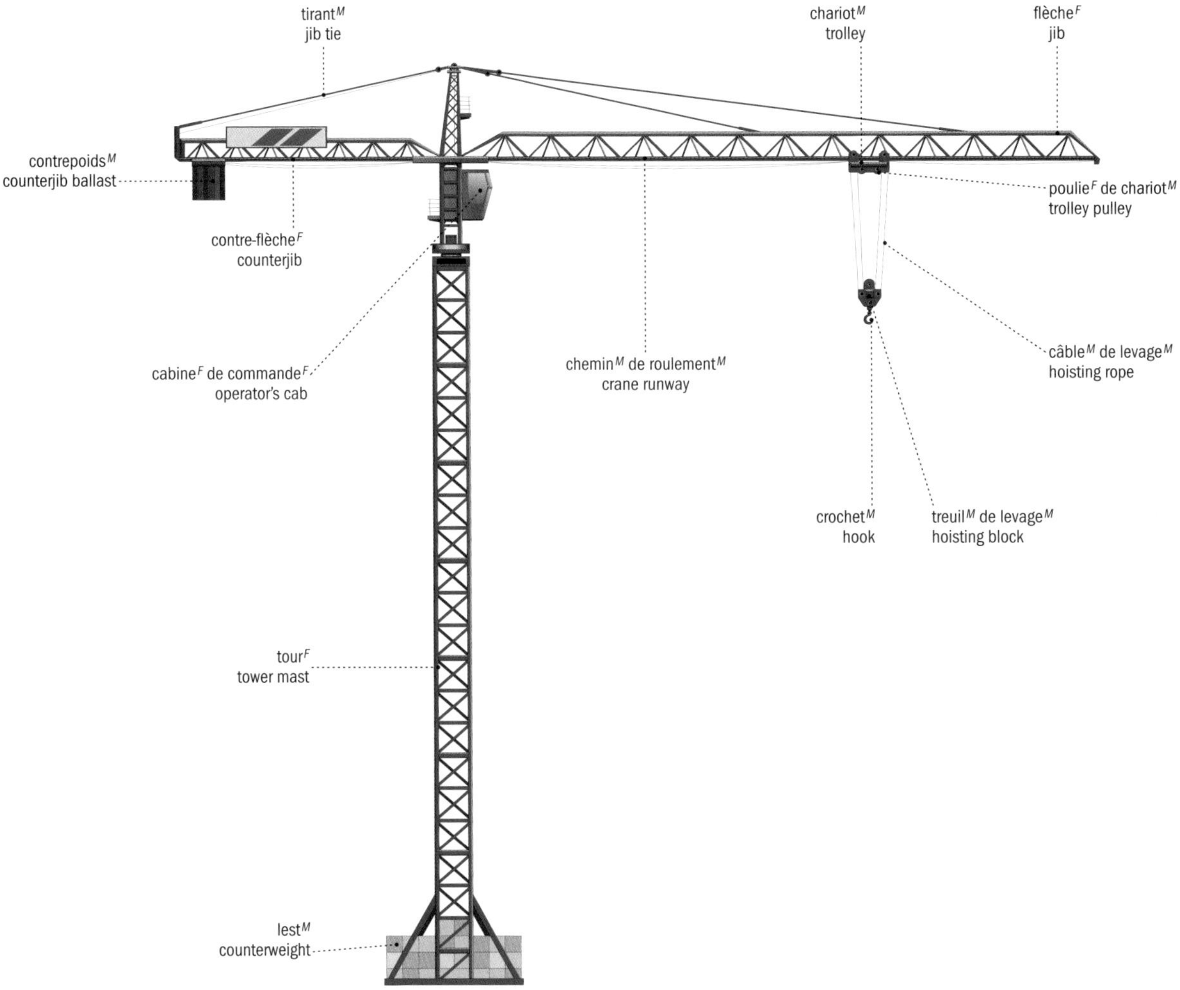

tirant[M]
jib tie

chariot[M]
trolley

flèche[F]
jib

contrepoids[M]
counterjib ballast

poulie[F] de chariot[M]
trolley pulley

contre-flèche[F]
counterjib

câble[M] de levage[M]
hoisting rope

cabine[F] de commande[F]
operator's cab

chemin[M] de roulement[M]
crane runway

crochet[M]
hook

treuil[M] de levage[M]
hoisting block

tour[F]
tower mast

lest[M]
counterweight

grue[F] sur porteur[M]
truck crane

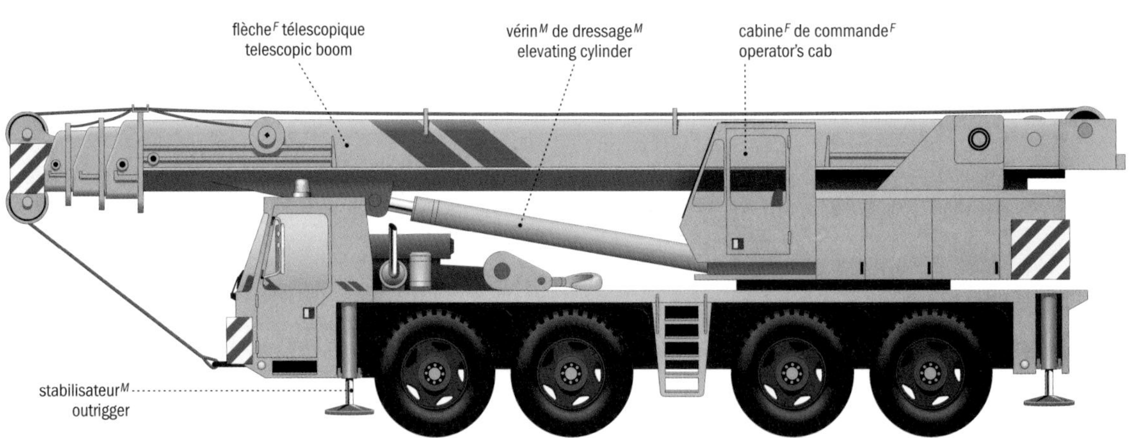
flèche[F] télescopique
telescopic boom
vérin[M] de dressage[M]
elevating cylinder
cabine[F] de commande[F]
operator's cab
stabilisateur[M]
outrigger

grues^F et portique^M

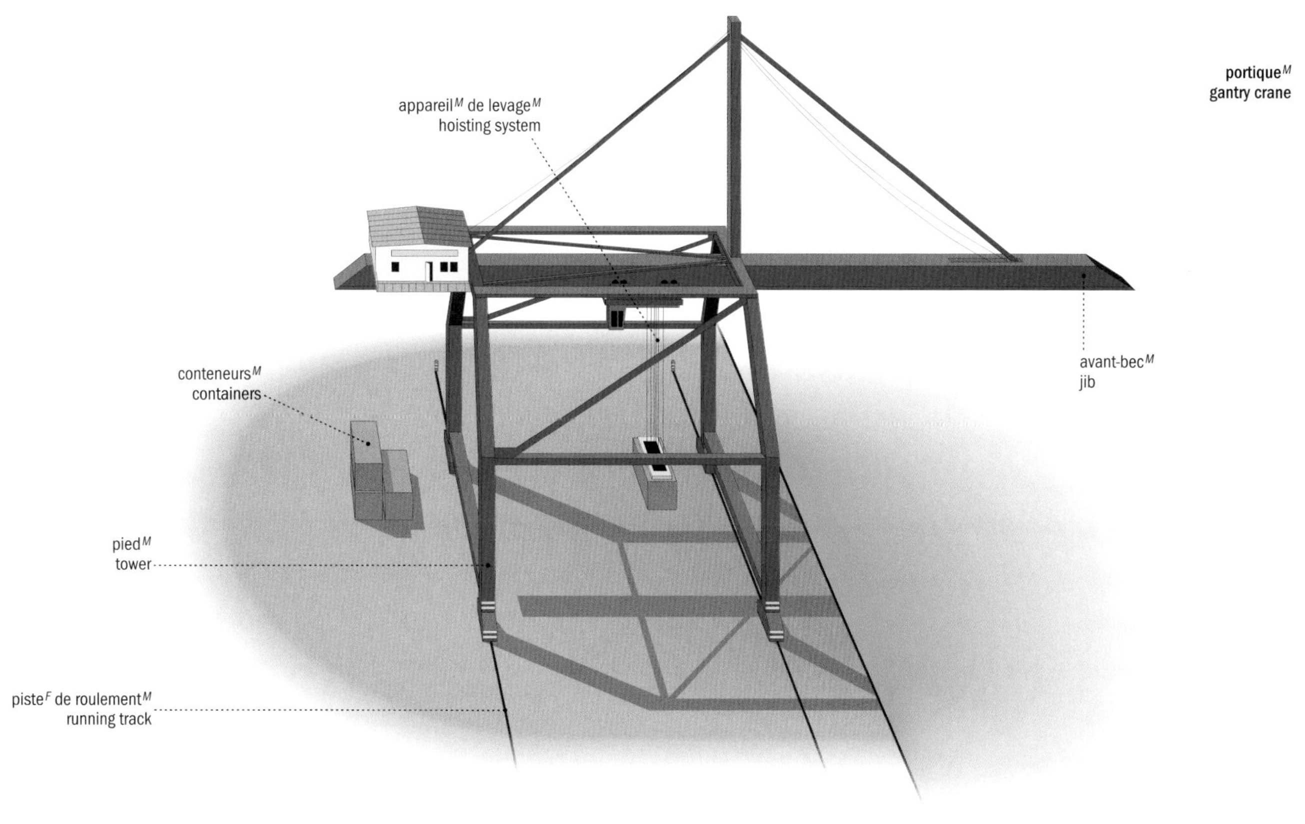
portique^M
gantry crane
appareil^M de levage^M
hoisting system
conteneurs^M
containers
avant-bec^M
jib
pied^M
tower
piste^F de roulement^M
running track

conteneur^M

container

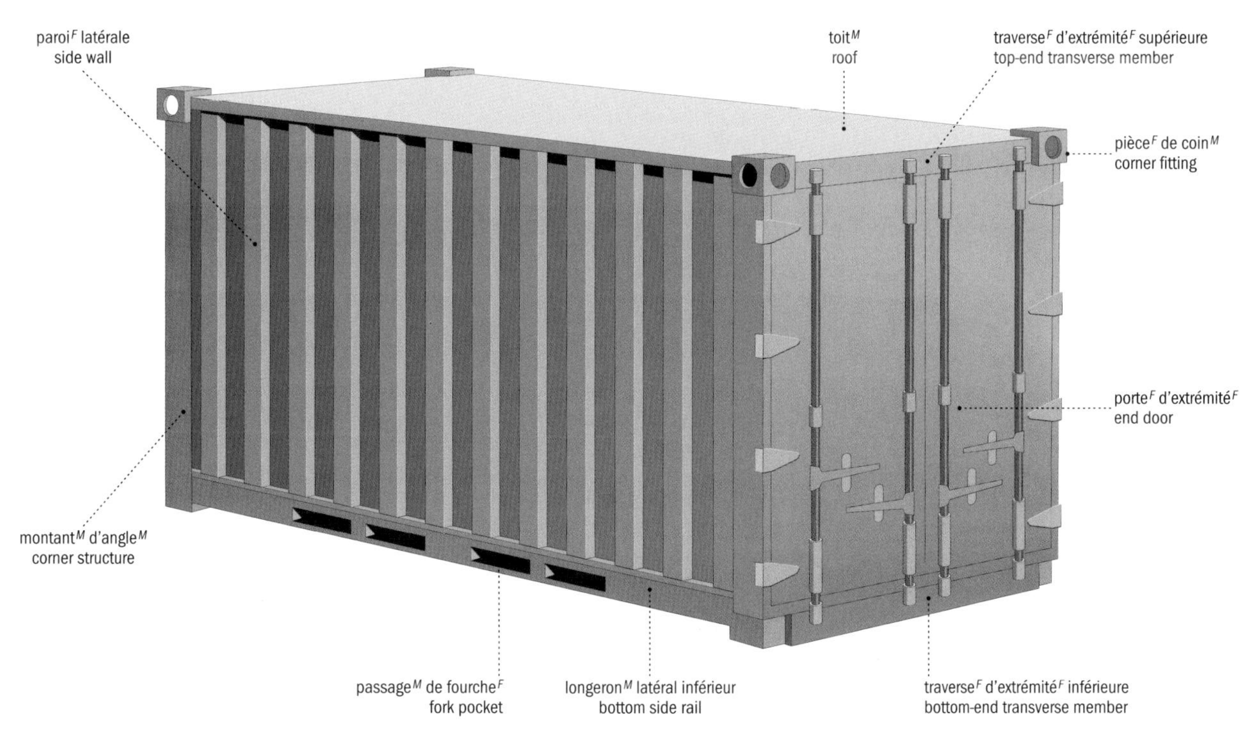
paroi^F latérale
side wall
toit^M
roof
traverse^F d'extrémité^F supérieure
top-end transverse member
pièce^F de coin^M
corner fitting
porte^F d'extrémité^F
end door
montant^M d'angle^M
corner structure
passage^M de fourche^F
fork pocket
longeron^M latéral inférieur
bottom side rail
traverse^F d'extrémité^F inférieure
bottom-end transverse member

bouteur[M]

bulldozer

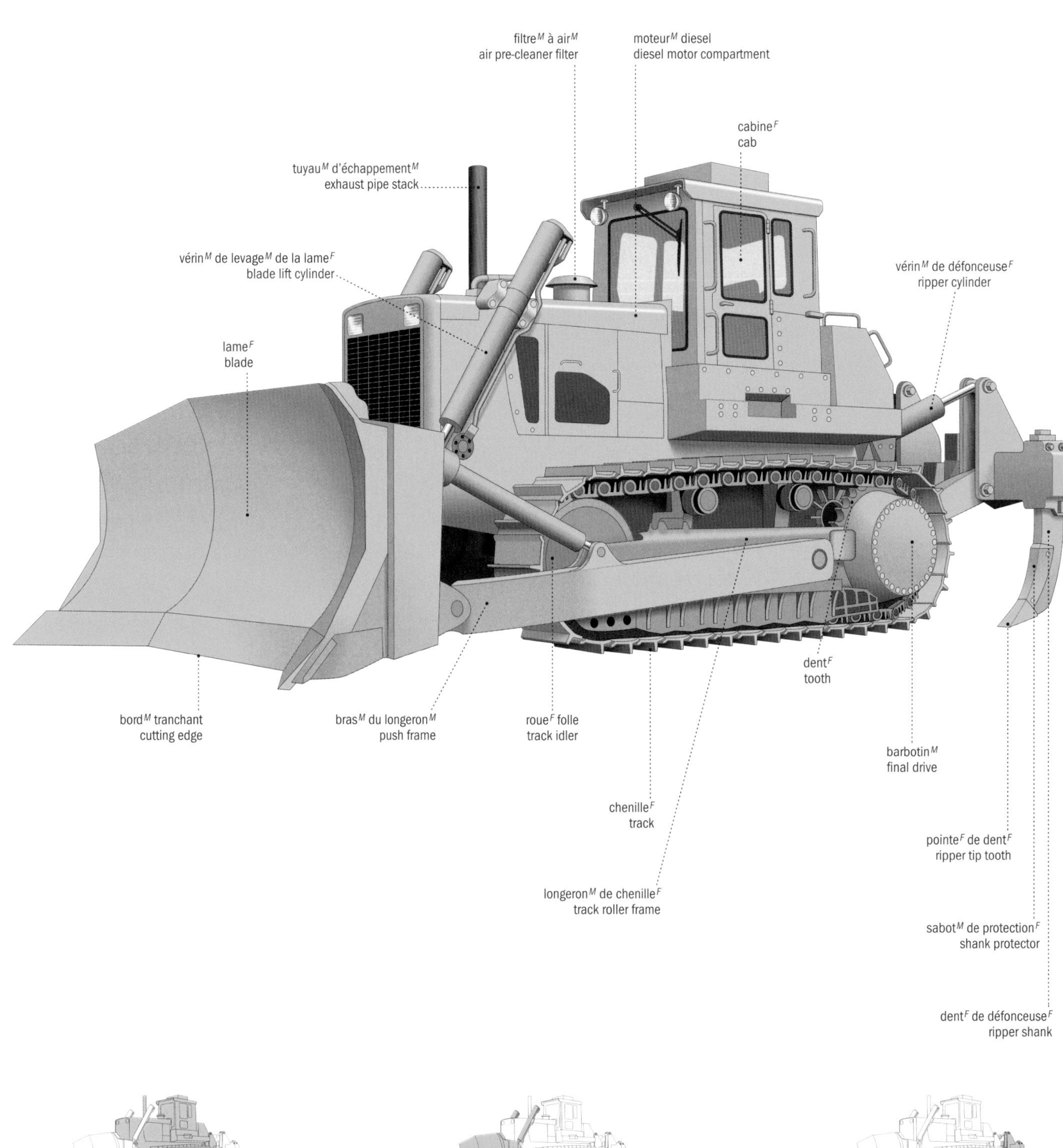
filtre[M] à air[M]
air pre-cleaner filter
moteur[M] diesel
diesel motor compartment
cabine[F]
cab
tuyau[M] d'échappement[M]
exhaust pipe stack
vérin[M] de levage[M] de la lame[F]
blade lift cylinder
vérin[M] de défonceuse[F]
ripper cylinder
lame[F]
blade
dent[F]
tooth
bord[M] tranchant
cutting edge
bras[M] du longeron[M]
push frame
roue[F] folle
track idler
barbotin[M]
final drive
chenille[F]
track
pointe[F] de dent[F]
ripper tip tooth
longeron[M] de chenille[F]
track roller frame
sabot[M] de protection[F]
shank protector
dent[F] de défonceuse[F]
ripper shank

tracteur[M] à chenilles[F]
crawler tractor

lame[F]
blade

défonceuse[F]
ripper

chargeuse[F]-pelleteuse[F]

wheel loader

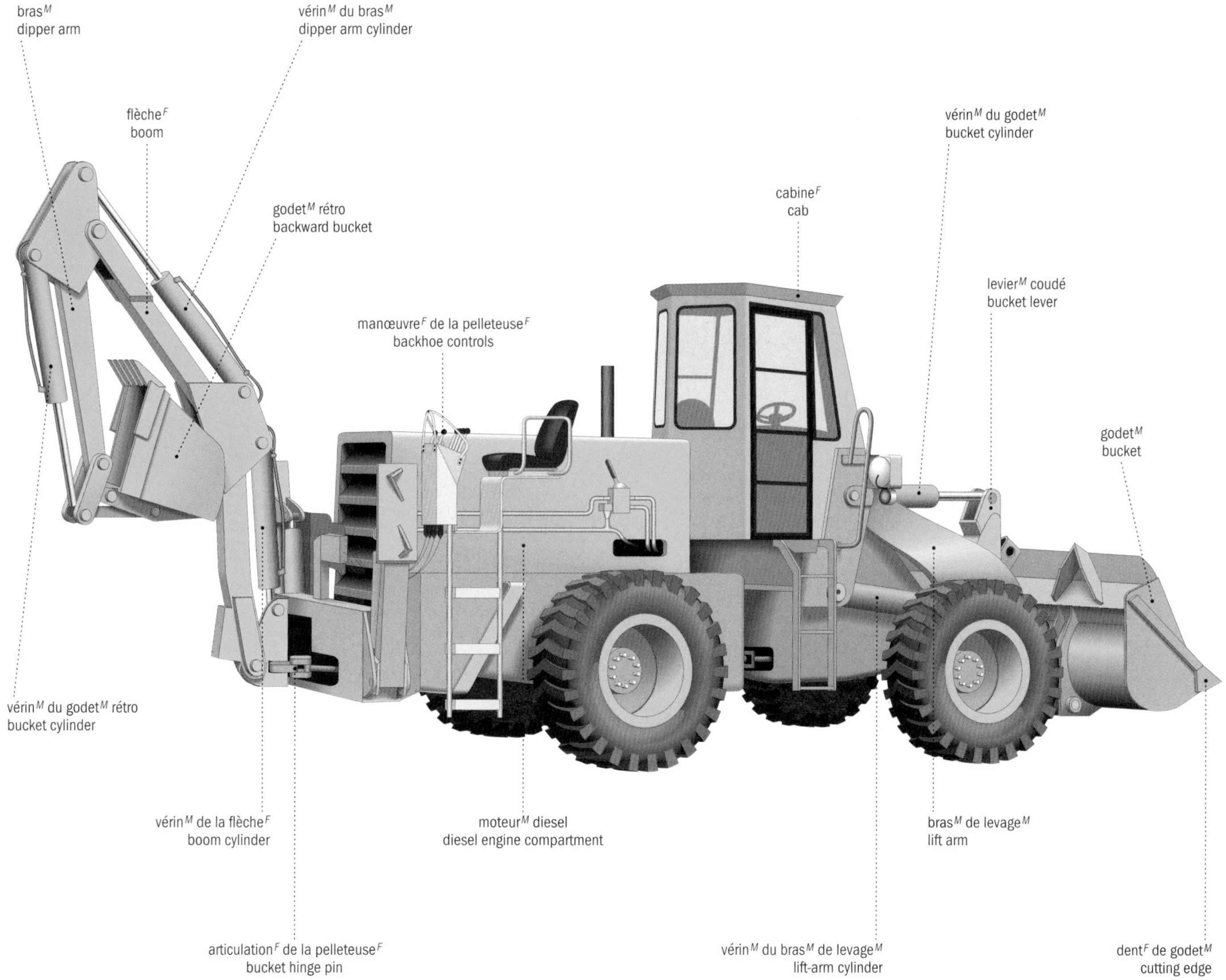

bras[M]
dipper arm

vérin[M] du bras[M]
dipper arm cylinder

flèche[F]
boom

godet[M] rétro
backward bucket

manœuvre[F] de la pelleteuse[F]
backhoe controls

cabine[F]
cab

vérin[M] du godet[M]
bucket cylinder

levier[M] coudé
bucket lever

godet[M]
bucket

vérin[M] du godet[M] rétro
bucket cylinder

vérin[M] de la flèche[F]
boom cylinder

moteur[M] diesel
diesel engine compartment

bras[M] de levage[M]
lift arm

articulation[F] de la pelleteuse[F]
bucket hinge pin

vérin[M] du bras[M] de levage[M]
lift-arm cylinder

dent[F] de godet[M]
cutting edge

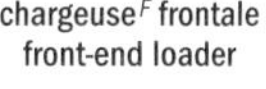

chargeuse[F] frontale
front-end loader

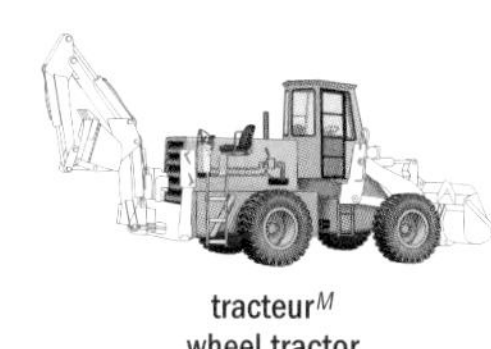

tracteur[M]
wheel tractor

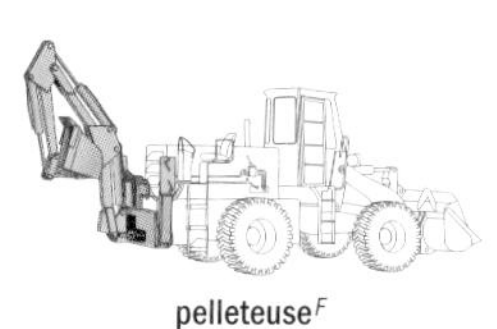

pelleteuse[F]
backhoe

décapeuse[F]

scraper

colM-de-cygneM
gooseneck
vérinM de directionF
steering cylinder
éjecteurM
ejector
tracteurM-remorqueurM
tractor engine compartment
palonnierM
draft tube
benneF
bowl
lameF racleuse
cutting edge
brancardM
draft arm

pelle[F] hydraulique

hydraulic shovel

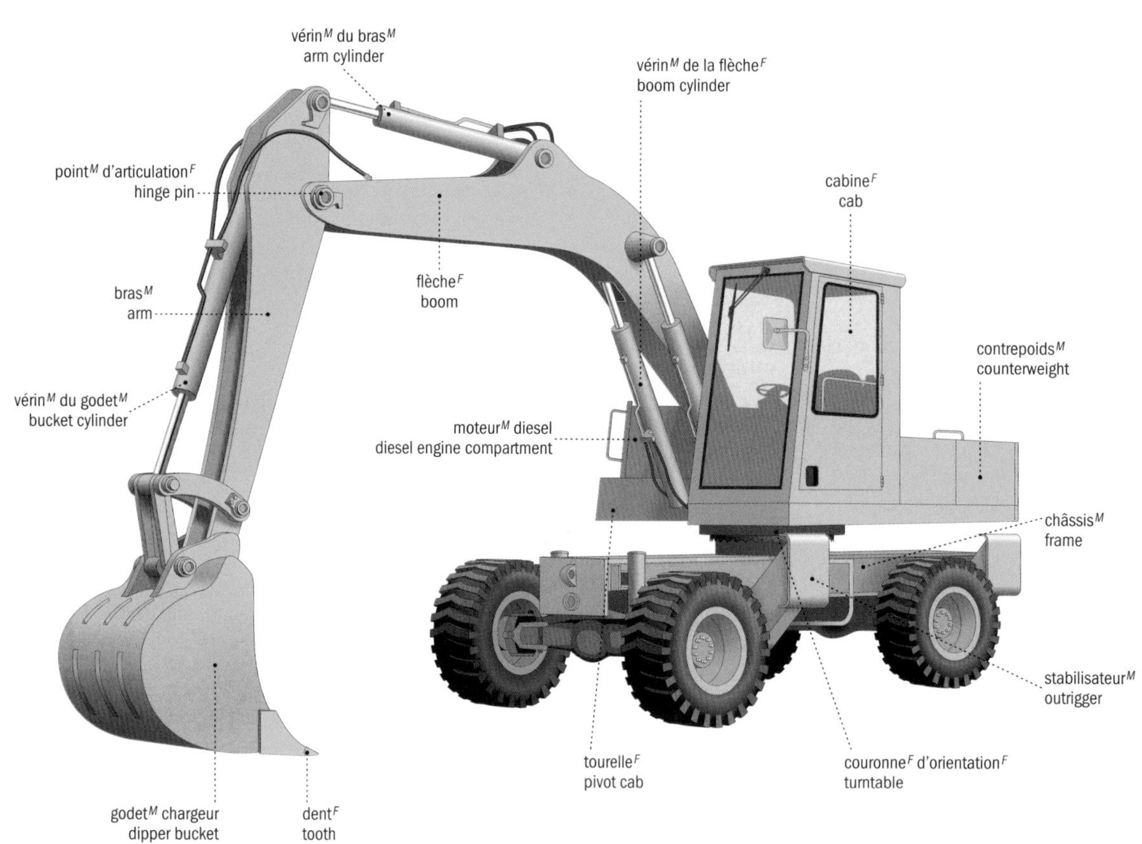
vérinM du brasM
arm cylinder
vérinM de la flècheF
boom cylinder
pointM d'articulationF
hinge pin
cabineF
cab
flècheF
boom
brasM
arm
contrepoidsM
counterweight
vérinM du godetM
bucket cylinder
moteurM diesel
diesel engine compartment
châssisM
frame
stabilisateurM
outrigger
tourelleF
pivot cab
couronneF d'orientationF
turntable
godetM chargeur
dipper bucket
dentF
tooth

niveleuse^F

grader

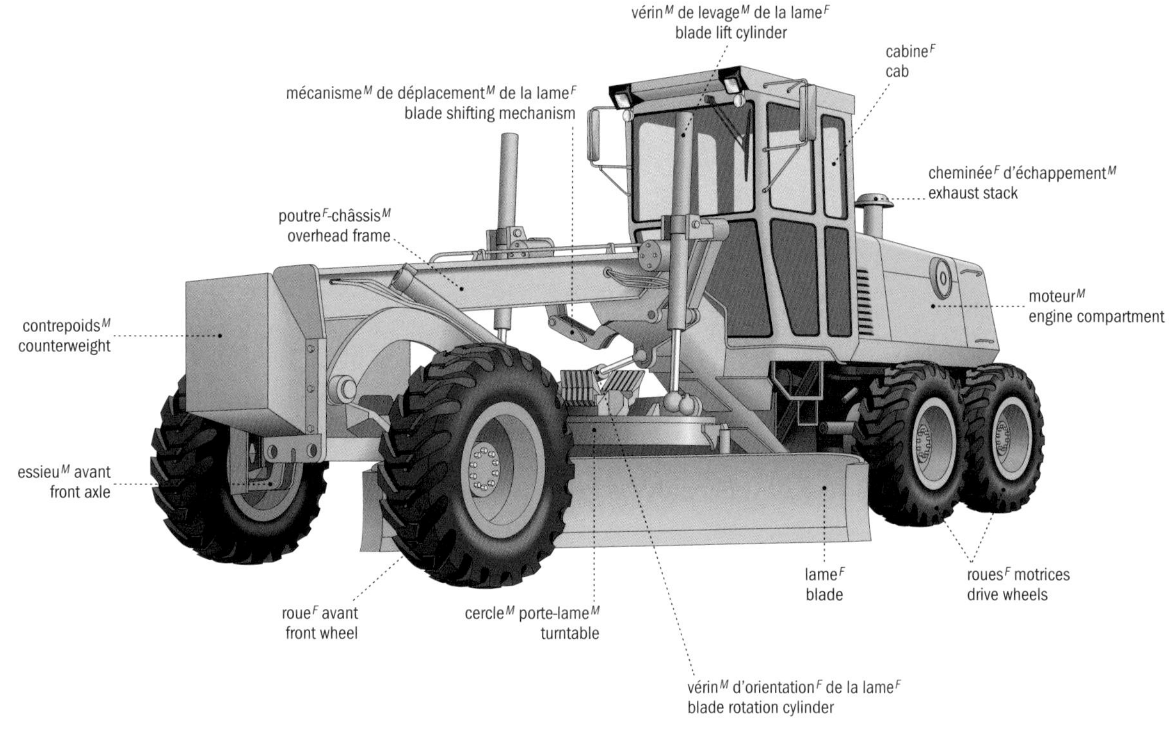
vérin^M de levage^M de la lame^F
blade lift cylinder
cabine^F
cab
mécanisme^M de déplacement^M de la lame^F
blade shifting mechanism
cheminée^F d'échappement^M
exhaust stack
poutre^F-châssis^M
overhead frame
moteur^M
engine compartment
contrepoids^M
counterweight
essieu^M avant
front axle
lame^F
blade
roues^F motrices
drive wheels
roue^F avant
front wheel
cercle^M porte-lame^M
turntable
vérin^M d'orientation^F de la lame^F
blade rotation cylinder

camion^M-benne^F

dump truck

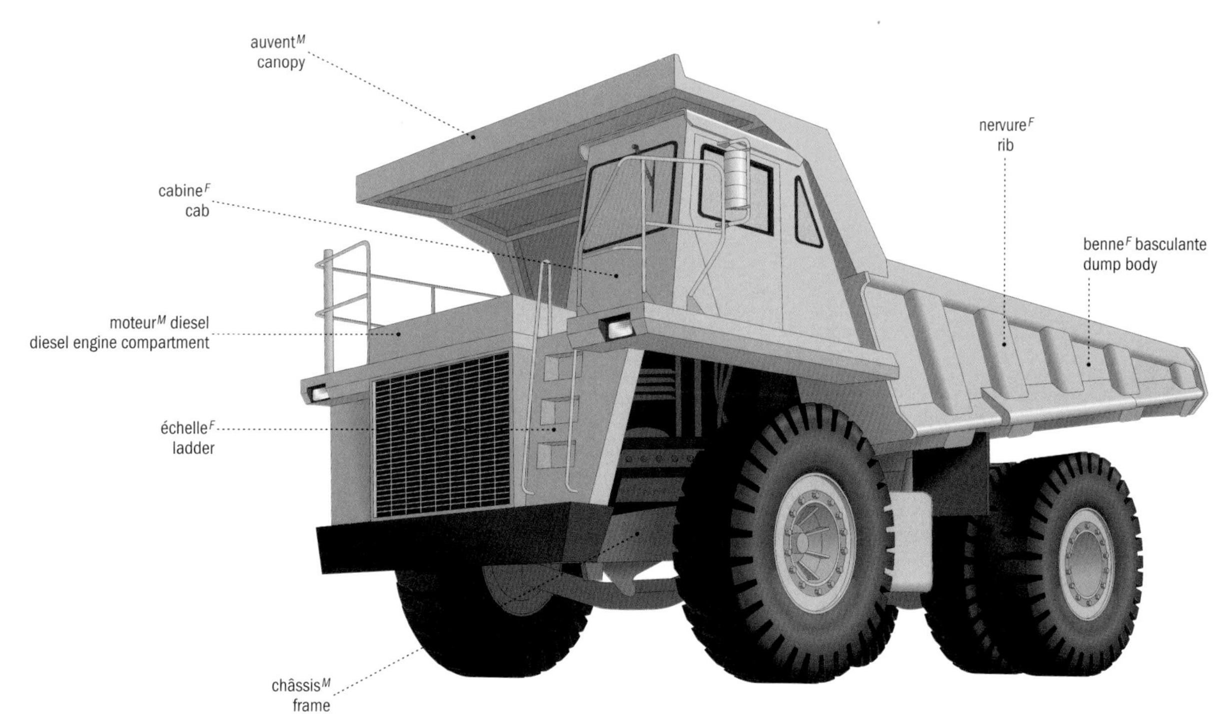
auvent^M
canopy
nervure^F
rib
cabine^F
cab
benne^F basculante
dump body
moteur^M diesel
diesel engine compartment
échelle^F
ladder
châssis^M
frame

tracteur^M agricole

tractor

tracteur^M agricole : vue^F arrière
tractor: rear view

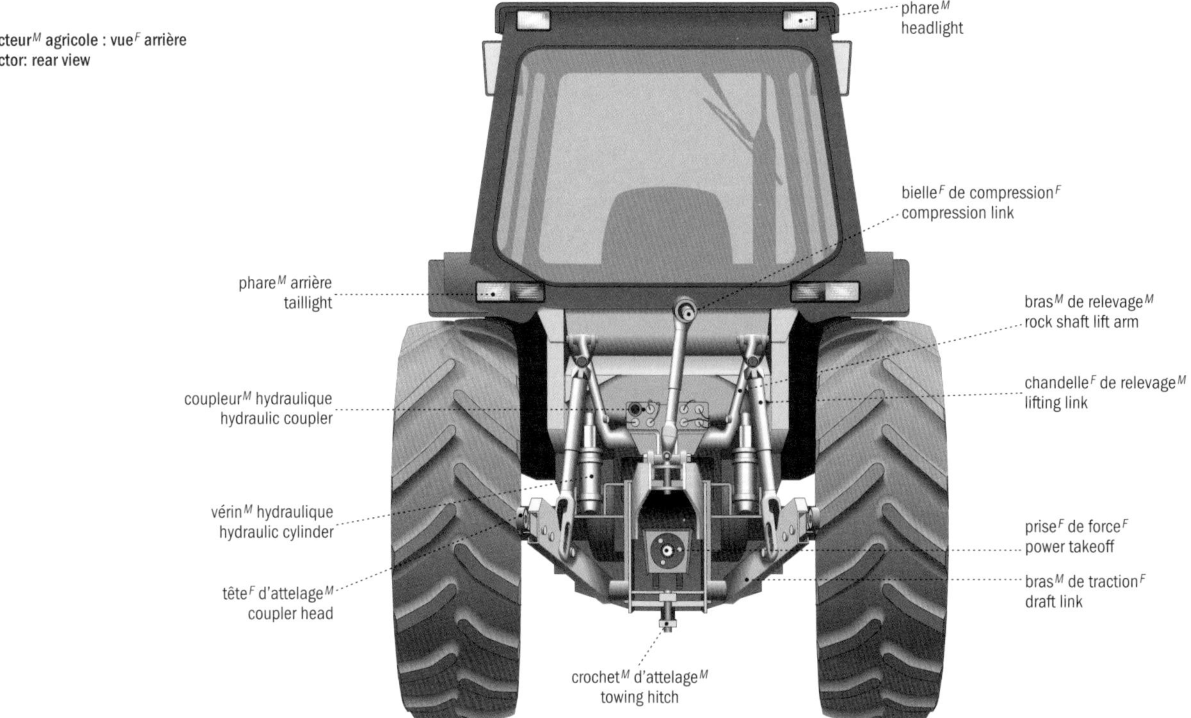
phare^M
headlight
bielle^F de compression^F
compression link
phare^M arrière
taillight
bras^M de relevage^M
rock shaft lift arm
coupleur^M hydraulique
hydraulic coupler
chandelle^F de relevage^M
lifting link
vérin^M hydraulique
hydraulic cylinder
prise^F de force^F
power takeoff
tête^F d'attelage^M
coupler head
bras^M de traction^F
draft link
crochet^M d'attelage^M
towing hitch

tracteur^M agricole : vue^F avant
tractor: front view

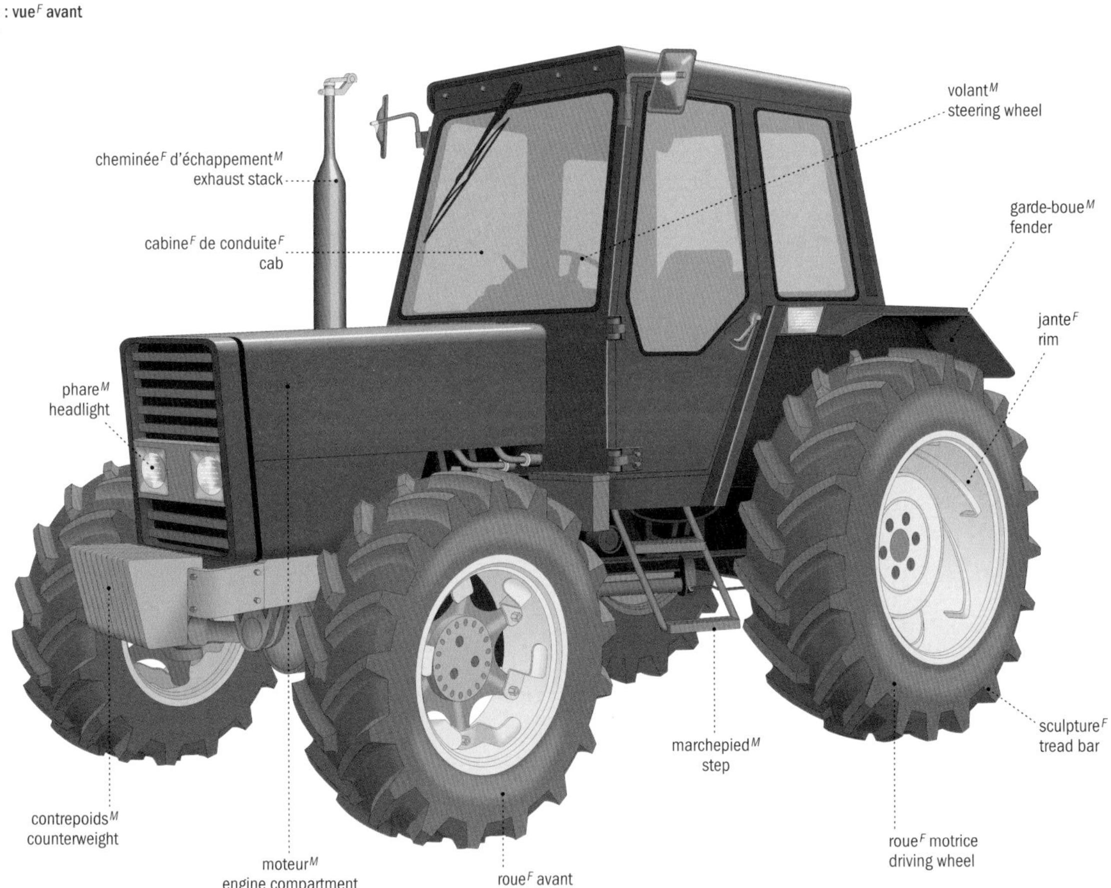
volant^M
steering wheel
cheminée^F d'échappement^M
exhaust stack
cabine^F de conduite^F
cab
garde-boue^M
fender
jante^F
rim
phare^M
headlight
sculpture^F
tread bar
marchepied^M
step
contrepoids^M
counterweight
moteur^M
engine compartment
roue^F avant
front wheel
roue^F motrice
driving wheel

machinerie[F] agricole

agricultural machinery

charrue[F] à soc[M]
ribbing plow

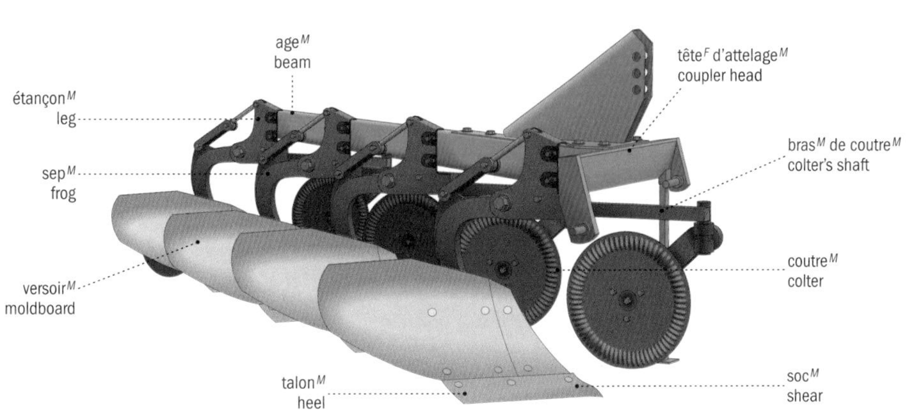
age[M]
beam
étançon[M]
leg
sep[M]
frog
versoir[M]
moldboard
talon[M]
heel
tête[F] d'attelage[M]
coupler head
bras[M] de coutre[M]
colter's shaft
coutre[M]
colter
soc[M]
shear

pulvériseur[M] tandem[M]
tandem disc harrow

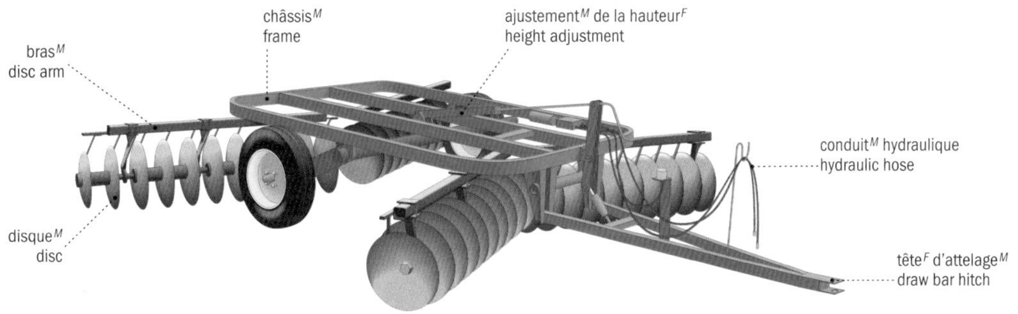
châssis[M]
frame
bras[M]
disc arm
ajustement[M] de la hauteur[F]
height adjustment
conduit[M] hydraulique
hydraulic hose
disque[M]
disc
tête[F] d'attelage[M]
draw bar hitch

cultivateur[M]
cultivator

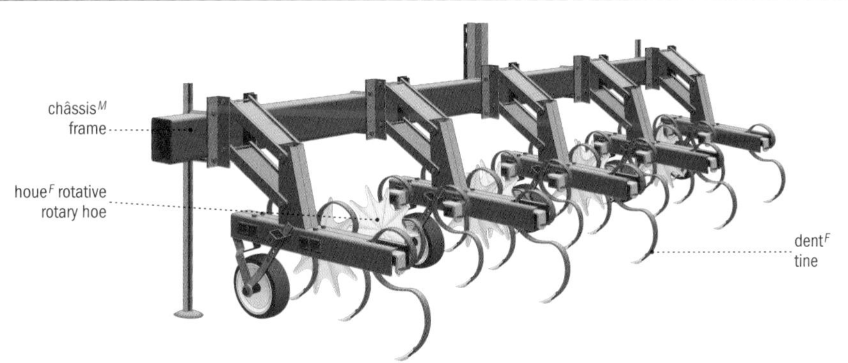
châssis[M]
frame
houe[F] rotative
rotary hoe
dent[F]
tine

épandeur[M] de fumier[M]
manure spreader

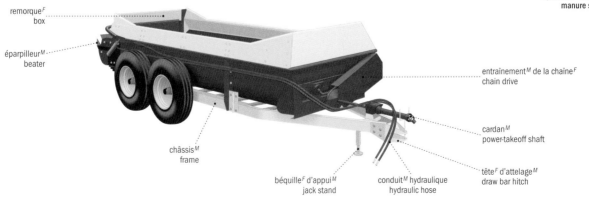

remorque[F]
box
éparpilleur[M]
beater
entraînement[M] de la chaîne[F]
chain drive
cardan[M]
power-takeoff shaft
châssis[M]
frame
tête[F] d'attelage[M]
draw bar hitch
béquille[F] d'appui[M]
jack stand
conduit[M] hydraulique
hydraulic hose

machinerie[F] agricole

râteau[M]
rake

ajustement[M] de la hauteur[F]
height adjustment
châssis[M]
frame
peigne[M]
rake bar
dent[F]
tooth

faucheuse[F]**-conditionneuse**[F]
flail mower

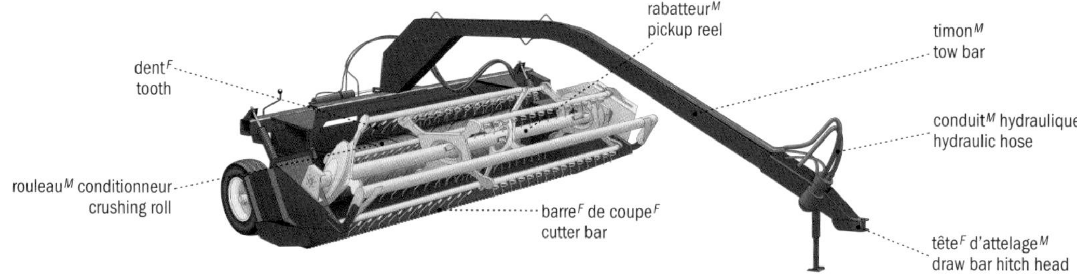
rabatteur[M]
pickup reel
timon[M]
tow bar
dent[F]
tooth
conduit[M] hydraulique
hydraulic hose
rouleau[M] conditionneur
crushing roll
barre[F] de coupe[F]
cutter bar
tête[F] d'attelage[M]
draw bar hitch head

ramasseuse[F]**-presse**[F]
hay baler

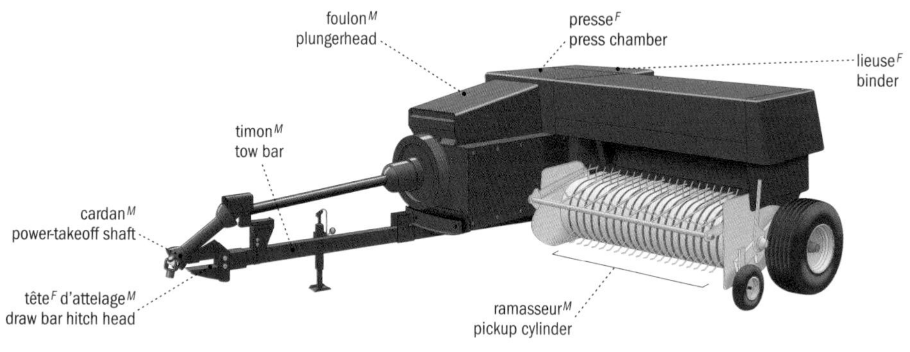
foulon[M]
plungerhead
presse[F]
press chamber
lieuse[F]
binder
timon[M]
tow bar
cardan[M]
power-takeoff shaft
tête[F] d'attelage[M]
draw bar hitch head
ramasseur[M]
pickup cylinder

fourragère[F]
forage harvester

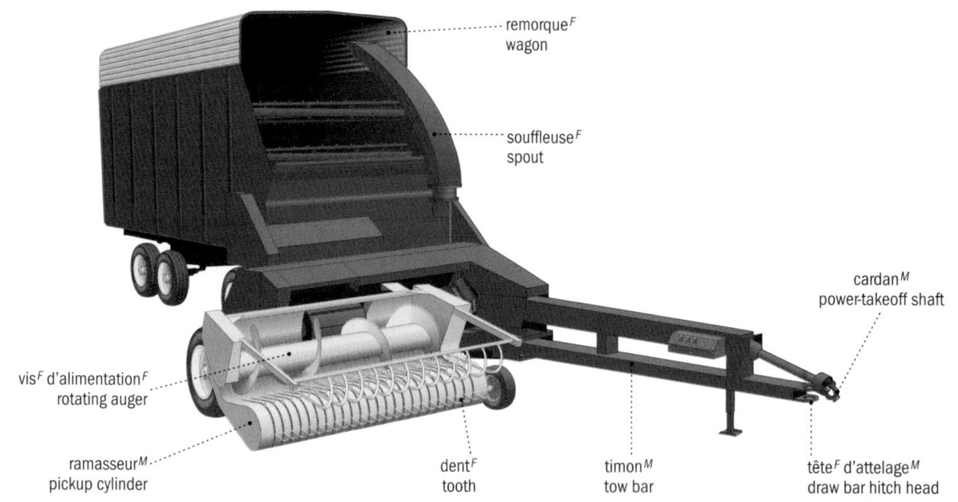
remorque[F]
wagon
souffleuse[F]
spout
cardan[M]
power-takeoff shaft
vis[F] d'alimentation[F]
rotating auger
ramasseur[M]
pickup cylinder
dent[F]
tooth
timon[M]
tow bar
tête[F] d'attelage[M]
draw bar hitch head

semoir[M] en lignes[F]
seed drill

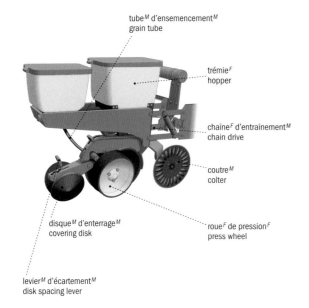

tube[M] d'ensemencement[M]
grain tube

trémie[F]
hopper

chaîne[F] d'entraînement[M]
chain drive

coutre[M]
colter

disque[M] d'enterrage[M]
covering disk

roue[F] de pression[F]
press wheel

levier[M] d'écartement[M]
disk spacing lever

souffleuse[F] de fourrage[M]
forage blower

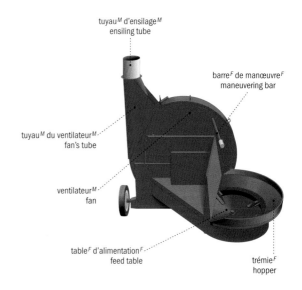

tuyau[M] d'ensilage[M]
ensiling tube

barre[F] de manœuvre[F]
maneuvering bar

tuyau[M] du ventilateur[M]
fan's tube

ventilateur[M]
fan

table[F] d'alimentation[F]
feed table

trémie[F]
hopper

moissonneuse[F]-batteuse[F]
combine harvester

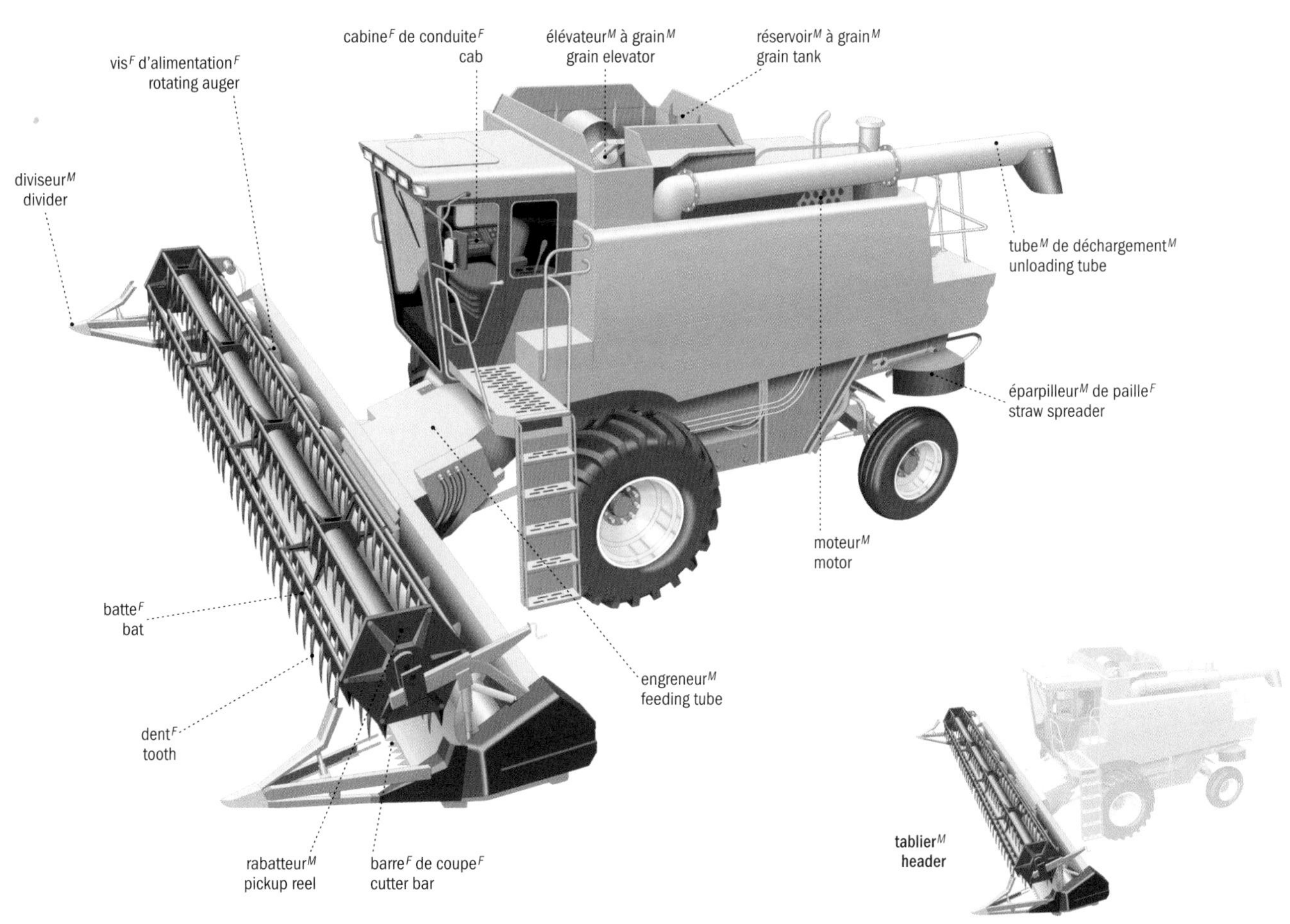
cabine[F] de conduite[F]
cab
élévateur[M] à grain[M]
grain elevator
réservoir[M] à grain[M]
grain tank
vis[F] d'alimentation[F]
rotating auger
diviseur[M]
divider
tube[M] de déchargement[M]
unloading tube
éparpilleur[M] de paille[F]
straw spreader
moteur[M]
motor
batte[F]
bat
engreneur[M]
feeding tube
dent[F]
tooth
rabatteur[M]
pickup reel
barre[F] de coupe[F]
cutter bar
tablier[M]
header

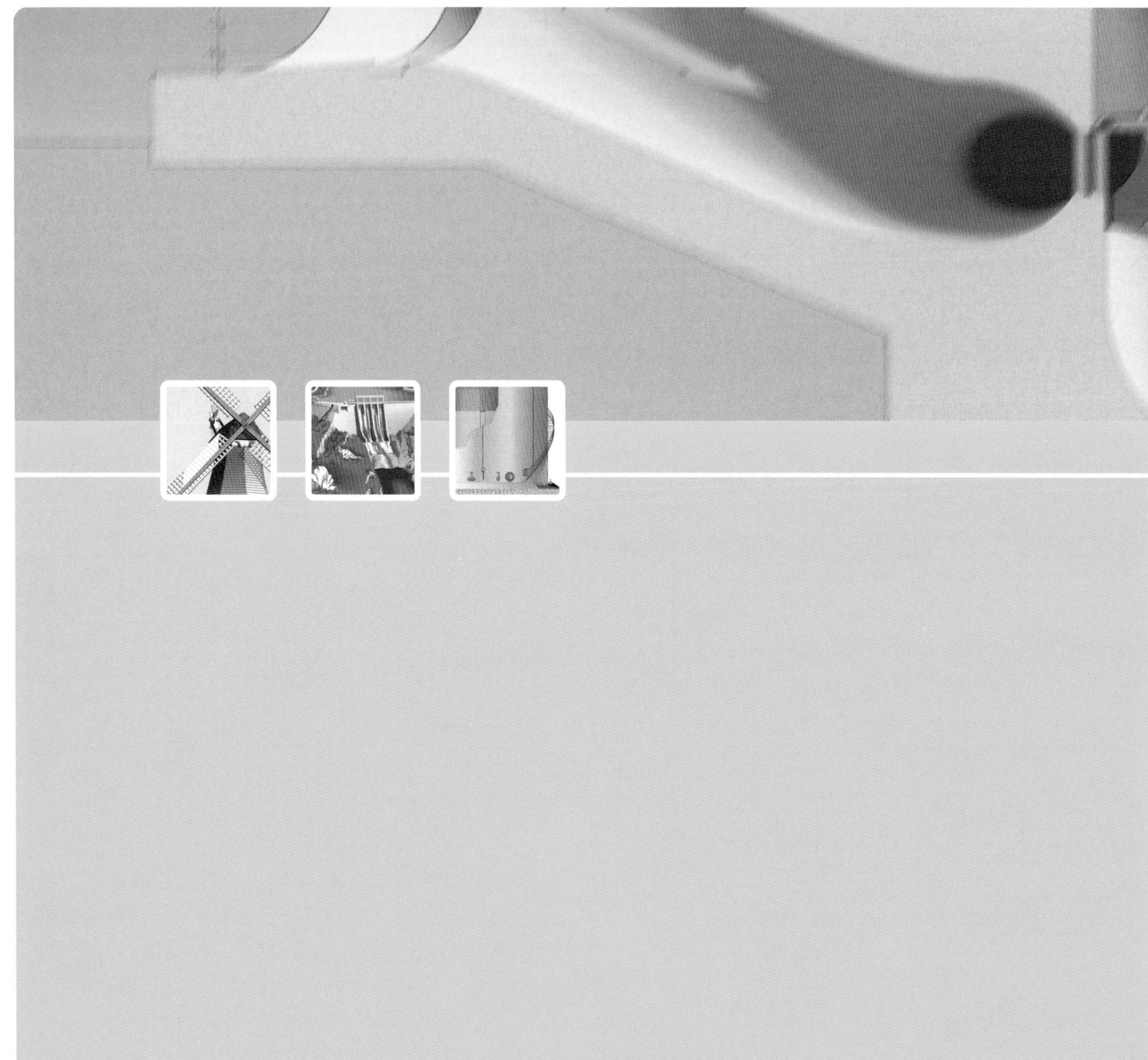

646 Géothermie et énergie fossile

646 production d'électricité par énergie géothermique
646 énergie thermique
647 mine de charbon
651 pétrole

657 Hydroélectricité

657 complexe hydroélectrique
659 groupe turbo-alternateur
660 exemples de barrages
662 étapes de production de l'électricité
663 transport de l'électricité
664 usine marémotrice

ÉNERGIES

ENERGY

665 Énergie nucléaire

665 production d'électricité par énergie nucléaire
666 séquence de manipulation du combustible
667 grappe de combustible
667 réacteur nucléaire
668 centrale nucléaire
670 réacteur au gaz carbonique
670 réacteur à eau lourde
671 réacteur à eau sous pression
671 réacteur à eau bouillante

672 Énergie solaire

672 photopile
672 capteur solaire plan
673 circuit de photopiles
674 four solaire
674 production d'électricité par énergie solaire
675 maison solaire

676 Énergie éolienne

676 moulin à vent
676 éoliennes et production d'électricité

production[F] d'électricité[F] par énergie[F] géothermique

production of electricity from geothermal energy

turbine[F]
turbine

alternateur[M]
generator

condenseur[M]
condenser

vapeur[F]
steam

transport[M] de l'électricité[F] à haute tension[F]
high-tension electricity transmission

séparateur[M]
separator

élévation[F] de la tension[F]
voltage increase

mélange[M] eau[F]-vapeur[F]
water-steam mix

tour[F] de refroidissement[M]
cooling tower

toit[M] imperméable
upper confining bed

eau[F]
water

champ[M] géothermique
geothermal field

substratum[M] imperméable
lower confining bed

puits[M] de production[F]
production well

aquifère[M] captif
confined aquifer

puits[M] d'injection[F]
injection well

réservoir[M] magmatique
magma chamber

énergie[F] thermique

thermal energy

production[F] d'électricité[F] par énergie[F] thermique
production of electricity from thermal energy

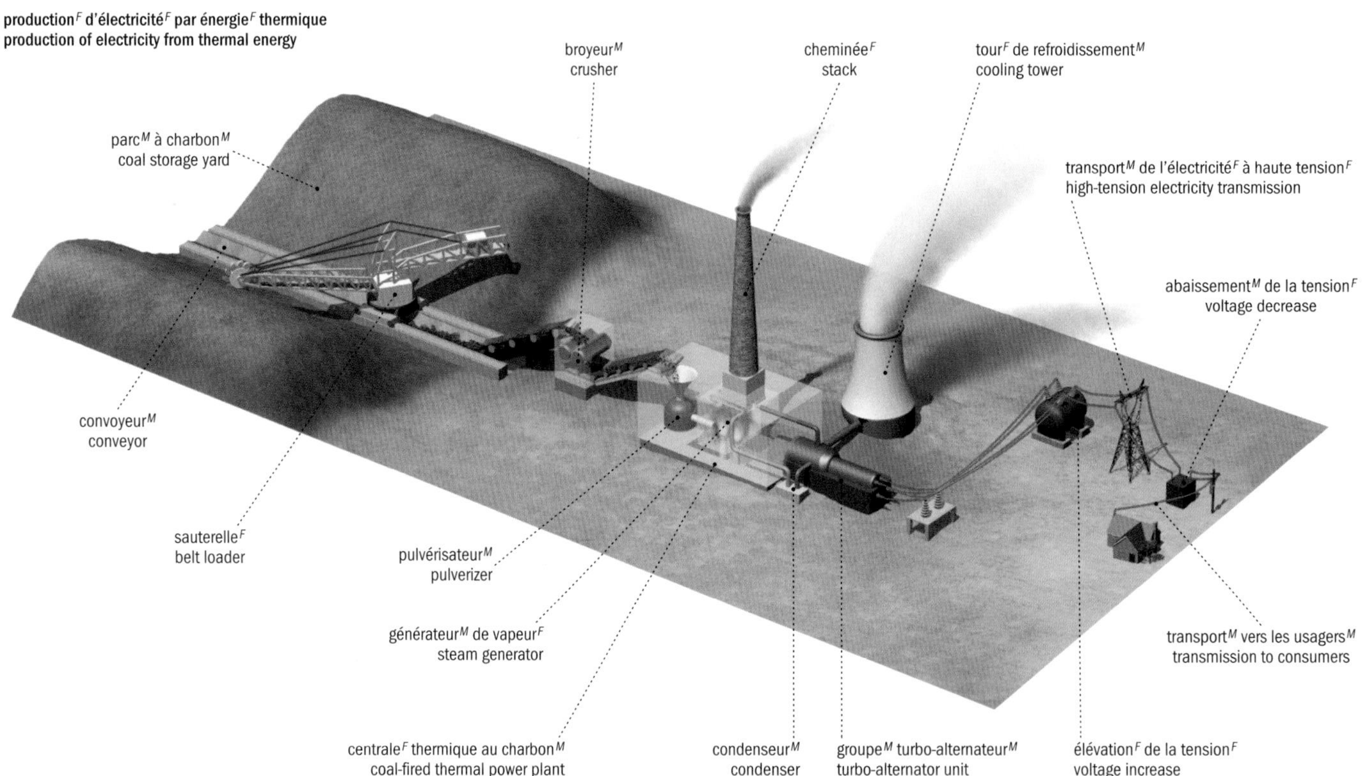
broyeur[M]
crusher
cheminée[F]
stack
tour[F] de refroidissement[M]
cooling tower
parc[M] à charbon[M]
coal storage yard
transport[M] de l'électricité[F] à haute tension[F]
high-tension electricity transmission
abaissement[M] de la tension[F]
voltage decrease
convoyeur[M]
conveyor
sauterelle[F]
belt loader
pulvérisateur[M]
pulverizer
générateur[M] de vapeur[F]
steam generator
transport[M] vers les usagers[M]
transmission to consumers
centrale[F] thermique au charbon[M]
coal-fired thermal power plant
condenseur[M]
condenser
groupe[M] turbo-alternateur[M]
turbo-alternator unit
élévation[F] de la tension[F]
voltage increase

mine^F de charbon^M

coal mine

carrière^F en entonnoir^M
open-pit mine

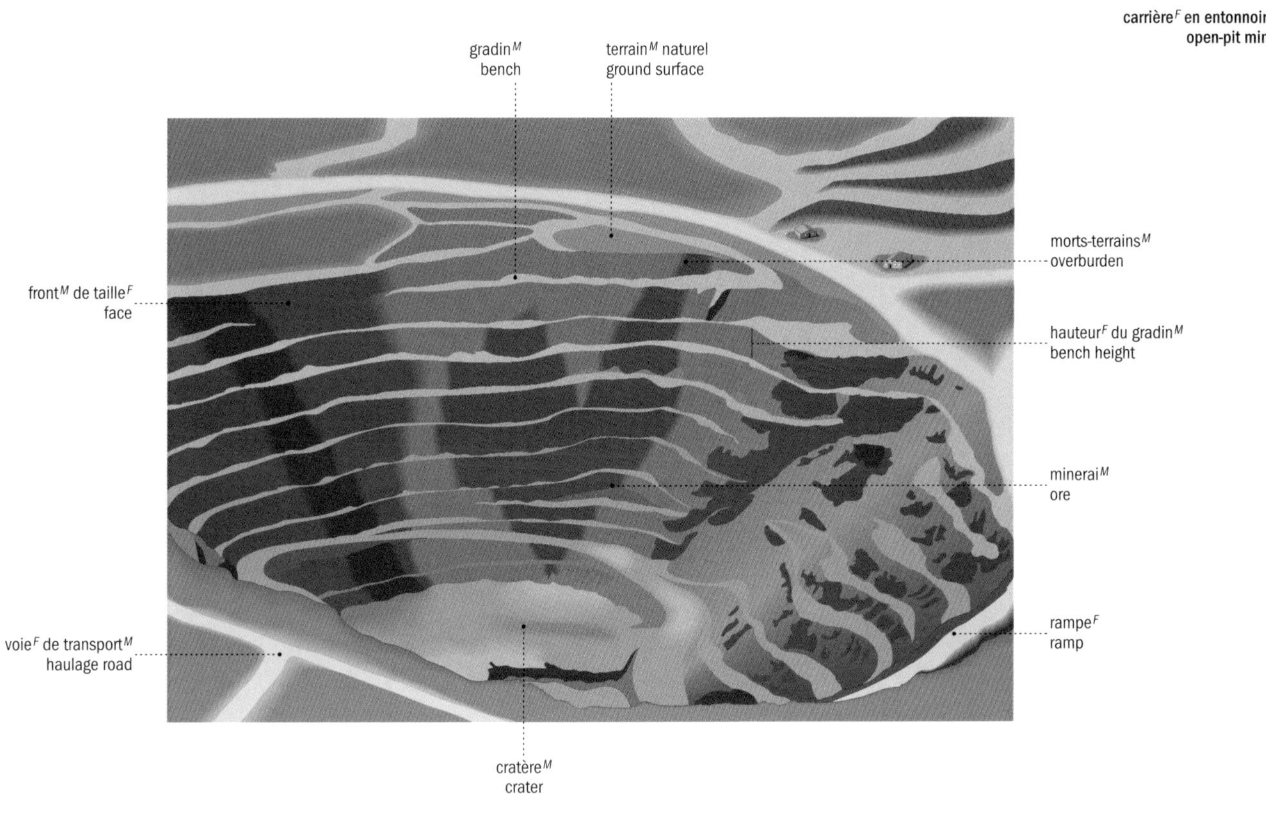
gradin^M
bench
terrain^M naturel
ground surface
morts-terrains^M
overburden
front^M de taille^F
face
hauteur^F du gradin^M
bench height
minerai^M
ore
voie^F de transport^M
haulage road
rampe^F
ramp
cratère^M
crater

carrière^F exploitée en chassant
strip mine

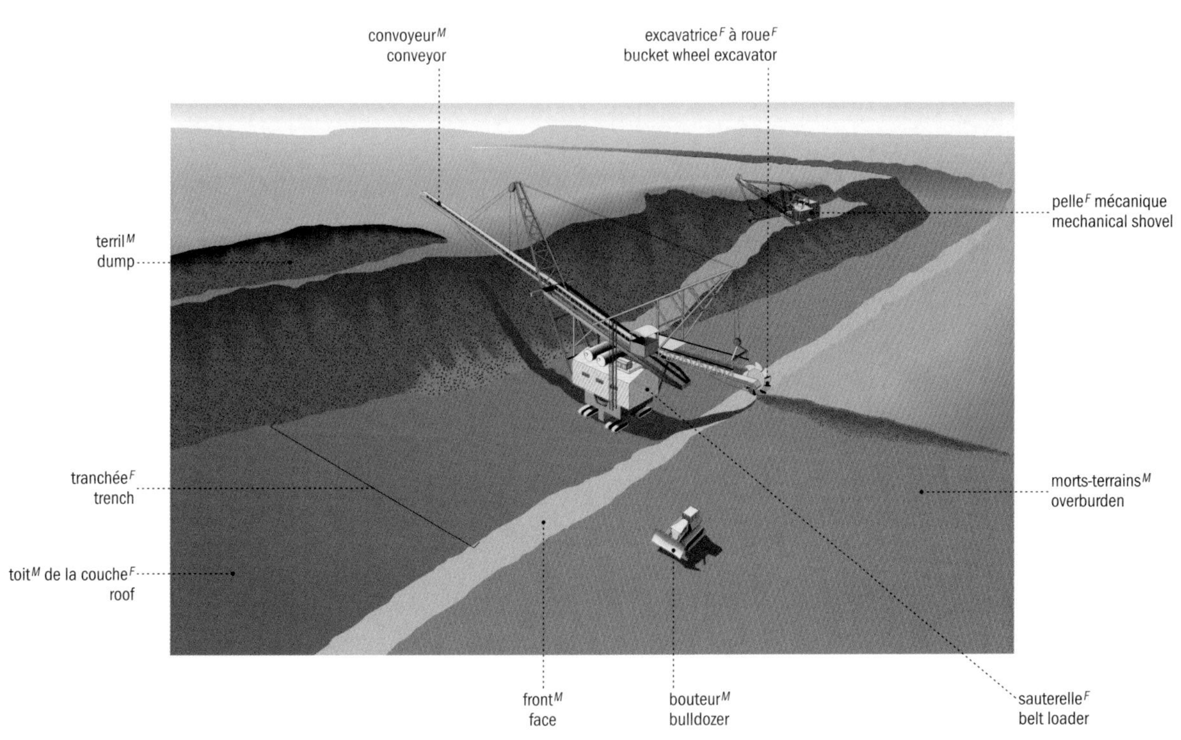
convoyeur^M
conveyor
excavatrice^F à roue^F
bucket wheel excavator
pelle^F mécanique
mechanical shovel
terril^M
dump
tranchée^F
trench
morts-terrains^M
overburden
toit^M de la couche^F
roof
front^M
face
bouteur^M
bulldozer
sauterelle^F
belt loader

mine^F de charbon^M

marteau^M perforateur à poussoir^M pneumatique
jackleg drill

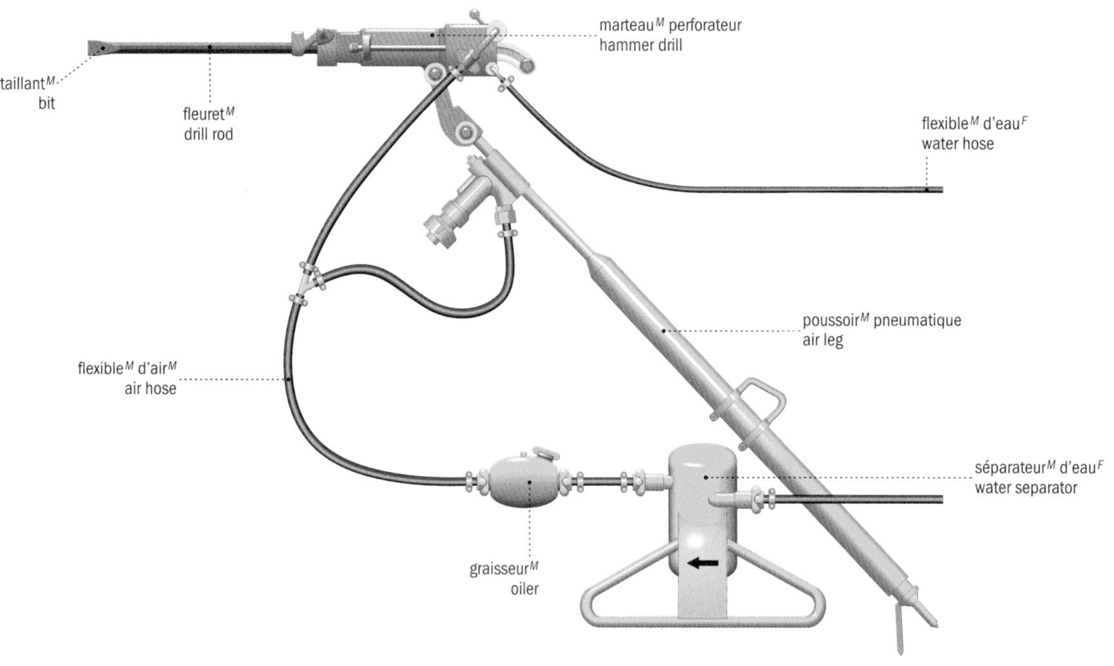
marteau^M perforateur
hammer drill
taillant^M
bit
fleuret^M
drill rod
flexible^M d'eau^F
water hose
poussoir^M pneumatique
air leg
flexible^M d'air^M
air hose
séparateur^M d'eau^F
water separator
graisseur^M
oiler

carreau^M de mine^F
pithead

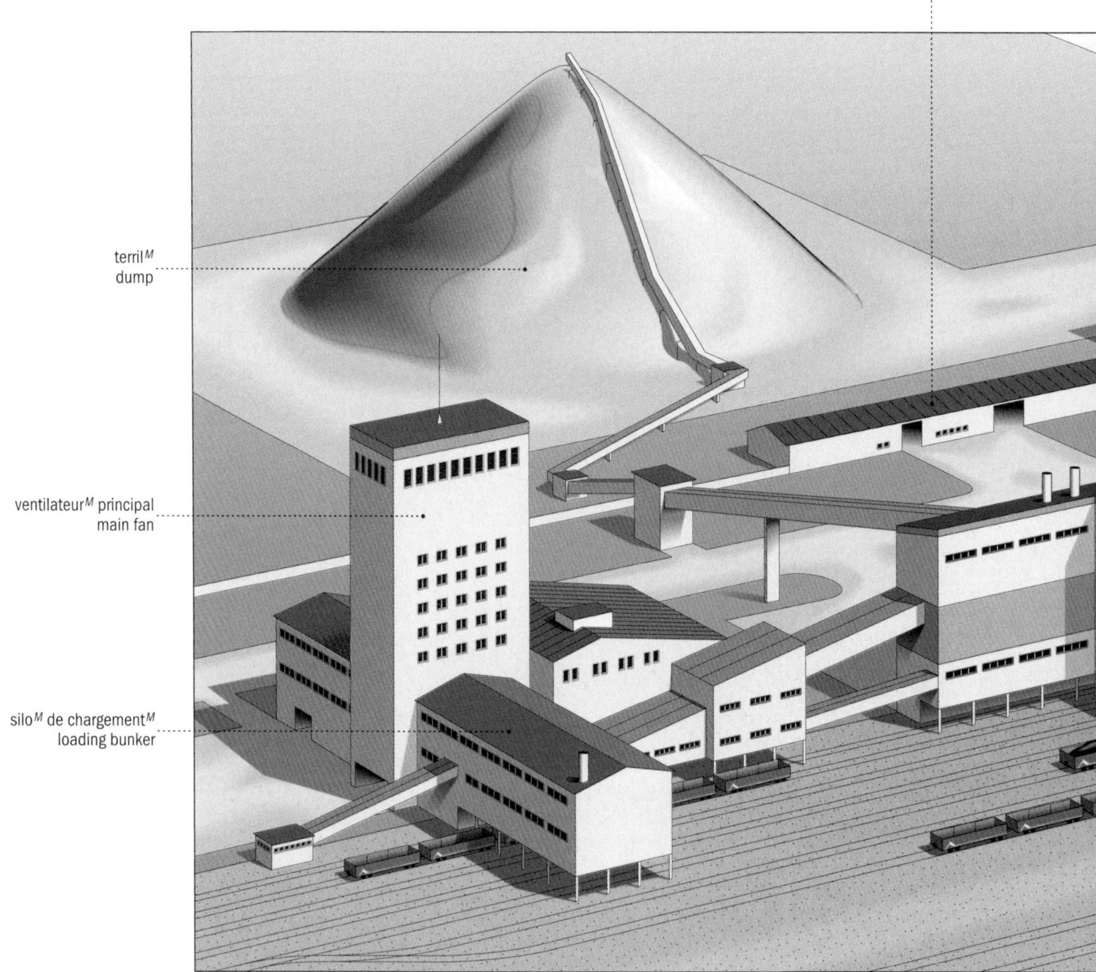
atelier^M d'entretien^M
maintenance shop
terril^M
dump
ventilateur^M principal
main fan
silo^M de chargement^M
loading bunker

marteau^M pneumatique
pneumatic hammer

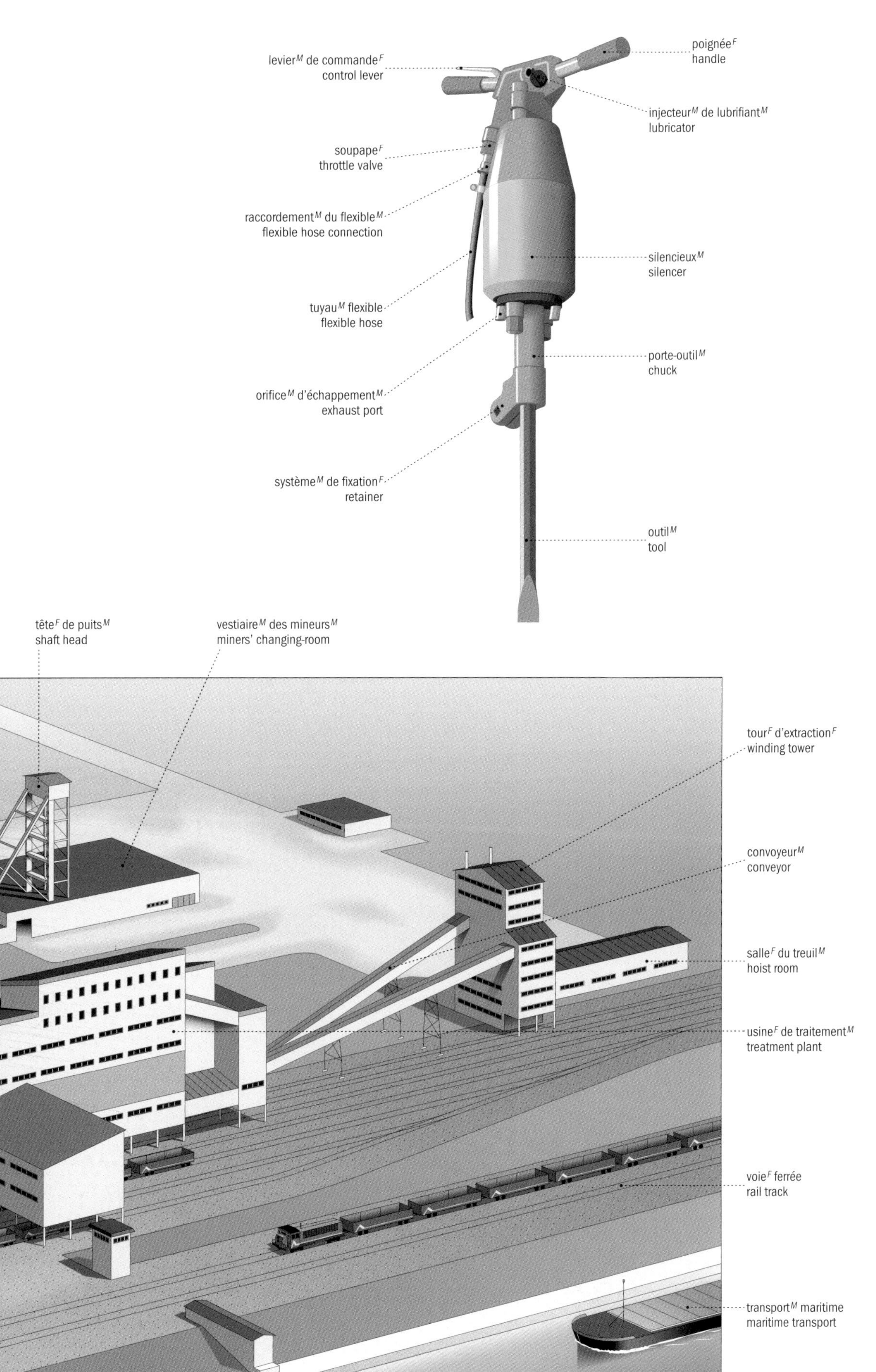
levier^M de commande^F
control lever
poignée^F
handle
injecteur^M de lubrifiant^M
lubricator
soupape^F
throttle valve
raccordement^M du flexible^M
flexible hose connection
silencieux^M
silencer
tuyau^M flexible
flexible hose
porte-outil^M
chuck
orifice^M d'échappement^M
exhaust port
système^M de fixation^F
retainer
outil^M
tool
tête^F de puits^M
shaft head
vestiaire^M des mineurs^M
miners' changing-room
tour^F d'extraction^F
winding tower
convoyeur^M
conveyor
salle^F du treuil^M
hoist room
usine^F de traitement^M
treatment plant
voie^F ferrée
rail track
transport^M maritime
maritime transport

mine^F de charbon^M

mine^F souterraine
underground mine

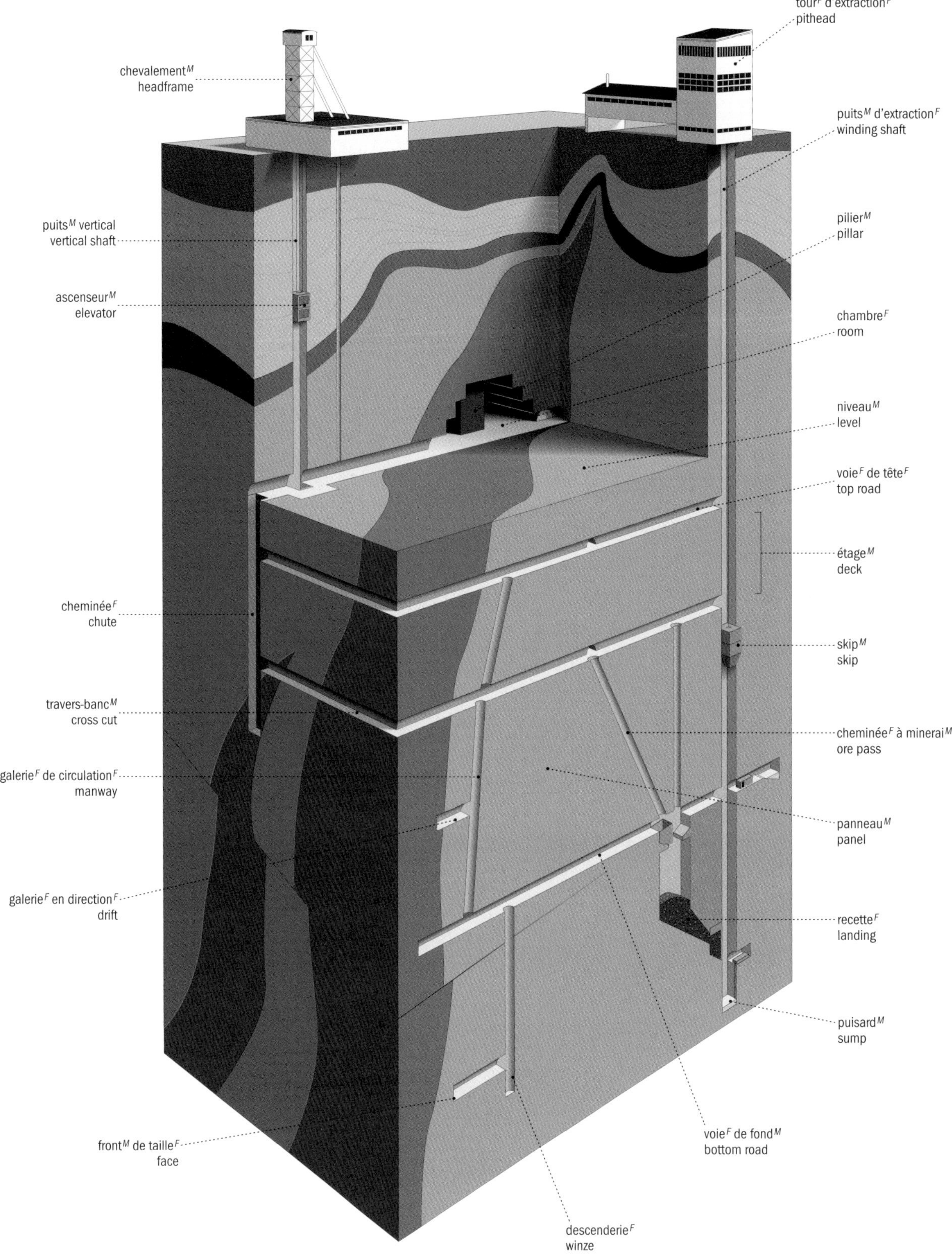

tour^F d'extraction^F
pithead
chevalement^M
headframe
puits^M d'extraction^F
winding shaft
puits^M vertical
vertical shaft
pilier^M
pillar
ascenseur^M
elevator
chambre^F
room
niveau^M
level
voie^F de tête^F
top road
étage^M
deck
cheminée^F
chute
skip^M
skip
travers-banc^M
cross cut
cheminée^F à minerai^M
ore pass
galerie^F de circulation^F
manway
panneau^M
panel
galerie^F en direction^F
drift
recette^F
landing
puisard^M
sump
front^M de taille^F
face
voie^F de fond^M
bottom road
descenderie^F
winze

pétrole[M]

oil

prospection[F] terrestre
surface prospecting

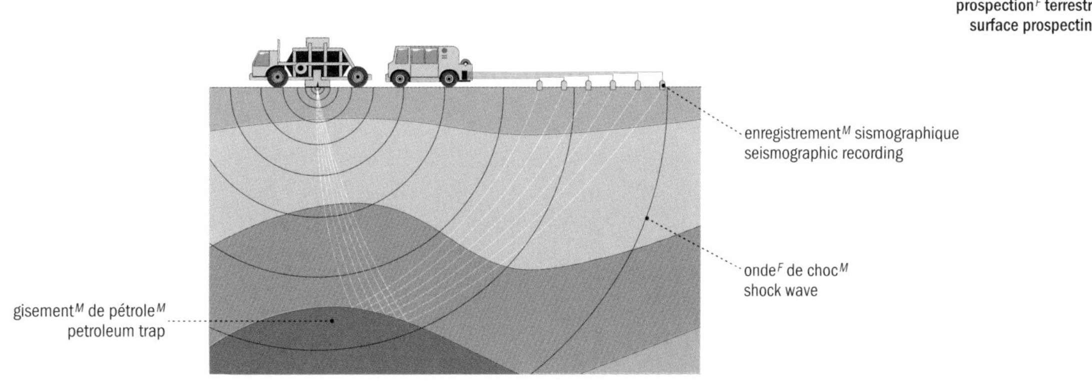
enregistrement[M] sismographique
seismographic recording
onde[F] de choc[M]
shock wave
gisement[M] de pétrole[M]
petroleum trap

appareil[M] de forage[M]
drilling rig

moufle[F] fixe
crown block

tour[F] de forage[M]
derrick

tête[F] d'injection[F]
swivel

moufle[F] mobile
traveling block

flexible[M] d'injection[F] de boue[F]
mud injection hose

crochet[M] de levage[M]
lifting hook

système[M] rotary
rotary system

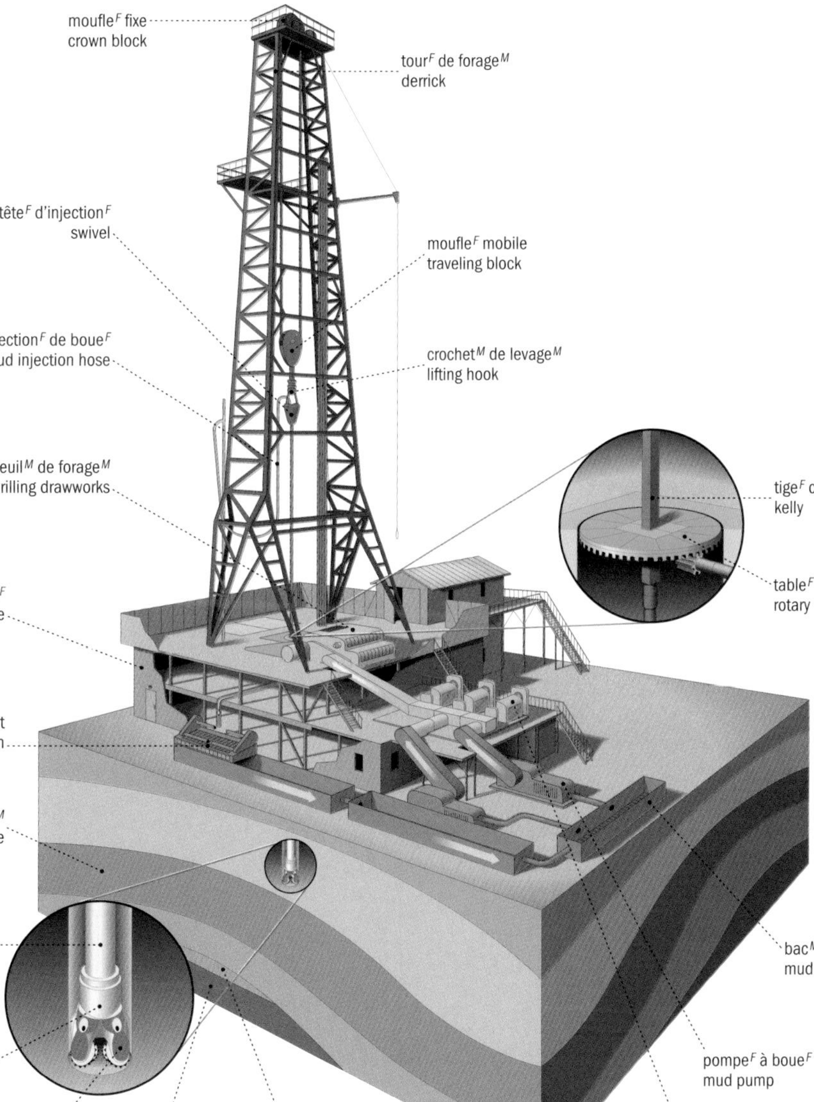

treuil[M] de forage[M]
drilling drawworks

tige[F] carrée d'entrainement[M]
kelly

table[F] de rotation[F]
rotary table

massif[M] de fondation[F]
substructure

tamis[M] vibrant
vibrating mudscreen

anticlinal[M]
anticline

tige[F] de forage[M]
drill pipe

bac[M] à boue[F]
mud pit

masse[F]-tige[F]
drill collar

pompe[F] à boue[F]
mud pump

trépan[M]
bit

gaz[M]
gas

moteur[M]
engine

couche[F] imperméable
impervious rock

pétrole[M]
oil

ÉNERGIES

pétrole[M]

plate-forme[F] de production[F]
production platform

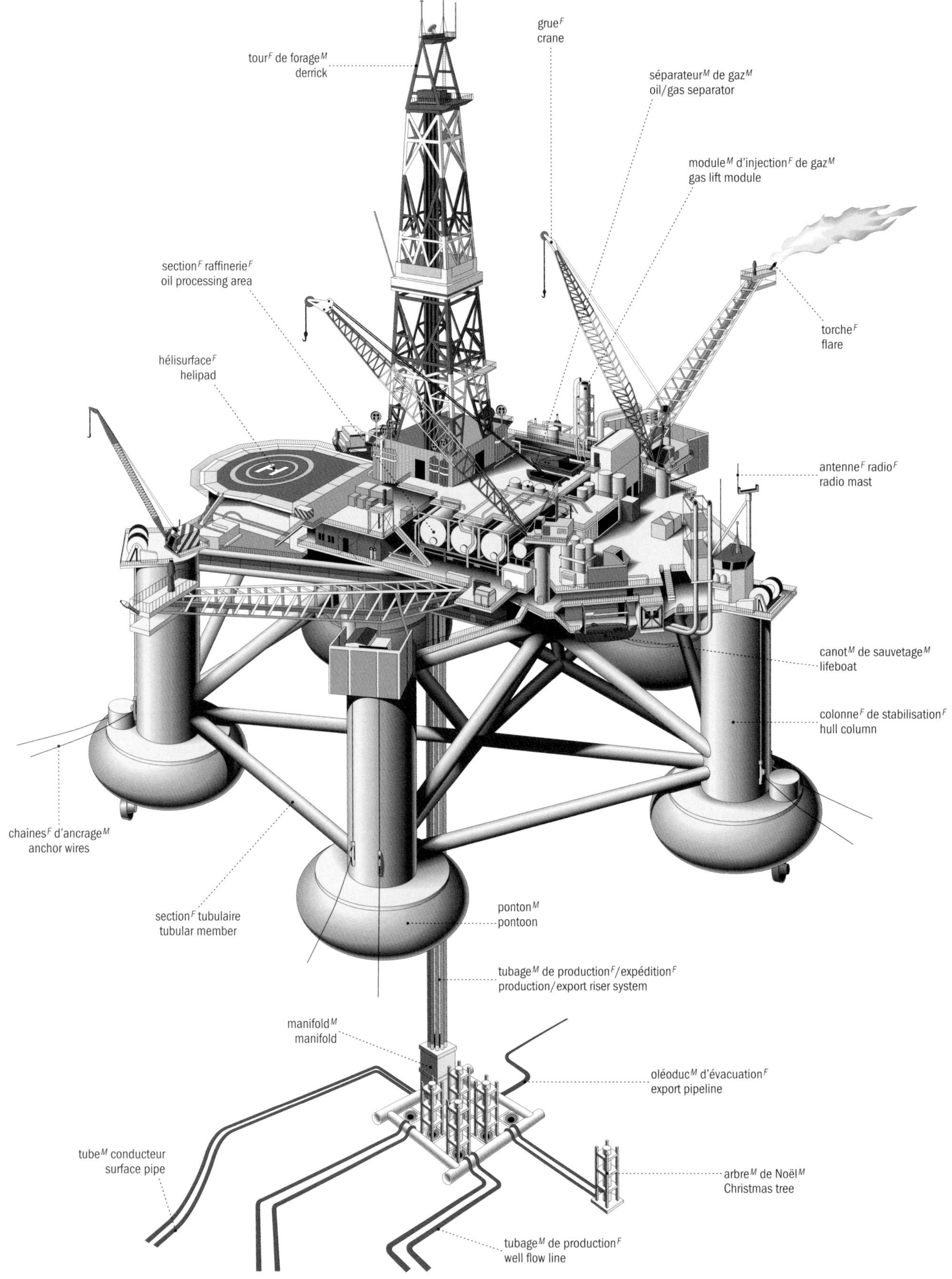
tour[F] de forage[M]
derrick
grue[F]
crane
séparateur[M] de gaz[M]
oil/gas separator
module[M] d'injection[F] de gaz[M]
gas lift module
section[F] raffinerie[F]
oil processing area
torche[F]
flare
hélisurface[F]
helipad
antenne[F] radio[F]
radio mast
canot[M] de sauvetage[M]
lifeboat
colonne[F] de stabilisation[F]
hull column
chaînes[F] d'ancrage[M]
anchor wires
section[F] tubulaire
tubular member
ponton[M]
pontoon
tubage[M] de production[F]/expédition[F]
production/export riser system
manifold[M]
manifold
oléoduc[M] d'évacuation[F]
export pipeline
tube[M] conducteur
surface pipe
arbre[M] de Noël[M]
Christmas tree
tubage[M] de production[F]
well flow line

prospection^F en mer^F
offshore prospecting

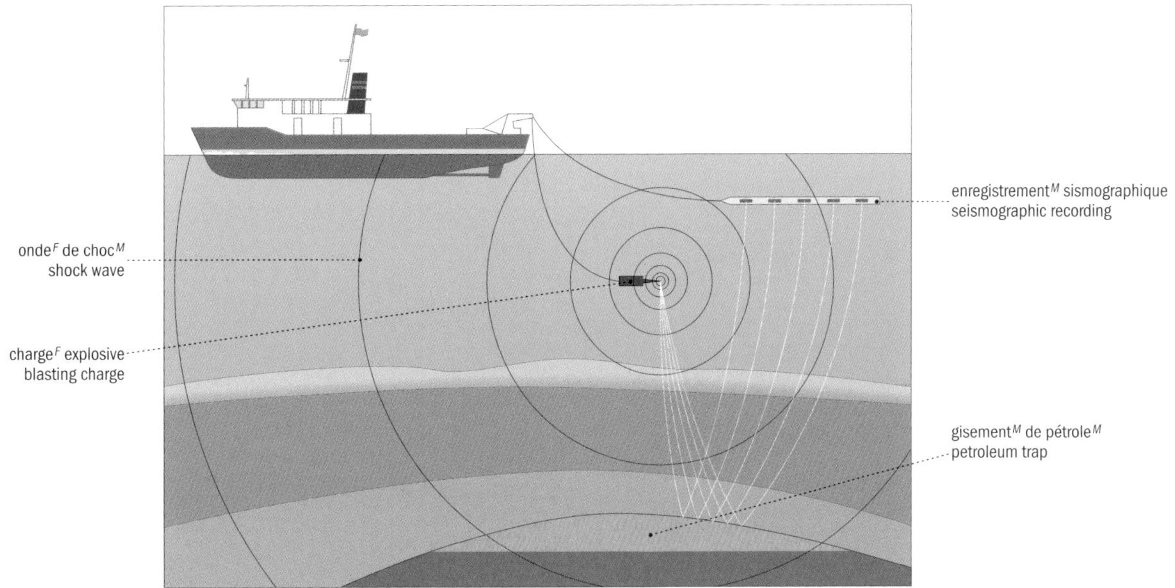
enregistrement^M sismographique
seismographic recording
onde^F de choc^M
shock wave
charge^F explosive
blasting charge
gisement^M de pétrole^M
petroleum trap

forage^M en mer^F
offshore drilling

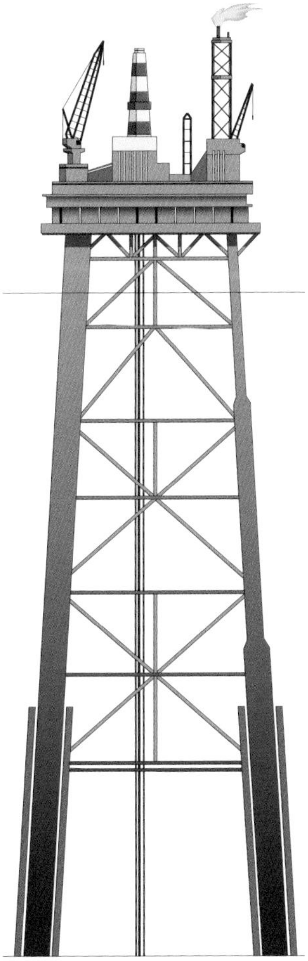

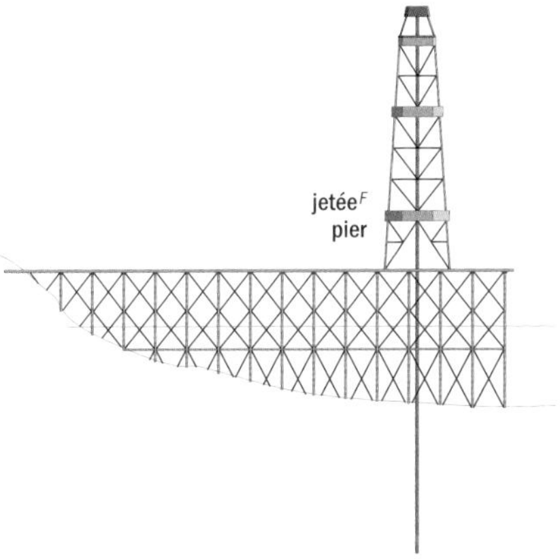

jetée^F
pier

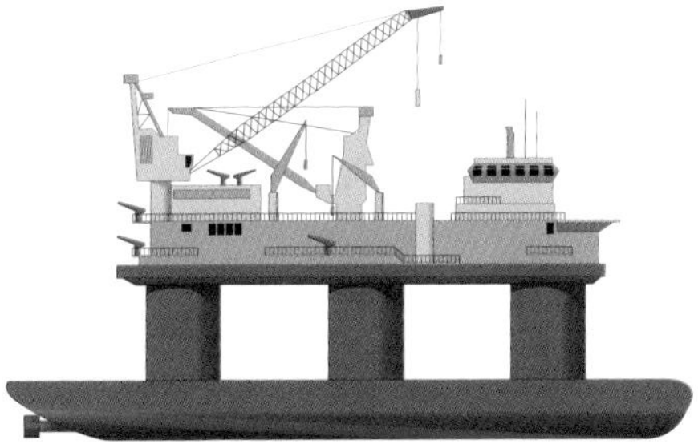

barge^F de service^M d'urgence^F
emergency support vessel

plate-forme^F semi-submersible
semisubmersible platform

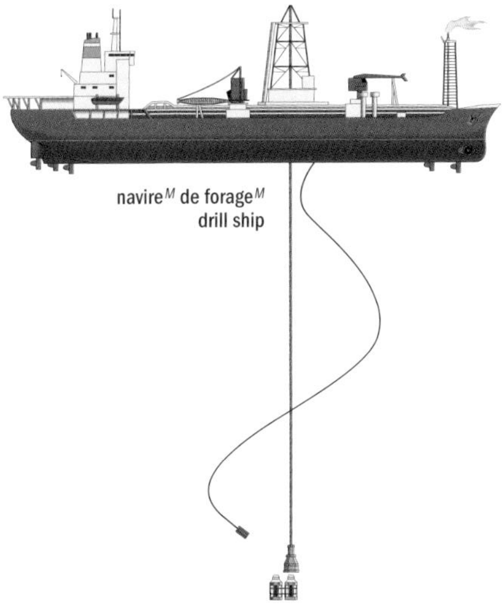

navire^M de forage^M
drill ship

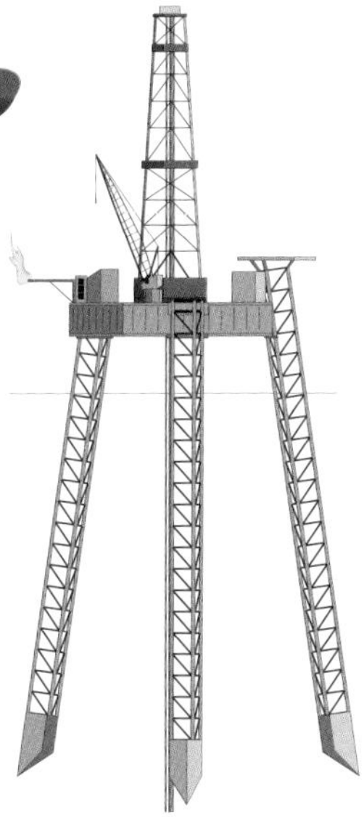

plate-forme^F auto-élévatrice
jack-up platform

plate-forme^F fixe
fixed platform

pétrole[M]

arbre[M] de Noël[M]
Christmas tree

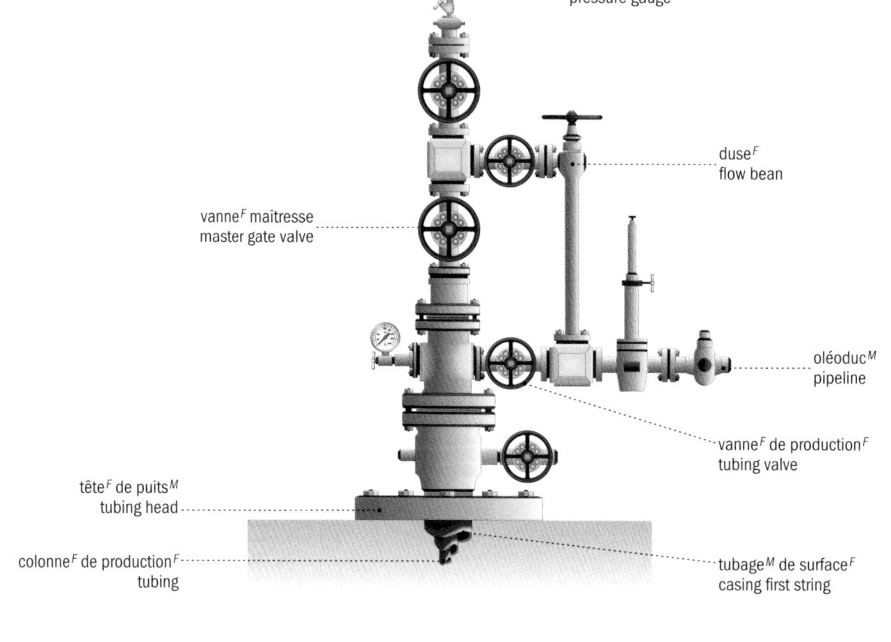
manomètre[M]
pressure gauge
duse[F]
flow bean
vanne[F] maîtresse
master gate valve
oléoduc[M]
pipeline
vanne[F] de production[F]
tubing valve
tête[F] de puits[M]
tubing head
colonne[F] de production[F]
tubing
tubage[M] de surface[F]
casing first string

réseau[M] d'oléoducs[M]
crude-oil pipeline

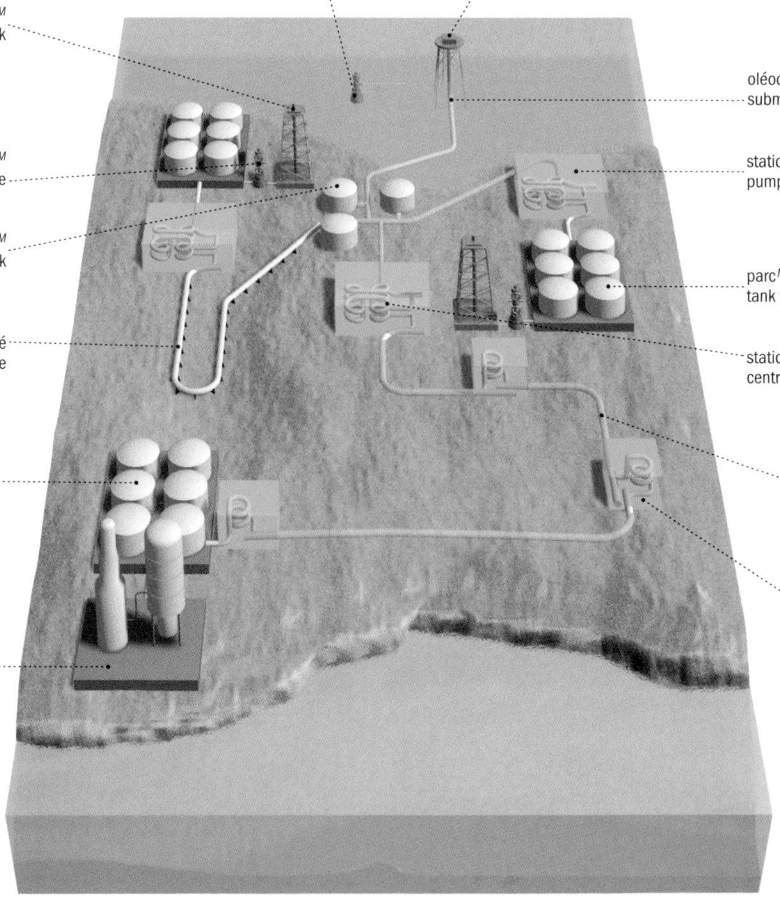

puits[M] sous-marin
offshore well
plate-forme[F] de production[F]
production platform
tour[F] de forage[M]
derrick
oléoduc[M] sous-marin
submarine pipeline
arbre[M] de Noël[M]
Christmas tree
station[F] de pompage[M]
pumping station
réservoir[M] tampon[M]
buffer tank
parc[M] de stockage[M]
tank farm
oléoduc[M] surélevé
aboveground pipeline
station[F] de pompage[M] principale
central pumping station
oléoduc[M]
pipeline
parc[M] de stockage[M] terminal
terminal
station[F] de pompage[M] intermédiaire
intermediate booster station
raffinerie[F]
refinery

réservoirs[M]
tanks

réservoir[M] à toit[M] fixe
fixed-roof tank

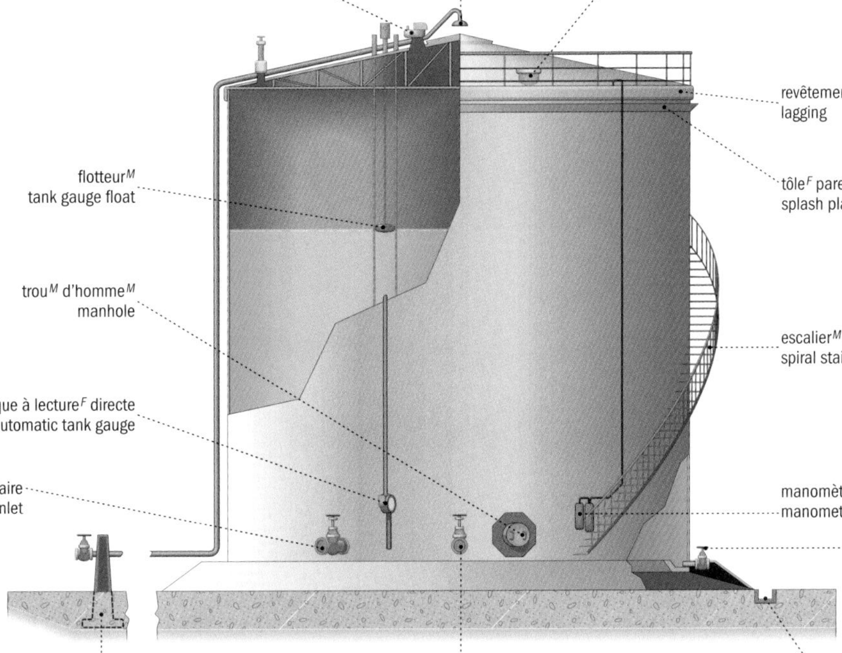

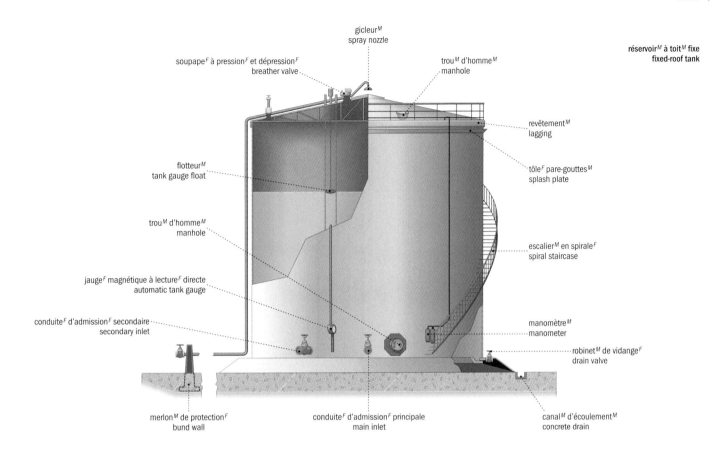

gicleur[M]
spray nozzle

soupape[F] à pression[F] et dépression[F]
breather valve

trou[M] d'homme[M]
manhole

revêtement[M]
lagging

tôle[F] pare-gouttes[M]
splash plate

flotteur[M]
tank gauge float

trou[M] d'homme[M]
manhole

escalier[M] en spirale[F]
spiral staircase

jauge[F] magnétique à lecture[F] directe
automatic tank gauge

conduite[F] d'admission[F] secondaire
secondary inlet

manomètre[M]
manometer

robinet[M] de vidange[F]
drain valve

merlon[M] de protection[F]
bund wall

conduite[F] d'admission[F] principale
main inlet

canal[M] d'écoulement[M]
concrete drain

réservoir[M] à toit[M] flottant
floating-roof tank

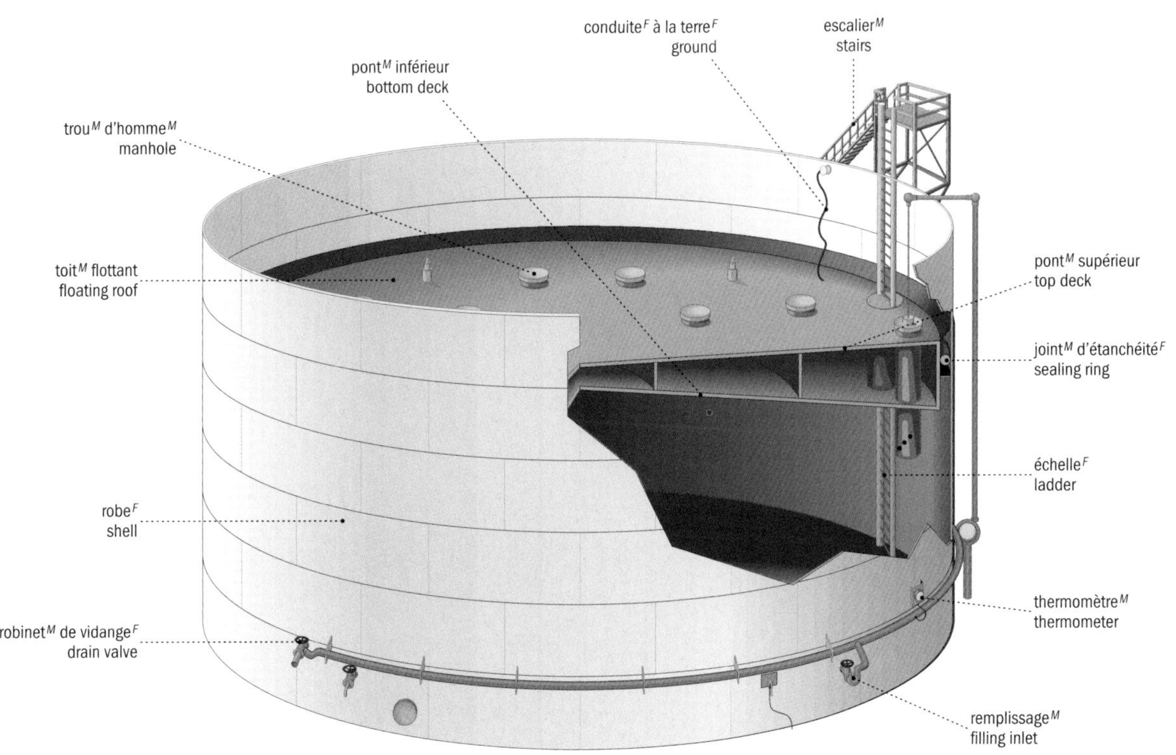
conduite[F] à la terre[F]
ground
escalier[M]
stairs
pont[M] inférieur
bottom deck
trou[M] d'homme[M]
manhole
toit[M] flottant
floating roof
pont[M] supérieur
top deck
joint[M] d'étanchéité[F]
sealing ring
échelle[F]
ladder
robe[F]
shell
thermomètre[M]
thermometer
robinet[M] de vidange[F]
drain valve
remplissage[M]
filling inlet

ÉNERGIES

pétrole[M]

produits[M] de la raffinerie[F]
refinery products

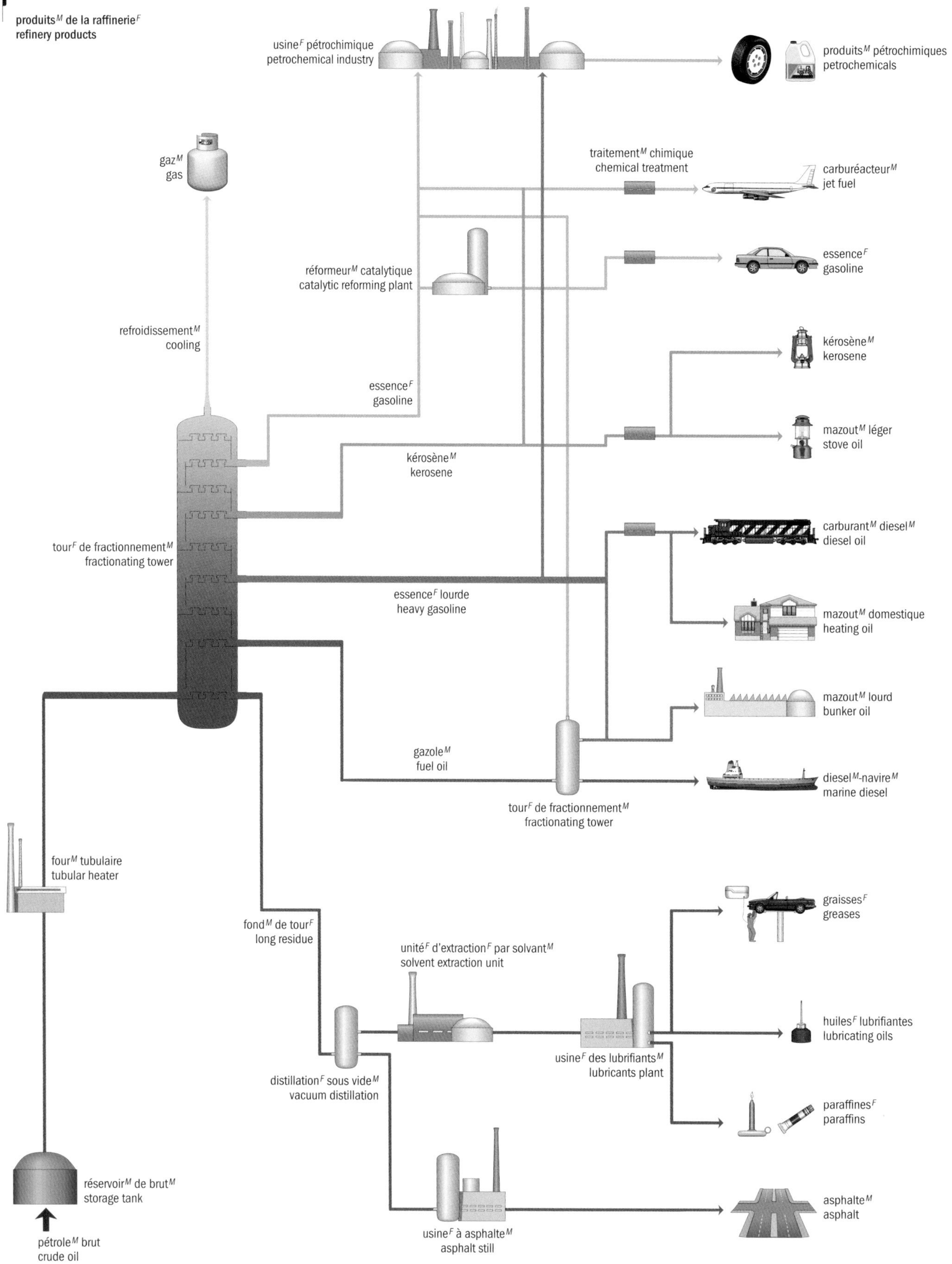

usine[F] pétrochimique
petrochemical industry

produits[M] pétrochimiques
petrochemicals

gaz[M]
gas

traitement[M] chimique
chemical treatment

carburéacteur[M]
jet fuel

réformeur[M] catalytique
catalytic reforming plant

essence[F]
gasoline

refroidissement[M]
cooling

kérosène[M]
kerosene

essence[F]
gasoline

mazout[M] léger
stove oil

kérosène[M]
kerosene

carburant[M] diesel[M]
diesel oil

tour[F] de fractionnement[M]
fractionating tower

essence[F] lourde
heavy gasoline

mazout[M] domestique
heating oil

mazout[M] lourd
bunker oil

gazole[M]
fuel oil

diesel[M]-navire[M]
marine diesel

tour[F] de fractionnement[M]
fractionating tower

four[M] tubulaire
tubular heater

graisses[F]
greases

fond[M] de tour[F]
long residue

unité[F] d'extraction[F] par solvant[M]
solvent extraction unit

huiles[F] lubrifiantes
lubricating oils

usine[F] des lubrifiants[M]
lubricants plant

distillation[F] sous vide[M]
vacuum distillation

paraffines[F]
paraffins

réservoir[M] de brut[M]
storage tank

asphalte[M]
asphalt

pétrole[M] brut
crude oil

usine[F] à asphalte[M]
asphalt still

complexe[M] hydroélectrique

hydroelectric complex

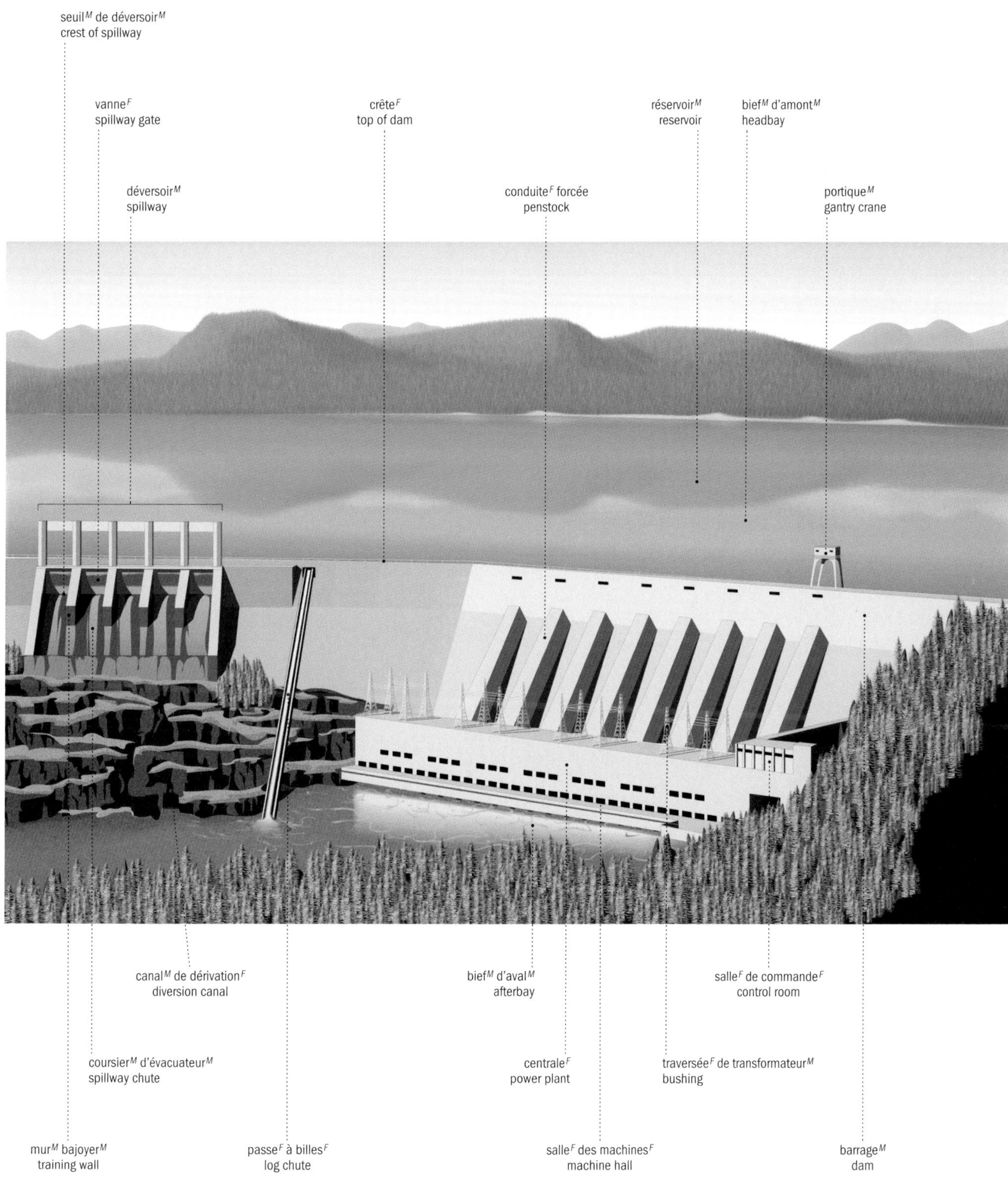
seuil[M] de déversoir[M]
crest of spillway
vanne[F]
spillway gate
crête[F]
top of dam
réservoir[M]
reservoir
bief[M] d'amont[M]
headbay
déversoir[M]
spillway
conduite[F] forcée
penstock
portique[M]
gantry crane
canal[M] de dérivation[F]
diversion canal
bief[M] d'aval[M]
afterbay
salle[F] de commande[F]
control room
coursier[M] d'évacuateur[M]
spillway chute
centrale[F]
power plant
traversée[F] de transformateur[M]
bushing
mur[M] bajoyer[M]
training wall
passe[F] à billes[F]
log chute
salle[F] des machines[F]
machine hall
barrage[M]
dam

complexe^M hydroélectrique

coupe^F d'une centrale^F hydroélectrique
cross section of a hydroelectric power plant

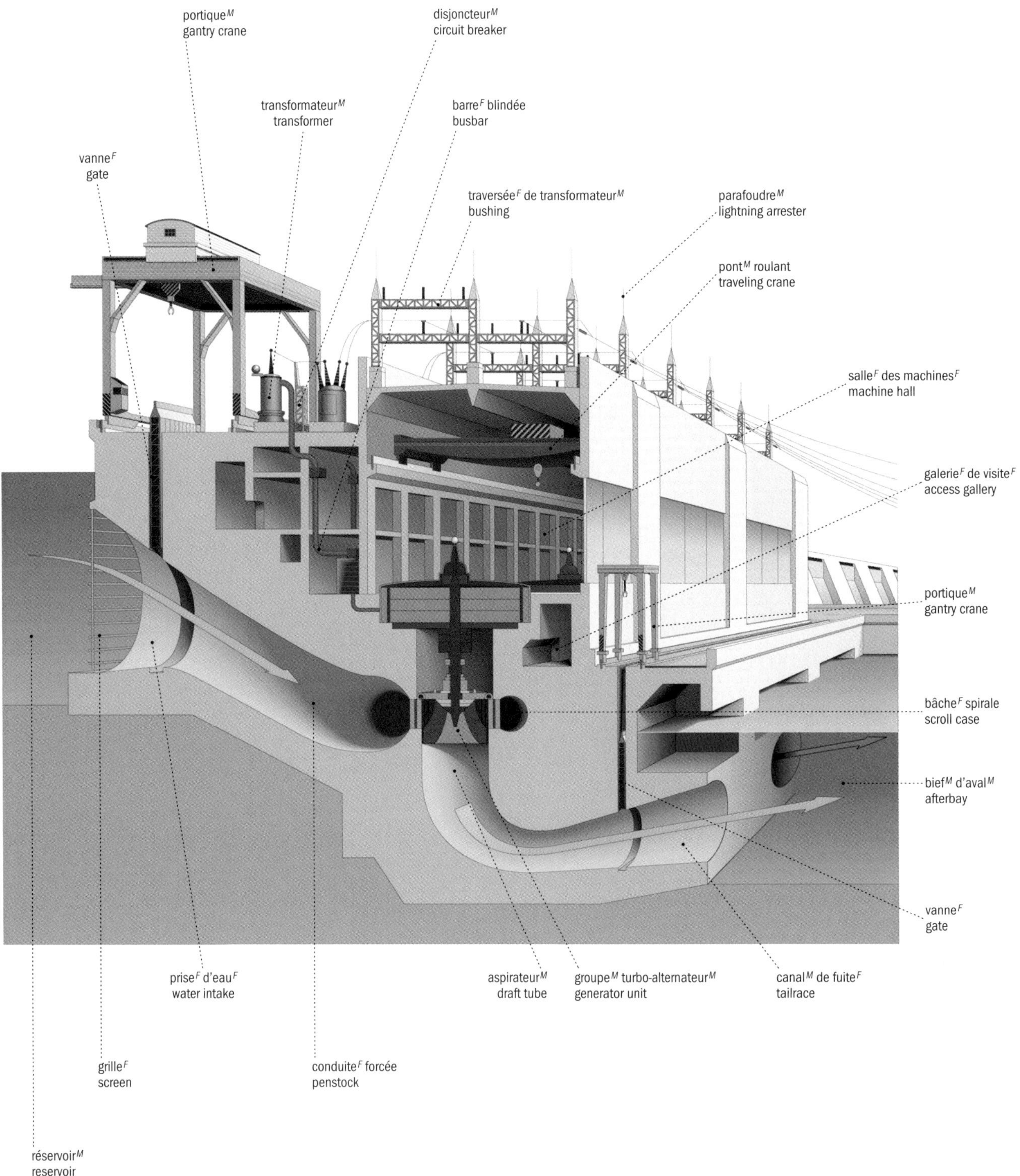
portique^M
gantry crane
disjoncteur^M
circuit breaker
transformateur^M
transformer
barre^F blindée
busbar
vanne^F
gate
traversée^F de transformateur^M
bushing
parafoudre^M
lightning arrester
pont^M roulant
traveling crane
salle^F des machines^F
machine hall
galerie^F de visite^F
access gallery
portique^M
gantry crane
bâche^F spirale
scroll case
bief^M d'aval^M
afterbay
vanne^F
gate
prise^F d'eau^F
water intake
aspirateur^M
draft tube
groupe^M turbo-alternateur^M
generator unit
canal^M de fuite^F
tailrace
grille^F
screen
conduite^F forcée
penstock
réservoir^M
reservoir

groupe[M] turbo-alternateur[M]

generator unit

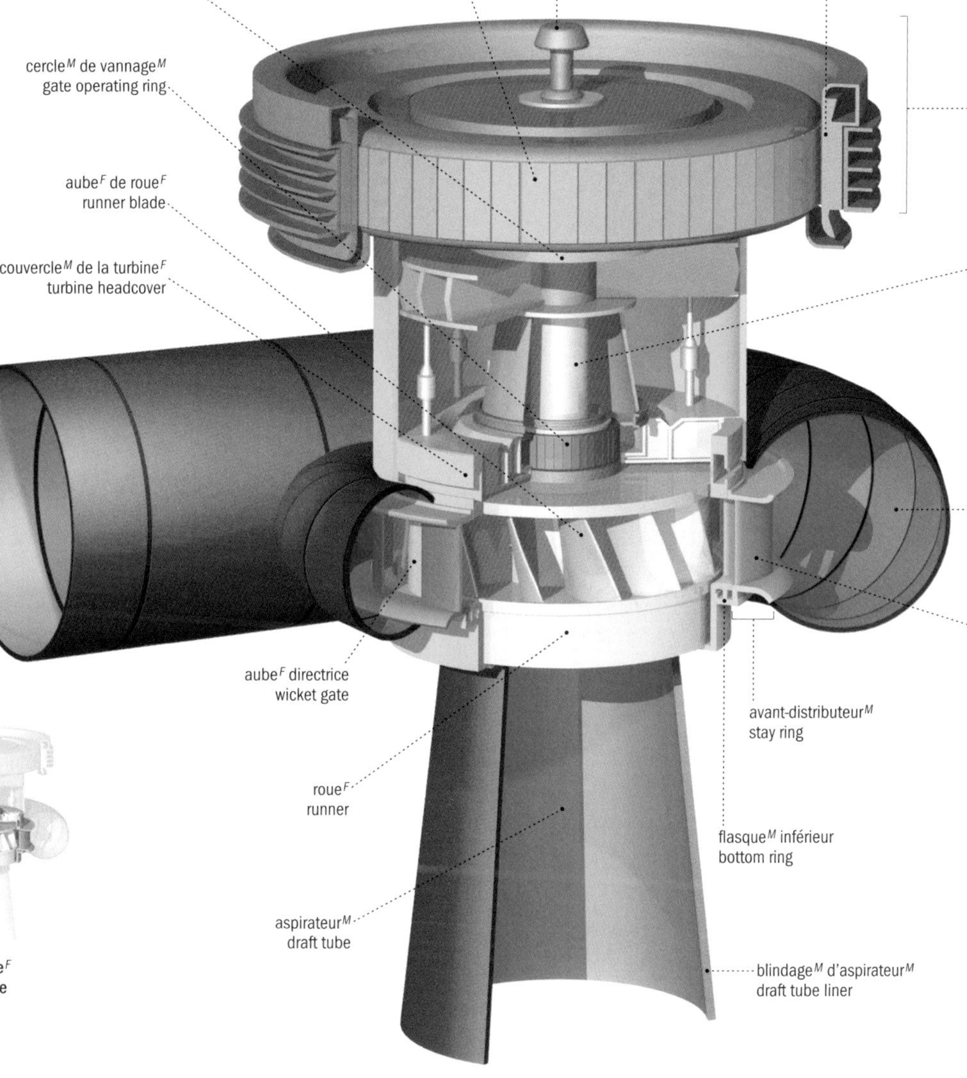

palier[M] de butée[F]
thrust bearing

rotor[M]
rotor

collecteur[M]
collector

stator[M]
stator

cercle[M] de vannage[M]
gate operating ring

alternateur[M]
generator

aube[F] de roue[F]
runner blade

couvercle[M] de la turbine[F]
turbine headcover

arbre[M]
shaft

bâche[F] spirale
spiral case

aube[F] avant-directrice
stay vane blade

aube[F] directrice
wicket gate

avant-distributeur[M]
stay ring

roue[F]
runner

flasque[M] inférieur
bottom ring

aspirateur[M]
draft tube

blindage[M] d'aspirateur[M]
draft tube liner

turbine[F]
turbine

roues[F]
runners

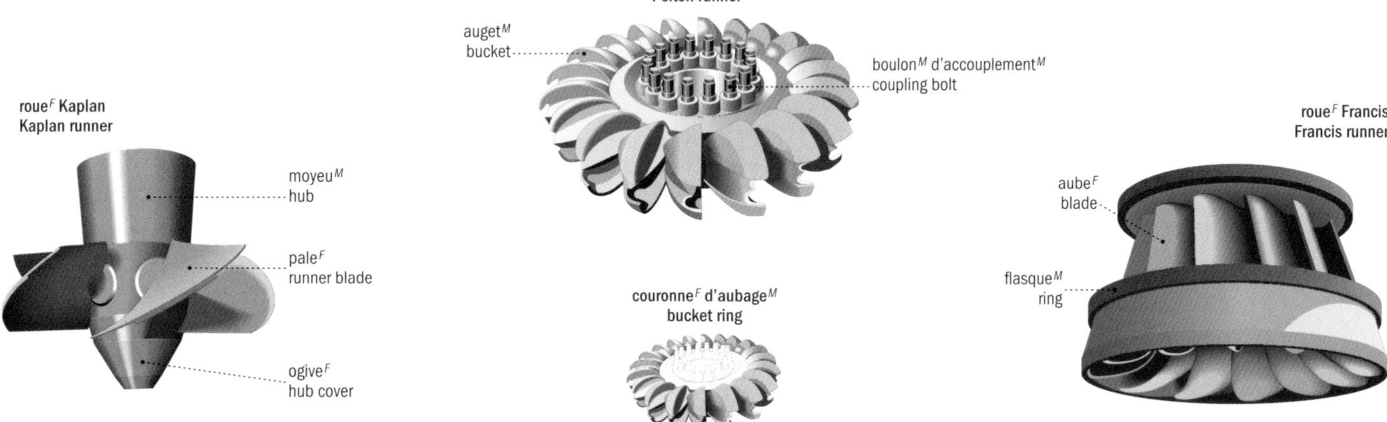
roue[F] Pelton
Pelton runner
auget[M]
bucket
boulon[M] d'accouplement[M]
coupling bolt
roue[F] Kaplan
Kaplan runner
moyeu[M]
hub
pale[F]
runner blade
ogive[F]
hub cover
couronne[F] d'aubage[M]
bucket ring
roue[F] Francis
Francis runner
aube[F]
blade
flasque[M]
ring

exemples^{M} de barrages^{M}

examples of dams

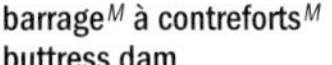

barrage^{M} à contreforts^{M}
buttress dam

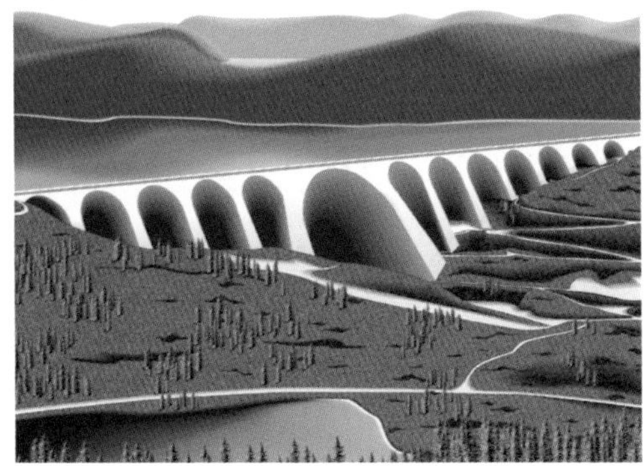

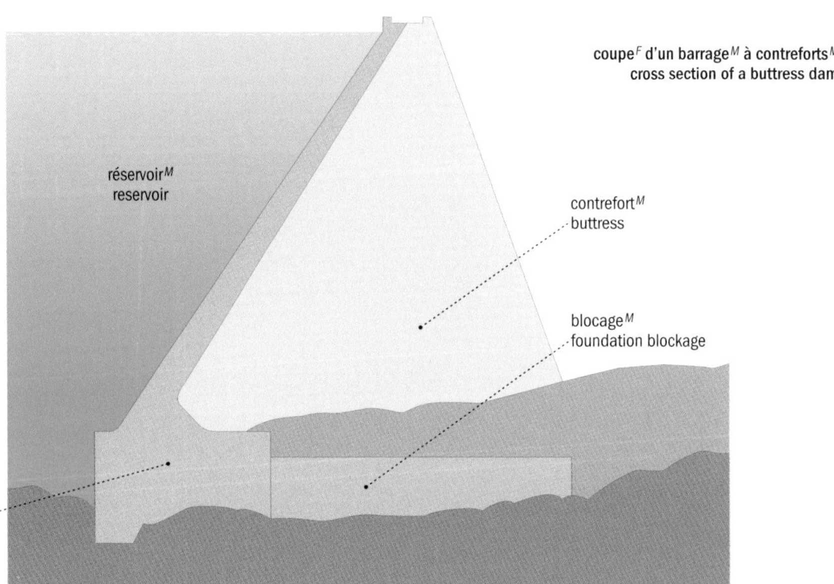

coupe^{F} d'un barrage^{M} à contreforts^{M}
cross section of a buttress dam
réservoir^{M}
reservoir
contrefort^{M}
buttress
blocage^{M}
foundation blockage
fondation^{F}
foundation

barrage^{M} en remblai^{M}
embankment dam

coupe^{F} d'un barrage^{M} en remblai^{M}
cross section of an embankment dam

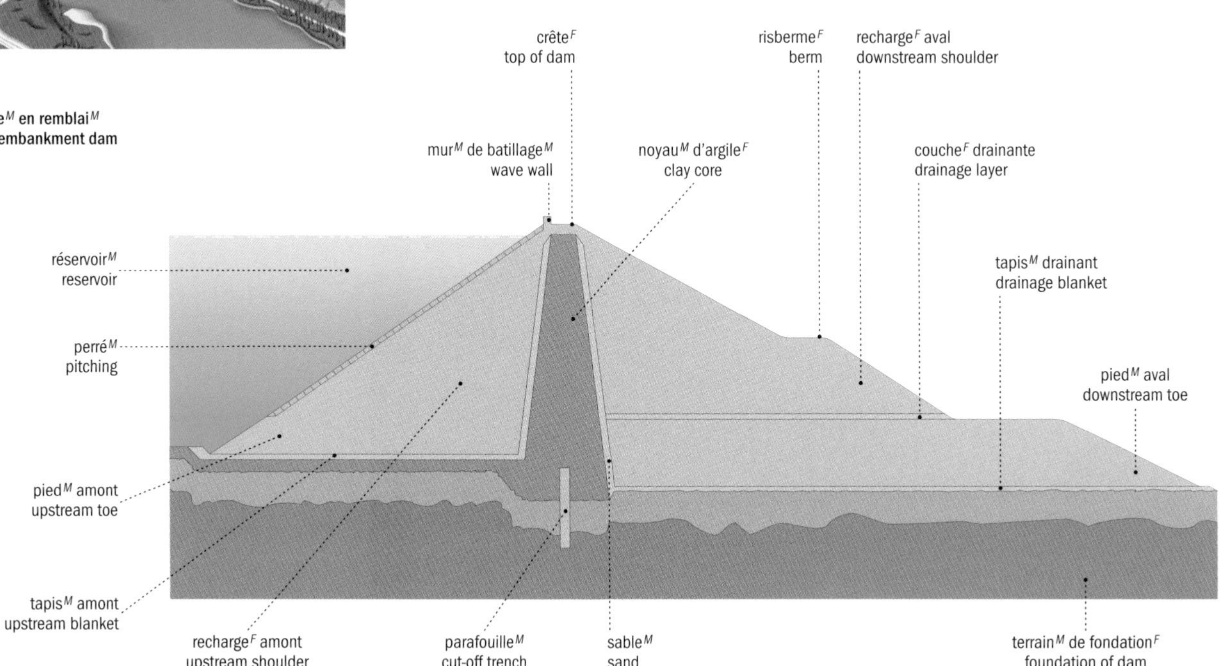

crête^{F}
top of dam
risberme^{F}
berm
recharge^{F} aval
downstream shoulder
mur^{M} de batillage^{M}
wave wall
noyau^{M} d'argile^{F}
clay core
couche^{F} drainante
drainage layer
tapis^{M} drainant
drainage blanket
réservoir^{M}
reservoir
perré^{M}
pitching
pied^{M} aval
downstream toe
pied^{M} amont
upstream toe
tapis^{M} amont
upstream blanket
recharge^{F} amont
upstream shoulder
parafouille^{M}
cut-off trench
sable^{M}
sand
terrain^{M} de fondation^{F}
foundation of dam

ÉNERGIES

exemples[M] de barrages[M]

coupe[F] d'un barrage[M]-voûte[F]
cross section of an arch dam

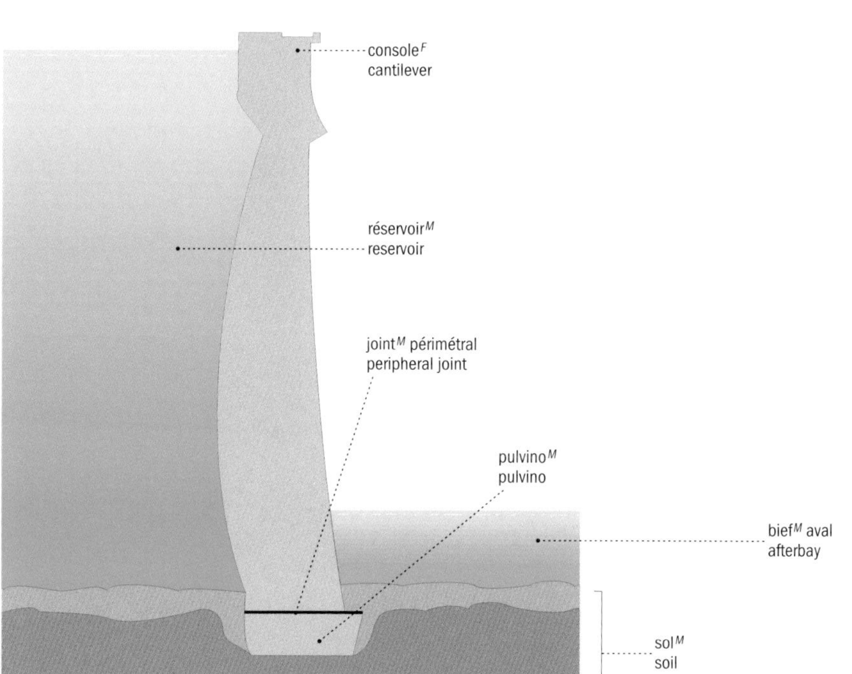
console[F]
cantilever
réservoir[M]
reservoir
joint[M] périmétral
peripheral joint
pulvino[M]
pulvino
bief[M] aval
afterbay
sol[M]
soil

barrage[M]-voûte[F]
arch dam

coupe[F] d'un barrage[M]-poids[M]
cross section of a gravity dam

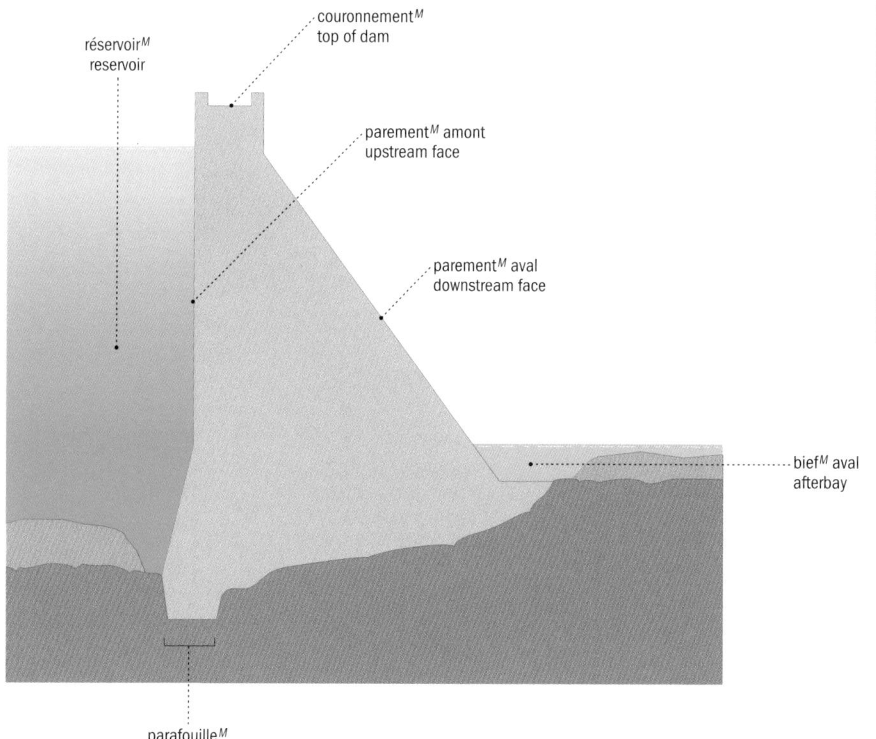
couronnement[M]
top of dam
réservoir[M]
reservoir
parement[M] amont
upstream face
parement[M] aval
downstream face
bief[M] aval
afterbay
parafouille[M]
cut-off trench

barrage[M]-poids[M]
gravity dam

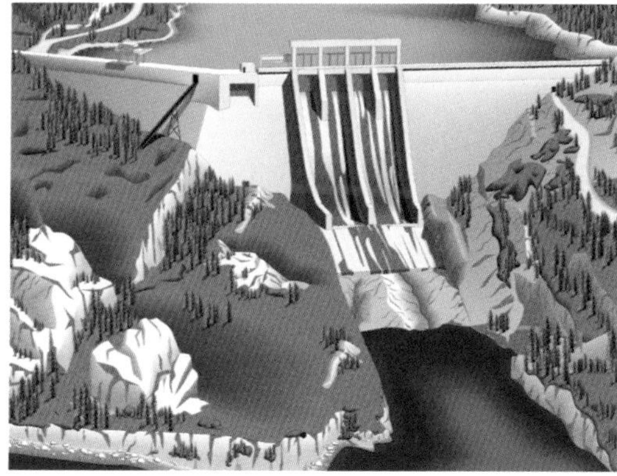

étapes^F de production^F de l'électricité^F

steps in production of electricity

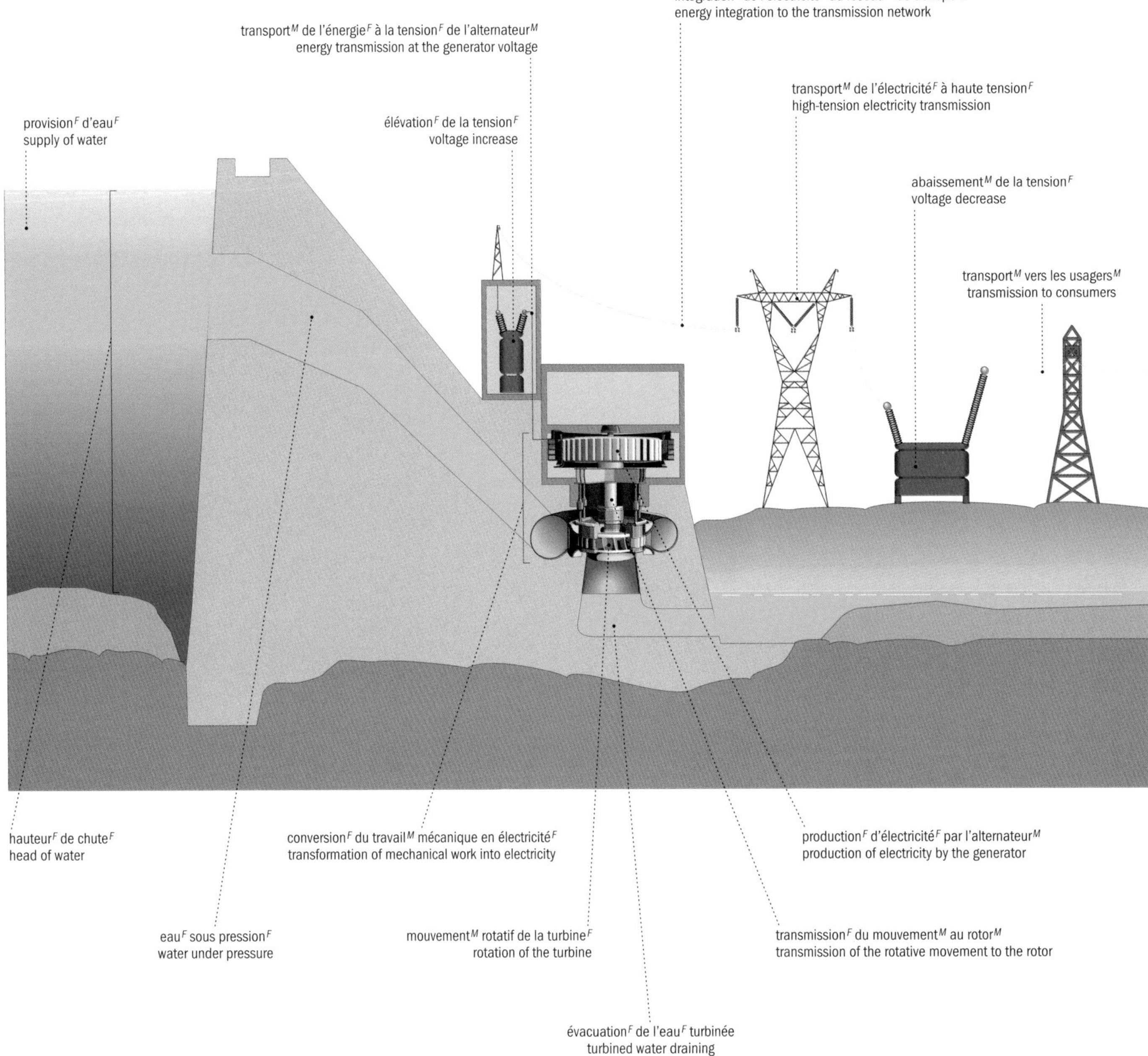
transport^M de l'énergie^F à la tension^F de l'alternateur^M
energy transmission at the generator voltage
intégration^F de l'électricité^F au réseau^M de transport^M
energy integration to the transmission network
transport^M de l'électricité^F à haute tension^F
high-tension electricity transmission
provision^F d'eau^F
supply of water
élévation^F de la tension^F
voltage increase
abaissement^M de la tension^F
voltage decrease
transport^M vers les usagers^M
transmission to consumers
hauteur^F de chute^F
head of water
conversion^F du travail^M mécanique en électricité^F
transformation of mechanical work into electricity
production^F d'électricité^F par l'alternateur^M
production of electricity by the generator
eau^F sous pression^F
water under pressure
mouvement^M rotatif de la turbine^F
rotation of the turbine
transmission^F du mouvement^M au rotor^M
transmission of the rotative movement to the rotor
évacuation^F de l'eau^F turbinée
turbined water draining

ÉNERGIES

transport^M de l'électricité^F

electricity transmission

branchement^M aérien
overhead connection

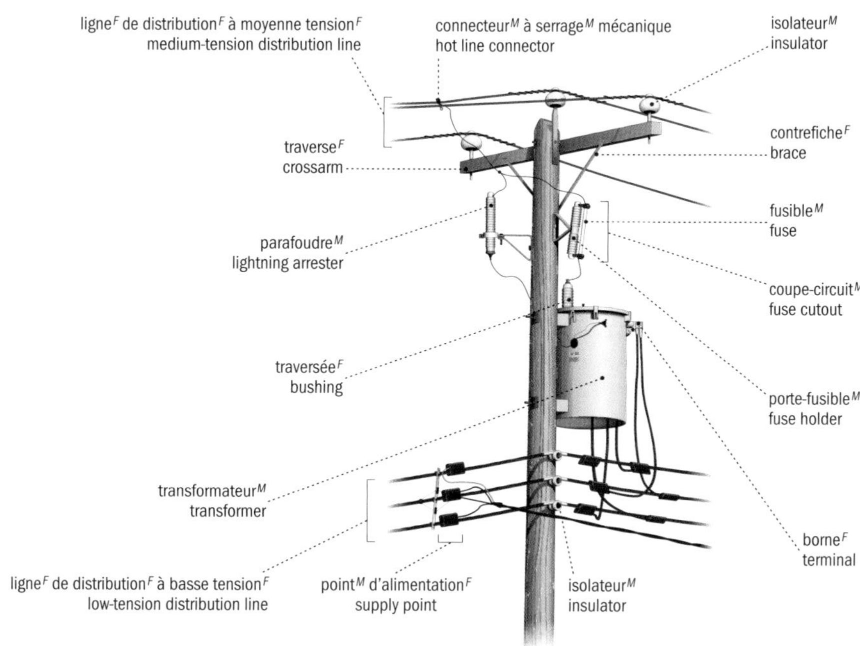
ligne^F de distribution^F à moyenne tension^F
medium-tension distribution line
connecteur^M à serrage^M mécanique
hot line connector
isolateur^M
insulator
traverse^F
crossarm
contrefiche^F
brace
fusible^M
fuse
parafoudre^M
lightning arrester
coupe-circuit^M
fuse cutout
traversée^F
bushing
porte-fusible^M
fuse holder
transformateur^M
transformer
borne^F
terminal
ligne^F de distribution^F à basse tension^F
low-tension distribution line
point^M d'alimentation^F
supply point
isolateur^M
insulator

pylône^M
pylon

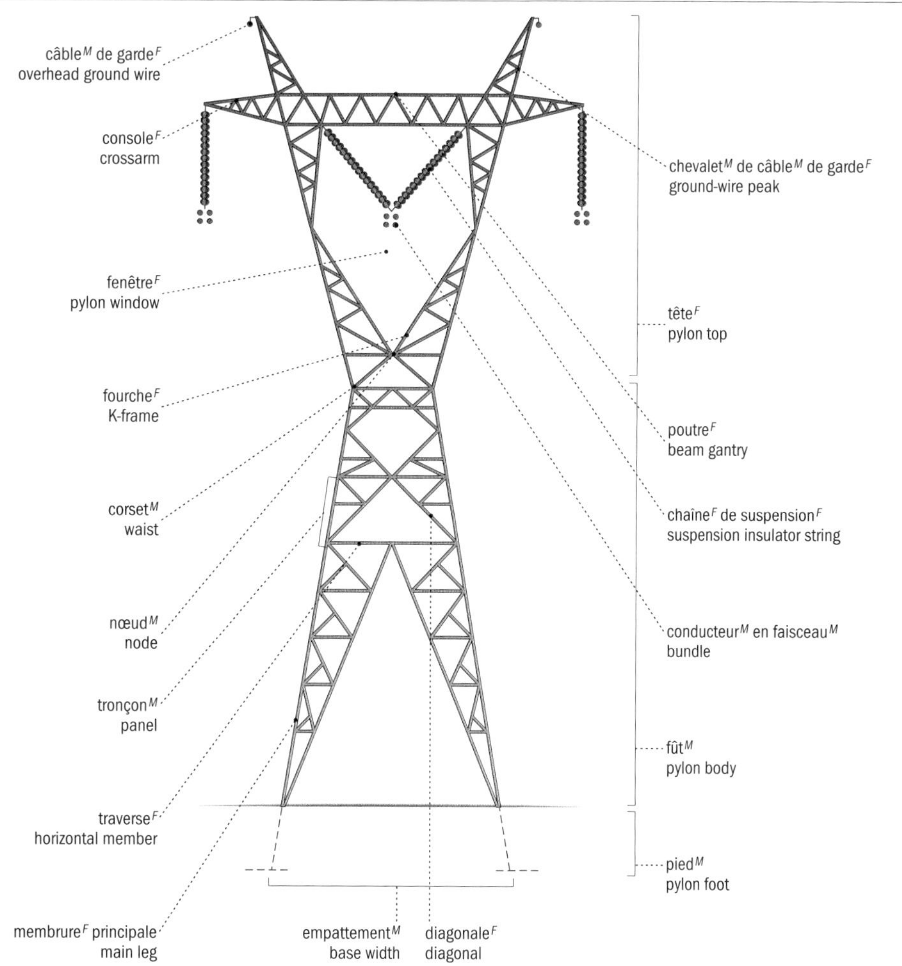
câble^M de garde^F
overhead ground wire
console^F
crossarm
chevalet^M de câble^M de garde^F
ground-wire peak
fenêtre^F
pylon window
tête^F
pylon top
fourche^F
K-frame
poutre^F
beam gantry
corset^M
waist
chaîne^F de suspension^F
suspension insulator string
nœud^M
node
conducteur^M en faisceau^M
bundle
tronçon^M
panel
fût^M
pylon body
traverse^F
horizontal member
pied^M
pylon foot
membrure^F principale
main leg
empattement^M
base width
diagonale^F
diagonal

ÉNERGIES

usine[F] marémotrice

tidal power plant

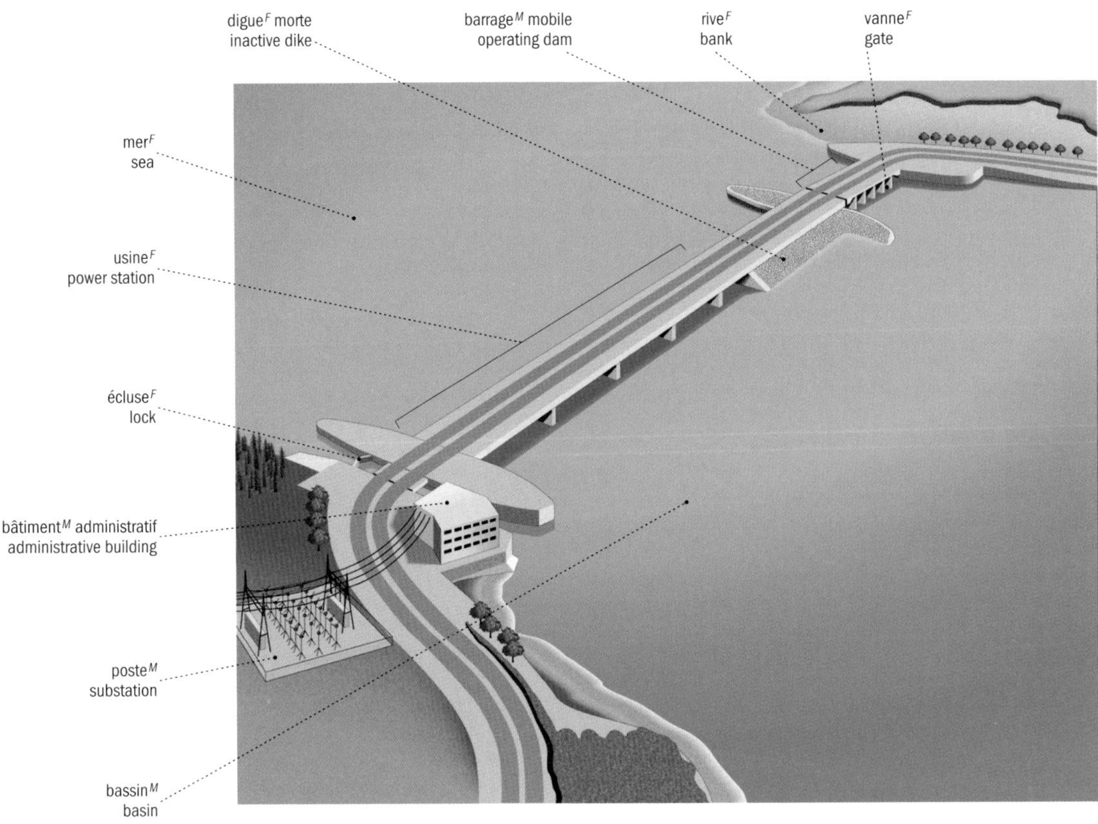
digue[F] morte
inactive dike
barrage[M] mobile
operating dam
rive[F]
bank
vanne[F]
gate
mer[F]
sea
usine[F]
power station
écluse[F]
lock
bâtiment[M] administratif
administrative building
poste[M]
substation
bassin[M]
basin

coupe[F] de l'usine[F]
cross section of a power plant

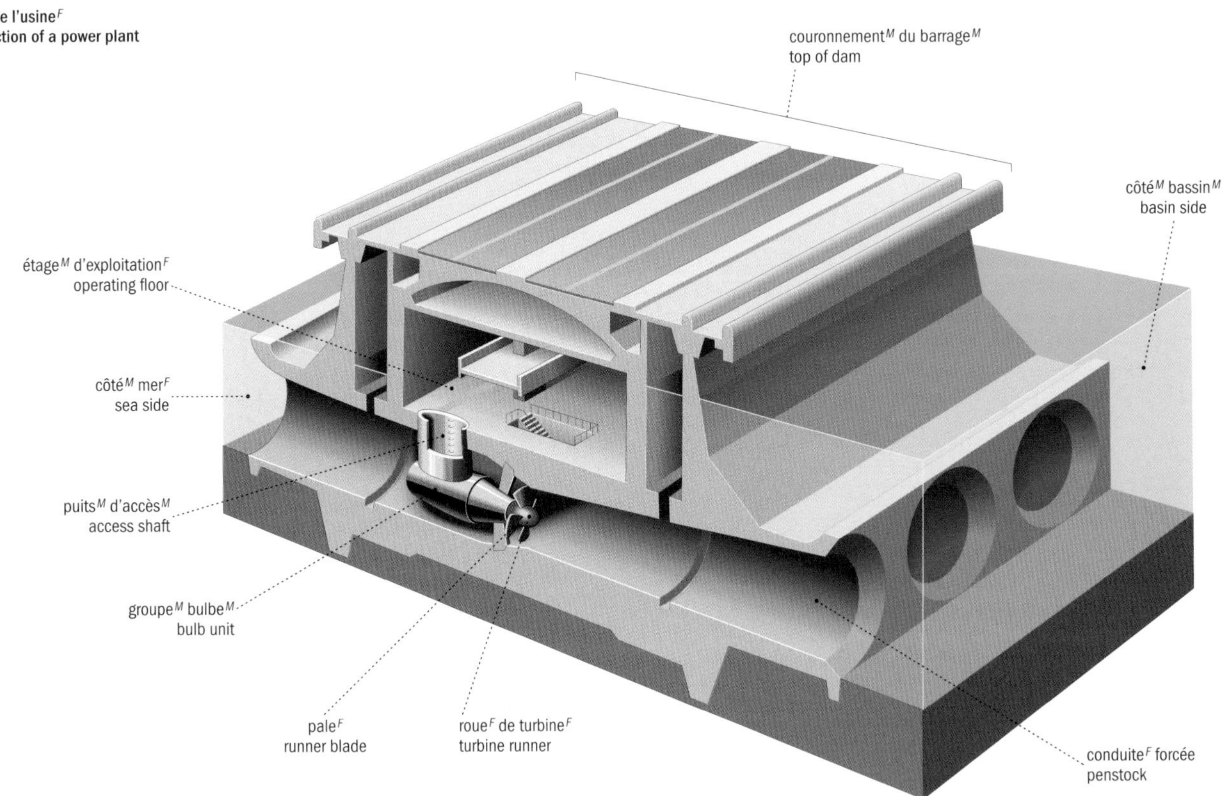
couronnement[M] du barrage[M]
top of dam
côté[M] bassin[M]
basin side
étage[M] d'exploitation[F]
operating floor
côté[M] mer[F]
sea side
puits[M] d'accès[M]
access shaft
groupe[M] bulbe[M]
bulb unit
pale[F]
runner blade
roue[F] de turbine[F]
turbine runner
conduite[F] forcée
penstock

production^{F} d'électricité^{F} par énergie^{F} nucléaire

production of electricity from nuclear energy

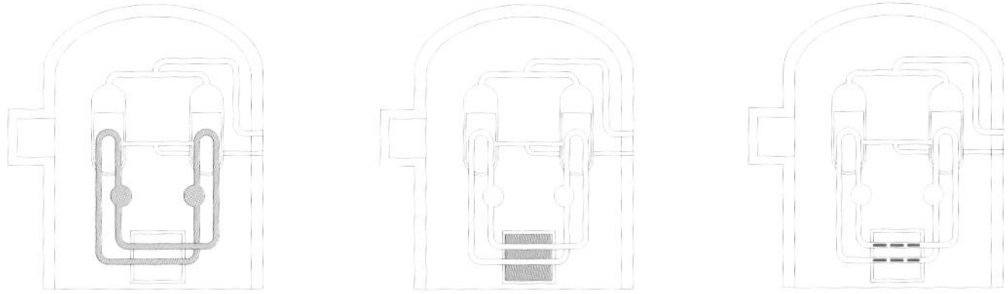

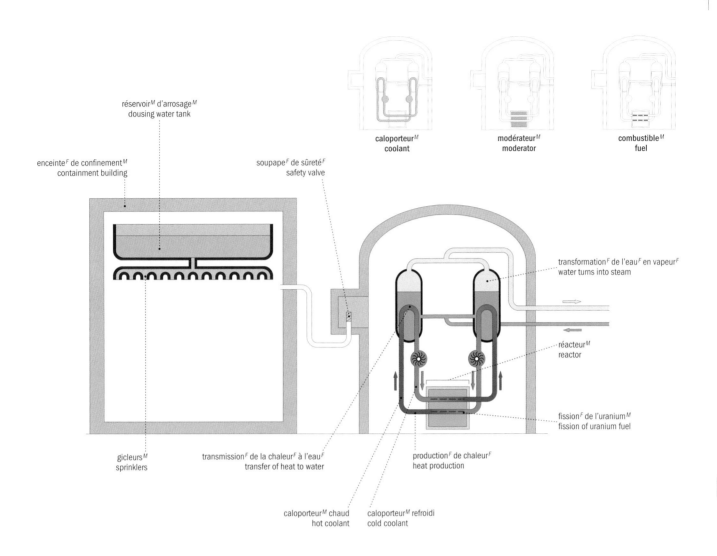

caloporteur^{M}
coolant

modérateur^{M}
moderator

combustible^{M}
fuel

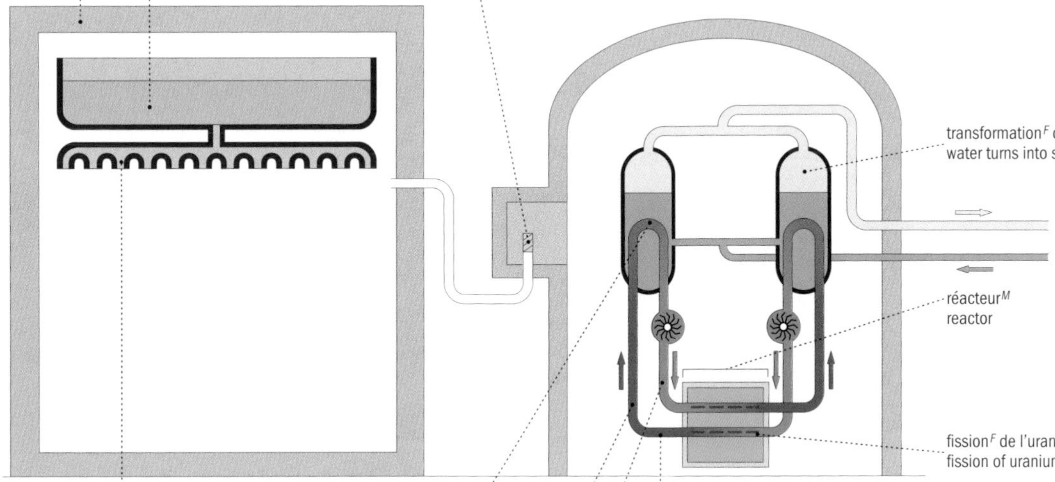

réservoir^{M} d'arrosage^{M}
dousing water tank

enceinte^{F} de confinement^{M}
containment building

soupape^{F} de sûreté^{F}
safety valve

transformation^{F} de l'eau^{F} en vapeur^{F}
water turns into steam

réacteur^{M}
reactor

fission^{F} de l'uranium^{M}
fission of uranium fuel

gicleurs^{M}
sprinklers

transmission^{F} de la chaleur^{F} à l'eau^{F}
transfer of heat to water

production^{F} de chaleur^{F}
heat production

caloporteur^{M} chaud
hot coolant

caloporteur^{M} refroidi
cold coolant

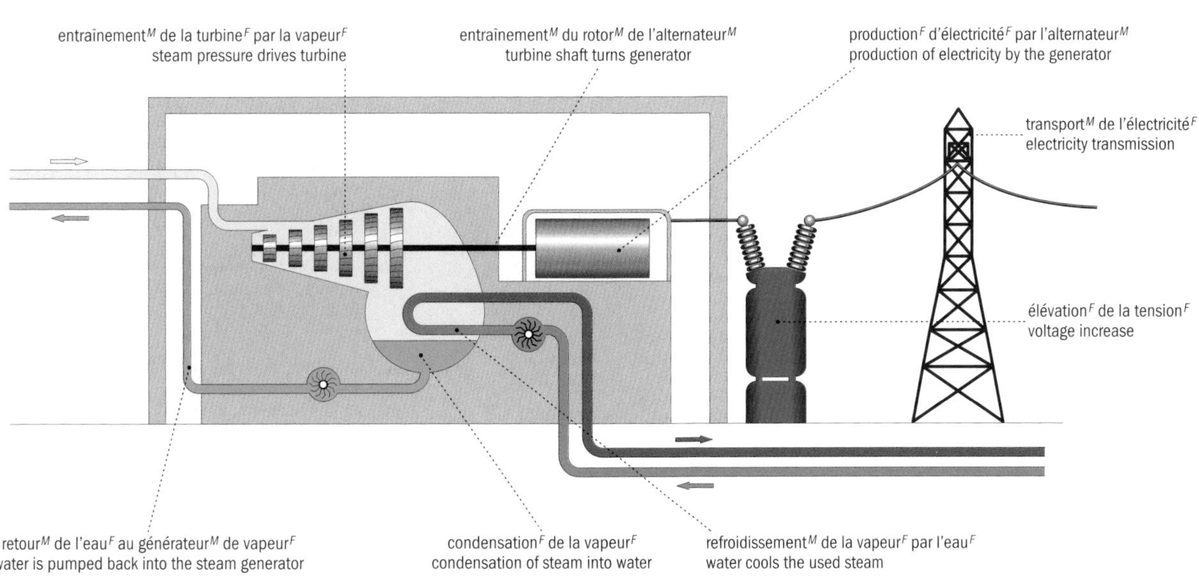
entrainement^{M} de la turbine^{F} par la vapeur^{F}
steam pressure drives turbine
entraînement^{M} du rotor^{M} de l'alternateur^{M}
turbine shaft turns generator
production^{F} d'électricité^{F} par l'alternateur^{M}
production of electricity by the generator
transport^{M} de l'électricité^{F}
electricity transmission
élévation^{F} de la tension^{F}
voltage increase
retour^{M} de l'eau^{F} au générateur^{M} de vapeur^{F}
water is pumped back into the steam generator
condensation^{F} de la vapeur^{F}
condensation of steam into water
refroidissement^{M} de la vapeur^{F} par l'eau^{F}
water cools the used steam

ÉNERGIES

séquence^F de manipulation^F du combustible^M

fuel handling sequence

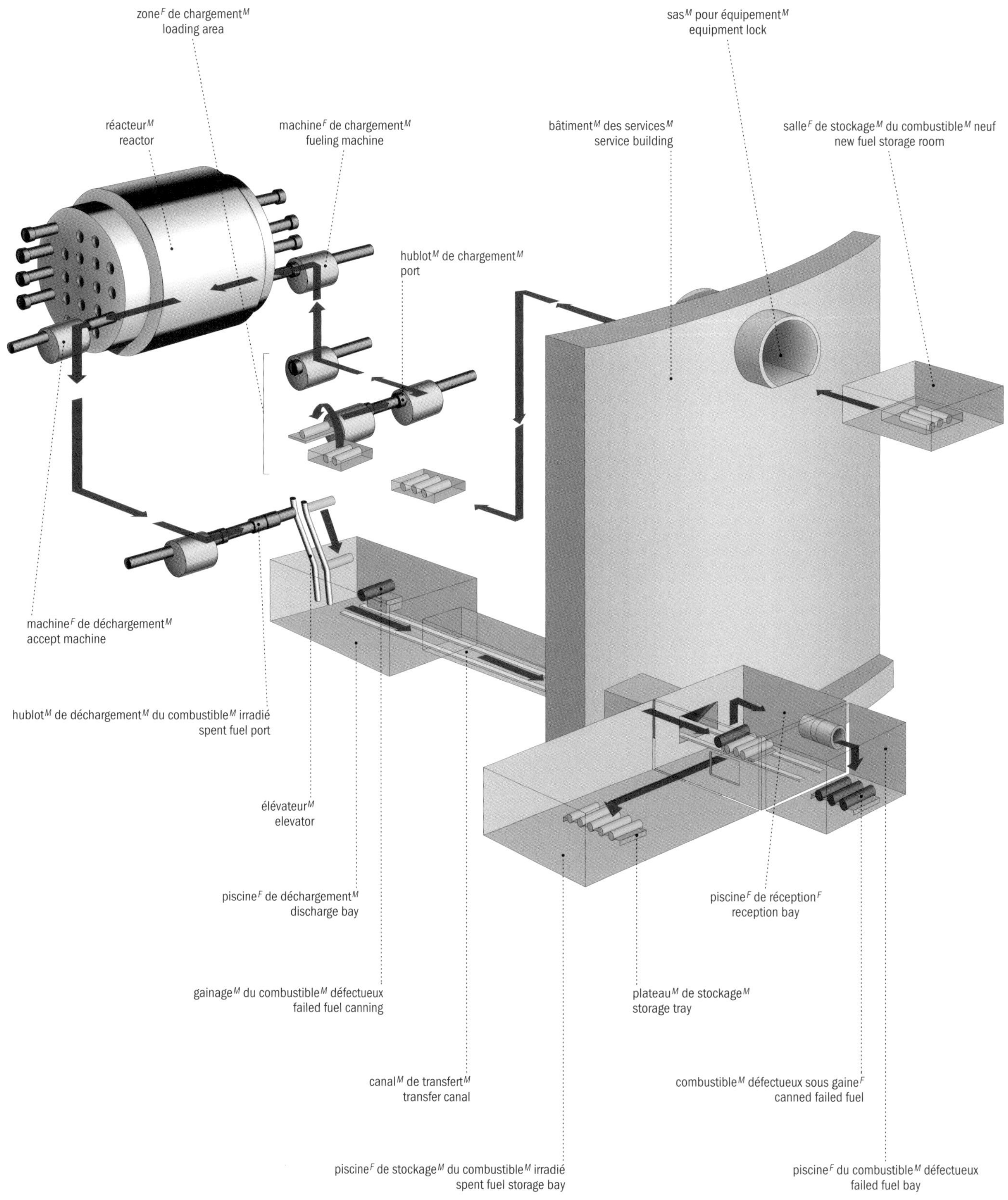

zone^F de chargement^M
loading area

sas^M pour équipement^M
equipment lock

réacteur^M
reactor

machine^F de chargement^M
fueling machine

bâtiment^M des services^M
service building

salle^F de stockage^M du combustible^M neuf
new fuel storage room

hublot^M de chargement^M
port

machine^F de déchargement^M
accept machine

hublot^M de déchargement^M du combustible^M irradié
spent fuel port

élévateur^M
elevator

piscine^F de déchargement^M
discharge bay

piscine^F de réception^F
reception bay

gainage^M du combustible^M défectueux
failed fuel canning

plateau^M de stockage^M
storage tray

canal^M de transfert^M
transfer canal

combustible^M défectueux sous gaine^F
canned failed fuel

piscine^F de stockage^M du combustible^M irradié
spent fuel storage bay

piscine^F du combustible^M défectueux
failed fuel bay

grappe^F de combustible^M

fuel bundle

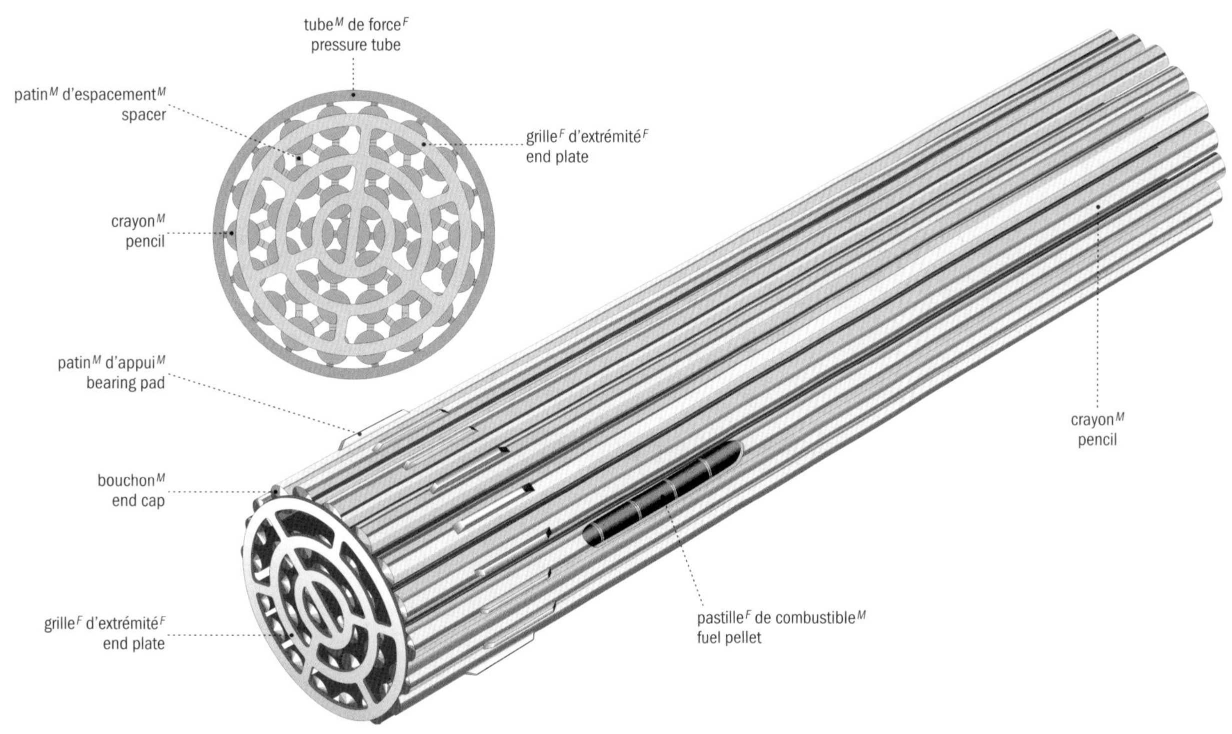
tube^M de force^F
pressure tube
patin^M d'espacement^M
spacer
grille^F d'extrémité^F
end plate
crayon^M
pencil
patin^M d'appui^M
bearing pad
bouchon^M
end cap
grille^F d'extrémité^F
end plate
pastille^F de combustible^M
fuel pellet
crayon^M
pencil

réacteur^M nucléaire

nuclear reactor

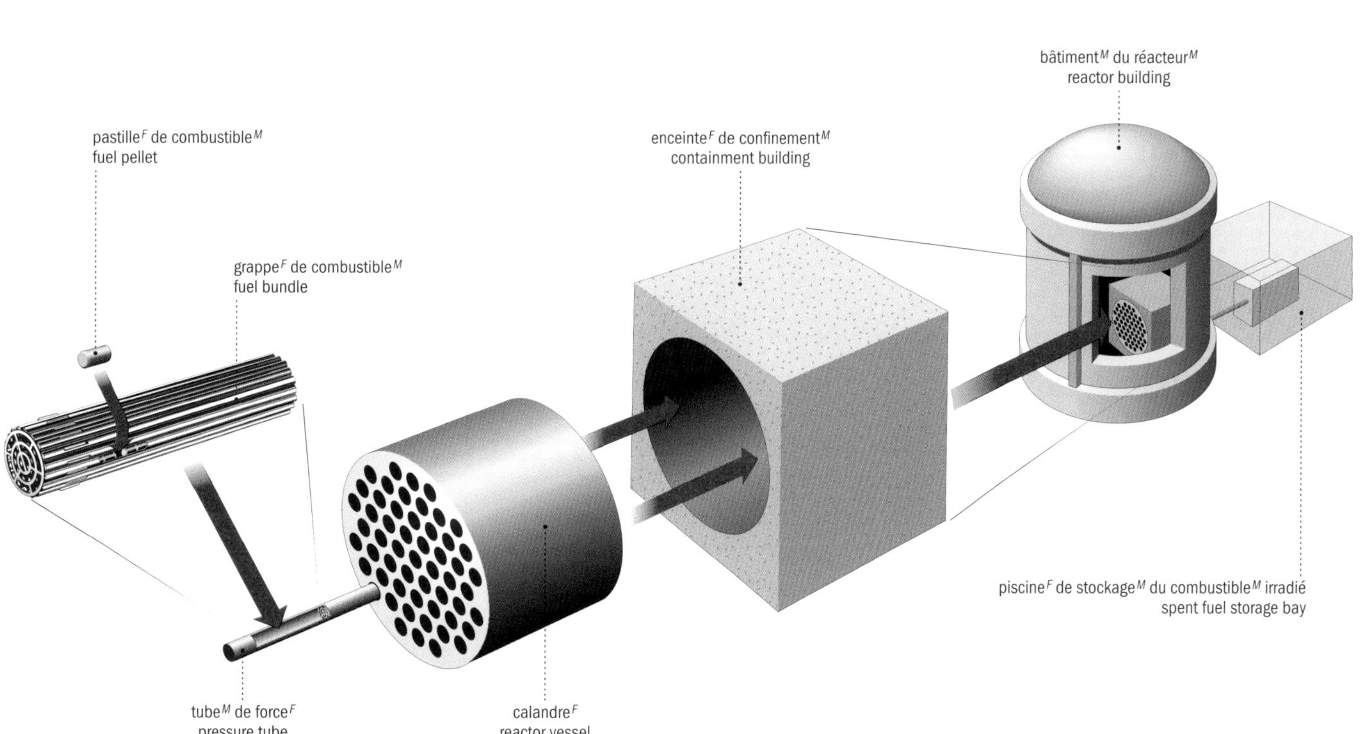
bâtiment^M du réacteur^M
reactor building
pastille^F de combustible^M
fuel pellet
enceinte^F de confinement^M
containment building
grappe^F de combustible^M
fuel bundle
piscine^F de stockage^M du combustible^M irradié
spent fuel storage bay
tube^M de force^F
pressure tube
calandre^F
reactor vessel

centrale^F nucléaire

nuclear generating station

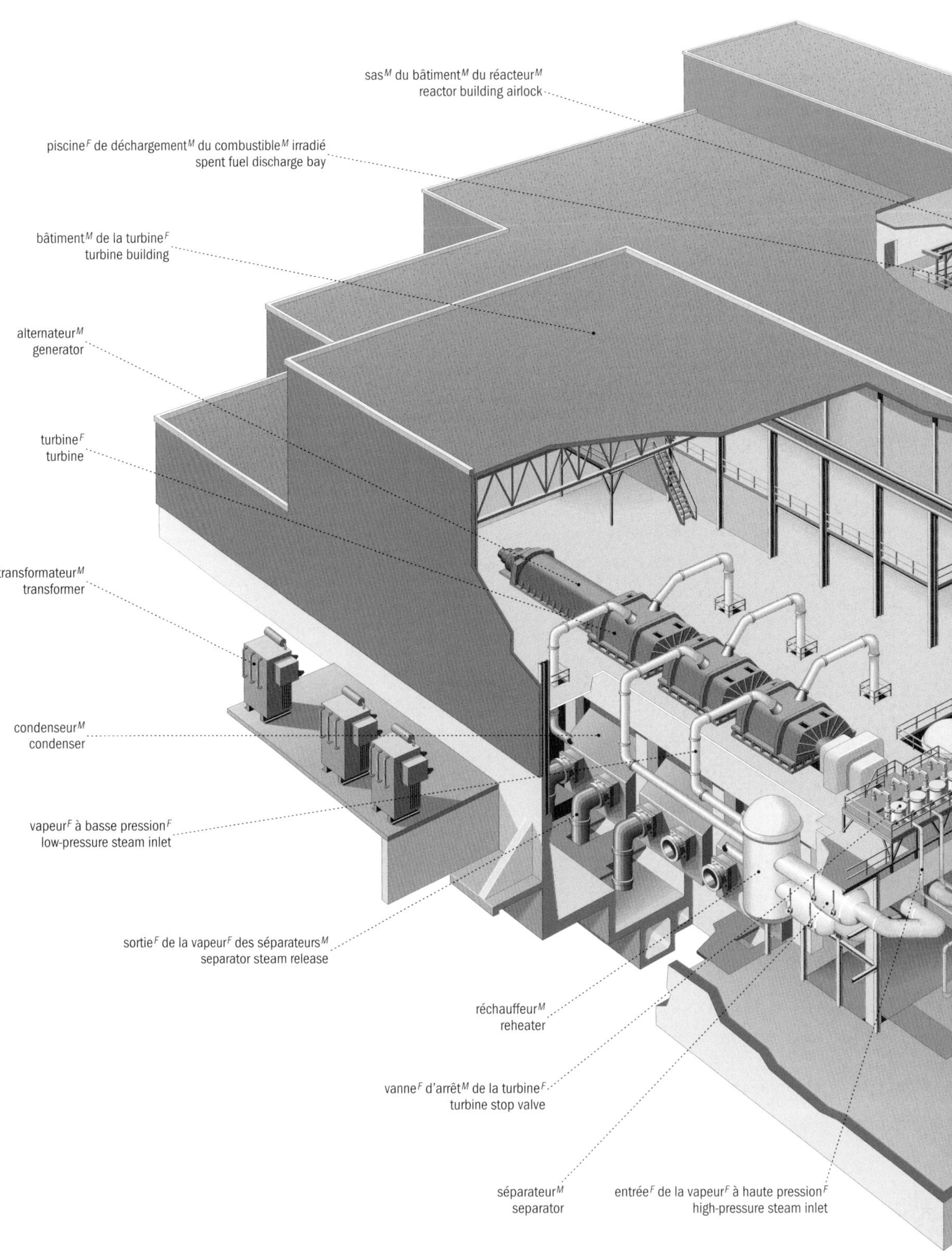
sas^M du bâtiment^M du réacteur^M
reactor building airlock
piscine^F de déchargement^M du combustible^M irradié
spent fuel discharge bay
bâtiment^M de la turbine^F
turbine building
alternateur^M
generator
turbine^F
turbine
transformateur^M
transformer
condenseur^M
condenser
vapeur^F à basse pression^F
low-pressure steam inlet
sortie^F de la vapeur^F des séparateurs^M
separator steam release
réchauffeur^M
reheater
vanne^F d'arrêt^M de la turbine^F
turbine stop valve
séparateur^M
separator
entrée^F de la vapeur^F à haute pression^F
high-pressure steam inlet

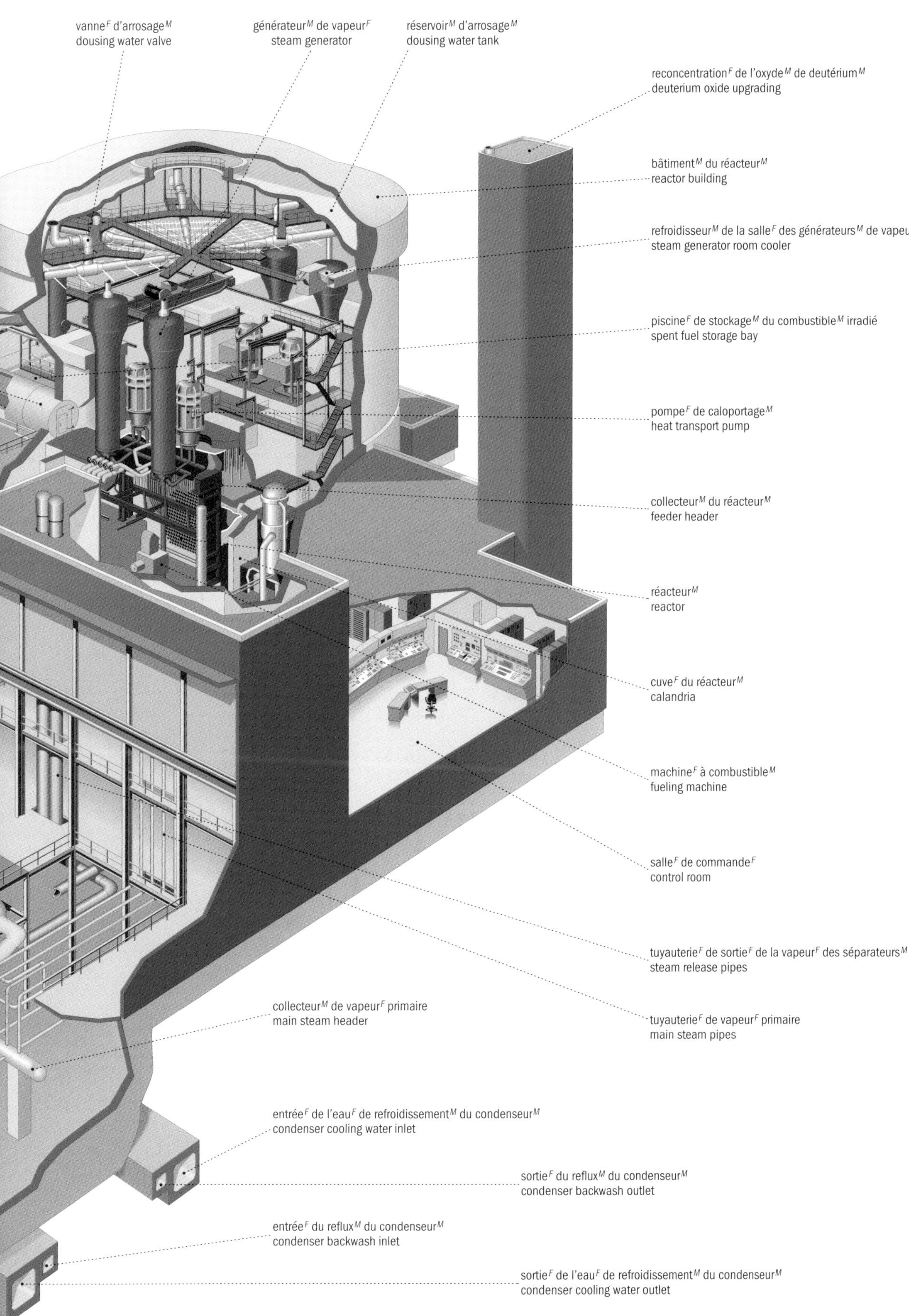
vanne^F d'arrosage^M
dousing water valve
générateur^M de vapeur^F
steam generator
réservoir^M d'arrosage^M
dousing water tank
reconcentration^F de l'oxyde^M de deutérium^M
deuterium oxide upgrading
bâtiment^M du réacteur^M
reactor building
refroidisseur^M de la salle^F des générateurs^M de vapeur^F
steam generator room cooler
piscine^F de stockage^M du combustible^M irradié
spent fuel storage bay
pompe^F de caloportage^M
heat transport pump
collecteur^M du réacteur^M
feeder header
réacteur^M
reactor
cuve^F du réacteur^M
calandria
machine^F à combustible^M
fueling machine
salle^F de commande^F
control room
tuyauterie^F de sortie^F de la vapeur^F des séparateurs^M
steam release pipes
collecteur^M de vapeur^F primaire
main steam header
tuyauterie^F de vapeur^F primaire
main steam pipes
entrée^F de l'eau^F de refroidissement^M du condenseur^M
condenser cooling water inlet
sortie^F du reflux^M du condenseur^M
condenser backwash outlet
entrée^F du reflux^M du condenseur^M
condenser backwash inlet
sortie^F de l'eau^F de refroidissement^M du condenseur^M
condenser cooling water outlet

réacteur[M] au gaz[M] carbonique

carbon dioxide reactor

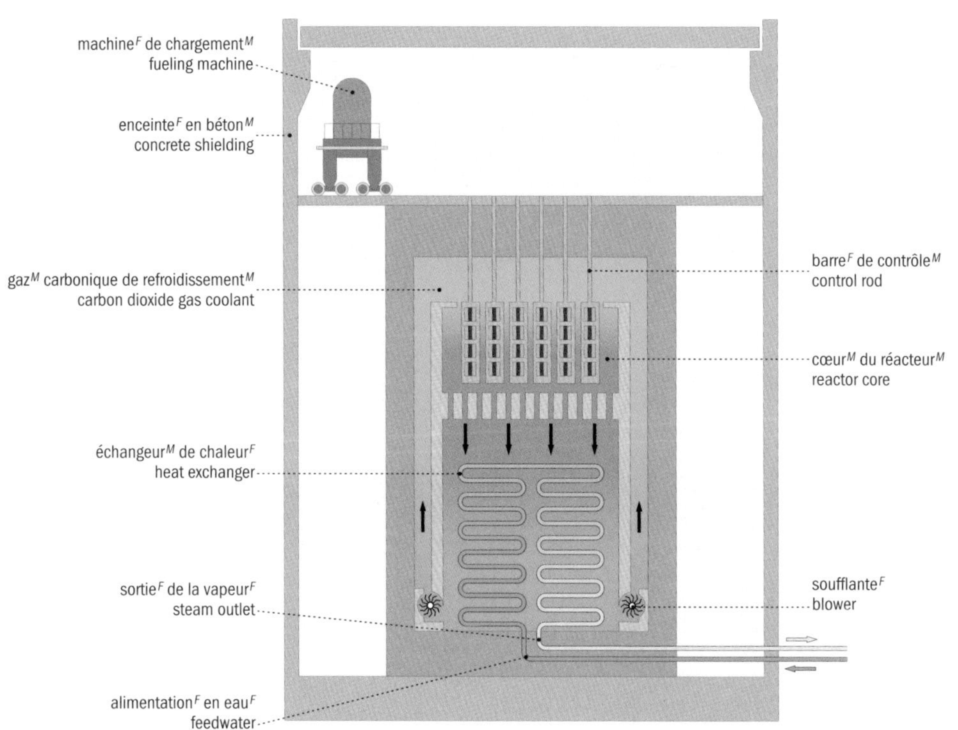

machine[F] de chargement[M]
fueling machine
enceinte[F] en béton[M]
concrete shielding
gaz[M] carbonique de refroidissement[M]
carbon dioxide gas coolant
échangeur[M] de chaleur[F]
heat exchanger
sortie[F] de la vapeur[F]
steam outlet
alimentation[F] en eau[F]
feedwater
barre[F] de contrôle[M]
control rod
cœur[M] du réacteur[M]
reactor core
soufflante[F]
blower

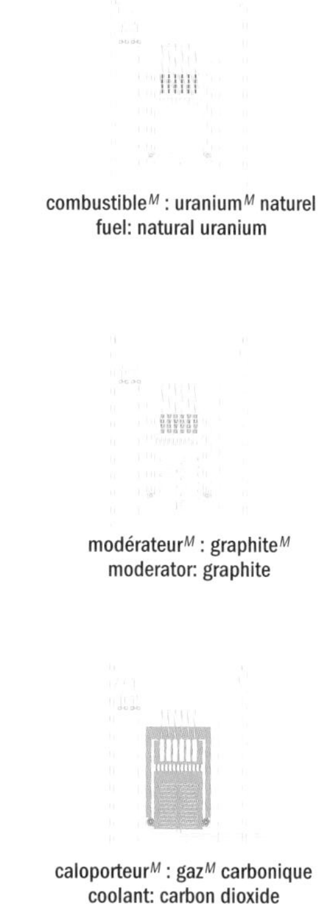

combustible[M] : uranium[M] naturel
fuel: natural uranium
modérateur[M] : graphite[M]
moderator: graphite
caloporteur[M] : gaz[M] carbonique
coolant: carbon dioxide

réacteur[M] à eau[F] lourde

heavy-water reactor

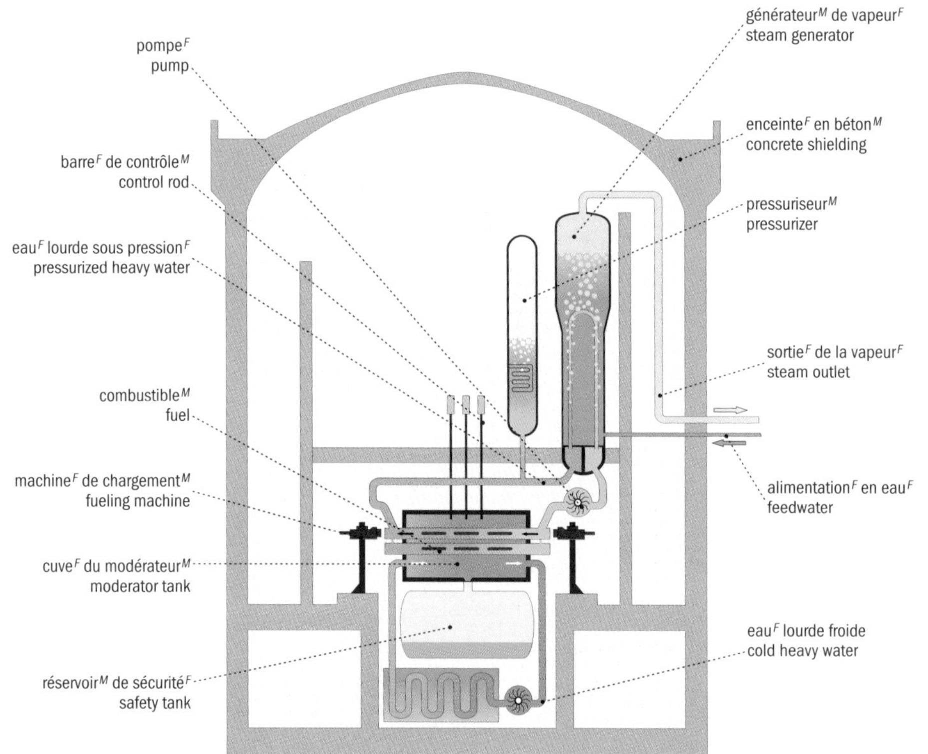

pompe[F]
pump
barre[F] de contrôle[M]
control rod
eau[F] lourde sous pression[F]
pressurized heavy water
combustible[M]
fuel
machine[F] de chargement[M]
fueling machine
cuve[F] du modérateur[M]
moderator tank
réservoir[M] de sécurité[F]
safety tank
générateur[M] de vapeur[F]
steam generator
enceinte[F] en béton[M]
concrete shielding
pressuriseur[M]
pressurizer
sortie[F] de la vapeur[F]
steam outlet
alimentation[F] en eau[F]
feedwater
eau[F] lourde froide
cold heavy water

combustible[M] : uranium[M] naturel
fuel: natural uranium
modérateur[M] : eau[F] lourde
moderator: heavy water
caloporteur[M] : eau[F] lourde sous pression[F]
coolant: pressurized heavy water

ÉNERGIES

réacteur[M] à eau[F] sous pression[F]

pressurized-water reactor

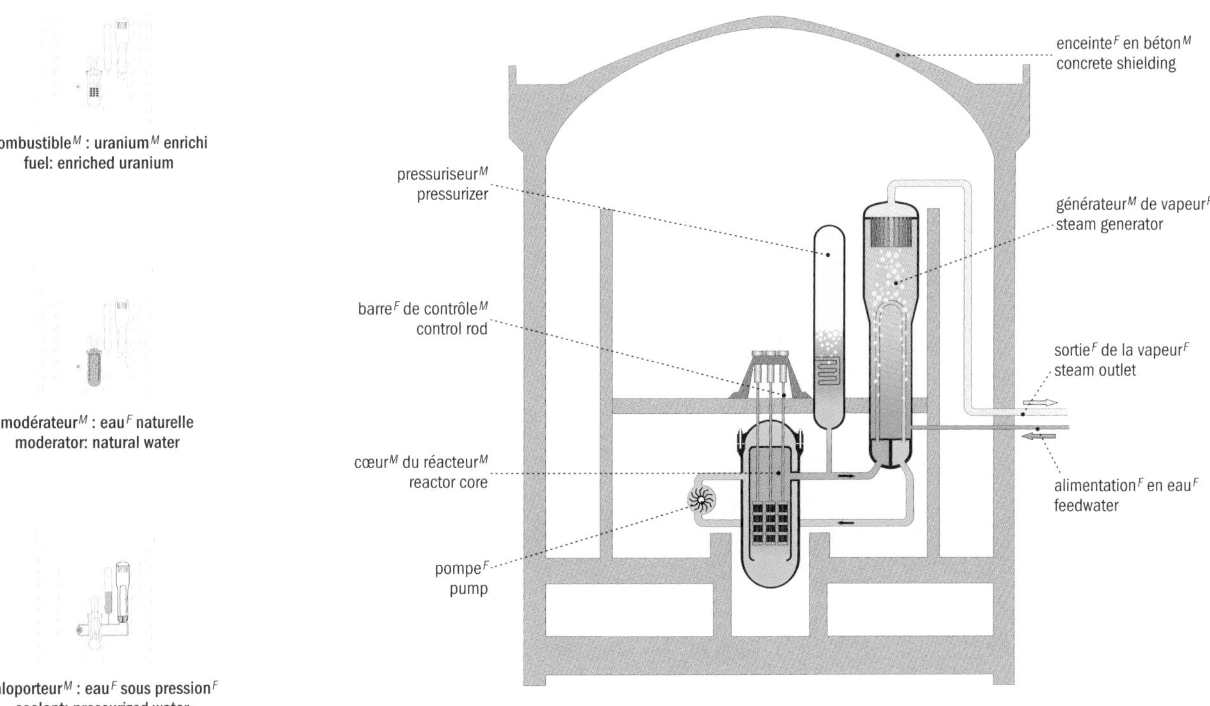
combustible[M] : uranium[M] enrichi
fuel: enriched uranium
modérateur[M] : eau[F] naturelle
moderator: natural water
caloporteur[M] : eau[F] sous pression[F]
coolant: pressurized water
enceinte[F] en béton[M]
concrete shielding
pressuriseur[M]
pressurizer
générateur[M] de vapeur[F]
steam generator
barre[F] de contrôle[M]
control rod
sortie[F] de la vapeur[F]
steam outlet
cœur[M] du réacteur[M]
reactor core
alimentation[F] en eau[F]
feedwater
pompe[F]
pump

réacteur[M] à eau[F] bouillante

boiling-water reactor

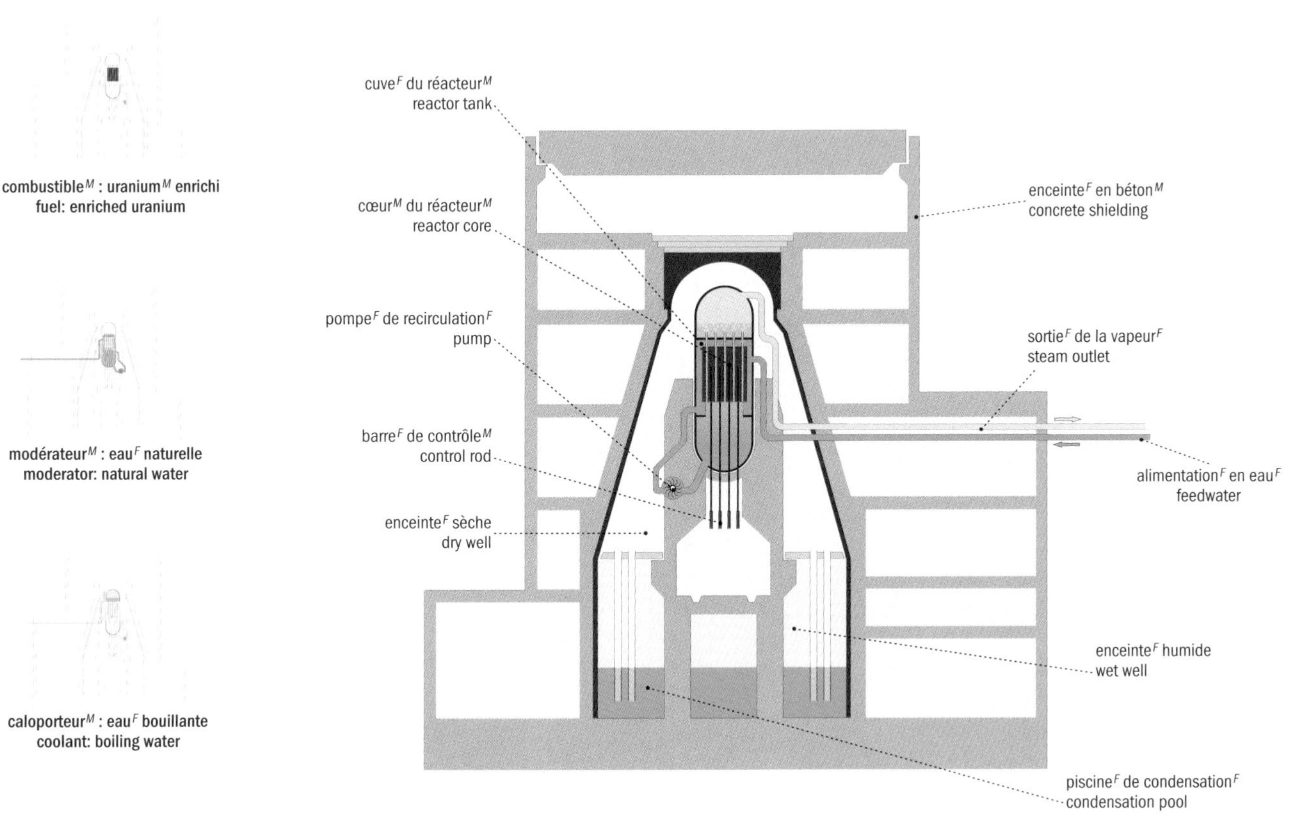
combustible[M] : uranium[M] enrichi
fuel: enriched uranium
modérateur[M] : eau[F] naturelle
moderator: natural water
caloporteur[M] : eau[F] bouillante
coolant: boiling water
cuve[F] du réacteur[M]
reactor tank
cœur[M] du réacteur[M]
reactor core
enceinte[F] en béton[M]
concrete shielding
pompe[F] de recirculation[F]
pump
sortie[F] de la vapeur[F]
steam outlet
barre[F] de contrôle[M]
control rod
alimentation[F] en eau[F]
feedwater
enceinte[F] sèche
dry well
enceinte[F] humide
wet well
piscine[F] de condensation[F]
condensation pool

photopile[F]

solar cell

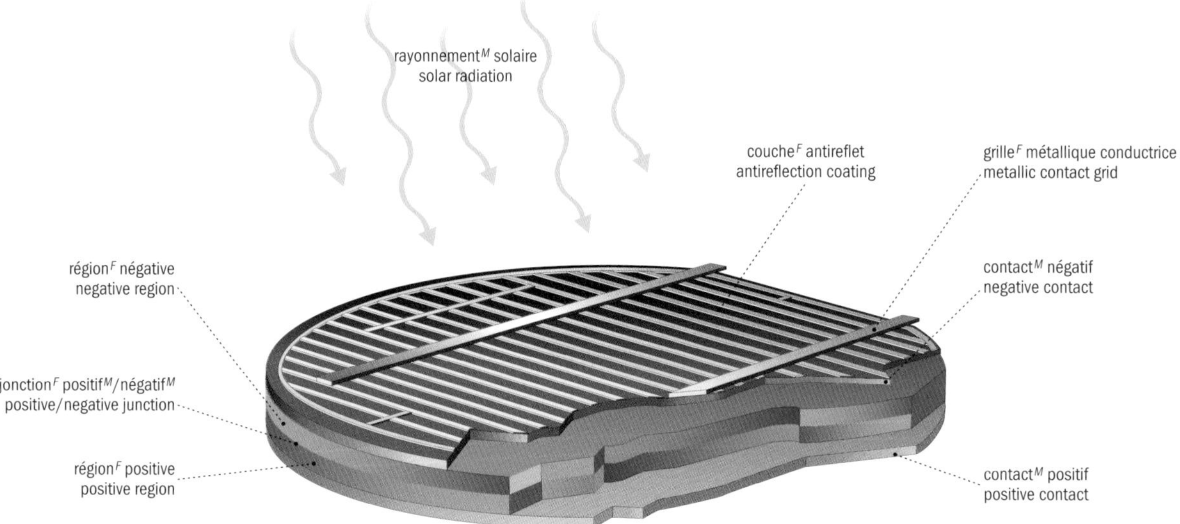
rayonnement[M] solaire
solar radiation
couche[F] antireflet
antireflection coating
grille[F] métallique conductrice
metallic contact grid
région[F] négative
negative region
contact[M] négatif
negative contact
jonction[F] positif[M]/négatif[M]
positive/negative junction
région[F] positive
positive region
contact[M] positif
positive contact

capteur[M] solaire plan

flat-plate solar collector

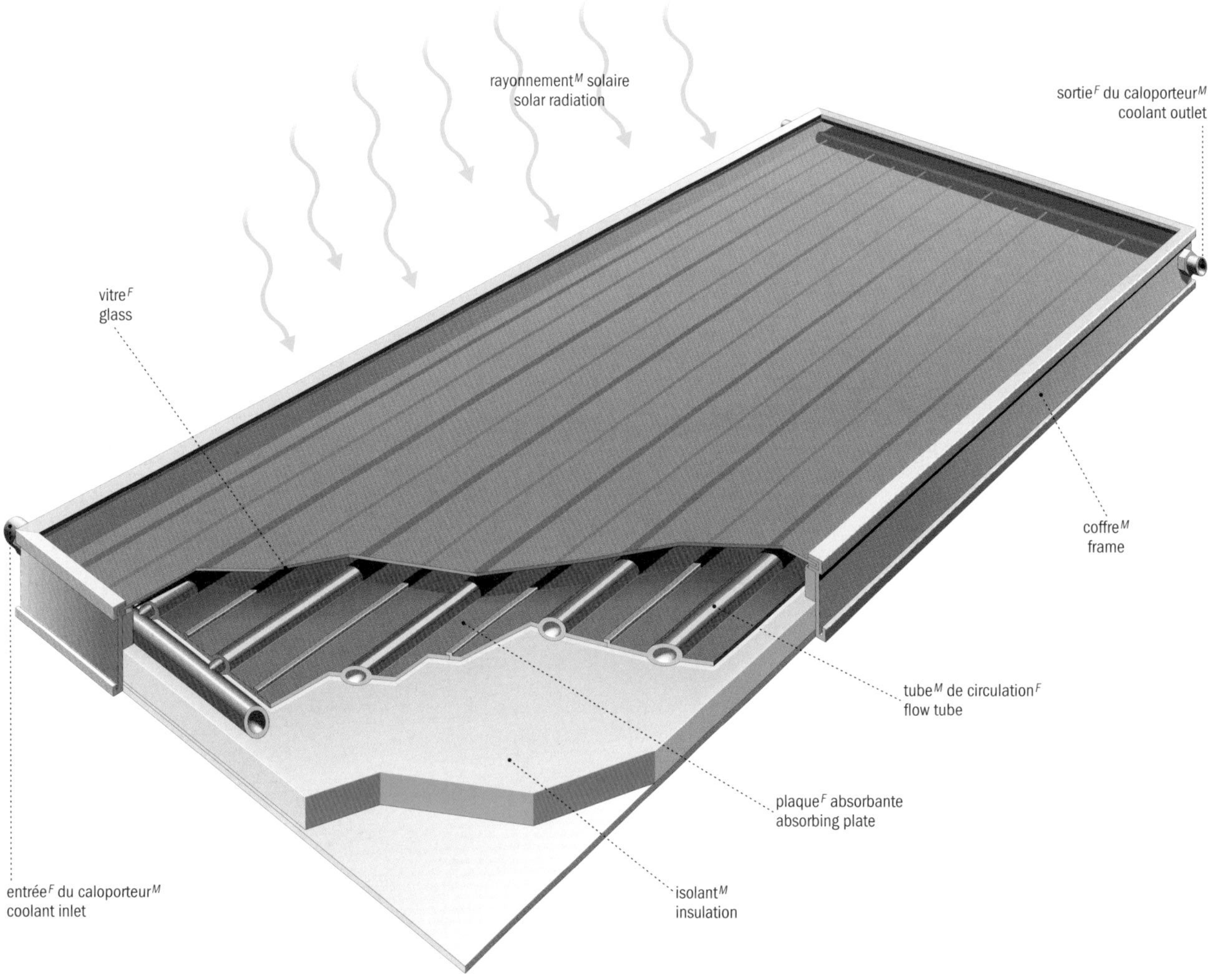

rayonnement[M] solaire
solar radiation

sortie[F] du caloporteur[M]
coolant outlet

vitre[F]
glass

coffre[M]
frame

tube[M] de circulation[F]
flow tube

plaque[F] absorbante
absorbing plate

entrée[F] du caloporteur[M]
coolant inlet

isolant[M]
insulation

circuit[M] de photopiles[F]

solar-cell system

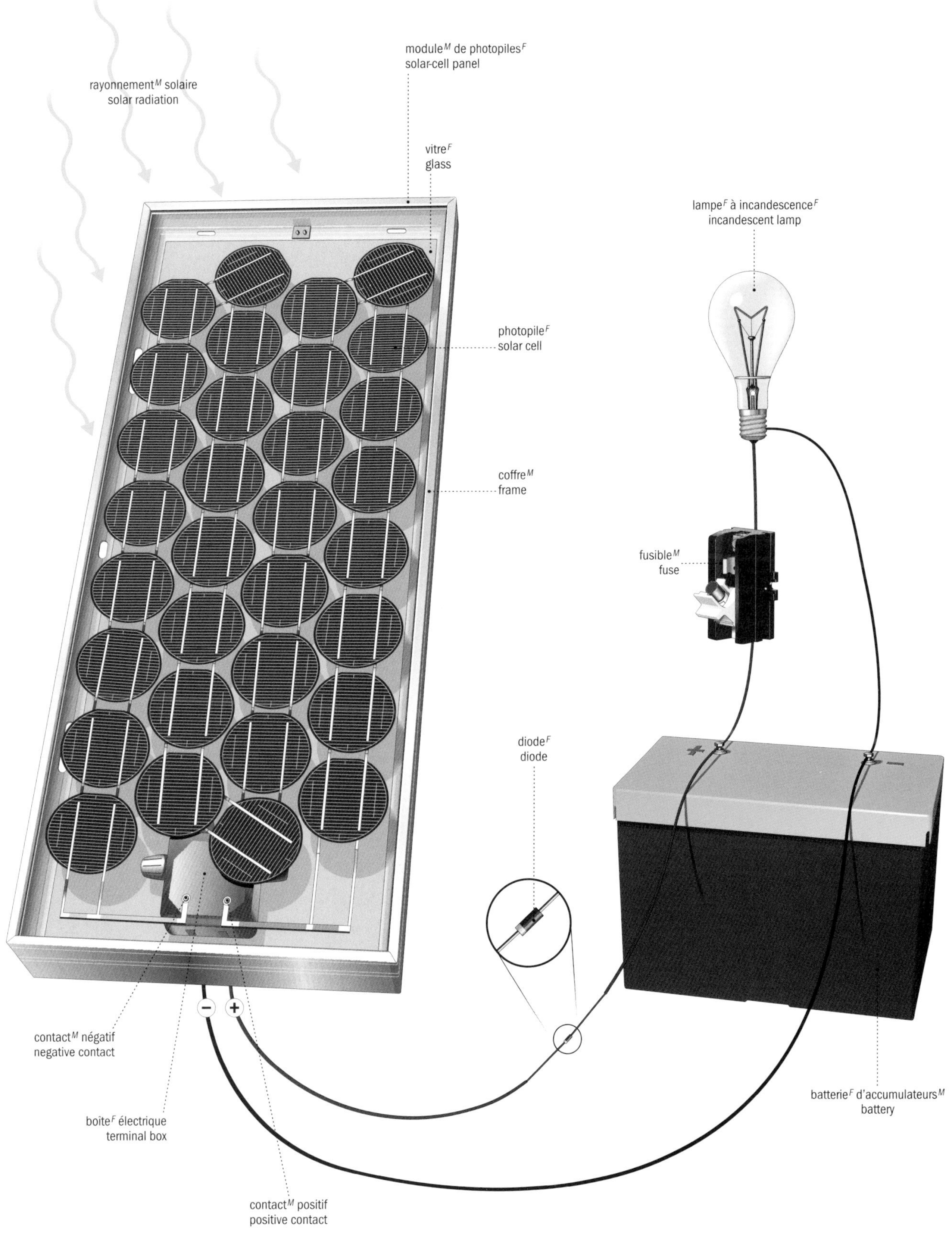
rayonnement[M] solaire
solar radiation
module[M] de photopiles[F]
solar-cell panel
vitre[F]
glass
lampe[F] à incandescence[F]
incandescent lamp
photopile[F]
solar cell
coffre[M]
frame
fusible[M]
fuse
diode[F]
diode
contact[M] négatif
negative contact
batterie[F] d'accumulateurs[M]
battery
boite[F] électrique
terminal box
contact[M] positif
positive contact

four[M] solaire

solar furnace

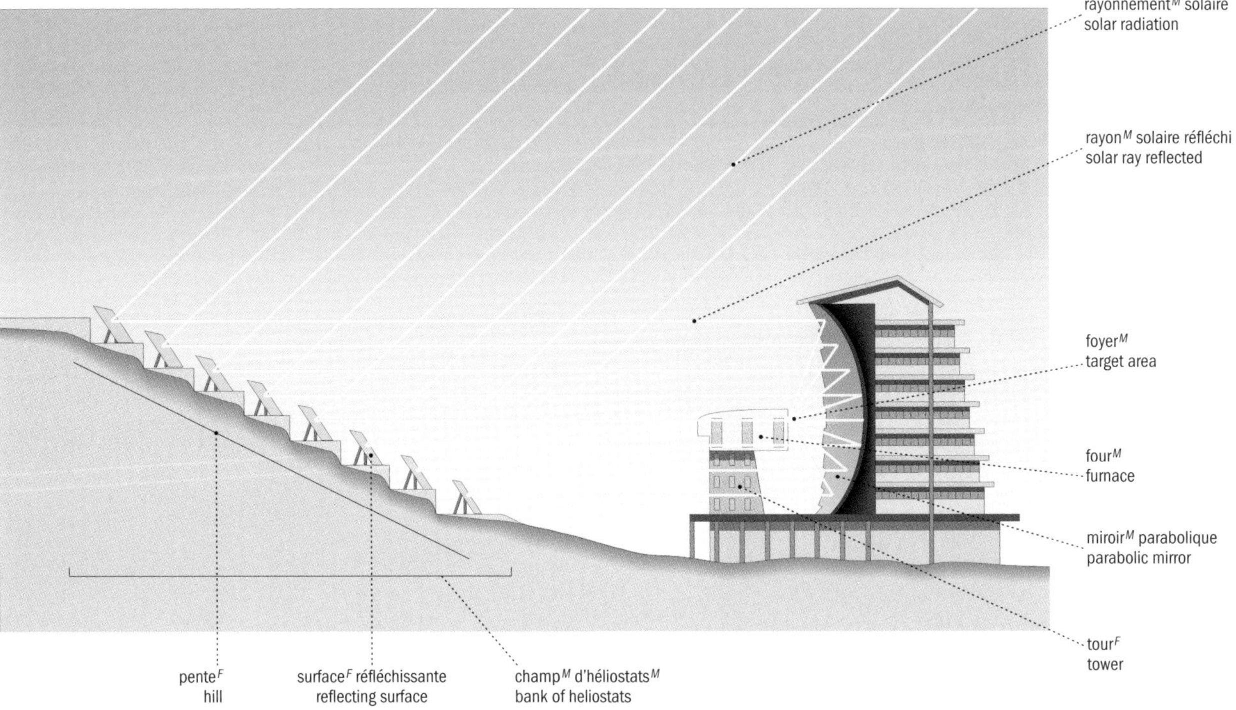
rayonnement[M] solaire
solar radiation
rayon[M] solaire réfléchi
solar ray reflected
foyer[M]
target area
four[M]
furnace
miroir[M] parabolique
parabolic mirror
tour[F]
tower
pente[F]
hill
surface[F] réfléchissante
reflecting surface
champ[M] d'héliostats[M]
bank of heliostats

production[F] d'électricité[F] par énergie[F] solaire

production of electricity from solar energy

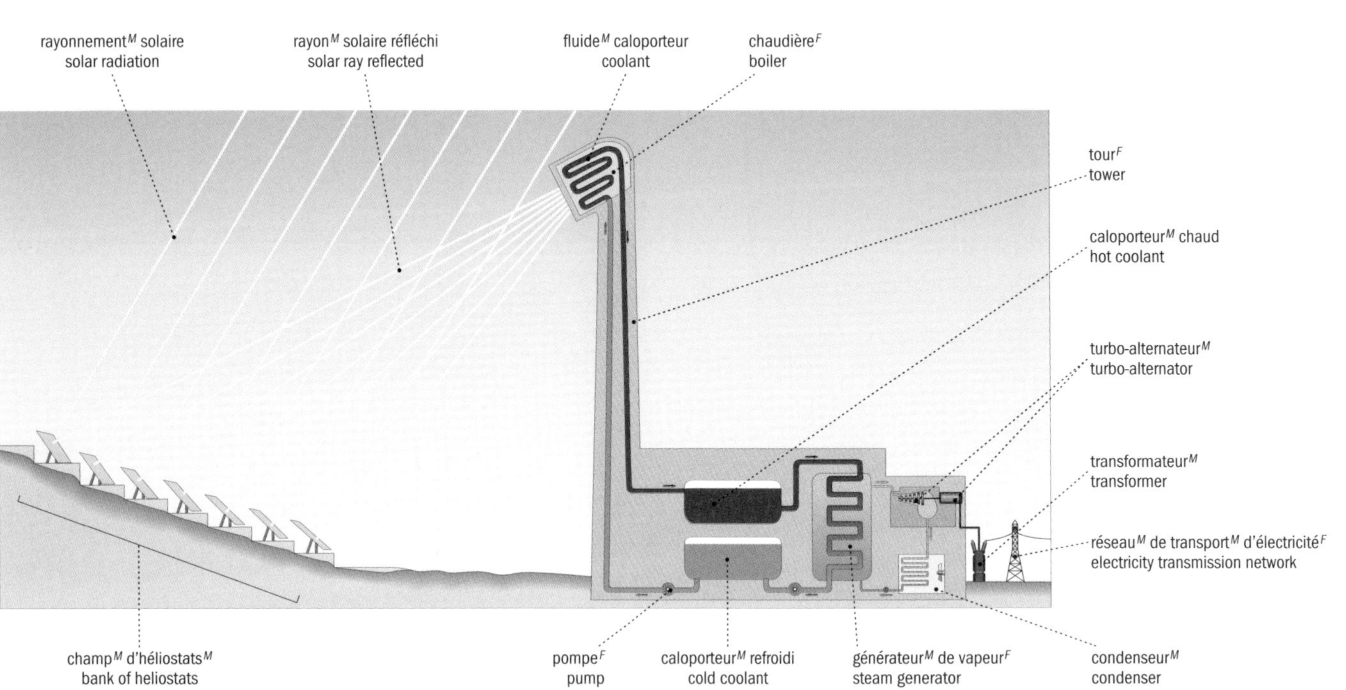
rayonnement[M] solaire
solar radiation
rayon[M] solaire réfléchi
solar ray reflected
fluide[M] caloporteur
coolant
chaudière[F]
boiler
tour[F]
tower
caloporteur[M] chaud
hot coolant
turbo-alternateur[M]
turbo-alternator
transformateur[M]
transformer
réseau[M] de transport[M] d'électricité[F]
electricity transmission network
champ[M] d'héliostats[M]
bank of heliostats
pompe[F]
pump
caloporteur[M] refroidi
cold coolant
générateur[M] de vapeur[F]
steam generator
condenseur[M]
condenser

maison[F] solaire

solar house

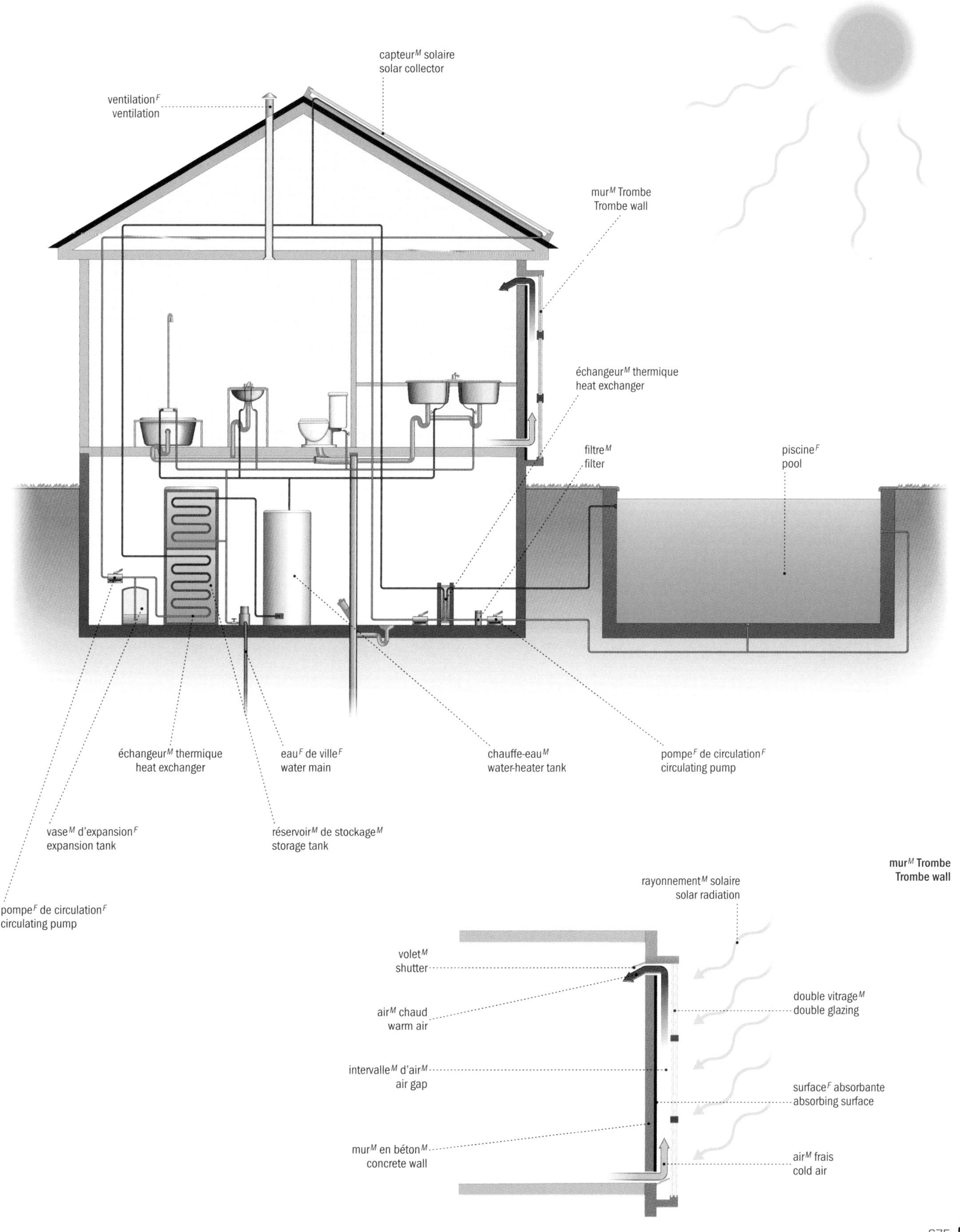
capteur[M] solaire
solar collector
ventilation[F]
ventilation
mur[M] Trombe
Trombe wall
échangeur[M] thermique
heat exchanger
filtre[M]
filter
piscine[F]
pool
échangeur[M] thermique
heat exchanger
eau[F] de ville[F]
water main
chauffe-eau[M]
water-heater tank
pompe[F] de circulation[F]
circulating pump
vase[M] d'expansion[F]
expansion tank
réservoir[M] de stockage[M]
storage tank
pompe[F] de circulation[F]
circulating pump
mur[M] Trombe
Trombe wall
rayonnement[M] solaire
solar radiation
volet[M]
shutter
air[M] chaud
warm air
double vitrage[M]
double glazing
intervalle[M] d'air[M]
air gap
surface[F] absorbante
absorbing surface
mur[M] en béton[M]
concrete wall
air[M] frais
cold air

moulin[M] à vent[M]

windmill

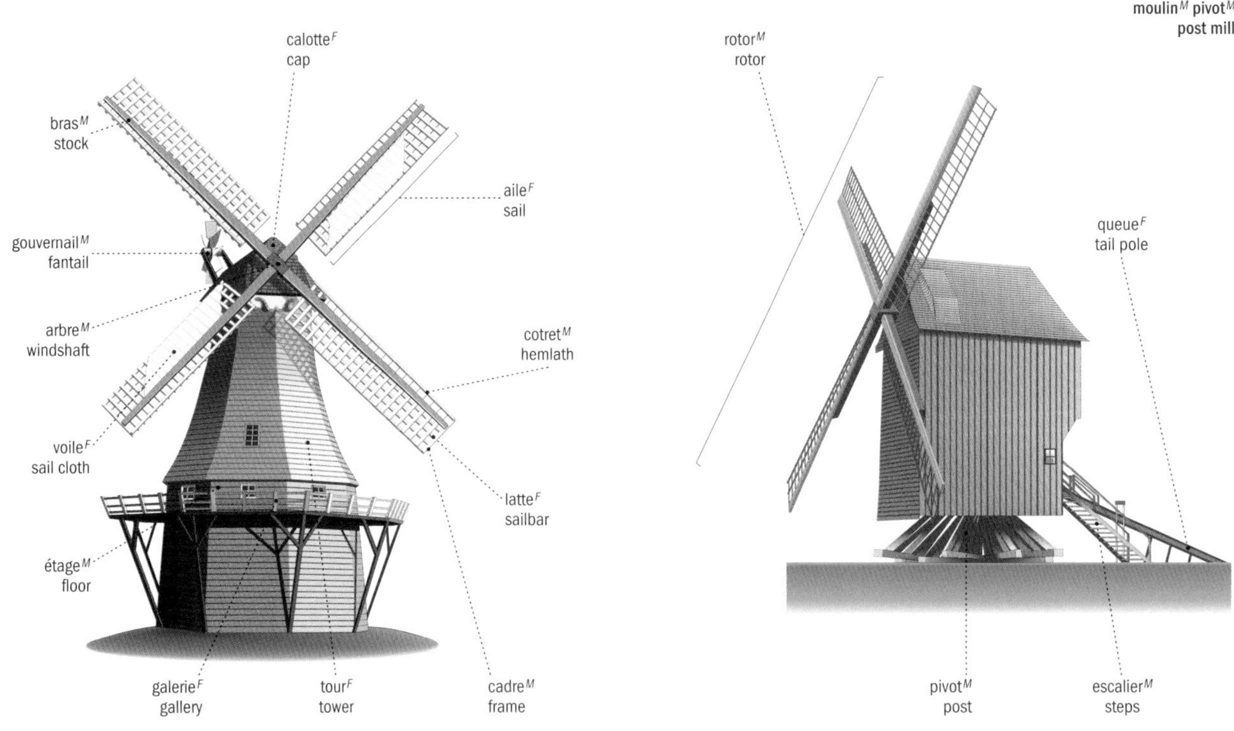
moulin[M] tour[F]
tower mill
calotte[F]
cap
bras[M]
stock
aile[F]
sail
gouvernail[M]
fantail
arbre[M]
windshaft
cotret[M]
hemlath
voile[F]
sail cloth
latte[F]
sailbar
étage[M]
floor
galerie[F]
gallery
tour[F]
tower
cadre[M]
frame
moulin[M] pivot[M]
post mill
rotor[M]
rotor
queue[F]
tail pole
pivot[M]
post
escalier[M]
steps

éoliennes[F] et production[F] d'électricité[F]

wind turbines and electricity production

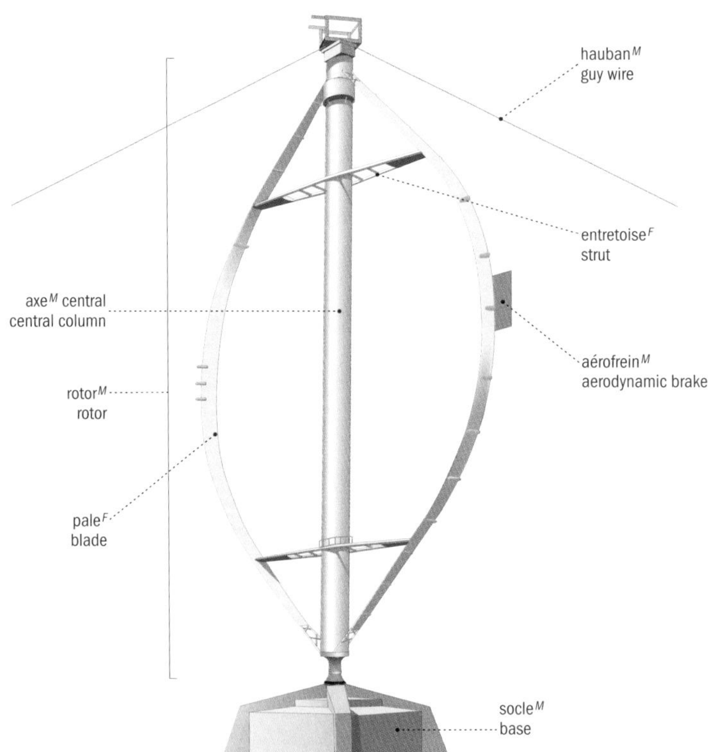
éolienne[F] à axe[M] vertical
vertical-axis wind turbine
hauban[M]
guy wire
entretoise[F]
strut
axe[M] central
central column
aérofrein[M]
aerodynamic brake
rotor[M]
rotor
pale[F]
blade
socle[M]
base

éoliennes[F] et production[F] d'électricité[F]

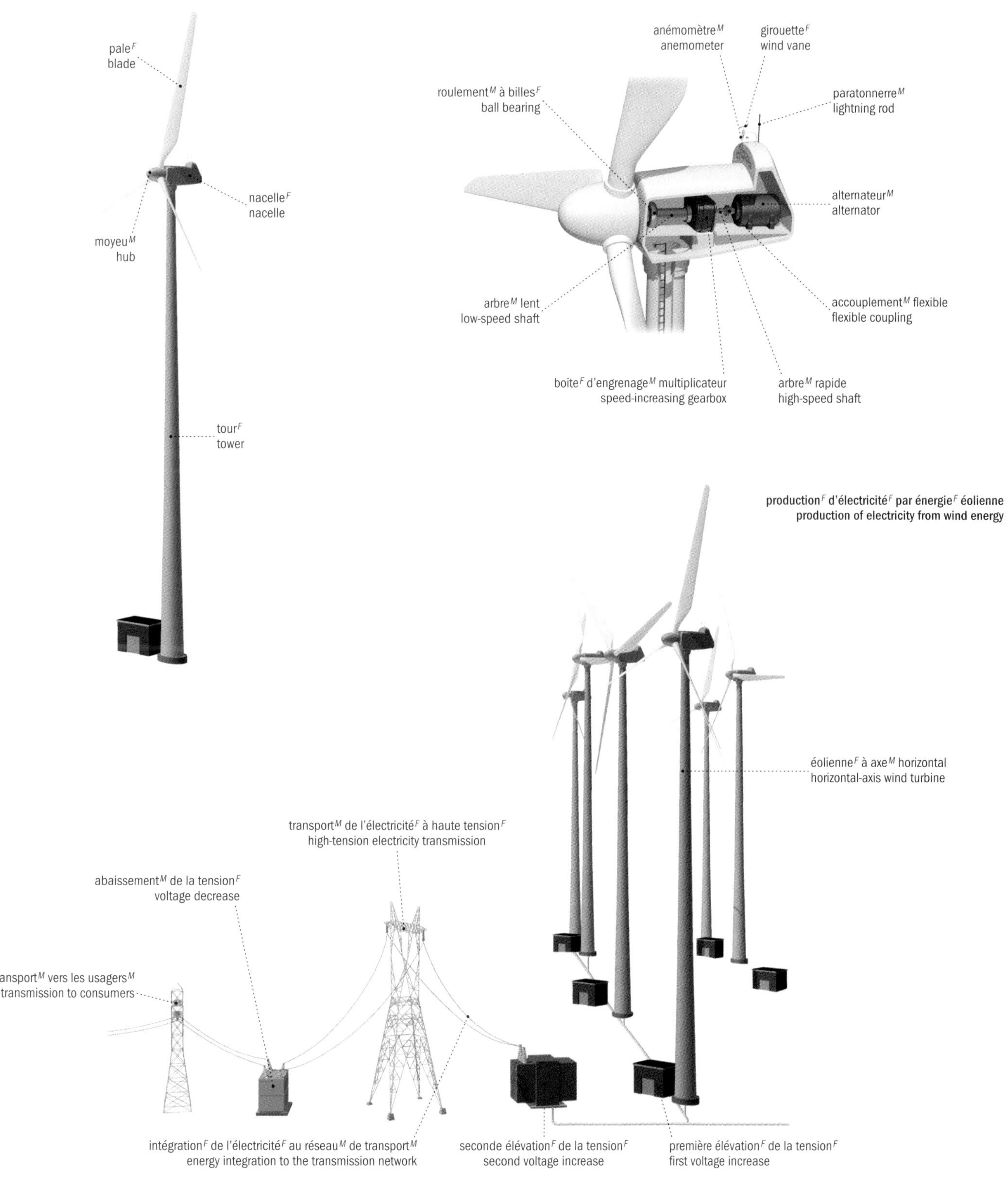
éolienne[F] à axe[M] horizontal
horizontal-axis wind turbine
pale[F]
blade
nacelle[F]
nacelle
moyeu[M]
hub
tour[F]
tower
coupe[F] de la nacelle[F]
nacelle cross-section
anémomètre[M]
anemometer
girouette[F]
wind vane
roulement[M] à billes[F]
ball bearing
paratonnerre[M]
lightning rod
alternateur[M]
alternator
arbre[M] lent
low-speed shaft
accouplement[M] flexible
flexible coupling
boite[F] d'engrenage[M] multiplicateur
speed-increasing gearbox
arbre[M] rapide
high-speed shaft
production[F] d'électricité[F] par énergie[F] éolienne
production of electricity from wind energy
éolienne[F] à axe[M] horizontal
horizontal-axis wind turbine
transport[M] de l'électricité[F] à haute tension[F]
high-tension electricity transmission
abaissement[M] de la tension[F]
voltage decrease
transport[M] vers les usagers[M]
transmission to consumers
intégration[F] de l'électricité[F] au réseau[M] de transport[M]
energy integration to the transmission network
seconde élévation[F] de la tension[F]
second voltage increase
première élévation[F] de la tension[F]
first voltage increase

680 Chimie

680 matière
682 éléments chimiques
684 symboles de chimie
685 matériel de laboratoire

686 Physique : mécanique

686 engrenages
686 système à deux poulies
686 levier

687 Physique : électricité et magnétisme

687 magnétisme
687 circuit électrique en parallèle
688 générateurs
689 piles sèches
689 électronique

Cu
Zn
Ga
Ge
As
Se
Br
Ag
Cd
In
Sn
Sb
Te
I
Au
Hg
Tl
Pb

SCIENCE

SCIENCE

690 Physique : optique

690 spectre électromagnétique
690 onde
690 synthèse des couleurs
691 vision
691 lentilles
692 laser à rubis pulsé
692 jumelles à prismes
692 lunette de visée
693 loupe et microscopes

695 Appareils de mesure

695 mesure de la température
696 mesure du temps
698 mesure de la masse
700 mesure de la longueur
700 mesure de la distance
700 mesure de l'épaisseur
701 mesure des angles

702 Symboles scientifiques usuels

702 système international d'unités
702 biologie
703 mathématiques
704 géométrie
704 formes géométriques

matière[F]

matter

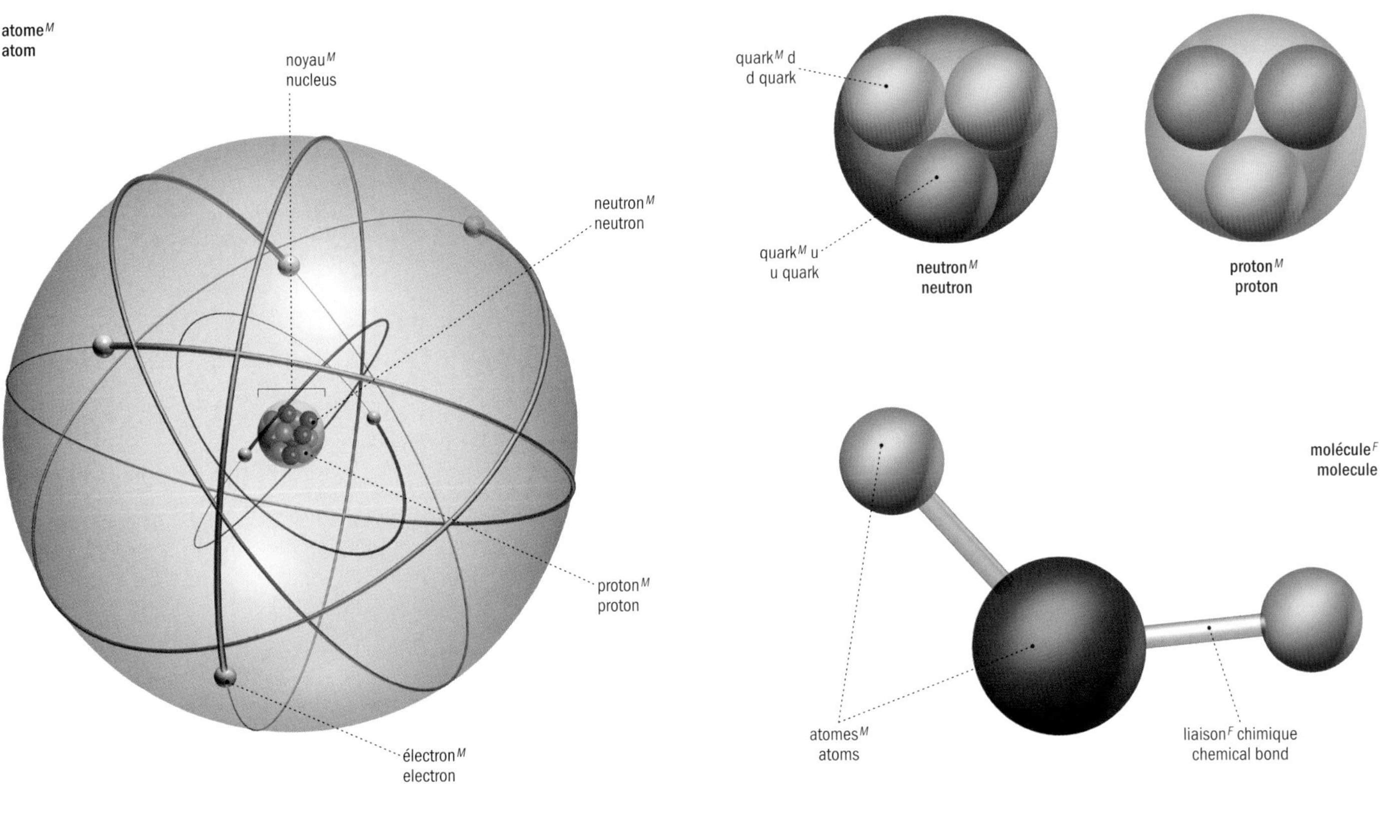
atome[M]
atom
noyau[M]
nucleus
neutron[M]
neutron
proton[M]
proton
électron[M]
electron
quark[M] d
d quark
quark[M] u
u quark
neutron[M]
neutron
proton[M]
proton
molécule[F]
molecule
atomes[M]
atoms
liaison[F] chimique
chemical bond

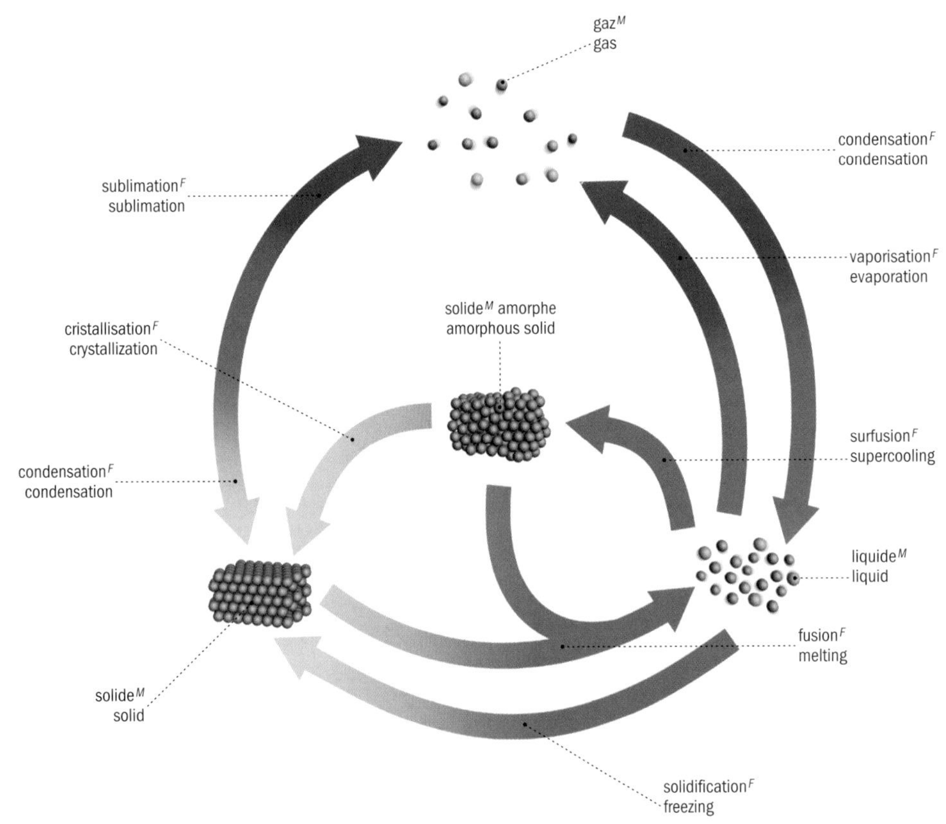
états[M] de la matière[F]
states of matter
gaz[M]
gas
condensation[F]
condensation
sublimation[F]
sublimation
vaporisation[F]
evaporation
solide[M] amorphe
amorphous solid
cristallisation[F]
crystallization
surfusion[F]
supercooling
condensation[F]
condensation
liquide[M]
liquid
fusion[F]
melting
solide[M]
solid
solidification[F]
freezing

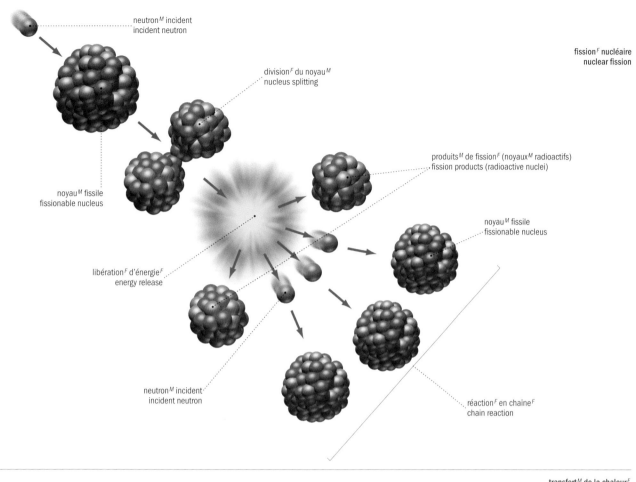

fission[F] nucléaire
nuclear fission

neutron[M] incident
incident neutron

division[F] du noyau[M]
nucleus splitting

produits[M] de fission[F] (noyaux[M] radioactifs)
fission products (radioactive nuclei)

noyau[M] fissile
fissionable nucleus

noyau[M] fissile
fissionable nucleus

libération[F] d'énergie[F]
energy release

neutron[M] incident
incident neutron

réaction[F] en chaîne[F]
chain reaction

transfert[M] de la chaleur[F]
heat transfer

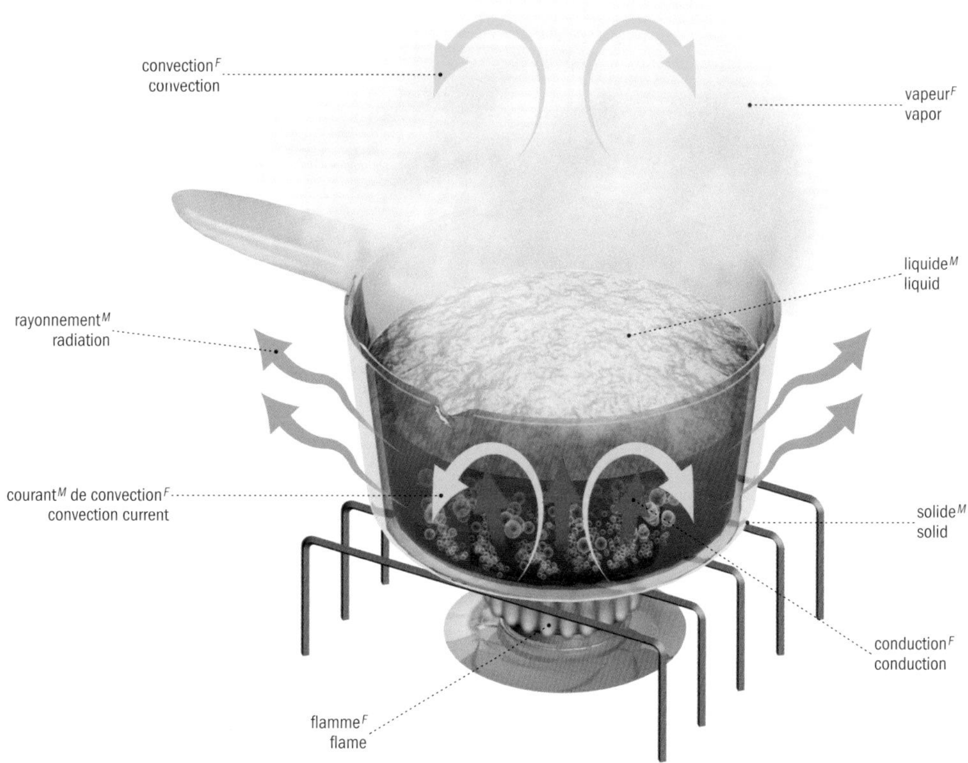
convection[F]
convection
vapeur[F]
vapor
liquide[M]
liquid
rayonnement[M]
radiation
courant[M] de convection[F]
convection current
solide[M]
solid
conduction[F]
conduction
flamme[F]
flame

SCIENCE

éléments[M] chimiques

chemical elements

tableau[M] périodique des éléments[M]
table of elements

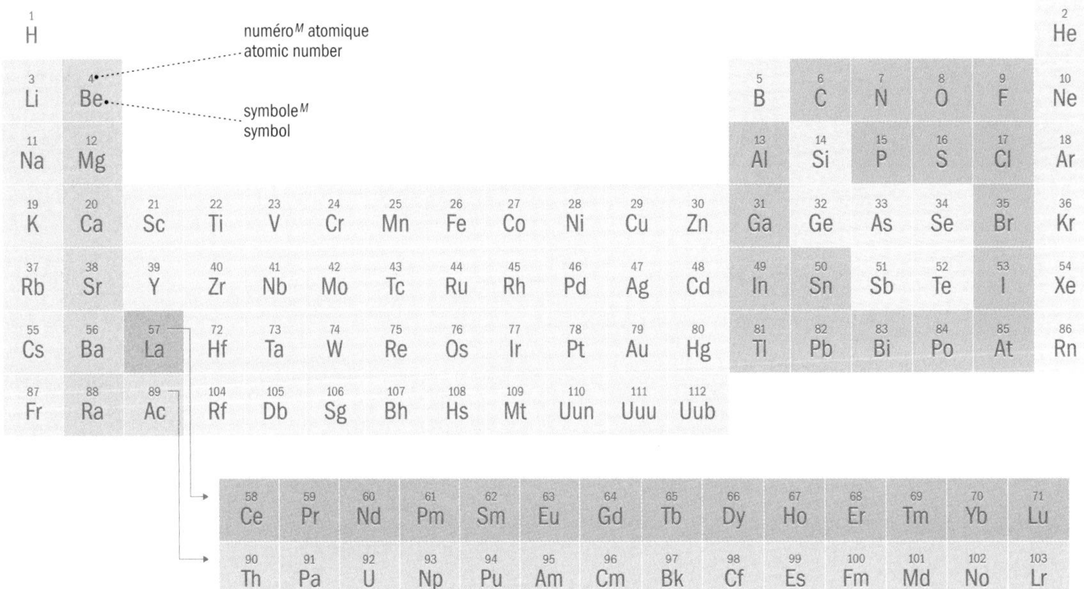
numéro[M] atomique
atomic number
symbole[M]
symbol
1 H
2 He
3 Li 4 Be 5 B 6 C 7 N 8 O 9 F 10 Ne
11 Na 12 Mg 13 Al 14 Si 15 P 16 S 17 Cl 18 Ar
19 K 20 Ca 21 Sc 22 Ti 23 V 24 Cr 25 Mn 26 Fe 27 Co 28 Ni 29 Cu 30 Zn 31 Ga 32 Ge 33 As 34 Se 35 Br 36 Kr
37 Rb 38 Sr 39 Y 40 Zr 41 Nb 42 Mo 43 Tc 44 Ru 45 Rh 46 Pd 47 Ag 48 Cd 49 In 50 Sn 51 Sb 52 Te 53 I 54 Xe
55 Cs 56 Ba 57 La 72 Hf 73 Ta 74 W 75 Re 76 Os 77 Ir 78 Pt 79 Au 80 Hg 81 Tl 82 Pb 83 Bi 84 Po 85 At 86 Rn
87 Fr 88 Ra 89 Ac 104 Rf 105 Db 106 Sg 107 Bh 108 Hs 109 Mt 110 Uun 111 Uuu 112 Uub
58 Ce 59 Pr 60 Nd 61 Pm 62 Sm 63 Eu 64 Gd 65 Tb 66 Dy 67 Ho 68 Er 69 Tm 70 Yb 71 Lu
90 Th 91 Pa 92 U 93 Np 94 Pu 95 Am 96 Cm 97 Bk 98 Cf 99 Es 100 Fm 101 Md 102 No 103 Lr

1 H — hydrogène[M] / hydrogen

métaux[M] alcalins
alkali metals

- 3 Li — lithium[M] / lithium
- 11 Na — sodium[M] / sodium
- 19 K — potassium[M] / potassium
- 37 Rb — rubidium[M] / rubidium
- 55 Cs — césium[M] / cesium
- 87 Fr — francium[M] / francium

métaux[M] alcalino-terreux
alkaline earth metals

- 4 Be — béryllium[M] / beryllium
- 12 Mg — magnésium[M] / magnesium
- 20 Ca — calcium[M] / calcium
- 38 Sr — strontium[M] / strontium
- 56 Ba — baryum[M] / barium
- 88 Ra — radium[M] / radium

semi-métaux[M] (métalloïdes[M])
semi-metals (metalloids)

- 5 B — bore[M] / boron
- 14 Si — silicium[M] / silicon
- 32 Ge — germanium[M] / germanium
- 33 As — arsenic[M] / arsenic
- 34 Se — sélénium[M] / selenium
- 51 Sb — antimoine[M] / antimony
- 52 Te — tellure[M] / tellurium

autres métaux[M]
other metals

- 13 Al — aluminium[M] / aluminum
- 31 Ga — gallium[M] / gallium
- 49 In — indium[M] / indium
- 50 Sn — étain[M] / tin
- 81 Tl — thallium[M] / thallium
- 82 Pb — plomb[M] / lead
- 83 Bi — bismuth[M] / bismuth
- 84 Po — polonium[M] / polonium

métaux[M] de transition[F]
transition metals

21 Sc	scandium[M] scandium	39 Y	yttrium[M] yttrium	72 Hf	hafnium[M] hafnium	104 Rf	rutherfordium[M] rutherfordium
22 Ti	titane[M] titanium	40 Zr	zirconium[M] zirconium	73 Ta	tantale[M] tantalum	105 Db	dubnium[M] dubnium
23 V	vanadium[M] vanadium	41 Nb	niobium[M] niobium	74 W	tungstène[M] tungsten	106 Sg	seaborgium[M] seaborgium
24 Cr	chrome[M] chromium	42 Mo	molybdène[M] molybdenum	75 Re	rhénium[M] rhenium	107 Bh	bohrium[M] bohrium
25 Mn	manganèse[M] manganese	43 Tc	technétium[M] technetium	76 Os	osmium[M] osmium	108 Hs	hassium[M] hassium
26 Fe	fer[M] iron	44 Ru	ruthénium[M] ruthenium	77 Ir	iridium[M] iridium	109 Mt	meitnerium[M] meitnerium
27 Co	cobalt[M] cobalt	45 Rh	rhodium[M] rhodium	78 Pt	platine[M] platinum	110 Uun	ununnilium[M] ununnilium
28 Ni	nickel[M] nickel	46 Pd	palladium[M] palladium	79 Au	or[M] gold	111 Uuu	unununium[M] unununium
29 Cu	cuivre[M] copper	47 Ag	argent[M] silver	80 Hg	mercure[M] mercury	112 Uub	ununbium[M] ununbium
30 Zn	zinc[M] zinc	48 Cd	cadmium[M] cadmium				

non-métaux[M]
non-metals

6 C	carbone[M] carbon	9 F	fluor[M] fluorine	17 Cl	chlore[M] chlorine	53 I	iode[M] iodine
7 N	azote[M] nitrogen	15 P	phosphore[M] phosphorus	35 Br	brome[M] bromine	85 At	astate[M] astatine
8 O	oxygène[M] oxygen	16 S	soufre[M] sulfur				

éléments[M] chimiques

gaz[M] rares
noble gases

2 He — hélium[M] / helium	10 Ne — néon[M] / neon	18 Ar — argon[M] / argon	36 Kr — krypton[M] / krypton
		54 Xe — xénon[M] / xenon	86 Rn — radon[M] / radon

lanthanides[M] (terres[F] rares)
lanthanides (rare earth)

57 La — lanthane[M] / lanthanum	61 Pm — prométhium[M] / promethium	65 Tb — terbium[M] / terbium	69 Tm — thulium[M] / thulium
58 Ce — cérium[M] / cerium	62 Sm — samarium[M] / samarium	66 Dy — dysprosium[M] / dysprosium	70 Yb — ytterbium[M] / ytterbium
59 Pr — praséodyme[M] / praseodymium	63 Eu — europium[M] / europium	67 Ho — holmium[M] / holmium	71 Lu — lutécium[M] / lutetium
60 Nd — néodyme[M] / neodymium	64 Gd — gadolinium[M] / gadolinium	68 Er — erbium[M] / erbium	

actinides[M]
actinides

89 Ac — actinium[M] / actinium	93 Np — neptunium[M] / neptunium	97 Bk — berkélium[M] / berkelium	101 Md — mendélévium[M] / mendelevium
90 Th — thorium[M] / thorium	94 Pu — plutonium[M] / plutonium	98 Cf — californium[M] / californium	102 No — nobélium[M] / nobelium
91 Pa — protactinium[M] / protactinium	95 Am — américium[M] / americium	99 Es — einsteinium[M] / einsteinium	103 Lr — lawrencium[M] / lawrencium
92 U — uranium[M] / uranium	96 Cm — curium[M] / curium	100 Fm — fermium[M] / fermium	

SCIENCE

symboles[M] de chimie[F]

chemistry symbols

négatif[M]
negative charge

positif[M]
positive charge

réaction[F] réversible
reversible reaction

direction[F] d'une réaction[F]
reaction direction

matériel[M] de laboratoire[M]

laboratory equipment

tige[F]
rod
noix[F] de serrage[M]
holder
pince[F] avec noix[F] de serrage[M]
clamp/holder
socle[M]
base
statif[M]
stand
boîte[F] de Pétri
Petri dish
éprouvette[F] graduée
graduated cylinder
100
90
80
70
60
50
40
30
20
10
burette[F] à robinet[M] droit
straight stopcock burette
pipette[F] sérologique
serological pipette
tube[M] à essai[M]
test tube
brûleur[M] à gaz[M]
gas burner
1000 ml
500
400
300
200
100
300 ml
250
200
150
100
bouteille[F]
bottle
pissette[F]
wash bottle
ballon[M] à fond[M] rond
round-bottom flask
bécher[M]
beaker
erlenmeyer[M]
Erlenmeyer flask

engrenages^M

gearing systems

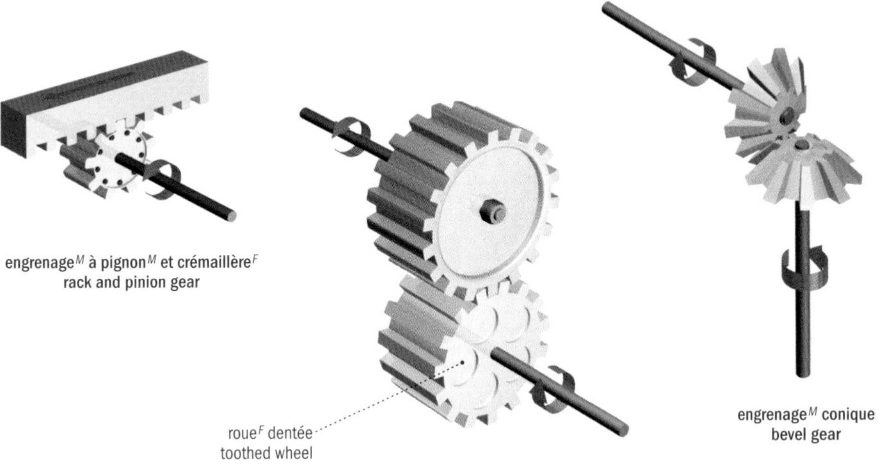
arbre^M
shaft
dent^F
gear tooth
engrenage^M à pignon^M et crémaillère^F
rack and pinion gear
roue^F dentée
toothed wheel
engrenage^M conique
bevel gear
engrenage^M cylindrique à denture^F droite
spur gear
engrenage^M à vis^F sans fin^F
worm gear

système^M à deux poulies^F

double pulley system

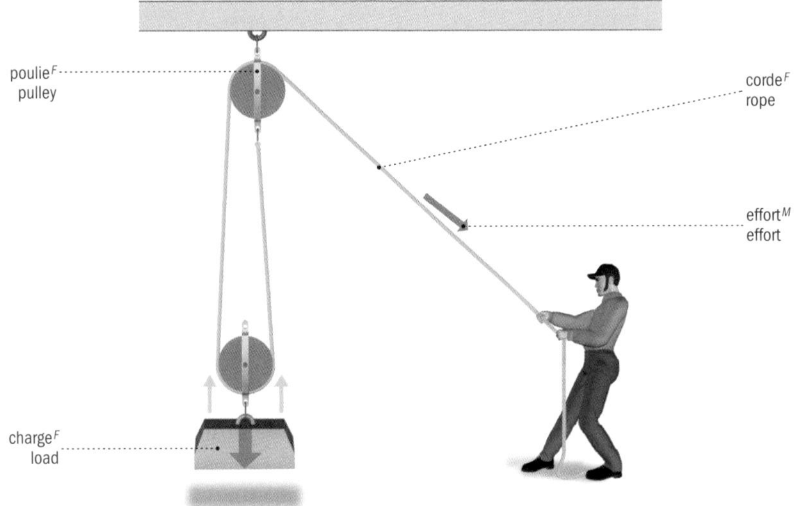
poulie^F
pulley
corde^F
rope
effort^M
effort
charge^F
load

levier^M

lever

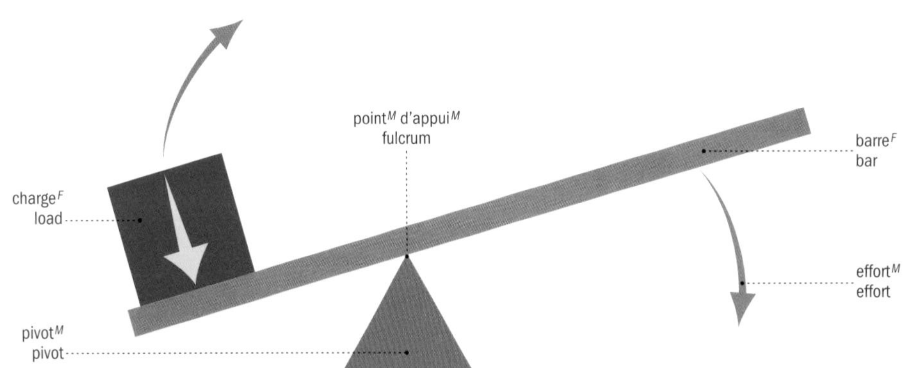
point^M d'appui^M
fulcrum
barre^F
bar
charge^F
load
effort^M
effort
pivot^M
pivot

magnétisme[M]

magnetism

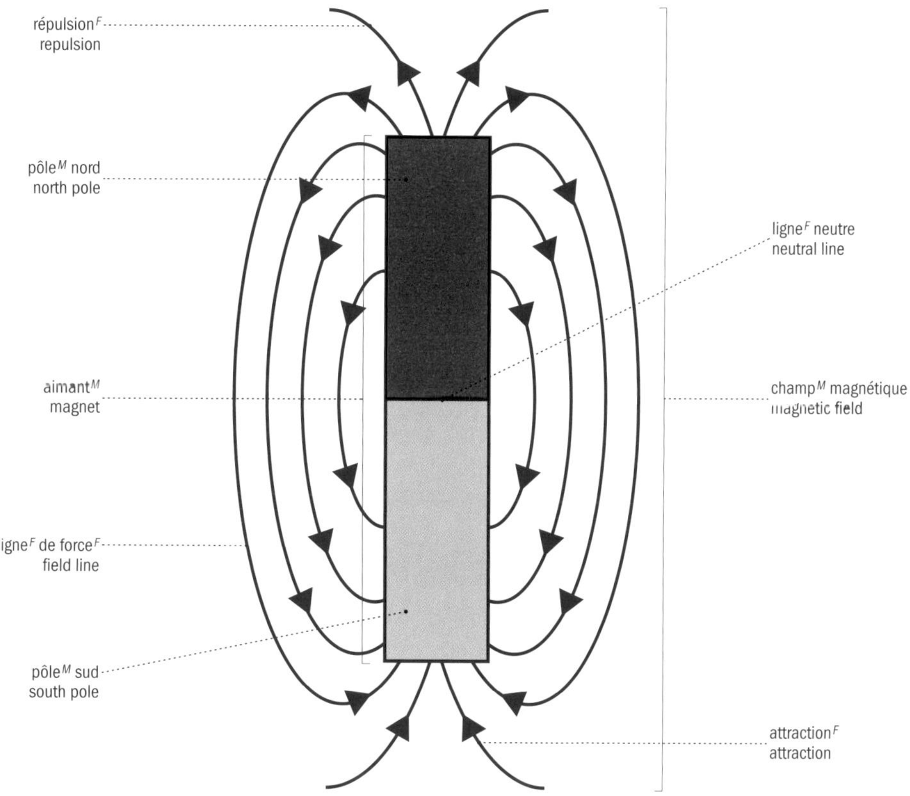
répulsion F
repulsion
pôle M nord
north pole
aimant M
magnet
ligne F de force F
field line
pôle M sud
south pole
ligne F neutre
neutral line
champ M magnétique
magnetic field
attraction F
attraction

circuit[M] électrique en parallèle[F]

parallel electrical circuit

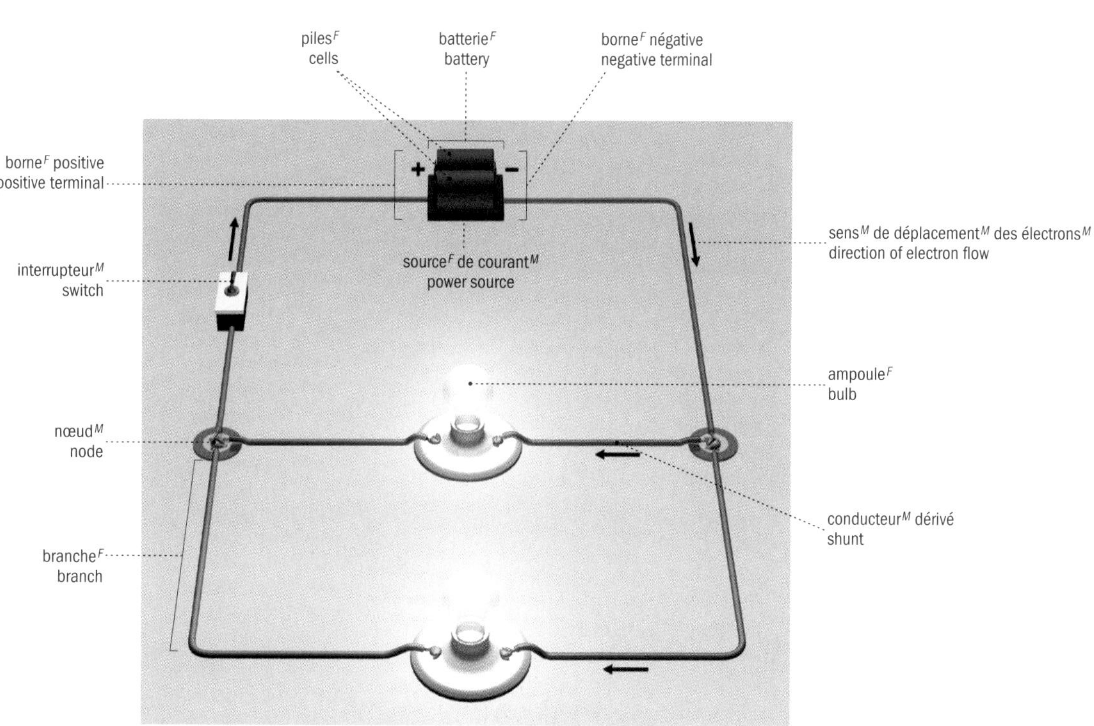
piles F
cells
batterie F
battery
borne F négative
negative terminal
borne F positive
positive terminal
source F de courant M
power source
sens M de déplacement M des électrons M
direction of electron flow
interrupteur M
switch
ampoule F
bulb
nœud M
node
conducteur M dérivé
shunt
branche F
branch
+
–

générateurs[M]

generators

dynamo[F]
dynamo

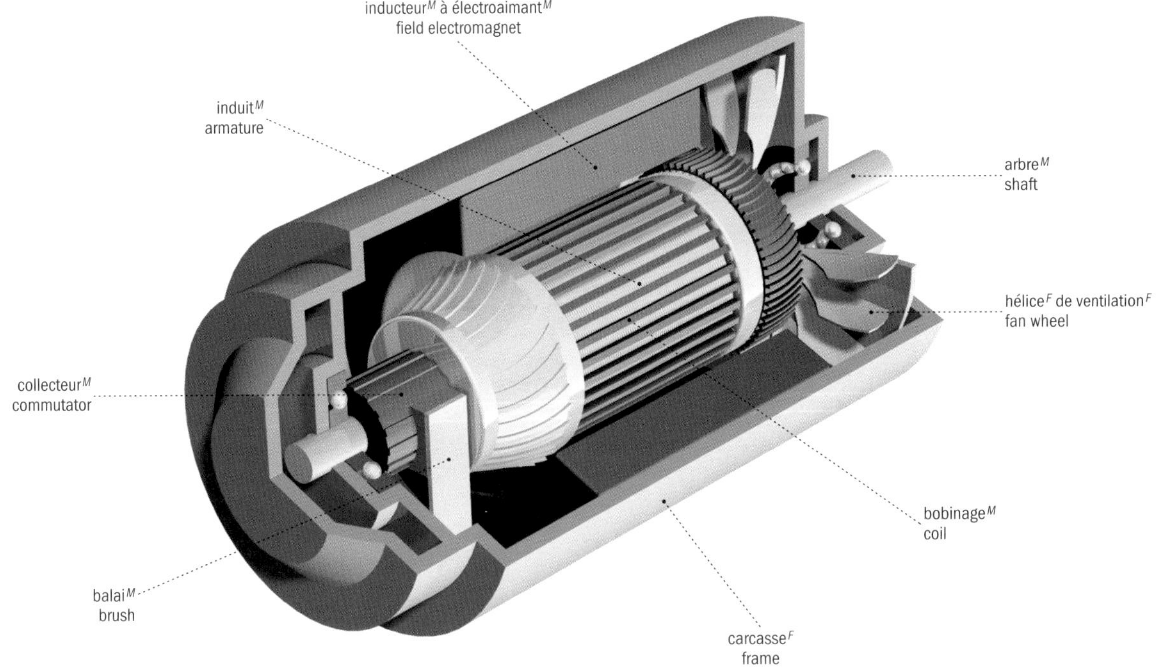

inducteur[M] à électroaimant[M]
field electromagnet
induit[M]
armature
arbre[M]
shaft
hélice[F] de ventilation[F]
fan wheel
collecteur[M]
commutator
bobinage[M]
coil
balai[M]
brush
carcasse[F]
frame

alternateur[M]
alternator

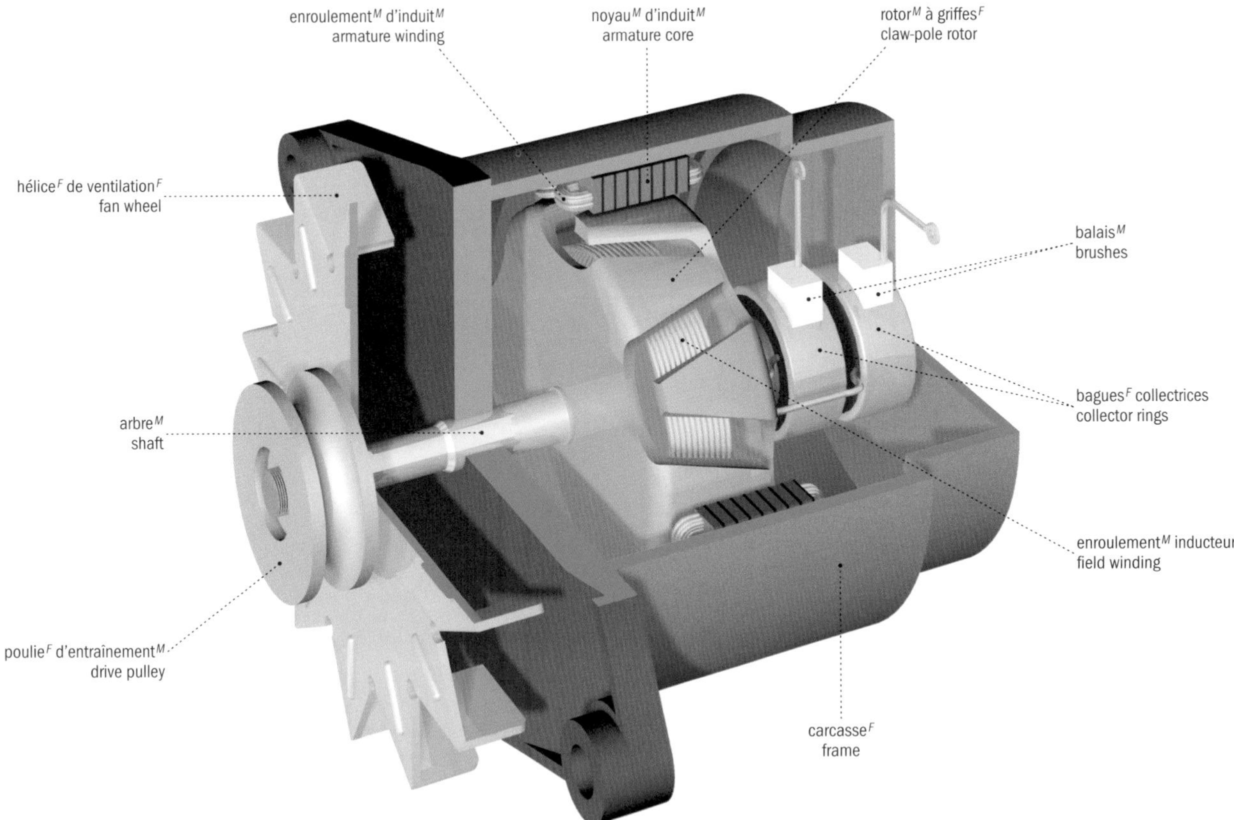

enroulement[M] d'induit[M]
armature winding
noyau[M] d'induit[M]
armature core
rotor[M] à griffes[F]
claw-pole rotor
hélice[F] de ventilation[F]
fan wheel
balais[M]
brushes
bagues[F] collectrices
collector rings
arbre[M]
shaft
enroulement[M] inducteur
field winding
poulie[F] d'entraînement[M]
drive pulley
carcasse[F]
frame

SCIENCE

piles^F sèches

dry cells

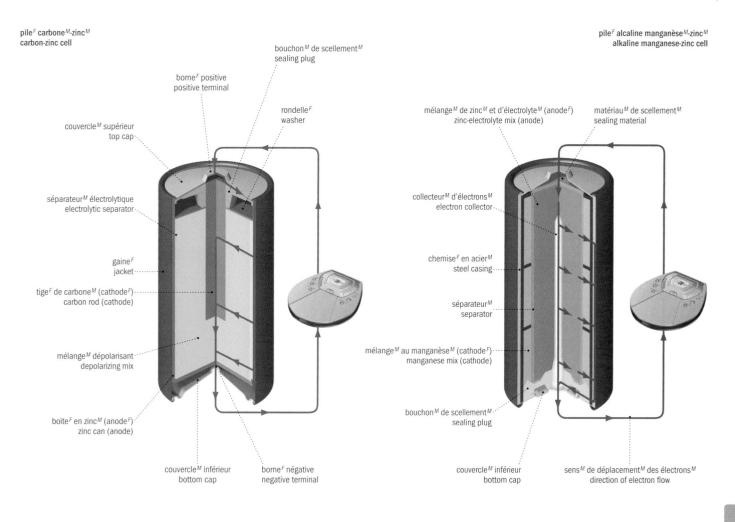

pile^F carbone^M-zinc^M
carbon-zinc cell

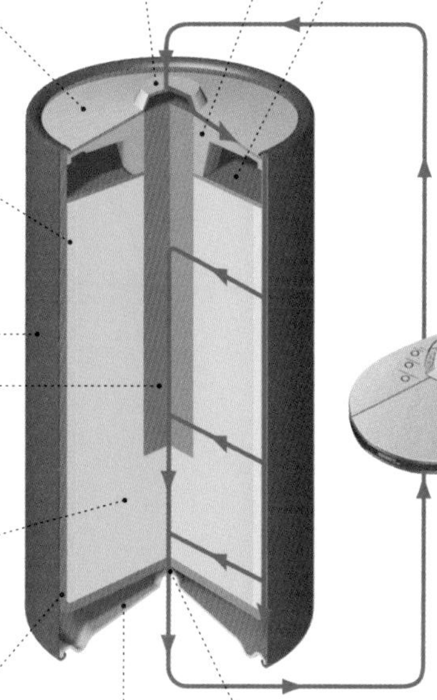

bouchon^M de scellement^M
sealing plug

borne^F positive
positive terminal

rondelle^F
washer

couvercle^M supérieur
top cap

séparateur^M électrolytique
electrolytic separator

gaine^F
jacket

tige^F de carbone^M (cathode^F)
carbon rod (cathode)

mélange^M dépolarisant
depolarizing mix

boîte^F en zinc^M (anode^F)
zinc can (anode)

couvercle^M inférieur
bottom cap

borne^F négative
negative terminal

pile^F alcaline manganèse^M-zinc^M
alkaline manganese-zinc cell

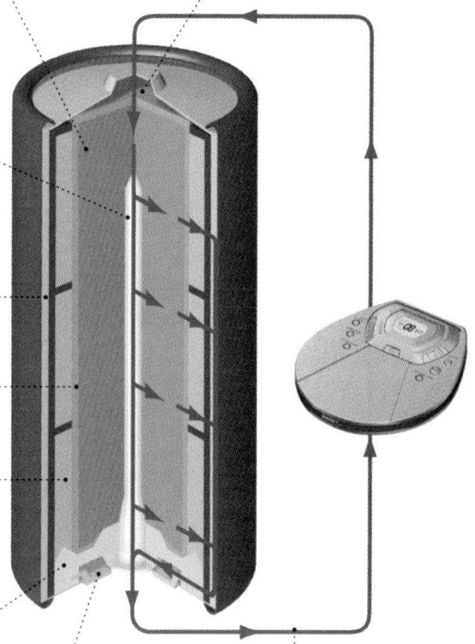

mélange^M de zinc^M et d'électrolyte^M (anode^F)
zinc-electrolyte mix (anode)

matériau^M de scellement^M
sealing material

collecteur^M d'électrons^M
electron collector

chemise^F en acier^M
steel casing

séparateur^M
separator

mélange^M au manganèse^M (cathode^F)
manganese mix (cathode)

bouchon^M de scellement^M
sealing plug

couvercle^M inférieur
bottom cap

sens^M de déplacement^M des électrons^M
direction of electron flow

électronique^F

electronics

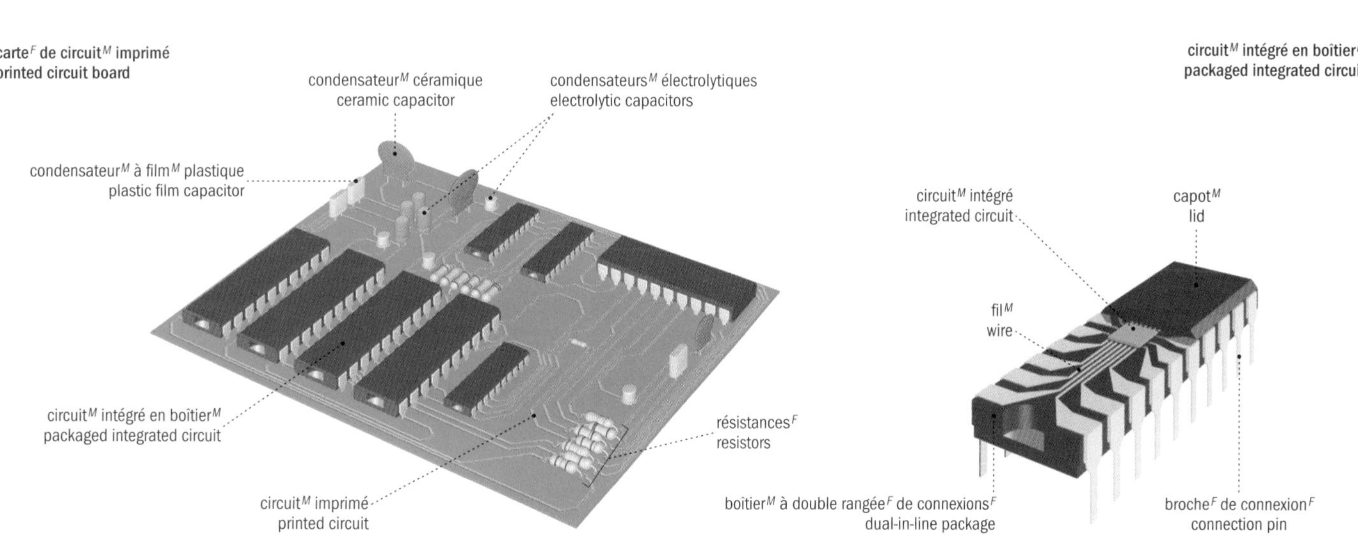
carte^F de circuit^M imprimé
printed circuit board
condensateur^M céramique
ceramic capacitor
condensateurs^M électrolytiques
electrolytic capacitors
condensateur^M à film^M plastique
plastic film capacitor
circuit^M intégré en boîtier^M
packaged integrated circuit
résistances^F
resistors
circuit^M imprimé
printed circuit
circuit^M intégré en boîtier^M
packaged integrated circuit
circuit^M intégré
integrated circuit
capot^M
lid
fil^M
wire
boîtier^M à double rangée^F de connexions^F
dual-in-line package
broche^F de connexion^F
connection pin

spectre^M électromagnétique

electromagnetic spectrum

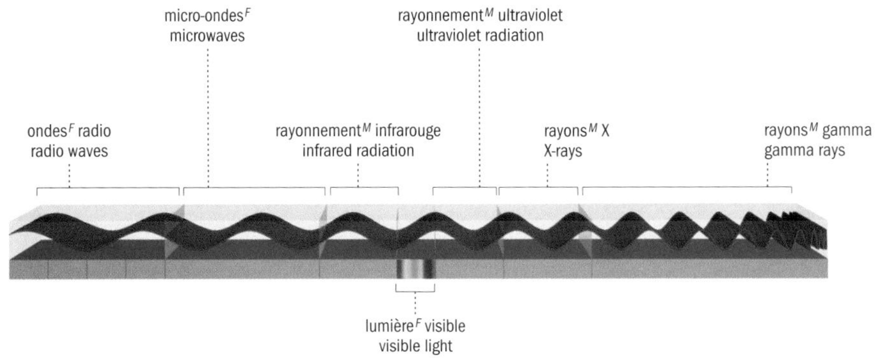

micro-ondes^F
microwaves
rayonnement^M ultraviolet
ultraviolet radiation
ondes^F radio
radio waves
rayonnement^M infrarouge
infrared radiation
rayons^M X
X-rays
rayons^M gamma
gamma rays
lumière^F visible
visible light

onde^F

wave

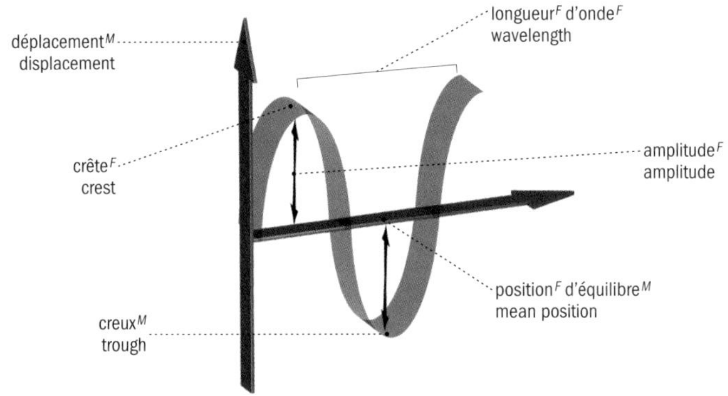

déplacement^M
displacement
longueur^F d'onde^F
wavelength
crête^F
crest
amplitude^F
amplitude
position^F d'équilibre^M
mean position
creux^M
trough

synthèse^F des couleurs^F

color synthesis

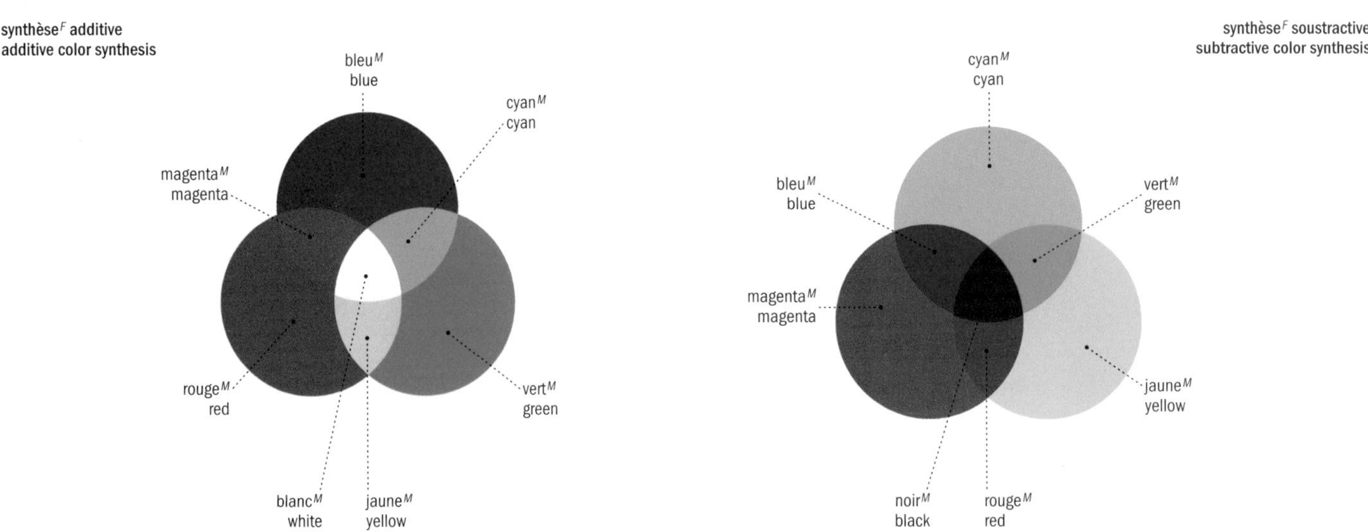

synthèse^F additive
additive color synthesis
bleu^M
blue
cyan^M
cyan
magenta^M
magenta
rouge^M
red
vert^M
green
blanc^M
white
jaune^M
yellow
synthèse^F soustractive
subtractive color synthesis
cyan^M
cyan
bleu^M
blue
vert^M
green
magenta^M
magenta
jaune^M
yellow
noir^M
black
rouge^M
red

SCIENCE

vision^F

vision

vision^F normale
normal vision

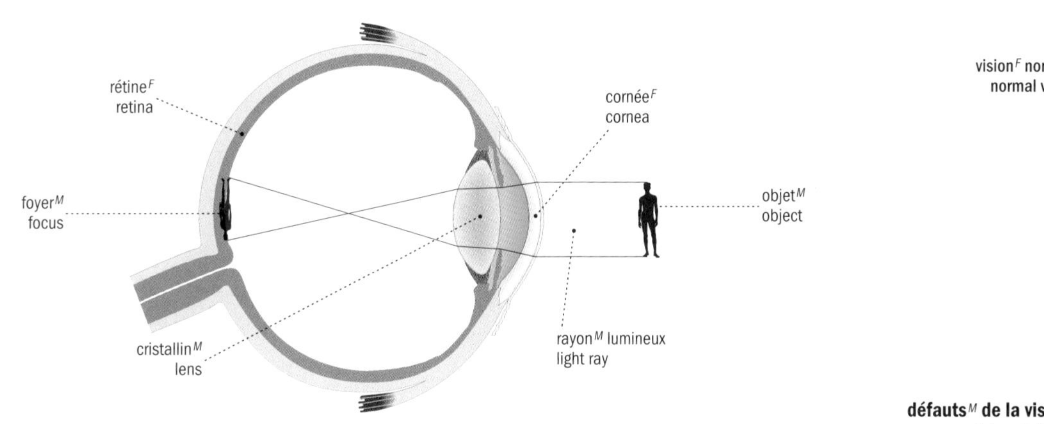

rétine^F
retina
cornée^F
cornea
foyer^M
focus
objet^M
object
cristallin^M
lens
rayon^M lumineux
light ray

défauts^M de la vision^F
vision defects

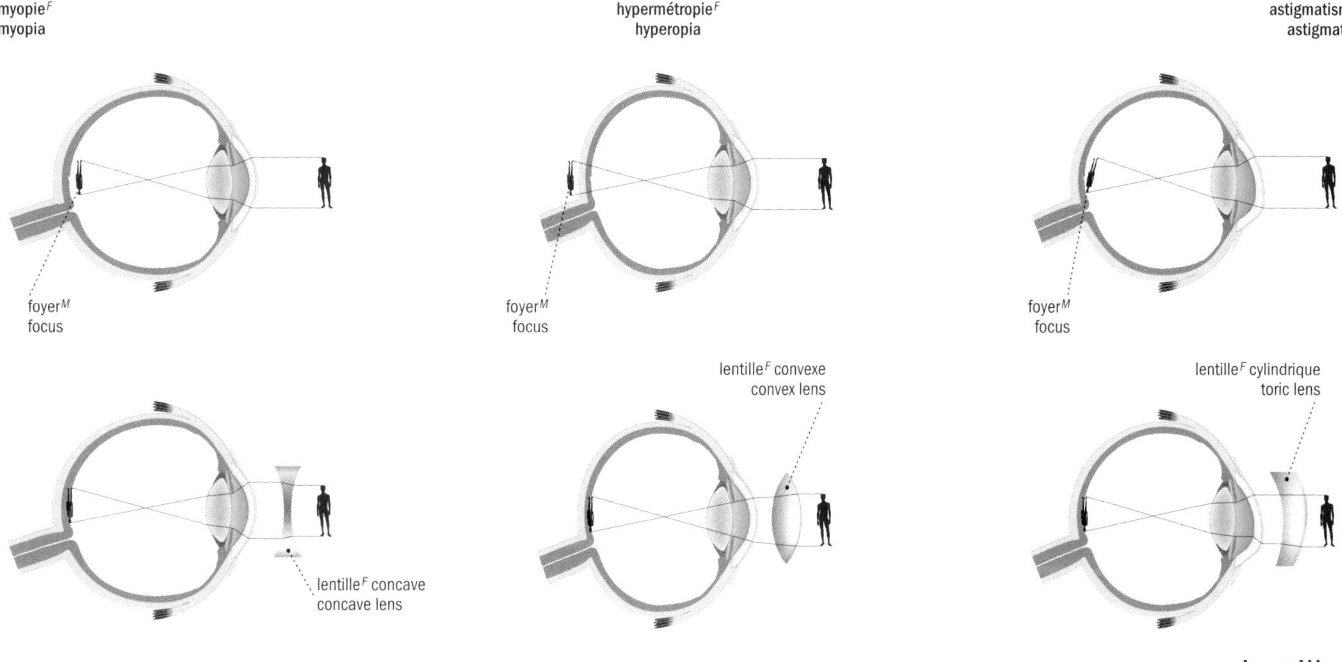

myopie^F
myopia
hypermétropie^F
hyperopia
astigmatisme^M
astigmatism
foyer^M
focus
foyer^M
focus
foyer^M
focus
lentille^F convexe
convex lens
lentille^F cylindrique
toric lens
lentille^F concave
concave lens

lentilles^F

lenses

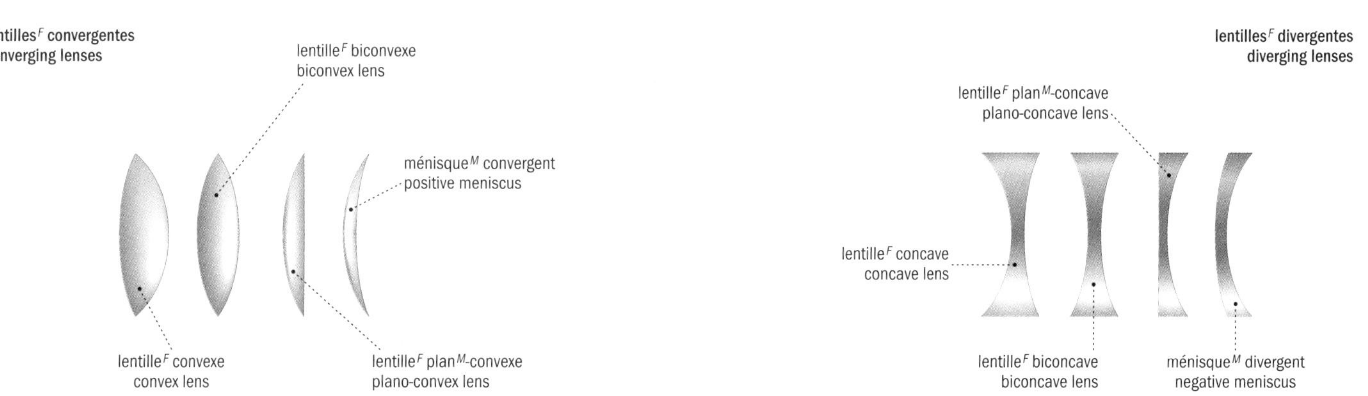

lentilles^F convergentes
converging lenses
lentille^F biconvexe
biconvex lens
ménisque^M convergent
positive meniscus
lentille^F convexe
convex lens
lentille^F plan^M-convexe
plano-convex lens
lentilles^F divergentes
diverging lenses
lentille^F plan^M-concave
plano-concave lens
lentille^F concave
concave lens
lentille^F biconcave
biconcave lens
ménisque^M divergent
negative meniscus

laser[M] à rubis[M] pulsé

pulsed ruby laser

cylindre[M] réflecteur
reflecting cylinder

photon[M]
photon

manchon[M] refroidisseur
cooling cylinder

miroir[M] à réflexion[F] totale
fully reflecting mirror

faisceau[M] laser[M]
laser beam

miroir[M] à réflexion[F] partielle
partially reflecting mirror

tube[M] à éclairs[M]
flash tube

cylindre[M] de rubis[M]
ruby cylinder

jumelles[F] à prismes[M]

prism binoculars

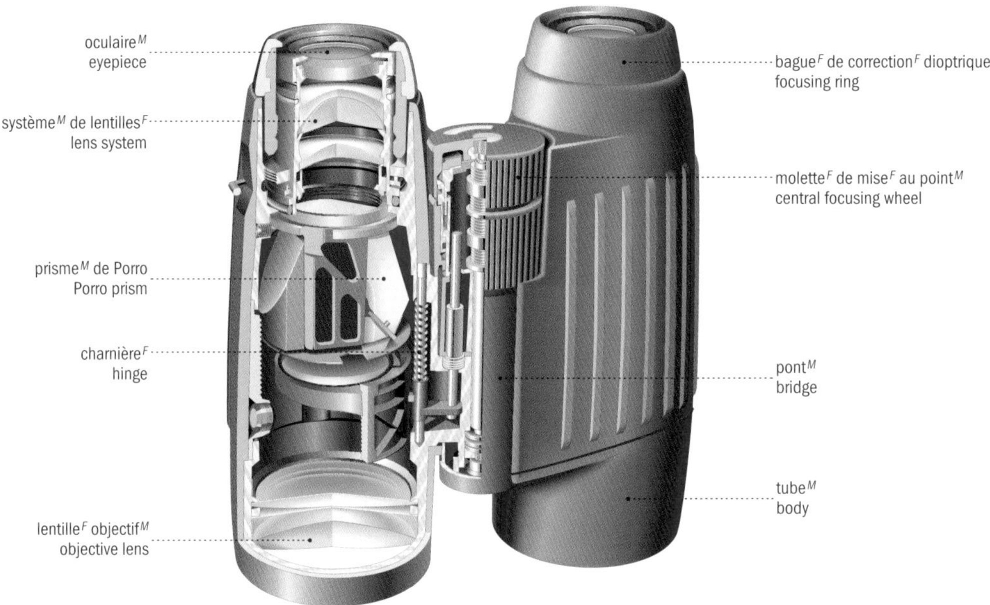
oculaire[M]
eyepiece
bague[F] de correction[F] dioptrique
focusing ring
système[M] de lentilles[F]
lens system
molette[F] de mise[F] au point[M]
central focusing wheel
prisme[M] de Porro
Porro prism
charnière[F]
hinge
pont[M]
bridge
tube[M]
body
lentille[F] objectif[M]
objective lens

lunette[F] de visée[F]

telescopic sight

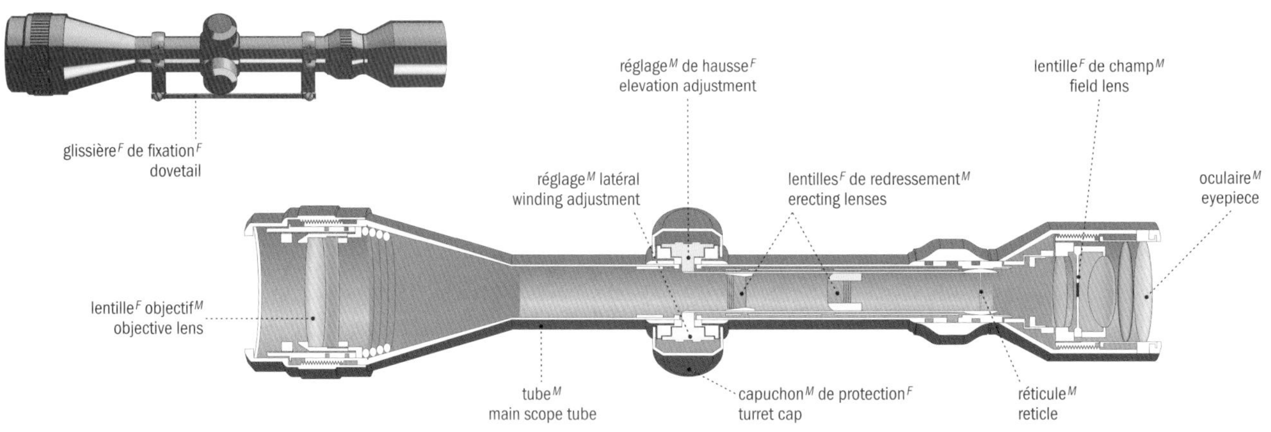
réglage[M] de hausse[F]
elevation adjustment
lentille[F] de champ[M]
field lens
glissière[F] de fixation[F]
dovetail
réglage[M] latéral
winding adjustment
lentilles[F] de redressement[M]
erecting lenses
oculaire[M]
eyepiece
lentille[F] objectif[M]
objective lens
tube[M]
main scope tube
capuchon[M] de protection[F]
turret cap
réticule[M]
reticle

loupe^F et microscopes^M

magnifying glass and microscopes

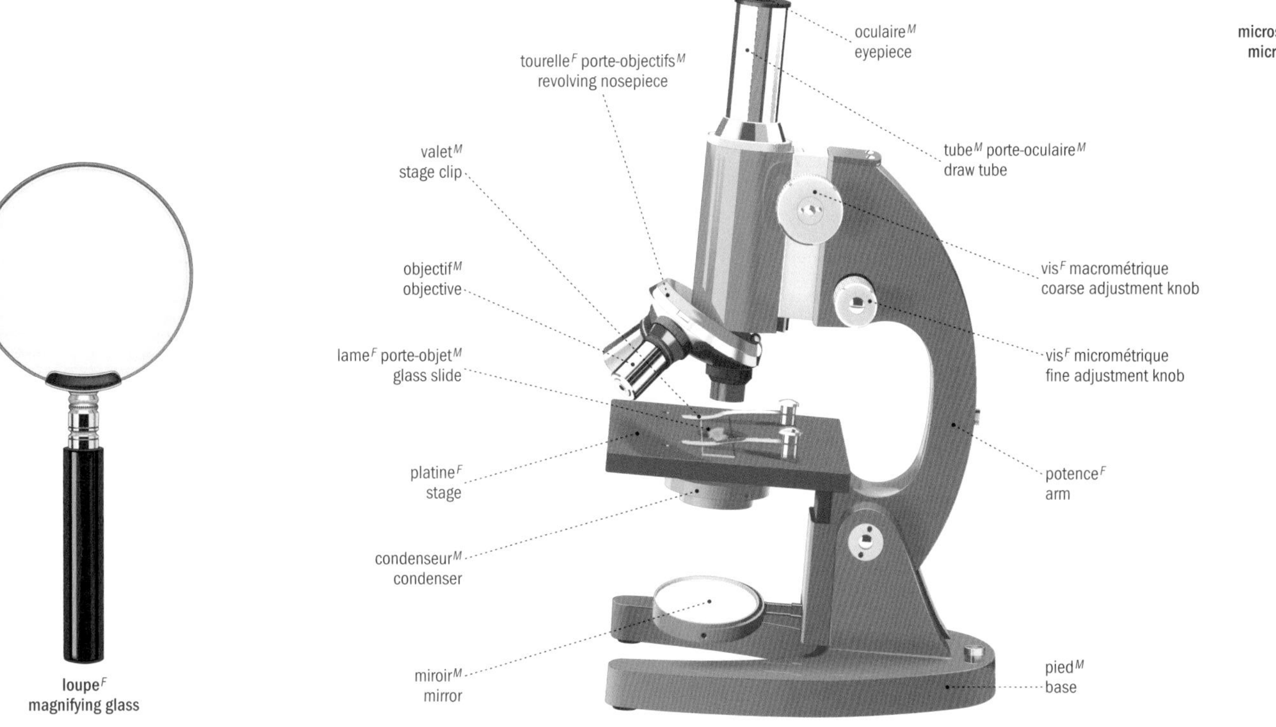
loupe^F
magnifying glass

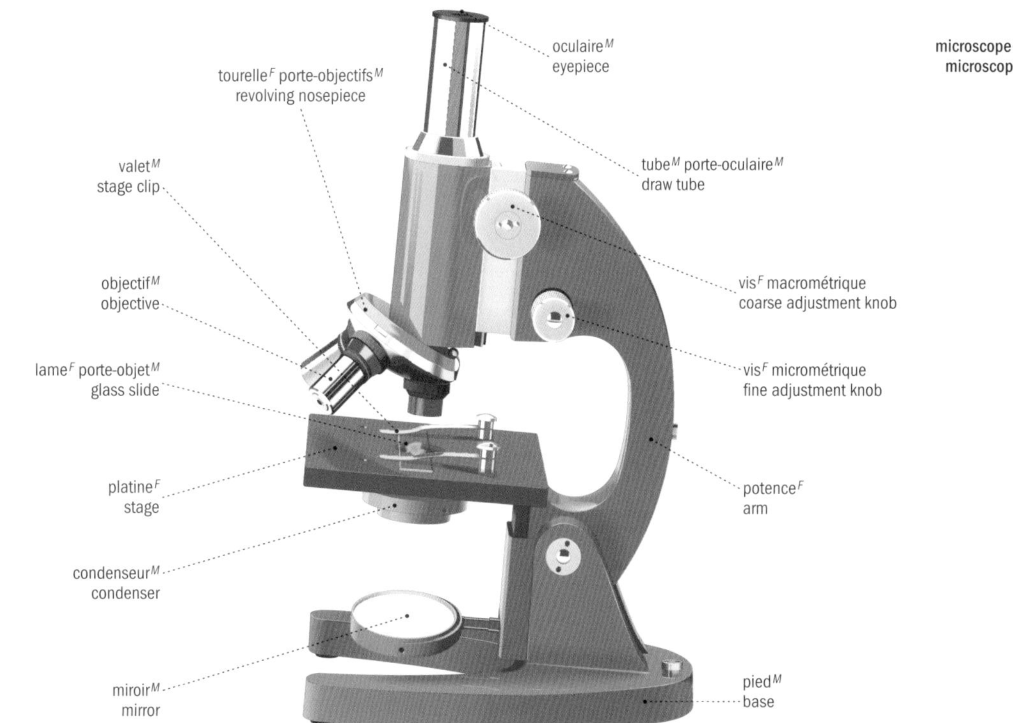
microscope^M
microscope
oculaire^M
eyepiece
tourelle^F porte-objectifs^M
revolving nosepiece
tube^M porte-oculaire^M
draw tube
valet^M
stage clip
vis^F macrométrique
coarse adjustment knob
objectif^M
objective
vis^F micrométrique
fine adjustment knob
lame^F porte-objet^M
glass slide
platine^F
stage
potence^F
arm
condenseur^M
condenser
miroir^M
mirror
pied^M
base

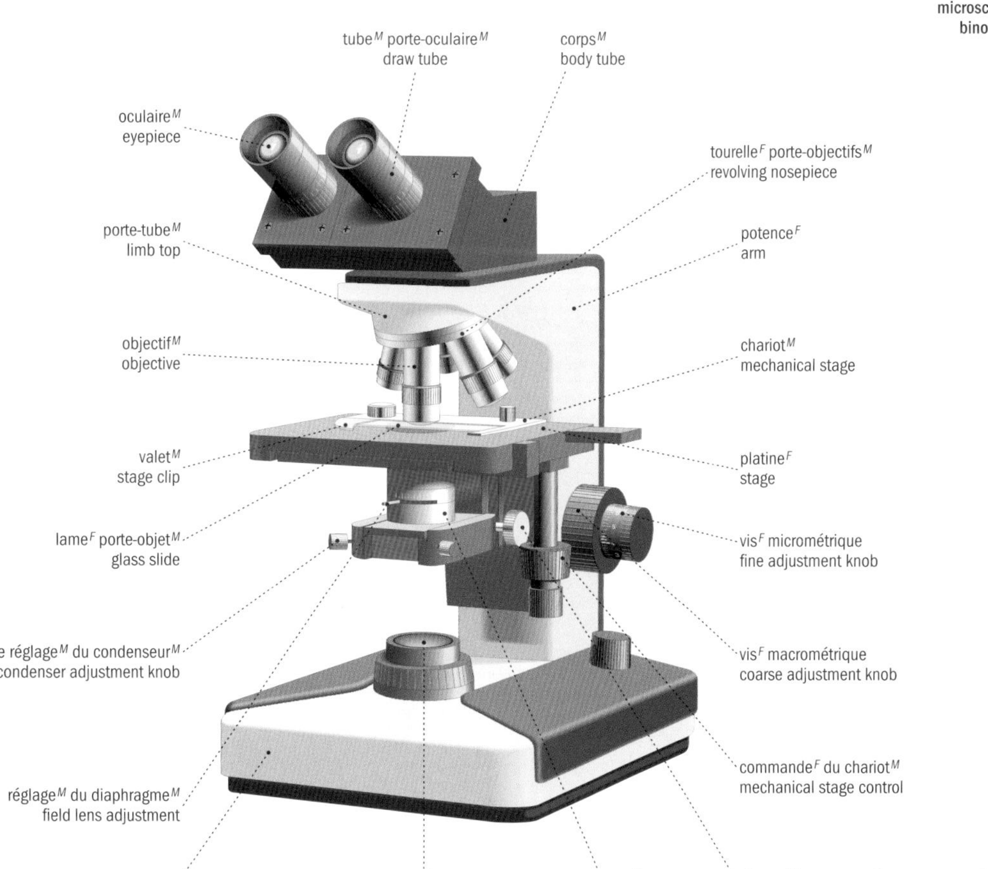
microscope^M binoculaire
binocular microscope
tube^M porte-oculaire^M
draw tube
corps^M
body tube
oculaire^M
eyepiece
tourelle^F porte-objectifs^M
revolving nosepiece
porte-tube^M
limb top
potence^F
arm
objectif^M
objective
chariot^M
mechanical stage
valet^M
stage clip
platine^F
stage
lame^F porte-objet^M
glass slide
vis^F micrométrique
fine adjustment knob
vis^F de réglage^M du condenseur^M
condenser adjustment knob
vis^F macrométrique
coarse adjustment knob
commande^F du chariot^M
mechanical stage control
réglage^M du diaphragme^M
field lens adjustment
pied^M
base
lampe^F
lamp
condenseur^M
condenser
réglage^M en hauteur^F du condenseur^M
condenser height adjustment

loupe^F et microscopes^M

coupe^F d'un microscope^M électronique
cross section of an electron microscope

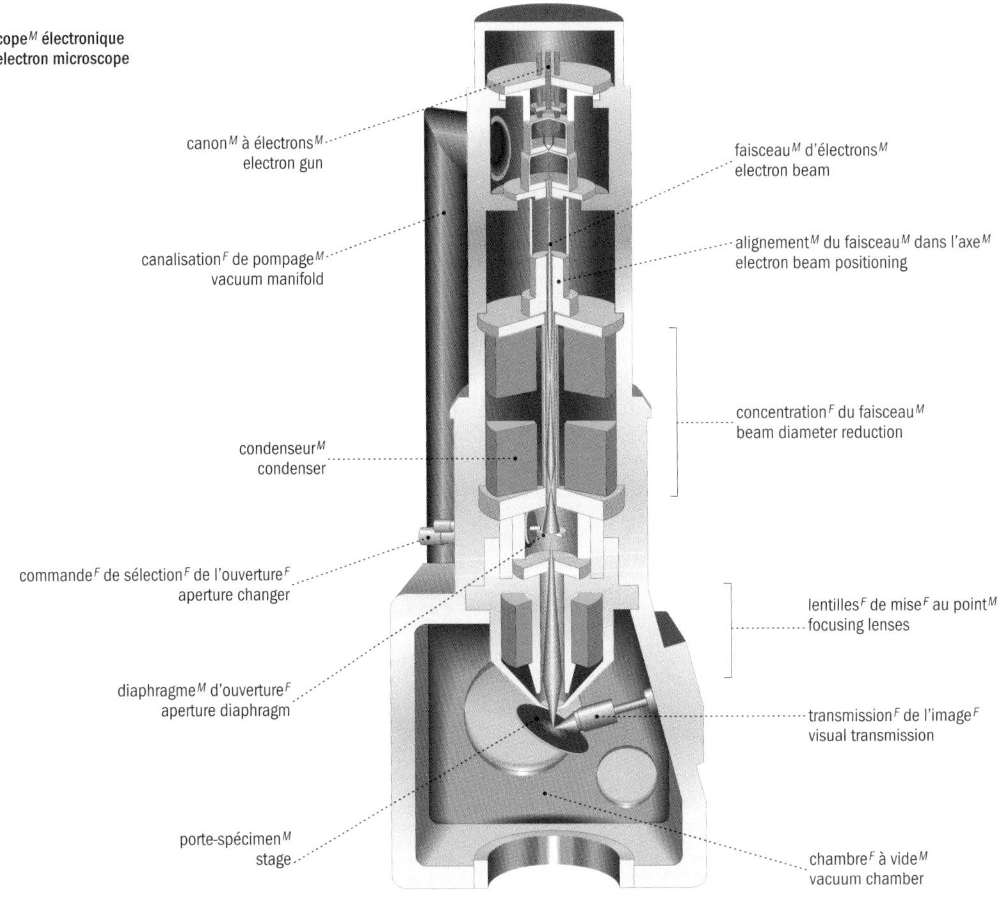
canon^M à électrons^M
electron gun
faisceau^M d'électrons^M
electron beam
canalisation^F de pompage^M
vacuum manifold
alignement^M du faisceau^M dans l'axe^M
electron beam positioning
concentration^F du faisceau^M
beam diameter reduction
condenseur^M
condenser
commande^F de sélection^F de l'ouverture^F
aperture changer
lentilles^F de mise^F au point^M
focusing lenses
diaphragme^M d'ouverture^F
aperture diaphragm
transmission^F de l'image^F
visual transmission
porte-spécimen^M
stage
chambre^F à vide^M
vacuum chamber

composantes^F d'un microscope^M électronique
electron microscope elements

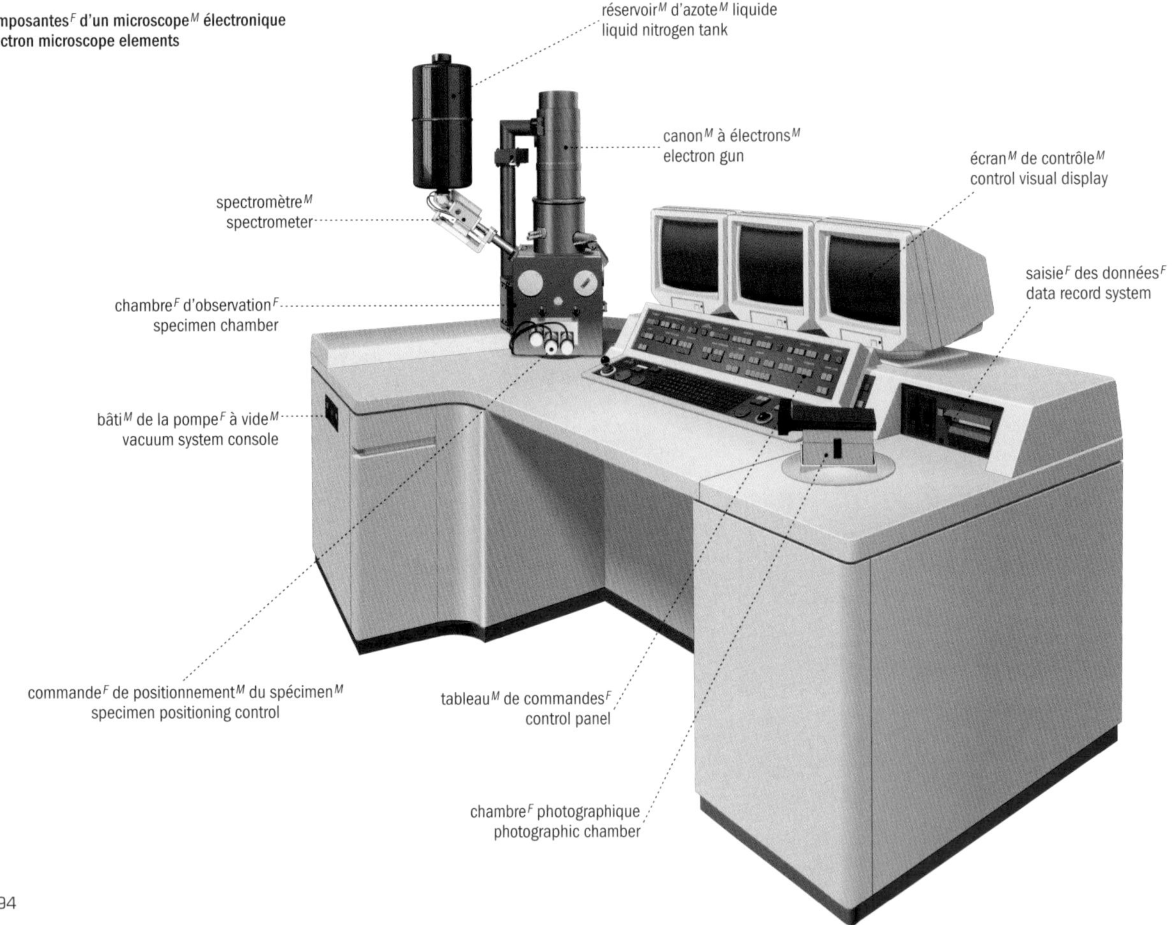
réservoir^M d'azote^M liquide
liquid nitrogen tank
canon^M à électrons^M
electron gun
écran^M de contrôle^M
control visual display
spectromètre^M
spectrometer
saisie^F des données^F
data record system
chambre^F d'observation^F
specimen chamber
bâti^M de la pompe^F à vide^M
vacuum system console
commande^F de positionnement^M du spécimen^M
specimen positioning control
tableau^M de commandes^F
control panel
chambre^F photographique
photographic chamber

mesure^F de la température^F

measure of temperature

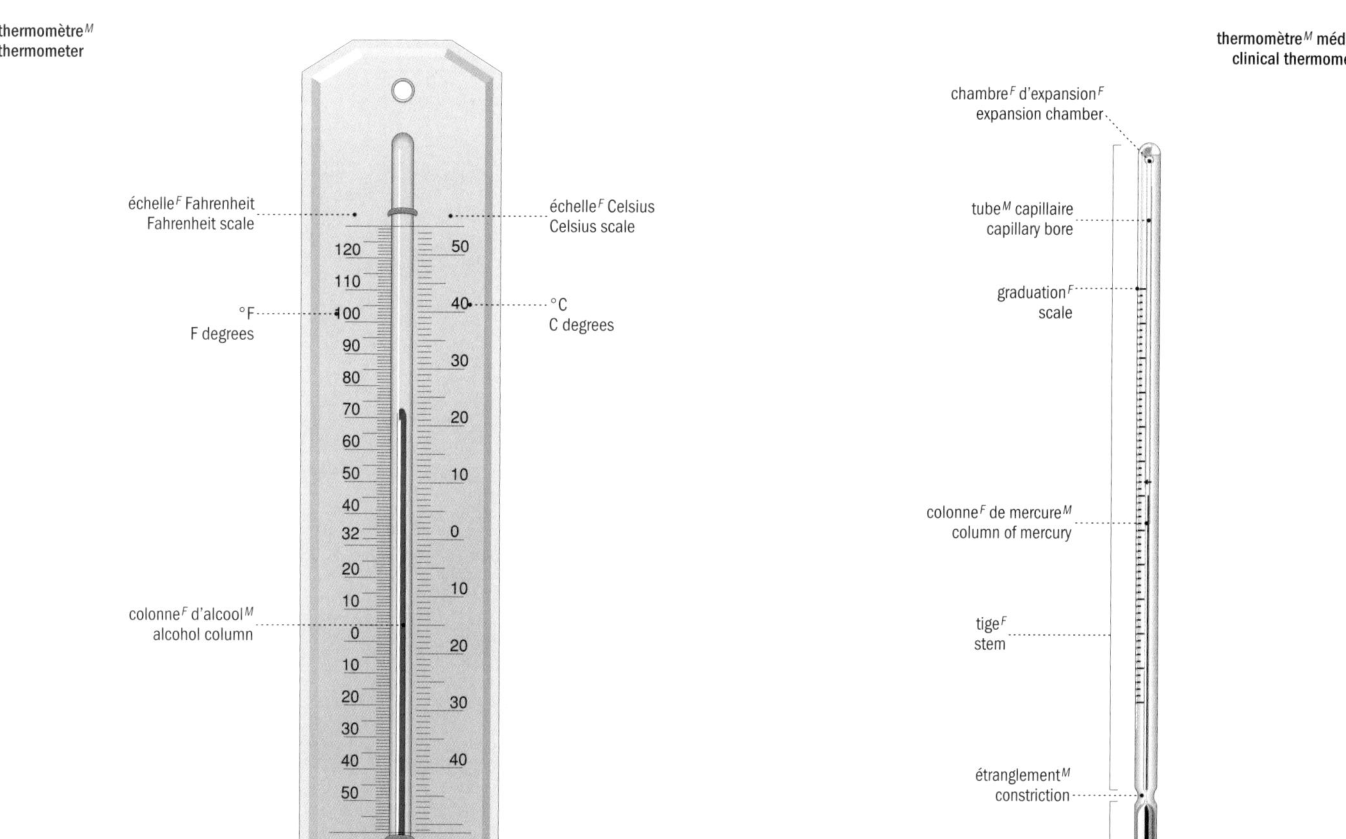
thermomètre^M
thermometer
échelle^F Fahrenheit
Fahrenheit scale
échelle^F Celsius
Celsius scale
°F
F degrees
°C
C degrees
colonne^F d'alcool^M
alcohol column
réservoir^M d'alcool^M
alcohol bulb
F
C
thermomètre^M médical
clinical thermometer
chambre^F d'expansion^F
expansion chamber
tube^M capillaire
capillary bore
graduation^F
scale
colonne^F de mercure^M
column of mercury
tige^F
stem
étranglement^M
constriction
réservoir^M de mercure^M
mercury bulb

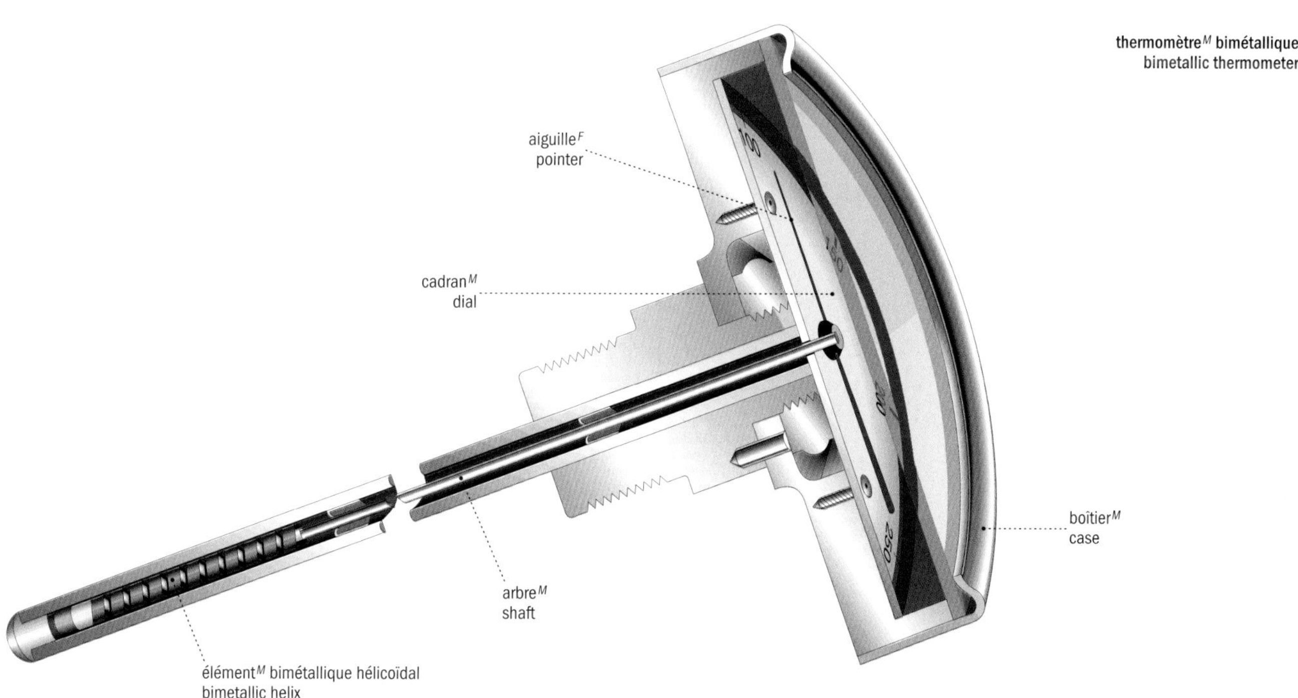
thermomètre^M bimétallique
bimetallic thermometer
aiguille^F
pointer
cadran^M
dial
boîtier^M
case
arbre^M
shaft
élément^M bimétallique hélicoïdal
bimetallic helix

SCIENCE

mesure[F] du temps[M]

measure of time

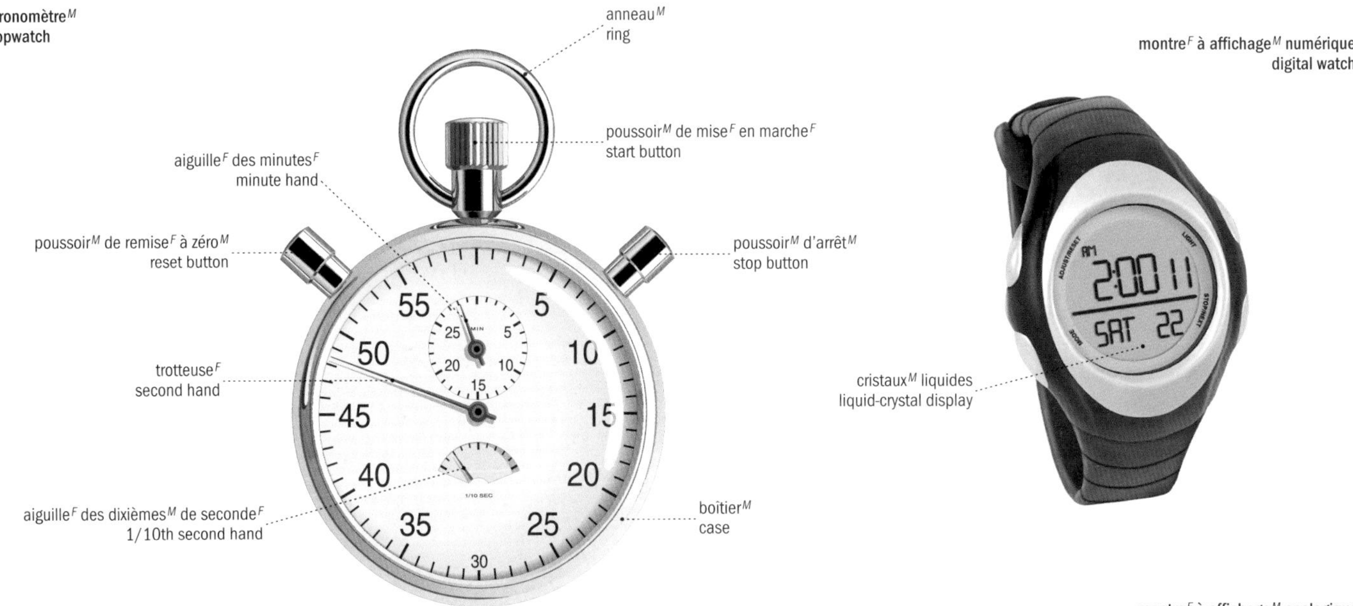
chronomètre[M]
stopwatch
anneau[M]
ring
poussoir[M] de mise[F] en marche[F]
start button
aiguille[F] des minutes[F]
minute hand
poussoir[M] de remise[F] à zéro[M]
reset button
poussoir[M] d'arrêt[M]
stop button
trotteuse[F]
second hand
aiguille[F] des dixièmes[M] de seconde[F]
1/10th second hand
boîtier[M]
case
montre[F] à affichage[M] numérique
digital watch
cristaux[M] liquides
liquid-crystal display

montre[F] à affichage[M] analogique
analog watch

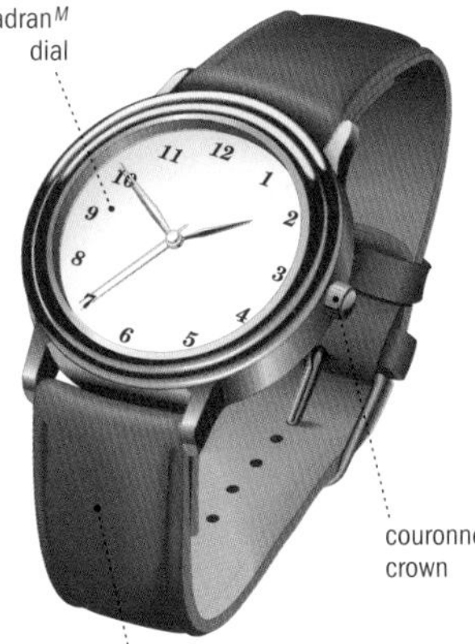

cadran[M]
dial

couronne[F]
crown

bracelet[M]
strap

montre[F] mécanique
mechanical watch

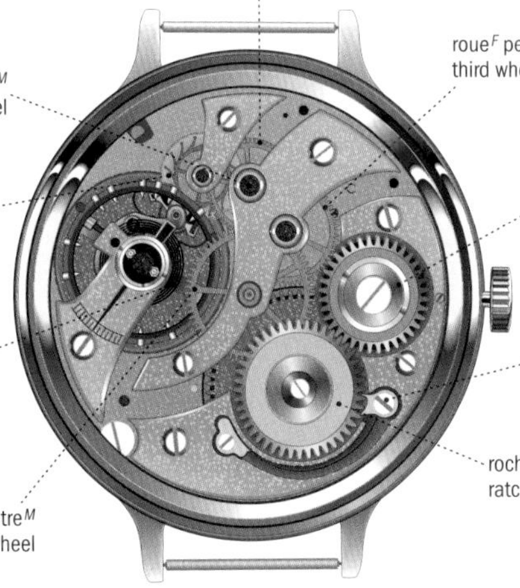

roue[F] de champ[M]
fourth wheel

roue[F] petite moyenne
third wheel

rubis[M]
jewel

roue[F] d'échappement[M]
escape wheel

remontoir[M]
winder

spiral[M]
hairspring

cliquet[M]
click

rochet[M]
ratchet wheel

roue[F] de centre[M]
center wheel

cadran[M] solaire
sundial

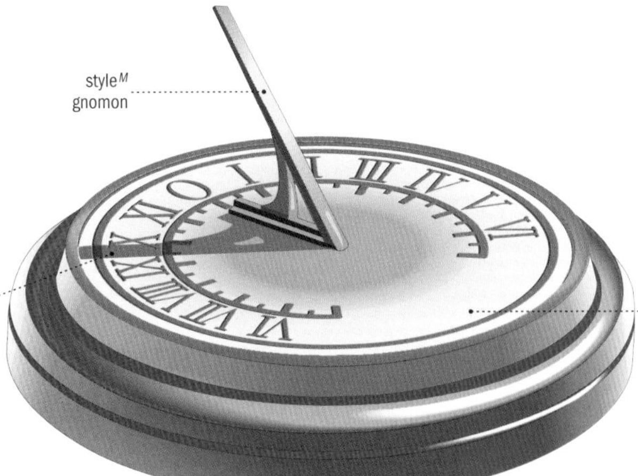

style[M]
gnomon

ombre[F]
shadow

cadran[M]
dial

SCIENCE

mesure^F du temps^M

horloge^F de parquet^M
grandfather clock

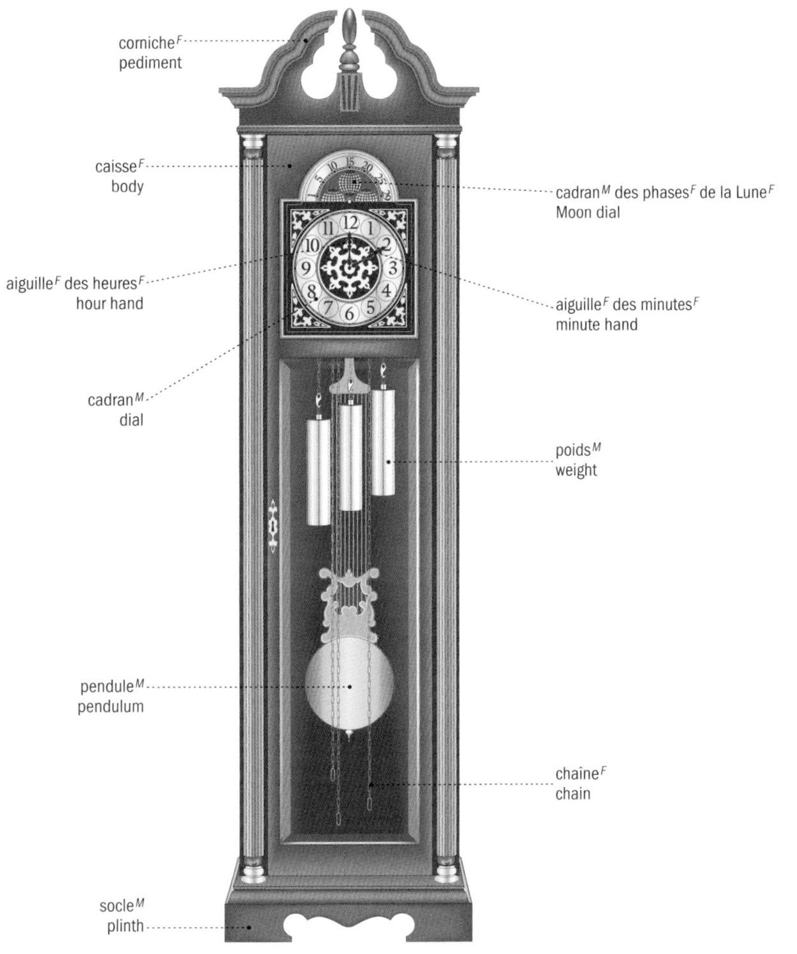
corniche^F
pediment
caisse^F
body
aiguille^F des heures^F
hour hand
cadran^M
dial
pendule^M
pendulum
socle^M
plinth
cadran^M des phases^F de la Lune^F
Moon dial
aiguille^F des minutes^F
minute hand
poids^M
weight
chaine^F
chain

mécanisme^M de l'horloge^F à poids^M
weight-driven clock mechanism

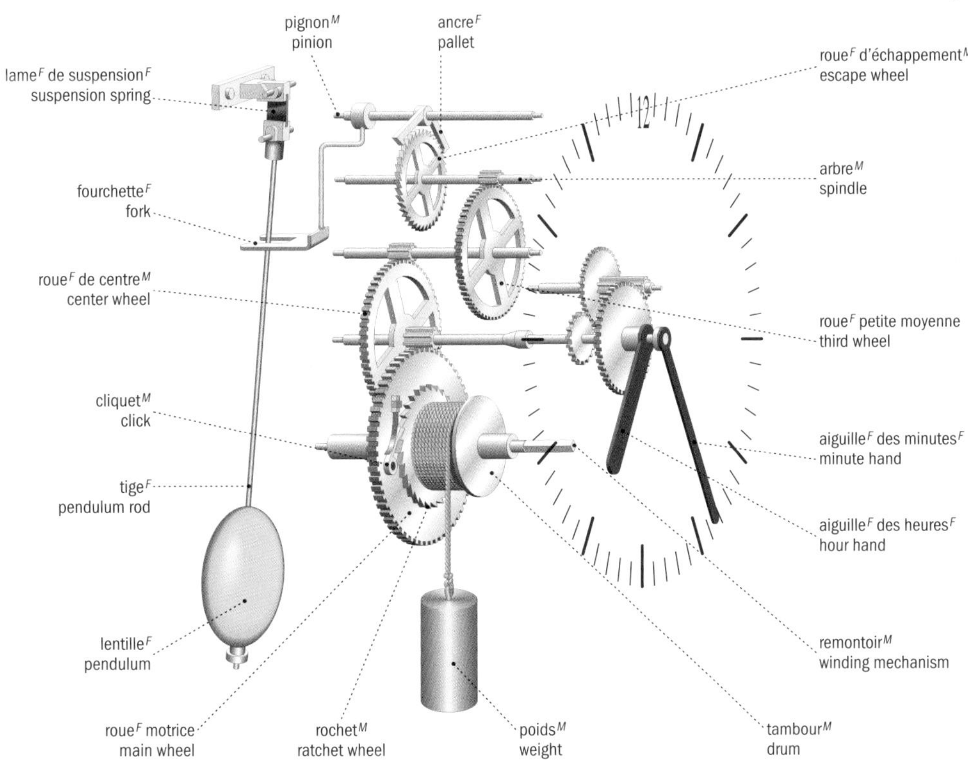
pignon^M
pinion
ancre^F
pallet
lame^F de suspension^F
suspension spring
roue^F d'échappement^M
escape wheel
arbre^M
spindle
fourchette^F
fork
roue^F de centre^M
center wheel
roue^F petite moyenne
third wheel
cliquet^M
click
aiguille^F des minutes^F
minute hand
tige^F
pendulum rod
aiguille^F des heures^F
hour hand
lentille^F
pendulum
remontoir^M
winding mechanism
roue^F motrice
main wheel
rochet^M
ratchet wheel
poids^M
weight
tambour^M
drum

SCIENCE

mesure^F de la masse^F

measure of weight

balance^F à fléau^M
beam balance

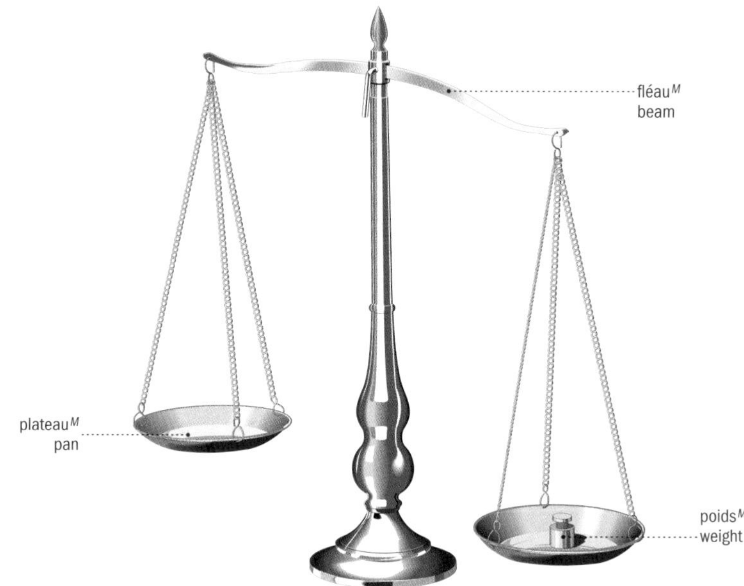
fléau^M
beam
plateau^M
pan
poids^M
weight

balance^F romaine
steelyard

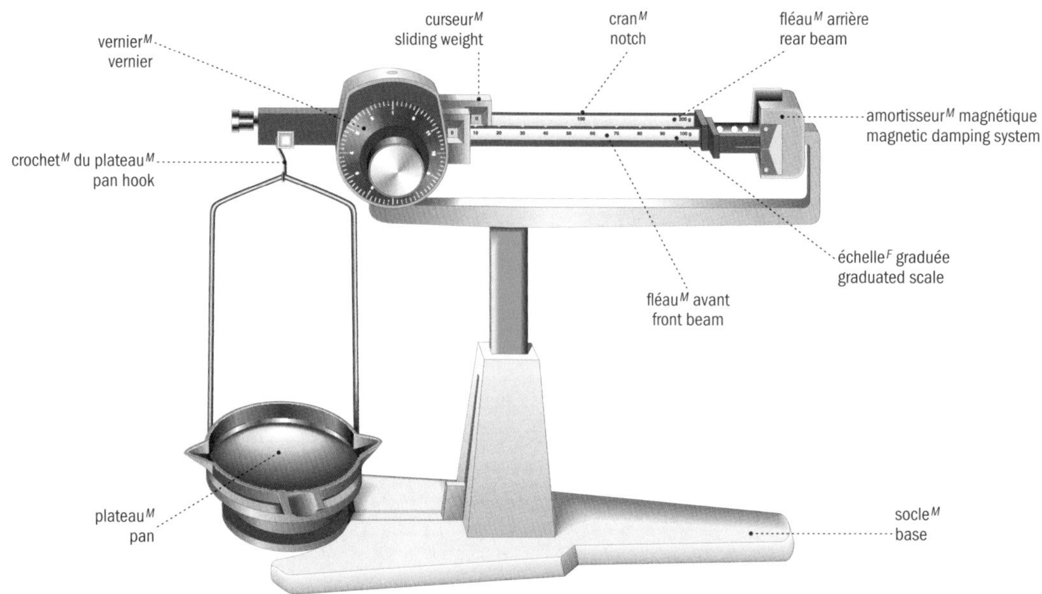
vernier^M
vernier
curseur^M
sliding weight
cran^M
notch
fléau^M arrière
rear beam
amortisseur^M magnétique
magnetic damping system
crochet^M du plateau^M
pan hook
échelle^F graduée
graduated scale
fléau^M avant
front beam
plateau^M
pan
socle^M
base

balance^F de Roberval
Roberval's balance

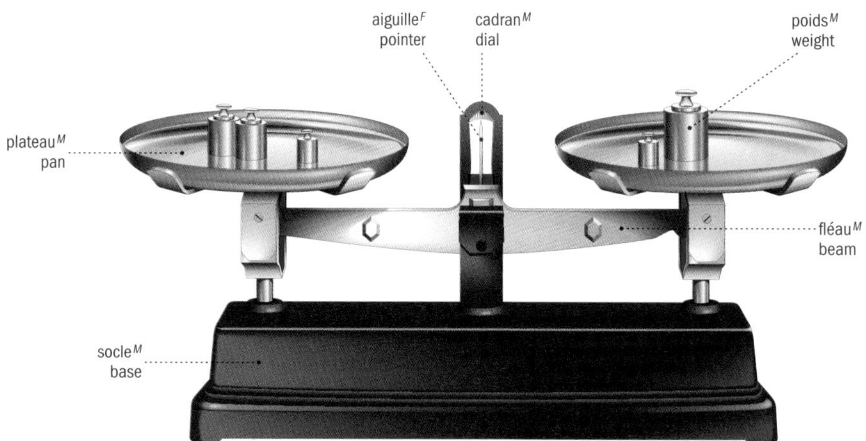
aiguille^F
pointer
cadran^M
dial
poids^M
weight
plateau^M
pan
fléau^M
beam
socle^M
base

mesure[F] de la masse[F]

peson[M]
spring balance

anneau[M]
ring

index[M]
pointer

échelle[F] graduée
graduated scale

crochet[M]
hook

balance[F] électronique
electronic scale

poids[M]
weight

prix[M] à l'unité[F]
unit price

afficheur[M]
display

prix[M] à payer
total

plateau[M]
platform

touches[F] de fonctions[F]
function keys

code[M] des produits[M]
product code

clavier[M] numérique
numeric keyboard

étiquette[F]
printout

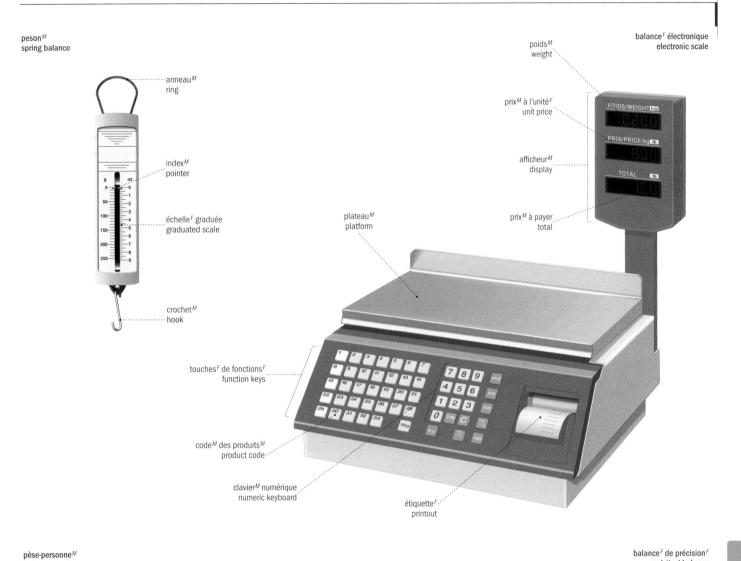

pèse-personne[M]
bathroom scale

balance[F] de précision[F]
analytical balance

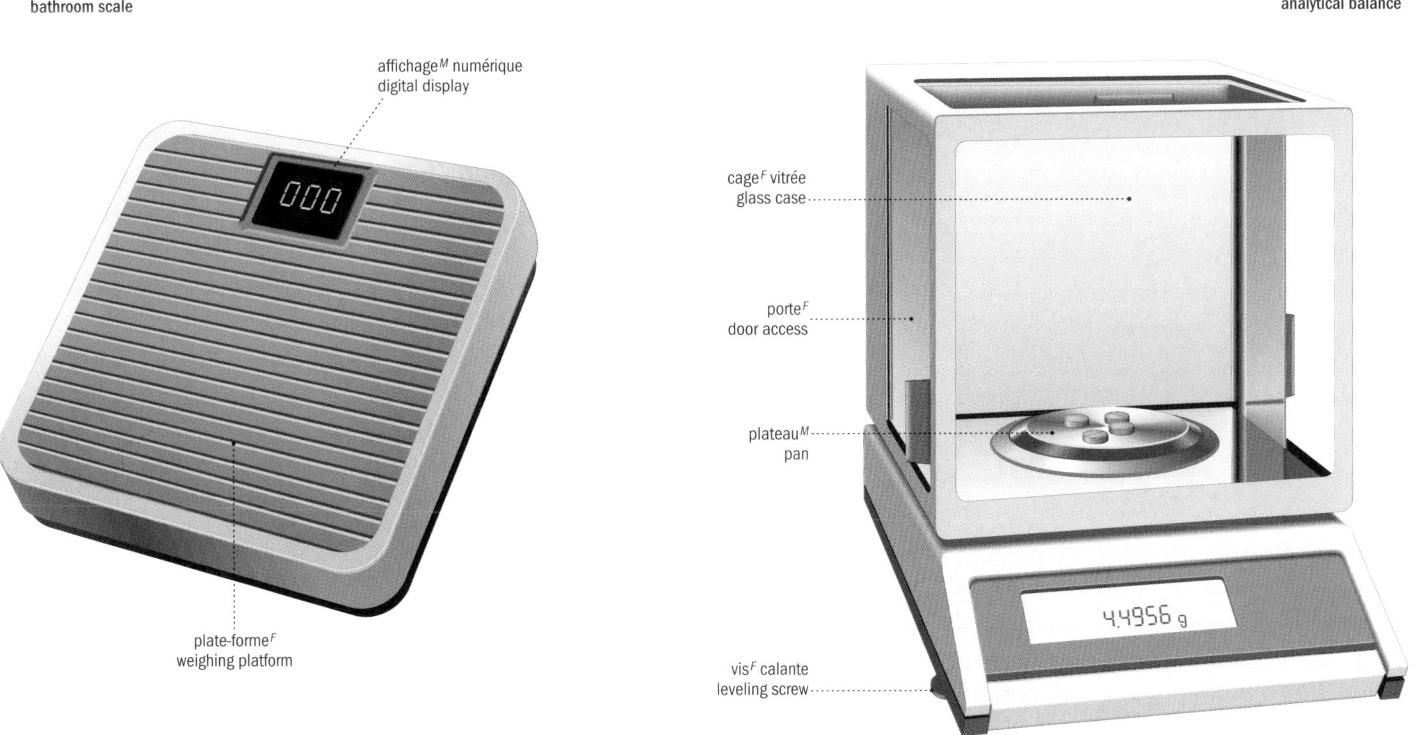
affichage[M] numérique
digital display
000
plate-forme[F]
weighing platform
cage[F] vitrée
glass case
porte[F]
door access
plateau[M]
pan
4.4956 g
vis[F] calante
leveling screw

SCIENCE

mesure[F] de la longueur[F]

measure of length

règle[F] graduée
ruler

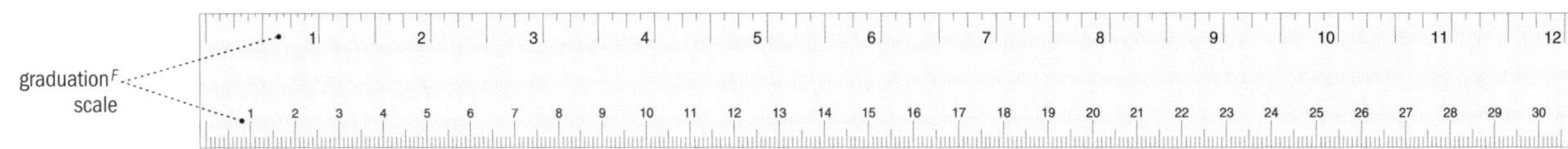
graduation[F]
scale
1 2 3 4 5 6 7 8 9 10 11 12
1 2 3 4 5 6 7 8 9 10 11 12 13 14 15 16 17 18 19 20 21 22 23 24 25 26 27 28 29 30

mesure[F] de la distance[F]

measure of distance

podomètre[M]
pedometer

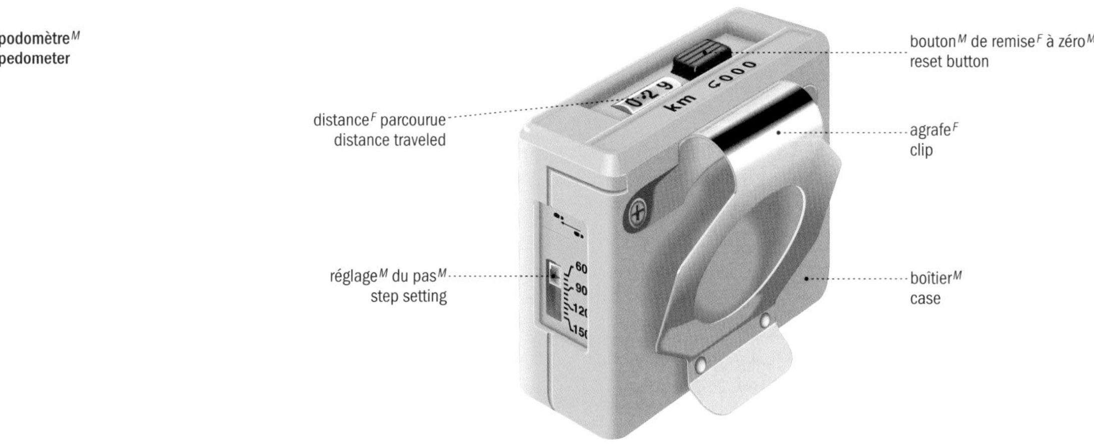
bouton[M] de remise[F] à zéro[M]
reset button
distance[F] parcourue
distance traveled
agrafe[F]
clip
réglage[M] du pas[M]
step setting
boîtier[M]
case

mesure[F] de l'épaisseur[F]

measure of thickness

pied[M] à coulisse[F] à vernier[M]
vernier caliper

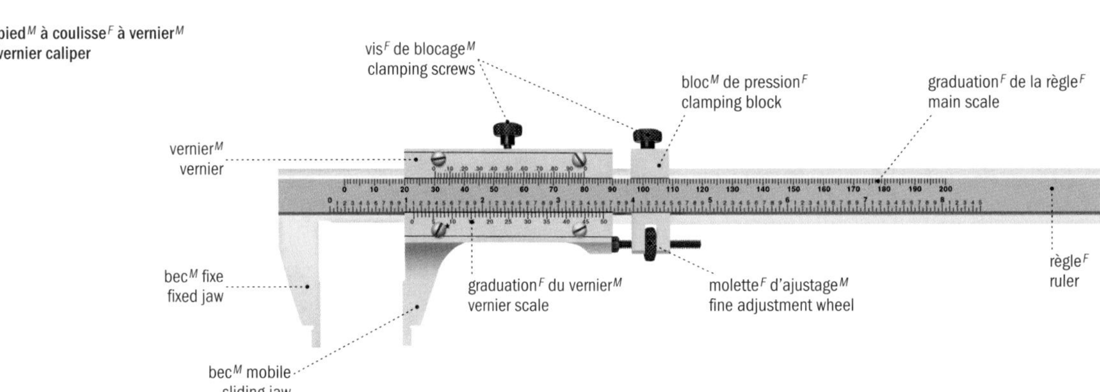
vis[F] de blocage[M]
clamping screws
bloc[M] de pression[F]
clamping block
graduation[F] de la règle[F]
main scale
vernier[M]
vernier
bec[M] fixe
fixed jaw
graduation[F] du vernier[M]
vernier scale
molette[F] d'ajustage[M]
fine adjustment wheel
règle[F]
ruler
bec[M] mobile
sliding jaw

micromètre[M] palmer[M]
micrometer caliper

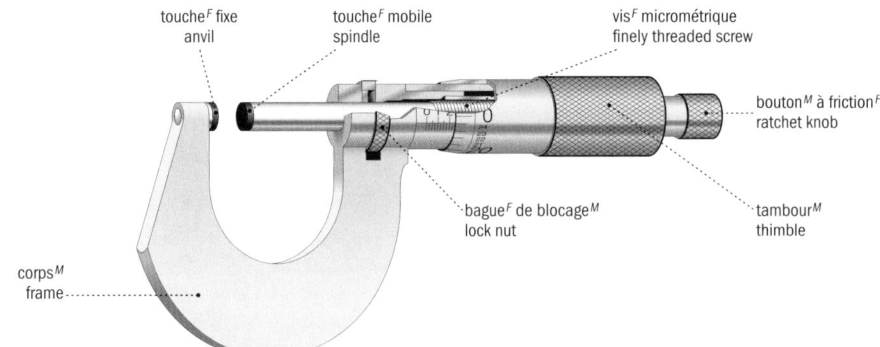
touche[F] fixe
anvil
touche[F] mobile
spindle
vis[F] micrométrique
finely threaded screw
bouton[M] à friction[F]
ratchet knob
bague[F] de blocage[M]
lock nut
tambour[M]
thimble
corps[M]
frame

SCIENCE

mesure[F] des angles[M]

measure of angles

théodolite[M]
theodolite

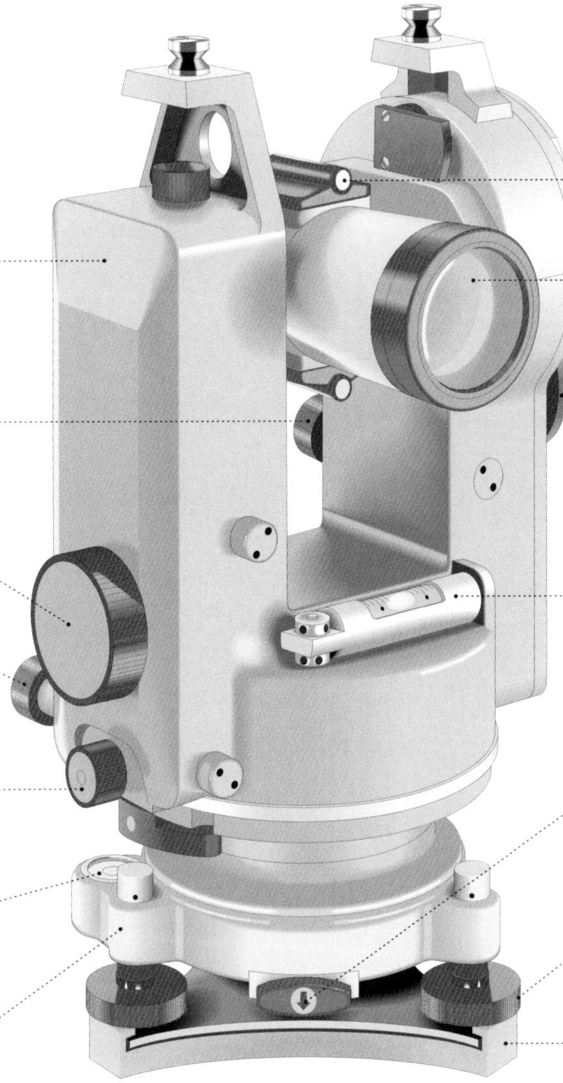

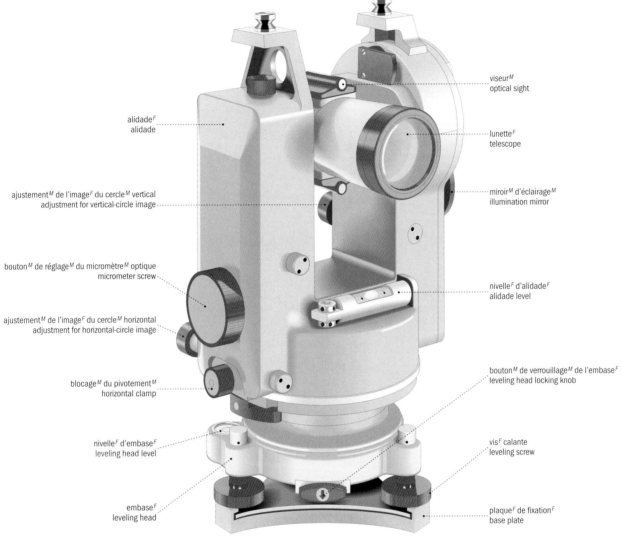

viseur[M]
optical sight

alidade[F]
alidade

lunette[F]
telescope

ajustement[M] de l'image[F] du cercle[M] vertical
adjustment for vertical-circle image

miroir[M] d'éclairage[M]
illumination mirror

bouton[M] de réglage[M] du micromètre[M] optique
micrometer screw

nivelle[F] d'alidade[F]
alidade level

ajustement[M] de l'image[F] du cercle[M] horizontal
adjustment for horizontal-circle image

bouton[M] de verrouillage[M] de l'embase[F]
leveling head locking knob

blocage[M] du pivotement[M]
horizontal clamp

nivelle[F] d'embase[F]
leveling head level

vis[F] calante
leveling screw

embase[F]
leveling head

plaque[F] de fixation[F]
base plate

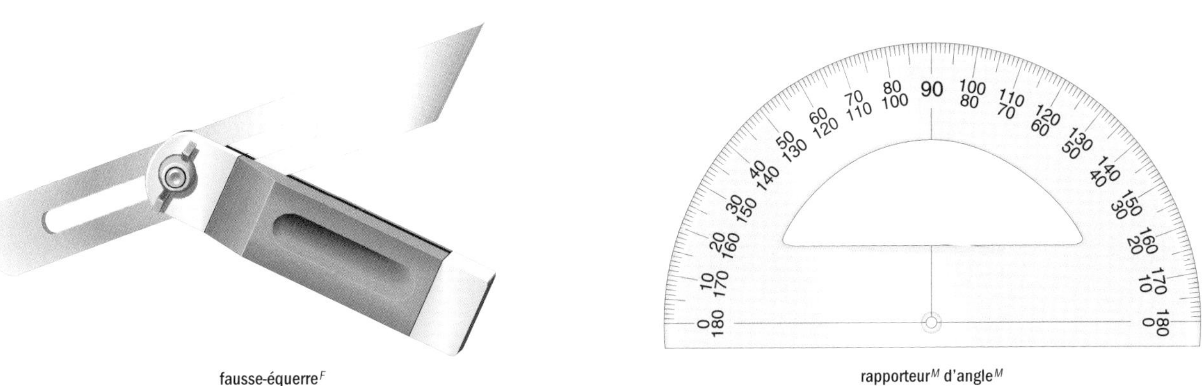

fausse-équerre[F]
bevel square

rapporteur[M] d'angle[M]
protractor

système[M] international d'unités[F]

international system of units

mesure[F] du courant[M] électrique
measurement of electric current

A

ampère[M]
ampere

mesure[F] de la différence[F] de potentiel[M] électrique
measurement of electric potential difference

V

volt[M]
volt

mesure[F] de la résistance[F] électrique
measurement of electric resistance

ohm[M]
ohm

mesure[F] de la charge[F] électrique
measurement of electric charge

C

coulomb[M]
coulomb

mesure[F] de la puissance[F]
measurement of power

W

watt[M]
watt

mesure[F] de la fréquence[F]
measurement of frequency

Hz

hertz[M]
hertz

mesure[F] de l'intensité[F] lumineuse
measurement of luminous intensity

cd

candela[F]
candela

mesure[F] de l'énergie[F]
measurement of energy

J

joule[M]
joule

mesure[F] de la longueur[F]
measurement of length

m

mètre[M]
meter

mesure[F] de la masse[F]
measurement of mass

kg

kilogramme[M]
kilogram

mesure[F] de la pression[F]
measurement of pressure

Pa

pascal[M]
pascal

mesure[F] de la force[F]
measurement of force

N

newton[M]
newton

mesure[F] du temps[M]
measurement of time

s

seconde[F]
second

mesure[F] de la quantité[F] de matière[F]
measurement of amount of substance

mol

mole[F]
mole

mesure[F] de la radioactivité[F]
measurement of radioactivity

Bq

becquerel[M]
becquerel

mesure[F] de la température[F] Celsius
measurement of Celsius temperature

°C

degré[M] Celsius
degree Celsius

mesure[F] de la température[F] thermodynamique
measurement of thermodynamic temperature

K

kelvin[M]
kelvin

biologie[F]

biology

femelle[F]
female

Rh-

facteur[M] Rhésus négatif
blood factor negative

*

naissance[F]
birth

mâle[M]
male

facteur[M] Rhésus positif
blood factor positive

mort[F]
death

SCIENCE

mathématiques[F]

mathematics

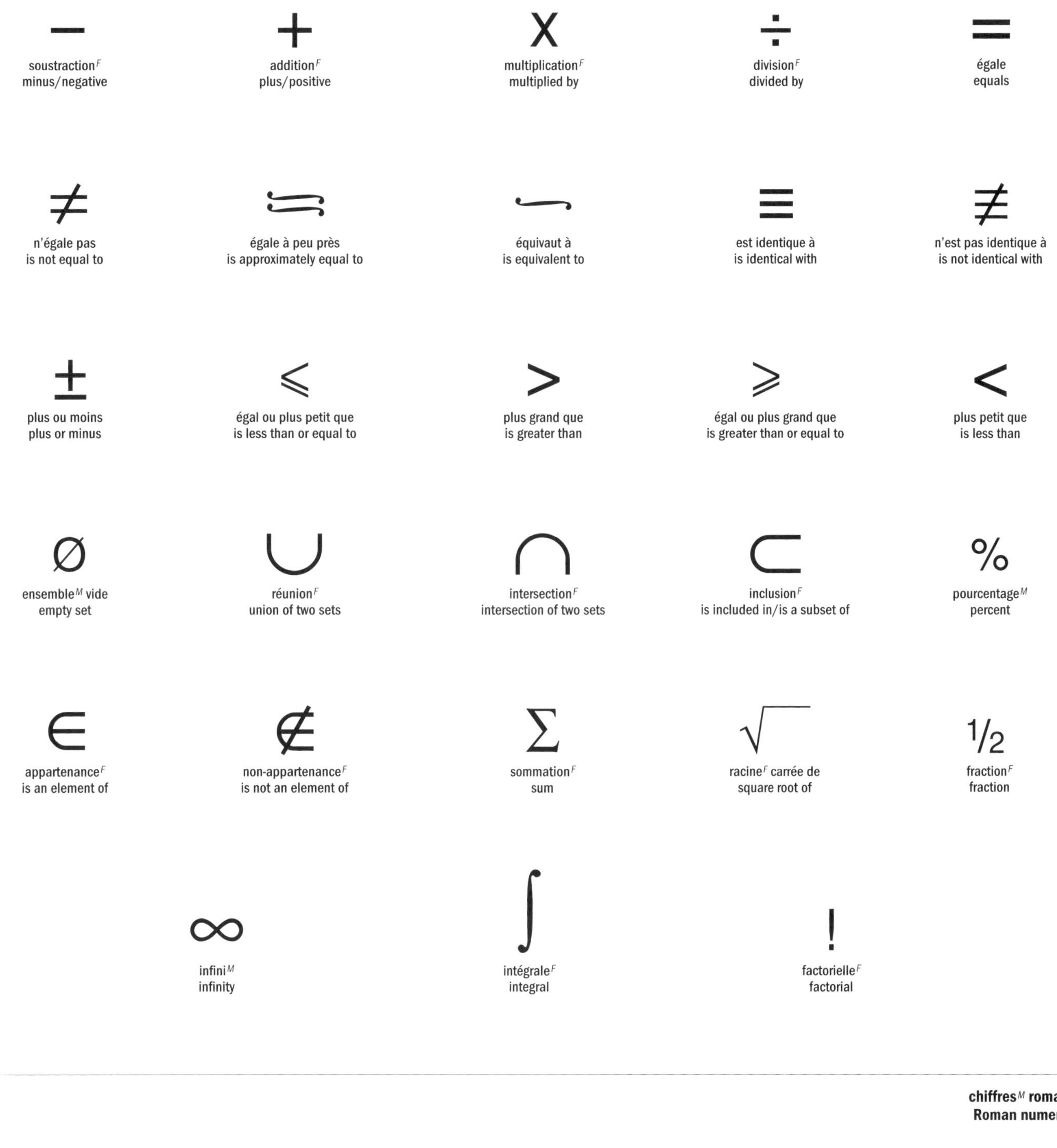
soustraction[F]
minus/negative
addition[F]
plus/positive
multiplication[F]
multiplied by
division[F]
divided by
égale
equals
n'égale pas
is not equal to
égale à peu près
is approximately equal to
équivaut à
is equivalent to
est identique à
is identical with
n'est pas identique à
is not identical with
plus ou moins
plus or minus
égal ou plus petit que
is less than or equal to
plus grand que
is greater than
égal ou plus grand que
is greater than or equal to
plus petit que
is less than
ensemble[M] vide
empty set
réunion[F]
union of two sets
intersection[F]
intersection of two sets
inclusion[F]
is included in/is a subset of
%
pourcentage[M]
percent
appartenance[F]
is an element of
non-appartenance[F]
is not an element of
sommation[F]
sum
racine[F] carrée de
square root of
1/2
fraction[F]
fraction
infini[M]
infinity
intégrale[F]
integral
!
factorielle[F]
factorial

chiffres[M] romains
Roman numerals

I
un[M]
one

V
cinq[M]
five

X
dix[M]
ten

L
cinquante[M]
fifty

C
cent[M]
one hundred

D
cinq cents[M]
five hundred

M
mille[M]
one thousand

géométrie[F]

geometry

°	′	″	π	⊥
degré[M] **degree**	**minute[F]** **minute**	**seconde[F]** **second**	**pi[M]** **pi**	**perpendiculaire[F]** **perpendicular**

∥	∦	∟	⟍_	∠
parallèle **is parallel to**	**non-parallèle** **is not parallel to**	**angle[M] droit** **right angle**	**angle[M] obtus** **obtuse angle**	**angle[M] aigu** **acute angle**

formes[F] géométriques

geometrical shapes

exemples[M] d'angles[M]
examples of angles

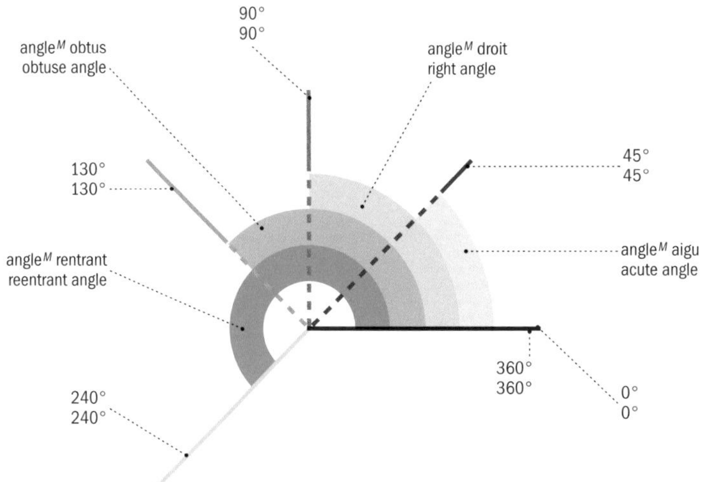
90°
90°
angle[M] obtus
obtuse angle
angle[M] droit
right angle
45°
45°
130°
130°
angle[M] aigu
acute angle
angle[M] rentrant
reentrant angle
360°
360°
0°
0°
240°
240°

surfaces[F]
plane surfaces

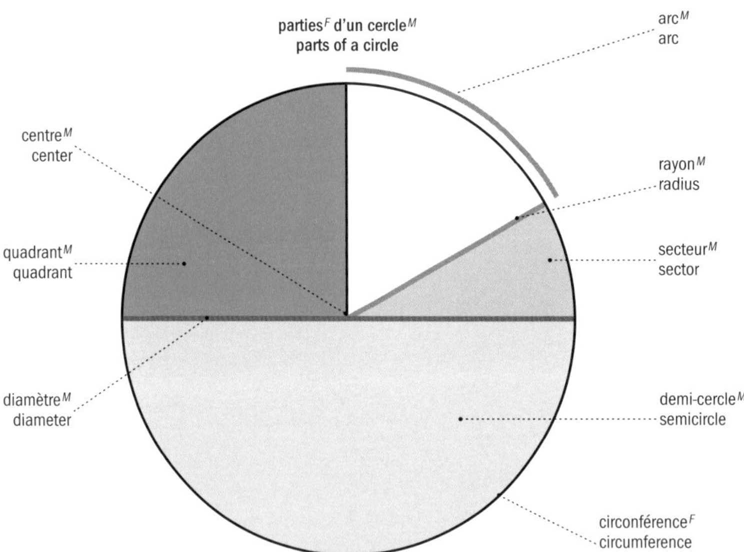
parties[F] d'un cercle[M]
parts of a circle
arc[M]
arc
centre[M]
center
rayon[M]
radius
quadrant[M]
quadrant
secteur[M]
sector
diamètre[M]
diameter
demi-cercle[M]
semicircle
circonférence[F]
circumference

formes[F] géométriques

polygones[M]
polygons

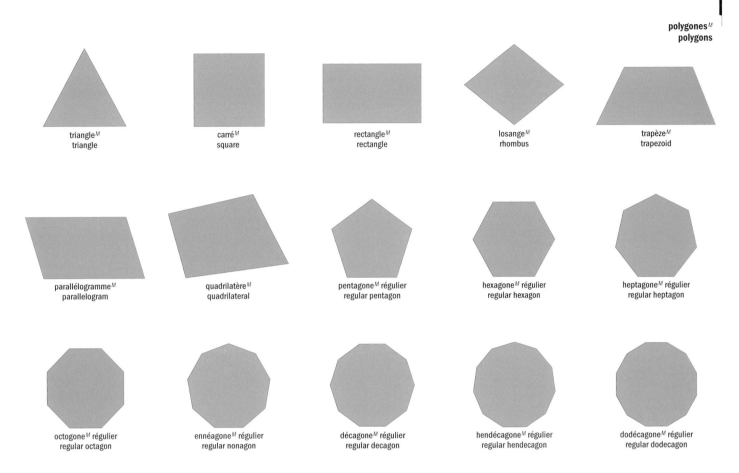

triangle[M]
triangle

carré[M]
square

rectangle[M]
rectangle

losange[M]
rhombus

trapèze[M]
trapezoid

parallélogramme[M]
parallelogram

quadrilatère[M]
quadrilateral

pentagone[M] régulier
regular pentagon

hexagone[M] régulier
regular hexagon

heptagone[M] régulier
regular heptagon

octogone[M] régulier
regular octagon

ennéagone[M] régulier
regular nonagon

décagone[M] régulier
regular decagon

hendécagone[M] régulier
regular hendecagon

dodécagone[M] régulier
regular dodecagon

volumes[M]
solids

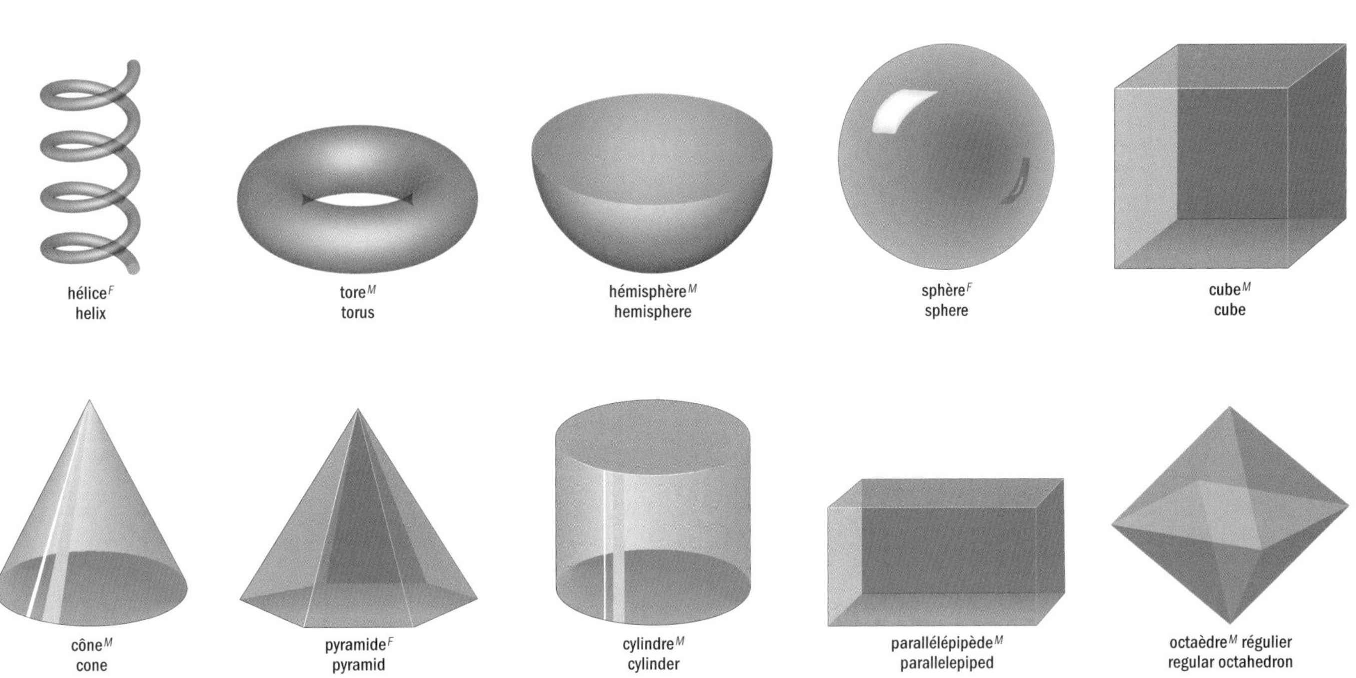
hélice[F]
helix
tore[M]
torus
hémisphère[M]
hemisphere
sphère[F]
sphere
cube[M]
cube
cône[M]
cone
pyramide[F]
pyramid
cylindre[M]
cylinder
parallélépipède[M]
parallelepiped
octaèdre[M] régulier
regular octahedron

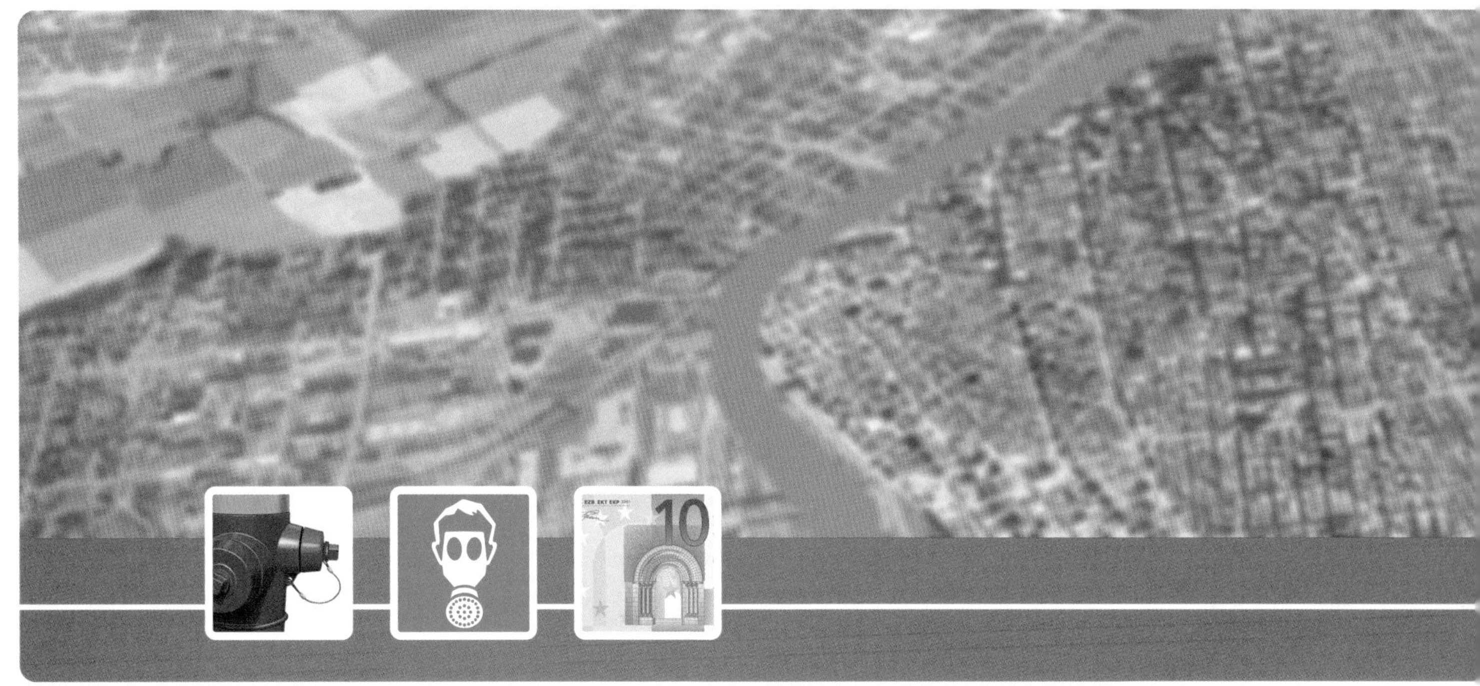

708 Ville

708 agglomération
710 centre-ville
712 coupe d'une rue
713 édifice à bureaux
714 centre commercial
716 magasin à rayons
718 palais des congrès
720 restaurant
722 restaurant libre-service
724 hôtel
725 symboles d'usage courant

726 Justice

726 prison
728 tribunal

728 Économie et finance

728 exemples d'unités monétaires
729 monnaie et modes de paiement
730 banque

732 Éducation

732 bibliothèque
734 école

736 Religion

736 chronologie des religions
737 église
738 synagogue
738 mosquée

739 Politique

739 héraldique
742 drapeaux

SOCIÉTÉ
SOCIETY

748 Armes

748 armes de l'âge de pierre
748 armes de l'époque romaine
749 armure
750 arcs et arbalète
751 armes blanches
752 arquebuse
752 canon et mortier du XVIIe siècle
754 pistolet mitrailleur
754 pistolet
754 revolver
755 fusil automatique
755 fusil mitrailleur
756 obusier moderne
756 mortier moderne
757 grenade à main
757 bazooka
757 canon sans recul
758 mine antipersonnel
758 char d'assaut
759 missiles
760 avion de combat
761 porte-avions
762 frégate
763 sous-marin nucléaire

764 Sécurité

764 prévention des incendies
768 prévention de la criminalité
772 protection de l'ouïe
772 protection des yeux
772 protection de la tête
773 protection des voies respiratoires
773 protection des pieds
774 symboles de sécurité

775 Santé

775 ambulance
775 matériel de secours
777 trousse de secours
777 thermomètres médicaux
777 tensiomètre
778 hôpital
782 aides à la marche
783 fauteuil roulant
783 formes pharmaceutiques des médicaments

784 Famille

784 liens de parenté

agglomération^F

agglomeration

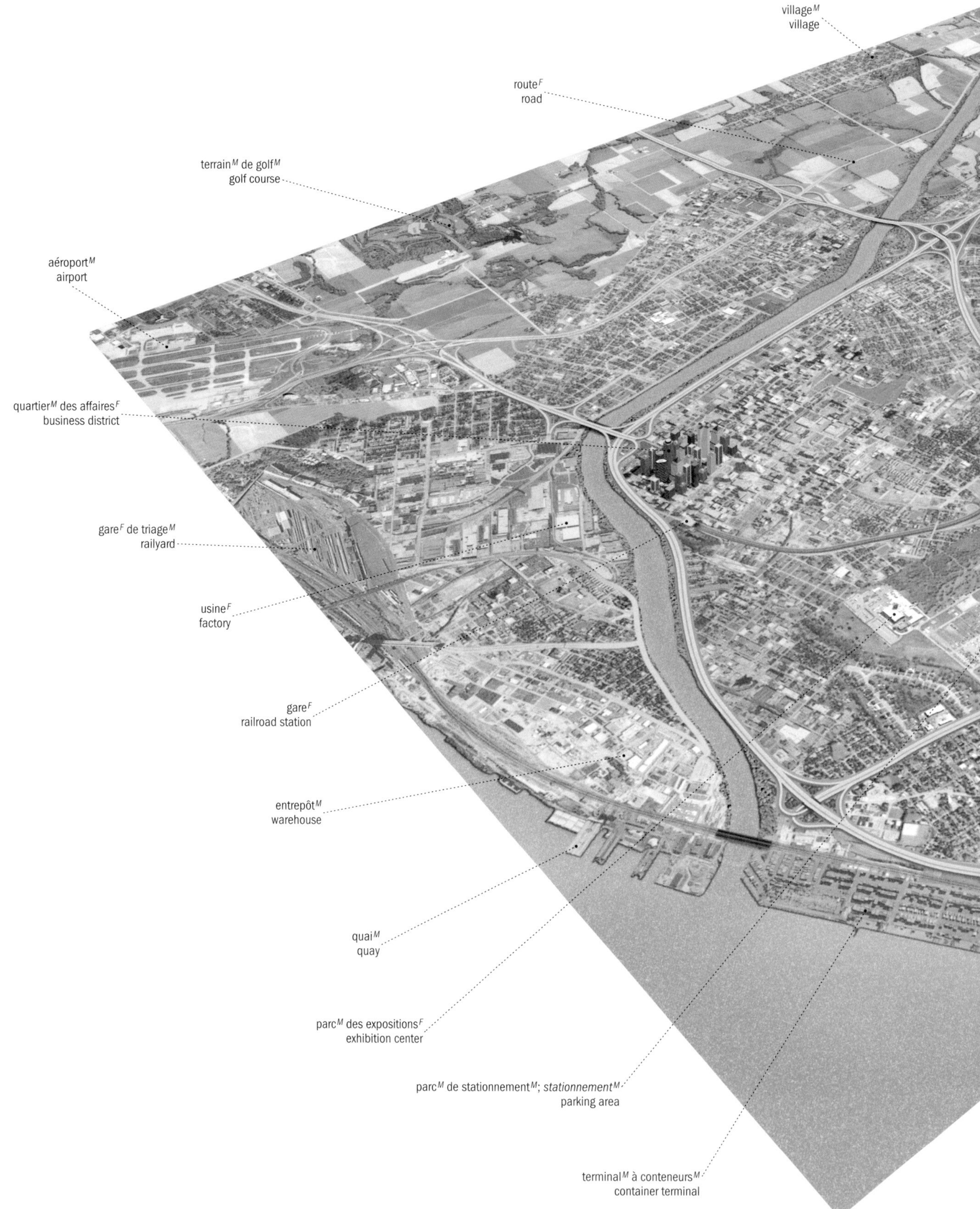
village^M
village
route^F
road
terrain^M de golf^M
golf course
aéroport^M
airport
quartier^M des affaires^F
business district
gare^F de triage^M
railyard
usine^F
factory
gare^F
railroad station
entrepôt^M
warehouse
quai^M
quay
parc^M des expositions^F
exhibition center
parc^M de stationnement^M; *stationnement*^M
parking area
terminal^M à conteneurs^M
container terminal

agglomération[F]

voie[F] ferrée
track
périphérique[M]
peripheral
autoroute[F]
freeway
décharge[F]
landfill
échangeur[M]
interchange
centre[M] commercial
shopping center
stade[M]
stadium
raffinerie[F]
refinery
zone[F] résidentielle
residential district
campagne[F]
country
zone[F] commerciale
commercial zone
banlieue[F]
suburb
centre[M]-ville[F]
downtown
zone[F] industrielle
industrial area
port[M]
port
complexe[M] sportif
sports complex

centre[M]-ville[F]

downtown

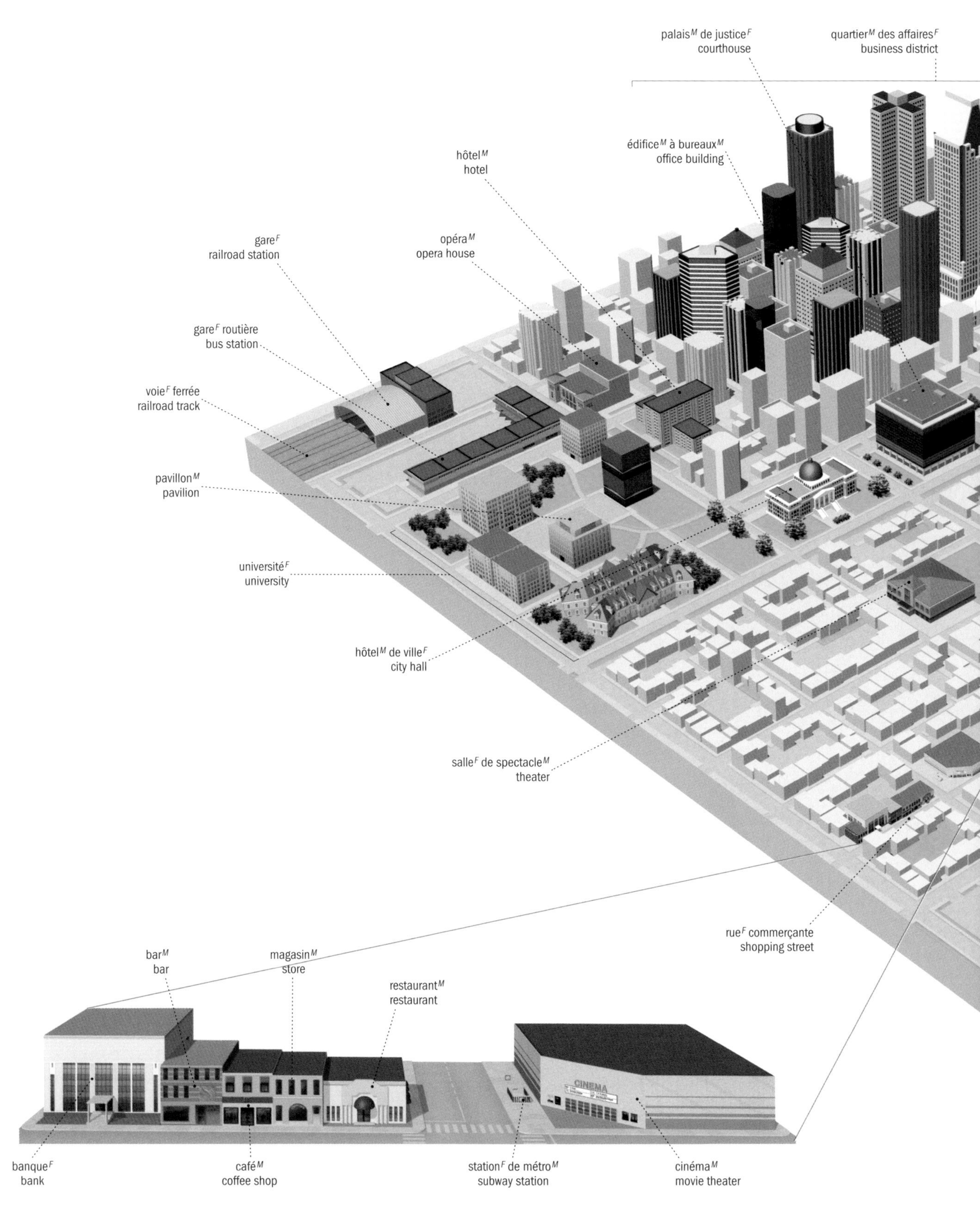
palais[M] de justice[F]
courthouse
quartier[M] des affaires[F]
business district
édifice[M] à bureaux[M]
office building
hôtel[M]
hotel
gare[F]
railroad station
opéra[M]
opera house
gare[F] routière
bus station
voie[F] ferrée
railroad track
pavillon[M]
pavilion
université[F]
university
hôtel[M] de ville[F]
city hall
salle[F] de spectacle[M]
theater
rue[F] commerçante
shopping street
bar[M]
bar
magasin[M]
store
restaurant[M]
restaurant
banque[F]
bank
café[M]
coffee shop
station[F] de métro[M]
subway station
cinéma[M]
movie theater

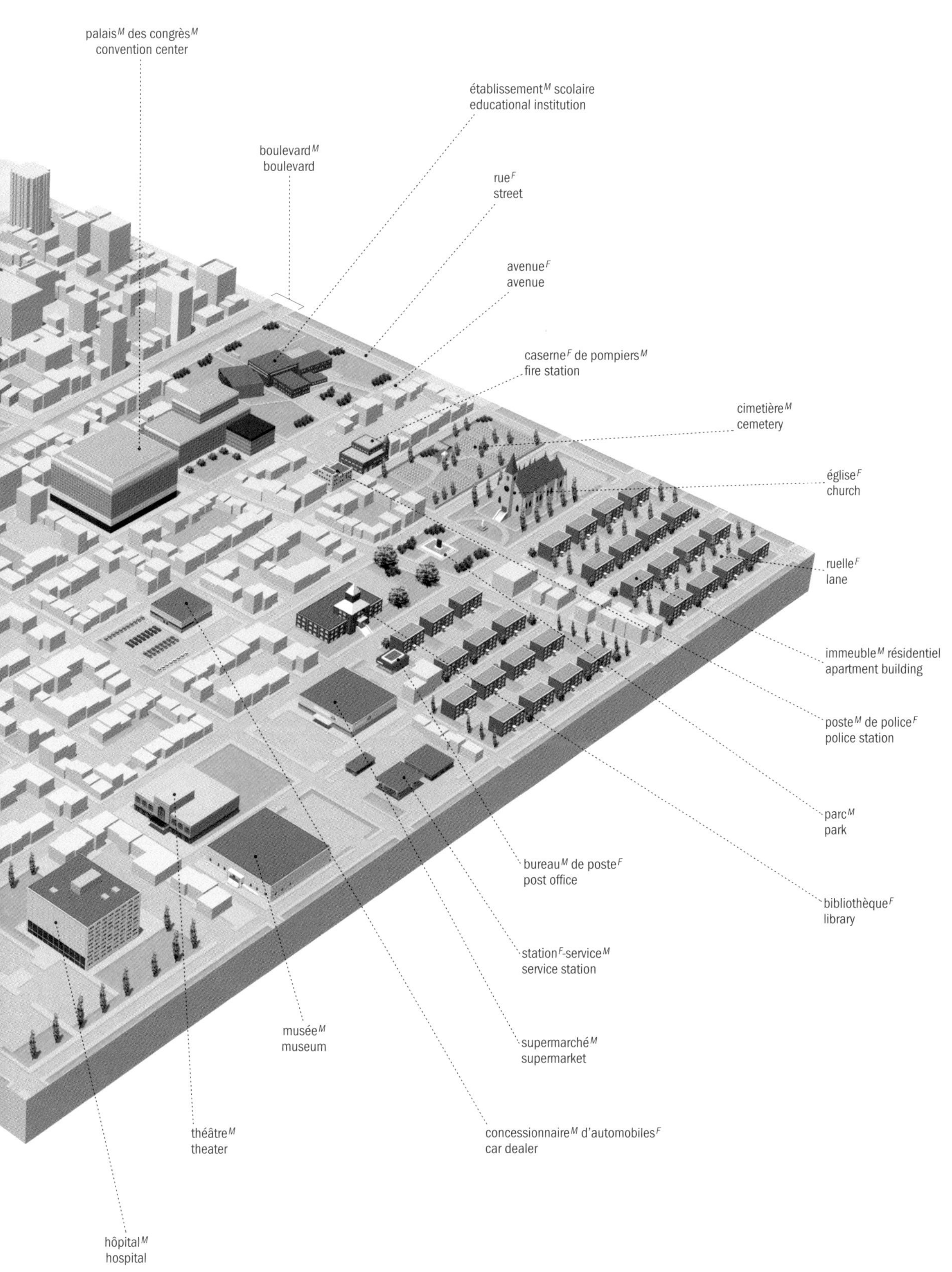
palais^M des congrès^M
convention center
établissement^M scolaire
educational institution
boulevard^M
boulevard
rue^F
street
avenue^F
avenue
caserne^F de pompiers^M
fire station
cimetière^M
cemetery
église^F
church
ruelle^F
lane
immeuble^M résidentiel
apartment building
poste^M de police^F
police station
parc^M
park
bureau^M de poste^F
post office
bibliothèque^F
library
station^F-service^M
service station
musée^M
museum
supermarché^M
supermarket
théâtre^M
theater
concessionnaire^M d'automobiles^F
car dealer
hôpital^M
hospital

coupe^{F} d'une rue^{F}

cross section of a street

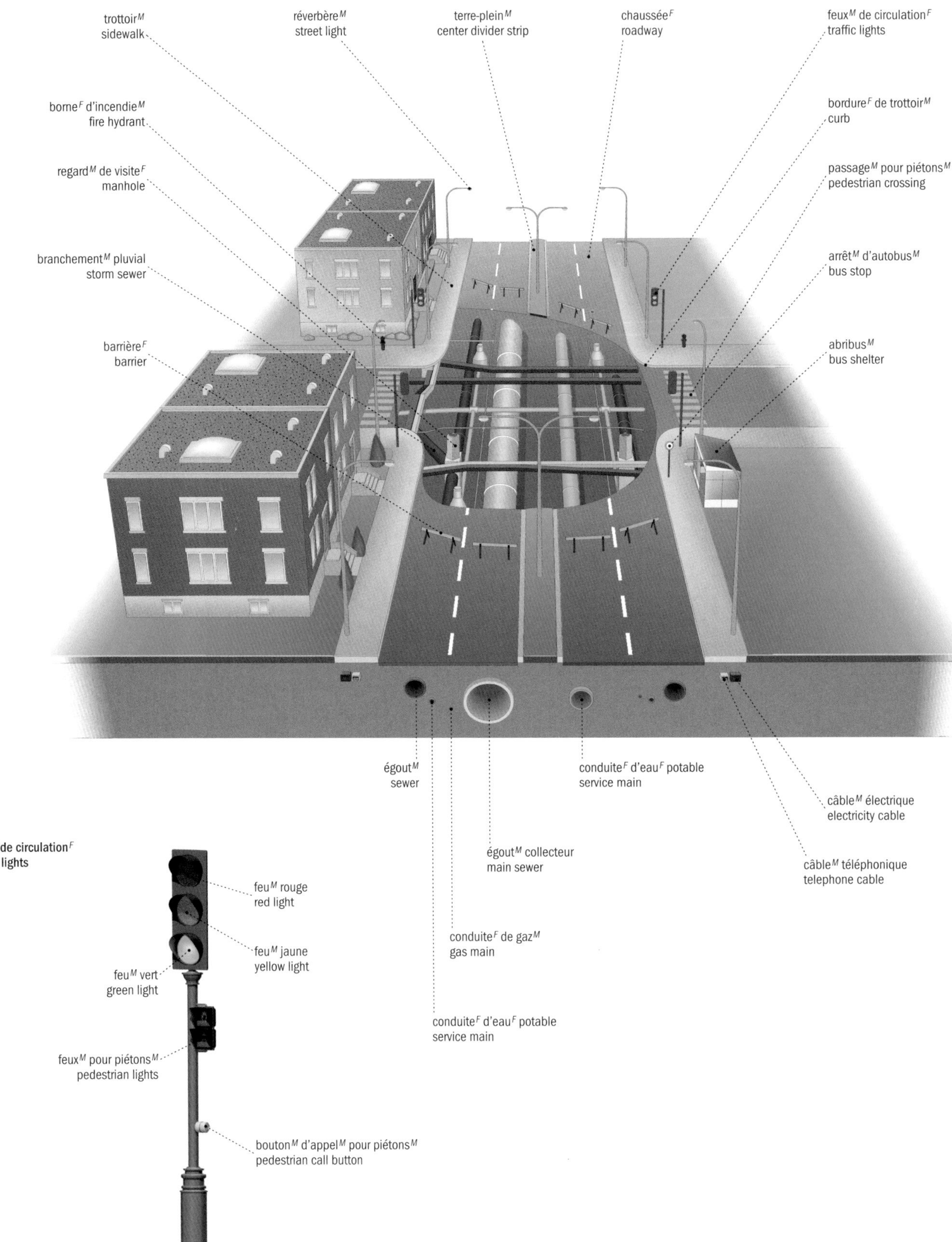
trottoir^{M}
sidewalk
réverbère^{M}
street light
terre-plein^{M}
center divider strip
chaussée^{F}
roadway
feux^{M} de circulation^{F}
traffic lights
borne^{F} d'incendie^{M}
fire hydrant
bordure^{F} de trottoir^{M}
curb
regard^{M} de visite^{F}
manhole
passage^{M} pour piétons^{M}
pedestrian crossing
branchement^{M} pluvial
storm sewer
arrêt^{M} d'autobus^{M}
bus stop
barrière^{F}
barrier
abribus^{M}
bus shelter
égout^{M}
sewer
conduite^{F} d'eau^{F} potable
service main
câble^{M} électrique
electricity cable
égout^{M} collecteur
main sewer
câble^{M} téléphonique
telephone cable
conduite^{F} de gaz^{M}
gas main
conduite^{F} d'eau^{F} potable
service main
feu^{M} rouge
red light
feu^{M} jaune
yellow light
feu^{M} vert
green light
feux^{M} pour piétons^{M}
pedestrian lights
bouton^{M} d'appel^{M} pour piétons^{M}
pedestrian call button

feux^{M} de circulation^{F}
traffic lights

SOCIÉTÉ

édifice^M à bureaux^M

office building

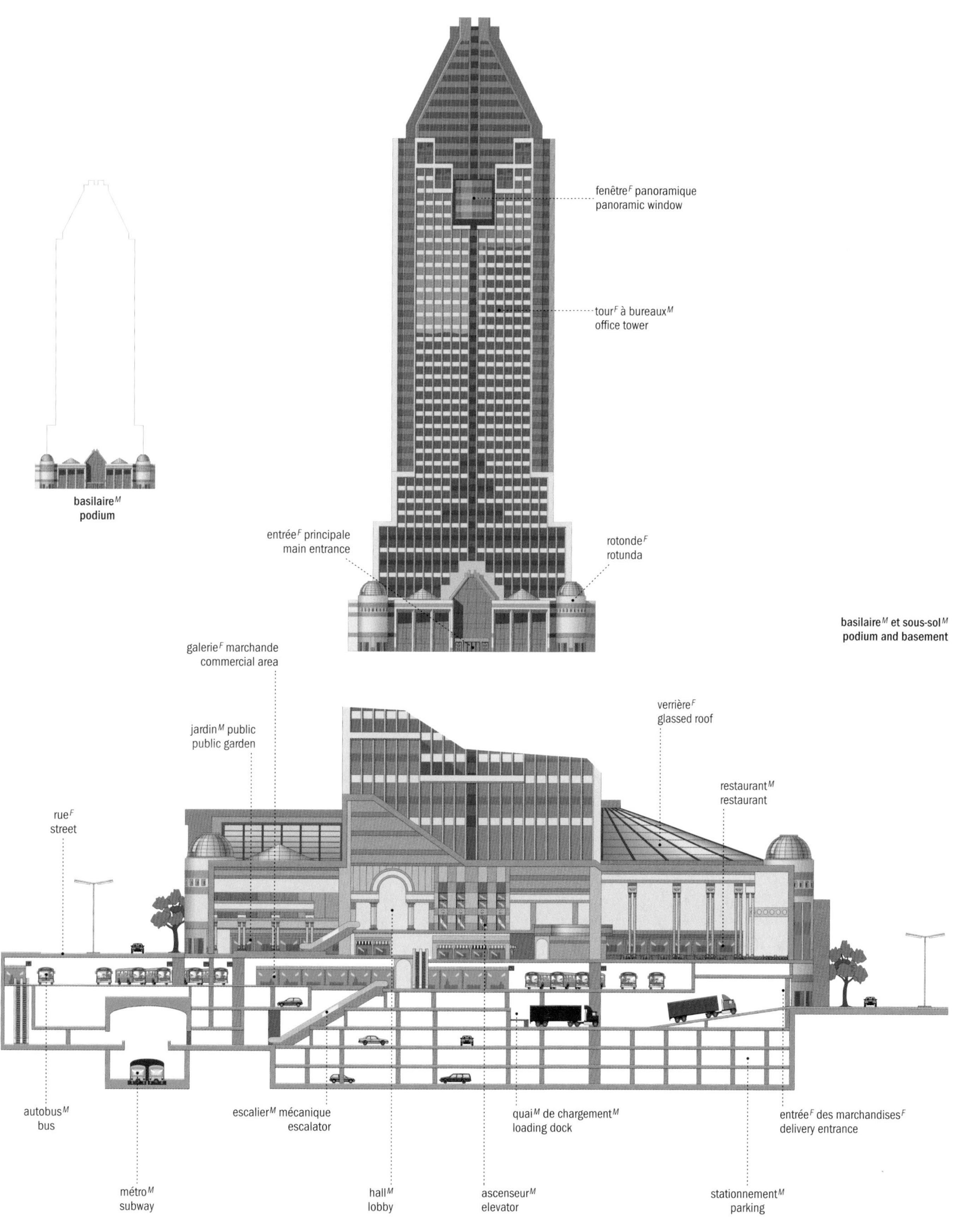
fenêtre^F panoramique
panoramic window
tour^F à bureaux^M
office tower
basilaire^M
podium
entrée^F principale
main entrance
rotonde^F
rotunda
basilaire^M et sous-sol^M
podium and basement
galerie^F marchande
commercial area
jardin^M public
public garden
verrière^F
glassed roof
restaurant^M
restaurant
rue^F
street
autobus^M
bus
escalier^M mécanique
escalator
quai^M de chargement^M
loading dock
entrée^F des marchandises^F
delivery entrance
métro^M
subway
hall^M
lobby
ascenseur^M
elevator
stationnement^M
parking

centre^M commercial

shopping center

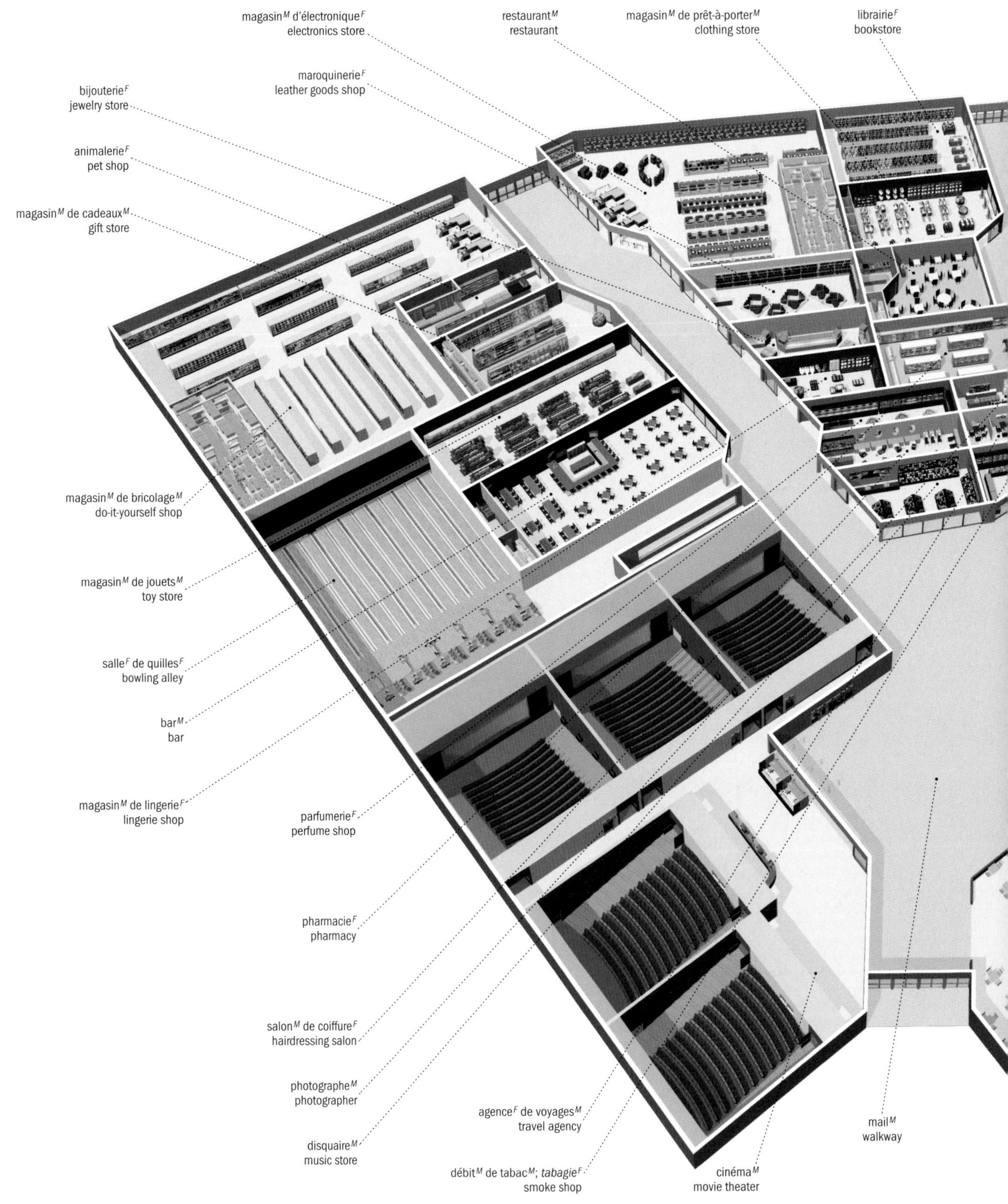

magasin^M d'électronique^F
electronics store
restaurant^M
restaurant
magasin^M de prêt-à-porter^M
clothing store
librairie^F
bookstore
maroquinerie^F
leather goods shop
bijouterie^F
jewelry store
animalerie^F
pet shop
magasin^M de cadeaux^M
gift store
magasin^M de bricolage^M
do-it-yourself shop
magasin^M de jouets^M
toy store
salle^F de quilles^F
bowling alley
bar^M
bar
magasin^M de lingerie^F
lingerie shop
parfumerie^F
perfume shop
pharmacie^F
pharmacy
salon^M de coiffure^F
hairdressing salon
photographe^M
photographer
disquaire^M
music store
agence^F de voyages^M
travel agency
débit^M de tabac^M; *tabagie*^F
smoke shop
cinéma^M
movie theater
mail^M
walkway

SOCIÉTÉ

centre^M commercial

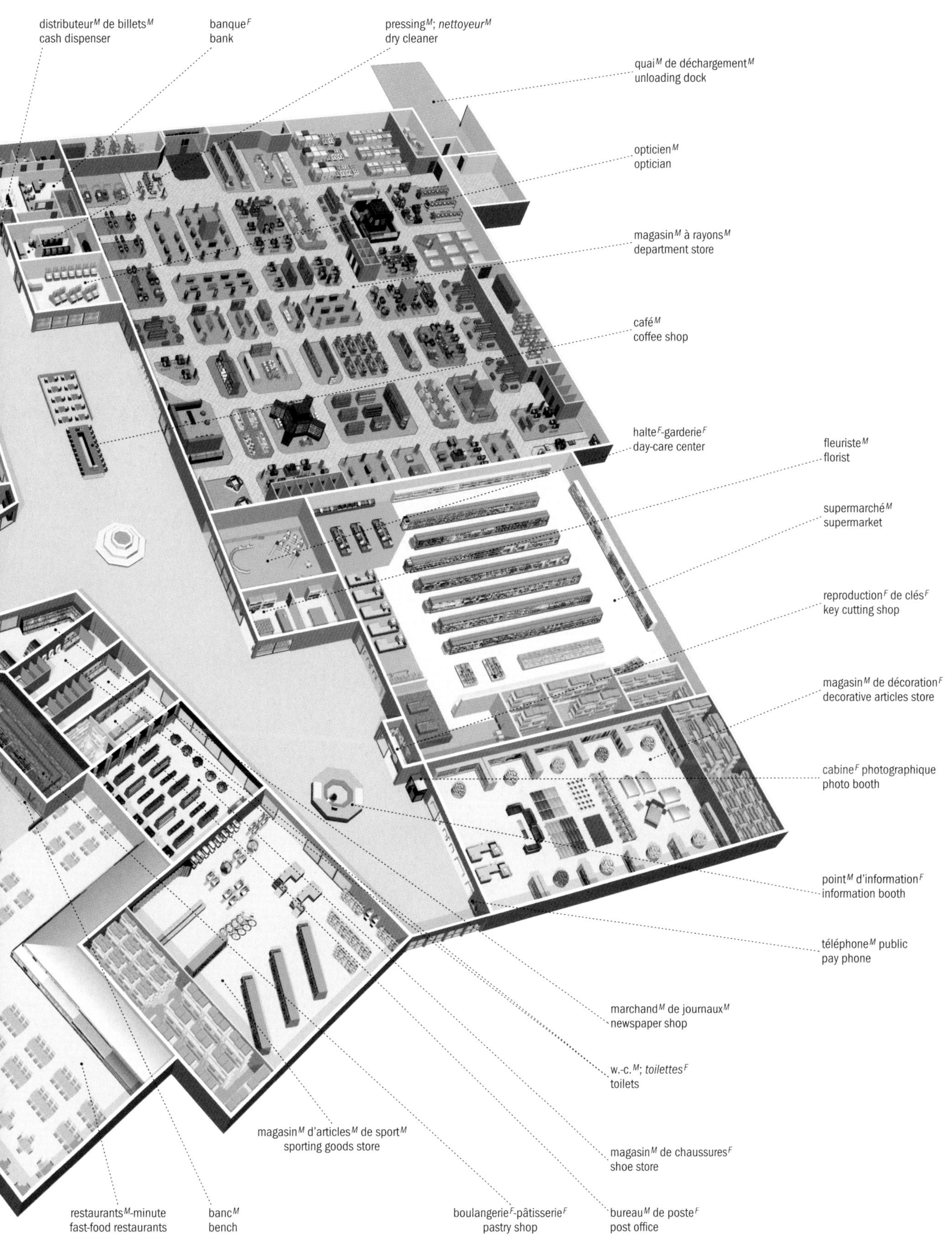
distributeur^M de billets^M
cash dispenser
banque^F
bank
pressing^M; *nettoyeur^M*
dry cleaner
quai^M de déchargement^M
unloading dock
opticien^M
optician
magasin^M à rayons^M
department store
café^M
coffee shop
halte^F-garderie^F
day-care center
fleuriste^M
florist
supermarché^M
supermarket
reproduction^F de clés^F
key cutting shop
magasin^M de décoration^F
decorative articles store
cabine^F photographique
photo booth
point^M d'information^F
information booth
téléphone^M public
pay phone
marchand^M de journaux^M
newspaper shop
w.-c.^M; *toilettes^F*
toilets
magasin^M d'articles^M de sport^M
sporting goods store
magasin^M de chaussures^F
shoe store
restaurants^M-minute
fast-food restaurants
banc^M
bench
boulangerie^F-pâtisserie^F
pastry shop
bureau^M de poste^F
post office

magasin^{M} à rayons^{M}

department store

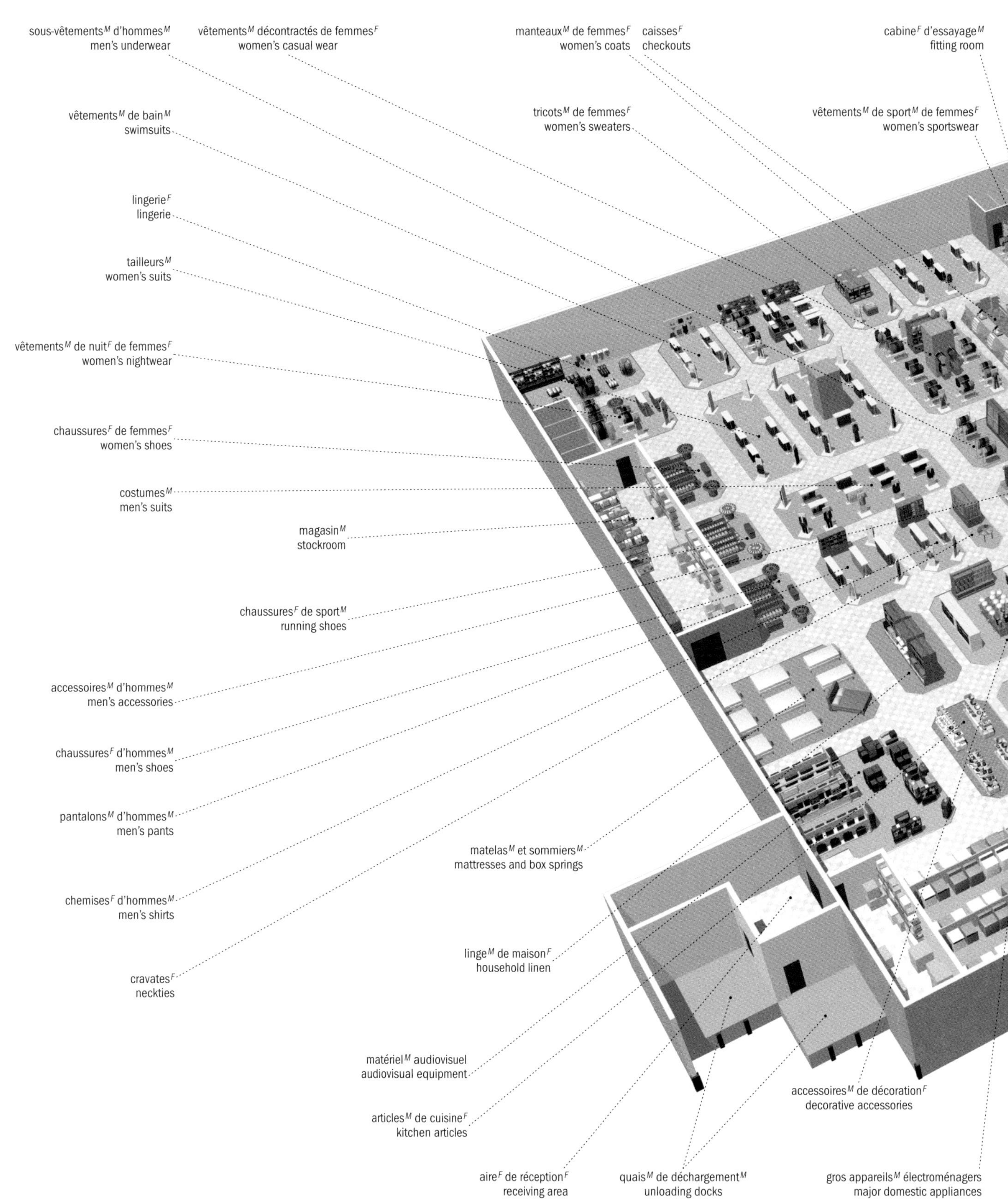
sous-vêtements^{M} d'hommes^{M}
men's underwear
vêtements^{M} décontractés de femmes^{F}
women's casual wear
manteaux^{M} de femmes^{F}
women's coats
caisses^{F}
checkouts
cabine^{F} d'essayage^{M}
fitting room
vêtements^{M} de bain^{M}
swimsuits
tricots^{M} de femmes^{F}
women's sweaters
vêtements^{M} de sport^{M} de femmes^{F}
women's sportswear
lingerie^{F}
lingerie
tailleurs^{M}
women's suits
vêtements^{M} de nuit^{F} de femmes^{F}
women's nightwear
chaussures^{F} de femmes^{F}
women's shoes
costumes^{M}
men's suits
magasin^{M}
stockroom
chaussures^{F} de sport^{M}
running shoes
accessoires^{M} d'hommes^{M}
men's accessories
chaussures^{F} d'hommes^{M}
men's shoes
pantalons^{M} d'hommes^{M}
men's pants
matelas^{M} et sommiers^{M}
mattresses and box springs
chemises^{F} d'hommes^{M}
men's shirts
linge^{M} de maison^{F}
household linen
cravates^{F}
neckties
matériel^{M} audiovisuel
audiovisual equipment
articles^{M} de cuisine^{F}
kitchen articles
accessoires^{M} de décoration^{F}
decorative accessories
aire^{F} de réception^{F}
receiving area
quais^{M} de déchargement^{M}
unloading docks
gros appareils^{M} électroménagers
major domestic appliances

SOCIÉTÉ

magasin^M à rayons^M

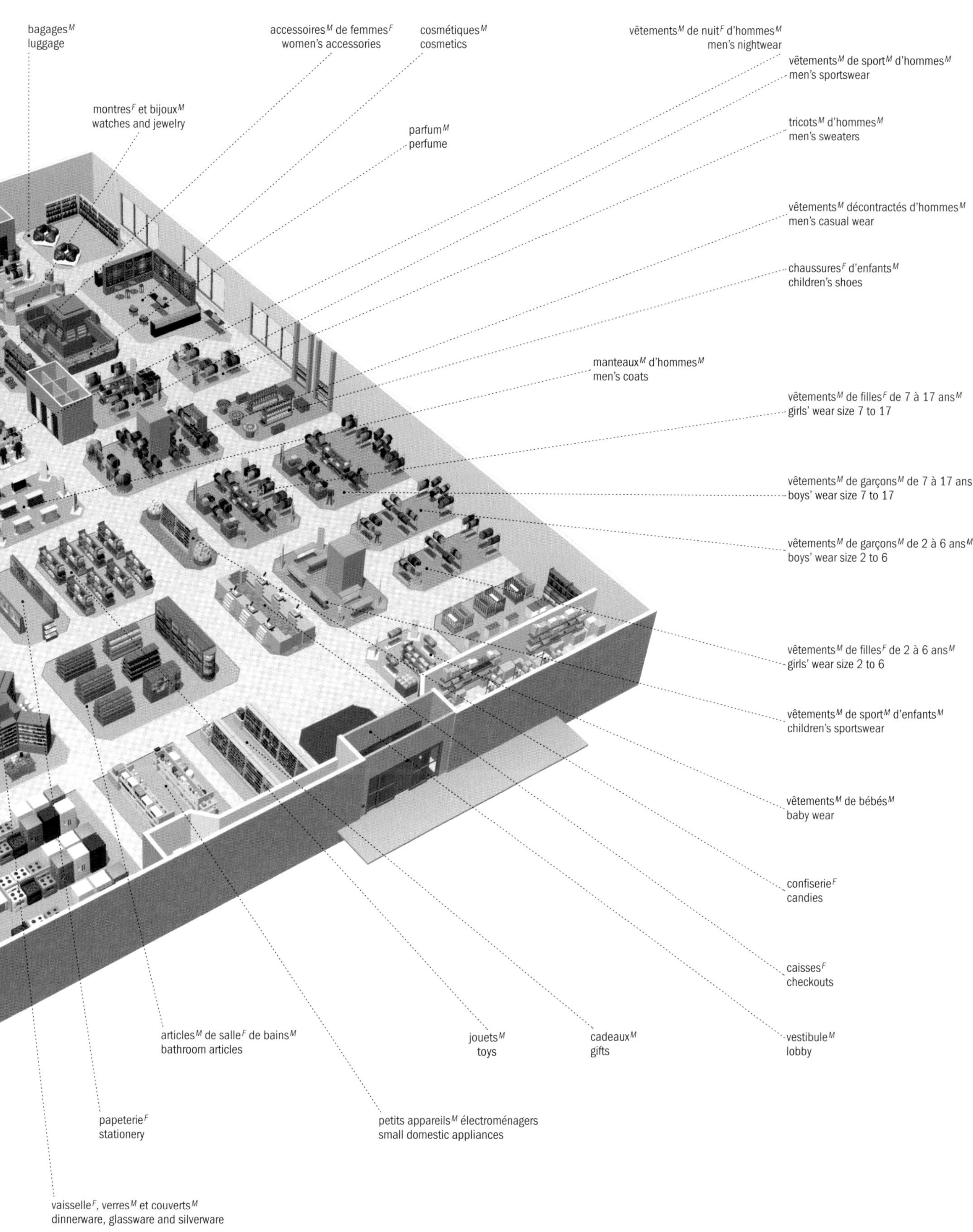
bagages^M
luggage
accessoires^M de femmes^F
women's accessories
cosmétiques^M
cosmetics
vêtements^M de nuit^F d'hommes^M
men's nightwear
vêtements^M de sport^M d'hommes^M
men's sportswear
montres^F et bijoux^M
watches and jewelry
parfum^M
perfume
tricots^M d'hommes^M
men's sweaters
vêtements^M décontractés d'hommes^M
men's casual wear
chaussures^F d'enfants^M
children's shoes
manteaux^M d'hommes^M
men's coats
vêtements^M de filles^F de 7 à 17 ans^M
girls' wear size 7 to 17
vêtements^M de garçons^M de 7 à 17 ans^M
boys' wear size 7 to 17
vêtements^M de garçons^M de 2 à 6 ans^M
boys' wear size 2 to 6
vêtements^M de filles^F de 2 à 6 ans^M
girls' wear size 2 to 6
vêtements^M de sport^M d'enfants^M
children's sportswear
vêtements^M de bébés^M
baby wear
confiserie^F
candies
caisses^F
checkouts
articles^M de salle^F de bains^M
bathroom articles
jouets^M
toys
cadeaux^M
gifts
vestibule^M
lobby
papeterie^F
stationery
petits appareils^M électroménagers
small domestic appliances
vaisselle^F, verres^M et couverts^M
dinnerware, glassware and silverware

palais^M des congrès^M

convention center

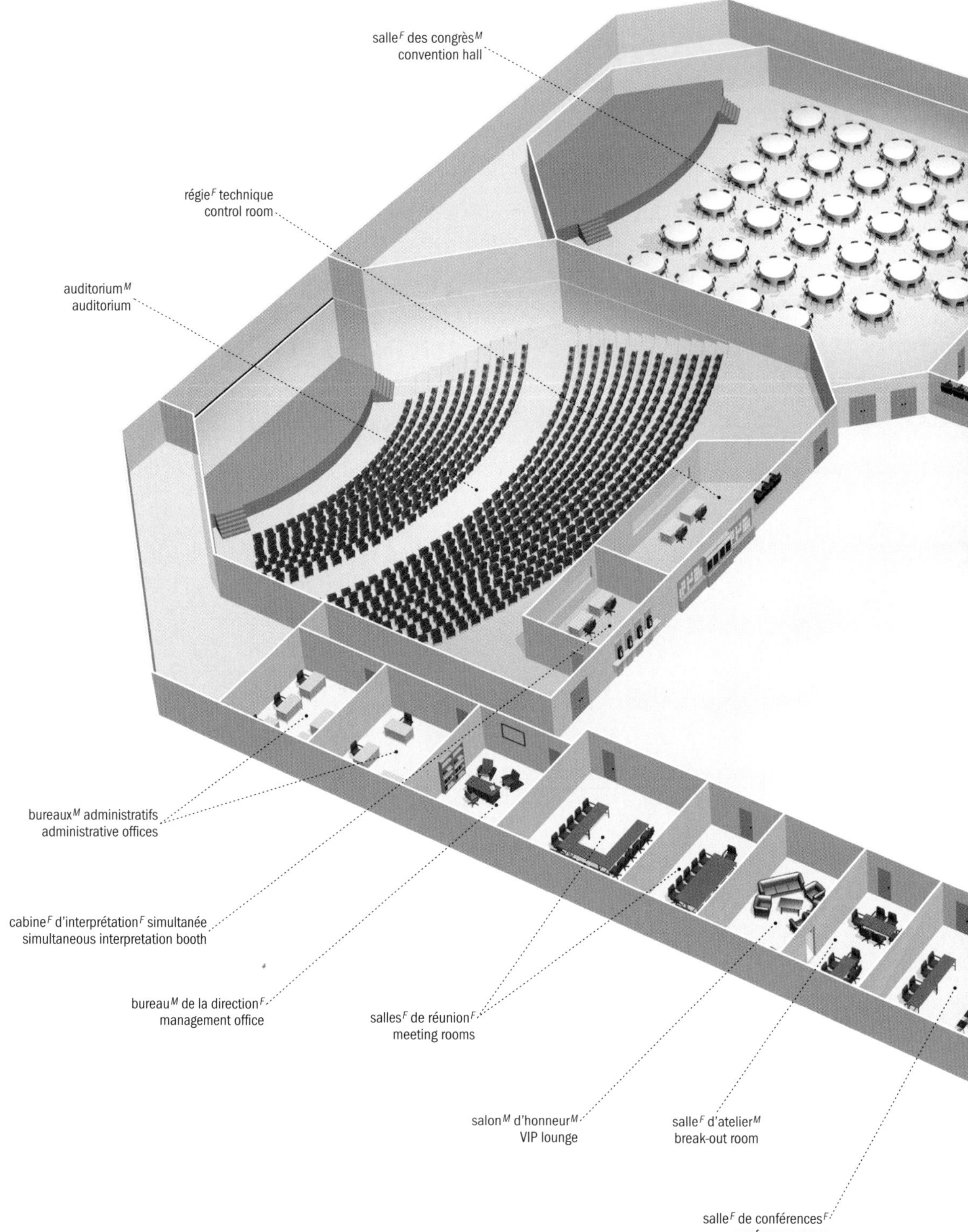
salle^F des congrès^M
convention hall
régie^F technique
control room
auditorium^M
auditorium
bureaux^M administratifs
administrative offices
cabine^F d'interprétation^F simultanée
simultaneous interpretation booth
bureau^M de la direction^F
management office
salles^F de réunion^F
meeting rooms
salon^M d'honneur^M
VIP lounge
salle^F d'atelier^M
break-out room
salle^F de conférences^F
conference room

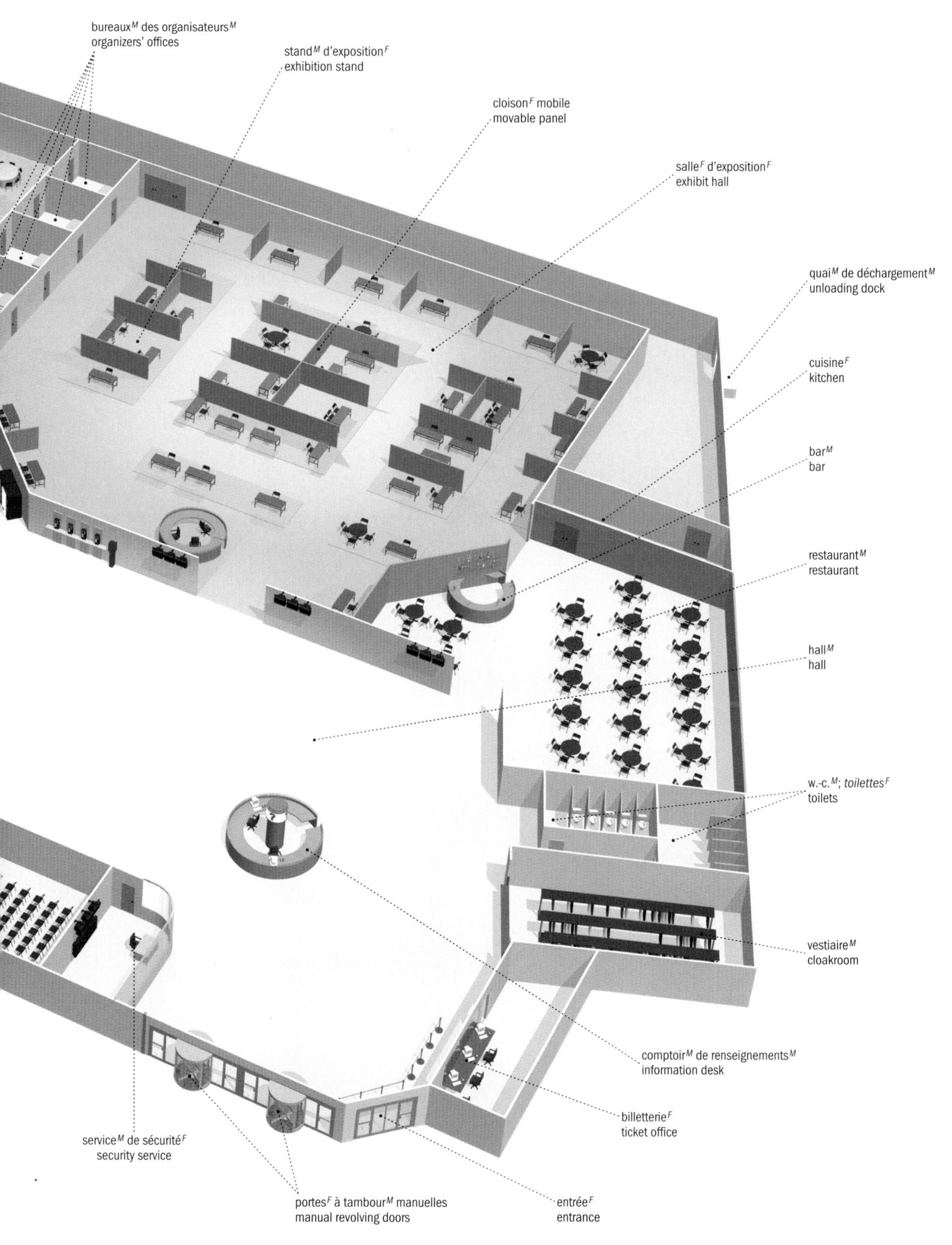
bureaux^M des organisateurs^M
organizers' offices
stand^M d'exposition^F
exhibition stand
cloison^F mobile
movable panel
salle^F d'exposition^F
exhibit hall
quai^M de déchargement^M
unloading dock
cuisine^F
kitchen
bar^M
bar
restaurant^M
restaurant
hall^M
hall
w.-c.^M; *toilettes*^F
toilets
vestiaire^M
cloakroom
comptoir^M de renseignements^M
information desk
billetterie^F
ticket office
service^M de sécurité^F
security service
portes^F à tambour^M manuelles
manual revolving doors
entrée^F
entrance

restaurant[M]

restaurant

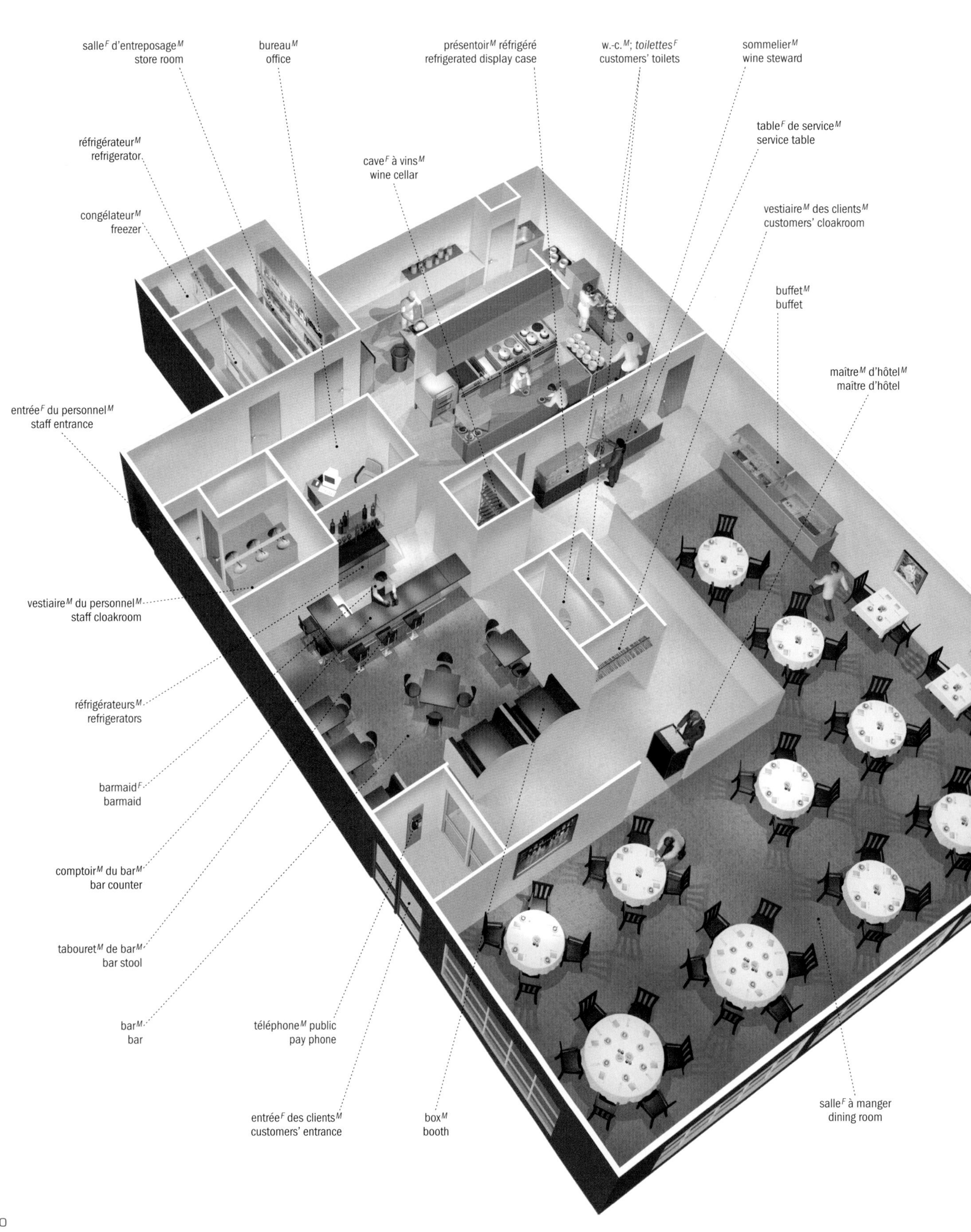
salle[F] d'entreposage[M]
store room
bureau[M]
office
présentoir[M] réfrigéré
refrigerated display case
w.-c.[M]; *toilettes*[F]
customers' toilets
sommelier[M]
wine steward
réfrigérateur[M]
refrigerator
cave[F] à vins[M]
wine cellar
table[F] de service[M]
service table
congélateur[M]
freezer
vestiaire[M] des clients[M]
customers' cloakroom
buffet[M]
buffet
maître[M] d'hôtel[M]
maître d'hôtel
entrée[F] du personnel[M]
staff entrance
vestiaire[M] du personnel[M]
staff cloakroom
réfrigérateurs[M]
refrigerators
barmaid[F]
barmaid
comptoir[M] du bar[M]
bar counter
tabouret[M] de bar[M]
bar stool
bar[M]
bar
téléphone[M] public
pay phone
entrée[F] des clients[M]
customers' entrance
box[M]
booth
salle[F] à manger
dining room

restaurant[M]

cuisine[F]
kitchen

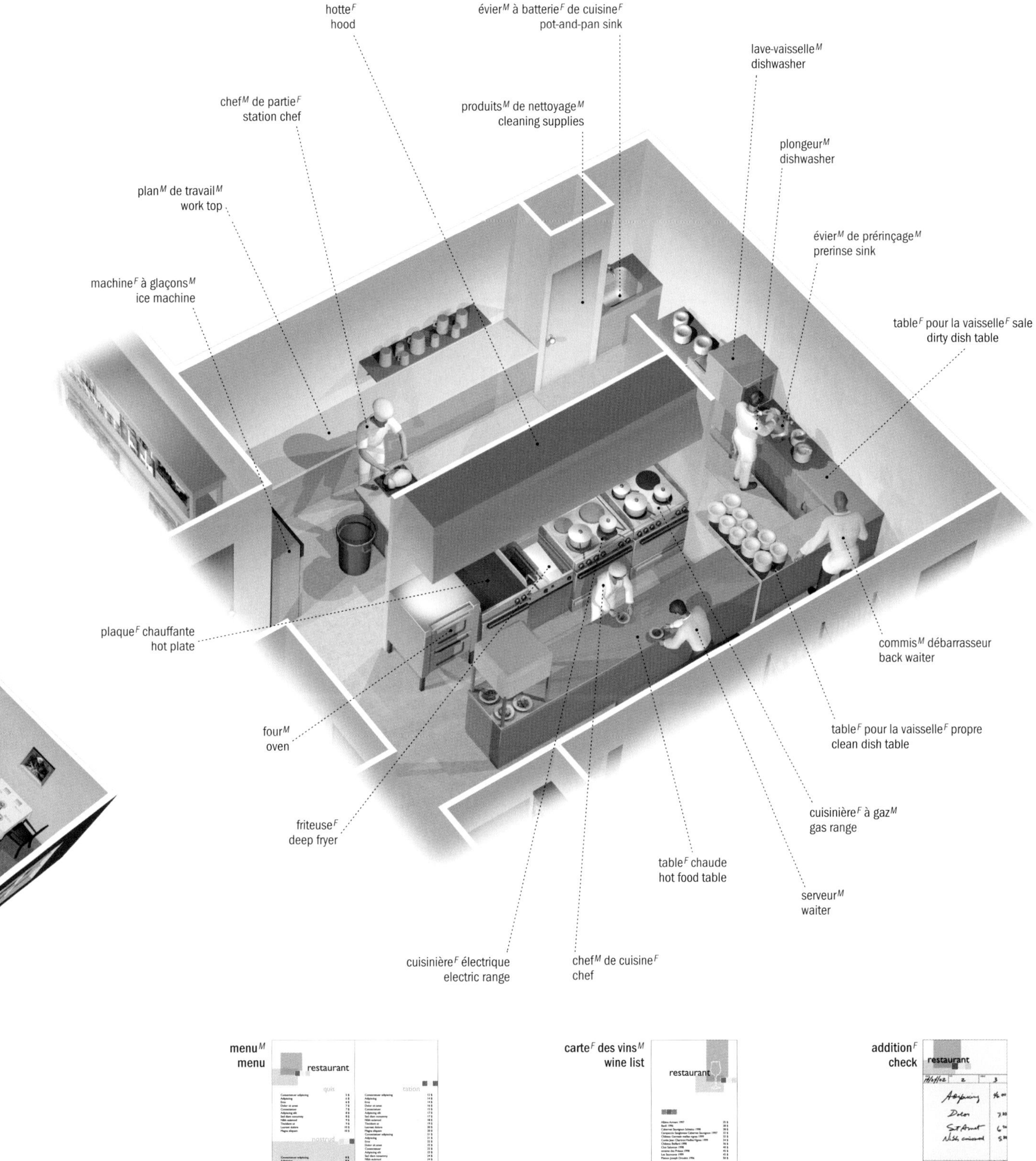

hotte[F]
hood
évier[M] à batterie[F] de cuisine[F]
pot-and-pan sink
lave-vaisselle[M]
dishwasher
chef[M] de partie[F]
station chef
produits[M] de nettoyage[M]
cleaning supplies
plongeur[M]
dishwasher
plan[M] de travail[M]
work top
évier[M] de prérinçage[M]
prerinse sink
machine[F] à glaçons[M]
ice machine
table[F] pour la vaisselle[F] sale
dirty dish table
plaque[F] chauffante
hot plate
commis[M] débarrasseur
back waiter
four[M]
oven
table[F] pour la vaisselle[F] propre
clean dish table
cuisinière[F] à gaz[M]
gas range
friteuse[F]
deep fryer
table[F] chaude
hot food table
serveur[M]
waiter
cuisinière[F] électrique
electric range
chef[M] de cuisine[F]
chef

menu[M]
menu

carte[F] des vins[M]
wine list

addition[F]
check

restaurant^M libre-service

self-service restaurant

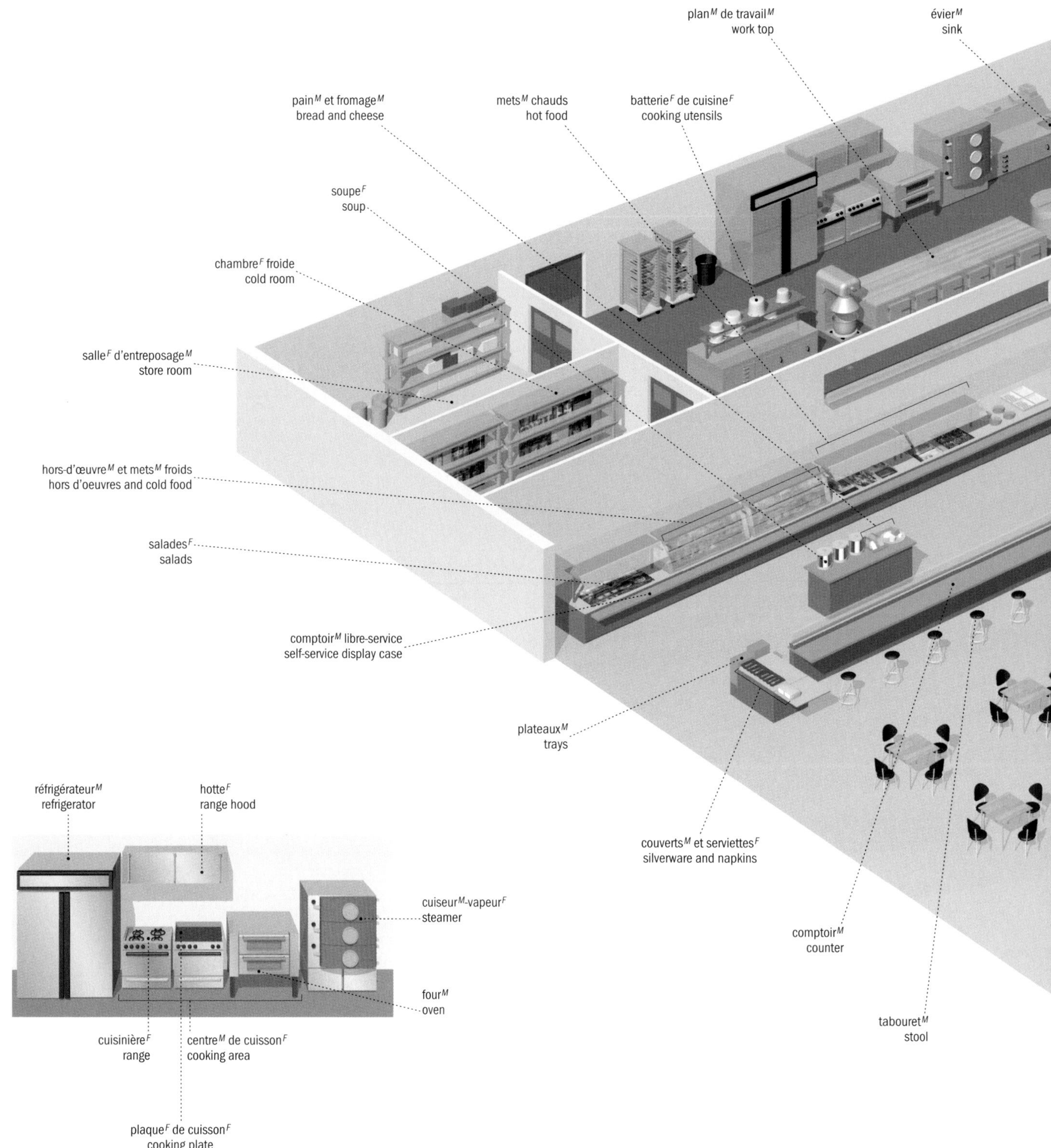
plan^M de travail^M
work top
évier^M
sink
pain^M et fromage^M
bread and cheese
mets^M chauds
hot food
batterie^F de cuisine^F
cooking utensils
soupe^F
soup
chambre^F froide
cold room
salle^F d'entreposage^M
store room
hors-d'œuvre^M et mets^M froids
hors d'oeuvres and cold food
salades^F
salads
comptoir^M libre-service
self-service display case
plateaux^M
trays
couverts^M et serviettes^F
silverware and napkins
comptoir^M
counter
tabouret^M
stool
réfrigérateur^M
refrigerator
hotte^F
range hood
cuiseur^M-vapeur^F
steamer
four^M
oven
cuisinière^F
range
centre^M de cuisson^F
cooking area
plaque^F de cuisson^F
cooking plate

restaurant^M libre-service

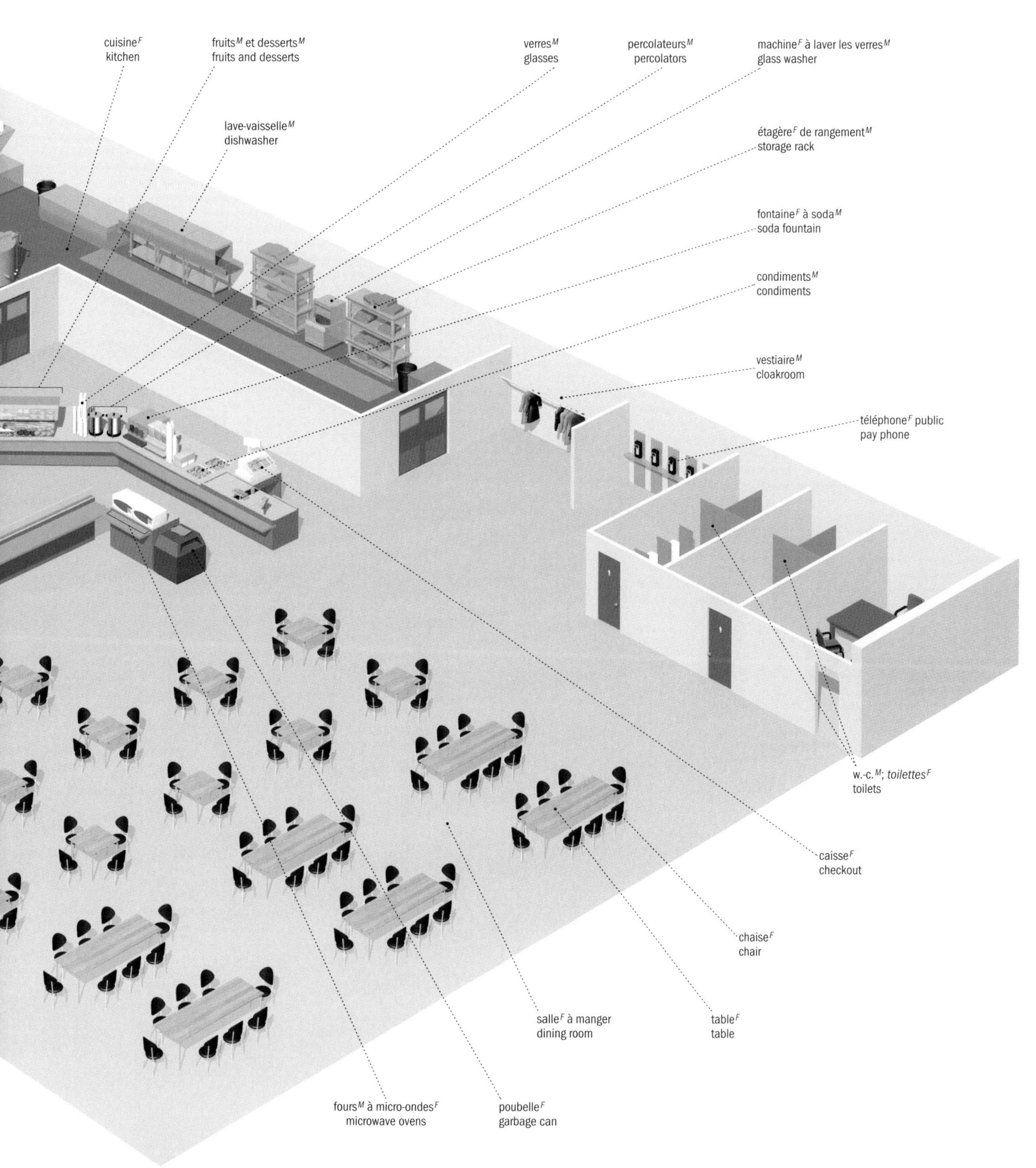
cuisine^F
kitchen
fruits^M et desserts^M
fruits and desserts
verres^M
glasses
percolateurs^M
percolators
machine^F à laver les verres^M
glass washer
lave-vaisselle^M
dishwasher
étagère^F de rangement^M
storage rack
fontaine^F à soda^M
soda fountain
condiments^M
condiments
vestiaire^M
cloakroom
téléphone^F public
pay phone
w.-c.^M; toilettes^F
toilets
caisse^F
checkout
chaise^F
chair
salle^F à manger
dining room
table^F
table
fours^M à micro-ondes^F
microwave ovens
poubelle^F
garbage can

SOCIÉTÉ

hôtel^M

hotel

niveau^M de la réception^F
reception level

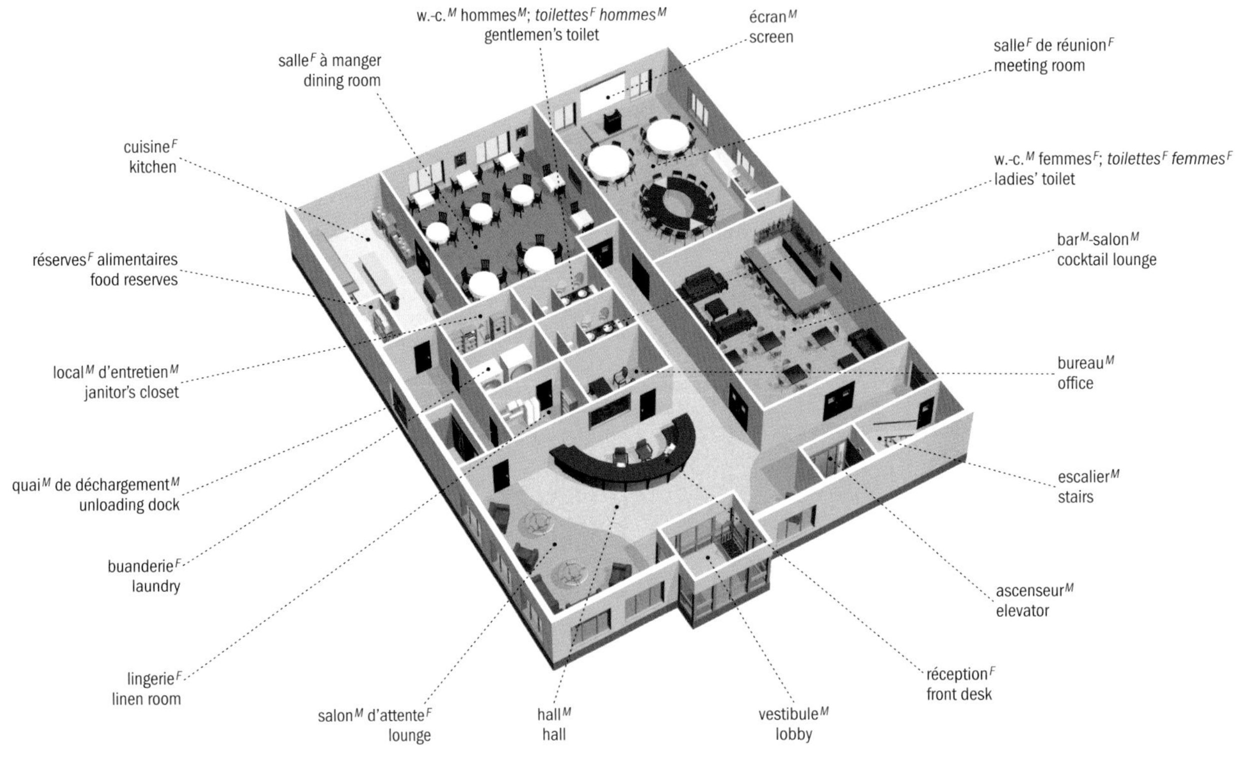
w.-c.^M hommes^M; *toilettes^F hommes^M*
gentlemen's toilet
écran^M
screen
salle^F à manger
dining room
salle^F de réunion^F
meeting room
cuisine^F
kitchen
w.-c.^M femmes^F; *toilettes^F femmes^F*
ladies' toilet
bar^M-salon^M
cocktail lounge
réserves^F alimentaires
food reserves
bureau^M
office
local^M d'entretien^M
janitor's closet
quai^M de déchargement^M
unloading dock
escalier^M
stairs
buanderie^F
laundry
ascenseur^M
elevator
lingerie^F
linen room
réception^F
front desk
salon^M d'attente^F
lounge
hall^M
hall
vestibule^M
lobby

chambres^F d'hôtel^M
hotel rooms

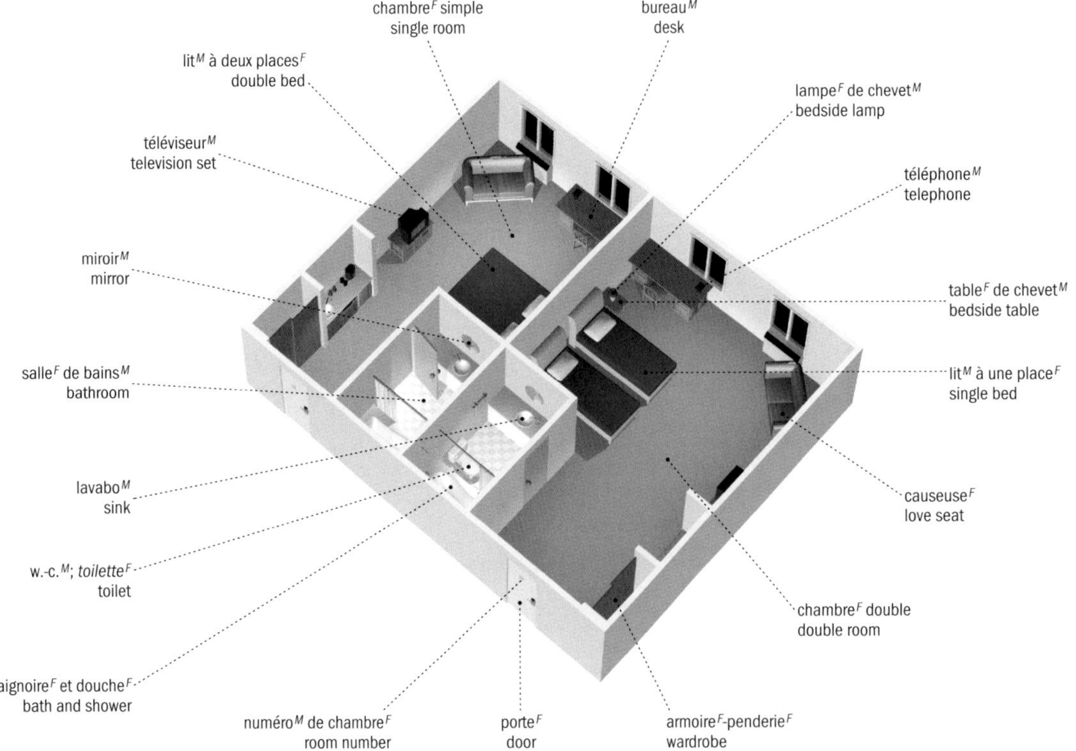
chambre^F simple
single room
bureau^M
desk
lit^M à deux places^F
double bed
lampe^F de chevet^M
bedside lamp
téléviseur^M
television set
téléphone^M
telephone
miroir^M
mirror
table^F de chevet^M
bedside table
salle^F de bains^M
bathroom
lit^M à une place^F
single bed
lavabo^M
sink
causeuse^F
love seat
w.-c.^M; *toilette^F*
toilet
chambre^F double
double room
baignoire^F et douche^F
bath and shower
numéro^M de chambre^F
room number
porte^F
door
armoire^F-penderie^F
wardrobe

SOCIÉTÉ

symboles[M] d'usage[M] courant

common symbols

toilettes[F] pour hommes[M]
men's rest room

toilettes[F] pour dames[F]
women's rest room

accès[M] pour handicapés[M] physiques
wheelchair access

ne pas utiliser avec un fauteuil[M] roulant
no wheelchair access

camping[M] et caravaning[M]
camping (trailer and tent)

pique-nique[M]
picnic area

pique-nique[M] interdit
picnics prohibited

camping[M]
camping (tent)

camping[M] interdit
camping prohibited

caravaning[M]
camping (trailer)

H
hôpital[M]
hospital

casse-croûte[M]
coffee shop

téléphone[M]
telephone

restaurant[M]
restaurant

pharmacie[F]
pharmacy

POLICE
police[F]
police

premiers soins[M]
first aid

poste[M] de carburant[M]
service station

extincteur[M] d'incendie[M]
fire extinguisher

i
renseignements[M]
information

?
renseignements[M]
information

?
articles[M] perdus et retrouvés
lost and found articles

$
£
F
¥
change[M]
currency exchange

TAXI
transport[M] par taxi[M]
taxi transportation

SOCIÉTÉ

prison F

prison

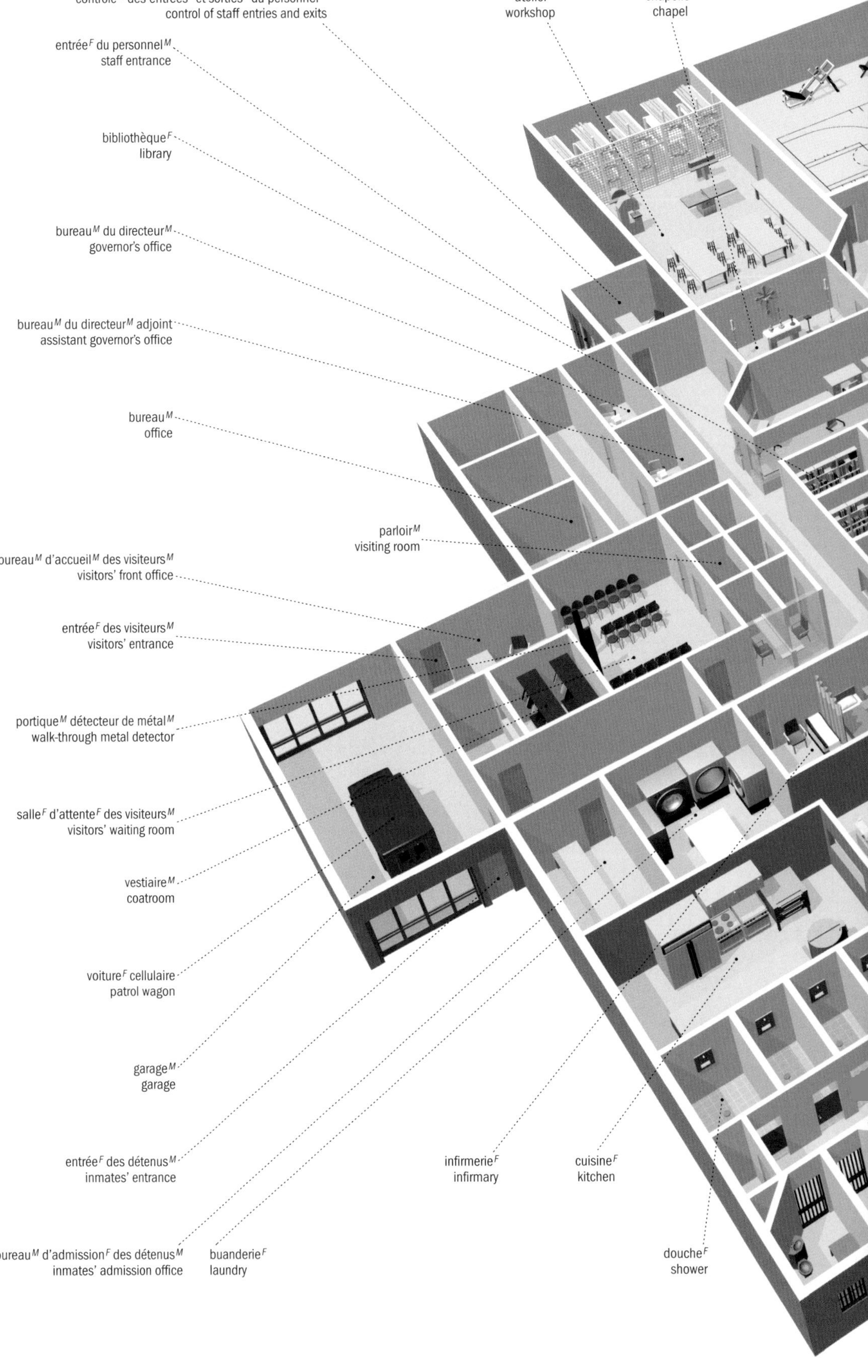
contrôle M des entrées F et sorties F du personnel M
control of staff entries and exits
atelier M
workshop
chapelle F
chapel
entrée F du personnel M
staff entrance
bibliothèque F
library
bureau M du directeur M
governor's office
bureau M du directeur M adjoint
assistant governor's office
bureau M
office
parloir M
visiting room
bureau M d'accueil M des visiteurs M
visitors' front office
entrée F des visiteurs M
visitors' entrance
portique M détecteur de métal M
walk-through metal detector
salle F d'attente F des visiteurs M
visitors' waiting room
vestiaire M
coatroom
voiture F cellulaire
patrol wagon
garage M
garage
entrée F des détenus M
inmates' entrance
infirmerie F
infirmary
cuisine F
kitchen
bureau M d'admission F des détenus M
inmates' admission office
buanderie F
laundry
douche F
shower

prison[F]

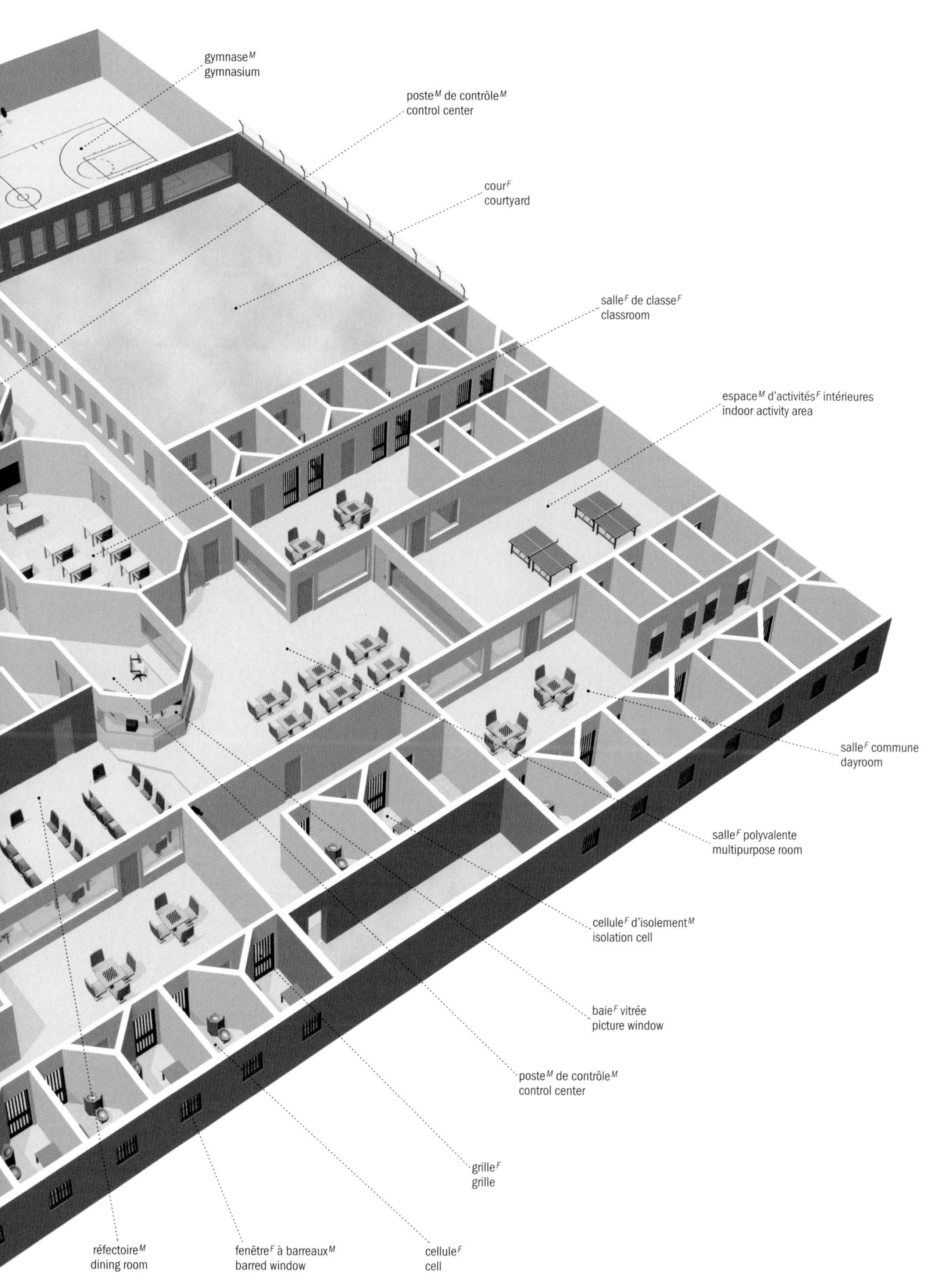
gymnase[M]
gymnasium
poste[M] de contrôle[M]
control center
cour[F]
courtyard
salle[F] de classe[F]
classroom
espace[M] d'activités[F] intérieures
indoor activity area
salle[F] commune
dayroom
salle[F] polyvalente
multipurpose room
cellule[F] d'isolement[M]
isolation cell
baie[F] vitrée
picture window
poste[M] de contrôle[M]
control center
grille[F]
grille
réfectoire[M]
dining room
fenêtre[F] à barreaux[M]
barred window
cellule[F]
cell

SOCIÉTÉ

tribunal[M]

court

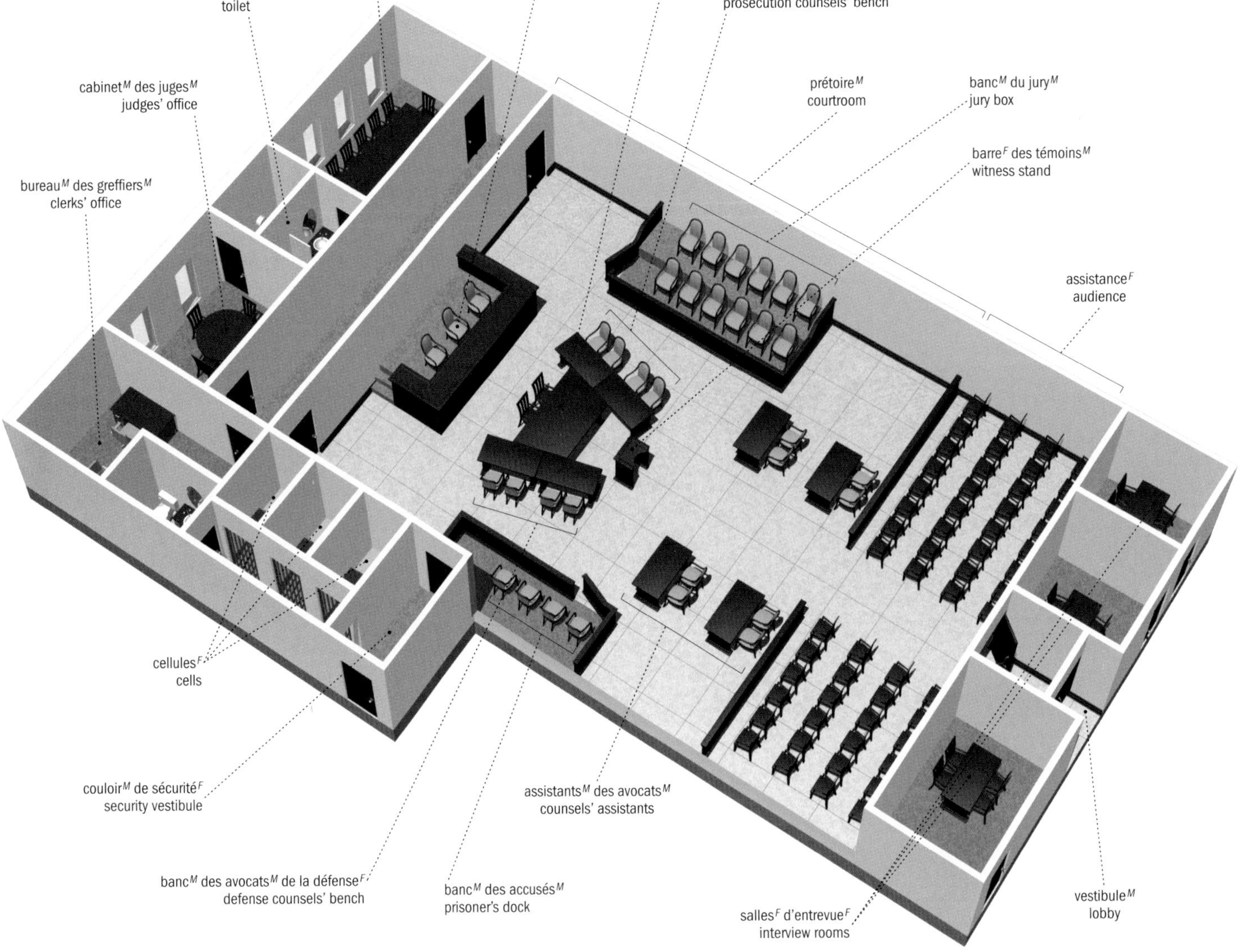

salle[F] des jurés[M]
jurors' room

banc[M] des juges[M]
judges' bench

table[F] des greffiers[M]
clerks' desk

w.-c.[M]; *toilettes*[F]
toilet

banc[M] des avocats[M] de l'accusation[F]; *banc*[M] *des avocats*[M] *de la poursuite*[F]
prosecution counsels' bench

cabinet[M] des juges[M]
judges' office

prétoire[M]
courtroom

banc[M] du jury[M]
jury box

barre[F] des témoins[M]
witness stand

bureau[M] des greffiers[M]
clerks' office

assistance[F]
audience

cellules[F]
cells

couloir[M] de sécurité[F]
security vestibule

assistants[M] des avocats[M]
counsels' assistants

banc[M] des avocats[M] de la défense[F]
defense counsels' bench

banc[M] des accusés[M]
prisoner's dock

salles[F] d'entrevue[F]
interview rooms

vestibule[M]
lobby

exemples[M] d'unités[F] monétaires

examples of currency abbreviations

dollar[M]
dollar

cent[M]
cent

roupie[F]
rupee

euro[M]
euro

nouveau shekel[M]
new shekel

peso[M]
peso

yen[M]
yen

livre[F]
pound

monnaie[F] et modes[M] de paiement[M]

money and modes of payment

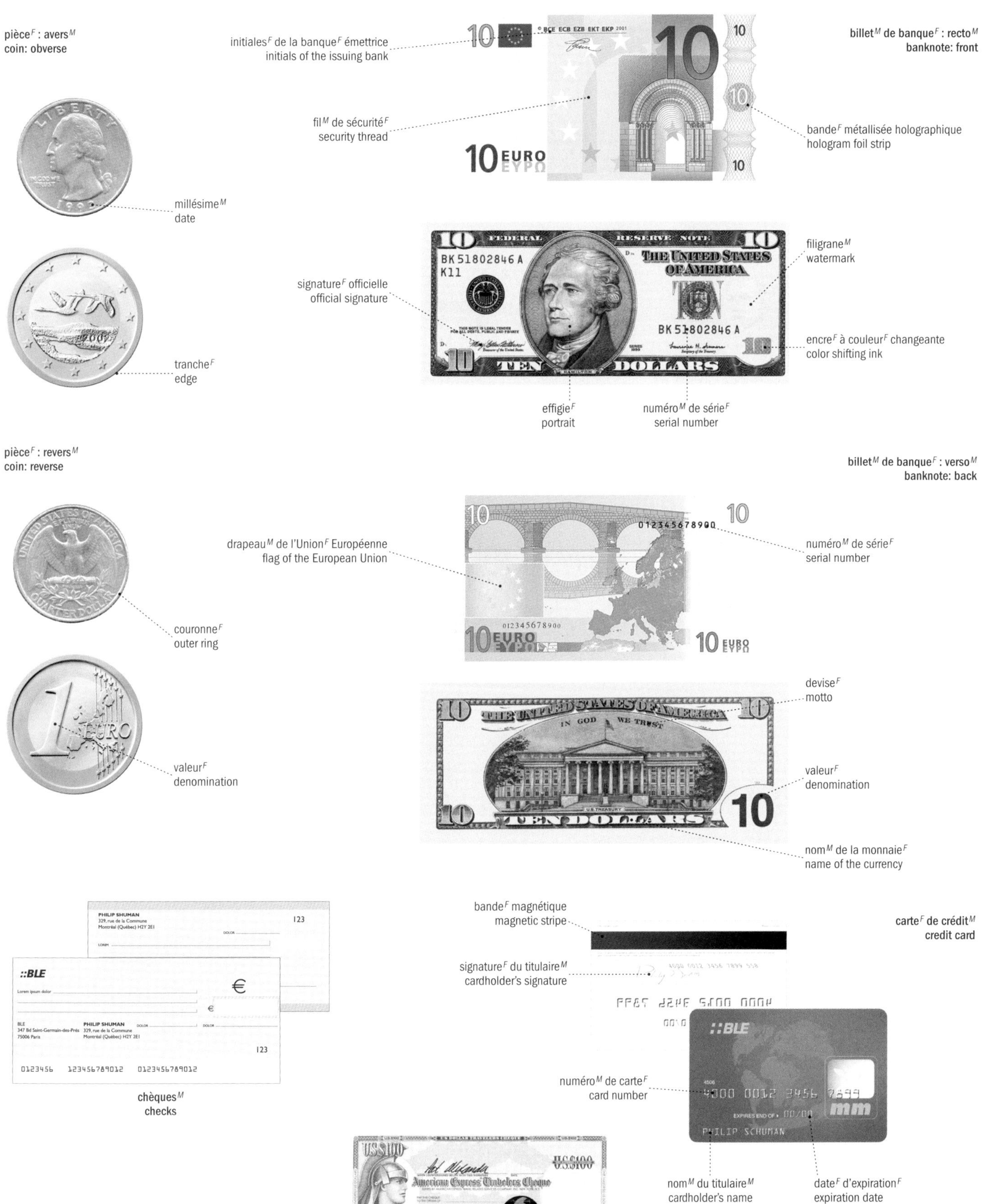
pièce[F] : avers[M]
coin: obverse
millésime[M]
date
tranche[F]
edge
initiales[F] de la banque[F] émettrice
initials of the issuing bank
fil[M] de sécurité[F]
security thread
billet[M] de banque[F] : recto[M]
banknote: front
bande[F] métallisée holographique
hologram foil strip
signature[F] officielle
official signature
filigrane[M]
watermark
encre[F] à couleur[F] changeante
color shifting ink
effigie[F]
portrait
numéro[M] de série[F]
serial number
pièce[F] : revers[M]
coin: reverse
billet[M] de banque[F] : verso[M]
banknote: back
drapeau[M] de l'Union[F] Européenne
flag of the European Union
numéro[M] de série[F]
serial number
couronne[F]
outer ring
valeur[F]
denomination
devise[F]
motto
valeur[F]
denomination
nom[M] de la monnaie[F]
name of the currency
bande[F] magnétique
magnetic stripe
carte[F] de crédit[M]
credit card
signature[F] du titulaire[M]
cardholder's signature
numéro[M] de carte[F]
card number
nom[M] du titulaire[M]
cardholder's name
date[F] d'expiration[F]
expiration date
chèques[M]
checks
chèque[M] de voyage[M]
traveler's check

banque^F

bank

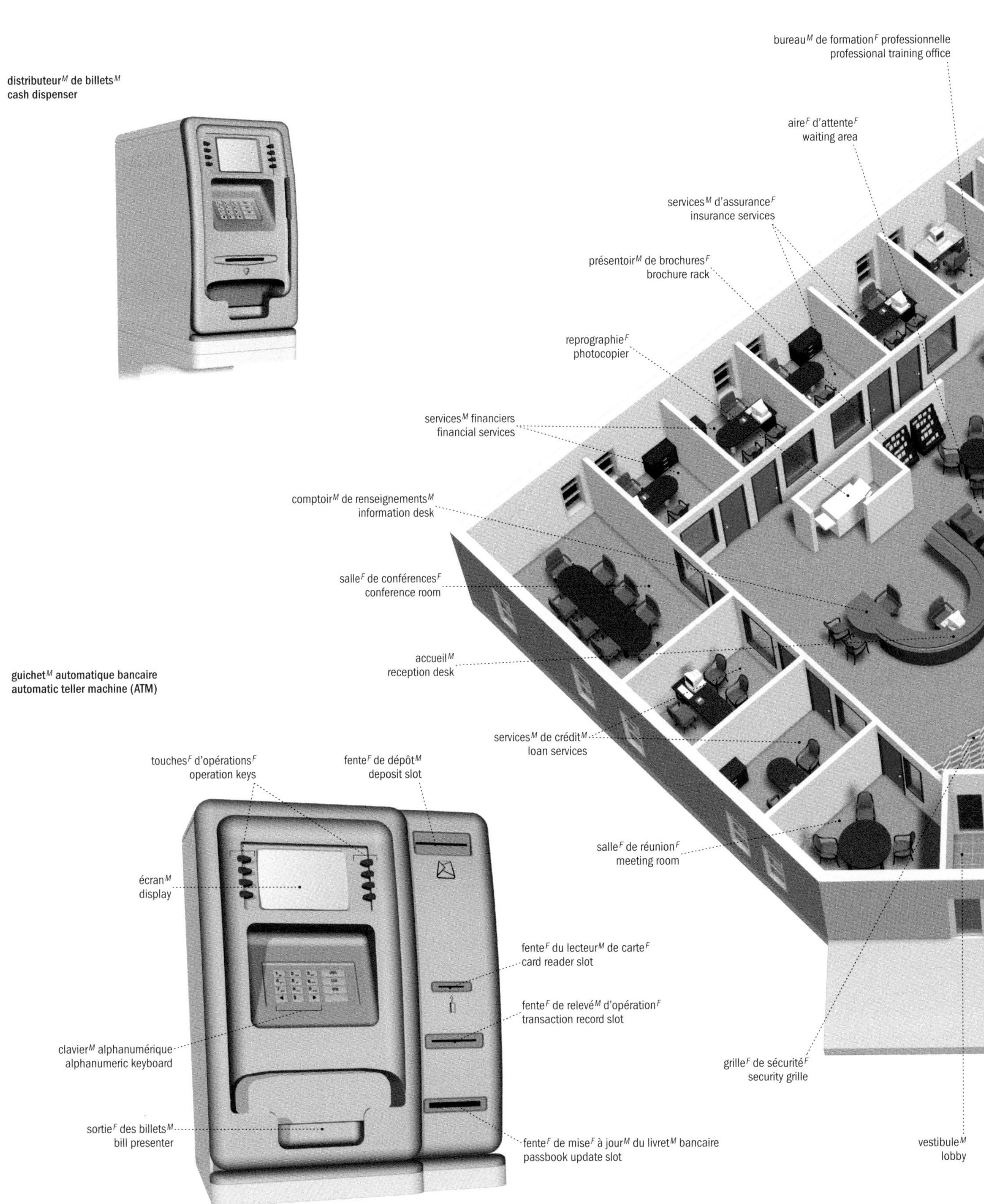
distributeur^M de billets^M
cash dispenser
guichet^M automatique bancaire
automatic teller machine (ATM)
touches^F d'opérations^F
operation keys
fente^F de dépôt^M
deposit slot
écran^M
display
fente^F du lecteur^M de carte^F
card reader slot
fente^F de relevé^M d'opération^F
transaction record slot
clavier^M alphanumérique
alphanumeric keyboard
sortie^F des billets^M
bill presenter
fente^F de mise^F à jour^M du livret^M bancaire
passbook update slot
bureau^M de formation^F professionnelle
professional training office
aire^F d'attente^F
waiting area
services^M d'assurance^F
insurance services
présentoir^M de brochures^F
brochure rack
reprographie^F
photocopier
services^M financiers
financial services
comptoir^M de renseignements^M
information desk
salle^F de conférences^F
conference room
accueil^M
reception desk
services^M de crédit^M
loan services
salle^F de réunion^F
meeting room
grille^F de sécurité^F
security grille
vestibule^M
lobby

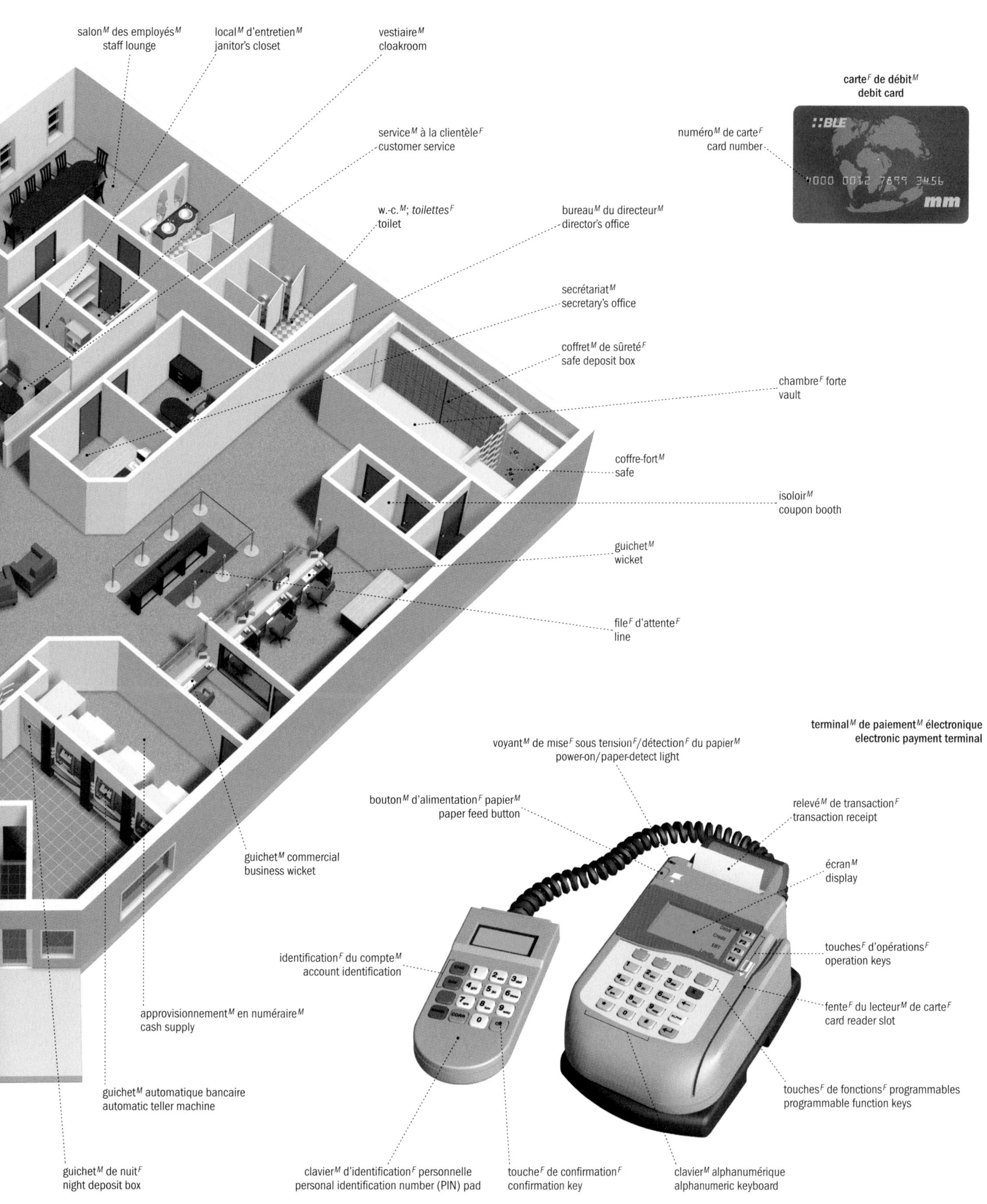

salon[M] des employés[M]
staff lounge
local[M] d'entretien[M]
janitor's closet
vestiaire[M]
cloakroom
service[M] à la clientèle[F]
customer service
w.-c.[M]; *toilettes*[F]
toilet
bureau[M] du directeur[M]
director's office
secrétariat[M]
secretary's office
coffret[M] de sûreté[F]
safe deposit box
chambre[F] forte
vault
coffre-fort[M]
safe
isoloir[M]
coupon booth
guichet[M]
wicket
file[F] d'attente[F]
line
guichet[M] commercial
business wicket
approvisionnement[M] en numéraire[M]
cash supply
guichet[M] automatique bancaire
automatic teller machine
guichet[M] de nuit[F]
night deposit box
carte[F] de débit[M]
debit card
numéro[M] de carte[F]
card number
::BLE
1000 0012 7699 3456
mm
terminal[M] de paiement[M] électronique
electronic payment terminal
voyant[M] de mise[F] sous tension[F]/détection[F] du papier[M]
power-on/paper-detect light
bouton[M] d'alimentation[F] papier[M]
paper feed button
relevé[M] de transaction[F]
transaction receipt
écran[M]
display
touches[F] d'opérations[F]
operation keys
fente[F] du lecteur[M] de carte[F]
card reader slot
touches[F] de fonctions[F] programmables
programmable function keys
identification[F] du compte[M]
account identification
clavier[M] d'identification[F] personnelle
personal identification number (PIN) pad
touche[F] de confirmation[F]
confirmation key
clavier[M] alphanumérique
alphanumeric keyboard

bibliothèque[F]

library

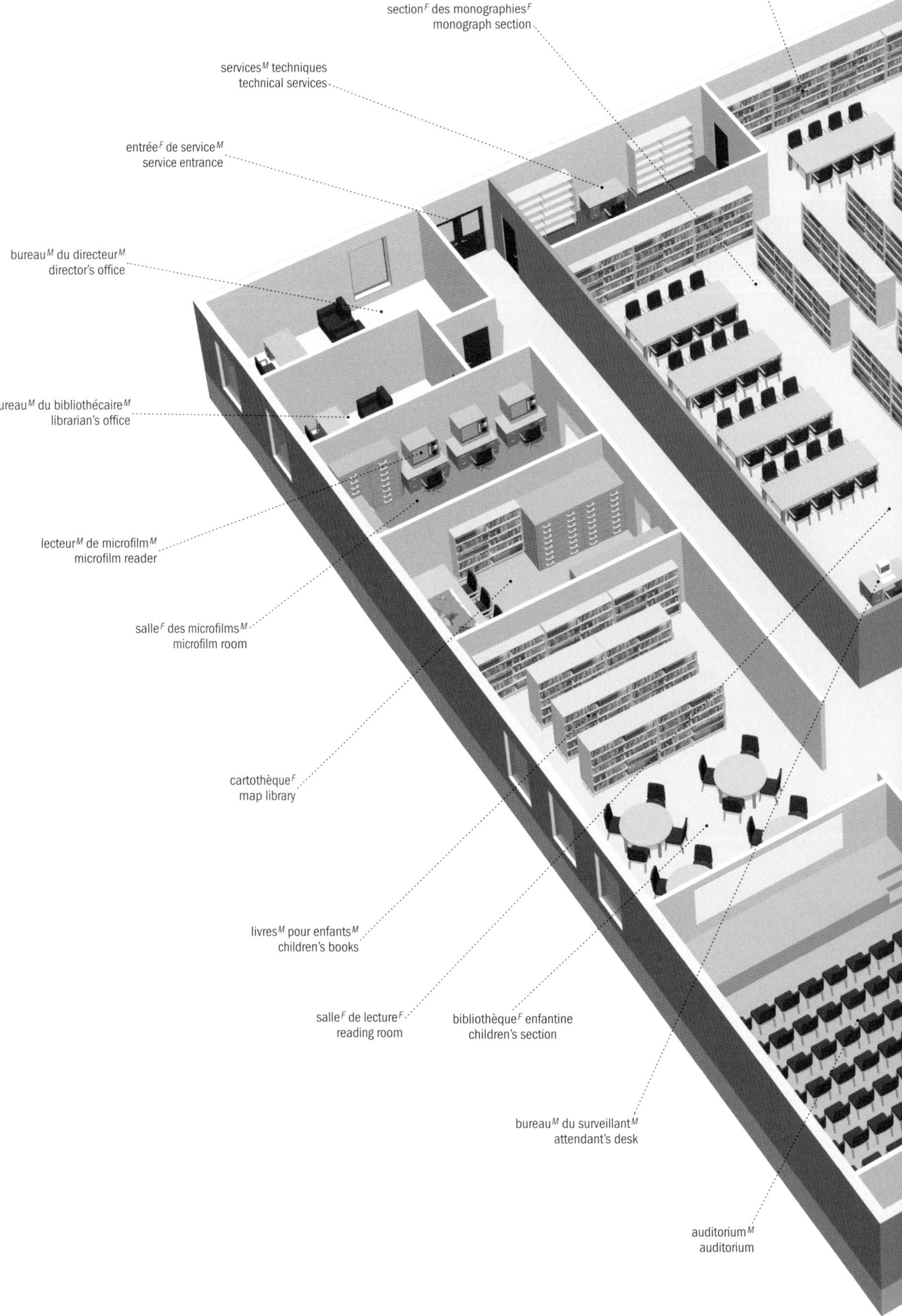
ouvrages[M] de référence[F]
reference books
section[F] des monographies[F]
monograph section
services[M] techniques
technical services
entrée[F] de service[M]
service entrance
bureau[M] du directeur[M]
director's office
bureau[M] du bibliothécaire[M]
librarian's office
lecteur[M] de microfilm[M]
microfilm reader
salle[F] des microfilms[M]
microfilm room
cartothèque[F]
map library
livres[M] pour enfants[M]
children's books
salle[F] de lecture[F]
reading room
bibliothèque[F] enfantine
children's section
bureau[M] du surveillant[M]
attendant's desk
auditorium[M]
auditorium

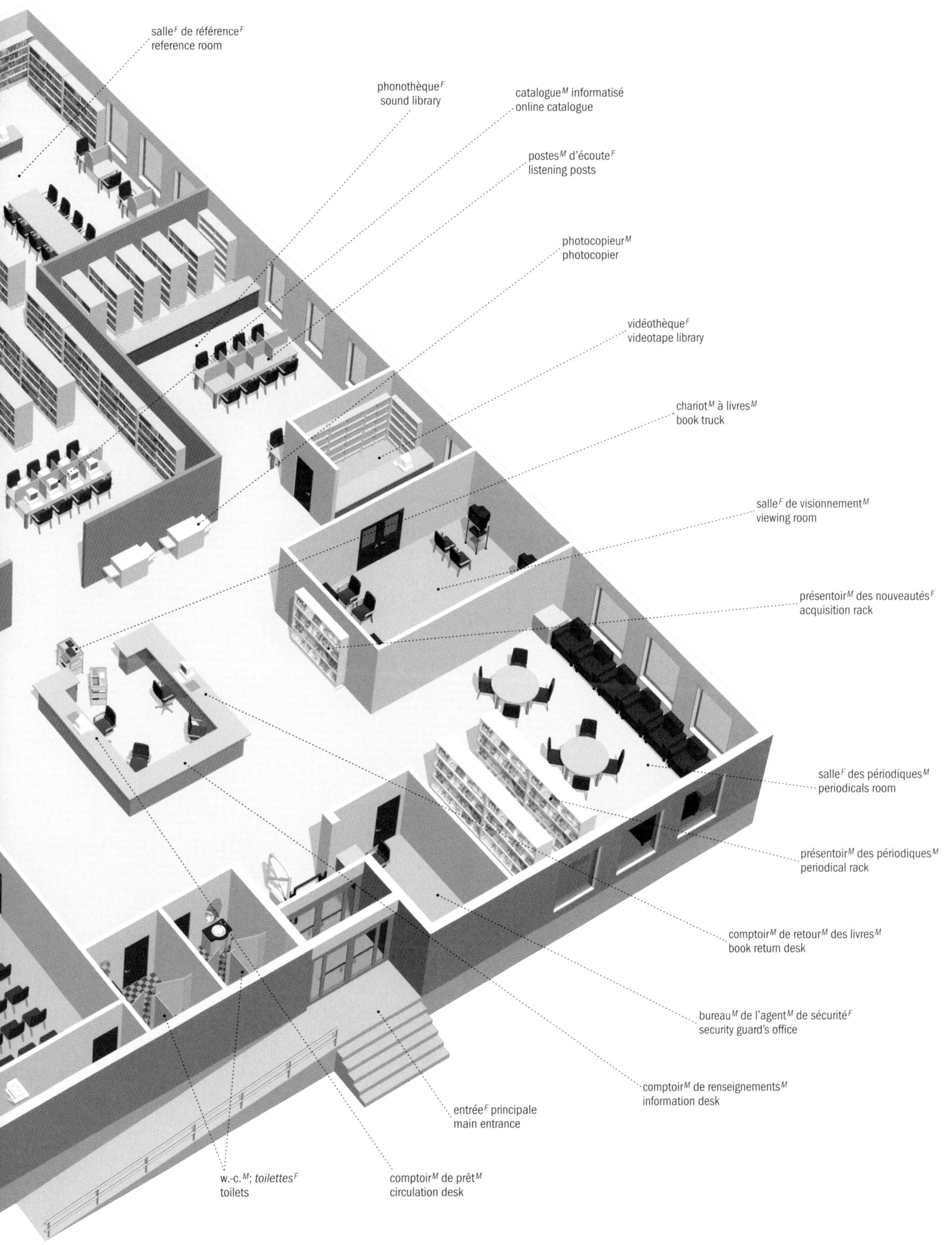
salle^F de référence^F
reference room
phonothèque^F
sound library
catalogue^M informatisé
online catalogue
postes^M d'écoute^F
listening posts
photocopieur^M
photocopier
vidéothèque^F
videotape library
chariot^M à livres^M
book truck
salle^F de visionnement^M
viewing room
présentoir^M des nouveautés^F
acquisition rack
salle^F des périodiques^M
periodicals room
présentoir^M des périodiques^M
periodical rack
comptoir^M de retour^M des livres^M
book return desk
bureau^M de l'agent^M de sécurité^F
security guard's office
comptoir^M de renseignements^M
information desk
entrée^F principale
main entrance
w.-c.^M; toilettes^F
toilets
comptoir^M de prêt^M
circulation desk

école[F]

school

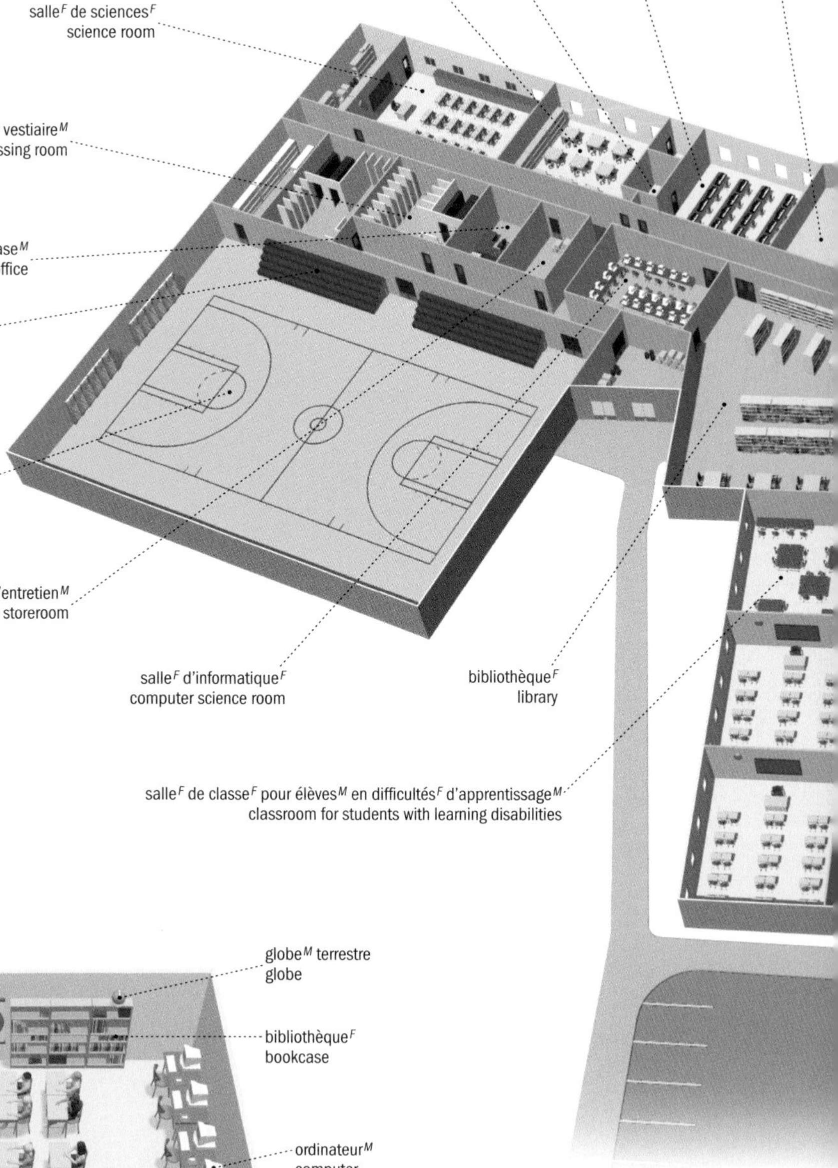

local[M] d'entreposage[M] du matériel[M]
equipment storage room

estrade[F]
podium

salle[F] d'arts[M] plastiques
art room

salle[F] de musique[F]
music room

salle[F] de sciences[F]
science room

vestiaire[M]
dressing room

bureau[M] du gymnase[M]
gymnase office

gradins[M] mobiles
movable stands

gymnase[M]
gymnasium

local[M] d'entretien[M]
storeroom

salle[F] d'informatique[F]
computer science room

bibliothèque[F]
library

salle[F] de classe[F] pour élèves[M] en difficultés[F] d'apprentissage[M]
classroom for students with learning disabilities

salle[F] de classe[F]
classroom

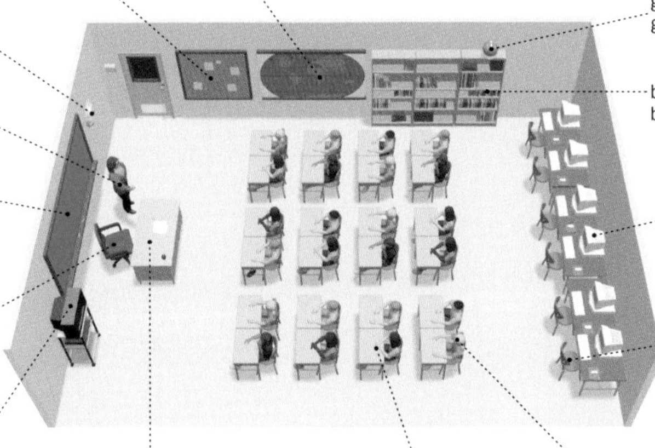

tableau[M] d'affichage[M]; *babillard*[M]
bulletin board

carte[F] géographique
geographical map

pendule[F]
clock

globe[M] terrestre
globe

enseignant[M]
teacher

bibliothèque[F]
bookcase

tableau[M]
blackboard

ordinateur[M]
computer

fauteuil[M]
armchair

chaise[F]
armless chair

téléviseur[M]
television set

bureau[M] de l'enseignant[M]
teacher's desk

bureau[M] d'élève[M]
student's desk

élève[M]
student

SOCIÉTÉ

école[F]

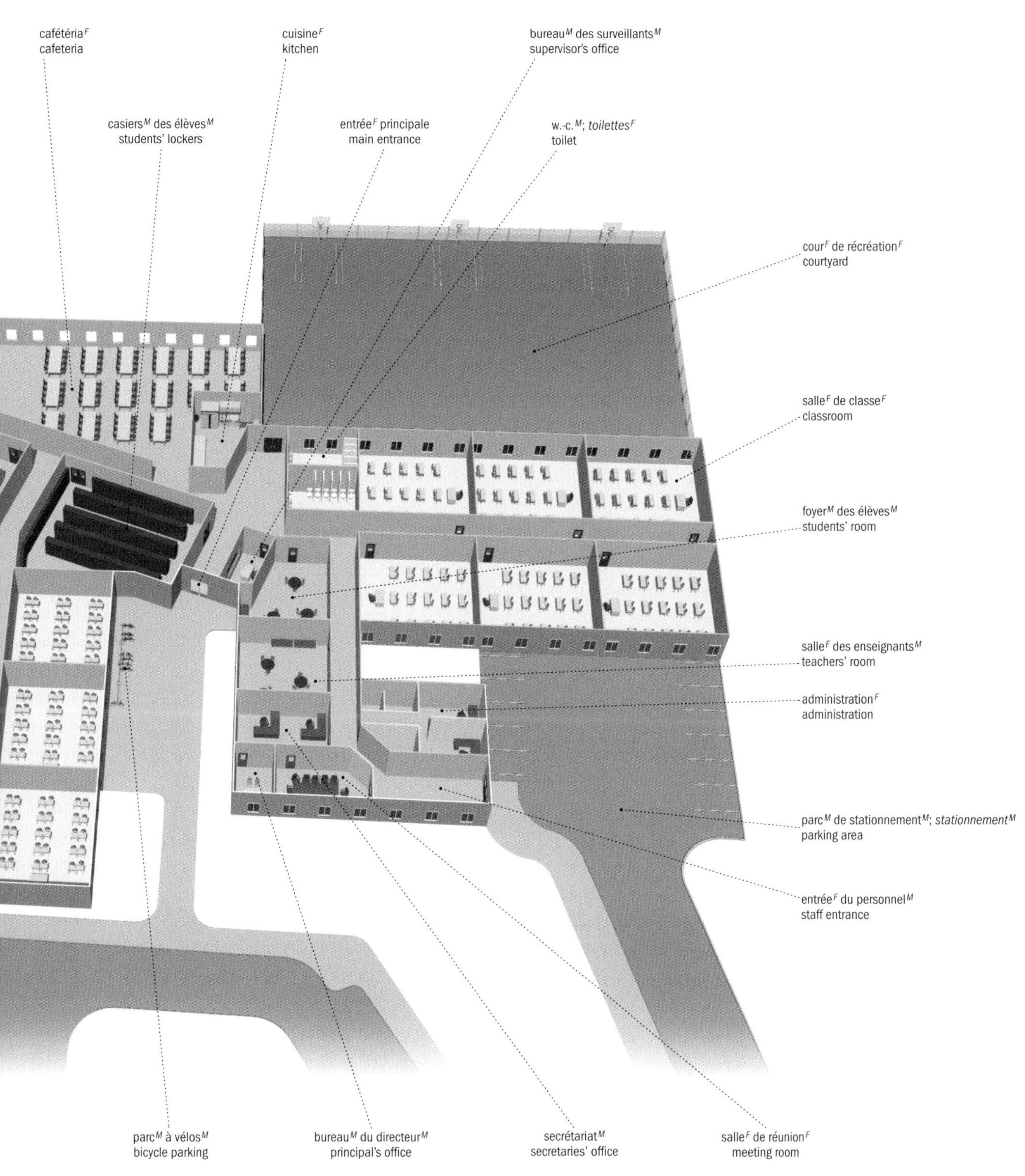
cafétéria[F]
cafeteria
cuisine[F]
kitchen
bureau[M] des surveillants[M]
supervisor's office
casiers[M] des élèves[M]
students' lockers
entrée[F] principale
main entrance
w.-c.[M]; *toilettes*[F]
toilet
cour[F] de récréation[F]
courtyard
salle[F] de classe[F]
classroom
foyer[M] des élèves[M]
students' room
salle[F] des enseignants[M]
teachers' room
administration[F]
administration
parc[M] de stationnement[M]; *stationnement*[M]
parking area
entrée[F] du personnel[M]
staff entrance
parc[M] à vélos[M]
bicycle parking
bureau[M] du directeur[M]
principal's office
secrétariat[M]
secretaries' office
salle[F] de réunion[F]
meeting room

chronologie^F des religions^F

chronology of religions

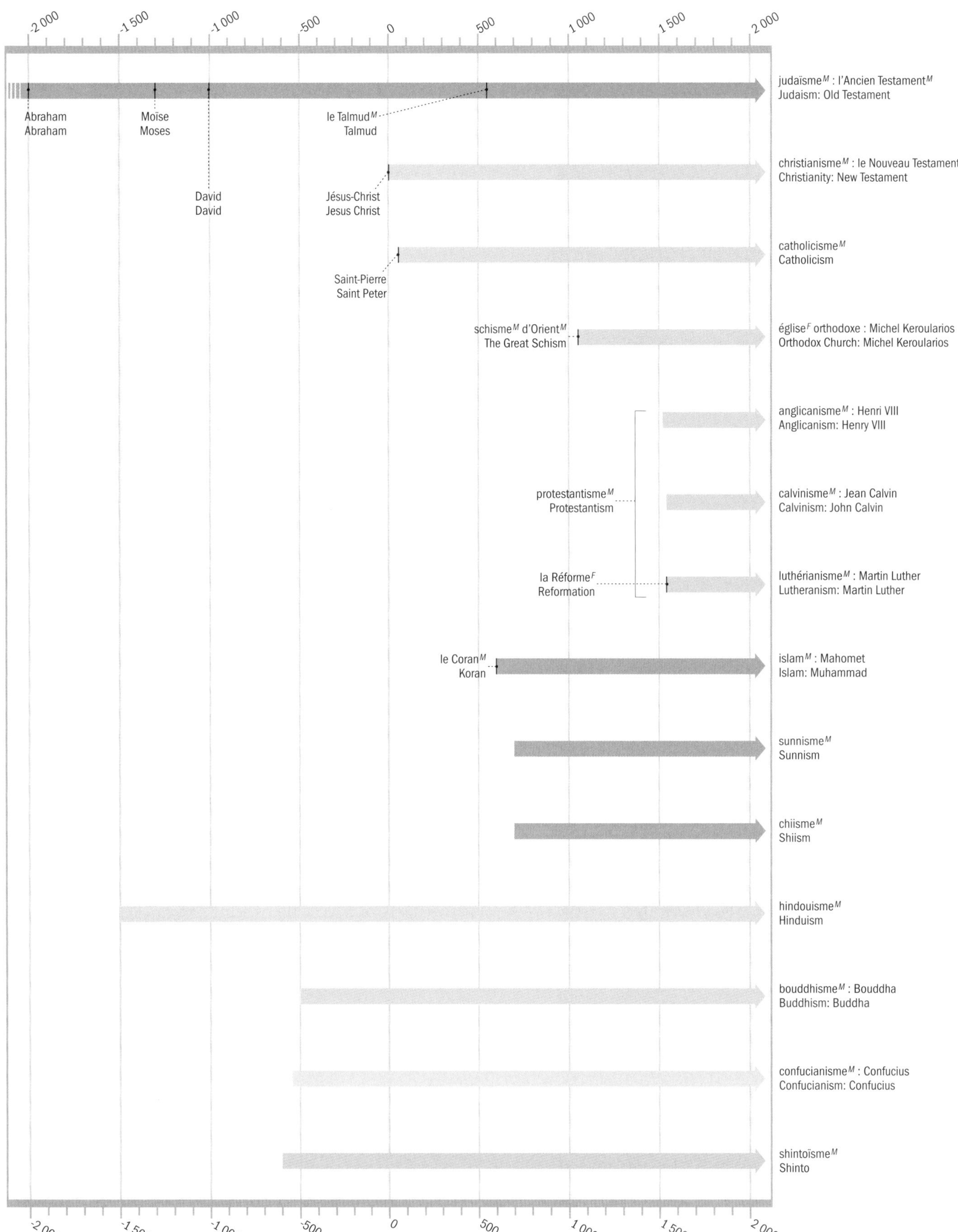
-2 000
-1 500
-1 000
-500
0
500
1 000
1 500
2 000
judaïsme^M : l'Ancien Testament^M
Judaism: Old Testament
Abraham
Abraham
Moïse
Moses
le Talmud^M
Talmud
christianisme^M : le Nouveau Testament^M
Christianity: New Testament
David
David
Jésus-Christ
Jesus Christ
catholicisme^M
Catholicism
Saint-Pierre
Saint Peter
schisme^M d'Orient^M
The Great Schism
église^F orthodoxe : Michel Keroularios
Orthodox Church: Michel Keroularios
anglicanisme^M : Henri VIII
Anglicanism: Henry VIII
protestantisme^M
Protestantism
calvinisme^M : Jean Calvin
Calvinism: John Calvin
la Réforme^F
Reformation
luthérianisme^M : Martin Luther
Lutheranism: Martin Luther
le Coran^M
Koran
islam^M : Mahomet
Islam: Muhammad
sunnisme^M
Sunnism
chiisme^M
Shiism
hindouisme^M
Hinduism
bouddhisme^M : Bouddha
Buddhism: Buddha
confucianisme^M : Confucius
Confucianism: Confucius
shintoïsme^M
Shinto

église[F]

church

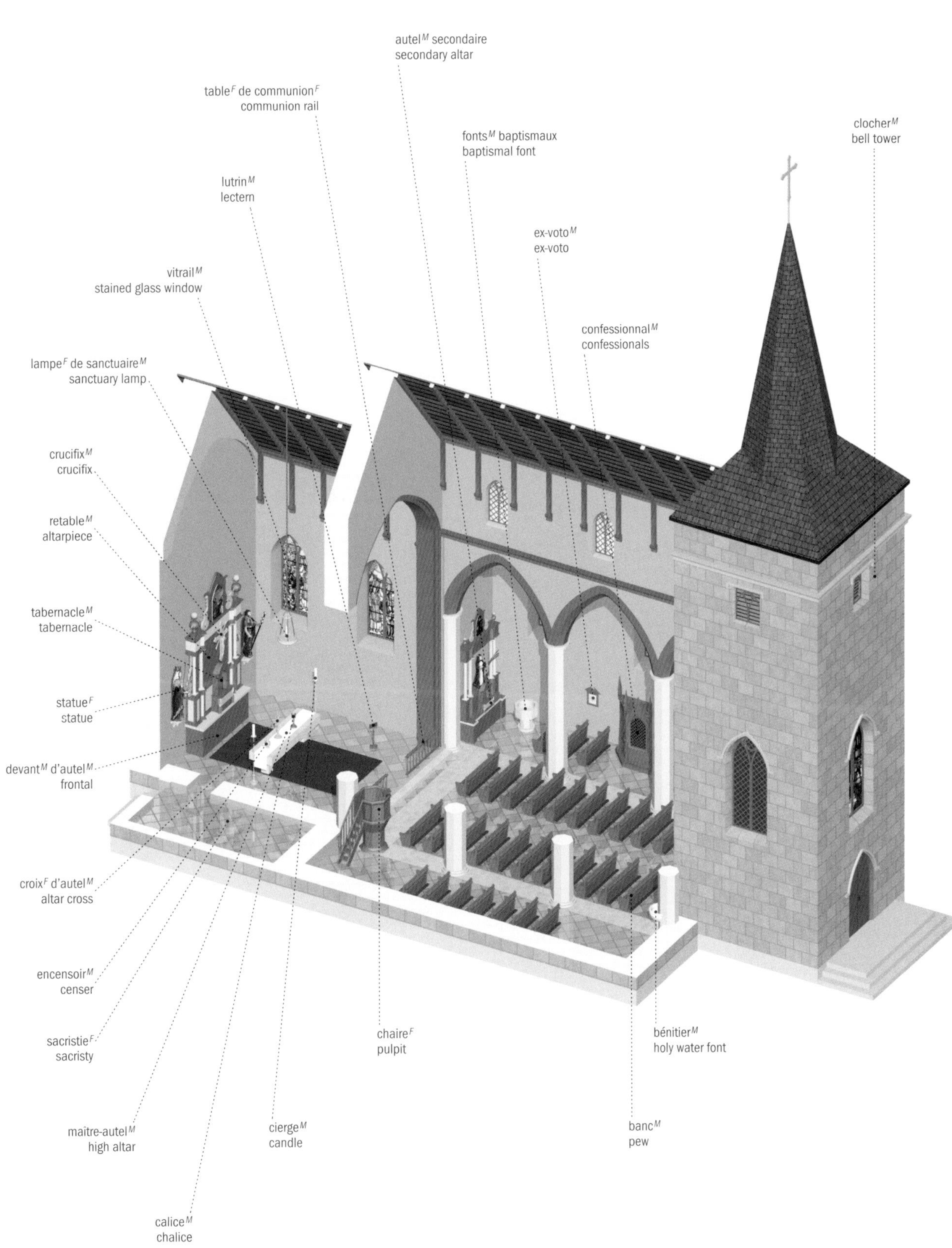
autel[M] secondaire
secondary altar
table[F] de communion[F]
communion rail
fonts[M] baptismaux
baptismal font
clocher[M]
bell tower
lutrin[M]
lectern
ex-voto[M]
ex-voto
vitrail[M]
stained glass window
confessionnal[M]
confessionals
lampe[F] de sanctuaire[M]
sanctuary lamp
crucifix[M]
crucifix
retable[M]
altarpiece
tabernacle[M]
tabernacle
statue[F]
statue
devant[M] d'autel[M]
frontal
croix[F] d'autel[M]
altar cross
encensoir[M]
censer
sacristie[F]
sacristy
chaire[F]
pulpit
bénitier[M]
holy water font
maitre-autel[M]
high altar
cierge[M]
candle
banc[M]
pew
calice[M]
chalice

synagogue^F

synagogue

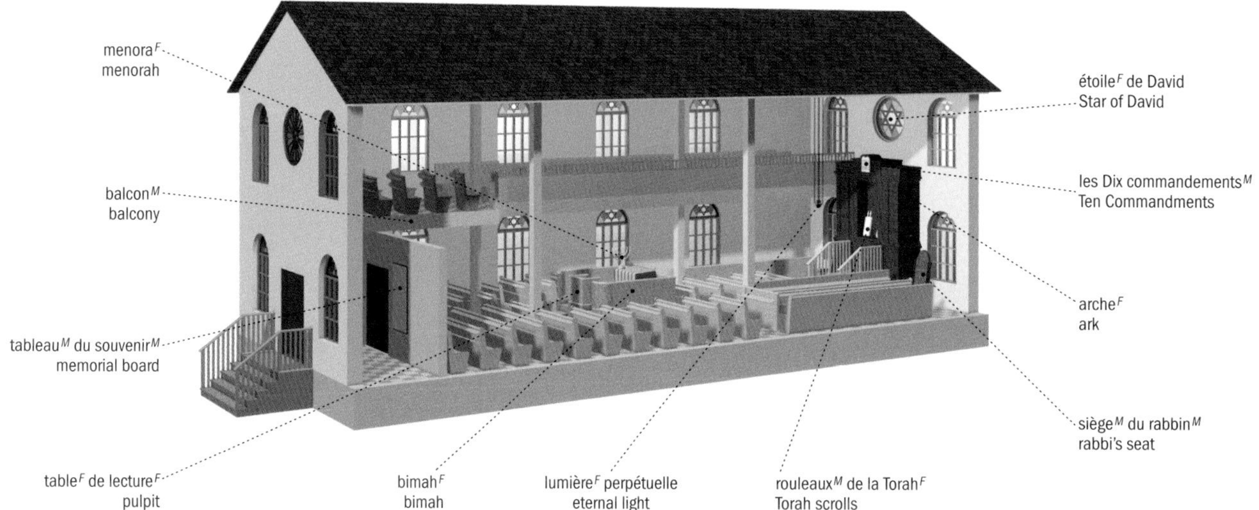
menora^F
menorah
balcon^M
balcony
tableau^M du souvenir^M
memorial board
table^F de lecture^F
pulpit
bimah^F
bimah
lumière^F perpétuelle
eternal light
rouleaux^M de la Torah^F
Torah scrolls
étoile^F de David
Star of David
les Dix commandements^M
Ten Commandments
arche^F
ark
siège^M du rabbin^M
rabbi's seat

mosquée^F

mosque

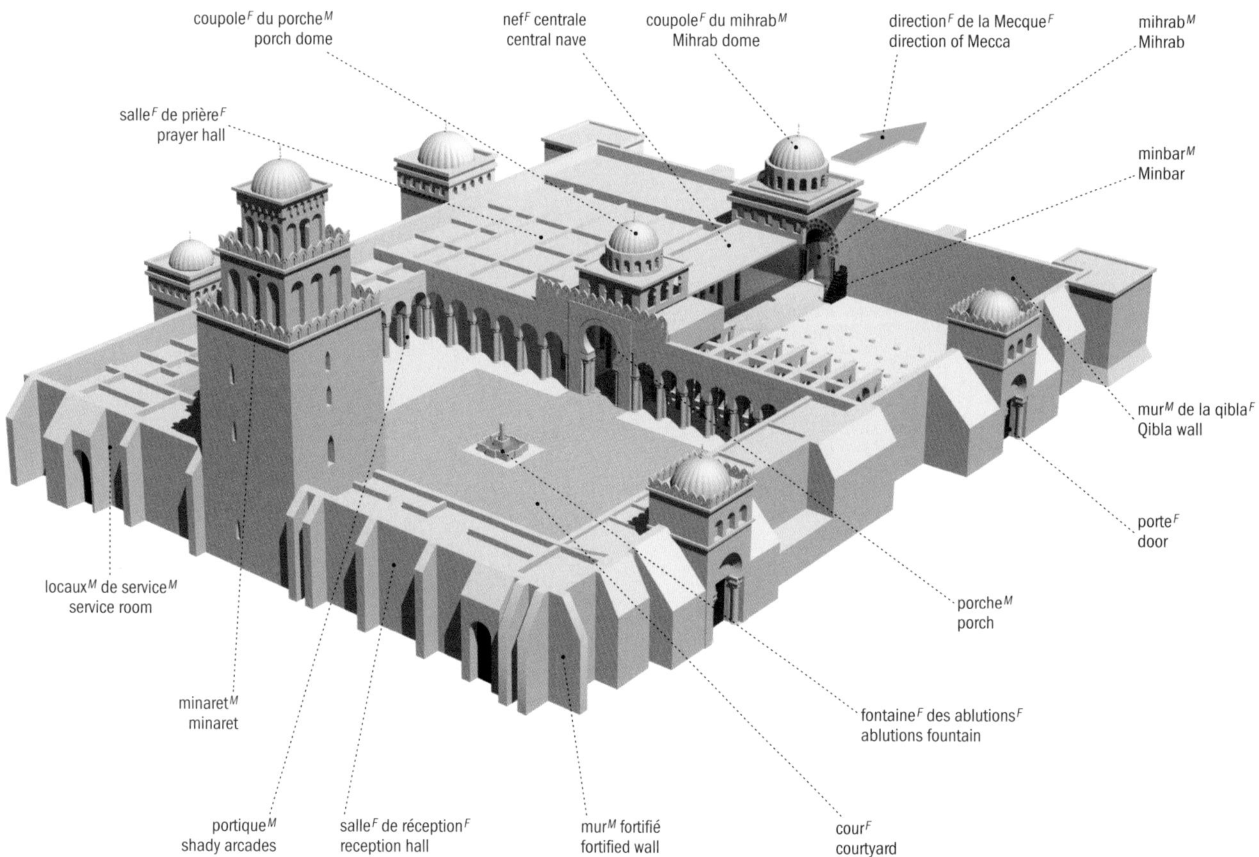
coupole^F du porche^M
porch dome
nef^F centrale
central nave
coupole^F du mihrab^M
Mihrab dome
direction^F de la Mecque^F
direction of Mecca
mihrab^M
Mihrab
salle^F de prière^F
prayer hall
minbar^M
Minbar
mur^M de la qibla^F
Qibla wall
porte^F
door
locaux^M de service^M
service room
porche^M
porch
minaret^M
minaret
fontaine^F des ablutions^F
ablutions fountain
portique^M
shady arcades
salle^F de réception^F
reception hall
mur^M fortifié
fortified wall
cour^F
courtyard

héraldique[F]

heraldry

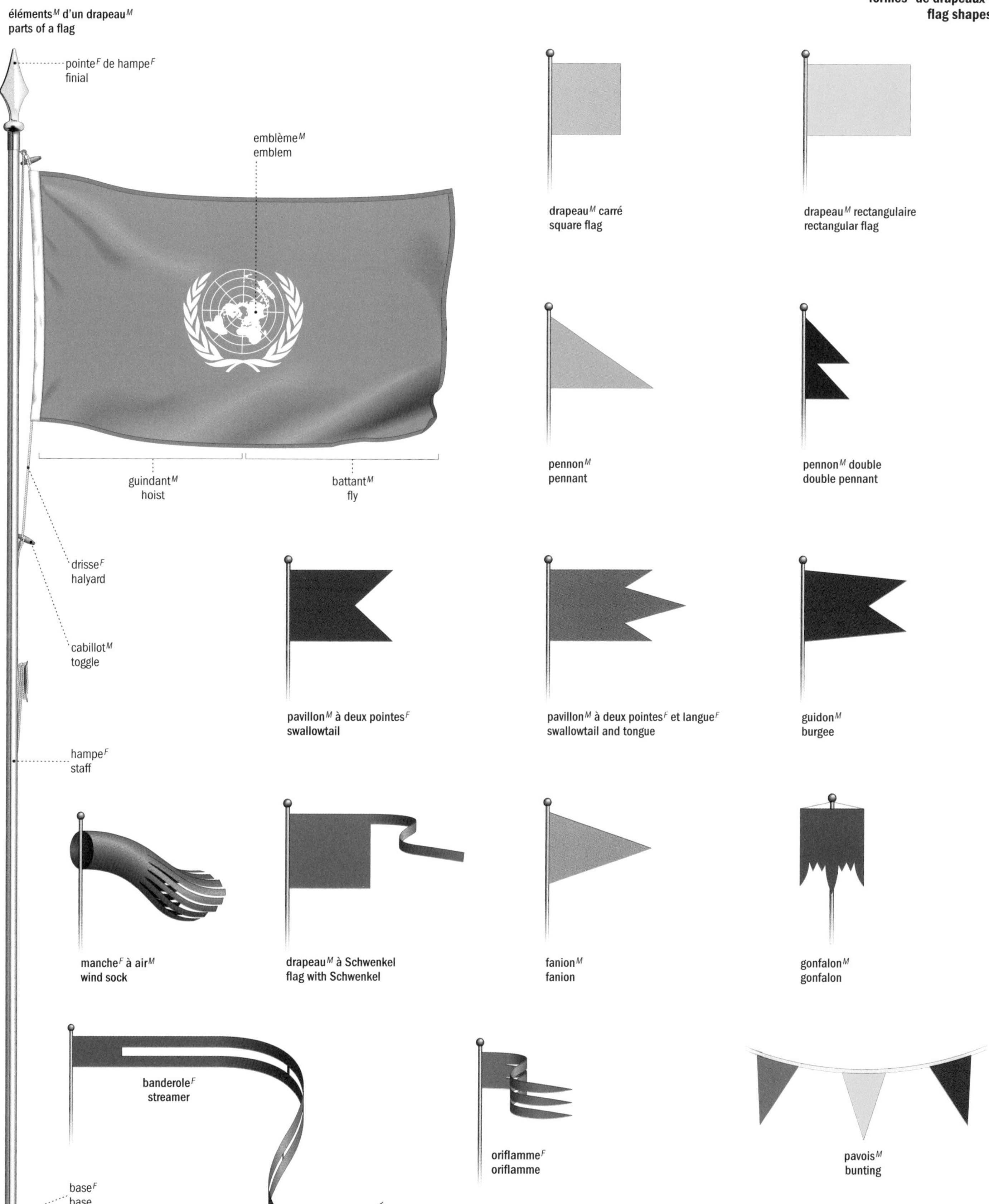
élémentsM d'un drapeauM
parts of a flag
pointeF de hampeF
finial
emblèmeM
emblem
guindantM
hoist
battantM
fly
drisseF
halyard
cabillotM
toggle
hampeF
staff
baseF
base
formesF de drapeauxM
flag shapes
drapeauM carré
square flag
drapeauM rectangulaire
rectangular flag
pennonM
pennant
pennonM double
double pennant
pavillonM à deux pointesF
swallowtail
pavillonM à deux pointesF et langueF
swallowtail and tongue
guidonM
burgee
mancheF à airM
wind sock
drapeauM à Schwenkel
flag with Schwenkel
fanionM
fanion
gonfalonM
gonfalon
banderoleF
streamer
oriflammeF
oriflamme
pavoisM
bunting

héraldique^F

divisions^F de l'écu^M
shield divisions

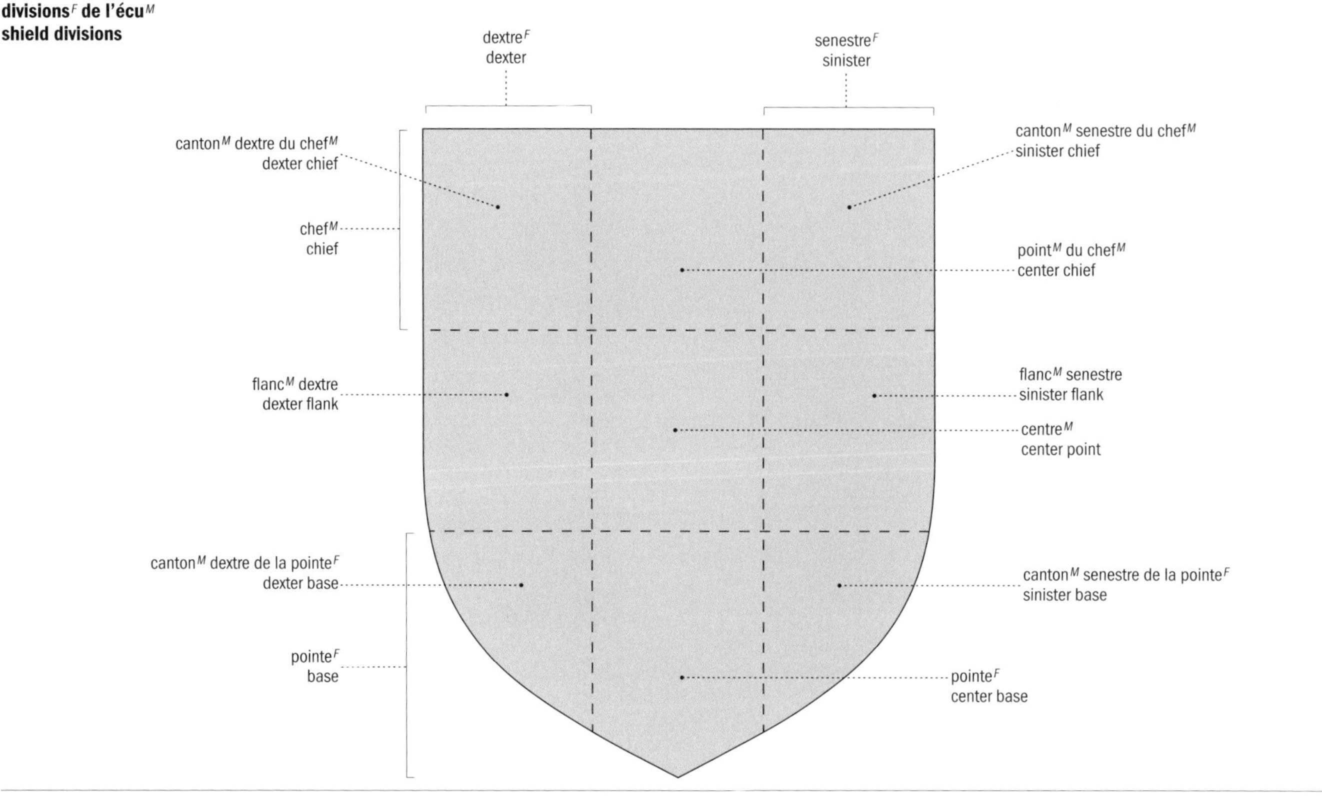
dextre^F
dexter
senestre^F
sinister
canton^M dextre du chef^M
dexter chief
canton^M senestre du chef^M
sinister chief
chef^M
chief
point^M du chef^M
center chief
flanc^M dextre
dexter flank
flanc^M senestre
sinister flank
centre^M
center point
canton^M dextre de la pointe^F
dexter base
canton^M senestre de la pointe^F
sinister base
pointe^F
base
pointe^F
center base

exemples^M de partitions^F
examples of partitions

coupé
per fess

parti
party

tranché
per bend

écartelé
quarterly

exemples^M de pièces^F honorables
examples of ordinaries

chef^M
chief

chevron^M
chevron

pal^M
pale

croix^F
cross

exemples[M] de métaux[M]
examples of metals

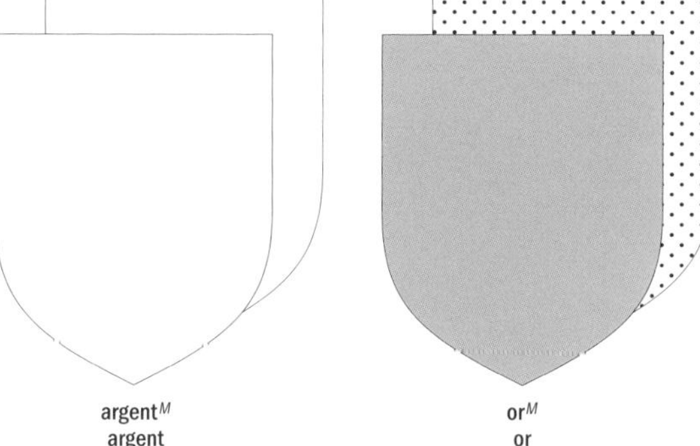

argent[M]
argent

or[M]
or

exemples[M] de fourrures[F]
examples of furs

hermine[F]
ermine

vair[M]
vair

exemples[M] de meubles[M]
examples of charges

fleur[F] de lis[M]
fleur-de-lis

croissant[M]
crescent

lion[M] passant
lion passant

aigle[M]
eagle

étoile[F]
mullet

exemples[M] de couleurs[F]
examples of colors

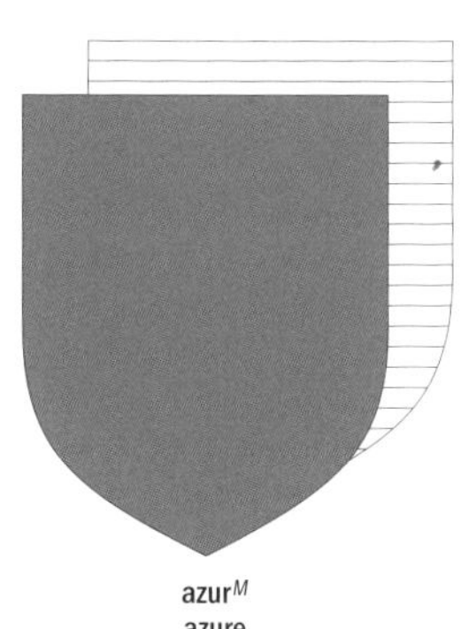

azur[M]
azure

gueules[M]
gules

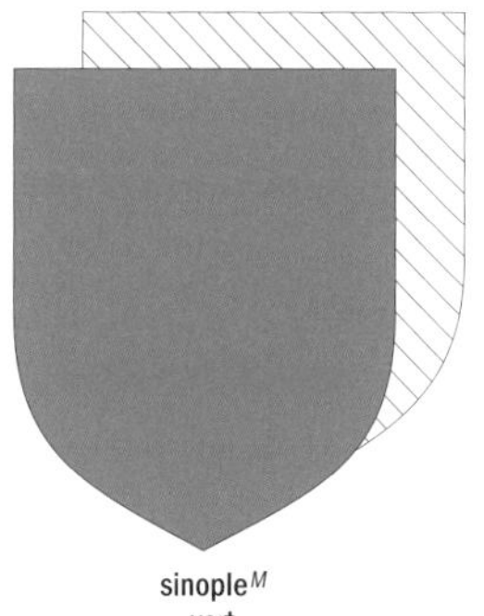

sinople[M]
vert

pourpre[M]
purpure

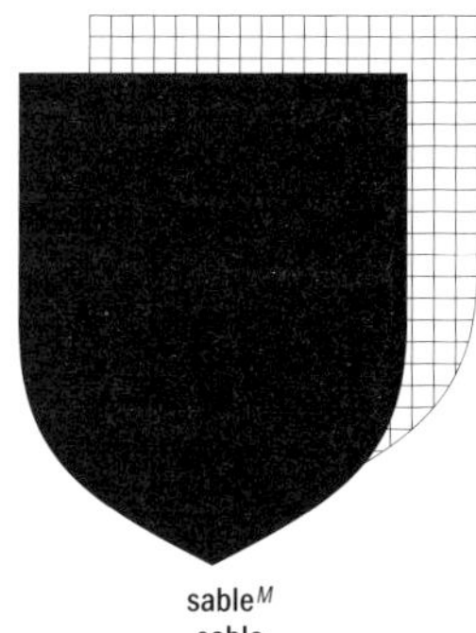

sable[M]
sable

drapeaux[M]

flags

Amériques[F]
Americas

1

Canada[M]
Canada

2

États-Unis[M] d'Amérique[F]
United States of America

3

Mexique[M]
Mexico

4

Honduras[M]
Honduras

5

Guatemala[M]
Guatemala

6

Belize[M]
Belize

7

El Salvador[M]
El Salvador

8

Nicaragua[M]
Nicaragua

9

Costa Rica[M]
Costa Rica

10

Panama[M]
Panama

11

Colombie[F]
Colombia

12

Venezuela[M]
Venezuela

13
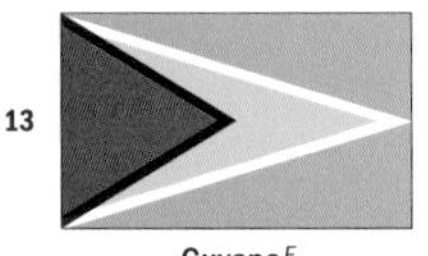
Guyana[F]
Guyana

14

Suriname[M]
Suriname

15

Équateur[M]
Ecuador

16

Pérou[M]
Peru

17

Brésil[M]
Brazil

18

Bolivie[F]
Bolivia

19

Paraguay[M]
Paraguay

20

Chili[M]
Chile

21

Argentine[F]
Argentina

22

Uruguay[M]
Uruguay

Antilles[F]
Caribbean Islands

23

Bahamas[F]
Bahamas

24

Cuba[F]
Cuba

25
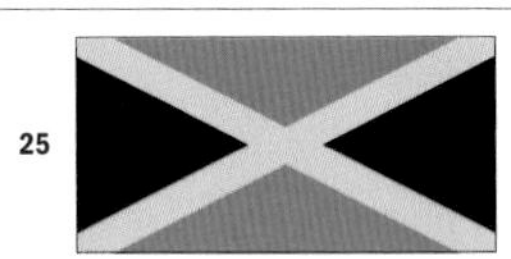
Jamaïque[F]
Jamaica

26

Haïti[M]
Haiti

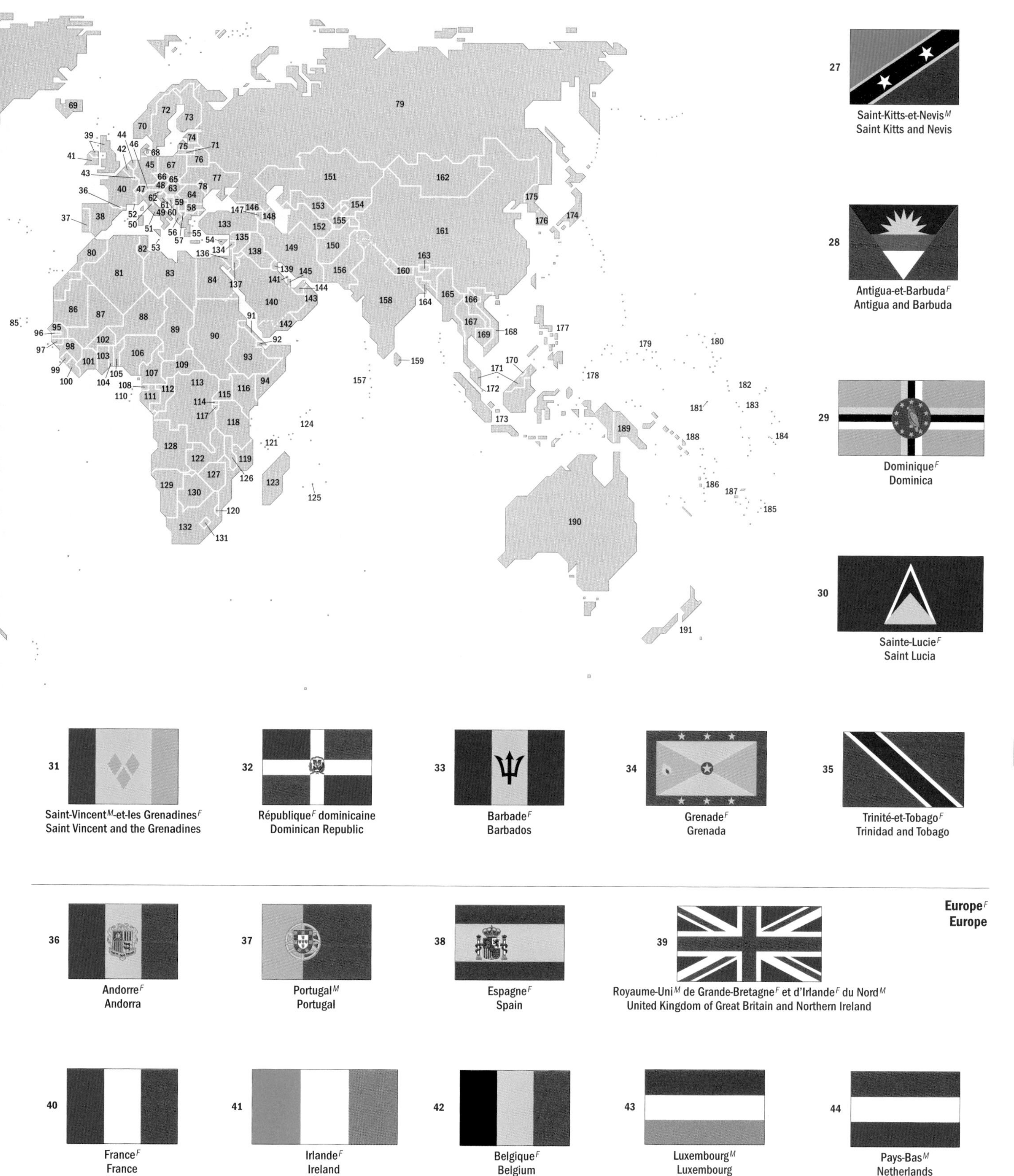

27 Saint-Kitts-et-Nevis[M] Saint Kitts and Nevis

28 Antigua-et-Barbuda[F] Antigua and Barbuda

29 Dominique[F] Dominica

30 Sainte-Lucie[F] Saint Lucia

31 Saint-Vincent[M]-et-les Grenadines[F] Saint Vincent and the Grenadines

32 République[F] dominicaine Dominican Republic

33 Barbade[F] Barbados

34 Grenade[F] Grenada

35 Trinité-et-Tobago[F] Trinidad and Tobago

Europe[F]
Europe

36 Andorre[F] Andorra

37 Portugal[M] Portugal

38 Espagne[F] Spain

39 Royaume-Uni[M] de Grande-Bretagne[F] et d'Irlande[F] du Nord[M] United Kingdom of Great Britain and Northern Ireland

40 France[F] France

41 Irlande[F] Ireland

42 Belgique[F] Belgium

43 Luxembourg[M] Luxembourg

44 Pays-Bas[M] Netherlands

drapeaux^M

45 
Allemagne^F
Germany

46 
Liechtenstein^M
Liechtenstein

47 
Suisse^F
Switzerland

48 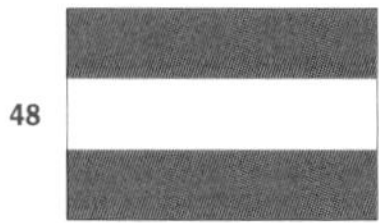
Autriche^F
Austria

49 
Italie^F
Italy

50 
Saint-Marin^M
San Marino

51 
État^M de la cité^F du Vatican^M
Vatican City State

52 
Monaco^M
Monaco

53 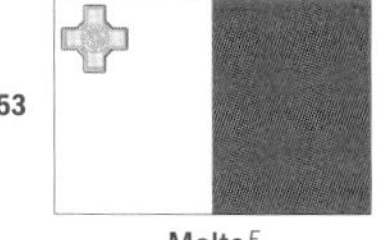
Malte^F
Malta

54 
Chypre^F
Cyprus

55 
Grèce^F
Greece

56 
Albanie^F
Albania

57 
Ex-République^F yougoslave de Macédoine^F
The Former Yugoslav Republic of Macedonia

58 
Bulgarie^F
Bulgaria

59 
Yougoslavie^F
Yugoslavia

60 
Bosnie-Herzégovine^F
Bosnia and Herzegovina

61 
Croatie^F
Croatia

62 
Slovénie^F
Slovenia

63 
Hongrie^F
Hungary

64 
Roumanie^F
Romania

65 
Slovaquie^F
Slovakia

66 
République^F tchèque
Czech Republic

67 
Pologne^F
Poland

68 
Danemark^M
Denmark

69 
Islande^F
Iceland

70 
Norvège^F
Norway

71
Lituanie^F
Lithuania

72 
Suède^F
Sweden

73 
Finlande^F
Finland

74 
Estonie^F
Estonia

75 
Lettonie^F
Latvia

76 
Bélarus^M
Belarus

77 
Ukraine^F
Ukraine

78 
République^F de Moldova^F
Republic of Moldova

79 
Fédération^F de Russie^F
Russian Federation

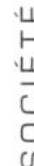

Afrique[F]
Africa

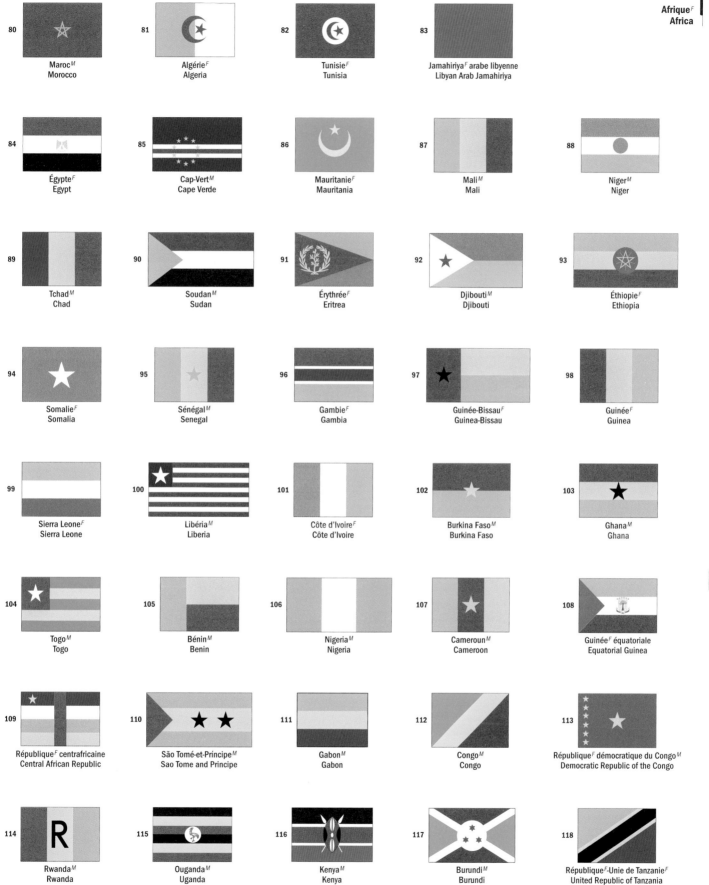

80 
Maroc[M]
Morocco

81 
Algérie[F]
Algeria

82 
Tunisie[F]
Tunisia

83 
Jamahiriya[F] arabe libyenne
Libyan Arab Jamahiriya

84 
Égypte[F]
Egypt

85 
Cap-Vert[M]
Cape Verde

86 
Mauritanie[F]
Mauritania

87 
Mali[M]
Mali

88 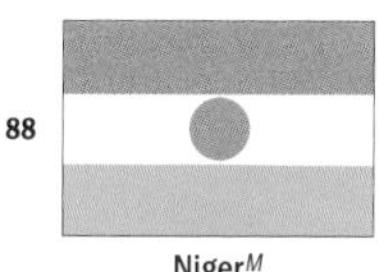
Niger[M]
Niger

89 
Tchad[M]
Chad

90 
Soudan[M]
Sudan

91 
Érythrée[F]
Eritrea

92 
Djibouti[M]
Djibouti

93 
Éthiopie[F]
Ethiopia

94 
Somalie[F]
Somalia

95 
Sénégal[M]
Senegal

96 
Gambie[F]
Gambia

97 
Guinée-Bissau[F]
Guinea-Bissau

98 
Guinée[F]
Guinea

99 
Sierra Leone[F]
Sierra Leone

100 
Libéria[M]
Liberia

101 
Côte d'Ivoire[F]
Côte d'Ivoire

102 
Burkina Faso[M]
Burkina Faso

103 
Ghana[M]
Ghana

104 
Togo[M]
Togo

105 
Bénin[M]
Benin

106 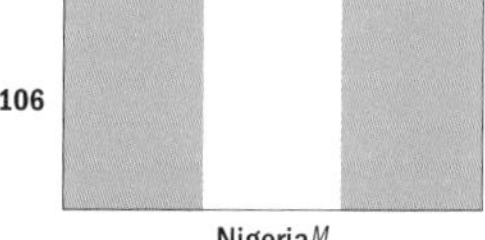
Nigeria[M]
Nigeria

107 
Cameroun[M]
Cameroon

108 
Guinée[F] équatoriale
Equatorial Guinea

109 
République[F] centrafricaine
Central African Republic

110 
São Tomé-et-Príncipe[M]
Sao Tome and Principe

111 
Gabon[M]
Gabon

112 
Congo[M]
Congo

113 
République[F] démocratique du Congo[M]
Democratic Republic of the Congo

114 
Rwanda[M]
Rwanda

115 
Ouganda[M]
Uganda

116 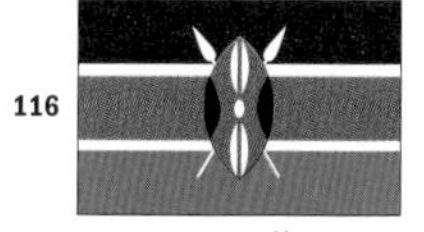
Kenya[M]
Kenya

117 
Burundi[M]
Burundi

118 
République[F]-Unie de Tanzanie[F]
United Republic of Tanzania

drapeaux^{M}

119 
Mozambique^{M}
Mozambique

120 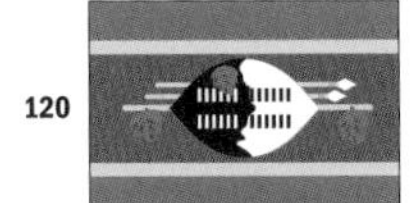
Swaziland^{M}
Swaziland

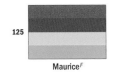

121 
Comores^{F}
Comoros

122 
Zambie^{F}
Zambia

123 
Madagascar^{F}
Madagascar

124 
Seychelles^{F}
Seychelles

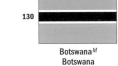

125 
Maurice^{F}
Mauritius

126 
Malawi^{M}
Malawi

127 
Zimbabwe^{M}
Zimbabwe

128 
Angola^{M}
Angola

129 
Namibie^{F}
Namibia

130 
Botswana^{M}
Botswana

131 
Lesotho^{M}
Lesotho

132 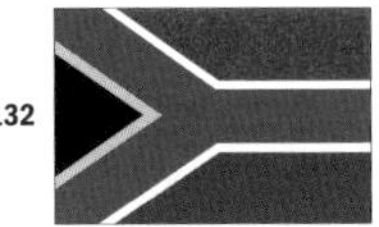
Afrique^{F} du Sud^{M}
South Africa

Asie^{F}
Asia

133 
Turquie^{F}
Turkey

134 
Liban^{M}
Lebanon

135 
République^{F} arabe syrienne
Syrian Arab Republic

136 
Israël^{M}
Israel

137 
Jordanie^{F}
Jordan

138 
Iraq^{M}
Iraq

139 
Koweït^{M}
Kuwait

140 
Arabie^{F} saoudite
Saudi Arabia

141 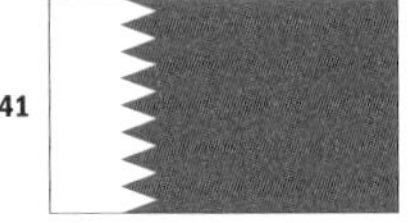
Bahreïn^{M}
Bahrain

142 
Yémen^{M}
Yemen

143 
Oman^{M}
Oman

144 
Émirats^{M} arabes unis
United Arab Emirates

145 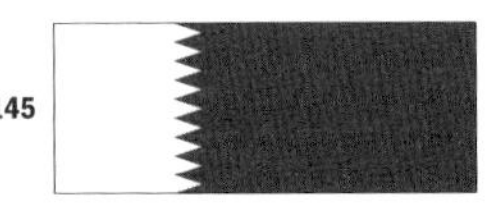
Qatar^{M}
Qatar

146 
Géorgie^{F}
Georgia

147 
Arménie^{F}
Armenia

148 
Azerbaïdjan^{M}
Azerbaijan

149 
Iran^{M}
Iran

150 
Afghanistan^{M}
Afghanistan

151 
Kazakhstan^{M}
Kazakhstan

152 
Turkménistan^{M}
Turkmenistan

153 
Ouzbékistan^{M}
Uzbekistan

154 
Kirghizistan^{M}
Kyrgyzstan

155 
Tadjikistan^{M}
Tajikistan

156 
Pakistan^{M}
Pakistan

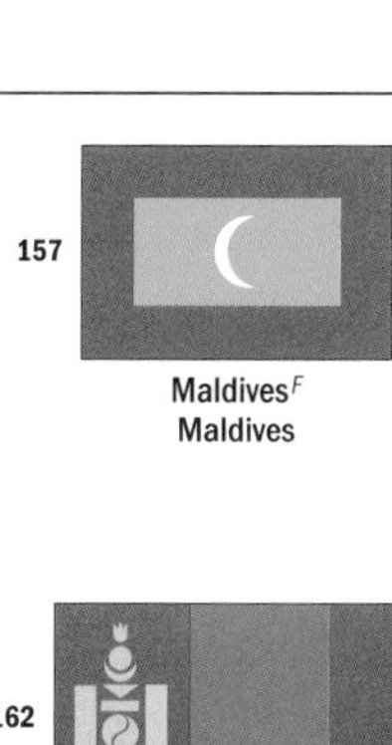

157 Maldives[F]
Maldives

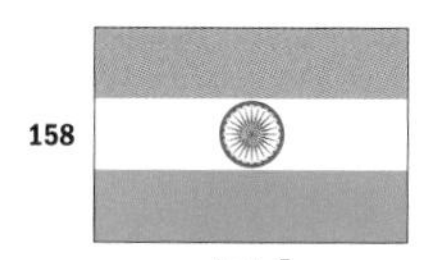

158 Inde[F]
India

159 Sri Lanka[M]
Sri Lanka

160 Népal[M]
Nepal

161 Chine[F]
China

162 Mongolie[F]
Mongolia

163 Bhoutan[M]
Bhutan

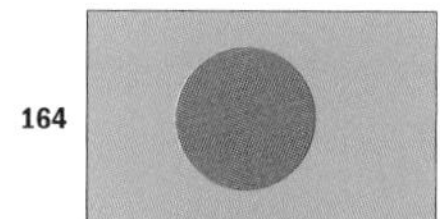

164 Bangladesh[M]
Bangladesh

165 Myanmar[M]
Myanmar

166 République[F] démocratique populaire lao
Lao People's Democratic Republic

167 Thaïlande[F]
Thailand

168 Viet Nam[M]
Viet Nam

169 Cambodge[M]
Cambodia

170 Brunéi Darussalam[M]
Brunei Darussalam

171 Malaisie[F]
Malaysia

172 Singapour[F]
Singapore

173 Indonésie[F]
Indonesia

174 Japon[M]
Japan

175 République[F] populaire démocratique de Corée[F]
Democratic People's Republic of Korea

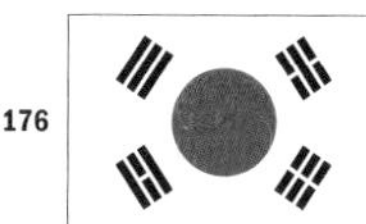

176 République[F] de Corée[F]
Republic of Korea

Océanie[F] et Polynésie[F]
Oceania and Polynesia

177 Philippines[F]
Philippines

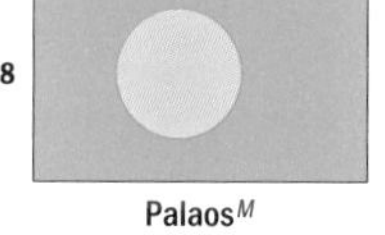

178 Palaos[M]
Palau

179 Micronésie[F]
Micronesia

180 Îles[F] Marshall
Marshall Islands

181 Nauru[F]
Nauru

182 Kiribati[F]
Kiribati

183 Tuvalu[M]
Tuvalu

184 Samoa[F]
Samoa

185 Tonga[F]
Tonga

186 Vanuatu[M]
Vanuatu

187 Fidji[F]
Fiji

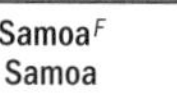

188 Îles[F] Salomon
Solomon Islands

189 Papouasie-Nouvelle-Guinée[F]
Papua New Guinea

190 Australie[F]
Australia

191 Nouvelle-Zélande[F]
New Zealand

armes^F de l'âge^M de pierre^F

weapons in the Stone Age

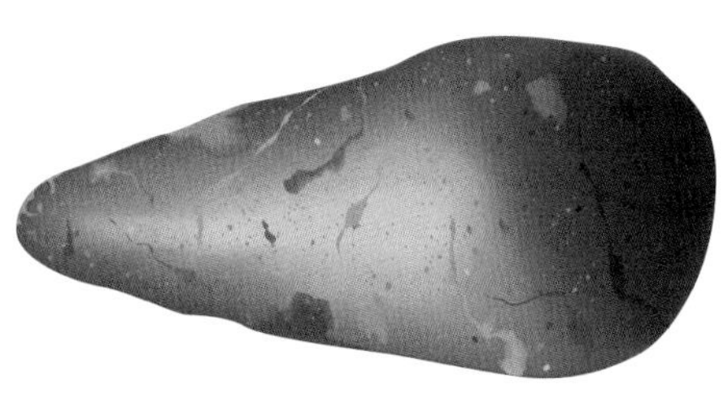
hache^F en pierre^F polie
polished stone hand axe

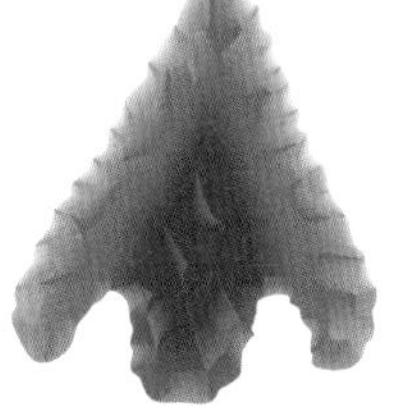
pointe^F de flèche^F en silex^M
flint arrowhead

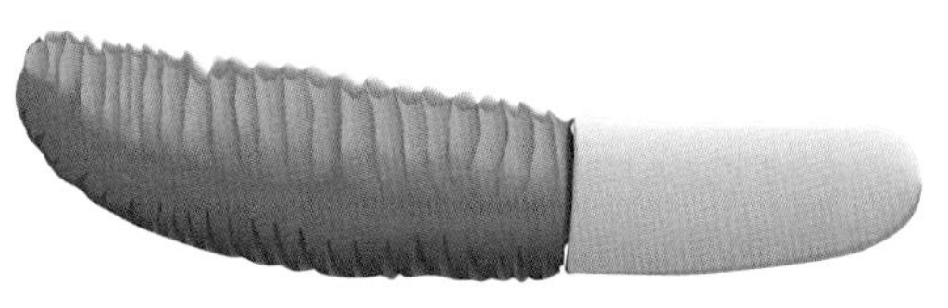
couteau^M en silex^M
flint knife

armes^F de l'époque^F romaine

weapons in the age of the Romans

légionnaire^M romain
Roman legionary

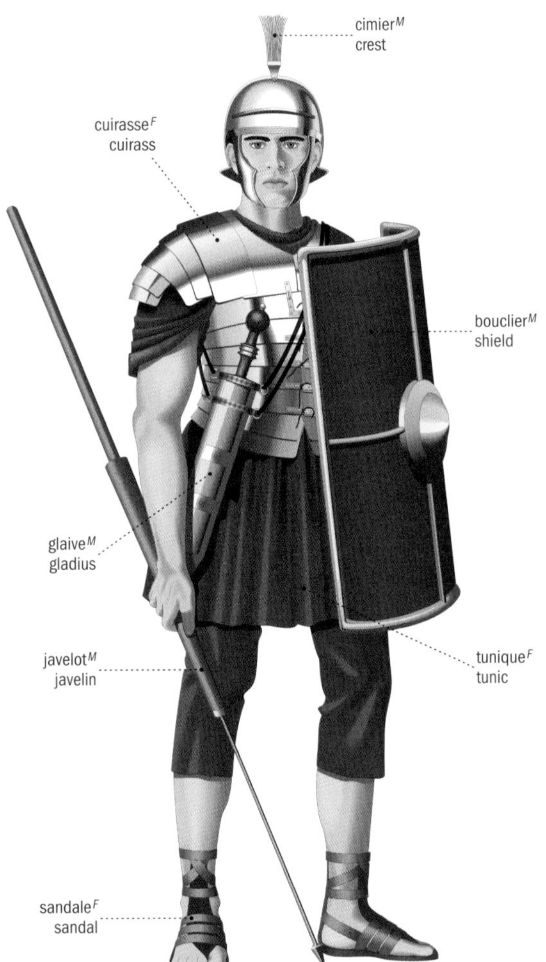
cimier^M
crest
cuirasse^F
cuirass
bouclier^M
shield
glaive^M
gladius
javelot^M
javelin
tunique^F
tunic
sandale^F
sandal

guerrier^M gaulois
Gallic warrior

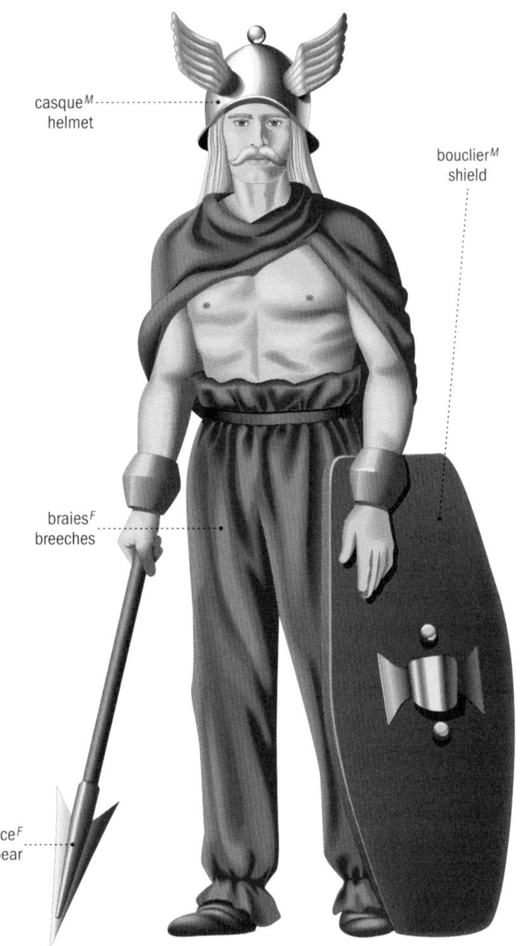
casque^M
helmet
bouclier^M
shield
braies^F
breeches
lance^F
spear

armure^F

armor

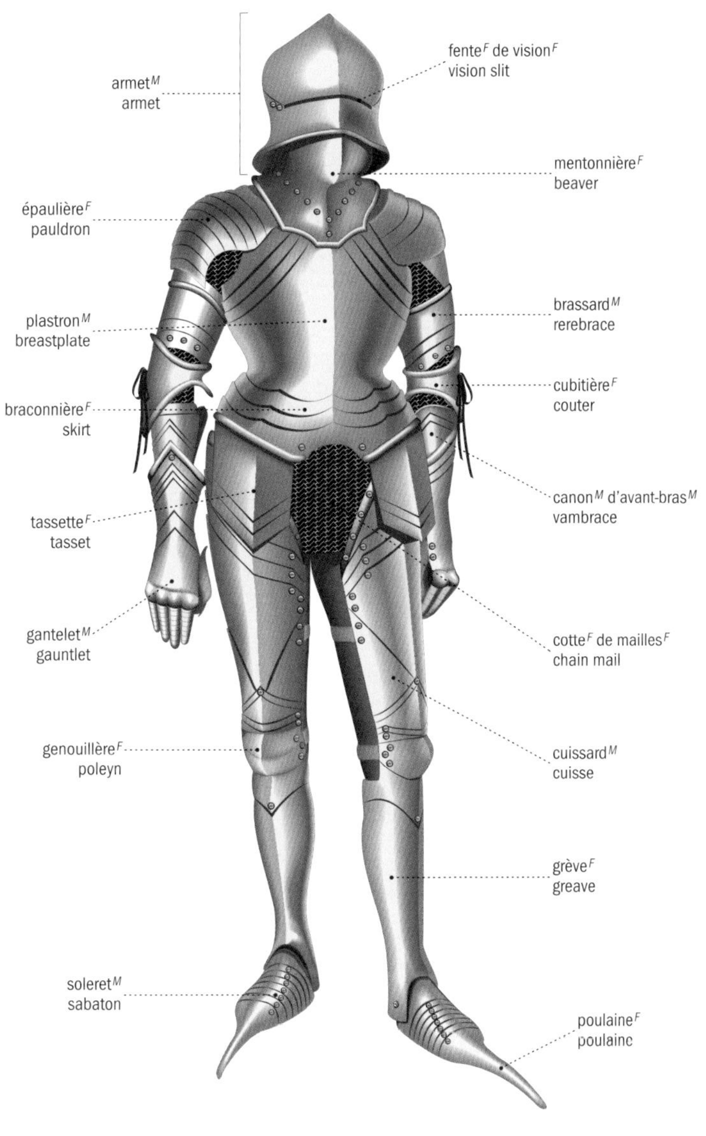
armet^M
armet
fente^F de vision^F
vision slit
mentonnière^F
beaver
épaulière^F
pauldron
brassard^M
rerebrace
plastron^M
breastplate
cubitière^F
couter
braconnière^F
skirt
canon^M d'avant-bras^M
vambrace
tassette^F
tasset
gantelet^M
gauntlet
cotte^F de mailles^F
chain mail
genouillère^F
poleyn
cuissard^M
cuisse
grève^F
greave
soleret^M
sabaton
poulaine^F
poulainc

armet^M
armet

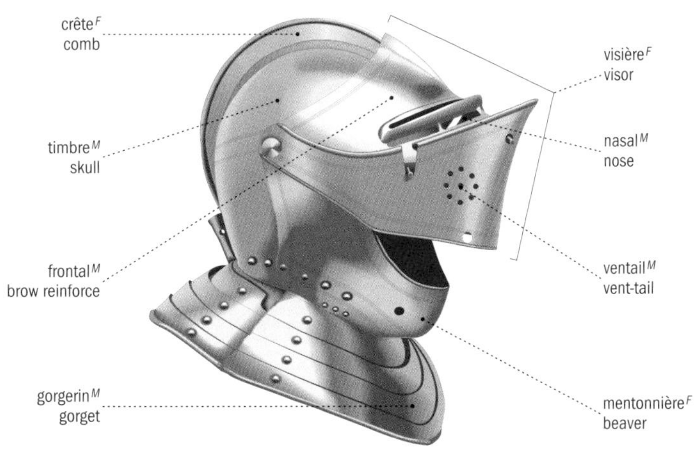
crête^F
comb
visière^F
visor
timbre^M
skull
nasal^M
nose
frontal^M
brow reinforce
ventail^M
vent-tail
gorgerin^M
gorget
mentonnière^F
beaver

arcs[M] et arbalète[F]

bows and crossbow

arbalète[F]
crossbow

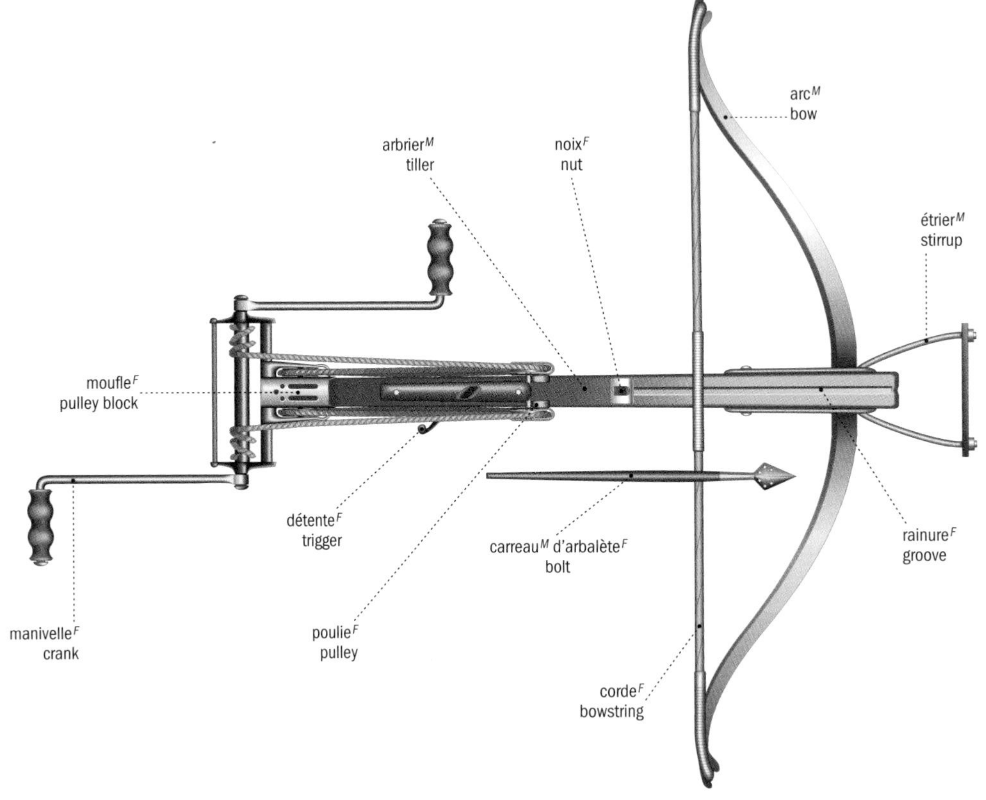
arc[M]
bow
arbrier[M]
tiller
noix[F]
nut
étrier[M]
stirrup
moufle[F]
pulley block
détente[F]
trigger
carreau[M] d'arbalète[F]
bolt
rainure[F]
groove
manivelle[F]
crank
poulie[F]
pulley
corde[F]
bowstring

arc[M]
bow

encoche[F]
nock

branche[F] supérieure
upper limb

dos[M]
back

poignée[F]
handle

branche[F] inférieure
lower limb

corde[F]
bowstring

flèche[F]
arrow

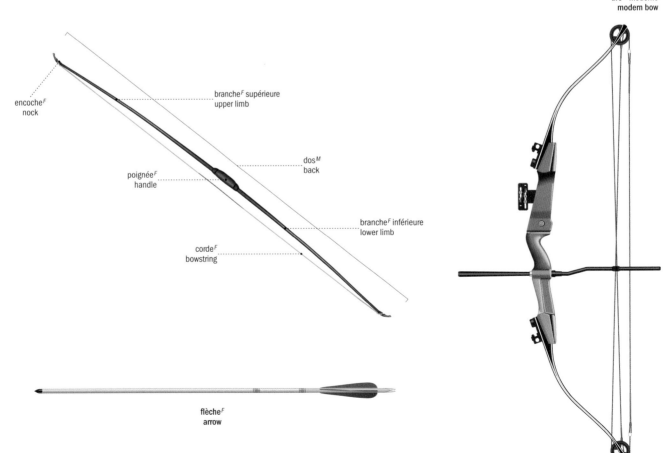

arc[M] moderne
modern bow

SOCIÉTÉ

armes^F blanches

thrusting and cutting weapons

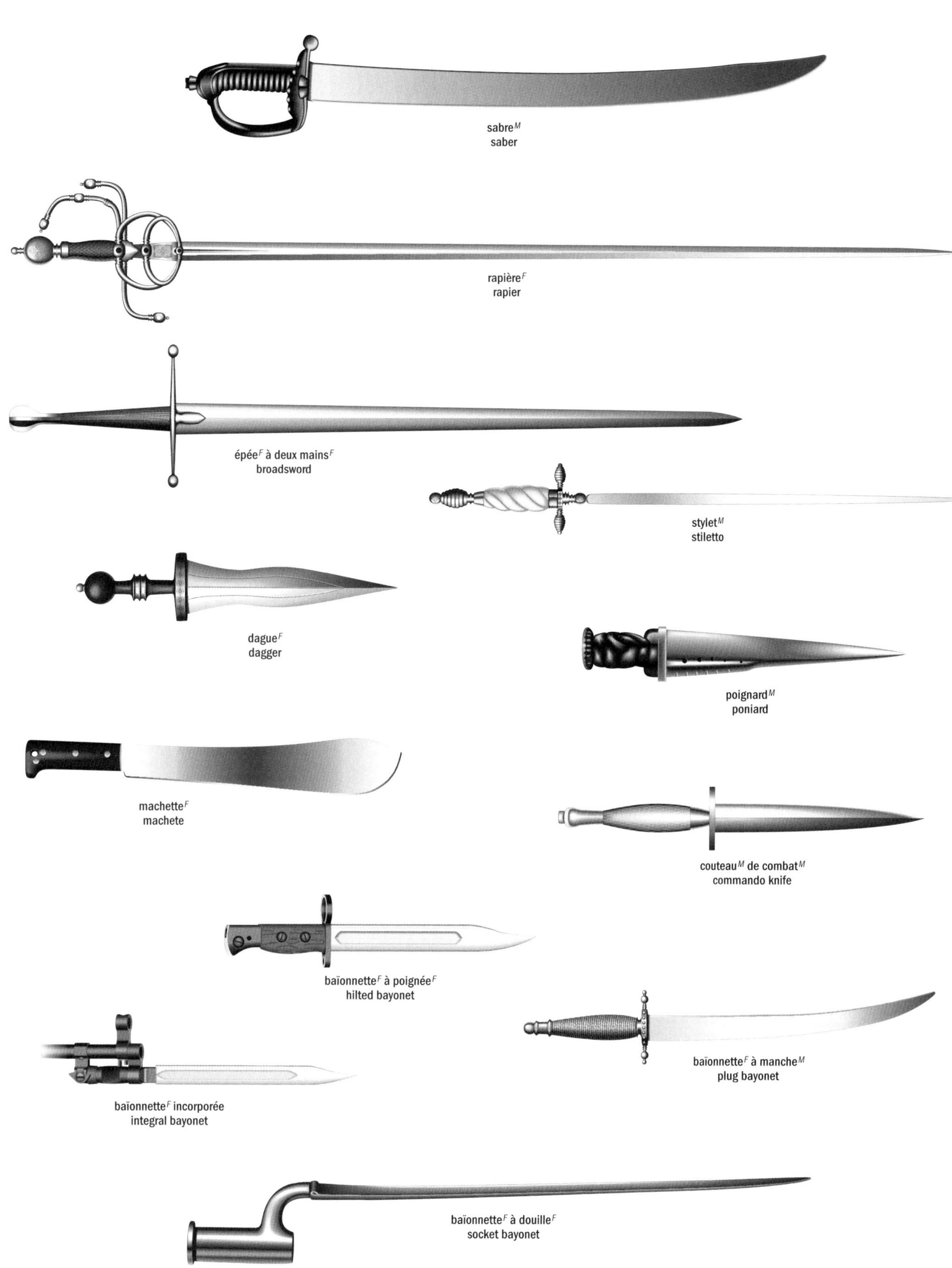
sabre^M
saber
rapière^F
rapier
épée^F à deux mains^F
broadsword
stylet^M
stiletto
dague^F
dagger
poignard^M
poniard
machette^F
machete
couteau^M de combat^M
commando knife
baïonnette^F à poignée^F
hilted bayonet
baïonnette^F à manche^M
plug bayonet
baïonnette^F incorporée
integral bayonet
baïonnette^F à douille^F
socket bayonet

arquebuse^F

harquebus

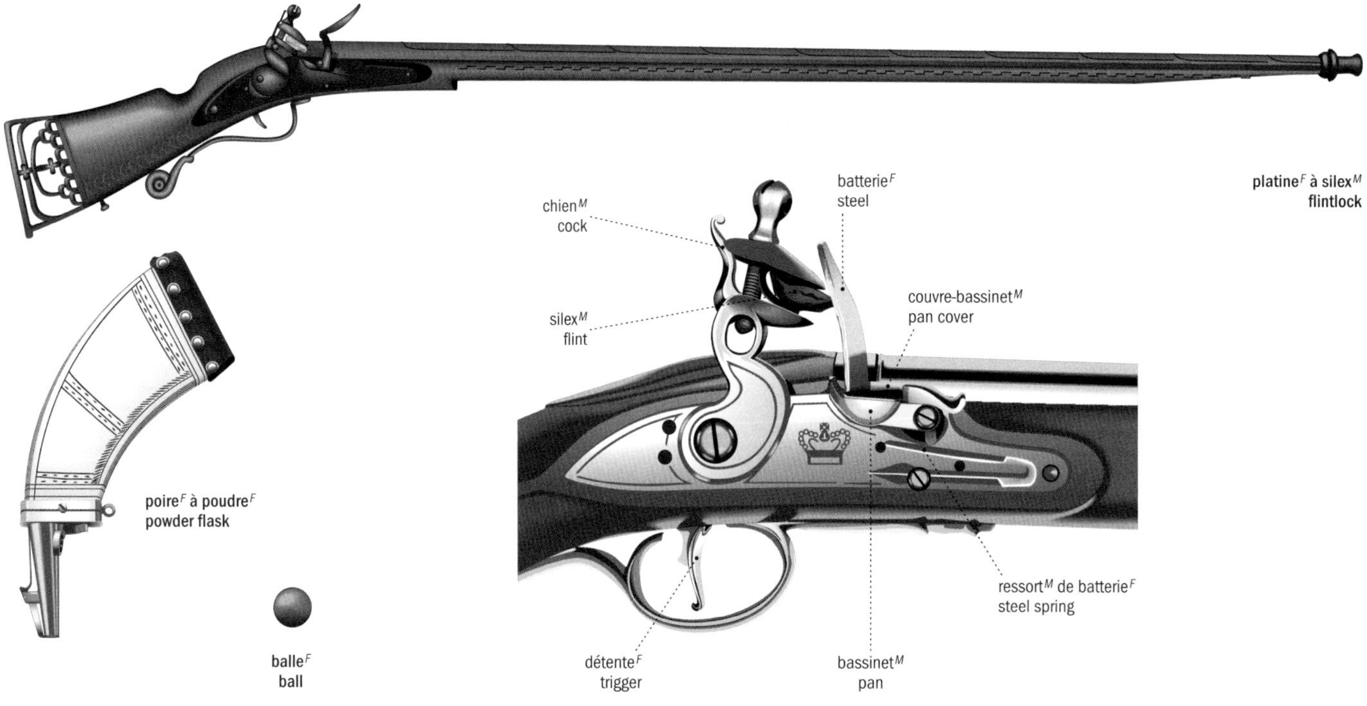
platine^F à silex^M
flintlock
chien^M
cock
batterie^F
steel
couvre-bassinet^M
pan cover
silex^M
flint
poire^F à poudre^F
powder flask
ressort^M de batterie^F
steel spring
balle^F
ball
détente^F
trigger
bassinet^M
pan

canon^M et mortier^M du XVIIe siècle^M

seventeenth century cannon and mortar

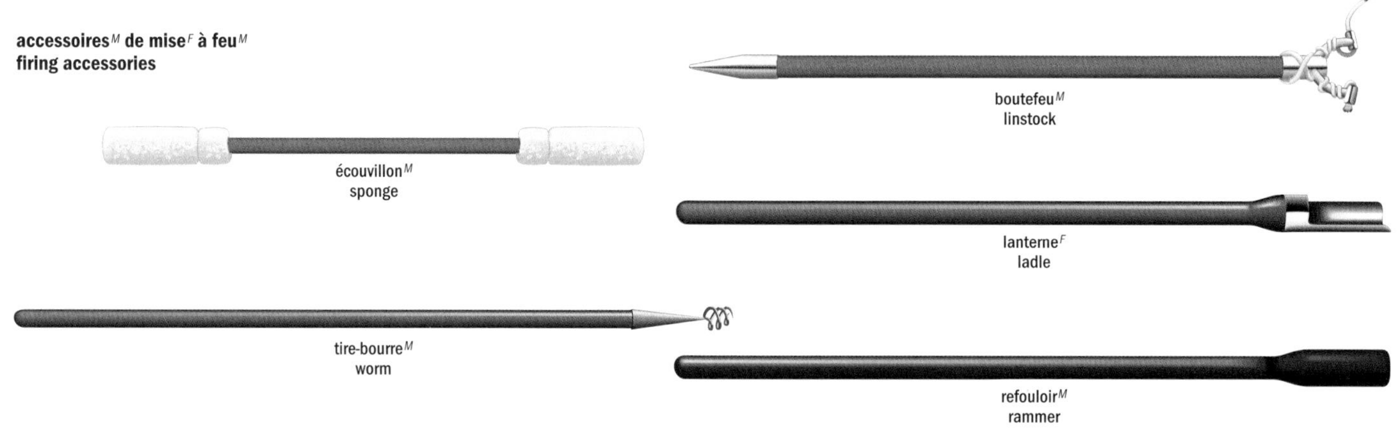
accessoires^M de mise^F à feu^M
firing accessories
boutefeu^M
linstock
écouvillon^M
sponge
lanterne^F
ladle
tire-bourre^M
worm
refouloir^M
rammer

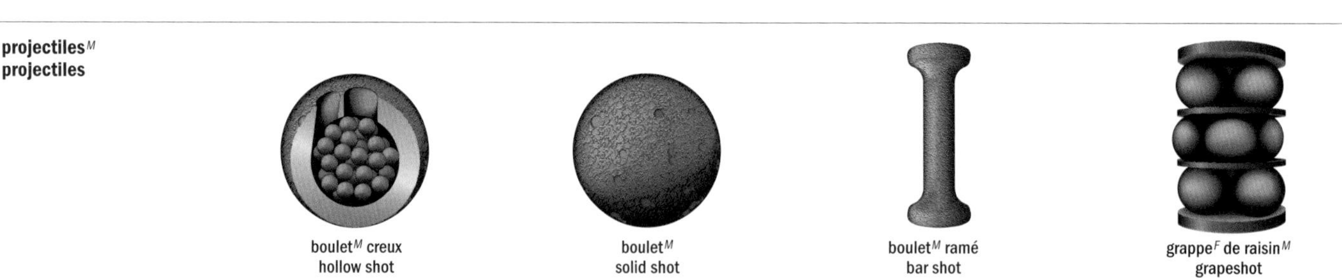
projectiles^M
projectiles
boulet^M creux
hollow shot
boulet^M
solid shot
boulet^M ramé
bar shot
grappe^F de raisin^M
grapeshot

canon[M] et mortier[M] du XVIIe siècle[M]

coupe[F] d'une bouche[F] à feu[M]
cross section of a muzzle loading

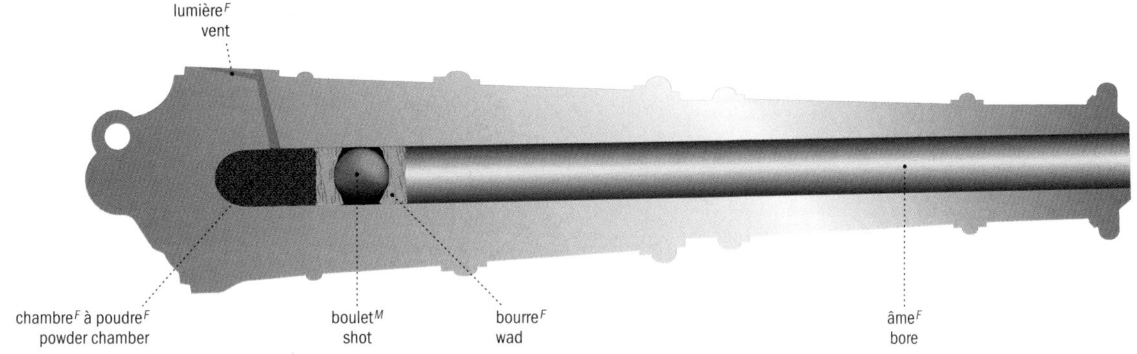
lumière[F]
vent
chambre[F] à poudre[F]
powder chamber
boulet[M]
shot
bourre[F]
wad
âme[F]
bore

bouche[F] à feu[M]
muzzle loading

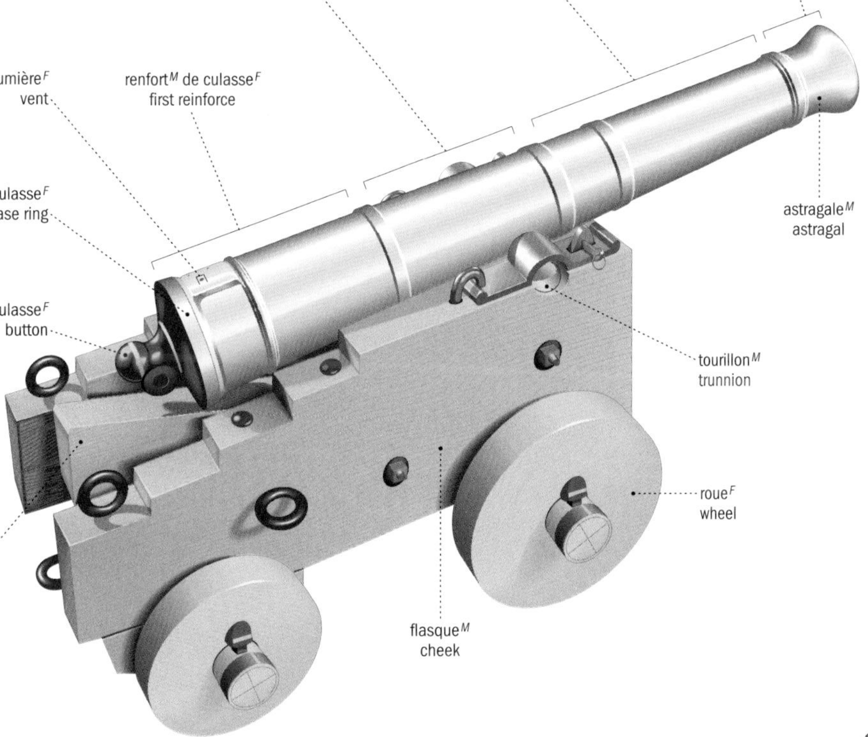

second renfort[M]
second reinforce

volée[F]
chase

bouche[F]
muzzle

lumière[F]
vent

renfort[M] de culasse[F]
first reinforce

plate-bande[F] de culasse[F]
base ring

astragale[M]
astragal

bouton[M] de culasse[F]
button

tourillon[M]
trunnion

roue[F]
wheel

cale[F]
wedge

flasque[M]
cheek

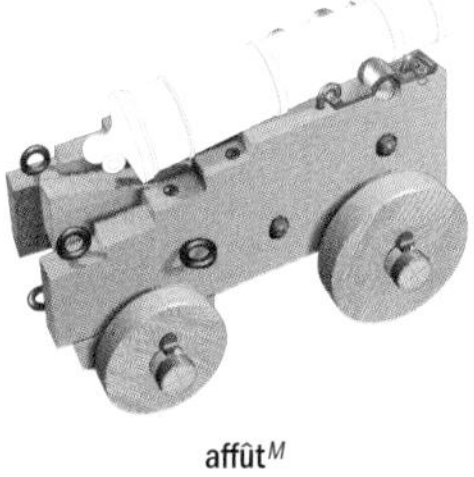

mortier[M]
mortar

affût[M]
carriage

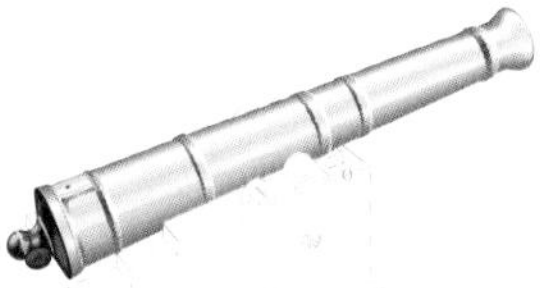

tube[M]
barrel

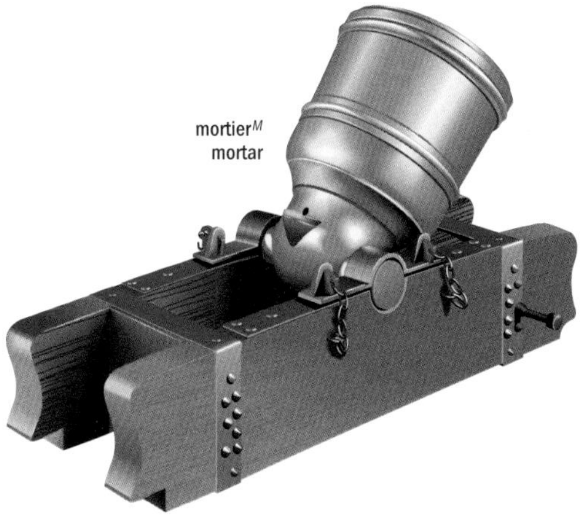

SOCIÉTÉ

pistolet^M mitrailleur^M

submachine gun

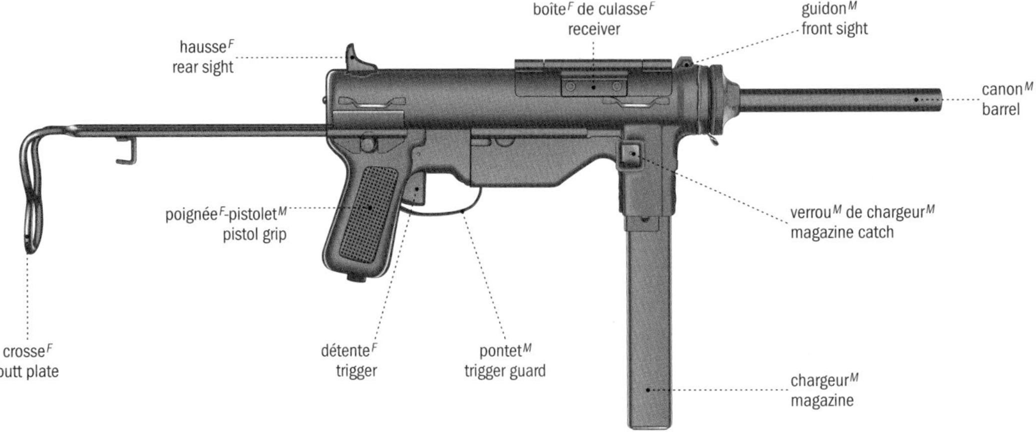
boîte^F de culasse^F
receiver
guidon^M
front sight
hausse^F
rear sight
canon^M
barrel
poignée^F-pistolet^M
pistol grip
verrou^M de chargeur^M
magazine catch
crosse^F
butt plate
détente^F
trigger
pontet^M
trigger guard
chargeur^M
magazine

pistolet^M

pistol

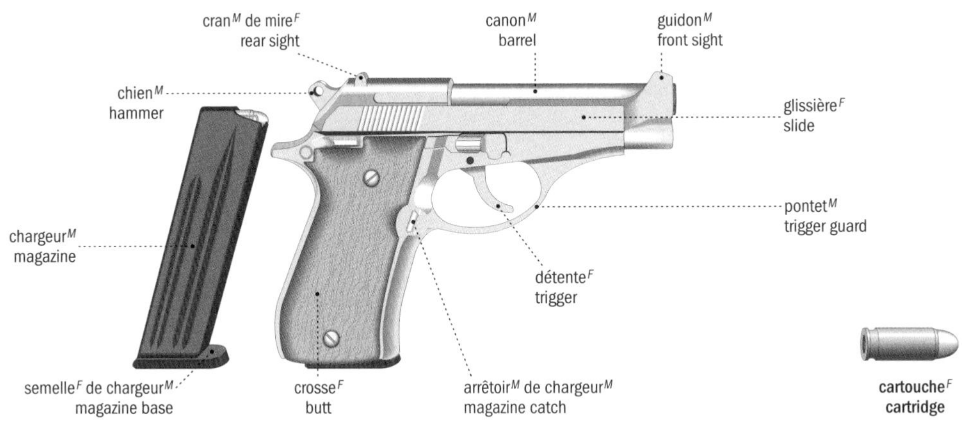
cran^M de mire^F
rear sight
canon^M
barrel
guidon^M
front sight
chien^M
hammer
glissière^F
slide
pontet^M
trigger guard
chargeur^M
magazine
détente^F
trigger
semelle^F de chargeur^M
magazine base
crosse^F
butt
arrêtoir^M de chargeur^M
magazine catch
cartouche^F
cartridge

SOCIÉTÉ

revolver^M

revolver

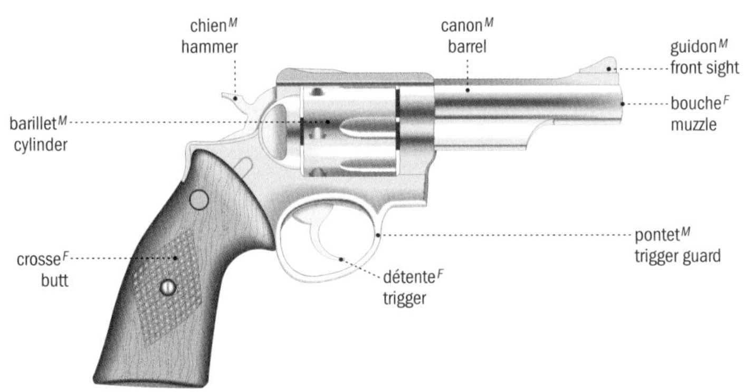
chien^M
hammer
canon^M
barrel
guidon^M
front sight
barillet^M
cylinder
bouche^F
muzzle
pontet^M
trigger guard
crosse^F
butt
détente^F
trigger

fusil^{M} automatique

automatic rifle

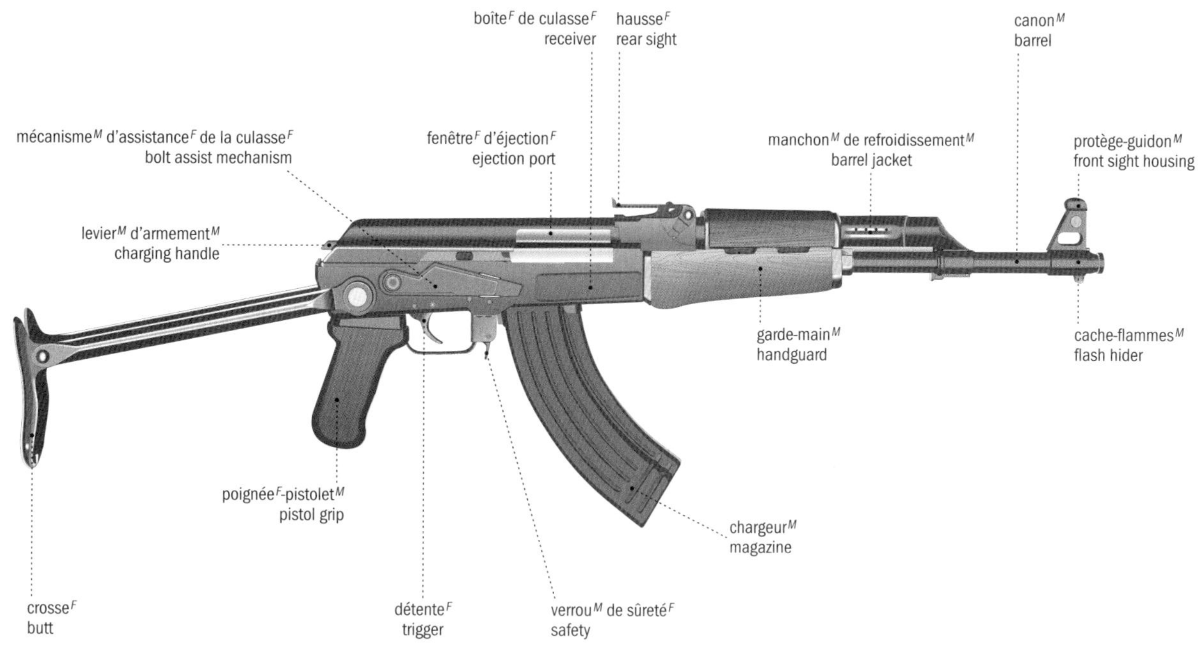
boiteF de culasseF
receiver
hausseF
rear sight
canonM
barrel
mécanismeM d'assistanceF de la culasseF
bolt assist mechanism
fenêtreF d'éjectionF
ejection port
manchonM de refroidissementM
barrel jacket
protège-guidonM
front sight housing
levierM d'armementM
charging handle
garde-mainM
handguard
cache-flammesM
flash hider
poignéeF-pistoletM
pistol grip
chargeurM
magazine
crosseF
butt
détenteF
trigger
verrouM de sûretéF
safety

fusil^{M} mitrailleur^{M}

light machine gun

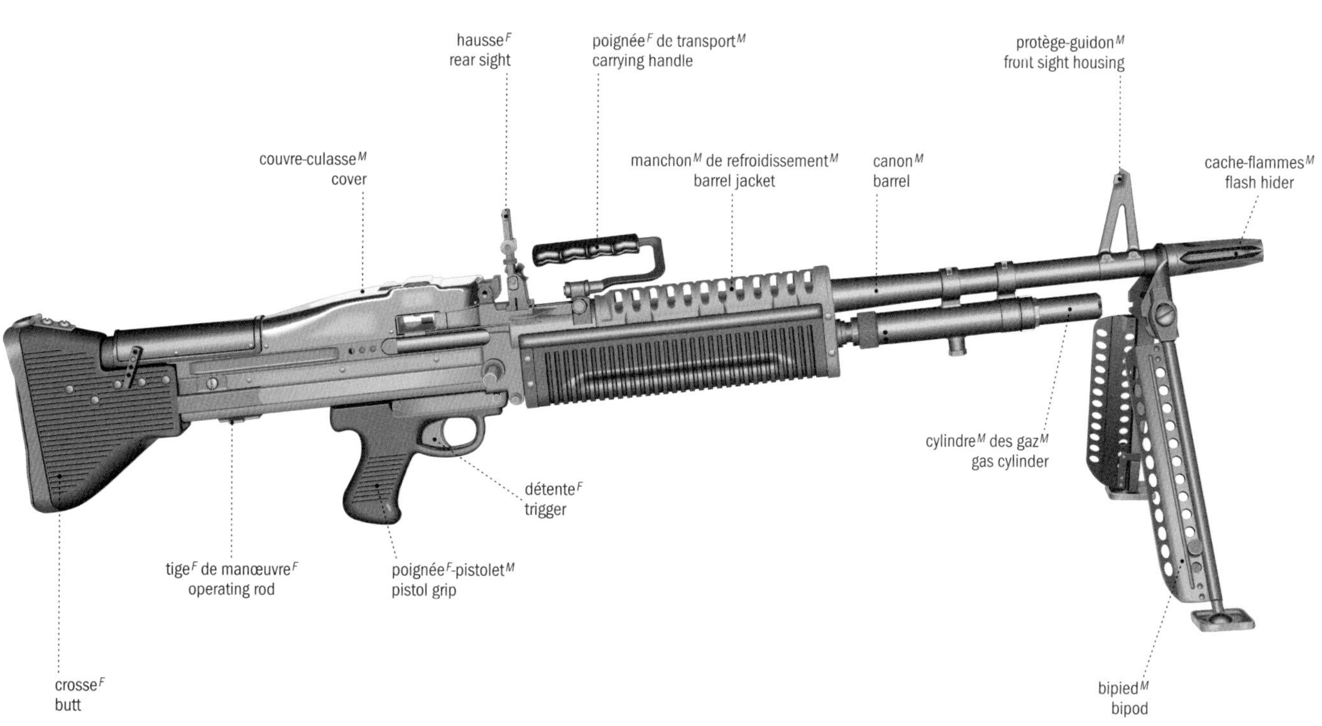
hausseF
rear sight
poignéeF de transportM
carrying handle
protège-guidonM
front sight housing
couvre-culasseM
cover
manchonM de refroidissementM
barrel jacket
canonM
barrel
cache-flammesM
flash hider
cylindreM des gazM
gas cylinder
détenteF
trigger
tigeF de manœuvreF
operating rod
poignéeF-pistoletM
pistol grip
crosseF
butt
bipiedM
bipod

obusier[M] moderne

modern howitzer

leviert[M] de manœuvre[F] de la culasse[F]
breechblock operating lever assembly

cylindre[M] récupérateur
recuperator cylinder

glissoire[F] de recul[M]
recoil sleigh

verrou[M] de barre[F] d'attelage[M]
drawbar lock

culasse[F]
breechblock

crémaillère[F] de pointage[M]
elevating arc

tête[F] avant du cylindre[M] récupérateur
recuperator cylinder front head

barre[F] d'attelage[M]
drawbar

manchon[M] de culasse[F]
sliding breech

lunette[F]
towing eye

arbre[M] de mise[F] à feu[M]
firing shaft

canon[M]
barrel

berceau[M]
cradle

cercle[M] de verrouillage[M]
locking ring

crosse[F]
trail

affût[M]
carriage

flotteur[M]
float

poignée[F] de soulèvement[M]
lifting handle

équilibreur[M]
equilibrator

manivelle[F] de pointage[M] en hauteur[F]
elevating hand-wheel

bêche[F]
spade

cordon[M] tire-feu[M]
firing lanyard

mortier[M] moderne

modern mortar

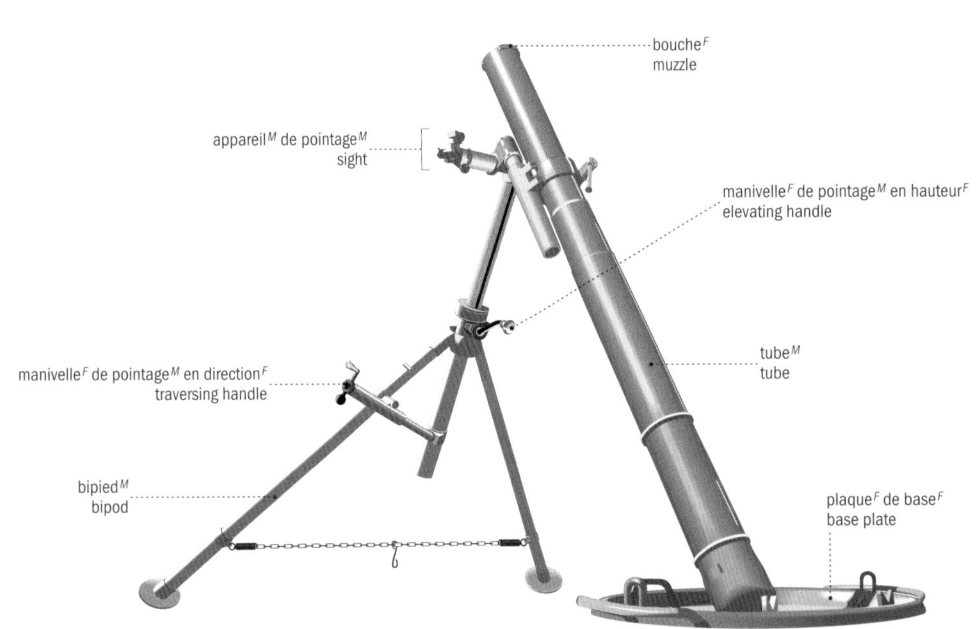
bouche[F]
muzzle
appareil[M] de pointage[M]
sight
manivelle[F] de pointage[M] en hauteur[F]
elevating handle
tube[M]
tube
manivelle[F] de pointage[M] en direction[F]
traversing handle
bipied[M]
bipod
plaque[F] de base[F]
base plate

grenade[F] à main[F]

hand grenade

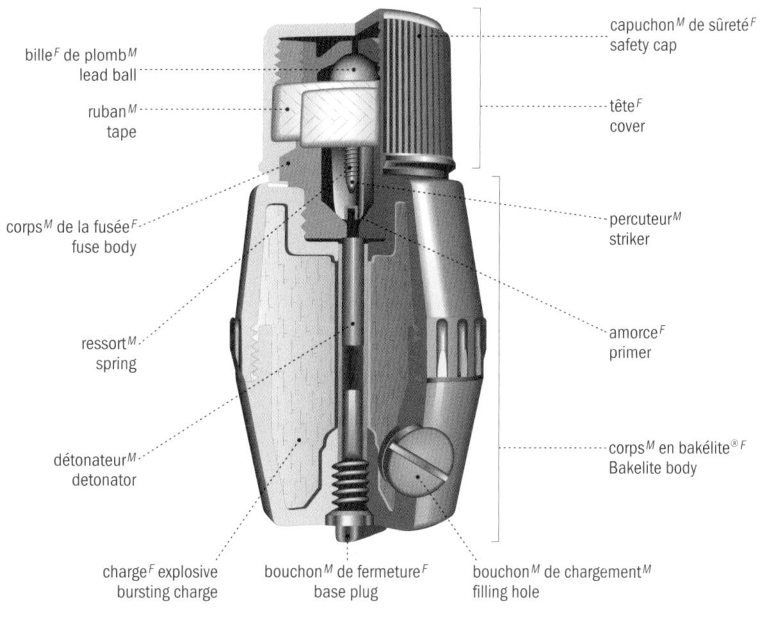

bille[F] de plomb[M]
lead ball
ruban[M]
tape
corps[M] de la fusée[F]
fuse body
ressort[M]
spring
détonateur[M]
detonator
charge[F] explosive
bursting charge
bouchon[M] de fermeture[F]
base plug
bouchon[M] de chargement[M]
filling hole
capuchon[M] de sûreté[F]
safety cap
tête[F]
cover
percuteur[M]
striker
amorce[F]
primer
corps[M] en bakélite®[F]
Bakelite body

bazooka[M]

bazooka

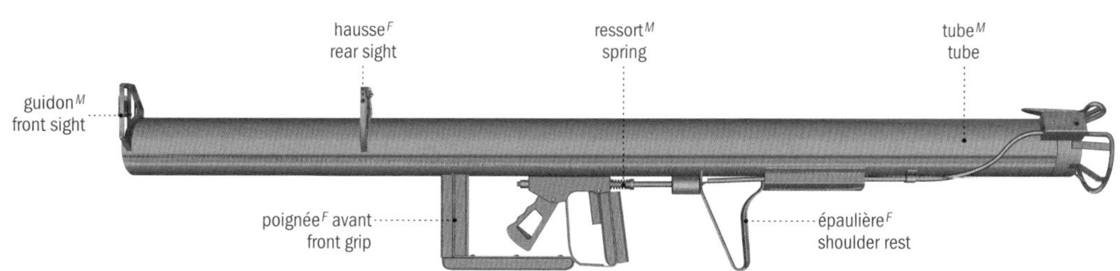

hausse[F]
rear sight
ressort[M]
spring
tube[M]
tube
guidon[M]
front sight
poignée[F] avant
front grip
épaulière[F]
shoulder rest

canon[M] sans recul[M]

recoilless rifle

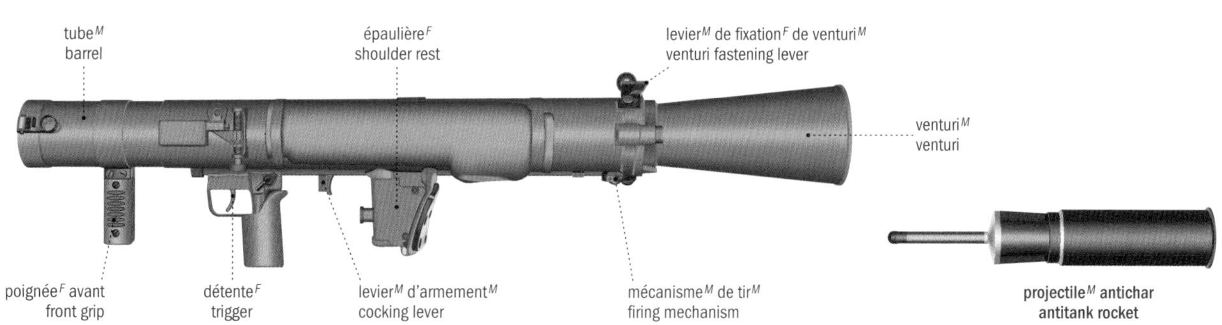

tube[M]
barrel
épaulière[F]
shoulder rest
levier[M] de fixation[F] de venturi[M]
venturi fastening lever
venturi[M]
venturi
poignée[F] avant
front grip
détente[F]
trigger
levier[M] d'armement[M]
cocking lever
mécanisme[M] de tir[M]
firing mechanism

projectile[M] antichar
antitank rocket

mine[F] antipersonnel

antipersonnel mine

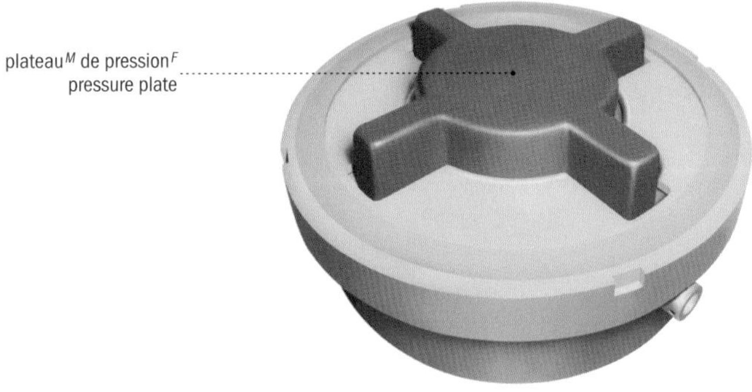
plateau[M] de pression[F]
pressure plate

char[M] d'assaut[M]

tank

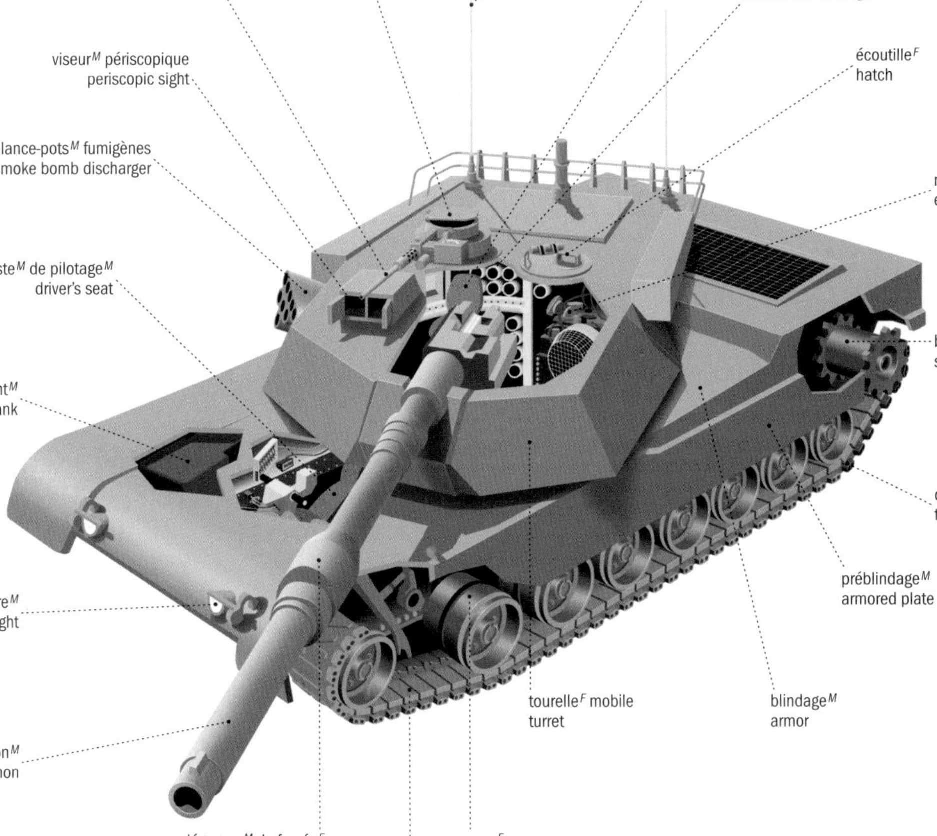

épiscope[M] du tireur[M]
gunner's sight

antenne[F]
antenna

poste[M] de commandement[M]
commander's seat

mitrailleuse[F]
machine gun

casier[M] à munitions[F]
ammunition stowage

viseur[M] périscopique
periscopic sight

écoutille[F]
hatch

lance-pots[M] fumigènes
smoke bomb discharger

moteur[M]
engine

poste[M] de pilotage[M]
driver's seat

barbotin[M]
sprocket wheel

réservoir[M] à carburant[M]
fuel tank

chenille[F]
track shoe

préblindage[M]
armored plate

phare[M]
headlight

tourelle[F] mobile
turret

blindage[M]
armor

canon[M]
cannon

dégageur[M] de fumée[F]
fume extractor

roue[F]
wheel

patin[M] de chenille[F]
track link

missiles[M]

missiles

structure[F] d'un missile[M]
structure of a missile

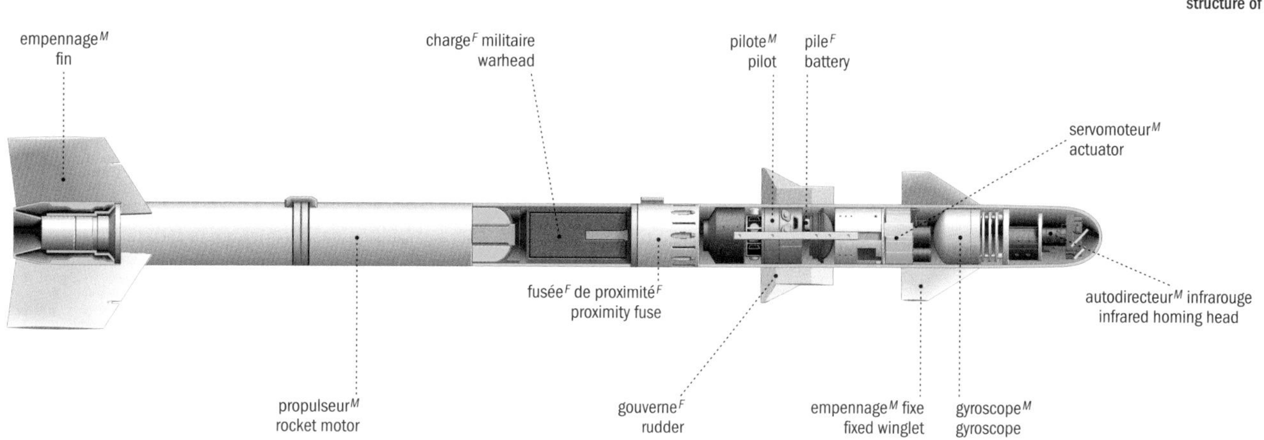
empennage[M]
fin
charge[F] militaire
warhead
pilote[M]
pilot
pile[F]
battery
servomoteur[M]
actuator
fusée[F] de proximité[F]
proximity fuse
autodirecteur[M] infrarouge
infrared homing head
propulseur[M]
rocket motor
gouverne[F]
rudder
empennage[M] fixe
fixed winglet
gyroscope[M]
gyroscope

principaux types[M] de missiles[M]
major types of missiles

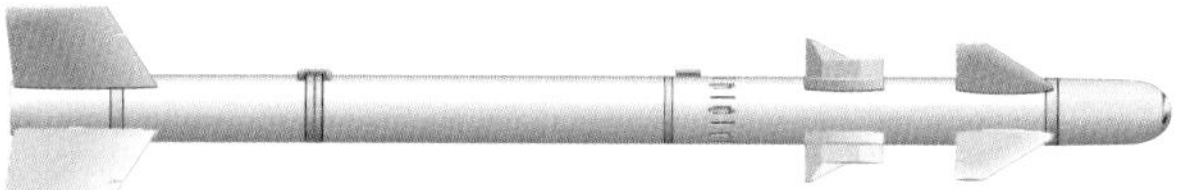

missile[M] air[M]-air[M]
air-to-air missile

missile[M] antichar
antitank missile

missile[M] sol[M]-air[M]
surface-to-air missile

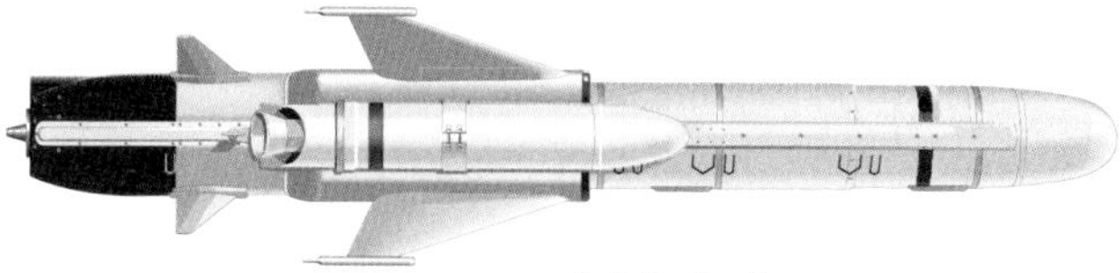

missile[M] antinavire
antiship missile

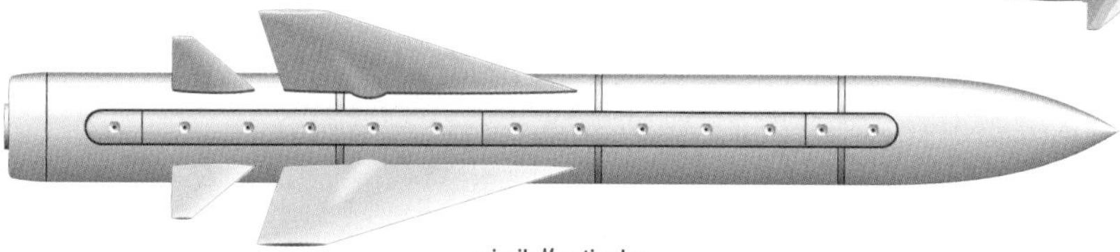

missile[M] antiradar
antiradar missile

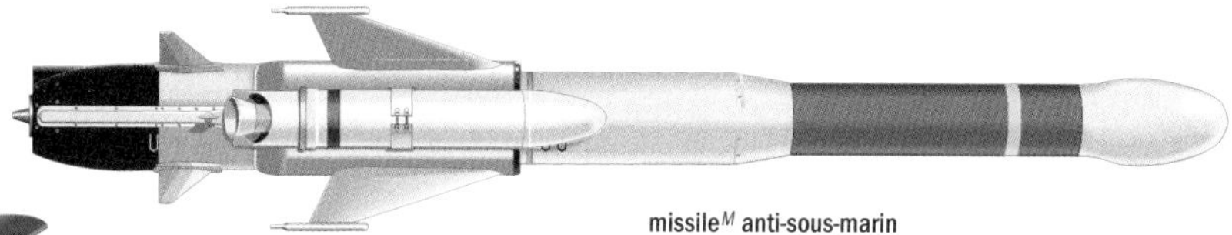

missile[M] anti-sous-marin
surface-to-subsurface missile

missile[M] air[M]-sol[M]
air-to-surface missile

avion[M] de combat[M]

combat aircraft

ravitaillement[M] en vol[M]
in-flight refueling

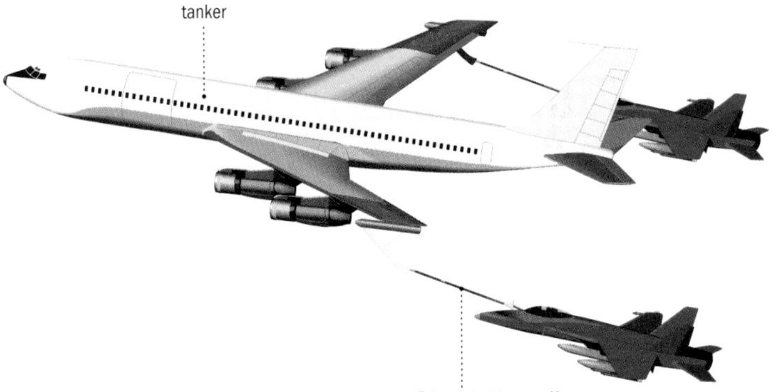

ravitailleur[M]
tanker

perche[F] de ravitaillement[M]
in-flight refueling probe

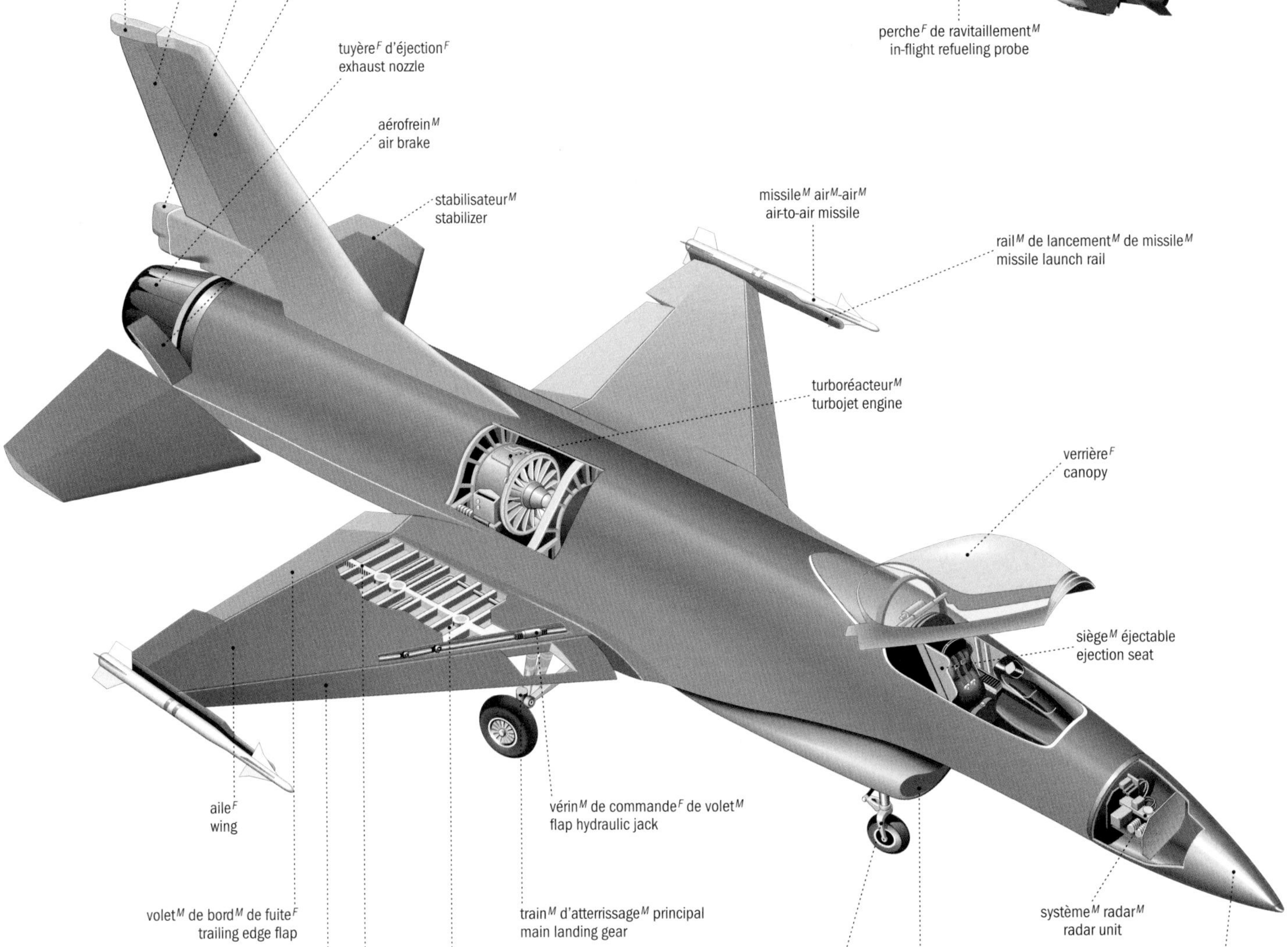

antenne[F] radar[M]
radar antenna

gouvernail[M] de direction[F]
rudder

parachute[M]
parachute

dérive[F]
fin

tuyère[F] d'éjection[F]
exhaust nozzle

aérofrein[M]
air brake

stabilisateur[M]
stabilizer

missile[M] air[M]-air[M]
air-to-air missile

rail[M] de lancement[M] de missile[M]
missile launch rail

turboréacteur[M]
turbojet engine

verrière[F]
canopy

siège[M] éjectable
ejection seat

aile[F]
wing

vérin[M] de commande[F] de volet[M]
flap hydraulic jack

volet[M] de bord[M] de fuite[F]
trailing edge flap

train[M] d'atterrissage[M] principal
main landing gear

système[M] radar[M]
radar unit

volet[M] de bord[M] d'attaque[F]
leading edge flap

réservoir[M] à carburant[M]
fuel tank

entrée[F] d'air[M] du moteur[M]
motor air inlet

caisson[M] de voilure[F]
wing box

train[M] d'atterrissage[M] avant
front landing gear

radôme[M]
radome

SOCIÉTÉ

porte-avions^M

aircraft carrier

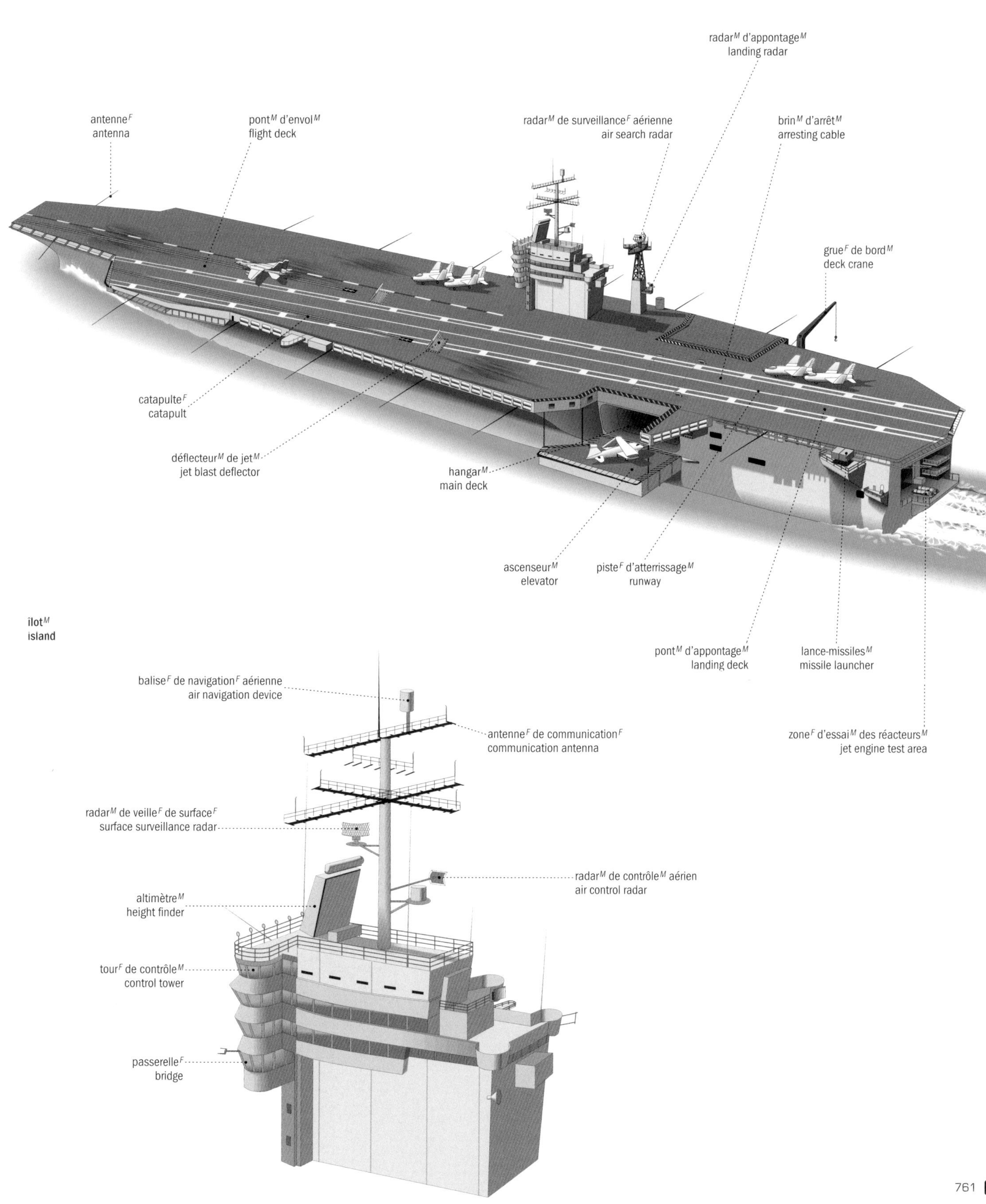

radarM d'appontageM
landing radar
antenneF
antenna
pontM d'envolM
flight deck
radarM de surveillanceF aérienne
air search radar
brinM d'arrêtM
arresting cable
grueF de bordM
deck crane
catapulteF
catapult
déflecteurM de jetM
jet blast deflector
hangarM
main deck
ascenseurM
elevator
pisteF d'atterrissageM
runway
îlotM
island
pontM d'appontageM
landing deck
lance-missilesM
missile launcher
baliseF de navigationF aérienne
air navigation device
antenneF de communicationF
communication antenna
zoneF d'essaiM des réacteursM
jet engine test area
radarM de veilleF de surfaceF
surface surveillance radar
radarM de contrôleM aérien
air control radar
altimètreM
height finder
tourF de contrôleM
control tower
passerelleF
bridge

SOCIÉTÉ

frégate[F]

frigate

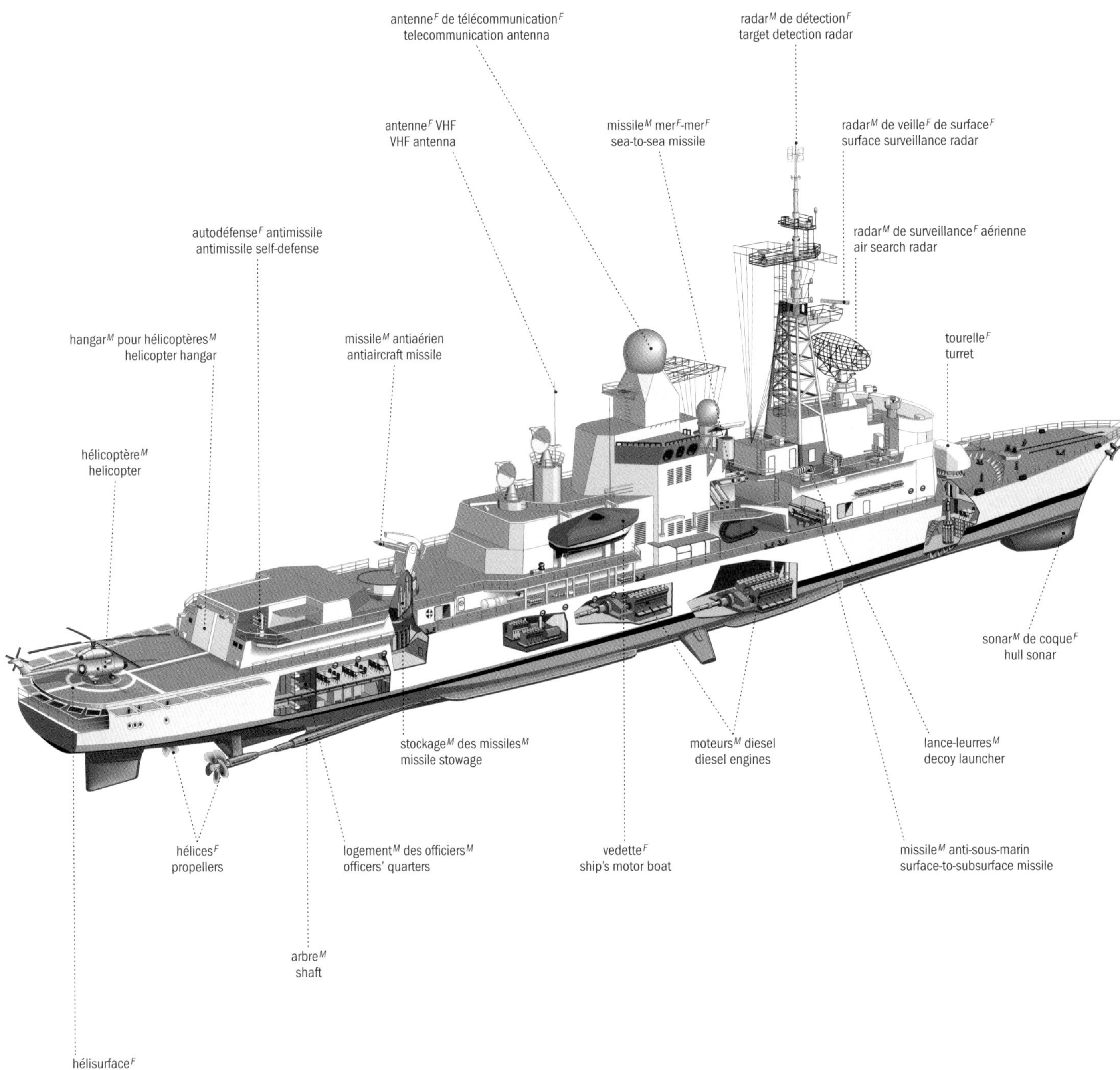
antenne[F] de télécommunication[F]
telecommunication antenna
radar[M] de détection[F]
target detection radar
antenne[F] VHF
VHF antenna
missile[M] mer[F]-mer[F]
sea-to-sea missile
radar[M] de veille[F] de surface[F]
surface surveillance radar
autodéfense[F] antimissile
antimissile self-defense
radar[M] de surveillance[F] aérienne
air search radar
hangar[M] pour hélicoptères[M]
helicopter hangar
missile[M] antiaérien
antiaircraft missile
tourelle[F]
turret
hélicoptère[M]
helicopter
sonar[M] de coque[F]
hull sonar
stockage[M] des missiles[M]
missile stowage
moteurs[M] diesel
diesel engines
lance-leurres[M]
decoy launcher
hélices[F]
propellers
logement[M] des officiers[M]
officers' quarters
vedette[F]
ship's motor boat
missile[M] anti-sous-marin
surface-to-subsurface missile
arbre[M]
shaft
hélisurface[F]
helicopter flight deck

sous-marin[M] nucléaire

nuclear submarine

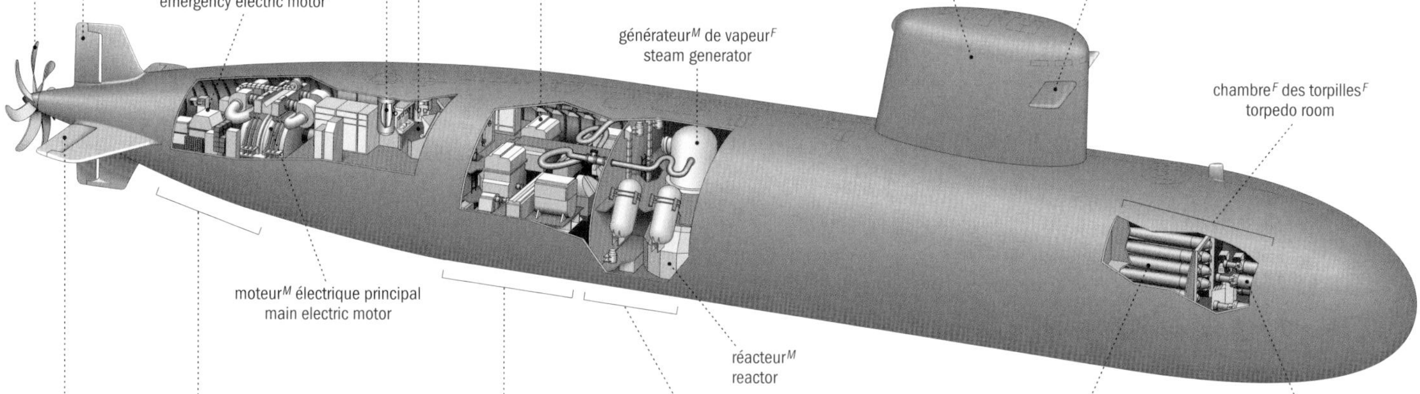

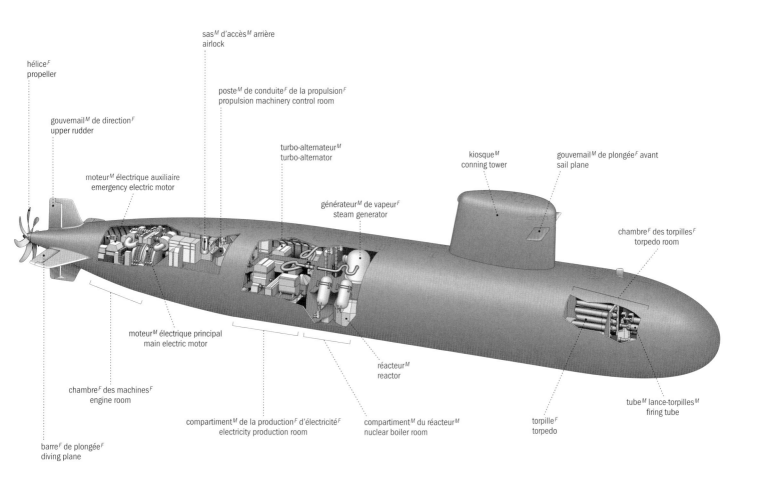

sas[M] d'accès[M] arrière
airlock

hélice[F]
propeller

poste[M] de conduite[F] de la propulsion[F]
propulsion machinery control room

gouvernail[M] de direction[F]
upper rudder

turbo-alternateur[M]
turbo-alternator

kiosque[M]
conning tower

gouvernail[M] de plongée[F] avant
sail plane

moteur[M] électrique auxiliaire
emergency electric motor

générateur[M] de vapeur[F]
steam generator

chambre[F] des torpilles[F]
torpedo room

moteur[M] électrique principal
main electric motor

réacteur[M]
reactor

chambre[F] des machines[F]
engine room

tube[M] lance-torpilles[M]
firing tube

compartiment[M] de la production[F] d'électricité[F]
electricity production room

compartiment[M] du réacteur[M]
nuclear boiler room

torpille[F]
torpedo

barre[F] de plongée[F]
diving plane

kiosque[M]
conning tower

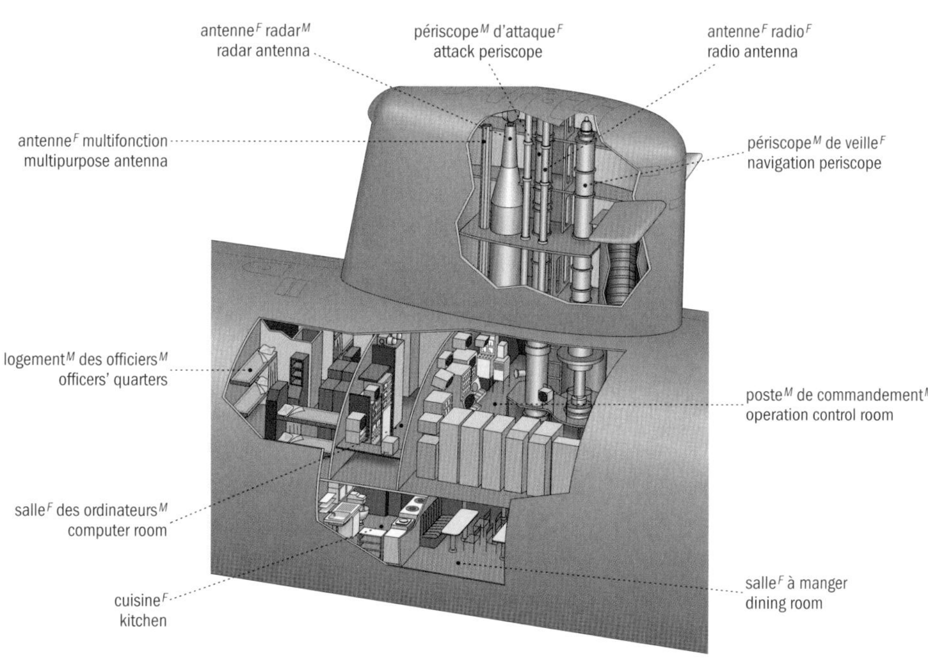
antenne[F] radar[M]
radar antenna
périscope[M] d'attaque[F]
attack periscope
antenne[F] radio[F]
radio antenna
antenne[F] multifonction
multipurpose antenna
périscope[M] de veille[F]
navigation periscope
logement[M] des officiers[M]
officers' quarters
poste[M] de commandement[M]
operation control room
salle[F] des ordinateurs[M]
computer room
cuisine[F]
kitchen
salle[F] à manger
dining room

prévention^F des incendies^M

fire prevention

caserne^F de pompiers^M
fire station

chambre^F des officiers^M
officers' dormitory

centre^M de documentation^F
documentation center

bureau^M du chef^M
chief's office

dortoir^M des pompiers^M
firefighters' dormitory

bureau^M administratif
administrative office

bureau^M de l'inspecteur^M en prévention^F-incendie^M
fire prevention education officer's office

toilettes^F et douches^F des officiers^M
officers' toilets and showers

salle^F de réunion^F
meeting room

toilettes^F et douches^F des pompiers^M
firefighters' toilets and showers

tenue^F d'intervention^F
turnouts

vestiaire^M
locker room

gymnase^M
gymnasium

cuisine^F
kitchen

poste^M de surveillance^F
control center

nettoyage^M des tenues^F d'intervention^F
turnouts' cleaning

aire^F d'accueil^M
reception area

séchoir^M à tuyaux^M
hose dryer

uniformes^M
uniforms

salle^F à manger
dining room

support^M à tuyau^M
hose holder

garage^M
apparatus room

camion^M d'incendie^M
fire truck

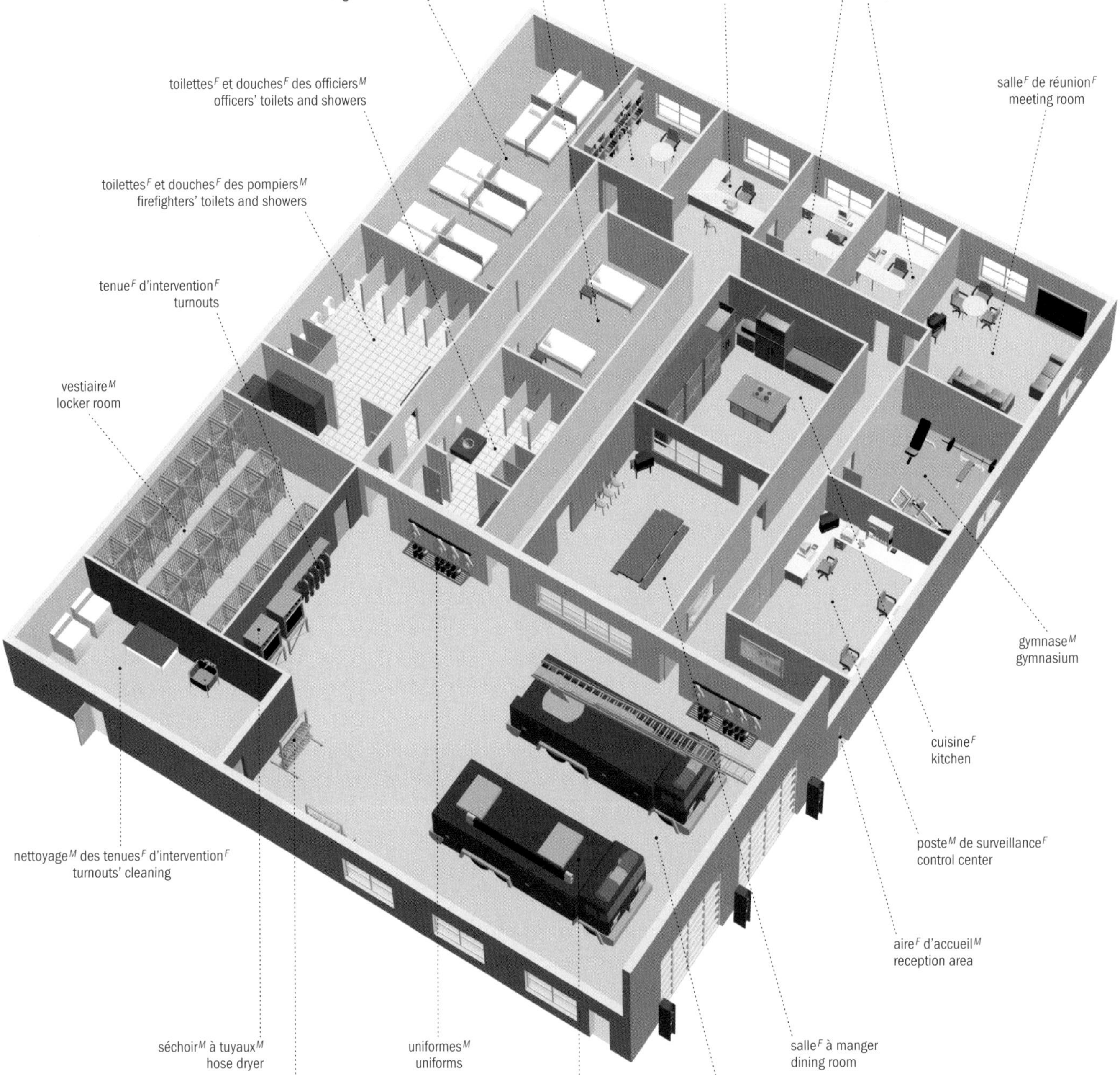

préventionF des incendiesM

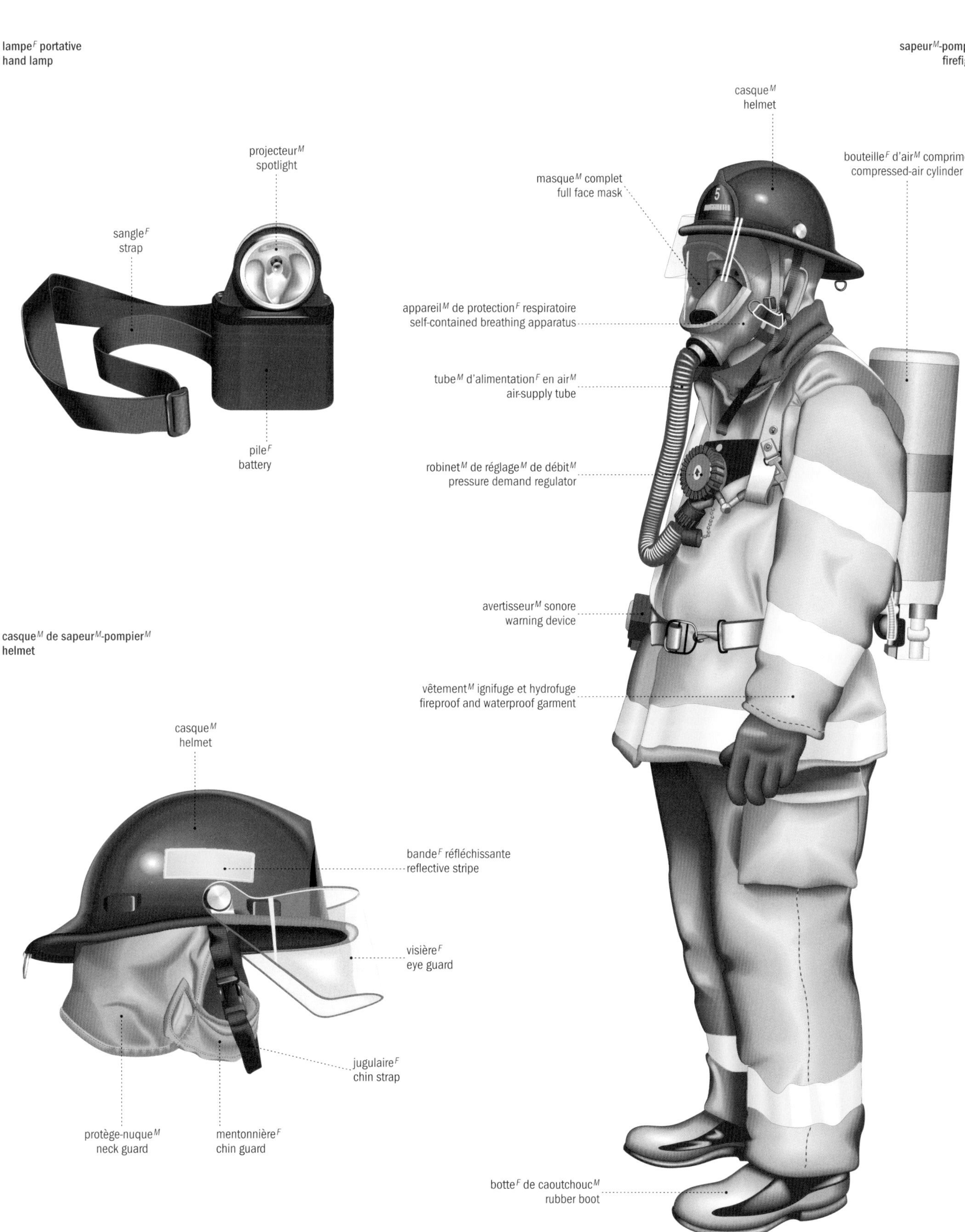
lampeF portative
hand lamp
projecteurM
spotlight
sangleF
strap
pileF
battery
casqueM de sapeurM-pompierM
helmet
casqueM
helmet
bandeF réfléchissante
reflective stripe
visièreF
eye guard
jugulaireF
chin strap
protège-nuqueM
neck guard
mentonnièreF
chin guard
sapeurM-pompierM
firefighter
casqueM
helmet
bouteilleF d'airM comprimé
compressed-air cylinder
masqueM complet
full face mask
appareilM de protectionF respiratoire
self-contained breathing apparatus
tubeM d'alimentationF en airM
air-supply tube
robinetM de réglageM de débitM
pressure demand regulator
avertisseurM sonore
warning device
vêtementM ignifuge et hydrofuge
fireproof and waterproof garment
botteF de caoutchoucM
rubber boot

prévention[F] des incendies[M]

véhicules[M] d'incendie[M]
fire engines

fourgon[M]-pompe[F]
pumper

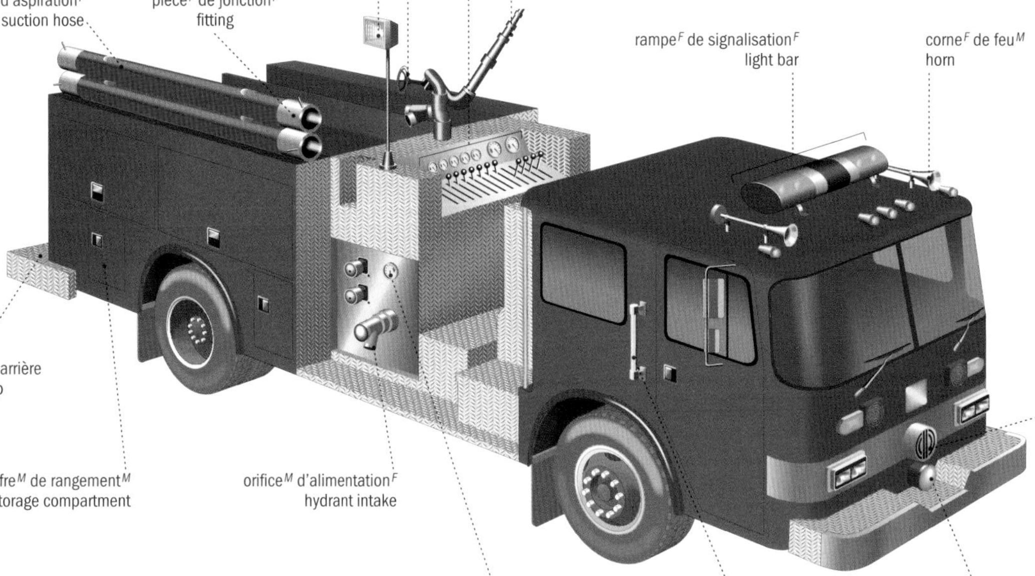

volant[M] de manœuvre[F]
control wheel

panneau[M] de commande[F]
control panel

projecteur[M] orientable
spotlight

lance[F]-canon[M]
deluge gun

tuyau[M] d'aspiration[F]
suction hose

pièce[F] de jonction[F]
fitting

rampe[F] de signalisation[F]
light bar

corne[F] de feu[M]
horn

haut-parleur[M]
loudspeaker

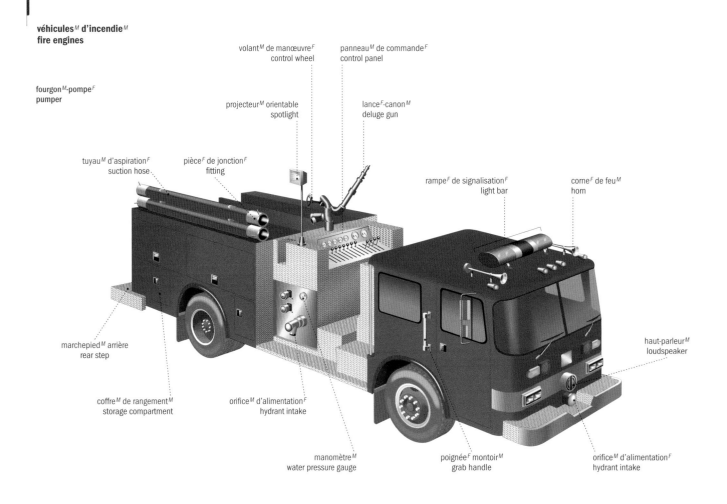

marchepied[M] arrière
rear step

coffre[M] de rangement[M]
storage compartment

orifice[M] d'alimentation[F]
hydrant intake

manomètre[M]
water pressure gauge

poignée[F] montoir[M]
grab handle

orifice[M] d'alimentation[F]
hydrant intake

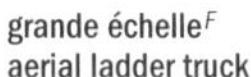

grande échelle[F]
aerial ladder truck

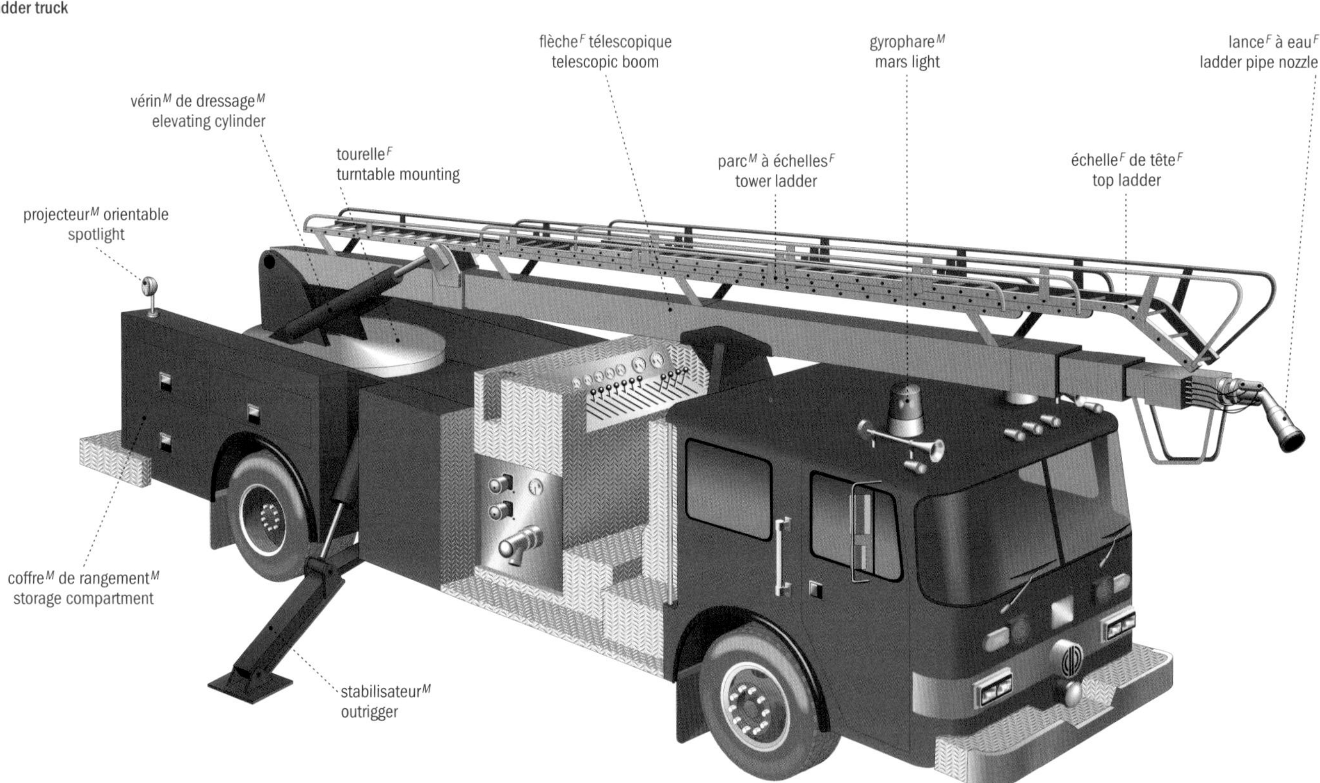
flèche[F] télescopique
telescopic boom
gyrophare[M]
mars light
lance[F] à eau[F]
ladder pipe nozzle
vérin[M] de dressage[M]
elevating cylinder
tourelle[F]
turntable mounting
parc[M] à échelles[F]
tower ladder
échelle[F] de tête[F]
top ladder
projecteur[M] orientable
spotlight
coffre[M] de rangement[M]
storage compartment
stabilisateur[M]
outrigger

prévention[F] des incendies[M]

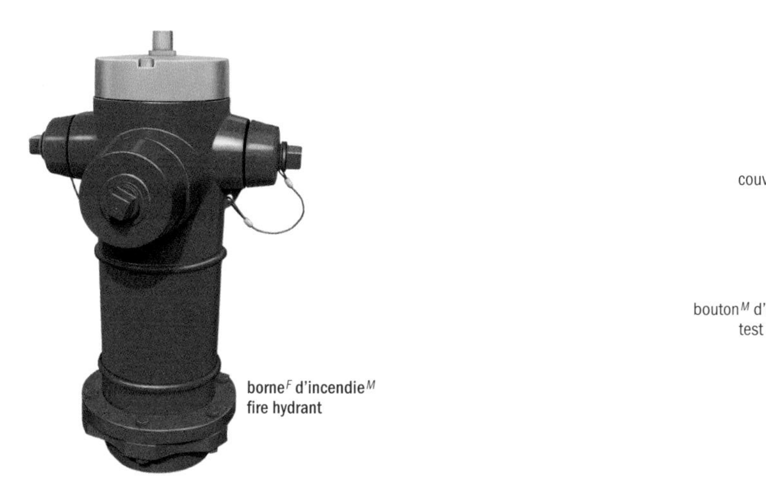

borne[F] d'incendie[M]
fire hydrant

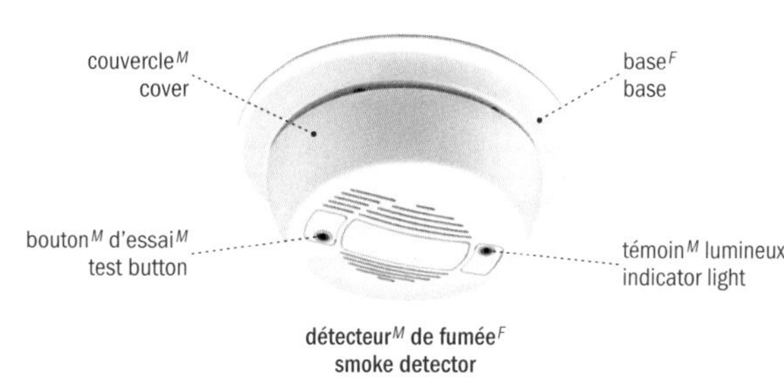
couvercle[M]
cover
base[F]
base
bouton[M] d'essai[M]
test button
témoin[M] lumineux
indicator light

détecteur[M] de fumée[F]
smoke detector

matériel[M] de lutte[F] contre les incendies[M]
fire-fighting material

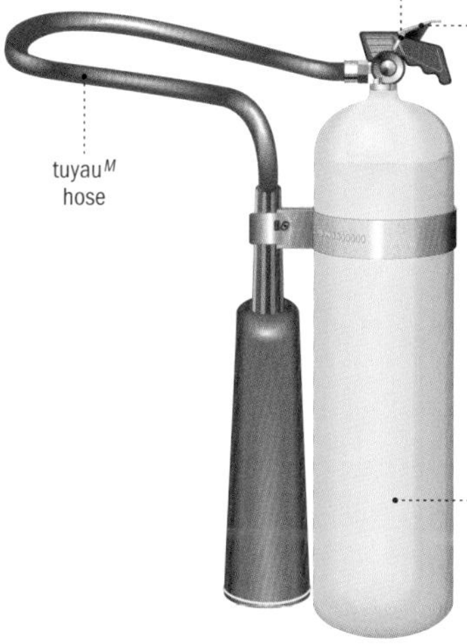

goupille[F]
pin

gâchette[F]
trigger

tuyau[M]
hose

réservoir[M]
tank

extincteur[M]
portable fire extinguisher

attache[F] pour tuyaux[M] et échelles[F]
ladder and hose strap

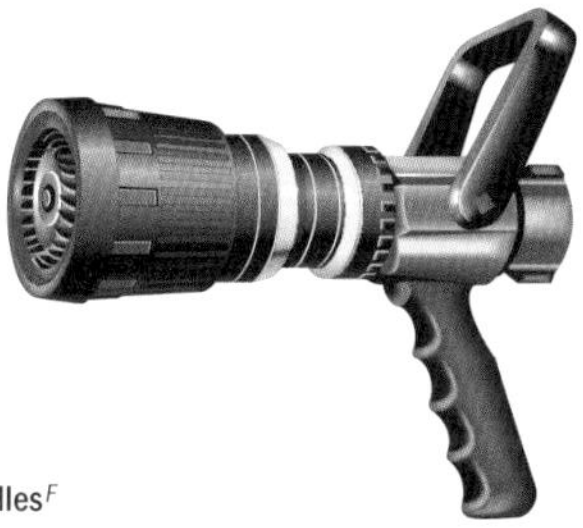

lance[F]
nozzle

pièce[F] d'embranchement[M]
dividing breeching

tuyau[M] de refoulement[M]
fire hose

clé[F] de barrage[M]
fire hydrant wrench

clé[F] à percussion[F]
percussion bar

hache[F]
hatchet

gaffe[F]
pike pole

échelle[F] à crochets[M]
hook ladder

prévention^F de la criminalité^F

crime prevention

poste^M de police^F
police station

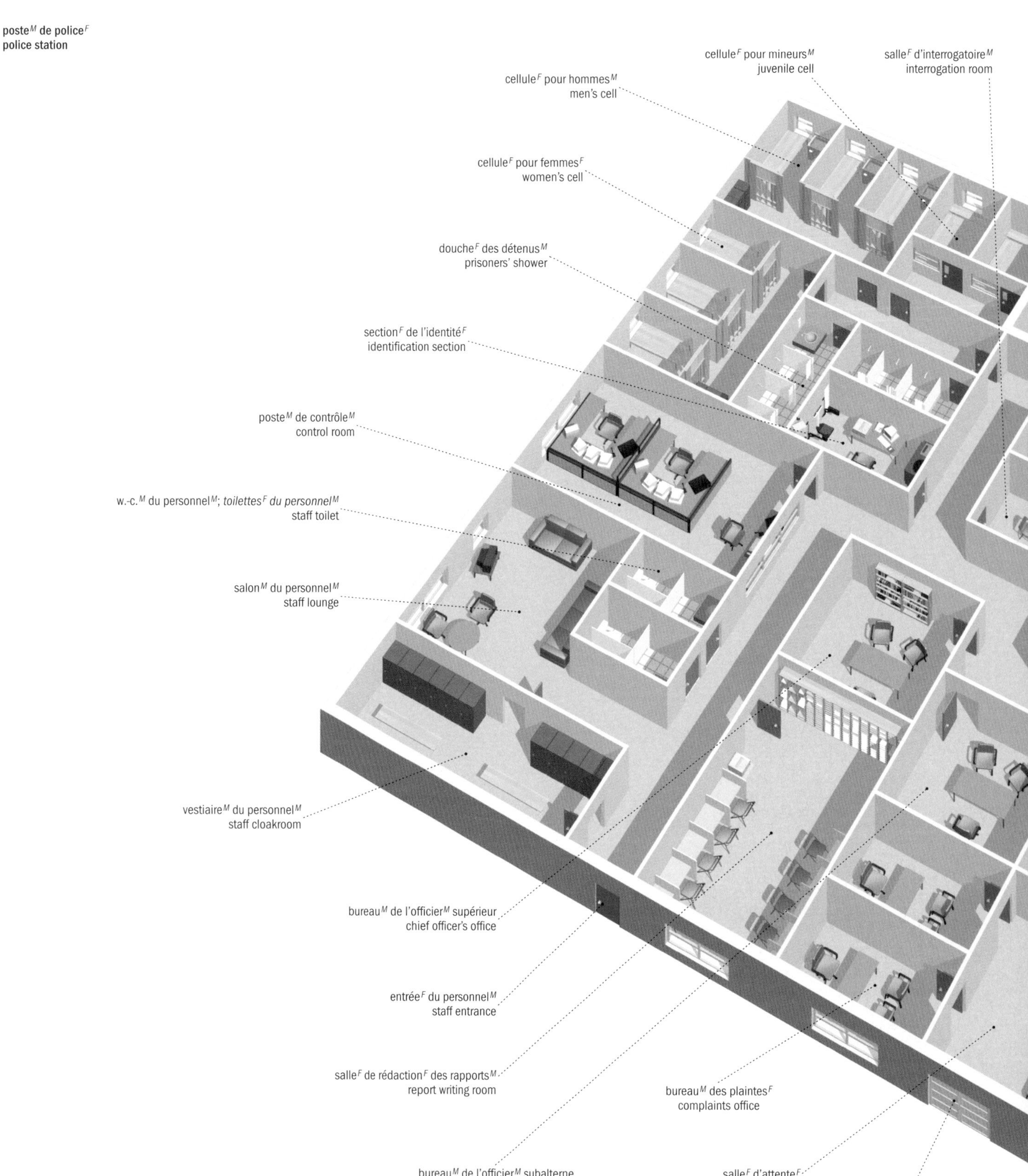

cellule^F pour mineurs^M
juvenile cell
salle^F d'interrogatoire^M
interrogation room
cellule^F pour hommes^M
men's cell
cellule^F pour femmes^F
women's cell
douche^F des détenus^M
prisoners' shower
section^F de l'identité^F
identification section
poste^M de contrôle^M
control room
w.-c.^M du personnel^M; *toilettes^F du personnel^M*
staff toilet
salon^M du personnel^M
staff lounge
vestiaire^M du personnel^M
staff cloakroom
bureau^M de l'officier^M supérieur
chief officer's office
entrée^F du personnel^M
staff entrance
salle^F de rédaction^F des rapports^M
report writing room
bureau^M des plaintes^F
complaints office
bureau^M de l'officier^M subalterne
junior officer's office
salle^F d'attente^F
waiting room
entrée^F principale
main entrance

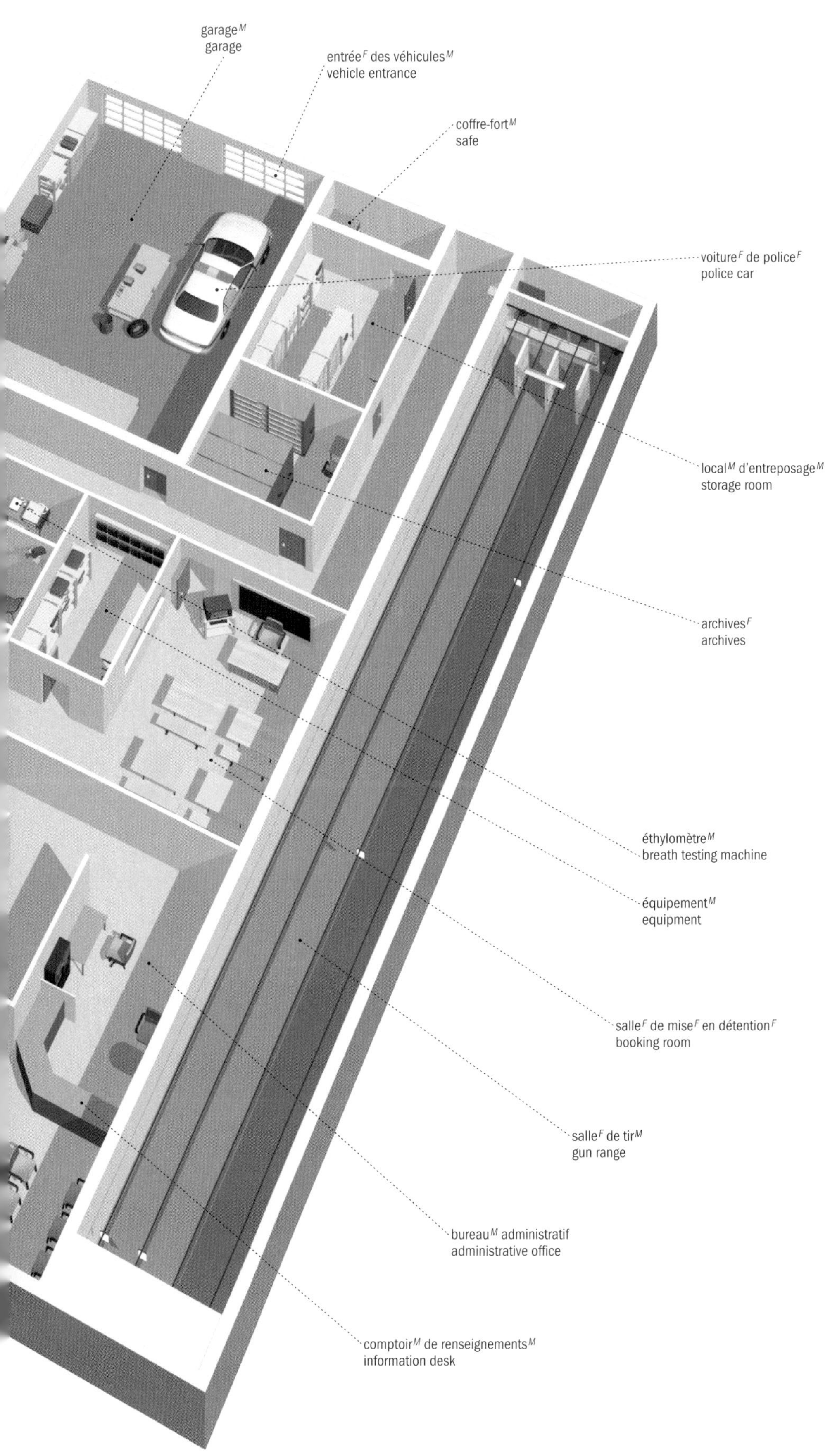
garage^M
garage
entrée^F des véhicules^M
vehicle entrance
coffre-fort^M
safe
voiture^F de police^F
police car
local^M d'entreposage^M
storage room
archives^F
archives
éthylomètre^M
breath testing machine
équipement^M
equipment
salle^F de mise^F en détention^F
booking room
salle^F de tir^M
gun range
bureau^M administratif
administrative office
comptoir^M de renseignements^M
information desk

prévention^F de la criminalité^F

agent^M de police^F
police officer

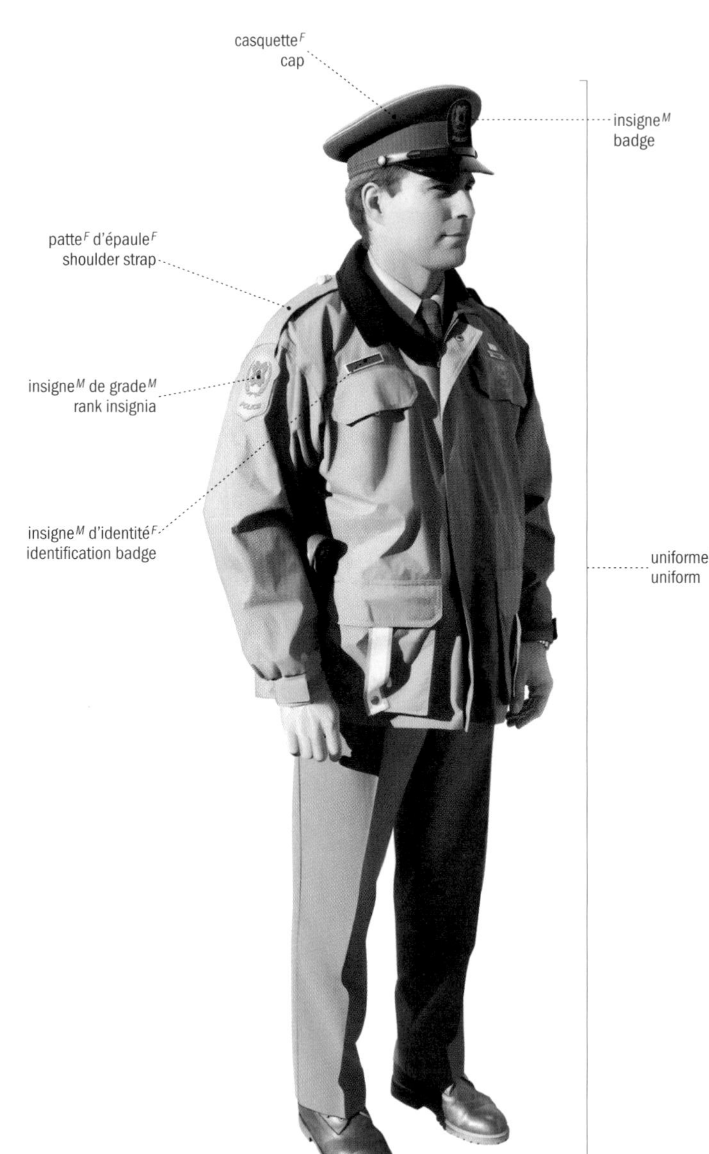
casquette^F
cap
insigne^M
badge
patte^F d'épaule^F
shoulder strap
insigne^M de grade^M
rank insignia
insigne^M d'identité^F
identification badge
uniforme^M
uniform

ceinturon^M de service^M
duty belt

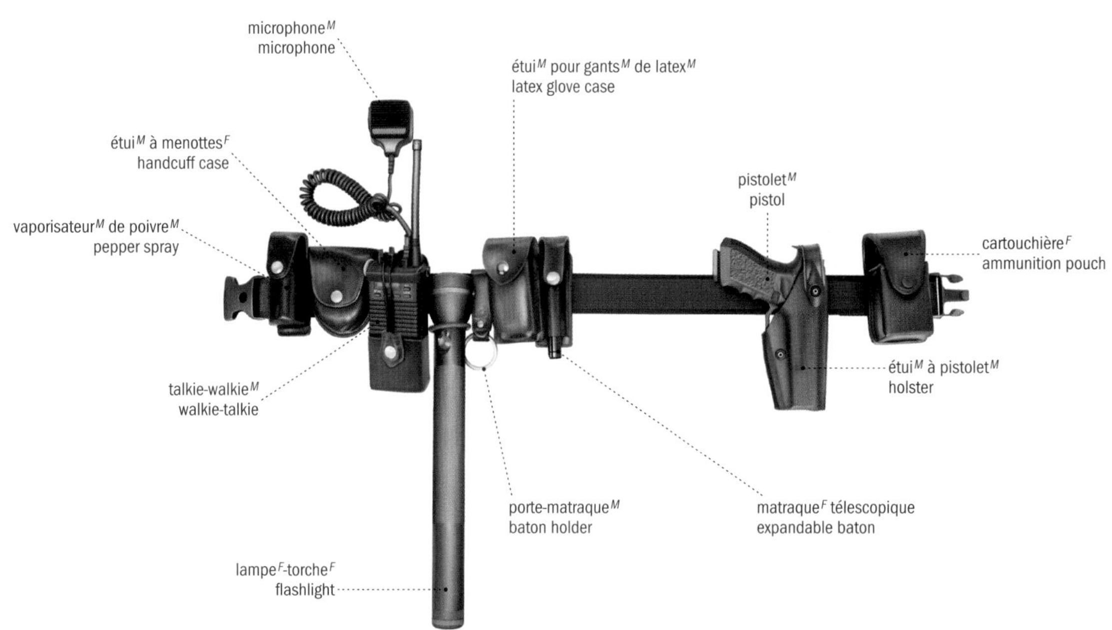
microphone^M
microphone
étui^M pour gants^M de latex^M
latex glove case
étui^M à menottes^F
handcuff case
pistolet^M
pistol
vaporisateur^M de poivre^M
pepper spray
cartouchière^F
ammunition pouch
étui^M à pistolet^M
holster
talkie-walkie^M
walkie-talkie
porte-matraque^M
baton holder
matraque^F télescopique
expandable baton
lampe^F-torche^F
flashlight

équipement^M du tableau^M de bord^M
dashboard equipment

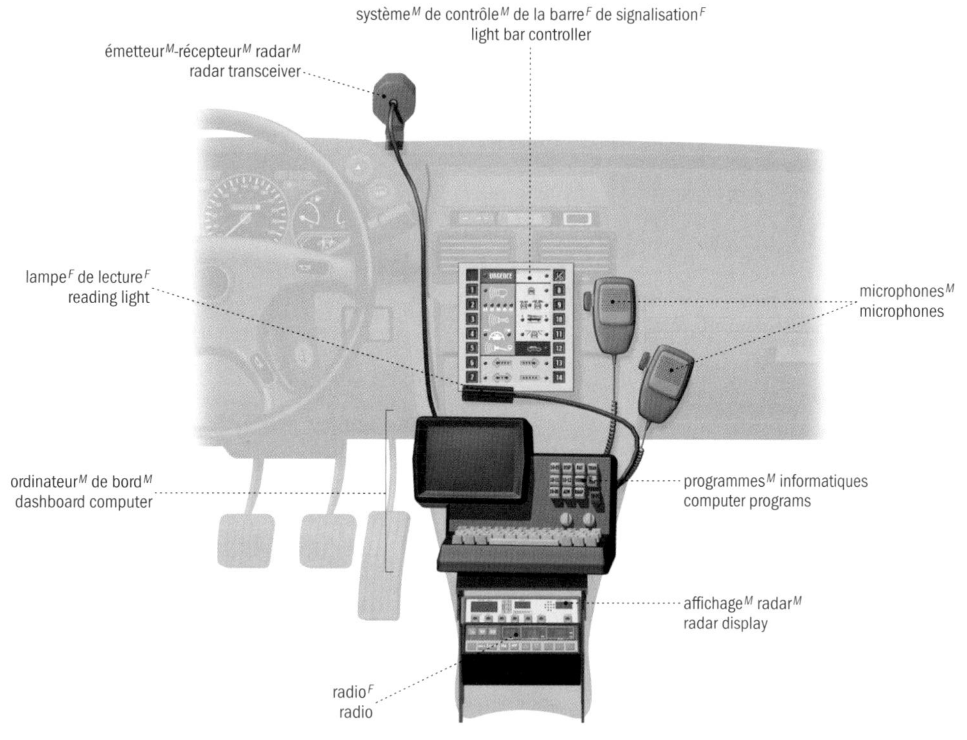
système^M de contrôle^M de la barre^F de signalisation^F
light bar controller
émetteur^M-récepteur^M radar^M
radar transceiver
lampe^F de lecture^F
reading light
microphones^M
microphones
ordinateur^M de bord^M
dashboard computer
programmes^M informatiques
computer programs
affichage^M radar^M
radar display
radio^F
radio

voiture^F de police^F
police car

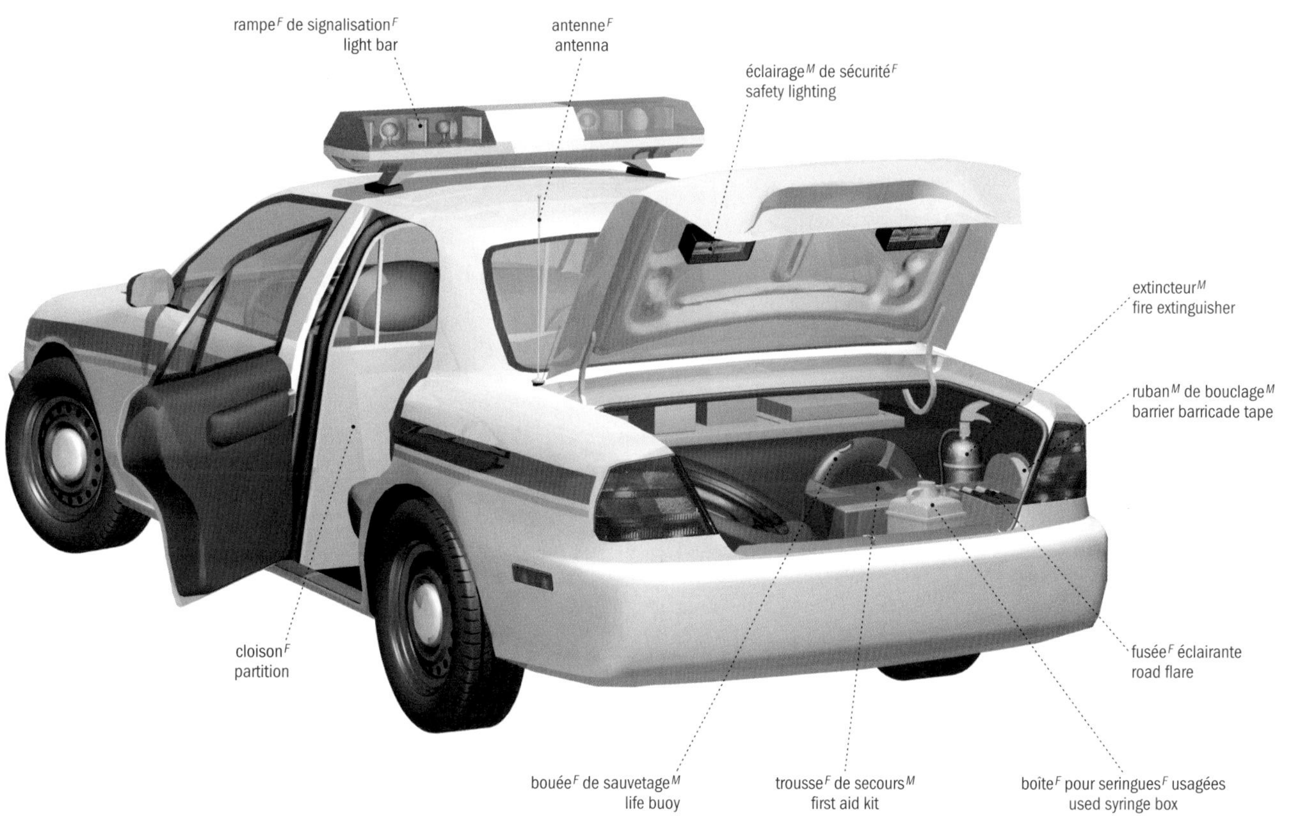
rampe^F de signalisation^F
light bar
antenne^F
antenna
éclairage^M de sécurité^F
safety lighting
extincteur^M
fire extinguisher
ruban^M de bouclage^M
barrier barricade tape
cloison^F
partition
fusée^F éclairante
road flare
bouée^F de sauvetage^M
life buoy
trousse^F de secours^M
first aid kit
boîte^F pour seringues^F usagées
used syringe box

protection^F de l'ouïe^F

ear protection

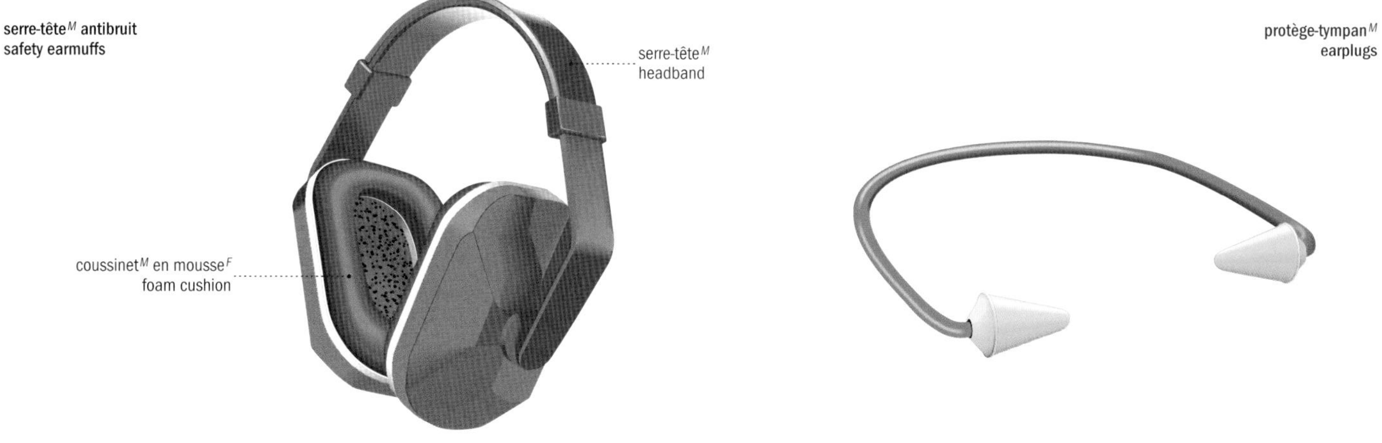
serre-tête^M antibruit
safety earmuffs
serre-tête^M
headband
coussinet^M en mousse^F
foam cushion
protège-tympan^M
earplugs

protection^F des yeux^M

eye protection

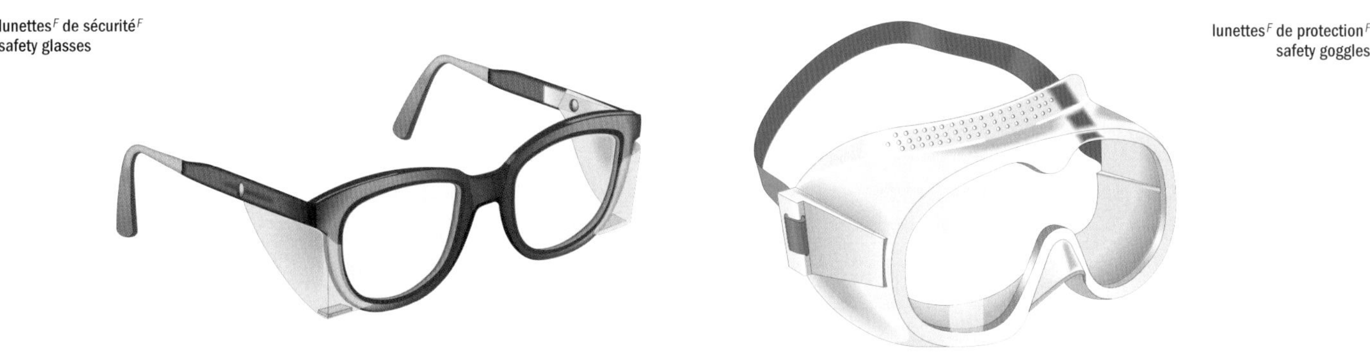
lunettes^F de sécurité^F
safety glasses
lunettes^F de protection^F
safety goggles

protection^F de la tête^F

head protection

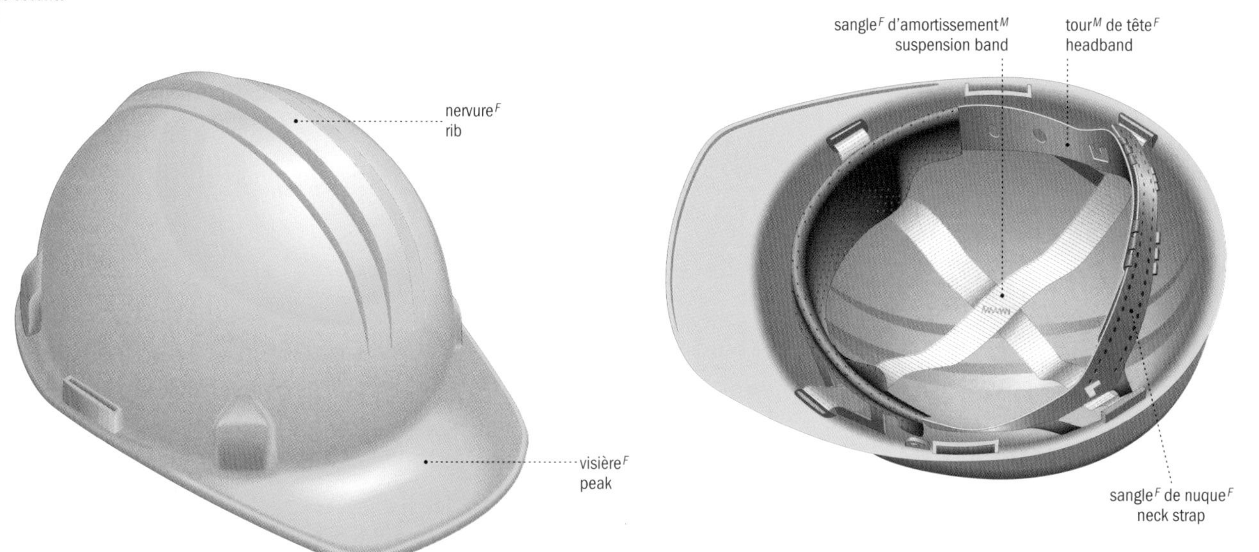
casque^M de sécurité^F
safety cap
nervure^F
rib
visière^F
peak
sangle^F d'amortissement^M
suspension band
tour^M de tête^F
headband
sangle^F de nuque^F
neck strap

protection^F des voies^F respiratoires

respiratory system protection

masque^M respiratoire
respirator

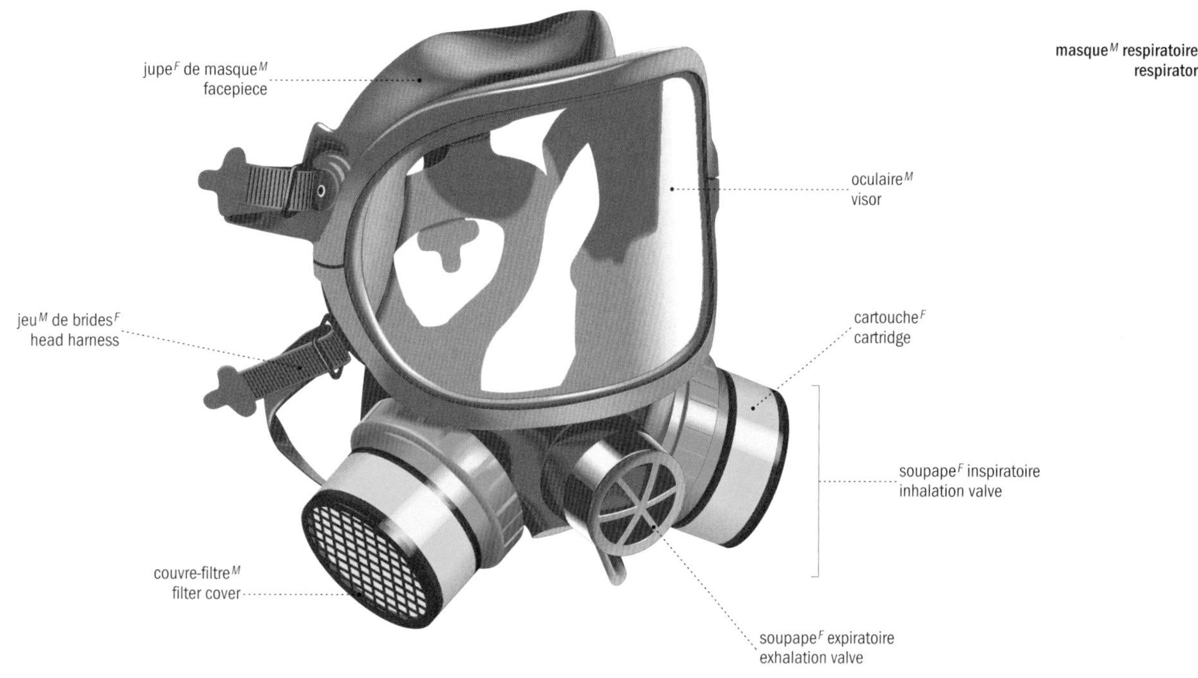
jupe^F de masque^M
facepiece
oculaire^M
visor
jeu^M de brides^F
head harness
cartouche^F
cartridge
soupape^F inspiratoire
inhalation valve
couvre-filtre^M
filter cover
soupape^F expiratoire
exhalation valve

masque^M bucco-nasal
half-mask respirator

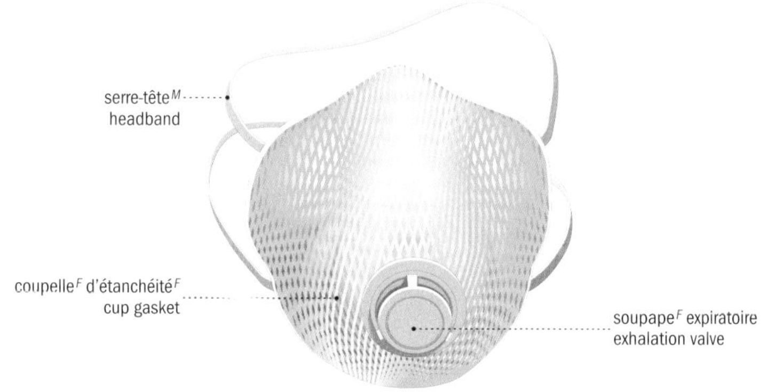
serre-tête^M
headband
coupelle^F d'étanchéité^F
cup gasket
soupape^F expiratoire
exhalation valve

protection^F des pieds^M

foot protection

brodequin^M de sécurité^F
safety boot

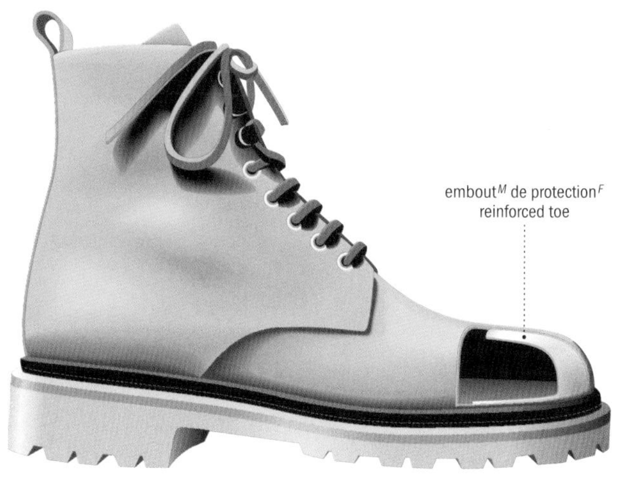
embout^M de protection^F
reinforced toe

protège-orteils^M
toe guard

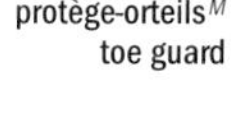

symboles^M de sécurité^F

safety symbols

matières^F dangereuses
dangerous materials

matières^F corrosives
corrosive

danger^M électrique
electrical hazard

matières^F explosives
explosive

matières^F inflammables
flammable

matières^F radioactives
radioactive

matières^F toxiques
poison

protection^F
protection

protection^F obligatoire de la vue^F
eye protection

protection^F obligatoire de l'ouïe^F
ear protection

protection^F obligatoire de la tête^F
head protection

protection^F obligatoire des mains^F
hand protection

protection^F obligatoire des pieds^M
foot protection

protection^F obligatoire des voies^F respiratoires
respiratory system protection

ambulance[F]

ambulance

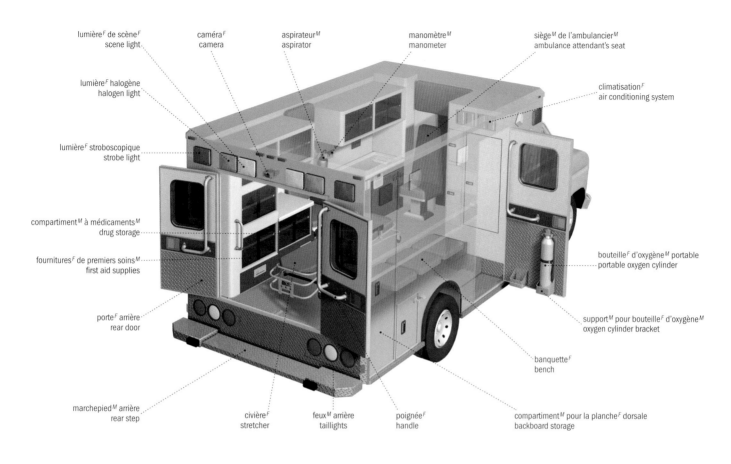

lumière[F] de scène[F]
scene light

caméra[F]
camera

aspirateur[M]
aspirator

manomètre[M]
manometer

siège[M] de l'ambulancier[M]
ambulance attendant's seat

lumière[F] halogène
halogen light

climatisation[F]
air conditioning system

lumière[F] stroboscopique
strobe light

compartiment[M] à médicaments[M]
drug storage

fournitures[F] de premiers soins[M]
first aid supplies

bouteille[F] d'oxygène[M] portable
portable oxygen cylinder

porte[F] arrière
rear door

support[M] pour bouteille[F] d'oxygène[M]
oxygen cylinder bracket

banquette[F]
bench

marchepied[M] arrière
rear step

civière[F]
stretcher

feux[M] arrière
taillights

poignée[F]
handle

compartiment[M] pour la planche[F] dorsale
backboard storage

matériel[M] de secours[M]

first aid equipment

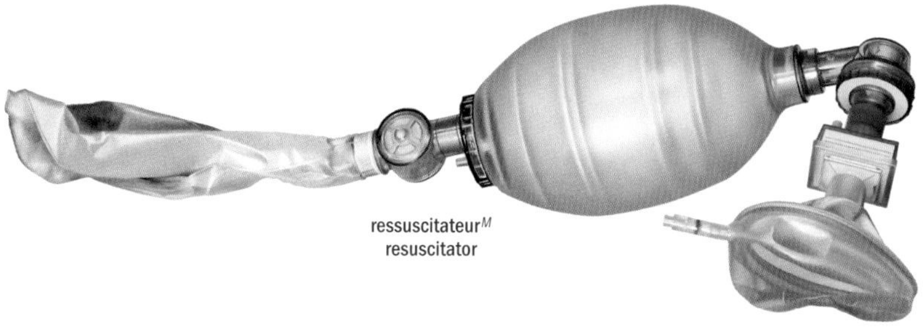

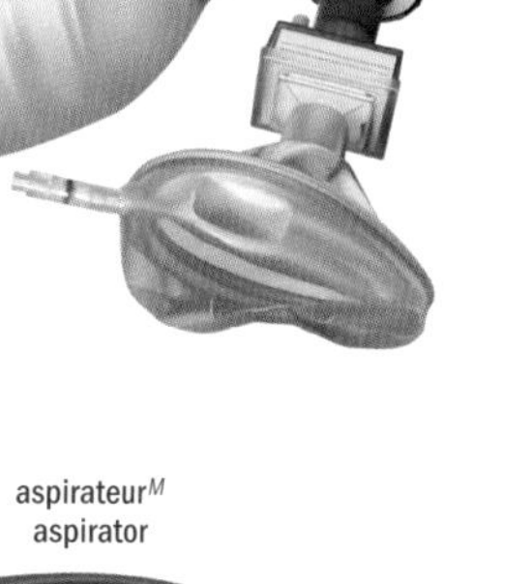

ressuscitateur[M]
resuscitator

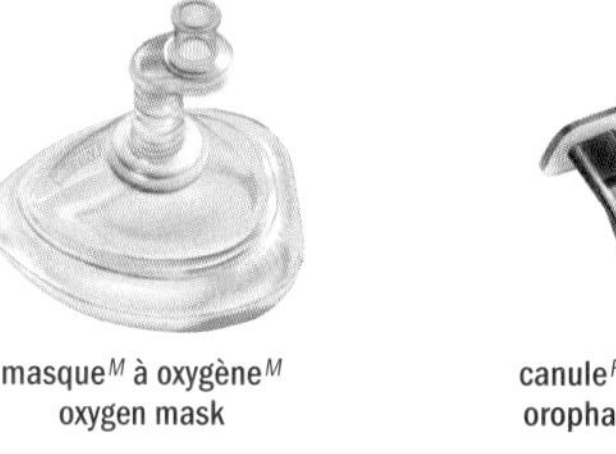

masque[M] à oxygène[M]
oxygen mask

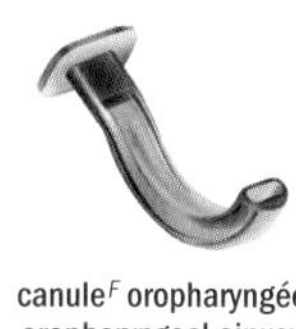

canule[F] oropharyngée
oropharyngeal airway

collier[M] cervical
cervical collar

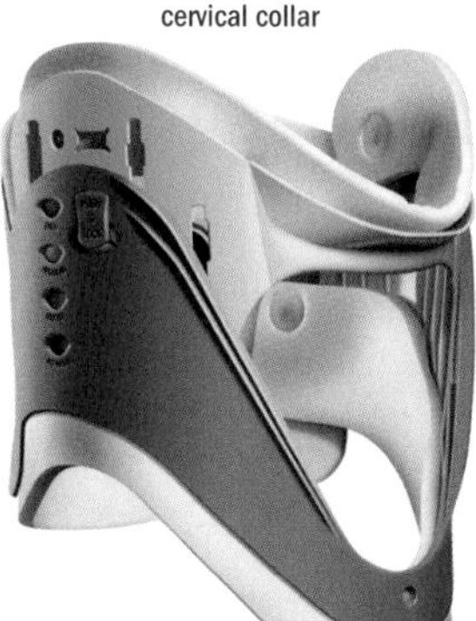

aspirateur[M]
aspirator

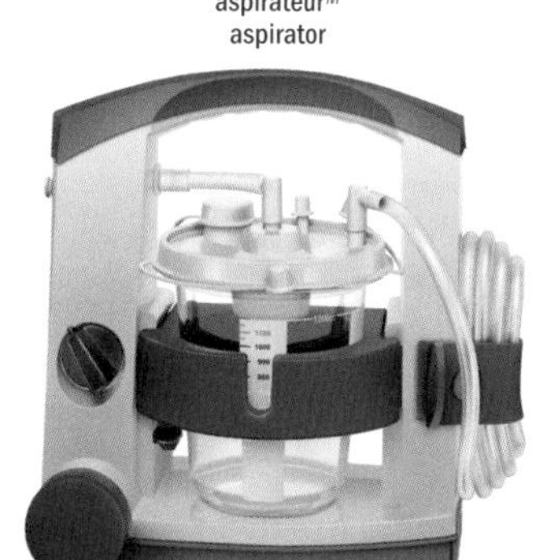

défibrillateur[M]
defibrillator

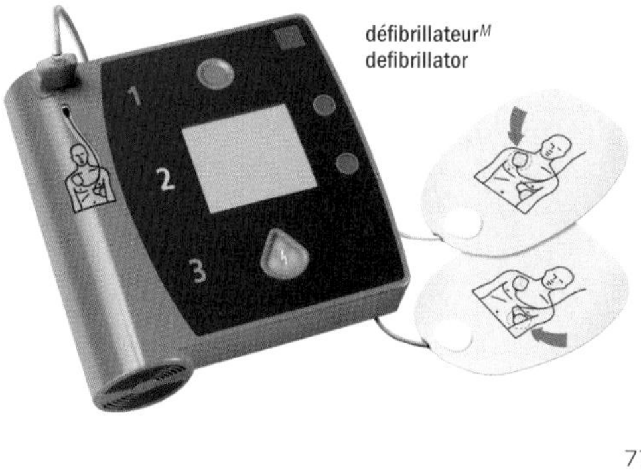

SOCIÉTÉ

matériel[M] de secours[M]

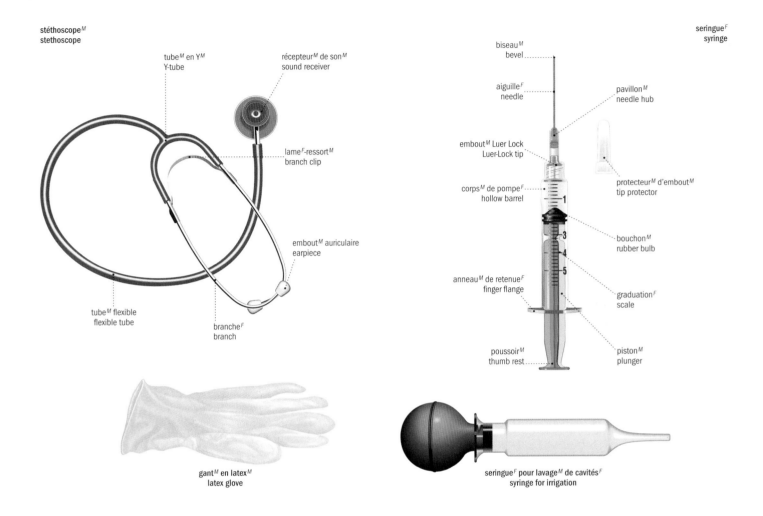

stéthoscope[M]
stethoscope

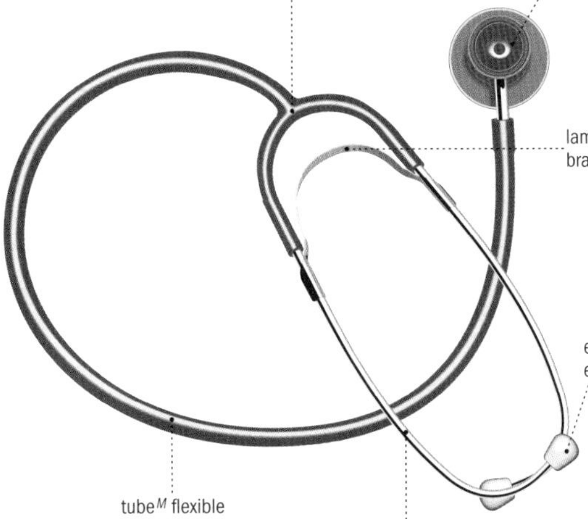

tube[M] en Y[M]
Y-tube

récepteur[M] de son[M]
sound receiver

lame[F]-ressort[M]
branch clip

embout[M] auriculaire
earpiece

tube[M] flexible
flexible tube

branche[F]
branch

seringue[F]
syringe

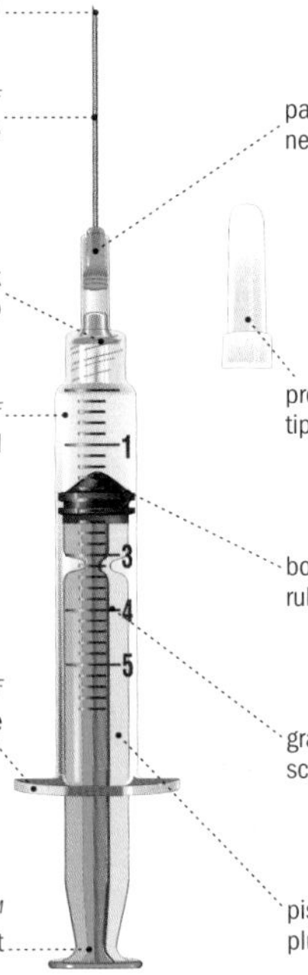

biseau[M]
bevel

aiguille[F]
needle

pavillon[M]
needle hub

embout[M] Luer Lock
Luer-Lock tip

protecteur[M] d'embout[M]
tip protector

corps[M] de pompe[F]
hollow barrel

bouchon[M]
rubber bulb

anneau[M] de retenue[F]
finger flange

graduation[F]
scale

poussoir[M]
thumb rest

piston[M]
plunger

gant[M] en latex[M]
latex glove

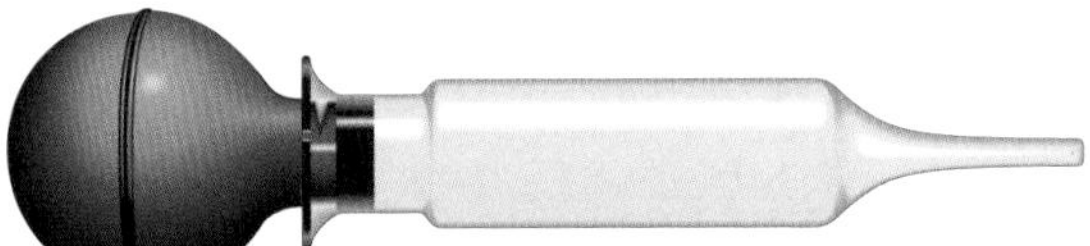

seringue[F] pour lavage[M] de cavités[F]
syringe for irrigation

SOCIÉTÉ

civière[F]
cot

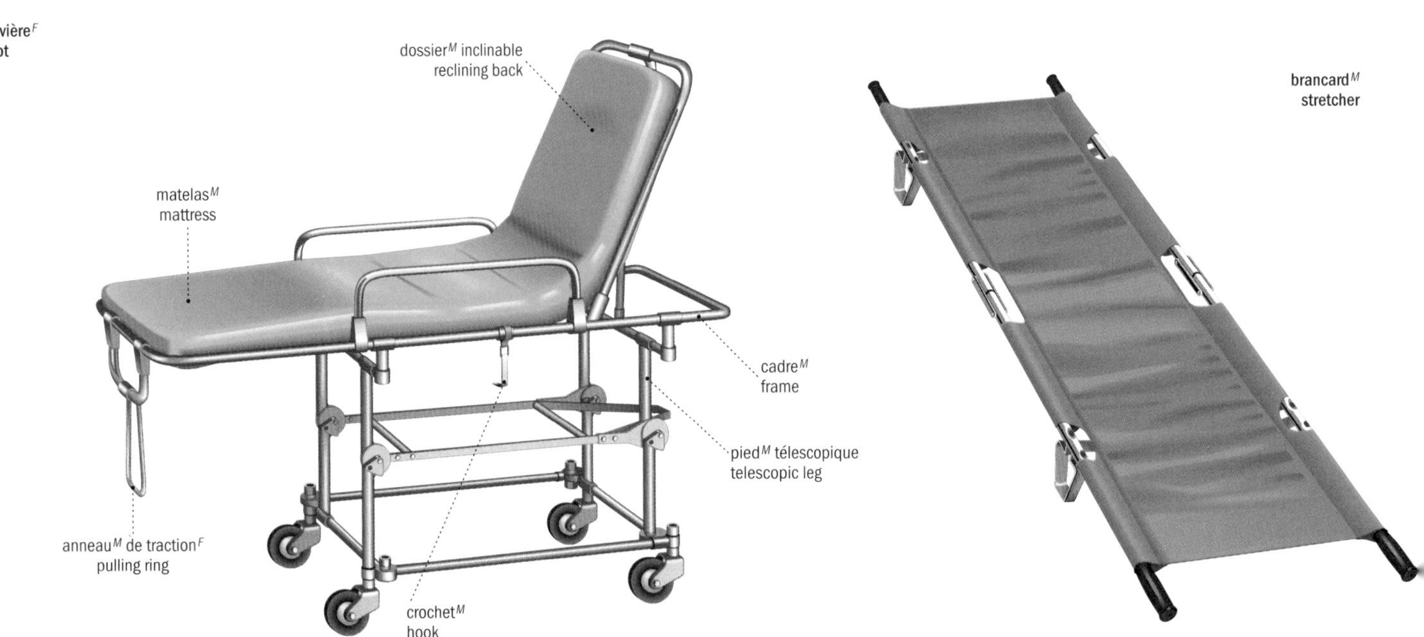
dossier[M] inclinable
reclining back
matelas[M]
mattress
cadre[M]
frame
pied[M] télescopique
telescopic leg
anneau[M] de traction[F]
pulling ring
crochet[M]
hook

brancard[M]
stretcher

trousse[F] de secours[M]

first aid kit

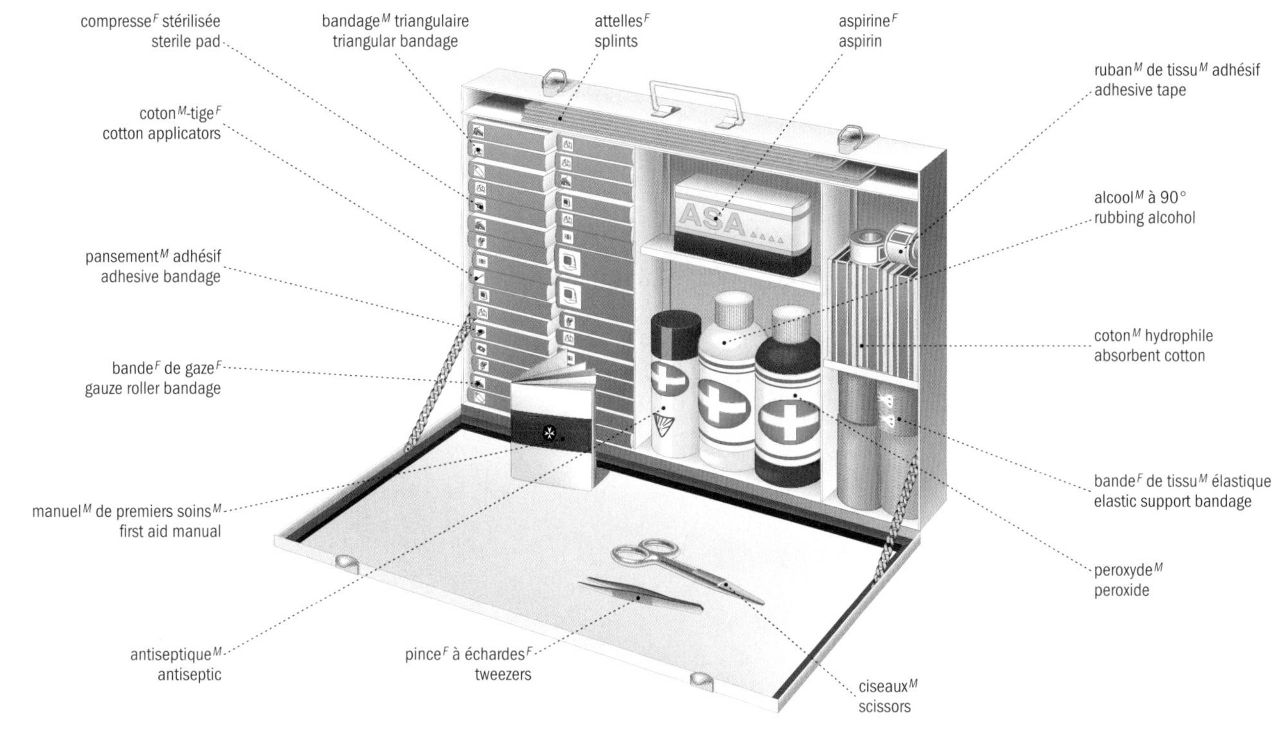
compresse[F] stérilisée
sterile pad
bandage[M] triangulaire
triangular bandage
attelles[F]
splints
aspirine[F]
aspirin
ruban[M] de tissu[M] adhésif
adhesive tape
coton[M]-tige[F]
cotton applicators
alcool[M] à 90°
rubbing alcohol
pansement[M] adhésif
adhesive bandage
coton[M] hydrophile
absorbent cotton
bande[F] de gaze[F]
gauze roller bandage
bande[F] de tissu[M] élastique
elastic support bandage
manuel[M] de premiers soins[M]
first aid manual
peroxyde[M]
peroxide
antiseptique[M]
antiseptic
pince[F] à échardes[F]
tweezers
ciseaux[M]
scissors
ASA

thermomètres[M] médicaux

clinical thermometers

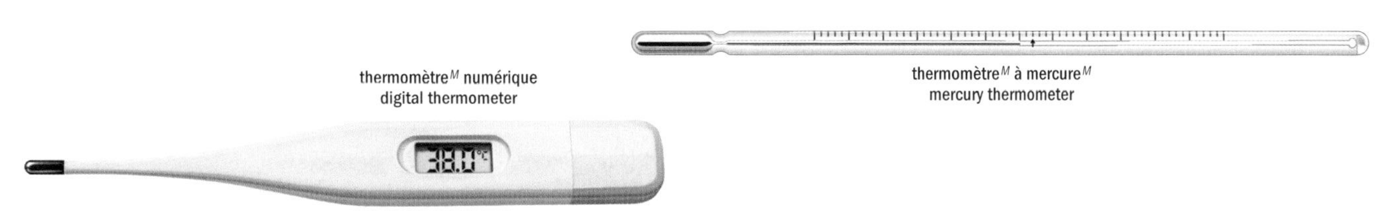
thermomètre[M] à mercure[M]
mercury thermometer
thermomètre[M] numérique
digital thermometer
38.0°C

tensiomètre[M]

blood pressure monitor

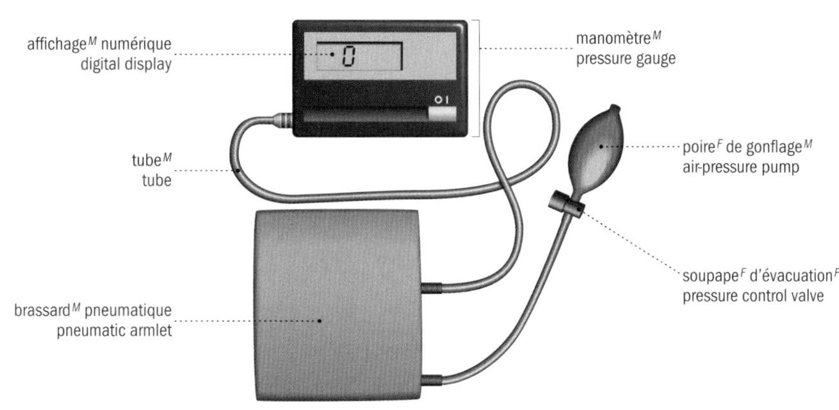
affichage[M] numérique
digital display
manomètre[M]
pressure gauge
tube[M]
tube
poire[F] de gonflage[M]
air-pressure pump
soupape[F] d'évacuation[F]
pressure control valve
brassard[M] pneumatique
pneumatic armlet

hôpital[M]

hospital

urgences[F]; *urgence*[F]
emergency

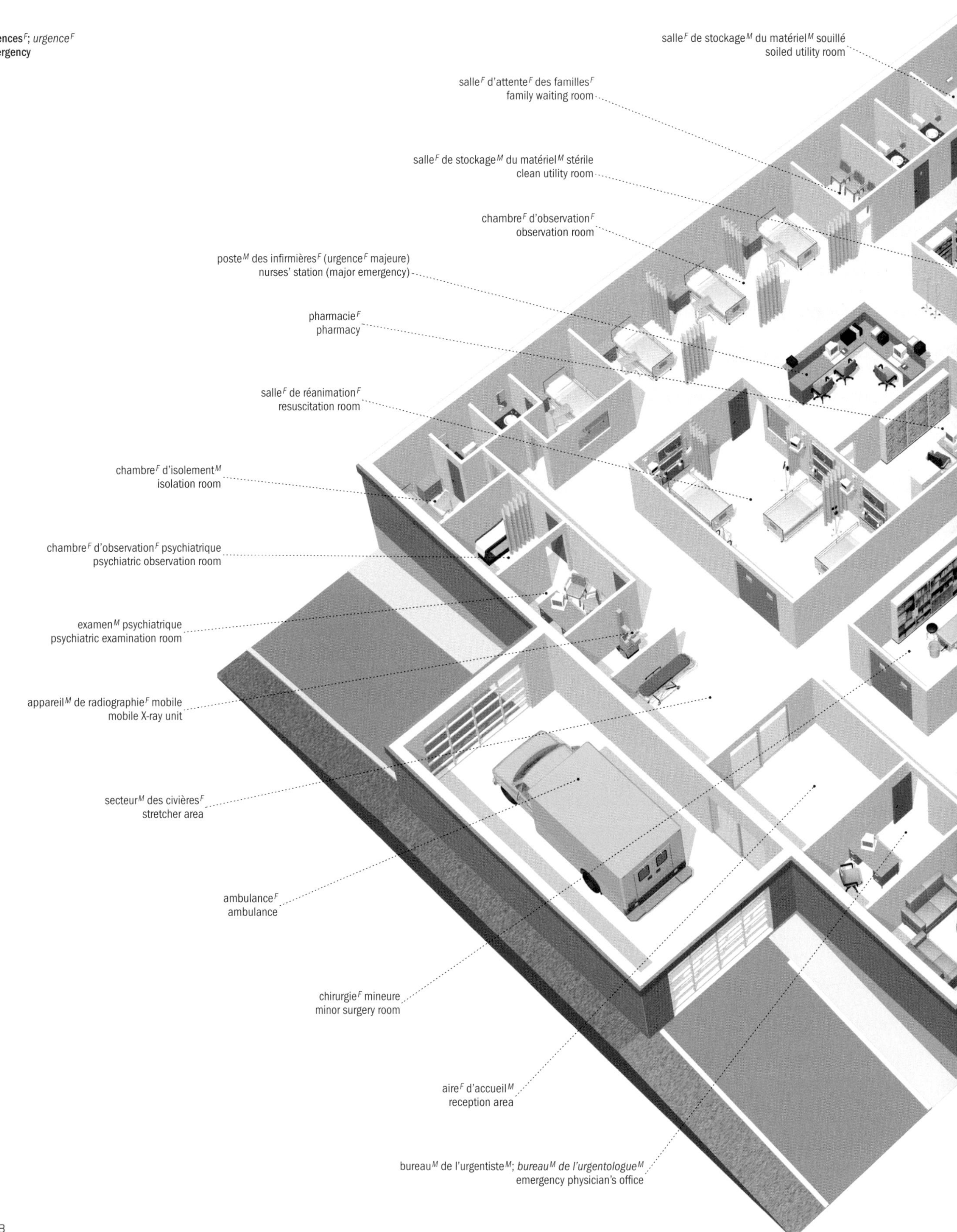
salle[F] de stockage[M] du matériel[M] souillé
soiled utility room
salle[F] d'attente[F] des familles[F]
family waiting room
salle[F] de stockage[M] du matériel[M] stérile
clean utility room
chambre[F] d'observation[F]
observation room
poste[M] des infirmières[F] (urgence[F] majeure)
nurses' station (major emergency)
pharmacie[F]
pharmacy
salle[F] de réanimation[F]
resuscitation room
chambre[F] d'isolement[M]
isolation room
chambre[F] d'observation[F] psychiatrique
psychiatric observation room
examen[M] psychiatrique
psychiatric examination room
appareil[M] de radiographie[F] mobile
mobile X-ray unit
secteur[M] des civières[F]
stretcher area
ambulance[F]
ambulance
chirurgie[F] mineure
minor surgery room
aire[F] d'accueil[M]
reception area
bureau[M] de l'urgentiste[M]; *bureau[M] de l'urgentologue[M]*
emergency physician's office

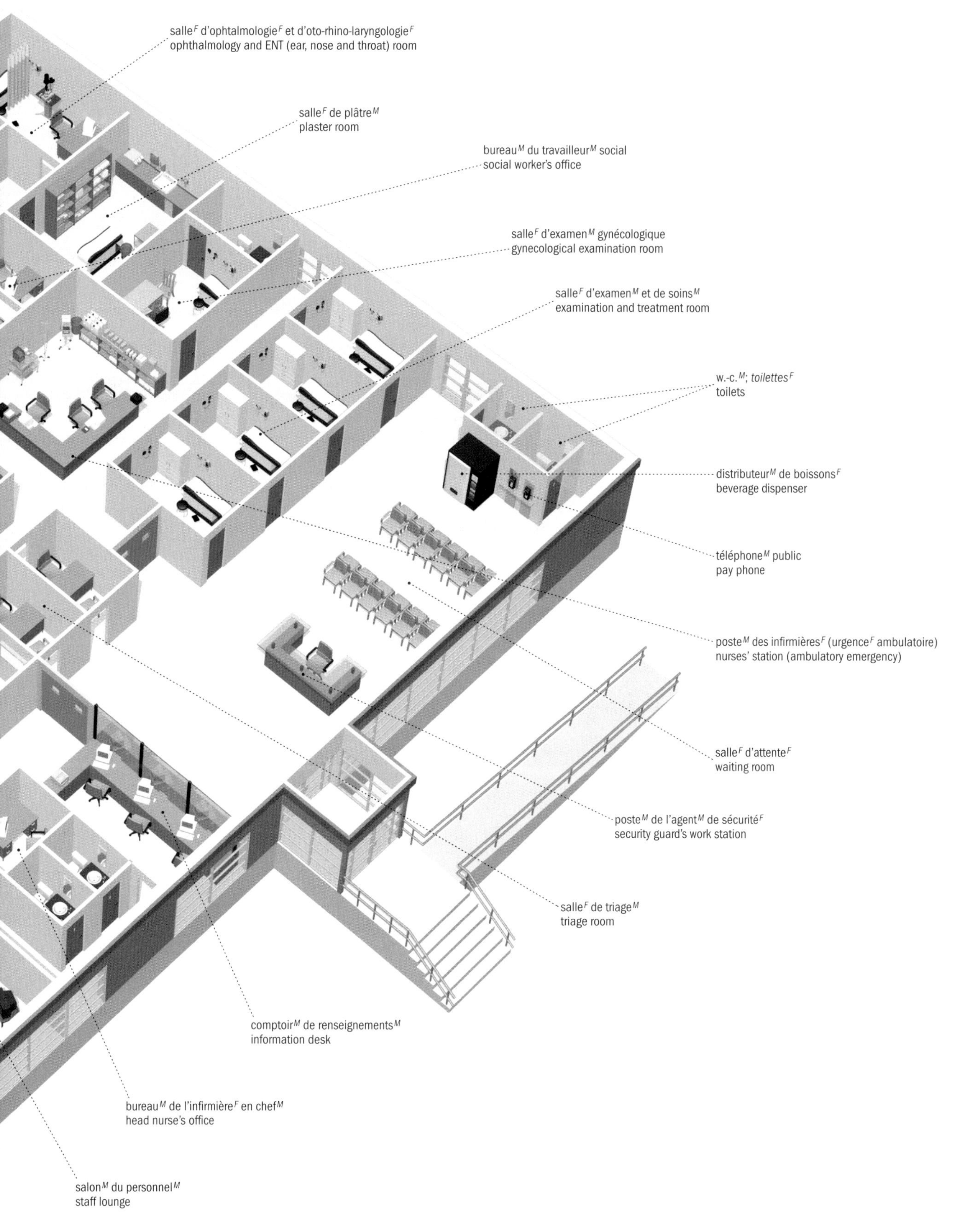
salle^F d'ophtalmologie^F et d'oto-rhino-laryngologie^F
ophthalmology and ENT (ear, nose and throat) room
salle^F de plâtre^M
plaster room
bureau^M du travailleur^M social
social worker's office
salle^F d'examen^M gynécologique
gynecological examination room
salle^F d'examen^M et de soins^M
examination and treatment room
w.-c.^M; toilettes^F
toilets
distributeur^M de boissons^F
beverage dispenser
téléphone^M public
pay phone
poste^M des infirmières^F (urgence^F ambulatoire)
nurses' station (ambulatory emergency)
salle^F d'attente^F
waiting room
poste^M de l'agent^M de sécurité^F
security guard's work station
salle^F de triage^M
triage room
comptoir^M de renseignements^M
information desk
bureau^M de l'infirmière^F en chef^M
head nurse's office
salon^M du personnel^M
staff lounge

chambre[F] d'hôpital[M]
patient room

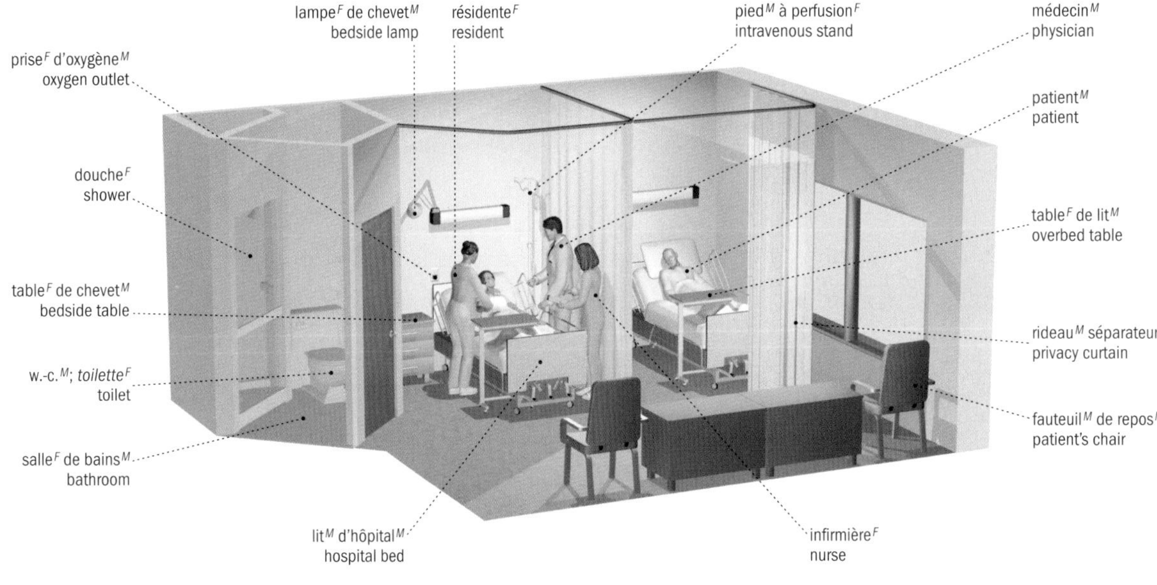
lampe[F] de chevet[M]
bedside lamp
résidente[F]
resident
pied[M] à perfusion[F]
intravenous stand
médecin[M]
physician
prise[F] d'oxygène[M]
oxygen outlet
patient[M]
patient
douche[F]
shower
table[F] de lit[M]
overbed table
table[F] de chevet[M]
bedside table
rideau[M] séparateur
privacy curtain
w.-c.[M]; *toilette[F]*
toilet
fauteuil[M] de repos[M]
patient's chair
salle[F] de bains[M]
bathroom
lit[M] d'hôpital[M]
hospital bed
infirmière[F]
nurse

bloc[M] opératoire
operating suite

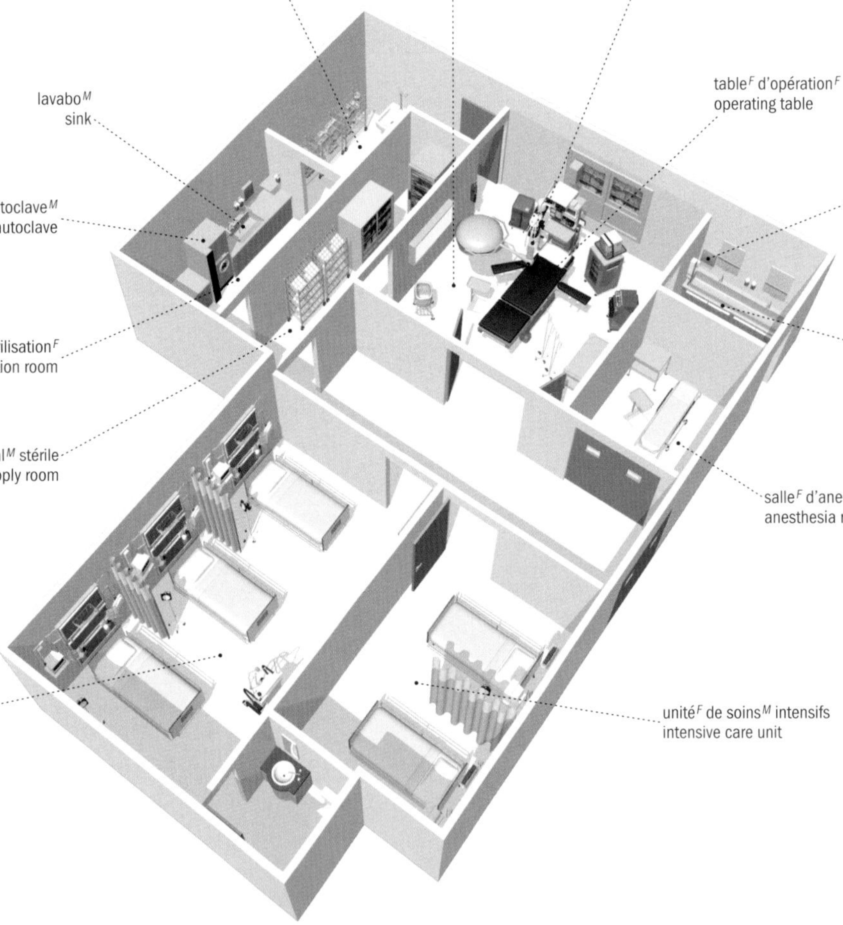

salle[F] de stockage[M] du matériel[M] souillé
soiled utility room

salle[F] d'opération[F]
operating room

bouteille[F] à gaz[M] médical
medical gas cylinder

table[F] d'opération[F]
operating table

lavabo[M]
sink

rangement[M] pour les gants[M]
glove storage

autoclave[M]
autoclave

salle[F] de stérilisation[F]
sterilization room

salle[F] de préparation[F] chirurgicale
scrub room

arsenal[M] stérile
supply room

salle[F] d'anesthésie[F]
anesthesia room

salle[F] de réveil[M]
recovery room

unité[F] de soins[M] intensifs
intensive care unit

unité^F de soins^M ambulatoires
ambulatory care unit

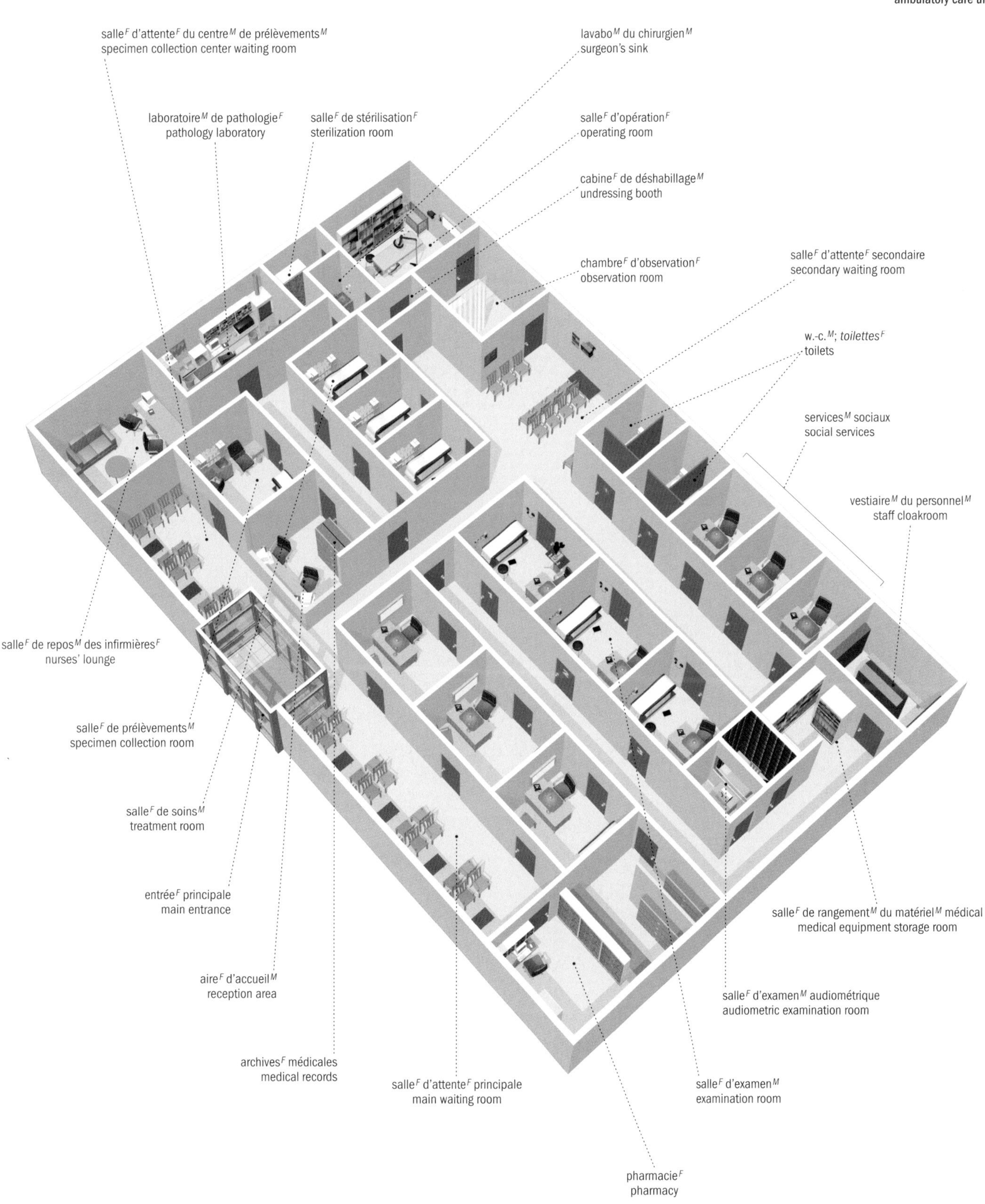
salle^F d'attente^F du centre^M de prélèvements^M
specimen collection center waiting room
lavabo^M du chirurgien^M
surgeon's sink
laboratoire^M de pathologie^F
pathology laboratory
salle^F de stérilisation^F
sterilization room
salle^F d'opération^F
operating room
cabine^F de déshabillage^M
undressing booth
chambre^F d'observation^F
observation room
salle^F d'attente^F secondaire
secondary waiting room
w.-c.^M; *toilettes*^F
toilets
services^M sociaux
social services
vestiaire^M du personnel^M
staff cloakroom
salle^F de repos^M des infirmières^F
nurses' lounge
salle^F de prélèvements^M
specimen collection room
salle^F de soins^M
treatment room
entrée^F principale
main entrance
salle^F de rangement^M du matériel^M médical
medical equipment storage room
aire^F d'accueil^M
reception area
salle^F d'examen^M audiométrique
audiometric examination room
archives^F médicales
medical records
salle^F d'attente^F principale
main waiting room
salle^F d'examen^M
examination room
pharmacie^F
pharmacy

aides^F à la marche^F

walking aids

béquille^F d'avant-bras^M
forearm crutch

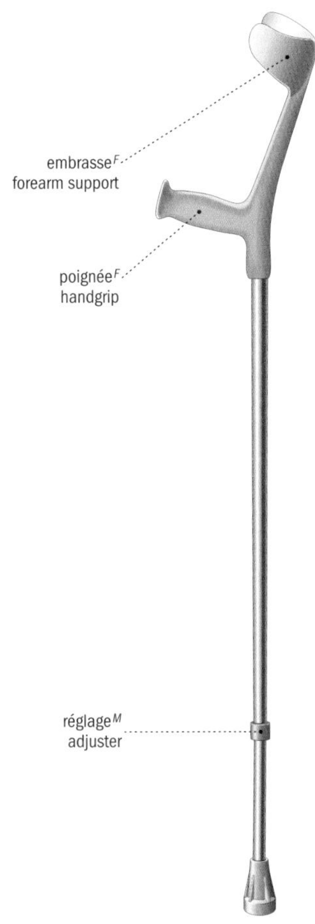
embrasse^F
forearm support
poignée^F
handgrip
réglage^M
adjuster

béquille^F commune
underarm crutch

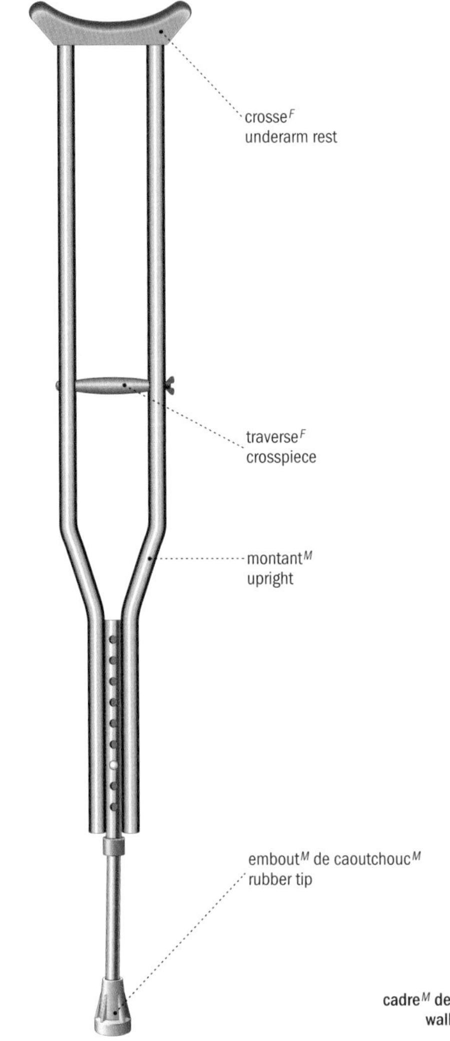
crosse^F
underarm rest
traverse^F
crosspiece
montant^M
upright
embout^M de caoutchouc^M
rubber tip

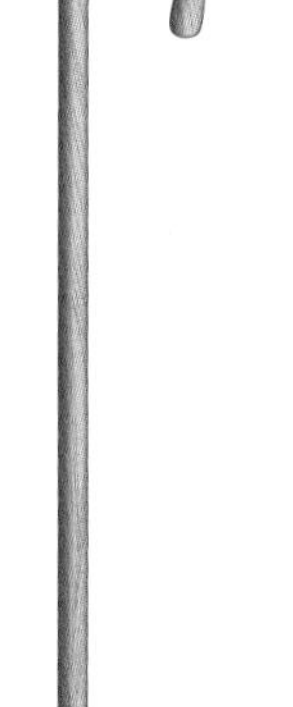

canne^F en C^M
walking stick

canne^F avec quadripode^M
quad cane

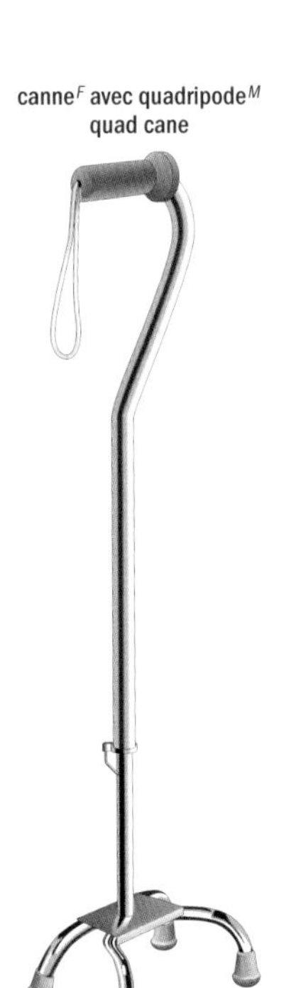

canne^F en T^M
English cane

canne^F avec poignée^F orthopédique
ortho-cane

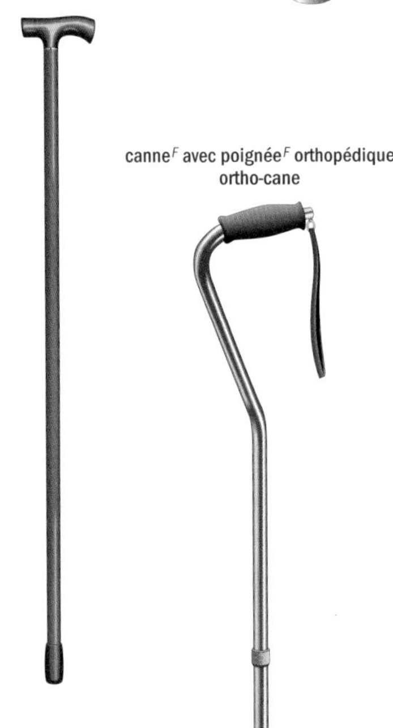

cadre^M de marche^F
walker

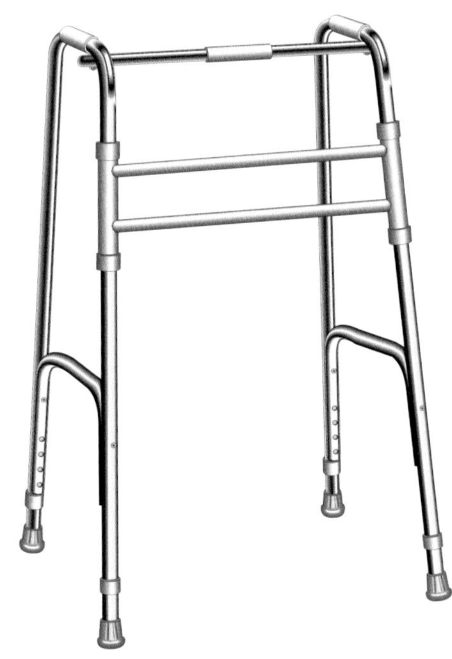

fauteuil[M] roulant

wheelchair

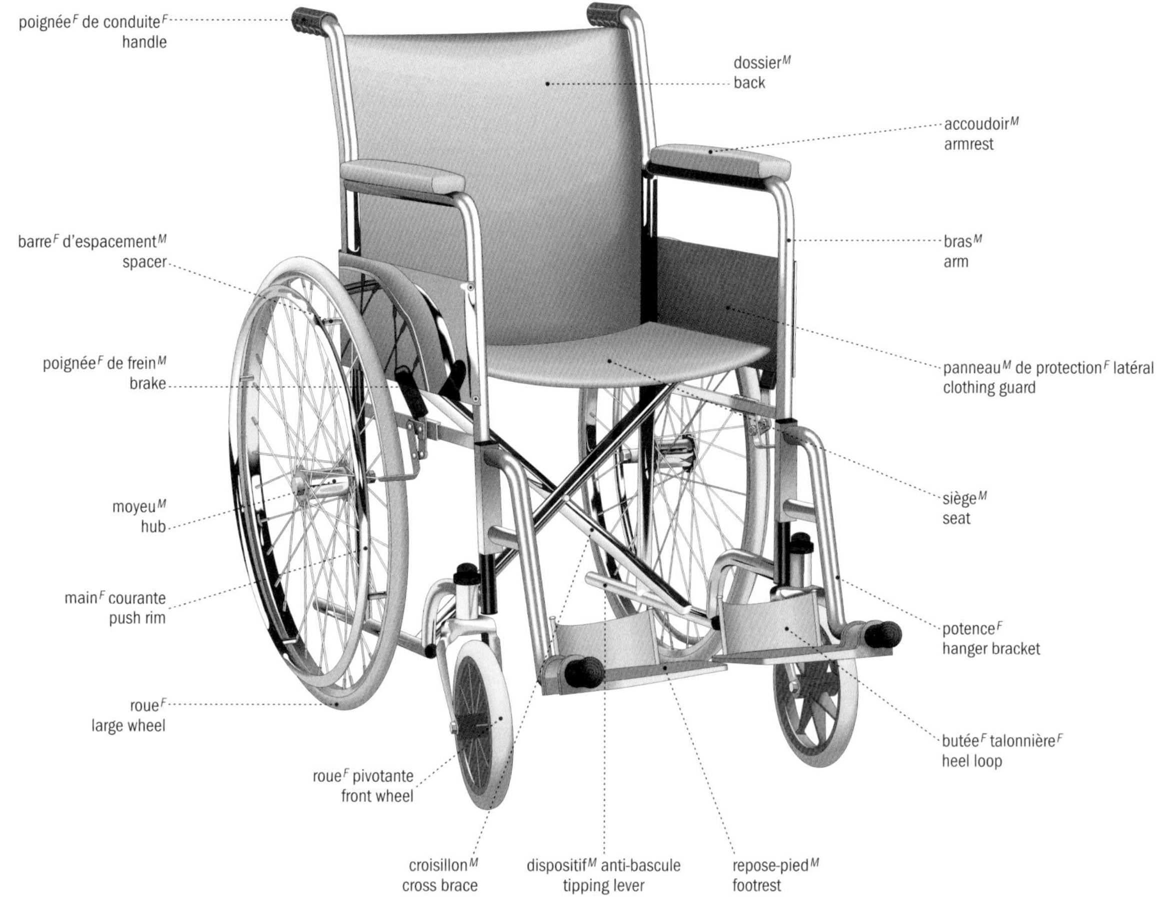
poignée[F] de conduite[F]
handle
dossier[M]
back
accoudoir[M]
armrest
barre[F] d'espacement[M]
spacer
bras[M]
arm
poignée[F] de frein[M]
brake
panneau[M] de protection[F] latéral
clothing guard
moyeu[M]
hub
siège[M]
seat
main[F] courante
push rim
potence[F]
hanger bracket
roue[F]
large wheel
butée[F] talonnière[F]
heel loop
roue[F] pivotante
front wheel
croisillon[M]
cross brace
dispositif[M] anti-bascule
tipping lever
repose-pied[M]
footrest

formes[F] pharmaceutiques des médicaments[M]

forms of medications

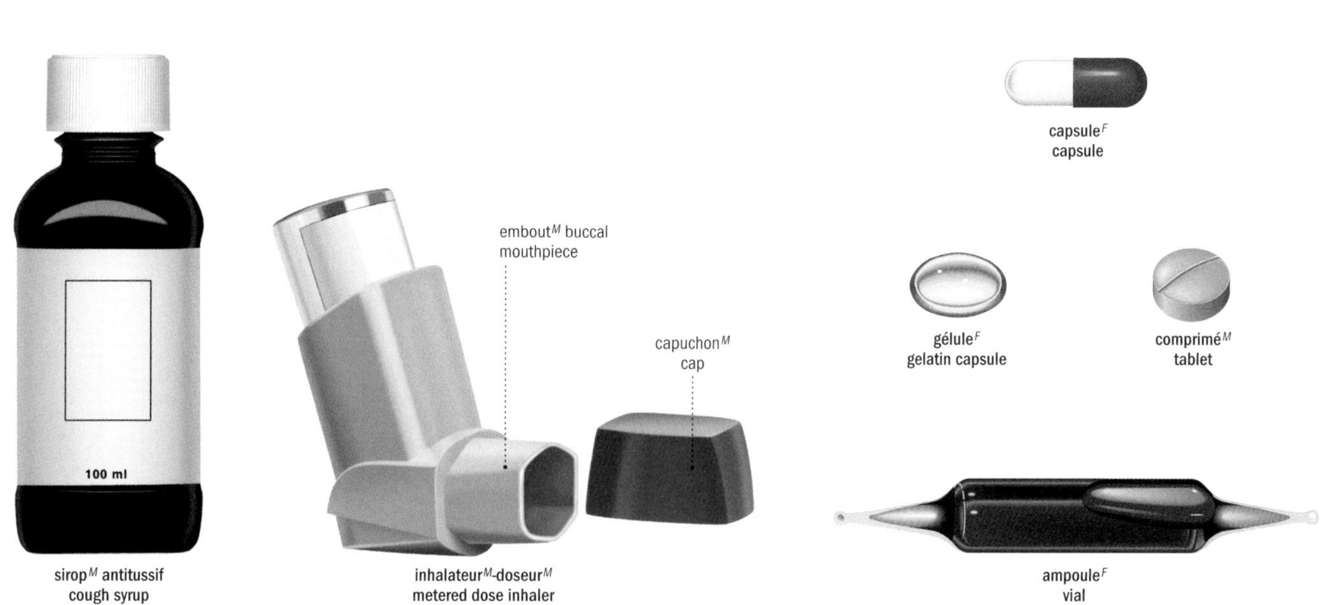
capsule[F]
capsule
embout[M] buccal
mouthpiece
capuchon[M]
cap
gélule[F]
gelatin capsule
comprimé[M]
tablet
100 ml
sirop[M] antitussif
cough syrup
inhalateur[M]-doseur[M]
metered dose inhaler
ampoule[F]
vial

liens^M de parenté^F

family relationships

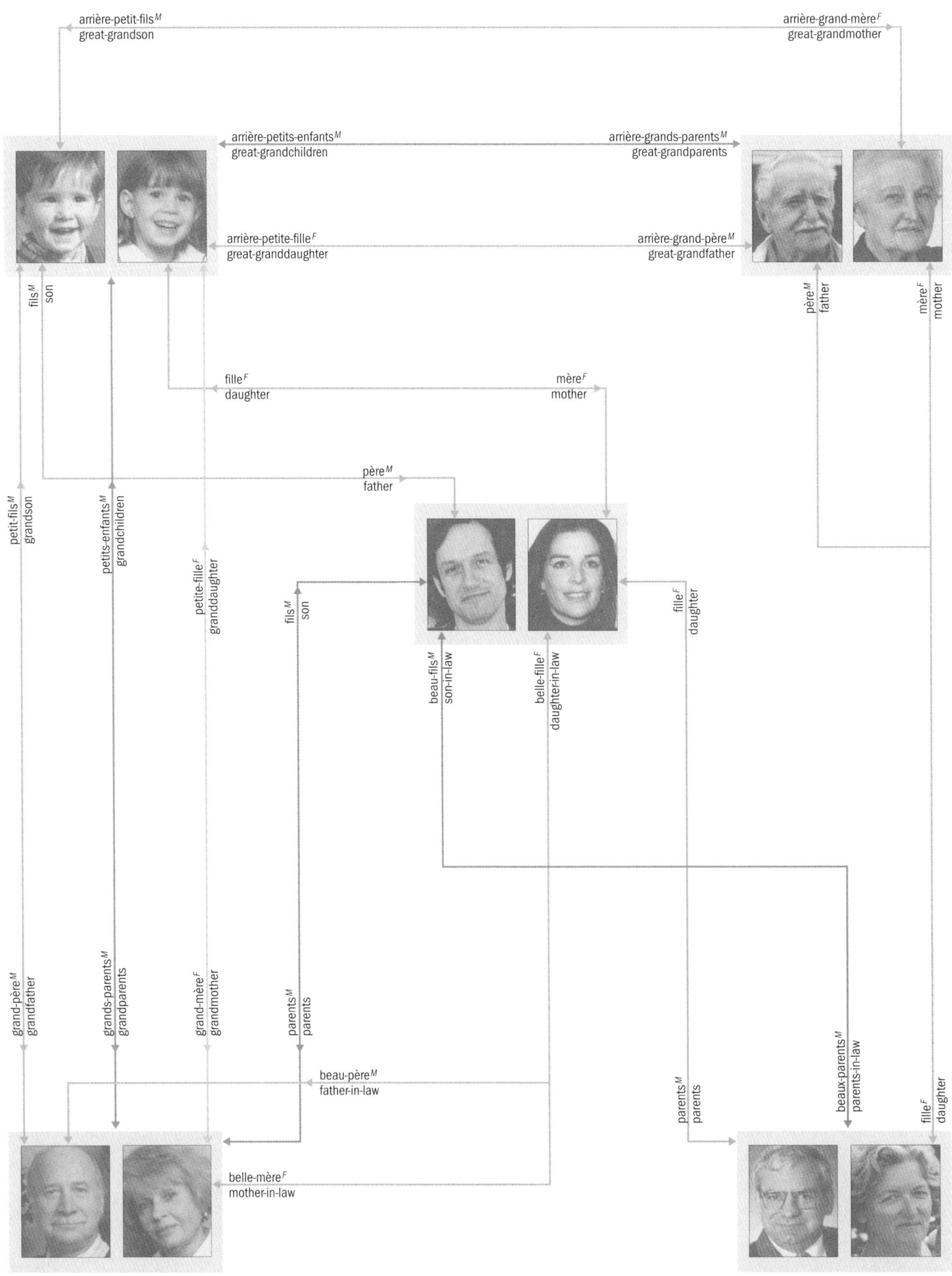

arrière-petit-fils^M
great-grandson
arrière-grand-mère^F
great-grandmother
arrière-petits-enfants^M
great-grandchildren
arrière-grands-parents^M
great-grandparents
arrière-petite-fille^F
great-granddaughter
arrière-grand-père^M
great-grandfather
fils^M
son
père^M
father
mère^F
mother
fille^F
daughter
mère^F
mother
père^M
father
petit-fils^M
grandson
petits-enfants^M
grandchildren
petite-fille^F
granddaughter
fils^M
son
fille^F
daughter
beau-fils^M
son-in-law
belle-fille^F
daughter-in-law
grand-père^M
grandfather
grands-parents^M
grandparents
grand-mère^F
grandmother
parents^M
parents
beau-père^M
father-in-law
belle-mère^F
mother-in-law
parents^M
parents
beaux-parents^M
parents-in-law
fille^F
daughter

liens^M de parenté^F

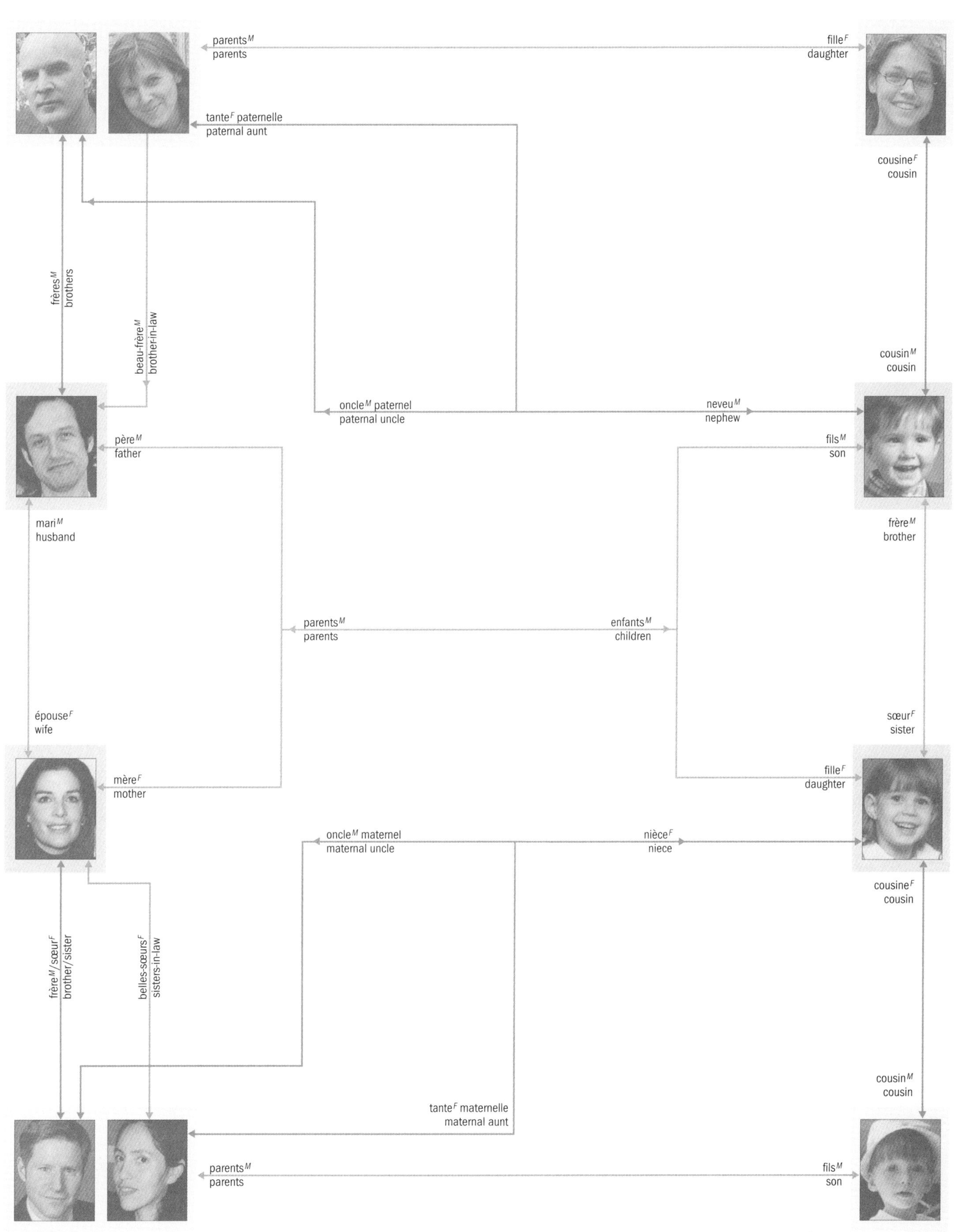
parents^M
parents
fille^F
daughter
tante^F paternelle
paternal aunt
cousine^F
cousin
frères^M
brothers
beau-frère^M
brother-in-law
cousin^M
cousin
oncle^M paternel
paternal uncle
neveu^M
nephew
père^M
father
fils^M
son
mari^M
husband
frère^M
brother
parents^M
parents
enfants^M
children
épouse^F
wife
sœur^F
sister
mère^F
mother
fille^F
daughter
oncle^M maternel
maternal uncle
nièce^F
niece
cousine^F
cousin
frère^M/sœur^F
brother/sister
belles-sœurs^F
sisters-in-law
cousin^M
cousin
tante^F maternelle
maternal aunt
parents^M
parents
fils^M
son

788 Installations sportives

788 complexe sportif
789 tableau indicateur
789 compétition

790 Athlétisme

790 stade
792 sauts
793 lancers

794 Sports de balle et de ballon

794 baseball
797 softball
798 cricket
800 hockey sur gazon
802 football
804 rugby
806 football américain
809 football canadien
809 netball
810 basketball
812 volleyball
814 handball

815 Sports de raquette

815 tennis de table
816 badminton
818 racquetball
819 squash
820 tennis

823 Sports gymniques

823 gymnastique rythmique
823 trampoline
824 gymnastique

827 Sports aquatiques et nautiques

827 water-polo
828 plongeon
830 natation
833 voile
836 planche à voile
837 canoë-kayak : eaux vives
838 aviron
838 canoë-kayak : course en ligne
840 ski nautique
840 surf
841 plongée sous-marine

842 Sports de combat

842 boxe
843 lutte
844 judo
845 karaté
846 kung-fu
846 ju-jitsu
846 aïkido
847 kendo
847 sumo
848 escrime

850 Sports de force

850 haltérophilie
850 appareils de conditionnement physique

852 Sports équestres

852 saut d'obstacle
854 équitation
855 dressage
856 course de chevaux : turf
857 course de chevaux : course attelée
858 polo

SPORTS ET JEUX

SPORTS AND GAMES

859 Sports de précision

859 tir à l'arc
860 tir au fusil
861 tir à la carabine
861 tir au pistolet
862 billard
864 boulingrin
864 pétanque
865 jeu de quilles
866 golf

870 Cyclisme

870 cyclisme sur route
870 vélo de montagne
871 cyclisme sur piste
871 bicross

872 Sports motorisés

872 course automobile
874 motocyclisme
876 scooter de mer; *motomarine*
876 motoneige

877 Sports d'hiver

877 curling
878 hockey sur glace
881 patinage artistique
882 patinage de vitesse
884 bobsleigh
884 luge
885 skeleton
885 piste
886 station de ski
887 surf des neiges
888 ski alpin
890 ski acrobatique
891 saut à ski
891 ski de vitesse
892 ski de fond
893 biathlon
893 raquettes

894 Sports à roulettes

894 planche à roulettes
895 patin à roues alignées

896 Sports aériens

896 chute libre
897 parapente
897 vol libre
898 planeur
899 montgolfière

900 Sports de montagne

900 escalade

902 Loisirs de plein air

902 camping
908 nœuds
909 pêche
912 chasse

914 Jeux

914 dés et dominos
914 cartes
915 jeux de plateau
917 puzzle; *casse-tête*
917 mah-jong
918 système de jeux vidéo
918 jeu de fléchettes
919 table de roulette
920 machine à sous
920 baby-foot

complexe^M sportif

sports complex

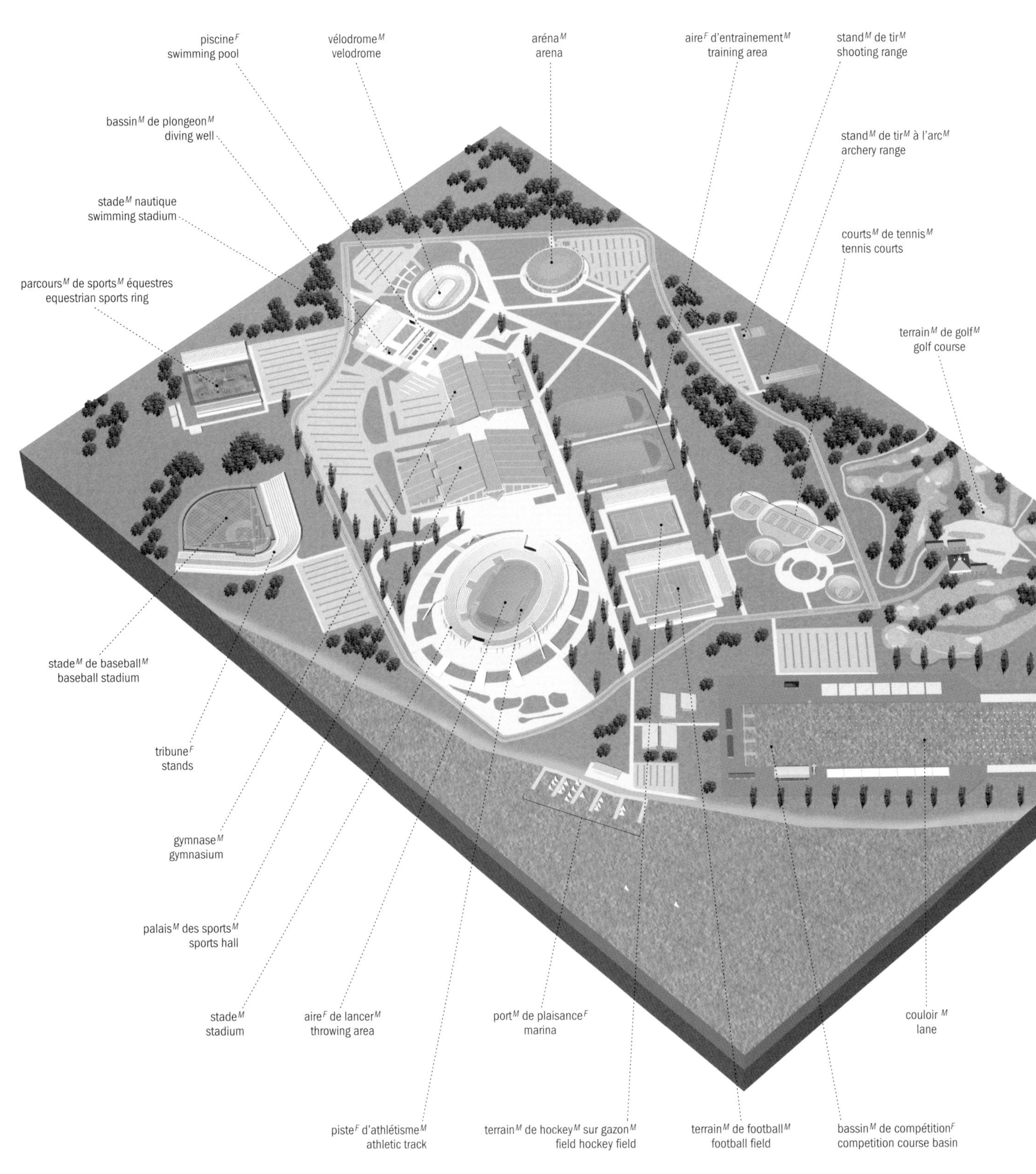
piscine^F
swimming pool
vélodrome^M
velodrome
aréna^M
arena
aire^F d'entrainement^M
training area
stand^M de tir^M
shooting range
bassin^M de plongeon^M
diving well
stand^M de tir^M à l'arc^M
archery range
stade^M nautique
swimming stadium
courts^M de tennis^M
tennis courts
parcours^M de sports^M équestres
equestrian sports ring
terrain^M de golf^M
golf course
stade^M de baseball^M
baseball stadium
tribune^F
stands
gymnase^M
gymnasium
palais^M des sports^M
sports hall
stade^M
stadium
aire^F de lancer^M
throwing area
port^M de plaisance^F
marina
couloir^M
lane
piste^F d'athlétisme^M
athletic track
terrain^M de hockey^M sur gazon^M
field hockey field
terrain^M de football^M
football field
bassin^M de compétition^F
competition course basin

tableau^M indicateur

scoreboard

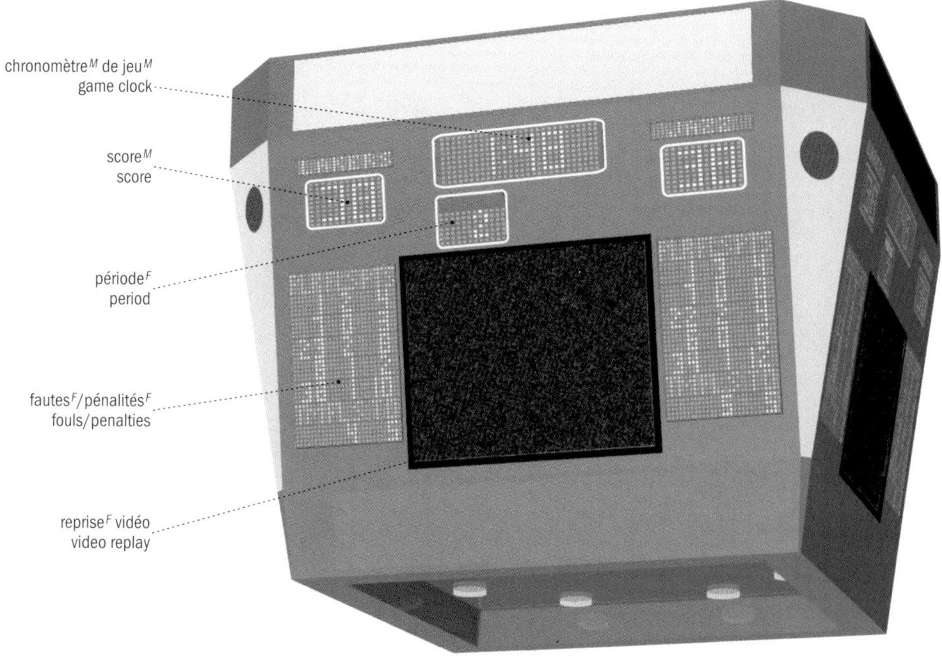
chronomètre^M de jeu^M
game clock
score^M
score
période^F
period
fautes^F/pénalités^F
fouls/penalties
reprise^F vidéo
video replay

compétition^F

competition

tableau^M de tournoi^M
draw

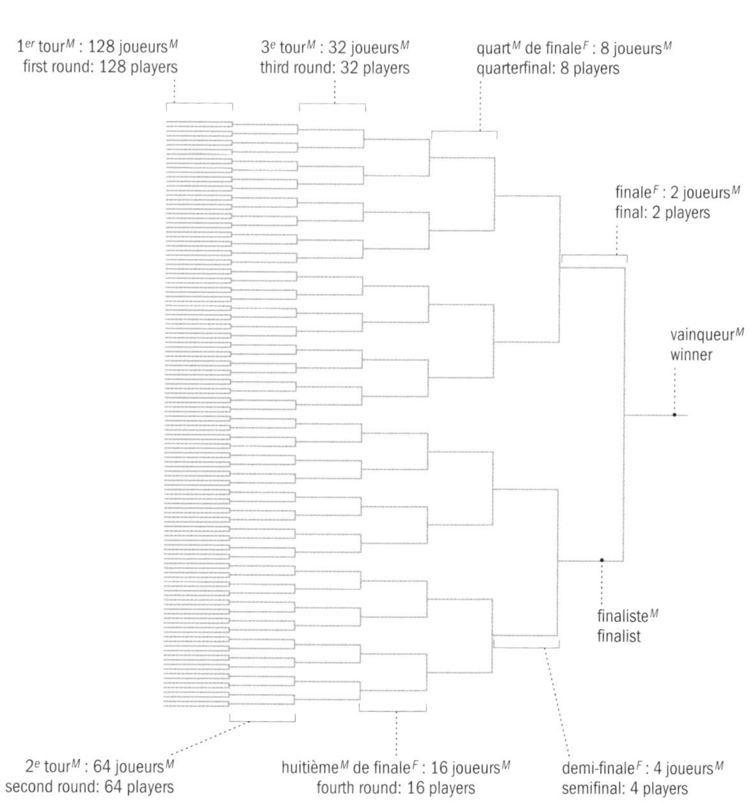
1er tour^M : 128 joueurs^M
first round: 128 players
3e tour^M : 32 joueurs^M
third round: 32 players
quart^M de finale^F : 8 joueurs^M
quarterfinal: 8 players
finale^F : 2 joueurs^M
final: 2 players
vainqueur^M
winner
finaliste^M
finalist
2e tour^M : 64 joueurs^M
second round: 64 players
huitième^M de finale^F : 16 joueurs^M
fourth round: 16 players
demi-finale^F : 4 joueurs^M
semifinal: 4 players

stade[M]

arena

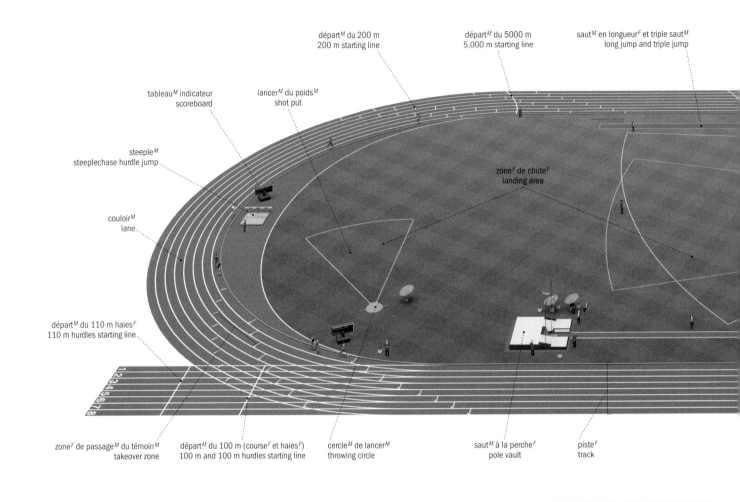

départ[M] du 200 m
200 m starting line

départ[M] du 5000 m
5,000 m starting line

saut[M] en longueur[F] et triple saut[M]
long jump and triple jump

tableau[M] indicateur
scoreboard

lancer[M] du poids[M]
shot put

steeple[M]
steeplechase hurdle jump

zone[F] de chute[F]
landing area

couloir[M]
lane

départ[M] du 110 m haies[F]
110 m hurdles starting line

zone[F] de passage[M] du témoin[M]
takeover zone

départ[M] du 100 m (course[F] et haies[F])
100 m and 100 m hurdles starting line

cercle[M] de lancer[M]
throwing circle

saut[M] à la perche[F]
pole vault

piste[F]
track

équipement[M]
equipment

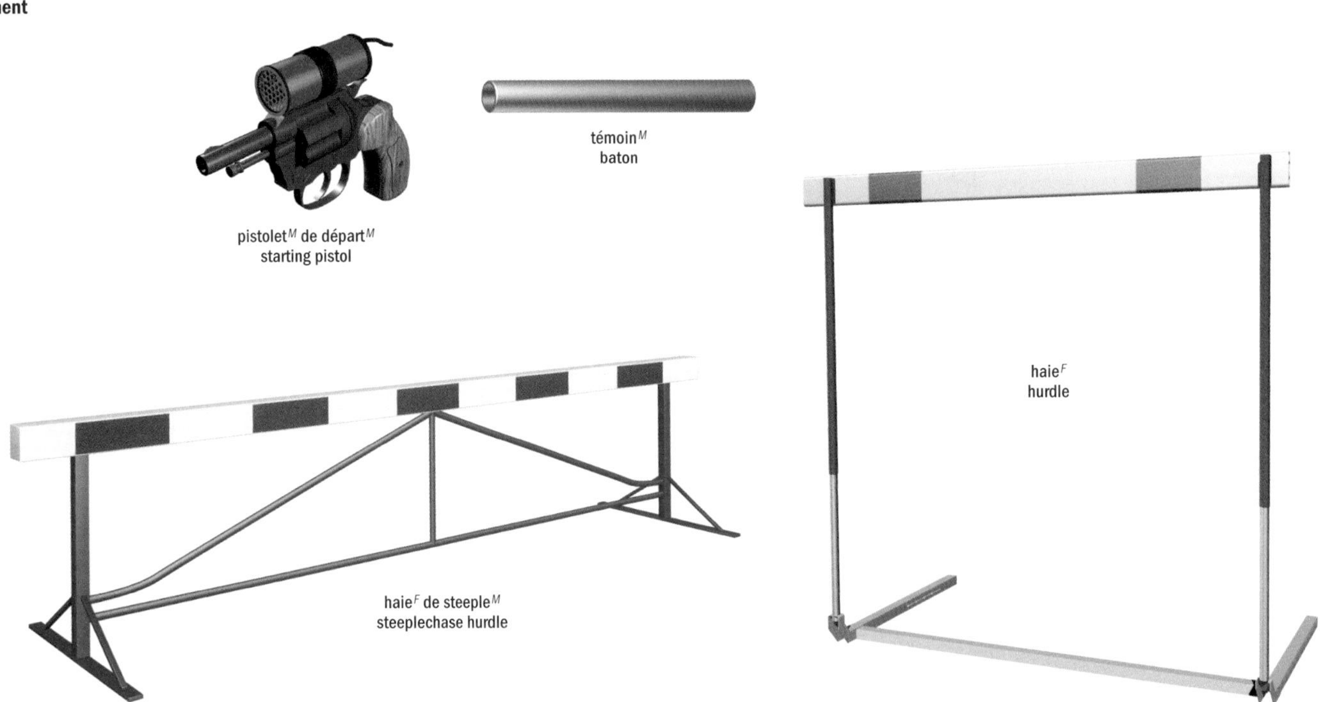
pistolet[M] de départ[M]
starting pistol
témoin[M]
baton
haie[F]
hurdle
haie[F] de steeple[M]
steeplechase hurdle

stade[M]

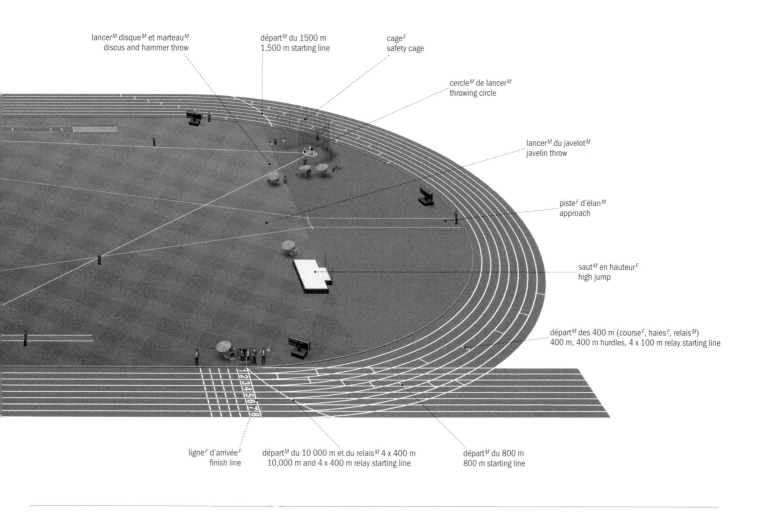

lancer[M] disque[M] et marteau[M]
discus and hammer throw

départ[M] du 1500 m
1,500 m starting line

cage[F]
safety cage

cercle[M] de lancer[M]
throwing circle

lancer[M] du javelot[M]
javelin throw

piste[F] d'élan[M]
approach

saut[M] en hauteur[F]
high jump

départ[M] des 400 m (course[F], haies[F], relais[M])
400 m, 400 m hurdles, 4 x 100 m relay starting line

ligne[F] d'arrivée[F]
finish line

départ[M] du 10 000 m et du relais[M] 4 x 400 m
10,000 m and 4 x 400 m relay starting line

départ[M] du 800 m
800 m starting line

athlète[F] : bloc[M] de départ[M]
athlete: starting block

maillot[M]
shirt
dossard[M]
number
short[M]
shorts
sabot[M]
pedal
chaussure[F] de piste[F]
track shoe
cran[M]
notch
ligne[F] de départ[M]
starting line
fixation[F]
anchor
ligne[F] de couloir[M]
lane line
crémaillère[F]
rack
pointe[F]
spike
bloc[M]
block
embase[F]
base

sauts[M]

jumping

saut[M] en hauteur[F]
high jump

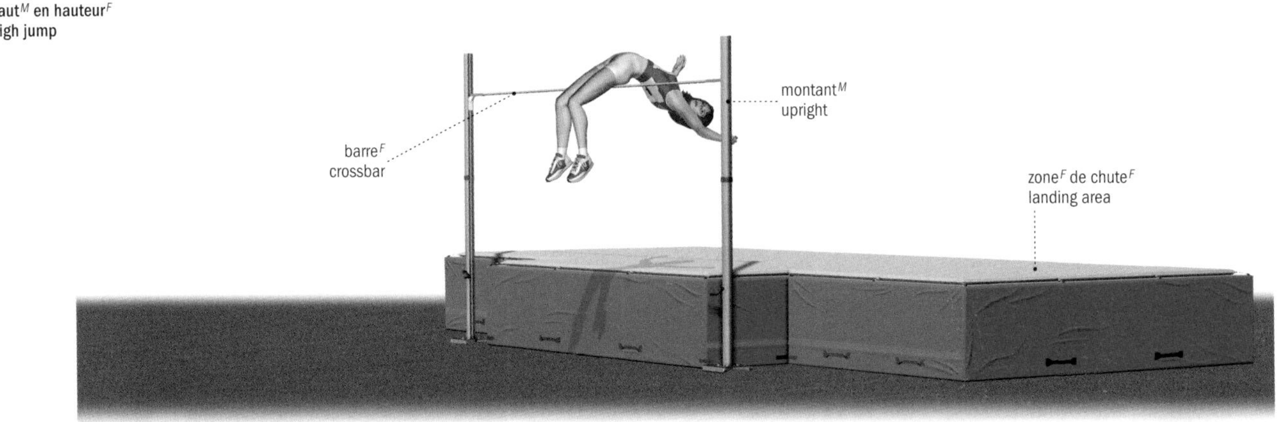
montant[M]
upright
barre[F]
crossbar
zone[F] de chute[F]
landing area

saut[M] à la perche[F]
pole vault

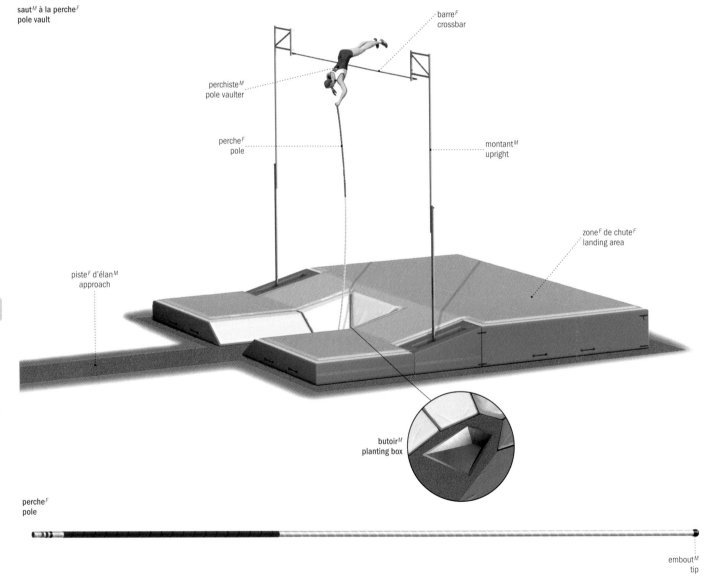

barre[F]
crossbar

perchiste[M]
pole vaulter

perche[F]
pole

montant[M]
upright

zone[F] de chute[F]
landing area

piste[F] d'élan[M]
approach

butoir[M]
planting box

perche[F]
pole

embout[M]
tip

sauts

saut en longueur et triple saut
long jump and triple jump

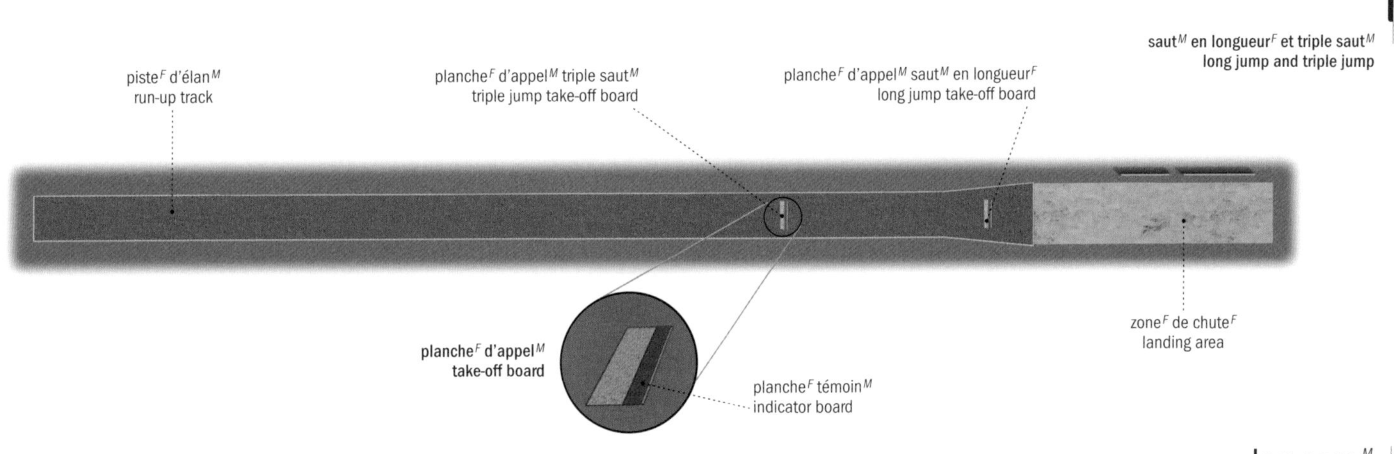
piste d'élan
run-up track
planche d'appel triple saut
triple jump take-off board
planche d'appel saut en longueur
long jump take-off board
planche d'appel
take-off board
planche témoin
indicator board
zone de chute
landing area

lancers

throwing

javelot
javelin

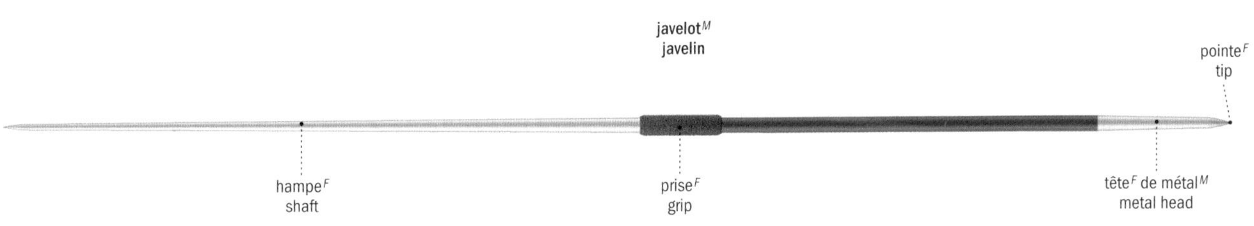
pointe
tip
hampe
shaft
prise
grip
tête de métal
metal head

marteau
hammer

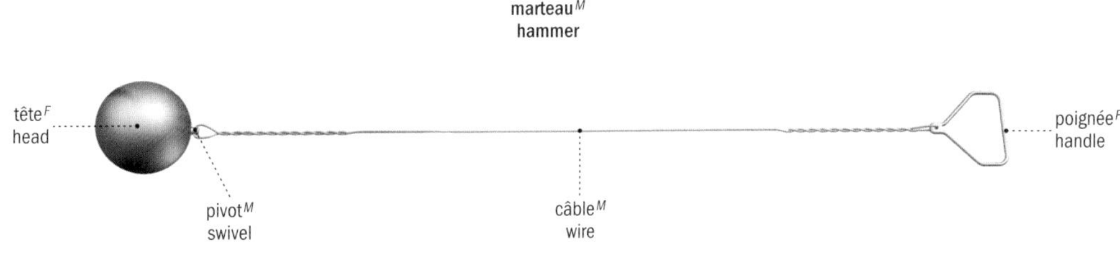
tête
head
pivot
swivel
câble
wire
poignée
handle

poids
shot

disque
discus

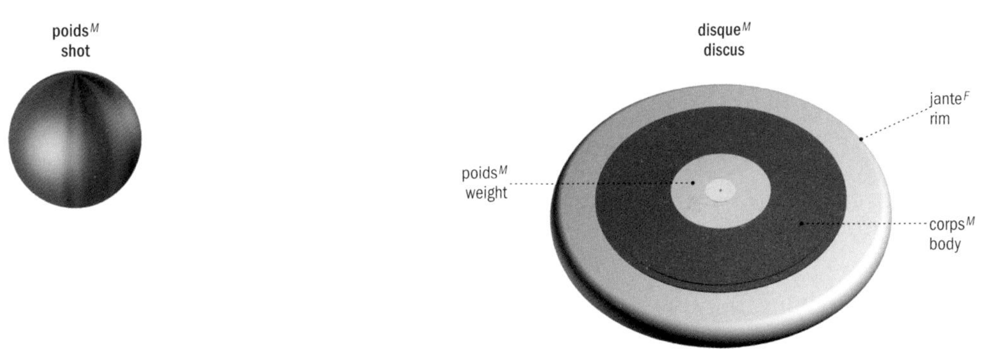
jante
rim
poids
weight
corps
body

baseball[M]

baseball

position[F] des joueurs[M]
player positions

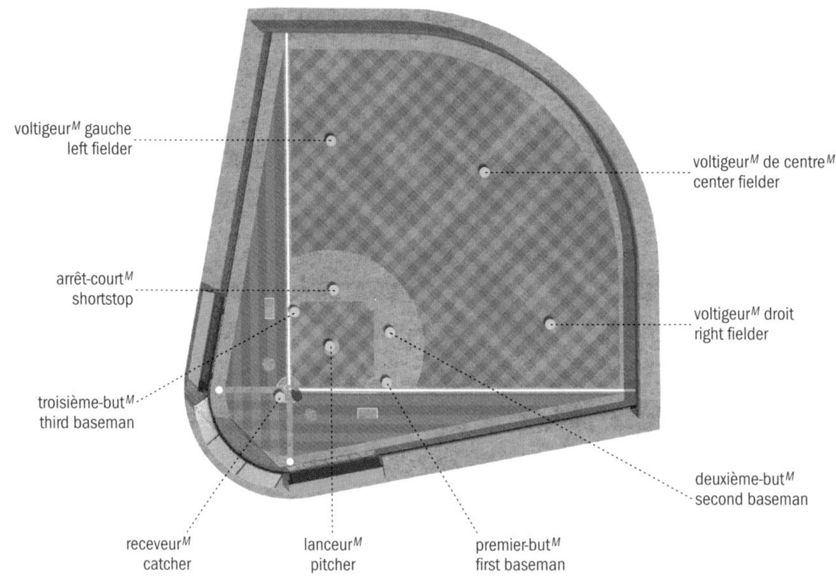
voltigeur[M] gauche
left fielder
voltigeur[M] de centre[M]
center fielder
arrêt-court[M]
shortstop
voltigeur[M] droit
right fielder
troisième-but[M]
third baseman
deuxième-but[M]
second baseman
receveur[M]
catcher
lanceur[M]
pitcher
premier-but[M]
first baseman

terrain[M]
field

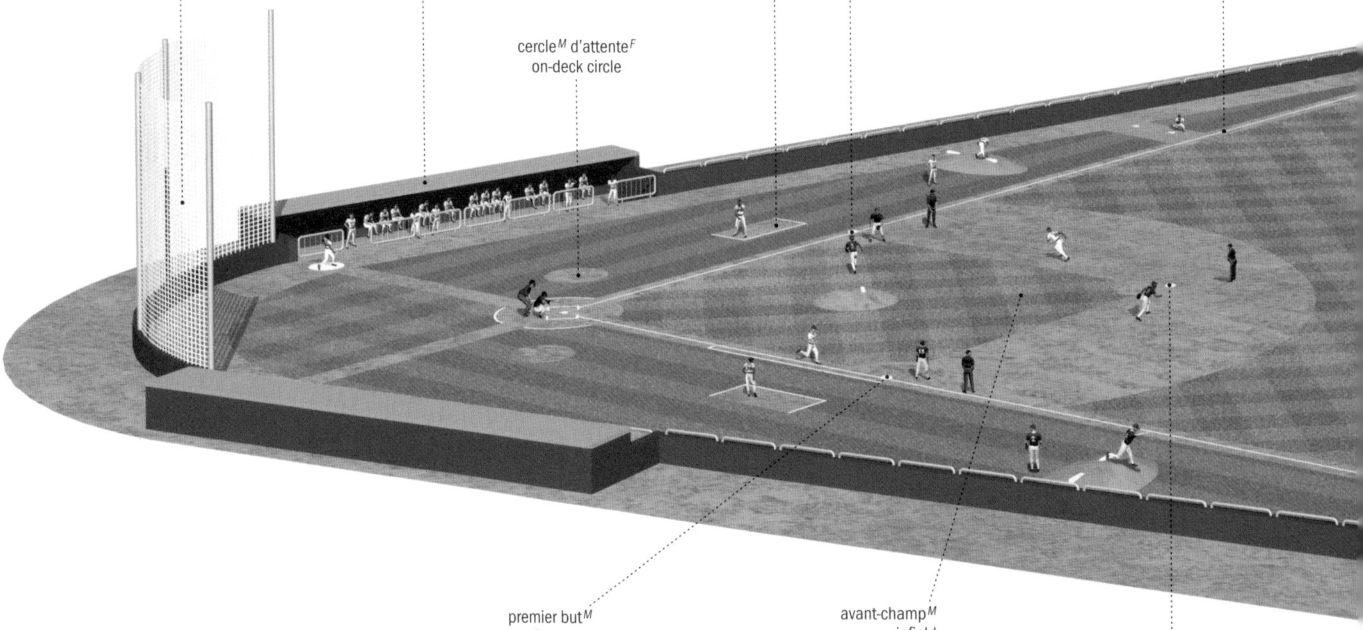

troisième but[M]
third base

ligne[F] de jeu[M]
foul line

abri[M] des joueurs[M]
dugout

rectangle[M] des instructeurs[M]
coach's box

écran[M] de protection[F]
backstop

cercle[M] d'attente[F]
on-deck circle

premier but[M]
first base

avant-champ[M]
infield

deuxième but[M]
second base

SPORTS ET JEUX

lancer^{M}
pitch

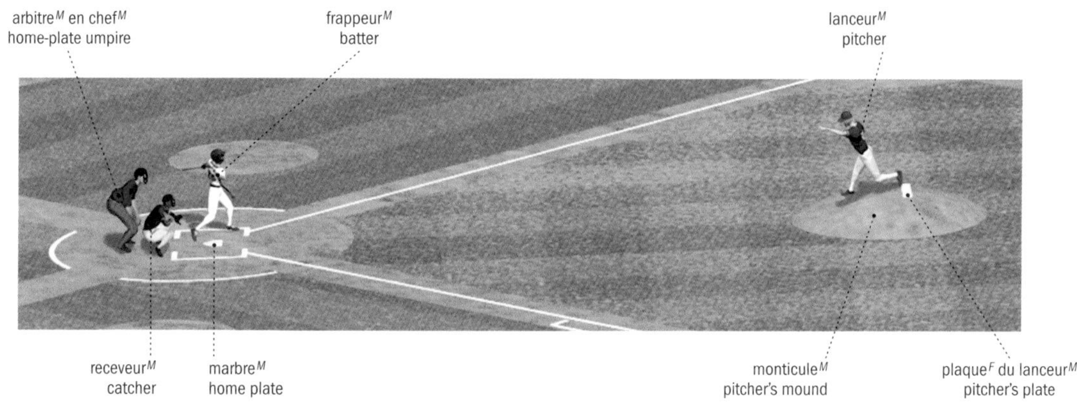
arbitre^{M} en chef^{M}
home-plate umpire
frappeur^{M}
batter
lanceur^{M}
pitcher
receveur^{M}
catcher
marbre^{M}
home plate
monticule^{M}
pitcher's mound
plaque^{F} du lanceur^{M}
pitcher's plate

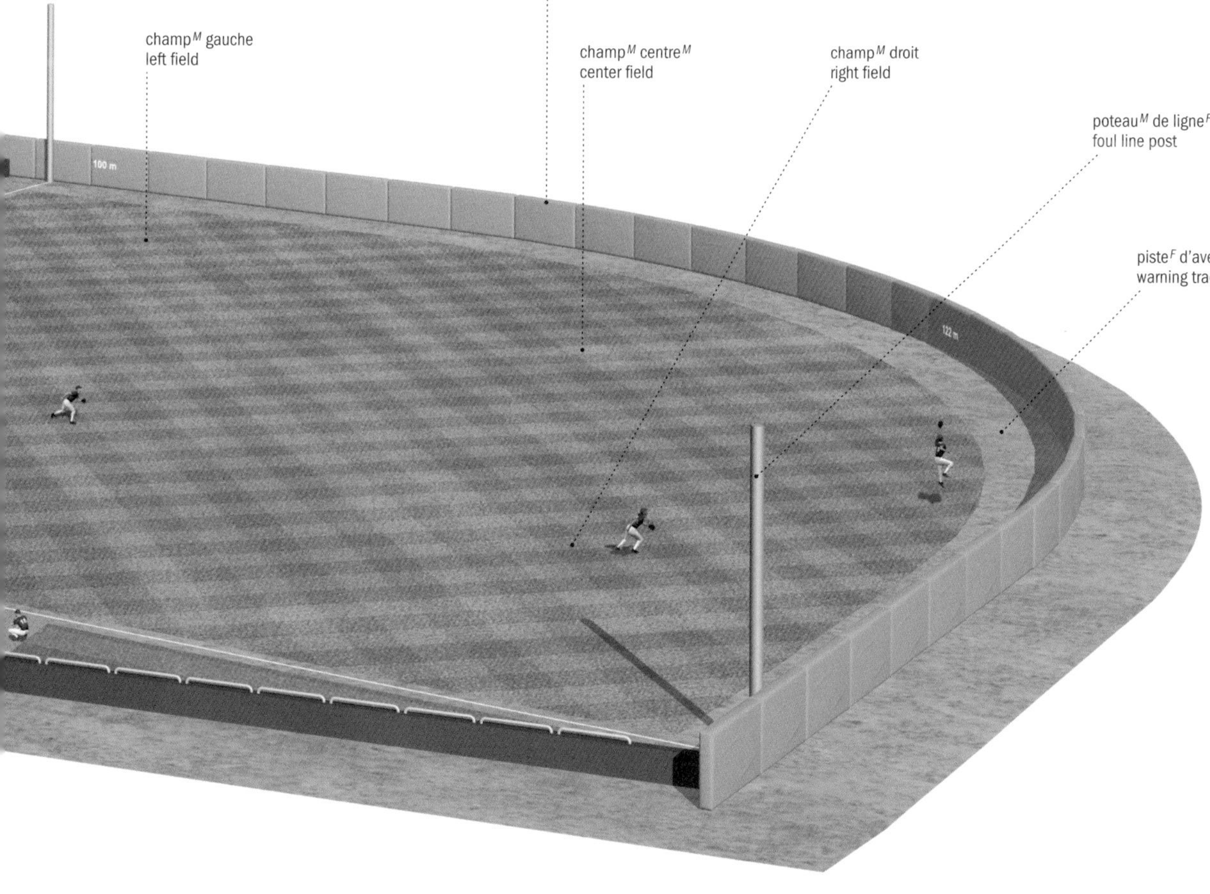

clôture^{F} du champ^{M} extérieur
outfield fence

champ^{M} gauche
left field

champ^{M} centre^{M}
center field

champ^{M} droit
right field

poteau^{M} de ligne^{F} de jeu^{M}
foul line post

piste^{F} d'avertissement^{M}
warning track

100 m

122 m

baseball^{M}

balle^{F} de baseball^{M}
baseball
bâton^{M}
bat
casque^{M} de frappeur^{M}
batter's helmet
frappeur^{M}
batter
receveur^{M}
catcher
protège-gorge^{M}
throat protector
masque^{M}
mask
grille^{F}
frame
plastron^{M}
chest protector
gant^{M} de receveur^{M}
catcher's glove
maillot^{M} d'équipe^{F}
team shirt
maillot^{M} de corps^{M}
undershirt
gant^{M} de frappeur^{M}
batting glove
pantalon^{M}
pants
chaussette^{F}-étrier^{M}
stirrup sock
chaussure^{F} à crampons^{M}
spiked shoe
protège-orteils^{M}
toe guard
jambière^{F}
leg guard
genouillère^{F}
knee pad
protège-cheville^{M}
ankle guard

baseball[M]

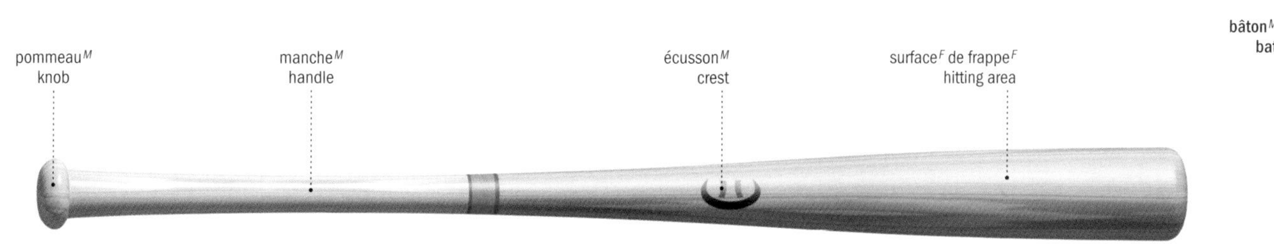
bâton[M]
bat
pommeau[M]
knob
manche[M]
handle
écusson[M]
crest
surface[F] de frappe[F]
hitting area

coupe[F] de la balle[F]
cross section of a baseball

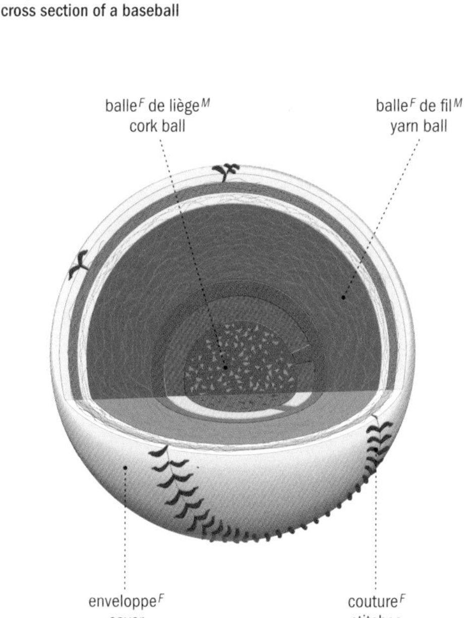
balle[F] de liège[M]
cork ball
balle[F] de fil[M]
yarn ball
enveloppe[F]
cover
couture[F]
stitches

gant[M]
fielder's glove

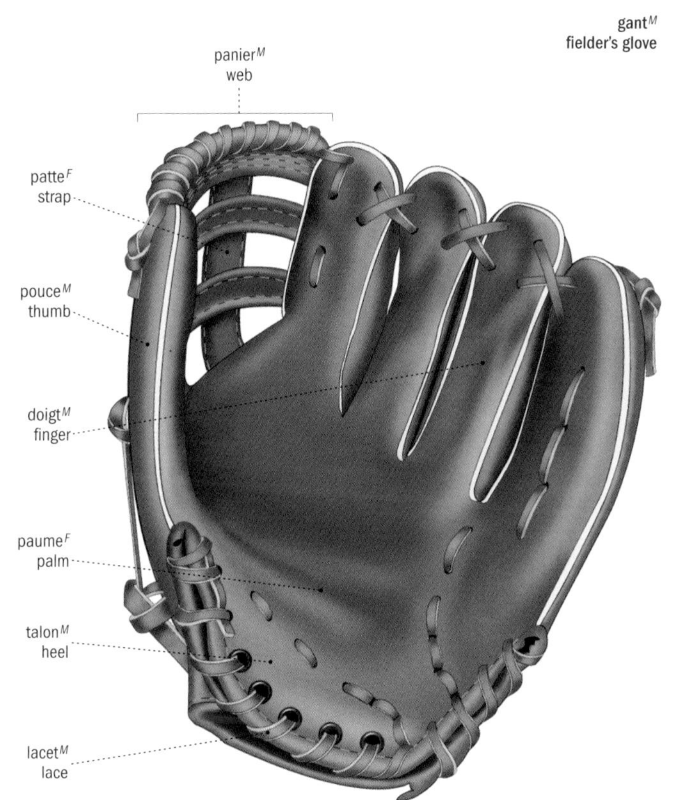
panier[M]
web
patte[F]
strap
pouce[M]
thumb
doigt[M]
finger
paume[F]
palm
talon[M]
heel
lacet[M]
lace

softball[M]

softball

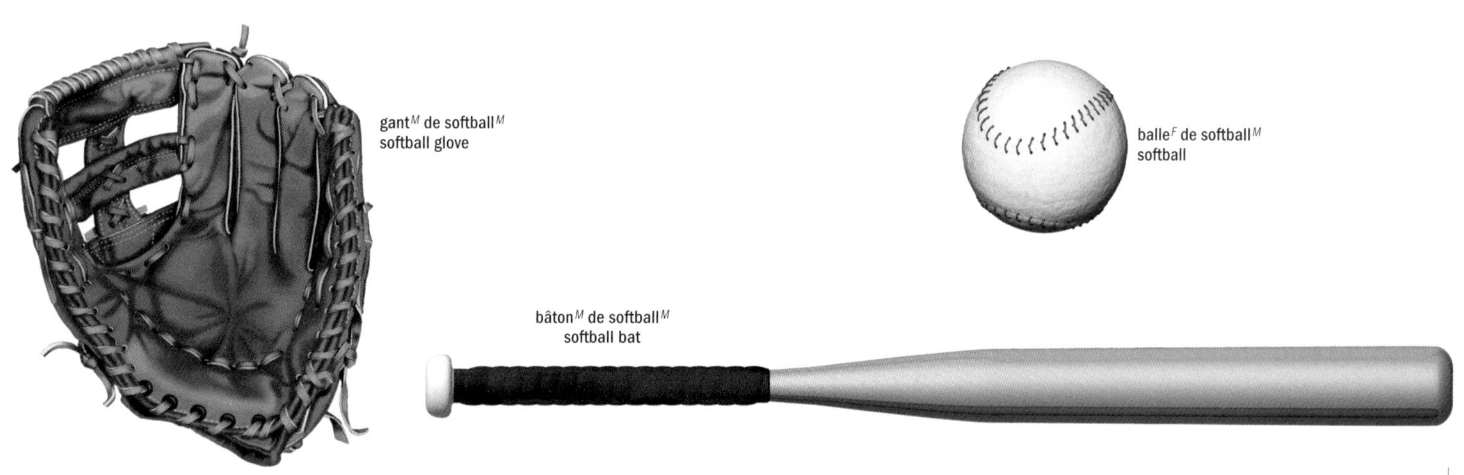
gant[M] de softball[M]
softball glove
balle[F] de softball[M]
softball
bâton[M] de softball[M]
softball bat

cricket^M

cricket

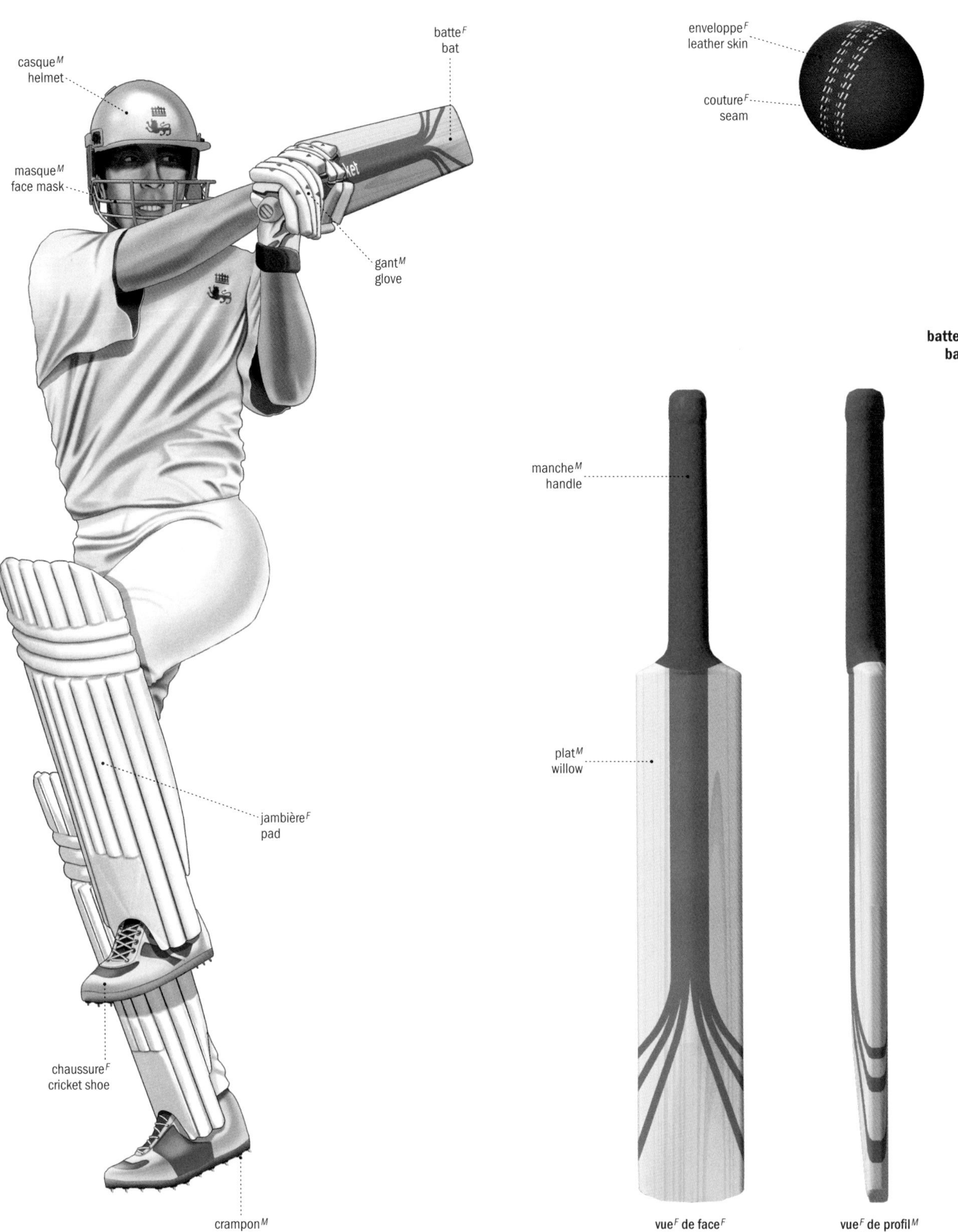
joueur^M de cricket^M : batteur^M
cricket player: batsman
casque^M
helmet
batte^F
bat
masque^M
face mask
gant^M
glove
jambière^F
pad
chaussure^F
cricket shoe
crampon^M
stud
balle^F de cricket^M
cricket ball
enveloppe^F
leather skin
couture^F
seam
batte^F
bat
manche^M
handle
plat^M
willow
vue^F de face^F
front view
vue^F de profil^M
side view

cricket[M]

terrain[M]
field

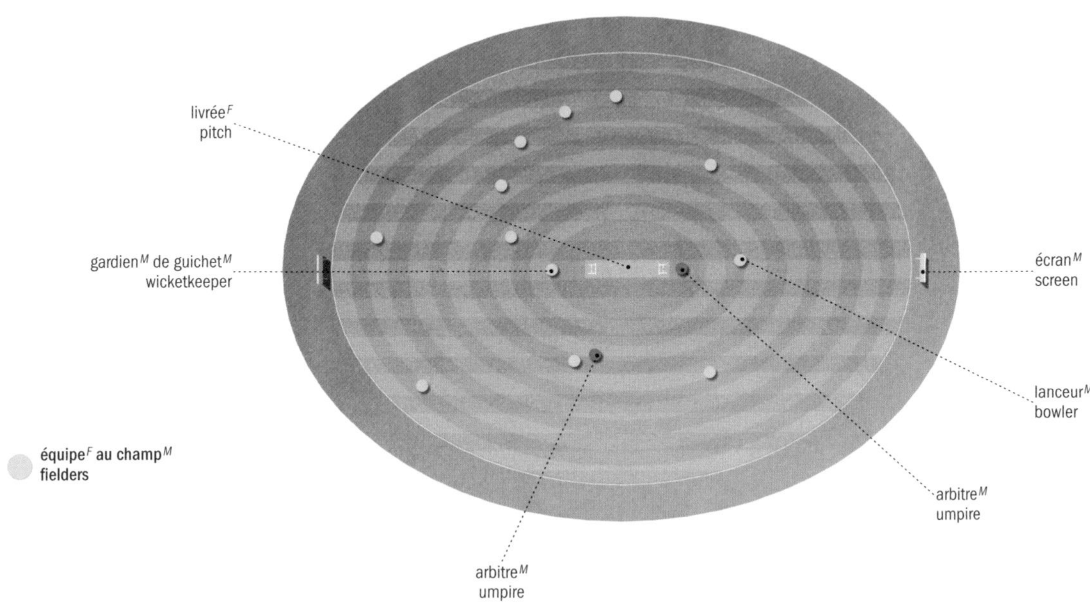
livrée[F]
pitch
gardien[M] de guichet[M]
wicketkeeper
écran[M]
screen
lanceur[M]
bowler
arbitre[M]
umpire
arbitre[M]
umpire
équipe[F] au champ[M]
fielders

guichet[M]
wicket

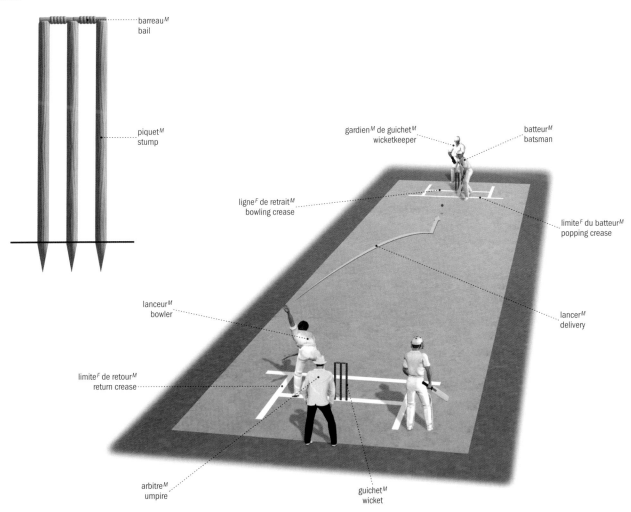

barreau[M]
bail

piquet[M]
stump

livrée[F]
pitch

gardien[M] de guichet[M]
wicketkeeper

batteur[M]
batsman

ligne[F] de retrait[M]
bowling crease

limite[F] du batteur[M]
popping crease

lanceur[M]
bowler

lancer[M]
delivery

limite[F] de retour[M]
return crease

arbitre[M]
umpire

guichet[M]
wicket

hockey[M] sur gazon[M]

field hockey

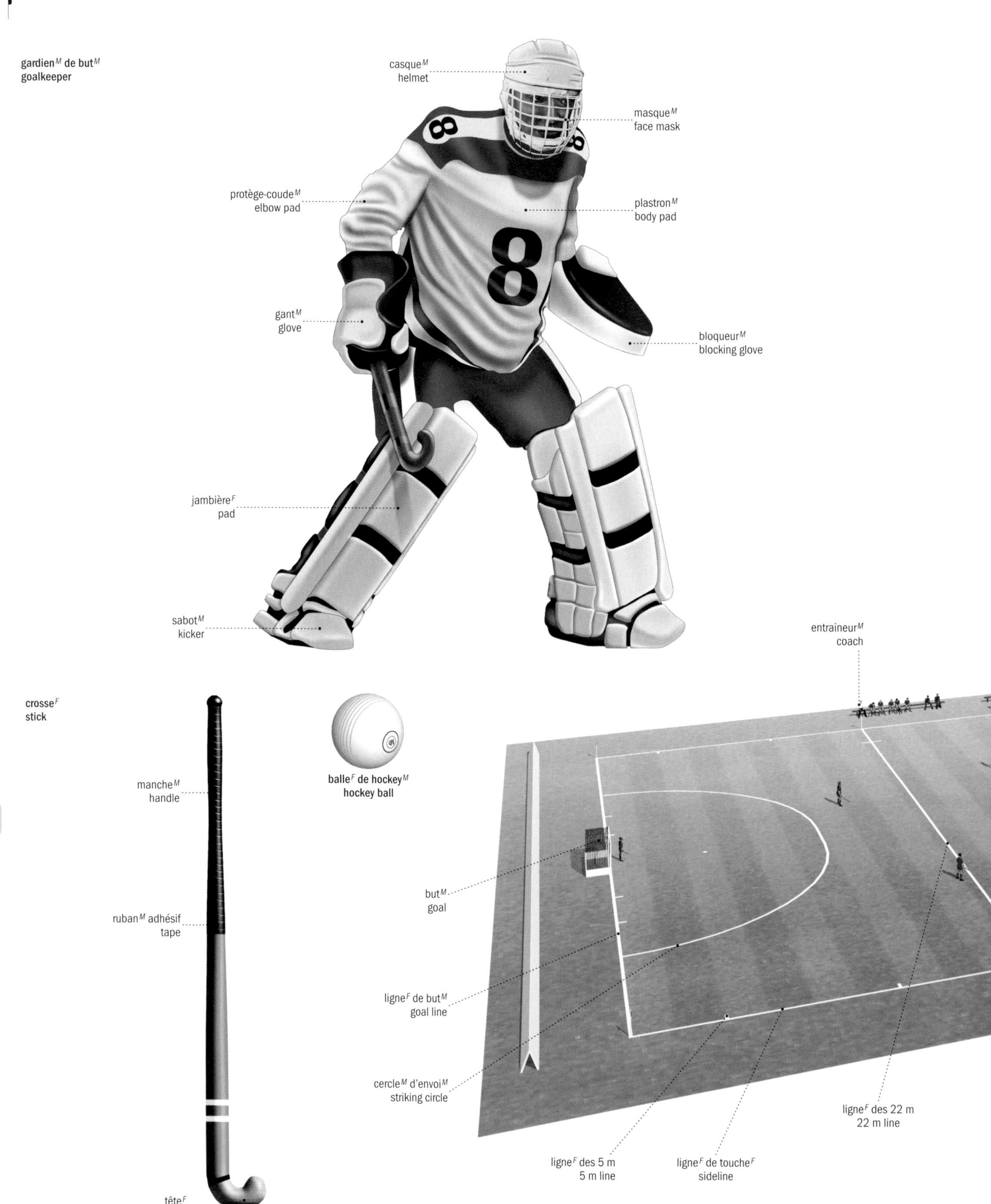
gardien[M] de but[M]
goalkeeper
casque[M]
helmet
masque[M]
face mask
protège-coude[M]
elbow pad
plastron[M]
body pad
gant[M]
glove
bloqueur[M]
blocking glove
jambière[F]
pad
sabot[M]
kicker
entraineur[M]
coach
crosse[F]
stick
balle[F] de hockey[M]
hockey ball
manche[M]
handle
but[M]
goal
ruban[M] adhésif
tape
ligne[F] de but[M]
goal line
cercle[M] d'envoi[M]
striking circle
ligne[F] des 22 m
22 m line
ligne[F] des 5 m
5 m line
ligne[F] de touche[F]
sideline
tête[F]
blade

hockey^M sur gazon^M

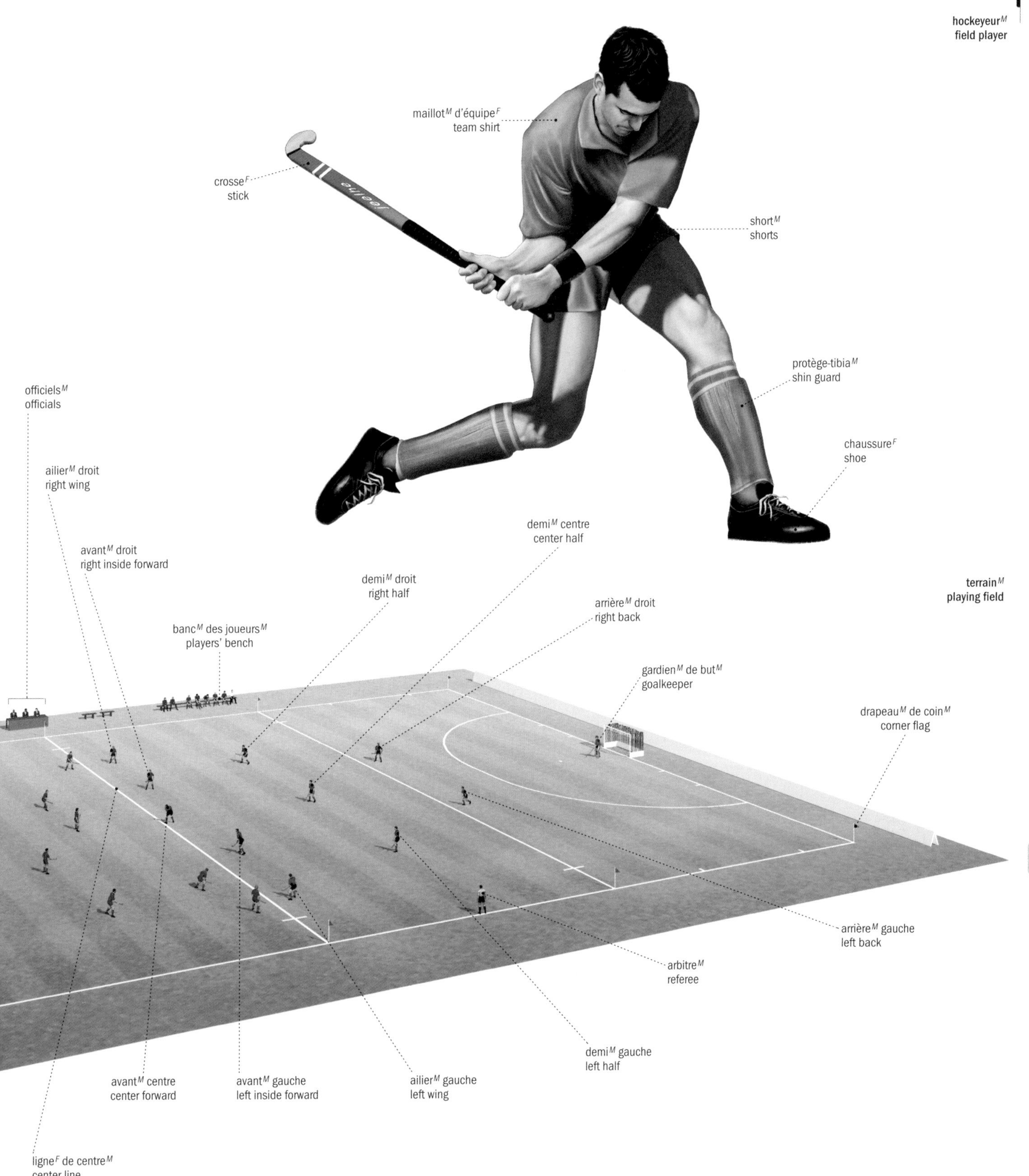
hockeyeur^M
field player
maillot^M d'équipe^F
team shirt
crosse^F
stick
short^M
shorts
protège-tibia^M
shin guard
chaussure^F
shoe
terrain^M
playing field
officiels^M
officials
ailier^M droit
right wing
avant^M droit
right inside forward
demi^M centre
center half
demi^M droit
right half
arrière^M droit
right back
banc^M des joueurs^M
players' bench
gardien^M de but^M
goalkeeper
drapeau^M de coin^M
corner flag
arrière^M gauche
left back
arbitre^M
referee
demi^M gauche
left half
avant^M centre
center forward
avant^M gauche
left inside forward
ailier^M gauche
left wing
ligne^F de centre^M
center line

football[M]

soccer

footballeur[M]
soccer player

maillot[M] d'équipe[F]
team shirt

short[M]
shorts

protège-tibia[M]
shin guard

chaussette[F]
sock

ballon[M] de football[M]
soccer ball

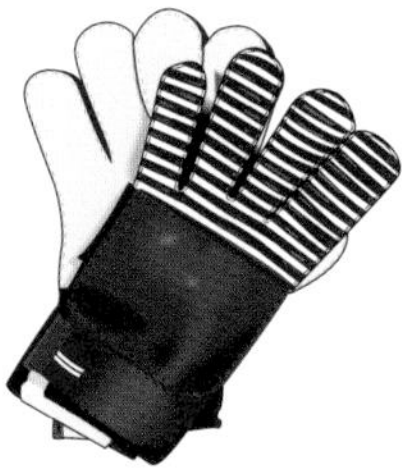

gants[M] de gardien[M] de but[M]
goalkeeper's gloves

crampons[M] interchangeables
interchangeable studs

chaussure[F] de football[M]
soccer shoe

terrain[M]
playing field

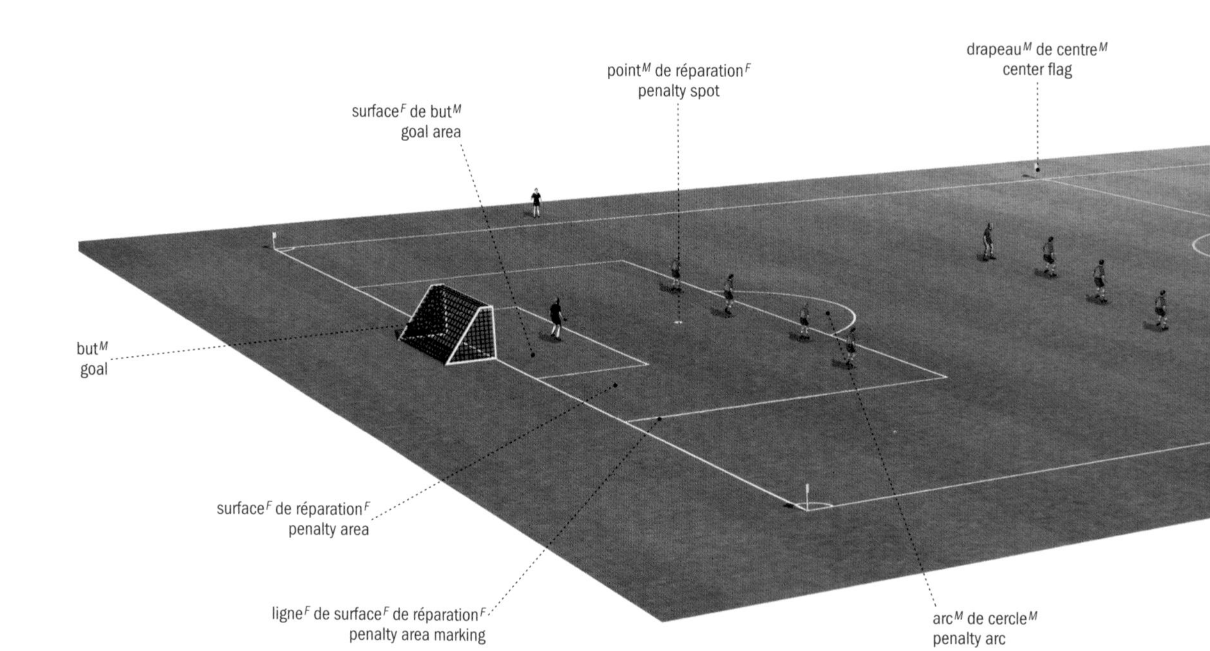

point[M] de réparation[F]
penalty spot
drapeau[M] de centre[M]
center flag
surface[F] de but[M]
goal area
but[M]
goal
surface[F] de réparation[F]
penalty area
ligne[F] de surface[F] de réparation[F]
penalty area marking
arc[M] de cercle[M]
penalty arc

SPORTS ET JEUX

football[M]

position[F] des joueurs[M]
player positions

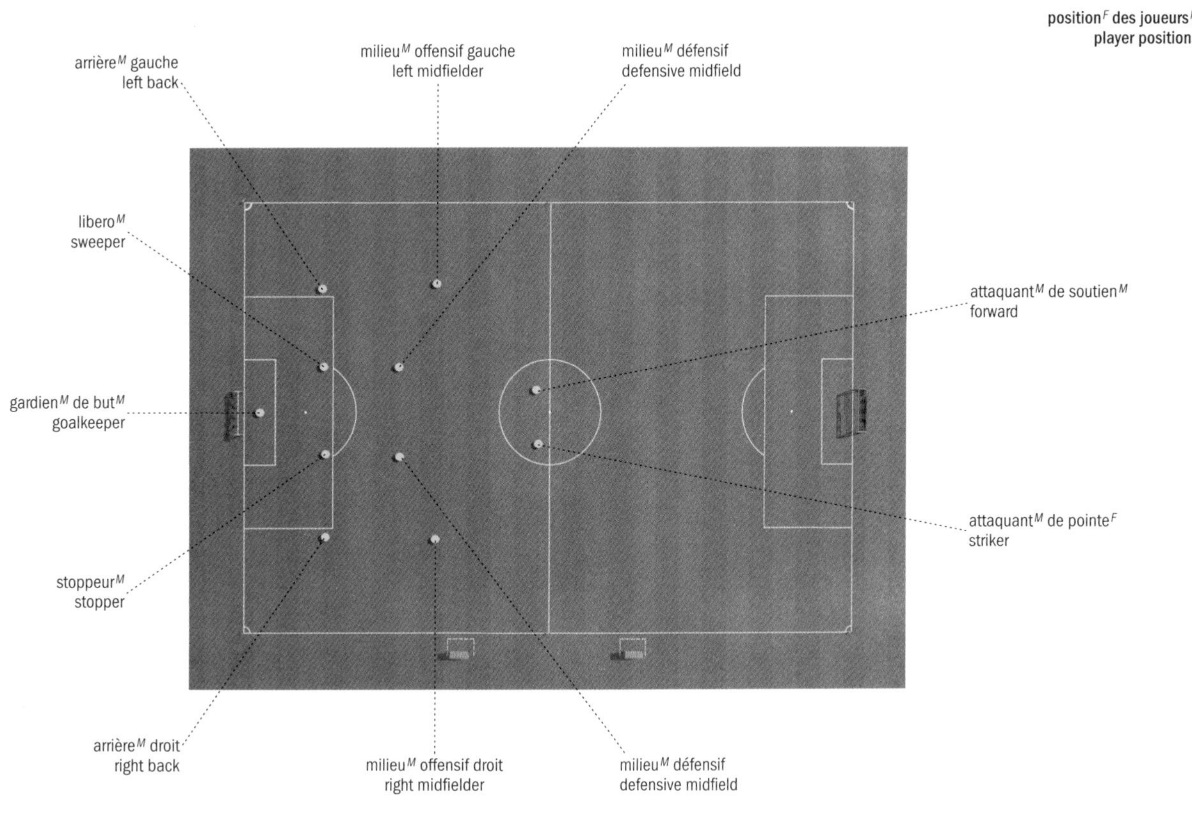
arrière[M] gauche
left back
milieu[M] offensif gauche
left midfielder
milieu[M] défensif
defensive midfield
libero[M]
sweeper
attaquant[M] de soutien[M]
forward
gardien[M] de but[M]
goalkeeper
attaquant[M] de pointe[F]
striker
stoppeur[M]
stopper
arrière[M] droit
right back
milieu[M] offensif droit
right midfielder
milieu[M] défensif
defensive midfield

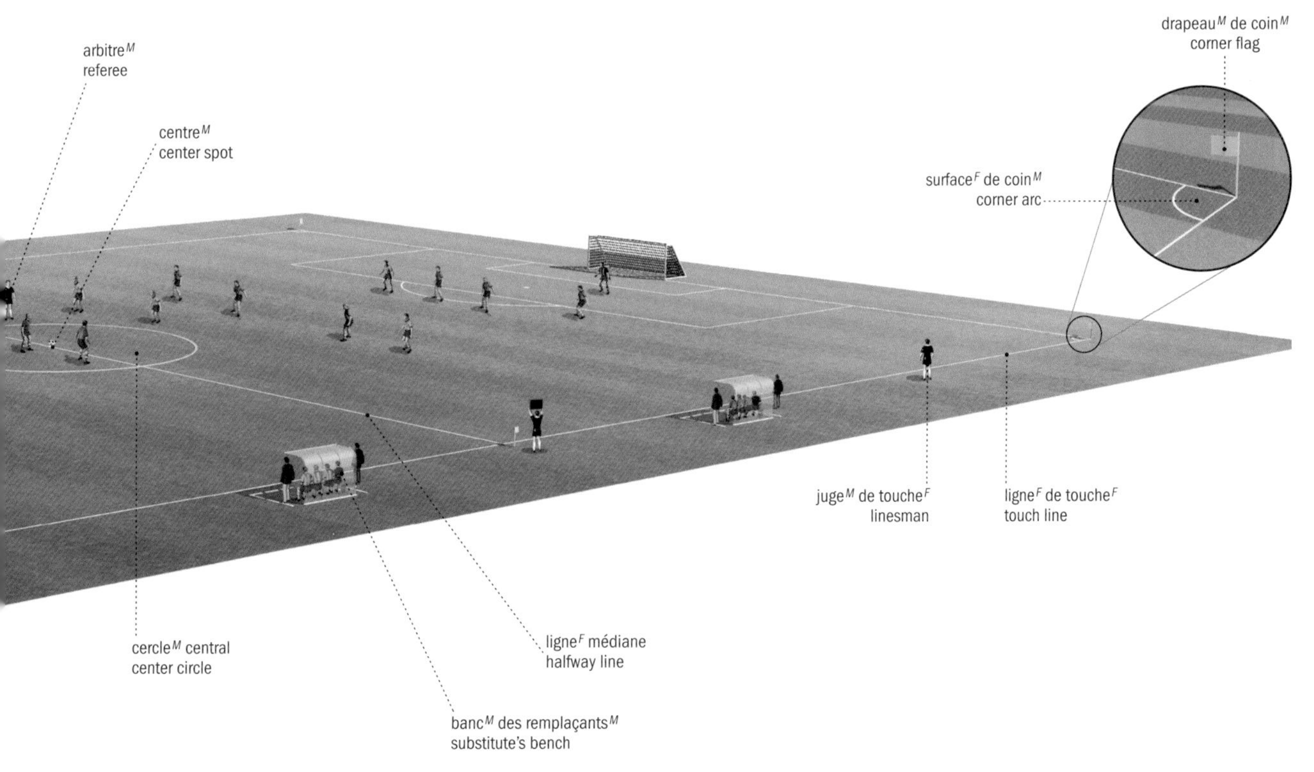
drapeau[M] de coin[M]
corner flag
arbitre[M]
referee
centre[M]
center spot
surface[F] de coin[M]
corner arc
juge[M] de touche[F]
linesman
ligne[F] de touche[F]
touch line
cercle[M] central
center circle
ligne[F] médiane
halfway line
banc[M] des remplaçants[M]
substitute's bench

rugby[M]

rugby

position[F] des joueurs[M]
players' positions

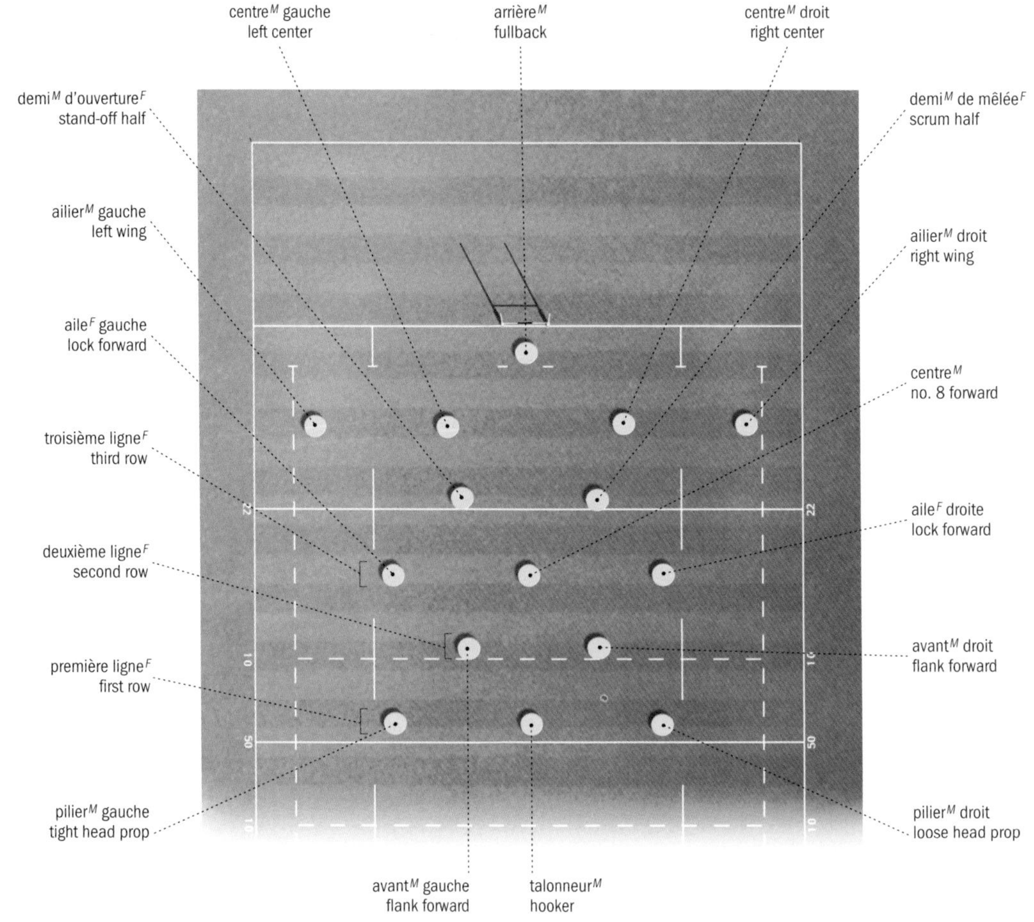

centre[M] gauche
left center

arrière[M]
fullback

centre[M] droit
right center

demi[M] d'ouverture[F]
stand-off half

demi[M] de mêlée[F]
scrum half

ailier[M] gauche
left wing

ailier[M] droit
right wing

aile[F] gauche
lock forward

centre[M]
no. 8 forward

troisième ligne[F]
third row

aile[F] droite
lock forward

deuxième ligne[F]
second row

avant[M] droit
flank forward

première ligne[F]
first row

pilier[M] gauche
tight head prop

pilier[M] droit
loose head prop

avant[M] gauche
flank forward

talonneur[M]
hooker

terrain[M]
field

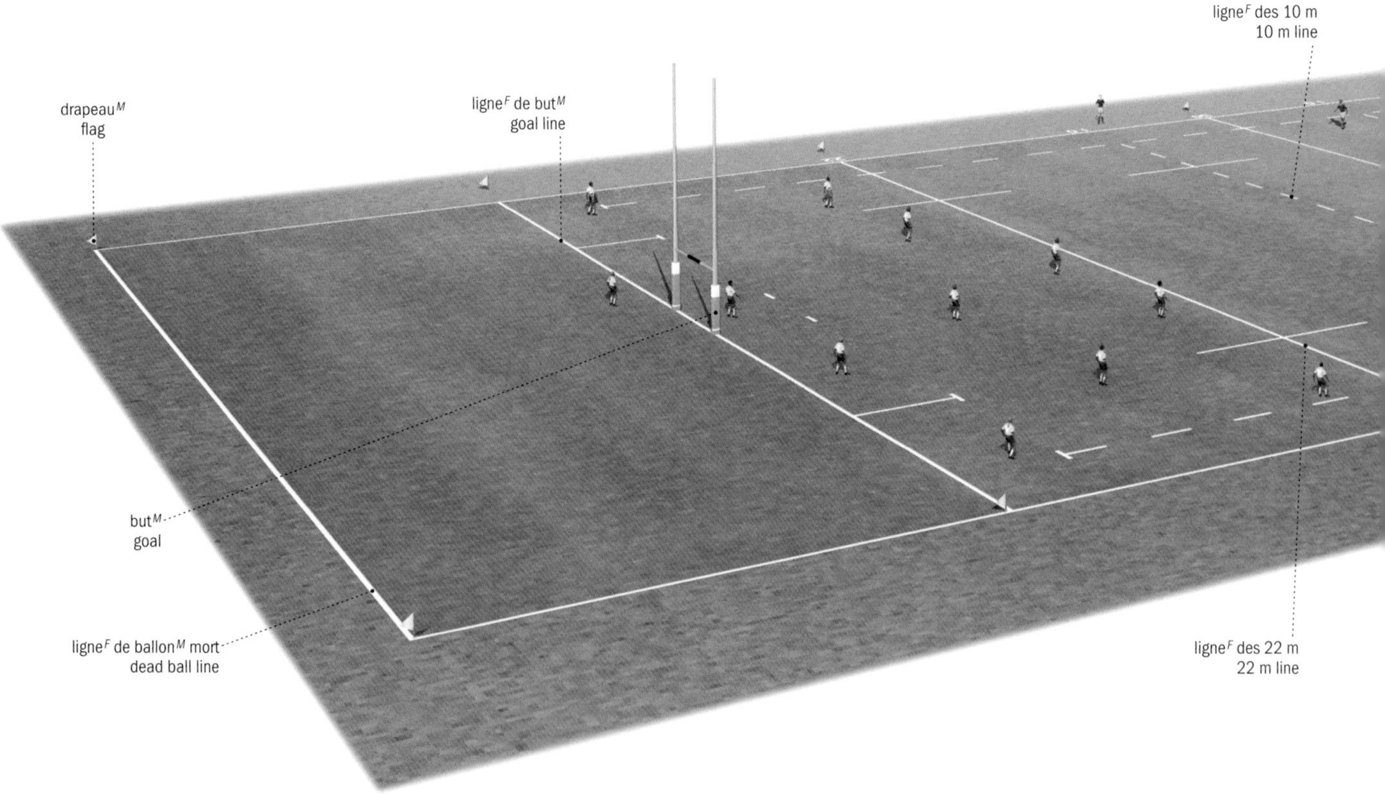

ligne[F] des 10 m
10 m line

drapeau[M]
flag

ligne[F] de but[M]
goal line

but[M]
goal

ligne[F] de ballon[M] mort
dead ball line

ligne[F] des 22 m
22 m line

SPORTS ET JEUX

rugby[M]

rugbyman[M]
rugby player

maillot[M]
jersey

short[M]
shorts

chaussettes[F] hautes
sock

chaussure[F] à crampons[M]
rugby shoe

ballon[M] de rugby[M]
rugby ball

mêlée[F] spontanée
ruck

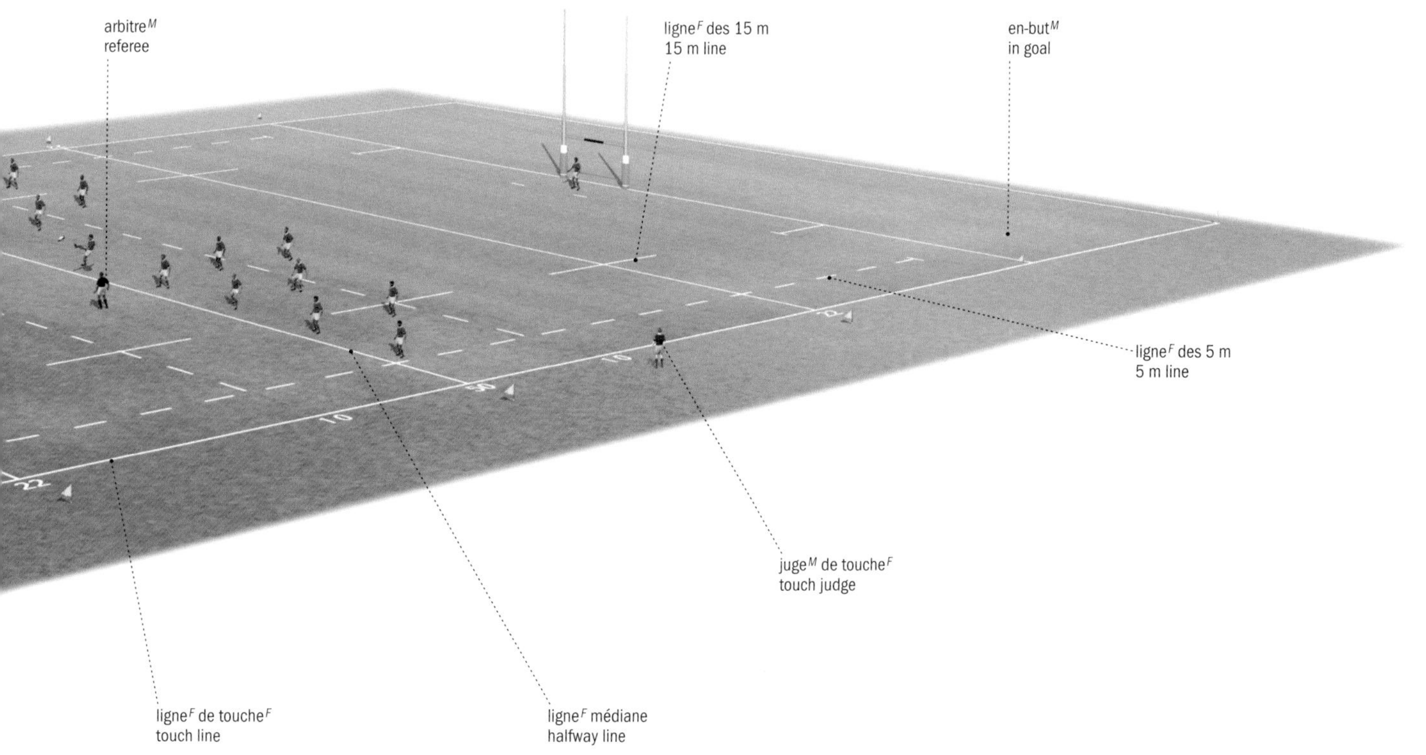
arbitre[M]
referee
ligne[F] des 15 m
15 m line
en-but[M]
in goal
ligne[F] des 5 m
5 m line
juge[M] de touche[F]
touch judge
ligne[F] de touche[F]
touch line
ligne[F] médiane
halfway line

football[M] américain

American football

mêlée[F] : défense[F]
scrimmage: defense

ailier[M] défensif droit
right defensive end

demi[M] de coin[M] droit
right cornerback

secondeur[M] extérieur droit
outside linebacker

plaqueur[M] droit
right defensive tackle

demi[M] de sûreté[F] droit
right safety

plaqueur[M] gauche
left defensive tackle

secondeur[M] intérieur
middle linebacker

secondeur[M] extérieur gauche
inside linebacker

ailier[M] défensif gauche
left defensive end

zone[F] neutre
neutral zone

demi[M] de coin[M] gauche
left cornerback

demi[M] de sûreté[F] gauche
left safety

terrain[M] de football[M] américain
playing field for American football

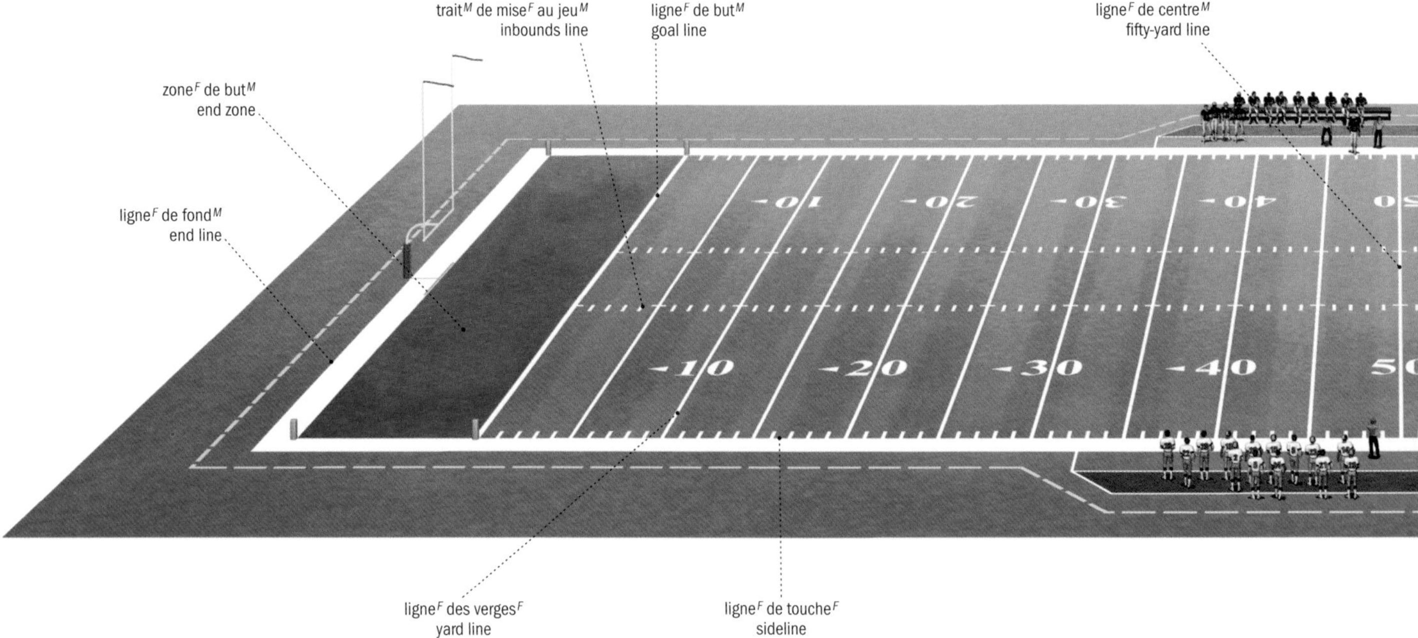
trait[M] de mise[F] au jeu[M]
inbounds line
ligne[F] de but[M]
goal line
ligne[F] de centre[M]
fifty-yard line
zone[F] de but[M]
end zone
ligne[F] de fond[M]
end line
10
20
30
40
50
ligne[F] des verges[F]
yard line
ligne[F] de touche[F]
sideline

SPORTS ET JEUX

football[M] américain

mêlée[F] : attaque[F]
scrimmage: offense

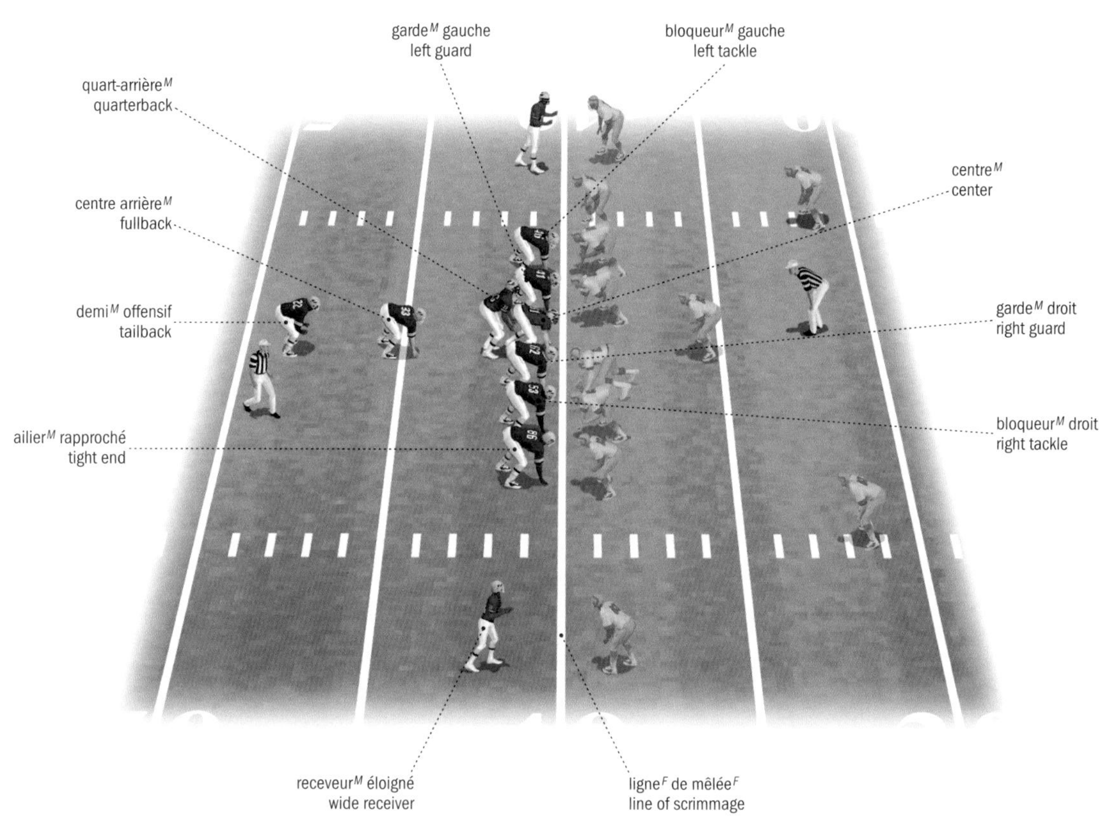
garde[M] gauche
left guard
bloqueur[M] gauche
left tackle
quart-arrière[M]
quarterback
centre[M]
center
centre arrière[M]
fullback
demi[M] offensif
tailback
garde[M] droit
right guard
ailier[M] rapproché
tight end
bloqueur[M] droit
right tackle
receveur[M] éloigné
wide receiver
ligne[F] de mêlée[F]
line of scrimmage

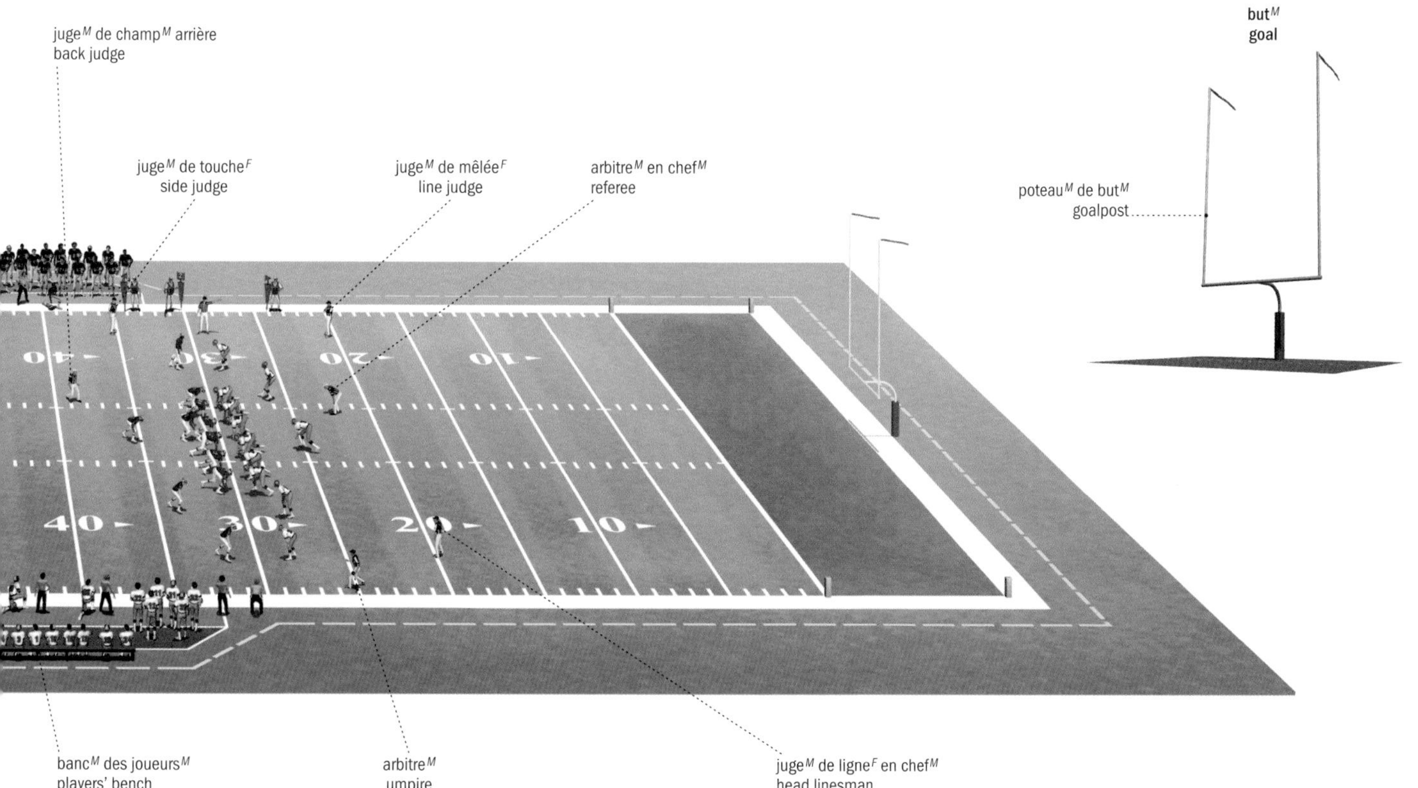
but[M]
goal
juge[M] de champ[M] arrière
back judge
juge[M] de touche[F]
side judge
juge[M] de mêlée[F]
line judge
arbitre[M] en chef[M]
referee
poteau[M] de but[M]
goalpost
banc[M] des joueurs[M]
players' bench
arbitre[M]
umpire
juge[M] de ligne[F] en chef[M]
head linesman

SPORTS ET JEUX

football[M] américain

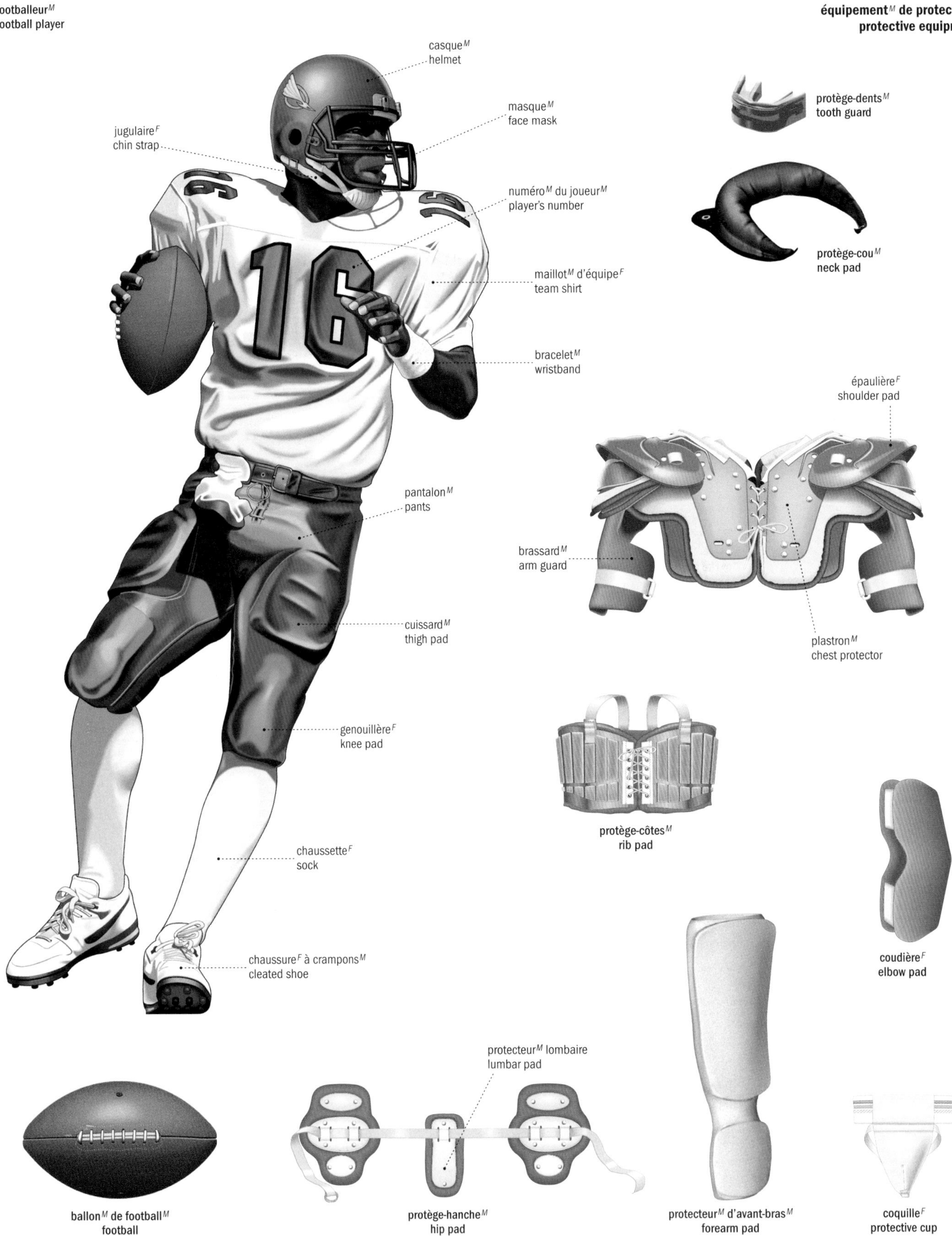
footballeur[M]
football player
casque[M]
helmet
masque[M]
face mask
jugulaire[F]
chin strap
numéro[M] du joueur[M]
player's number
maillot[M] d'équipe[F]
team shirt
bracelet[M]
wristband
pantalon[M]
pants
cuissard[M]
thigh pad
genouillère[F]
knee pad
chaussette[F]
sock
chaussure[F] à crampons[M]
cleated shoe
équipement[M] de protection[F]
protective equipment
protège-dents[M]
tooth guard
protège-cou[M]
neck pad
épaulière[F]
shoulder pad
brassard[M]
arm guard
plastron[M]
chest protector
protège-côtes[M]
rib pad
coudière[F]
elbow pad
protecteur[M] lombaire
lumbar pad
ballon[M] de football[M]
football
protège-hanche[M]
hip pad
protecteur[M] d'avant-bras[M]
forearm pad
coquille[F]
protective cup

football[M] canadien

Canadian football

terrain[M] de football[M] canadien
playing field for Canadian football

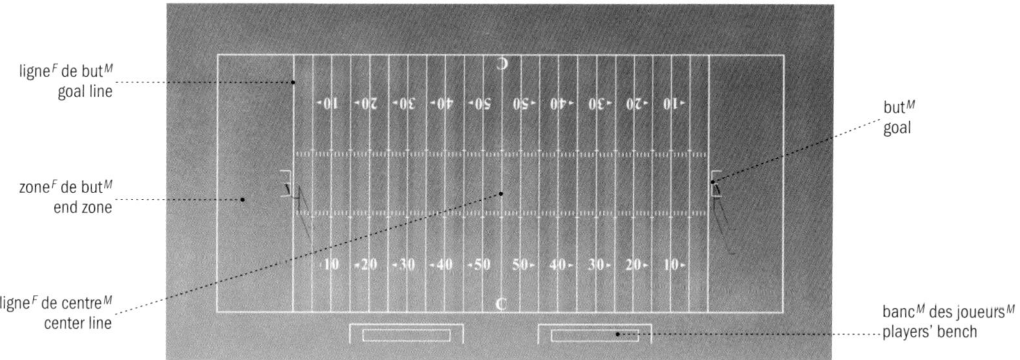
10 20 30 40 50 50 40 30 20 10
C
C
10 20 30 40 50 50 40 30 20 10

ligne[F] de but[M]
goal line

zone[F] de but[M]
end zone

ligne[F] de centre[M]
center line

but[M]
goal

banc[M] des joueurs[M]
players' bench

netball[M]

netball

terrain[M]
court

but[M]
goal

anneau[M]
ring

poteau[M] de but[M]
goalpost

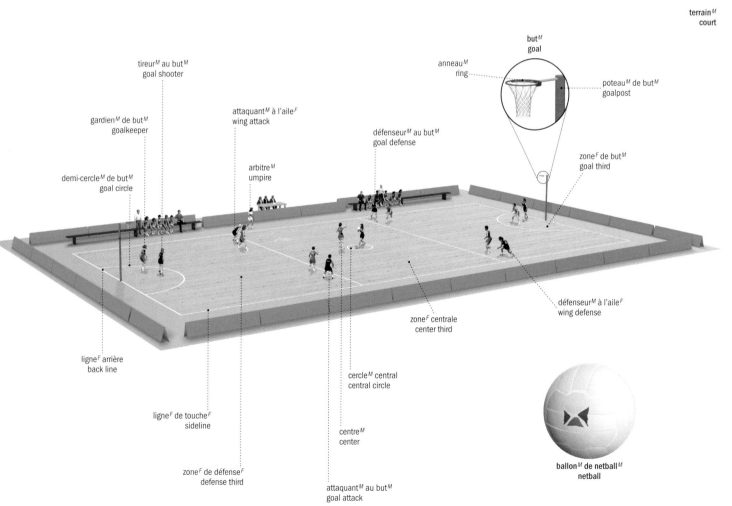

tireur[M] au but[M]
goal shooter

gardien[M] de but[M]
goalkeeper

attaquant[M] à l'aile[F]
wing attack

défenseur[M] au but[M]
goal defense

zone[F] de but[M]
goal third

arbitre[M]
umpire

demi-cercle[M] de but[M]
goal circle

défenseur[M] à l'aile[F]
wing defense

zone[F] centrale
center third

ligne[F] arrière
back line

cercle[M] central
central circle

ligne[F] de touche[F]
sideline

centre[M]
center

zone[F] de défense[F]
defense third

attaquant[M] au but[M]
goal attack

ballon[M] de netball[M]
netball

SPORTS ET JEUX

basketball[M]

basketball

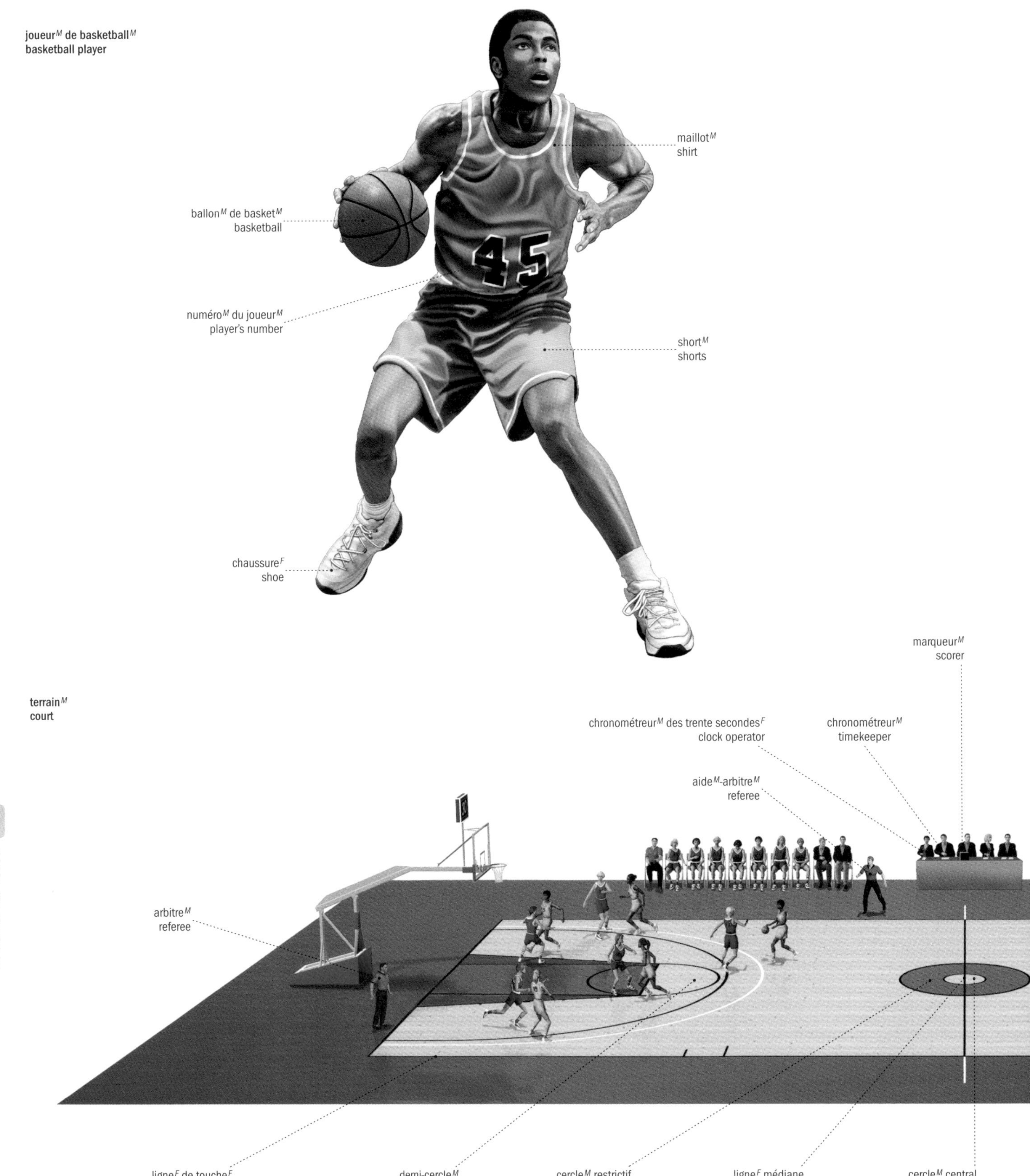

joueur[M] de basketball[M]
basketball player
maillot[M]
shirt
ballon[M] de basket[M]
basketball
numéro[M] du joueur[M]
player's number
short[M]
shorts
chaussure[F]
shoe
terrain[M]
court
marqueur[M]
scorer
chronométreur[M] des trente secondes[F]
clock operator
chronométreur[M]
timekeeper
aide[M]-arbitre[M]
referee
arbitre[M]
referee
ligne[F] de touche[F]
sideline
demi-cercle[M]
semicircle
cercle[M] restrictif
restricting circle
ligne[F] médiane
center line
cercle[M] central
center circle

basketball^{M}

position^{F} des joueurs^{M}
player positions

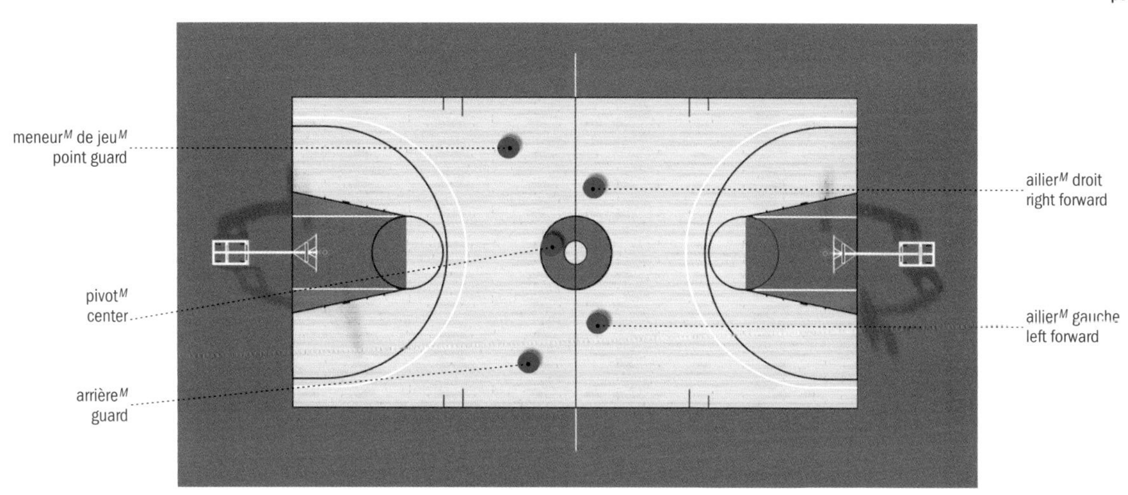
meneur^{M} de jeu^{M}
point guard
pivot^{M}
center
arrière^{M}
guard
ailier^{M} droit
right forward
ailier^{M} gauche
left forward

but^{M}
backstop

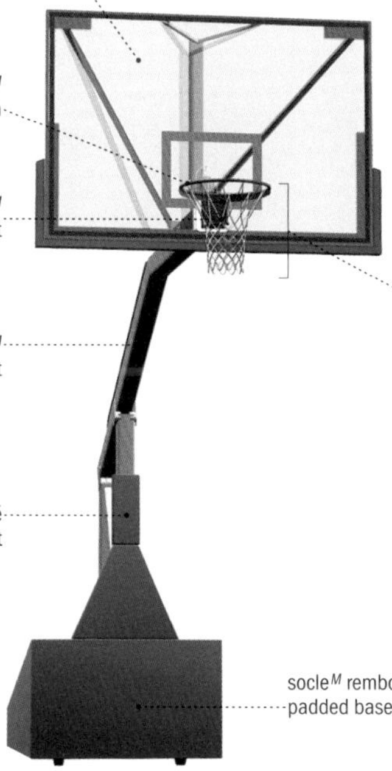

panneau^{M}
backboard

anneau^{M}
rim

filet^{M}
net

panier^{M}
basket

support^{M} de panneau^{M}
backboard support

montant^{M} rembourré
padded upright

socle^{M} rembourré
padded base

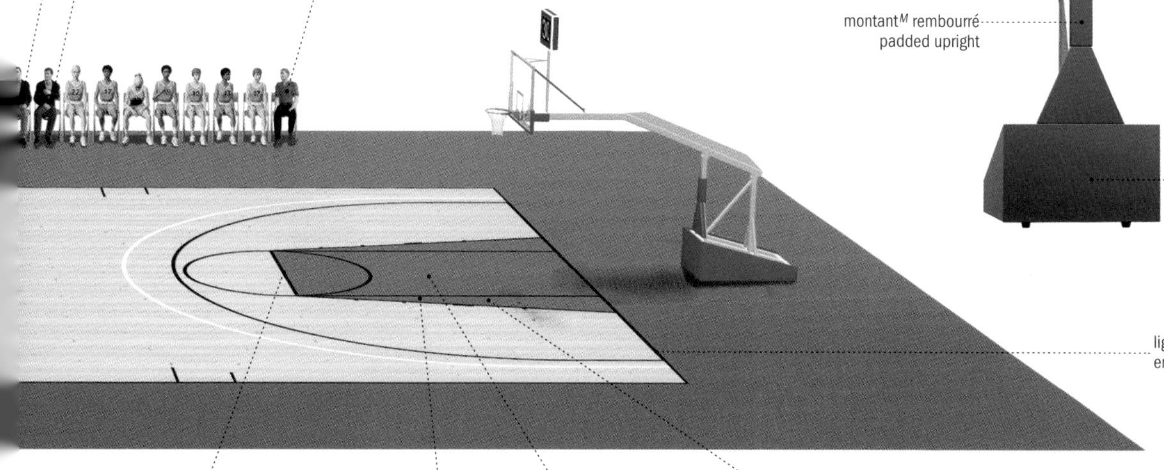

entraineur^{M}
coach

entraineur^{M} adjoint
assistant coach

soigneur^{M}
trainer

ligne^{F} de fond^{M}
end line

ligne^{F} de lancer^{M} franc
free throw line

deuxième espace^{M}
second space

zone^{F} réservée
restricted area

premier espace^{M}
first space

SPORTS ET JEUX

volleyball[M]

volleyball

terrain[M]
court

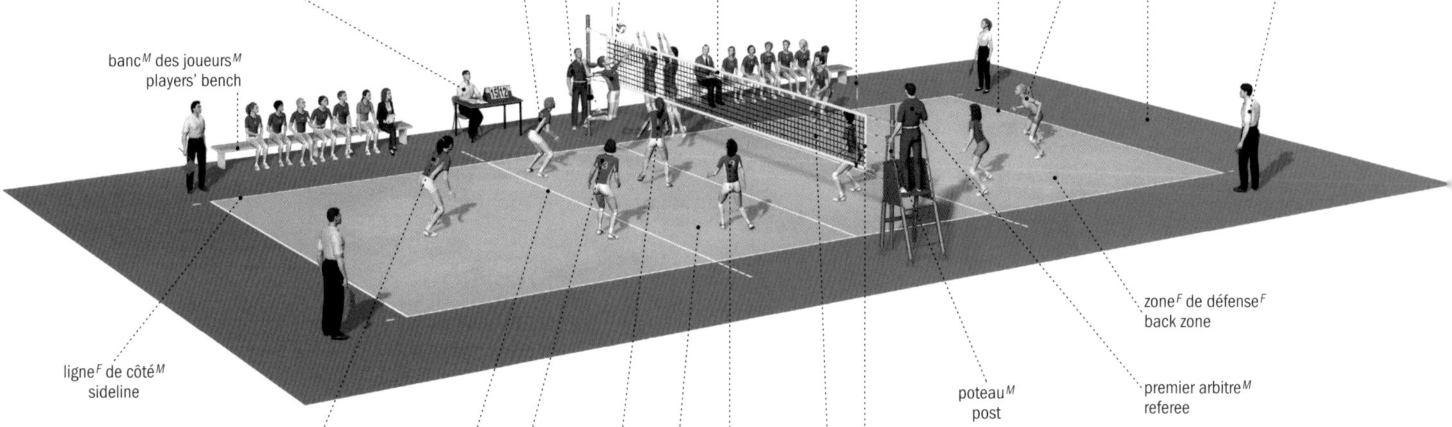

attaquant[M] gauche
left attacker

ligne[F] de fond[M]
end line

libero[M]
libero

second arbitre[M]
umpire

bande[F] blanche
white tape

zone[F] libre
clear space

marqueur[M]
scorer

arrière[M] gauche
left back

antenne[F]
antenna

juge[M] de ligne[F]
linesman

banc[M] des joueurs[M]
players' bench

zone[F] de défense[F]
back zone

ligne[F] de côté[M]
sideline

poteau[M]
post

premier arbitre[M]
referee

arrière[M] centre
center back

bande[F] verticale de côté[M]
vertical side band

ligne[F] d'attaque[F]
attack line

filet[M]
net

arrière[M] droit
right back

attaquant[M] droit
right attacker

attaquant[M] central
center attacker

zone[F] d'attaque[F]
attack zone

ballon[M] de volleyball[M]
volleyball

techniques[F]
techniques

récupération[F]
dig

manchette[F]
bump

service[M]
serve

volleyball[M]

volleyball[M] de plage[F]
beach volleyball

terrain[M]
court

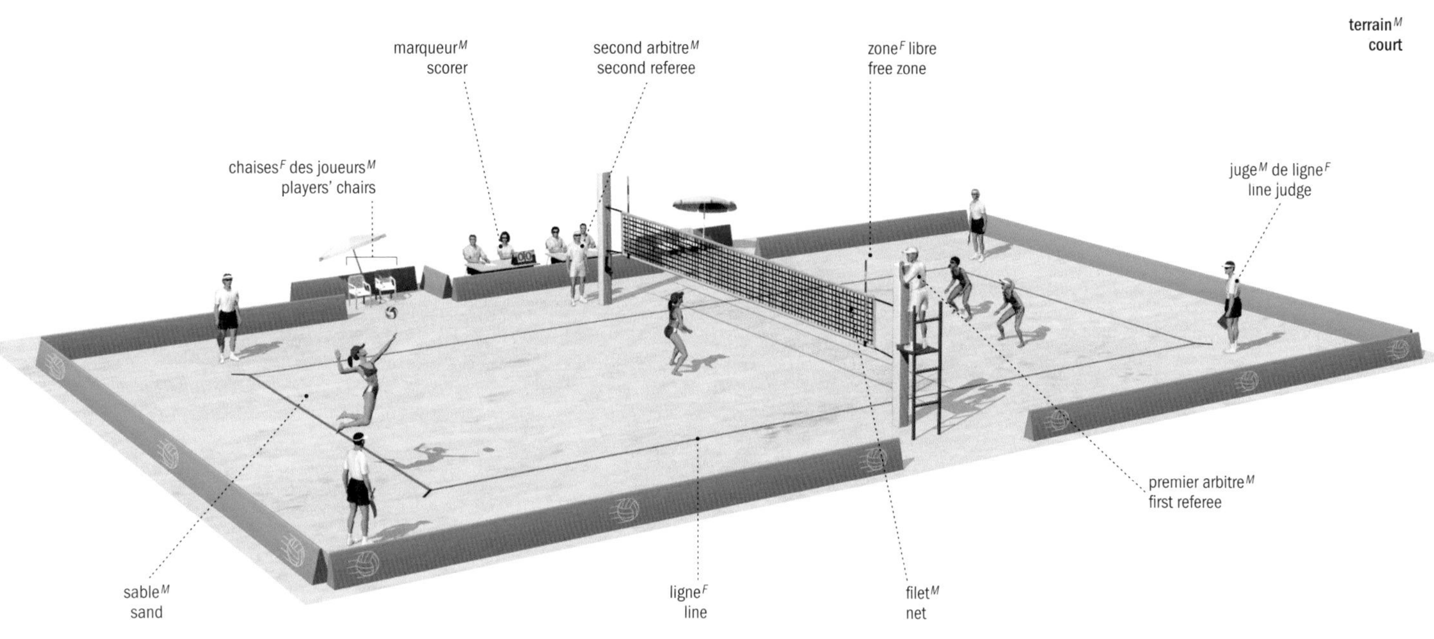
marqueur[M]
scorer
second arbitre[M]
second referee
zone[F] libre
free zone
chaises[F] des joueurs[M]
players' chairs
juge[M] de ligne[F]
line judge
premier arbitre[M]
first referee
sable[M]
sand
ligne[F]
line
filet[M]
net

ballon[M] de volleyball[M] de plage[F]
beach volleyball

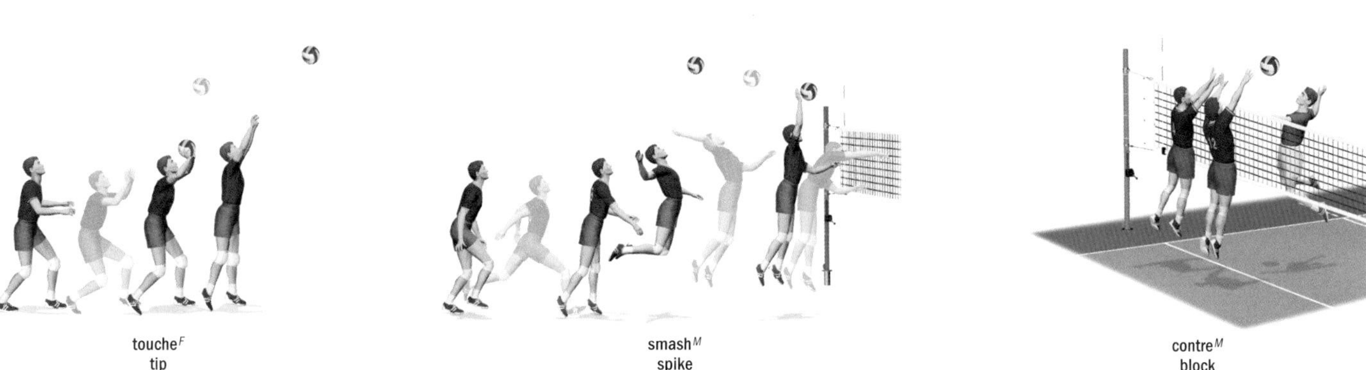

touche[F]
tip

smash[M]
spike

contre[M]
block

handball[M]

handball

position[F] des joueurs[M]
player positions

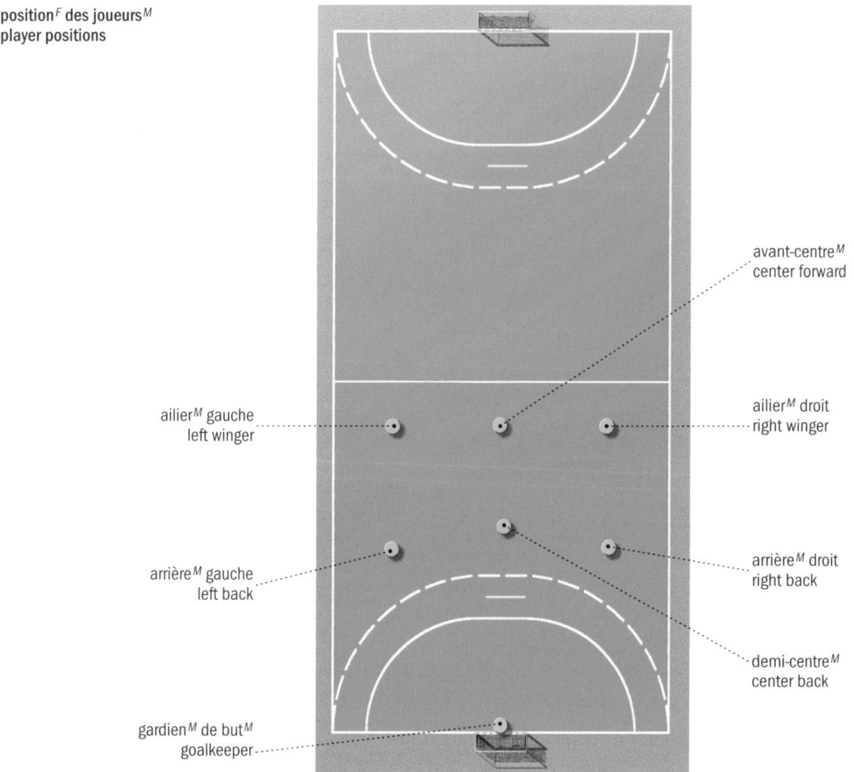
avant-centre[M]
center forward
ailier[M] gauche
left winger
ailier[M] droit
right winger
arrière[M] gauche
left back
arrière[M] droit
right back
demi-centre[M]
center back
gardien[M] de but[M]
goalkeeper

ballon[M] de handball[M]
handball

terrain[M]
court

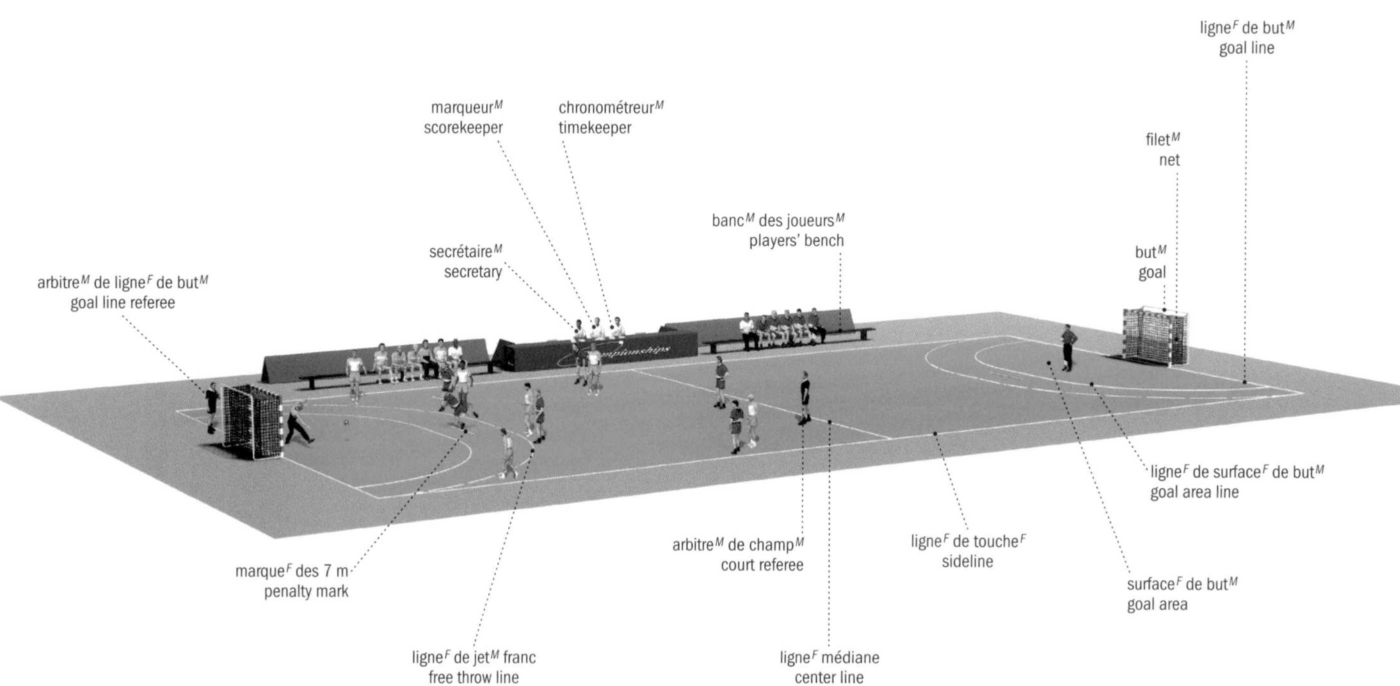
ligne[F] de but[M]
goal line
marqueur[M]
scorekeeper
chronométreur[M]
timekeeper
filet[M]
net
banc[M] des joueurs[M]
players' bench
secrétaire[M]
secretary
but[M]
goal
arbitre[M] de ligne[F] de but[M]
goal line referee
ligne[F] de surface[F] de but[M]
goal area line
arbitre[M] de champ[M]
court referee
ligne[F] de touche[F]
sideline
marque[F] des 7 m
penalty mark
surface[F] de but[M]
goal area
ligne[F] de jet[M] franc
free throw line
ligne[F] médiane
center line

tennis[M] de table[F]

table tennis

table[F]
table

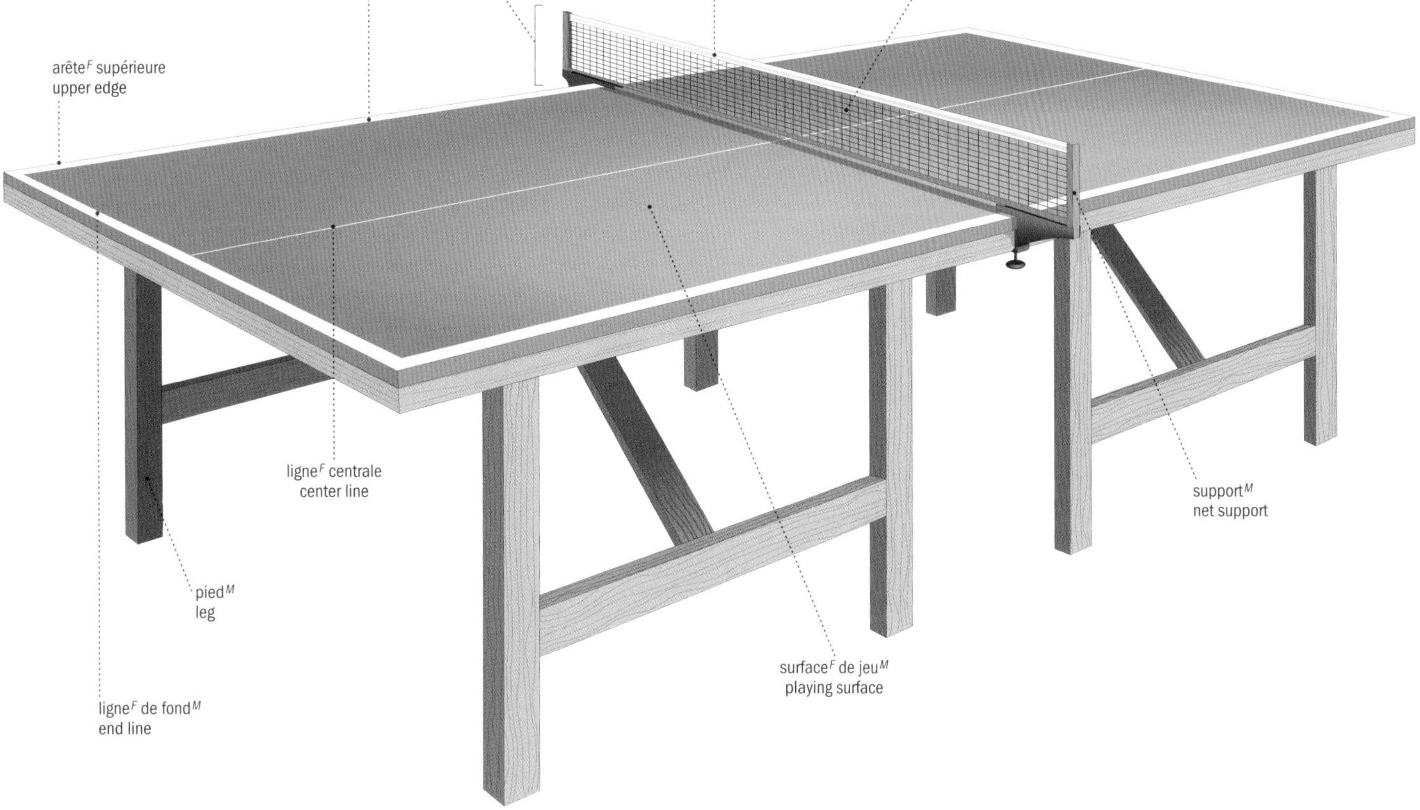

ruban[M] blanc
white tape

maille[F]
mesh

ligne[F] latérale
sideline

filet[M]
net

arête[F] supérieure
upper edge

ligne[F] centrale
center line

support[M]
net support

pied[M]
leg

surface[F] de jeu[M]
playing surface

ligne[F] de fond[M]
end line

raquette[F] de tennis[M] de table[F]
table tennis paddle

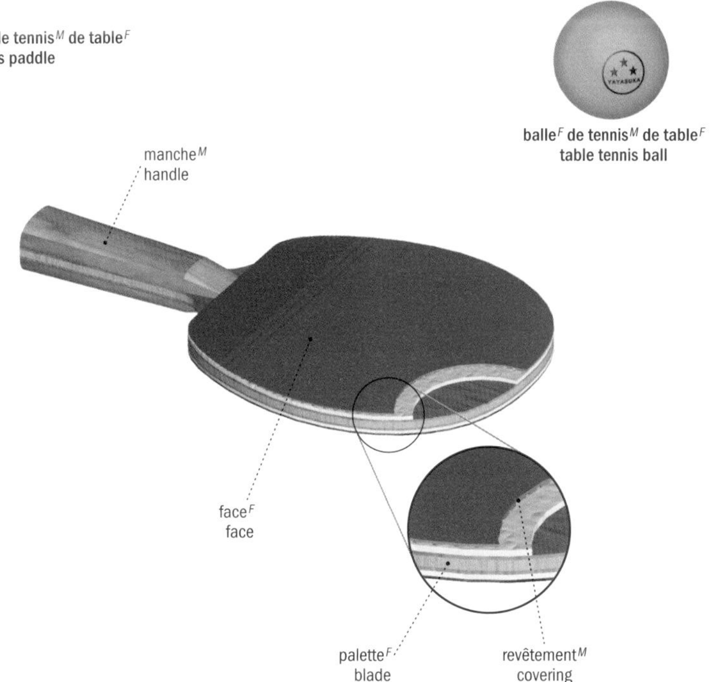
manche[M]
handle
face[F]
face
palette[F]
blade
revêtement[M]
covering

balle[F] de tennis[M] de table[F]
table tennis ball

types[M] de prises[F]
types of grips

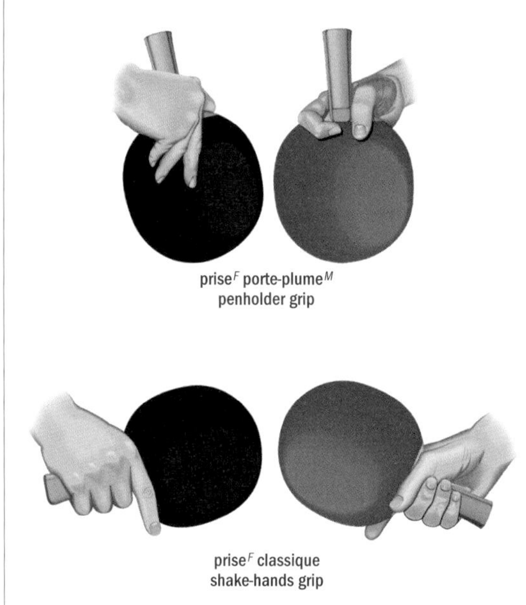

prise[F] porte-plume[M]
penholder grip

prise[F] classique
shake-hands grip

badminton[M]

badminton

terrain[M]
court

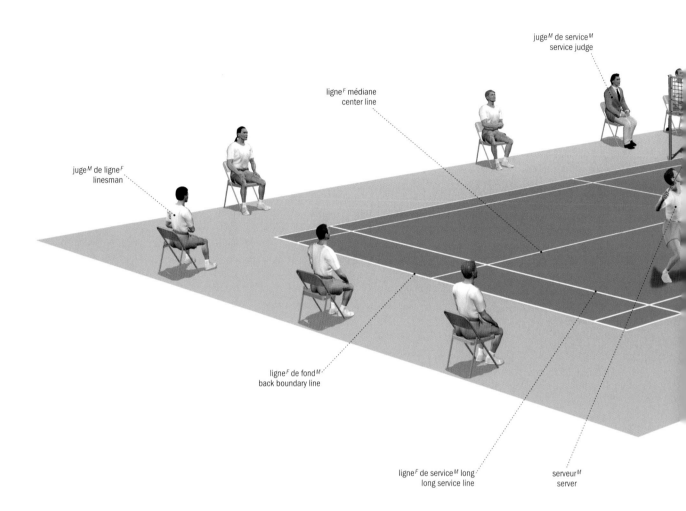

juge[M] de service[M]
service judge

ligne[F] médiane
center line

juge[M] de ligne[F]
linesman

ligne[F] de fond[M]
back boundary line

ligne[F] de service[M] long
long service line

serveur[M]
server

raquette[F] de badminton[M]
badminton racket

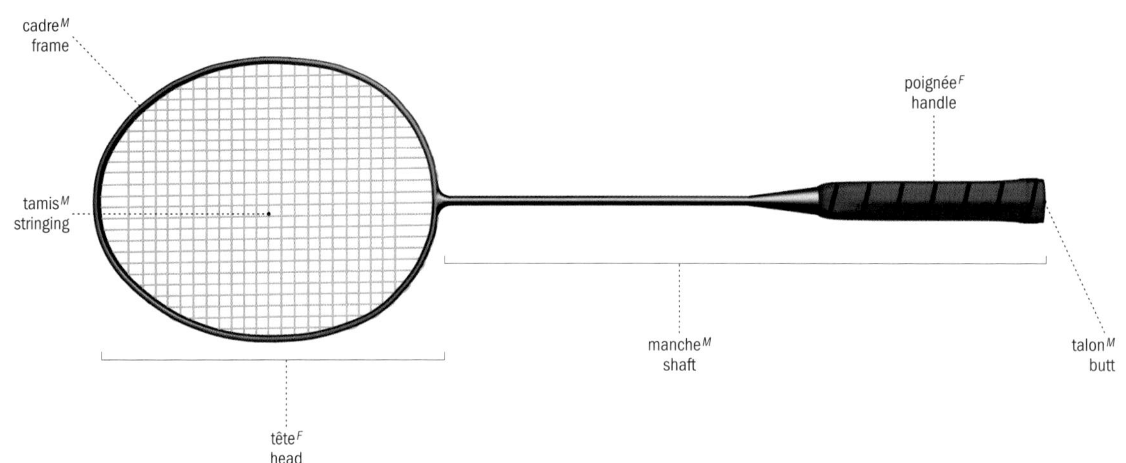
cadre[M]
frame
poignée[F]
handle
tamis[M]
stringing
manche[M]
shaft
talon[M]
butt
tête[F]
head

badminton[M]

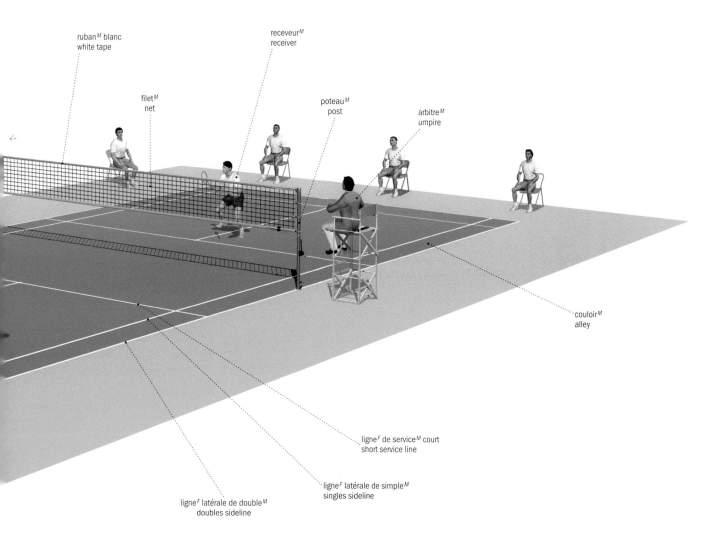

ruban[M] blanc
white tape

receveur[M]
receiver

filet[M]
net

poteau[M]
post

arbitre[M]
umpire

couloir[M]
alley

ligne[F] de service[M] court
short service line

ligne[F] latérale de simple[M]
singles sideline

ligne[F] latérale de double[M]
doubles sideline

zones[F] de service[M]
service zones

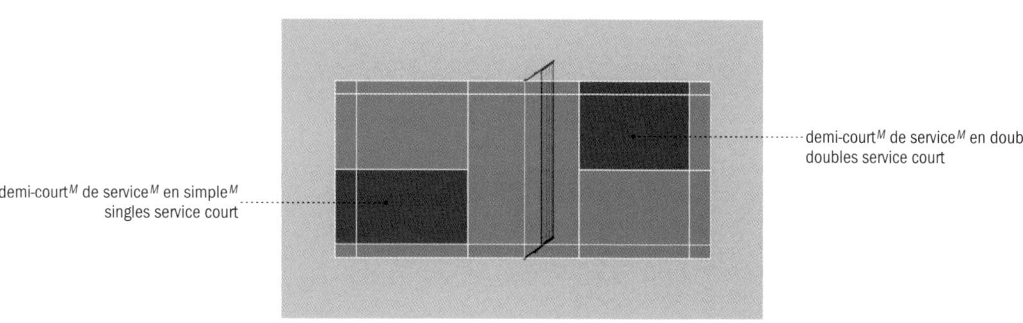
demi-court[M] de service[M] en simple[M]
singles service court
demi-court[M] de service[M] en double[M]
doubles service court

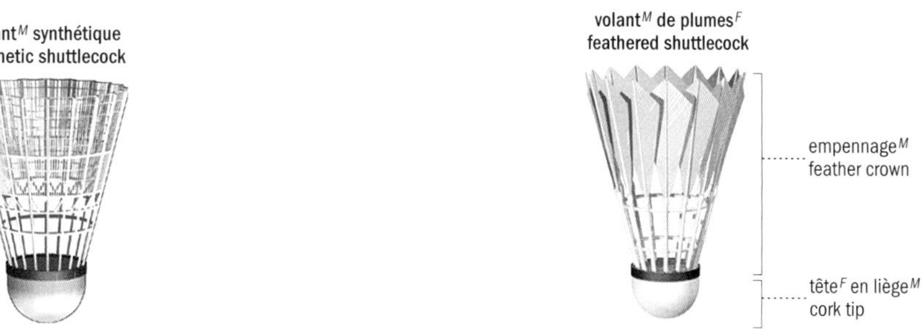
volant[M] synthétique
synthetic shuttlecock
volant[M] de plumes[F]
feathered shuttlecock
empennage[M]
feather crown
tête[F] en liège[M]
cork tip

racquetball^{M}

racquetball

court^{M}
court

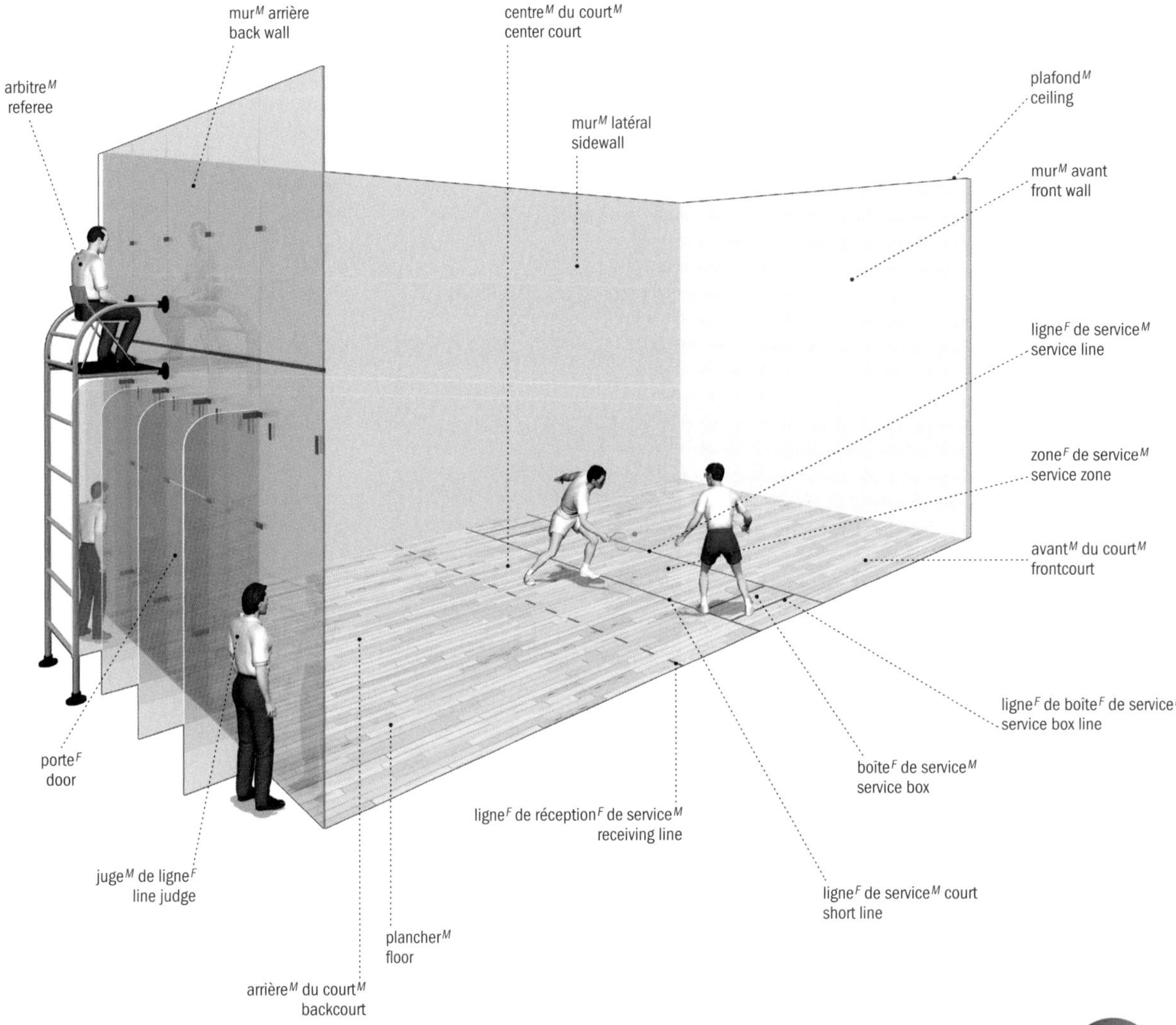

mur^{M} arrière
back wall

centre^{M} du court^{M}
center court

arbitre^{M}
referee

plafond^{M}
ceiling

mur^{M} latéral
sidewall

mur^{M} avant
front wall

ligne^{F} de service^{M}
service line

zone^{F} de service^{M}
service zone

avant^{M} du court^{M}
frontcourt

ligne^{F} de boite^{F} de service^{M}
service box line

porte^{F}
door

boite^{F} de service^{M}
service box

ligne^{F} de réception^{F} de service^{M}
receiving line

juge^{M} de ligne^{F}
line judge

ligne^{F} de service^{M} court
short line

plancher^{M}
floor

arrière^{M} du court^{M}
backcourt

raquette^{F} de racquetball^{M}
racquetball racket

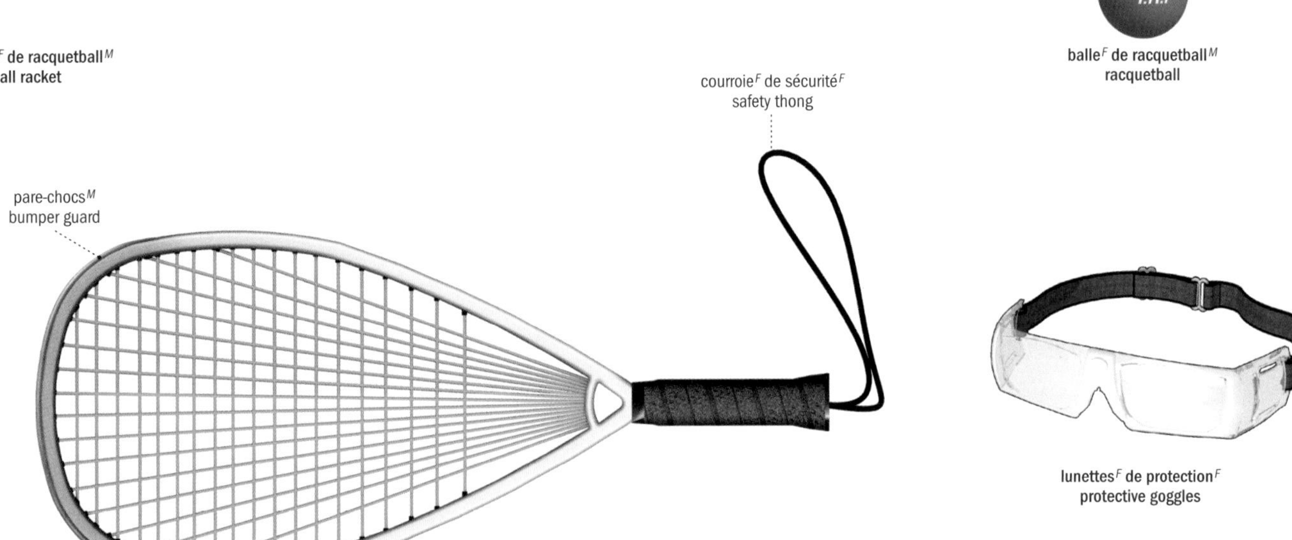
I.R.F
balle^{F} de racquetball^{M}
racquetball
courroie^{F} de sécurité^{F}
safety thong
pare-chocs^{M}
bumper guard
lunettes^{F} de protection^{F}
protective goggles

squash^{M}

squash

court^{M}
court

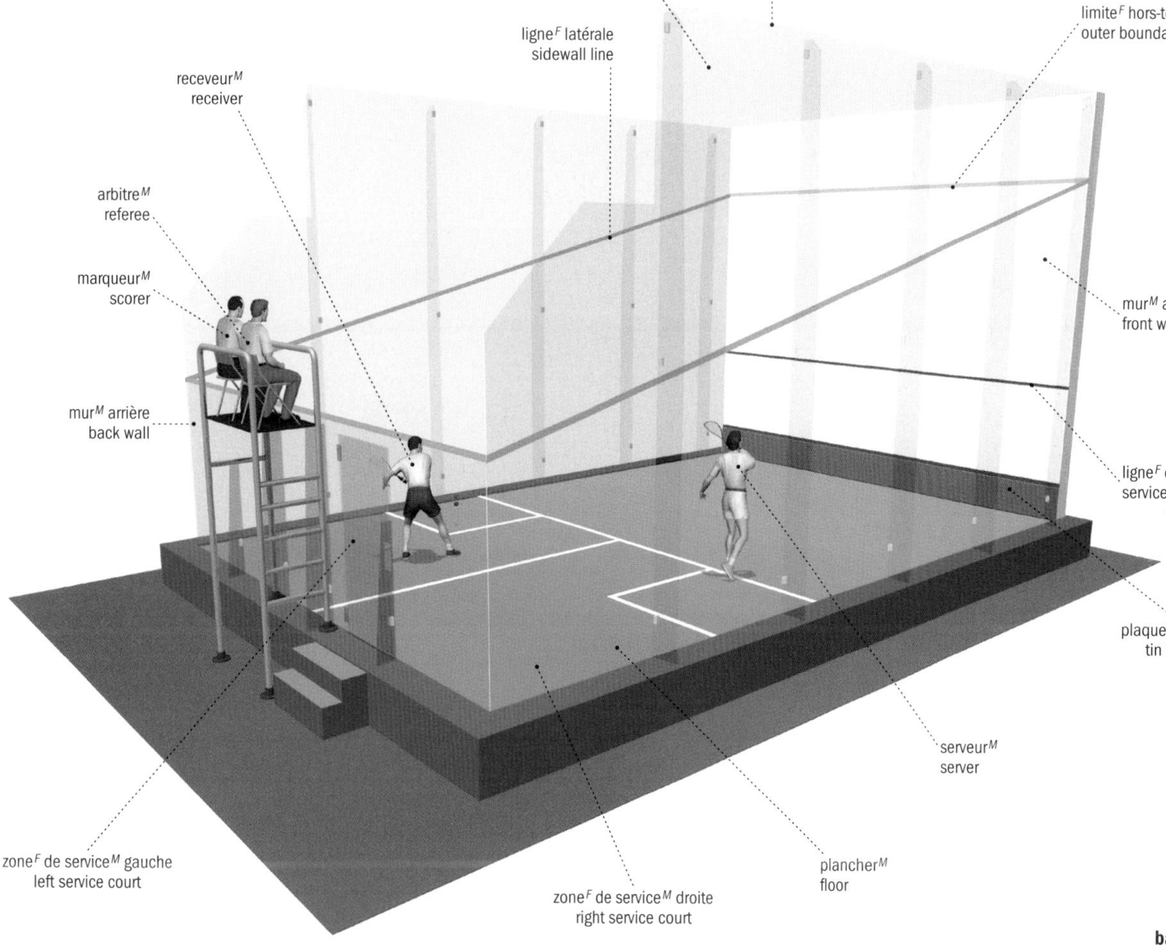

mur^{M} latéral
sidewall

plafond^{M}
ceiling

ligne^{F} latérale
sidewall line

limite^{F} hors-terrain
outer boundary line

receveur^{M}
receiver

arbitre^{M}
referee

marqueur^{M}
scorer

mur^{M} avant
front wall

mur^{M} arrière
back wall

ligne^{F} de service^{M}
service line

plaque^{F} de tôle^{F}
tin board

serveur^{M}
server

zone^{F} de service^{M} gauche
left service court

plancher^{M}
floor

zone^{F} de service^{M} droite
right service court

balles^{F} de squash^{M}
squash balls

ligne^{F} de demi-court^{M}
half court line

carré^{M} de service^{M}
service box

ligne^{F} de service^{M} court
short line

balle^{F} d'entrainement^{M}
training ball

balle^{F} de tournoi^{M}
tournament ball

raquette^{F} de squash^{M}
squash racket

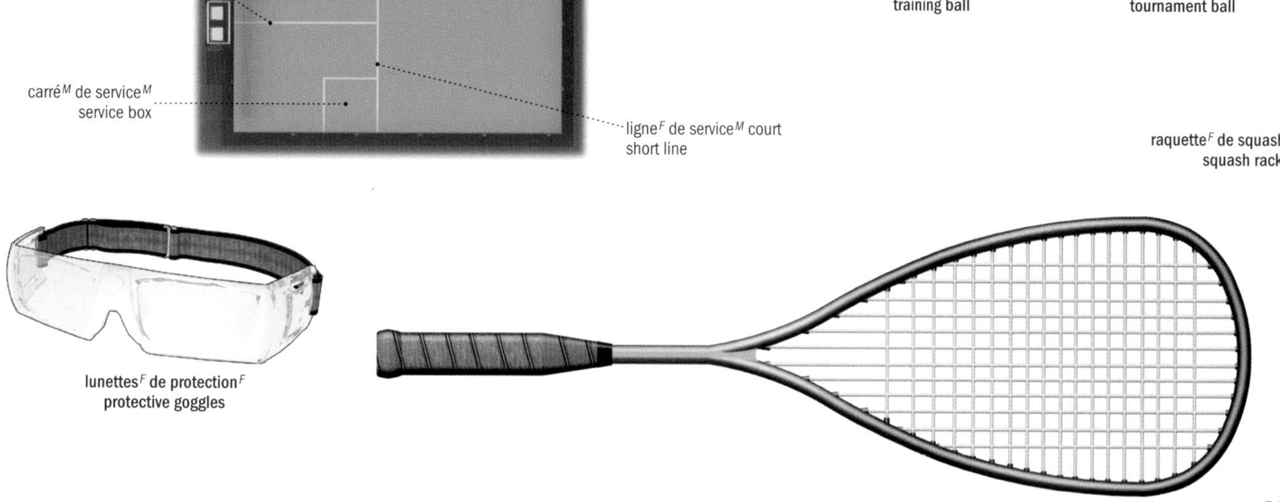

lunettes^{F} de protection^{F}
protective goggles

SPORTS ET JEUX

tennis[M]

tennis

court[M]
court

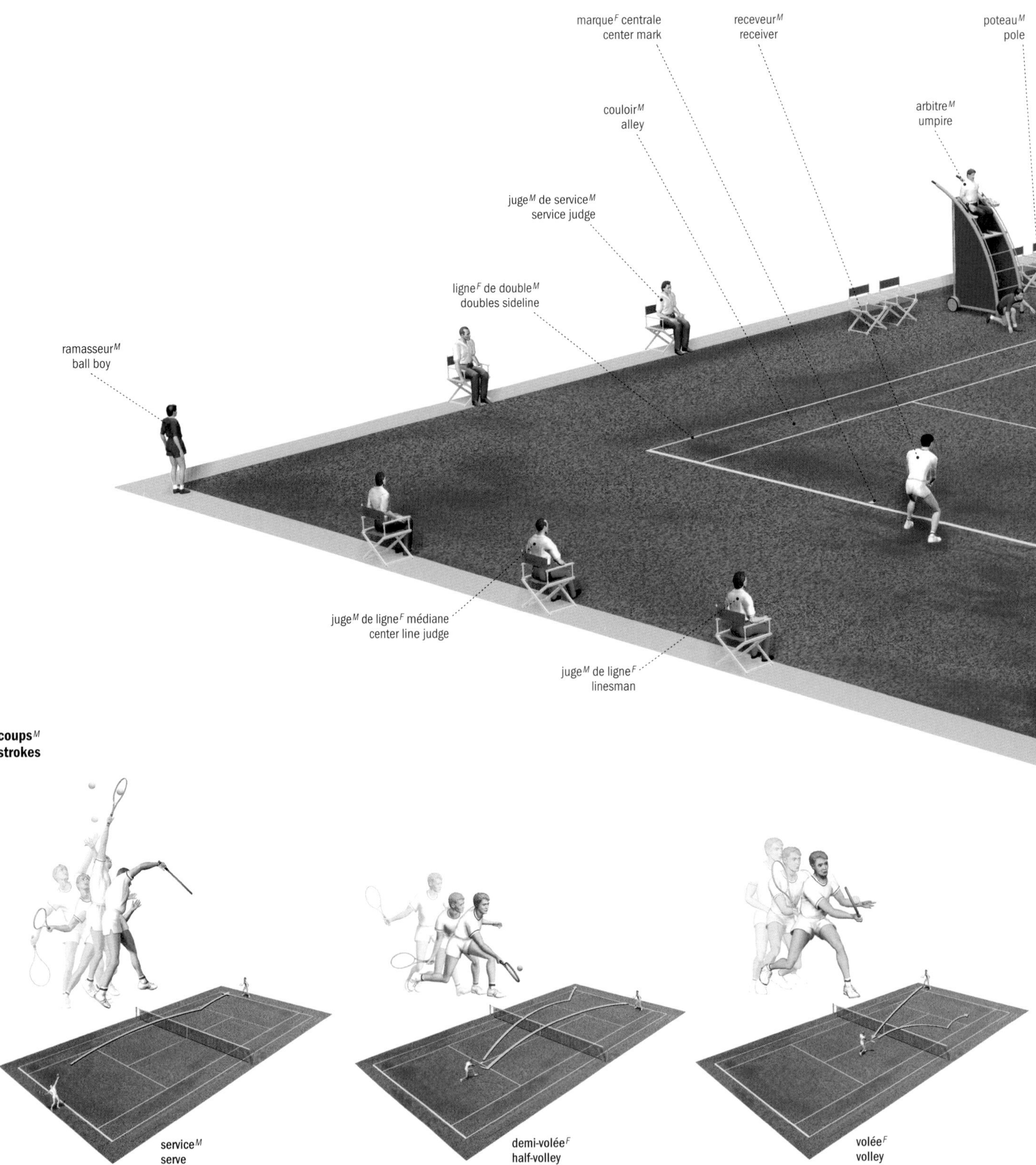
marque[F] centrale
center mark
receveur[M]
receiver
poteau[M]
pole
couloir[M]
alley
arbitre[M]
umpire
juge[M] de service[M]
service judge
ligne[F] de double[M]
doubles sideline
ramasseur[M]
ball boy
juge[M] de ligne[F] médiane
center line judge
juge[M] de ligne[F]
linesman
coups[M]
strokes
service[M]
serve
demi-volée[F]
half-volley
volée[F]
volley

tennis^M

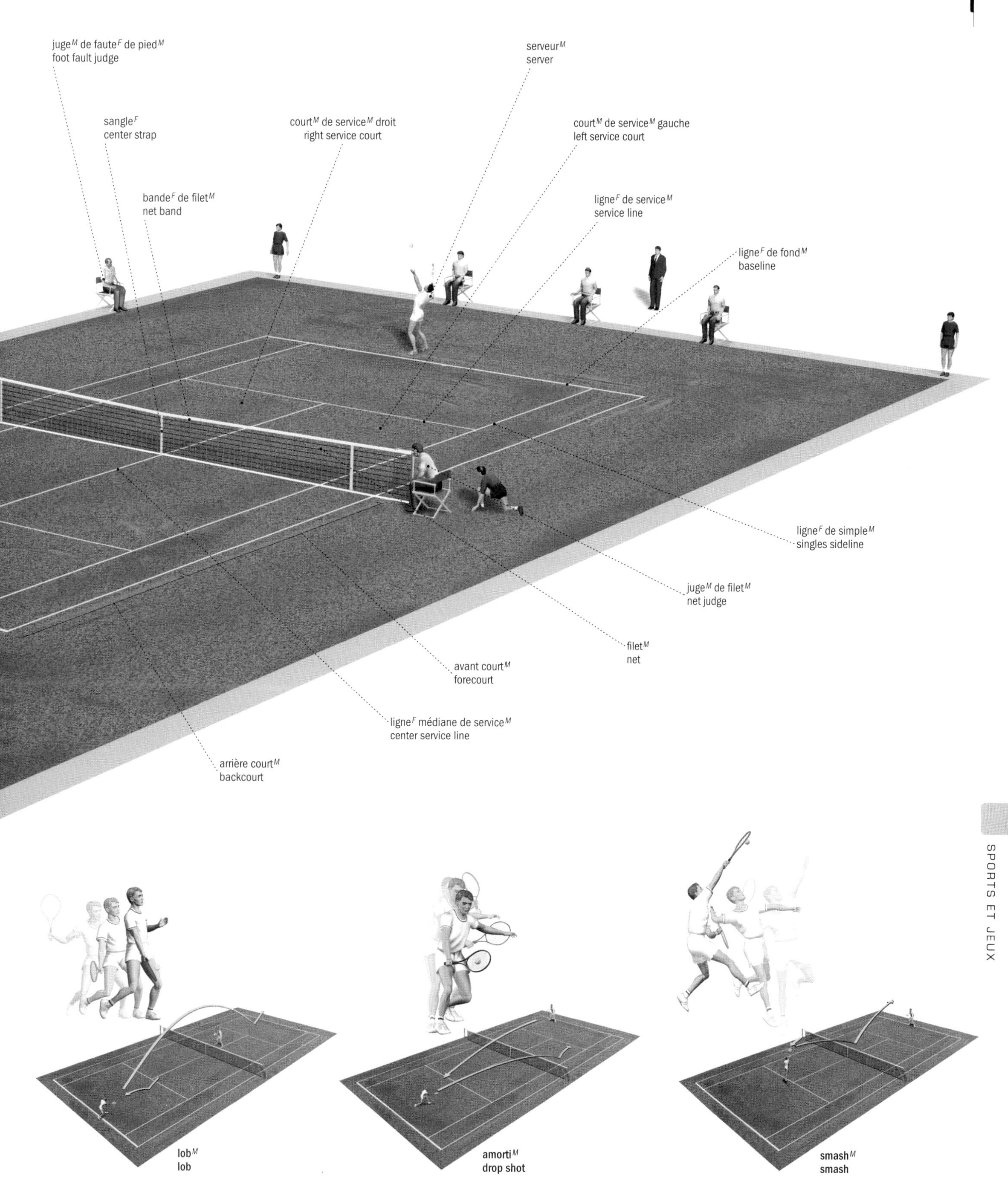
juge^M de faute^F de pied^M
foot fault judge
serveur^M
server
sangle^F
center strap
court^M de service^M droit
right service court
court^M de service^M gauche
left service court
bande^F de filet^M
net band
ligne^F de service^M
service line
ligne^F de fond^M
baseline
ligne^F de simple^M
singles sideline
juge^M de filet^M
net judge
filet^M
net
avant court^M
forecourt
ligne^F médiane de service^M
center service line
arrière court^M
backcourt

lob^M
lob

amorti^M
drop shot

smash^M
smash

tennis[M]

raquette[F] de tennis[M]
tennis racket

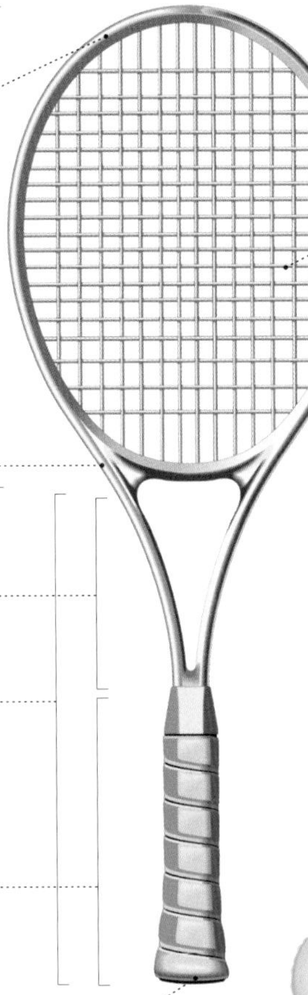

cadre[M]
frame

tamis[M]
stringing

tête[F]
head

épaule[F]
shoulder

cœur[M]
throat

manche[M]
shaft

poignée[F]
handle

talon[M]
butt

balle[F] de tennis[M]
tennis ball

joueuse[F] de tennis[M]
tennis player

polo[M]
polo shirt

serre-poignet[M]
wristband

jupette[F]
skirt

chaussette[F]
sock

chaussure[F] de tennis[M]
tennis shoe

tableau[M] d'affichage[M]
scoreboard

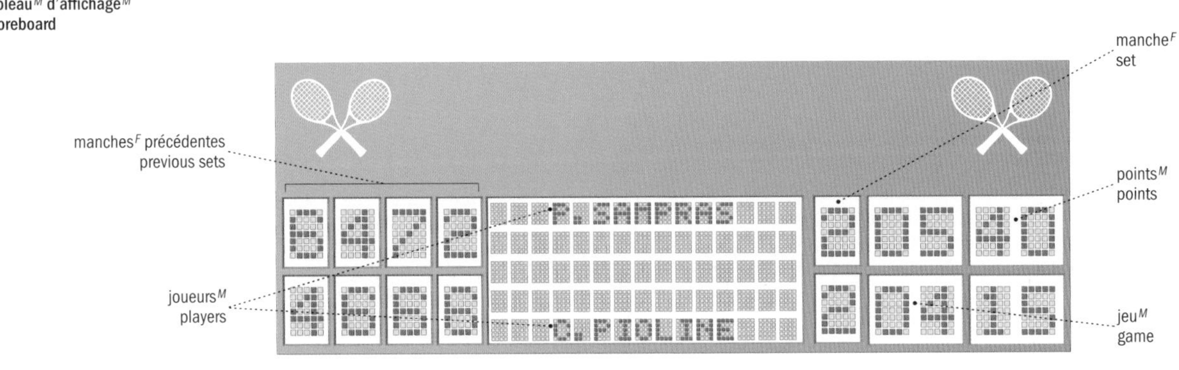

manche[F]
set
manches[F] précédentes
previous sets
points[M]
points
joueurs[M]
players
jeu[M]
game
P.SAMPRAS
C.PIOLINE

surfaces[F] de jeu[M]
playing surfaces

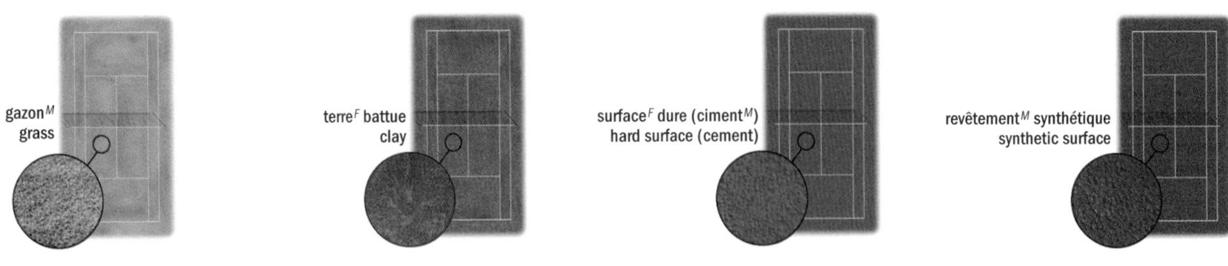

gazon[M]
grass
terre[F] battue
clay
surface[F] dure (ciment[M])
hard surface (cement)
revêtement[M] synthétique
synthetic surface

SPORTS ET JEUX

gymnastique[F] rythmique

rhythmic gymnastics

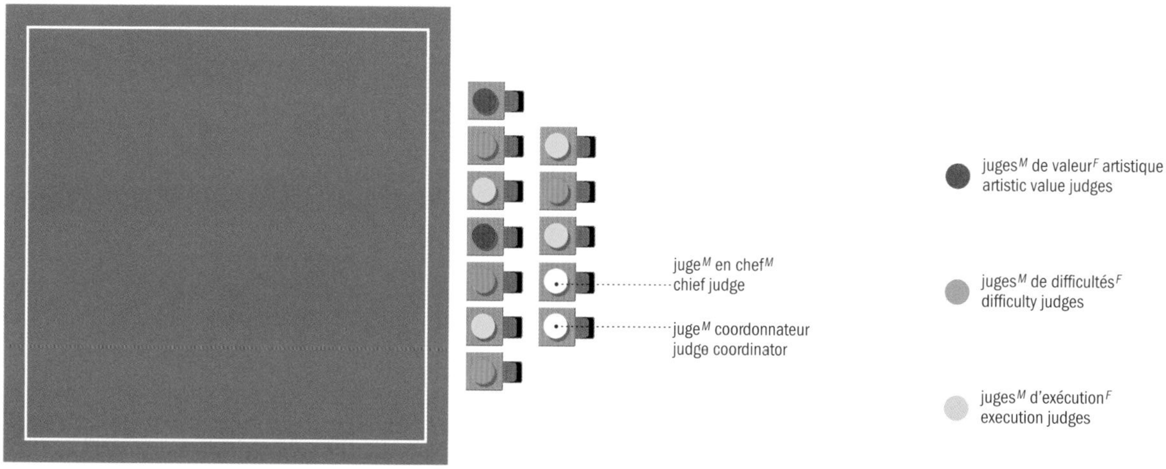

praticable[M]
exercise area

juges[M] de valeur[F] artistique
artistic value judges

juge[M] en chef[M]
chief judge

juges[M] de difficultés[F]
difficulty judges

juge[M] coordonnateur
judge coordinator

juges[M] d'exécution[F]
execution judges

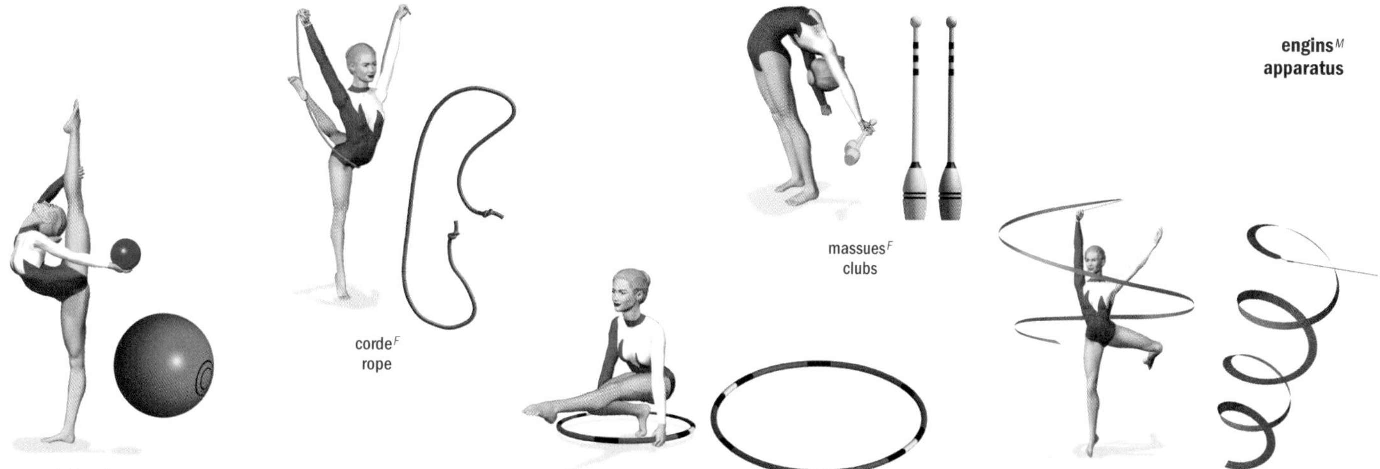

engins[M]
apparatus

massues[F]
clubs

corde[F]
rope

ballon[M]
ball

cerceau[M]
hoop

ruban[M]
ribbon

trampoline[M]

trampoline

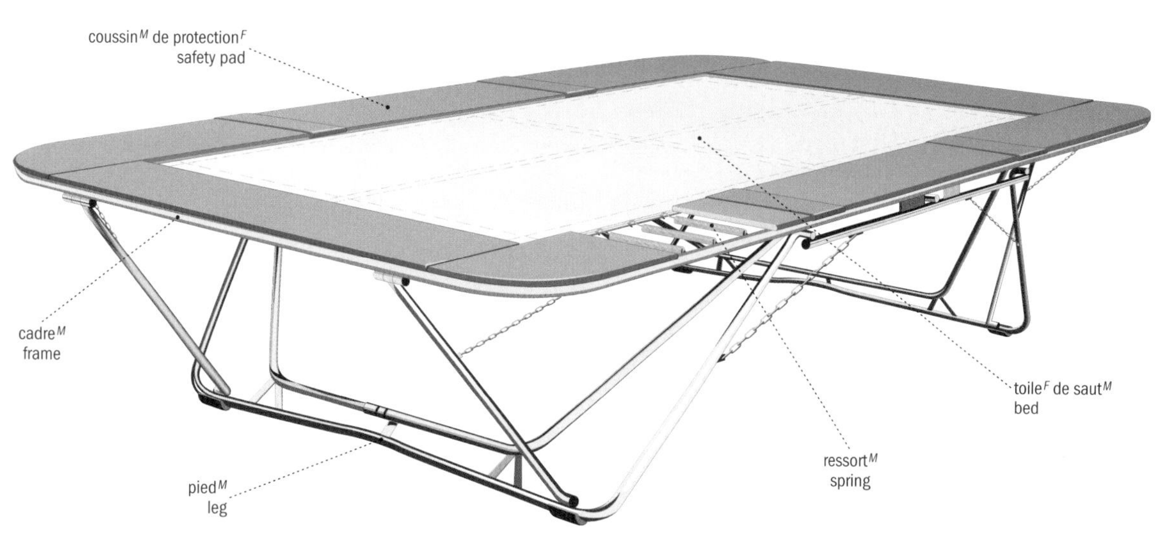
coussin[M] de protection[F]
safety pad
cadre[M]
frame
toile[F] de saut[M]
bed
ressort[M]
spring
pied[M]
leg

gymnastique[F]

gymnastics

podium[M] des épreuves[F]
event platform

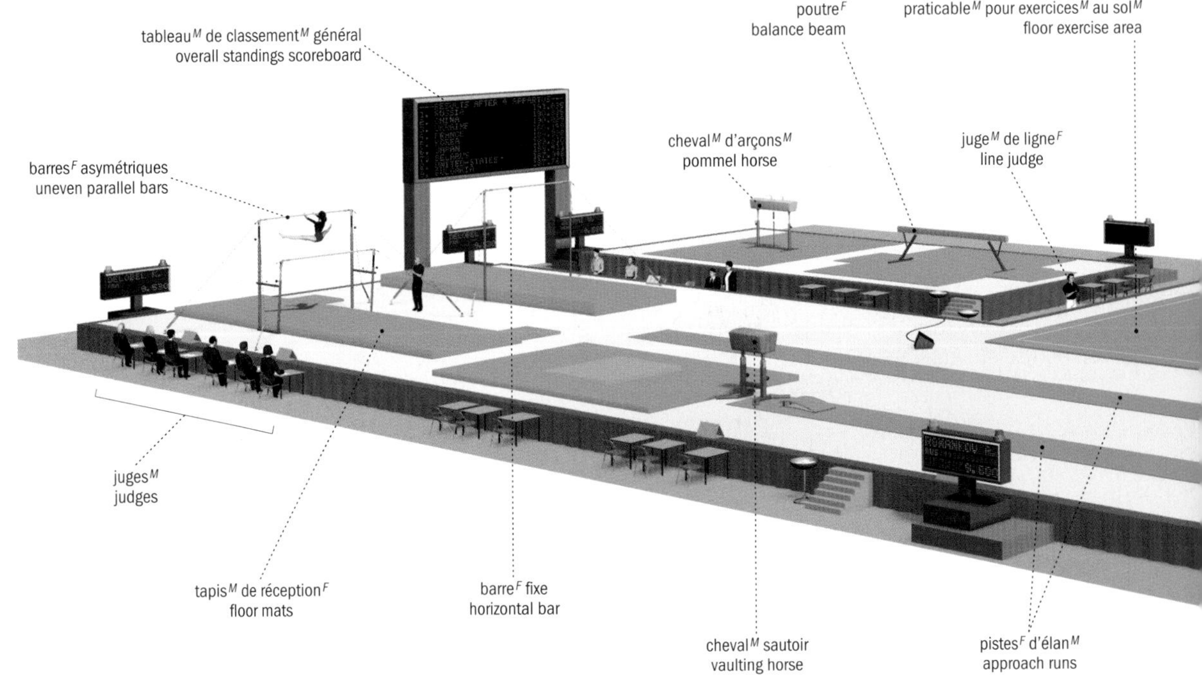
tableau[M] de classement[M] général
overall standings scoreboard
poutre[F]
balance beam
praticable[M] pour exercices[M] au sol[M]
floor exercise area
cheval[M] d'arçons[M]
pommel horse
juge[M] de ligne[F]
line judge
barres[F] asymétriques
uneven parallel bars
juges[M]
judges
tapis[M] de réception[F]
floor mats
barre[F] fixe
horizontal bar
cheval[M] sautoir
vaulting horse
pistes[F] d'élan[M]
approach runs

barres[F] asymétriques
uneven parallel bars

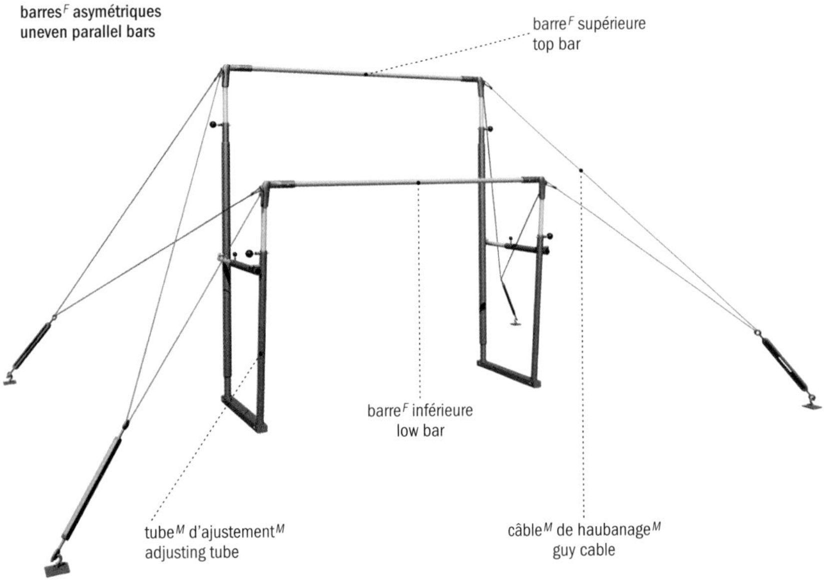

barre[F] supérieure
top bar

barre[F] inférieure
low bar

tube[M] d'ajustement[M]
adjusting tube

câble[M] de haubanage[M]
guy cable

anneaux[M]
rings

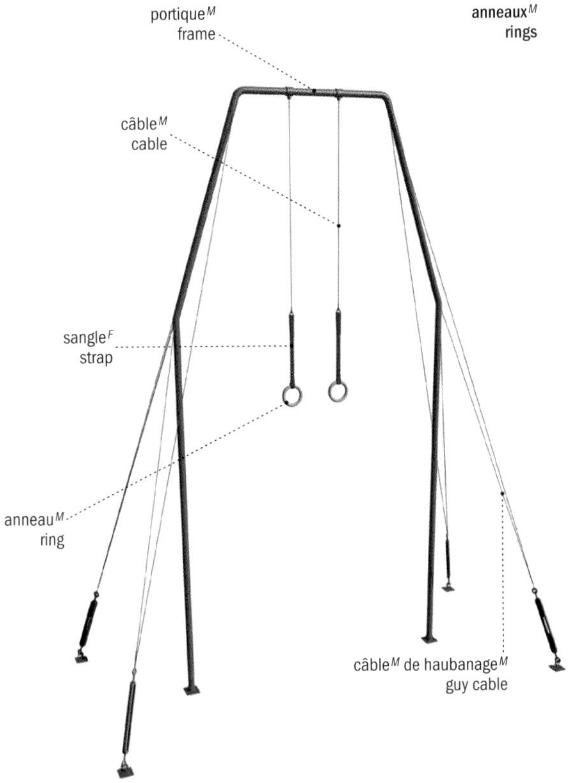

portique[M]
frame

câble[M]
cable

sangle[F]
strap

anneau[M]
ring

câble[M] de haubanage[M]
guy cable

gymnastique[F]

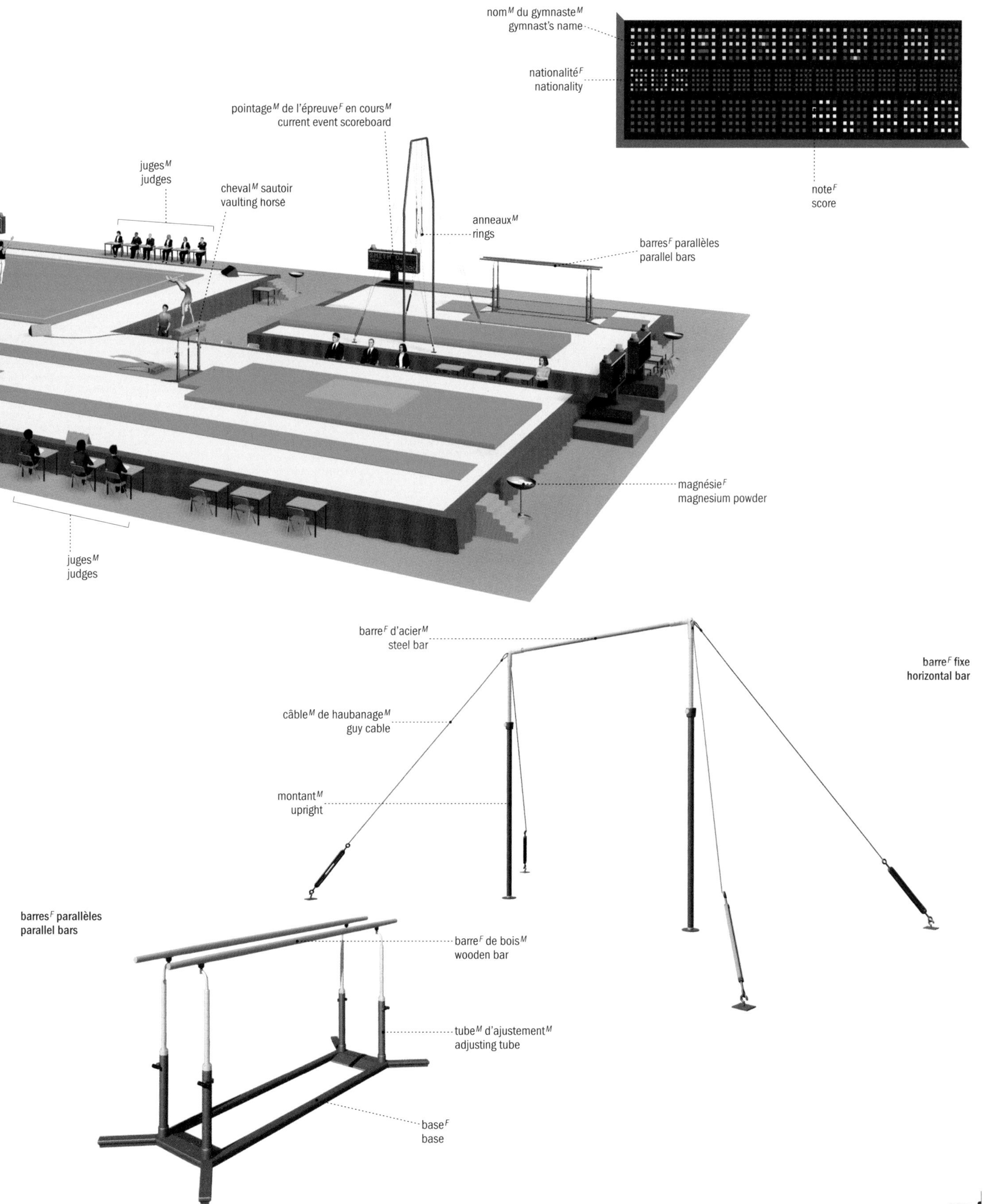
tableau[M] de pointage[M]
scoreboard
nom[M] du gymnaste[M]
gymnast's name
nationalité[F]
nationality
note[F]
score
pointage[M] de l'épreuve[F] en cours[M]
current event scoreboard
juges[M]
judges
cheval[M] sautoir
vaulting horse
anneaux[M]
rings
barres[F] parallèles
parallel bars
magnésie[F]
magnesium powder
juges[M]
judges
barre[F] d'acier[M]
steel bar
barre[F] fixe
horizontal bar
câble[M] de haubanage[M]
guy cable
montant[M]
upright
barres[F] parallèles
parallel bars
barre[F] de bois[M]
wooden bar
tube[M] d'ajustement[M]
adjusting tube
base[F]
base

gymnastique^{F}

cheval^{M} d'arçons^{M}
pommel horse

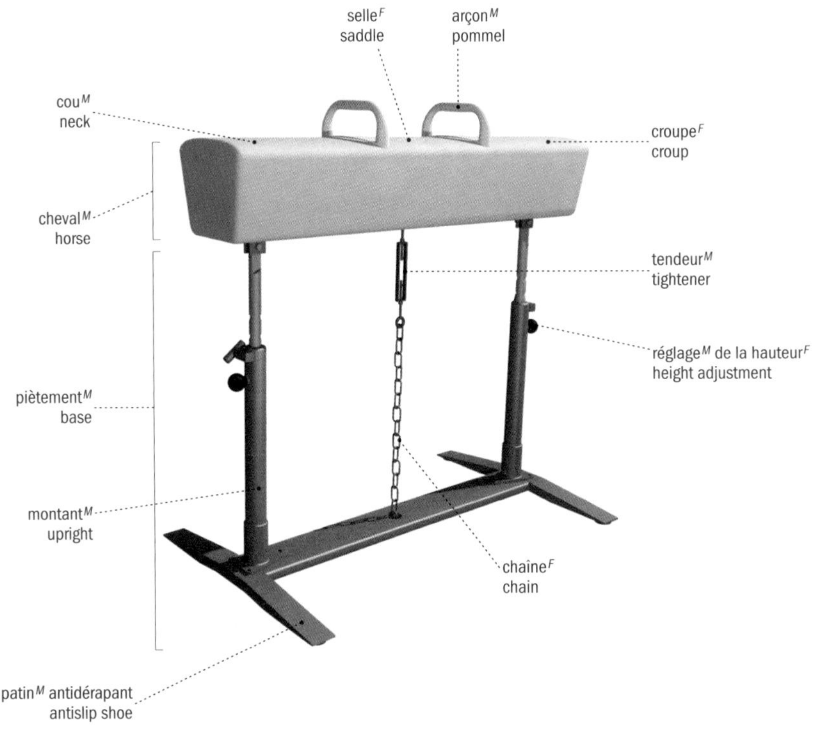
selle^{F}
saddle
arçon^{M}
pommel
cou^{M}
neck
croupe^{F}
croup
cheval^{M}
horse
tendeur^{M}
tightener
réglage^{M} de la hauteur^{F}
height adjustment
piètement^{M}
base
montant^{M}
upright
chaine^{F}
chain
patin^{M} antidérapant
antislip shoe

poutre^{F} d'équilibre^{M}
balance beam

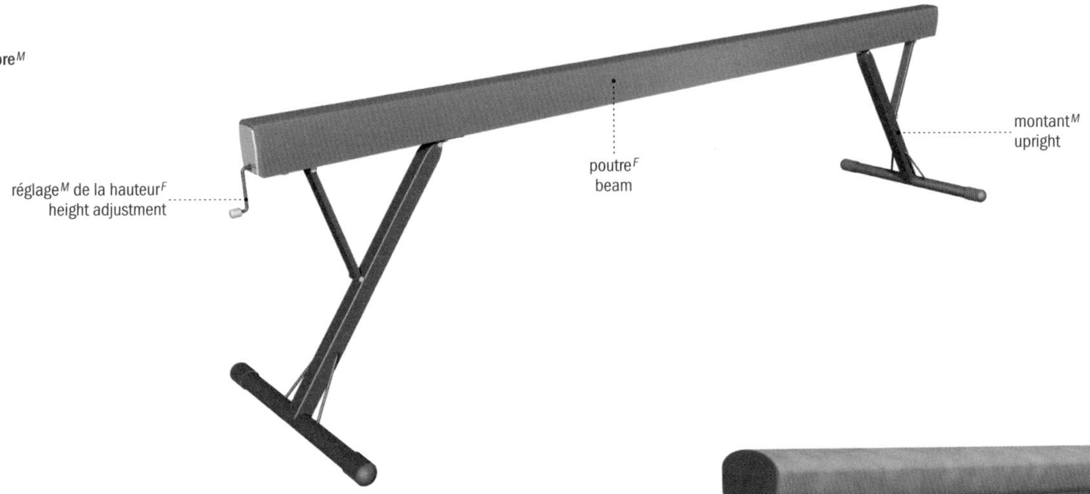

montant^{M}
upright

poutre^{F}
beam

réglage^{M} de la hauteur^{F}
height adjustment

cheval^{M}-sautoir^{M}
vaulting horse

tremplin^{M}
springboard

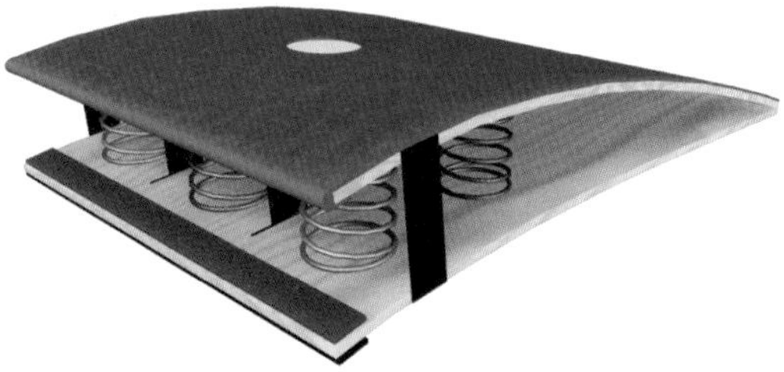

water-polo M

water polo

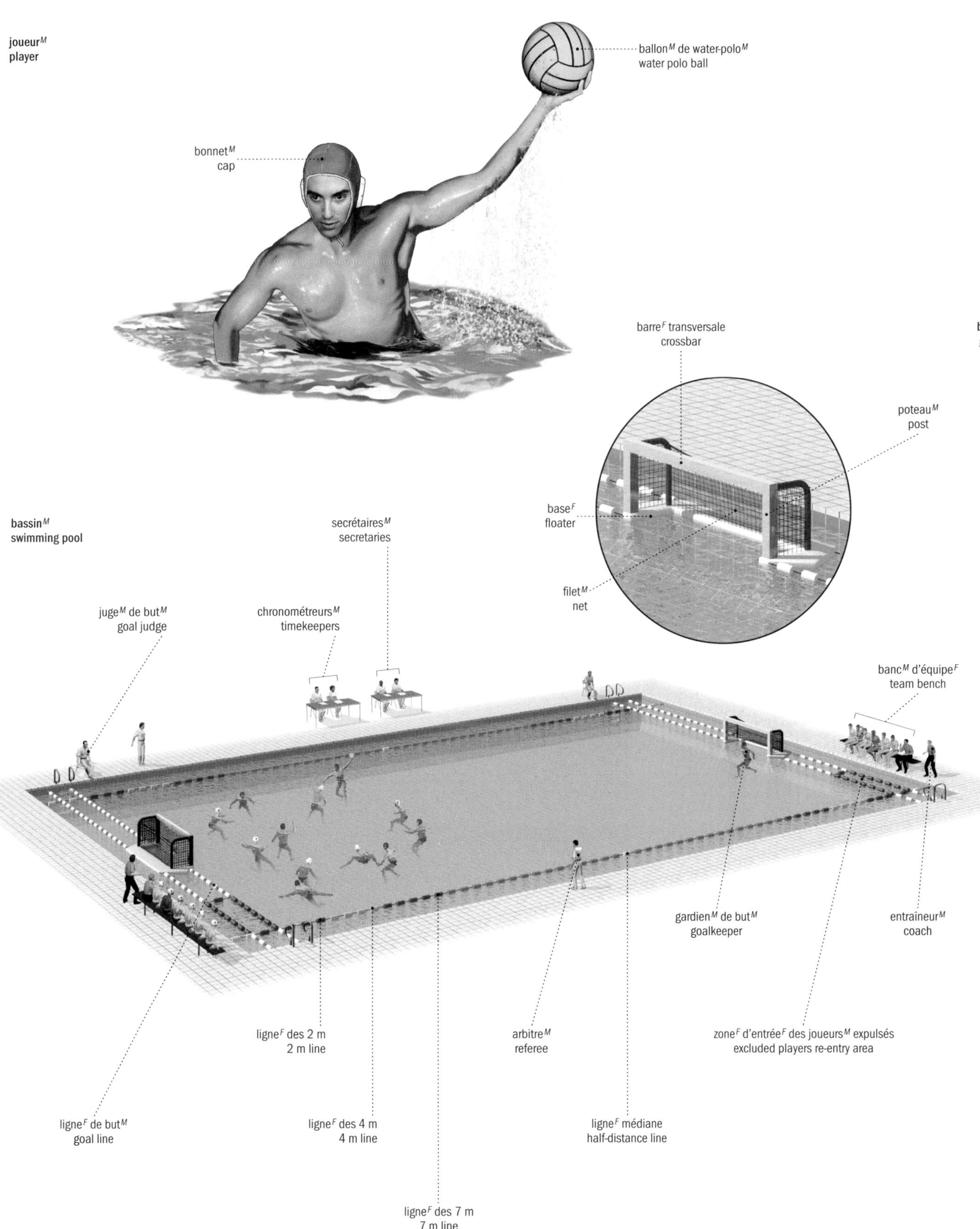

joueur M
player
ballon M de water-polo M
water polo ball
bonnet M
cap
but M
goal
barre F transversale
crossbar
poteau M
post
base F
floater
filet M
net
bassin M
swimming pool
secrétaires M
secretaries
juge M de but M
goal judge
chronométreurs M
timekeepers
banc M d'équipe F
team bench
gardien M de but M
goalkeeper
entraineur M
coach
ligne F des 2 m
2 m line
arbitre M
referee
zone F d'entrée F des joueurs M expulsés
excluded players re-entry area
ligne F de but M
goal line
ligne F des 4 m
4 m line
ligne F médiane
half-distance line
ligne F des 7 m
7 m line

plongeon^M

diving

positions^F de départ^M
starting positions
renversé
reverse
retourné
inward
arrière
backward
avant
forward
en équilibre^M
armstand
vols^M
flights
position^F groupée
tuck position
position^F droite
straight position
position^F carpée
pike position

plongeoir^M
diving installations

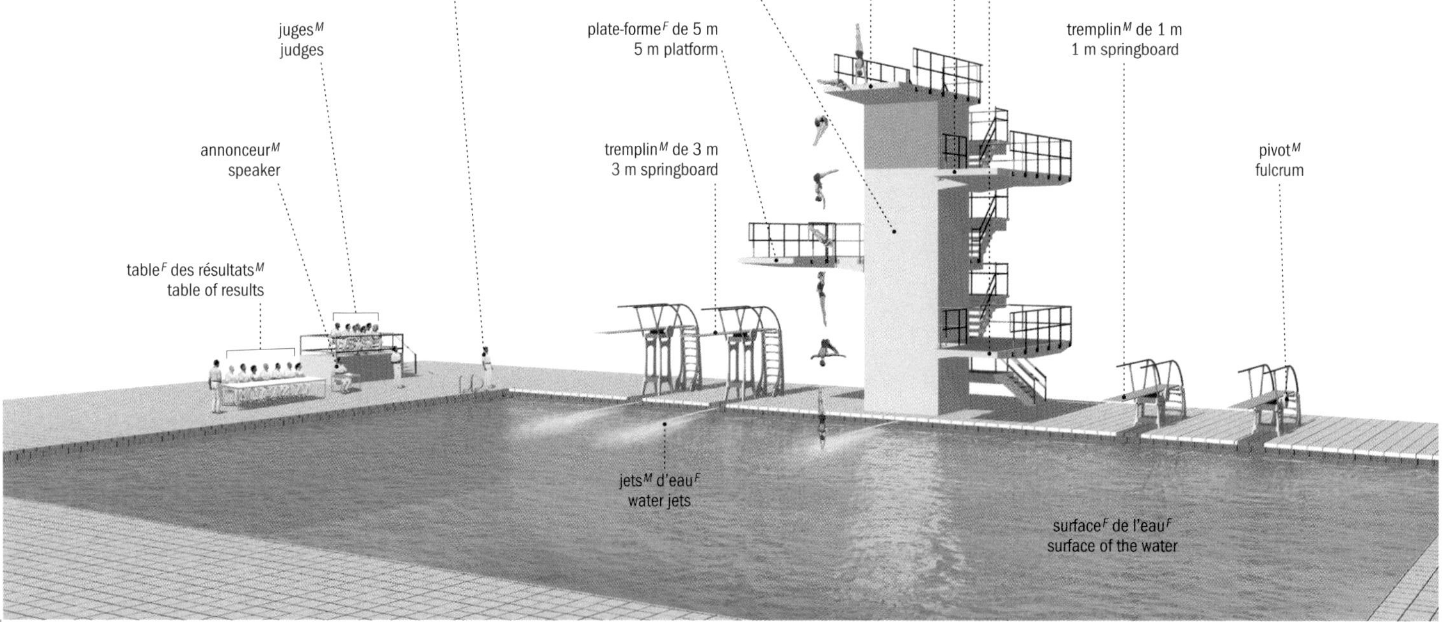

plate-forme^F de 10 m
10 m platform

plate-forme^F de 7,5 m
7.5 m platform

juge^M-arbitre^M
referee

tour^F du plongeoir^M
diving tower

plate-forme^F de 3 m
3 m platform

juges^M
judges

plate-forme^F de 5 m
5 m platform

tremplin^M de 1 m
1 m springboard

annonceur^M
speaker

tremplin^M de 3 m
3 m springboard

pivot^M
fulcrum

table^F des résultats^M
table of results

jets^M d'eau^F
water jets

surface^F de l'eau^F
surface of the water

exemples[M] de plongeons[M]
examples of dives

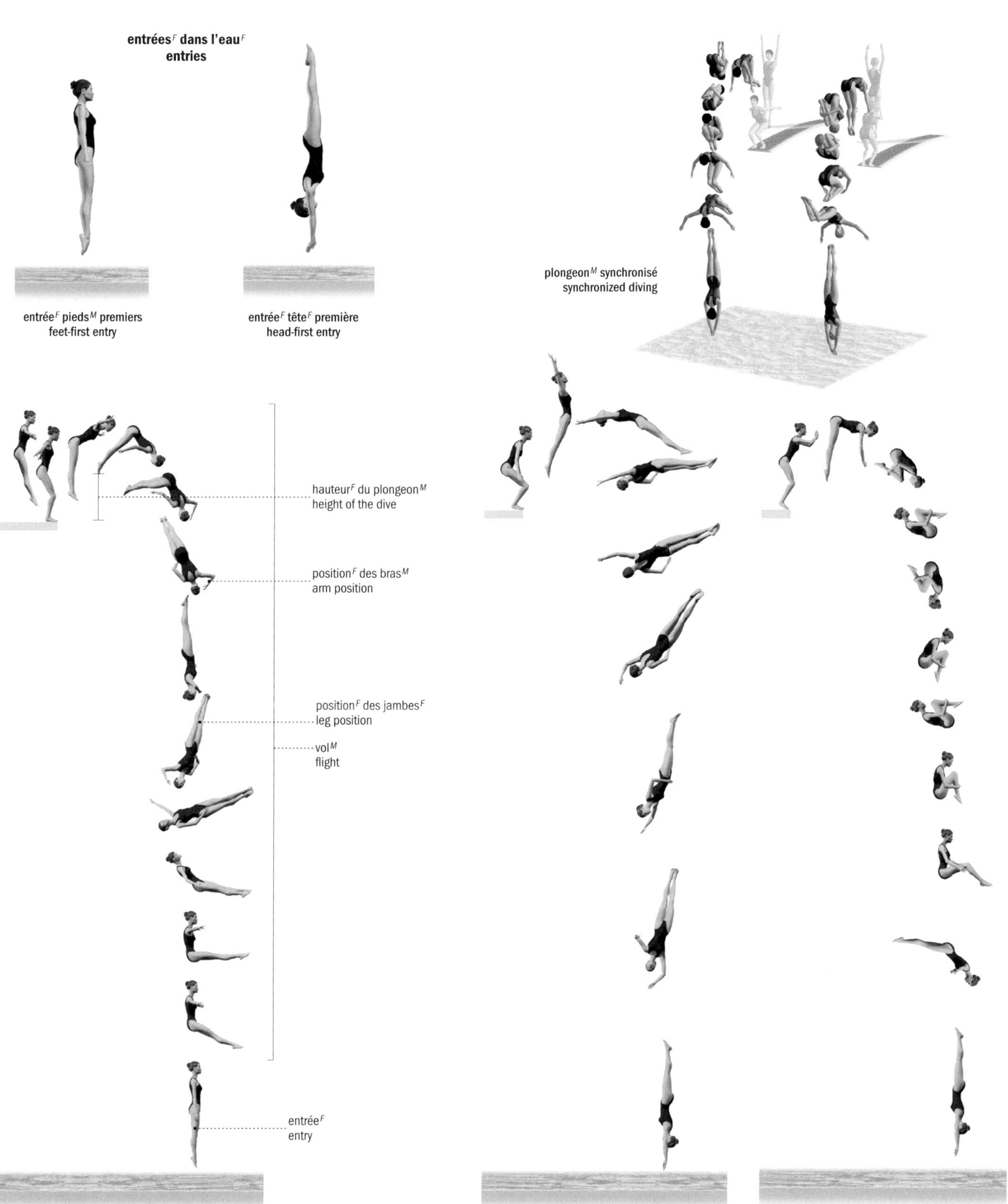
entrées[F] dans l'eau[F]
entries
entrée[F] pieds[M] premiers
feet-first entry
entrée[F] tête[F] première
head-first entry
plongeon[M] synchronisé
synchronized diving
hauteur[F] du plongeon[M]
height of the dive
position[F] des bras[M]
arm position
position[F] des jambes[F]
leg position
vol[M]
flight
entrée[F]
entry

saut[M] périlleux avant avec tire-bouchon[M]
forward somersault with a twist

plongeon[M] renversé avec tire-bouchon[M]
reverse dive with a twist

triple saut[M] périlleux et demi avant groupé
forward three-and-a-half somersault tuck

natation[F]

swimming

plot[M] de départ[M]
starting block

maillot[M] de bain[M]
swimsuit

bonnet[M]
cap

plate-forme[F]
platform

lunettes[F] de nage[F]
swimming goggles

poignée[F] de départ[M] (dos[M])
starting grip (backstroke)

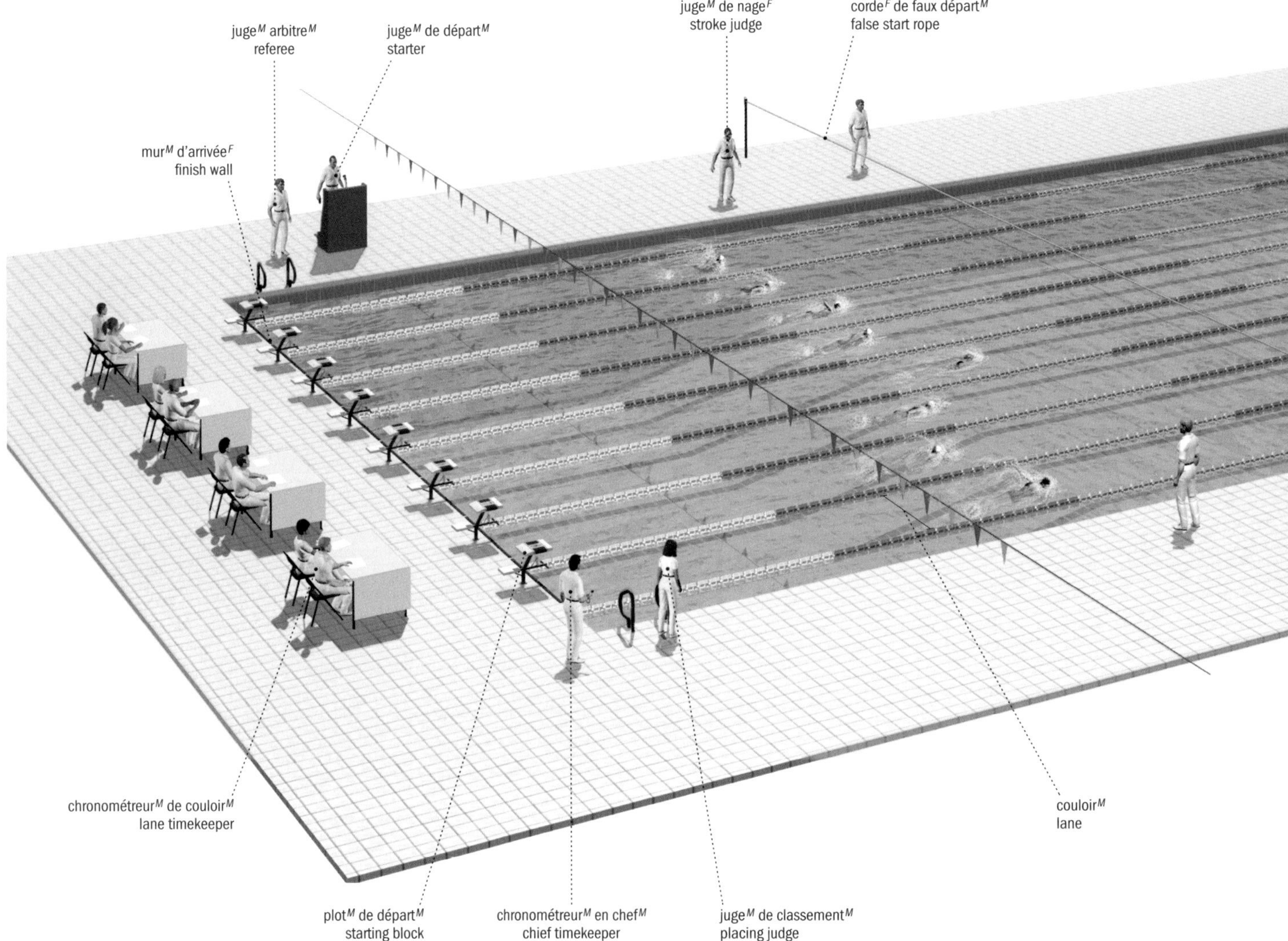

juge[M] arbitre[M]
referee
juge[M] de départ[M]
starter
juge[M] de nage[F]
stroke judge
corde[F] de faux départ[M]
false start rope
mur[M] d'arrivée[F]
finish wall
chronométreur[M] de couloir[M]
lane timekeeper
couloir[M]
lane
plot[M] de départ[M]
starting block
chronométreur[M] en chef[M]
chief timekeeper
juge[M] de classement[M]
placing judge

natation[F]

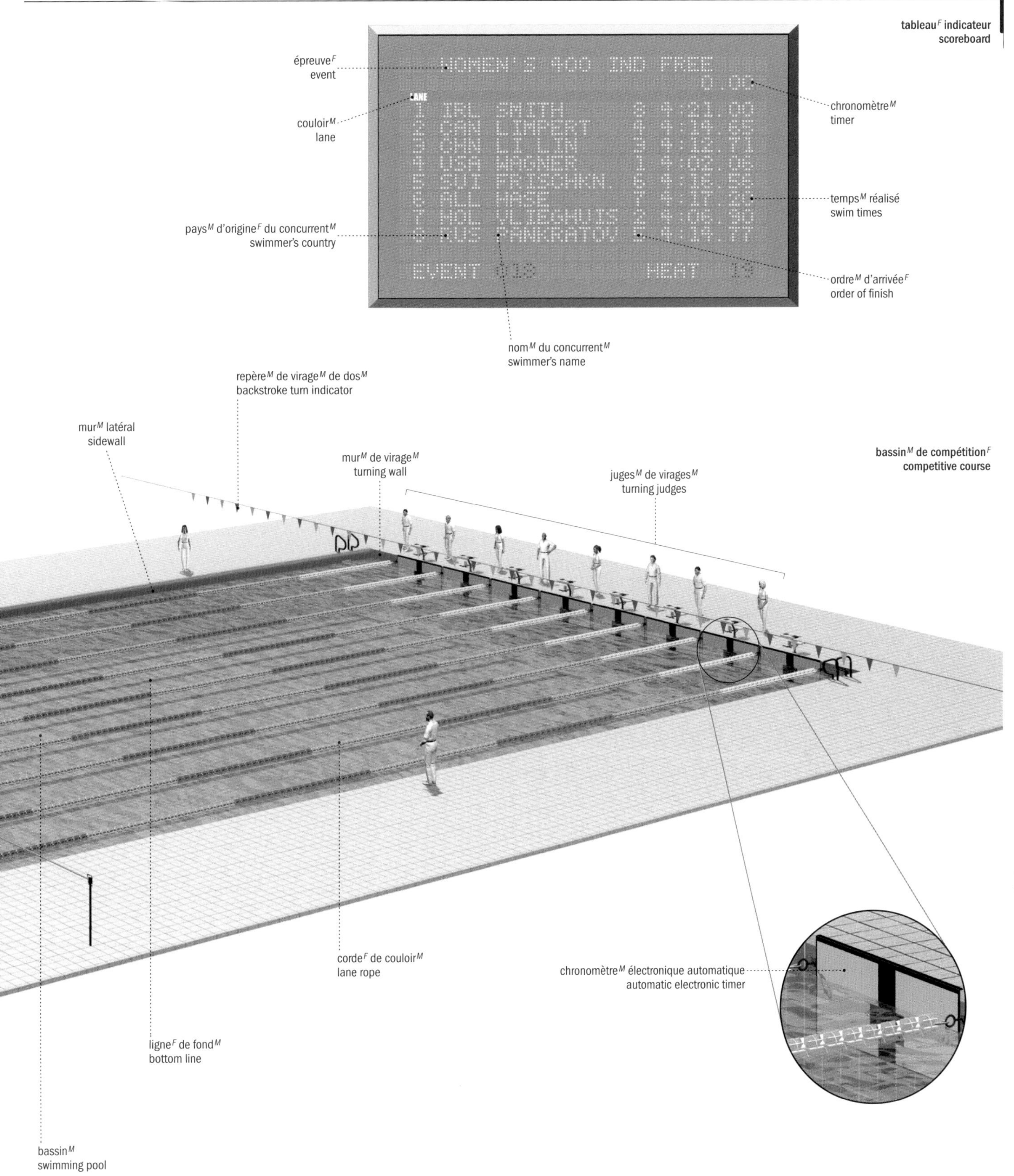
tableau[F] indicateur
scoreboard
épreuve[F]
event
couloir[M]
lane
pays[M] d'origine[F] du concurrent[M]
swimmer's country
chronomètre[M]
timer
temps[M] réalisé
swim times
ordre[M] d'arrivée[F]
order of finish
nom[M] du concurrent[M]
swimmer's name
WOMEN'S 400 IND FREE
0.00
LANE
1 IRL SMITH 8 4:21.00
2 CAN LIMPERT 4 4:14.65
3 CAN LI LIN 3 4:12.71
4 USA WAGNER 1 4:02.06
5 SUI FRISCHKN. 6 4:16.55
6 ALL HASE 7 4:17.20
7 HOL VLIEGHUIS 2 4:06.90
8 RUS PANKRATOV 5 4:14.77
EVENT 018 HEAT 19
repère[M] de virage[M] de dos[M]
backstroke turn indicator
mur[M] latéral
sidewall
mur[M] de virage[M]
turning wall
juges[M] de virages[M]
turning judges
bassin[M] de compétition[F]
competitive course
chronomètre[M] électronique automatique
automatic electronic timer
corde[F] de couloir[M]
lane rope
ligne[F] de fond[M]
bottom line
bassin[M]
swimming pool

SPORTS ET JEUX

natation^F

types^M de nages^F
types of strokes

crawl^M
front crawl stroke

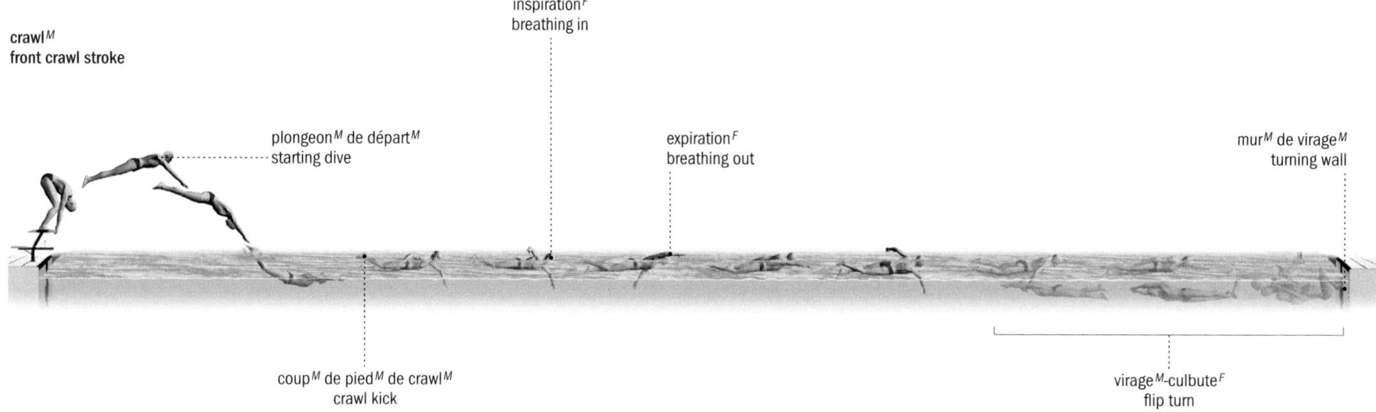
inspiration^F
breathing in
plongeon^M de départ^M
starting dive
expiration^F
breathing out
mur^M de virage^M
turning wall
coup^M de pied^M de crawl^M
crawl kick
virage^M-culbute^F
flip turn

brasse^F
breaststroke

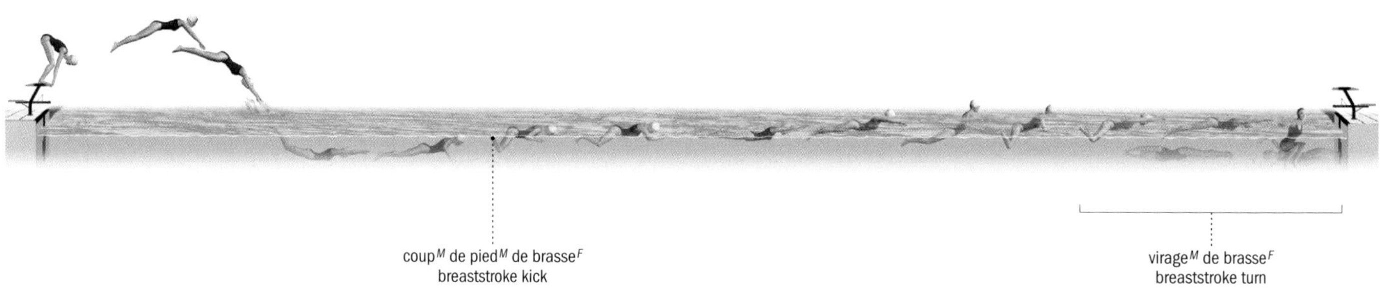
coup^M de pied^M de brasse^F
breaststroke kick
virage^M de brasse^F
breaststroke turn

papillon^M
butterfly stroke

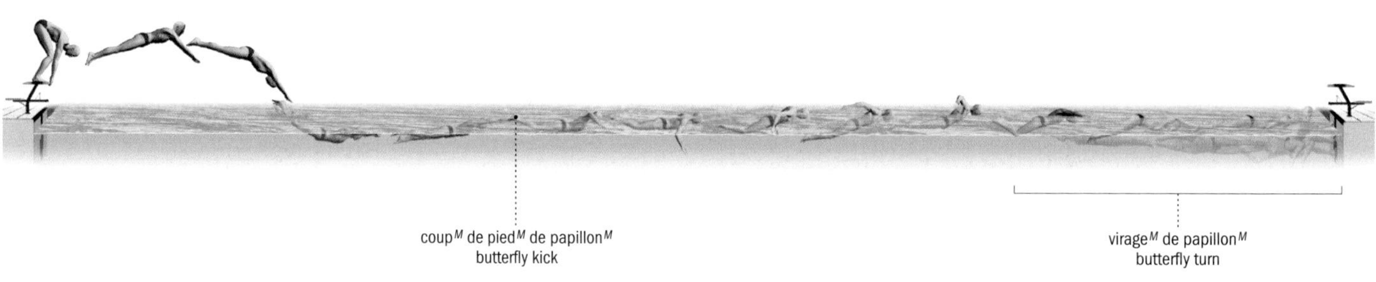
coup^M de pied^M de papillon^M
butterfly kick
virage^M de papillon^M
butterfly turn

nage^F sur le dos^M
backstroke

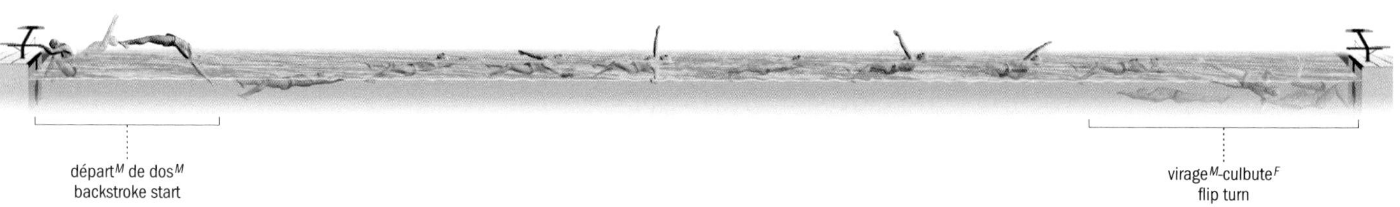
départ^M de dos^M
backstroke start
virage^M-culbute^F
flip turn

voile[F]

sailing

allures[F]
points of sailing

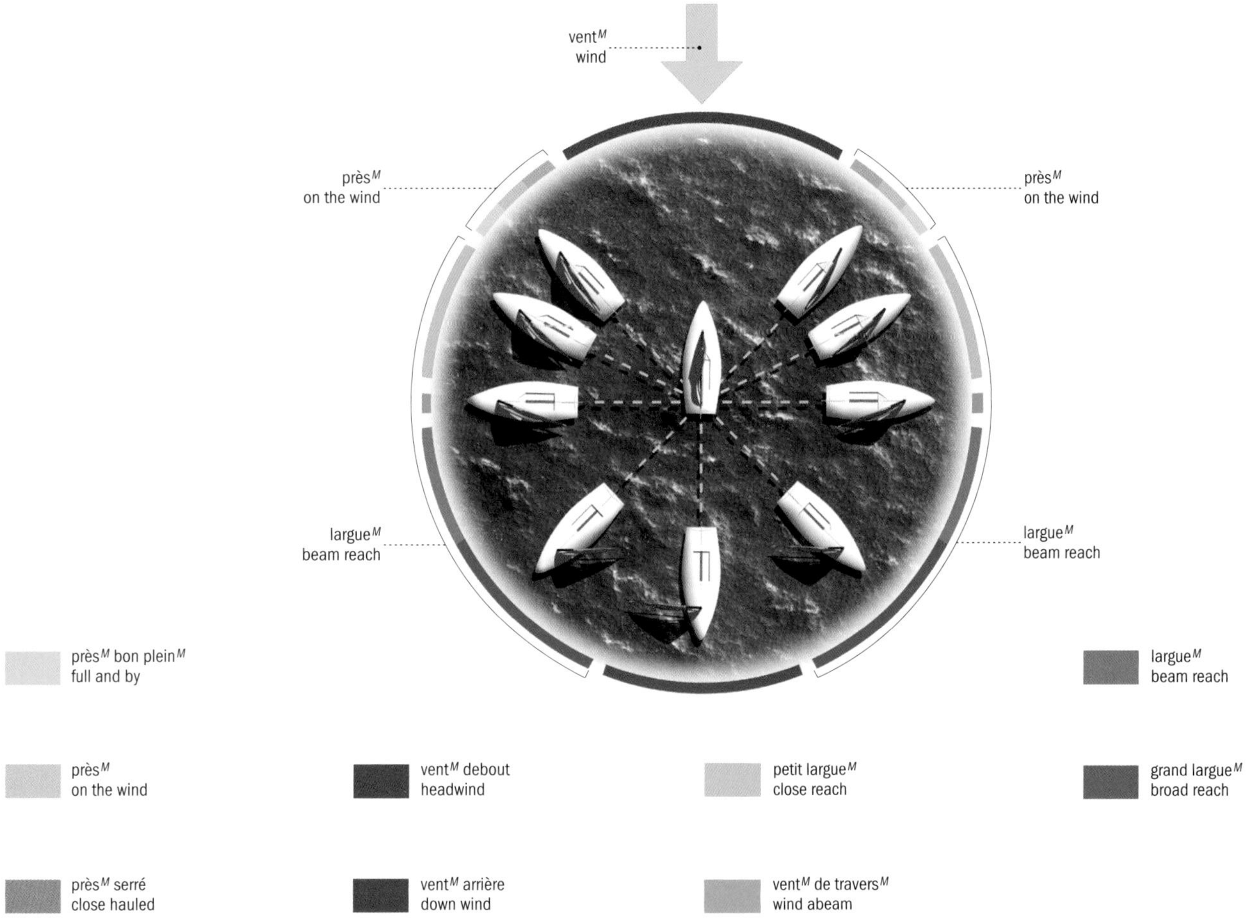

vent[M]
wind

près[M]
on the wind

près[M]
on the wind

largue[M]
beam reach

largue[M]
beam reach

près[M] bon plein[M]
full and by

largue[M]
beam reach

près[M]
on the wind

vent[M] debout
headwind

petit largue[M]
close reach

grand largue[M]
broad reach

près[M] serré
close hauled

vent[M] arrière
down wind

vent[M] de travers[M]
wind abeam

parcours[M]
course

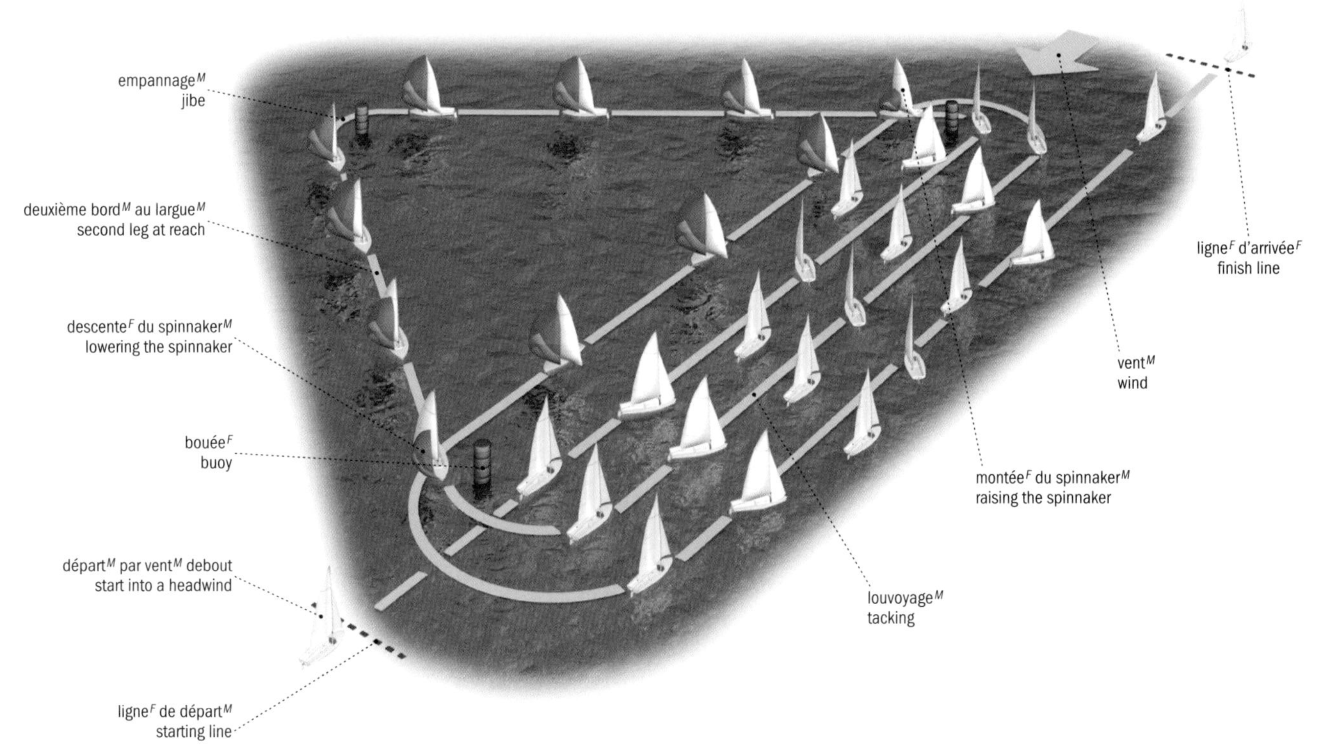
empannage[M]
jibe
deuxième bord[M] au largue[M]
second leg at reach
descente[F] du spinnaker[M]
lowering the spinnaker
bouée[F]
buoy
départ[M] par vent[M] debout
start into a headwind
ligne[F] de départ[M]
starting line
louvoyage[M]
tacking
montée[F] du spinnaker[M]
raising the spinnaker
vent[M]
wind
ligne[F] d'arrivée[F]
finish line

voile^F

dériveur^M
sailboat

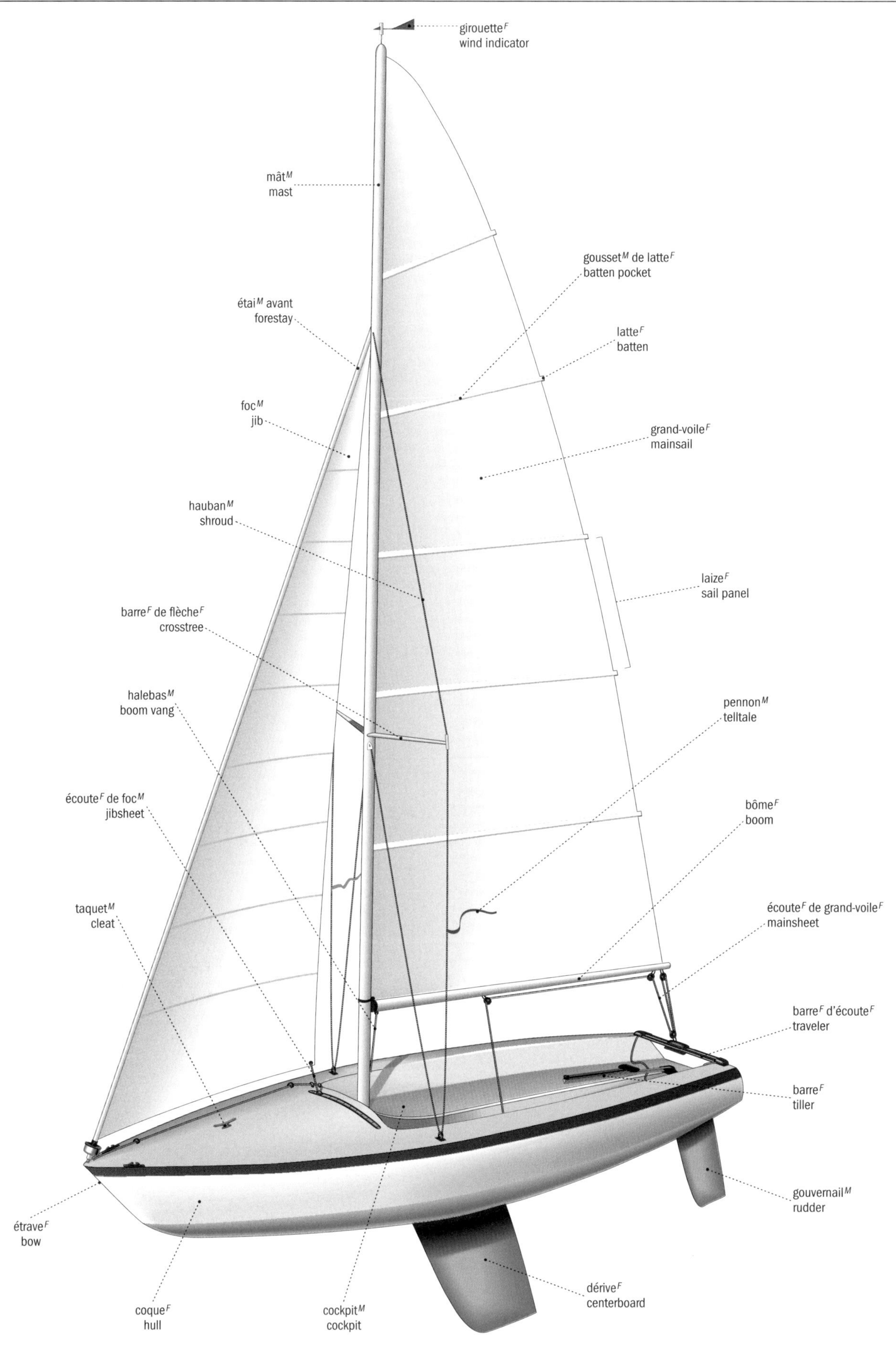
girouette^F
wind indicator
mât^M
mast
gousset^M de latte^F
batten pocket
étai^M avant
forestay
latte^F
batten
foc^M
jib
grand-voile^F
mainsail
hauban^M
shroud
laize^F
sail panel
barre^F de flèche^F
crosstree
halebas^M
boom vang
pennon^M
telltale
écoute^F de foc^M
jibsheet
bôme^F
boom
taquet^M
cleat
écoute^F de grand-voile^F
mainsheet
barre^F d'écoute^F
traveler
barre^F
tiller
gouvernail^M
rudder
étrave^F
bow
dérive^F
centerboard
coque^F
hull
cockpit^M
cockpit

multicoques^M
multihulls

monocoques^M
monohulls

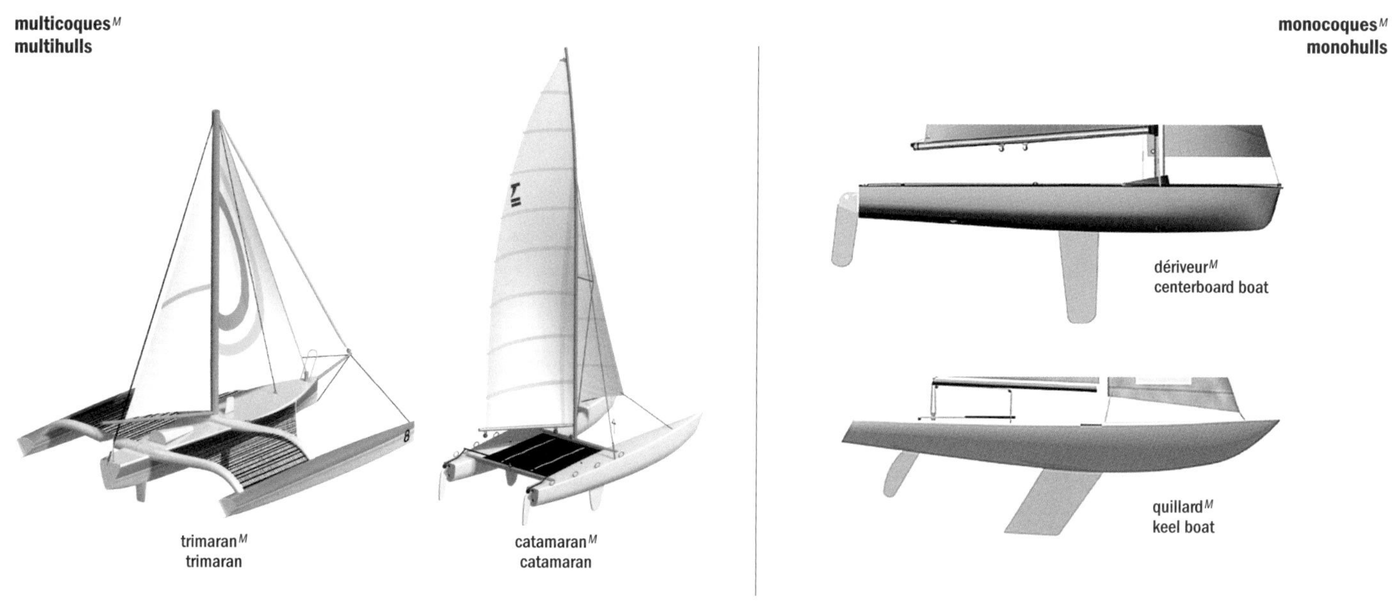
trimaran^M
trimaran
catamaran^M
catamaran
dériveur^M
centerboard boat
quillard^M
keel boat

accastillage^M
upperworks

mousqueton^M à ressort^M
snap shackle
mousqueton^M
hank
manille^F
shackle
chaumard^M
fairlead
taquet^M
cleat
winch^M
winch
ridoir^M
turnbuckle
taquet^M coinceur
clam cleat
filoir^M d'écoute^F
sheet lead

barre^F d'écoute^F
traveler

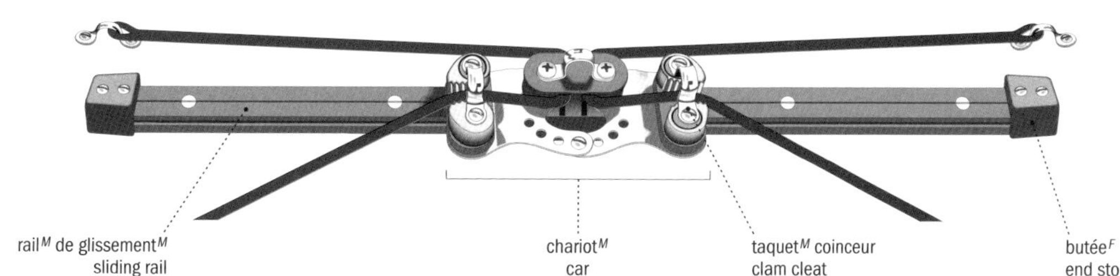
rail^M de glissement^M
sliding rail
chariot^M
car
taquet^M coinceur
clam cleat
butée^F
end stop

planche^F à voile^F

sailboard

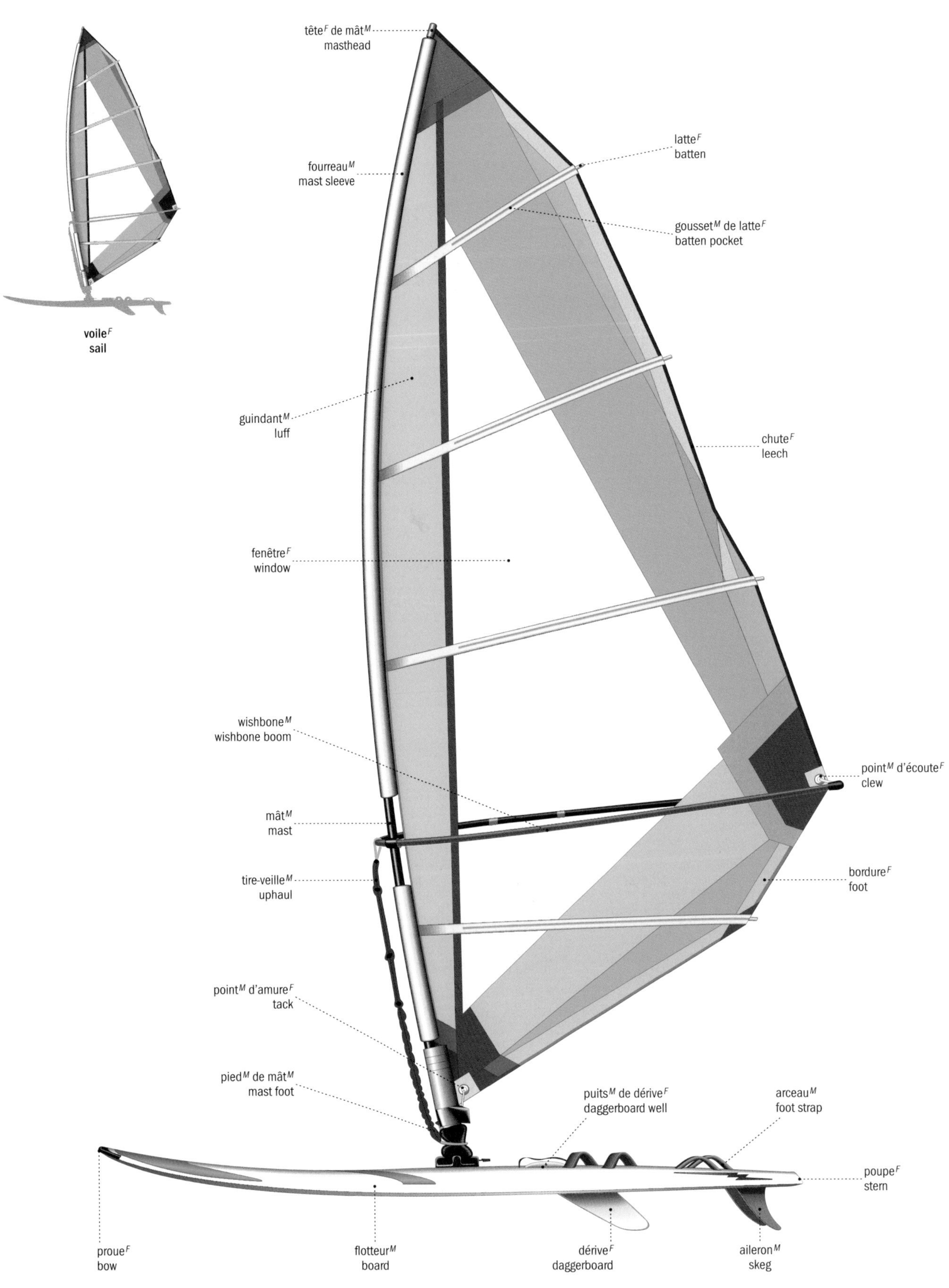
voile^F
sail
tête^F de mât^M
masthead
latte^F
batten
fourreau^M
mast sleeve
gousset^M de latte^F
batten pocket
guindant^M
luff
chute^F
leech
fenêtre^F
window
wishbone^M
wishbone boom
point^M d'écoute^F
clew
mât^M
mast
bordure^F
foot
tire-veille^M
uphaul
point^M d'amure^F
tack
pied^M de mât^M
mast foot
puits^M de dérive^F
daggerboard well
arceau^M
foot strap
poupe^F
stern
proue^F
bow
flotteur^M
board
dérive^F
daggerboard
aileron^M
skeg

canoë^M-kayak^M : eaux^F vives

canoe-kayak: whitewater

canoë^M
canoe

pagaie^F simple
single-bladed paddle

kayak^M
kayak

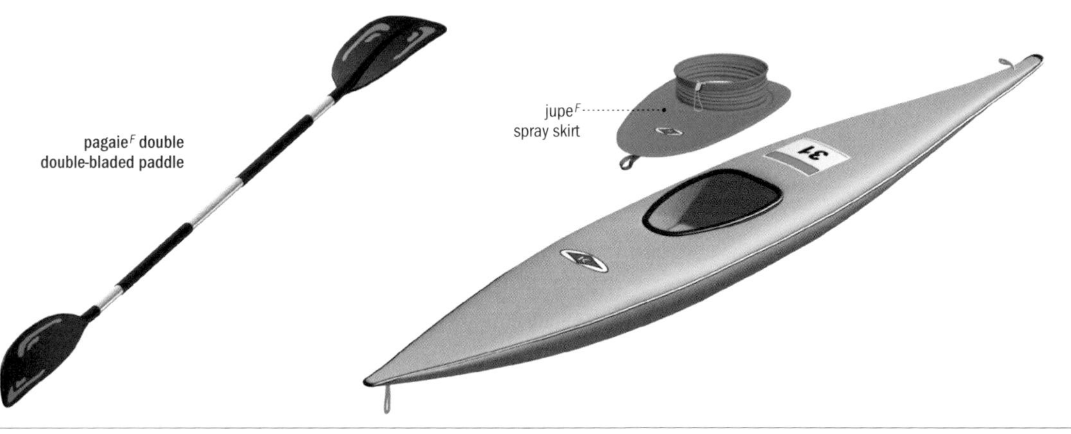
pagaie^F double
double-bladed paddle
jupe^F
spray skirt
31

eaux^F vives
whitewater

porte^F en remontée^F
upstream gate
juge^M de porte^F
gate judge
juge^M en chef^M
chief judge
porte^F du parcours^M
course gate
porte^F en descente^F
downstream gate
responsable^M de la sécurité^F
safety officer

SPORTS ET JEUX

aviron[M]

rowing and sculling

avirons[M] à couple[M]
sculling (two oars)

aviron[M] en pointe[F]
rowing (one oar)

types[M] d'avirons[M]
types of oars

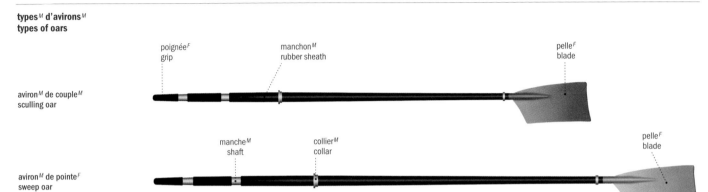

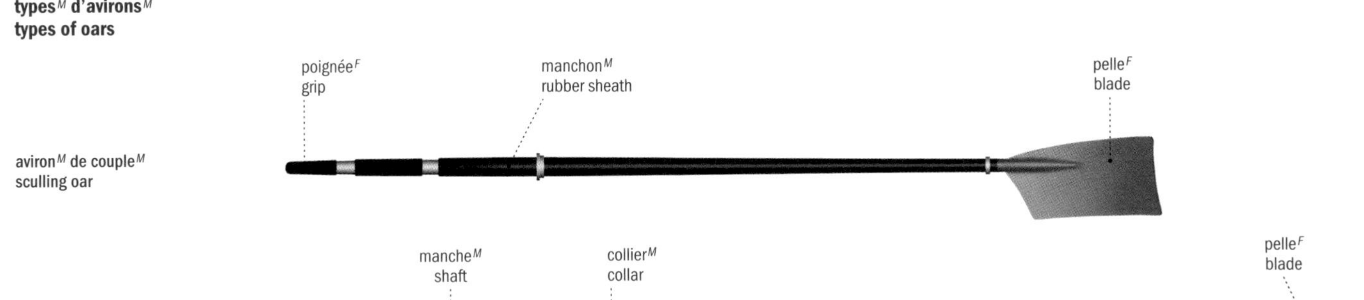
poignée[F]
grip
manchon[M]
rubber sheath
pelle[F]
blade
aviron[M] de couple[M]
sculling oar
manche[M]
shaft
collier[M]
collar
pelle[F]
blade
aviron[M] de pointe[F]
sweep oar

parties[F] d'un bateau[M]
parts of a boat

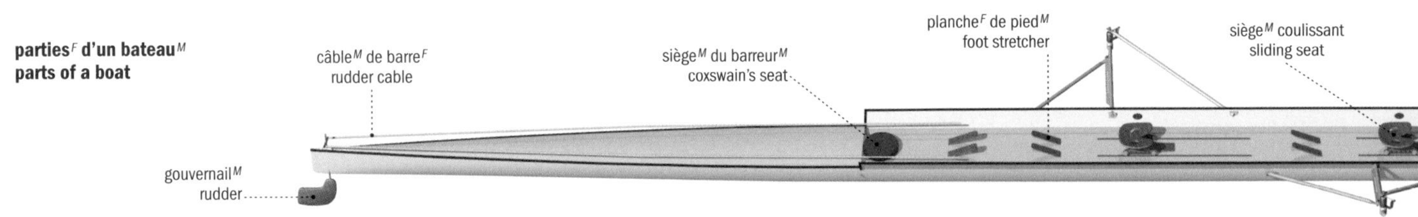
câble[M] de barre[F]
rudder cable
siège[M] du barreur[M]
coxswain's seat
planche[F] de pied[M]
foot stretcher
siège[M] coulissant
sliding seat
gouvernail[M]
rudder

bassin[M]
basin

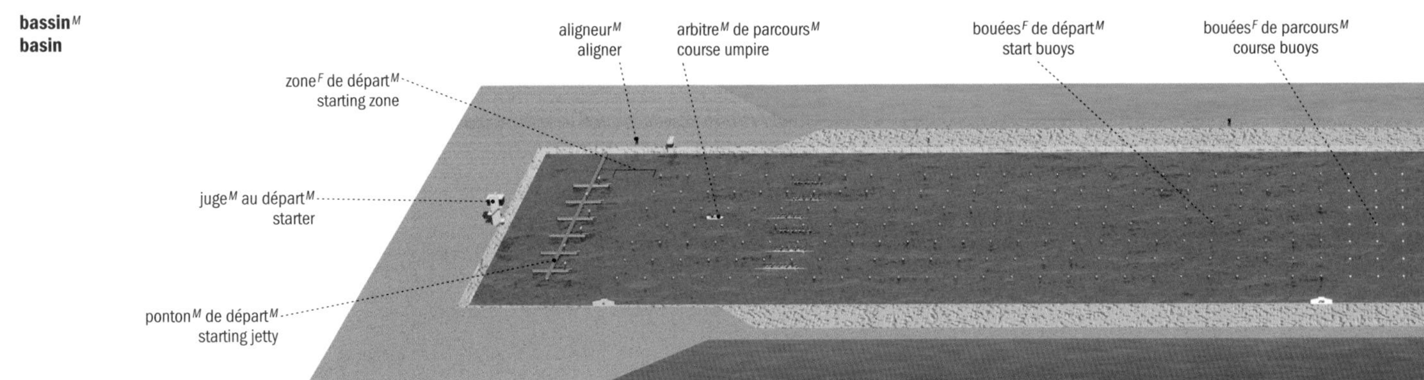
aligneur[M]
aligner
arbitre[M] de parcours[M]
course umpire
bouées[F] de départ[M]
start buoys
bouées[F] de parcours[M]
course buoys
zone[F] de départ[M]
starting zone
juge[M] au départ[M]
starter
ponton[M] de départ[M]
starting jetty

canoë[M]-kayak[M] : course[F] en ligne[F]

canoe-kayak: flatwater racing

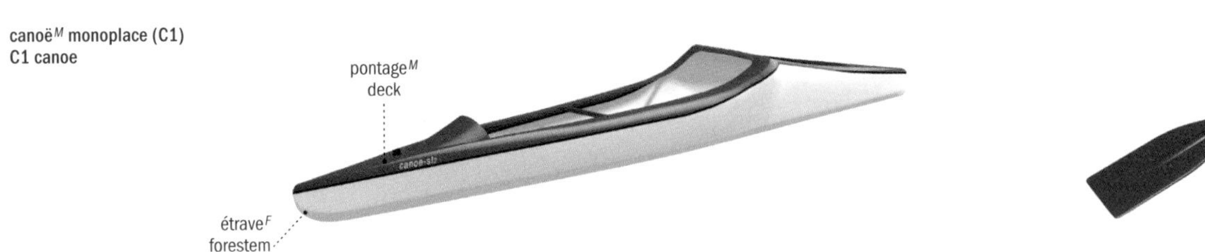
canoë[M] monoplace (C1)
C1 canoe
pontage[M]
deck
étrave[F]
forestem
pagaie[F] simple
single-bladed paddle

aviron[M]

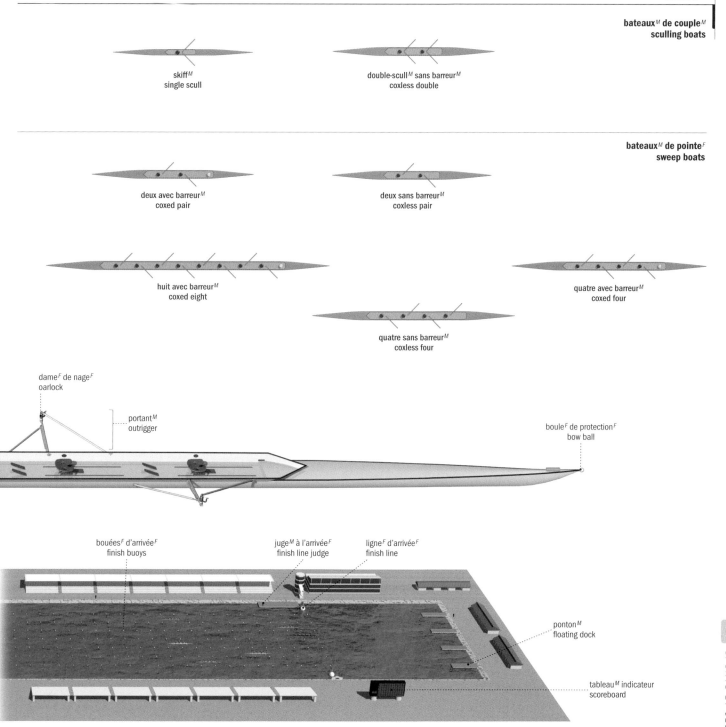

bateaux[M] de couple[M]
sculling boats

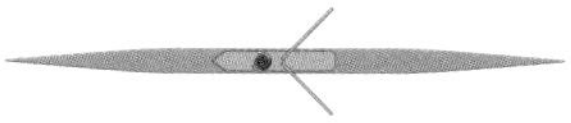

skiff[M]
single scull

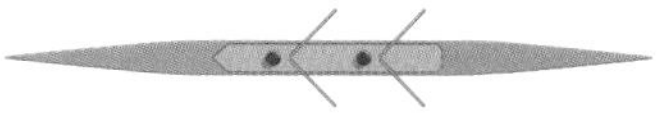

double-scull[M] sans barreur[M]
coxless double

bateaux[M] de pointe[F]
sweep boats

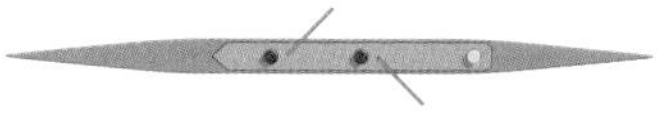

deux avec barreur[M]
coxed pair

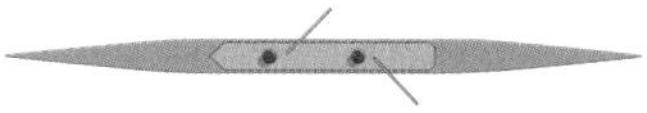

deux sans barreur[M]
coxless pair

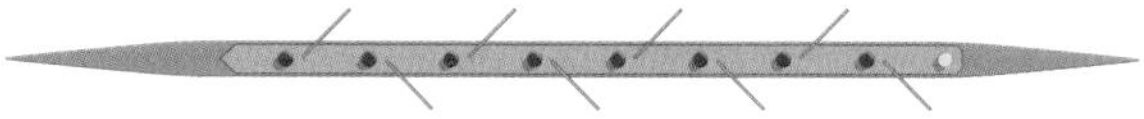

huit avec barreur[M]
coxed eight

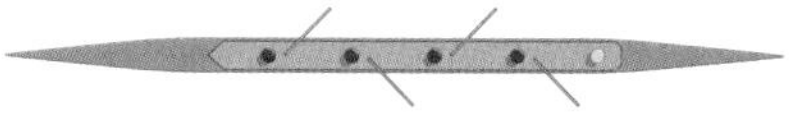

quatre avec barreur[M]
coxed four

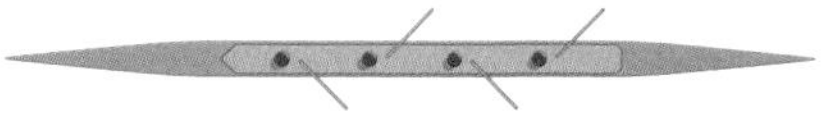

quatre sans barreur[M]
coxless four

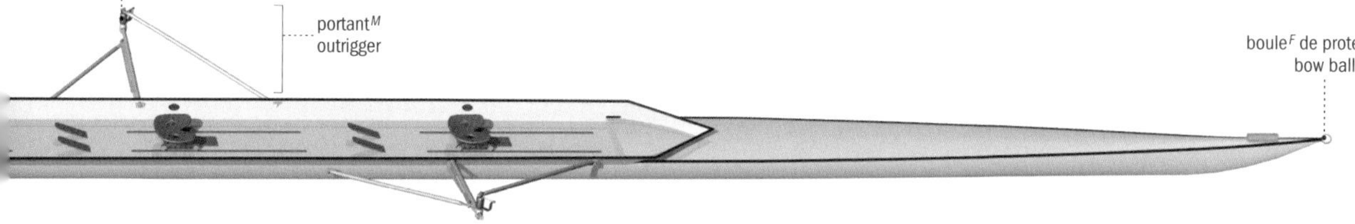

dame[F] de nage[F]
oarlock

portant[M]
outrigger

boule[F] de protection[F]
bow ball

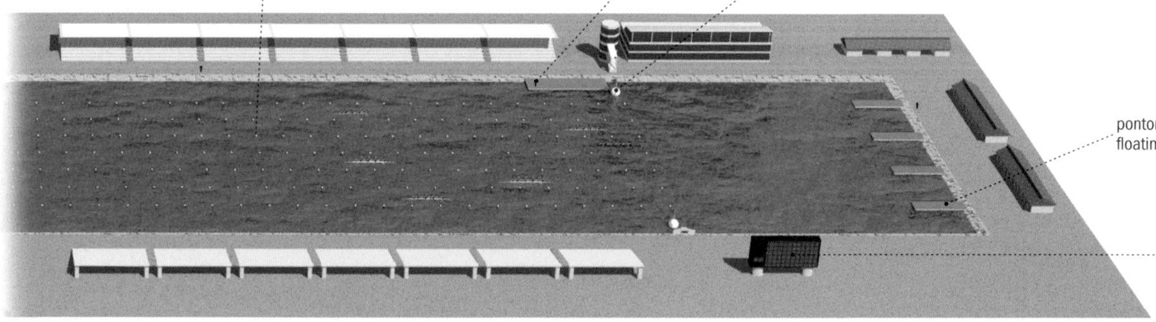

bouées[F] d'arrivée[F]
finish buoys

juge[M] à l'arrivée[F]
finish line judge

ligne[F] d'arrivée[F]
finish line

ponton[M]
floating dock

tableau[M] indicateur
scoreboard

canoë[M]-kayak[M] : course[F] en ligne[F]

kayak[M] monoplace (K1)
K1 kayak

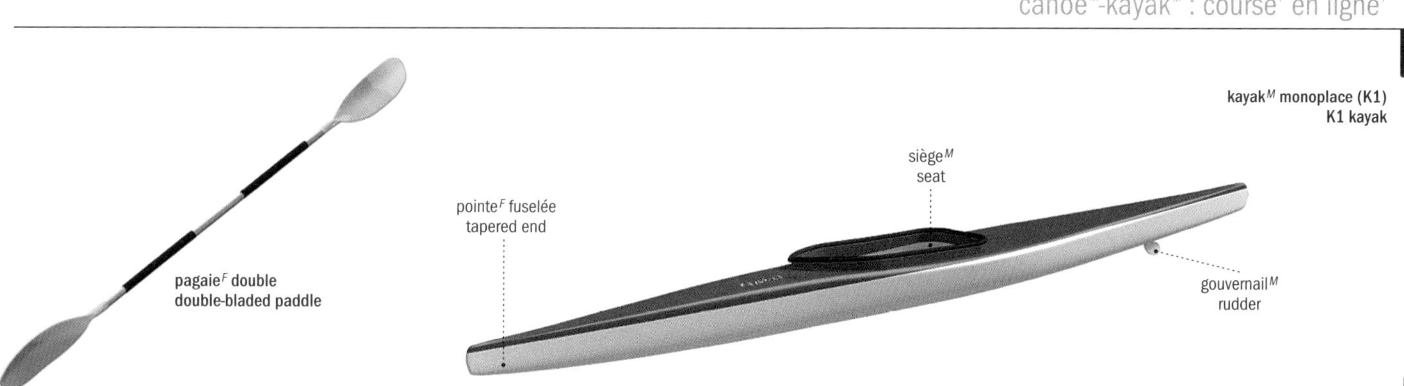
siège[M]
seat
pointe[F] fuselée
tapered end
gouvernail[M]
rudder
pagaie[F] double
double-bladed paddle

skiᴹ nautique

water skiing

exemplesᴹ de skisᴹ
examples of skis

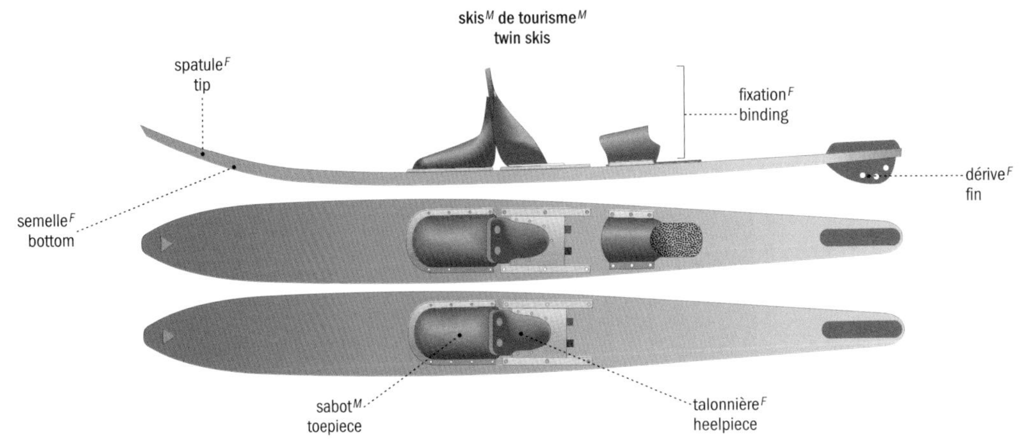
skisᴹ de tourismeᴹ
twin skis
spatuleᶠ
tip
fixationᶠ
binding
dériveᶠ
fin
semelleᶠ
bottom
sabotᴹ
toepiece
talonnièreᶠ
heelpiece

skiᴹ de slalomᴹ
slalom ski
fixationᶠ arrière
back binding
fixationᶠ avant
front binding
skisᴹ de sautᴹ
jump skis
skiᴹ de figureᶠ
figure ski
queueᶠ
tail

exemplesᴹ de trapèzesᴹ
examples of handles

trapèzeᴹ
handle
palonnierᴹ de slalomᴹ
double handle
trapèzeᴹ de figureᶠ
figure skiing handle
remorqueᶠ
tow line
lanièreᶠ
toe strap
barreᶠ
tow bar

surfᴹ

surfing

surfeurᴹ
surfer

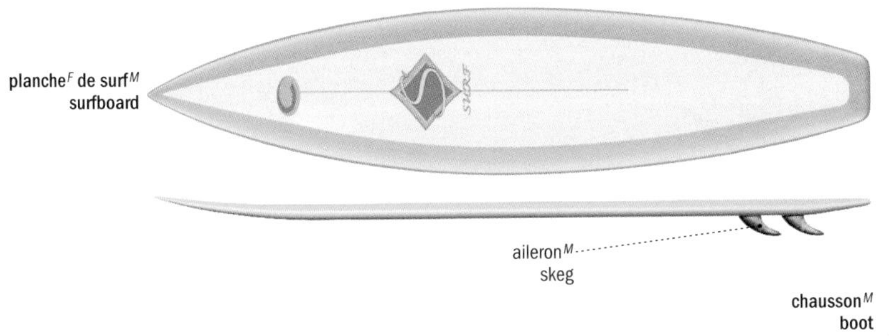
plancheᶠ de surfᴹ
surfboard
aileronᴹ
skeg
chaussonᴹ
boot

plongée[F] sous-marine

scuba diving

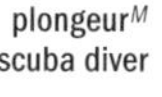

plongeur[M]
scuba diver

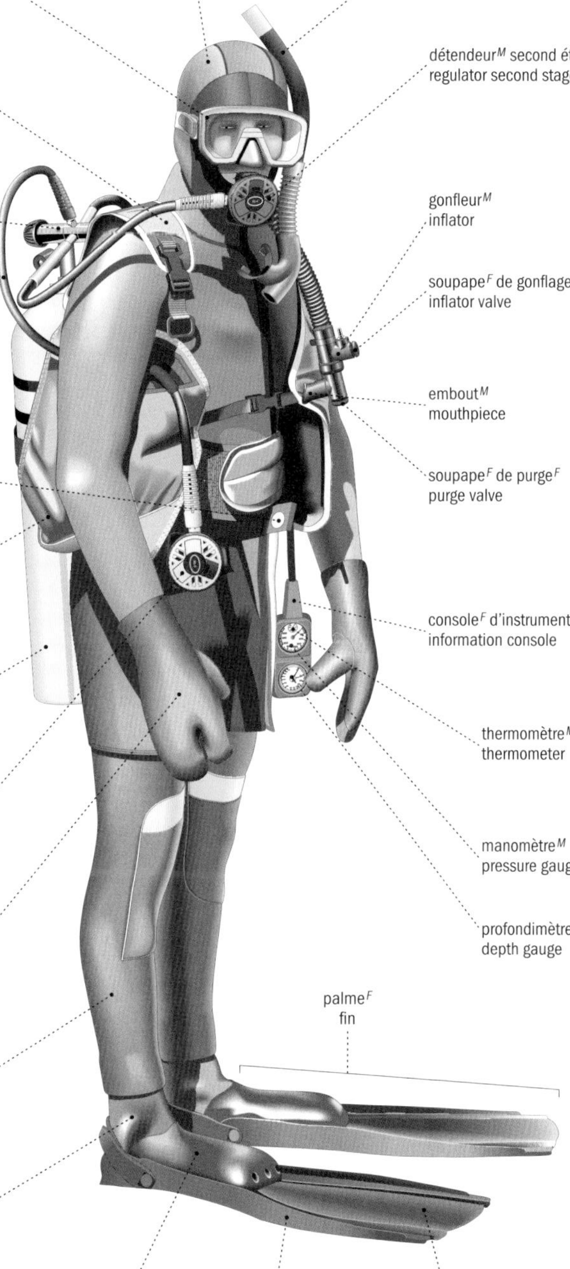

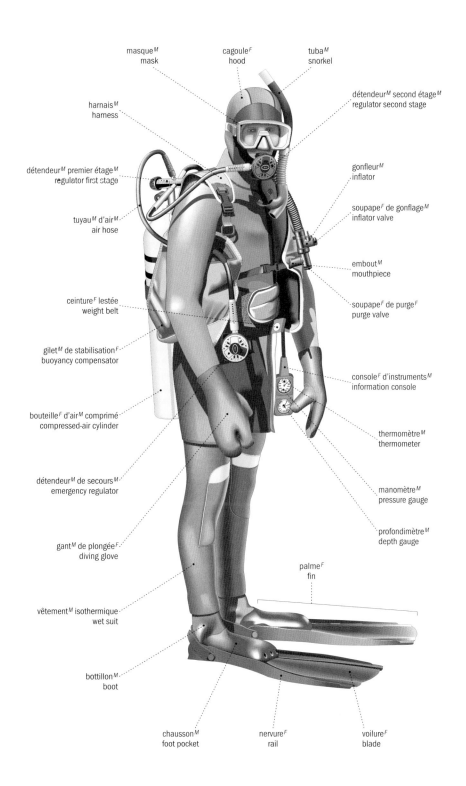

masque[M]
mask

cagoule[F]
hood

tuba[M]
snorkel

harnais[M]
harness

détendeur[M] second étage[M]
regulator second stage

détendeur[M] premier étage[M]
regulator first stage

gonfleur[M]
inflator

tuyau[M] d'air[M]
air hose

soupape[F] de gonflage[M]
inflator valve

embout[M]
mouthpiece

ceinture[F] lestée
weight belt

soupape[F] de purge[F]
purge valve

gilet[M] de stabilisation[F]
buoyancy compensator

console[F] d'instruments[M]
information console

bouteille[F] d'air[M] comprimé
compressed-air cylinder

thermomètre[M]
thermometer

détendeur[M] de secours[M]
emergency regulator

manomètre[M]
pressure gauge

profondimètre[M]
depth gauge

gant[M] de plongée[F]
diving glove

palme[F]
fin

vêtement[M] isothermique
wet suit

bottillon[M]
boot

chausson[M]
foot pocket

nervure[F]
rail

voilure[F]
blade

couteau[M]
knife

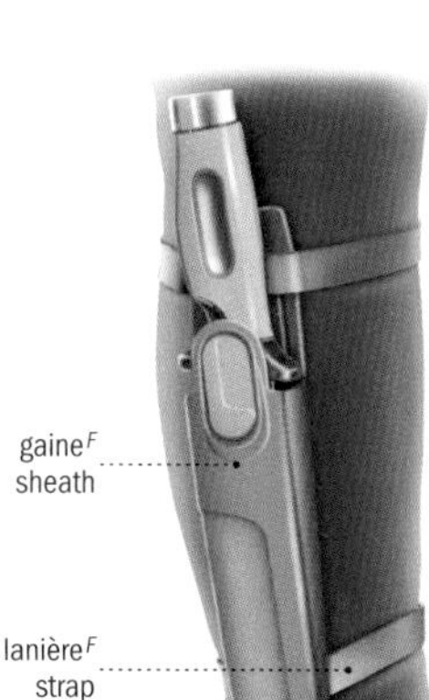
gaine[F]
sheath
lanière[F]
strap

fusil[M] à air[M] comprimé
speargun

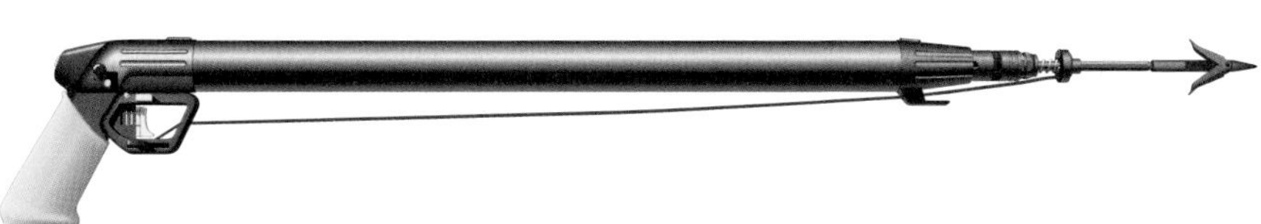

boxe^F

boxing

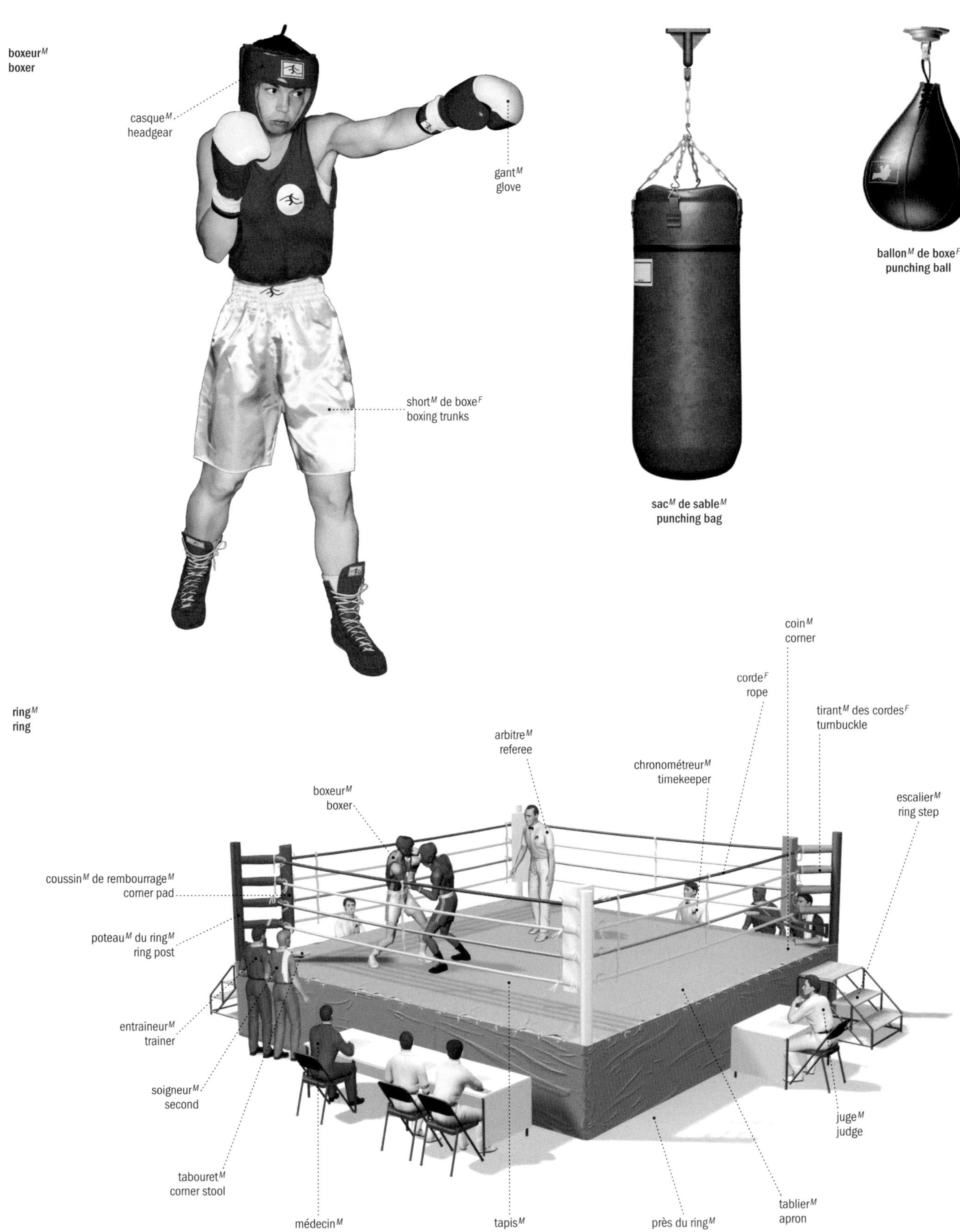
boxeur^M
boxer
casque^M
headgear
gant^M
glove
short^M de boxe^F
boxing trunks
sac^M de sable^M
punching bag
ballon^M de boxe^F
punching ball
ring^M
ring
coin^M
corner
corde^F
rope
tirant^M des cordes^F
turnbuckle
arbitre^M
referee
chronométreur^M
timekeeper
boxeur^M
boxer
escalier^M
ring step
coussin^M de rembourrage^M
corner pad
poteau^M du ring^M
ring post
entraineur^M
trainer
soigneur^M
second
tabouret^M
corner stool
médecin^M
physician
tapis^M
canvas
près du ring^M
ringside
tablier^M
apron
juge^M
judge

boxe^F

lacet^M
lace

gants^M de boxe^F
boxing gloves

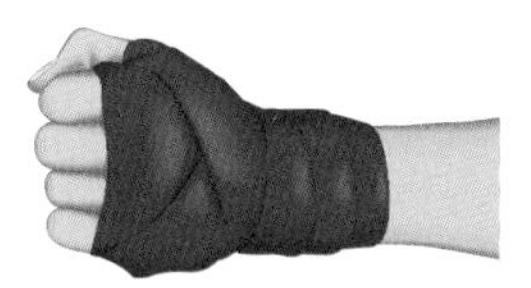

bandage^M
bandage

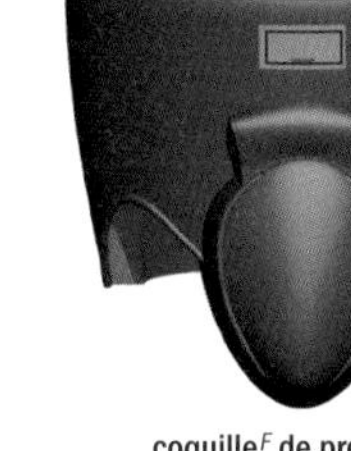

coquille^F de protection^F
protective cup

protège-dents^M
mouthpiece

lutte^F

wrestling

positions^F de départ^M
starting positions

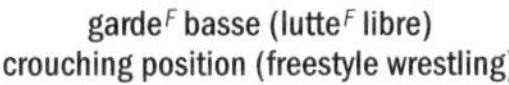

garde^F basse (lutte^F libre)
crouching position (freestyle wrestling)

garde^F haute (lutte^F gréco-romaine)
standing position (Greco-Roman wrestling)

lutteur^M
wrestler

maillot^M
singlet
chaussure^F de lutte^F
wrestling shoe

aire^F de combat^M
wrestling area

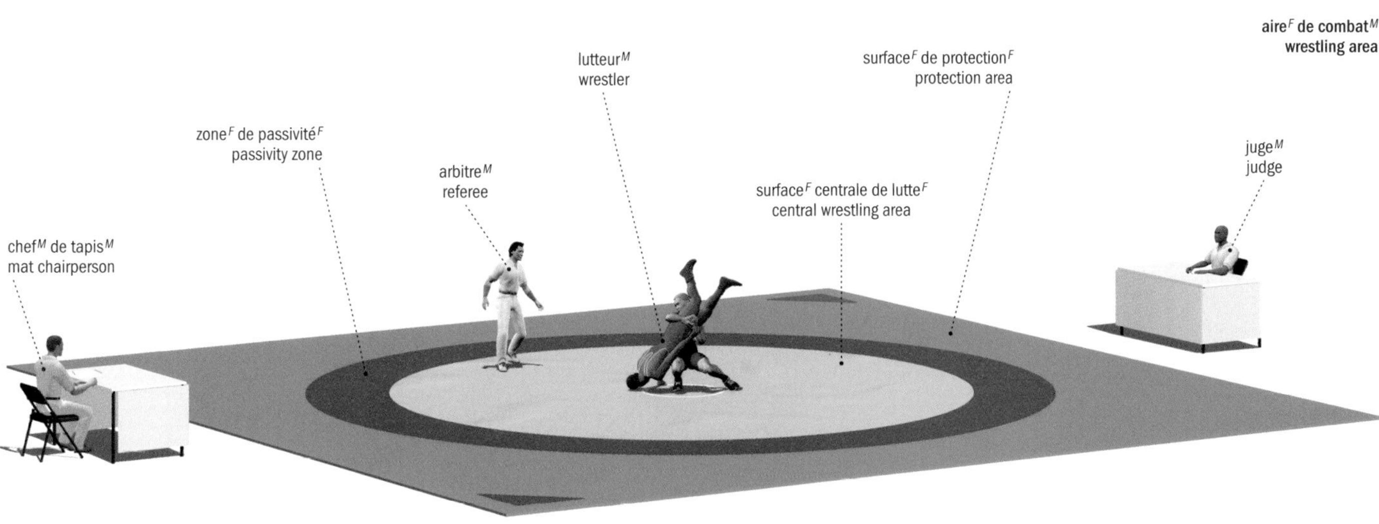
lutteur^M
wrestler
surface^F de protection^F
protection area
zone^F de passivité^F
passivity zone
arbitre^M
referee
surface^F centrale de lutte^F
central wrestling area
juge^M
judge
chef^M de tapis^M
mat chairperson

judo[M]

judo

tapis[M]
mat

marqueurs[M] et chronométreurs[M]
scorers and timekeepers
tableau[M] d'affichage[M]
scoreboard
équipe[F] médicale
medical team
combattant[M]
contestant
surface[F] de sécurité[F]
safety area
surface[F] de combat[M]
contest area
arbitre[M]
referee
juge[M]
judge
zone[F] de danger[M]
danger area

judogi[M]
judogi

veste[F]
jacket
pantalon[M]
trousers
ceinture[F]
belt

exemples[M] de prises[F]
examples of holds and throws

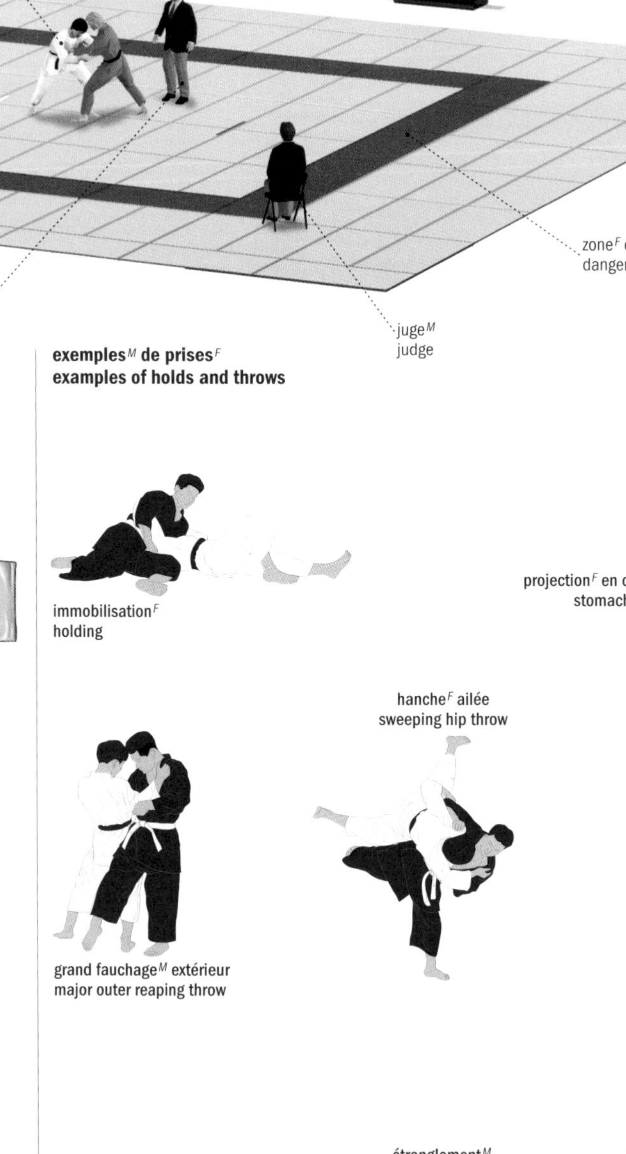
immobilisation[F]
holding
projection[F] en cercle[M]
stomach throw
hanche[F] ailée
sweeping hip throw
grand fauchage[M] extérieur
major outer reaping throw
grand fauchage[M] intérieur
major inner reaping throw
étranglement[M]
naked strangle
clé[F] de bras[M]
arm lock
projection[F] d'épaule[F] par un côté[M]
one-arm shoulder throw

karaté[M]

karate

karatéka[F]
karateka
karatégi[M]
karate-gi
obi[F]
obi
surface[F] de combat[M]
contest area
ligne[F] de l'arbitre[M]
referee's line
ligne[F] des compétiteurs[M]
competitors' line

aire[F] de compétition[F]
competition area
comité[M] d'arbitrage[M]
arbitration committee
juge[M] de coin[M]
corner judge
marqueur[M]
scorekeeper
chronométreur[M]
timekeeper
arbitre[M]
referee
karatéka[M]
karateka

kung-fu[M]

kung fu

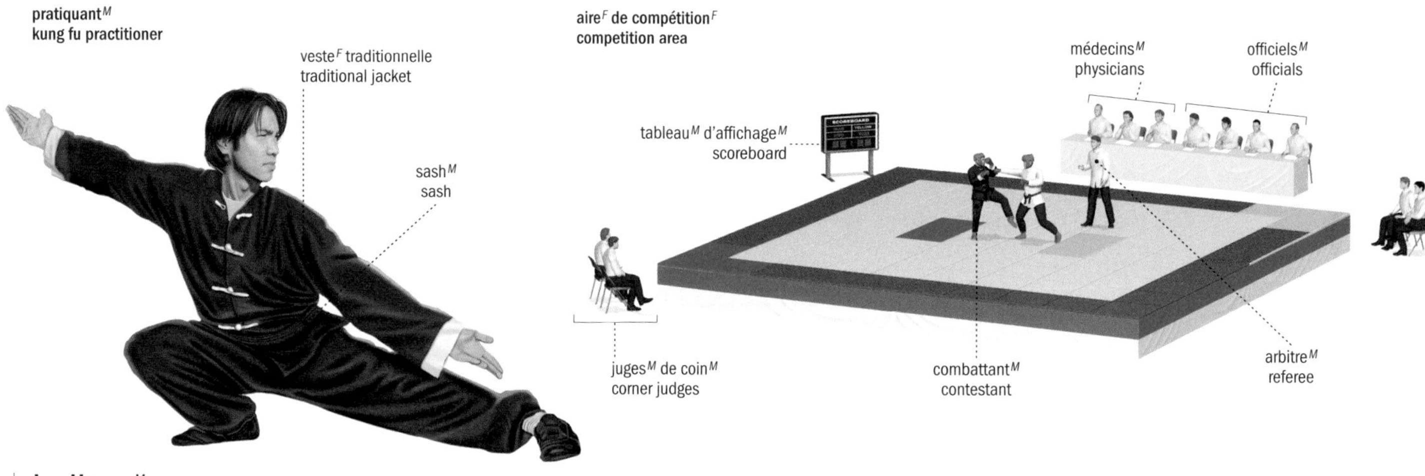
pratiquant M
kung fu practitioner
veste F traditionnelle
traditional jacket
sash M
sash
aire F de compétition F
competition area
médecins M
physicians
officiels M
officials
tableau M d'affichage M
scoreboard
juges M de coin M
corner judges
combattant M
contestant
arbitre M
referee

ju-jitsu[M]

jujitsu

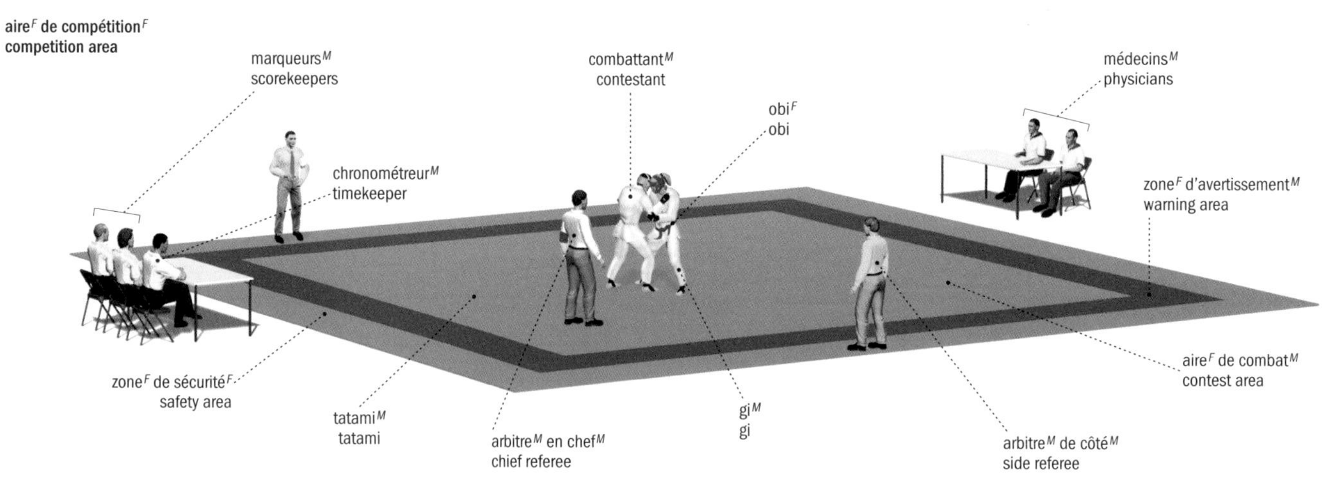
aire F de compétition F
competition area
marqueurs M
scorekeepers
combattant M
contestant
médecins M
physicians
obi F
obi
chronométreur M
timekeeper
zone F d'avertissement M
warning area
zone F de sécurité F
safety area
tatami M
tatami
arbitre M en chef M
chief referee
gi M
gi
arbitre M de côté M
side referee
aire F de combat M
contest area

aïkido[M]

aikido

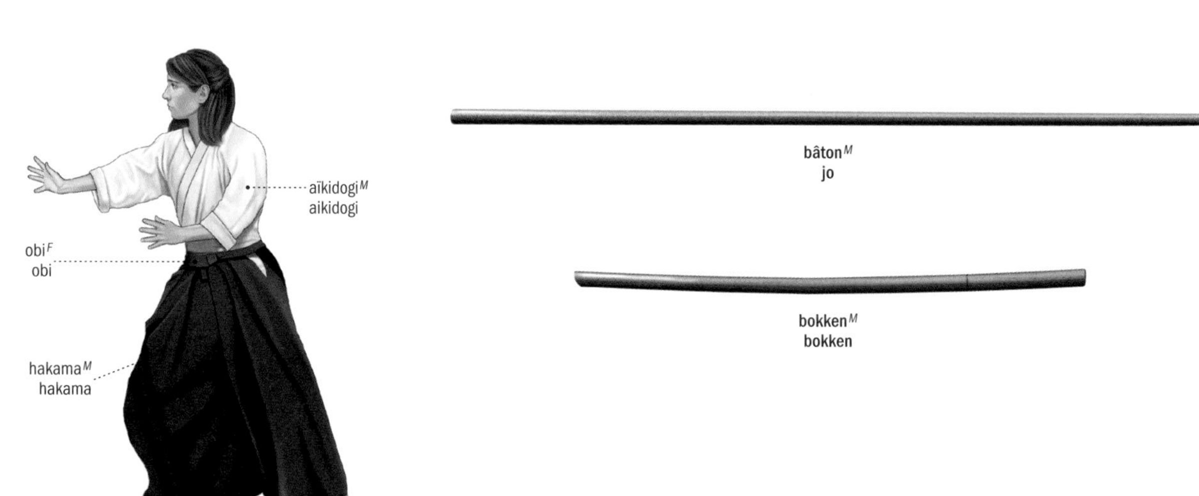
aïkidoka M
aikidoka
aïkidogi M
aikidogi
obi F
obi
hakama M
hakama
bâton M
jo
bokken M
bokken

SPORTS ET JEUX

kendo[M]

kendo

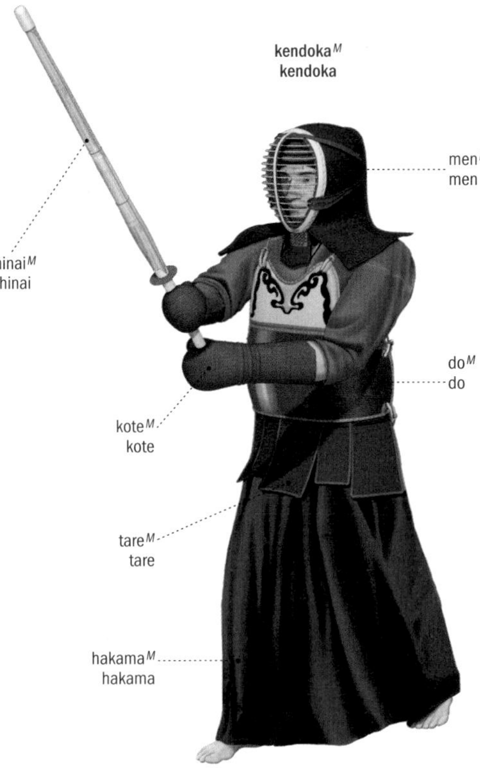

kendoka[M]
kendoka

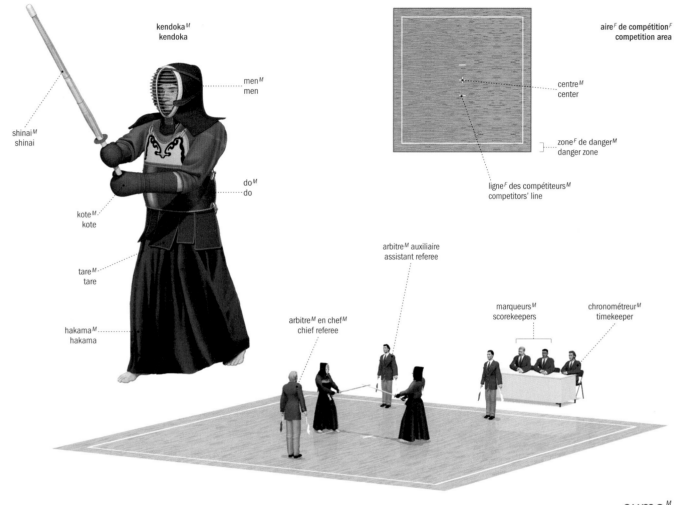

men[M]
men

shinai[M]
shinai

do[M]
do

kote[M]
kote

tare[M]
tare

hakama[M]
hakama

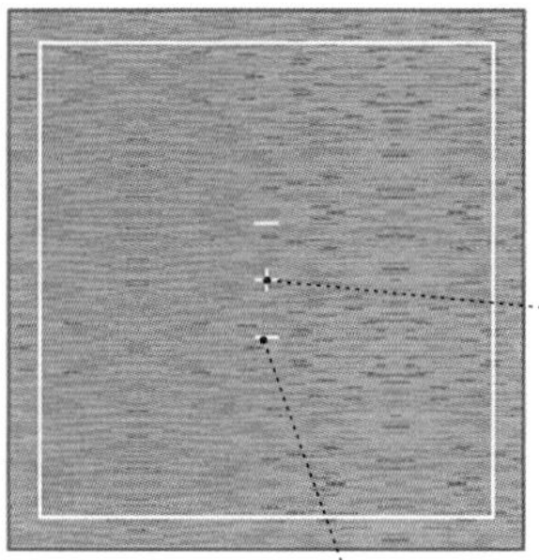

aire[F] de compétition[F]
competition area

centre[M]
center

zone[F] de danger[M]
danger zone

ligne[F] des compétiteurs[M]
competitors' line

arbitre[M] auxiliaire
assistant referee

marqueurs[M]
scorekeepers

chronométreur[M]
timekeeper

arbitre[M] en chef[M]
chief referee

sumo[M]

sumo

dohyo[M]
dohyo

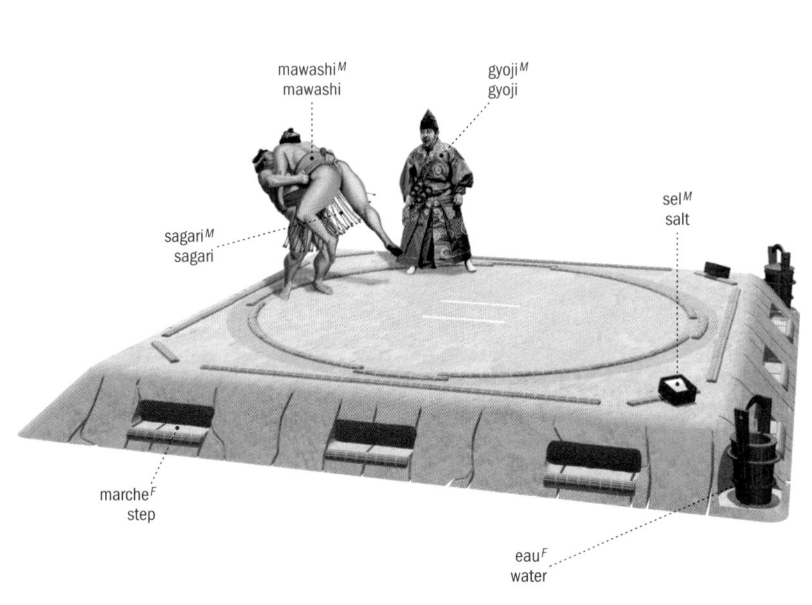
mawashi[M]
mawashi
gyoji[M]
gyoji
sel[M]
salt
sagari[M]
sagari
marche[F]
step
eau[F]
water

sumotori[M]
sumotori

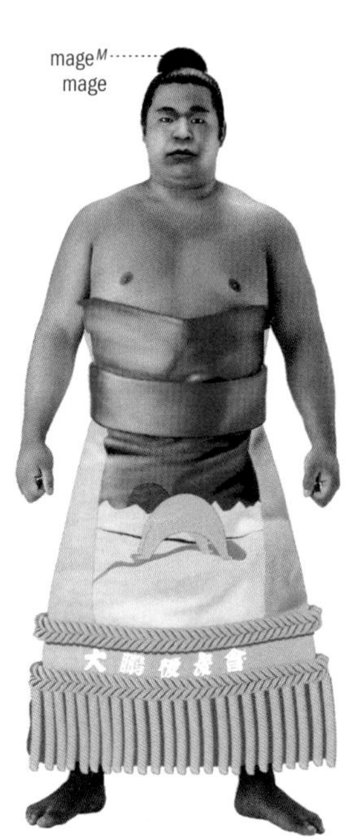
mage[M]
mage

escrime[F]

fencing

escrimeur[M]
fencer

masque[M]
mask

bavette[F]
bib

veste[F]
jacket

gant[M]
glove

plastron[M] métallique
metallic plastron

crispin[M]
sleeve

chaussette[F]
stocking

culotte[F]
breeches

chaussure[F] d'escrime[F]
fencing shoe

cibles[F]
target areas

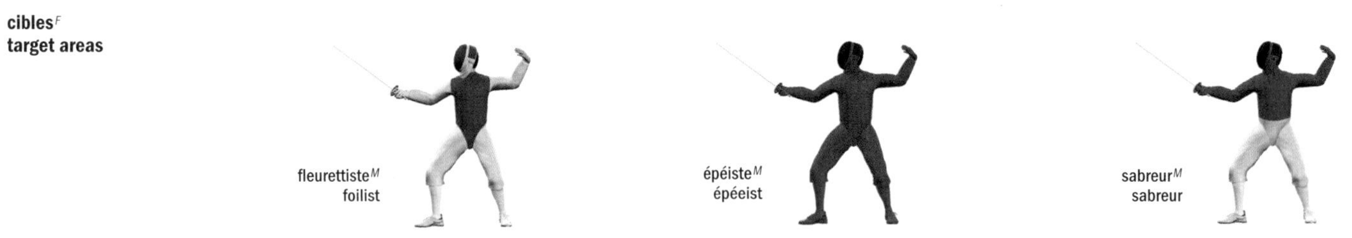
fleurettiste[M]
foilist
épéiste[M]
épéeist
sabreur[M]
sabreur

piste[F]
piste

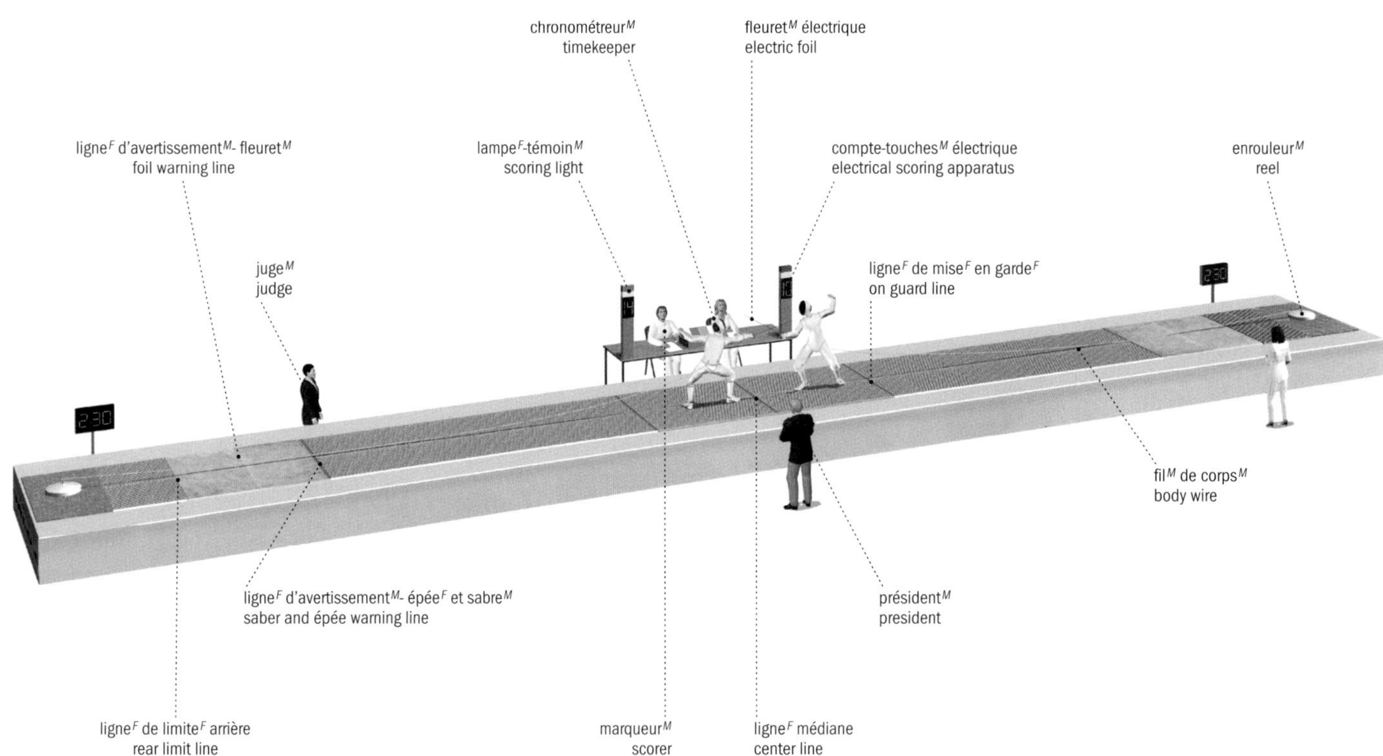
chronométreur[M]
timekeeper
fleuret[M] électrique
electric foil
ligne[F] d'avertissement[M]- fleuret[M]
foil warning line
lampe[F]-témoin[M]
scoring light
compte-touches[M] électrique
electrical scoring apparatus
enrouleur[M]
reel
juge[M]
judge
ligne[F] de mise[F] en garde[F]
on guard line
fil[M] de corps[M]
body wire
ligne[F] d'avertissement[M]- épée[F] et sabre[M]
saber and épée warning line
président[M]
president
ligne[F] de limite[F] arrière
rear limit line
marqueur[M]
scorer
ligne[F] médiane
center line

escrime[F]

positions[F]
positions

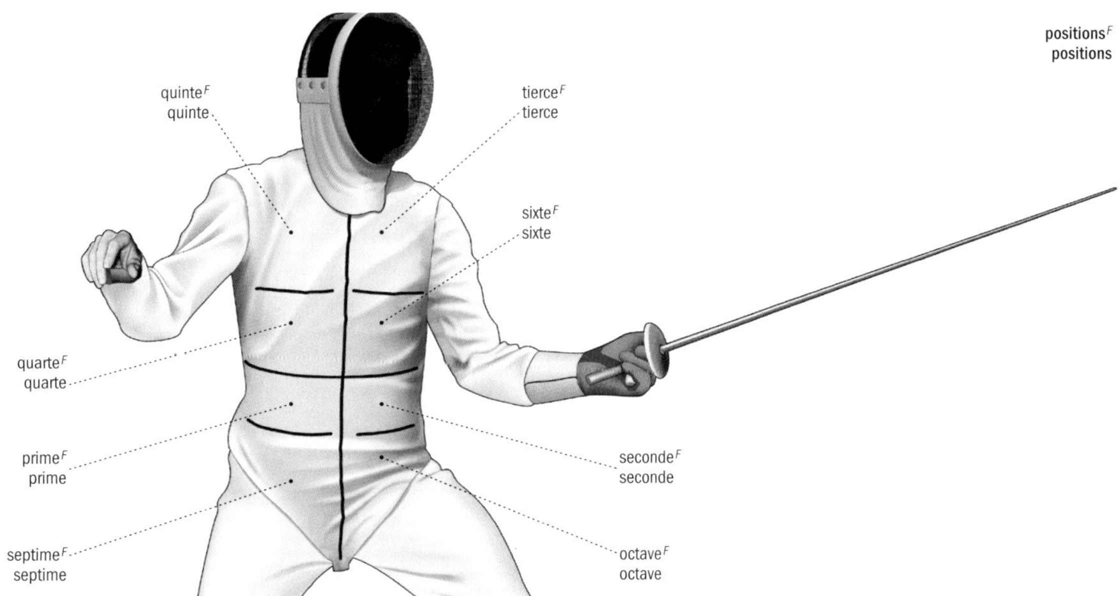
quinte[F]
quinte
tierce[F]
tierce
sixte[F]
sixte
quarte[F]
quarte
prime[F]
prime
seconde[F]
seconde
septime[F]
septime
octave[F]
octave

armes[F]
fencing weapons

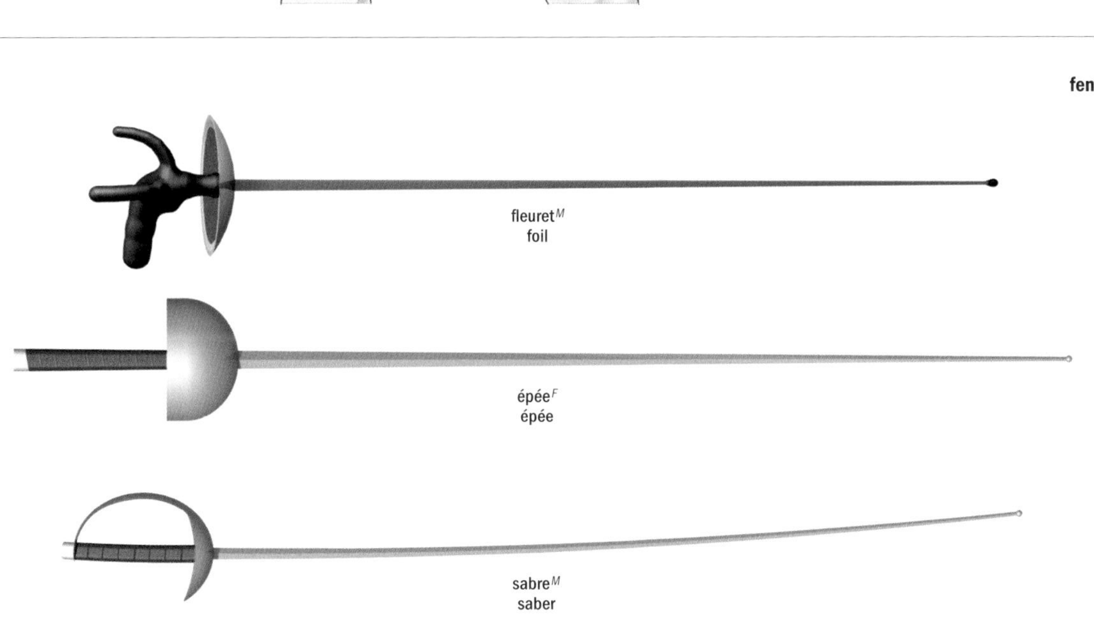
fleuret[M]
foil
épée[F]
épée
sabre[M]
saber

parties[F] de l'arme[F]
parts of the weapon

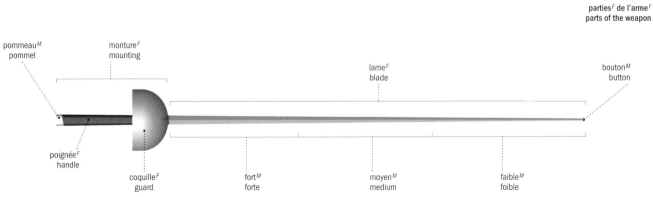

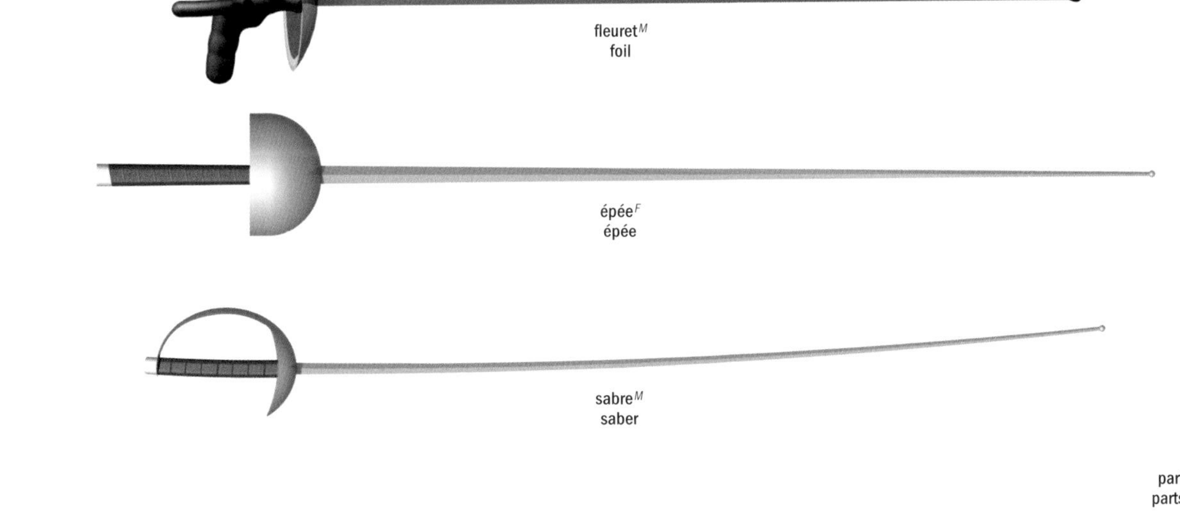
pommeau[M]
pommel
monture[F]
mounting
lame[F]
blade
bouton[M]
button
poignée[F]
handle
coquille[F]
guard
fort[M]
forte
moyen[M]
medium
faible[M]
foible

haltérophilie[F]

weightlifting

haltère[M] long
barbell

poignet[M] de force[F]
wristband

ceinture[F] d'haltérophilie[F]
weightlifting belt

maillot[M] de corps[M]
sleeveless jersey

culotte[F]
trunks

genouillère[F]
knee wrap

lanière[F]
strap

chaussure[F] d'haltérophilie[F]
weightlifting shoe

épaulé[M]-jeté[M]
clean and jerk

arraché[M]
snatch

appareils[M] de conditionnement[M] physique

fitness equipment

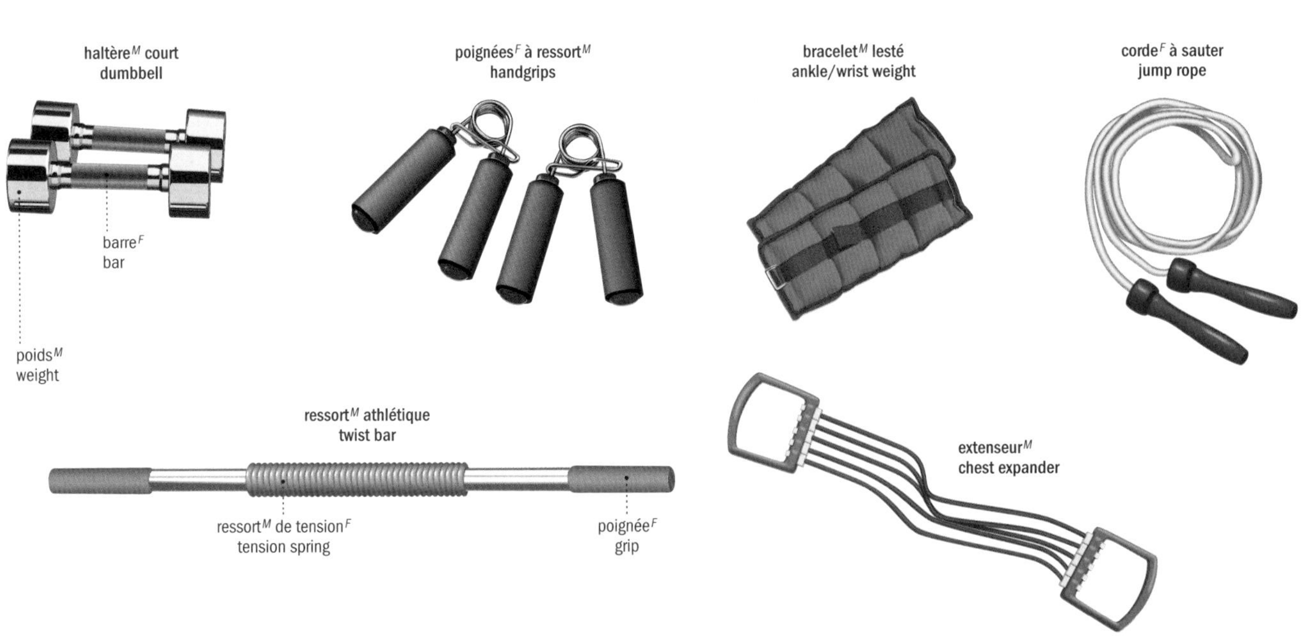
haltère[M] court
dumbbell
barre[F]
bar
poids[M]
weight
poignées[F] à ressort[M]
handgrips
bracelet[M] lesté
ankle/wrist weight
corde[F] à sauter
jump rope
ressort[M] athlétique
twist bar
ressort[M] de tension[F]
tension spring
poignée[F]
grip
extenseur[M]
chest expander

appareils[M] de conditionnement[M] physique

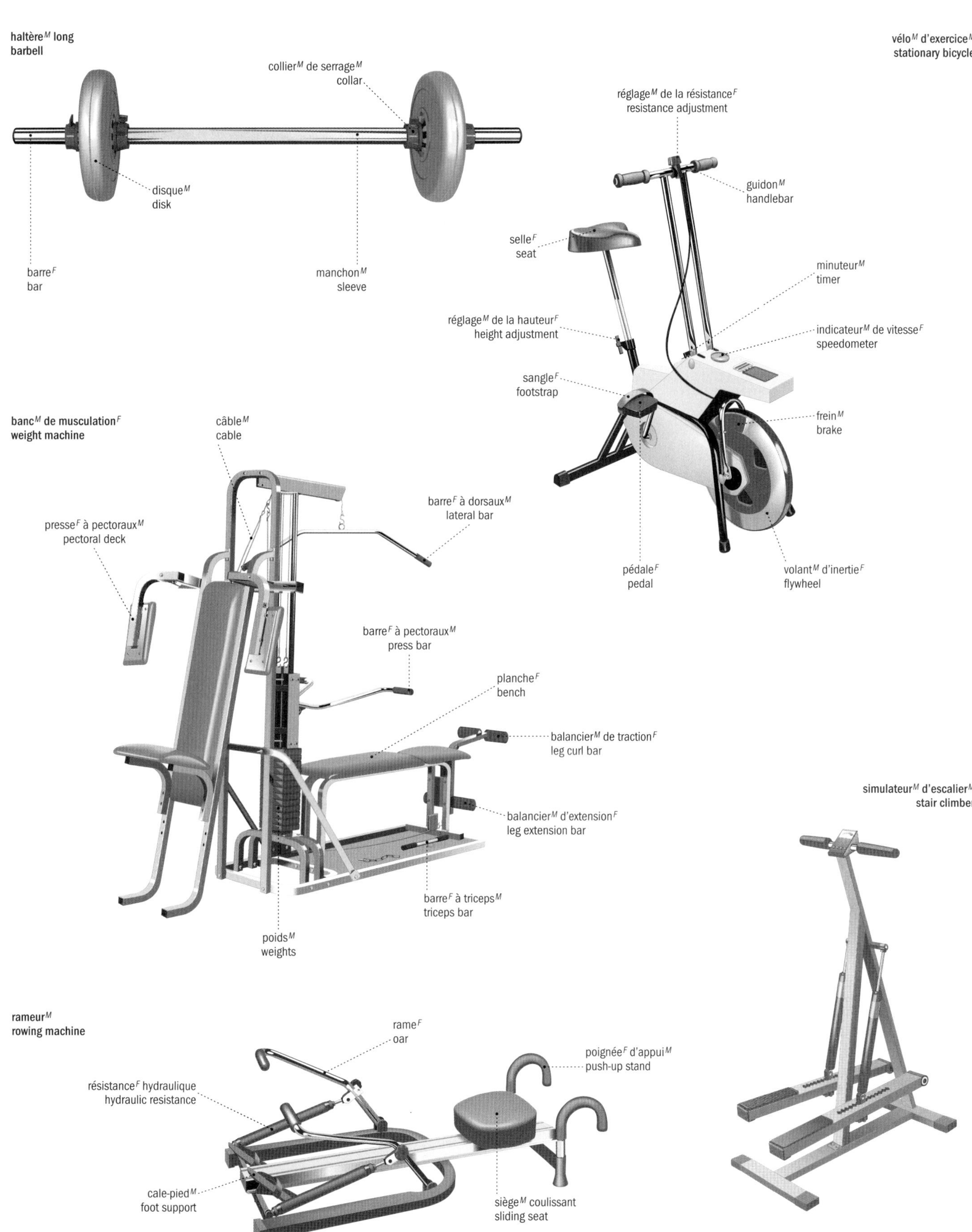
haltère[M] long
barbell
collier[M] de serrage[M]
collar
disque[M]
disk
barre[F]
bar
manchon[M]
sleeve
vélo[M] d'exercice[M]
stationary bicycle
réglage[M] de la résistance[F]
resistance adjustment
guidon[M]
handlebar
selle[F]
seat
minuteur[M]
timer
réglage[M] de la hauteur[F]
height adjustment
indicateur[M] de vitesse[F]
speedometer
sangle[F]
footstrap
frein[M]
brake
pédale[F]
pedal
volant[M] d'inertie[F]
flywheel
banc[M] de musculation[F]
weight machine
câble[M]
cable
barre[F] à dorsaux[M]
lateral bar
presse[F] à pectoraux[M]
pectoral deck
barre[F] à pectoraux[M]
press bar
planche[F]
bench
balancier[M] de traction[F]
leg curl bar
balancier[M] d'extension[F]
leg extension bar
barre[F] à triceps[M]
triceps bar
poids[M]
weights
simulateur[M] d'escalier[M]
stair climber
rameur[M]
rowing machine
rame[F]
oar
poignée[F] d'appui[M]
push-up stand
résistance[F] hydraulique
hydraulic resistance
cale-pied[M]
foot support
siège[M] coulissant
sliding seat

saut[M] d'obstacle[M]

show-jumping

obstacles[M]
obstacles

barrière[F]
gate

mur[M] barré
wall and rails

haie[F] barrée
brush and rails

palanque[F]
post and plank

barres[F] de Spa
triple bars

stationata[F]
post and rail

haie[F] rivière[F]
water jump

mur[M]
wall

oxer[M]
double oxer

parcours[M] d'obstacles[M]
competition ring

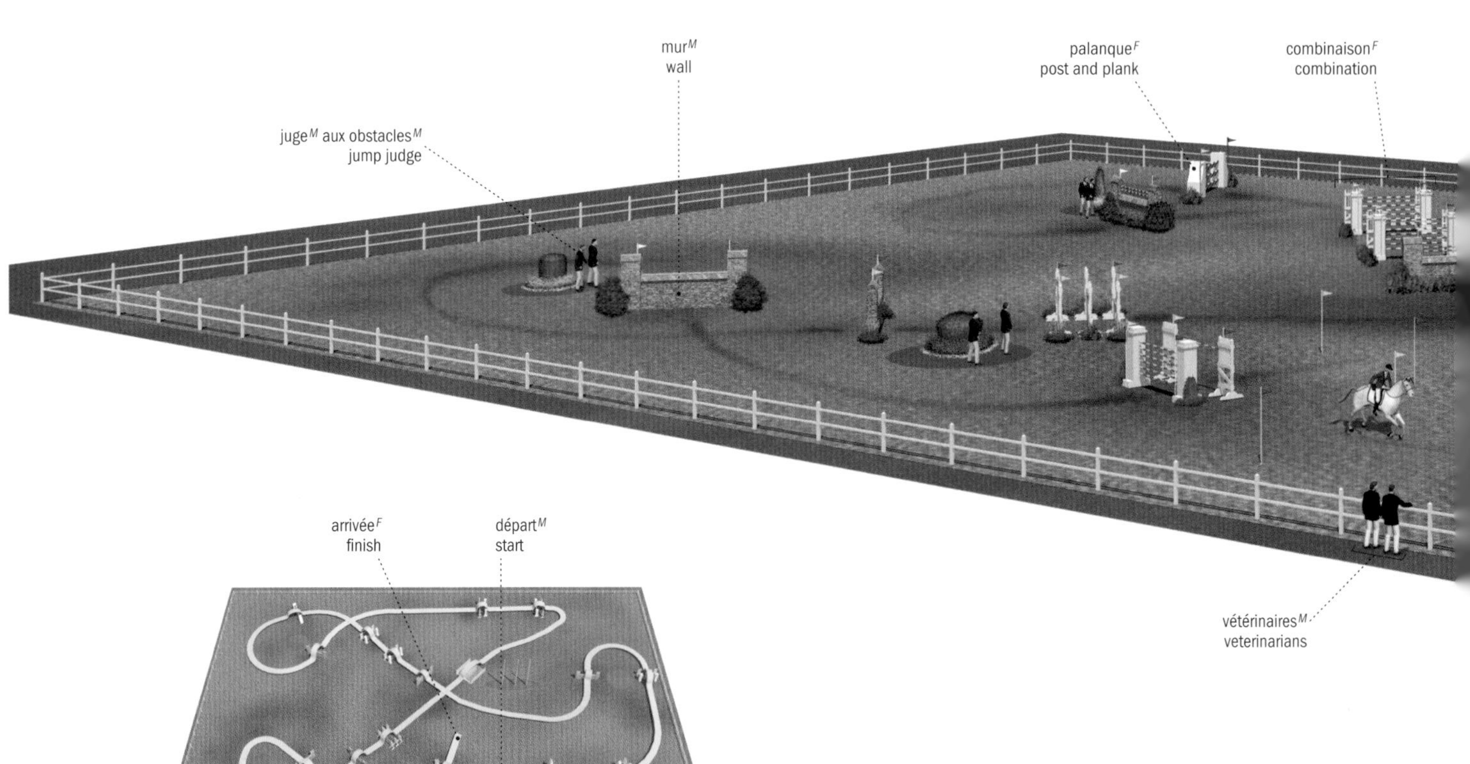
mur[M]
wall
palanque[F]
post and plank
combinaison[F]
combination
juge[M] aux obstacles[M]
jump judge
arrivée[F]
finish
départ[M]
start
vétérinaires[M]
veterinarians

saut[M] d'obstacle[M]

cavalier[M]
rider

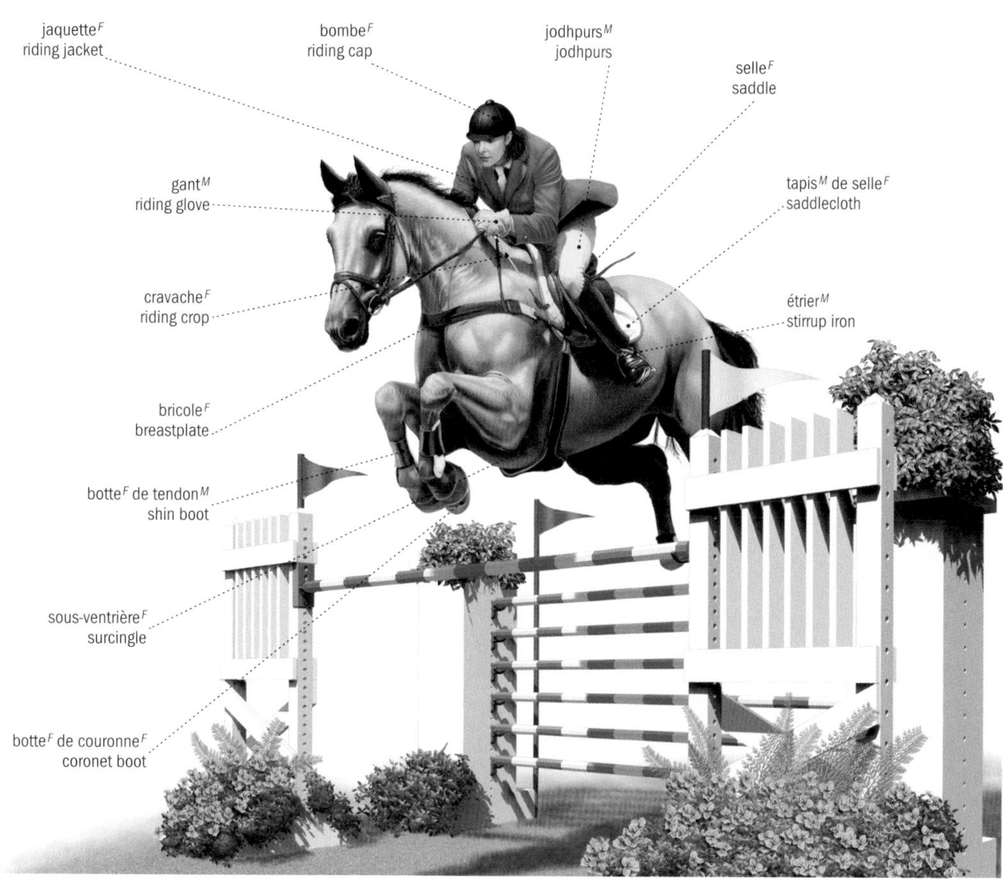
jaquette[F]
riding jacket
bombe[F]
riding cap
jodhpurs[M]
jodhpurs
selle[F]
saddle
gant[M]
riding glove
tapis[M] de selle[F]
saddlecloth
cravache[F]
riding crop
étrier[M]
stirrup iron
bricole[F]
breastplate
botte[F] de tendon[M]
shin boot
sous-ventrière[F]
surcingle
botte[F] de couronne[F]
coronet boot

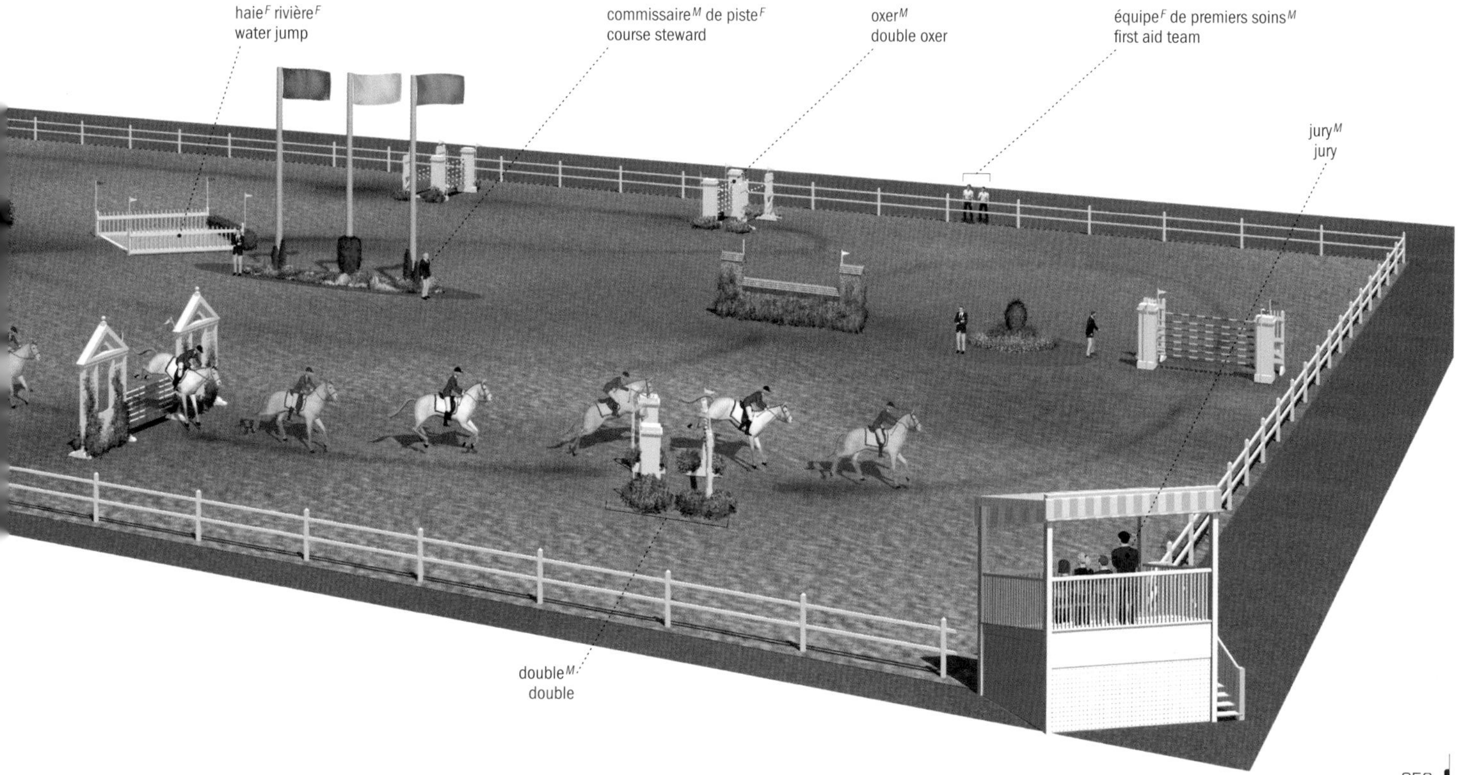

haie[F] rivière[F]
water jump

commissaire[M] de piste[F]
course steward

oxer[M]
double oxer

équipe[F] de premiers soins[M]
first aid team

jury[M]
jury

double[M]
double

équitation[F]

riding

bride[F]
bridle

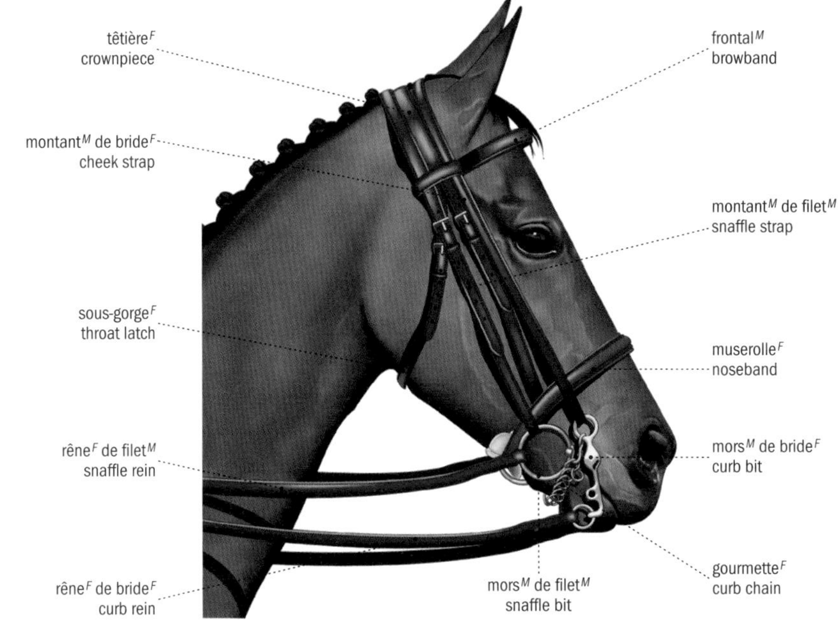
têtière[F]
crownpiece
montant[M] de bride[F]
cheek strap
sous-gorge[F]
throat latch
rêne[F] de filet[M]
snaffle rein
rêne[F] de bride[F]
curb rein
frontal[M]
browband
montant[M] de filet[M]
snaffle strap
muserolle[F]
noseband
mors[M] de bride[F]
curb bit
gourmette[F]
curb chain
mors[M] de filet[M]
snaffle bit

mors[M] de filet[M]
snaffle bit

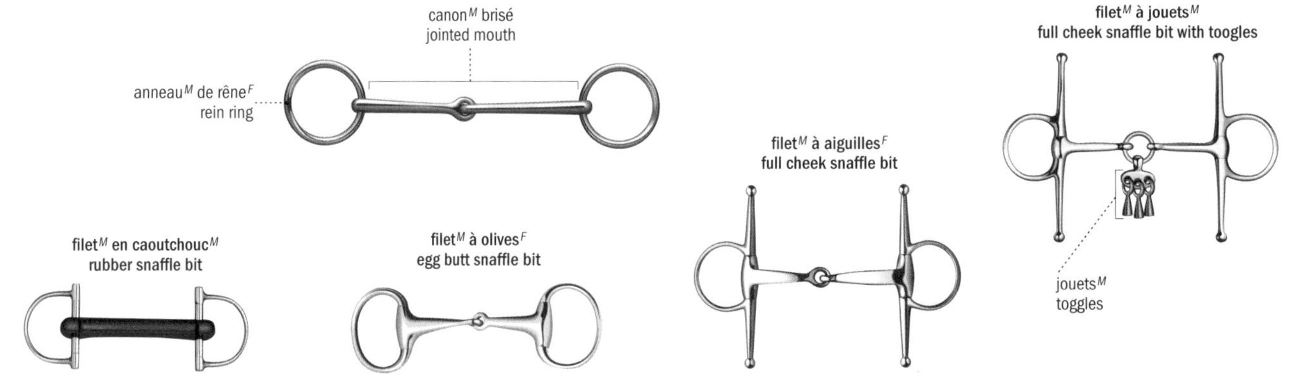
canon[M] brisé
jointed mouth
anneau[M] de rêne[F]
rein ring
filet[M] à jouets[M]
full cheek snaffle bit with toogles
filet[M] à aiguilles[F]
full cheek snaffle bit
filet[M] en caoutchouc[M]
rubber snaffle bit
filet[M] à olives[F]
egg butt snaffle bit
jouets[M]
toggles

mors[M] de bride[F]
curb bit

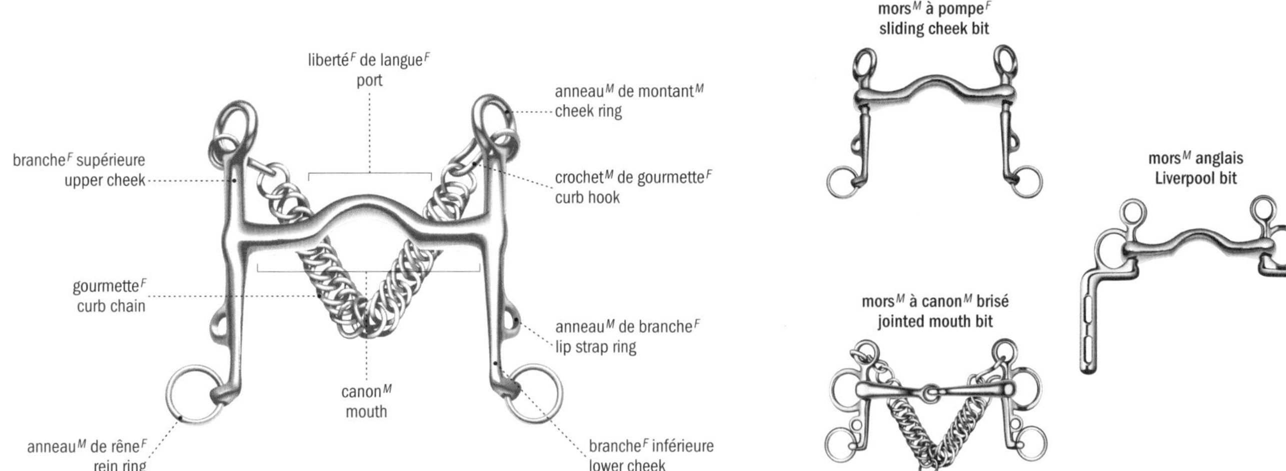
liberté[F] de langue[F]
port
anneau[M] de montant[M]
cheek ring
branche[F] supérieure
upper cheek
crochet[M] de gourmette[F]
curb hook
gourmette[F]
curb chain
anneau[M] de branche[F]
lip strap ring
canon[M]
mouth
anneau[M] de rêne[F]
rein ring
branche[F] inférieure
lower cheek
mors[M] à pompe[F]
sliding cheek bit
mors[M] anglais
Liverpool bit
mors[M] à canon[M] brisé
jointed mouth bit

équitation[F]

selle[F]
saddle

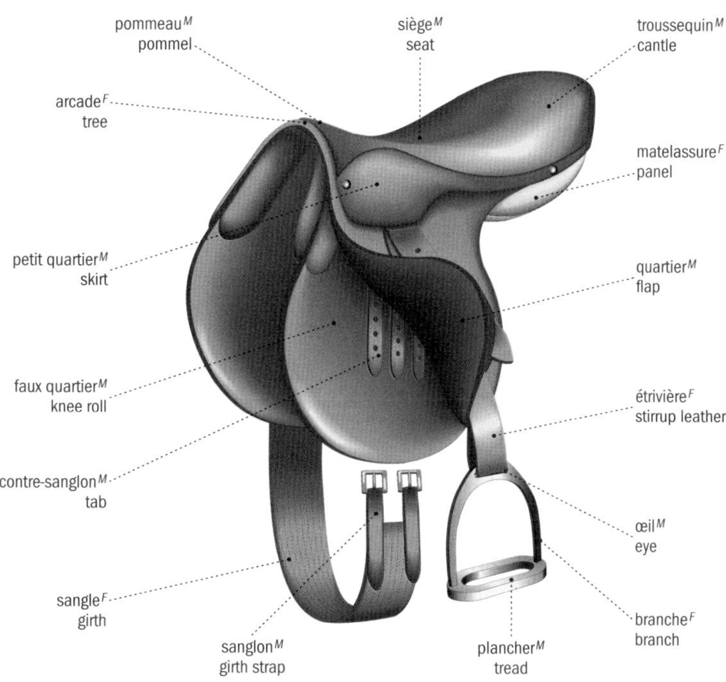
pommeau[M]
pommel
siège[M]
seat
troussequin[M]
cantle
arcade[F]
tree
matelassure[F]
panel
petit quartier[M]
skirt
quartier[M]
flap
faux quartier[M]
knee roll
étrivière[F]
stirrup leather
contre-sanglon[M]
tab
œil[M]
eye
sangle[F]
girth
branche[F]
branch
sanglon[M]
girth strap
plancher[M]
tread

dressage[M]

dressage

cavalier[M]
rider

veste[F]
jacket

gant[M]
glove

selle[F]
saddle

botte[F]
boot

étrier[M]
stirrup iron

sangle[F] sous-ventrière
surcingle

piste[F] de compétition[F]
show ring

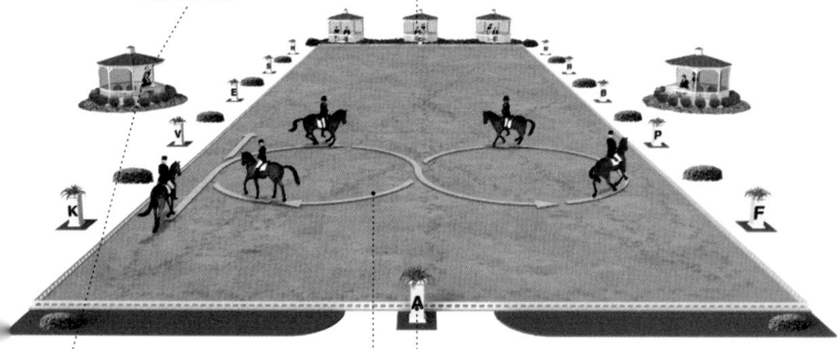

commissaire[M] en chef[M]
chief steward

commissaire[M] de piste[F]
course steward

juge[M]
judge

lettre[F] de repère[M]
marker letter

figure[F]
figure

SPORTS ET JEUX

course[F] de chevaux[M] : turf[M]

horse racing: turf

jockey[M]
jockey

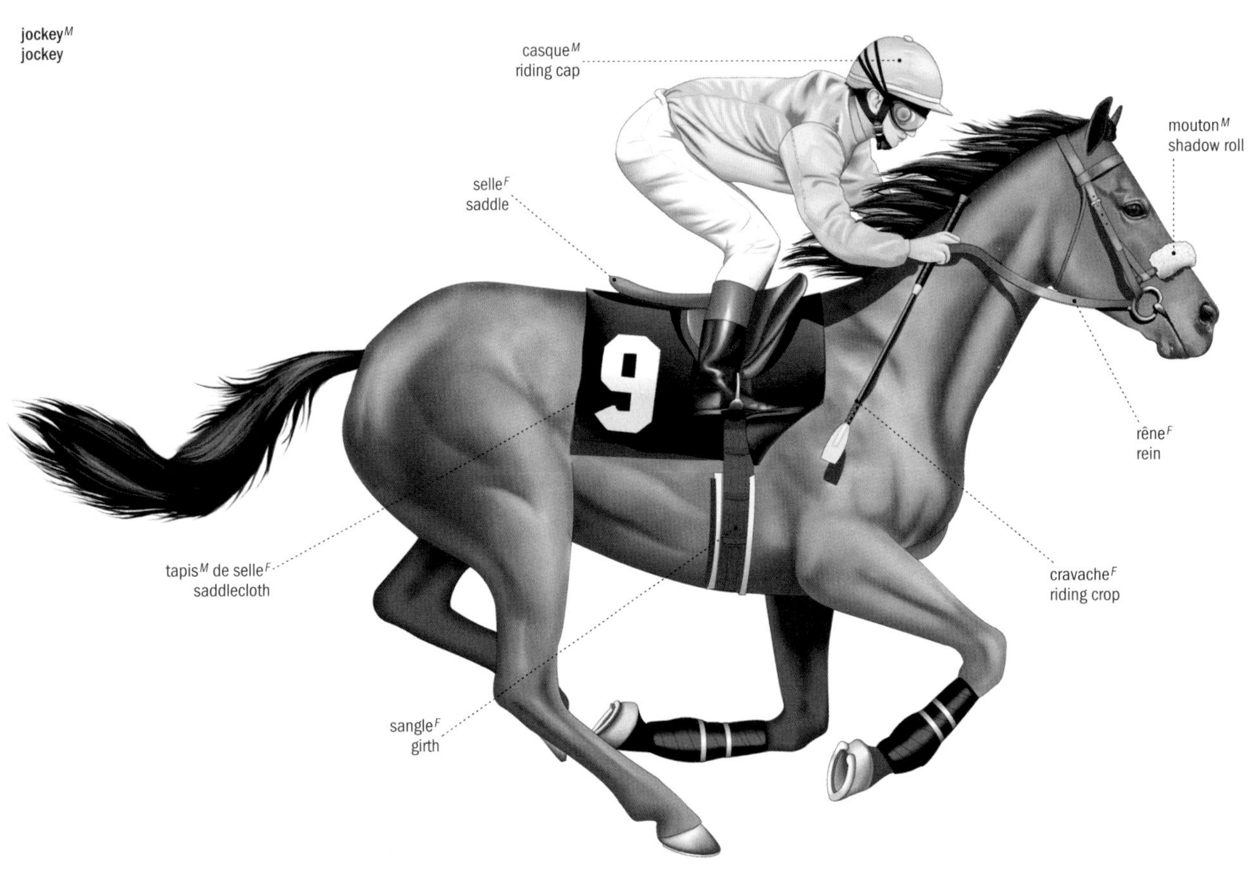

casque[M]
riding cap
mouton[M]
shadow roll
selle[F]
saddle
9
rêne[F]
rein
tapis[M] de selle[F]
saddlecloth
cravache[F]
riding crop
sangle[F]
girth

hippodrome[M]
racetrack

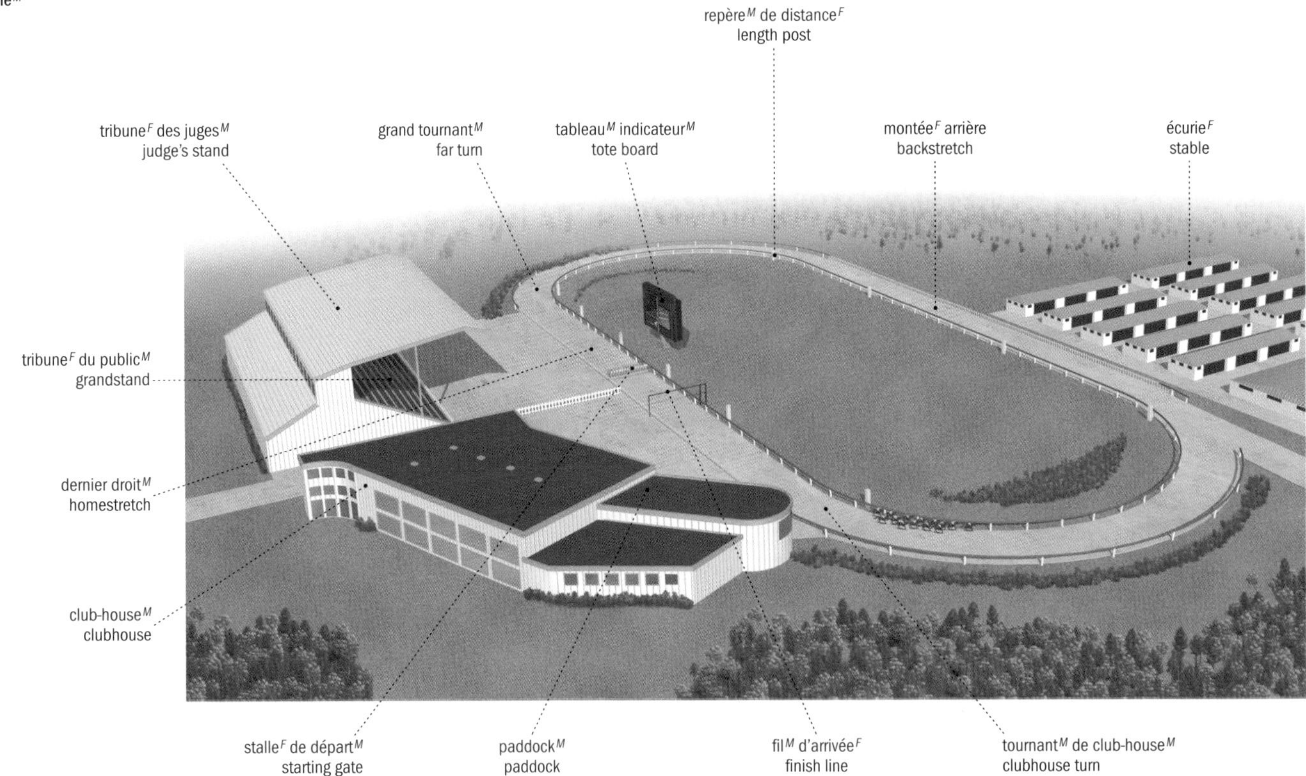

repère[M] de distance[F]
length post
tribune[F] des juges[M]
judge's stand
grand tournant[M]
far turn
tableau[M] indicateur[M]
tote board
montée[F] arrière
backstretch
écurie[F]
stable
tribune[F] du public[M]
grandstand
dernier droit[M]
homestretch
club-house[M]
clubhouse
stalle[F] de départ[M]
starting gate
paddock[M]
paddock
fil[M] d'arrivée[F]
finish line
tournant[M] de club-house[M]
clubhouse turn

course^F de chevaux^M : course^F attelée

horse racing: harness racing

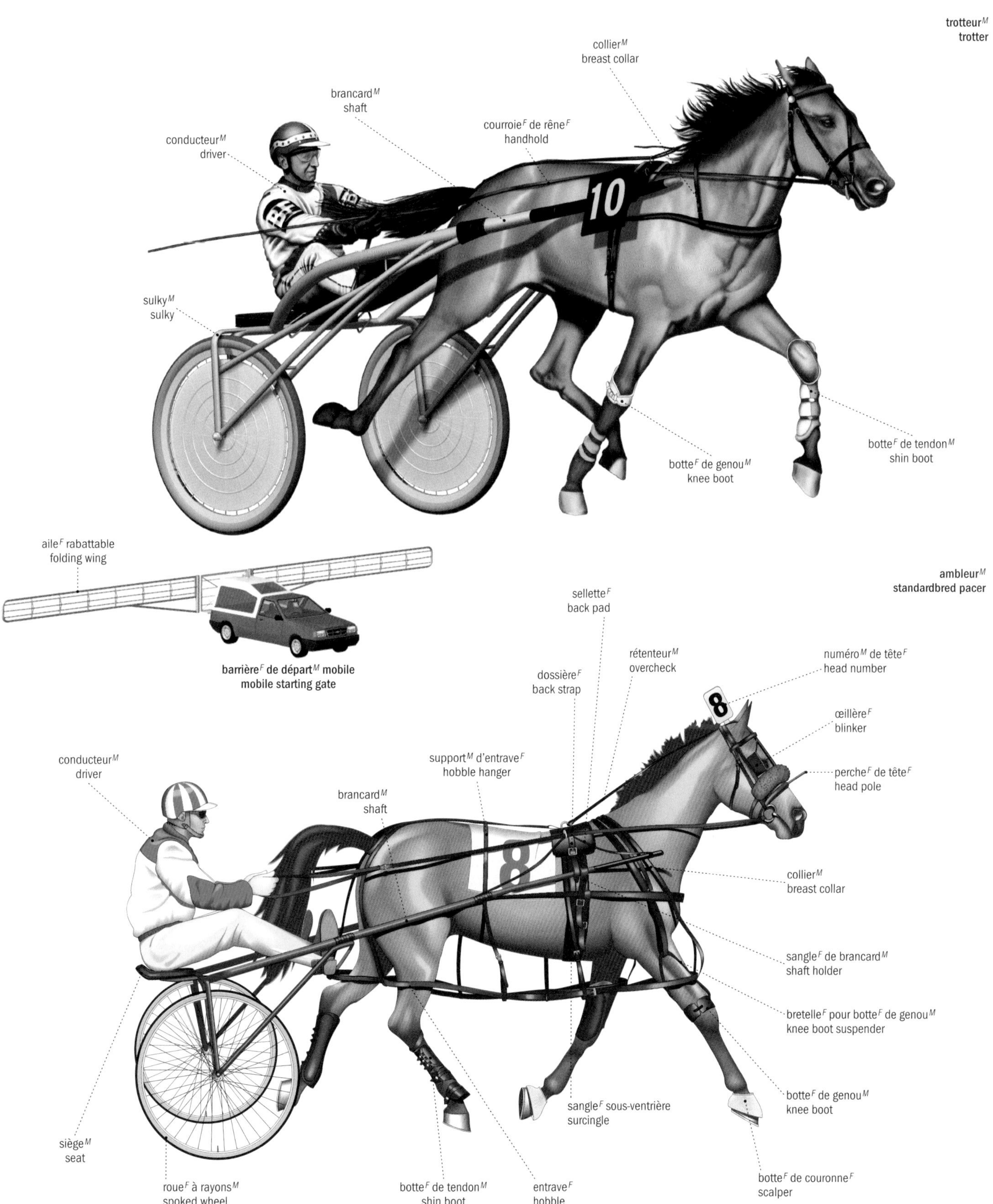
trotteur^M
trotter
collier^M
breast collar
brancard^M
shaft
courroie^F de rêne^F
handhold
conducteur^M
driver
sulky^M
sulky
botte^F de tendon^M
shin boot
botte^F de genou^M
knee boot
aile^F rabattable
folding wing
barrière^F de départ^M mobile
mobile starting gate
ambleur^M
standardbred pacer
sellette^F
back pad
rétenteur^M
overcheck
numéro^M de tête^F
head number
dossière^F
back strap
œillère^F
blinker
support^M d'entrave^F
hobble hanger
perche^F de tête^F
head pole
conducteur^M
driver
brancard^M
shaft
collier^M
breast collar
sangle^F de brancard^M
shaft holder
bretelle^F pour botte^F de genou^M
knee boot suspender
botte^F de genou^M
knee boot
sangle^F sous-ventrière
surcingle
siège^M
seat
roue^F à rayons^M
spoked wheel
botte^F de tendon^M
shin boot
entrave^F
hobble
botte^F de couronne^F
scalper

polo[M]

polo

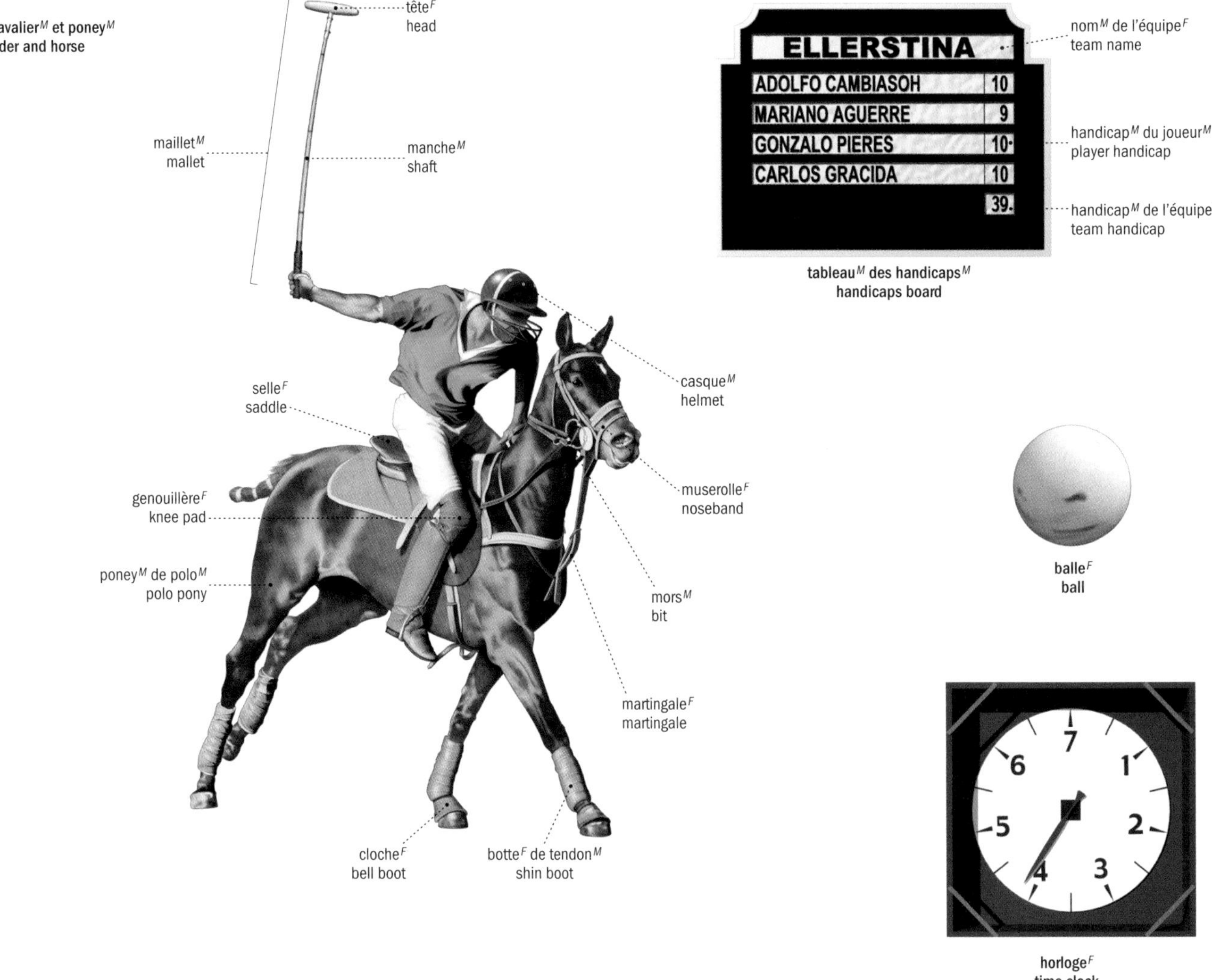
cavalier[M] et poney[M]
rider and horse
tête[F]
head
maillet[M]
mallet
manche[M]
shaft
selle[F]
saddle
casque[M]
helmet
genouillère[F]
knee pad
muserolle[F]
noseband
poney[M] de polo[M]
polo pony
mors[M]
bit
martingale[F]
martingale
cloche[F]
bell boot
botte[F] de tendon[M]
shin boot
ELLERSTINA
ADOLFO CAMBIASOH 10
MARIANO AGUERRE 9
GONZALO PIERES 10
CARLOS GRACIDA 10
39
nom[M] de l'équipe[F]
team name
handicap[M] du joueur[M]
player handicap
handicap[M] de l'équipe[F]
team handicap
7
1
2
3
4
5
6

tableau[M] des handicaps[M]
handicaps board

balle[F]
ball

horloge[F]
time clock

terrain[M]
playing field

numéro[M] 1
player 1

ligne[F] des 54 m
54 m line

tour[F]
tower

numéro[M] 2
player 2

arbitre[M] à cheval[M]
mounted umpire

ligne[F] de touche[F]
sideline

poteau[M] de but[M]
goalpost

numéro[M] 4
player 4

T[M] central
center T mark

juge[M] de but[M]
goal judge

ligne[F] des 27 m
27 m line

ligne[F] des 36 m
36 m line

numéro[M] 3
player 3

tir[M] à l'arc[M]

archery

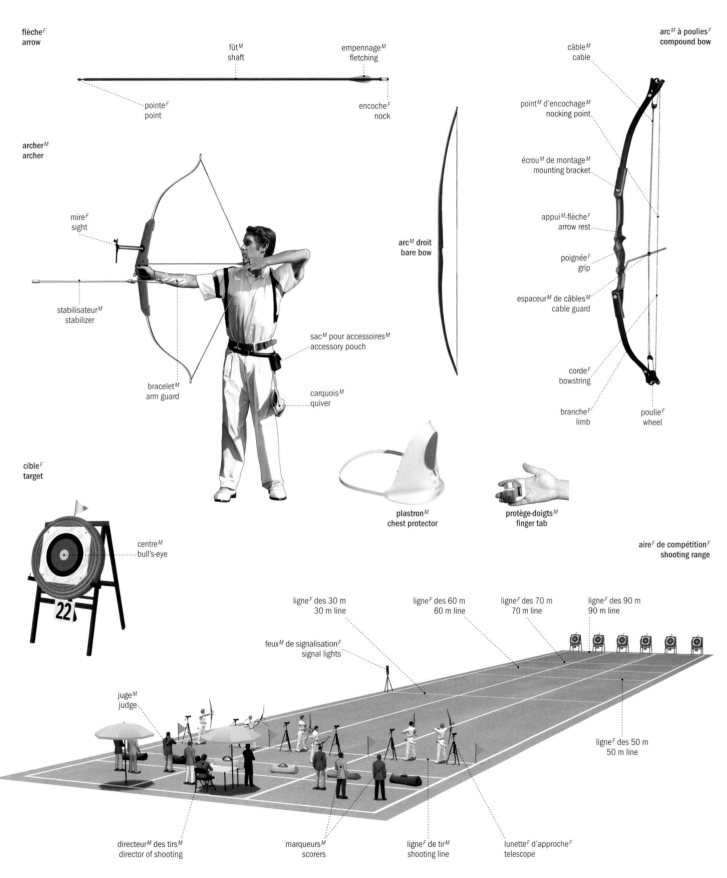

flèche[F]
arrow

fût[M]
shaft

empennage[M]
fletching

pointe[F]
point

encoche[F]
nock

arc[M] à poulies[F]
compound bow

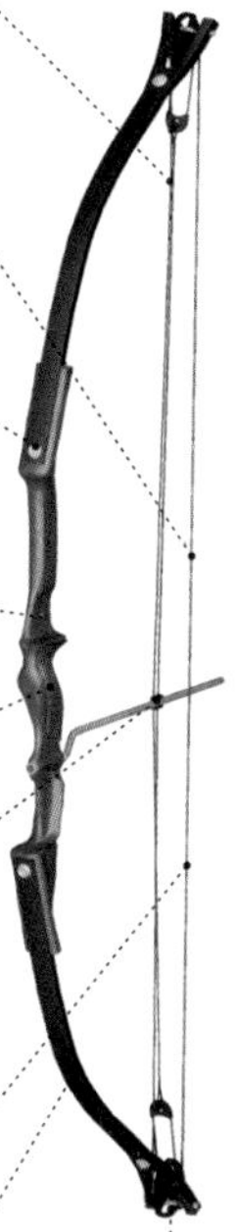

câble[M]
cable

point[M] d'encochage[M]
nocking point

écrou[M] de montage[M]
mounting bracket

appui[M]-flèche[F]
arrow rest

poignée[F]
grip

espaceur[M] de câbles[M]
cable guard

corde[F]
bowstring

branche[F]
limb

poulie[F]
wheel

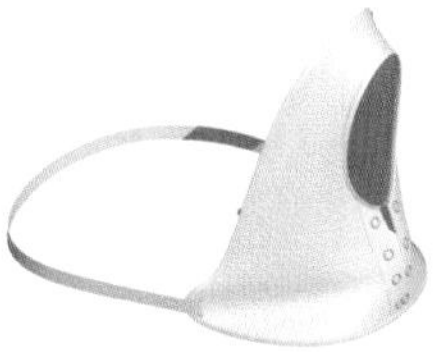

archer[M]
archer

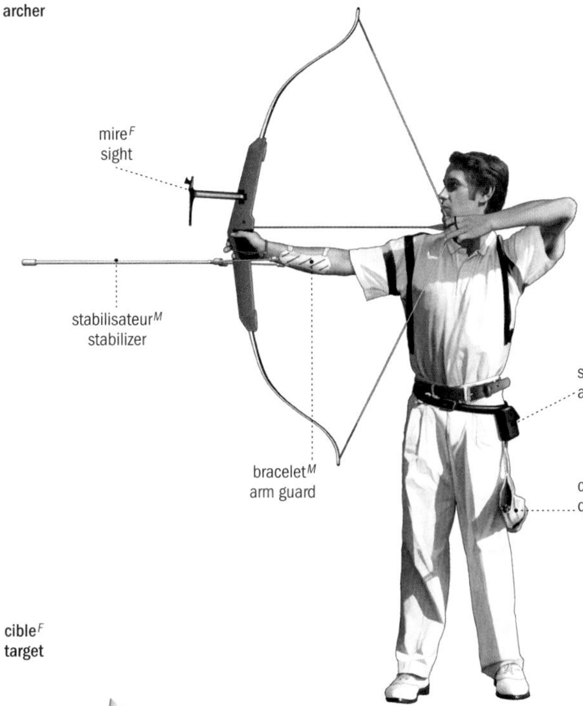

mire[F]
sight

stabilisateur[M]
stabilizer

bracelet[M]
arm guard

sac[M] pour accessoires[M]
accessory pouch

carquois[M]
quiver

arc[M] droit
bare bow

cible[F]
target

centre[M]
bull's-eye

plastron[M]
chest protector

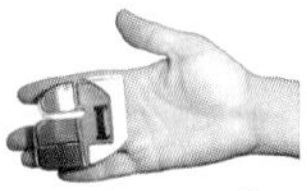

protège-doigts[M]
finger tab

aire[F] de compétition[F]
shooting range

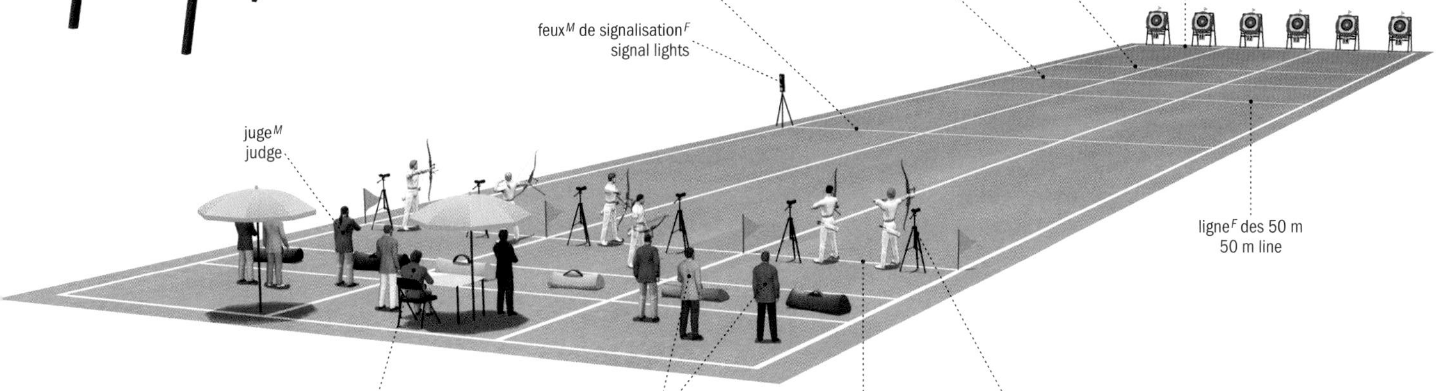

ligne[F] des 30 m
30 m line

ligne[F] des 60 m
60 m line

ligne[F] des 70 m
70 m line

ligne[F] des 90 m
90 m line

feux[M] de signalisation[F]
signal lights

juge[M]
judge

ligne[F] des 50 m
50 m line

directeur[M] des tirs[M]
director of shooting

marqueurs[M]
scorers

ligne[F] de tir[M]
shooting line

lunette[F] d'approche[F]
telescope

SPORTS ET JEUX

tir[M] au fusil[M]

shotgun shooting

fusil[M] calibre[M] 12
shotgun

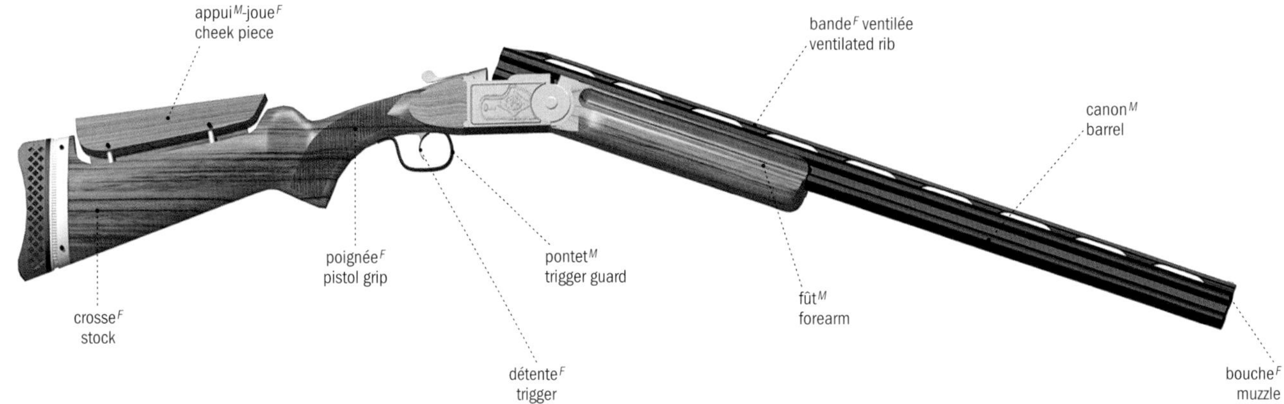
appui[M]-joue[F]
cheek piece
bande[F] ventilée
ventilated rib
canon[M]
barrel
poignée[F]
pistol grip
pontet[M]
trigger guard
fût[M]
forearm
crosse[F]
stock
détente[F]
trigger
bouche[F]
muzzle

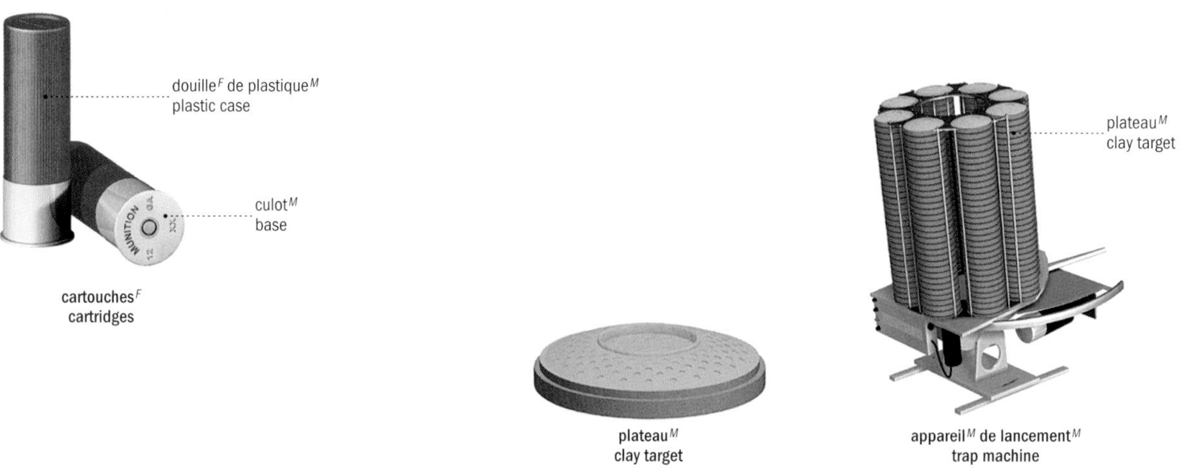
douille[F] de plastique[M]
plastic case
culot[M]
base
plateau[M]
clay target

cartouches[F]
cartridges

plateau[M]
clay target

appareil[M] de lancement[M]
trap machine

pas[M] de tir[M]
shooting range

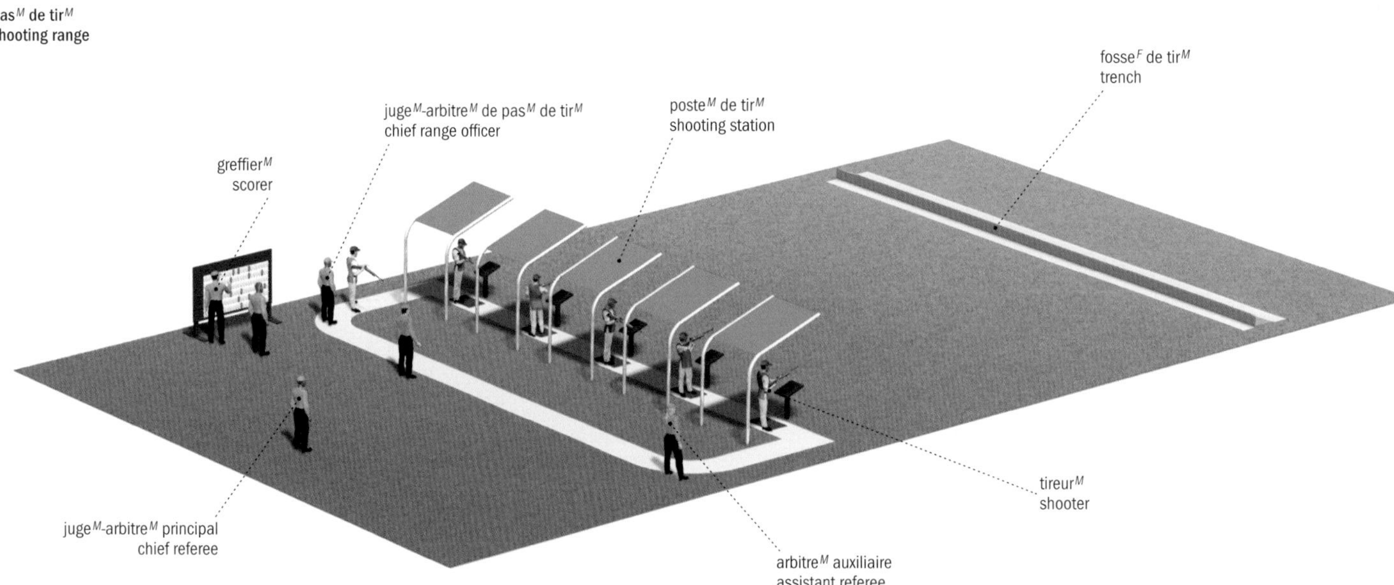
fosse[F] de tir[M]
trench
juge[M]-arbitre[M] de pas[M] de tir[M]
chief range officer
poste[M] de tir[M]
shooting station
greffier[M]
scorer
tireur[M]
shooter
juge[M]-arbitre[M] principal
chief referee
arbitre[M] auxiliaire
assistant referee

SPORTS ET JEUX

tir[M] à la carabine[F]

rifle shooting

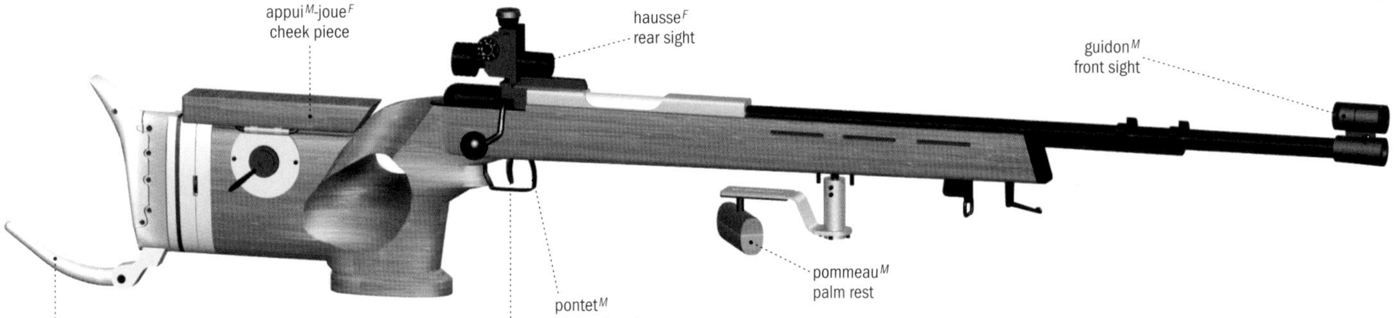

carabine[F] 22
.22-caliber rifle

appui[M]-joue[F]
cheek piece

hausse[F]
rear sight

guidon[M]
front sight

pommeau[M]
palm rest

pontet[M]
trigger guard

crochet[M]
hook

détente[F]
trigger

positions[F] de tir[M]
shooting positions

cartouches[F]
cartridges

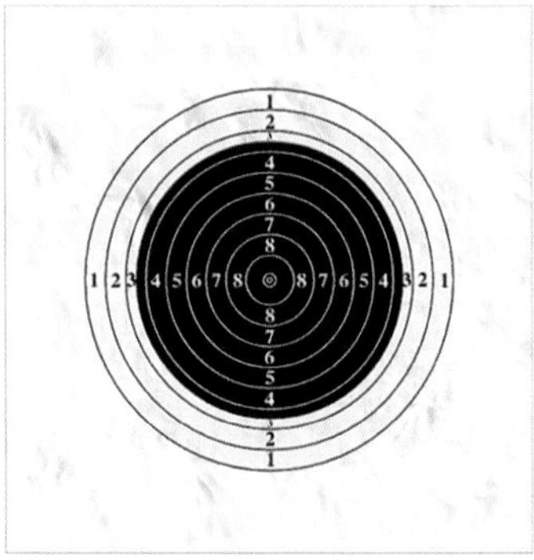

cible[F]
target

position[F] debout
standing position

position[F] à genoux[M]
kneeling position

position[F] couchée
prone position

tir[M] au pistolet[M]

pistol shooting

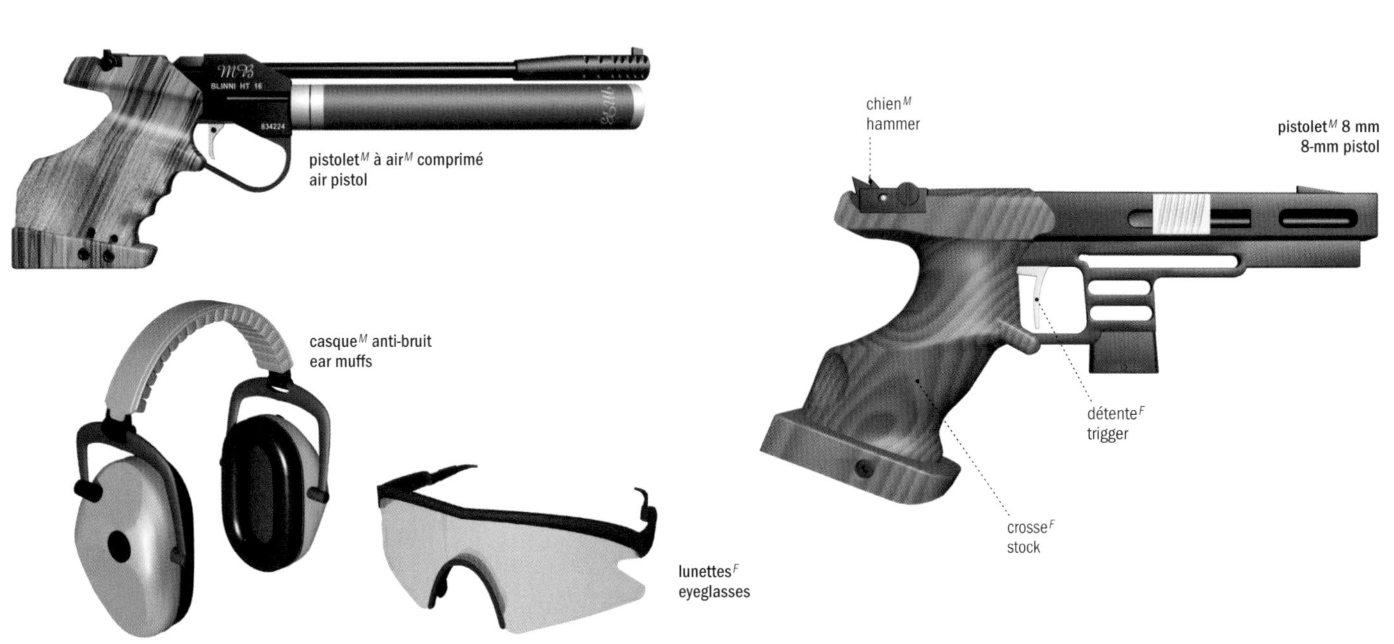

pistolet[M] à air[M] comprimé
air pistol
casque[M] anti-bruit
ear muffs
lunettes[F]
eyeglasses
chien[M]
hammer
pistolet[M] 8 mm
8-mm pistol
détente[F]
trigger
crosse[F]
stock

billard^{M}

billiards

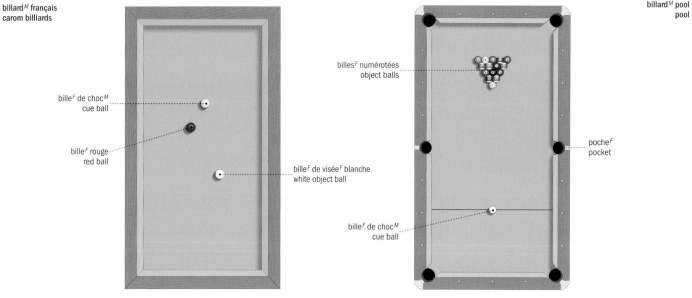

billard^{M} français
carom billiards

bille^{F} de choc^{M}
cue ball

bille^{F} rouge
red ball

bille^{F} de visée^{F} blanche
white object ball

billard^{M} pool
pool

billes^{F} numérotées
object balls

poche^{F}
pocket

bille^{F} de choc^{M}
cue ball

table^{F}
table

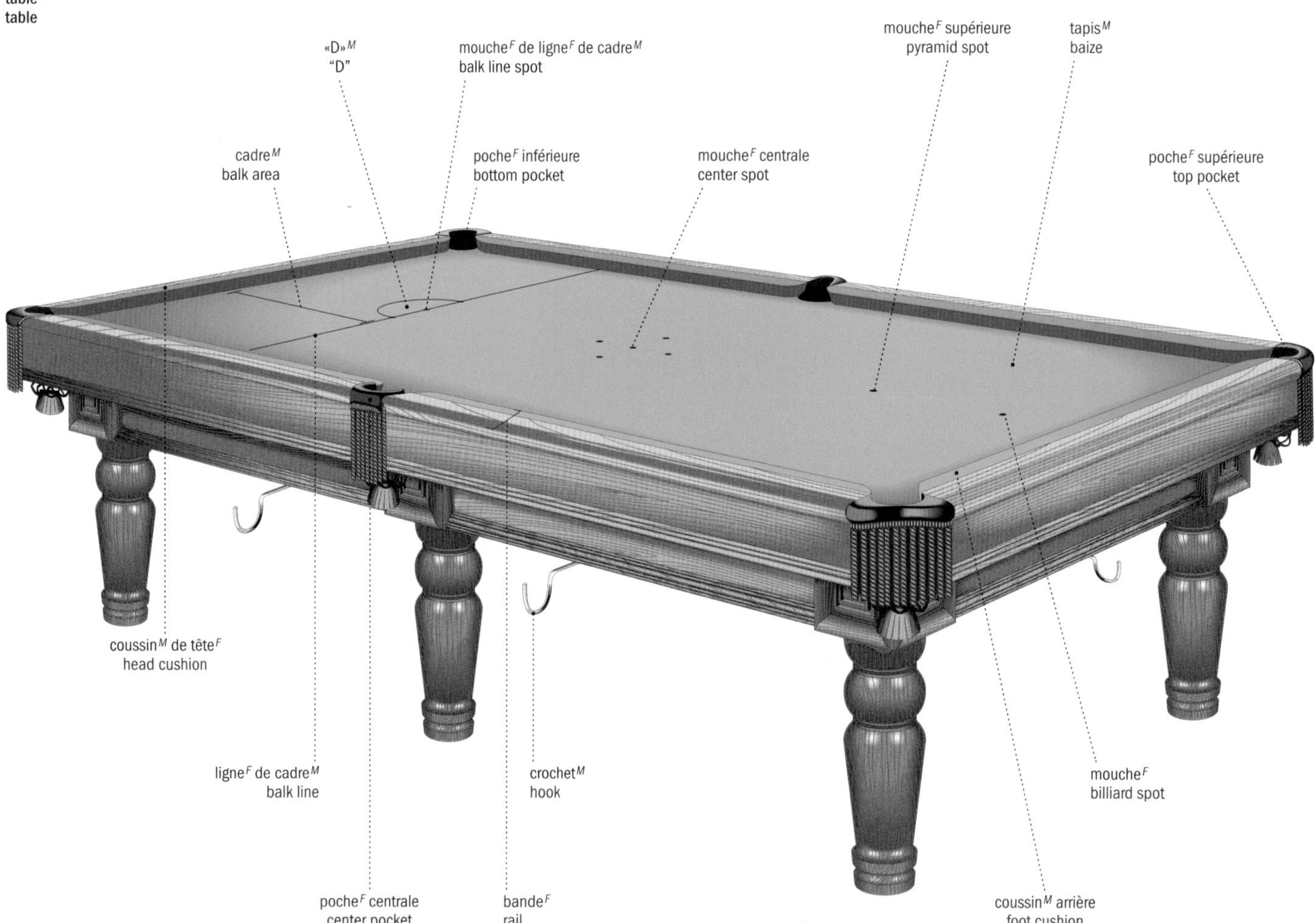

«D»^{M}
"D"
mouche^{F} de ligne^{F} de cadre^{M}
balk line spot
mouche^{F} supérieure
pyramid spot
tapis^{M}
baize
cadre^{M}
balk area
poche^{F} inférieure
bottom pocket
mouche^{F} centrale
center spot
poche^{F} supérieure
top pocket
coussin^{M} de tête^{F}
head cushion
ligne^{F} de cadre^{M}
balk line
crochet^{M}
hook
mouche^{F}
billiard spot
poche^{F} centrale
center pocket
bande^{F}
rail
coussin^{M} arrière
foot cushion

SPORTS ET JEUX

billard^M

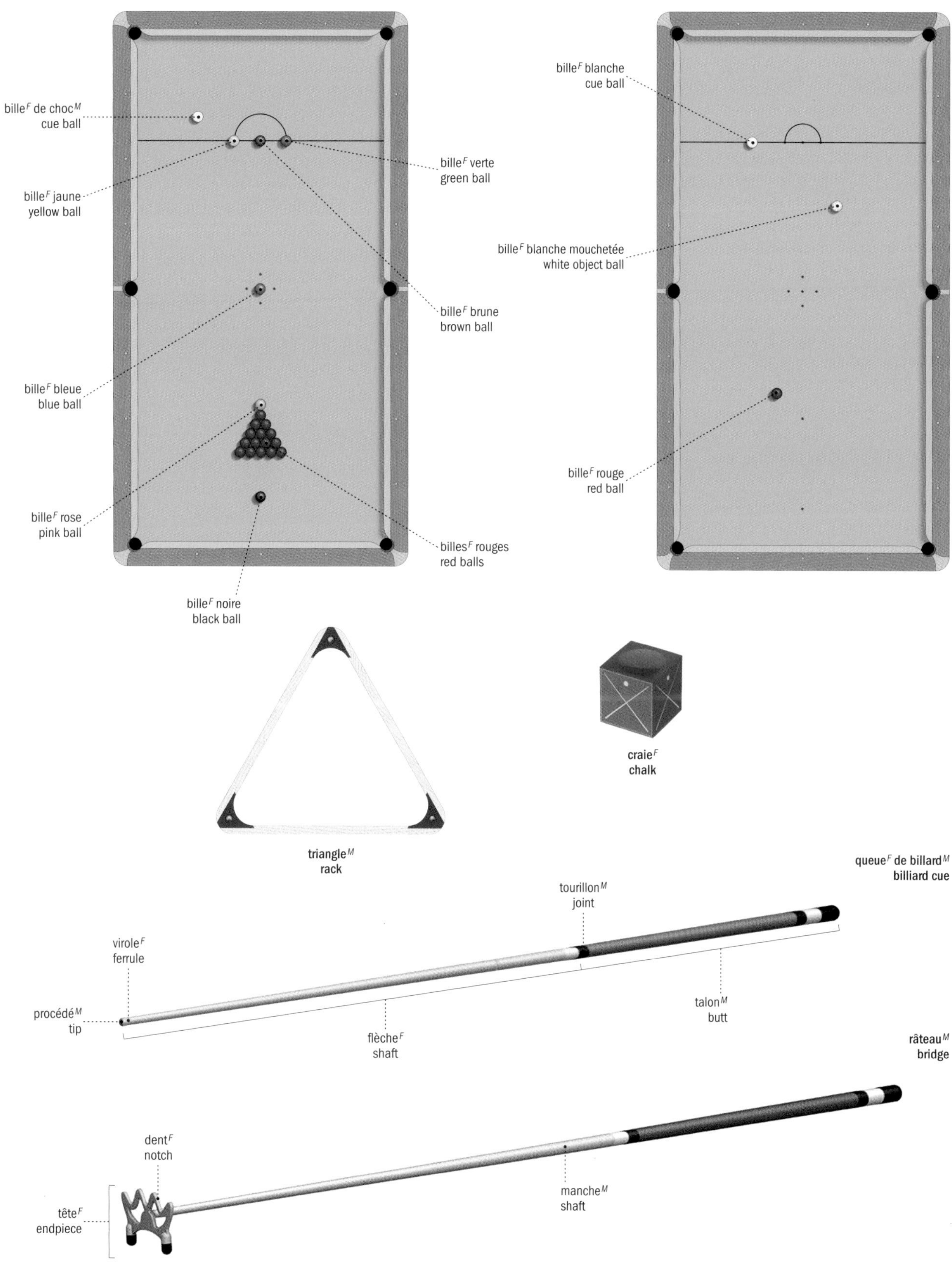
snooker^M
snooker
bille^F de choc^M
cue ball
bille^F jaune
yellow ball
bille^F verte
green ball
bille^F brune
brown ball
bille^F bleue
blue ball
bille^F rose
pink ball
billes^F rouges
red balls
bille^F noire
black ball
billard^M anglais
English billiards
bille^F blanche
cue ball
bille^F blanche mouchetée
white object ball
bille^F rouge
red ball
triangle^M
rack
craie^F
chalk
queue^F de billard^M
billiard cue
tourillon^M
joint
virole^F
ferrule
procédé^M
tip
flèche^F
shaft
talon^M
butt
râteau^M
bridge
dent^F
notch
tête^F
endpiece
manche^M
shaft

boulingrin[M]

lawn bowling

technique[F] du lancer[M]
bowling technique

boules[F]
bowls

cochonnet[M]
jack

élan[M]
forward swing

lancer[M]
delivery

accompagnement[M]
follow-through

pelouse[F]
green

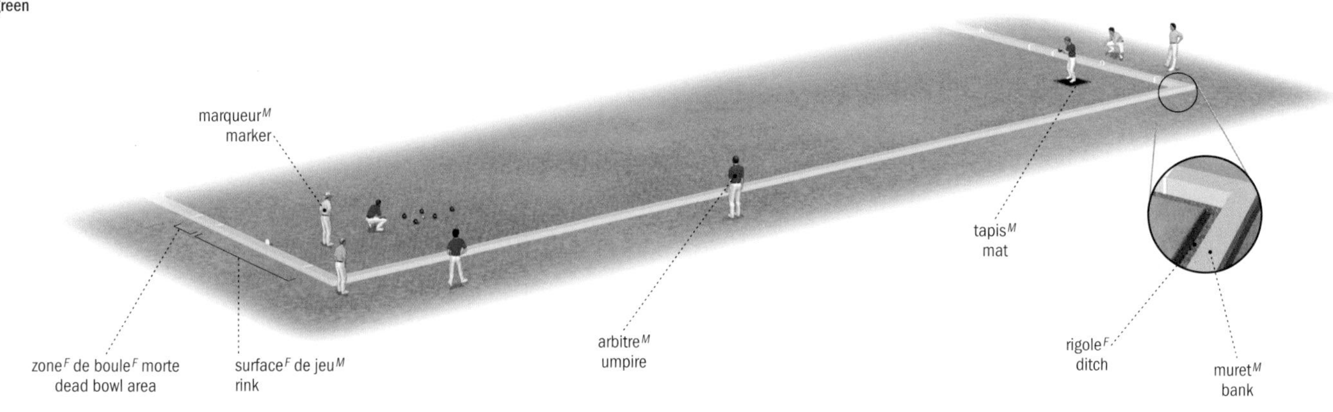
marqueur[M]
marker
zone[F] de boule[F] morte
dead bowl area
surface[F] de jeu[M]
rink
arbitre[M]
umpire
tapis[M]
mat
rigole[F]
ditch
muret[M]
bank

pétanque[F]

petanque

SPORTS ET JEUX

terrain[M]
playing field

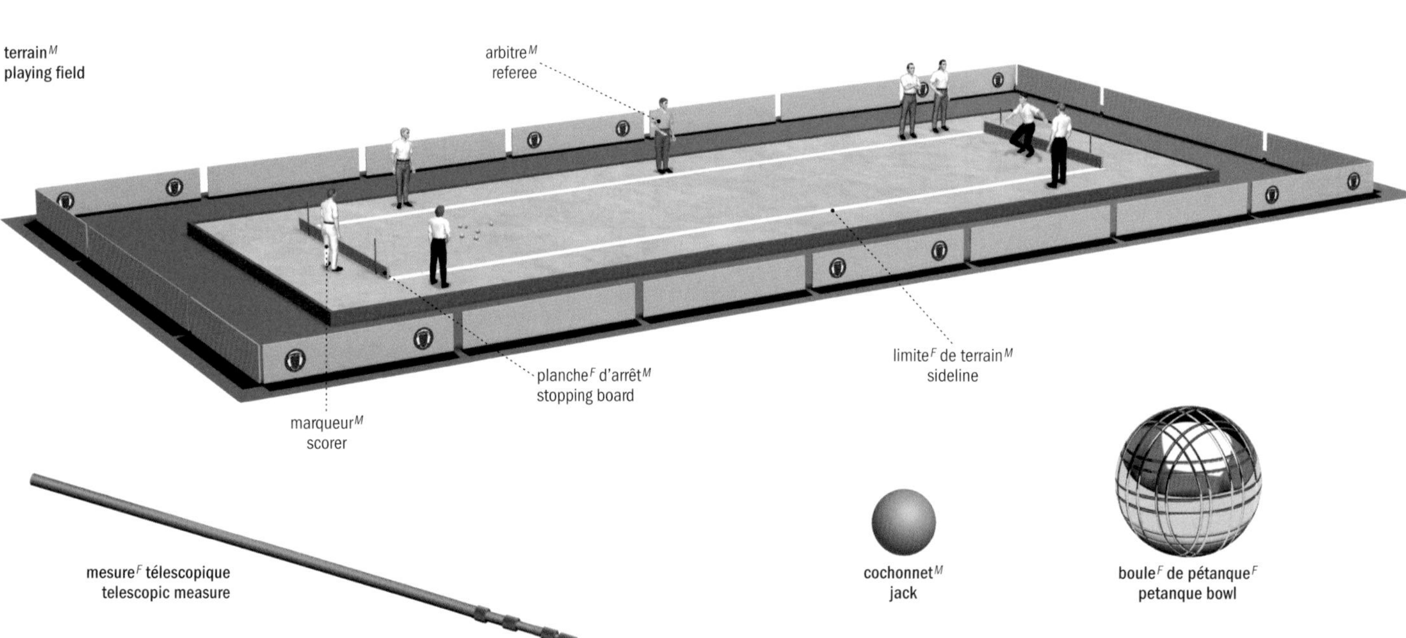
arbitre[M]
referee
limite[F] de terrain[M]
sideline
planche[F] d'arrêt[M]
stopping board
marqueur[M]
scorer

mesure[F] télescopique
telescopic measure

cochonnet[M]
jack

boule[F] de pétanque[F]
petanque bowl

jeu[M] de quilles[F]

bowling

exemples[M] de quilles[F]
examples of pins

Dauphine[F] américaine
American duckpin
grosse quille[F]
tenpin
quille[F] chandelle[F]
candlepin
petite quille[F]
fivepin
Dauphine[F] canadienne
Canadian duckpin

chaussure[F]
shoe

boule[F] de quilles[F]
bowling ball

quillier[M]
setup

quille[F]-reine[F]
headpin

quille[F]
pin

poche[F]
pocket

allée[F] de quilles[F]
bowling alley

monte-boules[M]
ball return

tableau[M] marqueur[M]
score console

boule[F]
ball

quilleuse[F]
bowler

clavier[M]
keyboard

boulier[M]
ball stand

quillier[M]
setup

quilleur[M]
bowler

fosse[F] de réception[F]
pit

point[M] de repère[M]
marker

dalot[M]
gutter

piste[F] d'élan[M]
approach

ligne[F] de jeu[M]
foul line

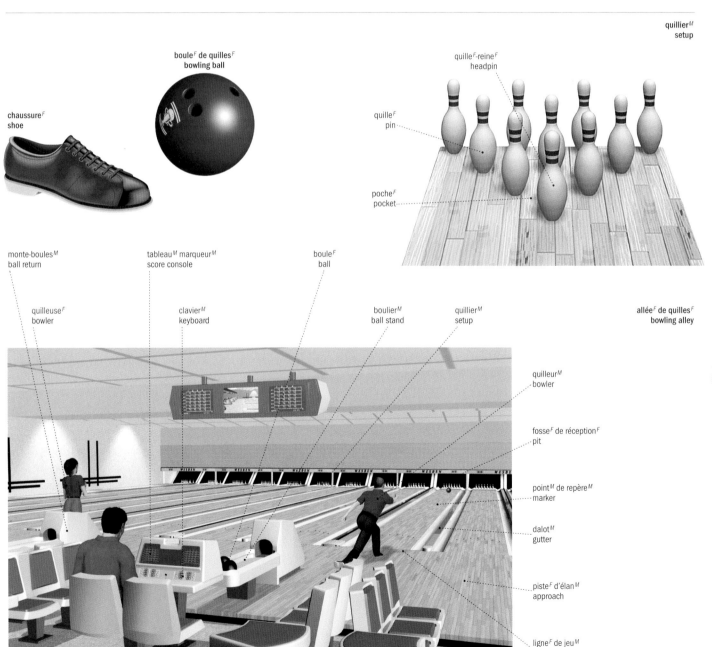

SPORTS ET JEUX

golf^{M}

golf

parcours^{M}
course

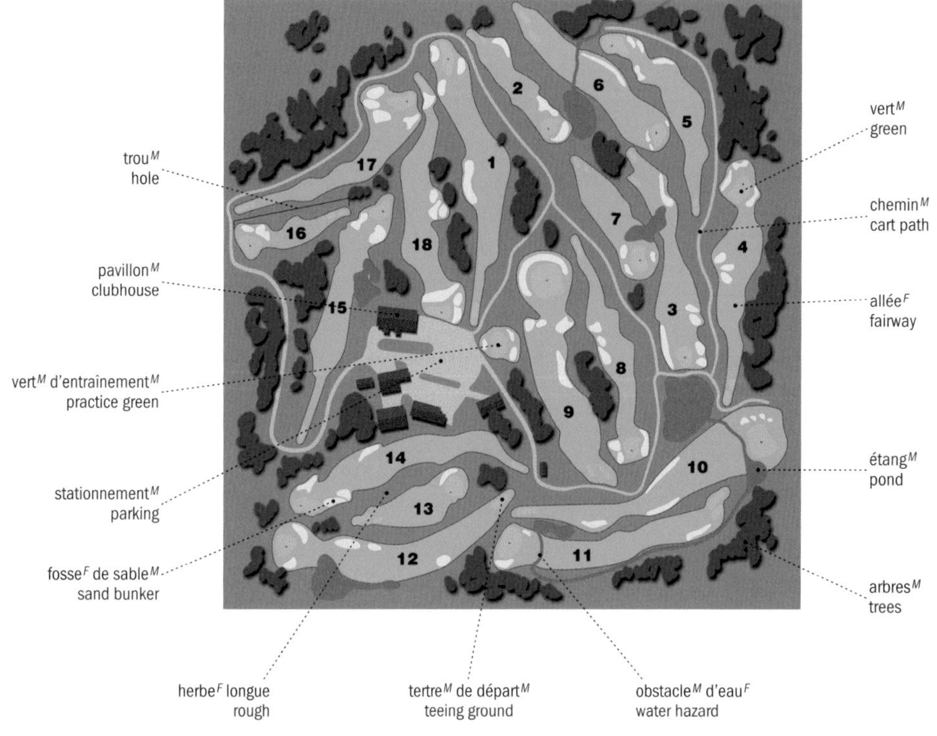

trou^{M} hole
pavillon^{M} clubhouse
vert^{M} d'entraînement^{M} practice green
stationnement^{M} parking
fosse^{F} de sable^{M} sand bunker
herbe^{F} longue rough
tertre^{M} de départ^{M} teeing ground
obstacle^{M} d'eau^{F} water hazard
vert^{M} green
chemin^{M} cart path
allée^{F} fairway
étang^{M} pond
arbres^{M} trees
1
2
3
4
5
6
7
8
9
10
11
12
13
14
15
16
17
18

trous^{M}
holes

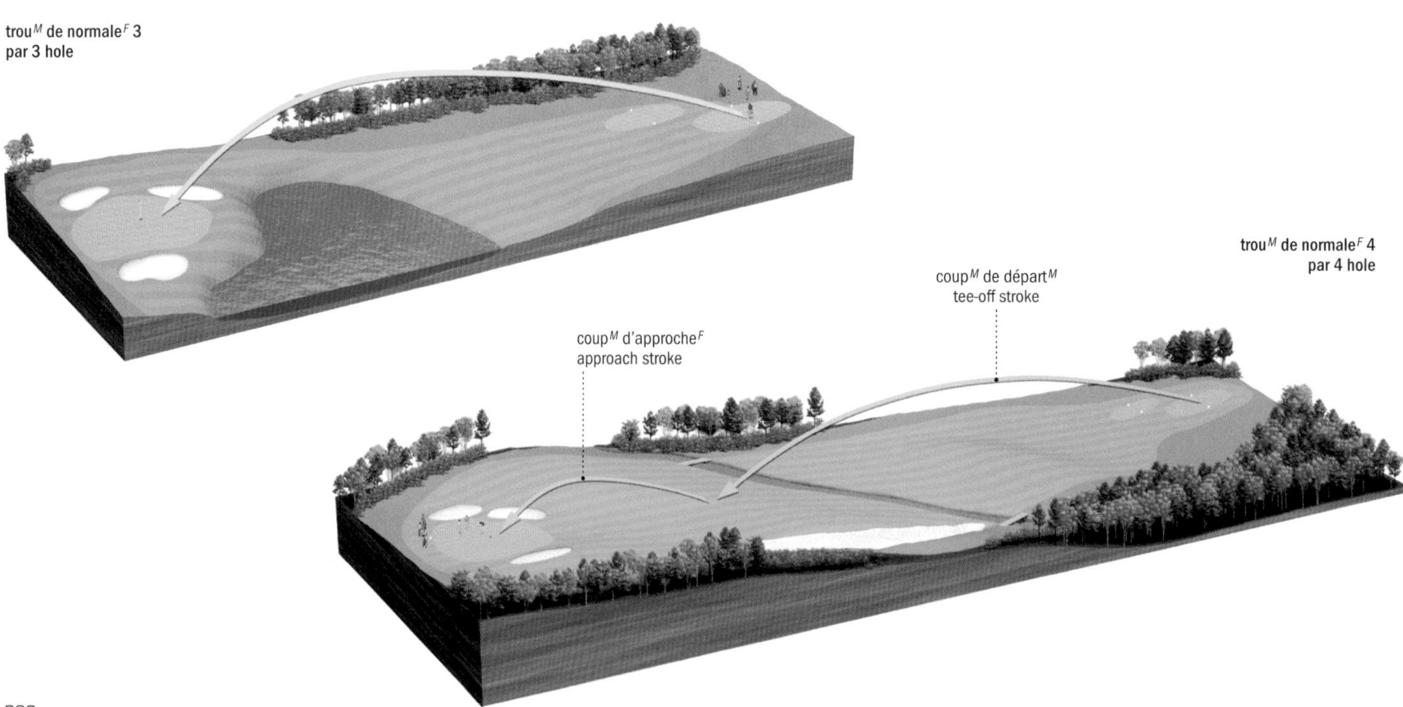

trou^{M} de normale^{F} 3
par 3 hole
trou^{M} de normale^{F} 4
par 4 hole
coup^{M} de départ^{M} tee-off stroke
coup^{M} d'approche^{F} approach stroke

types[M] de bâtons[M] de golf[M]
types of golf clubs

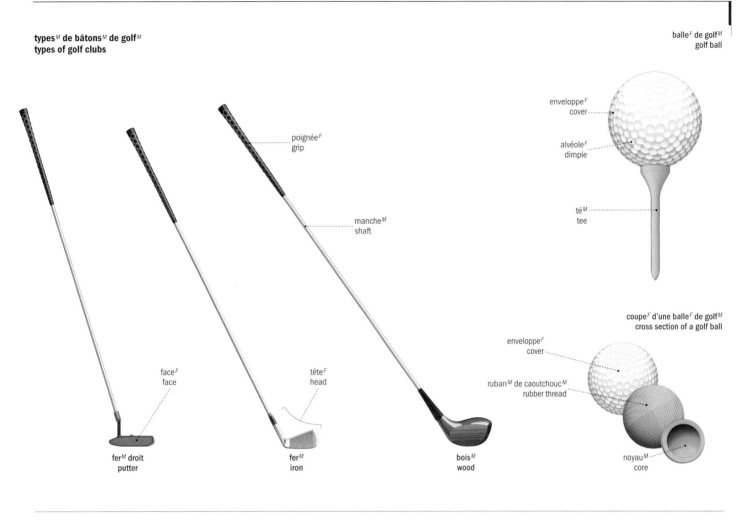

poignée[F]
grip

manche[M]
shaft

face[F]
face

tête[F]
head

fer[M] droit
putter

fer[M]
iron

bois[M]
wood

balle[F] de golf[M]
golf ball

enveloppe[F]
cover

alvéole[F]
dimple

té[M]
tee

coupe[F] d'une balle[F] de golf[M]
cross section of a golf ball

enveloppe[F]
cover

ruban[M] de caoutchouc[M]
rubber thread

noyau[M]
core

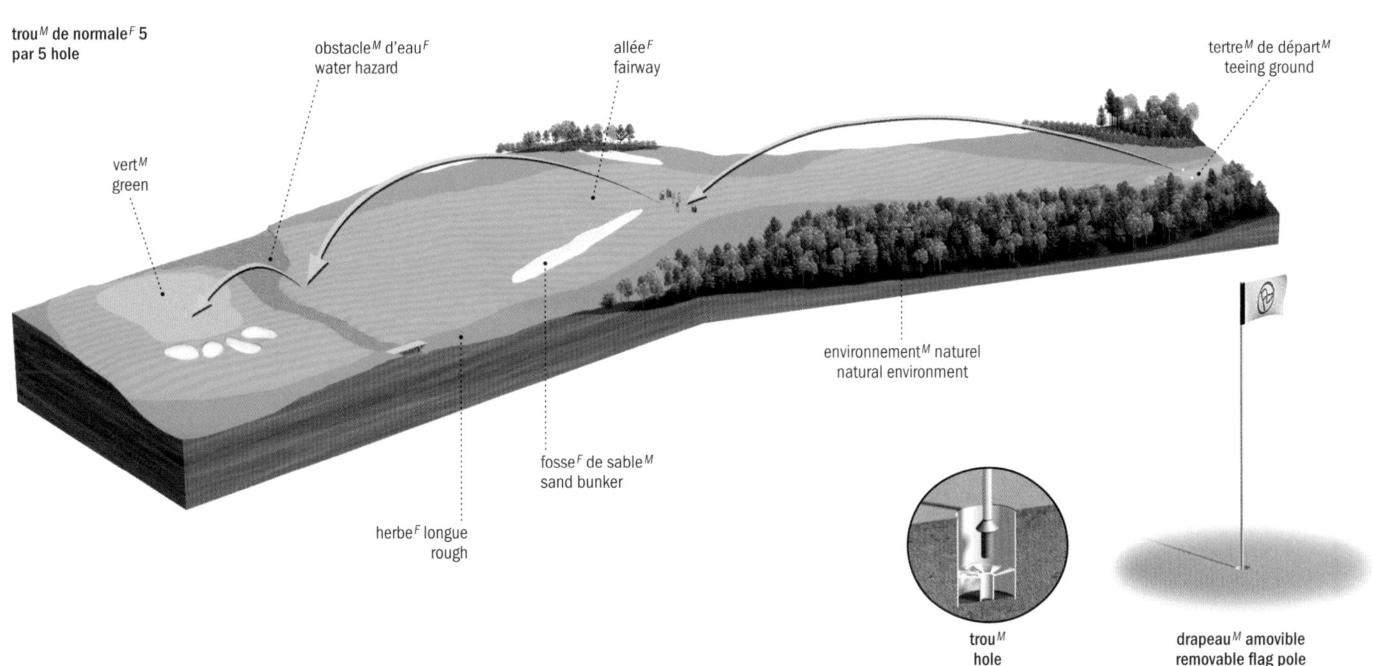
trou[M] de normale[F] 5
par 5 hole
obstacle[M] d'eau[F]
water hazard
allée[F]
fairway
tertre[M] de départ[M]
teeing ground
vert[M]
green
environnement[M] naturel
natural environment
fosse[F] de sable[M]
sand bunker
herbe[F] longue
rough
trou[M]
hole
drapeau[M] amovible
removable flag pole

golf M

bois M
wood

fer M
iron

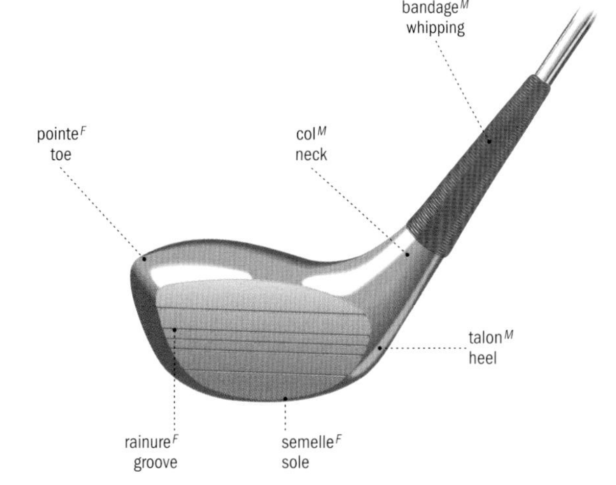
bandage M
whipping
pointe F
toe
col M
neck
talon M
heel
rainure F
groove
semelle F
sole

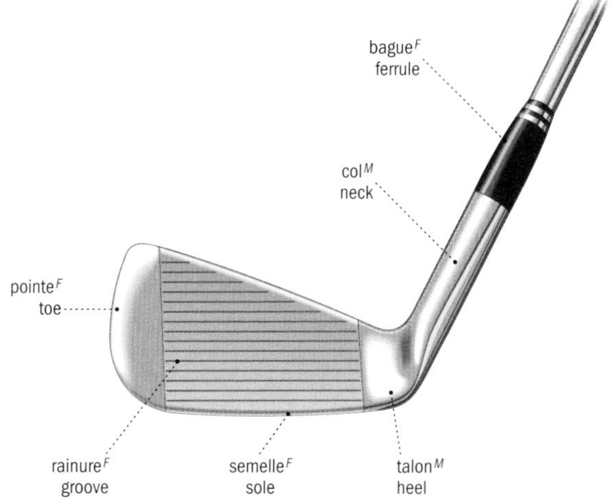
bague F
ferrule
col M
neck
pointe F
toe
rainure F
groove
semelle F
sole
talon M
heel

bois M nº 1
driver

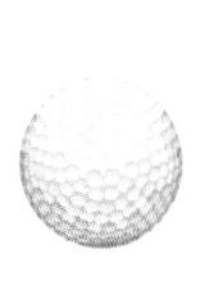
bois M nº 3
3-wood

bois M nº 5
5-wood

fer M droit
putter

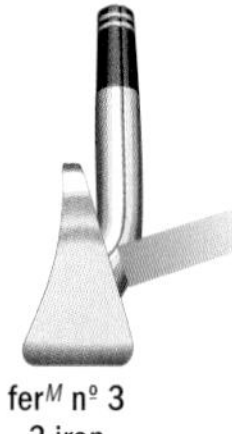

fer M nº 3
3-iron

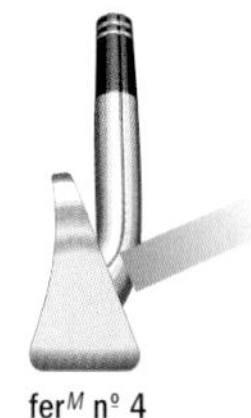

fer M nº 4
4-iron

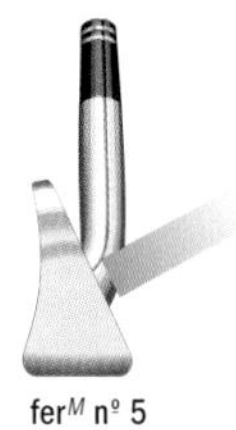

fer M nº 5
5-iron

fer M nº 6
6-iron

fer M nº 7
7-iron

fer M nº 8
8-iron

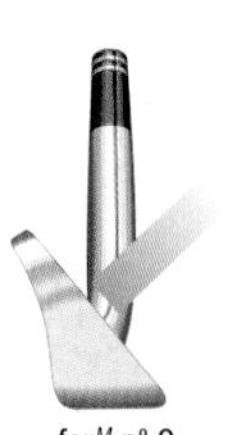

fer M nº 9
9-iron

cocheur M d'allée F
pitching wedge

cocheur M d'approche F
lob wedge

cocheur M de sable M
sand wedge

SPORTS ET JEUX

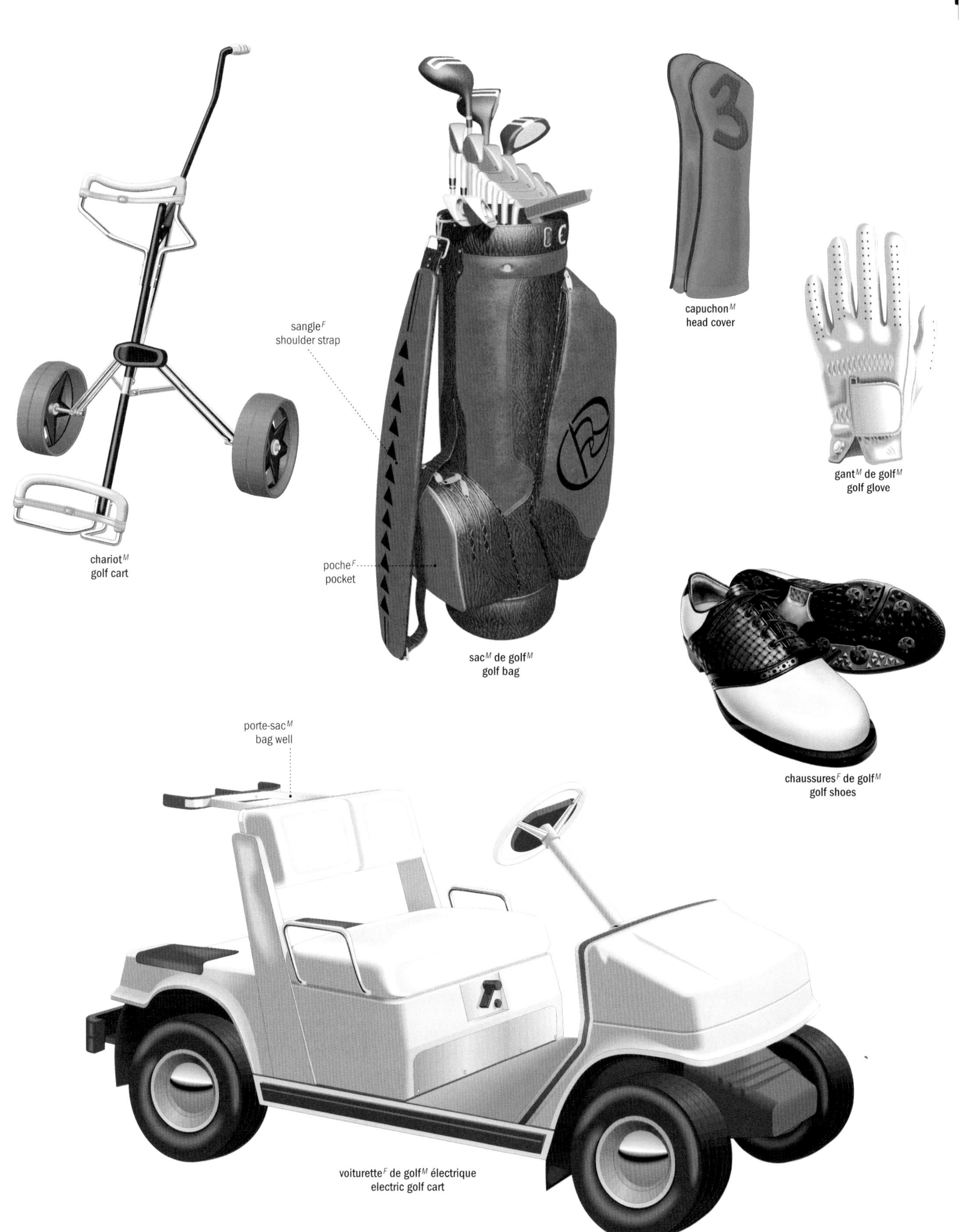
chariot^M
golf cart
sangle^F
shoulder strap
poche^F
pocket
sac^M de golf^M
golf bag
capuchon^M
head cover
gant^M de golf^M
golf glove
chaussures^F de golf^M
golf shoes
porte-sac^M
bag well
voiturette^F de golf^M électrique
electric golf cart

cyclisme^M sur route^F

road racing

vélo^M de course^F et cycliste^M
road-racing bicycle and cyclist

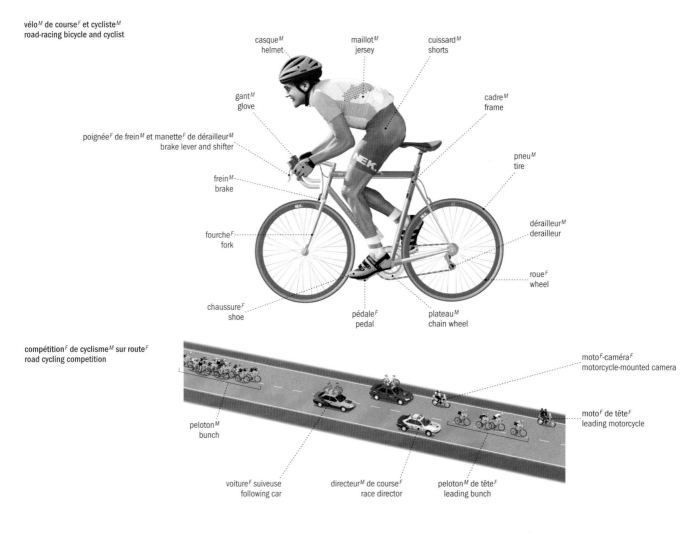

casque^M
helmet

maillot^M
jersey

cuissard^M
shorts

gant^M
glove

cadre^M
frame

poignée^F de frein^M et manette^F de dérailleur^M
brake lever and shifter

pneu^M
tire

frein^M
brake

dérailleur^M
derailleur

fourche^F
fork

roue^F
wheel

chaussure^F
shoe

pédale^F
pedal

plateau^M
chain wheel

compétition^F de cyclisme^M sur route^F
road cycling competition

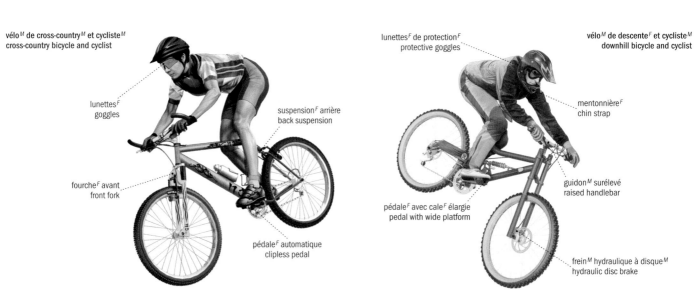

moto^F-caméra^F
motorcycle-mounted camera

moto^F de tête^F
leading motorcycle

peloton^M
bunch

voiture^F suiveuse
following car

directeur^M de course^F
race director

peloton^M de tête^F
leading bunch

vélo^M de montagne^F

mountain biking

vélo^M de cross-country^M et cycliste^M
cross-country bicycle and cyclist

lunettes^F
goggles

suspension^F arrière
back suspension

fourche^F avant
front fork

pédale^F automatique
clipless pedal

vélo^M de descente^F et cycliste^M
downhill bicycle and cyclist

lunettes^F de protection^F
protective goggles

mentonnière^F
chin strap

guidon^M surélevé
raised handlebar

pédale^F avec cale^F élargie
pedal with wide platform

frein^M hydraulique à disque^M
hydraulic disc brake

SPORTS ET JEUX

cyclisme^M sur piste^F

track cycling

vélo^M de poursuite^F et coureur^M
pursuit bicycle and racer

tube^M de selle^F
seat tube
casque^M
helmet
guidon^M
handlebar
roue^F arrière pleine
solid rear wheel
poignée^F du guidon^M
handlebar grip

piste^F
track

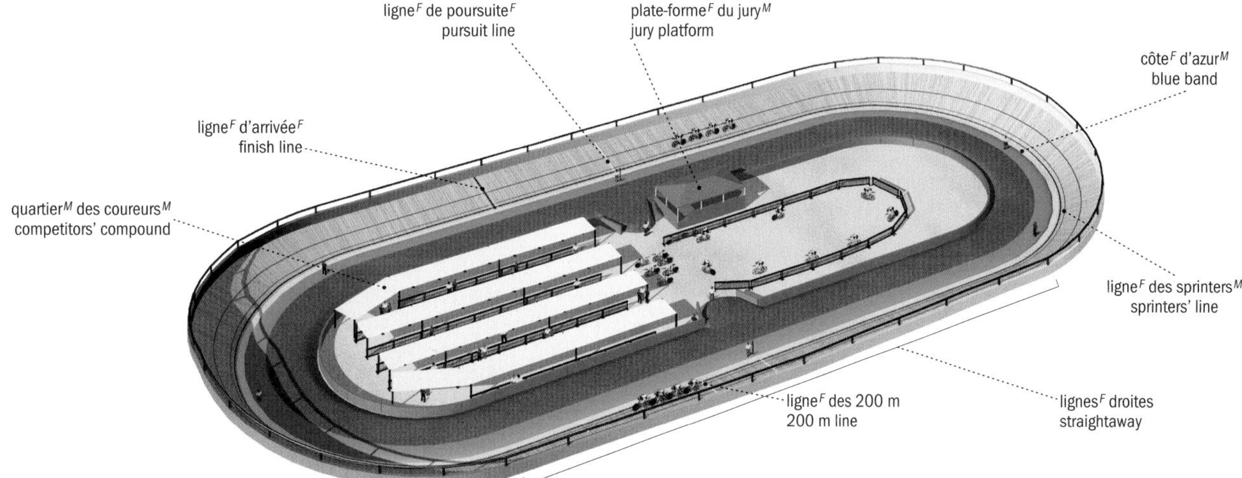
ligne^F de poursuite^F
pursuit line
plate-forme^F du jury^M
jury platform
côte^F d'azur^M
blue band
ligne^F d'arrivée^F
finish line
quartier^M des coureurs^M
competitors' compound
ligne^F des sprinters^M
sprinters' line
ligne^F des 200 m
200 m line
lignes^F droites
straightaway

bicross^M

BMX

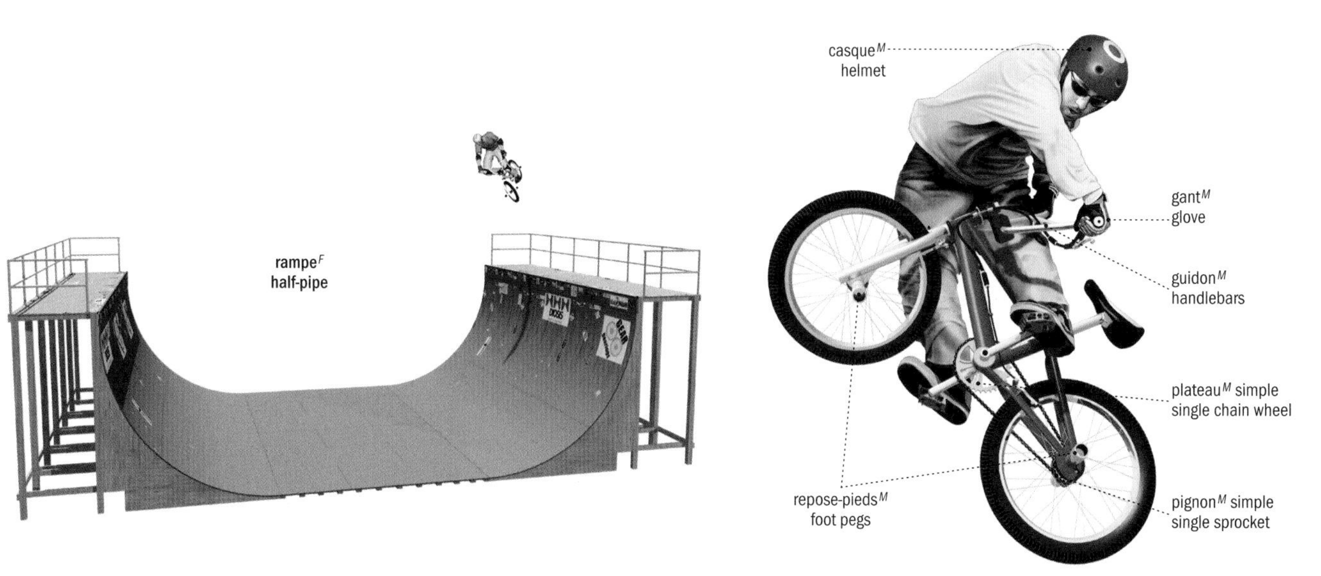
rampe^F
half-pipe
casque^M
helmet
gant^M
glove
guidon^M
handlebars
plateau^M simple
single chain wheel
repose-pieds^M
foot pegs
pignon^M simple
single sprocket

course^F automobile

car racing

pilote^M
driver
cagoule^F
balaclava
sous-vêtement^M
undergarment
combinaison^F résistante au feu^M
flame-resistant driving suit
casque^M
crash helmet
chaussure^F
shoe
bouchons^M d'oreilles^F/oreillettes^F
ear plugs/earbuds
pneu^M pluie^F
wet-weather tire
gants^M
gloves
pneu^M pour temps^M sec
dry-weather tire
drapeau^M à damier^M
checkered flag
grille^F de départ^M
starting grid
pole position^F
pole position
circuit^M
circuit
piste^F
track
chicane^F
chicane
ligne^F de départ^M
starting line
stands^M
pits
bac^M à gravier^M
gravel bed
voie^F des stands^M
pit lane
bordure^F
curb
barrière^F de pneus^M
tire barrier

course[F] automobile

voiture[F] de formule[F] 1
formula 1 car

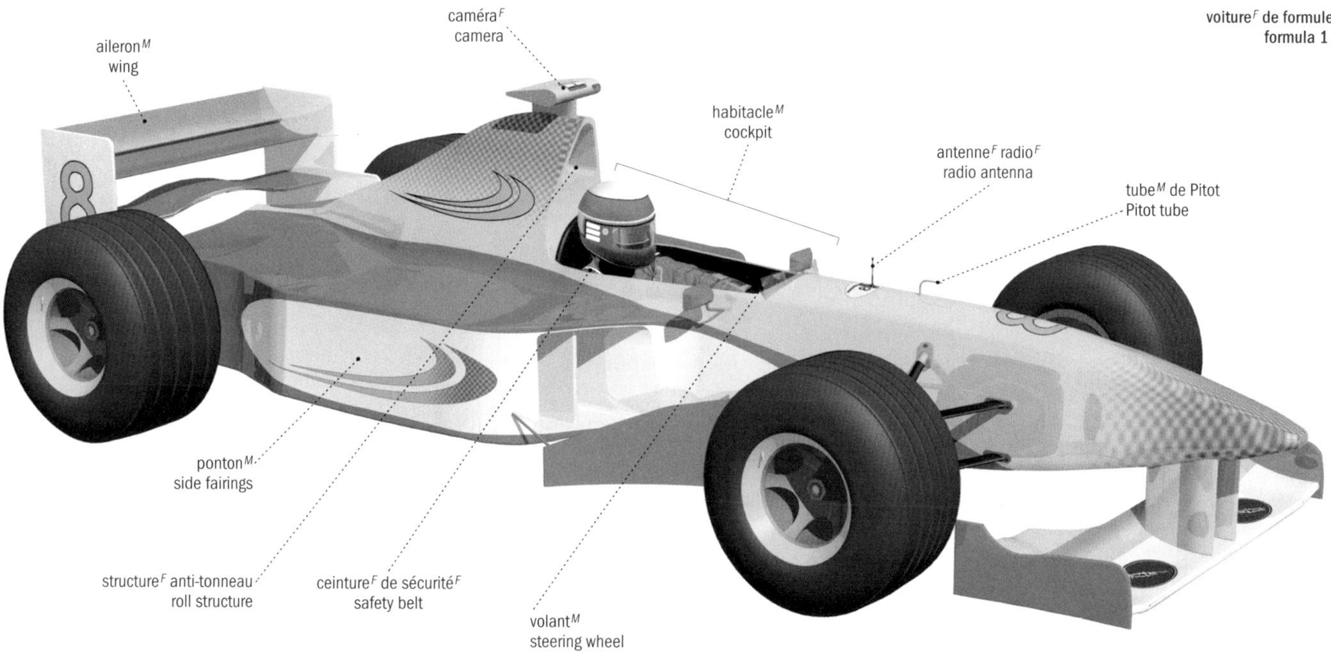

aileron[M]
wing

caméra[F]
camera

habitacle[M]
cockpit

antenne[F] radio[F]
radio antenna

tube[M] de Pitot
Pitot tube

ponton[M]
side fairings

structure[F] anti-tonneau
roll structure

ceinture[F] de sécurité[F]
safety belt

volant[M]
steering wheel

voiture[F] de rallye[M]
rally car

voiture[F] de formule[F] 3000
formula 3000 car

voiture[F] de formule[F] Indy
formula Indy car

arrêt[M] au stand[M]
pit stop

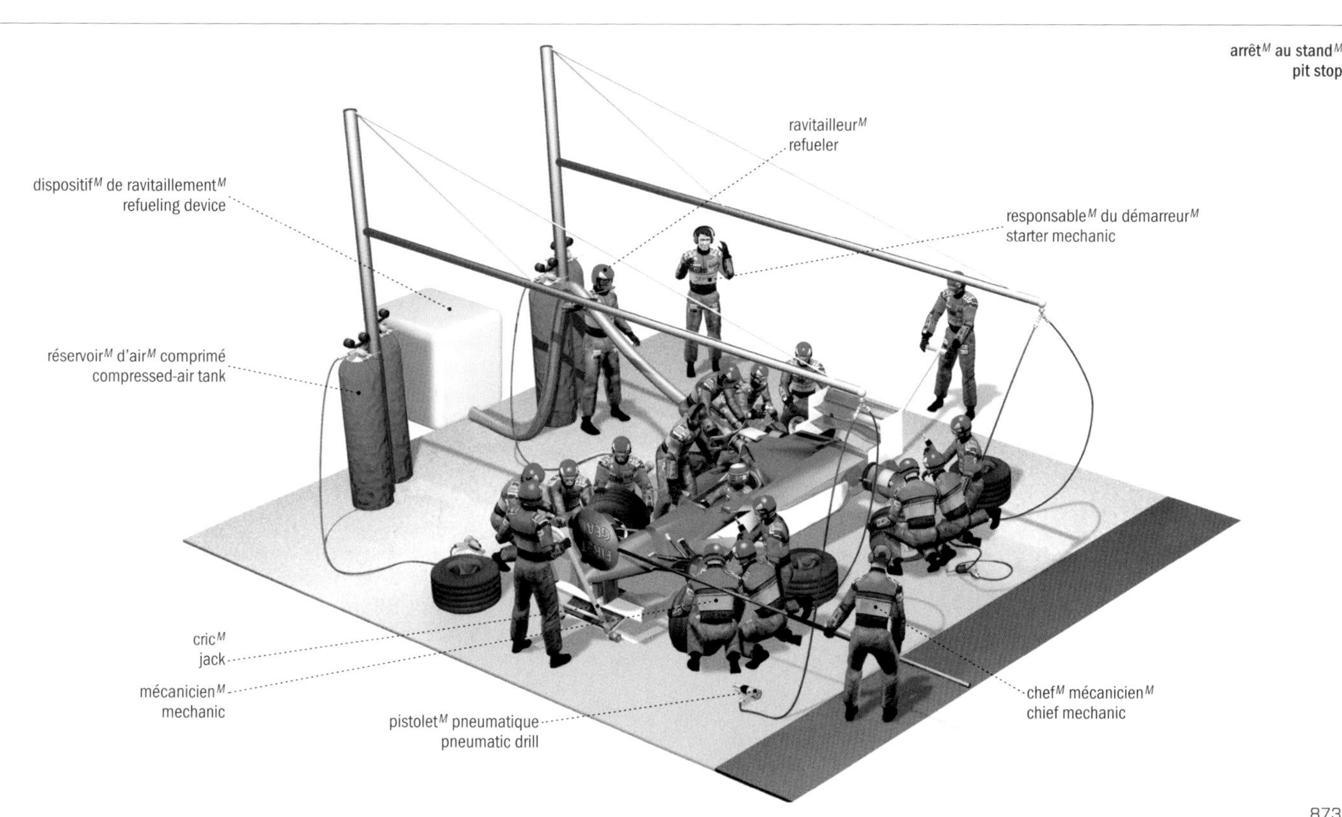
ravitailleur[M]
refueler
dispositif[M] de ravitaillement[M]
refueling device
responsable[M] du démarreur[M]
starter mechanic
réservoir[M] d'air[M] comprimé
compressed-air tank
cric[M]
jack
mécanicien[M]
mechanic
pistolet[M] pneumatique
pneumatic drill
chef[M] mécanicien[M]
chief mechanic

motocyclisme[M]

motorcycling

moto[F] de grand prix[M] et pilote[M]
speed grand prix motorcycle and rider

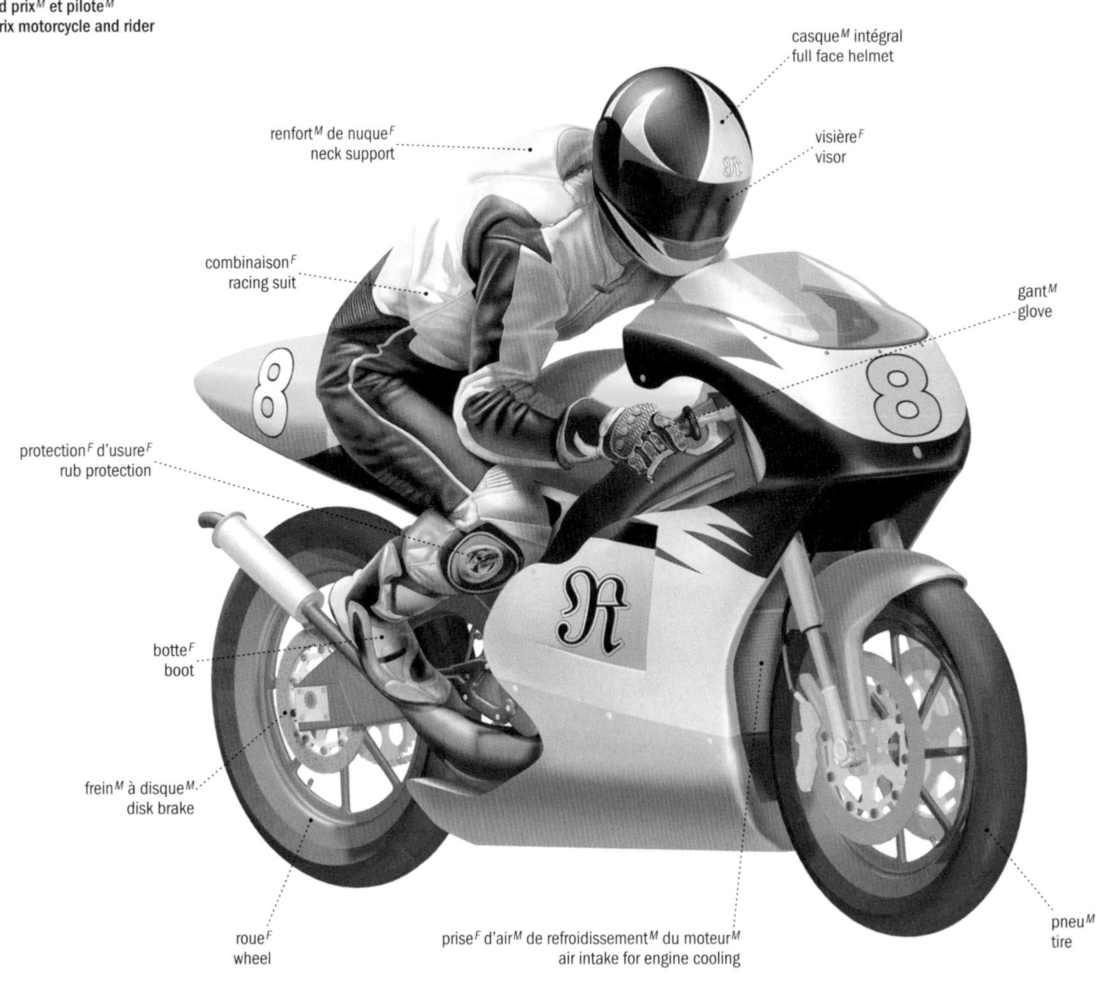

casque[M] intégral
full face helmet
renfort[M] de nuque[F]
neck support
visière[F]
visor
combinaison[F]
racing suit
gant[M]
glove
protection[F] d'usure[F]
rub protection
botte[F]
boot
frein[M] à disque[M]
disk brake
roue[F]
wheel
prise[F] d'air[M] de refroidissement[M] du moteur[M]
air intake for engine cooling
pneu[M]
tire

circuit[M]
course

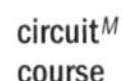

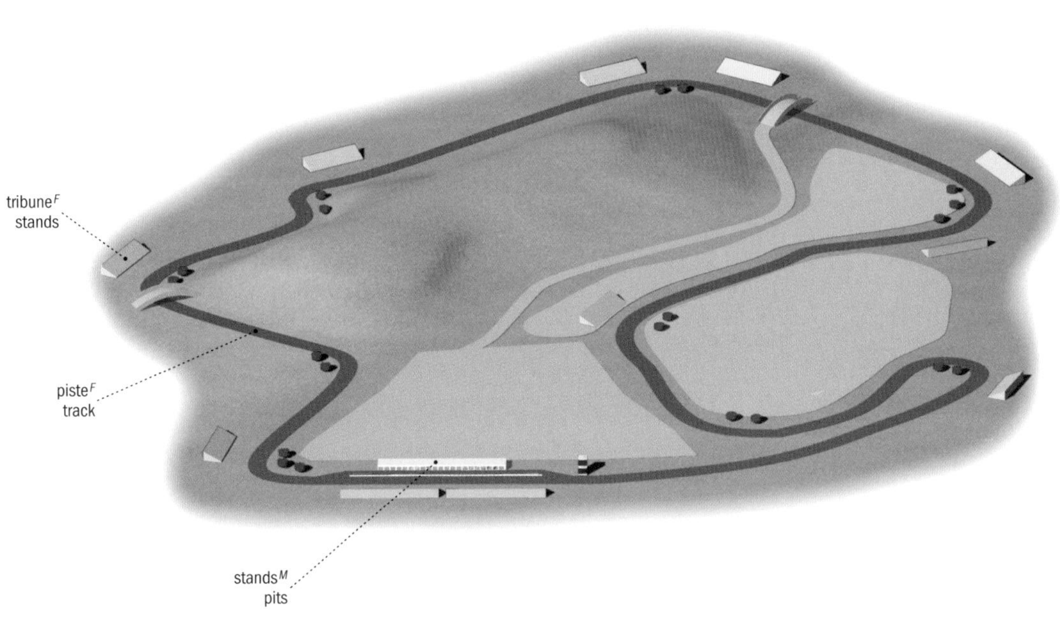

tribune[F]
stands
piste[F]
track
stands[M]
pits

motocyclisme[M]

moto[F] de trial[M]
trial motorcycle

moto[F] de rallye[M]
rally motorcycle

moto[F] de motocross[M] et supercross[M]
motocross and supercross motorcycle

combinaison[F] de protection[F]
protective suit

casque[M]
helmet

gant[M]
glove

lunettes[F] de protection[F]
protective goggles

pantalon[M]
pants

protège-main[M]
hand protector

plaque[F]-numéro[M]
number plate

fourche[F]
fork

pneu[M] à crampons[M]
nubby tire

botte[F]
boot

plaque[F] de protection[F]
protective plate

circuit[M] de supercross[M]
supercross circuit

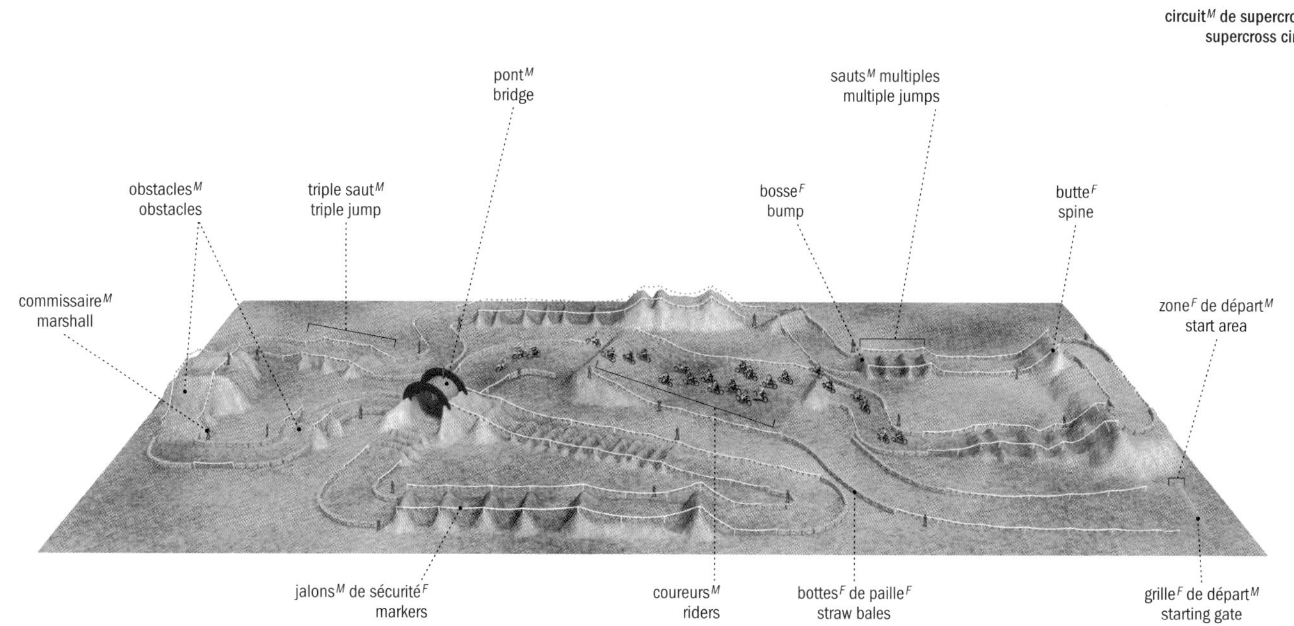
pont[M]
bridge
sauts[M] multiples
multiple jumps
obstacles[M]
obstacles
triple saut[M]
triple jump
bosse[F]
bump
butte[F]
spine
commissaire[M]
marshall
zone[F] de départ[M]
start area
jalons[M] de sécurité[F]
markers
coureurs[M]
riders
bottes[F] de paille[F]
straw bales
grille[F] de départ[M]
starting gate

scooter^{M} de mer^{F}; *motomarine*^{F}

personal watercraft

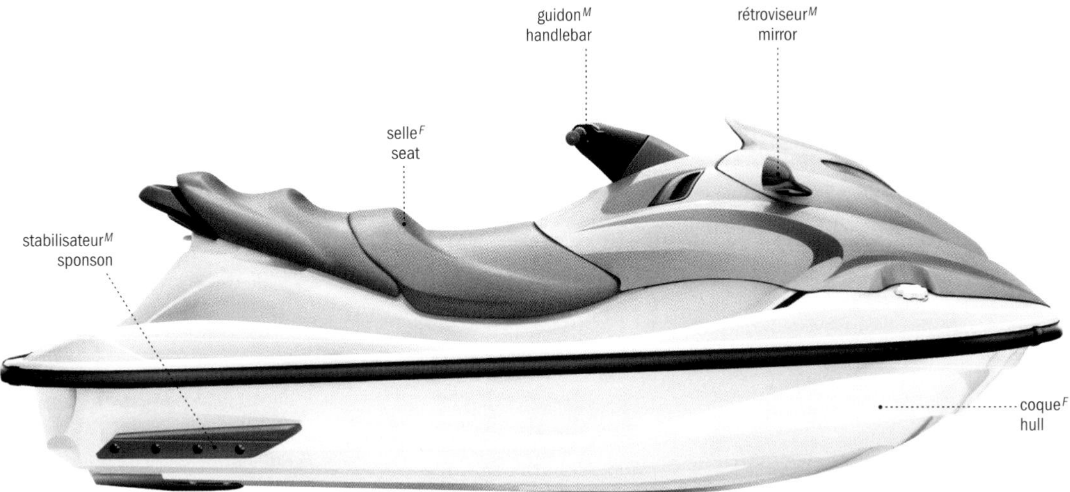
guidon^{M}
handlebar
rétroviseur^{M}
mirror
selle^{F}
seat
stabilisateur^{M}
sponson
coque^{F}
hull

motoneige^{F}

snowmobile

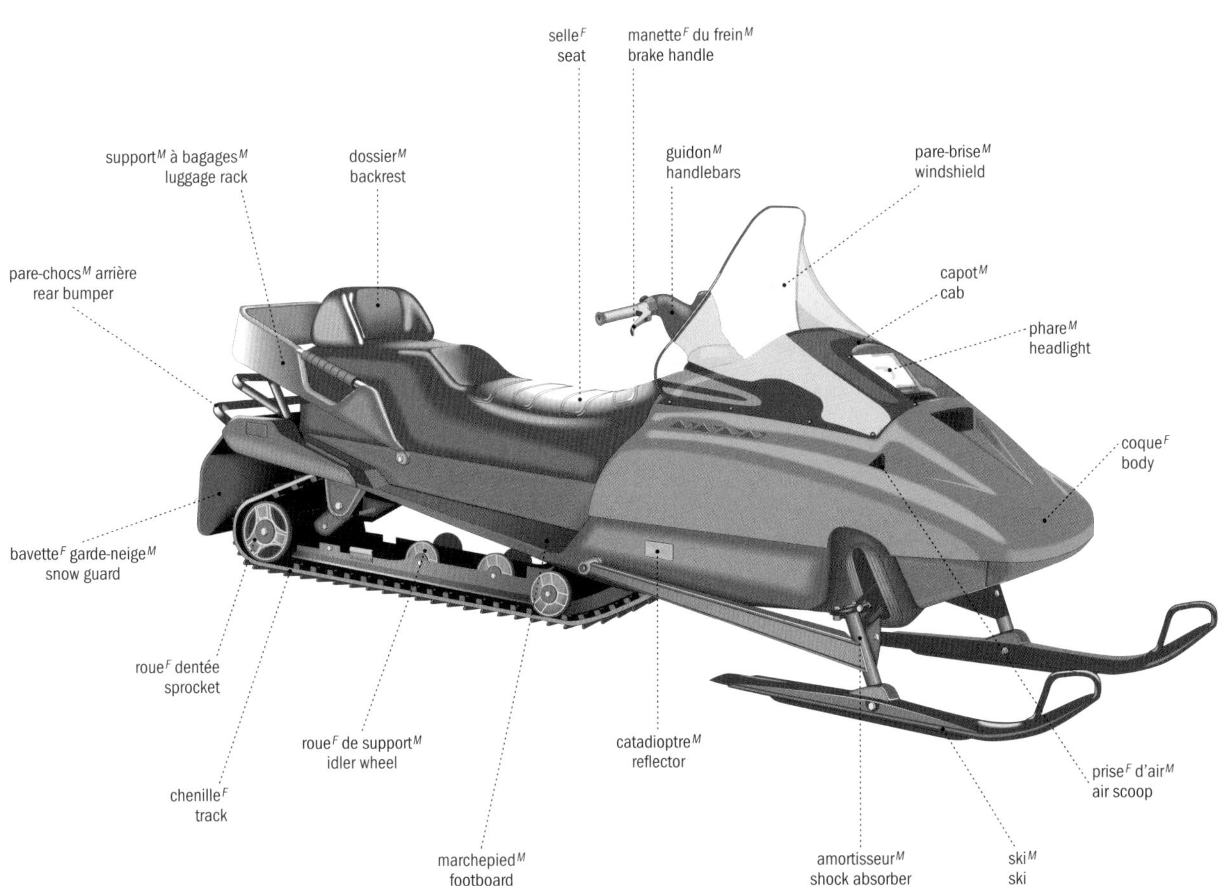
selle^{F}
seat
manette^{F} du frein^{M}
brake handle
support^{M} à bagages^{M}
luggage rack
dossier^{M}
backrest
guidon^{M}
handlebars
pare-brise^{M}
windshield
pare-chocs^{M} arrière
rear bumper
capot^{M}
cab
phare^{M}
headlight
coque^{F}
body
bavette^{F} garde-neige^{M}
snow guard
roue^{F} dentée
sprocket
roue^{F} de support^{M}
idler wheel
catadioptre^{M}
reflector
prise^{F} d'air^{M}
air scoop
chenille^{F}
track
marchepied^{M}
footboard
amortisseur^{M}
shock absorber
ski^{M}
ski

SPORTS ET JEUX

curling^{M}

curling

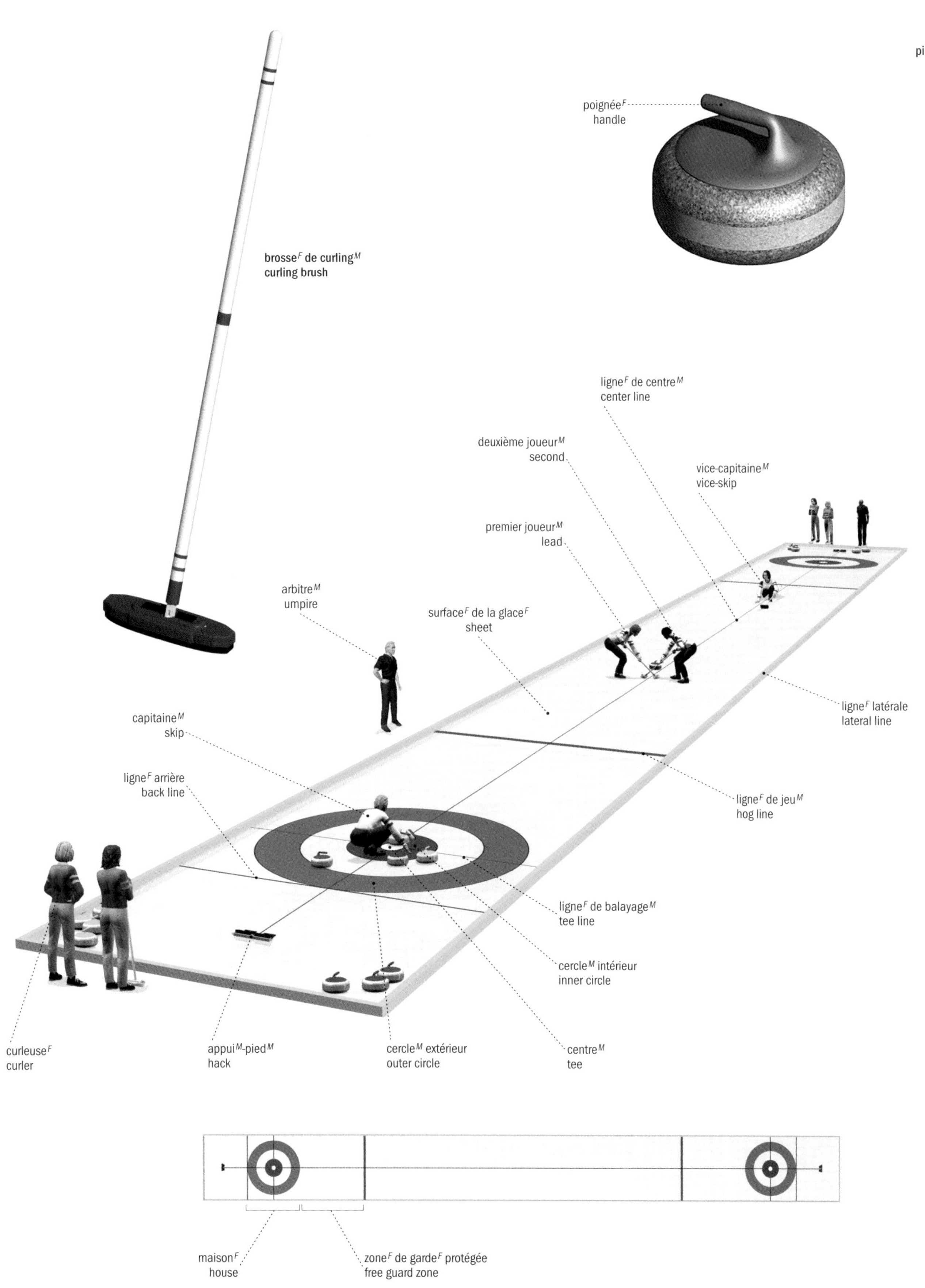
pierre^F de curling^M
curling stone
poignée^F
handle
brosse^F de curling^M
curling brush
piste^F
sheet
ligne^F de centre^M
center line
deuxième joueur^M
second
vice-capitaine^M
vice-skip
premier joueur^M
lead
arbitre^M
umpire
surface^F de la glace^F
sheet
ligne^F latérale
lateral line
capitaine^M
skip
ligne^F arrière
back line
ligne^F de jeu^M
hog line
ligne^F de balayage^M
tee line
cercle^M intérieur
inner circle
curleuse^F
curler
appui^M-pied^M
hack
cercle^M extérieur
outer circle
centre^M
tee
maison^F
house
zone^F de garde^F protégée
free guard zone

SPORTS ET JEUX

hockey[M] sur glace[F]

ice hockey

hockeyeur[M]
ice hockey player

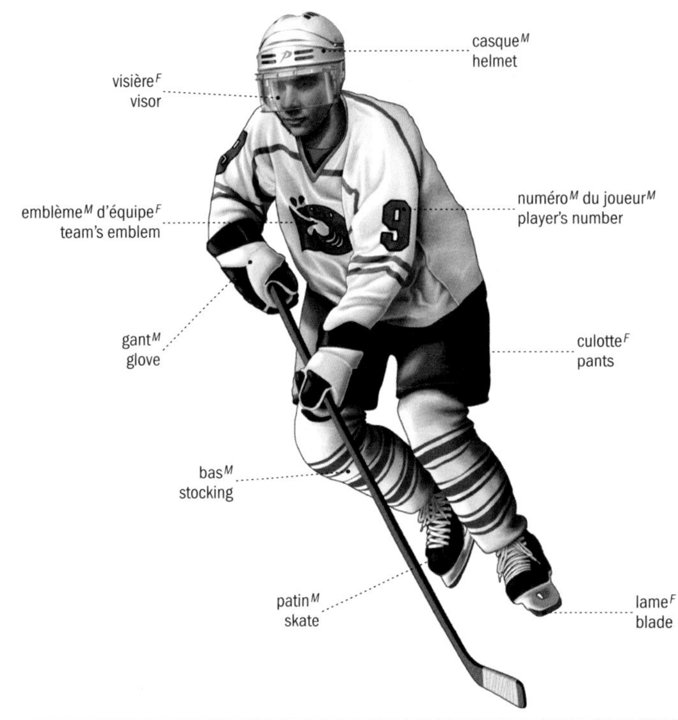

casque[M]
helmet
visière[F]
visor
emblème[M] d'équipe[F]
team's emblem
numéro[M] du joueur[M]
player's number
gant[M]
glove
culotte[F]
pants
bas[M]
stocking
patin[M]
skate
lame[F]
blade

patinoire[F]
rink

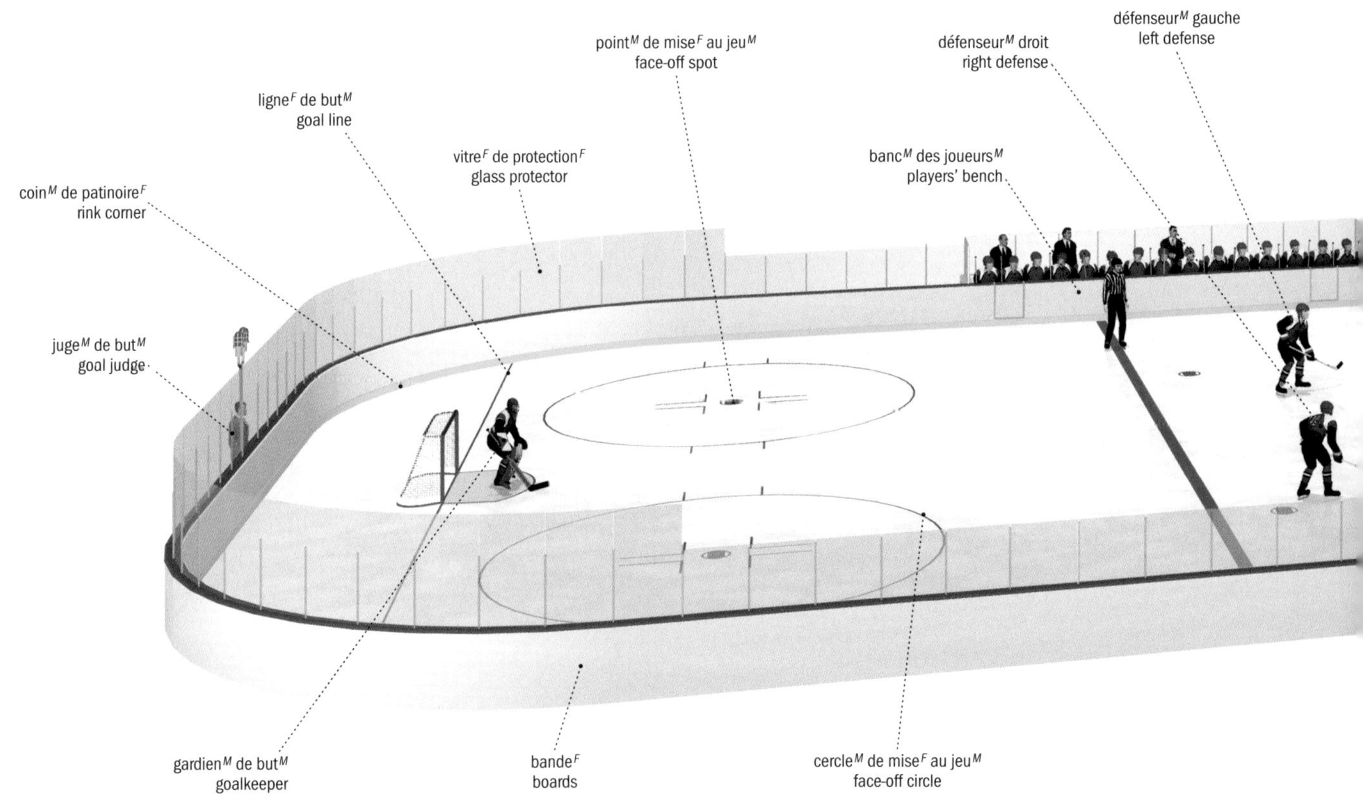

défenseur[M] gauche
left defense
point[M] de mise[F] au jeu[M]
face-off spot
défenseur[M] droit
right defense
ligne[F] de but[M]
goal line
vitre[F] de protection[F]
glass protector
banc[M] des joueurs[M]
players' bench
coin[M] de patinoire[F]
rink corner
juge[M] de but[M]
goal judge
gardien[M] de but[M]
goalkeeper
bande[F]
boards
cercle[M] de mise[F] au jeu[M]
face-off circle

hockey[M] sur glace[F]

gardien[M] de but[M]
goalkeeper

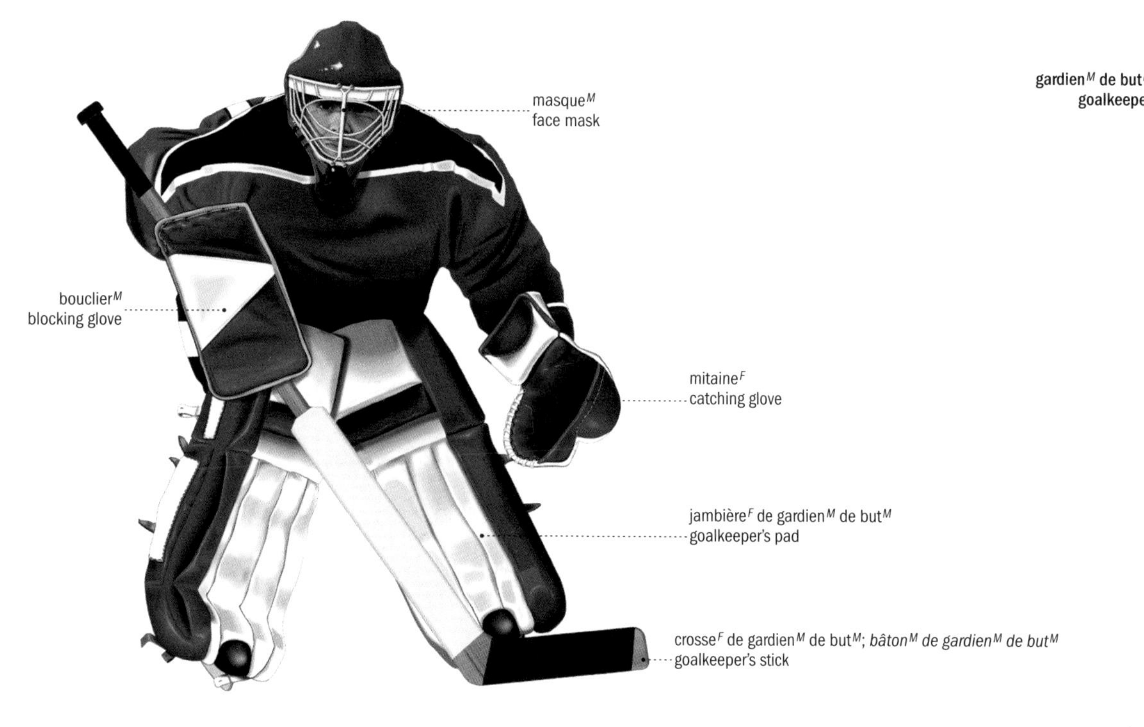
masque[M]
face mask
bouclier[M]
blocking glove
mitaine[F]
catching glove
jambière[F] de gardien[M] de but[M]
goalkeeper's pad
crosse[F] de gardien[M] de but[M]; *bâton[M] de gardien[M] de but[M]*
goalkeeper's stick

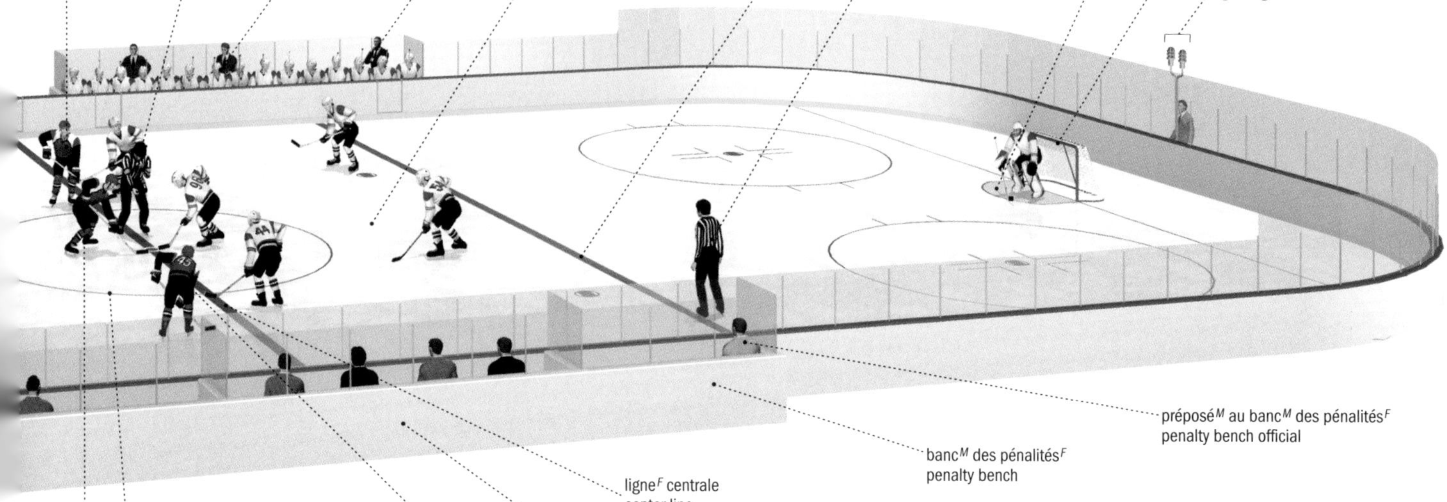

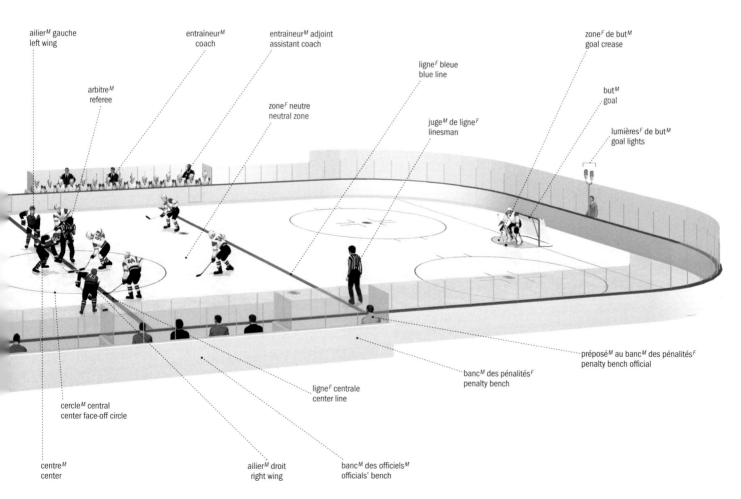

ailier[M] gauche
left wing

entraîneur[M]
coach

entraîneur[M] adjoint
assistant coach

zone[F] de but[M]
goal crease

ligne[F] bleue
blue line

arbitre[M]
referee

but[M]
goal

zone[F] neutre
neutral zone

juge[M] de ligne[F]
linesman

lumières[F] de but[M]
goal lights

préposé[M] au banc[M] des pénalités[F]
penalty bench official

banc[M] des pénalités[F]
penalty bench

ligne[F] centrale
center line

cercle[M] central
center face-off circle

centre[M]
center

ailier[M] droit
right wing

banc[M] des officiels[M]
officials' bench

hockey^M sur glace^F

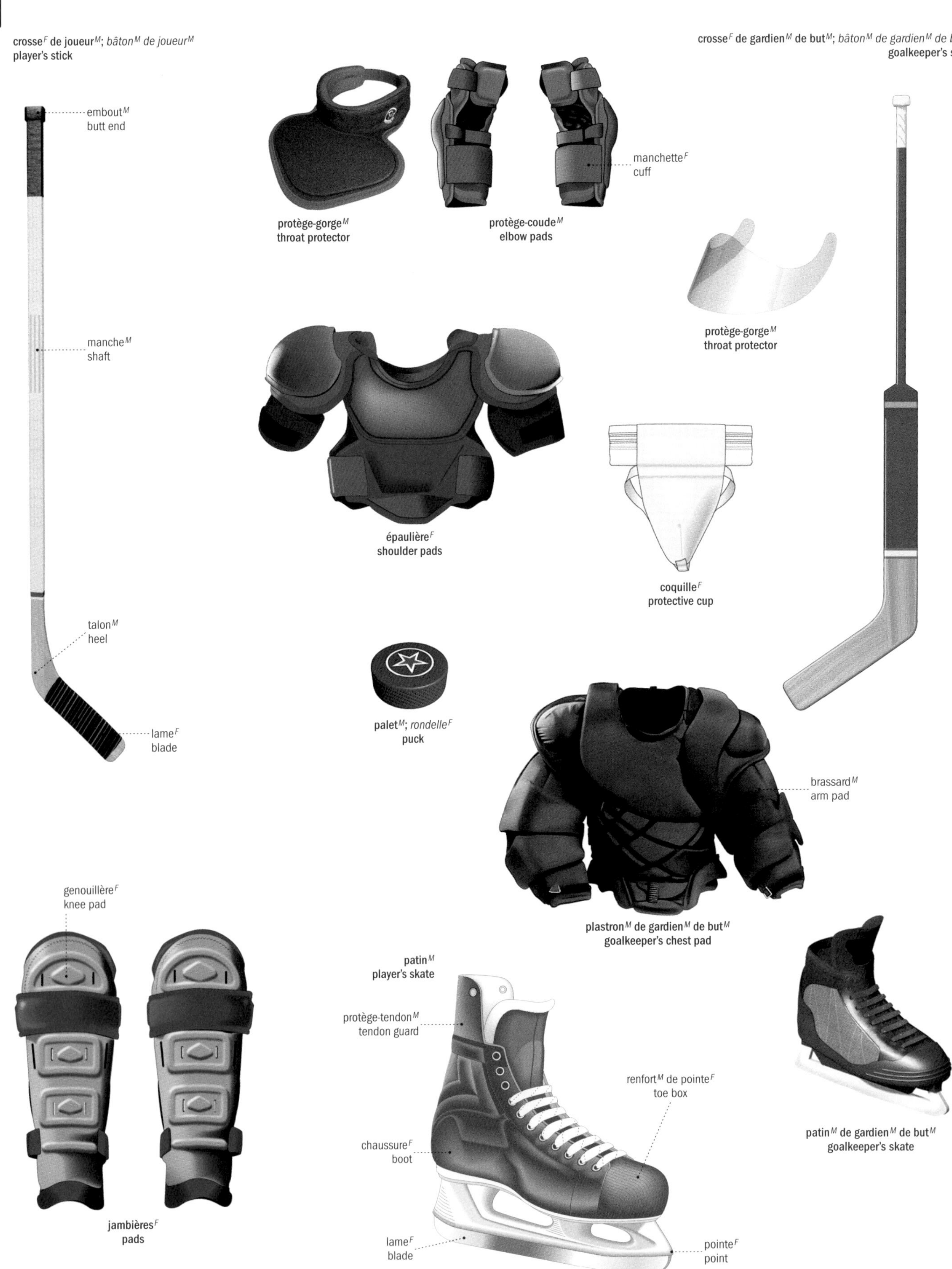
crosse^F de joueur^M; bâton^M de joueur^M
player's stick
embout^M
butt end
manche^M
shaft
talon^M
heel
lame^F
blade
protège-gorge^M
throat protector
protège-coude^M
elbow pads
manchette^F
cuff
crosse^F de gardien^M de but^M; bâton^M de gardien^M de but^M
goalkeeper's stick
protège-gorge^M
throat protector
épaulière^F
shoulder pads
coquille^F
protective cup
palet^M; rondelle^F
puck
brassard^M
arm pad
plastron^M de gardien^M de but^M
goalkeeper's chest pad
genouillère^F
knee pad
jambières^F
pads
patin^M
player's skate
protège-tendon^M
tendon guard
renfort^M de pointe^F
toe box
chaussure^F
boot
lame^F
blade
pointe^F
point
patin^M de gardien^M de but^M
goalkeeper's skate

patinage[M] artistique

figure skating

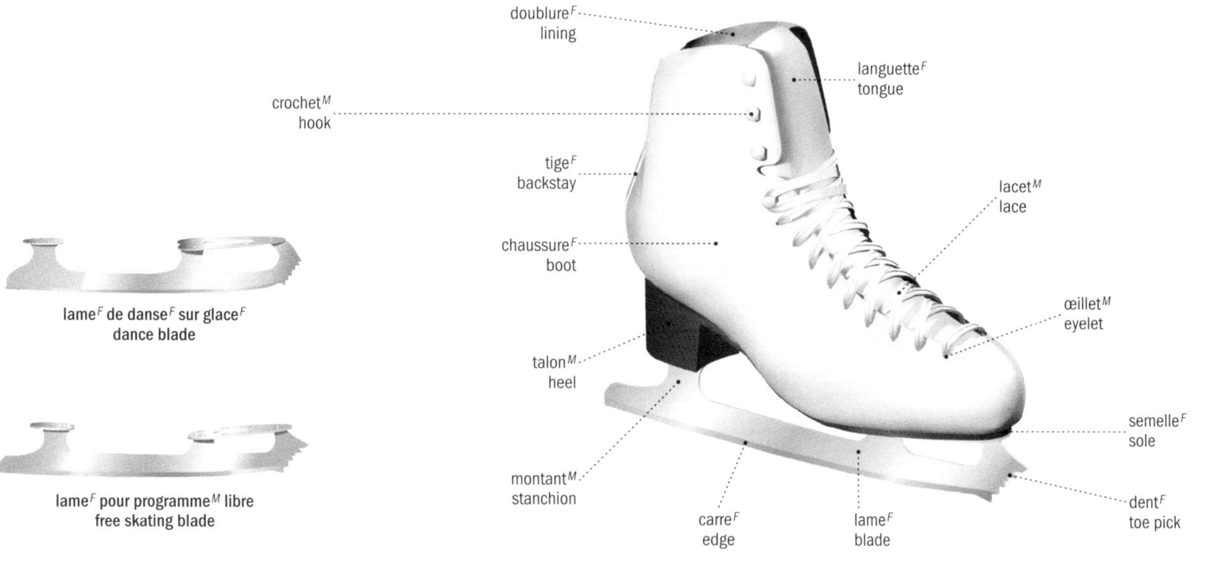
patin[M] de figure[F]
figure skate
doublure[F]
lining
crochet[M]
hook
languette[F]
tongue
tige[F]
backstay
lacet[M]
lace
chaussure[F]
boot
lame[F] de danse[F] sur glace[F]
dance blade
œillet[M]
eyelet
talon[M]
heel
semelle[F]
sole
lame[F] pour programme[M] libre
free skating blade
montant[M]
stanchion
carre[F]
edge
lame[F]
blade
dent[F]
toe pick

exemples[M] de sauts[M]
examples of jumps
salchow[M]
salchow
axel[M]
axel
boucle[F] piquée
toe loop

flip[M]
flip
lutz[M]
lutz

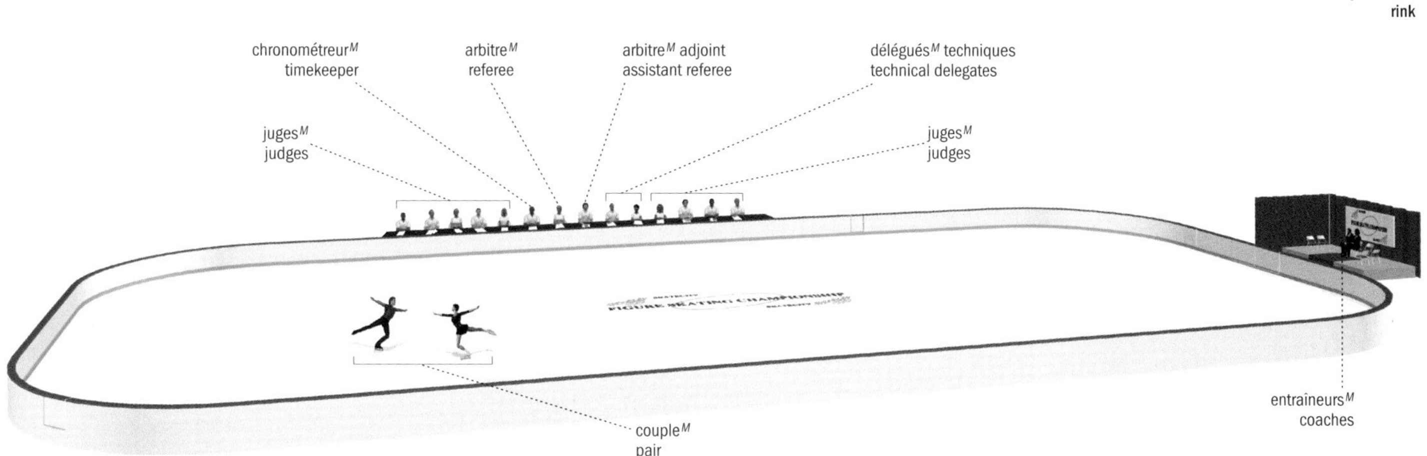
patinoire[F]
rink
chronométreur[M]
timekeeper
arbitre[M]
referee
arbitre[M] adjoint
assistant referee
délégués[M] techniques
technical delegates
juges[M]
judges
juges[M]
judges
entraîneurs[M]
coaches
couple[M]
pair

patinage[M] de vitesse[F]

speed skating

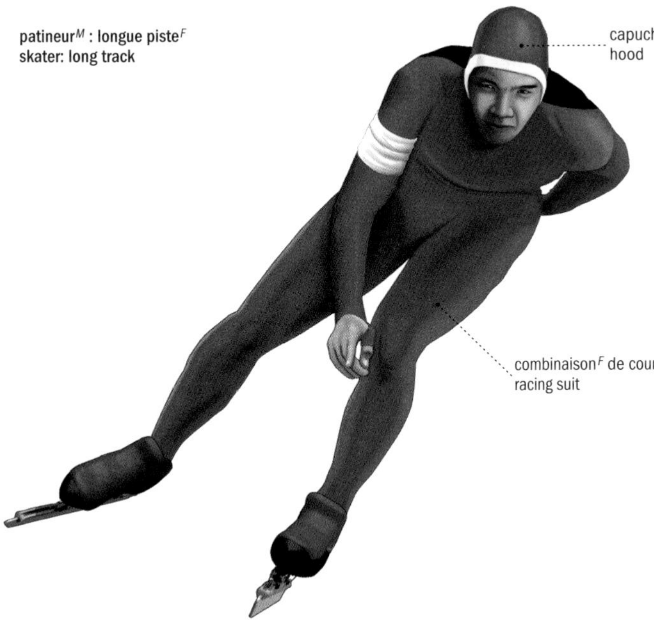

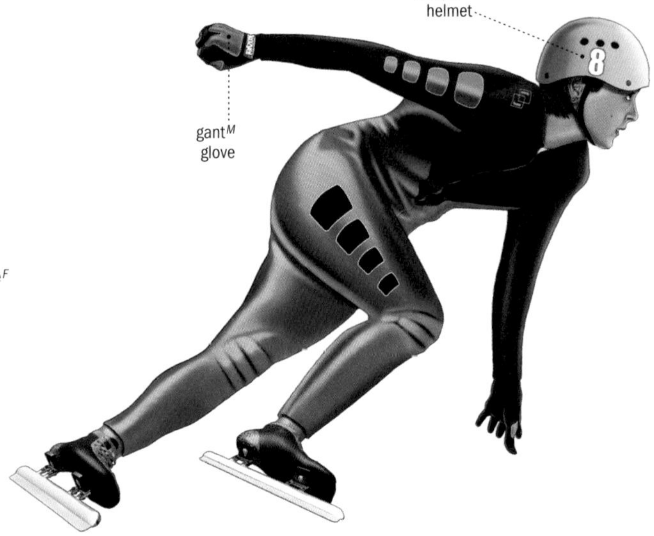

patineur[M] : longue piste[F]
skater: long track
capuchon[M]
hood
combinaison[F] de course[F]
racing suit
patineur[M] : courte piste[F]
skater: short track
casque[M]
helmet
gant[M]
glove
protège-gorge[M]
throat protector 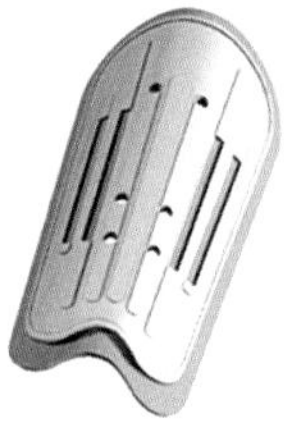
protège-tibia[M]
shin guard 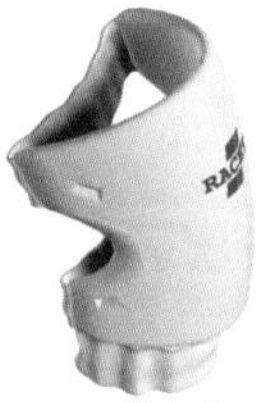
genouillère[F]
knee pad
longue piste[F]
long track
couloir[M] d'échauffement[M]
warm-up lane
arbitre[M]
referee
cône[M]
marker
couloir[M]
lane
ligne[F] de départ[M] du 500 m
500 m start line
juges[M] au départ[M]
start judges
arbitre[M] assistant[M]
assistant referee

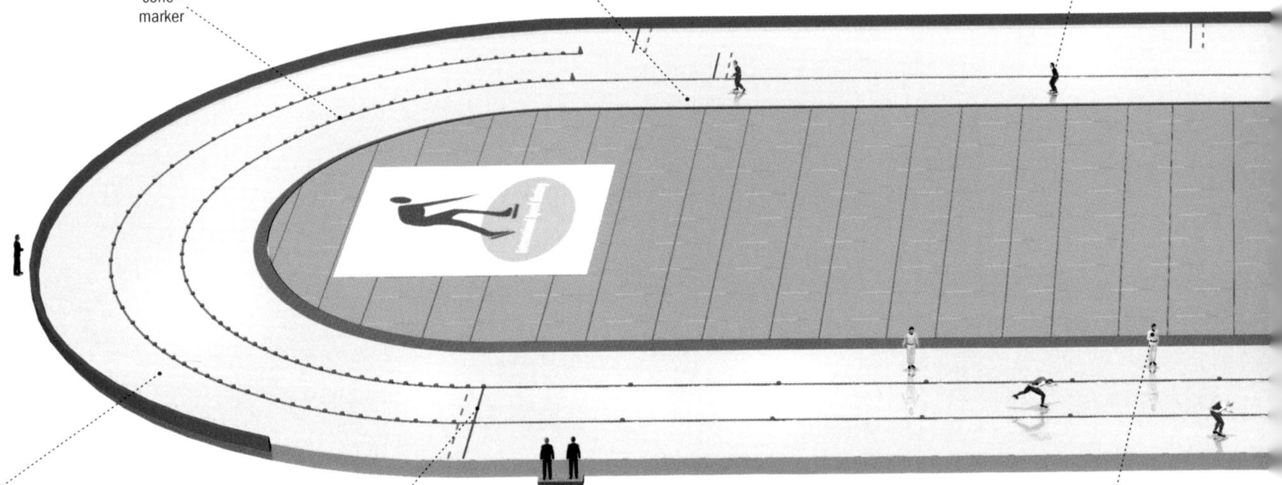

patinage^{M} de vitesse^{F}

patins^{M} de course^{F}
speed skates

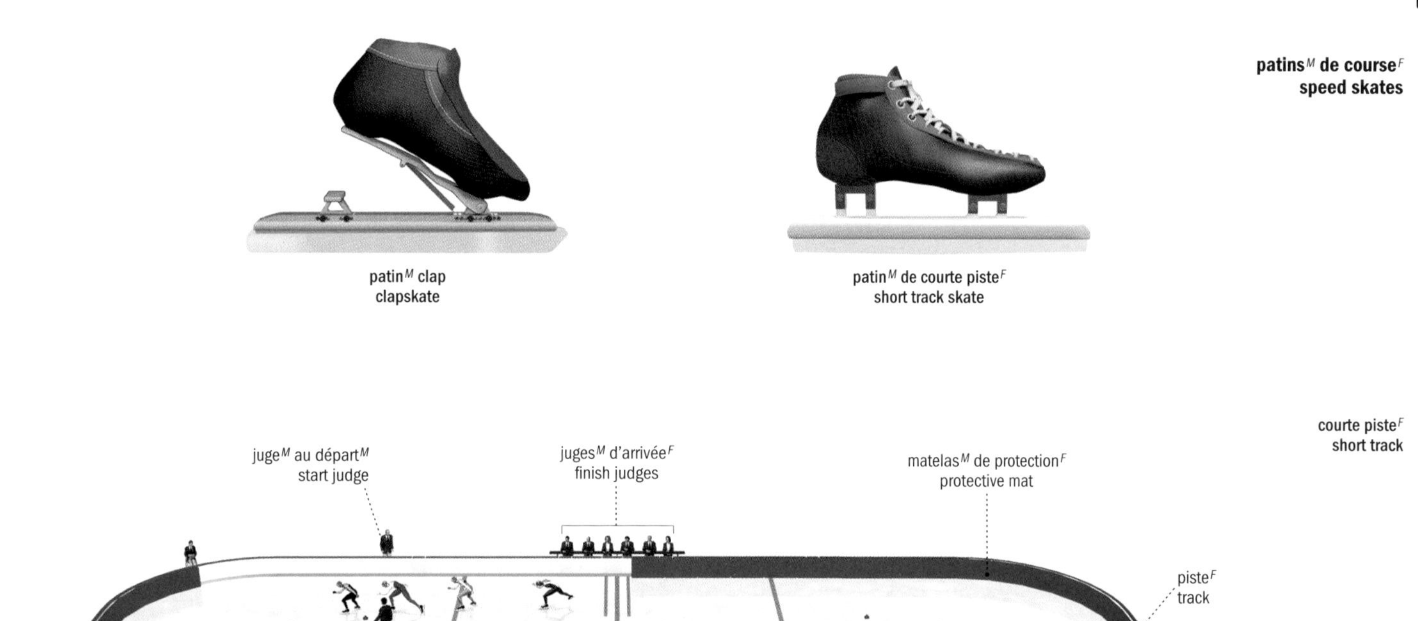
patin^{M} clap
clapskate
patin^{M} de courte piste^{F}
short track skate

courte piste^{F}
short track

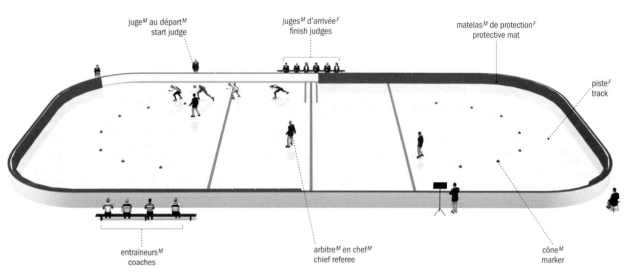

juge^{M} au départ^{M}
start judge
juges^{M} d'arrivée^{F}
finish judges
matelas^{M} de protection^{F}
protective mat
piste^{F}
track
entraîneurs^{M}
coaches
arbitre^{M} en chef^{M}
chief referee
cône^{M}
marker

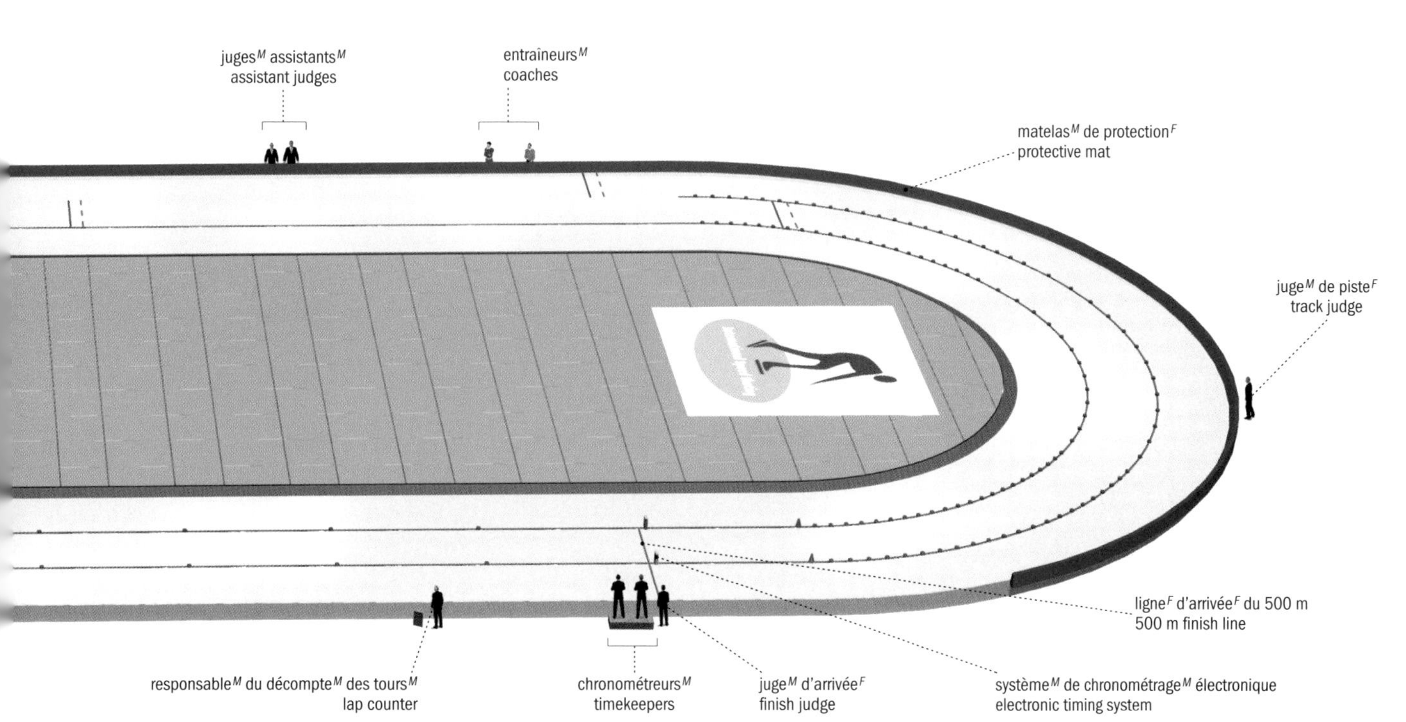
juges^{M} assistants^{M}
assistant judges
entraîneurs^{M}
coaches
matelas^{M} de protection^{F}
protective mat
juge^{M} de piste^{F}
track judge
ligne^{F} d'arrivée^{F} du 500 m
500 m finish line
responsable^{M} du décompte^{M} des tours^{M}
lap counter
chronométreurs^{M}
timekeepers
juge^{M} d'arrivée^{F}
finish judge
système^{M} de chronométrage^{M} électronique
electronic timing system

SPORTS ET JEUX

bobsleigh^{M}

bobsled

bobsleigh^{M} à quatre
four-person bobsled

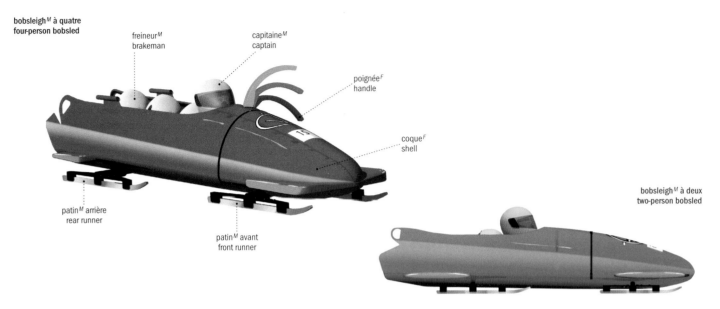

freineur^{M}
brakeman

capitaine^{M}
captain

poignée^{F}
handle

coque^{F}
shell

patin^{M} arrière
rear runner

patin^{M} avant
front runner

bobsleigh^{M} à deux
two-person bobsled

luge^{F}

luge

lugeur^{M}
luge racer

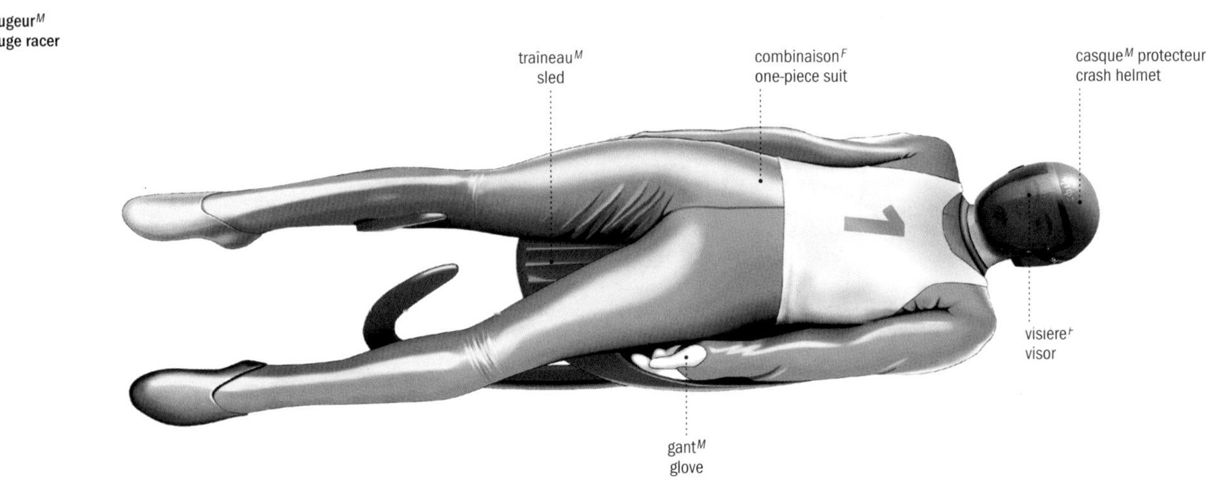
traîneau^{M}
sled
combinaison^{F}
one-piece suit
casque^{M} protecteur
crash helmet
visière^{F}
visor
gant^{M}
glove

luge^{F} simple
singles luge

luge^{F} double
doubles luge

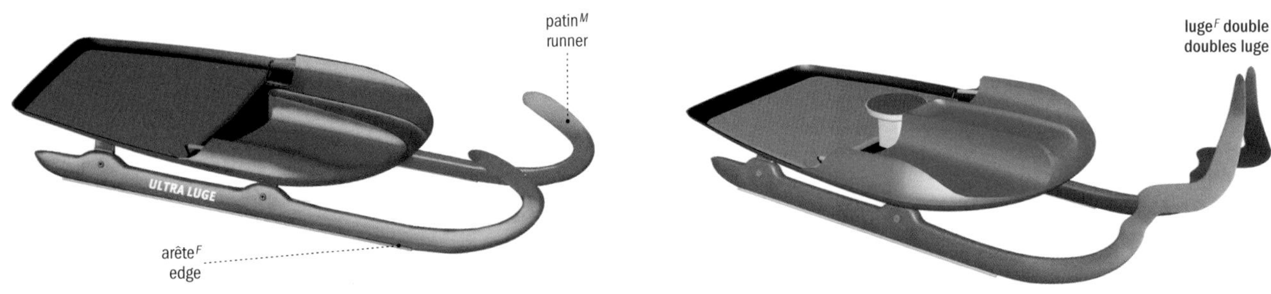
patin^{M}
runner
ULTRA LUGE
arête^{F}
edge

skeleton^M

skeleton

coureur^M
sledder

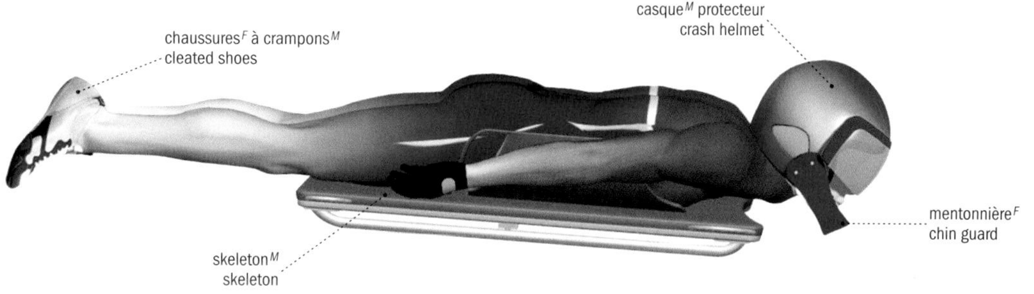
casque^M protecteur
crash helmet
chaussures^F à crampons^M
cleated shoes
mentonnière^F
chin guard
skeleton^M
skeleton

skeleton^M
skeleton

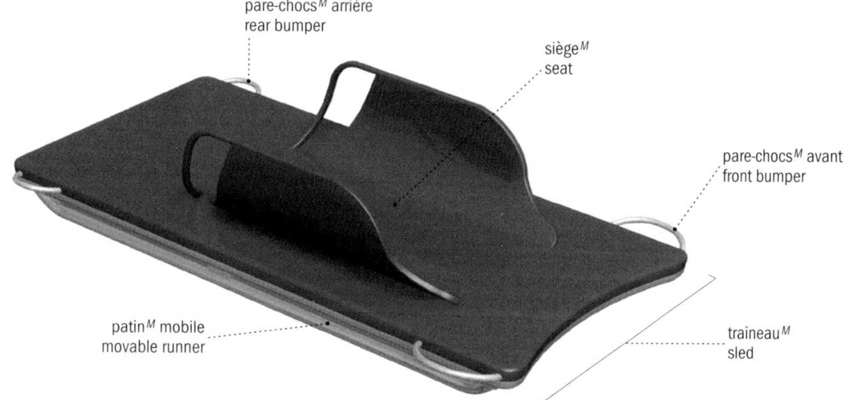
pare-chocs^M arrière
rear bumper
siège^M
seat
pare-chocs^M avant
front bumper
patin^M mobile
movable runner
traineau^M
sled

piste^F

track

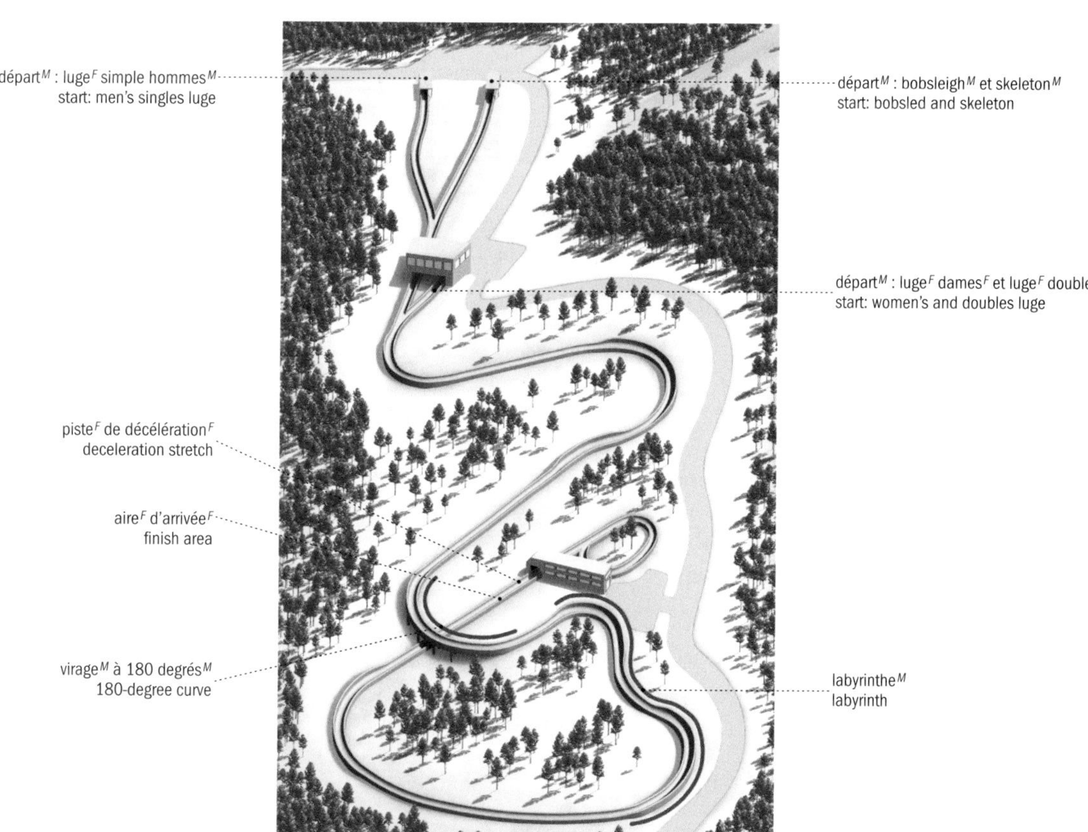
départ^M : luge^F simple hommes^M
start: men's singles luge
départ^M : bobsleigh^M et skeleton^M
start: bobsled and skeleton
départ^M : luge^F dames^F et luge^F double
start: women's and doubles luge
piste^F de décélération^F
deceleration stretch
aire^F d'arrivée^F
finish area
virage^M à 180 degrés^M
180-degree curve
labyrinthe^M
labyrinth

station[F] de ski[M]

ski resort

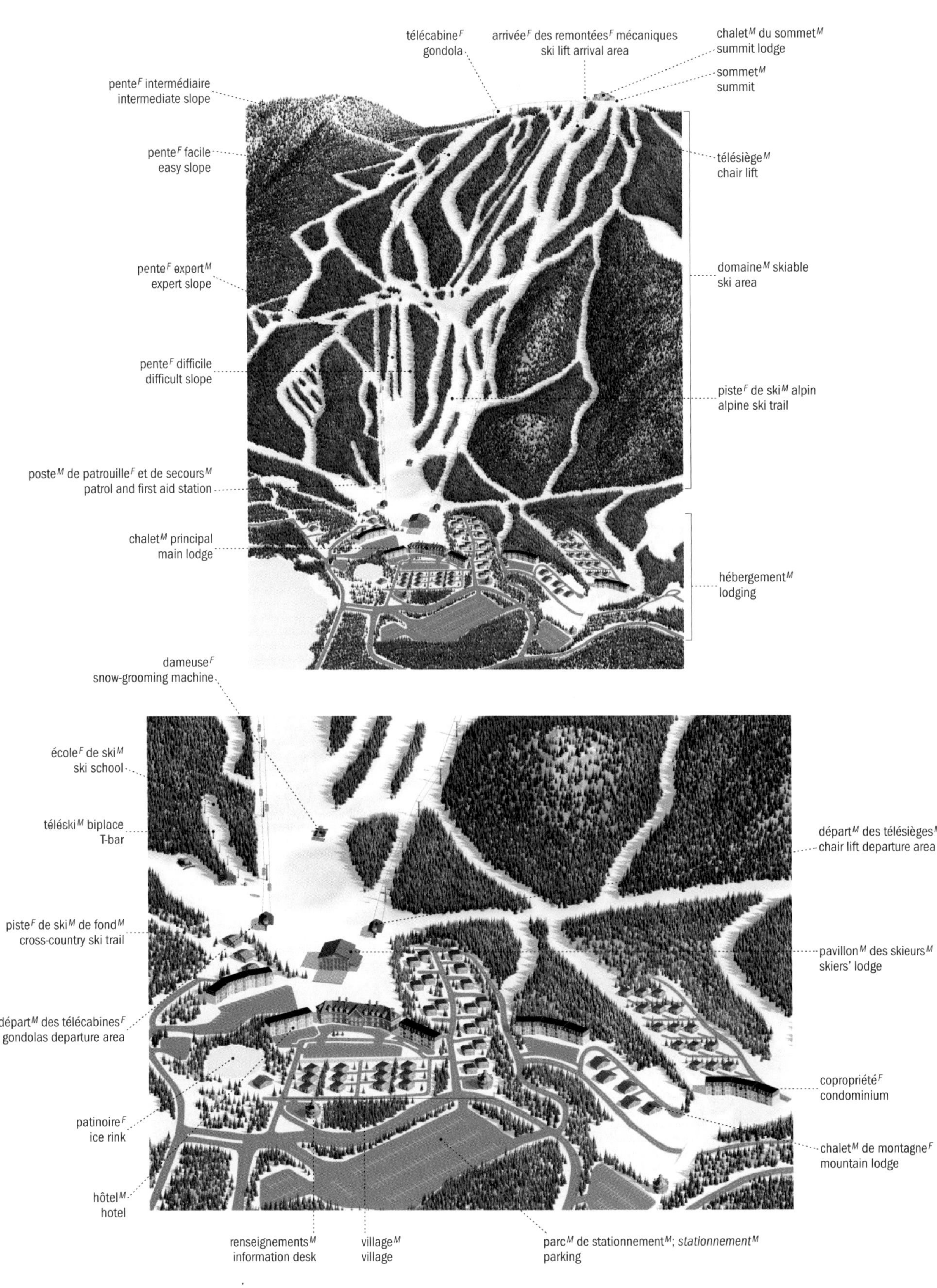

télécabine[F]
gondola
arrivée[F] des remontées[F] mécaniques
ski lift arrival area
chalet[M] du sommet[M]
summit lodge
sommet[M]
summit
pente[F] intermédiaire
intermediate slope
pente[F] facile
easy slope
télésiège[M]
chair lift
pente[F] expert[M]
expert slope
domaine[M] skiable
ski area
pente[F] difficile
difficult slope
piste[F] de ski[M] alpin
alpine ski trail
poste[M] de patrouille[F] et de secours[M]
patrol and first aid station
chalet[M] principal
main lodge
hébergement[M]
lodging
dameuse[F]
snow-grooming machine
école[F] de ski[M]
ski school
téléski[M] biplace
T-bar
départ[M] des télésièges[M]
chair lift departure area
piste[F] de ski[M] de fond[M]
cross-country ski trail
pavillon[M] des skieurs[M]
skiers' lodge
départ[M] des télécabines[F]
gondolas departure area
copropriété[F]
condominium
patinoire[F]
ice rink
chalet[M] de montagne[F]
mountain lodge
hôtel[M]
hotel
renseignements[M]
information desk
village[M]
village
parc[M] de stationnement[M]; *stationnement[M]*
parking

SPORTS ET JEUX

surf^{M} des neiges^{F}

snowboarding

surfeur^{M}
snowboarder
casque^{M}
helmet
lunettes^{F}
goggles
combinaison^{F}
coveralls
protège-tibia^{M}
shin guard
surf^{M} des neiges^{F}
snowboard
gant^{M}
glove
botte^{F} rigide
hard boot
botte^{F} souple
flexible boot

surf^{M} acrobatique
freestyle snowboard

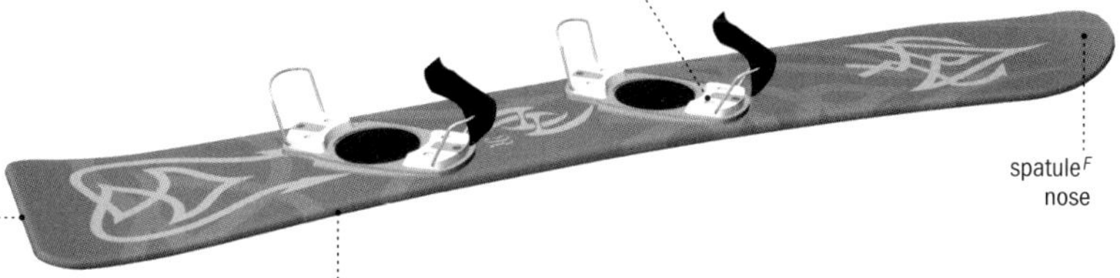

fixation^{F} à coque^{F}
soft binding

surf^{M} alpin
alpine snowboard

fixation^{F} à plaque^{F}
plate binding

spatule^{F}
nose

talon^{M}
tail

carre^{F}
edge

aire^{F} de compétition^{F} : demi-lune^{F}
competition site: half-pipe

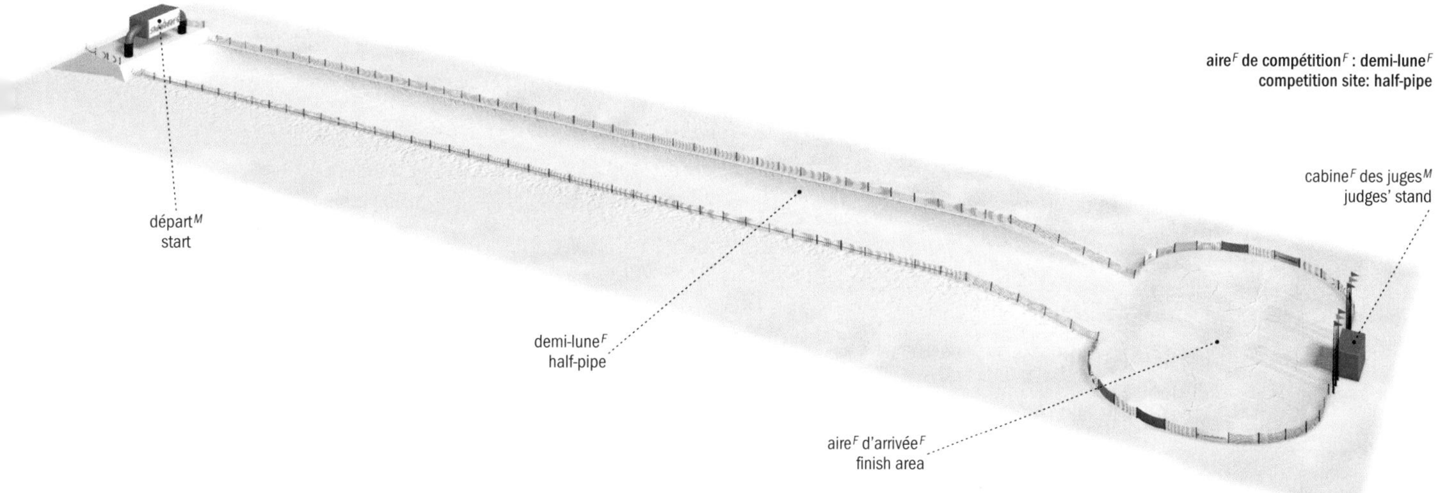

départ^{M}
start

cabine^{F} des juges^{M}
judges' stand

demi-lune^{F}
half-pipe

aire^{F} d'arrivée^{F}
finish area

ski^{M} alpin

alpine skiing

skieur^{M} alpin
alpine skier

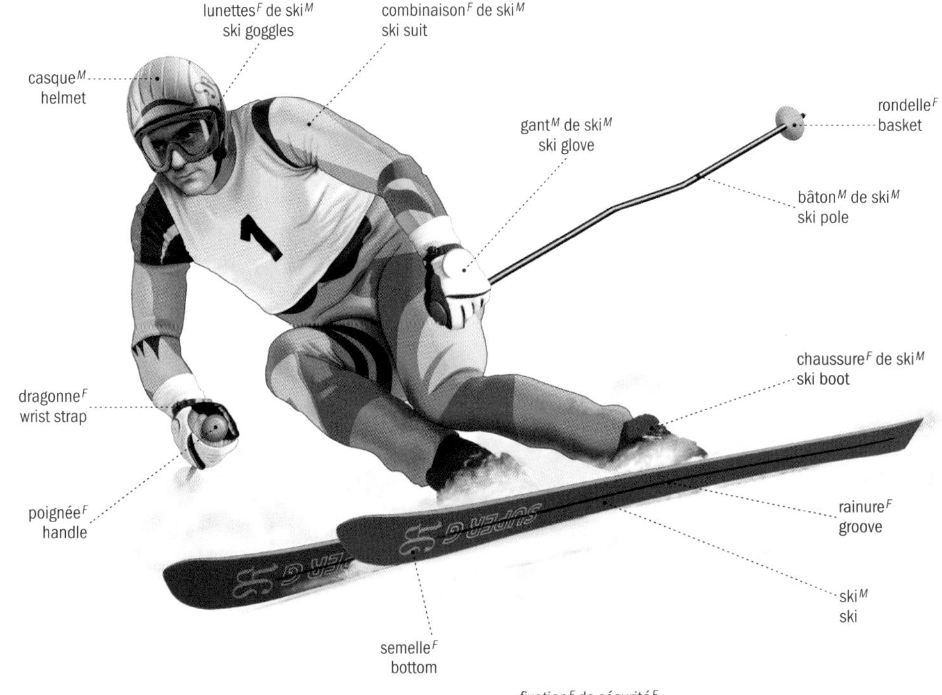
lunettes^{F} de ski^{M}
ski goggles
combinaison^{F} de ski^{M}
ski suit
casque^{M}
helmet
gant^{M} de ski^{M}
ski glove
rondelle^{F}
basket
bâton^{M} de ski^{M}
ski pole
chaussure^{F} de ski^{M}
ski boot
dragonne^{F}
wrist strap
poignée^{F}
handle
rainure^{F}
groove
ski^{M}
ski
semelle^{F}
bottom

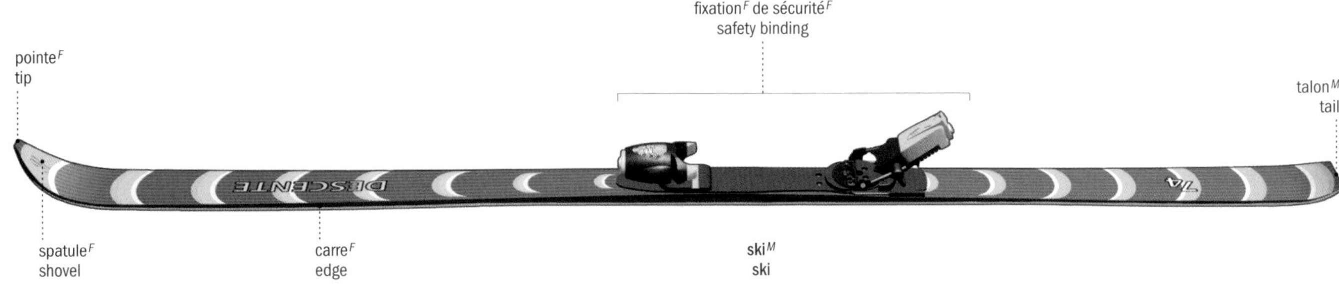
fixation^{F} de sécurité^{F}
safety binding
pointe^{F}
tip
talon^{M}
tail
spatule^{F}
shovel
carre^{F}
edge
ski^{M}
ski

exemples^{M} de skis^{M}
examples of skis

ski^{M} de slalom^{M}
slalom ski
ski^{M} de grand slalom^{M}
giant slalom ski
ski^{M} de descente^{F}/super-G^{M}
downhill and Super-G ski

épreuves[F]
technical events

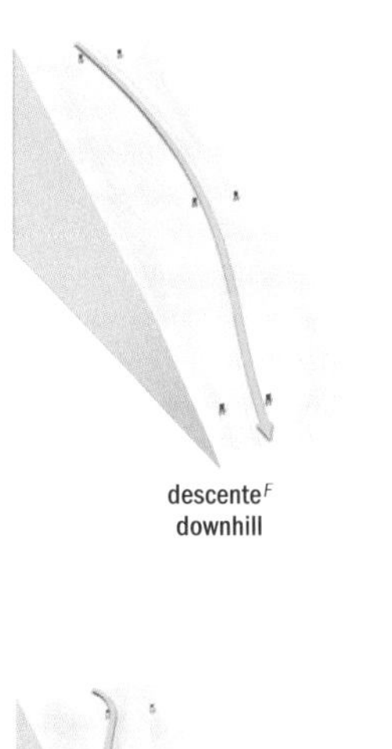

descente[F]
downhill

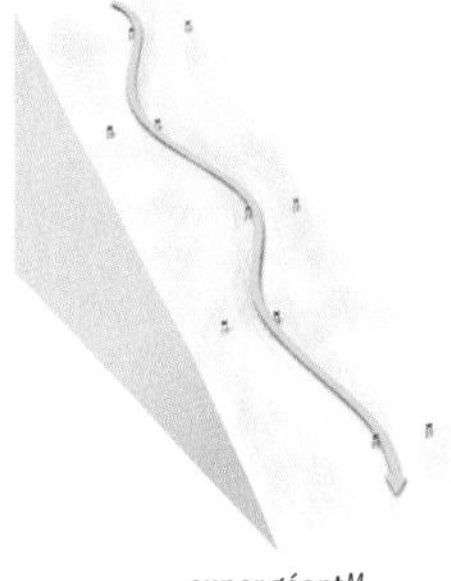

super-géant[M]
super giant (super-G) slalom

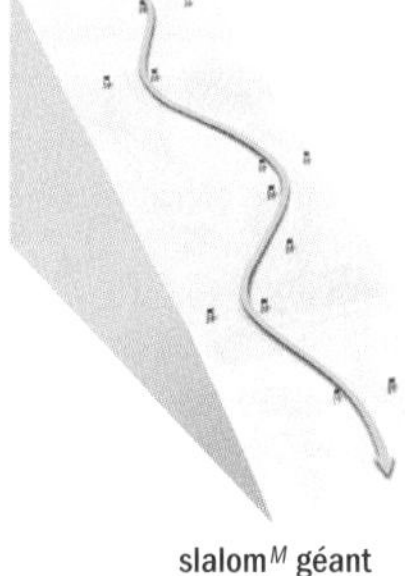

slalom[M] géant
giant slalom

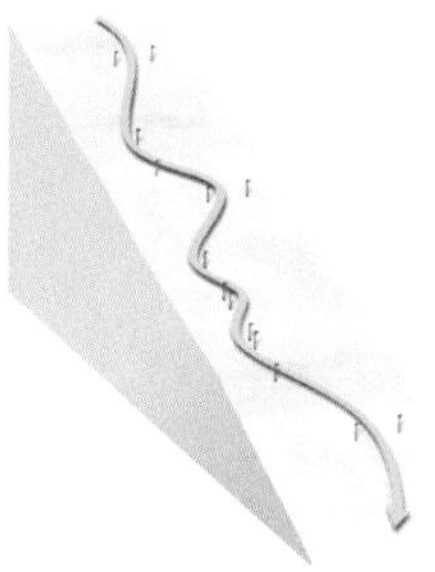

slalom[M] spécial
special slalom

chaussure[F] de ski[M]
ski boot

chausson[M] intérieur
inner boot
collier[M]
upper cuff
tige[F]
upper
languette[F]
tongue
coque[F] supérieure
upper shell
courroie[F] de tige[F]
upper strap
boucle[F]
buckle
cran[M] de réglage[M]
adjusting catch
charnière[F]
hinge
semelle[F]
sole
coque[F] inférieure
lower shell

fixation[F] de sécurité[F]
safety binding

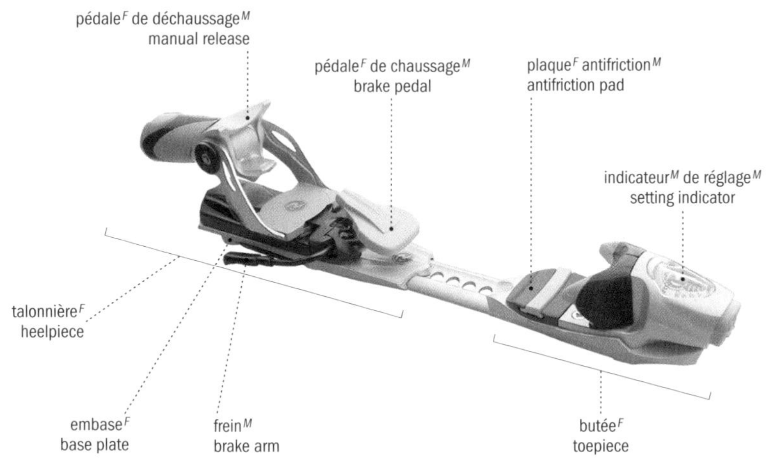
pédale[F] de déchaussage[M]
manual release
pédale[F] de chaussage[M]
brake pedal
plaque[F] antifriction[M]
antifriction pad
indicateur[M] de réglage[M]
setting indicator
talonnière[F]
heelpiece
embase[F]
base plate
frein[M]
brake arm
butée[F]
toepiece

ski[M] acrobatique

freestyle skiing

piste[F] : descente[F] de bosses[F]
course: moguls competition

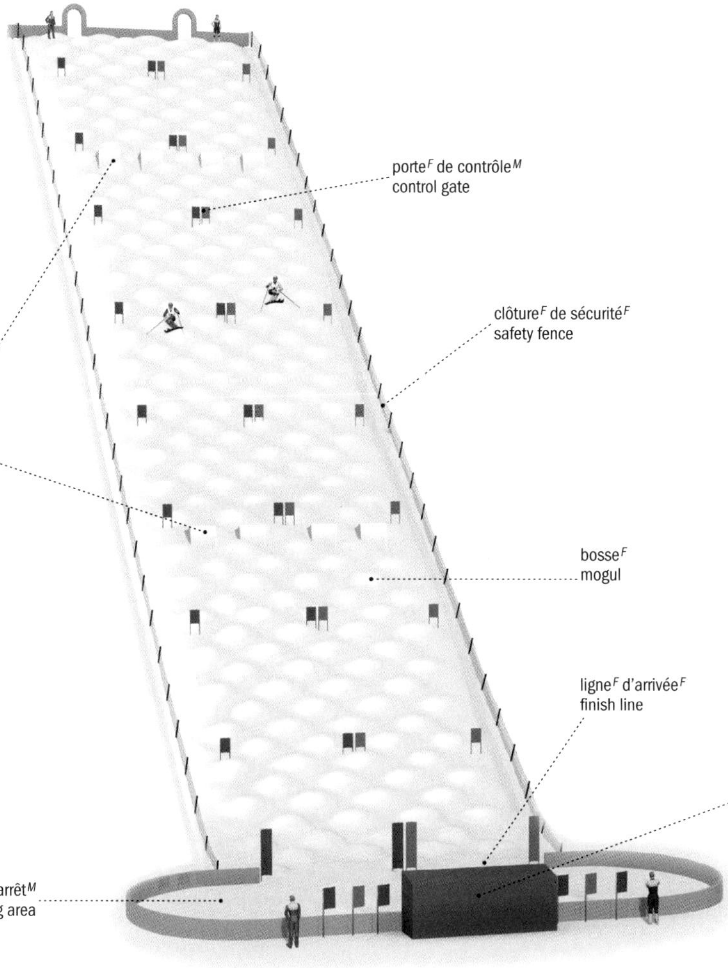

porte[F] de contrôle[M]
control gate

clôture[F] de sécurité[F]
safety fence

tremplins[M]
kickers

bosse[F]
mogul

ligne[F] d'arrivée[F]
finish line

tribune[F] des juges[M]
judges' stand

aire[F] d'arrêt[M]
stopping area

site[M] de saut[M]
aerial site

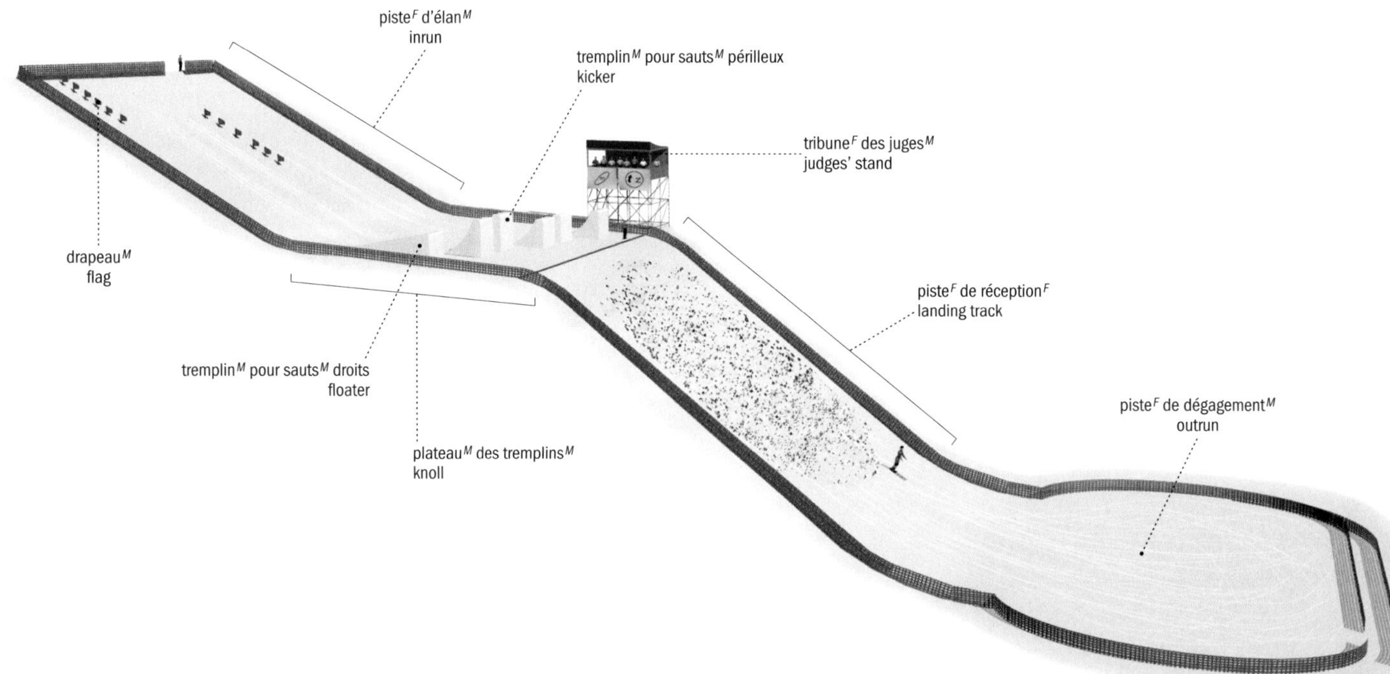
piste[F] d'élan[M]
inrun
tremplin[M] pour sauts[M] périlleux
kicker
tribune[F] des juges[M]
judges' stand
drapeau[M]
flag
piste[F] de réception[F]
landing track
tremplin[M] pour sauts[M] droits
floater
piste[F] de dégagement[M]
outrun
plateau[M] des tremplins[M]
knoll

saut[M] à ski[M]

ski jumping

technique[F] de saut[M]
jumping technique

élan[M]
inrun

envol[M]
take-off

vol[M]
flight

atterrissage[M]
landing

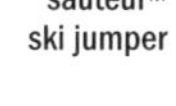

sauteur[M]
ski jumper

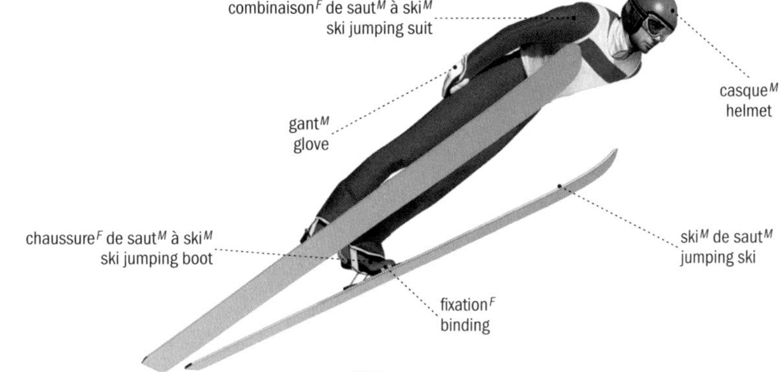

combinaison[F] de saut[M] à ski[M]
ski jumping suit
casque[M]
helmet
gant[M]
glove
chaussure[F] de saut[M] à ski[M]
ski jumping boot
ski[M] de saut[M]
jumping ski
fixation[F]
binding

piste[F]
track

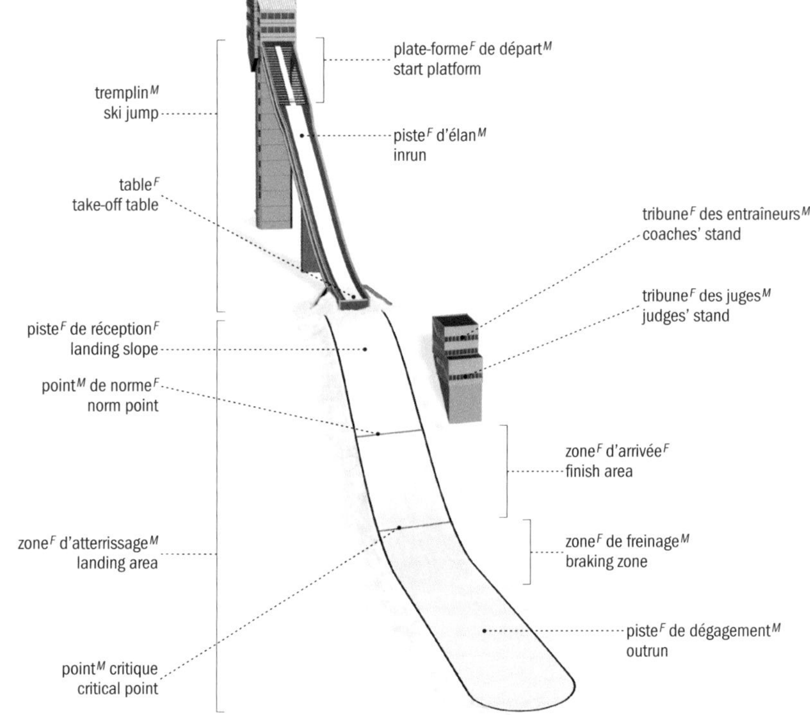

plate-forme[F] de départ[M]
start platform
tremplin[M]
ski jump
piste[F] d'élan[M]
inrun
table[F]
take-off table
tribune[F] des entraineurs[M]
coaches' stand
tribune[F] des juges[M]
judges' stand
piste[F] de réception[F]
landing slope
point[M] de norme[F]
norm point
zone[F] d'arrivée[F]
finish area
zone[F] d'atterrissage[M]
landing area
zone[F] de freinage[M]
braking zone
piste[F] de dégagement[M]
outrun
point[M] critique
critical point

ski[M] de vitesse[F]

speed skiing

piste[F] de vitesse[F]
speed track

skieur[M] de vitesse[F]
speed skier

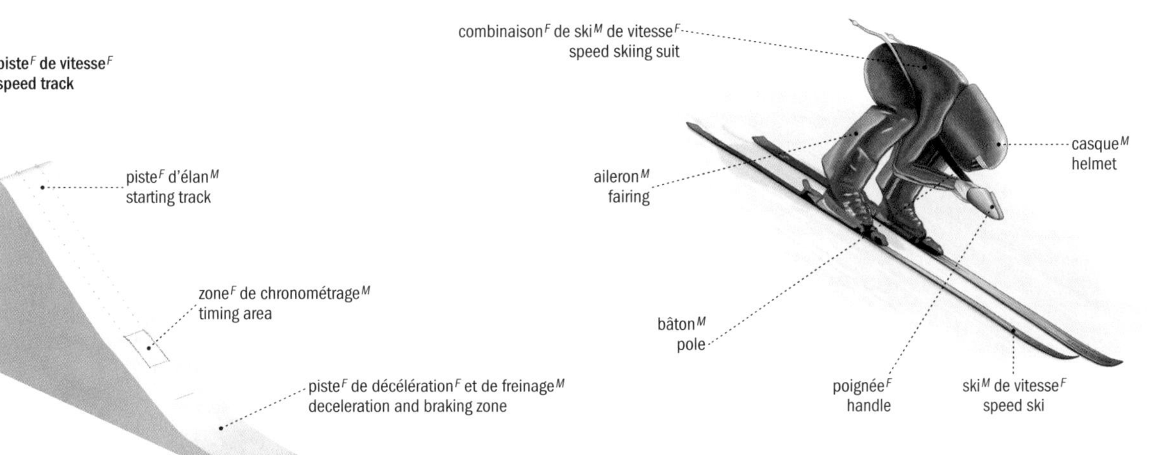

piste[F] d'élan[M]
starting track
zone[F] de chronométrage[M]
timing area
piste[F] de décélération[F] et de freinage[M]
deceleration and braking zone
combinaison[F] de ski[M] de vitesse[F]
speed skiing suit
casque[M]
helmet
aileron[M]
fairing
bâton[M]
pole
poignée[F]
handle
ski[M] de vitesse[F]
speed ski

ski[M] de fond[M]

cross-country skiing

skieur[M] de fond[M]
cross-country skier

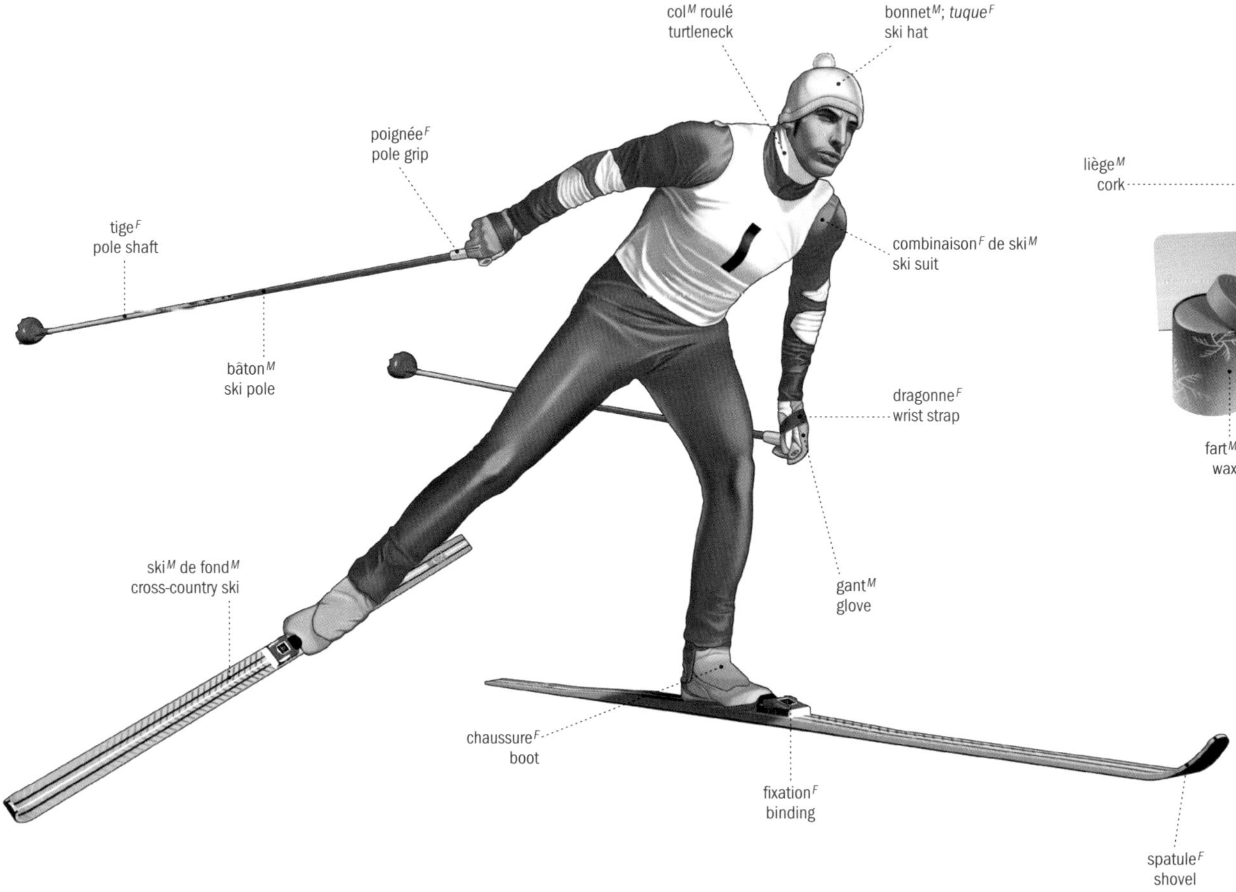

col[M] roulé
turtleneck

bonnet[M]; *tuque*[F]
ski hat

poignée[F]
pole grip

tige[F]
pole shaft

bâton[M]
ski pole

combinaison[F] de ski[M]
ski suit

dragonne[F]
wrist strap

gant[M]
glove

ski[M] de fond[M]
cross-country ski

chaussure[F]
boot

fixation[F]
binding

spatule[F]
shovel

trousse[F] de fartage[M]
waxing kit

liège[M]
cork

fart[M]
wax

racloir[M]
scraper

ski[M] de fond[M]
cross-country ski

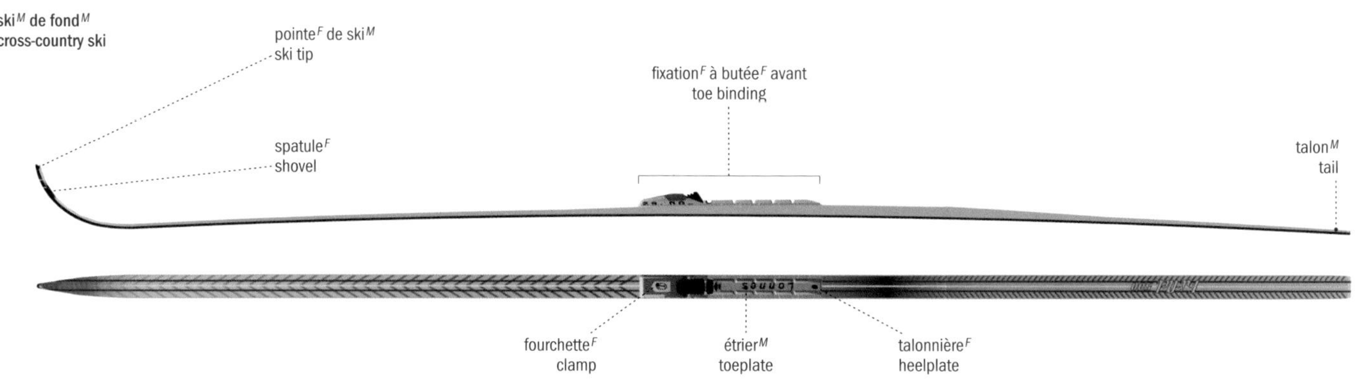
pointe[F] de ski[M]
ski tip
fixation[F] à butée[F] avant
toe binding
spatule[F]
shovel
talon[M]
tail
fourchette[F]
clamp
étrier[M]
toeplate
talonnière[F]
heelplate

pas[M] de patineur[M]
skating step

coup[M] de patin[M]
skating kick

phase[F] de glisse[F]
gliding phase

pas[M] alternatif
diagonal step

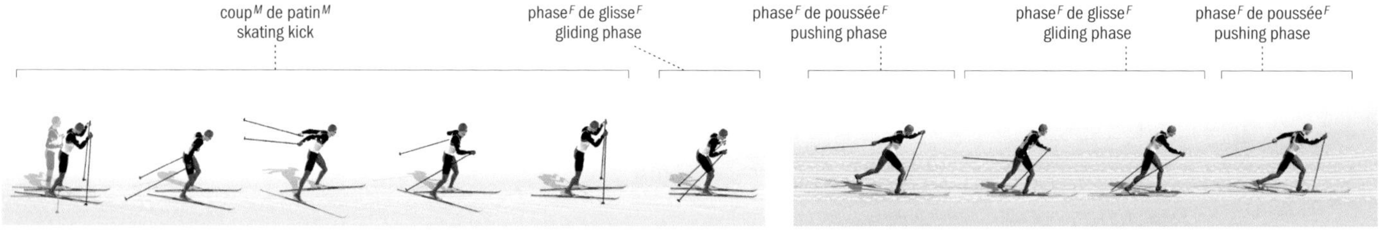

phase[F] de poussée[F]
pushing phase

phase[F] de glisse[F]
gliding phase

phase[F] de poussée[F]
pushing phase

SPORTS ET JEUX

biathlon[M]

biathlon

positions[F] de tir[M]
shooting positions

carabine[F]
rifle

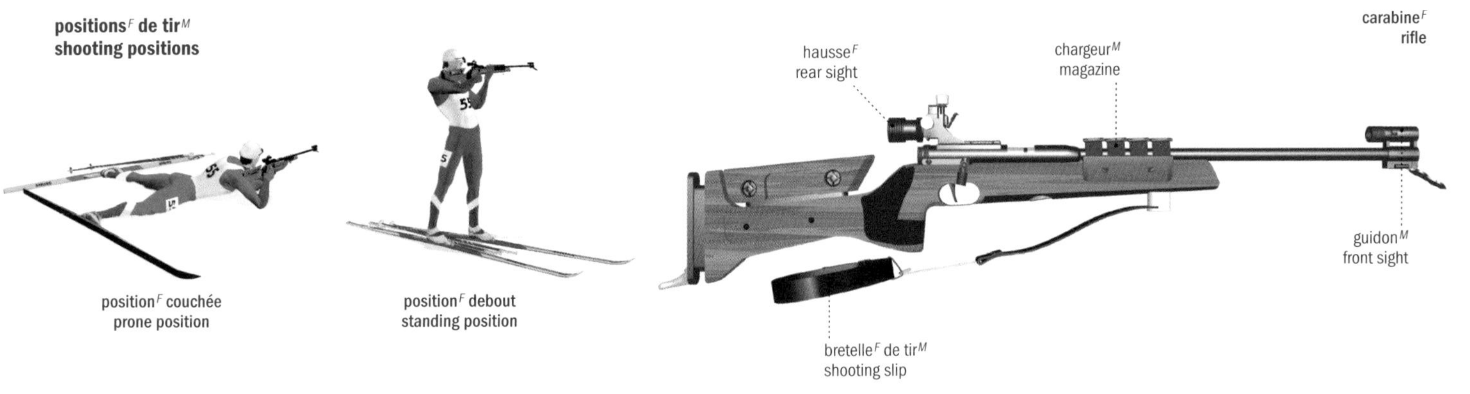
hausse[F]
rear sight
chargeur[M]
magazine
guidon[M]
front sight
bretelle[F] de tir[M]
shooting slip
position[F] couchée
prone position
position[F] debout
standing position

champ[M] de tir[M]
shooting range

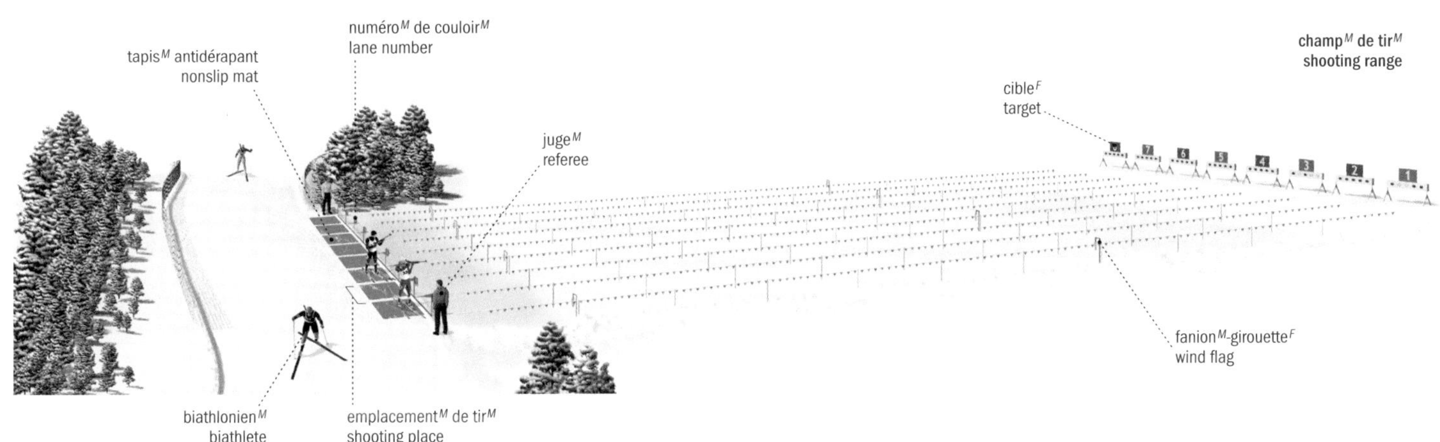
tapis[M] antidérapant
nonslip mat
numéro[M] de couloir[M]
lane number
juge[M]
referee
cible[F]
target
fanion[M]-girouette[F]
wind flag
biathlonien[M]
biathlete
emplacement[M] de tir[M]
shooting place

raquettes[F]

snowshoes

raquette[F] elliptique
elliptical snowshoe

raquette[F] algonquine
Michigan snowshoe

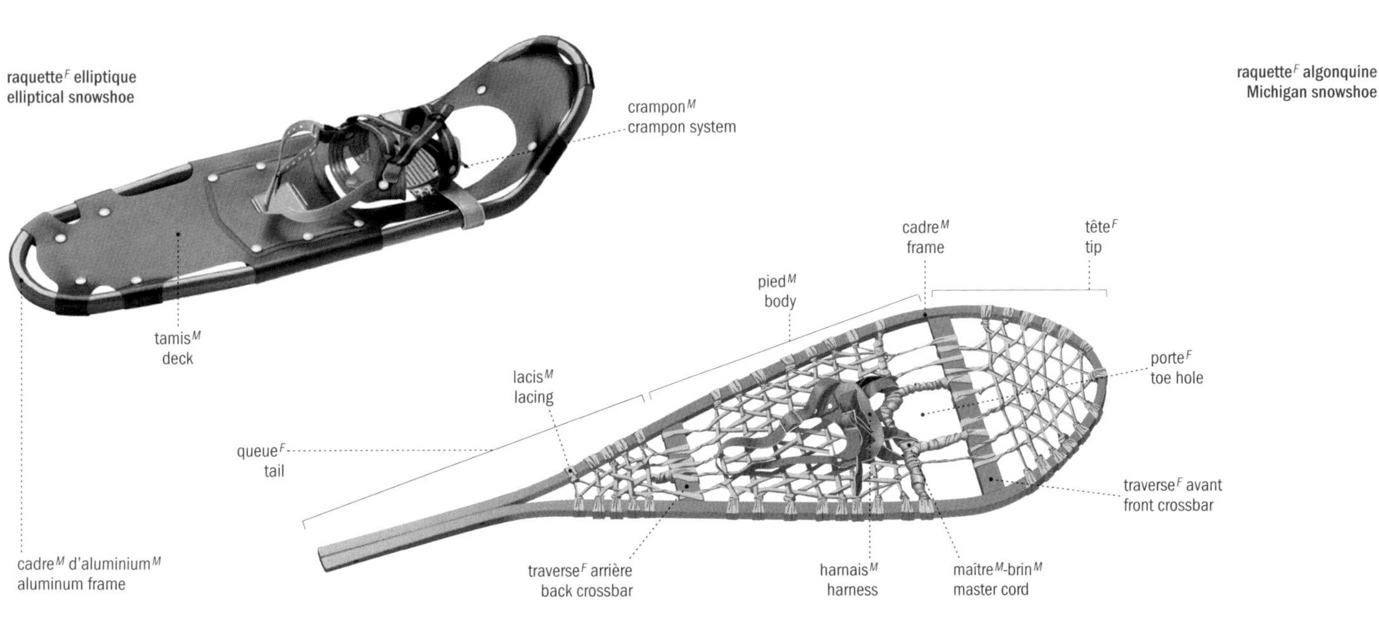
crampon[M]
crampon system
tamis[M]
deck
cadre[M] d'aluminium[M]
aluminum frame
cadre[M]
frame
tête[F]
tip
pied[M]
body
porte[F]
toe hole
lacis[M]
lacing
queue[F]
tail
traverse[F] avant
front crossbar
traverse[F] arrière
back crossbar
harnais[M]
harness
maître[M]-brin[M]
master cord

planche^F à roulettes^F

skateboarding

planche^F à roulettes^F
skateboard

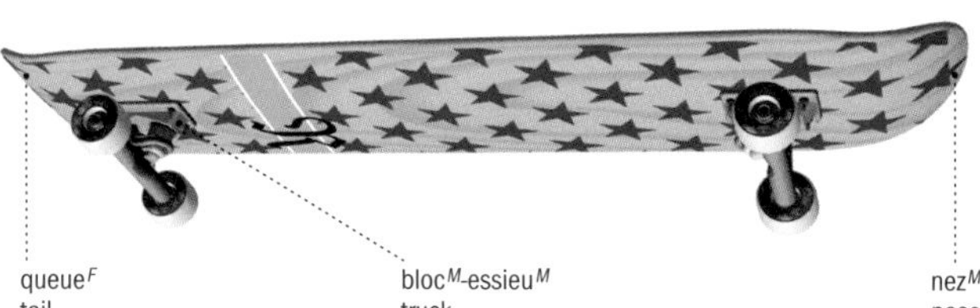
queue^F
tail
bloc^M-essieu^M
truck
nez^M
nose

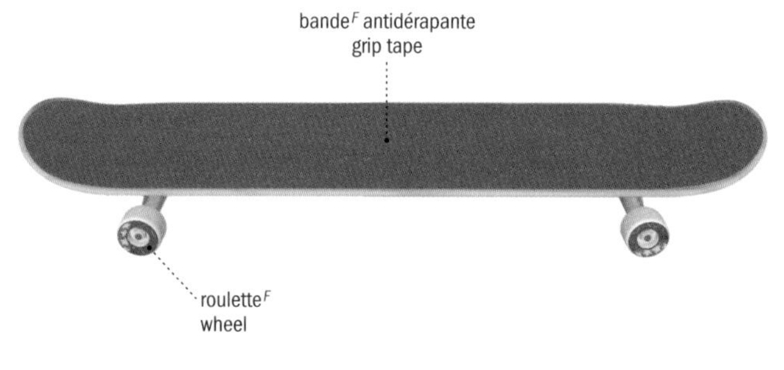
bande^F antidérapante
grip tape
roulette^F
wheel

planchiste^M
skateboarder

genouillère^F
knee pad
protège-coude^M
elbow pad
casque^M
helmet
arête^F
coping

rampe^F
ramp

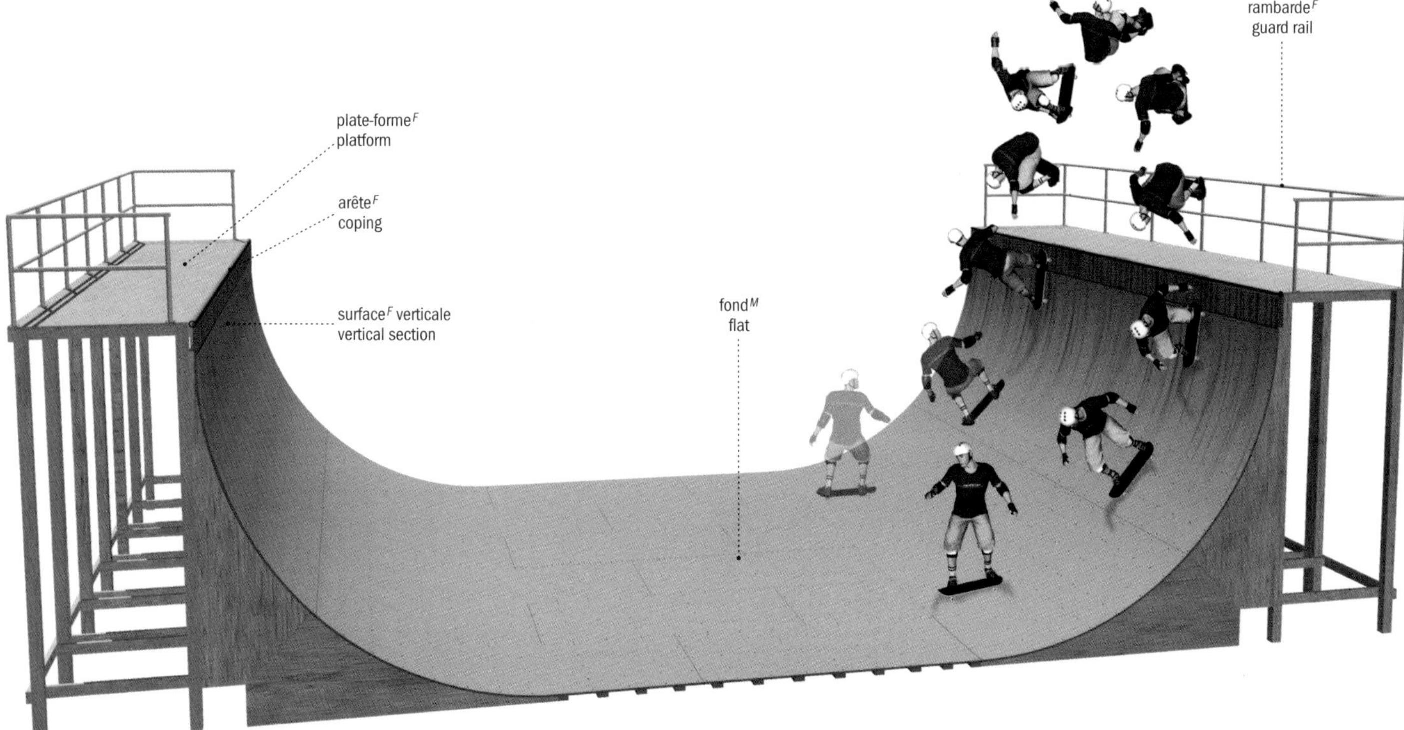
plate-forme^F
platform
arête^F
coping
surface^F verticale
vertical section
fond^M
flat
rambarde^F
guard rail

patin^M à roues^F alignées

in-line skating

patin^M acrobatique
acrobatic skate
chausson^M intérieur
inner boot
coque^F supérieure
upper shell
platine^F
frame
roue^F
wheel
patineuse^F
skater
casque^M
helmet
coudière^F
elbow pad
genouillère^F
knee pad
protège-poignet^M
wrist guard
patin^M de vitesse^F
in-line speed skate
patin^M à roues^F alignées
in-line skate
chausson^M intérieur
inner boot
coque^F supérieure
upper shell
patin^M de hockey^M
in-line hockey skate
ROLLER
boucle^F de réglage^M
adjusting buckle
chaussure^F
boot
essieu^M
axle
frein^M de talon^M
heel stop
roue^F
wheel
bloc^M-essieu^M
truck

SPORTS ET JEUX

chute[F] libre

sky diving

sauteur[M]
sky diver

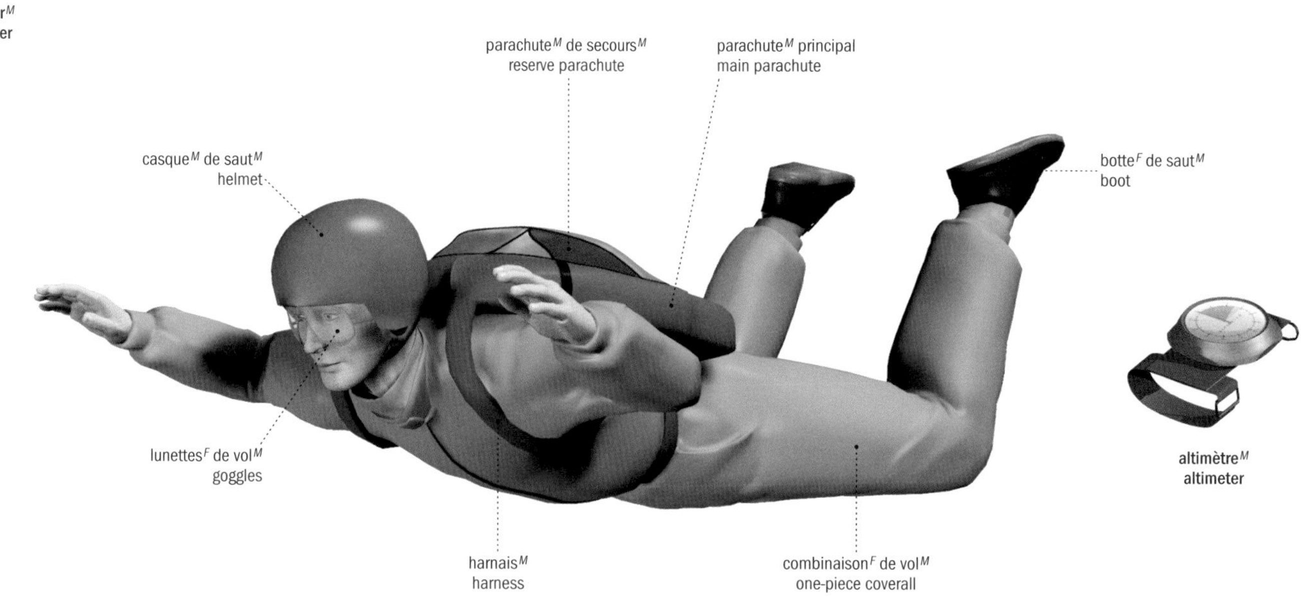

parachute[M] de secours[M]
reserve parachute
parachute[M] principal
main parachute
casque[M] de saut[M]
helmet
botte[F] de saut[M]
boot
lunettes[F] de vol[M]
goggles
harnais[M]
harness
combinaison[F] de vol[M]
one-piece coverall
altimètre[M]
altimeter

parachute[M]
parachute

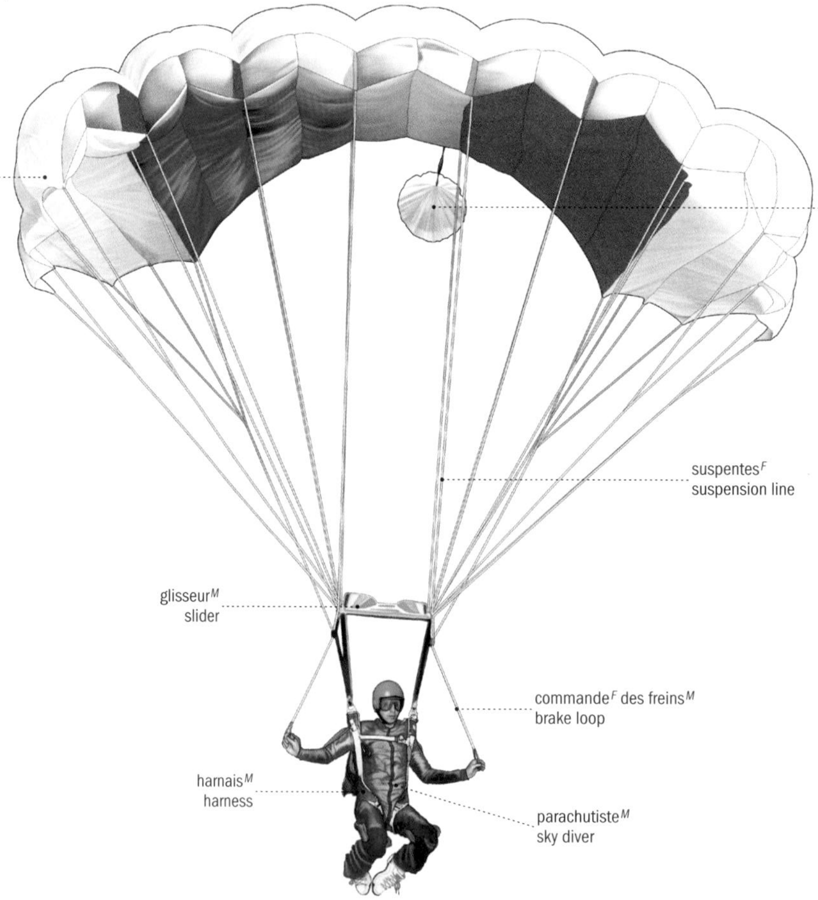

voile[F]
canopy

stabilo[M]
stabilizer

extracteur[M]
pilot chute

suspentes[F]
suspension line

glisseur[M]
slider

commande[F] des freins[M]
brake loop

harnais[M]
harness

parachutiste[M]
sky diver

parapente^M

paragliding

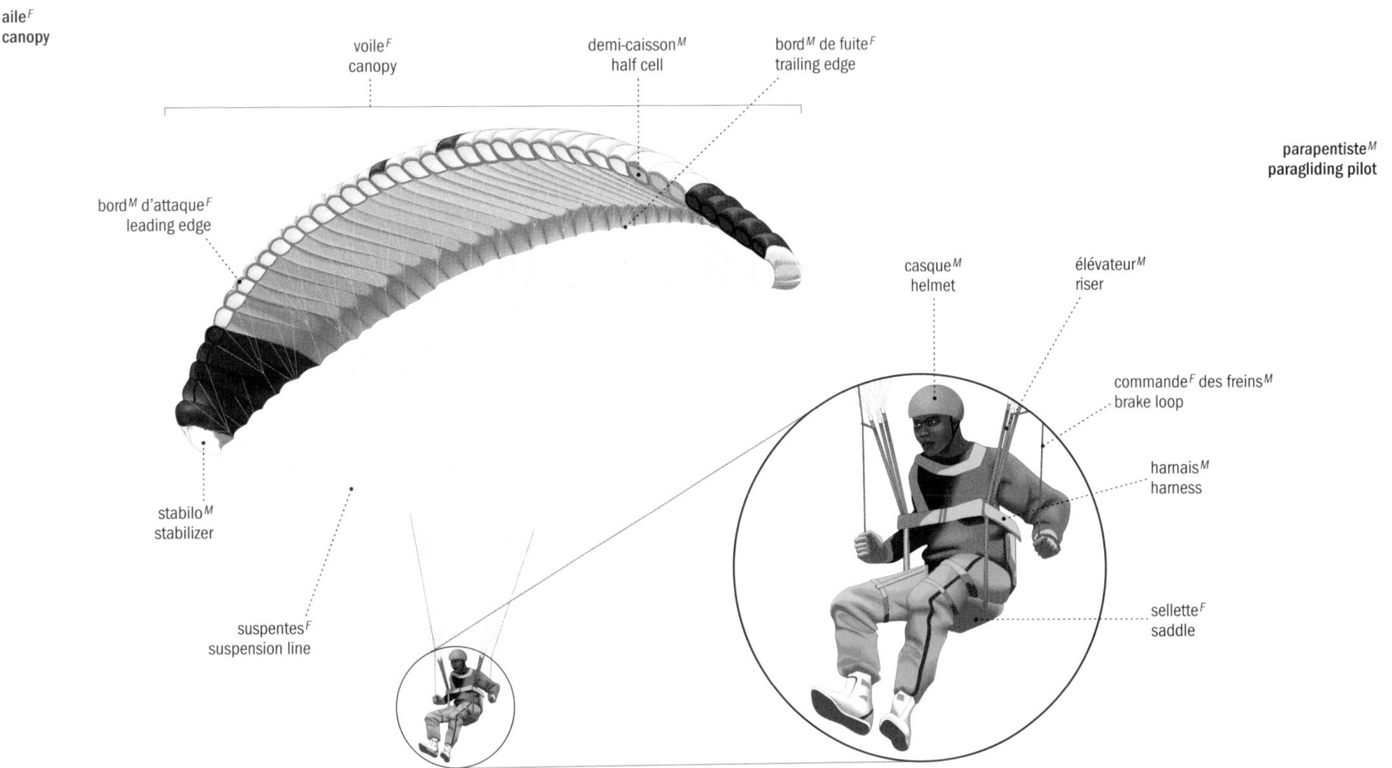
aile^F
canopy
voile^F
canopy
demi-caisson^M
half cell
bord^M de fuite^F
trailing edge
parapentiste^M
paragliding pilot
bord^M d'attaque^F
leading edge
casque^M
helmet
élévateur^M
riser
commande^F des freins^M
brake loop
harnais^M
harness
stabilo^M
stabilizer
sellette^F
saddle
suspentes^F
suspension line

vol^M libre

hang gliding

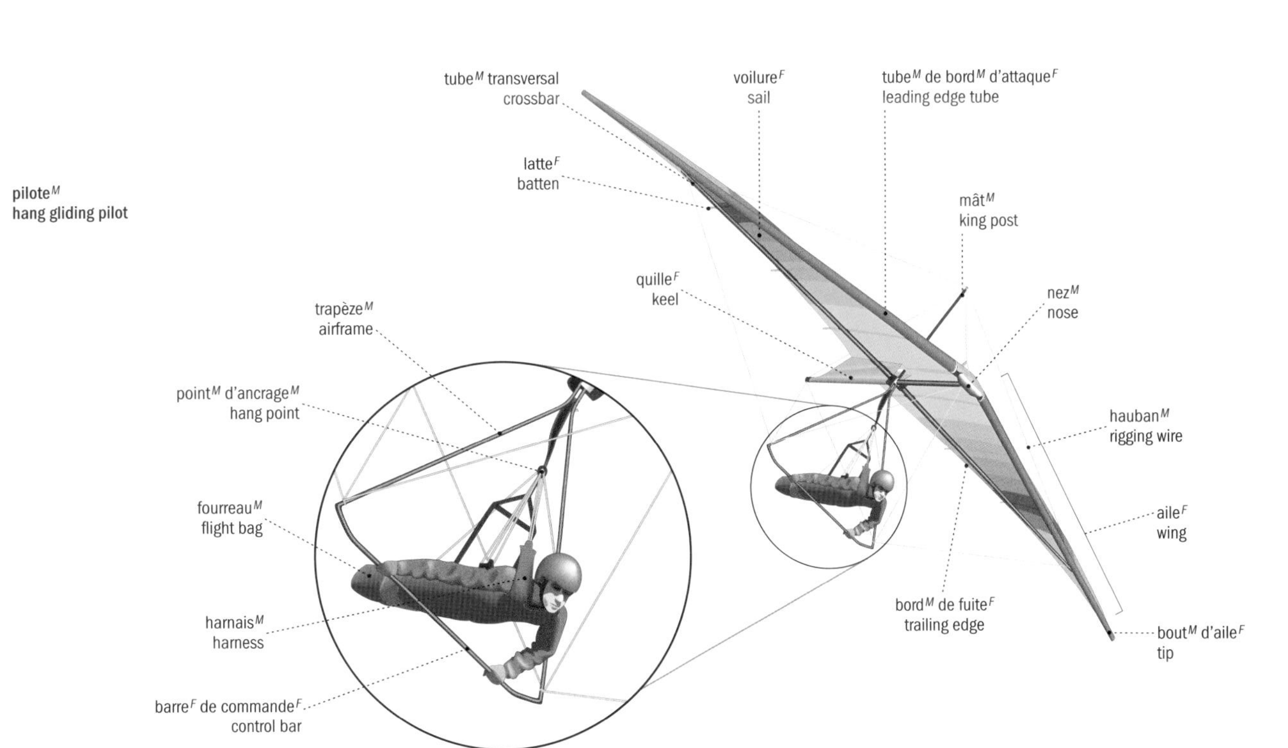
aile^F libre
hang glider
tube^M transversal
crossbar
voilure^F
sail
tube^M de bord^M d'attaque^F
leading edge tube
latte^F
batten
pilote^M
hang gliding pilot
mât^M
king post
quille^F
keel
nez^M
nose
trapèze^M
airframe
point^M d'ancrage^M
hang point
hauban^M
rigging wire
fourreau^M
flight bag
aile^F
wing
harnais^M
harness
bord^M de fuite^F
trailing edge
bout^M d'aile^F
tip
barre^F de commande^F
control bar

SPORTS ET JEUX

planeur[M]

glider

verrière[F]
cockpit canopy

aérofrein[M]
air brake

queue[F]
tail

ailes[F]
wings

nez[M]
nose

aileron[M]
aileron

dérive[F]
vertical stabilizer

gouvernail[M] de direction[F]
rudder

gouvernail[M] de profondeur[F]
elevator

bord[M] de fuite[F]
trailing edge

fuselage[M]
fuselage

stabilisateur[M]
horizontal stabilizer

bord[M] d'attaque[F]
leading edge

saumon[M] d'aile[F]
wing tip

cabine[F] de pilotage[M]
cockpit

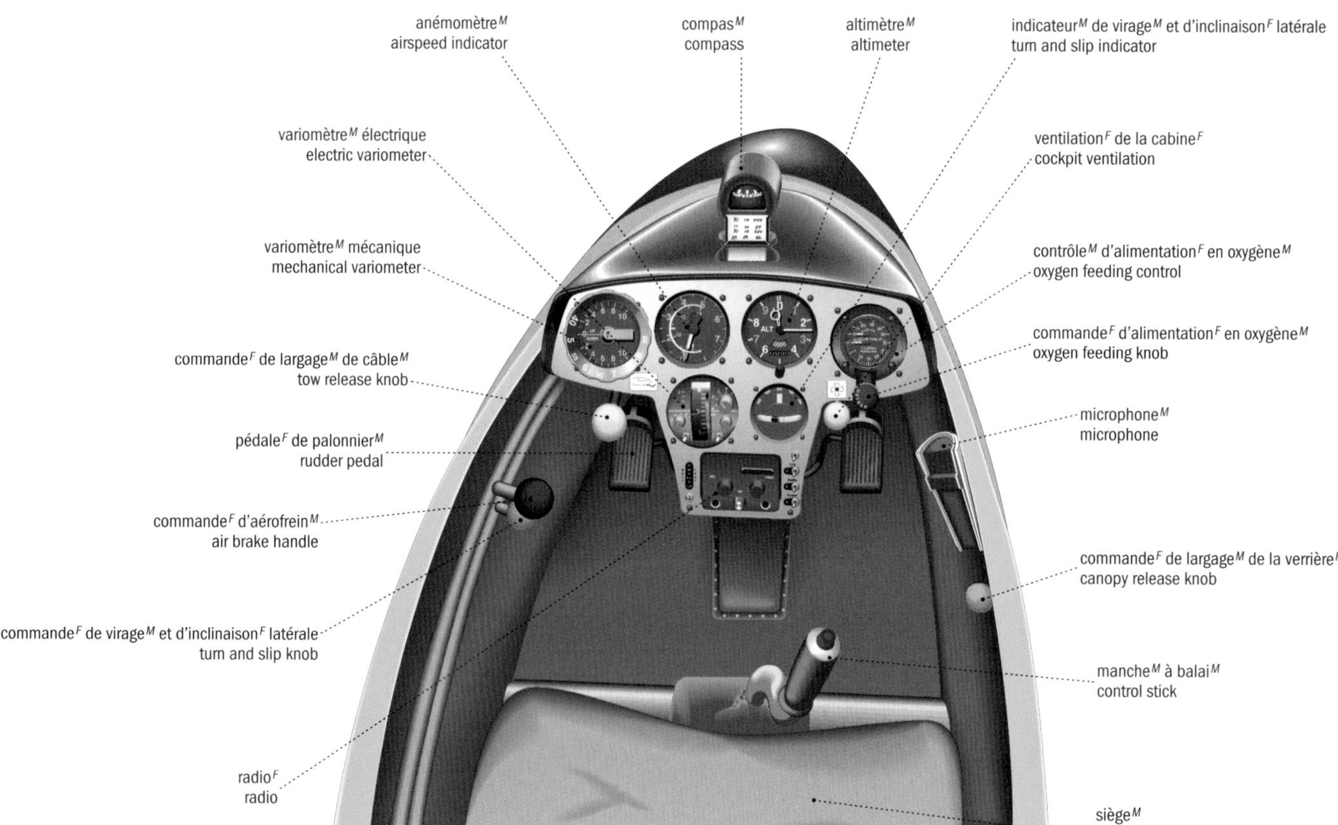
anémomètre[M]
airspeed indicator
compas[M]
compass
altimètre[M]
altimeter
indicateur[M] de virage[M] et d'inclinaison[F] latérale
turn and slip indicator
variomètre[M] électrique
electric variometer
ventilation[F] de la cabine[F]
cockpit ventilation
variomètre[M] mécanique
mechanical variometer
contrôle[M] d'alimentation[F] en oxygène[M]
oxygen feeding control
commande[F] d'alimentation[F] en oxygène[M]
oxygen feeding knob
commande[F] de largage[M] de câble[M]
tow release knob
microphone[M]
microphone
pédale[F] de palonnier[M]
rudder pedal
commande[F] d'aérofrein[M]
air brake handle
commande[F] de largage[M] de la verrière[F]
canopy release knob
commande[F] de virage[M] et d'inclinaison[F] latérale
turn and slip knob
manche[M] à balai[M]
control stick
radio[F]
radio
siège[M]
seat

montgolfière^F

ballooning

ballon^M
balloon

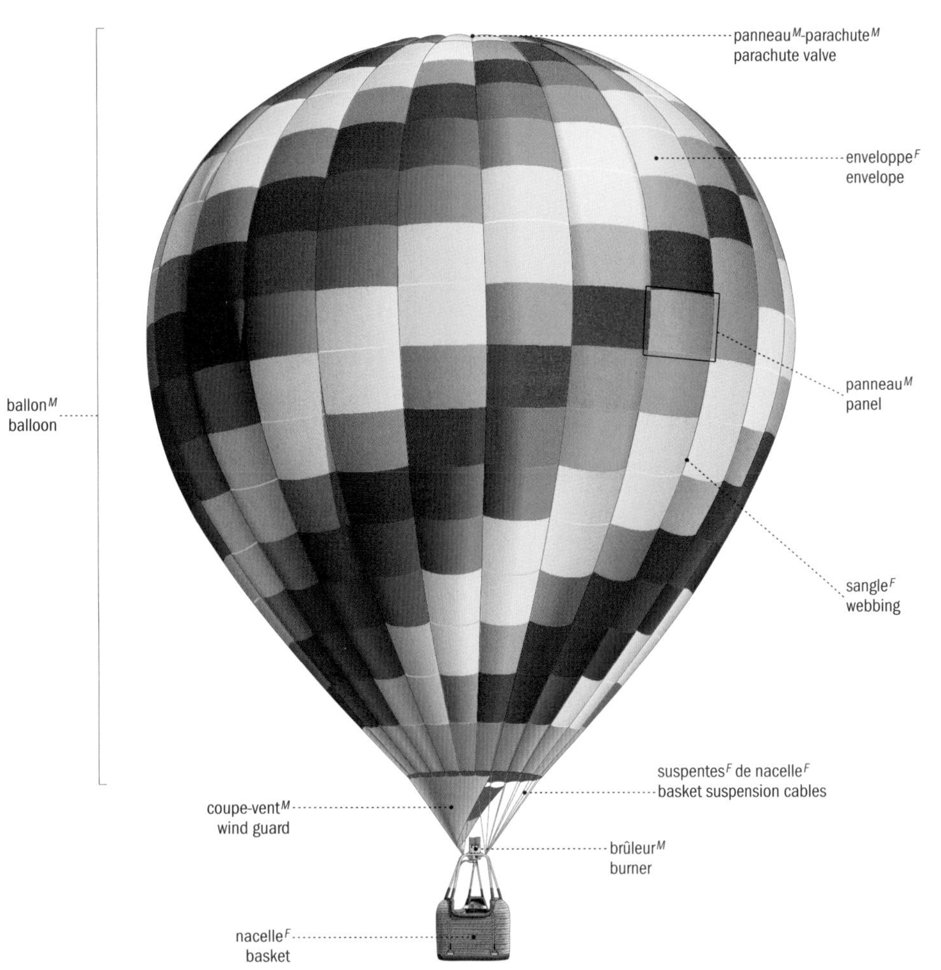
panneau^M-parachute^M
parachute valve
enveloppe^F
envelope
panneau^M
panel
ballon^M
balloon
sangle^F
webbing
suspentes^F de nacelle^F
basket suspension cables
coupe-vent^M
wind guard
brûleur^M
burner
nacelle^F
basket

nacelle^F
basket

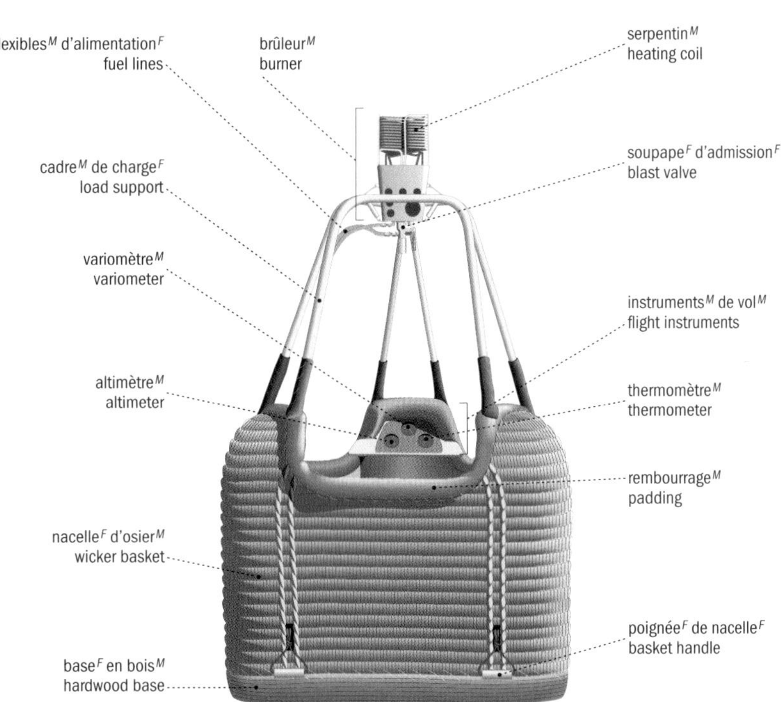
flexibles^M d'alimentation^F
fuel lines
brûleur^M
burner
serpentin^M
heating coil
soupape^F d'admission^F
blast valve
cadre^M de charge^F
load support
variomètre^M
variometer
instruments^M de vol^M
flight instruments
altimètre^M
altimeter
thermomètre^M
thermometer
rembourrage^M
padding
nacelle^F d'osier^M
wicker basket
poignée^F de nacelle^F
basket handle
base^F en bois^M
hardwood base

escalade[F]

climbing

grimpeur[M]
rock climber

rocher[M]
rock

dégaine[F]
quickdraw

corde[F] d'assurage[M]
belay rope

chausson[M] d'escalade[F]
climbing shoe

sangle[F]
runner

cuissard[M]
seat harness

structure[F] artificielle d'escalade[F]
artificial climbing structure

poutre[F] d'assurage[M]
belay beam

assureur[M]
belayer

juge[M] de voie[F]
route judge

président[M] du jury[M]
president of the jury

chronométreur[M]
timekeeper

cordée[F]
roped party

premier[M] de cordée[F]
leader

équipement[M]
equipment

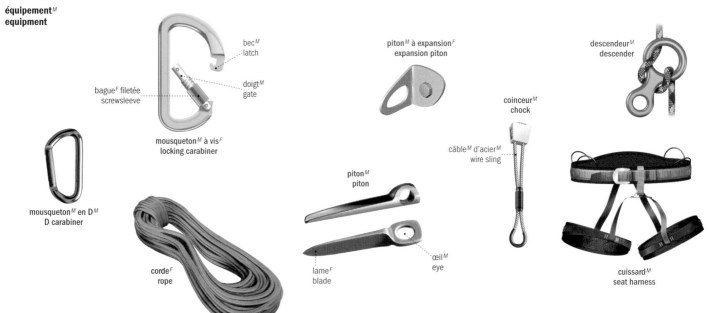

bec[M]
latch

doigt[M]
gate

bague[F] filetée
screwsleeve

mousqueton[M] à vis[F]
locking carabiner

mousqueton[M] en D[M]
D carabiner

corde[F]
rope

piton[M] à expansion[F]
expansion piton

piton[M]
piton

lame[F]
blade

œil[M]
eye

coinceur[M]
chock

câble[M] d'acier[M]
wire sling

descendeur[M]
descender

cuissard[M]
seat harness

escalade[F]

prises[F] de main[F] / handholds

pince[F]
pinch

arqué[M]
crimp

tendu[M]
open hand

prise[F] de pied[M] / foothold

carre[F] interne
inside edge

alpiniste[M] / mountaineer

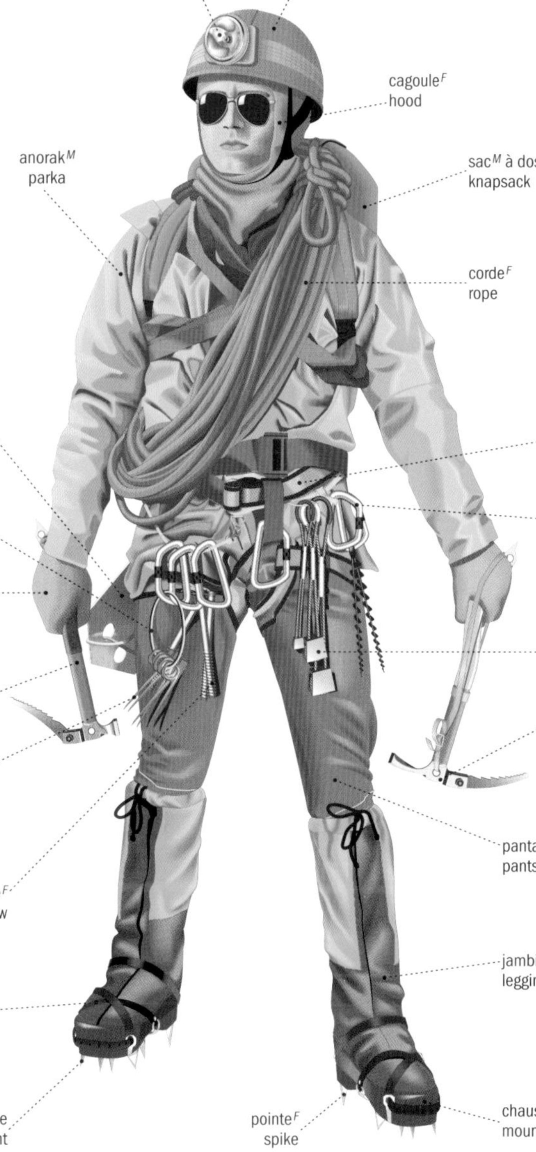

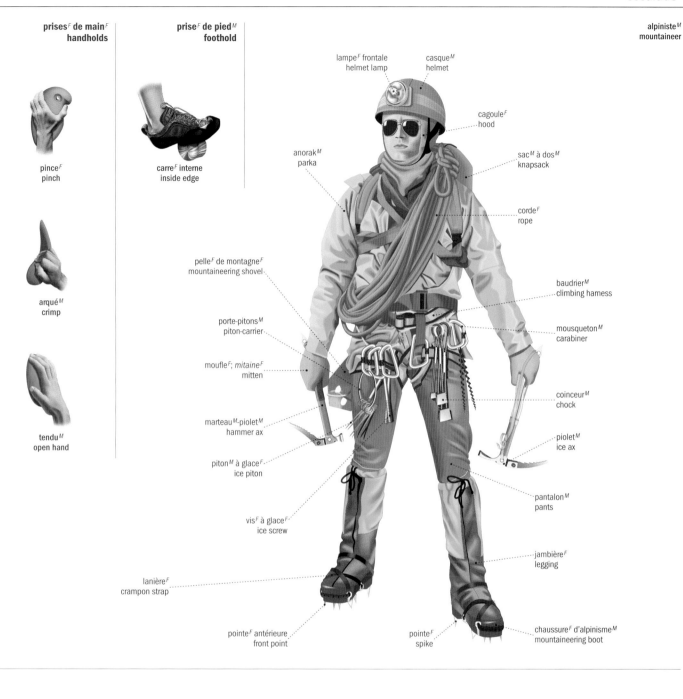

lampe[F] frontale
helmet lamp

casque[M]
helmet

cagoule[F]
hood

anorak[M]
parka

sac[M] à dos[M]
knapsack

corde[F]
rope

pelle[F] de montagne[F]
mountaineering shovel

baudrier[M]
climbing harness

porte-pitons[M]
piton-carrier

mousqueton[M]
carabiner

moufle[F]; *mitaine*[F]
mitten

coinceur[M]
chock

marteau[M]-piolet[M]
hammer ax

piolet[M]
ice ax

piton[M] à glace[F]
ice piton

pantalon[M]
pants

vis[F] à glace[F]
ice screw

jambière[F]
legging

lanière[F]
crampon strap

pointe[F] antérieure
front point

pointe[F]
spike

chaussure[F] d'alpinisme[M]
mountaineering boot

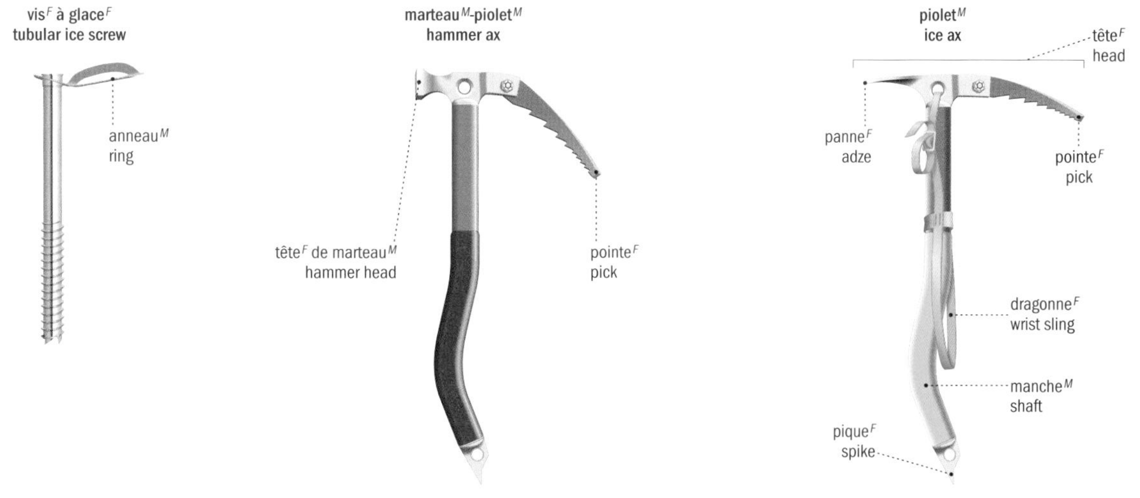
vis[F] à glace[F]
tubular ice screw
anneau[M]
ring
marteau[M]-piolet[M]
hammer ax
tête[F] de marteau[M]
hammer head
pointe[F]
pick
piolet[M]
ice ax
tête[F]
head
panne[F]
adze
pointe[F]
pick
dragonne[F]
wrist sling
manche[M]
shaft
pique[F]
spike

camping[M]

camping

exemples[M] de tentes[F]
examples of tents

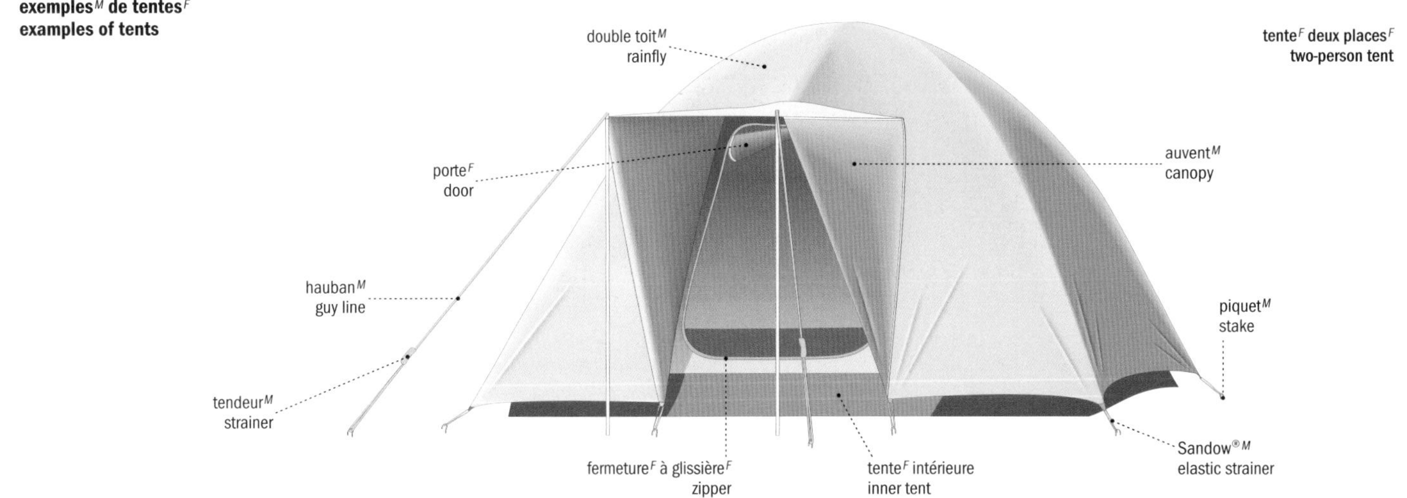
tente[F] deux places[F]
two-person tent
double toit[M]
rainfly
porte[F]
door
auvent[M]
canopy
hauban[M]
guy line
piquet[M]
stake
tendeur[M]
strainer
fermeture[F] à glissière[F]
zipper
tente[F] intérieure
inner tent
Sandow®[M]
elastic strainer

tente[F] familiale
family tent

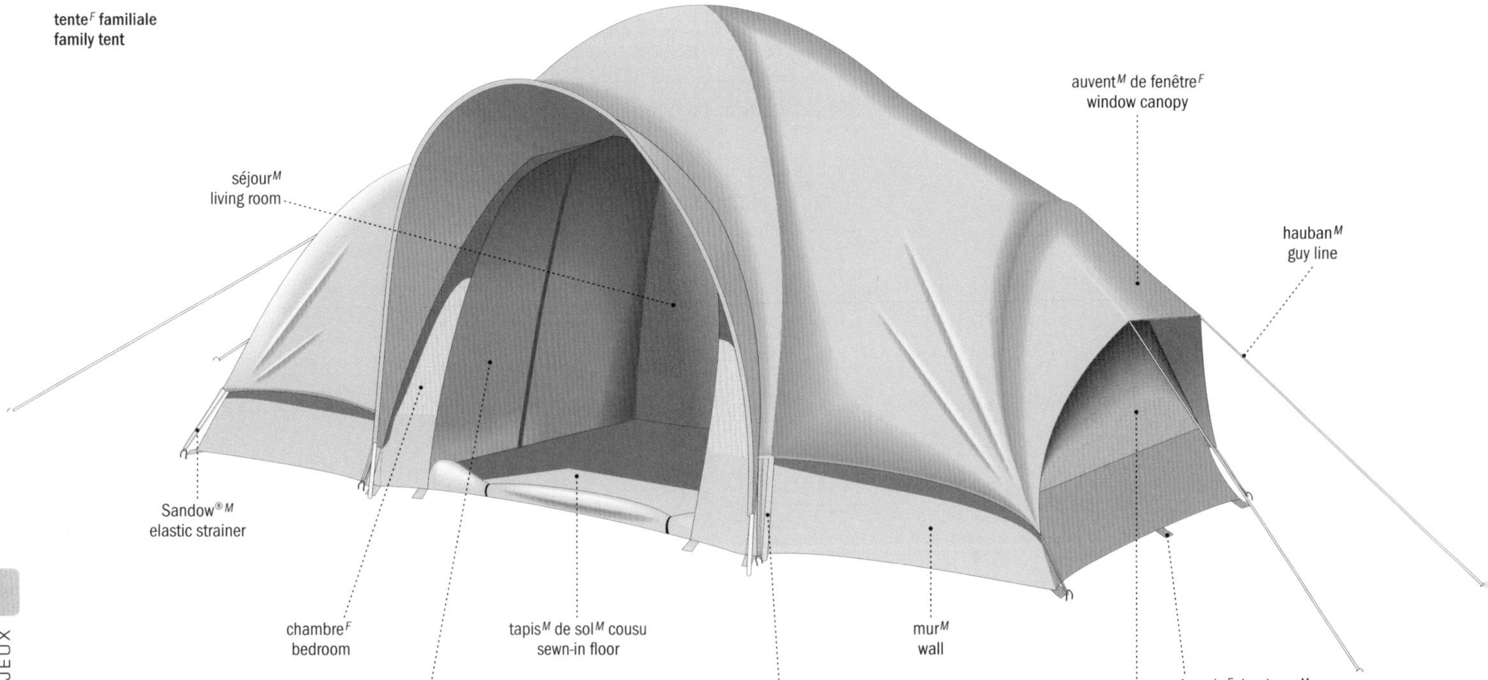

auvent[M] de fenêtre[F]
window canopy

séjour[M]
living room

hauban[M]
guy line

Sandow®[M]
elastic strainer

chambre[F]
bedroom

tapis[M] de sol[M] cousu
sewn-in floor

mur[M]
wall

boucle[F] de piquet[M]
stake loop

cloison[F]
canvas divider

armature[F]
frame

fenêtre[F] moustiquaire[F]
screen window

tente[F] grange[F]
wagon tent

tente[F] rectangulaire
wall tent

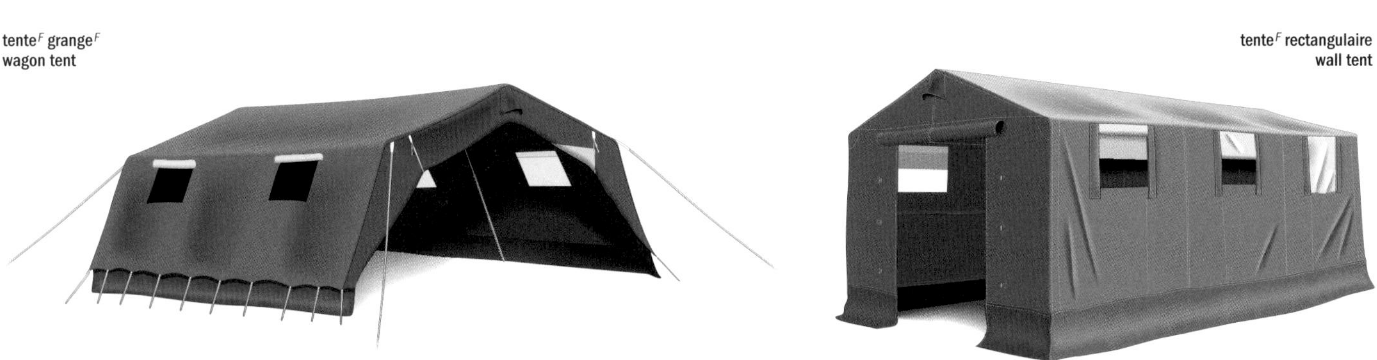

tente^F canadienne
pup tent

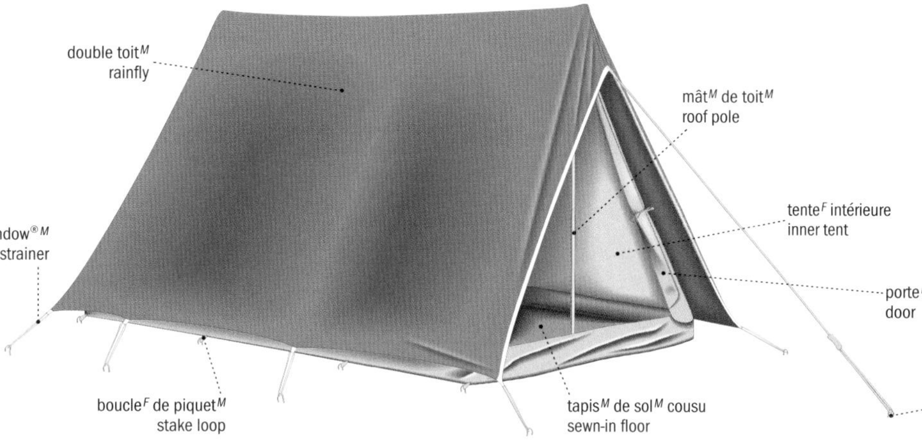

double toit^M
rainfly

mât^M de toit^M
roof pole

tente^F intérieure
inner tent

Sandow®^M
elastic strainer

porte^F
door

boucle^F de piquet^M
stake loop

tapis^M de sol^M cousu
sewn-in floor

piquet^M
stake

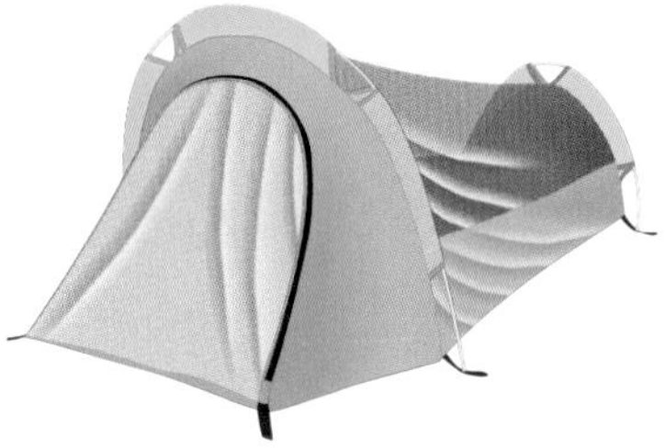

tente^F individuelle
one-person tent

tente^F dôme^M
dome tent

tente^F igloo^M
pop-up tent

accessoires^M au propane^M ou au butane^M
propane or butane accessories

lanterne^F
lantern

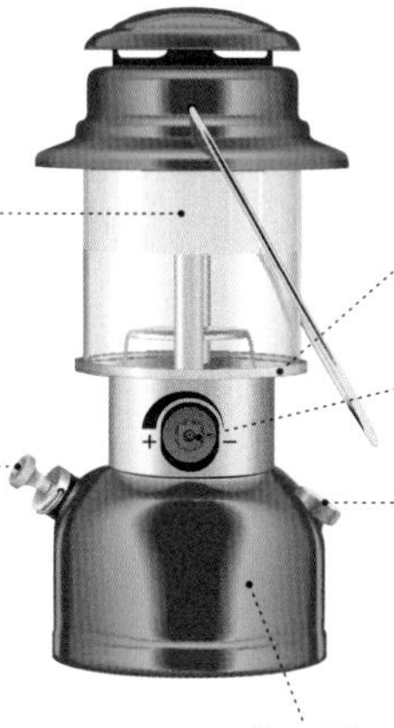

globe^M
globe

bâti^M du brûleur^M
burner frame

régulateur^M de pression^F
pressure regulator

pompe^F
pump

bouchon^M antifuite
leakproof cap

réservoir^M
tank

chaufferette^F
heater

réchaud^M à deux feux^M
double-burner camp stove

brûleur^M
burner

réservoir^M
tank

grille^F stabilisatrice
wire support

robinet^M relais^M
control valve

réchaud^M à un feu^M
single-burner camp stove

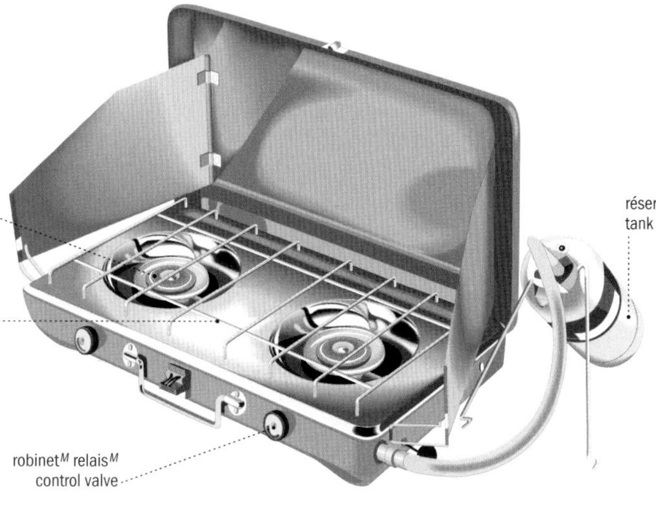

camping[M]

exemples[M] de sacs[M] de couchage[M]
examples of sleeping bags

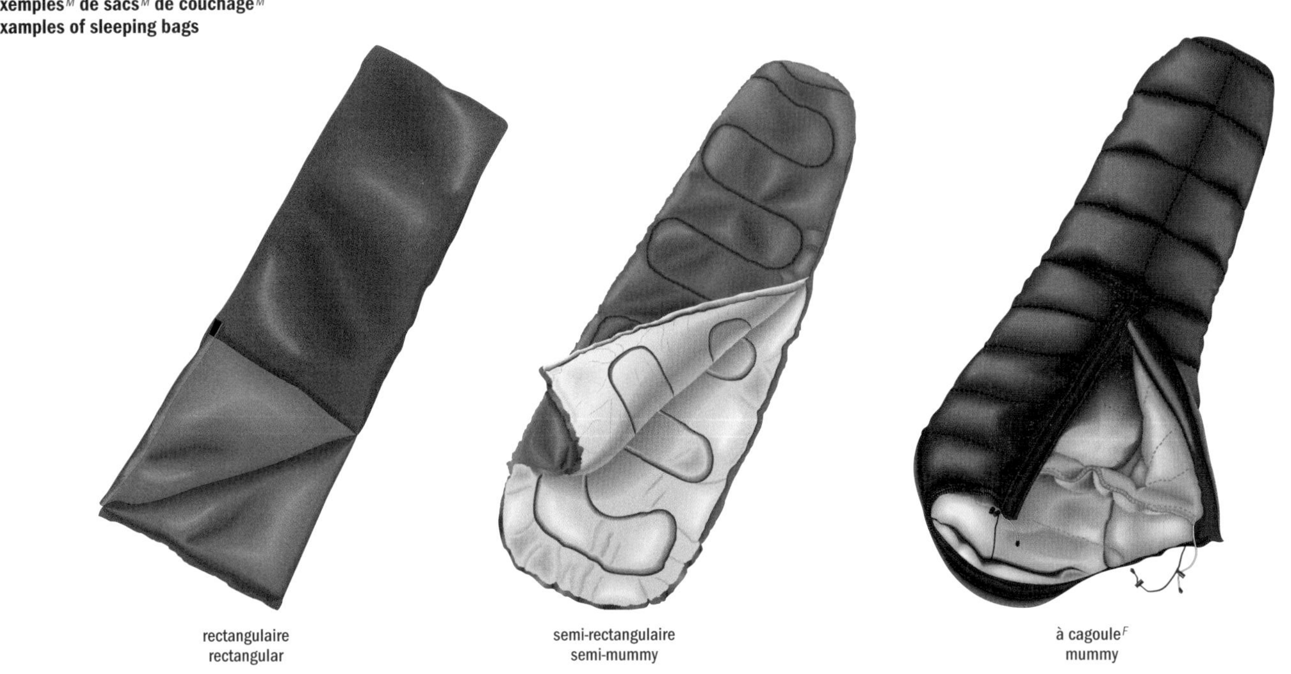

rectangulaire
rectangular

semi-rectangulaire
semi-mummy

à cagoule[F]
mummy

lit[M] et matelas[M]
bed and mattress

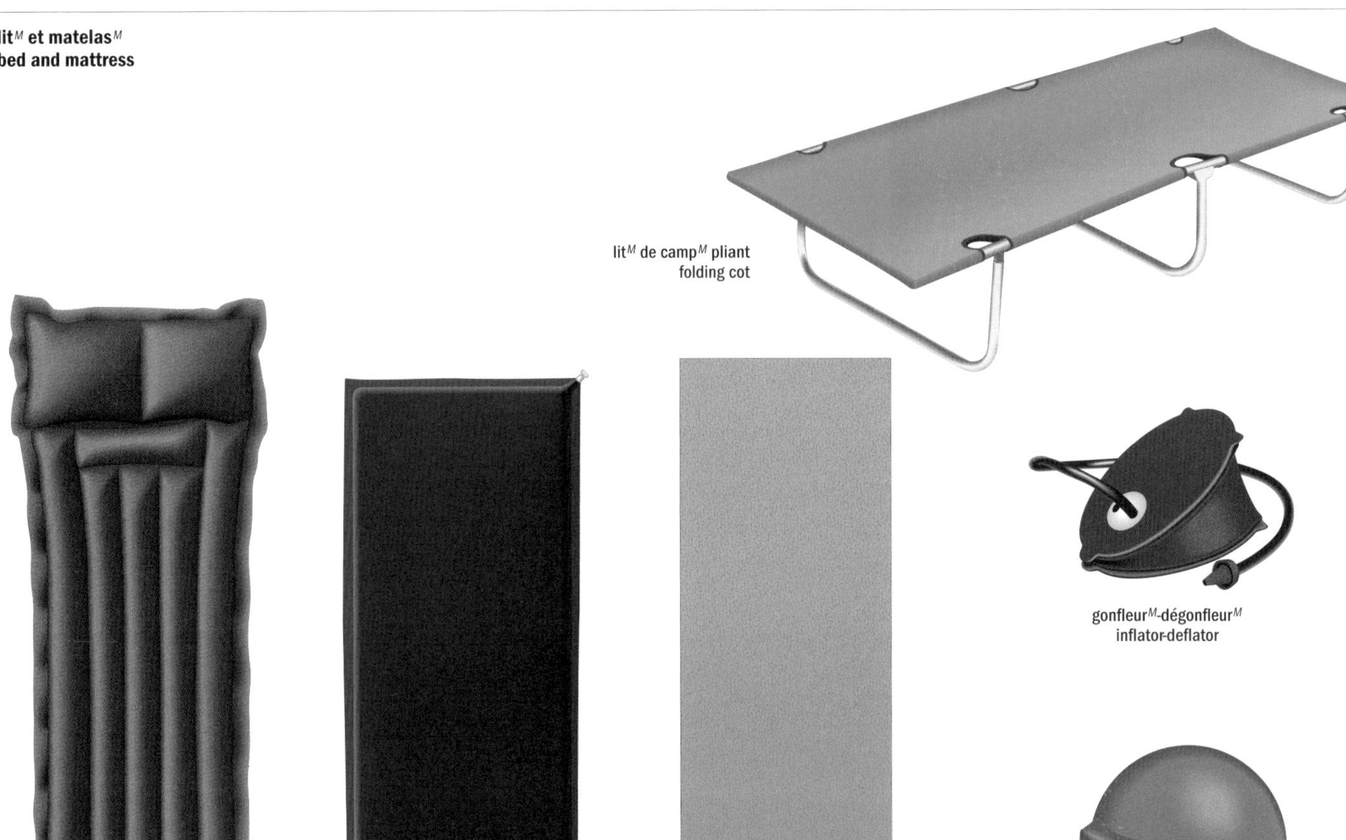

lit[M] de camp[M] pliant
folding cot

matelas[M] pneumatique
air mattress

matelas[M] autogonflant
self-inflating mattress

matelas[M] mousse[F]
foam pad

gonfleur[M]-dégonfleur[M]
inflator-deflator

gonfleur[M]
inflator

ustensiles[M] de campeur[M]
cutlery set

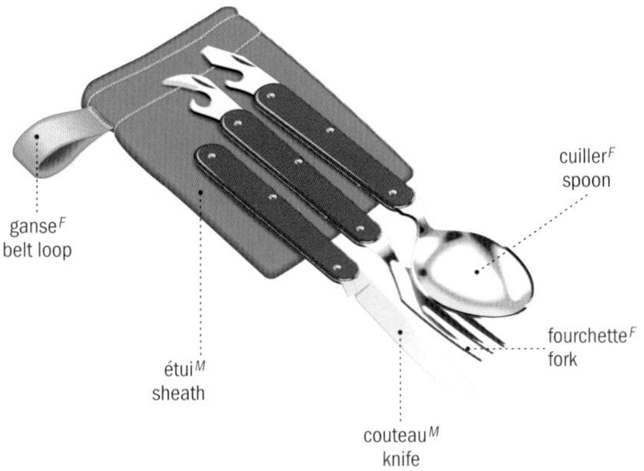

ganse[F]
belt loop

étui[M]
sheath

couteau[M]
knife

cuiller[F]
spoon

fourchette[F]
fork

popote[F]
cooking set

assiette[F] plate
plate

faitout[M]
saucepan

queue[F]
handle

poêle[F]
frying pan

cafetière[F]
coffee pot

tasse[F]
cup

matériel[M] de camping[M]
camping equipment

couteau[M] suisse
Swiss Army knife

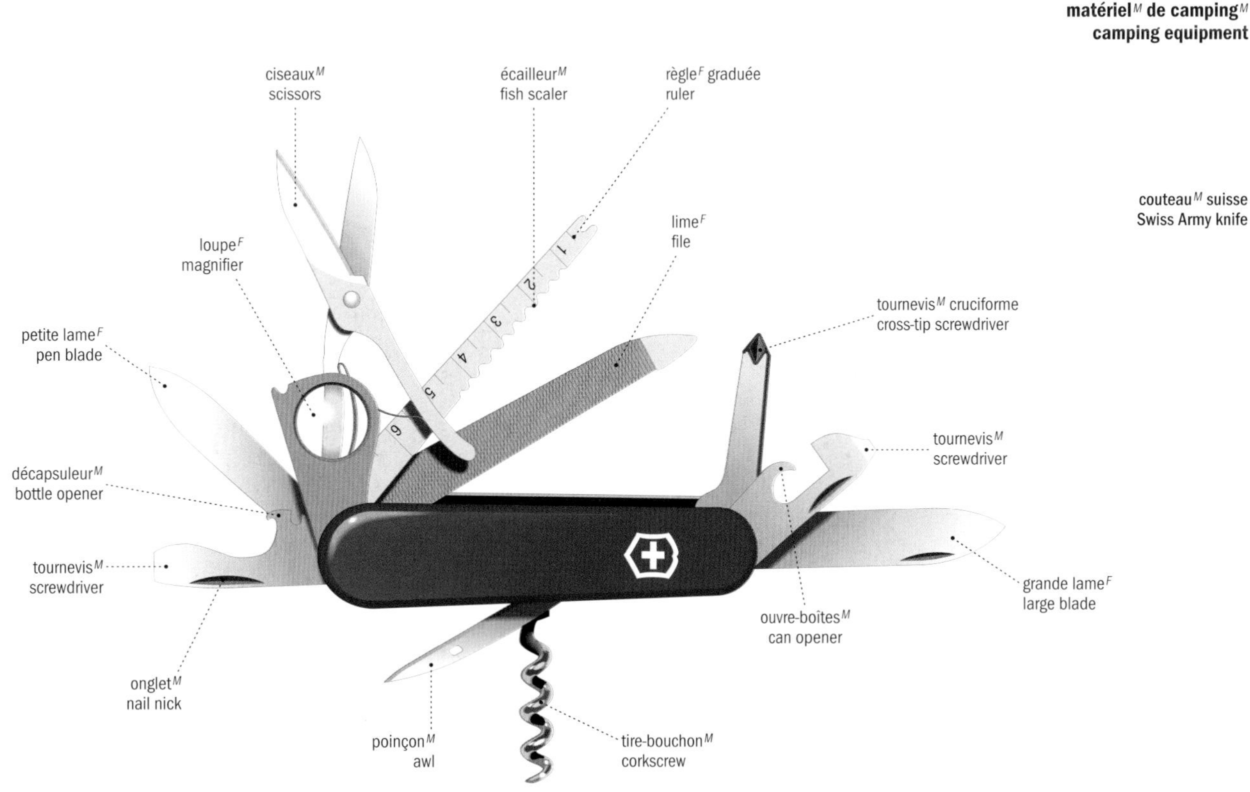
ciseaux[M]
scissors
écailleur[M]
fish scaler
règle[F] graduée
ruler
1
2
3
4
5
6
lime[F]
file
loupe[F]
magnifier
petite lame[F]
pen blade
tournevis[M] cruciforme
cross-tip screwdriver
tournevis[M]
screwdriver
décapsuleur[M]
bottle opener
tournevis[M]
screwdriver
grande lame[F]
large blade
ouvre-boîtes[M]
can opener
onglet[M]
nail nick
poinçon[M]
awl
tire-bouchon[M]
corkscrew

camping^M

sac^M à dos^M
backpack
rabat^M
top flap
bretelle^F
shoulder strap
boucle^F de réglage^M
tightening buckle
sangle^F de compression^F
side compression strap
sangle^F de fermeture^F
front compression strap
passe-sangle^M
strap loop
ceinture^F
waist belt
pelle^F-pioche^F pliante
folding shovel
bouteille^F isolante
vacuum bottle
bouteille^F
bottle
bouchon^M
stopper
tasse^F
cup
lampe^F-tempête^F
hurricane lamp
gourde^F
canteen
glacière^F
cooler
cruche^F
water carrier

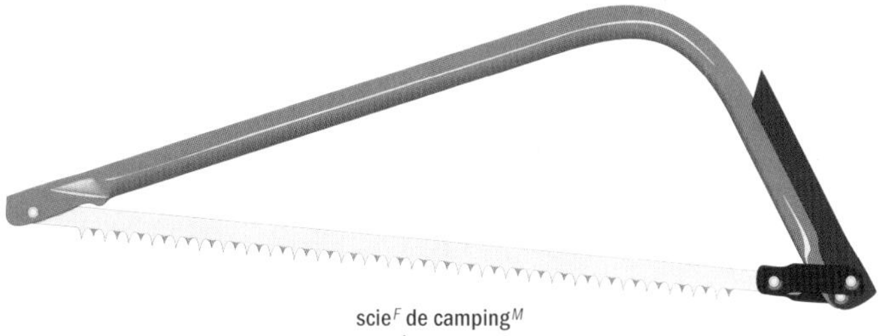

scie[F] de camping[M]
bow saw

couteau[M]
knife

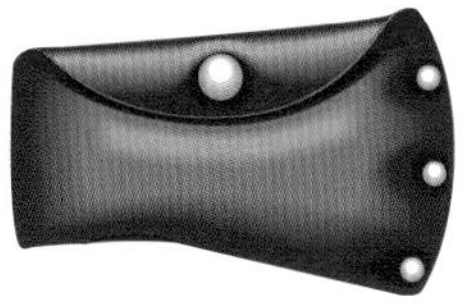

étui[M] de cuir[M]
leather sheath

gaine[F]
sheath

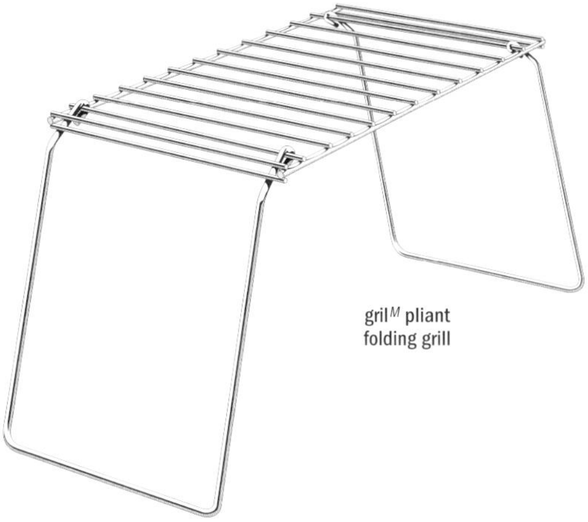

gril[M] pliant
folding grill

hachette[F]
hatchet

boussole[F] magnétique
magnetic compass

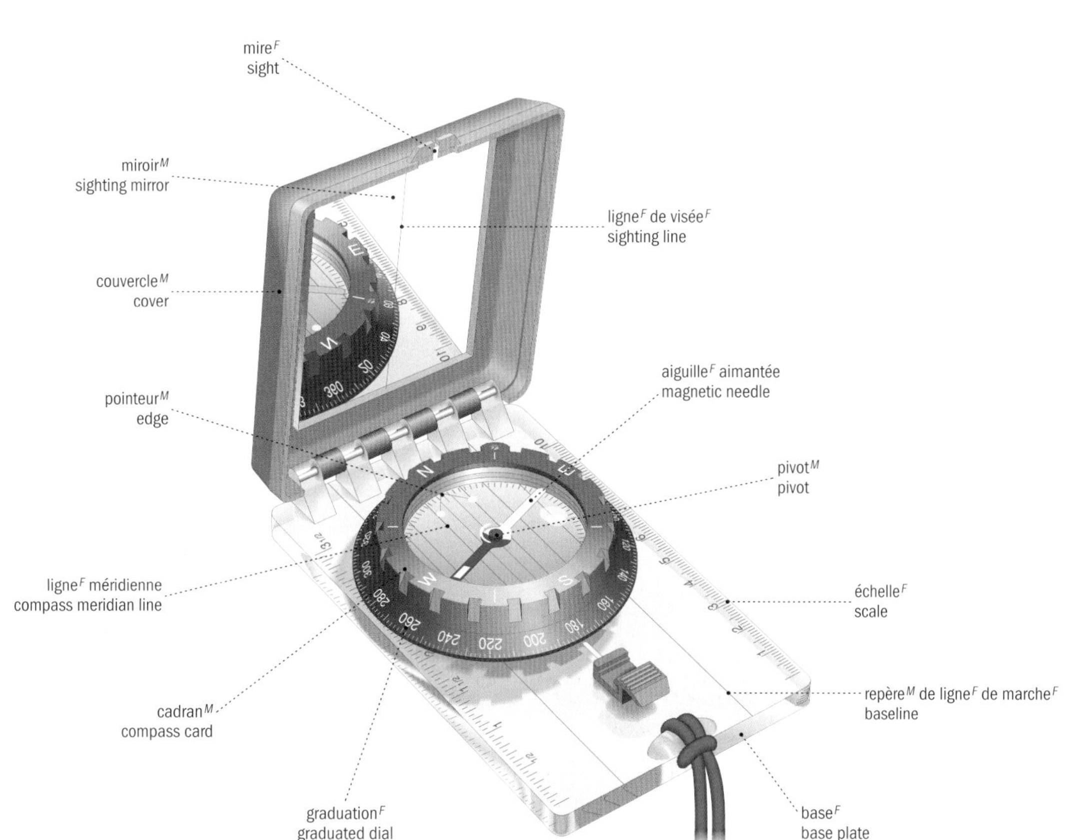
mire[F]
sight
miroir[M]
sighting mirror
ligne[F] de visée[F]
sighting line
couvercle[M]
cover
aiguille[F] aimantée
magnetic needle
pointeur[M]
edge
pivot[M]
pivot
ligne[F] méridienne
compass meridian line
échelle[F]
scale
repère[M] de ligne[F] de marche[F]
baseline
cadran[M]
compass card
graduation[F]
graduated dial
base[F]
base plate

nœuds[M]

knots

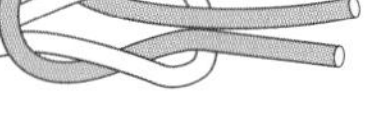

nœud[M] plat
square knot

nœud[M] simple
overhand knot

nœud[M] coulant
running bowline

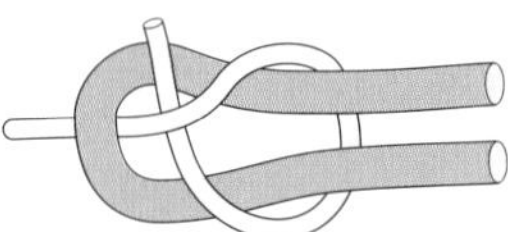

noeud[M] d'écoute[F] simple
sheet bend

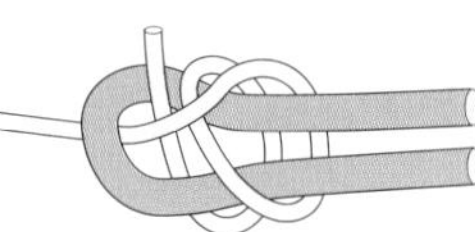

noeud[M] d'écoute[F] double
double sheet bend

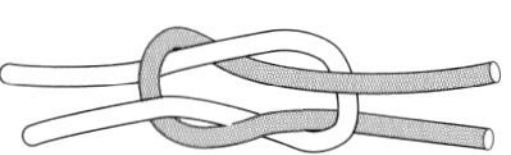

nœud[M] de vache[F]
granny knot

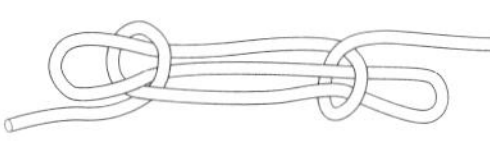

nœud[M] de jambe[F] de chien[M]
sheepshank

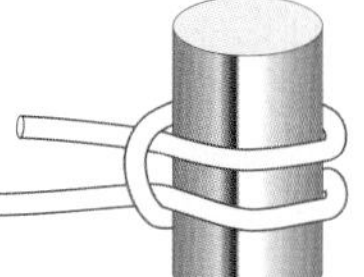

demi-clé[F] renversée
cow hitch

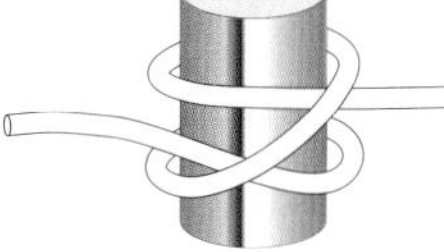

nœud[M] de cabestan[M]
clove hitch

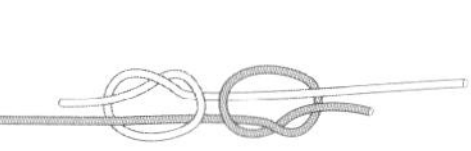

nœud[M] de pêcheur[M]
fisherman's knot

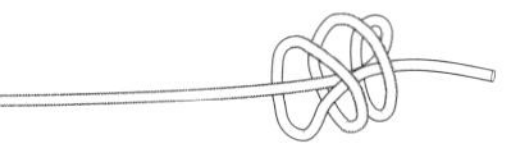

noeud[M] de Franciscain[M]
heaving line knot

nœud[M] d'arrêt[M]
figure-eight knot

surliure[F]
common whipping

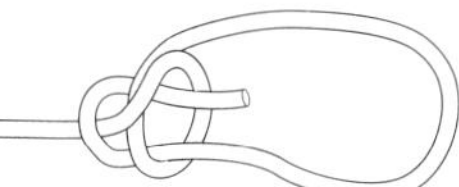

nœud[M] de chaise[F] simple
bowline

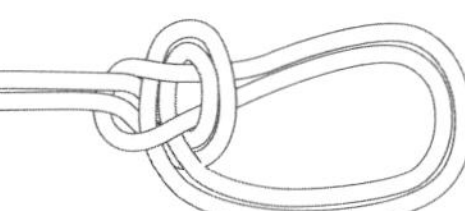

nœud[M] de chaise[F] double
bowline on a bight

épissure[F] courte
short splice

début[M]
forming

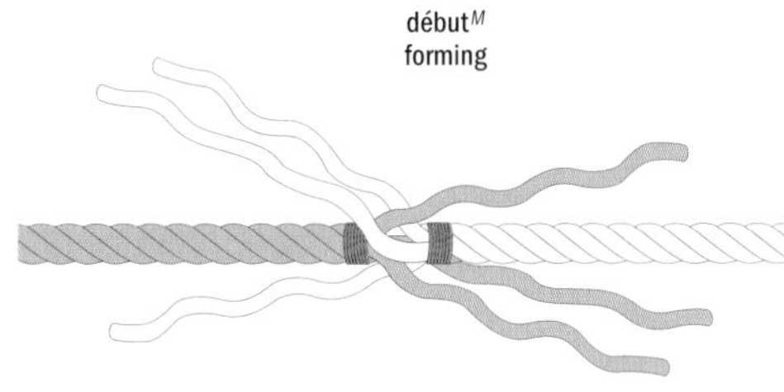

fin[F]
completion

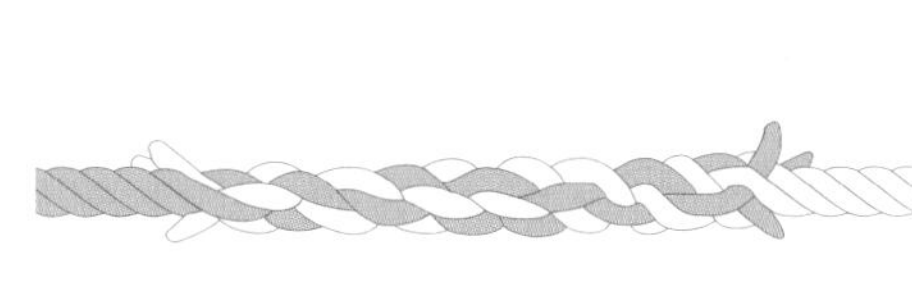

câble[M]
cable

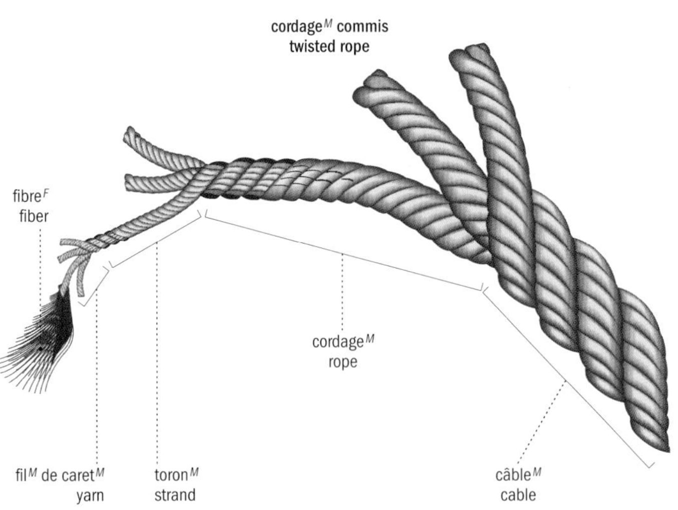
cordage[M] commis
twisted rope
fibre[F]
fiber
cordage[M]
rope
fil[M] de caret[M]
yarn
toron[M]
strand
câble[M]
cable

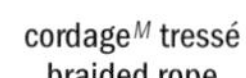
cordage[M] tressé
braided rope

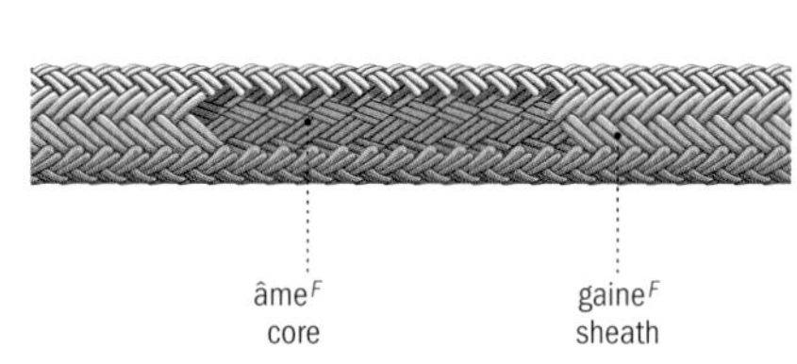
âme[F]
core
gaine[F]
sheath

SPORTS ET JEUX

pêche[F]

fishing

pêche[F] à la mouche[F]
flyfishing

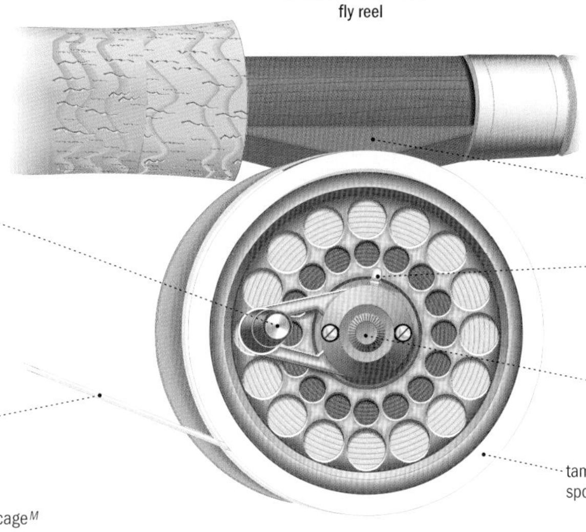

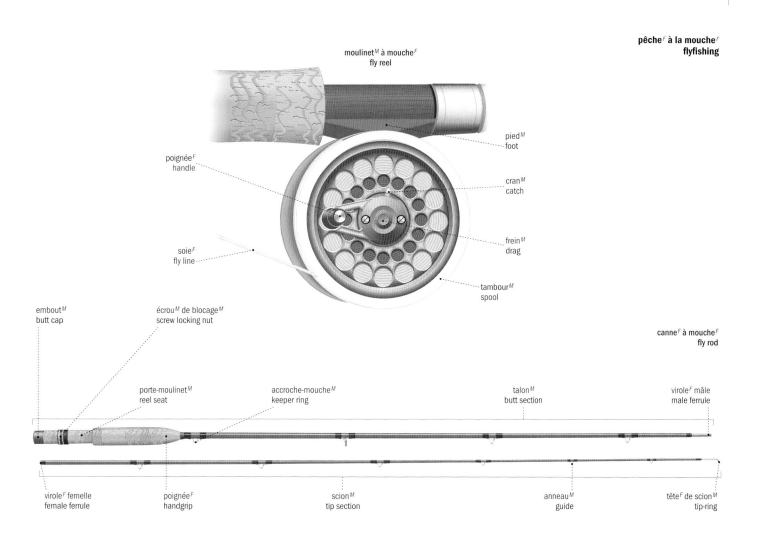

moulinet[M] à mouche[F]
fly reel

pied[M]
foot

poignée[F]
handle

cran[M]
catch

frein[M]
drag

soie[F]
fly line

tambour[M]
spool

canne[F] à mouche[F]
fly rod

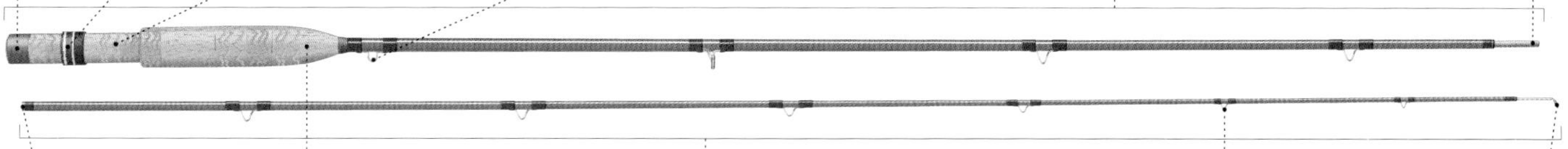

embout[M]
butt cap

écrou[M] de blocage[M]
screw locking nut

porte-moulinet[M]
reel seat

accroche-mouche[M]
keeper ring

talon[M]
butt section

virole[F] mâle
male ferrule

virole[F] femelle
female ferrule

poignée[F]
handgrip

scion[M]
tip section

anneau[M]
guide

tête[F] de scion[M]
tip-ring

mouche[F] artificielle
artificial fly

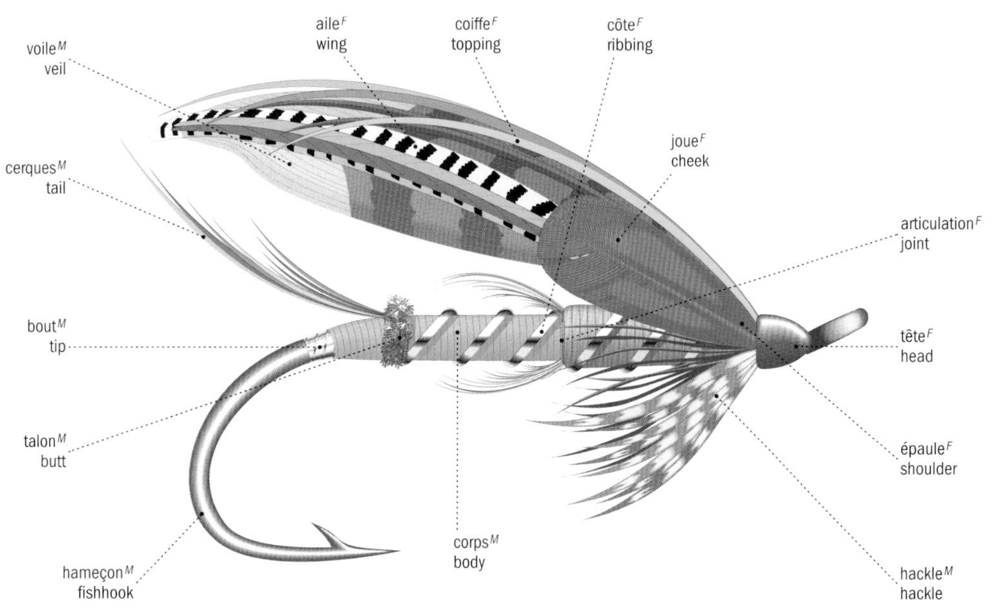
aile[F]
wing
coiffe[F]
topping
côte[F]
ribbing
voile[M]
veil
cerques[M]
tail
joue[F]
cheek
articulation[F]
joint
bout[M]
tip
tête[F]
head
talon[M]
butt
épaule[F]
shoulder
corps[M]
body
hameçon[M]
fishhook
hackle[M]
hackle

SPORTS ET JEUX

pêche^F

pêche^F au lancer^M
casting

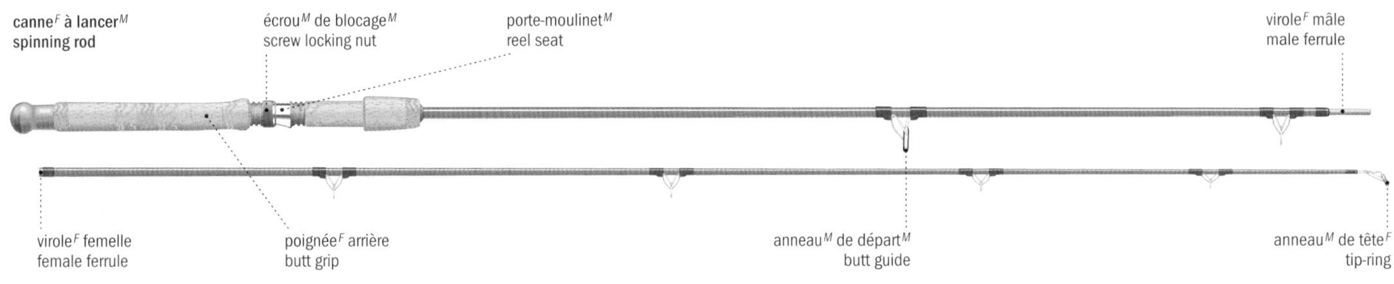
canne^F à lancer^M
spinning rod
écrou^M de blocage^M
screw locking nut
porte-moulinet^M
reel seat
virole^F mâle
male ferrule
virole^F femelle
female ferrule
poignée^F arrière
butt grip
anneau^M de départ^M
butt guide
anneau^M de tête^F
tip-ring

moulinet^M à tambour^M fixe
open-face spinning reel

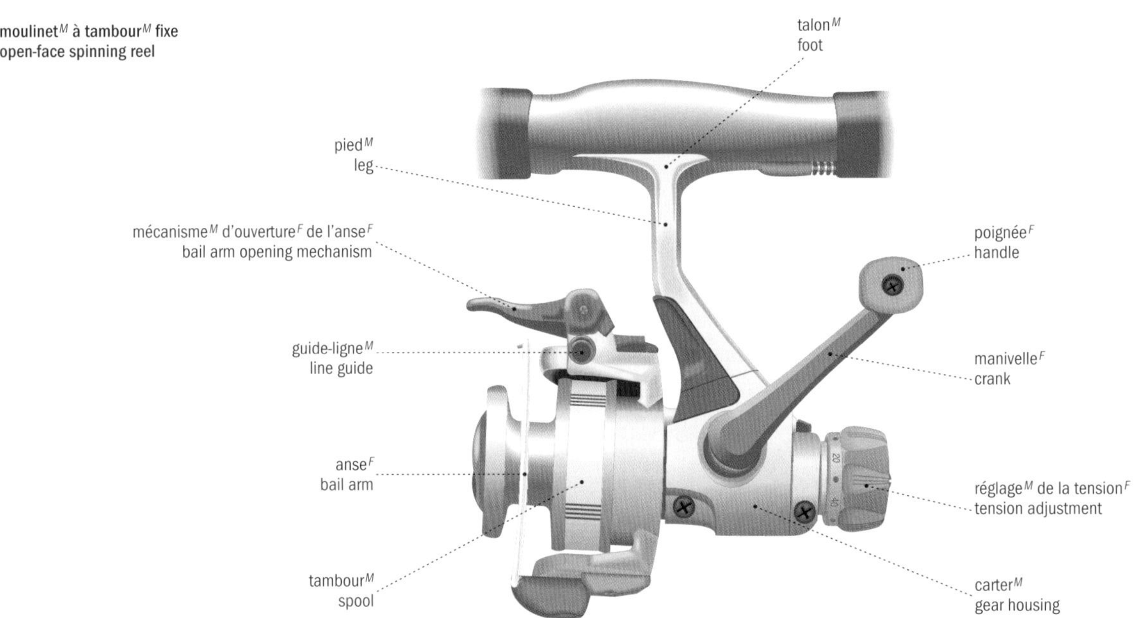
talon^M
foot
pied^M
leg
mécanisme^M d'ouverture^F de l'anse^F
bail arm opening mechanism
poignée^F
handle
guide-ligne^M
line guide
manivelle^F
crank
anse^F
bail arm
réglage^M de la tension^F
tension adjustment
tambour^M
spool
carter^M
gear housing

moulinet^M à tambour^M tournant
baitcasting reel

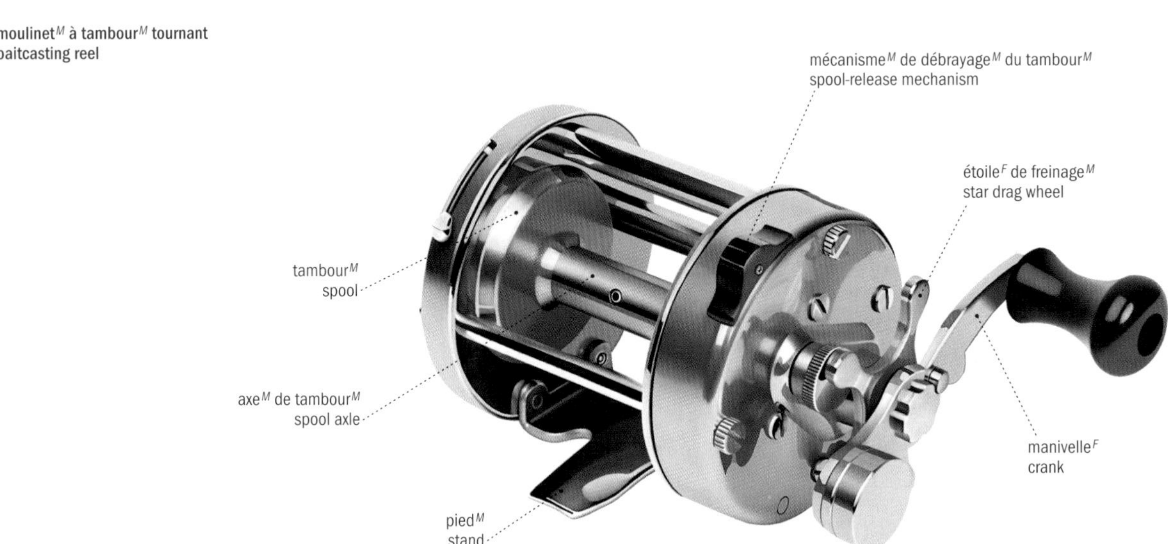
mécanisme^M de débrayage^M du tambour^M
spool-release mechanism
étoile^F de freinage^M
star drag wheel
tambour^M
spool
axe^M de tambour^M
spool axle
manivelle^F
crank
pied^M
stand

pêche[F]

hameçon[M]
fishhook

œillet[M]
eye

hampe[F]
shank

ouverture[F]
gap

pointe[F]
point

ardillon[M]
barb

gorge[F]
throat

courbure[F]
bend

bas[M] de ligne[F]
float tackle

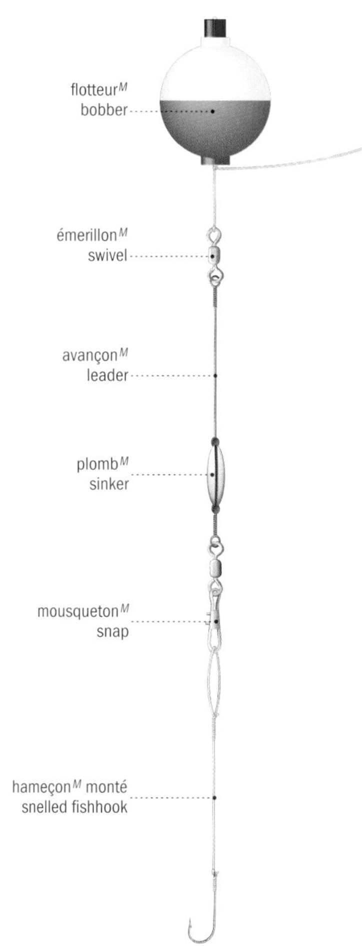
flotteur[M]
bobber
émerillon[M]
swivel
avançon[M]
leader
plomb[M]
sinker
mousqueton[M]
snap
hameçon[M] monté
snelled fishhook

cuiller[F]
spinner

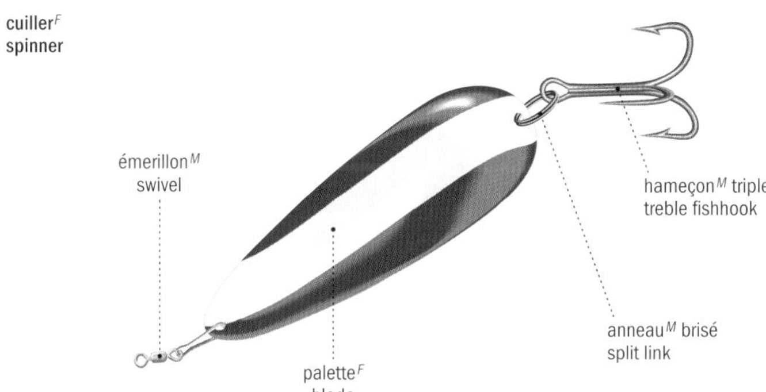
émerillon[M]
swivel
hameçon[M] triple
treble fishhook
anneau[M] brisé
split link
palette[F]
blade

vêtements[M] et accessoires[M]
clothing and accessories

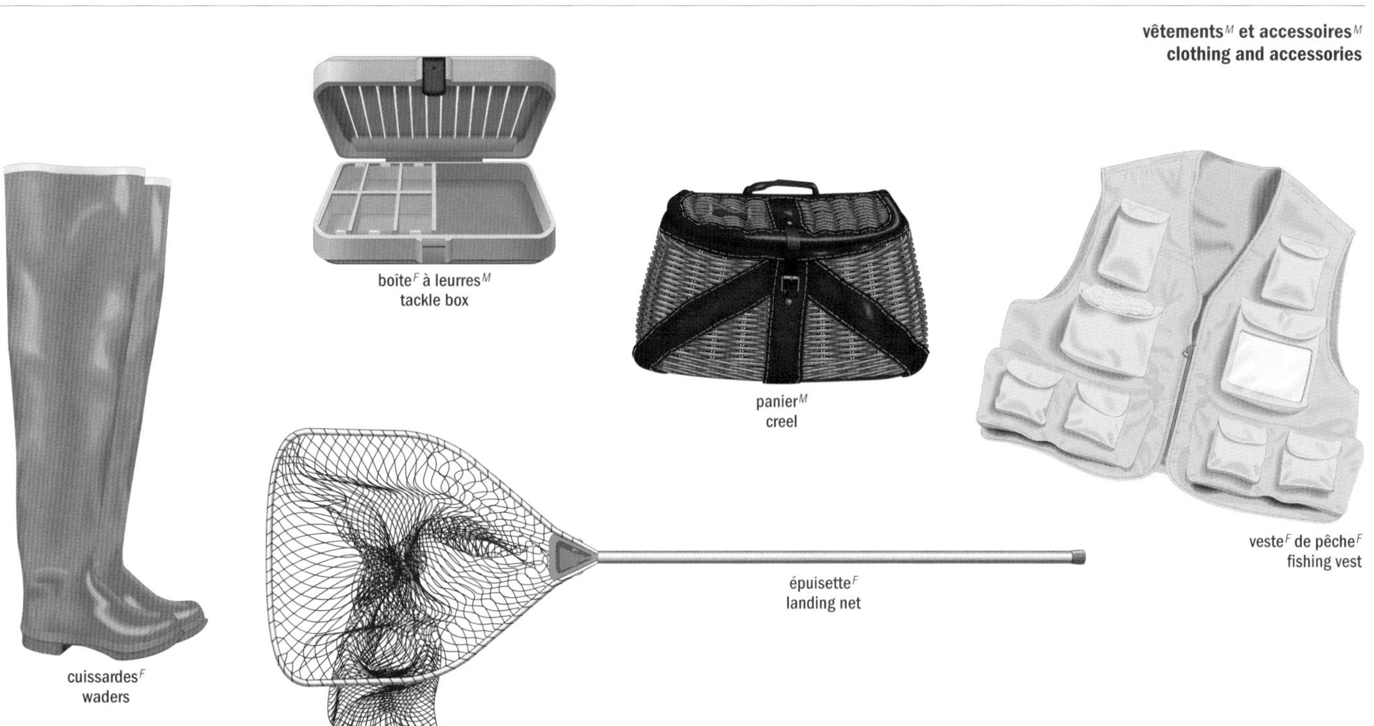
boite[F] à leurres[M]
tackle box
panier[M]
creel
veste[F] de pêche[F]
fishing vest
épuisette[F]
landing net
cuissardes[F]
waders

chasse[F]

hunting

carabine[F] (canon[M] rayé)
rifle (rifled bore)

bloc[M] de culasse[F]
breechblock
bouche[F]
muzzle
poignée[F]
pistol grip
chien[M]
hammer
lunette[F] de visée[F]
telescopic sight
guidon[M]
front sight
hausse[F]
rear sight
plaque[F] de couche[F]
butt plate
pontet[M]
trigger guard
canon[M]
barrel
levier[M]
lever
détente[F]
trigger
crosse[F]
stock

fusil[M] (canon[M] lisse)
shotgun (smooth-bore)

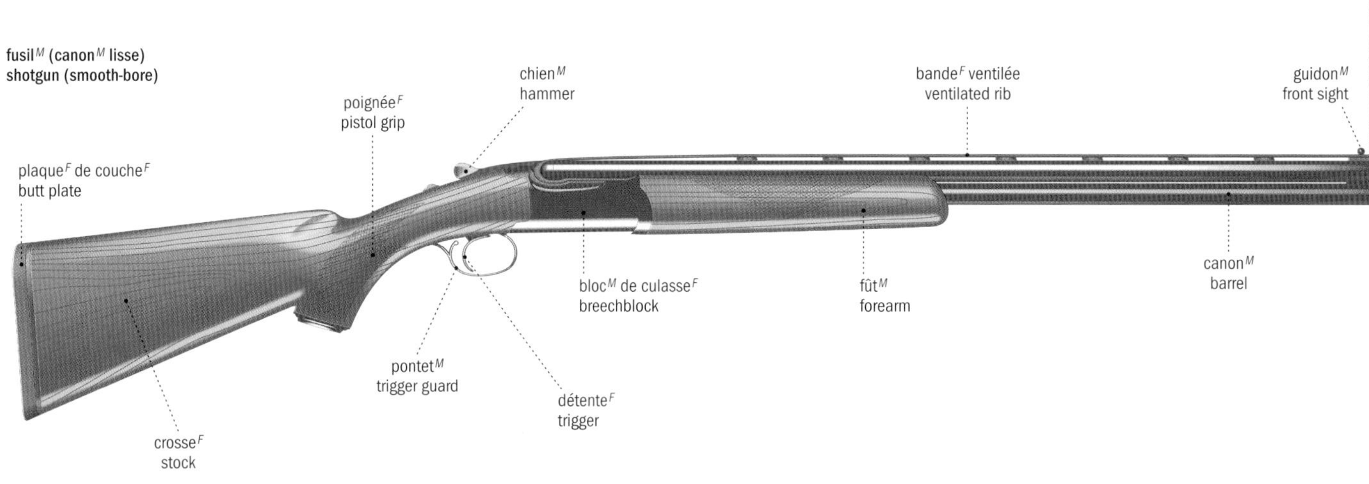
bouche[F]
muzzle
chien[M]
hammer
bande[F] ventilée
ventilated rib
guidon[M]
front sight
poignée[F]
pistol grip
plaque[F] de couche[F]
butt plate
bloc[M] de culasse[F]
breechblock
fût[M]
forearm
canon[M]
barrel
pontet[M]
trigger guard
détente[F]
trigger
crosse[F]
stock

cartouche[F] (fusil[M])
cartridge (shotgun)

cartouche[F] (carabine[F])
cartridge (rifle)

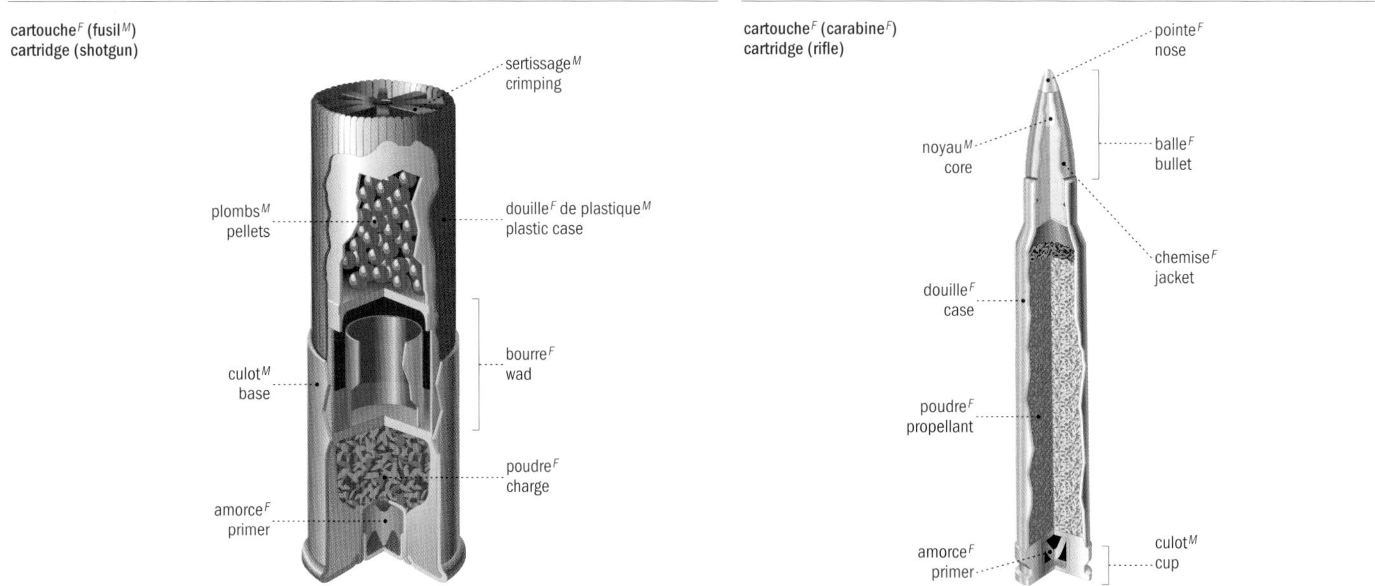
sertissage[M]
crimping
plombs[M]
pellets
douille[F] de plastique[M]
plastic case
bourre[F]
wad
culot[M]
base
poudre[F]
charge
amorce[F]
primer
pointe[F]
nose
noyau[M]
core
balle[F]
bullet
chemise[F]
jacket
douille[F]
case
poudre[F]
propellant
amorce[F]
primer
culot[M]
cup

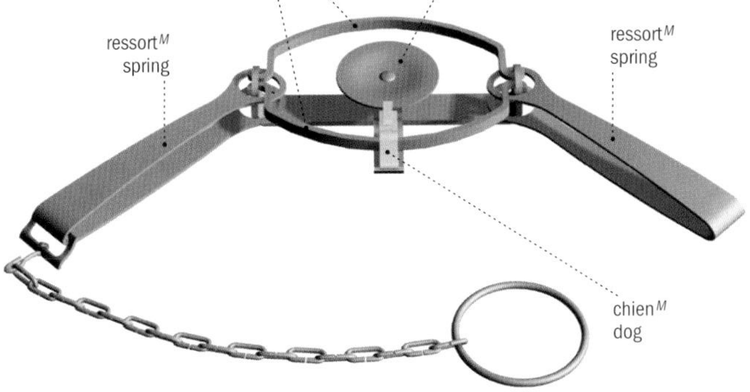

mâchoires[F]
jaws

palette[F]
pan

ressort[M]
spring

ressort[M]
spring

chien[M]
dog

piège[M] à patte[F] à mâchoires[F]
leghold trap

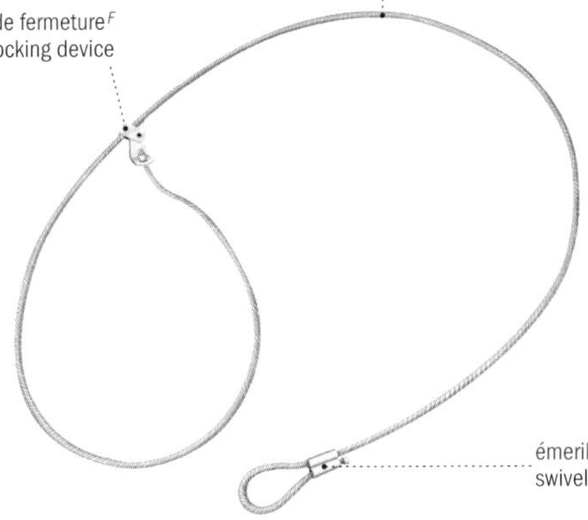

câble[M] d'acier[M]
steel cable

dispositif[M] de fermeture[F]
locking device

émerillon[M]
swivel

collet[M]
snare

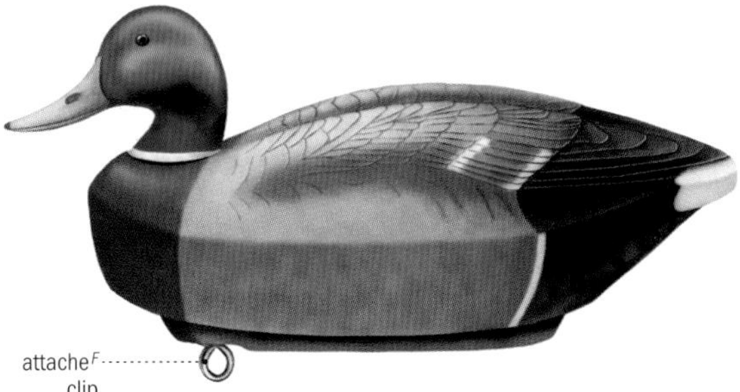

attache[F]
clip

appeau[M]
decoy

arc[M] à poulies[F]
compound bow

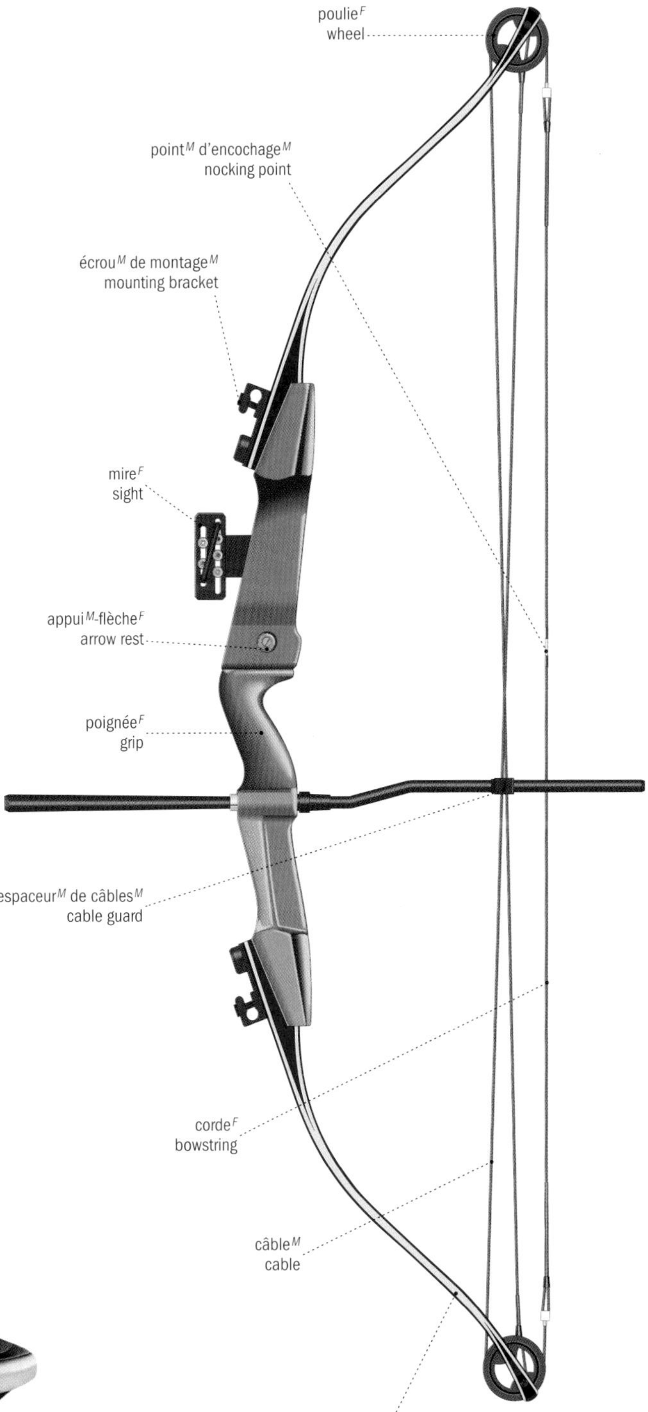

poulie[F]
wheel

point[M] d'encochage[M]
nocking point

écrou[M] de montage[M]
mounting bracket

mire[F]
sight

appui[M]-flèche[F]
arrow rest

poignée[F]
grip

espaceur[M] de câbles[M]
cable guard

corde[F]
bowstring

câble[M]
cable

branche[F]
limb

dés[M] et dominos[M]

dice and dominoes

dé[M] régulier
ordinary die

dé[M] à poker[M]
poker die

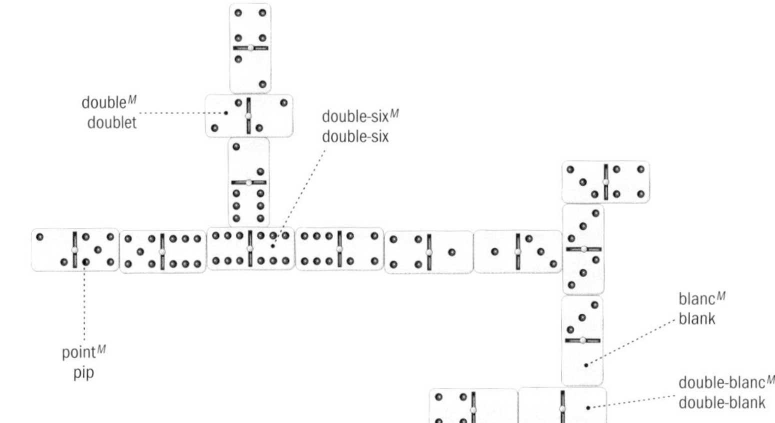
double[M]
doublet
double-six[M]
double-six
blanc[M]
blank
point[M]
pip
double-blanc[M]
double-blank

cartes[F]

cards

symboles[M]
symbols

cœur[M]
heart

carreau[M]
diamond

trèfle[M]
club

pique[M]
spade

Joker[M]
joker

As[M]
ace

Roi[M]
king

Dame[F]
queen

Valet[M]
jack

combinaisons[F] au poker[M]
standard poker hands

carte[F] isolée
high card

paire[F]
one pair

double paire[F]
two pairs

brelan[M]
three-of-a-kind

séquence[F]
straight

couleur[F]
flush

main[F] pleine
full house

carré[M]
four-of-a-kind

quinte[F]
straight flush

quinte[F] royale
royal flush

jeux^M de plateau^M

board games

jacquet^M
backgammon

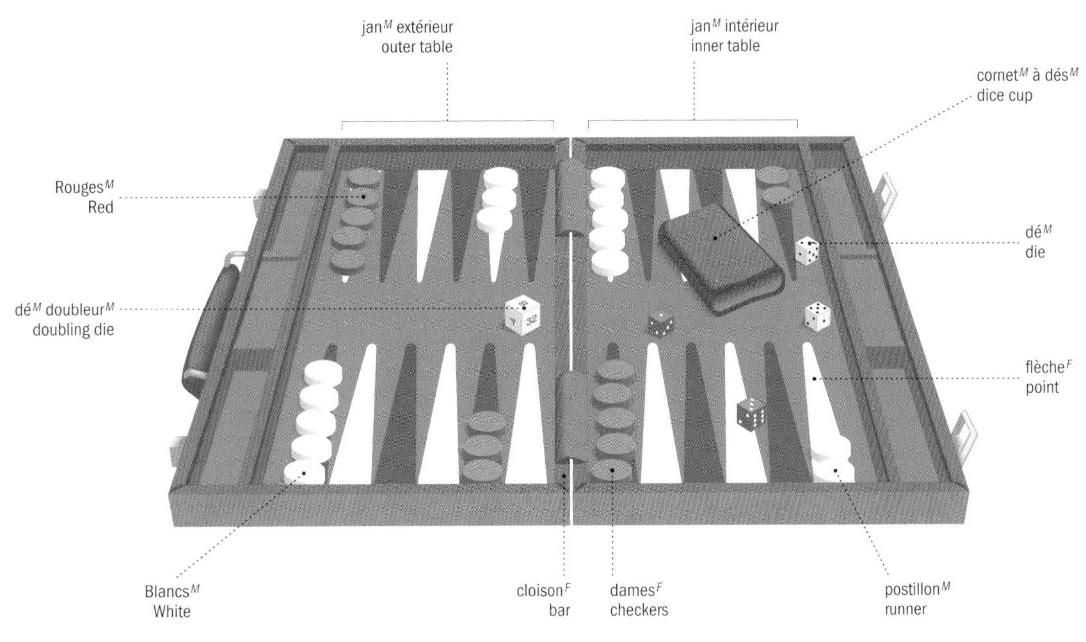
jan^M extérieur
outer table
jan^M intérieur
inner table
cornet^M à dés^M
dice cup
Rouges^M
Red
dé^M
die
dé^M doubleur^M
doubling die
flèche^F
point
Blancs^M
White
cloison^F
bar
dames^F
checkers
postillon^M
runner

Monopoly®^M
Monopoly

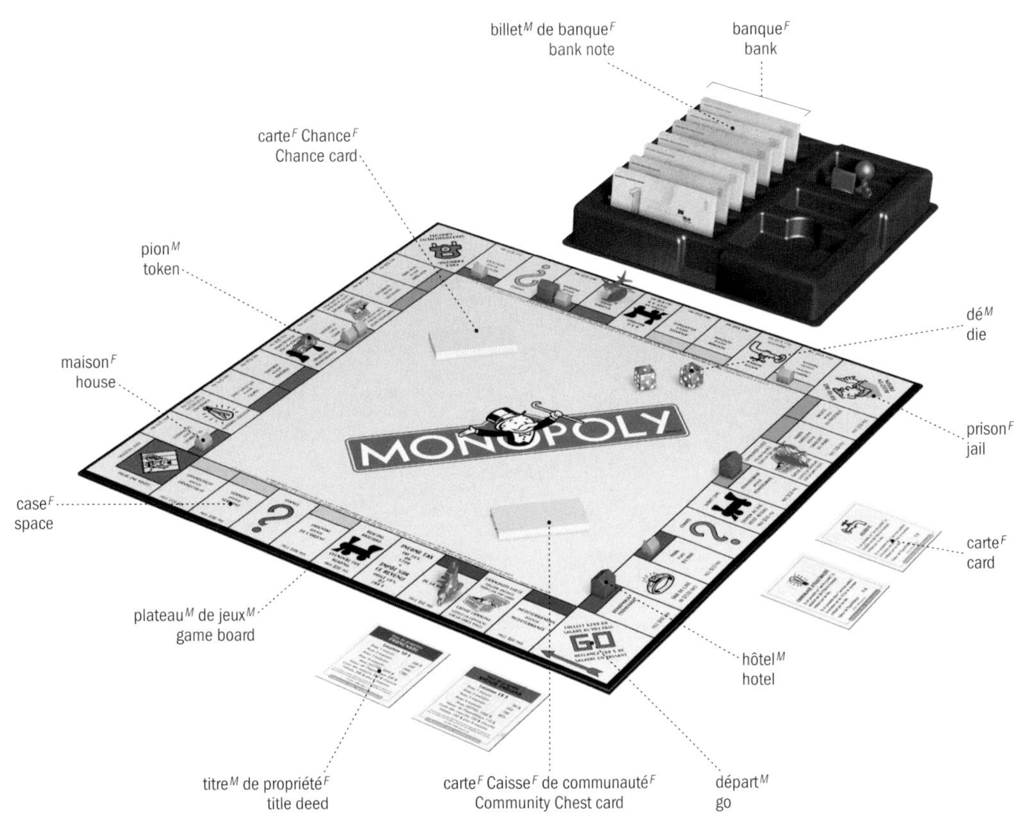
billet^M de banque^F
bank note
banque^F
bank
carte^F Chance^F
Chance card
pion^M
token
dé^M
die
maison^F
house
prison^F
jail
case^F
space
carte^F
card
plateau^M de jeux^M
game board
hôtel^M
hotel
titre^M de propriété^F
title deed
carte^F Caisse^F de communauté^F
Community Chest card
départ^M
go
MONOPOLY

jeux[M] de plateau[M]

échecs[M] chess

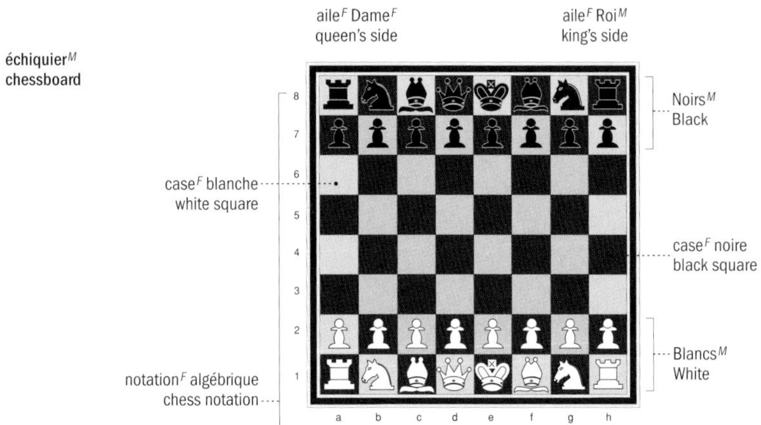
aile[F] Dame[F]
queen's side
aile[F] Roi[M]
king's side
échiquier[M]
chessboard
Noirs[M]
Black
case[F] blanche
white square
case[F] noire
black square
Blancs[M]
White
notation[F] algébrique
chess notation
8
7
6
5
4
3
2
1
a
b
c
d
e
f
g
h

pièces[F] chess pieces

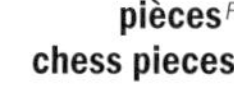

Pion[M]
pawn

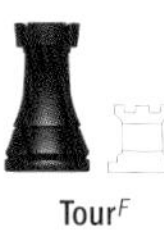

Tour[F]
rook

Fou[M]
bishop

Cavalier[M]
knight

types[M] de déplacements[M] types of movements

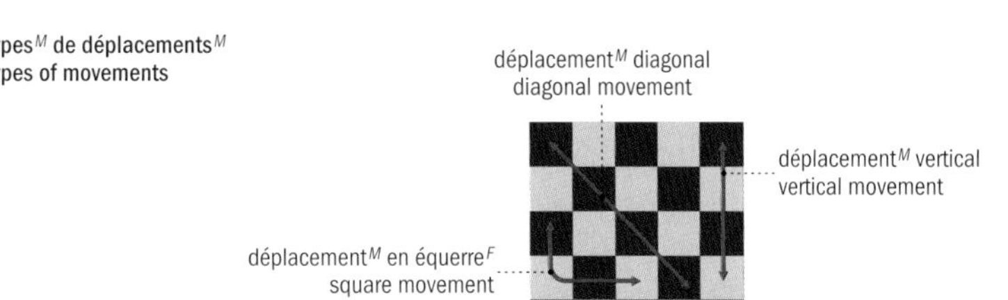
déplacement[M] diagonal
diagonal movement
déplacement[M] vertical
vertical movement
déplacement[M] en équerre[F]
square movement
déplacement[M] horizontal
horizontal movement

Roi[M]
king

Dame[F]
queen

go[M] go

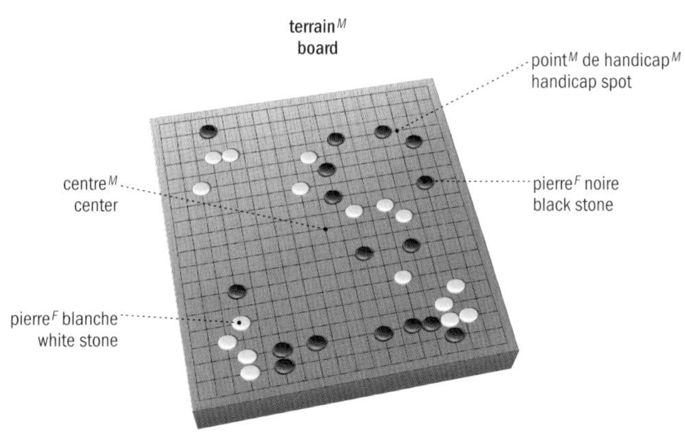
terrain[M]
board
point[M] de handicap[M]
handicap spot
centre[M]
center
pierre[F] noire
black stone
pierre[F] blanche
white stone

principaux mouvements[M] major motions

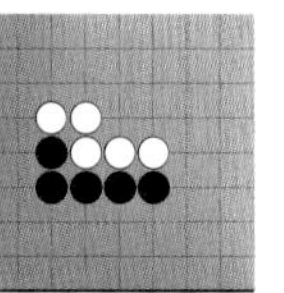

connexion[F]
connection

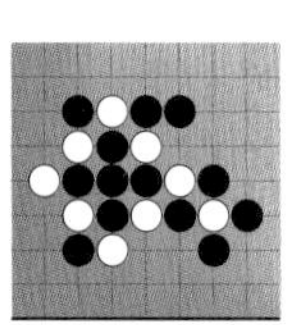

capture[F]
capture

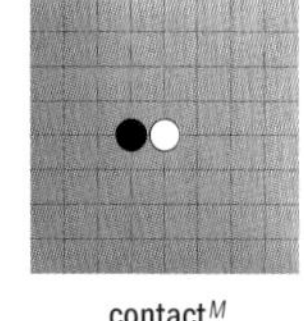

contact[M]
contact

jeu[M] de dames[F] checkers

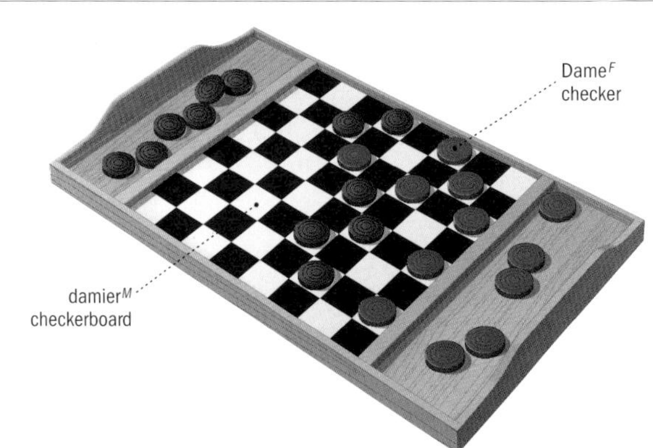
Dame[F]
checker
damier[M]
checkerboard

puzzle[M]; *casse-tête*[M]

jigsaw puzzle

pièce[F]
piece
image[F]
picture
plateau[M]
board

mah-jong[M]

mah-jongg

muraille[F]
square

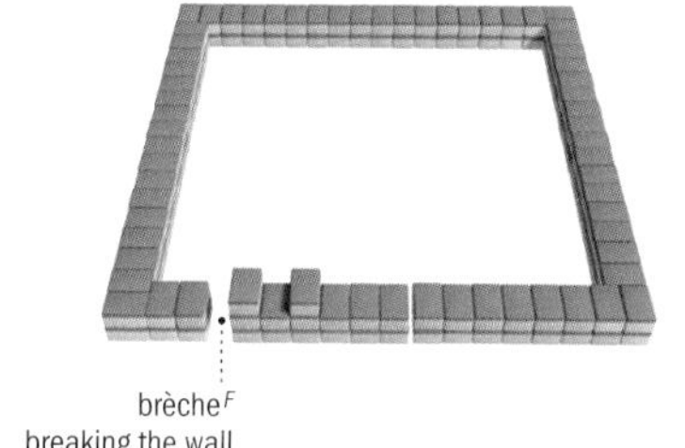
brèche[F]
breaking the wall

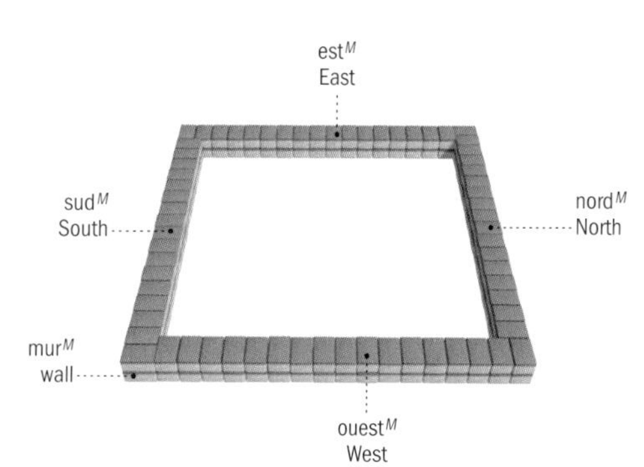
est[M]
East
sud[M]
South
nord[M]
North
mur[M]
wall
ouest[M]
West

tuiles[F] ordinaires
suit tiles

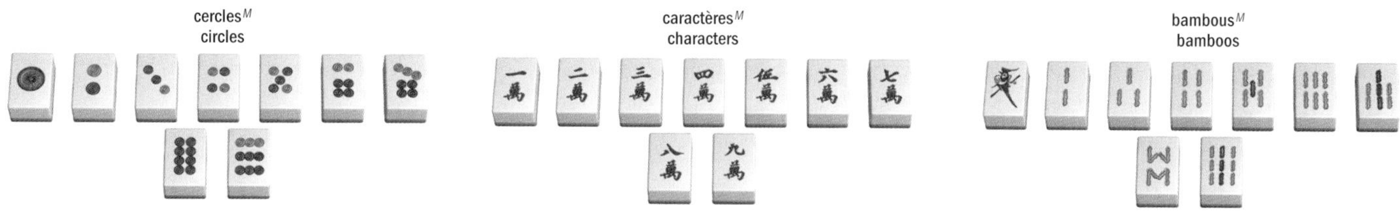
cercles[M]
circles
caractères[M]
characters
bambous[M]
bamboos

honneurs[M]
honor tiles

vents[M]
winds
dragons[M]
dragons

tuiles[F] de bonification[F]
bonus tiles

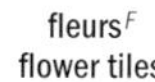

fleurs[F]
flower tiles

saisons[F]
season tiles

système^M de jeux^M vidéo

video entertainment system

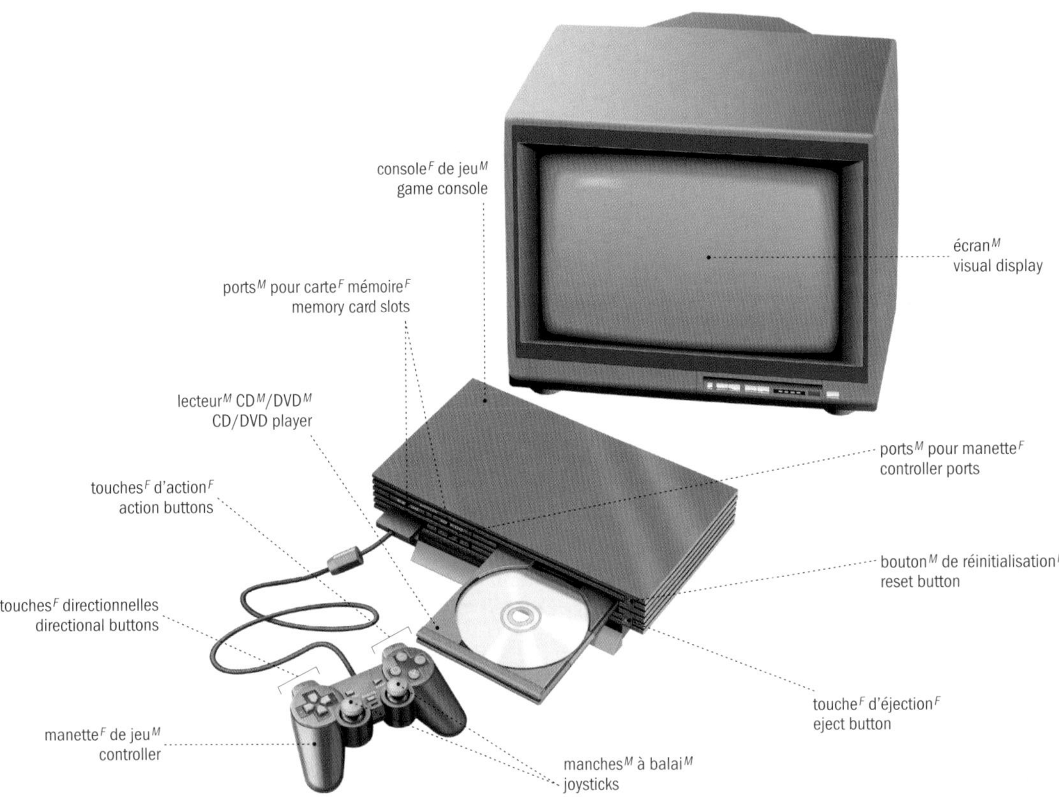
console^F de jeu^M
game console
écran^M
visual display
ports^M pour carte^F mémoire^F
memory card slots
lecteur^M CD^M/DVD^M
CD/DVD player
ports^M pour manette^F
controller ports
touches^F d'action^F
action buttons
bouton^M de réinitialisation^F
reset button
touches^F directionnelles
directional buttons
touche^F d'éjection^F
eject button
manette^F de jeu^M
controller
manches^M à balai^M
joysticks

jeu^M de fléchettes^F

darts

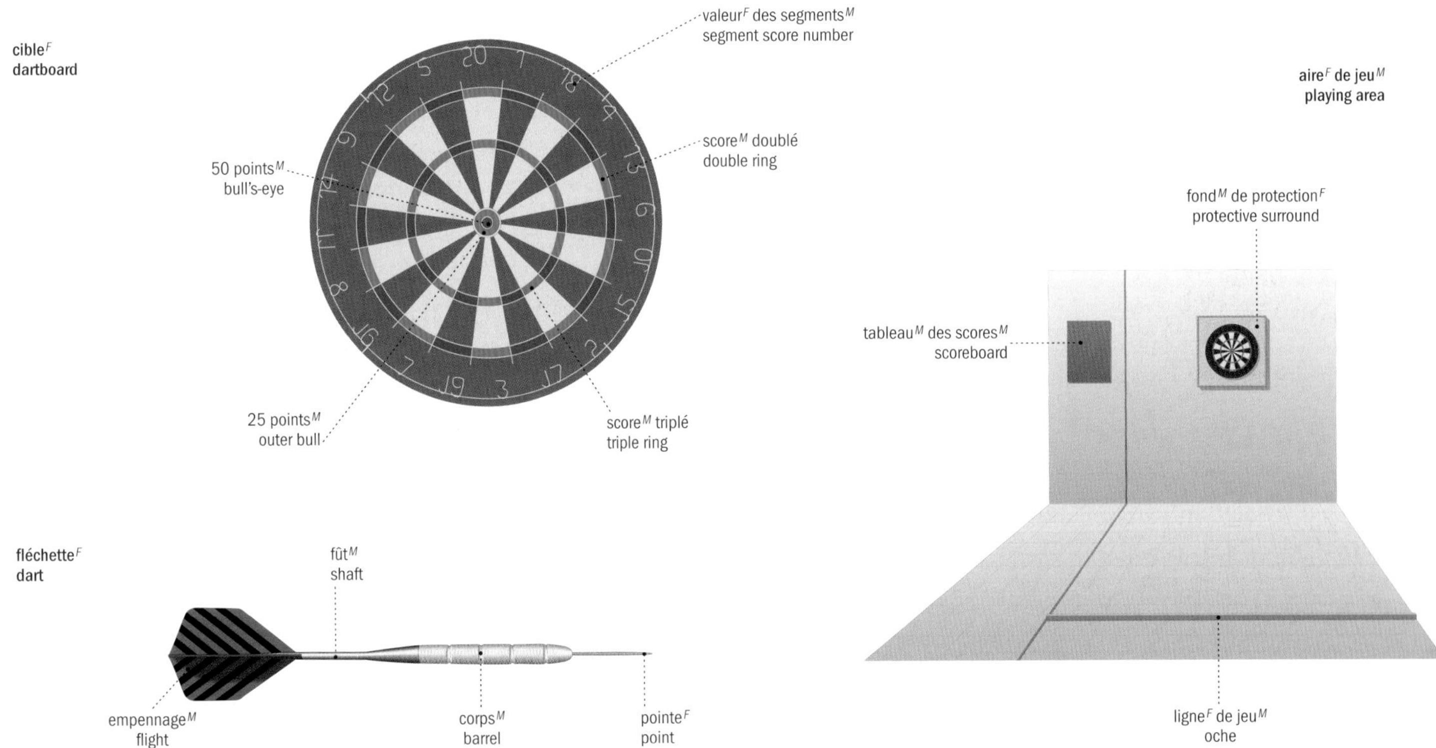
cible^F
dartboard
valeur^F des segments^M
segment score number
aire^F de jeu^M
playing area
score^M doublé
double ring
50 points^M
bull's-eye
fond^M de protection^F
protective surround
tableau^M des scores^M
scoreboard
25 points^M
outer bull
score^M triplé
triple ring
fléchette^F
dart
fût^M
shaft
empennage^M
flight
corps^M
barrel
pointe^F
point
ligne^F de jeu^M
oche

SPORTS ET JEUX

table[F] de roulette

roulette table

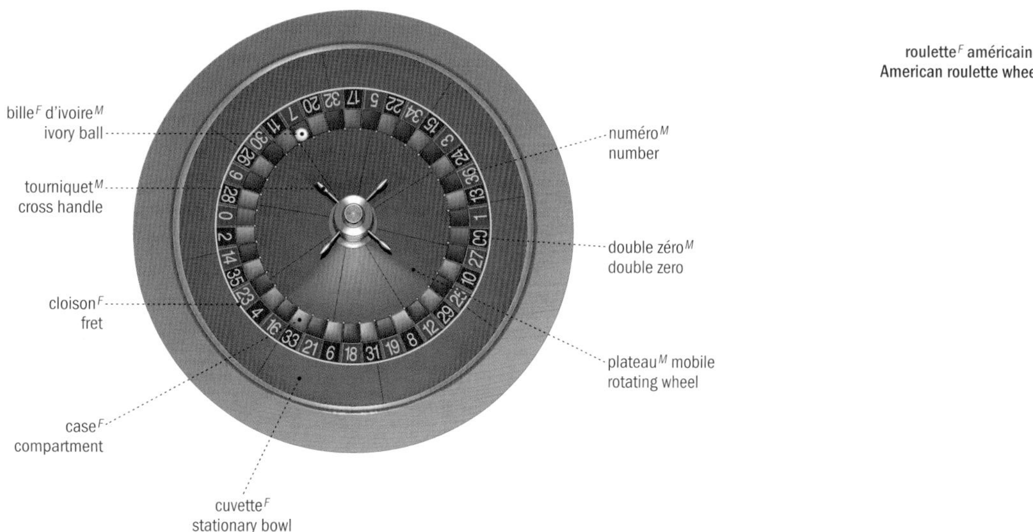
roulette[F] américaine
American roulette wheel
bille[F] d'ivoire[M]
ivory ball
tourniquet[M]
cross handle
cloison[F]
fret
case[F]
compartment
cuvette[F]
stationary bowl
numéro[M]
number
double zéro[M]
double zero
plateau[M] mobile
rotating wheel

roulette[F] française
French roulette wheel

tableau[M] français des mises[F]
French betting layout

PASSE
MANQUE
PAIR
IMPAIR

tableau[M] américain des mises[F]
American betting layout

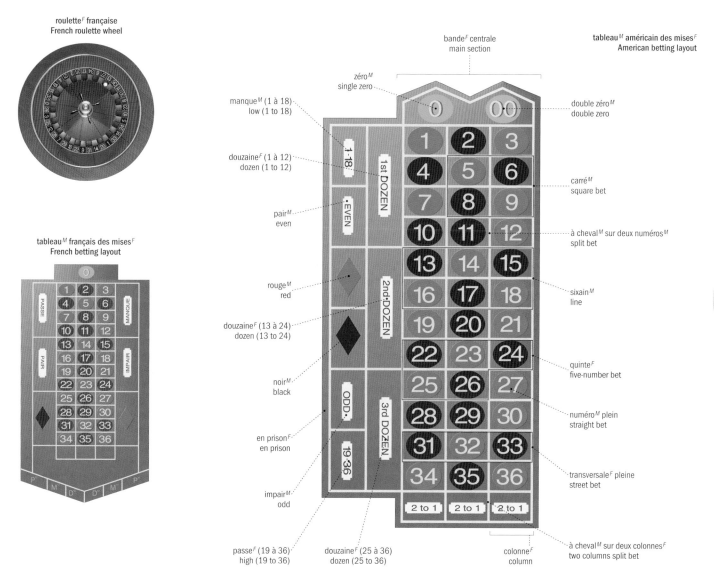

bande[F] centrale
main section

zéro[M]
single zero

double zéro[M]
double zero

manque[M] (1 à 18)
low (1 to 18)

douzaine[F] (1 à 12)
dozen (1 to 12)

carré[M]
square bet

pair[M]
even

à cheval[M] sur deux numéros[M]
split bet

rouge[M]
red

sixain[M]
line

douzaine[F] (13 à 24)
dozen (13 to 24)

quinte[F]
five-number bet

noir[M]
black

numéro[M] plein
straight bet

en prison[F]
en prison

transversale[F] pleine
street bet

impair[M]
odd

à cheval[M] sur deux colonnes[F]
two columns split bet

passe[F] (19 à 36)
high (19 to 36)

douzaine[F] (25 à 36)
dozen (25 to 36)

colonne[F]
column

1-18
EVEN
ODD
19-36
1st DOZEN
2nd DOZEN
3rd DOZEN
2 to 1
2 to 1
2 to 1

machine^F à sous^M

slot machine

coupe^F
cross section

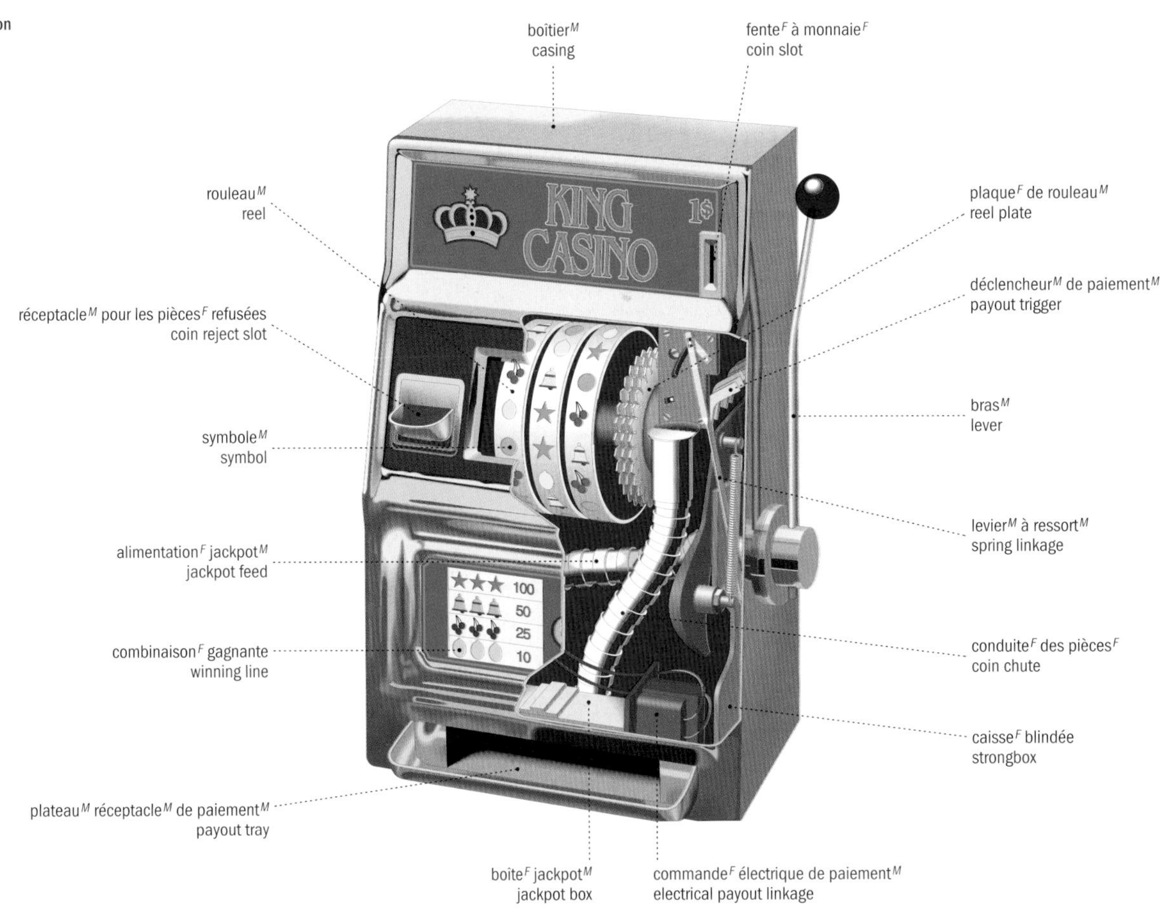

boîtier^M
casing
fente^F à monnaie^F
coin slot
rouleau^M
reel
KING CASINO
1$
plaque^F de rouleau^M
reel plate
déclencheur^M de paiement^M
payout trigger
réceptacle^M pour les pièces^F refusées
coin reject slot
bras^M
lever
symbole^M
symbol
levier^M à ressort^M
spring linkage
alimentation^F jackpot^M
jackpot feed
100
50
25
10
combinaison^F gagnante
winning line
conduite^F des pièces^F
coin chute
caisse^F blindée
strongbox
plateau^M réceptacle^M de paiement^M
payout tray
boite^F jackpot^M
jackpot box
commande^F électrique de paiement^M
electrical payout linkage

baby-foot^M

soccer table

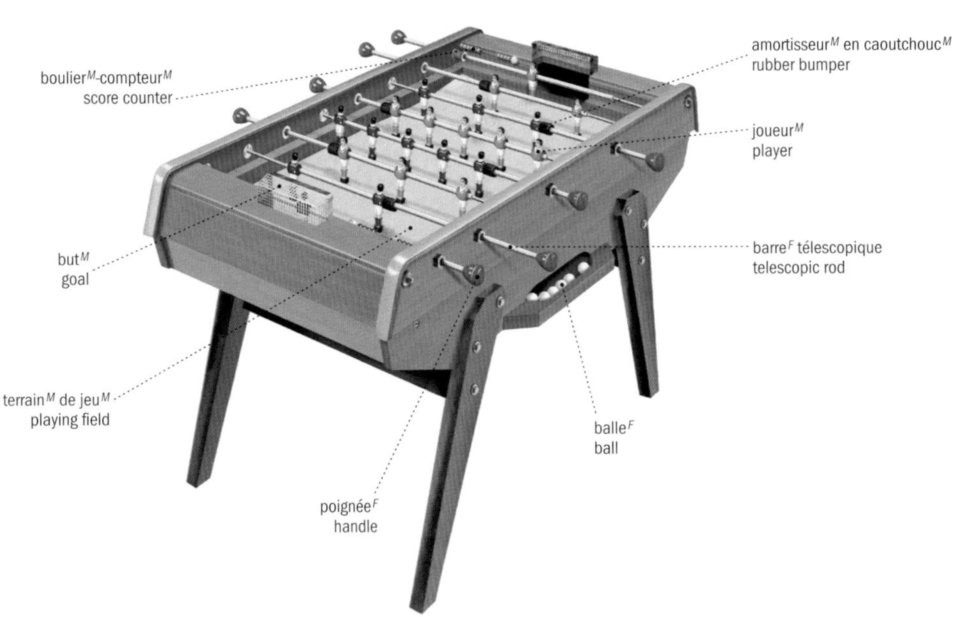

boulier^M-compteur^M
score counter
amortisseur^M en caoutchouc^M
rubber bumper
joueur^M
player
but^M
goal
barre^F télescopique
telescopic rod
terrain^M de jeu^M
playing field
balle^F
ball
poignée^F
handle

Index français

«D» 862
1er cunéiforme 155, 156
1er tour : 128 joueurs 789
2e cunéiforme 155, 156
2e métacarpien 140
2e tour : 64 joueurs 789
25 points 918
3e cunéiforme 155
3e métacarpien 140
3e tour : 32 joueurs 789
4e métacarpien 140
5e métacarpien 140
50 000 unités astronomiques 4
50 unités astronomiques 4

A

à cheval sur deux colonnes 919
à cheval sur deux numéros 919
abaissement de la tension 646, 662, 677
abaque 404
abat-jour 286
abat-son 411
abats 212
abattant 264, 265, 278, 279
abdomen 96, 97, 98, 103, 107, 115
abeille 98
abeille : ouvrière, morphologie 98
abeille, anatomie 99
about 270
Abraham 736
abrégé 445
abri 543, 583
abri des joueurs 794
abri météorologique 58
abribus 712
abricot 192
abside 411
absidiole 410, 411
absorption d'eau 78
absorption de dioxyde de carbone 78
absorption de sels minéraux 78
absorption par le sol 68
absorption par les nuages 68
abyssin 133
acanthodien 92
accastillage 835
accent 435
accent aigu 473
accent circonflexe 473
accent grave 473
accès à la grille d'éclairage 490
accès au réservoir à essence 551
accès au second niveau d'opérations 529
accès aux quais 582
accès interdit 544, 546
accès interdit aux bicyclettes 545, 546
accès interdit aux camions 545, 546
accès interdit aux motocycles 545, 546
accès interdit aux piétons 545, 546
accès pour handicapés physiques 725
accessoires 289, 345, 401, 436, 454, 462, 558, 580
accessoires au butane 903
accessoires au propane 903
accessoires d'hommes 716
accessoires de décoration 716
accessoires de femmes 717
accessoires de foyer 257
accessoires de l'objectif 478
accessoires de mise à feu 752
accessoires photographiques 482
accessoires, automobile 558
accessoiriste 429
accompagnement 864
accord 435
accordéon 432
accotement 538
accotoir 276
accoudoir 281, 783
accouplement électrique 571
accouplement flexible 677
accroche-mouche 909
accueil 730
accumulateur 559
achigan 220
achondrite 8
acidification des lacs 70
acier 298
acromion 153
acrotère 403, 404
acteur 428
actinides 684
actinium 684
action du vent 67
actrice 429
adaptateur de cassette vidéo compacte 496
adaptateur de charge utile 24
adaptateur de courant 526
adaptateur de fiche 274, 383
adapteurs 269
addition 529, 703, 721
addition en mémoire 529
administration 394, 735
admission 564, 565
admission d'air refroidi 564
adresse URL 524
adresse URL (localisateur universel de ressources) 524
aérateur 268
aérateur à gazon 333
aérateur de toit 567
aérateur latéral 567
aérocyste 75
aérofrein 676, 760, 898
aérogare 620
aérogare de passagers 619
aérogare satellite 619
aéroglisseur 605
aérographe 398
aérographe, coupe 398
aéroport 39, 618, 708
affichage 529
affichage de l'heure de départ 582
affichage de la couleur 456
affichage des données 495, 529
affichage des fonctions 450
affichage des stations 503
affichage du numéro de rang 456
affichage du résultat 529
affichage du texte 528
affichage numérique 699, 777
affichage numérique des stations 498
affichage ouverture 479
affichage radar 771
affichage temps d'exposition 479
affiche 427
affiche publicitaire 594, 595
afficheur 261, 494, 497, 503, 505, 506, 699
afficheur numérique 316
afficheur prix 548
afficheur totaliseur 548
afficheur volume 548
affluent 48
affût 753, 756
Afghanistan 746
Afrique 28, 34, 50, 745
Afrique du Sud 746
agar-agar 183
age 641
agence de voyages 714
agenda 530
agent de police 770
agglomération 708
agitateur 292
agnathe 92
agneau haché 215
agrafe 284, 470, 700
agrafes 453, 534
agrafeuse 534
agrandisseur 485
agriculture intensive 68, 70
agrumes 82, 194
aide de caisse 181
aide-arbitre 810
aide-mémoire des procédures 20
aides à la marche 782
Aigle 10, 12
aigle 119, 741
aigue-marine 375
aiguillage 583
aiguillage manœuvré à distance 590
aiguillage manœuvré à pied d'œuvre 590
aiguille 51, 52, 64, 261, 398, 452, 453, 454, 479, 590, 695, 698, 776
aiguille à brider 233
aiguille à clapet 456
aiguille à piquer 233
aiguille à tricoter 457
aiguille aimantée 907
aiguille circulaire 457
aiguille des dixièmes de seconde 696
aiguille des heures 697
aiguille des minutes 696, 697
aiguilles de nettoyage 318
aiguilles de pin 89
aiguilles de sapin 89
aiguilleur vidéo de production 491
aiguillon 98
aïkido 846
aïkidogi 846
aïkidoka 846
ail 184
aile 23, 97, 98, 115, 550, 570, 625, 676, 760, 897, 909
aile à géométrie variable 630
aile antérieure 96
aile arrière 609
aile avant 609
aile Dame 916
aile de quartier 342, 370
aile droite 804
aile du nez 175
aile gauche 804
aile haute 628
aile inférieure 628
aile libre 897
aile postérieure 96
aile rabattable 857
aile Roi 916
aile supérieure 628
aile, oiseau 115
aile, parapente 897
aileron 338, 624, 836, 840, 873, 891, 898
ailes 140, 898
ailes en V 609
ailes, chauve-souris 140
ailette 260, 293, 625, 628
ailette à ressort 302
ailier défensif droit 806
ailier défensif gauche 806
ailier droit 801, 804, 811, 814, 879
ailier gauche 801, 804, 811, 814, 879
ailier rapproché 807
aimant 454, 488, 534, 687
aimant de retenue 240
aine 146, 148
air 565
air calme 56
air chaud 64, 675
air chaud ascendant 63
air frais 675
air froid 64
air froid subsident 63
aire d'accueil 764, 778, 781
aire d'arrêt 890
aire d'arrivée 885, 887
aire d'attente 730
aire d'entraînement 788
aire de combat 843, 846
aire de compétition 845, 846, 847, 859
aire de compétition : demi-lune 887
aire de jeu 918
aire de jeux 608
aire de lancer 788
aire de manœuvre 618
aire de préparation de l'étalage 180
aire de ravitaillement 548
aire de réception 180, 395, 716
aire de réception des produits laitiers 180
aire de repos 39
aire de service 39, 619
aire de stationnement 619
aire de trafic 618
airelle 192
ais 425
ais ferré 425
aisselle 146, 148
ajowan 199
ajustement de l'image du cercle horizontal 701
ajustement de l'image du cercle vertical 701
ajustement de la hauteur 641, 642
akène 83, 84
alarme sonore 613
albanais 469
Albanie 744
albatros 119
albumen 117
albumen farineux 85
alcool à 90° 777
Algérie 745
algue 75
algue brune 75
algue rouge 75
algue verte 75
algue, structure 75
algues 183
alidade 59, 612, 701
alignement du faisceau dans l'axe 694
aligneur 838
alimentation 180
alimentation en air 445
alimentation en eau 670, 671
alimentation jackpot 920
alimentation solaire 529
alimentation sur secteur 504
aliments congelés 181
aliments prêts-à-servir 181
alkékenge 192
allée 180, 322, 866, 867
allée de jardin 244
allée de quilles 865
Allemagne 744
allemand 469
alliance 376
alligator 114
allumage manuel 267
allumette de sûreté 391
allumeur 552, 566
allures, cheval 124
allures, voile 833
alluvions 48
alose 220
Alpes 32
alpiniste 901
altérations 435
alternateur 552, 566, 586, 646, 659, 668, 677, 688
alternative 514
alternative : sélection du niveau 3 514
altimètre 761, 896, 898, 899
altimètre de secours 626

alto 439
alto-cumulus 56, 62
alto-stratus 56, 62
altos 437
alule 115
aluminium 682
alvéole 100, 274, 867
alvéole à miel 100
alvéole à pollen 100
alvéole de plaque 562
alvéole dentaire 159
alvéole operculée 100
amande 81, 193
amanite vireuse 76
amarante 203
amas globulaire 9
Amazone 31
amble 125
ambleur 857
ambulance 775, 778
âme 591, 753, 908
américain à poil court 132
américium 684
Amérique centrale 28, 30
Amérique du Nord 28, 30, 50
Amérique du Sud 28, 31, 50
Amériques 742
améthyste 375
ameublement de la maison 276
amharique 468
amibe 94
amidon, grain 74
amorce 757, 912
amorti 821
amortisseur 18, 382, 417, 553, 876
amortisseur arrière 575
amortisseur avant 577
amortisseur en caoutchouc 920
amortisseur magnétique 698
ampère 702
amphibiens 110
amphithéâtre romain 407
ampli-syntoniseur 503
ampli-syntoniseur : vue arrière 497
ampli-syntoniseur : vue avant 497
amplitude 690
ampoule 95, 274, 275, 687, 783
ampoule de la trompe utérine 171
amygdale 174
amygdale linguale 176
amygdale palatine 176
ananas 196
anatomie 150
anatomie de l'abeille 99
anatomie de l'araignée femelle 103
anatomie de l'éponge 95
anatomie de l'escargot 104
anatomie de l'étoile de mer 95
anatomie de l'oiseau 116
anatomie de la coquille bivalve 105
anatomie de la grenouille mâle 110
anatomie de la perchaude 109
anatomie de la perche 109
anatomie de la pieuvre 106
anatomie de la tortue 113
anatomie du cheval 125
anatomie du homard 107
anatomie du papillon femelle 97
anatomie du serpent venimeux 112
anche 444, 446
anche double 446
anche simple 446
anchois 219
Ancien Testament 736
anconé 151
ancrage des haubans 541
ancre 610, 697
ancre à champignon 610
ancre à jas 610
ancre charrue 610
ancre de marine 610
ancre flottante 610
ancre sans jas 610
ancres, exemples 610
Andorre 743
andouillette 216
Andromède 12
âne 128
anémomètre 58, 59, 677, 898
anémomètre de secours 626
aneth 202
anglais 469
angle aigu 704
angle droit 704
angle obtus 704
angle rentrant 704
angles, mesure 701
anglicanisme : Henri VIII 736
Angola 746
anguille 219
Anik 487
animalerie 714
anis 202
anneau 76, 249, 284, 290, 382, 383, 390, 454, 522, 611, 696, 699, 809, 811, 824, 901, 909
anneau brisé 911
anneau d'étanchéité 268
anneau d'étanchéité en cire 265
anneau de branche 854
anneau de départ 910
anneau de montant 854
anneau de rêne 854
anneau de retenue 776
anneau de suspension 382
anneau de tête 910
anneau de traction 776
anneau dioptrique 614
anneau du cliquet 307
anneau oculaire 115
anneaux 374, 824, 825
annelet 404
annonce publicitaire 471
annonceur 828
annulaire 173
anode 266, 689
anorak 371, 901
anse 295, 328, 910
Antarctique 28, 29
antéfixe 403
antenne 17, 60, 96, 97, 98, 99, 107, 504, 505, 506, 551, 577, 600, 611, 624, 631, 758, 761, 771, 812
antenne à faible gain 18
antenne à haut gain 18
antenne d'émission 60, 486
antenne d'émission à haut gain 60
antenne d'émission/réception 486
antenne de communication 761
antenne de télécommande 40, 60
antenne de télécommunication 608, 609, 762
antenne de télémesure 60
antenne domestique 486
antenne en bande X 40
antenne multifonction 763
antenne parabolique 489, 493
antenne parabolique d'émission/réception 486
antenne radar 40, 760, 763
antenne radio 604, 606, 608, 609, 652, 763, 873
antenne télescopique 503
antenne UHF 18, 60
antenne VHF 762
antenne-récepteur GPS 613
antennule 107
anthélix 173
anthère 80
anticlinal 651
anticyclone 55
Antigua-et-Barbuda 743
Antilles 30, 742
antilope 128
antimoine 682
antiseptique 777
antitragus 173
anus 95, 97, 103, 104, 105, 106, 107, 109, 113, 164, 169, 170
aorte 162, 163
aorte abdominale 160, 165
aorte ascendante 161
aorte descendante 161
aorte dorsale 99
aorte ventrale 109
apex 104, 105, 159, 176
Apollo 19
apophyse épineuse 168
apophyse mastoïde 158
apophyse styloïde 158
apophyse transverse 157, 168
apostrophe 473
apothécie 74
Appalaches 30
appareil à dessiner 399
appareil à télémètre couplé 480
appareil à visée reflex mono-objectif 480
appareil à visée reflex mono-objectif : dos 476
appareil à visée reflex mono-objectif : vue avant 476
appareil à visée reflex numérique : dos 477
appareil de cartographie thermique 18
appareil de forage 651
appareil de Golgi 74, 94
appareil de lancement 860
appareil de levage 635
appareil de plongée 480
appareil de pointage 756
appareil de prise de son et d'enregistrement 429
appareil de protection respiratoire 765
appareil de radiographie mobile 778
appareil digestif 164
appareil enregistreur 59
appareil jetable 480
appareil numérique 481, 517
appareil petit-format 480
appareil photographique 35 mm 20
appareil pour photodisque 481
appareil reflex 6 X 6 mono-objectif 481
appareil reflex à deux objectifs 480
appareil reflex, coupe 477
appareil respiratoire 163
appareil stéréoscopique 481
appareil urinaire 165
appareils de conditionnement de l'air 261
appareils de conditionnement physique 850
appareils de mesure 695
appareils de navigation 612
appareils de son portatifs 503
appareils électroménagers 236, 288, 716, 717
appareils électroménagers divers 240
appareils photographiques 480
appareils scientifiques 17
appartement du commandant 609
appartements en copropriété 419
appartenance 703
appeau 913
appel suivant 507
appendice nasal 140
appendice vermiculaire 164
applicateur-mousse 378
applique 287
applique du robinet 268, 270
applique orientable 287
appoggiature 435
approvisionnement en numéraire 731
appui de fenêtre 252
appui-bras 554, 555
appui-flèche 859, 913
appui-joue 860, 861
appui-main 399
appui-pied 464, 877
appui-tête 555
appui-pieds 312
après-rasage 383
aquarelle 396
aquastat 259
aqueduc de remplissage 597
aqueduc de vidange 597
aquifère captif 646
ara 118
arabe 468
Arabie saoudite 746
arachide 190
arachnides 96
arachnoïde 167
araignée 103
araignée femelle, anatomie 103
araignée, morphologie 103
araignée-crabe 102
aramé 183
araméen 468
arbalète 750
arbalétrier 253
arbitre 799, 801, 803, 805, 807, 809, 810, 817, 818, 819, 820, 827, 842, 843, 844, 845, 846, 864, 877, 879, 881, 882
arbitre à cheval 858
arbitre adjoint 881
arbitre assistant 882
arbitre auxiliaire 847, 860
arbitre de champ 814
arbitre de côté 846
arbitre de ligne de but 814
arbitre de parcours 838
arbitre en chef 795, 807, 846, 847, 883
arborisation terminale 168
arbre 87, 237, 659, 676, 686, 688, 695, 697, 762
arbre à cames 566
arbre cannelé 557
arbre d'ornement 182, 322
arbre d'ornement 244
arbre de l'hélice 609
arbre de mise à feu 756
arbre de Noël 652, 654
arbre de roue 553
arbre de transmission 605
arbre de transmission longitudinal 553
arbre fruitier 182
arbre lent 677
arbre moteur 631
arbre rapide 677
arbre turbine-compresseur 627
arbre, structure 87
arbres 866
arbres feuillus, exemples 88
arbrier 750
arbuste 322
arc 704, 750
arc à deux articulations 541
arc à poulies 859, 913
arc à trois articulations 541
arc de cercle 802
arc de l'aorte 160, 161, 162
arc diagonal 410
arc droit 859
arc en plein cintre 413
arc encastré 541
arc insulaire 49
arc métallique à treillis 540
arc moderne 750
arc-boutant 410, 411
arc-doubleau 410
arc-formeret 410
arc-en-ciel 65
arcade 407, 410, 855
arcade dentaire inférieure 174
arcade dentaire supérieure 174
arceau 322, 836
archaeognatha 92
arche 540, 738
arche naturelle 51
archéoptéryx 93
archer 859
archet 439
archipel 38
architecture 394, 402
architecture, styles 404
architrave 403, 405
archives 394, 509, 769
archives médicales 781
arçon 826
arcs 750
arcs, exemples 413, 541
Arctique 28
ardillon 350, 911
aréna 788
arène 407
aréole 171
arête 45, 884, 894
arête neurale 109
arête plate 404, 405
arête supérieure 815
arête vive 404
argent 683, 741
Argentine 742
argon 684
argyronète 102
Ariane IV 24
Ariel 5
armature 320, 367, 389, 902
armature de la clé 435
Arménie 746
arménien 469
armes 748
armes blanches 751
armes de l'âge de pierre 748
armes de l'époque romaine 748
armes, escrime 849
armet 749
armoire 278
armoire à papeterie 510
armoire de séchage 484
armoire inférieure 224
armoire réfrigérée 180
armoire supérieure 224
armoire-penderie 279, 724
armoire-vestiaire 510
armure 749
armures de base 463
arpège 435
arqué 901
arquebuse 752
arraché 850
arrache-bottes 345
arrache-clou 301
arrangements des parquets 254
arrêt 495, 499, 508
arrêt à l'intersection 544, 546
arrêt au stand 873
arrêt d'autobus 712
arrêt d'impression 512
arrêt/effacement de mémoire 501
arrêt-court 794
arrêtoir de chargeur 754
arrière 828
arrière court 821
arrière 804, 811
arrière centre 812
arrière droit 801, 803, 812, 814
arrière du court 818
arrière gauche 801, 803, 812, 814
arrière-grand-mère 784
arrière-grand-père 784
arrière-grands-parents 784
arrière-petit-fils 784
arrière-petite-fille 784
arrière-petits-enfants 784
arrivée 852
arrivée des remontées mécaniques 886
arrivée du mazout 259
arrondie 79
arrondissement 39
arrondisseur 454
arroseur canon 329
arroseur oscillant 329
arroseur rotatif 329
arrosoir 328
arsenal stérile 780
arsenic 682
artère abdominale dorsale 107
artère arquée 160
artère axillaire 160
artère brachiale 160
artère carotide primitive 160
artère dorsale du pied 160
artère fémorale 160
artère iliaque 161
artère iliaque commune 160, 165
artère iliaque interne 160, 165
artère mésentérique inférieure 165
artère mésentérique supérieure 160, 165
artère pulmonaire 160, 162, 163
artère rénale 160, 165
artère sous-clavière 160
artère sternale 107
artère tibiale antérieure 160
artère ventrale 107
artères 160
arthropleura 92
artichaut 187
article 471
articles de bureau 528
articles de cuisine 716
articles de fumeur 390
articles de maroquinerie 386
articles de salle de bains 717
articles divers, bureau 534
articles ménagers 295
articles perdus et retrouvés 725
articulation 557, 909
articulation à glissement 156
articulation charnière 156
articulation de la pelleteuse 637
articulation ellipsoïdale 156
articulation en selle 156
articulation pivot 156
articulation sphérique 156
articulations synoviales, types 156
artisanat 452
arts 394
arts de la scène 427
arts graphiques 420
As 914
asa-fœtida 199
ascenseur 16, 407, 417, 509, 650, 713, 724, 761
ascension droite 13
Asie 28, 33, 50, 746
asperge 185
aspérité 501
asphalte 656
aspirateur 658, 659, 775
aspirateur à main 288
aspirateur-balai 289
aspirateur-traineau 289
aspirine 777
assaisonnement au chili 199
assiette à dessert 226
assiette à salade 226
assiette creuse 226
assiette plate 226, 905
assistance 728
assistant à la réalisation 490
assistant accessoiriste 429
assistant réalisateur 429
assistants des avocats 728

assureur 900
astate 683
astérisque 473
astéroïdes, ceinture 5
asthénosphère 42
astigmatisme 691
astragale 153, 155, 405, 753
astronautique 18
astronomie 4
atelier 726
atelier d'entretien 648
atelier de mécanique 548
atelier de réparation des wagons 589
atelier diesel 583
Atelier du Sculpteur 10
athlète : bloc de départ 791
athlétisme 790
Atlas 34
atlas 102, 111, 122, 126, 131, 153, 157
atmosphère 66, 70
atmosphère terrestre, coupe 53
atoca 192
atoll 51
atome 680
atomes 680
âtre 256
atrium 406
attache 391, 448, 913
attache d'accordage 433
attache de pavillon 446
attache de sécurité 20
attache du tube 275
attache pour outils 20
attache pour tuyaux et échelles 767
attaches 453
attaches parisiennes 534
attaquant à l'aile 809
attaquant au but 809
attaquant central 812
attaquant de pointe 803
attaquant de soutien 803
attaquant droit 812
attaquant gauche 812
attaque 807
attelles 777
atterrissage 891
atterrisseur (Viking) 18
attraction 687
attrape 443
aubage directeur de sortie 627
aube 659
aube avant-directrice 659
aube de roue 659
aube directrice 659
aube du compresseur axial 627
aubergine 188
aubier 87
audioguide 394
auditorium 394, 718, 732
auget 659
augmentation de l'effet de serre 68
auriculaire 173
aurore polaire 53
Australie 28, 50, 747
Autel 10
autel secondaire 737
auto-caravane 567
auto-inversion 504
autobus 568, 713
autobus à impériale 569
autobus articulé 569
autobus scolaire 568
autocar 568
autoclave 780
autocuiseur 234
autodéfense antimissile 762
autodirecteur infrarouge 759
automne 54
automobile 549
automobile électrique 563
automobile hybride 563
automobile, organes des systèmes 552
autoroute 39, 539, 709
autoroute de ceinture 39
autotrophes 67
Autriche 744
autruche 119
auvent 550, 567, 639, 902
auvent de fenêtre 902
avance 504
avance rapide 495, 499, 504, 508
avançon 911
avant 828
avant court 821
avant centre 801
avant droit 801, 804
avant du court 818
avant gauche 801, 804
avant-bec 635
avant-bras 130, 147, 149
avant-centre 814
avant-champ 794
avant-distributeur 659
avant-scène 430
avant-toit 412
aven 47
avenue 39, 711
averse de grêle 57
averse de neige 57
averse de pluie 57
avertisseur 556, 576, 586
avertisseur de brume 611
avertisseur pneumatique 570
avertisseur sonore 765
avion à décollage et atterrissage verticaux 628
avion d'affaires 628
avion de combat 760
avion de ligne 53
avion de ligne supersonique 629
avion furtif 629
avion léger 628
avion long-courrier 624
avion radar 629
avion supersonique 53
avion, forces agissant sur un 630
avion, mouvements 630
avion-cargo 475, 629
avion-citerne amphibie 628
avions, exemples 628
aviron 598, 600, 838
aviron de couple 838
aviron de pointe 838
aviron de queue 598
aviron en pointe 838
avirons à couple 838
avirons, types 838
avocat 188
avoine 85, 203
avoine : panicule 85
axe 248, 454, 464, 500
axe central 676
axe d'attelage 587
axe de tambour 910
axe du pédalier 580
axe horaire 17
axe principal 86
axel 881
axis 122, 153, 157
axone 168
aymara 469
Azerbaïdjan 746
azimut 15
azote 683
azur 741

B

babeurre 210
babillard 535, 734
babines 130
bâbord 609, 616, 617
babouin 139
baby-foot 920
bac 320
bac à boue 651
bac à compost 323
bac à glaçons 291
bac à gravier 872
bac à légumes 291
bac à plante 322
bac à viande 291
bac d'alimentation 519
bac de ramassage 332
bac de recyclage 71
bac de sortie 519
bac ramasse-jus 239
bâche spirale 658, 659
bacon américain 216
bacon canadien 216
badminton 816
bagages 388, 717
bagel 204
bague 390, 447, 868
bague de blocage 302, 700
bague de correction dioptrique 692
bague de fiançailles 376
bague de finissant 376
bague de fond 268
bague de mise au point 478
bague de réglage 329
bague de réglage du couple de serrage 306
bague de serrage 268, 446, 482
bague filetée 900
bague inférieure de blocage de la sphère 58
bague solitaire 376
bagues 376
bagues collectrices 688
baguette 346, 439
baguette d'écartement 461
baguette d'encroix 461
baguette de flanc 551
baguette épi 204
baguette parisienne 204
baguettes 449
Bahamas 742
Bahreïn 746
bahut 510
baie 7, 38, 83
Baie d'Hudson 30
baie de contrôle 489, 490, 491
baie de genièvre 198
baie de jacks 488
baie vitrée 727
baies 192
baignoire 251, 262, 264, 724
bain d'arrêt 485
bain de fixation 485
bain de révélateur 485
bain moussant 379
bain-marie 235
bains de développement 485
baïonnette à douille 751
baïonnette à manche 751
baïonnette à poignée 751
baïonnette incorporée 751
bajoyer 597
baladeur 504
baladeur numérique 503
baladeur pour disque compact 503
baladeuse 316
balai 257, 295, 688
balai à feuilles 333
balai à franges 295
balai à neige à grattoir 558
balai d'essuie-glace 557
balai métallique 449
balais 688
balalaïka 433
Balance 11
balance à fléau 698
balance de cuisine 231
balance de précision 699
balance de Roberval 698
balance électronique 699
balance romaine 698
balancier 329, 599
balancier d'extension 851
balancier de traction 851
balancine 602
balayage automatique des stations 498
balayeuse 573
balcon 251, 431, 738
balcon de veille 614
balconnet 291
Baleine 10, 12
baleine 137, 367, 391
baleine de col 349
baleinière 601
balisage maritime, système 616
balise de détresse 611
balise de navigation aérienne 761
ballast 591
ballast électronique 275
balle 752, 858, 912, 920
balle d'entraînement 819
balle de baseball 796
balle de baseball, coupe 797
balle de cricket 798
balle de fil 797
balle de golf 867
balle de golf, coupe 867
balle de hockey 800
balle de liège 797
balle de racquetball 818
balle de softball 797
balle de tennis 822
balle de tennis de table 815
balle de tournoi 819
ballerine 343
balles de squash 819
ballon 241, 823, 899
ballon à fond rond 685
ballon de basket 810
ballon de boxe 842
ballon de football 802, 808
ballon de handball 814
ballon de netball 809
ballon de rugby 805
ballon de volleyball 812
ballon de volleyball de plage 813
ballon de water-polo 827
ballon, montgolfière 899
ballon-sonde 54, 59
balluchon 388
balustrade 412, 417
bambara 468
bambous 917
banane 196
banane plantain 196
banc 277, 593, 715, 737
banc d'équipe 827
banc de musculation 851
banc de sable 49
banc des accusés 728
banc des avocats de l'accusation 728
banc des avocats de la défense 728
banc des avocats de la poursuite 728
banc des joueurs 801, 807, 809, 812, 814, 878
banc des juges 728
banc des officiels 879
banc des pénalités 879
banc des remplaçants 803
banc du jury 728
bandage 843, 868
bandage de roue caoutchoutée 633
bandage triangulaire 777
bande 862, 878
bande antidérapante 894
bande blanche 812
bande centrale 919
bande d'ancrage 254
bande d'identification technique 501
bande de filet 821
bande de gaze 777
bande de pourpre 336
bande de ris 603
bande de roulement 561
bande de tissu élastique 777
bande élastique 350
bande magnétique 495, 499, 729
bande métallisée holographique 729
bande nuageuse spirale 63
bande pare-soleil 58
bande réfléchissante 765
bande rétro-réfléchissante 611
bande transporteuse 71
bande ventilée 860, 912
bande verticale de côté 812
bandeau 282
bandelette d'arrachage 390
banderole 739
banderole d'exposition à venir 394
banderole d'exposition en cours 394
bandes de fréquences 498
bandoulière 388, 391, 527
Bangladesh 747
banjo 432
banlieue 39, 709
banque 710, 715, 730, 915
banque de données 525
banquette 264, 277, 555, 775
banquette arrière 555
Banquise d'Amery 29
Banquise de Filchner 29
Banquise de Ross 29
bar 279, 431, 608, 710, 714, 719, 720
bar commun 220
bar-salon 724
barbacane 408
Barbade 743
barbe 85, 115
barboteuse 369
barbotin 636, 758
barbule 56
bardane 189
bardeau 299
bardeau d'asphalte 299
baren 421
barge de service d'urgence 653
barillet 249, 754
barmaid 720
baromètre à mercure 59
baromètre enregistreur 59
barquette 222
barrage 657
barrage à contreforts 660
barrage à contreforts, coupe 660
barrage en remblai 660
barrage en remblai, coupe 660
barrage mobile 664
barrage-poids 661
barrage-poids, coupe 661
barrage-voûte 661
barrage-voûte, coupe 661
barrages, exemples 660
barre 123, 127, 284, 385, 686, 792, 834, 840, 850, 851
barre à aiguille 453
barre à dorsaux 851
barre à lisses 461
barre à pectoraux 851
barre à triceps 851
barre blindée 658
barre cannelée 284
barre collectrice neutre 272
barre collectrice thermique 272
barre d'acier 825
barre d'attelage 756
barre d'écoute 834, 835
barre d'espacement 514, 528, 783
barre d'étouffoir 443
barre de bois 825
barre de commande 897
barre de contrôle 670, 671
barre de coupe 642, 643
barre de flèche 834
barre de guidage et de prise de courant 595
barre de maintien 569
barre de manœuvre 643
barre de mesure 434
barre de pied presseur 453
barre de plongée 763
barre de poussée 416
barre de pression 442
barre de repos des marteaux 442, 443
barre de reprise 434
barre de retenue 291
barre de tractage 622
barre des témoins 728
barre fixe 824, 825
barre inférieure 285, 824
barre lisse 284
barre oblique 473
barre supérieure 824
barre télescopique 920
barre transversale 827
barreau 255, 277, 281, 799
barres asymétriques 824
barres de Spa 852
barres parallèles 825
barrette 380
barrette de mémoire vive (RAM) 513
barrette négative 562
barrette positive 562
barrière 281, 712, 852
barrière de départ mobile 857
barrière de pneus 872
baryum 682
bas 365, 367, 878
bas de casse 472
bas de ligne 911
bas résille 365
bas-cuissarde 365
bas-mât 602
base 17, 58, 176, 308, 381, 405, 531, 578, 591, 739, 767, 825, 827, 907
base de dormant 249
base de la vague 49
base en bois 899
baseball 794
baseball, lancer 795
baseball, position des joueurs 794
basilaire 713
basilic 202
basilosaure 93
basketball 810
basque 367
bassin 121, 126, 138, 141, 142, 322, 596, 664, 827, 831, 838
bassin de compétition 788, 831
bassin de plongeon 788
bassin de radoub 596
bassinet 165, 752
basson 446
bassons 437
bastion 409
bateau à vapeur à roues latérales 599
bateaux de couple 839
bateaux de pointe 839
bateaux et embarcations, exemples 604
bâti 278, 423, 460, 612
bâti d'équipement 489, 490
bâti de la pompe à vide 694
bâti du brûleur 903
bâtiment administratif 596, 664
bâtiment de la turbine 668
bâtiment des services 666
bâtiment du réacteur 667, 669
bâton 796, 797, 846, 891, 892

bâton de craie 423
bâton de gardien de but 879, 880
bâton de joueur 880
bâton de ski 888
bâton de softball 797
bâtonnet 177
bâtonnet de colle 534
bâtons de golf, types 867
battant 249, 449, 460, 739
batte 643, 798
batterie 302, 306, 448, 563, 586, 687, 752
batterie auxiliaire 563
batterie d'accumulateurs 562, 673
batterie d'accumulateurs 552
batterie de cuisine 234, 722
batteries 60
batteries de traction 563
batteur 798, 799
batteur à main 236
batteur à œufs 232
batteur sur socle 236
baudrier 555, 901
baudroie 220
bavette 368, 369, 848
bavette garde-boue 551, 570, 571
bavette garde-neige 876
bavoir 368
bavolet 352
bazooka 757
beau-fils 784
beau-frère 785
beau-père 784
beaux-arts 394
beaux-parents 784
bec 106, 115, 227, 268, 270, 315, 446, 451, 457, 610, 900
bec corné 113
bec de bord d'attaque 625
bec fixe 700
bec mobile 700
bec verseur 240, 241, 295
bec-de-cane 248
bécarre 435
bêche 326, 756
bécher 685
becquerel 702
becs, exemples 117
bégonia 80
Bélarus 744
belette 134
Belgique 743
Bélier 12
Belize 742
belle-fille 784
belle-mère 784
belles-sœurs 785
béluga 137
bémol 435
Bénin 745
bénitier 737
benne 638
benne à ordures 573
benne basculante 572, 573, 639
benne tasseuse 573
béquet 574
béquille 389, 571, 609, 631
béquille centrale 575
béquille commune 782
béquille d'appoint 567
béquille d'appui 567, 641
béquille d'avant-bras 782
béquille latérale 575, 577
berbère 468
berceau 422, 756
berceuse 276
béret 341
bergamote 194
berge 538
berger allemand 130
bergère 276
bergerie 182
berkélium 684
berline 549
berlingot 223
bermuda 358
béryllium 682
bésicles à pont élastique 385
béton 298
béton armé 298
béton précontraint 298
bette à carde 185
betterave 189
beurre 210
beurrier 226
bezel (8) 374
Bhoutan 747
biais 368, 455
biathlon 893
biathlonien 893
bibliothèque 395, 711, 726, 732, 734
bibliothèque enfantine 732
biceps brachial 150
biceps crural 151
bicorne 339
bicross 871
bicyclette 578
bicyclette de course 581
bicyclette de tourisme 581
bicyclette de ville 581
bicyclette hollandaise 581
bicyclette tout-terrain 581
bicyclette, accessoires 580
bicyclettes, exemples 581
bidet 264
bidon 579
bief aval 661
bief d'amont 657
bief d'aval 657, 658
bielle 564, 566
bielle de compression 640
bière 180
bifteck 214
bigorneau 217
bigoudi 380
bijouterie 374, 714
bijoux 717
billard 862
billard anglais 863
billard français 862
billard pool 862
bille 300, 470, 516
bille blanche 863
bille blanche mouchetée 863
bille bleue 863
bille brune 863
bille creuse 268
bille d'ivoire 919
bille de choc 862, 863
bille de plomb 757
bille de visée blanche 862
bille jaune 863
bille noire 863
bille rose 863
bille rouge 862, 863
bille verte 863
bille, coupe 300
billes numérotées 862
billes rouges 863
billet de banque 729, 915
billetterie 394, 427, 719
billetterie express 427
bimah 738
binette 326
binocle 385
biologie 702
biosphère 66
biosphère, structure 66
bipied 755, 756
biplan 628
birman 468
biseau 444, 776
bismuth 682
bison 128
bitte 607
blague à tabac 390
blaireau 134, 383
blanc 690, 914
blanche 435
Blancs 915, 916
blatte orientale 101
blazer 358
blé 85, 203
blé : épi 85
bleu 400, 690
bleu danois 211
bleu vert 400
bleu violet 400
bleuet 192
blindage 758
blindage d'aspirateur 659
bloc 791
bloc aiguille 398
bloc convertisseur 493
bloc d'alimentation 513
bloc d'arrêt 309
bloc d'arrêt 309
bloc d'équipement 25
bloc de béton 298
bloc de commande des caméras 489, 490
bloc de culasse 912
bloc de départ 791
bloc de pression 700
bloc opératoire 780
bloc pneumatique 585
bloc-cylindres 566
bloc-éphéméride 530
bloc-essieu 894, 895
bloc-moteur 236, 237, 240, 288, 384, 585
bloc-notes 530
bloc-sténo 531
bloc-tension 452, 453, 457
blocage 660
blocage de l'inclinaison 304
blocage de l'interrupteur 306
blocage de la colonne 482
blocage de la plate-forme 482
blocage de profondeur 307
blocage du cordon de tirage 285
blocage du guide 305
blocage du pivot 312
blocage du pivotement 701
blocage horizontal 482
blocage vertical 482
bloqueur 800
bloqueur droit 807
bloqueur gauche 807
blouson court 353
blouson long 353
blousons 352
boa 114
bob 341
bobinage 688
bobine 458, 462, 495
bobine mobile 488
bobine réceptrice 476, 499
bobineur 452
bobinoir 462
bobsleigh 884
bobsleigh à deux 884
bobsleigh à quatre 884
bocal 446
body 366
bœuf 129
bœuf haché 214
bogie 586, 595
bogie moteur 585, 595
bogie porteur 585
bohrium 683
bois 39, 300, 867, 868
bois de bout 300
bois de cœur 87
bois n° 1 868
bois n° 3 868
bois n° 5 868
bois, dérivés 300
bois, famille 437
boisseau d'embouchure 447
boissons 180
boite à canette 452
boite à courrier 531
boite à fromage 223
boite à gants 556
boite à leurres 911
boite à lumière 485
boite à lumière, ouverture de la 485
boite à œufs 222
boite à onglet 303
boite à outils 313
boite à poussière 308
boîte aux lettres 474
boîte d'accessoires 456
boite d'allumage 627
boîte d'allumettes 391
boîte d'encastrement 274
boîte d'engrenage multiplicateur 677
boîte d'essieu 586
boîte de cirage 345
boîte de conserve 223
boîte de contrôle 267
boîte de culasse 754, 755
boîte de jonction 591
boîte de Pétri 685
boîte de raccordement 490
boîte de service 818
boîte de vitesses 552
boîte électrique 673
boîte en zinc (anode) 689
boîte jackpot 920
boîte pour seringues usagées 771
boîte-classeur 533
boîtes alimentaires 222
boîtier 261, 275, 285, 306, 308, 313, 316, 318, 383, 436, 476, 488, 499, 507, 613, 614, 695, 696, 700, 920
boîtier à double rangée de connexions 689
boîtier de batterie 562, 571
boîtier de relais/d'interconnexion 563
boîtier du moteur 331
boîtier du ventilateur 382
boîtier électronique de commande 563
boîtier tour : vue arrière 513
boîtier tour : vue avant 513
boîtier tour : vue intérieure 513
bokken 846
bol 226, 236, 237
bol à raser 383
bol à salade 226
bol verseur 237
boléro 358
Bolivie 742
bols à mélanger 232
bols de cuisson 239
bombe 853
bombe volcanique 44
bôme 834
bonbout 342
bonde 270
bonde de fond 246
bongo 449
bonnet 367, 827, 830, 892
bonnet pompon 341
bord 79, 340, 341, 602
bord antérieur 105
bord d'attaque 625, 897, 898
bord d'une feuille 79
bord de fuite 624, 897, 898
bord de pli 362
bord externe 105
bord interne 105
bord libre 172
bord postérieur 105
bord tranchant 636
bord-côte 351, 354, 369
bordure 244, 281, 836, 872
bordure d'allée 322
bordure de quai 582, 593
bordure de trottoir 712
bore 682
borne 272, 274, 290, 562, 663
borne d'entrée 316
borne d'incendie 712
borne d'incendie 767
borne de gonflage 548
borne de mise à la terre 497
borne négative 562, 687, 689
borne positive 562, 687, 689
bornes de raccordement des antennes 497
bornes de raccordement des enceintes 497
bornes interactives 395
Bosnie-Herzégovine 744
bosse 875, 890
bossoir 602, 606
Botswana 746
botte 185, 343, 855, 874, 875
botte de caoutchouc 765
botte de couronne 853, 857
botte de genou 857
botte de saut 896
botte de tendon 853, 857, 858
botte rigide 887
botte souple 887
bottes de paille 875
bottillon 342, 841
bottine 343
boubou 339
bouche 95, 104, 105, 107, 110, 136, 148, 174, 444, 753, 754, 756, 860, 912
bouche à feu 753
bouche à feu, coupe 753
bouche à induction 258
bouche d'air 556
bouche d'extraction 258
bouche de soufflage 258
boucherie 180
bouchon 236, 379, 667, 776, 906
bouchon antifuite 903
bouchon d'air 320
bouchon de chargement 757
bouchon de dégorgement 270
bouchon de fermeture 757
bouchon de remplissage 332, 561, 576
bouchon de scellement 689
bouchon de vidange 262, 291
bouchon de vidange d'huile 566
bouchon du réservoir 570
bouchon femelle 269
bouchon femelle à visser 269
bouchon mâle sans bourrelet 269
bouchons d'oreilles/oreillettes 872
boucle 350, 388, 453, 539, 555, 611, 889
boucle de ceinture 350, 352
boucle de piquet 902, 903
boucle de réglage 285, 895, 906
boucle piquée 881
boucles d'oreille 374
boucles d'oreille à pince 374
boucles d'oreille à tige 374
boucles d'oreille à vis 374
bouclier 331, 748, 879
bouclier annulaire 16
bouclier arrière 17
bouclier thermique 22
Bouddha 736
bouddhisme : Bouddha 736
boudin 216
bouée 833
bouée à plan focal élevé 615
bouée charpente 614, 617
bouée conique 615, 617
bouée cylindrique 615
bouée de sauvetage 609, 611, 771
bouée espar 617
bouées d'arrivée 839
bouées de départ 838
bouées de parcours 838
bougie 332
bougie d'allumage 562, 565, 566
bouilloire 240
boulangerie 181
boulangerie-pâtisserie 715
boule 517, 865
boule à thé 233
boule d'attelage 558
boule de pétanque 864
boule de protection 839
boule de quilles 865
bouleau 88
bouledogue 130
boules 864
boulet 124, 752, 753
boulet creux 752
boulet ramé 752
boulevard 39, 711
boulevard périphérique 39
boulier 865
boulier-compteur 920
boulingrin 864
boulon 248, 310, 311, 312
boulon à ailettes 302
boulon à épaulement 311
boulon à gaine d'expansion 302
boulon d'accouplement 659
boulon d'éclisse 590
boulons 311
bourdalou 340
bourdon 101, 432
bourgeon 78
bourgeon axillaire 77
bourgeon gustatif 176
bourgeon terminal 77
bourrache 202
bourre 753, 912
bourre-pipe 390
bourrelet 127, 560, 561
bourriquet 423
bourse à monnaie 387
bourse copulatrice 97
boursette 445
Boussole 11
boussole magnétique 907
bout 227, 909
bout d'aile 897
bout du nez 124
bout fleuri 342
bout-filtre 390
boutefeu 752
bouteille 685, 906
bouteille à gaz médical 780
bouteille d'acétylène 319
bouteille d'air comprimé 765, 841
bouteille d'oxygène 319
bouteille d'oxygène portable 775
bouteille en verre 223
bouteille isolante 906
bouteur 636, 647
boutique 406
boutique du musée 394
boutique hors taxe 621
bouton 274, 278, 349, 354, 432, 439, 849
bouton à friction 700
bouton à tige 453
bouton alimentation papier 519
bouton champignon 516
bouton d'alimentation papier 731
bouton d'appel 417
bouton d'appel pour piétons 712

bouton d'arrêt 331
bouton d'assemblage 456
bouton d'échappement 443
bouton d'éjection 499
bouton d'éjection 477
bouton d'éjection de la disquette 513
bouton d'éjection du CD/DVD-ROM 513
bouton d'éjection du disque 521
bouton d'enregistreur vocal 527
bouton d'essai 767
bouton d'interligne variable 528
bouton de blocage 308, 313
bouton de blocage de l'arbre 308
bouton de clé 446
bouton de combinaisons 444
bouton de commande 290
bouton de contrôle 516
bouton de culasse 753
bouton de démarrage 513, 526
bouton de démarrage et de rétroéclairage 527
bouton de démarreur 576
bouton de déverrouillage de l'écran 526
bouton de manchette 361
bouton de mise au point 14, 15
bouton de mise au point manuelle 483
bouton de mise en circuit 479, 508
bouton de piston 447
bouton de point arrière 452
bouton de registre 444, 445
bouton de réglage du micromètre optique 701
bouton de réinitialisation 513, 918
bouton de remise à zéro 499, 700
bouton de sortie 527
bouton de tension 457
bouton de vaporisation 288
bouton de verrouillage 554
bouton de verrouillage de l'embase 701
bouton de verrouillage de l'interrupteur 305
bouton du pavé tactile 526
bouton extérieur 248
bouton fixe-courroie 441
bouton floral 77
bouton intérieur 248
bouton marche/arrêt 240, 519
bouton marche/arrêt/test 520
bouton moleté 320
bouton-guide 304
bouton-poussoir 236, 294, 470
bouton-pression 346, 353, 453
boutonnage sous patte 355
boutonnière 350, 352
boutons à trous 453
boutons de contrôle du point 456
boutons de lancement d'applications 527
boutons de réglage 494
boutons programmables 516
Bouvier 13
bouvreuil 118
box 720
boxe 842
boxeur 842
bracelet 696, 808, 859
bracelet lesté 850
bracelet tubulaire 376
bracelets 376
brachial antérieur 150
brachiopode 92
braconnière 749
bractée 84
braguette 350, 351, 368
braies 338, 748
brancard 323, 638, 776, 857
branche 127, 185, 310, 382, 385, 454, 687, 776, 855, 859, 913
branche à fruits 86
branche d'embouchure 447
branche inférieure 750, 854
branche maîtresse 87
branche supérieure 750, 854
branche télescopique 482
branchement aérien 663
branchement au réseau 273
branchement de l'abonné 273
branchement du distributeur 273
branchement pluvial 712
branchement, exemples 270
branchie 106
branchies 105, 109
branchies externes 111
brandebourg 353
bras 95, 124, 139, 147, 149, 286, 329, 452, 610, 637, 638, 641, 676, 783, 920
bras d'éloignement 568
bras d'essuie-glace 557
bras de balancier 599
bras de coutre 641
bras de delta 48
bras de fourche 632
bras de grand cacatois arrière 603
bras de lecture 500
bras de levage 637
bras de plaquette 385
bras de relevage 640
bras de suspension 292, 553
bras de traction 640
bras du longeron 636
bras gicleur 294
bras mort 48
bras spiral 9
bras télescopique 18
brasero 412
brassard 749, 808, 880
brassard pneumatique 777
brasse 832
brassière 368
break 549
brèche 917
bréchet 116
brelan 914
breloques 376
Brésil 742
bretèche 408
bretelle 367, 539, 583, 618, 906
bretelle boutonnée 369
bretelle de raccordement 539
bretelle de tir 893
bretelle pour botte de genou 857
bretelle réglable 368
bretelles 350
breton 469
brèves 471
brick 601
bricolage 298
bricole 853
bride 377, 453, 854
bride de corps-mort 615
bride de fixation 14, 15
bride de raccord 284
bride de suspension 354
brie 211
brigantin 601
brigantine 603
brin d'arrêt 761
brique 223, 298
brique creuse 298
brique perforée 298
brique plâtrière 298
brique pleine 298
brique réfractaire 256, 298, 465
briquet 318
briquet à gaz 391
briquette 223
brise-glace 606
brise-jet 329
broche 274, 275, 376, 461
broche de connexion 689
broche épingle 376
broche porte-bobine 452
brochet 220
brocoli 187
brocoli italien 187
brodequin de randonnée 344
brodequin de sécurité 773
brodequin de travail 342
broderie 459
brome 683
bronche lobaire 163
bronche principale 163
bronchiole terminale 163
brosse 85, 289, 295, 384, 397
brosse à chaussure 345
brosse à dents 384
brosse à épousseter 289
brosse à légumes 233
brosse à mascara 378
brosse à planchers 289
brosse à pollen 98
brosse anglaise 380
brosse centrale 573
brosse d'antennes 98
brosse de curling 877
brosse de nettoyage 383
brosse de tissage 456
brosse éventail 397
brosse latérale 573
brosse pneumatique 380
brosse pour le bain 379
brosse pour le dos 379
brosse ronde 380
brosse-araignée 380
brosse-peigne pour cils et sourcils 378
brosses à cheveux 380
brou 84
brouette 323
brouillard 57, 65
broyeur 71, 270, 646
bruine 64
bruine continue faible 57
bruine continue forte 57
bruine continue modérée 57
bruine intermittente faible 57
bruine intermittente forte 57
bruine intermittente modérée 57
brûleur 259, 267, 290, 899, 903
brûleur à gaz 685
brûleur à mazout 259
brûleur bec plat 319
brûleur flamme crayon 314, 319
brume 57, 65
brume sèche 57
Brunéi Darussalam 747
brunissoir 422
buanderie 250, 724, 726
buccin 217
bûcher 256
bûchette 353
buffet 279, 720
buffet-vaisselier 279
buffle 128
buisson 63
bulbe 9, 172, 185
bulbe d'étrave 607, 609
bulbe olfactif 109, 175
bulbe rachidien 167
bulbe, coupe 78
bulgare 469
Bulgarie 744
bulles d'air 531
bureau 251, 509, 548, 720, 724, 726
bureau administratif 764, 769
bureau d'accueil des visiteurs 726
bureau d'admission des détenus 726
bureau d'élève 734
bureau de direction 511
bureau de formation professionnelle 730
bureau de l'agent de sécurité 733
bureau de l'enseignant 734
bureau de l'infirmière en chef 779
bureau de l'inspecteur en prévention-incendie 764
bureau de l'officier subalterne 768
bureau de l'officier supérieur 768
bureau de l'urgentiste 778
bureau de l'urgentologue 778
bureau de la direction 718
bureau de poste 474, 475, 711, 715
bureau de réservation de chambres d'hôtel 620
bureau des douanes 596
bureau des greffiers 728
bureau des plaintes 768
bureau des surveillants 735
bureau du bibliothécaire 732
bureau du chef 764
bureau du conservateur 394
bureau du directeur 394, 726, 731, 732, 735
bureau du directeur adjoint 726
bureau du directeur général 509
bureau du gymnase 734
bureau du président 509
bureau du surveillant 732
bureau du travailleur social 779
bureau secrétaire 511
bureautique 468
bureautique 509
bureaux administratifs 718
bureaux des organisateurs 719
burette à robinet droit 685
Burin 11
burin 401, 421
Burkina Faso 745
Burundi 745
bus 513, 522
buse 315, 319, 320, 329, 382, 384, 398
buse à fluide 320
buse d'aspiration 304
buse de refoulement 246
buse vapeur 241
bustier 367
but 800, 802, 804, 807, 809, 811, 814, 827, 879, 920
butée 453, 540, 835, 889
butée 303
butée de porte 291, 587
butée talonnière 783
butoir 284, 583, 792
butte 52, 875
butte de débranchement 589

C

caban 355
cabas 388
cabillot 739
cabine 608, 631, 636, 637, 638, 639
cabine d'ascenseur 417
cabine d'essayage 716
cabine d'interprétation simultanée 718
cabine de commande 634
cabine de conduite 585, 586, 640, 643
cabine de déshabillage 781
cabine de douche 264
cabine de pilotage 605, 607, 898
cabine de projection 427
cabine des juges 887
cabine des passagers 605, 608, 609
cabine focale 16
cabine photographique 715
cabinet des juges 728
câble 306, 516, 517, 558, 573, 793, 824, 851, 859, 908, 913
câble à fibres optiques 523
câble à paire torsadée 523
câble coaxial 523
câble d'accélération 332
câble d'acier 900
câble d'acier 913
câble d'alimentation 513
câble d'alimentation de 240 V 272
câble d'alimentation de l'électrode 318
câble de barre 838
câble de bougie 552, 566
câble de commande 323, 580
câble de frein 579
câble de garde 663
câble de haubanage 824, 825
câble de l'antenne haute fréquence 628
câble de levage 417, 634
câble de masse 318
câble de raccordement 465, 502, 516
câble de synchronisation 527
câble de traction 317
câble de transmission 613
câble du démarreur 323
câble électrique 266, 556, 563, 712
câble porteur 540
câble pour interface numérique d'instruments de musique (MIDI) 451
câble téléphonique 712
câbles 492, 523
câbles de démarrage 558
câblodistributeur 486
cabriolet 276, 549
cacao 208
cacatoès 118
cachalot 137
cache-cœur 359
cache-flammes 755
cache-oreilles abattant 340
cæcum 103, 106, 116, 125, 164
cæcum pylorique 95, 109
cæcum rectal 95
cadeaux 717
cadenas 580
cadence images/seconde 479
cadmium 683
cadran 273, 695, 696, 697, 698, 907
cadran de tension 456
cadran des phases de la Lune 697
cadran solaire 696
cadre 100, 280, 386, 389, 395, 433, 575, 676, 776, 816, 822, 823, 862, 870, 893
cadre d'aluminium 893
cadre de charge 899
cadre de marche 782
cadre métallique 442
cadre porte-épreuves 485
cadre-cache 483
cadreur 428
café 208, 710, 715
café et infusions 208
café torréfié, grains 208
café verts, grains 208
cafetan 339
cafétéria 509, 735
cafetière 905
cafetière à infusion 241
cafetière à piston 241
cafetière espresso 241
cafetière filtre 241
cafetière napolitaine 241
cafetières 241
cage 407, 791
cage d'escalier 251
cage de scène 430
cage vitrée 699
cageot 222
cagoule 341, 841, 872, 901, 904
cahier 426, 471
caïeu 78
caille 120, 212
caïman 114
caisse 181, 323, 440, 441, 442, 697, 723
caisse américaine 535
caisse blindée 920
caisse bombée 433
caisse circulaire 432
caisse claire 437, 448
caisse de batterie électronique 451
caisse de résonance 432, 433, 440
caisse enregistreuse 181
caisse pleine 441
caisse roulante 448
caisse triangulaire 433
caisses 181, 716, 717
caissette 222
caissière 181
caisson 256, 259, 510
caisson de porte 554
caisson de voilure 760
calame 470
calamus 115
calandre 550, 570, 667
calcanéum 126, 153, 155
calcium 682
calculatrice à imprimante 529
calculatrice scientifique 529
calculette 386, 529
cale 312, 622, 753
cale à conteneurs 605
cale de couvercle 465
cale-pied 578, 580, 851
caleçon 351
caleçon long 351
calendrier-mémorandum 530
calice 80, 83, 84, 165, 737
calicule 83
californium 684
Callisto 4
calmar 217
caloporteur 665
caloporteur : eau bouillante 671
caloporteur : eau lourde sous pression 670
caloporteur : eau sous pression 671
caloporteur : gaz carbonique 670
caloporteur chaud 665, 674
caloporteur refroidi 665, 674
calot 340
calotte 115, 340, 341, 676
calotte glaciaire 61
calvinisme : Jean Calvin 736
cambium 87
Cambodge 747
cambre 385
Cambrien 92
cambrure 342
Caméléon 11
caméléon 114
camembert 211
caméra 18, 428, 490, 492, 775, 873
caméra de surveillance 395
caméra de télévision couleur 20
Cameroun 745
caméscope analogique 496
caméscope numérique 517
camion à ordures 573
camion avitailleur 622
camion commissariat 623
camion d'incendie 764
camion de vidange 573
camion porteur fourgon 573
camion vide-toilette 622
camion-benne 573, 639
camion-bétonnière 573
camion-citerne 573
camion-citerne d'eau potable 622
camion-toupie 573
camionnage 570
camionnette 549
camions, exemples 573
camisole 366, 368
camomille 208
campagne 709
camping 725, 902
camping interdit 725
Canada 742

canadienne 353
canal à venin 112
canal annulaire 95
canal d'admission 565
canal d'échappement 565
canal d'écoulement 655
canal de dérivation 627, 657
canal de fuite 658
canal de Havers 154
canal de projection 573
canal de transfert 565, 666
canal déférent 169
canal droit 502
Canal du Mozambique 34
canal éjaculateur 169
canal gauche 502
canal hermaphrodite 104
canal lacrymal 177
canal médullaire 154
canal radiaire 95
canal radiculaire 159
canal salivaire 99
canal semi-circulaire antérieur 174
canal semi-circulaire externe 174
canal semi-circulaire postérieur 174
canal siphonal 105
canal sudoripare 172
canalisation 559
canalisation d'alimentation 259
canalisation d'arrosage 573
canalisation de branchement 262
canalisation de pompage 694
canalisation de refoulement 263
canalisation de retour 259
canapé 276
canapé capitonné 276
canapé convertible 280
canard 120, 213
canaux de Volkmann 154
Cancer 13
candela 702
canetière 462
canette 452, 453, 461
caniche 130
canif 421
canine 121, 159
canne 391
canne à lancer 910
canne à mouche 909
canne avec poignée orthopédique 782
canne avec quadripode 782
canne en C 782
canne en T 782
canneberge 192
cannelle 198
cannelloni 206
cannelure 404, 405, 562
cannette 223
canoë 600, 837
canoë monoplace (C1) 838
canoë-kayak : course en ligne 838
canoë-kayak : eaux vives 837
canon 124, 754, 755, 756, 758, 854, 860, 912
canon à électrons 494, 694
canon à mousse 607
canon brisé 854
canon d'avant-bras 749
canon du XVIIe siècle 752
canon sans recul 757
canot 600
canot automobile 607
canot de sauvetage 602, 652
canot pneumatique de sauvetage 605
canotier 340
cantaloup 195
canton dextre de la pointe 740
canton dextre du chef 740
canton senestre de la pointe 740
canton senestre du chef 740
cantonnière 282, 389
cantonnière drapée 283
cantre 462
canule oropharyngée 775
canyon sous-marin 49
cap 38
Cap de Bonne-Espérance 34
Cap Horn 31
Cap-Vert 745
cape 338, 355, 390
cape de bain 368
capeline 341
capitaine 877, 884
capitale 37, 472
capitule 81
caponnière 409
capot 288, 289, 333, 519, 528, 550, 570, 689, 876
Capricorne 10
capsule 75, 783
capsule à membrane 566
capsule à vis 223
capsule, coupe 84
capteur 58
capteur actif 41
capteur de radiations terrestres 60
capteur de signaux de détresse 60
capteur de télécommande 494, 501
capteur de température 18
capteur de vitesse de roue 559
capteur infrarouge 518
capteur optique 516
capteur passif 41
capteur solaire 675
capteur solaire plan 672
capture 916
capuche 368
capuche coulissée 369
capuchon 275, 353, 470, 484, 783, 869, 882
capuchon d'objectif 478
capuchon de protection 692
capuchon de sûreté 757
capuchon de ventilation 614
capuchon du levier 268
capucin 350
caquelon 234
car de reportage 486, 489
carabine 893
carabine (canon rayé) 912
carabine 22 861
caraco 337, 366
caractère avec empattements 472
caractère sans empattement 472
caractère, position 472
caractères 917
caractères d'une police 472
caractères, forme 472
carafe 225
carafon 225
carambole 197
carapace 107
caravane 567
caravane flottante 607
caravane tractée 567
caravaning 725
caravelle 599
carbone 683
Carbonifère 92
carburant diesel 656
carburateur 574
carburéacteur 656
carcasse 688
cardamome 198
cardan 641, 642
carde 185
cardigan 354, 359
cardinal 118
cardon 185
carénage 574
carénage avant 550
Carène 11
carène 108
caribou 128
caricature 471
carillon tubulaire 437, 449
carlingue centrale 607
carnivores 67
caroncule lacrymale 177
carotte 189
Carpates 32
carpe 220
carpe 116, 122, 126, 131, 136, 138, 141, 142, 154
carquois 859
carre 881, 887, 888
carre interne 901
carré 112, 705, 914, 919
carré de service 819
carreau 249, 299, 458, 914
carreau d'arbalète 750
carreau de mine 648
carreau de plâtre 299
carrefour giratoire 538
carrière en entonnoir 647
carrière exploitée en chassant 647
carrosserie 292, 293, 550
carrosserie amovible 573
carrosseries, exemples 549
carte 915
carte Caisse de communauté 915
carte Chance 915
carte d'extension PCI 513
carte d'insolation 58
carte de circuit imprimé 689
carte de crédit 729
carte de débit 731
carte de ligne 592
carte de mémoire 477
carte de mémoire flash compacte 481
carte de pointage 530
carte de réseau 593, 594
carte des vins 721
carte géographique 734
carte isolée 914
carte mère 513
carte météorologique 54, 55
carte physique 38
carte politique 37
carte postale 474
carte réseau 522
carte réseau sans fil 522
carte routière 39
carter 260, 332, 483, 565, 566, 910
carter d'embrayage 576
carter d'engrenage de frein à main 587
carter de meule 308
carter de sécurité 332
cartes 914
cartes, symboles 914
cartilage articulaire 154
cartilage costal 122
cartilage de l'aile du nez 175
cartilage de la cloison 175
cartographie 35
carton 223, 400
cartothèque 732
cartouche 268, 315, 390, 470, 500, 611, 754, 773
cartouche (carabine) 912
cartouche (fusil) 912
cartouche d'encre en poudre 519
cartouche jetable 314, 319
cartouches 860, 861
cartouchière 770
carvi 198
casaque 359
case 418, 915, 919
case à bagages 584
case à équipements 24
case blanche 916
case noire 916
caserne de pompiers 711, 764
casernement 409
casier 279
casier à beurre 291
casier à munitions 758
casier laitier 291
casiers des élèves 735
casque 20, 318, 748, 765, 798, 800, 808, 842, 856, 858, 870, 871, 872, 875, 878, 882, 887, 888, 891, 894, 895, 897, 901
casque anti-bruit 861
casque d'écoute 502, 504
casque de frappeur 796
casque de protection 575, 580
casque de sapeur-pompier 765
casque de saut 896
casque de sécurité 772
casque intégral 874
casque protecteur 884, 885
casquette 340, 770
casquette norvégienne 340
casse-croûte 725
casse-noix 230
casse-tête 917
Cassegrain, foyer 17
casserole 235
cassette 499, 504, 521
cassette annonce 508
cassette de pellicule 481
cassette messages 508
cassette vidéo 495
cassette vidéo compacte, adaptateur 496
Cassini 19
Cassiopée 12
cassis 192
cassonade 209
cassure 362
castagnettes 437, 449
castes 99
castor 123
catadioptre 578, 876
catalan 469
catalogue informatisé 733
catamaran 835
catapulte 761
catégories de points 459
caténaire 585, 595
cathédrale 410
cathédrale gothique 410
cathédrale, plan 411
cathode 689
catholicisme 736
causeuse 276, 724
cavalier 409, 853, 855, 858
Cavalier 916
cave à vins 720
cavité abdominale 169, 170
cavité buccale 116, 163, 164
cavité gastrale 95
cavité nasale 163
cavité palléale 106
cavité pleurale 163
cédez le passage 544, 546
cédille 473
cédrat 194
cèdre du Liban 89
ceinture 276, 277, 278, 313, 350, 352, 561, 611, 844, 906
ceinture d'astéroïdes 5
ceinture d'haltérophilie 850
ceinture de Kuiper 4
ceinture de sécurité 555, 873
ceinture élastique 351, 353
ceinture lestée 841
ceinture montée 350, 353
ceinture porte-outils 313
ceinture ventrale 281
ceinturon de service 770
céleri 185
céleri-rave 189
cellule 96, 407, 727
cellule animale 94
cellule convective 63
cellule d'isolement 727
cellule photoélectrique 482
cellule pour femmes 768
cellule pour hommes 768
cellule pour mineurs 768
cellule royale 100
cellule végétale 74
cellules 728
cément 159
cendre 391
cendrier 391
cent 703, 728
Centaure 11
centrage 528
centrale 657
centrale hydroélectrique, coupe 658
centrale nucléaire 668
centrale thermique au charbon 646
centre arrière 807
centre 431, 704, 740, 803, 804, 807, 809, 847, 859, 877, 879, 916
centre commercial 709, 714
centre de cuisson 722
centre de documentation 764
centre de gravité 610
centre de tri 71, 474
centre de tri régional 475
centre droit 804
centre du court 818
centre gauche 804
centre-ville 709, 710
centrifugeuse 21, 240
centriole 94
cep de vigne 86
cèpe 183
céphalothorax 103, 107
Céphée 12
cerceau 823
cercle 385
cercle central 803, 809, 810, 879
cercle d'ascension droite 14, 15
cercle d'attente 794
cercle d'envoi 800
cercle de déclinaison 14, 15
cercle de la station 55
cercle de lancer 790, 791
cercle de mise au jeu 878
cercle de serrage 448
cercle de vannage 659
cercle de verrouillage 756
cercle des couleurs 400
cercle extérieur 877
cercle intérieur 877
cercle polaire antarctique 29, 35, 36
cercle polaire arctique 35, 36
cercle porte-lame 639
cercle restrictif 810
cercles 917
céréales 85, 203
cerf de Virginie 128
cerf du Canada 128
cerfeuil 202
cerise 192
cérium 684
cerne annuel 87
cerneau 84
cerques 909
cerveau 99, 103, 106, 107, 109, 110, 167
cervelet 167
cervelle 212
césium 682
Chac-Mool 412
chaîne 455, 460, 461, 578, 580, 697, 826
chaîne alimentaire 67
chaîne coupante 331
chaîne d'entraînement 643
chaîne de levage 632
chaîne de montagnes 7, 38, 42
chaîne de mouillage 615
chaîne de neurones 168
chaîne de sûreté 567
chaîne de suspension 663
chaîne nerveuse 99
chaîne nerveuse ventrale 107
chaîne stéréo 497
chaînes d'ancrage 652
chaînette de levage 265
chaire 737
chaise 277, 723, 734
chaise berçante 277
chaise dactylo 511
chaise haute 281
chaise longue 277
chaise pliante 277
chaise-escabeau 277
chaises des joueurs 813
chaises empilables 277
chaises, exemples 277
chalaze 117
châle 337
chalet de montagne 886
chalet du sommet 886
chalet principal 886
chaloupe de sauvetage 604, 608
chalumeau 319, 432
chalumeau coupeur 319
chalumeau soudeur 319
chalutier 606
chambranle 247, 249
chambre 251, 584, 650, 902
chambre à air 117
chambre à poudre 753
chambre à vide 694
chambre antérieure 177
chambre d'expansion 695
chambre d'hôpital 780
chambre d'isolement 778
chambre d'observation 694
chambre d'observation 778, 781
chambre d'observation psychiatrique 778
chambre de combustion 256, 259, 564, 566
chambre de combustion annulaire 627
chambre de cuisson 465
chambre de décharge 402
chambre de la reine 402
chambre de mélange 319
chambre de vantail 597
chambre des machines 763
chambre des officiers 764
chambre des pompes 606
chambre des torpilles 763
chambre double 724
chambre du roi 402
chambre forte 731
chambre froide 180, 181, 722
chambre noire 484
chambre photographique 480, 694
chambre postérieure 177
chambre principale, plafond cathédrale 251
chambre principale, toit cathédrale 251
chambre pulpaire 159
chambre simple 724
chambre souterraine 402
chambres d'hôtel 724
chameau 129
champ centre 795
champ d'épandage 263
champ d'héliostats 674
champ de tir 893
champ droit 795
champ gauche 795
champ géothermique 646
champ magnétique 494, 687

champignon 76, 591
champignon de couche 183
champignon mortel 76
champignon vénéneux 76
champignon, structure 76
champignons 183
chandelle de relevage 640
chanfrein 124
change 725
changement de piste 501
chanterelle commune 183
chape 254, 284, 445
chapeau 76, 471
chapeau d'angle 587
chapeau de feutre 340
chapeau de ventilation 262
chapeau du battant 460
chapelle 408, 726
chapelle axiale 410, 411
chapelle latérale 410
chapiteau 405, 440
chapka 340
chapon 213
char d'assaut 758
charcuterie 216
chardonneret 118
charge 686
charge électrique, mesure 702
charge explosive 653, 757
charge militaire 759
charge utile 24, 25
chargeur 306, 754, 755, 893
chargeur automatique 512
chargeur manuel 512
chargeuse frontale 637
chargeuse-pelleteuse 637
chariot 284, 319, 428, 456, 634, 693, 835, 869
chariot à bagages 582
chariot à dentelle 456
chariot à livres 733
chariot à palette 633
chariot à plateau 633
chariot avant 456
chariot d'entraînement 284
chariot de croisement 284
chariot élévateur 632
chariot transbordeur 542
chariots 181, 456
Charles IX 343
charnière 238, 294, 386, 389, 465, 500, 554, 692, 889
charnière de la visière 575
Charon 5
charpente 252, 403, 406
charpente verticale 461
charrue à soc 641
chas 453, 454
chasse 426, 472, 912
chasse-clou 301
chasse-neige basse 57
chasse-neige haute 57
chasse-neige à soufflerie 573
chasse-pierres 585, 586
châssis 327, 448, 449, 632, 633, 638, 639, 641, 642
châssis de bogie 586
châssis-presse 484
chasuble 356
chat 132
chat de l'île de Man 133
chat, morphologie 133
chat, tête 132
châtaigne d'eau 184
château d'eau 589
château fort 408
chaton 376
chats, races 132
chaudière 259, 674
chauffage 256
chauffage à air chaud pulsé 258
chauffage à eau chaude 259
chauffage au bois 256
chauffage d'appoint 260
chauffage, bouches 258
chauffe-eau 262, 266, 675
chauffe-eau au gaz 267
chauffe-eau électrique 266
chaufferette 903
chaumard 835
chausse-pied 345
chaussée 538, 543, 712
chaussée cahoteuse 545, 547
chaussée glissante 545, 547
chaussée rétrécie 544, 547
chaussette 351, 365, 802, 808, 822, 848
chaussette-étrier 796
chaussettes 351
chaussettes hautes 805
chausson 840, 841
chausson d'escalade 900
chausson intérieur 889, 895
chaussure 798, 801, 810, 865, 870, 872, 880, 881, 892, 895
chaussure à crampons 796, 805, 808
chaussure d'alpinisme 901
chaussure d'escrime 848
chaussure d'haltérophilie 850
chaussure de football 802
chaussure de lutte 843
chaussure de piste 791
chaussure de saut à ski 891
chaussure de ski 888, 889
chaussure de sport 370
chaussure de tennis 822
chaussure, parties 342
chaussures 342
chaussures à crampons 885
chaussures d'enfants 717
chaussures d'homme 342
chaussures d'hommes 716
chaussures de femme 343
chaussures de femmes 716
chaussures de golf 869
chaussures de sport 716
chaussures unisexes 344
chaussures, accessoires 345
chauve-souris 140
chauve-souris fer de lance 141
chauve-souris, morphologie 140
chauve-souris, squelette 141
chauves-souris, exemples 141
chayote 189
chef 740
chef de cuisine 721
chef de partie 721
chef de tapis 843
chef décorateur 428
chef électricien 429
chef machiniste 428
chef mécanicien 873
chef opérateur du son 429
chemin 866
chemin couvert 409
chemin d'évacuation 543
chemin de fer 39
chemin de fer métropolitain 592
chemin de ronde 408, 409
chemin de ronde couvert 408
chemin de roulement 634
cheminée 44, 245, 250, 257, 259, 267, 599, 604, 646, 650
cheminée à foyer ouvert 256
cheminée à minerai 650
cheminée antisuie 608
cheminée d'échappement 570, 639, 640
chemise 349, 532, 912
chemise de nuit 364
chemise du donjon 408
chemise en acier 689
chemises d'hommes 716
chemisier classique 359
chemisiers, exemples 359
chenal principal 617
chenal secondaire 617
chêne 88
chenets 257
chenille 97, 636, 758, 876
chèque de voyage 729
chèques 729
chéquier 386
chercheur 14, 15
chérimole 196
cheval 124, 129, 826
cheval d'arçons 826
cheval d'arçons 824
cheval sautoir 824, 825
cheval, anatomie 125
cheval, morphologie 124
cheval, squelette 126
cheval-sautoir 826
chevalement 650
chevalet 399, 433, 439, 440, 441, 443
chevalet de câble de garde 663
chevalet des aigus 442
chevalet des basses 442
Chevalet du Peintre 11
chevalière 376
chevelu 87
Chevelure de Bérénice 13
chevet 411
cheveux 147, 149
cheville 146, 148, 278, 439, 440, 459, 462
cheville d'accord 442
chevillier 439
chèvre 128
chèvre frais 210
chevreuil 128
chevron 252, 740
chiasma optique 167
chicane 872
chicorée de Trévise 186
chicorée frisée 187
chien 130, 752, 754, 861, 912, 913
chien, morphologie 130
chien, squelette 131
Chiens de Chasse 13
chiens, races 130
chiffonnier 279
chiffres 472
chiffres romains 703
chignole 307
chiisme 736
Chili 742
chimie 680
chimie, symboles 684
chimpanzé 139
Chine 747
chinois 231, 468
chipolata 216
chirurgie mineure 778
chiton 336
chlamyde 336
chlore 683
chloroplaste 74
choanocyte 95
chocolat 208
chocolat au lait 208
chocolat blanc 208
chocolat noir 208
chœur 410, 411
chondrite 8
chope à bière 225
chope à café 226
chorizo 216
choroïde 177
chou cavalier 186
chou de Milan 186
chou frisé 186
chou laitue 186
chou marin 186
chou pommé blanc 186
chou pommé rouge 186
chou pommé vert 186
chou-fleur 187
chou-rave 185
choux de Bruxelles 186
chow-chow 130
christianisme : le Nouveau Testament 736
chromatine 94
chrome 683
chromosphère 6
chronique 471
chronologie des religions 736
chronomètre 488, 696, 831
chronomètre de jeu 789
chronomètre électronique automatique 831
chronométreur 810, 814, 842, 845, 846, 847, 848, 881, 900
chronométreur de couloir 830
chronométreur des trente secondes 810
chronométreur en chef 830
chronométreurs 827, 844, 883
chrysalide 97
chukka 342
chute 47, 362, 836
chute d'eau 48
chute de neige, mesure 59
chute libre 896
chutes de pierres 545, 547
chutney à la mangue 201
Chypre 744
cible 40, 41, 859, 861, 893, 918
cibles 848
ciboule 184
ciboulette 184
ciel clair 56
ciel complètement obscurci 56
ciel couvert 56
ciel d'orage 65
ciel nuageux 56
ciel peu nuageux 56
ciel sans nuages 56
ciel très nuageux 56
cierge 737
cigale 101
cigare 390
cigarette 390
cigogne 119
cil 94, 177
cilié 79
cils 132
cimaise 404
cime 87
cimetière 39, 711
cimier 748
cimier mobile 17
cinéma 427, 608, 710, 714
cinéma maison 493
cinq cents 703
cinq 703
cinq-épices chinois 199
cinquante 703
cintres 430
circonférence 704
circuit capteurs 559
circuit d'eau chaude 262
circuit d'eau froide 262
circuit d'évacuation 262
circuit de 120 V 272
circuit de 240 V 272
circuit de freinage 552, 559
circuit de photopiles 673
circuit de plomberie 262
circuit de supercross 875
circuit de ventilation 262
circuit électrique 274
circuit électrique en parallèle 687
circuit imprimé 689
circuit intégré 689
circuit intégré en boîtier 689
circuit, course automobile 872
circuit, motocyclisme 874
circulation dans les deux sens 544, 546
circulation de l'eau 95
circulation sanguine 160
circulation sanguine, schéma 161
cireur 345
cirque 7
cirque glaciaire 46
cirro-cumulus 56, 62
cirro-stratus 56, 62
cirrus 56, 62
cisaille 424, 484, 535
cisaille à haies 330
cisaille à volaille 233
ciseau 421
ciseau à bois 309
ciseaux 454, 777, 905
ciseaux à cuticules 377
ciseaux à denteler 454
ciseaux à effiler 382
ciseaux à ongles 377
ciseaux de coiffeur 382
ciseaux de cuisine 233
ciseaux de pédicure 377
ciseaux de sûreté 377
ciseaux sculpteurs 382
citerne 572, 573, 607
cithare 432
citron 194
citrouille 189
civière 775, 776
clairon 447
clapet 265, 268, 456, 506
clapet de non-retour 319
clapet de retenue 263
claque 342, 371
claquette 429
clarinette 446
clarinette basse 437
clarinettes 437
classeur 532
classeur à clapets 510
classeur à soufflets 386
classeur mobile 510
classification de Hubble 9
clavardage 525
claveau 413
clavecin 443
clavette 249
clavicule 111, 116, 122, 141, 142, 152
clavier 442, 450, 506, 507, 514, 526, 865
clavier à pédales 444
clavier accompagnement 432
clavier alphanumérique 506, 507, 548, 730, 731
clavier chant 432
clavier d'identification personnelle 731
clavier de grand orgue 444
clavier de positif 444
clavier de récit 444
clavier manuel 445
clavier numérique 507, 699
claviers manuels 444
clayette 291
clé 249, 446
clé à chaîne 315
clé à crémaillère 315
clé à douille à cliquet 311
clé à fourches 311
clé à molette 311
clé à percussion 767
clé à sangle 315
clé à tuyau 315
clé coudée à tuyau 315
clé d'ut 434
clé de barrage 767
clé de bocal 446
clé de bras 844
clé de contact 332, 333
clé de fa 434
clé de mandrin 306
clé de sol 434
clé de voûte 410, 413
clé en croix 558
clé mixte 311
clé polygonale 311
clé polygonale à cliquet 311
clé polygonale à têtes fendues 311
clés 311, 315, 434, 451
client 487
clignotant 571
clignotant arrière 575
climatisation 775
climatiseur 567
climatiseur de fenêtre 261
climats arides 61
climats de montagne 61
climats du monde 61
climats polaires 61
climats tempérés chauds 61
climats tempérés froids 61
climats tropicaux 61
clinfoc 603
cliquet 302, 307, 460, 696, 697
clitoris 170
cloaque 103, 110, 113, 116
cloche 341, 858
clocher 411, 737
clocheton 408, 410, 411
clochettes 449
cloison 82, 175, 771, 902, 915, 919
cloison longitudinale 606
cloison mobile 509, 510, 719
cloison transversale 606
clôture 182, 244
clôture de sécurité 890
clôture du champ extérieur 795
clôture en lattis 322
clou 127, 301
clou à finir 301
clou à maçonnerie 301
clou à tête homme 301
clou à tige spiralée 301
clou commun 301
clou coupé 301
clou de girofle 198
clou millésimé 590
clous, exemples 301
club-house 856
coach 549
cobalt 683
cobaye 123
cobra 114
coccinelle 101
coccyx 152, 157
Cocher 12
cocheur d'allée 868
cocheur d'approche 868
cocheur de sable 868
cochlée 174
cochonnet 864
cockpit 834
code 528
code des produits 699
code temporel 429
coelophysis 93
cœur 82, 97, 99, 103, 104, 105, 106, 107, 109, 110, 112, 116, 125, 162, 163, 212, 256, 822, 914
cœur de croisement 590
cœur du réacteur 670, 671
coffre 279, 551, 577, 672, 673
coffre à bagages 567
coffre d'appareillage 585
coffre de rangement 570, 766
coffre-fort 731, 769
coffret 494
coffret de branchement 273

coffret de sûreté 731
coiffe 24, 77, 426, 909
coiffeur 428
coiffeuse 264
coiffure 340, 380
coiffures d'homme 340
coiffures de femme 341
coiffures unisexes 341
coin 426, 444, 842
coin cuisine 509
coin de patinoire 878
coin-repas 224, 250
coinceur 900, 901
coing 193
col 45, 348, 349, 352, 362, 370, 494, 868
col banane 362
col berthe 363
col cagoule 363
col châle 362
col chemisier 362
col chinois 363
col Claudine 362
col cravate 362
col de l'utérus 170
col du fémur 153
col italien 349
col marin 362
col officier 363
col pointes boutonnées 349
col polo 363
col roulé 354, 363, 892
col tailleur 355, 362
col transformable 352
col-de-cygne 255, 638
colette 374
colibri 118
colis postal 475
collant 365
collant fantaisie 368
collant sans pied 371
collatéral 411
collatérale 168
colle 254
collecte sélective 71
collecteur 659, 688
collecteur d'appareil 262
collecteur d'échappement 552, 564, 566
collecteur d'électrons 689
collecteur d'évacuation 262
collecteur de graisse 239
collecteur de vapeur primaire 669
collecteur du réacteur 669
collecteur principal 262, 263
collerette 339, 363
collet 77, 159, 227, 257, 308, 425, 610, 913
collet de l'axone 168
collet repoussé 269
colley 130
collier 234, 838, 857, 889
collier cervical 775
collier coupe-feu 257
collier de perles, longueur matinée 374
collier de serrage 59, 851
collier de serrage du casque 20
collier de soirée 374
collier-de-chien 374
colliers 374
colline 45
colline abyssale 49
collybie à pied velouté 183
Colombe 11
Colombie 742
colombin 465
côlon 97, 113, 125
côlon ascendant 164
côlon descendant 164
côlon pelvien 164
côlon transverse 164
colonne 47, 64, 307, 403, 405, 425, 440, 452, 471, 482, 485, 594, 919
colonne ascendante 259
colonne avec capuchon 64
colonne corinthienne engagée 407
colonne d'air 271
colonne d'alcool 695
colonne de collecte du papier 71
colonne de collecte du verre 71
colonne de direction 552
colonne de mercure 695
colonne de production 654
colonne de radiateur 259
colonne de stabilisation 652
colonne de ventilation 262
colonne de ventilation principale 262
colonne descendante 259
colonne dorique engagée 407
colonne ionique engagée 407
colonne montante d'eau chaude 262
colonne montante d'eau froide 262
colonne vertébrale 109, 121, 152, 167
colorant capillaire 379
cols, exemples 362
columelle 105
coma 8
combattant 844, 846
combinaison 351, 369, 852, 874, 884, 887
combinaison de course 882
combinaison de nuit 369
combinaison de protection 875
combinaison de saut à ski 891
combinaison de ski 888, 892
combinaison de ski de vitesse 891
combinaison de vol 896
combinaison gagnante 920
combinaison résistante au feu 872
combinaison-culotte 366
combinaison-jupon 366
combinaison-pantalon 358
combinaisons au poker 914
combiné 366, 506, 507
combiné 2 dans 1 380
combiné bucco-dentaire 384
combiné-culotte 366
combiné-slip 366
combustible 665, 670
combustible : uranium enrichi 671
combustible : uranium naturel 670
combustible défectueux sous gaine 666
combustible fossile 68, 70
combustible nucléaire, manipulation 666
combustion 564, 565, 627
comète 8
comité d'arbitrage 845
commande amovible 239
commande au pied 452
commande d'accélération 331
commande d'aérofrein 898
commande d'alimentation en oxygène 898
commande d'arrêt 495
commande d'avance rapide 495
commande d'éjection de la cassette 495
commande d'enregistrement 495
commande d'essuie-glace 556
commande d'inclinaison latérale 898
commande d'insertion du papier 529
commande de barrières 591
commande de chauffage 556
commande de dossier 555
commande de largage de câble 898
commande de largage de la verrière 898
commande de lecture 495
commande de marche arrière 483
commande de marche avant 483
commande de marge 528
commande de mémoire 479
commande de panneau solaire 60
commande de positionnement du spécimen 694
commande de rebobinage 495
commande de remise à zéro 495
commande de sélection de l'ouverture 694
commande de sélection manuelle 483
commande de température 291
commande de ventilateur 261
commande de virage 898
commande de vitesse 236
commande de volume 508
commande de volume de la sonnerie 506
commande de volume du récepteur 506
commande des freins 896, 897
commande du chariot 456, 693
commande du rétroviseur 554
commande électrique de paiement 920
commande électrique du zoom 496
commande mémoire 506
commandes de la bande vidéo 496
commandes de préréglage 495
commandes du magnétoscope 495
commandes du pilote automatique 626
commandes du treuil 573
commencement du patron 456
commerce électronique 525
commis débarrasseur 721
commissaire 875
commissaire de piste 853, 855
commissaire en chef 855
commissure labiale 174
commode 279
communication par téléphone 506
communication sans fil 505
communications 468
communications aériennes 487
communications individuelles 487
communications industrielles 487
communications maritimes 487
communications militaires 487
communications routières 487
commutateur 316, 483, 523
commutateur alimentation/fonctions 496
commutateur d'alimentation 477
commutateur de prise de vues nocturne 496
commutateur marche/arrêt 476
commutateur mono/stéréo 498
Comores 746
compactage 71
compartiment 416
compartiment à fret 625
compartiment à médicaments 775
compartiment bagages 585
compartiment d'accessoires 289
compartiment de la production d'électricité 763
compartiment de première classe 624
compartiment de réservoir d'eau 628
compartiment de sac 289
compartiment des instruments 60
compartiment des voitures 608
compartiment du réacteur 763
compartiment moteur 568
compartiment pour documents 527
compartiment pour la planche dorsale 775
compartiment pour ordinateur 527
compartiment touriste 625
compartiment voyageurs 585
compartiment-couchette 570
Compas 11
compas 898
compas d'épaisseur 423
compas magnétique liquide 612
compensateur de poussée latérale 500
compétition 789
compétition de cyclisme sur route 870
complexe hydroélectrique 657
complexe sportif 709, 788
compluvium 406
composants d'un microscope électronique 694
composite inférieur 24
composite supérieur 24
composition du sang 162
compresse stérilisée 777
compresseur 260, 533
compresseur centrifuge 627
compresseur d'air 586
compresseur d'air 320
compresseur du climatiseur 566
compression 564, 565, 627
compression/admission 565
comprimé 783
comptabilité 509
compte-pose 485
compte-rangs 456
compte-touches électrique 848
compte-tours 557
compteur 262, 499
compteur d'électricité 273
compteur kilométrique 557
comptoir 722
comptoir d'enregistrement 620
comptoir de prêt 733
comptoir de renseignements 620, 719, 730, 733, 769, 779
comptoir de retour des livres 733
comptoir de vente de friandises 427
comptoir de vente des billets 620
comptoir des fromages 181
comptoir des viandes libre-service 180
comptoir du bar 720
comptoir libre-service 722
concentrateur 522, 523
concentration des gaz à effet de serre 68
concentration du faisceau 694
concentré de tomate 200
concessionnaire d'automobiles 711
conchiglie 206
concombre 188
concombre sans pépins 188
condensateur à film plastique 689
condensateur céramique 689
condensateurs électrolytiques 689
condensation 67, 680
condensation de la vapeur 665
condenseur 646, 668, 674, 693, 694
condiments 200, 723
conditionnement d'air 608
conditionnement de l'air 261
conditionnement de l'air, appareils 261
condor 119
conducteur 857
conducteur de phase 273
conducteur de terre 273
conducteur dérivé 687
conducteur en faisceau 663
conducteur neutre 273
conduction 681
conduit 445
conduit auditif 174
conduit auditif externe 158
conduit d'aération 402
conduit d'essence 553, 563
conduit de chauffage 293
conduit de distribution vertical 258
conduit de la glande 112
conduit de raccordement 256
conduit hydraulique 641, 642
conduit lactifère 171
conduite à la terre 655
conduite d'admission principale 655
conduite d'admission secondaire 655
conduite d'alimentation 262
conduite d'eau 294
conduite d'eau chaude 270, 271
conduite d'eau froide 270, 271
conduite d'eau potable 712
conduite de gaz 712
conduite de transfert de carburant 25
conduite des pièces 920
conduite forcée 657, 658, 664
conduite principale 265
condyle externe 153
condyle interne 153
cône 89, 177, 494, 705, 882, 883
cône adventif 44
cône d'entrée 627
cône d'ombre 6, 7
cône de pénombre 6, 7
cône femelle 89
cône mâle 89
confessionnal 737
configuration des continents 28
configuration du littoral 51
confiserie 717
confluent 48
confucianisme : Confucius 736
Confucius 736
congélateur 224, 291, 720
congélateur coffre 291
Congo 34, 745
conifère 89
conifères, exemples 89
conjonctive 177
connecteur 272, 488
connecteur à serrage mécanique 663
connecteur d'extension AGP 513
connecteur d'extension ISA 513
connecteur d'extension PCI 513
connecteur de liaison 272
connecteur de mémoire vive 513
connecteur en T 522
connexion 916
conque 173
conseiller de production 490
conseillers musicaux 490
conserves 181
consigne automatique 582
console 412, 440, 661, 663
console centrale 556
console d'accotoir 276
console d'instruments 841
console d'orgue 444
console de jeu 918
consolette de l'annonceur 488
consolette du réalisateur 488
consommateurs primaires 67
consommateurs secondaires 67
consommateurs tertiaires 67
constellations de l'hémisphère austral 10
constellations de l'hémisphère boréal 12
contact 916
contact de terre 274
contact électrique 476
contact négatif 672, 673
contact positif 672, 673
contacteur 263
conteneur 605, 635
conteneur à boites métalliques 71
conteneur à papier 71
conteneur à verre 71
conteneurs 635
conteneurs de collecte sélective 71
continent 7, 49
continental humide, à été chaud 61
continental humide, à été frais 61
continents, configuration 28
contre 813
contre-attrape 443
contre-fer 309
contre-fiche 253
contre-flèche 634
contre-garde 409
contre-platine 500
contre-rail 590
contre-sanglon 855
contrebasse 439
contrebasses 437
contrebassons 437
contrefiche 663
contrefort 45, 370, 410, 660
contremarche 255, 460
contreparement 300
contreplaqué multiplis 300
contrepoids 14, 16, 417, 500, 542, 591, 634, 638, 639, 640
contrescarpe 409
contrevent 249
contrôle 514
contrôle : sélection de groupe 514
contrôle d'alimentation en oxygène 898
contrôle de la couleur 512
contrôle de la photocopie 512
contrôle de la stéréophonie 504
contrôle de la température 267
contrôle de la température du corps 20
contrôle de la vapeur 288
contrôle de la vitesse 452
contrôle de programmation 261
contrôle de sécurité 621
contrôle de tabulation 528
contrôle de température 465
contrôle de tonalité des aigus 441, 497, 503
contrôle de tonalité des graves 441, 497, 503
contrôle des entrées et sorties du personnel 726
contrôle des passeports 621
contrôle douanier 621
contrôle du champ sonore 497
contrôle du contraste 512
contrôle du gain 613
contrôle du plateau 501
contrôle du séquenceur 450
contrôle du volume 450, 507
contrôle thermique 259
contrôles de l'équipement de survie 20
contrôles du lecteur de cassette 504
contrôles du lecteur laser 504
contrôleur 582
contrôleur à vent de synthétiseur 451
contrôleur d'images 489, 490
convecteur 260
convection 681
conversion du travail mécanique en électricité 662
convertisseur catalytique 553
convertisseur de couple 292
convoyeur 646, 647, 649
convoyeur à bagages 623
cooksonia 92
coordonnées célestes 13
coordonnées terrestres 35
copie recto/verso 512
copropriété 886
copyright 473
coq 120
coque 84, 217, 389, 567, 575, 599, 834, 876, 884
coque inférieure 889
coque supérieure 889, 895
coquelicot 80
coquille 104, 105, 106, 117, 276, 808, 849, 880
coquille bivalve 105
coquille bivalve, anatomie 105
coquille bivalve, morphologie 105
coquille de protection 843
coquille Saint-Jacques 217
coquille univalve 105
coquille univalve, morphologie 105
coquilleur à beurre 229
cor anglais 446
cor d'harmonie 447
coracoïde 111, 116
Coran 736
Corbeau 11
corbeau 118, 256, 408
corbeille 431
corbeille à papier 535

corbeille à pollen 98
corbeille suspendue 322
cordage 908
cordage commis 908
cordage tressé 908
corde 439, 440, 443, 686, 750, 823, 842, 859, 900, 901, 913
corde à sauter 850
corde d'accrochage 460
corde d'assurage 900
corde de couloir 831
corde de faux départ 830
corde de tension 433
corde de tirage 321
corde vocale 163
cordeau 313, 324
cordeau à tracer 313
cordée 79
cordée 900
cordelière 282
cordes 433, 442
cordes d'accompagnement 432
cordes de mélodie 432
cordes de timbre 448
cordier 433, 439
Cordillère australienne 29
Cordillère des Andes 31
cordon 285, 288, 289, 316, 331, 332, 488, 504, 505
cordon à gaine métallique 507
cordon coulissant 353
cordon d'alimentation 382, 383
cordon d'alimentation 237, 305, 308, 381, 497
cordon d'alimentation en courant continu 526
cordon d'alimentation pivotant 381
cordon d'alimentation secteur 526
cordon de combiné 506
cordon de dunes 52
cordon de tirage 284, 285
cordon littoral 51
cordon tire-feu 756
coréen 469
coriandre 202
corne 376, 602
corne antérieure 167
corne de feu 766
corne de guidage de l'attelage 585
corne postérieure 167
cornée 177, 691
cornemuse 432
cornet à dés 915
cornet à pistons 437, 447
cornet inférieur 175
cornet moyen 175
cornet supérieur 175
corniche 245, 247, 278, 403, 404, 697
cornichon 188
corolle 80
corona radiata 170
corps 176, 240, 268, 306, 382, 390, 444, 446, 470, 693, 700, 793, 909, 918
corps calleux 167
corps caverneux 169
corps célestes 4
corps cellulaire 168
corps ciliaire 177
corps de garde 408, 409
corps de l'ongle 172
corps de la fusée 757
corps de piston 447
corps de pompe 776
corps de ruche 100
corps du fornix 167
corps du pistolet 320
corps en bakélite® 757
corps humain 146
corps vertébral 157, 168
corps vitré 177
corps-mort 615
corpuscule de Meissner 172
corpuscule de Pacini 172
corpuscule de Ruffini 172
correcteur liquide 534
correcteur orthographique 528
correction d'exposition 476
correction de caractères 528
correction de mots 528
cors anglais 437
cors d'harmonie 437
corsage-culotte 359
corsaire 358
corset 337, 367, 663
corvette 353
corymbe 81
cosmétiques 717
cosse 84
Costa Rica 742
costume 428
costume ancien, éléments 336
costumes 716
cotardie 337
Côte d'Ivoire 745
côte 49, 112, 116, 121, 122, 126, 131, 136, 138, 141, 142, 214, 215, 909
côte axiale 105
côte d'azur 871
côte flottante 138
côte flottante (2) 152
côte spiralée 105
côté 431
côté bassin 664
côté cour 431
côté femelle 453
côté jardin 431
côté mâle 453
côté mer 664
côtelette 215
côtes 152
côtes levées 215
côtes levées de dos 214
côtes, exemples 51
coton hydrophile 777
coton-tige 777
cotre Marconi 601
cotret 676
cottage 210
cotte de mailles 749
cotylédon 77
cou 113, 147, 148, 149, 169, 826
couche 368
couche antireflet 672
couche arable 78
couche basale 172
couche claire 172
couche cornée 172
couche d'aluminium 501
couche d'ozone 53
couche de base 538
couche de cendres 44
couche de fondation 538
couche de laves 44
couche de Malpighi 172
couche de surface 538
couche drainante 660
couche fluorescente 275
couche granuleuse 172
couche imperméable 651
couche-culotte 368
couches de déchets 69
couchette 584
coude 124, 130, 140, 147, 149, 156, 258, 269, 385
coude à 180° 269
coude à 45° 269
coude de renvoi 269
coudes 206
coudière 808, 895
coulant 391
coulée de boue 47
coulée de laves 44
couleur 914
couleur à l'huile 397
couleurs primaires 400
couleurs secondaires 400
couleurs tertiaires 400
couleurs, exemples 741
couleurs, synthèse 690
couleuvre rayée 114
coulis de tomate 200
coulisse 350
coulisse d'accord 447
coulisse d'entrée 100
coulisse du deuxième piston 447
coulisse du premier piston 447
coulisse du troisième piston 447
coulisses 430
couloir 788, 790, 817, 820, 830, 831, 882
couloir ascendant 402
couloir central 584
couloir d'échauffement 882
couloir d'intercommunication 584
couloir de sécurité 728
couloir descendant 402
coulomb 702
coulommiers 211
coup d'approche 866
coup de départ 866
coup de patin 892
coup de pied de brasse 832
coup de pied de crawl 832
coup de pied de papillon 832
coupé 740
Coupe 11
coupe 920
coupe à mousseux 225
coupe d'un aérographe 398
coupe d'un appareil reflex 477
coupe d'un barrage à contreforts 660
coupe d'un barrage en remblai 660
coupe d'un barrage-poids 661
coupe d'un barrage-voûte 661
coupe d'un bulbe 78
coupe d'un follicule : anis étoilé 84
coupe d'un grain de blé 85
coupe d'un lanceur spatial (Ariane V) 24
coupe d'un lanceur spatial (Saturn V) 25
coupe d'un microscope électronique 694
coupe d'un observatoire astronomique 17
coupe d'un raisin 83
coupe d'un rayon de miel 100
coupe d'un télescope 15
coupe d'une balle de golf 867
coupe d'une bille 300
coupe d'une bouche à feu 753
coupe d'une capsule : pavot 84
coupe d'une centrale hydroélectrique 658
coupe d'une fraise 83
coupe d'une framboise 83
coupe d'une gousse : pois 84
coupe d'une lunette astronomique 14
coupe d'une molaire 159
coupe d'une noisette 84
coupe d'une noix 84
coupe d'une orange 82
coupe d'une pêche 81
coupe d'une pipe 390
coupe d'une pomme 82
coupe d'une route 538
coupe d'une rue 712
coupe d'une silique : moutarde 84
coupe de l'atmosphère terrestre 53
coupe de l'usine 664
coupe de la croûte terrestre 42
coupe de la nacelle 677
coupe sagittale 169, 170
coupe transversale du tronc 87
coupe-bordures 326
coupe-cigare 390
coupe-circuit 663
coupe-circuit d'urgence 576
coupe-circuit limiteur de température 266
coupe-cuticules 377
coupe-feu 252
coupe-fil 317, 453
coupe-œuf 233
coupe-ongles 377
coupe-papier 531
coupe-tube 314
coupe-vent 899
coupée 606
coupelle 287
coupelle d'étanchéité 773
couperet 229
couple 881
coupleur hydraulique 640
coupole 614
coupole du mihrab 738
coupole du porche 738
coupole rotative 17
coups 820
cour 182, 408, 727, 738
cour de récréation 735
courant 597
courant de convection 681
courant électrique, mesure 702
courant, adaptateur 526
courbure 911
coureur, skeleton 885
coureurs 875
courge 188
courge à cou droit 189
courge à cou tors 189
courge spaghetti 189
courgeron 189
courgette 188
couronne 6, 124, 159, 398, 416, 448, 696, 729
Couronne australe 10
Couronne boréale 13
couronne d'aubage 659
couronne d'orientation 638
couronne de table 374
couronnement 255, 661
couronnement du barrage 664
courrier 474
courrier des lecteurs 471
courrier électronique 525
courrier international 475
courrier local 475
courrier non oblitéré 474
courrier oblitéré 474
courrier régional 475
courroie d'attache 391
courroie d'entraînement 292
courroie de distribution 566
courroie de rêne 857
courroie de sécurité 818
courroie de tige 889
courroie de transmission 605
courroie de ventilateur 552, 566
cours d'eau 48, 70
course automobile 872
course de chevaux : course attelée 857
course de chevaux : turf 856
coursier d'évacuateur 657
court péronier latéral 151
court 818, 819, 820
court de service droit 821
court de service gauche 821
courte piste 883
courtine 408
courts de tennis 788
couscous 204
couscoussier 235
cousin 785
cousine 785
cousoir 424
coussin 458
coussin arrière 862
coussin carré 280
coussin d'air 370
coussin de protection 823
coussin de rembourrage 842
coussin de tête 862
coussinet carpien 130
coussinet d'émeri 454
coussinet de glissement 590
coussinet de l'ergot 130
coussinet digité 130, 133
coussinet en mousse 772
coussinet palmaire 130
coussinet plantaire 133
couteau 217, 227, 236, 237, 240, 401, 841, 905, 907
couteau à beurre 228
couteau à bifteck 228
couteau à découper 229
couteau à désosser 229
couteau à dessert 228
couteau à filets de sole 229
couteau à fromage 228
couteau à huîtres 229
couteau à jambon 229
couteau à pain 229
couteau à pamplemousse 229
couteau à peindre 397
couteau à poisson 228
couteau à zester 229
couteau d'électricien 317
couteau d'office 229
couteau de chef 229
couteau de combat 751
couteau de cuisine 229
couteau de potier 464
couteau de table 228
couteau électrique 237
couteau en silex 748
couteau suisse 905
couteaux de cuisine, exemples 229
couteaux, exemples 228
coutisse 459
coutre 641, 643
couture 390, 424, 452, 797, 798
couture d'assemblage 346
couture médiane 349
couture, accessoires 454
couturier 150
couvercle 234, 237, 238, 239, 240, 241, 261, 265, 273, 274, 291, 292, 295, 313, 391, 398, 465, 477, 484, 500, 512, 767, 907
couvercle coulissant 612
couvercle de batterie 562
couvercle de culasse 552, 566
couvercle de la turbine 659
couvercle de propreté 290
couvercle de réservoir 265
couvercle du chargeur 483
couvercle inférieur 689
couvercle supérieur 689
couvert 227
couverts 722
couverture 280
couvre-bassinet 752
couvre-culasse 755
couvre-filtre 773
couvre-oreiller 280
couvre-plateau 500
couvrure 425
Cowper, glande 169
crabe 218
cracker de seigle 205
cracker scandinave 205
craie 863
crampon 345, 371, 590, 798, 893
crampon de fermeture 389
crampons interchangeables 802
cran 348, 350, 362, 455, 698, 791, 909
cran de mire 754
cran de réglage 310, 889
crâne 106, 109, 116, 121, 126, 136, 138, 141, 142, 146
crâne d'enfant 158
crâne, vue latérale 158
crapaud commun 111
cratère 7, 44, 647
cravache 853, 856
cravate 349
cravates 716
crawl 832
crayon 470, 667
crayon à sourcils 378
crayon blanchisseur d'ongles 377
crayon contour des lèvres 378
crayon de pierre ponce 423
crayon en plomb 470
crayon lithographique 423
crayons de cire 396
crayons de couleur 396
crédit photographique 471
crémaillère 238, 255, 291, 791
crémaillère de pointage 756
crémaster 97
crème 210
crème à fouetter 210
crème aigre 210
crème épaisse 210
crème sure 210
crémier 226
crénelé 79
crépis 403, 405
cresson alénois 187
cresson de fontaine 187
Crétacé 93
crête 45, 49, 657, 660, 690, 749
crêtemètre graphique 488
creux 49, 227, 690
creux barométrique 55
crevasse 46
crevette 218
cri 469
cric 558, 873
cricket 798
crinière 124
criquet mélodieux 102
crispin 848
cristallin 177, 691
cristallisation 680
cristaux de neige 64
cristaux irréguliers 64
cristaux liquides 696
critique gastronomique 471
Croatie 744
croc à défricher 327
croche 435
crochet 103, 105, 112, 249, 313, 316, 452, 453, 456, 457, 483, 573, 611, 634, 699, 776, 861, 862, 881
crochet à venin 112
crochet d'attelage 640
crochet de gourmette 854
crochet de levage 651
crochet de petit doigt 447
crochet de pouce 447
crochet du plateau 698
crochet pétrisseur 236
crochets 473
crocodile 114
crocus 80
croisée 410
croisée du transept 411
croisement 463
croisillon 783
croissant 7, 204, 741
croix 740
croix d'autel 737
croix de Saint-André 252, 591
Croix du Sud 11
crosne 184

crosse 76, 417, 440, 754, 755, 756, 782, 800, 801, 860, 861, 912
crosse de fougère 185
crosse de gardien de but 879, 880
crosse de joueur 880
crottin de Chavignol 210
croupe 124, 826
croupion 115
croupon 425
croûte basaltique 42
croûte continentale 42
croûte de cuir 350
croûte granitique 42
croûte océanique 42
croûte terrestre 42, 43
croûte terrestre, coupe 42
cruche 906
crucifix 737
crustacés 107, 218
Cuba 742
cube 705
cubes d'agneau 215
cubes de bœuf 214
cubes de veau 214
cubiculum 406
cubital antérieur 150, 151
cubital postérieur 151
cubitière 749
cubitus 111, 116, 121, 122, 126, 131, 136, 138, 141, 142, 152, 154, 156
cuboïde 155
cuiller 227, 905, 911
cuiller à café 228
cuiller à crème glacée 233
cuiller à dessert 228
cuiller à égoutter 233
cuiller à glace 233
cuiller à goûter 233
cuiller à soda 228
cuiller à soupe 228
cuiller à thé 228
cuiller de table 228
cuiller parisienne 233
cuilleron 227
cuillers doseuses 231
cuillers, exemples 228
cuirasse 748
cuiseur-vapeur 722
cuisine 180
cuisine 222, 224, 250, 406, 584, 719, 721, 723, 724, 726, 735, 763, 764
cuisinière 722
cuisinière à gaz 290, 721
cuisinière électrique 290, 721
cuissard 749, 808, 870, 900
cuissarde 343
cuissardes 911
cuisse 124, 130, 143, 147, 149, 169, 170
cuisson 465
cuit-vapeur 235
cuit-vapeur électrique 239
cuivre 683
cuivre et acier 269
cuivres, famille 437
cul-de-sac de Douglas 170
cul-de-sac dural 167
cul-de-sac vésico-utérin 170
culasse 374, 446, 756
culbuteur 566
culée 410, 540
culot 274, 275, 494, 562, 614, 860, 912
culot à baïonnette 275
culot à broches 275
culot à vis 275
culotte 269, 338, 367, 848, 850, 878
culotte à ruchés 368
cultivateur 641
cumin 198
cumulo-nimbus 56, 62
cumulus 56, 62
cupule 84
curcuma 198
cure-ongles 377
curette 390
curiosité 39
curium 684
curleuse 877
curling 877
curry 198
curseur 453, 698
curseur de réglage de la fréquence 498
curseur vers la droite 515
curseur vers la gauche 515
curseur vers le bas 515
curseur vers le haut 515
cuve 266, 291, 292, 294, 484
cuve de développement 484
cuve du modérateur 670
cuve du réacteur 669, 671
cuve vitrifiée 267
cuvette 265, 290, 440, 612, 919
cuvette porte-clapet 268
cuvette ramasse-gouttes 241
cyan 690
cyanobactéries 92
cycle d'un moteur à deux temps 565
cycle d'un moteur diesel 565
cycle d'un moteur rotatif 565
cycle de l'eau 67
cycle des saisons 54
cyclisme 870
cyclisme sur piste 871
cyclisme sur route 870
cyclomoteur 577
cyclone 63
cyclone tropical 63
cyclorama 492
Cygne 12
cylindre 268, 528, 564, 705
cylindre de coupe 332
cylindre de roue 559
cylindre de rubis 692
cylindre des gaz 755
cylindre enregistreur 43
cylindre guide-film 476
cylindre inférieur 421
cylindre récupérateur 756
cylindre réflecteur 692
cylindre rotatif 458
cylindre supérieur 421
cymbale charleston 448
cymbale inférieure 448
cymbale supérieure 448
cymbale suspendue 448
cymbales 437, 449
cymbalette 449
cyme bipare 81
cyme unipare 81
cytopharynx 94
cytoplasme 74, 94, 170
cytoprocte 94
cytostome 94

D

dague 751
dalle 322
dalle de pierre 298
dalmatien 131
dalot 865
Dame 914, 916
dame de nage 839
dames 915
dameuse 886
damier 916
Danemark 744
danger 616
danger électrique 774
danois 131, 469
Danube 32
date d'expiration 729
datte 192
Dauphin 12
dauphin 136, 137
dauphin, morphologie 136
dauphin, squelette 136
Dauphine américaine 865
Dauphine canadienne 865
David 736
dé 454, 915
dé à poker 914
dé doubleur 915
dé régulier 914
déambulatoire 411
débarbouillette 379
débarcadère 620
débardeur 354, 369, 371
débarras 509
débit de tabac 714
déblocage instantané 482
débouchure 272
début 515
début de lecture 501
décagone régulier 705
décapeur thermique 320
décapeuse 638
décapotable 549
décapsuleur 230, 905
décharge 709
déchets industriels 69
déchets nucléaires 70
déchiquetage 71
déchiqueteuse 535
déclencheur 476
déclencheur de paiement 920
déclencheur pneumatique 482
déclencheur souple 482
déclinaison 13
déclivité du terrain 244
décolleté carré 363
décolleté drapé 363
décolleté en cœur 363
décolleté en V 363
décolleté plongeant 363
décolletés 363
décomposeurs 67
décor 429
décorateur 429
découpe 348
découpe princesse 366
découpes d'agneau 215
découpes de bœuf 214
découpes de porc 215
découpes de veau 214
défauts de la vision 691
défense 806
défenseur à l'aile 809
défenseur au but 809
défenseur droit 878
défenseur gauche 878
défibrillateur 775
défilement 515
déflecteur 260, 261, 329, 332, 333, 570
déflecteur d'air chaud 256
déflecteur de chaleur 274
déflecteur de copeaux 305
déflecteur de fumée 256
déflecteur de jet 761
déflecteur de réservoir d'oxygène liquide 25
défonceuse 308, 636
déforestation 69
dégagement d'air des citernes 607
dégagement du margeur 528
dégagement du piston 315
dégageur de fumée 758
dégaine 900
dégrafeuse 534
degré 704
degré Celsius 702
dégrossissage 401
Deimos 4
déjections animales 70
délégués techniques 881
Delta II 24
delta 48, 51
deltoïde 150
démarreur électrique 556, 576
démarreur manuel 327, 332
démêloir 380
demeure seigneuriale 408
demi centre 801
demi d'ouverture 804
demi de coin droit 806
demi de coin gauche 806
demi de mêlée 804
demi de sûreté droit 806
demi de sûreté gauche 806
demi droit 801
demi gauche 801
demi offensif 807
demi-barbule 56
demi-caisson 897
demi-centre 814
demi-cercle 704, 810
demi-cercle de but 809
demi-clé renversée 908
demi-court de service en double 817
demi-court de service en simple 817
demi-finale : 4 joueurs 789
demi-gras 472
demi-lune 385, 409, 887
demi-manche 229
demi-membraneux 151
demi-panneau 632
demi-pause 435
demi-soupir 435
demi-tendineux 151
demi-volée 820
dendrite 168
dendrite spatiale 64
dénominations des cyclones tropicaux 63
dénoyauteur 233
dent 108, 112, 227, 303, 304, 327, 331, 382, 453, 636, 638, 641, 642, 643, 686, 863, 881
dent de défonceuse 636
dent de godet 637
dent de sagesse 159
dentaire 112
denté 79
dentelle aux fuseaux 458
denticule 404, 405
dentifrice 384
dents 159, 309
denture humaine 159
dénude-fil 317
dénudeur de fil 317
déodorant 379
dépanneuse 573
départ 852, 887, 915
départ : bobsleigh et skeleton 885
départ : luge dames et luge double 885
départ : luge simple hommes 885
départ de dos 832
départ des 400 m (course, haies, relais) 791
départ des télécabines 886
départ des télésièges 886
départ du 10 000 m et du relais 4 x 400 m 791
départ du 100 m (course et haies) 790
départ du 110 m haies 790
départ du 1500 m 791
départ du 200 m 790
départ du 5000 m 790
départ du 800 m 791
départ par vent debout 833
déplacement 690
déplacement des électrons, sens 687, 689
déplacement diagonal 916
déplacement en équerre 916
déplacement horizontal 916
déplacement vertical 916
déplacements, échecs 916
déporteur 624
dépression 55
dérailleur 870
dérailleur arrière 578, 580
dérailleur avant 578, 580
derby 342
dérive 625, 631, 760, 834, 836, 840, 898
dérive aérienne 605
dérivés du bois 300
dériveur 834, 835
dériveur de tirage 267
derme 172
dernier croissant 7
dernier droit 856
dernier quartier 7
dés 914
descenderie 650
descendeur 900
descente 889
descente dangereuse 545, 547
descente de gouttière 244
descente du spinnaker 833
désert 52, 61, 66
Désert d'Atacama 31
Désert de Gobi 33
désert de pierres 52
désert de sable 52
Désert du Kalahari 34
Désert du Namib 34
Désert du Sahara 34
déshabillé 364
déshumidificateur 261
desserte 278, 584
dessin 396
dessin à l'encre 396
dessin au crayon de cire 396
dessin au crayon de couleur 396
dessin au feutre 396
dessin au fusain 396
dessin au pastel gras 396
dessin au pastel sec 396
dessin, accessoires 399
dessous 430
destination 582
destructeur de documents 535
détecteur à infrarouge 60
détecteur d'horizon terrestre 40
détecteur d'impact primaire 556
détecteur de fumée 767
détecteur de mouvement 416
détecteur de sécurité 556
détecteur solaire 40, 60
détecteur terrestre 60
détendeur de secours 841
détendeur premier étage 841
détendeur second étage 841
détente 750, 752, 754, 755, 757, 860, 861, 912
détonateur 757
détroit 38
Détroit de Bass 29
Détroit de Béring 30
Détroit de Cook 29
Détroit de Drake 29, 31
Détroit de Gibraltar 32
Détroit de Torres 29
deux avec barreur 839
deux sans barreur 839
deux-points 473
deuxième bord au largue 833
deuxième but 794
deuxième espace 811
deuxième étage 25
deuxième joueur 877
deuxième ligne 804
deuxième molaire 159
deuxième phalange 126
deuxième prémolaire 159
deuxième radial externe 151
deuxième-but 794
devant 348, 349
devant d'autel 737
déverrouillage de l'objectif 476
déversement d'hydrocarbures 70
déversoir 657
dévidoir 328, 462
dévidoir de ruban adhésif 534
dévidoir pistolet 534
dévidoir sur roues 328
devise 729
Dévonien 92
dextre 740
diable 235, 633
diable de Tasmanie 143
diagonale 663
diamant 375, 610
diamant, taille 374
diamètre 704
diapason 436
diaphragme 163, 477
diaphragme d'ouverture 694
diaphyse 155
diapositive 483
diastème 123
dièse 435
diesel-navire 656
différence de potentiel électrique, mesure 702
différentiel 553
diffuseur 428
diffuseur tubulaire 627
diffusion d'information 525
digue morte 664
dimétrodon 92
dinde 213
dindon 120
diode 673
Dioné 5
directeur artistique 428
directeur de course 870
directeur de la photographie 429
directeur de production 509
directeur des tirs 859
directeur technique 489, 490
direction d'une réaction 684
direction de la Mecque 738
direction du vent 55
direction et force du vent 55
direction obligatoire 544, 546
discontinuité de Gutenberg 42
discontinuité de Mohorovicic 42
disjoncteur 260, 658
disjoncteur bipolaire 272
disjoncteur de fuite de terre 272
disjoncteur principal 272
disjoncteur unipolaire 272
dispositif anti-bascule 783
dispositif antidébordement 294
dispositif de blocage 321
dispositif de fermeture 913
dispositif de gonflement 611
dispositif de poussée 470
dispositif de ravitaillement 873
dispositif de remorquage 573
dispositifs de contact 274
disposition des informations d'une station 55
disquaire 714
disque 9, 273, 423, 454, 500, 521, 559, 641, 793, 851
disque abrasif 308
disque central 95
disque compact 501, 504
disque compact réinscriptible 521
disque d'enterrage 643
disque de papier-diagramme 571

disque de réglage 479
disque de tension 453, 457
disque dur amovible 521
disque invertébral 157
disque numérique polyvalent (DVD) 494
disque vidéophoto 481
disques 237
disquette 521
dissipateur thermique 513
distance parcourue 700
distance, mesure 700
distillation sous vide 656
distributeur 263
distributeur d'essence 548
distributeur de billets 715, 730
distributeur de boissons 548, 779
distributeur de correspondances 593
distributeur de détergent 294
distributeur de glaçons 224, 548
distributeur de lames 383
distributeur de produit de rinçage 294
distributeur de trombones 534
distribution de la végétation 66
ditali 206
diviseur 643
division 529, 703
division du noyau 681
division territoriale 37
divisions cartographiques 36
divisions de l'écu 740
Dix commandements 738
dix 703
djembé 433
Djibouti 745
Dniepr 32
do 434, 847
dodécagone régulier 705
dohyo 847
doigt 110, 117, 122, 143, 172, 346, 797, 900
doigt de jupe 605
doigt externe 115
doigt interne 115
doigt lobé 117
doigt médian 115
doigt palmé 110, 117
doigt postérieur 115
doigt préhensile 139
doigtier 531
doigts 116
doline 47
dolique à œil noir 190
dolique asperge 190
dolique d'Égypte 190
doliques 190
dollar 728
domaine de premier niveau 524
domaine de second niveau 524
domaine skiable 886
Dominique 743
domino d'accouplement 444
dominos 914
donjon 408
Dorade 11
dorade 219
doré 220
dormant 249, 278
dormeuse 369
dormeuse de croissance 368
dormeuse-couverture 369
dorsale 523
dorsale du Pacifique est 50
dorsale médio-atlantique 50
dorsale médio-indienne 50
dorsale médio-océanique 49
dorsale Pacifique-Antarctique 50
dorsale sud-est-indienne 50
dorsale sud-ouest-indienne 50
dorsales océaniques 50
dortoir des pompiers 764
dos 115, 124, 130, 147, 149, 173, 227, 229, 303, 348, 391, 426, 750
dos d'un gant 346
dos de la langue 176
dos du livre 425
dos du nez 175
dossard 791
dosse 300
dosseret 290, 292, 293
dossier 277, 281, 555, 577, 783, 876
dossier inclinable 776
dossier suspendu 532
dossière 113, 857
double barre oblique 524
double bémol 435
double boutonnage 352
double croche 435
double dièse 435
double paire 914
double platine cassette 503
double rideau 282
double toit 902, 903
double virage 544, 547
double vitrage 675
double zéro 919
double 853, 914
double-blanc 914
double-scull sans barreur 839
double-six 914
doublement denté 79
doublure 342, 348, 349, 370, 386, 455, 881
douche 251, 724, 726, 780
douche des détenus 768
douches des officiers 764
douches des pompiers 764
douchette 264, 270
Douglas, cul-de-sac 170
douille 275, 912
douille de lampe 275
douille de lampe, éléments 275
douille de plastique 860, 912
douilles, jeu 311
douve 408
douzaine (1 à 12) 919
douzaine (13 à 24) 919
douzaine (25 à 36) 919
Dragon 13
dragonne 389, 888, 892, 901
dragons 917
draille 602
drain 253, 263
drakkar 598
drap 280
drap de bain 379
drap-housse 280
drapeau 804, 890
drapeau à damier 872
drapeau à Schwenkel 739
drapeau amovible 867
drapeau carré 739
drapeau de centre 802
drapeau de coin 801, 803
drapeau de l'Union Européenne 729
drapeau rectangulaire 739
drapeau, éléments 739
drapeaux 742
drapeaux, formes 739
dressage 855
drisse 603, 739
droit fil 455
droit antérieur de la cuisse 150
droit interne 151
dromadaire 129
drumlin 45
drupéole 83
dubnium 683
duffle-coat 353
dune 51
dune complexe 52
dune en croissant 52
dune parabolique 52
dunes longitudinales 52
dunes transversales 52
dunes, exemples 52
dunette 602
duo 438
duodénum 116, 164
dure-mère 167, 168
durian 197
durite de radiateur 561
duse 654
duvet 115
dyke 44
dynamo 578, 688
dysprosium 684

E

eau 646, 847
eau de fonte 46
eau de parfum 379
eau de toilette 379
eau de ville 675
eau dentifrice 384
eau des nuages 70
eau lourde froide 670
eau lourde sous pression 670
eau sous pression 662
eaux sécuritaires 616
eaux usées 70
eaux vives 837
ébarbage 424
ébarboir 422
ébauchoirs 464
éboulement 47
ébrancheur 330
ébrasement 411
écaille 78, 108, 112, 113, 117
écaille ventrale 112
écailles de cyprès 89
écailleur 905
écartelé 740
écartement des électrodes 562
échalote 184
échancrure 439
échancrure de la conque 173
échangeur 709
échangeur de chaleur 259, 670
échangeur en losange 538
échangeur en trèfle 538, 539
échangeur en trompette 538
échangeur thermique 675
échangeurs, exemples 538
échantillon 458
échantillonneur 450
échappement 514, 564, 565, 627
échauguette 408, 409
échecs 916
échecs, mouvements 916
échelle 246, 418, 567, 597, 615, 639, 655, 907
échelle à crochets 321, 767
échelle Celsius 695
échelle coulissante 321
échelle d'accès 611
échelle d'échafaudage 321
échelle d'espacement 528
échelle d'onglet 303, 304
échelle d'ouverture 479
échelle d'ouverture de diaphragme 478
échelle de bout 587
échelle de corde 321
échelle de hauteur 485
échelle de lecture de la luminosité 479
échelle de profondeur 304, 613
échelle de profondeur de champ 478
échelle de tête 766
échelle des altitudes 53
échelle des distances 478
échelle des mouvements 436
échelle des températures 53
échelle des temps d'exposition 479
échelle droite 321
échelle escamotable 321
échelle Fahrenheit 695
échelle fruitière 321
échelle graduée 698, 699
échelle latérale 587
échelle roulante 321
échelle transformable 321
échelles 321
échelon 321
échenilloir-élagueur 330
échine 404
échinodermes 94, 95
échiquier 916
écho 40, 41
éclair 57, 65
éclairage 274, 381, 594, 626
éclairage de l'écran d'affichage 479
éclairage de sécurité 771
éclairage inactinique 484
éclairage/clignotant 556
éclairagiste 490
éclipse annulaire 6
éclipse de Lune 7
éclipse de Soleil 6
éclipse partielle 6, 7
éclipse totale 6, 7
éclipses de Lune, types 7
éclipses de Soleil, types 6
écliptique 13
éclisse 439, 440, 590
écluse 596, 597, 664
écluse : vue latérale 597
écoinçon 413
école 734
école de ski 886
économie 728
écorce 82, 87
écossais 469
écoulement souterrain 67
écoute 508, 603
écoute de foc 834
écoute de grand-voile 834
écouteur 502
écouteurs 503
écoutille 23, 758
écoutille d'accès 22
écouvillon 752
écran 494, 507, 518, 526, 530, 548, 613, 724, 730, 731, 799, 918
écran à cristaux liquides 477, 496
écran à main 318
écran d'affichage 479, 508
écran d'affichage 512
écran de contrôle 476, 694
écran de précontrôle 489
écran de projection 427, 483
écran de protection 794
écran de sortie 489, 491
écran de soudeur 318
écran de visibilité 591
écran du directeur technique 491
écran du truqueur numérique 491
écran plat 518
écran principal de précontrôle 491
écran protecteur 17
écran tactile 527
écrans d'entrée 491
écrans de précontrôle 491
écrevisse 218
écritoire 387
écriture, instruments 470
écrou 248, 269, 310, 311, 590
écrou à cabestan 58
écrou à collet 270
écrou à oreilles 311
écrou borgne 311
écrou de blocage 909, 910
écrou de bonde 270
écrou de contrôle 58
écrou de fixation 270
écrou de la lame 304
écrou de montage 859, 913
écrou de serrage 269
écrou du presse-étoupe 268
écrou hexagonal 311, 562
écrous 311
ectoderme 95
ectoptérygoïde 112
Écu 10
écu, divisions 740
écubier 605, 609
écueil 51
écume 49
écumeur de surface 246
écumoire 233
écureuil 123
écurie 856
écusson 105, 248, 797
édicule 592
édifice à bureaux 710, 713
édifice public 39
éditorial 471
édredon 280
éducation 732
effacement 508
effacement arrière : effacement 515
effacement de mémoire 479, 529
effacement partiel 529
effacement total 529
effet de serre 68
effet de serre naturel 68
effigie 729
effluent 48
effort 686
égal ou plus grand que 703
égal ou plus petit que 703
égale 703
égale à peu près 703
égalisateur graphique 498
églefin 221
église 711, 737
église orthodoxe : Michel Keroularios 736
égout 712
égout collecteur 712
Égypte 745
einsteinium 684
éjecteur 638
éjecteur de fouets 236
El Salvador 742
élan 129, 864, 891
élastique 280
électricien 429
électricité 272
électricité : outils 316
électrode 275, 318
électrode centrale 562
électrode d'allumage 259
électrode de masse 562
électron 680
électronique 689
élément 465
élément bimétallique hélicoïdal 695
élément chauffant 293, 294, 318
élément chauffant inférieur 266
élément chauffant supérieur 266
élément de chauffe 258, 259
élément tubulaire 290
éléments chimiques 682
éléments d'architecture 413
éléments d'un drapeau 739
éléments d'une douille de lampe 275
éléments de la maison 247
éléments du costume ancien 336
éléphant 129
élevage intensif 68, 69
élévateur 666, 897
élévateur à grain 643
élévateur pour fauteuils roulants 569
élévation 250
élévation de la tension 646, 662, 665, 677
élève 734
élevon 23
émail 159
emballage 222
embarcations anciennes 598
embarcations traditionnelles 599
embase 482, 701, 791, 889
embase de plat de dos 276
embauchoir 345
emblème 739
emblème d'équipe 878
embouchure 447
embout 284, 302, 321, 391, 483, 792, 841, 880, 909
embout auriculaire 776
embout buccal 783
embout de baleine 391
embout de caoutchouc 782
embout de protection 773
embout de vissage 306
embout isolant 381
embout Luer Lock 776
embrasse 282, 782
embrasure 409
embrayage 552
émeraude 375
émerillon 911, 913
émetteur micro-ondes 489
émetteur-récepteur d'accès réseau 522
émetteur-récepteur radar 771
émetteur/récepteur 613
Émirats arabes unis 746
émission d'acide nitrique 70
émission d'acide sulfurique 70
émission d'oxyde d'azote 70
émission d'ultrasons 41
émission de dioxyde de soufre 70
émission de gaz polluants 69
émissole 218
emmanchure 351
emmarchement 255
emmenthal 211
empannage 833
empattement 663
empennage 625, 759, 817, 859, 918
empennage bas 629
empennage de stabilisation 25
empennage en T 629
empennage fixe 759
empennage surélevé 629
empennages, exemples 629
empiècement 349, 353, 359
emplacement 244
emplacement de la statue 403
emplacement de tir 893
emporte-pièces 232
en accolade 413
en équilibre 828
en fer à cheval 413
en lancette 413
en ogive 413
en prison 919
en-but 805
encadrement 256
enceinte acoustique 502, 503
enceinte ambiophonique 493
enceinte centrale 493
enceinte de confinement 665, 667
enceinte en béton 670, 671
enceinte humide 671
enceinte principale 493
enceinte sèche 671
enceintes d'extrêmes graves 493
encensoir 737
enclos 182
enclume 174
encoche 750, 859
encoignure 279
encolure 124, 351
encolure bateau 363

encolure drapée 363
encolure en V 348, 354
encolure ras-de-cou 363, 368
encolures 363
encre 397, 421, 470
encre à couleur changeante 729
encre lithographique 423
endive 187
endocarde 162
endocarpe 81, 82
endoderme 95
endossure 425
énergie calorifique 68
énergie éolienne 676, 677
énergie fossile 646
énergie géothermique 646
énergie nucléaire 665
énergie solaire 78, 672, 674
énergie thermique 646
énergie, mesure 702
énergies 646
enfants 785
enfile-aiguille 454
enfouissement 71
enfourchure 351
enfumoir 422
engageante 337
engins 823
engrenage à pignon et crémaillère 686
engrenage à vis sans fin 686
engrenage conique 686
engrenage cylindrique à denture droite 686
engrenage horaire 17
engrenages 686
engreneur 643
enjoliveur 268, 551
ennéagone régulier 705
enregistrement 495, 499, 508
enregistrement des bagages 582
enregistrement des données 41
enregistrement sismographique 651, 653
enregistreur de données 58
enregistreur de film 520
enregistreur numérique 534
enroulement d'induit 688
enroulement inducteur 688
enrouleur 848
enseignant 734
enseigne directionnelle 593
enseigne extérieure 592
ensemble du chevalet 441
ensemble oreillette/microphone 506
ensemble vide 703
ensoleillement, mesure 58
ensouple de chaîne 460
ensouple de tissu 460
entablement 247, 403, 405
entablure 454
entier 79
entoilage 455
entonnoir 106, 231, 237, 240
entonnoir collecteur 59
entraînement de la chaîne 641
entraînement de la turbine par la vapeur 665
entraînement du rotor de l'alternateur 665
entraîneur 800, 811, 827, 842, 879
entraîneur adjoint 811, 879
entraîneurs 881, 883
entrait 253
entrave 857
entre-nœud 77
entredent 227
entredoublure 455
entrée 100, 539, 632, 719, 829
entrée d'air 631
entrée d'air du moteur 760
entrée d'air du ventilateur 605
entrée d'eau 268
entrée d'électricité 465
entrée de clé 249
entrée de courant 274, 275
entrée de garage 245
entrée de l'eau de refroidissement du condenseur 669
entrée de la pyramide 402
entrée de la vapeur à haute pression 668
entrée de service 732
entrée des clients 720
entrée des détenus 726
entrée des gaz d'échappement 564
entrée des marchandises 713
entrée des originaux 508
entrée des véhicules 769
entrée des visiteurs 726
entrée du caloporteur 672
entrée du personnel 720, 726, 735, 768
entrée du public 402
entrée du reflux du condenseur 669
entrée électrique 258
entrée informatique 518
entrée pieds premiers 829
entrée principale 250, 713, 733, 735, 768, 781
entrée tête première 829
entrées dans l'eau 829
entrées des acteurs 402
entrejambe 278
entrejambe pressionné 368, 369
entreposage des produits congelés 181
entrepôt 708
entrepôt frigorifique 596
entreprise 525
entreprise de distribution/vente 525
entretoise 321, 460, 632, 676
enveloppe 275, 521, 797, 798, 867, 899
enveloppe extérieure 17, 267
enveloppe intérieure 17
enveloppe matelassée 531
environnement 66
environnement naturel 867
envoi en nombre 475
envol 891
éolienne à axe horizontal 677
éolienne à axe vertical 676
éoliennes et production d'électricité 676
épaisseur, mesure 700
épandage d'engrais 69
épandeur 324
épandeur de fumier 641
éparpilleur 641
éparpilleur de paille 643
épaule 124, 130, 146, 148, 156, 822, 909
épaulé-jeté 850
épaulement 229, 311
épaulière 749, 757, 808, 880
épeautre 203
épée 849
épée à deux mains 751
épeire 102
épéiste 848
éperlan 219
éperon 98, 448, 598
éperon calcanéen 140, 141
épi 81, 85
épi, blé 85
épi, maïs 85
épi, millet 85
épi, orge 85
épi, riz 85
épi, seigle 85
épicarpe 81, 82, 83
épicéa 89
épicentre 43
épicerie fine 180
épices 198
épices à marinade 199
épicondyle 153
épiderme 172
épididyme 169
épiglotte 163, 176
épinard 187
épine de l'omoplate 153
épine nasale antérieure 158
épinette 89
épingle 454
épingle à bigoudi 380
épingle à cheveux 380
épingle à cravate 376
épingle de sûreté 453
épingles 376
épiphyse 167
épiphyse distale 155
épiphyse proximale 155
épiscope du tireur 758
épissure courte 908
épitrochlée 153
éplucheur 229
éponge 95, 127
éponge à récurer 295
éponge calcaire 95
éponge de mer 379
éponge synthétique 378
éponge végétale 379
éponge, anatomie 95
épouse 785
épreuve 831
épreuves, ski alpin 889
éprouvette graduée 59, 685
épuisette 911
équateur 13, 31, 34, 35, 36, 63
Équateur 742
équateur céleste 13
équerre 313
équilibrage des haut-parleurs 497
équilibreur 756
équinoxe d'automne 54
équinoxe de printemps 54
équipe au champ 799
équipe de premiers soins 853
équipe médicale 844
équipement 769, 790, 900
équipement de protection 318
équipement de sauvetage 611
équipement de survie 20
équipement de survie, contrôles 20
équipement du tableau de bord 771
équipements aéroportuaires 622
équitation 854
équivaut à 703
érable 88
erbium 684
ergot 130
Éridan 10
erlenmeyer 685
éruption 6
Érythrée 745
escabeau 321
escabeaux 321
escalade 900
escalade, équipement 900
escalier 246, 250, 255, 412, 427, 431, 543, 592, 655, 676, 724, 842
escalier automoteur 623
escalier d'accès 623
escalier de la mezzanine 251
escalier de secours 509
escalier en spirale 655
escalier mécanique 417, 427, 592, 713
escaliers 412
escargot 104, 217
escargot, anatomie 104
escargot, morphologie 104
escarpe 409
escarpin 343
escarpin-sandale 343
escrime 848
escrimeur 848
espace 514
espace insécable 514
espace d'activités intérieures 727
espace épidural 168
espaceur de câbles 859, 913
espadon 219
espadrille 344
Espagne 743
espagnol 469
esperluette 473
esquimau 369
essence 656
essence lourde 656
essieu 586, 895
essieu avant 639
essieu directeur 633
essoreuse à salade 231
essuie-glace 550, 557
est identique à 703
Est 37
est 616, 917
Est Nord-Est 37
Est Sud-Est 37
estacade de guidage 597
estèques 464
estomac 95, 103, 104, 105, 106, 109, 110, 112, 113, 125, 161, 164
estomac cardiaque 107
estomac pylorique 107
Estonie 744
estrade 412, 734
estragon 202
estuaire 38, 51
esturgeon 218
étable 182
établi étau 312
établissement d'enseignement 525
établissement scolaire 711
étage 250, 251, 650, 676
étage à propergol stockable 24
étage d'accélération à poudre 24
étage d'exploitation 664
étage principal cryotechnique 24
étagère de rangement 723
étai 252, 598, 602
étai avant 834
étain 682
étamine 80, 82
étampure 127
étançon 641
étang 866
étapes de maturation 86
étapes de production de l'électricité 662
état 37
État de la cité du Vatican 744
état présent du temps 55
états de la matière 680
États-Unis d'Amérique 742
étau 312, 422
étau à endosser 425
été 54
étendu 472
Éthiopie 745
éthylomètre 769
étincelle 564
étiquette 500, 699
étiquettes autocollantes 532
étoile 8, 64, 741
étoile (8) 374
étoile à neutrons 8
étoile de David 738
étoile de freinage 910
étoile de la séquence principale 8
étoile de mer, anatomie 95
étoile de mer, morphologie 95
étoile filante 53
Étoile polaire 13
étoiles de faible masse 8
étoiles massives 8
étouffoir 443
étourneau 118
étranglement 695, 844
étrave 598, 602, 606, 834, 838
être humain 146
étrier 174, 274, 559, 574, 750, 853, 855, 892
étrier de fixation 613
étrier du flotteur 263
étrivière 855
étroit 472
étui 345, 377, 529, 905
étui à lentilles 384
étui à lunettes 387
étui à menottes 770
étui à pistolet 770
étui de cuir 907
étui pour gants de latex 770
Eurasie 28
euro 728
Europe 4
Europe 28, 32, 50, 743
europium 684
Eutelsat 486
euthynterie 403, 404
évacuation de l'eau turbinée 662
évaporation 67
évaseur 314
évent 136, 465, 470
évent de pignon 244
évent latéral 261
évier 224, 270, 722
évier à batterie de cuisine 721
évier de prérinçage 721
évier double 262
évier-broyeur 270
évolution de la pression 55
évolution de la vie 92
Ex-République yougoslave de Macédoine 744
ex-voto 737
examen psychiatrique 778
excavatrice à roue 647
exemples d'adapteurs 269
exemples d'algues 75
exemples d'amphibiens 111
exemples d'ancres 610
exemples d'angles 704
exemples d'arachnides 102
exemples d'arbres feuillus 88
exemples d'arcs 413
exemples d'arcs 541
exemples d'avions 628
exemples d'échangeurs 538
exemples d'empennages 629
exemples d'hélicoptères 631
exemples d'insectes 101
exemples d'instruments à clavier 443
exemples d'oiseaux 118
exemples d'unités monétaires 728
exemples de barrages 660
exemples de bateaux et d'embarcations 604
exemples de becs 117
exemples de bicyclettes 581
exemples de branchement 270
exemples de camions 573
exemples de carrosseries 549
exemples de chaises 277
exemples de chauves-souris 141
exemples de chemisiers 359
exemples de clous 301
exemples de cols 362
exemples de conifères 89
exemples de côtes 51
exemples de couleurs 741
exemples de couteaux 228
exemples de couteaux de cuisine 229
exemples de cuillers 228
exemples de dunes 52
exemples de fauteuils 276
exemples de fenêtres 415
exemples de feuilles 89
exemples de fleurs 80
exemples de fougères 76
exemples de fourchettes 228
exemples de fourrures 741
exemples de fraises 308
exemples de fusibles 272
exemples de gréements 601
exemples de groupes instrumentaux 438
exemples de jupes 357
exemples de lanceurs spatiaux 24
exemples de lichens 74
exemples de lunettes 385
exemples de mammifères carnivores 134
exemples de mammifères insectivores 121
exemples de mammifères lagomorphes 123
exemples de mammifères marins 137
exemples de mammifères ongulés 128
exemples de mammifères primates 139
exemples de mammifères rongeurs 123
exemples de manches 360
exemples de marsupiaux 143
exemples de mèches et de forets 306
exemples de métaux 741
exemples de meubles 741
exemples de motos 577
exemples de mousses 75
exemples de pantalons 358
exemples de partitions 740
exemples de pattes 117
exemples de pièces honorables 740
exemples de plis 283, 357
exemples de plongeons 829
exemples de pneus 560
exemples de poches 360
exemples de pointes 302
exemples de ponts à poutre 541
exemples de ponts en arc 541
exemples de portes 416
exemples de postes téléphoniques 507
exemples de prises 844
exemples de quilles 865
exemples de raccords 269
exemples de reptiles 114
exemples de réseaux 522
exemples de rideaux 283
exemples de robes 356
exemples de sabots 127
exemples de sacs de couchage 904
exemples de sauts 881
exemples de semi-remorques 572
exemples de skis 840, 888
exemples de sondes spatiales 19
exemples de tables 278
exemples de tentes 902
exemples de têtes 283, 302
exemples de toits 414
exemples de trapèzes 840
exemples de voiles 601
exemples de voilures 630
exemples de volcans 44
exemples de wagons 588
exosphère 53
expandeur 450
expédition du fret 621
expiration 832
explosion 564
exposant 472
extenseur 850
extenseur commun des doigts 151
extenseur commun des orteils 150
extérieur d'une maison 244
extincteur 767, 771
extincteur d'incendie 725
extra-gras 472
extra-maigre 472
extracteur 896
extrados 413
extrait de vanille 200
eye-liner liquide 378

INDEX FRANÇAIS

F

fa 434
façade 411
face 139, 227, 409, 815, 867
face antérieure 146, 148, 150
face inférieure 374
face plantaire du sabot 127
face postérieure 147, 149, 151
face supérieure 374
face-à-main 385
facette 629
facteur 475
facteur Rhésus négatif 702
facteur Rhésus positif 702
factorielle 703
facule 6
faible 849
faille 43
faîne 193
faisan 120, 212
faisceau bleu 494
faisceau d'électrons 494, 694
faisceau laser 501, 692
faisceau radar 40
faisceau rouge 494
faisceau vert 494
faîtage 252
faîteau 412
faitout 235, 905
faits divers 471
falaise 7, 45, 51
falaise côtière 51
falcatus 92
Fallope, trompe 170
familiale 549
famille 784
famille des bois 437
famille des cuivres 437
famille du violon 437, 439
familles de langues 468
fanion 56, 739
fanion-girouette 893
fanon 124
fard à joues en poudre 378
farine d'avoine 204
farine de blé complet 204
farine de blé entier 204
farine de maïs 204
farine et semoule 204
farine non blanchie 204
farine tout usage 204
fart 892
fasce 404
fauchée 40
faucheuse-conditionneuse 642
faucille 330
faucon 119
fausse côte (3) 153
fausse oronge 76
fausse poche 355
fausse-équerre 313, 701
fautes/pénalités 789
fauteuil 276, 427, 431, 734
fauteuil club 276
fauteuil de repos 780
fauteuil du réalisateur 429
fauteuil metteur en scène 276
fauteuil pivotant à bascule 511
fauteuil roulant 584, 783
fauteuil Wassily 276
fauteuil-sac 277
fauteuils des acteurs 428
fauteuils, exemples 276
faux bourdon 99
faux foc 603
faux quartier 855
faux registre 445
faux sommier 445
faux 330
Fédération de Russie 744
feijoa 197
felouque 600
femelle 702
femme 148
fémur 96, 98, 111, 116, 122, 126, 131, 138, 141, 142, 152
fenêtre 249, 251, 346, 485, 567, 594, 663, 836
fenêtre à barreaux 727
fenêtre à guillotine 415
fenêtre à jalousies 415
fenêtre à l'anglaise 415
fenêtre à la française 415
fenêtre basculante 415
fenêtre coulissante 415
fenêtre d'éjection 755
fenêtre de lecture 499, 521
fenêtre de sous-sol 245
fenêtre en accordéon 415
fenêtre moustiquaire 902
fenêtre panoramique 584, 713
fenêtre pivotante 415
fenêtres, exemples 415
fenil 182
fennec 134
fenouil 185
fente 238, 302, 386, 424, 463
fente à monnaie 507, 920
fente d'alimentation 511
fente d'alimentation manuelle 519
fente de dépôt 730
fente de mise à jour du livret bancaire 730
fente de relevé d'opération 730
fente de vision 749
fente du lecteur de carte 548, 730, 731
fente latérale 348
fente médiane 348
fente pour carte PC 526
fentes branchiales 108
fentes d'aération 526
fenugrec 198
fer 127, 309, 683, 867, 868
fer à cheval 127, 376
fer à friser 381
fer à souder 318
fer à vapeur 288
fer droit 867, 868
fer n° 3 868
fer n° 4 868
fer n° 5 868
fer n° 6 868
fer n° 7 868
fer n° 8 868
fer n° 9 868
ferme 182
ferme de toit 253
fermeture à glissière 353, 369, 377, 389, 453, 902
fermeture du soufflet 432
fermeture sous patte 369
fermeture Velcro® 368
fermium 684
fermoir 386, 387, 401
ferret 342, 370, 391
ferrure 389
ferrure d'attelage 558
fertilisation des sols 69
fesse 147, 149, 169, 170
fettucine 206
feu 615, 617
feu antibrouillard 554, 570
feu anticollision 624
feu arrière 554, 575, 576, 578
feu blanc 616
feu clignotant 554, 591
feu clignotant arrière 576
feu clignotant avant 574, 576
feu de croisement 554
feu de gabarit 554, 570, 571
feu de lisse 591
feu de navigation 605, 625
feu de plaque 554
feu de position 585, 631
feu de recul 554
feu de route 554
feu de tête de mât 605
feu jaune 712
feu rouge 712
feu rouge arrière 554, 571
feu stop 554
feu vert 712
feuillage 87
feuille 75, 77, 78, 79, 85, 185
feuille d'acanthe 276, 405
feuille de vigne 86, 186
feuille, bord 79
feuille, structure 79
feuilles composées 79
feuilles simples 79
feuilles, exemples 89
feuillet 426
feuillets 386
feuillets intercalaires 532
feutre 341, 397, 443
feutre d'étouffoir 442
feux arrière 775
feux avant 554
feux de circulation 712
feux de signalisation 859
feux intermittents 568
feux pour piétons 712
fèves 190
fez 339
fibre 908
fibre musculaire 168
fibre nerveuse 172
fibres 295
fibule 336
ficelle 424
fiche 306, 316, 613
fiche américaine 274
fiche d'alimentation 527
fiche européenne 274
fiche pour jack 488, 502
fiche technique 395
fiche, adaptateur 274, 383
fiches 532
fichier 524, 533
fichier rotatif 531
Fidji 747
figue 197
figue de Barbarie 197
figure 855
fil 300, 689
fil à couper la pâte 464
fil d'arrivée 856
fil d'attache 103
fil de caret 908
fil de corps 848
fil de liaison 272
fil de nylon 332
fil de sécurité 729
fil de service neutre 272
fil de soie dentaire 384
fil de terre 272
fil de trame 463
fil neutre 272
fil thermique 272
filament 274
filament de tungstène 274
file d'attente 731
filet 80, 281, 302, 405, 439, 440, 471, 811, 812, 813, 814, 815, 817, 821, 827
filet à aiguilles 854
filet à jouets 854
filet à olives 854
filet de bœuf 214
filet en caoutchouc 854
filetage 268
filière 103, 314
filigrane 729
filin 611
fille 784, 785
film 477
film-disque 481
film-pack 481
filoir d'écoute 835
fils 784, 785
fils de chaîne 463
filtre 238, 246, 290, 675
filtre à air 258, 261, 331, 552, 586, 636
filtre à charpie 292, 293
filtre coloré 612
filtre de couleur 478
filtre de polarisation 478
filtre rouge inactinique 485
filum terminal 167
fin 515
finale : 2 joueurs 789
finaliste 789
finance 728
fines herbes 202
finition 401
Finlande 744
fission de l'uranium 665
fission nucléaire 681
fixatif 400
fixation 284, 791, 840, 891, 892
fixation à butée avant 892
fixation à coque 887
fixation à plaque 887
fixation arrière 840
fixation avant 840
fixation de sécurité 888, 889
fixe-lecture 479
fjords 51
flacon 379
flagelle 104
flageolet 191
flamant 119
flamme 681
flanc 115, 124, 409, 425, 560, 561
flanc dextre 740
flanc senestre 740
flâneur 344
flash électronique 482
flash-cube 482
flasque 659, 753
flasque inférieur 659
fléau 698
fléau arrière 698
fléau avant 698
Flèche 12
flèche 411, 634, 637, 638, 750, 859, 863, 915
flèche de transept 410
flèche du vent 56
flèche littorale 51
flèche télescopique 634, 766
fléchette 918
flétan 221
fleur 77, 80
fleur de lis 741
fleur, structure 80
fleuret 648, 849
fleuret électrique 848
fleurettiste 848
fleuriste 715
fleurs 917
fleurs, exemples 80
fleuve 38, 39, 48
flexible 264, 270
flexible d'air 398, 648
flexible d'eau 648
flexible d'injection de boue 651
flexible de branchement 485
flexible de distribution 548
flexibles d'alimentation 899
flip 881
floraison 86
flotteur 263, 265, 611, 615, 628, 655, 756, 836, 911
fluide caloporteur 674
fluor 683
flûte 446
flûte à champagne 225
flûte de Pan 433
fluteroni 401
flûtes 437
foc 834
foie 109, 110, 112, 113, 116, 125, 161, 164, 212
foie gras 216
follicule 84, 172
follicule, coupe 84
fonctions système 450
fond 401, 894
fond d'yeux 227
fond de l'océan 42
fond de l'océan 49
fond de protection 918
fond de robe 366
fond de teint liquide 378
fond de tour 656
fondation 660
fondation de pylône 540
fondations 253
fongicide 69
fontaine à soda 723
fontaine des ablutions 738
fontanelle antérieure 158
fontanelle mastoïdienne 158
fontanelle postérieure 158
fontanelle sphénoïdale 158
fonts baptismaux 737
fonture 456
football 802
football américain 806
football américain, protection 808
football canadien 809
footballeur 802, 808
forage en mer 653
foramen apical 159
foramen cæcum 176
force du vent 55
force, mesure 702
forces agissant sur un avion 630
forêt 45
forêt boréale 66
forêt de conifères 66
forêt de feuillus 66
forêt mixte 66
forêt tempérée 66
forêt tropicale 66
forêt tropicale humide 66
foret 307
foret de maçonnerie 306
foret hélicoïdal 306
format du fichier 524
formation de jazz 438
forme des caractères 472
formes de drapeaux 739
formes de pluie 64
formes géométriques 704
formes pharmaceutiques des médicaments 783
fort 849
forte pluie 63
fortification à la Vauban 409
fosse à plonger 246
fosse abyssale 49
fosse d'orchestre 430
fosse de Java 50
fosse de Porto Rico 50
fosse de réception 865
fosse de sable 866, 867
fosse de tir 860
fosse des Aléoutiennes 50
fosse des Kouriles 50
fosse des Mariannes 50
fosse des Philippines 50
fosse des Ryukyu 50
fosse des Tonga-Kermadec 50
fosse du Japon 50
fosse Pérou-Chili 50
fosse septique 70, 263
fossé 409, 538
fosses nasales 175
fosses océaniques 50
fossette 112
fossette de l'anthélix 173
Fou 916
fouet 232, 236
fouet à fil 236
fouet en spirale 236
fouet quatre pales 236
fouets 236
fougère 76
fougère arborescente 76
fougère nid d'oiseau 76
fougère, structure 76
fougères 92
fougères, exemples 76
fouine 134
foulon 642
four 224, 290, 674, 721, 722
four à micro-ondes 224, 238
four électrique 465
four solaire 674
four tubulaire 656
fourche 14, 579, 663, 870, 875
fourche à bêcher 326
fourche à fleurs 325
fourche avant 870
fourche télescopique 577
fourche télescopique hydraulique 574
fourches 632, 633
fourchette 116, 127, 227, 346, 697, 892, 905
fourchette à découper 229
fourchette à dessert 228
fourchette à fondue 228
fourchette à huîtres 228
fourchette à poisson 228
fourchette à salade 228
fourchette de table 228
fourchettes, exemples 228
fourgon postal 474, 475
fourgon-pompe 766
fourgonnette 549
fourmi 101
Fourneau 10
fourneau 390
fournisseur de services Internet 525
fournitures de premiers soins 775
fourragère 642
fourreau 307, 391, 836, 897
fourreau de la langue 112
fourrure 121, 133
fourrures, exemples 741
fours à micro-ondes 723
fovéa 177
foyer 43, 674, 691
foyer Cassegrain 17
foyer coudé 17
foyer des élèves 735
foyer primaire 17
foyer, accessoires 257
foyers 431
frac 338
fraction 703
fraise 192, 339
fraise à chanfrein 308
fraise à congé 308
fraise à feuillure 308
fraise à gorge 308
fraise à quart de rond 308
fraise à queue d'aronde 308
fraise, coupe 83
fraises, exemples 308
framboise 192

framboise, coupe 83
français 469
France 743
Francis, roue 659
francium 682
frange 337
frappeur 795, 796
frégate 762
frein 458, 851, 870, 889, 909
frein à disque 552, 559, 574, 874
frein à main 552
frein à tambour 559
frein arrière 578
frein avant 579
frein d'urgence 594
frein de chaîne 331
frein de talon 895
frein direct 586
frein hydraulique à disque 870
freineur 884
freins 559
frelon 101
fréquence, mesure 702
frère 785
frère/sœur 785
frères 785
fresque 406
frette 440, 441
frise 247, 278, 403, 404, 431
frises 430
friteuse 238, 721
fromage 722
fromage à la crème 210
fromages à pâte molle 211
fromages à pâte persillée 211
fromages à pâte pressée 211
fromages de chèvre 210
fromages frais 210
fronçage tuyauté 283
fronce 359
fronde 75, 76
front 115, 146, 647
front chaud en altitude 56
front chaud en surface 56
front de taille 647, 650
front froid en altitude 56
front froid en surface 56
front occlus 56
front stationnaire 56
frontal 112, 131, 150, 152, 158, 749, 854
frontière 37
fronto-pariétal 111
fronton 403, 405
fronts 56
frotteur 595
frottoir 318, 391
fruit charnu 83
fruit charnu à noyau 81
fruit charnu à pépins 82
fruit de la Passion 196
fruits 81, 180, 192
fruits à noyau 192
fruits à pépins 193
fruits charnus 82
fruits et desserts 723
fruits secs 84, 193
fruits tropicaux 196
fumée 57
fumerolle 44
funicule 83, 84
furet de dégorgement 314
fusain 397
fuseau 358, 458, 462
fusée 602
fusée à propergol solide 22, 24
fusée de proximité 759
fusée éclairante 771
fuselage 625, 898
fusible 273, 663, 673
fusible à culot 272
fusible-cartouche 272
fusible-cartouche à lames 272
fusibles, exemples 272
fusil 229
fusil (canon lisse) 912
fusil à air comprimé 841
fusil automatique 755
fusil calibre 12 860
fusil mitrailleur 755
fusilli 206
fusion 680
fût 87, 287, 302, 405, 448, 663, 859, 860, 912, 918
futon 280

G

gâble 411
Gabon 745
gâche 249
gâchette 320, 331, 398, 516, 767
gâchette de sécurité 331
gadelle 192
gadolinium 684
gaffe 611, 767
Gai lon 187
gainage du combustible défectueux 666
gaine 79, 367, 689, 841, 907, 908
gaine d'air frais 543
gaine d'air vicié 543
gaine de dérivation 258
gaine de distribution 260
gaine de myéline 168
gaine de rancher 571
gaine de Schwann 168
gaine du ressort 284
gaine isolante 275
gaine principale 258
gaine-culotte 367
galaxie 9
galaxie elliptique 9
galaxie irrégulière de type I 9
galaxie irrégulière de type II 9
galaxie lenticulaire 9
galaxie spirale barrée 9
galaxie spirale normale 9
galère 598
galerie 411, 676
galerie de circulation 650
galerie de liaison 543
galerie de visite 658
galerie en direction 650
galerie marchande 713
galerie sèche 47
galet 284, 423, 499, 516
galets tendeurs 580
galettage 465
galettes de riz 207
galhauban 602
Galileo 19
galion 599
gallium 682
gallois 469
galon 340
galon d'ornement 368
galop 125
Gambie 745
gamme 434
ganache 124
ganglion cérébropleural 105
ganglion du tronc sympathique 167
ganglion spinal 167, 168
ganglion viscéral 105
ganse 905
gant 20, 797, 798, 800, 842, 848, 853, 855, 870, 871, 874, 875, 878, 882, 884, 887, 891, 892
gant à crispin 318, 346
gant court 346
gant de conduite 346
gant de crin 379
gant de frappeur 796
gant de golf 869
gant de plongée 841
gant de receveur 796
gant de ski 888
gant de softball 797
gant de toilette 379
gant en latex 776
gant long 346
gant saxe 346
gantelet 749
gants 346, 872
gants d'homme 346
gants de boxe 843
gants de femme 346
gants de gardien de but 802
gants de jardinage 325
Ganymède 4
garage 244, 543, 726, 764, 769
garam masala 199
garant 342
garcette de ris 603
garde 426
garde basse (lutte libre) 843
garde de clé 446
garde de culasse 446
garde haute (lutte gréco-romaine) 843
garde volante 426
garde droit 807
garde gauche 807
garde-boue 578, 640
garde-boue arrière 577
garde-boue avant 574
garde-corps 321, 540, 542, 586
garde-fou 251
garde-main 755
garde-manger 224, 250
garde-robe 251
gardien de but 800, 801, 803, 809, 814, 827, 878, 879
gardien de guichet 799
gare 39, 583, 708, 710
gare de marchandises 583
gare de triage 589, 708
gare de voyageurs 582, 583
gare maritime 596
gare routière 710
garniture 269, 389
garniture de frein 559
garrot 124, 130
gastrocnémien 151
gaufrier-gril 238
gaz 275, 651, 656, 680
gaz à effet de serre 68
gaz brûlés 564
gaz carbonique de refroidissement 670
gaz inerte 274
gaz rares 684
gazole 656
gazon 322, 822
geai 118
géante rouge 8
gélule 783
Gémeaux 13
gencive 159, 174
générateur d'air chaud 258
générateur d'air chaud électrique 258
générateur de tonalités d'amorces 488
générateur de vapeur 646, 669, 670, 671, 674, 763
générateur thermoélectrique à radio-isotopes 18
générateurs 688
genou 124, 130, 146, 148
genouillère 749, 796, 808, 850, 858, 880, 882, 894, 895
géographie 28
géologie 42
géométrie 704
Géorgie 746
géothermie 646
gerbeur 633
gerboise 123
germanium 682
germe 85, 117
germes de soja 191
germes de soya 191
germination 77
gésier 116
geyser 44
Ghana 745
ghee 210
gi 846
gibbeuse croissante 7
gibbeuse décroissante 7
gibbon 139
gibier 212
gicleur 259, 655
gicleur de lave-glace 550
gicleurs 665
gilet 338, 348, 359
gilet athlétique 351
gilet de laine 354
gilet de sauvetage 611
gilet de stabilisation 841
gingembre 199
Girafe 12
girafe 129
girelle 464
giron 255
girouette 58, 59, 677, 834
gisement de pétrole 651, 653
givre 65
glace 67, 551, 554, 612
glace de custode 551
glacier 46, 48, 66
glacier suspendu 46
glacière 906
glacis 409
glacis précontinental 49
glaive 748
gland 169, 282, 285
glande à venin 103, 106, 112
glande coxale 103
glande de Cowper 169
glande de l'albumine 104
glande digestive 104, 105, 106, 107
glande lacrymale 177
glande mammaire 171
glande pédieuse 104
glande salivaire 97, 99, 104, 176
glande sébacée 172
glande sudoripare apocrine 172
glande sudoripare eccrine 172
glande surrénale 165
glandes digestives 103
glandes salivaires 164
glandes séricigènes 103
glissement de terrain 47
glisseur 896
glissière 294, 456, 587, 754
glissière d'ajustement 502
glissière d'auvent 567
glissière de fixation 692
glissière du guide 305
glissoir 342
glissoire de recul 756
globe 903
globe oculaire 110, 177
globe terrestre 734
globule blanc 162
globule rouge 162
glome 127
glotte 112
glucose 78
gnocchi 206
go 916
goberge 221
godet 320, 398, 637
godet à couleur 398
godet à poussière 288
godet chargeur 638
godet de beurre 223
godet de lait/crème 223
godet rétro 637
goélette 601
golf 866
golfe 38
Golfe d'Aden 33, 34
Golfe d'Alaska 30
Golfe d'Oman 33
Golfe de Botnie 32
Golfe de Californie 30
Golfe de Carpentarie 29
Golfe de Guinée 34
Golfe de Panama 31
Golfe du Bengale 33
Golfe du Mexique 30
Golfe Persique 33
Golgi 74, 94
gombo 188
gomme 534
gonade 95, 105, 106
gond 247, 278
gondole 181, 600
gonfalon 739
gonfleur 841, 904
gonfleur-dégonfleur 904
gong 437, 449
gorge 47, 48, 115, 312, 911
gorgerin 749
gorgonzola 211
gorille 138
gorille, morphologie 139
gorille, squelette 138
gouache 396
gouffre 47
gouge 401
gouge creuse 421
gouge en V 421
goujon 559
goujure 306
goulot de remplissage 553
goupille 767
gour 47
gourde 906
gourmand 86
gourmette 376, 854
gourmette d'identité 376
gousse, coupe 84
gousset de latte 834, 836
goût 174
goutte 404
gouttelette lipidique 74
gouttes ophtalmiques lubrifiantes 384
gouttière 244, 287, 551
gouvernail 23, 600, 606, 608, 676, 834, 838, 839
gouvernail de direction 760, 763, 898
gouvernail de plongée avant 763
gouvernail de profondeur 898
gouverne 759
gouverne de direction 625
gouverne de profondeur 625
goyave 197
gradateur 274
gradin 407, 647
gradins 402
gradins mobiles 734
graduation 313, 695, 700, 776, 907
graduation de la règle 700
graduation du vernier 700
grain 57, 85
grain d'amidon 74
grain de blé, coupe 85
graine 77, 81, 82, 83, 84
graine de soja 191
graine de soya 191
graines de pavot 199
grains de café torréfiés 208
grains de café verts 208
graisse 472
graisses 656
graisseur 648
grand adducteur 151
grand cacatois avant 603
Grand Canyon 30
Grand Chien 11
grand complexus 151
Grand Désert de Sable 29
Grand Désert Victoria 29
grand dorsal 151
grand droit de l'abdomen 150
grand duc d'Amérique 119
grand fauchage extérieur 844
grand fauchage intérieur 844
grand fessier 151
grand foc 603
grand hunier fixe avant 603
grand hunier volant avant 603
grand largue 833
grand mât 600
grand mât arrière 602
grand mât avant 602
grand miroir 612
grand oblique de l'abdomen 150, 151
grand os 154
grand palmaire 150
grand pectoral 150
grand perroquet fixe avant 603
grand perroquet volant avant 603
grand rabat 391
grand rond 151
grand sésamoïde 126
grand tournant 856
grand trochanter 153
grand-mère 784
grand-père 784
grand-voile 834
grand-voile arrière 603
grand-voile avant 603
grand-voile d'étai arrière 603
Grande Baie australienne 29
grande échelle 766
grande galerie 402
grande lame 905
grande lèvre 170, 171
Grande Ourse 13
grande roussette 218
grande sauterelle verte 101
grande sus-alaire 115
grande ville 37
grandes familles de langues 468
grandes lignes 583
Grands Lacs 30
grands-parents 784
grange 182
granulation 6
grappe 81
grappe de combustible 667
grappe de raisin 752
grappe de raisins 86
grappe, sarrasin 85
grappin 610
gras 472
grasset 124
gratte-ongles 377
grattoir 320
graveur de disque compact 503
graveur de disque compact réinscriptible 521
graveur de DVD 521
gravier 253, 263
gravure en creux 422
gravure en relief 421
gravure sur bois de fil 421
gravure sur bois debout 421
grébiche 386
grec 469
Grèce 744
grecquage 424
grecque 424

gréement 602
gréements, exemples 601
greffier 860
greffoir 330
grêlon 64
grelots 449
grenade 196
Grenade 743
grenade à main 757
grenat 375
grenouille 110
grenouille des bois 111
grenouille léopard 111
grenouille mâle, anatomie 110
grenouille rousse 111
grenouille, métamorphose 111
grenouille, morphologie 110
grenouille, squelette 111
grenouillère 368
grésil 57, 64
grève 749
griffe 96, 98, 107, 113, 115, 121, 122, 130, 133, 140, 143, 376
griffe à fleurs 325
griffe abaissée, chat 133
griffe d'entrainement 453
griffe porte-accessoires 476
griffe rétractée, chat 133
gril barbecue 239
gril électrique 239
gril pliant 907
grillage 260, 261
grillage de protection 316
grille 234, 261, 290, 383, 403, 432, 494, 561, 658, 727, 796
grille à reine 100
grille d'aération 294, 594
grille d'aspiration 382
grille d'éclairage 492
grille d'éclairage 429
grille d'entrée d'air 575
grille d'extrémité 667
grille d'habillage 259
grille de chauffage 594
grille de départ 872, 875
grille de sécurité 730
grille de sortie d'air 382
grille de vaporisation 261
grille de ventilation 289
grille des programmes de télévision 471
grille métallique conductrice 672
grille stabilisatrice 903
grille-pain 238
grimpeur 900
Groenland 30
grondin 219
gros intestin 110, 164
gros sel 201
groseille à grappes 192
groseille à maquereau 192
grosse caisse 437, 448
grosse quille 865
grotte 47, 51
groupe bulbe 664
groupe de climatisation 622
groupe de démarrage pneumatique 622
groupe électrogène 622
groupe électropompe 559
groupe frigorifique 571
groupe turbo-alternateur 646, 658, 659
groupes instrumentaux, exemples 438
Grue 10
grue 652
grue à flèche 596
grue à tour 634
grue de bord 761
grue sur ponton 596
grue sur porteur 634
grues 634
gruppetto 435
gruyère 211
guarani 469
Guatemala 742
guépard 135
guêpe 101
guêpière 367
guerrier gaulois 748
guêtre 339
gueules 741
gui 602
guichet 731, 799
guichet automatique bancaire 730, 731
guichet commercial 731
guichet de nuit 731
guichet de vente des billets 592
guide 238, 303, 304, 424, 521
guide à onglet 305
guide d'ondes 489
guide de refend 304, 305
guide des températures 288
guide papier 519
guide-bande 499, 534
guide-chaîne 331, 580
guide-fil 452, 453, 457
guide-ligne 910
guide-papier 508
guides de classement 532
guidon 332, 579, 739, 754, 757, 851, 861, 871, 876, 893, 912
guidon surélevé 870
guillemets 473
guimbarde 433
guindant 739, 836
Guinée 745
Guinée équatoriale 745
Guinée-Bissau 745
guitare acoustique 440
guitare basse 441
guitare électrique 441
Gutenberg, discontinuité 42
Guyana 742
guyot 49
gymnase 608, 727, 734, 764, 788
gymnastique 824
gymnastique rythmique 823
gyoji 847
gyrophare 766
gyroscope 759

H

habilleur 428
habitacle 873
habitation 182
hache 330, 767
hache en pierre polie 748
hachette 907
hachoir 230
hachure 463
hackle 909
hafnium 683
haie 245, 322, 790
haie barrée 852
haie de steeple 790
haie rivière 852, 853
Haïti 742
hakama 846, 847
halebas 834
halefis de culasse (16) 374
halefis de table (16) 374
hall 713, 719, 724
hall d'entrée 250, 394, 509
hall public 620
halo 9
halte-garderie 715
haltère court 850
haltère long 850, 851
haltérophilie 850
hameçon 909, 911
hameçon monté 911
hameçon triple 911
hampe 56, 739, 793, 911
hamster 123
hanche 96, 98, 147, 149
hanche ailée 844
handball 814
handicap de l'équipe 858
handicap du joueur 858
hangar 182, 619, 761
hangar de transit 596
hangar pour hélicoptères 762
hanneton 101
haoussa 468
haptère 75
hareng 219
haricot adzuki 191
haricot d'Espagne 191
haricot de Lima 191
haricot jaune 191
haricot mungo 191
haricot mungo à grain noir 191
haricot noir 191
haricot pinto 191
haricot romain 191
haricot rouge 191
haricot vert 191
haricots 191
harissa 201
harmonica 432
harnais 460, 841, 893, 896, 897
harpe 440
harpes 437
hassium 683
hastée 79
hauban 578, 602, 628, 676, 834, 897, 902
haubans 541
haubans en éventail 541
haubans en harpe 541
hausse 100, 439, 754, 755, 757, 861, 893, 912
haut-de-chausse 338
haut-de-forme 340
haut-parleur 427, 496, 504, 505, 508, 513, 526, 626, 766
haut-parleur d'aigus 502
haut-parleur d'aigus 10
haut-parleur de contrôle 488, 489, 490, 491
haut-parleur de graves 10, 502
haut-parleur de médium 502
haut-parleur de médiums 10
hautbois 437, 446
hauteur de chute 662
hauteur de la vague 49
hauteur de marche 255
hauteur du gradin 647
hauteur du plongeon 829
Havers, canal 154
hawaïen 469
hébergement 886
hébreu 468
hélice 606, 608, 609, 705, 763
hélice arrière 606
hélice bipale 628
hélice d'étrave 606
hélice de propulsion 605
hélice de ventilation 688
hélice tripale 628
hélices 762
hélicoptère 631, 762
hélicoptère bombardier d'eau 631
hélicoptère de transport tactique 631
hélicoptère-ambulance 631
hélicoptères, exemples 631
héliographe 58
hélisurface 652, 762
hélium 684
hélix 173
hémisphère 705
hémisphère austral 35
hémisphère boréal 35
hémisphère occidental 35
hémisphère oriental 35
hémisphères 35
hendécagone régulier 705
hennin 339
Henri VIII 736
heptagone régulier 705
héraldique 739
herbe longue 866, 867
herbicide 69
herbivores 67
Hercule 13
hérisson 121
hermine 741
herminette 401
héron 119
herse 430
hertz 702
hétérotrophes 67
hêtre 88
hexagone régulier 705
hijiki 183
hile du rein 165
Himalaya 33
hindi 469
hindouisme 736
hippodrome 856
hippopotame 129
hirondelle 118
hiver 54
hockey sur gazon 800
hockey sur glace 878
hockeyeur 801, 878
holmium 684
homard 107, 218
homard, anatomie 107
homard, morphologie 107
homme 146
homo sapiens 93
Honduras 742
Hongrie 744
honneurs 917
hôpital 711, 725, 778
horizon de secours 626
Horloge 10
horloge 858
horloge de parquet 697
horloge programmatrice 238, 290
hors-d'œuvre 722
hôtel 710, 724, 886, 915
hôtel de ville 710
hotte 224, 256, 290, 721, 722
houe 327
houe rotative 641
hoummos 200
houpette 378
houppelande 338
houppier 87
housse à vêtements 389
housse d'oreiller 280
housse pour automobile 558
Hubble, classification des galaxie, 9
Hubble, télescope spatial 17, 53
hublot 238, 239, 290, 608, 624
hublot d'atterrissage 631
hublot d'observation 23
hublot de chargement 666
hublot de déchargement du combustible irradié 666
huile d'arachide 209
huile d'olive 209
huile de lin 400
huile de maïs 209
huile de sésame 209
huile de tournesol 209
huiles 209
huiles lubrifiantes 656
huit avec barreur 839
huitième de finale : 16 joueurs 789
huitième de soupir 435
huître creuse du Pacifique 217
huître plate 217
huitrier pie 118
huméro-stylo-radial 150
humérus 111, 116, 121, 122, 126, 131, 136, 138, 141, 142, 152, 156
humeur aqueuse 177
humidificateur 261
humidité 261
humidité, mesure 59
hune 602
hutte 418
Huygens 19
hydravion à flotteurs 628
Hydre femelle 11, 13
Hydre mâle 10
hydroélectricité 657
hydrogène 682
hydromètre 562
hydroptère 609
hydrosphère 66
hyène 134
hygiène dentaire 384
hygromètre 261
hygromètre enregistreur 59
hygrostat 261
hypergone 478
hyperliens 524
hypermétropie 691
hyphe 76
hypoderme 172
hypophyse 167
hyracothérium 93
hysope 202

I

ichtyosaure 93
ichtyostéga 92
identification du compte 731
igloo 418
igname 184
iguane 114
île 38
île de sable 51
Île de Terre-Neuve 30
île volcanique 49
iléon 164
Îles Aléoutiennes 30
Îles Falkland 31
Îles Fidji 29
Îles Marshall 747
Îles Salomon 747
ilion 111, 116, 122
îlot 224, 539, 761
îlot rocheux 51
image 917
image imprimée 420
immeuble résidentiel 711
immobilisation 844
impair 919
imparipennée 79
impériale 569
imperméable 352
impluvium 406
imposte 413
impressiom, modèle à plat 420
impression 420, 512
impression à plat 420
impression de l'écran 515
impression en creux 420
impression en relief 420
impression, modèle en creux 420
impression, modèle en relief 420
imprimante 523, 529
imprimante à jet d'encre 519
imprimante laser 519
imprimante matricielle 520
impulsion 40
incendie de forêt 69
incinération 71
incisive 121, 123
incisive centrale 159
incisive latérale 159
incisives 159
inclinaison 13
inclinaison de la lame 304, 305
inclusion 703
Inde 747
Index 921
index 173, 699
index de composition automatique 506
indicateur de charge 383
indicateur de ligne 568, 569, 595
indicateur de niveau 499
indicateur de niveau d'eau 239
indicateur de niveau de carburant 557
indicateur de position 417
indicateur de réglage 889
indicateur de température 557
indicateur de tension 453
indicateur de virage et d'inclinaison latérale 898
indicateur de vitesse 557, 576, 851
indice 472
indice d'exposition 479
Indien 10
indium 682
Indonésie 33, 747
indonésien 469
inducteur à électroaimant 688
induit 688
industrie 525
infiltration 67, 69
infini 703
infirmerie 726
infirmière 780
inflorescence, modes 81
influx nerveux 168
informations-navigation 626
informations-pilotage 626
informations-systèmes de bord 626
infrastructure 538
inhalateur-doseur 783
initiales de la banque émettrice 729
injecteur 565, 566
injecteur de lubrifiant 649
injection/explosion 565
insectes 96
insectes, exemples 101
insertion 515
insigne 770
insigne d'identité 770
insigne de grade 770
inspiration 832
installation 395
installation à air chaud pulsé 258
installation à eau chaude 259
installations sportives 788
instruments à clavier 442
instruments à clavier, exemples 443
instruments à cordes 439
instruments à percussion 437, 448
instruments à vent 446
instruments d'écriture 470
instruments de bord 557
instruments de mesure météorologique 58
instruments de vol 899
instruments électroniques 450
instruments scientifiques 23
instruments traditionnels 432
intégrale 703
intégration de l'électricité au réseau de transport 662
intégration de l'électricité au réseau de transport 677
Intelsat 487
intensité lumineuse, mesure 702
interdiction de dépasser 544, 546
interdiction de faire demi-tour 544, 546
interlignage 472
interligne 434

interligne 1,5 472
interligne double 472
interligne simple 472
internaute 524
Internet 523, 524
interosseux 150
interphone 491
interrupteur 237, 241, 274, 286, 288, 289, 291, 305, 307, 308, 318, 320, 381, 382, 383, 384, 488, 505, 506, 518, 613, 687
interrupteur à gâchette 304, 305, 306, 308
interrupteur d'accord 499
interrupteur d'alimentation 451, 494, 495, 497, 498, 501
interrupteur d'alimentation 494, 498, 518
interrupteur d'éclairage 381
interrupteur d'émission 505
interrupteur de démarrage 293
interrupteur de fin de course 417
interrupteur de la porte 293
interrupteur de mise au point automatique 483
interrupteur du magnétoscope 495
interrupteur du téléviseur 495
interrupteur moteur/éclairage 452
interrupteur principal 273
interruption 515
intersection 703
intersection avec priorité 544, 547
intertitre 471
intervalle 617
intervalle d'air 675
intervalles 434
interview 471
intestin 95, 97, 103, 104, 105, 107, 109, 112, 161
intestin grêle 110, 113, 116, 125, 164
intestin moyen 99
intrados 413
inuktitut 469
inverseur de marche 302, 306
inverseur de signe 529
inverseur route-croisement 576
Io 4
iode 683
Iran 746
Iraq 746
iridium 683
iris 177
irlandais 469
Irlande 743
isba 418
ischion 111, 116, 122, 153
islam : Mahomet 736
islandais 469
Islande 32, 744
isobare 55
isolant 253, 254, 259, 266, 267, 294, 672
isolant en caoutchouc-mousse 299
isolant en coquille 299
isolant en panneau 299
isolant en plastique 272
isolant en rouleau 299
isolant en ruban 299
isolant en ruban métallique 299
isolant en vinyle 299
isolant en vrac 299
isolant moussé 299
isolants 299
isolateur 562, 663
isoloir 731
Israël 746
isthme 38
isthme de la trompe utérine 171
Isthme de Panama 30
isthme du gosier 174
Italie 744
italien 469
italique 472
ivoire 159

jabot 97, 99, 104, 106, 116, 362
jaboticaba 197
jachère 182
jack de sortie 441
jacquet 915
jaguar 135
jalons de sécurité 875
Jamahiriya arabe libyenne 745
Jamaïque 742
jambage 256
jambe 124, 139, 147, 149, 156, 351
jambe élastique 351
jambette 253
jambier antérieur 150
jambière 371, 796, 798, 800, 901
jambière de gardien de but 879
jambières 880
jambon cuit 216
jambon fumé 215
jan extérieur 915
jan intérieur 915
jante 560, 574, 579, 640, 793
Japet 5
Japon 33, 747
japonais 469
jaque 196
jaquette 338, 853
jardin 406
jardin d'agrément 322
jardin potager 182, 244
jardin public 713
jardinage 298, 322
jarlsberg 211
jarret 124, 130, 214, 215
jarretelle 367
jas 610
jauge à aiguilles 457
jauge magnétique à lecture directe 655
jaune 117, 400, 690
jaune orangé 400
jaune vert 400
javelot 748, 793
jazz, formation 438
Jean Calvin 736
jean 358
jéjunum 164
Jésus-Christ 736
jet d'air 398
jet d'eau 247, 249
jet de couleur 398
jet dentaire 384
jetée 653
jets d'eau 828
jeu 822
jeu d'ustensiles 233
jeu de brides 773
jeu de dames 916
jeu de dilatation 590
jeu de douilles 311
jeu de fléchettes 918
jeu de petits outils 325
jeu de puces 513
jeu de quilles 865
jeux 788, 914
jeux de plateau 915
jeux en ligne 525
jicama 184
jockey 856
jodhpurs 853
joint 294, 470
joint à coulisse 310
joint d'étanchéité 270, 655
joint de bougie 562
joint de carter 566
joint de rail 590
joint magnétique 291
joint périmétral 661
joint torique 268
Joker 914
jonc 376
jonction positif/négatif 672
jonque 600
jonquille 80
Jordanie 746
joue 130, 148, 301, 909
joue de jante 560
jouets 717, 854
joueur 827, 920
joueur de basketball 810
joueur de cricket : batteur 798
joueurs 822
joueuse de tennis 822
joule 702
journal 471
ju-jitsu 846
judaïsme : l'Ancien Testament 736
judo 844
judogi 844
juge 842, 843, 844, 848, 855, 859, 893
juge à l'arrivée 839
juge arbitre 830
juge au départ 838, 883
juge aux obstacles 852
juge coordonnateur 823
juge d'arrivée 883
juge de but 827, 858, 878
juge de champ arrière 807
juge de classement 830
juge de coin 845
juge de départ 830
juge de faute de pied 821
juge de filet 821
juge de ligne 812, 813, 816, 818, 820, 824, 879
juge de ligne en chef 807
juge de ligne médiane 820
juge de mêlée 807
juge de nage 830
juge de piste 883
juge de porte 837
juge de service 816, 820
juge de touche 803, 805, 807
juge de voie 900
juge en chef 823, 837
juge-arbitre 828
juge-arbitre de pas de tir 860
juge-arbitre principal 860
juges 824, 825, 828, 881
juges assistants 883
juges au départ 882
juges d'arrivée 883
juges d'exécution 823
juges de coin 846
juges de difficultés 823
juges de valeur artistique 823
juges de virages 831
jugulaire 765, 808
jujube 197
jumeau 150
jumelles à prismes 692
jupe 355, 837
jupe à empiècement 357
jupe à lés 357
jupe à volants étagés 357
jupe de masque 773
jupe de piston 566
jupe droite 357
jupe fourreau 357
jupe froncée 357
jupe portefeuille 357
jupe souple 605
jupe-culotte 357
jupes, exemples 357
jupette 822
Jupiter 4
jupon 337, 366
Jurassique 93
jury 853
justaucorps 338, 371
justice 726

K

kaki 197
kangourou 142, 143
kangourou, morphologie 143
kangourou, squelette 142
Kaplan, roue 659
karaté 845
karatégi 845
karatéka 845
karatéka 845
kayak 837
kayak monoplace (K1) 839
Kazakhstan 746
kelvin 702
kendo 847
kendoka 847
Kenya 745
kérosène 656
ketch 601
ketchup 201
kettle 45
kilogramme 702
kilt 357
kimono 364
kinyarwanda 468
kiosque 548, 593, 763
Kirghizistan 746
Kiribati 747
kirundi 468
kiwi 196
knicker 358
koala 143
kombu 183
kora 433
kote 847
Koweït 746
krypton 684
Kuiper, ceinture 4
kumquat 194
kung-fu 846

L

la 434
la universel 436
laboratoire 16, 17
laboratoire américain 21
laboratoire de conservation 395
laboratoire de pathologie 781
laboratoire européen 21
laboratoire japonais 21
laboratoire spatial 23
laboratoire supérieur 16
labyrinthe 885
lac 7, 38, 45, 48
lac artificiel 48
Lac Baïkal 33
lac d'origine glaciaire 48
lac d'origine tectonique 48
lac d'origine volcanique 48
lac en croissant 48
Lac Eyre 29
Lac Ladoga 32
Lac Malawi 34
lac salé 52
Lac Tanganyika 34
Lac Tchad 34
Lac Titicaca 31
Lac Victoria 34
laccolite 44
lacet 342, 370, 630, 797, 843, 881
lacet de serrage 387
lacis 893
lacs 48
lactaire délicieux 183
lacune latérale 127
lacune médiane 127
lagomorphes 122
lagon 51
lagune 51
lait 210
lait concentré 210
lait de chèvre 210
lait en poudre 210
lait homogénéisé 210
laiterie 182
laitue asperge 186
laitue de mer 183
laitue frisée 186
laitue iceberg 186
laitue pommée 186
laize 834
lama 128
lambourde 252
lame 227, 229, 237, 254, 274, 285, 302, 303, 304, 305, 315, 320, 331, 332, 382, 383, 390, 433, 449, 454, 460, 534, 557, 636, 639, 849, 878, 880, 881, 900
lame à deux biseaux 401
lame à double tranchant 383
lame coudée 401
lame criblée de l'ethmoïde 175
lame d'étouffoir 443
lame de coupe 240
lame de danse sur glace 881
lame de scie circulaire 304
lame de suspension 697
lame dentée 382
lame droite 382, 401
lame en cuiller 401
lame fixe 424
lame isolée 316
lame mobile 424
lame porte-objet 693
lame pour programme libre 881
lame racleuse 638
lame-ressort 776
lamelle 76, 254
lamelles concentriques 154
lames, principales formes 401
lampadaire 286
lampe 316, 693
lampe à économie d'énergie 275
lampe à halogène 274, 275
lampe à incandescence 274, 614, 673
lampe à souder 314, 319
lampe au néon 316
lampe d'architecte 286
lampe d'architecte 399
lampe de bureau 286
lampe de bureau halogène 286
lampe de chevet 724, 780
lampe de lecture 771
lampe de sanctuaire 737
lampe de table 286
lampe frontale 901
lampe liseuse 286
lampe portative 765
lampe-éclair 482
lampe-témoin 848
lampe-tempête 906
lampe-torche 770
lampes témoins 494, 557
lamproie 219
lance 319, 748, 767
lance à eau 766
lance d'arrosage 328
lance-canon 766
lance-leurres 762
lance-missiles 761
lance-pots fumigènes 758
lancéolée 79
lancer 795, 799, 864
lancer disque 791
lancer du javelot 791
lancer du poids 790
lancer marteau 791
lancers 793
lanceur 794, 795, 799
lanceur spatial 24
lanceur spatial (Ariane V), coupe 24
lanceur spatial (Saturn V), coupe 25
lanceurs spatiaux, exemples 24
lange 421
langouste 218
langoustine 218
langue 99, 109, 110, 164, 174, 175, 212
langue bifide 112
langue d'affichage, choix 507
langue glaciaire 46
langue, dos 176
langues aborigènes d'Australie 469
langues afro-asiatiques 468
langues amérindiennes 469
langues bantoues 468
langues celtiques 469
langues d'Afrique centrale 468
langues d'Océanie 469
langues du monde 468
langues germaniques 469
langues indo-européennes 469
langues indo-iraniennes 469
langues isolées 469
langues malayo-polynésiennes 469
langues ouralo-altaïques 469
langues papoues 469
langues romanes 469
langues sino-tibétaines 468
langues slaves 469
languette 342, 370, 444, 881, 889
lanière 416, 443, 840, 841, 850, 901
lanterne 322, 614, 752, 903
lanterne de phare 614
lanterne de pied 287
lanterne murale 287
lanterneau 245
lanterneau de la cage d'escalier 251
lanterneau de la salle de bains 251
lanthane 684
lanthanides (terres rares) 684
lapiaz 47
lapin 123, 212
lapis-lazuli 375
lard 209
large 472
largue 833
larve 100
larynx 163
lasagne 206
laser à rubis pulsé 692
latitude 14, 15, 36
latrines 406
latte 285, 459, 600, 676, 834, 836, 897
lattis métallique à losanges 299
laurier 202
lavabo 262, 264, 724, 780
lavabo du chirurgien 781
lavage 347
lavallière 349
lave-auto 548
lave-linge 262, 271, 292
lave-vaisselle 224, 271, 294, 721, 723
laver à la machine à l'eau chaude avec agitation normale 347
laver à la machine à l'eau chaude avec agitation réduite 347
laver à la machine à l'eau tiède avec agitation réduite 347
laver à la machine à l'eau très chaude avec agitation normale 347
laver à la main à l'eau tiède 347
laveuse 262, 271, 292

laveuse pour épreuves 485
lawrencium 684
laye 445
lèchefrite 234
lecteur CD/DVD 918
lecteur de carte 493, 507
lecteur de cassette 504, 521
lecteur de CD/DVD-ROM 513, 526
lecteur de code-barres 517
lecteur de disque compact 488, 501, 503, 504, 517
lecteur de disque dur 521
lecteur de disque dur amovible 521
lecteur de disque dur primaire 513
lecteur de disque dur secondaire 513
lecteur de disquette 450, 513
lecteur de disquette externe 521
lecteur de DVD vidéo 494
lecteur de microfilm 732
lecteur optique 181
lecteur optique de caractères 474
lecture 495, 499
lecture automatique/manuelle 316
lecture du disque compact 501
lecture rapide 501
lecture/pause 501
légende 471
légionnaire romain 748
légumes 180, 184
légumes bulbes 184
légumes feuilles 186
légumes fleurs 187
légumes fruits 188
légumes racines 189
légumes tiges 185
légumes tubercules 184
légumier 226
légumineuses 190
lémurien 139
lentille 390, 477, 478, 535, 697
lentille biconcave 691
lentille biconvexe 691
lentille concave 691
lentille convexe 691
lentille cylindrique 691
lentille de champ 692
lentille de macrophotographie 478
lentille jetable 384
lentille objectif 14, 692
lentille plan-concave 691
lentille plan-convexe 691
lentille rigide 384
lentille souple 384
lentilles 190, 691
lentilles convergentes 691
lentilles de contact 384
lentilles de mise au point 694
lentilles de redressement 692
lentilles divergentes 691
léopard 135
Lesotho 746
lessivage du sol 70
lest 634
Lettonie 744
lettre 474
lettre de repère 855
lettres 472
leucoplaste 74
lève-fil 288
lève-soupape 314
levier 268, 270, 310, 377, 381, 423, 686, 912
levier à ressort 920
levier coudé 637
levier d'armement 755, 757
levier d'écartement 643
levier d'échappement 443
levier d'embrayage 327, 574, 576
levier de blocage 312
levier de clé 446
levier de commande 307, 649
levier de commande manuelle 590
levier de conduite 633
levier de déclenchement 265
levier de dégagement 310
levier de dégagement du papier 528
levier de dégagement du presse-papier 528
levier de fixation de venturi 757
levier de frein à main 556, 587
levier de frein avant 576
levier de la lame 424
levier de manœuvre de la culasse 756
levier de manœuvre du mât 632, 633
levier de perçage 240
levier de réglage 436
levier de réglage latéral 309
levier de relevage du plateau de coupe 333
levier de serrage 312
levier de tissage 456
levier de verrouillage 587
levier de vibrato 441
levier de vitesse 556
levier de vitesses 552
levier des aérofreins 626
levier des volets 626
levier du bloc 309
levier du piston 315
levier du protège-lame inférieur 304
levier du train d'atterrissage 626
levier plat 301
levier télescopique de dételage 587
lèvre 124, 132, 306
lèvre inférieure 174, 444
lèvre supérieure 99, 174, 444
lévrier 131
Lézard 12
lézard 114
liaison 435
liaison chimique 680
liaison électrique 260
liaison frigorifique 260
Liban 746
libellule 102
liber 87
libération d'énergie 681
Libéria 745
libero 803, 812
liberté de langue 854
librairie 714
lice 408
lichen 74
lichen crustacé 74
lichen foliacé 74
lichen fruticuleux 74
lichen, structure 74
lichens, exemples 74
Licorne 11
Liechtenstein 744
liège 892
liens de parenté 784
lierne 410
lieu noir 221
lieuse 642
Lièvre 11
lièvre 123, 212
ligament 105
ligament alvéolo-dentaire 159
ligament élastique 133
ligament large de l'utérus 171
ligament suspenseur 177
ligne 434, 813
ligne arrière 809, 877
ligne blanche 127
ligne bleue 879
ligne câblée 525
ligne centrale 815, 879
ligne continue 538
ligne d'arrivée 791
ligne d'arrivée 833, 839, 871, 890
ligne d'arrivée du 500 m 883
ligne d'attaque 812
ligne d'avertissement- épée et sabre 848
ligne d'avertissement- fleuret 848
ligne d'ourlet 455
ligne de balayage 877
ligne de ballon mort 804
ligne de bâti 455
ligne de boîte de service 818
ligne de but 800, 804, 806, 809, 814, 827, 878
ligne de cadre 862
ligne de centre 801, 806, 809, 877
ligne de côté 812
ligne de couloir 791
ligne de coupe 455
ligne de croissance 104, 105
ligne de demi-court 819
ligne de départ 791, 833, 872
ligne de départ du 500 m 882
ligne de distribution à basse tension 273, 663
ligne de distribution à moyenne tension 273, 663
ligne de double 820
ligne de fond 806, 811, 812, 815, 816, 821, 831
ligne de force 687
ligne de jet franc 814
ligne de jeu 794, 865, 877, 918
ligne de l'arbitre 845
ligne de lancer franc 811
ligne de limite arrière 848
ligne de mêlée 807
ligne de mise en garde 848
ligne de modification 455
ligne de piqûre de la fermeture 455
ligne de poursuite 871
ligne de réception de service 818
ligne de retrait 799
ligne de sécurité 593
ligne de service 818, 819, 821
ligne de service court 817, 818, 819
ligne de service long 816
ligne de simple 821
ligne de surface de but 814
ligne de surface de réparation 802
ligne de suture 105
ligne de tir 859
ligne de touche 800, 803, 805, 806, 809, 810, 814, 858
ligne de visée 907
ligne dédiée 523, 524
ligne des 10 m 804
ligne des 15 m 805
ligne des 2 m 827
ligne des 200 m 871
ligne des 22 m 800, 804
ligne des 27 m 858
ligne des 30 m 859
ligne des 36 m 858
ligne des 4 m 827
ligne des 5 m 800, 805
ligne des 50 m 859
ligne des 54 m 858
ligne des 60 m 859
ligne des 7 m 827
ligne des 70 m 859
ligne des 90 m 859
ligne des compétiteurs 845, 847
ligne des sprinters 871
ligne des verges 806
ligne discontinue 538, 539
ligne isosiste 43
ligne latérale 108, 815, 819, 877
ligne latérale de double 817
ligne latérale de simple 817
ligne médiane 803, 805, 810, 814, 816, 827, 848
ligne médiane de service 821
ligne méridienne 907
ligne neutre 687
ligne sous-marine 524
ligne supplémentaire 434
ligne téléphonique 524
ligne téléphonique/câblée/satellite 523
lignes droites 871
ligneur 378
limbe 76, 79, 612
lime 194, 309, 377, 905
lime à ongles 377
limes-émeri 377
limitation de hauteur 545, 547
limite de retour 799
limite de terrain 864
limite du batteur 799
limite du terrain 244
limite hors-terrain 819
limiteur de surchauffe 293
limon 255
limousine 549
linéaire 79
lingala 468
linge de maison 716
lingerie 584, 716, 724
linteau 247, 252, 256, 411
Lion 13
lion 135
lion passant 741
liquette 359
liquide 680, 681
liquide céphalo-rachidien 168
liquides d'appoint 400
lis 80
lisière 455
lisse 253, 591
lisse d'assise 252, 253
lisses 460, 461
listel 306
lit 280, 567, 904
lit à barreaux 281
lit à deux places 724
lit à une place 724
lit d'hôpital 780
lit de camp pliant 904
lit de l'ongle 172
lit pliant 281
litchi 197
literie 280
lithium 682
lithographie 423
lithosphère 42, 66
litière 78
littoral, configuration 51
Lituanie 744
livèche 202
livre 728
livre électronique 527
livre relié 426
livrée 799
livres pour enfants 732
loafer 344
lob 821
lobé 79
lobe 117
lobe du nez 175
lobe inférieur 163
lobe latéral inférieur 86
lobe latéral supérieur 86
lobe moyen 163
lobe supérieur 163
lobe terminal 86
lobule 173
local d'entreposage 769
local d'entreposage du matériel 734
local d'entretien 724, 731, 734
local technique 543
locaux administratifs 582
locaux de l'équipage 604
locaux de service 738
locomotive diesel-électrique 586
loge 82, 431
loge d'artiste 431
loge privée 428
logement de cassette 499
logement de la bobine 476
logement de la cassette 495, 496
logement de rangement 483
logement des officiers 762, 763
logement droit 384
logement du barillet 249
logement du plateau 501
logement gauche 384
logiciel de courrier électronique 524
lointain 430, 431
loisirs de plein air 902
long péronier latéral 150
long supinateur 151
longane 196
longeron 571, 624
longeron de chenille 636
longeron latéral inférieur 635
longeron stabilisateur 633
longitude 36
longue piste 882
longueur d'onde 690
longueur de la vague 49
longueur, mesure 700, 702
loquet 238, 294
lorgnette 385
lorum 115
losange 705
louche 233
Loup 11
loup 134
loupe 693, 905
loupe de mise au point 485
loupe et microscopes 693
loutre de rivière 134
louvoyage 833
lucarne 244
Luer Lock, embout 776
luette 174, 175
luge 884
luge double 884
luge simple 884
lugeur 884
lumière 14, 15, 17, 444, 617, 753
lumière de scène 775
lumière halogène 775
lumière perpétuelle 738
lumière stroboscopique 775
lumière visible 690
lumières de but 879
luminaires 286
Lune 4, 6, 7
Lune, cadran des phases 697
Lune, éclipse 7
Lune, phases 7
Lune, relief 7
lunette 701, 756
lunette astronomique 14
lunette astronomique, coupe 14
lunette d'approche 859
lunette de visée 692, 912
lunette prismatique 612
lunettes 318, 385, 861, 870, 887
lunettes de nage 830
lunettes de protection 772, 818, 819, 870, 875
lunettes de sécurité 772
lunettes de ski 888
lunettes de soleil 385
lunettes de vol 896
lunettes, exemples 385
lunettes, parties 385
lunule 105, 172, 173
lupin 190
lustre 287
lutécium 684
luthérianisme : Martin Luther 736
lutrin 737
lutte 843
lutteur 843
lutz 881
Luxembourg 743
luzerne 190
Lynx 12
lynx 134
Lyre 13
lyre 433
lysosome 94

M

macaque 139
macaroni 401
mâche 187
machette 751
mâchicoulis 408
machine à affranchir 531
machine à combustible 669
machine à coudre 452
machine à écrire électronique 528
machine à éliminer, à redresser et à oblitérer 474
machine à espresso 241
machine à faire les pâtes 230
machine à glaçons 721
machine à laver les verres 723
machine à sous 920
machine à tricoter 456
machine à trier 475
machine de chargement 666, 670
machine de déchargement 666
Machine pneumatique 11
machinerie 538
machinerie agricole 641
machinerie lourde 636
machiniste 428
mâchoire 99, 312, 317
mâchoire d'attelage 587
mâchoire de lagomorphe : lapin 123
mâchoire de rongeur 123
mâchoire dentée 310
mâchoire droite 310
mâchoire fixe 311
mâchoire incurvée 310
mâchoire mobile 311
mâchoires 312, 913
mâchoires de lagomorphe 123
mâchoires de rongeur 123
Mackenzie 30
maçonnerie : outils 315
macronucleus 94
Madagascar 34, 746
magasin 710, 716
magasin à rayons 715, 716
magasin d'articles de sport 715
magasin d'électronique 714
magasin de bricolage 714
magasin de cadeaux 714
magasin de chaussures 715
magasin de décoration 715
magasin de jouets 714
magasin de lingerie 714
magasin de prêt-à-porter 714
magasins 512
magazine 471
mage 847
Magellan 19
magenta 690
magma 44, 49
magnésie 825
magnésium 682
magnétisme 687
magnétomètre 60
magnétophone à cartouches 488
magnétophone à cassette numérique 488
magnétoscope 495
mah-jong 917
Mahomet 736
maigre 472

mail 714
maille 815
mailles de montage 457
maillet 301, 401, 421, 858
mailloche 433, 448
mailloches 449
maillon-gouge 331
maillot 791, 805, 810, 843, 870
maillot d'équipe 796, 808
maillot d'équipe 801, 802
maillot de bain 371, 830
maillot de corps 796, 850
main 139, 147, 149, 154, 173
main courante 255, 417, 587, 607, 783
main pleine 914
Maine coon 132
mains, protection 774
maïs 85, 203
maïs : épi 85
maïs fourrager 182
maison 244, 877, 915
maison à deux étages 419
maison de plain-pied 419
maison en adobe 418
maison jumelée 419
maison romaine 406
maison solaire 675
maison sur pilotis 418
maison, ameublement 276
maison, charpente 252
maison, éléments 247
maison, extérieur 244
maison, fondations 253
maison, principales pièces 250
maison, structure 250
maisons de ville 419
maisons en rangée 419
maisons traditionnelles 418
maître d'hôtel 720
maître-brin 893
maître-cylindre 559
maître-autel 737
majeur 173
majuscule : sélection du niveau 2 514
malaire 152, 158
Malaisie 747
malanga 189
Malawi 746
Maldives 747
mâle 702
malgache 469
Mali 745
malle 389
mallette d'ordinateur portable 527
mallette de toilette 389
mallette porte-documents 386
Malpighi, couche 172
Malpighi, tubes 97, 99
Malte 744
mamelle 127
mamelon 146, 148, 171
mamelon double 269
mammifère volant 140
mammifères carnivores 130
mammifères carnivores, exemples 134
mammifères insectivores 121
mammifères insectivores, exemples 121
mammifères lagomorphes, exemples 123
mammifères marins 136
mammifères marins, exemples 137
mammifères marsupiaux 142
mammifères ongulés 124
mammifères ongulés, exemples 128
mammifères primates 138
mammifères primates, exemples 139
mammifères rongeurs 122
mammouth 93
Manche 32
manche 337, 348, 822
manche à air 739
manche ballon 360
manche bouffante 361
manche chauve-souris 361
manche chemisier 361
manche flottante 337
manche gigot 361
manche kimono 361
manche marteau 360
manche montée 349
manche pagode 361
manche pendante 338
manche raglan 352, 355, 361, 369
manche tailleur 361
manche trois-quarts 360
manche 227, 295, 301, 302, 309, 311, 315, 316, 319, 320, 383, 384, 391, 425, 433, 439, 440, 441, 443, 454, 458, 611, 797, 798, 800, 815, 816, 822, 838, 858, 863, 867, 880, 901
manche à balai 516, 631, 898
manche de commande 626
manche isolant 317
manche isolé 316
manche rotatif 516
mancheron 323, 327, 337, 360
manches précédentes 822
manches, exemples 360
manches à balai 918
manchette 471, 812, 880
manchon 259, 269, 320, 388, 838, 851
manchon de câble 306
manchon de culasse 756
manchon de refroidissement 755
manchon du cordon 308, 318
manchon refroidisseur 692
manchot 119
mandarine 194
mandat-poste 475
mandibule 97, 99, 108, 111, 112, 115, 116, 121, 122, 123, 126, 131, 136, 138, 141, 142
mandoline 230, 433
mandrin 302, 306, 307
mandrin autoserrant 306
manette 238
manette d'admission d'air 256
manette de blocage du plateau 307
manette de chasse d'eau 265
manette de contact 287
manette de dérailleur 579, 580, 870
manette de glissement 555
manette de jeu 918
manette des gaz 516
manette du frein 876
manette vapeur 241
manettes de poussée 626
manganèse 683
mangoustan 196
mangouste 134
mangue 197
manifold 652
manille 835
manioc 184
manivelle 230, 307, 312, 328, 460, 558, 571, 580, 750, 910
manivelle d'enroulement 313
manivelle d'orientation des lames 285
manivelle de la colonne 482
manivelle de lève-glace 554
manivelle de pointage en direction 756
manivelle de pointage en hauteur 756
mannequin 454
mannequin articulé 398
manœuvre de la pelleteuse 637
manomètre 654, 655, 766, 775, 777, 841
manomètre d'accord 448
manomètre de bouteille 319
manomètre de chalumeau 319
manque (1 à 18) 919
mante religieuse 102
manteau 105, 106, 256, 355
manteau inférieur 42
manteau supérieur 42
manteaux 352, 355
manteaux d'hommes 717
manteaux de femmes 716
manucure 377
manuel de premiers soins 777
manutention 632
maori 469
maquereau 219
maquillage 378
maquillage des lèvres 378
maquillage des yeux 378
maquilleuse 428
maquis 66
marbre 421, 795
marchand de journaux 715
marche 255, 321, 417, 460, 847
marche avant/marche arrière 327
marche de départ 255
marche/arrêt 504
marche/arrêt/volume 504
marchepied 321, 570, 602, 631, 640, 876
marchepied arrière 766, 775
marchepied en étrier 587
marchepied escamotable 567
marchepied latéral 586
marette 317
margarine 209
marge continentale 49
margeur 484
margose 188
mari 785
Mariner 19
marinière 359
marmite 235
marmotte 123
Maroc 745
maroquinerie 714
marque cardinale est 617
marque cardinale ouest 617
marque cardinale sud 617
marque centrale 820
marque d'aire de prise de contact 621
marque d'axe de piste 620
marque d'eaux sécuritaires 617
marque de danger isolé 617
marque de distance constante 621
marque de jour 615
marque de point d'attente 620
marque déposée 390, 473
marque des 7 m 814
marque latérale 617
marque spéciale 617
marques cardinales 616
marques d'identification 620
marques de circulation 619
marques de jour (région B) 617
marques de nuit, rythme 617
marques de seuil de piste 621
marques latérales de piste 620
marqueur 397, 470, 810, 812, 813, 814, 819, 845, 848, 864
marqueurs 844, 846, 847, 859
marquise 603
marron 193
Mars 4, 5
Mars Surveyor 2001 19
marsouin 137
marteau 174, 442, 443, 793
marteau à endosser 425
marteau à panne ronde 301
marteau d'électricien 317
marteau de charpentier 301
marteau de maçon 315
marteau de menuisier 301
marteau perforateur 648
marteau perforateur à poussoir pneumatique 648
marteau pneumatique 649
marteau-piolet 901
Martin Luther 736
martin-pêcheur 118
martinet 118, 602
martingale 602, 858
martre 134
mascara en pain 378
mascara liquide 378
masque 796, 798, 800, 808, 841, 848, 879
masque à oxygène 775
masque bucco-nasal 773
masque complet 765
masque de sélection des couleurs 494
masque respiratoire 773
masse 43
masse pendulaire 436
masse, mesure 698, 702
masse-tige 651
masséter 150
massette de réglage 436
massif 245
massif d'ancrage des câbles 540
massif de fleurs 322
massif de fondation 651
massif montagneux 38
massues 823
mât 407, 493, 591, 600, 632, 633, 834, 836, 897
mât avant 607
mât d'artimon 602
mât d'artimon 600
mât de beaupré 602
mât de cacatois 602
mât de charge 607
mât de hune 602
mât de misaine 600, 602
mât de perroquet 602
mât de toit 903
mât radar 606
mât rotor 631
matelas 280, 281, 776, 904
matelas autogonflant 904
matelas de protection 883
matelas et sommiers 716
matelas mousse 904
matelas pneumatique 904
matelassure 855
mâtereau 607
matériau absorbant les ondes radars 629
matériau de scellement 689
matériaux de base 298
matériaux de revêtement 299
matériel 396, 421, 422, 423
matériel audiovisuel 716
matériel de camping 905
matériel de laboratoire 685
matériel de lutte contre les incendies 767
matériel de secours 775
mathématiques 703
matière 680
matière inorganique 67
matières corrosives 774
matières dangereuses 774
matières explosives 774
matières grasses 209
matières inflammables 774
matières radioactives 774
matières toxiques 774
matraque télescopique 770
matrice de l'ongle 172
maturation, vigne 86
mâture 602
maturité 86
Maurice 746
Mauritanie 745
mawashi 847
maxillaire 108, 111, 112, 121, 122, 123, 136, 175
maxillaire basculant 112
maxillaire inférieur 152, 158
maxillaire supérieur 115, 116, 131, 138, 152, 158
maya 469
mazout domestique 656
mazout léger 656
mazout lourd 656
méandre 48
méat de l'urètre 169
mécanicien 873
mécanique 686
mécanique d'accordage 441
mécanique d'accordage 441
mécanique du piano droit 443
mécanisme à échappement 436
mécanisme d'assistance de la culasse 755
mécanisme d'engrenage 423
mécanisme d'enroulement 285
mécanisme d'octave 446
mécanisme d'ouverture de l'anse 910
mécanisme de débrayage du tambour 910
mécanisme de déplacement de la lame 639
mécanisme de l'horloge à poids 697
mécanisme de l'orgue 445
mécanisme de propulsion 580
mécanisme de rebobinage 476
mécanisme de tir 757
mèche 439
mèche à centre plat 306
mèche de tarière 323
mèche hélicoïdale 306
mèche hélicoïdale à âme centrale 306
mèche hélicoïdale à double torsade 306
médaillon 374
médecin 780, 842
médecins 846
médiator 433
médicaments, formes 783
méditerranéen 61
meganeura 92
mégazostrodon 93
mégot 391
Meissner, corpuscule 172
meitnerium 683
Mélanésie 29
mélanésien 469
mélange air/carburant 564
mélange au manganèse (cathode) 689
mélange d'épices cajun 199
mélange de zinc et d'électrolyte (anode) 689
mélange dépolarisant 689
mélange eau-vapeur 646
mélangeur 236
mélangeur à main 236
mélangeur à pâtisserie 232
mélangeur bain-douche 262
mélasse 209
mêlée : attaque 807
mêlée : défense 806
mêlée spontanée 805
mélèze 89
mélisse 202
melon 340
melon à cornes 196
melon brésilien 195
melon brodé 195
melon Casaba 195
melon d'hiver chinois 188
melon d'Ogen 195
melon miel 195
melons 195
membrane 488, 502
membrane alaire 140
membrane coquillière 117
membrane cytoplasmique 74, 94
membrane du tympan 174
membrane interfémorale 140
membrane médiane 84
membrane nucléaire 74, 94
membrane pellucide 170
membrane plasmique 94
membrane squelettique 74
membrane vitelline 117
membre inférieur 161
membre supérieur 161
membrure inférieure 540
membrure principale 663
membrure supérieure 540
mémoire des patrons 456
mémorisation des données 316
men 847
mendélévium 684
meneur de jeu 811
méninges 167
ménisque convergent 691
ménisque divergent 691
menora 738
menthe 202
menton 115, 148
mentonnière 439, 575, 749, 765, 870, 885
menu 721
menuiserie : instruments de traçage et de mesure 313
menuiserie : matériel divers 313
menuiserie : outils pour clouer 301
menuiserie : outils pour façonner 308
menuiserie : outils pour percer 306
menuiserie : outils pour scier 303
menuiserie : outils pour serrer 310
menuiserie : outils pour visser 302
méplat 457
mer 7, 38, 48, 664
Mer Adriatique 32
Mer Baltique 32
Mer Caspienne 28, 33
Mer d'Aral 33
Mer d'Irlande 32
Mer d'Oman 33
Mer de Barents 32
Mer de Beaufort 30
Mer de Béring 28
Mer de Chine méridionale 28, 33
Mer de Chine orientale 33
Mer de Corail 29
Mer de Norvège 32
Mer de Tasman 29
Mer de Weddell 29
Mer des Antilles 28, 30
Mer du Groenland 28
Mer du Japon 33
Mer du Nord 28, 32
Mer Égée 32
Mer Méditerranée 28, 32, 34
Mer Noire 28, 32, 33
Mer Rouge 28, 33, 34
Mercure 4, 5
mercure 275, 683
mère 784, 785
merguez 216
méridien céleste 13
méridien de Greenwich 36
méridien est 36
méridien ouest 36
méridienne 276
merlan 221
merlon de protection 655
mesa 52
mésocarpe 81, 82, 83
mésoglée 95
mésopause 53
mésosaure 92

mésosphère 53
mésothorax 97
mesure à deux temps 434
mesure à quatre temps 434
mesure à trois temps 434
mesure de l'énergie 702
mesure de l'ensoleillement 58
mesure de l'épaisseur 700
mesure de l'humidité 59
mesure de l'intensité lumineuse 702
mesure de la charge électrique 702
mesure de la chute de neige 59
mesure de la différence de potentiel électrique 702
mesure de la direction du vent 59
mesure de la distance 700
mesure de la force 702
mesure de la fréquence 702
mesure de la hauteur des nuages 59
mesure de la longueur 700, 702
mesure de la masse 698, 702
mesure de la pluviosité 59
mesure de la pression 59, 702
mesure de la puissance 702
mesure de la quantité de matière 702
mesure de la radioactivité 702
mesure de la résistance électrique 702
mesure de la température 59, 695
mesure de la température Celsius 702
mesure de la température thermodynamique 702
mesure de la vitesse du vent 59
mesure des angles 701
mesure du courant électrique 702
mesure du rayonnement du ciel 58
mesure du temps 696, 702
mesure télescopique 864
mesure, appareils 695
mesures 231, 434
métacarpe 111, 116, 122, 126, 131, 133, 136, 138, 142, 154
métacarpien 154, 156
métalloïdes 682
métamorphose de la grenouille 111
métaphyse 155
métatarse 98, 111, 122, 126, 131, 138, 141, 142, 155
métatarsien 155
métathorax 97
métaux alcalino-terreux 682
métaux alcalins 682
métaux de transition 683
métaux, exemples 741
météores 57
météorite 8
météorite ferreuse 8
météorite métallo-rocheuse 8
météorites rocheuses 8
météorologie 53
météorologie, instruments de mesure 58
métier à broder 459
métier de basse lisse 460
métier de haute lisse 461
métope 404
mètre 702
mètre à ruban 313, 454
métro 713
métronome à quartz 436
métronome mécanique 436
mets chauds 722
mets froids 722
meubles d'enfants 281
meubles de classement 510
meubles de rangement 278, 510
meubles de travail 511
meubles, exemples 741
meule 308
meuleuse d'angle 308
Mexique 742
mezzanine 250, 251, 592
mi 434
mi-bas 351, 365
mi-chaussette 351, 365
Michel Keroularios 736
micro 441
micro de fréquences aiguës 441
micro de fréquences graves 441
micro de fréquences moyennes 441
micro-ondes 690
micro-ordinateur 513
microfilament 94
micromètre palmer 700
Micronésie 747
micronucleus 94
microphone 488, 492, 496, 505, 506, 508, 516, 517, 527, 770, 898
microphone d'interphone 491
microphone dynamique 488
microphones 771
micropropulseur de contrôle d'attitude 18
Microscope 10
microscope 693
microscope binoculaire 693
microscope électronique, composantes 694
microscope électronique, coupe 694
microtubule 94
miel 209
mihrab 738
milieu défensif 803
milieu offensif droit 803
milieu offensif gauche 803
mille 703
millésime 729
millet 85, 203
millet : épi 85
Mimas 5
minaret 738
minbar 738
mine antipersonnel 758
mine de charbon 647
mine souterraine 650
minerai 647
mini-slip 351
minibus 569
minichaîne stéréo 503
minute 704
minuterie 238, 239, 273, 465, 484
minuteur 231, 851
Miranda 5
mire 859, 907, 913
mire de réglage 492
mirette 464
miroir 264, 389, 535, 693, 724, 907
miroir à réflexion partielle 692
miroir à réflexion totale 692
miroir d'éclairage 701
miroir de courtoisie 556
miroir de lecture 20
miroir de traversée avant 568
miroir double pivotant 381
miroir latéral 381
miroir lumineux 381
miroir parabolique 674
miroir plan rétractable 17
miroir primaire 17
miroir primaire concave 15, 17
miroir principal 477
miroir secondaire 15, 17, 477
misaine 603
mise à feu, accessoires 752
mise en balles 71
mise en marche 508
mise en presse 425
missile air-air 759, 760
missile air-sol 759
missile anti-sous-marin 759, 762
missile antiaérien 762
missile antichar 759
missile antinavire 759
missile antiradar 759
missile mer-mer 762
missile sol-air 759
missile, structure 759
missiles 759
missiles, principaux types 759
Mississippi 30
mitaine 318, 346, 879, 901
mitigeur à bille creuse 268
mitigeur à cartouche 268
mitigeur à disque 268
mitigeur d'évier 270
mitigeurs 268
mitochondrie 74, 94
mitrailleuse 758
mitre 227, 229, 257
mitron 245
mobilier de bureau 510
mocassin 344
mode 528
mode d'emploi 548
mode d'entraînement du film 476
mode d'exposition 476
mode de mise au point 476
mode de sélection des stations 498
mode de sortie des copies 512
mode magnétoscope 495
mode manuel/automatique 465
mode télévision 495
modèle à plat, impression 420
modèle en creux, impression 420
modèle en relief, impression 420
modem 522, 523, 524
modem-câble 525
modérateur 665
modérateur : eau lourde 670
modérateur : eau naturelle 671
modérateur : graphite 670
modes d'inflorescence 81
modification fine des variables 450
modification rapide des variables 450
modillon 405
modulateur de pression de freinage 559
modulation de la hauteur du son 450
modulation du timbre du son 450
module d'affranchissement 531
module d'habitation américain 21
module d'injection de gaz 652
module de charge utile 40
module de commande 19, 25
module de commande du moteur électrique 563
module de commande électronique 559
module de communication 486
module de gestion de la puissance 563
module de photopiles 673
module de propulsion 486
module de service 19, 25, 486
module extérieur 260
module intérieur 260
module lunaire 19, 25
module régulateur de charge de la batterie 563
module russe 21
moelle 87, 212
moelle épinière 109, 110, 167, 168
moelle épinière, structure 167
moelle osseuse 154
moellon 298
Mohorovicic, discontinuité 42
moineau 118
Moïse 736
moissonneuse-batteuse 643
molaire 121, 123
molaire, coupe 159
molaires 159
mole 702
molécule 680
molette 311, 391
molette d'ajustage 700
molette d'entraînement 240
molette de mise au point 692
molette de réglage 317
molette de réglage de la flamme 391
molette de réglage de la saillie 309
molette de réglage près/loin 496
molette de sélection des effets spéciaux 496
mollet 147, 149
mollusques 104, 217
molybdène 683
Monaco 744
monarque 101
mongol 469
Mongolie 747
moniteurs de contrôle du réalisateur 428
monnaie et modes de paiement 729
monocle 385
monocoques 835
Monopoly® 915
mont de Vénus 170
montagnais 469
montagne 45
Montagnes Rocheuses 30
montant 246, 252, 277, 321, 362, 424, 433, 460, 461, 782, 792, 825, 826, 881
montant d'angle 635
montant de bâti 278
montant de bride 854
montant de ferrage 247, 278
montant de filet 854
montant de la serrure 247
montant de rive 249
montant embrevé 249
montant latéral 551
montant mouton 249
montant rembourré 811
monte-boules 865
montée arrière 856
montée du spinnaker 833
montgolfière 899
monticule 795
montre 464
montre à affichage analogique 696
montre à affichage numérique 696
montre mécanique 696
montres 717
Monts Oural 32
Monts Transantarctiques 29
monture 295, 303, 312, 385, 432, 849
monture baïonnette 478
monture d'objectif 477
monture en fer à cheval 17
monture réglable 303
monument 39
moquette 254
moraillon 389
moraine de fond 46
moraine frontale 46
moraine latérale 46
moraine médiane 46
moraine terminale 46
mordache 424
mordant 435
morille 183
morphologie de l'abeille : ouvrière 98
morphologie de l'araignée 103
morphologie de l'escargot 104
morphologie de l'étoile de mer 95
morphologie de l'oiseau 115
morphologie de la chauve-souris 140
morphologie de la coquille bivalve 105
morphologie de la coquille univalve 105
morphologie de la grenouille 110
morphologie de la perchaude 108
morphologie de la perche 108
morphologie de la pieuvre 106
morphologie de la taupe 121
morphologie de la tortue 113
morphologie du chat 133
morphologie du cheval 124
morphologie du chien 130
morphologie du dauphin 136
morphologie du gorille 139
morphologie du homard 107
morphologie du kangourou 143
morphologie du papillon 96
morphologie du rat 122
morphologie du requin 108
morphologie du serpent venimeux : tête 112
mors 302, 306, 307, 377, 426, 858
mors à canon brisé 854
mors à pompe 854
mors anglais 854
mors de bride 854
mors de filet 854
mors fixe 312
mors mobile 312
morse 137
mort 702
mortadelle 216
mortaise 390
mortier 230, 298, 753
mortier du XVIIe siècle 752
mortier moderne 756
morts-terrains 647
morue de l'Atlantique 221
mosaïque 406
mosquée 738
moteur 258, 261, 292, 293, 294, 304, 307, 308, 320, 323, 327, 332, 574, 632, 639, 640, 643, 651, 758
moteur à deux temps, cycle 565
moteur à essence 553, 563, 566
moteur à quatre temps 564
moteur à turbocompression 564
moteur d'aiguillage 590
moteur de descente 18
moteur de disques 521
moteur de guides 521
moteur de manœuvre 23
moteur de propulsion 18
moteur diesel 586, 636, 637, 638, 639
moteur diesel de propulsion 605
moteur diesel de sustentation 605
moteur diesel, cycle 565
moteur du ventilateur 261
moteur électrique 259, 263, 331, 332, 561, 563
moteur électrique auxiliaire 763
moteur électrique principal 763
moteur électrique/générateur 563
moteur F-1 25
moteur hors-bord 607
moteur J-2 25
moteur principal 23
moteur rotatif, cycle 565
moteur-fusée 24, 60
moteurs diesel 762
moteurs, types 564
motif 368, 369
moto 574
moto 576
moto de grand prix et pilote 874
moto de motocross et supercross 875
moto de rallye 875
moto de tête 870
moto de tourisme 577
moto de trial 875
moto tout-terrain 577
moto-caméra 870
motoculteur 327
motocyclisme 874
motomarine 876
motoneige 876
motrice 585, 594
Mouche 11
mouche 101, 862
mouche artificielle 909
mouche centrale 862
mouche de ligne de cadre 862
mouche supérieure 862
mouche tsé-tsé 101
moufette 134
moufle 318, 346, 750, 901
moufle fixe 651
moufle mobile 651
mouflon 128
mouilleur 531
moule 217
moule à charlotte 232
moule à fond amovible 232
moule à gâteau 232
moule à muffins 232
moule à pain 239
moule à quiche 232
moule à soufflé 232
moule à tarte 232
moulin à café 240
moulin à légumes 230
moulin à vent 676
moulin pivot 676
moulin tour 676
moulinet 421
moulinet à mouche 909
moulinet à tambour fixe 910
moulinet à tambour tournant 910
moulure de pare-chocs 550
mousqueton 835, 901, 911
mousqueton à ressort 835
mousqueton à vis 900
mousqueton en D 900
mousse 75
mousse à raser 383
mousse d'Irlande 183
mousse, structure 75
mousseline 231
moustaches 132
moustique 101
moutarde à l'ancienne 200
moutarde allemande 200
moutarde américaine 200
moutarde anglaise 200
moutarde blanche 198
moutarde de Dijon 200
moutarde en poudre 200
moutarde noire 198
mouton 128, 856
mouvement horizontal du sol 43
mouvement rotatif de la turbine 662
mouvement vertical du sol 43
mouvements de l'avion 630
mouvements de terrain 47
moyen adducteur 150
moyen 849
moyenne sus-alaire 115
moyenne tectrice primaire 115
moyeu 534, 579, 659, 677, 783
moyeu rotor 631
Mozambique 746
mozzarella 210
Mt Everest 53
muguet 80
mule 344
mulet 128, 220
mulot 123
multicoques 835
multimètre 316
multiplicateur de focale 478
multiplication 529, 703
munster 211
muqueuse olfactive 175
mur 246, 852, 902, 917
mur arrière 818, 819
mur avant 818, 819
mur bajoyer 657
mur barré 852
mur d'arrivée 830
mur de batillage 660
mur de briques 253, 298
mur de fondation 252, 253
mur de l'œil 63

mur de la qibla 738
mur de nuages 63
mur de pierres 298
mur de virage 831, 832
mur en béton 675
mur fortifié 738
mur latéral 818, 819, 831
mur Trombe 675
muraille 607, 917
mûre 192
muret 864
musaraigne 121
muscle adducteur antérieur 105
muscle adducteur postérieur 105
muscle arrecteur 172
muscle bulbo-caverneux 169
muscle droit inférieur 177
muscle droit supérieur 177
muscle papillaire 162
muscles 150
muscles du manteau 106
museau 108
museau 110, 121, 130, 132, 143
musée 394, 711
muserolle 854, 858
musique 432
musique, accessoires 436
mutule 404
Myanmar 747
mycélium 76
mye 217
mygale du Mexique 102
myocarde 162
myomère 109
myopie 691
myrtille 192

N

n'égale pas 703
n'est pas identique à 703
nacelle 542, 677, 899
nacelle d'observation 17
nacelle d'osier 899
nacelle élévatrice 622
nacelle, coupe 677
nage sur le dos 832
nageoire anale 108
nageoire caudale 107, 108, 136
nageoire dorsale 108, 109, 136
nageoire pectorale 108, 136
nageoire pelvienne 108
nages, types 832
nahuatl 469
naine blanche 8
naine brune 8
naine noire 8
naissance 702
Namibie 746
naos 403
nappe phréatique 47, 70
narine 108, 110, 112, 115, 175
narval 137
nasal 158, 749
naseau 124
natation 830
nationalité 825
Nauru 747
navaho 469
navet 189
navette 461
navette ferroviaire 620
navette spatiale 22, 53
navette spatiale au décollage 22
navigateur 524
navigation, appareils 612
navire 41
navire de forage 604, 653
navire porte-conteneurs 596, 604
ne pas laver 347
ne pas repasser 347
ne pas sécher par culbutage 347
ne pas utiliser avec un fauteuil roulant 725
ne pas utiliser de chlorure décolorant 347
NEAR 19
nébuleuse planétaire 8
nébulosité 55, 56
nécessaire à chaussures 345
nécrologie 471
nécrophore 101
nectarine 192
néerlandais 469
nef 411
nef centrale 738
nèfle du Japon 193
négatif 485, 684
négatoscope 484, 535
neige 64
neige continue faible 57
neige continue forte 57
neige continue modérée 57
neige intermittente faible 57
neige intermittente forte 57
neige intermittente modérée 57
neige roulée 64
neiges acides 70
neiges éternelles 45
néodyme 684
néon 684
Népal 747
néphridie 107
Neptune 4, 5
neptunium 684
nerf 172, 426
nerf circonflexe 166
nerf cochléaire 174
nerf crural 166
nerf cubital 166
nerf digital 166
nerf fémoro-cutané 166
nerf fessier 166
nerf grand abdomino-génital 166
nerf grand sciatique 166
nerf intercostal 166
nerf médian 166
nerf musculo-cutané 166
nerf obturateur 166
nerf olfactif 109, 175
nerf optique 177
nerf petit abdomino-génital 166
nerf petit sciatique 166
nerf rachidien 167, 168
nerf radial 166
nerf saphène externe 166
nerf saphène interne 166
nerf sciatique poplité externe 166
nerf sciatique poplité interne 166
nerf tibial antérieur 166
nerf vestibulaire 174
nerfs crâniens 166
nervure 96, 639, 772, 841
nervure d'aile 624
nervure d'emplanture 624
nervure médiane 75
nervure principale 79, 84
nervure secondaire 79
netball 809
nettoie-pipes 390
nettoyage des tenues d'intervention 764
nettoyeur 715
neurone moteur 168
neurone sensoriel 168
neurones(m, chaîne 168
neutron 680
neutron incident 681
névé 46
neveu 785
newton 702
nez 122, 148, 309, 624, 894, 897, 898
nez basculant 629
nez du guide 331
nez, parties externes 175
nez-de-marche 255
Nicaragua 742
niche de sécurité 543
nickel 683
nid à couvain 100
nid d'ange 368
nièce 785
Niger 34, 745
Nigeria 745
Nil 34
nimbo-stratus 56, 62
niobium 683
niveau 650
niveau à bulle 313
niveau d'eau 241, 261
niveau d'eau 261
niveau d'équilibre 49
niveau d'opérations 529
niveau de la mer 42, 49, 53
niveau de la réception 724
niveleuse 639
nivelle d'alidade 701
nivelle d'embase 701
nivomètre 58, 59
nobélium 684
nœud 77, 463, 663, 687
nœud coulant 908
nœud d'arrêt 908
nœud d'arrimage de l'orbiteur 21
noeud d'écoute double 908
noeud d'écoute simple 908
nœud de cabestan 908
nœud de chaise double 908
nœud de chaise simple 908
noeud de Franciscain 908
nœud de jambe de chien 908
nœud de pêcheur 908
nœud de Ranvier 168
nœud de vache 908
nœud papillon 349
nœud plat 340, 908
nœud simple 908
nœuds 908
noir 472
noir 690, 919
noire 435
Noirs 916
noisette 193
noisette, coupe 84
noix 193, 443, 456, 750
noix de cajou 193
noix de coco 193
noix de cola 193
noix de ginkgo 193
noix de macadamia 193
noix de muscade 198
noix de pacane 193
noix de serrage 685
noix du Brésil 193
noix, coupe 84
nom de domaine 524
nom de l'équipe 858
nom de la monnaie 729
nom de la station 592
nom du concurrent 831
nom du gymnaste 825
nom du titulaire 729
nombre de copies 512
nombre de décimales 529
nombril 146, 148
non-addition 529
non-appartenance 703
non-métaux 683
non-parallèle 704
Nord 37
nord 616, 917
Nord Est 37
Nord Nord-Est 37
Nord Nord-Ouest 37
Nord Ouest 37
nord-est 616
nord-ouest 616
nori 183
normal 472
Norvège 744
norvégien 469
notation algébrique 916
notation musicale 434
note 825
nothosaure 93
nouaison 86
nouilles asiatiques 207
nouilles aux œufs 207
nouilles de haricots mungo 207
nouilles de riz 207
nouilles soba 207
nouilles somen 207
nouilles udon 207
Nouveau Testament 736
nouvelle Lune 7
Nouvelle-Calédonie 29
Nouvelle-Zélande 29, 747
nova 8
noyau 6, 8, 74, 81, 94, 168, 170, 444, 680, 867, 912
noyau d'argile 660
noyau d'induit 688
noyau externe 42
noyau fissile 681
noyau galactique 9
noyau interne 42
noyer 88
nu-pied 344
nuage 53, 65
nuage de cendres 44
nuage de Oort 4
nuage en entonnoir 63
nuages 56, 62
nuages à développement vertical 62
nuages de basse altitude 62
nuages de haute altitude 62
nuages de moyenne altitude 62
nuages, mesure de la hauteur 59
nuancier 398
nucléole 74, 94, 170
nuisette 364
numéro 919
numéro 1 858
numéro 2 858
numéro 3 858
numéro 4 858
numéro atomique 682
numéro d'autoroute 39
numéro de carte 729, 731
numéro de chambre 724
numéro de couloir 893
numéro de l'abonné 273
numéro de la piste 501
numéro de la pompe 548
numéro de quai 582
numéro de route 39
numéro de série 729
numéro de tête 857
numéro du joueur 808, 810, 878
numéro plein 919
numéroteur 531
nuque 115, 147, 149
nymphe 100

O

oasis 48, 52
Obéron 5
obi 845, 846
objectif 476, 478, 479, 483, 501, 517, 518, 693
objectif d'agrandissement 485
objectif grand-angulaire 478
objectif macro 478
objectif normal 478
objectif super-grand-angle 478
objectif zoom 478, 496
objectif, accessoires 478
objectifs 478
objet 691
objet personnels 383
objets personnels 374
obscurité 617
observation astronomique 10
observatoire 17
observatoire astronomique 17
observatoire astronomique, coupe 17
obstacle d'eau 866
obstacle d'eau 867
obstacles 875
obstacles, sports équestres 852
obturateur 513
obturateur de baie 513
obusier moderne 756
occipital 131, 151, 153, 158
océan 7, 38, 67
Océan Arctique 28
Océan Atlantique 28, 29, 32, 34
Océan Indien 28, 29, 33, 34
Océan Pacifique 28, 29, 33
océan, dorsale 49
Océanie 28, 29, 747
océanique 61
octaèdre régulier 705
Octant 10
octave 434, 849
octogone régulier 705
oculaire 14, 15, 477, 479, 496, 692, 693, 773
oculaire coudé 14
odorat 174
oeil 133
œil 63, 103, 104, 106, 107, 112, 113, 121, 136, 148, 177, 301, 461, 855, 900
œil composé 96, 98, 99
œil primitif 95
œil simple 97, 99
œil témoin 591
œillère 857
œillet 80, 284, 342, 371, 387, 457, 881, 911
œillet d'attache 476, 477
œilleton 496
œsophage 95
œsophage 97, 99, 103, 104, 109, 110, 112, 113, 116, 125, 163, 164
œuf 100, 117
œuf d'autruche 213
œuf d'oie 213
œuf de caille 213
œuf de cane 213
œuf de faisane 213
œuf de poule 213
œufrier 291
œufs 109, 111, 213
office 624
officiels 801, 846
ogive 659
ohm 702
oie 120, 213
oignon à mariner 184
oignon blanc 184
oignon jaune 184
oignon rouge 184
oignon vert 184
oiseau 115
oiseau aquatique 117
Oiseau de Paradis 10
oiseau de proie 117
oiseau échassier 117
oiseau granivore 117
oiseau insectivore 117
oiseau percheur 117
oiseau, anatomie 116
oiseau, morphologie 115
oiseau, squelette 116
oiseaux 115
oiseaux, exemples 118
okapi 128
olécrane 126
olécrâne 153
oléoduc 654
oléoduc d'évacuation 652
oléoduc sous-marin 654
oléoduc surélevé 654
olive 188
Oman 746
ombelle 81
ombilic 46
ombilic inférieur 115
ombilic supérieur 115
omble de fontaine 221
ombre 696
ombre à paupières 378
omoplate 111, 116, 121, 122, 126, 131, 136, 138, 141, 142, 147, 149, 152, 153, 156
oncle maternel 785
oncle paternel 785
onde 690
onde de choc 651, 653
onde radio 16
onde sismique 43
ondes radio 690
onduleur 520, 523
ongle 173
onglet 223, 532, 905
onglet à fenêtre 532
Oort, nuage 4
opale 375
opéra 710
opérateur de régie d'éclairage 490
opérations de base 529
opérations spécifiques 529
opercule 108, 111
opercule thermoscellé 223
Ophiuchus 11, 13
opisthodome 403
opossum 143
opticien 715
optique 690
or 683, 741
orage 57
orage fort 57
orang-outan 139
orange 194
orange, coupe 82
orange 400
orbiculaire des paupières 150
orbite 112, 116, 131, 136, 138, 142
orbite des satellites 60
orbite géostationnaire 60
orbite lunaire 6, 7
orbite polaire 60
orbite terrestre 6, 7
orbiteur 22, 23
orbiteur (Viking) 18
orchestre 402
orchestre symphonique 437
orchidée 80
ordinateur 734
ordinateur de bord 556, 771
ordinateur de bureau 522, 523, 524
ordinateur de gestion de vol 626
ordinateur de poche 527
ordinateur des données aérodynamiques 626
ordinateur portable 523, 526
ordinateur portable : vue arrière 526
ordinateur portable : vue avant 526
Ordovicien 92
ordre corinthien 405
ordre d'arrivée 831
ordre dorique 404
ordre ionique 404
ordures ménagères 69, 70

oreille 133, 140, 146, 277, 610
oreille externe 174
oreille interne 174
oreille moyenne 174
oreille, pavillon 173
oreille, structure 174
oreille-de-Judas 183
oreiller 280
oreillette 506
oreillette droite 161, 162
oreillette gauche 161, 162
Orénoque 31
organeau 610
organeau de hissage 610
organes des sens 172
organes génitaux féminins 170
organes génitaux masculins 169
organisation gouvernementale 525
organiseur 530
organisme culturel 525
organisme de santé 525
organismes simples 94
orge 85, 203
orge : épi 85
orgue 444
orgue, mécanisme 445
orgue, production du son 445
orifice d'aération 320
orifice d'alimentation 766
orifice d'échappement 649
orifice de la bourse copulatrice 97
orifice de remplissage 288
orifice du conduit auditif 173
orifice du pied 444
orifice excréteur 104
orifice génital 95, 104
orifice uro-génital 109
oriflamme 739
origan 202
origine et évolution des espèces 92
orignal 129
Orion 11, 12
ormeau 217
ornement de proue 600
ornements 435
oronge vraie 183
orque 137
orteil 130, 146, 148
orthocère 92
ortie 187
os alvéolaire 159
os compact 154
os court 157
os crochu 154
os de la colonne vertébrale 157
os iliaque 152
os irrégulier 157
os long 157
os long, structure 154
os maxillaire 159
os plat 157
os propre du nez 175
os sésamoïde falciforme 121
os spongieux 154
os, types 157
oscilloscope de phase audio 491
oscilloscope/vectoscope 491
oscule 95
oseille 187
osmium 683
osselets 174
ostéon 154
otarie 137
otolithe 109
oued 52
Ouest 37
ouest 616, 917
Ouest Nord-Ouest 37
Ouest Sud-Ouest 37
Ouganda 745
ouïe 173, 439
ouïe, protection 772, 774
ouistiti 139
ouragan 57, 63
ourdissoir 462
ourdou 469
ourlet 285
ours 471
ours noir 135
ours polaire 135
oursin 95
outil 649
outils 464
outils pour arroser 328
outils pour couper 330
outils pour remuer la terre 326
outils pour scier 303
outils pour semer et planter 324
outils pour serrer 310
outils pour visser 302
outils, électricité 316
outils, plomberie 314
outils, sculpture sur bois 401
outils, soudage 318
ouverture 105, 911
ouverture de la boite à lumière 485
ouvrages de référence 732
ouvre-boîtes 230, 240, 905
ouvrière 99
ouvrière, abeille 99
Ouzbékistan 746
ovaire 80, 97, 103, 170, 171
oviducte 97, 103, 113
ovoïde 79
ovotestis 104
ovule 80, 170
oxer 852, 853
oxygène 683

P

Pacini, corpuscule 172
pack 223
paddock 856
pagaie double 837, 839
pagaie simple 837, 838
page précédente 515, 527
page suivante 515, 527
pagne 339
pagode 412
paiement électronique, terminal 731
paille 223
pain 204, 722
pain azyme 205
pain blanc 205
pain chapati indien 205
pain complet 205
pain de campagne 205
pain de maïs américain 205
pain de mie 205
pain de seigle allemand 205
pain de seigle danois 205
pain de seigle noir 204
pain grec 204
pain irlandais 205
pain multicéréales 205
pain naan indien 205
pain noir russe 205
pain parisien 204
pain pita 205
pain tchallah juif 205
pair 919
paire 914
pak-choï 186
Pakistan 746
pal 740
palais de justice 710
palais des congrès 711, 718
palais des sports 788
palanque 852
Palaos 747
palatin 112, 123
pale 261, 659, 664, 676, 677
pale de rotor 631
palet 880
paletot 352, 355
palette 632, 815, 911, 913
palette à ailes 632
palette à alvéoles 398
palette à double face 632
palette à simple face 632
palette avec godet 398
palette-caisse 632
palettes 632
palier 251, 255
palier de butée 659
palier inférieur 417
palier supérieur 417
palissade 408
palla 336
palladium 683
palme 841
palmée 79
palmeraie 52
palmette 276
palmier 88
palmure 110, 117
palonnier 638
palonnier de slalom 840
palourde 217
palpe 105
palpe labial 96, 99
pampille 287
pamplemousse 194
pan 349, 352, 359
pan arrière 349
pan avant 349
panais 189
panama 340
Panama 742
pancetta 216
pancréas 110, 116, 164
panicule, avoine 85
panicule, sorgho 85
panier 238, 241, 291, 294, 797, 811, 911
panier à couverts 294
panier à friture 231
panier cuit-vapeur 235
panier d'alimentation 511
panier de lavage 292
panier de projection 483
panier de réception 511
panne 318, 425, 901
panne ronde 301
panneau 247, 400, 650, 811, 899
panneau à âme lamellée 300
panneau à âme lattée 300
panneau avant 519
panneau d'accès 258
panneau d'accès 266
panneau de citerne 607
panneau de commande 261, 508, 766
panneau de connexions 518
panneau de contrôle 518
panneau de copeaux 300
panneau de disjoncteurs 626
panneau de distribution 272, 273
panneau de fibres 300
panneau de fibres perforé 300
panneau de fonctions 508
panneau de garnissage 554
panneau de l'écran 496
panneau de modestie 511
panneau de particules 300
panneau de particules lamifié 300
panneau de protection latéral 783
panneau de raccordement électrique 489
panneau de raccordement vidéo 489
panneau de refroidissement 23
panneau de séparation 389
panneau de vantail 278
panneau indicateur 582
panneau nombre de voies 591
panneau photovoltaïque 615
panneau publicitaire 592
panneau solaire 17, 18, 40, 60, 486
panneau-parachute 899
panneaux de commandes radio 626
panneaux internationaux 544
panneaux nord-américains 546
panneaux solaires 21
pansement adhésif 777
pantalon 350, 371, 796, 808, 844, 875, 901
pantalon molleton 370
pantalon pattes d'éléphant 358
pantalons d'hommes 716
pantalons, exemples 358
pantographe 585, 595
Paon 10
paon 119
papaye 197
papeterie 717
papier 390, 400, 420
papier à cigarettes 390
papier aluminium 222
papier buvard 531
papier ciré 222
papier de verre 308
papier goudronné 299
papier paraffiné 222
papier sulfurisé 222
papille 172, 177
papille caliciforme 176
papille filiforme 176
papille foliée 176
papille fongiforme 176
papille linguale 176
papille rénale 165
papillon 96, 832
papillon femelle, anatomie 97
papillon, morphologie 96
Papouasie-Nouvelle-Guinée 29
Papouasie-Nouvelle-Guinée 747
paprika 199
paquebot 608
paquet 223
paquet de cigarettes 390
parachute 22, 760, 896
parachute de cabine 417
parachute de secours 896
parachute principal 896
parachutiste 896
paraffines 656
parafoudre 658, 663
parafouille 660, 661
Paraguay 742
parallèle 704
parallèle 36
parallélépipède 705
parallélogramme 705
paramécie 94
paramètres moteurs/alarmes 626
Paraná 31
parapente 897
parapentiste 897
parapet 408, 409
parapharmacie et cosmétiques 181
parapheur 531
parapluie 391
parapluie télescopique 391
parapluie-canne 391
parasoleil 478
paratonnerre 245, 677
parc 39, 711
parc à charbon 646
parc à échelles 766
parc à vélos 735
parc à voitures 620
parc de stationnement 708, 735, 886
parc de stockage 654
parc de stockage terminal 654
parc des expositions 708
parc national 39
parcours 866
parcours d'obstacles 852
parcours de sports équestres 788
parcours pittoresque 39
parcours, voile 833
pardessus 352
pare-brise 550, 570, 574, 577, 607, 624, 626, 876
pare-chocs 289, 570, 571, 577, 818
pare-chocs arrière 876, 885
pare-chocs avant 885
pare-feu 257, 523
pare-soleil 14, 556, 558, 567, 612
parement 300, 338
parement amont 661
parement aval 661
parenthèses 473
parents 784, 785
paréo 357
parfum 717
parfumerie 714
pariétal 112, 122, 131, 153, 158
paripennée 79
parka 353
parka 353
parking 583, 596
parloir 726
parmesan 211
paroi 127, 632
paroi avant 571
paroi de bout 571
paroi latérale 571, 635
parquet 253, 254
parquet à bâtons rompus 254
parquet à coupe de pierre 254
parquet à coupe perdue 254
parquet Chantilly 254
parquet d'Arenberg 254
parquet en chevrons 254
parquet en vannerie 254
parquet mosaïque 254
parquet sur chape de ciment 254
parquet sur ossature de bois 254
parquet Versailles 254
parquets, arrangements 254
parterre 431
parti 740
parties 276, 277, 280
parties d'un bateau 838
parties d'un cercle 704
parties d'un os long 155
parties d'une bague 376
parties d'une bicyclette 578
parties d'une chaussure 342
parties de l'arme, escrime 849
parties des lunettes 385
parties externes du nez 175
partitions, exemples 740
parure 374
parures de fenêtre 282
pas 124
pas alternatif 892
pas de patineur 892
pas de tir 860
pascal 702
passage à niveau 545, 547, 583, 591
passage d'animaux sauvages 545, 547
passage de fourche 635
passage inférieur 540
passage pour piétons 545, 547, 712
passage souterrain 583
passage supérieur 539, 540
passant 349, 350, 352
passant tunnel 350
passavant 607
passe (19 à 36) 919
passe à billes 657
passe-bras 355
passe-sangle 906
passerelle 408, 430, 523, 583, 593, 761
passerelle de navigation 604, 608, 609
passerelle télescopique 619
passettes 461
passoire 231, 237, 240
passoire fine 231
pastels gras 396
pastels secs 396
pastèque 195
pastille de combustible 667
pastilles d'aquarelle 397
pastilles de gouache 397
Patagonie 31
patate 184
pâte d'argile 464
pâte de tamarin 200
pâte phyllo 205
patelle 217
patère 276, 510
patère à embrasse 282
pâtes alimentaires 206
pâtes won-ton 207
Pathfinder 19
patient 780
patin 591, 631, 878, 880, 884
patin à roues alignées 895
patin acrobatique 895
patin antidérapant 321, 826
patin arrière 884
patin avant 884
patin clap 883
patin d'appui 667
patin d'espacement 667
patin de chenille 758
patin de courte piste 883
patin de figure 881
patin de gardien de but 880
patin de hockey 895
patin de vitesse 895
patin mobile 885
patinage artistique 881
patinage de vitesse 882
patineur : courte piste 882
patineur : longue piste 882
patineur d'eau 102
patineuse 895
patinoire 878, 881, 886
patins de course 883
pâtisson 189
patron 455, 458
patte 113, 348, 350, 352, 386, 425, 610, 797
patte à boutons-pression 353
patte ambulatoire 97
patte anale 97
patte antérieure 96, 98, 110, 111, 121, 130, 143
patte autocollante 531
patte boutonnée 350
patte capucin 349, 361
patte d'entrejambe 359
patte d'épaule 352
patte d'épaule 770
patte de boutonnage 349
patte de coq 464
patte de serrage 352
patte locomotrice 103
patte médiane 96, 98
patte médiane (face externe) 98
patte polo 354
patte postérieure 96, 98, 110, 111, 121, 143
patte ventouse 97
pattes thoraciques 107
pattes, exemples 117
pâturage 182
paturon 124
paume 121, 173, 346, 797
paume d'un gant 346
paumelle 249
paupière 113

paupière inférieure 110, 132, 177
paupière interne 132
paupière supérieure 110, 132, 177
pause 435, 499, 515
pause/arrêt sur l'image 495
pavé alphabétique 530
pavé alphanumérique 514
pavé numérique 515, 530
pavé tactile 526
pavillon 122, 143, 174, 444, 446, 447, 551, 710, 776, 866
pavillon (8) 374
pavillon à deux pointes 739
pavillon à deux pointes et langue 739
pavillon de la trompe utérine 171
pavillon des skieurs 886
pavillon, oreille 173
pavois 602, 739
pavot, graines 199
pays 37
pays d'origine du concurrent 831
Pays-Bas 743
paysage végétal selon l'altitude 66
pe-tsaï 186
peau 81, 82, 83, 168, 172, 425, 449
peau de batterie 433, 448
peau de chamois 345, 377
peau de timbre 433, 448
pécari 128
pêche 192, 909
pêche à la mouche 909
pêche au lancer 910
pêche, coupe 81
pêcheur 457
pédale 440, 448, 578, 580, 851, 870
pédale automatique 870
pédale avec cale élargie 870
pédale crescendo 444
pédale d'accélérateur 556
pédale d'ajustement 399
pédale de chaussage 889
pédale de combinaisons 444
pédale de débrayage 556
pédale de déchaussage 889
pédale de frein 333, 460, 552, 556, 559
pédale de frein arrière 576
pédale de marche arrière 333
pédale de marche avant 333
pédale de palonnier 898
pédale de sourdine 442
pédale douce 442, 451
pédale forte 442, 451
pédales d'expression 444
pédicelle 75
pédieux 150
pédipalpe 103
pédoncule 80, 81, 82, 83, 86
Pégase 12
peigne 417, 461, 642
peigne à crêper 380
peigne à pollen 98
peigne à tige 380
peigne afro 380
peigne de coiffeur 380
peignes 380
peignoir 364
peinture 396
peinture à l'huile 396
peinture d'entretien 320
peinture, accessoires 399
pelage 122, 139, 143
pèlerine 355
pélican 119
pelle 233, 257, 326, 838
pelle à poussière 295
pelle de montagne 901
pelle hydraulique 638
pelle mécanique 647
pelle-pioche pliante 906
pelleteuse 637
pellicule en feuille 481
pellicule plastique 222
pellicules 481
pelote 454
peloton 870
peloton de tête 870
pelouse 245, 864
peltée 79
Pelton, roue 659
pelvis vestigial 136
pendants d'oreille 374
pendeloque 287
pendentif 374
penderie 251, 279
pendule 488, 489, 491, 734
pendule 697
pêne demi-tour 248
pêne dormant 248, 249
péninsule 38
Péninsule Antarctique 29
Péninsule d'Arabie 33
Péninsule de Corée 33
Péninsule de Kola 32
Péninsule des Balkans 32
Péninsule du Kamtchatka 33
Péninsule du Yucatan 30
Péninsule Ibérique 32
Péninsule Scandinave 32
pénis 104, 146
penne 115
penne 206
pennée 79
pennon 739, 834
pennon double 739
pentagone régulier 705
pente 674
pente difficile 886
pente expert 886
pente facile 886
pente intermédiaire 886
pépin 82, 83
pepino 197
péplos 336
pepperoni 216
perceuse à colonne 307
perceuse à main 307
perceuse électrique 306
perceuse-visseuse sans fil 306
perchaude 220
perchaude, anatomie 109
perchaude, morphologie 108
perche 220, 490, 492, 792
perche de ravitaillement 760
perche de tête 857
perche truitée 220
perche, anatomie 109
perche, morphologie 108
perchiste 429, 792
percolateur 241
percolateurs 723
percuteur 757
perdrix 118
père 784, 785
perforation 342, 346, 371
perforatrice 533
pergola 322
péricarde 163
péricarpe 82, 84
période 617, 789
périoste 154
périphérique 709
périphériques d'entrée 514
périphériques de communication 522
périphériques de sortie 518
périphériques de stockage 521
périscope d'attaque 763
périscope de veille 763
péristome 94
péristyle 403, 406
péritoine 169, 170
Permien 92
péroné 111, 122, 126, 131, 138, 141, 142, 152, 155, 156
Pérou 742
peroxyde 777
peroxysome 94
perpendiculaire 704
perré 660
perron 245, 250
persan 132, 469
Persée 12
persienne 249
persil 202
personnel additionnel de production 490
perte de chaleur 68
pertuis de remplissage 597
pertuis de remplissage et de vidange 597
pèse-lettres 531
pèse-personne 699
peso 728
peson 699
pesticide 69, 70
pétale 80
pétanque 864
pétiole 76, 79
petit bois 249
petit cacatois 603
Petit Cheval 12
Petit Chien 13
petit foc 603
petit hunier fixe 603
petit hunier volant 603
petit largue 833
Petit Lion 13
petit miroir 612
petit montant 247
petit palmaire 150
petit perroquet fixe 603
petit perroquet volant 603
petit quartier 855
petit rabat 391
Petit Renard 13
petit rond 151
petit sésamoïde 126
petit-fils 784
petite capitale 472
petite lame 905
petite lèvre 170, 171
petite nyctale 118
Petite Ourse 12
petite quille 865
petite sus-alaire 115
petite vrillette 101
petite-fille 784
petites annonces 471
petits outils, jeu 325
petits pois 190
petits-enfants 784
pétoncle 217
Pétri, boîte 685
pétrole 651
pétrole brut 656
pétrolier 596, 606
peul 468
peuplier 88
phalange distale 133, 154, 155, 172
phalange médiane 133, 154, 155, 172
phalange proximale 133, 154, 155
phalanges 111, 122, 131, 136, 138, 141, 142, 154, 155
phalène du bouleau 101
phare 333, 550, 570, 574, 576, 586, 596, 614, 640, 758, 876
phare arrière 640
phare central 585
phare d'atterrissage 631
pharmacie 714, 725, 778, 781
pharynx 99, 163, 164
phase de glisse 892
phase de poussée 892
phases de la Lune 7
Phénix 10
Philippines 33, 747
Phobos 4
phonothèque 733
phoque 137
phosphore 683
photocopieur 512, 733
photodiode 477
photographe 714
photographe de plateau 429
photographie 476
photographie à la une 471
photographie, accessoires 482
photon 692
photopile 672, 673
photorécepteurs 177
photosphère 6
photosynthèse 78
phototype 483
physique : électricité 687
physique : magnétisme 687
physique : mécanique 686
physique : optique 690
pi 704
piano 437
piano à queue de concert 443
piano demi-queue 443
piano droit 442
piano droit, mécanique 443
piano électronique 451
piano quart-de-queue 443
pic 45, 118
piccolo 437, 446
pichet 226, 240
pictogrammes 514
pie 118
pie-mère 167
pièce 917
pièce : avers 729
pièce : revers 729
pièce d'embranchement 767
pièce d'estomac 337
pièce de coin 635
pièce de jonction 766
pièce intermédiaire 169
pièce terminale 169
pièces 916
pièces buccales 98
pièces honorables, exemples 740
pied 76, 104, 105, 139, 140, 143, 146, 147, 148, 149, 155, 185, 274, 278, 280, 281, 286, 323, 351, 368, 390, 440, 444, 448, 635, 663, 693, 815, 823, 893, 909, 910
pied à coulisse à vernier 700
pied à perfusion 780
pied ambulacraire 95
pied amont 660
pied arrière 277
pied aval 660
pied avant 277
pied cambré 276
pied de fixation 482
pied de lit 280
pied de mât 836
pied de nivellement 292, 293, 294
pied presseur 453
pied télescopique 776
pied-de-biche 452, 453
pied-mélangeur 236
piédroit 411, 413
pieds, protection 773
piège à patte à mâchoires 913
pierre 298, 318, 376
pierre à affûter 229
pierre à aiguiser 422
pierre blanche 916
pierre de Coyolxauhqui 412
pierre de curling 877
pierre de taille 298
pierre lithographique 423
pierre noire 916
pierre sacrificielle 412
pierres fines 375
pierres précieuses 375
pierres, taille 375
piètement 277, 321, 826
pieuvre 106, 217
pieuvre, anatomie 106
pieuvre, morphologie 106
pige 464
pigeon 120, 212
pignon 89, 193, 223, 244, 307, 697
pignon simple 871
pika 123
pilastre 255
pilastre corinthien 407
pile 482, 513, 540, 563, 759, 765
pile alcaline manganèse-zinc 689
pile carbone-zinc 689
pile rechargeable 496
piles 687
piles sèches 689
pilier 43, 410, 412, 650
pilier droit 804
pilier du voile 174
pilier gauche 804
pilon 230, 233
pilote 443, 759, 872
pilote, vol libre 897
pilotes 445
pilotin 445
piment 188
piment de Cayenne 199
piment de la Jamaïque 198
piment Jalapeño 199
piment oiseau 199
piments broyés 199
piments séchés 199
pin parasol 89
pinacle 410
pinacocyte 95
pince 107, 127, 233, 257, 284, 350, 381, 455, 506, 901
pince à boucles de cheveux 380
pince à cheveux 380
pince à cravate 376
pince à cuticules 377
pince à défriser 381
pince à dénuder 317
pince à échardes 777
pince à épiler 377
pince à escargots 233
pince à étiqueter 533
pince à fusible 317
pince à long bec 317
pince à spaghettis 233
pince avec noix de serrage 685
pince d'électricien 317
pince de ceinture 505
pince de mise en plis 380
pince de taille 352
pince motoriste 310
pince multiprise 310
pince noire 558
pince rouge 558
pince tibio-tarsienne 98
pince universelle 317
pince-étau 310
pince-aiguille 453
pince-fil 457
pince-notes 534
pinceau 320, 397, 422, 470
pinceau à lèvres 378
pinceau à pâtisserie 232
pinceau à sumie 397
pinceau éventail 378
pinceau pour fard à joues 378
pinceau pour poudre libre 378
pincement 274, 275
pinces 310
pinçon 127
pinnule 76
pinson 118
pintade 120, 212
pioche 327
piolet 901
pion 915
Pion 916
Pioneer 19
pipe 390
pipe, coupe 390
pipette sérologique 685
piquant 95
pique 901
pique 914
pique-nique 725
pique-nique interdit 725
pique-notes 534
piquet 799, 902, 903
piquoir 458
pirogue à balancier 599
pirogue monoxyle 599
piscine 246, 608, 675, 788
piscine creusée 246
piscine de condensation 671
piscine de déchargement 666
piscine de déchargement du combustible irradié 668
piscine de réception 666
piscine de stockage du combustible irradié 666, 667, 669
piscine du combustible défectueux 666
piscine enterrée 246
piscine hors sol 246
pisiforme 154
pissenlit 187
pissette 685
pistache 193
piste 620, 790, 848, 871, 872, 874, 877, 883, 885, 891
piste : descente de bosses 890
piste d'athlétisme 788
piste d'atterrissage 761
piste d'avertissement 795
piste d'élan 791, 792, 865
piste d'élan 793, 890, 891
piste de compétition 855
piste de décélération 885
piste de décélération et de freinage 891
piste de dégagement 890, 891
piste de réception 890, 891
piste de roulement 595, 635
piste de ski alpin 886
piste de ski de fond 886
piste de vitesse 891
pistes d'élan 824
pistil 80
pistolet 315, 754, 770
pistolet 8 mm 861
pistolet à air comprimé 861
pistolet à calfeutrer 315
pistolet à peinture 320
pistolet à souder 318
pistolet arrosoir 329
pistolet d'arrosage 329
pistolet de départ 790
pistolet de distribution 548
pistolet mitrailleur 754
pistolet pneumatique 873
piston 447, 559, 564, 566, 776
piston à décorer 232
piton 900
piton à expansion 900
piton à glace 901
piton sous-marin 49
pivot 317, 382, 383, 398, 436, 612, 676, 686, 793, 811, 828, 907
pivot d'attelage 571
placage déroulé 300
place d'armes 409
plaçure 426
plafond 257, 818, 819

plafond acoustique 431
plafond cathédrale 251
plafond de cabine 417
plafonnier 286
plage 51
plage arrière 608
plage avant 605, 609
plage de séparation 500
plaine 38, 48
plaine abyssale 49
plaine d'inondation 48
plaine fluvio-glaciaire 46
plan 403, 411
plan à langer 281
plan de travail 224, 721, 722
plan du terrain 245
plan urbain 39
plan, élévation 250
planche 300, 851
planche à découper 229
planche à dessin 399
planche à roulettes 894
planche à voile 836
planche d'appel 793
planche d'appel saut en longueur 793
planche d'appel triple saut 793
planche d'arrêt 864
planche de cuivre 422
planche de pied 838
planche de surf 840
planche de vol 100
planche témoin 793
plancher 257, 577, 818, 819, 855
plancher de cabine 417
plancher inférieur 632
plancher supérieur 632
planchette à arches 533
planchette à pince 533
planchiste 894
planétaire 10
planétarium 10
planètes 4
planètes externes 4
planètes internes 5
planeur 898
planisphère 28
plantaire grêle 151
plante 77
plante grimpante 322
plante, structure 77
plantes à fleurs 93
plantoir 324
plantoir à bulbes 324
plaque 238, 381
plaque à aiguille 452
plaque à pâtisserie 232
plaque absorbante 672
plaque africaine 43
plaque antarctique 43
plaque antifriction 889
plaque chauffante 241, 721
plaque costale 113
plaque d'identité 376
plaque d'instructions 306
plaque de base 756
plaque de commutateur 274
plaque de couche 912
plaque de cuisson 722
plaque de fixation 701
plaque de montage 275
plaque de plâtre 299
plaque de protection 441, 875
plaque de rouleau 920
plaque de tôle 819
plaque des Caraïbes 43
plaque des îles Cocos 43
plaque du lanceur 795
plaque eurasiatique 43
plaque indo-australienne 43
plaque madréporique 95
plaque marginale 113
plaque motrice 168
plaque Nazca 43
plaque négative 562
plaque nord-américaine 43
plaque pacifique 43
plaque philippine 43
plaque positive 562
plaque Scotia 43
plaque signalétique 273, 306
plaque sud-américaine 43
plaque supra-caudale 113
plaque tournante 542
plaque vertébrale 113
plaque-glissière 452, 453
plaque-numéro 875
plaques convergentes 43
plaques divergentes 43
plaques tectoniques 43
plaques transformantes 43
plaquette 64, 162, 385, 559
plaqueur droit 806
plaqueur gauche 806
plasma 162
plasmodesme 74
plastique et acier 269
plastique et cuivre 269
plastron 113, 367, 749, 796, 800, 808, 859
plastron de gardien de but 880
plastron métallique 848
plat 798
plat à escargots 233
plat à poisson 226
plat de dos 276
plat ovale 226
plat recto 426
plat verso 426
plate-bande 322
plate-bande de culasse 753
plate-forme 40, 321, 482, 569, 584, 699, 830, 894
plate-forme auto-élévatrice 653
plate-forme de 10 m 828
plate-forme de 3 m 828
plate-forme de 5 m 828
plate-forme de 7,5 m 828
plate-forme de départ 891
plate-forme de production 652, 654
plate-forme du jury 871
plate-forme élévatrice automotrice 623
plate-forme fixe 653
plate-forme semi-submersible 653
plateau 38, 45, 78, 261, 278, 281, 305, 307, 312, 313, 321, 389, 402, 424, 425, 452, 485, 490, 492, 500, 571, 698, 699, 860, 870, 917
plateau A 580
plateau B 580
plateau continental 49
plateau d'alimentation 531
plateau de chargement 494, 521
plateau de clavier 442
plateau de coupe 333
plateau de frein 559
plateau de jeux 915
plateau de ponçage 308
plateau de pression 758
plateau de rangement 399
plateau de sciage 305
plateau de sortie 519
plateau de stockage 666
plateau de tournage 428
plateau de tri automatique 512
plateau des tremplins 890
plateau mobile 919
plateau pour accessoires 14
plateau réceptacle de paiement 920
plateau récepteur 512
plateau simple 871
plateau tournant 236
plateau, télévision 490, 492
plateaux 722
platéosaure 93
platine 425, 693, 895
platine à silex 752
platine cassette 488, 499
platine de projection 535
platine tourne-disque 488, 500
platine 683
plats à rôtir 234
pleine Lune 7
plénum 258
pleurote en forme d'huître 183
plèvre pariétale 163
plèvre viscérale 163
plexus brachial 166
plexus lombaire 166
plexus sacré 166
pli 300, 350, 561
pli creux 283, 357
pli d'aisance 357
pli de la columelle 105
pli pincé 283
pli plat 350, 357
pli rond 283
pli surpiqué 357
plie commune 221
plinthe 253, 255, 417
plinthe chauffante électrique 260
plioir 426
plis, exemples 283, 357
plissé accordéon 357
pliure 455
plomb 682, 911
plomberie 262
plomberie : outils 314
plomberie, circuit 262
plombs 912
plongée sous-marine 841
plongeoir 828
plongeon 828
plongeon de départ 832
plongeon renversé avec tire-bouchon 829
plongeon synchronisé 829
plongeons, exemples 829
plongeur 721, 841
plot 274
plot de départ 830
pluie 64, 65
pluie continue faible 57
pluie continue forte 57
pluie continue modérée 57
pluie faible 64
pluie forte 64
pluie intermittente faible 57
pluie intermittente forte 57
pluie intermittente modérée 57
pluie modérée 64
pluie verglaçante 57, 64
pluie, formes 64
pluies acides 69, 70
plume 43, 397, 470
plume creuse de roseau 470
plume d'oie 470
plume métallique 470
plume métallique romaine 470
plus grand que 703
plus ou moins 703
plus petit que 703
Pluton 4, 5
plutonium 684
pluviomètre à lecture directe 58, 59
pluviomètre enregistreur 58, 59
pluviosité, mesure 59
pneu 551, 560, 570, 579, 870, 874
pneu à carcasse diagonale 561
pneu à carcasse radiale 561
pneu à carcasse radiale ceinturée 561
pneu à crampons 560, 577, 875
pneu autoroutier 560
pneu d'hiver 560
pneu de performance 560
pneu pluie 872
pneu pour temps sec 872
pneu toutes saisons 560
pneumatique de guidage 594, 595
pneumatique porteur 594, 595
pneus, exemples 560
poche 143, 313, 862, 865, 869
poche à douilles 232
poche à encre 106
poche à rabat 352, 360
poche à venin 99
poche américaine 386
poche cavalière 350
poche centrale 862
poche copulatrice 104
poche du dard 104
poche extérieure 386, 388
poche frontale 387
poche gilet 348
poche inférieure 862
poche intérieure 389
poche intérieure isolante 368
poche manchon 360
poche passepoilée 354, 360
poche plaquée 348, 353, 360, 368
poche poitrine 349, 352
poche prise dans une couture 355, 360
poche prise dans une découpe 360
poche raglan 352, 355, 360
poche repose-bras 353, 355
poche secrète 386
poche soufflet 359, 360
poche supérieure 862
poche tiroir 348
poche verticale 337
poche-revolver 350
poche-ticket 348
poches, exemples 360
pochette 348, 386
pochette d'allumettes 391
pochette d'homme 388
pochette d'information 532
pochette de classement 533
pocheuse 235
podium des épreuves 824
podomètre 700
poêle 905
poêle à crêpes 235
poêle à frire 235
poêle à combustion lente 256
poêlon 235, 239
poids 630, 697, 698, 699, 793, 850, 851
poignard 751
poignée 230, 236, 237, 238, 239, 240, 256, 268, 280, 288, 289, 290, 291, 295, 302, 303, 304, 305, 307, 308, 309, 313, 320, 331, 381, 382, 386, 387, 388, 389, 391, 439, 503, 504, 534, 574, 577, 594, 649, 750, 775, 782, 793, 816, 822, 838, 849, 850, 859, 860, 867, 877, 884, 888, 891, 892, 909, 910, 912, 913, 920
poignée antivibrations 331
poignée arrière 910
poignée auxiliaire 306
poignée avant 757
poignée d'appui 851
poignée de blocage d'onglet 304
poignée de chariot 456
poignée de conduite 783
poignée de départ (dos) 830
poignée de frein 579, 783, 870
poignée de guidage 308
poignée de la manivelle 423
poignée de maintien 554
poignée de nacelle 899
poignée de porte 247, 551
poignée de sécurité 332
poignée de soulèvement 756
poignée de transport 755
poignée découpée 535
poignée des gaz 576
poignée du démarreur 331
poignée du guidon 871
poignée intérieure 554
poignée isolante 239
poignée latérale 307, 308
poignée montoir 567, 570, 584, 766
poignée pistolet 318
poignée profilée 381
poignée rentrante 386
poignée supérieure 307
poignée-oxygène de coupe 319
poignée-pistolet 306, 754, 755
poignées à ressort 850
poignet 130, 140, 147, 149, 156, 173, 349
poignet de force 850
poignet mousquetaire 361
poil 172, 384
poils absorbants 77
poinçon 253, 401, 905
point 473, 914
point critique 891
point d'alimentation 273, 663
point d'amure 836
point d'ancrage 897
point d'appui 686
point d'arête 459
point d'articulation 638
point d'attache 79, 627
point d'attache 103
point d'écoute 836
point d'encochage 859
point d'encochage 913
point d'épine 459
point d'exclamation 473
point d'information 715
point d'interrogation 473
point d'orgue 435
point d'Orient 459
point de chaînette 459
point de chausson 459
point de chevron 459
point de côtes 458
point de damier 458
point de handicap 916
point de jersey 458
point de mise au jeu 878
point de nœud 459
point de norme 891
point de poste 459
point de raccordement 273
point de réparation 802
point de repère 455, 865
point de riz 458
point de torsades 458
point du chef 740
point fixe 559
point indicateur de température 381
point mousse 458
point passé empiétant 459
point roumain 459
point vernal 13
point-virgule 473
pointage de l'épreuve en cours 825
pointe 51, 79, 185, 227, 229, 301, 302, 303, 304, 351, 362, 390, 439, 443, 453, 457, 470, 740, 791, 793, 859, 868, 880, 888, 901, 911, 912, 918
pointe antérieure 901
pointe avant 288
pointe carrée 302
pointe cruciforme 302
pointe d'attache 442
pointe de centrage 306
pointe de col 349
pointe de dent 636
pointe de diamant 278
pointe de flèche en silex 748
pointe de hampe 739
pointe de ski 892
pointe fuselée 839
pointe plate 285, 302
pointe ronde 285
pointe sèche 422, 423
pointes, exemples 302
pointeur 907
pointeuse 530
points 822
points bouclés 459
points couchés 459
points croisés 459
points de suspension 473
points de tricot 458
points noués 459
points plats 459
points, broderie 459
poire 193
poire à jus 233
poire à poudre 752
poire de gonflage 777
poireau 184
pois 84, 190
pois cassés 190
pois chiches 190
pois mange-tout 190
Poisson austral 10
poisson cartilagineux 108
poisson osseux 108
Poisson volant 11
poissonnerie 181
poissonnière 234
Poissons 12
poissons 108
poissons cartilagineux 218
poissons osseux 219
poitrail 124
poitrine 115
poitrinière 460
poivre blanc 198
poivre moulu 199
poivre noir 198
poivre rose 198
poivre vert 198
poivrière 226
poivron jaune 188
poivron rouge 188
poivron vert 188
Polaroid® 480
pole position 872
pôle Nord 35
pôle nord 687
pôle Nord céleste 13
pôle Sud 29, 35
pôle sud 687
pôle Sud céleste 13
police 725
polissoir d'ongles 377
politique 739
polluants atmosphériques 69
polluants non biodégradables 69
pollution agricole 69
pollution automobile 69
pollution de l'air 69
pollution de l'eau 70
pollution domestique 69
pollution du sol 69
pollution industrielle 69
pollution par le pétrole 70
polo 354, 359, 822, 858
polochon 280
Pologne 744
polojama 369
polonais 469
polonium 682
polygones 705
Polynésie 747
polypode commun 76
polytric commun 75

pomelo 194
pomme 193, 328
pomme d'Adam 146
pomme de douche 264
pomme de terre 184
pomme, coupe 82
pomme-poire 197
pommeau 307, 309, 797, 849, 855, 861
pompe 246, 259, 292, 294, 320, 578, 670, 671, 674, 903
pompe à boue 651
pompe à chaleur 260
pompe de caloportage 669
pompe de circulation 259, 675
pompe de puisard 263
pompe de recirculation 671
ponceuse excentrique 308
poncho 355
poney 858
poney de polo 858
pont 39, 385, 523, 692, 875
pont à béquilles 541
pont à poutre 540
pont à poutre simple 541
pont à poutres indépendantes 541
pont à tablier inférieur 541
pont à tablier intermédiaire 541
pont à tablier supérieur 541
pont Bailey 542
pont bain de soleil 609
pont basculant à double volée 542
pont basculant à simple volée 542
pont cantilever 540
pont d'appontage 761
pont d'envol 761
pont de Varole 167
pont en arc 540
pont flottant 542
pont inférieur 655
pont levant 542
pont principal 607
pont roulant 658
pont supérieur 624, 655
pont suspendu à câble porteur 540
pont tournant 542
pont transbordeur 542
pont-promenade 608
pont-l'évêque 211
pont-levis 408
pontage 838
pontet 754, 860, 861, 912
ponton 542, 652, 839, 873
ponton de départ 838
ponts à poutre, exemples 541
ponts en arc, exemples 541
ponts fixes 540
ponts mobiles 542
ponts suspendus à haubans 541
popote 905
porc 128
porc haché 215
porc-épic 123
porche 245, 411, 738
porcherie 182
pore 74, 84
pore inhalant 95
pore sudoripare 172
porque 607
Porro, prisme 692
port 709
port clavier 513
port d'interface ordinateur 520
port de plaisance 788
port Ethernet 526
port FireWire 526
port infrarouge 526, 527
port jeux/MIDI 513
port maritime 596
port modem interne 513, 526
port parallèle 513
port pour adaptateur de courant 526
port réseau 513
port série 513
port souris 513, 518
port USB 513, 526
port vidéo 513, 526
portail 411
portance 630
portant 839
porte 238, 290, 291, 293, 417, 453, 567, 596, 624, 699, 724, 738, 818, 893, 902, 903
porte à deux vantaux 568
porte à lanières 416
porte à tambour manuelle 416
porte accordéon 416
porte amont 597
porte arrière 775
porte automatique 620
porte aval 597
porte avant 605, 608
porte classique 416
porte coulissante 264, 416
porte coulissante automatique 416
porte coupe-feu 416
porte d'accès de plate-forme 584
porte d'entrée 568, 569
porte d'extrémité 635
porte de contrôle 890
porte de garage basculante 416
porte de garage sectionnelle 416
porte de l'élévateur 569
porte de la soute 23
porte du parcours 837
porte en descente 837
porte en remontée 837
porte étagère 291
porte extérieure 247
porte latérale 594
porte moustiquaire 567
porte pliante 416
porte-fenêtre 224, 250, 251
porte-foyer 256
porte-adresse 389
porte-avions 761
porte-bagages 389, 567, 577, 578
porte-bagages arrière 577
porte-bidon 579
porte-bûches 257
porte-cartes 58, 386
porte-chaussures 345
porte-chéquier 387
porte-clés 387
porte-coupures 387
porte-documents à soufflet 386
porte-documents plat 387
porte-électrode 318
porte-étiquette 533, 587
porte-étiquette d'acheminement 587
porte-fil dentaire 384
porte-fils 460
porte-filtre 241
porte-fusible 663
porte-jarretelles 367
porte-manteau 510
porte-marteau 313
porte-matraque 770
porte-mine 470
porte-monnaie 387
porte-moulinet 909, 910
porte-négatif 485
porte-outil 308, 649
porte-parapluies 391
porte-passeport 387
porte-pipes 390
porte-pitons 901
porte-poussière 295
porte-râteau 423
porte-rouleau 264
porte-sac 869
porte-savon 264
porte-serviettes 264
porte-skis 558
porte-spécimen 694
porte-stylet 517
porte-stylo 386
porte-tension 457
porte-timbres 531
porte-tube 693
porte-vélos 558
porte-vent 445
portée 434
portefeuille 387
portefeuille chéquier 386
portes à tambour manuelles 719
portes d'entrée 427
portes, exemples 416
portière 551, 554
portique 634
portique 540, 596, 635, 657, 658, 738, 824
portique de chargement de conteneurs 596
portique de signalisation 583
portique détecteur de métal 726
ports pour carte mémoire 918
ports pour manette 918
portugais 469
Portugal 743
posemètre à visée reflex 479
posemètre photoélectrique 479
positif 684
position à genoux 861
position carpée 828
position couchée 861, 893
position d'équilibre 690
position d'un caractère 472
position debout 861, 893
position des bras 829
position des jambes 829
position des joueurs 794, 803, 804, 811, 814
position droite 828
position groupée 828
positionnement du papier 528
positionneur 452
positions de départ, lutte 843
positions de départ, plongeon 828
positions de tir 861, 893
positions, escrime 849
poste 664
poste à clavier 507
poste CB 505
poste d'aiguillage 583
poste d'observation 17
poste de carburant 725
poste de commandement 758, 763
poste de communication 594
poste de conduite de la propulsion 763
poste de contrôle 727, 768
poste de contrôle audio/vidéo 491
poste de débranchement 589
poste de l'agent de sécurité 779
poste de patrouille 886
poste de pilotage 22, 624, 626, 631, 758
poste de police 711, 768
poste de secours 543, 886
poste de soudage 318
poste de surveillance 394, 764
poste de tir 860
poste de travail 509
poste des infirmières (urgence ambulatoire) 779
poste des infirmières (urgence majeure) 778
poste sans cordon 507
poste téléphonique 489, 491, 506
postes d'écoute 733
postes téléphoniques, exemples 507
postillon 915
pot 223
pot d'échappement 553, 575, 576
pot d'échappement 577
potassium 682
poteau 252, 540, 812, 817, 820, 827
poteau cornier 252
poteau de but 807, 809, 858
poteau de ligne de jeu 795
poteau du ring 842
poteau mural 253
potence 579, 693, 783
poterie 464
poterie, outils 464
poterne 408, 409
potiron 189
pou 101
poubelle 295, 723
pouce 117, 140, 141, 156, 173, 346, 797
pouce opposable 139
poudre 912
poudre libre 378
poudre pressée 378
poudrerie basse 57
poudrerie haute 57
poudrier 378
pouf 277
poulailler 182
poulaine 749
poule 120
poulet 213
poulie 284, 321, 566, 686, 750, 859, 913
poulie d'entraînement 688
poulie de chariot 634
poulie de tension du régulateur 417
poumon 103, 104, 110, 112, 116, 125
poumon droit 161, 163
poumon gauche 161, 163
poumons 163
Poupe 11
poupe 598, 608, 836
pour ouvrir 230
pourcentage 529, 703
pourpier 187
pourpoint 338
pourpre 741
pousse 77
pousse de bambou 185
poussin 120
poussoir 230, 237, 240, 248, 776
poussoir à pollen 98
poussoir d'arrêt 696
poussoir d'ouverture 391
poussoir de mise en marche 696
poussoir de remise à zéro 696
poussoir pneumatique 648
poutre 252, 412, 418, 663, 824, 826
poutre cantilever 540
poutre continue 540
poutre d'assurage 900
poutre d'équilibre 826
poutre de levage 573
poutre de queue 631
poutre suspendue 540
poutre-châssis 639
praire 217
prairie 38, 182
prairie tempérée 66
praséodyme 684
praticable 823
praticable pour exercices au sol 824
pratiquant, kung-fu 846
préblindage 758
Précambrien 92
précipitation 67
précipitations 64
précipitations hivernales 64
prémaxillaire 108, 122, 123
premier arbitre 812, 813
premier assistant cadreur 428
premier but 794
premier croissant 7
premier espace 811
premier étage 25
premier joueur 877
premier quartier 7
premier radial externe 151
premier de cordée 900
premier-but 794
première ligne 804
première molaire 159
première phalange 126
première prémolaire 159
premières feuilles 77
premiers soins 725
premiers soins, fournitures 775
premiers violons 437
prémolaire 121, 123
prémolaires 159
preneur de son 489, 490
préposé au banc des pénalités 879
préposé au contrôle des billets 394, 427
prépuce 169
près du ring 842
près 833
près bon plein 833
près serré 833
présentoir à revues 510
présentoir de brochures 730
présentoir des nouveautés 733
présentoir des périodiques 733
présentoir réfrigéré 720
président 848
président du jury 900
presse 642
presse à pectoraux 851
presse à percussion 425
presse à taille-douce 421
presse lithographique 423
presse-agrumes 230, 237
presse-ail 230
presse-café 241
presse-étoupe 268
presse-papier 528
presseur 476
pressing 715
pression à la taille 368
pression au niveau de la mer 55
pression barométrique 55
pression devant 369
pression, mesure 59, 702
pressuriseur 670, 671
prétoire 728
prévention de la criminalité 768
prévention des incendies 764
prévision météorologique 54
prime 849
principales formes de lames 401
principales pièces d'une maison 250
principaux organes des systèmes automobiles 552
principaux panneaux internationaux 544
principaux panneaux nord-américains 546
printemps 54
prise 793
prise antisurtension 520
prise audio 513
prise avec borne de terre 263
prise casque 450, 451, 497, 504
prise chronométrée 290
prise classique 815
prise d'air 605, 876
prise d'air 568
prise d'air de refroidissement du moteur 874
prise d'air du moteur 568
prise d'alimentation 513
prise d'eau 658
prise d'entrée 520
prise d'entrée/sortie audio 527
prise d'oxygène 780
prise de charge 383, 563
prise de courant 274, 316
prise de courant commutée 497
prise de courant européenne 274
prise de force 640
prise de la sonde thermique 238
prise de masse 318
prise de pied 901
prise de raccordement 452
prise de télécommande 476, 477
prise de terre 272
prise électrique 567
prise microphone 505
prise porte-plume 815
prise pour écouteurs 513
prises antisurtension alimentées par batterie 520
prises d'entrée/de sortie audio/vidéo 497
prises de main 901
prises téléphoniques antisurtension 520
prises vidéo et numérique 477
prises, exemples 844
prisme de Porro 692
prisme pentagonal 477
prison 726, 915
prix à l'unité 699
prix à payer 699
procédé 863
processeur 513
proconsul 93
producteur 429
production d'électricité par énergie éolienne 677
production d'électricité par énergie géothermique 646
production d'électricité par énergie nucléaire 665
production d'électricité par énergie solaire 674
production d'électricité par énergie thermique 646
production d'électricité par l'alternateur 662
production d'électricité par l'alternateur 665
production de chaleur 665
production de l'électricité, étapes 662
production du son 445
produits céréaliers 204
produits d'emballage 180
produits d'entretien 180
produits de fission (noyaux radioactifs) 681
produits de la raffinerie 656
produits de nettoyage 721
produits de traiteur 181
produits laitiers 180, 210
produits pétrochimiques 656
produits pour animaux familiers 181
profil de rail 591
profil du sol 78
profondeur du foyer 43
profondimètre 841
programmateur 292, 293, 294
programmation des voix 450
programmes informatiques 771
projecteur 427, 428, 579, 585, 765
projecteur à faisceau concentré 492
projecteur auxiliaire 10
projecteur d'ambiance 492
projecteur d'ambiance sur pantographe 492
projecteur de diapositives 483
projecteur de plafond 59
projecteur orientable 766
projecteur sous-marin 246
projecteurs 431
projectile antichar 757
projectiles 752
projection conique 36
projection cylindrique 36

projection d'épaule par un côté 844
projection en cercle 844
projection horizontale 36
projection interrompue 36
projections cartographiques 36
prométhium 684
pronaos 403
propulseur 20, 40, 759
propulseur d'étrave 609
propulseurs de commande d'orientation 22
prosciutto 216
prospection en mer 653
prospection terrestre 651
prostate 169
protactinium 684
protecteur d'avant-bras 808
protecteur d'embout 776
protecteur lombaire 808
protection 774
protection d'usure 874
protection de l'ouïe 772, 774
protection de la tête 772, 774
protection de la vue 774
protection des mains 774
protection des pieds 773, 774
protection des voies respiratoires 773, 774
protection des yeux 772
protège-cheville 796
protège-côtes 808
protège-cou 808
protège-coude 800, 880, 894
protège-dents 808, 843
protège-doigts 859
protège-gorge 796, 880, 882
protège-guidon 755
protège-hanche 808
protège-lame 304, 305
protège-lame inférieur 304
protège-lame supérieur 304
protège-main 875
protège-matelas 280
protège-nuque 765
protège-orteils 773, 796
protège-poignet 895
protège-poulie 307
protège-tendon 880
protège-tibia 801, 802, 882, 887
protège-tympan 772
protestantisme 736
prothorax 97
protocole de communication 524
proton 680
protoneurone sensitif 168
protubérance 6
proue 609, 836
proue sculptée 598
province 37
provision d'eau 662
prune 192
pseudopode 94
psychromètre 59
ptérygoïde 112
pubis 116, 122, 146, 148
puce 101
puisard 262, 263, 650
puissance, mesure 702
puits 402
puits d'accès 664
puits d'extraction 650
puits d'injection 646
puits de dérive 836
puits de production 646
puits sous-marin 654
puits vertical 650
pull à capuche 370
pull d'entraînement 370
pulls 358
pulpe 81, 82, 83, 159, 172
pulsar 8
pulvérisateur 328, 646
pulvériseur tandem 641
pulvino 661
puma 134
punaise d'eau géante 101
punaise rayée 101
punaises 534
pupille 132, 177
pupille verticale 112
pupitre 436, 444, 451
pupitre à musique 436
pupitre d'éclairage 490
pupitre de commande 626
pupitre de commandes 10
pupitre de conduite 586
pupitre de son 488, 489, 490
pupitre dirigeur 507
pupitre du chef d'orchestre 437
purgeur 259
purificateur d'air 261
puzzle 917
pygostyle 116
pyjama 364
pylône 540, 583, 629, 663
pylône du moteur 625
pyramidal 154
pyramide 402, 705
pyranomètre 58
Pyrénées 32
python 114

Q

Qatar 746
quad 577
quadrant 704
quadrilatère 705
quadruple croche 435
quai 583, 593, 596, 708
quai d'embarquement 619
quai de chargement 713
quai de déchargement 395, 715, 719, 724
quai de gare 582
quais de déchargement 716
quantité de matière, mesure 702
quark d 680
quark u 680
quart de finale : 8 joueurs 789
quart de soupir 435
quart-arrière 807
quart-de-rond 253
quarte 434, 849
quartier 7, 82, 127, 342, 370, 855
quartier des affaires 708, 710
quartier des coureurs 871
Quaternaire 93
quatre avec barreur 839
quatre sans barreur 839
quatre-mâts barque 602
quatuor 438
quechua 469
queue 81, 82, 83, 112, 113, 121, 122, 124, 130, 133, 136, 140, 143, 169, 306, 425, 625, 676, 840, 893, 894, 898, 905
queue de billard 863
queue de l'hélix 173
queue de poussières 8
queue ionique 8
queue-de-cochon 401
queusot 274, 275
quillard 835
quille 865, 897
quille chandelle 865
quille-reine 865
quilles, exemples 865
quilleur 865
quilleuse 865
quillier 865
quinoa 203
quinte 434, 849, 914, 919
quinte royale 914
quintette 438

R

rabat 348, 387, 535, 906
rabatteur 642, 643
rabot 309
raccord 269, 485
raccord à collet repoussé 269
raccord à compression 269, 270
raccord d'arrivée d'air 320
raccord de réduction 269
raccord de robinet 328
raccord de signalisation 567
raccord de tuyau 329
raccord femelle 269
raccord mâle 269
raccord té 271
raccord té d'égout 271
raccord union 269
raccordement du flexible 649
raccords 269
raccords mécaniques 269
races de chats 132
races de chiens 130
rachis 115
racine 78, 159
racine antérieure 168
racine carrée 529
racine carrée de 703
racine de l'hélix 173
racine de l'ongle 172
racine du nez 175
racine motrice 167, 168
racine pivotante 87
racine postérieure 168
racine principale 77
racine secondaire 77
racine sensitive 167, 168
racine traçante 87
racines adventives 76
raclette 211
raclette-gril 239
racloir 892
racquetball 818
radar 40, 604, 605, 608, 609
radar aéroporté 40
radar d'appontage 761
radar de contrôle aérien 761
radar de détection 762
radar de surveillance aérienne 761, 762
radar de veille de surface 761, 762
radar météorologique 54, 624
radeau de sauvetage 611
radiateur 259, 552, 561, 586
radiateur à colonnes 259
radiateur bain d'huile 260
radiateur rayonnant 260
radiateur soufflant 260
radiateurs 21
radicelle 77, 87
radicule 77
radier 595, 597
radio 504, 771, 898
radio portable 503
radio-réveil 503
radioactivité, mesure 702
radiocassette laser 504
radiomètre 60
radiomètre imageur 60
radiomètre sondeur 60
radiosonde 59
radiotélescope 16
radis 189
radis noir 189
radis oriental 189
radium 682
radius 111, 116, 121, 122, 126, 131, 136, 138, 140, 141, 142, 152, 154, 156
radôme 760
radon 684
radula 104
raffinerie 654, 709
raffinerie, produits 656
raglan 355
raie 218
raie des fesses 147, 149
raie sourcilière 115
raifort 189
rail 284, 456, 591
rail circulaire 16
rail d'éclairage 287
rail de glissement 555, 835
rail de guidage 16, 399, 571
rail de lancement de missile 760
rail de raccord 590
rail et retour de courant 595
rail guide-film 476
rail, profil 591
rail-guide de contrepoids 417
rail-guide de la cabine 417
rails de travelling 428
rainette 111
rainure 229, 453, 456, 750, 868, 888
rainure du guide à onglet 305
rainure du guide de refend 305
raisin 86, 192
raisin, coupe 83
ralenti 495
rallonge 278, 289
rallonge du plateau 305
ramasseur 642, 820
ramasseuse-presse 642
rambarde 894
ramboutan 197
rame 851
rame de métro 592, 594
rameau 77, 86, 87, 89
rameau communicant 168
ramequin 226
rameur 851
ramille 87
rampant 403
rampe 250, 251, 255, 403, 407, 431, 647
rampe d'accès 540, 608
rampe d'accès pour fauteuils roulants 394
rampe d'éclairage 287
rampe de quai 596
rampe de signalisation 766, 771
rampe, bicross 871
rampe, planche à roulettes 894
ramure 87
rang 384
rangée 431
rangement 584
rangement pour les gants 780
Ranvier, nœud 168
râpe 230, 309
râpe à fromage cylindrique 230
râpe à muscade 230
rapière 751
rappel de mémoire 479, 529
rapporteur d'angle 701
raquette algonquine 893
raquette de badminton 816
raquette de racquetball 818
raquette de squash 819
raquette de tennis 822
raquette de tennis de table 815
raquette elliptique 893
raquettes 893
ras-de-cou 354, 359, 374
ras-el-hanout 199
rasage 383
rasette 444
rasoir à double tranchant 383
rasoir à manche 383
rasoir effileur 381
rasoir électrique 383
rasoir jetable 383
rat 123
rat de cave 422
rat, morphologie 122
rat, squelette 122
rate 109, 110, 113, 125, 161
râteau 327, 423, 642, 863
ratissoire 326
raton laveur 134
ravier 226
ravioli 206
ravitaillement en vol 760
ravitailleur 760, 873
rayon 103, 391, 579, 704
rayon de miel 100
rayon de miel, coupe 100
rayon épineux 108
rayon lumineux 691
rayon médullaire 87
rayon mou 108
rayon solaire réfléchi 674
rayonnement 681
rayonnement artificiel 41
rayonnement du ciel, mesure 58
rayonnement infrarouge 68, 690
rayonnement naturel 41
rayonnement solaire 67, 68, 672, 673, 674, 675
rayonnement solaire absorbé 68
rayonnement solaire réfléchi 68
rayonnement ultraviolet 690
rayons gamma 690
rayons X 690
ré 434
réacteur 665, 666, 669, 763
réacteur à eau bouillante 671
réacteur à eau lourde 670
réacteur à eau sous pression 671
réacteur au gaz carbonique 670
réacteur nucléaire 667
réaction en chaîne 681
réaction réversible 684
réalisateur 429, 489, 490
rebobinage 476, 495, 499, 504, 508
rebord 290
rebord de cuve 292
rebras 346
récamier 276
réceptacle 75, 80, 83
réceptacle à déchets 573
réceptacle de brosses 384
réceptacle pour les pièces refusées 920
réceptacle séminal 97, 103
récepteur 16, 506
récepteur de son 776
récepteur sensoriel 168
récepteurs du goût 176
réception 509, 724
réception des données 41
réception des messages 508
réception directe 486
réception du fret 621
recette 650
receveur 794, 795, 796, 817, 819, 820
receveur éloigné 807
recharge 470
recharge amont 660
recharge aval 660
réchaud 234
réchaud à deux feux 903
réchaud à un feu 903
réchauffement global 68
réchauffeur 668
recherche 525
recherche des canaux 495
Récif de la Grande Barrière 29
récipient 59, 236
récipient collecteur 59
reconcentration de l'oxyde de deutérium 669
recourbe-cils 378
rectangle 705
rectangle des instructeurs 794
rectangulaire 904
rectrice 115
rectum 97, 99, 113, 116, 125, 164, 169, 170
récupération 812
recyclage 71
redingote 355
réduction mâle-femelle 269
réduction mâle-femelle hexagonale 269
réduction/agrandissement 512
réfectoire 727
réflecteur 316, 482, 493, 571
réflecteur parabolique 16, 489
réflecteur parabolique orientable 16
réflecteur radar 615
réflecteur secondaire 16
réflecteurs solaires 486
réflexion 41
Réforme 736
réformeur catalytique 656
refouloir 752
réfrigérateur 224, 291, 720, 722
réfrigérateurs 720
refroidissement 656
refroidissement de la vapeur par l'eau 665
refroidisseur d'air 564
refroidisseur de la salle des générateurs de vapeur 669
regard 259
regard de visite 712
régie 431, 488
régie de production 489, 490, 491
régie du son 489, 490
régie image 489
régie image/éclairage 490
régie technique 718
régie, radio 488
régies, télévision 490
région auriculaire 115
région malaire 115
région négative 672
région positive 672
régions de balisage 616
registre coulissant 445
registre de comptabilité 535
registre de réglage 258
registre des aigus 432
registre des basses 432
réglage 782
réglage de centrage 518
réglage de hausse 692
réglage de l'afficheur 506
réglage de l'angle 309
réglage de l'écran de l'ordinateur 20
réglage de la balance 441
réglage de la hauteur 826, 851
réglage de la luminosité 518
réglage de la pression 384
réglage de la pression d'oxygène 20
réglage de la résistance 851
réglage de la température 261
réglage de la tension 910
réglage de la tonalité 441
réglage de la vitesse d'obturation 479
réglage de largeur de point 452
réglage de niveau d'enregistrement 499
réglage de pression 452
réglage de profondeur 308
réglage de tempo 451
réglage des températures 288
réglage du contraste 518
réglage du diaphragme 693
réglage du four 290
réglage du pas 700
réglage du pointeau du fluide 320
réglage du seuil d'alarme 613

réglage du volume 441, 451, 495, 497, 503, 504, 505, 513
réglage du volume des communications 20
réglage en hauteur 483, 485
réglage en hauteur du condenseur 693
réglage horizontal 518
réglage latéral 692
réglage micrométrique (azimut) 14, 15
réglage micrométrique (latitude) 14, 15
réglage sur demi-teinte 479
réglage sur haute lumière 479
réglage sur ombre 479
réglage vertical 518
Règle 10
règle 399, 424, 700
règle d'équerrage 424
règle de couture 454
règle du guide de refend 305
règle graduée 700, 905
règle-point 452
réglette 461
règne animal 92
règne végétal 74
régulateur 267
régulateur de carburant 627
régulateur de pression 234, 319, 903
régulateur de vitesse 333, 417, 556
rehausseur 281
rein 104, 105, 106, 109, 110, 112, 116, 124, 125, 161
rein droit 165
rein gauche 165
reine 99
reine, abeille 99
reins 147, 149
rejet 87
rejet d'oxygène 78
rejets industriels 69, 70
relais d'accessoires 627
relevé de transaction 731
relève-bras 500
relèvement de la lame 305
releveur de fil 452
relief lunaire 7
religion 736
religions, chronologie 736
reliure à anneaux 532
reliure à anneaux plastiques 533
reliure à glissière 532
reliure à pince 532
reliure à ressort 532
reliure à vis 532
reliure d'art 424
reliure spirale 533
rembourrage 899
rémige primaire 115
rémige secondaire 115
rémige tertiaire 115
remise 244, 322
remise à zéro 512
remontoir 436, 696, 697
remorque 570, 594, 641, 642, 840
remorque à bagages 623
remorqueur 606
rempart 7, 408, 409
remplage 411
remplissage 655
renard 134
rêne 856
rêne de bride 854
rêne de filet 854
renfort de culasse 753
renfort de nuque 874
renfort de pointe 880
réniforme 79
renne 128
renseignements 725, 886
rentré 455
renversé 828
renvoi 262, 271
renvoi d'eau 485
repassage 347
repasser à basse température 347
repasser à haute température 347
repasser à moyenne température 347
repère de distance 856
repère de ligne de marche 907
repère de niveau d'eau 288
repère de touche 440, 441
repère de virage de dos 831
répertoire 524
répertoire téléphonique 506, 531
répéteur 487
repli 336
répondeur téléphonique 508
report de lecture 479
repose-bras 500
repose-main 516
repose-pied 783
repose-pied du passager 575, 576
repose-pied du pilote 575, 576
repose-pieds 281, 871
repose-poignets détachable 514
repositionnement 528
repousse-chair 377
reprise 519
reprise d'air 258
reprise vidéo 789
reproduction de clés 715
reprographie 730
reptation 47
reptiles 112
République arabe syrienne 746
République centrafricaine 745
République de Corée 747
République de Moldova 744
République démocratique du Congo 745
République démocratique populaire lao 747
République dominicaine 743
République populaire démocratique de Corée 747
République tchèque 744
République-Unie de Tanzanie 745
répulsion 687
requin, morphologie 108
réseau d'oléoducs 654
réseau de transport d'électricité 674
réseau en anneau 522
réseau en bus 522
réseau en étoile 522
réseau étendu 523
réseau informatique 523
réseau national 486
réseau nerveux 159
réseau privé 486
réseau public postal 474
réseau téléphonique 487
réseaux, exemples 522
réserve 394
réserve d'eau 384
réserve de papier 512
réserves alimentaires 724
réservoir 23, 241, 261, 263, 320, 391, 445, 485, 657, 658, 660, 661, 767, 903
réservoir à carburant 570, 586, 631, 758, 760
réservoir à essence 553, 563, 574, 577
réservoir à grain 643
réservoir à toit fixe 655
réservoir à toit flottant 655
réservoir auxiliaire 571
réservoir d'air comprimé 586
réservoir d'air comprimé 873
réservoir d'alcool 695
réservoir d'arrosage 665, 669
réservoir d'azote liquide 694
réservoir d'eau 261
réservoir d'eau 241
réservoir d'essence 331
réservoir d'huile 331
réservoir d'hydrogène liquide 24, 25
réservoir d'oxygène liquide 24, 25
réservoir de brut 656
réservoir de carburant de chauffage 563
réservoir de chasse d'eau 264
réservoir de kérosène 25
réservoir de liquide de frein 559
réservoir de mercure 695
réservoir de propergol 18
réservoir de sécurité 670
réservoir de stockage 675
réservoir externe 22
réservoir magmatique 44, 646
réservoir propane 567
réservoir tampon 654
réservoir ventral 631
réservoirs 655
résidente 780
résidus non recyclables 71
résistance électrique, mesure 702
résistance hydraulique 851
résistances 689
résonateur 502
responsable de la sécurité 837
responsable du décompte des tours 883
responsable du démarreur 873
ressort 43, 249, 268, 286, 310, 470, 757, 823, 913
ressort athlétique 850
ressort compensateur de fil 453
ressort d'échappement 443
ressort de batterie 752
ressort de rappel 559
ressort de soupape 445, 566
ressort de suspension 292, 586
ressort de tension 557, 850
ressort en spirale 285
ressort hélicoïdal 553
ressuscitateur 775
restaurant 608, 710, 713, 714, 719, 720, 725
restaurant libre-service 722
restaurants-minute 715
résurgence 47
retable 737
rétenteur 857
Réticule 10
réticule 692
réticulum endoplasmique 74, 94
rétine 177, 691
retour 511, 515
retour de chariot 528
retour de courant 595
retour de l'eau au générateur de vapeur 665
retourné 828
retrait 528
rétroprojecteur 535
rétroviseur 556, 569, 570, 574, 576, 577, 876
rétroviseur extérieur 550, 568
rétroviseur grand angle 568, 569
réunion 703
réverbère 712
revers 342, 348, 350, 362
revers à cran aigu 348
revers cranté 352
revêtement 252, 253, 655, 815
revêtement de sécurité 20
revêtement intérieur 561
revêtement synthétique 822
revêtement thermique 22
revêtement, matériaux 299
revêtements de sol textiles 254
revitalisant capillaire 379
revolver 754
rez-de-chaussée 250
Rhéa 5
rhénium 683
rhino-pharynx 175
rhinocéros 129
rhizoïde 75
rhizome 76
rhodium 683
rhodyménie palmé 183
rhubarbe 185
rias 51
ribosome 74, 94
richelieu 342
ricotta 210
rideau 282, 492
rideau ballon 283
rideau bonne femme 282
rideau brise-bise 282
rideau coulissé 283
rideau d'obturateur 476, 477
rideau de fer 430
rideau de scène 430, 431
rideau de vitrage 282
rideau flottant 283
rideau séparateur 780
rideaux croisés 283
rideaux, exemples 283
ridoir 835
rifloir 401
rigatoni 206
rigole 864
rillettes 216
rimaye 46
rince-bouche 384
rinceau 276
ring 842
ris 212
risberme 660
rive 300, 664
rive externe 127
rive interne 127
rivet 229, 310
rivière 38, 48
rivière souterraine 47
riz 85, 203, 207
riz : épi 85
riz basmati 207
riz blanc 207
riz complet 207
riz étuvé 207
riz sauvage 203
rizière 69
robe 655
robe à crinoline 337
robe à paniers 337
robe à tournure 337
robe bain-de-soleil 356
robe chemisier 356
robe de maison 356
robe enveloppe 356
robe fourreau 356
robe princesse 356
robe taille basse 356
robe tee-shirt 369
robe trapèze 356
robe tunique 356
robe-manteau 356
robe-polo 356
Roberval, balance 698
robes, exemples 356
robinet 264, 268
robinet d'acétylène 319
robinet d'arrêt 265, 270, 271
robinet d'arrêt général 262
robinet d'oxygène 319
robinet de réglage de débit 765
robinet de vidange 266, 267, 655
robinet flotteur à clapet 265
robinet relais 903
robinets 290
robinets de carburant 626
robot boulanger 239
robot de cuisine 237
roc 43
rocaille 322
roche mère 78
rocher 900
roches d'intrusion 42
roches ignées 42
roches métamorphiques 42
roches sédimentaires 42
rochet 307, 696, 697
rognons 212
Roi 914, 916
romaine 186
romano 211
romarin 202
rond pronateur 150
rond-point 39
ronde 435
rondeau 464
rondelle 268, 689, 880, 888
rondelle à denture extérieure 310
rondelle à denture intérieure 310
rondelle à ressort 310
rondelle conique 265
rondelle de fibre 269
rondelle plate 310
rondelles 310
rondiste 374
rongeur 122
rongeur, mâchoire 123
roquefort 211
roquette 187
rorqual 137
ros 460
rosace 440
rose 80, 411
rose des vents 37, 612
rosée 65
rosette 248, 405
rossignol 118
rôti 214, 215
rôti de côtes 214
rotini 206
rotodôme 629
rotonde 713
rotor 249, 565, 659, 676
rotor à griffes 688
rotor anticouple 631
rotule 122, 126, 131, 138, 152, 312
roue 320, 323, 560, 570, 659, 753, 758, 783, 870, 874, 895
roue à aubes 599
roue à rayons 857
roue arrière 333
roue arrière pleine 871
roue avant 333, 639, 640
roue d'échappement 696, 697
roue d'engrenage 307, 462
roue d'entraînement 462
roue de centre 696, 697
roue de champ 696
roue de jauge 333
roue de poulie 284
roue de pression 643
roue de secours 567
roue de sécurité 595
roue de support 876
roue de turbine 664
roue dentée 460, 686, 876
roue folle 636
roue Francis 659
roue Kaplan 659
roue libre 580
roue motrice 640, 697
roue Pelton 659
roue petite moyenne 696, 697
roue pivotante 783
roues 659
roues motrices 639
rouge 400, 690, 919
rouge à lèvres 378
rouge orangé 400
rouge violet 400
rouge-gorge 118
Rouges 915
rouget 219
rouget barbet 219
rouleau 285, 320, 333, 380, 423, 920
rouleau à pâtisserie 232
rouleau à vernir 422
rouleau conditionneur 642
rouleau d'encrage 421
rouleau de pellicule 481
rouleau principal 460
rouleaux de la Torah 738
roulement à billes 677
roulette 281, 289, 389, 422, 448, 454, 633, 894
roulette américaine 919
roulette de commande 527
roulette de défilement 506, 516
roulette de pâtissier 232
roulette française 919
roulis 630
roumain 469
Roumanie 744
roupie 728
roussette noire 141
route 39, 539, 708
route d'accès 618
route secondaire 39
route, coupe 538
routeur 524
routeurs 523
Royaume-Uni de Grande-Bretagne et d'Irlande du Nord 743
ruban 313, 453, 757, 823
ruban adhésif 800
ruban blanc 815, 817
ruban correcteur 534
ruban de bouclage 771
ruban de caoutchouc 867
ruban de Téflon 314
ruban de tissu adhésif 777
rubidium 682
rubis 375, 696
ruche 100, 182
ruché 368
rue 39, 711, 713
rue commerçante 710
rue, coupe 712
ruelle 711
Ruffini, corpuscule 172
rugby 804
rugbyman 805
ruisseau 48
ruissellement 67
russe 469
russule verdoyante 183
rutabaga 189
ruthénium 683
rutherfordium 683
Rwanda 745
rythme des marques de nuit 617

S

sable 660, 741, 813
sablier 231
sablière 586
sablière double 252
sabot 124, 127, 312, 571, 791, 800, 840
sabot à 1 doigt 127
sabot à 2 doigts 127
sabot à 3 doigts 127
sabot à 4 doigts 127
sabot de protection 636
sabot, face plantaire 127
sabots, exemples 127
sabre 751, 849
sabreur 848
sac 432
sac à bandoulière 388

sac à dos 901, 906
sac à provisions 388
sac accordéon 388
sac besace 388
sac boite 388
sac cartable 387
sac de congélation 222
sac de golf 869
sac de sable 842
sac de vol 388
sac fourre-tout 388
sac gonflable 556
sac marin 388
sac polochon 388
sac pour accessoires 859
sac seau 387
sac-filet 222
sachet 222
sacoche 577, 580
sacristie 737
sacrum 138, 141, 152, 153, 157
sacs à main 387
sacs à provisions 181
sacs de couchage, exemples 904
safran 198, 606
sagari 847
Sagittaire 10
saharienne 359
saillant 409
saindoux 209
saint-bernard 131
Saint-Kitts-et-Nevis 743
Saint-Laurent 30
Saint-Marin 744
Saint-Pierre 736
saint-pierre 221
Saint-Vincent-et-les Grenadines 743
Sainte-Lucie 743
saisie des données 694
saisons 917
saisons, cycle 54
salades 722
saladier 226
salamandre 111
salami allemand 216
salami de Gênes 216
salchow 881
salière 226
salle 431
salle à manger 250, 584, 608, 720, 723, 724, 763, 764
salle commune 727
salle d'anesthésie 780
salle d'arts plastiques 734
salle d'atelier 718
salle d'attente 509, 768, 779
salle d'attente des familles 778
salle d'attente des visiteurs 726
salle d'attente du centre de prélèvements 781
salle d'attente principale 781
salle d'attente secondaire 781
salle d'embarquement 621
salle d'entreposage 720, 722
salle d'examen 781
salle d'examen audiométrique 781
salle d'examen et de soins 779
salle d'examen gynécologique 779
salle d'exposition 719
salle d'habillage 428
salle d'informatique 734
salle d'interrogatoire 768
salle d'opération 780, 781
salle d'ophtalmologie et d'oto-rhino-laryngologie 779
salle de bains 251, 264, 724, 780
salle de bal 609
salle de classe 727, 734, 735
salle de classe pour élèves en difficultés d'apprentissage 734
salle de commande 657, 669
salle de conférences 509, 718, 730
salle de contrôle 10
salle de contrôle des machines 606
salle de courrier 509
salle de lecture 732
salle de mise en détention 769
salle de musique 734
salle de plâtre 779
salle de prélèvements 781
salle de préparation chirurgicale 780
salle de prière 738
salle de projection 10, 395, 427
salle de quilles 714
salle de rangement du matériel médical 781
salle de réanimation 778
salle de réception 738
salle de rédaction des rapports 768
salle de référence 733
salle de repos des infirmières 781
salle de reprographie 509
salle de réunion 394, 724, 730, 735, 764
salle de réveil 780
salle de sciences 734
salle de séjour 250
salle de soins 781
salle de spectacle 430, 710
salle de stérilisation 780, 781
salle de stockage du combustible neuf 666
salle de stockage du matériel souillé 778, 780
salle de stockage du matériel stérile 778
salle de tir 769
salle de toilettes 250
salle de triage 779
salle de visionnement 733
salle des cartes 604
salle des congrès 718
salle des enseignants 735
salle des gradateurs 490
salle des jurés 728
salle des machines 608, 657, 658
salle des microfilms 732
salle des ordinateurs 763
salle des pas perdus 582
salle des périodiques 733
salle du treuil 649
salle polyvalente 490, 727
salles d'entrevue 728
salles d'expositions permanentes 395
salles d'expositions temporaires 395
salles de réunion 718
salomé 343
salon 250, 608
salon d'attente 724
salon d'honneur 718
salon de coiffure 714
salon des employés 731
salon du personnel 768, 779
salopette 358
salopette à bretelles croisées 369
salopette à dos montant 368
salsifis 189
samarium 684
sambal oelek 201
Samoa 747
samoan 469
sandale 343, 748
sandalette 344
Sandow® 902, 903
sandre 220
sang désoxygéné 162
sang oxygéné 162
sang, composition 162
sangle 555, 765, 821, 824, 851, 855, 856, 869, 899, 900
sangle d'amortissement 772
sangle de brancard 857
sangle de compression 906
sangle de fermeture 906
sangle de nuque 772
sangle élastique 389
sangle serre-vêtements 389
sangle sous-cutale 611
sangle sous-ventrière 855, 857
sanglier 128
sanglon 855
sanguine 423
santé 775
São Tomé-et-Príncipe 745
sapeur-pompier 765
saphir 375
sapin 89
sapotille 197
sarcloir 326
sardine 219
sarment 86
sarrasin 85, 203
sarrasin : grappe 85
sarriette 202
sas 416, 597
sas d'accès arrière 763
sas du bâtiment du réacteur 668
sas du laboratoire 23
sas pour équipement 666
sas pressurisé 543
sash 846
satellite 24, 486
satellite à défilement 60
satellite artificiel 53
satellite de télécommunications 525
satellite géostationnaire 60
satellite météorologique 54
satellite Radarsat 40
satellites 4
satellites de télécommunications 486
satellites météorologiques 60
satin 463
Saturn V 24
Saturne 4, 5
sauce aux prunes 201
sauce hoisin 200
sauce soja 200
sauce soya 200
sauce Tabasco® 200
sauce Worcestershire 200
saucière 226
saucisse de Francfort 216
saucisse de Toulouse 216
saucisson kielbasa 216
sauge 202
saule pleureur 88
saumon d'aile 898
saumon de l'Atlantique 221
saumon du Pacifique 221
saupoudreuse 232
saut à la perche 790, 792
saut à ski 891
saut d'obstacle 852
saut en hauteur 791, 792
saut en longueur 790, 793
saut périlleux avant avec tire-bouchon 829
sauterelle 646, 647
sauteur 891, 896
sauteuse 235
sautoir 374
sautoir, longueur opéra 374
sauts 792
sauts multiples 875
sauts, exemples 881
savane 61, 66
savon de toilette 379
saxhorn 447
saxophone 446
scandium 683
scanneur 517
scanneur à hyperfréquences 60
scanneur de radiations terrestres 60
scaphandre spatial 20
scaphoïde 154, 155, 156
scapulaire 115
scarole 186
scellement, matériau 689
scène 402, 430, 431
schéma de la circulation 161
schéma du principe du tissage 463
schisme d'Orient 736
schnauzer 130
Schwann, gaine 168
scie à chantourner 303
scie à grecquer 424
scie à guichet 303
scie à métaux 303, 314
scie à onglet électrique 304
scie à onglet manuelle 303
scie circulaire 304
scie d'élagage 330
scie de camping 907
scie égoïne 303
scie sauteuse 305
science 680
scion 909
scissure oblique 163
sclérotique 177
scooter 577
scooter de mer 876
score 789
score doublé 918
score triplé 918
Scorpion 10
scorpion 102
scorsonère 189
scotie 404, 405
scripte 429
scrotum 146, 169
sculpture 395, 401, 640
sculpture sur bois 401
sculpture sur bois, étapes 401
sculptures 560, 561
seaborgium 683
seau 295
seau isotherme 240
sébaste 221
sébile de remboursement 507
sécateur 330
séchage 347
sèche-cheveux 382
sèche-linge électrique 293
sécher à plat 347
sécher par culbutage à basse température 347
sécher par culbutage à moyenne température 347
sécheuse 293
séchoir à tuyaux 764
séchoir d'épreuves 485
second arbitre 812, 813
second assistant cadreur 428
second renfort 753
seconde 434, 702, 704, 849
secondeur extérieur droit 806
secondeur extérieur gauche 806
secondeur intérieur 806
seconds violons 437
secrétaire 279, 814
secrétaire de direction 509
secrétaire du président 509
secrétaires 827
secrétariat 731, 735
secteur 704
secteur des civières 778
secteur maintenance 489
section articulée 569
section de conduit 257
section de l'identité 768
section des monographies 732
section raffinerie 652
section tubulaire 652
sécurité 764
segment 559, 566
segment abdominal 97
segment de loin 385
segment de près 385
seiche 217
seigle 85, 203
seigle : épi 85
sein 146, 148, 171
séisme 43
seizième de soupir 435
séjour 902
sel 847
sel fin 201
sel marin 201
sélecteur 261
sélecteur d'entrée 497
sélecteur d'inclinaison de la lame 305
sélecteur de bandes 499
sélecteur de canaux 505
sélecteur de contrôle audio 491
sélecteur de contrôle vidéo 491
sélecteur de coupe 383
sélecteur de fonctions 476
sélecteur de hauteur 289
sélecteur de micro 441
sélecteur de mise au point 496
sélecteur de mode sonore 497
sélecteur de niveau d'eau 292
sélecteur de points 452
sélecteur de programme 450
sélecteur de régime 332
sélecteur de rythme 451
sélecteur de stations 498, 503, 504
sélecteur de température 238, 292, 293, 382
sélecteur de vitesse 236, 237, 305, 382, 500
sélecteur de vitesse de rotation 306
sélecteur de vitesses 575, 576, 577
sélecteur de voix 451
sélecteur quadridirectionnel 477
sélecteur télé/vidéo 495
sélecteur vidéo auxiliaire 491
sélecteurs de fonctions 506
sélecteurs de mode 504
sélection des canaux 495
sélénium 682
selle 577, 578, 826, 851, 853, 855, 856, 858, 876
selle biplace 575
selle conducteur 577
selle de rail 590
selle passager 577
sellette 401, 857, 897
sellette d'attelage 570
sémaphore 583
semelle 252, 253, 288, 304, 305, 309, 345, 351, 840, 868, 881, 888, 889
semelle antidérapante 369
semelle d'usure 342, 371
semelle de chargeur 754
semelle du battant 460
semelle intercalaire 370
semelle pivotante 312
semence 301
semi-lunaire 154, 156
semi-métaux (métalloïdes) 682
semi-rectangulaire 904
semi-remorque 570, 571
semi-remorque à copeaux 572
semi-remorque à grumes 572
semi-remorque benne 572
semi-remorque bétaillère surbaissée 572
semi-remorque citerne 572
semi-remorque fourgon 572
semi-remorque frigorifique 572
semi-remorque plateau 571
semi-remorque porte-conteneur 572
semi-remorque porte-engins surbaissée 572
semi-remorque porte-véhicules 572
semoir à main 324
semoir en lignes 643
semoule 204
Sénégal 34, 745
senestre 740
sens de déplacement des électrons 687, 689
sensibilité du film 476, 479
sep 641
sépale 80, 82, 83
séparateur 562, 606, 646, 668, 689
séparateur d'eau 648
séparateur de gaz 652
séparateur électrolytique 689
séparateur liquide/gaz 562
séparation magnétique 71
séparation papier/carton 71
séparation-classeur 386
septième 434
septime 849
septum interventriculaire 162
septum lucidum 167
séquence 914
séquence de manipulation du combustible 666
séquenceur 450
sérac 46
serbo-croate 469
serfouette 326
sergé 463
seringue 776
seringue pour lavage de cavités 776
serpe 330
Serpent 11, 13
serpent 112
serpent à sonnette 114
serpent corail 114
serpent venimeux : tête, squelette 112
serpent venimeux, anatomie 112
serpent venimeux, morphologie 112
serpentin 290, 899
serpentin de l'évaporateur 261
serpentin du condenseur 261
serpette 330
serré 472
serre 117, 182
serre-joint 303, 312, 462
serre-joint à tuyau 312
serre-livres 535
serre-poignet 822
serre-tête 502, 504, 772, 773
serre-tête antibruit 772
serrure 247, 248, 278, 291, 387, 389, 554
serrure à clé 386
serrure à combinaison 386
serrure à mortaiser 249
serrure de porte 551
serrure tubulaire 248
sertissage 912
sertissure 376
serveur 522, 523, 524, 525, 721, 816, 819, 821
serveur d'accès 525
serveur de fichiers 523
service 812, 820
service à fondue 234
service à la clientèle 731
service d'entretien 548
service de colis 582
service de sécurité 719
services d'assurance 730
services de crédit 730
services financiers 730
services sociaux 781
services techniques 732
serviette 386
serviette de toilette 379
serviettes 722
servofrein 552, 559
servomoteur 759
seuil 247

seuil de déversoir 657
Sextant 11
sextant 612
sextuor 438
Seychelles 746
shampooing 379
shekel 728
shiitake 183
shinai 847
shintoïsme 736
short 358, 369, 791, 801, 802, 805, 810
short boxeur 371
short de boxe 842
si 434
siamois 133
siège 265, 268, 276, 277, 281, 333, 464, 555, 783, 839, 855, 857, 885, 898
siège coulissant 838, 851
siège de l'ambulancier 775
siège de sécurité pour enfant 558
siège de vélo pour enfant 580
siège double 594
siège du barreur 838
siège du commandant 626
siège du copilote 626
siège du rabbin 738
siège éjectable 760
siège réglable 584
siège simple 594
siège-baquet : vue de face 555
siège-baquet : vue de profil 555
sièges 277
Sierra Leone 745
sifflet 240
signal de position d'aiguille 590
signal lumineux 436
signal sonore 436
signalisation lumineuse 545, 547
signalisation maritime 614
signalisation routière 544
signature du titulaire 729
signature officielle 729
signes de ponctuation 473
signes diacritiques 473
silencieux 649
silex 752
silicium 682
silique, coupe 84
sill 44
sillet 439, 440, 441
sillon 176
sillon antérieur 173
sillon concentrique 500
sillon de départ 500
sillon de sortie 500
sillon médian 176
sillon naso-labial 175
sillon terminal 176
silo de chargement 648
silo-couloir 182
silo-tour 182
silos 596
Silurien 92
simulateur d'escalier 851
Singapour 747
sinople 741
sinus 336
sinus frontal 175
sinus latéral inférieur 86
sinus latéral supérieur 86
sinus pétiolaire 86
sinus sphénoïdal 175
siphon 262, 265, 269, 270
sirop antitussif 783
sirop d'érable 209
sirop de maïs 209
sismogramme 43
sismographe horizontal 43
sismographe vertical 43
sismographes 43
sistre 449
site d'enfouissement 69
site de saut 890
sixain 919
sixte 434, 849
skeleton 885
ski 876, 888
ski acrobatique 890
ski alpin 888
ski de descente/super-G 888
ski de figure 840
ski de fond 892
ski de grand slalom 888
ski de saut 891
ski de slalom 840, 888
ski de vitesse 891
ski nautique 840
skieur alpin 888
skieur de fond 892
skieur de vitesse 891
skiff 839
skimmer 246
skimmer 246
skip 650
skis de saut 840
skis de tourisme 840
skis, exemples 840, 888
slalom géant 889
slalom spécial 889
slip 367
slip de bain 371
slip ouvert 351
slovaque 469
Slovaquie 744
slovène 469
Slovénie 744
smash 813, 821
smilodon 93
smog 69
snooker 863
soc 641
société 708
socle 43, 58, 236, 239, 240, 256, 273, 286, 307, 425, 500, 516, 517, 676, 685, 697, 698
socle fixe 312
socle rembourré 811
socle-chargeur 288
socque 344
socquette 365
sodium 682
sœur 785
softball 797
soie 227, 229, 309, 315, 383, 909
soies 320
soigneur 811, 842
soins de la pelouse 332
soins du corps 379
soja, germes 191
soja, graine 191
sol 70, 434, 661
sol naturel 538
solarium 607
sole 127, 221
soléaire 150
Soleil 4, 6, 7, 54
Soleil, éclipse 6
Soleil, structure 6
soleret 749
solide 680, 681
solide amorphe 680
solidification 680
solin 257
solive 254
solive de plafond 252
solive de plancher 252, 253
solive de rive 252, 253
solstice d'été 54
solstice d'hiver 54
solution multifonctions 384
Somalie 745
sommaire 471
sommation 703
sommelier 720
sommet 45, 886
sommier 413, 442, 445
sommier tapissier 280
sonar 41
sonar de coque 762
sondage en altitude 59
sonde 613
sonde spatiale 18, 53
sonde thermique 238
sondes spatiales, exemples 19
sondeur à éclats 613
sonnerie de passage à niveau 591
sonnette 112
sorbetière 240
sore 76
sorgho 85
sorgho : panicule 85
sortie 100, 539
sortie d'air chaud 256, 258, 564
sortie d'eau chaude 259
sortie de l'eau de refroidissement du condenseur 669
sortie de la vapeur 670, 671
sortie de la vapeur des séparateurs 668
sortie de piste 621
sortie de piste à grande vitesse 618
sortie des billets 730
sortie des originaux 508
sortie des tickets 548
sortie du caloporteur 672
sortie du reflux du condenseur 669
sortie S-Video 526
soubassement 278, 412
souche 87
soudage : outils 318
soudage à l'arc 318
soudage oxyacétylénique 319
Soudan 745
soudure 318
soufflante 627, 670
soufflerie 445
soufflet 386, 388, 432, 445, 485
souffleuse 642
souffleuse à neige 573
souffleuse de fourrage 643
soufre 683
soulier à la poulaine 339
soulier à talon 339
soupape 234, 445, 649
soupape à air 320
soupape à pression et dépression 655
soupape d'admission 564, 566, 899
soupape d'arrivée d'air 398
soupape d'échappement 564, 566
soupape d'évacuation 447, 777
soupape de gonflage 841
soupape de purge 841
soupape de réglage du fluide 320
soupape de sûreté 259, 266, 267, 665
soupape expiratoire 773
soupape inspiratoire 773
soupe 722
soupière 226
soupir 435
source 48
source alimentaire fondamentale 67
source d'énergie 41
source de courant 687
sourcils 132
sourdine 447
souris à roulette 516
souris mécanique 516
souris optique 516
souris sans fil 516
sous-couche 254
sous-épineux 151
sous-fondation 538
sous-gorge 854
sous-main 511
sous-marin nucléaire 763
sous-pied 358
sous-plancher 252, 253, 254
sous-sol 78, 250, 407, 713
sous-titre 471
sous-ventrière 853
sous-vêtement 872
sous-vêtements 351, 366
sous-vêtements d'hommes 716
soustraction 529, 703
soustraction en mémoire 529
soute 22
soute à bagages 568, 605, 631
soute à eau 586
soute d'équipement technique 489
soute des bobines de câbles 489
soutien informatique 509
soutien-gorge 367
soutien-gorge balconnet 367
soutien-gorge corbeille 367
spadice 81
spaghetti 206
spaghettini 206
spatule 233, 397, 421, 840, 887, 888, 892
spatulée 79
spécifications techniques 560
spectre électromagnétique 690
spectromètre 694
spectromètre à ultraviolet 60
spencer 358
spermathèque 104
spermatozoïde 169
spermiducte 104
sphaigne squarreuse 75
sphénoïde 158
sphère 705
sphère céleste 13
sphère d'hélium 25
sphère de verre 58
sphère terrestre 13
sphincter anal 164
spicule 6
spiral 696
spirale 103, 302, 484
spirale centrale 103
spiruline 183
splénius de la tête 151
spores 76
sports nautiques 827
sports 788
sports à roulettes 894
sports aériens 896
sports aquatiques 827
sports d'hiver 877
sports de balle 794
sports de ballon 794
sports de combat 842
sports de force 850
sports de montagne 900
sports de précision 859
sports de raquette 815
sports équestres 852
sports gymniques 823
sports motorisés 872
spot 287
spot à pince 286
squash 819
squelette 152
squelette de l'oiseau 116
squelette de la chauve-souris 141
squelette de la grenouille 111
squelette de la taupe 121
squelette du cheval 126
squelette du chien 131
squelette du dauphin 136
squelette du gorille 138
squelette du kangourou 142
squelette du rat 122
squelette du serpent venimeux : tête 112
Sri Lanka 747
stabilisateur 625, 631, 634, 638, 760, 766, 859, 876, 898
stabilisateur à triple plan vertical 629
stabilisateur de roulis 608
stabilo 896, 897
stade 709, 788, 790
stade de baseball 788
stade nautique 788
stalactite 47
stalagmite 47
stalle de départ 856
stand d'exposition 719
stand de tir 788
stand de tir à l'arc 788
stands 872, 874
Stardust 19
statif 685
station d'accueil 527
station de métro 592, 710
station de pompage 654
station de pompage intermédiaire 654
station de pompage principale 654
station de ski 886
station locale 486
station météorologique 58
station météorologique d'aéronef 54
station météorologique océanique 54
station météorologique sur bouée 54
station météorologique, disposition des informations 55
station spatiale internationale 21
station terrestre 54
station terrestre de télécommunications 525
station-relais 486
station-relais à micro-ondes 524
station-service 548, 711
stationata 852
stationnement 583, 596, 708, 713, 735, 866, 886
stator 249, 659
stators extérieurs 627
stators intérieurs 627
statue 737
steeple 790
steppe 61
sterne 118
sterno-cléido-mastoïdien 150
sternum 111, 116, 121, 122, 126, 131, 141, 142, 152
stéthoscope 776
stigmate 80, 84, 96, 97
stilton 211
stimulateur de gencives 384
stipule 79
stockage des missiles 762
stola 336
stop 130
stoppeur 803
store à enroulement automatique 285, 558
store à enroulement manuel 285
store bateau 285
store romain 285
store vénitien 285
stores 285
strato-cumulus 56, 62
stratopause 53
stratosphère 53
stratus 56, 62
stroboscope 611
stromatolite 92
strontium 682
structure 249, 538
structure anti-tonneau 873
structure artificielle d'escalade 900
structure d'un arbre 87
structure d'un champignon 76
structure d'un lichen 74
structure d'un missile 759
structure d'un os long 154
structure d'une algue 75
structure d'une feuille 79
structure d'une fleur 80
structure d'une fougère 76
structure d'une maison 250
structure d'une mousse 75
structure d'une plante 77
structure de l'oreille 174
structure de la biosphère 66
structure de la moelle épinière 167
structure de la Terre 42
structure de lancement multiple 24
structure du Soleil 6
structure du support 40
structure du tissu 455
structure en treillis 21
structure métallique 582
structure tubulaire 615
studio 488
studio, radio 488
style 80, 81, 82, 83, 84, 696
styles d'architecture 404
stylet 470, 517, 527, 751
stylo-bille 470
stylo-plume 470
stylobate 403, 404
subarctique 61
subduction 43
sublimation 680
substance blanche 167, 168
substance corticale 165
substance grise 167, 168
substance médullaire 165
substratum imperméable 646
subtropical humide 61
suceur à tapis et planchers 289
suceur plat 289
suceur triangulaire à tissus 289
sucre 209
sucre candi 209
sucre glace 209
sucre granulé 209
sucrier 226
Sud 37
sud 616, 917
Sud Est 37
Sud Ouest 37
Sud Sud-Est 37
Sud Sud-Ouest 37
sud-est 616
sud-ouest 616
Suède 744
suédois 469
Suisse 744
suiveur stellaire 18
sulky 857
sumac 199
sumo 847
sumotori 847
sunnisme 736
super-géant 889
supergéante 8
supermarché 180, 711, 715
supernova 8
superposition d'originaux 512
superstructure 615
supplément en couleurs 471
supplément littéraire 471
support 59, 234, 274, 284, 285, 381, 448, 461, 483, 632, 815
support à bagages 876
support à tuyau 764
support ajustable 511
support d'entrave 857
support d'extrémité 284
support de fixation 15, 284, 286
support de lisse 591
support de main 433

support de panneau 811
support de plafond 284
support de plaquette 385
support de pouce 446
support de sphère 58
support de tension 457
support du filament 274
support du rouleau 460
support mural 284
support pour bouteille d'oxygène 775
support-papier 528
supports 400
suppression 515
surbaissé 413
surcot 337
surf 840
surf acrobatique 887
surf alpin 887
surf des neiges 887
surface absorbante 675
surface centrale de lutte 843
surface d'affichage 535
surface de but 802, 814
surface de coin 803
surface de combat 844, 845
surface de cuisson 239, 290
surface de frappe 797
surface de jeu 815, 864
surface de l'eau 615, 828
surface de la glace 877
surface de la peau 172
surface de protection 843
surface de réparation 802
surface de résine 501
surface de sécurité 844
surface dure (ciment) 822
surface encrée 420
surface gravée 500
surface mouillée 420
surface pressée 501
surface réfléchissante 674
surface verticale 894
surfaces 704
surfaces de jeu 822
surfeur 840, 887
surfusion 680
surhaussé 413
surimpression 476
Suriname 742
surliure 908
suroît 341
surpiqûre 342, 350, 368, 370
surtitre 471
survêtement 370
suspendre pour sécher 347
suspendre pour sécher sans essorer 347
suspension 286, 594
suspension arrière 870
suspente 540
suspentes 896, 897
suspentes de nacelle 899
suture 84
suture coronale 158
suture lambdoïde 158
suture squameuse 158
swahili 468
Swaziland 746
symbole 682, 920
symboles d'entretien des tissus 347
symboles d'usage courant 725
symboles de chimie 684
symboles de sécurité 774
symboles divers 473
symboles météorologiques internationaux 56
symboles scientifiques usuels 702
symboles, cartes 914
symboles, protection 774
symphyse pubienne 169, 170
synagogue 738
synapse 168
synsacrum 116
synthèse additive 690
synthèse des couleurs 690
synthèse soustractive 690
synthétiseur 450
syntoniseur 498
système à deux poulies 686
système audio 556
système d'alimentation en essence 553
système d'échappement 553
système de balisage maritime 616
système de chronométrage électronique 883
système de climatisation 68, 489
système de contrôle de la barre de signalisation 771
système de direction 553
système de fixation 649
système de freinage 553
système de freinage antiblocage 559
système de jeux vidéo 918
système de lentilles 692
système de lubrification 586
système de pointage fin 17
système de refroidissement 553
système de remplissage et de vidange 597
système de retenue à sacs gonflables 556
système de suspension 553
système de transmission 553
système de verrouillage 289
système électrique 553
système filtre 390
système hydraulique 632
système international d'unités 702
système nerveux 166
système nerveux central 167
système nerveux périphérique 166
système racinaire 77, 86
système radar 760
système rotary 651
système routier 538
système solaire 4
systèmes automobiles 553

T

T central 858
T.G.V. 585
tabac 390
tabagie 714
tabernacle 737
Table 10
table 278, 304, 374, 421, 423, 424, 723, 815, 862, 891
table à abattants 278
table à dessin 399
table à langer 281
table à rallonges 278
table chaude 721
table d'alimentation 643
table d'harmonie 439, 440, 442
table d'imprimante 511
table d'opération 780
table d'ordinateur 511
table de chevet 724, 780
table de communion 737
table de cuisson 224
table de lecture 738
table de lit 780
table de production 491
table de rotation 651
table de roulement 590
table de roulette 919
table de service 720
table de travail 290
table des greffiers 728
table des résultats 828
table du sommier 445
table pour la vaisselle propre 721
table pour la vaisselle sale 721
tableau indicateur 831
tableau 395, 734
tableau américain des mises 919
tableau d'affichage 535, 734, 822, 844, 846
tableau d'affichage des expositions 394
tableau d'affichage des vols 621
tableau de bord 556, 574, 576
tableau de classement général 824
tableau de commande 238, 261, 290, 292, 293, 294, 512
tableau de commande 239
tableau de commandes 694
tableau de manœuvre 417
tableau de pointage 825
tableau de tournoi 789
tableau des handicaps 858
tableau des scores 918
tableau du souvenir 738
tableau français des mises 919
tableau horaire 582
tableau indicateur 789, 790, 839
tableau indicateur 856
tableau marqueur 865
tableau périodique des éléments 682
tables gigognes 278
tables, exemples 278
tablette 256, 279, 321
tablette de verre 291
tablette graphique 517
tablette porte-outil 321
tablier 540, 577, 632, 643, 842
tablier-blouse 359
tablinum 406
tabloïd 471
tabouret 224, 277, 722, 842
tabouret de bar 720
tabouret-bar 277
tabouret-escabeau 321
tabulateur 528
tabulateur décimal 528
tabulation à droite 514
tabulation à gauche 514
tache 6
tache jaune 177
tachymètre 576
Tadjikistan 746
tagalog 469
tagliatelle aux épinards 206
tahini 200
tahitien 469
taie d'oreiller 280
taillant 648
taille 147, 149
taille baguette 375
taille brillant 375
taille cabochon 375
taille d'un diamant 374
taille des pierres 375
taille émeraude 375
taille en ciseaux 375
taille en escalier 375
taille en goutte 375
taille en poire 375
taille en rose 375
taille en table 375
taille française 375
taille huit facettes 375
taille marquise 375
taille ovale 375
taille-bordures 332
taille-crayon 534
taille-haies 331
tailleur 355
tailleurs 716
tajine 234
talkie-walkie 505, 770
Talmud 736
taloche 315
talon 127, 147, 149, 229, 303, 309, 342, 351, 370, 385, 390, 439, 440, 453, 456, 560, 641, 797, 816, 822, 863, 868, 880, 881, 887, 888, 892, 909, 910
talon d'appui 236, 288
talonnette de dessus 342
talonneur 804
talonnière 840, 889, 892
talus 538
talus continental 49
tam-tam 448
tamarillo 196
tamarin 139
tambour 230, 285, 293, 404, 459, 559, 612, 697, 700, 909, 910
tambour d'aisselle 433
tambour d'entraînement 476
tambour de basque 449
tambourin 341
tamia 123
tamis 231, 816, 822, 893
tamis à farine 232
tamis vibrant 651
tampon 422
tampon encreur 531
tandem 359, 581
tangage 630
tantale 683
tante maternelle 785
tante paternelle 785
taon 101
tapis 254, 842, 844, 862, 864
tapis amont 660
tapis antidérapant 893
tapis de plancher 558
tapis de réception 824
tapis de selle 853, 856
tapis de sol cousu 902, 903
tapis de souris 516
tapis drainant 660
tapis roulant 620
taquet 834, 835
taquet coinceur 835
taquet d'amarrage 597
taquet de verrouillage 521
tare 847
tarière motorisée 323
tarlatane 422
taro 184
tarse 96, 98, 111, 115, 122, 126, 131, 138, 141, 142, 155, 156
tarso-métatarse 116
Tasmanie 29
tasse 905, 906
tasse à café 226
tasse à mesurer 231
tasse à thé 226
tassergal 220
tassette 749
tatami 846
taupe 121
taupe, morphologie 121
taupe, squelette 121
Taureau 12
Tchad 745
tchèque 469
té 269, 867
té de base 257
technétium 683
technicien aiguilleur 489, 490
technique de saut 891
technique du lancer 864
techniques 812
tectrice primaire 115
tectrice sous-caudale 115
tectrice sus-alaire 115
tectrice sus-caudale 115
teddy 366
tégument 85
tégument de la graine 81
téléavertisseur numérique 505
télécabine 886
télécommande 483, 493, 495
télécommunications par satellite 487
télécopieur 508
télédétection 40
télédétection par satellite 41
télédiffusion par satellite 486
télémanipulateur 21, 22
téléobjectif 478
téléphone public 723
téléphone 724, 725
téléphone portable 506
téléphone public 427, 507, 715, 720, 779
téléport 487
Télescope 10
télescope 15, 17
télescope spatial Hubble 17, 53
télescope, coupe 15
télésiège 886
téléski biplace 886
télésouffleur 492
téléviseur 494, 724, 734
téléviseur grand écran 493
télévision 489
tellure 682
telson 107
témoin 790
témoin d'alimentation 518
témoin d'ouverture de porte 557
témoin de bas niveau de carburant 557
témoin de ceinture de sécurité 557
témoin de charge 557
témoin de clignotants 557, 576
témoin de l'amorce du film 476
témoin de niveau d'huile 557
témoin de phare 576
témoin de position neutre 576
témoin de pression d'huile 576
témoin des feux de route 557
témoin du retardateur 476
témoin lumineux 767
tempe 146
température 261
température ambiante 261
température Celsius, mesure 702
température de l'air 55
température désirée 261
température du point de rosée 55
température thermodynamique, mesure 702
température, mesure 59, 695
tempête de sable ou de poussière 57
tempête tropicale 57
temple aztèque 412
temple de Huitzilopochtli 412
temple de Tlaloc 412
temple grec 403
temple grec, plan 403
templet 424, 461
temporal 152, 158
temps réalisé 831
temps, mesure 696, 702
tenaille 409
tendance barométrique 55
tendeur 826, 902
tendeur de timbre 448
tendon 133
tendu 901
tennis 344, 820
tennis de table 815
tenon 385, 390
tenseur du fascia lata 150
tensiomètre 777
tentacule 106
tentacule oculaire 104
tentacule tactile 104
tente 611
tente canadienne 903
tente deux places 902
tente dôme 903
tente familiale 902
tente grange 902
tente igloo 903
tente individuelle 903
tente intérieure 902, 903
tente rectangulaire 902
tente-caravane 567
tentes, exemples 902
tentoir 460
tenue d'exercice 369, 370
tenue d'intervention 764
terbium 684
térébenthine 400
termes familiers 82, 83
terminaison nerveuse 172
terminal à céréales 596
terminal à conteneurs 596, 708
terminal de paiement électronique 181, 731
terminal de télécommunication 507
terminal de vrac 596
terminal numérique 493
terminal pétrolier 596
terminateur 522
termite 101
terrain 794, 799, 801, 802, 804, 809, 810, 812, 813, 814, 816, 858, 864, 916
terrain de fondation 660
terrain de football 788
terrain de football américain 806
terrain de football canadien 809
terrain de golf 708, 788
terrain de hockey sur gazon 788
terrain de jeu 920
terrain naturel 647
terrasse 244, 322, 621
terrasse extérieure 609
terrassement 538
Terre 4, 5, 6, 7, 28
terre battue 822
Terre de Baffin 30
Terre de Feu 31
Terre de la Reine-Maud 29
Terre de Wilkes 29
Terre Marie-Byrd 29
Terre, structure 42
terre-plein 409, 712
terre-plein central 539
terres rares 684
terril 647, 648
terrine 234
Tertiaire 93
tertre de départ 866, 867
testicule 110, 169
testicules 107
têtard 111
tête 8, 96, 97, 99, 104, 115, 132, 140, 147, 149, 161, 169, 301, 302, 308, 311, 383, 384, 390, 391, 425, 439, 440, 441, 452, 457, 458, 516, 663, 757, 793, 800, 816, 822, 858, 863, 867, 893, 901, 909
tête à sens unique 302
tête amont 597
tête aval 597
tête avant du cylindre récupérateur 756
tête basculante 236
tête bombée 302
tête creuse 302
tête cruciforme 302
tête d'attelage 567, 586, 587, 640, 641, 642
tête d'impression 528
tête d'injection 651
tête de coupe 319, 535
tête de dormant 249
tête de frappe 301
tête de gondole 181
tête de l'humérus 153
tête de lecture 500

tête de lecture/écriture 521
tête de lit 280, 281
tête de marteau 901
tête de mât 836
tête de métal 793
tête de projection 535
tête de puits 649, 654
tête de ramassage 18
tête de rotor 631
tête de scion 909
tête diffusante 479
tête du fémur 153
tête du vérin de levage 632
tête en liège 817
tête flottante 383
tête froncée 283
tête panoramique 482
tête plate 302
tête plissée 283
tête ronde 302
tête, chauve-souris 140
tête, oiseau 115
tête, protection 772, 774
têtes, exemples 283, 302
Téthys 5
têtière 248, 249, 854
texte 528
thaï 468
Thaïlande 747
thalle 74, 75
thallium 682
thé 208
thé en sachet 208
thé noir 208
thé oolong 208
thé vert 208
théâtre 711
théâtre grec 402
théière 226
théodolite 59, 701
thermocontact 561
thermomètre 655, 695, 841, 899
thermomètre à maxima 59
thermomètre à mercure 777
thermomètre à mesure instantanée 231
thermomètre à minima 59
thermomètre à sucre 231
thermomètre à viande 231
thermomètre bimétallique 695
thermomètre de four 231
thermomètre médical 695
thermomètre numérique 777
thermomètres médicaux 777
thermopause 53
thermosphère 53
thermostat 238, 260, 261, 267, 291
thermostat d'ambiance 261
thermostat inférieur 266
thermostat programmable 261
thermostat réglable 239
thermostat supérieur 266
thon 220
thorax 96, 97, 98, 146, 148
thorium 684
thulium 684
thym 202
tibétain 468
tibia 96, 98, 111, 115, 122, 126, 131, 138, 140, 141, 142, 152, 155, 156
tibio-tarse 116
tierce 434, 849
tierceron 410
tige 75, 77, 78, 185, 241, 261, 268, 301, 302, 384, 390, 391, 436, 453, 456, 457, 461, 685, 695, 697, 881, 889, 892
tige carrée d'entraînement 651
tige de carbone (cathode) 689
tige de forage 651
tige de manœuvre 755
tige de pendule 436
tige de selle 578
tige du poil 172
tige filetée 311
tige pour col 376
tigre 135
tilde 473
tilleul 208
timbale 448
timbales 437
timbre 390, 749
timbre caoutchouc 531
timbre dateur 531
timbre-poste 474
timon 567, 642
timonerie 606
tipi 418
tique 102
tir à l'arc 859
tir à la carabine 861
tir au fusil 860
tir au pistolet 861
tirant 448, 634
tirant de registre 445
tirant de réglage 348
tirant des cordes 842
tire-bouchon 905
tire-bouchon à levier 230
tire-bouchon de sommelier 230
tire-bourre 752
tire-joint 315
tire-racine 325
tire-veille 836
tiret 473
tirette 453, 459
tireur 860
tireur au but 809
tiroir 224, 278, 279, 281, 290
tiroir de fichier 533
tisanes 208
tisonnier 257
tissage 460
tissage, accessoires 462
tissage, schéma de principe 463
tissu adipeux 171, 172
tissu brodé 459
tissu conjonctif 172
tissu du vêtement 455
tissu, structure 455
tissus de soutien 455
Titan 5
Titan IV 24
titane 683
Titania 5
titre 471
titre de propriété 915
titre du journal 471
titres et horaires des films 427
toge 336
Togo 745
toile 285, 391, 400, 463, 483
toile d'araignée 103
toile de fond 430
toile de saut 823
toilette 251, 262, 264, 265, 724, 780
toilettes 395, 584, 715, 719, 720, 723, 728, 731, 733, 735, 779, 781
toilettes des officiers 764
toilettes des pompiers 764
toilettes du personnel 768
toilettes femmes 427, 509, 724
toilettes hommes 427, 509, 724
toilettes pour dames 725
toilettes pour hommes 725
toit 100, 245, 257, 412, 567, 635
toit à deux croupes 414
toit à l'impériale 414
toit à la Mansard 414
toit à pignon 414
toit à quatre versants 415
toit à tourelle à pans 415
toit avec lanterneau 414
toit cathédrale 251
toit de la couche 647
toit de protection 632
toit en appentis 414
toit en carène 414
toit en coupole 415
toit en dôme 415
toit en flèche 415
toit en pavillon 415
toit en pente 414
toit en poivrière 415
toit en rotonde 415
toit en shed 414
toit flottant 655
toit imperméable 646
toit ouvrant 551
toit plat 414
toiture 100
tôle pare-gouttes 655
tomate 188
tomate en grappe 188
tomatille 188
tombant 362
tombolo 51
ton de mât 602
tondeuse 381, 383
tondeuse à moteur 332
tondeuse autoportée 333
tondeuse mécanique 332
tong 344
Tonga 747
topaze 375
topinambour 184
toque 341
torche 652
torchon 295
tore 404, 405, 705
tornade 57, 63
tornade marine 63
toron 908
torpille 763
torrent 45
torsade 306
tortellini 206
tortilla 205
tortue 113
tortue, anatomie 113
tortue, morphologie 113
total partiel 529
totalisateur journalier 557
Toucan 10
toucan 119
touche 432, 439, 441, 442, 443, 445, 813
touche alternative 514
touche d'affichage de titre 496
touche d'affichage des indicateurs 496
touche d'affichage des réglages 477
touche d'annulation 519
touche d'appel 505, 506
touche d'arrêt du défilement 515
touche d'échappement 514
touche d'effacement 515
touche d'effacement 477
touche d'éjection 918
touche d'enregistrement 496
touche d'impression de l'écran/d'appel système 515
touche d'index/agrandissement 477
touche d'insertion 515
touche de composition automatique 508
touche de confirmation 731
touche de contrôle 505, 514
touche de correction 456, 508
touche de courriel 514
touche de décimale 529
touche de défilement 505
touche de démarrage 514
touche de déplacement 261
touche de double zéro 529
touche de fin d'appel 506
touche de l'heure 496
touche de la date 496
touche de lecture 505
touche de luminosité 505
touche de menu 505
touche de modulation 497, 498
touche de pause/d'interruption 515
touche de pédalier 444
touche de préférence 261
touche de présélection 497, 498
touche de raccord d'enregistrement 496
touche de résultat 529
touche de retour 515
touche de saut d'images 477
touche de sélection 505, 506
touche de sélection d'entrée 497
touche de sélection des menus 477
touche de sélection du magnétophone 497
touche de sélection du mode FM 497
touche de suppression 515
touche de tabulation 514
touche de verrouillage 505
touche de verrouillage des majuscules 514
touche de verrouillage numérique 515
touche de visualisation des images 477
touche début 515
touche fin 515
touche fixe 700
touche fixe-majuscules 528
touche majuscule 514
touche mémoire 497, 498, 501
touche mobile 700
touche multifonctionnelle 529
touche numérique 529
touche page précédente 515
touche page suivante 515
touche plus-égalité 529
touche-majuscules 528
toucher 172
touches d'action 918
touches d'effets spéciaux 496
touches d'opérations 730, 731
touches de commande 507
touches de déplacement du curseur 515, 529
touches de fonction 514
touches de fonctions 507, 699
touches de fonctions programmables 731
touches de réglage de l'image 496
touches de répétition 501
touches de sélection des enceintes 497
touches de sélection des stations 497
touches de variation 456
touches directionnelles 918
touches Internet 514
toundra 61, 66
toupet 124
toupie 237, 308
tour 410, 614, 634, 674, 676, 677, 858
Tour 916
tour à bureaux 713
tour d'angle 408
tour d'émission 486
tour d'extraction 649, 650
tour d'habitation 419
tour de contrôle 618, 761
tour de flanquement 408
tour de forage 604, 651, 652, 654
tour de fractionnement 656
tour de guidage 542
tour de refroidissement 646
tour de sauvetage 25
tour du plongeoir 828
tour à pied 464
tour de coquille 104
tour de cou 349
tour de spire 105
tour de tête 772
tour embryonnaire 105
tourelle 294, 408, 638, 762, 766
tourelle mobile 758
tourelle porte-objectifs 693
tourillon 753, 863
tourmaline 375
tournage 464
tournant de club-house 856
tournesol 80
tournette 464
tournevis 302, 905
tournevis à spirale 302
tournevis cruciforme 905
tournevis sans fil 302
tourniquet 919
tourniquet d'accès 592
tourniquet de sortie 592
tournure 337
traçage 401
traceur 520
traceur de route 613
trachée 116, 125, 163
traçoir 306
tracteur 570, 623, 637
tracteur à chenilles 636
tracteur agricole 640
tracteur agricole : vue arrière 640
tracteur agricole : vue avant 640
tracteur de piste 622
tracteur routier 570
tracteur-remorqueur 638
traction 630
tractus olfactif 175
tragus 140, 173
train 582
train à grande vitesse 585
train d'atterrissage avant 624, 760
train d'atterrissage principal 625, 760
train de banlieue 583
train routier 570
traîneau 329, 884, 885
traînée 630
traînée lumineuse 7
trait de mise au jeu 806
traitement chimique 656
traitement des données 41, 54
trame 455, 460, 461
trampoline 823
tramway 595
tranchant 227, 229, 382, 454
tranché 740
tranche 729
tranche de gouttière 426
tranche de queue 426
tranche de tête 426
tranchée 647
tranchefile 426
transactions financières 525
transbordeur 596, 608, 621, 623
transept 411
transfert de la chaleur 681
transformateur 259, 287, 658, 663, 668, 674
transformateur principal 585
transformation de l'eau en vapeur 665
transmission 292, 563
transmission de l'image 694
transmission de la chaleur à l'eau 665
transmission des données 41
transmission du mouvement au rotor 662
transmission funiculaire 590
transmission hertzienne 486
transmission par câble aérien 486
transmission par câble sous-marin 487
transmission par câble souterrain 487
transpalette manuelle 633
transpiration 67
transplantoir 325
transport 538
transport aérien 618
transport aérien du courrier 475
transport de l'électricité 663, 665
transport de l'électricité à haute tension 662
transport de l'électricité à haute tension 646, 677
transport de l'énergie à la tension de l'alternateur 662
transport ferroviaire 582
transport maritime 596, 649
transport par taxi 725
transport routier 538, 596
transport vers les usagers 646, 662, 677
transversale pleine 919
trapèze 150, 151, 154, 156, 705, 840, 897
trapèze de figure 840
trapèzes, exemples 840
trapézoïde 154
trappe 407, 430
trappe acoustique 490
travaux 545, 547
travée centrale 540
travée latérale 540
travée levante 542
travers 215
travers-banc 650
traverse 278, 409, 424, 433, 460, 461, 591, 663, 782
traverse arrière 893
traverse avant 893
traverse d'extrémité inférieure 635
traverse d'extrémité supérieure 635
traverse de chargement 607
traverse inférieure 247, 278
traverse intermédiaire 247
traverse médiane 277
traverse supérieure 247, 277, 278
traverse supérieure d'ouvrant 249
traversée 663
traversée de transformateur 657, 658
traversin 280
trèfle 411, 914
treillis 322, 502
treillis de protection 488
tréma 473
trémie 643
trémie de chargement 573
tremplin 246, 826, 891
tremplin de 1 m 828
tremplin de 3 m 828
tremplin pour sauts droits 890
tremplin pour sauts périlleux 890
tremplins 890
trench 352
trépan 651
trépied 14, 436, 448, 482, 483, 489
trépied de caméra 492
trépied de perche 492
trépointe 342
tréteau 278
treuil 417, 573
treuil d'amarrage 607
treuil de forage 651
treuil de levage 634
tri des métaux 71
tri du papier/carton 71
tri du plastique 71
tri du verre 71
tri manuel 71
tri optique 71
tri primaire 474
tri sélectif des déchets 71
Triangle 12
triangle 437, 449, 705, 863
Triangle austral 10
Trias 93
tribord 609, 616, 617
tribunal 728
tribune 471, 788, 874
tribune des entraîneurs 891
tribune des juges 856, 890, 891

tribune du public 856
triceps brachial 151
tricératops 93
triclinium 406
tricorne 339
tricot 457
tricots 354
tricots d'hommes 717
tricots de femmes 716
tricycle d'enfant 581
trifoliée 79
triglyphe 404
trille 435
trilobé 413
trilobite 92
trimaran 835
tringle 561
tringle d'écartement 590
tringle de commande 590
tringle de pédale 442
tringle de tension 448
tringle double 284
tringle extensible 284
tringle métallique 533
tringle simple 284
tringle-barre 284
tringle-rail 284
tringles 284
Trinité-et-Tobago 743
trio 438
tripe 390
tripes 212
triple croche 435
triple saut 790, 793, 875
triple saut périlleux et demi avant groupé 829
triplure 455
tripode de stabilisation 623
trirème 598
triticale 203
Triton 5
triton 111
trochanter 96, 98
trois-portes 549
troisième but 794
troisième étage 25
troisième ligne 804
troisième phalange 126
troisième-but 794
trombe marine 63
trombone 447
trombones 437, 534
trompe 96, 611
trompe d'Eustache 174, 175
trompe de Fallope 170
trompe utérine, ampoule 171
trompes de Fallope 171
trompette 447
trompettes 437
tronc 76, 86, 87, 110, 147, 149
tronc cœliaque 161, 165
tronc, coupe transversale 87
tronçon 663
tronçon rigide arrière 569
tronçon rigide avant 569
tronçonneuse 331
trop-plein 262, 264, 265, 266, 267, 485
tropical humide 61
tropical humide et sec (savane) 61
tropique du Cancer 34, 35, 36
tropique du Capricorne 34, 35, 36
tropopause 53, 68
troposphère 53
trot 124
trotteur 343, 857
trotteuse 696
trottoir 245, 712
trou 423, 866, 867
trou central 500
trou d'homme 655
trou de conjugaison 157
trou de l'embout 390
trou de normale 3 866
trou de normale 4 866
trou de normale 5 867
trou noir 8
trou obturateur 122
trous 866
trousse de dépannage 580
trousse de fartage 892
trousse de manucure 377
trousse de secours 771, 777
trousse de toilette 388
troussequin 855
truelle de maçon 315
truelle de plâtrier 315
truffe 132, 183
truite 221
trumeau 411
truqueur numérique 491
tuba 437, 447, 841
tubage de production 652
tubage de production/expédition 652
tubage de surface 654
tube 14, 15, 223, 275, 381, 692, 753, 756, 757, 777
tube à éclairs 692
tube à essai 685
tube capillaire 695
tube conducteur 652
tube d'ajustement 824, 825
tube d'alimentation en air 765
tube d'aquarelle 397
tube d'arrivée 270
tube d'ensemencement 643
tube d'orientation des lames 285
tube de bord d'attaque 897
tube de circulation 672
tube de déchargement 643
tube de direction 579
tube de force 667
tube de gouache 397
tube de Pitot 873
tube de poussée 470
tube de remplissage de la cuvette 265
tube de remplissage du réservoir 265
tube de résonance 449
tube de selle 578, 871
tube droit 289
tube en Y 776
tube flexible 776
tube fluorescent 275
tube horizontal 578
tube lance-torpilles 763
tube oblique 579
tube porte-oculaire 14, 693
tube transversal 897
tube-image 494
tubes de Malpighi 97, 99
tubulure d'admission 565, 566
tubulure d'échappement 565
Tudor 413
tuile 22, 299, 403, 406, 412
tuiles de bonification 917
tuiles ordinaires 917
tulipe 80, 241
tungstène 683
tunique 78, 359, 748
Tunisie 745
tunnel 592
tunnel de communication 23
tunnel routier 543
tuque 341, 892
turban 339, 341
turbine 646, 659, 668
turbine d'entrainement 564
turbine du compresseur 564, 627
turbine motrice 627
turbo-alternateur 674, 763
turboréacteur 625, 760
turboréacteur à double flux 627
turbot 221
turc 469
turf 856
turion 185
Turkménistan 746
Turquie 746
turquoise 375
tuteur 322, 324
Tuvalu 747
tuyau 312, 319, 390, 445, 767
tuyau à anche 444
tuyau à bouche 444
tuyau arrière 553
tuyau d'air 841
tuyau d'arrosage 328
tuyau d'aspiration 766
tuyau d'eau chaude 267
tuyau d'eau chaude 266
tuyau d'eau froide 267
tuyau d'eau froide 266
tuyau d'échappement 552, 553, 564, 636
tuyau d'ensilage 643
tuyau d'évacuation 271, 292
tuyau d'insufflation 432
tuyau de chute 262, 265, 271
tuyau de refoulement 767
tuyau de vidange 271, 292, 294
tuyau du ventilateur 643
tuyau flexible 289, 649
tuyau perforé 328
tuyau souple d'arrivée 271
tuyauterie 445
tuyauterie de sortie de la vapeur des séparateurs 669
tuyauterie de vapeur primaire 669
tuyère 22, 24, 25, 605, 631
tuyère à section variable 629
tuyère d'échappement 627
tuyère d'éjection 760
tuyère orientable 628
tympan 110, 403, 404, 411
type de carburant 548
type de la masse d'air 55
type de nuage bas 55
type de nuage élevé 55
type de nuage moyen 55
types d'articulations synoviales 156
types d'avirons 838
types d'éclipses 6, 7
types d'os 157
types de bâtons de golf 867
types de bouches 258
types de déplacements 916
types de missiles 759
types de moteurs 564
types de nages 832
types de voitures 584
typhon 63
typographie 472
tyrannosaure 93

U

Ukraine 744
ukrainien 469
Ulysses 19
Umbriel 5
un 703
une 471
unicellulaires 94
uniforme 770
uniformes 764
unisson 434
unité astronomique 4, 5
unité d'extraction par solvant 656
unité de sauvegarde 523
unité de soins ambulatoires 781
unité de soins intensifs 780
unité mobile d'entretien télécommandée 21
unité vidéo 520
unités monétaires, exemples 728
université 710
ununbium 683
ununnilium 683
unununium 683
uranium 684
Uranus 4, 5
uretère 104, 116, 165
urètre 165, 170
urètre pénien 169
urgence 778
urgence ambulatoire 779
urgence majeure 778
urgences 778
uropode 107
urostyle 111
Uruguay 742
usager domestique 525
usine 664, 708
usine à asphalte 656
usine de traitement 649
usine des lubrifiants 656
usine marémotrice 664
usine marémotrice, coupe 664
usine pétrochimique 656
ustensiles de campeur 905
ustensiles de cuisine 229
ustensiles, jeu 233
utérus 170, 171
utilisations d'Internet 525
utiliser un chlorure décolorant suivant les indications 347

V

vache 128
vacuole 74, 94
vacuole contractile 94
vacuole digestive 94
vacuole digestive en formation 94
vadrouille 295
vagin 103, 104, 170, 171
vague 49
vague déferlante 49
vainqueur 789
vair 741
vaisseau capillaire 172
vaisseau sanguin 154, 162, 172
vaisseau sanguin dorsal 97
vaisseaux sanguins 140
vaisselle 226
vaisselle, verres et couverts 717
valet 693
Valet 914
valeur 729
valeur des notes 435
valeur des segments 918
valeur des silences 435
validation 528
valise fin de semaine 389
valise pullman 389
vallée 45, 48
valve 84, 105, 579
valve de réglage 259
valvule aortique 162
valvule mitrale 162
valvule pulmonaire 162
valvule tricuspide 162
vampire commun 141
vanadium 683
vanne 657, 658, 664
vanne d'arrêt de la turbine 668
vanne d'arrosage 669
vanne de production 654
vanne maitresse 654
vanneau 118
vantail 278, 416
Vanuatu 747
vapeur 646, 681
vapeur à basse pression 668
vaporisateur 288, 329
vaporisateur de poivre 770
vaporisation 680
vaporiseur 261
varan 114
variomètre 899
variomètre électrique 898
variomètre mécanique 898
varlope 309
Varole, pont 167
vase d'expansion 259, 675
vaste externe du membre inférieur 150, 151
vaste interne du membre inférieur 150
vautour 119
veau 128
veau haché 214
vedette 762
végétation 66
végétation, distribution 66
véhicule de sauvetage 21
véhicule de secours 543
véhicule de service technique 622
véhicule spatial autonome 20
véhicule tout-terrain 549
véhicules d'incendie 766
veine axillaire 160
veine basilique 160
veine cave inférieure 160, 161, 162, 165
veine cave supérieure 160, 161, 162
veine céphalique 160
veine fémorale 160
veine iliaque 161
veine iliaque commune 165
veine jugulaire externe 160
veine jugulaire interne 160
veine mésentrique supérieure 160
veine porte 161
veine pulmonaire 160
veine pulmonaire droite 162
veine pulmonaire gauche 162
veine rénale 160, 165
veine saphène interne 160
veine sous-clavière 160
veine sus-hépatique 161
veines 160
velarium 407
vélo cross 581
vélo d'exercice 851
vélo de course et cycliste 870
vélo de cross-country et cycliste 870
vélo de descente et cycliste 870
vélo de montagne 870
vélo de poursuite et coureur 871
vélodrome 788
velours 254
vélum 98
Venera 19
Venezuela 742
vent 56, 69, 70, 833
vent arrière 833
vent de travers 833
vent debout 833
vent dominant 63
vent, mesure de la direction 59
vent, mesure de la vitesse 59
ventail 749
ventilateur 258, 259, 293, 497, 552, 561, 563, 566, 643
ventilateur de l'évaporateur 261
ventilateur de moteur diesel 586
ventilateur de plafond 261
ventilateur de sustentation 605
ventilateur des radiateurs 586
ventilateur du bloc d'alimentation 513
ventilateur du boitier 513
ventilateur du condenseur 261
ventilateur hélicoïde 260
ventilateur principal 648
ventilation 675
ventilation de la cabine 898
ventouse 106, 111, 314
ventre 124, 146, 148
ventricule droit 161, 162
ventricule gauche 161, 162
ventricule succenturié 116
vents 917
venturi 757
Vénus 4, 5
véraison 86
verge 169, 610
verger 182
vergette 445
verglas 65
vergue 602
vérificateur de circuit 316
vérificateur de continuité 316
vérificateur de haute tension 316
vérificateur de prise de courant 316
vérificateur de tension 316
vérification de la profondeur de champ 476
vérin 573
vérin d'orientation de la lame 639
vérin de commande de volet 760
vérin de défonceuse 636
vérin de direction 638
vérin de dressage 634, 766
vérin de la flèche 637, 638
vérin de levage de la lame 636, 639
vérin du bras 637, 638
vérin du bras de levage 637
vérin du godet 637, 638
vérin du godet rétro 637
vérin hydraulique 567, 633, 640
vermicelles de riz 207
vernier 612, 698, 700
vernis 400
vernis à ongles 377
verre 385
verre à bordeaux 225
verre à bourgogne 225
verre à cocktail 225
verre à cognac 225
verre à eau 225
verre à gin 225
verre à liqueur 225
verre à mesurer 231
verre à porto 225
verre à vin blanc 225
verre à vin d'Alsace 225
verre à whisky 225
verre bifocal 385
verre de visée 477
verres 225, 723
verrière 250, 582, 628, 713, 760, 898
verrou 46, 452, 516
verrou d'onglet 303, 304
verrou de barre d'attelage 756
verrou de chargeur 754
verrou de sûreté 755
verrou tournant 572
verrouillage 288
verrouillage des majuscules 514
verrouillage numérique 515
versant 45
Verseau 10
verseuse 241
versoir 641
vert 400, 690, 866, 867
vert d'entrainement 866
vertèbre 112, 136
vertèbre cervicale (7) 153, 157
vertèbre dorsale (12) 153, 157
vertèbre lombaire 168
vertèbre lombaire (5) 153, 157
vertèbre sacrée 111
vertèbres 111
vertèbres cervicales 116, 122, 126, 131, 138, 141, 142

vertèbres coccygiennes 122, 126, 131, 138, 141, 142
vertèbres dorsales 122, 126, 131, 138, 142
vertèbres lombaires 122, 126, 131, 138, 141, 142
vertèbres sacrées 122, 126, 131, 142
verveine 208
vésicule biliaire 110, 112, 164
vésicule séminale 169
vessie 109, 110, 113, 165, 169, 170
vessie natatoire 109
veste 338, 355, 844, 848, 855
veste de pêche 911
veste droite 348
veste traditionnelle 846
vestes 358
vestiaire 250, 394, 509, 719, 723, 726, 731, 734, 764
vestiaire de bureau 510
vestiaire des clients 720
vestiaire des mineurs 649
vestiaire du personnel 584, 720, 768, 781
vestibule 174, 250, 406, 717, 724, 728, 730
veston croisé 348
veston et veste 348
vêtement d'exercice 371
vêtement ignifuge et hydrofuge 765
vêtement isothermique 841
vêtements 336
vêtements d'enfant 369
vêtements d'homme 348
vêtements de bain 716
vêtements de bébés 717
vêtements de femme 355
vêtements de filles de 2 à 6 ans 717
vêtements de filles de 7 à 17 ans 717
vêtements de garçons de 2 à 6 ans 717
vêtements de garçons de 7 à 17 ans 717
vêtements de nouveau-né 368
vêtements de nuit 364
vêtements de nuit d'hommes 717
vêtements de nuit de femmes 716
vêtements de sport d'enfants 717
vêtements de sport d'hommes 717
vêtements de sport de femmes 716
vêtements décontractés d'hommes 717
vêtements décontractés de femmes 716
vêtements traditionnels 339
vétérinaires 852
vexille 115
viaduc 541
viande 214
vibrisse 122
vice-capitaine 877
vide-poches 554
vide-pomme 233
vidéoprojecteur 518
vidéothèque 733
Vierge 11, 13
Viet Nam 747
vietnamien 468
vigie 618
vigne 86
Viking 18
Viking 18
vilebrequin 307, 564, 566
village 708, 886
ville 708
vin 180
vinaigre balsamique 201
vinaigre de cidre 201
vinaigre de malt 201
vinaigre de riz 201
vinaigre de vin 201
violet 400
violette 80
violon 439
violon, famille 437, 439
violoncelle 439
violoncelles 437
vipère 114
virage à 180 degrés 885
virage à droite 544, 547
virage de brasse 832
virage de papillon 832
virage-culbute 832
virgule 473
virole 320, 863
virole femelle 909, 910
virole mâle 909, 910
vis 302, 439
vis à glace 901
vis calante 699, 701
vis centrale 425
vis d'alimentation 642, 643
vis de blocage 700
vis de blocage (azimut) 14, 15
vis de blocage (latitude) 14, 15
vis de fixation 482
vis de nivellement 58
vis de pince-aiguille 453
vis de pression 421, 423
vis de réglage 310, 319
vis de réglage de grand débit 273
vis de réglage de petit débit 273
vis de réglage de tension 534
vis de réglage du condenseur 693
vis de serrage 312
vis de support inférieure 58
vis de tension 448
vis macrométrique 693
vis micrométrique 612, 693, 700
vis sans fin 462, 573
visage 146
viseur 476, 477, 701
viseur de caméra 492
viseur électronique 496
viseur périscopique 758
visière 340, 341, 575, 591, 749, 765, 772, 874, 878, 884
visière antisolaire 20
vision 691
vision normale 691
vision, défauts 691
vison 134
Vistule 32
visualisation du seuil d'alarme 613
vitrage 614
vitrail 411, 737
vitre 672, 673
vitre de protection 878
vitre protectrice 494
vitrine 279
voie 592, 595
voie à sens unique 544, 546
voie d'accélération 539
voie de banlieue 583
voie de butte 589
voie de circulation 539, 618
voie de circulation des locomotives 589
voie de décélération 539
voie de dépassement 539
voie de fond 650
voie de service 583, 618
voie de sortie 589
voie de tête 650
voie de transport 647
voie de tri primaire 589
voie de tri secondaire 589
voie des stands 872
voie ferrée 582, 590, 591, 649, 709, 710
voie ferrée bord à quai 596
Voie Lactée 9, 13
voie latérale 539
voie pour véhicules lents 539
voies de circulation 539
voies respiratoires, protection 773
voilage 282
voile 676, 833, 836, 896, 897
voile à livarde 601
voile au tiers 601
voile aurique 601
voile bermudienne 601
voile carrée 601
voile d'étai de flèche 603
voile d'étai de grand perroquet arrière 603
voile d'étai de hune arrière 603
voile de flèche 603
voile latine 601
voile 560, 909
voile du palais 174, 175
Voiles 11
voiles, exemples 601
voilure 603, 628, 841, 897
voilure delta 629, 630
voilure droite 630
voilure en flèche 630
voilure trapézoïdale 630
voilures, exemples 630
voiture 594
voiture cellulaire 726
voiture de formule 1 873
voiture de formule 3000 873
voiture de formule Indy 873
voiture de police 769, 771
voiture de rallye 873
voiture micro-compacte 549
voiture sport 549
voiture suiveuse 870
voiture-coach 584
voiture-lit 584
voiture-restaurant 584
voitures, types 584
voiturette de golf électrique 869
vol 829, 891
vol libre 897
volaille 213
volant 280, 282, 333, 425, 452, 464, 552, 556, 566, 607, 640, 873
volant d'inertie 851
volant de frein à main 587
volant de manche 626
volant de manœuvre 766
volant de plumes 817
volant synthétique 817
volcan 42, 44
volcan effusif 44
volcan en éruption 44
volcan explosif 44
volcans, exemples 44
volée 255, 753, 820
volet 23, 521, 675
volet compensateur 60
volet d'air 571
volet de bord d'attaque 760
volet de bord de fuite 624, 760
volet de contrôle thermique 60
volet mobile 17
volet transparent 386
volets d'intérieur 282
Volga 32
Volkmann, canaux 154
volleyball 812
volleyball de plage 813
vols, plongeon 828
volt 702
voltigeur de centre 794
voltigeur droit 794
voltigeur gauche 794
volumes 705
volute 276, 404, 405, 439
volve 76
voussure 411
voûte 410
voûte de projection 10
voûte du palais 174, 175
voûte en berceau 407
Voyager 19
voyant cartouche d'impression 519
voyant chargement du papier 519
voyant conique 615, 616
voyant d'alarme/de mise en charge 527
voyant d'alimentation 519
voyant de charge 383
voyant de mise en circuit 506, 508
voyant de mise en ondes 488
voyant de mise sous tension/détection du papier 731
voyant de réception de messages 508
voyant de réponse automatique 508
voyant lumineux 238, 239, 240, 241, 288, 290, 294, 381, 465
voyants 515
voyants d'entrée 497
voyants d'indication du mode sonore 497
voyants de contrôle 501, 519, 520
vraquier 604
vrille 86
vue 177
vue de face 798
vue de profil 798
vue, protection 774
vulve 148, 171
vumètres 488
vumètres audio 491

W

w.-c. 250, 251, 262, 264, 265, 395, 715, 719, 720, 723, 724, 728, 731, 733, 735, 779, 780, 781
w.-c. du personnel 768
w.-c. femmes 509, 724
w.-c. hommes 509, 724
wagon 583, 587
wagon à bestiaux 588
wagon à copeaux 588
wagon couvert 587, 588
wagon de queue 588
wagon plat 588
wagon plat à parois de bout 588
wagon plat surbaissé 588
wagon porte-automobiles 588
wagon porte-conteneurs 588
wagon rail-route 588
wagon réfrigérant 588
wagon-citerne 588
wagon-tombereau 588
wagon-tombereau couvert 588
wagon-trémie 588
wagon-trémie à minerai 588
wagons, exemples 588
wakamé 183
wallaby 143
wapiti 128
wasabi 201
water-polo 827
watt 702
webcaméra 517
wigwam 418
winch 835
wishbone 836
wok 234
wolof 468

X

xénon 684
xylophone 437, 449

Y

yacht à moteur 607
yack 129
yaourt 210
Yémen 746
yen 728
yeux, protection 772
yiddish 469
yogourt 210
yoruba 468
Yougoslavie 744
yourte 418
ytterbium 684
yttrium 683

Z

Zambie 746
zèbre 128
zénith 10
zéro 919
zeste 82, 84
Zimbabwe 746
zinc 683
zirconium 683
zone centrale 809
zone commerciale 709
zone d'arrivée 891
zone d'attaque 812
zone d'atterrissage 891
zone d'avertissement 846
zone d'entrée des joueurs expulsés 827
zone d'essai des réacteurs 761
zone de basse pression 63
zone de boule morte 864
zone de but 806, 809, 879
zone de chargement 666
zone de chronométrage 891
zone de chute 790, 792, 793
zone de convection 6
zone de danger 844, 847
zone de défense 809, 812
zone de départ 838, 875
zone de freinage 891
zone de garde protégée 877
zone de haute pression 63
zone de lavage des wagons 589
zone de manœuvre 10
zone de passage du témoin 790
zone de passivité 843
zone de précipitation 55
zone de radiation 6
zone de réception 589
zone de retrait des bagages 620
zone de sécurité 846
zone de service 818
zone de service droite 819
zone de service gauche 819
zone de triage 589
zone industrielle 709
zone libre 812, 813
zone neutre 806, 879
zone réservée 811
zone résidentielle 709
zone scolaire 545, 547
zones de service 817
zoom 492
zoulou 468

English Index

"D" 862
.22-caliber rifle 861
1 astronomical unit 5
1,500 m starting line 791
1.5 spacing 472
1/10th second hand 696
10 m line 804
10,000 m relay starting line 791
100 m hurdles starting line 790
100 m starting line 790
110 m hurdles starting line 790
120-volt circuit 272
15 m line 805
180-degree curve 885
1st cuneiform 156
2 m line 827
200 m line 871
200 m starting line 790
22 m line 800, 804
240-volt circuit 272
240-volt feeder cable 272
27 m line 858
3-iron 868
3-wood 868
30 m line 859
35 mm still camera 20
36 m line 858
4 m line 827
4 x 400 m relay starting line 791
4-iron 868
45° elbow 269
5 m line 800, 805
5,000 m starting line 790
5-iron 868
5-wood 868
50 astronomical units 4
50 m line 859
50,000 astronomical units 4
500 m finish line 883
500 m start line 882
54 m line 858
6-iron 868
60 m line 859
7 m line 827
7-iron 868
70 m line 859
8-iron 868
8-mm pistol 861
800 m starting line 791
9-iron 868
90 m line 859

A

A 434
abacus 404
abalone 217
abdomen 96, 97, 98, 103, 107, 115, 146, 148
abdominal aorta 160, 165
abdominal cavity 169, 170
abdominal rectus 150
abdominal segment 97
ablutions fountain 738
above ground swimming pool 246
aboveground pipeline 654
Abraham 736
abruptly pinnate 79
ABS 559
absorbed solar radiation 68
absorbent cotton 777
absorbing plate 672
absorbing surface 675
absorption by clouds 68
absorption by Earth surface 68
absorption of water and mineral salts 78
abutment 410, 540
abyssal hill 49
abyssal plain 49
Abyssinian 133
acanthodian 92
acanthus leaf 276, 405
acceleration lane 539
accelerator cable 332
accelerator control 331
accent mark 435
accept machine 666
access gallery 658
access panel 258, 266
access road 618
access server 525
access shaft 664
access to the second level of operations 529
access window 521
accessories 401, 558, 580
accessory box 456
accessory gear box 627
accessory pocket 554
accessory pouch 859
accessory shoe 476
accidentals 435
accordion 432
accordion bag 388
accordion pleat 357
account book 535
account identification 731
accountant's office 509
accumulator 559
accuracy sports 859
ace 914
acetylene cylinder 319
acetylene valve 319
achene 83, 84
achondrite 8
acid rain 69, 70
acid snow 70
acorn nut 311
acorn squash 189
acoustic ceiling 431
acoustic guitar 440
acoustic meatus 173, 174
acquisition rack 733
acrobatic skate 895
acromion 153
acroterion 403, 404
actinides 684
actinium 684
action buttons 918
action lever 443
action of wind 67
active sensor 41
active tracking 498
actor 428
actors' seats 428
actress 429
actual temperature 261
actuator 759
actuator arm 521
actuator arm motor 521
acute accent 473
acute angle 704
Adam's apple 146
adaptor 485
add in memory 529
add key 529
add/equals key 529
additional production personnel 490
additive color synthesis 690
Aden, Gulf 33, 34
adhesive bandage 777
adhesive disk 111
adhesive tape 777
adipose tissue 171, 172
adjustable channel 310
adjustable clamp 286
adjustable frame 303
adjustable lamp 286, 399
adjustable platen 511
adjustable seat 584
adjustable spud wrench 315
adjustable strap 368
adjustable thermostat 239
adjustable waist tab 348
adjuster 782
adjusting band 502
adjusting buckle 895
adjusting catch 889
adjusting lever 436
adjusting screw 310, 312, 319
adjusting tube 824, 825
adjustment for horizontal-circle image 701
adjustment for vertical-circle image 701
adjustment knob 555
adjustment pedal 399
adjustment slide 350
adjustment wheel 317
administration 394, 735
administrative building 664
administrative office 764, 769
administrative offices 718
adobe house 418
Adriatic Sea 32
adventitious roots 76
advertisement 471
advertising panel 592
advertising sign 594, 595
adze 401, 901
adzuki bean 191
Aegean Sea 32
aerator 268
aerial cable network 486
aerial ladder truck 766
aerial site 890
aerial sports 896
aerocyst 75
aerodynamic brake 676
affluent 48
Afghanistan 746
Africa 28, 34, 50, 745
African Plate 43
Afro pick 380
Afro-Asiatic languages 468
aft shroud 17
after shave 383
afterbay 657, 658, 661
afterfeather 115
agar-agar 183
agglomeration 708
agitator 292
agnathan 92
AGP expansion connector 513
agricultural machinery 641
agricultural pollution 69
aikido 846
aikidogi 846
aikidoka 846
aileron 624, 898
air 565
air bag 556
air bag restraint system 556
air bladder 109
air brake 760, 898
air brake handle 898
air bubbles 531
air bulb shutter release 482
air cap 320
air chamber 271
air communications 487
air compression unit 585
air compressor 320, 586
air concentrator 382
air conditioner 567
air conditioner compressor 566
air conditioning 261
air conditioning appliances 261
air conditioning equipment 608
air conditioning system 68, 775
air conditioning unit 489
air control radar 761
air data computer 626
air filter 261, 331, 552, 586
air flow 398
air gap 675
air hole 390, 470
air horn 570
air hose 398, 648, 841
air hose connection 320
air inlet 575, 631
air inlet control 256
air intake 568, 605
air intake for engine cooling 874
air leg 648
air mail 475
air mass, type 55
air mattress 904
air navigation device 761
air pistol 861
air pollutants 69
air pollution 69
air pre-cleaner filter 636
air pressure, measure 59
Air Pump 11
air pump 548
air purifier 261
air relief valve 607
air return 258
air scoop 876
air sealing gland 445
air search radar 761, 762
air shaft 402
air space 117
air start unit 622
air tank 320
air temperature 55
air transport 618
air tube 259
air unit 370
air valve 320, 398
air vent 294
air-inlet grille 382
air-outlet grille 382
air-pressure pump 777
air-supply tube 765
air-to-air missile 759, 760
air-to-surface missile 759
air/fuel mixture 564
airborne radar 40
airbrush 398
airbrush, cross section 398
aircraft carrier 761
aircraft maintenance truck 622
aircraft weather station 54
airframe 897
airliner 53
airlock 763
airplane, forces 630
airplane, movements 630
airport 39, 618, 708
airspeed indicator 898
aisle 180, 411
ajowan 199
ala 175
alarm threshold display button 613
alarm threshold setting 613
alarm/charge indicator light 527
Alaska, Gulf 30
Albania 744
Albanian 469
albatross 119
albumen 117
albumin gland 104
alcohol bulb 695
alcohol column 695
Aleutian Islands 30
Aleutian Trench 50
alfafa 190
alga 75
alga, structure 75
algae, examples 75
Algeria 745
alidade 59, 701
alidade level 701
alighting board 100

aligner 838
alkali metals 682
alkaline earth metals 682
alkaline manganese-zinc cell 689
alkekengi 192
all-purpose flour 204
all-season tire 560
all-terrain vehicle 577
alley 817, 820
alligator 114
allspice 198
alluvial deposits 48
almond 81, 193
alphabetical keypad 530
alphanumeric keyboard 507, 548, 730, 731
alphanumeric keypad 506, 514
alpine ski trail 886
alpine skier 888
alpine skiing 888
alpine snowboard 887
Alps 32
Alsace glass 225
Altar 10
altar cross 737
altarpiece 737
alteration line 455
alternate 514
alternate: level 3 select 514
alternating-current power cord 526
alternative key 514
alternator 552, 566, 586, 677, 688
alternator warning light 557
altimeter 896, 898, 899
altitude clamp 14, 15
altitude fine adjustment 14, 15
altitude scale 53
altocumulus 56, 62
altostratus 56, 62
alula 115
aluminum 682
aluminum foil 222
aluminum frame 893
aluminum layer 501
aluminum recycling container 71
alveolar bone 159
amaranth 203
Amazon River 31
ambulance 775, 778
ambulance attendant's seat 775
ambulance helicopter 631
ambulatory 411
ambulatory care unit 781
American bacon 216
American betting layout 919
American corn bread 205
American duckpin 865
American football 806
American football, playing field 806
American mustard 200
American plug 274
American roulette wheel 919
American shorthair 132
Americas 742
americium 684
Amerindian languages 469
Amery Ice Shelf 29
amethyst 375
Amharic 468
ammunition pouch 770
ammunition stowage 758
amoeba 94
amorphous solid 680
amount of substance, measurement 702
ampere 702
ampersand 473
amphibians 110
amphibians, examples 111
amphibious firefighting aircraft 628
amphitheater, Roman 407
ampli-tuner 497, 503
amplitude 690
ampulla 95
ampulla of fallopian tube 171
anal clasper 97
anal fin 108
analog camcorder 496
analog watch 696
analytical balance 699
anatomy 150
anatomy of a bird 116
anatomy of a bivalve shell 105
anatomy of a female butterfly 97
anatomy of a female spider 103
anatomy of a honeybee 99
anatomy of a horse 125
anatomy of a lobster 107
anatomy of a male frog 110
anatomy of a perch 109
anatomy of a snail 104
anatomy of a sponge 95
anatomy of a starfish 95
anatomy of a turtle 113
anatomy of a venomous snake 112
anatomy of an octopus 106
anatomy, human being 150
anchor 610, 791
anchor pin 559
anchor point 103
anchor wires 652
anchor-windlass room 605, 609
anchorage block 540
anchors, examples 610
anchovy 219
ancient costume, elements 336
ancient ships 598
anconeus 151
Andes Cordillera 31
andirons 257
Andorra 743
andouillette 216
anemometer 58, 59, 677
anesthesia room 780
angle grinder 308
angles, examples 704
angles, measure 701
Anglicanism 736
Angola 746
Anik 487
animal cell 94
animal dung 70
animal kingdom 92
anise 202
ankle 146, 148
ankle boot 343
ankle guard 796
ankle length 351
ankle/wrist weight 850
anklet 365
announcer turret 488
annual ring 87
annular combustion chamber 627
annular eclipse 6
annulet 404
anode 689
anode rod 266
anorak 371
ant 101
Antarctic Circle 29, 35, 36
Antarctic Peninsula 29
Antarctic Plate 43
Antarctic Ridge 50
Antarctica 28, 29
antefix 403
antelope 128
antenna 17, 60, 96, 97, 98, 99, 107, 504, 505, 506, 551, 577, 611, 624, 631, 758, 761, 771, 812
antenna terminals 497
antennae cleaner 98
antennule 107
anterior adductor muscle 105
anterior chamber 177
anterior end 105
anterior fontanelle 158
anterior horn 167
anterior nasal spine 158
anterior notch 173
anterior root 168
anterior tibial 150
anterior tibial artery 160
anterior view 146, 148, 150
anther 80
anti-skating device 500
anti-torque tail rotor 631
antiaircraft missile 762
anticline 651
anticollision light 624
antifriction pad 889
Antigua and Barbuda 743
antihelix 173
antilock braking system 559
antimissile self-defense 762
antimony 682
antipersonnel mine 758
antiradar missile 759
antireflection coating 672
antiseptic 777
antiship missile 759
antislip shoe 321, 826
antitank missile 759
antitank rocket 757
antitragus 173
antivibration handle 331
anus 95, 97, 103, 104, 105, 106, 107, 109, 113, 164, 169, 170
anvil 700
aorta 162, 163
aorta, arch 160, 161, 162
aortic valve 162
apartment building 711
aperture 105
aperture changer 694
aperture diaphragm 694
aperture door 17
aperture scale 479
aperture/exposure value display 479
apex 104, 105, 159, 176
apical foramen 159
apocrine sweat gland 172
Apollo 19
apostrophe 473
apothecium 74
Appalachian Mountains 30
apparatus 823
apparatus room 764
apple 193
apple cider vinegar 201
apple corer 233
apple, section 82
application launch buttons 527
appoggiatura 435
appointment book 530
approach 791, 792, 865
approach ramp 540
approach runs 824
approach stroke 866
approach wall 597
apricot 192
apron 276, 277, 278, 577, 618, 842
apse 411
apsidiole 410, 411
aquamarine 375
aquastat 259
aquatic bird 117
aquatic sports 827
aqueous humor 177
Arab Jamahiriya 745
Arabian Peninsula 33
Arabian Sea 33
Arabic 468
arachnids 96
arachnids, examples 102
arachnoid 167
Aral Sea 33
Aramaic 468
arame 183
arbitration committee 845
arbor 322
arc 704
arc welding 318
arc welding machine 318
arcade 407, 410
arch 540
arch bridge 540
arch bridges, examples 541
arch dam 661
arch dam, cross section 661
arch of aorta 160, 161, 162
arch of foot artery 160
archaeognatha 92
archaeopteryx 93
archboard 533
Archer 10
archer 859
archery 859
archery range 788
arches, examples 413, 541
archipelago 38
architectural styles 404
architecture 402
architecture, elements 413
architrave 403, 405
archives 394, 769
Arctic 28
Arctic Circle 35, 36
Arctic Ocean 28
arena 407, 788, 790
Arenberg parquet 254
areola 171
argent 741
Argentina 742
argon 684
Ariane IV 24
Ariane V 24
Ariel 5
ark 738
arm 95, 139, 147, 149, 276, 286, 329, 433, 452, 456, 610, 638, 693, 783
arm cylinder 638
arm elevator 500
arm guard 808, 859
arm lock 844
arm nut 456
arm pad 880
arm position 829
arm rest 500
arm slit 355
arm stump 276
armature 688
armature core 688
armature winding 688
armchair 276, 734
armchairs, examples 276
Armenia 746
Armenian 469
armet 749
armhole 351
armless chair 734
armoire 278
armor 749, 758
armored cord 507
armored plate 758
armpit 146, 148
armrest 281, 554, 555, 783
armstand 828
arpeggio 435
arrector pili muscle 172
arresting cable 761
arris 404
Arrow 12
arrow 750, 859
arrow key 261
arrow rest 859, 913
arsenic 682
art director 428
art room 734
arteries 160
arthropleura 92
artichoke 187
article 471
articular cartilage 154
articulated bus 569
articulated joint 569
articulated mannequin 398
articulation 557
artificial climbing structure 900
artificial fly 909
artificial lake 48
artificial radiation 41
artificial satellite 53
artistic value judges 823
arts and architecture 394
arugula 187
asafetida 199
ascending aorta 161
ascending colon 164
ascending passage 402
ascot tie 349
ash 391
ash layer 44
ashtray 391
Asia 28, 33, 50, 746
Asian noodles 207
Asian pear 197
asparagus 185
asphalt 656
asphalt shingle 299
asphalt still 656
aspirator 775
aspirin 777
ass 128
assist grip 554
assistant camera operator 428
assistant coach 811, 879
assistant director 429
assistant governor's office 726
assistant judges 883
assistant property man 429
assistant referee 847, 860, 881, 882
astatine 683
asterisk 473
asteroid belt 5
asthenosphere 42
astigmatism 691
astragal 405, 753
astronautics 18
astronomical observation 10
astronomical observatory 17
astronomical observatory, cross section 17
astronomical unit 5
astronomy 4
Atacama Desert 31
athlete 791
athletic shirt 351
athletic track 788
Atlantic cod 221
Atlantic Ocean 28, 29, 32, 34
Atlantic salmon 221
atlas 111, 122, 126, 131, 153, 157
atlas moth 102
Atlas Mountains 34
ATM 730, 731
atmosphere 66, 70
atoll 51
atom 680
atomic number 682
atoms 680
atrium 406
attaché case 386
attached curtain 283
attack line 812
attack periscope 763
attack zone 812
attendant's desk 732
attitude control thruster 18
attitude control thrusters 22
attraction 687
audience 728
audio console 488, 489, 490
audio control room 489, 490
audio input/output jack 527
audio jack 513
audio monitor 488, 489, 490, 491
audio monitoring selector 491
audio system 556
audio technician 489, 490
audio volume unit meters 491
audio/video preview unit 491
audioguide 394
audiometric examination room 781
audiovisual equipment 716
auditorium 10, 394, 718, 732
auditory meatus, external 158
auditory ossicles 174
auger bit 323
auger bit, solid center 306
auricle 98, 174
auricle, ear 173
auriculars 115
Australia 28, 50, 747
Australian aboriginal languages 469
Australian-Indian Plate 43
Austria 744
authorized landfill site 69
auto answer indicator 508
auto-reverse button 504
auto/manual range 316
autoclave 780
autofocus on-off switch 483
automatic dialer index 506
automatic drip coffee maker 241
automatic electronic timer 831
automatic rifle 755
automatic sliding door 416
automatic sorting trays 512
automatic tank gauge 655
automatic teller machine 731
automatic teller machine (ATM) 730
automatically-controlled door 620
automobile 549
automobile car 588
automobile systems 552, 553
automobile transport semitrailer 572
autopilot controls 626
autotrophs 67
autumn 54
autumn squash 189
autumnal equinox 54
auxiliary battery 563
auxiliary facilities room 490
auxiliary handle 306
auxiliary heating 260
auxiliary projector 10
auxiliary tank 571
auxiliary video switcher 491
avenue 39, 711
average key 479
avocado 188
awl 905
awning channel 567
axe 330
axel 881
axial compressor blade 627
axial rib 105
axillary artery 160
axillary bud 77
axillary nerve 166
axillary vein 160
axis 122, 153, 157
axle 586, 895
axle shaft 553
axon 168
axon hillock 168
Aymara 469
Azerbaijan 746
azimuth clamp 14, 15
azimuth fine adjustment 14, 15
Aztec temple 412
azure 741

B

B 434
baboon 139
baby doll 364
baby grand 443
baby wear 717
back 115, 124, 130, 147, 149, 173, 227, 229, 277, 281, 300, 303, 348, 391, 750, 783
back beam 460
back binding 840
back board 426
back boundary line 816
back brush 379
back check 443
back crossbar 893
back judge 807
back line 809, 877
back of a glove 346
back pad 857
back pocket 350
back ribs 214
back strap 857
back suspension 870
back waiter 721
back wall 818, 819
back zone 812
backboard 811
backboard storage 775
backboard support 811
backbone 523
backcourt 818, 821
backdrop 430
backgammon 915
backguard 290, 292, 293
backhoe 637
backhoe controls 637
backing 425
backing board 425
backing hammer 425
backing plate 559
backing press 425
backpack 906
backrest 555, 577, 876
backspace 515
backspace key 515
backstay 602, 881
backstop 794, 811
backstretch 856
backstroke 832
backstroke start 832
backstroke turn indicator 831
backup storage unit 523
backward 828
backward bucket 637
bacon 216
bactrian camel 129
badge 770
badger 134
badminton 816
badminton racket 816
Baffin Island 30
bag compartment 289
bag well 869
bagel 204
baggage cart 582
baggage check-in counter 620
baggage claim area 620
baggage compartment 568, 585, 631
baggage conveyor 623
baggage lockers 582
baggage racks 605
baggage room 582
baggage trailer 623
bagger 181
bagpipes 432
baguette 204
baguette cut 375
Bahamas 742
Bahrain 746
Baikal, Lake 33
bail 799
bail arm 910
bail arm opening mechanism 910
bailey 408
Bailey bridge 542
baitcasting reel 910
baize 862
Bakelite body 757
bakery 181
baking sheet 232
balaclava 341, 872
balalaika 433
balance beam 824, 826
balance control 497
balance rail 443
balancer 441
balcony 251, 431, 738
balcony window 251
baling 71
balk area 862
balk line 862
balk line spot 862
Balkan Peninsula 32
ball 453, 462, 516, 752, 823, 858, 865, 920
ball assembly 268
ball bearing 470, 677
ball boy 820
ball mount 558
ball of clay 464
ball peen 301
ball return 865
ball sports 794
ball stand 865
ball winder 462
ball-and-socket joint 156
ball-cock supply valve 265
ball-peen hammer 301
ball-type faucet 268
ballast 591
ballerina 343
balloon 899
balloon curtain 283
ballooning 899
ballpoint pen 470
ballroom 609
balsamic vinegar 201
Baltic Sea 32
balustrade 412, 417
Bambara 468
bamboo shoot 185
bamboos 917
banana 196
band 500
band ring 376
band select button 497
band selector 498
bandage 843
banding wheel 464
Bangladesh 747
bangle 376
banister 250, 251, 255
banjo 432
bank 538, 664, 710, 715, 730, 864, 915
bank note 915
bank of heliostats 674
banknote 729
banknote, back 729
banknote, front 729
banner 471
banner for the coming exhibition 394
banner for the current exhibition 394
banquette 277
Bantu languages 468
baptismal font 737
bar 127, 385, 431, 449, 686, 710, 714, 719, 720, 850, 851, 915
bar code reader 517
bar counter 720
bar frame 287
bar line 434
bar nose 331
bar shot 752
bar stool 277, 720
barb 56, 115, 911
Barbados 743
barbell 850, 851
barber comb 380
barbican 408
Barbuda 743
bare bow 859
baren 421
Barents Sea 32
bargraph-type peak meter 488
barium 682
bark 87
barley 85, 203
barley: spike 85
barmaid 720
barn 182
barograph 59
barometric pressure 55
barometric tendency 55
barrack buildings 409
barred spiral galaxy 9
barred window 727
barrel 381, 382, 470, 753, 754, 755, 756, 757, 860, 912, 918
barrel jacket 755
barrel vault 407
barrette 380
barrier 281, 712
barrier barricade tape 771
barrier beach 51
bartizan 408, 409
basaltic layer 42
base 78, 239, 240, 256, 273, 274, 275, 286, 305, 307, 308, 381, 405, 412, 425, 494, 500, 516, 517, 531, 538, 591, 676, 685, 693, 698, 739, 740, 767, 791, 825, 826, 860, 912
base cabinet 224
base course 538
base of splat 276
base plate 58, 304, 500, 701, 756, 889, 907
base plug 757
base ring 753
base width 663
baseball 794, 796
baseball stadium 788
baseball, cross section 797
baseboard 253, 255, 485
baseboard register 258
baseline 821, 907
basement 250, 713
basement window 245
basic building materials 298
basic operations 529
basic source of food 67
basic weaves 463
basil 202
basilic vein 160
basilosaur 93
basin 664, 838
basin side 664
basin wrench 315
basket 238, 241, 291, 292, 811, 888, 899
basket handle 413, 899
basket stitch 458
basket suspension cables 899
basket weave pattern 254
basketball 810
basketball player 810
basmati rice 207
bass 220
bass bridge 442
bass clarinet 437
bass drum 437, 448
bass guitar 441
bass keyboard 432
bass pickup 441
bass register 432
Bass Strait 29
bass tone control 441, 497, 503
bass trap 490
bassoon 446
bassoons 437
baster 233
bastion 409
bat 140, 643, 796, 797, 798
bat, morphology 140
bateau neck 363
bath 262, 724
bath brush 379
bath sheet 379
bath towel 379
bathing wrap 368
bathrobe 364
bathroom 251, 264, 724, 780
bathroom articles 717
bathroom scale 699
bathroom skylight 251
bathtub 251, 264
baton 790
baton holder 770
bats, examples 141
batsman 798, 799
batten 285, 430, 600, 834, 836, 897
batten pocket 834, 836
batter 795, 796
batter head 448
batter skin 433
batter's helmet 796
battery 302, 482, 513, 552, 562, 563, 586, 673, 687, 759, 765
battery backup receptacles 520
battery box 571
battery case 562
battery condition module 563
battery cover 562
battery modules 60
battery pack 306
batting glove 796
battlement 408, 409
batwing sleeve 361
bay 7, 38
bay filler panel 513
Bay of Bengal 33
bayonet base 275
bayonet mount 478
bazooka 757
beach 51
beach volleyball 813
bead 560
bead wire 561
beak 106
beaker 231, 685
beam 412, 418, 641, 698, 826
beam balance 698
beam bridge 540
beam bridges, examples 541
beam diameter reduction 694
beam gantry 663
beam reach 833
bean bag chair 277
bean thread cellophane noodles 207
beans 190, 191
bearer 445
bearing pad 667
beater 236, 460, 641
beater ejector 236
beater handtree 460
beater sley 460
beaters 236
Beaufort Sea 30
beauty care 181
beaver 123, 749
becquerel 702
bed 280, 424, 538, 823, 904
bed chamber 406
bed lamp 286
bedrock 43, 78
bedroom 251, 902
bedside lamp 724, 780
bedside table 724, 780
beech 88
beechnut 193
beef cubes 214
beef, cuts 214
beer 180
beer mug 225
beet 189
beetle 101
begonia 80
Belarus 744
belay beam 900
belay rope 900
belayer 900
belfry 410, 411
Belgian endive 187
Belgium 743
Belize 742
bell 446, 447
bell boot 858
bell bottoms 358
bell brace 446
bell roof 415
bell tower 411, 737
bellow 445
bellows 432, 485
bellows strap 432
bells 449
belly 124
belly scale 112
belly tank 631
below-stage 430
belt 313, 350, 352, 561, 611, 844
belt clip 505
belt drive 605
belt highway 39
belt loader 646, 647
belt loop 350, 352, 905
beluga whale 137
bench 277, 593, 647, 715, 775, 851
bench height 647
bench seat 555
bend 385, 911
Bengal, Bay 33
Benin 745
bent blade 401
Berber 468
Berenice's Hair 13
beret 341
bergamot 194
bergère 276
bergschrund 46
Bering Sea 28
Bering Strait 30
berkelium 684
berm 660
Bermuda sail 601
Bermuda shorts 358
berries 192
berry fruit 83
berth 584
bertha collar 363
beryllium 682
bevel 776
bevel gear 686
bevel square 313, 701
beverage can 223
beverage dispenser 779
bezel 376
bezel facet 374
Bhutan 747
bias 455
bias-ply tire 561
biathlete 893
biathlon 893
bib 368, 369, 848
bib necklace 374
biceps of arm 150
biceps of thigh 151
biconcave lens 691
biconvex lens 691
bicorne 339
bicycle 578
bicycle bag 580
bicycle parking 735
bicycle, accessories 580
bicycle, parts 578
bicycles, examples 581
bidet 264
bifocal lens 385
Big Dog 11
bike carrier 558
bikini 367
bikini briefs 351
bilberry 192
bill 115, 610
bill compartment 386
bill presenter 730
bill-file 534
billfold 387
billhook 330
billiard cue 863
billiard spot 862
billiards 862
billiards, carom 862
billiards, English 863
bills, examples 117
bimah 738
bimetallic helix 695
bimetallic thermometer 695
binder 642
binding 340, 840, 891, 892
binocular microscope 693
biology 702
biosphere 66
biosphere, structure 66
biparous cyme 81
biplane 628
bipod 755, 756
birch 88
bird 115
Bird of Paradise 10
bird of prey 117
bird's eye chile 199
bird's nest fern 76
bird, anatomy 116
bird, morphology 115
bird, skeleton 116
birds 115
birds, examples 118
birth 702
bishop 916
bishop sleeve 361
bismuth 682
bison 128
bit 302, 390, 648, 651, 858
bits 306
bits, examples 308
bitt 607
bitter melon 188
bivalve shell 105
bivalve shell, anatomy 105
bivalve shell, morphology 105
black 472, 690, 919
Black 916
black ball 863
black bean 191
black bear 135
black clamp 558
black currant 192
black dwarf 8
black flying fox 141
black gram 191
black hole 8
black mustard 198
black pepper 198
black pollock 221
black radish 189
black rye bread 204
black salsify 189
Black Sea 28, 32, 33
black square 916
black stone 916
black tea 208
black-eyed pea 190
blackberry 192

blackboard 734
bladder 113
blade 76, 79, 227, 229, 237, 240, 261, 274, 302, 303, 304, 305, 309, 315, 320, 331, 332, 382, 383, 390, 453, 454, 636, 639, 659, 676, 677, 800, 815, 838, 841, 849, 878, 880, 881, 900, 911
blade close stop 382
blade guard 304, 305
blade height adjustment 305
blade injector 383
blade lever 424
blade lift cylinder 636, 639
blade lift fan 605
blade locking bolt 304
blade rotation cylinder 639
blade shifting mechanism 639
blade tilting lock 304
blade tilting mechanism 304, 305
blade with two beveled edges 401
blades, major types 401
blank 914
blanket 280
blanket insulation 299
blanket sleepers 369
blast valve 899
blasting charge 653
blastodisc 117
blazer 358
bleeder valve 259
blender 236
blending attachment 236
blind spot mirror 568, 569
blinds 285
blinker 857
blinking lights 568
block 295, 444, 632, 791, 813
block bracket 284
block cutter 401, 421
blockboard 300
blocking glove 800, 879
blood circulation 160
blood circulation, schema 161
blood factor negative 702
blood factor positive 702
blood pressure monitor 777
blood sausage 216
blood vessel 154, 162, 172
blood vessels 140
blood, composition 162
blotting paper 531
blouses, examples 359
blow pipe 432
blower 258, 445, 670
blower motor 258, 261
blowhole 136
blucher oxford 342
blue 400, 690
blue ball 863
blue band 871
blue beam 494
blue line 879
blue mussel 217
blue-green 400
blue-veined cheeses 211
blueberry 192
bluefish 220
blusher brush 378
BMX 871
BMX bike 581
boa 114
board 300, 836, 916, 917
board cutter 424
board games 915
board insulation 299
boarding ladder 611
boarding room 621
boarding step 631
boarding walkway 619
boards 878
boat hook 611
boat, parts 838
boater 340
boats 604
boats, sculling 839
bobber 911
bobbin 452, 453, 458, 461
bobbin case 452
bobbin lace 458
bobbin winder 452, 462
bobby pin 380
bobeche 287
bobsled 884
bobstay 602
bodies, examples 549
body 176, 240, 268, 288, 306, 440, 441, 444, 446, 550, 567, 692, 697, 793, 876, 893, 909
body care 379
body flap 23
body of fornix 167
body of nail 172
body pad 800
body shirt 359
body side molding 551
body suit 366
body temperature control unit 20
body tube 693
body wire 848
bohrium 683
boiler 259, 674
boiling-water reactor 671
bokken 846
bold 472
bole 87
bolero 358
Bolivia 742
bolster 227, 229, 280
bolt 248, 310, 311, 312, 750
bolt assist mechanism 755
bolts 311
bonding jumper 272
bone folder 426
bone marrow 154
bone, parts 155
bone, structure 154
bones, types 157
bongos 449
boning knife 229
bonnet 268
bonus tiles 917
bony fish 108
bony fishes 219
book ends 535
book lung 103
book return desk 733
book truck 733
bookbinding leather 425
bookcase 734
booking hall 582
booking room 769
bookstore 714
boom 573, 637, 638, 834
boom cylinder 637, 638
boom operator 429
boom truck 622
boom vang 834
booster parachute 22
booster seat 281
boot 343, 444, 840, 841, 855, 874, 875, 880, 881, 892, 895, 896
boot jack 345
bootee 342
booth 720
borage 202
bordeaux glass 225
border 244, 431
borders 430
bore 753
boreal forest 66
boron 682
Bosnia and Herzegovina 744
Bothnia, Gulf 32
Botswana 746
bottle 379, 685, 906
bottle cart 319
bottle opener 230, 905
bottom 840, 888
bottom bracket axle 580
bottom cap 689
bottom cylinder 421
bottom deck 655
bottom deckboard 632
bottom face 374
bottom line 831
bottom pocket 862
bottom rail 247, 278, 285
bottom ring 659
bottom road 650
bottom side rail 635
bottom-end transverse member 635
bottom-fold portfolio 386
bottomboard 445
boubou 339
boudoir grand 443
boulevard 39, 711
bound book 426
bow 340, 439, 609, 750, 834, 836
bow ball 839
bow collar 362
bow door 605
bow loading door 608
bow saw 907
bow thruster 609
bow tie 349
bow-winged grasshopper 102
bowl 227, 237, 240, 390, 612, 638
bowl with serving spout 237
bowler 799, 865
bowline 908
bowline on a bight 908
bowling 865
bowling alley 714, 865
bowling ball 865
bowling crease 799
bowling technique 864
bowls 864
bows 750
bowsprit 602
bowstring 750, 859, 913
box 256, 259, 431, 641
box bag 388
box car 587, 588
box end wrench 311
box office 427
box pallet 632
box pleat 283
box sealing tape dispenser 534
box spring 280
box springs 716
boxer 842
boxer shorts 351, 371
boxing 842
boxing gloves 843
boxing trunks 842
boys' wear (size 2 to 6) 717
boys' wear (size 7 to 17) 717
bra 367
brace 252, 307, 321, 663
bracelets 376
brachial 150
brachial artery 160
brachial plexus 166
brachiopod 92
brachioradialis 150, 151
bracket 285, 412, 613
bracket base 278
bract 84
braided rope 908
braies 338
brain 99, 103, 106, 107, 109, 110
brains 212
brake 783, 851, 870
brake arm 889
brake booster 552, 559
brake cable 579
brake caliper 574
brake fluid reservoir 559
brake handle 876
brake lever 579, 870
brake light 554
brake line 559
brake lining 559
brake loop 896, 897
brake pad 559
brake pedal 333, 552, 556, 559, 889
brake pressure modulator 559
brake shoe 559
brakeman 884
brakes 559
braking circuit 552, 559
braking system 553
braking zone 891
branch 86, 87, 89, 127, 185, 262, 687, 776, 855
branch clip 776
branch duct 258
branch return pipe 259
branch supply pipe 259
branches 87
branching, examples 270
brandy snifter 225
brass family 437
brattice 408
brayer 421
brazier 412
Brazil 742
Brazil nut 193
bread 204, 722
bread and butter plate 226
bread guide 238
bread knife 229
bread machine 239
break 515
break line 362
break-out room 718
breaker 49
breaking the wall 917
breast 115, 146, 148, 171
breast beam 460
breast collar 857
breast dart 352
breast pocket 349, 352
breast welt pocket 348
breastplate 749, 853
breaststroke 832
breaststroke kick 832
breaststroke turn 832
breath testing machine 769
breather valve 655
breathing in 832
breathing out 832
breech 446
breech guard 446
breechblock 756, 912
breechblock operating lever assembly 756
breeches 338, 748, 848
Breton 469
brick 298
brick carton 223
brick wall 253, 298
bricklayer's hammer 315
bridge 39, 284, 385, 433, 439, 440, 441, 523, 596, 692, 761, 863, 875
bridge assembly 441
bridging 252
bridle 854
bridle assembly 615
bridle tape 443
Brie 211
briefcase 386
briefs 351, 367
brig 601
brigantine 601
brightness control 518
brilliant cut facets 374
brilliant full cut 375
brim 340, 341
briolette cut 375
bristle 383, 384
bristles 320
broad beans 190
broad ligament of uterus 171
broad reach 833
broad welt side pocket 352, 355, 360
broadcast satellite communication 486
broadest of back 151
broadleaved trees, examples 88
broadsword 751
broccoli 187
broccoli rabe 187
brochure rack 730
broken line 538, 539
bromine 683
brooch 376
brood chamber 100
brook 48
brook trout 221
broom 257, 295
brother 785
brother-in-law 785
brother/sister 785
brothers 785
brow brush and lash comb 378
brow reinforce 749
browband 854
brown alga 75
brown ball 863
brown dwarf 8
brown rice 207
brown sugar 209
browser 524
Brunei Darussalam 747
brush 85, 289, 295, 320, 384, 397, 422, 688
brush and rails 852
brushes 688
Brussels sprouts 186
bubble 575
bubble bath 379
buccal cavity 116
bucket 261, 637, 659
bucket cylinder 637, 638
bucket hinge pin 637
bucket lever 637
bucket ring 659
bucket seat 555
bucket wheel excavator 647
buckle 350, 388, 555, 611, 889
buckwheat 85, 203
buckwheat: raceme 85
bud 78
Buddha 736
Buddhism 736
buffalo 128
buffer 417
buffer tank 654
buffet 279, 720
bug 101
bugle 447
building sewer 262, 263
bulb 127, 185, 274, 275, 316, 607, 687
bulb dibble 324
bulb unit 664
bulb vegetables 184
bulb, section 78
bulbil 78
bulbocavernous muscle 169
Bulgaria 744
Bulgarian 469
bulge 9
bulk carrier 604
bulk mail letter 475
bulk terminal 596
bulkhead 571
bulkhead flat car 588
Bull 12
bull's-eye 859
bulldog 130
bulldozer 636, 647
bullet 912
bulletin board 535, 734
bullfinch 118
bullion stitch 459
bulwark 602
bumblebee 101
bump 812, 875
bumper 289, 570, 571, 577, 583
bumper guard 818
bumper molding 550
bumps 545, 547
bunch 390, 870
bunch of grapes 86
bund wall 655
bundle 185, 663
bunk 567
bunker oil 656
bunker silo 182
bunting 739
bunting bag 368
buoy 833
buoy weather station 54
buoyage regions 616
buoyancy compensator 841
buoyancy tube 611
burdock 189
burgee 739
burgundy glass 225
burial 71
Burkina Faso 745
Burmese 468
burned gases 564
burner 234, 259, 290, 899, 903
burner control knobs 290
burner frame 903
burner ring 234
burnisher 422
bursting charge 757
Burundi 745
bus 513, 522, 568, 713
bus module 40
bus network 522
bus shelter 712
bus station 710
bus stop 712
busbar 658
bush 322
bush-cricket 101
bushing 657, 658, 663
business aircraft 628
business district 708, 710
business transactions 525
business wicket 731
bustle 337
butane accessories 903
butane tank 391
butt 391, 425, 456, 754, 755, 816, 822, 863, 909
butt cap 909
butt end 880
butt grip 910
butt guide 910
butt plate 754, 912
butt section 909
butt-strap 385
butte 52
butter 210
butter compartment 291
butter cup 223
butter curler 229
butter dish 226
butter knife 228
butterfly 96
butterfly kick 832
butterfly stroke 832
butterfly turn 832
butterfly, anatomy 97
butterfly, hind leg 96
butterfly, morphology 96
butterhead lettuce 186
buttermilk 210
buttock 147, 149, 169, 170
button 274, 349, 354, 432, 753, 849
button loop 350

button strap 369
buttondown collar 349
buttoned placket 349, 354
buttonhole 352
buttress 410, 660
buttress dam 660
buttress dam, cross section 660
by-pass taxiway 618
bypass duct 627
bypass feeder 512

C

C 434
C clef 434
C-clamp 312
C1 canoe 838
cab 636, 637, 638, 639, 640, 643, 876
cabbage 186
cabin 608, 631
cabinet 224, 291, 292, 293, 494
cable 306, 488, 504, 516, 517, 558, 573, 824, 851, 859, 908, 913
cable distributor 486
cable drum compartment 489
cable guard 859, 913
cable line 525
cable modem 525
cable ripper 317
cable shutter release 482
cable sleeve 306
cable stay anchorage 541
cable stitch 458
cable-stayed bridges 541
cables 492, 523
cabochon cut 375
caboose 588
cabriole leg 276
cabriolet 276
cadmium 683
café curtain 282
cafeteria 735
caftan 339
cage 407
caiman 114
cajun spice seasoning 199
cake mascara 378
cake pan 232
calamus 115
calandria 669
calcaneus 126, 153, 155
calcar 140, 141
calcareous sponge 95
calcium 682
calculator 386
calculator dial 479
calculator, pocket 529
calculator, printing 529
calendar pad 530
calf 128, 147, 149
California, Gulf 30
californium 684
caliper 423, 559
call button 417, 505
call director telephone 507
Callisto 4
calls indicator 508
calm 56
Calvin 736
calyx 80, 83, 84, 165
cam ring 307
cambium 87
Cambodia 747
Cambrian 92
camcorder, digital 517
camel 129
Camembert 211
camera 18, 428, 490, 492, 775, 873
camera body 476
camera control area 489
camera control technician 489, 490
camera control unit 489, 490
camera operator 428
camera pedestal 492
camera platform 482
camera platform lock 482
camera screw 482
camera viewfinder 492
camera, digital 517
Cameroon 745
camisole 366
camp stove 903
camping 902
camping (tent) 725
camping (trailer and tent) 725
camping (trailer) 725
camping equipment 905
camping prohibited 725
camshaft 566
can opener 230, 240, 905
Canada 742
Canadian bacon 216
Canadian duckpin 865
Canadian football 809
Canadian football, playing field 809
canal bed 597
canal lock 596, 597
canary melon 195
cancel button 519
canceled stamped mail 474
candela 702
candies 717
candle 737
candlepin 865
candy thermometer 231
cane pen 470
canine 121, 159
canister 611
canisters 222
canned failed fuel 666
canned goods 181
cannelloni 206
cannon 124, 758
canoe 600, 837
canoe, C1 838
canoe-kayak 837, 838
canopy 391, 416, 567, 611, 628, 639, 760, 896, 897, 902
canopy release knob 898
cantaloupe 195
canteen 906
cantilever 661
cantilever bridge 540
cantilever span 540
cantle 855
canvas 400, 842
canvas divider 902
cap 76, 236, 255, 269, 275, 340, 398, 470, 484, 676, 770, 783, 827, 830
cap iron 309
cap sleeve 360
capacitor 689
cape 38, 338, 355
Cape Horn 31
Cape of Good Hope 34
Cape Verde 745
capillary blood vessel 172
capillary bore 695
capital 37, 405
capitals lock 514
capitals lock key 514
capitate 154
capitulum 81
capon 213
caponiere 409
capped column 64
capped tee 257
capstan button 443
capsule 75, 783
capsule, section 84
captain 884
captain's quarters 609
captain's seat 626
caption 471
capture 916
car 587, 835
car ceiling 417
car cleaning yard 589
car coat 355
car cover 558
car dealer 711
car deck 608
car floor 417
car guide rail 417
car racing 872
car repair shop 589
car safety 417
car wash 548
carabiner 901
carabiner, D 900
carabiner, locking 900
caraco jacket 337
carafe 241
carambola 197
carapace 107, 113
caravan 567
caravel 599
caraway 198
carbon 683
carbon dioxide absorption 78
carbon dioxide gas coolant 670
carbon dioxide reactor 670
carbon rod 689
carbon-zinc cell 689
Carboniferous 92
carburetor 574
card 915
card case 386
card number 729, 731
card reader 493, 507
card reader slot 548, 730, 731
card support 58
cardamom 198
cardboard 400
cardholder's name 729
cardholder's signature 729
cardiac stomach 107
cardigan 354, 359
cardinal 118
cardinal marks 616
cardoon 185
cards 914
cargo aircraft 475, 629
cargo bay 22
cargo bay door 23
Caribbean Islands 742
Caribbean Plate 43
Caribbean Sea 28, 30
caribou 128
carina 108
carnation 80
carnivores 67
carnivorous mammals 130
carnivorous mammals, examples 134
carom billiards 862
carp 220
carpal pad 130
Carpathian Mountains 32
Carpentaria, Gulf 29
carpenter's hammer 301
Carpenter's Square 10
carpentry material 313
carpentry: drilling tools 306
carpentry: nailing tools 301
carpentry: sawing tools 303
carpentry: screwing tools 302
carpentry: shaping tools 308
carpet 254
carpus 116, 122, 126, 131, 136, 138, 141, 142, 154
carriage 632, 753, 756
carriage control dial 456
carriage handle 456
carriage return 528
carriages 456
carrier 284, 577, 578
carrier bag 388
carrot 189
carry-on bag 388
carrying handle 755
cart path 866
cartilaginous fish 108
cartilaginous fishes 218
cartography 35
carton 223, 390
cartoon 471
cartridge 268, 315, 470, 500, 754, 773
cartridge (rifle) 912
cartridge (shotgun) 912
cartridge faucet 268
cartridge film 481
cartridge fuse 272
cartridge stem 268
cartridge tape recorder 488
cartridges 860, 861
cartwheel hat 341
carved prow 598
carver's bench screw 401
carving 401
carving fork 229
carving knife 229
casaba melon 195
case 313, 345, 377, 436, 442, 695, 696, 700, 912
case fan 513
casement 249
casement window 415
cash dispenser 715, 730
cash register 181
cash supply 731
cashew 193
cashier 181
casing 249, 260, 261, 332, 920
casing first string 654
Caspian Sea 28, 33
cassava 184
Cassegrain focus 17
cassette 499, 504, 521
cassette compartment 495, 496
cassette deck 488
cassette drive 521
cassette eject switch 495
cassette holder 499
cassette player 504
cassette player controls 504
cassette tape deck 499
Cassini 19
cast-on stitches 457
castanets 437, 449
caster 281, 289, 448
castes 99
casting 910
castle 408
casual shoe 343
cat 132
cat breeds 132
cat's head 132
cat, morphology 133
Catalan 469
catalytic converter 553
catalytic reforming plant 656
catamaran 835
catapult 761
catch 909
catcher 443, 794, 795, 796
catcher's glove 796
catching glove 879
catenary 585, 595
catering vehicle 623
caterpillar 97
cathedral 410
cathedral ceiling 251
cathedral roof 251
cathedral, plan 411
cathode 689
Catholicism 736
catwalk 430
caudal fin 108, 136
caudal vertebrae 122, 126, 131, 138, 141, 142
cauliflower 187
caulking gun 315
cave 47, 51
cavernous body 169
cayenne chile 199
CB radio 505
CD radio cassette recorder, portable 504
CD/DVD player 918
CD/DVD-ROM drive 513, 526
CD/DVD-ROM eject button 513
CD/ROM player 517
cecum 103, 106, 116, 125, 164
cedar of Lebanon 89
cedilla 473
ceiling 257, 818, 819
ceiling bracket 284
ceiling collar 257
ceiling fan 261
ceiling fitting 286
ceiling joist 252
ceiling projector 59
ceiling register 258
celeriac 189
celery 185
celestial bodies 4
celestial coordinate system 13
celestial equator 13
celestial meridian 13
celestial sphere 13
celiac trunk 161, 165
cell 96, 100, 407, 563, 727
cell body 168
cell membrane 74, 94
cell wall 74
cello 439
cellos 437
cells 687, 728
cellular telephone, portable 506
Celsius 702
Celsius scale 695
Celsius temperature, measurement 702
Celtic languages 469
celtuce 186
cement 822
cement screed 254
cementum 159
cemetery 39, 711
censer 737
cent 728
Centaur 11
center 431, 704, 807, 809, 811, 847, 879, 916
center aisle 584
center attacker 812
center back 812, 814
center back vent 348
center base 740
center chief 740
center circle 803, 810
center console 556
center court 818
center divider strip 712
center electrode 562
center face-off circle 879
center field 795
center fielder 794
center flag 802
center forward 801, 814
center half 801
center hole 500
center keelson 607
center line 801, 809, 810, 814, 815, 816, 848, 877, 879
center line judge 820
center loudspeaker 493
center mark 820
center pocket 862
center point 740
center post 278, 551
center service line 821
center span 540
center spot 803, 862
center strap 821
center T mark 858
center third 809
center wheel 696, 697
centerboard 834
centerboard boat 835
centering 528
centering control 518
Central African languages 468
Central African Republic 745
Central America 28, 30
central brush 573
central circle 809
central column 676
central disk 95
central focusing wheel 692
central incisor 159
central nave 738
central nervous system 167
central pumping station 654
central screw 425
central wrestling area 843
centrifugal compressor 627
centrifuge module 21
centriole 94
cephalic vein 160
cephalothorax 103, 107
ceramic capacitor 689
cereal 203
cereal products 204
cereals 85
cerebellum 167
cerebropleural ganglion 105
cerebrospinal fluid 168
cerebrum 167
cerium 684
cervical collar 775
cervical vertebra 153, 157
cervical vertebrae 116, 122, 126, 131, 138, 141, 142
cervix of uterus 170
cesium 682
cesspit emptier 573
Chac-Mool 412
Chad 745
Chad, Lake 34
chain 580, 697, 826
chain brake 331
chain drive 641, 643
chain guide 580
chain mail 749
chain of dunes 52
chain of neurons 168
chain pipe wrench 315
chain reaction 681
chain stay 578
chain stitch 459
chain wheel 870
chain wheel A 580
chain wheel B 580
chainsaw 331
chainsaw chain 331
chair 723
chair lift 886
chair lift departure area 886
chairs, examples 277
chaise longue 277
chalaza 117
chalice 737
chalk 863
chalk line 313
Chameleon 11
chameleon 114
chamfer bit 308
chamois leather 345, 377
chamomile 208
champagne flute 225
Chance card 915
chandelier 287
change sign key 529
changing table 281
channel scan button 495

channel scan buttons 495
channel selector 505
channel selector controls 495
chanter 432
chanterelle 183
Chantilly parquet 254
chapati bread 205
chapel 408, 726
character 472
character correction 528
characters 917
characters of a font 472
charcoal 397
charcoal drawing 396
chard 185
charge 912
charge air cooler 564
charge indicator 383
charger 306
charges, examples 741
charging handle 755
charging light 383
charging plug 383, 563
Charioteer 12
charlotte mold 232
charm bracelet 376
charms 376
Charon 5
chart room 604
chase 753
chat room 525
chayote 189
check 721
check nut 58
check valve 263, 319
check-rail 590
checkbook 386, 387
checkbook/secretary clutch 386
checker 916
checkerboard 916
checkered flag 872
checkers 915, 916
checkout 181, 723
checkouts 181, 716, 717
checks 729
cheek 124, 130, 148, 301, 753, 909
cheek piece 860, 861
cheek ring 854
cheek strap 854
cheese 722
cheese box 223
cheese counter 181
cheese grater, rotary 230
cheese knife 228
cheeses, blue-veined 211
cheeses, fresh 210
cheeses, goat's-milk 210
cheeses, soft 211
cheetah 135
chef 721
chemical bond 680
chemical elements 682
chemical treatment 656
chemise 408
chemistry 680
chemistry symbols 684
cherimoya 196
cherry 192
chervil 202
chess 916
chess notation 916
chess pieces 916
chessboard 916
chest 124
chest expander 850
chest freezer 291
chest protector 796, 808, 859
chesterfield 276
chestnut 193
chevet 411
Chèvre cheese 210
chevron 740
chevron stitch 459
chicane 872
chick 120
chick peas 190
chicken 213
chief 740
chief executive officer's office 509
chief judge 823, 837
chief mechanic 873
chief officer's office 768
chief range officer 860
chief referee 846, 847, 860, 883
chief steward 855
chief timekeeper 830
chief's office 764
chiffonier 279
child carrier 580
child safety seat 558
child's skull 158
child's tricycle 581
children 785
children's books 732
children's clothing 369
children's furniture 281
children's section 732
children's shoes 717
children's sportswear 717
chile 199
Chile 742
Chile Trench 50
chili powder 199
chimney 245, 257, 259
chimney connection 256
chimney pot 245
chimpanzee 139
chin 115, 148
chin guard 765, 885
chin protector 575
chin rest 439
chin strap 765, 808, 870
China 747
China Sea, East 33
China Sea, South 33
Chinese 468
chinois 231
chip cover 305
chip van 572
chipmunk 123
chipolata sausage 216
chipset 513
Chisel 11
chisel 421
chiton 336
chive 184
chlamys 336
chlorine 683
chloroplast 74
choanocyte 95
chock 900, 901
chocolate 208
choir 410, 411
choir organ manual 444
choker 374
chondrite 8
choosing key 261
chop 214, 215
chord 435
chorizo 216
choroid 177
chow chow 130
Christianity 736
Christmas tree 652, 654
chromatin 94
chromium 683
chromosphere 6
chronology of religions 736
chrysalis 97
chuck 302, 306, 307, 649
chuck key 306
chuck, keyless 306
chukka 342
church 711, 737
chute 650
cicada 101
cigar 390
cigar band 390
cigar cutter 390
cigarette 390
cigarette pack 390
cigarette papers 390
ciliary body 177
ciliate 79
cilium 94
cine scale 479
cinnamon 198
circle, parts 704
circles 917
circuit 872
circuit breaker 260, 658
circuit vent 262
circular body 432
circular needle 457
circular route 39
circular saw 304
circular saw blade 304
circular track 16
circulating pump 259, 675
circulation desk 733
circumference 704
circumflex accent 473
circumvallate papilla 176
cirque 7
cirque, glacial 46
cirrocumulus 56, 62
cirrostratus 56, 62
cirrus 56, 62
citron 194
citrus fruit 82
citrus fruits 194
citrus juicer 230, 237
city 37, 708
city bicycle 581
city bus 568
city hall 710
city houses 419
clam 217
clam cleat 835
clamp 274, 303, 381, 424, 462, 892
clamp binder 532
clamp lever 381
clamp spotlight 286
clamp/holder 685
clamping block 700
clamping screw 312
clamping screws 700
clapper/the slate 429
clapskate 883
clarinet 446
clarinets 437
clasp 386, 387
class ring 376
classic blouse 359
classification yard 589
classified advertisements 471
classroom 727, 734, 735
classroom for students with learning
disabilities 734
clavicle 111, 116, 122, 141, 142, 152
claw 96, 98, 107, 113, 115, 121, 122,
130, 133, 140, 143, 301, 376, 425
claw hammer 301
claw, extended 133
claw, retracted 133
claw-pole rotor 688
clay 822
clay core 660
clay target 860
clean and jerk 850
clean dish table 721
clean utility room 778
cleaner height adjustment knob 289
cleaning brush 383
cleaning supplies 721
cleaning tools 289
cleanout 270
clear key 529
clear sky 56
clear space 812
clear-entry key 529
cleat 834, 835
cleated shoe 808
cleated shoes 885
cleaver 229
clefs 434
clerks' desk 728
clerks' office 728
clew 836
click 696, 697
cliff 7, 45, 51
climate control 556
climates of the world 61
climbing 900
climbing harness 901
climbing iron 345
climbing plant 322
climbing shoe 900
climbing structure, artificial 900
clinical thermometer 695
clinical thermometers 777
clip 284, 470, 506, 534, 700, 913
clip earrings 374
clipboard 533
clipless pedal 870
clippers 381
clitoris 170
cloaca 103, 110, 113, 116
cloakroom 394, 719, 723, 731
cloche 341
Clock 10
clock 488, 489, 491, 734
clock mechanism 697
clock operator 810
clock radio 503
clock timer 238, 290
clog 344
close hauled 833
close reach 833
close-up lens 478
closed stringer 255
closed to bicycles 545, 546
closed to motorcycles 545, 546
closed to pedestrians 545, 546
closed to trucks 545, 546
closeness setting 383
closet 250, 279
closure rail 590
cloth roller 460
clothing 336
clothing guard 783
clothing store 714
cloud 53, 65
cloud ceiling, measure 59
cloud of volcanic ash 44
cloudless sky 56
clouds 56, 62
clouds of vertical development 62
cloudwater 70
cloudy sky 56
clove 198
clove hitch 908
cloverleaf 538, 539
club 914
club chair 276
clubhouse 856, 866
clubhouse turn 856
clubs 823
clump of flowers 322
clutch 552
clutch housing 576
clutch lever 327, 574, 576
clutch pedal 556
coach 568, 800, 811, 827, 879
coach car 584
coach's box 794
coaches 881, 883
coaches' stand 891
coal mine 647
coal storage yard 646
coal-fired thermal power plant 646
coarse adjustment knob 693
coarse salt 201
coastal features 51
coat dress 356
coat hook 510
coat rack 510
coat tree 510
coatroom 726
coats 352, 355
coaxial cable 523
cob 85
cobalt 683
cobra 114
coccyx 152, 157
cochlea 174
cochlear nerve 174
cock 752
cockatoo 118
cockchafer 101
cocking lever 757
cockle 217
cockleshell 276
cockpit 834, 873, 898
cockpit canopy 898
cockpit ventilation 898
cockroach 101
cocktail cabinet 279
cocktail glass 225
cocktail lounge 724
cocoa 208
coconut 193
Cocos Plate 43
code 528
coelophysis 93
coffee 208
coffee beans 208
coffee makers 241
coffee mill 240
coffee mug 226
coffee pot 905
coffee shop 710, 715, 725
coffee spoon 228
coil 688
coil spring 285, 553
coiling 465
coin 729
coin chute 920
coin purse 387
coin reject slot 920
coin return bucket 507
coin slot 507, 920
coin, reverse 729
coin: obverse 729
cola nut 193
colander 231
cold air 64, 675
cold coolant 665, 674
cold food 722
cold heavy water 670
cold room 722
cold shed 596
cold storage chamber 180, 181
cold temperate climates 61
cold-water circuit 262
cold-water line 266
cold-water riser 262
cold-water supply line 265, 267, 270,
271
collar 77, 348, 349, 352, 362, 370,
383, 838, 851
collar bar 376
collar point 349, 362
collar stay 349
collards 186
collaret 339, 363
collars, examples 362
collateral 168
collecting funnel 59
collecting vessel 59
collection body 573
collection truck 573
collector 659
collector head 18
collector rings 688
collet 308, 482
collie 130
Colombia 742
colon 97, 113, 125, 473
color chart 398
color circle 400
color control 512
color display 456
color filter 478
color selection filter 494
color shifting ink 729
color spray 398
color supplement 471
color synthesis 690
color television camera 20
colored pencil drawing 396
colored pencils 396
colors 400
colors, examples 741
colter 641, 643
colter's shaft 641
columella 105
columella fold 105
column 47, 64, 259, 287, 307, 403,
405, 452, 471, 482, 485, 540, 919
column crank 482
column lock 482
column of mercury 695
column radiator 259
coma 8
comb 417, 461, 749
comb binding 533
combat aircraft 760
combat sports 842
combination 852
combination box and open end wrench
311
combination lock 386
combine harvester 643
combs 380
combustion 564, 565, 627
combustion chamber 564, 566
comet 8
comforter 280
comma 473
command control dial 476
command module 19, 25
commander's seat 758
commando knife 751
commercial area 713
commercial concern 525
commercial zone 709
commissure of lips of mouth 174
common carotid artery 160
common coastal features 51
common extensor of fingers 151
common frog 111
common hair cap moss 75
common iliac artery 160, 165
common iliac vein 165
common nail 301
common periwinkle 217
common peroneal nerve 166
common plaice 221
common polypody 76
common symbols 725
common toad 111
common whipping 908
communicating ramus 168
communication antenna 761
communication by telephone 506
communication devices 522
communication module 486
communication panels 626
communication protocol 524
communication set 594
communication tunnel 23
communications 468
communications volume controls 20
communion rail 737

Community Chest card 915
commutator 688
commuter train 583
Comoros 746
compact 378
compact bone 154
compact disc 501, 504
compact disc player 488, 501, 503, 504
compact disc player controls 504
compact disc player, portable 503
compact disc reading 501
compact disc recorder 503
compact disc rewritable 521
compact disc rewritable recorder 521
compact flash memory card 481
compact memory card 477
compact videocassette adapter 496
compacting 71
compartment 416, 919
Compass 11
compass 898
compass bridge 604, 608, 609
compass card 37, 612, 907
compass meridian line 907
compass saw 303
competition 789
competition area 845, 846, 847
competition course basin 788
competition ring 852
competition site: half-pipe 887
competitive course 831
competitors' compound 871
competitors' line 845, 847
complaints office 768
complex dune 52
complexus 151
compluvium 406
composition of the blood 162
compost bin 323
compound bow 859, 913
compound eye 96, 98, 99
compound leaves 79
compressed air reservoir 586
compressed-air cylinder 765, 841
compressed-air tank 873
compression 564, 565, 627
compression coupling 270
compression fitting 269
compression link 640
compression/intake 565
compressor 260, 533
compressor turbine 627
computer 734
computer compartment 527
computer connector 518
computer interface port 520
computer network 523
computer programs 771
computer room 763
computer science room 734
computer screen intensity controls 20
computer table 511
concave lens 691
concave primary mirror 15
concentric lamellae 154
concert grand 443
concha 173
conchiglie 206
concrete 298
concrete block 298
concrete drain 655
concrete mixer truck 573
concrete shielding 670, 671
concrete wall 675
condensation 67, 680
condensation of steam into water 665
condensation pool 671
condensed 472
condenser 646, 668, 674, 693, 694
condenser adjustment knob 693
condenser backwash inlet 669
condenser backwash outlet 669
condenser coil 261
condenser cooling water inlet 669
condenser cooling water outlet 669
condenser fan 261
condenser height adjustment 693
condiments 200, 723
condominium 886
condominiums 419
condor 119
conduction 681
conductor's podium 437
condyloid joint 156
cone 89, 177, 705
conference room 509, 718, 730
confessionals 737
configuration of the continents 28
confined aquifer 646
confirmation key 731
confluent 48
Confucianism 736
Confucius 736
Congo 745
Congo River 34
conic projection 36
conical broach roof 415
conical buoy 615, 617
conical washer 265
conifer 89
coniferous forest 66
conifers, examples 89
conjunctiva 177
connecting cable 465, 502
connecting gallery 543
connecting rod 564, 566
connecting terminal 452
connection 916
connection box 490
connection pin 689
connection point 273
connective tissue 172
connector 269, 272, 488
connector panel 518
conning tower 763
conservation laboratory 395
constellations of the northern hemisphere 12
constellations of the southern hemisphere 10
constriction 695
consumer 487
consumer number 273
contact 274, 916
contact devices 274
contact lenses 384
contact lever 287
contact printer 484
container 59, 236, 320, 605, 635
container car 588
container hold 605
container semitrailer 572
container ship 596, 604
container terminal 596, 708
container-loading bridge 596
container/pallet loader 623
containers 635
containment building 665, 667
Contents 0e+0
contest area 844, 845, 846
contestant 844, 846
continent 49
continental crust 42
continental margin 49
continental rise 49
continental shelf 49
continental slope 49
continents, configuration 28
continuity person 429
continuity tester 316
continuous beam 540
contour feather 115
contrabassoons 437
contractile vacuole 94
contrast control 512, 518
control 514
control bar 897
control box 267
control button 516
control cable 323, 580
control center 394, 727, 764
control column 626
control console 10, 626
control deck 605
control gate 890
control key 514
control keys 508
control knob 290, 292, 293, 294
control lever 649
control lights 519, 520
control of staff entries and exits 726
control panel 238, 239, 261, 290, 292, 293, 294, 476, 512, 518, 694, 766
control rod 670, 671
control room 10, 431, 488, 657, 669, 718, 768
control room, radio 488
control rooms, television 490
control stand 586
control stick 631, 898
control tower 618, 761
control tower cab 618
control valve 903
control visual display 694
control wheel 626, 766
control: group select 514
controller 918
controller ports 918
convection 681
convection current 681
convection zone 6
convective cell 63
convector 260
convenience food 181
convenience outlet 316
convention center 711, 718
convention hall 718
conventional door 416
convergent plate boundaries 43
converging lenses 691
convertible 549
convex lens 691
conveyor 646, 647, 649
conveyor belt 71, 620
Cook Strait 29
cook's knife 229
cooked ham 216
cookie cutters 232
cooking area 722
cooking dishes 239
cooking plate 239, 722
cooking set 905
cooking surface 239
cooking utensils 234, 722
cooksonia 92
cooktop 224, 290
cooktop edge 290
cool tip 381
coolant 665, 674
coolant inlet 672
coolant outlet 672
coolant: boiling water 671
coolant: carbon dioxide 670
coolant: pressurized heavy water 670
coolant: pressurized water 671
cooler 906
cooling 656
cooling cylinder 692
cooling fan 497, 552, 561, 563, 566
cooling system 553
cooling tower 646
cooling vent 526
coping 894
coping saw 303
copper 683
copper plate 422
copper to plastic 269
copper to steel 269
copulatory bursa 97, 104
copy output mode 512
copy quantity 512
copyright 473
coracoid 111, 116
Coral Sea 29
coral snake 114
corbel 408
corbel piece 256
cord 285, 288, 289, 316, 331, 332, 424, 505
cord sleeve 308, 318
cord tieback 282
cordate 79
cordless drill-driver 306
cordless mouse 516
cordless screwdriver 302
cordless telephone 507
core 6, 82, 867, 908, 912
core box bit 308
coriander 202
Corinthian column 407
Corinthian order 405
Corinthian pilaster 407
cork 892
cork ball 797
cork tip 817
corkscrew 230, 905
corn 85, 203
corn bread 205
corn flour 204
corn oil 209
corn salad 187
corn syrup 209
corn: cob 85
cornea 177, 691
corner 426, 842
corner arc 803
corner cap 587
corner cupboard 279
corner fitting 635
corner flag 801, 803
corner judge 845
corner judges 846
corner pad 842
corner stool 842
corner structure 635
corner stud 252
corner tower 408
cornerpiece 389
cornet 437, 447
cornice 245, 247, 278, 282, 403, 404
corolla 80
corona 6
corona radiata 170
coronal suture 158
coronet 124, 127
coronet boot 853
corpus callosum 167
correction fluid 534
correction key 456
correction paper 534
corridor connection 584
corrosive 774
corselette 366
corset 337, 367
cortex 165
corymb 81
cosmetic tray 389
cosmetics 717
Costa Rica 742
costal cartilage 122
costal shield 113
costume 428
cot 776
Côte d'Ivoire 745
cotehardie 337
cottage cheese 210
cottage curtain 282
cotter pin 249
cotton applicators 777
cotyledon 77
couched stitches 459
coudé focus 17
cougar 134
cough syrup 783
coulomb 702
Coulommiers 211
counsels' assistants 728
counter 370, 722
counter reset button 499
counterguard 409
counterjib 634
counterjib ballast 634
counterscarp 409
countertop 224
counterweight 14, 16, 417, 500, 542, 591, 634, 638, 639, 640
counterweight guide rail 417
country 37, 709
coupler head 586, 587, 640, 641
coupler knuckle 587
coupler knuckle pin 587
coupler-tilt tablet 444
coupling bolt 659
coupling guide device 585
coupon booth 731
course 833, 866, 874, 890
course buoys 838
course gate 837
course steward 853, 855
course umpire 838
court 728, 809, 810, 812, 813, 814, 816, 818, 819, 820
court referee 814
courthouse 710
courtroom 728
courtyard 727, 735, 738
couscous 204
couscous kettle 235
cousin 785
couter 749
cove bit 308
cover 240, 261, 273, 274, 391, 477, 512, 755, 757, 767, 797, 867, 907
coveralls 887
covered parapet walk 408
covered way 409
covering 425, 815
covering disk 643
covering grille 259
covering materials 299
cow 128
cow hitch 908
cowl 550
cowl neck 363
Cowper's gland 169
cowshed 182
coxa 96, 98
coxal gland 103
coxed eight 839
coxed four 839
coxed pair 839
coxless double 839
coxless four 839
coxless pair 839
coxswain's seat 838
Coyolxauhqui stone 412
Crab 13
crab 218
crab spider 102
cracked bread 205
cracked rye bread 205
cradle 14, 15, 485, 756
crafts 452
crakow 339
crampon strap 901
crampon system 893
cranberry 192
Crane 10
crane 652
crane runway 634
cranes 634
cranial nerves 166
crank 230, 307, 312, 580, 750, 910
crank handle 313, 423
crankcase 565
crankshaft 564, 566
crash helmet 872, 884, 885
crate 222
crater 7, 44, 647
crater ray 7
crawl kick 832
crawler tractor 636
crayfish 218
cream 210
cream cheese 210
cream cup 223
creamer 226
crease 350
credenza 510
credit card 729
Cree 469
creel 911
creep 47
cremaster 97
crenate 79
crepidoma 403, 405
crescendo pedal 444
crescent 741
crescent wrench 311
crescentic dune 52
crest 45, 49, 690, 748, 797
crest of spillway 657
Cretaceous 93
crevasse 46
crevice tool 289
crew neck 368
crew neck sweater 354, 359
crew quarters 604
crew return vehicle 21
crew's locker 584
crib 281
cribriform plate of ethmoid 175
cricket 798
cricket ball 798
cricket player 798
cricket shoe 798
crime prevention 768
crimp 901
crimping 912
crisper 291
crisscross curtains 283
critical point 891
Croatia 744
crochet hook 457
crocodile 114
crocus 80
croissant 204
crook 446
crook key 446
crookneck squash 189
crop 97, 99, 104, 106, 116
crosne 184
cross 740
cross brace 783
cross cut 650
cross handle 919
cross head 302
cross rail 277
cross section 920
cross section of a baseball 797
cross section of a buttress dam 660
cross section of a golf ball 867
cross section of a gravity dam 661
cross section of a hydroelectric power plant 658
cross section of a molar 159
cross section of a muzzle loading 753
cross section of a pipe 390
cross section of a power plant 664
cross section of a reflecting telescope 15
cross section of a reflex camera 477
cross section of a refracting telescope 14
cross section of a road 538
cross section of a street 712
cross section of an airbrush 398

cross section of an arch dam 661
cross section of an astronomical observatory 17
cross section of an electron microscope 694
cross section of an embankment dam 660
cross stitches 459
cross-country bicycle 870
cross-country cyclist 870
cross-country ski 892
cross-country ski trail 886
cross-country skier 892
cross-country skiing 892
cross-headed tip 302
cross-tip screwdriver 905
crossarm 663
crossbar 424, 433, 461, 578, 792, 827, 897
crossbeam 460
crossbow 750
crossbuck sign 591
crosshead 632
crossing 410, 411
crossing arm 568
crossing gate mechanism 591
crossover back straps overalls 369
crossover cargo deck line 607
crossover mirror 568
crosspiece 278, 460, 782
crosstree 834
crosswise grain 455
crotch 351
crotch piece 359
Crottin de Chavignol 210
crouching position (freestyle wrestling) 843
croup 124, 826
Crow 11
crown 87, 115, 159, 340, 341, 374, 398, 440, 448, 610, 696
crown block 651
crownpiece 854
crucifix 737
crude oil 656
crude-oil pipeline 654
cruise control 556
cruise control lever 333
crus of helix 173
crushed chiles 199
crusher 71, 646
crushing roll 642
crustaceans 107, 218
crustose lichen 74
crutch 782
crystal button 287
crystal drop 287
crystallization 680
Cuba 742
cube 705
cuboid 155
cucumber 188
cue ball 862, 863
cuff 338, 342, 349, 350, 880
cuff link 361
cuirass 748
cuisse 749
culet 374
culler-facer-canceler 474
culottes 357
cultivated mushroom 183
cultivator 641
cultural organization 525
cumin 198
cumulonimbus 56, 62
cumulus 56, 62
cuneiform, 1st 155
cuneiform, 2nd 155, 156
Cup 11
cup 223, 226, 367, 905, 906, 912
cup gasket 773
cupola 614
cupped Pacific oyster 217
cupule 84
curator's office 394
curb 712, 872
curb bit 854
curb chain 854
curb hook 854
curb rein 854
curium 684
curled endive 187
curled kale 186
curler 877
curling 877
curling brush 877
curling iron 381
curling stone 877
currant 192
currant tomato 188
currency abbreviations, examples 728
currency exchange 725
currency, name 729
current event scoreboard 825
curry 198
cursor down 515
cursor left 515
cursor movement keys 515, 529
cursor right 515
cursor up 515
curtain 282, 389, 492
curtain pole 284
curtain track 284
curtain wall 408
curtains, examples 283
curved jaw 310
customer service 731
customer's service entrance 273
customers' cloakroom 720
customers' entrance 720
customers' toilets 720
customs control 621
customs house 596
cut for gemstones 375
cut nail 301
cut stone 298
cut-off trench 660, 661
cuticle nippers 377
cuticle pusher 377
cuticle scissors 377
cuticle trimmer 377
cutlery basket 294
cutlery set 905
cuts of beef 214
cuts of lamb 215
cuts of pork 215
cuts of veal 214
cutter 317
cutter bar 642, 643
cutter link 331
cutting blade 236, 240, 424, 534
cutting board 229
cutting cylinder 332
cutting edge 227, 229, 382, 636, 637, 638
cutting guide 424
cutting head 535
cutting line 455
cutting oxygen handle 319
cutting tip 319
cutting tools 330
cutting torch 319
cutting weapons 751
cutting wire 464
cuttlefish 217
cyan 690
cyanobacteria 92
cycling 870
cyclone 63
cyclone names 63
cyclorama 492
cylinder 249, 268, 564, 705, 754
cylinder case 249
cylinder head cover 552, 566
cylinder pressure gauge 319
cylinder vacuum cleaner 289
cylindrical buoy 615
cylindrical projection 36
cymbal 448
cymbals 437, 449
cypress scalelike leaves 89
Cyprus 744
cytopharynx 94
cytoplasm 74, 94, 170
cytoproct 94
cytostome 94
Czech 469
Czech Republic 744

D

D 434
D carabiner 900
d quark 680
dabber 422
daffodil 80
dagger 751
daggerboard 836
daggerboard well 836
daikon 189
dairy 182
dairy compartment 291
dairy products 180, 210
dairy products receiving area 180
dalmatian 131
dam 657
damper 258, 443, 465
damper lever 443
damper pedal 442, 451
damper rail 443
dance blade 881
dandelion 187
danger 616
danger area 844
danger zone 847
dangerous materials 774
Danish 469
Danish Blue 211
Danish rye bread 205
Danube River 32
dark chocolate 208
darkness 617
darkroom 484
dart 455, 918
dart sac 104
dartboard 918
darts 918
dash 473
dashboard 556, 574
dashboard computer 771
dashboard equipment 771
data display 479, 495, 508
data display illumination button 479
data hold 316
data logger 58
data processing 41, 54
data reception 41
data record system 694
data recording 41
data storage devices 521
data transmission 41
database 525
date 192, 729
date display/recording button 496
dater 531
dating nail 590
daughter 784, 785
daughter-in-law 784
David 736
davit 602, 606
day-care center 715
daymark 615
daymarks 617
dayroom 727
dead ball line 804
dead bolt 248, 249
dead bowl area 864
deadly poisonous mushroom 76
death 702
debit card 731
debris 63
decagon 705
decanter 225
deceleration and braking zone 891
deceleration lane 539
deceleration stretch 885
deciduous forest 66
decimal key 529
decimal tab 528
deck 471, 540, 571, 650, 838, 893
deck arch bridge 541
deck crane 761
declination 13
declination setting scale 14, 15
décolleté bra 367
decomposers 67
decorative accessories 716
decorative articles store 715
decorative braid 368
decoy 913
decoy launcher 762
dedicated line 523, 524
deep fryer 238, 721
deep peroneal nerve 166
deep-sea floor 42
deer crossing 545, 547
defense counsels' bench 728
defense third 809
defensive midfield 803
deferent duct 169
defibrillator 775
deflector 260, 329, 332, 333
deforestation 69
defrost drain 291
degree 704
degree Celsius 702
dehumidifier 261
Deimos 4
delete 515
delete key 515
delicatessen 180, 216
delicious lactarius 183
delivery 799, 864
delivery entrance 713
delta 48, 51
delta distributary 48
Delta II 24
delta wing 629, 630
deltoid 150
deluge gun 766
demilune 409
demitasse 226
Democratic People's Republic of Korea 747
Democratic Republic of the Congo 745
dendrite 168
Denmark 744
denomination 729
dental alveolus 159
dental care 384
dental floss 384
dental floss holder 384
dentary 112
dentate 79
dentil 404, 405
dentin 159
deodorant 379
deoxygenated blood 162
department store 715, 716
departure time indicator 582
depolarizing mix 689
deposit slot 730
depressed-center flat car 588
depth adjustment 308
depth gauge 841
depth of focus 43
depth scale 613
depth stop 307
depth-of-cut adjustment knob 309
depth-of-field preview button 476
depth-of-field scale 478
derailleur 578, 580, 870
derby 340
dermis 172
derrick 604, 607, 651, 652, 654
derrick mast 607
descender 900
descending aorta 161
descending colon 164
descending passage 402
desert 52, 61, 66
desired temperature 261
desk 724
desk lamp 286
desk mat 511
desk tray 531
desktop computer 522, 523, 524
desktop video unit 520
dessert fork 228
dessert knife 228
dessert spoon 228
desserts 723
destination 582
destroying angel 76
detachable body 573
detachable control 239
detachable palm rest 514
detergent dispenser 294
detonator 757
deuterium oxide upgrading 669
developer bath 485
developing baths 485
developing tank 484
Devonian 92
dew 65
dew pad 130
dew shield 14
dewclaw 130
dexter 740
dexter base 740
dexter chief 740
dexter flank 740
diable 235
diacritic symbols 473
diagonal 663
diagonal buttress 410
diagonal movement 916
diagonal step 892
dial 273, 695, 696, 697, 698
dial-type display 613
dial/action button 527
diameter 704
diamond 375, 914
diamond interchange 538
diamond mesh metal lath 299
diamond point 278
diaper 368
diaphragm 163, 477, 488, 502
diaphysis 155
diastema 123
dibble 324
dice 914
dice cup 915
die 915
diesel engine 586
diesel engine compartment 637, 638, 639
diesel engine cycle 565
diesel engine ventilator 586
diesel engines 762
diesel lift engine 605
diesel motor compartment 636
diesel oil 656
diesel propulsion engine 605
diesel shop 583
diesel-electric locomotive 586
differential 553
difficult slope 886
difficulty judges 823
diffuser 428, 479
diffuser pin 329
dig 812
digestive gland 104, 105, 106, 107
digestive glands 103
digestive system 164
digit 110, 122, 143
digital audio player, portable 503
digital audio tape recorder 488
digital camcorder 517
digital camera 481, 517
digital display 316, 699, 777
digital frequency display 498
digital nerve 166
digital pad 130, 133
digital pulp 172
digital reflex camera 477
digital storage 481
digital thermometer 777
digital versatile disc 494
digital video effects monitor 491
digital video special effects 491
digital voice recorder 534
digital watch 696
digitizing pad 517
digits 116
Dijon mustard 200
dike 44
dill 202
dimetrodon 92
dimmer room 490
dimmer switch 274
dimple 867
dinette 224, 250
dining car 584
dining room 250, 406, 608, 720, 723, 724, 727, 763, 764
dining section 584
dinner fork 228
dinner knife 228
dinner plate 226
dinnerware 226
dinnerware, glassware and silverware 717
diode 673
Dione 5
dioptric ring 614
dip switch 576
dipper 398
dipper arm 637
dipper arm cylinder 637
dipper bucket 638
direct home reception 486
direct-current power cord 526
direct-reading rain gauge 58, 59
direction of electron flow 687, 689
direction of Mecca 738
direction to be followed 544, 546
directional buttons 918
directional sign 593
director 429
director of photography 429
director of shooting 859
director's chair 276
director's control monitors 428
director's office 731, 732
director's seat 429
directory 524
dirty dish table 721
disc 559, 641
disc arm 641
disc brake 552, 559
disc compartment 501
disc compartment control 501
disc faucet 268
disc tray 494, 521
discharge bay 666
discharge line 263
discharge outlet 246
discus 793
discus throw 791
dish 239, 493
dish antenna 493
dishwasher 224, 271, 294, 721, 723
disk 9, 273, 423, 521, 560, 851

disk brake 574, 874
disk camera 481
disk drive 450
disk eject button 521
disk motor 521
disk spacing lever 643
diskette 521
disks 237
displacement 690
display 261, 494, 497, 503, 505, 506, 507, 526, 529, 530, 548, 613, 699, 730, 731
display cabinet 279, 510
display panel 496
display preparation area 180
display release button 526
display setting 506
disposable camera 480
disposable contact lens 384
disposable diaper 368
disposable fuel cylinder 314, 319
disposable razor 383
distal epiphysis 155
distal phalange 154, 155
distal phalanx 126, 133, 172
distal sesamoid 126
distance 385
distance scale 478
distance traveled 700
distance, measure 700
distress beacon 611
distributary, delta 48
distribution box 263
distribution by aerial cable network 486
distribution by submarine cable 487
distribution by underground cable network 487
distribution center 474
distribution panel 272, 273
distributor cap 552, 566
distributor service loop 273
district 39
ditali 206
ditch 538, 864
divergent plate boundaries 43
diverging lenses 691
diversion canal 657
dives, examples 829
divide key 529
divided by 703
divider 386, 643
dividers 532
dividing breeching 767
diving 828
diving board 246
diving glove 841
diving installations 828
diving plane 763
diving tower 828
diving well 246, 788
djembe 433
Djibouti 745
Dnieper River 32
do 847
do not iron 347
do not tumble dry 347
do not use chlorine bleach 347
do not wash 347
do-it-yourself 298
do-it-yourself shop 714
dock 596
docking cradle 527
document compartment 527
document folder 532
document handler 512
document-to-be-sent position 508
documentation center 764
dodecagon 705
dog 130, 913
dog breeds 130
dog ear collar 362
dog's forepaw 130
dog, morphology 130
dog, skeleton 131
dohyo 847
dolichos beans 190
dollar 728
dolly 428
dolly tracks 428
Dolphin 12
dolphin 136, 137
dolphin, morphology 136
dolphin, skeleton 136
domain name 524
dome roof 415
dome shutter 17
dome tent 903
domestic appliances 236, 240, 288
domestic appliances, major 716
domestic appliances, small 717
domestic pollution 69
Dominica 743
Dominican Republic 743
dominoes 914
door 238, 278, 290, 293, 417, 551, 554, 567, 624, 724, 738, 818, 902, 903
door access 699
door handle 551
door lock 551
door open warning light 557
door panel 278
door shelf 291
door stop 291, 587
door switch 293
doorknob 247, 248
doors, examples 416
Doric column 407
Doric order 404
dormer window 244
dorsal abdominal artery 107
dorsal aorta 99
dorsal blood vessel 97
dorsal fin 136
dorsal mantle cavity 106
dorsalis pedis artery 160
dorsum of nose 175
dorsum of tongue 176
dose inhaler 783
dot matrix printer 520
double 853
double bass 439
double basses 437
double bed 724
double bend 544, 547
double boiler 235
double curtain rod 284
double drop lowbed semitrailer 572
double flat 435
double glazing 675
double handle 840
double kitchen sink 262
double oxer 852, 853
double pennant 739
double plate 252
double pole breaker 272
double pulley system 686
double reed 446
double ring 918
double room 724
double seat 594
double sharp 435
double sheet bend 908
double spacing 472
double virgule 524
double zero 919
double zero key 529
double-bladed paddle 837, 839
double-blank 914
double-breasted buttoning 352
double-breasted jacket 348
double-burner camp stove 903
double-deck bus 569
double-decked pallet 632
double-edged blade 383
double-edged razor 383
double-leaf bascule bridge 542
double-six 914
double-twist auger bit 306
doubles luge 884
doubles service court 817
doubles sideline 817, 820
doublet 338, 914
doubling die 915
doubly dentate 79
dough hook 236
Douglas, pouch 170
dousing water tank 665, 669
dousing water valve 669
Dove 11
dovetail 692
dovetail bit 308
down tube 579
down wind 833
downhill 889
downhill bicycle 870
downhill cyclist 870
downhill ski 888
downspout 244
downstream face 661
downstream gate 837
downstream shoulder 660
downstream toe 660
downtown 709, 710
dozen (1 to 12) 919
dozen (13 to 24) 919
dozen (25 to 36) 919
draft arm 638
draft hole 259
draft link 640
draft tube 638, 658, 659
draft tube liner 659
drafting machine 399
drafting table 399
drag 630, 909
Dragon 13
dragonfly 102
dragons 917
drain 262
drain hose 271, 292, 294
drain tile 253
drain valve 266, 267, 655
drainage blanket 660
drainage layer 660
draining circuit 262
draining spoon 233
Drake Passage 29, 31
draped neck 363
draped neckline 363
draped swag 283
draw 789
draw bar hitch 641
draw bar hitch head 642
draw drapery 282
draw hoe 326
draw tube 693
drawbar 756
drawbar lock 756
drawbridge 408
drawer 224, 278, 279, 281, 290
drawers 351
drawing 396, 401
drawing board 399
drawing, accessories 399
drawing, equipment 396
drawstring 353, 387
drawstring bag 387, 388
drawstring hood 369
dredger 232
dress with bustle 337
dress with crinoline 337
dress with panniers 337
dressage 855
dresser 279, 428
dresses, examples 356
dressing room 428, 431, 509, 734
dressmaker's model 454
dried chiles 199
drift 650
drifting snow high 57
drifting snow low 57
drill 307
drill collar 651
drill pipe 651
drill press 307
drill rod 648
drill ship 604, 653
drilling drawworks 651
drilling rig 651
drilling tools 306
drills 306
drink box 223
drinks 180
drip bowl 290
drip dry 347
drip molding 551
drip pan 239
drip tray 241
dripping pan 234
drive belt 292
drive chain 578
drive pulley 688
drive shaft 553, 605, 631
drive wheel 240, 307
drive wheels 639
driven compressor wheel 564
driver 857, 868, 872
driver seat 577
driver's cab 585, 586
driver's seat 758
driveway 245
driving glove 346
driving turbine wheel 564
driving wheel 462, 640
drizzle 64
dromedary camel 129
drone 99
drone pipe 432
droop nose 629
drop earrings 374
drop light 316
drop shot 821
drop waist dress 356
drop-leaf 278
drug storage 775
drum 230, 285, 293, 404, 448, 559, 612, 697
drum brake 559
drumlin 45
drums 448
drumstick 433
drupelet 83
dry cells 689
dry cleaner 715
dry climates 61
dry dock 596
dry flat 347
dry fruits 84, 193
dry gallery 47
dry pastel drawing 396
dry well 671
dry-weather tire 872
drying 347
drypoint 422, 423
dual cassette deck 503
dual launch structure 24
dual seat 575
dual swivel mirror 381
dual-in-line package 689
dubnium 683
duck 120, 213
duck egg 213
duffel bag 388
duffle coat 353
dugout 794
dugout canoe 599
dulse 183
dumbbell 850
dump 647, 648
dump body 572, 573, 639
dump semitrailer 572
dump truck 573, 639
dune 51
dunes, examples 52
duo 438
duodenum 116, 164
dura mater 167, 168
durian 197
dust canister 308
dust cover 500
dust receiver 288
dust spout 304
dust storm 57
dust tail 8
dusting brush 289
dustpan 295
Dutch 469
Dutch bicycle 581
Dutch oven 235
duty belt 770
duty-free shop 621
DVD 494
DVD player 494
DVD recorder 521
dynamic brake 586
dynamic microphone 488
dynamics propeller 605
dynamo 688
dysprosium 684

E

E 434
e-commerce 525
e-mail 525
e-mail key 514
e-mail software 524
Eagle 10, 12
eagle 119, 741
ear 133, 140, 146, 277
ear drum 174
ear flap 340
ear loaf 204
ear muffs 861
ear plugs 872
ear protection 772, 774
ear, auricle 173
ear, structure 174
earbud 506
earbuds 872
earphone 502
earphone jack 513
earphones 503
earpiece 385, 776
earplugs 772
earrings 374
Earth 0, 4, 5, 6, 7, 28
earth auger, motorized 323
Earth coordinate system 35
earth foundation 538
Earth radiation scanner 60
Earth radiation sensor 60
Earth sensor 40, 60
Earth's atmosphere, profile 53
Earth's crust 42, 43
Earth's crust, section 42
Earth's orbit 6, 7
Earth, structure 42
earthflow 47
earthquake 43
easel 399, 484
East 37, 616, 917
East cardinal mark 617
East China Sea 33
East Pacific Rise 50
East-Northeast 37
East-Southeast 37
Eastern hemisphere 35
Eastern meridian 36
easy slope 886
eau de parfum 379
eau de toilette 379
eave 412
eccrine sweat gland 172
echinoderms 94, 95
echinus 404
echo 40, 41
echo sounder 613
echo sounder probe 613
eclipses, types 6, 7
ecliptic 13
economy and finance 728
ectoderm 95
ectopterygoid 112
Ecuador 742
edge 300, 454, 729, 881, 884, 887, 888, 907
edger 332
edging 322
edible boletus 183
edit search button 496
editorial 471
education 732
educational institution 525, 711
eel 219
effluent 48
effort 686
effusive volcano 44
egg 100, 117, 170
egg beater 232
egg butt snaffle bit 854
egg carton 222
egg noodles 207
egg poacher 235
egg slicer 233
egg timer 231
egg tray 291
eggplant 188
eggs 109, 111, 213
Egypt 745
Egyptian reed pen 470
eight cut 375
eighth note 435
eighth rest 435
einsteinium 684
ejaculatory duct 169
eject button 477, 499, 918
ejection port 755
ejection seat 760
ejector 638
El Salvador 742
elastic 280
elastic ligament 133
elastic strainer 902, 903
elastic support bandage 777
elastic waistband 353
elastic webbing 350
elasticized leg opening 351
elbow 124, 130, 140, 147, 149, 156, 258, 269
elbow pad 800, 808, 894, 895
elbow pads 880
elbow, 45° 269
elbows 206
electric automobile 563
electric baseboard radiator 260
electric cable 563
electric charge, measurement 702
electric circuit 274
electric connection 258, 260
electric current, measurement 702
electric drill 306
electric dryer 293
electric fan motor 561
electric foil 848
electric furnace 258
electric golf cart 869
electric grill, indoor 239
electric guitar 441
electric kiln 465
electric knife 237
electric miter saw 304
electric motor 259, 331, 332, 563

electric potential difference, measurement 702
electric range 290, 721
electric razor 383
electric resistance, measurement 702
electric steamer 239
electric supply 266
electric variometer 898
electric water-heater tank 266
electrical box 274
electrical cable 556
electrical circuit, parallel 687
electrical connection 571
electrical connection panel 489
electrical hazard 774
electrical inlet 465
electrical payout linkage 920
electrical power unit 622
electrical scoring apparatus 848
electrical system 553
electricity 272, 687
electricity cable 712
electricity meter 273
electricity production room 763
electricity tools 316
electricity transmission 663, 665
electricity transmission network 674
electrode 275, 318
electrode assembly 259
electrode holder 318
electrode lead 318
electrolytic capacitors 689
electrolytic separator 689
electromagnetic spectrum 690
electron 680
electron beam 494, 694
electron beam positioning 694
electron collector 689
electron flow, direction 687, 689
electron gun 494, 694
electron microscope elements 694
electron microscope, cross section 694
electronic ballast 275
electronic book 527
electronic control box 563
electronic control unit 559
electronic drum pad 451
electronic flash 482
electronic instruments 450
electronic payment terminal 181, 731
electronic piano 451
electronic scale 699
electronic timing system 883
electronic typewriter 528
electronic viewfinder 496
electronics 689
electronics store 714
elements of a house 247
elements of architecture 413
elements, table 682
elephant 129
elevating arc 756
elevating cylinder 573, 634, 766
elevating hand-wheel 756
elevating handle 756
elevation 250
elevation adjustment 692
elevation zones 66
elevator 16, 407, 417, 509, 625, 650, 666, 713, 724, 761, 898
elevator car 417
elevon 23
ellipses 473
elliptical galaxy 9
elliptical snowshoe 893
embankment 538
embankment dam 660
embankment dam, cross section 660
emblem 739
embrasure 409
embroidered fabric 459
embroidery 459
emerald 375
emerald cut 375
emergency 778
emergency brake 594
emergency electric motor 763
emergency physician's office 778
emergency regulator 841
emergency station 543
emergency support vessel 653
emergency switch 576
emergency truck 543
emery boards 377
emery pack 454
Emmenthal 211
employee lunchroom 509
empty set 703
emptying hose 292
en prison 919
enamel 159
enclosure 182, 416
end 515
end aisle display 181
end bracket 284
end button 439
end cap 284, 667
end door 635
end grain 300
end joist 252, 253
end key 506, 515
end ladder 587
end line 806, 811, 812, 815
end moraine 46
end piece 169
end plate 667
end search button 496
end stop 284, 303, 835
end zone 806, 809
endocardium 162
endocarp 81, 82
endoderm 95
endoplasmic reticulum 74, 94
endpaper 426
endpiece 385, 863
energy 646
energy integration to the transmission network 662, 677
energy release 681
energy saving bulb 275
energy source 41
energy transmission at the generator voltage 662
energy, measurement 702
engaged Corinthian column 407
engaged Doric column 407
engaged Ionic column 407
engagement ring 376
engine 574, 651, 758
engine air intake 568
engine and crew alarm display 626
engine block 566
engine compartment 568, 632, 639, 640
engine control room 606
engine fuel valves 626
engine housing 331
engine mounting pylon 625
engine room 608, 763
engines, types 564
English 469
English billiards 863
English cane 782
English Channel 32
English horn 446
English horns 437
English loaf 205
English mustard 200
enhanced greenhouse effect 68
enlarger 485
enlarger timer 485
enlarging lens 485
enoki mushroom 183
ensiling tube 643
ENT room 779
entablature 247, 403, 405
enter key 515
enterprise 525
entire 79
entrance 100, 539, 719
entrance door 568, 569
entrance doors 427
entrance for the public 402
entrance hall 250, 394, 509
entrance slide 100
entrance to the pyramid 402
entrance turnstile 592
entrances for the actors 402
entries 829
entries line 529
entry 632, 829
envelope 899
environment 66
epaulet 352
epaulet sleeve 360
épée 849
épéeist 848
epicalyx 83
epicenter 43
epicondyle 153
epidermis 172
epididymis 169
epidural space 168
epiglottis 163, 176
epitrochlea 153
equalizing buckle 285
equals 703
equals key 529
equator 13
Equator 31, 34, 35, 36, 63
Equatorial Guinea 745
equestrian sports 852
equestrian sports ring 788
equilateral 413
equilibrator 756
equipment 421, 422, 423, 769, 790, 900
equipment compartment 585
equipment lock 666
equipment rack 489, 490
equipment storage room 734
erase button 477, 508
eraser 534
erbium 684
erecting lenses 692
Eritrea 745
Erlenmeyer flask 685
ermine 741
escalator 417, 427, 592, 713
escape 514
escape key 514
escape wheel 696, 697
escapement mechanism 436
escarole 186
escutcheon 105, 248, 268, 270
esophagus 95, 97, 99, 103, 104, 109, 110, 112, 113, 116, 125, 163, 164
espadrille 344
espresso coffee maker 241
espresso machine 241
Estonia 744
etching press 421
eternal light 738
Ethernet port 526
Ethiopia 745
ethmoid, cribriform plate 175
Eurasia 28
Eurasian Plate 43
euro 728
Europa 4
Europe 28, 32, 50, 743
European experiment module 21
European outlet 274
European plug 274
European robin 118
European Union, flag 729
europium 684
Eustachian tube 174, 175
Eutelsat 486
euthynteria 403, 404
evacuation route 543
evaporated milk 210
evaporation 67, 680
evaporator blower 261
evaporator coil 261
even 919
evening glove 346
event 831
event platform 824
evolution of life 92
ex-voto 737
examination room 779, 781
examples of fittings 269
examples of airplanes 628
examples of algae 75
examples of amphibians 111
examples of anchors 610
examples of angles 704
examples of arachnids 102
examples of arch bridges 541
examples of arches 413, 541
examples of armchairs 276
examples of bats 141
examples of beam bridges 541
examples of bicycles 581
examples of bills 117
examples of birds 118
examples of bits 308
examples of blouses 359
examples of bodies 549
examples of branching 270
examples of broadleaved trees 88
examples of carnivorous mammals 134
examples of chairs 277
examples of charges 741
examples of collars 362
examples of colors 741
examples of conifers 89
examples of currency abbreviations 728
examples of curtains 283
examples of dams 660
examples of dives 829
examples of doors 416
examples of dresses 356
examples of dunes 52
examples of eyeglasses 385
examples of feet 117
examples of ferns 76
examples of flowers 80
examples of forks 228
examples of freight cars 588
examples of furs 741
examples of fuses 272
examples of handles 840
examples of headings 283
examples of heads 302
examples of helicopters 631
examples of holds and throws 844
examples of hoofs 127
examples of insectivorous mammals 121
examples of insects 101
examples of instrumental groups 438
examples of interchanges 538
examples of jumps 881
examples of keyboard instruments 443
examples of kitchen knives 229
examples of knives 228
examples of lagomorphs 123
examples of leaves 89
examples of lichens 74
examples of marine mammals 137
examples of marsupials 143
examples of metals 741
examples of mosses 75
examples of motorcycles 577
examples of nails 301
examples of networks 522
examples of ordinaries 740
examples of pants 358
examples of partitions 740
examples of pins 865
examples of pleats 283, 357
examples of pockets 360
examples of primates 139
examples of reptiles 114
examples of rigs 601
examples of rodents 123
examples of roofs 414
examples of sails 601
examples of semitrailers 572
examples of shorelines 51
examples of skirts 357
examples of skis 840, 888
examples of sleeping bags 904
examples of sleeves 360
examples of space launchers 24
examples of space probes 19
examples of spoons 228
examples of tables 278
examples of tail shapes 629
examples of telephones 507
examples of tents 902
examples of tips 302
examples of tires 560
examples of tools 401
examples of transition fittings 269
examples of trucks 573
examples of ungulate mammals 128
examples of volcanoes 44
examples of windows 415
examples of wing shapes 630
exclamation point 473
excluded players re-entry area 827
excretory pore 104
execution judges 823
executive desk 511
executive length 351
executive secretary 509
exercise area 823
exercise wear 371
exhalation valve 773
exhaust 564, 565, 627
exhaust air duct 543
exhaust duct 627
exhaust gas admission 564
exhaust guide vanes 627
exhaust manifold 552, 564, 565, 566
exhaust nozzle 760
exhaust pipe 552, 553, 564, 575, 576, 631
exhaust pipe stack 636
exhaust port 565, 649
exhaust stack 570, 639, 640
exhaust system 553
exhaust tube 274, 275
exhaust valve 564, 566
exhaust/scavaging 565
exhibit hall 719
exhibition billboard 394
exhibition center 708
exhibition rooms 395
exhibition stand 719
exit 539
exit button 527
exit cone 100
exit taxiway 621
exit turnstile 592
exocarp 81, 82, 83
exosphere 53
expandable baton 770
expandable file pouch 386
expander 450
expanding file 533
expansion bolt 302
expansion chamber 695
expansion piton 900
expansion space 590
expansion tank 259, 675
expert slope 886
expiration date 729
explosion 564
explosive 774
explosive volcano 44
export pipeline 652
exposure adjustment knob 476
exposure meter 479
exposure mode 476
exposure value 479
exposure-time scale 479
extended 472
extended claw 133
extension 278
extension ladder 321
extension pipe 289
extension table 278
exterior dome shell 17
exterior door 247
exterior of a house 244
exterior pocket 386, 388
exterior sign 592
external auditory meatus 158
external ear 174
external floppy disk drive 521
external fuel tank 22
external gills 111
external jugular vein 160
external nose 175
external oblique 150, 151
external tooth lock washer 310
extra-bold 472
extra-light 472
extrados 413
eye 63, 103, 104, 106, 107, 112, 113, 121, 133, 136, 148, 177, 301, 453, 454, 461, 855, 900, 911
eye guard 765
eye makeup 378
eye protection 772, 774
eye ring 115
eye wall 63
eyeball 110, 177
eyebrow pencil 378
eyebrow stripe 115
eyebrow tweezers 377
eyecup 496
eyeglasses 385, 861
eyeglasses case 387
eyeglasses parts 385
eyeglasses, examples 385
eyelash 177
eyelash curler 378
eyelashes 132
eyelet 284, 342, 371, 387, 457, 881
eyelet tab 342
eyelid 113
eyepiece 14, 15, 477, 479, 496, 692, 693
eyepiece holder 14
eyeshadow 378
eyespot 95
eyestalk 104
Eyre, Lake 29

F 434
F clef 434
F-1 engine 25
fabric care symbols 347
fabric guide 288
fabric structure 455
façade 411
face 139, 146, 301, 409, 425, 647, 650, 815, 867
face mask 798, 800, 808, 879
face shield 318
face side 300
face-off circle 878
face-off spot 878
facepiece 773
faceplate 248, 249
facet 629
facial makeup 378
facsimile machine 508

factorial 703
factory 708
faculae 6
Fahrenheit scale 695
failed fuel bay 666
failed fuel canning 666
fairing 24, 574, 891
fairlead 835
fairway 866, 867
falcatus 92
falciform sesamoid bone 121
falcon 119
Falkland Islands 31
fall 362
fall front 279
falling rocks 545, 547
fallopian tube 170
fallopian tubes 171
fallow 182
false rib 153
false start rope 830
false tuck 368
family 784
family relationships 784
family tent 902
family waiting room 778
fan 259, 260, 293, 627, 643
fan belt 552, 566
fan brush 378, 397
fan cable stays 541
fan control 261
fan heater 260
fan housing 382
fan motor 261
fan trellis 322
fan wheel 688
fan's tube 643
fang 103, 112
fanion 739
fantail 676
far turn 856
farmhouse 182
farmhouse bread 205
farmstead 182
farmyard 182
fascia 404
fast data entry control 450
fast operation buttons 501
fast-food restaurants 715
fast-forward button 495, 499, 504, 508
fastener binder 532
fasteners 453
fastening device 284
father 784, 785
father-in-law 784
fats and oils 209
faucet 264
faucets 268
fault 43
feather crown 817
feather stitch 459
feathered shuttlecock 817
feed deck 531
feed dog 453
feed lever 307
feed table 643
feed tube 237, 240
feeder header 669
feeder output tray 512
feedhorn 493
feeding tube 643
feedwater 670, 671
feet, examples 117
feet-first entry 829
feijoa 197
felt 421
felt hat 340, 341
felt tip pen 397
felt tip pen drawing 396
felucca 600
female 702
female cone 89
female ferrule 909, 910
female reproductive organs 170
femoral artery 160
femoral nerve 166
femoral vein 160
femur 96, 98, 111, 116, 122, 126, 131, 138, 141, 142, 152
fence 182, 244, 303, 304
fencer 848
fencing 848
fencing shoe 848
fencing weapons 849
fender 550, 570, 578, 640
fennec 134
fennel 185
fenugreek 198
fermium 684
fern 76
fern, structure 76
ferns 92
ferns, examples 76
ferrule 320, 391, 863, 868
ferry 608
ferryboat 596
fertilizer application 69
fetlock 124
fetlock joint 124
fettling knife 464
fettucine 206
fez 339
fiber 908
fiber optic cable 523
fibers 295
fibula 122, 126, 131, 138, 141, 142, 152, 155, 156, 336
fiddlehead 76
fiddlehead fern 185
field 790, 794, 799, 804
field electromagnet 688
field hockey 800
field hockey field 788
field lens 692
field lens adjustment 693
field line 687
field mouse 123
field player 801
field winding 688
field, field hockey 788
fielder's glove 797
fielders 799
fifth 434
fifth wheel 570
fifty 703
fifty-yard line 806
fig 197
figure 855
figure skate 881
figure skating 881
figure ski 840
figure skiing handle 840
figure-eight knot 908
figures 472
Fiji 747
Fiji Islands 29
filament 80, 274
filament support 274
Filchner Ice Shelf 29
file 309, 524, 905
file format 524
file guides 532
file room 509
file server 523
filiform papilla 176
filing box 533
filing furniture 510
fill opening 288
filler 390
filler cap 332, 561, 570
filler neck 553
filler plate 513
filler tube 265
fillet 404, 405
filleting knife 229
filling hole 757
filling inlet 655
film 477, 481
film advance mode 476
film cartridge chamber 476
film disk 481
film drying cabinet 484
film guide rail 476
film guide roller 476
film leader indicator 476
film pack 481
film recorder 520
film rewind knob 476
film rewind system 476
film speed 476, 479
film sprocket 476
filter 238, 246, 258, 290, 390, 675
filter cover 773
filter holder 241
filter tip 390
fin 260, 625, 631, 759, 760, 840, 841
fin-mounted tail unit 629
final drive 636
final: 2 players 789
finalist 789
financial services 730
finch 118
finderscope 14, 15
fine adjustment knob 693
fine adjustment wheel 700
fine arts 394
fine bookbinding 424
fine data entry control 450
fine guidance system 17
finely threaded screw 700
finger 172, 797
finger button 447
finger flange 776
finger tab 859
finger tip 531
fingerboard 432, 439, 441
fingernail 173
finial 412, 739
finish 852
finish area 885, 887, 891
finish buoys 839
finish judge 883
finish judges 883
finish line 791, 833, 839, 856, 871, 890
finish line judge 839
finish wall 830
finishing 401
finishing nail 301
Finland 744
fir 89
fir needles 89
fire box 256
fire door 416
fire engines 766
fire escape stairs 509
fire extinguisher 725, 771
fire extinguisher, portable 767
fire hose 767
fire hydrant 712, 767
fire hydrant wrench 767
fire irons 257
fire pot 259
fire prevention 764
fire prevention education officer's office 764
fire station 711, 764
fire truck 764
fire-fighting material 767
firebrick 256, 298
firebrick back 256
firefighter 765
firefighters' dormitory 764
firefighters' toilets and showers 764
fireplace 250, 256
fireplace screen 257
fireproof and waterproof garment 765
firestopping 252
firewall 523
FireWire port 526
firing 465
firing accessories 752
firing chamber 465
firing lanyard 756
firing mechanism 757
firing shaft 756
firing tube 763
firing, wood 256
firmer chisel 401
firn 46
first aid 725
first aid equipment 775
first aid kit 771, 777
first aid manual 777
first aid station 886
first aid supplies 775
first aid team 853
first assistant camera operator 428
first base 794
first baseman 794
first classification track 589
first dorsal fin 108, 109
first floor 250
first focal room 16
first leaves 77
first level of operations 529
first molar 159
first officer's seat 626
first premolar 159
first quarter 7
first referee 813
first reinforce 753
first round: 128 players 789
first row 804
first space 811
first stage 25
first valve slide 447
first violins 437
first voltage increase 677
first-class cabin 624
fish fork 228
fish knife 228
fish platter 226
fish poacher 234
fish scaler 905
fish wire 317
fishbone stitch 459
fisherman's knot 908
Fishes 12
fishes 108
fishes, bony 219
fishes, cartilaginous 218
fisheye lens 478
fishhook 909, 911
fishing 909
fishing vest 911
fishplate 590
fishplate bolt 590
fission of uranium fuel 665
fission products 681
fissionable nucleus 681
fitness equipment 850
fitted sheet 280
fitting 766
fitting room 716
fittings 269, 389
fittings, examples 269
five 703
five hundred 703
five spice powder 199
five-number bet 919
fivepin 865
fixative 400
fixed arch 541
fixed base 312
fixed blade 424
fixed bridges 540
fixed distance marking 621
fixed jaw 311, 312, 700
fixed platform 653
fixed weight 436
fixed winglet 759
fixed-roof tank 655
fixing bath 485
fixture drain 262
fjords 51
flag 804, 890
flag of the European Union 729
flag shapes 739
flag with Schwenkel 739
flag, parts 739
flagellum 104
flageolet 191
flags 742
flagstone 298, 322
flail mower 642
flame 681
flame adjustment wheel 391
flame spreader tip 319
flame-resistant driving suit 872
flamingo 119
flammable 774
flank 115, 124, 409, 425
flank forward 804
flanking tower 408
flap 348, 387, 535, 855
flap hydraulic jack 760
flap lever 626
flap pocket 348, 352, 360
flare 6, 652
flare joint 269
flare nut wrench 311
flash hider 755
flash lamp 482
flash tube 692
flashcube 482
flashing 257
flashing light 591
flashlight 770
flashtube 482
flat 435, 894
flat bone 157
flat brush 397
flat car 588
flat end pin 285
flat head 302
flat mirror 17
flat oyster 217
flat part 457
flat roof 414
flat screen monitor 518
flat sheet 280
flat shuttle 461
flat stitches 459
flat tip 302
flat washer 310
flat-back brush 380
flat-bed 452
flat-plate solar collector 672
flatbed pushcart 633
flatbed semi-trailer 571
flatwater racing, canoe-kayak 838
flea 101
flesh 81, 82, 83
fleshy fruit 82, 83
fleshy leaf 78
fletching 859
fleur-de-lis 741
flews 130
flexible boot 887
flexible coupling 677
flexible hose 289, 649
flexible hose connection 649
flexible rubber hose 271
flexible skirt 605
flexible tube 776
flies 430
flight 829, 891, 918
flight bag 897
flight deck 22, 624, 626, 631, 761
flight information board 621
flight instruments 899
flight management computer 626
flight of stairs 255
flights 828
flint 318, 752
flint arrowhead 748
flint knife 748
flintlock 752
flip 881
flip turn 832
float 263, 628, 756
float ball 265
float clamp 263
float seaplane 628
float tackle 911
floater 827, 890
floating bridge 542
floating crane 596
floating dock 839
floating head 383
floating rib 138, 152
floating roof 655
floating sleeve 337
floating-roof tank 655
floodlight 492
floodlight on pantograph 492
floodplain 48
floor 257, 676, 818, 819
floor brush 289
floor coverings, textile 254
floor drain 262
floor exercise area 824
floor joist 252, 253
floor lamp 286
floor mat 558
floor mats 824
floor tile 299
floorboard 254, 577
floppy disk drive 513
floppy disk eject button 513
florist 715
flotation section 615
flour 204
flow 597
flow bean 654
flow tube 672
flower 77, 80
flower bed 245, 322
flower bud 77
flower tiles 917
flower, inflorescences 81
flower, structure 80
flowering 86
flowering plants 93
flowers, examples 80
flue 267, 444
flue hat 267
flue pipe 444
fluid adjustment screw 320
fluid cup 398
fluke 610
fluorescent tube 275
fluorine 683
flush 914
flush bushing 269
flush handle 265
flute 306, 404, 405, 446
fluted land 306
fluted pole 284
fluted shaft 557
fluteroni 401
flutes 437
Fly 11
fly 101, 350, 351, 368, 739
fly agaric 76
fly front closing 355, 369
fly line 909
fly reel 909
fly rod 909
flyfishing 909
flying buttress 410, 411
Flying Fish 11
Flying Horse 12
flying jib 603

flying mammal 140
flyleaf 426
flywheel 421, 464, 566, 851
FM mode select button 497
foam 49
foam cushion 772
foam insulation 299
foam monitor 607
foam pad 904
foam-rubber insulation 299
focal plane shutter 476, 477
focus 43, 691
focus mode selector 476
focus selector 496
focus setting ring 478
focusing knob 14, 15
focusing lenses 694
focusing magnifier 485
focusing ring 692
focusing screen 477
fodder corn 182
fog 57, 65
fog horn 611
fog light 554, 570
foible 849
foie gras 216
foil 849
foil warning line 848
foil, aluminum 222
foilist 848
fold 336
fold line 455
foldaway ladder 321
folder 532
folding chair 277
folding cot 904
folding door 416
folding grill 907
folding nail file 377
folding ramp 608
folding shovel 906
folding wing 857
foliage 87
foliate papilla 176
foliose lichen 74
follicle 84
follicle, section 84
follow-through 864
following car 870
fondue fork 228
fondue pot 234
fondue set 234
fontanelle 158
food 180
food and kitchen 180
food can 223
food chain 67
food mill 230
food processor 237
food reserves 724
food tray 222
food vacuole 94
food, basic source 67
foot 104, 105, 139, 140, 143, 146, 147, 148, 149, 155, 278, 368, 425, 440, 444, 448, 836, 909, 910
foot control 452
foot cushion 862
foot fault judge 821
foot hole 444
foot pegs 871
foot pocket 841
foot protection 773, 774
foot strap 836
foot stretcher 838
foot support 851
football 808
football field 788
football player 808
football, American 806
football, Canadian 809
footboard 280, 876
footbridge 408, 583, 593
foothold 901
footing 252, 253
footless tights 371
footrest 281, 312, 464, 783
footrope 602
footstool 224, 277
footstrap 358, 851
for opening 230
forage blower 643
forage harvester 642
foramen cecum 176
force, measurement 702
forced hot-water system 259
forced warm-air system 258
forces acting on an airplane 630
fore and aft passage 607
fore edge 426
fore royal sail 603
fore-royal mast 602
fore-topgallant mast 602
fore-topmast 602
forearm 124, 130, 147, 149, 860, 912
forearm crutch 782
forearm pad 808
forearm support 782
forecastle 605, 609
forecourt 821
forehead 115, 146
foreleg 96, 98
foreleg, honeybee 98
forelimb 110, 111, 121, 143
forelock 124
foremast 600, 602, 607
foresail 603
forest 45
forest fire 69
forestay 834
forestem 838
forewing 96
fork 14, 227, 579, 632, 697, 870, 875, 905
fork pocket 635
forked tongue 112
forklift truck 632
forks 632, 633
forks, examples 228
Former Yugoslav Republic of Macedonia 744
formeret 410
forming food vacuole 94
forms of medications 783
formula 1 car 873
formula 3000 car 873
formula Indy car 873
forte 849
fortification 409
fortified wall 738
forward 803, 828
forward slide change 483
forward somersault with a twist 829
forward swing 864
forward three-and-a-half somersault tuck 829
forward travel pedal 333
forward/reverse 327
fossil fuel 68, 70
foul line 794, 865
foul line post 795
fouls/penalties 789
foundation 252, 253, 660
foundation blockage 660
foundation of dam 660
foundation of tower 540
foundation slip 366
foundations 253
fountain pen 470
four blade beater 236
four-door sedan 549
four-four time 434
four-masted bark 602
four-of-a-kind 914
four-person bobsled 884
four-stroke-cycle engine 564
four-toed hoof 127
four-way lug wrench 558
four-way selector 477
fourchette 346
fourth 434
fourth round: 16 players 789
fourth wheel 696
fovea 177
Fox 13
fox 134
foyers 431
fraction 703
fractionating tower 656
fraise 339
frame 100, 252, 256, 278, 280, 303, 312, 321, 327, 350, 352, 386, 389, 395, 423, 433, 449, 460, 575, 612, 632, 633, 638, 639, 641, 642, 672, 673, 676, 688, 700, 776, 796, 816, 822, 823, 824, 870, 893, 895, 902
frame stile 278
frame, embroidery 459
frames 385
framing square 313
France 743
Francis runner 659
francium 682
frankfurter 216
free guard zone 877
free margin 172
free skating blade 881
free throw line 811, 814
free zone 813
freestyle skiing 890
freestyle snowboard 887
freestyle wrestling 843
freeway 539, 709
freewheel 580
freezer 224, 291, 720
freezer bag 222
freezer bucket 240
freezer compartment 291
freezer door 291
freezing 680
freezing rain 57, 64
freight car 583
freight cars, examples 588
freight expedition 621
freight hold 625
freight reception 621
freight station 583
French 469
French betting layout 919
French bread 204
French cuff 361
French cut 375
French horn 447
French horns 437
French knot stitch 459
French roulette wheel 919
French window 415
frequency bands 498
frequency display 503
frequency setting slide control 498
frequency, measurement 702
fresco 406
fresh air duct 543
fresh cheeses 210
fresh meat counter 180
fret 440, 441, 919
friction strip 318, 391
frieze 278, 403, 404
frigate 762
fringe 337
frock coat 338
frog 110, 127, 353, 439, 590, 641
frog, anatomy 110
frog, life cycle 111
frog, morphology 110
frog, skeleton 111
frog-adjustment screw 309
frond 76
front 348, 349
front apron 349
front axle 639
front beam 698
front binding 840
front board 426
front brake 579
front brake lever 576
front bumper 885
front compression strap 906
front cover 519
front crawl stroke 832
front crossbar 893
front derailleur 578, 580
front desk 724
front fascia 550
front fender 574
front flap 391
front foil 609
front footrest 575, 576
front fork 870
front grille 261
front grip 757
front knob 307
front landing gear 760
front leg 277
front page 471
front picture 471
front pocket 387
front point 901
front rigid section 569
front runner 884
front shock absorber 577
front sight 754, 757, 861, 893, 912
front sight housing 755
front tip 288
front top pocket 350
front view 798
front wall 818, 819
front wheel 333, 639, 640, 783
front-end loader 637
frontal 112, 150, 737
frontal bone 131, 152, 158
frontal sinus 175
frontcourt 818
frontoparietal 111
fronts 56
frontwall 571
frost 65
frozen food storage 181
frozen foods 181
fruit branch 86
fruit tree 182
fruit vegetables 188
fruit-picking ladder 321
fruition 86
fruits 81, 180, 192, 723
fruits, tropical 196
fruticose lichen 74
fry basket 231
frying pan 235, 905
fuel 665, 670
fuel bundle 667
fuel control 627
fuel handling sequence 666
fuel indicator 557
fuel injector 565, 566
fuel lines 899
fuel oil 656
fuel pellet 667
fuel tank 331, 570, 586, 631, 758, 760
fuel transfer pipe 25
fuel: enriched uranium 671
fuel: natural uranium 670
fueling machine 666, 669, 670
Fulani 468
fulcrum 686, 828
full and by 833
full cheek snaffle bit 854
full cheek snaffle bit with toogles 854
full face helmet 874
full face mask 765
full house 914
full moon 7
full-load adjustment screw 273
fullback 804, 807
fully reflecting mirror 692
fumarole 44
fume extractor 758
function display 450
function keys 507, 508, 514, 699
function selector 261
function selectors 506
fungicide 69
fungiform papilla 176
funiculus 83, 84
funnel 231, 494, 599, 608
funnel cloud 63
fur 121, 122, 133, 139, 143
furcula 116
furlable boom 18
Furnace 10
furnace 258, 674
furniture beetle 101
furrow 176
furs, examples 741
fuse 273, 663, 673
fuse body 757
fuse cutout 663
fuse holder 663
fuse puller 317
fuselage 625, 898
fuselage mounted tail unit 629
fuses, examples 272
fusilli 206
futon 280

G

G 434
G clef 434
gable 244, 411
gable roof 414
gable stud 252
gable vent 244
gabletop 223
Gabon 745
gadolinium 684
gaff 602
gaff sail 601
gaff sail boom 602
gaff topsail 603
gaffer 429
Gai-lohn 187
gain control 613
gaiter 339
gaits, horse 124
galaxy 9
galaxy, classification 9
Galileo 19
gallbladder 110, 112, 164
galleon 599
gallery 411, 614, 676
galley 598, 624
Gallic warrior 748
gallium 682
gallop 125
Gambia 745
game 212, 822
game board 915
game clock 789
game console 918
game port 513
games 788, 914
gamma rays 690
gangway 606
gantry crane 635, 657, 658
Ganymede 4
gap 911
garage 244, 726, 769
garage door 416
garam masala 199
garbage can 723
garbage disposal sink 270
garbage disposal unit 270
garden 406
garden cress 187
garden hose 328
garden line 324
garden path 244
garden sorrel 187
garden spider 102
garden, pleasure 322
garden, public 713
garden, vegetable 182
gardening 298, 322
gardening gloves 325
garlic 184
garlic press 230
garment bag 389
garment fabric 455
garment strap 389
garnet 375
garrison cap 340
garter 367
garter belt 367
garter snake 114
garter stitch 458
gas 275, 651, 656, 680
gas burner 267, 685
gas cock 267
gas conduit 563
gas cylinder 755
gas lift module 652
gas lighter 391
gas line 553
gas main 712
gas pedal 556
gas range 290, 721
gas supply system 553
gas tank 553, 563, 574, 577
gas tank cap 576
gas tank door 551
gas water-heater tank 267
gases, noble 684
gasket 269, 294
gaskin 124
gasoline 656
gasoline engine 553, 563, 566
gasoline pump 548
gasoline pump hose 548
gastrocnemius 150, 151
gate 596, 658, 664, 852, 900
gate arm 591
gate arm lamp 591
gate arm support 591
gate judge 837
gate operating ring 659
gate-leg 278
gate-leg table 278
gateway 523
gather 359
gather skirt 357
gathering 426
gauge 424
gauge wheel 333
gauntlet 318, 346, 749
gauze roller bandage 777
gear 462
gear housing 910
gear shift 576
gear tooth 686
gearbox 423, 552
gearing systems 686
gearshift lever 552, 556, 575, 577
gelatin capsule 783
gemstones, cut 375
generator 563, 578, 646, 659, 668
generator unit 658, 659
generators 688
Genoa salami 216
gentlemen's toilet 427, 509, 724
geographical map 734
geography 28
geology 42
geometrical shapes 704

geometry 704
Georgia 746
geostationary orbit 60
geostationary satellite 60
geothermal and fossil energy 646
geothermal energy 646
geothermal field 646
germ 85
German 469
German mustard 200
German rye bread 205
German salami 216
German shepherd 130
Germanic languages 469
germanium 682
Germany 744
germination 77
geyser 44
Ghana 745
ghee 210
gherkin 188
gi 846
giant slalom 889
giant slalom ski 888
giant water bug 101
gibbon 139
Gibraltar, Strait 32
gift store 714
gifts 717
gill 76, 106
gill slits 108
gills 105, 109
ginger 199
ginkgo nut 193
Giraffe 12
giraffe 129
girder 252
girdle 367, 374
girls' wear (size 2 to 6) 717
girls' wear (size 7 to 17) 717
girth 855, 856
girth strap 855
gizzard 116
glacial cirque 46
glacial lake 48
glacier 46, 48, 66
glacier tongue 46
glacis 409
gladius 748
glans penis 169
glass 672, 673
glass bottle 223
glass case 699
glass collection unit 71
glass cover 291
glass curtain 282
glass dome 612
glass lens 385
glass protector 878
glass recycling container 71
glass slide 693
glass sorting 71
glass sphere 58
glass washer 723
glass-fronted display cabinet 279
glass-lined tank 267
glassed roof 250, 582, 713
glasses 723
glassware 225
glider 898
gliding joint 156
gliding phase 892
global warming 68
globe 734, 903
globular cluster 9
glottis 112
glove 20, 798, 800, 842, 848, 855, 870, 871, 874, 875, 878, 882, 884, 887, 891, 892
glove compartment 556
glove finger 346
glove storage 780
glove, back 346
glove, palm 346
gloves 346, 872
glucose 78
glue 254
glue stick 534
gluteal nerve 166
gnocchi 206
gnomon 696
go 915, 916
goal 800, 802, 804, 807, 809, 814, 827, 879, 920
goal area 802, 814
goal area line 814
goal attack 809
goal circle 809
goal crease 879
goal defense 809
goal judge 827, 858, 878
goal lights 879
goal line 800, 804, 806, 809, 814, 827, 878
goal line referee 814
goal shooter 809
goal third 809
goalkeeper 800, 801, 803, 809, 814, 827, 878, 879
goalkeeper's chest pad 880
goalkeeper's gloves 802
goalkeeper's pad 879
goalkeeper's skate 880
goalkeeper's stick 879
goalkeeper's stick 880
goalpost 807, 809, 858
goat 128
goat's milk 210
goat's-milk cheeses 210
goatfish 219
gob hat 341
Gobi Desert 33
goggles 318, 870, 887, 896
gold 683
goldfinch 118
golf 866
golf bag 869
golf ball 867
golf ball, cross section 867
golf cart 869
golf cart, electric 869
golf clubs, types 867
golf course 708, 788
golf glove 869
golf shoes 869
Golgi apparatus 74, 94
gonad 95, 105, 106
gondola 181, 600, 886
gondola car 588
gondolas departure area 886
gonfalon 739
gong 437, 449
gonopore 95, 104
goose 120, 213
goose egg 213
goose-neck 255
gooseberry 192
gooseneck 638
gored skirt 357
gorge 47, 48
gorget 749
Gorgonzola 211
gorilla 138
gorilla, morphology 139
gorilla, skeleton 138
Gothic cathedral 410
gouache 396
gouache cakes 397
gouache tube 397
gouge 401
gour 47
government organization 525
governor tension sheave 417
governor's office 726
GPS receiver-antenna 613
grab handle 567, 570, 584, 766
grade slope 244
grader 639
graduated arc 612
graduated cylinder 685
graduated dial 907
graduated scale 698, 699
grafting knife 330
grain 300
grain elevator 643
grain of wheat, section 85
grain tank 643
grain terminal 596
grain tube 643
Grand Canyon 30
grand gallery 402
grandchildren 784
granddaughter 784
grandfather 784
grandfather clock 697
grandmother 784
grandparents 784
grandson 784
grandstand 856
granitic layer 42
granivorous bird 117
granny knot 908
granulated sugar 209
granulation 6
grape 86, 192
grape leaf 86, 186
grape, section 83
grapefruit 194
grapefruit knife 229
grapeshot 752
graphic arts 420
graphic equalizer 498
grapnel 610
grass 822
grassbox 332
grasshopper 102
grassland 66
grate 290
grater 230
grave accent 473
gravel 253, 263
gravel bed 872
gravity band 610
gravity dam 661
gravity dam, cross section 661
gravy boat 226
gray matter 167, 168
grease well 239
greases 656
great adductor 151
Great Australian Bight 29
Great Barrier Reef 29
Great Bear 13
Great Britain 743
Great Dane 131
Great Dividing Range 29
great green bush-cricket 101
great horned owl 119
Great Lakes 30
great organ manual 444
Great Sandy Desert 29
great saphenous vein 160
great scallop 217
Great Schism 736
Great Victoria Desert 29
great-grandchildren 784
great-granddaughter 784
great-grandfather 784
great-grandmother 784
great-grandparents 784
great-grandson 784
greater alar cartilage 175
greater covert 115
greater pectoral 150
greater trochanter 153
greatest gluteal 151
greave 749
Greco-Roman wrestling 843
Greece 744
Greek 469
Greek bread 204
Greek temple 403
Greek temple, plan 403
Greek theater 402
green 400, 690, 864, 866, 867
green alga 75
green ball 863
green beam 494
green bean 191
green cabbage 186
green coffee beans 208
green gland 107
green light 712
green onion 184
green peas 190
green pepper 198
green russula 183
green sweet pepper 188
green tea 208
green walnut 84
greenhouse 182
greenhouse effect 68
greenhouse effect, enhanced 68
greenhouse effect, natural 68
greenhouse gas 68
greenhouse gas concentration 68
Greenland 30
Greenland Sea 28
Grenada 743
grenade 757
Grenadines 743
greyhound 131
grid 494
grid system 36
griddle 239
grille 261, 403, 432, 550, 561, 727
grinding wheel 308
grip 428, 793, 838, 850, 859, 867, 913
grip handle 303
grip tape 894
gripping tools 310
grocery bags 181
groin 146, 148
groove 229, 424, 453, 750, 868, 888
ground 272, 655
ground air conditioner 622
ground airport equipment 622
ground beef 214
ground bond 272
ground clamp 318
ground connection 272
ground electrode 562
ground fault circuit interrupter 272
ground lamb 215
ground moraine 46
ground pepper 199
ground pork 215
ground sill 409
ground surface 647
ground terminal 497
ground veal 214
ground wire 272, 273
ground-wire peak 663
ground/neutral bus bar 272
grounded receptacle 263
groundhog 123
grounding prong 274
grow sleepers 368
growth line 104, 105
Gruyère 211
Guarani 469
guard 229, 255, 316, 811, 849
guard rail 291, 894
guardhouse 408, 409
Guatemala 742
guava 197
guide 909
guide bar 331
guide handle 308
guide roller 499
guiding and current bar 595
guiding tower 542
guillotine trimmer 484
Guinea 745
guinea fowl 120, 212
guinea pig 123
Guinea, Gulf 34
Guinea-Bissau 745
guitar 440, 441
gules 741
gulf 38
Gulf of Aden 33, 34
Gulf of Alaska 30
Gulf of Bothnia 32
Gulf of California 30
Gulf of Carpentaria 29
Gulf of Guinea 34
Gulf of Mexico 30
Gulf of Oman 33
Gulf of Panama 31
gum 159, 174
gun 315
gun body 320
gun flap 352
gun range 769
gunner's sight 758
gurnard 219
gusset 386, 388
gusset pocket 359, 360
Gutenberg discontinuity 42
gutta 404
gutter 244, 865
guy cable 824, 825
guy line 902
guy wire 676
Guyana 742
guyot 49
gymnase office 734
gymnasium 608, 727, 734, 764, 788
gymnast's name 825
gymnastics 823, 824
gynecological examination room 779
gyoji 847
gypsum board 299
gypsum tile 299
gyroscope 759

H

hack 877
hackle 909
hacksaw 303, 314
haddock 221
hafnium 683
hail 64
hail shower 57
hair 147, 149, 172, 439
hair bulb 172
hair clip 380
hair conditioner 379
hair dryer 382
hair follicle 172
hair roller 380
hair roller pin 380
hair shaft 172
hair stylist 428
hairbrushes 380
haircolor 379
haircutting scissors 382
hairdressing 380
hairdressing salon 714
hairpin 380
hairspring 696
Haiti 742
hakama 846, 847
half barb 56
half cell 897
half court line 819
half handle 229
half indexing 528
half note 435
half rest 435
half-distance line 827
half-glasses 385
half-mask respirator 773
half-pipe 871, 887
half-pipe, competition site 887
half-side 632
half-slip 366
half-through arch bridge 541
half-volley 820
halfway line 803, 805
halibut 221
hall 250, 608, 719, 724
hallah 205
halo 9
halogen desk lamp 286
halogen light 775
halyard 603, 739
ham knife 229
hamate 154
hammer 317, 442, 443, 754, 793, 861, 912
hammer ax 901
hammer butt 443
hammer drill 648
hammer felt 443
hammer head 901
hammer loop 313
hammer rail 442, 443
hammer shank 443
hammer throw 791
hamster 123
hand 139, 147, 149, 154, 173
hand blender 236
hand brake 552
hand brake gear housing 587
hand brake wheel 587
hand brake winding lever 587
hand cultivator 325
hand drill 307
hand fork 325
hand grenade 757
hand hole 535
hand lamp 765
hand miter saw 303
hand mixer 236
hand mower 332
hand post 433
hand protection 774
hand protector 331, 875
hand rest 516
hand shield 318
hand tools 325
hand truck 633
hand vacuum cleaner 288
hand vice 422
hand wash in lukewarm water 347
hand wheel 452
hand-warmer pocket 353, 355
hand-warmer pouch 360
hand-wheel 425
handbags 387
handball 814
handcuff case 770
handgrip 574, 577, 782, 909
handgrips 850
handguard 755
handheld computer 527
handhold 857
handholds 901
handicap spot 916
handicaps board 858

handle 227, 230, 236, 237, 238, 239, 240, 256, 268, 280, 288, 289, 290, 291, 295, 301, 302, 303, 304, 305, 307, 308, 309, 310, 311, 312, 313, 315, 316, 319, 320, 323, 328, 331, 332, 381, 382, 383, 384, 386, 387, 388, 389, 391, 425, 439, 454, 458, 460, 503, 504, 534, 558, 611, 649, 750, 775, 783, 793, 797, 798, 800, 815, 816, 822, 840, 849, 877, 884, 888, 891, 905, 909, 910, 920
handlebar 327, 851, 871, 876
handlebar grip 871
handlebars 579, 871, 876
handles, examples 840
handling 632
handrail 255, 417, 569, 594, 607
handsaw 303
handset 506, 507
handset cord 506
hang glider 897
hang gliding 897
hang gliding pilot 897
hang point 897
hang to dry 347
hang-up ring 382
hanger 483
hanger bracket 783
hanger loop 354
hanging basket 322
hanging file 532
hanging glacier 46
hanging pendant 286
hanging sleeve 338
hanging stile 247, 249, 278
hank 835
hapteron 75
harbor 596
hard boot 887
hard contact lens 384
hard disk drive 521
hard disk drive, secondary 513
hard palate 174, 175
hard surface 822
hard top gondola 588
hard-shell clam 217
hardboard 300
hardwood base 899
Hare 11
hare 123, 212
harissa 201
harmonica 432
harness 460, 841, 893, 896, 897
harness racing 857
harnesses 460
harp 440
harp cable stays 541
harps 437
harpsichord 443
harquebus 752
hasp 389
hassium 683
hastate 79
hat switch 516
hatband 340
hatch 23, 758
hatchback 549
hatchet 767, 907
hatching 463
haulage road 647
Hausa 468
Haversian canal 154
Hawaiian 469
hawk 315
hay baler 642
hayloft 182
haze 57
hazelnut 193
hazelnut, section 84
head 8, 96, 97, 99, 104, 115, 140, 147, 149, 161, 169, 185, 301, 302, 308, 311, 383, 384, 390, 391, 425, 439, 440, 441, 449, 452, 457, 458, 516, 591, 793, 816, 822, 858, 867, 901, 909
head cover 869
head cushion 862
head harness 773
head light 579
head linesman 807
head number 857
head nurse's office 779
head of femur 153
head of frame 249
head of humerus 153
head of water 662
head pole 857
head protection 772, 774
head roller 460
head tube 319, 579
head, bat 140
head, bird 115
head-first entry 829
headband 426, 502, 504, 772, 773
headbay 657
headboard 280, 281
headcap 426
header 247, 252, 643
headframe 650
headgear 340, 341, 842
heading 471
headings, examples 283
headland 51
headlight 333, 550, 570, 574, 576, 585, 586, 640, 758, 876
headlight/turn signal 556
headlights 554
headline 471
headphone jack 450, 451, 497, 504
headphone plug 504
headphones 502, 504
headpin 865
headrail 285
headrest 555
heads, examples 302
headset kit 506
headwind 833
headwind, start 833
health 775
health and beauty care 181
health organization 525
hearing 173
heart 97, 99, 103, 104, 105, 106, 107, 109, 110, 112, 116, 125, 162, 163, 212, 914
heartwood 87
heat control 259
heat deflecting disc 274
heat energy 68
heat exchanger 259, 670, 675
heat gun 320
heat loss 68
heat production 665
heat pump 260
heat ready indicator 381
heat selector switch 382
heat shield 22
heat sink 513
heat transfer 681
heat transport pump 669
heat-sealed film 223
heater 903
heating 256
heating coil 899
heating duct 293
heating element 258, 259, 293, 294, 318, 465
heating equipment 608
heating fuel tank 563
heating grille 594
heating oil 656
heating, forced hot-water system 259
heating, forced warm-air system 258
heaving line knot 908
heavy continuous rain 57
heavy continuous snow 57
heavy duty boot 342
heavy gasoline 656
heavy intermittent rain 57
heavy intermittent snow 57
heavy machinery 636
heavy rain 64
heavy rainfall 63
heavy thunderstorm 57
heavy-water reactor 670
Hebrew 468
heddle rod 461
heddles 460, 461
hedge 245, 322
hedge shears 330
hedge trimmer 331
hedgehog 121
heel 127, 147, 149, 229, 303, 309, 342, 351, 370, 439, 440, 641, 797, 868, 880, 881
heel grip 342
heel loop 783
heel rest 236, 288
heel stop 895
heeled shoe 339
heelpiece 840, 889
heelplate 892
height adjustment 641, 642, 826, 851
height adjustment scale 304
height control 485
height finder 761
height of the dive 829
height scale 485
helicopter 631, 762
helicopter flight deck 762
helicopter hangar 762
helicopters, examples 631
heliostats 674
helipad 652
helium 684
helium sphere 25
helix 173, 705
helm roof 415
helmet 20, 748, 765, 798, 800, 808, 858, 870, 871, 875, 878, 882, 887, 888, 891, 894, 895, 896, 897, 901
helmet lamp 901
helmet ring 20
hem 285
hemisphere 705
hemispheres 35
hemlath 676
hemline 455
hen 120
hen egg 213
hen house 182
hendecagon 705
hennin 339
Henry VIII 736
hepatic vein 161
heptagon 705
heraldry 739
herbal teas 208
herbicide 69
herbivores 67
herbs 202
Herdsman 13
hermaphroditic duct 104
Hero 12
heron 119
herring 219
herringbone parquet 254
herringbone pattern 254
herringbone stitch 459
hertz 702
Hertzian wave transmission 486
Herzegovina 744
heterotrophs 67
hex nut 562
hexagon bushing 269
hexagon nut 311
hidden pocket 386
high (19 to 36) 919
high altar 737
high beam 554
high beam indicator light 557
high beam warning indicator 576
high card 914
high chair 281
high cloud, type 55
high clouds 62
high focal plane buoy 615
high frequency antenna cable 628
high gain antenna 18
high jump 791, 792
high pressure area 63
high pressure center 55
high warp loom 461
high wing 628
high-back overalls 368
high-hat cymbal 448
high-pressure steam inlet 668
high-rise apartment 419
high-speed exit taxiway 618
high-speed shaft 677
high-speed train 585
high-temperature cutoff 266
high-tension electricity transmission 646, 662, 677
high-voltage tester 316
highball glass 225
highland 7, 61
highland climates 61
highlight key 479
highway 39, 539
highway crossing 591
highway crossing bell 591
highway number 39
hijiki 183
hiking boot 344
hill 45, 674
hilted bayonet 751
Himalayas 33
hind leg 96
hind leg, butterfly 96
hind leg, honeybee 98
hind limb 110, 111, 121, 143
hind toe 115, 117
hind wing 96
Hindi 469
Hinduism 736
hinge 238, 247, 249, 278, 294, 386, 389, 465, 500, 554, 692, 889
hinge joint 156
hinge pin 638
hinged presser foot 452, 453
hip 147, 149
hip pad 808
hip roof 414
hip-and-valley roof 415
hippopotamus 129
hitch ball 558
hitch pin 442
hitting area 797
hive 100, 182
hive body 100
hobble 857
hobble hanger 857
hobo bag 388
hock 124, 130, 215
hockey ball 800
hockey skate, in-line 895
hoe 327
hoe-fork 326
hog line 877
hoisin sauce 200
hoist 739
hoist room 649
hoisting block 634
hoisting ring 610
hoisting rope 321, 634
hoisting system 635
holdback 282
holder 685
holding 844
holding area marking 620
holds, examples 844
hole 423, 866, 867
holes 866
hollow barrel 776
hollow brick 298
hollow shot 752
holmium 684
hologram foil strip 729
holster 770
holy water font 737
home 515
home antenna 486
home key 515
home plate 795
home theater 493
home user 525
home-plate umpire 795
homestretch 856
homo sapiens 93
homogenized milk 210
Honduras 742
honey 209
honey cell 100
honeybee 98
honeybee, anatomy 99
honeybee, foreleg 98
honeybee, hind leg 98
honeybee, middle leg 98
honeybee, morphology 98
honeycomb 100
honeycomb section 100
honeydew melon 195
honor tiles 917
hood 256, 289, 333, 353, 368, 550, 570, 721, 841, 882, 901
hooded sweat shirt 370
hoof 124, 127
hoof, plantar surface 127
hoofs, types 127
hook 249, 284, 313, 316, 327, 452, 453, 456, 457, 573, 611, 634, 699, 776, 861, 862, 881
hook and eyes 453
hook ladder 321, 767
hooker 804
hoop 459, 823
hoop earrings 374
hopper 643
hopper car 588
hopper ore car 588
horizon mirror 612
horizon shade 612
horizontal bar 824, 825
horizontal clamp 701
horizontal control 518
horizontal end handhold 587
horizontal ground movement 43
horizontal member 663
horizontal motion lock 482
horizontal movement 916
horizontal pivoting window 415
horizontal seismograph 43
horizontal stabilizer 625, 631, 898
horizontal-axis wind turbine 677
horn 376, 556, 576, 586, 766
horned melon 196
hornet 101
horny beak 113
hors d'oeuvre dish 226
hors d'oeuvres 722
horse 124, 129, 826, 858
horse racing 856, 857
horse, anatomy 125
horse, gaits 124
horse, morphology 124
horse, skeleton 126
horsefly 101
horseradish 189
horseshoe 127, 376, 413
horseshoe mount 17
hose 289, 319, 365, 367, 767
hose connector 329
hose dryer 764
hose holder 764
hose nozzle 328
hose trolley 328
hospital 711, 725, 778
hospital bed 780
hosting rope 417
hot bus bar 272
hot coolant 665
hot coolant 674
hot food 722
hot food table 721
hot line connector 663
hot pepper 188
hot plate 721
hot-air outflow 258
hot-air outlet 256
hot-air register 258
hot-shoe contact 476
hot-water circuit 262
hot-water heater 262
hot-water line 266
hot-water outlet 259, 267
hot-water riser 262
hot-water supply line 270, 271
hotel 710, 724, 886, 915
hotel reservation desk 620
hotel rooms 724
houppelande 338
hour angle gear 17
hour hand 697
house 244, 431, 877, 915
house drain 271
house dress 356
house furniture 276
house, elements 247
house, elevation 250
house, exterior 244
house, foundations 253
house, frame 252
house, structure 250
houseboat 607
household equipment 295
household linen 716
household products 180
household waste 69, 70
houses, city 419
houses, traditional 418
housing 261, 275, 306, 308, 316, 318, 383, 488, 499, 507, 613, 614
hovercraft 605
howitzer 756
hub 103, 522, 523, 534, 579, 659, 677, 783
hub cover 659
Hubble space telescope 17, 53
Hubble's classification 9
Hudson Bay 30
Huitzilopochtli, Temple 412
hull 84, 599, 834, 876
hull column 652
hull sonar 762
human being 146
human body 146
human denture 159
humerus 111, 116, 121, 122, 126, 131, 136, 138, 141, 142, 152, 156
humid continental - hot summer 61
humid continental - warm summer 61
humid subtropical 61
humidifier 261
humidistat 261
humidity 261
humidity, measure 59
hummingbird 118
hummus 200
hump 589
hump lead 589
hump office 589
humpback whale 137
Hungary 744

Hunter 11, 12
hunting 912
hunting cap 340
Hunting Dogs 13
hurdle 790
hurdle, steeplechase 790
hurricane 57, 63
hurricane lamp 906
husband 785
husk 84, 85
hut 418
Huygens 19
hybrid automobile 563
hydrant intake 766
hydraulic coupler 640
hydraulic cylinder 633, 640
hydraulic disc brake 870
hydraulic hose 641, 642
hydraulic jack 567
hydraulic pallet truck 633
hydraulic resistance 851
hydraulic shovel 638
hydraulic system 632
hydroelectric complex 657
hydroelectric power plant, cross section 658
hydroelectricity 657
hydrofoil boat 609
hydrogen 682
hydrologic cycle 67
hydrometer 562
hydrosphere 66
hyena 134
hygrograph 59
hygrometer 261
hyperlinks 524
hyperopia 691
hypha 76
hyracotherium 93
hyssop 202

I

Iapetus 5
Iberian Peninsula 32
ice 67
ice ax 901
ice breaker 606
ice cream freezer 240
ice cream scoop 233
ice cube dispenser 224
ice cube tray 291
ice dispenser 548
ice hockey 878
ice hockey player 878
ice machine 721
ice piton 901
ice rink 886
ice screw 901
iceberg lettuce 186
Iceland 32, 744
Icelandic 469
ichthyosaur 93
ichthyostega 92
icing syringe 232
identification badge 770
identification bracelet 376
identification section 768
identification tag 389
idler wheel 876
igloo 418
igneous rocks 42
ignition box 627
ignition key 332, 333
ignition switch 556, 576
ignition transformer 259
iguana 114
ileum 164
iliohypogastric nerve 166
ilioinguinal nerve 166
ilium 111, 116, 122, 152
illumination mirror 701
image adjustment buttons 496
image review button 477
imager 60
imperial roof 414
impervious rock 651
impluvium 406
impost 413
impulse sprinkler 329
in goal 805
in-flight refueling 760
in-flight refueling probe 760
in-ground swimming pool 246
in-line hockey skate 895
in-line skate 895
in-line skating 895
in-line speed skate 895
inactive dike 664
inbounds line 806
incandescent lamp 274, 614, 673
incident neutron 681
incineration 71
incised figure 420
incisor 121, 123
incisors 159
inclination 13
incoming message cassette 508
incurrent pore 95
incus 174
indent 528
index 471
Index 921
index arm 612
index card cabinet 533
index card drawer 533
index cards 532
index finger 173
index mirror 612
index shade 612
index/enlarge button 477
India 747
Indian 10
Indian chapati bread 205
Indian naan bread 205
Indian Ocean 28, 29, 33, 34
indicator board 582, 793
indicator light 767
indicator lights 515
indicator needle 479
indicators 494, 501
indicators display button 496
indium 682
Indo-European languages 469
Indo-Iranian languages 469
Indonesia 33, 747
Indonesian 469
indoor activity area 727
indoor electric grill 239
indoor shutters 282
indoor unit 260
industrial area 709
industrial communications 487
industrial pollution 69
industrial waste 69, 70
industry 525
inert gas 274
inferior 472
inferior cymbal 448
inferior dental arch 174
inferior mesenteric artery 165
inferior nasal concha 175
inferior rectus muscle 177
inferior umbilicus 115
inferior vena cava 160, 161, 162, 165
infield 794
infiltration 67
infinity 703
infirmary 726
inflated carrying tire 594, 595
inflated guiding tire 594, 595
inflation system 611
inflator 841, 904
inflator valve 841
inflator-deflator 904
inflorescences, types 81
inflorescent vegetables 187
information 725
information booth 715
information console 841
information counter 620
information desk 719, 730, 733, 769, 779, 886
information spreading 525
infrared homing head 759
infrared port 526, 527
infrared radiation 68, 690
infrared sounder 60
infrared thermal mapper 18
infraspinous 151
infundibulum of fallopian tube 171
infusions 208
inhalation valve 773
initials of the issuing bank 729
injection well 646
injection/combustion 565
ink 397, 421, 470
ink drawing 396
ink sac 106
inked surface 420
inking slab 421
inkjet printer 519
inlaid parquet 254
inlet hose 485
inlet valve 566
inmates' admission office 726
inmates' entrance 726
inner boot 889, 895
inner circle 877
inner core 42
inner door shell 554
inner edge 127
inner hearth 256
inner jib 603
inner lining 561
inner lip 105
inner planets 5
inner stators 627
inner table 915
inner tent 902, 903
inner toe 115
inorganic matter 67
input devices 514
input lights 497
input monitors 491
input receptacle 520
input select button 497
input selector 497
input terminal 316
input tray 519
input/output audio/video jacks 497
inrun 890, 891
insectivorous bird 117
insectivorous mammals 121
insectivorous mammals, examples 121
insects 96
insects, examples 101
insert 515
insert key 515
inset pocket 360
inside 227
inside edge 901
inside knob 248
inside linebacker 806
inside-leg snap-fastening 368, 369
insole 345
installation work 395
instant-read thermometer 231
instep 351
instrument panel 557
instrument platform 60
instrument shelter 58
instrument unit 25
instrumental groups, examples 438
insulated blade 316
insulated handle 239, 316, 317
insulating material 253, 254, 294
insulating materials 299
insulating sleeve 275
insulation 259, 266, 267, 672
insulator 562, 663
insurance services 730
intaglio printing 420
intaglio printing process 422
intaglio printing process, equipment 422
intake 564, 565
intake manifold 564, 565, 566
intake port 565
intake valve 564
integral 703
integral bayonet 751
integrated circuit 689
Intelsat 487
intensive care unit 780
intensive farming 68, 70
intensive husbandry 68, 69
interactive terminals 395
interchange 709
interchangeable studs 802
interchanges, examples 538
intercom microphone 491
intercom station 491
intercostal nerve 166
interface card, network 522
interface card, wireless network 522
interfacing 455
interfemoral membrane 140
interior dome shell 17
interior door handle 554
interior door lock button 554
interior pocket 389
interlining 455
interlock 463
intermediate booster station 654
intermediate slope 886
internal boundary 37
internal ear 174
internal filum terminale 167
internal iliac artery 160, 161, 165
internal iliac vein 161
internal jugular vein 160
internal modem port 513, 526
internal tooth lock washer 310
international boundary 37
international mail 475
international road signs 544
international space station 21
international system of units 702
international weather symbols 56
Internet 523, 524
Internet keys 514
Internet service provider 525
Internet user 524
Internet uses 525
internode 77
interrogation room 768
interrupted projection 36
intersection of two sets 703
intertragic notch 173
interval 617
intervals 434
interventricular septum 162
interview rooms 728
intestine 95, 97, 103, 104, 105, 107, 109, 112, 161
intrados 413
intravenous stand 780
intrusive filtration 69
intrusive rocks 42
Inuktitut 469
invert 595
invertebral disk 157
invertebral foramen 157
inverted pleat 283, 357
inward 828
Io 4
iodine 683
ion tail 8
Ionic column 407
Ionic order 404
Iran 746
Iraq 746
Ireland 743
iridium 683
iris 177
Irish 469
Irish bread 205
Irish moss 183
Irish Sea 32
iron 683, 867, 868
iron at high setting 347
iron at low setting 347
iron at medium setting 347
iron curtain 430
iron meteorite 8
ironing 347
irregular bone 157
irregular crystal 64
is an element of 703
is approximately equal to 703
is equivalent to 703
is greater than 703
is greater than or equal to 703
is identical with 703
is included in/is a subset of 703
is less than 703
is less than or equal to 703
is not an element of 703
is not equal to 703
is not identical with 703
is not parallel to 704
is parallel to 704
ISA expansion connector 513
isba 418
ischium 111, 116, 122, 153
Islam 736
island 38, 224, 539, 761
island arc 49
isobar 55
isolated danger mark 617
isolated languages 469
isolation cell 727
isolation room 778
isoseismal line 43
Israel 746
ISS 21
issuing bank, initials 729
isthmus 38
isthmus of fallopian tube 171
isthmus of fauces 174
Isthmus of Panama 30
Italian 469
italic 472
Italy 744
ivory ball 919

J

J-2 engine 25
jabot 362
jaboticaba 197
jack 443, 558, 864, 873, 914
jack field 488
jack spring 443
jack stand 641
jack-up platform 653
jacket 338, 353, 355, 521, 689, 844, 848, 855, 912
jackets 348, 358
jackfruit 196
jackleg drill 648
jackpot box 920
jackpot feed 920
jaguar 135
jail 915
jalapeño chile 199
jalousie 249
Jamaica 742
jamb 247, 256
janitor's closet 724, 731
Japan 33, 747
Japan Trench 50
Japan, Sea 33
Japanese 469
Japanese experiment module 21
Japanese persimmon 197
Japanese plum 193
Jarlsberg 211
Java Trench 50
javelin 748, 793
javelin throw 791
jaw 302, 306, 307, 312, 317, 377
jaw, rabbit 123
jaw, rat 123
jaw, rodent's 123
jaws 312, 913
jay 118
jazz band 438
jeans 358
jejunum 164
jerboa 123
jersey 805, 870
Jerusalem artichoke 184
Jesus Christ 736
jet blast deflector 761
jet engine test area 761
jet fuel 656
jet refueler 622
jet tip 384
Jew's harp 433
jewel 696
jewelry 374
jewelry store 714
Jewish hallah 205
jib 634, 635, 834
jib tie 634
jibe 833
jibsheet 834
jicama 184
jig saw 305
jigger topgallant staysail 603
jigger topmast staysail 603
jiggermast 602
jigsaw puzzle 917
jingle 449
jo 846
jockey 856
jockey rollers 580
jodhpurs 853
John Calvin 736
John dory 221
joint 426, 470, 863, 909
joint filler 315
jointed mouth 854
jointed mouth bit 854
jointer plane 309
joist 254
joker 914
Jordan 746
joule 702
journal box 586
joystick 516
joysticks 918
Judaism 736
judge 842, 843, 844, 848, 855, 859
judge coordinator 823
judge's stand 856
judges 824, 825, 828, 881
judges' bench 728
judges' office 728
judges' stand 887, 890, 891
judo 844
judogi 844
juice sac 82
juicer 240
jujitsu 846
jujube 197
jump judge 852
jump rope 850
jump skis 840
jump, steeplechase hurdle 790
jumper 356
jumper cables 558

jumping 792
jumping ski 891
jumping technique 891
jumps, examples 881
jumpsuit 358, 368, 369
junction box 591
junior officer's office 768
juniper berry 198
junk 600
Jupiter 4
Jurassic 93
jurors' room 728
jury 853
jury box 728
jury platform 871
justaucorps 338
justice 726
juvenile cell 768

K

K-frame 663
K1 kayak 839
Kalahari Desert 34
kale 186
Kamchatka Peninsula 33
kangaroo 142, 143
kangaroo, morphology 143
kangaroo, skeleton 142
Kaplan runner 659
karate 845
karate-gi 845
karateka 845
kayak 837
kayak, K1 839
Kazakhstan 746
keel 116, 897
keel boat 835
keep 408
keeper ring 909
kelly 651
kelvin 702
kendo 847
kendoka 847
Kenya 745
Kermadec-Tonga Trench 50
kernel 85
kerosene 656
kerosene tank 25
Keroularios 736
ketch 601
ketchup 201
kettle 45, 240
kettledrum 448
key 249, 432, 436, 442, 443, 445, 446
key case 387
key cutting shop 715
key finger button 446
key grip 428
key guard 446
key lever 446
key lock 386
key signature 435
keybed 442
keyboard 442, 450, 507, 514, 526, 865
keyboard instruments 442
keyboard port 513
keyless chuck 306
keys 451
keystone 410, 413
keyway 249
kick pleat 357
kicker 471, 800, 890
kickers 890
kickstand 575, 577
kidney 104, 105, 106, 109, 110, 112, 116, 125, 161, 212
kielbasa sausage 216
killer whale 137
kilogram 702
kilt 357
kimono 364
kimono sleeve 361
King 12
king 914, 916
king post 253, 897
king's chamber 402
king's side 916
kingfisher 118
kingpin 571
Kinyarwanda 468
kiosk 548, 593
Kiribati 747
Kirundi 468
kitchen 222, 224, 250, 406, 584, 719, 721, 723, 724, 726, 735, 763, 764
kitchen articles 716
kitchen facilities 509
kitchen knife 229
kitchen knives, examples 229
kitchen scale 231
kitchen shears 233
kitchen timer 231
kitchen towel 295
kitchen utensils 229
kiwi 196
knapsack 901
knee 124, 130, 146, 148
knee boot 857
knee boot suspender 857
knee pad 796, 808, 858, 880, 882, 894, 895
knee roll 855
knee wrap 850
knee-high sock 365
kneeling position 861
knickers 358
knife 227, 401, 421, 841, 905, 907
knife pleat 350, 357
knife-blade cartridge fuse 272
knight 916
knit shirt 354
knitting 457
knitting machine 456
knitting measure 457
knitting needle 457
knives, examples 228
knob 278, 309, 797
knob handle 304
knobby tread tire 577
knockout 272
knoll 890
knot 463
knot stitches 459
knots 908
knurled bolt 320
koala 143
kohlrabi 185
Kola Peninsula 32
kombu 183
kora 433
Koran 736
Korea 747
Korean 469
Korean Peninsula 33
kote 847
krypton 684
Kuiper belt 4
kumquat 194
kung fu 846
kung fu practitioner 846
Kuril Trench 50
Kuwait 746
Kyrgyzstan 746

L

label 500
label holder 533
label maker 533
labial palp 96, 99, 105
labium majus 170, 171
labium minus 170, 171
lablab bean 190
laboratory 16, 17
laboratory equipment 685
labyrinth 885
laccolith 44
lace 797, 843, 881
lace carriage 456
lachrymal canal 177
lachrymal duct 177
lachrymal gland 177
lacing 893
lactiferous duct 171
ladder 246, 418, 567, 597, 615, 639, 655
ladder and hose strap 767
ladder pipe nozzle 766
ladder scaffold 321
ladders 321
ladies' toilet 427, 509, 724
ladle 233, 752
Ladoga, Lake 32
Lady chapel 410, 411
ladybird beetle 101
lagging 655
lagomorph's jaw 123
lagomorph's jaw: rabbit 123
lagomorphs 122
lagomorphs, examples 123
lagoon 51
lake 7, 38, 45, 48
lake acidification 70
Lake Baikal 33
Lake Chad 34
Lake Eyre 29
Lake Ladoga 32
Lake Malawi 34
Lake Tanganyika 34
Lake Titicaca 31
Lake Victoria 34
lakes 48
lam 460
lamb cubes 215
lamb, cuts 215
lambdoid suture 158
lamina 75
laminboard 300
lamp 693
lamp base 614
lamp socket 275
lamp socket, parts 275
lamphouse elevation control 485
lamphouse head 485
lamprey 219
lanceolate 79
lancet 413
land 306
land pollution 69
land station 54
lander (Viking) 18
landfill 709
landfill site 69
landing 251, 255, 650, 891
landing area 790, 792, 793, 891
landing deck 761
landing gear 567, 571
landing gear crank 571
landing gear lever 626
landing light 631
landing net 911
landing radar 761
landing slope 891
landing track 890
landing window 631
landslides 47
lane 711, 788, 790, 830, 831, 882
lane line 791
lane number 893
lane rope 831
lane timekeeper 830
language display button 507
language families 468
languages of the world 468
languid 444
lantern 322, 614, 903
lantern pane 614
lanthanides 684
lanthanum 684
Lao People's Democratic Republic 747
lap counter 883
lapel 348, 362
lapiaz 47
lapis lazuli 375
laptop computer 523, 526
laptop computer briefcase 527
laptop computer: front view 526
laptop computer: rear view 526
lapwing 118
larch 89
lard 209
larding needle 233
large blade 905
large intestine 110, 164
large wheel 783
large-screen television set 493
larger round 151
larger spotted dogfish 218
larva 100
larynx 163
lasagna 206
laser beam 501, 692
laser printer 519
last quarter 7
latch 238, 294, 389, 456, 900
latch bolt 248
latch lever 452
latch needle 456
lateen sail 601
lateen yard 600
lateral bar 851
lateral brush 573
lateral condyle of femur 153
lateral cuneiform 155
lateral cutaneous nerve of thigh 166
lateral filing cabinet 510
lateral great 150, 151
lateral groove 127
lateral incisor 159
lateral line 108, 877
lateral mark 617
lateral moraine 46
lateral semicircular canal 174
lateral view of skull 158
lateral-adjustment lever 309
latex glove 776
latex glove case 770
lath 285
lath tilt device 285
latrines 406
Latvia 744
launch escape system 25
laundry 724, 726
laundry room 250
lava flow 44
lava layer 44
lavatory truck 622
lawn 245, 322
lawn aerator 333
lawn bowling 864
lawn care 332
lawn edger 326
lawn rake 333
lawn tractor 333
lawrencium 684
leach field 263
leaching 70
lead 471, 682, 877
lead ball 757
lead pencil 470
lead screw 306
lead-in wire 274, 275
leader 900, 911
leading 472
leading bunch 870
leading edge 362, 625, 897, 898
leading edge flap 760
leading edge tube 897
leading motorcycle 870
leaf 75, 77, 78, 79, 185
leaf axil 79
leaf lettuce 186
leaf margin 79
leaf node 77
leaf vegetables 186
leaf, structure 79
leakproof cap 903
lean-to roof 414
leash rod 461
leather end 350
leather goods 386
leather goods shop 714
leather sheath 907
leather skin 798
leaves, examples 89
Lebanon 746
lectern 737
ledger 252
ledger line 434
leech 836
leek 184
left atrium 161, 162
left attacker 812
left back 801, 803, 812, 814
left center 804
left channel 502
left cornerback 806
left defense 878
left defensive end 806
left defensive tackle 806
left field 795
left fielder 794
left forward 811
left guard 807
left half 801
left inside forward 801
left kidney 165
left lung 161, 163
left midfielder 803
left pulmonary vein 162
left safety 806
left service court 819, 821
left side 384
left tackle 807
left ventricle 161, 162
left wing 801, 804, 879
left winger 814
leg 113, 139, 147, 149, 156, 278, 280, 281, 323, 351, 448, 641, 815, 823, 910
leg curl bar 851
leg extension bar 851
leg guard 796
leg position 829
leg strap 611
leg-of-mutton sleeve 361
leg-warmer 371
legging 901
leghold trap 913
legionary 748
legume, section 84
legumes 190
lemon 194
lemon balm 202
lemur 139
length post 856
length, measure 700
length, measurement 702
lengthwise bulkhead 606
lengthwise grain 455
lens 177, 477, 478, 517, 518, 691
lens accessories 478
lens aperture scale 478
lens cap 478
lens case 384
lens hood 478, 612
lens mount 477
lens release button 476
lens system 692
lenses 478, 691
lenticular galaxy 9
lentils 190
leopard 135
leotard 371
Lesotho 746
lesser covert 115
letter 474
letter opener 531
letter scale 531
letters 472
letters to the editor 471
lettuce 186
leucoplast 74
level 650
level crossing 583
leveling foot 292, 293, 294
leveling head 701
leveling head level 701
leveling head locking knob 701
leveling screw 58, 699, 701
leveling-adjustment foot 483
lever 238, 268, 270, 310, 377, 423, 686, 912, 920
lever cap 309
lever corkscrew 230
lever cover 268
levigator 423
Liberia 745
libero 812
librarian's office 732
library 395, 711, 726, 732, 734
Libyan Arab Jamahiriya 745
license plate light 554
lichen 74
lichen, structure 74
lichens, examples 74
lid 234, 237, 238, 239, 240, 241, 290, 291, 292, 295, 313, 465, 484, 689
lid brace 465
Liechtenstein 744
lierne 410
life buoy 609, 611, 771
life cycle of the frog 111
life jacket 611
life raft 605, 611
life support system 20
life support system controls 20
life, evolution 92
life-saving equipment 611
lifeboat 602, 604, 608, 652
lift 602, 630
lift arm 637
lift bridge 542
lift chain 265
lift cord 285
lift cord lock 285
lift door 569
lift span 542
lift-arm cylinder 637
lift-fan air inlet 605
lifting chain 632
lifting handle 756
lifting hook 651
lifting link 640
ligament 105
ligature 446
light 14, 15, 17, 472, 594, 615, 617
light aircraft 628
light bar 766, 771
light bar controller 771
light button 505
light continuous drizzle 57
light continuous rain 57
light continuous snow 57
light intermittent drizzle 57
light intermittent rain 57
light intermittent snow 57
light machine gun 755
light rain 64
light ray 691
light sensor 477

light shield 17
light signal 436
light-load adjustment screw 273
light-reading scale 479
lightbox 484, 535
lighted mirror 381
lighthouse 596, 614
lighthouse lantern 614
lighting 274, 381, 626
lighting board 490
lighting board operator 490
lighting cable 567
lighting grid 429, 492
lighting grid access 490
lighting technician 429, 490
lighting/camera control area 490
lightning 57, 65
lightning arrester 658, 663
lightning rod 245, 677
lights 286, 431
lily 80
lily of the valley 80
Lima bean 191
limb 87, 859, 913
limb top 693
lime 194
limit switch 417
limousine 549
limpet 217
linden 208
line 313, 434, 731, 813, 919
line guide 910
line hook 597
line judge 807, 813, 818, 824
line map 592
line of scrimmage 807
linear 79
lineman's pliers 317
linen 280, 584
linen chest 279
linen room 724
lines of latitude 36
lines of longitude 36
linesman 803, 812, 816, 820, 879
Lingala 468
lingerie 716
lingerie shop 714
lingual papilla 176
lingual tonsil 176
lining 342, 348, 349, 370, 386, 455, 881
linseed oil 400
linstock 752
lint filter 292
lint trap 293
lintel 256, 411
Lion 13
lion 135
lion passant 741
lip 124, 132
lip makeup 378
lip strap ring 854
lipbrush 378
lipid droplet 74
lipliner 378
lipstick 378
liqueur glass 225
liquid 680, 681
liquid compass 612
liquid crystal display 477, 496
liquid eyeliner 378
liquid foundation 378
liquid hydrogen tank 24, 25
liquid mascara 378
liquid nitrogen tank 694
liquid oxygen tank 24, 25
liquid oxygen tank baffle 25
liquid-crystal display 696
liquid/gas separator 562
List of chapters 0e+0
listen button 508
listening posts 733
lists 408
litchi 197
literary supplement 471
lithium 682
litho crayon 423
litho pencil 423
lithographic press 423
lithographic printing 420
lithographic stone 423
lithographic tusche 423
lithography 423
lithography, equipment 423
lithosphere 42, 66
Lithuania 744
Little Bear 12
Little Dog 13
little finger 173
little finger hook 447
Little Horse 12
Little Lion 13
liver 109, 110, 112, 113, 116, 125, 161, 164, 212
Liverpool bit 854
livestock car 588
living room 250, 902
Lizard 12
lizard 114
llama 128
load 686
load support 899
loading area 666
loading bunker 648
loading dock 713
loading door 256
loading hopper 573
loaf pan 239
loafer 344
loan services 730
lob 821
lob wedge 868
lobate 79
lobate toe 117
lobby 620, 713, 717, 724, 728, 730
lobe 117
lobe bronchus 163
lobster 107, 218
lobster, anatomy 107
lobster, morphology 107
lobule 173
local mail 475
local station 486
location 244
location of the statue 403
lock 247, 248, 278, 291, 387, 389, 554, 580, 664
lock button 505
lock dial 516
lock emptying system 597
lock filling and emptying opening 597
lock filling and emptying system 597
lock filling intake 597
lock filling opening 597
lock forward 804
lock nut 58, 700
lock rail 247
lock ring 483
lock switch 479
lock washer 310
lock-chamber 597
lock-on button 305, 308
locked groove 500
locker 510
locker room 764
locket 374
locking button 288
locking carabiner 900
locking device 289, 321, 913
locking lever 312, 587
locking pliers 310
locking ring 302, 756
locknut 270
locomotive track 589
locomotive, diesel-electric 586
loculus 82
lodging 886
log 300
log carrier 257
log chute 657
log semitrailer 572
log tongs 257
log, section 300
loin 124, 147, 149
loin chop 215
loincloth 339
long adductor 150
long and short stitch 459
long bone 157
long extensor of toes 150
long jump 790, 793
long jump take-off board 793
long palmar 150
long peroneal 150
long radial extensor of wrist 151
long residue 656
long service line 816
long track 882
long-range jet 624
longan 196
longitudinal dunes 52
longship 598
loop 349, 539
loop stitches 459
loose curtain 283
loose fill insulation 299
loose head prop 804
loose powder 378
loose powder brush 378
lopping shears 330
lore 115
lorgnette 385
lost and found articles 725
loudspeaker 503, 766
loudspeaker system select buttons 497
loudspeaker terminals 497
loudspeakers 502
lounge 608, 724
louse 101
louver 261
louver-board 411
louvered window 415
lovage 202
love seat 276, 724
low (1 to 18) 919
low bar 824
low beam 554
low cloud, type 55
low clouds 62
low fuel warning light 557
low gain antenna 18
low pressure area 63
low pressure center 55
low warp loom 460
low-mass stars 8
low-pressure steam inlet 668
low-speed shaft 677
low-tension distribution line 273, 663
lower blade guard 304
lower bowl 241
lower cheek 854
lower chord 540
lower confining bed 646
lower eyelid 110, 132, 177
lower fore topgallant sail 603
lower fore topsail 603
lower gate 597
lower girdle facet 374
lower guard retracting lever 304
lower heating element 266
lower landing 417
lower lateral lobe 86
lower lateral sinus 86
lower level 597
lower limb 750
lower lip 174, 444
lower lobe 163
lower mandible 115
lower mantle 42
lower mast 602
lower radiator hose 561
lower section 24
lower shell 889
lower sphere clamp 58
lower support screw 58
lower thermostat 266
lower wing 628
lowercase 472
lowering the spinnaker 833
lubricant eye drops 384
lubricants plant 656
lubricating oils 656
lubricating system 586
lubricator 649
Luer-Lock tip 776
luff 836
lug 448, 559
lug sail 601
lug wrench 558
luge 884
luge racer 884
luggage 388, 717
luggage carrier 389
luggage elastic 389
luggage rack 567, 577, 584, 876
lumbar pad 808
lumbar plexus 166
lumbar vertebra 153, 157, 168
lumbar vertebrae 122, 126, 131, 138, 141, 142
luminous intensity, measurement 702
lunar eclipse 7
lunar features 7
lunar module 19, 25
lunate 154, 156
lung 104, 110, 112, 116, 125
lungs 163
lunula 172, 173
lunule 105
lupine 190
lutetium 684
Luther 736
Lutheranism 736
lutz 881
Luxembourg 743
Lynx 12
lynx 134
Lyre 13
lyre 433
lysosome 94

M

macadamia nut 193
macaque 139
macaroni 401
macaw 118
Macedonia 744
machete 751
machicolation 408
machine gun 755, 758
machine hall 657, 658
machine wash in hot water at a normal setting 347
machine wash in lukewarm water at a gentle setting/reduced agitation 347
machine wash in warm water at a gentle setting/reduced agitation 347
machine wash in warm water at a normal setting 347
machinery shed 182
machinery, agricultural 641
Mackenzie River 30
mackerel 219
macro lens 478
macronucleus 94
macula 177
Madagascar 34, 746
madreporite 95
magazine 471, 754, 755, 893
magazine base 754
magazine catch 754
mage 847
Magellan 19
magenta 690
magma 44, 49
magma chamber 44, 646
magnesium 682
magnesium powder 825
magnet 454, 488, 534, 687
magnetic compass 907
magnetic damping system 698
magnetic field 494, 687
magnetic gasket 291
magnetic lid holder 240
magnetic needle 907
magnetic separation 71
magnetic stripe 729
magnetic tape 495
magnetism 687
magnetometer 60
magnifier 905
magnifying glass 693
magpie 118
mah-jongg 917
mail 474
mail box 474
mail carrier 475
mail processing room 509
main breaker 272
main bronchus 163
main carriage 456
main circuit vent 262
main cleanout 262
main cryogenic stage 24
main deck 607, 761
main drain 246
main duct 258
main electric motor 763
main engine 23
main entrance 250, 713, 733, 735, 768, 781
main fan 648
main handle 307
main inlet 655
main landing gear 625, 760
main lanes 539
main leg 663
main lever 398
main line 583
main lodge 886
main loudspeaker 493
main lower topgallant sail 603
main lower topsail 603
main parachute 896
main power cable 272
main preview monitor 491
main reflex mirror 477
main return pipe 259
main rooms 250
main royal sail 603
main sail 603
main scale 700
main scope tube 692
main section 919
main sewer 712
main stalk 86
main stand 575
main steam header 669
main steam pipes 669
main supply pipe 259
main switch 273
main transformer 585
main tube 14, 15
main upper topgallant sail 603
main upper topsail 603
main vent 44
main waiting room 781
main wheel 697
main-sequence star 8
Maine coon 132
mainmast 600, 602
mainsail 834
mainsheet 834
maintenance 548
maintenance area 489
maintenance hangar 619
maintenance shop 648
maître d'hôtel 720
major domestic appliances 716
major inner reaping throw 844
major international road signs 544
major language families 468
major motions 916
major North American road signs 546
major outer reaping throw 844
major types of blades 401
major types of missiles 759
makeup 378
makeup artist 428
Malagasy 469
malanga 189
malar region 115
Malawi 746
Malawi, Lake 34
Malayo-Polynesian languages 469
Malaysia 747
Maldives 747
male 702
male cone 89
male ferrule 909, 910
male reproductive organs 169
male urethra 169
Mali 745
mallet 301, 401, 421, 448, 858
mallets 449
malleus 174
Malpighian tubule 99
Malpighian tubules 97
malt vinegar 201
Malta 744
mammary gland 171
mammoth 93
man 146
management office 718
mandarin 194
mandarin collar 363
mandible 97, 99, 108, 111, 112, 116, 121, 122, 123, 126, 131, 136, 138, 141, 142, 152, 158
mandolin 433
mandoline 230
mane 124
maneuvering bar 643
maneuvering engine 23
manganese 683
manganese mix 689
mango 197
mango chutney 201
mangosteen 196
manhole 655, 712
manicure set 377
manifold 652
manned maneuvering unit 20
manometer 655, 775
manrope 542
mansard roof 414
mantel 256
mantel shelf 256
mantid 102
mantle 105, 106
mantle muscles 106
manual 445
manual feed slot 519
manual focusing knob 483
manual release 889
manual revolving door 416
manual revolving doors 719
manual sorting 71
manual/automatic mode 465
manually-operated switch 590
manuals 444
manure spreader 641
manway 650

Manx 133
Maori 469
map library 732
map projections 36
map, physical 38
map, political 37
map, road 39
map, urban 39
map, weather 55
maple 88
maple syrup 209
maquis 66
Marconi cutter 601
margarine 209
margin 79
margin control 528
margin release 528
marginal shield 113
Mariana Trench 50
Marie Byrd Land 29
marina 788
marinade spices 199
marine 61
marine diesel 656
marine mammals 136
marine mammals, examples 137
Mariner 19
maritime buoyage system 616
maritime communications 487
maritime signals 614
maritime transport 596, 649
marker 470, 864, 865, 882, 883
marker letter 855
marker light 570, 571
marker pen 397
markers 875
marking dot 455
marking tools 313
marks by night, rhythm 617
marmoset 139
marrow 212
Mars 4, 5
mars light 766
Mars Surveyor 2001 19
marshall 875
Marshall Islands 747
marsupial mammals 142
marsupials, examples 143
marten 134
martingale 858
mascara brush 378
mask 796, 841, 848
mason's trowel 315
masonry drill 306
masonry nail 301
masonry tools 315
mass 43
mass, measurement 702
massage glove 379
masseter 150
massive stars 8
mast 407, 583, 591, 600, 631, 632, 633, 834, 836
mast control lever 633
mast foot 836
mast operating lever 632
mast sleeve 836
master bedroom 251
master carrier 284
master cord 893
master cylinder 559
master gate valve 654
masthead 471, 602, 836
masthead light 605
masting 602
mastoid fontanelle 158
mastoid process 158
mat 844, 864
mat chairperson 843
matchbook 391
matchbox 391
matchstick 391
material handling 632
maternal aunt 785
maternal uncle 785
mathematics 703
matinee-length necklace 374
mating adaptor 21
matter 680
mattress 280, 281, 776, 904
mattress cover 280
mattresses 716
maturing steps 86
maulstick 399
Mauritania 745
Mauritius 746
mawashi 847
maxilla 99, 108, 111, 112, 116, 121, 122, 123, 131, 136, 138, 152, 158, 175
maxillary bone 159
maximum thermometer 59
Maya 469
meadow 182
mean position 690
meander 48
measure of air pressure 59
measure of angles 701
measure of cloud ceiling 59
measure of distance 700
measure of humidity 59
measure of length 700
measure of rainfall 59
measure of sky radiation 58
measure of snowfall 59
measure of sunshine 58
measure of temperature 59, 695
measure of thickness 700
measure of time 696
measure of weight 698
measure of wind direction 59
measure of wind strength 59
measurement of amount of substance 702
measurement of Celsius temperature 702
measurement of electric charge 702
measurement of electric current 702
measurement of electric potential difference 702
measurement of electric resistance 702
measurement of energy 702
measurement of force 702
measurement of frequency 702
measurement of length 702
measurement of luminous intensity 702
measurement of mass 702
measurement of power 702
measurement of pressure 702
measurement of radioactivity 702
measurement of thermodynamic temperature 702
measurement of time 702
measuring beaker 231
measuring button 479
measuring cup 231
measuring cups 231
measuring devices 695
measuring spoons 231
measuring tools 313
measuring tube 59
meat 214
meat grinder 230
meat keeper 291
meat thermometer 231
Mecca, direction 738
mechanic 873
mechanical connectors 269
mechanical mouse 516
mechanical pencil 470
mechanical shovel 647
mechanical stage 693
mechanical stage control 693
mechanical variometer 898
mechanical watch 696
mechanics 548, 686
mechanism of the organ 445
medial condyle of femur 153
medial great 150
medial moraine 46
median 539
median groove 127
median lingual sulcus 176
median nerve 166
medical equipment storage room 781
medical gas cylinder 780
medical records 781
medical team 844
medications, forms 783
Mediterranean Sea 28, 32, 34
Mediterranean subtropical 61
medium 472, 849
medium format SLR (6 x 6) 481
medium tension distribution line 273
medium-tension distribution line 663
medulla 165
medulla oblongata 167
medullary cavity 154
meeting room 394, 724, 730, 735, 764
meeting rooms 718
meganeura 92
megazostrodon 93
Meissner's corpuscle 172
meitnerium 683
Melanesia 29
Melanesian 469
melody strings 432
melon 195
melon baller 233
melons 195
melting 680
meltwater 46
memo pad 530
memorial board 738
memory button 497, 498, 501, 506
memory cancel 479, 529
memory card 481
memory card slots 918
memory key 479
memory recall 529
memory recall key 479
men 847
men's accessories 716
men's bag 388
men's casual wear 717
men's cell 768
men's clothing 348
men's coats 717
men's gloves 346
men's headgear 340
men's nightwear 717
men's pants 716
men's rest room 725
men's shirts 716
men's shoes 342, 716
men's sportswear 717
men's suits 716
men's sweaters 717
men's underwear 716
mendelevium 684
meninges 167
menorah 738
menu 721
menu button 477, 505
Mercury 4, 5
mercury 275, 683
mercury barometer 59
mercury bulb 695
mercury thermometer 777
merging traffic 547
merguez sausage 216
méridienne 276
mesa 52
mesh 281, 815
mesh bag 222
mesh strainer 231
mesocarp 81, 82, 83
mesohyl 95
mesopause 53
mesosaur 92
mesosphere 53
mesothorax 97
message display 512
metacarpal 154, 156
metacarpal, 2nd 140
metacarpal, 3rd 140
metacarpal, 4th 140
metacarpal, 5th 140
metacarpus 111, 116, 122, 126, 131, 133, 136, 138, 142, 154
metal arm 329
metal counterhoop 448
metal detector, walk-through 726
metal frame 442
metal head 793
metal rail 533
metal rod 449
metal sorting 71
metal structure 582
metallic contact grid 672
metallic plastron 848
metalloids 682
metals, alkali 682
metals, alkaline earth 682
metals, examples 741
metals, transition 683
metamorphic rocks 42
metaphysis 155
metatarsal 155
metatarsus 98, 111, 122, 126, 131, 138, 141, 142, 155
metathorax 97
meteorite 8
meteorological forecast 54
meteorological measuring instruments 58
meteorological station 58
meteorology 53
meteorology, measuring instruments 58
meteorology, station model 55
meter 702
metered dose inhaler 783
metope 404
metronome 436
Mexico 742
Mexico, Gulf 30
mezzanine 431, 592
mezzanine floor 250, 251
mezzanine stairs 251
Michigan snowshoe 893
micro compact car 549
microfilament 94
microfilm reader 732
microfilm room 732
micrometer caliper 700
micrometer screw 612, 701
Micronesia 747
micronucleus 94
microphone 488, 492, 496, 505, 506, 508, 516, 517, 527, 770, 898
microphone boom 490, 492
microphone boom tripod 492
microphone jack 505
microphones 771
Microscope 10
microscope 693
microscope, binocular 693
microscopes 693
microtubule 94
microwave dish 489
microwave oven 224, 238
microwave ovens 723
microwave relay station 524
microwave scanner 60
microwave transmitter 489
microwaves 690
Mid-Atlantic Ridge 50
mid-calf length 351
Mid-Indian Ridge 50
mid-ocean ridge 49
middle cloud, type 55
middle clouds 62
middle covert 115
middle ear 174
middle finger 173
middle jib 603
middle leg 96
middle leg, honeybee 98
middle linebacker 806
middle lobe 163
middle nasal concha 175
middle panel 247
middle phalange 154, 155
middle phalanx 126, 133, 172
middle piece 169
middle primary covert 115
middle sole 370
middle toe 115
middle torus 405
middy 359
midgut 99
MIDI cable 451
MIDI port 513
midrange 10, 502
midrange pickup 441
midrib 75, 79, 84
midriff band 367
Mihrab 738
Mihrab dome 738
military communications 487
milk 210
milk chocolate 208
milk cup 223
Milky Way 9, 13
millet 85, 203
millet: spike 85
Mimas 5
minaret 738
Minbar 738
miners' changing-room 649
mini shirtdress 359
mini stereo sound system 503
minibus 569
minimum thermometer 59
minivan 549
mink 134
minor surgery room 778
mint 202
minus/negative 703
minute 704
minute hand 696, 697
Miranda 5
mirror 264, 389, 535, 574, 576, 577, 693, 724, 876
miscellaneous articles 534
miscellaneous symbols 473
missile launch rail 760
missile launcher 761
missile stowage 762
missile, structure 759
missiles 759
missiles, major types 759
Mississippi River 30
mist 57, 65
miter box 303
miter gate recess 597
miter gauge 305
miter gauge slot 305
miter latch 303, 304
miter lock handle 304
miter saw, electric 304
miter saw, hand 303
miter scale 303, 304
mitochondrion 74, 94
mitral valve 162
mitt 346
mitten 318, 346, 901
mixed forest 66
mixing bowl 236
mixing bowls 232
mixing chamber 319
mizzen royal brace 603
mizzen royal staysail 603
mizzen sail 603
mizzen topgallant staysail 603
mizzen topmast staysail 603
mizzenmast 600, 602
moat 408, 409
mobile drawer unit 510
mobile filing unit 510
mobile passenger stairs 623
mobile remote servicer 21
mobile starting gate 857
mobile unit 486, 489
mobile X-ray unit 778
moccasin 344
mock pocket 355
mode 528
mode selector 498
mode selectors 504
modem 522, 523, 524
moderate continuous drizzle 57
moderate continuous rain 57
moderate continuous snow 57
moderate intermittent drizzle 57
moderate intermittent rain 57
moderate intermittent snow 57
moderate rain 64
moderator 665
moderator tank 670
moderator: graphite 670
moderator: heavy water 670
moderator: natural water 671
modern bow 750
modern howitzer 756
modern mortar 756
modes of payment 729
modillion 405
modulation wheel 450
mogul 890
moguls competition 890
Mohorovicic discontinuity 42
moist surface 420
moistener 531
molar 121, 123
molar, cross section 159
molars 159
molasses 209
moldboard 641
molded insulation 299
molding 253
Moldova 744
mole 121, 702
mole, morphology 121
mole, skeleton 121
molecule 680
mollusks 104, 217
molybdenum 683
Monaco 744
monarch butterfly 101
money 729
Mongolia 747
Mongolian 469
mongoose 134
monitor button 505
monitor lizard 114
monitor roof 414
monitor wall 489, 490, 491
monkfish 220
monocle 385
monograph section 732
monohulls 835
Monopoly 915
mons pubis 170
Montagnais 469
monument 39
Moon 4, 6, 7
Moon dial 697
Moon's orbit 6, 7
Moon, phases 7
moons 4
mooring chain 615
mooring winch 607
moose 129
mop 295

moped 577
moraine 46
mordent 435
morel 183
Morocco 745
morphology of a bat 140
morphology of a bird 115
morphology of a bivalve shell 105
morphology of a butterfly 96
morphology of a cat 133
morphology of a dog 130
morphology of a dolphin 136
morphology of a frog 110
morphology of a gorilla 139
morphology of a honeybee: worker 98
morphology of a horse 124
morphology of a kangaroo 143
morphology of a lobster 107
morphology of a mole 121
morphology of a perch 108
morphology of a rat 122
morphology of a shark 108
morphology of a snail 104
morphology of a spider 103
morphology of a starfish 95
morphology of a turtle 113
morphology of a univalve shell 105
morphology of a venomous snake: head 112
morphology of an octopus 106
mortadella 216
mortar 230, 298, 753
mortar, modern 756
mortise 390
mortise lock 249
mosaic 406
Moses 736
mosque 738
mosquito 101
moss 75
moss stitch 458
moss, structure 75
mosses, examples 75
moth 101
mother 784, 785
mother-in-law 784
motherboard 513
motion detector 416
motocross motorcycle 875
motor 261, 292, 293, 294, 304, 307, 308, 320, 323, 327, 332, 643
motor air inlet 760
motor bogie 595
motor car 594
motor control module 563
motor end plate 168
motor home 567
motor neuron 168
motor root 167, 168
motor scooter 577
motor sports 872
motor truck 585
motor unit 236, 237, 240, 288, 384, 585
motor vehicle pollution 69
motor yacht 607
motorcycle 574, 576
motorcycle dashboard 576
motorcycle-mounted camera 870
motorcycles, examples 577
motorcycling 874
motorized earth auger 323
motto 729
mouflon 128
mount frame binder 483
mountain 45
mountain bike 581
mountain biking 870
mountain lodge 886
mountain mass 38
mountain range 7, 38, 42
mountain slope 45
mountain sports 900
mountain torrent 45
mountaineer 901
mountaineering boot 901
mountaineering shovel 901
mounted umpire 858
mounting 849
mounting bracket 859, 913
mounting foot 482
mounting plate 275
mounting point 627
mouse pad 516
mouse port 513, 518
mouse, mechanical 516
mouth 95, 104, 105, 107, 110, 136, 148, 174, 444, 854
mouthparts 98
mouthpiece 446, 447, 451, 783, 841, 843
mouthpiece receiver 447
mouthpipe 447
mouthwash 384
movable bridges 542
movable jaw 311, 312
movable maxillary 112
movable panel 510, 719
movable runner 885
movable stands 734
moveable panel 509
movements of an airplane 630
movie set 428
movie theater 427, 608, 710, 714
movies' titles and schedules 427
moving coil 488
mower deck 333
mower deck lift lever 333
Mozambique 746
Mozambique Channel 34
mozzarella 210
Mt Everest 53
mud flap 551, 570, 571
mud injection hose 651
mud pit 651
mud pump 651
mudflow 47
muff 388
muffin pan 232
muffler 553, 577
muffler felt 442
muffler pedal 442
Muhammad 736
mule 128, 344
mullet 220, 741
multi-image jump button 477
multi-ply plywood 300
multigrain bread 205
multihulls 835
multimeter 316
multipack 223
multiple exposure mode 476
multiple jumps 875
multiple use key 529
multiple-span beam bridge 541
multiplied by 703
multiply key 529
multipurpose antenna 763
multipurpose ladder 321
multipurpose room 727
multipurpose solution 384
multipurpose tool 317
mummy 904
mung bean 191
Munster 211
muntin 247, 249
muscle fiber 168
muscle segment 109
muscles 150
museum 394, 711
museum shop 394
mushroom 76
mushroom anchor 610
mushroom, structure 76
mushrooms 183
music 432
music rest 436
music room 734
music stand 436, 444, 451
music store 714
musical accessories 436
musical advisers 490
musical instrument digital interface cable 451
musical instruments, traditional 432
musical notation 434
muskmelon 195
muslin 231
mussel 217
mustard 200
mute 447
mutule 404
muzzle 124, 130, 132, 753, 754, 756, 860, 912
muzzle loading 753
muzzle loading, cross section 753
Myanmar 747
mycelium 76
myelin sheath 168
myocardium 162
myopia 691

N

naan bread 205
nacelle 677
nacelle, cross-section 677
Nahuatl 469
nail 127, 301
nail bed 172
nail buffer 377
nail care 377
nail cleaner 377
nail clippers 377
nail enamel 377
nail file 377
nail hole 127
nail matrix 172
nail nick 905
nail scissors 377
nail set 301
nail shaper 377
nail whitener pencil 377
nailing tools 301
nails, examples 301
naked strangle 844
name of the currency 729
name plate 273, 306
nameplate 376, 471
Namib Desert 34
Namibia 746
naos 403
nape 115, 147, 149
napkins 722
naris 175
narrow 472
narwhal 137
nasal bone 158, 175
nasal cavity 163
nasal fossae 175
nasopharynx 175
national broadcasting network 486
national park 39
nationality 825
natural 435
natural arch 51
natural environment 867
natural greenhouse effect 68
natural radiation 41
natural sponge 379
Nauru 747
nautical sports 827
Navajo 469
nave 411
navel 146, 148
navette cut 375
navicular 155, 156
navigation devices 612
navigation display 626
navigation light 605, 625
navigation periscope 763
Nazca Plate 43
Neapolitan coffee maker 241
NEAR 19
near/far dial 496
neck 113, 124, 147, 148, 149, 159, 169, 227, 425, 433, 439, 440, 441, 494, 826, 868
neck end 349
neck guard 765
neck of femur 153
neck pad 808
neck strap 772
neck support 874
neckhole 351
necklaces 374
necklines 363
neckroll 280
necks 363
neckstrap eyelet 476
necktie 349
neckties 716
nectarine 192
needle 52, 64, 398, 452, 453, 454, 776
needle assembly 398
needle bar 453
needle bed 456
needle bed groove 456
needle clamp 453
needle clamp screw 453
needle hub 776
needle plate 452
needle position selector 452
needle threader 454
needle tool 464
needle-nose pliers 317
negative 485
negative carrier 485
negative charge 684
negative contact 672, 673
negative meniscus 691
negative plate 562
negative plate strap 562
negative region 672
negative terminal 562, 687, 689
negligee 364
neodymium 684
neon 684
neon lamp 316
neon tester 316
Nepal 747
nephew 785
Neptune 4, 5
neptunium 684
nerve 172
nerve cord 99
nerve fiber 172
nerve termination 172
nerve, olfactory 175
nervous system 166
nervous system, central 167
nervous system, peripheral 166
nest of tables 278
Net 10
net 811, 812, 813, 814, 815, 817, 821, 827
net band 821
net judge 821
net stocking 365
net support 815
netball 809
Netherlands 743
nettle 187
network access point transceiver 522
network connection 273
network interface card 522
network port 513
networks, examples 522
neural spine 109
neurons 168
neutral conductor 273
neutral indicator 576
neutral line 687
neutral service wire 272
neutral wire 272
neutral zone 806, 879
neutron 680
neutron star 8
Nevis 743
New Caledonia 29
new crescent 7
new fuel storage room 666
New Guinea 29, 747
new moon 7
new shekel 728
New Testament 736
New Zealand 29, 747
newborn children's clothing 368
newel 417
newel post 255
Newfoundland Island 30
news items 471
newspaper 471
newspaper shop 715
newt 111
newton 702
next call 507
nib 470
Nicaragua 742
nickel 683
nictitating membrane 132
niece 785
Niger 745
Niger River 34
Nigeria 745
night deposit box 731
nightgown 364
nightingale 118
nightshot switch 496
nightwear 364
Nile 34
nimbostratus 56, 62
niobium 683
nipple 146, 148, 171, 269
nitric acid emission 70
nitrogen 683
nitrogen oxide emission 70
no entry 544, 546
no U-turn 544, 546
no wheelchair access 725
no. 8 forward 804
nobelium 684
noble gases 684
nock 750, 859
nocking point 859, 913
node 663, 687
node of Ranvier 168
non-add/subtotal 529
non-biodegradable pollutants 69
non-metals 683
non-reusable residue waste 71
nonagon 705
nonbreaking space 514
nonslip mat 893
noodles 207
nori 183
norm point 891
normal 472
normal spiral galaxy 9
normal vision 691
North 37, 616, 917
North America 28, 30, 50
North American Plate 43
North American road signs 546
North celestial pole 13
North Pole 35
north pole 687
North Sea 28, 32
North Star 13
North-Northeast 37
North-Northwest 37
Northeast 37, 616
Northern Crown 13
Northern hemisphere 35
Northern leopard frog 111
northern right whale 137
northern saw-whet owl 118
Northwest 37, 616
Norway 744
Norwegian 469
Norwegian Sea 32
nose 122, 124, 148, 175, 624, 749, 887, 894, 897, 898, 912
nose cone 627
nose landing gear 624
nose leaf 140
nose leather 132
nose of the quarter 342, 370
nose pad 385
noseband 854, 858
nosing 255
nostril 108, 110, 112, 115, 124
notation, musical 434
notch 348, 362, 455, 698, 791, 863
notched double-edged thinning scissors 382
notched edge 382
notched lapel 352
notched single-edged thinning scissors 382
note symbols 435
nothosaur 93
nova 8
nozzle 22, 24, 25, 259, 315, 320, 329, 398, 767
nubby tire 875
nuclear boiler room 763
nuclear energy 665
nuclear energy, production of electricity 665
nuclear envelope 74, 94
nuclear fission 681
nuclear fuel handling sequence 666
nuclear generating station 668
nuclear reactor 667
nuclear submarine 763
nuclear waste 70
nuclear whorl 105
nucleolus 74, 94, 170
nucleus 8, 9, 74, 94, 168, 170, 680
nucleus splitting 681
number 791, 919
number key 508, 529
number of decimals 529
number of tracks sign 591
number plate 875
numbering machine 531
numeric keyboard 507, 699
numeric keypad 515, 530
numeric lock 515
numeric lock key 515
numeric pager 505
nurse 780
nurses' lounge 781
nurses' station (ambulatory emergency) 779
nurses' station (major emergency) 778
nut 193, 248, 269, 310, 311, 439, 440, 441, 590, 750
nutcracker 230
nutmeg 198
nutmeg grater 230
nuts 311
nylon rumba tights 368
nylon yarn 332

O

O-ring 268
oak 88
oar 598, 600, 851
oarlock 839
oars, types 838

oasis 48, 52
oat flour 204
oats 85, 203
oats: panicle 85
Oberon 5
obi 845, 846
obituaries 471
object 691
object balls 862
objective 693
objective lens 14, 476, 478, 479, 483, 501, 692
oblique fissure 163
oboe 446
oboes 437
obscured sky 56
observation deck 621
observation post 17
observation room 778, 781
observation window 23
observatory 17
obstacles 852, 875
obturator foramen 122
obturator nerve 166
obtuse angle 704
occipital 151
occipital bone 131, 153, 158
occluded front 56
ocean 7, 38, 67
ocean floor 49
ocean ridges 50
ocean trenches 50
ocean weather station 54
Oceania 28, 29
Oceania and Polynesia 747
Oceanian languages 469
oceanic crust 42
oche 918
Octant 10
octave 434, 849
octave mechanism 446
octopus 106, 217
octopus, anatomy 106
octopus, morphology 106
odd 919
odd pinnate 79
odometer 557
off-road motorcycle 577
office 509, 548, 582, 720, 724, 726
office automation 468, 509
office building 596, 710, 713
office furniture 510
office tower 713
officers' dormitory 764
officers' quarters 762, 763
officers' toilets and showers 764
official signature 729
officials 801, 846
officials' bench 879
offset 269
offshore drilling 653
offshore prospecting 653
offshore well 654
ogee 413
ogee roof 414
Ogen melon 195
ohm 702
oil 651
oil burner 259
oil drain plug 566
oil paint 397
oil painting 396
oil pan 331, 566
oil pan gasket 566
oil pastel 396
oil pastel drawing 396
oil pollution 70
oil pressure warning indicator 576
oil processing area 652
oil pump 259
oil spill 70
oil supply inlet 259
oil supply line 259
oil terminal 596
oil warning light 557
oil-filled heater 260
oil/gas separator 652
oiler 648
oilstone 422
okapi 128
okra 188
old crescent 7
Old Testament 736
old-fashioned glass 225
olecranon 126, 153
olfactory bulb 109, 175
olfactory mucosa 175
olfactory nerve 109, 175
olfactory tract 175
olive 188
olive oil 209
Oman 746
Oman, Gulf 33
on guard line 848
on the wind 833
on-air warning light 488
on-board computer 556
on-deck circle 794
on-off button 240, 504
on-off indicator 381
on-off light 506
on-off switch 237, 241, 286, 288, 289, 318, 381, 382, 383, 384, 476, 483, 488, 613
on-off/volume 504
on/off switch 289
on/off/test button 520
on/play button 508
one 703
one hundred 703
one pair 914
one thousand 703
one-arm shoulder throw 844
one-bar shoe 343
one-person tent 903
one-piece coverall 896
one-piece suit 884
one-storey house 419
one-toe hoof 127
one-way head 302
one-way traffic 544, 546
onion 184
online catalogue 733
online game 525
oolong tea 208
Oort cloud 4
Op-Ed article 471
opal 375
open crate 222
open end wrench 311
open hand 901
open stringer 255
open strings 432
open-air terrace 609
open-face spinning reel 910
open-pit mine 647
opening 346
opening of copulatory bursa 97
opening, utensils 230
opera glasses 385
opera house 710
opera-length necklace 374
operating cord 284
operating dam 664
operating floor 664
operating instructions 548
operating panel 417
operating rod 755
operating room 780, 781
operating suite 780
operating table 780
operation control room 763
operation keys 507, 730, 731
operator's cab 634
operator's cab 634
operculum 108, 111
ophthalmology room 779
opisthodomos 403
opossum 143
opposable thumb 139
opposite prompt side 431
optic chiasm 167
optic nerve 177
optical character reader 474
optical lens 535
optical mouse 516
optical scanner 181, 517
optical sensor 516
optical sight 701
optical sorting 71
optical stage 535
optician 715
optics 690
or 741
oral cavity 163, 164
oral hygiene center 384
oral irrigator 384
orange 194, 400
orange, section 82
orange-red 400
orange-yellow 400
orangutan 139
orbicular of eye 150
orbiculate 79
orbit 112, 116, 131, 136, 138, 142
orbit of the satellites 60
orbital-action selector 305
orbiter 22, 23
orbiter (Viking) 18
orchard 182
orchestra 402, 437
orchestra pit 430
orchid 80
order 411
order of finish 831
ordinaries, examples 740
ordinary die 914
Ordovician 92
ore 647
ore pass 650
oregano 202
organ 444
organ console 444
organ, mechanism 445
organ, production of sound 445
organizer 530
organizers' offices 719
oriental cockroach 101
Oriental couching stitch 459
oriflamme 739
origin and evolution of species 92
original overlay 512
Orinoco River 31
ornamental kale 186
ornamental tree 182, 244, 322
ornaments 435
oropharyngeal airway 775
ortho-cane 782
orthoceras 92
Orthodox Church 736
oscillating sprinkler 329
osculum 95
osmium 683
osteon 154
ostrich 119
ostrich egg 213
otolith 109
ottoman 277
outboard engine 607
outbound track 589
outdoor leisure 902
outdoor unit 260
outer boundary line 819
outer bull 918
outer circle 877
outer core 42
outer edge 127
outer jacket 267
outer jib 603
outer lip 105
outer planets 4
outer ring 729
outer shell 275
outer stators 627
outer table 915
outer toe 115
outfield fence 795
outgoing announcement cassette 508
outlet 274, 567
outlet grille 260
outlet hose 485
output devices 518
output jack 441
output monitor 489, 491
output tray 519
outrigger 599, 634, 638, 766, 839
outrigger boom 599
outrigger canoe 599
outrun 890, 891
outside counter 342
outside knob 248
outside linebacker 806
outside mirror 550, 568
outside mirror control 554
outside ticket pocket 348
outsole 342, 371
outwash plain 46
oval cut 375
oval head 302
ovary 80, 97, 103, 170, 171
ovate 79
oven 224, 290, 721, 722
oven control knob 290
oven thermometer 231
over-blouse 359
overall standings scoreboard 824
overalls 358
overbed table 780
overburden 647
overcast sky 56
overcheck 857
overcoat 352, 355
overdrapery 282
overflow 262, 264
overflow pipe 266, 267
overflow protection switch 294
overflow tube 265, 485
overhand knot 908
overhead clearance 545, 547
overhead connection 663
overhead frame 639
overhead ground wire 663
overhead guard 632
overhead projector 535
overhead switch panel 626
overlap carrier 284
overlay flooring 254
overpass 539, 540
oviduct 97, 103, 113
ovotestis 104
ovule 80
owl 118, 119
ox 129
oxbow 48
oxbow lake 48
oxford shoe 342
oxyacetylene welding 319
oxygen 683
oxygen cylinder 319
oxygen cylinder bracket 775
oxygen cylinder, portable 775
oxygen feeding control 898
oxygen feeding knob 898
oxygen mask 775
oxygen outlet 780
oxygen pressure actuator 20
oxygen valve 319
oxygenated blood 162
oyster 217
oyster fork 228
oyster knife 229
oyster mushroom 183
oystercatcher 118
ozone layer 53

P

pace 125
Pacific Ocean 28, 29, 33
Pacific Plate 43
Pacific salmon 221
Pacific-Antarctic Ridge 50
Pacinian corpuscle 172
package 223
packaged integrated circuit 689
packaging 222
packaging products 180
packer body 573
packing 268
packing nut 268
packing retainer ring 268
pad 798, 800
pad arm 385
pad plate 385
padded base 811
padded envelope 531
padded upright 811
padding 899
paddle wheel 599
paddle, double-bladed 837, 839
paddle, single-bladed 837, 838
paddock 856
paddy field 69
pads 880
page backward button 527
page down 515
page down key 515
page forward button 527
page up 515
page up key 515
pagoda 412
pagoda sleeve 361
pail 295
paint roller 320
Painter's Easel 11
painting 395, 396
painting knife 397
painting upkeep 320
painting, accessories 399
painting, equipment 396
pair 881
Pair of Compasses 11
pajama 369
pajamas 364
pak-choi 186
Pakistan 746
palatine 112, 123
palatine tonsil 176
palatoglossal arch 174
Palau 747
pale 740
palette with dipper 398
palette with hollows 398
paling fence 322
palla 336
palladium 683
pallet 445, 632, 697
pallet spring 445
pallet truck 633
pallets 632
palm 121, 173, 346, 610, 797
palm grove 52
palm of a glove 346
palm rest 861
palm tree 88
palmar pad 130
palmate 79
palmette 276
pan 698, 699, 752, 913
pan cover 752
pan hook 698
panama 340
Panama 742
Panama, Gulf 31
Panama, Isthmus 30
pancake pan 235
pancetta 216
pancreas 110, 116, 164
pane 249
panel 247, 350, 367, 400, 511, 650, 663, 855, 899
panoramic head 482
panoramic window 584, 713
panpipe 433
pantograph 585, 595
pantry 224, 250
pants 350, 371, 796, 808, 875, 878, 901
pants, examples 358
panty corselette 366
panty girdle 367
panty hose 365
papaya 197
paper 390, 400, 420
paper bail 528
paper bail release lever 528
paper catcher 511
paper clip holder 534
paper clips 534
paper collection unit 71
paper cutter 535
paper fasteners 534
paper feed button 519, 731
paper feed channel 511
paper feed key 529
paper feed light 519
paper guide 508, 519
paper in reserve 512
paper punch 533
paper recycling container 71
paper release lever 528
paper separation 71
paper shredder 535
paper sorting 71
paper support 528
paper tray 511
paper trays 512
paperboard separation 71
paperboard sorting 71
papilla 172, 177
papillary muscle 162
paprika 199
Papua New Guinea 29, 747
Papuan languages 469
par 3 hole 866
par 4 hole 866
par 5 hole 867
parabolic antenna 489
parabolic dune 52
parabolic mirror 674
parabolic reflector 16
parachute 760, 896
parachute valve 899
parade ground 409
paraffins 656
paragliding 897
paragliding pilot 897
Paraguay 742
parallel 36
parallel bars 825
parallel electrical circuit 687
parallel port 513
parallelepiped 705
parallelogram 705
paramecium 94
Paraná River 31
parapet 540
parapet walk 408, 409
parboiled rice 207
parcels office 582
parchment paper 222
parentheses 473
parents 784, 785
parents-in-law 784

parietal 112, 122
parietal bone 131, 153, 158
parietal pleura 163
paring knife 229
park 39, 711
parka 353, 901
parking 583, 713, 866, 886
parking area 619, 708, 735
parking brake lever 556
parking lot 596, 620
Parmesan 211
parquet 254
parsley 202
parsnip 189
parterre 431
partial eclipse 6, 7
partially reflecting mirror 692
particle board 300
partition 84, 771
partition tile 298
partitions, examples 740
partlow chart 571
partridge 118
parts 276, 277, 280
parts of a bicycle 578
parts of a boat 838
parts of a circle 704
parts of a flag 739
parts of a lamp socket 275
parts of a long bone 155
parts of a ring 376
parts of a shoe 342
parts of the weapon 849
party 740
pascal 702
pass 45
passbook update slot 730
passenger cabin 605, 608, 609, 625
passenger car 585, 594
passenger cars, types 584
passenger liner 608
passenger platform 582
passenger seat 577
passenger station 582, 583
passenger terminal 596, 619, 620
passenger train 582
passenger transfer vehicle 621, 623
passing lane 539
passing prohibited 544, 546
passion fruit 196
passive sensor 41
passivity zone 843
passport case 387
passport control 621
pasta 206
pasta maker 230
pastern 124
pastry bag and nozzles 232
pastry blender 232
pastry brush 232
pastry cutting wheel 232
pastry shop 715
Patagonia 31
patch pocket 348, 353, 360, 368
patella 122, 126, 131, 138, 152
patera 276
paternal aunt 785
paternal uncle 785
path 322
Pathfinder 19
pathology laboratory 781
patient 780
patient room 780
patient's chair 780
patio 244, 322
patio door 224, 250
patrol and first aid station 886
patrol wagon 726
pattern 401, 455, 458
pattern start key 456
pattypan squash 189
pauldron 749
pause 435, 515
pause button 499
pause/break key 515
pause/still button 495
pavilion 374, 710
pavilion facet 374
pavilion roof 415
pawl 307
pawn 916
pay phone 427, 507, 715, 720, 723, 779
payload 24, 25
payload adaptor 24
payload module 40
payout tray 920
payout trigger 920
PC card slot 526
PCI expansion card 513
PCI expansion connector 513
pe-tsai 186
pea 84
pea jacket 355
peach 192
peach, section 81
Peacock 10
peacock 119
peak 45, 340, 341, 772
peak level meter 499
peaked lapel 348
peanut 190
peanut oil 209
pear 193
pear-shaped body 433
pear-shaped cut 375
peas 190
pecan nut 193
peccary 128
pecten 98
pectoral deck 851
pectoral fin 108, 136
pectoral limb 161
pedal 440, 448, 578, 580, 791, 851, 870
pedal gland 104
pedal key 444
pedal keyboard 444
pedal pushers 358
pedal rod 442
pedal with wide platform 870
pedestal 440
pedestal-type sump pump 263
pedestrian call button 712
pedestrian crossing 545, 547, 712
pedestrian lights 712
pedicel 80, 81, 82, 83, 86
pediment 403, 405, 697
pedipalp 103
pedometer 700
peeled veneer 300
peeler 229
peep hole 591
peg 278, 312, 390, 439, 440, 459, 462
peg box 439
pelerine 355
pelican 119
pellets 912
peltate 79
Pelton runner 659
pelvic fin 108
pelvic limb 161
pelvis 121, 126, 138, 141, 142
pen 43
pen blade 905
pen holder 386
penalty arc 802
penalty area 802
penalty area marking 802
penalty bench 879
penalty bench official 879
penalty mark 814
penalty spot 802
pencil 470, 667
pencil pleat heading 283
pencil point tip 314, 319
pencil sharpener 534
pendant 374
pendulum 697
pendulum bar 436
pendulum rod 697
penguin 119
penholder grip 815
peninsula 38
penis 104, 146, 169
pennant 56, 739
penne 206
penstock 657, 658, 664
pentagon 705
pentaprism 477
penumbra shadow 6, 7
pepino 197
peplos 336
pepper shaker 226
pepper spray 770
peppered moth 101
pepperoni 216
per bend 740
per fess 740
percent 703
percent key 529
perch 220
perch, anatomy 109
perch, morphology 108
perching bird 117
percolator 241
percolators 723
percussion bar 767
percussion instruments 437, 448
perforated brick 298
perforated hardboard 300
perforated pipe 263
perforated toe cap 342
perforation 346
performance tire 560
performing arts 427
perfume 717
perfume shop 714
pergola 322
pericardium 163
pericarp 82, 84
period 473, 617, 789
periodicals rack 733
periodicals room 733
periodontal ligament 159
periosteum 154
peripheral 709
peripheral joint 661
peripheral nervous system 166
periscopic sight 758
peristome 94
peristyle 403, 406
peritoneum 169, 170
periwinkle 217
permanent exhibition rooms 395
permanent pasture 182
Permian 92
peroxide 777
peroxisome 94
perpendicular 704
perpetual snows 45
Persian 132, 469
Persian Gulf 33
personal adornment 374
personal articles 374, 383
personal communications 487
personal computer 513
personal identification number pad 731
personal radio cassette player 504
personal watercraft 876
Peru 742
Peru-Chile Trench 50
peso 728
pesticide 69, 70
pestle 230
pet food 181
pet shop 714
petal 80
petanque 864
petanque bowl 864
Peter Pan collar 362
petiolar sinus 86
petiole 76, 79
Petri dish 685
petrochemical industry 656
petrochemicals 656
petroleum trap 651, 653
pew 737
phalanges 111, 122, 131, 136, 138, 141, 142, 154, 155
pharmacy 714, 725, 778, 781
pharynx 99, 163, 164
phase conductor 273
phases of the Moon 7
pheasant 120, 212
pheasant egg 213
Philippine Plate 43
Philippine Trench 50
Philippines 33, 747
philtrum 175
phloem 87
Phobos 4
Phoenix 10
phosphorescent coating 275
phosphorus 683
photo booth 715
photo credit line 471
photocopier 512, 730, 733
photocopy control 512
photocopy room 509
photoelectric cell 482
photographer 714
photographic accessories 482
photographic chamber 694
photographic picture 483
photography 476
photon 692
photoreceptors 177
photosphere 6
photosynthesis 78
photovoltaic arrays 21
photovoltaic panel 615
phyllo dough 205
physical map 38
physician 780, 842
physicians 846
physics 690
pi 704
pia mater 167
piano 437, 442
piccolo 437, 446
pick 327, 390, 901
pickguard 441
pickling onion 184
pickup cylinder 642
pickup reel 642, 643
pickup selector 441
pickup truck 549
pickups 441
picnic area 725
picnics prohibited 725
pictograms 514
picture 917
picture tube 494
picture window 727
pie pan 232
piece 917
pier 411, 413, 540, 653
pierce lever 240
pierced earrings 374
pig 128
pigeon 120, 212
piggyback car 588
pigsty 182
pika 123
pike 220
pike perch 220
pike pole 767
pike position 828
pile 254
pile carpet 254
pile dwelling 418
pillar 43, 410, 412, 440, 650
pillar buoy 614, 617
pillbox hat 341
pillion footrest 575, 576
pillow 280, 458
pillow protector 280
pillowcase 280
pilot 585, 586, 759
pilot chute 896
pilot house 607
pin 275, 454, 767, 865
pin base 275
pin block 442
pin cushion 454
PIN pad 731
pinacocyte 95
pince-nez 385
pinch 274, 275, 901
pinch pleat 283
pine needles 89
pine nut 193
pine seed 89
pineal body 167
pineapple 196
pinion 307, 697
pink ball 863
pink pepper 198
pinking shears 454
pinna 76, 122, 143
pinnacle 408, 410
pinnatifid 79
pins 376
pins, examples 865
pinto bean 191
Pioneer 19
pip 82, 83, 914
pipe 289, 312, 390, 445
pipe clamp 312
pipe cleaners 390
pipe coupling 269
pipe diffuser 627
pipe rack 390
pipe section 257
pipe threader 314
pipe tools 390
pipe wrench 315
pipe, cross section 390
pipe-wrapping insulation 299
pipeline 654
pipework 445
pisiform 154
pistachio nut 193
piste 848
pistil 80
pistol 754, 770
pistol grip 754, 755, 860, 912
pistol grip handle 306, 318
pistol nozzle 329
pistol shooting 861
pistol, 8-mm 861
piston 559, 564, 566
piston lever 315
piston release 315
piston ring 566
piston skirt 566
pit 112, 501, 865
pit lane 872
pit stop 873
pita bread 205
pitch 630, 795, 799
pitch scale 528
pitch wheel 450
pitched roof 414
pitcher 794, 795
pitcher's mound 795
pitcher's plate 795
pitchfork comb 380
pitching 660
pitching wedge 868
pith 87
pithead 648, 650
piton 900
piton-carrier 901
Pitot tube 873
pits 872, 874
pituitary gland 167
pivot 317, 382, 383, 398, 436, 454, 612, 686, 907
pivot cab 638
pivot joint 156
placard board 587
placing judge 830
plaice 221
plain 38, 48
plain pole 284
plain weave 463
plan 403, 411
plane 309
plane figure 420
plane projection 36
plane surfaces 704
planetarium 10
planetarium projector 10
planetary nebula 8
planets 4
planets, inner 5
planets, outer 4
planisphere 28
plano-concave lens 691
plano-convex lens 691
plant 77
plant cell 74
plant litter 78
plant, structure 77
plantain 196
plantar 151
plantar interosseous 150
plantar pad 133
plantar surface of the hoof 127
planting box 792
planting tools 324
plasma 162
plasma membrane 94
plasmodesma 74
plaster bat 464
plaster room 779
plastic case 860, 912
plastic film 222
plastic film capacitor 689
plastic insulator 272
plastic-laminated particle board 300
plastics sorting 71
plastron 113
plate 238, 381, 482, 905
plate binding 887
plate crystal 64
plate grid 562
plateau 38, 45
platelet 162
platen 425, 528
plateosaur 93
platform 321, 542, 569, 593, 620, 699, 830, 894
platform edge 582, 593
platform entrance 582
platform ladder 321
platform number 582
platform pallet truck 633
platform shelter 583
platform, 10 m 828
platform, 3 m 828
platform, 5 m 828
platform, 7.5 m 828
platinum 683
platter 226
play button 495, 499, 504
play/pause button 501
player 827, 920
player 1 858
player 2 858
player 3 858
player 4 858

player handicap 858
player positions 794, 803, 811, 814
player's number 808, 810, 878
player's skate 880
player's stick 880
players 822
players' bench 801, 807, 809, 812, 814, 878
players' chairs 813
players' positions 804
playing area 608, 918
playing field 801, 802, 858, 864, 920
playing surface 815
playing surfaces 822
playing window 499
playpen 281
pleasure garden 322
pleated heading 283
pleats, examples 283, 357
plectrum 433
plenum 258
pleural cavity 163
plexus of nerves 159
pliers 310
plinth 697
plotter 520
plow anchor 610
plug 274, 306, 488, 502, 613
plug adapter 274, 383
plug bayonet 751
plug fuse 272
plum 192
plum sauce 201
plumber's snake 314
plumbing 262
plumbing system 262
plumbing tools 314
plunger 241, 314, 776
plungerhead 642
plunging neckline 363
plus or minus 703
plus/positive 703
Pluto 4, 5
plutonium 684
ply 300
pneumatic armlet 777
pneumatic drill 873
pneumatic hammer 649
pocket 313, 386, 862, 865, 869
pocket calculator 529
pocket camera 480
pocket handkerchief 348
pockets, examples 360
podium 412, 713, 734
point 227, 229, 439, 453, 457, 470, 859, 880, 911, 915, 918
point guard 811
point of interest 39
point wire 590
pointed tab end 349, 361
pointer 261, 695, 698, 699
points 822
points of sailing 833
poison 774
poison gland 103, 106
poisonous mushroom 76
poker 257
poker die 914
Poland 744
polar axis 17
polar bear 135
polar climates 61
polar ice cap 61
polar lights 53
polar orbit 60
polar tundra 61
polar-orbiting satellite 60
polarizing filter 478
Polaroid® camera 480
pole 284, 493, 602, 792, 820, 891
pole grip 892
pole position 872
pole shaft 892
pole vault 790, 792
pole vaulter 792
poles 284
poleyn 749
police 725
police car 769, 771
police officer 770
police station 711, 768
Polish 469
polished stone hand axe 748
political map 37
politics 739
pollen basket 98
pollen brush 98
pollen cell 100
pollen packer 98
pollutants, non-biodegradable 69
polluting gas emission 69
pollution, agricultural 69
pollution, air 69
pollution, domestic 69
pollution, industrial 69
pollution, land 69
pollution, motor vehicle 69
pollution, oil 70
polo 858
polo collar 363
polo dress 356
polo pony 858
polo shirt 359, 822
polonium 682
polygons 705
Polynesia 747
pome fleshy fruit 82
pome fruits 193
pomegranate 196
pomelo 194
pommel 826, 849, 855
pommel horse 824, 826
poncho 355
pond 322, 866
poniard 751
pons Varolii 167
Pont-l'Évêque 211
pontoon 542, 652
poodle 130
pool 246, 675, 862
poop 602
pop-up tent 903
poplar 88
popping crease 799
poppy 80
poppy seeds 199
porch 245, 411, 738
porch dome 738
porcupine 123
pore 74, 84, 172
pork, cuts 215
porpoise 137
Porro prism 692
port 666, 709, 854
port glass 225
port hand 609, 616, 617
portable CD radio cassette recorder 504
portable cellular telephone 506
portable compact disc player 503
portable digital audio player 503
portable fire extinguisher 767
portable oxygen cylinder 775
portable radio 503
portable shower head 264
portable sound systems 503
portal 411
portal bridge 541
portal frame 540
portal vein 161
porthole 608
portrait 729
Portugal 743
Portuguese 469
position indicator 417
position light 585, 631
position marker 440, 441
position of a character 472
positions 849
positive charge 684
positive contact 672, 673
positive meniscus 691
positive plate 562
positive plate strap 562
positive region 672
positive terminal 562, 687, 689
positive/negative junction 672
possum-belly body semitrailer 572
post 460, 676, 812, 817, 827
post and plank 852
post and rail 852
post binder 532
post lantern 287
post mill 676
post office 474, 475, 711, 715
postage meter 531
postage stamp 474
postal order 475
postal parcel 475
postal van 474, 475
postcard 474
poster 427
posterior adductor muscle 105
posterior chamber 177
posterior cutaneous nerve of thigh 166
posterior end 105
posterior fontanelle 158
posterior horn 167
posterior root 168
posterior rugae 147, 149
posterior semicircular canal 174
posterior view 147, 149, 151
postern 408, 409
posting surface 535
postmarking module 531
pot-and-pan sink 721
potable water truck 622
potassium 682
potato 184
potato masher 233
pothole 47
pottery 464
pottery, tools 464
pouch 143, 222
pouch of Douglas 170
poulaine 749
poultry 213
poultry shears 233
pound 728
pouring spout 295
powder blusher 378
powder chamber 753
powder flask 752
powder puff 378
powdered milk 210
powdered mustard 200
powdered sugar 209
power 565
power adapter 526
power adapter port 526
power and backlight button 527
power button 494, 495, 497, 498, 501, 505, 506, 513, 519, 526
power cable 513
power cable plug 513
power car 585
power control module 563
power cord 237, 305, 308, 381, 383, 497
power indicator 518
power light 519
power mower 332
power plant 657
power plant, cross section 664
power plug 504, 527
power source 687
power station 664
power supply cord 382
power supply fan 513
power supply unit 513
power switch 451, 477, 518
power switch machine 590
power takeoff 640
power train 580
power turbine 627
power zoom button 496
power, measurement 702
power-off/slide-select bar 483
power-on button 508
power-on light 508
power-on/paper-detect light 731
power-takeoff shaft 641, 642
power/functions switch 496
power/light switch 452
practice green 866
practitioner, kung fu 846
prairie 38
praseodymium 684
prayer hall 738
Precambrian 92
precious stones 375
precipitation 67
precipitation area 55
precipitations 64
precision sports 859
preferred channel 617
prehensile digit 139
premaxilla 108, 122, 123
premolar 121, 123
premolars 159
prepared foods 181
prepuce 169
prerinse sink 721
present state of weather 55
present weather 57
preset buttons 495
preset tuning button 497, 498
president 848
president of the jury 900
president's office 509
president's secretary 509
press bar 851
press bed 421, 423
press chamber 642
press wheel 643
pressed area 501
pressed cheeses 211
pressed powder 378
presser bar 453
presser foot 453
pressing 425
pressing board 425
pressure bar 442
pressure change 55
pressure control 384
pressure control valve 777
pressure cooker 234
pressure demand regulator 765
pressure dial 452
pressure gauge 654, 777, 841
pressure plate 476, 758
pressure regulator 234, 319, 903
pressure relief valve 259, 266
pressure screw 421, 423
pressure tube 667
pressure, measurement 702
pressure-relief valve 267
pressurized heavy water 670
pressurized refuge 543
pressurized-water reactor 671
pressurizer 670, 671
prestressed concrete 298
prevailing wind 63
preview monitor 489
preview monitors 491
previous sets 822
price per gallon/liter 548
pricker 458
prickly pear 197
prickly sphagnum 75
primaries 115
primary colors 400
primary consumers 67
primary covert 115
primary crash sensor 556
primary flight display 626
primary hard disk drive 513
primary mirror 17
primary root 77
primary sorting 474
primate mammals 138
primates, examples 139
prime 849
prime focus 17
prime focus observing capsule 17
prime meridian 36
primer 757, 912
Princess 12
princess dress 356
princess seaming 366
principal rafter 253
principal's office 735
Principe 745
print cartridge light 519
print drying rack 485
print screen 515
print screen/system request key 515
print washer 485
printed circuit 689
printed circuit board 689
printed image 420
printer 523, 529
printer table 511
printer, ink jet 519
printing 420
printing calculator 529
printing unit 528
printout 699
priority intersection 544
prism binoculars 692
prison 726
prisoner's dock 728
prisoners' shower 768
privacy curtain 780
private broadcasting network 486
private dressing room 428
probe 316
probe receptacle 238
proboscis 96
procedure checklist 20
processor 513
proconsul 93
producer 429, 489, 490
producer turret 488
product code 699
production adviser 490
production control room 489, 490, 491
production designer 428
production desk 491
production manager 509
production of electricity by the generator 662, 665
production of electricity from geothermal energy 646
production of electricity from nuclear energy 665
production of electricity from solar energy 674
production of electricity from thermal energy 646
production of electricity from wind energy 677
production of electricity, steps 662
production of sound 445
production platform 652, 654
production video switcher 491
production well 646
production/export riser system 652
professional training office 730
profile of the Earth's atmosphere 53
program selector 450
programmable buttons 516
programmable function keys 731
programmable thermostat 261
programming control 261
projectiles 752
projection booth 427
projection device 573
projection dome 10
projection head 535
projection room 395, 427
projection screen 427, 483
projector 427, 518
proleg 97
promenade deck 608
promethium 684
prominence 6
prompt side 431
pronaos 403
prone position 861, 893
propane accessories 903
propane gas cylinder 567
propellant 912
propellant tank 18
propeller 606, 608, 609, 763
propeller duct 605
propeller shaft 609
propellers 762
property line 244
property man 429
propulsion machinery control room 763
propulsion module 486
proscenium 430
prosciutto 216
prosecution counsels' bench 728
prostate 169
protactinium 684
protect tab 521
protection 774
protection area 843
protection layer 20
protective clothing 318
protective cup 808, 843, 880
protective equipment 808
protective goggles 818, 819, 870, 875
protective helmet 575, 580
protective mat 883
protective plate 875
protective suit 875
protective surround 918
protective window 494
Protestantism 736
prothorax 97
proton 680
protoneuron 168
protractor 701
proventriculus 116
province 37
prow ornament 600
proximal epiphysis 155
proximal phalange 154, 155
proximal phalanx 126, 133
proximal sesamoid 126
proximity fuse 759
pruning knife 330
pruning saw 330
pruning shears 330
pruning tools 330
pry bar 301
pseudopod 94
psychiatric examination room 778
psychiatric observation room 778
psychrometer 59
pterygoid 112
pubis 116, 122, 146, 148
public building 39
public garden 713
public postal network 474
puck 880
Puerto Rico Trench 50
puff sleeve 360
pull rod 590
pull strap 389
pull tab 223
pulley 284, 321, 566, 686, 750

pulley block 750
pulley safety guard 307
pulling ring 776
Pullman case 389
pulmonary artery 160, 163
pulmonary trunk 162
pulmonary valve 162
pulmonary vein 160
pulp 82, 159
pulp chamber 159
pulpit 737, 738
pulsar 8
pulsed ruby laser 692
pulverizer 646
pulvino 661
pumice correcting pencil 423
pump 246, 292, 294, 320, 343, 670, 671, 674, 903
pump and motor assembly 559
pump island 548
pump motor 263
pump nozzle 548
pump number 548
pump room 606
pumper 766
pumpernickel 205
pumping station 654
pumpkin 189
punch 401
punch hole 342, 350, 371
punching bag 842
punching ball 842
punctuation marks 473
pup tent 903
pupa 100
pupil 132, 177
purfling 439, 440
purge valve 841
purple border 336
purpure 741
purse 387
purslane 187
pursuit bicycle 871
pursuit line 871
pursuit racer 871
push bar 416
push button 236, 294, 391, 507
push buttons 506
push frame 636
push rim 783
push-button 248, 470
push-button telephone 507
push-to-talk switch 505
push-up bra 367
push-up stand 851
pusher 230, 237, 240
pushing phase 892
putter 867, 868
pygal shield 113
pygostyle 116
pylon 663
pylon body 663
pylon foot 663
pylon top 663
pylon window 663
pyloric cecum 95, 109
pyloric stomach 107
pyramid 402, 705
pyramid spot 862
pyramid, entrance 402
pyranometer 58
Pyrenees 32
pyrometric cone 464
python 114

Q

Qatar 746
Qibla wall 738
quad cane 782
quadrant 704
quadrate 112
quadrilateral 705
quail 120, 212
quail egg 213
quark 680
quarte 849
quarter 127, 342, 370
quarter note 435
quarter rest 435
quarter window 551
quarter-deck 608
quarterback 807
quarterfinal: 8 players 789
quarterly 740
quartet 438
quartz metronome 436
Quaternary 93
quay 596, 708
quay ramp 596
quayside crane 596
quayside railway 596
Quechua 469
Queen 12
queen 99, 914, 916
queen cell 100
queen excluder 100
Queen Maud Land 29
queen's chamber 402
queen's side 916
question mark 473
quiche plate 232
quick release system 482
quick ticket system 427
quickdraw 900
quill 307, 470
quill brush 380
quince 193
quinoa 203
quinte 849
quintet 438
quiver 859
quotation marks 473
quotation marks (French) 473

R

rabbet bit 308
rabbi's seat 738
rabbit 123, 212
raccoon 134
race director 870
raceme 81
racetrack 856
rachis 115
racing suit 874, 882
rack 234, 238, 290, 294, 791, 863
rack and pinion gear 686
rackboard 445
rackboard support 445
racket sports 815
Raclette 211
raclette with grill 239
racquetball 818
racquetball racket 818
radar 40, 604, 605, 608, 609
radar aircraft 629
radar antenna 40, 760, 763
radar beam 40
radar display 771
radar mast 606
radar reflector 615
radar transceiver 771
radar unit 760
radar-absorbent material 629
Radarsat satellite 40
radial canal 95
radial nerve 166
radial passenger loading area 619
radial ply 561
radial thread 103
radial tire 561
radiant heater 260
radiation 681
radiation zone 6
radiator 259, 552, 561, 586
radiator grille 570
radiator panel 23
radiators 21
radicchio 186
radicle 77, 87
radio 771, 898
radio antenna 604, 606, 608, 609, 763, 873
radio mast 652
radio telescope 16
radio wave 16
radio waves 690
radio-ulna 111
radioactive 774
radioactive nuclei 681
radioactivity, measurement 702
radioisotope thermoelectric generator 18
radiometer 60
radiosonde 59
radish 189
radium 682
radius 116, 121, 122, 126, 131, 136, 138, 140, 141, 142, 152, 154, 156, 704
radome 760
radon 684
radula 104
rafter 252
raglan 355
raglan sleeve 352, 355, 361, 369
rail 278, 456, 591, 841, 862
rail joint 590
rail section 591
rail track 649
rail transport 582
railing 251
railroad crossing 545, 547
railroad line 39
railroad station 39, 583, 708, 710
railroad track 590, 591, 710
railway shuttle service 620
railyard 708
rain 64, 65
rain cap 257
rain forms 64
rain gauge recorder 58, 59
rain shower 57
rainbow 65
raincoat 352
rainfall, measure 59
rainfly 902, 903
raised band 426
raised figure 420
raised handlebar 870
raising the spinnaker 833
rake 327, 642
rake bar 642
rake comb 380
rally car 873
rally motorcycle 875
Ram 12
ram 598
RAM connector 513
RAM module 513
rambutan 197
ramekin 226
rammer 752
ramp 403, 407, 539, 647, 894
rampart 408, 409
random access memory module 513
random orbit sander 308
range 722
range hood 224, 290, 722
rangefinder 480
rank insignia 770
Ranvier, node 168
rapier 751
rare earth 684
ras el hanout 199
rasp 309
raspberry 192
raspberry, section 83
rat 123
rat, morphology 122
rat, skeleton 122
ratchet 302, 307, 460
ratchet box end wrench 311
ratchet knob 700
ratchet socket wrench 311
ratchet wheel 460, 696, 697
rattle 112
rattlesnake 114
raven 118
ravioli 206
razor clam 217
reach-in freezer 180
reaction direction 684
reaction engine assembly 60
reactor 665, 666, 669, 763
reactor building 667, 669
reactor building airlock 668
reactor core 670, 671
reactor tank 671
reactor vessel 667
reactor, carbon dioxide 670
reactor, heavy-water 670
read button 505
read/write head 521
reading 385
reading light 771
reading mirror 20
reading room 732
reading start 501
reamer 237
rear apron 349
rear beam 698
rear brake 578
rear brake pedal 576
rear bumper 876, 885
rear cargo rack 577
rear derailleur 578, 580
rear door 775
rear fender 577
rear foil 609
rear leg 277
rear light 578
rear limit line 848
rear propeller 606
rear rigid section 569
rear runner 884
rear seat 555
rear shock absorber 575
rear sight 754, 755, 757, 861, 893, 912
rear step 766, 775
rear wheel 333
rearview mirror 556
récamier 276
receiver 16, 493, 506, 754, 755, 817, 819, 820
receiver volume control 506
receiving area 180, 395, 716
receiving line 818
receiving tray 508
receiving yard 589
receptacle 75, 80, 83
receptacle analyzer 316
reception 509
reception area 764, 778, 781
reception bay 666
reception desk 730
reception hall 738
reception level 724
rechargeable battery pack 496
recharging base 288
reclining back 776
recoil sleigh 756
recoilless rifle 757
record 500
record announcement button 508
record button 495, 499
record muting button 499
record player 500
recording level control 499
recording start/stop button 496
recording tape 499
recording unit 59
recovery room 780
rectal cecum 95
rectangle 705
rectangular 904
rectangular flag 739
rectum 97, 99, 113, 116, 125, 164, 169, 170
recuperator cylinder 756
recuperator cylinder front head 756
recycling 71
recycling bin 71
recycling containers 71
red 400, 690, 919
Red 915
red alga 75
red ball 862, 863
red balls 863
red beam 494
red blood cell 162
red cabbage 186
red clamp 558
red giant 8
red kidney bean 191
red light 712
red ocher pencil 423
red onion 184
red safelight filter 485
Red Sea 28, 33, 34
red sweet pepper 188
red whortleberry 192
red-kneed tarantula 102
red-violet 400
redfish 221
reduce/enlarge 512
reducing coupling 269
reed 446, 460
reed hooks 461
reed pipe 444
reef band 603
reef point 603
reel 328, 484, 495, 848, 920
reel plate 920
reel seat 909, 910
reentrant angle 704
referee 801, 803, 805, 807, 810, 812, 818, 819, 827, 828, 830, 842, 843, 844, 845, 846, 864, 879, 881, 882, 893
referee's line 845
reference books 732
reference room 733
refill 470
refill tube 265
refinery 654, 709
refinery products 656
reflected solar radiation 68
reflecting cylinder 692
reflecting surface 674
reflecting telescope 15
reflecting telescope, cross section 15
reflection 41
reflective stripe 765
reflector 316, 571, 578, 876
reflex camera, cross section 477
Reformation 736
refracting telescope 14
refracting telescope, cross section 14
refractory brick 465
refrigerant tubing 260
refrigerated display case 720
refrigerated semitrailer 572
refrigeration unit 571
refrigerator 224, 291, 720, 722
refrigerator car 588
refrigerator compartment 291
refrigerators 720
refueler 873
refueling device 873
refuse container 295
regional distribution center 475
regional mail 475
register 273
registered trademark 473
registers, types 258
regular decagon 705
regular dodecagon 705
regular hendecagon 705
regular heptagon 705
regular hexagon 705
regular nonagon 705
regular octagon 705
regular octahedron 705
regular pentagon 705
regulating button 443
regulating valve 259
regulator first stage 841
regulator second stage 841
reheater 668
rein 856
rein ring 854
reinforced concrete 298
reinforced toe 773
relationships, family 784
relay starting line 791
relay station 486
relay/interconnection box 563
release lever 310
release of oxygen 78
release treadle 460
relief printing 420
relief printing process 421
relief printing process, equipment 421
relieving chamber 402
religion 736
religions, chronology 736
relocation 528
remote command antenna 40
remote control 483, 493, 495
remote control sensor 494, 501
remote control terminal 476, 477
remote manipulator system 21, 22
remote sensing 40
remote sensor 518
remote-controlled switch 590
removable flag pole 867
removable hard disk 521
removable hard disk drive 521
removable-bottomed pan 232
renal artery 160, 165
renal hilus 165
renal papilla 165
renal pelvis 165
renal vein 160, 165
reniform 79
repeat buttons 501
repeat mark 434
repeater 487
report writing room 768
reproductive organs, female 170
reproductive organs, male 169
reptiles 112
reptiles, examples 114
Republic of Korea 747
Republic of Moldova 744
repulsion 687
rerebrace 749
reserve parachute 896
reservoir 241, 445, 657, 658, 660, 661
reservoir-nib pen 397
reset 512
reset button 267, 495, 513, 519, 696, 700, 918
reset key 508
resident 780
residential district 709
residue waste, non-reusable 71
resin surface 501
resistance adjustment 851
resistors 689
resonator 444, 449, 502
respirator 773

respiratory system 163
respiratory system protection 773, 774
rest area 39
rest symbols 435
restaurant 608, 710, 713, 714, 719, 720, 725
restaurant review 471
restaurant, fast-food 715
restaurant, self-service 722
restricted area 811
restricting circle 810
result line 529
resurgence 47
resuscitation room 778
resuscitator 775
retainer 649
retaining ring 268
reticle 692
retina 177, 691
retractable handle 386
retractable step 567
retracted claw 133
retrenchment 409
retro-reflective tape 611
return 511, 515
return crease 799
return spring 559
reverse 828
reverse dive with a twist 829
reverse light 554
reverse slide change 483
reverse stitch button 452
reverse travel pedal 333
reversible reaction 684
reversing switch 302, 306
revolver 754
revolving cylinder 458
revolving nosepiece 693
revolving sprinkler 329
rewind button 495, 499, 504, 508
Rhea 5
rhenium 683
rhinoceros 129
rhizoid 75
rhizome 76
rhodium 683
rhombus 705
rhubarb 185
rhythm of marks by night 617
rhythm selector 451
rhythmic gymnastics 823
rias 51
rib 112, 116, 121, 122, 126, 131, 136, 138, 141, 142, 185, 391, 439, 440, 639, 772
rib joint pliers 310
rib pad 808
rib roast 214
rib stitch 458
ribbing 354, 369, 909
ribbing plow 641
ribbon 823
ribosome 74, 94
ribs 152, 464
rice 85, 203, 207
rice noodles 207
rice papers 207
rice vermicelli 207
rice vinegar 201
rice: spike 85
ricotta 210
rider 853, 855, 858
riders 875
ridge 45
ridge beam 253
riding 854
riding cap 853, 856
riding crop 853, 856
riding glove 853
riding jacket 853
riegel 46
riffler 401
rifle 893
rifle (rifled bore) 912
rifle shooting 861
rifle, .22-caliber 861
rigatoni 206
rigging 602
rigging wire 897
right angle 704
right ascension 13
right ascension setting scale 14, 15
right atrium 161, 162
right attacker 812
right back 801, 803, 812, 814
right bend 544, 547
right center 804
right channel 502
right cornerback 806
right defense 878
right defensive end 806
right defensive tackle 806
right field 795
right fielder 794
right forward 811
right guard 807
right half 801
right inside forward 801
right kidney 165
right lung 161, 163
right midfielder 803
right pulmonary vein 162
right safety 806
right service court 819, 821
right side 384
right tackle 807
right ventricle 161, 162
right wing 801, 804, 879
right winger 814
rigs, examples 601
rillettes 216
rim 385, 560, 574, 579, 640, 793, 811
rim flange 560
rim soup bowl 226
rime 65
rinceau 276
rind 82
ring 76, 249, 284, 391, 447, 453, 522, 610, 611, 659, 696, 699, 809, 824, 842, 901
ring binder 532
ring canal 95
ring handle 390
ring network 522
ring nut 269
ring post 842
ring step 842
ring, equestrian sports 788
ring, parts 376
ringhandle 382
ringing volume control 506
rings 376, 824, 825
ringside 842
rink 864, 878, 881
rink corner 878
rinse-aid dispenser 294
rip fence 304, 305
rip fence guide 305
rip fence lock 305
rip fence rule 305
rip fence slot 305
ripeness 86
ripening 86
ripper 636
ripper cylinder 636
ripper shank 636
ripper tip tooth 636
rise 255
riser 255, 897
rising warm air 63
River 10
river 38, 39, 48
river estuary 38, 51
river otter 134
rivet 229, 310
road 39, 708
road bicycle 581
road communications 487
road cycling competition 870
road flare 771
road map 39
road number 39
road racing 870
road signs 544
road system 538
road transport 538, 596
road tunnel 543
road works ahead 545, 547
road, cross section 538
road-racing bicycle 870
road-racing cyclist 870
roadway 538, 543, 712
roadway narrows 544, 547
roast 214, 215
roasted coffee beans 208
roasting pans 234
Roberval's balance 698
robin 118
rock 900
rock basin 46
rock candy 209
rock climber 900
rock garden 322
rock shaft lift arm 640
rocker arm 566
rocket engine 24
rocket motor 759
rocking chair 276, 277
rocking tool 422
rockslide 47
rocky desert 52
rocky islet 51
Rocky Mountains 30
rod 177, 261, 436, 461, 685
rodent 122
rodent's jaw 123
rodents 122
rodents, examples 123
roll 362, 630
roll film 481
roll structure 873
roll-up blind 285
roller 284, 285, 333, 380, 423, 516, 633
roller board and arms 445
roller cover 320
roller frame 320
roller shade 285, 558
rolling ladder 321
rolling pin 232
romaine lettuce 186
Roman amphitheater 407
roman bean 191
Roman house 406
Roman legionary 748
Roman metal pen 470
Roman numerals 703
roman shade 285
Romance languages 469
Romania 744
Romanian 469
Romanian couching stitch 459
Romano 211
rompers 369
roof 100, 245, 257, 412, 551, 567, 635, 647
roof pole 903
roof truss 253
roof vent 262, 567
roofs, examples 414
rook 916
room 650
room air conditioner 261
room number 724
room thermostat 261
rooms, main 250
rooster 120
root 78, 159, 176, 227
root canal 159
root cap 77
root hairs 77
root of nail 172
root of nose 175
root rib 624
root system 77, 86
root vegetables 189
root-hair zone 87
rope 374, 611, 686, 823, 842, 900, 901, 908
rope ladder 321
roped party 900
Roquefort 211
rose 80, 248, 328, 440
rose cut 375
rose window 411
rosemary 202
rosette 405
Ross Ice Shelf 29
rotary cheese grater 230
rotary engine cycle 565
rotary file 531
rotary hoe 641
rotary system 651
rotary table 651
rotating auger 642, 643
rotating dome 17
rotating drum 43
rotating track 16
rotating wheel 919
rotation of the turbine 662
rotini 206
rotodome 629
rotor 249, 565, 659, 676
rotor blade 631
rotor head 631
rotor hub 631
rotunda 713
rotunda roof 415
rough 866, 867
roughing out 401
roulette 422
roulette table 919
round brush 380
round end pin 285
round eye 453
round head 302
round neck 363
round pronator 150
round-bottom flask 685
rounding-over bit 308
route judge 900
route sign 568, 569, 595
router 308, 524
routers 523
routing cardboard 587
row 384, 431
row counter 456
row number display 456
rowing 838
rowing (one oar) 838
rowing machine 851
royal agaric 183
royal flush 914
RTG 18
rub protection 874
rub rail 571
rubber 342
rubber boot 765
rubber bulb 776
rubber bumper 920
rubber gasket 270
rubber mat 500
rubber sheath 838
rubber snaffle bit 854
rubber stamp 531
rubber thread 867
rubber tip 321, 782
rubber wall 560, 561
rubbing alcohol 777
rubbing strip 560, 561
rubble 298
rubidium 682
ruby 375
ruby cylinder 692
ruching 368
ruck 805
rudder 23, 600, 605, 606, 608, 625, 759, 760, 834, 838, 839, 898
rudder blade 606
rudder cable 838
rudder pedal 898
Ruffini's corpuscle 172
ruffle 282, 337
ruffled rumba pants 368
ruffled skirt 357
rug 254
rug and floor brush 289
rugby 804
rugby ball 805
rugby player 805
rugby shoe 805
rule 471
ruler 399, 424, 700, 905
rump 115
run 255
run-up track 793
runabout 607
rung 321
runner 659, 884, 900, 915
runner blade 659, 664
runners 659
running bowline 908
running rail 595
running shoe 370
running shoes 716
running surface 590
running track 635
runway 595, 620, 761
runway center line markings 620
runway designation marking 620
runway side stripe markings 620
runway threshold markings 621
runway touchdown zone marking 621
rupee 728
Russian 469
Russian Federation 744
Russian module 21
Russian pumpernickel 205
rutabaga 189
ruthenium 683
rutherfordium 683
Rwanda 745
rye 85, 203
rye bread 204
rye: spike 85
Ryukyu Trench 50

S

S-band antenna 60
S-band high gain antenna 60
S-Video output 526
sabaton 749
saber 751, 849
saber and épée warning line 848
sable 741
sabreur 848
sacral plexus 166
sacral vertebra 111
sacral vertebrae 122, 126, 131, 142
sacristy 737
sacrum 138, 141, 152, 153, 157
saddle 483, 826, 853, 855, 856, 858, 897
saddle joint 156
saddlebag 577
saddlecloth 853, 856
safari jacket 359
safe 731, 769
safe deposit box 731
safe water mark 617
safelight 484
safest water 616
safety 755, 764
safety area 844, 846
safety belt 873
safety binding 888, 889
safety boot 773
safety cage 791
safety cap 757, 772
safety earmuffs 772
safety fence 890
safety glasses 772
safety goggles 772
safety handle 332
safety lighting 771
safety line 593
safety match 391
safety niche 543
safety officer 837
safety pad 823
safety pin 453
safety rail 321, 586
safety scissors 377
safety symbols 774
safety tank 670
safety tether 20
safety thermostat 293
safety thong 818
safety valve 234, 665
saffron 198
safing sensor 556
sagari 847
sage 202
sagittal section 169, 170
Sahara Desert 34
sail 676, 836, 897
sail cloth 676
sail panel 834
sail plane 763
sailbar 676
sailboard 836
sailboat 834
sailing 833
sailing, points 833
sailor collar 362
sails 603
sails, examples 601
Saint Bernard 131
Saint Kitts and Nevis 743
Saint Lawrence River 30
Saint Lucia 743
Saint Peter 736
Saint Vincent and the Grenadines 743
salad bowl 226
salad dish 226
salad fork 228
salad plate 226
salad spinner 231
salads 722
salamander 111
salami 216
salchow 881
salient angle 409
saline lake 52
salivary duct 99
salivary gland 97, 99, 104, 176
salivary glands 164
salmon, Atlantic 221
salmon, Pacific 221
salsify 189
salt 201, 847
salt shaker 226
samarium 684
sambal oelek 201
Samoa 747
Samoan 469
sample 458
sampler 450
San Marino 744
sanctuary lamp 737
sand 660, 813
sand bar 49
sand bunker 866, 867

sand island 51
sand paper 308
sand shoe 571
sand wedge 868
sandal 343, 344, 748
sandbox 586
sanding disc 308
sanding pad 308
sandstorm 57
sandy desert 52
sans serif type 472
Sao Tome and Principe 745
saphenous nerve 166
sapodilla 197
sapphire 375
sapwood 87
sardine 219
sarong 357
sartorius 150
sash 846
sash frame 249
sash window 415
satchel bag 387
satellite 24, 486
satellite earth station 525
satellite navigation system 613
satellite remote sensing 41
satellites, orbit 60
satin weave 463
Saturn 4, 5
Saturn V 24, 25
saucepan 235, 905
Saudi Arabia 746
sausage 216
sauté pan 235
savanna 66
savanna climate 61
savory 202
savoy cabbage 186
sawing tools 303
sawing-in 424
sawtooth roof 414
saxhorn 447
saxophone 446
scale 108, 112, 113, 117, 313, 434, 695, 700, 776, 907
scale leaf 78
Scales 11
scallion 184
scallop 217
scalper 857
scampi 218
Scandinavian cracked bread 205
Scandinavian Peninsula 32
scandium 683
scaphoid 154, 156
scapula 111, 116, 121, 122, 126, 131, 136, 138, 141, 142, 152, 153, 156
scapular 115
scarlet runner bean 191
scarp 409
scatter cushion 280
scene 402
scene light 775
scenic route 39
schedules 582
schema of circulation 161
Schism, Great 736
schnauzer 130
school 734
school bus 568
school zone 545, 547
schooner 601
Schwann, sheath 168
sciatic nerve 166
science 680
science room 734
scientific air lock 23
scientific calculator 529
scientific instruments 17, 23
scientific symbols 702
scissors 454, 777, 905
scissors crossing 583
scissors cut 375
scissors-glasses 385
sclera 177
scoop 390
score 789, 825
score console 865
score counter 920
scoreboard 789, 790, 822, 825, 831, 839, 844, 846, 918
scoreboard, current event 825
scoreboard, overall standings 824
scorekeeper 814, 845
scorekeepers 846, 847
scorer 810, 812, 813, 819, 848, 860, 864
scorers 844, 859
scoring light 848
Scorpion 10
scorpion 102
scotia 404, 405
Scotia Plate 43
Scottish 469
scouring pad 295
scraper 320, 422, 423, 638, 892
scraper bar holder 423
screen 383, 483, 494, 658, 724, 799
screen case 483
screen door 567
screen print 368, 369
screen window 902
screw 302, 439
screw base 275
screw cap 223
screw earrings 374
screw locking nut 909, 910
screwdriver 302, 905
screwdriver bit 306
screwdriver, cordless 302
screwing tools 302
screwsleeve 900
scrimmage: defense 806
scrimmage: offense 807
script assistant 490
scroll 439
scroll button 505
scroll case 658
scroll foot 276
scroll wheel 506, 516
scrolling 515
scrolling lock key 515
scrotum 146, 169
scrub room 780
scrum half 804
scuba diver 841
scuba diving 841
scuffle hoe 326
sculling 838
sculling (two oars) 838
sculling boats 839
sculling oar 838
Sculptor's Tools 10
sculpture 395
scythe 330
sea 7, 38, 48, 664
sea anchor 610
sea bag 388
sea bass 220
sea bream 219
Sea Goat 10
sea kale 186
sea lettuce 183
sea level 42, 49, 53
sea lion 137
Sea of Japan 33
sea salt 201
Sea Serpent 10
sea side 664
sea urchin 95
sea-level pressure 55
sea-to-sea missile 762
seaborgium 683
seafood 181
seal 137, 268
sealed cell 100
sealing material 689
sealing plug 689
sealing ring 655
seam 346, 348, 390, 798
seam allowance 455
seam gauge 454
seam line 455
seam pocket 355, 360
seamount 49
search 525
search-and-rescue antennas 60
season tiles 917
seasons of the year 54
seat 264, 265, 276, 277, 281, 333, 427, 431, 464, 555, 577, 578, 783, 839, 851, 855, 857, 876, 885, 898
seat belt 555
seat cover 265
seat harness 900
seat post 578
seat stay 578
seat tube 578, 871
seat-belt warning light 557
seats 277
seaweed 183
sebaceous gland 172
second 434, 702, 704, 842, 877
second assistant camera operator 428
second base 794
second baseman 794
second classification track 589
second dorsal fin 108, 109
second floor 250, 251
second focal room 16
second hand 696
second leg at reach 833
second level of operations 529
second molar 159
second premolar 159
second referee 813
second reinforce 753
second round: 64 players 789
second row 804
second space 811
second stage 25
second valve slide 447
second violins 437
second voltage increase 677
second-level domain 524
secondaries 115
secondary altar 737
secondary channel 617
secondary colors 400
secondary consumers 67
secondary hard disk drive 513
secondary inlet 655
secondary mirror 15, 17, 477
secondary reflector 16
secondary road 39
secondary root 77
secondary waiting room 781
seconde 849
secretarial desk 511
secretaries 827
secretaries' office 735
secretary 279, 814
secretary's office 731
section 471
section of a bulb 78
section of a capsule: poppy 84
section of a follicle: star anise 84
section of a grape 83
section of a hazelnut 84
section of a legume: pea 84
section of a log 300
section of a peach 81
section of a raspberry 83
section of a silique: mustard 84
section of a strawberry 83
section of a walnut 84
section of an apple 82
section of an orange 82
section of the Earth's crust 42
sectional garage door 416
sector 704
security casing 332
security check 621
security grille 730
security guard's office 733
security guard's work station 779
security service 719
security thread 729
security trigger 331
security vestibule 728
sedimentary rocks 42
seed 77, 81, 82, 83, 84
seed coat 81, 85
seed drill 643
seed leaf 77
seeder 324
seeding tools 324
seedless cucumber 188
segment 82
segment score number 918
seismic wave 43
seismogram 43
seismograph, vertical 43
seismographic recording 651, 653
seismographs 43
select button 505
selection key 506
selective sorting of waste 71
selector switch 316
selenium 682
self-adhesive labels 532
self-contained breathing apparatus 765
self-inflating mattress 904
self-sealing flap 531
self-service display case 722
self-service meat counter 180
self-service restaurant 722
self-timer indicator 476
selvage 455
semaphore 583
semi-bold 472
semi-detached cottage 419
semi-fisheye lens 478
semi-metals 682
semi-mummy 904
semicircle 704, 810
semicircular arch 413
semicircular canal, lateral 174
semicircular canal, posterior 174
semicircular canal, superior 174
semicolon 473
semifinal: 4 players 789
semimembranous 151
seminal receptacle 97, 103
seminal vesicle 169
semiprecious stones 375
semisubmersible platform 653
semitendinous 151
semitrailer 570, 571
semitrailers, examples 572
semolina 204
Senegal 745
Senegal River 34
sense organs 172
sense receptor 168
sensitive root 167
sensor 58
sensor probe 238
sensor swath 40
sensor wiring circuit 559
sensory impulse 168
sensory neuron 168
sensory root 168
sent document tray 508
sepal 80, 82, 83
separate collection 71
separator 562, 606, 646, 668, 689
separator steam release 668
septal cartilage of nose 175
septic tank 70, 263
septime 849
septum 84, 175
septum pellucidum 167
sequencer 450
sequencer control 450
serac 46
Serbo-Croatian 469
serial number 729
serial port 513
serif type 472
serological pipette 685
Serpent 11, 13
Serpent Bearer 11, 13
serve 812, 820
server 522, 523, 524, 525, 816, 819, 821
service area 39, 619
service box 273, 818, 819
service box line 818
service building 666
service entrance 732
service judge 816, 820
service line 818, 819, 821
service main 712
service module 19, 25, 486
service provider, Internet 525
service road 618
service room 738
service station 548, 711, 725
service table 720
service zone 818
service zones 817
serving cart 278
sesame oil 209
set 429, 528, 822
set dresser 429
set of bells 449
set of utensils 233
set width 472
set-in sleeve 349
setting 376
setting indicator 889
settings display button 477
setup 865
seventeenth century cannon 752
seventeenth century mortar 752
seventh 434
sew-through buttons 453
sewer 712
sewing 424, 452
sewing frame 424
sewing machine 452
sewing, accessories 454
sewn-in floor 902, 903
Sextant 11
sextant 612
sextet 438
sexton beetle 101
Seychelles 746
shackle 835
shad 220
shade 286
shade cloth 285
shadow 696
shadow band 58
shadow key 479
shadow roll 856
shady arcades 738
shaft 56, 402, 405, 462, 464, 659, 686, 688, 695, 762, 793, 816, 822, 838, 857, 858, 859, 863, 867, 880, 901, 918
shaft head 649
shaft holder 857
shake-hands grip 815
shallot 184, 444
shallow root 87
sham 280
shampoo 379
shank 214, 215, 301, 302, 306, 382, 390, 391, 453, 454, 456, 457, 610, 911
shank button 453
shank protector 636
shape of characters 472
shaping tools 308
shapka 340
shark, morphology 108
sharp 435
sharpening steel 229
sharpening stone 229
shaving 383
shaving brush 383
shaving foam 383
shaving mug 383
shawl 337
shawl collar 362
shear 641
sheath 79, 841, 905, 907, 908
sheath dress 356
sheath of Schwann 168
sheath skirt 357
sheathing 252, 253
shed 244, 322
shed stick 461
sheep 128
sheep shelter 182
sheepshank 908
sheepskin jacket 353
sheer curtain 282
sheet 426, 603, 877
sheet bend 908
sheet film 481
sheet lead 835
shekel, new 728
shelf 279, 291, 321
shelf channel 291
shell 84, 104, 105, 106, 117, 389, 448, 655, 884
shell membrane 117
shelter 543
Shield 10
shield 748
shield bug 101
shield divisions 740
shift key 514, 528
shift lock key 528
shift: level 2 select 514
shifter 579, 580
Shiism 736
shiitake mushroom 183
shin boot 853, 857, 858
shin guard 801, 802, 882, 887
shinai 847
shingle 299
Shinto 736
ship 41
ship's anchor 610
Ship's Keel 11
ship's motor boat 762
Ship's Sails 11
Ship's Stern 11
ships 604
ships, ancient 598
ships, traditional 599
shirred heading 283
shirt 349, 368, 791, 810
shirt collar 362
shirt sleeve 361
shirttail 349, 359
shirtwaist dress 356
shock absorber 18, 553, 876
shock wave 651, 653
shoe 483, 801, 810, 865, 870, 872
shoe polish 345
shoe polisher 345
shoe rack 345
shoe store 715
shoe, parts 342
shoebrush 345
shoehorn 345
shoelace 342, 370
shoes 342
shoes, accessories 345

shoeshine kit 345
shoetree 345
shoot 77, 87
shooter 860
shooting line 859
shooting place 893
shooting positions 861, 893
shooting range 788, 859, 860, 893
shooting slip 893
shooting star 53
shooting station 860
shop 406
shopping bag 388
shopping carts 181
shopping center 709, 714
shopping street 710
shore 49
shore cliff 51
shorelines, examples 51
short bone 157
short extensor of toes 150
short glove 346
short line 818, 819
short palmar 150
short peroneal 151
short radial extensor of wrist 151
short service line 817
short sleeve 337
short sock 365
short splice 908
short track 883
short track skate 883
shortening 209
shorts 358, 369, 471, 791, 801, 802, 805, 810, 870
shortstop 794
shot 753, 793
shot put 790
shotgun 860
shotgun (smooth-bore) 912
shotgun shooting 860
shoulder 124, 130, 146, 148, 156, 311, 440, 538, 822, 909
shoulder bag 388
shoulder belt 555
shoulder blade 147, 149
shoulder bolt 311
shoulder pad 808
shoulder pads 880
shoulder rest 757
shoulder strap 367, 388, 391, 527, 770, 869, 906
shovel 257, 326, 888, 892
show ring 855
show-jumping 852
shower 251, 724, 726, 780
shower and tub fixture 262
shower head 264
shower stall 264
shredding 71
shrew 121
shrimp 218
shroud 602, 834
shunt 687
shutoff switch 263
shutoff valve 262, 265, 270, 271
shutter 249, 521, 675
shutter release button 476
shutter speed setting 479
shutting stile 247
shuttle 461
shuttlecock, synthetic 817
Siamese 133
sickle 330
side 227, 431, 602, 632
side back vent 348
side chair 277
side chapel 410
side compression strap 906
side door 594
side fairings 873
side footboard 586
side handle 307, 308
side handrail 594
side hatch 22
side judge 807
side ladder 587
side lane 539
side mirror 381
side panel 352
side post 253
side rail 321, 571
side referee 846
side span 540
side vent 44, 567
side view 798
side wall 127, 597, 635
side-marker light 554
side-tilt lock 482
side-wheeler 599
sideline 800, 806, 809, 810, 812, 814, 815, 858, 864
sidewalk 245, 712
sidewall 571, 818, 819, 831
sidewall line 819
Sierra Leone 745
sieve 231
sifter 232
sight 177, 756, 859, 907, 913
sighting line 907
sighting mirror 907
sigmoid colon 164
signal ahead 545, 547
signal background plate 591
signal gantry 583
signal lamp 238, 239, 240, 241, 288, 290, 294, 465
signal lights 859
signature 426
signature book 531
signet ring 376
silencer 649
silicon 682
silique, section 84
silk 85
silk glands 103
sill 44, 253
sill of frame 249
sill plate 252, 253
sill step 587
silos 596
Silurian 92
silver 683
silverware 227, 717, 722
sima 404
simple eye 97, 99
simple leaves 79
simple organisms 94
simple spacing 472
simple-span beam bridge 541
simultaneous interpretation booth 718
Singapore 747
single bed 724
single chain wheel 871
single curtain rod 284
single pole breaker 272
single quotation marks 473
single reed 446
single room 724
single scull 839
single seat 594
single sprocket 871
single zero 919
single-bladed paddle 837, 838
single-breasted jacket 348
single-burner camp stove 903
single-decked pallet 632
single-handle kitchen faucet 270
single-leaf bascule bridge 542
single-lens reflex (SLR) camera 480
single-lens reflex camera 476
singles luge 884
singles service court 817
singles sideline 817, 821
singlet 843
sinister 740
sinister base 740
sinister chief 740
sinister flank 740
sink 224, 262, 264, 270, 722, 724, 780
sinker 615, 911
sinkhole 47
Sino-Tibetan languages 468
sinus 336
siphon 106
siphonal canal 105
sister 785
sisters-in-law 785
sistrum 449
site plan 245
sitting room 250
sixte 849
sixteenth note 435
sixteenth rest 435
sixth 434
sixty-fourth note 435
sixty-fourth rest 435
skate 218, 878
skateboard 894
skateboarder 894
skateboarding 894
skater 895
skater: long track 882
skater: short track 882
skating kick 892
skating step 892
skeg 836, 840
skeleton 152, 885
skeleton of a bat 141
skeleton of a bird 116
skeleton of a dog 131
skeleton of a dolphin 136
skeleton of a frog 111
skeleton of a gorilla 138
skeleton of a kangaroo 142
skeleton of a mole 121
skeleton of a rat 122
skeleton of a venomous snake: head 112
skeleton, horse 126
skerry 51
ski 876, 888
ski area 886
ski boot 888, 889
ski glove 888
ski goggles 888
ski hat 892
ski jump 891
ski jumper 891
ski jumping 891
ski jumping boot 891
ski jumping suit 891
ski lift arrival area 886
ski pants 358
ski pole 888, 892
ski rack 558
ski resort 886
ski school 886
ski suit 888, 892
ski tip 892
ski, giant slalom 888
ski, jumping 891
skid 631
skiers' lodge 886
skimmer 233, 246
skin 81, 82, 83, 168, 172
skin surface 172
skip 650, 877
skirt 355, 417, 749, 822, 855
skirt finger 605
skirt marker 454
skirts, examples 357
skis, examples 840, 888
skull 106, 109, 116, 121, 126, 136, 138, 141, 142, 146, 749
skull, lateral view 158
skullcap 340
skunk 134
sky coverage 55, 56
sky diver 896
sky diving 896
sky radiation, measure 58
skylight 245, 251
slab 300
slab building 465
slalom ski 840, 888
slat 281, 459
Slavic languages 469
sled 329, 884, 885
sledder 885
sleeper-cab 570
sleepers 369
sleeping bags, examples 904
sleeping car 584
sleeping compartment 584
sleet 57, 64
sleeve 337, 348, 848, 851
sleeve strap 352
sleeve strap loop 352
sleeveless jersey 850
sleeves, examples 360
sleigh bells 449
slender 151
slide 294, 453, 483, 754
slide chair 590
slide plate 452, 453
slide projector 483
slide tray 483
slide-bar 456
slider 445, 896
sliding block 595
sliding breech 756
sliding channel 587
sliding cheek bit 854
sliding cover 506, 612
sliding door 264, 416
sliding folding door 416
sliding folding window 415
sliding jaw 700
sliding lever 555
sliding rail 555, 835
sliding seat 838, 851
sliding sunroof 551
sliding weight 436, 698
sliding window 415
slightly covered sky 56
sling back shoe 343
slip 366
slip joint 310
slip joint pliers 310
slip presenter 548
slip-stitched seam 349
slippery road 545, 547
slit 463
slope 538
sloped turret 415
sloping cornice 403
slot 227, 238, 302, 386, 424
slot machine 920
slotted box 535
Slovak 469
Slovakia 744
Slovene 469
Slovenia 744
slow-burning stove 256
slow-motion button 495
slower traffic 539
SLR camera 476
small capital 472
small carton 223
small crate 222
small decanter 225
small domestic appliances 717
small hand cultivator 325
small intestine 110, 113, 116, 125, 164
small open crate 222
small saucepan 235
smaller round 151
smash 821
smell 174
smelt 219
smilodon 93
smock 359
smog 69
smoke 57
smoke baffle 256
smoke bomb discharger 758
smoke detector 767
smoke shop 714
smoked ham 215
smoking accessories 390
smoking candle 422
smoking-apparatus 422
smooth hound 218
snack bar 427
snaffle bit 854
snaffle rein 854
snaffle strap 854
snail 104, 217
snail dish 233
snail tongs 233
snail, anatomy 104
snail, morphology 104
snake 112
snap 453, 911
snap fastener 346, 353
snap shackle 835
snap-fastening front 369
snap-fastening tab 353
snap-fastening waist 368
snare 448, 913
snare drum 437, 448
snare head 433, 448
snare strainer 448
snatch 850
snelled fishhook 911
snooker 863
snorkel 841
snout 108, 110, 121, 143
snow 64
snow brush 558
snow crystals 64
snow gauge 58, 59
snow guard 876
snow pellet 64
snow shower 57
snow-grooming machine 886
snowblower 573
snowboard 887
snowboard, alpine 887
snowboard, freestyle 887
snowboarder 887
snowboarding 887
snowfall, measure 59
snowmobile 876
snowshoe 893
snowshoe, elliptical 893
snowshoes 893
snowsuit 369
soap dish 264
soba noodles 207
soccer 802
soccer ball 802
soccer player 802
soccer shoe 802
soccer table 920
social services 781
social worker's office 779
society 708
sock 365, 802, 805, 808, 822
socket 275, 453
socket bayonet 751
socket head 302
socket set 311
socket-contact 274
socks 351
soda fountain 723
sodium 682
sofa 276
sofa bed 280
soft binding 887
soft cheeses 211
soft contact lens 384
soft palate 174, 175
soft pastel 396
soft pedal 442, 451
soft ray 108
soft shell clam 217
soft-drink dispenser 548
softball 797
softball bat 797
softball glove 797
soil 70, 661
soil fertilization 69
soil profile 78
soiled utility room 778, 780
solar array 40, 60, 486
solar array drive 60
solar cell 529, 672, 673
solar collector 672, 675
solar eclipse 6
solar energy 78, 672
solar energy, production of electricity 674
solar furnace 674
solar house 675
solar panel 17, 18
solar radiation 67, 68, 672, 673, 674, 675
solar ray reflected 674
solar reflectors 486
solar shield 20
solar system 4
solar-cell panel 673
solar-cell system 673
solder 318
soldering gun 318
soldering iron 318
soldering tools 318
soldering torch 314, 319
sole 127, 221, 309, 351, 868, 881, 889
soleplate 288
soleus 150
solid 680, 681
solid body 441
solid booster stage 24
solid brick 298
solid center auger bit 306
solid line 538
solid rear wheel 871
solid rocket booster 22, 24
solid rubber tire 633
solid shot 752
solids 705
solitaire ring 376
Solomon Islands 747
solvent extraction unit 656
Somalia 745
somen noodles 207
son 784, 785
son-in-law 784
sonar 41
sorghum 85
sorghum: panicle 85
sorting machine 475
sorting plant 71
sorus 76
soufflé dish 232
sound alarm 613
sound box 433, 440
sound engineer 429
sound field control 497
sound hole 439
sound library 733
sound mode lights 497
sound mode selector 497
sound receiver 776
sound recording equipment 429
sound reproducing system 497
sound signal 436
sound systems, portable 503
soundboard 432, 433, 439, 440, 442
sounder 60
sounding balloon 54, 59
soup 722
soup bowl 226
soup spoon 228

soup tureen 226
sour cream 210
South 37, 616, 917
South Africa 746
South America 28, 31, 50
South American Plate 43
South cardinal mark 617
South celestial pole 13
South China Sea 28, 33
South Pole 35
south pole 687
South Pole 29
South-Southeast 37
South-Southwest 37
Southeast 37, 616
Southeast Indian Ridge 50
Southern Cross 11
Southern Crown 10
Southern Fish 10
Southern hemisphere 35
Southern Triangle 10
Southwest 37, 616
Southwest Indian Ridge 50
southwester 341
soy sauce 200
soybean sprouts 191
soybeans 191
space 434, 514, 915
space bar 514, 528
space launcher 24, 25
space launchers, examples 24
space probe 18, 53
space probes, examples 19
space shuttle 22, 53
space shuttle at takeoff 22
space telescope 17, 53
spacelab 23
spacer 667, 783
spacesuit 20
spacing 472
spade 326, 756, 914
spade bit 306
spading fork 326
spadix 81
spaghetti 206
spaghetti squash 189
spaghetti tongs 233
spaghettini 206
Spain 743
spandrel 413
Spanish 469
spanker 603
spar 624
spar buoy 617
spare tire 567
spareribs 215
spark 564
spark plug 332, 562, 565, 566
spark plug body 562
spark plug cable 552, 566
spark plug gap 562
spark plug gasket 562
spark plug terminal 562
sparkling wine glass 225
sparrow 118
spatial dendrite 64
spatula 233, 397, 421
spatulate 79
speaker 427, 496, 504, 505, 508, 513, 526, 626, 828
speaker cover 502
spear 185, 748
spear-nosed bat 141
speargun 841
special effects buttons 496
special effects selection dial 496
special mark 617
special slalom 889
species, origin and evolution 92
specific operations 529
specimen chamber 694
specimen collection center waiting room 781
specimen collection room 781
specimen positioning control 694
spectrometer 694
speed control 236, 332
speed controller 452
speed governor 417
speed grand prix motorcycle 874
speed grand prix rider 874
speed selector 236, 237, 500
speed selector switch 305, 306, 382
speed skate, in-line 895
speed skates 883
speed skating 882
speed ski 891
speed skier 891
speed skiing 891
speed skiing suit 891
speed track 891
speed-increasing gearbox 677
speedbrake lever 626
speedometer 557, 576, 851
spelling corrector 528
spelt wheat 203
spencer 358
spent fuel discharge bay 668
spent fuel port 666
spent fuel storage bay 666, 667, 669
sperm whale 137
spermatheca 104
spermatozoon 169
spermoviduct 104
sphenoid bone 158
sphenoidal fontanelle 158
sphenoidal sinus 175
sphere 705
sphere support 58
sphincter muscle of anus 164
spices 198
spicules 6
spider 103
spider web 103
spider, anatomy 103
spider, morphology 103
spike 81, 590, 791, 813, 901
spiked shoe 796
spillway 657
spillway chute 657
spillway gate 657
spinach 187
spinach tagliatelle 206
spinal cord 109, 110, 167, 168
spinal cord, structure 167
spinal ganglion 167, 168
spinal nerve 167, 168
spindle 237, 248, 268, 277, 500, 697, 700
spindle lock button 308
spine 95, 121, 426, 875
spine of scapula 153
spine of the book 425
spinnaker, lowering 833
spinnaker, raising 833
spinner 911
spinneret 103
spinning rod 910
spinous process 168
spiny lobster 218
spiny ray 108
spiracle 96, 97
spiral 302, 500
spiral arm 9
spiral beater 236
spiral binder 533
spiral case 659
spiral cloud band 63
spiral nail 301
spiral rib 105
spiral screwdriver 302
spiral staircase 655
spiral thread 103
spiral-in groove 500
spire 411
spirit level 313
spirulina 183
spit 51
splash plate 655
splat 276
splay 411
spleen 109, 110, 113, 125, 161
splenius muscle of head 151
spline 562
splints 777
split bet 919
split link 911
split peas 190
spoiler 574, 624
spoke 579
spoked wheel 857
sponge 95, 752
sponge, anatomy 95
sponge-tipped applicator 378
spongocoel 95
spongy bone 154
sponson 876
spool 458, 909, 910
spool axle 910
spool pin 452
spool rack 462
spool-release mechanism 910
spoon 227, 905
spoon blade 401
spoons, examples 228
spores 76
sport-utility vehicle 549
sporting goods store 715
sports 788
sports car 549
sports complex 709, 788
sports facilities 788
sports hall 788
sports on wheels 894
sports, combat 842
sports, equestrian 852
sportswear 370
spot 287
spotlight 428, 492, 765, 766
spotlights 431
spotmeter 479
spout 240, 241, 268, 642
spout assembly 270
spray 288
spray arm 294
spray button 288
spray control 288
spray head 270
spray hose 264, 270
spray nozzle 329, 655
spray paint gun 320
spray skirt 837
sprayer 329
spread collar 349
spreader 324, 391
spreader adjustment screw 320
spring 43, 48, 54, 249, 268, 286, 292, 310, 470, 586, 757, 823, 913
spring balance 699
spring binder 532
spring housing 284
spring linkage 920
spring wing 302
spring-metal insulation 299
springboard 826
springboard, 1 m 828
springboard, 3 m 828
springer 413
sprinkler hose 328
sprinklers 665
sprinters' line 871
spritsail 601
sprocket 876
sprocket wheel 758
spruce 89
spur 45, 98, 306, 448
spur gear 686
squall 57
squamous suture 158
square 426, 705, 917
square bet 919
square brackets 473
square flag 739
square head plug 269
square knot 908
square movement 916
square neck 363
square root key 529
square root of 703
square sail 601
square trowel 315
square-headed tip 302
squash 188, 819
squash balls 819
squash racket 819
squid 217
squirrel 123
Sri Lanka 747
stabilizer 760, 859, 896, 897
stabilizer fin 608
stabilizer jack 567
stabilizing fin 25
stabilizing shaft 633
stable 856
stack 51, 604, 646
stacking chairs 277
stadium 709, 788
staff 434, 739
staff cloakroom 720, 768, 781
staff entrance 720, 726, 735, 768
staff lounge 731, 768, 779
staff toilet 768
stage 402, 430, 431, 693, 694
stage clip 693
stage curtain 430, 431
stage-house 430
stained glass 411
stained glass window 737
stair climber 851
stairs 250, 255, 412, 427, 431, 543, 592, 655, 724
stairways 412
stairwell 251
stairwell skylight 251
stake 322, 324, 902, 903
stake loop 902, 903
stake pocket 571
stalactite 47
stalagmite 47
stalk 75, 81, 82, 83, 185
stalk vegetables 185
stamen 80, 82
stamp 390
stamp pad 531
stamp rack 531
stanchion 881
stand 43, 234, 236, 286, 362, 381, 389, 401, 448, 685, 910
stand-off half 804
stand-up collar 363
standard A 436
standard lens 478
standard poker hands 914
standardbred pacer 857
standby airspeed indicator 626
standby altimeter 626
standby attitude indicator 626
standing position 861, 893
standing position (Greco-Roman wrestling) 843
standing press 425
standpipe 271
stands 788, 874
stapes 174
staple remover 534
stapler 534
staples 534
star 8
star diagonal 14
star drag wheel 910
star facet 374
star network 522
Star of David 738
star tracker 18
star, main-sequence 8
starboard hand 609, 616, 617
starch 85
starch granule 74
Stardust 19
starfish, anatomy 95
starfish, morphology 95
starling 118
stars, low-mass 8
stars, massive 8
start 512, 852, 887
start area 875
start buoys 838
start button 696
start into a headwind 833
start judge 883
start judges 882
start key 508, 514
start platform 891
start switch 293
start: bobsled and skeleton 885
start: men's singles luge 885
start: women's and doubles luge 885
starter 327, 332, 830, 838
starter button 576
starter handle 331
starter mechanic 873
starting block 791, 830
starting cable 323
starting dive 832
starting gate 856, 875
starting gate, mobile 857
starting grid 872
starting grip (backstroke) 830
starting jetty 838
starting line 791, 833, 872
starting pistol 790
starting positions 828, 843
starting step 255
starting track 891
starting zone 838
state 37
states of matter 680
station chef 721
station circle 55
station entrance 592
station model 55
station name 592
station platform 583
station wagon 549
stationary bicycle 851
stationary bowl 919
stationary front 56
stationery 528, 717
stationery cabinet 510
stator 249, 659
statue 737
stay 598, 602
stay ring 659
stay vane blade 659
stays 541
staysail-stay 602
steak 214
steak knife 228
stealth aircraft 629
steam 646
steam control knob 241
steam generator 646, 669, 670, 671, 674, 763
steam generator room cooler 669
steam iron 288
steam nozzle 241
steam outlet 670, 671
steam pressure drives turbine 665
steam release pipes 669
steamer 235, 722
steamer basket 235
steel 298, 367, 752
steel bar 825
steel belted radial tire 561
steel cable 913
steel casing 689
steel pen 470
steel safety wheel 595
steel spring 752
steel to plastic 269
steelyard 698
steep hill 545, 547
steeplechase hurdle 790
steeplechase hurdle jump 790
steerable parabolic reflector 16
steering axle 633
steering column 552
steering cylinder 638
steering lever 633
steering oar 598
steering system 553
steering wheel 333, 552, 556, 607, 640, 873
stellar crystal 64
stem 75, 76, 77, 78, 241, 274, 390, 579, 602, 606, 695
stem bulb 609
stem faucet 268
stem holder 268
stem propeller 606
stem washer 268
stempost 598
steno book 531
step 255, 321, 417, 570, 640, 847
step chair 277
step cut 375
step groove 255
step setting 700
step stool 321
stepladder 321
stepladders 321
steppe 61
steps 245, 246, 250, 401, 676
steps in production of electricity 662
stereo camera 481
stereo control 504
stereo phase monitor 491
sterile pad 777
sterilization room 780, 781
stern 598, 608, 836
sternal artery 107
sternocleidomastoid 150
sternum 111, 116, 121, 122, 126, 131, 141, 142, 152
stethoscope 776
steward's desk 584
stick 391, 439, 800, 801
stick umbrella 391
stickpin 376
sticks 449
stifle 124
stigma 80, 84
stile 277
stile groove of sash 249
stile tongue of sash 249
stiletto 751
still cameras 480
still video film disk 481
still water level 49
stills photographer 429
stilt 464
stilted 413
Stilton 211
stimulator tip 384
sting 98
stipule 79
stirrup 750
stirrup iron 853, 855
stirrup leather 855
stirrup sock 796
stitch 342, 370
stitch control buttons 456
stitch length regulator 452
stitch pattern memory 456
stitch patterns 458

ENGLISH INDEX

stitch selector 452
stitch width selector 452
stitches 797
stitches, embroidery 459
stitching 346
stock 432, 610, 676, 860, 861, 912
stock pot 235
stockade 408
stocked anchor 610
stocking 365, 848, 878
stocking cap 341
stocking stitch 458
stockless anchor 610
stockroom 716
stola 336
stomach 95, 103, 104, 105, 106, 109, 110, 112, 113, 125, 161, 164
stomach throw 844
stomacher 337
stone 81, 298, 376
Stone Age weapons 748
stone fleshy fruit 81
stone for sacrifice 412
stone fruits 192
stone marten 134
stone wall 298
stone, curling 877
stoner 233
stony meteorites 8
stony-iron meteorite 8
stool 722
stop 130, 453, 458, 512
stop at intersection 544, 546
stop bath 485
stop button 331, 495, 499, 508, 696
stop knob 444, 445
stop rod 445
stop watch 488
stop/clear button 501
stopper 379, 803, 906
stopping area 890
stopping board 864
stopwatch 696
storable propellant upper stage 24
storage 394
storage compartment 483, 567, 570, 766
storage door 291
storage furniture 278, 510
storage rack 723
storage room 769
storage space 584
storage tank 656, 675
storage tray 399, 666
store 710
store room 720, 722
storeroom 509, 734
stork 119
storm collar 257
storm sewer 712
stormy sky 65
stove oil 656
straight 914
straight bet 919
straight blade 401
straight eye 453
straight flush 914
straight jaw 310
straight ladder 321
straight muscle of thigh 150
straight position 828
straight razor 383
straight skirt 357
straight stopcock burette 685
straight wing 630
straight-up ribbed top 351
straightaway 871
straightening iron 381
straightneck squash 189
strainer 237, 240, 902
strainer body 270
strainer coupling 270
strait 38
Strait of Gibraltar 32
strand 908
strap 377, 696, 765, 797, 824, 841, 850
strap eyelet 477
strap loop 906
strap system 441
strap wrench 315
strapless bra 367
stratocumulus 56, 62
stratopause 53
stratosphere 53
stratum basale 172
stratum corneum 172
stratum granulosum 172
stratum lucidum 172
stratum spinosum 172
stratus 56, 62
straw 223
straw bales 875
straw spreader 643
strawberry 192
strawberry, section 83
streamer 739
street 39, 711, 713
street bet 919
street light 712
street sweeper 573
streetcar 595
strength sports 850
stretcher 278, 775, 776
stretcher area 778
strike plate 249
striker 318, 757, 803
striker wheel 391
striking circle 800
string 439, 440, 443
stringed instruments 439
stringer 632
stringing 816, 822
strings 433, 442
strip 416
strip door 416
strip flooring with alternate joints 254
strip light 287
strip mine 647
strobe 611
strobe light 775
stroke judge 830
strokes 820
strokes, types 832
stromatolite 92
Strong Man 13
strongbox 920
strontium 682
structure 249
structure of a fern 76
structure of a flower 80
structure of a house 250
structure of a leaf 79
structure of a lichen 74
structure of a long bone 154
structure of a missile 759
structure of a moss 75
structure of a mushroom 76
structure of a plant 77
structure of a tree 87
structure of an alga 75
structure of the biosphere 66
structure of the ear 174
structure of the Earth 42
structure of the spinal cord 167
structure of the Sun 6
strut 253, 448, 609, 629, 676
stud 252, 371, 798
studded tire 560
student 734
student's desk 734
students' lockers 735
students' room 735
studio 488
studio floor 490, 492
studio, radio 488
studio, television 490, 492
study 251
stummel 390
stump 87, 799
sturgeon 218
style 80, 81, 82, 83, 84
stylobate 403, 404
styloid process 158
stylus 470, 517, 527
stylus cartridge 500
stylus holder 517
sub-base 58
subarctic 61
subbase 538
subclavian artery 160
subclavian vein 160
subcutaneous tissue 172
subduction 43
subfloor 252, 253, 254
subgrade 538
subhead 471
sublimation 680
submachine gun 754
submarine cable 487
submarine canyon 49
submarine line 524
submarine pipeline 654
submarine, nuclear 763
subsidiary track 583
subsiding cold air 63
subsoil 78
substation 664
substitute's bench 803
substructure 651
subterranean stream 47
subtract from memory 529
subtract key 529
subtractive color synthesis 690
suburb 709
suburban commuter railroad 583
suburbs 39
subway 592, 713
subway map 593, 594
subway station 592, 710
subway train 592, 594
subwoofers 493
sucker 86, 106
suction hose 766
Sudan 745
sudoriferous duct 172
sugar 209
sugar bowl 226
suit 355
suit tiles 917
sulcus terminalis 176
sulfur 683
sulfur dioxide emission 70
sulfuric acid emission 70
sulky 857
sum 703
sumac 199
sumi-e brush 397
summer 54
summer solstice 54
summer squash 188
summit 45, 886
summit lodge 886
sumo 847
sumotori 847
sump 263, 650
Sun 4, 6, 7, 54
sun deck 607
Sun sensor 40
sun sensor 60
sun visor 556, 558, 567
Sun, structure 6
sundae spoon 228
sundeck 609
sundial 696
sundress 356
sunflower 80
sunflower-seed oil 209
sunglasses 385
Sunnism 736
sunshine card 58
sunshine recorder 58
sunshine, measure 58
sunspot 6
super 100
super giant slalom 889
Super-G ski 888
super-G slalom 889
supercooling 680
supercross circuit 875
supercross motorcycle 875
superficial peroneal nerve 166
supergiant 8
superintendent's office 394
superior 472
superior cymbal 448
superior dental arch 174
superior mesenteric artery 160, 165
superior mesenteric vein 160
superior nasal concha 175
superior rectus muscle 177
superior semicircular canal 174
superior umbilicus 115
superior vena cava 160, 161, 162
supermarket 180, 711, 715
supernova 8
supersonic jet 53
supersonic jetliner 629
superstructure 615
supervisor's office 735
supply duct 260
supply line 262
supply of water 662
supply point 273, 663
supply room 780
supply tube 270
support 15, 59, 274, 277, 284, 461
support structure 16, 40
support thread 103
supports 400
suprarenal gland 165
sural nerve 166
surcingle 853, 855, 857
surcoat 337
surface cold front 56
surface course 538
surface element 290
surface insulation 22
surface of the water 828
surface pipe 652
surface prospecting 651
surface runoff 67
surface surveillance radar 761, 762
surface warm front 56
surface-piercing foils 609
surface-to-air missile 759
surface-to-subsurface missile 759, 762
surfboard 840
surfer 840
surfing 840
surge protection receptacle 520
surge protection receptacles 520
surgeon's sink 781
Suriname 742
surround loudspeaker 493
surveillance camera 395
suspended span 540
suspender 540
suspender clip 350
suspenders 350
suspension 594
suspension arm 292, 553
suspension band 772
suspension bridge 540
suspension cable 540
suspension insulator string 663
suspension line 896, 897
suspension spring 697
suspension system 553
suspension truck 585
suspensory ligament 177
suture 84, 105
Swahili 468
swallow 118
swallow hole 47
swallowtail 739
swallowtail and tongue 739
Swan 12
Swaziland 746
sweat pants 370
sweat shirt 370
sweater vest 354
sweaters 354, 358
Sweden 744
Swedish 469
sweep boats 839
sweep oar 838
sweeper 803
sweeping hip throw 844
sweet bay 202
sweet peas 190
sweet pepper 188
sweet potato 184
sweetbreads 212
sweetheart neckline 363
swell organ manual 444
swell pedals 444
swept-back wing 630
swift 118, 462
swim times 831
swimmer's country 831
swimmer's name 831
swimming 830
swimming goggles 830
swimming pool 608, 788, 827, 831
swimming pool, above ground 246
swimming pool, in-ground 246
swimming stadium 788
swimming trunks 371
swimsuit 371, 830
swimsuits 716
swing bridge 542
Swiss Army knife 905
Swiss chard 185
switch 274, 291, 305, 307, 308, 320, 523, 583, 687
switch lock 306
switch plate 274
switch point 590
switch rod 590
switch signal 590
switch stand 590
switch tower 583
switched outlet 497
Switzerland 744
swivel 651, 793, 911, 913
swivel base 312
swivel cord 381
swivel head 312
swivel lock 312
swivel wall lamp 287
swivel-tilter armchair 511
swiveling nozzle 628
Swordfish 11
swordfish 219
symbol 682, 920
symbols 914
symbols, common 725
symbols, dangerous materials 774
symbols, fabric care 347
symbols, protection 774
sympathetic ganglion 167
symphony orchestra 437
symphysis pubis 169, 170
synagogue 738
synapse 168
sync cable 527
synchronized diving 829
synovial joints, types 156
synsacrum 116
synthesizer 450
synthetic shuttlecock 817
synthetic sponge 378
synthetic surface 822
Syrian Arab Republic 746
syringe 776
syringe for irrigation 776
system buttons 450
system of units 702
system support 509
systems display 626

T

T-bar 886
T-connector 522
T-shirt dress 369
T-strap shoe 343
T-tail unit 629
tab 352, 386, 391, 453, 532, 855
tab setting 528
Tabasco sauce 200
tabernacle 737
table 278, 304, 305, 307, 374, 424, 723, 815, 862
table cut 375
table extension 305
table lamp 286
table mixer 236
Table Mountain 10
table of elements 682
table of results 828
table salt 201
table saw 305
table tennis 815
table tennis ball 815
table tennis paddle 815
table-locking clamp 307
tables, examples 278
tablespoon 228
tablet 783
tablinum 406
tabloid 471
tabulation key 514
tabulation left 514
tabulation right 514
tabulator 528
tachometer 557, 576
tack 301, 836
tacking 833
tackle box 911
tackless strip 254
tactical transport helicopter 631
tadpole 111
tag 342, 370
Tagalog 469
tagliatelle 206
tahini 200
Tahitian 469
tail 107, 112, 113, 121, 122, 124, 130, 133, 136, 140, 143, 169, 425, 625, 840, 887, 888, 892, 893, 894, 898, 909
tail assembly 625
tail boom 631
tail comb 380
tail edge 426
tail feather 115
tail of helix 173
tail pipe 553
tail pole 676
tail shapes, examples 629
tail skid 631
tail stop 312
tail-out groove 500
tailback 807
taillight 554, 571, 575, 576, 640
taillights 554, 775
tailored collar 355, 362
tailored sleeve 361
tailpiece 270, 433, 439
tailrace 658
Tajikistan 746
tajine 234

take-off 891
take-off board 793
take-off table 891
take-up handle 460
take-up reel 499
take-up spool 476
takeover zone 790
talk key 506
talking drum 433
Talmud 736
talon 117
talus 153, 155
tamarillo 196
tamarin 139
tamarind paste 200
tambourine 449
tamper 241, 390
tandem bicycle 581
tandem disc harrow 641
tandem tractor trailer 570
tang 227, 229, 309, 315
Tanganyika, Lake 34
tank 23, 263, 266, 484, 485, 607, 758, 767, 903
tank ball 265
tank body 572, 573
tank car 588
tank farm 654
tank gauge float 655
tank hatch 607
tank lid 265
tank sprayer 328
tank top 369, 371
tank trailer 572
tank truck 573
tanker 596, 606, 760
tanks 655
tantalum 683
Tanzania 745
tap connector 328
tape 313, 453, 459, 757, 800
tape counter 499
tape dispenser 534
tape guide 534
tape lock 313
tape measure 313, 454
tape recorder select button 497
tape selector 499
tape-guide 499
tapered end 839
tapered wing 630
tapestry bobbin 461
taproot 87
tar paper 299
tarantula 102
tare 847
target 40, 41, 859, 861, 893
target area 674
target areas 848
target detection radar 762
tarlatan 422
taro 184
tarragon 202
tarsometatarsus 116
tarsus 96, 98, 111, 115, 122, 126, 131, 138, 141, 142, 155, 156
Tasman Sea 29
Tasmania 29
Tasmanian devil 143
tassel 282, 285
tasset 749
taste 174
taste bud 176
taste receptors 176
tasting spoon 233
tatami 846
taxi transportation 725
taxiway 618
taxiway line 619
tea 208
tea bag 208
tea ball 233
teacher 734
teacher's desk 734
teachers' room 735
team bench 827
team handicap 858
team name 858
team shirt 796, 801, 802, 808
team's emblem 878
teapot 226
tear tape 390
tear-off calendar 530
teaser comb 380
teaspoon 228
technetium 683
technical delegates 881
technical equipment compartment 489
technical events 889
technical identification band 501
technical producer 489, 490
technical producer monitor 491
technical room 543
technical services 732
technical specifications 560
techniques 812
tectonic lake 48
tectonic plates 43
teddy 366
tee 269, 271, 867, 877
tee line 877
tee-off stroke 866
teeing ground 866, 867
teeth 159, 309
Teflon tape 314
tele-converter 478
telecommunication antenna 608, 609, 762
telecommunication satellite 525
telecommunication satellites 486
telecommunication terminal 507
telecommunications by satellite 487
telemetry and command antenna 60
telephone 491, 724, 725
telephone answering machine 508
telephone cable 712
telephone index 506, 531
telephone line 524
telephone network 487
telephone set 489, 506
telephone surge protection jacks 520
telephone, communication 506
telephone/cable/satellite line 523
telephones, examples 507
telephoto lens 478
teleport 487
teleprompter 492
Telescope 10
telescope 17, 612, 701, 859
telescope base 17
telescopic boom 634, 766
telescopic corridor 619
telescopic front fork 574, 577
telescopic leg 776
telescopic measure 864
telescopic rod 920
telescopic sight 692, 912
telescopic umbrella 391
telescoping antenna 503
telescoping leg 482
telescoping uncoupling rod 587
television 489
television program schedule 471
television set 494, 724, 734
telltale 834
tellurium 682
telson 107
temperate forest 66
temperature 261
temperature control 238, 261, 267, 288, 291
temperature control knob 465
temperature indicator 557
temperature of dew point 55
temperature scale 53
temperature selector 238, 292, 293
temperature sensor 18, 561
temperature, measure 59, 695
temple 146, 385, 424, 461
Temple of Huitzilopochtli 412
Temple of Tlaloc 412
tempo control 451
tempo scale 436
temporal bone 152, 158
temporary exhibition rooms 395
ten 703
Ten Commandments 738
tenaille 409
tenderloin roast 214
tendon 133
tendon guard 880
tendril 86
tennis 820
tennis ball 822
tennis courts 788
tennis player 822
tennis racket 822
tennis shoe 344, 822
tenon saw 424
tenor drum 448
tenpin 865
tension adjusting screw 534
tension adjustment 910
tension block 452, 453, 457
tension dial 453, 456, 457
tension disk 453, 457
tension guide 457
tension pulley wheel 284
tension rod 448
tension rope 433
tension screw 448
tension spring 453, 457, 557, 850
tensor of fascia lata 150
tent trailer 567
tentacle 104, 106
tents, examples 902
tepee 418
terbium 684
terminal 272, 274, 290, 654, 663
terminal arborization 168
terminal box 673
terminal bronchiole 163
terminal bud 77
terminal descent engine 18
terminal filament 167
terminal lobe 86
terminal moraine 46
terminator 522
termite 101
tern 118
terreplein 409
terrestrial sphere 13
terrine 234
tertial 115
Tertiary 93
tertiary colors 400
tertiary consumers 67
test button 767
test pattern 492
test tube 685
testicle 169
testis 107, 110
Tethys 5
text 528
text display 528
textile floor coverings 254
Thai 468
Thailand 747
thallium 682
thallus 74, 75
theater 430, 710, 711
theater, Greek 402
theodolite 59, 701
thermal energy 646
thermal louver 60
thermodynamic temperature, measurement 702
thermometer 655, 695, 841, 899
thermopause 53
thermosphere 53
thermostat 238, 260, 261, 267
thermostat control 291
thick continuous drizzle 57
thick intermittent drizzle 57
thickness, measure 700
thigh 115, 124, 130, 143, 147, 149, 169, 170
thigh pad 808
thigh-boot 343
thigh-high stocking 365
thimble 454, 700
thinning razor 381
thinning scissors 382
third 434
third base 794
third baseman 794
third finger 173
third round: 32 players 789
third row 804
third stage 25
third valve slide 447
third wheel 696, 697
thirty-second note 435
thirty-second rest 435
thong 344
thoracic legs 107
thoracic vertebra 153, 157
thoracic vertebrae 122, 126, 131, 138, 142
thorax 96, 97, 98, 146, 148
thorium 684
thread 268, 302
thread guide 452, 453
thread take-up lever 452
thread trimmer 453
threaded cap 269
threaded rod 311
three-blade propeller 628
three-four time 434
three-hinged arch 541
three-of-a-kind 914
three-quarter coat 352
three-quarter sleeve 360
three-toed hoof 127
threshold 247
throat 115, 312, 610, 822, 911
throat latch 854
throat protector 796, 880, 882
throttle control 516
throttle valve 649
throttles 626
through arch bridge 541
throwing 793
throwing area 788
throwing circle 790, 791
thrust 540, 630
thrust bearing 659
thrust device 470
thrust tube 470
thruster 20, 40
thruster engine 18
thrusting weapons 751
thulium 684
thumb 140, 141, 156, 173, 346, 797
thumb hook 447
thumb piston 444
thumb rest 446, 776
thumb tacks 534
thumbscrew 311
thunderstorm 57
thyme 202
Tibetan 468
tibia 96, 98, 122, 126, 131, 138, 140, 141, 142, 152, 155, 156
tibial nerve 166
tibiofibula 111
tibiotarsus 116
tick 102
ticket clerk 394, 427
ticket collecting booth 592
ticket collector 582
ticket counter 620
ticket office 394, 719
tidal power plant 664
tie 391, 435, 591
tie bar 376
tie beam 252
tie closure 391
tie plate 590
tie rod 448
tieback 282
tiepin 376
tier 407
tierce 849
tierceron 410
Tierra del Fuego 31
tiers 402
tiger 135
tight end 807
tight head prop 804
tightener 826
tightening band 59
tightening buckle 906
tightening tools 310
tilde 473
tile 22, 299, 403, 406, 412
tiller 327, 750, 834
tilt tube 285
tilt-back head 236
timber 403, 406
time card 530
time clock 530, 858
time code 429
time display/recording button 496
time signatures 434
time, measurement 702
timed outlet 290
timekeeper 810, 814, 842, 845, 846, 847, 848, 881, 900
timekeepers 827, 844, 883
timer 238, 239, 465, 484, 831, 851
timing area 891
timing belt 566
timpani 437
tin 682
tin board 819
tine 227, 327, 641
tip 79, 185, 227, 301, 302, 304, 315, 318, 319, 350, 391, 792, 793, 813, 840, 863, 888, 893, 897, 909
tip cleaners 318
tip of nose 175
tip protector 776
tip section 909
tip-ring 909, 910
tipping lever 783
tips, examples 302
tire 551, 560, 570, 579, 870, 874
tire barrier 872
tire pump 578
tire valve 579
tires, examples 560
tissue holder 264
Titan 5
Titan IV 24
Titania 5
titanium 683
Titicaca, Lake 31
title deed 915
title display button 496
Tlaloc, Temple 412
toad 111
toaster 238
tobacco 390
tobacco hole 390
tobacco pouch 390
Tobago 743
toe 117, 127, 130, 146, 148, 303, 309, 351, 868
toe binding 892
toe box 880
toe clip 127, 578, 580
toe guard 773, 796
toe hole 893
toe loop 881
toe pick 881
toe piston 444
toe strap 840
toenail scissors 377
toepiece 840, 889
toeplate 892
toga 336
toggle 739
toggle bolt 302
toggle fastening 353
toggles 854
Togo 745
toilet 250, 251, 262, 264, 265, 584, 724, 728, 731, 735, 780
toilet bowl 265
toilet soap 379
toilet tank 264
toilets 395, 715, 719, 723, 733, 779, 781
token 915
tom-tom 448
tomatillo 188
tomato 188
tomato coulis 200
tomato paste 200
tombolo 51
tone arm 500
tone control 441
tone leader generator 488
toner cartridge 519
Tonga 747
Tonga Trench 50
tongs 233
tongue 99, 109, 110, 164, 174, 175, 212, 342, 350, 370, 433, 444, 881, 889
tongue sheath 112
tongue, dorsum 176
tonsil 174
tool 649
tool belt 313
tool box 313
tool holder 308
tool kit 580
tool shelf 321
tool storage area 289
tool tether 20
tools 289
tools for loosening the earth 326
tools, electricity 317
tools, wood carving 401
tooth 108, 112, 303, 304, 331, 382, 453, 636, 638, 642, 643
tooth guard 808
toothbrush 384
toothbrush shaft 384
toothbrush well 384
toothed jaw 310
toothed wheel 686
toothpaste 384
top 87, 278, 321, 602
top bar 824
top box 577
top cap 689
top coat 355
top cylinder 421
top deck 655
top deckboard 632
top edge 426
top face 374
top flap 906
top hat 340
top ladder 766
top lift 342
top of dam 657, 660, 661, 664
top plate 528
top pocket 862
top rail 247, 277, 278, 281
top rail of sash 249
top road 650

top stitched pleat 357
top stitching 350, 368
top-end transverse member 635
top-level domain 524
topaz 375
topmark 615, 616
topping 909
topping lift 602
topsoil 78
toque 341
Torah scrolls 738
toric lens 691
tornado 57, 63
torpedo 763
torpedo room 763
torque adjustment collar 306
torque converter 292
Torres Strait 29
tortellini 206
tortilla 205
torus 404, 405, 705
total 699
total eclipse 6, 7
total sale display 548
tote bag 388
tote board 856
Toucan 10
toucan 119
touch 172
touch judge 805
touch line 803, 805
touch pad 526
touch pad button 526
touch screen 527
Toulouse sausage 216
touring bicycle 581
touring motorcycle 577
touring tire 560
tourmaline 375
tournament ball 819
tow bar 567, 622, 642, 840
tow line 840
tow release knob 898
tow safety chain 567
tow tractor 622, 623
tow truck 573
towel bar 264
tower 410, 540, 614, 635, 674, 676, 677, 858
tower case 513
tower crane 634
tower ladder 766
tower mast 634
tower mill 676
tower silo 182
towing device 573
towing eye 756
towing hitch 567, 640
town houses 419
toy store 714
toys 717
tracery 411
trachea 116, 125, 163
tracing wheel 454
track 284, 399, 582, 592, 595, 636, 709, 790, 871, 872, 874, 876, 883, 885, 891
track cycling 871
track idler 636
track judge 883
track lighting 287
track link 758
track number 501
track roller frame 636
track search buttons 501
track shoe 758, 791
trackball 517
tracker 445
traction batteries 563
tractor 640
tractor engine compartment 638
trade name 390
traditional clothing 339
traditional houses 418
traditional jacket 846
traditional musical instruments 432
traditional ships 599
traffic circle 39, 538
traffic lane 539
traffic lights 712
tragus 140, 173
trail 756
trailer 567
trailer car 594
trailing edge 624, 897, 898
trailing edge flap 624, 760
trainer 811, 842
training area 788
training ball 819
training set 369
training suit 370
training wall 657
trampoline 823
transaction receipt 731
transaction record slot 730
Transantarctic Mountains 29
transceiver, network access point 522
transceiving dish 486
transceiving parabolic antenna 486
transducer 613
transept 411
transept spire 410
transfer canal 666
transfer dispensing machine 593
transfer of heat to water 665
transfer port 565
transfer ramp 539
transfer scale 479
transform plate boundaries 43
transformation of mechanical work into electricity 662
transformer 287, 658, 663, 668, 674
transit shed 596
transition fittings, examples 269
transition metals 683
transmission 292, 563
transmission cable 613
transmission dish 486
transmission of the rotative movement to the rotor 662
transmission system 553
transmission to consumers 646, 662, 677
transmitted pulse 40
transmitter 506
transmitting tower 486
transparency slide 483
transpiration 67
transport and machinery 538
transport, air 618
transport, maritime 596
transporter bridge 542
transverse bulkhead 606
transverse colon 164
transverse dunes 52
transverse process 157, 168
trap 262, 265, 269, 270, 430
trap coupling 270
trap machine 860
trapdoor 407
trapeze dress 356
trapezium 154, 156
trapezius 150, 151
trapezoid 154, 705
travel agency 714
traveler 834, 835
traveler's check 729
traveling block 651
traveling crane 658
traverse arch 410
traverse rod 284
traversing handle 756
trawler 606
tray 261, 279, 281, 313, 320, 323, 389
trays 722
tread 255, 561, 855
tread bar 640
tread design 560, 561
treadle 460
treadle cord 460
treatment plant 649
treatment room 779, 781
treble bridge 442
treble fishhook 911
treble keyboard 432
treble pickup 441
treble register 432
treble tone control 441, 497, 503
tree 87, 855
tree fern 76
tree frog 111
tree pruner 330
tree, structure 87
tree, trunk 87
trees 866
trefoil 411, 413
trench 49, 647, 860
trench coat 352
triage room 779
trial motorcycle 875
Triangle 12
triangle 437, 449, 705
triangular bandage 777
triangular body 433
triangular fossa 173
Triassic 93
triceps bar 851
triceps of arm 151
triceratops 93
tricorne 339
tricuspid valve 162
trifoliolate 79
trigger 320, 331, 516, 750, 752, 754, 755, 757, 767, 860, 861, 912
trigger guard 754, 860, 861, 912
trigger switch 304, 305, 306, 308
triglyph 404
trill 435
trilobite 92
trim 389
trim panel 554
trim ring 290
trim tab 60
trimaran 835
trimmer 383
trimming 386, 424
trimming tool 464
Trinidad and Tobago 743
trio 438
trip lever 265, 329
trip odometer 557
tripe 212
triple bars 852
triple jump 790, 793, 875
triple jump take-off board 793
triple ring 918
triple tail unit 629
tripod 14, 436, 482, 483, 489
tripod accessories shelf 14
tripod stand 448
tripod tail support 623
triquetral 154
trireme 598
triticale 203
Triton 5
trochanter 96, 98
trolley 542, 634
trolley crank 328
trolley pulley 634
Trombe wall 675
trombone 447
trombones 437
Tropic of Cancer 34, 35, 36
Tropic of Capricorn 34, 35, 36
tropical climates 61
tropical cyclone 63
tropical cyclone names 63
tropical forest 66
tropical fruits 196
tropical rain forest 61, 66
tropical storm 57
tropical wet-and-dry (savanna) 61
tropopause 53, 68
troposphere 53
trot 124
trotter 857
trough 49, 55, 690
trousers 844
trout 221
trowel 325
truck 586, 595, 894, 895
truck crane 634
truck frame 586
truck tractor 570
truck trailer 570
trucking 570
trucks, examples 573
truffle 183
trumpet 447, 611
trumpet interchange 538
trumpets 437
trunk 76, 86, 87, 110, 147, 149, 389, 551
trunk hose 338
trunk, cross section 87
trunks 850
trunnion 753
truss structure 21
trussed arch 540
trussing needle 233
tsetse fly 101
tub 292, 294, 322
tub platform 264
tub rim 292
tuba 437, 447
tube 223, 756, 757, 777
tube cutter 314
tube end 269
tube flaring tool 314
tube foot 95
tube retention clip 275
tuber vegetables 184
tubing 654
tubing head 654
tubing valve 654
tubular bells 437, 449
tubular element 290
tubular heater 656
tubular ice screw 901
tubular lock 248
tubular member 652
tubular structure 615
tuck 390
tuck position 828
Tudor 413
tug 606
tulip 80
tumble dry at low temperature 347
tumble dry at medium temperature 347
tuna 220
tundra 66
tuner 498, 504
tungsten 683
tungsten filament 274
tungsten-halogen lamp 274, 275
tunic 359, 748
tunic dress 356
tuning buttons 497
tuning control 498, 503, 504
tuning controls 494
tuning dial 504
tuning fork 436
tuning gauge 448
tuning mode 498
tuning peg 440, 441
tuning pin 442
tuning ring 433
tuning slide 447
tuning wire 444
Tunisia 745
tunnel 592
turban 339, 341
turbine 646, 659, 668
turbine building 668
turbine headcover 659
turbine runner 664
turbine shaft turns generator 665
turbine stop valve 668
turbine-compressor shaft 627
turbined water draining 662
turbo-alternator 674, 763
turbo-alternator unit 646
turbo-compressor engine 564
turbofan engine 627
turbojet engine 625, 760
turbot 221
turf 856
turkey 120, 213
Turkey 746
Turkish 469
Turkmenistan 746
turmeric 198
turn 435
turn and slip indicator 898
turn and slip knob 898
turn signal 554, 571, 574, 575, 576
turn signal indicator 557, 576
turnbuckle 835, 842
turner 233
turning 464
turning handle 307
turning judges 831
turning wall 831, 832
turning wheel 464
turnip 189
turnouts 764
turnouts' cleaning 764
turnstile 592
turntable 236, 488, 500, 542, 638, 639
turntable mounting 766
turpentine 400
turquoise 375
turret 408, 758, 762
turret cap 692
turtle 113
turtle, anatomy 113
turtle, morphology 113
turtleneck 354, 363, 892
Tuvalu 747
TV mode 495
TV power button 495
TV/video button 495
tweeter 10, 502
tweezers 777
twig 77, 87
twill weave 463
twin skis 840
twin-lens reflex camera 480
twin-set 359
Twins 13
twist 306
twist bar 850
twist bit 306
twist drill 306
twist grip throttle 576
twist handle 516
twist lock 572
twisted rope 908
twisted-pair cable 523
two columns split bet 919
two pairs 914
two-blade propeller 628
two-door sedan 549
two-hinged arch 541
two-leaf door 568
two-person bobsled 884
two-person tent 902
two-sided copies 512
two-storey house 419
two-stroke-cycle engine cycle 565
two-toed hoof 127
two-two time 434
two-way collar 352
two-way traffic 544, 546
tympanum 110, 403, 404, 411
type I irregular galaxy 9
type II irregular galaxy 9
type of fuel 548
type of high cloud 55
type of low cloud 55
type of middle cloud 55
type of the air mass 55
type, sans serif 472
type, serif 472
types of bones 157
types of eclipses 6, 7
types of engines 564
types of golf clubs 867
types of movements 916
types of oars 838
types of passenger cars 584
types of registers 258
types of strokes 832
types of synovial joints 156
typewriter 528
typhoon 63
typist's chair 511
typography 472
tyrannosaur 93

U

u quark 680
U-bend 269
U-shaped gouge 421
U.S. habitation module 21
U.S. laboratory 21
udon noodles 207
Uganda 745
UHF antenna 18, 60
Ukraine 744
Ukrainian 469
ulna 116, 121, 122, 126, 131, 136, 138, 141, 142, 152, 154, 156
ulnar extensor of wrist 151
ulnar flexor of wrist 150, 151
ulnar nerve 166
ultrasound waves emission 41
ultraviolet radiation 690
ultraviolet spectrometer 60
Ulysses 19
umbel 81
umbo 105
umbra shadow 6, 7
umbrella 391
umbrella pine 89
umbrella stand 391
Umbriel 5
umlaut 473
umpire 799, 807, 809, 812, 817, 820, 864, 877
unbleached flour 204
uncanceled stamped mail 474
under tail covert 115
underarm crutch 782
underarm portfolio 387
underarm rest 782
undergarment 872
underground 407
underground cable network 487
underground chamber 402
underground flow 67
underground mine 650
underground passage 583
underground stem 78
underlay 254
underlining 455
underlying fabrics 455
underpass 540
undershirt 796
underskirt 337
underwater camera 480
underwater light 246
underwear 351, 366

underwire 367
undressing booth 781
uneven parallel bars 824
ungulate mammals 124
ungulate mammals, examples of 128
unicellulars 94
Unicorn 11
uniform 770
uniform resource locator 524
uniforms 764
uninterruptible power supply 520, 523
union 269
union nut 269
union of two sets 703
union suit 351
uniparous cyme 81
unisex headgear 341
unisex shoes 344
unison 434
unit price 699
United Arab Emirates 746
United Kingdom of Great Britain and Northern Ireland 743
United Republic of Tanzania 745
United States of America 742
univalve shell 105
univalve shell, morphology 105
universal step 623
university 710
unleavened bread 205
unloading dock 395, 715, 719, 724
unloading docks 716
unloading tube 643
ununbium 683
ununnilium 683
unununium 683
up and over garage door 416
uphaul 836
upholstery nozzle 289
upper 889
upper blade guard 304
upper bowl 241
upper cheek 854
upper chord 540
upper cold front 56
upper confining bed 646
upper cuff 889
upper deck 569, 624
upper edge 815
upper eyelid 110, 132, 177
upper fore topgallant sail 603
upper fore topsail 603
upper gate 597
upper girdle facet 374
upper heating element 266
upper laboratory 16
upper landing 417
upper lateral lobe 86
upper lateral sinus 86
upper level 597
upper limb 750
upper lip 99, 174, 444
upper lobe 163
upper mandible 115
upper mantle 42
upper rudder 763
upper section 24
upper shell 889, 895
upper strap 889
upper tail covert 115
upper thermostat 266
upper warm front 56
upper wing 628
upper-air sounding 59
upperboard 445
uppercase 472
upperworks 835
upright 246, 424, 425, 460, 461, 782, 792, 825, 826
upright piano 442
upright piano action 443
upright vacuum cleaner 289
UPS 520, 523
upstage 430, 431
upstream blanket 660
upstream face 661
upstream gate 837
upstream shoulder 660
upstream toe 660
Ural Mountains 32
Ural-Altaic languages 469
uranium 684
Uranus 4, 5
urban map 39
Urdu 469
ureter 104, 116, 165
urethra 165, 170
urinary bladder 109, 110, 165, 169, 170
urinary meatus 169
urinary system 165
URL 524
urogenital aperture 109
uropod 107
urostyle 111
Uruguay 742
USB port 513, 526
use chlorine bleach as directed 347
used syringe box 771
usual terms 82, 83
utensils, cooking 722
utensils, kitchen 229
utensils, set 233
uterovesical pouch 170
uterus 170, 171
utility case 388
utility liquids 400
uvula 174, 175
Uzbekistan 746

V

V-neck 348, 354
V-neck cardigan 354
V-shaped gouge 421
V-shaped neck 363
vacuole 74, 94
vacuum bottle 906
vacuum chamber 694
vacuum cleaner, cylinder 289
vacuum cleaner, hand 288
vacuum cleaner, upright 289
vacuum coffee maker 241
vacuum diaphragm 566
vacuum distillation 656
vacuum manifold 694
vacuum system console 694
vagina 103, 104, 170, 171
vair 741
valance 280, 282
valley 45, 48
valve 84, 105, 447
valve casing 447
valve seat 268
valve seat shaft 265
valve seat wrench 314
valve spring 566
vambrace 749
vamp 342, 371
vampire bat 141
van body semitrailer 572
van straight truck 573
vanadium 683
vane 115, 293
vanilla extract 200
vanity cabinet 264
vanity case 389
vanity mirror 556
Vanuatu 747
vapor 681
vaporizer 261
vaporizing grille 261
variable ejector nozzle 629
variable geometry wing 630
variable spacer 528
variation keys 456
variety meat 212
variometer 899
varnish 400
varnish-roller 422
Vatican City State 744
Vauban fortification 409
vault 410, 731
vaulting horse 824, 825, 826
VCR controls 495
VCR mode 495
VCR power button 495
veal cubes 214
vector/waveform monitor 491
vegetable bowl 226
vegetable brush 233
vegetable garden 182, 244
vegetable kingdom 74
vegetable sponge 379
vegetables 180, 184
vegetables, bulb 184
vegetables, fruit 188
vegetables, inflorescent 187
vegetables, leaf 186
vegetables, root 189
vegetables, stalk 185
vegetables, tuber 184
vegetation 66
vegetation regions 66
vehicle entrance 769
vehicle equipment bay 24
vehicle rest area 543
veil 909
vein 79
veins 160
velarium 407
Velcro® closure 368
velodrome 788
velum 98
velvet-band choker 374
Venera 19
Venetian blind 285
Venezuela 742
venom canal 112
venom gland 112
venom sac 99
venom-conducting tube 112
venomous snake, anatomy 112
venomous snake, morphology 112
venomous snake, skeleton 112
vent 261, 556, 753
vent brush 380
vent door 571
vent hole 320
vent-tail 749
ventilated rib 860, 912
ventilating circuit 262
ventilating fan 586
ventilating grille 289
ventilation 675
ventilation hood 614
ventilator 594
ventral abdominal artery 107
ventral aorta 109
ventral nerve cord 107
venturi 757
venturi fastening lever 757
Venus 4, 5
verbena 208
vermicelli 207
vermiform appendix 164
vernal equinox 13, 54
vernier 698, 700
vernier caliper 700
vernier scale 612, 700
Versailles parquet 254
vert 741
vertebra 112, 136
vertebrae 111
vertebral body 157, 168
vertebral column 109, 152, 157, 167
vertebral shield 113
vertical control 518
vertical cord lift 288
vertical frame 461
vertical ground movement 43
vertical movement 916
vertical pivoting window 415
vertical pocket 337
vertical pupil 112
vertical section 894
vertical seismograph 43
vertical shaft 650
vertical side band 812
vertical stabilizer 898
vertical take-off and landing aircraft 628
vertical-axis wind turbine 676
very cloudy sky 56
vest 338, 348, 359
vestibular nerve 174
vestibule 174, 406, 584
vestibule door 584
vestigial pelvis 136
veterinarians 852
VHF antenna 762
viaduct 541
vial 783
vibrating mudscreen 651
vibrato arm 441
vibrissa 122
vice-skip 877
Victoria, Lake 34
video and digital terminals 477
video connection panel 489
video entertainment system 918
video monitor 518
video monitoring selector 491
video port 513, 526
video replay 789
video switcher technician 489, 490
videocassette 495
videocassette recorder 495
videotape library 733
videotape operation controls 496
Viet Nam 747
Vietnamese 468
view camera 480
viewfinder 476, 477
viewing room 733
Viking 18
village 708, 886
vine shoot 86
vine stock 86
vine, maturing steps 86
vinyl grip sole 369
vinyl insulation 299
viola 439
violas 437
violet 80, 400
violet-blue 400
violin 439
violin family 437, 439
VIP lounge 718
viper 114
Virgin 11, 13
virgule 473
visceral ganglion 105
visceral pleura 163
vise 312
visible light 690
vision 691
vision defects 691
vision slit 749
visiting room 726
visitors' entrance 726
visitors' front office 726
visitors' waiting room 726
visor 575, 591, 749, 773, 874, 878, 884
visor hinge 575
Vistula River 32
visual display 918
visual display unit 507
visual transmission 694
vitelline membrane 117
vitreous body 177
vocal cord 163
voice edit buttons 450
voice recorder button 527
voice selector 451
volcanic bomb 44
volcanic island 49
volcanic lake 48
volcano 42, 44
volcano during eruption 44
volcanoes, examples 44
Volga River 32
Volkmann's canals 154
volley 820
volleyball 812
volleyball, beach 813
volt 702
voltage decrease 646, 662, 677
voltage increase 646, 662, 665
voltage tester 316
volume control 441, 450, 451, 495, 497, 503, 504, 505, 507, 508, 513
volume display 548
volume unit meters 488
volute 276, 404, 405
volva 76
voussoir 413
Voyager 19
vulture 119
vulva 148, 171

W

wad 753, 912
waders 911
wadi 52
wading bird 117
waferboard 300
waffle iron 238
wagon 642
wagon tent 902
waist 147, 149, 342, 439, 663
waist belt 281, 906
waistband 350, 351, 353
waistband extension 350
waistcoat 338
waiter 721
waiting area 730
waiting room 509, 768, 779
wakame 183
walk 124
walk-in closet 251
walk-in wardrobe 251
walk-through metal detector 726
walker 782
walkie-talkie 505, 770
walking aids 782
walking leg 97, 103
walking stick 391, 782
walkway 714
wall 7, 82, 127, 246, 852, 902, 917
wall and rails 852
wall bracket 284
wall cabinet 224
wall cloud 63
wall fitting 287
wall lantern 287
wall register 258
wall side 607
wall stack section 258
wall stud 253
wall tent 902
wallaby 143
wallet 387, 529
walnut 88, 193
walnut, section 84
walrus 137
waning gibbous 7
wapiti 128
wardrobe 251, 279, 724
warehouse 708
warhead 759
warm air 64, 675
warm air outlet 564
warm temperate climates 61
warm-air baffle 256
warm-up lane 882
warming plate 241
warning area 846
warning device 765
warning lights 557
warning plate 306
warning track 795
warp 460, 461
warp roller 460
warp threads 463
warping frame 462
wasabi 201
wash bottle 685
wash tower 294
washcloth 379
washer 262, 268, 271, 292, 689
washer nozzle 550
washers 310
washing 347
wasp-waisted corset 367
Wassily chair 276
waste basket 535
waste layers 69
waste pipe 265
waste stack 262
waste tee 271
waste water 70
waste, selective sorting 71
watches and jewelry 717
water 646, 847
Water Bearer 10
water bomber helicopter 631
water bottle 579
water bottle clip 579
water carrier 906
water chestnut 184
water cools the used steam 665
water flow 95
water goblet 225
water hazard 866, 867
water hose 294, 648
water inlet 268
water intake 658
water is pumped back into the steam generator 665
water jets 828
water jump 852, 853
water key 447
water level 241, 261
water level indicator 239
water main 675
water meter 262
Water Monster 11, 13
water pitcher 226
water pollution 70
water polo 827
water polo ball 827
water pressure gauge 766
water separator 648
water service pipe 262
water skiing 840
water spider 102
water strider 102
water table 47, 70
water tank 241, 261, 384, 586
water tower 589
water turns into steam 665
water under pressure 662
water-heater tank 266, 675
water-heater tank, electric 266
water-level selector 292
water-level tube 288
water-steam mix 646
water-tank area 628
watercolor 396
watercolor cakes 397
watercolor tube 397
watercourse 48, 70
watercress 187